内蒙古年鉴

2010卷

内蒙古自治区人民政府主办
内蒙古自治区地方志办公室年鉴编辑部编辑
方志出版社出版

图书在版编目（CIP）数据

内蒙古年鉴.2010/ 内蒙古自治区地方志编纂委员会办公室编.
——北京：方志出版社，2010.9
ISBN 978－7－80238－832－1

Ⅰ.①内… Ⅱ.①内… Ⅲ.①内蒙古－2010－年鉴 Ⅳ.①Z522.6

中国版本图书馆 CIP 数据核字（2010）第 159608 号

内蒙古年鉴（2010）

主　　编：杨泽荣
常务副主编：海　棠
执行副主编：张晓虹
副 主 编：查干浪涛　孟秀芳
责任副主编：韩　泽

编　　者：内蒙古自治区地方志编纂委员会办公室
（内蒙古自治区党政综合楼 7 楼）
邮　编：010098　电话：0471—4826046
网　址：http//www.nmqq.gov.cn
邮　箱：nmqqnjb@163.com

出 版 者：方志出版社　　责任编辑：李　静
（北京市建国门内大街 5 号中国社会科学院科研大楼 12 层）
邮编 100732
网址 http: //www.fzph.org
发　　行：方志出版社发行部
（010）85195814　85196281
经　　销：新华书店总店北京发行所
法律顾问：北京市大禹律师事务所
印　　刷：内蒙古地矿印刷厂

开　　本：889×1194　1/16
印　　张：47
字　　数：1500千
版　　次：2010 年 10 月第 1 版　2010 年 10 月第 1 次印刷
印　　数：0001—2000册

ISBN 978-7-80238-832-1/ K·474　　定价：300.00 元

编修年鉴
利国惠民

乌云其木格
二〇〇一年

全国人大常务委员会副委员长(原内蒙古自治区党委副书记、自治区主席)乌云其木格题词

2009 数字内蒙古

全区总人口2 422.07万人
男性1 244.94万人
女性1 177.13万人
蒙古族442.49万人
其他少数民族98.12万人
城镇人口1 293.45万人
乡村人口1 128.62万人
盟市（地级）12个
旗县区（市）101个（旗52个、县17个、盟市辖县级市11个、区21个）
全区总面积118.3万平方公里
实有耕地面积为714.9万公顷（是全国人均耕地的4倍，居全国之首）
森林资源面积2 366.40万公顷(占全国森林总面积的11%，居全国第1位，林木总蓄积量13.6亿立方米，森林覆盖率20.0%)
草原总面积8 666.7万公顷(占全国草原总面积21.7%，可利用草场面积6 818.0万公顷)
全区风能总量约54亿千瓦（占全国总量的30%以上）
全区水资源总量412.07亿立方米
流域面积为52.2万平方公里
全区地表水资源为406.60亿立方米
地下水平均资源量为139.35亿立方米
年径流量673亿立方米
淡水总面积85.7万公顷
天然降水量100～450毫米之间
年平均气温为0℃～8℃
总辐射量在115～167千卡/平方厘米年之间（仅次于青藏高原，居全国第2位。日照时数在2 700～3 400小时）
稀土氧化物储量7 754.40万吨（占全国的90%，居世界首位）
发现矿种135种
探明储量矿藏83种
煤碳保有储量3 275.88亿吨(跃居全国第1位)
原煤产量60 058.45万吨
天然原油储量188.85万吨
天然气地质储量7 903亿立方米
野生动物24科114种（占全国兽类450种的25.3%；珍贵稀有动物10余种；鸟类51科365种）
野生植物2 167种
自然保护区185个(国家级23个，自治区级61个)
自然保护区面积1 386.33万公顷
国内生产总值9 725.78亿元
第一产业增加值929.02亿元
第二产业增加值5 101.39亿元
第三产业增加值3 695.37亿元
人均国内生产总值40 225元
天然气产量146.31亿立方米
生铁1 381.29万吨
钢材1 261.94万吨
十种有色金属产量180.75万吨
化肥（折纯）261.53万吨
平板玻璃1 550.89万重量箱
发电量2 239.85亿千瓦小时
水泥产量4 275.52万吨
盐保有储量1 7782.65万吨
卷烟生产240.00亿支
粮食产量1 981.70万吨
农牧业机械总动力2 893.5万千瓦
油料119.62万吨
牲畜牧业年度存栏数10 858.70万头（只）
肉类总产量231.06万吨
禽蛋产量48.9万吨
牛奶总产量884.57万吨
乳制品产量379.55万吨
液体乳产量348.49万吨
绵羊毛10.25万吨
山羊绒7 421.00吨
铁路线路长度7 471.00公里
公路线路里程150 665.00公里
货运量116 508.48万吨
铁路货运量45 675.48万吨
公路货运量70 832万吨

民航货运量 1 万吨
货物周转量 3 963.22 亿吨公里
铁路货物周转量 2 077.87 亿吨公里
公路货物周转量 1 885.25 亿吨公里
民航货物周转量 0.1 亿吨公里
客运量 22 809.56 万人
铁路客运量 4 643.36 万人
公路客运量 17 998 万人
民航客运量 168.2 万人
旅客周转量 377.29 亿人公里
铁路旅客周转量 161.84 亿人公里
公路旅客周转量 198.38 亿人公里
民航旅客周转量 17.07 亿人公里
邮电业务总量(2000 年不变价)554.21 亿元
电信业务总量 542.56 亿元
固定电话用户 442 万户
移动电话用户 1639 万户
电话普及率(包括固定电话和移动电话)85.91 部 / 百人
互联网络用户 176 万户
全社会固定资产投资总额 7 464.72 亿元
房地产开发投资 815.46 亿元
社会消费品零售总额 2 855.30 亿元
城市消费品零售额 1 954.70 亿元
旗县消费品零售额 562.50 亿元
旗县以下消费品零售额 338.10 亿元
城镇居民家庭恩格尔系数 30.5%
农村牧区居民家庭恩格尔系数 39.8%
海关出口总额 23.16 亿美元
进口总额 44.48 亿美元
国内旅游人数 3 880.18 万人次
国内旅游收入 573.22 亿元
入境旅游人数 128.96 万人次
旅游外汇收入 5.58 亿美元
地方财政总收入 1 378.12 亿元
地方财政收入中一般预算收入 850.75 亿元
地方财政支出 1 925.13 亿元
城镇居民人均可支配收入 15 849 元
农牧民人均纯收入 4 938 元
城乡居民储蓄存款余额 3 913.95 亿元
人均储蓄存款余额 16 187 元
各项人民币存款余额 8 373.7 亿元
全区普通高等学校 41 所，在校生 35.19 万人，在校研究生 12 491 人，其中少数民族在校生 9.97 万人
每万人口拥有的在校大学生 145 人
普通高中 306 所，在校学生 51.96 万人，其中少数民族在校生 14.59 万人.
全区有艺术事业机构 150 个
艺术表演团体 112 个，其中乌兰牧骑 69 个
有线电视用户 291.71 万户
文化馆 102 座
公共图书馆 113 座
博物馆 38 座
档案馆 140 座
全区有卫生机构 7 781 个
医院 471 个
农村牧区卫生院 1 328 个
疾病预防控制机构 133 个
妇幼卫生机构 116 个
全区拥有病床 78 421 张
卫生技术人员 116 893 人
参加基本养老保险人数 410.83 万人
参加失业保险职工 229.7 万人
得到国家最低生活保障救济 207.28 万人
城镇建立各种社区服务设施 3 526 个
社会福利院床位 4.26 万张
筹集社会福利资金 6.46 亿元
接受社会捐赠 1 614.07 万元
年末城镇登记失业率 4.00%
领取失业保险金人数 6.08 万人
参加基本医疗保险人数 410.36 万人

“天下黄河，惟富一套”

“黄河三盛公水利枢纽，位于巴彦淖尔市磴口县巴彦高勒镇。”

领导视察

2009年8月23日中共中央政治局常委、国家副主席习近平亲临公司视察内蒙古第一机械制造（集团）有限公司

1月29日至31日，中共中央政治局委员、国务院副总理回良玉在自治区党委书记、自治区人大常委会主任胡春华，自治区主席巴特尔的陪同下，对内蒙古自治区进行考察。详细了解雪灾救助和黄河防凌工作，代表党中央、国务院看望慰问灾区各族干部群众

7月15日至18日，中共中央政治局常委、中央纪委书记贺国强在自治区党委书记、自治区人大常委会主任胡春华，自治区主席巴特尔的陪同下，对内蒙古自治区进行考察。7月17日，贺国强深入牧民家中，了解牧民生产、生活情况

6月10日，中共中央政治局常委、中央政法委书记周永康在自治区党委书记、自治区人大常委会主任胡春华，自治区主席巴特尔，自治区党委常委、呼和浩特市委书记韩志然的陪同下，视察蒙牛乳业集团六期工程液态奶生产线及澳亚国际牧场模型

3月15日，自治区党委书记、自治区人大常委会主任胡春华在自治区直属机关传达贯彻全国两会精神干部大会上作重要讲话

1月25日，自治区人大主任胡春华在自治区十一届人大三次会议闭幕大会上作重要讲话

自治区主席巴特尔在自治区十一届人大三次会议上作政府工作报告

4月23日，胡春华、巴特尔、陈光林等自治区领导，在内蒙古人民会堂亲切接见出席自治区劳动模范和先进工作者表彰大会的劳动模范和先进工作者代表

主席：陈光林

副主席：郭子明

2009 年 10 月陈光林主席陪同全国政协主席贾庆林在内蒙古考察

郭子明副主席在 2010 · 东北老工业基地区域发展论坛会议期间参加视察活动

1月5日自治区党委召开议军会议

7月28日自治区党委常委、政法委书记邢云（前左二）带党政慰问团慰问某通信部队

4月18日军区司令员郑传福（右二）到东胜区人武部“国防林”生态基地视察

4月9日军区政委吴合春(右二)到鄂托克前旗人武部视察指导工作

5月8日军区汽车某部被评为感动内蒙古人物特别奖

5月20日某边防巡逻艇部队组织船艇下水仪式

6月22日军区文工团参加全军第九届文艺汇演

12月20日呼和浩特警备区机关在冬季适应性训练中了解和林县国防工程情况

9月1日内蒙古军区组织参谋集训比武考核

5月13日自治区组织观摩鄂尔多斯市国防动员委员会应对能源安全威胁应急指挥演练

6月6日阿巴嘎旗民兵黑马连进行军事训练

内蒙古自治区地方志编纂委员会主任（自治区主席）：巴特尔

内蒙古自治区地方志编纂委员会副主任（自治区副主席）：连辑

内蒙古自治区地方志编纂委员会副主任（自治区政府秘书长、办公厅主任）：常海

主编（自治区地方志办公室主任）：杨泽荣

副主编（自治区地方志办公室副主任）：查干浪涛

常务副主编（年鉴编辑部主任）：海　棠

副主编（自治区地方志办公室副主任）：孟秀芳

执行副主编：张晓虹

责任副主编：韩　泽

《内蒙古年鉴2010卷》监审人员

总　监　修：巴特尔（自治区党委副书记

自治区主席）

副总监修：潘逸阳（自治区党委常委、自治区副主席）

连　辑（自治区副主席）

总　　　纂：常　海（自治区人民政府秘书长、

政府办公厅主任）

内蒙古自治区地方志编纂委员会名录

主　任:	巴特尔	自治区主席
副主任:	柳　秀	自治区人大常委会副主任
	连　辑	自治区副主席
	郭子明	自治区政协副主席
	常　海	自治区政府秘书长
	乌日吉图	自治区政府办公厅副巡视员
	杨泽荣	自治区地方志编纂委员会办公室主任
委　员:	梁铁城	自治区发展和改革委员会主任
	阿迪雅	自治区民族事务委员会主任
	牙萨宁	自治区经济和信息化委员会主任
	常军政	自治区财政厅厅长
	赵世亮	自治区人力资源和社会保障厅厅长
	王志诚	自治区文化厅厅长
	长　江	自治区审计厅厅长
	苗银柱	自治区地方税务局局长
	胡敏谦	自治区统计局局长
	王玉英	自治区工商行政管理局局长
	杨红岩	自治区新闻出版局局长
	梁文清	自治区档案局局长
	张　宇	自治区党史研究室主任
	牛　森	自治区社会科学联合会主席
	许廷章	自治区国家保密局局长
	陈国文	内蒙古军区副参谋长
	王　波	呼和浩特市代市长
	呼尔查	包头市市长
	罗志虎	呼伦贝尔市市长
	邓月楼	兴安盟盟长
	胡达古拉	通辽市代市长
	王中和	赤峰市市长
	刘俊臣	锡林郭勒盟盟长
	王学丰	乌兰察布市代市长
	云光中	鄂尔多斯市市长
	何永林	巴彦淖尔市代市长
	侯凤岐	乌海市市长
	鲍常青	阿拉善盟盟长

《内蒙古年鉴2010卷》编务人员

主　　　　审：常　海

主　　　　编：杨泽荣

常务副主编：海　棠

执行副主编：张晓虹

副　主　编：查干浪涛　孟秀芳

责任副主编：韩　泽

编　　　　辑：姚思泰　芙蓉　郝文强　孟国荣　曾石
侯丽娟　冰霜　徐媛英　赵在旺　何晓伟

校对人员：海棠　张晓虹　韩泽　查干浪涛　孟秀芳

文版设计：海棠　郭春茹

彩版制作：郭春茹

蒙文目录：芙　蓉

英文目录：张瑞庭

索引制作：王彦祥

编辑说明

一、《内蒙古年鉴》是内蒙古自治区人民政府主办，内蒙古自治区地方志办公室年鉴编辑部编辑的自治区级综合性年刊。是集知识、信息、资料为一体的权威性工具书。由北京方志出版社出版，并向国内外公开发行。

二、《内蒙古年鉴》2010卷旨在全面、系统、客观地记载内蒙古自治区2009年自然、政治、经济、文化、社会等各个方面情况的年度资料性文献，为海内外各界人士了解内蒙古、研究内蒙古和建设内蒙古提供详实的资料、可靠的信息，同时也是内蒙古自治区精神文明建设、对外宣传的窗口和联络的纽带。

三、《内蒙古年鉴》2010卷由篇目、栏目、条目组成。全书条目标题统一用黑体加【 】表示，部分条目加层次性小标题。全书共设特载、中国共产党内蒙古自治区委员会、内蒙古自治区人民代表大会常务委员会、内蒙古自治区人民政府、中国人民政治协商会议内蒙古自治区委员会、民主党派·工商联、群众团体、政法、军事、人事·劳动·扶贫开发、民族宗教·民政、经济管理与监督、农牧林水与农村牧区经济、工业、信息产业、地质矿产勘查、气象·测绘·地震、交通运输、建设·环保、经济贸易·旅游产业、财税、金融·保险、科学、教育、文化传媒、卫生·计划生育·体育、盟市旗县（市区）、企业概览、大事记、人物，新加工业园区栏目，共计31个栏目，全书140万字。

为突出内蒙古自治区的民族特点、地方特色，年鉴除设中文目录、英文目录外，另设蒙文目录。

四、《内蒙古年鉴》所用稿件均由自治区直属机关各部门、盟市及旗县（市区）政府撰（供）稿，并经各单位领导审查，内蒙古年鉴编辑部统编，自治区人民政府审定。凡全区性的数据，以统计部门资料为准。

五、《内蒙古年鉴》2010卷随书出版发行电子版光盘，并在内蒙古区情网站（www.nmqq.gov.cn）全文上网，欢迎查阅。

六、《内蒙古年鉴》2010卷的出版，是全区各地区、各部门通力合作的结果，在编辑出版过程中得到了自治区党委、政府领导、地方志编委会领导和各地区、各部门、各单位领导及同仁的关心支持，对所有给予年鉴编辑工作热情关怀、大力支持和积极参与的同志们一并表示衷心感谢。

《内蒙古年鉴》编辑部

2010年10月

12月1日，自治区党委书记胡春华、自治区主席巴特尔接见总队领导

10月14日，蒙古国内卫部队军官代表团在内蒙古总队参观访问。

3月19日，鄂尔多斯市支队245名官兵鏖战6昼夜封堵黄河决口，营救遇困群众。

5月16日，总队派遣特战小分队参加抓捕特大跨国跨地区走私贩卖枪支团伙主要案犯。

调集兵力，全力做好60大庆安全保卫工作。

2009年10月20日，国务院总理温家宝、中央军委主席胡锦涛签署命令，授予满洲里边防检查站『爱民固边模范边防检查站』荣誉称号。图为12月18日在呼和浩特市召开的授称命名大会现场

举办全区公安边防部队第六届“赫力杯”篮球赛

与俄西伯利亚联邦区地区边防局举行工作会谈

魏巍当选“全国见义勇为道德模范”

布仁达来荣膺第二届“我最喜爱的十大北疆卫士”

总队长：张忠国

政委：张维国

演练

灭火喷火枪进行试射训练

演练

灭火水枪中队灭火

自治区副主席连辑视察人防工程

全区人防工作会议在呼和浩特召开

初级中学开展防空防灾教育

市民观看人防宣传展板

网上演练

自治区人防办扶贫工作见成效

人防通信技术人员检修防空警报器

厅长赵黎平赴新疆慰问呼和浩特援疆特警

内蒙古自治区党委、政府慰问援疆特警仪式

厅长赵黎平在“10·17”案件现场指挥

内蒙古自治区公安厅

厅长赵黎平走访社区困难群众

“爱民实践大走访”下社区

封控执勤

武装巡逻的特警队员

巡逻特警

乌兰木伦中湖区景观

伊克召公园

鄂尔多斯大剧院

现代化采掘生产场景

世界上第一条煤直接液化生产线

已建成的年产 18 万吨甲醇的苏里格天然气化工股份有限公司

自治区主席巴特尔与董事长杨成林为内蒙古银行揭牌

内蒙古银行成立大会现场

自治区党委副书记、自治区政府主席巴特尔

自治区党委常委、呼和浩特市市委书记韩志然

董事长杨成林与国务院扶贫办主任范小建共同商讨国际减贫事业的开展

博物馆

草原母亲

成吉思汗广场

康巴什新区鸟瞰

文化艺术中心

闻名世界

内蒙古自治区党委组织部副部长、人力资源和社会保障厅厅长赵世亮陪同内蒙古自治区副主席刘卓志视察人才招聘会

厅　长：赵世亮

内蒙古百人创业培训计划启动仪式暨内蒙古高校毕业生创业培训高校师资班开班式

首届马铃薯产业技术研发及推广国际培训会

2009年全国民营企业招聘周活动内蒙古自治区现场招聘大会

2009年内蒙古自治区"三支一扶"、社区民生志愿服务高校毕业生岗前培训开班典礼

人民网强国博客团考察内蒙古巴彦淖尔市人才储备工作座谈会

全球模拟公司中国中心内蒙古分中心揭牌仪式

2009年内蒙古自治区人事人才工作会议▲

内蒙古自治区人才储备工作会议▶

内蒙古自治区高校毕业生创业培训试点班结业典礼

内蒙古自治区高校毕业生就业见习基地授牌仪式

自治区党委副书记、自治区主席巴特尔，国家广电总局副局长张丕民为内蒙古电影集团揭牌

国家广电总局副局长张丕民视察内蒙古广播影视数字传媒中心

自治区副主席刘新乐出席全区广播影视工作会议

自治区副主席刘新乐为“广电人的视界”—内蒙古广播影视系统首届摄影作品展开幕式剪彩

自治区副主席刘新乐观看“广电人的视界”—内蒙古广播影视系统首届摄影作品展

“祖国在我心中”内蒙古广播影视系统第二届职工文艺汇演

全区广播影视工作会议

局长：乌　兰

区局与成都信息工程学院召开合作座谈会

2月18日，各盟市领导集中述职

3月5日，区局学习实践活动总结大会

7月20日，中蒙边境地区气象观测业务交流会在区局举行。

增雨飞机准备起飞

火箭增雨作业

回民区红旗小学学生参观内蒙古气象台

自治区主席巴特尔看望福利院儿童

厅　长：吴金亮

厅机关女干部与呼和浩特儿童福利院工作人员及孤残儿童在一起

发送救灾物资

机关党员进社区

2009年7月10~14日，第六届中国·内蒙古草原文化节精品图书展，国家新闻出版总署党组成员、副署长孙寿山，自治区党委常委、宣传部部长乌兰，自治区人民政府副秘书长杨玺出席开幕式并参观图书展。

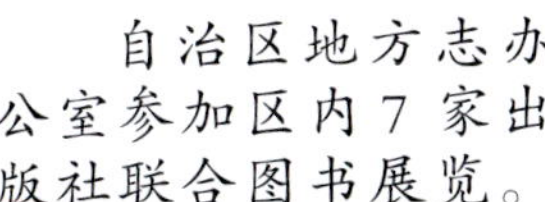

自治区地方志办公室参加区内7家出版社联合图书展览。

教育部巡回指导组听取我区中等职业学校和中小学校学习实践科学发展活动情况汇报

自治区召开全区校舍安全工程工作会议，安排部署我区校舍安全工程相关事宜

东胜区接受自治区“双高普九”评估验收，成为全区第一个实现“双高普九”目标的旗县

2009年全区中等职业学校技能大赛开幕式

自治区教育厅与澳大利亚南澳洲就业培训和继续教育部举行职业教育合作意向签字仪式

蒙古语授课学生在现代化的多媒体教室认真学习

6月，全区法律六进工作经验交流会在呼和浩特召开

6月，司法厅组织机关全体党员干部赴延安红色教育基地接受革命传统教育

9月，第20期中法公证法律讲座在呼和浩特举办，图为司法厅厅长徐呼和会见前来参加讲座的法国公证人高等理事会名誉主席、法国公证人高等理事会中国事务代表让－保罗·德科尔（Jean-Paul DECORPS）一行

11月，司法厅党委全体成员召开以"加强领导干部党性修养、树立和弘扬良好作风"为主题的民主生活会。左起依次为副厅长王健、副厅长兼监狱管理局局长翟贵文、副厅长杜志刚、厅长徐呼和、副厅长岩英、副厅长徐贵忠、纪委书记王洪中、政治部主任尤俊成

12月，二连浩特市司法局法律援助中心工作人员经过多方努力为农民工要回所拖欠的工资

全国政协副主席、科技部部长万钢考察内蒙古大学省部共建重点实验室

自治区主席巴特尔与科技部部长万钢签订部区会商议定书

北方重工业集团建成3.6万吨黑色金属垂直挤压机

金煤集团煤制乙二醇项目在通辽市建成投产

自治区举办专利技术展示交易会

举办内蒙古新农村建设清洁节能炉具科技成果推介会

内蒙古自治区旅游局

4月3日宣传周

2009年7月8日广州推介会

内蒙古代表团在第十一届全运会开幕式上

蒙牛冠名第十五届世界元老乒乓球锦标赛

全民健身气功比武大赛

收获的喜悦—在第十一届全运会上竞走小将王浩、褚亚飞分别获得第一名、第三名的好成绩

全民健身—骑出快乐骑出动感

夕阳红—全民健身老年秧歌比赛

欢乐草原赛马大会

司法厅副厅长、监狱局局长：翟贵文

翟贵文局长将捐款交给内蒙古红十字会

召开全区监狱系统安全生产电视电话会议

召开全区监狱系统深入推进安全隐患专项治理工作会议

监狱局举办机关计算机网络知识竞赛，翟局长给获奖者颁奖

2009 年 3 月 11 日，自治区档案局召开深入学习实践科学发展观活动总结大会，自治区档案局党组书记、局长、局学习实践活动领导小组组长张佃敏在会上作总结报告

2009 年 3 月 18 日，自治区人大执法调研组，对呼和浩特地区档案法律法规贯彻实施情况进行了调研。图为调研组一行正在参观呼市档案馆镇馆之宝—清代圣旨(仿真件)

2009 年 8 月 7 日，内蒙古自治区顺利通过全国档案事业发展综合评估，并荣获“全国档案事业发展综合评估先进单位”称号。图为评估组正在听取汇报

2009 年 8 月 19 日，第八次西部 12 省市区档案工作研讨会在呼和浩特召开，与会人员就“档案信息化”及“政府信息公开场所建设”等议题展开研讨

2009 年 8 月 20 日，内蒙古自治区档案馆成立 50 周年庆典活动隆重举行，国家档案局和自治区领导出席庆祝大会并讲话，自治区档案局局长张佃敏致词

国家统计局局长马建堂、自治区副主席赵双连视察调查总队

国家统计局局长马建堂看望慰问总队干部职工

自治区党委副书记、政府副主席任亚平听取工作汇报

党组书记、总队长：郑世成

五四运动90周年纪念大会

大力加强基层组织建设，选派50名团干部到基层驻点开展工作，图为胡达古拉书记督查驻点工作

积极促进青年就业创业，创建“共青团青年就业创业见习基地”554个，提供见习岗位11494个，7469名青年上岗见习，2324名青年被见习企业聘用。

开展“共青团与人大代表、政协委员面对面”活动，探索建立维护青少年合法权益工作的长效机制。

内蒙古自治区人口和计划生育工作会议2009年2月17日在呼和浩特市召开，自治区主席巴特尔（中）出席会议并讲话

全国政协常委、中国计划生育协会常务副会长潘贵玉（左二）在自治区副主席刘新乐（右二）、自治区人口计生委主任王苏布道（右一）陪同下慰问通辽市蒙古族新婚夫妇，送去“一杯奶”

国家人口计生委副主任姜帆（左二）在自治区人口计生委主任王苏布道（左三）陪同下视察呼伦贝尔市陈旗计划生育服务站

自治区人口计生委主任王苏布道（右二）在呼伦贝尔市鄂温克早教基地参观考察

内蒙古自治区“一杯奶”生育关怀行动启动仪式2009年6月1日在通辽市启动，自治区副主席刘新乐（右二）作重要讲话全国政协常委、中国计划生育协会常务副会长潘贵玉（右三）出席会议并讲话，自治区人口计生委主任王苏布道（右一）主持会议

内蒙古自治区出生缺陷干预暨“一杯奶”生育关怀行动工作会议2009年10月10日在呼和浩特市召开

内蒙古自治区“一杯奶”生育关怀行动启动仪式2009年6月1日在通辽市启动，全国政协常委、中国计划生育协会常务副会长潘贵玉出席会议并讲话

中国残联副理事长孙先德在举重锦标赛开幕式上致辞

中国残疾人联合会副主席、中国残疾人福利基金会理事长汤小泉、副理事长邢建绪、内蒙古自治区政府副主席刘卓志等领导共同启动内蒙古启明行动

中残联副理事长王乃坤赴我区开展调研

内蒙古自治区残联理事长杨志民赴基层调研

杨理事长与2009全国举重锦标赛获奖队员

内蒙古电视台手语新闻节目期铜仪式

启明行动内蒙古募捐晚会

中共中央委员、全国供销合作总社党组书记、理事会主任李成玉考察兴安盟农合农业有限责任公司种植基地

自治区副主席郭启俊在呼市赛罕区榆林镇供销合作社调研指导工作

包头市九原区东园供销社农贸市场

内蒙古农资公司白塔库调运化肥

内蒙古牧王畜产品股份有限公司员工在基层收购羊毛

赤峰市银龙茧丝绸有限公司生产车间

赤峰市新合作超市外景

自治区党委书记胡春华，自治区党委副书记、自治区副主席任亚平陪同全国人大副委员长乌云其木格，中共中央政治局委员、上海市委书记俞正声，中国贸促会秘书长、上海世博中国馆馆长徐沪滨参观内蒙古馆。

自治区党委书记胡春华为2010年上海世博会内蒙古馆题词

自治区主席巴特尔在上海世博会内蒙古馆开馆仪式上致辞

2010 年上海世博会内蒙古馆开馆仪式现场

2010 年上海世博会内蒙古馆

人民银行呼和浩特中心支行

党委书记、行长：王景武

人民银行呼和浩特中心支行领导班子

王景武行长深入基层调研指导工作

安排部署全区人民银行工作

加强窗口指导积极落实货币信贷政策

举办丰富多彩体育活动强健职工体质

开展反假币宣传

宣传推动助学贷款业务

2009年1月18日，中国工商银行内蒙古自治区分行与内蒙古自治区交通厅签署《300亿元金融合作框架协议》，郝彬行长出席签字仪式并在协议上签字

2009年6月3日，工商银行支持鄂尔多斯市精品移民小区及城市基础设施建设40亿元项目贷款启动签字仪式在鄂尔多斯市隆重举行，行长郝彬出席并致辞

2009年6月5日，行长郝彬深入华泰汽车公司了解企业生产情况

2009年10月23日，工行内蒙古分行营业部"呼和浩特地区如意养老企业年金签约仪式"在呼和浩特隆重举行，分行副行长兼营业部总经理刘志忠出席签字仪式

2009年6月3日，工商银行支持鄂尔多斯市精品移民小区及城市基础设施建设40亿元项目贷款启动签字仪式在鄂尔多斯市隆重举行，行长郝彬出席并致辞

2009年12月16日，工商银行百所高校金融大讲堂活动及"青年创业就业见习基地"授牌仪式在内蒙古大学隆重举行，工商银行内蒙古分行副行长刘志忠出席并作题为《传播金融知识 履行社会责任》的讲座

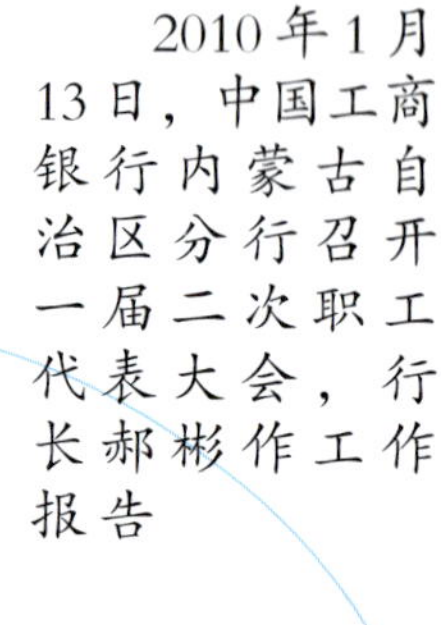

2010年1月13日，中国工商银行内蒙古自治区分行召开一届二次职工代表大会，行长郝彬作工作报告

2010年4月16日，中国工商银行内蒙古自治区分行召开全区二级分行行长座谈会，分析经营形势，研究部署下一步重点工作

农行内蒙古分行许金超行长荣获“2009第七届内蒙古十大经济年度人物”荣誉称号。图为许金超行长发表获奖感言。

农行内蒙古分行行领导时代领跑者—中华人民共和国成立60周年最具影响的劳动模范荣誉称号获得者智呼声同志

全区农行2009年年初工作会议

与内蒙古交通厅签订合作协议

农行内蒙古分行召开银企合作促进会暨“大行德广 伴您成长 金钥匙春天行动”启动仪式

与内蒙古师范大学签订战略合作协议

农行内蒙古分行与内蒙古建设厅签订建设工程社会保障费专用帐户管理协议

全区农行全面推进服务“三农”改革工作会议

中国银联内蒙古分公司

自治区副主席布小林在北京金融博览会观看“银联惠农支付通”业务现场演示

中国银联内蒙古分公司
总经理：戈岚

中国银联内蒙古分公司与中国邮政储蓄银行内蒙古分行签署全面合作协议

农民工银行卡特色服务开通仪式

银行卡积极推动县域经济发展

推动银行卡受理市场规范，构建区内和谐受理环境

热心公益事业，积极参与灾区捐款

2009年用卡安全宣传活动

银联员工走进农村推广“银联惠农支付通”业务

为银行卡产业各方积极开展多样化培训

内蒙古分行行长张少波荣膺2009年度内蒙古十大经济人物

分行员工在首届内蒙古金融业卓越理财团队评选活动中取得佳绩

邮储银行内蒙古分行与中国银联内蒙古分公司签订全面合作协议

宽敞明亮的营业大厅

信贷员为小额贷款用户发放存折

办事处党委副书记、副总经理：孟玲虎

办事处副总经理兼北方奔驰公司董事会副董事长孟玲虎深入车间考察调研

办事处领导孟玲虎同志到阿拉善盟经济开发区考察

办事处领导在阿盟与盟行署有关领导与部门负责人举行业务项目合作座谈会

办事处与中国工商银行内蒙古分行举行战略合作座谈会

办事处孟玲虎在年初工作会议上与班子成员及部门负责人签订《目标责任状》和《勤政廉洁责任书》

BSB 包商银行 BAOSHANG BANK

2009 年 2 月 10 日，包头市委副书记、市长呼尔查（右一）莅临包商银行调研指导工作

2009 年 6 月 18 日，由包商银行协办的微小企业贷款研讨会在北京隆重召开，董事长李镇西出席会议并发言

2009 年 10 月 29 日，国务院参事、全国政协常委任玉岭，中国中小企业协会副会长兼秘书长孔庆泰，授予包商银行“中国中小企业‘汇众工程’金融研究示范单位”称号

2009 年 6 月 9 日，包商银行艺术团挂牌庆典仪式在包头第一工人文化宫隆重举行

党委书记、总经理：吴建林

公司与内蒙古自治区政府签订战略合作协议

中国人保财险内蒙古分公司冠名参加全区消防知识竞赛

中国人保财险内蒙古分公司展厅亮相内蒙古首届金融博览会

公司荣获总公司、各级党委、政府和有关部门授予的多项荣誉称号

公司95518客户服务中心举行“迎世博 迎亚运”青年志愿者活动

中国人寿保险股份有限公司内蒙古自治区分公司主要负责人柳廷生

中国人寿内蒙古分公司员工深入“5·12”汶川地震灾区一线开展理赔工作

95519电话中心提供六大服务功能

公司开展送保险进家庭社区公益活动

公司业务人员为客户提供热情周到咨询服务

公司青年志愿者到呼和浩特市和林县舍必崖小学开展爱心捐赠活动

公司尊重民主决策每年召开职工代表大会

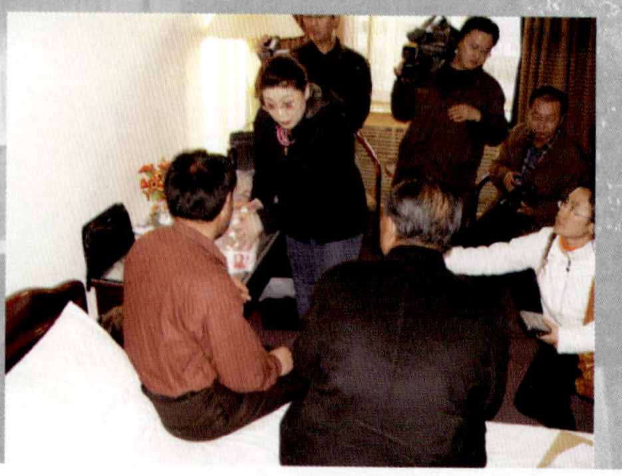

在包头『11·21』空难后及时将赔款交给受益人

中国石油内蒙古呼和浩特销售分公司

中国石油内蒙古呼和浩特销售分公司是中国石油在内蒙古首府地区最大的成品油销售企业，前身为内蒙古自治区石油总公司呼和浩特分公司，成立于1955年。如今的呼和浩特公司拥有两座现代化大型油库和设备先进、环境优美、功能完善的加油站105座，其中五星级加油站3座，四星级加油站6座，三星级加油站32座。销售网络覆盖呼和浩特市区及5个旗县、77个乡镇、1007个自然村，遍布城乡各地。

1998年，企业重组上划中直企业以来，在中国石油集团公司、内蒙古销售公司的正确领导和大力支持下，企业面貌发生了翻天覆地的变化，各项经济指标持续大幅增长，企业竞争能力、盈利能力和抗风险能力不断增强。公司始终遵循着“奉献能源，创造和谐”的企业宗旨，服务于首府人民群众，服务于首府经济社会发展，在内蒙古首府地区树立了良好的“中国石油”品牌形象，为首府地区经济的发展做出了积极的贡献。

2005年被中央精神文明建设指导委员会授予全国“精神文明建设先进单位”荣誉称号；2009年，分公司被全国总工会、国家安监局授予“安康杯竞赛优胜企业”称号；八拜油库再次获得股份公司“标杆油库”称号；和林、托克托、土左零售片区被市文明委授予“呼和浩特市文明单位”称号；第二零售片区党支部被自治区直属机关工委授予“先进基层党支部”称号。

中国石油，为您成功加油

鲜花盛开

八拜石油库

内蒙古林业总医院

国务院特殊津贴专家、全国先进工作者、全国优秀院长张晓光

医院门诊楼

全国医药卫生系统

先进集体

中华人民共和国卫生部
国家食品药品监督管理局
国家中医药管理局
二〇一〇年一月

再次荣获"全国医药卫生系统先进集体"称号

内蒙古林业总医院，是祖国最北端的三级甲等医院，坐落在内蒙古牙克石市，创建于20世纪50年代初内蒙古大兴安岭林区开发时期，1956年国家林业部对其投资扩建后形成综合医院规模，现已发展成为集医疗、教学、科研、保健、预防、康复、社区服务为一体的大型现代化医院，2002年被内蒙古自治区教育厅和卫生厅列为内蒙古民族大学第二附属医院。原隶属于内蒙古大兴安岭林管局（内蒙古森工集团），2008年转制成为呼伦贝尔市直属事业单位。近年来先后获得"内蒙古自治区文明单位标兵"、"全国百姓放心示范医院"称号,1999年和2009年两次被评为"全国医药卫生系统先进集体"。院长张晓光先后被评为全国先进工作者、全国优秀院长、全国百姓放心示范医院优秀管理者、国务院特殊津贴专家。

医院床位1000张，临床科室50个、医技科室16个，临床实验室6个，临床教研室12个。设有肿瘤治疗中心、远程会诊中心，蜱传疾病研究所和内分泌疾病研究所。全院在岗职工1463人，卫生专业技术人员1058人（其中高级职称141、中级职称303、初级职称614），教授、副教授17名，硕士生导师4名，在读医学博士3名，医学硕士21名。医院总资产2.8亿元，医疗设备873台（套）金额9979万元，其中10万元以上130余台（套）、100万元以上16台（套）。建成HIS、PACS、RIS、LIS、OA、图书馆管理、多媒体、电子监视、病人费用查询、远程会诊等十大系统，形成较为完善的数字化医院体系。

医疗工作　2009年门急诊诊疗人数217447人次，其中门诊209205人次、急诊8242人次；入院15611人次、出院15146人次；住院病人治愈好转率97.6%，入出院诊断符合率99.8%，床位使用率108.5%，无菌切口甲级愈合率99.8%，住院危重病人抢救成功率94.8%。

积极做好甲型H1N1流感防控工作，累计投入373.16万元购置急救设备、储备应急药品和物资，建立甲型H1N1流感防治知识培训基地。呼伦贝尔市出现疫情后，全力开展甲型H1N1流感重症救治工作，共接诊流感样病例3831人，收治流感样病例127例，确诊病例3例，其中1名来自扎兰屯市的确诊病人怀有身孕，且合并双侧重症肺炎。收治的重症病例，经医护人员的全力救治和精心照料，全部康复出院。

新技术和新业务　经自治区卫生厅批准成为第一批开展心血管疾病介入诊疗技术医疗机构，获准开展冠心病介入治疗、先心病、起搏器置入术、射频消融术介入治疗技术项目。成功开展体外循环下心脏手术，开展了使用CPM机人工膝关节置换术后康复治疗、磁共振双下肢动脉造影、89srcl2治疗前列腺癌骨转移、腹主动脉瘤切除加人工血管移植术、应用钬激光治疗泌尿系统疾病和引进肛肠疾病"安氏疗法"等10余项新技术、新业务。

科研工作　申报自治区项目18项，其中卫生厅科技项目9项；申报内蒙古民族大学科研项目22项，批准立项21项；《森林脑炎诊断与治疗研究——森林脑炎致眼部病变的临床研究》获内蒙古科技进步三等奖；完成申报国家自然科学基金2项、自治区科学基金项目3项；发表学术论文40余篇。

学科建设　经过专家委员会现场评审，自治区卫生厅确定本院内分泌科为自治区领先学科，神经内科、眼科、介入放射科为自治区重点学科。同时，本院被自治区卫生厅确定为全区内分泌质量控制中心。

临床教学　被确定为全国高等医学教育学会会员单位；积极做好硕士研究生培养，首批6名研究生正式到院接受研究生教育；内蒙古民族大学第二批"3+2"两段式教学51名学生的理论课、临床实习按教学计划全面完成。

预防、妇幼保健工作　完成了两个系统管理，其中孕产妇系统管理率94%，儿童系统管理率86.17%，住院分娩率100%，产后访视率100%，孕产妇死亡率为0，新生儿访视率100%；五苗接种率100%，新生儿首针乙肝疫苗接种率98%，甲肝疫苗接种率96%，风疹疫苗接种率95%，腮腺炎疫苗接种率95%。

对口支援与帮扶　根据上级卫生行政部门的部署，完成对口支援阿荣旗人民医院、中蒙医院，莫力达瓦旗人民医院、中蒙医院任务，并与牙克石市、海拉尔区9个社区卫生服务站（中心）建立对口支援关系。

基础设施建设　集数字化、智能化为一体，功能齐全、布局合理的1.9万平方米新内科楼建设工程于10月竣工并投入使用，全面缓解了患者住院难问题。

大事记

★ 按照国际标准化组织颁布的《医学实验室质量和能力专用要求》——ISO 15189标准建设的检验科，2009年7月，通过现场评审，10月获得了"中国合格评定国家认可委员会"颁发的"实验室认可证书（NOCNASMT0043）"，成为内蒙古自治区首家、国内第43家通过ISO 15189现场评审的医学实验室。

★ 2009年12月，荣获"全国医药卫生系统先进集体"称号，这是继1999年之后，又一次获得这一荣誉。

2007年2月12日，时任自治区副主席余德辉（左一）在乌力吉局长（中）陪同下到电信企业调研

内蒙古通信管理局于2000年11月15日正式成立，是自治区电信行业主管部门，实行工业和信息化部与自治区党委、政府双重领导、以工业和信息化部为主的管理体制，电信管理工作由工业和信息化部直接领导。

十年来，内蒙古通信管理局坚持“保护竞争、促进发展，依法行政、监管为民”的理念，全面履行经济调节、市场监管、社会管理和公共服务职能，为推动电信业发展改革、营造和谐的电信市场秩序和消费环境、服务自治区经济社会进步做出了积极贡献。截至2009年底，全区电话用户已经突破两千万大关达到2080.7万户，普及率达到86.2部/百人，位居西部第1位、全国第9位，分别超出西部19.9、全国5.3个百分点，有力提升了自治区经济社会发展环境和良好的外部形象。

2009年9月29日，内蒙古通信管理局党组书记、局长乌力吉荣获全国民族团结进步模范个人荣誉称号并受邀参加国庆60周年观礼活动

十年来，内蒙古通信管理局坚持“内强素质，外树形象”，在全面履行政府职能的同时，高度重视和大力加强内部环境建设。积极开展“三创一落实”活动，从理论教育、组织建设、文明创建、反腐倡廉等方面入手，不断加强领导班子自身建设和干部队伍建设，机关内部形成了团结一致、干事创业的良好氛围，全局干部政治素质和业务技能进一步提高，电信监管能力得到有效提升，为做好电信监管工作奠定了良好基础，先后获得自治区“文明机关”、“自治区直属机关党建工作先进厅局”和“全区民族团结进步模范集体”等光荣称号。

2009年5月17日，围绕电信日主题，引导青少年“文明上网、上文明网”

2009年2月内蒙古电信基础设施共建共享合作协议正式签署

2010年3月12日，内蒙古电信行业庆祝“3·15”消费者权益日

党委书记、局长：王繁平

2009 年 4 月 13 日，民航内蒙古监管办正式更名为民航内蒙古监管局

奥运前夕督察呼和浩特机场保障情况

春运第一天检查值机柜台

协调驻场单位保障抗震救灾专包机

检查中航油内蒙古分公司油库

飞标处监察员对飞入航班进行停机坪监察

对辖区民航企事业单位开展综合安全检查

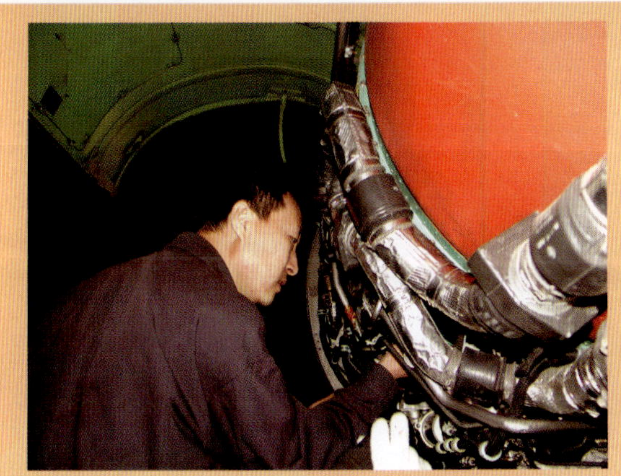

到现场开展调查

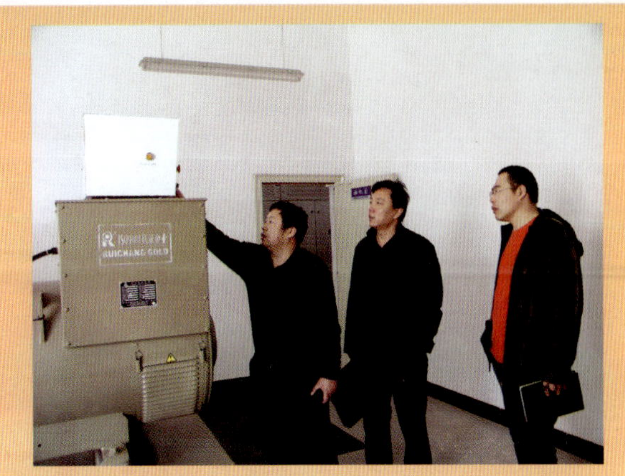

机场处监察员检查机场灯光站

空防处监察员检查鄂尔多斯机场控制区道口

市场处监察员监察货包机现场

开展对包机停机坪监察

空管处监察员在空管塔台监察

在辖区各机场开展民用航空安全信息管理规定培训

多次受到民航华北地区管理局、自治区表彰

中国农业机械化科学研究院呼和浩特分院

中国农业机械化科学研究院副院长兼呼和浩特分院院长、党委书记杨世昆

中国农机院呼和浩特分院领导班子

批量生产的方草捆捡拾压捆机，国内市场占有率达60%

太阳能饲草干燥成套设备

胡列也吐旅游度假基地

中国农业机械化科学研究院呼和浩特分院

中国农业机械化科学研究院呼和浩特分院前身为国家机械工业部呼和浩特畜牧机械研究所，成立于1960年。1998年整建制并入中国农业机械化科学研究院，1999年7月转制为中央直属科技型企业。

呼和浩特分院是从事畜牧业装备技术及产品研究开发并具有自营进出口权的科技型企业，也是我国最早从事可再生能源利用技术研究的科研机构之一。建院近五十年，形成了草原建设与草原改良技术及装备、饲草收获与贮存技术及装备、牧草种子加工技术及装备、饲草料制备与深加工技术及装备、秸秆饲料转化技术及装备、畜产品采集与深加工技术及装备、畜禽饲养技术及装备、风能太阳能等可再生能源应用技术与设备等领域的研发和产业化能力。

呼和浩特分院位于内蒙古自治区首府呼和浩特市赛罕区昭乌达路70号，现有总资产2.40亿元，拥有4个全资子公司和3个控股公司，其中内蒙古华德牧草机械有限责任公司是我国最大的草业装备生产企业。分院销售中心设在北京，承担分院所有产品的营销并代理美国、意大利、德国、法国等国的畜牧业机械产品。

呼和浩特分院是"国家草原畜牧业装备工程技术研究中心"、"全国风力机械标准化技术委员会"、"全国农业机械标准化技术委员会畜牧机械标准化分技术委员会"、"内蒙古自治区饲草料收获及加工机械装备实验室"、"内蒙古畜牧业装备工程技术研究中心"、"内蒙古新能源工程技术研究中心"等9家公益性机构的依托单位和全国畜牧机械行业技术归口单位，其中"国家草原畜牧业装备工程技术研究中心"是我国草原畜牧业装备行业工程化集成化技术源头、工程化科研成果试验测试基地和中试基地、高水平工程化人才培养基地及科研成果工程化信息服务中心。

呼和浩特分院现有从业人员720人，其中专业技术人员197人。分院共有研发人员162人，其中研究员13人，高级工程师68人，硕士以上学位人员11人。建院以来共完成各类科研项目907项，其中获国家级、省部级等科技成果奖99项，取得专利、专有技术122项。

呼和浩特分院坚持以经济效益为中心，重点实施加速自主创新能力建设，加速产业化能力建设、强化市场营销品牌效应和平稳推进内部管理体制改革的"两个加速"、"一个强化"和"一个推进"发展战略，使分院技术创新能力和水平、科技成果转化及产业化能力和水平明显提高，品牌效应初见成效，主导产品市场占有率已达60%以上，2010年被内蒙古自治区授予"国家高新技术企业自治区十强"。

呼和浩特分院是ISO 9001质量管理和ISO 14001环境管理体系认证企业。

气力式免耕播种机

圆捆卷捆机

风能太阳能设备

内蒙古华德新技术公司研发生产的系列全自动保护逆变器

内蒙古煤炭地质调查院为长期在艰苦工作环境中挥洒青春、无私奉献，扎根煤田地质勘探事业的9对新人举办集体婚礼

厅领导野外现场视察我院工作

内蒙古煤炭地质调查院坐落于呼和浩特市，隶属于内蒙古自治区煤田地质局（内蒙古煤炭建设工程（集团）总公司），成立于2002年，下设地质技术室、水文工程室、矿产室、区域研究室、项目室、物探测量部、计算机室、综合办公室等部门，拥有现各类专业技术人员113人，其中高、中级职称64人，拥有先进的专业设备。已具备了承担和实施大型地质勘探工程的能力。具有固体矿产勘查；气体矿产勘查；地球物理勘查；勘查工程施工（石油天然气钻井工程施工）甲级资质。水文地质工程地质、环境地质调查、液体矿产勘查乙级资质。

自成立以来承担了各类地质勘查项目近百项，涉及煤田地质、矿产地质、水文地质、地质灾害评估、煤层气勘查、矿井井筒检查、煤田(煤矿)火区勘查等各个领域。多份特大型露天煤矿勘探报告已经为矿山建设所利用，为内蒙古地质勘探事业发展做出了重要贡献。

2008年全市开展职业道德建设“双十佳”和红旗班组评选表彰活动，我院荣幸的被评为《职业道德建设“双十佳”》单位，我们会发扬成绩，再接再厉，进一步加强职工职业道德建设，不断提高思想道德素质、科学文化素质和技术业务素质，推进职工队伍整体素质进一步提高，为建设和谐首府做出新的贡献。

我院以“用户第一，质量第一，坚持优质、高效、安全、文明施工，规范管理，持续改进，不断增强顾客满意”的质量方针，坚持“以顾客为关注焦点”的质量管理原则和“厚德、博学、勤奋、团结”的团队精神，竭诚为广大用户提供优质服务，并以良好的信誉与各界朋友精诚合作。

单位地址：内蒙古自治区呼和浩特市新城区展览馆东路25号

电话：0471-2235304　　传真：0471-4908921

冀中能源邢矿集团金牛煤电有限公司城梁矿井筒检查孔设计审查会

为了全面提高职工的整体素质和执行力，加强团队凝聚力与协作能力，我院组织了“拓展培训”，通过参加这次活动，使大家懂得了在困难和责任面前跨越从前、跨越借口、跨越懦弱、突破自我，提高了团队凝聚力、协作力、快速决策和坚决执行的能力

小井沟职工爬山比赛” 本次爬山比赛取得了全体比赛人员登顶成功、 得到了领导及全体职工的高度评价。大家表示今后更加努力学习、勤奋工作，共同携手创造内蒙古煤田地质局煤炭地调院的辉煌明天

在庆祝中华人民共和国成立60周年之际，我们“唱响红歌颂祖国、庆祝祖国60华诞”为主题的国庆歌咏比赛，我们演唱歌曲《地调院之歌》，歌声里表达了我们对工作的无比热情以及对伟大祖国的热爱之情

国土资源部部长徐绍史、自治区副主席赵双连慰问本局一线职工

局长、党委书记、总经理：莫若平

团结奋进的局领导班子

5000米油气钻机

全区五一劳动奖状

煤炭工业地质勘查

功勋单位

中华人民共和国煤炭工业部
一九九三年六月

煤炭工业地质勘查功勋单位

全国煤炭工业

地质勘查功勋单位

中国煤炭工业协会
二〇〇五年四月

全国地质勘查功勋单位

目 录

特 载

中国共产党内蒙古自治区委员会

内蒙古自治区人民代表大会常务委员会

内蒙古自治区人民政府

中国人民政治协商会议内蒙古自治区委员会

民主党派·工商联

群众团体

政　法

军事

人事·劳动·扶贫开发

民族宗教·民政

经济管理与监督

农牧林水与农村牧区经济

工业

信息产业

地质矿产勘查

气象·测绘·地震

交通运输

建设·环保

经济贸易·旅游产业

财　税

金融·保险

科 技

教 育

文化传媒

卫生·计划生育·体育

盟市旗县(市 区)

企业概览

工业园区

大事记

人物

索引

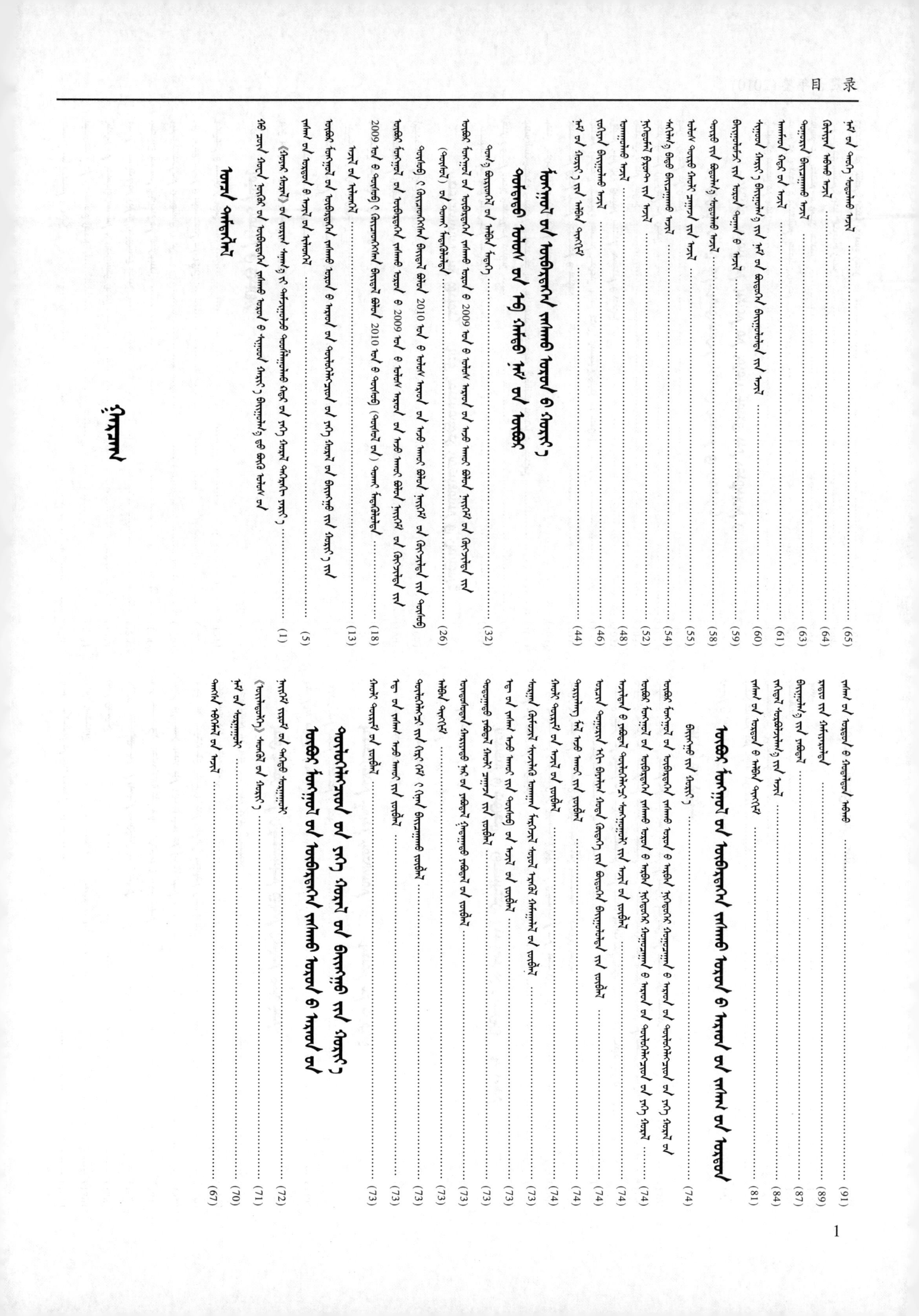

ᠭᠠᠷᠴᠠᠭ

[illegible]

[illegible]

[illegible]

[illegible]

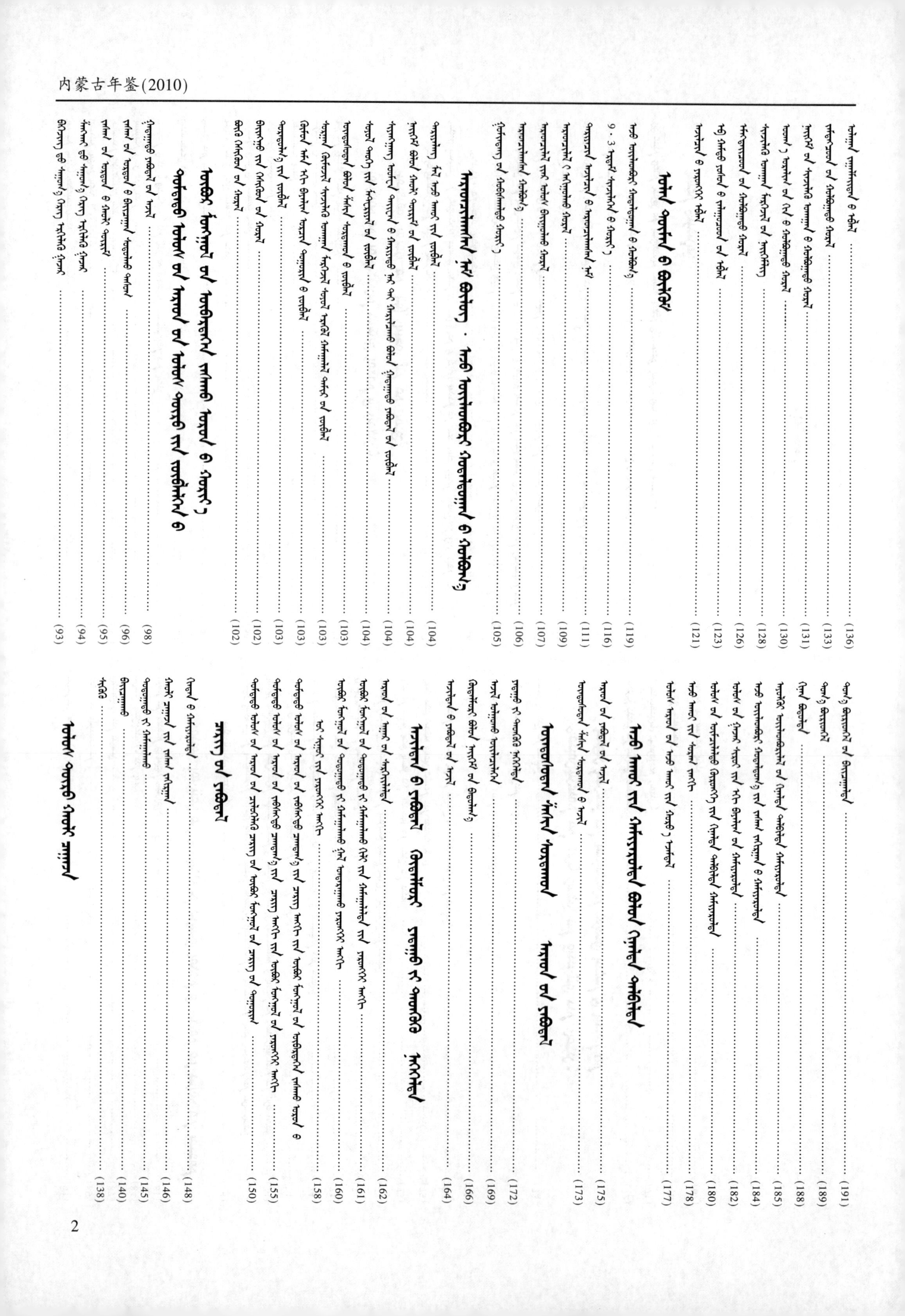

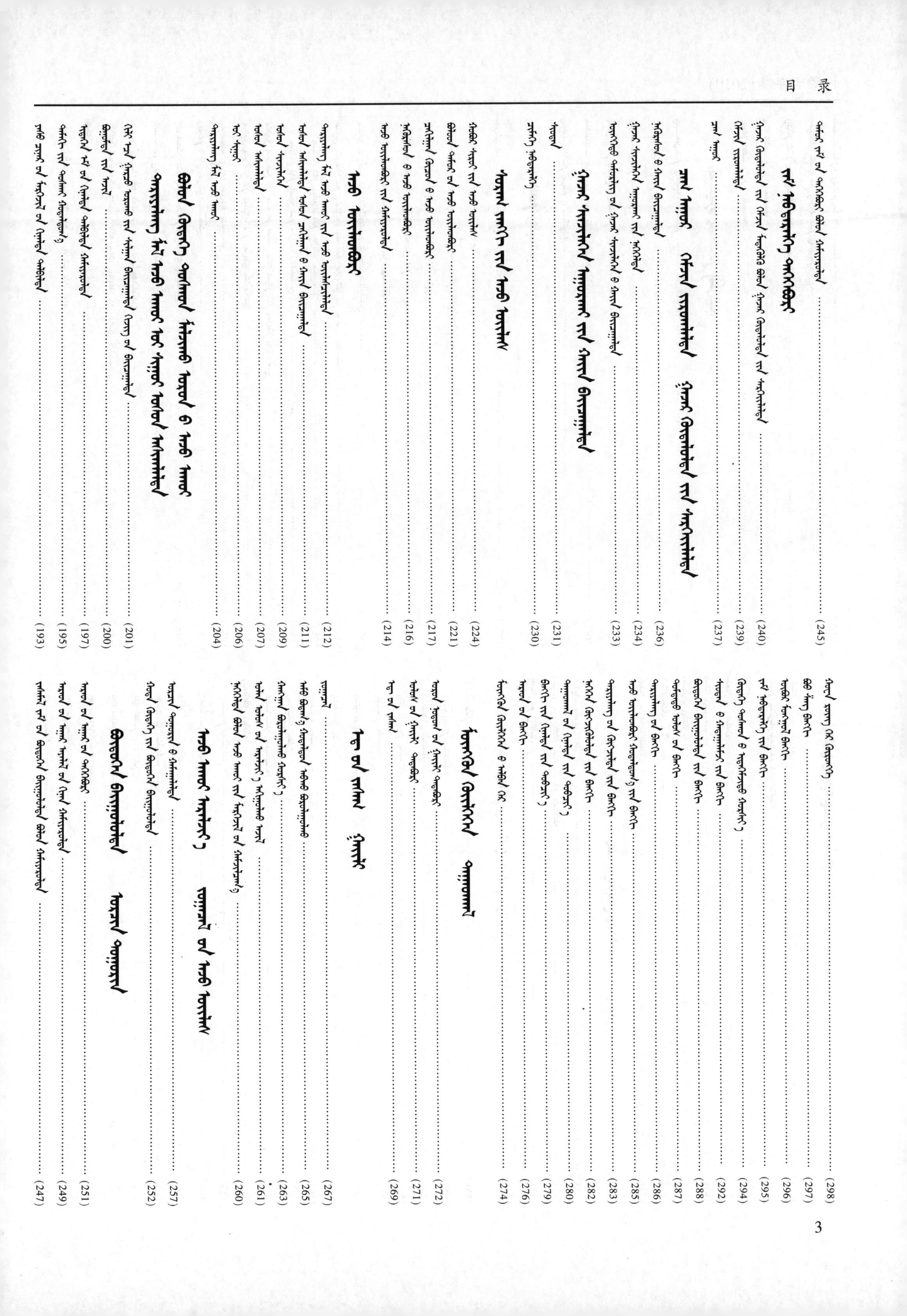

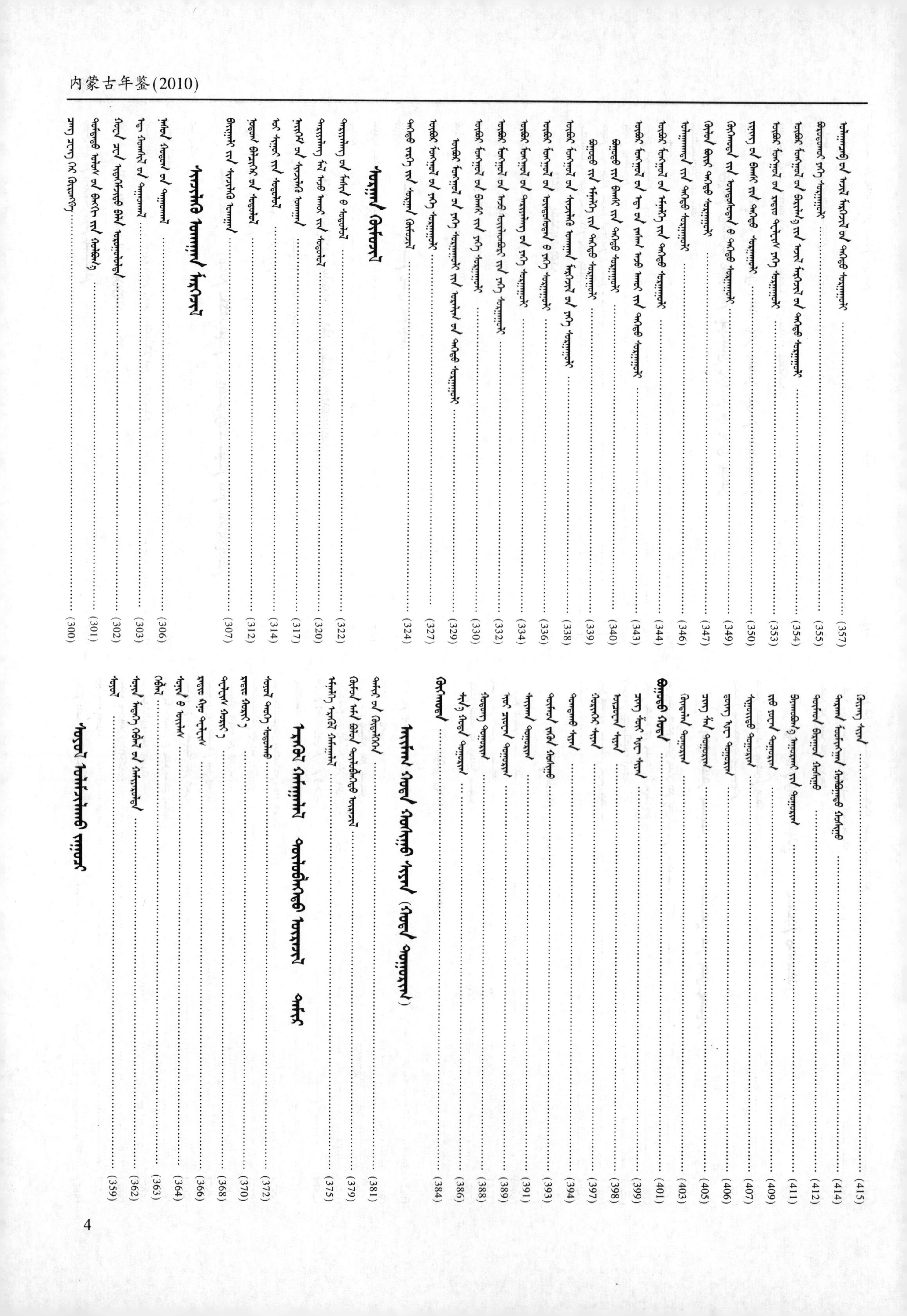

[illegible]

[illegible]

[illegible]

[illegible]

[illegible]

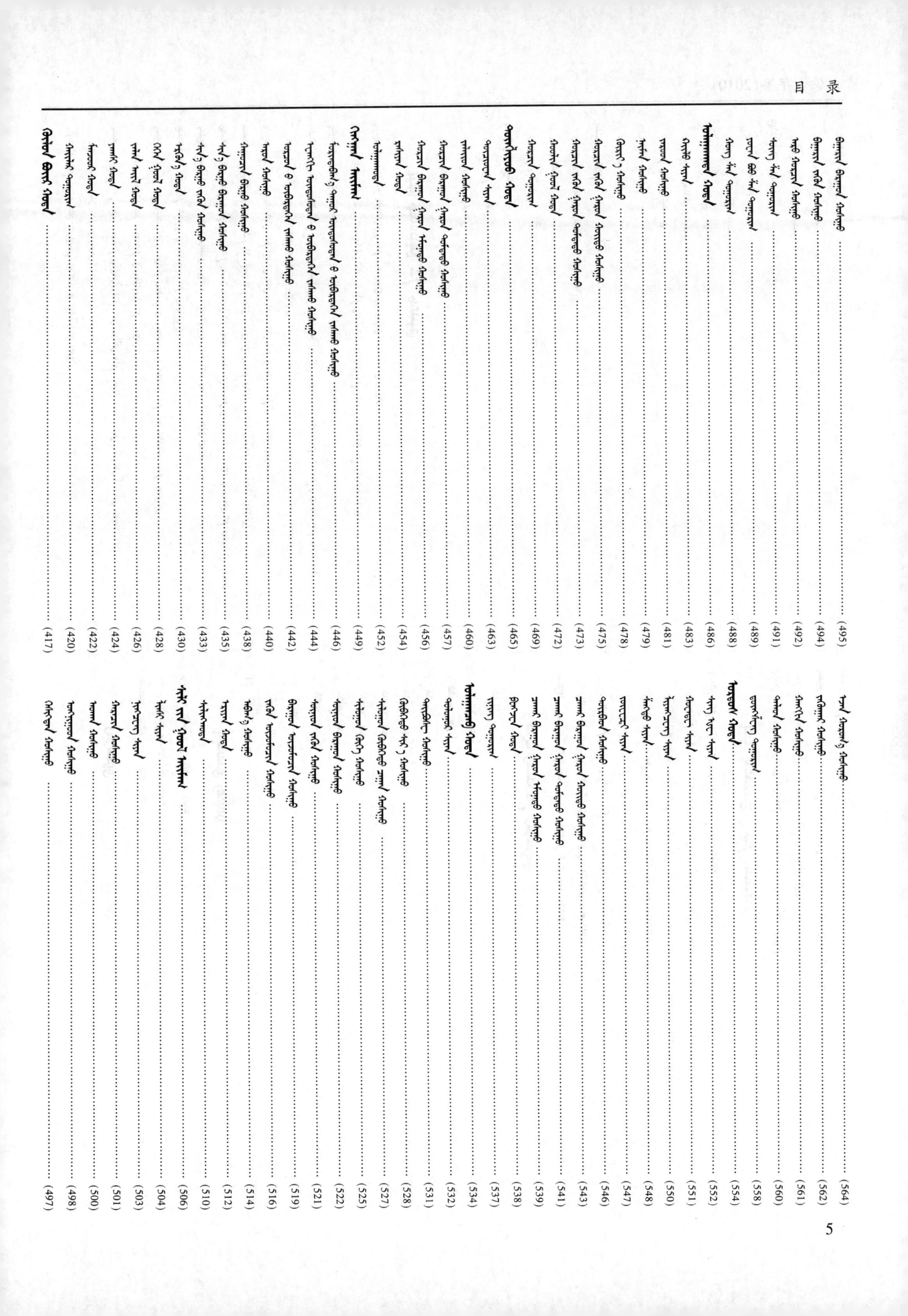

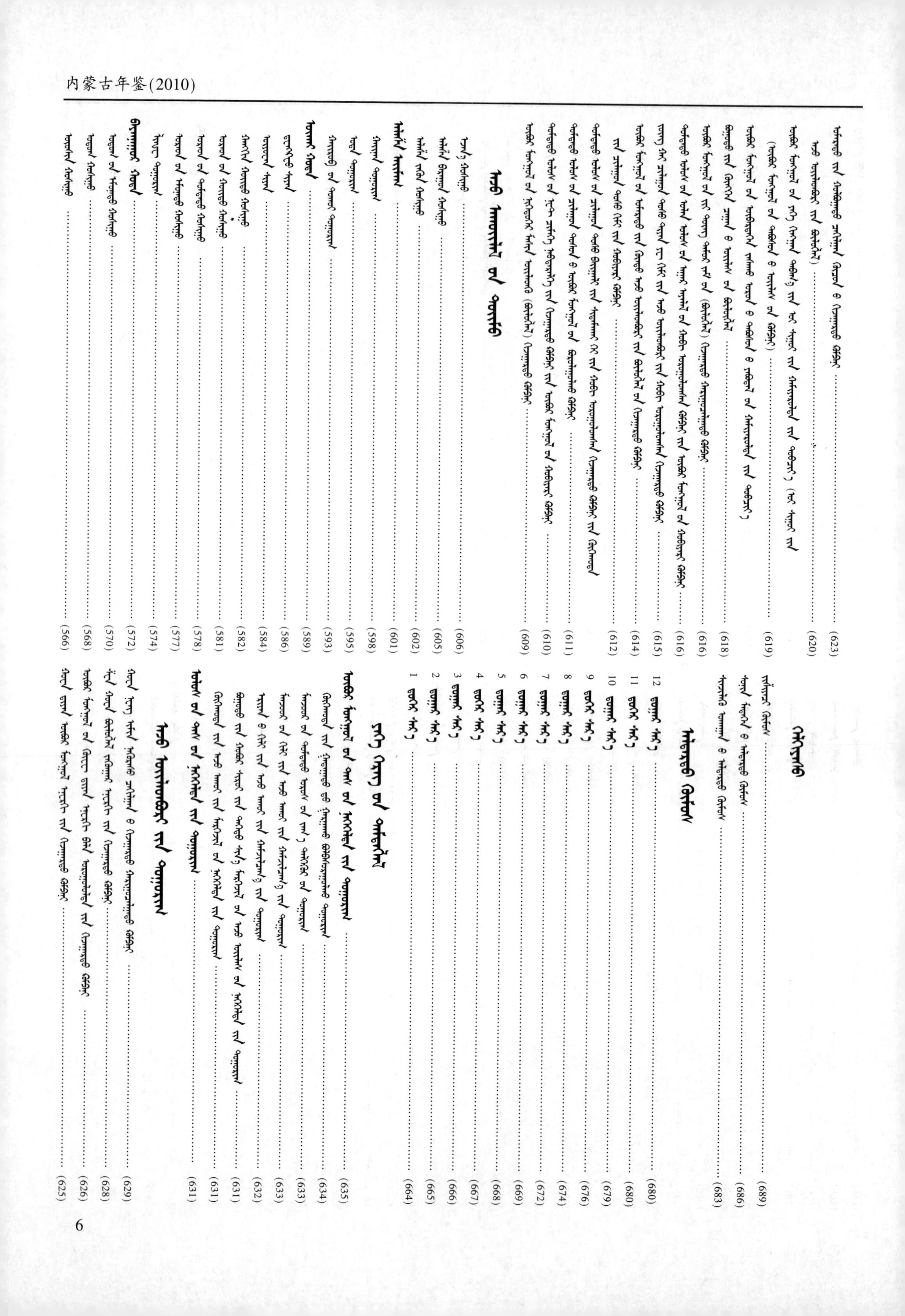

CONTENTS

Special Records

Committee of Inner Mongolia Autonomous Region of the Chinese Communist Party

Standing Committee of the People´s Congress, Inner Mongolia Autonomous Region

People´s Government of Inner Mongolia Autonomous Region

Committee of the Chinese People´s Political Consultative Conference of Inner Mongolia Autonomous Region

Democratic Parties and Association of industry and commerce

Mass Organizations

Politics and lawful works

Military Affairs

Personnel Affairs, Labour and Development for helping the poor

Minority Affairs and Religion, Civil Affairs

Management and Supervice for Economy

Agriculture, Animal Husbandry, Forestry, Water conservancy and Rural Economy

Industry

Information production

Geological ore survey

Climate, Survey and Drawing, Earthquake

Traffic Transportation

Construction and Environment Protection

Economic Trade and Tourism Production

Finance and Tax

Banking and Insurance

Science and Technology

Education

Cultural Transmission

Hygiene, Birth Control and Physical Culture

Leagues Cities and Counties (Districts)

The brief introduction of enterprises

Industrial garden regions

Major Events

Typical Characters

Index

特　　载

胡春华同志在自治区直属机关传达贯彻全国“两会”精神干部大会上的讲话

（2010 年 3 月 15 日）

自治区党委书记　胡春华

刚才，巴特尔、陈光林同志分别传达了十一届全国人大三次会议和全国政协十一届三次会议精神。下面，我就学习贯彻全国“两会”精神、做好当前工作，讲几点意见。

一、切实抓好“两会”精神的传达学习贯彻工作

十一届全国人大三次会议和全国政协十一届三次会议，是在全党全国各族人民为夺取应对国际金融危机冲击的新胜利、保持经济平稳较快发展而团结奋斗的新形势下召开的，对于全面贯彻党的十七大和十七届三中、四中全会精神，进一步把全党全国各族人民的思想和行动统一到中央对形势的分析判断和对工作的决策部署上来、推动经济社会又好又快发展，具有十分重要的意义。传达学习贯彻好"两会"精神，是当前的一项重要政治任务。我们要认真组织传达学习，切实抓好贯彻落实。

一是要全面理解和把握“两会”精神。这次全国“两会”的内容非常丰富，主要精神体现在中央领导同志的重要讲话和报告中。胡锦涛总书记在“两会”党员负责人会议上的重要讲话，深入透彻地分析了当前的国内外形势，对做好人大、政协工作和开好“两会”提出了明确要求，是指导“两会”圆满成功的纲领性文件。吴邦国委员长作的全国人大常委会工作报告，对坚持和完善人民代表大会制度、进一步开创人大工作新局面进行了总结部署。温家宝总理作的政府工作报告，认真总结了去年我国应对国际金融危机冲击、保持经济平稳较快发展的实践，在准确分析判断形势的基础上，对今年改革发展稳定各项工作进行了全面部署。贾庆林主席作的全国政协常委会工作报告，总结了过去一年政协工作，全面部署了新形势下政协工作。“两会”还审议通过了关于修改中华人民共和国全国人民代表大会和地方各级人民代表大会选举法等决定、决议，听取和审议了“两高”工作报告。会议期间，中共中央政治局常委、中央纪委书记贺国强同志参加我区代表团审议并作了重要讲话，充分肯定了内蒙古近年来的工作，要求我们着力在富民、强区、维稳上下功夫、见实效，并对新形势下加强党风廉政建设、推进反腐倡廉制度建设提出了明确要求。全国人大常委会副委员长乌云其木格同志作为我区代表参加审议并讲话。我们要认真学习领会、全面把握“两会”精神，切实把思想和行动统一到“两会”精神上来。

二是要认真组织好全区的传达学习。从自治区到各盟市、旗县,都要对传达学习贯彻全国“两会”精神作出具体安排部署,确保“两会”精神在最短的时间内传达到广大党员和干部群众。各地区、各部门要从自身实际出发,组织安排好各种形式的传达学习活动,认真学习领会“两会”精神,增强贯彻落实的自觉性和坚定性。各级领导干部要带头学习宣传贯彻“两会”精神,参加“两会”的代表和委员要结合自己的亲身感受,积极宣讲会议精神,带头贯彻会议精神,通过自己的实际行动影响和带动身边的干部群众学习贯彻好“两会”精神。

三是要结合实际抓好“两会”精神的贯彻落实。“两会”对我国经济社会发展进行了全面总结部署。总结去年工作得出的“五个必须坚持”的经验启示弥足珍贵,是指导我们继续完善经济社会发展思路、更好地推动科学发展的重要原则。确定国内生产总值增长8%左右的预期目标,既是积极可行的,又为转变经济发展方式、调整经济结构留出一定的空间。提出的“四个着力”总体要求,抓住了后危机时期我国经济社会发展的关键。部署的八个方面重点工作,非常具有针对性和可操作性。这些重大工作部署,贯穿了科学发展的思想,体现了党中央、国务院加快经济发展方式转变、推动科学发展的坚强决心。我们要认真贯彻落实全国“两会”提出的目标任务和工作要求,紧密联系自身发展实际,进一步完善发展思路和工作举措,推动经济社会更好更快发展。

四是要加强“两会”精神的宣传工作。各级宣传部门和新闻单位要把学习宣传“两会”精神作为当前工作的重中之重,多角度组织开展好宣传工作,努力营造学习贯彻的良好舆论氛围。各级讲师团要尽快组织开展“两会”精神的宣讲工作,从理论与实践结合的角度上,进一步加深干部群众特别是各级领导干部对“两会”精神的理解和把握。各级党校、行政学院要加强学习培训工作,进一步推动广大党员干部自觉学习贯彻“两会”精神。要通过广泛深入的学习宣传,引导干部群众进一步把思想和行动统一到党和国家的重大决策部署上来,把智慧、力量凝聚到实现“两会”确定的目标任务上来。

二、认真贯彻“两会”精神,扎实做好各项工作

贯彻落实“两会”精神,最终必须落实到我们的工作中。我们要始终坚持发展第一要务的思想不动摇,认真抓好发展与稳定两件大事,统筹推进经济社会发展各项工作。今年第一季度即将过去,各地区、各部门一定要增强工作的紧迫感,扎扎实实地做好当前工作。借此机会,我强调几个问题。

第一,抓发展不能松劲

自治区党委、政府决定,从今年开始内蒙古不再追求GDP增速全国第一,目的是给调整经济结构、转变发展方式留出空间,把更多精力放在提高发展的质量和效益上来,把经济工作做得更扎实一些。但必须明确的是,我们不追求在GDP增速上保持第一,并不是说可以放松抓发展的工作劲头。内蒙古欠发达的基本区情和发展不足的主要矛盾,要求我们在抓发展上不能有丝毫的动摇,不能有半点松懈。

强调抓发展不能松劲,在今年更具有特殊重要意义。温家宝总理在报告中指出,我国经济回升向好的趋势并不等同于经济运行的根本好转。今年发展环境虽然有可能好于去年,但是面临的形势极为复杂,各种积极变化和不利影响此消彼长,短期问题和长期矛盾相互交织,国内因素和国际因素相互影响,经济社会发展中“两难”问题增多。今年,国家继续实行积极的财政政策和适度宽松的货币政策,但同时也明确提出,要根据形势的发展变化不断提高宏观经济政策的灵活性和针对性,把握好政策实施的力度、节奏和重点,随着经济形势的发展变化,国家宏观经济政策肯定会不断地随之调整。现在,我区经济发展与全国经济发展的联系越来越紧密,越来越有赖于全国经济的发展,我们最大的能源工业直接取决于全国经济发展对能源的需求。山西煤炭产业经过大规模的整合,今年产量肯定超过去年,我区的煤炭产业将遇到什么样的形势也是需要我们考虑的问题。今年的经济工作仍然面临许多不确定因素。

去年,我区在困难条件下继续保持了经济的高速增长,经济运行的整体态势是“低开高走”。今年头两个月经济运行开局良好,能不能实现全年经济运行“高开高走”,避免出现“高开低走”的局面,需要我们付出十分艰苦的努力。各级领导干部一定要始终保持时不我待、只争朝夕的精神,踏踏实实地做好工作,继续保持我区经济平稳较快发展。

第二,认真抓好当前各项生产和建设

要抓好春季农牧业生产。当前,春耕生产在即。要加强对春耕生产的指导和服务,做好种子、化肥、农药、机具等物资准备工作,加强农情调度和监测工作,确保春播生产顺利进行。要抓好接羔保育工作,加强对牧区特别是受灾地区饲草料的供应保障,落实好休牧、禁牧、轮牧的准备工作。去年我区部分地区遭受严重旱灾,去冬今春又遇到特大暴风雪灾害。要安排好受灾群众渡“春荒”,进一步落实各项防灾减灾政策措施。要高度重视做好黄河防凌工作,认真抓好春季森林、草原防火和动物防疫工作。

要加强对工业经济运行的协调调度。要密切跟踪国家产业政策和市场需求的变化,切实加强对工业经济运行的分析、调度、监测,根据新情况新问题及时采取有针对性的措施,认真解决企业生产经营中遇到的困难和问题。去年为应对国际金融危机冲击,我区陆续出台了一批行之有效的政策措施,如实行电力多边交易等,产生了很好的效果,这些好的办法今年要继续执行。要组织好煤电生产和运营,搞好工业产品的市场开拓和销售。今年,我区有相当一批煤化工项目陆续进入调试和试生产阶段,其它领域也有一些企业竣工投产,要认真搞好协调服务,帮助企业解决好生产要素的优化配置,确保这些企业建成后能够较快地达产达效。要协调有关方面不断扩大运力,认真解决好工业经济运行的瓶颈制约问题,确保工业经济特别是几个重点产业的平稳运行。要加快推进自治区确定的100项重点技改项目,提高工业经济的技术水平和效益质量。

要加快工程建设进度。内蒙古建设周期很短,要紧紧抓住、切实用好二、三季度这个"黄金建设期",加快推进基础设施、产业发展、城镇建设、生态保护等各类在建项目建设,抓紧开工一批新的项目。工程建设必须坚持保质量、保安全、保工期,确保建设质量,高度重视安全施工,保证按照工期要求如期建成。要认真做好对项目企业的服务保障工作,积极为企业施工创造良好条件,力争早开工、早建成、早见效。

要加大项目工作力度。抓经济社会发展就必须抓项目,内蒙古发展不足尤其需要如此。一是要积极谋划项目。谋划项目既要注意项目本身的可行性,同时要体现产业结构调整、解决区域发展不平衡与扩大就业等多种因素,部分项目还必须进行社会风险评估。二是要积极争取项目。要切实加大跑办项目工作力度,积极争取国家在政策、资金、项目上的支持,力争使我区更多的项目进入国家“盘子”。三是要积极开展招商引资。要盯住那些正在实施产业转移的地区,盯住那些正在扩张的企业,有针对性地组织开展好招商引资工作,争取有更多的企业来我区投资兴业。在谋划和争取项目工作中,要继续坚持定期调度项目这一好做法,随时掌握项目进展情况,及时解决项目争取中遇到的问题,确保项目顺利推进。

第三,统筹推进各项工作

作为领导干部特别是主要领导干部,抓工作、谋发展,必须统筹改革、发展、稳定各项工作,统筹推进经济、政治、文化、社会、生态文明和党的建设,促进现代化建设各个方面协调发展。这里,我重点强调三点:

一是要认真做好改善民生工作。去年底我们提出坚持富民与强区并重、着力改善民生的思路,得到全区上下干部群众的拥护。春节前,自治区党委、政府决定全面提高城乡低保标准等六项保障性指标,一步达到全国平均水平,有的指标比全国平均水平还略高一些。现在,具体的实施细则正在陆续研究出台,各地区各部门要认真抓好落实。下一步,政府及有关部门要抓紧研究棚户区改造、最低工资标准等方面的民生政策。解决民生问题根本在就业。要高度重视做好就业工作,强化政府在促进就业中的积极作用,统筹研究解决好扩大就业问题。自治区明天要召开就业工作会议,各地区各部门要认真抓好会议精神的贯彻落实,确保实现今年就业工作的目标任务。要切实抓好自治区确定的“十件实事”、“十项民生工程”的落实。认真解决好群众普遍关心的医疗保障等问题。

二是要全力维护社会和谐稳定。年初召开的全区政法暨信访工作会议,对维护社会和谐稳定作了全面安排,当前要重点从解决影响社会稳定的突出问题抓起。要集中开展社会矛盾排查化解活动,切实解决一批人民群众反映强烈、影响社会稳定的难点热点问题。要抓住人民群众反映强烈的突出治安问题进行排查整治,适时组织开展严打整治斗争和专项行动,确保社会治安秩序良好。要提高应对突发事件的能力,不断完善各类应急预案,抓好应急队伍建设,确保有了情况能够第一时间作出反应、妥善应对。要始终绷紧安全生产这根弦。这次,神华乌海骆驼山煤矿的事故给我们敲了一个警钟,安全生产必须常抓不懈。要认真落实“党政同责、一岗双责”,加大隐患排查整改力度,坚决遏制各类事故特别是重特大事故的发生。要加强对社情舆情的分析研究,加强互联网的建设和管理,提高应对媒体和网络舆情尤其是网络炒作的能力和水平,最大限度地发挥网络积极作用、遏制网络消极影响。

三是要加强和改进党的建设。抓好党的建设,始终是推动我们各项事业发展的根本保证。要按照中央和自治区党委的工作部署,切实把党的建设各项工作落到实处。要扎实做好干部选拔任用工作。要严格按照《党政领导干部选拔任用工作条例》要求,坚持标准、坚持原则,全面贯彻干部“四化”方针和德才兼备、以德为先原则,切实把那些德才兼备、实绩突出、群众公认、善于领导科学发展的干部选拔到领导岗位上来。要严肃干部人事纪律,对干部严格管理、严格要求,坚决杜绝“跑官要官、买官卖官”现象,营造良好的选人用人环境。要加强基层党组织建设。要认真落实基层党建责任制,抓紧研究解决撤乡并镇后基层组织建设的遗留问题。要积极推进苏木乡镇职能转变,强化社会服务职能,履行好公共管理职能,切实转变经济职能。要加强对软弱涣散基层党组织的治理整顿,提高基层党组织的影响力、凝聚力、战斗力。要加强党风廉政建设和反腐败工作。要认真吸取徐国元、蔚小平等腐败案件的教训,始终把反腐倡廉建设放在重要位置,按照中央的部署和要求,坚持标本兼治、综合治理、惩防并举、注重预防的方针,抓紧解决反腐倡廉建设中人民群众反映强烈的突出问题,着力推进反腐倡廉制度建设,不断取得党风廉政建设和反腐败斗争的新成效。

同志们,关于我区今年经济社会发展的思路和措施已经明确,下一步的关键就是按照这个思路抓好落实。现在我们面临的发展任务更加艰巨,广大人民群众对我们又寄予着很高的期待。各级党员干部尤其是领导干部要切实转变工作作风,努力做到工作务实、数字真实、作风扎实,用好的工作作风去攻坚克难,去赢得群众的信赖。要明确工作责任,每个层面都把自己该做的工作做好,既要一级抓一级,更要一级一级抓。对各项工作要做到底数清,情况明,措施实,要了解到真实情况,要出真实数字。各级领导干部要出实招,办实事,求实效,力戒心浮气躁、力戒夸夸其谈,不搞形象工程,不做表面文章。要密切联系群众,经常深入基层、深入群众,扎扎实实解决好群众生产生活中的实际困难和问题。

同志们,学习贯彻全国“两会”精神,努力保持经济平稳较快发展,不断提高内蒙古科学发展水平,任务十分艰巨。我们一定要更加紧密地团结在以胡锦涛同志为总书记的党中央周围,深入贯彻落实科学发展观,认真学习贯彻全国“两会”精神,以奋发有为的精神状态和严谨扎实的工作作风,努力推动我区经济社会又好又快发展。

政府工作报告

——2010年1月20日在内蒙古自治区第十一届人民代表大会第三次会议上

自治区主席 巴特尔

各位代表：

现在，我代表内蒙古自治区人民政府作工作报告，请予审议，并请自治区政协委员和列席会议的同志们提出意见。

一、2009年工作回顾

2009年是新世纪以来我区经济发展最为困难的一年，也是取得显著成绩的一年。一年来，面对国际金融危机的严重冲击，在党中央、国务院和自治区党委的正确领导下，全区上下深入贯彻落实科学发展观，认真落实中央应对国际金融危机的一系列政策措施，从实际出发创造性地开展工作，实现了经济社会又好又快发展。初步统计，全区生产总值9 725.8亿元，增长16.9%；地方财政总收入1 378.1亿元，增长24.5%；城镇居民人均可支配收入15 849元，农牧民人均纯收入4 938元，分别增长9.8%和6.1%；城镇登记失业率控制在4.05%以内；节能减排完成了年初确定的目标。

一年来，我们主要做了以下几方面的工作。

（一）努力保持经济平稳较快增长。坚持把扩大内需作为保增长的重要着力点。全年完成50万元以上项目固定资产投资7 381亿元，增长33.8%，对经济企稳回升、持续向好发挥了重要作用。着力优化投资结构，引导资金投向基础产业、基础设施、社会事业和改善民生等领域。开工建设了大唐40亿立方米煤制天然气、中石油500万吨炼油扩能改造等一批有利于产业升级的重大项目。进一步改善基础设施条件，新增公路里程3 400公里，其中高速公路300公里。新开工铁路里程2 600公里，呼和浩特至北京、通辽和赤峰至北京快速客运通道等重大项目前期工作取得积极进展。完成了二连浩特机场新建和通辽、满洲里、锡林浩特机场扩建项目。海勃湾水利枢纽项目获得国家批复。农牧业、社会事业、节能减排、生态建设和民生领域投资力度明显加大。充分发挥消费对经济增长的拉动作用。认真落实家电、汽车、农机下乡等刺激消费政策，积极培育消费热点，拓展城乡消费市场。全社会消费品零售总额完成2 855亿元，增长19.2%。

坚持把保工业、保企业作为保增长、保就业的关键。制定并实施了促进工业增长的12项政策措施，在较短时间内遏制了工业增速大幅下滑的势头，呈现出逐月加快、稳定向好的态势。全年规模以上工业增加值完成4 400.5亿元，增长24.2%。及时制定实施了电力多边交易、大用户直供、易货贸易联动、生产适销对路产品等有针对性的措施，帮助企业改善了生产经营状况。采取联合重组、逐一帮扶等措施，使符合产业政策、产品适应市场需求的停产半停产企业基本恢复生产。实施了一系列力度大、含金量高的政策措施，有效缓解了“融资难”等制约中小企业发展的突出问题。2009年末，全区中小企业贷款余额1 800亿元，增长41%。取消了一批行政事业性收费，缓缴、减缴困难企业社会保险费，减轻了企业负担。

（二）大力促进产业结构优化升级。积极发展现代农牧业。面对多年不遇的旱灾和农产品市场异常波动的不利影响，采取措施确保农牧业生产获得较好收成。粮食总产量达到396亿斤，是历史上第二个高产年；牧业年度牲畜总头数连续5年稳定在1亿头（只）以上，牲畜出栏数和肉产量明显增长。现代农牧业加快发展，设施蔬菜、设施马铃薯种植面积双双突破百万亩，优质高产作物、良种牲畜比重继续提高，新增有效灌溉面积和节水灌溉面积均创历史新高。农牧业产业化稳步推进，乳业生产销售基本恢复正常，羊绒临时收储政策初见成效。强化惠农惠牧政策，落实各类补贴资金75.9亿元,比上年增加15.4亿元。补贴资金全部实现"一卡通"发放,受到农牧民的欢迎。

调整优化工业结构。煤炭、电力等传统产业稳步增长,原煤产量6亿吨,电力装机6 100万千瓦,分别增长22.8%和22.7%;外送电量960亿千瓦时,连续5年居全国首位。新能源、装备制造、现代煤化工等新兴产业快速发展,新增风电装机200万千瓦,总装机突破500万千瓦,居全国首位;装备制造业增长40%以上;开工建设了一批具有较高技术水平的煤炭转化项目,煤化工形成产能560万吨甲醇当量。积极推进自主创新,在大口径厚壁无缝钢管制造、粉煤灰提取氧化铝等领域,取得了一批国内领先的技术成果。大力淘汰落后产能,关停小火电机组20万千瓦,淘汰水泥产能360万吨。煤炭安全生产水平继续保持全国前列。

加快发展服务业。完成第三产业增加值3 695.4亿元,增长15%。商贸流通业繁荣活跃,交通运输业稳步回升,旅游、物流、房地产等现代服务业发展加快。金融机构积极支持地方经济建设,全年新增贷款1 784亿元,是上年的2倍。小额贷款公司等地方金融机构发展迅速,引进区外金融机构工作取得新进展。

(三)切实加强生态环境保护和建设。生态建设取得积极进展。完成林业生态建设面积1 300多万亩,较常年增加300万亩。草原建设总规模达到5 610万亩,依法将8.4亿亩草原划定为基本草原,新一轮草原普查全面展开。完成水土流失治理面积723万亩。节能减排取得明显进展,初步核定:单位GDP能耗下降7%左右,化学需氧量和二氧化硫排放量分别比上年净减0.8%和2.58%,均超额完成年度目标。全区火电机组全部完成脱硫改造,新增污水日处理能力22.93万吨,重点流域、重点城市环境质量进一步改善。煤田火区、沉陷区和矿山地质环境治理工作稳步推进。

(四)不断深化重点领域改革。国企改革取得重大进展。引入国电集团注资40亿元对蒙能公司实施重组,使蒙能公司重获新生。呼兴电网整体划转国家电网公司,成立了内蒙古东部电网公司,扩大了外送电量,对自治区电力外送通道建设和东部盟市煤电资源开发将产生重要推动作用。资源领域改革实现新突破。依法开征了煤炭价格调节基金,为资源开发的合理补偿、矿区生态保护恢复等进行了初步探索。进一步完善了煤炭资源配置政策,有力地促进了产业优化升级。金融领域改革明显推进。组建了内蒙古银行,对促进地方金融业发展具有重大意义。农村信用社产权制度改革基本完成。集体林权制度改革深入推进,大兴安岭国有林区剥离办社会和辅业改制取得重大突破。土地草牧场适度规模经营和农牧民合作组织发展明显加快。积极推进水利管理体制改革,搭建了水利建设投融资平台。医药卫生体制改革启动实施。文化体制改革迈出重大步伐,组建成立了内蒙古出版集团和影视集团。政府机构改革全面展开,基本完成自治区政府部门"三定"工作。事业单位全员聘用制稳步推进,在义务教育学校实施了绩效工资制度。

(五)全力保障和改善民生。积极应对就业工作面临的严峻挑战,制定实施了稳定就业岗位、以创业带动就业、扩大就业培训规模、开展就业援助、强化就业服务等一系列积极的就业政策,有效地推动了就业工作。全年城镇新增就业21.6万人;农村牧区劳动力转移就业235万人,其中转移就业6个月以上的168万人;培训城乡劳动者65万人。组织实施了高校毕业生服务基层、人才储备、扩大公务员考录、事业单位招聘等促进大学生就业的专项计划,使8万多名高校毕业生落实了就业去向。积极开展对"零就业家庭"、"零转移家庭"、"4050人员"及其他就业困难人员的就业援助。

社会保障工作扎实推进。各项社会保险覆盖面不断扩大,基本养老保险、医疗保险参保人数分别增加21.3万人和193.2万人,将国有关闭破产企业退休人员全部纳入城镇医保。城镇职工养老保险基本实现自治区级统筹,启动了国家和自治区新型农村牧区社会养老保险试点,参保人数达到100万人。新型农村牧区合作医疗参合人数达到1 200万人。城乡低保水平进一步提高,202万低收入群众的基本生活得到了保障。积极推进医疗救助、教育救助、临时救助工作,加快社会福利项目建设,优抚对象、农村五保户生活补助标准进一步提高。

加快实施民生工程,努力为群众办实事。"十项民生工程"完成总投资377亿元,比上年增长1.7倍,1 500多万群众受益。其中农村牧区公路投资97亿元,新增60个苏木乡镇通油路、1 004个嘎查村通公路;解决了1.23万户农牧民通电问题;投入各类扶贫资金14.4亿元,15万低收入农牧民得到扶持;开工建设国有林区、垦区、煤矿棚户区改造项目401万平方米。安排资金104亿元,比上年增长46%,全面落实了"十件实事"。城镇低保标准每人每月提高45元;农村牧区低保补助标准每人每月提高18元;企业退休人员养老金标准人均每月提高125元;城镇居民基本医疗保险参保人数达到395万人;新型农村牧区合作医疗参合率达到96.4%;教育资助政策使36万困难大中专学生受益;农牧业保险实保面积6 041万亩,增长34%;解决了120万人的安全饮水问题;取消地方制定的收费项目108项,累计为企业和群众减负1.6亿元;筹集廉租房源5万套，其中新开工建设4.2万套，城镇人均住房建筑面积13平方米以下的低保家庭实现应保尽保。

（六）着力加强社会建设。加快发展社会事业。免除了义务教育学校寄宿生住宿费。实施了义务教育学校标准化建设和中小学校舍安全工程。各类学校生均财政拨款标准进一步提高，办学条件继续改善。组织实施了中等职业教育基础能力建设工程，对农村贫困家庭和牧业旗中职学生实行免费教育。高等教育规模稳步扩大，普通本专科在校生达到35万人。高度重视人才工作，人才流入区建设取得新进展。基层卫生服务体系建设得到加强。开工建设了42所旗县综合医院、110个苏木乡镇中心卫生院和59个社区卫生机构项目。加强公共卫生体系建设，强化食品药品安全监管，甲型H1N1流感防控工作稳步推进。加大计划生育奖励扶助力度，低生育水平保持稳定。公共文化服务体系不断完善，规划建设了一批重大文化设施项目。艺术创作繁荣活跃，文化遗产保护得到加强，启动了元上都申报世界文化遗产工作。农家（草原）书屋、广播电视村村通工程扎实推进。体育事业稳步发展，我区健儿在第十一届全运会上取得较好成绩。

社会保持和谐稳定。全面落实党的民族宗教政策，各民族共同团结进步、共同繁荣发展的局面进一步巩固。深入开展平安内蒙古建设，圆满完成了国庆60周年安全维稳任务。国防动员建设、人防工作稳步推进，军地军民关系更加和谐。信访工作得到加强，矛盾纠纷调处机制不断健全。着力加强政府自身建设，坚持依法行政，严格履行职责，自觉接受人大、政协监督，认真听取各民主党派、工商联和无党派人士意见。政务公开取得积极进展，法制宣传教育深入推进。加大行政监察力度，确保了中央和自治区扩内需、保增长等重大决策的有效落实。加强预算执行、政府投资和专项资金审计，资金运行进一步规范。深入开展学习实践科学发展观活动，为自治区又好又快发展注入了强大动力。

各位代表，过去的一年，我们经受住了国际金融危机和各种不利因素的严峻考验，改革开放和现代化建设取得了新的重大进展。这些成绩的取得，是党中央、国务院和自治区党委正确领导的结果，是全区各族干部群众顽强拼搏、共同奋斗的结果，也是社会各界大力支持的结果。在此，我代表自治区人民政府，向辛勤工作的全区各族干部群众，向所有关心支持内蒙古现代化建设事业的同志们、朋友们，表示衷心的感谢和崇高的敬意！

在看到成绩的同时，我们也清醒地认识到存在的困难和问题。一是经济持续向好的基础还不稳固。部分行业和企业生产经营还比较困难，经济效益尚未明显改善。在基数比较大的情况下，实现投资增长难度加大。二是结构性矛盾依然比较突出。产业结构单一，优势特色产业发展不协调，非资源型产业发展滞后，多元发展、多极支撑的产业体系尚未建立；产业延伸不足，“原字号”和初级产品比重高，资源精深加工能力不强；中小企业和非公有制经济发展不足；农牧业基础仍然比较薄弱；服务业发展水平有待进一步提升。三是居民收入增长与经济增长不协调，城乡居民收入在国民收入中的比重不断下降，收入水平仍低于全国平均水平，部分群众生活还比较困难，涉及群众切身利益的许多问题亟待解决。四是协调发展和可持续发展水平需要进一步提高。城乡差距不断扩大，地区间发展差距明显，社会事业有待加强；生态脆弱的局面没有根本改变，部分地区生态环境仍在退化，生态保护建设任重道远。五是政府自身建设需要进一步加强。政府工作与形势的要求和人民群众的期望还有不小差距，政府职能转变还不到位，社会管理和公共服务比较薄弱，还不同程度地存在着虚报浮夸、形式主义、铺张浪费、以权谋私、消极腐败等现象。我们一定要以高度负责的精神，认真解决好这些问题，决不辜负各族群众的期望和重托！

二、2010年主要工作

今年是实施“十一五”规划的最后一年，我们面临的任务繁重而艰巨。随着世界经济逐步复苏、我国经济企稳向好，我区发展的外部环境有所好转，但不确定因素依然很多，发展中还有不少深层次问题亟待解决。我们既要坚定发展信心，又要增强忧患意识，更加奋发有为地做好各项工作。

今年政府工作的总体要求是，全面贯彻党的十七大和十七届三中、四中全会精神，以邓小平理论和“三个代表”重要思想为指导，深入贯彻落实科学发展观，坚持发展是第一要务的思想不动摇，继续推进“三化”进程和生态文明建设，着力扩大内需，巩固经济回升向好势头；着力转变经济发展方式，加快经济结构调整，提高经济增长的质量和效益；着力推进改革开放和自主创新，深入实施科教兴区和人才强区战略，增强经济增长的活力和动力；着力保障和改善民生，不断提高城乡居民收入水平，真正做到富民与强区并重。加强精神文明、民主法制和政府自身建设，保持社会和谐、边疆稳定，努力实现经济社会又好又快发展。

今年经济社会发展的主要预期目标是：全区生产总值增长13%以上，地方财政总收入增长17%，城镇居民人均可支配收入实际增长11%，农牧民人均纯收入实际增长10%，城镇登记失业率控制在4.3%以内，居民消费价格指数涨幅控制在3%左右，节能减排完成“十一五”规划确定的目标。

这些目标的确定，充分考虑了各方面因素。总的原则是积极稳妥，突出重点，发挥预期目标的导向作用。在实际工作中，我们要把握好以下几点：一是坚持经济平稳较快发展与调结构、促转变并举。近年来我区经济发展虽然取得重大进展，但欠发达的基本区情没有根本改变，发展不足仍然是我们面临的主要矛盾。因此在坚持发展上决不能有丝毫动摇，必须牢牢把握发展这个第一要务，努力加快发展步伐；同时积极推进经济结构调整和发展方式转变，不断提高经济增长的质量和效益，切实做到好字当头、又好又快。二是坚持富民与强区并重。改善民生既是发展的目的，也是发展的动力。要通过发展改善民生，使发展成果更多更好地惠及广大人民群众；同时要强化富民措施，通过保障和改善民生，有效促进消费，拉动经济增长，实现富民与强区协调推进。三是坚持自我发展与争取国家支持相统一。准确把握内蒙古在国家整体格局中的定位，充分发挥自身优势，培育经济发展的内生动力；同时积极争取国家支持，在服务国家发展大局中努力加快自身发展步伐。

今年要重点抓好以下八个方面的工作：

(一)坚持以扩大内需为重点，促进经济平稳较快发展

保持投资稳定增长。发挥政府投资的引导作用，调动各方面投资的积极性，拓宽投融资渠道，全年力争完成固定资产投资8 700亿元。一是积极争取中央投资。落实好资金配套等各项条件，加快推进中央投资项目建设。积极筹划新的建设项目，继续争取中央新增投资、国债项目和专项资金。二是调动企业和社会投资积极性。大力优化投资环境，完善投资政策，保护投资者合法权益。凡是国家法律法规没有明文禁止的领域，都要向民间资本开放；凡是符合国家产业政策的项目，不论规模大小、企业性质，都要平等对待、积极争取。三是加大金融支持力度。完善信用担保体系，优化金融环境，鼓励金融机构拓宽信贷领域，增加信贷投放，支持地方经济发展。大力发展资本市场，支持企业通过上市、发行债券等途径，扩大直接融资规模。四是加大招商引资力度，全年力争引进区外资金2 500亿元。

努力扩大消费需求。一是提高居民消费能力。要多渠道增加城乡居民收入，推进收入分配结构调整，扩大就业规模，完善社会保障体系，使群众有能力、有信心消费。健全企业职工工资正常增长机制，完善公务员津补贴政策，在全区事业单位推行绩效工资制度，提高低保、抚恤、养老金标准，努力缩小地区、城乡、行业收入差距。二是落实刺激消费的政策措施。完善住房消费和调控政策，大力发展中低价位普通商品住房，抑制房价过快上涨。继续实施家电下乡、汽车以旧换新等政策，积极支持我区产品开拓区内外市场。继续取消一批行政事业性收费，进一步优化消费环境。加大对关系群众生活的商品和服务价格的监管，努力保持物价水平基本稳定。三是大力开拓农村牧区消费市场。加快农村牧区商贸流通体系建设，深入实施“万村千乡市场工程”和“双百市场工程”。简化家电、汽车、摩托车下乡补贴手续，方便农牧民。大力培育农牧民改善性住房需求。

(二)加大结构调整力度，提高经济发展的质量和效益

促进优势特色产业升级。一是巩固提升传统资源型产业。煤炭工业要稳定产能，提高产业水平。严格落实煤炭资源就地转化一半的要求，继续推进煤制二甲醚、煤制乙二醇等煤化工项目建设。电力工业要坚持与市场需求和工业发展相适应并适度超前的原则，规划布局电网和电源点建设。继续推进大用户直供试点和电力多边交易，培育拓展区内用电市场。加快呼伦贝尔至辽宁外送通道建设，尽快启动锡林郭勒至江苏、鄂尔多斯至河北等电力通道建设，积极拓展区外用电市场。二是加快工业重大项目建设。力争完成工业投资4 560亿元。自治区组织实施170个重点项目，其中续建项目85个、新开工项目85个。突出抓好500万吨炼油、300万吨煤制化肥、200万吨聚氯乙烯、15万辆轿车等重大工业项目。严格项目管理，严防低水平重复建设和产能过剩。全面完成“十一五”淘汰落后产能目标。三是努力提高企业经济效益。加强对工业运行的协调与服务，引导企业加强管理，着力通过整合资源降低生产成本，着力通过开拓新市场提高占有率，着力通过技术改造提高产品附加值，实现重点亏损企业减亏增盈。

大力培育新兴产业。要把发展新兴产业作为调整结构、培育新增长点的重要举措，打造具有我区特色的新兴产业体系。一是大力发展清洁能源产业。加快千万千瓦风电基地规划和建设，着力解决电网接入等制约风电发展的突出问题。抓好太阳能、生物质能发电项目建设。积极实施煤制天然气、褐煤化学法提质等项目，着力提高煤的清洁利用、综合利用水平。积极发展甲醇下游产品，延伸甲醇产业链，建设清洁能源醇醚基地。二是大力发展新材料产业。打造以多晶硅、单晶硅、太阳能电池为主的硅材料产业链，推进百万千瓦光伏产业基地建设。加快发展稀土新材料，发挥包头稀土高新区龙头带动作用，加强稀土原料战略储备和资源整合，积极研发稀土应用产品。三是大力发展装

备制造业。突出抓好煤矿机械、工程机械、汽车及其配套产业发展,积极承接先进制造业转移。四是大力发展生物和环保产业。加快建设生物发酵产业基地,做大做强生物制药产业。全面推进粉煤灰提取氧化铝等循环经济项目。

进一步提高自主创新能力。在资源综合利用、新能源、新材料等重点领域,组织实施一批重大科技专项,以技术突破带动产业转型升级。加大技术改造力度,投资280亿元,组织实施重点技改项目100个。大力推动工业化与信息化融合,推进"两化融合"创新试验区建设。强化企业的创新主体地位,发挥高等院校、科研院所作用,推进产学研结合,加快科技成果产业化应用。深入实施人才强区战略。着眼于经济社会发展需要,组织实施"草原英才"工程,强化人才储备制度,加快建设人才流入区。

积极扶持中小企业和非公有制经济发展。全面落实国家和自治区有关政策措施,为中小企业和非公有制经济发展创造更加宽松的环境。支持中小企业转型升级,调整产品结构,进行技术改造和产品创新。以推进"双百工程"为抓手,以工业园区为载体,鼓励和引导中小企业围绕大企业、大项目搞配套协作。完善中小企业信用担保体系,做大做强中小企业担保机构。建立金融机构中小企业贷款奖励和担保机构风险补偿激励机制,鼓励金融机构扩大对中小企业的信贷投放。加快发展非公有制经济。破除体制障碍,推进公平准入,鼓励支持非公有制经济参与国企重组、新兴产业、基础设施和农村牧区建设。

(三)做好"三农三牧"工作,促进农牧业稳定发展、农牧民持续增收

加快发展现代农牧业。一是提高农牧业综合生产能力。积极争取国家粮食增产工程建设任务,启动实施自治区新增百亿斤粮食生产能力规划。深入开展高产创建活动,建设粮油高产示范田150万亩以上。加快重点旗县肉牛、肉羊生产基地建设,继续实施畜牧业高产创建工程。积极推进规模化养殖,加快建设奶牛、生猪标准化养殖小区。二是转变农牧业发展方式。积极推广良种培育、高效栽培等适用技术,推进农牧业机械化作业。大力发展设施农牧业,继续扩大设施蔬菜和设施马铃薯种植面积。加强防灾减灾体系建设,积极发展避灾型农牧业,提高农牧业抵御自然灾害能力。三是提高农牧业产业化水平。坚持培育和引进相结合,做大做强龙头企业。加快建设一批集中连片的农畜产品生产基地,培育一批各具特色的专业苏木乡镇和嘎查村,创建一批具有地理标识的自主品牌,实现规模化、标准化生产。四是加强现代农牧业社会化服务体系建设。优化整合现有资源,建立完善适合我区特点的农牧业科技创新与推广体系。加快建设农村牧区新型流通网络,不断健全农畜产品市场体系。加强产品质量安全管理,做好动物防疫、饲料安全和农畜产品质量监管工作。

改善农村牧区生产生活条件。加强农田草牧场水利建设,大力发展节水灌溉,加快大型灌区续建配套和节水改造,在井灌区加快推广喷灌、管灌、滴灌等灌溉模式,以旱地改水浇地为重点实施中低产田改造,加强节水灌溉人工草牧场和饲草料基地建设。全年新增有效灌溉面积200万亩以上、节水灌溉面积300万亩以上。加快农村牧区危旧房改造,解决1.3万户农牧民通电问题,新增30个苏木乡镇通油路、300个嘎查村通公路,基本实现乡乡通油路、村村通公路。

努力增加农牧民收入。提高主要粮食品种最低收购价格,扩大农牧业补贴规模,特别是对牧民和牧业的补贴,增加农牧民政策性收入。加强对涉农涉牧补贴资金的管理。完善产业化利益联结机制,使农牧民从农畜产品加工转化增值中更多受益。大力发展农村牧区二三产业,拓展农牧民就业增收渠道。加强农民工职业技能培训,有序组织劳务输出,努力增加农牧民工资性收入。加大扶贫开发投入,继续组织实施各项扶贫工程。

(四)加快发展服务业,推进城镇化和区域协调发展

提高服务业发展水平。坚持市场化、产业化、社会化方向,促进服务业增量提质。加快发展金融业,积极引进区外金融机构,做大做强地方金融骨干企业,重点支持内蒙古银行、包商银行等地方商业银行扩大覆盖范围。稳步推进小额贷款公司试点,实现旗县全覆盖。积极发展现代物流业,建设一批重点物流园区和物流配送中心。发挥民族和草原文化特色,加快文化产业发展。打造优秀传统民族文化精品,培育发展新兴文化业态,推进文化产业示范基地建设。大力发展旅游业,合理开发旅游资源,改善基础设施条件,加强重点旅游景区、线路建设。改造提升商贸流通、住宿餐饮等传统服务业,加快发展会展业、社区服务和市政公用事业,满足群众多层次、多样化需求。

提高城镇化水平。把推进城镇化作为扩大内需和调整经济结构的战略重点来抓,增强城镇综合承载能力,稳步推进农牧民向城镇转移,今年全区城镇化率要达到55%左右。一是突出抓好区域中心城市发展。以盟市所在地为重点,加快人口、产业集聚,增强区域中心城市的辐射带动能力。二是提高城市规划、建设和管理水平。科学制定并严格落实城市建设总体规划,提高控制性详细规划覆盖率。加快市政基础设施

和公共服务设施建设，完善城市功能。加强城市治安、市容卫生、交通秩序综合整治和水电气热配套服务，提高城市管理水平。三是稳步推进农牧民向城镇转移。有计划、有步骤地解决农民工进城后的就业和生活问题，逐步实现在劳动报酬、子女就学、医疗、社保、住房等方面与城镇居民享有同等待遇。深化户籍制度改革，放宽城市落户条件，在有条件的地区开展试点并逐步在全区推开，使在城镇稳定就业和居住的农牧民有序转变为城镇居民。

提高区域协调发展水平。研究制定推进呼包鄂经济一体化规划，争取在交通通讯、信息资源、金融服务等一体化发展上取得新突破。加快东部盟市发展步伐，加强与周边省市的经济协作，积极培育自治区新的增长极。继续对基础薄弱地区给予倾斜支持，改善发展条件，增强自我发展能力。加大资金投入，扶持革命老区、边境地区和人口较少民族地区发展。高度重视县域经济发展，不断增强县域发展活力和综合实力。进一步完善财政转移支付制度，加大对财政困难旗县的均衡性转移支付。

(五)深入推进生态文明建设，提高可持续发展水平

加大生态保护和建设力度。认真编制并向国家上报自治区生态建设总体规划，保持生态建设投入稳定增长，促进生态环境持续恢复。坚持草畜平衡、禁牧休牧轮牧和基本草原保护制度，积极推进退耕还林、京津风沙源治理、退牧还草、“三北”防护林等重点生态工程建设，启动实施黄土高原综合治理工程试点，完成林业生态建设1 000万亩，治理水土流失 650 万亩，深入开展荒漠化治理，继续扩大保护性耕作面积。严肃查处开垦草原、破坏生态的违法行为。加快建立草原生态恢复补偿机制，适时出台草原资源恢复补偿管理办法。大力发展林、沙、草产业。加强野生动植物和湿地保护。发挥我区森林、草原碳汇资源优势，积极开展碳汇核算、碳汇交易等方面的研究，探索发展低碳经济的现实途径。

大力推进节能减排。今年是完成“十一五”节能减排目标的最后一年，要明确责任，分解目标，确保全面完成。切实加强节能工作。加快实施建筑节能、绿色照明等重点节能工程，在重点领域和重点行业推广节能技术。打好减排治污攻坚战。加强燃煤电厂脱硫设施运行监管，推进非电行业减排工程建设。加快城镇污水处理设施建设，确保“十一五”规划确定的污水处理厂全部建成并正常运行。做好松花江等重点流域水污染防治工作。

加强资源保护和管理。加大资源开发管理力度，切实做到在保护中开发、在开发中保护。进一步完善煤炭资源配置政策，以资源配置促进产业结构优化调整和资源集约开发、节约利用，严格控制向产能过剩行业配置资源。建立健全资源开发利益分配和生态补偿机制，做好煤炭价格调节基金的征收、使用和管理。加大地勘工作力度，增强资源接续保障能力。超前谋划资源型城市经济转型和接续产业发展，促进资源型城市可持续发展。深入开展矿山地质环境治理和煤田灭火工作，年内煤田火区要有三分之一达到熄灭标准。加强土地资源管理，加大土地整理力度。规范土地市场行为，清理处置批而未用土地。高度重视水资源的保护节约，大力调整用水结构，全面推进节水型社会建设。

加快基础设施建设。水利方面，开工建设海勃湾水利枢纽等重点水利工程，加强黄河、辽河、嫩江等大江大河及重要支流治理。按期完成规划内病险水库除险加固任务。铁路方面，在抓好续建项目的同时，力争新开工呼和浩特至张家口快速客运等 12 个重点铁路项目，做好通辽和赤峰至北京快速客运通道开工准备工作。公路方面，突出抓好与周边省区市连通的高速公路、呼包鄂通畅工程和农村牧区公路建设，建设总规模1.7万公里，其中高速公路1 790公里、一级公路1 740公里。机场方面，开工建设霍林河机场、阿拉善通勤机场，建成巴彦淖尔机场和阿尔山机场。城镇建设方面，力争三年内完成城镇供热管网二次改造。以棚户区改造为重点，综合运用廉租住房和经济适用住房的相关政策，统筹推进保障性住房建设。

(六)着力保障和改善民生，加快发展社会事业

千方百计扩大就业。扎实推进新一轮就业政策的落实和完善，健全促进就业的长效机制，确保城镇新增就业 22 万人以上，农村牧区劳动力转移就业 240 万人，其中转移就业 6 个月以上 180 万人。坚持面向高校毕业生、城镇下岗失业人员和新增劳动力、转移就业农牧民三大群体，分类施策，完善措施，强化服务，努力增加就业。积极开展对“4050 人员”、“零就业家庭”、“零转移家庭”及其他就业困难群体的就业援助，形成常态化工作机制。积极扶持自主创业，落实好小额担保贷款、税费减免等各项优惠政策，促进以创业带动就业。大力开展职业技能培训。加强公共就业服务体系建设。

提高社会保障水平。继续做好社会保险扩面工作。全年基本养老、基本医疗保险参保人数分别达到 415 万人和 880 万人，新型农村牧区社会养老保险参保人数达到 160 万人以上。健全养老保险省级统筹办法，初步实现基本医疗保险盟市级统筹。完善社会救助体系，在保持城乡低保人数适度增长的基础上，提高保障标准，制定按标施保办法。加强医疗救助、教育救

助和临时救助工作,重视发展社会福利、慈善和残疾人事业,做好老龄工作,如期完成妇女和儿童发展纲要的各项达标任务。

办好“十件实事”。预计各级将投入资金116亿元,比上年增加12亿元。建设农村牧区户用沼气10万户;解决100万农牧民的饮水安全问题;加大种养业保险保费补贴力度,其中种植业参保面积达到6 750万亩;筹集廉租住房5万套,其中新建3.6万套,为7.8万户困难家庭发放租赁补贴;城镇居民基本医疗保险每人每年补助标准提高到120元;企业退休人员养老金标准月均提高120元以上;完善教育资助救助体系,使32万名大中专生得到资助;加大资金投入,加强城乡商贸流通网络建设;安排专项资金,用于补种乙肝疫苗、白内障患者手术补助等公共卫生项目;适度推进“一杯奶”健康工程,使农村牧区低收入人群中政策内孕期妇女受益。

实施“十项民生工程”。预计各级将投入资金396亿元,比上年增加19亿元,重点是覆盖面大、带动力强、周期较长的民生项目。一是改善农村牧区生产生活条件。做好整村推进、产业化扶贫、生态移民等扶贫工程;继续推进农村牧区公路建设,年内计划完成投资70亿元;扩大农村牧区公益事业“一事一议”财政奖补试点范围。二是组织实施促进牧民增收工程。对实施阶段性禁牧项目区的牧民,每人每年补贴金额不低于3 000元,连续补贴五年;在草场资源较好的牧区开展划区轮牧补贴试点;加大对牧民购置良种牲畜、牧业机械的补贴力度;在牧区基础设施、公共服务等方面给予倾斜。三是加大社会保障力度。健全城乡低保水平增长机制;做好新型农村牧区社会养老保险试点工作;解决好关闭破产企业退休人员医疗保障问题。四是实施城乡居民安居工程。计划改造国有煤矿棚户区3.1万户、林区棚户区1万户、垦区危旧房6 000户,实施农村牧区危房改造3.7万户,解决4 000户游牧民定居问题。五是强化教育经费保障。继续推进中小学校舍安全工程;提高义务教育保障经费补助标准;继续增加职业教育投入。六是促进就业和再就业。加大就业资金投入,加强创业扶持、技能培训和就业援助;拓宽高校毕业生就业渠道。七是强化城乡社会救助。继续对困难群众实施医疗救助;提高部分优抚对象生活补助标准和“五保”对象供养标准。八是加强城乡公共卫生服务体系建设。提高新型农村牧区合作医疗补助标准;完善基层医疗卫生服务体系。九是推进社会公益事业发展。继续实施广播电视村村通工程;加强农村牧区通信和邮政设施建设,新建300个移动通信基站;建设2 000个农家(草原)书屋。十是加强生态环境保护和节能减排。完成矿山地质治理恢复面积25平方公里;建成23个城镇污水处理厂;完成既有居住节能改造200万平方米;建设和改造城镇供热管网150公里;支持新能源和环保产业发展。

优先发展教育。保持教育投入稳定增长。全面实施素质教育,促进各类教育协调发展和教育公平。积极推进义务教育均衡发展,加快普及高中阶段教育。继续推进义务教育学校标准化建设工程,组织实施中等职业教育基础能力建设工程,深入推进高等职业教育特色院系建设。加强重点学科和专业建设,提升高等教育办学质量,加快建设高水平大学。认真研究化解高校债务问题。优先、重点发展民族教育,改善民族教育办学条件,加强“双语”师资队伍建设,逐步在民族语言授课高中阶段和民族幼儿教育阶段实现免费教育。鼓励社会力量办学,引导民办教育健康发展。重视特殊教育发展。

大力发展卫生事业。加快公共卫生体系建设,有效预防和控制重大疾病和突发公共卫生事件,继续做好甲型H1N1流感防控工作。加快发展社区卫生服务,引导卫生资源向社区流动,重点建设盟市所在地社区卫生服务机构。在农村牧区建设一批旗县级综合医院、苏木乡镇中心卫生院,努力实现每个苏木乡镇有一所标准卫生院、每个嘎查村有一所标准卫生室的目标。大力推进蒙、中医药事业发展,加快自治区蒙医医院建设。继续实施食品药品放心工程,确保群众饮食用药安全。加强人口和计划生育工作,深入开展出生人口缺陷干预和生育关怀行动,提高出生人口素质,稳定低生育水平,统筹解决人口问题。

加快发展文化事业。认真贯彻落实国务院关于进一步繁荣发展少数民族文化事业的意见,充分挖掘民族文化资源,丰富发展草原文化,加快建设民族文化大区。改善公共文化服务基础设施条件,推动内蒙古演艺中心等重大文化项目建设,全面完成苏木乡镇综合文化站工程,文化信息资源共享工程实现旗县全覆盖。广泛开展文化惠民活动,推动图书馆、科技馆、美术馆等公益性文化单位免费向社会开放。加大文化遗产保护力度,做好元上都申报世界文化遗产各项工作。继续实施无线覆盖、农村牧区电影放映工程。认真贯彻国务院《全民健身条例》,促进群众体育和竞技体育协调发展。

(七)全面推进改革开放,增强发展的活力和动力

推进重点领域改革。深化农村牧区改革。稳定和完善农村牧区基本经营制度。在依法自愿有偿的基础上,推进土地、草牧场承包经营权流转,积极发展多种形式的适度规模经营,扶持发展农牧民专业合作组织。

深化集体林权制度改革,稳步推进集体公益林和国有林场改革。加快水利和水务管理体制改革。积极发展农村牧区金融组织,加快普及惠农惠牧基本金融服务。推进城乡统筹一体化发展综合配套改革试点。深化财政管理体制改革,完善公共财政体系。加快投资体制改革,对自治区本级投资非经营性项目开展代建制试点,切实解决工程建设“超规模、超标准、超概算”问题,发挥政府投资的最大效益。积极推进医药卫生体制改革,扩大基本药物制度实施范围,做好公立医院改革试点工作,促进基本公共卫生服务均等化。加快文化体制改革步伐,完成演艺集团组建,推进“全区一网”有线电视网络整合,认真做好广播电视制播分离和文化市场综合执法改革工作。

提升开放水平。巩固传统出口市场,开拓新兴市场,促进对外贸易恢复和增长。加快实施“走出去”战略,深入开展与俄蒙在矿产资源开发等重点领域的合作。加强边境公路、铁路和口岸通关能力建设,大力发展口岸加工贸易。抓住国内外产业加快转移的机遇,加强与发达地区和周边省区市的经济技术合作与交流。在资源延伸加工、装备制造业配套、农畜产品深加工等重点领域,积极承接先进生产力转移,坚决防止低水平、高污染项目向我区转移。积极引进有利于扩大就业、改善民生的各类项目,注重引进先进技术和高端人才。

(八)切实维护社会稳定,加强精神文明、民主法制和政府自身建设

做好维护社会稳定工作。严格落实维稳工作责任制,加强政法基层基础建设,完善社会治安防控体系,严厉打击违法犯罪活动。进一步强化信访工作,做好群体性事件预防处置。完善应急管理体制机制,提高预防和处置突发公共事件能力。重视和加强国家安全工作,确保边疆稳定。抓好人防工作和国防动员体系建设,深入开展双拥共建和优抚安置工作,巩固军政军民团结。

切实加强安全生产工作。牢固树立安全发展理念,健全各项安全生产制度,落实生产经营单位安全生产主体责任和各级政府部门安全监管责任,切实抓好重点行业、重点地区、重点企业的安全治理,加大对矿山、危险化学品、烟花爆竹、道路交通和人员密集场所的安全监管力度,坚决排除安全隐患。加强救援体系和应急预案体系建设,提高及时有效施救能力。

加强精神文明和民主法制建设。加快构建社会主义核心价值体系,广泛开展群众性精神文明创建活动。巩固学习实践科学发展观活动成果,不断增强干部群众科学发展的自觉性和坚定性。全面贯彻党的民族宗教政策,大力开展党的民族理论、民族政策宣传教育和民族团结进步创建活动,继续推进兴边富民行动,促进各民族共同团结进步、共同繁荣发展。加强民主法制建设。深入开展普法教育,做好对困难群众的法律援助工作。坚持依法治区方略,切实执行人大及其常委会的决议和决定,认真接受人大监督,自觉接受政协民主监督,积极听取各民主党派、工商联、无党派人士和各人民团体的意见,认真办理人大代表议案、建议和政协委员提案。完善基层民主管理制度,提高村民自治水平。加大社区建设和管理力度,更好地发挥社区在就业、社保及维护稳定等方面的重要作用。

加强政府自身建设。严格依法行政。按照法定权限和程序行使权力、履行职责,规范行政行为。加强行政立法,提高立法质量。进一步精简行政审批事项,简化审批程序,下放审批权限。健全政府部门协调配合机制,坚决杜绝推诿扯皮现象,提高行政效能。加快电子政务建设,深入推进政务公开,保障人民群众的知情权、参与权、表达权和监督权。加强作风建设。大兴调查研究、真抓实干之风。坚持深入实际、深入基层,切实解决好关系群众切身利益的突出问题。强化行政监察,确保政令畅通。坚持求真务实,坚决反对形式主义、官僚主义和弄虚作假、虚报浮夸行为。加强廉政建设。强化对政府投资项目、预算执行情况和民生领域资金的审计,确保资金安全规范运行。继续压缩政府部门经常性项目支出,严格控制会议、差旅、出国、接待等费用。坚持廉洁从政、从严治政,加强公务员队伍建设,树立为民、务实、清廉的良好形象。

明年是“十二五”的起步之年。要组织开展好重大问题研究和调研论证,认真做好“十二五”规划的编制工作,为自治区经济社会长远发展提供宏观战略指导。

各位代表,做好今年的工作,任务艰巨而繁重,责任重大而光荣。让我们紧密团结在以胡锦涛同志为总书记的党中央周围,高举中国特色社会主义伟大旗帜,解放思想,锐意进取,扎实工作,努力完成今年经济社会发展和“十一五”规划的各项目标,不断开创自治区改革开放和现代化建设的新局面!

内蒙古自治区人民代表大会常务委员会工作报告

——2010年1月22日在内蒙古自治区第十一届人民代表大会第三次会议上

自治区人大常委会副主任 雷·额尔德尼

各位代表：

现在，我代表自治区人大常委会向大会报告一年来的工作，请予审议。

2009年是我国历史上十分重要的一年。全区上下以科学发展观为指导，认真贯彻中央和自治区党委决策部署，从我区实际出发创造性地开展工作，自治区经济社会发展取得新的重要进展。一年来，在自治区党委领导下，自治区人大常委会紧紧围绕全区工作大局，抓住经济社会发展中的突出问题，认真依法履行职责，各项工作稳步推进，切实有效地发挥了地方国家权力机关的作用。

一、立法工作扎实推进

常委会坚持立法与经济社会发展相协调、立法决策与改革发展稳定重大决策相统一，围绕我区科学发展的要求开展立法工作，发挥立法的引导、规范和保障作用。一年来，共审议法规案18件，其中，制定、修改自治区地方性法规7件，废止自治区地方性法规1件，批准呼和浩特市、包头市法规7件，批准废止法规1件，初审法规案2件。配合全国人大常委会开展了7件法律草案征求意见的工作。

为稳定农村牧区土地承包关系，保障农牧民土地承包权益，制定了自治区实施农村土地承包法办法，对农村牧区土地发包、承包，土地承包经营权的保护、流转等问题作出规范。为加大种子工程实施力度，加强种子管理，修改了自治区农作物种子条例，规范了种子生产、经营条件，对因种子质量问题造成损失赔偿的解决处理程序作出规定。从推进国土绿化事业，保障义务植树运动有效开展出发，制定了自治区义务植树条例，对义务植树的履行方式和基地建设作出了规定。这些立法，进一步强化了农牧业的法律支撑。

为深入贯彻实施监督法，保障各级人大常委会全面有效地行使监督权，常委会分别就规范性文件备案审查程序和执法检查工作制定了地方性法规。坚持法制统一原则，依据代表法，修改了自治区实施代表法办法。为推进法治政府建设、促进依法行政，修改了自治区行政执法监督条例。

常委会认真做好审查批准呼和浩特市和包头市地方性法规的工作，坚持提前介入，加强调研论证，做好指导协调工作。一年来，常委会批准的法规，涉及基本菜田保护、专利促进与保护、废弃食用油脂管理、义务植树、蒙汉两种文字并用管理、五当召保护管理、残疾人保障等方面，这些立法为推进呼和浩特市、包头市经济社会又好又快发展提供了支持和保障。

在立法实践中，常委会把提高立法质量作为首要任务，着力推进科学立法、民主立法。一是坚持立改废并重的原则，努力使地方立法与经济社会发展实际相适应、与上位法相衔接。一年来常委会修改、废止自治区地方性法规4件，占自治区本级立法总数的50%。二是推进立法民主，注重征求人大代表的意见，扩大公民对立法工作的有序参与，将6件法规草案在主要媒体和网站公布，广泛征求各方面意见。三是加强调研论证，每项立法都经过深入调研、专家论证和协商沟通，特别对一些重点、难点问题反复协调，努力使立法符合实际、切实可行。

二、监督力度不断增强

常委会认真贯彻落实监督法，抓住事关全区工作大局和人民群众普遍关注的问题，扎实开展监督工作，着力增强监督实效。一年来，常委会听取和审议“一府两院”专项工作报告 6 项，听取和审议计划、预算等报告 5 项，开展执法检查、执法调研 12 项，开展跟踪监督 5 项。配合全国人大常委会开展执法检查和专题调研 5 项。

围绕推进科学发展开展监督。中小企业是国民经济和社会发展的重要力量。从促进中小企业发展出发，常委会开展了中小企业促进法执法检查，充分肯定了政府在扶持中小企业发展方面所做的工作，要求政府进一步优化中小企业发展环境，加快社会化服务体系建设，加大金融支持力度。常委会始终高度关注“三农三牧”问题。为促进土地依法管理，提高土地资源对经济社会可持续发展的保障能力，开展了土地管理法及自治区实施土地管理法办法执法检查，就科学制定、严格执行土地利用总体规划，坚守耕地保护“红线”，做好失地农牧民补偿安置工作向政府提出意见。为推动农牧民专业合作社发展，开展了农民专业合作社法执法调研，建议政府加大对农牧民专业合作社扶持力度，改善管理服务，加快建立培训体系。在水法及自治区实施水法办法执法检查中，常委会就合理安排产业布局，从产业政策上对节水企业给予倾斜，加快推进黄河水权转换等方面提出意见。森林法及自治区实施森林法办法执法调研结束后，常委会就国有林场实行分类经营管理，解决地方国有林业企业办社会，推进集体林权制度改革提出建议。城乡规划法执法调研后，就加强城市和村镇规划工作，做好城市总体规划和土地利用总体规划的衔接提出建议。常委会始终高度关注资源环境问题。为推动自治区境内黄河、西辽河流域水污染防治，组织开展了专题调研，就建立污染防治协调监督机制，提高中水回用率，加强工业、城镇和农业面源污染防治提出建议。围绕大气污染防治，开展了内蒙古环保世纪行活动。为推动社会事业发展，常委会开展了自治区文化市场管理条例执法检查和档案法律法规执法调研；对自治区科普条例、科协条例执法检查报告审议意见落实情况进行了跟踪监督，要求政府进一步完善科普工作投融资体系，加强基础设施建设。

围绕宏观经济运行情况开展监督。常委会把确保中央和自治区党委重大决策部署贯彻落实作为重要任务。为应对金融危机，实施好积极的财政政策，增强地方政府安排扩大内需配套资金能力，国务院核定我区发行地方政府债券 57 亿元。为此，常委会及时听取审议了政府关于 2009 年自治区本级预算调整方案的报告，批准了预算调整方案。按照监督法规定，为加强对我区经济社会发展中长期运行情况的监督，常委会听取审议了自治区“十一五”规划纲要实施中期评估报告。审议中组成人员认为，纲要实施情况总体较好，经济社会发展主要指标大部分已达到或超过预期进度，建议政府继续加大农村牧区基础设施建设投入，解决好农牧民增收问题，调整优化产业结构，大力扶持中小企业和第三产业发展，强力推进节能减排。常委会听取审议了计划、预算执行情况报告和审计工作报告，审查批准了 2008 年自治区本级决算。在预决算监督中，常委会继续关注预算收支平衡、重点支出安排和资金到位情况，对自治区司法厅、国土资源厅、水利厅、劳动和社会保障厅、教育厅、科技厅、卫生厅、地税局等 8 个部门的决算草案进行了审查，加大了监督力度。

围绕保障和改善民生开展监督。促进解决民生问题是常委会监督工作的重点。针对当前就业形势严峻的状况，常委会听取审议了全区就业工作情况报告。审议中组成人员认为，政府努力克服金融危机严重冲击的影响，认真贯彻实施就业促进法，在进一步完善积极的就业政策，强化政府就业职责方面做了大量富有成效的工作。从全面促进就业增长、稳定就业局势出发，常委会要求政府继续加大政策扶持力度，广开就业门路，支持大学毕业生自主创业，做好农民工就业和城镇失业人员再就业工作。在 2008 年城市房地产管理法执法检查基础上，常委会继续对保障性住房建设情况进行了跟踪监督，要求政府进一步完善保障性住房建设用地中长期规划，加大资金筹集和投入力度，加快住房保障全覆盖进程。产品质量和食品安全事关人民群众生产生活、身体健康和生命安全，社会各界高度关注。针对一些重大食品安全事件暴露出来的突出问题，常委会听取审议了政府贯彻实施产品质量法、加强产品质量监管工作情况报告，受全国人大常委会委托开展了食品安全法执法检查，就提高产品质量检测水平，理顺食品安全监管机制提出意见。落实常委会审议意见，政府进一步完善产品质量工作考核体系，加大资金投入，实施区域打假责任制，加强了产品质量监管。教育、医疗是民生工作的重点。发展职业教育是提高国民素质、开发人力资源、促进就业的重要途径。常委会听取审议了政府有关职业教育法及自治区实施职业教育法办法执行情况报告，要求政府进一步深化职业教育改革，加强职业教育基础能力建设，切实落实职业教育经费保障，严格执行就业准入制度，解决职业教育师资短缺和专业设置不适应现实需要的问题。在2008年工作基础上，我们对政府落实常委会审议意见，推进新型农村牧区合作医疗与城市社区卫生工作情况进行了跟踪监督，进一步就边境旗县实行大病统筹补助，完善新型农村牧区合作医疗补偿方案，加强社区卫生服务机构设施建设提出意见。开展了归侨侨眷权益保护法执法检查，就帮助困难归侨、侨眷解决生产、生活问题提出意见。残疾人是特殊的困难群体。为保障残疾人合法权益，常委会对残疾人保障法实施情况进行了调研，就解决残疾人就业、康复保障、无障碍环境建设、特殊教育等方面的问题提出建议。在道路交通安全法执法检查基础上，常委会着重就推进便民服务、在公安车管所办证大厅设立缴税窗口进行了跟踪监督，督促6个盟市采取了有效的解决办法。常委会还对自治区公共安全技术防范管理条例实施情况进行了检查，向政府提出了改进工作的意见。

围绕促进公正司法开展监督。司法公正是社会关注的热点，也是常委会监督工作的重点。

执行工作关系到人民群众的切身利益，关系到法律的权威和社会的稳定。常委会听取审议了法院执行工作情况及解决执行难问题的报告，就进一步完善执行工作制度，创新执行方式，提高执行效率，加强执行队伍和执行装备建设提出意见。诉讼监督是检察院工作的重中之重，是维护司法公正的重要防线。常委会听取审议了检察院诉讼监督工作情况报告，要求检察院进一步突出诉讼监督工作重点，规范诉讼监督工作，加强检察队伍建设。推动法律援助事业发展，是保障公民平等享有法律保护、维护社会公平正义的重要途径。常委会听取审议了法律援助工作情况报告，就加快建立法律援助协调联动机制，整合法律援助资源，解决法律援助机构不足、人员短缺问题向政府提出意见。

常委会高度重视信访工作，加强对信访情况的综合分析和督查督办。一年来，共受理人民群众来信来访1 688件(次)。按照“属地管理、分级负责，谁主管、谁负责”的原则，通过统一转办和对重大典型信访件进行重点交办的方式，将信访件交有关机关研究处理，督促有关部门解决了一批群众反映强烈的问题，维护了当事人的合法权益。

做好规范性文件备案审查工作。常委会通过立法规范了各级人大常委会备案审查工作程序，启动了规范性文件备案审查工作。

坚持党管干部原则，严格依法办事，认真做好人事任免工作。一年来，常委会接受自治区人大常委会组成人员辞职6人；任免国家机关工作人员135人，其中，任免常委会工作机构负责人8人，任免盟工作委员会组成人员20人，任免司法机关工作人员107人。

三、代表工作取得实效

常委会不断拓宽代表工作思路，认真落实加强代表工作的各项措施，积极为代表履行职责创造条件。

加大代表议案、建议的办理和督办工作力度。对自治区十一届人大二次会议主席团交付审议的6件议案，有关委员会经过认真调查研究，向常委会提出了审议结果的报告。常委会把办理代表建议同促进“一府两院”加强和改进工作更有效地结合起来，代表提出的490件建议、批评和意见，全部按要求办理完毕并答复代表。为加大督办力度，常委会着重围绕代表建议反映集中的农牧民补贴、城乡医疗救助、寄宿制学校学生住宿用房建设、农村牧区公路建设投入等问题，组织代表对建议办理工作进行了专题视察，促进政府采取了有效的工作措施。代表建议的落实率和代表对建议办理工作的满意率进一步提高。

积极组织代表活动。进一步扩大自治区人大代表对常委会活动的参与度，去年309名代表参与了常委会执法检查和法规草案征求意见工作，44名代表列席了常委会会议。围绕居民保障性住房建设、大气污染和水污染治理、企业职工工资收入等问题，常委会组织我区全国人大代表开展了专题调研，并向全国人大提出调研报告。

加强代表培训工作。换届初，针对新当选代表比较多的实际，常委会着重围绕人大制度和人大工作基本知识对代表进行了初任培训。在此基础上，去年常委会以基层代表为重点，有针对性地对118名代表进行了履职培训。两年来，常委会培训代表356名，占代表总数的67%。配合全国人大常委会组织我区45名全国人大代表参加了培训，占我区全国人大代表总数的76%。

四、自身建设进一步加强

根据新形势、新任务的要求,常委会继续采取措施,加强自身建设,不断提高依法履行职责的能力和水平。

认真总结30年工作经验。2009年是自治区人大常委会设立30周年。30年来,在自治区党委领导下,经过历届人大常委会的不懈努力,常委会的工作和建设取得了显著成绩,为推进自治区改革开放和现代化建设做出了重要贡献。回顾30年发展历程,我们更加深刻地认识到,做好人大工作,必须坚持正确的政治方向,必须坚持围绕中心、服务大局,必须坚持维护人民群众的根本利益,必须坚持解放思想、开拓创新。这是长期实践中形成的宝贵经验,也是新时期推进人大工作深入发展必须坚持的重要指导原则。

加强思想、组织、作风建设。常委会始终坚持党的领导、人民当家作主和依法治国有机统一,牢固树立党的观念、政治观念、大局观念、群众观念和法治观念,紧紧围绕全区工作大局履行职责。按照中央和自治区党委的部署,圆满完成了深入学习实践科学发展观活动的各项任务,在集中学习调研、广泛征求意见、深入分析检查的基础上,认真梳理了常委会在依法履行职责、加强自身建设、完善工作机制、推动工作创新中存在的差距,有针对性地提出改进工作的思路措施并认真加以落实,有效推动了常委会及机关的工作。加强组成人员的学习,坚持党组中心组学习制度和常委会专题讲座制度,认真学习贯彻中央和自治区党委决策精神。坚持民主集中制原则,做到充分发扬民主、集思广益,发挥每一位组成人员的作用。不断改进作风,加强调查研究,提高常委会议事质量和效率。

加强常委会机关建设。进一步强化常委会机关参谋服务职能,以抓落实为重点继续推进机关制度建设;充分发挥人大专门委员会和常委会工作机构的作用,提高机关工作的整体效能;推进干部人事制度改革,做好干部选任、交流和培训工作,提高干部队伍的整体素质。

进一步加强同全区各级人大的联系。常委会认真履行联系指导职责,注意总结交流经验,有针对性地加强工作指导;加大干部培训力度,全年培训盟市、旗县(市、区)人大干部540名;积极推动解决盟级人大组织建设问题。加强同全国人大的联系,主动取得工作上的指导和支持。密切同兄弟省区市人大的联系。增进同国外地方议会的友好往来。

各位代表,过去一年来,常委会的工作取得了新的进展。这是自治区党委正确领导的结果,是自治区人大代表、常委会全体组成人员、专门委员会组成人员和自治区人大机关工作人员辛勤工作的结果,是自治区人民政府、高级人民法院、人民检察院密切配合的结果,也是全区各级人大、各族人民群众大力支持和帮助的结果。在此,我代表自治区人大常委会,对大家表示衷心的感谢!

在肯定成绩的同时,我们也清醒地看到,常委会的工作还存在一些不足之处,主要是立法质量需要进一步提高,在坚持立改废并重、清理完善现行有效法规方面需要继续下功夫;监督力度需要进一步加大,在综合运用多种形式实施监督特别是加强跟踪监督方面需要继续深入实践;代表工作实效有待增强,在与常委会行使职权紧密结合方面需要不断创新;人大工作的具体制度需要进一步完善,在建立健全民主公开的工作机制方面有待继续探索。我们要在今后工作中认真研究这些问题,不断加强和改进常委会的工作。

各位代表,2010年是实施"十一五"规划的最后一年,也是全面推进常委会工作的重要一年。常委会工作的总体要求是,在自治区党委领导下,认真贯彻党的十七大和十七届三中、四中全会精神,以邓小平理论和"三个代表"重要思想为指导,全面落实科学发展观,坚持围绕大局、突出重点、讲求实效,全面履行宪法和法律赋予的职责,支持和促进自治区"一府两院"依法行政、公正司法,努力营造有利于自治区科学发展、富民强区的良好法治环境。

一、以提高质量为重点推进立法工作

从我区实际需要出发,继续加强立法工作。今年常委会拟审议立法项目9件,包括制定自治区无线电管理条例、农村牧区饮水安全管理条例、城镇供热管理条例;修改自治区劳动和社会保障监察条例、未成年人保护条例、消防条例、科学技术进步条例、蒙医中医条例;作出关于修改部分地方性法规的决定。就18件立法项目开展前期调研,包括自治区实施就业促进法办法、实施节约能源法办法、实施畜牧法办法、基本草牧场保护条例、实施环境影响评价法办法、防震减灾条例、企业工资集体协商条例、邮政管理条例、民族教育条例、实施义务教育法办法、特种设备安全监察条例、文化市场管理条例、实施残疾人保障法办法、边境管理条例、志愿服务条例、爱国卫生条例、盟工委工作条例、各级人民代表大会选举实施细则。做好审查批准呼和浩特市、包头市地方性法规和自治旗单行条例的工作,指导鄂温克族自治旗、鄂伦春自治旗和莫力达瓦达斡尔族自治旗人大常委会做好修订自治旗自治条例的工作。

按照全国人大常委会的部署,对自治区现行有效的地方性法规进行全面清理,解决现行法规中存在的不适应、不一致、不协调的问题,维护国家法制统一,更好地发挥地方立法的引导、规范和保障作用。

把提高立法质量摆在首位。坚持科学立法,积极探索、总结立法工作规律,使立法与我区经济社会发展进程相适应。坚持民主立法,进一步扩大代表和公民对立法工作的有序参与,完善法规草案公开征求意见工作,建立有效的意见反馈机制,使立法充分体现人民群众的意愿,统筹各方面利益关系。

二、以增强实效为重点推进监督工作

全面贯彻落实监督法,按照自治区党委部署,抓住事关经济社会发展全局和人民群众切身利益的突出问题,有重点地开展监督工作,发挥人大监督促进依法行政、公正司法和维护社会公平正义的作用。

今年,常委会计划听取和审议"一府两院"专项工作报告6项,包括政府有关贯彻国务院关于抑制部分行业产能过剩和重复建设引导产业健康发展若干意见情况报告、中央转移支付资金安排使用情况报告、食品安全法执行情况报告、林业生态建设情况报告;法院有关法官队伍建设情况报告;检察院有关基层人民检察院建设情况报告。进一步加强计划、预算监督工作,依法听取审议有关报告。围绕促进法律法规有效实施,开展执法检查、执法调研9项,包括监狱法、农民专业合作社法、自治区实施义务教育法办法执法检查;防洪法、环境影响评价法、建设工程质量法律法规、妇女权益保障法及自治区实施妇女权益保障法办法、自治区全民健身条例、归侨侨眷权益保护法执法调研。开展跟踪监督4项,在去年监督工作基础上,重点对中小企业促进法、土地管理法律法规、自治区蒙古语言文字工作条例执行情况和草原生态建设情况进行监督。加强规范性文件备案审查工作。继续开展内蒙古环保世纪行活动。

围绕自治区党委决策部署,抓住带有根本性、全局性的事项,依法行使重大事项决定权,就进一步加强人民法院执行工作、人民检察院诉讼监督工作作出决定。坚持党管干部与依法任免干部相统一,做好人事任免工作。坚持充分发扬民主、严格依法办事,为国家机关有效运转提供组织保证。

三、以充分发挥代表作用为重点推进代表工作

人大代表是地方国家权力机关的组成人员,保障和支持代表依法执行职务是常委会的重要职责。要充分尊重代表的主体地位,坚持为代表服务,进一步完善代表工作制度,为代表依法执行职务创造条件。认真做好代表议案、建议办理工作,切实提高办理工作质量,使代表反映的人民群众的合法意愿与要求得到妥善处理、有效解决。组织好代表专题调研和集中视察,增强代表活动实效。加强同代表的联系,继续邀请代表列席常委会会议,进一步扩大代表对常委会活动的参与,充分听取代表意见,自觉接受代表监督。继续加强代表培训工作,保障代表知情知政,支持代表通过多种途径联系人民群众,不断改善代表履行职责的保障条件。

四、以提高履职能力为重点加强自身建设

形势发展对人大工作提出新的任务,对常委会把握政治方向、提高履职能力提出更高的要求。常委会要坚定不移地坚持中国特色社会主义政治发展道路,进一步巩固和发展深入学习实践科学发展观活动成果,加强思想、组织、作风、制度和廉政建设。继续推进学习型地方国家权力机关建设,坚持用中国特色社会主义理论体系武装头脑;坚持围绕中心、服务大局,紧紧围绕自治区党委决策部署履行职责;坚持民主集中制原则,集体讨论决定问题,做到科学、民主、依法决策;坚持密切联系群众,把深入调查研究作为开展工作的基础;不断完善人大工作的具体制度和运行机制,以制度创新推动工作创新;加强同全区各级人大的联系,推动全区人大工作深入发展。

各位代表!人民代表大会制度是符合我国国情、具有强大生命力和巨大优越性的根本政治制度,必须坚定不移地加以坚持和完善。我们要在自治区党委领导下,同心同德、锐意进取、扎实工作,为推进社会主义民主法制建设,保障自治区经济社会又好又快发展做出新的贡献!

关于2009年预算执行情况和2010年预算草案的报告

——2010年1月20日在内蒙古自治区第十一届人民代表大会第三次会议上

内蒙古自治区财政厅

各位代表:

受自治区人民政府委托,现将2009年预算执行情况和2010年预算草案的报告提请本次人民代表大会审议,并请自治区政协各位委员提出意见。

一、2009年全区预算执行情况

2009年是进入新世纪以来我国经济社会发展最为困难的一年,也是财政收支矛盾十分尖锐的一年。在自治区党委的正确领导下,各地区、各部门坚持以科学发展观为指导,认真贯彻落实中央应对国际金融危机的一揽子计划,以及自治区十一届人大二次会议的有关决定和决议,积极应对各种困难和挑战,自治区经济持续稳步回升,民生等社会事业加快发展,全区及自治区本级预算执行情况良好,圆满完成了2009年预算确定的各项任务和目标。

2009年年初提请人代会审议的全区地方财政总收入预算为1 285亿元,根据2009年12月31日汇总的国库数据,2009年全区地方财政总收入入库1 378.1亿元,完成年度预算的107.2%,比上年增加270.9亿元,增长24.5%,其中:一般预算收入850.7亿元,完成年度预算的112.7%,比上年增加200.1亿元,增长30.7%;上划中央税收收入527.4亿元,比上年增加70.8亿元,增长15.5%。

2009年中央财政对我区各类补助收入1 022.2亿元,比上年增加237亿元,增长30.2%,其中:返还性和财力性转移支付530.4亿元,比上年增加72亿元;各类专项转移支付491.8亿元,比上年增加165亿元。

2009年,经自治区人大常委会批准,由中央财政代我区发行地方政府债券57亿元,其中:自治区本级留用20亿元,转贷盟市37亿元。

2009年自治区财政下达盟市补助收入911.8亿元,比上年增加171.3亿元,增长23.1%,其中:返还性和财力性转移支付419.8亿元,比上年增加2.8亿元;各类专项转移支付492亿元,比上年增加168.5亿元。

汇总全区地方财政一般预算收入、中央补助收入、地方政府债券收入和上年财政结转结余以及调入资金,2009年全区总财力为2 163.6亿元,其中:一般预算收入850.7亿元,中央财政各类补助收入1 022.2亿元,发行地方政府债券收入57亿元,调入预算稳定调节基金11.4亿元,上年财政结转结余等222.3亿元。

2009年年初全区地方财政支出预算为1 379亿元。根据2009年12月31日汇总的国库数据,2009年全区地方财政支出1 925.1亿元,比上年增加470.6亿元,增长32.3%,转入预算稳定调节基金17亿元后,全区地方财政支出完成调整预算的90%。2009年全区财政结转结余资金221.5亿元,主要是为了有效应对国际金融危机的影响,国家实施了积极的财政政策,但由于收支矛盾突出,从第三季度财政收入形势逐步好转开始,中央专项资金才陆续下达,部分新增项目资金甚至是在第四季度下达,导致部分资金未能在当年及时拨付到位。2009年结转资金,将按规定用途陆续拨付,结余资金将由各级政府统筹安排,经法定程序批准后使用。

2009年,自治区本级一般预算收入完成180亿元,完成年度预算的139.5%,加上中央各类补助列自治区本级收入、发行地方政府债券收入以及上年财政结转结余资金等,自治区本级总财力422.6亿元。自治区本级一般预算支出327.9亿元,比上年增加107.9亿元,增长49%,转入自治区本级预算稳定调节基金17亿元后,完成调整预算的82%。2009年自治区本级财政结余结转资金77.7亿元,主要是由于中央部分专项转移支付资金下达较晚,在本级形成结转,2010 年将继续下达盟市或安排本级支出。

与2009 年年初预算相比,自治区本级超收 51 亿元,全部为列收列支的探矿权、采矿权价款及使用费收入,按照财政部规定,重点用于地质资源勘查、矿山环境治理等支出。盟市、旗县超收收入的使用情况,分别由各级政府向同级人大常委会报告。

2009 年,自治区本级政府性基金收入完成52.1亿元,完成年度预算的179.7%,同口径比上年增加19.6亿元,增长60.3%(2009 年政府性基金收入项目取消了养路费和公路客货运附加费,为使比较口径一致,2008 年收入中剔除了这两项收入31.4亿元)。2009 年自治区本级政府性基金收入超预算较多,主要是由于按照自治区政府印发的《内蒙古自治区煤炭价格调节基金征收使用管理办法》(内政发〔2009〕53 号)的规定,从2009 年7 月1 日开始征收的煤炭价格调节基金本级入库 11.5 亿元,带动政府性基金收入增长较多。2009 年,自治区本级政府性基金支出完成 8 亿元,同口径比上年增加3.8亿元,增长90.5%。

上述各类收支数据,待财政部批复决算后,还会有一些变化,届时向同级人大常委会报告。

2009 年,全区预算执行的主要情况是:

(一)财政经济协调发展,财政收入总体保持平稳较快增长

2009 年,随着应对国际金融危机一揽子计划的实施,自治区经济逐步企稳回升,全年地区生产总值增长17%左右,增幅连续八年位居全国第一;固定资产投资逐月累计增幅均在30%以上;全年规模以上工业增加值和社会消费品零售总额实际增长分别达到24.2%和19.2%。随着财政收入来源基础的逐步巩固,2009年,全区财政收入总体保持平稳较快增长,一般预算收入逐月累计增幅均在30%以上,其中:增值税、营业税、企业所得税和个人所得税四大主体税种共实现收入384.2亿元,占一般预算收入的45.2%。此外,城镇土地使用税、耕地占用税、车船税等地方税以及行政事业性收费、罚没收入等非税收入也都保持了较高的增长速度。由于受结构性减税政策的影响,一般预算收入中,税收收入完成576.7亿元,增长24.2%,占一般预算收入的67.8%,比 2008 年下降3.6个百分点,其中:作为最大税种的增值税仅增长6%。财政收入平稳增长主要是经济形势回暖向好的反映,但也存在一次性、政策性因素。如:深化矿产资源有偿使用制度改革,探矿权、采矿权价款及使用费收入增加较多等。扣除这些因素,财政收入增长与经济发展情况是基本相适应的。

(二)贯彻落实积极财政政策,支持自治区经济平稳较快增长

紧紧围绕中央“保增长、扩内需、调结构、惠民生”的方针,贯彻落实积极的财政政策,积极扩大投资和消费需求,促进自治区经济回升向好。2009 年全区财政用于城乡社区、采掘电力信息、交通运输、商业流通等事务方面的公共投资支出469.9亿元,比上年增加148.4亿元,增长46.2%。

扩大政府公共投资规模。积极争取中央扩大内需新增投资110.2亿元,落实配套资金67.1亿元,加大对农村牧区民生工程、教育医疗卫生等社会事业、保障性住房、节能减排和生态环境等方面的投入。争取财政部代理发行地方政府债券 57 亿元,重点解决中央扩大内需投入配套资金。这些投资直接增加了即期需求,加强了经济社会发展的薄弱环节,为长期发展夯实了基础。

促进经济结构调整和经济发展方式转变。加快实施科技重大专项,自治区本级财政下达科技创新引导奖励资金等科技专项3.9亿元,重点支持节能减排、新能源开发利用等方面的关键技术研究。支持节能减排和环境保护,争取中央节能减排专项资金11.9亿元,自治区安排资金6.4亿元,加快城镇污水处理设施配套管网建设;完成既有建筑节能改造 506 万平方米;奖励企业节能技术改造项目 96 个,淘汰落后产能项目 323 个;启动实施金太阳工程项目 7 个,总装机10 411 千瓦。支持中小企业发展壮大,投入资金3.6亿元,加快实施“一个产业带动百户中小企业工程”。

增强居民消费能力。增加城乡居民尤其是低收入群体的收入,提高对农牧民、城乡低保对象、企业退休人员和优抚对象等群体的补贴和补助水平。进一步加大家电、汽车、摩托车下乡推广力度,及时拨付财政补贴资金4.4亿元,全区共销售补贴类家电产品 35 万台(部),汽车摩托车6.5万辆,实现销售额18.9亿元。下达服务业发展专项资金2.3亿元,重点支持“万村千乡市场工程”等城乡流通网络建设。完善和落实扩大消费的财税优惠政策。

实行结构性减税政策。实施消费型增值税,降低

小规模纳税人的增值税征收率,促进企业扩大投资、加快技术改造。顺利推进成品油税费改革,公平税费负担,推进节能减排,促进科学发展。取消和停征了国家和自治区的208项行政事业性收费。继续执行2008年已实施的提高个人工资薪金所得减除费用标准、降低住房交易税费等政策。2009年实施的各项税费减免政策共减轻企业和居民负担100亿元左右,有效促进了企业扩大投资,刺激居民消费。

(三)增加"三农三牧"投入,推动农村牧区改革与发展

认真落实中央和自治区两个1号文件精神,按照统筹城乡发展的要求,加大对"三农三牧"的投入力度,支持农村牧区改革发展。2009年全区财政用于农林水、粮油事务及生态建设方面的支出342.9亿元,比上年增加84.2亿元,增长32.5%。

继续加大各项惠农惠牧补贴政策的实施力度。落实各类惠农惠牧补贴资金75.9亿元,增加15.4亿元,基本实现玉米、水稻、小麦、大豆、棉花良种补贴全覆盖,对牧民购买牧机具在中央补贴标准基础上再增加10-20%,累计对180万头生猪、奶牛等畜牧业良种进行补贴。推行财政补贴农牧民资金支出管理和支付方式改革,全面实现补贴资金"一卡通"发放,确保惠农惠牧补贴政策落实到位。

支持现代农牧业发展。投入现代农牧业资金11.9亿元,按照集中连片、重点建设的原则,专项用于扶持东部玉米、中部马铃薯、西部农区和东部牧区肉羊产业发展。

着力改善农村牧区生产生活条件。投入农业综合开发资金12亿元,全区共改造中低产田117.5万亩,实施人工种草8.5万亩,改良草场24.1万亩,实施农牧业产业化经营项目210个。下达土地整理项目资金12亿元,全区新增耕地9 231公顷。落实资金7.9亿元,重点解决重砷、重氟区120万人安全饮水问题。

加大财政扶贫开发和防灾救灾投入力度。投入财政扶贫资金9.8亿元,通过整村推进、移民扩镇、农村牧区劳动力转移培训等方式,重点解决了15万低收入农牧民的温饱问题。及时拨付农牧业防灾救灾资金6亿元,用于灾民生活救助、防凌防汛、动物疫病防治等经费补助。

加快推进生态建设。落实生态建设补助资金44.8亿元,进一步完善和落实财政支持天然林保护工程、森林生态效益补偿、退耕还林、退牧还草等政策措施。

完善农村牧区财政奖补制度和政策。全面推开嘎查村级公益事业建设一事一议财政奖补工作,投入资金4.5亿元,政府激励引导、农牧民筹资筹劳、社会力量支持的村级公益事业投入新机制初步形成。推进农牧业保险保费补贴工作,下拨补贴资金11.5亿元,全区种植业参保面积达到6 041万亩,参保农户263万户;养殖业能繁母猪参保42.1万头,奶牛参保21.5万头。

(四)切实保障和改善民生,努力实现社会和谐稳定

紧紧围绕自治区党委2009年年初确定的"十件实事"和"十项民生工程",加快推进以改善民生为重点的社会建设。2009年,全区用于教育、社会保障和就业等各类民生支出684.3亿元,比上年增加184.2亿元,增长36.8%。

大力支持就业和再就业。实施更加积极的就业政策,落实就业补助经费11亿元,促进大学生、农民工就业,稳定困难企业就业局势。通过提高生活补助标准等政策,支持高校毕业生面向基层、非公有制企业和中小企业就业。支持对返乡农民工和城镇失业人员开展实用技能培训。设立创业投资政府引导基金,加大小额担保贷款财政投入力度,鼓励自谋职业和自主创业。

继续提高社会保障水平。2009年,全区社会保障支出262.2亿元,比上年增长43.9%。落实企业职工基本养老保险调标政策,自治区下达补助资金43.7亿元,确保全区106万名企业退休职工养老金每人每月平均提高125元,月平均水平达到1 210元。启动新型农村牧区社会养老保险试点,自治区财政下拨补助资金5 600万元,全区参保人数达到100万人。提高城乡居民最低生活保障标准,下拨补助资金25.2亿元,城乡居民低保标准每人每月分别提高45元和18元,保障了202万城乡低收入群众的基本生活。在适度调整低保标准的同时,对城乡低保对象和优抚对象等困难群体发放一次性生活补贴3.3亿元。继续扩大廉租住房实施范围,下达补贴资金4.8亿元,城镇人均住房建筑面积13平方米以下的低保家庭实现应保尽保,受益家庭15.2万户。实施农村牧区危房改造项目,投入资金3.4亿元,完成农村危房改造3.7万户。

加快教育事业发展。2009年,全区教育事业支出243.3亿元,比上年增长17.9%。继续深化农村牧区义务教育经费保障机制改革,免除了义务教育学校寄宿生住宿费,提高了农村牧区义务教育阶段中小学生均公用经费定额,小学生均每年300元,初中生均每年

500元。下达资金6.3亿元,启动了中小学校舍安全建设工程。加快职业教育发展,自治区本级财政安排资金3.4亿元,实施了中等职业教育基础能力建设工程,对农村贫困家庭和牧业旗中职学生实行免费教育。支持高等教育提高办学质量,加快高等院校重点学科和重点实验室建设,将高等院校生均定额标准由4 200元提高到4 700元。

深化医药卫生体制改革。2009年,全区医疗卫生支出102.1亿元,比上年增长70.7%。加快推进基本医疗保障制度建设,落实补助资金20.6亿元,统筹解决城乡各类人员医疗保障问题。巩固和完善新型农村牧区合作医疗制度,参合人数达到1 200万人,各级财政补助标准达到80元,在此基础上,将牧业旗参合牧民财政补助标准再提高20元,达到每人每年100元。全面建立城镇居民基本医疗保险制度,将全区14个盟(市)全部纳入国家级试点范围,同时将在校大学生全部纳入城镇居民医疗保险范围,实际参保人数达到390万人。全面解决关闭破产国有企业退休人员医疗保障问题。完善城乡医疗救助制度。支持健全基层医疗卫生服务体系,下拨补助资金6 122万元,支持基层医疗卫生机构设备购置、人员培训和人才培养,提高服务能力和水平。促进基本公共卫生服务逐步均等化,下拨补助资金3.2亿元,按照人均基本公共卫生服务经费标准不低于15元的标准,建立健全城乡基本公共卫生服务经费保障机制。投入资金1.3亿元,实施15岁以下人群补种乙肝疫苗、农村改水改厕等重大公共卫生服务项目。

(五)加大转移支付力度,促进了区域经济社会协调发展

按照财力与事权相匹配的原则,进一步加大转移支付力度,重点向困难地区、困难基层、困难群众倾斜。2009年自治区下达盟市、旗县一般性转移支付378.5亿元,比上年增加2.7亿元。

以保障津补贴发放为重点,下达盟市、旗县均衡性转移支付149.6亿元,增加23.2亿元,增长18.3%。按照国家主体功能区政策要求,新增下达盟市、旗县生态功能区转移支付9.9亿元,增强禁止开发区与限制开发区旗县政府提供基本公共服务的财政保障能力。实施成品油税费改革,下达盟市、旗县成品油价格和税费改革转移支付5.9亿元,保障交通部门基本支出,加大自治区公路建设投资。支持资源枯竭城市社会保障、环境与生态建设、棚户区改造等,下达资源枯竭型城市转移支付0.5亿元。推进农村牧区义务教育经费保障机制改革,下达盟市、旗县义务教育转移支付10.6亿元,增加3.3亿元,增长44.8%。全面启动全区政法经费保障体制改革,下达盟市、旗县政法转移支付15.7亿元,为基层公检法司机关履行职责提供了资金保障。研究省直管县财政管理体制改革,继续完善"乡财县管"管理方式。建立健全县级基本财力保障制度,进一步完善村级组织运转经费保障机制。支持边境贸易和口岸建设,下达专项转移支付12.6亿元,比上年增加0.8亿元,加强边境旗县和一类口岸基础设施建设,支持边贸及边贸企业发展。

(六)稳步推进各项财税改革,公共财政体系进一步完善

稳步推进各项财政改革,公共财政体系进一步完善,依法理财和科学理财水平有了新的提高。

深化部门预算改革。进一步完善基本支出定额标准体系和以人员为核心的基础信息库,提高预算编制的科学性和准确性。启动了专项资金项目库管理工作,稳步推进项目预算滚动管理。改进和加强政府结余资金和超收收入的管理,发挥好自治区本级预算稳定调节基金的作用。

推进国库集中支付制度改革。自治区本级100个部门1 260多个基层预算单位已经纳入国库集中支付改革范围;全区12个盟市本级,96个旗县实施了改革。加快推进公务卡改革步伐,自治区本级85个一级预算单位、465个基层预算单位实施了公务卡改革;全区8个盟市启动了公务卡改革试点工作。启动财税库银税收收入电子缴库横向联网工作,并已正式上线运行。

深化非税收入收缴管理制度改革。全区12个盟市本级、100个旗县区实施了非税收入收缴管理制度改革。发挥非税收入的政策调节功能,出台了煤炭价格调节基金征收管理和预算管理办法,为促进我区煤炭资源的节约利用和煤炭工业的可持续发展提供了制度保障。

完善收入分配制度改革。进一步规范公务员津贴补贴和义务教育阶段中小学教师绩效工资改革,认真落实艰苦边远地区津贴政策和行政事业单位离退休人员的住房补贴政策。

继续推进其他财政领域改革。继续扩大政府采购范围和规模。全区政府采购规模达到175.7亿元,节约

资金18.3亿元,资金节约率10%。深化行政事业单位资产管理改革,房地产、车辆及大型设备等大额国有资产处置基本实现进场交易,自治区本级及10个盟市9 000多户行政事业单位实现了资产管理的信息化、网络化。按照中央厉行节约八项要求,严格控制一般性支出,压缩出国(境)经费、车辆购置及运行费、公务接待费等支出。强化地方政府性债务管理,防范和化解财政风险。加强财政监督管理和追踪问效,重点对扩大内需、现代农业、家电下乡等涉及人民群众切身利益的项目进行了监督检查,并在全区组织开展了"小金库"专项治理。此外,启动了国有资本经营预算编制工作,进一步加大财政政务公开力度。

2009年财政运行中也存在着一些亟待解决的问题,如:财政收支矛盾比较突出,特别是一些资源禀赋差的旗县财政还比较困难;财政支出进度不均衡,预算执行效率有待提高;财政体制仍需健全,自治区以下财政管理体制需进一步规范;政府性债务不断累积,财政风险不容忽视,等等。我们必须高度重视这些问题,通过不断加快发展、深化改革、严肃法纪和规范管理等综合措施,着力加以解决。

二、2010年预算草案

根据自治区党委、人大对财政经济工作的总体部署,2010年全区财政预算安排的总体要求是:

以邓小平理论和"三个代表"重要思想为指导,深入贯彻落实科学发展观,全面贯彻党的十七大、十七届三中、四中全会及全区经济工作会议精神,继续落实好国家积极财政政策,扩大政府公共投资,促进经济结构调整,支持自治区经济平稳较快发展;坚持统筹兼顾、增收节支的方针,调整优化财政支出结构,严格控制一般性支出,着力保障以改善民生为重点的社会事业发展,提高城乡居民收入水平;推进财税制度改革,加快形成有利于科学发展的财政体制机制;坚持依法理财,加强财政科学化精细化管理,提高财政管理绩效。

根据自治区宏观经济发展预期以及目前掌握的政策性调整因素,2010年全区地方财政总收入安排1 610亿元,比2009年实际完成数增加232亿元,增长17%,高于今年地区生产总值预期增幅4个百分点,高于全国财政收入增幅9个百分点。2010年全区地方财政支出预算安排1 710亿元,加上上年结转和预算执行中中央增加的各类补助,2010年全年实际总支出将达到2 210亿元左右,比2009年实际支出数增加285亿元,增长15%。

根据《预算法》的规定,各级财政预算由同级人民政府编制,报同级人民代表大会审查批准。下面,重点报告自治区本级公共财政预算和政府性基金预算的安排情况:

根据现行财政体制划定的收入范围和中央明确的补助数额,2010年,自治区本级财政一般预算总财力安排879.5亿元,其中:一般预算收入155亿元;中央财力性补助收入557.1亿元;中央专项补助收入157.6亿元;盟市上解收入6亿元;调入资金3.8亿元。根据收支平衡的原则,2010年自治区本级财政一般预算总支出安排879.5亿元,其中:按政策和体制规定返还和补助盟市586.8亿元;本级一般预算支出安排292.7亿元,比上年年初预算数增加106.1亿元,增长56.9%。剔除新增燃油税费改革转移支付38.5亿元之后,本级一般预算支出实际增长36.2%。

2010年自治区本级财政支出预算按经济分类和功能分类分别编制,从不同角度反映政府的支出活动。按经济分类划分,自治区本级一般预算支出安排情况是:基本支出预算安排79.6亿元,占27.2%;各类专项支出安排213.1亿元,占72.8%。在基本支出预算中,行政事业单位工资福利支出35.2亿元,商品和服务支出即公用经费21.8亿元,对个人和家庭的补助支出22.6亿元。按功能分类划分,自治区本级一般预算支出主要安排情况是:

——安排一般公共服务支出31.2亿元,比上年年初预算增加2.9亿元,增长10.1%,其中专项资金安排7亿元。主要用于保障自治区党政机关及其所属职能部门的基本支出。完善人口和计划生育利益导向机制,加大对农村牧区及城镇无业人员独生子女父母奖励扶助力度,继续支持"一杯奶"生育关爱行动。加大人才开发、培训和引进投入,鼓励高校毕业生到基层、非公有制企业和中小企业就业和锻炼。落实上海世博会参展经费。

——安排公共安全和国防支出21.4亿元,比上年年初预算增加3.2亿元,增长17.6%。其中专项资金安排10.7亿元,重点用于推动政法经费保障体制改革,支持公检法司基层单位办案业务开支、执法装备购置和开展各种专项斗争;支持民兵和预备役部队训练;加强消防、森林警察、公安边防装备和基础设施建设。

——安排教育支出39.6亿元,比上年年初预算增加13亿元,增长48.9%,高于经常性财政收入的增长,符合《教育法》规定的增长要求。其中专项资金安排27.2亿元,重点用于巩固和完善农村牧区义务教育经费保障机制改革,提高农村牧区义务教育阶段中小学公用经费补助标准,减免义务教育阶段中小学寄宿生住宿费,实施全区中小学校舍安全工程。加快中等职业教育基础能力建设,对中等职业学校农村家庭经济困难学生、涉农专业学生以及牧业旗中等职业学校学生实行免费教育。认真落实普通本科高校、高等及中等职业学校家庭经济困难学生资助政策和国家助学贷款政策。支持高等院校重点学科和重点实验室建设,继续对自治区直属高等院校银行贷款给予贴息补助,逐步建立控制高校财务风险的长效机制。

——安排科学技术支出6.6亿元,比上年年初预算增加1.8亿元,增长36.8%,高于经常性财政收入的增长,符合《科技进步法》规定的增长要求。其中专项资金安排6亿元,主要用于继续设立科技发展创新引导奖励资金和自然科学基金;保障自治区重大科技专项顺利实施;鼓励企业加大新材料、可再生能源、节能环保等方面的研发投入;支持内蒙古科技馆建设。

——安排文化体育与传媒支出5.2亿元,比上年年初预算增加7 771万元,增长17.5%。其中专项资金安排3亿元,主要用于推动自治区文化体制改革;继续实施广播电视"无线覆盖"工程、文化信息资源共享工程等重点文化项目;继续对全区博物馆、纪念馆实行免费开放;支持全区第十一届运动会和全民体育健身工程。

——安排社会保障和就业支出、住房保障支出37.2亿元,比上年年初预算增加7.1亿元,同口径增长28.3%(2009年预算代中央安排城乡居民低保补助资金1.1亿元,剔除此项因素,社保支出同口径增长28.3%)。其中专项资金安排19.5亿元,重点用于落实企业退休人员养老金调标政策;继续提高城乡居民最低生活保障财政补助标准,每人每月分别提高30元和15元;提高优抚对象等人员抚恤和生活补助标准;扩大廉租住房补贴范围;全面完成行政事业单位退休人员住房补贴发放工作;继续实施农村牧区危房改造工程;扩大新型农村牧区社会养老保险试点范围,参保人数达到160万人以上。建立创业小额担保贷款基金,加强就业实训基地建设,继续安排小额担保贷款资金,大力支持就业和再就业。

——安排医疗卫生支出13亿元,比上年年初预算增加2.9亿元,增长28.1%。其中专项资金安排8.2亿元,重点用于支持医药卫生体制改革,巩固和完善新型农村牧区合作医疗制度、城镇居民基本医疗保险制度,将各级财政补助标准由80元提高到120元;支持城乡公共卫生服务体系建设;适当提高城乡困难群众医疗救助水平;加大对关闭破产国有企业退休人员医疗保险的补助水平;实施农村改厕等中央重大公共卫生项目。

——安排环境保护、国土资源气象、城乡社区事务支出28.5亿元,比上年年初预算增加11.5亿元,增长67.6%。其中专项资金安排26.2亿元,主要用于支持节能技术改造、淘汰落后产能、建筑节能等重点节能工程建设;加快实施新建城镇污水处理配套设施和城镇供热管网建设等重点减排项目;积极扶持新能源产业发展;支持城镇建设规划、维护以及"城中村"改造奖励;全面推进矿产资源有偿使用制度改革,加大矿产资源勘查、矿山地质环境治理等方面的投入。

——安排农林水事务支出25.2亿元,比上年年初预算增加7.4亿元,增长41.6%,高于经常性财政收入的增长,符合《农业法》规定的增长要求。其中专项资金安排23.4亿元,主要用于支持现代农牧业发展,巩固农畜产品保障供给能力;完善牧业旗肉羊良种补贴等各项惠农惠牧补贴政策;加大农牧业基础设施和农业综合开发投入力度,提高农业综合生产能力;加大扶贫开发投入力度;完善农牧业保险保费补贴制度和政策;全面推进嘎查村公益事业建设一事一议财政奖补工作。

——安排交通运输、资源勘探电力信息和商业服务业等事务支出58.4亿元,比上年年初预算增加44.2亿元,增长311.3%。其中专项资金安排56.4亿元,主要用于推进成品油税费改革,加大交通资本金以及农村牧区公路建设和养护资金投入。落实企业优惠政策,鼓励企业扩大投资;支持工业重点项目建设,扶持中小企业发展壮大。加快现代物流、旅游、金融等服务业发展。继续安排粮食风险基金及粮食挂账利息等各类政策性补贴资金。

——安排其他支出26.4亿元,比上年年初预算增加11.3亿元,增长74.8%。其中专项资金安排25.5亿元,主要包括预算内基本建设投资8亿元;中央扩大内需偿债准备金5亿元;政府预备费3.5亿元,增加5 000万元;扶持边贸经济发展专项1亿元。

根据现行政府性基金政策规定,2010年自治区本级政府性基金收入预算安排72亿元,比2009年预算数增加43亿元,其中:新增编列煤炭价格调节基金增加35亿元,将彩票公益金收入纳入政府性基金预算(原列财政专户)增加4亿元,剔除这两项因素,同口径比2009年预算数增长14%。基金收入来源主要是新增建设用地土地有偿使用费、地方水利建设基金、煤炭价格调节基金。

按照"以收定支、专款专用"的原则,2010年自治区本级政府性基金支出预算相应安排72亿元,同口径增长14%。基金支出重点用于企业剥离办社会、矿山环境综合整治、土地整理和水利基础设施建设等。

三、坚持依法理财,强化科学管理,确保圆满完成2010年预算

(一)继续加强和改善财政宏观调控,促进自治区经济平稳较快发展

从自治区经济发展正处于回升向好关键时期的客观需要出发,牢固树立功能财政的思想,把支持自治区经济平稳较快发展与促进结构调整结合起来,进一步巩固经济回升基础和宏观调控成果。继续实施积极财政政策,保持政府公共投资力度,优化投资结构,足额落实中央新增项目配套资金,继续加大对保障性安居工程、农村牧区民生工程及农牧业基础设施、教科文卫等社会事业、环境保护等重点领域的投入力度。同时,完善项目资金管理方式,对地方建设项目更多采用切块下达的方式,强化盟市、旗县管理责任。积极支持搭建政府投融资平台,引导社会资金投向政府鼓励的项目和符合国家产业政策的领域。继续实施结构性减税(费)政策,减轻企业和居民负担。加快实施重大科技专项,支持科技创新和节能减排,加快发展可再生能源和新能源,加强资源节约和生态环境保护,推动自治区新型工业化发展。贯彻落实汽车以旧换新政策,促进资源综合利用和拉动居民消费。积极运用补贴、转移支付、税收等财税手段,扩大财政补助规模,完善社会保障制度,改善居民消费预期,努力提高农牧民、城乡低保对象等低收入群体的消费能力。支持农村现代流通体系建设,通过家电下乡补贴、农机购置补贴等多种方式,培育和发展农村消费市场。落实国家和自治区统筹城乡区域协调发展的各项财税政策,把统筹城乡区域协调发展与推进城镇化结合起来,进一步扩展经济发展空间,增强经济发展后劲。

(二)加强财政收支管理,确保完成今年财政预算任务

在继续落实结构性减免税费政策的基础上,支持税务部门依法加强税收征管,防止税收流失,确保应收尽收。继续推进财税库银税收收入电子缴库横向联网工作,提高税款入库速度,实现税收收入信息共享。贯彻执行自治区非税收入管理条例,建立规范的非税收入体系,逐步将非税收入全部纳入预算管理,并实行国库集中收缴,确保财政收入稳定增长。坚持扩大财政收入总量与优化财政收入结构并重,增强财政收入增长的稳定性、均衡性和可持续性。狠抓预算执行管理,强化部门预算支出责任,加快预算支出进度,及时拨付"三农三牧"、教育、医疗卫生、社会保障等方面的资金,提高预算执行效率,确保重点支出需要。严格控制一般性支出,自治区部门公用经费继续保持零增长,继续压缩出国(境)经费、车辆购置及运行费、公务接待费等行政开支,进一步控制行政成本。

(三)加强政府性基金管理,健全政府预算体系

按照财政部的要求,对应纳入基金预算管理的收入要全部纳入基金预算编制范围。继续深化部门预算改革,细化基金预算编制,严格按照修订后的基金预算收支科目以及"两上两下"预算编制程序,全面编制政府性基金预算,通过预算编制形成资金合力,加大对政府性基金的统筹安排力度。同时,加强对政府性基金的监督管理,建立财政部门内部及财政部门与预算单位之间的沟通协作机制,并及时向各级人大报告基金预算管理情况。要按照自治区政府相关管理办法的要求,做好煤炭价格调节基金的预算编制、资金使用和监督管理工作。在完善公共财政预算、规范政府性基金预算编制的同时,全面推进国有资本经营预算,加快建立社会保险基金预算,逐步将本级政府全部收入和支出纳入预算,提高预算的完整性和透明度。

(四)积极探索有效的财政保障方式,逐步建立与经济发展同步增长的民生改善长效机制

坚持富民与强区并重,进一步优化财政支出结构,着力保障和改善民生,集中更多的财政资源用于改善民生和发展社会事业,建立健全保障和改善民生的长效机制,推动基本公共服务均等化,把改善民生作为保增长的出发点和落脚点。认真落实自治区每年安排的为群众办的"十件实事"和"十项民生工程",注重实效,着力解决就业、社会保障、教育、医疗、住房等涉及群众切身利益的问题,让广大人民群众共享改革发展成果,同沐公共财政阳光。充分发挥财政调节收入分

配的职能作用，稳步规范公务员津贴补贴，加快推进事业单位绩效工资改革，加大各项惠农惠牧补贴政策的实施力度，促进城乡居民收入水平与经济发展同步增长。就业为民生之本，要实施更加积极的就业政策，对受金融危机影响较大的困难企业，实施缓缴社会保险费、降低社会保险费率等政策，帮助企业渡过难关，稳定用工岗位；运用财税政策，安排和鼓励高校毕业生到基层和中小企业工作，支持自主创业、自谋职业；强化对农民工就业的公共服务和技能培训；加大就业援助，重点做好就业困难人群、零就业家庭和受灾地区劳动力就业的帮扶工作。进一步完善以基本养老、基本医疗、最低生活保障为核心的社会保障体系，提高社会保障的普惠性和覆盖面，建立社保投入随经济增长同步增加的长效机制。

（五）完善转移支付办法，促进地区间基本公共服务均等化

围绕推进基本公共服务均等化和主体功能区建设，健全财力与事权相匹配的体制。落实国家主体功能区转移支付政策，加大对列入国家限制开发区旗县的转移支付力度，为限制开发区基本公共服务和保护生态环境提供财力保障。按照国务院《关于完善村级组织运转经费保障机制促进村级组织建设的意见》（中办发〔2009〕21号）精神，增加自治区对村级组织运转的财政补助经费，并督促和引导县乡承担起对村级组织运转经费保障的主要责任。以缩小地区间财力差距和促进城乡居民收入提高为重点，继续加大对财政困难旗县、边境旗县、少数民族聚居旗县和革命老区旗县的均衡性转移支付力度，增强财力薄弱地区落实各项民生政策的能力。

（六）继续深化各项财政改革，进一步提高财政科学化精细化管理水平

深化预算管理制度改革，细化项目支出预算，逐步实现“一上”预算编制全部细化到具体项目和落实到具体单位，涉及政府采购的要同时编制政府采购预算；全面推进旗县部门预算改革，建立部门预算责任制度；提高基本支出和项目支出执行的均衡性，并选择重点项目、民生项目，推行预算支出绩效评价试点。制定行政事业单位资产配置标准和实物费用定额，继续推进行政事业单位资产管理与预算管理有机结合的机制和流程。健全财力与事权相匹配的体制，完善自治区以下财政体制，进一步规范自治区以下政府间分配关系。加快国库集中收付制度改革，2010年要将自治区本级所有基层预算单位、全区所有旗县（市、区）纳入国库集中支付制度改革范围。继续推进公务卡改革。尽快完善并应用国库动态监控系统，建立对预算单位资金支付的事前监督机制。与全区经济发展水平相适应，逐步扩大政府采购范围和规模，充分发挥政府采购促进中小企业发展、节能减排等方面的政策功能。推进农村牧区综合改革，健全嘎查村级公益事业建设一事一议财政奖补制度；全面实现财政补贴农牧民资金“一卡通”发放；鼓励各地区开展其他乡村公益性债务清理、核实和化解工作。研究健全政府性债务信息统计、规模控制和风险预警等基本制度框架，防范财政债务风险。

（七）严格财政监督，规范财政资金运行机制

继续开展重大财税政策实施情况专项检查调研，保障中央宏观调控政策的有效落实。建立健全覆盖所有政府性资金和财政运行全过程的监督机制，特别是要强化事前和事中监督，促进监督与管理的有机融合。在加强对财政日常业务监督管理的同时，要强化对农业、教育、社保、政府投资等重点部门、行业、资金的监督检查。自觉依法接受人大、审计的监督，进一步扩大向人代会报送部门预算草案的范围，并对预算草案中涉及民生的重点支出要逐步细化到“款”级科目。认真整改审计发现的问题，不断提高财政管理水平。深入推进“小金库”治理工作，研究建立“小金库”治理长效机制。进一步完善政务公开制度，主动公开财政规范性文件以及有关的财政政策、发展规划等，增强财政工作的透明度。严格注册会计师行业管理，加强对企业和行政事业单位财务管理、会计信息质量、会计师事务所和资产评估机构执业质量的监督。

各位代表，今年是全面实现“十一五”规划目标、衔接“十二五”发展的重要一年，我们要深入贯彻落实科学发展观，紧紧围绕自治区经济社会发展大局，按照自治区党委的决策部署和本次会议对财政工作提出的各项要求，充分利用有利条件，积极克服各种困难，努力完成2010年各项财政工作任务，为促进自治区经济社会平稳较快发展做出更大的贡献。

关于内蒙古自治区2009年国民经济和社会发展计划执行情况与2010年国民经济和社会发展计划草案的报告

——2010年1月20日在内蒙古自治区第十一届人民代表大会第三次会议上

内蒙古自治区发展和改革委员会

各位代表:

受自治区人民政府委托,向大会提出2009年国民经济和社会发展计划执行情况与2010年国民经济和社会发展计划草案,请予审议,并请自治区政协委员和列席会议的同志们提出意见。

一、2009年国民经济和社会发展计划执行情况

过去的一年,在自治区党委的正确领导下,全区各地坚持以科学发展观为指导,全面落实中央应对国际金融危机的一揽子计划,经济运行持续向好,社会事业全面发展,保增长、调结构、扩内需、促改革、惠民生取得明显成效。

(一)经济增长整体呈回升态势。面对国际金融危机的严重冲击,F自治区党委、政府坚决积极贯彻落实中央扩大内需的一系列政策措施,有效扭转了经济增速下滑的势头。

生产总值增长逐季加快。一季度生产总值增长15.8%,二季度增长16.5%,三季度增长17.9%。初步统计,全年实现生产总值9 725.8亿元,增长16.9%。其中,第一产业增长2.3%,第二产业增长21.4%,第三产业增长15%。

停产半停产企业逐步恢复。停产工矿企业已经从2008年12月份最高1 112户减少到91户,恢复率达到91.8%;停产半停产企业涉及职工人数从11.2万人减少到3.9万人。

用电量持续增加。发电量从7月份开始正增长,改变了之前几个月连续负增长的局面。全年累计发电2 240亿千瓦小时,增长5%。用电量呈逐月增加趋势,12月份达到128亿千瓦小时,比上年同月增加33.3亿千瓦小时。

(二)产业结构调整取得积极进展。在金融危机形成的"倒逼"机制推动下,结构调整步伐明显加快。

农牧业生产得到加强。农作物播种面积和粮食播种面积进一步扩大,粮食生产在克服严重自然灾害的情况下获得较好收成,全年粮食产量396亿斤,比上年减产30亿斤。畜牧业稳定发展,牧业年度牲畜存栏1.09亿头只,连续5年稳定在1亿头只以上。全年肉类总产量240万吨,增加21万吨;牛奶产量850万吨,减产92万吨。

工业经济稳定回升。全年规模以上工业实现增加值4 400.5亿元,增长24.2%。工业经济运行呈现以下特点:一是传统产业中煤炭继续较快增长,电力、钢铁、有色等行业增长有所放缓。全年煤炭产量6亿吨,增长22.8%;电力、钢铁、有色三个行业平均增长17.8%,所占比重由39.8%下降到34.5%,对工业增长的贡献由36.3%下降到26.8%。二是新兴行业增长加快。装备制造、新能源、现代煤化工等新兴产业快速成长,截至2009年底全区风电装机容量达到500万千瓦、风机产能500万千瓦、甲醇产能560万吨。三是淘汰落后产能步伐加快。累计关停小火电机组20万千瓦,淘汰电石产能10万吨,铁合金产能10万吨。预计全年万元生产总值能耗2.01吨标准煤,下降7%左右。

第三产业继续较快增长。初步统计,全年第三产业实现增加值3 695.4亿元,增长15%。从第三产业内部看,交通运输业增长有所减缓,铁路货物发送量完成5.2亿吨,增长11.3%。商贸流通业较快增长,全年社会消费品零售总额2 855亿元,增长19.2%。在积极的财政政策推动下,社会事业和公共服务支出增加,全年财政用于社会事业和公共服务的支出增长31.8%,比上年提高3.2个百分点。

(三)扩大内需政策得到有效落实。投资需求较快增长,消费需求逐渐升温,对经济发展的带动作用进一步增强。

投资需求较快增长。城乡50万元以上项目固定资产投资完成7 381亿元,增长33.8%。从资金来源看,财政性投资力度加大,银行贷款大幅增加,但企业投资增长相对缓慢。全年财政性资金到位423.6亿元,增长80.5%;银行贷款到位786.6亿元,增长1.05倍;企事业单位自有资金到位2 176.7亿元,增长14.9%。从资金投向看,农牧业、建筑业和基础设施投资增长加快,工业投资平稳增长。全年农牧业完成投资376亿元,增长49.5%;建筑业完成投资68.8亿元,增长95.9%;公路完成投资461.8亿元,增长44.6%;铁路完成投资277亿元,增长65.4%;工业完成投资3 806.1亿元,增长30.5%。重点项目建设进展顺利,已累计新开工高速公路348公里、铁路2 600公里。呼和浩特至北京快速客运通道预可研已通过铁道部审查并上报国家发展改革委,通辽、赤峰至北京快速客运通道铁道部已委托开展线路方案研究。

消费需求增长加快。在国家一系列消费政策的作用下,消费需求持续升温,城乡居民的消费热点集中表现在三个方面:一是家电。全区家用电器和音像器材类商品销售额完成45.9亿元,增长20.1%。二是汽车。完成零售额212.3亿元,增长50.8%。三是房地产。全年商品房销售面积2 463万平方米,增长15%;商品房销售额733.2亿元,增长38.9%。

(四)财政金融形势较好。全年地方财政总收入完成1 378.1亿元,比上年增加270.9亿元,增长24.5%。其中,一般预算收入850.8亿元,增加200.1亿元,增长30.7%;上划中央税收527.4亿元,增加70.8亿元,增长15.5%。一般预算收入中,税收收入完成576.7亿元,增长24.2%,占一般预算收入的67.8%;非税收入完成274亿元,增长47.1%,占32.2%。

12月末全区金融机构各项人民币存款余额达到8 373.7亿元,比年初增加2 056.1亿元,比上年增长32.1%。其中居民储蓄存款余额3 913.6亿元,增加702.8亿元,增长33.7%。各项贷款余额6 292.5亿元,增加1 784亿元,增长39%。在适度宽松货币政策的作用下,金融机构贷款投放大幅增加,全年新增贷款是上年的2倍,银行贷款重点向保障性住房、重大基础设施项目、民生工程、产业升级和技术改造等领域倾斜。

(五)各项社会事业全面进步。教育事业得到优先发展,教育保障能力进一步增强,小学生生均公用经费达到300元/年,初中生达到500元/年,大学生生均经费从每人每年4 200元提高到4 700元。医疗卫生机构建设进一步加强,累计新开工7个地市级中蒙医院、18个县级中蒙医院、42个县级综合医院、110个乡镇中心卫生院和59个社区卫生机构项目。文化事业繁荣发展,成功举办了第十一届亚洲艺术节和第六届草原文化节,元上都申报世界文化遗产工作取得重大进展。村村通广播电视工程进入收尾阶段,广播综合覆盖率达到94.8%,电视综合覆盖率达到93.5%。全民健身运动蓬勃开展,竞技体育水平不断提高,在第十一届全运会上取得7块金牌的优异成绩。

(六)人民生活持续改善。城乡居民收入稳步提高。全年城镇居民人均可支配收入15 849元,实际增长9.8%;农牧民人均纯收入4 938元,实际增长6.1%。自治区党委、政府确定的“十件实事”和“十项民生工程”进展顺利,解决了120万人的安全饮水问题和1.23万户农牧民的通电问题,累计开工建设廉租住房200万平方米。社会保障体系建设加快,全区参加基本医疗保险人数比上年末增加193.2万人,参加基本养老保险人数增加21.3万人,农村牧区新型合作医疗参合率达到96.4%。社会保障水平进一步提高,企业退休人员养老金标准每人每月提高125元;城镇居民最低生活保障标准每人每月提高45元,比计划增加15元;农牧民最低生活补助标准每人每月提高18元,比计划增加3元。就业再就业政策全面落实,全年城镇新增就业21.6万人。

(七)重点领域改革取得新突破。投资体制改革迈出实质性步伐,凡地方出资或自筹资金建设的社会事业项目,下放到盟市投资主管部门负责审批和核准。国有企业改革取得新成果,成功完成蒙能公司重组工作,与国电公司合作成立了内蒙古国电能源投资有限公司,国电集团注入资金40亿元。呼兴电网整体划转国家电网,与赤峰、通辽电网共同组建了内蒙古东部电网公司。资源性产品价格改革稳步推进,从7月1日起开征煤炭价格调节基金,截止12月底累计征收25.8亿元。煤炭资源配置政策得到进一步完善,出台了《关于进一步完善煤炭资源管理的意见》,明确了配置原则,统一了配置标准。医药卫生体制改革全面展开,制定出台了医药卫生体制改革的实施意见和近期实施方案。文化体制改革积极推进,组建了内蒙古博物院、内蒙古影视集团和内蒙古出版集团。事业单位改革取得新进展,在全区义务教育学校、公共卫生和基层医疗卫生机构开始实施绩效工资制度。行政事业性收费制度改革取得积极进展,在落实国家取消和停征100项行政事业性收费的基础上,自治区于2009年3月1日起取消和停征108项地方性收费项目。

在肯定成绩的同时,我们也要充分认识到,我区作为欠发达地区的基本区情还没有得到根本改变,发展不足仍然是经济社会发展中的主要矛盾,特别是当前经济社会发展还面临一些突出的困难和问题:一是结构性矛盾仍然比较突出。以资源型产业为主的结构特征没有根本改变,煤炭行业的主导作用进一步强化,面临着较大的产业风险和市场风险。二是部分行业和企业生产经营还比较困难。1—11月份,全区规模以上工业企业实现利润653.2亿元,增长5.9%;亏损企业亏损额73.5亿元,增长26.9%。电力、钢铁、有色、化工等重点行业亏损较为严重。三是收入增长与经济增长不够协调。城乡居民收入在国民收入中的比重呈现不断下降的趋势,特别是受自然灾害和农畜产品价格下跌的影响,农牧民增收面临较大困难。四是财政收支压力较大。财政收入来源和地区结构不够平衡,非税收入所占比重偏高。2009年政策性减收因素较多,支出增长较快,财政收支矛盾突出。五是对外贸易受到较大冲击。全年完成进出口总额67.6亿美元,下降24.1%。其中,出口23.2亿美元,下降35.3%;进口44.4亿美元,下降16.6%。对于这些问题,我们将采取有效措施,逐步加以解决。

二、2010年国民经济和社会发展的主要任务

按照自治区经济工作会议的总体部署,2010年国民经济和社会发展的主要预期目标是:生产总值增长13%以上,地方财政总收入增长17%,城镇居民人均可支配收入实际增长11%,农牧民人均纯收入实际增长10%,城镇登记失业率控制在4.3%以内,居民消费价格总水平涨幅控制在3%左右,节能减排完成“十一五”规划确定的目标。实现上述目标,关键是认真贯彻落实中央和自治区经济工作会议精神,更加注重经济结构调整和发展方式转变,更加注重改革开放和自主创新,更加注重城乡统筹和区域协调发展,更加注重节能减排和生态建设,更加注重保障和改善民生,努力实现经济平稳较快发展。

(一)进一步落实国家扩大内需的各项政策。在稳定扩大需求规模的基础上,着力优化需求结构,促进经济增长由主要依靠投资拉动向投资、消费协调拉动转变。

保持投资需求稳定增长。切实加强重点项目建设,突出抓好500万吨炼油、300万吨煤制化肥、200万吨聚氯乙烯等重大工业项目,力争全年工业投资增长20%左右。继续加强重点铁路、公路、电网和城镇污水垃圾等基础设施项目建设,推进呼和浩特至北京和通辽、赤峰至北京快速客运通道,鄂尔多斯至河北南网、锡林郭勒至山东、呼伦贝尔外送电二期工程等高压输变电通道前期工作,力争基础设施投资增长25%左右。大力优化投资结构,财政性投资要继续向“三农”、民生和社会事业等领域倾斜。切实加强中央投资项目管理,确保达到“三个100%”的要求。

努力扩大消费需求规模。一是切实增强居民消费能力。积极推进收入分配结构调整,进一步规范公务员津补贴标准,落实义务教育学校、公共卫生与基层医疗卫生事业单位绩效工资政策。改革企业内部收入分配关系,完善有利于提高劳动报酬的职工工资决定机制、正常增长机制和支付保障机制,稳步提高城镇居民收入水平。继续加大支农惠农政策力度,提高主要粮食品种最低收购价格，扩大涉农补贴规模，研究制定促进牧区发展和牧民增收的政策措施，不断提高农牧民收入水平。二是努力培育消费热点。继续实施鼓励家电、汽车、农机、节能产品消费的各项优惠政策，完善住房消费和调控政策，增加中低价格和限价商品房供应，保持家电、汽车、住房消费增长的良好势头，积极培育信息、旅游、文化等新的消费热点。三是进一步优化消费环境。继续推进"万村千乡市场工程"、"双百市场工程"和"农超对接"工程建设，健全农村牧区流通网络体系。全面清理垄断性经营服务收费，继续取消一批行政事业性收费项目，降低收费标准，营造良好消费环境。切实加强市场监管，保持市场价格基本稳定。

（二）保持农牧业稳定发展。坚持把"三农三牧"问题作为全部工作的重中之重，强化对"三农三牧"的支持，夯实农牧业持续稳定发展的基础。

提高农牧业综合生产能力。启动实施100亿斤粮食增产规划，粮食播种面积稳定在8 000万亩以上。继续加强农田水利基本建设，重点抓好旱改水、井灌区配套、大中型灌区改造和牧区节水灌溉饲草料基地建设，全面完成病险水库除险加固任务。全年新增农田有效灌溉面积200万亩，节水灌溉面积300万亩。切实加强防灾减灾体系建设，有效增强农牧业防灾抗灾能力。

加强农畜产品基地建设。重点推进城市郊区设施蔬菜和乌兰察布市设施马铃薯建设，进一步扩大设施农业面积。加快推进百万奶牛、百万肉牛、千万肉羊高产工程建设，建成奶牛标准化养殖小区500个，生猪标准化养殖小区300个。

推进农畜产品质量安全体系建设。重点是加强农畜产品质量检测体系建设，建成自治区质量检测中心和24个旗县农产品质量安全检测站。继续加强动物疫病防控，完善乡镇苏木动物防疫体系。

（三）推动产业结构优化升级。认真贯彻落实国家重点产业调整振兴规划和国务院38号文件关于抑制部分行业产能过剩和重复建设的有关要求，加大传统产业改造力度，积极培育新兴产业，加快中小企业发展，促进产业结构优化升级。

加快传统产业技术改造步伐。煤炭工业要适当控制新开工规模，重点推进煤矿技改和煤田灭火项目建设，年内煤矿机械化水平提高到90%以上。电力工业要按照稳定产能、扩大外送的原则，借助特高压电网建设，努力扩大电力外送规模。继续推进电力多边交易和大用户直供试点，有效增加区内用电负荷。进一步落实重点产业调整和振兴规划实施意见，在钢铁、有色、化工、装备制造、轻工、电子等领域实施一批产业延伸和产业升级项目，加快调整产品结构，提高企业竞争力。

加快培育战略性新兴产业。一是加快发展新能源产业。着力打造千万千瓦风电基地和百万千瓦光伏产业基地，全年新投产风电装机200万千瓦。二是加快洁净煤开发利用。进一步加快煤转化步伐，积极推进煤气化、煤制油和煤液化项目建设，重点建设几个大型煤制天然气项目。三是加快培育新材料工业。重点支持发展稀土、粉煤灰提取氧化铝、特种合金等新材料产业。

促进中小企业加快发展。一是强化对中小企业的政策支持。认真贯彻《国务院关于进一步促进中小企业发展的若干意见》和自治区《关于进一步促进中小企业发展的意见》，加大中小企业技术进步贴息资金和中小企业专项发展资金投入，支持中小企业发展。二是切实解决中小企业融资难的问题。实施中小企业融资联席会议制度，建立小企业贷款风险补偿基金，发展多层次的中小企业信用担保体系，规范发展小额贷款公司，争取小额贷款公司覆盖全部旗县（市、区）。三是优化中小企业发展环境。切实加强和改善政府服务，进一步减少、合并行政审批事项，加强中小企业服务平台、信息服务网络和小企业创业基地建设。

大力发展第三产业。创新服务业发展方式，推动服务业集聚区快速发展，提升服务业发展的水平和层次。一是加快发展物流业。认真落实《内蒙古自治区贯彻落实国家物流业调整和振兴规划的实施意见》，积极推动多式联运和转运设施工程、物流园区工程、城市配送工程、物流标准和技术配送工程、物流公共信息工程和应急物流工程等八大工程建设，培育物流龙头企业和服务品牌。二是积极发展金融业。积极推动兴业、光大、民生银行及区外保险公司在我区设立分支机构。促进内蒙古银行尽快发展成为覆盖全区的区域性股份制银行，推进鄂尔多斯、乌海城市商业银行增资扩股。支持企业直接融资，进一步扩大股票、企业债券和创业投资规模。三是繁荣发展文化产业。认真落实自治区政府《关于加快文化产业发展的若干政策意见》，加强文化产业基地和园区建设,鼓励支持文化企业兼并重组,完成演艺集团组建工作。四是促进旅游业较快发展。继续抓好阿尔山、成陵等重点景区建设,建成一批年接待游客能力50万人以上的国内知名旅游景区,不断提高旅游接待能力。进一步加强省际旅游合作,多渠道增加旅游客源,扩大旅游消费规模。

(四)努力推进节能减排和生态环境建设。今年是实现"十一五"节能减排约束性指标的最后一年,必须进一步加大力度,强化目标责任管理,确保全面完成"十一五"规划的各项目标。

继续淘汰落后产能。综合运用行业准入、清洁生产审核、差别电价、补偿奖励等措施,全面完成"十一五"淘汰产能目标。全年确保淘汰铁合金产能2万吨,电石产能10万吨。

加强重点节能工程建设。加快实施十大重点节能工程,在煤炭、电力、冶金、化工等行业着力推广国家推荐的50项节能技术。加强城镇现有住房节能改造,完成200万平方米的住房改造任务。全面实施节能产品惠民工程,继续以财政补贴方式推广高效节能空调和节能灯具。积极推进合同能源管理,先行在电力、钢铁等行业开展试点。

全面落实污染物减排的各项措施。强化对燃煤电厂脱硫设施的运行监管,确保脱硫设施稳定运行。加快钢铁、有色等非电行业减排工程建设进度,确保按时建成并投入运行。抓好城镇污水处理设施建设,提高污水处理能力,大力削减造纸、化工、酿造、印染行业水污染物排放量。加大黄河、辽河、海河和松花江流域水污染防治力度。

加强生态环境建设。积极争取国家支持,继续抓好退牧还草、京津风沙源治理等生态重点工程建设,启动实施黄土高原综合治理工程试点,研究建立草原生态补偿机制,巩固和扩大生态建设成果,力争全年完成林业生态建设1 000万亩,治理水土流失面积650万亩。

(五)促进区域经济协调发展。突出重点,加强薄弱环节,抓好各类区域规划和政策的落实,推动城乡之间、区域之间全面协调可持续发展。

推进呼包鄂一体化发展。研究制定《呼包鄂经济一体化发展规划》,争取在交通通讯、信息资源、金融服务等一体化发展上取得突破。

促进东部盟市加快发展。研究制定贯彻落实《国务院关于进一步实施东北地区等老工业基地振兴战略的若干意见》的实施意见,加强资源型城市经济转型项目的储备和建设。推进大兴安岭生态保护和经济转型,编制完成《内蒙古大兴安岭林区生态保护与经济转型规划》。

加快城乡统筹步伐。在加快推进鄂尔多斯城乡统筹步伐的同时,选择一批有条件的旗县开展旗县城乡统筹试点。积极稳妥推进城镇化,以呼包鄂城镇群和区域性中心城市为重点,加强城镇基础设施建设,提高城镇综合承载能力。推动大中小城市和小城镇协调发展,逐步将有稳定职业和收入的农民工及其子女转为城镇户口,并纳入城镇社会保障、住房保障等公共服务体系。

(六)加强以民生为重点的社会建设。把促进就业作为经济社会发展的优先目标,进一步完善社会保障体系,加快社会事业发展,推进和谐社会建设。

加强就业和再就业工作。就业是民生之本、收入之源,要实施更加积极的政策,采取更加灵活的方式,营造更加宽松的环境,努力做好各项就业工作。要引导和促进劳动密集型企业、中小企业、民营经济和各类服务业加快发展,大力支持自谋职业和自主创业,推进各种形式的灵活就业,创造更多的就业岗位。鼓励高校毕业生到城乡基层、中小企业就业,高度重视解决贫困大学生的就业问题。强化农民工就业培训,促进农村牧区劳动力就地转移就业和外出务工就业。建立健全公共投资带动就业增长的机制,大力开发公益性就业岗位,积极开展对零就业家庭和就业困难群体的就业援助。力争城镇新增就业22万人。

大力发展各项社会事业。教育方面,组织实施中小学校舍安全工程,推进义务教育阶段校舍标准化建设,今年完成全部工程60%的建设任务。加强职业教育发展,继续实施"中等职业教育基础能力建设工程",加快普及高中阶段教育。扩大高等教育规模,2010年全区普通高等学校计划招生11.1万人。卫生方面,继续加强基层卫生服务体系建设,实施一批旗县医院、苏木乡镇卫生院和社区卫生服务中心项目,重点建设42所县级综合医院、242个乡镇中心卫生院、468个社区卫生服务机构,启动以全科医生为重点的基层医疗卫生队伍建设规划。文化方面,重点落实好《国务院关于进一步繁荣发展少数民族文化事业的若干意见》,加快实施苏木乡镇综合文化站等五大公共文化服务工程,推动文化大区建设。

切实加强社会保障工作。以基本养老、基本医疗和最低生活保障为重点,加快完善覆盖城乡居民的社会保障体系。进一步提高企业退休人员养老金水平,稳步推进事业单位养老保险制度改革,完善农民工参加养老保险和关系转移接续办法,做好新型农村牧区养老保险试点工作。加强城乡社会救助体系建设,加大对低收入群体的帮扶救助力度,进一步提高城乡低保标准。

继续推进民生工程建设。围绕人民群众最迫切需要解决的问题,继续开展为民办实事和民生工程建设。积极改善农村牧区生产生活条件,解决100万人的安全饮水问题、1.3万户农牧民通电问题,新增户用沼气10万户。加强通乡油路建设,基本实现乡镇苏木通油路。继续推进扶贫开发,对430个贫困村实施“整村推进”扶贫,扶贫移民搬迁3.56万人。加大保障性住房建设力度,继续组织实施保障性安居工程、棚户区改造和游牧民定居工程,力争新开工廉租住房160万平方米以上,完成煤矿棚户区改造3.1万户、国有林区棚户区改造1万户、国有垦区危旧房改造6 000户和游牧民定居工程4 000户的建设任务。

(七)加快推进改革开放。进一步深化重点领域和关键环节改革,逐步消除制约经济发展的体制机制性障碍,不断提高对外开放水平。

继续深化各项改革。一是积极推进医药卫生体制改革。加强基本医疗保障制度建设,城镇基本医疗保险参保率达到90%以上,农村牧区新型合作医疗参合率稳定在95%以上,政府对城镇居民基本医疗保险和农村牧区新型合作医疗保险补助标准提高到每人每年120元。进一步扩大基本药物制度实施范围,配备使用基本药物的政府办城市社区和旗县(基层)医疗机构达到60%,实现统一招标、统一配送、零差率销售。继续向城乡居民免费提供基本公共卫生和重大公共卫生服务项目,做好公立医院改革试点工作。二是继续深化资源性产品价格改革。全面推行居民用电阶梯价格制度,完善居民阶梯式水价和非居民超定额用水累进加价制度,适当调整草原植被恢复费征收标准,做好天然气价格调整的各项准备工作。三是进一步深化投融资体制改革。完善投资项目后评价、重大项目公示和责任追究制度,制定代建制管理办法。加快完善创业投资机制,推进多层次资本市场体系建设。四是进一步整顿和规范市场价格秩序。全面清理涉及企业的行政事业和经营服务收费,进一步减轻企业负担。积极稳妥推进取消政府还贷二级公路收费工作。

进一步扩大对外开放。一是认真贯彻落实国家稳定外需的各项政策措施,在改善进出口产品结构的基础上,实现对外贸易稳定增长。二是积极承接国内产业转移。认真落实自治区政府《关于做好承接发达地区产业转移的指导意见》,实施好《全区工业重点领域承接发达地区产业转移工作方案》。切实加强与东北地区及环渤海地区的经济合作,争取引进国内(区外)资金到位2 500亿元。三是加快实施“走出去”战略。重点抓好与俄罗斯、蒙古等国在资源开发领域的合作,支持有实力的企业开发境外资源以及并购境外资源开发企业,扩大煤炭等资源性产品进口规模,增加战略性资源储备。研究制定利用俄蒙资源发展加工产业规划,推动口岸经济加快回升。

2010年是“十一五”规划的最后一年,也是应对国际金融危机非常关键的一年,我们要在党中央、国务院和自治区党委的领导下,深入贯彻落实科学发展观,坚定信心,迎难而上,扎实工作,为全面完成今年及“十一五”规划的各项任务、实现富民强区的目标而奋斗。

内蒙古自治区2009年国民经济和社会发展统计公报

（2010年2月27日）

2009年,全区各族人民在自治区党委、政府的正确领导下,以邓小平理论和“三个代表”重要思想为指导,深入学习实践科学发展观,努力构建社会主义和谐社会。面对国际金融危机对我国的严峻挑战,内蒙古各地结合实际认真贯彻落实中央和国务院应对危机刺激经济发展的各项政策措施,全区经济增长下滑趋势得到有效遏制,国民经济总体形势回升向好,民生状况不断改善,社会各项事业全面进步。

一、综合

初步核算,全年生产总值9 725.78亿元,按可比价格计算,比上年增长16.9%。其中,第一产业增加值929.02亿元,增长2.3%;第二产业增加值5 101.39亿元,增长21.4%;第三产业增加值3 695.37亿元,增长15%。第一产业对经济增长的贡献率为1.3%,第二产业对经济增长的贡献率为62.2%,第三产业对经济增长的贡献率为36.5%。全区生产总值中一、二、三次产业比例由上年的10.7:51.5:37.8调整为9.6:52.4:38。按常住人口计算,全年人均生产总值40 225元,比上年增长16.5%,按年平均汇率折算达5 888美元。

全年居民消费价格总水平比上年下降0.3%。其中,食品类价格上涨1.3%,烟酒及用品类价格上涨0.8%,医疗保健及个人用品类价格上涨1%,其它消费品和服务类价格均比上年下降。工业品出厂价格和原材料、燃料及动力购进价格分别比上年下降3.8%和0.9%,固定资产投资价格下降1.5%,农产品生产价格下降0.3%。[详见附表1]

年末全区就业人员1 142.21万人,比上年末增加38.92万人,增长3.5%。其中,城镇就业人员439.24万人,比上年末增加24.34万人,增长5.9%。城镇私营个体从业人员193.67万人,比上年末增加23.6万人,增长13.9%。全年领取再就业优惠证的下岗失业人员再就业12.35万人,比上年减少2.03万人。年末城镇登记失业率为4.05%,比上年末下降0.05个百分点。

全年完成地方财政总收入1 378.12亿元,其中地方财政一般预算收入850.75亿元,分别比上年增长24.5%和30.7%。全年地方财政支出1 925.13亿元,比上年增长32.3%。公共与民生领域成为支出的重点,其中,一般公共服务支出299.83亿元,比上年增长24.1%;社会保障和就业支出274.57亿元,增长43.4%;医疗卫生支出102.09亿元,增长70.7%;教育支出243.32亿元,增长17.9%;环境保护支出96.99亿元,增长21.7%。

国民经济和社会发展中存在的主要问题是:一是经济持续向好的基础还不稳固。部分行业和企业生产经营还比较困难,经济效益尚未明显改善。二是结构性矛盾依然比较突出。产业结构单一,优势特色产业发展不协调,非资源型产业发展滞后,多元发展、多极支撑的产业体系尚未建立;产业延伸不足,“原字号”和初级产品比重高,资源精深加工能力不强;农牧业基础仍然比较薄弱;服务业发展水平有待进一步提升。三是居民收入增长与经济增长不协调,城乡居民收入在国民收入中的比重不断下降。四是协调发展和可持续发展水平需要进一步提高。城乡差距不断扩大,地区间发展差距明显,社会事业有待加强;生态脆弱的局面没有根本改变,部分地区生态环境仍在退化,生态保护建设任重道远。

二、农业

全年农作物种植面积692.78万公顷,比上年增加6.68万公顷。其中,粮食作物种植面积542.4万公顷,比上年增加16.95万公顷。全年粮食总产量1 981.7万吨,比上年减产149.6万吨,下降7%。全年油料产量119.62万吨,增长1.8%;甜菜产量109.58万吨,下降35.6%;蔬菜产量1 380.61万吨,增长1.5%;水果(含果用瓜)产量210.67万吨,下降11.5%。

牧业年度全区牲畜存栏头数达10 858.5万头(只),比上年同期增长1.7%;牲畜总增6 564.7万头(只),牲畜总增率达61.5%,比上年同期提高3.7个百分点。牧业年度良种及改良种牲畜总头数10 285.4万头(只),比重为94.7%,比上年同期提高1.4个百分点。全年肉类总产量233.91万吨,比上年增长6.6%;牛奶产量903.1万吨,下降3.4%;山羊绒产量7 375吨,下降3.5%;禽蛋产量48.9万吨,增长8.3%;水产品产量10.59万吨,增长7.8%。[详见附表2]

林业全年完成营造林面积86.2万公顷。其中,人工造林35.3万公顷,飞播造林9.6万公顷,封山育林41.3万公顷。全年完成退耕还林和荒山荒地造林面积5.2万公顷,完成天然林资源保护工程造林面积23.8万公顷,完成京津风沙源治理工程造林面积29.2万公顷,完成"三北"防护林四期工程造林面积23.4万公顷,幼林抚育(作业)面积84.4万公顷。年末全区森林面积2 366.4万公顷,森林覆盖率达20%。全年实现林业产业产值179.5亿元。

三、工业和建筑业

全年全部工业增加值4 503.31亿元,比上年增长21.2%。其中,规模以上工业企业完成增加值4 400.45亿元,比上年增长24.2%。在规模以上工业企业中,国有企业增加值增长13.1%,集体企业增加值增长31.3%,股份合作企业增加值增长5.7%,股份制企业增加值增长26.2%,外商及港澳台商投资企业增加值增长24.6%,其它经济类型企业增加值增长6%。在规模以上工业企业中,轻工业增加值795.83亿元,增长21.8%;重工业增加值3 604.62亿元,增长24.7%。

全年规模以上工业新产品产值107.85亿元,比上年增长10.6%;出口交货值141.07亿元,比上年下降35.6%。能源、冶金、化工、装备制造、农畜产品加工业和高新技术六大优势特色产业增加值占规模以上工业的87.4%,成为拉动工业生产快速增长的主要动力。从工业产品产量看,全区原煤产量首次突破6亿吨,达6.01亿吨,比上年增长22.8%;发电量达到2 239.85亿千瓦小时,增长5%;啤酒产量突破10亿升,达11.04亿升,增长12.3%。此外,水泥、钢材和化肥产量分别比上年增长48.1%、30.1%和94.5%,载货汽车增长8.4%,其他主要工业产品产量均有不同程度增长。[详见附表3]

2009年,全区规模以上工业企业主营业务收入10 581.37亿元,比上年增长24.9%;实现利润812.03亿元,比上年增长12.9%。其中,国有及国有控股企业实现利润262.36亿元,同比增长15.9%;规模以上工业亏损企业亏损额71.1亿元,同比下降18.7%。全年规模以上工业企业产品销售率97.3%,比上年提高0.2个百分点。

全年建筑业增加值598.08亿元,比上年增长22.7%。全区具有建筑业资质等级的建筑施工企业827个,比上年增加37个;施工企业房屋建筑施工面积5 691.20万平方米,比上年增长7.8%;竣工房屋面积2 861.46万平方米,下降11.7%;房屋建筑竣工率50.3%。全年具有建筑业资质等级的建筑企业实现利润68亿元,比上年增长27.2%;实现税金37.52亿元,比上年增长4.9%。

四、固定资产投资

全年全社会固定资产投资总额7 464.72亿元,比上年增长33.2%。其中,城乡50万元以上项目完成固定资产投资7 380.57亿元,增长33.8%,快于上年增速6.4个百分点。从投资主体看,国有经济单位投资2 925.80亿元,增长38.6%;集体单位投资71.42亿元,增长11%;个体投资100.61亿元,与上年持平;其他经济类型单位投资4 366.89亿元,增长31.2%。按项目隶属关系分,地方项目完成投资6 638.27亿元,增长38.4%;中央项目完成投资826.45亿元,增长2.2%。在全区固定资产投资中,第一产业投资421.55亿元,增长44.7%;第二产业投资3 847.12亿元,增长31.9%;其中,工业投资3 774.36亿元,增长30.9%;第三产业投资3 196.05亿元,增长33.3%。从城乡看,城镇固定资产投资7 270.21亿元,比上年增长33.2%;全年房地产开发投资815.46亿元,比上年增长9.6%;其中,经济适用房投资53.85亿元,下降21.7%;农村固定资产投资194.51亿元,增长31.1%;其中,非农户投资110.37亿元,增长62.4%。从主要行业投资看,农林牧渔业投资421.55亿元,增长44.7%;电力、燃气及水的生产和供应业投资1 157.28亿元,增长53.4%;交通运输、仓储及邮政业投资850.99亿元,增长56%;水利、环境和公共设施管理业投资612.21亿元,增长44.8%。

全年新开工项目11 056个,在建项目投资总规模18 154.75亿元,分别比上年增长35%和66.9%。在全区城乡50万元以上项目固定资产投资中,全部建成投产项目9845个,项目建成投产率75.1%;新增固定资产4 638.57亿元,固定资产交付使用率62.2%。城镇住宅施工面积7 811.65万平方米,比上年增长9.5%;城镇住宅竣工面积2 586.05万平方米,比上年增长13.4%;其中,经济适用房213.97万平方米,增长24.2%。商品房竣工面积2 237.32万平方米,比上年增长12.9%;商品房销售面积2 463.01万平方米,增长2.8%;农村牧区竣工住宅面积394 万平方米,下降37%。

五、国内贸易

全年社会消费品零售总额2 855.31亿元,比上年增长19.2%。分城乡看,城市消费品零售额1 954.7亿元,增长19.7%;县的消费品零售额562.5亿元,增长18.9%;县以下消费品零售额338.1亿元,增长17.3%。分行业看,批发零售贸易业零售额2 223.3亿元,增长18.9%;住宿和餐饮业零售额574.2亿元,增长20.9%;其他行业零售额57.8亿元,增长13.9%。

消费品市场呈现两大亮点:一是消费结构呈现积极变化,汽车、居住、家庭装饰等消费不断扩大。全年汽车类零售额182.3亿元,比上年增长54.2%;家电和通讯类消费品升级步伐加快,家用电器和音像器材类零售额比上年增长15.9%。二是"家电下乡"政策在内蒙古实施以来,有力带动了全区农村牧区的消费市场。2009 年全区已备案家电下乡销售网点2 514家,覆盖近80%的乡镇苏木,累计销售9 大类家电下乡产品37.16万台,销售金额达6.32亿元,兑付补贴资金6 900多万元。全年县及县以下实现零售额比上年增长18.3%。

六、对外经济

全年海关进出口总额67.64亿美元,比上年下降24.1%。其中,出口总额23.16亿美元,下降35.3%;进口总额44.48亿美元,下降16.6%。从主要贸易方式看,一般贸易进出口额达31.4亿美元,占46.4%,比上年下降35.5%;加工贸易进出口额达2.62亿美元,占3.9%,比上年下降11.5%。

全年实际利用外商直接投资29.84亿美元,比上年增长13%。年内全区在工商部门注册的"三资"企业3 675家,比上年增加1 349家。

全年共签订对外工程承包、劳务合作合同金额3 889万美元,完成营业额4 776万美元。

七、交通、邮电和旅游业

全年各种运输方式完成货运量116 508.48万吨,比上年增长16.5%。其中,铁路45 675.48万吨,增长16.9%;公路70 832万吨,增长16.2%;民航 1 万吨,与上年持平。全年各种运输方式完成货物周转量3 963.22亿吨公里,比上年增长11.7%。其中,铁路2 077.87亿吨公里,增长8.7%;公路1 885.25亿吨公里,增长15.1%;民航0.1亿吨公里,与上年持平。全年各种运输方式完成客运量22 809.56 万人,增长12.6%。其中,铁路4 643.36万人,增长19.8%;公路17 998万人,增长11.1%;民航168.2万人,下降4.2%。全年各种运输方式完成旅客周转量377.29亿人公里,比上年增长7.4%。其中,铁路161.84亿人公里,增长4.6%;公路198.38亿人公里,增长10.4%;民航17.07亿人公里,增长0.4%。年末民用汽车保有量199.50万辆,比上年增长17.4%。其中,私人轿车保有量85.56万辆,增长36.8%。

全年邮电业务总量(2000 年不变价)554.21亿元,比上年增长21.7%。其中,电信业务总量542.56亿元,增长22.3%;邮政业务总量11.65亿元,下降1.9%。年末(本地电话)局用交换机总容量714.2万门,下降0.7%。年末本地网固定电话用户 442 万户,下降4.3%。年末移动电话用户1 639万户,增长21.9%。年末全区固定及移动电话用户总数达到2 081万户,比上年末增加 275 万户。全区电话普及率(包括固定和移动电话)达到85.91部/百人,增长14.7%。年末全区互联网络用户 176 万户,增长30.4%。

全年实现旅游总收入611.35亿元,比上年增长30.4%。接待入境旅游人数128.96万人次,下降16.8%;旅游外汇收入5.58亿美元,下降3.3%。国内旅游人数3 880.18万人次,比上年增长21.3%;国内旅游收入573.22亿元,增长33.5%。

八、金融、证券和保险业

年末全区金融机构各项人民币存款余额8 373.7亿元,比上年末增加2 056.07亿元,增长32.1%。其中,企业存款余额2 659.09亿元,比上年末增加912.99亿元,增长51.7%;储蓄存款余额3 913.95亿元,比上年末增加702.82亿元,增长21.9%。年末全区金融机构各项人民币贷款余额6 292.52亿元,比上年末增加1 784.2亿元,增长39%。其中,短期贷款余额2 286.78亿元,比上年末增加511.23亿元,增长28.7%;中长期贷款余额3 895.18亿元,比上年末增加1 324.49亿元,增长50.4%;个人消费贷款余额445.9亿元,比上年末增加189.66亿元,增长73.6%。

2009 年,受股市震荡上行等因素影响,全区证券公司开户数和交易额均大幅度增长。全年全区证券公司开户数为58.65万户,比上年末增加11.55万户,增长24.5%;证券交易额为4 753.9亿元,比上年增长88.1%。

全年保险业实现保费收入171.31亿元,比上年增长21.2%,比上年提高8.7个百分点。其中,财产险实现保费收入67.34亿元,增长25.7%;人寿险实现保费收入103.97亿元,增长18.5%。全年保险业赔付累计支出57.02亿元,增长31%。

九、教育和科学技术

年末全区共有普通高等学校41所，比上年增加2所；全年招收学生11.39万人，比上年增长6.4%；年末在校学生35.19万人，比上年末增长11.1%，其中，少数民族在校学生9.97万人，在少数民族在校学生中有蒙古族8.69万人，分别增长1.9%和1.1%；全年毕业学生7.58万人，增长3%。年末全区有研究生培养单位9个，全年招收研究生4 733人，比上年增长25.1%；年末在校研究生12 491人，比上年末增长15.5%，其中，少数民族在校研究生4 158人，在少数民族在校研究生中有蒙古族研究生3 703人，分别增长8.5%和9.5%。年末有中等职业教育学校304所，比上年增加4所；招收学生16.16万人，比上年增长52%；年末在校学生32.7万人，比上年末增长21.4%，其中，少数民族在校学生6.07万人，增长26.7%；全年毕业学生7.71万人，增长2.9%。年末有普通高中306所，全年招收学生17.43万人，比上年下降4%；年末在校学生51.96万人，比上年末下降4%，其中，少数民族学生14.35万人，少数民族学生中有蒙古族学生12.51万人；全年毕业学生18.31万人，下降2.4%。年末有普通初中905所，全年招收学生27.98万人，比上年增长2.7%；年末在校学生83.94万人，比上年末下降4.1%，其中，少数民族学生19.95万人，少数民族学生中有蒙古族学生17.48万人；全年毕业学生29.22万人，比上年下降6.1%。全区初中阶段毛入学率100.78%，比上年提高0.93个百分点。年末有小学3 139所，全年招收学生22.88万人，比上年下降8.6%；年末在校学生149.3万人，比上年末下降3.8%；年末毕业学生27.92万人，比上年增长2.6%。全年小学适龄儿童入学率99.76%，基本与上年持平。全区幼儿园在园幼儿33.8万人，比上年增长10.1%。

全年共取得重大科技成果232项，其中，基础理论成果22项，应用技术成果207项，软科学成果3项。全年专利申请2479项，授权专利1486项，分别比上年增长11.6%和11.9%；年内签订各类技术合同2 461项，技术合同成交金额66.5亿元。其中，向区外输出技术成交金额1亿元，全区吸纳技术成果金额46.5亿元。

年末全区拥有产品质量检验机构707个，比上年增加27个。其中国家检测中心4个。拥有产品质量认证机构1个。

十、文化、卫生和体育

年末全区有艺术事业机构150个，从业人员5 820人，分别比上年增长1.4%和0.9%；艺术表演团体112个，其中乌兰牧骑69个。全年生产故事片10部，制作蒙语译制片50部。现拥有文化馆102座，公共图书馆113座，博物馆38座，档案馆140座，已开放各类档案165万卷。年末全区拥有广播电台13座，中短波广播发射台和转播台57座，广播人口覆盖率94.75%，比上年提高0.7个百分点；拥有电视台14座，一千瓦以上电视发射台和转播台92座，电视人口覆盖率93.53%，比上年提高0.8个百分点；年末全区有线电视用户291.71万户，比上年增长3.1%。自治区和盟市两级全年出版报纸25 794万份，其中蒙文版1 429万份；出版各类期刊1 237万册，其中蒙文版127万册；出版图书6 862万册，其中蒙文版816万册。

年末全区共有卫生机构7 781个，比上年增加358个。其中，医院471个，农村牧区卫生院1 328个，疾病预防控制机构133个，妇幼卫生机构116个，专科疾病防治院(所)50个。年末全区医疗卫生单位拥有病床7.84万张，比上年下降3.7%。其中，医院拥有病床6.21万张，乡镇卫生院拥有病床1.56万张，妇幼卫生机构拥有病床0.29万张。年末全区拥有卫生技术人员11.69万人，比上年末增长6.2%。其中，医院拥有6.51万人，乡镇卫生院拥有1.73万人，疾病预防控制机构拥有0.5万人，妇幼卫生机构拥有0.51万人；执业医师、助理医师5.18万人，注册护士3.48万人，分别比上年增长3.9%和10.1%。农村牧区卫生事业不断加强，拥有农村牧区村卫生室1.47万个，拥有乡村医生和卫生员2.04万人，分别比上年增长3.6%和12.9%。年内开展新型农村合作医疗试点的旗县达到95个，覆盖农村牧区人口1 435.7万人，其中，实际参加农村合作医疗的农牧民1 108万人。

年内全区体育健儿在国内外重大竞赛中获奖牌1 506枚。其中，国外获奖牌11枚，国内获奖牌1 495枚，破自治区记录4项。

十一、环境保护

全区确定的自然保护区185个。其中，国家级自然保护区23个，自治区级自然保护区61个。自然保护区面积1 382.37万公顷，其中国家级自然保护区面积384.37万公顷。全区拥有生态示范区25个。年末全区环境保护系统拥有职工5 225人，比上年末增长0.4%；年末全区拥有各级环境监测站108个，环境监测人员1 361人。全区监测的15个城市空气质量达到二级标准的13个，达到三级标准的2个。

十二、人口、人民生活和社会保障

全年出生人口23.14万人，人口出生率9.57‰；死亡人口13.56万人，人口死亡率5.61‰；人口自然增长率3.96‰,比上年下降0.31个千分点。年末全区常住人口2 422.07万人,比上年增加8.34万人,其中少数民族人口540.61万人,在少数民族人口中有蒙古族人口442.49万人。城镇人口1 293.45万人,比上年增长3.6%,占全区总人口的比重53.4%;乡村人口1 128.62万人,比上年下降3.2%,占全区总人口的比重46.6%。男性人口1 244.94万人,女性人口1 177.13万人。在总人口中,65岁及以上老年人口达180.20万人,占全区总人口的比重为7.4%,比上年提高0.12个百分点。

全年城镇居民人均可支配收入15 849元,比上年增加1 416元,增长9.8%,扣除价格因素实际增长10.1%。其中,人均财产性收入363.81元,人均转移性收入3 583.1元,分别增长12.1%和18.2%。城镇居民人均消费性支出12 370元,增长14.3%。城镇居民家庭恩格尔系数为30.5%,比上年下降2.3个百分点。全年农牧民人均纯收入4 938元,比上年增加 282 元,增长6.1%,扣除价格因素实际增长6.3%。其中,人均工资性收入900.4元,增长11.6%;人均家庭经营性收入3 277.5元,增长1.9%;人均转移性和财产性收入759.9元,增长20.3%。农牧民人均生活消费支出3 967元,增长9.7%。农村牧区居民家庭恩格尔系数为39.8%,比上年下降1.2个百分点。城乡居民每百户主要耐用品拥有量均有不同程度增长。[详见附表4]

年末全区参加基本养老保险人数410.83万人,比上年增长5.5%;参加失业保险职工229.7万人,领取失业保险金人数为6.08万人;全年参加基本养老保险的离退休人员112.78万人,比上年增长9.6%;养老金社会发放率达到100%;全年参加基本医疗保险人数410.36万人,比上年增长9.8%;全年有292.84万职工和117.52万退休人员参加了基本医疗保险,分别比上年增长10.5%和8.2%。全年共有207.28万人得到国家最低生活保障救济,比上年增加8.35万人。

年末全区各类社会福利院床位4.26万张,比上年增长1.3%,收养3.39万人,增长1.8%;年末全区城镇建立各种社区服务设施3 526个,比上年增加 133 个。其中社区服务中心 506 个,比上年增加 81 个。全年筹集社会福利资金6.46亿元,销售社会福利彩票19.37亿元,分别比上年增长27.4%和17.2%;接受社会捐赠1 614.07万元。

注:1、本公报为初步统计数。

2、生产总值及分产业增加值数据根据第二次经济普查结果进行了调整,绝对数按现价计算,增长速度按可比价格计算。

3、根据内蒙古自治区交通厅公路运输量专项调查结果对 2008 年公路运输量数据(货运量、客运量、货物周转量和旅客周转量)进行了修订。

附表1:居民消费价格变动情况

类　别	2009 年
居民消费价格指数(上年=100)	99.7
城市	99.7
农村牧区	99.8
食品类	101.3
粮　食	106.5
肉禽及其制品	92.9
蛋	101.9
水产品	98.0
鲜　菜	115.2
鲜　果	107.2
烟酒及用品	100.8
衣着类	99.7
家庭设备用品及服务	99.3
医疗保健及个人用品	101.0
交通和通讯	97.2
娱乐教育文化用品及服务	98.7
居　住	98.0
服务项目	99.0
城　市	98.1
农　村	100.5

附表2:主要农畜产品产量和牲畜存栏数

产品名称	计量单位	2009年	比上年增长%
粮食	万吨	1981.7	-7.0
其中:小麦	万吨	171.22	11.2
玉米	万吨	1341.27	-4.9
稻谷	万吨	64.8	-8.1
大豆	万吨	114.44	7.9
薯类	万吨	161.28	-17.6
油料	万吨	119.62	1.8
甜菜	万吨	109.58	-35.6
水果(含果用瓜)	万吨	210.67	-11.5
蔬菜	万吨	1380.61	1.5
肉类总产量	万吨	233.91	6.6
猪牛羊肉产量	万吨	204.2	5.3
猪肉	万吨	68.6	0.9
牛肉	万吨	47.4	6.3
羊肉	万吨	88.2	8.4
禽蛋	万吨	48.9	8.3
牛奶	万吨	903.1	-3.4
绵羊毛	万吨	10.20	5.9
山羊绒	吨	7375	-3.5
牧业年度牲畜存栏	万头(只)	10858.5	1.7
大牲畜	万头	1084.6	2.0
羊	万只	8512.2	0.8
猪	万口	1261.7	7.8

附表3:主要工业产品产量

产品名称	计量单位	2009年	比上年增长%
精制食用植物油	万吨	47.43	38.4
成品糖	万吨	15.42	-31.0
乳制品	万吨	379.55	5.9
液体乳	万吨	348.49	5.5
原盐	万吨	211.99	-9.3
卷烟	亿支	240.00	7.9
纱	万吨	2.03	20.8
布	万米	8030.40	45.0
白酒	万升	34360.3	37.8
啤酒	万升	110391.4	12.3

续表

产品名称	计量单位	2009 年	比上年增长%
彩色电视机	万部	217.42	-41.3
原煤	万吨	60058.45	22.8
天然原油	万吨	188.85	8.0
汽油	万吨	49.65	18.3
柴油	万吨	51.13	19.8
天然气	亿立方米	146.31	45.7
发电量	亿千瓦小时	2239.85	5.0
生铁	万吨	1381.29	10.6
粗钢	万吨	1261.94	3.0
钢材	万吨	1294.87	30.1
铁合金	万吨	332.44	10.1
十种有色金属	万吨	180.75	21.1
水泥	万吨	4275.52	48.1
平板玻璃	万重量箱	1550.89	6.3
化肥(折纯)	万吨	261.53	94.5
载货汽车	辆	27362	8.4

附表 4:城乡人民生活

项　　目	计量单位	2009 年	比上年增长%
城镇居民平均每百户耐用消费品拥有量			
彩色电视机	台	110.36	0.2
电冰箱	台	94.70	1.5
洗衣机	台	95.27	0.6
家用电脑	台	43.24	12.5
家用汽车	辆	9.51	11.0

项　　目	计量单位	2009 年	比上年增长%
农牧民平均每百户耐用消费品拥有量			
电视机	台	102.3	-0.2
其中:彩电	台	97.5	2.8
电冰箱	台	37.0	26.2
洗衣机	台	54.9	5.0
摩托车	辆	66.2	4.4

中国共产党内蒙古自治区委员会

【领导名录】

自治区党委书记 副书记 常委

书记:储波(11月离任) 胡春华(11月任职)

副书记:巴特尔(蒙古族) 任亚平

常委:邢云 伏来旺(蒙古族) 陈朋山(女)
郑传福 张力 韩志然(蒙古族) 莫建成
乌兰(女 蒙古族) 李佳(1月任职) 符太增

委员:王玉明 王苏布道(女 蒙古族)
王素毅(蒙古族) 王维山(蒙古族)
云峰(蒙古族) 云秀梅(女 蒙古族) 牙萨宁
长江(蒙古族) 乌兰巴特尔(蒙古族)
布小林(女 蒙古族) 白盾 白向群(蒙古族)
邢宝玉 达西扎布(鄂温克族) 刘丽华(女)
刘卓志 汤爱军 那顺孟和(蒙古族)
孙炜东(蒙古族) 苏青(蒙古族) 苏和(蒙古族)
杜梓 李万忠 李振东 杨汉忠 杨成旺 连辑
吴永新(蒙古族) 吴金亮 张如平
阿迪雅(蒙古族) 陈羽(女 蒙古族) 陈光林
陈毅民 杭桂林(蒙古族) 呼尔查(蒙古族)
罗志虎(蒙古族) 罗啸天 孟智军(达斡尔族)
赵忠 赵双连(蒙古族) 赵黎平 荣天厚(蒙古族)
胡达古拉(女 蒙古族) 柳秀
莫日根布库(鄂伦春族) 徐凤君
高锡林(蒙古族) 郭健(蒙古族) 郭子明
郭启俊 陶克(蒙古族) 陶建 曹征海
常海(蒙古族) 梁铁城(蒙古族) 傅铁钢
冀秉峰 雷·额尔德尼(蒙古族)

候补委员:毕力夫(蒙古族) 赵志华(蒙古族)
云光中(蒙古族) 刘锦 司永涛 刘永欣
张国华 徐呼和(蒙古族) 刘惊海
李红艳(女) 刘振洪 佟铁顺 马军

【重要活动】

万钢在内蒙古考察 5月6日至7日,全国政协副主席、科技部部长万钢围绕更好地发挥科技创新在应对金融危机中的作用到自治区呼和浩特市进行调研。

万钢在实地考察了内蒙古的相关高校、企业以及部分国家重大专项的实施情况后,召开了科技应对金融危机工作座谈会,并听取内蒙古自治区科技厅的工作汇报和在内蒙古实施的国家重大项目进展情况的汇报,同自治区有关领导和相关企业、院所、高校的代表进行了座谈。充分肯定内蒙古自治区在发挥科技创新作用应对金融危机方面的做法和取得的初步成效。

回良玉在内蒙古考察 5月31日至6月1日,中共中央政治局委员、国务院副总理、国家防汛抗旱总指挥部总指挥回良玉在自治区党委副书记、自治区主席巴特尔,自治区副主席郭启俊以及国务院有关部门负责人的陪同下,深入呼伦贝尔市新巴尔虎右旗和海拉尔垦区,查看旱情和抗旱工作情况,并看望慰问奋战在抗灾一线的广大干部群众。他强调,此次受旱严重地区是国家重要的粮食主产区和畜产品生产基地,又正值大田作物出苗、水稻插秧、草场返青的关键时节,抓好抗旱保苗和稳粮增收工作,对稳定全国经济社会发展大局具有重要意义。务必要树立抗大旱思想,加强组织领导,增加抗旱水源,扩大灌溉面积,强化田间管理,千方百计把灾害损失降到最低限度,促进农业稳定发展和农民持续增收。

考察期间还听取自治区党委、政府的工作汇报和旱情汇报,对自治区经济社会发展和抗旱工作给予充分肯定。

严隽琪在内蒙古考察 6月6日至7日,全国人大常委会副委员长严隽琪率全国人大常委会执法检查暨专题调研组,深入自治区通辽市良种牛繁育中心、科尔沁牛业甘旗卡加工厂、科左后旗华安牛业有限公司、开鲁县道德村红干椒膜下滴灌项目区进行调研。对通辽市《中华人民共和国畜牧法》贯彻执行情况进行执法检查,并围绕农田水利建设进行专题调研。全国人大常委会委员、全国人大农业与农村委员会主任委员王云龙,自治区人大常委会副主任赵忠,自治区副主席郭启俊陪同检查调研。

路甬祥在内蒙古考察 6月28日至7月1日,全国人大常委会副委员长、中国科学院院长路甬祥一行到中国兵器工业集团内蒙古第一机械公司和内蒙古北方重工业公司,围绕"中国装备制造业如何应对危机,推动国民经济发展"进行调研。他说,通过在两家企业

的调研，感受到兵器企业具有军民结合的鲜明特色，同时企业的发展带动有关产品的发展，也反映出大型国有企业不断发展壮大的轨迹，这充分说明依靠我们自己的能力完全可以实现自主创新，实现发展。路甬祥强调，要积极推动产学研结合，完善以企业为主体、以市场为导向的自主创新体系，促进人才、知识、技术向产业积聚，不断增强企业的竞争力。

王岐山在内蒙古考察 7月9日至10日，中共中央政治局委员、国务院副总理王岐山在自治区党委书记储波，自治区党委常委、秘书长符太增等的陪同下，在自治区呼伦贝尔、满洲里调研边境贸易、旅游工作。他指出，要从战略和全局高度，认真落实中央兴边富民的政策措施，大力发展边境贸易和旅游产业，促进边疆地区经济繁荣、边境和睦、民族团结和社会稳定。

蒋树声在内蒙古考察 7月25日至31日，全国人大常委会副委员长、民盟中央主席蒋树声在自治区呼和浩特出席“第五届海峡两岸暨港澳地区大学校长联谊活动”。会后与80余名联谊活动代表先后赴呼伦贝尔市、满洲里市、包头市及鄂尔多斯市进行考察(此次联谊活动由民盟中央联合北京大学、南京大学、台湾大学主办)。自治区副主席、内蒙古大学校长连辑，自治区政协副主席、民盟内蒙古区委主委董恒宇等领导陪同考察。

刘云山在内蒙古考察 7月29日至8月2日，中共中央政治局委员、中央书记处书记、中央宣传部部长刘云山在自治区党委书记储波，中央文明办专职副主任王世明，自治区党委常委、宣传部部长乌兰，自治区党委常委、秘书长符太增的陪同下，先后深入到赤峰市、呼伦贝尔市的工矿企业、农村牧区、边境口岸、城镇社区、机关学校和宣传文化单位，详细考察经济社会发展情况，与各族干部群众共话改革发展大计。

在考察期间，刘云山指出，在党和国家的大局中，发展始终是第一位任务。要坚定不移地贯彻落实科学发展观，牢固坚持发展是硬道理的战略思想，这一点任何时候都不能含糊、不能动摇。要坚持以经济建设为中心，巩固发展第一产业，大力发展第二产业，加快发展第三产业，促进三次产业协调发展。要按照科学发展观的要求，在抓好经济建设的同时，统筹推进社会主义政治、文化、社会建设，促进现代化建设各方面协调发展。对近些年来在实践中形成的好的发展思路，要坚定不移地加以坚持。

厉无畏在内蒙古考察 8月3日至9日，全国政协副主席厉无畏率全国政协考察团在自治区，就“新中国成立60周年民族地区经济社会发展情况”考察。3日，厉无畏听取自治区党委副书记、自治区常务副主席任亚平关于自治区60年来经济社会发展主要情况的汇报。

考察期间，厉无畏在自治区和呼和浩特市、呼伦贝尔市有关负责同志的陪同下，先后深入到呼和浩特市、呼伦贝尔市的工矿企业、农村牧区、边境口岸考察指导工作。

张榕明在内蒙古考察 8月5日至8日，全国政协副主席、民建中央第一副主席张榕明就“推动沿边开放，促进少数民族地区经济发展”专题在自治区调研。专题组分别听取自治区政府、满洲里市政府、二连浩特市政府的情况汇报，期间考察满洲里和二连浩特两个国家级边境经济合作区的发展情况。张榕明在调研时指出，进一步扩大对外开放，应从沿海、沿江地区向沿边地区过度，使边境少数民族地区共享改革开放成果。自治区人大常委会副主任、民建内蒙古自治区委主委郝益东，自治区政协副主席云峰陪同调研。

曾荫权在内蒙古考察 8月9日至14日，香港特别行政区行政长官曾荫权及夫人一行在自治区呼和浩特、满洲里、呼伦贝尔、兴安盟参观考察。

在呼和浩特市期间，自治区党委书记储波，自治区党委副书记、自治区主席巴特尔在新城宾馆会见曾荫权长官及夫人。自治区党委常委、秘书长符太增会见时在座。

蒋孝严在内蒙古考察 8月13日至17日，中国国民党副主席蒋孝严一行在自治区呼伦贝尔市、满洲里市、呼和浩特市考察。在呼和浩特市期间，自治区党委常委、统战部部长伏来旺陪同。8月16日下午，自治区党委副书记、自治区副主席任亚平在新城宾馆会见蒋孝严副主席及夫人。自治区党委常委、统战部部长伏来旺会见时在座。

乌云其木格在内蒙古考察 8月14日至20日，全国人大常委会副委员长乌云其木格在自治区先后视察了内蒙古伊利集团奶粉生产线、大青山野生动物园、清·固伦恪靖公主府、内蒙古神舟硅业有限公司、鄂尔多斯市康巴什新区亚洲雕塑艺术主题公园、乌兰木伦景观湖区。视察期间，参加第253医院第一任院长傅连暲塑像揭幕仪式、第十一届亚洲艺术节开幕式和鄂尔多斯那达慕大会开幕式。自治区领导储波、巴特尔、任亚平、韩志然、符太增等陪同。

回良玉在内蒙古考察 8月18日上午，中共中央政治局委员、国务院副总理、国家防汛抗旱总指挥部总指挥回良玉一行,在自治区副主席郭启俊陪同下,到兴安盟考察旱情,指导抗旱工作。在田间地头、在行车路上,回良玉仔细询问全区的旱情。在乌兰浩特市乌兰哈达镇舍林嘎查的玉米地里,回良玉一边仔细察看玉米受灾状况,一边向当地干部群众询问当地农作物受灾面积和地下水利用情况。回良玉随后又来到葛根庙镇前白音花嘎查,察看受灾作物,详细询问成灾原因,听取自治区相关部门负责同志关于旱情的汇报。

回良玉对自治区抗旱工作给予充分肯定。回良玉指出,各受旱地区党委、政府务必要把抗旱减灾作为当前最紧迫、最重要的任务来抓。要坚持以人为本,强化抗旱举措,加大投入力度,最大限度减少灾害损失,千方百计确保人畜饮水,确保群众基本生活不受大的影响,力争农业有个好收成,同时要统筹安排好保增长、保民生、保稳定的各项工作。

回良玉强调,这次旱灾发生在重要粮食生产基地,又正值大田作物乳熟的关键期,对粮食和农业影响极大。各受旱地区和相关部门要把抗旱减灾放到当前工作的突出位置,加强组织领导,强化措施落实,全力抗旱减灾。

刘延东在内蒙古考察 8月18日,中共中央政治局委员、国务委员刘延东在鄂尔多斯市考察了亚洲雕塑艺术主题公园、乌兰木伦景观湖、鄂尔多斯市文化艺术中心,并出席了第十一届亚洲艺术节开幕式。自治区领导储波、巴特尔、任亚平、乌兰、符太增等陪同。

习近平在内蒙古考察 8月22日至25日,中共中央政治局常委、中央书记处书记、国家副主席习近平先后到自治区呼伦贝尔、满洲里、包头、鄂尔多斯、呼和浩特市等地,深入农牧区、边防口岸、工矿企业、城市社区和学校等进行调研考察。亲切看望慰问各族干部群众,深入考察了解自治区经济社会发展和党的建设,同各族干部群众共商科学发展大计。习近平对自治区近年来经济社会发展和党的建设给予了肯定。

习近平在考察时强调,促进经济繁荣发展,维护社会和谐稳定,根本在于加强和改进党的建设。要坚持以学习实践科学发展观活动为契机,努力提高党的各方面建设工作水平,为民族地区改革发展各项事业提供坚强保证。他指出,发展民族地区经济文化和各项社会事业,关键在于有一支素质高、作风实、形象好的干部队伍。要坚持德才兼备、以德为先的用人标准,形成选人用人靠工作、靠实绩、靠人品、靠公认的风气。要认真落实基层党建责任制,统筹抓好农牧区、国有企业、城市社区和机关、学校"两新"组织等各个领域基层党组织建设,不断提高基层党建工作水平。

自治区党委书记、人大常委会主任储波,自治区党委副书记、自治区主席巴特尔,自治区党委副书记、自治区副主席任亚平,自治区党委常委、秘书长符太增等陪同考察。

王志珍在内蒙古考察 8月27日至30日,全国政协副主席、九三学社中央副主席王志珍率九三学社"节水农业"考察团在自治区鄂尔多斯杭锦旗黄河南岸灌区节水改造工程,巴彦淖尔市总干渠二闸水利枢纽工程、治丰田间节水示范区、河灌总局灌区信息化、自动化管理系统,杭锦后旗杨家河、乌拉河农业灌溉工程进行了考察。国家发改委、水利部、农业部、科技部、财政部等部委有关部门领导及专家学者随行考察。

黄孟复 万钢在内蒙古参加论坛 8月28日上午,以"沙漠·科技·新能源"为主题的2009库布其国际沙漠论坛在鄂尔多斯开幕。全国政协副主席、全国工商联主席黄孟复,全国政协副主席、科技部部长万钢出席论坛开幕式并致词。自治区党委常委、统战部部长伏来旺等出席开幕式,自治区副主席连辑主持论坛并致词。

埃塞俄比亚驻华大使,德国、苏丹、埃及、瑞典、意大利、美国、联合国、欧盟等国家和组织的政府官员及国际组织领导人、专家学者出席论坛。

温家宝在内蒙古考察 8月28日至29日,中共中央政治局常委、国务院总理温家宝到自治区旱灾发生范围广、面积大、程度重的赤峰市敖汉旗、通辽市奈曼旗检查指导抗旱减灾工作。在自治区党委书记、人大常委会主任储波,自治区党委副书记、自治区主席巴特尔,自治区党委常委、秘书长符太增陪同下,温家宝深入田间地头,实地察看农作物受灾和当地抗旱情况,走访农户,了解人畜饮水和口粮供应情况。

28日晚,温家宝在敖汉旗主持召开座谈会听取了抗旱救灾情况汇报。他指出,当前干旱主要发生在粮食主产区和农作物生长的关键期,对粮食生产危害很大。因此,必须坚决打好抗旱夺丰收这一仗。一要加大各项抗旱措施力度,最大限度地利用现有水利设施进行抢浇抢灌,尽最大努力减轻灾害损失。要千方百计增加抗旱水源,加强对水资源的统一管理和科学调配,加强作物田间管理,做好抗旱技术服务。二要深入发动群众开展生产自救,帮助群众将能收的作物尽量收回来,同时尽可能抢种晚熟作物。鼓励农民多渠道增加收入,减少和弥补旱灾给农业生产和农民收入造成的损失。

温家宝指出,要千方百计保障灾区群众生活。首先要确保灾区人畜饮水,坚持"先生活、后生产"的原则,把保障群众生活用水放在首位,加快实施饮水安全工程,特别要抓好应急水源工程建设,尽快解决人畜饮水困难。第二,要切实做好困难群众的救济救助。抓紧核查灾情,逐村逐户了解农牧民受灾和生活情况。第三,努力增加农民收入。加大劳务输出工作力度,积极开辟新的外出务工经商渠道。

贾庆林在内蒙古考察 10月17日至19日,中共中央政治局常委、全国政协主席贾庆林和随行的全国政协副主席兼秘书长钱运录等,先后到包头、鄂尔多斯、呼和浩特等地,深入工矿企业、城镇社区,就深入学习贯彻党的十七届四中全会精神,进一步做好统一战线和人民政协工作,促进少数民族和民族地区经济发展和社会稳定,进行调查研究。调研期间,贾庆林听取了内蒙古自治区党委、政府的工作汇报,对内蒙古自治区经济社会发展取得的成就给予充分肯定。

在自治区党委书记、人大常委会主任储波,自治区党委副书记、自治区主席巴特尔,自治区政协主席陈光林,自治区党委常委、秘书长符太增陪同下,贾庆林到华锐风电科技有限公司包头风电产业基地、亿利能源重化工循环经济产业基地、神华鄂尔多斯煤制油分公司、晟纳吉光伏材料有限公司,实地考察内蒙古自治区在推动煤炭资源清洁化利用、发展新能源产业等方面的思路和举措。

李源潮在内蒙古考察 10月24日至25日,中共中央政治局委员、中央书记处书记、中组部部长李源潮在自治区调研第三批深入学习实践科学发展观活动。他指出,要认真贯彻落实党的十七届四中全会精神,紧密联系基层实际,扎扎实实抓好第三批学习实践活动,确保取得让群众满意的实效。

调研期间,李源潮深入企业、农村、社区,与基层党员、干部和群众亲切交谈,仔细了解第三批学习实践活动开展情况。还召开座谈会,听取了区、市、县、乡、村和社区负责同志的意见与建议。李源潮充分肯定内蒙古学习实践活动和科学发展取得的成效。

自治区党委书记储波,自治区党委副书记、自治区副主席任亚平,自治区党委常委、呼和浩特市委书记韩志然,自治区党委常委、组织部部长李佳,自治区党委常委、秘书长符太增分别陪同。

贵阳市党政考察团在内蒙古考察 5月22日至26日,贵州省委常委、贵阳市委书记李军率贵阳市党政考察团到呼和浩特、包头、鄂尔多斯市考察工业经济发展情况。22日下午,自治区党委书记、人大常委会主任储波在内蒙古新城宾馆会见考察团一行,自治区党委常委、呼和浩特市委书记韩志然,自治区党委常委、秘书长符太增参加会见。

江西省党政考察团在内蒙古考察 8月15日至18日,江西省委常委、副省长陈达恒率江西省政府代表团到鄂尔多斯市、呼和浩特市、呼伦伦尔市、满洲里市,实地考察通道绿化、城市绿化、自然保护区建设、森林资源保护与管理、林业产业发展、农业产业化企业运作等情况并出席蒙赣两省区林业建设座谈会,自治区副主席郭启俊出席并讲话。

宁波市党政代表团在内蒙古考察 8月17日至21日,浙江省委常委、宁波市委书记、市人大常委会主任巴音朝鲁率宁波市党政代表团一行在自治区先后到鄂尔多斯、包头市考察,期间参加了第十一届亚洲艺术节开幕式。8月17日下午,自治区党委书记储波在鄂尔多斯市会见巴音朝鲁书记及代表团一行,自治区党委副书记、自治区常务副主席任亚平,自治区党委常委、秘书长符太增会见时在座。

(吕培君 李涛)

【重要会议】

"呼包鄂"经济工作座谈会 3月29日至4月2日,自治区党委、政府在首府召开第6次呼包鄂经济工作座谈会。自治区党委书记储波,自治区党委副书记、自治区主席巴特尔出席会议并作重要讲话。会议强调,呼包鄂三市要立足发展新阶段,抢抓发展新机遇,争创发展新优势,推动三市科学发展再上新台阶。自治区领导任亚平、伏来旺、郑传福、韩志然、莫建成、乌兰、符太增、罗啸天、郭启俊、云峰出席会议。

全区新农村新牧区精神文明建设现场会经验交流会 7月7日,全区第二届新农村新牧区精神文明建设现场会经验交流会在巴彦淖尔市召开。自治区党委副书记、自治区副主席任亚平出席会议并讲话,自治区党委常委、宣传部部长乌兰主持会议。会议强调,要深入学习贯彻落实科学发展观,坚定信心,锐意进取,扎实工作,努力开创全区新农村新牧区精神文明建设新局面。

第八届委员会第九次全体会议 7月16日在呼和浩特举行。会议由自治区党委常委会主持。自治区党委书记储波代表自治区党委常委会向全委会报告工作,自治区党委副书记、自治区主席巴特尔作总结讲话。出席会议的自治区党委委员63人,候补委员11人。自治区纪委常委、有关方面负责同志和部分在基

层工作的自治区第八届党代会代表列席会议。会议的主要任务是，总结上半年工作，分析当前形势，研究部署下半年任务。

全区第五次两个文明建设经验交流会 8月6日至8日在锡林郭勒盟举行。自治区党委书记、自治区人大常委会主任储波，自治区党委副书记、自治区主席巴特尔出席闭幕大会并分别作重要讲话。自治区党委副书记、自治区副主席任亚平主持闭幕会议。会议认真总结近年来自治区两个文明建设工作面临的新形势，研究部署了当前和今后一个时期全区两个文明建设的各项任务。自治区党委常委、呼和浩特市委书记韩志然，自治区党委常委、秘书长符太增，自治区人大常委会副主任柳秀，自治区副主席连辑，自治区政协副主席王长聚，内蒙古军区副政委陈运火出席会议。自治区党委常委、宣传部部长乌兰，宣读自治区党委、政府和内蒙古军区关于命名表彰全区文明城市（区）、文明旗县城、文明村镇和文明单位的决定。自治区领导为获奖地区和单位代表颁奖。

第八届委员会第十次全体（扩大）会议 全区领导干部大会 8月27日在自治区人大常委会会议厅、自治区人民会堂召开。全委会由自治区党委书记储波主持，中组部考察组组长陈训秋讲话，书记储波作动员讲话。会议按照中央的要求，经中组部后备干部考察组和自治区党委研究决定，召开自治区党委全委扩大会议，民主推荐省部级正职后备干部人选。全区干部大会的主要任务是，根据中央《2009～2020年全国党政领导班子后备干部队伍建设规划》和省部级后备干部集中调整工作总体部署，民主推荐省部级党政副职后备干部人选。

第八届委员会第十一次全体会议 9月26日至27日在呼和浩特举行。会议由自治区党委常委会主持。自治区党委书记储波代表自治区党委常委会作重要讲话，自治区党委副书记、自治区主席巴特尔作总结讲话。全委会的主要任务是，认真学习贯彻党的十七届四中全会精神，结合自治区实际，研究加强和改进新形势下党的建设，部署下一步主要工作。会议强调，加强和改进新形势下党的建设，是全区各级党组织的重要政治任务。各级要全面贯彻党的十七大关于党的建设的总体部署和四中全会决定精神，认真落实落实党建工作责任制，切实加强对党建工作的领导。各级党组织书记要切实履行抓党建第一责任人的责任，充分发挥党建领导小组的职能作用。加强党建工作调查研究，为加强和改进新形势下党的建设提供科学指导。出席全委会的自治区党委委员60人，候补委员11人。自治区省级党员领导同志、纪委常委和有关方面负责同志列席会议。部分自治区第八次党代会基层代表列席会议。

内蒙古自治区庆祝中华人民共和国成立60周年大会 自治区党委、政府于9月28日在内蒙古体育馆隆重举行庆祝新中国成立60周年大会。自治区党委书记、自治区人大常委会主任储波出席大会并作重要讲话。自治区党委副书记、自治区主席巴特尔主持大会。来自全区各条战线的20多支代表队在大会上精彩演绎充满激情、优美动听的红色经典歌曲，唱出了草原儿女对祖国母亲的无限眷念、对新中国60华诞的真挚祝福。自治区各部门、各单位主要负责同志，呼和浩特市各大班子负责同志，首府各族各界干部群众代表，高等院校学生，参加大合唱人员，共6 000多人参加大会。

自治区东部盟市经济工作座谈会 10月21日至23日，自治区党委、政府在兴安盟召开第五次东部盟市经济工作座谈会。自治区党委书记储波，自治区党委副书记、自治区主席巴特尔作重要讲话。自治区党委副书记、自治区副主席任亚平，自治区党委常委、秘书长符太增，自治区副主席连辑出席会议。会议强调，要认真学习贯彻国务院《关于进一步实施东北地区等老工业基地振兴战略的若干意见》精神，进一步推进持续发展、协调发展、和谐发展，加快把东部盟市打造成为自治区和我国东北地区的重要经济增长极。

全区干部大会 11月30日，自治区党委召开全区干部大会，宣布中共中央关于内蒙古自治区党委主要领导职务变动的决定。中共中央决定，储波不再担任内蒙古自治区党委书记、常委、委员职务，胡春华担任内蒙古自治区党委委员、常委、书记。中组部副部长王尔乘受中央的委派，宣布中央的决定并作重要讲话。自治区党委原书记储波，自治区党委书记胡春华在会上分别讲话。自治区党委副书记、自治区主席巴特尔主持会议并讲话。

全区经济工作会议 全区经济工作会议12月29日至30日在呼和浩特召开。自治区党委书记胡春华在会上发表重要讲话，深入分析当前全区经济形势，深刻阐述自治区发展全局中的一些重大问题，明确提出2010年经济工作的主要预期目标、重要原则和重点任务。自治区党委副书记、自治区主席巴特尔在讲话中全面总结了2009年全区经济运行情况，具体部署明年经济工作。会议强调，要深入贯彻落实中央经济工作会议精神，始终坚持发展是第一要务的思想不动摇，加快推进经济发展方式转变,着力保障和改善民生,继续保持经济平稳较快发展良好态势。自治区党委副书记、自治区副主席任亚平主持会议。陈光林、王占、邢云、伏来旺、张力、韩志然、莫建成、乌兰、李佳、符太增出席会议。

(申玉梅 张广顺 任宵)

【重要文件】

《内蒙古党委、政府关于进一步推进农村牧区改革发展的实施意见》 2009年1月7日印发。为贯彻落实《中共中央关于推进农村改革发展若干重大问题的决定》和中央农村工作会议精神,就进一步深化自治区农村牧区改革,促进农村牧区经济社会又好又快发展。

《内蒙古党委、政府关于促进城乡居民增收的意见》 2009年1月24日印发。为深入贯彻落实科学发展观和自治区第八次党代会"着力增收富民"有关精神,进一步采取有效措施,加大工作力度,不断提高城乡居民收入水平,现提出如下意见。

《内蒙古党委、政府关于促进残疾人事业发展的实施意见》 2009年2月24日印发。《中共中央、国务院关于促进残疾人事业发展的意见》(中发〔2008〕7号),是中央在全面建设小康社会的关键时期加快残疾人事业发展的重大部署,是指导新时期我国残疾人事业发展的行动纲领。

内蒙古党委、政府关于印发《自治区深化医药卫生体制改革实施意见》的通知 2009年10月16日印发。为贯彻落实《中共中央国务院关于深化医药卫生体制改革的意见》(中发〔2009〕6号)和《国务院关于印发〈医药卫生体制改革近期重点实施方案(2009—2011年)〉的通知》(国发〔2009〕12号)精神,加快建立符合我区实际的基本医疗卫生制度,不断满足人民群众日益增长的医药卫生需求,促进全区医药卫生事业科学发展。

(秘书处)

党委办公厅

【中国共产党内蒙古自治区委员会办公厅领导名录】

秘书长:符太增

副秘书长:张守孝 包广林(蒙古族) 王焕承
白志明(蒙古族) 刘建禄
高慧广(蒙古族) 胡丰

办公厅主任:符太增

副主任:陈巧玲(女) 纪强

副巡视员:张成林 郭永祥 贾志奇

【概况】 自治区党委办公厅内设机构有:秘书处、会议处、常委会办公室、总值班室、督促检查室、综合一处、综合二处、信息调研处、人事处、翻译处、机要交通处、行政处、保卫处、离退休人员工作处等14个职能处室和机关党委。设管理机构2个:内蒙古党委保密委员会办公室(自治区保密局)、内蒙古党委机要局。委托管理单位2个:内蒙古党委防范和处理邪教问题领导小组办公室、自治区档案局。厅属事业单位9个:自治区接待办公室(参照单位,正厅级)、车辆服务处、机关事务服务中心、机关文印中心(机关印刷厂)、自治区专用通信局(双重管理单位)、机关幼儿园、信息服务中心、涉密网络管理中心、保密技术检查中心。

行政单位 办公厅机关:总编制数147名,其中:行政编制144名,核定单列编制3名。自治区保密局:行政编制16名。党委机要局:行政编制23名。党委防范办:行政编制20名。

事业单位 自治区接待办公室(参照管理)编制38名,车辆服务处事业编制65名,机关事务服务中心事业编制60名,机关文印中心事业编制59名,自治区专用通信局事业编制56名,机关幼儿园事业编制90名,信息服务中心事业编制5名,涉密网络管理中心事业编制12名,保密技术检查中心事业编制5名,自治区反邪教涉外宣传工作站(参照管理)编制5名。

【政务工作】

围绕党委工作大局搞好文稿和翻译服务 办公厅的综合文稿服务紧紧围绕党委的中心工作,主动积极地深入基层,针对新情况和新问题,深入调查研究,及时总结基层在实际工作中创造的经验和做法,并把调研的成果体现在所起草的党委文件和工作部署中,使党委的决策部署更具有针对性、指导性和实效性。一年来,圆满完成了服务全国"两会"、党的十七届四中全会、学习实践科学发展观活动、中央经济工作会议以及自治区各类重要会议和活动的文稿起草任务。同时,还向国家有关部门和中外媒体提供了我区贯彻落实中央决策部署,应对国际金融危机挑战、保持经济平稳较快发展的有关情况,全面反映了全区的发展思路、应对举措及取得的成效,较好地发挥"以文辅政"的参谋助手作用。全年共起草、修改和整理各类成品文稿450多篇、280多万字;整理编辑有关资料近130多万字。公文翻译工作也圆满完成中央和自治区党委发至县团级文件、全区大型会议、重要活动的翻译任务,全年完成译文115万多字，蒙汉文件并发率达100%。

为中央和自治区党委科学决策提供情况反馈和信息服务 不断研究和探索新形势下信息调研工作服务决策的有效性和针对性，着力提升政务信息的质量和层次。主动积极捕捉，深度挖掘，突出重点，及时、准确、真实地反映全区经济社会发展的主要情况、重大问题和社会动态；不断拓展和延伸信息空间和触角，全方位、多角度地向区党委提供国内外、区内外最新的资讯参考；及时跟踪和反馈自治区党委各项决策部署的落实情况和执行效果，为自治区党委及时了解和掌握全区经济社会发展中的重要情况，科学指导工作、不断完善决策和有效解决问题发挥了积极作用。全年收集、采编信息33.4万余条（次）；向中央办公厅报送综合信息525篇，被采用95篇，采用率达18.1%（考核目标为11%），中央领导同志在自治区专报信息上批示12篇（次），自治区领导同志批示560篇（次）；全年深入基层完成调研课题51个，有效发挥信息调研工作的耳目作用。

为中央和自治区党委决策部署及领导批示的贯彻落实提供政务督查服务 以贯彻落实科学发展观、改善民生、构建和谐社会和党的建设为重点，进一步加大督促检查力度。一年来，党委办公厅先后就办好“十件实事”、促进物流业发展、扶持中小企业发展、城乡一体化建设、新农村新牧区建设、提高城乡居民收入、维护社会稳定和基层党建工作等事项，与有关部门密切配合，深入基层进行督促检查，为推动自治区党委、政府重大决策部署的贯彻落实，维护人民群众利益，维护社会稳定发挥重要作用。为推动“十件实事”的全面落实，党委办公厅以多种形式持续不断地开展督促检查，推动一批民生问题的解决，同时为自治区党委、政府领导同志全面了解情况、指导工作提供决策参考依据；上半年，为落实自治区党委关于促进物流业发展的决策，组织力量，协调17个区直部门，深入全区13个物流园区、38个物流企业深入调查研究，形成《我区物流业发展的现状、存在的问题及对策建议》，受到自治区党委、政府领导同志的高度重视和肯定，在此基础上，经有关部门论证，自治区政府印发调整和振兴自治区物流业的《实施意见》，对自治区物流业的发展起到积极的推动作用。在促进中央和区党委领导同志批示问题的解决方面，与有关地区和部门加强协调，形成合力，确保了领导同志批示件的有效落实。

认真履行综合协调职能，为自治区党委日常工作提供运转服务 对各类往来文电认真负责，潜心研究，多方沟通协调，积极主动地提出工作预案或拟办意见，为领导同志批办处置提供重要的参考依据。高质量地完成好公文核发工作，严把发文政策关、格式关和文字关，严格控制发文数量，重点做好党委文件和党办文件的审改、核发工作。与此同时，加大协调工作力度，在精简、压缩文件，减少发文数量方面取得新的成效。

认真组织各类会议和公务活动 会议是自治区党委科学决策和部署工作的重要方式和基本途径，做好会务服务是党委办公厅实施综合协调的重要职责。通过抓细节、抓协调、周密安排、认真实施、周到服务，全年高质量地组织党委八届九、十、十一次全委会、全区两个文明建设经验交流会、经济工作会议、呼包鄂经济工作座谈会、东部盟市经济工作座谈会等重要会议50多次，同时还圆满完成国庆60周年和重要节日期间的各类庆典大会以及向中央领导同志工作汇报会的组织任务。

加强和改进为常委会和常委的服务工作 积极适应地方党委领导班子配备改革的新形势、新要求，围绕建立健全自治区党委常委会新的工作机制，在不断完善原有工作制度和运转程序的基础上，起草和制定常委会工作和议事决策规则，健全和完善相关程序和办法，使协调服务工作更加科学规范、严谨周密。圆满完成自治区党委常委主持和出席的各类会议、公务活动、走访慰问及调研等协调服务工作。特别是在组织国庆60周年系列庆祝活动和自治区党委主要领导工作调整期间，充分发挥办公厅综合协调的主导作用，保障各项活动的顺利进行。

【机要交通和政务值班工作】 机要交通处深入开展业务练兵和应急演练，再次实现“两确保和零误差”目标，确保核心秘密和重要文件资料的传递安全和及时高效运转。政务值班和应急管理工作进一步加强，坚持24小时全天候政务值班，圆满完成节假日等各项应急事务的处理，提高应急处置和保障政务运转的能力。

【后勤保障工作】

加强机关资金、资产管理和基础设施建设 按照收支分类改革的要求，继续推进部门预算改革，坚持收支两条线管理和国库集中支付制度；严格财务管理，严格执行财经纪律；科学合理编制预算，加强经费预算约束，执行厅内处室经费包干制度，跟踪检查经费执行过程；适应部分事业单位财政供给体制变化的新情况，加强对二级单位的财务审计和规范管理，坚持定期分析财务运行情况，准确把握财务收支状况；继续扩大政府采购规模，完善采购、保管、使用和监督制度，有效节约

和使用资金。固定资产采购、配置、使用和管理进一步规范。新建住宅小区硬化、绿化、亮化及服务设施的建设取得新进展。

以增强保障能力为重点,不断提高后勤服务工作的质量和水平　后勤保障服务工作在协调和理顺内外关系、健全制度、规范管理的基础上,进一步加强对水暖电等基础设施的日常检修,并从现有财力实际出发,分轻重缓急,加强维修、维护与更新,确保了正常安全运行。并于年内完成党委幼儿园的房屋节能改造和环境优化美化工程。文印工作在优质高效完成党委机关文印任务的同时,主动适应市场需求,加大投入力度,竞争和发展实力明显增强,取得连续3年产值递增200万元的优异成绩。车辆服务工作不断强化服务意识,完善运行机制,加强内部管理,健全规章制度,保障机关公务用车和各类会议、活动以及重大接待任务的车辆服务,全年安全行驶总里程200多万公里。

为确保自治区党委机关和领导同志住地的绝对安全,机关新办公区和旧址的安全监控系统和技防设施全面改造完成。积极协调派出所、武警和居委会,加强社会治安综合治理,开展对社区常住人员的摸底排查,严格执行值班巡查、安全检查、消防安全等制度,努力消除安全隐患,做到防患于未然。配合有关部门,积极做好上访群众的协调疏导,妥善处置突发性事件。

(成学庆　李国强　李静波)

组织工作

【中国共产党内蒙古自治区委员会组织部领导名录】

部　长:李　佳

副部长:赵世亮(蒙古族)　孙炜东(蒙古族)

董树君　于永泉(蒙古族)　武开乐

副巡视员:樊忠　牛明

【概况】　内蒙古党委组织部有编制113个,实有人员90人,其中女干部15人、少数民族干部19人、本科以上学历干部87人。部机关内设18个处室,有3个部属单位、1个代管单位。

全区各参学单位共举办学习培训班6.4万期,集中培训党员干部151万人次;解决突出问题7.9万个,为群众办好事实事17.8万件;整顿软弱涣散党组织1 145个,新建基层党组织1 696个;修改完善政策制度3.5万项,形成一批贯彻落实科学发展观的认识成果、实践成果和制度成果。

【领导班子和干部队伍建设】

高度重视领导班子思想政治建设　制定下发了《关于进一步加强和改进领导班子思想政治建设的意见》,认真落实领导班子思想政治建设10项制度性措施。以学习实践活动为载体,教育引导各级班子和领导干部立足区情实际,带头解放思想、更新观念、破解难题,增强了思想政治建设的针对性和实效性。以学习贯彻十七届四中全会精神为契机,努力建设学习型领导班子和学习型干部队伍,全区各级班子举办学习培训班、理论研讨班120余期次。健全完善党委常委会和全委会议事决策规则、中心组学习、务虚研究等多项制度措施,提高领导班子思想政治建设制度化水平。

突出抓好旗县(市区)委书记队伍建设　研究提出了《旗县(市、区)党政正职选拔任用管理办法》,认真落实旗县(市、区)委书记任职培训、专题培训等制度,选派部分旗县(市、区)委书记到先进发达地区进行学习考察和挂职锻炼。坚持从严管理监督,组织对全区101个旗县(市、区)委书记进行了集中考核。积极把巡视工作延伸到旗县(市、区),将"科学规范有效监督旗县委书记用人行为"工作在全区推开,探索实行了旗县(市、区)委书记干部选拔任用工作离任检查制度。

积极推进培养选拔年轻干部工作　制定全区《2010~2020年党政领导班子后备干部队伍建设规划》,科学摆布、统筹谋划盟市厅局级、县处级后备干部队伍建设。组织实施"百千万工程",着眼长远,选拔培养150名正厅级、1 000名副厅级、10 000名处级年轻后备干部,进行重点跟踪培养。加强年轻干部党性修养和实践锻炼。自治区直接举办中青年干部培训班2期。全年从盟市、旗县选派20名年轻干部到中央国家机关和发达地区挂职锻炼,从区直机关选派44名年轻干部到基层挂职锻炼,初步形成了双向交流锻炼机制。

大力推进干部教育培训改革创新　全年培训干部53万多人,其中县处级以上领导干部5.2万多人。积极开展干部自主选学活动。5月份,中组部在呼和浩特召开全国自主选学工作会议,推广全区经验。深化干教体制改革,优化整合教育培训资源,提高干部教育培训的质量和效益。

不断深化干部人事制度改革　加大竞争性选拔干部力度,积极推行差额选任干部办法,全面推行常委会、全委会任用重要干部票决制。自治区党委常委会通过电子票决的方式任用干部79名。加强干部选拔任用制度机制建设,研究提出《党政领导干部选拔任用提名暂行办法》、《干部选拔任用工作信息公开试行办法》、《领导干部差额选拔任用暂行办法》、《关于旗县(市、区)党政领导干部服务作风媒体公开试行办法》、《关于进一步推进竞争性选拔干部的意见》等5个办法、2个意见。加大试点工作推进力度,确定了18个旗县(市、区)作为干部制度改革综合试点。

进一步改革完善干部考核评价体系 按照中央“一个意见、三个办法”,把实绩考核改为综合评价考核,力求把干部考准评实。制定下发了《盟市、旗县(市、区)党政领导班子和领导干部综合考核评价实施细则(试行)》、《党政工作部门领导班子和领导干部综合考核评价实施细则(试行)》、《党政领导班子和领导干部年度考核实施细则(试行)》。优化干部考核指标,将考核指标由70多项简化整合为20项,增加民生发展、维护稳定、生态环境保护等指标权重。减少考核程序,由过去的14个环节减为7个。强化结果运用,把考评结果与干部选拔任用挂起钩来,有效发挥了综合考评“风向标”和“指挥棒”的作用。

继续加大干部监督工作力度 组织开展《干部任用条例》专项检查,健全完善“一报告两评议”、干部选任工作离任检查、领导干部服务作风媒体公开等10项制度。不断加大违规用人立项查处力度,直接查核举报案件16件,进一步匡正选人用人风气。在中组部2009年组织工作满意度测评中,自治区满意度总得分为293.01分,比全国平均分数高出3.13分。同时,首次开展区内组织工作满意度测评,以及“一报告两评议”专项测评工作。

【基层党组织建设】

认真落实旗县委书记抓基层党建工作责任制 研究制定《关于健全和落实旗县(市、区)委书记抓基层党建工作责任制的意见》,明确了旗县委书记抓基层党建的具体职责任务,并实行专项述职制度。加大专项考核力度,把各级党委书记抓基层党建工作的考核结果,作为提拔任用的重要依据。

重点加强农村牧区基层党组织建设 突出抓好嘎查村党支部书记队伍建设,认真落实“一定三有”政策,完成了对所有嘎查村党支部书记的轮训。制定下发《关于进一步加强嘎查村级班子建设的意见》,研究提出《关于进一步完善嘎查村级组织运转经费保障机制的意见》。圆满完成嘎查村“两委”换届工作,整顿软弱涣散基层党组织1 145个。全力抓好大学生“村官”选聘管理工作,2009年共选聘1.1万多名高校毕业生到基层服务,其中大学生村官3 058人。

全面抓好各领域基层党组织建设 城市社区党建工作以“三有一化”为目标,以盟市所在地为重点,积极构建区域化党建新格局,解决了62个社区没有办公用房问题,改造了部分社区200平方米以下的办公活动场所。扎实推进“两新”组织党建工作规范化建设,全区规模以上非公有制企业党组织组建率达到96%以上。积极探索律师、会计师行业等新社会组织党建工作新途径,扎实推进国企、机关和高校党建工作,促进基层党建工作全面协调发展。

扎实推进党内基层民主建设 继续推进党代会常任制试点工作,全面落实党代表任期制,自治区和12个盟市全部建立了党代表服务联络机构。制定下发了《关于进一步深化“公推直选”试点工作的通知》,将“公推直选”试点由2008年28个增加到50个,并扩大到部分企事业单位。

不断强化党员队伍教育管理和服务 认真做好发展党员工作,加强流动党员管理。建立完善党内激励关怀帮扶机制,在全区旗县以上党委组织部开通了114部“12371”党员咨询服务电话,对生活困难党员和建国前入党的老党员进行了走访慰问。制定出台《内蒙古自治区2009~2013年党员教育培训工作实施意见》,积极开展党员轮训工作。加强农村党员干部现代远程教育网络建设,新增终端站点5 960个,覆盖到90%以上的嘎查村。

【人才工作】 大力实施“草原英才”工程。创新人才工作理念,整合人才工作资源,研究提出全区《关于人才工作中长期规划纲要》,制定《“草原英才”工程实施方案》及配套的11个子方案,初步形成科学高效、衔接配套的人才工作制度机制。同时,将“草原英才”工程10项子工程,分别落实到自治区人事厅、科技厅等8个厅局,取得积极成效。2009年,自治区有1人纳入国家海外高层次人才引进“千人计划”。

【组织部门自身建设】

加强组工干部学习培训 率先在组织系统开展自主选学工作。自治区党委组织部首次组织全员异地离岗培训,在全国组织干部学院对部机关全体干部进行集中轮训。

深入开展下基层活动 认真组织实施“讲党性、重品行、作表率,树组工干部新形象”深化拓展年活动,开展了以“双联、双拓、双推”为主题的组工干部下基层活动,全区700名组织部长、2 500多名组工干部踊跃深入基层,共开展谈心谈话1.5万人次,信访接待3 700多人次,为基层解决实际问题1 989个。自治区组工干部下基层、进牧区维护边疆民族地区和谐稳定的做法,得到了中组部的充分肯定。积极做好对兴安盟兴华嘎查的帮扶和与呼市新城区曙光社区的共建工作,为当地群众办了大量实事好事。

坚持从严律己 从严治部 从严带队伍 严格执行组工干部"十严禁"纪律要求,主动接受社会监督,建立了组织工作新闻发言人制度。在2009年中组部组织工作满意度测评中,自治区"组织工作总体评价"、"组工干部形象"两项指标均比2008年有所提高,建设"模范部门"、打造"过硬队伍"取得新成效。

(刘鹏飞 王渌平)

宣传工作

【中国共产党内蒙古自治区委员会宣传部领导名录】

部　长:乌　兰(女 蒙古族)

副部长:毕力夫(蒙古族) 王志诚 佟野黎 李冰 吴团英(达斡尔族) 阿龙(蒙古族) 张太平

副巡视员:单学文(5月离任)

【概况】 自治区党委宣传部内设15个职能处室,机关行政编制为65名,其中:部长职数1名,副部长职数5名,巡视员或副巡视员职数2名;处级领导职数33名(15正、18副),处级非领导职数17名。机关实有人数51人,均为中共党员,其中:部长1人,副部长7人;正处长13人,副处长15人,调研员6人,副调研员5人,一般工作人员4人。下设4个事业单位,核定事业编制81人,其中:处级领导职数10名(3正、7副),处级非领导职数3名。事业单位实有人数70人,其中:正处长8人,副处长9人,调研员3人,副调研员5人,一般工作人员45人。部机关妇女干部15人,少数民族干部30人,博士2人,研究生16人,大学本科28人,大学专科5人。

【理论工作】

以抓好各级党委中心组学习为重点 进一步推进中国特色社会主义理论体系的学习 印发《内蒙古党委宣传部关于2009年全区理论工作的安排意见》,明确了全区理论工作的目标、任务及要求。按照中宣部要求,在全区各级党委中心组开展中国特色社会主义理论体系和社会主义核心价值体系学习活动。全年配合有关单位完成了自治区党委中心组3次学习会,编发《中心组学习专刊》12期。

理论宣传的影响力和感染力进一步增强 会同自治区社科联共同举办内蒙古第三届哲学社会科学普及周活动和"北疆讲坛"系列专题讲座。联合自治区有关部门共同组织举办了三期"内蒙古发展论坛"。举办全区2009年理论宣讲工作备课会和党的十七届四中全会精神培训班,对全区讲师团成员、中心组学习秘书和理论骨干进行集中培训,并对全区理论政策宣讲工作先进集体和先进个人进行了表彰。组织有关人员开展"六个为什么"理论宣讲工作和党的十七届四中全会精神宣讲工作。

理论研究工作取得新进展 编写印发《鄂尔多斯发展的实践与思考》、《思想解放天地宽—全区改革开放30周年理论研讨会论文集》。创办专供自治区领导决策参考的内部专报《研究报告》。全年申报国家社科基金项目共300项,获准立项42项,获项目经费418万元。组织召开"内蒙古草原文化研究基地授牌仪式暨草原文化学术座谈会"和"内蒙古民俗文化研究基地授牌仪式暨内蒙古民俗文化研究学术讨论会"。

【新闻出版工作】

传达 贯彻 落实中宣部和自治区党委政府的方针政策 决策部署 把握导向 加强引导 组织呼包鄂经济工作会、全区新农村新牧区精神文明建设现场经验交流会、全区"两个文明"建设经验交流会、中央新闻媒体采访我区实施西部大开发战略10周年有关情况等会议、活动的宣传报道工作,及时报道全区各地各部门贯彻落实中央和自治区党委决策部署的实际行动和广大干部群众的热烈反响。重点关注经济形势、"三农三牧"问题、就业问题、教育改革、医疗改革、社会保障、司法案件以及敏感时期的宣传报道,特别注意把握金融形势、房地产市场、资本市场、食品安全等方面宣传报道。安排部署防控甲型H1N1流感疫情新闻报道和舆论引导工作。做好"五四"运动90周年的宣传报道。编印《新闻宣传专报》13期、《新闻内部通信》24期,《重要新闻浏览》81期。

学习实践科学发展观活动的宣传报道 精心组织策划上报一批重要选题,受到中央学习实践活动领导小组办公室的高度重视。组织策划"内蒙古大学生村官学习实践科学发展观论坛"、"包钢集团迎挑战、渡难关、谋发展—奋进在包钢"主题报告会等主题活动18个。有4个活动的实况录像刻录成光盘,作为自治区深入学习实践科学发展观的教材在全区发行。有3本文集由中央和自治区出版社出版发行。全年在中央主要媒体的发稿量、组织策划活动的影响力等都位居全国前列。

新中国成立60周年的宣传报道工作 印发《庆祝

中华人民共和国成立60周年新闻报道工作方案》,组织自治区主要新闻媒体开设“我和我的祖国”、“共和国建设者”、“迎国庆 办实事”、“我看60年变迁”、“内蒙古和谐60年”等栏目,充分展示新中国成立60年来各方面取得的辉煌成就。有组织有计划地打造有自治区特色的重点新闻选题和作品并积极推荐上报,提高中央新闻媒体的上稿率。

重要会议 重大活动 全国全区重大典型和突发事件的宣传报道工作 印发《第六届中国·内蒙古草原文化节新闻宣传方案》、《关于深入开展群众性爱国主义教育活动的新闻报道方案》、《内蒙古实施西部大开发战略10周年宣传工作方案》和《下一阶段经济宣传舆论工作方案》。圆满完成对第六届中国·内蒙古草原文化节、全区文化体制改革和文化产业发展工作会议等会议、活动的宣传报道。协调组织中央和自治区主要新闻媒体宣传报道张章宝、武汉鼎、额尔敦、布和巴雅尔、郭纯等先进个人事迹和鄂尔多斯市纳日松地税分局、“兵妈妈”拥军、鄂尔多斯市伊金霍洛旗和谐社会建设、满洲里爱民固边模范边防检查站等先进集体事迹。按照中宣部要求,对乌鲁木齐市“7·5”事件等进行了舆论引导。

宏观策划力度 建立健全新闻管理调控机制 印发2009年四个季度宣传报道意见。起草《自治区政府新闻发布工作实施方案(征求意见稿)》,并举办一期自治区政府新闻发言人培训研讨班。主持召开23场新闻发布会。赴鄂尔多斯等地调研,形成《关于新闻媒体应对突发公共事件和开展舆论监督的调研报告》。

做好图书出版工作 举办《丁新民与他的民工兄弟》研讨会。完成全区第十届“五个一工程”图书评审工作。组织各出版社参加第19届全国图书交易博览会、深圳国际文化产业博览会等活动,展出图书1 000多种。组织第六届中国·内蒙古草原文化节精品图书展,展出图书2 000多种,音像制品300多种。

【文艺工作】

组织开展系列活动 营造健康文明 积极向上的文化氛围 举办庆祝中华人民共和国成立60周年文化活动、优秀草原电影展映展播和优秀剧目下基层演出活动、第二届国际蒙古舞蹈大赛。组织创作的电影《圣地额济纳》、《额吉》、《锡林郭勒·汶川》,电视剧《嘎达梅林》被列入新中国成立60周年献礼影视剧推介名录。组织参加全国优秀流行歌曲创作大赛,歌曲《情歌草原》获总决赛优秀奖。组织策划认真做好第六届中国·内蒙古草原文化节优秀剧目展演、长调及蒙古族服饰展演等活动,有力地促进了全区文化事业的繁荣和发展。

全区“五个一工程”奖评选和全国“五个一工程”奖申报参评工作 在全区“五个一工程”奖评选中,全区共有27部文艺作品获优秀作品奖;92部作品获入选作品奖。在全国“五个一工程”评选中,歌曲《我的根在草原》、戏剧《草原记忆》、电影《长调》、电视剧《东归英雄传》、文艺类图书《丁新民和他的民工兄弟》等5部作品获优秀作品奖。

不断加强基层文化建设 组织召开全区乌兰牧骑工作会议,对加强新时期乌兰牧骑工作做安排部署。举办全区蒙古语戏剧曲艺创作培训班。继续组织实施广播电视村村通、农牧区电影放映2131工程、苏木乡镇综合文化站和基层文化阵地建设工程、草原书屋工程和文化信息资源共享工程五大公共文化服务工程。

加强文艺人才培养工作 举办文学创作研究班和全区小戏小品曲艺、潮尔艺术传承人及音乐创作培训班及研讨会。选送自治区文艺院团24名在职骨干舞蹈编导人员赴北京舞蹈学院进行培训,为繁荣发展自治区文艺事业提供有力的人才保障。

建立健全文艺管理长效机制 起草完成《自治区重点文艺作品创作投入扶持办法》、《资助作家艺术家出版专辑、举办个人作品演出展览活动的实施办法》、《文艺通气会制度》、《民族题材电影电视剧初审管理办法》、《自治区文学艺术人才库建立和管理办法》、《进一步改进“五个一工程”奖评选审的实施意见》等规范性文件,强化了文艺工作的宏观管理力度。

【社会宣传】

开展群众性爱国主义教育活动 印发《内蒙古党委宣传部关于围绕庆祝新中国成立60周年深入开展群众性爱国主义教育活动的实施意见》。以迎庆新中国成立60周年为契机,继续开展“万众爱国情”活动,成功举办“草原赞歌、祝福祖国”迎国庆群众大合唱活动。组织“双百”人物评选活动和沙海镇“三下乡”集中活动,全年编发《全区开展群众性爱国主义教育活动情况简报》8期。完成第六届中国·内蒙古草原文化节社会宣传工作。组建“草原情”下基层慰问艺术团并积极开展慰问活动。

认真做好典型宣传工作 以“草原儿女赞”栏目为平台,推出并集中宣传一批先进典型。组织拍摄第二期先进人物系列剧《草原儿女》共九集。推出全区重大典型二五三医院院长额尔敦同志,重要典型鄂尔多斯地税局纳日松分局。组织张章宝同志先进事迹巡回报告团赴6个盟市进行巡回报告。

推进形势政策宣传教育工作 爱国主义教育基地和红色旅游工作 做好《社会主义核心价值体系学习读本》学习宣传使用工作。开展"讲形势、增信心"教育活动,提出迎国庆60年图片展大纲,做好国庆标语口号张贴工作。与内蒙古博物院等有关单位联合开办"博苑"讲坛。筹备《2009内蒙古发展报告》拍摄制作工作。推荐第四批全国爱国主义教育示范基地,获得3个国家级爱国主义教育示范基地称号。筹备拍摄第四批全国爱国主义教育示范基地电视系列专题片。开展红色旅游专题调研和规划工作。

开展民族团结宣传教育活动 印发《关于深入开展民族团结宣传教育活动的实施方案》。安排部署全区民族团结宣传教育活动,与民委、统战部联合举办全国民族团结报告会。

【精神文明建设】

思想道德建设和公民道德建设 积极构建文明 健康 和谐的社会环境 受理全区各地推荐上报的第二届全国道德模范候选人58名,向全国第二届道德模范评选表彰活动组委会办公室上报自治区第二届全国道德模范正式候选人10人,魏巍被授予全国见义勇为模范,韩淑敏等9人被授予全国道德模范提名奖。组织开展"迎国庆讲文明树新风"活动。在包头市组织由中央电视台主办的全国19省区"爱国歌曲大家唱"激情广场内蒙古自治区活动。率领自治区合唱团参加由中宣部、中央文明办举办的"爱国歌曲大家唱"展演晚会正式演出。"迎国庆讲文明树新风"知识竞赛活动在全区逐级开展竞赛,在呼和浩特市举办全区"迎国庆讲文明树新风"礼仪知识电视竞赛活动。带领自治区代表队参加全国"迎国庆讲文明树新风"礼仪知识电视竞赛郑州赛区的活动,取得赛区第三的较好成绩。大力实施西部助学工程。共资助新入学150名高中生,落实继续资助在校的高二、高三年级300名宏志班学生的工作。完成资助自治区2009级新入学贫困大学生110人和往年贫困大学生220名的任务。开展送电脑下基层活动。一次性把中央文明办送自治区的6 000台电脑全部分配到各旗县市区,于国庆节前在革命老区武川县举办了隆重的受赠仪式。开展节日主题活动。一是协调内蒙古电视台制作《我们的节日.春节》电视片并在内蒙古电视台新闻综合频道和卫视频道播出。二是制定下发了相关文件,部署全区《我们的节日·清明节》、《我们的节日·端午》和《我们的节日·中秋》主题活动。举办全区文明办主任培训班。

开展精神文明创建活动 紧紧围绕保增长、保民生、保稳定和庆祝新中国成立60周年,以建设社会主义核心价值体系为根本,以"迎国庆、讲文明、树新风"活动为主题,以"三大创建"活动为载体,广泛深入地开展群众性精神文明创建活动。一是组织开展"北疆文明大通道"文明生态村创建活动,推进农村牧区群众性精神文明创建活动的深入发展。在巴彦淖尔市成功举办全区第二届"新农村新牧区精神文明建设现场经验交流会",推动新农村新牧区建设的健康发展;二是在锡林郭勒盟成功举办全区第五次"两个文明建设经验交流会",表彰呼伦贝尔市海拉尔区、鄂尔多斯市东胜区、赤峰市红山区等3个全区文明城市(区)和西乌珠穆沁旗等10个全区文明旗县城、呼和浩特市玉泉区小黑河镇沟子板村等18个全区文明村镇;三是以《文明城市(区)测评体系》为导向,对全区申报的12个城市(区)进行测评,并在自治区媒体上公布测评结果;四是召开"全区精神文明建设工作表彰电视电话会议",对自治区荣获全国文明城市、先进城市,全国文明村镇、先进村镇,全国文明单位、先进单位的148个先进典型进行再表彰;五是修订《全区文明城市(区)、文明旗县城、文明村镇、文明单位评选表彰暂行办法》和《全区文明城市(区)、文明旗县城测评体系》、《测评体系操作手册》;六是编辑出版《创建文明、构建和谐》大型文集和《全区两个文明建设经验交流会》、《全区新农村新牧区精神文明建设现场经验交流会》资料汇编;七是加强了调研工作,撰写了调研报告。

加强和改进未成年人思想道德建设 强力净化社会文化环境,建立长效工作机制,成立工作协调小组,召开联席会议,印发《内蒙古自治区净化社会文化环境四个专项行动实施方案》。同时,召开全区净化社会文化环境工作会议,开展四个专项整治行动。修订《"知荣辱、树新风、我行动"道德实践活动实施方案》,在全区中小学建立全国"做一个有道德的人"主题实践活动联系点13个,自治区主题实践活动联系点45个。在全区中小学生中组织开展"向国旗敬礼,做一个有道德的人"网上签名留言活动,开展"文明礼仪伴我行"活动和全区"传播绿种子,倡导新风尚"文明短信大赛活动。资助内蒙古电视台少儿频道开办《健健康康长大》栏目。在内蒙古新闻网链接开通自治区未成年人思想道德建设网页。运用《全国未成年人思想道德建设工作测评体系》,组织开展全区未成年人思想道德建设工作普测。下发《关于评选表彰全区未成年人思想道德建设工作先进旗县、先进单位和先进工作者的方

案》和《关于开展自治区首届未成年人思想道德建设工作创新案例征集评选的通知》。组织各盟市开展全国优秀童谣评选的推荐工作。

【对外宣传】

加大对外新闻宣传工作力度 增强对外宣传实效 邀请中国日报等10家中央对外新闻媒体对全区经济发展、生态建设和社会保障进行集中采访报道;组织接待香港商报总编辑陈锡添一行的香港商报采访团对我区对外开放和经济建设进行采访报道;协调组织"看中国·CRI中国国际广播电台中外记者边境行"—内蒙古分团采访活动;协调组织美联社等8家境外媒体组成采访团赴呼伦贝尔市进行采访;圆满完成法新社记者关于内蒙古禁牧问题方面的书面采访;协助中央气象台完成关于防治沙漠化和干旱日专题节目在内蒙古的采访活动。完成2009(呼和浩特)中日经济合作会议的宣传报道工作。组织编写内蒙古自治区对外宣传口径材料。

认真做好外宣品制作发行工作 翻译出版斯拉夫蒙文《鲁迅文学奖获奖作品译丛》。编写了《中国·内蒙古自治区》一套折页,包括内蒙古自治区经济、文化、旅游、民族、医疗、教育六个部分。协调中蒙合资桑斯尔有线电视台选派蒙古国记者、节目主持人,在自治区拍摄《走进内蒙古》电视专题片,分为内蒙古经济发展、城市建设等八个专题。组织出版《内蒙古生活服务指南》。

广泛开展对外文化交流 扎实推进口岸外宣工作 为庆祝中蒙建交60周年,6月23日至29日,成功举办"乌兰巴托·中国内蒙古文化周",活动主要包括"友谊的颂歌"—庆祝中蒙建交60周年文艺晚会;内蒙古摄影艺术展等内容。10月19日至25日,蒙古国文化新闻代表团及蒙古国艺术团对自治区进行访问。访问期间,自治区政府新闻办与蒙方签署了开展新闻文化合作与交流的协议,蒙古国艺术团在呼和浩特、鄂尔多斯共演出三场。组织开展以口岸外宣工作"有机制、有阵地、有活动"为主要内容的口岸外宣工作创新活动,提高口岸外宣工作水平,促进边境地区外宣工作的开展。

【文化体制改革与文化产业发展工作】

加强对全区文化体制改革和发展工作的指导 组织召开自治区文化体制改革工作领导小组会议,下发了《2009年全区文化体制改革和发展工作要点》。召开了全区文化体制改革和文化产业发展工作会议,对今后一个时期全区文化体制改革和文化产业发展工作进行具体部署。配合中央文化体制改革工作领导小组督查组对自治区文化体制改革工作的督查指导。开展对各地各有关部门贯彻落实全区文化体制改革和文化产业工作会议情况的督促检查活动。

加快文化体制改革步伐 积极推进文化产业发展 通过拟定组建方案,进行资产剥离、清产核资等一系列筹备工作,经自治区政府常务会议研究通过后,内蒙古电影集团、内蒙古出版集团正式挂牌成立。协调指导内蒙古新华发行集团深化股份制改革,大胆引进民营资本,进一步完善股权结构和法人治理结构,与北方联合出版传媒(集团)股份有限公司签署协议,实现跨地区合作。协调自治区编办、文化厅、广电局进行内蒙古电影行政管理职能划转工作。进一步完善《内蒙古文化产业发展规划纲要》。起草下发《关于开展2009年文化产业项目申报工作的通知》。

积极制定出台优惠配套政策 推进文化体制改革和文化产业发展 经过认真起草、讨论、调研和修改并经自治区政府常务会讨论通过,出台《内蒙古自治区人民政府关于文化体制改革中经营性文化事业单位转制为企业的若干政策意见》(内政发〔2009〕35号)和《内蒙古自治区人民政府关于加快文化产业发展的若干政策意见》(内政发〔2009〕36号文件),在财税支持、社会保障以及市场准入、土地使用、重点建设等方面都做更为优惠的政策安排。组织起草《内蒙古自治区关于促进非公有制文化企业加快发展的意见》,已由自治区政府批准正式实施。

加强自治区文化体制改革和文化产业发展的宣传信息工作 组织有关媒体对我区文化体制改革工作先进单位和地区以及优秀文化企业进行了集中宣传报道。组织召开了全区学习贯彻落实在南京召开的全国文化体制改革经验交流会精神视频会议。及时下发了中央文化体制改革工作领导小组办公室编发的《文化体制改革工作经验100例》。全年共编发文化体制改革和文化产业发展方面的信息简报31期,中央文化体制改革工作领导小组办公室编发的十余期简报上进行了转载报道,得到全国各省市区的广泛关注和积极评价。

【网络文化建设和管理工作】 按照中央七部委关于整治互联网低俗之风电视电话会议精神要求,在全区开展以"全面整治互联网低俗之风,清理网上违规事件、违规网站,规范互联网信息传播秩序,净化网络文化环境"为重点的全区网络执法百日行动,共检查互联网服务单位和联网单位1 300家,检查网吧5 736家次,督促有影响力的300多家网站填写了自查表、提交了自查报告。对登载时政类新闻和从事新闻信息服务的60家网站进行了摸底清查。进一步净化了全区的网络环境。组织自治区网络作家和文学爱好者在新浪网建立了1 326人的“内蒙古网络创作联盟”博客圈和“草原氧吧”博客圈。组织部分成员赴呼、包、鄂等地采风,参加全区庆祝新中国成立60年网络征文等活动,进一步培养和锻炼网络文学创作队伍,激发创作热情,全年在全区全国等重点网站发表文章3 500多篇,一些文章多次被人民网、新浪网的一些栏目推荐到首页。组织参加了“我的2009全国博客大赛”,分获个人二等奖和组织工作奖。组织协调内蒙古新闻网、北方新闻网、新华网内蒙古频道、内蒙古广播网四家网站开设了庆祝新中国成立60周年相关专题。联系大公网内蒙古频道、人民网看神州内蒙古频道、内蒙古晨报网站、内蒙古商报网站、内蒙古电视网站等积极转载本媒体和其他媒体有关国庆方面的文章。在自治区各主要论坛和互动栏目主动设置有关国庆60周年的议题,转载有关国庆60周年的新闻,引导网民对建国60周年的关注和讨论,激励网民积极参与国庆活动。积极探索互联网行业自律、内部管理、技术保障相结合的行业内部管理体制,成立内蒙古网络文化协会,发展协会会员100多家。

【调查研究工作】 认真贯彻落实全区宣传思想工作会议精神和中宣部关于调研工作的部署,抓住宣传思想文化工作全局性、前瞻性、战略性的重大问题,精心规划组织全区各级宣传思想文化工作部门、单位开展调查研究工作,很好地服务了大局、服务了领导决策,服务了中心工作。召开年度例会,对全年的调研工作进行了全面部署;制定下发调研工作要点,提出了涉及九个方面内容的60多个重点调研选题;认真策划和协调指导盟市委宣传部、自治区宣传文化系统各单位和企业、高校宣传部门完成重点调研课题32个;部机关连续三年组织了面向基层的集中的“大调研”活动,形成6篇对全区宣传思想文化战线重点工作有较强针对性、指导性的调研报告;评选表彰了全区宣传思想文化战线优秀调研报告17篇,连续两年评选表彰全区宣传思想文化战线调研工作先进单位、进步突出单位,进一步激发了宣传思想文化战线调研工作者的工作积极性、主动性;注重抓好调研成果转化和利用,一些优秀调研成果进入决策或纳入工作部署之中,一些成果在自治区、盟市级媒体上发表,向中宣部择优报送的重点调研成果中,有四篇调研报告分别在中宣部重要刊物《决策参考》和《2009年优秀调研报告选编》上刊发。

(刘中文 田美凤 包银山 王晓伟 贺学礼 锡林 马群 乔三旺 周琦 冯仁忠 顾·巴特尔)

统一战线工作

【中国共产党内蒙古自治区委员会统一战线工作部领导名录】

部　长:伏来旺(蒙古族)

副部长:阿迪雅(兼职 蒙古族) 侯世忠

杨继业(蒙古族) 施文学(蒙古族) 王月虎

副巡视员:白玉金(满族) 曹洪利

【概况】 自治区党委统战部机关行政编制50个,实有工作人员46名。其中:部长1名,副部长4名,副巡视员2名;正处长10名,副处长8名,调研员3名,副调研员5名,一般工作人员13名。妇女干部12名,少数民族干部22名;党员46名;研究生以上学历3名,大学本科学历38名,大学专科学历5名。

【多党合作及党外人士工作】 中央督查组对中发〔2005〕5号文件贯彻落实情况进行督查,有力推动了自治区多党合作和政治协商的制度化、规范化、程序化。统战部积极配合中央督导组的工作,并受党委委托,牵头与党委督查室、组织部联合组成督查组,对全区12个盟市贯彻落实中央5号文件和自治区党委13号文件情况进行了全面督查。经过督查,进一步总结了全区多党合作的成绩和经验,查找存在的问题,向自治区党委上报督查报告,提出深入贯彻落实两个文件精神的五条建议。同时,着力推动各民主党派、无党派人士“学教活动”、“主题教育”和学习贯彻科学发展观活动的开展。协助民主党派区委完成领导班子后备干部人选的推荐、选拔和考核工作,制定未来五年自治区各民主党派新建市级组织总体规划,加强内部制度和机制建设等各项工作。组织各民主党派、无党派人士,对乌海市工业、农业、林业发展情况,呼包鄂金三角地区节能减排项目,民营企业经营状况等进行调研,向自治区党委上报了28篇调研报告,有8篇调研报告列入自治区党委常委会研究内容。在认真总结近年来全区党外干部和党外代表人士工作的基础上,进一步加大党外代表人士队伍建设的力度。成立了内蒙古党外知识分子联谊会,为密切党同党外知识分子的联系、发现培养代表性人物、发挥建言献策作用,搭建平台。加强统一战线各领域代表人士队伍的教育培训工作,举办各类培训班14期,培训550人。通过这些举措,有力地推动了党外代表人士队伍建设和多党合作事业的发展。

【民族宗教工作】 一是深入开展民族团结进步创建工作。大力宣传马克思主义民族观、党的民族理论和政策,宣传民族团结进步的先进事迹,认真组织开展"活动月"的活动。协助做好全国民族团结进步模范事迹报告团来自治区作巡回报告工作。开展城市民族工作调研并上报调研成果。二是认真总结自治区60多年来民族团结的基本经验和民族团结进步创建活动的经验,树立先进典型,大张旗鼓地开展表彰活动。向国务院推荐了自治区民族团结进步先进典型,上报了自治区民族团结进步创建活动经验交流材料。三是认真落实中办、国办《关于进一步做好涉新疆工作的通知》(中办发〔2009〕37号)精神,在自治区党委涉新疆工作领导小组的领导下,积极开展工作,维护大局,支持了新疆,保证了内蒙古的和谐稳定。四是认真落实党的宗教工作方针政策,依法加强对宗教事务的管理,积极引导宗教与社会主义社会相适应。在全区宗教界人士和信教群众中广泛开展爱国主义、社会主义教育,深入伊斯兰教工作重点地区和部分清真寺调研,推动爱国宗教团体和寺观教堂的民主管理。发挥宗教工作联席会议机制作用,积极稳妥地推进天主教自选自圣主教、地下宗教势力教育转化、基督教私设聚会点整治等专项工作,帮助宗教团体加强自身建设,妥善处置了宗教领域的一些敏感问题,阻止境内外一些非法组织在自治区的渗透活动。新疆"7·5"事件发生后,及时召开民族宗教界代表人士通报会、座谈会,掌握了解宗教界人士的思想动态,消除了该事件对内蒙古自治区的影响,不仅维护了自治区民族团结和社会稳定,而且为首都举办60年大庆活动营造了和谐的外围环境。

【经济领域统战工作】 建议自治区党委成立自治区非公有制经济代表人士综合评价领导小组。召开自治区第三届优秀建设者表彰大会,表彰15名优秀建设者;向中央统战部推荐全国第三届优秀建设者人选,2人受到表彰;表彰68个抗震救灾先进集体和142名先进个人。召开内蒙古光彩会三届二次理事会,引导非公经济人士积极参与"温暖工程"和"光彩行"活动。同时,着力抓了四项工作:一是积极引导非公企业坚定信心、有效应对金融危机挑战,帮助企业共克时艰。积极为非公企业搭建信息、引导、智力、服务、联络、协调等"六大平台",会同工商联多次召开研究会、企业家座谈会,商讨应对金融危机的有效措施。在统一战线中广泛开展"我为应对金融危机献一策"活动,共向各级党委、政府献策981条,得到各级领导批示369条,被采纳284条。二是推动"银企对接"、"企企联合",协调银行加大对中小企业融资支持力度。举办个人信贷产品贷款推介会,达成意向贷款15.62亿元;协调召开东部五盟市银企项目对接会,38家企业签订300亿元的融资合作协议。三是协助举办赤峰市招商引资项目推介会,达成意向投资5亿元;举办第三届创业北方内蒙古商贸洽谈会,达成意向合作项目61个,协议资金60.5亿元。四是加强对异地商会的管理,促进商会健康发展。出台《内蒙古党委统战部主管的异地商会联系制度(试行)》,建立了异地商会秘书长联系会制度,对16家异地商会进行年检,加强与异地商会的联系与协调,为非公有制经济"两个健康"创造了条件。

【海外联谊工作】 从扩大交流交往入手,逐步拓展海外统战工作的空间。一是联合自治区政协,在厦门举办政协港澳委员暨海联会理事区情研修班,增强了他们珍视政治荣誉、自觉履行社会职责的责任感和为自治区经济社会发展献计出力的主动性和自觉性。二是组织赴俄经贸考察团,加强与俄罗斯华人社团的联系,探索向北开放渠道。三是召开全区对台工作座谈会,讨论修改《内蒙古自治区对台工作四年规划》。完成73个赴台交流团组的立项审批工作,协助中国统促会和黄埔军校同学会在满洲里召开"台情研讨会",组织向台湾灾区的捐款活动,共捐资150余万元。四是协助有关盟市赴上海、江苏等地考察台资企业,开展招商引资活动。打造"海联"品牌,争取中华海外联谊会、中日留学生联谊会资金项目、台塑集团捐建"明德小学"项目。收集整理了40个"海联新农村医卫室"项目,协调中华海外联谊会落实项目资金200万元。成立内蒙古侨商会,组织参与"四侨"负责人赴俄蒙考察活动、"侨商—内蒙古草原行"活动,在全国第八次归侨侨眷代表大会上,自治区侨联被评为先进集体。

【自身科学发展】 着眼统战部门服务科学发展和实现自身科学发展能力和水平的提升,把加强自身建设摆在更加突出的位置。一是抓理论武装。结合学习实践科学发展观活动,系统学习中国特色社会主义理论体系和党中央治国理政的重大战略思想,广大干部的理论素质和思想水平不断提高。二是抓调查研究。深入盟市、旗县、高校、企业开展调查研究,增强工作的针对性和有效性。同时,协调各级统战及相关部门,围绕统一战线重大理论和实践问题开展调研,全年完成理论成果153篇,向中央统战部上报优秀调研成果8篇。为深入推进各项工作提供有力指导。三是抓工作创新。开展以文化统战为内容的工作创新是2009年工作的一个亮点。着眼促进民族团结进步、维护社会和谐稳定、正确处理五大关系,召开全区文化统战工作研讨会,提出“探索文化统战新思路、为构建和谐内蒙古作贡献”的新举措,明确研究课题,重点挖掘“合、和、善、义、根”五个字的文化内涵,探寻促进“五大关系”和谐的历史文化渊源,结合内蒙古历史文化资源,着力打造文化统战品牌,为构建和谐内蒙古作贡献。自治区党委和中央统战部对这一研讨成果给予高度评价。四是抓制度机制建设。着眼提升统一战线工作科学化水平,积极推进制度建设与创新,不断完善干部的学习、工作、培训、考核、管理等各项制度,促进机关工作的制度化、程序化、规范化建设。五是抓服务保障。坚持在围绕中心服务大局中彰显优势、发挥作用;在服务党外人士和统战成员中争取人心、凝聚力量;在服务各方中广交朋友,实现大团结大联合。

(王雅秋 朱杰)

纪律检查工作

【中国共产党内蒙古自治区纪律检查委员会 内蒙古自治区监察厅领导名录】

书　记:张　力

副书记:陈哲 张文清(蒙古族) 李杰 额尔德尼(蒙古族)

常委:郭荣祥 韩世华 乔建东 任青原(5月任职) 温树忠 朱俐萍(女 满族)

秘书长:韩世华

厅　长:张文清(蒙古族)

副厅长:郭荣祥 乔建东(6月任职) 温树忠(6月任职) 刘艳玲(女)

【概况】 自治区纪委监察厅内设办公厅、监察综合室、政策法规研究室、执法监察室、纠正部门和行业不正之风室、行政效能监察室、纪检监察一室、纪检监察二室、纪检监察三室、纪检监察四室、纪检监察五室(挂案件监督管理室牌子)、案件审理室、信访室、宣传教育室、干部管理室、派驻机构工作办公室(与干部管理室合署办公)、党风廉政建设室等17个厅室和机关党委。其中办公厅下设三个处:秘书处、综合信息处、行政处。另设离退休人员工作处,归办公厅管理。自治区纪委、监察厅行政编制146人,委厅领导班子成员12人,其中书记1人,副书记4人(其中监察厅厅长1人),常委6人(其中副厅长3人、秘书长1人),党外副厅长1人。

自治区纪委监察厅下设正处级建制的事业单位3个:时代风纪杂志社、内蒙古纪检监察干部培训中心和内蒙古纪委监察厅机关事务服务中心。

自治区纪委监察厅在区直机关设立29个“双派驻”机构,行政编制93人。各派驻纪检组设组长1名、副组长1名,派驻监察室设主任1名(由派驻纪检组副组长兼任)。

2009年,自治区纪委监察厅认真贯彻落实党的十七届四中全会、十七届中央纪委三次、四次全会和国务院廉政工作会议及自治区纪委八届四次全会精神,突出重点,统筹推进,开拓创新,扎实工作,反腐倡廉建设取得新的明显成效。

【落实党风廉政建设责任制】 认真贯彻自治区党委《关于进一步落实党风廉政建设责任制的意见》。自治区领导带队考核、检查党风廉政建设责任制落实和惩防体系建设情况。在对盟市、厅局领导班子年度综合评价中,继续严格执行党风廉政建设考核“一票否决”制度。同时,将落实党风廉政建设责任制情况列为实施党政领导干部问责的重要内容,有力地促进了反腐倡廉建设各项任务的圆满完成。

【对重大决策部署的贯彻落实情况进行监督检查】 加强对中央扩大内需、保持经济平稳较快增长政策措施执行情况的监督检查。认真开展工程建设领域突出问题专项治理工作。纠正节能减排和环保、土地、保障性住房建设和房地产开发、工程建设招标投标等方面违法违规问题340个。参与安全生产事故调查处理118起。自治区本级共受理行政效能投诉445件,办结率达98%。

【查办案件工作】 自治区纪委监察厅加强对查办案件工作的组织领导,明确了分管办案工作专职常委,成立案件监督管理室,健全案件检查沟通协调机制,出台一批案件监督管理制度。自治区纪委查处锡林郭勒盟盟委原副书记蔚小平严重违纪违法案件。2009年,全区各级纪检监察机关共受理信访举报12 012件(次),立案1 051件,给予党政纪处分1 215人。查处商业贿赂案件8件,涉案金额685.12万元。

【纠风治理工作】 查处和纠正社保资金违纪违规问题90个,涉及金额2.8亿多元。查处住房公积金违纪违规问题28个,涉及金额5 560万元。认真开展惠农惠牧政策落实情况专项检查,查处和纠正损害农牧民土地权益问题280个;查处哄抬农资价格、制售假劣农资坑农害农行为,涉及金额500多万元;查处其它损害农牧民利益案件554起。查处教育乱收费金额446.83万元。收缴医务人员回扣、“红包”、开单提成30余万元。查处公路“三乱”问题52起。清理评比达标项目983项。清理行业协会和市场中介组织违规收费项目13个。纠正和处理公共服务行业损害群众消费权益问题840件。民主评议政风行风工作不断深化。《行风热线》栏目的作用得到进一步发挥。

农村牧区基层党风廉政建设深入推进。基层民主监督机制改革取得积极进展。查处农村牧区基层干部违纪违法案件910起。国有企业、高等院校和城市社区反腐倡廉建设扎实推进。

【廉洁自律工作】 深入开展党性党风党纪教育。以徐国元受贿案等典型案例为反面教材,广泛、深入开展警示教育。加强反腐倡廉新闻宣传报道,建立纪检监察机关新闻发言人制度,加强反腐倡廉网络宣传和舆论引导工作。深入开展廉政文化创建活动。

认真执行民主生活会、述职述廉、任职廉政谈话、诫勉谈话和函询等党内监督制度规定。各级纪委负责人同下级党政主要负责人谈话4 400人次;领导干部任前廉政谈话7 452人次;诫勉谈话928人次;全区有29 521名领导干部进行述职述廉。坚持巡视与服务相结合、监督与促进工作相统一,巡视工作深入开展,巡视力量得到加强。

严格落实党政机关厉行节约有关规定。全区各级党政机关车辆购置及运行费用支出同比减少4.2亿多元,公务接待费支出同比减少1.4亿多元,用电、用油、用水支出同比减少1.5亿多元,各类庆典、节会、论坛费用支出同比减少1 290万元,各类会议、文件、通信费用支出同比减少6 402万元,党政机关因公出国(境)人数和费用支出,比前三年平均水平分别减少20.4%和20.04%。认真开展领导干部违规收送礼金专项治理工作,收缴礼金折合人民币309.8万元。

【惩治和预防腐败体系建设】 加大对各地区各部门惩防体系建设工作的组织领导和督查力度,深入推进各项制度建设和改革。政府采购制度改革进一步深化,采购信息公开化和电子化程度不断提高,采购评审管理切实加强,供应商质疑答复和投诉处理工作机制日趋完善。非煤矿产资源招标拍卖挂牌出让制度进一步健全,以市场为导向的矿业权招拍挂信息公开机制、资质审查机制、公开竞价机制更加规范。行政管理制度改革深入推进,电子政务、电子监察工作开局良好。财政管理体制不断完善,“小金库”专项治理工作初见成效。投资体制改革和干部人事制度改革步伐加快。政务、村务、厂务公开工作不断延伸和拓展。

【自身建设】 进一步规范和完善各级纪委班子议事决策制度,促进了班子决策的科学化、民主化。自治区纪委常委会在全国纪检监察系统率先实行讨论决定重大事项和任用干部票决制度,推行干部选拔任用初始提名权改革,建立领导班子务虚会制度。进一步明确盟市纪委监察局班子成员的提名、任免、奖惩、兼职、调动的程序和办法。制定《关于规范盟市纪委领导班子成员工作离岗年限有关事项的意见》。进一步加强旗县级纪检监察机关建设。自治区出台《关于加强旗县纪检监察机关建设的意见》,制定《加强旗县级纪检监察机关建设督查指导工作方案》。积极研究探索加强乡镇苏木纪检工作的思路和办法。在全区纪检监察机关深入开展“做党的忠诚卫士,当群众的贴心人”主题实践活动,干部队伍的思想、政治和作风建设等得到进一步加强。

(李建军 张宏伟)

政法工作

【内蒙古自治区党委政法委员会 内蒙古自治区社会治安综合治理委员会办公室 内蒙古自治区维护稳定工作领导小组办公室领导名录】

书 记:邢 云

副书记:王维山(蒙古族) 邢宝玉 宋喜德

高俊义 陶建 赵吉瑞(蒙古族)

委员:赵黎平 阎光红 徐呼和(蒙古族) 刘国栋

秘书长 政治部主任:刘国栋

综治办副主任:刘国君

副巡视员:苏云生 赵瑾琦

【概况】 自治区党委政法委员会机关、自治区社会治安综合治理委员会办公室(以下简称自治区综治办)合署办公。自治区维护稳定工作领导小组办公室(以下简称自治区维稳办)设在自治区党委政法委员会。机关设9个职能处(室、部):办公室、政治部、执法督查室、信息调研处、综治办综合协调处、综治办盟市指导处、维稳办信息综合处、维稳办协调督办处、机关党委。代管内蒙古自治区法学会。

自治区党委政法委机关(自治区综治办、自治区维稳办)行政编制49人。其中书记1名,副书记4名,秘书长兼政治部主任1名(副厅级),综治办副主任1名(副厅级),维稳办副主任1名(副厅级),副巡视员2名(副厅级);处级领导职数17名(11正,含机关党委专职副书记1名,6副)。自治区党委政法委机关、自治区综治办、自治区维稳办有在编干部52人，其中少数民族干部20人(蒙古族15人，达斡尔族2人，满族2人，回族1人)，妇女干部12人，研究生学历16人(其中，党校在职研究生8人)，本科32人，大专4人。

2009年，维护稳定工作已连续6年受到中央维稳办的表彰奖励，社会治安综合治理工作已连续5年在全国综治工作考评中被评为优秀，集中清理涉法涉诉信访工作居全国前列。

【维护稳定工作】

督促落实第一责任 协调、督促各地各部门坚持“稳定压倒一切”，强化发展是硬道理、是第一要务，稳定是硬任务、是第一责任的意识，分析研判社会稳定形势，及时研究解决重大问题。强化综治、维稳责任制的落实，自治区主席、综治委主任巴特尔代表自治区党委、政府与各盟市党政主要领导签订了责任书；自治区党委常委、政法委书记邢云代表自治区党委、政府与自治区综治委委员分别签订责任书。政法委领导班子成员赴基层考察调研政法工作，与当地党政领导交换意见时，把落实第一责任作为重中之重进行强调。注重运用考核手段促进稳定第一责任的落实，研究制定综治、维稳考核评比标准，组织完成综合治理、维护稳定实绩考核，加强日常监控，使综治、维稳实绩考核工作规范化和制度化建设水平进一步提升。综治办会同组织、人事等部门制定下发文件，把征求地方党政领导干部履行综治工作情况列入干部选拔任用和日常管理中。

加大对敌斗争力度 始终保持高度的政治敏锐性，协调指导政法机关下好先手棋、打好主动仗，严密防范和严厉打击民族分裂势力、宗教极端势力和暴力恐怖势力的各种渗透捣乱破坏活动，牢牢把握工作主动权。协调指导自治区公安厅、国家安全厅加强情报信息预知预警、专案侦察调查和重点人、重要阵地控制、重点部位巡查保卫工作。认真汲取拉萨“3·14”、乌鲁木齐“7·5”事件教训，分析研判社会稳定形势，落实工作措施，把影响社会政治稳定和民族团结的隐患问题解决在了萌芽状态。协调反恐部门成功侦办了多起反恐专案，组织完成了国家“长城六号”反恐演习内蒙古段的演习任务。

积极预防群体性事件 组织开展“不稳定因素排查化解月”活动、“迎国庆、保稳定”信访百日攻坚活动、应对突发事件预案演练、社会稳定风险评估。立足源头治理，及时排查化解各类社会矛盾，有效预防和妥善处置了大量群体性事件。全年，全区没有发生影响政治稳定的重大事件(案件)和重大群体性事件，平稳渡过各个敏感节点。

妥善做好网上维稳工作 针对网上斗争形势日趋严峻的新情况，召集有关部门共同研究应对措施，及时发现掌握网上舆情动向，协调指导有关地区和部门有效应对、处置了“吴保全涉嫌诽谤案”、“万里大造林购林客户维权案”、阿荣旗检察院女检察长借用“豪车”案等境内网上热议的热点问题，配合国家安全和保密部门侦破了呼伦贝尔“3·04”为境外非法提供国家机密文件案。组织政法部门稳妥应对乌鲁木齐“7·5”事件对全区社会稳定的影响，协调派遣特警队驰援新疆执行维稳任务。

【平安建设 社会治安综合治理工作】 据2009年全区公众安全感调查显示，认为很安全、安全和比较安全的占调查总人数的96.52%，高于上年0.14个百分点。在全国省(区、市)社会治安综合治理工作考核评比中，全区再次被中央综治委评为优秀。

严厉打击严重刑事犯罪 协调指导政法部门始终保持对刑事犯罪活动的高压态势，组织开展“破案追逃保大庆”行动、打黑除恶、治爆缉枪、打击拐卖妇女儿童犯罪、打击电信诈骗、打击“两抢一盗”、查缴危险品等专项行动，集中整治了一批治安乱点。不断深化打黑除恶斗争，挂牌督办重点涉黑涉恶案件17起，破获了一批有影响的黑恶案件，有力地震慑了黑恶势力犯罪。2009年，全区刑事案件立案93 501起，同比上升14.9%，排除挤压立案不实的因素，刑事案件没有出现大的波动，社会治安形势持续平稳。

整治突出治安问题 呼和浩特市公安机关组织开展以“大巡防、大清查、大宣传、大案攻坚”为主要内容的“冬季风暴”集中清查整治专项行动，共组织“四色风暴”行动181次，出动警力41 705人，破案2 618起，抓获逃犯406人，首府地区社会治安明显好转。协调公安机关和武警部队、司法行政机关成功侦破“10·17”越狱脱逃案件，维护了首府地区的社会治安秩序。

强化社会治安防控 全年共排查矛盾纠纷59 350件，调处成功57 209件，调处成功率96.3%。共排查重点地区(含场所、部位)14 791个，确定重点整治地区4 814个，整治效果良好地区4 750个，正在整治的地区64个，整改率98.7%。加强对违法犯罪高危人群的管控，强化流动人口、刑释解教人员、非政府组织的服务管理，探索创新社会管理新模式，堵塞社会管理漏洞。自治区社会治安综合治理工作已连续5年被评为优秀。

抓好综治宣传工作 努力营造良好舆论氛围 组织开展了以“强化社会管理、营造和谐环境”、“落实科

学发展观、建设平安内蒙古”为主题的综治及平安建设两个宣传月活动，以及“平安内蒙古”建设有奖宣传活动。组织做好全国综治工作和平安创建先进典型、综治“好新闻”的推荐、评选和表彰工作，表彰奖励2008年度全区综治工作12个先进地区、38个优秀成员单位和67个“长安杯”地区（单位），2008年度在平安稳定创建活动中做出突出成绩的60个先进旗县、35个厅局级单位、6个专项办公室和179名先进个人予以表彰奖励，共颁发奖金221.05万元。组织做好全区见义勇为表彰奖励工作，表彰奖励63名见义勇为先进分子，颁发奖金48.3万元。

【国庆60周年安全保卫工作】

狠抓安保责任的落实　政法委领导班子对新中国成立60周年大庆安保工作高度重视，自觉承担安保工作的重大责任，协调调集各方力量，集中精力、密集部署、连续作战，圆满完成国庆安保任务。为推动工作，邢云书记与各盟市党政主要领导签订安保责任状；主持召开8次会议，研判形势、部署工作；先后派出4批26个工作组，深入一线督导检查；率队到7个重点盟市、35个基层单位现场办公，就地解决问题；约谈重点盟市、有关部门负责同志17人次，有针对性地解决具体问题；6次赴京与中央有关部门、北京及周边省区沟通情况、交流工作、研究安保措施。

督促落实各项稳控措施　协调指挥公安机关全面启动和实施首都护城河工程，落实各项查控措施，把各类重点人员稳控在当地，把问题和矛盾解决在基层。新中国成立60周年大庆期间，全区社会大局稳定，治安秩序良好，实现“大事不出、小事也不出”的工作目标。政法工作再一次经受实战检验，得到中央有关部门和自治区党委的充分肯定。

【政法队伍建设】

提升政法领导班子整体效能　注重发挥政法系统整体作战能力，组织、领导政法各部门坚决贯彻落实中央和自治区党委的各项部署，督促政法各部门相互支持、相互配合，形成工作合力。组织各级政法部门对政法领导干部进行岗前培训。协助党委及组织部门管理好政法领导班子和干部队伍，加强后备干部的选拔培养。一年内，政法委共审核备案政法部门处级干部220人，2次参与对政法部门厅级干部的任职考核工作。组织开展委机关干部交流轮岗工作。

提高司法执法能力　督促指导政法部门以“提高执法质量、规范执法行为、实现群众满意、确保社会稳定”为目标，始终把维护公平正义作为司法执法的生命线和价值追求，针对最容易发生问题的执法岗位和环节，进一步细化执法标准，严密执法程序，强化执法监督，协调指导各级政法部门开展案件质量评查活动，规范执法行为，推进执法信息化建设，实施审判公开、检务公开、警务公开、狱务公开等“阳光办案”工程，有效解决办案不规范、执法随意性的问题，政法机关的执法公信力进一步提高。

强化执法监督工作　组织开展对《关于加强和改进涉法涉诉信访工作的意见》（中办发22号）落实情况的督查。组织开展涉法涉诉信访突出问题的排查化解工作，通过召开案件交办会议、督导检查、跟踪督办、巡回接访等形式，组织各地各有关部门多措并举、一案一策，解决大量陈年积案，努力做到案结事了、息诉罢访。2009年，中央交办的126件案件，已息诉罢访114件，息诉率90.5%；自治区联席会议交办的23件案件，已息诉罢访17件，息诉率73.9%；进京非访案件49件，已息诉罢访45件，息诉率91.8%。督促各地完善工作机制，加强工作衔接，普遍建立健全了领导干部接访机制、案件衔接协调机制、听证制度、刑事受害人救助暂行办法、涉诉上访协调督办检查工作暂行规定、责任倒查及责任追究等制度，出台依法处置非访闹访缠访行为的规定，设立涉法涉诉救助基金，为更好地解决信访问题提供了制度保障。

队伍建设　指导政法部门组织开展政法干警大规模教育培训、岗位练兵、业务竞赛活动。在全区组织观看中央政法委、中央维稳办制作的《群体性事件警示录》，共组织播放18场，全区盟市、旗县区党政领导干部约1 000人接受警示教育，收到预期效果。政法委机关选派6名干部参加自治区党校的学习培训，选派1名处级干部到通辽市挂职锻炼。采取以会代训的形式，对盟市政法委分管副书记、执法督查室主任进行集中培训。举办全区盟市综治办主任培训班和平安建设学习考察活动，组织盟市、旗县（市区）、苏木乡镇（街道）综治干部参加全国基层综治干部培训班，极大地提高了基层综治干部的素质。

坚持从严治警制度　协调督促政法部门落实从严治警要求，做到纪律严明、作风过硬，严格执行“五条禁令”等从严治警制度，完善监督管理机制，开展警示教育活动，整顿队伍纪律作风，严肃查处干警违法违纪案件。2009年，全区共查处政法干警违法违纪案件125起，涉及173人，其中：党纪处分24人，政纪处分123人，刑事处罚18人，其他处理40人。

落实从优待警措施　关心基层干警、鼓舞队伍士气，协调解决政法机关人员编制、职级待遇、干部交流以及改善一线干警装备、优抚受伤牺牲干警等实际问题。组织做好全区政法干警招录试点培养工作，从已退役和拟退役士兵中招录政法干警480人。组织开展“10·17”越狱脱逃案件侦破工作总结表彰活动，有9个单位、168名个人受到自治区党委、政府的表彰，1个部门受到通令嘉奖，6个集体受到通报表彰。组织开展全国维护国防利益和军人军属合法权益先进集体、先进个人的评选推荐工作。组织开展全区政法系统“三八红旗集体(红旗手、红旗标兵)”推荐评选活动，有11个集体、105名个人受到自治区妇联的表彰。2009年全区政法系统共有76个集体、105名个人受到中央有关部门的表彰；有138个集体、282名个人受到自治区党委、政府的表彰。继续做好政法干警人身意外保险工作，到2009年底，全区政法干警参保人数达49 754人，理赔金额261.888万元。

(李建军)

政策研究工作

【中国共产党内蒙古自治区委员会政策研究室领导名录】

主　任：王焕承(兼任内蒙古党委副秘书长)

副主任：梁文清　胡匡敬　刘万华

副巡视员：特木勒(蒙古族)　郝影

【概况】 自治区党委政策研究室是为自治区党委决策服务、从事综合性研究的工作部门。内设办公室、农村牧区研究处、城市经济研究处、政治文化研究处、党建研究处、经济社会发展战略研究处6个职能处室和机关党委，一个正科级机关事务服务中心。2009年，在职干部40人，在职事业职工5人，离退休人员15人。

【文稿起草】 把文稿服务作为服务党委科学决策的重要方式，紧紧围绕贯彻落实党的十七大、十七届三中、四中全会精神和自治区党委的重要决策部署，增强决策服务工作的主动性、前瞻性、预见性，切实提高文稿质量。全年与党委办公厅共同完成了大量文稿服务任务，主要有：自治区领导参加党和国家重要会议和活动的文稿服务，中央领导考察内蒙古的文稿服务，自治区党委主要领导同志重大活动、重要会议讲话及调研考察等文稿服务，学习实践科学发展观活动的有关文稿服务任务，编辑《情系草原—党的十六大以来中央政治局常委在内蒙古重要讲话汇编》、《相约草原》和《富民强区之路》等书籍。

【调查研究】 根据自治区党委的意图和部署，密切同有关方面的合作，加强对重大问题的调查研究，圆满完成中央有关部门和自治区党委、政府交办的调研任务，同时围绕全区经济社会发展中的热点难点问题，坚持滚动选题，开展重点课题调查研究。形成了《依托资源促转型，创新强市惠民生—关于内蒙古鄂尔多斯市应对危机、创新发展模式的调查》、《呼和浩特市改革创新政务服务的做法和启示》、《内蒙古党委、政府关于进一步推进农村牧区改革发展的实施意见》、《内蒙古自治区关于加快推进信息化与工业化融合的意见》、《2010～2020年西部大开发思路与对策建议》、《我区农业补贴政策需要完善》、《创新扶贫机制，提高扶贫效益—我区扶贫开发工作的调研报告》、《加快我区装备制造业发展的调研报告》、《关于加快呼包鄂区域经济一体化的建议》、《构建中蒙俄区域经济合作走廊，进一步扩大向北开放》、《借鉴发达地区经验，加快我区开发区发展》、《关于尽快建立考核评价各级党组织落实党建工作责任制办法的建议》等调研成果。

【党建领导小组秘书组工作】 起草了自治区党建领导小组贯彻中央十七届四中全会决定和自治区全委会议精神重点工作分工落实方案等有关文件文稿和向中央党建工作领导小组上报材料。在推动党建领导小组工作规范化和制度化建设上取得新进展，制定了党建领导小组办事机构和成员单位工作协调制度、党建领导小组成员单位职责、党建领导小组工作联系点制度。完成党建领导小组有关活动的组织和安排工作。开展基层党建责任制落实情况问卷调查和实地调研等活动。

【理论建设】 优化刊物结构，对刊物职能进行明确定位。《决策研究》主要突出决策服务功能，重点为党委提供有深度、有价值的研究成果和决策信息；《政研专报》主要突出反映情况的功能，坚持重大问题、重要情况一事一报、报送专人；《内蒙古工作》主要突出服务基层、指导工作的功能。着力提高刊物质量，对《内蒙古工作》封面封底、栏目设置、正文版式等作了改进，新增“应对危机保增长”、“党建工作”等栏目。适应党代表的工作需求，从10月份起，《内蒙古工作》的赠阅范围扩大到自治区第八次党代会的全体代表。全年共刊发《决策研究》49期，领导批示19期，批示率39%；上报《政研专报》4期，领导批示3期；编发《内蒙古工作》13期(包括专刊1期)。

【农村牧区固定观察点工作】 全区在原有10个观察点的基础上新增加了56个观察点，调查样本村(嘎查)达到66个，其中农区观察点40个、牧区观察点18个、城郊观察点8个,分布在38个旗县市区,新增观察点经费全部列入本级预算。工作重点的转变和固定观察点的增点扩面,为自治区党委、政府经常、深入、全面了解和掌握农牧业生产情况和农牧民收入情况奠定了基础。进一步加强对全区固定观察点工作联系、业务培训和技术指导,促进了新建站点的正常运行,较好完成农牧户经济活动观察项目和指标数据的调查、收集和上报工作。

【学习实践科学发展观活动】 按照自治区党委的总体部署,认真开展了分析检查和整改落实阶段的工作,完成了学习实践科学发展观活动任务,全室贯彻落实科学发展观的自觉性和坚定性进一步增强,为党委决策服务的工作思路和努力方向进一步明确,体制机制创新进一步推进,服务科学决策、促进科学发展的能力进一步提高。在工作方向上,进一步明确了深入开展前瞻性战略性研究、加强规律性总结性研究、及时进行结苗头性倾向性研究的工作思路。在领导班子建设上,提出和坚持了室领导带头加强理论武装、带头坚持民主集中制、带头抓好业务工作、带头廉洁自律"四个带头"的要求,领导核心作用得到加强。在制度建设上,制定了《政研室文稿责任制度》、《政研室优秀文稿奖励办法》、《部分办公经费处室包干管理办法》等制度机制,有效促进了自身建设。

【机关建设】 强化理论学习和业务培训,在中心组学习、支部学习、个人自学的同时,组织干部参加了浦东干部学院、国家行政学院、内蒙古党校学习培训、自主选学培训和到苏南地区及国外学习考察。充实干部队伍,选调了1名博士生,公开考试遴选了4名工作人员,对部分科级干部岗位进行调整。加强党组织建设,组织各党支部全面完成换届工作,深入开展"三创一落实"活动。注意关心干部职工的工作和生活,加强了车辆和通勤保障,为全室干部配齐了电脑,增加了调研经费,走访了离退休老同志。

【联系基层】 全年共筹集扶贫资金604.8万元,帮助兴安盟德力斯台嘎查改造危草房30户,建设奶牛养殖小区3 000平方米、猪舍1 000平方米、鸡舍800平方米,整修村级道路9.5公里,筹备组建了奶牛股份合作社。制定了建立呼和浩特市社区执政为民教育基地工作计划,机关党委和有关支部经常深入社区了解情况,提出工作建议,密切了同社区的联系。按照自治区开展"保增长、惠民生、进百县、促落实"活动要求,室领导带队3次深入包头市东河区调研,形成了一系列调研报告。

(王喜武)

机构编制工作

【内蒙古自治区机构编制委员会办公室领导名录】

主 任:杨再明

巡视员:邢志华(蒙古族 8月任职)

副主任:高娃(女 蒙古族) 刘高恩

副巡视员:乌仁其其格(女 蒙古族)

【概况】 内蒙古自治区机构编制委员会办公室是自治区机构编制委员会的常设办事机构,既是自治区党委的工作机构,又是自治区政府的工作机构,列自治区党委机构序列,正厅级。行政编制32名,实有30人。设综合处、机关机构编制处、事业机构编制处、机构编制监察处、事业单位登记管理处(局)5个职能处室和机关党委。另设有处级事业性质的机关事务服务中心,编制9名,实有9人。

【自治区和盟市旗县政府机构改革】

自治区政府机构改革进展顺利 至2009年12月8日,自治区政府43个部门的"三定"规定全部印发。人力资源和社会保障厅、经济和信息化委员会、公务员局、中小企业局的"三定"规定已形成初步意见。通过政府部门"三定"工作,进一步转变了政府职能,理顺部门间的职责关系,强化和明确了部门责任,规范了机构设置,完善了行政运行机制。强化宏观调控、能源管理、环境保护、安全生产、维护稳定的职责,加强政府公共服务、社会管理和市场监管的职责,部门职能配置更加科学。43个部门的"三定"规定共增加职责53项、强化职责56项;取消和弱化职责47项,下放职责12项、减少审批事项49项。部门之间职责关系更加顺畅,共解决部门间交叉重复的职责32项,明确多个部门管理的主办和协办关系34项。强化了部门责任,共明确部门责任94项,并根据自治区的实际和工作需要,合理调整了部门内设机构及领导职数。

完成盟市政府机构改革方案的审核工作 盟市、旗县(市区)政府机构改革工作会议后,自治区党委、政府下发《盟市、旗县(市区)政府机构改革的意见》。各盟市认真草拟本盟市政府机构改革方案,在与自治区编办沟通协商后报中编办备案。11月4日,自治区党委办公厅、政府办公厅印发各盟市机构改革方案。各盟市在做好政府部门"三定"工作的同时,旗县(市区)政府机构改革方案的备案和报批工作也已完成。

【苏木乡镇机构改革】 经过充分的调查研究,提出《关于深化全区苏木乡镇机构改革的意见》,明确了下一步苏木乡镇机构改革工作重点、工作思路和工作安排。

【事业单位改革】 开展自治区直属事业单位的模拟分类工作。对中小学编制情况进行了实地调研,了解和掌握全区中小学编制管理工作中存在的矛盾和问题,为下一步提出调整意见和做好适量调整工作奠定了基础。配合成品油税费改革,完成自治区交通征稽人员安置中涉及的机构编制工作。配合有关部门做好文化体制改革的相关工作。提出理顺盟市以下药品监督管理体制、物价管理体制的意见,完成了森工集团分离办社会职能工作中移交地方的中小学和卫生、广电系统事业单位机构编制的审批、备案工作。

【机构编制管理工作】 自治区党委办公厅、政府办公厅印发了《内蒙古自治区事业单位机构编制管理暂行办法》、《关于在全区推行机构编制实名制管理的意见》。区直单位实名制信息采集和数据录入工作基本完成,各盟市正在接收数据。根据机构编制实名制管理要求,进一步修改完善《机构编制管理证》。

认真学习贯彻中纪委《机构编制违纪行为适用 < 中国共产党纪律处分条例 > 若干问题的解释》,和自治区纪委办公厅联合印发《关于认真学习贯彻 < 机构编制违纪行为适用中国共产党纪律处分条例若干问题的解释 > 的通知》。将机构编制管理的政策法规纳入内蒙古党校(内蒙古行政学院)教学内容。认真受理群众来信来访和12310举报电话。继续加大空编进人和列编注册工作力度,为自治区引进人才、改善公务员队伍结构和大学毕业生就业做好服务。与有关部门共同下达公务员考录和事业单位招聘计划,积极支持用人单位引进高层次人才。完成军转干部安置、公务员录用、事业单位招聘人员的列编注册工作。

【事业单位登记管理工作】 进一步贯彻国家《事业单位登记管理暂行条例》和《事业单位登记管理暂行条例实施细则》,按照简化程序、加快流程、严格把关、认真负责的原则,在规定时间内对符合年检条件的677家区直事业单位全部进行了年检,年检率达到100%。切实加强对事业单位的监督管理,完成检查调研工作。

【其它工作】 巩固学习实践科学发展观活动成果,认真开展学习实践活动"回头看"工作,对学习实践活动整改方案逐项进行了督促检查。办领导亲自带队,先后三次深入巴彦淖尔市乌拉特前旗进行"保增长、惠民生,进百县、促落实"调研。认真落实中央关于党政机关厉行节约的有关规定以及遵守廉洁自律五条规定,积极推进惩治和预防腐败体系建设。2009年,自治区编办被评为自治区级精神文明先进单位。

积极做好信息宣传工作,按时编发《内蒙古机构编制工作》,全年共出刊10期,登载文章信息80余篇;做好政府机构改革宣传工作,在《内蒙古日报》刊发自治区编办负责人答记者问,编发《机构改革简报》33期;信息工作受到中央编办和中国机构网表彰奖励。积极开展党政群机关和事业单位网上名称规范管理工作。答复人大代表建议、政协委员提案24件。

(贾明强 张鑫)

直属机关党建工作

【中共内蒙古自治区直属机关工委领导名录】

书　记:符太增

常务副书记:曹树山

巡视员:格根其其格(女 蒙古族)

副书记:叶占魁 李华(女) 赵奎元

副巡视员:王学文 邸贵雄

【概况】 中共内蒙古自治区直属机关工委是自治区党委的派出机构,领导自治区直属机关党的建设,指导自治区盟市机关党组织开展工作。设有区直机关纪工委、办公室、组织部、宣传部、研究室、区直机关工会工委(妇工委)、区直机关团工委、机关党委、工委党校、机关事务服务中心及区直机关帮扶办和关工委。2009年,自治区直属机关党的工作在自治区党委的正确领导下,在分管领导的具体指导下,认真贯彻落实党的十七届三中、四中全会和全国机关党建工作会议精神,紧紧围绕自治区经济社会各项事业平稳较快发展的大局,深入学习实践科学发展观,统筹推进机关党的各项工作,为区直各单位中心任务的完成,发挥保证和促进作用。

【理论学习】 对中央和自治区有关会议的精神,工委及时做出安排贯彻落实。与自治区党委宣传部联合举办了中心组学习交流会,对区直机关党组(党委)中心组学习进行指导,对典型经验进行总结宣传。在北京培训理论骨干89人,以此带动机关党员干部的学习。充分发挥《内蒙古机关党建》期刊及网站的宣传作用,全年共刊发理论动态、经验交流、工作信息等1 300多篇,为指导机关党建工作发挥了较好作用。

【基层组织建设】 认真落实机关党建工作领导责任制,进一步深化"三级联动",推进"三创一落实"活动。

"七一"期间,与自治区党委组织部联合命名表彰先进集体和个人。继续开展创新成果奖活动,在区直机关十三次党的工作会上表彰11项创新成果。积极推进组织制度创新,以农牧业厅为试点,探索"党代会常任制"的途径、方法和载体建设;以林业厅第二监测规划院为试点,探索完善"公推直选"基层党委书记的措施和办法。组织召开事业单位党建工作经验交流会和大唐国际驻内蒙古自治区企业党建工作交流会,加强党建工作的分类指导。严格按照规定,完成共性目标考核任务。指导所属基层党组织发展新党员792人。充分发挥工委党校培训的主阵地作用,共培训党员干部1 100人。加强对盟市机关党建工作的指导,形成齐心协力推进机关党建工作的良好局面。

【"两深入 两促进"工作】 继续开展机关党员深入农村牧区、深入社区,促进扶贫工作、促进机关党员转变作风,即"两深入、两促进"工作。2009年,137个区直机关单位在兴安盟帮扶点投入6 240万元,4年累计投入5.42亿元,自治区综合部门和有条件的单位主动发挥行业优势延伸帮扶项目,促进了旗县域经济社会的发展;18个厅局单位共为鄂伦春和莫力达瓦达斡尔族自治旗落实资金5.15亿元,累计投入7.9亿元,为当地经济社会的长足发展奠定坚实基础。

85个区直机关与呼和浩特市社区建设执政为民教育基地工作,各单位从自身实际出发,采取多种措施抓落实,在坚持党建工作互动互学、统筹发展的同时,为社区办公条件和活动场所改善、居民楼改造、困难群众慰问、贫困学生和爱心超市资助等方面,总计投入1 100万元。

在"两深入、两促进"工作中,自治区党委领导同志亲自指导,工委把此项工作作为增强党员干部为民意识、切实转变机关作风的有效载体,明确思路,采取措施,积极推进。各厅局主要负责同志带头深入,机关党员干部分批次下基层,在为群众办实事、办好事的同时,促进机关作风的转变,"党员干部受教育、社区发展上水平、人民群众得实惠"的目标进一步得到落实。

【党风廉政建设和反腐败工作】 认真贯彻落实《工作规划》,扎实推进惩防体系建设。深入开展反腐倡廉宣传教育,通过组织"反腐倡廉神州行"、学习王瑛先进事迹、观看系列专题片、举办报告会等活动,推动宣教工作的落实。围绕"三重一大"的管理和监督,提出了具体的对策和规范,切实加强对领导班子落实党建工作责任制和党风廉政建设责任制的监督。重视信访举报和案件查办工作。2009年,区直机关纪工委受理来信来访14件(次),初核5件,办结4件,给予3名处级干部党纪处分。认真开展清理规范评比达标表彰活动,清理20项,保留5项。专项整治领导干部违反规定收送礼金和有价证券问题,大力查处机关"小金库",从源头上防治腐败现象的发生。

【思想道德和精神文明建设】 组织庆祝新中国成立60周年活动,与党委宣传部等单位共同举办两场《草原赞歌、祝福祖国》迎国庆群众大合唱,35个单位近1万人参加,激发广大党员干部和群众的爱国热情。继续开展道德模范和先进典型的推荐评选工作,对自治区级文明单位、文明单位标兵进行了复查,对申报自治区级文明单位、文明单位标兵和区直文明机关的单位进行验收。召开区直机关精神文明建设座谈会,研究探讨创新活动内容、丰富活动载体的方法措施,推进机关精神文明建设。

【群团组织工作】 工会组织积极开展形式多样、内容丰富的文化体育活动,组织自治区五一劳动奖章、奖状和工人先锋号、学习型知识型标兵等评选活动,慰问全国劳模和困难干部职工。共青团组织开展"科学发展、青年当先"等多项主题实践活动,大力推进"青年志愿者"、"青年文明号"、"青年岗位能手"等品牌工程建设。妇女组织开展"三八红旗手"评选活动,广泛进行岗位技能、维权知识培训。关工委充分调动"五老"队伍的积极性,开展多项有益于青少年身心健康的工作,受到自治区党委和关工委的表彰。

(李鹏程)

老干部工作

【中国共产党内蒙古自治区委员会老干部局领导名录】

局　长:董树君

副局长:吴云霞(女 蒙古族) 张忠 徐国铭

副巡视员:郝兰树 赵发(5月任职)

【概况】 自治区党委老干部局机关行政编制32名,内设7个处室。领导职数:局级1正2副,处级6正6副。所属单位有:自治区直属离退休人员工作办公室(正处级行政单位)、自治区直属机关干部休养所(参照公务员法管理正处级全额拨款事业单位)、自治区老干部活动中心(与内蒙古老年大学办公室合署办公,参照公务员法管理正处级全额拨款事业单位)、内蒙古老年大学函授部(正处级全额拨款事业单位)、机关事务服务中心(副处级全额拨款事业单位)。所属单位共有编制162名。全区各盟市委、旗县(市区)委均设有老干部局,自治区各直属机关、企事业单位普遍设立离退休人员工作机构,或配备专、兼职工作人员。

2009年底,全区有离退休干部52.8万人。离休干部20 393人(不含中直单位),平均年龄81.7岁。其中:老红军31人,抗战时期1 920人,解放战争时期18 442人;省级75人,厅局级1 879人;机关7 296人,事业5 525人,企业7 572人。退休干部50.77万人,其中:副省级41人,厅局级1 202人。离退休干部党员17.8万人,基层党组织4 325个。

【确定工作范围】 将退休干部工作适时纳入重要日程,在全国率先将全区工作会议名称由过去的"老干部工作会议"改为"离退休干部工作会议",有力地促进了全区离退休干部工作的开展。

【拓展工作内容】 根据中共十七大关于加强社会主义经济、政治、文化、社会"四位一体"建设的要求,在全国首先提出落实离退休干部"四个待遇"的新任务,即:由改革之初的政治和生活"两个待遇",丰富拓展为政治、生活、文化和社会"四个待遇"。

【明确工作方向】 按照中央和自治区党委对离退休干部工作的要求,对近年的实践进行了认真总结,形成了"七个始终坚持"的工作经验,并作为今后一个时期工作的基本要求。一是始终坚持对党负责的原则,进一步把握促进自治区科学发展的工作方向;二是始终坚持"利益代表"的立场,进一步履行促进离退休干部队伍和谐的工作职责;三是始终坚持按需服务的工作方法,进一步践行全心全意为离退休干部身心健康服务的工作理念;四是始终坚持工作部门、单位、社区和家庭"四位一体"的体制,进一步形成齐抓共管的工作格局;五是始终坚持改革创新的精神,进一步拓展离退休干部"四个待遇"的工作内涵;六是始终坚持由服务对象评价的机制,进一步实现让离退休干部满意的工作目标;七是始终坚持离退休干部工作者是宝贵资源的思想,进一步加强以"建和谐老干部局、做离退休干部贴心人"为内容的自身建设。

【夯实工作基础】 自治区党委老干部局压缩了为本部门服务的处室,扩大为全区离退休干部服务的机构,在全国首家将局机关业务处设置为"政治文化待遇处"、"生活待遇处"和"社会待遇处"。

【完善措施】

强化"两个建设" 离退休干部政治待遇切实得到保障 隆重召开全区离退休干部"双先"表彰大会,自治区几大班子的领导出席并为"双先"代表颁奖。召开全区离退休干部思想政治建设和党支部建设经验交流会,有力地推动离退休干部思想政治建设和党支部建设。结合国庆60周年,各地普遍开展走访慰问活动和各种形式的庆祝活动,进一步提高了离退休干部的政治待遇。

巩固"三个机制" 离休干部的生活待遇进一步得到落实,一年内出台5个政策性文件。离休干部离休费、医药费保障机制和财政支持机制不断巩固,离休干部整体收入水平高于同级在职人员。1 124名离休干部提格享受副省级或厅局级医疗待遇。离休干部住房补贴发放工作取得明显进展。自治区党委组织部等三部门联合下发《关于建立和完善特困离退休干部帮扶机制的通知》,为各地建立和完善帮扶机制提供政策依据。

抓典型引路 离退休干部"四个就近"工作有明显的进展。在全区各地普遍开展试点工作的基础上,适时召开全区"四位一体"服务网络建设工作交流会议,积极推进离退休干部"就近(就地)参加学习、就近(就地)参加活动、就近(就地)得到关心照顾、就近(就地)发挥作用"。

注重"五个阵地"建设 服务质量和水平有了新的提高 充分发挥老干部活动中心、老年大学、干休所、老年刊物、老年协会的阵地作用。又有一批规模较大、档次较高的活动和教学场馆建成使用。全区老年大学增加到119所,在校学员达到14 253人。利用自治区唯一的综合性老年刊物《老年世界》开办刊授老年大学课程,受到老同志的喜爱和欢迎。各地组织老同志参加文艺会演、书画巡展、有奖征文、知识竞赛等多种形式的新中国成立60周年庆祝活动,其中,各级老年协会组织发挥了重要的作用。

重视队伍建设 离退休干部工作力量不断得到加强 全区12个盟市和近半数旗县实现了党委老干部局长与同级党委副秘书长或组织部副部长互兼,离退休干部工作得到切实加强,整体工作水平得到进一步提高。一些素质较高的年轻同志充实到老干部工作部门,人员结构得到明显改善。

【重要会议】 10月12日,全区离退休干部"四位一体"服务网络建设工作交流会在赤峰市召开。

10月14日,全区老年函授教育研讨会议在呼和浩特召开。

10月29日,自治区关工委成立25周年暨表彰先进电视电话会议在呼和浩特召开。自治区党委副书记、自治区副主席任亚平出席并讲话。

【荣誉】 自治区党委老干部局被自治区党委办公厅评为“2008 年度信息调研工作先进单位”，徐国铭和李占军被评为“信息调研工作优秀组织者”，孟宝云被评为“优秀信息工作者”。

自治区党委老干部局上报的《关于退休干部宏观管理问题的研究与思考》，被中组部老干部局评为“2008 年度全国老干部工作部门优秀调研报告一等奖”。

经自治区党委直属机关工委复查，自治区党委老干部局继续保持“区直文明机关（单位）”荣誉称号。

自治区党委老干部局被自治区医疗保险资金管理局评为“医疗保险管理先进单位”，梁秀云被评为“先进医保专管员”。

自治区党委老干部局被中组部办公厅评为“2008 年离退休干部统计全优报表单位”。

自治区党委老干部局合唱团被自治区党委宣传部、自治区直属机关工委，自治区教育厅、文化厅、国资委、体育局和内蒙古军区政治部、内蒙古武警总队政治部评为“草原赞歌 祝福祖国”迎国庆 60 周年群众大合唱特别奖。

自治区党委老干部局被自治区关工委、文明办评为“支持配合关工委工作先进单位”。

（陈旭明 马晓刚）

巡视工作

【中国共产党内蒙古自治区委员会巡视机构领导名录】

内蒙古党委巡视工作领导小组办公室

主 任：索耀乐（蒙古族）

内蒙古党委巡视一组

组 长：云荣布扎木苏（蒙古族）

副组长：武 兵

巡视专员：白德全（蒙古族）

内蒙古党委巡视二组

组 长：李久祥

副组长：金 平（蒙古族）

巡视专员：杜子洲

内蒙古党委巡视三组

组 长：赵道尔基（蒙古族）

副组长：史继善

巡视专员：杨静平 曲帆（蒙古族）

内蒙古党委巡视四组

组 长：曹树山

副组长：满都拉（蒙古族）

巡视专员：吕志东（女）

内蒙古党委巡视五组

组 长：刘秀清（女）

副组长：李晓峰

巡视专员：王 亚

【概况】 内蒙古自治区党委巡视机构受自治区党委巡视工作领导小组具体领导，对自治区党委负责。根据自治区党委有关要求，于 2009 年初增设巡视四组和五组。行政定编 36 名，事业定编 6 名，实有人数 48 人。设有自治区党委巡视一组、巡视二组、巡视三组、巡视四组、巡视五组和自治区党委巡视工作办公室。其中：正厅级领导职数 5 名（各巡视组组长、副组长均为正厅级，组长在原单位列编），副厅级领导职数 6 名，处级干部职数 23 名。

2009 年，5 个巡视组先后分两批共用 7 个多月时间，巡视了 3 个盟市及 13 个旗县区、2 个厅局，试点探索了对 2 所高校和 1 个国有企业的巡视。同时，对上年度巡视的 12 个旗县区进行了“回头看”。加强了与部分盟市巡视监督机构的联系，并积极进行业务指导。9 月份，按照中央组织部考核组的要求，对自治区党政班子副职后备干部人选考察对象（11 名）提供了书面巡视报告。

巡视期间共进行个别谈话3 540人次，召开座谈会 66 个，接待来访1 077 人次，受理来信来访 551 件（次），向被巡视单位提出整改意见 84 条，向自治区党委、政府提出建议 18 条，形成专题报告 5 份。巡视办对各组巡视中发现的问题进行了认真汇总分类，将整改内容及建议，落实部门包括问题解决的责任人和主管部门等均作了分解明确，并以表格形式予以分送，要求他们按时限整改并书面报告整改情况，确保巡视成果的充分运用。

【年度巡视】 在巡视内容上，坚持 5 个方面重点内容的同时，注重把科学发展观贯彻落实情况、落实中央《工作规划》和自治区的《实施办法》情况，特别是贯彻执行中央和自治区党委关于扩内需、保增长、调结构各项政策措施情况，以及关注民情、保障民生等内容作为巡视的重点，既查找违规违纪的具体问题，也寻找思想认识上的根源与苗头；既查找存在的共性问题，又有针对性地查找个性问题；坚持巡视与服务相结合，监督与促进工作相统一。如，巡视一组针对阿拉善盟国家扶持退牧还草政策陆续到期的实际，提出了自治区应积极争取国家"退牧还草"新政策的建议,得到了自治区及阿拉善盟和广大农牧民的认可。巡视二组发现某市超职数配备领导干部、常委会研究任用干部不够规范等问题,引起了自治区党委组织部的高度重视。巡视三组在巡视某盟时,对因土地问题引发的两起事件,及时向党委巡视工作领导小组报告,领导小组负责同志先后四次听取汇报,对有关问题及时提出指导性要求,对事件的妥善处置以及盟委行署下决心彻底解决土地问题,起到有力的推动作用。巡视四组巡视农牧业厅和林业厅时,针对这两个单位在干部选任工作的实际,协调巡视办、纪委干部室和两个厅的班子成员召开座谈会,共同交流探讨推进干部选任工作科学化、规范化的问题,对这两个厅的干部工作起到很好的促进作用。该组在林业厅巡视期间,针对大青山保护区管理体制存在的问题,形成专题报告,自治区党委副书记任亚平、自治区政府副主席郭启俊批示有关部门进行调研解决。巡视五组提出科技大学尽快召开党代会、加强学校纪检监察机构建设、对全区高等院校基层党务工作者进行培训的建议,对于加强和改进自治区高校建设具有很强的现实针对性和指导作用。

【巡视工作理论研讨】 2009年是自治区巡视机构成立五周年。开展了全区巡视工作五周年理论研讨活动。全体干部围绕如何加强对贯彻落实科学发展观情况的巡视监督;如何进一步改进巡视的方式方法,提高巡视工作针对性和有效性;如何在机制、制度上保证巡视成果有效运用等问题,进行积极思考,结合工作实践和体会,撰写出了10多篇理论性和实践性都比较强的研讨文章。将遴选出的《关于如何进一步加强和改进巡视工作的思考》等5篇高质量的理论文章,上报中央巡视办,得到认可。巡视办撰写的《巡视工作五年回眸》、《让监督更有力》等20余篇工作经验和体会,分别被《巡视参考》、《中国纪检监察报》、《实践》、《内蒙古日报》等报刊发表。全年还编发《内蒙古巡视工作》简报16期。通过多角度、多侧面的宣传,较好地扩大了巡视工作的社会认知度和影响力。

【教育培训】 年初,借召开巡视四、五组成立大会之机,采取以会代训的方法,集中一周时间进行工作总结、任务部署和学习培训。学习期间邀请中央巡视办玄洪云副主任作了专题辅导,巡视一、二、三组组长,巡视办主任及部分副厅级巡视专员分别从不同层次、不同角度进行专题讲座。各巡视组还结合承担的巡视任务,进行了学习研讨,为全面完成2009年巡视工作任务、改进今后的工作奠定基础。认真了解掌握各兄弟省市开展巡视工作的情况,并建立横向沟通机制,适时通过网络、电话及文件交换等方法,加大情况互通和交流的力度,转载印发兄弟省市的好做法、好经验。同时,组织巡视干部分别参加中央巡视办、自治区纪委、组织部以及党校举办的各类学习培训,通过多层次、多方面的学习培训,有效提高了巡视干部的整体素质。在全国巡视干部培训班上,自治区被评为先进集体。

【自身建设】 一是编印《自治区党委巡视机构学习培训资料汇编》。对中央巡视机构成立以来的重要文件、规章制度,以及自治区巡视机构的工作规划、内部管理、操作程序等20多项内容编印成册,供大家在学习、培训和日常工作中使用。二是认真开展《条例》和《巡视工作若干意见》的学习宣传活动。在认真学习、深入研究的基础上,巡视办代党委起草《内蒙古党委关于贯彻执行〈中国共产党巡视工作条例(试行)〉的实施细则(征求意见稿)》。三是经过多方协调,解决了统一的办公地点,更新了办公设施,办公条件有了很大的改善。四是巡视办在充分发挥参谋助手、组织协调、服务保障等作用的同时,切实履行对各巡视组的指导、监督和管理等职责,及时向广大巡视干部传达中央和自治区党委以及领导小组关于巡视工作的重要指示精神,全面掌握工作进展情况,总结推广好的做法和经验,积极协助解决工作中遇到的困难和问题,全体同志包括工勤人员为各巡视组提供了较好的服务,保证了全年工作的顺利完成。五是巡视办主任参加了全国部分省(区、市)巡视工作座谈会,并在会上作了重点发言,受到与会领导和代表的一致好评。六是按照纪委机关党委统一安排,开展向新时期共产党员的楷模王瑛学习活动,参加扶贫帮困、救灾、"博爱一日捐"等活动。通过不断加强自身建设,大大增强大家的事业心、责任感,营造出内外和谐融洽、互助互爱的良好氛围。

(刘　宇)

接待工作

【内蒙古自治区接待办公室领导名录】

主　任:包广林(蒙古族)

副主任:贾志奇　常真其(7月离任)

【概况】 内蒙古自治区接待办公室,成立于1997年6月,隶属党委办公厅,副厅级事业单位(全额拨款,参照国家公务员制度管理),2009年7月,机构规格由副厅级升为正厅级,并加挂内蒙古自治区合作交流办公室牌子。核定编制38名,增加内设机构2个,即内设机构调整为综合处、一处、二处、三处、业务处五个处。统一负责、具体承办到自治区考察、调研和指导工作的中共中央、国务院及全国各省区市党委、人大、政府、政协副省部级以上领导干部(含副省部级以上离退休干部)的接待工作;负责到自治区进行友好往来、合作洽谈的各省区市党政与经贸代表团、国内外大企业集团、财团、港澳台要客和部分外宾团组以及自治区党政领导出访国内地区的联络协调、组织运转和服务保障工作。接待经费列入自治区财政预算,实行计划单列。

【工作】 2009年,共接待副省部级以上领导及其他重要宾客402批次、3 773人次,比2008年全年(347批、2 940人次)增加55批、833人次。其中,党和国家领导人32批次、423人次(2008年全年为18批、189人次);党群口96批、906人次;人大口48批、512人次;政府口102批、795人次;政协口45批、428人次;军警系统9批、79人次;港澳台同胞及国际友人9批、126人次;国内企业23批、192人次;国内财团9批、56人次;按副省部级领导干部接待的其他重要宾客29批、256人次。

【组织接待党和国家领导人情况】 全年接待中共中央政治局常委、国务院总理温家宝,中共中央政治局常委、全国政协主席贾庆林,中共中央政治局常委、国家副主席习近平,中共中央政治局委员、国务院副总理回良玉、王岐山,中共中央政治局委员、中宣部部长刘云山,中共中央政治局委员、统战部部长刘延东,中共中央政治局委员、中组部部长李源潮等党和国家领导同志32批,423人次。

【组织接待各类检查考核 调研巡视组情况】 全年共接待中央、国务院派遣的各类检查组、调研组、考核组、巡视组、督查组等任务43批,263人次。工作范围涉及中央和国家学习实践活动巡回检查指导、国家预防腐败、扩大内需政策落实检查、环境保护检查、信访工作督导、污染物总量减排检查、法检两院巡查巡视、产品质量检验检疫、经济普查督查、文化体制改革督查、净化社会文化环境工作督查及工商、农业、水利等分门别类各有关工作内容的考察调研活动。

【组织接待大型会议活动情况】 组织参与"第十一届亚洲艺术节"、"2009中日经济合作会议"以及"第五届海峡两岸暨港澳地区大学校长联谊活动"等大型会议活动的组织接待和服务保障工作。

【组织接待兄弟省区市党政考察团情况】 2009年,先后接待来自辽宁、黑龙江、贵州、青海、北京、山西、安徽、浙江、江西、宁夏、广东共11个省区市16批、342人次的党政代表团。

【组织接待大企业集团情况】 全年接待国内外知名大企业23批192人次,其中有国内的神华、中国电力、中国国电、中国航天科工集团、中航、东航、南航、国家电网、中石油、中国移动、中国电信、中国联通以及上海华谊、中国三峡、中粮集团、中信集团等。

【组织接待各大银行 财团情况】 全年接待国内财团要员共9批56人次,先后有国内5家银行到自治区谋求发展业务,分别是国家开发银行总行、交通银行总行、中国农业银行、中国建设银行、中国银行。

【组织接待港澳台要客及部分外宾团组情况】 全年牵头组织接待了蒙古国总理桑·巴雅尔(一行40多人访问团)、中国国民党副主席蒋孝严、香港特别行政区行政长官曾荫权、中外友好国际合作中心主任何光瑨、土耳其总理府新闻总署新闻司司长阿里夫·居林、蒙古国政府驻扎乌德特命全权代表策·巴特尔及香港恒基兆业发展有限公司主席李兆基等外宾团组及港澳台贵宾10批130人次。

【组织接待军警系统团组情况】 全年共接待军警系统有关方面团组及领导9批79人次。

(吕培君 李涛)

党史研究工作

【中共内蒙古自治区委员会党史研究室领导名录】

主　任:张　宇

【概况】 2009年,内蒙古自治区党委党史研究室在中央党史研究室的指导下,在自治区党委和党委组织部的领导下,认真贯彻落实全国党史研究室主任会议和全区党史办主任会议精神,坚持"一个中心、两个重点、三个保证"的工作思路,围绕中心,服务大局,大力开展党史编研和党史宣传教育工作,取得了新的成绩,较好地发挥了以史鉴今、资政育人的作用。

【党史编研工作】 自治区党委党史研究室共编研出版党史专题图书19部(合29集),编辑出版党史期刊5期,共计900多万字。主要有大型图册《大潮涌起——内蒙古自治区改革开放史图集》(上、下册),华北五省区市党史协作课题《华北解放战争实录》(共五卷,分别为北京卷、天津卷、河北卷、山西卷、内蒙古卷),革命回忆录《塞原星火》(共二集)和革命回忆录《塞原烽火》(共三集),党史工具书《简明内蒙古党史手册》,与成成中学联合编写的《成成烽火——成成中学师生抗日游击队纪实》,反映内蒙古建设成就的图书《执政内蒙古》、《中国共产党内蒙古自治区组织史资料(第二卷)》,反映内蒙古生态环境变化的图书《守望家园——内蒙古生态环境演变录》,全国重点课题《内蒙古抗日战争时期人口伤亡和财产损失A卷本》,党史资料图书《生在羊年》,还有人物研究图书《姚喆会议记录》,内蒙古革命英烈小传图书《草原丰碑(二)》,英模人物事迹图书《草原骄子》。与自治区防范办合作编写了《芽芽历邪记——漫画故事集》、《透析法轮功对儒家伦理的破坏性》、《警世警言故事集》。还参与中央党史研究室牵头的《执政中国》、《中国共产党民族工作历史经验研究》的编写工作。其中《守望家园——内蒙古生态环境演变录》在全国党史研究室主任会议上被评为党的十七大以来全国党史部门党史优秀成果著作类三等奖。编辑出版期刊《内蒙古党史》5期,增加了新栏目,扩充了版面,扩大了赠阅范围,提高了办刊水平。进一步加强了《中国共产党内蒙古自治区历史》的编研工作,树立精品意识,加强编写力量,明确目标要求,落实具体任务。

【党史宣传教育工作】 自治区党委党史研究室围绕庆祝新中国成立60周年,拍摄完成了5部电视专题片,共69集,在内蒙古电视台和呼和浩特市电视台进行了播放,社会影响很大,受到了党史专家、领导同志、老干部和广大观众的一致好评。其中10集电视专题片《记忆·内蒙古》(每集15分钟)于国庆节前在内蒙古电视台、呼和浩特市电视台播出,并在内蒙古新闻网站作为自治区国庆重点项目推出。5集电视专题片《绥远九一九》(每集20分钟),在内蒙古电视台播出,该片在中组部年度干部教育专题片评选中确定为两部示范片之一。电视专题片《解放归绥》(30分钟),在内蒙古电视台、呼和浩特市电视台的两个时段进行了播放,应各方面的要求,在呼和浩特市电视台又重播了五次。与内蒙古电视台联合拍摄了45集大型电视专题片《解放的日子》(每集20分钟),自2009年9月28日开始在内蒙古电视台两个时段连续播出,自播出以来,收视率飙升了30多倍。与自治区有关部门联合拍摄的8集大型系列片《历程—内蒙古改革开放30年记忆》在内蒙古电视台汉语卫视频道黄金时间播出后,又制成了光盘广泛发行,得到了社会各界的好评。发行电影《抗日英雄贾力更》,在全国军队、武警系统进行放映,并在中央电视台第6套节目(电影频道)播出,在内蒙古自治区范围内发行了2万套DVD光盘。该片的播出在社会上产生了很好的宣传效果。

在全国党史研究室主任会议上,《记忆内蒙古》被评为十七大以来全国党史部门党史优秀成果影视作品类一等奖,《抗日英雄贾力更》评为二等奖,《解放的日子》评为三等奖。同时在新闻媒体上设立党史专栏,宣传党史知识。在《北方新报》上开设党史专栏“红色记忆”,宣传了自治区100多处爱国主义教育基地。与《内蒙古晨报》社合作,在《内蒙古晨报》“史记”栏目上登载党史文章10余篇。进一步提高了《内蒙古党史》的办刊工作水平。与自治区政法委、自治区延安精神研究会、内蒙古农业大学等单位共同举办了“纪念刘复初同志百年诞辰座谈会暨《刘复初传》首发式”。

继续深入到农村、学校、军营等开展党史宣传“六进”活动。3月份,为自治区“三下乡”活动的成员单位,参加了在杭锦后旗沙海镇举行的自治区科技文化卫生三下乡集中活动周启动仪式,活动期间,看望并慰问当地老干部和困难党员,为学校和农村党员活动室赠送了党史图书和党史影视光盘,受到当地干部群众的好评,党史研究室也被自治区评为“三下乡”活动先进集体。7月份,为自治区党委警卫连作了一场内蒙古革命史专题报告,赠送党史图书100余套,党史专题片DVD光盘50套。11月份,赴山西省太原市,向成成中学赠送200多套党史图书、5个党史专题片的DVD光盘100套。12月份,深入到革命老区武川县大青山乡,慰问老党员,与乡干部座谈,向学校赠送党史图书和党史专题片DVD光盘共500余套。进入城市社区,慰问低保户,与社区干部交流座谈。

【业务指导】 自治区党委党史研究室领导带队深入到基层党史部门调研,指导工作,帮助基层解决存在的突出问题。对基层党史工作给予大力支持。如室领导审阅《中共乌海市历史》书稿,赴乌海市参加该书的首发式;专程赴鄂尔多斯市参加“鄂尔多斯市革命史展览”的布展座谈会等。加强基层党史干部培训。针对《内蒙古抗日战争时期人口伤亡和财产损失B卷本》的编写工作,组织了盟市编写人员的培训班。

【队伍建设】 在中央党史研究室的大力关心和支持下,在自治区党委的高度重视下,自治区党委党史研究室的机构问题得到了解决,升格为正厅级,增加了内设处室,扩充了人员编制。

【重要会议】 6月25日,全区党史办主任会议在呼和浩特市召开,全区12个盟市、满洲里市、二连浩特市党史部门的负责同志和被评为全区党史工作先进集体的代表、全区党史工作先进工作者参加了会议。中央党史研究室副主任龙新民专程出席会议，作重要讲话。自治区党委副书记任亚平出席会议，并作重要讲话。自治区党委常委、组织部部长李佳出席会议。会议学习传达全国党史研究室主任会议精神，提出了贯彻落实的具体要求，总结了一年来全区的党史工作，对今后一个时期的全区党史工作进行了部署。会上还表彰了全区18个党史工作先进集体和23名党史工作先进工作者。

7月14日，自治区党委党史研究室和中国中共党史学会在呼和浩特市共同举办了全国省级中共党史学会会长会议。中国中共党史学会会长孙英、常务副会长陈威、谷安林出席会议并讲话。自治区党委副书记任亚平代表自治区党委、政府到会致辞。自治区党委党史研究室领导在会上介绍了自治区的党史工作和自治区党史学会的工作。这次全国党史学会会长会议在自治区召开，为全区的党史研究工作提供了好思路、新经验，对推动内蒙古的党史工作产生了积极作用。

（张宇　陈鹏）

档案工作

【内蒙古自治区档案局馆领导名录】

局馆长：张佃敏

副局馆长：杨勇　丁丁（达斡尔族）　朝克（蒙古族）

副巡视员：李　岱（女）

【概况】　内蒙古自治区档案局馆为自治区党委和政府管理全区档案事业的正厅级文化事业机构，具有保管利用和对全区档案事业行政管理的双重职能。事业编制135名，其中参照公务员管理110人。内设11个处级机构，即办公室、人事教育处（机关党委）、法规处、档案馆室业务监督指导处、经济档案业务监督指导处、收集整理部、蒙文档案部、科技部、保管利用部、编目编研部、乌兰夫研究会办公室；下设2个处级事业单位，即档案干部培训中心、机关事务服务中心。

2009年，全国档案事业发展综合评估组对内蒙古自治区档案事业发展进行了综合评估，内蒙古自治区最终以100.8分的成绩获得“全国档案事业发展综合评估先进单位”荣誉称号。此次“迎评工作”不仅是国家档案局对自治区档案事业的总体检阅，更是自治区档案事业发展50年向自治区党委、政府，向全区广大人民的全面汇报。2009年是自治区档案馆和部分盟市档案馆成立50周年，自治区档案馆、通辽市档案馆、乌兰察布市档案馆、巴彦淖尔市档案馆、呼和浩特市档案馆分别采取召开庆祝大会、座谈会、举办展览、书画笔会、拍摄电视专题片等形式开展纪念活动，充分展现自治区50年来几代档案人奋力拼搏的辉煌成就及自治区档案事业飞速发展的丰硕成果。

【干部教育培训工作】　自治区档案局在北京市成功举办了“全区档案局馆长培训班”，来自全区各盟市、旗县106位档案局长馆长参加了培训，提高了档案领导干部的综合素质，学员收获颇丰。根据实际工作需要，提高培训工作的针对性、时效性，先后举办了“重点建设项目档案管理”、“会计档案管理”、“农村牧区档案管理”、“归档文件整理和文书档案保管期限”等培训班。继续开展档案人员岗位培训、档案专业技术人员继续教育、档案人员基础知识与基本技能考试考核培训，共培训专兼职档案人员609人。充分发挥档案刊物在宣传工作中的桥梁纽带作用，《档案与社会》在办刊质量上有了很大的提高，发挥了应有的作用。

【档案法制建设】　自治区档案局会同自治区人大教科文卫委员会继续就贯彻落实《中华人民共和国档案法》（简称《档案法》）、《档案法实施办法》、《内蒙古自治区档案条例》及厅发15号文件情况进行执法调研，完成了呼和浩特市、乌兰察布市、鄂尔多斯市等三个盟市的执法调研，形成调研报告经自治区人大常委会办公厅印发自治区人民政府办公厅。继续开展对盟市档案事业发展的综合评估工作，完成了对呼和浩特市、包头市、阿拉善盟的档案事业发展综合评估工作，三家均被评为“自治区档案事业发展综合评估先进单位”。通过开展执法调研和对盟市档案事业发展综合评估工作，极大地促进了相关地区档案工作的开展，解决了一些制约当地档案事业发展的关键性问题。如：鄂尔多斯市准格尔旗档案局馆解决了正科级建制；乌兰察布市商都县解决了公务用车；阿拉善盟，乌兰察布市商都县、察右中旗，鄂尔多斯市乌审旗、杭锦旗解决了档案业务经费；包头市，乌兰察布市，呼和浩特市、呼和浩特市赛罕区解决了档案馆建设、搬迁等问题。

【档案宣传工作】　按照《内蒙古自治区档案宣传工作实施方案》和《自治区档案系统“五五”法制宣传教育规划》要求，以宣传自治区档案事业发展综合评估和自治区档案馆成立50周年为契机，以宣传贯彻《档案法》、《自治区档案条例》为重点，通过电视、广播、网络、报纸、杂志等新闻媒体，全方位的宣传档案工作，据不完全统计，全区累计在《内蒙古日报》、《北方新报》、《晨报》、《中国档案报》、《中国档案》、《档案与社会》

上发表档案宣传文章140余篇。组织召开了内蒙古自治区档案学会第六届理事会第一次秘书长会议。自治区档案馆围绕建国60周年等重大活动,深入挖掘馆藏档案资源,编写了《〈共和国记忆〉——从元旦社论看新中国变迁》;编辑出版了《改革开放三十年重要档案文献·内蒙古》、《内蒙古自治区概览》、《内蒙古垦务志》(西部区部分);与内蒙古党委党史办、《北方新报》联合编辑出版了《草原骄子》。编辑了《成吉思汗西迁与东归》、《中国少数民族古籍总目提要·蒙古族卷》、《成吉思汗陵档案文献汇编》系列丛书;与内蒙古大学、内蒙古师范大学合作编写的《满蒙词典》工作正式启动,《清·呼伦贝尔副都统衙门》档案的翻译工作接近尾声。《内蒙古自治区史全鉴》(暂定名)(第一辑)编辑工作正在进行之中。

【档案开发利用工作】 创新服务理念,提高利用效率。自治区档案馆向社会承诺实行公众节假日提供档案利用服务。"名人档案展室"、"兰台荟萃"、"光辉历程"三个展览接待国内外各界人士约2 000人次。加强现行文件中心建设,至2009年底,全区114个国家综合档案馆中,有94个建立现行文件资料中心,服务社会公众。阿拉善盟、兴安盟、呼和浩特市、包头市、巴彦淖尔市、呼伦贝尔市、乌海市档案馆被当地党委、政府指定为政府公开信息查阅场所。全区有82个国家综合档案馆被当地党委、政府命名为爱国主义教育基地,占总数的72%。档案的提供利用工作有效地参与了政务公开建设,帮助广大人民群众及时准确地了解党和政府的各项方针政策,赢得了广大人民群众的真心拥护。

【档案科技信息化工作】 自治区档案局与内蒙古大学计算机学院合作开发了网络档案管理系统软件,通过在自治区档案局架设实验服务器,在区直机关和局馆内成功实验了在线接收。在自治区档案馆安装了"电子文件档案管理系统",基本上解决了不同档案管理软件之间的数据对接问题。举办了区直机关档案信息化建设研讨会,探讨档案的在线移交等问题。自治区档案局、准格尔旗档案局开展了网上档案业务咨询,对档案业务进行讲解、指导,丰富档案指导手段。参与自治区社会信用体系建设,做好非信贷信用信息数据库备份工作,完成了非信贷信用信息数据库建设的硬件安置、软件调试工作。加强了档案网站建设,全区建成档案网站40个。完成了《内蒙古自治区档案信息化2010~2012年建设目标(征求意见稿)》、《内蒙古自治区档案信息化建设评估标准(征求意见稿)》、《全区数字档案馆建设方案(征求意见稿)》《全区数字档案馆建设管理办法(征求意见稿)》等四个文件的意见征求工作。自治区档案局对2007~2009年申报的科研成果进行评奖,共评出6个获奖项目,其中二等奖1项,三等奖5项。举办了第八次西部十二省区档案工作研讨会,就档案信息化问题进行了专题交流和研讨。

【区直机关 综合档案馆(室)工作】 认真贯彻国家档案局8号令,扎实推进机关文件材料归档范围和文书档案保管期限表的审批备案工作。加强对各级机关、团体、企事业单位档案工作的监督指导。呼伦贝尔市建立"市党政机关档案管理中心",统一管理党政联合大楼内的39个部门的档案。满洲里市档案局制定了《满洲里市事业单位档案管理年检登记办法》。加强对区直机关档案利用服务、档案工作目标管理指导力度,修订了沿用多年的《区直机关和盟市机关档案工作管理考评办法》。继续开展机关单位档案工作目标管理认定活动。乌兰察布市"两办"下发了《关于加强机关档案工作目标管理的通知》。全区有15家达到档案利用服务优秀单位、7家达到档案工作目标管理特级先进单位。完成了20多个区直单位文书档案归档范围和保管期限表的审核工作及自治区"国家重点档案抢救和保护费"报送工作。根据国家档案局《市、县级国家综合档案馆测评办法》,继续开展市、县级国家综合档案馆测评工作,全区已有3个旗县国家综合档案馆晋升国家二级档案馆。以中西部县级档案馆建设为抓手,按照发改委和国家档案局的要求,积极配合自治区发改委,认真做好中西部地区县级综合档案馆建设规划的编制工作,两次召集盟市档案局局长反复研究所在地区档案馆建设,多次召集各盟市、旗县业务人员认真领会文件精神,在与自治区发改委对接后,按期完成了《内蒙古自治区县级综合档案馆建设规划(草案)》的编制工作,受到国家档案局的表扬。

【企事业单位 重大项目档案工作】 继续开展档案工作目标管理和利用服务考核评审工作,年内有1个科技事业单位档案工作目标管理晋升国家二级,2个单位档案利用服务达到优秀级。对全区企业、科技事业单位档案工作目标管理晋升国家二级的10个单位进行了认定,对1个单位档案利用服务达优秀级进行了考核。继续对重点建设项目档案工作进行监督指导,特别是加强了煤炭系统建设项目档案工作的宏观指导,会同自治区煤炭工业局,对自治区部分在建煤炭项目档案管理情况进行调研,针对存在的问题,与自治区煤炭工业局联合出台了《关于加强全区煤炭建设项目档案工作的意见》,对做好我区煤炭建设项目档案工作提出了指导意见和要求。组织、参与了交通、电力、煤炭、化工、水利等23个重点建设项目档案验收和预验收工作,对部分已验收的电力项目的档案管理情况进行复查,保证重点项目档案的齐全完整和安全保管。

【农村牧区和民生档案工作】 配合自治区集体林权制度改革工作,在调研的基础上,与自治区林业厅联合制定下发了《内蒙古自治区集体林权制度改革档案管理办法》,对做好林权制度改革档案工作提出要求。在调研的基础上,确定了自治区农业、农村档案工作联系单位,对开展农业农村档案工作起到了促进作用。对安全生产等关系民生领域的档案管理进行了监督指导。

【档案基础业务工作】 围绕自治区重大活动开展、提前介入,与内蒙古深入学习实践科学发展观办公室联合下发了《关于做好深入学习实践科学发展观活动文件材料归档工作的通知》,对12个盟市、部分区直单位学习实践科学发展观活动文件材料收集、整理、归档工作进行检查、指导。自治区档案馆制订《内蒙古自治区档案馆名人档案加工整理方案(试行)》、《内蒙古自治区档案馆归档电子文件接收暂行办法》、《自治区档案馆档案划控方案》等制度。组织人力对馆藏到期应开放的档案进行划控工作,划控115个全宗,32 058卷,229 635件,向社会开放23 668卷,184 027件。征集了呼和浩特市、包头市举办的"中国草原文化节"档案;征集了刘华香、贾漫、胡道源等6位名人的档案500余件;抢救了胡耀邦1984年来内蒙古视察工作时的亲笔题词等一大批珍贵档案资料。二连浩特市市委办公室下发《关于做好档案移交工作的通知》,接收档案1.35万卷,基本做到了应进馆档案全部进馆。巴彦淖尔市、赤峰市档案局通过报刊、广播、电视等媒体向社会公开征集档案资料。通辽市"两办"下发了《关于向通辽市档案馆捐赠照片档案的通知》,共征集反映通辽市发展变化及党和国家领导人视察通辽市的照片2 036张,并将38位志愿军老战士讲述革命战争史的"口述档案"征集进馆。赤峰市档案局自采档案,派出专业人员拍摄了全市12个旗县区名胜古迹照片5 000余张、录像带16盘。

【档案合作与交流】 为进一步加强与蒙古国档案工作的交流与合作,内蒙古自治区档案局馆与蒙古国国家档案局在蒙古国联合举办"成吉思汗八白室档案史料"展。展览受到蒙古国各界的高度关注,蒙古国各大媒体对此事进行报道。展览结束后,应蒙古国的要求展品将留在蒙古国中央档案馆展室,做永久展出。这是自治区档案馆首次在境外举办的档案展览,进一步扩大了自治区与国际档案交流与合作的空间。与蒙古国国家档案局合作编辑了《旅蒙商档案史料选编》。

【档案执法调研】 自治区档案局组成的档案执法调研组分别于3月、4月、5月与自治区人大教科文卫委员会,呼和浩特市、乌兰察布市、鄂尔多斯市就贯彻落实《档案法》、《内蒙古自治区档案条例》和自治区两办发〔2003〕15号文件情况进行调研。自治区人大教科文卫委员会主任吴培荣、副主任徐翔、人大常委陈其俊,呼和浩特市市委常委、秘书长狄瑞明,市政府副市长白金祥,政协副主席张润锁,乌兰察布市人大常委会副主任王继兴,市政府副市长赵永华,市人大教科文卫委员会主任崔生义,鄂尔多斯市人大常委会副主任苗秀华陪同调研。自治区档案局局长张佃敏,副局长杨勇参加了调研。

【成吉思汗陵档案史料展览】 6月15日,内蒙古档案局与蒙古国国家档案局联合在蒙古国举办"成吉思汗八白室(成吉思汗陵)档案史料"展览。蒙古国总理助理策登丹巴、蒙古国档案局局长乌力吉巴特尔、中央档案馆馆长额尔顿巴图、国立大学社会科学院教授乌仁高娃、内蒙古档案局副局长朝克等50多人参加了开展仪式。展览结束后,应蒙古国的要求展品将留在蒙古国中央档案馆展室,做永久展出。

【档案馆成立50周年纪念】 8月14日,自治区档案局馆召开纪念自治区档案馆成立50周年大会。会上,表彰了30年以上局馆龄的老同志。19日,《内蒙古日报》在《成就——内蒙古向祖国报告》专栏,以"热烈庆祝自治区档案馆成立50周年,推动全区档案事业再上新台阶"为题,整版报道了自治区档案事业发展的辉煌成就。8月,内蒙古自治区档案局馆编辑出版了《兰台印迹——庆祝内蒙古自治区档案馆成立50周年》画册,由内蒙古人民出版社正式出版发行。内蒙古自治区档案局馆组织拍摄的反映自治区档案事业发展50年成就的电视专题片《闪光的基石——内蒙古自治区档案事业50年》,在自治区档案馆成立50周年之际,与全区档案人见面。

(杨小蕾)

党　校

【中国共产党内蒙古自治区委员会党校 内蒙古自治区行政学院领导名录】

党校校长:任亚平

党校常务副校长 行政学院常务副院长:刘建明

党校副校长:额尔敦(蒙古族) 郜良 吕广明

金瑞 张志明(8月任职)

党校巡视员:芮俊良(4月离任)

【概况】 全校(院)定编358人,其中,行政人员88人,事业人员和工勤人员270人,有在编人数298人,离退休人员191人。有专职教师91人,其中正教授27人,副教授38人,讲师18人,助教8人;有博士研究生3人、硕士研究生45人,在读博士研究生9人、在读硕士研究生8人。同时,校内有兼职教师6人,聘请校外客座教授20人。

【教学工作】 按照培训、轮训、进修和专题研讨四种班次类型,分类别、分层次培训干部,全年共办班28个班次、培训学员1 651人次。其中,党校举办学习贯彻十七届三中全会精神和中央农村工作会议精神专题培训班、厅局级干部培训班、厅局级干部进修班、旗县长培训班、中青年干部培训班、苏木乡镇党委书记培训班、选调生班、学习实践科学发展观活动专题培训班、直属机关组织人事处长培训班、党校系统师资班等18个班次,培训学员1 302人次;行政学院举办直属机关和盟市处级公务员培训班、新任处级公务员培训班等10个班次,培训学员349人次。招收内蒙古党校在职研究生(直属班)273人、中央党校研究生54人、函授本科2 379人、农村牧区管理大专班841人。培训中心与有关单位合作举办培训班19期,培训学员2 292人次;举办干部自主选学培训专题班12个,培训学员9 759人次。

【科研工作】 完成国家社科基金规划项目2项、自治区社科基金规划项目1项、全国党校系统重点课题5项、校级课题18项。同时获准立项国家西部地区研究项目2项、自治区社科规划项目1项、全国党校系统课题2项、全国行政学院课题1项,审核确定校级课题14项。评审全区党校系统2009～2010年度课题54项、立项36项。围绕新中国成立60周年和学习贯彻党的十七届四中全会精神这两个主题积极开展科研活动。向全国党校系统、行政学院系统庆祝建国60周年理论研讨会提交并入选论文3篇。在全区党校系统和校内设立"党的十七届四中全会精神理论研究"课题。组织教研人员参加第二届全国行政学院系统优秀科研成果评奖活动,获优秀科研成果三等奖1项。

【队伍建设】 引进急需人才,面向社会公开招考5名硕士研究生充实教师队伍,通过全区公务员统一考试,录用5名参照公务员充实到行政岗位第一线。积极选派骨干教师和管理人员参加师资培训、干部培训和岗位培训,鼓励教职工攻读学位。按照《党政领导干部选拔任用工作条例》的程序和要求,参公序列提拔任用处长1名、调研员3名、副调研员2名,事业序列提拔任用副主任4名。根据相关政策法规,对7名长期离岗人员核销编制,根据新校区用工需求,与50名临时工解除劳务关系,使人员配备更趋合理。

【基础设施建设】 年初,完成学校整体搬迁到新校区的历史性工程。精心做好新校区各项设施的安装调试和配套完善,开展新校区绿化、美化和露天体育场的建设,完成工程的整体验收。抓好团购职工住宅工程建设,年内完成工程量过半,预计2010年中竣工。

【业务指导工作】 贯彻落实《中国共产党党校工作条例》和全国、全区党校工作会议精神。代自治区党委起草了《内蒙古党委关于贯彻〈中国共产党党校工作条例〉的实施意见(代拟稿)》,经自治区党委同意印发全区,成为指导全区党校系统结合实际贯彻落实《条例》的重要依据。于6月中旬在自治区东部和西部分别召开"全区盟市和大企业党校常务副校长座谈会",就贯彻落实《党校工作条例》和全国、全区党校工作会议情况进行交流。在庆祝新中国成立60周年前夕和迎接第25个教师节之际,会同自治区党委组织部、自治区人事厅召开"全区党校、行政学院系统优秀教师和优秀教育工作者表彰会",对全区党校、行政学院系统近年来涌现出的"优秀教师"和"优秀教育工作者"进行了隆重表彰。

【重要活动】 7月25日,中央党校常务副校长李景田一行到内蒙古党校,就贯彻落实《中国共产党党校工作条例》和全国党校工作会议精神情况进行考察调研。自治区党委副书记、自治区副主席、党校校长任亚平主持汇报会,内蒙古党校常务副校长刘建明、内蒙古党委组织部副部长董树君分别作了汇报。李景田一行参观了校史陈列室、信息化建设、图书馆等教学设施。

8月3日,中央党校副校长李书磊一行9人到党校就干部培训需求进行调研,内蒙古党校副校长金瑞汇报了学校近年来的干部培训工作。

9月1日,内蒙古党校、行政学院隆重举行2009年秋季开学典礼。自治区党委副书记、自治区副主席、党校校长任亚平出席并讲话,自治区党委常委、组织部长李佳主持开学典礼,内蒙古党校常务副校(院)长刘建明对本学期教学工作作了安排。自治区党委副秘书长胡丰,自治区党委组织部副部长、自治区人事厅厅长赵世亮,内蒙古党校副校长额尔敦、郜良、吕广明、金瑞、张志明出席开学典礼。

(高光海　张天彦)

实践杂志社

【领导名录】

社　长:郭　宇

副社长 总编辑:布仁巴雅尔(蒙古族)

副总编辑:徐钢 斯琴毕力格(蒙古族)

田培良

副社长:梁金玉(蒙古族)

副总编辑:特古斯(蒙古族)

【概况】 实践杂志社内设10个处室:办公室、总编室、思想理论版编辑部、党的教育版编辑部、蒙文版编辑部、通联发行部、广告策划部、专刊部、网络部和机关党委,共有在职职工67人,离退休人员44人。

实践杂志社实行党组领导下的社长负责制,编辑出版发行《实践》思想理论版、党的教育版、蒙文版3个版本刊物。2009年,在自治区党委的正确领导和宣传部的具体指导下,实践杂志社认真贯彻落实党的十七大精神和自治区党委确立的经济社会发展大政方针,坚持以办刊为中心的指导思想,紧跟自治区经济社会的发展形势,圆满完成了所承担的宣传任务,并抓住开展学习实践科学发展观活动的有利契机,在创新办刊思路、深化内部改革、强化经营管理、狠抓队伍建设等方面做了大量的工作,各方面工作均取得了良好成效。

【办刊工作】

《实践》思想理论版以思想理论宣传为主　努力办成"各级领导的参谋智囊、学习理论的生动课堂、政策咨询的忠实顾问、洞察形势的瞭望之窗";在宣传内容上,以版块栏目组合的方式,归结为六大主题版块,即言论宣传、理论宣传、经济宣传、典型宣传、党建宣传、文化宣传等。2009年,思想理论版在宣传建国60周年和中央、自治区的重要会议精神,以及基本理论宣传、经济宣传、文化宣传、典型宣传等方面均发表了一大批质量较高、社会反响较大的好作品。

党的教育版以党建综合宣传为主　努力办成"共产党员的知心朋友、支部书记的亲密助手、积极分子的热忱向导、组织生活的忠实顾问";在明确刊物定位的同时,又提出了读者对象的定位;刊物着眼点的定位和刊物宣传的三个切入点:用通俗易懂的语言反映中央和自治区的部署、决策、法规阐释准确、解释明白;用鲜活生动的形式把各地区、各部门的好思路、好做法、好经验、好典型总结上来,宣传出去;用简明扼要的方式对基层读者在工作、生产、生活中遇到的问题解疑释惑。

蒙文版以农村牧区党建宣传为主　努力办成"基层党建的工作助手、农村牧区的政策向导、农牧民群众的致富参谋、草原文化的传播使者"。在宣传上主要是突出四个重点,达到三个要求。四个重点:一是重点宣传党的理论政策和中央、自治区党委重要精神;二是以保持共产党员先进性教育为主要内容的党建宣传;三是根据蒙文版读者群体的特点,抓好旗县和农村农区、少数民族聚居区的经济社会发展和小康建设的宣传,以达到典型引路、鼓舞人心的目标;四是民族文化大区建设和民族文化发展的宣传。三个要求:一是努力达到"三贴近";二是达到内容的可读性、知识性、趣味性和指导性;三是短而精、通俗易懂。

【深化内部改革】　在上年调整机构职能的基础上,2009年,实践杂志社进一步明确和细化了新建机构的职责和任务目标:走出去,深入社会,与各界建立广泛的联系,积极寻找互利互动的合作平台,通过形式多样的各类活动,实现与合作双赢的目的。由实践杂志社牵头,联合自治区党委宣传部、自治区扶贫办、红十字会、残联、工商联共同组织、主办了"心系六十年、情满大草原"内蒙古公益之星评选活动。此次评选活动,是新中国成立以来自治区首次对在公益事业中作出突出贡献的单位及个人进行的总结表彰,是自治区社会公益事业发展史上的一件大事,对进一步加速全区福利事业的发展进程具有重要意义。2009年初,杂志社抽调出各编辑室的精干力量,配合广告策划部编辑出版了鄂尔多斯"十佳煤矿矿长"评选活动特辑。由于资料收集充分、编辑设计得体,受到联合主办方鄂尔多斯煤炭系统的一致好评。通过走出去、深入社会,杂志社办刊的方式和内容有了新的拓展。

【经营工作】

发行 2009年,在报刊发行竞争激烈,在发行难度加大的情况下,积极争取各方面的支持,刊物发行实现了基本稳定的目标。三个版本发行总数达168 567份。其中思想理论版达到12 898份,实现稳中有升;党的教育版达到140 289份;蒙文版达到14 244份。

广告 2009年完成了与广告公司签订的承揽合同任务,严格遵守广告法的要求,加强对广告公司的管理指导。

管理 尽量压缩开支,把有限的资金用在刀刃上。在财务审批上坚持“一支笔”审批制,严格审批程序,严把票据审查关,加大对不合理开支的监管和限制,并积极争取各方面的支持,以缓解经费紧张问题。

(黄晓勇)

社会主义学院

【内蒙古社会主义学院领导名录】

党组书记:侯世忠

院 长:董恒宇

党组副书记 常务副院长:斯热文(达斡尔族)

党组副书记 副院长:刘志军

副院长:钱灵犀

党组成员 副院长:田蒙绥(满族)

【概况】 内蒙古社会主义学院是内蒙古自治区民主党派、无党派人士的联合党校,是具有统一战线性质的高等政治学院。学院设有办公室、教务处、教研室、总务处、学报编辑部和党总支等6个处室。在校教职工36人,其中专任教师3名。专业人员有教授1名、副教授3名、讲师1名;副编审1名、翻译1名、副主任医师1名、馆员1名、美术编辑1名、工程师2名。

【教学培训和科研】 全年举办民主党派、党外干部、统战干部、民族宗教、海外联谊等各类培训班10期,培训学员405人次,完成了42个专题的授课任务,实现预期目标。

论文《文化统战若干问题研究——结合内蒙古自治区文化大区建设的实际》作为内蒙古统战部推荐课题报送中央统战部研究室。《政府依法管理和构建和谐政教关系研究》参加全国社会主义学院系统2009~2010年度课题立项评选并中标,课题研究如期进行。

【调研工作】 常务副院长斯热文代表自治区党委、人大、政府、政协,参加“四侨联动”调研组赴俄罗斯,对当地华人华侨的发展状况、生活情况及在当地经济社会发展中发挥的重大影响等进行深入的调研,院领导及有关人员深入到鄂尔多斯、巴彦淖尔、包头等地,走访了部分基层统战对象和有代表性的党外人士,与部分党外人士、统战干部和非公企业家进行座谈,了解他们的学习、工作和生活情况,虚心听取他们对培训工作的意见和建议。

【理论宣传】 《内蒙古统战理论研究》的办刊质量、发行量和影响力有较大幅度提高。《内蒙古统战理论研究》采取多种形式,加大对刊物的宣传力度,提高发行量和覆盖面,全年发行汉刊6期,蒙文刊2期,编排稿件200余篇60余万字。汉文版发行3 000余份,蒙文版发行500余份,受到蒙古族干部群众的喜爱。围绕新中国60华诞,举办理论研讨和书画笔会,来自区内外30多位专家学者出席系列活动。与自治区教育厅教学研究所合作编著了内蒙古自治区地方教材《内蒙古历史与文化(初中版)》,发行20万册,为自治区文化大区建设作出了积极贡献。

【历史研究】 筹备成立“敕勒川文化研究会”,并组织召开“敕勒川文化研究会第二次研讨会”,深化敕勒川文化的研究和宣传,探讨草原文化与黄河文化交融的相关问题,为推动区域经济社会发展作出积极努力。同时,筹划启动鲜卑文化研究,探索鲜卑民族文化的历史影响,推进自治区东西两个著名历史文化的研究和发展。成立“茶叶之路研究会”。为深入探索亚欧茶踪驼道,破译中俄商贾谜团,传承多元文化精髓,服务现代国际贸易,经自治区党委宣传部批准,自治区民政厅核准,2009年4月,“内蒙古茶叶之路研究会”挂靠内蒙古中华文化学院正式成立。

(张建虎)

内蒙古自治区人民代表大会常务委员会

【领导名录】

内蒙古自治区第十一届人民代表大会常务委员会

主　任:储　波

副主任:雷·额尔德尼(蒙古族) 罗啸天 郝益东
云秀梅(女 蒙古族) 柳秀 赵忠

秘书长:胡毅峰(蒙古族)

委员(按姓名笔画排序):

于江 云才晓(蒙古族) 云荣布扎木苏(蒙古族)
王志人(满族) 王林和 王耀新 布和朝鲁(蒙古族)
石玉平 白顺(蒙古族) 永红(蒙古族) 邢永明
吕德文 乔小南(女) 乔明凌(女) 刘金水
刘建明 刘晓兵 杨继业(蒙古族)
苏和(达斡尔族) 李斌 吴培荣 何祖侃(满族)
宋喜德 张仑(1月13日选举) 张玉峰 张佃敏
张伯群 张国治 张偏考 张福宽 张德斌(回族)
阿云嘎(蒙古族) 陈羽(女 蒙古族) 陈其俊(女)
林琳 其其格玛(女 鄂温克族) 庞启
孟和松布尔(蒙古族) 胡书捷 胡达古拉(女 蒙古族)
荣院院(蒙古族) 赵九九(蒙古族) 赵风山
娜仁图雅(女 蒙古族 1月选举)
高志宏(蒙古族 1月选举) 徐翔(女) 郭明伦
凌呼君 海力斯(蒙古族) 曹树山
赛革(鄂伦春族)

副秘书长:乔小南(女 兼) 白顺(蒙古族 兼)
潘守刚 石生俊 田继生(满族)

法制委员会

主任委员(1人):赵忠(兼)

副主任委员(2人):云荣布扎木苏(蒙古族)
乔小南(女 兼)

委员(6人,按姓名笔画排序):

于江 吉雅(女 蒙古族) 宋喜德
陈羽(女 蒙古族) 庞启 博彦(蒙古族)

财政经济委员会

主任委员(1人):罗啸天(兼)

副主任委员(2人):永红(蒙古族) 张国治
张仑(1月补充)

委员(6人,按姓名笔画排序):

胡达古拉(女 蒙古族) 查干(蒙古族)
赵风山 侯岩 郭明伦 曹树山(1月辞职)

代表资格审查委员会

主任委员(1人):罗啸天

副主任委员(2人):胡毅峰(蒙古族)
高志宏(蒙古族 11月补充)

委员(12人,按姓名笔画排序):

王志人(满族) 王林和 布和朝鲁(蒙古族)
邢永明 乔明凌(女) 李斌 阿云嘎(蒙古族)
陈羽(女 蒙古族) 胡书捷 胡达古拉(女 蒙古族)
徐翔(女) 赛革(鄂伦春族)

办公厅

主　任:白　顺(蒙古族)

副主任:李莉(回族 5月任命)
孙红梅(满族 5月任命)

信访局局长:马忱(副厅级 5月任命)

副巡视员:李艾琳(女 5月任命)

民族侨务外事委员会

主　任:永　红(蒙古族 1月免职)
娜仁图雅(女 蒙古族 1月任命)

副主任:云晓明(蒙古族 5月任命)

副巡视员:刘富国

内务司法委员会

主　任:荣院院(蒙古族)

副主任:苏远方 云晓明(蒙古族 5月免职)
潘永如(蒙古族 5月任命)

财经预算工作委员会

主　任:张　仑

副主任:查干(蒙古族) 呼格吉勒(蒙古族)
孟庆民

副巡视员:石继安

教科文卫委员会

主　任:吴培荣

副主任:张晓兵(俄罗斯族 5月免职) 徐翔(女)
郭洪涛(蒙古族 5月任命)

法制工作委员会

主　任:乔小南(女)

副主任:博彦(蒙古族) 张宇

副巡视员:梅　振

农牧业委员会

主　任:赛　革(鄂伦春族)

副主任:巴达尔胡(蒙古族)

副巡视员:巴音其木格(女 蒙古族) 兴安(蒙古族)

环境资源城乡建设委员会

主　任:张偏考

副主任:关　青(蒙古族 5月任命)

巡视员:王　明

人事代表选举工作委员会

主　任:高志宏(蒙古族)

副主任:钢特木尔(蒙古族)

副巡视员:于万友(蒙古族)

【内蒙古自治区第十一届人民代表大会】

第二次会议　内蒙古自治区第十一届人民代表大会第二次会议于2009年1月8日至13日在呼和浩特召开。会议听取和审议自治区代主席巴特尔作的政府工作报告,审查了自治区发展和改革委员会关于自治区2008年国民经济和社会发展计划执行情况与2009年国民经济和社会发展计划草案的报告,自治区财政厅关于自治区2008年预算执行情况和2009年预算草案的报告。听取和审议自治区人大常委会副主任雷·额尔德尼作的自治区人大常委会工作报告,自治区高级人民法院院长王维山作的自治区高级人民法院工作报告,自治区人民检察院检察长邢宝玉作的自治区人民检察院工作报告,通过了关于各项报告的6项决议。会议选举巴特尔为自治区主席;选举张仑、娜仁图雅、高志宏为自治区第十一届人大常委会委员,补充张仑为自治区第十一届人大财经委员会副主任委员。

【内蒙古自治区第十一届人民代表大会常务委员会】

第六次会议　内蒙古自治区第十一届人民代表大会常务委员会第六次会议于2009年1月4日在呼和浩特举行。

自治区人大常委会主任储波、副主任罗啸天分别主持全体会议,副主任郝益东、云秀梅、柳秀、赵忠,秘书长胡毅峰和委员共52人出席会议。自治区副主席赵双连,自治区高级人民法院院长王维山、自治区人民检察院检察长邢宝玉,自治区人大法制委员会委员,自治区人大常委会副秘书长、办公厅、各工作委员会负责人列席会议。

会议审议并原则通过《内蒙古自治区人民代表大会常务委员会工作报告(稿)》、《内蒙古自治区人民代表大会常务委员会2009年工作要点》,审议并通过了《内蒙古自治区第十一届人民代表大会常务委员会代表资格审查委员会关于补选和选举自治区第十一届人大代表的代表资格的审查报告》、《内蒙古自治区第十一届人民代表大会第二次会议议程(草案)》、《内蒙古自治区第十一届人民代表大会第二次会议日程(草案)》、《内蒙古自治区第十一届人民代表大会第二次会议主席团和秘书长名单(草案)》、《内蒙古自治区第十一届人民代表大会第二次会议主席团常务主席名单(草案)》、《内蒙古自治区第十一届人民代表大会第二次会议执行主席分组名单(草案)》、《内蒙古自治区第十一届人民代表大会第二次会议副秘书长名单(草案)》、《内蒙古自治区第十一届人民代表大会第二次会议列席人员名单》、《内蒙古自治区第十一届人民代表大会第二次会议代表提出议案截止时间的决定(草案)》、《内蒙古自治区第十一届人民代表大会第二次会议表决议案办法(草案)》、《内蒙古自治区第十一届人民代表大会议案审查委员会组成人员补充名单(草案)》、《内蒙古自治区第十一届人民代表大会第二次会议关于补充内蒙古自治区第十一届人民代表大会财政经济委员会组成人员人选的表决办法(草案)》,表决并通过《内蒙古自治区人民代表大会常务委员会关于接受曹树山等同志辞去内蒙古自治区第十一届人民代表大会财政经济委员会委员职务的决定》,通过了人事任免事项。

第七次会议　内蒙古自治区第十一届人民代表大会常务委员会第七次会议于2009年3月30日至4月1日在呼和浩特举行。

自治区人大常委会主任储波、副主任雷·额尔德尼分别主持全体会议,副主任罗啸天、郝益东、云秀梅、柳秀、赵忠,秘书长胡毅峰和委员共53人出席会议。自治区副主席刘新乐,自治区高级人民法院院长王维山、自治区人民检察院检察长邢宝玉,自治区人大财政经济委员会、法制委员会委员,各设区的市人大常委会和满洲里市、二连浩特市、莫力达瓦达斡尔族自治旗、鄂温克族自治旗、鄂伦春自治旗人大常委会负责人,自治区部分人大代表,自治区人大常委会副秘书长和工作机构负责人、盟工作委员会负责人,自治区人民政府有关部门和自治区人民检察院负责人列席会议。

会议听取自治区公安厅厅长赵黎平关于建议废止《内蒙古自治区禁止赌博条例》的说明,审议并通过了关于废止这个条例的决定；会议听取包头市人大常委会副主任张伯群关于《包头市义务植树条例》和《包头市废弃食用油脂管理条例》的说明，审议并通过《内蒙古自治区人民代表大会常务委员会关于批准〈包头市义务植树条例〉的决议》和《内蒙古自治区人民代表大会常务委员会关于批准〈包头市废弃食用油脂管理条例〉的决议》。

会议审议并通过《自治区十一届人大二次会议主席团交付的代表联名提出的第5号议案办理意见的报告》；会议听取了自治区财政厅副厅长云宗元关于2009年自治区本级预算调整方案的报告，审议并通过了关于批准这个调整方案的决议。

会议听取自治区农牧业厅副厅长纪大才关于《内蒙古自治区实施〈中华人民共和国农村土地承包法〉办法（草案）》的说明和自治区人大常委会法制工作委员会副主任张宇关于《内蒙古自治区各级人民代表大会常务委员会规范性文件备案审查程序的规定（草案）》的说明，并初审了这两个法规草案；会议通过了人事任免事项。

第八次会议　内蒙古自治区第十一届人民代表大会常务委员会第八次会议于2009年5月20日至5月22日在呼和浩特举行。

自治区人大常委会主任储波、副主任郝益东分别主持会议，副主任雷·额尔德尼、罗啸天、云秀梅、柳秀、赵忠，秘书长胡毅峰和委员共51人出席会议。自治区副主席刘卓志，自治区高级人民法院院长王维山、自治区人民检察院检察长邢宝玉，自治区人大财政经济委员会、法制委员会委员，各设区的市人大常委会和满洲里市、二连浩特市、莫力达瓦达斡尔族自治旗、鄂温克族自治旗、鄂伦春自治旗人大常委会负责人，自治区部分人大代表，自治区人大常委会副秘书长和工作机构负责人、盟工作委员会负责人，自治区人民政府办公厅和有关部门负责人、自治区人民检察院负责人列席会议。

会议听取自治区人大常委会人事代表选举工作委员会主任高志宏关于《内蒙古自治区实施〈中华人民共和国全国人民代表大会和地方各级人民代表大会代表法〉办法修正案（草案）》的说明和自治区人大法制委员会副主任委员乔小南关于《内蒙古自治区实施〈中华人民共和国全国人民代表大会和地方各级人民代表大会代表法〉办法修正案（草案）》审议结果的报告，会议审议这个办法修正案并通过了《内蒙古自治区人民代表大会常务委员会关于修改〈内蒙古自治区实施〈中华人民共和国全国人民代表大会和地方各级人民代表大会代表法〉办法〉的决定》；会议听取包头市人大常委会副主任王飞关于《包头市五当召保护管理条例》和《包头市专利促进与保护条例》的说明，审议并通过《内蒙古自治区人民代表大会常务委员会关于批准〈包头市五当召保护管理条例〉的决议》和《内蒙古自治区人民代表大会常务委员会关于批准〈包头市专利促进与保护条例〉的决议》。

会议审议并通过自治区十一届人大二次会议主席团交付的代表联名提出的1、2、3、4、6号议案办理意见的报告。会议听取并审议了自治区司法厅厅长徐呼和关于法律援助工作情况的报告；听取了自治区发展和改革委员会主任梁铁城关于《内蒙古自治区国民经济和社会发展第十一个五年规划纲要》实施中期评估报告的说明并审议了评估报告，听取和审议自治区质量技术监督局局长刘秀清关于全区贯彻实施产品质量法加强产品质量监管工作情况的报告、自治区教育厅厅长李东升关于贯彻执行《中华人民共和国职业教育法》和《内蒙古自治区实施〈中华人民共和国职业教育法〉办法》情况的报告。

会议听取自治区农牧业厅厅长陶克关于《内蒙古自治区农作物种子条例（修订草案）》的说明，初审这个条例修订草案。会议通过了人事任免事项并举行了颁布发任命书仪式。

第九次会议　内蒙古自治区第十一届人民代表大会常务委员会第九次会议于2009年7月27日至30日在呼和浩特举行。

自治区人大常委会主任储波，副主任雷·额尔德尼、云秀梅分别主持会议，副主任罗啸天、柳秀、赵忠，秘书长胡毅峰和委员共52人出席会议。自治区副主席郭启俊，自治区高级人民法院院长王维山、自治区人民检察院检察长邢宝玉，自治区人大法制委员会、财政经济委员会委员，各设区的市人大常委会和满洲里市、二连浩特市、莫力达瓦达斡尔族自治旗、鄂温克族自治旗、鄂伦春自治旗人大常委会负责人，自治区部分人大代表，自治区人大常委会副秘书长，办公厅、各工作委员会及各盟工作委员会负责人，自治区人民政府有关部门负责人列席会议。

会议听取自治区人大法制委员会副主任委员云荣布扎木苏关于《内蒙古自治区各级人民代表大会常务委员会规范性文件备案审查程序的规定（草案）》和《内蒙古自治区实施〈中华人民共和国农村土地承包

法〉办法(草案)》审议结果的报告,审议并通过这个规定和办法。会议听取了自治区人大法制委员会副主任委员、法制工作委员会主任乔小南关于《内蒙古自治区各级人民代表大会常务委员会执法检查的规定(草案)》的说明,审议并通过了这个规定。会议听取了呼和浩特市人大常委会副主任赛娜关于《呼和浩特市人民代表大会常务委员会关于废止〈呼和浩特市城镇集贸市场管理办法〉的决定》的说明,审议并通过《内蒙古自治区人民代表大会常务委员会关于批准〈呼和浩特市人民代表大会常务委员会关于废止〈呼和浩特市城镇集贸市场管理办法〉的决定〉的决议》。会议听取并审议自治区发展和改革委员会主任梁铁城关于2009年国民经济和社会发展计划上半年执行情况的报告,自治区财政厅厅长常军政关于2008年自治区本级财政决算和2009年预算上半年执行情况的报告,自治区审计厅厅长长江关于2008年自治区本级预算执行和其他财政收支的审计工作报告,自治区人大财政经济委员会副主任委员、财经预算工作委员会主任张仑关于2008年自治区本级财政决算的审查报告,审议并通过《内蒙古自治区人民代表大会常务委员会关于批准2008年自治区本级财政决算的决议》。会议听取自治区政府法制办公室副主任刘廷山关于《内蒙古自治区行政执法监督条例(修订草案)》的说明和自治区林业厅副厅长呼群关于《内蒙古自治区义务植树条例(草案)》的说明,并初审这两个条例草案。会议还听取并审议自治区人大常委会环境资源城乡建设委员会主任张偏考关于《中华人民共和国土地管理法》和《内蒙古自治区实施〈中华人民共和国土地管理法〉办法》执法检查情况的报告和自治区劳动和社会保障厅副厅长王燕峰关于全区就业工作情况的报告。会议通过人事任免事项。

第十次会议　内蒙古自治区第十一届人民代表大会常务委员会第十次会议于2009年9月22日至24日在呼和浩特举行。

自治区人大常委会主任储波、副主任雷·额尔德尼分别主持全体会议,副主任云秀梅、柳秀、赵忠,秘书长胡毅峰和委员共51人出席会议。自治区副主席赵双连,自治区高级人民法院院长王维山、自治区人民检察院检察长邢宝玉,自治区人大法制委员会、财政经济委员会委员,自治区部分人大代表,自治区人大常委会副秘书长和工作机构负责人、盟工作委员会负责人,各设区的市人大常委会和满洲里市、二连浩特市、莫力达瓦达斡尔族自治旗、鄂温克族自治旗、鄂伦春自治旗人大常委会负责人,自治区人民政府有关部门负责人列席会议。

会议听取自治区人大法制委员会副主任委员云荣布扎木苏关于《内蒙古自治区农作物种子条例(修订草案)》审议结果的报告,审议并通过了修订这个条例。会议听取了自治区人大法制委员会副主任委员乔小南关于《内蒙古自治区行政执法监督条例(修订草案)》审议结果的报告,审议并通过这个修订条例。会议听取包头市人大常委会副主任白同伦关于《包头市人民代表大会常务委员会关于修改〈包头市社会市面蒙汉两种文字并用管理条例〉的决定》的说明,审议并通过内蒙古自治区人民代表大会常务委员会关于批准《包头市人民代表大会常务委员会关于修改〈包头市社会市面蒙汉两种文字并用管理条例〉的决定》的决议。

会议审议自治区人大常委会人事代表选举工作委员会关于自治区十一届人大二次会议代表建议、批评和意见办理情况的(书面)报告、自治区人民政府办公厅关于自治区十一届人大二次会议代表建议、批评和意见办理情况的(书面)报告。

会议听取并审议自治区人大常委会民族侨务外事委员会主任娜仁图雅关于《中华人民共和国归侨侨眷权益保护法》执法检查情况的报告、自治区人大常委会内务司法委员会主任荣院院关于《内蒙古自治区公共安全技术防范管理条例》执法检查情况的报告、自治区人大财经委员会副主任委员、自治区人大常委会财经预算工委主任张仑关于《中华人民共和国中小企业促进法》执法检查情况的报告、自治区人大常委会教科文卫委员会主任吴培荣关于《内蒙古自治区文化市场管理条例》执法检查情况的报告、自治区人大常委会农牧业委员会主任赛革关于《中华人民共和国水法》和《内蒙古自治区实施〈中华人民共和国水法〉办法》执法检查情况的报告。会议还通过了人事任免事项。第十一次会议 内蒙古自治区第十一届人民代表大会常务委员会第十一次会议于2009年11月25日至27日在呼和浩特举行。

自治区人大常委会主任储波、副主任雷·额尔德尼分别主持全体会议,副主任郝益东、云秀梅、柳秀、赵忠，秘书长胡毅峰和委员共52人出席会议。自治区副主席布小林，自治区高级人民法院院长王维山、自治区人民检察院检察长邢宝玉，自治区人大法制委员会委员、财政经济委员会委员，自治区部分人大代表，自治区人大常委会副秘书长和工作机构负责人、盟工作委员会负责人，各设区的市人大常委会和满洲里市、二连浩特市、莫力达瓦达斡尔族自治旗、鄂温克族自治旗、鄂伦春自治旗人大常委会负责人，自治区人民政府有关部门负责人列席会议。

会议听取自治区人大法制委员会副主任委员乔小南关于《内蒙古自治区义务植树条例（草案）》审议结果的报告，审议并通过这个条例。会议听取自治区人大常委会内务司法委员会主任荣院院关于废止《内蒙古自治区实施〈中华人民共和国妇女权益保障法〉的补充规定》的说明和自治区人大法制委员会副主任委员乔小南关于《提请审议废止〈内蒙古自治区实施"中华人民共和国妇女权益保障法"的补充规定〉的议案》审议结果的报告（书面），审议并通过这个议案。会议听取了呼和浩特市人大常委会副主任吴安俊关于《呼和浩特市残疾人保障条例》的说明和关于《呼和浩特市基本菜田保护条例》的说明，审议并通过《内蒙古自治区人民代表大会常务委员会关于批准〈呼和浩特市残疾人保障条例〉的决议》和《内蒙古自治区人民代表大会常务委员会关于批准〈呼和浩特市基本菜田保护条例〉的决议》。会议审议并通过《内蒙古自治区人民代表大会常务委员会关于召开内蒙古自治区第十一届人民代表大会第三次会议的决定》。会议审议并通过《内蒙古自治区第十一届人民代表大会常务委员会代表资格审查委员会副主任委员补充名单》，补充高志宏同志为自治区第十一届人民代表大会常务委员会代表资格审查委员会副主任委员。

会议听取并审议自治区高级人民法院副院长于雪峰关于执行工作情况及解决执行难问题的报告和自治区人民检察院检察长邢宝玉关于诉讼监督工作情况的报告。

会议听取自治区劳动和社会保障厅厅长冀秉峰关于《内蒙古自治区劳动保障监察条例（草案）》的说明，初审了这个条例草案。

【立法工作】 常委会坚持立法与经济社会发展相协调、立法决策与改革发展稳定重大决策相统一，围绕我区科学发展的要求开展立法工作，发挥立法的引导、规范和保障作用。一年来，共审议法规案18件，其中，制定、修改自治区地方性法规7件，废止自治区地方性法规1件，批准呼和浩特市、包头市法规7件，批准废止法规1件，初审法规案2件。配合全国人大常委会开展了7件法律草案征求意见的工作。

【监督工作】 常委会认真贯彻落实监督法，抓住事关全区工作大局和人民群众普遍关注的问题，扎实开展监督工作，着力增强监督实效。一年来，常委会听取和审议"一府两院"专项工作报告6项，听取和审议计划、预算等报告5项，开展执法检查、执法调研12项，开展跟踪监督5项。配合全国人大常委会开展执法检查和专题调研5项。

【代表工作】 常委会不断拓宽代表工作思路，认真落实加强代表工作的各项措施，积极为代表履行职责创造条件。对自治区十一届人大二次会议主席团交付审议的6件议案，有关委员会经过认真调查研究，向常委会提出了审议结果的报告。对代表提出的490件建议、批评和意见，全部按要求办理完毕并答复代表。围绕代表建议反映集中的农牧民补贴、城乡医疗救助、寄宿制学校学生住宿用房建设、农村牧区公路建设投入等问题，组织代表对建议办理工作进行专题视察。309名代表参与常委会执法检查和法规草案征求意见工作，44名代表列席常委会会议。围绕居民保障性住房建设、大气污染和水污染治理、企业职工工资收入等问题，常委会组织自治区全国人大代表开展专题调研，并向全国人大提出调研报告。以基层代表为重点，有针对性地对118名代表进行履职培训。配合全国人大常委会组织自治区全国人大代表参加培训。

【人事任免】 2009年，常委会接受自治区人大常委会组成人员辞职6人；任免国家机关工作人员135人，其中，任免常委会工作机构负责人8人，任免盟工作委员会组成人员20人，任免司法机关工作人员107人。

（双虎）

内蒙古自治区人民政府

【领导名录】

主席 副主席

主 席:巴特尔(蒙古族 1月任职)

副主席:任亚平 赵双连(蒙古族) 连辑 郭启俊 刘卓志 布小林(女 蒙古族) 刘新乐(蒙古族)

秘书长 主席助理 副秘书长

秘书长:乌兰巴特尔(蒙古族)

主席助理:黄·阿拉腾别立格(蒙古族) 崔国柱 赵黎平

副秘书长:王晓成 何永林 张院忠 盖文山 孙惠民 王喜才 魏军 杨玺 于清理(满族) 那炜清(蒙古族) 李春光 江维 武志忠 王军朴

【重要会议】

政府常务会议 1月10日,自治区党委副书记、自治区代主席巴特尔主持召开2009年第1次政府常务会议,研究自治区人大代表在审议政府工作报告和计划、财政报告时提出的意见和建议的处理意见。自治区党委副书记、自治区副主席任亚平,自治区副主席赵双连、连辑、郭启俊、布小林出席。自治区有关部门负责人列席会议。

1月22日,自治区党委副书记、自治区主席巴特尔主持召开2009年第2次政府常务会议。会议审议并原则通过《内蒙古自治区粮食流通管理办法(草案)》、《内蒙古自治区生鲜乳收购管理办法(草案)》和《内蒙古自治区饲料和饲料添加剂管理办法(修正草案)》。自治区副主席赵双连、连辑、郭启俊、刘卓志、布小林、刘新乐出席会议。自治区有关部门负责人列席会议。

2月23日,自治区党委副书记、自治区主席巴特尔主持召开2009年第3次政府常务会议,研究促进就业和加强职业教育工作,审议并原则通过了《内蒙古自治区人民政府领导班子深入学习实践科学发展观活动分析检查报告》。自治区党委副书记、自治区副主席任亚平,自治区副主席赵双连、连辑、刘卓志出席会议。自治区有关部门负责人列席会议。

3月19日,自治区党委副书记、自治区主席巴特尔主持召开2009年第4次政府常务会议。会议审议并原则通过《关于加强内蒙古自治区电信和邮政业发展的指导意见》、《内蒙古关于扩大内需新增中央投资配套资金管理暂行办法》、《内蒙古自治区政府领导班子学习实践科学发展观活动整改落实方案》,听取关于中央代理地方发行2009年地方政府债券,保证砖茶供应和质量,第七届、第八届全区少数民族传统体育运动会承办地,2009年中日经济合作会议筹备,组建内蒙古银行、创造良好条件积极引进金融机构等情况和问题的汇报。自治区党委副书记、自治区副主席任亚平,自治区副主席赵双连、连辑、郭启俊、刘卓志、布小林、刘新乐出席会议。自治区有关部门负责人列席会议。

4月13日,自治区党委副书记、自治区主席巴特尔主持召开2009年第5次政府常务会议。会议审议并原则通过《2009年第一季度全区经济形势分析报告》、《内蒙古自治区关于文化体制改革中经营性文化事业单位转制为企业的意见》和《内蒙古自治区关于加快文化产业发展的若干意见》。自治区副主席赵双连、郭启俊、刘卓志、布小林出席。自治区有关部门负责人列席会议。

4月30日,自治区党委副书记、自治区主席巴特尔主持召开2009年第6次政府常务会议,部署加强人感染甲型H1N1流感防控等工作。自治区党委副书记、自治区副主席任亚平,自治区副主席赵双连、郭启俊出席会议。自治区有关部门负责人列席会议。

6月10日,自治区党委副书记、自治区主席巴特尔主持召开2009年第7次政府常务会议。会议研究了《内蒙古自治区煤炭价格调节基金征收使用管理办法》、《内蒙古自治区人民政府关于进一步完善煤炭资源配置的意见》、《呼伦贝尔市、兴安盟电网整体划转国家电网有关事宜》,审议并原则通过《内蒙古自治区义务植树条例(草案)》。自治区党委副书记、自治区副主席任亚平,自治区副主席赵双连、连辑、郭启俊、刘卓志,自治区主席助理黄·阿拉腾别立格出席会议。自治区有关部门负责人列席会议。

6月19日,自治区党委副书记、自治区主席巴特尔主持召开2009年第8次政府常务会议。会议听取了关于自治区组织开展粮食增产工程实施方案编制工作有关情况的汇报，研究了自治区奶牛标准化规模养殖小区建设规划纲要和自治区水利投融资平台实施方案，审议并原则通过《内蒙古自治区行政执法监督条例（修订草案）》。自治区党委副书记、自治区副主席任亚平，自治区副主席赵双连、连辑、郭启俊，自治区人民政府秘书长乌兰巴特尔出席会议。自治区有关部门负责人列席会议。

7月10日，自治区党委副书记、自治区主席巴特尔主持召开2009年第9次政府常务会议，部署维护社会稳定工作，研究《2009年上半年全区经济形势分析报告》和《关于进一步促进中小企业发展的意见》。自治区党委副书记、自治区副主席任亚平，自治区副主席赵双连、郭启俊、刘卓志，自治区人民政府秘书长乌兰巴特尔，自治区主席助理黄·阿拉腾别立格、赵黎平出席会议。自治区有关部门负责人列席会议。

7月15日，自治区党委副书记、自治区主席巴特尔主持召开2009年第10次政府常务会议，研究《关于扩大消费搞活流通的实施意见》，听取了《2009（呼和浩特）中日经济合作会议筹备情况的汇报》和《关于解决国有关闭企业退休人员参加城镇职工医疗保险情况的汇报》。自治区党委副书记、自治区副主席任亚平，自治区副主席连辑、郭启俊、刘卓志、布小林，自治区人民政府秘书长乌兰巴特尔，自治区主席助理黄·阿拉腾别立格出席会议。自治区有关部门负责人列席会议。

8月12日，自治区党委副书记、自治区主席巴特尔主持召开2009年第11次政府常务会议，听取《内蒙古万里大造林有限公司非法经营案件处置和善后工作情况的汇报》和《我区参加2010年世博会总体工作情况的汇报》。自治区党委副书记、自治区副主席任亚平，自治区副主席连辑、郭启俊、刘卓志，自治区人民政府秘书长乌兰巴特尔出席会议。自治区有关部门负责人列席会议。

8月26日，自治区党委副书记、自治区主席巴特尔主持召开自治区2009年第12次政府常务会议，研究《鄂尔多斯市关于落实国家能源局〔2009〕1260号会议纪要的实施方案》《内蒙古企业基本养老保险统筹办法》、《内蒙古自治区综合融资平台组建方案》，听取《关于全区新型农村牧区社会养老保险试点工作的汇报》、《关于保护和振兴我区羊绒产业的汇报》，审议《内蒙古劳动保障监察条例（草案）》。自治区党委副书记、自治区副主席任亚平，自治区副主席赵双连、郭启俊、刘卓志、布小林、刘新乐，自治区人民政府秘书长乌兰巴特尔，自治区主席助理黄·阿拉腾别立格出席会议。自治区有关部门和盟市负责人列席会议。

9月11日，自治区党委副书记、自治区主席巴特尔主持召开2009年第13次政府常务会议，研究《内蒙古2009～2012年煤田（煤矿）火区治理工作实施方案》、《内蒙古矿山地质环境治理实施方案》、《内蒙古出版集团、影视集团组建方案》，听取《关于我区实施国家校舍安全工程有关问题》，审议《内蒙古自治区人民政府关于废止〈内蒙古自治区医疗事故处理办法实施细则〉等政府规章的决定》。自治区党委副书记、自治区副主席任亚平，自治区副主席赵双连、连辑、布小林、刘新乐，自治区人民政府秘书长乌兰巴特尔出席会议。自治区党委常委、宣传部部长乌兰，自治区有关部门负责人列席会议。

10月12日，自治区党委副书记、自治区主席巴特尔主持召开2009年第14次政府常务会议，听取自治区深化医药卫生体制改革工作情况和2007年度“内蒙古杰出人才奖”评选有关情况的汇报，研究自治区贯彻落实国家物流业调整和振兴规划的实施意见。自治区党委副书记、自治区副主席任亚平，自治区副主席郭启俊、刘新乐，自治区人民政府秘书长乌兰巴特尔出席会议。自治区有关部门和部分企业负责人列席会议。

11月6日，自治区党委副书记、自治区主席巴特尔主持召开2009年第15次政府常务会议。研究《内蒙古自治区人民政府关于进一步加快供销合作社改革发展的意见》和《关于煤炭转化和接续项目资源配置有关事宜》。自治区党委副书记、自治区副主席任亚平，自治区副主席赵双连、郭启俊、刘卓志、布小林、刘新乐，自治区人民政府秘书长乌兰巴特尔，自治区主席助理黄·阿拉腾别立格出席会议。自治区有关部门及呼伦贝尔市、鄂尔多斯市、锡林郭勒盟负责人列席会议。

主席办公会议 1月22日，自治区党委副书记、自治区主席巴特尔主持召开2009年第1次主席办公会议，听取了《关于防治布鲁氏菌病和结核病的情况汇报》和《关于黄河包头段新建工业项目统一供水工程注入启动资金的汇报》。自治区副主席赵双连、连辑、郭启俊、刘卓志、布小林、刘新乐，自治区人民政府秘书长乌兰巴特尔，自治区主席助理黄·阿拉腾别立格出席会议。自治区有关部门负责人列席会议。

2月12日，自治区党委副书记、自治区主席巴特尔主持召开2009年第2次主席办公会议，研究《关于万里大造林公司非法经营案件处置和善后工作的指导意见》。自治区党委副书记、自治区副主席任亚平，自治区副主席赵双连、连辑,自治区人民政府秘书长乌兰巴特尔出席会议。自治区党委常委、政法委书记邢云,自治区党委常委、组织部部长李佳,自治区有关部门负责人列席会议。

4月15日,自治区党委副书记、自治区主席巴特尔主持召开2009年第3次主席办公会议,研究《关于重组内蒙古能源发电投资公司增资协议书(草案)》。自治区党委副书记、自治区副主席任亚平,自治区副主席赵双连、郭启俊、刘卓志、布小林,自治区人民政府秘书长乌兰巴特尔,自治区主席助理黄·阿拉腾别立格出席会议。自治区有关部门负责人列席会议。

4月30日,自治区党委副书记、自治区主席巴特尔主持召开2009年第4次主席办公会议,研究自治区国土资源厅《关于煤炭转化项目资源配置事宜》。自治区党委副书记、自治区副主席任亚平,自治区副主席赵双连、郭启俊,自治区人民政府秘书长乌兰巴特尔,自治区主席助理黄·阿拉腾别立格、崔国柱出席会议。自治区有关部门负责人列席会议。

7月28日,自治区党委副书记、自治区主席巴特尔主持召开2009年第5次主席办公会议,听取2009年就业工作八项重点任务进展情况汇报,研究部署下一步工作。自治区党委副书记、自治区副主席任亚平,自治区副主席刘卓志出席会议。自治区有关部门负责人列席会议。

9月11日,自治区党委副书记、自治区主席巴特尔主持召开2009年第6次主席办公会议,研究神华集团缴纳煤炭价格调节基金的有关问题。自治区党委副书记、自治区副主席任亚平,自治区副主席赵双连、连辑、布小林、刘新乐,自治区人民政府秘书长乌兰巴特尔出席会议。自治区有关部门负责人列席会议。

12月3日,自治区党委副书记、自治区主席巴特尔主持召开2009年第7次主席办公会议,听取自治区财政厅《关于2010年全区及自治区本级财政预算安排意见的汇报》。自治区党委副书记、自治区副主席任亚平,自治区副主席赵双连、连辑、郭启俊、刘卓志、刘新乐,自治区人民政府秘书长乌兰巴特尔,自治区主席助理黄·阿拉腾别立格、崔国柱出席会议。自治区有关部门负责人列席会议。

12月11日,自治区党委副书记、自治区主席巴特尔主持召开2009年第8次主席办公会议,专题听取了《关于海勃湾水利枢纽工程建设征地和移民安置工作情况汇报》。自治区党委副书记、自治区副主席任亚平,自治区副主席郭启俊、布小林、刘新乐,自治区人民政府秘书长乌兰巴特尔,自治区主席助理黄·阿拉腾别立格出席会议。自治区有关部门负责人列席会议。

以自治区人民政府名义召开的部门工作会议 1月6日,全区消防工作会议在呼和浩特召开,自治区副主席连辑讲话并代表自治区政府与各盟市政府及各大企业领导签订2009年消防工作责任状。

电视电话会议 1月9日,全区公共机构节能工作电视电话会议在呼和浩特召开,自治区副主席赵双连出席会议并讲话。

2月5日,全区遏制特大道路交通事故电视电话会议在呼和浩特召开,自治区副主席连辑出席会议。

2月17日,全区审计工作电视电话会议在呼和浩特召开,自治区党委副书记、自治区副主席任亚平出席会议并讲话。

2月27日,全区安全生产暨煤矿安全监察工作电视电话会议在呼和浩特召开,自治区副主席赵双连出席会议并讲话。

3月24日,自治区人民政府全体会议暨第二次廉政工作电视电话会议在呼和浩特召开。自治区党委副书记、自治区主席巴特尔出席会议和并作重要讲话,自治区党委副书记、自治区副主席任亚平主持会议,自治区副主席郭启俊、刘卓志、布小林出席会议。

3月25日,全区粮食清仓查库工作电视电话会议在呼和浩特召开,自治区副主席布小林出席会议并讲话。

3月27日,全区春季农牧业生产工作电视电话会议在呼和浩特召开,自治区副主席郭启俊出席会议并讲话。

4月20日,全区道路交通安全工作电视电话会议在呼和浩特召开,自治区副主席赵双连出席会议并讲话。

4月23日,全区保障性住房电视电话会议在呼和浩特召开,自治区副主席刘卓志出席会议并讲话。

5月6日,全区"小金库"治理工作电视电话会议在呼和浩特召开,自治区党委副书记、自治区副主席任亚平出席会议并讲话。

7月2日,全区中小学校舍安全工程电视电话会议在呼和浩特召开,自治区副主席连辑出席会议并讲话。

7月10日,自治区集中100天开展"迎国庆、保稳定"信访百日攻坚活动动员部署电视电话会议在呼和浩特召开。自治区党委副书记、自治区副主席任亚平,自治区副主席连辑出席会议并讲话。

8月14日,全区中等职业教育基础能力建设工程电视电话会议在呼和浩特召开,自治区副主席连辑出席会议并讲话。

8月21日,全区抗旱工作电视电话会议在呼和浩特召开，自治区副主席郭启俊出席会议并讲话。

11月6日，全区财税库银横向联网工作电视电话会议在呼和浩特召开，自治区党委副书记、自治区副主席任亚平出席会议并讲话。

12月9日，全区冬春农田草牧场水利基本建设工作电视电话会议在呼和浩特召开，自治区副主席郭启俊出席会议并讲话。

12月18日，自治区人民政府召开电视电话会议，正式启动全区新型农村牧区社会养老保险试点工作。自治区副主席刘卓志出席启动仪式并讲话。

其它会议　1月11日，自治区人民政府与自治区总工会召开第四次联席会议，就加强自治区企业技能人才队伍建设进行研究部署。自治区党委副书记、自治区代主席巴特尔出席会议，自治区人大常委会副主任、总工会主席云秀梅主持会议，自治区副主席赵双连出席会议并讲话。

10月28日，贯彻落实《中华人民共和国民族区域自治法》座谈会在呼和浩特召开。自治区党委副书记、自治区副主席任亚平主持座谈会并讲话，自治区副主席布小林出席。

【重要活动】　1月21日，自治区副主席刘卓志在新城宾馆会见了中国人民解放军总装某基地司令员傅廷俊少将一行。

3月10日，自治区副主席连辑会见黑龙江省副省长、公安厅厅长孙永波一行。

4月28日，自治区副主席郭启俊在内蒙古新城宾馆会见北京市副市长夏占义一行。

6月11日，自治区副主席赵双连在新城宾馆会见了山西省政府考察团陈川平副省长一行。

7月17日，自治区副主席连辑在新城宾馆会见香港教育考察团。

8月15日，国土资源部党组书记、部长、国家土地总督察徐绍史在自治区国土资源部门调研。自治区副主席赵双连陪同调研。

8月16日，自治区政府与江西省省委常委、副省长陈达恒率领的江西省考察团一行，在新城宾馆就林业建设和农牧业产业化等有关情况举行座谈。之前，江西省考察团先后在鄂尔多斯市、呼和浩特市进行了考察。自治区副主席郭启俊主持座谈会并发言。

9月8日，自治区党委副书记、自治区主席巴特尔在新城宾馆会见了中国三峡总公司党组书记、总经理李永安一行。自治区副主席赵双连会见时在座。

（孙海涛）

政府办公厅

【内蒙古自治区人民政府办公厅领导名录】

主　任：乌兰巴特尔（蒙古族）

副主任：李生义

纪检组长：娜仁图雅（女　蒙古族 3月离任）

巡视员：张友好

副巡视员：巴特尔（蒙古族 2月离任）任茂宬斌（蒙古族）边境（7月离任）

【概况】　至2009年底，政府办公厅内设20个处级机构，分别为秘书一处、秘书二处、秘书三处、秘书四处、秘书五处、秘书六处、秘书七处、秘书八处、文电处、会议处、政府应急管理办公室、政务公开处、办公自动化管理处、督查室、信息调研处、翻译处、人事处（办公室）、机关党委、纪检组（监察室）、离退休人员工作处。政府办公厅机关行政编制为152名，厅级领导职数为12名（1正11副），处级领导职数为48名（20正28副）。政府办公厅所属13个行政单位，分别为自治区无线电管理委员会办公室，自治区无线电管理委员会办公室驻呼和浩特市、包头市、呼伦贝尔市、通辽市、赤峰市、乌兰察布市、鄂尔多斯市、巴彦淖尔市、乌海市、兴安盟、锡林郭勒盟、阿拉善盟无线电管理处。政府办公厅所属32个事业单位，分别为自治区人民政府直属机关事务管理局，自治区人民政府直属机关事务管理局后勤服务中心，自治区人民政府直属机关事务管理局后勤服务中心第一房管所、第二房管所，自治区政府机关幼儿园，自治区政府机关门诊部，自治区人民政府直属机关事务管理局车辆服务中心，自治区政府办公厅机关文印中心，自治区人民政府直属机关事务管理局房产管理中心，自治区政府采购中心，自治区地方志办公室，自治区无线电管理委员会办公室自治区无线电监测站，自治区无线电管理委员会办公室驻包头市、呼伦贝尔市、通辽市、赤峰市、乌兰察布市、鄂尔多斯市、巴彦淖尔市、乌海市、兴安盟、锡林郭勒盟、阿拉善盟、满洲里市、二连浩特市无线电监测站，《内蒙古政报》编辑部，自治区政务信息服务中心，自治区人民政府驻北京办事处，自治区人民政府驻北京办事处天津联络处、上访人员劝返中心，自治区人民政府驻上海办事处，内蒙古干部（上海）培训中心。

【贯彻中央 自治区重大决策部署情况】　充分发挥谋划大事、协调各方、服务领导、督查落实的职能，为自治区积极应对国际金融危机，推动经济社会平稳较快发展做出积极贡献。围绕"保增长、惠民生，进百县、促落实"活动，就事关自治区经济社会发展和民生方面的重大问题，积极主动开展调查研究，撰写了一批质量较高的调研报告，为领导科学决策提供了有价值的参考。制定出台《自治区本级政府投资非经营性项目代建制管理办法(试行)》，全面启动我区代建制试点工作。牵头调研并组织修改了《关于印发全区为群众办"十件实事"和实施"十项民生工程"2009 年工作总结和 2010 年工作安排及任务分解的通知》等重要文件，对促进自治区经济社会发展起到了重要作用。协调有关部门制定加大煤电油运调度力度、推行电力多边交易、做好煤炭价格调节基金征缴工作等一系列政策措施，帮助企业改善生产状况、渡过难关。积极协调处置一些重大自然灾害、事故灾难，切实加大督查力度，保证中央和自治区各项决策部署落到实处。配合中央第二轮、第三轮扩大内需检查组，对全区各地落实四批中央扩大内需投资项目工作进行监督检查，确保存在问题项目切实整改到位。深入联系点乌拉特中旗的企业、苏木乡镇、嘎查村和农牧户走访调研，全面了解"保增长、惠民生"以及"十件实事"、"十项民生工程"的开展情况，向自治区实践办提交调研报告 3 篇，同时将乌拉特中旗提出的六个方面的问题细化为 12 个具体事项，逐项分解并积极协调自治区有关部门予以解决。

【学习实践科学发展观活动情况】 按照自治区党委的统一部署，采取学习基本理论、开展调查研究、加强组织领导、依靠群众查找问题、边学边查边改等做法，深入开展学习实践活动，取得明显成效。厅党组组织干部走出机关深入基层，了解情况，调查研究，发现问题，解决问题，分别就提高城乡居民收入、进一步加强基础设施建设、完善区域协调发展战略、促进奶业持续健康发展、扩大就业工作、加快口岸建设、加强公共卫生体系建设、推进政务公开等问题进行了专题调研。全厅副厅以上领导及各处室负责人累计完成调研报告 59 篇。厅党组坚持把解决突出问题同完善体制机制有机结合起来，从制度上寻找解决问题的途径和办法，努力提高依法行政的能力和水平。一方面对全厅原有制度进行认真清理，或修订完善，或予以废止，形成了比较健全完善的制度体系。另一方面把解决干部群众最关心、最直接、最现实的利益问题作为开展学习实践活动的重要内容，针对查找出来的突出问题，研究制定具体整改措施，按计划、按要求逐项落实。经群众满意度测评，满意率达98%。

【政务工作】 2009 年共起草、修改领导讲话、报告等各类文稿 300 多篇，登记收文40 620多件，受理请示报告1 642件、办结1 582件、办结率96%，制发各类公文1 122件，办理国务院及国务院办公厅、国家各部委、各省区市政府和自治区党委、人大常委会、政协文件2 277件。认真落实保密责任，与自治区人民政府领导及办公厅所有工作人员签订保密责任书 200 多份，积极配合国家保密局完成保密安全检查，继续加强保密制度建设，有效堵塞保密安全隐患和漏洞。严格执行政府会议计划，努力改进会议举办方式，控制会议规格、规模和时间，压缩会议数量，节约会议经费，提高会议质量，全年共承办各类会议 160 余个，比上年减少 27%。坚持主体公文蒙汉文并行，坚持自治区大型会议和蒙文上报材料的蒙汉文互译，加强自治区政府蒙文门户网站更新维护工作，全年共完成网站汉文译蒙文近 100 万字。全年编发《每日要情》等各类信息刊物 925 期，上报国务院办公厅信息1 276条，《内蒙古煤田火区治理情况和面临的困难》、《内蒙古风电发展情况和存在的问题及相关建议》两条信息得到了李克强副总理的批示。全年完成督查任务 15 项，办理全国人大代表建议 6 件，自治区人大代表建议 447 件，全国政协提案 10 件，自治区政协提案 762 件。全年协调处置鄂尔多斯伊泰煤制油"4·8"火灾等重大突发事件十多起，协助处置其它突发事件和预警事项 144 起，重新规划自治区专项应急预案和部门应急预案，组织了反恐怖袭击预案演练、大面积停电事故预案演练和危化企业事故处置联动演练等 10 余次综合性演练。进一步拓宽政务公开途径，切实抓好电子政务网络平台建设，积极推进自治区、盟市、旗县的三级链接，并逐步向苏木乡镇延伸，提高了信息发布的时效性，建立盟市、旗县综合政务服务中心 589 个、苏木乡镇便民服务大厅 500 个、嘎查村代办点2 000多个，7 个区直部门设立了专业办事大厅，有效推动了阳光政府、服务型政府建设。

【机关建设】 进一步修订完善中心组学习制度，制定下发《2009 年中心组学习安排意见》，坚持民主集中制原则，不断完善集体领导、民主决策、科学决策的工作机制，班子的整体合力进一步增强。对办公厅机关内设处室进行了调整，每个处室对应一位领导，办公厅机关和所属单位共增设 10 个处室，增加 25 个处级职数，办公厅的职能得到进一步强化。积极优化人员结构，公开遴选 5 名同志充实到办公厅机关干部队伍中，选派 90 多名处级以下干部参加各种培训班，选派 1 名处级干部到突泉县挂职，选派 2 名科级干部到巴彦乌素社区挂职，安排巴彦乌素社区2名干部到办公厅学习锻炼。进一步明确党员领导干部廉洁从政的各项规定，将责任分解落实到每一名党组成员、相关处室和厅属有关单位。深入开展“三创一落实”活动，全面加强党的思想、组织、作风建设，全年共组织集中学习15次。根据处室调整和人员岗位变化，及时改选调整了40个基层党支部，按时完成了党组织换届工作。建立健全党内激励关怀帮扶机制，全年共慰问特困党员、住院职工、离退休老干部159人次。认真开展了对口帮扶工作，积极协调有关部门落实突泉县学田乡利民村水利建设、街道改造、广播电视村村通等项目及资金600万元。积极组织广大党员干部开展“进万村、走千居”活动，走访巴彦乌素社区慰问贫困户32户，发放慰问金11 500元，捐助实物折合现金3 000元。认真开展“博爱一日捐”活动，累计捐款47 256元；发扬“一方有难、八方支援”的优良传统，向台湾灾区捐款1万元人民币。

【机关后勤工作】 严格执行财务管理、检查和监督制度，规范财务内部制约机制，认真做好经费预算，规范经费包干制度，优化经费支出结构，提高资金的使用效率和保障能力。认真完成“小金库”自查自纠工作，同时积极配合自治区“小金库”专项治理小组对政府办公厅系统的检查工作。积极开展内蒙古科技馆等代建项目前期工作，确保四个代建项目在2010年内开工建设。认真抓好自治区省级干部周转公寓等工程建设，加强对维修改造工程审批、跟踪管理和工程质量审核工作。加强办公用房管理，及时调整分配办公用房。进一步开展职工住宅区的绿化、硬化、美化及安全管理工作，为干部职工创造整洁舒适安全的生活环境。坚持精心安排、精心组织、精心实施、精心服务的接待原则，全年接待考察团组749批5 968人次，圆满完成自治区政府代表团和政府领导赴外省区市考察、招商引资及赴基层调研等随行服务工作，承办自治区政府及有关部门领导会见、洽谈、签约等活动38次。认真落实社会治安综合治理各项任务，积极开展“创安”活动。切实加强消防工作，实现消防系统与呼和浩特市消防支队监控网络直接连通。加强机关后勤服务人员的教育培训，不断提高后勤服务社会化、精细化和科学化水平。加大设施设备维护力度，确保两个办公区水、电、暖供应安全。积极推行社会化服务，引进呼和浩特市日信海清物业服务公司管理新址办公区综合楼卫生，提高管理服务水平。不断加大机关食堂菜品创新力度，在保证菜品质量的同时，有效控制成本费用。切实加强政府机关幼儿园、政府医务所管理，努力提高服务水平。不断提高文印质量和服务意识，增强创收能力，提高经济效益。加强车辆管理，确保行车安全，降低维修费用和油耗，提高车辆服务保障能力。组织召开了全区公共机构节能工作电视电话会议，下发“十一五”后两年全区公共机构节能工作实施方案，成功举办了“2009年全区节能宣传周暨公共机构节能活动启动仪式”。加强《公共机构节能条例》宣传培训，举办三期公共机构能源资源消耗统计培训班，开展《条例》知识竞赛活动。认真配合国务院机关事务管理局完成对自治区贯彻实施《公共机构节能条例》情况的专项检查。

【政府采购和无线电管理工作】 不断提升无线电管理保障能力、技术支撑能力和应急处置能力，加强无线电频率、台站、秩序管理，加强监测检测工作，确保了国庆60周年活动期间各类无线电业务正常开展和广播电视的安全播出。开展了清理对讲机专项执法、移动通信干扰器专项核查等工作，加大各类考试中利用无线电设备作弊的违法行为的查处力度。围绕“依法采购、廉政采购、科学采购、和谐采购”的工作目标，进一步健全和完善内部规章制度，创新协议供货采购方式，推进办公自动化协议供货的全区联动，加强协议供货的后期管理，拓展采购业务，全年完成采购规模超过15亿元，节约采购预算资金近1.8亿元，采购规模和节约采购预算资金创历年之最。

【地方志编纂和《内蒙古政报》工作】 出版发行《内蒙古年鉴2008卷》并制作发行电子版。全年共评审验收志稿32部次，出版志书10部。继续加强内蒙古区情网建设，增设内蒙古史志专家数据库，制作12个盟市第一轮电子版志书，有力地推动了地方志工作信息化、数字化建设。进一步扩大《内蒙古政报》的赠阅范围和社会覆盖面，充分发挥政府信息公开主渠道作用，2009年政报发行量增加到48 000份，其中蒙文版5 000份。切实做好内蒙古政报网站的维护工作，网络版点击率累计达49万次以上，在施行《政府信息公开条例》和政务公开方面发挥了重要作用。

【信息化建设工作】 积极拓展政府门户网站服务范围，充分利用“盟市旗县经济发展”专栏，宣传盟市、旗县在经济建设方面取得的成果和重大项目的投资情况。进一步加强门户网站的建设与管理，对政务门户网站进行全新改版，增设了大量专题栏目和特色栏目。积极开展办公厅机关办公自动化前期工作，推动政务信息化建设。认真落实国家保密局的要求，在厅机关内网加装安全管理软件，保障内网安全稳定运行。

【老干部和驻外办事机构工作】 认真落实老干部政治、生活待遇,组织老干部观看国庆庆典系列节目、外出学习考察,60年大庆前慰问看望了18位建国前参加工作的离休人员,受到了老干部们的高度赞扬。在深入调研的基础上,积极谋划整合自治区人民政府驻沈阳、深圳、香港、广州、海南办事机构,拟新组建业务范围覆盖南方主要省区市及香港、澳门的深圳办事处。充分发挥自治区人民政府驻北京、上海办事机构的窗口、桥梁和纽带作用,着力做好招商引资、经济合作、信息联络、接待服务等工作,为推动自治区经济发展和社会进步做出了积极贡献。

(孙海涛)

信访工作

【内蒙古自治区党委政府信访局领导名录】

局　长:王晓成

副局长:白占先　连存宝　傅仲宇

【概况】 自治区党委政府信访局为内蒙古自治区人民政府直属机构。局机关内设8个业务处室:办公室(人事处)、综合处、办信处、来访接待一处、来访接待二处、督查一处、督查二处、投诉受理处(人民群众建议征集办公室)和3个事业单位(信息中心、内蒙古自治区联合接访办公室、机关事务服务中心),共有编制69名。行政编制46名,其中局长1名、副局长3名,处级领导职数22名;事业编制23名,处级领导职数6名(3正、3副)。

到2009年底,自治区党委政府信访局实有工作人员42名,其中女性9名,占21.4%;少数民族干部18名,占42.8%;大学以上文化程度40名,占95.2%;29岁以下工作人员1名,30岁至39岁13名,40岁至49岁14名,50岁以上14名。工作人员平均年龄为45.3岁。

【组织领导】

自治区党委 政府分管信访工作领导　自治区党委分管信访工作领导:自治区党委副书记、政府常务副主席任亚平,自治区党委常委、秘书长符太增。

自治区人民政府分管信访工作领导:自治区副主席连辑、自治区政府秘书长乌兰巴特尔。

总体思路 以邓小平理论和“三个代表”重要思想为指导,以科学发展观统领信访工作全局,紧紧围绕自治区党委、政府的中心工作,以确保新中国成立60周年首都和全区社会和谐稳定为目标,全力推动“事要解决”,狠抓基层基础和长效机制建设,进一步以畅通信访渠道、解决群众实际问题、化解人民内部矛盾、预防和处置群体事件、控制群众越级上访、构建大信访工作格局为重点,深入开展矛盾纠纷排查化解和非正常上访整治工作,切实加大信访事项查办督办工作力度、信访工作责任追究力度、信访法规宣传力度、信访信息系统工程建设速度,进一步加强信访局机关及各处领导班子建设和理论、法律及业务知识的学习,带动队伍整体素质的提高,为自治区改革发展构建和谐的社会及稳定的社会环境而服务。

【信访活动】

信访分布　2009年,全区三级党政信访部门共受理群众来信来访327 746人次,比上年增加9.3%。其中受理群众来信16 895件次,比上年减少38.2%;接待群众来访43 845件次310 851人次,分别比上年增加12%和14.1%,其中接待集体访14 451件次260 037人次,同比分别增加16.2%和52.8%。自治区群众越级进京非正常上访1 399人次,同比下降34.6%,其中个体访959人次,同比下降7.2%,集体访44批次、440人次,同比分别下降56%和60.1%。

2009年,自治区党委政府信访局共受理群众来信来访33 819件(人)次,与上年同期相比减少4%。其中,受理群众来信8 401件次,同比减少13%;接待群众来访2 966件次25 215人次,同比分别减少0.9%和1.4%。来访中,集体访961件次21 723人次,同比件次增加6.1,人次减少1.5%。

盟市党政信访部门受理群众来信来访113 695件次,占全区信访总量的34.6%,与上年同期相比增加11.4%,其中受理群众来信4 943件次,同比减少42.2%;接待群众来访13 518件次108 853人次,同比分别11.1%和16.4%。来访中,集体访4 826件次93 553人次,分别增加22.5%和66.5%。

旗县(市区)党政信访部门受理群众来信来访180 232件次,占全区信访总量的54.9%,与上年同期相比增加11%,其中受理群众来信3 551件次,同比减少61%;接待群众来访27 361件次176 783人次,同比分别增加14%和15%。来访中,集体访8 664件次144 761人次,同比分别增加14%和58%。

信访内容　主要集中在企业改制遗留问题、企业军转干部问题、军队退役人员非正常上访问题、“五七工”老有所养问题、水库移民问题、大中专院校定向毕业生问题、城镇房屋拆迁问题、农村土地征用问题、法院判决后执行不到位或执法不公问题、国有商业银行改制问题等直接涉及群众切身利益的几个方面。

此外,反映各级干部违法违纪问题也比较普遍。

信访特点 全区信访总量增幅减小,赴京非正常上访总量大幅下降,群众赴自治区非正常上访得到有效遏制,依法信访的格局正在形成,但面临的信访形势仍不容乐观。一是信访总量仍在高位运行,形势依然严峻。二是重信重访居高不下,信访问题解决难度不断增大。三是过激行为时有发生,组织化倾向更加明显。四是信访重点地区问题仍很突出,信访隐患大量存在。

【信访信息】

信访统计 启用信访信息系统对全区群众来信来访情况进行统计分析,并与上年同期进行比较,全面、及时、准确地掌握全区各级信访情况和信访动态。

信息传递 在坚持以《信访动态》、《信访专报》等形式报送信息的基础上,对突发紧急信访问题及时以《信访信息》、《要情通报》向自治区党委、政府和中联办、国家信访局报送情况。全年编发专报、动态、信息、通报等300余期,多数引起有关领导的重视,为党和政府决策提供了翔实的参考依据。

综合分析 坚持信访形势分析制度,加强综合分析研判力量,准确把握苗头性、倾向性、政策性问题,及时进行综合分析,研究提出相应的工作建议。全年向中联办、国家信访局、自治区党委和政府以及有关地区、部门提供综合性情况分析126条,多次得到自治区主要领导和有关领导的批示和表扬,对领导责任制的落实和信访问题的解决起到了推动和促进作用。

领导批示 自治区党委、政府及自治区党委办公厅、政府办公厅领导关于信访工作和信访问题的批示300余件,对切实做好信访工作,妥善处理和解决群众信访反映的问题,特别是对处理信访突出问题及群体性事件起到了很好的指导和促进作用。

【受理工作】

群众来信受理 工作程序进一步规范,加强对初信、联名信的交办,紧紧围绕带有全局性、根本性的问题,为自治区领导提供决策执行情况、落实情况。全年向自治区和盟市党政领导及信访部门呈转重要信件400余件,各盟市交办信访事项的办结率达到95%以上,年内受到自治区领导批示表扬25次。

群众来访接待 一是重点加强初访接待工作,不断提高一次性接访工作水平;二是加强协调,妥善处理集体访,防止发生越级进京集体上访;三是加强对来访问题跟踪督查。四是劝返在京滞留上访人员。

党委政府信访热线电话 进一步加强信访热线电话受理工作,及时协调督办群众反映的实际问题。全年通过“信访热线”电话受理信访事项280件,“主席信箱”受理1 437件,结案率88.9%,通过“网上信访”受理290件,答复216件。办理国家投诉办公室转送信访事项247件,交办18件,全部结案;自治区投诉受理办公室交办41件,结案率59%。

【工作会议】 2月13日,召开自治区处理信访突出问题及群体性事件联席会议第十七次全体会议。会议对2009年信访形势进行研判,提出2009年信访工作总体思路和建议,研究审定自治区贯彻落实《中共中央办公厅、国务院办公厅关于领导干部定期接待群众来访意见》等3个文件的实施意见。

2月26日至27日,召开全区信访工作会议。传达贯彻2009年全国信访局长会议精神,通报2008年全区信访工作,安排部署2009年信访工作,总结交流信访工作经验,对完成《2008年重大活动期间盟市、企业进京非正常上访及重信重访专项治理工作目标管理责任书》的盟市和企业进行奖励,签订《2009年盟市、重点企业进京非正常上访和信访积案化解工作目标管理责任书》,表彰2006~2008年度全区信访系统先进集体及先进个人。

6月23日,召开全区信访信息系统建设推广应用工作调度会,听取各盟市信访信息化建设和信访信息系统建设推广应用的情况,通报全区信访信息系统建设及试运行以来的系统建设、人员培训、系统应用、业务办理、队伍建设等方面的情况。要求各地在充分利用现有资源的基础上,加大工作力度,加快工作进度,尽快实现信访事项网上办理、督办,减少重复受理、重复交办,以信息化手段全面促进信访工作提高效率和管理水平。

7月22日至8月12日,分别在呼和浩特市、兴安盟、乌兰察布市、巴彦淖尔市、北京市等地区召开全区“三跨三分离”信访问题调度会和盟市、重点企业(单位)整治非正常上访推动积案化解工作汇报会。通报全区非正常上访面临的形势和政治非正常上访工作进展情况,安排部署了国庆期间驻京信访工作、赴京非正常上访人员稳控劝返工作和赴京非正常上访人员处置办法。

【工作措施】

扎实开展领导干部接访和机关干部下访活动 畅通群众信访渠道 把领导干部定期接访和机关干部下访工作作为信访工作的重点来抓,制定出台有关领导干部定期接待群众来访、机关干部下访等3个制度性

文件,并着力抓好督查落实。2009年,全区旗县(市、区)以上领导干部累计有10 633人次接待群众来访,接待群众127 684人次,回复办理8 327批64 321件(人)次,有效预防和减少社会不稳定因素。充分发挥综合协调、督查落实的职能作用,在积极配合中央信访工作督导组工作的同时,先后组织三批下访督导组,进一步加大对重点地区、重点行业、重点领域的督导检查,带动全区960多名干部深入基层开展下访活动,解决一大批涉及群众切身利益的权益诉求。中央信访工作督导组给予充分肯定。

深入开展矛盾纠纷排查化解工作　成立矛盾纠纷排查化解工作领导小组,强化一系列相关工作措施,推动各级深入开展矛盾纠纷大排查大调处活动,有效促进了矛盾纠纷的化解。对容易引发重复上访、集体上访和群体性事件的苗头隐患,逐一落实包案领导、责任单位、化解时限和具体措施,切实把矛盾隐患消除在基层、消除在萌芽状态。2009年,共开展各类矛盾纠纷排查活动18次,对排查梳理出的7 334件矛盾纠纷,落实责任、包案到人、限期化解,共化解6 597件矛盾纠纷,化解率近90%。

加大信访积案化解工作力度　在巩固重信重访专项整治活动成果的基础上,认真贯彻落实中央关于开展"信访积案化解年"工作的安排部署,及时成立领导小组并制定了具体工作方案,推进"信访积案化解年"活动深入开展。各地各部门进一步加大投入、整合资源,综合运用各种办法,集中解决一大批长期积累的疑难复杂信访问题。自治区本级设立1 000万元的信访储备金,并争取到中央解决疑难复杂信访问题专项资金530万元,促进各级匹配2 000多万元资金,解决230多件"骨头案"、"钉子案"。2009年,全区用于信访积案化解资金投入累计达5亿元,中央和自治区交办的220件信访积案已结案214件,化解率达97%,息诉198件,息诉罢访率达93.2%。

全力做好重点时期的驻京信访工作　着力维护首都和自治区社会和谐稳定　针对全区群众进京非正常上访问题比较突出的严峻形势,及时组织力量进行专题调研,制定出台《关于进一步加强和改进驻京信访工作的意见》、《关于进一步加强国庆期间信访工作的通知》等文件,并组织召开了全区驻京信访工作会议,就国庆期间驻京信访工作进行安排部署。进一步加强对驻京信访工作的督查指导,召开驻京工作组会议,启动驻京信访工作应急工作机制,从各地抽调专门力量进京开展应急处置和劝返接回工作。各级各部门加大非正常上访整治工作力度,各地驻京工作组加强协调配合,劝返接回衔接紧密、运行顺畅,驻京公安部门及时妥善处置进京非正常上访违法行为,有效遏制进京非正常上访,为建国60周年系列庆祝活动创造良好的社会环境。

扎实开展全区"迎国庆、保稳定"信访百日攻坚活动　加大非正常上访处置工作力度　为了切实维护重大活动期间首都和自治区社会和谐稳定,组织开展全区"迎国庆、保稳定"信访百日攻坚活动,进一步加强进京非正常上访整治工作。同时,突出对重点地区的督导检查,先后在东中西部的3个地区召开盟市信访工作汇报会,推动各地加大非正常上访整治工作力度。各级各部门扎实开展"迎国庆、保稳定"信访百日攻坚活动,进一步落实责任,强化工作措施,实现"迎国庆、保稳定"信访百日攻坚活动既定的目标任务,确保国庆60周年首都和自治区社会和谐稳定。2009年9月份全区群众重复进京非正常上访排名从8月份的全国第4位退至第20位。中央联席会议办公室、国家信访局来信表扬自治区"认真贯彻落实8·13全国电视电话会议精神,领导高度重视,责任落实到位,工作措施得力,源头预防有效,努力做到'事要解决、人要留住',圆满地完成各项工作任务"。

积极推进"事要解决"　努力从政策层面破解信访难题　充分发挥联席会议协调解决信访问题的机制作用,加大对确需调整和完善政策解决的信访问题的调查研究力度。先后组织3个考察组赴山西、河北等省区进行考察学习,就涉及相关政策方面的4类18个信访问题向自治区联席会议第18次全体会议提出解决意见和建议。原自治区党委书记储波在自治区信访局专报上批示"同意第18次联席会议决定,抓紧协调、督办"。同时,注重与相关部门从政策层面研究解决问题的措施办法,加大组织协调和督促落实力度,努力推进"事要解决"。对于农村土地承包中的遗留问题、灵活就业人员参保与参保接续的问题、复员军官的养老保险、医疗保险及住房、取暖补贴等问题,自治区有关部门已陆续出台解决办法和意见,从根本上解决一批疑难复杂信访案件。

及时妥善处置群体性事件　面对国际金融危机对信访工作带来的新情况、新问题,进一步加强信访信息分析研判,及时修订和完善应急预案,不断提高处置群体性事件的能力和水平。及时制定并下发了《关于定期上报信访形势分析研判报告的通知》和《关于做好信息报送和值班工作的通知》,自治区定期分析研判信访工作形势，进一步强化工作措施，落实信访工作责任，牢牢把握工作主动权。先后通过《信访专报》等形式向自治区党委、政府报送了有关军队复员人员上访、部分非义务教育阶段教师反映待遇等信访突出问题，为自治区领导决策提供参考。特别是在国庆前夕，实行“零报告”制度，全面掌握动向，并及时跟进处理解决，妥善处理了部分军队退役人员、民办教师、内蒙古万里大造林购林客户等多起进京赴区上访案件和大量涉众群体访案件，确保了全区社会大局稳定。

信访信息化工程建设取得新进展　制定并下发《关于进一步做好全区信访信息系统互联互通及推广应用工作的通知》，并成立组织领导机构，加快信访信息化建设进程，实现国家、自治区、盟市三级信访部门信访信息系统的互联互通，旗县一级信访部门的互联互通覆盖率达60%；加强对基层信息化工作的指导，举办两期信访信息系统和信访统计培训班，累计培训达540人次；积极推进“网上信访”与国家信访局的对接，认真做好“主席信箱”、“热线电话”、投诉受理等工作。自治区党委副书记任亚平批示“认真做好办理工作是办好信箱的关键，要坚持做好”；积极做好网络评论工作，进一步拓宽群众诉求渠道；加强自治区信访信息系统的建设维护，加快信访局门户网站建设，充实加强信息中心队伍，较好地发挥现代化办公手段及时、高效、便民的作用。

（孙　炜）

机关事务

【内蒙古自治区人民政府直属机关事务管理局领导名录】

局　长：王喜才

【概况】　内蒙古自治区人民政府直属机关事务管理局为自治区政府办公厅参照公务员法管理的副厅级事业单位（主要领导高配为正厅级）。内设6个处室，分别是办公室（挂自治区行政管理学会秘书处的牌子）、财务审计处、基建与资产管理处、接待处（挂自治区政府接待办公室牌子）、保卫处、公共机构节能处。核定事业编制55名，实有51人，大专以上学历占94%。核定副厅级领导职数1名，处级领导职数19名（10正、含3名副局长、1名机关党委专职副书记，9副）。管理4个处级单位：后勤服务中心、车辆服务处、政府办公厅文印中心、房产管理中心。

经自治区政府领导和办公厅领导的积极努力协调，自治区编委批复，管理局主要领导职务由副厅级高配为正厅级，增设机关党委和公共机构节能处为局机关内设处室，将“财务管理处”更名为“财务审计处”，“基建与房地产管理处”更名为“基建与资产管理处”。同时，将办公厅文印中心的机构性质由自收自支调整为财政差额补贴事业单位。近日，自治区政府决定将自治区本级政府投资非经营性项目基建任务赋予管理局，承担自治区本级政府投资非经营性项目代建工作领导小组办公室职能。

【综合协调】　文件编发、机要交换及时、安全、准确，保障了全局工作的正常运转，无失泄密事故发生。档案工作进展有序，提供借阅、利用档案236人次1 706卷。完成了局2008年度考核总结工作和机构编制实名制软件的填报工作。努力控制自治区本级行政事业单位公务用车编制，严格履行审批程序，共审批新增、报废、调出调入公务用车127辆。认真完成政府办公厅下达的重点课题研究，充分发挥内蒙古行政学会会刊的宣传和参谋作用。全面落实离退休人员的政治、生活待遇。国庆期间组织离退休人员观看国庆庆典系列节目；11月中旬组织65名离退休干部赴海南考察，老干部们对此十分满意；60年大庆前慰问看望了18名建国前参加工作的离退休人员并送去纪念章和慰问物品。

【财务审计】　按时完成政府办公厅系统2008年度财务决算编制、审核、汇总、分析和上报工作。根据公务运行中经费支出实际情况，结合预算安排和工作需要，与政府办公厅17个处室和管理局5个处室分别签订了2009年公用经费包干指标。认真组织完成了“小金库”自查自纠工作，同时积极配合自治区“小金库”专项治理小组对政府办公厅系统“小金库”重点检查工作。完成了对政府办公厅系统会计法执行情况的检查。与自治区发改委、财政厅等有关部门积极协调、沟通，继续加大资金争取力度，努力解决政府办公厅系统经费不足问题。召开了政府办公厅系统2009年部门决算暨2010年部门预算布置会议。圆满完成了对党委政府信访局、自治区重大办、自治区行政管理学会等20多个部门、单位的财务管理和审计工作。

【基建与资产管理】　坚持一手抓新建、维修工程管理，提高工程质量和工程管理水平；一手抓房产、地产管理，完善房地产相关资料，做到产权明晰，数据准确。完成了5 703平方米住宅区防水工程。对49项竣工验收项目进行决算审核，工程决算上报造价218.48万元，审定造价190.03万元，核减28.44万元。对两个办公区办公用房情况进行核实，并分类汇编成册。结合政府办公厅机构改革人员调整情况,协调办公厅19个处室,调整分配207间办公用房。同时,协调政府办公区39个机关、单位,调整分配697间办公用房。对现任副省级以上领导干部的住房情况和自治区党委、人大、政协等单位租用办公用房的情况进行摸底,并向自治区领导作了专题报告。办理出售房改房34户,收回资金610 857元。完成原自治区经委锡林北路50号院18户搬迁工作。

【政府接待】 至11月底,共接待国务院环保核查组、中央财经领导小组检查组,辽宁、宁夏、北京等省区市政府考察团组及国家电力集团公司、神华集团等宾客和团组共749批5 968人次。认真做好领导及宾客的迎送、宴请和车机票的购买服务。为自治区政府代表团和政府领导赴外省、市、自治区学习考察及赴有关盟市检查工作随行服务11次。承办自治区政府及有关部门领导与来宾会见、洽谈及签约仪式等38次。为全区节能工作会议等会务服务5次。

【安全保卫】 全年召开4次安全保卫工作协调会议,着力加强安全保卫工作。9月份对党政办公区东围栏进行了全面改造,加设了周界报警和监控系统。由局负责建设的自治区党政机关办公区和自治区党委原址的技防建设项目,8月底开工建设,国庆节前交由武警内蒙古总队一支队投入使用,经过3个月的试运行,系统运行稳定。消防系统和呼市消防支队监控网络直接连通,并与政府办公区和党政机关办公区的33个防火重点单位,签订了防火目标化管理责任状。在两个办公区组建义务消防组织29个,把防火工作职责落实到具体责任人。组织相关单位的负责人,对两个办公区进行6次安全大检查,对检查出的问题,责成专人负责整改。年初与两个办公区的24个单位签订了治安工作目标化管理责任状,建立治安联防小组43个,把社会治安综合治理工作落到实处。积极开展"创安"活动,推进联系点"创安"工作。积极协调发改委给"创安"联系点四子王旗拨专款50万元,"创安"活动有了新的突破。

【后勤保障】 确保两个办公区水、电、暖供应安全。经多方协调,获赠价值10万元消防救生器材,保障消防安全。良好的会议服务质量受到办会单位的赞扬。工勤服务标准不断提升,保洁人员的专业技能显著增强,综合楼卫生管理由呼和浩特市日信海清物业服务公司接管,实现社会化服务。办公区和住宅区设施设备维修近万次。办公区绿化按规划及时补植苗木,绿化美化质量有了一定提高。机关食堂不断加大菜品创新力度,接待就餐人员59.16万人次,在保证菜品质量的基础上,有效控制成本费用。政府机关幼儿园充分发挥优秀教师的模范带头作用,并重新修订了星级教师任职条件,办园质量进一步提升。通信服务秉承一站式服务,以服务热情、接转顺畅和急用户所急为工作宗旨,受到了好评。政府医务所积极引进设备,积极在党政机关办公区开展医疗保健工作,提升基本医疗服务能力,社区医疗服务水平也正在逐步提高。

【车辆服务】 全年未发生重大安全责任事故,重视车辆养护工作,车辆完好率常年保持在96%以上。在专车服务工作方面,驾驶员切实做到"安全、正点、卫生、保密",领导比较满意。利用节假日积极创收,弥补经费不足。至11月底,公务用车累计安全运行214.5万公里。

【机关文印】 推行"6S"管理理念,即"整理、整顿、清理、清洁、素养、安全"。加大业务宣传,提高文印中心行业知名度,不断拓宽业务范围。完成《内蒙古政报》(蒙、汉版)、《内蒙古妇女》等16种期刊的印制任务,全年完成产值600万元。在2009年内蒙古自治区新闻出版局印刷行业抽检评比中,《乌拉特中旗人大志》等6种书籍被认定为优质产品。

【房产管理】 完成了政府办公区零星维修工作,确保机关单位的正常办公。对办公区后门进行重新喷涂和灯光改造;维修改造政府办公区篮球场、网球场,完善了干部职工体育活动场所。与自治区老干部局共同努力,圆满完成了原经贸委住宅区改造工程,更换供暖管道829米、供水管道221米,得到了老干部局和老干部的赞扬。完成了房管二所6吨锅炉的拆除清理工作和乌兰西巷原轻工厅宿舍供热管网接入内蒙古医院供热管网工程。通过召开供暖协调会,政府办公区和宿舍区供暖温度较低问题有所改善。至11月底,政府办公区各项物业收费达95%;政苑住宅区收费完成率为84%。小区物业管理全部移交物业公司。在新建的两个住宅小区成立了业主委员会,推行社会化管理,努力创建平安、卫生、和谐的住宅小区。

【公共机构节能】 以贯彻实施《公共机构节能条例》为中心,以建立公共机构节能联络员制度和资源能源消耗统计制度为抓手,努力做好培训宣传、督查调研、能耗统计等工作,全区公共机构节能工作取得一定进展。2009年又有了新的提高:全年节约绿化用水经费约1.8万元,节约用电26.815万度计13.73万元,车辆百公里油料消耗略有下降,修旧利废节约经费2.63万元。

【基建工程建设】 一是政府办公区3、4号楼拆建工程。根据政府办公区统一规划,专门成立政府办公区

3、4号楼拆迁管理小组，组织房产、水暖、变电工作人员及时清理公共设施，指派专人现场监督协调拆迁工作。该项工程从楼体拆除到平整场地仅用了半个月时间，并且确保了拆迁工作质量。二是新建两个住宅区环境完善工程。按照整体推进、工序合理、分步实施的指导原则，新建两个住宅小区后续工程建设和配套设施安装扎实进展。完成了两小区周界及楼宇之间红外线电子围栏幕墙和摄像机安装调试，投入使用后运行正常，提高了小区安全防范系数。两小区完成绿化面积2.95万平方米。栽植乔木、灌木13种1 889株，成活率达85%以上。完成林技校小区南门土建工程及电动伸缩门、道轧等配套工程。对小区东门进行了整治。协调呼市燃气公司，开通天然气908户。配置可移动垃圾箱42个，健身器材两套。协调呼和浩特市春华水务公司为两个住宅区住宅楼、车库和公用设施更换智能自来水表1 781块，节约费用80.145万元。同时，完成两个住宅区水暖电、门窗、散水等维修工作。

（张　炜）

无线电管理

【内蒙古自治区无线电管理委员会领导名录】

主　任：赵双连

副主任：张院忠　郧建华

常务副主任：李生义

【概况】　内蒙古自治区无线电管理委员会办公室是自治区政府行政管理的办事机构，承担着无线电频率指配、台站管理、查处非法干扰的重要工作职能。内蒙古自治区无线电管理委员会办公室是自治区无线电管理委员会的办事机构，设在自治区人民政府办公厅。内蒙古自治区无线电管理委员会办公室对12个盟市无线电管理处实行垂直领导，人、财、物统一管理。财务实行"收支两条线"管理，内蒙古自治区无线电管理委员会办公室为自治区财政单独预算单位。经内蒙古自治区人民政府办公厅关于印发自治区人民政府办公厅主要职责内设机构和人员编制规定的通知（内政办发〔2009〕90号）文件精神，同意内蒙古自治区无线电管理委员会办公室下设呼和浩特市无线电管理处。全区无线电管理系统现有干部、职工110人。其中：国家公务员52人；事业编制人员58人；处级以上干部26人，占总人数的23%；研究生以上学历4人，占总人数的3%；本科以上学历82人，占总人数的74%；专科学历24人，占总人数的21%；少数民族干部、职工10人，占总人数的9%。

【通信建设】　至2009年12月底，全区各类无线电发射设备总数已达1 646万部，其中：公众移动GSM电话1 492万用户，基站10 684个；公众移动CDMA电话95万用户，基站1 813个；广播电视1 151部；短波电台1 307个、超短波电台27 036个；固定无线接入72 967部；卫星地球站204个；微波站3 459个；业余电台1 347个。

【法制建设】　2009年完成《内蒙古自治区无线电管理条例》（草案）调研项目，自治区人大、法制办已将《内蒙古自治区无线电管理条例》（草案）正式列入2010年自治区人大审议项目。全区无线电管理机构深入开展法制宣传，自治区无委办将《内蒙古政报》第9期定为宣传专刊，并在《腾飞的内蒙古》书中入编无线电管理工作的宣传彩页。是年也将《内蒙古年鉴》作为宣传无线电管理的重要载体之一。同时结合当前无线电管理核心工作除采用报纸、广播电视、手机短信等方式外，另增加了楼宇传媒广告、出租车LED显示屏和公交站牌等不同宣传方式，面向群众进行了无线电管理法规宣传，收效明显。

【频率台站管理】

重点保障新中国成立60周年大庆无线电通信安全　为确保国庆60周年活动期间无线电安全和无线广播电视安全播出，自治区无委办制定了《建国60周年防范应急处置预案》。2009年6月份，自治区党委防范办组织无线电管理部门和广播电视部门在赤峰市联合举办了"防范非法无线电插播演练活动"。重点对"防范有线电视非法插播"和"防范非法无线电广播"进行模拟演练活动。此次活动在赤峰市无线电管理处的紧密配合下圆满完成了演练任务。通过实战演练，检验了党委防范办、无线电管理部门、广播电视部门和公安部门实施《建国60周年防范应急处置预案》的可行性，同时也提高了对邪教组织利用无线电进行非法活动的防范意识，随时做好故意干扰、恶意插播等非法活动的防范处置工作。

大力支持第三代移动通信3G网络建设　TD－SCDMA、CDMA2000和WCDMA三种技术标准分别由移动、电信和联通三大运营公司建设经营。为推动3G网络建设，加快产业结构调整和优化升级，自治区人民政府办公厅针对拥有自主知识产权国际标准的TD－SCDMA下发了《关于大力支持中国移动TD－SCDMA建设工作的通知》。为支持电信公司对3G网络建设，自治区无委办组织电信、移动和联通三大公司召开了

3G网络建设专题会议,全面了解3G网络规划与建设情况,就基站管理和基站共建共享等问题进行了情况模底,并在实际运行中提供了方便。为重点支持TD－SCDMA网络建设,自治区无委办还组织有关部门召开了联席会议,印发了关于支持TD－SCDMA网络建设发展的通知,为全区3G网络建设提供有力保障。

在全区范围内开展清理对讲机专项执法工作 按照工业和信息化部无线电管理局关于在全国开展清理违法使用对讲机的专项行政执法活动要求,从2009年4月份开始,全区无线电管理系统广泛开展了动员和宣传。为加大执法力度,自治区无委办在6月份会同公安厅联合行文在全区集中开展对讲机执法检查。全区共检查了530多家对讲机使用单位,检查对讲机2 186部,其中违法使用对讲机的单位有316家,使用了公众对讲机的单位有13家。为139家单位补办设台手续,补办对讲机数达到1 060部,同时,对32家单位做出了行政处罚的决定。

继续开展移动通信干扰器专项核查 自治区无委办针对通信干扰器使用范围广、点多,严重影响电信运营商正常通信状况,2009年上半年,会同自治区保密局、教育考试中心、人才培训中心联合召开整顿移动通信干扰器专题会议,对干扰器设备逐步进行登记备案。首先从呼市地区进行抽检,有95%的干扰器设备不符合国家技术标准。特别是随着3G业务的开展,新频段的移动通信干扰器又会随之出现,因此,严格技术标准、规范设备生产与管理,成为无线电管理部门支持3G网络建设、保障广大群众通信权益的重要工作内容。

加大对各类考试中利用无线电设备进行作弊违法行为的查处力度 随着科技的进步,采用先进的无线电设备技术作弊,已成为重要考试中新的作弊方式。为防止、打击利用无线电作弊的案件发生,自治区无委办根据《国家通信保障应急预案》和《内蒙古自治区突发公共事件总体应急预案》等有关法律规章制度,制定《内蒙古自治区教育考试无线电管理应急保障预案》,自治区无委办为全系统统一集中采购了无线电信号压制设备,并成立教育考试无线电管理应急保障领导小组,抽调了相关行政执法和技术人员组成执法组。先后配合有关部门对全国硕士生招生、全国司法、会计、英语四、六级、普通高校招生考试、公务员考录、事业单位招录等重大考试中利用无线电设备进行作弊的行为开展了监测和查处。2009年,全区各类考试先后派出工作人员406人次,出动车辆120车次,共查获作弊案件131起,抓获涉案人员150余人,查获涉案设备143部,并实施无线电阻断47起。通过开展行政执法,有效震慑了利用无线电设备工具作弊的行为,严肃了考场纪律,维护了考试的公平、公正和严肃性,提升了无线电管理工作能力。

继续做好军地协调工作 为国防建设搞好服务 2009年,自治区无委办与军队有关部门协调配合,先后完成了与全军无委就乌拉特前旗MMDS受部队干扰事件的协调工作。积极配合部队完成内蒙中、西部军事演习的协调工作和地方设置大型无线电发射设备的军地协调工作,及时满足了军事通信的需要。为保障民航、军航等飞行安全,自治区无委办积极配合民航、北空、兰空等单位,开展了民航飞行安全专项检查清理整顿,受到国家有关部门表扬。年内国家无线电管理局、广电总局、民航总局等在呼和浩特市召开了飞行安全保障现场会,对内蒙古自治区无委办各项保障工作给予充分肯定。

认真开展边境电磁环境测试与协调工作 2009年初,自治区无委办与内蒙古军区联合发文部署本年度边境地区电磁环境测试任务。在军区边防部队的大力支持与配合下,顺利完成了2009年度中俄、中蒙边境地区电磁环境测试工作。呼伦贝尔市管理处还对中俄边境地区900兆赫兹频段的GSM网络使用情况进行了重点复测,进一步落实中俄边境地区陆地移动业务频段使用协调协议,维护了国家北疆频率资源使用权益。同年7月份,自治区无委办还派人在伊尔库茨克参加了中俄通信与信息分委会无线电频率协调会工作组会谈。

继续坚持无线电频率资源有偿使用的原则,严格执行国家有关无线电频率资源收费和“收支两条线”的管理规定,进一步加强频占费的收取和管理,2009年完成收取频占费450万元,并及时上交了自治区财政。

【无线电监测】 随着各类无线电技术和业务在经济建设、国防建设和社会生活各个领域的广泛应用,无线电台(站)数量持续递增,电磁环境日益复杂,建立良好的空中电波秩序直接关系到国家的合法权益及人民群众的生命财产安全。全区无线电监测目标管理认真落实责任制,全力以赴投入各项通信保障工作。

为重大活动 重要节日提供无线电安全保障 全区无线电管理机构充分利用现有设备和技术力量,有效提高对各种无线电波和频率使用状况的技术监测能力,保障重大节假日实行24小时监测值班制度,共完成国家和自治区“两会”、“7·22”敏感期、国庆60周年、各类法定节假日24小时值班共70余天。

及时受理用户投诉和干扰排查　全区两级无线电监测站年内共接到设台单位干扰申诉46起,查处46起。

有序开展电磁环境测试和无线电发射设备检测　一是保障国家重点工程、重大项目所需的电磁环境,2009年内为二连机场、广电局、阿拉善盟3个新建机场、海拉尔机场开展电磁环境测试9次,出具电磁环境测试报告17份。呼伦贝尔市管理处、乌兰察布市管理处、包头市管理处对辖区内中蒙边境29.7MHz－3000MHz频段进行电磁环境测试。二是继续对呼和浩特市移动、联通、电信三大通信运营公司的基站按比例进行检测,共检测基站发射机40部,业余电台154部,干扰器20部。

继续抓好监测月报工作　全区无线电管理机构已建立无线电频谱监测统计报告工作机制,每月及时完成全区无线电监测统计报告工作。内蒙古自治区无线电监测站计量认证工作正式通过评审。

【技术设施建设】　按照自治区无线电管理技术设施建设"十一五"规划要求,2009年完成技术设施建设政府采购任务29项,总投入资金额9 507万元(其中:基础设施建设4 869万元,技术设施建设4 638万元)。一是完成呼和浩特市如意开发区A级无线电监测中心建设,购置监测及办公用房4 600平方米,在10月份正式运行。二是完成阿拉善盟、通辽市监测机房的采购工作。三是为全区各固定监测站架设铁塔2座。四是为呼和浩特市新建移动监测站1个;为乌海市、锡林郭勒盟、兴安盟、鄂尔多斯市4个管理处升级改造移动监测站4个。五是为解决全区个别盟市固定站覆盖范围不足的问题,自治区无委办在全区新建10个小型站,已完成新建小型站的选址、采购工作,正在建设中。六是为呼和浩特市A级监测中心安装四个新建三信道固定站。七是组建了全区超短波系统应急试验网。八是各盟市管理处购置PR100接收机、PSH3便携式频谱仪电池、40G频谱仪、和EB200、PR100检测仪器等。

无线电管理信息网络进一步完善,年内完成如意新区无线电监测控制中、网络机房、视频会议系统搬迁工作,并完成了无线电管理一体化办公平台的技术设计方案,2009年完成采购2010年正式运行。同时完成乌兰察布等4个盟市监测机房综合布线及呼和浩特4个固定站光缆联网工作。

【重要活动】　2010年2月5日下午,内蒙古自治区无线电管理委员会在呼和浩特召开内蒙古自治区无线电管理委员会第十五次全体会议。内蒙古自治区人民政府副秘书长兼自治区无线电管理委员会副主任张院忠主持会议,内蒙古自治区副主席兼自治区无线电管理委员会主任赵双连出席会议并做了重要讲话。内蒙古军区副参谋长翁乃奎等33名委员(委员代表)参加了会议。会上听取了内蒙古自治区人民政府办公厅副主任兼自治区无线电管理委员会办公室主任李生义关于内蒙古自治区无线电管理"十一五"规划实施情况"十二五"规划设想及2010年经费支出预算,总结了2009年无线电管理工作,同时提出了2010年的工作思路。

(任玉龙)

政府采购

【内蒙古自治区政府采购中心领导名录】

主　任:刘恒斌

【概况】　内蒙古自治区政府采购中心为自治区人民政府直属的准厅级全额拨款非营利性参照公务员管理事业单位,编制31人,实际在编30人。内设综合处、采购业务一处、采购业务二处和服务采购处4个职能处室,中心业务由自治区采购领导小组领导,并接受自治区财政厅的监督管理,人事、编制、党务、后勤等由自治区政府办公厅管理。主要职责是:受区直各部门、事业单位和团体组织的委托,对纳入政府集中采购目录以内的通用采购项目,组织集中采购;对集中采购目录内有特殊要求和限额标准以上的采购项目,组织实施采购;组织制定采购方案和招投标活动,向自治区政府采购管理监督机构报告中标结果;根据采购人的委托,签订或组织签订采购合同,并督促合同履行;接受部门、单位的委托,代理区直机关集中采购目录以外的采购项目;及时发布采购信息,受理供应商的询问和质疑,独立承担集中采购活动中的相关法律责任。

【主要指标】　2009年,政府采购中心共承担完成各类采购任务151 432.21万元,较上年增加3亿多元,再创历史新高。实际签订采购合同134 279.65万元,节约采购预算资金17 978.6万元,平均节资率11.87%。其中,按标前、标后分段组织实施的各类采购活动182次,完成采购预算133 453.61万元,实际签约金额119 040.67万元,节约采购预算资金14 412.94万元,平均节资率为10.8%;组织完成公务用车和办公自动化设备协议供货采购8 256.12万元;服务类定点采购总额实现9 722.48万元。

【业务拓展】

创新协议供货采购方式　对办公自动化设备协议

供货采购实行了两步法采购模式。第一步招品牌,即招厂家。第二步招供货商。通过跟厂家谈判来确定每个品种的入围品牌、型号及优惠率和服务承诺。2009年还将电器设备、照摄器材、网络设备、通用软件及安全产品纳入到协议供货采购的范围,共计27个品种。

推进办公自动化协议供货的全区联动　通过整合网络平台,改版升级网上竞价系统,实行中标产品价格数据库动态管理,为全区实现网络资源、信息资源和采购资源共享奠定了基础。锡林郭勒盟、赤峰市、二连浩特市相继采用自治区政府采购中心统一建设的网上竞价系统开展了数十次采购活动。

加强对协议供货的后期管理　通过制定和实施《网上询价管理办法》,规范了网上竞价的操作程序;通过实行网上竞价最高限价制度,强化采购中心对办公自动化设备协议供货采购价格的监督;通过制定和实施《公务用车协议供货采购流程》,增加采购中心对协议供货采购公务用车报价确认环节,对中标价格进行有效控制。

【制定建设】

进一步健全和完善了内部规章制度　在去年开展的学习实践科学发展观活动基础上,围绕中心提出的"依法采购、廉政采购、科学采购、和谐采购"工作目标,对"采购业务内部监督管理办法"、"采购业务流程"等14项管理制度进行了全面修改和完善;针对工作中的薄弱环节,制定了"开标、评标(谈判)操作规程"、"采购项目论证程序"、"采购合同审核管理办法"等8项新制度;对"电话费管理"、"考勤制度"等4项与现行政策不符的内部管理制度予以废止。经过系统梳理,最终形成了23项内部管理制度,并汇编成册,印发到每位员工,方便大家学习执行。

围绕公开 透明 进一步细化操作规程　在接受委托环节,依法修订了《政府采购委托协议书》,进一步明确了验收环节的工作职责。如果采购人要求采购中心参与验收工作的,采购中心出具项目验收单,如不要求采购中心参与验收工作的,采购中心将不再出具项目验收单。

在采购文件编制环节,中心先后4次大范围组织有关人员对公开招标、竞争性谈判、询价采购和单一来源采购文件范本进行系统修改,在采购文件中重申了废标条款的使用原则,从严控制采购文件中限制性条款的使用,加大对编制采购文件环节的内部审核和监管力度。在信息公开环节,除所有的采购公告,资格预审、评审情况,评标、中标结果等信息全部在指定媒体发布外,各类采购文件全部实现了网上发布,方便供应商网上阅读,免费下载,免费投标。

在开标、评标环节,对所有的重大项目和情况比较特殊的项目全都邀请社会监督员到现场监督,让他们监督采购中心工作人员、采购人和评委是否按规程履行各自的职责,并就评审环节发生的重大事项记录,对评审程序提出评判意见,确保了开标、评标环节的公开、透明。中心还改进和完善了开评标现场实况录音、录像资料的管理,实行对采购当事人的言行进行监督。

【廉政建设】　重视廉政建设,认真开展政治和业务学习 。年初,按照党风廉政建设任务分解要求,联系中心工作实际,制定了《廉政建设工作的实施意见》,明确工作重点和责任分工。为了切实从制度上和源头上扼制违规操作问题的发生,在不断改进和完善权责分明,相互制约的工作体制的同时,对重要环节不断强化监督力度。除单一来源和询价采购外,对采用招标方式和竞争性谈判的项目全都派员进行了现场监督。同时在项目受理、公告发布、保证金收取、专家使用、合同审核等诸多方面严格把关,尽量把隐患和问题消灭在萌芽状态。

【强化沟通与交流 努力实现"和谐采购"】　政府采购涉及各方当事人,构建和谐的人际关系,是实现"和谐采购"的基础。中心以最大限度满足采购人合理需求为目标,主动与采购单位沟通,认真听取他们的意见和建议,依法、科学合理地编制文件,组织开评标活动、签订采购合同,完成的项目普遍受到了采购人的好评。对广大投标供应商,利用各种场合向他们宣传、讲解采购中心推行的业务流程,引导他们靠自身实力和公平竞争赢得中标,合法获取经济收益。对供应商提出的质疑和投诉,都能正确对待,妥善处理,切实维护了投标人的合法权益。

为确保规范操作,对在采购执行工作遇到的重大问题,中心都能从大局出发,主动与政府采购监管部门协商、沟通,在他们的理解与支持下,及时有效地处置和解决了大量棘手问题。

(林秀群)

驻京办事处

【内蒙古自治区政府驻京办事处领导名录】

书记 主任:王军朴

副主任:刘连恕(回族) 云涛(女 蒙古族)

布大林(女 蒙古族) 苏文清 巴根(蒙古族)

【概况】 内蒙古自治区人民政府驻北京办事处(以下简称“驻京办事处”)是内蒙古自治区人民政府设在首都北京的办事机构,成立于1949年3月,是北京和平解放后,全国各省、区、辖市最早在首都成立的办事机构。驻京办事处是正厅级事业单位,编制总数35人,干部28人,工勤7人。实有干部人数26人,工勤7人。正厅级领导1人,副厅级领导5人,正处级领导4人,正处级调研员2人,副处级领导4人,副处级调研员4人,主任科员4人,副主任科员2人。下设办公室、接待处、经济联络处、信息处及自治区投资兴建的天津联络处、劝返中心。北京内蒙古大厦也由办事处管理即将运营。

【开展经济联系联络工作】 驻京办事处和各盟市联络处配合有关厅局和盟市加强政务联络,为领导来京协调和汇报工作提供较好的服务。2008年底中央经济工作会议以来,自治区申报国家的1 000亿扩大内需项目、贯彻十大产业振兴规划、落实保持积极的财政政策和适度宽松的货币政策,有大量的联系、联络工作是通过驻京办事处系统及时跟进完成的。驻京办事处参与筹办自治区党委、政府召开的在京老领导老同志座谈会。参加了办管司组织的赴浙江学习考察活动,参加“第四届中国中部投资贸易博览会”、“第十届中国西部国际博览会”等活动。应邀参加国际、外国组织和港澳特别行政区办事处在京举办的重要活动。驻京办事处多次到其他省市区办事处、自治区各联络处调研,组织全区驻京机构赴自治区五个盟市进行学习考察,进一步了解自治区近年来的发展情况,密切了与各盟市的相互联系。重新收集整理自治区在京省部、厅局级领导,在京博士,在京企业商会会员,以及各省市区驻京机构、各国驻华使领馆的联络名录。协助自治区人事厅在京成功召开高级人才招聘会。注重发挥商会等组织的作用。2009年商会通过加强与金融系统的联系,获得“金融贷款授信”意向2亿元。新组建“北京内蒙古企业商会通辽分会”。加强与国际商会组织、在京兄弟商会及异地内蒙古商会的联系。天津联络处抓住天津大发展的有利时机,开展津蒙双向服务,为锡林郭勒盟引进项目建设资金1.7亿元,还为包头等地合作项目做了工作。

【发挥网络作用 提供优质信息服务】 2009年基本完成办事处网站的系统更新,增设“招商引资”、“联系联络”、“盟市联络处”等栏目,通过信息共享等措施加强相互联系,整合资源。为自治区提供信息5 848条,其中“国家发改委3年内停批单纯扩大产能的煤化工项目”等一批信息受到自治区领导好评。办事处信息报送工作取得全区企事业、驻外办事机构小组排名第二的成绩,被自治区政府办公厅评为“政务信息报送先进单位”。天津联络处通过加强与天津市政府办公厅、市政府研究室和15个省区市驻津办联谊会的交流,扩充信息来源,提高信息质量,取得驻外机构信息总评第二的成绩。各驻京机构结合实际,主动寻找对发展有益的信息,全年共发送信息2万多条,受到上级领导的肯定。

【协助国管局 北京市做好维稳工作】 全年共接劝返上访人员3 347人次,同比上升49.5%。其中,个体访1 463人次,集体访160批次(1 884人次)分别上升90.5%和80%。在非正常上访人数增加、任务量大的情况下,保证了60年大庆期间首都的稳定。各驻京机构在做好本地区、本单位进京信访工作的同时,主动地承担劝返中心的各项任务,在协调联动机制建设、值班、信息沟通等方面取得了新的成绩。

【接待工作】 全年共接待省级以上党政领导648人次,厅局级领导480人次,领导随员及其他重要宾客1 189人次,迎送宾客1 224人次,接待自治区在京重要会议、重要活动30次。接待车辆安全行驶70万公里。接待量、工作量破纪录。

【内蒙古大厦竣工运营】 内蒙古大厦是自治区在北京的重点工程,驻京办事处把大厦的建设作为近三年的重点工作,坚持高标准、高质量完成任务。2009年是大厦建设的最后一年,驻京办事处把大厦建设作为必保完成的硬任务来抓,如期完成精装修施工、室内外配套工程、设备调试和运营准备工作。经多方协调已基本完成工程验收工作。12月,机关和筹备组已搬入大厦办公,试运营的证照即将办理完毕,很快可以运营。总投资6.55亿元、建筑面积5.16万平方米的内蒙古大厦已部分投入使用,这一标志性工程必将推动驻京办事处各项工作再上一个新台阶。此外,天津联络处充分利用原有办公场所拆迁的时机,克服困难,积极争取划拨适用土地,寻找合作伙伴,筹集建设资金,占地2 400平方米的天津内蒙古大厦在3月份破土动工,现已完成主体结构工程。

(陈 琳)

驻沪办事处

【内蒙古自治区人民政府驻上海办事处领导名录】

办事处主任:胡庚泉

【概况】 内蒙古自治区人民政府驻上海办事处为副厅级事业单位。内设办公室、业务处、接待处。编制15人,其中12名参照公务员管理。副厅级领导1人,正处级3人,副处级1人,高级经济师1人,会计师1人,大专以上文化程度4人。下设内蒙古干部(上海)培训中心,为正处级事业单位;上海内蒙古白云宾馆已实行租赁经营。

【重要活动】 2009年,自治区领导到沪的重要活动有:自治区党委常委、统战部长伏来旺到沪参加自治区第17期党外县处级干部培训班学员座谈会;自治区党委常委、组织部长李佳到沪参加浦东干部学院全国组织部长培训班;自治区政府副主席赵双连赴沪参加浦东干部学院省部级领导干部培训班;自治区政府副主席布小林带领自治区贸促会长高建钢、旅游局长赵广华、草原主题文化基金会长葛建一行到沪参加"迎世博呼伦贝尔摄影展"。上述活动中办事处主要负责人主动服务,积极帮助联络上海有关部门做好接待、安排和服务工作。是年赴浦东干部学院学习的厅局级领导干部较往年大幅增加,办事处配合浦东干部学院积极做好接待服务工作。

【经济合作】 "坚持为区内相关部门和盟市旗县服务"的宗旨和"提供信息,牵线搭桥,跟踪服务,促成合作"的招商引资工作方针。一是抓住契机,推动蒙沪合作。内蒙古是国内目前于上海市签订有合作框架协议的6个省市区之一。为有效推动蒙沪合作交流,上海市政府由市合作交流办牵头,组织有关部门组成落实两地政府在2007年签署合作框架协议的工作小组。办事处抓住机会,积极参与工作,于7月末,在呼和浩特市与自治区11个委办厅局进行沟通对接,就商定合作任务,突出合作重点,细化合作内容,建立工作推进机制等达成共识,明确相关责任单位,建立对口联络渠道,并拟定落实措施。如两地经信委确定在2010年度要加强在能源、化工、机械制造、农畜产品加工等领域的合作,并确定对接的具体企业和开发区;两地教委明确在2010年底前,在校际、学科、科研人才等方面开展合作,依托上海高校技术市场,开展技术展示、洽谈和转移工作,上海将积极协调所属高校扩大在内蒙古的招生规模;两地农委确定在2010年支持内蒙古成为上海绿色食品供应基地,支持上海在西部国际农产品展示直销中心建立内蒙古馆;两地国资委确定在2010年要加强两地国有企业的沟通协商,促进两地在能源、风能装备、煤化工、旅游酒店等领域的合作,以重点项目为着力点,及时协调解决合作项目实施中的瓶颈问题,推动项目顺利实施等。二是积极支持盟市旗县和相关部门派驻上海的办事机构在沪开展招商引资工作。协助兴安盟与上海十鼎投资有限公司取得联系。该公司已两次赴兴安盟实地考察,盟领导及相关部门也到该公司进行考察回访。双方签署在兴安盟经济工业园区建立化肥生产项目的合作意向。继续跟踪美国CCTI公司生产洁净煤及附产品深加工项目,该项目已在兴安盟工业园区开工建设洁净煤厂、塑粉煤灰加工厂,预计年底建成投产。三是通过各种方式和途径大力宣传内蒙古,寻找交流与合作的机会。以锡林郭勒、赤峰分别与上海通航为契机,组织上海内蒙古商会、全国各地在沪商会及上海旅游界有关部门、企业以及各省市区、中央部委驻上海办事处经济合作协会等单位参加活动,大力宣传内蒙古改革发展的大好形势,积极探寻合作机会。与《上海航空》杂志社取得联系,在以往对呼和浩特市、包头市等10个盟市的风土人情作了图文并茂的专题宣传的基础上,又安排该社于7、8月间赴兴安盟和阿拉善盟作专题采访,在杂志上开辟旅游文化专栏,在一百多条国内外航线上广为宣传。为支持内蒙古革命老区建设,解决部分小学的用电问题,积极联系自治区老区建设促进会,争取上海中芯国际集团的大力支持,通过兴安盟老区促进会,落实完成为该盟边远十所用不上电的小学输送安装十套太阳能发电设备的任务。帮助乌兰浩特市驻上海招商局联系有关方面,在上海成功举办乌兰浩特市招商引资推介会。应上海世博会领导的要求,办事处联系呼伦贝尔市领导及有关方面,经充分协调,将"五彩传说"艺术团引进世博会成为"天天演"节目。在世博会领导的鼎力支持下,"迎世博呼伦贝尔摄影展"于12月中旬在上海东方明珠成功展出。

【信息报送】 围绕自治区党委、政府的中心工作和全区经济工作会议确定的工作思路和目标,创新信息工作思维,改进信息服务手段,及时、准确、全面反映上海及长三角地区经济、政治、文化、社会和党的建设的新情况、新举措和新经验。采集编发长三角地区落实"十一五"规划,研究制订"十二五"编制规划,推动经济、社会发展的成功经验和措施,各省市提高党的执政能力建设的经验做法,参与西部大开发的动向,以及对中央政策贯彻落实情况等方面的信息。做到在自治区党政领导和有关部门点题索要信息或信息约稿时,能够迅速完成信息反馈任务。编发《上海信息》2 600余条，多条信息被《要情》栏目刊登。办事处充分利用区位优势，多方了解和积累信息，并根据华东地区的特点和相关政策措施，连续半个月进行有针对性的信息报送，较好地完成政府办公厅信息处的约稿任务。

【干部培训】 2009 年，培训工作着重抓好提高培训质量和搞好培训服务两个方面。在培训质量上，着力抓好培训课程设计，如自治区党委组织部举办的为期 22 天的全区选调生科级干部培训班，从基层青年干部锻炼成长和工作需求出发，与自治区党委组织部共同研究制订培训计划，精心设计培训课程，围绕贯彻十七届四中全会精神，增加了基层党建方面的授课内容，还组织学员参观考察全国十大之星街道，并与街道举行研讨座谈会；自治区党委统战部在办事处培训中心举办了为期 8 天的第 17 期党外县处级领导干部培训班。自治区组织部、统战部、国资委培训班分别为培训中心赠送了《无私奉献，精心培育，桃李芬芳，友情长存》、《春雨润物明德育才，泽流及远千里思源》和《管理优质、服务热情》3 面锦旗。全年共为自治区党委组织部、统战部、审计厅、国资委、通辽市委组织部、阿左旗机关工委举办各级各类干部培训班 6 期，培训学员 242 人。

【接待服务】 白云宾馆实行租赁经营以来，一直坚持为内蒙古服务的宗旨，对赴沪从事公务人员或赴沪治疗疾病人员都热情接待并精心安排食宿，全年共接待区内来沪人员累计约 600 余人，其中厅局级干部 28 人，县处级干部 62 人，其他干部 500 余人。宾馆留守人员做好国有资产的管理工作，确保国有资产增值不流失。搞好与方方面面的关系，保持单位的良好形象。保证经营管理的正常进行。A8 酒店管理有限公司、鸿瑞兴大酒店，中国移动上海分公司如期履约，共缴纳租赁费210.6万元，实行收支两条线，及时上缴办公厅。

【商会 促进会工作】 上海内蒙古经济开发促进会为适应形势发展需要，在巩固原有基础前提下，经上海社团管理局批准，加挂上海内蒙古商会牌子。经充分民主协商，顺利组建了新的领导班子，输入企业家为主的新鲜血液，增添生机和活力。在上海与内蒙古方方面面的支持下，成功举办换届成立大会。是年商会组团赴鄂尔多斯市、包头市、阿拉善盟考察，为家乡招商引资牵线搭桥，开展了商贸洽谈活动。经商会牵线，促成阿拉善盟、上海市普陀区工商联（商会）结成友好关系，两地工商联（商会）友好交流座谈会暨缔结友好关系签字仪式，十月末在上海举行，并取得圆满成功。

（邹金凤）

政府法制

【内蒙古自治区人民政府法制办公室领导名录】

主　任：武志忠（蒙古族）

副主任：关英（蒙古族） 丁才 刘廷山 贾莉（女）

副巡视员：王爱丽（女） 张洁民

【概况】 至 2009 年 12 月 31 日，内蒙古自治区人民政府法制办公室机关行政编制 39 人。人员结构为：主任 1 名（正厅级），副主任 4 名（副厅级），副巡视员 2 名。自治区政府法制办内设秘书处、立法一处、立法二处、行政复议一处、行政复议二处、行政执法监督处、依法行政指导处、规范性文件审查监督处。

【行政立法工作】 2009 年，自治区政府共向自治区人大常委会提交地方性法规草案 5 件，制定、修改政府规章 8 件，废止政府规章 7 件。即《内蒙古自治区义务植树条例（草案）》、《内蒙古自治区草原野生植物采集收购管理办法》、《内蒙古自治区实施〈中华人民共和国土地承包法〉办法（草案）》、《内蒙古自治区农作物管理条例（草案）》、《内蒙古自治区粮食流通管理办法》、《内蒙古自治区生鲜乳收购管理办法》、《内蒙古自治区人民政府关于修改〈内蒙古自治区饲料添加剂管理办法〉的决定》。完成 1 件政府规章草案的调研、起草、审查、修改工作。即《关于规范和加强政府立法计划编制和实施工作的意见》，填补了自治区政府立法工作中关于立法计划制度的空白。办理国务院及自治区人大常委会法律法规征求意见稿 52 件。审查自治区政府规范性文件 84 件。

【行政复议工作】 依法办理行政复议案件 60 件，应诉案件 7 件，召开各类协调会、听证会 22 次。进一步加强行政复议制度建设。继续推进呼和浩特、赤峰两市行政复议委员会试点工作。

【行政执法监督工作】 扎实推进行政执法责任制工作。2009 年，完成《内蒙古自治区行政执法监督条例（修改）》的起草工作，《条例》经自治区第十一届人民代表大会常务委员会第十次会议通过。在《条例》出台的基础上，进行相关配套制度建设，完成了《行政执法人员资格管理办法（草案）》起草工作，计划 2010 年以自治区政府规章的形式颁布实施。

积极开展行政执法主体和执法人员资格认定工作。围绕依法界定行政执法职责工作,抓了行政执法主体和执法人员资格认定工作。强化证件管理工作,首次举办行政执法监督人员培训班,培训行政执法监督人员855名,缴销行政执法监督证件199个。

举办“第十次全国地方推进行政执法责任制重点联系单位座谈会”,用力地推动自治区推行行政执法责任制工作。

进一步推动自治区政务服务中心建设,做好行政审批制度改革工作。按国家行政审批制度改革工作部际会议办公室要求,对1 291项行政审批事项进行清理。

加强行政政府监督,配合国务院法制办组织开展贯彻实施《国务院关于加强市县政府依法行政的决定》大检查;参加自治区政府组织的贯彻《信息公开条例》执法检查;对巴彦淖尔市等西部盟市林权制度进行监督检查;针对锡盟苏尼特左旗政府违规开发草场事件;对包头、鄂尔多斯巴彦淖尔市进行政务公开工作检查。呼和浩特市交警支队处罚依据援引已经废止规章的案件,进行个案监督。完成2008年度“推进依法行政、推行行政执法责任制年度实绩考核”工作,并按照要求及时将考核结果报送自治区党委组织部。

进一步加强规范性文件备案审查工作。全年前置法律审核自治区政府拟制发的规范性文件共84件。对《内蒙古自治区畜禽定点屠宰管理办法》等3件不适宜以政府规范性文件形式发文的规范性文件,提出了相应的建议。

加大备案监督力度,全年共审查各盟市行政公署、市人民政府及自治区政府各部门报送备案规范性文件197件。

【政府法制宣传及理论研究工作】 2009年,整理、编发的工作信息被国务院法制办门户网站采用1 289条,被自治区政府门户网站采用1 962条,法制办被采用的信息数量,在全国省级法制办排名第四,被国务院法制办评为“法制信息宣传工作”先进集体,受到国务院法制办的通报表扬。在自治区各委办厅局中排名第一,连续两年被自治区政府办公厅评为先进单位。认真开展蒙古法制史的研究工作,撰写《成吉思汗法典后续研究课题》的窝阔台至蒙哥时期的大蒙古国制度研究论文,完成“四大汗国”法制史研究。承办了第16届国际人类学与民族学世界大会“游牧民族法律文化研究”专题会议。

【办理人大代表建议和政协委员提案】 办理自治区人大常委会和自治区政协转来了涉及政府法制工作的人大代表建议、政协委员提案26件,对每一项建议和提案都做到了及时认真地答复。

【重要活动】 7月22日,参加国法办协调司在锡林浩特市召开的第十次全国推行行政责任制重点联系单位座谈会;8月28日至31日在呼伦贝尔市承办了“全国省级政府法制信息联络员培训班”;9月24日,《内蒙古自治区行政执法监督条例(修定草案)》经自治区第十一届人民代表大会常务委员会第十次会议审查通过,于12月1日起实施。

(魏孝承 刘永红)

政府调查研究室

【内蒙古自治区政府调查研究室(参事室)领导名录】

主　任:何永林

副主任:张建华 王海滨 冯永林

副巡视员:杨泽荣 刘补堂

【概况】 内蒙古自治区人民政府调查研究室是承担自治区政府重大问题决策论证、综合性政策调查研究和组织参事开展参政咨询的政府直属机构。内设秘书处、综合处、调研一处、二处、三处、参事业务处、离退休人员工作办公室和机关党总支。机关行政编制为37名。自治区核定厅级领导职数5名,其中主任1名、副主任4名,非领导职数(副巡视员)1名;处级领导职数14名,非领导职数7名。有机关公务员34名,自治区政府任命制参事5名,聘任制参事11名。

2009年,按照政府赋予调研室职能要求,进一步坚持为政府决策服务的工作方向,认真履行重大问题决策论证、综合性政策调查研究、全区经济社会发展形势动态分析职责,积极承担自治区领导交办的专题调研和其他工作任务,全年共报送调研报告35篇,参事建议10件,送阅件11件,党政领导的批示率近90%。参与起草政府文件、专项方案等其它重要文稿50多篇,100多万字,内容涉及自治区经济、社会各个领域的诸多方面。

【参与自治区重要课题及领导交办的专题调研工作】

完成领导交办工作任务方面 1.积极参与和推动

争取国务院制定促进内蒙古发展指导意见工作。起草内蒙古自治区人民政府关于研究制定内蒙古发展政策有关工作建议的报送材料，开展国务院指导意见出台前的部分政策前期研究工作，与自治区发改委共同起草国务院支持内蒙古经济社会发展指导意见的代拟稿。2. 积极筹备和推进北亚经济圈战略构想研究工作。按照自治区领导指示，筹备并组织召开了有综合研究院、博鳌亚洲论坛、凤凰卫视、内蒙古海外联谊会等方面的代表，以及自治区 11 个部门、9 个沿边盟市和部分区内著名专家参加的“北亚经济圈战略构想研讨会”。3. 根据自治区党政主要领导的指示，积极组织和参与开展呼包鄂一体化研究工作。

主持或参与有关文件 文稿的起草工作方面 由调研室牵头，商国土资源厅、发改委、经委等部门，共同起草了《关于进一步完善我区煤炭资源开发配置的意见》；牵头调研、起草和修改《内蒙古自治区人民政府关于促进农牧民增收的实施意见》（内政发〔2010〕号）；参与主持起草《内蒙古自治区政府关于加快供销合作社发展的实施意见》（内政发〔2009〕108 号）；主持起草《内蒙古自治区关于推动产业技术创新联盟构建的实施意见》，由自治区科技厅、财政厅、教育厅、国资委、发改委、国税局、地税局、金融办、国开行、总工会等 11 个部门联合下发；与经委共同起草《内蒙古自治区人民政府关于进一步促进中小企业发展的意见》（内政发〔2009〕66 号）；与建设厅共同起草《内蒙古自治区人民政府关于加强城镇供热工作的意见》（内政字〔2009〕232 号）。另外，调研室还参与了“国家医改方案”和“自治区医改方案”等部分文件的讨论、修改工作。

承担完成其它课题研究方面 完成自治区财政厅的研究课题《内蒙古工业经济可持续发展研究》；调研起草《内蒙古自治区文化产业发展规划纲要（讨论稿）》；参与起草报国家发改委的《内蒙古自治区大兴安岭林区生态保护与经济转型研究报告》；起草报送自治区领导的关于珠三角规划纲要编制情况的报告；起草关于在资源开发利用领域加强与蒙古国战略合作的建议和关于内蒙古发展论坛等多个专题的签报；完成《内蒙古资源的科学开发和利用》一书的撰写、出版工作，形成 36 万字的书稿。

【开展自选课题调研工作】 认真开展调查研究工作，为党委、政府提供高质量、高水平的决策咨询服务，全年报送的《调研报告》和《送阅件》有：关于呼伦贝尔市林地矛盾的调研报告；鄂尔多斯市农牧民社会养老保险工作的调研报告；关于加快我区肉苁蓉产业发展的调研；我区农村土地流转的基本情况和对策建议；关于当前我区春耕化肥组织供应情况的调研报告；加强和改善政府为中小企业提供融资服务的几点建议；关于我区农机补贴政策执行情况的调研报告；关于我区“家电下乡”有关情况的调研；关于加强我区草原畜牧业发展促进牧民增收的调研报告；农牧业产业结构调整的新实践的调研；沼气综合利用是新农村新牧区建设的一大亮点的调研；辽鲁津应对国际金融危机的措施及启示 ；关于东部四盟市加快牧区经济发展和促进牧民增收有关情况的调研报告；宁东能源化工基地开发经验值得借鉴；广东省扶贫工作主要做法及启示；从民生工作中看苏木乡镇政府职能转变；包头稀土高新区招商引资情况调研报告；关于促进城镇供热业健康发展的调研报告；长株潭城市群建设情况考察报告；关于进一步加强我区群众体育发展的调研报告；关于我区中等职业教育改革发展情况的调研报告；鄂尔多斯市达拉特旗白泥井镇土地规模化经营的调研报告；重庆职教基地建设的经验与启示；关于兴安盟农垦体制有关情况的调研报告；关于加快草原、森林和边境旅游发展的调研报告；关于维多利小额贷款有限责任公司的调研报告；赤峰市、通辽市集体林权制度调研报告；关于我区稀土发展的调研报告；积极探索和谐改制与转型发展之路——内蒙古大兴安岭林管局（森工集团）改革发展情况的调研报告；关于我区“双语”教育情况的调研报告；关于进一步加强我区食品加工的调研报告；关于呼和浩特市蔬菜生产情况的调研报告；关于加强我区矿坑疏干排水管理利用的调研报告；乌兰察布市发展设施农业的调研报告；《2009 中国省域竞争力蓝皮书发布内蒙古综合竞争力进入上游区》；《积极搭建融资平台，争取发行中期票据》；《内蒙古实施煤电化运一体化战略的做法和效果——内蒙古能源发展调查之一》；《内蒙古实施煤电化运一体化战略的启示及对国家能源发展的建议—内蒙古能源发展调查之二》；《国务院研究室扩内需保增长调研座谈会主要观点摘编》；《关于运用“政府 + 银行 + 信托”模式为重点建设项目筹措资本金的建议》；《对煤炭企业开征生态环境保护费的建议》；《关于放宽对蒙古国粮食出口的建议》;《关于举办"博鳌北亚经济合作论坛"的有关建议》;《建设内蒙古绿色能源基地宏观效益显著》;《政府以煤炭矿权入股开发是实现煤炭资源物所有者权益的有效途径》;《法国政府行政设置和机构运作考察》。这些调研报告和送阅件,大部分受到了自治区领导的高度评价,其中有的已转化为政府的文件和措施。

【参事工作】 认真学习贯彻落实国务院《政府参事工作条例》,加强与国务院参事室、自治区党委统战部的沟通联系,为参事更好地履行职责,发挥咨询作用提供了保障。组织政府参事认真学习、讨论修改《政府工作报告》;就自治区向北开放,发展对俄蒙的经贸关系和加强自然保护区工作等问题积极向国家反映情况;组织和参加了国务院参事室成立60周年纪念活动,报送了反映1947年内蒙古自治政府参事厅成立及其历史意义的文字、图片和征文等;参加东北地区参事工作研讨会,提交了《适应新体制,研究新机制,努力做好新时期参事工作》的论文,引起与会者的关注;年内报送的10期《参事建议》都得到自治区领导的批示。

(郝素芳)

外事工作

【内蒙古自治区外事(侨务)办公室领导名录】

主　任:江　维

副主任:吴达来(蒙古族) 李岩青(女) 王毅 于学军(满族)

纪检组长:李宝昌

副巡视员:逯敬东

【概况】 自治区外事(侨务)办公室是自治区党委及其外事工作领导小组的办事机构。是自治区人民政府外事侨务工作的职能部门和自治区政府组成部门。下设秘书处、礼宾处、出国审理与护照管理处、俄蒙处、友协处(自治区人民对外友好协会办公室)、侨务处6个职能处室,行政编制45人。直属事业单位有机关事务服务中心、驻京自办签证服务处、外事培训中心、对外友好交流中心。

【高层互访】 2009年,自治区领导出访26批26人次,盟市厅局级人员出访143批233人次。高层出访对扩大对外开放、加强合作起了重要的推动作用。2009年共接待和安排自治区领导会见来自挪威、西班牙、乌拉圭、美国、澳大利亚、越南、以色列、法国、韩国、日本以及非洲多国50多个国家和地区的团组来访。

4月,自治区党委书记、人大常委会主任储波率团访问了伊朗、沙特阿拉伯和肯尼亚。访问期间,代表团与伊朗就装备制造业方面的合作进行深入洽谈并邀请伊方适时来自治区进行实地考察;与沙特阿拉伯就合作建立冷鲜羊肉加工基地事进行洽谈;与肯尼亚就进一步扩大双方在纺织、机械设备和化工贸易方面的合作交换意见,达成协议。此次出访直接促进自治区同中东国家及非洲国家的贸易开展,并推动自治区出口市场的多元化,带动自治区设备、劳动力的出口和经济持续增长。

6月,自治区主席巴特尔随中央政治局常委贺国强访问蒙古,参加中蒙建交60周年庆典活动。其间,巴特尔主席拜会蒙古国总统查·额勒贝道尔基、副总理米·恩赫宝勒德以及对外关系和贸易部部长巴特尔宝勒德等高层政要。自治区还以此为契机,在蒙古国举办"中国·内蒙古文化周"大型活动,同蒙古国相关部门及企业签署贸易、文化、教育以及建筑等多个领域内10项重要合作协议,促进自治区同蒙古全方位、宽领域的合作。

9月,自治区党委书记储波率团访问蒙古和俄罗斯,与蒙古国乌布苏省就进一步扩大自治区企业参与蒙古国基础建设和矿资源开发建设项目进行洽谈,并与俄罗斯后贝加尔边疆区政府就进一步加强双方满洲里口岸经济贸易进行具体洽谈,续签《中华人民共和国内蒙古自治区人民政府同俄罗斯联邦后贝加尔边疆区政府关于加强两地之间全面合作的会谈纪要》,为自治区与俄蒙两国加大边境贸易及各个领域的合作提供有力保障。

3月,为进一步开辟自治区的旅游业市场,增进与世界旅游组织的联系,自治区副主席布小林应世界旅游组织邀请,率团访问西班牙,参观世界旅游组织总部,考察瓦伦西亚大学经济管理学院,就旅游教育培训方面签署合作框架协议。

9月,布小林副主席访问了德国、法国和荷兰,与德国技术合作公司就延长为自治区实施小额信贷监管与培训提供技术援助及拓宽合作领域进行具体洽谈并签署协议,与法国美信集团就该集团在内蒙古投资兴办小额信贷公司的具体事宜进行洽谈并签署合作协议。就荷兰合作银行与自治区农村信用社开展技术交流与培训事宜,进行洽谈并签署合作框架协议。此次出访,对加速自治区农村金融业改革步伐,促进农村金融市场的健康发展起到重大推动作用。

3月26日,塔吉克斯坦总统拉赫蒙一行28人经停内蒙古呼和浩特,并进行了短暂的停留访问。巴特尔主席在机场贵宾室会见拉赫蒙总统一行,并介绍内蒙古自治区经济社会发展迅速,连续7年增速居全国第一位等情况。希望双方加强沟通,推动各个领域的交流与合作。埃莫玛利·拉赫莫总统表示,此行虽然很短暂,但留下非常美好的印象。塔吉克斯坦也有丰富的煤炭资源,希望以后能在煤制油、铝产业等方面加强合作。

8月4日至6日,应中国人民外交学会邀请,由美国国会众议院能源与气候变暖特设委员会共和党办公室副主任兼首席顾问福赛思率领的议会助手团一行9人对自治区进行了访问。

应中国人民外交学会邀请,由美中政策基金会组织的2009年美国国会助手代表团一行10人于4月9日至10日访问了自治区。

应中国人民外交学会邀请,日本国"893学舍"会长、早稻田大学教授天儿慧率日中友好考察团于2009年8月10日至12日访问了自治区。

【睦邻友好工作】 2009年,内蒙古自治区与俄蒙两国的友好合作进入全面发展的新时期。工作中,认真贯彻落实中央制定的与邻为善、以邻为伴和睦邻、安邻、富邻的对外政策,把与俄蒙全面友好合作作为自治区外事工作的主攻方向和重点,积极开展了同俄、蒙与自治区毗邻地区的友好交往及合作。

6月24日至28日,以自治区主席巴特尔为团长的自治区人民政府代表团对蒙古国进行为期5天的访问。在蒙古国访问期间,自治区人民政府代表团会见蒙古国高层领导、出席庆祝中蒙建交60周年活动、考察自治区驻蒙古国文化机构和企业的生产经营状况,并与蒙古国有关方面签署一系列项目合作协议。

自治区副主席布小林、自治区党委常委、呼和浩特市委书记韩志然、自治区发改委铁路办主任、商务厅厅长、政府新闻办主任等先后率团访问蒙古国;蒙古国总理、蒙古国政府驻扎门乌德全权代表、教文科部副部长、蒙古国自然环境与交通运输部旅游局局长、蒙古国中戈壁、南戈壁、东戈壁、巴彦乌拉盖等12个省公民代表会议(议会)主席、蒙古国蒙中友好协会会长、蒙古国马头琴乐团团长等也先后率团访问内蒙古自治区。

【因公出国派遣情况】 2009年,自治区共派各类因公出国(境)团组2 542批9 856人次,涉及85个国家和地区。出访各国家人次数分别是:蒙古国5 313人次,俄罗斯845人次,美国391人次,日本314人次,德国308人次,澳大利亚132人次,加拿大117人次,其它国家1 640人次。

2009年,全区因公出访呈现以下几个特点:一是人员出访总量继续下降。2009年,出访团组数与人数分别比前3年同期平均水平下降了37.3%和27.3%。比2008年减少3%和2%。二是党政人员出访数量继续减少,占出访总人数的15.5%,比过去三年同期党政人员出访平均数减少20.4%。三是出访热点国家人数明显减少,出访俄、蒙两个毗邻国家的人员继续增加。自治区实施向北开放战略,加大与俄罗斯、蒙古在各个领域的交往力度,并取得实质性成果。全年出访俄、蒙人员数量占到总数的65.6%。四是交流考察团组继续减少,只占团组总数的19.3%,基本杜绝了一般性考察团组。经贸洽谈、科技合作、文化艺术、体育卫生交流以及培训等有实质性内容的团组占出访团组总数的80.7%。五是出访团组普遍提高对出国(境)纪律的认识。许多数团组完成出访任务后都及时递交出访报告,并缴回护照。全区因公出国(境)工作呈现出健康有序的良好状态。

【界务工作】 2009年9月下旬和10月上旬,根据外交部的要求,为做好中俄边界第一次联合检查前期准备工作,派工作组赴呼伦贝尔市组织有关人员对中俄边界内蒙古段进行全线内部踏查。全面了解和掌握了自治区段中俄边界的现状、存在问题,圆满完成内部踏查的各项工作任务,达到预期目的,为下一步联检工作的正式启动打下良好的基础。踏查结束后,向外交部上报《关于对中俄边界内蒙古自治区段进行内部踏查的情况报告》。

【民间友好交往】 2009年,是自治区对外民间交往工作较多的一年,在民间友好交往中,坚持"态度积极、步骤稳妥、友好当先、注重实效"方针和"讲友谊、讲互利、讲实效"原则。2009年,自治区友好城市工作继续扩大和深化,取得了新的进展。内蒙古自治区与蒙古国戈壁阿尔泰省、呼和浩特市与韩国首尔特别市冠岳区建立友好城市关系已经全国友协、外交部批准;经过长期努力,通辽市与匈牙利德布勒森市双方高层交往日益增多,经贸、文化合作更加深入,特别是鹅养殖加工产业项目合作达到了相当规模,双方缔结友好城市的条件已经成熟,正式结好材料已上报全国友协。至2009年底,自治区友好城市数量达到26对。

6月21日,经全国友协牵线,法国欧洲文化行动学会代表团访问了兴安盟阿尔山市,双方就自治区阿尔山市与法国蓬巴杜市建立友好城市进行磋商,签署了缔结友好城市关系意向书。

5月,组织全区部分盟市外办主任出席了在日本召开的"第十二次中日友好交流会议",并与有关友好组织、团体就自治区与其开展文化交流、青少年交流以及推动和深化友好城市关系深入地交换意见,促进了自治区与日本有关地区的友好交流与合作。

10月,日本部落解放同盟代表团一行16人访问呼伦贝尔市,该团体已通过全国友协向贫困地区捐赠了5所希望小学。此次给呼伦贝尔市新巴尔虎左旗阿木古郎第一小学捐款300万日元,用于购买1 100套桌椅,使该校办学条件得到进一步改善。

11月,按照全国友协《关于设立"人民友谊贡献奖"荣誉称号》的通知精神和要求,对长期致力于民间友好事业,并作出贡献的国际友人、外籍华人进行认真筛选。美国西湖投资公司总裁张惠中先生成为自治区推荐的"人民友谊贡献奖"荣誉称号人选。

【侨务工作】 一是组成两个调研组赴俄罗斯、蒙古国进行侨情调研。此次专题国外侨情调研在自治区尚属首次,意义重大:结识了俄蒙毗邻地区的侨领,为今后交往铺平了道路;了解了第一手侨情资料,探索出一些新的工作路子;与驻俄蒙使领馆就侨务工作方面建立了联系渠道,便于今后掌握侨社情况。

二是重点加强新华侨华人和华裔新生代的工作。在澳大利亚内蒙古同乡会成立一周年之际,自治区海外交流协会组团参加了庆典活动,走出去慰问侨胞,拜会重点人士,广泛接触侨界,培育侨务资源。外可通过请进来"四有"人士,深交老朋友,广交新朋友,搭建联谊交流平台,密切联系、加深感情、增进交流、深化合作。2009年接待的海外侨团、侨领有:菲律宾总统中国事务顾问、著名侨领施恭旗率领的考察团、泰国清迈中华总商会考察团、澳大利亚内蒙古同乡会孙国照会长、傲蕾·雪原副会长、黄慧秘书长、新西兰内蒙古同乡会张琦会长、俄罗斯伊尔库茨克华侨协会苗丽红会长、俄罗斯乌兰乌德华侨华人华商中俄友好协会会长宝日呼、副会长黄开泉、中国新加坡商会副会长陈清江、澳大利亚资源战略服务公司董事朱锐、匈牙利中国商会会长马良、澳大利亚瑞地发展有限公司董事长李建路等。

三是为协助侨胞来华创业发展和自治区企业走出去与华商合作交流做了大量牵线搭桥、咨询服务工作。促成澳大利亚大华时代传媒集团与自治区宣传部门、教育部门合作办报、合作办学,欧洲匈中迪凯国际经济技术发展合作有限公司落户内蒙古,为下一步开展匈牙利与内蒙古经济技术合作奠定了基础。

当年完成香港应善良福利基金会、轩辕教育基金会、方树福堂基金会和美国欣欣教育基金会捐赠项目10个,捐款78.65万元。

【外国记者管理和外宣工作】 2009年,共受理、通报、接待来自德国、法国、美国、日本、英国的8批记者共22人。其中:驻外使馆通报4批;审批1批;直接接待1批;取消2批。

(安利兵)

中国人民政治协商会议内蒙古自治区委员会

【领导名录】

主席 副主席

主　席:陈光林

副主席:郭子明 云峰(蒙古族) 陈朋山(女) 韩振祥 王长聚 娜仁(女 蒙古族) 董恒宇 郑福田 牛广明 肖黎声

秘书长 副秘书长

秘书长:陈毅民

副秘书长:牛敏 汪海涛(满族) 靳明龙 钱灵犀 杨仁选 邢洁晨 王学东(女) 边占喜 郝智农

办公厅主任:陈毅民

办公厅副主任:张金龙 代钦

巡视员:张钢彦 杨映成 张如培

副巡视员:杨漫宇 石登山 云肖峰(蒙古族)

提案委员会

主　任:王俊林

副主任:乌力吉(蒙古族) 田震 刘香芸(女) 邢洁晨 李玉然(女) 杨建和 郑锦春 金华(女 蒙古族) 郜丰平

经济委员会

主　任:韩瑞峰

专职副主任:云祝平(蒙古族)

副主任:王维维(蒙古族) 冯笠 史青晓 刘秀清(女) 张乐义 周山 赵志华(蒙古族) 贾永哲 郭明社(女) 靳明龙

人口资源环境委员会

主　任:孟志毅(达斡尔族)

副主任:元重举(蒙古族) 王学东(女) 邓秀英(女) 王德宝(蒙古族) 帅志凯 石玉山 张晓兵 张维民 杨劼(女 蒙古族)

教科文卫体委员会

专职副主任:贾登云

副主任:邢洁晨 云高怀(蒙古族) 白宝玉(蒙古族) 刘兆和 何成保 林莉(女 蒙古族) 亢贵厚 荀黎明 郭厚诚 高学文 崔莲姣(女)

民族和宗教委员会

主　任:玉　荣(女 蒙古族)

专职副主任:奎巴特(蒙古族)

副主任:乌兰(蒙古族) 乌其拉图(蒙古族) 王佐玉 卡尔文·扎木苏(藏族) 李联盟 杨宝忠 格根其其格(女 蒙古族) 秦蒙 照日格图(蒙古族)

文史资料委员会

主　任:刘建禄

专职副主任:黎　丽(女 蒙古族)

副主任:王东生 王德恭 余向东 高云 贾学义 巴图仓(蒙古族) 高延青(蒙古族)

港澳台侨联络和外事委员会

主　任:斯琴高娃(女 蒙古族)

专职副主任:田乃立(女 满族)

副主任:白玉金(满族) 刘兴柱 张元斗 李汉迎 李岩青(女) 杨映成 孟树德(达斡尔族) 梁汉武 斯热文(达斡尔族)

社会和法制委员会

主　任:布　仁(蒙古族)

专职副主任:张如培

副主任:巴瑞明(蒙古族) 许振祥 张钢彦 阿斯林(蒙古族) 周忠清 郝勇 康永恒 宝笑平(女 蒙古族) 庞润辉 昝振英(女)

农牧业委员会

主　任:白长江(蒙古族)

副主任:马祖融 云宗元(蒙古族) 扎布(达斡尔族) 卢纯才 杨阿麟(蒙古族) 陈欣

陈国才(蒙古族) 赵金才(蒙古族)
钱灵犀 陶克(蒙古族)

【概况】

深化学习 统一思想 政治方向更加坚定 2009年,自治区政协理论中心组组织6次集体学习,举办4次常委会集体学习讲座,邀请中央党校、全国政协的专家学者作了3次学习讲座和专题报告会。先后举办两期委员学习研讨班,对政协委员进行集中学习培训。围绕中心 服务大局 协商建言更加注重实效 年初召开的自治区政协十届二次全体委员会议,就全区"两会报告"进行了认真的协商讨论。十届六次、七次常委会议都紧紧围绕自治区经济社会发展中的一些重大问题进行专题议政。两次常委会议有27位同志作了大会发言,提交45份书面发言材料。会后形成《关于促进全区旅游业发展的建议案》和《关于促进全区社会保障工作的建议案》。

深入群众 关注民生 参政议政更加广泛深入 一是重点围绕廉租房建设、职业教育、民族医药事业发展、高等院校毕业生就业、农村牧区养老保险、城市污水处理运营、人口出生缺陷干预、生态移民和边境牧区经济社会发展等与民生息息相关的问题,开展了多种形式的调研活动。二是创新提案工作机制,切实发挥提案在参政议政中的重要作用。三是动员和组织政协委员、政协各参加单位、盟市和旗县政协积极及时反映社情民意。至年底,共向全国政协、自治区党委和政府报送社情民意政协信息快报91期,专报16期。

弘扬主题 发挥优势 团结民主氛围更加浓厚 坚持团结和依靠各民主党派、各人民团体和各族各界人士,通过联合调查、集体提案和联席会议等形式,搭建参政议政的平台。有计划地组织各界别委员开展调研、视察和监督、检查活动,主动向公、检、法、司等行政执法单位推荐政协委员作为特约监督员,为进一步发挥他们的作用创造了条件。协助党委政府认真贯彻党的民族、宗教政策,做好民族宗教工作。

加强联络 推进宣传 政协影响面更加扩大 组织参加了第二届京津冀晋蒙政协区域经济发展论坛、东北老工业基地区域发展论坛第五次年会等,并组织驻内蒙古自治区全国政协委员异地学习考察,走访看望驻港澳的自治区政协委员,圆满完成了接待全国政协和兄弟省市政协视察、考察任务。努力做好宣传工作。承办《中国政协》杂志社宣传研讨会,《人民政协报》专版报道自治区经济社会发展和政协的工作情况等。全年向人民政协报供稿121篇7万余字,刊发82篇4万字;自治区主要媒体共刊发政协会议及各类活动稿件700多篇(件)。注重发挥政协文史资料存史、资政、团结、育人的作用。编辑出版了《亲历改革——内蒙古政协委员纪事文集》,已基本编辑完成《九·一九起义》等专辑,完成《内蒙古政协人物志》、《内蒙古知青史料》的征集编辑工作以及全国政协的专题征稿工作,完成《内蒙古自治区志·政协志》的出版,启动内蒙古大兴安岭林区史料的征集抢救工作。

总结经验 开拓进取 政协工作更加富有特色 组织召开各族各界庆祝中华人民共和国和人民政协成立60周年座谈会、诗词书画摄影展等。继续坚持把贯彻落实中共中央《关于加强人民政协工作的意见》和自治区党委《关于进一步加强人民政协工作的决定》作为工作重点,配合党委组织开展督促活动。召开盟市政协主席座谈会,总结交流贯彻落实《意见》和《决定》的做法和经验。新建和完善工作制度,为提高工作水平提供制度保障。

【全体委员会议】

十届二次会议 2009年1月7日至12日在呼和浩特召开。会议听取并审议了陈光林主席代表第九届委员会常务委员会所作的工作报告,听取并审议第九届委员会常务委员会5年提案工作情况报告,列席了内蒙古自治区第十一届人民代表大会第二次会议,听取并讨论政府工作报告、计划与财政报告及法检两院报告;通过了十届委员会第一次会议政治决议、常委会工作报告决议、提案工作情况报告决议、提案审查情况报告。增选陈朋山同志为政协副主席。

【常务委员会会议】

第6次会议 2009年6月3日至4日在呼和浩特召开,陈光林主席主持开幕会。会议围绕自治区中小企业发展、农牧业产业化、安全生产、劳动就业等建言献策。会议听取了全区经济社会发展情况通报、农牧业产业化发展情况通报;有24位同志作大会发言;通过了张如培同志不再担任社会和法制委员会专职副主任职务的决定。

第7次会议　2009年9月23日至24日在呼和浩特召开。陈光林主席主持开幕会并讲话。会议认真学习中共十七届四中全会精神，深入贯彻落实科学发展观，围绕自治区劳动和社会保障、公共服务、旅游业发展等建言献策。会议通报了全区1月至8月份经济社会发展情况、自治区社会保障工作情况、旅游业发展情况。有22位同志作了大会发言。

第8次会议　2009年12月24日至25日在呼和浩特召开。陈光林主席主持开幕会。会议学习贯彻中共十七届四中全会、中央经济工作会议和自治区党委八届十一次全委会议精神，审议通过内蒙古政协十届三次会议有关文件，审议通过了自治区政协各专门委员会2009年度工作报告，增补伏来旺等12人为自治区政协委员，同意王维维等9位同志辞去委员请求的决定。

【提案委员会】（一）做好提案的征集、审理、交办工作。自治区政协十届二次会议以来，共征集提案819件，全部交付有关部门办理。（二）筛选确定重点提案。一是向各承办单位下发了《关于做好政协十届二次会议提案办理工作的意见》。二是经主席会议审议确定9件提案作为重点提案，分别由主席会议成员领衔、各专门委员会协助进行重点督办。三是在十届二次会议期间，选择20件有关国计民生热点、难点问题的提案作为自治区党委、政府提案办理督办工作的重点。（三）不间断地抓好提案办理日常督办、催办工作，审阅分析提案及办理复函，对其中一些答复不尽如人意的，协商有关部门作进一步办理。（四）继续加强与民主党派、工商联及人民团体的联系，加强与各专门委员会的协作与配合。（五）组织召开了全区政协提案工作座谈会。（六）组织全区9市3盟和2个计划单列市政协开展关于全国政协《提案工作条例》修订和政协提案工作的调研，并将修订意见及调研成果汇总报全国政协提案委；组织自治区政协委员关于十届二次会议以来提案办理情况的视察活动。加强与兄弟省区市政协的联系和对盟市旗县政协提案工作的业务指导。（七）对承办单位提案办理工作进行考核评价，提出综合评价意见，报送自治区党委组织部。经济委员会（一）组织部分委员就国务院颁布的十大振兴行业中中小企业在发展中融资难的问题进行专题调研，形成了《内蒙古自治区中小企业融资情况调研报告》。（二）对节能减排、合理开发利用新能源问题与有关专家学者共同研究分析，写出了《关于内蒙古自治区推广甲醇作为替代车用燃料的提案》。（三）组织召开座谈会，对乌海市，阿拉善盟乌斯太、鄂尔多斯市的棋盘井和蒙西地区组成的“小三角”区域经济发展战略课题进行研究，并形成了推进小三角区域经济一体化发展的建议报告。（四）召开全区盟市政协经济委员会主任会议，参与参加华北和东北区域发展论坛工作。

【人口资源环境委员会】（一）撰写政协提案并认真督办重点提案。委员会提交了《关于我区推进合同能源管理培育节能市场，发展节能服务产业的提案》、《关于我区煤炭行业主扇风机进行节能改造的提案》2件提案，并组织了督办调研。（二）认真开展专题调研。完成了我区城市污水处理运营情况、矿产资源企业面对金融危机如何发展、人口出生缺陷干预问题等调研，分别形成相关调研报告。（三）加强工作联系、密切合作关系。继续担任自治区国土资源厅行风监督单位。作为内蒙古西部大开发促进会副会长成员单位、内蒙古低碳经济促进会理事成员单位，先后参加相关活动；与民盟内蒙古自治区委员会、内蒙古农业大学共同主办了首届碳汇草业研讨会。

【教科文卫体委员会】（一）围绕促进科学发展，认真开展调研活动。先后对全区中等职业教育情况、蒙医蒙药事业的繁荣、我区参加全国第十一届全运会的准备情况和竞技体育开展情况等开展调研活动，并分别形成调研报告。（二）进一步加强同各方面的联系，参加对口部门相关会议和成人高考、普通高考、自学考试的巡视工作等。加强与民主党派的联系，加强与全国政协和盟市政协的对口联系等。

【民族和宗教委员会】（一）强化与政府部门及学界的协作配合。协助自治区政协与政府有关部门召开座会谈，就我区边境牧区经济社会发展的总体情况、生态移民、扶贫开发移民工程的进展状况进行研讨。邀请有关专家学者座谈，围绕促进我区边境牧区经济社会发展，推动现代草原畜牧业发展进程，继续健全和完善事关生态移民、扶贫开发移民的政策措施等议题交流情况、沟通信息。(二)深入开展视察调研活动。组织了边境少数民族聚居区经济社会发展情况、牧区生态保护和口岸建设等调研,参与了三少民族经济社会发展情况和生态建设各项工程的进展状况考察,并跟踪督办了《关于进一步加强三少民族民间文化遗产抢救保护工程的提案》所提问题的落实情况。(三)为社会事业和谐发展建言助力。参与自治区党委召开的座谈会,研究深入贯彻落实《民族区域自治法》的有关问题。联络走访了内蒙古基督教、天主教"两会"代表人士倾听宗教界代表人士的想法与意见。

【文史资料委员会】 (一)召开全区政协文史委主任会议。召开《亲历改革》首发式暨建国后史料征编工作研讨会。(二)对已经出版的65辑文史资料进行了全面的整理、抢救。已将出版的65辑文史资料篇目汇编成册,并完成了前35辑文史资料文字的录入、打印工作,按照文史资料专辑的方式开始编辑。初编完成《王公总管录》(上下集)、《内蒙古近现代军事史》、《九一九起义》4部专辑。(四)完成了20万字的《知识青年史料》、12万字的《内蒙古政协人物志》的征集、编辑和图片修整工作。已经征集到大兴安岭林区建设初期史料约40余万字。(五)加强专题协作。与全国政协和安徽省政协协作完成了"中国农村改革"、"新中国政协"、"文史工作50年"等专题协作征稿工作。"农村改革"专题征稿中,入选10余篇,"新中国政协"入选1篇,"纵横春秋50年"入选3篇。

【港澳台侨联络和外事委员会】 (一)认真做好专题调研和视察工作。开展廉租住房和经济适用住房保障工作情况的调研、港澳台侨资企业专题调研、中小企业发展问题调研、侨情调研等,形成了有关调研报告。积极参与"保增长、惠民生、进百县、促落实"活动,赴锡林郭勒盟东乌旗了解政策措施的落实情况。(二)认真做好联络工作。加强与全国政协、兄弟省区市政协的对口联系。加强与和自治区对口部门的协作。组织召开纪念绥远"九一九"和平起义60周年座谈会。加强与委员的联系,组团赴香港、澳门特区走访看望自治区政协委员。

【社会和法制委员会】 (一)认真开展调研。组织了关于对高等院校毕业生就业情况、新型农村牧区社会养老保险工作情况的调研,参与自治区旅游业发展、社会保障问题的视察,形成有关调研报告。(二)发挥委员的主体作用。选择调研课题时根据委员们的意见确定们工作思路;做好特约监督员工作,进一步加强了对行政执法单位所聘政协委员担任的特约监督员工作。

【农牧业委员会】 (一)深入调研、建言献策。先后组织、参与了统筹城乡发展、扶贫落实、现代农业建设、草原生态和牧民增收问题等调研,形成了有关调查报告。参与"保增长、惠民生、进百县、促落实"活动,赴乌拉特后旗了解各项政策措施的落实情况。(二)加强与各方面的联系。做好重点提案督办落实,密切同自治区政府有关部门的联系,加强与盟市政协的对口联系,并吸纳他们参与相关的考察和调研活动。加强与各省市的联系,积极参加区域性工作会议。

(张海容 武晓东)

民主党派·工商联

民　革

【中国国民党革命委员会内蒙古自治区委员会领导名录】

主任委员：肖黎声

副主任委员：张元凯　王志人（满族）　靳明龙　刘斌（蒙古族）

【参政议政】 2009年初，区委会紧紧围绕中共十七大及自治区八大提出的目标和任务，选择促进改革开放、科学发展、社会和谐的重大课题，以及涉及广大人民群众切身利益的热点、难点问题，印发了本年度调研选题方向，广泛征求意见，在大家踊跃申报调研课题的基础上，经参政议政联席会议研究，由自治区民革党员中各行各业的专家型人才为骨干，投入大量人力，组成10个调研课题组，并给予经费保障与支持。其中，报自治区党委统战部5个课题。5月至10月间，各课题组深入开展调查研究，11月份分别写出内容翔实、论据充分的调研报告：《促进我区中小企业产学研技术联盟的机制与政策研究》、《关于我区中小企业融资难现状的调研与建议》、《国际金融危机对内蒙古服务业的影响与对策》、《内蒙古自治区生态移民战略实施情况的调研报告》、《我区新农保工作实施情况的调研报告》、《关于加强我区高层次人才队伍建设问题研究》、《经济开发与我区草原生态安全》、《我区奶产品加工企业与奶牛生产基地建设》、《呼和浩特市室内空气污染现状调研报告》、《关于民革中央对全国重点县对口扶贫的调研报告》。

区委会注意发挥各级人大代表、政协委员的参政议政作用。在2009年1月举行的内蒙古自治区人大、政协会议上，提交人大建议15份，政协大会发言3份、集体提案16份、个人提案23份；在全国人大、政协十一届二次会议上分别提交建议5份，提案4份。各级民革组织中担任人大代表、政协委员的党员，也积极履行职责，在地方参政议政工作中做出了重要贡献。

2009年11月在南宁召开的“全国参政议政工作暨成果交流会上，提交的《关于我区中小企业融资难现状的调研与建议》和《国际金融危机对内蒙古服务业的影响与对策》两份调研报告得到与会者的关注与好评。在参政议政工作方面的创新思路与举措，受到了民革中央和各地代表的好评。

【社会服务】 2009年，区委会配合民革中央社会服务部，在中华慈善总会“MD慈善医疗济困行动”工作中，组织自治区12家医疗单位与中华慈善总会签订了受赠美国MD—1800型全自动生化仪的合同，受赠合同总价480多万元，已有8家在实施过程中；4家医疗单位与中华慈善总会签订了受赠意大利百胜1800型彩超的合同，受赠合同总价480多万元。另外，区委会还与民革中央共同努力、密切配合，成功将自治区清水河县申请定为国家扶贫办中西部地区优势产业对接县。

【祖国统一工作】 2009年1月，民革内蒙古区委祖统工作会议在呼和浩特市召开。会议认真学习了胡锦涛在纪念《告台湾同胞书》发表30周年座谈会上的重要讲话，就如何进一步做好与台湾人民的交流沟通等方面进行了深入探讨。会上，肖黎声主委从认识新形势、抓住新机遇、开拓新思路、探索新途径、努力新作为五个方面对2009年做好对台工作提出了具体要求。5月召开了民革内蒙古区委“台湾研究与祖国统一工作会议”。民革中央联络部部长郑建邦、内蒙古自治区党委统战部、自治区台办、自治区政协港澳台侨联络和外事委员会有关人员以及来自全区民革组织的代表60余人出席会议。会议期间，与会人员分别聆听了郑建邦作的《当前台湾形式与对台工作》、台湾问题研究专家、内蒙古大学刘丽华教授作的《两岸关系：和平发展与和平统一》以及民革老党员、内蒙古文史馆馆员岳志东教授作的《弘扬中华优秀传统文化，积极推动两岸文化交流》的报告。

【加强与台湾人民的联系】 2004年以来，民革中央为了更加广泛地与台湾青年领袖开展交流联谊，创办了“台湾高校杰出青年大陆参访团”。8月，民革赤峰总支配合接待了由民革中央联络部组织的“第一届台湾杰出青年暑期研习营”一行12人到赤峰克什克腾草原参观、考察、游览。这些台湾优秀的大学生领袖，在研习营结束回到台湾后，以电子邮件、手机短信等不同方式,表达对赤峰民革的谢意,纷纷表示以后有机会还会经常到赤峰为大陆和台湾友好相处,为促进赤峰与台湾的经济、贸易和文化往来多做工作。

【会议与活动】 5月,区委会召开了"坚持中国特色社会主义政治发展道路,搞好政治交接"教育活动总结大会。会上,来自呼和浩特、包头、乌海市委会;集宁地区委员会;赤峰总支部委员会;巴彦淖尔市支部委员会的代表分别汇报了本级组织开展政治交接教育活动的相关情况。6月,区委会召开了学习贯彻科学发展观研讨会,会议认为,内蒙古民革组织要把学习贯彻科学发展观活动开展好、贯彻好,要落实到发挥民革的特色和优势,认真履行参政议政、民主监督职能的实际行动中。7月,中国国民党革命委员会内蒙古自治区委员会成立25周年庆祝大会在呼和浩特市召开。全国政协常委、民革中央副主席何丕洁,内蒙古自治区党委统战部副部长侯世忠,民建内蒙古区委会副主委康永恒代表各民主党派、工商联分别致辞祝贺。民革内蒙古区委会主委肖黎声致辞。陕西省政协副主席、民革陕西省主委李晓东,民革内蒙古区委会原主委崔维岳、奇英成,民革中央副秘书长兼组织部部长叶莉君和300多名民革党员参加了庆祝大会。何丕洁代表民革中央,向民革内蒙古区委会成立25周年表示祝贺。9月,民革内蒙古自治区委员会、内蒙古自治区政协港澳台侨联络和外事委员会共同举办了"纪念绥远和平起义60周年座谈会"。自治区党委、自治区人大、政协新老领导、自治区党委统战部、政协办公厅、政府参事室、台办、台联,各民主党派内蒙古区委、内蒙古黄埔同学会有关同志,绥远和平起义人员代表,董其武将军亲属及其身边工作人员代表,原中共绥远联络处人员子女代表,绥远和平起义人员后代代表,民革内蒙古区委各级组织的代表及社会各界人士90多人参加了座谈会。

巴彦淖尔市是著名抗日将领傅作义部在抗日战争时期抗击日寇的根据地,1939~1940年的五原抗战,曾震惊中外。2009年9月,经区委会直属巴彦淖尔市支部提议并与当地中共巴彦淖尔市委、五原县委联系协商、区委六届二十一次主委会议讨论通过,在五原县举行了"民革内蒙古自治区委员会爱国主义教育基地"挂牌仪式,区委会领导、巴彦淖尔市支部及巴彦淖尔市政协、统战部、五原县委、县政府的领导同志出席挂牌仪式。

【组织建设】 2009年,积极加强领导班子和后备干部队伍建设,2009年5月份召开民革内蒙古自治区六届三次全委会,在自治区党委统战部的协助下,完成了省级组织领导班子后备干部队伍推荐选拔工作。全年发展党员81人,新发展的党员层次进一步提高,为做好参政议政工作提供了组织保障。

(张维新)

民　　盟

【中国民主同盟内蒙古自治区委员会领导名录】

主任委员:董恒宇

副主任委员:钱灵犀　徐翔(女)　姜月忠　李相合

【"2009·第五届海峡两岸暨港澳地区大学校长联谊活动"】 7月末,来自台湾地区11所大学、港澳地区4所大学、大陆知名大学6所即清华大学、北京大学、复旦大学、浙江大学、南京大学、内蒙古大学共24位校长携夫人出席在呼和浩特举行的"2009·第五届海峡两岸暨港澳地区大学校长联谊活动"。民盟中央主席蒋树声、副主席索丽生出席,自治区储波书记、巴特尔主席热情接见远道而来的嘉宾。

【中国民主同盟华北地区盟务工作(扩大)会议】 8月初在赤峰召开,来自北方十省市区70多位专家代表云集草原,在红山文化的发祥地,以"文化交流与旅游合作"为主题进行了研讨。代表们在赤峰亲身体验了内蒙古草原文化的神奇魅力。

【"中国古代北方少数民族文化研讨会暨庆祝林幹先生学术生涯六十周年座谈会"】 8月中旬在内蒙古大学学术会议中心内蒙古民盟为九十三岁高龄的林幹先生主办。专家高度评价了林幹先生60年学术生涯中著作成果和对中国北方民族史研究的重大贡献。这一活动扩大了民盟的社会影响。

【"内蒙古民萌北方生态研究基金会"】 7月25日成立大会在呼和浩特市隆重举行。民盟中央主席蒋树声、副主席索丽生出席会议,成立生态研究基金会将为民盟参与生态文明建设的调查研究、参政议政、社会服务工作提供有力的支持。

【碳汇草业研讨会】 11月,民盟区委倡导并联合内蒙古政协人口与资源环境委员会、内蒙古农业大学主办,内蒙古民萌北方生态研究基金会和内蒙古蒙草绿化有限公司承办,召开了"内蒙古首届碳汇草业研讨会"。有40多位国内、国际专家就碳汇草业研究做了主题发言及现场交流。这在国内尚属首次。会上还举行了内蒙古碳汇评估研究院启动仪式,并发出《正视草业碳汇价值、保护人类绿色家园—首届"碳汇草业"研讨会倡议书》。此次碳汇草业研讨会,联系中国在二氧化碳问题上的承诺和哥本哈根会议主题,紧扣时代的脉搏,成为媒体热点,国内三十多家媒体同时报道,社会反响热烈。之后由区委和内蒙古民萌北方生态研究基金会、内蒙古碳汇评估研究院编辑、印制并向社会发放《碳汇科普手册》四千多册。碳汇评估研究院春节前组织专家完成了"兴安盟森林草原碳汇评估报告",兴安盟成为全区首家利用碳汇资源争取资金,发展绿色经济的地区。

【参政议政】 2008年,民盟区委在以董恒宇主委为调研小组的领导下,多次深入包头、鄂尔多斯、毛乌素沙漠等地进行实地调查,取得了第一手材料,结合区委多年来对自治区生态建设的高度关注,进行了论证。撰写了大批调查报告,为2009年两会提案、议案工作做好了充分的准备。在2009年全区召开的自治区第十一届二次大会上,民盟大会发言9篇、集体提案19件、盟员个人提案41件;议案1件、建议6项。这些提案议案是自2008年以来盟员、各基层组织、各委员会向民盟区委提交的百余篇资料中经过整理、筛选经主委会讨论审定向大会提交的。

【组织建设】 2009年区委大力加强组织建设,主要集中在以下几个方面。盟的基层组织规模不断扩大,盟员人数大幅增加质量有所提高。至2009年6月,全区共有盟员2 005人,6个地方委员会、3个基层委员会、13个总支(区直5个、地方8个)、83个支部(区直7个),平均年龄52.2岁。

全区民盟组织现有各级人大代表38人,政协委员177人,担任副处级以上实职的86人。按照《民盟中央关于加强省级组织领导班子后备干部队伍建设的意见》,在2009年4月份的民盟内蒙古区委六届三次全委(扩大)会议上民主推选了省级组织后备干部(被推荐人选86人)。会上统战部并与各位常委分别进行了谈话听取意见。各级组织的专职干部和基层干部队伍也得到了充实,知识化、年轻化程度有很大提高。按照民盟中央《关于开展基层组织调研工作的通知》意见精神,区委根据各地基层工作开展的情况选择了呼和浩特、包头、鄂尔多斯、赤峰及师大总支进行了基层调研并已形成书面材料报民盟中央进行表彰。

2009年10月民盟中央在桂林召开了"民盟基层组织建设工作会议",区委按照要求在会上提交材料两份,其中将赤峰学院总支做为先进典型参加了会议交流。

区委从2009年起给每个区直组织按每位盟员20元的标准拨付活动经费补贴,以此鼓励基层组织更好的开展工作。

加强基层组织领导班子建设,通过选拔优秀盟员担任基层组织负责人,推进基层组织建设。把具备条件的后备干部推上基层领导岗位。2009年2月根据实际情况社院支部更名为丰州职业学院支部,2009年4月内蒙古工业大学总支召开了成立大会,2009年11月科技支部也成立总支。

【思想建设和宣传工作】 1.各级盟组织深入学习《关于各民主党派深化坚持走中国特色社会主义道路学习教育活动的意见》、《民盟中央关于加强思想建设的意见》。在此基础上,2009年又以新中国成立60周年和人民政协成立60周年为契机,组织盟员进行专题座谈,回忆历史,畅谈解放后的人民民主,加强爱国主义教育。此外,以学习贯彻科学发展观活动为主线,把中共十七届三中、四中全会精神、统战理论、民盟历史紧密结合起来,形成区委中心组、地方组织、基层组织多层次,集中、分散多形式的良好学习氛围。

2.编好《内蒙古盟讯》。《内蒙古盟讯》改版以来,从编排、栏目、风格等方面进行了全方位的提升。刊物设置要闻、参政议政、调查研究、盟史知识、基层动态、盟员风采等十多个栏目,力求从多个侧面、多个角度来反映民盟区委工作、活动的全貌,特别是每年一期的《特刊》,色彩鲜艳、图片清晰、主题鲜明、文章精炼,独具特色,集中反映民盟四个大会的全貌。

3.适应形势发展的需要,把建设"网站"作为2009年区委的一项重要工作。在区委领导的高度重视和支持下,"民盟内蒙古自治区委员会网站"于2009年11月建成,在2010年迎春联谊会上,举行了隆重的开通仪式。网站设置了"民盟概况"、"盟务要闻"、"盟务快报"、"热点专栏"、"参政议政"、"生态文明"、"基层动态"、"盟员风采"等11个栏目,内含10个子栏目。民盟网站的建立,为更好地宣传多党合作和统一战线工作,开展盟务活动提供了快捷、方便的现代信息平台,为全方位报道民盟工作打开了快车道,极大地提高了宣传工作的力度和广度。

(安　中)

民　　建

【中国民主建国会内蒙古自治区委员会领导名录】

主任委员:郝益东

副主任委员:杨仁选　李荣禧　康永恒(满族)　王风之(女)

【概况】 民建内蒙古区委(下称:区委)机关设办公室、组织宣传部、调查研究部、社会服务部等4个职能部门。机关核定编制12名,其中厅级领导职数(主任委员或者副主任委员)1名,处级领导职数(含秘书长1名)5名;2009年机关实有工作人员11名。其中硕士研究生学历(学位)6名、大学本科学历2名、大学专科学历3名;蒙古族1名、满族1名、回族1名,其他为汉族;男性9名,女性2名。全区共有地方组织10个,会员1 410人,经济界会员占76.4%,其中企业界会员占会员总数的52.5%;担任各种经济实体正副董事长、经理等161人,占会员总数的11.4%;新的社会阶层人士256人,占会员总数的18.2%。

【组织工作】 坚持注重质量、注意数量、保持特色、优化结构的组织发展原则,认真贯彻落实《民建中央关于进一步做好组织发展工作若干问题的意见》,制定近五年组织发展规划,召开四届四次全委会议,顺利完成区委领导班子后备干部人选的民主推荐工作。积极稳妥地在巴彦淖尔市等地发展成员,成立地方基层组织;积极与有关方面协商配合,圆满完成包头市委员会的换届工作。2009年共举办两期基层支部负责人和骨干会员培训班,进行会章会史和会的优良传统培育学习。区直工委工作稳步开展,12个支部活动丰富多彩。

【宣传工作】 向全区各级组织共征集纪念建国60周年等书画和征文28件,其中《结合实际注重实效,扎实推进政治交接学习教育活动》被民建中央评为2009年度新闻宣传工作优秀作品,通报表彰。编辑印发了会刊《内蒙古民建》四期;在全区统战系统迎国庆文艺汇演中,演出自创的诗朗诵《多党合作60年礼赞》,展示了民建会员的精神风貌。

建立民建网站、《支部信息》、《民建会友》、简报等形式加大宣传力度,营造良好的学习氛围。

【参政议政】 在自治区十届政协二次会议上,区委提交的32份集体提案被全部立案,占大会集体提案总数的22.38%,内容涉及经济建设和财贸金融的4份;涉及农林牧水的5份;涉及城乡和生态建设的9份;政治法律的9份。体现民建与经济界密切联系的特点。区委和民建会员中的政协委员共向政协提交大会发言8份,被全部采用,占大会发言总数的15%。其中三位政协委员就健全完善排污费征收管理和使用制度、解决农垦企业政策体制边缘化以及自治区传媒产业超常规发展等内容登台发言。

2009年的参政议政工作有以下特点:一是普遍参与。报政协大会材料的基础素材均来自于各地方(基层)组织向区委报送的参政议政成果稿,体现全区各级组织和广大会员参政议政意识的增强和水平能力的提高。其中赤峰委员会报送的《关于加强矿山企业用水管理的几点建议》被评为优秀提案,《关于推广"中水"利用,构建节水型城镇的建议》被《人民政协报》以"民建内蒙古区委呼吁,推广中水利用构建节水型城镇"为题予以报道。

区委参政议政委员会组织完成民建内蒙古区委向自治区党委和民建中央上报的专题调研报告《关于推动内蒙古与"长三角"三省市建立直接区域合作的建议》和《关于发展内蒙古能源产业发展的金融支持对策建议》等7份专题调研报告。2009年全区共完成参政议政成果稿59份,其中区直工委22份;呼和浩特市委会17份;包头市委会5份;乌海市委会3份;赤峰市委会1份;集宁委员会2份;兴安盟总支部4份;通辽市总支部2份;呼伦贝尔市总支部3份。这些成果稿都经区委研究审定后整理形成参政议政建议意见上报有关部门。

全年向民建中央和自治区政协报送《社情民意信息专报》14份。其中一篇被全国政协以综合形式采用,并专报自治区政府副主席。民建呼伦贝尔总支部提交的《进一步促进我区奶业健康发展》等三篇被自治区政协报全国政协信息局和自治区党委、政府办公厅。区委三个专委会在参政议政工作中发挥独特的作用,14份信息专报中女会员报送的就占了一半。

【社会服务】 按照"量力而行,尽力而为,突出重点,讲求实效"的方针,努力探索社会服务工作的有效途径。发挥基层支部和会员企业家以及专家、科技人员、中介机构的优势,对清水河县、黄合少乡等地开展扶贫帮困,捐资助学和送医送药活动。全区各级组织采取多种形式开展社会服务工作。如:民建呼市市委会为农民举办蔬菜种植讲座,捐赠科技书籍;集宁委员会组织三下乡活动,捐款捐物上万元;赤峰市委会、兴安盟总支部为社会公益事业献爱心,捐款捐物两万多元。巴彦淖尔市支部虽然成立不久,即研究确定了对磴口县补隆淖办事处黄土档村定点帮扶实施方案。各地组织、企业家会员发展不忘回报社会,积极参与献爱心、做公益事业,参与了"博爱一日捐"、"慈善一日捐"、"赈灾义捐"等活动。全区各级组织参与社会公益事业十几次,捐款捐物20多万元。继续做好武川县和科尔沁大林镇学校危房改造和校舍重建的项目后继工作。组织20多位会员及企业家出席了民建中央举办的"非公经济论坛",推动会员企业的交流与合作,促进企业优势互补共同发展。

(金振海)

民　　进

【中国民主促进会内蒙古自治区委员会领导名录】

主任委员:郑福田

副主任委员:陈其俊(女) 邢洁晨 张润锁

李凤斌 武晓瑞(女 8 月任职)

【参政议政工作】 区委高度重视参政议政机构、机制建设,民进内蒙古自治区五届二次常委会审议通过《民进内蒙古自治区第五届委员会设置专门委员会的决定》,设置了六个专门委员会,选任专门委员会主任、副主任和委员,并于 2009 年 8 月 13 日召开成立大会,向全会下发《民进内蒙古区委参政议政课题申报立项制度(试行)》。2009 年,全力推行课题、提案、信息征集制,项目调研课题制,调研成果、提案、信息转化制,优秀课题、提案、信息表彰制。通过参政议政队伍建设和机制建设,将各级组织的近 20 份调研报告,通过转化都形成了向自治区两会和民进中央报送的提案和建议。

建设参政议政"三库"即资料库、人才库、提案信息库, 2009 年针对信息工作中信息源匮乏,基层组织报送积极性不高的现状,开展全区民进的三库建设,得到各级组织的大力支持,通过转化形成了十多份社情民意信息,同时也不例外形成 7 份提案素材。通过采取提案、信息、调研成果积极转化机制,拓宽信息渠道,推动区委参政议政工作快速发展。

2009 年区委确定了自治区职业教育的结构及发展方式的调研、新的经费保障机制后义务教育出现的新情况、新问题调研和关于自治区林区社会、经济发展状况的调研等几项调研课题。

2009 年,郑福田主委、李凤斌副主委又陪同民进中央副主席朱永新一行就新机制后义务教育出现的新情况、新问题进行专题调研。区委以民进中央在自治区呼伦贝尔关于义务教育的调研为契机,结合区委关于新的经费保障机制后义务教育出现的新情况、新问题调研重点,在呼伦贝尔实地调研之后,又通过问卷等形式在呼和浩特市、乌兰察布市进行了调研,已经形成调研成果,已经报民进中央,并准备报自治区两会。

区委还就 2008 年区委重点调研课题《关于我区职业教育状况的调研》进行再调研,形成向自治区党委常委会汇报的材料。

2009 年初,在自治区政协十届二次会议上,区委提交集体提案 23 份,个人提案 39 份,区委委员、经济支部主任、经济委员会主任姜飞月代表区委做了题为《乡村人口流动对我区农村牧区发展的影响及对策》的大会发言,该发言被转化为社民民意专报信息报自治区有关领导。

2009 年全国和自治区两会期间,民进区委将会员报送的提案素材积极进行转化,向民进中央报送社会民意信息 10 份,分别向自治区政协和自治区党委统战部报送社会民意信息 24 份。其中民进内蒙古区委常委张润生提供的《建议建立农村饮水卫生监测网络》、民进呼市委专职副主委王珏国提供的《要防止赌博机再度蔓延》、民进内蒙古区委宣传部副部长刘朝侠提供的《建议增加首府出租车》、民进呼市委秘书长其其格提供的《应关注农村妇女生殖健康》,4 份社情民意信息入选《政协信息快报》,并报送全国政协和自治区党委、政府有关领导。至目前共向民进中央报送社情民意信息 17 份,向自治区政协和党委统战部报送社情民意信息 31 份。

为 2009 年年度的两会进行积极准备,向民进各级组织、专门委员会和区委委员两次下发通知,并召开专委会主任和部分副主任会议,充分调动起了各级组织和广大会员的积极性,共收到调研报告 20 份、提案素材近百份。区委领导还要求所有民进自治区政协委员都要认真履行职能、积极参政议政,向两会提交提案和大会发言。在 2009 年度两会上区委共提交大会发言 12 份,集体提案 41 份,委员提案 24 份,从质量和数量上实现了历史性突破。

2009 年,区委参政议政部还协助民进中央完成了近 20 项意见征集和调研。区委参政议政部全年共完成各类调研材料及建议意见近 20 万字。

【会务工作及接待工作】 完成全委会、常委会、主委会、"两会"精神传达会、区直总支、支部主任座谈会、第二十三届民进东北、华北、西北社会服务工作研讨会、庆祝新中国六十华诞自治区"锡林郭勒地矿杯"书画展、内蒙古民进开明画院庆祝新中国六十华诞书法笔会等各类会议的会务和服务工作。在筹备参加内蒙古自治区统一战线庆祝新中国成立 60 周年文艺晚会演出的过程中,参与组织演员排练、演出服装、道具及其它物品购置等后勤保障工作。参与社会服务部牵头的赴清水河扶贫工作。

在民进广西省委会、宁夏区委会赴内蒙古调研期间,圆满完成接待工作。

【领导班子建设】 上半年,区委领导班子反复研究,经与自治区党委统战部沟通协商,报请自治区党委和会中央同意,于区委五届三次全委会议上增补一名副主委,会议顺利、圆满,增补的副主委以全票当选,增补后,区委领导班子在性别、年龄、界别结构等方面更加趋于合理,领导班子顺利实现了新老交替。

【后备干部队伍建设】 民主推荐区委领导班子后备干部。2008 年,会中央下发了《关于加强省级组织领导班子后备干部队伍建设的意见》,对省级组织领导班子后备干部队伍建设提出具体意见和工作安排,3 月内蒙古党委统战部召开专门会议,传达中央统战部有关文件精神,对此项工作进行具体的部署。区委按照会中央《意见》精神,充分发扬民主、广泛听取各级组织意见,初步确定 50 多名符合条件的被推荐人选名单,名单经主委会议、常委会议反复协商,最终确定 49 名区委领导班子后备干部被推荐人选名单,8 月,区委召开全委会议,采用区委全体委员无记名投票推荐的方式确定了主委后备干部 2 名、副主委后备干部 4 名,后备干部队伍建设的各项工作更加制度化、规范化、程序化。

【基层组织建设】 确立全区组织建设工作以"开展创建民进全国先进地方组织、先进基层组织活动"为抓手,达标、创优、培优同时进行,达到以先进带后进、各级组织齐头并进的局面。

【组织发展工作】 2009 年,全区发展会员 101 人,平均年龄 37 岁,中高级职称 70 人,大专以上文化程度 99 人,其中博士 1 人,硕士 13 人,发展的会员中有 1 名副处级政府实职干部,4 名科级干部。至年底,全区有市级委员会 4 个,盟市基层组织 3 个,区委直属基层组织 11 个。全区共有会员1 235人,平均年龄 49 岁,其中大专以上文化程度占90%,高中级以上职称占85%,重点分工范围占68%。会员中有各级人大代表 21 人,各级政协委员 125 人。

【宣传工作】 一是撰写区委重要文件,上传下达上级文件及会议精神。先后撰写《中国民主促进会内蒙古自治区委员会汇报材料》、《民进内蒙古区委关于在全会深入学习贯彻科学发展观的方案》、《民进内蒙古区委 2009 年工作要点》、《民进内蒙古区委五届三次全委会工作报告》、《学习贯彻科学发展观 开创内蒙古民进工作新局面》、《学习贯彻科学发展观 开创内蒙古民进宣传工作新局面》、《民进内蒙古区委学习贯彻科学发展观问卷调查统计暨我为民进科学发展建一言分析汇总》,下发了《关于在我会开展学习贯彻科学发展观问卷调查和"我为民进科学发展建一言"活动的通知》、《关于转发中央统战部关于统一战线庆祝新中国成立 60 周年征文活动的通知》、《关于转发内蒙古统战部关于统一战线庆祝新中国成立 60 周年征文活动的通知》等近二十个文件,计 17 万多字。

二是新闻宣传工作,民进内蒙古区委联系个新闻媒体,带领各级民进地方组织在电台、电视台、报纸和期刊等传统媒体上发表 130 件新闻稿件。在民进中央网站和统战网、政协网上发布各类稿 270 多条,编发稿件 60 多万字。

三是编发《内蒙古民进》会刊,《民进内蒙古区委工作简报》该刊为彩印《内蒙古民进》会刊,编印出版 2 期,编发文稿 17 万多字。

四是参加、组织有关活动,"共铸辉煌"民进庆祝中华人民共和国成立 60 周年、纪念人民政协成立 60 周年书画展于 7 月 29 日至 8 月 6 日在中国美术馆举行。区委两幅作品参展并捐赠民进中央。

筹备组织民进内蒙古区委和锡盟行政公署联合主办的《庆祝中华人民共和国成立 60 周年书画展》,展览 11 月 28 日在内蒙古美术馆展出,内蒙古人大、内蒙古统战部、内蒙古政协、内蒙古书协有关领导参加开幕式。12 月在乌海市再次展出,中国书协原副秘书长、中国美协副秘书长张旭光和乌海市四大班子领导参加了开幕式,展览社会反响很好,大家一致认为是近年来内蒙古统战系统规模最大品味最高的展览。这次展览同时编印了作品集。展览期间组织了庆祝中华人民共和国成立 60 周年书画笔会。

和社会服务部共同筹备组建内蒙古民进开明画院,并召开成立大会;完成会中央《民进会史资料选辑(第五辑)》资料征集上报工作。

2009 年提交内蒙古政协提案 23 份,其中 6 份转化为信息。3 件提案落实解决,呼市去年增加出租车 901 两,东库西街接入集中供暖,呼市在内蒙古政协和内蒙古政府的督促和指导下把冬季供暖作为大事来抓,见到一定成效。内蒙古政协主席陈光林对冬季供暖问题提案提出表扬。

【社会服务工作】 1. 民进内蒙古区委分别于 6 月 17 日和 10 月底两次向乌兰察布市凉城县六苏木镇马莲滩中心学校捐赠教学用品(包括两台复印机、一台电视机和价值10 000多元的图书及教学用品)。

2. 11 月 27 日,内蒙古民进开明书画院成立大会在呼和浩特召开,大会通过画院章程,宣布以刘朝侠为院长的 32 位理事名单。区委领导及民进中央社会服务部宁永丽处长出席了大会。

3. 为庆祝建国 60 周年,由民进内蒙古区委和锡林郭勒盟政府举办,由民进会员承办的大型书画展于 11

月28日至30日在内蒙古美术馆举办。本次活动共征稿、装裱、评奖作品160多幅,出版画册500本,投入资金近30万元。

4.11月28日下午,内蒙古民进开明书画院在内蒙古民主党派机关会议室举办书法笔会,笔会几十幅作品全部归书画展资助企业收藏。

5.12月5日,由中国民主促进会内蒙古委员会和市文化局主办,由内蒙古民进开明画院、中国民主促进会乌海市委员会、市书画院承办的自治区书画作品展暨乌海书法论坛开幕。乌海市人大常委会主任刘彪、中国美协副秘书长张旭光出席开幕式。

6.8月3日,民进会员、沈阳理工大学继续教育学院院长张玉良同志向赤峰市五所农村小学捐赠了10台联想品牌电脑(价值6万元)。

7.9月11日至15日,第二十三届民进东北、华北、西北社会服务工作研讨会在内蒙古呼伦贝尔市举行,来自北京、天津、河北、内蒙古、辽宁、吉林、山西、湖北、宁夏、重庆等省市区的驻会领导、社会服务部(处)负责人共42人出席了会议。

【理论研究】 年初民进中央办公厅下发了《关于2009年参政党理论研究课题》的通知,并要求上报理论研究情况及论文。研究室结合实际认真的筛选题目,经过半年的学习、收集资料、思考、调查、研究,撰写《建立和完善民主党派监督机制与进一步发挥我国参政党的民主监督作用》的论文。4月份民进中央办公厅又下发了《关于在民进全会开展"多党合作 共铸辉煌—纪念多党合作制度确立六十周年"》征文活动的通知,年底收到了22篇文章,同时研究室撰写了题目为《学习、调研,民主党派自身建设与发挥作用的基础》,并且起草了开展调研工作的情况报告。研究室按照民进中央办公厅下发《关于在民进全会开展"多党合作、共铸辉煌——纪念多党合作制度确立六十周年"》征文活动的通知要求,撰写题目为《完善参政党功能 服务科学发展(——浅谈落实科学发展观对参政党自身功能完善的新要求、新课题)》的理论文章。该文章在《内蒙古统战理论研究》2009年第4期发表。2009年8月民进中央主办的《民主》增刊(民进纪念改革开放30周年参政党建设理论研讨会论文选),刊登题目为《浅谈民主党派与我国社会和谐发展》的文章。

(武晓瑞 郭爱萍 闫凤琴 郝文 李桂兰 刘朝侠 赵金伟 李弢)

农　工

【中国农工民主党内蒙古自治区委员会领导名录】

主任委员:牛广明

副主任委员:云治厚(蒙古族) 张伯群 王学东(女) 卢计成

【概况】 农工党自治区委机关核定编制16名,其中厅级领导职数(主任委员或副主任委员)1名,处级领导职数(含秘书长1名)5名。机关设办公室、组织部、宣传部、社会服务部4个内设机构。2009年机关实有工作人员13名,其中副主任委员1名,秘书长1名,副秘书长兼办公室主任1名,办公室副调研员1名、办公室秘书1名,组织部副部长1名,宣传部部长1名、宣传部副调研员1名,社会服务部部长1名、社会服务部调研员1名,组织部主任科员1名,高级技师1名、高级工1名;硕士研究生学历1名,大学本科学历5名、党校本科学历3名、大学专科学历2名、党校专科学历2名;蒙古族5名、朝鲜族1名;男性8名、女性5名。

【重要会议】

农工民主党自治区委员会纪念改革开放30周年学习贯彻科学发展观暨总结表彰大会　1月5日下午在呼和浩特金仕顿大酒店隆重举行。农工党自治区委主委牛广明出席大会,并做《深入开展政治交接学习教育活动,以改革开放为动力,推动各项事业科学发展——在中国农工民主党内蒙古自治区委员会纪念改革开放30周年学习贯彻科学发展观暨总结表彰大会上的报告》。农工党自治区委副主委云治厚主持大会。农工党自治区委副主委张伯群做大会总结讲话。农工党自治区委副主委王学东、卢计成出席大会。

大会表彰了政治交接学习教育活动先进集体、抗震救灾先进集体和优秀党员、参政议政工作先进单位和先进个人、反映社情民意信息工作先进单位和先进个人、党刊工作中成绩突出的集体和个人。

农工党包头市委副主委蔡捷代表农工党包头市委做《扎实开展政治交接学习教育活动,全面推进农工党包头市委工作新跨越》典型先进经验介绍。农工党巴彦淖尔市总支部委员会主委武永刚代表农工党巴彦淖尔市总支部委员会做《深化学习教育活动,搞好政治交接工作》典型先进经验介绍。

农工党自治区委委员、各地方和基层组织负责人、受表彰单位代表和党员、担任处级以上党员近100人出席大会。

中国农工民主党内蒙古自治区第五届委员会第三次全体(扩大)会议　4月20日在呼和浩特市举行。农工党自治区委主委牛广明,副主委云治厚、张伯群、王学东、卢计成及委员共20人出席会议。自治区党委统战部副巡视员曹洪利、党派处处长屈晨然、副调研员格日乐、主任科员郝润喜应邀出席会议。

农工党自治区委主委牛广明主持会议,并做《深入学习科学发展观,履行参政党职能,为经济平稳较快发展发挥应有的作用——在2009年4月20日中国农工民主党内蒙古自治区第五届委员会第三次全体会议上的工作报告》。

五届六次常委会议　4月20日上午在呼和浩特举行。牛广明主委主持会议。云治厚、张伯群、王学东、卢计成副主委,李一飞、郝福明、赵心力、耿豫蒙、鲁剑钧、蓝峰常委出席会议。

五届七次常委(扩大)会议　7月17日下午在呼和浩特召开。牛广明主委主持会议。张伯群、王学东、卢计成副主委,郝福明、赵心力、耿豫蒙、鲁剑钧、蓝峰常委出席会议。农工党自治区委副秘书长兼办公室主任陈永胜、组织部副部长郭瑞、宣传部部长李松鹏、社会服务部部长刘平、办公室副调研员戴学刚列席会议。

五届八次常委(扩大)会议　9月30日上午在呼和浩特召开。牛广明主委主持会议。云治厚、王学东、卢计成副主委,李一飞、郝福明、赵心力、耿豫蒙、鲁剑钧、蓝峰常委出席会议。农工党自治区委副秘书长兼办公室主任陈永胜、组织部副部长郭瑞、宣传部部长李松鹏、社会服务部部长刘平列席会议。

五届七次主委会议　3月21日下午在呼和浩特举行。牛广明主委主持会议。云治厚、张伯群、王学东、卢计成副主委出席会议。秘书长耿豫蒙、副秘书长兼办公室主任陈永胜、组织部副部长郭瑞列席会议。

五届八次主委会议　7月17日上午在呼和浩特召开。牛广明主委主持会议。张伯群、王学东、卢计成副主委出席会议。

五届九次主委(扩大)会议　8月9日下午在呼和浩特召开。牛广明主委主持会议。云治厚、王学东、卢计成副主委出席会议。农工党自治区委秘书长耿豫蒙、副秘书长兼办公室主任陈永胜、组织部副部长郭瑞、社会服务部部长刘平、办公室副调研员戴学刚列席会议。

五届十次主委会议　9月30日上午在呼和浩特召开。牛广明主委主持会议。云治厚、王学东、卢计成副主委出席会议。

【组织发展】　严格执行《中国农工民主党组织发展工作规程》,进一步规范组织发展程序,严把入口关。把医药卫生、环境保护和人口资源界的高中级知识分子作为发展和联系的重点。同时,为适应参政议政工作的需要,在保持界别重点分工的前提下,积极发展在经济金融、社会法律等领域的优秀代表性人士。2009年,全年发展党员172名,全区党员总数达2 003名,其中高级职称657名,占32.8%;中级职称1 129名,占56.4%;医药卫生界1074名,占53.6%;文化教育界392名,占19.6%;科学技术界210名,占11.9%;其他327名,占16.3%。至2009年底,全区辖有33个地方、基层组织,其中市级委员会5个、不定级委员会1个、基层委员会3个、总支部委员会7个、支部委员会10个、支部委员会筹备组1个、支部4个、支部筹备组1个、小组1个。

【专门工作委员会】　根据农工党新增重点界别和参政议政工作的需要,进一步优化参政议政资源,整合调整专门工作委员会组成人员。在保持原有的参政议政、医药卫生、文化教育科学技术、妇女、老年工作委员会的基础上,将原经济法律社会工作委员会调整为法律社会工作委员会和经济工作委员会,增设人口资源环境工作委员会。各专门工作委员会配备了常务副主任和秘书长或联系人,为今后更好地履行职责、发挥作用奠定工作基础。

【组织活动】　1月17日春节前夕,农工党自治区金融支部委员会慰问百岁老人周天奶奶和身患尿毒症实施换肾手术、热心收留流浪动物的爱心人士、自治区中蒙医医院的农工党老党员李谨,送去农工党的一片心意。1月21日,农工党自治区医院总支部委员会党员代表,参加中共自治区医院党委召开的民主党派和无党派人士座谈会,对医院发展,诚恳提出意见、建议。为了增长党员见识,开阔党员视野,6月12日,农工党包头市委组织所属基层组织负责人和党员中的"三级"人大代表、政协委员到包头市昆都仑区进行学习考察。3月7日,农工党赤峰市委组织妇女党员进行座谈,庆祝第99个"三八"国际劳动妇女节。3月8日,农工党乌海市委召开庆祝"三八"国际劳动妇女节99周年联谊会。10月26日,农工党赤峰市委举行庆祝老年节座谈会。同日,农工党阿拉善盟基层委员会组织离退休支部党员,开展欢庆老年节登山活动。农工党乌海市委召开"农工党乌海市委欢迎新党员座谈会",对新党员进行农工党史、党员权利义务等相关内容培训,进一步提高新党员接受中国共产党领导的自觉性和合作共事能力。

【机关建设】 认真贯彻农工党十四大对机关建设提出的要求,切实加强机关建设。选派纵丽娜参加自治区直属机关档案信息化建设研讨会、张建龙参加区直机关新录用公务员培训班、霍弘参加农工党社情民意信息联络员培训会议、刘平参加农工党服务社会主义新农村建设工作座谈会暨社会服务工作业务培训班、耿豫蒙参加农工党中央参政议政培训会,提高综合素质。组织实施考录机关公务员工作,录用张建龙为机关名公务员。加强机关信息化建设,为机关各部门配备现代化办公设备,提高工作效率。丰富机关工作人员文化生活,组织观看大型西藏藏北风情舞蹈诗画《天路》——走进呼和浩特专场演出、参加许嘉璐主讲的"民族地区的文化建设"专题报告会、游览呼和浩特昭君博物院、参观内蒙古蒙牛集团股份有限公司工业园区和自治区博物院,推动机关文化建设。关心机关在职、离退休人员生活,努力创建和谐的机关办公环境和人际关系。

【制度建设】 根据党务、参政议政、社情民意信息工作需要,农工党自治区委制订了《机关干部联系区直基层组织工作制度》、《提案工作奖励细则》、《反映社情民意信息工作细则(试行)》;农工党包头市委修改制定了《谈心谈话制度》、《中心组学习制度》、《主、副委联系基层制度》等规章制度,编印《委员会制度汇编》、《工作职责汇编》;农工党鄂尔多斯市委制定了《中国农工民主党鄂尔多斯市委员会提案工作奖励办法》;农工党自治区法律支部委员会制定《支部委员会领导工作规章制度》、《办理党员建议和提案工作办法》、《与党员所在单位建立联系制度办法》等制度,以制度规范、激励党内各项工作,推进各项工作科学化、规范化、制度化。

【宣传思想工作】 中国特色社会主义理论体系是马克思主义中国化最新成果,是我们最可宝贵的政治和精神财富,在当代中国,坚持中国特色社会主义理论体系,对于坚定不移地走中国特色社会主义道路,继续推进改革开放,为全面建设小康社会而奋斗具有十分重要的意义。农工党自治区委坚持以中国特色社会主义理论体系为核心,推进农工党思想理论建设和宣传工作。

【爱国主义教育活动】 农工党自治区委根据《关于围绕庆祝新中国成立60周年、多党合作制度确立60周年,在全党开展爱国主义教育活动的通知》(农工中发〔2009〕宣字2号),加强对爱国主义教育活动的组织领导,认真组织全区各级组织和广大党员围绕庆祝新中国成立60周年、多党合作制度确立60周年,深入开展爱国主义教育活动,并将其作为深化坚持走中国特色社会主义道路学习教育活动、深入学习贯彻科学发展观的重要内容,深刻理解开展爱国主义教育活动的重要意义,准确把握开展爱国主义教育活动的重点内容,利用丰富多彩的形式,重点开展热爱中国共产党的宣传教育、建立社会主义新中国重大历史意义的宣传教育、新中国成立60年特别是改革开放30年辉煌成就的宣传教育、中国共产党领导的多党合作和政治协商制度确立60周年重大政治意义及其发展成就和宝贵经验的宣传教育、中国特色社会主义的宣传教育。使广大党员进一步加深了对农工党革命历史、光荣传统和多党合作历史、多党合作方针政策的了解,进一步增强了爱国情感和民族精神,进一步坚定了把中国共产党领导的多党合作和政治协商制度坚持好、完善好、发展好的信念。

农工党呼和浩特市委在内蒙古文化大厦五层电影院举行主题为"迎国庆,看电影,鉴赏《建国大业》"的"观看电影《建国大业》,庆祝新中国成立60周年华诞"党员晚会。农工党乌海市委组织党员文艺骨干参与全市统战系统"祝福祖国"文艺汇演;组织全体农工党员参加乌海市政协庆祝祖国60华诞知识竞赛,并获优秀组织奖。农工党员乌卫平为庆祝建国60周年创作导演大型音乐史诗《祖国颂》晚会在锡林浩特市演出。农工党自治区法律支部委员会举办"庆华诞·爱祖国老战士专题讲座"。

【"庆祝中华人民共和国成立60周年暨人民政协成立60周年书画展"】 在2009年中华人民共和国成立60周年、中国人民政治协商会议成立和中国共产党领导的多党合作和政治协商制度确立60周年之际,根据农工党中央办公厅《关于"庆祝中华人民共和国成立60周年暨人民政协成立60周年书画展"征集作品的通知》(农工中办发〔2009〕19号),农工党自治区委组织农工党全区各级组织的书画界党员创作庆祝中华人民共和国成立60周年暨中国人民政治协商会议成立60周年书画作品,参加农工党中央、致公党中央、九三学社中央联合举办的"庆祝中华人民共和国成立60周年暨人民政协成立60周年书画展"。

农工党自治区金融支部委员会党员朱晓军创作的绘画作品《宁静的草原》、农工党包头市委委员任宪中创作的书法作品,经专家评审机构初审,中国美术馆专家审定,入选书画展,并于2009年7月2日至7日在由农工党中央、致公党中央和九三学社中央在北京中国美术馆联合举办的“庆祝中华人民共和国成立60周年、人民政协成立和多党合作制度确立60周年书画展”上展出。农工党中央在展后将参展作品永久陈列在农工党中央机关办公大楼,并为参展作品作者颁发收藏证书。

农工党史研究工作 整理2008年度农工党工作纪实,完成了《农工党自治区委2008年年鉴、大事记》的编写任务,供自治区史志办公室编辑出版《内蒙古年鉴》(2009卷)。由《内蒙古年鉴》编纂委员会编辑的包含有农工党自治区委大事记、年鉴内容的《内蒙古年鉴》(2008卷)于2009年出版发行,在社会上宣传了农工党的工作、扩大了农工党的影响。对《内蒙古自治区志·民主党派志》(送审稿)《农工党自治区委志》做进一步修改、校对、定稿工作。

“同心颂”——统一战线庆祝新中国成立60周年征文活动 根据《关于举办“统一战线庆祝新中国成立60周年征文活动”的通知》(党统发〔2009〕20号),农工党自治区委组织全区各级组织和广大党员积极参与征文活动。农工党呼和浩特市委道日娜《协力创伟业,同心写华章》获“同心颂”——统一战线庆祝新中国成立60周年征文三等奖。农工党呼和浩特市委庞淑珍《歌唱祖国,放飞梦想》获“同心颂”——统一战线庆祝新中国成立60周年征文优秀奖。

“我与改革开放30年”征文活动 2008年,农工党中央《前进论坛》举办“我与改革开放30年”征文活动。农工党员、锡林浩特市第四中学副校长任晓林《今天吃啥》获“我与改革开放30年”优秀奖。

《前进论坛》 2009年,农工党自治区委认真贯彻农工党中央关于做好征订《前进论坛》工作的通知精神,把征订工作作为重要政治任务,组织动员广大党员进行征订,全区党员1 842名,征订1 097册,征订率60%,圆满完成农工党中央下达的征订任务。

《农工内蒙古通讯》 进一步加大农工党社会宣传力度,全年编印《农工内蒙古通讯》14期,对农工党自治区委和全区各级组织开展的活动、党员的工作和先进事迹,及时报道,发挥了党内刊物迅捷、高效传播信息作用。

《农工党内蒙古法治资讯》 中国农工民主党内蒙古自治区委员会主管,中国农工民主党内蒙古自治区法律支部委员会主办的《农工党内蒙古法治资讯》于2008年12月创刊。2009年,《农工党内蒙古法治资讯》注重社会主义法治理念的宣传,重在提高广大党员的法治意识,做好宣传民主法制建设宣传工作,全年编辑出版4期,发挥了刊物参考性、时效性、资料性、实用性的作用。

网站工作 农工党自治区委适应信息化发展要求,筹建农工党自治区委门户网站,于4月3日正式开通上线,网站与农工党中央、各省级组织、地方组织、基层组织联网运行,全面、及时、快捷地宣传统一战线、多党合作理论方针政策,宣传报道农工党工作动态和信息,进一步拓宽农工党社会宣传面和社会影响力。网站自开通以来到年底,发布信息800余条、图片130余张;网站点击率达5 800余次。12月23日,农工党中央做出决定,授予农工党自治区委“2009年度党务网站工作先进集体”荣誉称号。

宣传报道 农工党自治区委进一步加强党务工作社会宣传工作,结合不同时期的工作重点,发动和组织党员撰写理论文章、文艺作品、科学普及知识、医药卫生知识、党务公务活动消息等稿件,在《人民政协报》《团结报》《前进论坛》《内蒙古日报》《北方新报》《内蒙古统战理论研究》《内蒙古法学研究》《内蒙古社会科学动态》《中国农工民主党网站》《内蒙古统一战线网站》《农工党自治区委网站》等全国、自治区报刊、媒体、网站上发表,产生了良好的社会宣传效果。

【参政议政】 2009年是国家和自治区经济发展最为困难的一年。面对来自国际国内的严峻挑战,保持经济平稳较快发展,是对中国共产党执政能力的重大考验,也是对民主党派参政能力的重大考验。农工党自治区委紧密围绕中共中央、国务院和自治区党委、政府关于扩大内需促进经济增长的政策措施,把服务科学发展作为参政议政工作的着力点,把促进经济平稳较快发展和社会和谐稳定作为首要任务,充分发挥自身优势,积极建言献策。

建言献策 在自治区政府召开的征求《政府工作报告(征求意见稿)》意见座谈会上,做到高度重视、认真准备,在调查研究、多方征询意见的基础上,积极提出意见建议,受到自治区领导的关注。在3月召开的十一届全国人大二次会议和全国政协十一届二次会议期间,农工党全国人大代表云治厚、全国政协委员牛广明、赵心力向“两会”提交人大建议、政协提案20多件。其中牛广明主委向大会提交了《关于让利于民、拉动内需,建议提高个人所得税的起征点的提案》、《关于建议重新审定国贫县,进一步促进扶贫开发事业又好又快发展的提案》、《关于提高全民健康质量,建议制定国家“全民健康计划”的提案》、《关于尽快建立中蒙药剂管理法规的提案》、《关于提高全民健康质量,建议

制定国家"全民健康计划"的提案》。赵心力《关于建立健全各级兽医管理体制的提案》、《关于畜间布鲁氏菌病、结核病疫情严重,急需进一步加强防控的提案》、《提高基层动物防疫人员待遇,促进动物防疫工作》引起国家有关部委的重视。在1月召开的自治区十一届人大二次会议上,自治区人大代表张伯群就自治区人大常委会进一步加强立法和监督工作提出建议。在1月召开的自治区政协十届二次会议上,农工党自治区委以界别名义提交提案29件、大会书面发言1篇,均被立案,其中列为自治区政协主席重点督办案1件;农工党的自治区政协委员提交提案37件。自治区政协副主席牛广明在大会上做《加强农村牧区环境卫生综合整治工作的建议》的发言,自治区政协委员陶迎春做《全面推进我区输血事业再上新台阶》的发言。

调查研究　完成了《关于内蒙古自治区科学普及工作的调查研究报告》、《关于呼和浩特、包头、鄂尔多斯"金三角"地区妇女儿童保健状况调查研究报告》、《关于对内蒙古境内"黄河大峡谷旅游区"开发建设的建议》、《内蒙古公立医院发展现状及问题对策》、《关于加强农村养殖和生活垃圾治理的建议》、《关于巴彦淖尔市开展医疗服务"一卡通"情况的调查研究》、《关于目前蒙药存在的问题及建议》7份调研报告。配合农工党中央在鄂尔多斯市、巴彦淖尔市、包头市、赤峰市、锡林郭勒盟,开展了《城乡基层医疗机构与用药状况问卷调研》,完成调查问卷3 488份。配合农工党中央妇工委在呼和浩特市、包头市、鄂尔多斯市、阿拉善盟开展了《农村牧区妇女儿童健康状况》调研。

农工党包头市委完成《包头市创建环保模范城市的必由之路—构筑包头市循环型工业经济》调研;农工党鄂尔多斯市委完成农工党自治区委交办的《鄂尔多斯市农村牧区土地流转情况调研》;农工党乌海市委完成了《海勃湾沉棚区拆迁安置专题调研报告》;农工党牙克石市总支部委员会完成《关于牙克石市未成年人思想道德教育现状》调查;农工党锡林郭勒盟基层委员会完成了《关于锡林浩特市水资源情况》调研;农工党自治区法律支部委员会进行了流浪少儿违法犯罪活动幕后操纵者调研,新闻记者采访工作遇到职业侵害调研,全区初中年级学生心理卫生教育状况调研,内蒙古东部地区农村牧区社会稳定情况调研等。

【社会服务】

举办"我与祖国同行"庆祝祖国华诞60周年活动　在新中国成立60周年的日子里,农工党自治区委、自治区血液中心、内蒙古世纪男科医院于8月5日共同举办"我与祖国同行"系列活动"民族在奉献中崛起　献血铸就盛世"爱心献血活动,为祖国60华诞献礼。仪式现场向过往行人和当地居民散发了《"民族在奉献中崛起,献血铸就盛世"无偿献血倡议书》。活动当天上午共有43人献血,共献鲜血12 200毫升。

举办"献给生命的礼物——捐献造血干细胞无偿献血文艺汇演"活动　农工党自治区委、农工党呼和浩特市委、自治区血液中心、呼和浩特市红十字会、呼和浩特市赛罕区人民路街道办事处、呼和浩特市赛罕区第二毛纺厂社区居民委员会联合于8月15日上午共同在呼和浩特市人民路街道金地广场举办主题为"血脉相连、心灵相通"的"献给生命的礼物—捐献造血干细胞无偿献血文艺汇演"。共有35名血液合格者成功献血1.3万毫升。有13名群众参加了造血干细胞采集,为造血干细胞事业,增加了新鲜的标本。

开展影视作品进校园活动　推进未成年人思想道德建设　2009年,争取呼和浩特市金榜教育辅助资源开发有限公司支持,5月26日再次与农工党集宁委员会共同在乌兰察布市四子王旗民族希望小学主办由呼和浩特市金榜教育辅助资源开发有限公司协办的主题为"推进素质教育、整合文化资源、弘扬民族精神"的"影视文化进校园暨捐赠助学乌兰察布行启动仪式爱心图书馆捐建活动"。通过爱国主义影片进校园、捐赠电子图书馆等。

积极参与生态保护　建设秀美山川　4月23日,农工党自治区传媒支部委员会、农工党自治区直属机关支部委员会、农工党自治区卫生支部委员会、农工党自治区金融支部委员会、农工党自治区法律支部委员会和农工党自治区中蒙医医院总支部委员会的38名党员,赴呼和浩特市赛罕区榆林镇二道河新村参加春季植树造林活动,共植果树350棵。

创办农工党服务社会实体　为群众健康服务　农工党锡林郭勒盟基层委员会创办口腔专科医疗机构——锡林浩特爱心口腔病防治所并于9月18日在锡林浩特市杭盖办事处举办"康齿行动"社会服务活动启动仪式,投入5万元为30名孤寡无助老人免费治疗、镶复牙齿,受到欢迎。7月25日至26日,农工党赤峰市委组织医疗队到农工党自治区委重点帮扶的"爱心医院"——克什克腾旗红山子中心卫生院开展义诊献爱心活动,受到当地群众的热烈欢迎。

扶危济困　奉献爱心　展现农工党时代风采　5月31日,"六一"国际儿童节前夕,农工党自治区中蒙医医院总支部委员会、农工党自治区水利支部以捐款捐物方式,慰问呼和浩特市儿童福利院的教师和孩子们。6月1日,农工党自治区直属机关、农工党自治区传媒支部委员会、农工党自治区教育支部委员会、农工党内蒙古大学支部党员和农工党自治区委机关干部,来到自治区聋儿听力语言康复中心,举行庆祝“六一”国际儿童节暨捐赠活动。5月28日,农工党自治区传媒支部委员会联合内蒙古社会扶贫工作促进会、内蒙古教育学会的领导前往内蒙古医学院第二附属医院,看望贫困残疾女大学生何红娟,为其捐赠2万元现金和5千元生活保健用品。农工党自治区委于6月17日举行“博爱一日捐”活动,机关工作人员共捐出一天的工资收入1 492元,“向陷于困境的人奉献一份爱心”。9月5日,在第25个教师节来临之际,农工党呼和浩特市委、呼和浩特市红十字会、呼和浩特市民营高科技健康企业—蒙康盛业公司联合举办“蒙康爱心献园丁,桃李芳香满园春”捐赠仪式,为全市大中小学幼儿园在职、离退休教师捐赠价值30万元的健康产品。农工党包头市委联合包头市计划生育协会,组织医疗专家深入驻包边防部队,开展“生育关怀进军营·生殖健康边防行”活动,受到部队官兵和“军嫂”的热烈欢迎。

以开展文化科学技术卫生“三下乡”活动 服务人民群众 4月10日,农工党集宁委员会组织农业科技专家为集宁区白海子镇黄土场村免费送去果树苗、建立庭院经济种植示范点,向村民讲解农牧业适用技术,进行科技扶贫。4月13日,农工党呼和浩特市回民区总支部委员会、农工党自治区科学技术支部委员会在呼和浩特市回民区攸攸板镇青山村开展送医送药、送科技下乡活动。4月18日,农工党兴安盟总支部委员会深入突泉县永安镇敖牛村开展义诊活动。5月10日,农工党巴彦淖尔市总支部委员会组织专家,深入五原县天吉泰镇卫生院开展义诊。5月17日,农工党科尔沁右翼前旗支部党员深入居力很镇红旗村为农民免费送医送药。7月12日,农工党自治区委医药卫生工作委员会与农工党呼和浩特市委、呼和浩特市第三医院、呼和浩特市赛罕区黄合少镇朱亥村榆树王慈善协会共同在黄合少镇朱亥村主办“新农村建设医疗义诊”活动,近600余人次接受治疗、检查,向60岁以上的村民发放价值6 000元的生活用品及价值1万元的120袋面粉。9月25日上午,农工党锡林郭勒盟基层委员会、锡林郭勒盟红十字会、锡林浩特市红十字会联合在锡林浩特市白银库仑牧场开展“关爱农牧民健康”活动,进行常见病多发病义诊和免费体检,捐赠药品和衣物价值2万元。农工党内蒙古医学院委员会党员发挥优势,积极参加农工党自治区委举办的各种医疗义诊活动;参加单位组织的义诊活动、帮扶基层医院工作、“中医药中国行、中蒙医药内蒙古行”大型义诊活动、“三下乡”活动,收到良好社会效益。农工党包头市青山区第五支部委员会联合包头市青山区疾病预防控制中心和包头神农大药房在包头市青山区文化路东风公园举办“爱心呵护生命,行动抵御艾滋”宣传活动。农工党乌海市委与中国初级卫生保健基金会联系,引进妇科病普查项目,在海勃湾区政府的大力支持下,为海勃湾区3 000名妇女进行免费妇科病普查。

支援台湾灾区 为台湾灾区捐款 8月,“莫拉克”台风袭击台湾中南部地区,造成人民生命财产的重大损失。大陆各地纷纷捐款,表达爱心。农工党自治区委根据中共自治区党委台湾工作办公室《关于向台湾灾区捐款的通知》(内台通字〔2009〕2号)要求,向遭受“莫拉克”台风袭击的台湾灾区捐款1 000元,为台湾灾区人民战胜灾情、重建家园,尽了一份力量,奉献了一片爱心。

按照农工党中央文件精神,做好推荐组织工作先进工作。经农工党中央批准,农工党呼和浩特市委、农工党包头市委荣获“中国农工民主党组织工作地市级先进集体”称号;农工党牙克石市总支部委员会、农工党自治区卫生支部委员会、农工党自治区直属机关支部委员会荣获“中国农工民主党组织工作先进基层组织”称号;陈永胜、周健、赵慧、张曼漪、郝福明、李一飞荣获“中国农工民主党组织工作先进工作者”称号;孙灵生获“中国农工民主党组织工作荣誉证书”。

(陈永胜)

九 三 学 社

【九三学社内蒙古自治区委员会领导名录】

主任委员:刘新乐

副主任委员:边占喜 林琳 闫伟 徐建新

【储波、巴特尔走访慰问自治区各民主党派工商联】 1月23日,自治区党委书记储波、自治区政府主席巴特尔,自治区党委常委、统战部部长伏来旺,自治区党委秘书长符太增到党派机关走访慰问自治区各民主党派、工商联并与大家举行座谈。社区委主委刘新乐,常委、副主委林琳参加座谈会。

【九三学社内蒙古自治区第六届委员会第三次全体会议】 3月24日,九三学社内蒙古自治区第六届委员会第三次全体委员会议在呼和浩特市内蒙古锦江国际大酒店举行。会议主要议程是:学习贯彻全国、自治区“两会”精神;听取审议刘新乐主委代表常委会所作工作报告;民主推荐社区委领导班子后备干部;表彰政治交接活动先进集体;人事任免事项。会议增补包庆贺、霍洪军为社区委常委。

【领导视察】

中共中央统战部陈喜庆副部长视察自治区民主党派机关　6月30日,中共中央统战部陈喜庆副部长视察自治区民主党派机关,并与自治区民主党派负责同志举行座谈,听取工作汇报,社区委林琳副主委参加座谈。

以全国政协副主席、九三学社中央副主席王志珍为团长的九三学社“节水农业”课题考察团一行来自治区考察　8月27日至30日,以全国政协副主席、九三学社中央副主席王志珍为团长的九三学社“节水农业”课题考察团一行15人在自治区考察。考察团在内蒙古期间听取了自治区关于节水农业灌溉情况的汇报,分别赴鄂尔多斯市达拉特旗、杭锦旗、巴彦淖尔市、杭锦后旗考察高效农业节水灌溉工程、杭锦旗黄河南岸灌区节水改造工程、巴彦淖尔市总干渠二闸水利枢纽工程,河灌总局信息化、自动化管理系统,杭锦后旗杨家河、乌拉河农业灌溉工程,并到九三学社内蒙古区委机关接见参加社区委六届七次常委会议人员和机关工作人员和社员代表。九三学社内蒙古区委副主委边占喜、林琳、闫伟参加了会见。全国政协常委、九三学社中央副主席邵鸿,全国政协常委、九三学社中央副主席赖明,全国政协委员、九三学社参政议政部部长张化本,九三学社中央研究室主任岳庆平参加考察。原自治区政协副主席、原九三学社内蒙古区委主委罗锡恩,全国政协委员、九三学社内蒙古区委副主委闫伟陪同代表团全程考察。

【重要会议】

九三学社内蒙古自治区委员会六届六次主任委员会议　3月15日,社区委六届六次主委会议在呼和浩特举行。会议通过即将提交社区委六届六次常委会议的有关文件并研究召开六届三次全委会议相关事宜。

九三学社内蒙古自治区六届六次常务委员会议　3月23日,社区委六届六次常委会议在呼和浩特市内蒙古锦江国际大酒店举行。刘新乐主委主持会议,会议通过了社六届三次全委会议议程和增补六届区委常委建议名单等文件。

九三学社内蒙古自治区六届七次主任委员会议　7月21日,社区委召开六届七次主委会议,会议通报了社区委前段主要工作进展情况,对下一段工作做具体安排,社区委刘新乐主委主持会议并传达在福建厦门召开的社中央常委会议精神。

九三学社内蒙古自治区信息工作座谈会　8月26日,九三学社内蒙古自治区信息工作座谈会在呼和浩特市举行。社区委副主委林琳主持会议,社中央办公厅处长张瑛就信息工作举办专题讲座,社区委副主委边占喜及来自全区各地信息员和有关同志50余人出席座谈会。

九三学社内蒙古自治区委员会六届七次常委会议　8月28日,九三学社内蒙古区委六届七次常委会议在呼和浩特举行。会议主要议程是:听取社区委前段工作汇报;审议九三学社内蒙古自治区委员会信息工作制度(草案);审议新建区辖市级组织2009～2014年规划(草案);审议九三学社内蒙古自治区委员会参政议政成果表彰奖励办法(草案);审议九三学社内蒙古自治区委员会参政议政课题管理办法(草案)。

九三学社内蒙古自治区委员会六届八次常委会议　12月22日,社区委六届八次常委会议在呼和浩特市举行,社区委边占喜副主委主持会议。会议主要议程:传达九三学社十二届三中全会精神;通报社区委主要工作情况;传达《九三学社中央关于进一步做好组织发展工作若干问题的意见》;讨论通过《九三学社内蒙古区委关于信息工作的规定》;确定九三学社内蒙古自治区六届四次全委会议召开时间。

【参政议政】　1月7日至12日,自治区政协十届二次全委会议在呼和浩特举行。会议期间社区委提交集体提案13件,委员个人提案28件,其中有9件被确定为重点提案。边占喜、徐建新常委;包庆贺委员分别代表社区委和委员个人以《关于将未成年犯教育纳入国民义务教育序列的建议》、《关于加大革命老区建设力度的建议》、《关于加快蒙古族聚居贫困地区经济社会发展的建议》为题作了大会书面和大会发言。在全国政协十一届二次会议上,社区委《关于对我国未成年犯实施义务教育的建议》被社中央采用为九三界别提案。参加全国“两会”的代表、委员认真履行职责,提出议案、批评建议和提案9件。

2008年10月至2009年9月,社区委和社员个人所提供信息被全国政协采用1篇、被社中央采用15篇、被自治区政协采用9篇。社区委常委刘静提出的《高校贫困生助学金发放中存在的问题及建议》,中共中央政治局委员刘延东作了重要批示。

4月30日,社中央办公厅对2008年社省级组织向社中央提供参政议政材料使用情况进行通报。上年有22篇材料被选用作社中央名义、九三学社界别和委员联名提案,其中社区委提供的《关于对我国未成年犯实施义务教育的建议》在全国政协十一届二次会议上被用做九三界别提案。

【组织建设】 至2009年底,九三学社内蒙古自治区委员会在全区建有7个地市级地方委员会、2个地市级基层委员会、54个基层支社,建有13个社区委直属支社和1个基层委员会。全区社员人数为1 651人,其中女性692人,占社员总数的41.91%;具有高级职称人员920人,占社员总数的55.72%;具有中级职称人员678人,占社员总数的41.07%;社员平均年龄54.08岁,约有一半以上社员分布在呼、包两市,具体为自治区直属545人;呼和浩特市180人;包头市354人;赤峰市170人;乌海市98人;通辽市94人;呼伦贝尔市91人;鄂尔多斯市37人;集宁地区82人;锡林浩特地区84人;巴彦浩特地区7人。

九三学社共有4级(全国、内蒙古、地级市、旗县区)人大代表、政协委员269人次,213人次,占社员总数的12.9%,其中,全国人大代表1名;全国政协委员1名;自治区人大代表9名(其中常委1名);自治区政协委员23名(其中常委5名,兼职副秘书长1名,专委会副主任1名);地市级人大代表19名(其中副主任1名,常委1名);盟(市)级政协委员96名(其中副主席3名,常委18名);旗(县)、市(区)级人大代表10名,其中人大副主任2名;旗(县)、市(区)级政协委员66名,其中副主席5名,常委7名。

社员界别分布为高等教育174人,占社员总数的10.54%;普通教育66人,占社员总数的3.99%;科技界757人,占社员总数的45.85%;医药卫生界377人,占社员总数的22.83%;文化艺术界41人,占社员总数2.48%;新闻出版界12人,占社员总数的0.73%;公有制经济27人,占社员总数的1.64%;企业界人士21人,占社员总数的1.27%;法律界8人,占社员总数的0.48%;政府机关106人,占社员总数的6.42%;党派机关20人,占社员总数的1.21%;其他38人,占社员总数的2.3%。

【宣传工作】 《内蒙古社讯》是九三学社内蒙古自治区委员会机关刊物。由九三学社内蒙古自治区委员会宣传部主办,季刊,总刊数99期。自1983年创刊以来,宣传以中国共产党领导的多党合作事业为己任,也进行很多内容的改革,具体分为"信息专栏"、"九三人物"、"社员论坛"、"组织发展"、"社内活动"、"地方快讯"、"社务服务"等栏目。现任主编为九三学社内蒙古自治区委员会专职副主任委员林琳,封面题字由中国著名书法家,曾任九三学社中央宣传部副部长的启功题写,责任编辑由九三学社内蒙古自治区委员会宣传部部长苗平、主任科员王英担任。

【社会活动及社会服务工作】 9月6日,由呼和浩特市人民政府、自治区文化厅、自治区民族事务委员会和九三学社内蒙古自治区委员会联合主办的民族文化遗产保护·呼和浩特论坛在呼和浩特举行,自治区副主席连辑、自治区政协副主席肖黎声出席论坛。社区委副主委林琳出席会议并致闭幕词。

5月5日,社区委老龄委组织社员到呼和浩特市社会福利院看望孤寡老人,为他们送去价值2千余元的生活用品和食品。

5月19日,社区委妇委会组织社员和机关干部到内蒙古女子监狱慰问干警和帮教服刑人员。活动期间,听取了女监负责人关于女监情况介绍和服刑人员现身说法演讲。并向女监以及服刑人员赠送价值3千余元的办公设备和生活用品。

6月6日,社区委机关干部和区直工交三支社部分社员赴清水河县城关镇明德小学开展支教活动,向该小学赠送价值6千余元生活用品和学习用品。

7月15日至17日,经社区委联系,九三学社中央和社河北省委举办的"亮康行动"走进锡林郭勒盟太仆寺旗,为53位白内障患者免费做了复明手术。社中央社会服务部副部长王金茹,全国人大常委、社中央常委、社河北省政协副主席、社河北省委主委丛斌,社河北省委副主委毕志夫,社内蒙古区委副主委林琳,中共锡盟委委员、统战部部长包丽玲和社沧州市委副主委徐琛以及医疗专家组成员5人参加义诊活动。

8月21日,社区委和社集宁委员会在乌兰察布市启动送科技进乡村活动。活动中,社区委组织社内外专家深入乡村,通过科技培训、科技服务、科技咨询、科技宣传、科技示范等形式,培养科技示范户,使村民能掌握多项农业先进实用技术,提高农民的种植、养殖效益。社区委还向当地赠送2万余元1 500多册的果木栽培、家禽、家畜养殖方面的科技图书。社区委徐建新副主委、武怡民主任及社内外专家和社集宁委员会负责同志参加启动仪式，并深入乡村进行实地考察。

9月15日，社区委根据社中央开展“百名专家进乡村入学堂”的指示精神，由社区委教育工作委员会组织社内外专家赴清水河县开展科普讲座和捐资助学活动。参加讲座的社内外专家有张文芳研究员、云岚副教授、刘常乐高级实验师、冯长青高级实验师。他们讲座题目分别是：内蒙古历代货币览胜、生物多样性及保护、农村畜牧业、风力发电。

10月13日，在中国少年先锋队成立60周年之际，社区委联系社外私营企业家王利民先生资助清水河县城关明德小学池磊、池军两位贫困同学完成小学学业，将首批捐助2 000元送到学生手中，并向该小学赠送价值1千余元食品。

12月4日，根据社区委开展第21届国际科学与和平周活动安排，社区委机关干部会同捐助人王利民先生共同赴清水河县明德小学看望受捐助的两名小学生池磊、池军，为他们送去价值1 500余元的御寒棉衣等物品和生活用品。

（李　媛）

工　商　联

【内蒙古自治区工商业联合会领导名录】

党组书记：杨继业

主　席：田　震

副主席：郝智浓　和光（满族）　高海涛　李岳清
连广明　潘刚　李志强　王文彪　张钢
丁新民（蒙古族）　赵永亮　刘忠元
敖其尔（蒙古族）　张海峰　李勇毅　马麟
戴洪九　王清军　张东海

副巡视员：王进生

【思想政治工作】　深入广泛开展了爱国主义教育活动，组织非公有制经济人士参与统一战线庆祝新中国成立60周年征文活动，并通过内蒙古日报、中华工商时报和内蒙古商报等新闻媒体，大力宣传改革开放后自治区非公有制经济的巨大成就和非公有制经济代表人士的典型事迹，取得很好效果，进一步增强广大非公有制经济人士坚定走中国特色社会主义道路的决心和信心。

【宣传工作】　为进一步宣传非公有制经济及其人士的典型事迹，提升非公有制经济和工商联的社会影响力，与《内蒙古商报》建立长期合作关系，共同推出《商会周刊》，集约报道工商联和商会工作。创办《商会周刊》以来，全年发行《商会周刊》35期，刊登通讯、消息，报道先进企业及个人，共计965篇。

【调查研究】　为准确掌握非公有制经济发展和工商联工作情况，联合内蒙古财经学院、自治区政府调研室等单位和部门，采取走访企业、召开座谈会、填写调查表等形式，赴各盟市、旗县开展全区民营经济发展情况和工商联组织建设情况调研活动，完成《关于我区非公有制经济与工商联工作的调研报告》，经自治区党委领导同意，自治区党委办公厅和政府办公厅作了回复，并对调研报告所提建议转呈自治区党委、政府相关部门研究处理，此项工作为解决非公有制经济发展和工商联工作中存在的问题创造了条件。

按照自治区党委组织部《关于开展“保增长、惠民生，进百县、促落实”活动的通知》要求，我会先后五次到苏尼特右旗就“保增长、惠民生”采取的措施和贯彻落实自治区“十件实事”、“十项民生工程”工作情况进行调研，形成3篇专题报告，受到自治区领导和有关部门的高度关注。

【参政议政】　向自治区政协十届二次全委会提交14份集体提案，其中《关于积极应对金融危机、帮助我区民营企业渡过难关的提案》，被自治区政协列为1号提案和政协主席重点督办提案，并获得全国工商联优秀调研成果二等奖，对自治区出台促进民营企业发展新政策产生积极作用。

【融资服务】　与自治区金融办合作，分别在呼和浩特、通辽市举办两次金融机构与民营企业项目对接会。其中在通辽市举办的东部五盟市银企项目对接会上，有15家银行与38家企业签订了300亿元的融资合作协议；与华夏银行呼和浩特分行联合举办民营企业及银行金融产品项目对接会，并签定双方合作框架协议；推动有关金融机构、小额贷款公司为5家直属会员企业贷款共计8 000万元。

【招商引资】　协助举办赤峰市招商引资项目推介会，达成意向投资5亿元；组织会员企业参加第十一届“环渤海地区民营经济经贸洽谈会暨民营经济发展高峰论坛”，七省区参会企业共签约20个项目，总投资132亿元;促成内蒙古紫维集团投资1.2亿元在霍林河市建设大型物流园区。这些活动的开展,有效推动了各地会员企业之间资金融通、市场开拓、经贸交流与合作。

【维权服务】 为进一步提高工商联维权工作和法律服务工作能力,拟制定《关于设立内蒙古自治区非公有制企业维权投诉中心工作方案》、《内蒙古自治区非公有制企业维权投诉中心受理投诉办法(试行)》、《关于成立非公有制维权投诉中心的实施办法》,经与内蒙古监察厅协商,合作成立非公有制企业维权投诉中心,定于2010年挂牌开展工作。

【会员发展 组织建设】 至2009年底,全区共有会员63 412家,其中团体会员636家,企业会员35 441家,个人会员27 335个。全区共组建各类行业商会(协)会329家,自治区直属一级行业商(协)会22家,二级行业商会2家。为进一步搞好行业商会工作,召开了行业商(协)会工作座谈会,努力探索新形势下行业商(协)会为会员企业服务的新思路新方法。根据国家民政部授权全国工商联为社团组织业务主管单位的有关文件精神,与自治区民政厅达成共识,共同授权各级工商联为社团组织业务主管单位,为全区各级工商联发展行业商(协)会等社团组织创造有利条件。

【光彩事业】 5月15日,与自治区红十字会联合举行"自治区工商联直属企业博爱一日捐"启动仪式,100余家直属会员企业和商会共捐款7.43万元;组织直属会员企业向台湾灾区捐款活动,共捐款15万元;在联合会大力倡导推动下,19家民营企业向呼伦贝尔市老少边区学校119人捐赠23.8万元助学金。

【贾庆林主席亲切接见各民主党派 工商联负责人】 10月19日上午,中共中央政治局常委、全国政协主席贾庆林在自治区政协机关亲切接见自治区政协、统战部机关干部和各民主党派、工商联负责人和无党派人士,自治区党委统战部副部长、自治区工商联书记杨继业,自治区工商联主席田震,副主席郝智浓、和光、高海涛受到接见。

【民营企业招聘周活动】 5月23日,按照全国工商联要求,我会与自治区人事厅、劳动和社会保障厅、教育厅、总工会五部门共同举办了"内蒙古2009民营企业招聘周活动",全区12个盟市和2个计划单列市进入各级劳动力市场的民营企业6 768家;民营企业提供就业岗位119 596个;签订就业意向人数71 905人。包头市和赤峰市被评为2009年民营企业招聘周组织工作优秀城市。"招聘周"活动收到良好的社会效果。

【第十届世界华商大会】 11月20日,自治区工商联主席田震,副主席高海涛率团赴菲律宾马尼拉出席第十届世界华商大会。大会由菲律宾华商联合总会主办,由菲律宾国家旅游部、工商部、农业部、环境与天然资源部等机构协办。大会以"加强华商联系、促进世界繁荣"为主题,金融及经济等务实议题成为大会的重要议题。本届世界华商大会吸引了来自泰国、新加坡、印度尼西亚、马来西亚、越南、日本、韩国、美国、意大利、西班牙、法国、波兰、刚果等国家及中国香港地区的3 000余华人商业精英。

【全国第三届优秀建设者表彰大会】 11月7日,在第三届全国非公有制经济人士优秀中国特色社会主义事业建设者表彰大会上,内蒙古骆驼酒业股份有限公司董事长刘源、内蒙古伊泰集团有限公司董事长张双旺被授予"优秀中国特色社会主义事业建设者"光荣称号。

【抗震救灾表彰大会】 2月20日,自治区党委统战部、自治区工商联联合举办抗震救灾表彰大会,自治区党委常委、统战部长伏来旺,自治区人大副主任郝益东,自治区政协副主席王长聚,自治区党委统战部副部长侯世忠,自治区党委统战部副部长、工商联党组书记杨继业,自治区工商联主席田震出席会议。会上授予内蒙古铁矿行业商会等68家单位"抗震救灾先进集体"荣誉称号,授予苏世雄等142名同志"抗震救灾先进个人"荣誉称号。

【第三届全国就业与社会保障先进民营企业表彰大会】 11月30日,在由全国工商联、人力资源社会保障部、全国总工会联合召开的第三届全国就业与社会保障先进民营企业表彰大会上,内蒙古河套酒业集团股份有限公司、化德县北辰冶金化工有限责任公司、赤峰荣济堂医药有限公司、呼伦贝尔龙凤集团四家会员企业被授予"全国就业与社会保障先进民营企业"荣誉称号。

(郑红军)

群 众 团 体

总 工 会

【内蒙古自治区总工会领导名录】

主　席:云秀梅(女 蒙古族)

副主席:胡书捷(9 月任党组书记)

副主席:崔明龙 金华(女 蒙古族)

额尔敦巴雅尔(蒙古族) 姜言文

副巡视员:李建军

【概况】 2009 年,一是组织动员各族职工积极应对国际金融危机,围绕"保增长"作出新贡献。二是积极推动各族职工共享改革发展成果,围绕"保民生"取得新成效。三是大力发展和谐劳动关系,围绕"保稳定"展现新作为。四是切实加强工会自身建设,凝聚力、战斗力得到新提升。

【内蒙古自治区工会第九次代表大会】 9 月 21 日至 24 日在呼和浩特召开。自治区党委书记、自治区人大常委会主任储波,自治区党委副书记、自治区主席巴特尔,自治区政协主席陈光林,中华全国总工会书记处书记、组织部长李世明,自治区党委、人大、政府、政协、内蒙古军区领导任亚平、邢云、伏来旺、张力、韩志然、乌兰、李佳、符太增、雷·额尔德尼、云秀梅、柳秀、牛广明、杨俊兴等分别出席大会开幕式和闭幕式。李世明代表中华全国总工会致词,任亚平代表自治区党委、政府致词。云秀梅作题为《深入贯彻落实科学发展观,坚定不移地走中国特色社会主义工会发展道路,为建设富强民主文明和谐的内蒙古而努力奋斗》的工作报告。大会审议通过工作报告、财务工作报告和经审工作报告的决议。经过充分酝酿、选举产生 88 人组成的自治区总工会第九届委员会、19 人组成的自治区总工会经费审查委员会。在大会期间召开的自治区总工会第九届委员会第一次全体会议上,云秀梅当选为自治区总工会主席,崔明龙、金华、额尔敦巴雅尔、姜言文当选为自治区总工会副主席。在自治区总工会第九届经费审查委员会第一次全体会议上,金华当选为自治区总工会经费审查委员会主任。

【自治区人民政府与自治区总工会第四次联席会议】 1 月 11 日召开,就加强企业职工技能人才队伍建设问题进行研究。自治区党委副书记、自治区代主席巴特尔出席会议,自治区人大常委会副主任、总工会主席云秀梅主持会议,自治区副主席赵双连出席会议并讲话。为进一步提高内蒙古职工的技术技能素质,2008 年 5 月,自治区总工会派出调查组,历时 4 个月,与 12 个盟市工会和呼铁局、电力、林业 3 个自治区产业工会联合,深入企业就职工技能素质状况进行专题调查,基本掌握全区企业职工技术技能素质建设的基本情况,分析了存在的问题及成因,并据此向自治区人民政府提出关于加强企业技能人才队伍建设的五点建议,提交联席会议研究讨论。自治区人大、政协,自治区发改委、经委、人事厅、劳动和社会保障厅、国资委、总工会的有关领导出席会议并就《关于加强企业技能人才队伍建设的建议》提出了修改意见。

【企业工资集体协商制度】 自治区党委办公厅、政府办公厅以厅发〔2009〕4 号《通知》转发《自治区总工会关于全面推进企业工资集体协商制度的意见》,要求各级党委、政府和工会组织充分认识新形势下全面推进企业工资集体协商制度的重要性和必要性,采取切实有效措施,积极推动企业工资协商工作的全面深入开展。《通知》要求各级党委、政府要将工资集体协商摆上重要议事日程,从 2009 年起,要研究制定职工工资正常增长与经济发展相适应的考核指标,纳入国民经济和社会发展规划,作为对各级党委、政府的考核内容,层层分解任务,明确责任。要求各地积极开展"要约行动",全面推进工资集体协商制度;要因企制宜,加强工资集体协商工作的分类指导;建立工资集体协商指导员队伍,提高工资集体协商工作质量。各级工会以贯彻落实《意见》为契机,以工资集体协商为突破口,大力推行区域性、行业性集体合同制度;结合全国人大代表就企业职工工资收入问题进行调研视察,积极配合劳动保障部门,全力推进劳动合同制度的实施,切实维护职工群众的劳动经济权益。2009 年,全区独立建会的非公有制企业签订集体合同新增6 330份,新增工资集体协议4 908份,新增区域性、行业性集体合同231份,全区企业劳动合同签订率也有大幅提升。

【理论与实践培训班】 内蒙古总工会、内蒙古党校、内蒙古日报社、实践杂志社于7月10日在呼和浩特联合召开坚定不移地走中国特色社会主义工会发展道路理论与实践座谈会,就重大理论和实践问题进行深入研讨。自治区党委副书记、自治区副主席任亚平出席座谈会并讲话,自治区人大常委会副主任、总工会主席云秀梅主持会议。自治区总工会、内蒙古党校、内蒙古日报社、实践杂志社、呼和浩特市市委、呼和浩特铁路局、包钢(集团)公司工会等单位负责人,就坚定不移地走中国特色社会主义工会发展道路、不断开创内蒙古工会工作新局面交流了认识和体会。此前,自治区总工会还举办坚定不移地走中国特色社会主义工会发展道路理论与实践培训班,对全区各盟市工会主席、常务副主席,自治区会外产业(系统)工会主席,区总机关、驻会产业工会、直属事业单位副处级以上干部进行了培训。

【开展"共同约定行动"】 在国际金融危机对自治区经济的冲击日益严重的情况下,自治区总工会及时开展调查,主动了解掌握企业和职工受影响的情况,根据全区受金融危机影响的1 150多家企业、15.5万名职工的实际,迅速作出安排部署,并积极协调自治区劳动和社会保障厅、企业联合会、工商业联合会,在全区大力开展"共同约定行动",督促企业履行社会责任,动员广大职工为企业发展献计出力,与企业共同应对危机,实现职工、企业、工会和衷共济、共谋发展。各类企业积极响应党政与工会的号召,采取发倡议书、建立用人单位减薪裁员监督报告制度、签订协议书等形式,组织动员职工积极参加"共同约定行动",努力做到不裁员或少裁员、不减薪或少减薪,形成企业与职工同舟共济、共克时艰、共谋发展的强大合力。全区参与"共同约定行动"的企业达8 330多家,涉及职工173万人。

【"51155农牧民工援助行动"】 针对国际金融危机冲击,全区部分企业关闭、破产或者经营困难,农牧民工就业压力加大,各项权益问题显现等情况,自治区总工会深入开展金融危机影响下的职工队伍状况调查,并先后下发《关于切实做好当前维护农牧民工合法权益工作的意见》、《关于进一步做好预防和解决拖欠农牧民工工资工作的通知》、《关于进一步解决农牧民工工资拖欠问题的通知》等文件,成立维护农牧民工合法权益工作领导小组,印发《内蒙古自治区总工会推进"农牧民工援助行动"实施方案》,在全区组织开展"51155农牧民工援助行动"。各级工会按照自治区总工会的要求,积极组织开展"农牧民工援助行动"和"共同约定行动",主动配合政府有关部门,发挥各地困难职工帮扶中心的阵地作用,积极开展工作,使广大农牧民工切实感受到工会组织的温暖,各地没有发生因拖欠农牧民工工资而引发的群体性事件。各级工会共筹集援助资金782.46万元,提供帮扶服务10.98万人,其中培训农牧民工5.1万人。积极配合有关部门开展农牧民工工资支付和非法用工专项检查,为2.1万名农牧民工讨回欠薪6 100万元。

【"二次覆盖攻坚行动"】 为认真贯彻落实全国工会基层组织建设暨县级工会工作会议精神,切实加强工会基层组织建设,自治区总工会从5月中旬开始,在全区集中开展工会基层组织建设"二次覆盖攻坚行动"。制定具体实施方案并召开全区工会基层组织建设"二次覆盖攻坚行动"电视电话会议,对全面开展"二次覆盖攻坚行动"进行全面部署。区总建立领导包盟市、联系企业制度,为"二次覆盖攻坚行动"的开展提供有力的指导和服务。各级工会以"党工共建"为平台,以"两新"组织和乡镇(街道)、社区工会组织建设为重点,因地制宜、因企制宜、因业制宜,不断创新方式,扎实推进建会工作。到2009年底,全区累计建立基层工会4.6万个,与2004年相比增长近1倍;发展工会会员550.8万人,其中农牧民工会员123.6万人。

【劳动竞赛活动】 自治区总工会坚持把提升职工队伍素质作为团结动员各族职工在"保增长"中建功立业的重要手段,通过大力开展群众性劳动竞赛活动,促进重点工程项目的成功实施,充分显示职工群众在企业自主创新中的主力军作用。会同自治区有关部门组织开展100多万职工参加、涉及50多个工种、历时7个月的全区职工职业技能比赛,进一步促进职工队伍技术技能水平的提升。在自治区比赛中脱颖而出的21名选手参加第三届全国职工职业技能大赛,并取得数控铣工团体第三、模具钳工团体第二以及模具钳工个人第二的历史最好成绩。为激发各族职工不断提高技术技能素质的积极性和主动性,激励企业不断推进科技创新,自治区总工会特授予北方重工集团公司在中国重大科技攻关项目360工程(36 000吨黑色垂直挤压大口径厚壁无缝钢管项目)建设项目研发团队自治区五一劳动奖状。全区有26个单位荣获全国"工人先锋号",有200个单位荣获自治区"工人先锋号"。

【再就业培训】 2009年,内蒙古自治区将工会促进就业工作列入劳动保障整体规划之中。为全力抓好就业培训工作,推动就业工作与产业发展和人力资源市场需求更好衔接，形成就业工作有效合力和良好机制，自治区总工会按照全区就业工作会议确定的工会系统承担的下岗失业人员就业培训、在职职工转岗技能提升培训和创业培训等三项就业培训工作任务，及时部署了工作并向各地和有关产业工会解了任务指标。还会同自治区劳动和社会保障厅、财政厅联合下发了《关于做好工会系统就业培训工作的通知》，指导各级工会开展就业培训工作。经过各级工会组织的努力，工会系统承担的三项就业培训工作取得较好成绩。全区各级工会全年累计完成困难企业转岗和技能提升培训29 089人；组织下岗失业人员16 880人参加再就业培训，其中实现再就业14 111人；动员和组织2 369人参加创业培训，其中实现创业1 362人，全部超额完成了政府下达的培训任务。自治区总工会被自治区人民政府表彰命名为2009年全区促进就业先进单位。

（郭正宁）

共　青　团

【中国共产主义青年团内蒙古自治区委员会领导名录】

书记：胡达古拉（女　蒙古族）

副书记：张晓兵　刘春　陈晓东（蒙古族）　高润喜

副巡视员：龚明珠（蒙古族）

【概况】　至12月31日，全区新建各类团组织791个。“两新”组织团建“十百千”工程联系点建团率达到84.4%。全区产业协会建立团支部（团总支）260个，建立团组织QQ群54个。自治区团委下拨经费和物资286.7万元用于支持基层。在高校1 000个团支部推行团干部兼任指导员制度。120个基层团委全部完成了书记直选试点任务。培训团干部3 000余名。68个旗县、314个苏木乡镇团委书记列席了同级常委会（党委会）。

到年底，全区创建青年就业创业见习基地554个，提供见习岗位11 494个，7 469名青年上岗见习，2 324名青年被见习企业聘用。组织培训青年61 209人次。其中，“青春建功新农村新牧区就业创业培训项目”培训6 278名，实现新增就业3 734名，帮扶1 346名青年成功创业。12个盟市全部启动了青年创业小额贷款项目，落实贷款2.35亿元，惠及青年10 471人。实施“一对一”帮扶青年创业行动，建立帮扶对子518个，培育青年创业示范点174个。超过三分之二的嘎查村团支部书记兼任劳动保障协理员。

希望工程全年筹集资金958万元，援建希望小学18所，帮助2 389名大中小学生继续学业。

全区各级团组织开展群众性爱国主义主题教育实践活动361场次，直接参与人数达到544.26万人。“青春草原·唱响红歌”主题活动走进高校、社区、企业、军营，直接参与人数达1.2万人。

到年底，全区青年马克思主义者培养工程培训大中专院校学生骨干2 500多人。

11个盟市开通了12355青少年服务台，受理青少年咨询3万余人次。

【组织建设】　全区新建各类团组织791个，“两新”组织团建“十百千”工程联系点建团率达到84.4%。组织“全区优秀团建创新项目”评选表彰活动。开展19个基层团建试点和20个乡镇苏木、街道团的组织格局创新试点工作，包头义工联团建工作被团中央组织部确定为“全国团建典型案例”。全区产业协会建立团支部（团总支）260个，建立团组织QQ群54个。印发《关于在自治区青联委员和青企协会员企业中开展团建工作的通知》，召开协调会，进一步明确了在全区青联委员和青企协会员企业中开展团建工作的主要任务。

【支持基层】　自治区团委下拨经费和物资286.7万元，向101个旗县团委派遣101名“西部计划”青年工作专项志愿者，在高校1 000个团支部推行团干部兼任指导员制度。全面加强驻点干部指导和管理，选派50名团干部赴基层团组织开展驻点工作。

【团员和团干部队伍建设】　按照建立增强共青团员意识长效机制的要求，稳步推进团员的教育管理工作，广大团员的组织观念和模范意识进一步增强，团员队伍不断壮大。进一步规范了各级团组织“举团旗、戴团徽、唱团歌、学团章、上团课、过团日”的团员日常教育活动。全年培训团干部3 000余名，推进大学生“村官”、“西部计划”志愿者和“三支一扶”大学生兼任基层团干部。选派基层团干部分别到团中央机关、北京团市委、辽宁团省委和自治区团委机关挂职锻炼。

【促进青年就业创业】　一是大力创建青年就业创业见习基地。全区创建青年就业创业见习基地554个，提供见习岗位11 494个，7 469名青年上岗见习，2 324名青年正式被见习企业聘用。二是广泛开展青年就业创业培训工作。依托劳动部门认定的培训机构，充分发挥中介机构的作用，全区共组织培训青年61 209人次。其中“青春建功新农村新牧区就业创业培训项目”城乡青年技能培训6 278名，实现新增就业3 734名，青年农牧民工创业培训2 224名，帮扶青年成功创业1 346名,培训农村牧区“两后生”1 700名。举办“扬帆启航、青春创业”大学生就业创业讲堂、“挑战杯”竞赛和“青春新动力计划——大学生就业营”等活动,引导大学生转变就业观念,培育创新意识,培养职业技能。三是积极推进青年创业小额贷款工作。协调农村信用联社、包头商业银行、农业银行、邮储银行,出台了关于青年创业小额贷款的一系列政策。全区12个盟市全部启动了青年创业小额贷款项目,协议贷款金额2.35亿元,已落实贷款金额近两亿元,贷款青年10 471人,贷款工作在服务青年就业创业的同时,进一步提升团组织的影响力和凝聚力。自治区团委筹集700万元成立内蒙古青年创业就业基金会。四是积极帮扶青年成功创业。全区各级团组织从共青团所联系、表彰的各类创业青年中,进行“一对一”帮扶,从创业立项、工商登记、贷款融资、市场营销、税收优惠等各个环节对创业青年进行“一条龙”跟踪服务,建立“一对一”帮扶对子518个,并在创业青年中培育174个“青年创业示范点”。五是推行嘎查村团支书兼任基层劳动保障协理员工作,超过三分之二的嘎查村团支部书记兼任了劳动保障协理员。六是深化“百万青年出草原”行动,促进农村牧区青年转移就业、返乡青年农牧民工再就业。2010年1月4日,自治区政府主席巴特尔专门作出批示,充分肯定自治区共青团促进青年就业创业工作。

【帮助困难青少年 积极服务青年人才成长】 希望工程全年筹集资金958万元,援建希望小学18所,帮助2 389名大中小学生继续学业。继续配合组织部门深化博士服务团、“草原之光”硕士创业行动。深入实施“大学生志愿服务西部计划”,引导青年人才在服务基层、奉献社会中锻炼成长。评选表彰了“内蒙古十大杰出青年”、“全区五四红旗团委标兵”等一大批优秀青年和集体典型。

【引导青年思想政治活动】 扎实开展“我与祖国共奋进,我与草原同发展”主题教育活动。抓住新中国成立60周年、“五四”运动90周年、少先队建队60周年等重大契机,继续深化“我与祖国共奋进,我与草原同发展”、“美丽的草原我的家”、“祖国发展我成长”等主题教育活动,成功举办了自治区“五四”运动90周年纪念大会。深入开展群众性爱国主义教育活动,按照“逐次推进、形成热潮”的原则,确定了八项重点活动,涵盖了“五四”、“六一”、“七一”、“八一”、“十一”等重大节日和重要时间节点,全区各级团组织共开展群众性爱国主义教育活动361次,直接参与人数达544.26万人。精心组织“青春草原·唱响红歌”主题活动,自5月份正式启动以来,先后走进高校、企业、军营、社区,直接参与人数达1.2万人次,与此同时,全区各地共青团组织也掀起了唱响红歌的热潮。

【青年马克思主义者培养工程】 按照“合理布局、严格筛选、全面培养、发挥作用”的原则,不断增强青年马克思主义者培养工程的实效性,全区21所高校举办学校及院系一级精英骨干培训班达45班次,累计培训2 500多人。以国庆60周年大庆等重要节庆日和新疆“7·5”事件等敏感日为契机,进一步强化学校和院系一级大学生精英骨干培训,确保学校安全稳定。同时,在大中学生中广泛开展“我与祖国共奋进,我与草原同发展”主题教育系列活动和“迈入青春门、走好成人路”中学生主题教育活动,在全区学生中开展了“我爱我的祖国—中华各民族青少年同心营”活动,引导中学生用中国特色社会主义核心价值体系武装自己。

【未成年人思想道德建设工程】 认真贯彻落实胡锦涛总书记争当“四好少年”的要求,采取多种方式开展学习领会贯彻贺信精神活动,用儿童化的语言和少先队的教育方式在少年儿童中宣讲贺信精神,把胡锦涛总书记对少年儿童的殷切希望传达到全体少先队员中去,引导广大少年儿童在实践参与中亲身体验,在亲身体验中转化为实际行动。深化“养成道德好习惯,争做合格小公民”主题活动,开展了“过健康文明生日,反对圆锁陋习”主题活动,举办“绿色上网我能行、红领巾抵制网络低俗之风”、“珍惜宝贵水资源,养成节约好习惯”主题教育活动。深化“手拉手”关爱留守儿童和进城务工人员子女活动,举办“从草原来到天安门广场——京蒙两地小朋友手拉手爱国主义教育活动”,为全区5所进城务工人员子女小学捐赠了价值15万元电脑和图书。举办“一本书一个愿望”活动,号召社会热心人士为呼市3所学校的100名学生一对一捐赠书籍。动员全区各级少先队组织广泛开展“我与红领巾”活动、“红领巾心向党”活动和“祖国发展我成长”全区统一主题队日活动。

【民族团结进步教育】 举办“爱国主义和民族团结教育形势政策报告会”,先后邀请北京邮电大学民族教育学院特木尔巴根教授、中央民族大学民族学与社会学学院院长杨圣敏教授、中国社科院民族学与人类学研究所副所长黄行研究员、内蒙古农业大学研究生院副院长塔娜教授等深入自治区4所高校举办专题报告会,开展了“让爱伴我成长—我与民族同学的故事”主题征文演讲活动,引导青少年将民族团结的意识内化为内在修养和素质。

【分类引导青年试点工作】 制定并下发《内蒙古团委分类引导青年试点工作方案》，成立了工作机构，按照大学生、企业青年、进城务工青年、农村牧区青年、机关青年等五个类别确定12个自治区团委直接联系的试点单位，明确试点工作的时限要求、推进步骤和主要内容。配合团中央开展分类别青年群体思想状况的问卷调查，承担并完成四个类别共1 000份问卷的调查任务。建立分类引导青年试点工作负责人QQ群，召开3次QQ群会议，深入到10个试点单位进行了调查了解。加强与宗教界青年群体的联系工作，组织内蒙古佛教学校第二届暑期爱国主义教育暨佛教知识培训班全体宗教人士代表参观考察活动。

【文明短信大赛】 3月至10月，联合自治区文明办、未保办、中国移动内蒙古分公司开展了"传播'绿种子'，倡导新风尚"2009文明短信大赛活动。大赛设定中国信心、青春励志、真情无限、信息生活等四个主线专题，并根据"五四"、"六一"、"七一"、"八一"、"十一"等不同重要时间节点设立青春岁月、金色童年、心中颂歌、军营绿花、师恩难忘、祖国万岁等六个时段专题，短信传播总量累计达6 300万条，蒙语短信传播量达214万条。《中国青年报》在头版报道了自治区"绿种子"文明短信大赛取得的成果。

【青年志愿者行动】 2009年全区各基层项目办共申报服务岗位920个，西部计划新招募志愿者人数达706人，进一步加强日常管理服务，为600余名西部计划志愿者参加公务员等考试落实了加分政策。成功启动了15届世界元老乒乓球锦标赛志愿者工作。

【举办第五届"思想草原"文化之旅大型系列讲座】 邀请第十九届世界奥林匹克运动会组织委员会执行副主席蒋效愚，北京师范大学教授于丹，中央电视台著名主持人白岩松、纳森在呼和诺尔草原和海拉尔做了精彩讲座，促进地区文化事业的活跃，扩大内蒙古学界与国内知名专家、学者的交流，对青年学生人生励志、创业导航、价值构建、观念提升等方面产生积极影响。

【青年群众性精神文明创建活动】 深入开展青年文明号创建活动，推动交通、公安、非行业等开展活动，对通信、电力等行业因重组青年文明号集体发生变化的重新考核认定。深化大学生暑期"三下乡"活动，组建大学生建国60周年成就宣讲团、大学生科学发展观实践服务团、大学生基层医疗卫生服务团、大学生支教服务团大学生科技兴农兴牧服务团、大学生文化宣传服务团、新农村新牧区地方经济社会发展调研服务团、大中专学生自主创业实践服务团等全国重点团队17支，全区重点服务团队170支。2009年，全区近20万大中专学生志愿者投入实践活动。深化"保护母亲河"行动，进一步加大对全区青少年生态环保教育的宣传、指导力度，团中央大青山项目顺利通过验收。

【维护青少年合法权益机制】 协调自治区人大、政协，对定期开展"共青团与人大代表、政协委员面对面"活动提出要求。自治区和各盟市团委分别以"青年就业创业"、"互联网与青少年健康成长"为主题，开展"面对面"活动，推动形成相关的人大建议和政协提案，产生一定的影响。加大12355青少年服务台建设的投入，11个盟市开通了服务台，受理青少年咨询3万余人次。进一步完善"青少年维权岗"工作机制。充分发挥未成年人保护委员会办公室和预防青少年违法犯罪工作领导小组办公室的职能作用，开展了关爱服刑人员未成年子女活动，组织"一助一"、"多助一"等形式的结对帮扶，对服刑人员子女和12355案例当事人进行了慰问。

【活跃团的外围组织】 内蒙古团校（内蒙古师范大学青年政治学院）实现了本科办学的新突破，"双基地"作用得到有效发挥，同时完成自治区党委组织部2009年干部自主选学试点工作。《内蒙古青年》、《花蕾》、《这一代》、《北方少年报》和"内蒙古共青团"网站等团属舆论阵地坚持弘扬主旋律，发挥引导和服务青少年的作用。各级青联组织积极凝聚优秀青年人才，学联组织切实为广大学生学习成才服务。青年外事和统战联络工作不断活跃，加强与周边国家、港澳台及区外青年组织的交流与合作，内蒙古青联北京联谊会开始发挥作用。

【其他活动】 接待"抓住机遇 · 共谋发展—中央国家机关青联委员内蒙古行"活动。组织"内蒙古青联学习实践科学发展观赴巴彦淖尔市考察活动"，举办以"应对 · 聚力 · 开放—挑战与机遇中的青年力量"为主题的青年经济论坛，捐赠价值30万元的图书，出资40万元捐建希望小学、青少年活动中心。组织"警地情，边防行，内蒙古团委、青联赴乌兰察布四子王旗边防慰问活动"，为基层派出所赠送了四台笔记本电脑。为旱灾严重的通辽、赤峰、锡盟少数民族聚居地募集价值150万元救灾粮及饲草料。

【荣誉】

1. 第十三届中国杰出青年农牧民

孟克达来

2. 全国青年文明号

内蒙古空港贵宾服务有限公司；通辽市房产管理

局经济技术开发区分局;包头市育才幼儿园;包头市包商银行团结大街支行;鄂尔多斯市伊金霍洛旗乌兰牧骑艺术团

3. 全国五四红旗团委(团支部)

内蒙古自治区包头市东河区教育局团委;内蒙古自治区四子王旗第三中学团委;内蒙古电力(集团)有限公司阿拉善电业局团委;内蒙古自治区呼和浩特市新城区东街街道老缸房社区团支部;内蒙古第一机械集团公司富成锻造有限责任公司模具制造中心团支部;内蒙古自治区通辽市科尔沁区街道交通门社区团支部;中国人民武装警察部队内蒙古自治区总队鄂尔多斯市支队杭锦旗中队团支部;内蒙古自治区鄂尔多斯市东信公路股份有限公司东杨收费所团支部;内蒙古自治区西乌珠穆沁旗吉仁高勒镇都日布勒吉嘎查团支部;内蒙古电视台新闻综合频道团支部

4. 全国优秀共青团员

奕君夫(蒙古族)　内蒙古自治区呼和浩特市第二中学学生;魏来(女)　内蒙古自治区赤峰市元宝山区第一中学学生;那仁格日勒(女　蒙古族)　内蒙古自治区多伦县广播电视局新闻中心副主任

5. 全国优秀共青团干部

艾静(女　蒙古族)　内蒙古自治区达尔罕茂明安联合旗团委书记;魏玉清　内蒙古自治区阿拉善右旗团委书记;呼和　内蒙古工业大学团委书记

6. 全国青年五四奖章

内蒙古伊泰集团有限公司党委副书记、总经理张东海

(李成广)

妇　联

【内蒙古自治区妇女联合会领导名录】

主　席:陈　羽(女　蒙古族)

副主席:宝笑平(女　蒙古族)郑祖敏(女)

张淑华(女)冀晓青(女　1月任职)

副巡视员:冯　梅(女　蒙古族)

敖特根其木格(女　蒙古族)

【概况】　内蒙古自治区妇女联合会下设六个处室,自治区政府妇女儿童工作委员会办公室设在妇联。现有编制37人。2009年底在编人员共36人,其中女性27人,男9人;蒙古族15人,满族1人;研究生1人,大专以上文化程度35人。

【认真实施"巾帼家政服务工程"】　为贯彻全区就业工作会议要求,自治区妇联对12个盟市家政服务业的发展现状及存在的问题进行调研,并到先进省区考察学习。在此基础上,召开盟市妇联主席工作会议,推广了巴彦淖尔市妇联开展家政服务的经验,组织参观包头市妇联"好帮手"家政服务中心和月嫂培训基地。明确开展家政服务工作的任务,制定下发《巾帼家政服务工程实施方案》。全区各级妇联均加强领导,成立"巾帼家政服务工程领导小组",并与当地就业部门签署了家政服务就业培训协议,开展了保姆、月嫂、保洁员、养老护理员等项目的培训。自治区妇联加强协调,努力形成家政工作合力,联合自治区发改委、教育厅、民政厅、劳动和社会保障厅、卫生厅和工商局等部门成立了"自治区家政服务协会",与劳动和社会保障厅联合表彰100名优秀家政服务员,举办全区首期家政服务管理人员培训班,请济南"阳光大姐"公司经理、区内知名女企业家及业内人士讲授家政管理和企业经营经验,提升了全区家政服务企业管理人员的能力。各级妇联规范管理,打造品牌,依托社区服务平台,面向下岗失业妇女创办家政服务公司,努力探索企业化管理,规范运作模式,扶持家政企业发展。2009年,全区妇联系统共扶持创办了200多个家政服务公司、15个巾帼家政服务培训基地,有12 900多名城乡妇女接受培训,安置1万人就业,超额完成自治区政府下达的各项目标任务,有18个家政企业被命名为自治区促进就业示范企业(单位)。

【拓展妇女小额信贷项目】　各级妇联把开展小额信贷作为增强贫困妇女自我发展能力的有效途径,积极探索,逐渐形成了符合内蒙古实际的小额信贷模式与运作机制。一是资金扶持,主要为农牧民妇女提供周转资金。如赤峰市创办的"赤峰市昭乌达妇女可持续发展协会",已累计发放贷款1.25亿元,使2万多户、8万多人受益。二是产业扶持,主要为参与当地主导产业发展的农牧民妇女提供种养业、食用菌培育等方面的资金。2008年初,自治区妇联与国家开发银行内蒙古分行联合实施了"巾帼致富星火工程"——妇女微贷款业务,项目为期三年,先期在兴安盟试点,目前已发放1 830多万元贷款,覆盖4个旗县16个乡镇的129个村屯、2 300多户家庭,有7 500多人受益。三是龙头带动,主要为妇女创办的中小企业解决发展过程中的资金瓶颈问题。从2007年开始,自治区妇联携手开发银行在通辽市组织实施妇女创业小额贷款项目。项目实施三年来,已为通辽市3个旗县区13家中小企业注

入资金2 990万元，提升了女性创业者自身的创业能力，安置一批下岗失业妇女和农村妇女富余劳动力。在应对金融危机冲击中，这些企业均实现盈利。四是专项扶持。为应对国际金融危机对妇女就业带来的冲击，自治区妇联联合自治区农村信用联社启动"巾帼新农村新牧区创业行动"——重点为返乡务工妇女提供微贷款项目。制定了返乡务工创业女能人和"双学双比"致富女能手培养计划、女经纪人培养计划、在农村牧区创业的女企业家培养计划等，着力培养扶持一批致富女能手、女经纪人、女企业家和返乡务工创业女能人，带动广大农牧民妇女转变观念、提高技能、自主创业就业。2009 年，全区累计发放该项贷款1.56亿元。五是循环扶持。自治区妇联积极争取全国妇联、中国妇女发展基金会的小额循环扶贫贷款项目，从 1998 年至今连续 10 年实施了"香港回归扶贫基金"项目，同时先后争取并实施"玫琳凯妇女创业"项目、"富农基金小额循环扶贫贷款"项目等，累计使用资金上千万元，扶持特色产业和家庭小型种养业发展，支持下岗失业妇女实现创业就业。六是改善生存发展环境。自治区已连续 8 年实施"大地之爱·母亲水窖"项目，使用资金2 200万元，解决了12.5万人的饮水困难。

【大力弘扬民族团结进步主旋律】 围绕迎庆建国 60 周年的主题，自治区妇联举办第二届草原母亲节，开展第二届"感动草原——十杰母亲"评选活动、"草原人民最喜爱的十首赞美母亲歌曲"评选活动，举办"母爱无疆、感动无限"主题征文、"歌唱祖国、赞美母亲"红歌演唱会、书画摄影展、"母亲"题材的电影展播周等系列活动。举办"我与祖国共成长"电视晚会暨第三届草原儿童艺术节开幕式，表彰全区儿童工作特殊贡献奖及全区实施"春蕾计划"先进集体和个人，开展"情童绿草地、神舟家园梦"生态童话征文、中小学生书画摄影大赛、儿童文艺汇演、"百首优秀合唱歌曲进校园"等八项爱国主义教育和文化艺术活动。这些大型系列活动广泛宣传建国 60 年来自治区经济社会的巨大变化，宣传妇女儿童事业的可喜成绩，进一步激发广大妇女热爱内蒙古、建设内蒙古的热情和活力，增进了各民族妇女的团结与进步，使"三个离不开"思想根植于广大妇女中。

【认真为妇女儿童办实事好事，着力为"保民生"发挥积极作用】

重点关注妇女健康问题 各级妇联持续开展"送医、送药、送健康"活动，为贫困母亲、环卫女工、老年妇女、基层妇女群众免费体检，进行健康知识培训，推进"女性健康知识普及暨妇女基本医疗保障"项目进农区、进社区、进机关等活动。全区共举办妇女健康知识讲座 32 场次，为1.4万人义诊、7.5万多妇女免费体检，免检费用达 860 多万元，发放了 9 万多元的药品。

实施农村牧区妇女"两癌"检查项目 与自治区卫生厅、财政厅联合成立项目工作领导小组，制定项目实施方案，确定项目实施旗县。明确提出 2009～2011 年为 14 个旗县的 33 万农村牧区适龄妇女进行宫颈癌检查，为 6 个旗县的3.6万农村牧区适龄妇女进行乳腺癌检查。2009 年内完成了宫颈癌检查6.7万人、乳腺癌检查1.2万人。

开展以帮助贫困儿童为重点的爱心捐赠活动 各级妇联广泛动员，开展多种形式的献爱心、捐善款活动，使那些由于家境困难失学和生存条件恶劣的儿童得到有效救助。自治区妇联从中国儿童少年基金会争取到价值 20 万元的图书资料及计算机、桌椅等设施，在呼和浩特市第二十六中学建立"关爱流动儿童图书馆"；动员区内外慈善机构和爱心人士捐款 260 多万元，使 900 多名贫困学生受助。

【积极促进社会和谐稳定】 进一步完善自治区维护妇女儿童权益暨"平安家庭"创建活动领导小组的工作机制，深化"平安家庭"创建活动，以家庭和谐促进社会和谐。"三八"节期间，表彰了全区 33 个"平安家庭"创建活动先进集体、100 个先进示范社区（嘎查、村）、300 个"平安家庭"示范户。同时积极组织广大妇女和家庭成员参加全国"平安·健康家庭大行动"；较好地完成了全国"两会"、国庆期间到北京的接访任务，期间我区妇联系统无上访人员。为提高妇联信访干部业务水平，自治区妇联举办全区《妇女权益保障法》和自治区实施办法及信访信息应用软件培训班，着力加强信访工作长效机制建设，制定领导干部定期接待妇女群众来访办法、定期组织干部下访实施办法以及关于矛盾纠纷排查化解工作的实施意见，加强妇联信访工作的制度化、规范化建设。全年全区各级妇联共接待信访案件3 921件，处结率达97%，为促进社会和谐稳定发挥了应有作用。

【推进妇联基层组织建设】 为贯彻全国妇联基层组织建设示范创建活动经验交流会议和全国农村妇女参与村民自治实践经验交流会议精神，自治区妇联在广泛调研的基础上，提出自治区的具体贯彻意见，并根据全区嘎查村"两委"班子换届实际，举办全区旗县区妇联主席培训班，请自治区党委组织部有关同志就换届工作进行专题培训，编写下发《内蒙古自治区农村妇女参与村民自治实践—妇联工作手册》,为指导基层换届工作发挥积极作用。各级妇联主动争取各级党委的支持,积极协调组织、民政部门联合下发《农村妇代会换届选举工作方案》、《关于做好农村妇代会主任进“两委”工作的通知》等文件,从优化妇女参选参政的政策环境入手,在增强妇女参选的自信心和全面提升妇女参选参政能力上下工夫,加大宣传教育培训力度,调动基层妇女参选参政的积极性和主动性。全区各级妇联就换届工作举办 200 多期培训班,2 万多名骨干受到培训。在各级党委的正确领导和组织、民政部门的大力支持下,至 10 月底,全区有9 900个嘎查村完成换届工作,有9 201位村妇代会主任进入了“两委”班子,妇代会主任进村“两委”班子比例为92.94%,比上届提高 17 个百分点。自治区女企业家协会、女法官协会、女检察官协会、妇女儿童研究会、工会女工委、幼教协会、小记者协会、草原母亲河艺术团、女子书画院等团体会员,也都结合实际开展各具特色的活动,为推进妇女儿童工作发挥积极作用。

(左卫国)

科　　协

【内蒙古自治区科学技术协会领导名录】

主　席:牛广明

党组书记 副主席:景建华

党组成员 副主席:亢贵厚(正厅级) 陈天保 于平(女)

副主席:洪晏(女 蒙古族) 马强 乌力吉特古斯(蒙古族) 邢永明 亚新(蒙古族) 闫伟 安玉麟 李春龙 杨宏 杨劼(女 蒙古族)

巡视员:陈普凡(蒙古族)

【概况】 内蒙古科协设主席 1 名,副主席 14 名(其中专职副主席 5 名、兼职副主席 9 名),巡视员 1 名。内蒙古科协机关现有人数 38 人,内设机构 7 个,有正处级领导职务 5 名,调研员 6 名。副处级领导职务 5 名,副调研员 3 名。

【科技馆新馆建设】 内蒙古科技馆新馆建设已正式批复立项。先后赴广东等 7 省及香港、澳门进行考察调研,进一步明确新馆建设定位、服务宗旨、建设目标、建筑风格、功能设置。内蒙古科协邀请内蒙古科技馆新馆建设顾问李象益教授到内蒙古就新馆建设工作进行指导。内蒙古科协多次向内蒙古自治区有关领导汇报并与相关部门协调解决新馆建设有关事宜。编制完成《内蒙古科技馆新馆建设可行性研究报告》,启动新馆方案设计招标工作。自治区党委书记胡春华、原书记储波高度关注新馆建设工作,自治区主席巴特尔专门听取新馆建设工作情况汇报并做出重要指示。内蒙古自治区党委副书记、常务副主席任亚平多次召集会议专题研究内蒙古科技馆新馆建设项目有关问题。

【督促检查工作】 6 月至 7 月,内蒙古科协争取自治区党委办公厅就《内蒙古党委关于进一步加强新时期科协工作的意见》(内党发〔2008〕15 号)文件贯彻落实情况进行督促检查,督查组由内蒙古科协领导带队,分别深入全区各盟市及 31 个旗县区调研考察 7 家高新技术企业,11 个农技协组织,6 个新农村新牧区示范村(嘎查),3 所科普示范学校,19 个种养殖科普示范基地,并与 12 个盟市委、2 个计划单列市及 31 个旗县委交换意见。督查组针对全区落实《意见》的实际情况,全面掌握、分析、研究存在的问题,形成有针对性的督查报告,着力解决当前面临的突出问题,进一步提高各级党委、政府对科普工作和科协工作的认识,使基层科协的经费、组织建设和工作状况得到显著改善。

6 月,内蒙古科协争取内蒙古人大常委会开展对《内蒙古科学技术普及条例》、《内蒙古科学技术协会条例》执法情况的跟踪调研。11 月,内蒙古人大常委会听取和审议跟踪检查组《关于两条例贯彻执行情况跟踪检查的调研报告》。并向内蒙古自治区政府印发《关于两条例贯彻执行情况跟踪检查的报告》,要求自治区政府及有关部门认真研究报告提出的问题和建议,采取切实有效措施,解决工作中存在的问题,进一步加快自治区科普和科协事业的发展。

【学术交流】 2009 年,内蒙古科协及全区学会共举办国内学术交流活动 153 次,交流论文2 200篇,参加人数约15 000人次,期刊印发51 000册。

5 月,内蒙古科协创办“高校学术交流月”活动,邀请国内外著名专家学者到内蒙古各高校作专题学术报告和学术交流活动。同时,在各高校组织召开优秀成果汇报会,举办各类丰富多彩的科技展览和以学生参加为主的科技活动。

8 月,内蒙古科协精心筹划、积极配合中国科协副主席陆延昌一行来自治区开展内蒙古风电发展建设项目专题调研。调研组对内蒙古风电发展存在的问题及发展方向提出指导性意见和建议,对指导和推动内蒙古风电产业有序发展和自主化建设将产生重要作用,对促进国家风电产业健康发展有着十分重要的意义。内蒙古党委副书记、政府副主席任亚平会见陆延昌副主席一行。

12 月,内蒙古科协会同自治区组织部、人事厅、科技厅成功举办了以“和谐、创新、发展”为主题的“内蒙古自治区第五届自然科学学术年会”,编辑出版《内蒙古第五届自然科学学术年会优秀论文集》。

【对外交流】 内蒙古科协继续组织科技人员赴境外交流考察,推进国际民间交流向实质性内容发展。继续加强引智引资工作,做好相关项目的申报和执行。继续加强国际交流与合作,7 月,与有关单位联合举办首届国际传统医药发展论坛暨第四届国际传统药与创新药学术研讨会。

9 月,内蒙古科协启动内蒙古首家企业院士工作站创建工作,与内蒙古嘉泰新能源有限责任公司签署战略合作框架协议。内蒙古科协组织开展了学会秘书长及盟市科协学会部长活动日,有力推动学会的改革与发展,促进会员的联系与交流。

【科普宣传】 2009 年,内蒙古全区各级科协开展主题科普活动 600 次,其中科普讲座 528 次,科普展览 579 次,其它形式的科普宣传 644 次。参加主题科普活动的科技工作者7 800人次,科普活动受益人数达 170 余万人次。

内蒙古科协切实履行《全民科学素质纲要》实施牵头单位的职责,按照“政府主导、科协牵头、部门协作、社会参与”的工作方针,统筹协调科学素质各项工作。组织召开两次全区全民科学素质纲要联系单位办公室会议,出台《全民科学素质纲要》9 个具体实施工作方案。

内蒙古科协开发并集成优质科普资源,搭建科普产品配送服务平台、广播电视节目服务平台、报刊服务平台、科普活动服务平台、展览资源共享服务平台、互联网科普服务平台等科普资源共享服务平台,促进科普资源开发与共享顺利开展。承办由内蒙古自治区政府与中国科协等四部委联合主办的“百名科技专家和致富能手进通辽”活动。对于促进创新型通辽建设,推动通辽经济社会又好又快发展,发挥积极的作用。

围绕科普惠农兴村计划,推动基层“一站一栏(廊)”建设。目前全区共有 85 个旗县(市、区)开展了“一站一栏”项目建设,共建设科普活动站1 080个,科普惠农服务站 46 个,科普宣传栏1 991个,科普画廊 336 个(其中标准科普画廊 252 个),科普示范夜校 229 所。建设各类科普场馆 45 个、青少年科学工作室 139 个。自治区乌拉特中旗等 4 个旗县获得中国科协“一站、一栏、一员”示范项目资金支持 12 万元,自治区阿荣旗等 8 个旗县获得中国科协“科普惠农服务站”试点项目资金支持达 11 万元。

组织开展 2009 年内蒙古科技活动周暨全区第十四届科普活动宣传周。与呼和浩特市科协、和林格尔县委、县政府联合组办以“改变生活、实现理想”为主题的自治区首届“科普大集”暨内蒙古农牧民信息服务平台启动仪式。

【青少年科技教育工作】 成功举办第 24 届全区青少年科技创新大赛,在1 159项作品中共评出一等奖 94 项、二等奖 138 项、三等奖 209 项,优秀科技辅导员科教创新成果 17 项,优秀儿童科学幻想绘画 122 幅,优秀科技实践活动 18 项,优秀科技辅导员 11 人,优秀组织奖 11 项。并在全国大赛中荣获一等奖 1 项、二等奖 3 项、三等奖 10 项及其它各类 35 个奖项。举行全区青少年科技教育工作研讨会。开展并完成内蒙古青少年科技竞赛获奖学生创新能力和综合素质状况调研工作。评比命名 25 所第二批青少年科技教育示范学校和 12 个青少年科技教育示范基地。启动中国科协Ⅲ型——“节约能源资源、保护生态环境”主题式科普大篷车在自治区 5 个盟市的试点活动。在巴彦淖尔市五原县启动全区“节纸在我身边”青少年科学调查体验活动,全区共有 5 万多名青少年参与其中。

内蒙古科协与自治区宣传部、文化厅、科技厅、教育厅共同主办以“科技与动漫”为主题的“‘东联杯’内蒙古自治区第二届动漫展”,为推动全区动漫产业发展起到积极作用。

继续扩大科技报刊服务范围,启动“科普报刊村村通”项目,为农业增收、农牧民致富提供科技信息,有效地推动农村牧区的科学发展。

【自身建设工作】 内蒙古科协不断探索服务科技工作者的方式和渠道,提高服务科技工作者的能力和水平。把为广大科技工作者提供优质高效服务作为根本任务,努力建设科技工作者之家。

4 月,内蒙古科协与北方新报社、内蒙古北方民族文化遗产研究协会共同组办“蒙古族十大杰出科学家肖像揭幕暨赠送仪式”。自治区党委常委、宣传部长乌兰、内蒙古自治区政协副主席牛广明出席活动。

内蒙古科协开展并完成青年科技奖和中国青年女科学家奖的评选和推荐工作。分别组织自治区科协常委会委员和自治区部分专家、学者及获奖科技人员赴山西、河北等省市进行考察学习活动。贯彻实施中国科协等部委《关于在企业深入开展“讲理想、比贡献”活动的意见》,与自治区党委组织部等八部门成立内蒙古自治区“讲理想、比贡献”活动领导小组及办公室,并联合下发《关于在企业深入开展“讲理想、比贡献”活动的意见》。继续加强干部培训工作。为科协系统专职干部举办业务知识培训班。支持干部参加自主选学等各类培训学习。

(刘喜奎)

文　　联

【内蒙古自治区文学艺术界联合会领导名录】

党组书记 副主席:李　魁

主　席:阿云嘎(蒙古族)

副主席:巴特尔(蒙古族) 阿尔泰(蒙古族)

乌热尔图(鄂温克族)

副巡视员:荣　毅

【概况】 自治区文联有在职职工119人,所属有:内蒙古作家协会、戏剧家协会、美术家协会、音乐家协会、舞蹈家协会、民间文艺家协会、摄影家协会、电影家协会、书法家协会、曲艺家协会、杂技家协会、电视艺术家协会、职工文联等13个协会及文艺理论研究室、《草原》编辑部、《花的原野》编辑部、美术馆等业务部门;内设办公室、人事部、组联部、离退休工作办公室和机关事务后勤服务中心等办事机构。内蒙古文联办有文学月刊《草原》(汉)、《花的原野》(蒙)、音乐期刊《草原歌声》和蒙文文学翻译刊物《世界文学译丛》、蒙文文艺理论刊物《金钥匙》等杂志。

【2009年度获奖作品】 美术家协会有63件作品入选第十一届全国美术作品展,2件作品获奖,一件获提名,另有14件作品获全国奖;舞蹈《布里亚特儿童》获全国新农村少儿舞蹈展演金奖,《五彩童年》获第七届“小荷风采”全国少儿舞蹈展演小荷之星奖;《舞动的旋律》获小荷新秀奖;第七届中国舞蹈“荷花奖”民族民间舞蹈比赛中,群舞《东归兄弟》、独舞《纳满祈勒》荣获表演金奖;群舞《大漠驼影》获编导金奖;独舞《心中的绿洲》获作品银奖;群舞《盘羊》获作品铜奖。舞蹈家协会荣获组织奖。《大漠驼影》获第五届CCTV电视舞蹈大赛专业群舞组银奖。摄影家协会会员的《烈马追风》专题摄影参加山西平遥国际摄影大展,荣获优秀摄影师大奖,在第八届中国摄影艺术节上荣获第八届中国摄影金像奖。作品《北纬45度·心系草原》荣获《影像亚洲》PPA国际职业摄影师大展纪实类“金奖”。《游牧人》个人专题摄影展在德国柏林展出。一位会员荣获第六届中国人像摄影十杰、中国莱卡摄影师大奖。并在法国巴黎凯布朗利美术馆、美国迈阿密、纽约鲁宾博物馆举办《中国游牧蒙古人》个人专题摄影展。曲艺家协会三名会员获中国曲协“杰出贡献曲艺家”称号,一位获优秀中青年曲艺家称号,并获突出贡献曲艺组织工作者称号。戏剧家协会选送的二人台《摘花椒》获第三届中国戏剧奖小戏小品优秀剧目奖;电视家协会推选的9部作品获全国少数民族电视优秀电视剧奖,6部作品在全国农村小康建设优秀电视节目中获奖,两名会员获“飞天”奖。报告文学《丁新民与他的民工兄弟》获全国“五个一工程”优秀图书奖;六位作家的作品获得自治区“五个一工程”优秀图书奖。音乐家协会选送的百灵合唱团获全国合唱“金钟奖”优秀奖;职工文联选送的13个文艺节目分别获得了全国产业文联职工文艺汇演的歌咏、舞蹈和曲艺小品奖。《草原》杂志获中国期刊学会评选的“新中国60年有影响力的期刊”。

【“内蒙古自治区文学艺术杰出贡献奖”评奖及颁奖活动】 2009年是新中国成立60周年,为表彰60年来为自治区文学艺术作出杰出贡献的艺术家,内蒙古文联于2009年3月开始组织筹备“自治区文学艺术杰出贡献奖”评奖工作,经过协会推荐、老文艺家讨论提名、评委会评选、新闻媒体公示等程序,从110位候选人中评选出60位获得“内蒙古自治区文学艺术杰出贡献奖”。在7月15日晚举行的“第六届中国·内蒙古草原文化节”闭幕式暨颁奖晚会上,《星光草原》在内蒙古乌兰恰特大剧院隆重举行。晚会上,为60位杰出的老艺术家颁发荣誉证书、奖杯和金质奖章。自治区党委、政府领导和中国文联、中国作协、中国音协、中国舞协的领导及自治区党、政、军负责人出席了颁奖仪式,并为艺术家颁奖。颁奖晚会由内蒙古电视台和内蒙古文联承办,采取直播的方式进行,引起巨大的社会反响。

【“草原文化与文学艺术论坛”学术活动】 7月11日上午,第六届中国内蒙古草原文化主题论坛在呼和浩特开幕。此前,由内蒙古文联主办,文联理论研究室和内蒙古文艺评论家协会承办的“草原文化与文学艺术论坛”作为独立的学术论坛已举办两届,2009年起,按照自治区党委宣传部及内蒙古民族文化大区建设领导小组关于创新“草原文化节”的具体要求,内蒙古文联将“草原文化与文学艺术论坛”纳入“草原文化主题论坛”,本次论坛的主题为“新中国60年内蒙古文学艺术”,共收到论文36篇,经专家评审选出8篇推荐给此次文化主题论坛。入选论文将编入《草原文化与文学艺术论丛》(第五辑)。来自全区各直属单位、大专院校、科研单位、各盟市专家、作家、评论家代表45人参加会议。

【“辉煌六十年·腾飞看内蒙”图片展】 为庆祝新中国成立60周年,8月18日,由内蒙古文联、内蒙古国资委主办、内蒙古摄影家协会承办的“辉煌六十年·腾飞看内蒙”图片展在呼和浩特市新华广场开展。这次展览共展出180块展板2 000多幅图片,内容涉及经济发展、农业新貌、科教兴国、民族团结等各方面的内容,是在自治区范围内历时半年征集来的,反映了新中国成立60年来内蒙古经济、社会、文化的巨大变化。展览历时7天,在广场免费展出。

【乌兰巴托·中国内蒙古文化周暨内蒙古摄影艺术展】 6月25日上午,纪念中蒙建交60周年重要活动之一——乌兰巴托·中国内蒙古文化周暨内蒙古摄影艺术展在蒙古国国家展览厅隆重开幕。此次摄影展由内蒙古摄影家协会承办,展出的150余幅摄影作品从不同角度展示了内蒙古自治区改革开放以来经济社会发展、人民安居乐业的美好画卷,反映了两国人民在友好交往与合作中共同走过的光辉历程和不断推动中蒙两国睦邻互信伙伴关系健康发展的美好前景。

【斯拉夫文《鲁迅文学奖获奖作品译丛》第一集出版】

为庆祝新中国成立60周年和中蒙建交60周年,内蒙古翻译家协会组织有关专家学者,用斯拉夫文翻译出版了《鲁迅文学奖获奖作品译丛》第一集,30万字。译丛选译了国内10个省市(区)的10位著名作家的中短篇小说,是中国鲁迅文学奖获奖作品用斯拉夫文出版发行的第一部著作,被选定为中蒙建交60周年文化宣传交流产品。

各文艺家协会和《草原》、《花的原野》杂志社也分别举办了丰富多彩的庆祝活动,《草原》杂志增设了“国庆60周年”专栏,《花的原野》杂志与内蒙古电视台、内蒙古电台联合举办了“国庆60周年征文活动”,并开办了专栏,在第10期办了“60周年专刊”,集中推出了一批反映新中国成立60年来,特别是改革开放以来的伟大成就的精品力作。

【“春满草原”2009年自治区文学艺术界新春联谊会】

2月9日元宵节下午,由自治区党委宣传部和内蒙古文联主办的“春满草原”2009年自治区文学艺术界新春联谊会在呼和浩特新城宾馆国宴厅举行。来自区内外的百余名内蒙古籍文学艺术家欢聚一堂,叙旧话新。自治区党、政、军领导出席了联谊会。自治区党委宣传部部长乌兰致词。她代表自治区党委、政府向工作在文学艺术战线上的各族干部群众致以节日的问候,向长期以来为自治区文学艺术作出突出贡献的作家、艺术家、专家、学者表示诚挚的谢意,并向所有关心和支持自治区文化事业建设与发展的领导和同志们表示衷心的感谢。

出席联谊会的艺术家们表演了精彩的节目,并通过电视转播为广大观众送去了新春祝福。

【第二届中国蒙古舞蹈大赛暨第二届电视舞蹈大赛】

4月30日晚,由内蒙古文联、广电局和文化厅主办的第二届中国蒙古舞蹈大赛暨第二届电视舞蹈大赛颁奖晚会举行。此次大赛从2008年10月启动,共有来自内蒙古、北京、新疆、甘肃等省、自治区、直辖市,以及蒙古、俄罗斯、日本等国家的参赛作品230多部,最终有64部作品分获各舞种表演创作金、银、铜奖。此外,有12部作品获本次大赛音乐创作奖和服装设计奖。大赛期间还召开了蒙古舞蹈理论研讨会,邀请了国内外专家、学者对当今蒙古舞蹈的发展态势,以及对传统舞蹈的保护和挖掘进行了探讨。

(田　晓)

社　科　联

【内蒙古自治区社会科学联合会领导名录】

主　席:牛　森

副主席:李风(女　蒙古族)　邹万银　白亚光

【概况】 内蒙古自治区社会科学联合会是中共内蒙古自治区委员会领导下的社会科学群众性学术团体的联合组织。社科联有团体学会116个,4万余名个人会员,7个盟市社科联。内蒙古社科联是自治区党委和政府委托管理社会科学类区直学会、协会、研究会、盟市社科联的业务主管部门。社科联内设办公室、学会工作部、信息咨询普及部、机关事务服务中心、《前沿》杂志社5个职能处室。社科联主要职责是:贯彻落实中央及自治区党委和政府有关社会科学工作的方针、政策、法规;组织开展各种群众学术活动;组织重大科研项目的联合攻关,促进社科研究工作的转化和利用;开展社会科学知识普及和信息咨询、智力开发等服务工作;开展国内外学术团体之间的学术交流;组织全区社会科学优秀成果的评奖表彰工作;维护学会及社会科学工作者的合法权益,加强社会科学界队伍建设。

【科普工作】 第三届哲学社会科学普及周6月6日至12日在全区同时举办。“科普周”期间,各盟市围绕本届“科普周”主题“让哲学社会科学走进百姓生活”,组织学会和有关单位举办大型广场宣传和现场咨询活动,组织多场科普讲座,开展哲学社会科学“进机关、进农村、进企业、进学校、进社区”等系列活动。据不完全统计,科普周期间全区各地共发放科普读物2万余册,各类宣传材料近20万份,开展科普讲座150余场,数万群众直接参与了盟市“科普周”的各项活动。全区除呼伦贝尔市外(科普周期间该市有其它大型活动),都依据自身的特点和情况开展活动。由于同步进行、上下联动,在区内造成了一定的声势,产生广泛的社会影响。在全国社科联会议上,也得到同行的好评,并得到大会的表彰。为进一步加强自治区哲学社会科学普及工作,推动当代中国马克思主义大众化,不断提高全区各族群众的哲学社会科学素养,组织编写了“内蒙古自治区哲学社会科学普及丛书”:“北方往事——寻找北方消失的民族”、“理论集结号——百场科普宣讲集”、“醒世警言录”。

【北疆讲坛】 “北疆讲坛”分别到土默特右旗、商都县、内蒙古送变电工程局、呼和浩特市回民区太平街小学做了“诚信——为人之本,诚信——从我做起”、“全球金融危机与内蒙古经济发展”、“草原文化对中华文明的历史贡献”、“弘扬传统文化、提高写字水平”等讲座,得到受众的普遍欢迎和好评。在办好传统讲坛的同时,在宣传部和电视台的支持下,确定“北疆讲坛”电视版讲师和讲题。

【学术活动】 为迎接新中国成立60周年,经认真筹备,于9月24日与内蒙古党委宣传部联合举办“自治区社科界庆祝新中国成立60周年理论座谈会”。自治区有关学会的专家、学者和新闻媒体记者等40多人参加会议。与会的10位专家学者从不同领域、不同方面、不同角度畅谈新中国成立以来,特别是改革开放30年来,全国全区政治、经济、文化、社会、党建等各个方面取得的重大成果、重要成就和成功经验。会后内蒙古新闻网理论版、《内蒙古社会科学动态》都以专版、专刊的形式全文刊发了学者专家提交的文章。7月11日,内蒙古社科联与内蒙古党委宣传部、内蒙古社会科学院等单位联合承办“第六届中国·内蒙古草原文化主题论坛”。11月与内蒙古社科院、内蒙古哲学学会联合举办2009年国际“哲学节”活动。

【重点课题】 为完善内蒙古社科联科研课题的科学化、规范化管理,制定出台《内蒙古社科联年度科研课题管理办法(试行)》。下达2009年度科研课题,有20多所高校、科研院所和学会等单位组织了申报,涉及政治、经济、文化、历史、法律、民俗、民族等各学科领域课题共164项。学术委员会最终以投票方式确定立项22个课题。其中,社科联资助11项,课题申请人自筹11项。目前大部分课题已结项。

【学会 民间社科研究机构管理】 社科联制定出台《关于直属学会筹建程序的规定》、《关于直属学会学术活动管理制度》、《直属学会秘书长工作例会制度》,以制度建设为抓手,明确学会管理内容和标准,依制管会、依法治会、创新机制、加强整合。上半年,结合民政厅年检工作对全区依法核准登记的120个社团进行调查摸底,通过发放调查表,电话咨询、查阅档案等形式对所属学会、协会、研究会开展有针对性的调研,逐项检查,搜集资料、摸清家底,做到心中有数。对长期不开展活动,找不到联系人、也不与社科联联系,名存实亡的内蒙古文艺人才学会等16个学会,下发文件予以除名。自治区党委宣传部乌兰部长对加强学会管理这项工作给予充分的肯定。在对学会清理整顿的同时,按照社团章程先后指导内蒙古金融学会、内蒙古中国特色社会主义理论研究会、粮食经济学会、粮食行业协会、终身教育研究会5个学会的换届工作;指导并筹建“内蒙古茶叶之路研究会”、“内蒙古个性发展研究会”、“内蒙古伦理学会”、“内蒙古阿拉坦汗学会”、“内蒙古宗教工作研究会”“内蒙古自治区应急管理学会”、“内蒙古自治区信访学会”等7个学会。所有这些都为壮大社科队伍,凝聚社科人才,促进社会科学学会健康发展起到积极作用。对民办社科研究机构进行指导和管理。几家机构按照其章程规定的业务范围积极开展工作。

【期刊工作】 《前沿》共出刊12期,文章600余篇,约450万字。《前沿》杂志社进一步受到各部门、高校的关注,影响进一步扩大。探索办刊新路子,与中国社科出版社签署合作办刊的协议;办理《前沿》杂志2010年变更为半月刊的审批手续,内部管理也有所加强。《内蒙古社会科学动态》共出刊12期。全年刊登反映全区社科界动态、信息100多条;科研成果简介52篇。为报道活动、传递信息、交流经验、反映理论成果、推动社科战线工作和对外交流起到积极作用。

(朱　浪)

残　联

【内蒙古自治区残疾人联合会领导名录】

理事长：杨志民

副理事长：乔晓勇　张志新　冀育青（蒙古族）

【概况】　全区共有残疾人152.5万，占总人口的6.39%，涉及470万家庭人口。内蒙古自治区残疾人联合会自1988年7月30日成立以来的二十多年里，制定并实施了《内蒙古残疾人事业五年工作纲要》、《内蒙古残疾人事业"八五"计划纲要》、《内蒙古残疾人事业"九五"计划纲要》、《内蒙古残疾人事业"十五"计划纲要》和《内蒙古残疾人事业"十一五"发展纲要》。2004年11月26日，内蒙古自治区第十届人民代表大会常务委员会第十二次会议通过《关于修改〈内蒙古自治区实施〈中华人民共和国残疾人保障法〉办法〉的规定》，对残疾人就业工作提供法律保障；2005年12月27日，自治区人民政府发布《内蒙古自治区按比例安排残疾人就业办法》，全区各级人大和政府都相继制定出台扶助残疾人的有关规定和优惠政策。自治区政府出台《内蒙古自治区扶持保护残疾人若干规定》、《内蒙古自治区无障碍建设管理办法》。自治区残联与有关部门共同出台《内蒙古自治区聋儿康复机构设置规范》、《内蒙古自治区听力语言康复教师执业资格准入管理办法》、《内蒙古自治区地方税务机关征收残疾人就业保障金管理办法》等，2008年中共中央、国务院出台了《关于促进残疾人事业发展的意见》，2009年自治区党委、政府出台《关于促进残疾人事业发展的实施意见》，文件明确发展残疾人事业的目标：到2020年，使残疾人事业与经济社会协调发展，残疾人生活状况得到根本改善，人人享有基本生活保障，人人享有基本医疗卫生和康复服务，人人享有安全的住房，残疾儿童少年人人享有九年义务教育，残疾人教育文化水平明显提高，就业更加充分，社会参与更加广泛，普遍达到小康水平。

内蒙古残联会党组和理事会树立和落实科学发展观，团结和带领全区残疾人工作者，积极开展残疾人的康复、教育、就业、扶贫、维权、社会保障、宣传文体、资金募集、残疾人组织建设等方面的工作。先后建立了内蒙古自治区聋儿听力语言康复中心内蒙古自治区聋儿听力语言康复中心、残疾人职业技术培训中心（也称残疾人特殊职业技术学校）、残疾人劳动就业服务中心、残疾人辅助用具资源中心等为残疾人服务的机构。同时，还成立了内蒙古自治区残疾人福利基金会、内蒙古残疾人法律援助中心内蒙古残联工作站、残疾人事业新闻宣传促进会、残奥委员会、特奥委员会、聋人体育协会和肢残人、聋人、盲人、精神病亲友协会等为残疾人服务的组织和专门协会。通过20年的奋斗，使残疾人事业纳入全区发展大局，与全区经济和社会事业同步实施，共同发展；全社会扶残助残的文明风尚更加普及深入；残疾人事业法规体系、组织体系和工作体系日臻完善，工作环境和条件明显改善，工作者队伍素质逐步提高，综合服务能力不断增强；残疾人逐步摆脱封闭和处于社会边缘的状态，参与社会的能力明显增强，自身素质有了很大提高，生活状况有了明显改善，残疾人事业得到社会的广泛认同。

【社会保障体系建设】　一是积极配合自治区人大开展执法调研工作，推动出台《自治区实施〈中华人民共和国残疾人保障法〉办法》，为全区残疾人的平等、共享，提供了法律依据；二协调自治区党委、政府，起草并出台了《促进残疾人事业发展的意见》，并初步建立起贯彻落实《实施意见》的定期报告和检查督促制度。同时，推动各盟市、旗县（市区）按照"符合地区实际、指标细化量化"的标准制定出台《促进残疾人事业发展实施意见》，已有7个盟市出台《实施意见》，其余5个盟市已在最后审议中；三是研究制定专项社会保障政策措施，落实最低生活保障、五保供养、医疗救助、康复救助、教育救助等社会救助政策，全区已有147 892名残疾人享受低生活保障，8 264人享受五保供养，40 458人获得临时救济、12 472人享受定期补助；四是积极协调各级政府和有关部门出台残疾人保险补贴制度。推动农村牧区残疾人全面参加新农村合作医疗保险和新农村养老保险，确保残疾人参保率不低于正常人参保率；五是积极协调各级政府落实城镇贫困残疾人个体工商户养老保险补贴政策，对于生活在低保边缘的城镇残疾人个体工商户策，参加养老保险所需缴纳费用，由政府全额补贴。

【服务体系建设】

保障残疾人康复　积极协调卫生部门，将残疾人社区康复工作纳入社区卫生服务和初级卫生保健工作规划,初步建立起以社区为载体、家庭为依托的社区残疾人康复工作体系。推动各级政府加大对残疾人康复事业的投入,各盟市按覆盖人口每人每年不少于一元钱的经费投入于康复服务。2003 年以来,累计投入康复工作专项经费2 600多万元,为 28 万多名残疾人提供了不同程度的康复服务。

发展残疾人教育 完善以特殊教育为骨干、以残疾人少年儿童随班就读为主体、各类教育并举的特殊教育新格局。积极发展残疾少年儿童的学前教育和高中阶段的特殊教育,全区已建成特殊教育学校 29 所。制定并完善特殊教育岗位津贴政策,特教津贴标准由现行的15%提高到25%。保障残疾学生和残疾人家庭子女免费接受义务教育,全面落实“两免一补”政策,五年来,累计向贫困残疾学生发放助学金 997 万元,计8 135人次。积极协调中央电大,在我区成立中央电大残疾人教育内蒙古学院,为残疾人接受高等教育了创造条件。随着教学设备的不断完善和教学水平的不断提高,残疾儿童少年的升学率也不断提高,全区视力、听力、智力三类残疾儿童少年入学率已分别提高到78.53%、82.84%和81.38%。

促进残疾人就业 在全区推进残疾人就业服务机构建设,大力扶持社会力量兴办残疾人就业基地、福利企业、盲人按摩机构等残疾人集中就业岗位。制定出台鼓励残疾人就业政策,将保障残疾人就业纳入政府民生工程。加强残疾人就业培训,特别是农村牧区贫困残疾人实用技术培训,增强残疾人就业和创业能力。科学规范残疾人就业保障金的征收、使用和管理。积极探索按比例就业、集中就业、个体就业和自愿组织就业等多种形式和途径,2008 年,全区新增城镇残疾人就业人数18 450名,城乡有劳动能力的残疾人就业率达86.3%,比 2003 年提高了 11 个百分点。

加大残疾人扶贫力度 制定专项扶持措施,把残疾人脱贫致富纳入农村牧区小康村建设总体规划,把农村牧区低收入和绝对贫困残疾人纳入整体扶贫开发和“整村推进”扶持范围,把贫困残疾人危房改造工程项目列入各级政府民生工程的重点内容,初步建立起以政府为主导的多元化扶贫资金投入机制,充分发挥康复扶贫贷款和扶贫助残基地的作用,积极协调有关部门抓好贷款贴息直补改革工作。

发展残疾人文化 体育事业 积极组织残疾人开展形式多样、健康有益的群众性文化、体育活动。借助农村、社区基层文化室建设,为基层残疾人提供浏览盲文图书和有声读物的场所,充分利用农村、社区基层活动场所建设的有利资源,带动残疾人参与到各项体育活动中。经过多方努力,基层残疾人各类文化、体育活动日趋活跃。2009 年6 月,承办了2009 年全国残疾人举重锦标赛,并获得圆满成功。同时,积极鼓励残疾人参与各类文艺汇演、摄影比赛、书画大赛等活动。带领残疾人参加残奥会、特奥会等大型体育赛事。全区已有38 个残疾人文艺节目获得全国、赛区奖项,全区残疾人运动员在残奥会、特奥会、远南残疾人运动会、全国残疾人运动会等各大赛事中共获得了金牌 78 枚、银牌 69 枚、铜牌 65 枚,打破 7 项世界纪录的好成绩。

推进无障碍建设 积极协调自治区政府出台《内蒙古自治区无障碍建设管理办法》。加大新建改建城市街道、建筑物无障碍建设的监督指导力度,加快推进住宅、社区、学校、福利机构、公共服务场所和设施的无障碍建设和改造。率先在呼和浩特市、包头市和满洲里市开展无障碍市建设。积极推进信息和交流无障碍,在内蒙古卫视开通了《这七天》手语新闻节目。

强化残疾人服务设施建设 积极争取中残联和各级政府的政策、资金倾斜。加大盟市、旗县(市区)残疾人基础服务设施建设、改建力度,将残疾人综合服务设施建设列入公共建设总体规划和年度规划,将残疾人综合服务设施及康复、医疗卫生、教育、就业、托养、文化体育等服务设施纳入城乡公益性建设项目。全区已建、在建各类残疾人服务设施 110 个,总投入1.13亿元,总建筑面积11.6万平方米,全年服务16.6万余人次,基本形成覆盖全区盟市、旗县(市区)的残疾人综合服务网络。

【统筹社会力量】

建立健全残疾人工作领导机制 积极推行党委、政府负责的残疾人工作领导体制,把残疾人工作列入各级党委政府的重要议事日程。明确各级政府残疾人工作委员会的职能职责,统筹协调促进残疾人事业发展的法律法规、方针政策的实施和落实。协调自治区有关单位和部门,将残疾人工作纳入职责范围和目标管理,切实提高各部门为残疾人提供社会保障和公共服务的水平。

完善残疾人事业发展经费保障机制 把残疾人事业经费纳入各级财政预算,并随国民经济发展和财政收入的增长逐步增加。自治区、盟市、旗县每年按照不低于彩票公益金本级使用部分的15%划出专项资金,用于社会福利和慈善事业。在各盟市按每人每年不少于一元钱的表针落实投入经费,用于残疾人康复工作。

完善残疾人组织运行机制 积极推动落实《关于加强基层残疾人组织建设的意见》。以社区和嘎查、村为平台,以基层残疾人专(兼)职委员为主体,建立"横向到边、纵向到底"的残疾人组织体系。强化残联系统领导班子和干部队伍建设。大力培养高素质的残疾人事业专业技术人才。初步形成组织健全规范,服务功能完善的残疾人组织运行机制。

建立社会力量协调统筹机制 积极协调各级党委和政府,将残疾人工作列入的重要议事日程。努力争取民政、教育、卫生、建设、社会保险等部门的全力支持。有效利用宣传、文化、新闻、出版等部门的宣传作用。发挥工会、共青团、妇联等人民团体和老龄协会的组织优势。合理利用红十字会、慈善协会、残疾人福利基金会等慈善团体以及爱心企业事业单位的慈善资助。整合各类社会资源,建立起政府主导、社会参与、国家扶持、市场推动、统筹兼顾、分类指导、立足基层、面向群众的工作机制。

【重要活动】 1月14日,自治区残联、呼和浩特市残联资助贫困残疾大学生发放救助金仪式暨座谈会在呼和浩特市残联举行。自治区残联副理事长乔晓勇出席发放仪式。20名2008年被驻呼地区高等院校录取的贫困残疾大学生接受了救助。随后,自治区残联副理事长乔晓勇与呼和浩特市和玉泉区残联负责人对玉泉区所辖的1个镇、8个社区的贫困残疾人家庭进行了慰问。

3月10日至19日,全区残疾人人口基础数据库"二代残疾人证管理系统"软件培训班暨第二代残疾人证换发工作会议分两批在呼和浩特举办。自治区残联党组书记、理事长杨志民出席会议并讲话,副理事长张志新主持会议。12盟市和101个旗县(市区)残联的235名复审员、初审员和业务员参加了培训。

4月27日,内蒙古促进残疾人事业发展领导干部专题培训班在中国残疾人奥林匹克运动管理中心开班。全区12个盟市,101个旗县(市、区)的48位分管残疾人工作的盟市长和旗县区长参加了这期培训。中国残联党组书记、理事长王新宪,中国残联主席团副主席吕世明,内蒙古自治区副主席刘卓志,中国残联研究室、组联部、内蒙古自治区党委组织部等有关方面的负责同志出席了开班式。

5月4日,自治区纪念五四运动90周年大会在内蒙古人民会堂召开。自治区著名残奥冠军边建欣被评为第九届内蒙古十大杰出青年,储波、巴特尔、任亚平、邢云、伏来旺、郑传福、乌兰、李佳、符太增、柳秀、王长聚等自治区领导出席了表彰大会

6月30日,"爱心永恒·启明行动"内蒙古项目启动仪式在呼和浩特市举行。中国残疾人联合会副主席、中国残疾人福利基金会理事长汤小泉、副理事长邢建绪、内蒙古自治区副主席刘卓志、自治区政协副主席郭子明等领导参加了启动仪式。

10月28日,《三月风》杂志"阳光爱心基地",挂牌暨捐赠仪式在自治区聋儿语训康复中心隆重举行。自治区党委副秘书长张守孝、自治区残联党组书记、理事长杨志民、副理事长乔晓勇、张志新、冀育青,《中国残疾人》杂志社社长、总编倪林、副总编张和勇,中进医疗器材有限公司经理杨燕,乌兰察布市残联理事长郑富有出席了仪式。

10月31日,由自治区残疾人联合会、自治区残疾人福利基金会主办、内蒙古医院协办的"慈依爱心行动"向内蒙古贫困聋儿捐赠人工耳蜗仪式在内蒙古医院举行。

【发放福利基金】 9月20日,自治区残疾人福利基金会将价值100万元的服装陆续发放到全区12个盟市及满洲里、二连浩特市残联,并将通过各地残联转发到贫困残疾人手中。

【荣誉】 8月7日至8月12日,由教育部、民政部、广电局和中国残联共同举办的第七届全国残疾人艺术汇演(大连赛区)在大连开幕,自治区选送的七个节目中,声乐作品《梦·草原》获得二等奖,声乐作品《辽阔的草原》、马头琴演奏的器乐作品《初升的太阳》和排箫演奏的器乐作品《家乡》及舞蹈《鲁日格勒》、《呼唤》和小品《残疾人阳光服务热线》分别获得三等奖。

(塔 林)

红 十 字 会

【内蒙古自治区红十字会领导名录】

会　长:宝音德力格尔(蒙古族)

副会长:桂忠(蒙古族) 邢喜成

【概况】 全年募集款物1.2亿元;投入5 327万元开展了救灾救助工作,受益人群达46.85万人;加快实施援助四川、甘肃、陕西地震灾区灾后重建项目;培训红十字急救员15万人,普及性培训27.38万人;采集造血干细胞血样5 359份,实现捐献5例。

自治区红十字会积极争取自治区财政从2009年起每年拨付专项资金300万元,连续5年支持基层红十字会改善基础设施。自治区红十字会从本级募集的募捐款中拿出600万元,在全区实施以救灾救助工作为主要内容的项目工作,支持基层红十字会开展人道救助工作。

【“博爱一日捐”工作】 全年募集善款首次突破亿元大关。4月27日自治区党委办公厅、政府办公厅连续第四年联合召开了全区“博爱一日捐”活动动员大会。自治区红十字会还分别与自治区直属机关工委、教育厅、工商联联合下发文件,就自治区直属机关企事业单位、高等院校、非公经济企业的募捐工作进行了动员部署。各盟市也纷纷抓住时机,积极争取当地党委、政府的支持,采取召开动员大会、下发文件等形式贯彻落实自治区电视电话会议精神,全力组织开展募捐工作。全区各级红十字会年内共募集救灾救助款物1.2亿元,其中募集“博爱一日捐”善款1.06亿元,实现了筹资工作新飞跃,救灾救助实力得到切实加强。

【备灾救灾工作】 2009年,全区有10个盟市相继发生雪灾、火灾、洪涝、风雹、旱灾等自然灾害。自治区红十字会积极指导盟市开展救灾工作,根据应急预案救灾响应向呼伦贝尔市、赤峰市下拨救灾款42万元。先后6次向总会上报灾情,争取到价值88.22万元的救灾物资。各级红十字会全年投入救灾款物达623.58万元,救助受灾群众72 092人。

红十字会分别与四川、甘肃、陕西三省区签订了援建灾后重建项目,全面启动了灾后重建项目,总援助金额达到2.6亿元。先后派出三支由红十字会专职干部、捐赠单位代表和新闻媒体记者组成的重建项目考察组赴川陕甘三省考察了解重建项目进展情况。三地重建项目进展顺利,2010年7月底前将全部竣工并交付使用。

8月8日,台风“莫拉克”侵袭台湾,自治区红十字会第一时间向台湾灾区捐款10万元,并开展了专项募捐活动,共募得善款80多万元,全部通过中国红十字会总会转交台湾红十字组织,帮助灾区同胞抗灾自救,重建家园。

【社会救助工作】 2009年,全区各级红十字会共投入救助款物4 746.77万元,救助困难群众39.65万人,为改善困难群众生活境况,维护社会稳定做出了积极的贡献。

节假日重大庆典时期慰问 2009年元旦、春节期间,全区红十字会系统继续开展了以“博爱一日捐、温暖千万家”为主题的“红十字博爱送万家”活动,各级红十字会共投入救助款物1 578.9万元,受益群众达74 903户、229 934人次。

全区红十字会开展了迎国庆60周年系列救助慰问活动。“七一”期间,投入款物147.33万元,慰问了4 018位贫困老党员、老干部;“八一”期间,投入救助款物170.01万元,慰问了8 072名老革命军人和烈士遗属;“十一”期间,投入救助款物123.89万元,慰问先进模范人物4 744人。

开展大病贫困患者救助活动 共投入善款911.76万元,救助大病贫困患者31 696人。5月8日,自治区红十字会建立“贫困少年儿童大病医疗救助基金”,并向首府地区13名白血病、先天性心脏病贫困患儿发放首批救助金。自治区红十字会继续在内蒙古第三医院和朝聚眼科医院开展救助大病住院贫困患者活动,共救助贫困患者44人,发放救助金36 740元。

“新农合”试点工作 投入救助资金29.25万元、药品和救助物资74万元,支持列入总会第三批“新农合”试点的3个旗县红十字会开展医疗救助工作,救助贫困大病患者572人,救助一般患者19 024人,帮助2 010人参加“新农合”医疗保险,取得了较好的社会效益。

外援项目进展顺利 由挪威红十字会援助的改水改厕项目全部竣工,共完成改水改厕354户,受益人数1 318人,解决了群众生活饮水困难和如厕不便的问题;由加拿大字会援助的扶贫复明项目投入资金30万元,在乌兰察布市实施扶贫复明手术243例;中国红十字基金会援助全区博爱卫生站9个、博爱新村1个、红

十字书屋1个,共投入建设资金86万元。

开展卫生救护培训工作　增强群众的自救互救意识和技能　2009年,各级红十字会在矿山、交通、电力、建筑等高危行业继续开展卫生救护培训工作的同时,积极在党政机关干部、社区群众、学生等人群中开展初级卫生救护培训。全区累计培训卫生救护师资2 218人,红十字急救员151 411人,接受卫生救护和防病知识普及的人数达27.35万人。在9月12日世界急救日、12月1日第22个世界艾滋病日期间,组织开展了纪念宣传活动。

推动造血干细胞捐献　遗体捐献工作　积极参与无偿献血　打造生命工程　2009年,自治区编办批准成立了中华骨髓库内蒙古分库,核定增加编制2人。全年共采集血样5 359份,入库可供患者检索配型数据4 206人份,超额完成了采集任务。全年接受初筛228例、再动员103例、高分辨37例、体检10例、实现捐献5例。

呼和浩特市、呼伦贝尔市、包头市等地区探索和尝试遗体和器官捐献工作,积极开展宣传、咨询、接受登记等工作。呼和浩特市政府制定《呼和浩特市遗体捐献管理办法》,遗体捐献工作迈入法制化轨道。呼伦贝尔市、包头市红十字会与卫生部门合作建立器官接收点。自治区登记遗体捐献志愿者达190人,实现器官(组织)捐献9例,其中呼和浩特6例、包头2例、呼伦贝尔1例。

创新宣传形式和载体　扩大红十字会社会影响　各地结合救灾救助工作和大型活动,大张旗鼓地开展宣传报道工作,充分发挥了宣传的先导作用。据不完全统计,全年全区各级红十字会在各类报纸杂志登载宣传文章1 263篇,通过电台、电视台播发新闻2 195条,在提高红十字会的知名度,争取社会各界支持方面发挥了重要的作用。

【组织建设】　全区红十字基层组织达4 961个,比上年增加1 795个;团体会员单位6 683个,比上年增加889个;会员1 369 557人,比上年增加近30万人,其中成人会员336 459人,青少年会员1 033 098人;各类红十字志愿者19 097人。

【对外合作与交流】　7月上旬,宝音德力格尔会长应邀率领自治区红十字会代表团对蒙古国进行为期7天的友好访问,并与蒙古国红十字会就签署友好合作协议达成一致意见。承办了中国红十字会台港澳工作会议和红十字国际委员会国际人道法传播工作师资培训班。接待了江苏、四川等省区市红十字会考察团,增进同国际红十字组织和各兄弟省区市红十字会,香港、澳门特别行政区红十字会的交流与合作。

【内蒙古援助"5·12"地震重建项目协议签字仪式】

4月8日,甘肃灾区重建项目在自治区红十字会举行。自治区人大常委会副主任、红十字会名誉副会长柳秀,自治区红十字会会长宝音德力格尔,甘肃省红十字会名誉会长李膺等领导出席签字仪式。自治区红十字会投入救灾资金3 000万元,援助甘肃省陇南市宕昌县重建灾民新村6个、1 136户,村卫生站和村民活动室各6所,村小学4所、乡镇卫生院8所,总建筑面积达7.8万平方米。

4月28日,内蒙古援助"5·12"地震陕西灾区灾后重建项目协议签字仪式在呼和浩特举行。陕西省政协副主席、省红十字会名誉副会长张生朝,自治区政协副主席、红十字会名誉副会长娜仁,自治区红十字会会长宝音德力格尔等领导出席了签字仪式。自治区红十字会投入救灾资金2 000万元,援助凤翔县医院、县妇幼保健院、范家赛中学等项目重建工作,总建筑面积达21 238万平方米。

【荣誉】　10月27日在北京人民大会堂举行的中国红十字会第九次全国会员代表大会上,呼伦贝尔市红十字会荣获全国红十字会系统先进集体荣誉称号,锡林郭勒盟红十字会常务副会长阿穆古朗荣获先进个人荣誉称号,受到胡锦涛、温家宝、习近平等党和国家领导人的亲切接见。

内蒙古自治区曹睿、乔如韬、张冬、刘刚、郝存磊等5名中小学生荣获全国青少年红十字知识网络竞赛个人优胜奖。

乌兰察布市红十字会、兴安盟红十字会、内蒙古电子信息职业技术学院荣获中国红十字会纪念汶川地震一周年全国红十字青少年防灾避险知识竞赛最佳组织奖。

(李　鑫)

政　法

审　判

【内蒙古自治区高级人民法院领导名录】

院　长:王维山(蒙古族)

常务副院长:王　虎

副院长:赵建平　于雪峰(蒙古族)

政治部主任:刘文义

纪检组长:火　亮(蒙古族)

审判委员会专职委员:赵姝平(女)　萨仁(女　蒙古族)　徐睿霞(女)

执行局局长:苏　和(蒙古族)

副厅级审判员:奇牡丹(女　蒙古族)　杨小树

【概况】　2009年,全区共有118个法院,包括自治区高级人民法院、12个盟市中级人民法院、1个铁路运输中级法院和104个基层法院,下辖人民法庭351个。全区法院有政法专项编制10 071个,实有在编人数9 002人。具有审判职称的人员5 535人,占实有人数的61%;蒙古族法官2 073人,占23%。自治区高院有政法专项编制340个,实有在编人员315人,其中法官197人,占62%。

【司法业务建设】　2009年,全区法院共受理各类案件240 509件,审执结227 972件,同比上升1.1%和4%。其中,受理刑事案件17 131件,占7.1%;民事案件164 634件,占70.2%;行政案件2 822件,占1.2%;执行案件47 662件,占19.8%,审限内结案率达到99.8%。全区各级法院较好地履行审判职责,维护了全区经济发展和社会和谐稳定的大局。

切实保障经济平稳较快发展　自治区高院在年初连续召开了一系列服务经济发展的座谈会,征求经济管理、行政执法部门和企业、金融界意见,深入全区大中型企业、农村牧区调查研究,制定出台全区法院维护金融安全和经济全面协调可持续发展、服务农村牧区改革发展和加强知识产权司法保护等方面的具体意见,找准司法审判服务大局的切入点,努力实现法律效果和社会效果相统一。全区法院重点强化金融纠纷的审判,通过开辟绿色通道、集中管辖等方法,努力完善处理金融纠纷的实际措施,共审结金融纠纷424件,有效地维护了金融秩序;强化对各类企业,特别是中小企业的司法保障和服务,主动与企业对接,建立联系点,帮助和支持企业应对危机,共审结合同纠纷66 211件,依法保护企业正常生产经营秩序,维护交易安全;强化对知识产权的司法保护,规范驰名商标司法认定,开通全区知识产权司法保护网,为科技创新搭建平台,共审结专利权、商标权等纠纷142件,维护权利人的合法权益;强化涉农涉牧案件的审判,审结涉及土地草牧场承包、流转和伪劣农资等案件1 841件,维护农村土地承包关系的长期稳定,保障农村牧区的改革和发展。

切实保护人民群众的合法权益　全区法院高度关注人民群众日益增长的新需求,以维护人民群众根本利益为重点,努力在审判实践中完善和强化司法措施,切实为人民群众办实事、解难题。一是及时有效处理民生案件。高度重视事关人民群众劳动就业问题,审结劳务合同、劳动争议等纠纷8 309件,涉案标的额1.5亿元;高度重视事关人民群众健康权益的问题,审结医患纠纷、医疗保险、交通肇事等案件14 387件,结案标的额9.7亿元;高度重视事关群众安居乐业的问题,审结征地、拆迁、物业、供暖和房地产等纠纷7 859件,涉案标的额3.2亿元;高度重视弱势群体的合法权益,审结有关老人、妇女、未成年人、残疾人合法权益的婚姻家庭、赡养扶养抚育案件42 536件,涉案标的额2.9亿元,为确有困难的当事人减免缓诉讼费2 298万元。二是切实解决"执行难"问题。全面开展"集中清理执行积案"活动,对拒不履行裁判的被执行人进行媒体曝光3 600人,限制出境27人,罚款拘留990人,追究刑事责任28人,执结历年积案11 111件,结案数量居全国第8位;执结四类重点案件4 714件,居全国第17位,实现了清积工作目标。同时加大新收案件执行工作,防止清旧积新,全年共执结案件43 947件,结案标的额50.6亿元。三是有效解决涉诉信访问题。完善申诉案件审查方式,解决再审申诉难问题,自治区高院全年受理再审申请2 503件,同比上升80%,审查处理2 222件,上升1.2倍;结合"60年大庆"的安保工作,把化解涉诉信访问题作为一项政治任务，指导全区法院开展“迎国庆、保稳定”涉诉信访百日攻坚活动，认真贯彻“四定一包”责任制，推行领导接访、法官下访，共处理信访19 746件(次)，排查上访老户案件238件，息诉停访率达到98.3%，确保国庆期间的社会和谐稳定。

切实维护社会和谐稳定　认真贯彻“宽严相济”刑事政策，严厉打击危害社会治安的犯罪，判处严重暴力犯罪和“两抢一盗”等多发性犯罪4 307件7 303人。依法整治社会治安的突出问题，重点打击涉黑、涉枪、涉毒等有组织犯罪活动，判处涉毒案件488件723人，涉枪案件113件226人，涉黑案件4件44人，对和林格尔县以云鹏清为首的26人组织、领导、参加黑社会性质组织案，依法从严判处。依法严惩各类经济犯罪，审结集资诈骗、非法传销等破坏金融安全和经济秩序的犯罪案件1 540件2 379人，依法审结了涉及全国12个省市区、涉案金额达12.7亿元、受害群众3万多人的“万里大造林”案，以非法经营罪判处主犯陈相贵有期徒刑11年，并处没收财产2亿元；审结涉及全国22个省市区、利用网络发展加盟店2 238家、涉案金额6.8亿元的李国良等8人非法经营案，判处主犯李国良有期徒刑8年，并处罚金3 000万元。依法严惩职务犯罪，共判处贪污、贿赂和重大责任事故等案件518件746人，审结了涉案金额达3 000多万元的赤峰市原市长徐国元受贿、巨额财产来源不明案，依法判处徐国元死缓，剥夺政治权利终身，彰显了党和政府惩治腐败的坚强决心。全年共判处五年以上有期徒刑、无期徒刑和死刑的犯罪分子2 061人，同时对具有从轻、减轻情节的犯罪分子予以从宽处罚，共判处管制、拘役、缓刑等6 037人，最大限度地减少对抗，增进和谐。切实增强化解社会矛盾的司法功能，认真贯彻“调解优先、调判结合”原则，制定全面加强诉讼调解工作的指导意见，努力构建司法调解、人民调解、行政调解协调配合机制，化解了大量社会矛盾，实现案结事了。全年共调解民商事案件54 751件，调撤率达到68%，同比提高3个百分点。针对行政争议上升的新趋势，努力寻求支持依法行政和维护群众权益的最佳方案，协调解决行政争议548件，占29.5%，使一些涉及征地拆迁、招商引资等群体性纠纷得以息诉罢访。

【队伍建设】　深入开展“人民法官为人民”主题实践活动。坚持把人民性作为人民法院的核心价值和本质属性，努力增强群众观点和群众感情，切实转变作风，推广“法官进社区、诉讼零距离”活动，受到人民群众的普遍欢迎。加强司法能力建设。强化教育培训。广泛采取专家讲座、巡回授课、网络教育和知识竞赛等形式，努力构建“大培训”格局。全年共举办各类培训班120期，培训人员4 700人(次)，全员参培率达52%；本科学历法官占总数的99%以上，高于全国平均水平17个百分点；研究生以上学历的高层次人才占法官总数的8%，在西部省(市区)居于前列。完善培养锻炼机制。重点落实“三个一千”工程，即组织1 000名中、基层法院班子成员和高院环节干部的轮训，完成1 000名新进人员的培训，组织1 000名法官下基层。注重在法律知识和社情民意的结合上研究新情况、解决新问题，增长化解社会矛盾的本领。加强司法管理制度建设。完善人事管理制度。继续落实公开考录、法官遴选和选调生制度，定向培养法律专业人才53名，增选人民陪审员941人，推进司法民主。结合庆祝新中国成立60周年，隆重表彰了涌现出来的全区优秀法院12个、优秀法官47名。查处违法违纪案件12件16人，干警违法违纪率为1.7‰，低于全国平均水平。完成了对巴彦淖尔市、乌兰察布市法院的司法巡查工作。

【基层基础建设】　坚持面向基层、服务基层、建设基层原则和“重心下移、精力下沉、保障下倾”方针，全力解决人民法院工作的基础性问题，筑牢化解社会矛盾、维护社会和谐稳定的第一道防线。一是加强业务指导。在全区法院推行领导联系点制度，加强巡回审判和案例指导，大力推行诉前调解制度、委托调解制度、案件速裁制度，最大限度地把矛盾化解在基层，解决在萌芽状态，努力实现基层稳、全局安的目标。二是强化职业保障。在解决基层案多人少、法官青黄不接等突出问题的基础上，积极争取党委提高干警职级待遇，稳定基层队伍。呼伦贝尔市、巴彦淖尔市、鄂尔多斯市已专门下发文件，明确了具体政策和意见。三是强化网络建设。大力加强信息化技术在办公办案方面的实际应用，开通视频会议、法院综合信息管理、网络电话和卷宗制作、档案存储传输系统，有力地推动了办公办案自动化进程。同时着力加强基层物质装备建设，继续推进“两庭”建设，积极协调自治区发改委和财政争取中央财政办案补助，保障中、基层法院审判、办公和基础建设需要。

(史燕龙)

检　　察

【内蒙古自治区人民检察院领导名录】

检察长:邢宝玉

副检察长:杨怀武 周忠清 张敏(女 满族) 李茂林

纪检组长:旭　江(蒙古族)

副检察长:郑锦春

副厅级检委会专职委员:苑瑞先(女)

反贪污贿赂局局长:杨卫平

反渎职侵权局局长:王来明

副厅级检察员:赵如意(蒙古族) 李晓钟 邢志文

【概况】 2009年,自治区各级检察机关以邓小平理论和"三个代表"重要思想为指导,深入学习实践科学发展观,全面贯彻党的十七大和十七届四中全会精神,围绕全区工作大局,坚持"强化法律监督,维护公平正义"的检察工作主题,全面履行法律监督职责。一是围绕中心、服务大局,认真落实高检院关于充分发挥检察职能为经济较快发展的意见和自治区制定的14项措施,深入查办阻碍经济发展的各类经济犯罪。二是深入开展学习实践科学发展观活动,切实解决影响、制约检察工作发展的突出问题,切实解决党员干部党性党风党纪方面存在的突出问题。三是加强批捕起诉工作,深入开展打黑除恶专项斗争。四是查办贪污贿赂、渎职侵权等职务案件力度加大。五是强化对诉讼活动的法律监督,会同有关部门开展刑事审判法律监督专项检查看守所监管执法各项检查、久押不决案件集中排查清理、监狱清查事故隐患促进安全监管等专项工作。六是加强检察业务管理与实绩考核考评,促进整体执法水平,办案质量进一步提高。七是职务犯罪案件审查逮捕程序改革、检委会规范化建设、办理减刑假释案件实行同步监督等方面的改革举措深化。八是从严治检,继续加强队伍建设。九是组织开展第四届全区检察业务技能竞赛,开展争先创优活动。十是深入开展"基层检察院建设年"活动,全面落实公用经费保障标准、多数基层院的经费保障进一步改善。

【做好国庆60周年安全保卫工作】 全面贯彻宽严相济刑事政策,认真履行批捕、起诉等职责。与有关部门密切配合,依法从重从快严厉打击危害国家安全犯罪和黑恶势力犯罪、严重暴力犯罪、严重影响群众安全感的多发性侵财犯罪以及严重破坏社会主义市场经济秩序的犯罪,保持了对严重刑事犯罪的高压态势。着眼于化解社会矛盾,减少对抗,对青少年犯罪和初犯、偶犯以及其它轻微刑事犯罪,依法从宽处理。全年批准逮捕刑事犯罪嫌疑人15 963人,提起公诉20 012人,同比上升3.8%和2.0%;对涉嫌犯罪但无逮捕必要的、依法决定不批捕886人,对犯罪情节轻微、依照刑法规定不需要判处刑罚或者免除刑罚的,依法决定不起诉715人。深入开展打黑除恶专项斗争,依法起诉黑社会性质组织犯罪5件65人。其中乌兰察布市人民检察院起诉的和林县云鹏清等26人涉黑案被评为2009年度"百姓关注的内蒙古十大法治事件"。加强控告申诉检察工作,努力化解矛盾纠纷。举全系统之力开展"迎国庆、保稳定"信访百日攻坚和涉检信访积案化解专项活动,确保国庆期间自治区未发生涉检进京上访事件。认真做好释法说理、心理疏导等工作,把化解矛盾贯穿于执法办案始终。进一步畅通信访渠道,及时解决群众合法合理诉求,努力从源头上减少涉检信访案件的发生。积极参加社会治安综合治理,推进平安建设,促进了社会稳定。

【执法服务和保障民生】 抓住关系民生的突出问题加大法律监督力度。严肃查办社会保障、劳动就业、征地拆迁、移民补偿、抢险救灾、医疗卫生、招生考试等涉及民生领域的职务犯罪案件89件114人。积极参加食品药品安全专项整治等活动,批准逮捕制售伪劣产品、假药和有毒有害、不符合卫生标准的食品等危害人民群众生命财产安全的犯罪嫌疑人97人,起诉96人。严厉打击涉案金额巨大、人数众多的非法吸收公众存款、非法经营等涉众型经济犯罪,批准逮捕91人,起诉81人。依法介入重大责任事故调查,严肃查办严重失职渎职造成国家和人民利益重大损失的国家机关工作人员33人。加强对困难群众和弱势群体的司法保护,立案审查拖欠农民工工资、劳动争议、保险纠纷等方面的民事申诉案件92件,及时执行已作出复查处理决定的刑事申诉案件65件,办理刑事赔偿案件9件。加强对人权的司法保障,严肃查办利用职权实施非法拘禁、刑讯逼供等侵权犯罪的国家机关工作人员12人。开通12309举报电话,完善检察长接待日制度,推行便民利民措施,积极采取下访巡访、预约接待,探索设立检察联络员、开通民生服务热线等方式,努力为群众排忧解难。推进对生活确有困难的刑事被害人救助工作,协调有关方面解决被害人、上访人生活救济、社会保险、补偿返还等资金248万余元。

【查办和预防职务犯罪】 继续把查办职务犯罪作为拉动各项业务工作发展的"火车头",加大工作力度,提高执法水平和办案质量。加强举报工作,强化线索管理,畅通案件信息收集渠道,提高发现犯罪、侦破案件的能力。自治区人民检察院加强对办案工作的领导和指挥,带头查办大要案件,依法查办赤峰市原市长徐国元受贿、巨额财产来源不明案。充分发挥盟市院的办案主体作用和基层院的基础作用。进一步完善侦查一体化机制,强化对重点案件的交办、督办、参办和提办。既集中力量查办有影响、有震动的大要案,又及时查办损害群众切身利益、社会反响强烈的小案。一年来,全区查办职务犯罪工作保持持续平稳健康发展的势头。全年共立案侦查贪污贿赂、渎职侵权等职务犯罪案件673件916人,同比分别上升6.7%和15.1%。其中,贪污贿赂大案250件,渎职侵权重特大案件77件,涉嫌犯罪的县处级干部47人,厅级干部3人;大要案比例达56.0%,同比上升10.0个百分点。通过办案为国家挽回经济损失1.17亿元,同比上升19.4%。

按照最高人民检察院的部署,结合全区实际,抓住关系国计民生的突出问题开展专项工作。开展反渎职侵权检察专题宣传工作、查办危害能源资源和生态环境渎职犯罪专项工作,立案查办106件120人;开展查办涉农涉牧职务犯罪、保障社会主义新农村新牧区建设专项工作,立案查办220件306人,其中,查办贪污挪用退耕还林还草及征地补偿款的乡村干部119人;开展查办工程建设领域职务犯罪专项工作,立案查办51件66人;开展查办商业贿赂犯罪专项工作,立案查办108件124人。与有关部门联合开展"高考移民"专项整治工作,立案查办职务犯罪案件22件31人。继续开展清理职务犯罪积案、追捕在逃职务犯罪嫌疑人专项工作,清理积案47件、抓捕16人。

围绕大局,结合办案,积极开展职务犯罪预防工作。建立完善侦防一体化工作机制,合理配置检察资源,形成合力,提高预防工作水平。与有关部门联合出台《关于加强重大项目建设中职务犯罪预防工作保障政府投资安全的意见》、《进一步推进阳光招生共同开展预防职务犯罪工作的实施办法》,在自治区预防工作联席会议80多个成员单位中开展了无职务犯罪单位创建活动,呼和浩特市等7个盟市地区也相继开展了这项活动,取得良好的社会效果。抓住中央和自治区扩大内需的机遇,全区三级检察机关对205项重大建设项目实施了专项预防,提出预防建议690件次,帮助落实预防措施2 600多条。盟市和基层检察院全年新建预防职务犯罪警示教育基地58个,全区开展预防法制宣传和警示教育1千余次,受教育人数达18万余人次。

【诉讼活动的法律监督】 以自治区人大常委会听取、审议自治区检察院关于全区检察机关诉讼监督工作情况的报告为推动力,全面加强诉讼监督工作,在依法监督纠正人民群众反映强烈的执法不严、司法不公问题上下工夫,取得明显成效。加强立案监督和侦查活动监督。对应当立案而不立案的监督立案515件,对不应当立案而立案的监督撤案224件。对应当逮捕而未提请逮捕、应当起诉而未移送起诉的,决定追捕356人、追诉413人。对侦查活动中的违法情况提出书面纠正意见835件次。加强刑事审判监督。对认为确有错误的刑事判决裁定提出抗诉71件,法院已审结39件,改判13件、发回重审13件。对刑事审判中的违法情况提出书面纠正意见63件次,已纠正41件。全区开展刑事审判法律监督专项检查活动,有针对性地解决一批群众不满意的问题,提高诉讼监督的实效。加强刑罚执行和监管活动监督。依法监督纠正违法减刑、假释、保外就医446人。会同公安、司法行政机关开展看守所监管执法专项检查和监狱清查事故隐患、促进安全监管等专项活动,继续着力监督纠正超期羁押问题。与自治区高级法院、公安厅、司法厅联合制定《关于办理减刑案件的规定》、《关于办理假释案件的规定》,规范了减刑、假释工作,推进对刑罚变更执行的同步监督。

【民事行政检察】 对认为确有错误的民事、行政案件判决裁定提出抗诉203件,法院已审结155件,改判70件、发回重审11件、调解38件。对经审查认为法院裁判正确的大量民事行政申诉案件,坚持对申诉人依法进行说服教育,促进服判息诉,维护司法权威。严肃查办执法和司法不公背后的职务犯罪。共立案侦查涉嫌贪赃枉法、徇私舞弊等职务犯罪的公安、司法工作人员110人。

【执法监督管理】 自治区人民检察院制定并实施《对分市院检察业务管理与实绩考核考评方案》,对重点办案指标运行情况实施监控和预警,坚持案件复查制度,继续开展查办职务犯罪"优质案件"和"优胜单位"评选活动,加大对下指导力度,树立办案数量、质量、效率和效果有机统一的正确执法导向。全年起诉的刑事案件有罪判决率达99.98%、职务犯罪案件有罪判决率达99.86%,同比分别上升0.03个和0.18个百分点;全年所办职务犯罪案件侦结率为87.7%、起诉率为93.6%,同比分别上升8.7个和15.5个百分点。强化规范执法教育,加强各院的办案工作区建设,严格执行职务犯罪案件办案安全防范规程,充分发挥司法警察的警务保障作用,全年未发生办案安全事故。

【以深化检察改革促工作发展】 认真落实中央司法体制改革精神和最高人民检察院检察改革的部署,从实际出发,建立健全促进检察工作科学发展的工作机制。对自治区检察院部分内设机构进行职能整合,加强侦查指挥中心实体化建设,优化了检察职权配置。在呼和浩特市检察院和所属9个基层检察院实行职务犯罪案件审查逮捕决定权上提一级的改革,在包头、呼伦贝尔、鄂尔多斯、乌海、呼铁5个市(分)院和所属的18个基层检察院试行这项改革。从自治区检察院入手,加强了检察委员会规范化建设,检委会决策水平和议事效率得到提高。进一步规范量刑建议工作。全面实行讯问职务犯罪嫌疑人全程同步录音录像制度,深入开展人民监督员制度试点工作,逐步健全查办职务犯罪内外部监督制约机制。积极探索对人民法院民事执行活动进行法律监督的机制。对铁路运输检察机关纳入国家司法管理体系改革进行了调研论证。围绕深化检察改革的重点、难点和工作中的新情况、新问题,加强检察理论研究,促进检察工作的科学发展。

【科技强检和检务保障】 继续推进检察信息化建设,全区三级检察院局域网实现互联互通并同步建成视频会议系统。在较好运用信息发布、电子邮件和法律法规查询等功能的同时,开展了视频培训、网上学习、业务竞赛、队伍管理等应用工作,继续试行网上办案。加强交通通讯、侦查指挥、证据收集、检验鉴定等科技装备建设,开展电子证据检验鉴定技术引进及专业人员培训工作,提高检察工作的科技含量。继续推进办案用房和专业技术用房建设,完善功能,提高了保障水平。

【检察队伍的业务建设和专业化建设】 继续强化学历教育,全区检察官本科以上学历达到74.4%、研究生学历达到4%。利用视频网络进行全员培训,与举办领导骨干和业务骨干培训班相结合,加大培训力度。全年共举办各类培训班61期,培训9 539人次,其中,网络培训6 637人次。积极开展形式多样的岗位练兵活动。全区三级院共同举办以基层赛、全员赛、网络赛为特点,105个基层检察院的8个业务部门全员参与的第四届全区检察业务技能竞赛。实施查办职务犯罪人才专项建设,开展高层次人才评定和培养工作。选派41名领导和业务骨干在系统内上下互相挂职和到北京市检察机关、自治区内旗县挂职,联系高等院校4名法学教师到检察机关挂职。举办司法考试培训班,考试通过199人,通过率达39.9%,同比上升3个百分点。

【2009年受自治区院以上表彰的先进集体先进个人名单】

一、最高人民检察院表彰的"全国先进基层检察院"、"全国十佳基层检察院提名奖"和"全国检察机关基层检察院建设组织奖"(高检发〔2009〕4号,表彰时间2009年2月1日)

(一)"全国先进基层检察院"

包头市昆都仑区人民检察院

乌拉特前旗人民检察院

敖汉旗人民检察院

呼和浩特市赛罕区人民检察院

根河市人民检察院

(二)"全国十佳基层检察院提名奖"

根河市人民检察院

(三)"全国检察机关基层检察院建设组织奖"

包头市人民检察院

二、自治区党委政法委、自治区妇女联合会表彰的全区政法系统"三八红旗集体"、"三八红旗手"(内妇发〔2009〕6号,表彰时间2009年2月18日)

(一)全区政法系统"三八红旗集体"

包头市九原区人民检察院公诉科

呼伦贝尔市人民检察院政治部

鄂尔多斯市人民检察院侦查监督处

巴彦淖尔市人民检察院民事行政检察处

(二)全区政法系统"三八红旗手"

云聪丽　呼和浩特市人民检察院政治部副主任

白瑞萍　包头市东河区人民检察院政工科科长

李立平　扎兰屯市人民检察院反贪污贿赂局检察员

郝志菡　兴安盟检察分院公诉处检察员

包英兰　扎鲁特旗人民检察院副检察长

宋　晖　赤峰市人民检察院公诉处副处长

白　秀　锡林浩特市人民检察院副检察长

赵雪英　丰镇市人民检察院副检察长

户红冰　磴口县人民检察院公诉科科长

撖　莉　乌海市人民检察院公诉处处长

敖云高娃　阿拉善盟检察分院政治部副主任

曹　军　包头铁路运输检察院副检察长

三、全国"五一"劳动奖章(表彰时间2009年5月1日)

张章宝　土默特右旗人民检察院控告申诉检察科科长

四、自治区党委政法委表彰的"侦办'6·06'案件先进集体先进个人"(内党政发〔2008〕),表彰时间2008年12月31日

个人二等功

于学先　自治区人民检察院公诉处副处级检察员

韦万章　根河市人民检察院侦查监督科科长

韩丽春　鄂尔多斯市人民检察院公诉处处长

个人三等功

周海成　自治区人民检察院侦查监督处副处长

王洪嗥　自治区人民检察院公诉处副科级助理检察员

郎显成　鄂尔多斯市人民检察院公诉处检察员

杜志平　伊金霍洛旗人民检察院检察员

五、自治区人民检察院表彰的“侦办‘6·06’案件先进集体先进个人”(内检发政字〔2009〕82 号),表彰时间 2009 年 4 月 10 日

(一)个人三等功

苑瑞先　自治区人民检察院公诉处处长

刘英杰　鄂尔多斯市人民检察院副检察长

(二)集体通报表扬

自治区人民检察院侦查监督处

自治区人民检察院公诉处

鄂尔多斯市人民检察院

六、自治区人民检察院表彰的二OO八度全区检察机关查办职务犯罪案件优胜单位和查办职务犯罪优质案件(内检发政字〔2009〕38 号,表彰时间 2009 年 2 月 20 日)

(一)全区检察机关查办贪污贿赂犯罪案件优胜单位

甲组

呼和浩特市赛罕区人民检察院

包头市青山区人民检察院

乙组

鄂温克旗人民检察院

巴林左旗人民检察院

莫力达瓦达斡尔自治旗人民检察院

杭锦后旗人民检察院

(二)全区检察机关查办渎职侵权犯罪案件优胜单位

分市院

赤峰市人民检察院

基层院

甲组

呼和浩特市玉泉区人民检察院

乙组

鄂伦春自治旗人民检察院

和林县人民检察院

(三)全区检察机关查办贪污贿赂犯罪案件优胜案件

包头市人民检察院查办的阎增杰贪污、受贿、巨额财产来源不明案

保安沼地区人民检察院查办的谢守坤受贿案

锡林郭勒盟检察分院查办的张龙云受贿案

通辽市人民检察院查办的陈范生、左文山贪污、挪用公款案

通辽市科尔沁区人民检察院查办的刘贵斌、苏玉春挪用公揿案

赤峰市人民检察院查办的冯景艳、邢洪波、李国辉挪用公款、私分国有资产案

小黑河地区人民检察院查办的贺娜英受贿、贪污案

(四)全区检察机关查办渎职侵权犯罪案件优胜案件

包头市人民检察院查办的杨锦华、李子明玩忽职守、受贿案

额尔古纳市人民检察院查办的腾彬国家机关工作人员签定履行合同失职被骗案

二连浩特市人民检察院查办的樊瑞平滥用职权案

七、自治区党委政府表彰的“10·17”案件侦破工作先进集体、立功人员、先进个人(内党字〔2009〕14 号,表彰时间 2009 年 10 月 30 日)

(一)三等功

扎木钦　小黑河地区人民检察院刑事检察室主任

(二)先进个人

帖经明　小黑河地区人民检察院驻呼和浩特第二监狱检察室主任同志

张利绥　小黑河地区人民检察院副检察长

八、自治区人民检察院表彰的全区检察机关第四届检察业务技能竞赛优胜团体和优胜个人(内检发政字〔2009〕267 号,表彰时间 2009 年 11 月 10 日)

(一)全区检察机关第四届检察业务技能竞赛优秀组织 呼伦贝尔市人民检察院

通辽市人民检察院

巴彦淖尔市人民检察院

呼和浩特市人民检察院

(二)全区检察机关第四届检察业务技能竞赛优胜团体(4 个)

团体第一名

赤峰市代表队

团体第二名

呼和浩特市代表队

团体第三名
铁检代表队
团体第四名
包头市代表队
(三)全区检察机关第四届检察业务技能竞赛优胜个人(43名)
全区检察机关侦查监督业务个人第一名
陈秀敏(女、蒙) 呼和浩特市赛罕区人民检察院侦查监督科助理检察员
全区检察机关侦查监督业务个人第二名
黄 堑 磴口县人民检察院书记员
全区检察机关侦查监督业务个人第三名
王庆华(女) 鄂尔多斯市东胜区人民检察院侦查监督科助理检察员
全区检察机关侦查监督业务个人第四名
王文光(蒙) 东乌珠穆沁旗人民检察院公诉科科员
全区检察机关侦查监督业务个人第五名
李 哲 乌海市乌达区人民检察院侦查监督科助理检察员
全区检察机关侦查监督业务个人第六名
祁 峰(蒙) 宁城县人民检察院侦查监督科科长
袁玉新 开鲁县人民检察院侦查监督科副科长
全区检察机关公诉业务个人第一名
金瑞森(蒙) 呼和浩特市新城区人民检察院公诉科科长
全区检察机关公诉业务个人第二名
黄小英(女) 克什克腾旗人民检察院公诉科助理检察全区检察机关公诉业务个人第三名
王晓艳(女、满) 根河市人民检察院公诉科助理检察员
全区检察机关公诉业务个人第四名
卢红冰(女) 磴口县人民检察院公诉科科长
全区检察机关公诉业务个人第五名
关 然(女、蒙) 霍林郭勒市人民检察院公诉科检察员
全区检察机关公诉业务个人第六名
马艳燕(女) 包头市高新区人民检察院公诉科助理检察员
全区检察机关反贪污贿赂业务个人第一名
李万国 敖汉旗人民检察院反贪局助理检察员
全区检察机关反贪污贿赂业务个人第二名
董志国(蒙) 呼和浩特市新城区人民检察院反贪局副局长
全区检察机关反贪污贿赂业务个人第三名
刘字翔 包头市石拐区人民检察院反贪局科员
全区检察机关反贪污贿赂业务个人第四名
郝星防(女) 呼和浩特铁检院反贪局书记员
全区检察机关反贪污贿赂业务个人第五名
马勇波 锡林浩特市人民检察院反贪局副局长
全区检察机关反贪污贿赂业务个人第六名
杨玉琢 扎鲁特旗人民检察院反贪局副局长
全区检察机关反渎职侵权业务个人第一名
张风霞(女) 宁城县人民检察院反渎局助理检察员
全区检察机关反渎职侵权业务个人第二名
姜耀东 阿尔山市人民检察院反渎局副局长
全区检察机关反渎职侵权业务个人第三名
张 琦 包头市九原区人民检察院反渎局助理检察员
全区检察机关反渎职侵权业务个人第四名
卜格日图(蒙) 呼和浩特市新城区人民检察院反渎局助理检察员
全区检察机关反渎职侵权业务个人第五名
黄双山(蒙) 科左后旗人民检察院反渎局局长
全区检察机关反渎职侵权业务个人第六名
付捍东 乌拉特前旗人民检察院反渎局检察员
全区检察机关监所检察业务个人第一名
吕鹏飞 包头市青山区人民检察院监所科科员
全区检察机关监所检察业务个人第二名
谢静波(蒙) 喀喇沁旗人民检察院监所科书记员
全区检察机关监所检察业务个人第三名
杨 亮 苏尼特右旗人民检察院监所科科长
全区检察机关监所检察业务个人第四名
张兆慧(女) 和林县人民检察院监所科书记员
全区检察机关监所检察业务个人第五名
朱 兴 科右前旗人民检察院驻所检察室主任
全区检察机关监所检察业务个人第六名
石 磊 五原县人民检察院监所科检察员
全区检察机关控告申诉检察业务个人第一名
李 彦(女) 宁城县人民检察院控申科检察员
全区检察机关控告申诉检察业务个人第二名
苏 楠(女) 通辽市科尔沁区人民检察院控申科科员
全区检察机关控告申诉检察业务个人第三名

刘　慧(女、蒙)　鄂托克前旗人民检察院控申科科员

全区检察机关控告申诉检察业务个人第四名

顾　辉(女、蒙)　呼和浩特市玉泉区人民检察院控申科助理检察员

全区检察机关控告申诉检察业务个人第五名

张晓燕(女、蒙)　呼和浩特铁检院侦监科书记员

全区检察机关控告申诉检察业务个人第六名

潘晓翠(女)　乌拉特前旗人民检察院控申科检察员

全区检察机关民事行政检察业务个人第一名

黄秀玲(女)　呼和浩特市赛罕区人民检察院民行科助理检察员

全区检察机关民事行政检察业务个人第二名

陈业晖　包头市昆都仑区人民检察院民行科科员

全区检察机关民事行政检察业务个人第三名

张　璇(女)　集宁铁检院公诉科副科长

全区检察机关民事行政检察业务个人第四名

刘咏梅(女)　敖汉旗人民检察院民行科书记员

全区检察机关民事行政检察业务个人第五名

谷艳坤(女、蒙)　乌兰浩特市人民检察院民行科助理检察员

全区检察机关民事行政检察业务个人第六名

海健美(女、蒙)　科左中旗人民检察院民行科科员

九、最高人民检察院授予张章宝同志“全国模范检察官”荣誉称号(高检发〔2009〕28 号,表彰时间 2009 年 12 月 14 日)

张章宝　土默特右旗人民检察院控告申诉科科长

(薛卫国)

公　　安

【内蒙古自治区公安厅领导名录】

党委书记　厅长:赵黎平

党委委员　副厅长:阿斯林(蒙古族)

周黎明(蒙古族)

张有恩　颜炳强

党委委员　纪检委书记:白　炎(蒙古族)

党委委员　政治部主任:杨小平

党委委员　巡视员:王　智(8 月任职)

党委委员　副巡视员:孙凤鸣(8 月任职)

党委委员:赵慧山(8 月任职)

巡视员:朱荣(8 月任职)　王新乐(8 月任职)

副巡视员:石小红(女　蒙古族)

侯利光(蒙古族　10 月任职)

田聪颖(10 月任职)

【概况】　2009 年,自治区公安厅机关专项编制 591 名,实有 577 名。核定了 29 个内设机构,3 个厅属行政单位,5 个厅属事业单位。

【国庆 60 周年安全保卫任务】　全区公安机关围绕“一个中心、两个稳定、六个确保”的总目标,集全警之智,举全警之力,积极做好国庆 60 周年各项安全保卫工作,保持内蒙古自治区安全稳定,以自身稳定支撑首都安全稳定。坚持严之又严、实之又实、细之又细,在组织领导、关键措施和责任追究三方面狠抓落实。全区国庆 60 周年安全保卫工作圆满完成,确保了全区没有发生严重影响大局的政治事件;确保了社会治安局势没有发生大的波动;没有发生恐怖袭击事件;没有发生有全国影响的重大群体性事件,没有发生群死群伤火灾、交通事故,没有发生涉警的违法违纪事件和重大安全事故,受到了自治区领导的充分肯定和高度评价。

【保持社会政治稳定】　严密防控,主动进攻,有力掌控对敌斗争主动权,妥善应对了新疆“7·5”事件对自治区的不利影响,有效防范打击邪教“法轮功”等邪教组织的违法犯罪活动。顺利完成“长城 6 号”国家处置多地域连环恐怖袭击内蒙古段演习。2009 年,全区共发生群体性事件1 056起,参加人员45 120人。同比,事件起数上升25.7%,参加人员总数上升16.6%。

【维护社会治安稳定】　打防并举,严打开路,大小案并重,有力控制全区社会治安稳定局势。积极部署开展“破案追逃保大庆”行动。2009 年,全区共立各类刑事案件93 501起,同比上升14.9%,破46 857起,同比上升5.5%,抓获各类刑事犯罪嫌疑人19 377人,同比下降6.0%;共查获刑事犯罪集团 713 个,同比下降9.7%。加大对严重影响人民群众安全的“两抢一盗”案件的打击力度,2009 年,全区共立侵财案件81 077起,占全部刑事案件总数的87.9%,破36 084起,破案率达41.7%。相继开展打击假币犯罪“09 行动”、打击发票犯罪专项行动、打击整治农村信用社经济犯罪专项行动,严厉打击严重经济犯罪活动,规范市场经济秩序。2009 年,全区共破获破坏市场经济秩序案件1 807起,同比上升79.4%,挽回经济损失64 629.33万元。推进全区新一轮禁毒人民战争向纵深发展。2009 年,全区共破获各类毒品案件 934 起,抓获毒品犯罪嫌疑

人962人次,缴获海洛因3.099千克,鸦片3.072千克。查获偷渡案件15起33人。严厉打击网络违法犯罪活动。全区公安机关网监部门共办理各类案件450起,配侦抓获各类逃犯1 531名。

【“四项工程”建设】

信息化建设与应用步伐明显加快　“金盾工程”二期建设开展顺利,警务信息综合应用平台12个盟市全部建成投入运行;警用地理信息基础应用平台在厅信息中心搭建完毕;部门间信息共享平台在乌海市公安局试点。公安厅规划研发服务公安管理决策的“四个主题应用”。部署开展全区“基础信息采集大会战”,采集录入数据1 370余万条。提高全警应用能力,送技战法到基层。加强网上作战技战法培训,2009年全区培训民警35 000多人次。

执法规范化建设稳步推进　以“三查”为抓手,努力提高全区公安机关整体执法水平。加强执法能力建设。建立并运行公安民警执法资格考试系统,在全区开展网上执法资格认证学习考试。进一步规范执法主体,开展清理非警务人员执法工作,完成2 456名事业编制人员的人民警察身份确认。加强执法制度建设。坚持典型引路,全面启动全区盟市执法示范单位创建活动。

和谐警民关系渐成气氛　坚持开展“大走访”爱民实践活动,建立健全长效机制,走访常态化。进一步规范公安信访工作程序,畅通公安信访渠道。加强警察公共关系建设。组织开展第二届“我最喜爱的十大北疆卫士”评选活动和第四届警察音乐会,取得了良好社会效果。

社会治安防控体系建设进一步加强　三级联动打黑除恶格局形成。深化社区和农村(牧区)警务战略。目前,全区城镇应建社区警务室2 190个,已建1 809个。农村(牧区)应建警务室3 238个,已建2 490个,全部实现四个“统一”。全区共配备社区民警3 652人,驻村(嘎查)民警2 412人。加强视频监控系统及其它防范系统建设。全区已安装监控摄像机101 693台,部分系统已接入公安网,入网系统达到8 510台,全区各盟市所在地、60%旗县(市区)政府所在地已不同程度地建成视频监控报警系统。继续开展草原110建设,完善拓展功能。抓好防控基础工作,建立健全重点人员动态管理工作机制。

【公安行政管理服务工作】　紧紧围绕保增长、保民生,拓宽思路,规范执法管理,改进服务,出台并贯彻落实《内蒙古公安厅服务和促进“保增长、保民生”二十一条工作措施》。关注民生,促进就业。加强保安业发展、推行民爆物品一体化管理、加快城市报警监控系统建设,推进公安工作社会化进程,在拓宽公安工作发展空间的同时,培育自治区就业新增长点。关注民生、提升形象,积极出台服务群众新举措。在全国率先实行二次补(换)领二代证通过手机短信、因特网、传真自助办理、邮政快递速达措施。开通办理“二代证”绿色通道,特事特办。为全区21万盲人开辟免费办理第二代居民身份证,为急需身份证的9.8万考生开辟“绿色通道”办理加急快证。开展“平和内蒙古交警”形象创建活动,巩固深化“文明窗口”建设成果。大力提升边检服务水平,实现了零投诉、零差错。开通网上“消防办事大厅”系统,提高了服务质量和工作效率,得到了群众的好评。关注民生,改进执法,贯彻宽严相济政策,从轻减轻对一般性违法行为的处罚。重点保护劳动密集型企业的合法权益,审慎执法,保护生产力。

【队伍建设】　坚持政治建警,培育全区民警“忠诚,胜利”核心价值观。继续深入推行“轮训轮值、战训合一”训练模式,构建自治区、盟市、旗县(市区)三级训练基地框架。举办各级各类培训班1 369期,共培训民警53 676人次。开展干部自主选学培训试点工作,近80%的在职在编民警完成了自主选学任务。深化干部人事制度改革,积极协调自治区相关部门,扎实做好厅机关机构改革和干部管理工作。积极争取公安专项编制,组织开展考录工作。坚持以人为本,落实从优待警的各项措施。强化队伍监督管理。2009年,全区公安机关共发生(发现)民警违法违纪案件94起133人,同比分别上升6.8%和7.2%,查处违反“五条禁令”案件16起18人。

(刘乃成　关琰)

司法行政

【内蒙古自治区司法厅领导名录】

厅长:徐呼和(蒙古族)

副厅长:岩英　杜志刚(蒙古族)　徐贵中　翟贵文

纪委书记:王洪中(蒙古族)

副厅长:王　健(女)

政治部主任:尤俊成

副巡视员:王曰群 张德成

【新中国成立60周年安保工作】 司法厅高度重视建国60周年大庆安全稳定工作,及时安排部署,成立专门的领导机构,制定总体工作方案,召开全区司法行政系统建国60周年大庆安全稳定工作会议,提出了具体目标,要求以硬措施落实硬任务。运用多种形式开展督查,特别是对监狱、劳教场所等重点单位进行重点督查。全区司法行政系统全体动员、全力以赴,广大干警忠于职守、无私奉献,全面落实各项安全保卫措施,实现了确保安全稳定的工作目标,为建国60周年大庆创造了良好环境。

【监狱劳教工作】 认真落实安全稳定"四项机制",强化人防、物防、技防等安全防范体系建设,加大监管安全隐患排查整治力度,深入开展监管场所安全稳定专项治理活动和各类应急处置预案实战演练,全区监所总体保持了安全稳定态势。全年发生罪犯脱逃1起4人,脱逃率为1‰;发生狱内案件2起,发案率为0.7‰,未发生重大疫情和安全生产事故。呼和浩特第二监狱在"10·17"案件发生后,紧急动员,快速行动,深入查找和分析事故原因,全面排查安全隐患和漏洞,认真督促各项工作措施的落实,全力维护监狱安全稳定,在较短时间内扭转了被动局面。全区监狱系统认真贯彻落实"首要标准",推动监狱工作重心向教育改造工作转移,罪犯改好率达96%以上。

全区劳教系统强制隔离戒毒工作日趋规范,建立起相对完善的执法和管理程序,做到了依法收治、应收尽收,戒毒康复工作条件日臻完善。开展以"三课"教育为主要内容的课堂化教学,三种管理模式的区别处遇教育功效进一步提升,生活卫生标准化管理以人为本的理念进一步凸显,习艺劳动的矫治功能进一步增强,主题文化教育作用进一步彰显。加强执法监督,促进了严格、公正、文明、廉洁执法。

【普法依法治理工作】 深化法制宣传和依法治理。起草《内蒙古自治区法制宣传教育条例(草案)》,列入自治区人大常委会立法计划。围绕经济社会发展新形势,广泛开展"12·4"全国法制宣传日和"加强企业法制宣传教育 积极应对国际金融危机"、"提高农民素质促进农村改革发展"等主题宣传活动,认真做好防控甲型H1N1流感法制宣传教育工作。召开了全区"法律六进"工作经验交流会,大力推进"法律六进"活动。组织开展全区公务员、事业单位工作人员和企业经营管理人员法律知识考试,区直机关有近2万人参加考试。以法治城市、法治旗县(市、区)、"民主法治示范村(嘎查、社区)"创建活动为龙头,切实加强基层和行业、部门的依法治理,推进地方依法治理,提高社会法治化管理水平。

【基层基础工作】 深入开展"司法所规范化建设深化年"活动,组织开展了规范化司法所考评验收,395个司法所被评为自治区规范化司法所。加强人民调解工作,深入开展社会矛盾纠纷排查调处活动,建立完善人民调解与行政调解、司法调解相互衔接的大调解工作机制。全年人民调解委员会调解各类矛盾纠纷145 713件,防止因民间纠纷激化引发的刑事案件948件,避免因民间纠纷激化引起的自杀121件,制止群体性械斗320件,防止群体性上访1 355起。加强社区矫正工作指导,建立健全组织机构,强化队伍建设,完善矫正工作制度,推动社区矫正工作全面开展。全区12个盟市、101个旗县(市区)、907个苏木乡镇(街道)全部开展社区矫正工作。至12月底,社区矫正机构累计接收矫正对象6 887名,其中重新犯罪2人,重新犯罪率0.3‰。加强刑释解教人员安置帮教工作,健全信息管理台账和管理制度,强化刑释解教人员衔接和统计工作措施,进一步完善监狱、劳教所、看守所与司法所"无缝衔接"机制,共帮教11 598名刑释解教人员,帮教率达到96.1%;安置10 162名刑释解教人员,安置率达到84.2%。

【法律服务 法律援助工作】 积极为保持自治区经济平稳较快发展提供法律服务,引导法律服务人员主动介入重大工程、项目建设和中小企业融资引资、兼并重组活动,积极开展金融、知识产权等领域的法律服务。全区律师办理知识产权、房地产、金融证券、期货、税务代理等法律事务和刑事辩护及代理案件、民事诉讼代理案件大幅度提高,公证机构办理各类公证事项24万余件。认真做好服务保障和改善民生工作,制定法律服务和法律援助工作便民利民措施,实施法律服务执业公示、首问责任、服务质量监督、投诉处理等措施。深入开展"农资消费律师维权行动"、"农牧民法律服务绿色通道"、"律师公证送法下乡"等专项活动,努力满足广大农牧民法律服务需求。组织律师参加政府涉法上访接待工作,接待涉法信访2 300余件,参与处理多起群体性上访事件。认真开展“法律援助便民服务”主题活动,积极畅通法律援助申请和办理渠道。扎实推进法律援助规范化建设,全区法律援助机构全部达到规范化标准。各级法律援助机构共办理各类法律援助案件12 401件,接待咨询69 548人次,办理农民工案件5 870件,挽回经济损失5 033.31万元。

【国家司法考试组织工作】 进一步强化工作措施,完善工作机制,圆满完成2009年国家司法考试组织实施工作。全区报名人数7 882人,比上年增长10.5%,有1 626人达到合格分数线。为兴安盟、阿拉善盟争取司法考试优惠政策,列为全国司法考试试点地区,有39人取得特殊C类资格。认真做好2008年司法考试合格人员资格审核申报工作,全区共有1 600人取得法律职业资格,为他们建立职业资格档案,并就职业现状和职业意向进行调查摸底,为用人单位提供有价值的基础信息。

【司法鉴定管理工作】 加强司法鉴定机构管理,制定司法鉴定文书评查办法,开展司法鉴定执法检查,强化司法鉴定职业道德和执业纪律监督,及时受理投诉,做到事事有着落、件件有回音。扎实推进司法鉴定机构建设,全区司法鉴定机构达到36家,司法鉴定583人。

【司法行政队伍建设】 按照政治坚定、业务精通、作风优良、执法公正的要求,进一步加强司法行政队伍建设。一是加强干部选拔任用工作,健全干部选拔任用工作责任制,规范干部选拔任用和干部监督工作。二是加强司法行政队伍教育培训。深入开展社会主义法治理念教育和革命传统教育,认真开展干部自主选学工作,组织开展旗县(市、区)司法局长、监狱劳教所长、百名监区长、教导员和警察警衔晋升、新录用民警培训。三是深化岗位大练兵活动和执法规范化建设。在监狱劳教人民警察队伍中开展“规范执法行为、提高执法水平”专题教育实践活动,大力加强执法道德和执法执纪教育,认真落实司法部“双六条禁令”和司法厅“七条禁令”,强化警务督察,促进执法公正。四是加强律师队伍党的建设。共建立律师事务所党支部133个,涉及210家律师事务所,占律师事务所总数的84%。对没有党员的律师事务所派驻了指导员或联络员,已基本实现律师行业党的组织和工作全覆盖。五是加强党风廉政建设和反腐败工作。在全区司法行政系统认真落实党风廉政建设反腐败工作责任制,建立健全重大责任事故追究制度,加强干部选拔任用监督工作,组织开展领导干部违反规定收送礼金、清理“小金库”专项治理和行风评议、“无职务犯罪年”活动,强化行政效能监察和执法执纪监督,严肃查办各类案件。年内,全系统共受理群众来信来访81件,立案查处监狱劳教单位违纪案件26件,结案26件,处分干警40人。

【重要活动】 1月9日,中央纪委驻司法部纪检组长韩亨林等一行6人,先后到内蒙古呼和浩特女子劳教所、呼和浩特第一监狱、乌兰察布市四子王旗和呼和浩特市武川县司法局考察司法行政工作,并慰问基层司法行政民警和法律服务工作者。

【“10·17”重大事件】 10月17日,中午1时30分,呼和浩特第二监狱四名罪犯杀害民警兰建国后强行脱逃。案发后,自治区司法厅、公安厅、武警内蒙古总队调集大批警力,全力展开追捕。自治区领导接到案件报告后即刻做出批示,并亲临现场查看,做出具体工作部署。

10月19日,自治区领导连夜召开紧急会议,成立以政法委书记邢云、政府副主席连辑总负责,公安厅长赵黎平为组长的“10·17”案件侦破指挥部。

10月20日,上午8时10分,“10·17”案件四名逃犯在呼和浩特市和林格尔县城西7公里处被追捕人员发现,罪犯高博拒捕被当场击毙,另三名逃犯被捕获。

【荣誉】 12月12日,图牧吉劳教所、赤峰市劳教所被司法部命名为部级优秀劳动教养学校。12月14日,司法部追授兰建国同志全国司法行政系统一级英模。

(李朝辉)

监狱管理

【内蒙古自治区监狱管理局领导名录】

党委书记:徐呼和(蒙古族)

局　长:翟贵文

副局长:张志强 杜平安(蒙古族) 王化吉 王立军

政治部主任:杨建绥

【60年大庆安全保卫】 自治区监狱管理局对新中国成立60周年大庆期间的安全稳定工作高度重视,加强组织领导,制定工作方案,明确工作措施,认真督促检

查。全区监狱系统全警动员，全力以赴，广大民警忠于职守、无私奉献，全面落实各项安全保卫措施，全力维护监狱安全稳定，实现了“十个坚决防止发生”的工作目标。

【监狱场所管理】 全区监狱系统进一步完善维护监狱安全稳定的防控、排查、应急处置和领导责任机制，努力构建人防、物防、技防三道防线，积极推进“四防一体化”建设，加大督查力度，集中整治安全隐患，着力加强内部管理，认真履行职责，保持了监狱场所整体安全稳定。呼和浩特第二监狱“10·17”案件发生后，全区监狱系统认真贯彻落实司法部和自治区党委、政府的重要指示精神，紧急动员、快速行动，采取有力措施，深刻吸取案件教训，全面开展警示教育，立即启动监管安全隐患专项整治活动，对监狱安全稳定和执法工作存在的问题进行彻底综合排查整治，从根本上提高维护安全稳定的能力，在较短时间内扭转了被动局面。

【教育改造工作】 认真贯彻落实“首要标准”和全国监狱教育改造会议精神，推动监狱工作重心向教育改造工作转移。全面加强罪犯思想教育，正规系统地开展罪犯文化教育技术教育，不断增强个别教育的有效性和针对性，运用先进科学的教育手段，进一步完善罪犯心理咨询和心理矫治工作，加大了邪教“法轮功”罪犯教育转化攻坚力度，罪犯改好率达96%以上，教育改造质量有新的提高。

【执法工作】 进一步规范执法程序，完善刑罚执行制度，努力建立公正执法长效机制。制定《内蒙古自治区监狱执法工作规范》，规范执法程序，推进狱务公开，强化监督制约，认真贯彻落实自治区高级人民法院等四部门联合下发的《关于办理减刑案件的规定》和《关于办理假释案件的规定》，依法做好减刑、假释等工作。深入开展“规范执法行为、提高执法水平”专题教育实践活动，增强广大民警规范执法意识，监狱执法水平不断提高。

【监狱体制改革】 按照“全额保障、监企分开、收支分开、规范运行”的总体要求，稳步推进监狱体制改革。监狱经费保障水平进一步提高；工人参加基本养老保险基本完成；三所盟市监狱上划已顺利实施；监狱企业集团公司章程及人员分开、资产分开、财务分开方案和相关管理制度已经建立；监狱企业相关管理制度已经建立；监狱企业清产核资工作全部完成；监狱企业集团公司及其子公司正在筹划建立。

【监狱布局调整工作】 坚持“立足规划、突出重点、分步实施、有序推进”的原则，继续推进监狱布局调整工作。4个单位的续建项目已完成；5个单位的新开工项目已竣工；全区各押犯单位筹措资金，对监狱大门、门禁系统、围墙、电网、报警等设施抓紧进行改造完善；进一步加快监狱环境建设，全区监狱整体环境面貌有新的变化，监狱基础设施得到很大改善。

【监狱信息化建设】 制定《全区监狱系统信息化建设意见》，开发完成了会见管理与狱务公开软件，进一步完善罪犯管理系统软件；对人事基础信息系统数据库进行升级和完善。加快监控、报警、门禁系统建设，有些监狱的监控系统实现与计算机网络连接。有17个单位安装监控系统和触发式报警系统，14个单位实现了与驻狱武警部队联动报警，10所监狱安装电子门禁系统。

【民警队伍建设】 一是进一步加强思想政治工作。二是认真执行《党政领导干部选拔任用工作条例》，完善后备干部队伍管理体制，实行处级后备干部动态管理。三是制定下发《2008～2012年全区监狱系统大规模培训干部工作的实施意见》，加大民警教育培训力度。四是加强党风廉政建设。认真贯彻落实中纪委十七届三次全会精神，不断推动全区监狱系统党风廉政建设和反腐败工作深入开展。五是大力开展争先创优、立功创模活动。至2009年12月底，全区监狱系统受到省部级表彰的先进集体6个，先进个人12名；记个人三等功380名；受厅、局级和所在地政府表彰的先进集体57个，先进个人291名，形成学先进、赶先进的良好氛围。六是积极做好对外宣传工作，有831篇稿件发表在各级媒体上，不断扩大监狱工作的社会影响，展示监狱机关和监狱人民警察的良好形象。

（池军霆　色音那）

军　　事

中国人民解放军内蒙古军区

【领导名录】

司令员:郑传福(12 月离任)

政治委员:吴合春

副司令员:罗刚　海力斯(蒙古族)车华松

副政治委员:陈运火

参谋长:郧建华

政治部主任:李喜群(3 月离任)　杨俊兴(3 月任职)

后勤部长:张永田

装备部长:周　力

【概况】　2009 年,全区部队以科学发展观为指导,按照"固根本、抓中心、强素质、打基础、保稳定"的思路,科学统筹,凝神聚力,狠抓落实,圆满完成了以执勤训练为中心的各项任务,部队全面建设取得了新的发展和进步。深入开展学习实践科学发展观活动,党组织和干部队伍建设全面加强;紧紧扭住强边固防的核心任务,边防建设和执勤水平不断提高;以贯彻落实新大纲为重要抓手,战备训练的层次和质量大幅提升;坚持不懈地抓基层打基础,不断夯实部队建设发展的基础;始终保持从严治军的强劲态势,部队安全管理工作不断加强;认真贯彻全面建设现代后勤要求,综合保障能力进一步增强;持续推进"两成两力"建设,装备管理和保障工作扎实有效;积极适应形势任务需要,国防后备力量建设不断发展进步。

【思想政治建设】　坚持用中国特色社会主义理论体系武装官兵、推动工作。认真落实党委中心组学习制度,注重搞好专题化学习、课题式调研和对策性研讨;持续抓基层理论学习"六件事"和"八项工作"落实。深化主题教育,把大力培育当代革命军人核心价值观作为灵魂工程紧抓不放,坚持在"主题教育经常化"上下工夫、出成效,开展"颂党恩跟党走"、"学史明理"等活动,深化主题教育效果。总结推广"胡杨哨兵精神"、"樟子松精神"和"骆驼"精神,使广大官兵时时处处受到感染和熏陶。深化"四个教育"和"四边思想"教育,及时开展形势政策教育,广大官兵的军魂意识、宗旨意识、使命意识不断增强。

【党委班子和干部队伍建设】　认真学习贯彻军委 6 号文件精神,召开三级党委书记座谈会,深入研究贯彻民主集中制、加强作风建设问题,党委书记统班子、带队伍、谋发展的能力得到强化。普遍开展"廉洁从政、遵规守纪"教育,进一步促进了党风廉政建设。坚持把激发动力、提高能力、增强活力作为重要着眼,制定下发加强班子和干部队伍建设的具体措施。结合指导师团党委班子民主生活会,对师和建制团队班子进行考察帮带。深入开展"四学一强"活动,出台《以"四学一强"活动为牵引,大力提升干部队伍能力素质的意见》,组织干部进行岗位轮换,举办各级各类集训、培训。坚持实行平时素质考核、晋升综合考试的"双考"机制,制定下发《关于建立"双考"机制,提高干部素质的意见》,树立表彰优秀干部,极大地激发和调动广大干部自加压力、求知强能的内在动力。9 月召开军区加强干部队伍建设座谈会,总结交流经验、大力表彰先进、研究对策措施,较好地达到了统一思想、明确任务、激发干劲的目的,会议做法被北京军区政治部转发。

【战备训练】　狠抓战备训练工作落实,提升了部队遂行多样化军事任务的能力。围绕国庆安保进行应急技战术训练和战备拉动演练;对军区机关等 8 个单位军事斗争准备质量进行检验评估;顺利完成维和运输大队与给水分队的维和专业训练和出国维和;高标准完成黄河防凌、森林防火等抢险任务,受到上级和驻地群众一致好评。扎实开展使命课题训练,以"边境地区防卫作战"为课题,组织"北剑——2009"战役指挥演练,研究探索遂行多样化军事任务的内容、程序和方法。异地同步参加北京军区"铸盾——2009"战役指挥演习,训练成果多次受到北京军区高度评价。认真贯彻落实新大纲,训练预备期,组织全区团以上单位军事主官、训练主管和有关部门领导进行教学法集训,有效地规范了按新大纲施训的程序方法。7 月中旬,组织边防军事主官进行集训,3、7、11 月份,先后 3 次对全区军事训练和教练员等级评定情况进行检查考核,促进了按纲施训有效落实,部队基础训练质量明显提升。

组织全区广泛开展岗位技能比武竞赛活动，发现培养训练典型，做法被北京军区转发。全面改建军区本级综合训练场、新建综合训练库，完成一线连队的训练场地建设，受到总部、北京军区充分肯定。

【边防工作】 以确保"60 大庆"期间边境地区安全稳定为目标，各级坚持主动防范、积极管控，边防管控质量效益较往年明显提升。边境盟市军地领导开展"千里巡边"活动，进一步增强"大边防"意识。自治区边防委专门召开边境全线联合封控任务部署会议，组织全线封控行动，有效预防了恐怖、敌特分子的潜入潜出和不法分子的破坏活动。不断巩固大抓边防的强劲态势，军区党委先后 5 次召开会议，研究贯彻北京军区指示的办法措施，4 月份在边防某团召开"一线连队和哨点执勤训练规范化建设现场观摩会"，7 月份在全区"边防军事主官"集训期间，进一步系统规范边防执勤建设有关内容，重新修订《边防执勤规范》，制定下发《边防执勤情况处置指南》。进一步完善"一线封、二线堵、纵深查、联合抓"的控边手段，6 月份组织重点地段直升机巡逻，9 至 10 月份，实施军警民联合边境封控。深入推进军警民联防，首次建立"优秀边民奖励基金"，大张旗鼓表彰奖励"全区百名优秀边民"，年内组织民兵与边防连队联编联训 3 批次，大力加强边防基础设施建设，协调国家边防委投入经费，为执勤哨点建设防卫铁丝网，新建巡逻路，建设监控中心、监控站，边防基础设施建设和执勤手段实现历史性转型。

【安全稳定】 坚持把安全工作作为硬任务、硬责任、硬指标紧抓不放，部队正规化建设特别是安全稳定工作再上新台阶。作风纪律教育整顿深入扎实。隐患排查治理成效明显。通过严密组织"拉网式"排查，共梳理解决隐患和问题 5 大类 91 个，经验做法受到北京军区充分肯定；"百日安全评比竞赛活动"有声有色。依据活动明确的 5 个方面 20 项内容，狠抓教育整改、问题查纠、重点防范、验收评比四个阶段工作落实经验做法被转发；安全保密工作绩效显著。加强计算机网络的安全监控管理。建立健全网络安全防护、监测及运行机制，重点对"防范网络泄密十条禁令"落实情况进行检查督导，有力地促进信息安全保密工作的落实。建设配套存贮介质维修中心和销毁中心。进行基础设施改造，实现保密办公标准化、正规化，加强通信保密管理，加大对无线电通信的管理力度，教育值勤人员严格遵守通规通纪，值勤人员的安全保密意识明显增强。

【民兵预备役建设】 自治区政府与军区联合下发《关于认真做好年度民兵预备役部队组织整顿工作的通知》。各级按照"建在身边、抓在手中、用在关键"的原则，突出抓了应急力量、边防民兵和防空作战等重点分队建设，并带动了其它分队的组织落实。上半年军区各级领导带机关下基层时都对整组工作进行检查验收。7 月份，组织各军分区动员业务骨干和专武干部进行为期一周的集训，集中研究探索组织开展专武和动员工作的方法路子，有效地提高广大基层专武干部的业务理论素质和军事技能。8 月份，围绕提高预备役部队的"两个能力"，指导预备役某部完成 1 个营的实兵实装快速动员演练，以及预备役炮兵部队、高炮部队的连战术实弹射击，达到了促进训练、培养骨干、带动全局的目的。"十一"前夕，由军区统一组织，集中拉动检验预备役某部和呼和浩特警备区的应急值班分队，演练效果得到军区领导好评。组织全区武装工作大巡检，解决了大量长期制约全区民兵预备役工作发展的"瓶颈"问题。制定下发《全区基层人武部正规化建设标准》，重申《关于进一步加强人武部正规化建设的意见》，对人武系统日常秩序、管理教育、基础设施建设和软件资料进行规范。为使《加强民兵预备役部队训练基地建设意见》法规性文件更具针对性、操作性，在鄂尔多斯召开的自治区国动委第四次全会上提送审议，9 月份正式下发全区执行。指导赤峰、包头、阿拉善军分区抓新建民兵武器装备仓库的施工和配套设施建设。8 月份，利用 16 天时间，对所有军分区（预备役师）和部分人武部（预备役团）的民兵武器装备仓库正规化建设和安全管理情况进行了检查验收。许多人武部都与地方相关单位签订了装备征用协议，确保遇到情况能够立即出动。加强学生军训工作，全区军训院校共 336 所，其中，普通高等学校 36 所，高级中学 300 所。军训各类学生 26 万余人。军训合格率达 98% 以上。军区和驻区部队及武警部队积极派出帮训官兵，确保了学生军训任务的较好完成。

【国防动员】 以"平时服务、急时应急、战时应战"为目标，以动员能力建设为核心，国防动员整体建设水平有了新的提高。坚持党管武装制度，发挥政府主导职能。落实党委议军、第一书记述职、国动委例会、检查考评制度以及组织领导干部能力培训、过"军事日"和"走边关"活动。5 月份，自治区召开国动委第四次全体（扩大）会议，集中研究贯彻落实胡锦涛主席视察全区关于建设国防屏障重要指示和北京军区国动委第五次全会部署要求，自治区政府和军区联合出台《关于进一步加强新形势下国防动员建设的意见》、《关于加强民兵预备役部队训练基地建设的意见》、《关于推进人防事业发展实施的意见》、《关于加强全区边防公路建设管理工作的意见》等多个地方性政策法规,依法动员力度进一步加大,全区国防动员机制逐步完善。建设完成自治区民兵训练基地、防空应急指挥中心和交通战备"三室一库"规范化建设任务,整修全区民兵武器装备仓库,为5个军分区、60%的人武部和预备役某部新建办公楼,配套了指挥设施,民兵预备役部队战备、训练条件得到根本改善。加大结合城市基础建设修建人防工程力度,自治区人防重点城市人均防护面积比"十五"提高两个百分点。突出加大国防、边防公路的修建改造力度,"三横九纵十二出口"的交通战备网络基本形成,边境执勤控边条件大为改善,国防交通战备和边防通信保障能力明显增强。着眼辖区面临多元安全威胁和实际动员需求,着力加强以能力建设为核心的实质准备。完善动员方案,深化动员演练,加强边防民兵、应急维稳、人民防空和应急抢险等专业队伍建设。形成了一线支撑、二线依托、纵深支援的一体化应急防控力量体系。按照自治区国防动员潜力调查《实施办法》,会同政府有关部门,在全区范围进行了战争潜力调查和数据更新核实,尤其加强了科技信息人才、军民通用装备和各类战略物资的登记储备,定量定性分析实际动员潜能,较好地掌握动员资源潜力底数,初步建起《全区国防动员资源潜力数据库系统》,为制定动员预案和实施指挥提供决策依据。把国防教育纳入各级党委中心组学习、公务员素质考核、党校和大专院校选修课,认真抓以国防知识、国防法规、国家安全形势和爱国主义为重点的普及教育,推动国防教育进机关、进学校、进军营、进企业、进农牧社区。抓住建国60周年大庆有利时机,利用大众媒体、信息网络、文学艺术等形式深入开展了一系列以弘扬爱国主义为主题的大型活动,收到了较好的教育效果。在全区推广赤峰市《塞外兵歌》国防教育电视专题的做法,盘活自治区34个国防教育示范基地的管理使用,有效发挥了国防教育阵地功能。积极协调军地有关部门,解决国防教育组织机构、师资队伍问题;坚持国防教育讲师团在全区进行宣讲活动,为各盟市党政治机关和企事业单位播放宣讲课件达800余场次,积极营造全社会关心、支持和建设国防的良好氛围。通过《国防之窗》、《赫丽齐得》、《国防报》等传媒手段,宣传国防知识,进一步增强了全民的国防观念和国防意识。

【基层全面建设】 总部新的《军队基层建设纲要》下发后,军区起草下发学习贯彻新纲要、加强基层建设的意见,在全区部队广泛开展"学纲要、知纲要、用纲要"活动。并会同锡林郭勒军分区在边防某团抓学习贯彻新纲要试点。4月份,利用一周时间,以加强党支部"三个能力"建设为主题,组织全区建制营连教导员、指导员、副指导员,师团级单位政治部(处)主任和组织、宣传科(股)长进行网上集训。突出抓了"四个重点":一是突出帮主官。对建制连队特别是一线连队主官逐一摸底了解和全面考评,帮助他们提高自抓自建的能力。二是突出抓典型。总结宣扬了杭锦旗人武部、边防某团一连等先进事迹,边防某团一连践行当代革命军人核心价值观先进典型在9月份全军召开的基层建设工作会议上介绍了经验,并被表彰为基层建设先进单位。《解放军报》、《人民日报》头版头条报道了一连的先进事迹,军区专门下发了开展"赞一连、学一连"活动的《意见》。三是狠抓安全发展意识。认真开展"锤炼坚强党性、培育优良党风、模范遵守党纪"教育,大力开展"学三法、守三纪、正三风"活动,广泛开展严格政治纪律、严守军事秘密、依法文明带兵等6个专题法制教育。四是扎实开展以"五熟悉一到位"为主要内容的经常性的思想工作。指导全区政工干部开展"四会"政治教员等级评定。组织参加全军心理咨询师网上培训,对全区团以上部队政法委、纪委书记、委员、专兼职政法纪检干部和人武部、干休所有关领导进行集训,为基层开展安全预防工作和"五熟悉一到位"活动培训了骨干,做法被北京军区政治部转发。总结的针对边防部队特点抓经常性思想工作的做法,被总政以《政治工作情况》的形式单条报徐才厚副主席,增发各大军区级单位政工首长。认真做好文化工作。组织部队参加北京军区"战友杯"业余篮球赛、"军歌嘹亮颂祖国"歌咏活动、第十二届"多彩的军营"业余文艺会演三项活动。组织驻呼部队庆祝建国60周年歌咏活动,举办了全区第七届"草原杯"业余文艺比赛,两项活动规模大、组织严、反响好。庆祝建国60周年歌咏活动,首次整场在内蒙古电视台播放。结合营区改造,完善大院政治环境和文化氛围建设。为部队特别是非建制和小散远直单位申请调配上百万元的文体器材,更换270套新型村村通卫星接收设备,培训文化装备管理骨干,协调两级军区文工团下部队慰问演出130多场次,推动了基层文化活动的开展。

【双拥共建】 围绕贯彻胡锦涛主席建设北部边疆国防和生态屏障的重要指示,坚持军民融合式发展,不断丰富双拥活动的内容和形式,突出抓了"四个一"活动的开展。围绕服务大局,积极做好参建活动。动员组织民兵预备役人员参与平安建设、生态建设、西部开发、扶贫帮困、抢险救灾等急难险重任务。结合开展“西部大开发10周年”系列宣传活动，挖掘和宣传民兵预备役部队当中参加和支援西部大开发的先进典型。重点抓了对开展“四个一”活动、和鄂尔多斯军分区开展的试点经验及杭锦旗人武部“治沙”精神的宣扬。协助北京军区抓了商都义务植树基地建设，广泛开展了军地联手协作的“千亩林”、“万亩林”、“青年世纪林”生态建设。继续开展帮扶工作，全区团以上单位为141个帮扶村投入资金400万元，向145所帮扶学校资助经费162万元、贫困学生1 043名，受到自治区社会各界的一致好评。7月份，军委徐副主席视察时，对全区的参建援建工作给予充分肯定。给水工程某部和杭锦旗人武部被四总部表彰为参加和支援西部大开发工作先进单位。

【后勤保障】　着眼应对多种安全威胁和遂行多样化后勤保障任务的需要，大抓军事共同课目和专业训练。按照实案化要求，修订完善了战役筹划指挥和作战保障方案，进一步加强了后勤战备基础设施建设和应急战备演练。第四批维和运输分队抽组和强化训练扎实，顺利部署到位，受到北京军区检查组好评。

坚持以大项任务为牵引，强化各项后勤保障。财务工作认真贯彻军委2号文件和总部新颁发的三项财务法规，组织各级党委就依法理财、科学理财、民主理财和创建资源节约型军营等问题进行对照检查。与各直供单位签订《领导干部理财责任状》。对领导干部在健全党委议财制度、实行科学民主决策、优化财力资源配置、严格经费审批把关和强化财经监督检查等方面提出了具体的要求。召开2009年度军区党委常委议财会议，汇报2008年度军区本级经费执行情况，审定2009年度经费预算。5月，对全区直供单位党委理财情况进行了全面、细致的考评检查。经费保障突出了保战备、保生活、保重点，落实调整规范津贴补贴制度、运输分队执行出国维和任务、新大纲教学法集训、军事三项比武、全区按纲施训示范连队组训、全区现职参谋尖子集训、军区保密室建设和机要机房改建及重点工程建设、迎接军委和总部首长调研等重点大项任务等都得到了有力保障。认真履行审计职责使命，完成了对相关单位事业经费预算安排、预算执行情况、部分师团职领导干部经济责任、新营区建设和有关工程项目竣工结算的审计。军需物资油料工作重点量化保障任务、细化保障节点；落实战备器材、物资储备和油料战备储备任务；抓好战备训练，确保“一支队伍、两个编成”平战转换机制落到实处、运转顺畅。结合野外适应性训练，狠抓人装结合训练，充分发挥现有装备的保障效能，保障能力大幅度提高，圆满完成了国庆应急演练的供应保障任务。对油库的设备设施进行维修和改造，坚持面向边防执勤巡逻用油、面向部队训练演习用油、面向困难单位用油、面向重点任务用油，保证了全区部队年度各项工作任务的圆满完成。基建营房工作着重抓营房综合配套整治，对边防某团营区进行综合整治配套，改造及新建营房，完成边防某团搬迁新建营房全部工程。召开全区边防一线连队围墙建设电视电话会议，部署边防团队围墙建设任务，完成了边防团（队）营区围墙建设试点任务。指导边防某团、给水工程某部编制营区综合配套整治方案。抓军区机关新办公楼配套建设和乌兰察布军分区机关新建营房工程。狠抓住房专项清理和腾退工作，腾退率为99.4%，走在了全军前列。组织第二次军用土地调查，对全区287个座落进行了现地测量。以商都、杭锦旗植树活动为牵引，在全区组织部队官兵、民兵预备役人员开展大规模生态建设活动，完成生态绿地8.98万亩。医疗卫生工作坚持以“平时保健康，战时保打赢”为目标，认真抓了野战医疗队建设、卫生专业训练、医疗保健、卫生防病、药品器材和卫生装备的供应与管理，有效促进和提高了各级医疗卫生机构的卫勤保障水平。按照《北京军区部队卫勤保障能力综合评估实施方案》，紧紧围绕“快速反应、快速机动、快速展开、快速控局、快速保障”的能力要求，突出抓各级卫生机构应急卫勤分队建设。在全区团级卫生单位推广汽车某部卫勤分队示范演练课目，突出抓各级卫勤分队的分组训练和综合演练，进一步提高各级卫勤指挥员的任教水平和组训能力。积极开展卫生防病工作，受到了部队官兵的广泛好评。

【装备工作】　以《“两成两力”建设纲要》为依据，修订完成《边防部队“两成两力”建设整治配套标准》，坚持边整治、边配套，随时动用随时整治，保证武器装备的完好率、配套率。针对国庆之年安全形势严峻、装备应急保障任务重的特点，修订与部队行动方案相配套、与上级保障计划相衔接、与战时保障需求相适应的一体化装备保障方案及各种保障计划并结合训练、演习等时机组织装备保障方案的针对性演练。坚持落实装备管理责任制，严格经常性管理八项制度，狠抓装备经常性管理，规范战备、训练、管理、工作秩序。在全区基层部队开展以争创装备管理先进单位、争当技术能手为主要内容的“双争”活动，使经常性管理工作深入持久，取得良好效果。按照北京军区统一部署，指导边防某团完成装备科学化管理试点任务,努力实现装备管理由粗放型向精确型、数量规模型向质量效能型转变。组织指导部分边防、骑兵、汽车、给水部队更换新型装备并组织做好旧武器的封存和旧弹药的收缴工作。继续完善四级维修网络体系,加大维修质量监督和检查力度,规范维修管理,高标准完成了年度车辆大中修任务。积极协调上级维修力量,对全区装备进行巡修。下大力抓了装备队伍能力素质建设。通过组织装备管理干部集训、军械装备骨干培训及工程装备维修器材保管人员、防化装备器材保管人员等培训,有效提高了各级各类人员的业务素质。组织了专业技术兵职业技能鉴定。有效调动各级修理人员学习训练的积极性,促进装备保障训练的落实。

【自治区党委召开2009年议军会议】 1月5日,自治区党委召开议军会议。围绕深入学习实践科学发展观,着眼提高军区部队应对多种安全威胁,完成多样化军事任务能力这个主题,总结回顾了2008年全区部队建设和自治区党委议军会议精神落实情况,研究了2009年全区部队和后备力量建设的有关问题。自治区党委书记储波、自治区代主席巴特尔做了重要讲话,军区吴合春政委传达了中央军委扩大会议和北京军区党委扩大会议精神,郑传福司令员通报全区部队和后备力量建设主要工作情况和今后的工作任务。会议由自治区党委书记储波主持。自治区代主席巴特尔、自治区党委常委、政府分管领导和有关部委办厅局负责人,以及军区部门以上领导出席会议。

【内蒙古军区政委吴合春到鄂托克前旗人武部检查指导工作】 4月9日,内蒙古军区政委吴合春带军区工作组,到鄂前旗人武部检查指导工作。吴政委一行实地察看了人武部新建的"鄂托克前旗民兵生态林基地",现场听取了人武部关于打造"三园式"(公园、花园、游乐园)民兵生态林基地的规划构想和当前工作展开情况的汇报,旗委书记、人武部党委第一书记额尔敦仓介绍了人武部近年来用实际行动参建参治,为推动当地经济社会发展作出的积极贡献,尤其是在生态建设方面给予高度赞赏,同时表示将继续对当前人武部建设精品林基地遇到的困难给予大力支持。吴政委一行还检查了人武部正规化建设情况,对鄂前旗民兵防火分队、防化分队、敖镇民兵应急排进行了拉动,工作组对人武部正规化建设和民兵应急力量的快速反应给予肯定。军区吴政委指出,鄂前旗人武部立足偏远地区实际,在分区党委的正确领导和地方党委政府的大支持下,人武部全面建设得到长足进步,并就人武部下步建设提出了希望和要求。

【军区组织副师正团职领导干部理论集训】 6月10日至15日,全区副师正团职领导干部理论集训在教导大队举行。这次理论集训,紧紧围绕深入贯彻落实胡锦涛主席重要指示精神,推动部队建设科学发展这一主题,具体安排大力加强新形势下部队思想政治建设、努力提高部队履行使命任务的能力、推动部队建设安全发展、加强领导干部思想作风建设四个专题,采取课题调研、专题学习、对策研讨的方式实施。

【内蒙古军区召开党委书记座谈会】 6月16日至17日,内蒙古军区党委书记座谈会召开。军区党委常委、机关处以上领导、各师级单位党委书记和军区师团领导干部理论集训班全体参训人员共260多人参加了座谈会。与会人员先后观看了国防大学政工教研室副主任刘星星教授《深入贯彻落实民主集中制》的辅导录像,组织学习了《毛泽东、江泽民、胡锦涛关于民主集中制论述选编》、《民主集中制读本》。会议期间,呼伦贝尔、包头、鄂尔多斯军分区和边防巡逻艇某部党委从不同侧面介绍了加强党委班子建设的经验做法,就如何提高贯彻落实民主集中制等问题进行了研讨交流发言。军区政委吴合春、司令员郑传福围绕"坚持把贯彻民主集中制作为永恒课题,努力建设坚强有力奋发有为的党委班子"、"深入贯彻中央军委6号文件精神,以扎实的作风抓好年度工作任务落实"作了重要讲话。

【中央政治局委员 军委副主席徐才厚到内蒙古军区调研】 7月13日至15日,中共中央政治局委员、中央军委副主席徐才厚深入内蒙古军区调研。先后视察内蒙古军区鄂尔多斯军分区、杭锦旗人武部生态建设基地、给水工程团和大青山义务植树基地,听取内蒙古军区及所到单位情况汇报。徐才厚对军区部队开展深入学习实践科学发展观活动、参加和支援西部大开发等工作给予了充分肯定。徐才厚强调,要坚决贯彻胡锦涛和中央军委的决策指示,持续有力地抓好学习实践科学发展观活动这件大事,深入推进参加和支援西部大开发工作,圆满完成党和人民赋予的各项任务。军队参加和支援西部大开发是党中央、中央军委着眼经济社会发展全局作出的重大战略决策,是践行我军宗旨、有效履行使命的必然要求,也是部队深入学习实践科学发展观的具体体现。胡锦涛对这项工作非常重视,专门作出重要批示,这对我们做好参加和支援西部大开发工作是个巨大鼓舞和激励,也为我们进一步指明了方向。各部队要继续发扬成绩,不断创造经验,注重向地方党委、政府和广大人民群众学习,从群众中汲取营养，为西部大开发作出更大贡献。总政治部副主任贾廷安，北京军区房峰辉司令员、符廷贵政委，政治部主任董万才，内蒙古军区司令员郑传福、政委吴合春等陪同调研。

【内蒙古军区第四批赴利比里亚维和运输大队官兵出征】 8月16日，内蒙古军区第四批赴利比里亚维和运输大队出征誓师大会汽车某团举行。自治区党委常委、政法委书记邢云，军区司令员郑传福出席大会并讲话。邢云在讲话中希望执行维和任务的全体官兵切实强化宗旨意识、军魂意识、使命意识和爱国意识，时刻牢记党和人民的重托，大力发扬人民军队的光荣传统，以中华儿女与人为善的良好品行向利比里亚政府和人民传递和平友好的心声，以全体官兵过硬的作风向国际社会展示我军威武之师、文明之师、和平之师的良好形象，以实际行动赢得世界各国人民的赞誉。郑司令员在讲话中要求维和官兵要牢记嘱托，不辱使命，以更高的标准和更严的要求，圆满完成维和任务，为军区部队再立新功。当晚，在呼和浩特车站举行出征仪式后，第一梯队120名官兵踏上征程。自治区党委常委、政法委书记邢云，军区司令员郑传福、副司令员车华松、副政委陈运火、参谋长郧建华、后勤部长张永田、装备部长周力等领导到车站为官兵们送行。

8月20日，内蒙古军区第三批赴利比里亚维和运输大队第一梯队官兵凯旋。军区政委吴合春、副政委陈运火等领导到火车站迎接。吴政委发表讲话，指出，这批维和官兵以实际行动践行了当代革命军人核心价值观，以实际行动展示了我军威武之师、胜利之师的良好形象，以实际行动为部队赢得了荣誉，希望维和官兵们把维和中积累的经验和形成的良好精神风貌应用到部队建设中，再创新成绩，再立新功。

【内蒙古军区司令员郑传福率代表团出访俄联邦安全局西伯利亚边防区域局】 经总参谋部和北京军区批准，应俄联邦安全总局西伯利亚边防区域局局长古里罗夫中将的邀请，9月14日至19日，内蒙古军区司令员郑传福少将率代表团对俄西伯利亚边防区域局进行了工作访问。双方就进一步加强边境管理和开展边防交往合作进行坦率、友好、务实的工作会谈，并签署《会谈纪要》和《2010年边防合作计划》，共同表彰了中俄优秀边防军人代表。通过访问，进一步阐明中国“与邻为善，以邻为伴”的外交理念，宣传了国家政治、经济、军事等方面的发展形势，达到了增进了解、扩大共识、拓展合作的预期目的。

【全区贯彻落实国防动员建设“十一五”规划情况检查】 12月1日至3日，北京军区国防动员联合检查组一行11人，在军区国动委综合办阎众先主任的带领下，对自治区贯彻落实国防动员建设“十一五”规划情况进行检查。其间，检查组分别对自治区、包头和鄂尔多斯市、昆都仑区和伊金霍洛旗三级国防动员工作进行了检查和调研，并抽查了预备役某部。受检单位高度重视、认真准备，专题进行了汇报，检查组对全区国防动员工作给予了充分肯定。

【自治区党委书记胡春华走访军区】 12月1日，内蒙古自治区党委书记胡春华和自治区主席巴特尔、自治区政协主席陈光林到内蒙古军区走访。胡春华在听取军区领导情况介绍后指出：内蒙古是祖国北疆重要的安全稳定屏障，是首都北京的护城河。加强国防建设、维护社会稳定、确保边疆安宁，是军地双方的共同责任。驻区部队一定要按照党中央和中央军委的指示要求，进一步加强部队全面建设，努力提高遂行多样化任务的能力，积极支持参与地方建设。地方党委、政府要全力支持国防和军队建设，不断巩固和发展全区军政团结、军民团结的大好局面。

（闫世明　黄述凡　马玉秀　高宇）

中国人民武装警察部队内蒙古总队

【领导名录】

总队长：张国兴

第一政治委员：赵黎平（自治区政府主席助理、公安厅厅长兼）

政治委员：张如平

副总队长：莫德勒图（蒙古族）　卢穗秋　祁殿喜（蒙古族）

副政治委员：张　旭

参谋长：范武茂

政治部主任：贺海涛

后勤部部长：王东海

【概况】 中国人民武装警察部队内蒙古自治区总队（简称武警内蒙古总队）1983年1月重新组建，1999年1月由正师级调整为副军级。

【党委班子建设】 总队认真落实党委中心组学习制度，严密组织参加武警总部季度网上理论集训，6次进行网上理论研讨交流，各级理性思维层次明显提升。总队、支队两级党委专门进行民主集中制学习培训，认真开展对少数班子“考帮建”,提高依法科学民主决策能力。结合学习实践科学发展观活动,建立完善《党委重大决策调研论证实施规则》等16项规章制度,各项制度更加健全完善。大力倡导抓工作落实严、细、实作风,专门组织“提高工作标准”大讨论,总队常委4次带队深入部队蹲点调研,形成52份调研报告。全年投资6 000多万元用于解决基层实际困难,筹集专项经费为部分大、中队解决饮用水不达标和营房维修改造问题。加强对团级以上党员干部教育管理,作出《加强机关部队风气建设的决定》,扎实开展“加强党性修养、振奋革命精神”集中教育。各级党委自身建设成效显著,统领部队的能力明显提升。

【思想政治工作】 深入开展当代革命军人核心价值观主题教育,率先在呼和浩特市、阿拉善盟支队进行试点,之后全面推广,使核心价值观扎根广大官兵思想,自觉践行。广泛开展中国特色社会主义理论普及教育,着重解决“小战士学好大理论”问题,广大官兵对建设中国特色社会主义信念更加坚定。总队党委机关作为全军第一批次学习实践科学发展观教育单位,率先展开学习教育活动,边学边改,学改结合,有效解决6大类24个问题,重点为基层办了“八件实事”(解决好团以下干部住房、基层干部的实际生活难题、伤病残滞留部队问题和少数单位重病号医疗费补助问题、战士衣柜不适用的问题、战士上哨冬冷夏热的问题、个别基层单位取暖及吃水难、少数单位就医难、基层干部骨干队伍建设的有关问题),群众满意率达98%。各级紧紧围绕中心任务,扎实推进经常性基础性政治工作,充分发挥政治工作服务保证作用。总队、支队指导基层干部大练基本功,切实提高基层干部从思想政治上掌控部队、带领官兵完成使命任务、预防事故案件、依靠组织开展工作、抓好经常性工作落实、协调各方面关系等方面的能力,两级机关办培训班62个,培训干部骨干1 100多人。总队及所属部队下大力规范以核心价值观为主的政治文化环境建设,70%的基层中队建起网络学习室,总队开办警营电视台的做法受到军委徐才厚副主席表扬,月课教育、政工例会培训、“研究士兵”等做法得到武警总部肯定和推广。

【完成中心任务】 始终坚持以执勤和处置突发事件为中心,全力做好经常性执勤工作,积极推进人防、物防、技防、联防“四防一体化”建设。深入排查整改隐患,各级勤务值班室基本实现“一屏多点”显示终端,所有执勤中队建起备勤室。年内,全总队固定执勤实现万无一失,保持连续6年无执勤事故。及时完善反恐防袭方案预案,建立健全四个层次反恐力量布局,投资购置反恐器材装备一线部队。在锡林郭勒盟、包头市、第三支队进行边境部队和营门哨兵反恐防袭工作试点观摩,强化部队反恐防袭实战能力。全年执行各类临时勤务457起,参加首府“冬季风暴”行动21次,尤其是协助公安机关完成“5·16”秘捕跨国走私枪支团伙、“6·16猎虎”抓赌和“10·17”、“11·26”两次重大追逃战斗,赢得广泛赞誉。进一步加强信息化建设,进行3级网升级改造,完成装备车辆GPS终端及管理系统建设,60%的哨位更换彩色摄像头,基层部队兵器室全部安装联管联控系统,支队级单位值班室普遍进行信息化改造,部队的信息化建设迈上新台阶。

【强化军事训练】 总队把2009年作为大抓军事训练之年,先后组织反恐建设调研、新兵训练、部队经常性训练、两级司令部及参谋业务集训、教练员集训、特种专业分队训练、专勤专训专哨专训、呼包部队反恐综合演练、参加国家和武警部队演习,共十项大的练兵活动。其中,两级司令部及参谋业务集训历时26天,学、考、演相结合,成效显著;分三批组织全总队教练员进行新大纲集训,有效提高干部骨干的组训能力;严密组织特种专业分队反恐训练成果汇报表演、狙击手集训和特勤分队干部骨干反恐集训活动,培养一大批反恐专业骨干。针对国家反恐形势变化,总队及时组织呼包地区兵力,进行较大规模反恐综合演练;6月、8月,围绕国庆安保,总队动用重兵,分别参加国家和武警部队组织的处突反恐演习,圆满完成“联指”赋予的各项任务,进一步增强了部队的实战能力。

【部队管理教育】 认真贯彻武警部队管理教育会议精神,组织网上集训,制定《内蒙古总队正规化建设三年规划》。以建国60周年大庆为契机,深入开展“条令学习月”和“迎大庆、树形象、保安全”活动,总队、支队分别派出工作组深入基层中队蹲点指导,确保部队安全稳定。协调地方建立落实武警违章车辆抄告和打击假冒武警车辆制度。深化《人民武装警察法》(以下简称《武警法》)学习贯彻,总队与自治区公安厅联合召开传达宣讲和部署会议,全总队迅速掀起学习、贯彻、落实《武警法》热潮,《武警法》成为官兵践行的规范,有效提高依法履行职能使命的能力。

【加强基层建设】 狠抓新《军队基层建设纲要》(以下简称《纲要》)学习贯彻,组织参加武警部队网上《纲要》培训,对基层主官普遍培训一遍,有效提高“按纲抓建”能力。组织4批联合工作组、蹲点抓基层80多天,对多年未跨入先进行列的支队、中队和执勤、训练、文体、生活设施配套率(以下简称“四配套”)不达标的中队以及小、散、远、直单位进行重点帮建,使连续5年以上未进入先进的1个支队和13个中队跨入先进行列。组织部队深入开展抓好“经常性思想工作、经常性管理工作、经常性执勤工作”活动,支队级单位坚持对“三项经常性工作”每月、对基层干部履行职责每季进行讲评,下大力纠正抓“三项经常性工作”观念弱化、标准意识差、作风不扎实等问题。坚持大力抓典型,在呼伦贝尔市支队召开基层建设经验交流会,9名典型作经验介绍,集中宣扬表彰30名先进典型,对加强基层建设起到示范引路作用。

【深化后勤保障】 及时完善后勤保障应急预案,健全机构,组织拉动演练。提高总队战备物资代储标准,对战备保障区储备物资进行量化充实。在第三支队召开遂行多样化任务后勤应急保障试点观摩会,统一规范综合保障标准。投入资金加大营房新建改建力度,集中补助大、中队完成新建搬迁和维修,部队“四配套”率达到98.2%。严格业务、专项、标准、预算外经费和险点部位管理,制定落实办法,提高经费、资产等保障效益。加强审计监督,预算执行审计覆盖面达100%。总结推广伙食管理试点经验,进一步提高生活质量。加大甲型H1N1流感防控力度,认真做好经常性预防疾病工作,旗县中队实现就地医疗,有效保证官兵身体健康。积极推进后勤社会化改革,实现水电社会化保障,有条件的营区全部并入当地热力网。

总队连续9年被武警总部评为机要工作先进单位;侦察情报和训练基地工作受到武警总部表彰;总队被武警总部表彰为离退休干部移交、史志工作先进单位,被自治区表彰为转业干部安置、“博爱一日捐”、实施“春蕾计划”、综治工作先进单位;双拥共建和支援西部大开发工作受到中央军委副主席徐才厚表扬。全总队在省以上媒体刊发新闻稿件2 753篇;3件文艺作品分别获全军创作二等奖和自治区“五个一工程”奖。

【中央军委副主席徐才厚视察】 7月14日,中共中央政治局委员、中央军委副主席徐才厚一行32人莅临总队视察调研。徐才厚听取总队党委关于深入开展第二批学习实践科学发展观、参加和支援西部大开发工作汇报后,对总队全面建设、班子建设、工作任务完成情况给予高度评价。视察调研期间,徐才厚还参观警营电视台,接见总队机关干部、驻呼部队主官、警种部队主官、第十届“中国武警十大忠诚卫士”王跃新,并合影留念。总政治部副主任贾廷安,北京军区司令员房峰辉、政委符廷贵,武警部队副政委崔景龙等有关领导陪同视察。

【协助公安机关抓捕犯罪嫌疑人】 5月16日,呼伦贝尔市支队出动特战小分队,携带武器装备赴满洲里市,执行秘密抓捕跨国走私枪支团伙犯罪嫌疑人任务。经过13小时的封控、堵截和突击抓捕,抓获涉嫌贩卖枪支重大犯罪嫌疑人1人,缴获“77”式手枪1支,子弹11发,制式左轮手枪1支,子弹5发。

6月16日,总队出动部分兵力,行程260余公里,经过14小时连续作战,在清水河县喇嘛湾镇,成功抓获黑恶势力团伙主要成员6名,抓获涉毒、涉黄及参赌人员55名,收缴毒资、赌金近100余万元,车辆18台、毒品200余克。

在“10·17”杀害狱警案发生后,内蒙古总队总队长张国兴、政委张如平、参谋长范武茂在第一时间率领总队“前指”赶赴现场,作战勤务处处长王小平带领3名战士,呼和浩特市支队支队长参加追捕工作并擒获罪犯。

“11·26”发生后,呼和浩特市清水河县宏河镇二十号村发生一起特大凶杀案。总队立即组成以参谋长范武茂为组长的“前指”,带领三支队、呼和浩特市支队和警犬基地部分兵力及警犬,全副武装投入追捕战斗。参战官兵协同公安机关对案发地周围120平方公里范围内的2县、5乡、82个自然村进行三次地毯式拉网搜索。28日10时13分,搜索部队在和林县羊群沟一废弃窑洞发现犯罪嫌疑人尸体。

【抢险救灾】 3月19日,黄河杭锦旗奎素段因凌汛发生溃堤。鄂尔多斯市支队245名官兵艰苦鏖战6昼夜,抢运各类救灾物资150余吨,装填沙袋53 000多条,投放沙石料12 000余立方米,加固封堵堤坝6 300延长米,紧急疏散11个自然村群众10 241人,转移学生和儿童320余人,营救群众24人,为灾民搭建帐篷147顶,圆满完成抢险救灾任务。

【召开“三共”活动座谈会】 2月19日,总队与自治区司法厅联合召开“共建、共管、共保安全”活动座谈会。自治区司法厅厅长徐呼和,副厅长、监狱管理局局长翟贵文、副厅长王健,总队长张国兴、政治委员张如平、副总队长祁殿喜、参谋长范武茂出席会议并讲话;监狱管理局和总队有关人员参加座谈会。与会人员认真总结“三共”活动经验,分析研究看押形势,查找突出问题,制定有效对策。

【蒙古国内卫军代表团参观访问总队】 10月13日至17日,以蒙古国805部队部队长朝格特巴特尔上校为团长的蒙内卫部队军官代表团一行16人在总队参观访问。总队长张国兴少将会见代表团团长及部分成员,参谋长范武茂大校与蒙方进行军事会谈和业务交流。代表团一行参观总队作战指挥中心、警营电视台、呼和浩特指挥学院,观摩军事训练成果演示;在二连浩特市中队现场观摩营门哨兵反恐防袭演示。此次外事活动圆满顺利,双方增进友谊,加强交流,推动中蒙内卫部队间友好合作关系发展,充分展示总队建设成就和武警部队良好形象。

【召开基层建设经验交流会】 7月21日至23日,总队在呼伦贝尔市支队召开基层建设经验交流会。总队部门以上领导、机关处长及各支队级单位主官63人参加会议。会议学习贯彻武警部队基层建设座谈会精神和中央军委副主席徐才厚、武警部队司令员吴双战、副政委崔景龙在总队检查调研期间所作重要指示,研究部署抓基层、建基层的各项任务。会上,3个支队、2个大队和4个中队分别作经验交流发言。还通报表彰30名个人先进典型,并作出《关于向先进典型学习的决定》;组织观看基层经常性基础性政治工作规范教学片和政治教育演示片,观摩呼伦贝尔市支队鄂温克旗中队基层正规化管理和经常性基础性政治工作、十中队战备建设和后勤正规化管理情况。

(何溢春 刘树伟)

中国人民武装警察部队内蒙古自治区森林总队

【领导名录】

总队长:张忠国(大校)

第一政治委员 党委第一书记:郭启俊

党委第二书记:高锡林(蒙古族)

政治委员:张维国(大校)

副总队长:贾宝世(大校) 马国兵(大校)

韩亚民(大校 1月任职)

朱宁力(上校 12月任职)

副政治委员:哈斯(大校 蒙古族)

参谋长:陶 谦(大校)

政治部主任:王 和(大校)

后勤部长:姜德明(上校)

【概况】 中国人民武装警察部队内蒙古自治区森林总队(简称武警内蒙古森林总队),正师级。1952年成立,1987年8月起列入武警序列,全部实行现役制。1999年2月,调整领导管理体制,隶属武警森林指挥部领导管理。下辖大兴安岭、赤峰市、通辽市、呼伦贝尔市、兴安盟和锡林郭勒盟6个支队。总队机关驻呼和浩特市赛罕区展东路33号。

【思想政治建设】 坚持把深入学习实践科学发展观活动作为重大政治任务,层层搞好思想发动,扎实开展调查研究,建立健全各项制度,突出解决实际问题,总队、支队两级共形成43份调研报告,解决105个具体问题,取得实实在在成果。注重运用第二批成功经验,及时搞好跟进指导,第三批学习实践活动按计划有力有序有效推进。扎实开展主题教育和形势任务教育,突出当代革命军人核心价值观培育,积极创新思想政治工作内容、方法和手段,抓好主题教育先行试点,组织网上授课集训,开辟网上教育专栏,规范警营政治环境建设,广大官兵听党指挥、忠于使命的思想基础更加牢固。认真贯彻森林部队经常性基础性政治工作座谈会精神,经常性思想政治工作质量明显提升。重视警营文化建设,组建特色文化队伍,举办网上文艺调演、廉政书画展等系列活动,丰富官兵业余文化生活。大兴安岭支队被表彰为全军群众体育先进单位。深入开展心理疏导和法律服务到基层活动,有效解决影响部队内部和谐稳定矛盾和问题。广泛参与扶贫帮困、公益捐助、生态建设,共捐款22.28万元,投入扶贫资金32.4万元,捐建1座春苗图书室,树立部队良好形象。各级高度重视,积极协调,老干部移交工作取得突破性进展。

【执勤灭火任务】 紧紧围绕"四精"要求,全面贯彻云南军事工作集训精神,严格落实战备执勤制度,深化军事理论研究,及时召开两防动员会、第七次中心工作会议,逐级向下加强指挥力量,周密组织灭火行动,牢牢把握中心工作主动权。按照"四个贴近"原则,大力开展进山入林和野外模拟化训练,先后举办军事骨干集训和报务员、驾驶员、应急通信保障培训,部队专业训练水平明显提升。加大装备和重点林区通信网建设,购置卫星电话、细水雾灭火器等装备,为完成中心任务提供有力保障。全年防火执勤56次,出动兵力4 023人次;执行武警勤务17次,出动兵力1 082人次;扑救森林草原火灾80起,动用兵力9 940人次。特别是在"5·2"南沟、"5·21"阻截蒙古国越境火、跨区增援黑龙江伊春等战斗中,各级领导靠前指挥、果断处置,参战官兵英勇顽强、连续奋战,在多火场同时作战情况下,圆满完成任务,受到各级充分肯定与褒奖。

【正规化建设】 深入贯彻吉林军事工作集训精神,狠抓作风纪律和正规化建设,持续开展"条令学习月"和

"爱装管装教育周"活动,部队四个秩序日趋正规。精心组织补选退、伤病残士兵移交安置等阶段性重点工作,积极配合指挥部抓好深化士官制度改革试点,进一步理顺总队直属单位管理体制,部队正规化建设基础更加牢固。认真贯彻武警部队安全工作讲评会精神,大力加强遂行重大任务中部队管理,突出10个方面重大安全问题防范,加强营区警戒,完善防袭击措施,组织应急反应训练,安全管理工作针对性和实效性进一步增强。加大特殊时期和敏感时段管理力度,深入开展安全隐患排查治理、作风纪律专项整顿和"五个过一遍"活动,国庆期间两级机关派出43个工作组,深入一线蹲点督导,确保部队安全稳定。

【部队基层建设】 坚持把握特点、分类指导、重点帮建,狠抓八项经常性工作落实,部队建设基础得到巩固。扎实开展新《纲要》学习培训活动,举办基层党委(支部)书记培训班,逐级制定党委机关按纲指导、基层按纲抓建计划,推动基层步入科学发展轨道。指挥部转发总队新《纲要》培训做法。科学规范并抓好党组织生活制度落实,在充分调研论证基础上,制定下发《关于规范基层组织机构设置等有关问题的意见》,进一步规范基层建设秩序。广泛开展"深知兵、真爱兵"活动,密切部队内部关系。认真落实考察帮建制度,推动基层建设全面发展和整体提高。大兴安岭支队、通辽市支队被指挥部表彰为基层建设先进支队。

【规范化管理】 积极适应任务需要,修订完善保障预案,科学储备战备物资,先后投入专项经费644万元,为部队完成重大任务提供有力保障。狠抓规范化管理,研究制定4大类6项管理规定,抓卫勤战伤救护训练演练和农副业生产试点,进一步规范后勤建设秩序。认真执行各类经费供应标准,推行部门预算基础数据库管理,加大审计监督力度,实行银行卡结算,共落实标准经费2.86亿元,审计金额1.5亿元,有效防范经济风险。注重后勤专业训练,组织开展灭火作战应急保障指挥网上演练和各类专业培训,提高后勤队伍整体素质。大力加强基础设施建设,新建营房25 806平方米,绿化营区面积23 459平方米,自筹资金4 500余万元用于解决基层实际困难,官兵生活条件明显改善。扎实搞好不合理住房清理工作,完成住房清理任务。高度重视甲型H1N1流感防控工作,确保部队无疫情传入。

【武警部队司令员吴双战视察】 5月9日,武警部队司令员吴双战在内蒙古森林总队总队长张忠国、兴安盟森林支队支队长邵炳良及有关人员陪同下,专程赶往2003年"5·21"白狼特大森林火灾火烧迹地现场勘查灾后生态恢复情况。司令员对生态建设,尤其是遭受火灾破坏森林系统灾后生态恢复情况非常关注,在详细勘查之后,对森林部队历史使命、职能任务、地位作用和发展方向作重要指示,并询问森林部队对5月2日总部首长机关交班会七条指示贯彻落实情况。最后强调指出:森林部队要充分认清当前所面临机遇和挑战,牢记神圣使命,理清发展思路,加强能力建设,圆满完成中心任务,为生态文明建设做出新的更大贡献。

5月9日,吴双战司令员到兴安盟森林支队阿尔山中队视察工作。司令员一行首先与官兵合影留念,随后来到勤务值班室、官兵宿舍和装备库室视察。视察过程中,司令员详细了解部队战备、训练、学习和生活情况,对部队近年来所取得显著成绩给予充分肯定,向长期坚守在防扑火第一线基层官兵表示亲切慰问。同时要求广大官兵坚决贯彻上级指示精神,继续加强部队正规化建设,立足本职,扎实工作,用实际行动践行当代革命军人核心价值观,高标准实现"两个确保"目标。

5月10日上午,武警部队司令员吴双战到内蒙古森林总队锡林郭勒盟支队视察工作。期间,先后视察东乌旗满都中队和西乌旗大队。视察过程中,吴双战司令员与列队迎接大(中)队官兵亲切握手、合影留念,并详细了解部队战备、训练、学习和生活情况,对部队近年来所取得显著成绩给予充分肯定,向长期坚守在防扑火第一线基层官兵表示亲切慰问。

【张忠国总队长做客新华网内蒙古频道】 4月10日,武警内蒙古森林总队总队长张忠国做客新华网内蒙古频道,就森林草原防火接受新华社记者张云龙专访,并与网友互动交流。

【内蒙古总队党委一届十一次全体(扩大)会议在呼召开】 2009年1月15日至16日,武警内蒙古自治区森林总队党委一届十一次全体(扩大)会议在呼和浩特市召开。总队党委第一书记、第一政委、自治区副主席郭启俊亲临会议并作重要讲话。自治区人民政府副秘书长于清理、总队党委第二书记、自治区林业厅厅长高锡林及总队党委委员参加会议,各支队部门领导和组织股长(干事)、总队司令部和后勤部直属单位主要负责同志、总队机关科以上干部(含技术九级)共57人列席会议。会议认真传达总部党委一届六次全体(扩大)会议和指挥部党委一届十二次全体会议精神。总队党委副书记、总队长张忠国代表总队党委常委会向全委会作题为《牢固确立科学发展观的指导地位,在新的起点上推进部队建设又好又快发展》工作报告。总队党委书记、政治委员张维国代表总队党委作题为《更加坚定自觉地贯彻落实科学发展观,努力实现部队建设全面发展全面过硬》重要讲话。总队纪委书记、副政委哈斯代表总队纪委作工作报告,后勤部长姜德明向全委会报告总队2008年预算执行情况和2009年预算安排草案。司、政、后三个部门分别召开业务会,全面部署总队2009年度军事、政治、后勤工作。

【武警内蒙古森林总队召开第二次党代表大会】 2009年6月15日至18日,中国共产党武警内蒙古自治区森林总队第二次代表大会于在呼和浩特市召开。内蒙古自治区人民政府副主席、总队兼职第一政治委员郭启俊出席会议并作重要讲话,张维国政委代表总队第一届党委作工作报告,哈斯副政委代表总队纪委作工作报告,张忠国总队长致开幕词,来自总队机关和部队166名代表出席会议。大会以邓小平理论和“三个代表”重要思想为指导,深入学习实践科学发展观,认真贯彻民主集中制原则,审议通过总队第一届党委报告和纪委工作报告,选举产生中国共产党武警内蒙古自治区森林总队第二届委员会、纪律检查委员会和出席指挥部第二次党代表大会代表。

(赵厚成)

内蒙古公安消防总队

【领导名录】

总队长:王秋彧

政　委:张　剑

副总队长:田力生　葛相君　刘凤鸣

副政委:刘海涛

司令部参谋长:许建民

政治部主任:崔慧才

后勤部长:姜海涛(蒙古族)

防火部长:华金铭

【火灾概况】 2009年,全区共发生火灾9 326起,死亡36人,受伤9人,直接财产损失5 448.5万元。与上年相比,起数上升20.1%,死亡、受伤人数和直接财产损失分别下降23.4%、50%和19.5%。其中,较大火灾2起,死亡6人,无受伤人员,直接财产损失72 127元,与上年相比,起数、亡人、伤人、损失分别下降33.3%、53.8%、100%、98.0%;全区未发生重大、特别重大火灾。

【消防责任制】 自治区政府推动各地认真贯彻落实《自治区“十一五”消防事业发展规划》,并制定出台《消防安全责任制管理规定》,明确各级政府和有关部门在消防宣传、消防规划、应急救援等方面的责任。各盟市、旗县党委、政府千方百计增加消防经费,支持消防工作,推动消防工作和部队建设。全区新增消防站24个、公共消火栓1 345个,消防基础设施建设进一步加快。2009年,自治区党委、政府出台消防工作文件44份,召开会议37次;自治区领导批示37件,检查慰问229次;各盟市党委、政府出台文件216份,领导检查、慰问312次。

【执法监督】 深入开展“大走访”爱民实践活动和“阳光执法”活动,为重点项目设置“消防绿色通道”,提供优质、高效的服务。2009年,全区共开展火灾隐患专项整治22次,检查单位2.2万家,发现整改隐患2.3万处,在打击消防违法行为中罚款3 098万元、拘留269人次、责令“三停”1 127家,各项执法数据在上年基础上分别增长24%、61%、69%。

【社会宣传】 总队提请自治区政府印发《全民消防常识纲要》,创新消防安全常识宣传机制、内容和形式。紧紧围绕宣贯新《中华人民共和国消防法》,以消防宣传“六进”为载体,开展企业消防知识竞赛活动,加强人员密集场所、“五供”企业等单位宣传教育培训。继续完善《生活119》、《纵横119》、《连线119》、《直播119》、《安睦隆119》、《平安119》等媒体宣传“六朵金花”,积极推行新闻快速反应、宣传应急预案、签约记者制度等“三大制度”,大力培养精品活动、媒体原创、影视宣传、固定宣传等“四个品牌”,成功组织“消防安全高校行”等主题活动,推出农村牧区消防工作影视剧三部曲,开展“消防扫盲”活动,群众消防安全意识和自防自救能力明显提高。锡盟农牧区消防培训教育基地充分发挥特色教育培训优势,获评“全国消防科普教育基地”。2009年,全区共举办大型消防宣传活动297次,设置固定宣传栏目131个,发送消防短信、悬挂防标语、发放资料383万余条(份),培训人员88万余人,刊播稿件1万余篇(条)。

【训练执勤】 总队将打造消防铁军作为强警之基,组建灭火救援攻坚组,出台《关于进一步加强战训工作的决定》,举行蒙晋跨区域联合灭火实战演习,召开全区消防部队信息化建设现场会,推广应用了乌海消防信息化建设成果。总队两次在全国会议上介绍了加强战训工作和应急救援建设的经验做法,总队司令部还被评为全国消防部队先进司令部。2009年,全区消防部队接警出动11 434次,接警起数、投入警力、抢救人员和财产价值四项指标分别比上年增加14.7%、17.6%、36.3%、16.9%,最大限度保卫了国家和人民群众生命财产安全。

【应急救援】 2009年,全区共参加各类抢险救援2007起,出动车辆2 940辆、警力18 445人,抢救被困人员1 249人,抢救财产价值37 869万元,特别是在处置呼和浩特市机场冷库“5·12”氨气泄漏、赤峰制药厂“8·6”氨气泄露等事故中均发挥了主力军、突击队作用。

【队伍管理】 深入开展“三抓三树”实践活动、“三争优”活动和“弘扬公安消防精神、忠诚履行职责使命”主题教育活动,增强了思想政治教育的针对性和实效性。坚持把班子和队伍建设放在最根本、最基础位置,提拔调整了55名团职、178名营职干部。在鄂尔多斯市举行全区部队警营文化建设现场会,总队选送参加全国公安系统文艺汇演的节目。新建4个心理教育培训基地,出台《消防监督执法责任倒查暂行规定》,加大对较大以上火灾和重大火灾隐患责任倒查力度。坚持把预防涉酒、涉车、涉廉以及执勤训练、灭火救援中人员伤亡等事故作为重点,加大督察访察力度,确保部队安全稳定。2009年,自治区政府为总队荣记集体一等功,是总队组建以来获得的最高集体荣誉。全区还有3个集体荣立二等功,6个集体荣立三等功,4名个人荣立一等功,12名个人荣立二等功,211名个人荣立三等功,5名同志获评优秀公安现役警官,1个单位荣膺“全区三八红旗集体”、“十佳全国巾帼文明岗”,2个集体被命名为“全国青年文明号”,涌现出“内蒙古十大杰出青年”刘杰、“感动内蒙古人物”蔡罗恒等先进典型。

【部队建设】 在2007、2008年全区消防经费递增超过25%的基础上,2009年,全区累计投入消防业务经费4.56亿元,比上年增长1.5亿,实现了递增41%的历史性突破。全年新购消防执勤车164辆,增配灭火救援器材和个人防护装备5.6万件,使全区现有执勤车辆达677台、器材装备达284 980件(套)。全区各地投入3亿元,新改扩建大中队营房35座,新建支队消防指挥中心3个、训练馆6个,新增建筑面积15.7万平方米,仅鄂尔多斯市2009年就投入3亿元用于消防队站建设;总队筹资3亿多元建设全区防灾救灾指挥中心和训练基地,建设完成主体工程。

【国庆保卫】 总队按照比自治区60周年大庆更高的标准,采取比奥运消防安保更严的措施,狠抓政府、社会和消防部门三个层面,建立起环京护城河、重点企业隐患整改、社会面火灾防控等“三道防线”,固守“护城河”地区、向北京供电、供气单位以及社会面单位“三块阵地”,深入开展了“护城河”消防安全专项行动。迅速启动环京“护城河”灭火救援联勤联动机制,切实做好跨区域增援北京灭火救援准备工作。总队按照部消防局命令,派出50名精干力量赴京执行国家博物馆消防保卫任务,确保消防安全万无一失,受到公安部领导高度肯定。经过全区消防部队的努力,圆满完成了国庆消防保卫任务,实现了国庆日前后“零火灾”、国庆期间火灾“零伤亡”的目标。

(白田明)

内蒙古公安边防总队

【领导名录】

总队长:陈怀树

政　委:孙希良

副总队长:冀亚非　秦学伟

副政委:白亚洲(蒙古族)

参谋长:史祯平

政治部主任:宝　山(蒙古族)

后勤部部长:张海峰

【维稳工作】 圆满完成建国60周年边防安全保卫任务。化解矛盾纠纷1 019起,配合有关部门将20起1 380人群体性事件全部稳控在当地。破获刑事案件197起,查处治安案件1 228起,抓获在逃人员40名,查获在控对象204人。上报情报信息被国务院办公厅、公安部、总参及自治区党委、政府采用76条。破获走私武器弹药案件3起,缴获枪支20支、子弹1 338发。查获偷渡案件31起51人,抓获组织运送者9人,边境偷渡活动降到10年来最低点。侦办的“3·23”特大偷渡案被部边防局评为“2009年度十大优秀侦办案件”。总队蝉联全区“平安稳定创建先进单位”、“综合治理工作实绩优秀单位”、“公安情报信息工作实绩突出单位”。

【爱民固边】 创建的58个爱民固边模范村全部实现了无重大群体性事件、无恶性案件、无突出治安热点和无长期上访问题的“四无”目标,起到积小安为大治、以局部带全局的重要作用。368名民警村官全部由地方组织部门进行培训,规范工作职责,在巩固边防辖区基层政权建设上发挥积极作用。为边防辖区困难儿童、弱势群体、外来人员办实事、解难题1 684件,促进了边境和谐稳定。有2个单位、3名个人被评为全国公安边防部队新时期群众工作先进单位和先进个人,6名民警村官被驻地党委、政府树立为社会主义新牧区建设先进典型。自治区党委、政府召开全区爱民固边战略推进会,将爱民固边战略提升为党政工程来组织推动。

【边防检查】 共检查出入境人员311万人次、交通运输工具71万辆(列、架)次,圆满完成中俄联合军演、哈萨克斯坦总统专机入出境检查等重大勤务14次,保障能源进口、境外重点工程等重大项目的顺利实施,保证满都拉、额布都格、阿尔山口岸的顺利开放,为降低金融危机对自治区经济的影响作出贡献。针对二连口岸入境国际列车候检时间长这一难题,主动改革边防检查勤务,积极推动联检单位、铁路部门合力解决,使旅客候检时间由1.5个小时缩短至25分钟以内。全区10个边检站全部按时实现公安部确定的提高边检服务水平工作目标,有6个单位、17名个人受到公安部和部边防局通报表彰。

【草原110建设】 召开全区首届草原110理论研讨会,确立了把草原110建设成为边境地区社会治安综合治理、应急管理指挥和公共服务系统的大方向,为草原110与时俱进、创新发展奠定了理论基石。草原110入围"中国地方政府创新奖"前30项,填补了自治区和全国公安边防部队在此领域的空白。中央政法委宣教室主任李宝柱在视察草原110建设时指出:南方有"枫桥经验",北方有"草原110",草原110不仅是政法部门的一面旗帜,也是党委政府执政为民的典范,是在全国打得响的品牌。

【基层基础建设】 自治区公安厅出台了《关于进一步加强公安边防派出所建设的决定》,明确自治区边防派出所与公安派出所在组织保障上同样领导,在考评指导上同等对待,在业务培训上同期组织,在警务保障上同时配备,在信息化建设上同步实施。新增一级派出所2个、二级派出所5个,使自治区部队一、二级所达到39个,占全区边防派出所的34.8%。信息化建设取得突破性进展,四级网开通率达到97%,二、三级网带宽分别升级为155兆和10兆,基层干警计算机配备率达到100%,全面推广综合指挥、通用办公、综合警务、视频监控等应用系统。安居、解困、绿色、健康"四大工程"扎实推进,下达基层营房建设项目15个,新建公寓房144套,配发执勤车辆53台,装备医疗设备158件,解决16个基层单位吃水难、吃菜难、用电难问题,安排90%以上的基层官兵进行了年度体检,基层工作生活条件明显改善。

【队伍建设】 总队党委连续六年被自治区公安厅评为"工作实绩突出班子"。总队在全区公安系统第二届散打比赛13个级别中夺得8金4银7铜,蝉联金牌榜和奖牌榜榜首。全区公安边防部队有6个集体、109名个人荣立一、二、三等功,7个单位、28名个人受到省部级以上表彰,32个单位进入自治区文明单位行列。魏巍同志当选"全国见义勇为道德模范",全国公安边防部队仅此一人。布仁达来同志先后当选"内蒙古十大杰出青年"、"我最喜爱的十大北疆卫士"和"全国民族团结进步先进个人"。朝格图作为全国军警部队唯一代表,被评为"全国社会治安综合治理先进工作者"。新开河边防派出所被自治区党委、政府授予"爱民固边模范边防派出所"荣誉称号。满洲里边检站被国务院、中央军委授予"爱民固边模范边防检查站"荣誉称号,得到了国家和军队的最高褒奖。

(王孝东 伏双利)

人民防空

【内蒙古自治区人民防空办公室领导名录】

主　任:白和平(蒙古族)

副主任:王玉拴 韩国刚(蒙古族) 孙保平

副巡视员:刘法得(1月任职)

【概况】 自治区人防办公室是自治区人民政府的直属机构,是人民防空工作的主管部门,是自治区国防动员委员会的常设办事机构,在自治区人民政府、内蒙古军区和上级人防机关的领导下,负责管理全区的人民防空工作。正厅级。自治区人防办公室内设综合处、人事处、法制宣传处、财务处、指挥通信处、工程处、机关党委、离退休人员工作处。人员编制37人,实有人员37人。自治区人防办公室辖机关事务服务中心、指挥信息保障中心、定额质监站、设计研究院、培训中心5个事业单位。

【人防机关业务应急训练】 2009年,全区人防系统加强训练演练,防空防灾应急能力明显提高。完成了防灾救灾通信保障任务。在华北地区人防部门应对多种安全威胁理论研讨会议召开期间,在呼伦贝尔市组织全区人防移动指挥所开设、扑灭草原森林火灾等科目大型演习。盟市人防机关开展了防空袭室内研究性网上演练,绝大部分盟市和部分旗县组织1~2个重要经济目标单位开展了防护演练。全区共组训七种人防专业队15 000余人,组建了400余人的跨区应急特种专业救援队,进行针对性训练。

【信息化建设】 进一步完善人防指挥信息系统建设,全区各盟市人防部门实现与自治区人防专网、政府政务网、军网的互联互通。

【人防指挥设施建设】 全区共投入人防指挥设施建

设资金近2.4亿元，其中自治区人防办匹配盟市基本指挥所项目建设资金1 000万元，全区人防基本指挥所、人防应急指挥中心和移动指挥平台建设成效显著。至2009年底，自治区人防办和9个盟市已建成人防应急指挥中心和移动指挥平台。

【通信警报建设】 全年新建警报器70台，国家人防重点城市人防警报基本实现统控。“9·18”人防警报试鸣警报音响覆盖率达到95%以上，鸣响率达100%。

【人防工程建设】 全区新建民用建筑依法修建、批建防空地下室比上年增长71.7%。

【依法资金筹措】 依法筹集人防建设资金2.34亿元，比上年增长14.5%。

【平战结合】 平战结合收入完成2 322万元，比上年增长8.8%，安排就业人员8 665人。

【人防工程建设规划编制工作】 按照自治区政府办公厅《关于编制城市人民防空工程规划通知》要求，人防工程规划编制工作在全区全面展开。

【人防法制建设】 为贯彻落实国务院、中央军委《关于进一步推进人民防空事业发展的若干意见》和自治区人民政府、内蒙古军区《关于进一步推进人民防空事业发展的实施意见》文件精神，自治区人防办加快立法进程，《内蒙古人民防空工程建设和使用管理规定》正式进入自治区政府立法调研程序。由军队人大代表联名提出《关于加强对人民防空执法监督的建议》，引起各级政府的重视。组织开展自治区《实施<人民防空法>办法》颁布十周年纪念活动。由自治区人大常委会内司委牵头，先后对部分盟市落实人防法律法规情况进行督查。统一制定自治区人民防空行政执法程序和文书；完成人防行政执法案卷评查工作。

【人防执法检查】 全区各级人防部门依法查处各类违法案件129起，补建人防工程9 372平方米，追缴人防工程易地建设费2 778.56万元，索赔353万元，行政复议案1件，无败诉案件和国家赔偿案件。

【机构改革】 6月，自治区人民政府防空办公室由原政府办事机构改为直属机构，并增加了部分防灾应急职能，增加了领导职数、内设机构和人员编制，更名为内蒙古自治区人民防空办公室。各级人防通信站更名为“人防指挥信息保障中心”，机构性质确定为全额拨款事业单位。在盟市政府机构改革中，12个盟市人防机构中的11个进入政府工作部门序列，8个盟市人防办加挂了民防局牌子，部分盟市给人防办增加了编制、内设机构和领导职数。

【宣传教育】 2009年，全区人防系统完成396所初级中学、19所大专院校、78所党校、行政学院防空教育，初级中学和党校人防教育在各旗县已达到普及。把宣传领导和领导宣传作为人防宣传教育的重点环节，充分利用广播、电视、报纸等媒体，采取发表领导讲话或署名文章、邀请领导出席人防重大活动等形式，加强对各级领导的宣传。邀请国防大学知名教授给党政机关、企事业单位领导干部作国家安全形势专题报告，收到很好的宣传效果。

【旗县人防工作】 办党组成员先后深入全区90%以上旗县进行调查研究，为实施科学决策提供依据。确立了旗县人防建设“全面要求、整体推进、分类指导、重点突破、狠抓落实”的20字方针，提出“典型示范、政策推动、多措并举”的方法和“依法建设、科学发展”的总要求。全区旗县建设人防工程，收取易地建设费6 000余万元，收费额占到全区近四分之一，财政列入人防建设资金563万元。

【政务公开】 制订政务公开和信息公开工作方案，建立政务公开和信息报送组织机构；完成政务信息公开指南和目录的编修工作并按要求设立信息公开栏；依法公开人员编制、机构设置、职责权限等政务信息；依法梳理行政许可、行政审批、收费项目和收费标准；建立健全各项规章制度。全年共计公开政务信息583条，收到各类咨询、意见、建议10条，全部公开回复。

【荣誉】 2009年，自治区人民防空办公室主任白和平获得“全国国防动员建设年度人物提名奖”；1名同志被自治区人民政府办公厅表彰为信息报送先进个人。自治区人民防空办公室被国家人民防空办公室评为《中国人民防空》通讯报道先进单位；自治区人民防空办公室综合处被自治区人民政府办公厅评为政务信息报送先进单位。

【督查调研】 3月，由自治区人大常委会内司委牵头，自治区人防办配合，邀请自治区人大代表先后对呼伦贝尔市、满洲里市、巴彦淖尔市、二连浩特市落实人防法律法规情况进行督查调研。

（王志勇）

人事·劳动·扶贫开发

人事工作

【内蒙古自治区人事厅领导名录】

厅　长:赵世亮(蒙古族)

副厅长:丁飞　王顺　乌伟东(蒙古族)

副巡视员:赵占军　林丛虎

【高校毕业生就业工作】　2009年,内蒙古共有区内高校毕业生78 824人(其中毕业研究生3 271人,本专科毕业生75 553人)。组织实施了公务员考试录用计划、事业单位公开招聘计划、高校毕业生"三支一扶"计划、高校毕业生到嘎查村任职计划、面向中小企业人才储备计划、高校毕业生民生自愿服务计划、农村牧区义务教育特设岗位教师计划、大学生志愿服务西部计划、高校毕业生就业见习计划、人才派遣计划、人才市场就业计划、高校毕业生创业培训计划等促进高校毕业生就业计划,高校毕业生就业工作取得了较好成绩。实现了74 314名高校毕业生就业(含就业见习5 719名),占应届毕业生94.28%,高于全国83%的就业率。

构建高校毕业生就业工作政策体系　自治区人事厅会同相关部门下发了《选聘高校毕业生到嘎查村任职工作实施方案》、《大学生志愿服务西部计划实施方案》、《高校毕业生"三支一扶"计划实施方案》、《关于组织开展高校毕业生社区民生志愿服务计划的通知》、《农村牧区义务教育阶段学校教师特设岗位计划实施方案》、《高校毕业生就业见习工作实施方案》、《面向中小企业和非公有制企业选拔储备高校毕业生工作实施方案》、《关于做好2009年高校毕业生创业培训工作的通知》、《关于进一步加强事业单位公开招聘工作的通知》等文件,建立了"1+9"高校毕业生就业工作政策方案体系,全方位推进高校毕业生就业工作深入开展。

推动高校毕业生就业工作开展　继续组织实施"三支一扶"计划,招募了1 481名高校毕业生。认真组织实施社区民生志愿服务计划,招募选拔了1 941名高校毕业生。招募了3 100名大学生村官、889名农村牧区义务教育阶段学校特设岗位教师和708名西部计划志愿者。加大面向高校毕业生实施人才储备工作力度,面向中小企业选拔储备了3 355名高校毕业生。全区共建立238个高校毕业生就业见习基地,组织5 719名高校毕业生参加了就业见习。启动了"百人创业培训计划",成立全球模拟公司中国中心内蒙古分中心以及盟市创业培训管理中心,建立5家自治区本级高校毕业生创业培训基地,举办了创业实训师资培训班和创业培训班,培养123名培训师,组织2 906名高校毕业生参加了培训。全区招录2 840名公务员,完成11 121名事业单位工作人员公开招聘计划。38 500名高校毕业生通过全区各级人力资源市场实现就业。各地还根据企业人才需求,为各类企业特别是大中型企业提供人才派遣服务,派遣高校毕业生4 630名。

【人才储备工作】　2003年,自治区实施了面向基层、面向企业、面向未来,以高校毕业生为主要对象的新型人才储备制度,共储备各类人才6万多人。内蒙古人才储备创新出了符合人才发展规律的三种形式:锻炼式储备,选拔优秀的毕业生到基层和企业进行一定期限的见习、挂职、锻炼,共储备38 624人;培养式储备,对基层、企业和一线实现稳定就业的优秀毕业生进行重点培养,共储备20 914人;智囊式储备,聘请专家学者组成"智囊团",为当地经济社会发展献计献策,入库各类高层次人才1 653人。探索出了符合人才配置规律的三种手段:政府指导,实现了人才配置的宏观调控;政策引导,确定了人才配置的科学导向;市场主导,解决了人才配置的供需矛盾。探索建立符合人才成长规律的五种机制(选拔机制、培养机制、使用机制、考核机制、保障机制),人才储备制度日趋完善。

2009年9月28日,内蒙古召开全区人才储备工作会议,对6年来的人才储备工作进行认真的总结,党委、政府制定下发《关于进一步推进和完善人才储备制度的意见》,规范了人才储备制度,明确了下一步工作思路。

【培训工作】

人事干部教育培训工程　2009年共举办各级各类人事系统公务员业务培训88期,培训人员2 585人次;组织政府其他部门人事干部业务培训104期,培训

人员4 494人次。在国家行政学院举办了一期"内蒙古自治区人力资源管理者专题培训班",全区各级人事干部共计150人参加了培训。

公务员培训　不断深化《中华人民共和国公务员法》(简称《公务员法》)及其配套法规的学习、培训,举办《公务员法》及其配套法规培训班197期,培训公务员12 714人次。对参公单位中符合过渡(登记)条件的23 289人进行了《公务员法》培训。直接举办或指导参与公务员初任培训、任职培训、在职培训、专门业务知识培训等四类培训班1 800期,共培训公务员84 921人次。

国(境)外培训　充分利用国(境)外智力的优势和资助,实现了国(境)外培训工作的健康有序发展。2009年共有21个团组共计398人次赴美国、加拿大、法国、新加坡、香港等地进行了培训。

东西部对口培训工作　在福建举办"人力资源对口培训班",培训38人;在云南举办"少数民族人事干部对口培训班",培训110人;在浙江举办"城市建设与规划对口培训班",培训20人。

加强专业技术人员培训　实施"511人才培养工程",由自治区人才基金资助的25名现代管理方面的高层次专业技术人员,赴美国伊利诺理工大学进行为期三个月的培训。与解放军总政治部合作,开办两期全区基层医务人员驻京军队医院培训班,培训旗县中蒙医院的医务人员105人,收到良好的实效。继续与内蒙古医学院合作,开展基层医务人员医疗技术培训班,培训50人。

实施继续教育工程　全区接受各种形式继续教育的专业技术人员近12万人次,做到了按需施教,讲求实效。在南京市举办苏蒙两地人事部门和施教机构专业技术人员继续教育管理者高级研修班。各盟市、自治区直属厅局、事业单位、大企业和施教机构从事专业技术人员继续教育工作的管理者31人参训。

创业培训　举办了高校毕业生创业实训师资培训班和创业培训班,对村官计划、"三支一扶"计划、民生工作志愿者计划、西部志愿者计划的高校毕业生开展了大规模培训。

【人才队伍建设】

公务员队伍建设　实施《公务员法》,圆满完成了公务员登记、事业单位参照《公务员法》管理集中审批等《公务员法》入轨运行工作。政府系统共审批参照单位1 635个,参照单位编制占行政编制11%。公务员数据库初步建成,入库登记153 068人,为规范公务员管理奠定了基础。把好公务员队伍入口,坚持凡进必考,不断改进和完善考务工作。深入开展争做"人民满意的公务员"和"人民满意的公务员集体"活动。经推荐,国家授予内蒙古全国人民满意公务员1名、全国人民满意公务员集体1个。自治区第四届"人民满意的公务员"和人民满意的公务员集体评选表彰准备工作已经就绪,拟将以自治区党委、政府名义召开表彰大会。

专业技术人才队伍建设　补充选拔2008年自治区有突出贡献中青年专家20名,授予90人"2008年度有突出贡献中青年专家"荣誉称号。继续开展新世纪百千万人才工程国家级人选推荐工作,确定20名人选并上报人力资源和社会保障部。选拔50人为"2009年全区深入生产第一线做出突出贡献科技人员",经公示,已报自治区党委、政府待表彰。开展2007年度"内蒙古杰出人才"评选工作,朝伦巴根等10人获此殊荣。2008年度"内蒙古杰出人才"评选的申报工作已经结束。根据2009年西部人才开发计划,人力资源和社会保障部在内蒙古巴彦淖尔市开展了"专家西部行"活动,服务团进行了医疗卫生和农牧业技术指导、咨询服务,起到了积极的作用。在全国杰出专业技术人才表彰暨专业技术人才工作会议上,内蒙古包钢(集团)公司高级工程师李春龙被授予全国"杰出专业技术人才"荣誉称号,内蒙古大学哺乳动物生殖生物学及生物技术教育部重点实验室被授予全国"专业技术人才先进集体"荣誉称号。

【事业单位人事管理】　完善事业单位公开招聘政策规定,首次统一组织自治区直属事业单位大规模公开招聘考试,各盟市也陆续组织开展了事业单位公开招聘工作。稳步推进岗位设置和岗位聘用工作,完成区直单位岗位设置方案审批工作。全区事业单位应设置岗位74万个,已完成备案核准的岗位近25万个,完成核准备案的比例为33.3%;已完成人员聘用的岗位近4万个,完成应设岗位总数的5.4%,完成已核准备案岗位数的16%。

【引智工作】　加强引进国外智力和外国专家管理工作,内蒙古1人获国家"友谊奖",5人获自治区"骏马奖",内蒙古北方重工业集团有限公司的"2MW变桨恒频风电机组产业化项目"被国家外国专家局批准为国家重点项目。

【人事法制工作】　加强人事依法行政,不断推进"五五"普法和"法律六进"活动深入开展。赵世亮厅长被授予"全国'五五'普法中期先进个人"荣誉称号,是全国人事系统唯一获此殊荣的人事厅长。为加大人事人才工作的公开透明度,内蒙古在公务员考录、事业单位招聘考试、职称评审工作中,聘请人大代表、政协委员和纪检部门同志全程参加,主动接受社会各界监督。

【军转安置工作】 加大军转安置力度,转业干部、部队、接收单位比较满意;制定相关政策,开展走访慰问,解困维稳工作取得了较好成效。自治区人事厅被评为"全国军转安置工作先进单位"。

【其他】 继续组织实施"666优势特色产业人才集聚工程",发布了2009年自治区紧缺人才开发专业目录,加强了人才基础数据库动态管理。加强机关事业单位工资制度改革,拟定了义务教育学校绩效工资实施办法并组织实施。累计投资近600万元大力帮扶兴安盟科尔沁右翼前旗察尔森嘎查,村民的贫穷面貌得到了根本改变。积极发挥人事部门的职能作用,切实做好人事信访、综合治理、维护社会稳定等各项工作,为确保社会稳定做出了贡献。

(李虹影)

劳动和社会保障

【内蒙古自治区劳动和社会保障厅领导名录】

厅　长:冀秉峰
副厅长:刘建一
纪检组长:武玉学
副厅长:王燕峰(蒙古族)
巡视员:昝振英(女)
巡视员:张雅茹(女)
副巡视员:白万宝
副巡视员:高生丽(女)
副巡视员:范　金
就业局长:王又红
医保局局长:王　利
社保局局长:张东风

【就业】 2009年,全区城镇实现新增就业21.6万人,其中,下岗失业人员再就业12.4万人,分别完成全年任务的108%和112%;通过各种渠道安置"就业困难人员"4.2万人,完成全年计划的141%;城镇登记失业率4.05%,低于年初确定4.2%的目标;累计培训城乡劳动者65万人,其中,下岗失业人员再就业培训24.9万人、农牧民转移培训15.1万人、八项重点任务培训18.3万人,创业培训3.5万人,分别完成年度计划的112%、124%、125%、120%和140%;全区累计发放小额担保贷款13亿元,完成计划的130%;农村牧区劳动力转移就业人数达234.7万人,其中转移半年以上的167.5万人,分别完成年度计划的104%和103%。

完善和落实新一轮就业政策　及时研究出台了《关于采取积极措施,减轻企业负担稳定就业局势有关问题的通知》、《关于开展农村牧区"零转移家庭"就业专项援助工作的通知》、《关于部门组织就业培训有关问题的通知》以及《关于进一步做好小额担保贷款工作的通知》等30多个配套文件,各地也及时出台相应的实施办法和落实措施。全年累计发放职介、培训、社保和岗位四项补贴资金7.9亿元,同比增长一倍多,惠及78万人次。

切实减轻企业负担 稳定就业岗位　建立企业裁员和返乡农牧民工报告制度以及失业预警制度,认真落实"五缓四减三补两协商"政策措施:即允许困难企业在一定期限内缓缴五项社会保险费,阶段性降低除养老以外其他四项保险费率,对困难企业给予社保、培训和岗位补贴,鼓励困难企业与工会或职工依法平等协商解决涉及职工权益问题。全区共帮助困难企业减负7.2亿元,涉及企业311户,职工24.7万人。至2009年年底,全区受金融危机影响停产、半停产的企业由高峰期的985户减少到195户,失业、隐性失业职工人数由11.5万人下降到3.9万人,26万名返乡农牧民工全部返回城市就业或在当地创业。

大力促进以创业带动就业工作　进一步落实和完善小额担保贷款部门责任以及贷款政策,在区直机关单位启动扶持创业小额贷款反担保援助行动,与金融部门签署"小额贷款合作协议",将担保基金规模与放贷比例由原来的1:5提高到1:8,同时,自治区本级追加预算5 000万元充实盟市小额担保贷款基金,全年贷款规模是上年的2.8倍。大力推广"创业培训+实训模块+小额担保贷款+后续服务"运作模式,在3个旗县开展了返乡农牧民工创业园区建设试点,指导呼市、包头、乌海和通辽开展创业型城市试点工作。2009年,全区经培训有1.9万人成功创业,完成年度任务的133%,创造就业岗位7.8万个,创业带动就业比为1:4.1。

加强城乡劳动者职业技能培训工作　组织实施特别职业培训计划,鼓励各类职业院校面向社会开展就业培训工作，在6个盟市开展“订单”式和定向农牧民技能培训试点。进一步规范职业技能培训和鉴定工作，下发《关于进一步规范城乡劳动者职业技能培训工作的通知》，重点在教学安排、培训机构选择、资金补贴方式以及培训机构管理上进行规范和加强，全区新增技师、高级技师1.4万名，完成全年计划近两倍。在自治区层面组织开展具有示范和带动作用的八项重点任务，由自治区经委、公安、建设、交通、民政、残联和工青妇9个部门牵头，分别在工业建筑、交通物流、家政保安等8个领域实施就业培训工作，较好地发挥了部门在培训、就业等方面的组织协调作用。

统筹解决城乡重点人群的就业问题　对城镇就业困难人员广泛开展入户调查、送政策、送服务、送岗位、送保险补贴等项援助活动，特别对“零就业家庭”成员实施一对一的援助服务，累计帮助1 912户“零就业家庭”、2 071人实现就业，继续保持“零就业家庭”动态为零的目标。在农村牧区启动“零转移家庭”就业援助活动。至2009年末，全区认定“零转移家庭”5.3万户、6.5万人，已帮助4万户“零转移家庭”的4.7万人实现转移就业，转移就业率达75%。

建立健全覆盖城乡的公共就业服务体系　在全区12 127个行政嘎查、村全部配备了劳动保障协理员并落实了工作补贴，组织参加业务培训和国家统一鉴定考试，基本形成覆盖盟市、旗县、乡镇（街道）和村嘎查（社区）四级就业服务网络。在此基础上，广泛开展就业援助周、“春风行动”、民营企业招聘周和大中专院校毕业生就业服务月等专项就业服务活动，全年共举办各类招聘洽谈会1 500多场次，免费为下岗失业人员和农村牧区劳动者提供职业介绍54.5万人次、职业指导服务42万人次。健全了中心城市和盟市所在地劳动力市场职业供求状况分析制度，对城镇登记失业人员实行实名制管理。推进“充分就业社区”创建活动，全区共建成“充分就业社区”1 200个，占社区总数的51%。

【完善社会保障体系】　至2009年底，全区基本养老、医疗、失业、工伤和生育五项保险参保人数分别达到410.8万人、805.3万人、229.7万人、199.6万人和182.9万人，分别完成全年计划的103%、101%、101%、102%和103%，其中，养老、医疗、工伤和生育保险分别比上年增加21.3万人、193.2万人、14.2万人和28.3万人。完成各项社会保险费征缴收入223亿元，同比增加39亿元，增长21%，完成全年征收计划的114%。

强化社会保险扩面征缴工作　一方面积极落实困难企业缓缴社会保险费和降低部分险种缴费费率的政策，出台了《关于城镇个体工商户和灵活就业人员参加基本养老保险缴费基数问题的通知》，切实减轻了困难企业和参保人员的缴费负担；另一方面，下发了《关于进一步加强社会保险扩面征缴工作的通知》等文件，通过建立目标责任制和奖励考核机制，加大缴费基数稽核和清欠力度，实现了各项保险参保人数和基金收入持续增长。

进一步完善各项保险制度和政策　1.养老保险方面：重点推进了自治区统筹和“新农保”试点工作，以自治区政府名义下发了《企业职工基本养老保险自治区级统筹办法》和《新型农村牧区社会养老保险试点办法》，研究起草《基金预算管理暂行办法》、《自治区级统筹工作目标考核办法》和《经办业务规程》三个配套文件，认真组织实施了国家批准的10个旗县和自治区确定的3个旗县新农保试点工作，呼、包、鄂（包括锡盟东乌旗）启动城镇居民养老保险试点。至2009年底，全区基本实现养老保险自治区级统筹的目标；鄂尔多斯、呼市、包头、阿拉善等8个盟市的42个旗县区开展了新农保试点工作，参保人数达到100万人，较2008年末增加53万人；城镇居民参加基本养老保险人数近8万人。2.医疗保险方面：以自治区政府名义出台了《关于进一步做好城镇基本医疗保险工作的通知》，从工作目标、保障范围、资金筹集、待遇水平、统筹层次以及管理服务等方面，对现行的医保制度进行了细化和拓展。重点推进了大学生和国有关闭破产企业退休人员参保工作，全区共有17万名国有关闭破产企业退休人员和27万名在校大学生分别纳入城镇职工和居民医保范围。目前，自治区基本医疗保险从制度层面上讲，已经覆盖了城乡全体居民。3.工伤保险方面：起草“老工伤”人员参统办法，计划用两年时间基本解决“老工伤”职工待遇问题，15个统筹地区已有10个地区在盟市范围内实现统一资金管理、认定鉴定和待遇发放，出台了《工伤保险储备金暂行管理办法》。4.失业保险方面：在3个盟推进盟级统筹工作，至此，全区12个盟市已全部实现失业保险盟市级统筹。

进一步提高各项保险待遇水平　在连续四年调整企业养老金的基础上，2009年初再次提高了企业退休人员养老金标准,人均调整幅度达125元,至2009年底,全区企业退休人员月人均养老金达1 217元。城镇职工和居民医疗保险的最高支付限额,分别提高到当地职工年平均工资和居民可支配收入的4倍,职工医保住院政策范围内报销比例达70%,居民医保住院政策范围内报销比例接近50%,并将居民生育费用纳入城镇居民基本医疗保险支付范围。此外,进一步提高工伤职工伤残津贴、护理费和工亡职工供养亲属抚恤费标准。

加大社保基金筹集 监管力度 2009年争取中央财政就业、养老保险、新农保试点、城镇居民医疗保险以及国有关闭破产企业退休人员参加医保专项补助资金53亿元,自治区财政投入6.5亿元,分别比上年增长了30%和67%。以开展社保基金专项治理工作为重点,进一步健全资金管理使用制度,社保基金防范风险的能力显著增强。

【协调劳动关系】 至2009年底,全区规模以上企业劳动合同签订率达97%,劳动用工登记备案率为40%。各级劳动保障部门主动监察用人单位49 742户,涉及劳动者191.8万人次;补签劳动合同48.1万份;清理被拖欠的工资待遇2.6亿元,涉及职工7.5万人,劳动争议案件结案率达到96%。

在稳定就业岗位的同时注重稳定企业劳动关系 开展了以“保岗位、保工资、实现稳员增效”为重点内容的“共同约定行动”,进一步完善政府、工会和企业三方协商对话机制,推动和指导企业建立工资集体协商制度。继续实施“劳动合同制度三年行动计划”,积极推行劳动用工备案制度,全区规模以上企业劳动合同签订率达97%,劳动用工登记备案率为40%。

加强对企业工资分配的宏观调控 下发《关于进一步做好预防和解决企业工资拖欠工作的通知》,在实现“保就业”的同时,重点加大对企业拖欠工资的预防和监控力度。积极探索建立企业职工工资正常增长机制,研究起草《关于建立企业职工工资正常增长机制的指导意见》(草案),发布自治区2009年企业工资指导价位,10个盟市制定当地的劳动力市场工资指导价位。

加大劳动保障监察执法力度 重点组织开展清理整顿人力资源市场秩序、整治非法用工打击违法犯罪、清理拖欠农牧民工工资等专项行动,在呼包二市进行“网络化、网格化”监察管理体制试点工作。

切实加强劳动争议调解和仲裁工作 认真贯彻《劳动争议调解仲裁法》和《劳动人事争议仲裁办案规则》,协调法院建立了处理劳动争议案件联动机制,劳动争议仲裁办案水平不断提高,全区劳动争议案件结案率达到96%。开展“劳动关系和谐单位”创建活动,指导和帮助企业建立健全劳动争议调解委员会。进一步推进劳动争议仲裁实体化建设工作,全区挂牌成立的劳动争议仲裁院达到16个。

【农牧民工转移工作】 2009年全区转移农牧民工234.7万人,完成年计划225万人的104%,其中转移6个月以上的167.5万人,完成年计划162人的103%,自治区跨省就业人数为112.9万人,转移技能培训15.1万人,完成年计划12万人的125%。

实施动态管理监测 及时掌握转移情况 为应对世界金融危机对我区转移就业的影响,及时掌握全区返乡农牧民工动态,在对全区情况及时调度的同时,相继下发了《关于应对当前经济形势建立农牧民工工作监测点的通知》和《关于开展农村外出务工人员就业情况调查的通知》,全区选了12个重点旗县进行问卷调查,及时掌握农牧民工返乡情况。

鼓励 引导返乡创业 带动更多农牧民转移就业 各地积极探索、制定返乡创业的优惠政策,引导、鼓励农牧民工返乡创业。同时,在全区范围内开展了“劳务品牌”创建活动,创立了赤峰市“望京保安”、“进京月嫂”、“大连焊工”、“蒙古族歌手”等一系列劳务品牌,为农村牧区富余劳动力跨省就业起到名牌效应的作用。并加大创业培训补贴的投入,在原补贴800元的基础上从2009年增加到1 000元。增加各级担保基金总量,扩大小额担保贷款对返乡创业人员的贷款扶持额度,自主创业农牧民工最高可贷款8万元。2009年自治区举办区直机关事业单位“创业反担保援助行动”启动仪式,为有困难的初始创业者提供小额担保贷款反担保援助。在全区启动创建“农牧民工创业园区”试点工作,根据上报材料和实地考察,选定条件比较成熟的呼伦贝尔扎兰屯市、赤峰市翁牛特旗乌丹镇、巴彦淖尔市乌拉特后旗潮格温都尔镇3户农牧民工创业园区开展试点工作并重点扶持,明年逐步向有条件的旗县或人口较密集、农牧民工返乡创业人员较多、产业集聚度高和劳动保障事务管理机构健全的建制乡镇扩大,初步形成“输出劳动力,引回生产力;输出生产

者,引回经营者”的可喜格局。

【劳动保障基础建设】

劳动保障法制建设 对自治区《劳动保障监察条例》进行了修订,草案已报送自治区人大。完成《就业促进法实施办法(草案)》和《自治区劳动合同规定(修订草案)》的前期调研和准备工作。

劳动保障信息化建设 完成12个盟(市)和2个计划单列市的联网工作,自治区——盟(市)——旗(县、区)三级网络已全面贯通;开展了全区集中式人力资源管理信息系统建设,基本实现就业、失业人员实名制信息网上采集和网上职业介绍等功能的上线运行;指导、督促各盟市将城镇职工、居民医疗保险信息系统整合为“五险合一”的医疗保险信息系统,并建立国有关闭破产企业退休参保人员电子档案;完成全区金保工程交换区部分应用软件部署工作,开展养老保险和工伤保险联网指标数据以及社保基金财务交换库数据上报工作。

规范和加强社保经办机构管理服务工作 加大养老保险社会化管理服务工作力度,示范社区的试点范围和服务内容不断扩大,企业离退休人员社区管理服务率达73%,超额完成国家下达的目标任务。通过健全内控制度,对部分盟市的内控制度及运行进行检查评估,社保经办机构服务水平明显提升。进一步完善医疗费用结算办法,强化“两定”机构和特殊慢性病管理,有效地控制医疗费用的过快增长。

加大劳动保障宣传力度 围绕劳动保障重点和热点问题,在内蒙古日报开辟了《关注劳动保障,构建和谐社会》系列专栏,系统介绍劳动保障政策和工作成绩;邀请中国劳动保障报社记者专程来我区调研采访,提高《劳动保障报》对我区的关注和报道;与内蒙古电视台联合制作养老保险自治区级统筹、“新农保”试点、城镇医保宣传专题等等。

加强和改进统计规划工作 下发《进一步规范劳动保障统计工作的意见》,内蒙古劳动保障厅连续六年获得全国养老保险统计年报评比一等奖。完成了自治区劳动保障事业发展“十一五”规划实施情况的中期评估。

(王永明 王立梅 贾建东 王晓东)

就业服务

【内蒙古自治区就业服务局领导名录】

局　长:王又红

副局长:李广智　王林

【城镇就业】 全区城镇新增就业21.55万人,完成年度计划的108%。城镇下岗失业人员再就业12.35万人,完成年度计划的112%(就业困难人员再就业4.22万人,完成年度计划的141%)。实现“有就业愿望和能力的零就业家庭至少有一人就业”的目标。全区城镇登记失业率为4.05%,低于年初目标0.15个百分点。

【职业培训】 全区共培训城镇下岗失业人员24.9万人,完成年度计划的124%;培训后实现就业19.67万人,完成年度计划的116%;农牧民转移技能培训15.05万人,完成年计划的125%;创业培训3.49万人,完成年计划的140%。

【农牧民转移就业】 农牧民工进城就业环境明显改善,农牧民工权益得到显著维护,全区农牧区劳动力转移就业人数达234.71万人,完成年度计划的104%;其中转移6个月以上的167.53万人,完成年度计划的103%。

【失业保险】 失业保险参保人数为229.7万人,完成年度计划的101%;失业保险费征缴额9.62亿元,完成年度计划比例160%;领取失业保险金人数6.1万人,支出失业保险基金5.5亿元,占失业保险征缴额的57.2%。

【实行目标责任制 推动落实就业任务】 3月下旬,以自治区党委、政府的名义召开全区就业工作会议,同时套开全区劳动保障工作会议和全区人事人才工作会议,着重研究部署就业工作。按照全区就业工作会议的总体要求,制定下发2009年全区就业工作计划任务,逐级分解,层层落实,责任到人。9月初,自治区政府召开全区就业工作经验交流会,对全区就业工作进行全面总结,交流上半年全区就业工作取得的经验,进一步督促落实全年工作任务。同时,组织开展就业政策落实专项督查活动,在各盟市全面进行自查的基础上,自治区劳动保障厅与有关部门组成3个督查组,对6个盟市进行专项调查并针对督查调研中发现的问题提出解决办法。

【完善落实就业政策 营造宽松就业环境】 在完善政策方面,按照全区就业工作会议的总体部署和自治区党委八届九次全委会提出的“各级要把保就业作为保民生最紧迫的任务,坚持促进经济增长和扩大就业并重的方针,切实做好就业工作”的要求,以及巴特尔主席、任亚平副主席、刘卓志副主席几次召开专题会议提出的明确要求,不断完善和落实积极的就业政策。全年出台了《关于开展农村牧区“零转移家庭”就业专项援助工作的通知》、《关于就业专项资金使用管理及有关问题的通知》、《关于部门组织就业培训有关问题的通知》、《内蒙古自治区就业困难人员认定办法》、《内蒙古自治区就业和失业登记管理办法》、《内蒙古自治区行政嘎查村劳动保障协理员制度实施办法》等 32 个促进就业的文件,形成了以劳动法、就业促进法为统领,以自治区党委政府贯彻国务院文件实施意见为基础,以相关部门多个配套优惠政策为补充的新一轮就业法规政策体系。同时,加大了对就业工作的投入力度,2009 年,中央下拨全区和自治区本级安排就业专项资金规模为10.4亿元,比上年增加2.5亿元,增幅达到32%。各级财政也普遍加大对就业专项资金的投入,整体预算安排是近年来增加最多的一年。

在落实优惠政策上,全区采取按月调度主要数据、按季分析工作形势、每半年进行工作总结等措施推动就业工作,加大惠民政策落实力度。全年为19.4万名失业人员和农牧民工提供免费职业介绍,支出补贴资金1 521万元;为23.8万名失业人员和农牧民工提供免费职业培训,支出补贴资金14 408.5万元;为21.7万名下岗失业人员提供社会保险补贴,支出资金51 657.8万元;为13.1万名“4050”下岗失业人员提供了岗位补贴,支出资金10 878.2万元。

【应对金融危机影响 努力稳定就业岗位】 为了积极应对国际金融危机的影响,稳定就业局势,自治区及时下发《关于应对当前经济形势做好劳动保障工作的紧急通知》、《关于采取积极措施减轻企业负担稳定就业局势的通知》、《自治区人民政府办公厅关于采取积极措施减轻企业负担稳定就业局势的补充通知》等一系列文件,建立了企业裁员失业和返乡农牧民工情况报告制度和失业预警制度,重点监测受金融危机影响的停产半停产企业和返乡农牧民工情况。同时,积极落实援企稳岗的“五缓四减三补两协商”政策措施。全年受金融危机影响的停产、半停产企业由高峰期的985 户减少到 195 户,受影响的企业职工人数由高峰期时的11.53万人下降到3.9万人;全区近 26 万名受金融危机影响返乡的农牧民工全部转移就业或在当地实现创业。全区共帮助困难企业减轻负担7.3亿元,援助企业 311 户、惠及职工24.7万人。

【立足创业带动就业 积极推进全民创业】 为推进创业带动就业工作取得实效,一是各级把鼓励全民创业、促进以创业带动就业工作作为重要任务,摆上重要议事日程,纳入当地经济社会发展的总体目标,层层分解工作任务,落实部门责任,促进全民创业带动就业工作。二是加大小额担保贷款发放力度。2009 年,自治区人民政府办公厅和自治区劳动保障厅、财政厅分别下发《关于进一步做好小额担保贷款工作的几点意见》和《关于进一步做好小额担保贷款工作的通知》,明确了小额担保贷款基金规模与放贷比例以及银行、财政、劳动保障等部门的责任,完善小额担保贷款政策。自治区人民政府协调各家金融机构积极承担小额担保贷款业务,与开发银行内蒙古分行签订了小额担保贷款工作协议,明确了三年发放贷款总体规模。同时,自治区安排5 000万元充实盟市小额担保贷款基金。三是加大创业服务力度。各地大力推行“SYB + 实训模块 + 小额担保贷款 + 后续服务”具体运作模式,通过创业项目募集展示,开展创业培训和创业实训,不断提高劳动者的创业能力和实践能力,不断提高培训后创业成功率。同时,在 3 个市分别遴选 1 个旗县开展了返乡农牧民工创业园区建设试点,积极鼓励农牧民工返乡创业。四是开展创业型城市建设。指导全国首批国家级创建创业型城市—呼市、包头市、通辽市和乌海市制订实施方案,完善扶持创业的措施。全年全区共培训创业人员3.49万人,培训合格人数3.47万人,培训后成功创业 1.87 万人,分别完成年度任务的140%、174%和133%;创造就业岗位7.77万个,创业带动就业比达到1:4.2;全年累计发放小额担保贷款12.96亿元,完成年贷款计划的130%。

【强化技能培训 提高就业稳定性】 2009 年,着力把行业发展与促进就业紧密结合起来,推动形成就业工作的有效合力和良好机制,把解决当前就业工作突出问题与建立就业工作长效机制结合起来,推进城乡劳动者稳定就业。为了推动劳务输出逐步由“体能型”向“技能型”转变,使培训与就业紧密结合,年初,自治区劳动保障厅、发改委、财政厅、教育厅转发了人力资源和社会保障部、发改委、财政部《关于实施特别职业培训计划的通知》,组织实施特别职业培训计划;在对职业院校开展调研的基础上,自治区教育厅、劳动保障厅、财政厅联合下发《关于鼓励职业院校面向社会开展就业培训的通知》,要求职业院校在劳动就业工作机构的组织协调下,开展城乡劳动者就业培训;9月份,自治区又下发《关于进一步规范城乡劳动者职业技能培训工作的通知》、《关于部门组织就业培训有关问题的通知》、《内蒙古自治区职业培训补贴参考标准(试行)》,进一步加大工作力度,加快推进职业培训工作。培训中,在教学安排上,突出实际操作技能训练;在培训机构选择上,通过公开、竞争、择优的方式,招标确认;在资金补贴方式上,采取培训机构报销、用人单位报销、个人报销的不同办法;在培训机构管理上,建立培训绩效考评机制,实行培训补贴与培训质量、就业效果挂钩。

由自治区经委、公安厅、建设厅、交通厅、民政厅、总工会、残联、妇联、团委九个部门牵头,分别在工业重点项目、建筑业、家政服务业、交通物流业、保安服务业等八个领域加以实施,要求培训15.05万人,培训后就业率和创业成功率分别达到80%和70%以上,同时要求扶持创办家政服务公司、劳务分包组织、运输物流企业、创业示范点,培育评选“促进就业示范企业”。12月末,九部门在八个重点领域共培训城乡劳动者18.34万人,完成年度任务的120%。组织九部门评选出青年创业示范点100个、“促进就业示范企业”148家。

【加强就业服务体系建设 努力实现充分就业目标】
全区劳动保障部门共建立盟市、旗县公共职业介绍机构114个,建成乡镇(街道)、社区劳动保障平台3 316个,基本形成覆盖盟市、旗县、乡镇(街道)、社区四级公共就业服务网络。各地依托公共就业服务平台开展就业困难群体援助、就业服务系列活动、城镇登记失业人员实名制和充分就业社区工作。全年累计登记确认的“零就业家庭”有1 912户,已帮助1 912户中的2 071人就业,实现了“零就业家庭”动态为零的工作目标。同时开展了城镇登记失业人员实名制工作,目前包头市等盟市已经开始进行登记失业人员基本信息的录入工作。全区创建“充分就业社区”活动取得较大进展,已建成“充分就业社区”1 200个,占社区总数的51.2%。全年共举办各类招聘洽谈会1 500多场次,免费为下岗失业人员和农村牧区劳动者提供职业介绍54.5万人次、职业指导服务42万人次。

在此基础上,发挥劳动力市场作用,突出抓好就业服务系列活动。在就业援助周活动中,对5.1万户就业困难人员入户家访“送政策、送服务、送就业岗位、送社会保险补贴”;在“春风行动”中,为进城务工农牧区劳动者提供“就业服务、技能培训、权益维护”三位一体的就业服务;在“民营企业招聘周”活动中,民营企业共提供就业岗位11.96万个;在“大中专技校毕业生就业服务援助月”活动中,各地积极开展政策咨询、岗位推荐、职业指导等服务。这一系列活动受到就业困难人员、农牧民工和大中专毕业生的广泛欢迎,取得了良好效果。

【稳步推进农村牧区劳动力转移就业工作】

开展“零转移家庭”专项援助活动 根据自治区人民政府的要求,启动了农牧区“零转移家庭”就业援助活动,力争通过三年左右的努力,使“零转移家庭”实现至少1人转移就业的目标。全区各地对有就业愿望的零转移家庭按照“一户一策、一人一策”制定援助计划,通过进行全面调查、建立基础台账、加强职业技能培训、拓宽转移就业渠道、鼓励自主创业等措施帮扶就业。全年认定“零转移家庭”5.32万户、6.47万人,已帮助3.98万户“零转移家庭”的4.73万人实现转移就业,转移就业率达到75%。

全面建立农村牧区行政嘎查村劳动保障协理员制度 出台《关于在全区农村牧区行政村(嘎查)建立劳动保障协理员制度的通知》,要求全区农村牧区所有的行政村(嘎查)都要选聘一名劳动保障协理员,负责对农村牧区劳动力提供就业信息,开展求职登记、就业指导、就业援助,组织技能培训和劳务输出等。全区12 127个行政嘎查村全部配备了劳动保障协理员,并实行实名制动态管理。

开展农牧民转移技能培训试点工作 为积极应对金融危机,全面提升农牧民工就业技能和素质,上年一季度,全区安排技能培训专项经费,在通辽市、兴安盟、锡林郭勒盟、赤峰市、乌兰察布市、巴彦淖尔市6个盟市开展了大规模的农牧民技能培训试点,试点地区按照方便和贴近农牧区实际的原则,开展多层次、多形式的“订单”和定向培训,增强农牧民工转移就业能力和就业稳定性,同时,总结推广先进经验,发挥培训的示范性、辐射性和规模效应。

(白 莉)

扶贫开发

【内蒙古自治区扶贫开发办公室领导名录】

党组书记 主任:崔国柱

党组成员 副主任:冯有恩(正厅级) 周立群

杜 古(鄂温克族)

党组成员 纪检组长:甄小兵

副巡视员:杨秉谦

【概况】 全年投入扶贫资金14.4亿元,有15万扶贫对象得到有效扶持。新增基本农田81.5万亩,新增经济林面积48.2万亩,购买和调剂牲畜217.4万头只,建设永久性棚圈186.6万平方米,解决人畜饮水困难80.1万人/215万头只;通路4 303.7公里,通电5 035.9公里;举办各类培训29.8万人次,其中"雨露计划"劳动力转移培训3.1万人次、实现转移就业2.7万人次;移民扶贫开发3.2万人,其中自治区组织移民1.96万人;新建学校68个,新建贫困嘎查村卫生室350个。60个扶贫开发工作重点旗县农牧民人均纯收入继续呈平稳增长态势。

2010年6月17日,《自治区政府机构改革实施意见》(内党发〔2009〕9号)正式将内蒙古自治区扶贫开发领导小组办公室更名为内蒙古自治区扶贫开发办公室,加挂革命老区建设办公室牌子,列入政府直属机构。

2010年5月25日,自治区政府办公厅下发了《关于印发自治区扶贫标准调整方案的通知》(内政办发〔2009〕32号)。在综合分析经济社会发展和贫困现状的基础上,依据国家扶贫标准,自主研究制定了自治区扶贫标准,即农区为年人均纯收入1 560元,牧区为年人均纯收入1 800元。

【整村推进工作】 投入财政扶贫资金3.5亿元,主要支持350个重点贫困嘎查村开展农田草牧场等基础设施建设,发展有产业支撑和市场竞争力的种养业项目。从"西部计划"志愿者和"三支一扶"人员中,选拔录用了230名高校毕业生进驻重点嘎查村开展扶贫工作。

【"雨露计划"】 雨露计划完成了3.1万人的培训任务,培训补贴标准由过去的每人600元提高到1 000元。培训范围主要是整村推进重点嘎查村和连片开发试点地区。培训对象优先选择农牧区"两后生"(当年未考上大中专院校的应届初高中毕业生)、复员军人、计划生育贫困户和无畜户,重点补贴应届入学的职业学校农村牧区贫困生以及受金融危机影响的返乡农民工。

【产业化扶贫】 安排7 880万元财政扶贫资金,围绕自治区六大主导产业,重点支持养羊、蔬菜、马铃薯种植业、特色种养业及林、沙等特色产业化扶贫项目的基地建设。在5个县、40个村、3 000户投入600万元的村级互助资金用于直接到户的种养业项目。审核认定了第二批自治区扶贫龙头企业31家,使全区国家和自治区扶贫龙头企业数达98家(其中国家50家,自治区48家)。

【移民扶贫】 按照自治区小城镇移民扶贫规划,安排4 000万元财政扶贫资金用于第六期共40个点的移民扶贫项目建设,重点投向未实施过移民扶贫项目的国家和自治区重点旗县、少数民族聚居区、边境牧区及革命老区。

【连片开发试点工作】 采取竞争立项的办法,投入财政扶贫资金1.1亿元,在8个盟市的11个国家和自治区扶贫开发重点旗县开展了整合资源、集中突破、连片开发试点项目,有力促进贫困地区优势特色产业发展。

【特殊类型地区工作】 扶贫资金和项目继续向兴安盟和呼伦贝尔市人口较少民族地区重点倾斜。137个厅局全年投入帮扶资金3.1亿元,定点帮扶兴安盟四年累计到位帮扶资金(物资)达8亿元。18个厅局帮扶呼伦贝尔市较少民族到位资金超过3亿元。加大了对33个牧业旗市的扶持力度。仅整村推进、劳动力转移培训、产业化扶贫、移民扶贫等四项重点工作就投入牧业旗市财政扶贫资金16 981万元,牧区旗市人均扶贫投入明显高于全区平均水平。

【社会扶贫工作】 继续整合、动员社会扶贫资源,进村入户开展结对帮扶工作。重新调整了京蒙扶贫协作结对旗县,使京蒙扶贫协作工作进一步向少数民族聚居区、革命老区、边境牧区和人口较少民族旗县倾斜。争取到中钢集团、清华大学、三峡工程总公司三个有较强实力的单位定点帮扶自治区贫困旗县。

(云利燕)

民族宗教·民政

民族宗教工作

【内蒙古自治区民族事务委员会领导名录】
主　任:阿迪雅(蒙古族)
副主任:秦蒙　特古斯(蒙古族)　曹艳荣(女　蒙古族)
副巡视员:吴长林(达斡尔族)　敖日其楞(蒙古族)

【第五次全国民族团结表彰大会代表评选】　认真组织了第五次全国民族团结进步表彰大会模范代表的评选工作,自治区选出的32名模范集体和34名模范个人受到国务院表彰。其中,有9名模范集体代表和17名模范个人代表赴北京出席表彰大会。代表团成员出席了自治区庆祝新中国成立60周年招待会和国庆60周年系列庆祝活动。组织参加在北京举办的"新中国成立60周年成就展",在近两个月的展览中,贾庆林等党和国家领导、各国驻华使节、驻华机构代表和高级外交官,及各族各界群众25万多人次参观了自治区的展览,并给予高度评价。

【民族团结宣传教育和创建活动】　全区开展以办实事、办好事为主的丰富多彩的民族团结进步活动。把宣传教育活动贯穿评选全国民族团结进步模范、迎接全国民族团结进步模范事迹报告团、组织"新中国成立60周年成就展"、参加香港"第三届中华民族文化周"、举办全区民族文艺会演等重大活动的全过程。自治区和三个自治旗《概况》全部修订出版。在国庆前夕,全区各级党委政府分别慰问了历届民族团结进步模范个人。

【民族政策监督检查】　按照国办33号文件要求,继续对全区贯彻落实民族政策情况进行了督查。共协调组织5批次的自治区级检查组,对全区12个盟市和15个直属厅局及相关单位进行全面的督查。由于自治区工作扎实,措施得力,得到国家民委的充分肯定,并作为典型在全国经验交流会做了大会发言。

【兴边富民行动】　认真落实《兴边富民补助资金项目规划(2009~2010年)》,加大对边境旗市的指导力度,强化工作手段和责任制度,通过兴边富民行动项目的安排和带动作用,使兴边富民行动取得阶段性成果,为推进社会主义新农村新牧区建设打下坚实的基础。

【扶持人口较少民族发展】　安排好国家民委和财政部下达的2009年扶持人口较少民族发展专项资金项目,做好扶持人口较少民族工作动态监测系统工作,对扶持人口较少民族发展工作进行考核验收。参加国家五部委7月份在青海西宁召开的全国扶持人口较少民族发展工作经验交流会,自治区副主席刘新乐在会上代表自治区做了题为《完善政策,上下联动,大力扶持人口较少民族发展》的交流发言。

【民贸政策落实】　做好新纳入的农发行、城市商业银行、农村信用社执行优惠利率政策的工作,调整增补了12家民贸企业,把党和国家的民族贸易优惠政策落到实处,更好地为少数民族群众服务。

【帮扶工作】　向兴安盟扎赉特旗阿拉达尔吐工作部乌兰毛都嘎查投入110万元,帮助40户贫困户完成危房改造,解决了群众看电视难的问题,对农牧民进行了科技培训并资助贫困学生上学。向鄂伦春旗投入385万元,实施项目19个,向莫旗投入250万元,实施项目12个。配合国家民委做好对赤峰市巴林右旗的帮扶工作,两级民委共同安排资金145万元。启动了8个少数民族特色村寨保护与建设项目,圆满完成了联系杭锦后旗"保增长、惠民生、促落实"的督促检查工作。

【全区民族文艺会演】　9月在呼和浩特举办了首届全区民族文艺会演,集中展示了近年少数民族文艺发展的成果。来自全区11个盟市、三个自治旗和内蒙古歌舞剧院的15台剧(节)目参演,包括蒙古、达斡尔、鄂温克、鄂伦春等多民族在内的近1 500名演职人员为首府呼和浩特的近万名各族群众奉献特色鲜明、底蕴深厚的高水平民族文化大餐。会演共评出金奖2名,银奖3名,铜奖6名,特殊贡献奖1名,特别奖3名。

【全区少数民族传统体育运动会】　自治区政府决定第七届全区少数民族传统体育运动会2010年在鄂尔多斯市举办,第八届全区少数民族传统体育运动会2013年在锡林郭勒盟举办。认真开展全区少数民族传统体育运动会筹备工作,制订印发了《关于举办第七届全区少数民族传统体育运动会的通知》和《竞赛规程》。

【民族文化交流活动】　组织全区少数民族青少年代表

团参加香港"第三届中华民族文化周"的联谊交流活动，选派民族歌舞代表团赴德国、荷兰、比利时参加国际民间艺术节，增强了解、加深了友谊，宣传了内蒙古。

【民族教育】 支持民族学校改善条件，继续推动提高民族中小学寄宿生助学金标准工作。配合国家民委所属民族大学及其附属中学、河北大厂民族中学完成了在自治区的招生工作。

【贯彻落实《宗教事务条例》】 深入学习宣传贯彻《宗教事务条例》，继续加大普法宣传培训力度，进一步明确宗教工作执法责任，规范执法程序，完善执法手段，推进依法行政，宗教工作取得了明显成效。

【维护民族 宗教领域和谐稳定】 积极预防和及时处理新闻媒体伤害民族风俗习惯和宗教感情事件和因清真食品问题引发的事端，及时妥善处置涉及各民族、宗教的突发性、群体性事件，防范和化解了不稳定隐患，确保了全区民族、宗教领域的社会稳定。

【宗教工作两支队伍培训】 10月，国家宗教局专门为自治区举办了一期《宗教事务条例》培训班，全区近120名基层宗教干部参加了培训。还开展多种形式、多层次的培训教育活动，对领导干部、宗教干部和宗教界人士"三支队伍"进行培训和宣传教育。自治区宗教事务局被国家宗教局评为全国"三支队伍培训先进集体"，受到国家宗教局通报表彰。

【做好信教群众工作】 指导各地宗教部门对全区宗教教职人员进行摸底调查，积极研究解决宗教教职人员的低保、医保和养老保险的入保问题，让他们共享改革发展的成果。组织全区广大宗教界人士和信教群众积极参与社会救助、公益慈善事业，开展扶贫、济困、救灾、助残、养老、支教、义诊等活动，并在政策法规上予以引导规范。

【"和谐寺观教堂"创建活动】 结合自治区开展的"宗教界为自治区两个文明建设做贡献，争创文明宗教活动场所，争做文明教职人员"活动，按照国家宗教局的有关部署，提出了我区开展创建"和谐寺观教堂"活动的初步设想和工作意见。召开全区创建"和谐寺观教堂"座谈会，对"活动"进行了交流和部署。在全区各地通过多种形式深入贯彻落实。

【佛教工作】 自治区佛教协会为包头市、鄂尔多斯市、呼伦贝尔市举办了四期青年教职人员政策、法规、教务知识短期研修班。内蒙古佛教学校开办了第8级喇嘛班，招收30名学员。5月份和12月份，自治区佛教界人士组团参加了无锡第二届世界佛教论坛和庆祝澳门回归十周年"两岸四地佛教界三大语系颂华诞庆回归祈福大法会"。

【伊斯兰教工作】 自治区伊协6月份在呼召开了五届二次常委会，举办了盟市伊协负责人培训班，举办全区第四届"卧尔兹"演讲比赛。积极开展伊斯兰教"解经"工作。完成中国伊斯兰教经学院2009年本科班我区考生的审核推荐工作。积极开展了穆斯林赴麦加有组织的朝觐工作。

【道教工作】 组织全区道教界参加了中国道教协会主办的政策法规和教务知识培训班，并就自治区今后道教管理发展等有关问题与道教界人士进行了座谈。

【天主教工作】 进一步开展爱国主义和独立自主自办教会教育活动。圆满完成乌兰察布市天主教磨子山瞻礼活动。呼和浩特市天主教房地产落实工作取得较大进展。

【基督教工作】 积极推进神学思想建设和爱国主义教育活动，坚持堵疏结合、依法治理的方针，开放必要的宗教活动场所，满足了信教群众过正常宗教生活的需要。

【东正教工作】 8月份，对位于呼伦贝尔市额尔古纳市自治区唯一的东正教堂给予正式登记开放。

【蒙古语文学习使用工作】 对全区蒙古语言文字使用情况进行深入调研，对《蒙古语文工作条例》的贯彻落实情况进行了抽查。举办"首届母语杯蒙古文书法大赛"、"全区母语杯蒙古文经典作品朗诵大赛"。编辑出版《蒙古语会话手册》，与呼和浩特市电视台联合举办《蒙古语会话》节目。完成《达斡尔族语言图解词典》、《鄂温克族语言图解词典》、《鄂伦春族语言图解词典》、《额尔敦陶克陶全集》的编辑工作。《民族语文调查大纲和调查问卷》已制定完毕。

【蒙古语文科研管理工作】 组织召开全区蒙古语名词术语委员会审定会议、蒙古语标准音工作委员会成员会议和蒙古文信息技术国家标准工作组成员会议等，搜集、整理和审定蒙古语新词术语1 000余条，发布6期《蒙古语新词术语公报》。举办13期蒙古语标准音培训班，培训测试2 000多人。召开庆祝蒙古语标准音确定30周年大会，在锡盟正蓝旗建立"中国蒙古语标准音示范基地"。审定出版蒙古语文规范标准公报一期，公布了《现代蒙古语常用词》。

【八省区蒙古语文协作工作】 举办了八省区蒙古语文翻译培训班，召开八省区第三届蒙古族幼儿园园长协作会议暨蒙古语学前教育研讨会、第21届蒙文报纸新闻评奖会、第十届蒙古语电视节目评析会。举办了八省区科尔沁民歌、乌力格尔电视大奖赛、第三届大中学生蒙古文文学作品大赛。完成了自治区与协作省区间蒙语授课招生计划任务，协商解决了辽宁省阜新蒙医药研究所与内蒙古民族大学在职研究生、本科学历教育、医药人员临床进修和科研、制药、医疗等方面的协作发展问题。

【民族宗教干部队伍建设和机关建设】 会同自治区党委组织部、统战部选派20名干部赴国家机关和发达地区进行了挂职锻炼。在中央民族干部学院举办全区第二期青年干部理论研讨班，在国家宗教局培训中心举办了全区基层宗教干部培训班。组织选派边境旗、市，人口较少民族聚居旗、市领导和各级民族宗教干部参加自治区和国家民委、国家宗教局举办的各类培训活动近300人次。完成了全区蒙古语文翻译专业技术资格评审工作，29人取得高级专业技术资格；对240名蒙古语文翻译专业技术人员进行了继续教育培训。抓住机构改革机遇，增加了内设机构和人员编制，强化了监督检查职能。落实安排民族工作专项经费1 800万元，重点用于全区民委系统加强自身建设，其中，投入555万元用于37个旗、县、区民族宗教部门改善工作条件。

（阿拉塔 苏永胜）

民政工作

【内蒙古自治区民政厅领导名录】

厅　长：吴金亮

副厅长：郝勇　黄志江（蒙古族）冯呼和

纪检组组长：娜日莎（女　蒙古族）

副厅长：苏　权（满族）

副巡视员：波特奇（蒙古族　5月任职）

韩　奇（1月任职）

【社会救助】

城乡低保水平继续提高　2009年，自治区民政厅按照自治区党委、政府关于“城镇居民最低生活保障标准每人每月提高30元，农村牧区低保补助水平每人每月提高15元”的目标，采取积极有效的措施，加大工作力度，确保了目标任务的完成。城市低保年均保障人数85.5万人，共下拨城市低保补助资金21.5亿元，保障标准242元，比2008年提高45元；月人均补助水平达到210元，同比增长38元；农村低保保障人数119.8万人，下拨补助资金11.16亿元，年人均补助水平921元，月同比增长18元。同时，通过开展“城乡低保规范管理年”活动，进一步规范了申请、审核、收入核定以及资金社会化发放等程序，健全分类施保下的动态管理机制，确保城乡低保的公平、公正、透明。

救助内容继续拓展　在认真总结部分盟市、旗县先行临时救助工作试点经验的基础上，以自治区政府名义出台《临时救助办法》，并安排一定的启动资金，为全面实施临时救助制度提供政策和资金保障，这也是自治区民政工作的一大突破，标志着自治区城乡社会救助制度已基本形成。春节期间，及时将中央和自治区为困难群众发放的一次性生活补助资金2.62亿元拨付各地，惠及214.48万困难群众。

城乡医疗救助力度不断加大　全年共支出医疗救助资金3.58亿元，救助城乡困难群众133.27万人次，人均救助水平269元，初步缓解了困难群众看病难的问题。

灾害救助保障快捷有序　2009年是自治区灾情比较重的一年，灾害种类多，受灾损失大，特别是上半年干旱和入冬后雪灾的严重程度都是多年来罕见的。面对灾情，一方面及时启动灾害应急响应，准确了解核查、评估灾情，紧急调运救灾物资，转移安置灾民，另一方面，积极争取下拨救灾资金2.87亿元，妥善安排受灾群众的基本生活。加强灾害应急响应能力建设，组织开展首个国家“防灾减灾日”的宣传活动，提高城乡居民防灾减灾的意识和自救能力。

【社会福利】

民政基础服务设施有极大改善　紧紧抓住拉动内需、扩大投资的良好机遇，积极争取，主动沟通协调，千方百计将民政基础设施建设纳入扩大内需项目的总盘子和当地民生工程中，加快改善民政基础设施状况，并以实施“儿童福利院建设蓝天计划”和流浪未成年人救助保护中心项目为契机，推进盟市“民政福利园区”建设，一大批福利项目入驻园区，实现资源整合，节约管理和运行成本，全区80%的盟市相继建成具有一定规模和档次的福利园区，总投资达5.6亿元，总建筑面积32.8万平方米，已开工建设31个“县级综合性社会福利中心”。

敬老院建设步伐加快　自治区及时召开全区现场会，对阿荣旗等地敬老院以副养院的做法和经验进行总结推广，鼓励各地因地制宜发展院办经济来增加收入，以弥补经费不足和改善“五保”对象的生活条件。积极协调财政，不断提高“五保”供养对象的供养标准，集中供养标准达到每人每年平均1 575元，分散供养标准达到每人每年平均1 311元。

慈善和福利彩票事业有新发展　按照全区慈善总会成立大会的精神，12个盟市和14个旗县先后召开

成立或换届大会，积极开展相关的慈善活动，共募集社会资金9 643万元，其中自治区本级5 200余万元，这些资金在保障和改善民生中发挥了重要的补充作用。积极创新福利彩票事业发展思路和工作方法，加强销售站点建设，加大营销宣传力度，与内蒙古卫视合作，开播“福彩草原情”栏目，提高福彩在全社会的影响力和公信度，福利彩票发行保持快速增长势头，销量达19.36亿元，增长幅度17.12%，筹集公益金6.4亿元。

【优抚安置】

推进优抚对象医疗制度改革　按照民政部“在建国60周年前建立起覆盖城乡、涵盖所有优抚对象的优抚医疗保障制度”的要求，加大工作力度，及时召开全区优抚对象医疗保障工作现场会，推行包头市固阳县、东河区的试点经验。至9月底，全区12个盟市、101个旗县全部建立优抚医疗保障制度，共筹集医疗补助资金8 271万元，有效地解决优抚对象医疗难的问题。

不断提高优抚对象的生活水平　积极指导督促各地认真落实优抚对象抚恤补助标准自然增长机制，着力提高重点优抚对象的生活水平，在国家提高重点优抚对象收入水平的基础上，自治区本级在财力紧张的情况下再一次提高生活标准，全年共下拨优抚事业费3亿余元。

认真做好退役士兵安置工作　全年共接收退役士兵10 161人，在保障重点安置对象基本得到妥善安置的前提下，积极推进城镇退役士兵安置改革，自谋职业率达26%，城镇退役士兵培训率达92%。同时，组织调查组对国家和自治区级双拥模范城工作的开展情况进行调研，研究解决创建工作中存在的一些问题，进一步推动双拥工作的开展。

【基层政权和社区建设】

加大社区建设力度　认真落实全区社区建设工作会议和自治区党委、政府两办文件精神，积极争取各级党委政府和各有关部门的支持和重视，加大投入，完善机制，以建设“一个中心、两个站”为重点，加快和谐社区建设。全区共投入资金4.29亿元，新建、改扩建社区办公设施和活动场所418个。同时，强化社区的服务功能和服务内容，进一步提高社区服务居民的能力和水平，全区的社区发展呈现出良好态势，一批管理有序、设施齐全、服务完善、环境优美的和谐社区相继建成。全区有5个区、8个街道办事处、13个社区居委会被命名为全国和谐社区示范单位，30个社区被自治区党委、政府命名为自治区级和谐社区。

推进换届选举顺利进行　第七届嘎查村民委员会换届选举工作是自治区2009年民政工作的一项重点。年初，会同组织部对这项工作进行部署，对骨干进行专题培训，并配合组织部深入基层对各地的选举情况进行指导和调研，认真解决选举过程中存在的难点问题，确保选举的公开透明。全区99.5%的嘎查村委会都完成换届选举。同时，与自治区劳动和社会保障厅、财政厅等部门共同开展了社区家政服务就业培训工作，共组织培训城乡劳动者4 971人，超额完成下达的培训任务。

【社会事务】　开展公墓的清理整顿工作，取缔非法公墓，纠正违规建设的公墓，较好地维护消费者的切身利益。按照民政部的要求，对全区孤儿的生活状况进行调查摸底，结合各地实际和民政部的要求，制定养育标准并提出具体要求。进一步规范行政区划管理操作程序，完成地名数据库建设和省界、盟市界的联检工作，广泛开展“平安边界”创建活动，确保边界的社会稳定。2009年是自治区边界最平安的一年。启动新一轮社会工作者人才队伍建设试点示范工作，精心组织第二次全国社会工作者职业水平考试，稳步推进社会工作者人才队伍建设。扎实推进“明天计划”和“重生行动”等项目。按照中央的有关要求，继续完善老年人优待政策，全区9个盟市、70%的旗县出台优待办法。组织开展全区老年人书画比赛、文艺汇演等活动，努力营造全社会共同关心关爱老年人的浓厚氛围。婚姻登记和收养登记等工作也取得新的进展。

（斯庆嘎）

经济管理与监督

国民经济宏观调控

【内蒙古自治区发展和改革委员会领导名录】

主　任:梁铁城(蒙古族)

副主任:乔木　高云　包满达(蒙古族)　王秉军　安俊义　杨崇义

纪检组长:王荣生(5月任巡视员)

副巡视员:贾峰　马玉山　佈和(蒙古族)

【概况】　内蒙古自治区发展和改革委员会是自治区综合研究拟定经济和社会发展政策,进行总量平衡,指导总体经济体制改革的经济调节部门。根据《内蒙古自治区人民政府办公厅关于印发自治区发展和改革委员会主要职责内设机构和人员编制规定的通知》(内政办发〔2009〕76号),机关核定行政编制153名,设办公室、人事处、政策法规处、发展规划处、国民经济综合处、经济体制综合改革处、固定资产投资处等24个内设机构以及机关党委、离退休人员工作处。

【提高参谋助手水平】

开展规划编制工作　研究提出《自治区主体功能区规划》(讨论稿)。完成增产百亿斤商品粮生产能力规划、鄂尔多斯盆地能源开发利用规划、东部与西部两个千万千瓦级风电规划、煤铝共生矿产资源综合利用规划等重点行业规划。完成"十一五"规划中期评估报告,开展"十二五"规划思路研究。

加强重大问题研究　完成自治区社会发展水平综合评价报告等17个专项调研报告。提出加快风电发展的五条建议。总结自治区西部大开发10年工作并针对政策延续提出建议,形成《内蒙古自治区实施西部大开发的基本情况和政策建议》。研究提出《关于进一步推进服务业发展的意见》、《关于促进牧区发展增收的若干意见》等一系列政策性文件。

强化经济形势分析　按月度进行经济形势分析,全年完成11期全区经济形势分析报告。拓展数据和信息的来源渠道,建立了经济运行月度监测预测系统,对停产半停产企业生产恢复情况、劳动就业情况、主要产品价格变动情况等开展了监测预警。

【加强投资项目管理　推进重点项目建设】

积极争取中央投资　2009年全区共争取国家各类建设资金113.9亿元。配合财政部门落实中央代发地方政府债券57亿元。探索新型融资渠道,启动并协调落实创业投资政府引导基金1亿元。推动企业债券发行工作,协调发行企业债券10亿元。

加快推进重点项目建设　累计新开工高速公路348公里、铁路2 600公里、500千伏输电线路332公里,新开工煤制甲醇160万吨、煤制天然气40亿立方米、炼油500万吨、风电260万千瓦、风机制造90万千瓦。海渤湾水利枢纽工程、呼和浩特至北京客运专线项目、大唐克旗40亿立方米/年煤制天然气项目以及准格尔、岱海等电厂开展高铝粉煤灰提取氧化铝项目前期工作取得积极进展。

加强中央投资项目管理　建立了扩大内需中央投资项目协调机制,按旬向国家发展改革委报送项目进度。按照中央对扩大内需项目提出的"三个百分之百"的考核要求,配合中央检查组、国家发展改革委、审计署以及自治区检查组,全面开展对中央投资项目的监督检查工作。

【优化经济结构　推进节能减排】

积极发展现代农牧业　改善农牧业基础条件,实施10个病险水库除险加固和14个大型灌区节水改造项目。推进粮食增产工程,编制国家粮食增产规划任务51亿斤。推进农牧业产业化经营,支持建设150个奶牛标准化养殖小区和136个生猪标准化养殖小区。

推进工业结构优化升级　稳步发展煤炭、电力等传统优势产业,争取国家审批煤炭矿区总体规划4部,核准煤矿项目4个,规模1 900万吨;争取国家核准三个进口俄罗斯供热机组项目,容量180万千瓦。推进产业振兴和优化升级,实施重点产业振兴和技术改造项目20项。大力发展清洁能源,13个项目列入国家金太阳工程实施范围。加强创新能力建设,实施一批高技术产业化项目。

加快发展服务业　建立重点物流和商贸企业信息调度制度。编制了《全区服务业集聚区发展规划》(征

求意见稿),完成了《内蒙古自治区农畜产品市场和农村牧区商贸流通网络建设研究》。重点支持服务业集聚区示范、农牧民劳动力转移培训和就业服务体系、小企业公共服务平台等项目建设。

扎实推进节能减排　研究提出《内蒙古自治区实施〈中华人民共和国节约能源法〉条例》。严把项目准入关,抑制高耗能、高污染行业增长。加快推进污水处理厂和燃煤锅炉改造项目建设,建成污水处理厂20座,开工建设19个流域水污染防治项目,火电机组脱硫改造任务完成3 900万千瓦,实施大唐国际粉煤灰综合利用等一批资源综合利用项目。

【促进区域协调发展】

推进呼包鄂一体化进程　按照自治区政府的统一部署,着手研究呼包鄂一体化问题,初步形成了呼包鄂经济一体化规划思路。密切关注国家主体功能区规划动态,经积极争取已将呼包鄂地区纳入国家重点开发区范围。

推动东部地区加快发展　研究拟定《内蒙古自治区关于〈国务院关于进一步实施东北地区老工业基地振兴战略若干意见〉的实施意见》,配合国家开展《大小兴安岭林区生态保护和经济转型规划》编制工作。积极推进东部地区资源型城市转型工作,争取国家将阿尔山市享受的资源枯竭城市中央转移支付额度从2 800万元提高到4 200万元。

【深化改革开放】

推进投资体制和医药卫生体制改革　按照属地管理、财权与事权相统一、"谁投资、谁决策、谁受益、谁承担风险"的原则,对社会事业领域的投资进行改革,凡地方出资或自筹资金建设的社会事业项目,下放到盟市投资主管部门审批或核准。成立医改领导小组办公室,完成《自治区深化医药卫生体制改革实施意见》和《内蒙古自治区深化医药卫生体制改革近期重点实施方案(2009~2011年)》。

推进资源性产品价格改革　研究制定《自治区煤炭价格调节基金征收使用管理办法》。实施全区范围内商业和非普工业以及非居民照明用电同价政策。提高部分地区的自来水价格和污水处理费收费标准。落实部分粮食品种以最低保护价格收购的临时收储政策。

积极推进对外开放　组织政府有关部门和企业参加"西洽会"、"东北亚博览会"等一系列全国重点投资洽谈活动。全年全区引进国内(区外)资金到位2 366.6亿元。进口铁矿石647万吨、煤炭639万吨,争取农产品出口配额6万吨。核准内蒙古地质总公司在柬埔寨王国开展地质勘探、内蒙古远兴能源股份有限公司与鄂尔多斯市共同出资在蒙古国开展地质勘探等项目。

【关注和改善民生】

加快发展各项社会事业　编制完成中西部农村初中校舍改造工程二期规划,启动了中小学校舍安全工程。实施地市级和县级中蒙医院、县级综合医院、乡镇中心卫生院、社区卫生服务机构、县级以上妇幼保健机构等建设项目。继续实施乡镇综合文化站、广播电视村村通、农牧民体育健身等项目。

切实加强民生工程建设　认真落实"十件实事"和"十项民生工程",解决了1.23万户农牧民的通电问题和120.7万人的安全饮水问题,新增户用沼气18万户,落实棚户区改造任务3.2万户和游牧民定居工程3 980户,落实易地扶贫搬迁试点工程中央预算内投资1.25亿元,搬迁人口2.56万人,启动了100个重点贫困嘎查村的整村推进项目。

【价格和收费管理】

加强市场价格调控　下发《内蒙古自治区防止生猪价格过度下跌调控预案实施细则(暂行)》,完善保障市场供应和稳定价格的应急预案。成立自治区生鲜乳收购价格协调委员会,建立生鲜乳收购价格协调机制。开展涉企、涉农和涉及民生领域收费的专项检查,累计查处违规单位86家,查处金额3 618.5万元。

全面规范收费秩序　在落实国家取消和停止征收100项行政事业性收费的基础上,取消和停征108项地方性收费项目。加强对教育、医疗、计量检定收费管理,清理规范旅游门票价格和中介组织收费,取消有线电视用户办理开通、暂停、过户及更名业务手续费。

(许静轩)

经济信息

【内蒙古自治区发展研究中心领导名录】

主　任:杭栓柱

书　记:那艳茹(女　满族)

【概况】　内蒙古自治区发展研究(经济信息)中心全年共完成研究课题和调研报告70项,参与起草自治区重要规划、文件和领导讲话15件,在公开出版刊物上发表研究论文31篇,4项研究成果获得自治区领导批示,1项研究成果获奖。

【政策咨询研究】

开展一批重点课题研究　一是开展经济形势监测预测，完成《关于2009年内蒙古经济走势分析与判断》、《对当前我区经济运行问题的初步分析》和《2009年经济形势及2010年影响经济运行的因素和政策取向》等近20篇报告，提出具有针对性和前瞻性的判断和可行的建议。其中《关于我区牧民收入问题的调查与思考》获得了自治区主席巴特尔和副主席任亚平的批示，《对当前我区经济运行问题的初步分析》获得自治区党委常委、组织部部长李佳的批示。二是开展“十二五”经济社会发展的研究，为全区“十二五”规划思路的形成提供了重要依据和参考。其中《加快内蒙古生物产业发展》获得自治区党委书记储波的批示。三是开展内蒙古矿产资源开发管理体制改革研究，提出创新性改革思路和对策建议。其中《关于我区对非煤矿产资源开征水土流失补偿费的建议》，获得自治区副主席任亚平的批示。四是开展服务业重点课题研究，完成部分子课题即《内蒙古文化创意产业发展研究》和《内蒙古服务业发展环境研究》。此外，《内蒙古主体功能区政策研究》获得国务院发展研究中心2009年度国家发展研究奖三等奖。完成了《内蒙古建筑业振兴研究》1篇总报告和7篇专题报告，已通过自治区发改委审定。

编制起草一批重点规划 文件和领导讲话　积极配合自治区发改委，编制了一批重点规划。修改完善了《内蒙古自治区主体功能区规划》，并已上报；编制《“三西两东”区域（内蒙古）能源开发利用总体规划》，已通过国家发改委审定，这是未来20年我区蒙西地区能源产业的发展蓝图和行动纲领；《呼包鄂一体化发展规划》已开展相关调研，近期形成初稿。

起草一批重要文件和领导讲话　在2008年完成的《关于内蒙古开征煤炭可持续发展基金的建议》的基础上，以人大议案形式提交政府，成为2009年全国两会我区代表的集体提案，所提出的先开征煤炭价格调节基金的建议为自治区下半年实施煤炭价格调节基金，提供决策依据。《内蒙古自治区贯彻〈中华人民共和国节约能源法〉法规》已通过自治区发改委审定并上报自治区政府。完成《把内蒙古建设能源重化工基地上升为国家战略的建议》、《内蒙古建设成为中北亚经济圈核心的思考》和《关于在我区部分旗县实施“区直管旗（县）”试点的几点建议》等重要文件。

完成一批委托课题和任务　完成《鄂尔多斯市煤炭产业科学发展试验区工作方案》、《2008年内蒙古县域信息化测评报告》、《内蒙古服务贸易发展战略研究》、《构建内蒙古低碳经济发展机制研究》和《数字呼和浩特（2008～2015年）发展规划》等编制工作。

【信息资源开发】

刊物成效显著　内部刊物《调查研究报告》、《决策信息要参》，受到自治区和盟市领导的普遍关注和好评。其中有6期获得自治区领导批示。公开刊物《北方经济》第二次荣获“北方优秀期刊奖”，并首次进入“海外阅读TOP100期刊”排行榜，名列第36位。

做好网站信息开发　调整内蒙古经济信息网的页面和栏目，开发、加载各栏目信息。对发改委门户网进行日常维护，更新网站的基础数据和信息内容。

【信息技术服务】　根据自治区发改委要求，中心积极参与“信息安全专基金项”项目申报工作，形成《内蒙古宏观经济监测与管理系统》项目申请报告。最终获得国家发改委批准立项，并授予“国家信息化试点工程”。成为国家信息安全专项基金第二批项目全国西部省区唯一获批的电子政务应用系统。

继续做好自治区发改委、中心内外网、纵向网、软硬件维护工作。完善发改委OA办公自动化系统，完善、部署公文流转模块，实现公文流转，全年完成发改委收文电子化约5 000份。进一步完善《领导班子及干部考评资料管理信息系统》，已投入运行，并积极做好推广应用。设计开发《兴安盟项目储备库系统》、《干部自主选学信息管理系统》等，继续承担呼和浩特海关内网网站和自治区计生委门户网站的维护工作。

加大信息技术应用的培训力度，完成经济类继续教育培训475人次，举办组织部“干部自主选学”培训班12期，培训学员382人。

【创业投资引导基金】　积极配合自治区发改委、财政厅，开展创业投资引导基金工作。参与编制《自治区创业投资引导基金方案》、《内蒙古自治区创业投资引导基金管理办法》等文件；组织创建“内蒙古创业投资引导基金理事会”，编辑发行了内部刊物《内蒙古创业投资》。

【内部管理】

积极做好参公工作　制订《中心机构调整实施方案》，进行机构和人员的合理调整。

加强制度管理　制定《中心2009年工作安排》，明确细化各处室工作任务，量化考核目标；完善《科研管理办法》，规范科研项目管理；提出中心财务管理改进实施意见，规范财务管理；完善并大力宣传《职工行为规范守则》。

加强队伍建设　以公务员公开招考方式，引进4

名专业人才。为进一步开阔思路,提高政策咨询研究力量,建立特约研究员制,聘请全区知名决策咨询研究专家共计28人作为中心的特约顾问和特约研究员。

对外交流　举办各式论坛和会议。同时,大力开展学术交流活动,学习先进经验,先后赴日本、德国、英国和蒙古等国家开展学术交流活动,开阔了眼界,拓展了知识面。

(何　芳)

国有资产监督管理

【内蒙古自治区人民政府国有资产监督管理委员会领导名录】

主任　党委书记:苏　和(蒙古族)

党委委员　副主任:杨占林(蒙古族)

党委委员　副主任:郎立兴(9月任巡视员)

党委委员　副主任　监事会主席:范金星

党委委员　副主任:王　耀

党委委员　纪委书记:刘志彧

副巡视员:张恩惠

【概况】　共有行政编制65名(含国防科工办11名),单列编制1名。2009年底实有人数66人。国资委内设办公室(党委办公室)、企业领导人员管理处(人事教育处)、政策法规与规划发展处、业绩考核与统计评价处、产权管理处、企业改革改组处、企业分配处、监事会工作处、党务工作部(机关党委)等9个职能机构,国资委党委纪律检查委员会(监察室)下设一室、二室两个副处级机构。

2009年,国资委出资的8户国有及国有控股企业,全年实现销售(营业)收入741亿元,同比下降5.8%。实现利润-11.9亿元,上缴税金44.2亿元。8户企业资产总额1 497亿元,同比增长3.9%,净资产465.5亿元,同比增长9.8%,资产负债率67%。

【采取多种有效措施 指导企业应对金融危机带来的全方位挑战 促进国有企业发展】　面对国际金融危机冲击下严峻的经济形势和企业生产经营出现的突出矛盾和困难,国资委把帮助出资企业扭亏增盈、渡过难关作为全年的中心工作来抓,多措并举,引导企业正视困难,坚定信心,着力稳定经营形势,努力保持企业平稳运行。

一是及时召开全区国资监管工作会议,就出资企业如何调整发展战略和经营策略,更好地应对金融危机冲击影响,确保国有经济稳健发展进行了安排部署。二是进一步完善企业经济运行分析报告制度。开展了出资企业月、季度经济运行监测分析,及时掌握企业运行状况。三是进一步转变工作作风,深入企业调研、指导工作。国资委领导带队,深入各企业,调研了解并及时解决企业生产经营存在的突出问题和困难。结合不同企业的实际情况和行业特点,与企业共同研究提出调整经营策略、降本增效、开拓市场、实现扭亏脱困保增长的具体措施。四是指导企业深入开展加强管理活动,挖掘潜力,提升效率,增强竞争实力和应对冲击的能力。充分发挥业绩考核工作的刚性约束和导向作用,督促企业负责人发挥主观能动性,不断加强经营管理,努力提高经营绩效。

下发《关于加强出资企业资金管理,防范财务风险的通知》,要求企业强化"现金为王"的意识,进一步加强资金管理,严格控制对外担保、对外投资,强化风险管控,提高资金使用效益。五是主动加强了与出资企业驻地盟市的沟通和工作衔接。由委主要领导带队专程赴有关盟市,与盟市党委、政府就共同应对危机,促进企业和地方经济发展进行对接和调研,得到了有关盟市的大力支持,推进和落实相关重点项目合作进程。针对各盟市工业企业开工不足,电网负荷下滑较大的实际,指导电力企业采取电力多边交易、大用户直供电等紧急措施,有效启动和增加电力负荷,稳定电力市场,促进了地方经济发展。

【国有企业改革重组】　国资委坚持以改革增活力、以调整促发展的思路,按照自治区的总体要求,大力度推进企业改革重组工作,完善法人治理结构,推进现代企业制度建设。

完成了能源发电投资公司重组工作　引入中国国电集团注资40亿元,与自治区按50:50的股比组建新的股份制公司,为从根本上解决蒙能公司生存发展问题带来新的契机。

有序推进电力集团所属企业改革重组工作　呼兴电网整体划入国家电网公司,与国家电网东北主网正式实现联网,对进一步促进东部盟市煤电能源基地开发建设将发挥重要作用。

引进三峡总公司与区内八家风电企业共同开发建设呼和浩特抽水蓄能电站。完成了乌兰水泥集团与中国建材集团资产重组及华宁电厂剥离工作。从根本上解决了长期以来困扰电力发展的历史性难题,实现了改革上的新突破。

森工集团中小企业改革工作初见成效　以产权制

度改革为核心,全面开展了集团所属近 200 户中小企业的改革工作。通过合资、合作等多种方式,对中小企业进行了民营化和股份制改造。

拓宽和调整工作思路 指导推动基建投资公司重组工作进入实质性操作阶段 确定引进重组模式推动企业转制的思路。引入长城资产管理公司作为重组合作方,签订重组框架协议。完成清产核资、财务审计和资产评估等前期工作,为下一步签署重组正式协议奠定基础。

针对基建投资公司所属包头铜厂资不抵债、缺乏改革成本的实际,国资委在深入调研的基础上,会同有关方面研究提出依法破产的思路,并积极协调争取企业所在地包头市政府的支持,落实了相关优惠政策,保证了职工安置等工作顺利进行。

出资企业法人治理结构建设得到进一步规范和加强 认真贯彻自治区政府关于完善出资企业法人治理结构,建立现代企业制度的意见要求,指导有关企业按照决策权、执行权和监督权分开的原则,进一步完善内部相关运行制度,重新修订公司章程,制订并印发董事会议事规则。探索和引入外部董事制度,出台了《国有独资公司外部董事管理办法》、《国有独资公司职工董事管理办法》等制度,并开展外部董事人才库建设等相关基础工作。为保障董事会规范运行,有效履行职责奠定了制度基础。

【“企业管理年”活动】 2009 年,是国资委出资企业“管理年”活动深入推进的重要一年。2009 年“管理年”活动的重点是在前两年启动和提高的基础上,进一步巩固和深化,把建立完善长效机制作为深化企业管理工作的根本任务。

一是深入企业,加大督促指导力度,引导企业将加强内部管理与有效应对危机相结合,使加强管理工作变为企业的自觉行动,提高“管理年”活动的针对性和有效性。二是搭建“管理年”活动情况交流平台,加强舆论引导。及时搜集整理各企业加强管理的好经验好做法,通过《国资监管》刊物等信息渠道进行发布,起到了引导企业相互交流学习、共同提高管理水平的作用。三是各企业把应对危机与加强企业内部管理工作有机结合,大力推进体制、技术、管理创新,采取了一系列措施,苦练内功,挖潜增效,向管理要效益,取得了明显成效。

如包钢集团,全面加强了成本、质量、安全等基础管理,深化对标升级和绩效考评,以对标挖潜为手段,瞄准国内一流钢铁企业,持续开展技术攻关。高炉利用系数同比提高0.046 吨/立方米·日,吨钢综合能耗下降20 千克标准煤,主要技术经济指标得到改善和优化。

森工集团,通过“管理年”活动的开展,企业初步建立起了生产经营全流程的标准化体系,提高了企业运营质量和效益。

电力集团,以“管理年”活动为契机,大力开展内部收入分配制度改革,初步解决了收入分配方面存在的一些突出问题,完善激励约束机制。深入开展降本增效系列活动,狠抓线损和可控费用管理,取得了明显效果。

【探索国有资产监管的有效方式 加强国有资产监管各项工作】

坚持考核工作的基本原则和工作规范 不断提高考核工作的实效 按照“三统一、三结合”的原则,继续组织开展了对监管企业 2008 年度经营业绩和领导班子履职情况考核。根据业绩考核办法和各企业考核评价总体情况,研究提出了考核评级意见。在 2009 年考核指标的确定方面,结合各企业受金融危机冲击影响的具体情况,重点突出了对企业主动采取措施,克服困难,降低亏损、增加盈利的引导和约束。与各企业签订了 2009 年度经营业绩责任书。

企业收入分配管理工作扎实推进 根据业绩考核结果和薪酬管理办法,测算并兑现了各企业负责人 2008 年度薪酬。2008 年度企业负责人薪酬总体水平较上年度平均下降4.5%,体现了企业负责人薪酬水平与企业经济效益相适应,业绩升、薪酬升,业绩降、薪酬降的分配原则。

健全和完善企业收入分配制度,研究出台了《关于规范国资委监管企业负责人职务消费的指导意见》,初步建立起了规范企业负责人职务消费制度框架。进一步规范企业参与社保统筹工作,研究提出《关于监管企业试行企业年金制度指导意见》。

监事会监督检查工作取得了新成效 监事会深入派驻企业,继续坚持以财务监督为核心、以当期监督为重点,突出重大事项监督,建立健全快速反应机制,依法扎实开展监督检查工作,并顺利完成各项监督检查任务。初步形成监督检查成果运用机制,为加强国资监管各项工作决策提供可靠依据。

加强监管工作基础建设 努力完善监管工作措施 认真组织学习贯彻《企业国有资产法》和国务院国资委发布的《关于进一步加强地方国有资产监管工作的若干意见》,努力提高监管工作的制度化水平。积极推进了以企业总法律顾问制度为核心的企业法律顾问制度建设。

加强对企业重大事项的管理和把关,严格监控重点出资企业对外投融资行为,努力防范和化解企业经营风险。对有关出资企业提出的拟对外借款等高风险事项明确了否决意见。

认真贯彻国家和自治区节能减排政策,抓好出资企业节能减排各项工作。继续实施创新型企业试点工作,引导和推进企业技术创新,包钢集团被国家有关部委认定为国家级创新企业。

以企业财务决算管理和内部审计为重点,加强了出资企业财务监督工作。加强财务监管制度建设,出台了《监管企业资产损失责任追究管理办法》、《监管企业财务预算管理办法》等工作制度,提高了财务监管的规范化水平。加强国有资产统计工作,进一步理顺关系,完善统计报告体系,提高了企业统计评价工作的质量。

认真履行国资监管职责,继续扎实做好产权管理、国有股权管理等基础管理工作。制定出台了《国资委资产评估项目评审会工作程序》,提高了资产评估管理的程序化、规范化水平。

积极稳妥开展国有资本经营预算工作,配合有关部门开展了试点企业调研,提出了相关意见和建议;参与研究制定了国有资本经营预算编制办法等基础制度。

认真抓好信访维稳和安全生产工作,促进了企业和谐稳定。

(吴大鹏)

国土资源管理

【内蒙古自治区国土资源厅领导名录】

厅　长:白　盾

副厅长:孔燕燕(女　蒙古族)　赵保胜(蒙古族)　元重举(蒙古族　5 月任巡视员)　杨仁选　王富友

纪检组长:孙建华

副巡视员:高华　陈喜良

【概况】 2009 年,内蒙古自治区国土资源厅内设处室 17 个:办公室、人事处、政策法规处、规划与科技处、财务处、地籍管理处、耕地保护处、土地利用处、矿产资源储量处、矿产开发管理处、地质勘查处、地质环境处、测绘管理处、执法监察局、离退休管理处、纪检组、机关党委,有国家公务员 90 人。

事业单位 14 个:内蒙古自治区地质矿产勘查开发局(正厅级)、内蒙古自治区有色地质勘查局(副厅级)、内蒙古煤田地质局(副厅级)、内蒙古自治区测绘事业局(副厅级)、内蒙古自治区土地勘测规划院、内蒙古自治区国土资源信息院、内蒙古自治区地质调查院、内蒙古自治区地质环境监测院、内蒙古自治区测绘产品质量监督检验站、内蒙古自治区土地整理中心、内蒙古自治区土地储备登记中心、内蒙古自治区国土资源执法监察总队、内蒙古自治区地质勘查基金管理中心、内蒙古自治区国土资源厅机关事务服务中心。

【土地管理】 在积极争取国家支持的同时,利用制度创新来解决用地矛盾,缓解计划指标的不足,全年可使用的用地指标达到2.15万公顷,保证了扩内需项目的顺利实施。积极开展服务扩大内需保经济增长、规范管理保耕地红线专项活动,采取简化土地审批程序、清理批而未用土地、挖掘存量建设用地潜力、先行用地等措施,按照有保有压、突出重点的原则,提前介入,组织完成用地预(初)审 316 项,拟用地总规模为2.22万公顷。全年批准农用地转用和土地征收总面积3.04万公顷。有力保障了一大批交通、能源、水利等公益性基础设施和教育、卫生、保障性住房等民生项目的用地需求,对自治区产业结构优化升级起到了积极的作用。

【土地整理】 采取签订耕地保护责任状、尽量不占耕地或少占耕地、加大土地整理等措施,坚守耕地保护红线,在保证扩内需、调结构、惠民生项目用地的同时,实现耕地占补平衡。在综合考虑耕地保有量、基本农田保护面积、区域地理环境、耕地保护责任目标落实情况、土地整理项目实施情况等因素的前提下,会同财政厅将新增建设用地土地有偿使用费,全额度切块分配到盟市、旗县(区),由盟市实施土地整理项目,年内投入资金 12 亿元,实施土地整理项目 218 个,项目建设规模13.88万公顷,新增耕地9 231公顷。促进了农牧民增收和农村稳定,实现自治区粮食生产的丰收和粮食安全。

【建设用地供应】 应对金融危机的政策效果,体现为建设用地供应总量的显著增长、政策性住房用地大幅增长。全年建设用地供应5 033宗1.93万公顷,同比增加84%;出让土地3 699宗,面积1.05万公顷,出让成交价款 193 亿元,同比增加25%。自治区土地储备登记中心为各地土地储备项目协调银行融资 18 亿元,收储土地1 991公顷。通过严把项目准入门槛、投资强度,使有限的土地发挥巨大的资产效应,提高土地利用强度和利用效益，优化土地利用结构，促进土地节约集约利用。

【规范土地市场】 通过开展加强土地资源管理规范土地市场行为，对2006至2008年以来土地管理、开发整理项目及相关资金使用情况、中央出台拉动内需政策后的建设用地征用情况进行了自查和整改。土地市场动态监管系统全面运行，对规范土地市场行为、拓展土地产权市场空间、加强供地和供地监管、提高工作质量和效率都有十分重要的意义。

【地质找矿】 全区地质勘查资金投入274.3亿元，其中：油气项目194.2亿元、国家投入3.8亿元、自治区财政专项投入25.3亿元、社会投入51亿元；勘查面积10.7万平方公里。全区油气勘查面积36.97万平方公里，在银额盆地、二连盆地油气勘探中取得一定进展，局部钻孔见油气显示。仅自治区地质勘查项目，估算新增煤炭资源储量约500亿吨、提高级别的资源储量约280亿吨，使查明煤炭资源储量达7 323亿吨，新增岩盐储量57.36亿吨、铁矿石1 000万吨、金资源量17.42吨、银417.66吨、铜金属量10.46万吨、铅锌金属量17.21万吨、钼金属量2 695.81吨、钨资源量约6万吨、石墨矿石4 200万吨，新增矿产地70处，在察右中旗、太仆寺旗找水取得重大突破，通辽市地热普查项目完成深度3 000米的地热井一眼。以上新增资源储量，按现有的矿产资源开发利用水平和市值计算，潜在经济价值约9.5万亿元，是全区国民生产总值的10倍，为自治区煤炭、电力、冶金等资源性产业的发展提供了资源保障。

【资源配置和市场出让】 自治区政府研究通过15个煤炭资源配置和接续项目，共配置煤炭资源量287.74亿吨。自治区矿业权市场出让交易平台完成四个批次105个非煤探矿权挂牌出让工作，出让90个，出让总价款1.436亿元。为矿山企业办理采矿权抵押贷款150多亿元。

【地质环境保护】 投入5.36亿元。用于54项矿山地质环境治理、20项地质遗迹保护和地质公园建设。验收矿山地质环境治理和地质遗迹保护158项，完成土石方工作量876万立方米，治理面积17.65平方公里，恢复地貌植被9.84平方公里。积极推进矿山企业落实地质环境治理保证金制度，全区1 673个矿山共存储保证金4.36亿元。地质公园建设有力带动旅游业发展，克什克腾世界地质公园、阿拉善世界地质公园、阿尔山国家地质公园等三处地质公园实现旅游收入20.32亿元，接待旅游人数384万人次，繁荣当地第三产业，推动了地方经济发展。制定自治区矿山地质环境治理实施方案，治理矿山地质环境和改造沉陷区，解决资源型城市地质环境治理和国有矿山历史遗留的地质环境问题，治理主要交通干线两侧、主要城市周围采砂石场，此举得到了国土资源部的高度评价。

【地勘单位改革】 完成经营性收入66亿元，增长6%；实现利税12亿元，增长5%，净资产34.67亿元，增长8%；经营性资产28.73亿元，增长20%；职工年均收入3.7万元，增长15%。

【国土资源执法监察】 建立联席会议制度，开展土地管理共同责任机制试点工作，制定防范违法用地警示约谈暂行办法，开通违法举报电话。年内公开曝光6起挂牌督办的土地违法案件。立案1 029件，结案率99.5%。卫片执法检查中，对145宗违法用地已全部按程序进行立案查处，立案率、结案率均为100%。

【非煤资源整合】 认真落实国土资源部关于资源整合的政策措施，扎实推进非煤资源整合，始终坚持案件举报查处、重大案件督办和责任追究制度、联络员制度、信息交流制度、新闻发布制度，探索形成了以矿种分类及大型冶炼企业为龙头，下游整合上游，采取政策上倾斜、收购、参股兼并等方式整合周边矿业权的做法；大矿兼并小矿、小矿联合做大，矿产品下游企业整合上游企业的做法；以及先关闭、再规划整合的做法。非煤矿业权数从整合前的2 572个减少到整合后的1 386个，减少了46%。

【卫片执法检查】 呼和浩特、包头、赤峰、通辽、乌海市五个城市积极采取有力措施，认真开展卫片执法检查工作，成立领导小组，并指定专人作为联络员，采用5名国土资源综合执法专员各包一市和督察组重点督察的工作方法，对卫片执法检查工作进行专门跟踪督促和检查。目前，五城市对145宗违法用地已全部按程序进行立案查处，立案率、结案率均为100%。第九次卫片执法检查顺利通过国家验收。维护了土地管理的正常秩序，有效落实土地宏观调控政策。

【国土资源信访举报和信息宣传】 通过采取制定下发年度国土资源执法监察及信访工作要点、落实执法监察各项长效机制、发挥协调配合联动机制作用、实行敏感和重点时段信访接待"零报告制度"、轮流接访等措施，充分发挥执法监察专员作用，按照专员专区，上包片、下联点的工作思路，对包片区域内的信访问题跟踪督办。受理群众来信314件次，来信同比减少7.4%，已全部交由盟市处理。受理群众来访187批次、1 012人次，其中集体访52批次、662人次，来访批次同比减少36.4%、人次减少19%。较好地履行了维护权益的职责,构建保障民生权益的机制。

【规划修编】 国家批复了自治区土地利用总体规划(2006~2020年)、国土资源部批复了自治区矿产资源总体规划(2008~2015年),为自治区落实耕地保护制度和节约用地制度、统筹土地利用、坚持“在保护中开发、在开发中保护”、促进矿业健康可持续发展奠定了基础。

【基础测绘】 投入1.15亿元,其中:国家0.15亿元、自治区1亿元,用于基础测绘,完成1:1万地形图3 100幅,增加1:1万地形图覆盖面积7.7万平方公里,增加覆盖率6.5%,使全区1:1万地形图覆盖率提高到32.2%,普查测量标志点1.5万个,已将新中国成立以来存储的1万多张航拍图片、10万多张图纸全部数字化入库,在全国尚属首家。开展地理信息市场专项整治工作,加强了对地图市场、测绘资质、测量标志、测绘行业质量等监督管理工作,启动了自治区基础测绘中长期规划、自治区基础测绘“十二五”规划的编制,以及数字城市地理空间框架建设工作。

【第二次土地调查工作】 完成的自治区农村土地调查单元的数据库成果审查上报工作,在全国排第12名;完成全区旗县(市、区)政府所在地城镇土地调查面积5 574平方公里,建立城镇土地利用数据库39个。全区第二次土地调查费用预算5.88亿元。

【基层所建设】 投入7 000万元,用于12个盟市357个基层国土资源管理所标准化建设,逐步使每一个基层国土所在达到“五个一”(一个办公场所、一部通讯电话、一台电脑、一辆交通工具、每名职工一套办公桌椅)的基础上,进而实现电子政务办公,改善基层国土资源管理所的工作条件,更好地发挥基层国土资源管理所的保护耕地、动态巡查、调处纠纷、发放土地使用权证书等前沿服务作用,筑牢国土资源管理工作的根基,服务经济社会发展。

【国土资源信息化建设】 为全区12个盟市、2个计划单列市、101个旗县区、10个开发区局、10个国土所搭建了国土资源业务网网络平台共计2 000余台套,自治区、盟市、旗县区三级国土资源业务网全线贯通并正式投入运行。厅本级所属89项行政审批事务基本全部上线运行,盟市局行政审批系统正在开发中。

(潘学飞)

工商行政管理

【内蒙古自治区工商行政管理局领导名录】

局　长:王玉英

副局长:马麟　李彦　王玉成(蒙古族)　霍武

巡视员:巴瑞明(蒙古族)

副巡视员:郭瑞峰(女)　李振华　双喜(蒙古族)

【概况】 内蒙古自治区工商行政管理局共有在职人员76名,其中大专以上文化程度72名,少数民族35名,妇女干部21名。设有办公室、人事处、财务装备处、法规处、宣传调研处、公平交易处、消费者权益保护处、市场规范管理处、食品流通监督管理处、企业注册管理处、外商投资企业注册管理处、个体私营经济监督管理(基层建设指导)处、商标监督管理处、广告监督管理处、机关党委、离退休人员工作处等16个职能处室,信息中心、培训中心、机关事务服务中心、个体劳动者(私营企业管理)协会、广告监测中心、“12315”消费者申诉举报中心等6个事业单位,2个派出机构为东、中西部稽查分局。管辖全区12个正处级盟市工商行政管理局和2个准处级计划单列市工商行政管理局。

到2009年末,全区内资企业发展到12.59万户,同比增长9.7%。外资企业发展到3 675户(含分支机构),同比增长58%。全年共办理股权出质登记183件,为企业融资121亿元;办理股权出资登记12件,出资额达到10亿元。到2009年末,全区个体工商户发展到69.4万户,同比增长21%;私营企业发展到9.5万户,同比增长19%。全年新登记农民专业合作社4 334户,比上年增长了4.5倍。全区新增农畜产品地理标志商标和集体商标2件,自治区地理标志商标已达10件。进一步加大“红盾护农”力度,全区共查办各类农资违法案件686件,案值2 625万元,为农牧民挽回经济损失743万元。严厉查处了一批以“家电下乡”名义销售劣质家电的违法行为,查扣劣质家电450台。

各级工商部门和个私协会充分发挥牵线搭桥作用,广泛开展就业再就业人才交流暨劳动用工洽谈服务活动,全年共组织各类就业再就业招聘服务活动55次,提供就业岗位5.7万个,现场达成用工意向3.17万人,其中大学毕业生实现就业4 090人,进城和返乡农民工1.07万人,安置下岗失业人员6 836人。在此基础上,各地还在全国工商系统率先开展了“工商法规服务创业进校园”活动,为大学生创业提供工商法律支持。

2009年,全区个体私营企业共吸纳26.1万人实现就业再就业。此项工作得到国家工商总局的好评。

2009年,全区共有3件商标被行政认定为中国驰名商标,全区驰名商标行政认定总数达到23件。

【市场监管执法】

食品安全长效监管机制日益完善 自治区工商局在先行试点的基础上,推广了统一规范的食品安全监管软件,初步实现了精确定位监管的目标。各地普遍在大型商场、超市、批发市场及商品配送源头建立了进销货台账制度。包头市实行农村食品送货车辆和城区食品经营仓库备案制度。至12月底,全系统共发放食品流通许可证1 751个。

各类专项整治工作深入推进 一是严厉查处涉农商标、地理标志商标案件,全系统共查处各类商标侵权案件223件,案值143万元。二是加大了对主流媒体广告发布行为的监管力度,共监测221个媒体发布的各类广告17.6万条(次),责令纠正225条,查处各类违法广告案件1 250件,其中对自治区两家媒体停发药品、医疗、保健品广告一个月的处罚,引起了强烈社会反响。三是切实加强对重点行业市场竞争行为的监管,有效维护了公平竞争的市场秩序。全系统共查处不正当竞争案件210件,案值6 700万元。查办商业贿赂案件70件,案值505万元。四是继续深入打击传销。积极参与全区打击传销社会治安综合治理年度考评工作,健全了盟市传销活动情况通报制度。认真开展了打传宣传进社区、进校园、进乡村、进市场等活动,营造打击传销的良好氛围。全系统共查处传销案件14件,捣毁传销窝点91个,清查遣散人员15 246人,移送司法机关73人。五是加强网络市场监管,推进实现监管领域由低端向高端延伸,由粗放向精细转变。呼和浩特市、包头市成立了电子商务工商所,并在查办网络违法案件方面取得新突破。六是进一步加强流通领域商品质量监管工作。全系统流通领域商品质量和食品安全监测数据直报点建设进一步完善,旗县工商局及工商所食品检测设备得到加强,基本实现了食品快速检测领域的全覆盖。2009年,全系统共查办各类市场违法违章案件10.59万件,案值2.8亿元。

【消费维权方面】 一是系统四级行政执法体系不断健全,消费者申诉举报调解处理工作程序逐步规范。二是基层"一会两站"建设深入推进。消费维权领域覆盖面不断扩展,基层消费维权组织的作用和功能得到有效发挥。三是依法查处各类消费侵权案件,消费维权成效明显。2009年,全系统共受理消费者申诉举报1.71万件,为消费者挽回经济损失2 451万元。

【工商所监管职能职责】 2009年初,为切实推进停征"两费"后基层工商所职能和工作重心战略转移,自治区工商局有针对性地部署开展了以"三队建设"为主要内容的创建活动,提出以创建"监管服务先进工商所"为载体,努力把工商所建设成为发展服务队、监管执法队、消费维权队,从而明确了基层工商局所职能新定位,消除了基层执法队伍的思想误区,使其将主要精力转移到监管、服务、执法和维权上来。并相继制定了基层工商所工作规范和五年规范化建设规划,调整和规范了工商所职责任务、岗位设置、工作制度等,进一步提高了基层规范化水平和监管服务效能。2009年,全系统查办的各类案件中,70%以上是工商所查办的。自治区工商系统开展"三队建设"的创新做法得到了总局主要领导及自治区党委巡视组的充分肯定。

【信息化建设】 启动了综合业务系统网络升级改造工程,建成了与总局数据中心交互系统。同时,还推广应用了市场信用分类监管和打击传销规范直销信息系统,部分盟市、旗县新建了12315申诉举报及广告监测系统,监管执法现代化水平进一步提高。积极协调人事、编制部门,面向社会公开招考了286名计算机专业人员,充实到各级信息中心和12315申诉举报中心,有效补充了系统专业技术力量。自治区工商局和部分盟市局已试运行新建的OA办公系统。

【党风廉政建设扎实】 100%的旗县工商局和工商所开展了履职履责通报及向监管服务对象述职述廉活动。全系统广泛开展了执法队伍教育整顿、"人民满意的廉洁工商干部"评比及以庆祝新中国成立60周年为主题的工商文化建设等项活动,推动了政风行风建设。对注册登记和重要执法岗位人员实行定期轮岗,积极开展廉政警示教育和廉政风险点防范管理工作,有效防止了不廉洁行为的发生。

(王　敏)

安全生产监督管理

【内蒙古自治区安全生产监督管理局领导名录】

局　长:史青晓

副局长:王英夫　苗雨

副巡视员:孟国庆(蒙古族)　刘大群

【概况】 自治区安监局认真学习和领会中央领导关于安全生产的一系列重要指示,按照国务院安委会和自治区政府的整体部署和要求,认真落实"安全生产年活动"各项规定动作和《2009年全区安全生产工作安排》,重点在抓本质安全、建立安全生产长效机制上多下工夫,下大工夫。到2009年12月31日,全区共发生各类事故13 880起,死亡1 887人,同比事故起数上升4.94%,死亡人数下降9.06%。各类事故死亡人数占国家下达的年度控制指标的93.42%,在年度控制考核指标进度范围之内。

从各盟市控制情况看,12个盟市中,除锡林郭勒盟同比死亡人数上升外,其它11个盟市均不同程度下降。其中,乌海市、呼伦贝尔市、兴安盟和阿拉善盟下降幅度较大,分别为21.31%、20.73%、18.48%和17.07%。锡林郭勒盟事故死亡人数上升,主要是在道路交通领域,与2008年相比,死亡人数增加25人。

从行业、领域控制情况看,在列入统计的七大行业(领域)中,水上交通和铁路运输死亡人数同比上升,工矿商贸、消防火灾、道路交通、民航飞行和农牧业机械等五个行业(领域)均不同程度下降。其中消防火灾和农牧业机械下降幅度较大,分别为23.4%和22.22%。

从事故等级分类看,一次死亡3人以下的一般事故同比死亡人数减少283人,下降15.03%;一次死亡3~9人的较大事故上升幅度增大,事故死亡人数增加95人,上升49.48%;全年没有发生一次死亡10人以上的重大事故。

总体讲,经过全区上下的共同努力,安全生产状况有了一定的好转。但随着危化领域投产项目的增多,停产半停产企业的逐步复产,今后一个阶段内安全生产形势依然十分严峻,必须引起各地区、各部门的高度重视。

【煤炭行业】 针对春季大检查活动中发现的部分地区"安全监管麻痹松劲、企业主体责任落实不完全到位"等八个方面的问题,相应制定了多项整改措施和工作要求,在全区范围内深入贯彻,这些措施得到了国家煤监局的充分肯定。自治区煤炭行业深刻吸取山西屯兰"2·22"特大煤与瓦斯爆炸事故教训,4月份,自治区在鄂尔多斯市召开全区煤矿瓦斯治理体系建设暨部署煤矿安全生产重点工作会议,对全区煤矿瓦斯治理和重点工作进行安排部署,要求各盟市政府和相关管理部门及煤炭生产企业切实吸取区内外煤矿事故的惨痛教训,警钟长鸣,防患于未然。

全力推动瓦斯治理体系建设 严格贯彻执行国家制定的煤矿瓦斯治理县20条标准和瓦斯治理矿30条标准,所有产煤旗县区和全部煤矿都要逐条落实达标工作,对已列入国家"双百工程"的6个示范旗县和47个示范煤矿要率先达标。

高度重视和强化煤矿瓦斯治理工作 各盟市、旗县政府和各煤矿企业特别是国有重点煤矿企业必须坚持矿井在瓦斯治理工作体系完善健全的前提下组织生产。全区煤矿领域正在加紧落实《加快煤矿安全质量标准化建设管理办法》和《加强边角煤开采安全生产管理规程》两项规定,确保煤矿生产本质安全。为查大隐患防大事故,稳定全区煤矿安全生产形势,检查安全管理措施的落实情况。

自治区有关部门先后4次组织监管、监察人员和专家,赴各地督查,现场抽查了11个产煤盟市共111处煤矿,查出各类隐患共742条,向盟市、旗县通报意见35份,向煤矿下达整改执法文书111份。同时,各盟行政公署、市人民政府及旗县人民政府按照自治区政府的要求,及时安排部署了"安全生产年"和"三项行动";各级煤矿安全监管部门、煤监机构都按照相关部署开展了督促检查;各煤矿企业开展了自查自检。对查出的隐患绝大多数已整改落实。

【金属非金属矿山领域及相关行业】 在严格生产企业复工验收的同时,重点狠抓全区尾矿库的专项整治,经过安监、发改、国土资源和环保四部门的共同努力,为期两年的尾矿库专项治理工作圆满结束。全区共有尾矿库565座,已取得安全生产许可证451座,正在履行"三同时"手续的在建库112座。对于乌兰察布市2座危库的治理问题,自治区副主席赵双连组织召开主席办公会后,自治区安监局认真落实办公会纪要内容,6月份已将尾矿库直接威胁到的下游147户居民全部迁出库区,正在实施闭库施工,闭库资金790万元已全部到位。在强化标准化建设、推行安全生产技术方面,在全区范围内重点抓4个地采矿山较多的盟市、30个重点旗县安全生产工作,实施典型示范、全面推进。针对进入6月份以来,3至9人较大事故多发、安全生产形势严峻的情况,自治区安监局又于10月份在阿拉善盟召开全区非煤矿山生产安全事故分析座谈会,分析已发生几起事故的原因,落实责任追究,排除事故隐患,有效防止同类事故的重复发生。另外,2009年以来,加强了对冶金、有色、建材、石油天然气采输等行业的安全生产监管工作。严格了准入门槛,按照有关规定,严格履行安全设施、设备"三同时"手续,从源头上控制事故风险,确保建设项目的安全生产。

【危险化学品行业】 由于自治区重化工上马项目大幅度增多而监管力量不适应发展要求等诸多原因,危险化学品监管一直是各级监管部门的软肋。为加强危险化学品建设项目源头管理，提高企业本质安全，6月5日，自治区召开全区危险化学品建设项目安全许可工作座谈会，对全区所有的建设项目逐一清理摸底。7月20日，自治区政府办公厅下发《关于全区违规建设和试生产危险化学品建设项目限期进入合规建设试生产的通知》，进一步加强危险化学品建设项目安全管理。经过治理，经自治区项目管理部门核准、备案的危险化学品生产建设项目有232个，已开工建设的76个项目中，有40个项目均不同程度地存在违反安全生产规程现象。自治区要求各盟市立即采取果断措施，促使项目依规合法建设。对未经设立安全审查即已开工建设的8个和虽经设立安全审查但未经安全设施设计审查即已开工建设的25个建设项目，项目所在盟市安监局责令企业在9月中旬前已进入国家安监总局《危险化学品建设项目安全许可实施办法》所规定的安全许可程序，并且实行进度月报告制度，促进项目依规合法进行建设。对未经设立安全审查或虽经设立安全审查和安全设施设计审查但未经试生产备案即进行违规试生产的10个建设项目，有3个经过整改已销号；有4个项目自治区安委会已责成所在盟市立即责令企业停止试生产，这些企业主要是小硅铁、小化肥和小硫酸，产品在市场上也不是很紧俏，因此要求他们先停下来补齐建设项目安全许可手续。另外3个项目，中海油天野化工30万吨甲醇项目甲醇生产储存区已符合要求；乌海化工已批准试生产方案备案；黄河铬盐已由两家甲级评价机构进行评价，自治区安监局已验收通过，正在办理安全许可手续。违规建设的还有14家，其中，10家通过设立审查，4家未履行任何“三同时”手续。对于不执行执法文书要求仍然继续试生产的，申请人民法院强制停止试生产，以避免伊泰煤制油“4·8”事故和中盐吉兰泰“3·1”事故等类似事故的再次发生。自治区安监局将危险化学品建设项目“三同时”监管作为全年安全生产工作的重中之重，违规建设项目实行月报告、违规试生产实行周报告，及时掌握和跟踪通报建设项目进度及安全许可情况，扎实有效地推动危险化学品建设项目按规定履行安全许可程序。落实自治区领导的指示，10月份，在阿拉善盟召开了西部六盟、市氯碱化工生产企业生产安全事故技术分析会，内蒙古兰太实业股份有限公司、内蒙古临海化工股份有限公司、中盐吉兰泰盐化集团有限公司等7家企业结合本企业发生的事故情况，对事故原因、救援措施、经验教训、改进的措施等进行了全面认真的分析，所聘请的专家对企业的技术分析材料进行全面、细致的点评。会议收到良好效果。另外，在重点监控企业相对集中的鄂尔多斯、乌海和阿拉善等地区，组织聘请行业专家和技术人员成立巡查组，进行专项督查、重点督查和定期督查。效果也非常明显。

【烟花爆竹领域】 按照“逐步引导规范，3至5年内退出烟花爆竹行业”的整体要求，2009年，进一步加大工作力度，采取关、停、转以及上等升级等多种措施，强化对烟花爆竹生产企业的安全监管。全区原有烟花爆竹生产企业99家，其中赤峰市占79家。因此，赤峰市是烟花爆竹整顿关闭的重点。自治区确定赤峰市2008年和2009年共关闭所有烟花爆竹企业的40%，其中，2008年关闭30%，2009年关闭10%，两年合计关闭32家，保留47家。赤峰以外的20户，已关闭8户，全区关闭40%的任务已完成。对确定的关闭企业正在实施拆除清理工作。

【对赤峰市烟花整改措施】 一是利用延期换证的时机，严格把握复工程序、复工条件和复工验收关。凡不符合条件的，一律不准开工复产；二是开展打击“招户租线”和“三超一改”专项行为。一经发现存在“招户租线”行为，立即吊销安全生产许可证；三是做好关闭企业的“一拆除、两清理、两吊销”工作。即：拆除工房，清理成品半成品、清理原材料和废弃物，吊销安全生产许可证、吊销工商营业执照；四是经过验收复工的企业全部实施视频监测监控。对生产过程实时监测监控，2009年开工生产的47家企业全部实现视频监测监控。生产企业在10月31日全部结束生产活动。关闭企业的自治区200万补助资金也已到位，正在向企业逐一落实。

【安全生产综合监管】 2009年，在明确各部门安全生产工作基础上，自治区安监局进一步加大综合监管的工作力度。

针对年初连续发生道路交通伤亡事故　自治区安委办在组织联合上路督查之后，对元月份15天内连续发生的3起恶性交通事故发出通报，要求各地交通、公安、安监部门尽快按国务院、自治区政府的《通报》要求，认真部署防控措施，突出重点、强化责任，抓紧整改“人、车、路”方面存在的具体事故隐患，力保春运安全。年中，又针对高速公路上的道路施工维修伤亡事故，先后会同自治区交通厅、公安厅、建设厅制定下发《关于进一步加强道路交通旅客运输企业安全生产工作的意见》和《关于进一步加强交通安全管理及道路维护安全监管工作的意见》等指导性文件。对公路施工维护占道作业,再次强调了安全监管事权及应负的责任,确立道路维护审核制度,规范施工路段警示标志及防护设置要求。并结合事故的调查处理工作依法依规的实行责任追究,对交通运营企业及相关的安全监管部门均起到警示告诫作用。消除安全管理上的隐患。

针对个别行业部门安全监管不到位　工业建设项目安全管理混乱,责任事故多发等问题,自治区安监局以安委办名义多次召集有关地方政府和行业管理部门进行协调,明确各有关方面应承担的安全监管职责,要求采取强有力的措施加强安全生产监督管理。另外,对内蒙古交通海事部门承办的呼市托克托县黄河段"8·26"翻船事故的调查处理,召开工作督查会,依法依规的对其调查报告结果提出纠正意见。

遏制铁路路外事故高发势头　一季度末,在2008年对境内四个铁路主管部门调研的基础上,全面了解掌握了各家铁路部门改造治理无人管控道口的完成情况,并结合事故发生性质、地点及原因分析情况,制定下发《关于做好铁路道口安全监管和继续降低路外事故专项治理工作的意见》,要求各地政府及安监部门积极主动的配合当地铁路部门,共同做好无人管控道口整治,区间线路的巡防封闭,新建铁路安全设施的"三同时"审验把关和全社会的宣传教育动员工作。从三季度实地抽查哈尔滨铁路局海拉尔办事处和沈阳局的赤峰车务段情况看,整治措施到位,效果明显。

另外,为更进一步促使企业落实主体责任,切实加强安全生产隐患排查治理,预防和遏制危化、工程建设等领域较大以上事故的发生,自治区安监局以安委办名义先后两次约谈企业主要负责人,要求切实加强安全生产工作。4月11日,就中盐吉盐化工安全生产暴露出的严重问题约谈该企业主要负责人;11月5日,就内蒙古冀东水泥43天内连续发生两次亡人事故正式约谈该企业主要负责人,同时警告提醒了大连万达和呼市中燃两家企业。

(邢国显)

审　　计

【内蒙古自治区审计厅领导名录】

厅　长:长　江(蒙古族)

副厅长:赵慧容(女)

纪检组长:王玉璋

副厅长:王月胜　孙德志(满族)　吕靖原

总审计师:郭少华

经济责任审计局局长:靳素平

副巡视员:千梅海(朝鲜族)

【概况】　2009年,自治区审计厅共设行政编制151人,其中厅机关行政编制111人,驻海拉尔、赤峰审计处行政编制40人,厅机关事业编制46人;行政在编111人,驻海拉尔、赤峰审计处行政在编32人,厅机关事业在编42人。厅机关处室设置为:办公室、人事教育处、机关党委、纪检组、法制处、离退休人员工作处、财政审计处、行政事业审计处、金融审计处、农业与资源环保审计处、经贸审计处、固定资产投资审计处、政府投资审计处、外资审计处、社会保障审计处、党政领导干部经济责任审计处、企事业单位领导经济责任审计处、审理处;另设有派驻赤峰、海拉尔两个审计处;下设审计科研培训中心、机关事务服务中心、审计信息与计算技术服务中心及内部审计管理中心四个直属事业单位。

是年,全区共审计4 739个单位,审计调查902个单位。审计查出违规金额141亿元,损失浪费金额4 220万元,收缴财政金额9.4亿元,减少财政拨款或补贴金额1.4亿元,归还原资金渠道9亿元,核减投资额10亿元。上报审计专题报告、信息5 576篇。提出审计建议3 623条,被审计单位制定整改措施248项,建立健全规章制度148项,向社会公告审计结果90项。

【财政审计】　在审计内容和方法上进行了新的探索:一是关注从体制、机制和制度的层面上揭示问题,关注财政支出方向,促进优化财政支出结构,推动财政管理和公共财政体系的逐步完善。二是关注审计本级预算收支的真实性、合规性,揭示和纠正预算执行过程中分配、管理和使用方面存在的问题,规范财政收支行为。三是关注规范专项转移支付管理,提高资金使用效益。四是关注揭示税收征管中存在的问题,促进提高征管质量。五是关注带有普遍性、倾向性的问题,分析原因,提出改进和完善的建议,发挥审计的建设性作用。

【政府投资审计】　全区固定资产投资审计910个单位,查出违规金额12亿元,上缴财政金额4 671万元,减少财政拨款或补贴4 132万元,核减投资额10.5亿元。一是对中央和自治区新增投资项目加大了监督力度,关注新增投资的使用效果,促进政府投资项目资金及时到位,推动自治区宏观政策措施落到实处。二是坚持审计方法创新,审计与审计调查相结合,充分发挥审计的建设性作用。三是整合审计资源,加大全区行业性建设项目的审计力度。对10条公路建设项目进行跟踪审计和竣工决算审计,对72座病险水库除险加固工程进行了审计和审计调查。病险水库综合报告和黄河防汛工程审计专题报告上报自治区政府后,政府领导作出了批示。

【金融外资审计】 全区审计金融单位3个,查处了一些违规和管理不规范等问题。对自治区信用联社近两年资产、负债和损益情况进行了审计,并延伸调查了6个旗县信用社和5个基层营业网点。针对审计查出的问题,提出了改进意见和建议。在跟踪审计常规外债项目的同时,为外资项目及时出具了公证审计报告,为政府性外债及时拨付到位提供了保障。对结核病等关系民生的项目进行效益审计,提出后续项目完善建议,得到自治区领导和有关部门的重视。

【专项资金审计】 全区专项资金审计和审计调查1 243个单位,查出违规金额9.1亿元,管理不规范金额22亿元,上缴财政金额1 805万元。全区三级审计机关共审计生态工程专项资金和农业综合开发资金用款单位780个,审计调查建设项目464个,走访农牧民千余户,查出违规金额5.7亿元。审计农业综合开发项目执行单位201个,项目工程336个,查出各类违规金额1.7亿元。按照自治区"小金库"专项治理领导小组的统一部署,审计厅与有关部门共同制定了《关于开展党政机关和事业单位"小金库"专项治理工作的实施办法》,三级审计机关积极参与了"小金库"资金专项治理工作,审计厅对自治区本级10个厅局、58个二级预算单位进行了检查。

【社保资金审计】 全区三级审计机关在社保审计方面重点做了三项工作:一是对关系人民群众切身利益的养老、医疗、失业、工伤、生育五项社保基金进行了审计。查出少缴欠缴社会保险基金,开户银行少计利息收入,违规开设银行账户,有关部门滞留社保基金,以物抵费、挤占挪用、账外核算等问题。深入剖析了五项社保基金收支在政策执行和管理体制方面存在的问题,引起自治区领导的高度重视。二是开展了政府投资保障性住房和棚户区改造资金的审计和审计调查。发现并剖析了部分盟市未按规定将廉租住房专项资金及时拨付到项目建设单位、地方配套资金落实率低、土地出让金净收益和住房公积金增值收益净结余用于廉租住房建设的政策执行不到位、部分盟市未经批准擅自变更廉租住房建设计划、廉租住房保障资金管理不规范等问题。三是根据审计署的统一部署,对全区汶川地震救灾资金和物资进行审计调查。发现有部分救灾资金结存在盟市旗县民政、红十字会和慈善机构的现象,提出了要采取措施,及时拨付灾区,确保各项救灾款物专款专用的建议。

【国有企业审计】 全区企业审计106个单位,查出违规金额5.9亿元,管理不规范金额1.1亿元。开展了全区政府还贷二级公路债务余额和通行费收支的审计。此项工作调查了106条政府还贷二级公路,清理了近10年的账目,最终确认了全区已投入运营的政府还贷二级公路债务数额。

【经济责任审计】 在经济责任审计工作中,重点抓了"一个提高、两个探索。"即提高任中审计比重,积极探索旗县委书记和旗县长"一并审计",积极探索任前审计。在实施中,注意把握了以下五点:一是加大领导干部任中审计力度,将监督"关口"前移,努力发挥经济责任审计的预防作用;二是加强对领导干部经济权力运行的监督。突出对经济决策权、执行权、监督权的审计监督,关注领导干部廉政情况,即"三权一廉";三是推进审计成果运用,扩大审计影响。自治区16名厅局级领导干部任期经济责任结果汇总梳理后,联合自治区党委组织部在自治区各委办厅局、各大专院校、各大企业、盟市委、行署政府进行了通报,提出整改要求和加强管理的建议,对于扩大审计影响,促进领导干部依法行政发挥积极作用;四是健全制度,规范经济责任审计行为。实行经济责任审计结果通报制度,扩大了群众知情权;五是扩大县处级领导干部经济责任审计范围,开展乡镇长、村主任经济责任审计,推行旗县委书记、旗县长一并审计,提高了经济责任审计工作成效。2009年,全区经济责任审计1 276人,其中县处级以上(包括县处级)130人,县处级以下1 017人。

(丹　军)

统　　计

【内蒙古自治区统计局领导名录】

局　长:胡敏谦

纪检组长:付玉生

副局长:张肯发　周耀亭(5月任职)

巡视员:巴根那(蒙古族 5月任职)

副巡视员:苑　虹(女)

【概况】 内蒙古自治区统计局共设行政编制78名,实有人数77人,设有办公室、人事处、财务处、统计设计管理与法规处、国民经济综合统计处、国民经济核算处、固定资产投资统计处、工业交通统计处、贸易外经统计处、人口就业统计处、服务业和社会科技统计处、能源统计处、机关党委、纪检监察室、离退休人员工作办公室15个处室。

所属事业编制207名,现有人员135名。所属事业单位有统计普查中心、机关事务服务中心、计算中心、咨询中心、培训中心、科研所、记者站、粮农中心、印刷厂、内蒙古农产量调查队、内蒙古城乡人民生活调查队。

【服务科学发展 增强统计决策咨询能力】 全区各级统计部门围绕自治区党委、政府的中心工作,特别是在积极应对金融危机、保持经济平稳较快发展方面,提供了大量准确、及时反映全区经济社会发展情况的统计数据,并在此基础上,对全区宏观经济的走势做出了准确的判断。进一步强化了统计分析研究和监测工作,制定《内蒙古自治区统计局关于进一步加强进度经济形势分析工作的意见》,组织有关盟市和区局专业处室召开三次季度经济形势分析会。在建国60周年之际,及时编辑并公开出版发行了《腾飞的内蒙古》,全面反映了自治区60年来的历史巨变和辉煌成就;撰写了系列分析报告,先后被多家媒体采用,得到了自治区党政领导和社会各界的普遍好评。统计局在2009年度党委、政府系统信息调研工作综合考评中双双名列前茅,分获自治区党委、政府系统信息调研工作先进单位称号。

【统计数据质量监管】 各专业采取积极措施,制定了数据质量控制办法,加强审核和评估,严把数据质量关。各专业积极引导填报单位建立健全原始统计记录和统计台账,促进填报单位统计工作更加规范化,以夯实源头数据,规范统计工作流程。各专业根据经济社会发展中的热点、难点问题和统计工作中出现的新情况、新问题,积极深入基层调查研究,进一步了解和解决统计工作的难点和存在问题,督促检查基层统计业务工作的开展。针对全区部门统计工作存在的问题,以自治区政府办公厅名义下发了《关于进一步加强和规范部门统计工作的通知》,对加强和规范部门统计工作提出了具体要求,对做好新形势下部门统计工作起到了积极的规范、促进和协调作用。

【统计制度方法改革研究】 积极开展和推动了统计制度方法改革研究工作,不断推进统计制度方法的改革;进一步加强了对部门统计调查项目的审批和管理;建立了包括12个盟市统计局在内的重点能耗工业企业节能降耗监测体系;将能源平衡表和季度地区单位GDP能耗核算工作全面推向盟市一级;建立大中型和年内新建成工业企业按月直报制度;扩大大中型工业企业景气调查制度的范围,把全区大中型工业企业全部纳入监测范围;建立《2009年内蒙古自治区重点服务业统计财务年报制度》;建立了月度全区财政、税收和金融统计监测制度;修订《社会综合统计年报制度》,增加文化产业实物量统计指标内容,同时补充增加部分行业、重点领域文化产业价值量调查;重新修订《内蒙古自治区对外贸易、旅游综合统计报表制度》;首次开展自治区体育产业统计调查;开展首府城市月度劳动力调查工作;开展统计用行政区划代码和城乡划分清查工作。

【统计基层基础建设】 自治区统计局率先在全国统计系统开展了旗县级统计机构统计基础建设达标工作,2009年,重点推进了此项工作。采取处室对口帮扶,抓"两头"、带"中间"的办法,深入基层,全力推进,取得了明显的成效。按照制定的各项标准,于2009年底,对全区旗县级统计机构基层基础建设情况进行了达标验收。至年底,全区共有58个旗县统计局通过验收,达到统计基层基础建设三星级标准。各级统计部门的工作条件得到了很大的改善,基层统计工作的规范化、制度化水平进一步提高,统计信息化建设稳步推进,基层统计网络不断向下延伸,统计队伍的素质也得到了提高,全区统计工作迈上了一个新的更高的平台。

【大型国情国力调查】

高质量地完成了全区第二次经济普查　全年完成了全区第二次经济普查的宣传动员、方案试点、单位清查、普查登记、数据质量抽查、数据处理、审核上报、公报发布等工作,获得了大量翔实的统计数据。目前,普查资料的开发利用工作也已全面部署,同时,还完成了全区第二次农牧业普查的资料开发工作。

全区第六次人口普查准备工作有序推进　成立了全区盟市、旗县(市、区)级第六次人口普查领导小组及其办公室;召开了全区第六次人口普查领导小组会议和办公室主任会议;研究部署了下一阶段人口普查准备工作;国家年度经费已经下拨到位,自治区级经费也已列入预算,并将按年度进行下拨;开通自治区第六次人口普查网站,准备了人口普查办公用房,配备了必要的办公设备。

R&D资源清查工作和各项常规统计工作进展顺利　组建了R&D资源清查工作领导小组和工作机构,制定了《第二次全区R&D资源清查总体工作方案》、《第二次全区R&D资源清查摸底调查方案》,完成了清查摸底、现场登记工作,目前正在进行数据处理。各项常规统计工作顺利开展,固定资产投资、能源、外经、基本单位、综合等专业在全国评比中获奖,部门统计管理、统计执法、统计基层基础建设、统计学会也获得国家统计局的表彰。

【统计法制建设 统计巡查工作】 制定并印发了《关于进一步加强统计法制工作的意见》，明确了2009年和今后一段时期统计法制工作任务；与自治区监察厅联合转发了中纪委监察部、国家统计局《统计违法违纪行为处分规定》和《关于监察机关和人民政府统计机构在查处统计违法违纪案件中加强协调配合的通知》，积极推进惩治和预防统计违法违纪行为的体制机制。开展了全区统计执法人员的业务培训和新《统计法》骨干培训班，取得较好效果。制定全区统计行政处罚案卷评查工作制度。全区各级统计部门与相关部门联合开展了多次统计执法大检查，对近6 000家上报单位进行统计执法检查，全年共立案查处统计违法案件165起，有力地维护统计工作秩序。全区各地都组织开展形式多样、声势浩大的新《中华人民共和国统计法》宣传活动。2009年，对全区12个盟市及部分旗县统计工作进行了巡查，以进一步引导地方党政领导对统计工作的关注和重视，有力地促进了全区统计工作的发展。

【统计信息化建设】 印发《内蒙古自治区统计局关于切实加强统计信息化建设的意见》，提出全区统计信息化建设的总体思路、目标和任务；完成了自治区统计局机房、视频会议室的搬迁集成工作，改善网络管理环境；完成国家到自治区统计局和调查总队的网络扩容工作，网络带宽从2兆提升155兆，增加了一条专用于视频和语音的4兆传输线路，极大地提高了网络传输速度；完成统计内网新邮件系统的安装和培训工作，进一步完善了内部网站的发布功能；在国家统计局到自治区统计局远程视频会议系统运转良好的基础上，正在积极建设自治区到盟市远程视频会议系统；在建成上连国家统计局，下连各盟市、旗县统计局，功能比较完善的“三级网络”环境的基础上，部分盟市已开通到乡镇的“四级网络”；构建了全区统计系统网络安全运行体系，制定《内蒙古自治区统计局网络安全保密制度》等四个网络安全制度，定期对网络做安全防护检查，及时更新管理技术，确保网络系统安全高效运行，保证了全区统计工作的顺利开展。

（春 英）

统计调查

【国家统计局内蒙古调查总队领导名录】

总队长：郑世成

副总队长：赵兴中 李敏

纪检组长：布 仁（蒙古族）

巡视员：汪海涛

副巡视员：方向荣（女）

【概况】 国家统计局内蒙古调查总队是国家统计局的派出机构，为正厅级事业单位，现有编制144人，现有工作人员116人，设有综合处、法规制度处、农业调查处、农产量调查处、畜牧业调查处、农村牧区住户调查处、城镇住户调查处、工业调查处、服务业调查处、生产投资价格调查处、消费价格调查处、商业和投资建筑业调查处、统计监测处、信息技术应用处、人事教育处、财务管理处、纪检监察室、机关党委、办公室19个处室。

【常规调查工作】 2009年，总队认真贯彻执行国家统计调查方案，精心组织、周密安排、扎实工作，圆满完成了城乡居民收入调查、居民消费价格调查、生产投资价格调查、农畜产品价格调查、规模以下工业调查、部分服务业调查、农林牧渔业产值综合统计、农村牧区贫困监测调查、退耕还林还草监测调查、农村全面建设小康监测调查、农民工调查、城乡居民旅游调查等工作，在国家年度统计调查报表考核中，各专业均取得了较好的成绩。

【统计法规建设】 《中华人民共和国统计法》（简称《统计法》）由中华人民共和国第十一届全国人民代表大会常务委员会第九次会议于2009年6月27日修订通过，自2010年1月1日起施行。

2009年，为了《统计法》的即将实施，内蒙古调查总队在全区调查系统范围内开展了加强统计法制建设，提高统计法制化水平的《统计法》学习宣传活动。全面部署了统计法制工作，制定了法制工作要点，加大了统计调查执法检查力度，开创了内蒙古统计执法工作新局面。根据国家统计局关于认真做好新《统计法》宣传月活动的要求，积极动手，制定切实可行的学习计划，以举办《统计法》讲座、开展《统计法》知识竞赛等多种形式，加强学习宣传活动，提高全系统统计人员统计法制化水平。

【数据管理工作】 为进一步加强对统计调查数据的管理，促进数据管理科学化、规范化、制度化，确保源头数据质量,修订和完善《统计调查数据管理办法》,从统计调查数据采集、数据处理、数据评估、数据上报等每个环节进行进一步规范。根据《国家统计局办公室关于进一步加强统计数据发布管理工作的通知》要求,及时下发《关于进一步加强统计调查数据发布管理工作的通知》,对于进一步做好统计调查数据的发布管理工作、保障统计调查数据公布的准确性和权威性、更好地为党政决策部门和社会各界服务等数据发布方面做严格的规定。为科学合理地衔接自治区与盟市之间各专业数据,重新修订了各专业数据质量控制办法,针对各种调查数据各自不同的变化规律,采用对应的控制办法来达到对调查数据质量的控制,完善调查数据“下管一级”和“下算一级”办法。通过推行总体数据评估采用趋势评估控制法、总量对比控制法和相关数据验证法、基础数据修正则采用逻辑审核修正法和系数修正法的运用,对不同类型数据质量进行严格的控制,进一步增强质量意识,加大监控力度,对各专业年报、半年报、季报、月报工作进行了全程监督,提高了统计数据的准确性和一致性。

【基层基础建设】 狠抓基层基础建设,努力探讨加强基层基础建设的新思路、新方法,采取了一系列行之有效的办法,全力夯实调查工作根基,确保了调查数据质量。一是加强基础工作规范化建设。通过修订和完善各专业基础工作规则、数据管理办法、考核评比办法,不断加强基础工作规范化建设工作力度,在实现调查方案科学化、报表台账标准化、调查行为法制化、调查过程程序化、数据核查制度化等方面狠下工夫,进一步夯实了统计调查工作的基础,确保了统计调查数据的准确性、权威性和科学性。二是加强基层数据质量评估力度。针对调查工作出现的新情况、新问题,总队各专业严格按照国家统计局数据质量评估细则,对数据异常地区严格审核把关,实行专报制度。对事关国计民生和国民经济核算的重要数据,如粮食产量、农牧民纯收入、城镇居民可支配收入、价格指数、规模以下工业、服务业等主要数据进行全方位、多角度审核和评估,实现了对源头数据质量的有效监控。三是加大对基层调查队支持力度。在信息化建设方面,为市县调查队调整配备了计算机、激光打印机等设备,并针对部分地区上网困难的情况,给予了大力的支持并进一步协调解决。同时,积极采取措施争取国家统计局和各级政府的支持,解决了部分市县调查队办公用房和交通工具。通过压缩会议、节省差旅费、接待费、办公费等开支,多方筹措资金,解决了市县调查队经费不足问题。

【咨询服务工作】 一是进一步树立精品意识,不断拓宽分析研究领域,把工作重点放在调研分析上,深入部门、企业、农村牧区调查研究,努力掌握第一手材料,使调查分析更加鲜活,提出符合经济发展规律要求的观点,提高了分析研究水平。二是围绕热点、难点和社会普遍关注的焦点问题进行调查分析,围绕党和国家的各项方针政策,紧密结合地方经济社会发展的客观实际,在国际金融危机大环境下,加强经济发展分析研究工作,特别是对当前经济社会发展变化情况进行了深入细致的分析。三是充分发挥统计调查的预测、预警作用,加强对经济运行发展趋势预测分析,更好地发挥对决策的参考和咨询作用,敏锐观察经济发展的新变化和新问题,正确分析和判断经济发展趋势,为各级政府制定政策提供依据。四是加强与自治区信息部门和统计局的联系,在资源共享前提下加大经济社会热点难点问题综合分析。一年来,总队编发《调查与研究》52 期,向国家统计局和自治区党政报送的分析信息中有 208 篇被采用。5 篇分析信息得到中央和自治区领导的重视和批示,中办国办采用 11 篇。同时,为配合自治区宣传建国 60 年自治区经济社会建设取得的辉煌成就,在《2009 年内蒙古经济社会调查年鉴》中,开辟了 60 年成就专栏,组织各专业处和 12 个市级调查队撰写了反映本专业、本地区特点的专题文章,从农村牧区、城市、企业,从生产、流通、消费等各领域利用统计调查数据进行成果展现。

【网络建设工作】 2009 年,按照国家统计局要求,积极组织、协调相关部门,配合自治区统计局计算中心三级网络建设,因地制宜,采取多种方法,基本解决了市、县级调查队联网问题。根据《全区调查队系统建立信息网站工作的通知》要求,总队顺利建成了新的总队内部信息网。新的内部信息网栏目设置合理、内容丰富多彩,统计调查特色突出,信息更新迅速,既有全队的综合信息,又有各处室、各基层调查队的详细信息;既有全面翔实的统计调查数据,又有客观、鲜明的权威观点。总队内部信息网已成为体现总队风貌,宣传总队工作的重要窗口,成为满足统计调查工作需要的有效操作平台。

【专项调查工作】 总队对各项专项调查高度重视,加强领导,采取有效措施,组织开展了组织工作满意度民意调查、邮政普遍服务需求满意度调查、全区公众气象服务评估调查、居民国内旅游调查、农户存粮情况调查、农林牧渔业生产经营单位能源消费调查等多项专业调查。为了搞好各专业调查,总队从人力、财力等方面给予了有力支持,多次派出工作组,组织相关专业人员对基层业务工作进行检查指导,高质量地完成了各项新开展的调查工作。为更广泛、更全面了解和反映民众对全区各盟市、旗县组织工作满意度情况,受自治区党委组织部委托,在全区范围内开展组织工作满意度民意调查工作,受到自治区党委组织部的好评。

专项调查,即为各级党委、政府及时了解社情民意、制定决策措施提供可靠信息依据,同时也充分展示内蒙古调查队系统高效、快捷的调查能力和遍布全区的网络优势,赢得较好的社会声誉,极大地提升调查总队的社会认知度。

【主要数据指标】

城镇居民可支配收入 2009 年,全区城镇居民人均可支配收入15 849元,同比增长9.8%,扣除价格因素实际增长9.9%,在全国 31 个省、市、自治区中排在第 9 位。在城镇居民收入中,工资性收入增长9.6%,转移性收入增长18.2%,经营性收入增长11.7%,财产性收入增长12.1%。全区城镇居民人均消费性支出12 370元,同比增长14.3%。城镇居民家庭恩格尔系数为30.5%,比上年下降2.3个百分点。

农牧民纯收入 2009 年,全区农牧民人均纯收入4 938元,同比增长6.1%。人均生活费支出3 967元,同比增长9.7%。全区农牧民纯收入与全国平均水平5 153元相比,低 215 元,差距较上年放大,在全国 31 个省、市、自治区中排在第 15 位。农村牧区居民家庭恩格尔系数为39.8%,比上年下降1.2个百分点。

居民消费价格(CPI) 2009 年,全区居民消费价格总水平比上年同期下降0.3%,比全国平均水平高0.4个百分点,位居全国第 13 位(从高到低),排在西部地区的第 9 位,低于东三省。其中:8 个商品和服务大类消费价格呈现五降三升格局,食品、烟酒、医疗保健价格略有上升。

工业品价格(PPI) 2009 年,全区工业品出厂价格累计同比下降4.2%,原材料、燃料、动力价格累计同比下降0.9%。工业品价格运行的特点:一是工业品出厂价格单月同比指数 12 月止降回升。2009 年自 3 月份开始工业品出厂价格指数进入负增长运行区间,8 月份降幅达到最低点,12 月份止跌回升,结束了连续 9 个月的当月下降势头。二是 12 月份原材料、燃料、动力价格降幅继续减少,比 11 月份减少2.1个百分点,各大类价格回升明朗。

农林牧渔业产值 2009 年,全区农林牧渔业产值实现1 562.27亿元,同比增长2.7%。全区农林牧渔业增加值929.02亿元,同比增长2.3%。

粮食总产量 2009 年,全区粮食总产量 396 亿斤,虽然与 2008 年 426 亿斤的历史最好水平相比,有近 30 亿斤的减产,但仍是历史上第二个高产年。2009 年的粮食丰收是在霜冻、干旱和蝗虫等自然灾害频发的条件下取得的,意义重大,影响深远,标志着内蒙古自治区抵御自然灾害的能力不断增强。

牲畜总头数 2009 年牧业年度,全区牲畜总头数10 858.5万头(只),比上年同期增长1.69%。其中:牛存栏 882 万头,同比增长5.1%,羊存栏8 512万只,同比增长0.8%,猪存栏1 262万口,同比增长7.8%。牲畜总增率达61.5%,牲畜繁殖成活率达162.4%,能繁殖母畜比重提高为63.1%,牲畜良种及改良种比重达94.7%。

农畜产品价格 2009 年,全区农畜产品生产价格总指数为99.8%,比上年同期下降0.2%,呈现微幅下降的趋势。分行业看,种植业产品、林产品价格分别上涨了2.9%、2.4%;牧业产品、渔业产品价格下跌了4.2%、1.0%。部分产品价格跌幅较大,生猪价格下跌7.9%、牛奶价格下降6.4%,山羊绒价格下跌13.4%。

(方 玲)

质量技术监督

【内蒙古自治区质量技术监督局领导名录】

局 长:刘秀清(女)

副局长:王纪和 谢绍清(无党派)

富锡原(蒙古族) 张立忠

纪检组长:刘 波

副巡视员:娜日莎(女 蒙古族) 武路希(蒙古族)

【“质量和安全年”活动】 全系统把开展“质量和安全年”活动作为首要任务,认真落实“质量宣传年、质量提升年、质量服务年、质量整治年、质量建设年”主题。成立“质量和安全年”活动领导小组,制订活动方案。建立专项督查制度,派出 7 个督查组到各盟市和重点旗县区进行督促检查。与自治区发改委、经委、商务厅等部门联合开展“质量和安全年”活动,会同有关部门开展“清新居室”专项执法检查、“家电下乡”、农资等专项打假和特种设备安全知识普及等活动。发挥企业主体作用,推动和帮助全区5 400多家企业(规模以上企业1 230家)开展“质量和安全年”活动,2.7万人参加了企业全员质量教育培训,企业质量安全主体责任得到进一步落实。以“质量安全,人人有责”为主题,以“3·15”、计量日、质量月、世界标准日等活动和新闻、网络等媒体为平台,组织质量知识、《食品安全法》知识竞赛等一系列活动。全区共开辟专栏近100个,宣传报道2 400多次,宣教咨询570多次,发放资料30多万份,营造全社会重视质量安全的浓厚氛围。通过“质量和安全年”活动的有效开展,全社会质量和安全意识明显提高,企业质量管理基础进一步夯实,产品质量和食品、特种设备安全状况明显改善。区局质量处被国家总局评为全国“质量和安全年”活动先进集体。

【质量管理】 加强质量状况分析,上报自治区政府2008年全区产品质量状况报告。全区1 837家工业产品生产企业和148家3C认证企业全部建立了质量档案。加大扶优扶强力度,下达300万元质量基金用于支持企业质量认证、产品质量上等升级和提高检验机构检验检测能力。深入开展“质量兴区”活动,制定《关于全面推进质量兴区工作的意见》,并经自治区政府同意批转全区贯彻执行。全区共有11个盟市和89个旗县区开展了质量兴市(旗、县、区)活动。对各盟市、旗县(区)开展“质量兴市”的情况进行评定,评选出包头市质监局等15个“质量兴市”先进单位。

【名牌战略】 评选出58家企业、70种产品为2008年内蒙古名牌产品。76种产品列入2009年内蒙古名牌产品预选名单。2009年,全区共有中国名牌产品11种,内蒙古名牌产品239种。国家质检总局受理“保安沼大米”申报地理标志产品保护,核准26家企业可使用苏尼特羊肉地理标志产品保护专用标志。

【工业产品生产许可】 重新修订《工业产品生产许可内蒙古自治区发证工作实施方案》。共受理工业产品生产许可证申请310份(包括自治区级发证产品申请107份),发放工业产品生产许可证297张(其中,国家级发证190张、自治区级发证107张)。

【食品质量安全监管】 开通《内蒙古自治区食品生产质量安全动态监管系统(Ⅰ期)》,将全区所有食品生产企业和小作坊纳入动态管理。严格把好食品生产许可关,共发、换食品生产许可证824张。进一步规范食品监管工作,制定《内蒙古自治区食品生产加工企业巡查工作实施细则》。认真开展食品专项监督检查,全力抓好“四查、四建、四落实”,确定重点整治区域289个,对食品添加剂、乳制品生产企业和含乳食品生产企业、小作坊等进行集中整治。继续抓好乳制品质量安全监管,组织开展三聚氰胺跟踪检测。与自治区经委、工商等部门联合制定了《乳制品生产企业整顿和规范工作方案》和《乳制品生产企业整顿和规范工作验收参考手册》。与自治区验收组对68家规模以上乳制品企业(中小企业由盟市组织验收)进行了验收。加强产品质量安全风险信息管理,对小麦粉、糕点、饮用水、粉条等11种食品开展风险监测。全区共检查食品生产加工企业1 900余家、乳制品生产企业176家、小作坊1 583家,整改问题企业88家,取缔一批食品加工“黑窝点”。全年未发生系统性和区域性食品质量安全问题。

【产品质量监督抽查】 以食品、建材等产品为重点,对2 235家企业2 840批次产品进行质量监督抽查,平均抽样合格率为86%。其中,抽查食品生产企业1 244家11 480批次产品,平均抽样合格率为91.1%。

【打假治劣】 积极推进12365投诉举报指挥系统建设。开展食品添加剂、汽车配件、纤维制品、建材、燃油助力车等重点产品专项整治和“农资打假”和“家电下乡产品”等执法检查。对通辽市白酒和鄂尔多斯市羊绒纱进行重点整治,通辽注销24家白酒生产许可证,鄂尔多斯羊绒纱抽样合格率同比上年提高2.7个百分点。全区共出动执法人员2.5万人次,当场处罚案件1 028起,责令改正579起,立案查处案件1 025起,已结案1 003起;查获假冒伪劣货值414.7万元,销毁假冒伪劣产品货值18万元。

【标准化工作】 会同自治区科技厅、包头市政府举办“首届内蒙古技术标准战略发展推进会”,共同签署推进标准技术战略合作协议。积极争取到全国冷冻饮品标准化技术委员会秘书处落户呼和浩特市。组织制定、审核、发布27项地方标准。全力推进21个国家第六批农业标准化示范区项目建设,在建的鄂温克旗农业综合标准化示范区得到国标委的奖励。完善企业产品标准备案制度,对备案的4 885项企业标准进行清理登记,对其中的3 170项食品标准逐一复核,废止添加药品和保健品原料的企业标准114个。深入开展服务标准化工作。推广克什克腾旗和阿尔山市旅游服务标准化试点工作的成功经验,进一步推动服务标准的实施。配合国家生态旅游年活动,制定《内蒙古生态旅游精品规范》。

【计量监督管理】 建立17.5万台(件)强检计量器具的电子档案,四表累计录入约342.3万台(件),录入计量标准信息和型式批准信息1 600多条。强化计量标准管理,新建计量标准41项,复查计量标准161项。新制定地方计量检定规程3项。加强计量器具监管,全年完成计量器具检定137.2万多件。检查加油站2 357家、加油机11 289台、电子计价秤11 200台、进口计量器具822台件。开展农资定量包装商品计量专项检查,抽查1 127家企业,种子、化肥、农药、地膜等产品

1 767批次。开展食品、电线电缆、涂料、汽车用润滑油等8类定量包装商品国家计量监督专项抽查，共抽查23家企业、104批次产品。开展治理商品过度包装专项检查，以月饼生产企业、大型商场和超市为重点，共检查631家生产和销售单位，抽查礼品盒月饼733批次。积极服务甲型H1N1流感防控工作，派出技术人员深入18个口岸，免费校准、检定体温检测仪器364台次，确保了口岸用体温检测仪器准确、可靠。

【计量节能服务和高耗能特种设备节能监管】 积极开展节能降耗增效服务活动，督促企业做好能源计量器具的配备和使用工作，全区85家重点耗能企业的能源计量器具综合配备率均达到或超过了国家标准要求。开展能效标识专项检查，共检查51家商业企业、9种能效标识产品。对已投产的81家发电企业计量标准建立和计量器具检定情况进行了普查。服务重点耗能企业348户，培训特种设备司炉工2 200多名。

【特种设备安全监管】 认真组织开展特种设备安全执法、治理和宣传教育"三项行动"。开展了压力管道元器件和起重机械专项整治、危化品生产企业专项检查以及重大节日、重点时段等特种设备安全检查活动，全面加强特种设备安全监管。共出动执法人员1 600多人次，现场监察特种设备使用单位2 521家，检查重点监控设备3 467台，下发特种设备安全监察指令书498份。加大车用燃气气瓶专项整治，起草并由自治区政府下发《关于进一步做好压力管道车载气瓶质量安全工作的通知》，协调自治区发改委和财政厅出台《车载气瓶收费标准》，组织制定车载气瓶的检验标准，使全区车载气瓶的强制检验工作得以顺利开展，确保车用气瓶安全。查处使用非法制造压力管道元件的违法行为，加强对冶金企业吊运熔融金属起重机械治理和冶金起重机械生产单位的监督。进一步完善特种设备动态监管体系和应急救援体系建设，参与筹划并组织人员参加了自治区政府组织的化工氨泄漏重大事故应急救援演练。强化重大危险源的重点监控，建立了重点监控企业和重大隐患设备名单。制定事故调查规范，组织建立事故调查专家队伍，培训基层事故调查工作人员，提高事故调查处理和分析能力。全区特种设备全年安全运行无事故。

【技术机构建设】 国家天然气煤化工产品检测中心建设进展顺利。计量院在国内率先建成最高计量标准—E1等级砝码标准装置，并被获准建设"国家城市能源计量中心"。8个自治区级技术机构全年共投入1 444万元用于提升检测水平。争取到国家质检总局食品质量安全检验检测体系建设项目15个，项目总投资480万元全部用于盟市质检技术机构食品检验检测仪器购置。各盟市、旗县局技术机构在加大投入力度的同时得到地方政府资金、政策和土地等方面的支持，拓展了检测领域，提高检测能力。科研能力和水平进一步提高。组织开展全系统首届科学技术成果奖励项目评审，表彰13个科学技术成果。《多功能标准源在使用中减少误差的几种方法》、《国内骆驼绒资源及直径分布》2篇科研论文获得2008年度国家质检总局"优秀科技论文奖"。《天然气流量计量实流标定》等4个项目列入总局科研项目。技术机构由单一检验型向科研开发型转变。

【队伍建设】 制定《关于进一步加强和改进领导班子政治思想建设的实施意见》。加大教育培训工作力度，举办各类培训班13个，参训1 614人次，投入培训经费近50万元。公开考录公务员282名、专业技术人员122名，充实了基层一线执法力量和专业技术力量。完成新一轮局机关机构改革"三定"方案的编制审批工作，新增内设处室2个，处级领导职数10名，增加局机关编制2个。继续强化食品安全、特种设备安全和队伍安全这"三个安全"一起抓的工作理念。落实建立健全惩治和预防腐败体系2008～2012年工作规划，下发了《2009年反腐倡廉工作实施意见》。加强政风行风建设，严格执行行风建设"十不准"规定。调整充实政风行风监督员，强化外部监督。认真开展"小金库"专项治理活动。以"纪律教育月"为载体，深入开展反腐倡廉教育和廉政文化建设。起草《内蒙古自治区羊毛公开检验管理办法》和《内蒙古自治区特种设备安全监察办法》。制定了《政务公开管理办法》等17个工作制度和《信息公开绩效评价指标体系》。

（刘　勇）

烟草专卖

【内蒙古自治区烟草专卖局(公司)领导名录】

局长 总经理：董晓民

副总经理：乌力吉(蒙古族) 王文忠

副局长：赵德国

副巡视员：张福义 郑子林 于小芹(女)

【概况】 内蒙古自治区烟草专卖局、中国烟草总公司内蒙古自治区公司成立于1984年，下辖14个地市级烟草专卖局(公司)、2个直属二级单位：金叶投资有限责任公司和铁路烟草专卖局。至2009年末,全区烟草商业企业拥有总资产53.2亿元,其中,固定资产9.29亿元、流动资产39.22亿元,资产负债率12.07%,3项费用率9.30%;共有从业人员5 660人。

【机构设置】 自治区局(公司)机关设办公室(外事办、烟草学会)、人事劳资处(技能鉴定站、老干部管理处)、思想政治工作处(机关党委、工会)、专卖管理处(稽查总队、内部专卖管理监督办公室)、财务管理处(资金管理中心)、审计处、纪检监察处、综合计划处、法规处、信息中心、安全保卫处、整顿办、烟草专卖治安办公室、卷烟销售处、烟叶处、烟草质量监督检测站等16个处(室、站)。

【经济效益】 2009年,全区烟草行业系统外销售卷烟100.12万箱,同比增长4.94%。其中,销售低档卷烟31.09万箱,完成计划的100.28%;实现卷烟销售收入148.47亿元(含税),同比增长15.48%;实现税利26.42亿元,同比增长16.08%(其中,上缴税金10.64亿元,同比增长106.02%;实现利润15.77亿元,同比减少10.33%)。

【烟叶工作】 区局(公司)和各烟叶产区以“严格控制、适度从紧”为指导方针,以“控制总量、稳定规模”为首要任务,以“烟叶防过热”为重点,以合同制管理为主线,层层落实烟叶生产管理责任;加强基础设施建设,推进现代烟草农业发展,保持了全区烟叶生产的平稳健康发展。全区“烟叶防过热”工作成效明显,在2009年全国烟叶工作座谈会上受到国家局的肯定。2009年国家局下达全区烟叶种植计划19.8万担,共生产收购烟叶17.15万担,占计划的86.67%。12月底,收购的烟叶已全部调出。

【卷烟上水平】 全区烟草行业加强卷烟购销调控,合理控制货源投放节奏,注重品牌培育,继续推进“按客户订单组织货源”工作。努力提高网建软实力,切实抓好网建全面提升工作,不断提高服务客户水平,加强对卷烟价格的监控,扎实推进ISO 9000质量管理体系建设工作,进一步提升物流运行管理水平,重视客户投诉工作。2009年,全区卷烟销量稳定增长,结构逐步提升,重点骨干品牌销量持续增长,市场零售价格保持稳定,客户盈利水平不断增长。区局(公司)销售处荣获2009年度全国卷烟销售工作先进单位三等奖。

【专卖管理】 年初,区烟草专卖局与自治区公安厅联合发文,在全区烟草行业成立烟草专卖治安机构,又联合在全区范围内集中开展代号为“飓风”的清理整顿卷烟市场专项行动和百日清理整顿卷烟市场专项行动。针对邮政物流非法托运卷烟案件增多的情况,开展打击通过物流环节非法托运卷烟专项行动,并恢复组建铁路烟草专卖局,加强对车站、铁路等卷烟流通环节的监管。2009年,全区烟草行业共出动打假67 778人次,查获违法案件8 898起,其中假冒卷烟案件2 468起,查获假烟2 733.52件。罚没款364.26万元。共刑事拘留犯罪嫌疑人133人,逮捕91人,有25名违法犯罪分子被判刑。共破获制售假烟网络案件19起,其中有15起达到国家局、公安部制售假烟网络案件标准。

【信息化建设】 一是制定《全区烟草行业信息化发展规划(2010~2012)》,明确信息化建设发展的方向和路线。加强信息化项目的审批和监管。二是完成全区烟草行业统一财务核算系统、专卖内管信息系统、外部网站的实施工作;开展了全区烟草物流系统和人力资源系统的建设工作与全区假冒伪劣卷烟鉴别系统的推广工作;完成烟叶信息系统、卷烟营销网络系统、二级网设备的维保工作;完成卷烟营销网络系统中卷烟零售客户分类规范调整的程序修改工作及打码到条的接口改造工作。三是通过协调自治区公安厅,开展全区信息系统安全等级保护定级备案工作,建设完成全区桌面安全系统、全区CA认证体系和数据备份系统,改造了网络线路,提高系统运行速度,同时加强二级网设备维保巡检工作,开展了信息安全自查和抽查等工作,切实加强信息网络的安全建设和运行管理工作。

【队伍建设】 完成2007~2008年度“四好”领导班子创建活动考核验收以及表彰工作,区局(公司)党组组织了对所属12家单位领导班子的考察,及时调整、充实10个单位的领导班子。7月份,区局(公司)机关进行人事用工分配制度改革,严格按照申请报名、资格审查、民主推荐、竞聘考试、组织考核、任职公示等程序,公开选拔18名处级干部上岗任职。按计划选派各级干部参加党校学习,联合北京大学组织了两期共88名处级干部参加的经济管理高级研修班。截至年底全区烟草商业企业均已完成人事用工分配制度改革、工资套改等工作,区局(公司)还积极组织各单位做好绩效考核体系建设工作,开展专题调研。按照国家局工效挂钩工作安排,对原收入分配及动态考核管理办法进行了修订,合理减少岗位档次,相应调整岗位工资数额和绩效档次系数,缩小4档以下员工与4档以上员工、旗县局(营销部)与盟市局(公司)员工之间的收入差距。完成全区烟草商业企业高校毕业生招聘录用工作,通过对1 200多名报名人员的资格审查、笔试以及面试等环节逐次淘汰,最终全区烟草行业择优录用55

名高校毕业生;组织开展两次共604人参加的普通员工招聘统一考试录用和审核批复工作,完成复退军人安置工作。组织完成第十一期青干班培训任务,组织第十二期青干班按时开班。组织第二期MBA学位班入学考试和5次集中学习。建立远程培训分站,共组织470名一线员工参加营销及专卖远程培训。加强烟草行业特有工种职业技能鉴定工作,全年共组织6次鉴定,其中烟机设备工种共鉴定187人,卷烟商品营销员工种共鉴定640人,专卖管理员工种共鉴定1 002人。组织开展首届卷烟营销职业技能竞赛,全区有60名选手参加了比赛。

(齐俊峰)

食品药品监管

【内蒙古自治区食品药品监督管理局领导名录】

党组书记 局长:郝 富

党组成员 纪检组长:杨文忠

党组成员 副局长:罗黔英(女) 格日勒图(蒙古族) 韩玉明

副巡视员:栾亚利(女) 李光荣

【食品安全责任制】 在自治区政府召开的“全区食品药品监管工作会议”上,自治区副主席刘新乐代表内蒙古自治区政府与12个盟市政府(行署)以及内蒙古自治区食品安全委员会7个主要成员单位签订了食品安全责任书。按照自治区要求,各盟市、旗县、乡镇政府及主要职能部门层层签订责任状,落实食品安全监管责任制,进一步强化各级政府和相关部门的食品安全监管责任,在内蒙古自治区范围内建立“纵向分级落实”和“横向分片负责管理”的工作机制,明确食品安全第一责任人和直接责任人的领导责任,全面强化食物链各环节监管责任制和责任追究制。各级政府将食品安全工作纳入政府目标责任考核范围,主要领导或分管领导定期或不定期检查指导食品安全工作,及时解决工作中存在的矛盾和问题,进一步巩固“政府统一领导,部门各负其责,各方联合行动”的工作格局,推动内蒙古自治区食品安全工作的深入开展。为加大对各盟市和主要食品安全监管部门责任目标的考核力度,年初下发《自治区2009年食品安全综合监管目标考核细则》,对各盟市和主要食品安全监管部门的食品安全监管责任进行细化。提高了基层监管覆盖率和执法效率,增强综合监管能力。

【打击违法添加非食用物质和滥用食品添加剂】 按照国家有关要求,继续组织开展食品添加剂集中整治,转发了卫生部《关于全国打击违法添加非食用物质和滥用食品添加剂专项整治工作近期工作重点及要求的通知》等文件,制定《内蒙古自治区打击违法添加非食用物质和滥用食品添加剂专项整治抽检工作方案》,对全区食品添加剂专项整治工作进行全面部署。上半年,重点组织内蒙古产品质量检验所等相关单位,研究确定自治区抽检的米面制品、淀粉制品、豆谷制品、肉与肉制品、酒类、水发水产品、调味品等七大类14个重点品种和甲醛等31个重点检测指标。对在全区范围内抽取的1 351个样品进行检验,将抽检结果及时上报国家局与自治区政府,并向相关部门和盟市食品药品监督管理局做通报。该项工作顺利通过国家验收组的考核评估,并得到考核组的好评。

【国家级和自治区级食品安全示范县】 在深入调研的基础上,下发《关于开展自治区级食品安全示范县考核工作的通知》,确定自治区级食品安全示范县的考核标准、验收内容和验收方式,对2个国家级食品安全示范县和8个自治区级食品安全示范县进行考核验收,并积极争取将乌兰察布市列为国家级食品安全示范城市。

【食品药品宣传】 按照国家和自治区有关要求,下发《关于做好食品安全法学习宣传工作的通知》、《关于开展<食品安全法>宣传周活动的通知》,对食品安全执法人员进行培训,在全区部署并组织开展大规模的《中华人民共和国食品安全法》(简称《食品安全法》)宣贯活动。在《食品安全法》正式施行前期,各地组织食品药品监管、工商、质监、卫生、商务等部门隆重召开《食品安全法》宣传周活动启动仪式,通过设立咨询台、摆放宣传展板、悬挂宣传条幅,发放《食品安全法》和食品安全知识宣传材料,广泛开展《食品安全法》宣传。宣传周活动期间,邀请全国人大法工委专家举办专题讲座,对自治区各相关部门执法人员进行《食品安全法》培训,在新闻媒体开辟专栏,组织开展全区《食品安全法》知识竞赛,特别是在内蒙古电视台新闻节目开辟《政策法规解答》栏目宣传《食品安全法》,收到良好的效果。

【《药品经营许可证》换证和GSP再认证】 为做好换证和再认证工作,进一步强化药品经营许可的管理,制定《内蒙古自治区药品批发企业和零售连锁企业(总部)换发、变更许可证现场检查暂行规定》、《自治区药品批发和零售连锁企业许可证换证工作方案》及《自治区药品经营企业再认证工作方案》,组织召开全区换证再认证工作会议,对各盟市局负责换证和认证的工作人员及企业法人代表、负责人和质量管理负责人进行培训。依法注销达不到换证规定的6家药品批发企业。按照年初的工作部署,制定2009年药品生产、经营企业GMP、GSP认证跟踪检查工作方案,继续加大GMP、GSP认证的跟踪检查力度。至10月底,共受理23家药品生产企业的GMP认证申请,现场检查企业23家,通过认证企业22家。完成对赤峰丹龙药业、通辽佳合药业等5家药品生产企业的跟踪检查,对赤峰蒙欣、赤峰万泽、内蒙古康臣进行飞行检查。对检查中发现的问题,依法进行严肃处理。对经验收符合规定,对14家药品批发企业、1家药品零售连锁企业、424家药品零售企业发放GSP证书。在做好认证工作的同时,要求各级食品药品监管部门按照属地管理的原则,切实加强对认证企业的跟踪检查。按照GSP跟踪检查计划,完成药品经营企业跟踪检查1 293家,其中药品批发企业12家、零售企业1 281家。撤销严重违反药品经营质量管理规范的10家药品零售企业的GSP证书。

【药品市场专项整治】 在全区范围内开展非药品冒充药品专项整治,对食品、消毒产品、保健食品、保健用品、化妆品和“无批号”产品等六大类产品进行全面的检查。安排布置全区化学药品制剂生产企业原料药购进、使用情况专项检查,依法查处检查中发现的非法购进和使用原料药生产药品等违法行为。部署和开展全系统计生药械专项整治工作。按照卫生部、国家局暂停使用、销售并封存黑龙江乌苏里江制药有限公司佳木斯分公司生产的双黄连注射液的有关要求,对辖区内经营、使用该公司生产的双黄连注射液进行了认真检查,全区共查控该公司生产的双黄连注射液107 954支,其中有存在问题批号的双黄连注射液544支。继续巩固强化与公安、工商、卫生及邮政、电信等部门的协作联动工作机制,严密监控互联网上违法宣传和销售药品,高度重视和认真对待群众举报,广泛收集线索,深入挖掘案源,着力抓好各类违法案件的组织查处,查办一批典型案件。结合企业换证和再认证工作,加大对企业在药品购销活动中票据管理的监管,通过对“挂靠经营”、“走票”、“出租出借柜台”等违法行为的集中整治,切实解决了一些扰乱药品经营秩序的突出问题。充分发挥自治区食品药品监督管理局门户网站“稽查打假信息”栏目和“内蒙古药品监督稽查管理系统”工作平台的作用,发布假劣药品信息22条,公布假劣药品78种。切实提高药品、医疗器械打假工作效率。至10月底,共出动执法人员38 755人次,检查涉药、涉械单位22 584家;立案2 722起,结案2 679起,结案率为98.4%;查获假劣药品、医疗器械1 528批次,货值27.75万元,销毁假劣药品901批次,货值36.93万元,不合格医疗器械212个品种,货值137.23万元;办理国家局交办案件4件,其它省市要求协查案件312件。

【规范医疗器械市场秩序工作】 制定了《自治区医疗器械企业信用档案管理办法(试行)》、《〈医疗器械生产企业许可证〉、〈医疗器械经营企业许可证〉注销管理》等工作制度,进一步加强和规范了一类医疗器械的注册管理,推动全区医疗器械企业的诚信经营。完成了蒙药标准化建设项目课题《内蒙古蒙药制剂规范》(第一册)的编撰、出版。在进一步巩固去年专项整治和监督检查成果的基础上,继续强化对医疗器械生产、经营企业的日常监管。印发《2009年全区医疗器械生产企业日常监督检查工作计划》和《医疗器械市场监督检查工作计划》,对30家医疗器械生产企业进行全面的监督检查,督促企业做好产品不良事件监测、评价和顾客投诉举报,切实消除安全隐患。注销不具备生产条件的3家医疗器械生产企业。进一步加大医疗器械市场监督检查力度,提出今年医疗器械经营企业监管覆盖面、信用档案建档率和许可规范率全部达到100%的要求。围绕企业进货渠道是否合法,产品是否有医疗器械产品注册证及产品合格证明等方面进行了监督检查。积极采取医疗器械电子监管等有效措施,促使医疗机构建立健全各项管理制度,稳步推进医疗机构使用医疗器械监管,最大限度地保障公众的用械安全。

【药品 医疗器械监督抽样】 在全区范围内开展进口橡胶避孕套和体外诊断试剂监督抽样。共抽取进口橡胶避孕套22批次。至10月底,全区共完成计划抽验药品5 556批次,检出不合格药品1 470批次,不合格率26.5%。完成评价抽验任务702批次,检出不合格药品5批次,不合格率0.71%。完成监督抽验任务4 854批次,检出不合格药品1 465批次,不合格率44.5%;其中,跟踪抽验413批次,检出不合格药品46批次;中成药中非法添加化学药物专项抽验198批次,检出不合格药品22批次;违法药品广告药品专项抽验234批次,检出不合格药品25批次;中药材、中药饮片专项抽验1 890批次,检出不合格药品1 268批次;日常监督抽验2 119批次,检出不合格药品108批次。

【特殊药品监管】 结合全区换发药品经营许可证,制定《自治区麻醉药品和第一类精神药品批发企业验收检查标准(试行)》,对全区药品批发企业经营特殊药品提出新的更高的要求。贯彻落实国家局含麻黄碱类复方制剂管理工作会议精神,以及《国家食品药品监督管理局关于进一步加强含麻黄碱复方制剂管理的通知》要求,为切实加强自治区含麻黄碱类复方制剂的管理工作,有效遏制含麻黄碱类复方制剂流入非法渠道,并保证正常的药品生产和医疗需求,及时下发《关于进一步加强麻黄碱类制剂管理的通知》和《关于加强药品生产企业销售含麻黄碱类复方制剂监督管理有关事宜的通知》,要求全区各级食品药品监管部门认真开展含麻黄碱类复方制剂专项检查,严格监督药品生产企业按照审批数量生产,切实加强对辖区内含麻黄碱类复方制剂的监督管理。对赤峰维康药业、通辽市医药有限公司等5家药品生产经营企业生产经营含麻黄碱类复方制剂情况进行了现场检查,并依法暂停5家企业消咳宁片、复方茶碱麻黄碱片的生产销售。配合公安部门迅速查处鄂尔多斯市金驼药业有限责任公司、赤峰市天山制药有限责任公司麻黄素被抢被盗事件,及时向全区下发相关情况通报,要求各级食品药品监督管理部门严把特殊药品审核购用关,加大对重点企业的监管力度,严防类似事件再次发生。至10月底,共审批麻黄素原料33 234公斤、盐酸麻黄碱注射液208 500支、咖啡因143 257公斤、二类精神药品苯巴比妥21 800公斤。

【药品 医疗器械广告管理】 完成全区广告监测设备招标工作,12个盟市局已经全部安装到位,开始运行,实现对电视、电台24小时不间断的监控。将规范广告行为与推进企业信用等级建设结合起来,严密监视违法广告刊播情况,实现对违法广告的早发现、早移送。对发布严重违法广告的药品,继续采取暂停销售和下架等行政强制措施,有力遏制违法药品广告的发布行为。至10月底,共审批区内医疗器械广告9份,审核备案区外广告2份,向工商行政管理部门移送违法医疗器械广告28件。发布《违法药品广告公告》7期、违法医疗器械广告公告2期,共对272份违法药品广告予以公告,并将企业发布违法广告的不良行为记入企业信用档案。

【机构改革】 根据《中共中央办公厅、国务院办公厅关于印发<内蒙古自治区人民政府机构改革方案>的通知》、《自治区党委、政府关于自治区人民政府机构改革的实施意见》要求,以及6月18日自治区政府召开的机构改革动员大会精神,及时召开全局机构改革动员大会,正式启动机构改革工作。在认真学习和深入调研的基础上,形成《内蒙古自治区食品药品监督管理局主要职责内设机构和人员编制规定(草案)》和《关于内蒙古自治区食品药品监督管理局"三定"规定草案的说明》,并反复征求各处室意见,经局党组会研究讨论后,已正式上报自治区编办。为确保在机构改革期间工作队伍不散,监管力度不减,国有资产不流失,成立了自治区食品药品监督管理局机构改革移交工作领导小组,下发《关于做好机构改革移交准备工作的通知》,要求各盟市局要成立体制改革和移交工作领导小组,明确一把手亲自抓,负总责,并做好本单位基本情况的摸底调查和核实工作。

【医药卫生体制改革】 为贯彻落实中共中央、国务院《关于深化医药卫生体制改革的意见》和《关于印发医药卫生体制改革近期重点实施方案(2009~2011年)的通知》精神,以及自治区医改工作的有关要求,及时成立以一把手为组长的领导小组,切实加强对医改工作的组织领导。并按照自治区医改领导小组的安排部署,结合国家局《关于深入学习贯彻中央关于深化医药卫生体制改革意见的通知》要求,认真学习领会全国医药卫生体制改革改制会议精神及关于医改的相关文件,立足职能,尽职尽责做好相关工作。重点在配合有关部门推进基本药物制度的实施方面深入调研,研究提出全区基本药物制度建设和药品供应保障体系建设的建议和意见。针对基本药物遴选、生产、流通、使用等环节,从推进全区基本药物制度落实,强化基本药物质量监管方面入手,经过多次讨论研究,制定《自治区蒙药基本药物遴选办法(试行)》、《自治区基本药物生产监督管理办法(试行)》、《自治区基本药物配送监督管理办法(试行)》、《自治区医疗机构基本药物质量监督管理办法(试行)》、《自治区基本药物监督管理和检验检测暂行办法(试行)》、《自治区基本药物中标企业信用体系考评办法(试行)》等六项基本药物制度建设的相关规定,对全区基本药物的遴选、生产、经营、使用及相关企业、单位的规范等方面提出明确的要求,并上报自治区医改办。

【甲型H1N1流感防控】 根据应对甲型H1N1流感疫情的需要,按照自治区和国家局关于防范甲型H1N1流感疫情工作的部署和要求,高度重视疫情防控工作,依法、科学、有序地做好防范甲型H1N1流感疫情,全力做好疫情防控和应急准备工作。为切实加强对防控甲型H1N1流感应急相关药械的监管,确保防治甲型H1N1流感应急相关药械的供应和质量安全,要求各级食品药品监管部门制定了防控甲型H1N1流感应急相关药械专项检查工作方案,在全区范围内开展防控药械专项检查,切实排查存在的隐患,确保防控药械的质量安全。切实加强对药品、医疗器械生产经营企业防控甲型H1N1流感应急相关药械储备情况的调查摸底工作,向自治区提出加强防控药械生产和储备的意见和建议,配合有关部门做好应急药械储备,做到底数清、情况明,随时掌握区内防控药械的保障情况,确保防控药械供应充足、购销渠道畅通、质量合格,确保防控甲型H1N1流感应急相关药械的供应和安全。

(张国厚)

海关工作

【呼和浩特海关领导名录】

关　长:葛连成

副关长:王富宽

纪检组组长:格日勒图(蒙古族)

副关长:孙铁燕(女) 高志刚 程宏飞

党组成员　政委:崔志坚(12月任职)

副巡视员:韩翔 李学真(满族 12月任职)

【概况】 2009年,呼和浩特海关“两税”入库32.39亿元,同比增长44.11%,增收9.2亿元,占全国海关增收数的近1/5。关区监管进出口货物1 476.5万吨,同比增长15.1%,为税收增长奠定坚实基础。审单作业模式全面优化,审单布控指令数量和布控有效率同比分别增长6.3倍和15倍,审价补税6 800万元;后续管理更加有效,稽查补税1 517.37万元。“以打促税”作用彰显,全年查办刑事、行政案件505起,案值2 880.27万元,补税188.32万元。

【基层建设】 新设海关机构筹建任务顺利完成,海关隶属机构增至6个。总关领导及各职能部门下基层调研30余次,形成调研报告12篇。基层单位领导班子结构进一步优化,班子自身建设得到加强。50名干部充实到隶属海关,一线人力资源紧张局面有所缓解。为基层现场调配监管设备价值近550万元,电子卡口、监控设施基本配齐。清理规范性文件和规章制度1 000余份,执法依据和管理制度不规范的局面大为改观。送培训下基层、送法制下基层及青年关员岗位轮训有序开展,教育培训的质量进一步提高。

【海关稽查】 下大决心推行蒙古国边民自驾车集中管理,进一步规范跨境运输车辆监管,严格常驻机构备案和进口机动车辆审批,全面清理关区H2000通关系统授权,大力推进进出口商品规范申报,不断加强旅客舱单信息化管理,关区各业务现场有效监管能力大幅提高。推广5个海关统计业务系统,报关单数据审核和执法评估监控全面加强。推行“选查分离”和“查审分离”,企业稽查绩效考核全面达标。整理核查企管档案,清理不规范数据6 000余条。风险与缉私情报实现合署办公,风险布控有效率达到15.58%。以全力侦办“3·09”等大要案为重点,锤炼了缉私警察队伍,进一步提升了缉私执法质量,保持了打私高压态势。进一步理顺打私综合治理机制,将自治区打私办设到呼和浩特市海关,反走私综合治理纳入自治区社会治安综合治理考核范畴。中蒙边境海关联合作业第一阶段试点工作正式启动,二连—扎门乌德口岸双向使用纸质《载货清单》。

【队伍建设】 修订《呼和浩特海关工作规则》,行政管理和关区运行进一步规范。出台《总关机关各部门主要职责、内设机构和人员编制规定》,提任处级干部、科级领导干部41人,机构和干部设置更加科学合理。全面推广日常纪实性考核,继续加大干部奖惩力度,对综合治税等工作中表现突出的19个集体及86名个人给予奖励,对“一案双查”过程中涉嫌犯罪的4名内部人员依法移送司法机关,对违法违纪的5名涉案当事人给予党纪政纪处分,并依照有关规定追究领导责任4人。以案为鉴,关区范围的警示教育活动取得积极成效。认真落实党风廉政责任制,完善行风调查、评议机制,同步推进廉政监察与内部控制,防范“两大风险”的能力不断提高。“奉献边关为祖国”系列活动和关区首届球类运动会成功举办,进一步丰富干部职工的业余文化生活。编印《海关人的绿色梦想》公益宣传册,“海关林”的品牌效应进一步增强。

【服务地方经济】 统计分析报送频度加大,质量进一步提高,其中1篇获国务院领导批示。及时准确地为地方领导出访和召开会议提供统计资料,全面反映自治区进出口贸易的特点和趋势,及时提出辅助决策建议。全年共审批减免税货值5.49亿美元,减免税款5.85亿元。提前介入、全力支持68个国家级和自治区级重点项目建设获得好评。推行“预约注册”、“预约分类”等举措,加快通关速度,降低企业通关成本。积极落实包头、二连陆港与天津海关之间的业务协议,稳步扩大区域通关业务。大力拓展保税监管业务,关区陆路口岸首家保税仓库及首家出口监管仓库获批并验收通过。在区域经济保持又好又快发展,地方党政、社会各界对海关优化监管服务的要求越来越高的趋势下,关区上下在确保海关执法有效性、自觉融入地方经济发展大局上取得的进步值得肯定,自治区党政领导多次批示肯定海关工作、指导支持海关工作的大好局面必须倍加珍惜。

【对外交流】 11月16日,葛连成关长利用在西安参加欧亚经济论坛之际,礼节性拜会了前来参加论坛的蒙古国海关总署署长策本扎布,并就共同关心的边境海关联合作业和行政互助等话题进行广泛交流与沟通;12月15日,中蒙边境海关联合监管第一阶段试点工作启动仪式在二连口岸隆重举行,自治区人民政府副主席刘新乐,蒙古国海关总署署长策本扎布,海关总署监管司副司长孙荣燕,呼和浩特海关关长葛连成、副关长孙铁燕等近200人出席仪式会。

（耿亚杰）

出入境检验检疫

【内蒙古检验检疫局领导名录】

局长 党组书记:周永生(回族)

副局长 党组成员:布奎(蒙古族) 斯勤夫(蒙古族) 邢力(女) 孟传金

【概况】 2009年,共检验检疫出入境货物20.9万批、货值84亿美元,同比分别下降11.3%和42.4%。检出不合格货物79批、货值291万美元,批次、货值合格率均为99.9%以上。其中检验检疫出境货物5.5万批、货值14亿美元,货值同比下降53%。检验检疫入境货物15.4万批、货值70亿美元,货值同比下降39.7%。出入境人员卫生检疫298.4万人次,同比下降23%;检测体检11 133人次,发现病例848例,其中艾滋病1例,预防接种8 706人;检疫交通工具:火车65.1万节,汽车63.9万辆,飞机423架次,集装箱5.1万标箱;旅贸查验88.8万人次、401.8万个货包、货值近4亿元人民币;全年口岸过货量达到3 765多万吨,同比增长10.72%。

【疫病疫情防控】

做好甲型H1N1流感防控工作 2009年,甲型H1N1流感疫情给检验检疫部门疫情防控工作带来了严峻挑战,针对疫情防控的复杂形势,内蒙古局严格按照总局和自治区的有关要求,根据甲型H1N1流感的流行特点,紧密联系自治区口岸多、人员流动大、防控基础条件差、防控工作难度大的实际,迅速确定以口岸一线为重点,以强化出入境人员体温检测为主要手段的防控工作思路,紧急部署防控工作。主要采取了七项工作措施:一是加强组织领导,成立了防控工作领导小组,完善了应急处置预案;二是密切关注疫情动态,积极做好应对复杂疫情的准备工作;三是加大出入境人员的体温检测和医学排查力度,共检查入境人员111.6万人次,全部填写了健康声明卡,并进行体温测试,发现发热病人32例,劝返23人,移送9人,协助兄弟局追踪确诊病例的密切接触者7人;四是启动与地方有关部门合作机制,多次组织应急演练;五是积极做好物资保障工作,从总局争取防控专项资金1 791万元,还自筹资金300多万元,在各口岸安装31台IR236智能体温监控仪和260部手持式红外测温仪;六是实行24小时专门值班制度,及时掌握疫情动态,建立疫情日报告制度;七是及时组成检查指导组对重点口岸、重点地区进行督促检查。由于措施到位,工作得力,内蒙古口岸没有出现任何问题。

加大对禁止入境的动物及其产品的查堵力度 切断疫情传入的主要途径 按照有关政策要求,对非法入境的动物及其产品进行了退运和销毁。全年共退运和销毁动物及其产品:羊绒16吨,牛羊肉和动物产品近22吨,羊皮2 170余张,旱獭皮1 095张,狐皮5张,其它皮张13张,还有其它食品、乳制品和动物等,首次截获5只活体灰狼幼崽。

强化检疫除害处理 防止外来有害生物的入侵 2009年,从进口俄罗斯木材中首次截获云杉树蜂,三次截获横坑切梢小蠹,一次截获松黑木吉丁虫,还检出弧纹脊虎天牛新物种。在进境木质包装中三次检出小干线虫和滑刃属、垫刃属线虫,全部进行了检疫除害和销毁处理。从进口油菜籽中检出野燕麦、苦荞麦、小花牛舌草等29种有害杂草,共截获非法入境土豆、茴香、蔬菜和花卉等16个品种50多公斤种子。年内首次在赤峰地区发现检疫性杂草,受到自治区政府领导的高度重视,有关部门及时进行了妥善处理。

加强对危险品 废旧物资的检验查验力度 坚决将有毒有害物质挡在国门之外 根据国庆60周年安保工作的要求,加大口岸安全查验力度,有针对性地进行口岸公共卫生突发事件和反恐应急演练,提高防控队伍的实战能力,确保了口岸安全。加大对放射性物品、危险品的查堵力度,进一步完善进口废物原料企业注册和废物原料境外预检制度,严厉打击向国内转移垃圾和有毒有害物质的违法行为,坚决将违禁物品挡在国门之外。满洲里局连续两次从俄罗斯入境空集装箱内查出大量废泡沫塑料,包头局从包装箱内检出生活垃圾,均及时进行退运和销毁处理;二连浩特局对一批放射性严重超标的进口钨精矿进行退运处理;还截获废铜1.5吨,废旧电瓶31个。

【"质量安全年"活动】

加强组织领导 强化责任落实 精心组织,统筹规划,合理安排,把开展"质量和安全年"活动作为全年

的工作重点,把质量和安全工作作为头等大事来抓。成立专门的工作领导小组,制定《开展“质量和安全年”活动实施方案》、《“质量和安全年”活动任务分解意见》,提出具体的工作目标要求,同时将各项具体工作任务落实到具体的责任部门和人员,做到各负其责,责任到人。

突出重点 狠抓落实 把进出口食品安全整顿作为活动的重中之重,制定了《进出口食品安全整顿工作实施方案》,把乳制品、番茄酱、水果蔬菜、薯类制品、肉类等大宗、敏感出口食品作为监管和整治重点,局领导亲自带队,多次对进出口食品企业进行飞行检查。结合实际,把纺织品、食品包装、出口危险品及包装容器、进境种苗作为专项整治重点,对重点产品生产企业全部进行注册登记,并与企业签订《质量承诺书》,建立质量档案,制定《内蒙古出口番茄酱生产加工企业分类管理暂行办法》,通过风险分析对涉及安全卫生等13个项目加以评定,在加强监管的同时,注意提高企业自身质量安全和风险防范的意识和能力。

严密监管 确保安全 建立了进出口企业质量电子档案,编印《企业质量诚信体系建设工作手册》,引导企业守信经营。特别是在出口羊绒制品检验监管中,将重点向安全卫生环保反欺诈方面转移,对禁用偶氮染料、PH值、重金属、色牢度、甲醛等项目以及纤维含量加强检测,确保出口羊绒制品的质量。4月,发现一批澳大利亚进口奶酪变质,并且货证不符,经查是物流公司投递错误,按照规定全部退运;6月,对一批33吨俄罗斯产不合格矿泉水全部进行退运处理。

完善体制机制 建立长效机制 根据内蒙古地区边境贸易的实际,研究制定《边境贸易检验检疫管理实施细则》(试行),强化对边贸商品的检验监管。针对口岸边境贸易量大的实际,对边贸出口商品实行风险评估,对边贸市场实行市场准入,对边贸出口生产企业实施分类管理,完善和规范市场采购商品的检验检疫监管工作,与蒙古国相关部门建立互信合作机制,保证了边贸商品的质量和安全。

【促进地方对外经济贸易发展】 按照总局和自治区的部署,紧紧围绕扩内需、保增长、调结构、稳外需的要求,把促进自治区特色产品出口作为重点工作之一,牢固树立“寓监管于服务之中,在服务中体现管理”的理念,在国际金融危机的大背景下,拓宽服务领域,创新服务措施,努力促进自治区对外贸易的平稳较快发展。

强化服务措施和手段 切实提高服务质量 紧密结合自治区对外贸易发展的实际,认真落实《内蒙古检验检疫局服务企业十二条措施》,在推行进出口货物检验检疫直通放行制度、落实国家出口农产品检验检疫收费减免的优惠政策、帮助企业破解跨越国外技术性贸易壁垒、扶持自治区特色产业发展、优化检验检疫服务质量等方面多管齐下,努力促进自治区外贸平稳较快发展。

扶优扶强 促进自治区优势产业拓展新的国际市场 积极扶持鄂尔多斯羊绒集团扩大出口,帮助建立严格的质量管理体系,获得国家羊绒制品行业第一张出口免验资格证书;认真做好免于办理强制性产品认证工作,全年共发放免于办理强制性产品认证证明213份,同比增长61%,货值达1.7亿元人民币。畅通汽车出口绿色通道,使“北方重汽”扭转出口下滑局面,并首次出口沙特阿拉伯和赤道几内亚;积极推动河套地区出口番茄酱产业健康发展,全年出口番茄酱22.5万吨,创汇2亿美元;积极促进巴彦淖尔市葵花籽首次出口阿联酋,创汇1 060万美元;积极帮扶内蒙古塞飞亚食品有限责任公司禽肉恢复出口,11月,60吨鸭肉顺利出口吉尔吉斯斯坦,使中断一年半之久的禽肉出口得以恢复;在对出口蒙古国奶牛检验检疫中,严格执行检验检疫程序,使蒙方打消了顾虑,自动取消了入境后的隔离检疫,首次打开中国奶牛直通蒙古国牧场的绿色通道;积极探索区域化管理模式,促进红辣椒扩大出口,为出口企业备案辣椒种植基地57 000多亩,目前已出口冷冻红辣椒6 211吨。

提高服务质量和水平 为地方政府和企业排忧解难 针对汽车进口大幅增加的实际,进一步简化换证手续,所需时间由原来的30分钟缩短到现在的5分钟;“五一”期间,包头局急企业所急,工作人员放弃休假驻厂服务,保证了4 000吨铜精矿粉顺利进厂,得到企业赞誉;满洲里局对出口果菜包装厂扩建工程提前给予专业指导,既节约经费,又加快工程进度;通辽局积极协助霍煤集团对进口法国设备漏装部件成功进行索赔;满洲里局连续三次检出不合格化肥550吨,协助化肥进口企业成功索赔18万美元,维护了企业的合法利益;针对蒙古国屠宰马存栏量大,具有良好贸易发展前景的实际,采取严密措施保证屠宰马顺利进口,先后进口3 542匹;根据地方政府申请和呼伦贝尔地区饲草短缺的实际,努力促进蒙古国958吨饲草顺利进口,受到地方政府的高度赞誉;积极促成中方企业在蒙古国种植油菜籽临时进口,为企业挽回近亿元经济损失;呼伦贝尔局为大庆油田海拉尔石油勘探开发指挥部境外勘探开发提供热情周到服务,受到企业高度赞誉,并向内蒙古局写出感谢信表示感谢;满都拉、额布都格、阿日哈沙特口岸检验检疫人员积极为境外受伤人员畅通

“生命绿色通道”,为其入境抢救治疗赢得宝贵时间。

改善通关环境 提高通关效率 促进自治区口岸经济快速发展 针对木材进口量大、检尺通关时间长的实际,积极组织技术人员开发《木材检尺管理系统》软件,实现检尺数据由货场到报检、通关大厅的网上及时传送,大大缩短检尺单的出单时间,通关速度比原来快3小时左右,既减轻口岸的压力,也为企业节省费用;积极与海关沟通和协调,改进检验监管方式,提高钢轨等重点商品的通关速度;力促台州柑橘出口俄蒙,抢占俄蒙市场,满洲里口岸对俄出口荔枝实现零的突破;建立和保持了与俄、蒙检验检疫会谈机制,及时协调和解决出现的问题,保证中俄、中蒙贸易的正常运行;积极促进甘其毛都口岸常年开放和满洲里航空口岸对外开放,不断提高自治区对外开放水平;在受国际金融危机严重影响,自治区进出口贸易大幅下滑的形势下,全年口岸过货量达到3 700多万吨,创历史新高。

认真落实检验费减免政策,降低产品出口成本,减轻企业负担。按照国家关于减免出口农产品检验检疫费和出口纺织品检验费减免30%的要求,全年减免检验费417.6万元,切实为出口企业减轻负担,降低农产品和纺织品的出口成本,为自治区扩大农产品和纺织品出口创造条件。

【强化科技兴检战略实施】 把提高科技水平和检测能力作为“打造西部大局、争取更大作为”的重要突破口。一是进一步调动科技工作积极性。重新修订《科学技术奖励办法》,召开科学技术奖励大会,对8个科研项目、54篇优秀论文进行奖励。二是课题研究和标准制修订工作得到进一步加强。承担的总局科研课题《入境旱獭皮鼠疫危险性及快速侦检实验研究》通过鉴定委员会的鉴定,《一种提高八篮烘箱检测效率和结果准确性的改进方法》技术发明,取得国家的发明专利,《中蒙边境口岸植物有害生物的种类及入侵途径、防范措施的研究》获得总局立项,《牛奶和奶粉中氢化波尼松残留量的测定》等六个国家标准和《荞麦仁检验规程》等3项农产品地方标准分别通过标准鉴定,《入境山羊绒洗净因素对口蹄疫病毒影响的研究》课题通过专家鉴定。2009年3月,在乌兰巴托召开的“人兽共患病与旅游”国际学术交流会上,内蒙古局提交的“中蒙鼠疫遗传多态性初步研究”学术报告,受到会议高度重视和好评。三是实验室检测能力得到进一步提高。全局新添5台大质谱和一大批仪器设备。内蒙古局技术中心参加认监委和合格评定等机构组织的13次、21项能力验证活动,均取得满意结果,饲料中粗蛋白质和镉检测能力通过验证,具备采用高效液相色谱法、气相色谱—质谱法和高效液相色谱—串级质谱法检测多种商品中三聚氰胺的方法,可以满足不同国家对三聚氰胺限量的检测要求,同时积极开发新的检测项目和检测领域,目前已经开发出30余种兽药残留、8种农药残留、过氧化苯甲酰等4种食品添加剂的检测方法,目前技术中心已经有182个项目的检测能力获得认可;内蒙古保健中心实验室被总局正式批准为艾滋病确证实验室,3月份从入境外籍人员中检出一例艾滋病毒(HIV)感染者,按照要求进行妥善处置;满洲里局技术中心通过化妆品中铅、砷的检测能力验证;二连局实验室具备各种钢材力学性能检测能力,通过水泥检测、铁矿石检测和煤炭分析能力验证,二连保健中心具备应用荧光定量PCR方法检测多种病原体的能力;包头局实验室通过纺织品中甲醛和禁用偶氮染料测定的能力验证和低合金钢中碳、硅、锰、磷、硫含量测定能力验证;通辽局实验室通过花生中黄曲霉素检测能力验证。四是二连浩特全国重点鼠疫实验室的功能和重要作用得到充分发挥,把该实验室确定为检科院鼠传疾病研究室,实现资源共享和优势互补,在2009年的鼠疫监测中,在中蒙边境口岸连续两次发现鼠疫血凝阳性。

【推进企事业单位改革发展 增强企事业单位整体实力和服务社会的能力】 进一步拓展检验检疫服务社会的新领域,扩大业务范围,打造综合实力,增强事业单位适应市场经济和自我生存发展的能力。内蒙古局技术中心采取多项措施为企业提供技术服务,全年共为企业培训技术人员30余人次,与12家乳制品企业签订委托检测协议书,全年接受企业1 500多次委托检验任务。内蒙古国际旅行保健中心整体实力得到较快发展,在服务社会方面又有新的突破,全年社会健康体检人数达38 894人,同比增长24%,被评为“2008~2009年度中华健康管理十佳服务单位”,还被评为自治区级“青年文明号”,收到良好的社会和经济效益。投资280多万元筹建的包头保健中心顺利建成,已通过地方卫生部门和国家质检总局的考核验收。中检集团内蒙古分公司在面临全球金融危机,我国外贸进出口大幅下滑的情况下,知难而进,不等不靠,想方设法开发市场,拓展业务,受到良好成效,全年公司营业收入不仅没有降低,反而比上年增长了20%。

【基层建设】 东乌珠穆沁局和乌拉特局正式挂牌成立;满洲里局综合实验楼建设圆满完工,现已投入使用;额济纳局职工倒班宿舍建成投入使用;包头局保健中心改造完成并通过了总局和地方卫生部门的验收;二连局国家鼠疫重点实验室建成并投入使用。

(康徐男)

农牧林水与农村牧区经济

农　牧　业

【内蒙古自治区农牧业厅领导名录】

厅　长:陶　克(蒙古族)

副厅长:纪大才(女) 周文毅 赵存才 云忠义 翟琇 布仁(蒙古族)

纪检组长:张明辉

副巡视员:石先勇 扎木苏(蒙古族) 高常胜

兽医局局长:许燕辉

【概况】　内蒙古自治区农牧业厅共设行政编制117人,设有办公室、人事处、政策法规处、市场与经济信息处、发展计划处、财务处、经济合作处、科技教育处、种植业管理处、畜牧处、草原处(饲料工作办公室、草原防火办公室)、兽医局、农牧业机械化管理局、农牧场管理局、渔业局(自治区渔政渔港监督管理局)、离退休人员工作处16个职能处室局,另设机关党委及派驻纪检组、监察室。厅属正厅级事业单位1个(自治区农牧业科学院)、正处级事业单位28个及厅管副厅级行政单位1个[自治区推进农牧业产业化办公室(自治区乡镇企业局)]。

2009年,全区农牧业增加值达929.02亿元,增长2.3%;农牧民人均纯收入达4 938元,比上年增加282元,增长6.1%,扣除价格因素实际增长6.3%。在全国各省市区农牧民收入的排序上升至第14位,上升了1位,连续五年在西部省市区第一。

【粮食生产】　全年农作物种植面积692.78万公顷,比上年增加6.7万公顷。其中,粮食作物种植面积542.4万公顷,比上年增加525.45万公顷。粮食单产487.2斤/亩,总产达1 981.7万吨,是历史上第二个高产年。油料、蔬菜产量分别达119.6万吨、1 380.6万吨;新增设施蔬菜面积1.9万公顷,设施蔬菜总面积达到6.8万公顷,设施马铃薯面积达到7万公顷,设施蔬菜和马铃薯面积双双超过百万亩。

【畜牧业】　全区畜牧业产值达721.44亿元,同比增长3.1%。牧业年度全区牲畜养殖总量达10 858.5万头只,连续5年稳定在1亿头只以上。大小畜良种及改良种畜存栏达10 285.4万头只,良改率达94.7%,畜牧业综合生产能力位居全国五大牧区之首,全年肉类、奶类、禽蛋、绵羊毛、山羊绒产量分别达233.9万吨、903.1万吨、48.9万吨、10万吨、7 375吨,同比分别增长6.6%、-3.4%、8.3%、3.73%、4.68%。牛奶、羊肉、细羊毛、山羊绒等特色畜产品产量继续保持全国第一位。内蒙古畜牧业正从传统畜牧业向生态效益型畜牧业转变,正在成为国家绿色畜产品生产和加工基地以及北方重要生态屏障。

【农牧业结构调整】　农牧业结构中,畜牧业占第一产业产值的比重达45.9%。种植业结构中优质、高产、高效、生态、安全作物占农作物总播面积的比重达到64%,比上年增长3个百分点。全区规模以上加工企业农畜产品加工转化率达43.9%。

【农牧业产业化】　全区销售收入百万元以上农畜产品加工企业达2 200个,比上年增加79家,实现销售收入2 200.9亿元,同比增长18.8%;实现增加值640.5亿元,同比增长13.3%;农牧业产业化规模以上企业增加值占全区规模以上工业增加值的比重达14.5%;实现利润总额154.3亿元,同比增长9.4%;实际上交税金63.6亿元,同比增长0.5%;收购农畜产品资金697.5亿元,同比增长6.1%。全区28个商标被评为中国驰名商标,比上年增加2户,销售收入占百万元以上加工企业销售收入的32%。伊利、蒙牛、华资等7户成为上市企业,销售收入占百万元以上加工企业销售收入的23.3%。农牧民专业合作经济组织达5 919多个,有6万户农牧民参与到产业化经营的链条中,自治区已成为全国农牧民专业合作社数量增长最快的省份之一,农牧业经营的组织化水平进一步提高。至2009年末,国家级农牧业产业化重点龙头企业达到29家,自治区级258家,蒙牛、伊利、鄂尔多斯等品牌在全国已具有很高的知名度。

【农牧业科技】　基层农技推广体系改革与建设示范县项目深入推进,共涉及全区11个盟市的25个旗县(市、区),重点依托20多个主导产业,示范推广100多项主导品种和主推技术,遴选了2 500名左右基层农技推广人员,指导2.5万户科技示范户,建设了250个试验示范基地,对2 400多名技术人员开展异地培训和知识更新。农村牧区沼气建设力度加大,至2009年底,全区累计建成户用沼气池43.2万户,较2001年的0.3

万户增长近150倍,共涉及全区12个盟市,78个旗县(市、区、农场局),大中小型沼气工程从无到有,目前已建成55处;建成养殖小区和联户沼气工程128处,建成盟市级实训基地7处、在建1处,县级物业服务站42处,乡村服务网点1 384处。积极推广节约型农牧业技术,测土配方施肥推广面积达到7 000多万亩。全区农牧渔业科技贡献率达47.4%。

【动植物防疫】 制订《2009年高致病性禽流感和口蹄疫等主要动物疫病免疫实施方案》,全区累计完成病原学监测43 578头羽份、血清学监测265 340头羽份。强化消毒灭源和动物疫情应急管理,对重点部位和关键环节强制实施消毒灭原工作,在重点种猪场、规模养猪场、屠宰场、交易市场以及边境边界地区大力开展甲型H1N1流感流行病学调查,有效地防止了疫情的发生。加大兽药监管和残留监控力度,依法取缔兽药非法生产、经营窝点,维护兽药生产经营秩序。与盟市兽医主管部门签定责任状,落实兽医实验室生物安全责任制,建立健全兽医实验室生物安全管理规章制度,强化高致病性动物病原微生物实验活动监管工作。建立了自治区、盟市、旗县三级水产养殖病害测报网络,在全区开展了水生动物疫病诊断和疫情防范咨询服务,为今后全面开展水生动物检疫工作积累了经验。草地螟、蝗虫等迁飞性病虫害得到有效控制。农作物病虫害防治面积达577.8万公顷(次),成功地防控突发性、暴食性二代草地螟幼虫的暴发对农作物的危害。

【农畜产品质量安全】 农畜水产品质量安全标准、检验检测、认证体系得到加强,质量安全例行监测制度进一步完善。农产品质量安全整治暨执法年活动扎实推进,成效显著。持续开展农资打假专项治理行动,强化了农产品质量安全例行监测和监督检查,蔬菜合格率稳定在95%以上,畜产品和水产品合格率分别达到99%和100%。加大对无公害农产品、绿色食品、有机农产品认证的工作力度,无公害农畜水产品达1 506个,销售收入达520.37亿元;有效使用绿色食品标志产品421个,总产值91.32亿元;有机农产品290个,年销售额7.82亿元;农产品地理标志产品18个,产值1.1亿元。奶站整顿和饲料整治工作取得了阶段性成效,全区2 684多个奶站、1 443辆运输鲜奶车辆全部纳入监管范围,饲料产品质量安全得到有效控制。

【草原生态保护和建设】 在全区普遍遭受严重干旱的情况下,全区草原建设仍取得了较好的成绩。人工种草2 413.59万亩,草地改良619.26万亩,飞播牧草141万亩,草地围栏2 808.16万亩,青贮总量达285.85亿公斤。全区实行禁牧休牧轮牧规模达到5 207.66万公顷,其中:禁牧1 887.49万公顷,休牧2 714.99万公顷,划区轮牧605.18万公顷。全区草原鼠害危害面积12 119.8万亩,严重危害面积5 573.1万亩;草原虫害危害面积13 317万亩,严重危害面积6 984.7万亩。共防治鼠害2 137.84万亩,虫害3 010.4万亩。防治效果达到90%以上。

【农村牧区政策落实】 全区认真贯彻统筹城乡发展方略和"多予、少取、放活"的方针,落实农村土地承包和草原"双权一制"、减轻农牧民负担等党在农村牧区基本政策和中央一号文件精神。完成各类补贴资金75.9亿元,比上一年增加了15.4亿元,惠及422万农牧户。其中落实生产资料综合补贴31.9亿元,粮食直补5.7亿元,测土配方施肥补贴资金5 060万元,畜牧、水产养殖业补贴3.6亿元,农机购置补贴国家投资5.5亿元,自治区补贴800万元,比上年增长1倍多;种植业保险签单保费12.6亿元,比上年增加2.6亿元,给农牧民带来很大实惠。积极争取中央和自治区农牧业项目资金,2009年全区共争取中央资金232 681.28万元,同比增长53.5%。其中基本建设项目资金95 386万元,同比增长4%;争取和落实自治区本级农牧业财政资金31 242万元,比上年减少7 890万元。特别是中央提出扩大内需的十项措施后,全区积极争取国家投资,落实新增中央投资9.4亿元。

【新农村新牧区建设试点】 全区新农村新牧区试点建设通过宣传发动、科学规划、正确引导、项目倾斜、典型交流带动,试点嘎查村主导产业基本确立并得到培育和发展,基础设施得到改善,生产经营组织化程度不断提高,社会保障逐步加强,农牧民收入有了较大幅度的提高。为农牧民办实事活动全面完成。

【农牧业机械化】 2009年,内蒙古自治区农牧业机械化实现了又好又快发展。农机装备总量快速增加。全区农机总动力达2 893.5万千瓦,拖拉机保有量达98.33万台,较上年分别增长4.1%和2.1%。农机装备结构加速优化。全区大中型拖拉机达48.27万台,同比增长6.8%;配套农机具达155.6万台,同比增长7.6%,动力配套1:1.5。全区完成机耕8 351.93万亩,机播8 062.1万亩,机收3 505.71万亩,耕播收机械化作业水平分别达83.83%、71.98%、35.03%,综合机械化水平达65.63%,同比增长3.37个百分点。全区农机总值达243亿元,较上年增长14%。农机经营总收入达97.06亿元,纯收入达36.6亿元,同比分别增长10%和19.2%。保护性耕作推广面积进一步扩大。全区开展保护性耕作技术试验示范推广的旗县达到61个,完成作业面积1 237万亩,比上年增加188万亩,实现节约生产成本1.6亿元,增产粮食2亿公斤,走在全国前列。农机化示范园区建设取得明显成效。2009年全区共建设农机化示范园区180个，新增各种农机具6 835台(套)，建农机大院203处，示范区实施面积458万亩，辐射带动面积703.3万亩，农区综合机械化水平达93.3%，比全区平均水平高出27.7%，牧区综合机械化水平达92.5%，高于全区57.7个百分点，发挥示范园区引领现代农牧业发展的作用。全区新型农机服务组织已达1 254个，其中农机专业合作社210个，这些服务组织积极参加跨区作业，解决了无机户机械化生产和有机户利用率不高的问题。

【渔业经济】 全区水产品总产量达10.6万吨，比上年增长8.2%；其中养殖产量7.7万吨，占水产品总产量的72.6%，同比增长10%。全区渔业一产产值12.9亿元，同比增长9.3%；水产品加工业、渔业建筑业等二产产值1.8万元，同比增长20%；渔业流通服务业、休闲渔业等三产产值2.5亿元，同比增长19%，渔业二、三产业的比重进一步提高。渔民人均纯收入达6 536元，同比增长9.2%。

【农垦改革】 全区农垦系统完成国民生产总值73.9亿元，比上年增长17.1%，实现利润3.9亿元，人均收入6 500元，增长11%；全区农垦粮豆总产量159.4万吨，油料总产量27.3万吨，肉类7.3万吨，牛奶36万吨，农垦社会更加稳定和谐。全垦区有10万人参加企业职工基本养老保险，4.6万人参加企业职工基本医疗保险，5.6万人参加农村合作医疗，有9 383户，4.1万人享受低保待遇。

(黄　伟)

林　　业

【内蒙古自治区林业厅领导名录】

厅　长：高锡林(蒙古族)

副厅长：曹文仲

纪检组长：李树平

副厅长：田选明　呼群(蒙古族)

自治区森林防火指挥部专职副总指挥：阿勇嘎(蒙古族　6月任职)

副巡视员：杨俊平　云岚(女　蒙古族)　乔云　肖文武

【概况】 全区共完成林业生态建设面积92.5万公顷，占自治区下达任务的138.8%，其中完成人工造林39.6万公顷，飞播造林10.3万公顷，封山(沙)育林42.6万公顷。完成四旁植树4 100万株。全区新建义务植树基地504处，新建领导绿化点88处，共980余万人(次)参加义务植树，植树7 400多万株。

【森林保护】

森林草原防火　针对森林草原防火的严峻形势，仅清明节、国庆节等关键时期，自治区林业厅就先后派出35个工作组深入基层检查防火，厅领导也多次到各地督查。发生火情后迅速出警，使80%的火案在24小时内得到侦破，侦破率达85%。大兴安岭林区雷击火和与蒙古边境草原大火等重特大森林草原火灾得到有效处置，取得了在短时间内扑救火灾的全面胜利。全区共发生森林火灾66起，受害森林面积3 734公顷，受害率0.18‰；发生草原火灾10起，受害草原面积2万公顷，受害率0.23‰。实现确保不发生重大人为火灾和人员伤亡事故的目标。

林业有害生物防治　防治体系建设扎实推进，监测预警、检疫御灾能力得到提高，防治水平不断增强，防灾减灾工作成效明显。全年共发生各类林业有害生物灾害106万公顷，其中轻度55万公顷、中度34万公顷、重度17万公顷，是自治区历史上发生最为严重的一年。通过采取有效措施，完成防治面积43万公顷。

野生动植物和湿地保护与管理　加强自然保护区机构建设，实施六项中央投资国家级自然保护区建设项目。积极开展晋升国家级自然保护区工作，已有1个通过国家林业局初评。分别建立国家示范自然保护区和自治区级自然保护区2处。开展了珍稀、特有两栖类物种资源调查，加强野生动物疫源疫病检测工作。认真落实《内蒙古自治区湿地保护条例》，积极做好湿地保护与恢复建设中央投资项目，编制完成《湿地保护工程规划(2010～2015)年》和全区湿地公园规划，开展国家级湿地公园申报工作。

森林公安工作　加强了林业执法和护林队伍建设，“三考”工作取得实效，“三基”工程建设取得阶段性成果，队伍正规化建设水平得到提升，全区森林公安纳入国家政法专项编制管理体系，理顺内蒙古大兴安岭国有林区森林公安队伍管理体制。组织开展“保护候鸟”、“绿盾三号”等专项行动，共发现和受理各类林业案件19 732起，查处19 685起，综合查处率99.8%，挽回直接经济损失4 447万元。

林业法制工作　自治区人大常委会审议通过并公布了《内蒙古自治区义务植树条例》；配合自治区政府法制办，开展了内蒙古自治区《森林公园管理办法》、《大青山自然保护区管理办法》的立法调研；配合自治区人大开展《森林法》执法调研；制定《林业法制工作要点》，开展“五五普法工作”；举办首期全区林业行政执法培训班和厅系统行政复议法讲座。

森林生态效益补偿　2009年，全区新增公益林补偿面积246万公顷，全区重点公益林补偿面积达到760

万公顷，落实中央财政补偿资金为5.72亿元，补偿范围涉及12个盟市105个旗（县、市、区和单位）；自治区、盟市、旗县三级财政共启动地方公益林补偿面积67万公顷，投入资金3 000万元。

【资源林政管理】 1.严格执行森林采伐限额、凭证采伐制度，按照"有保有压、保障重点"的原则，优先保障国家和自治区重点项目和基础设施项目使用林地。共审核同意征占用林地项目485项，征占用林地面积1.1万公顷。2.进一步加强林权证管理发放工作，至2009年底，全区累计发放林权证110万本，面积1 133万公顷。其中退耕还林工程发证97.53万本，发证面积154万公顷，发证率为62.74%。3.完成锡盟全部和阿盟额济纳旗等2个旗县的二类调查任务和营造林综合核查，基本完成森林资源信息系统数据库及应用系统建设。4.圆满完成森林资源清查、生态状况综合监测评价和成果汇总分析，并公布2008年森林资源连续清查结果。5.开展了森林采伐管理改革和森林可持续经营试点，修订封山育林、飞播造林和林木采伐更新等核查办法，出台《全区征占用林地核查实施细则》。

【林业产业】 1.完成2009年产业化项目的申报工作，安排林业产业扶持资金1 000万元，扶持产业项目31个。积极帮助企业落实贴息贷款。2.认真做好龙头企业申报和考核评定前期工作，企业整体素质和竞争力有所增强。全区现有年销售收入100万元以上林业产业加工企业289家，3 000万元以上20家，5 000万元以上15家，1亿元以上3家。3.新增产业化项目投资9.7亿元，已完成投资近5亿元。4.认真做好"十二五"林业产业发展专项规划的前期准备工作；继续支持内蒙古林业产业协会等专业协会及社会中介组织发展，产业协会会员已达166家；不断强化林产品产地标识认证和市场信息服务，提高了服务水平。5.2009年，全区林业产业总产值179.5亿元，农牧民人均林业收入340元，同比增加10元。

【林业改革】

集体林权制度改革全面推开 认真贯彻落实中央、自治区《意见》和中央林业工作会议精神，召开了全区集体林权制度改革工作会议和全区集体林权制度改革现场会，强化部署林改工作；各盟市、旗县均成立领导小组及办事机构，制定出台实施意见或实施方案；自治区举办勘界发证和档案管理培训班，盟市、旗县针对领导和基层干部群众，逐级开展高规格、大范围的综合培训和专业培训；充分利用广播电视、报纸杂志等媒体，广泛深入地宣传改革政策和典型经验；自治区、盟市党委政府积极加大林改督查力度，有力地推动林改进程。至2009年底，全区已采取各种方式落实经营主体760万公顷。其中，商品林有林地改革基本完成，商品林宜林地改革正在推进，按照自治区政府的部署，2010年第一季度将全面完成商品林改革任务；公益林改革试点进展顺利，为全面推开奠定了坚实基础。

国有林场改革积极推进 全区林业办学校已全部剥离；有80多个国有林场已重新核定管理人员事业编制，明确了国有林场性质和管理人员的身份；参加养老、医疗保险的职工分别达到2.8万多人和2.3万多人。

【林业科技】 1.召开全区林业科技工作会议和应对特大干旱专题科技座谈会，组织开展送科技下乡活动，制订《林业科技项目管理办法》，完善了科研项目公开申报和评审制度，建立科研项目信息库，编制《陆地生态定位研究网络中长期发展规划》和《林业地方标准体系构建与发展规划》，争取国家林业科技项目10余项，新建国家级生态定位站2处。2.重点推广以节水、抗旱造林技术为主的九项适用技术，积极推广"两行一带"造林模式，努力扩大混交林比重，提高建设成效。完成指令性技术推广任务45万公顷，建立自治区级林业科技示范基地1处。

（张爱军）

水　　利

【内蒙古自治区水利厅领导名录】

厅　长：戈　锋（蒙古族）

副厅长：冯国华（满族）　于长剑

副巡视员：柴建华　云文秀（蒙古族）

【水利投资】 紧紧抓住国家扩大内需的机遇，准确把握中央水利投资趋向，积极争取大江大河防洪工程、大中型灌区节水改造、农村牧区安全饮水等水利项目，全年下达水利投资计划36.29亿元，其中国家投资18.28亿元，自治区投资12.51亿元，盟市、旗县配套5.50亿元。另外，还吸引社会融资10.42亿元。水利工程建设充分发挥吸纳投资大，产业链条长，能迅速形成实物工程量等优势。

【《黄河宁蒙河段近期防洪工程建设可研报告》经水利部审查，报国家发改委审批】 《黄河内蒙古河段应急分洪工程可研报告》经黄河委员会审查和自治区发改委审批，水利厅批复初步设计。《海勃湾水利枢纽工程可研报告》经国家发改委审批，初步设计正在批复中，工程移民和征地等前期工作基本完成。自治区政府批复《中小河流治理规划》，完成重点地区中小河流治理近期三年实施规划，并启动试点项目建设。《2009～2011年水土保持重点工程规划》经黄委审查、自治区发改委批复。完成《黄河十大孔兑治理规划》、《大中型病险水闸除险加固专项规划》、《小(1)型病险水库除险加固规划》和绰勒、尼尔基水库下游灌区前期工作,部署开展《全区流域综合规划》修编、《旗县级小型农田水利综合规划》、《抗旱规划》、《地下水利用与保护规划》、《坡改梯水土综合整治规划》、《牧区水利规划》和《节水灌溉规划》的编制工作。

【防汛抗旱】 春季开河期,自治区黄河防凌形势严峻。在自治区党委、政府的正确领导下,自治区防指动员沿黄6个盟市、19个旗县区的力量,靠前指挥、超前部署、扎实应对、有效防御、科学防控,取得了防凌工作的全面胜利,实现了确保黄河防凌安全的目标。夏汛期全区降雨相对偏少,局部地区发生山洪灾害,造成不同程度的灾害损失。但由于准备充分,科学应对,取得了防汛工作的胜利。2009年,自治区遭受了历史上罕见的干旱灾害,受旱范围涉及12个盟市,春旱、夏旱、秋旱接连不断。自治区防指首次启动抗旱三级应急响应,水利部门密切关注墒情、雨情动态,启动抗旱应急预案,科学调度各类水利工程,加快应急抗旱备用水源工程及配套设施建设,抗旱浇灌面积280万平方公里,临时解决66万人、164万头(只)牲畜的饮水困难,最大程度地缓解了工农业缺水和人畜饮水困难。各级财政累计投入抗旱资金1.9亿元,群众自筹抗旱资金10亿元。由于各项抗旱措施及时有力,把旱灾造成的损失降到了最低程度,为自治区粮食生产在大旱之年夺得第二个大丰收提供了水利保障。

【民生水利】 民生水利工程建设是中央新增投资项目的重点。按照国家发改委、财政部提出的"三个100%"要求,全力推进中央新增投资项目建设进度。一是农村牧区安全饮水建设任务超额完成。按照自治区的统一部署,自治区水利厅把安全饮水工程建设作为改善民生的基础性工作来抓,加大工作力度,全区解决了120.47万人的安全饮水问题。二是病险水库除险加固稳步推进。自治区列入《全国病险水库除险加固专项规划》的131座水库全部开工建设,工程总体进展顺利。三是农田草牧场水利基本建设力度加大。切实抓好大型灌区续建配套与节水改造项目建设和管理,启动了大型灌区灌排泵站更新改造,大力推广管灌、喷灌、微滴灌等节水灌溉技术,推进农牧业的产业化经营、规模化发展。全区新增有效灌溉面积13.3万平方公里、新增节水灌溉面积302万平方公里。四是水土流失综合治理和生态环境保护有序推进。积极推进京津风沙源治理工程、东北黑土区水土流失综合防治项目、黄河流域淤地坝系工程等国家重点治理项目建设,全区共完成水土流失治理面积48.22万平方公里。

【水资源配置】 一是以总量控制为核心,抓好水资源配置管理工作。与水利部、有关流域机构协调争取流域水权最大化,水利厅与自治区发改委联合编制批复了《全区工业发展水资源可持续利用规划》,明确了区域水资源配置和工业用水总量。二是以提高用水效率和效益为中心,大力推进节水型社会建设。修订自治区行业用水定额标准,强化用水定额管理,积极推进呼、包、鄂等节水型城市试点建设。预计2009年万元工业增加值用水量为52立方米,万元GDP用水量为220立方米左右,提前完成自治区"十一五"节能减排实施方案目标。三是以水功能区管理为载体,加强水资源保护工作。开展地下水保护行动,划定地下水功能区,强化水功能区监督管理。四是以水资源优化配置为目标,继续调整黄河用水结构。编制完成《黄河内蒙古段应急水量调度预案》,并经自治区人民政府批复。按照"丰增枯减"的原则,细化了沿黄各盟市年度取水指标。黄委批复《鄂尔多斯市引黄灌区水权转换暨现代农业高效节水工程可行性研究报告》,同意在一期已转换1.3亿立方米水量指标的基础上,再转换1亿立方米水量用于新增工业项目。五是黑河水量调度工作取得历史性突破。首次实现东、西河两次全线过流,累计入湖水量5 672万立方米,最大水面达到42平方公里,东居延海实现连续5年不干涸,额济纳绿洲和东居延海周边生态环境得到进一步改善。

【水利管理改革】 继续深化和巩固水管体制改革成果,组织开展水管体制改革"回头看"活动,加大对落实"两定"和"两费"的督查力度,全区水管单位人员经费财政资金落实率达到87%、工程维修养护经费财政资金落实率达到62%,自治区水利厅直属的三个水管单位"两费"全部落实。进一步深化小型水利工程经营管理体制改革,加大对农村用水合作组织的培育和推广力度,全区8 120处小型水利工程进行产权制度改革,累计达到5.9万处。按照自治区政府构建政府投融资平台的总体战略和2009年第8次常务会议决定,授权自治区水利厅为水利国有资产出资人代表,通过内蒙古水务投资公司增资注册42.54亿元、安排农业银行政府信贷额度20亿元,构建了以财政专项资金为引擎、以政府信用为基础、以内蒙古水务投资公司为载体的自治区水利基础设施建设投融资平台,为形成政府主导、市场运作、社会参与的多元化水利投融资格局奠定了基础。

【依法行政】 完成《内蒙古非政府投资水利项目管理办法》和《内蒙古农村牧区饮用水管理办法》的起草调研工作,开展黄河河道管理范围内专项清障行动和水资源管理、水土保持法专项执法活动。配合自治区人大常委会在全区范围内开展贯彻实施《水法》和《自治区实施〈水法〉办法》情况的执法检查，严肃查处丰镇京隆电厂违法取水案件，进一步加大侵占河道和省际界河水事纠纷调处力度，强化水土保持预防监督检查，加强水行政执法队伍建设，维护正常的水事秩序。大力推进政务公开和政府职能转变，实施水利前期工作技术审查与行政审批制度改革，着力构建权责一致、分工合理、决策科学、执行顺畅、监督有力的行政管理体制。围绕水利建设和水资源管理中的技术难题，安排水利科研与技术推广项目21项，有2项水利科研成果获得自治区科技进步奖，建立水利部科技推广中心内蒙古推广示范基地，深入开展科普宣传、科技合作和学术交流活动。

【机构改革】 根据自治区政府批准的自治区水利厅"三定"规定，为加强水资源的节约、保护和合理配置，保障城乡供水安全，增设水资源处，并挂全区节约用水办公室牌子；为加强水利行业安全生产和水利工程安全监督，设置水政与安全监督处；为加强水利规划、前期工作和技术把关，增设总工程师（副厅级）。进一步明确水资源保护与水污染防治、河道采砂管理、矿泉水、地热水资源管理的职责分工，明确将城市涉水事务的具体管理职责交给城市人民政府，并由其确定供水、节水、排水、污水处理方面的管理体制。在自治区党委、政府批准的盟市机构改革方案中，有8个盟市设置水务局，其中鄂尔多斯市水利局更名为水务局，巴彦淖尔市组建水务局，二连浩特市委、政府也决定组建水务局。进一步加强领导班子和干部队伍建设，全面强化领导干部的监督管理，圆满完成厅属事业单位工作人员的公开录用工作。强化水利信息宣传工作，以纪念新中国成立60周年为契机，大力宣传水利改革发展的巨大成就；进一步畅通信息渠道，水利信息工作迈上新台阶。强化水利安全生产、维护稳定和保密信访工作，努力营造和谐稳定的水利发展环境。全面加强离退休人员服务工作，老干部的文化娱乐活动条件明显改善。以水管体制改革为契机，厅属水管单位和基层水管单位的经费保障得到加强。为适应形势发展需要，抗旱防汛物资服务中心更名为灌溉排水发展中心，水利工程质量监督站更名为水利工程建设质量与安全监督中心站。水文总局在防凌防汛水文情报预报方面的支撑能力显著增强，水利水电勘测设计院积极开拓蒙古国水利技术服务市场，厅属各单位均较好地完成年度目标任务。

（杨亚军　郭宝丽　常淑英）

水　文

【内蒙古自治区水文总局领导名录】

局长　党委书记：云雪峰（蒙古族）

党委副书记：李宝生

【概况】 内蒙古自治区水文总局是自治区水利厅所属的相当于副厅级的事业单位。总局机关内设办公室（劳动人事）、计划财务、站网、水情、水资源勘测、水环境监测等6个处（室）。总局下设呼和浩特市、包头市、呼伦贝尔市、兴安盟、通辽市、赤峰市、锡林郭勒盟、乌兰察布市、鄂尔多斯市、巴彦浩特10个相当于副处级的水文勘测局，并对巴彦淖尔市水文水资源勘测局、三盛公水文实验站、昆都仑水库水文实验站实施行业管理。同时，内蒙古自治区水环境监测中心也设在内蒙古自治区水文总局，所属的4个水环境监测分中心分别设在包头市、呼伦贝尔市、通辽市、赤峰市水文勘测局。内蒙古自治区水文总局承担着全区各流域地表水资源的勘测和资料汇总整编，审定裁决；水文情报预报、水情信息传递；水文分析计算、水资源调查评价、供需平衡及旱情分析；地下水观测、水环境监测等项任务。有国家基本水文总站136处（169处监测断面），水位站10处，雨量站630处，蒸发站83处，墒情监测站15处，地下水动态监测井958眼，水环境监测站45处（48处断面），基本上形成了监测门类齐全、覆盖广泛、控制良好、功能完善的水文监测网络。

内蒙古自治区水文总局有在职职工1 296名（其中教授级高工5名，高级工程师84名，工程师368名，本科以上毕业生132名，专科196名，中专36名）。总局机关有在职职工82名，（其中教授级高工4名，高级工程师39名，工程师19名，本科以上毕业生48名，大专17名，中专11名）。

【防凌防汛】 年初进行了大规模黄河防凌水文监测预报工作，分别在包头、巴彦淖尔、鄂尔多斯、呼和浩特市水文勘测局召开防凌工作会议，认真学习传达黄河防凌会商会和黄河防凌工作会议精神，全面安排部署黄河内蒙古段开河期水文测报工作。会后，局领导带领专业人员对黄河两岸布设水位、冰情观测点进行了实地查勘，并与当地防办进行沟通。在具体细化水文测报工作的基础上,制定了《2009年黄河内蒙古段防凌水文测报方案》,成立了防汛水文组,下设7个工作小组,明确了工作任务和责任。依据《水文测报工作方案》,沿黄的巴彦淖尔市等四个水文勘测局认真组织实施,分别成立了相应的领导小组、外业监测组、水文测报巡测队及后勤保障组,设置120多个临时断面,每天出动150多人次进行动态监测,使防凌水文测报有条不紊地开展,经过一个多月的连续奋战,确保了黄河顺利开通。在黄河内蒙古段凌汛开河期,水文部门共监测水文数据9 000多个,为自治区水利厅、防汛抗旱指挥部、黄河前线指挥部传送黄河水情、冰情情报上万余份,用手机发布水情短信息3 000余条,编发《水文防凌简报》50期、《防凌快讯》20期、《黄河冰情信息》32期,确保了各级领导随时掌握冰情、凌情动态,为黄河防凌工作提供了有力的数据支撑。伏汛期,及时召开汛期工作会议。下发《关于做好水文测报和加强安全生产工作的通知》。局领导带领工作组深入基层对汛前准备工作进行全面检查,强化领导,落实责任,完善预案。各勘测局本着思想早发动、组织早落实、预案早制订、物资早储备的原则,精心备汛。兴安盟水文勘测局自筹经费维修了报汛电台,购置了电台备件。赤峰市水文勘测局购置了水情语言传输短信模块,使水情信息传送更加方便快捷。其他水文勘测局分别对现有的电台、电话、手机进行了维护更换,对重要干、支流的重点水文站的洪水预报方案进行了修订,完善了测站测洪预案。进入主汛期,各勘测局密切监视雨情水情,实施滚动预测预报,加强分级预报会商,有力地保证了预报成果的准确性。通过广域网转发水情信息4万余份,其中水情信息3万余份,墒情信息5 000余份。编发《水情日报》92期,《水情月报》3期,《防汛总结》1期。为防汛指挥调度提供了科学依据。

【水资源管理 保护】 及时编制发布自治区《水资源公报》、《水资源简报》、《地下水通报》、《泥沙公报》。认真贯彻《地下水监测规范》,广泛开展地下水监测,重点加强对地下水超采区以及地表水、地下水、供水水源地污染水质的监测。开展地下水监测资料的审查验收,对872眼地下水水位观测井、207眼水化学八大离子常规观测井、130眼地下水水温观测井及12眼地下水开采量监测井的监测资料进行审验,各项基础资料全部达到要求。编制完成《自治区地下水监测工程建设可行性研究报告》和《自治区重点地区旱情与分析系统工程项目建议书》,水利部审定自治区地下水自动监测、自动传输站(井)430眼,规划完成建设土壤墒情自动监测站671处。开展全区水质资料复审,共完成45个站、230个水样的复审任务。全区水环境监测资料样品完成率、设备完好率等各项指标均为100%,获得水环境监测数据12 040组。编制《自治区水环境监测中心建设规划实施方案》,对《质量手册》等三大体系文件进行修改。对四个水环境监测分中心进行内审,完成水利部计量认证监督评审工作。集中进行内蒙古自治区入河排污口的普查登记、水功能区调整、水域纳污能力的核定、水功能区污染物限制排放意见方案等汇总报告的编制。完成自治区、呼市、赛罕区三级政府"关于开展处置呼和浩特市中石油天野化工有限责任公司水污染突发事件演练"的大量准备工作,编制涉及水文总局的演练剧本,拟定演练方案,购置必要的仪器设备。

【基础设施建设】 内蒙古跨界河流水文站网第一期建设工程进展顺利,80%的建设项目基本竣工。亚行嫩右防洪非工程措施建设项目全部实施完成。按照总局下达的任务和要求,各勘测局坚持高标准、高质量开展基本建设,共完成30多个测站的维修、改造和建设任务,总建设面积达1 000平方米,所有新建测站均达到优良标准,为推进水文现代化建设起到了示范作用。

编制内蒙古自治区黄河流域、内陆河流域、海滦河流域、西辽河流域、嫩江流域、额尔古纳河流域"十二五"水文建设规划和水文事业发展规划,完成了"十一五"建设工程初步设计报告,并通过水利部审查。编制了国际河流第二期水文站网建设工程项目初步设计和自治区水文基础设施设备更新改造工程初步设计报告。修订了《内蒙古自治区行业用水定额标准》,开展对跨界河流水文站网第一期建设工程项目的评审调查,为中蒙边界外事合作提供了大量的资料和技术保障。

【社会化服务】 各单位转变服务理念,按照总局的要求和部署,理思路、谋发展、求实效,充分发挥自身技术优势,积极开展水文调查、水文测验、资料复核及水资源论证等工作,为经济建设提供技术支持。总局在巩固建设项目水资源论证、水资源评价等这些支撑水文经济服务项目的同时,积极在水平衡测试等方面拓展服务领域。是年,总局和各勘测局共完成水资源论证、水资源评价、水土保持方案编制、洪水影响评价等水文服务30多项，不仅为水利水电建设提供了优质服务，而且有效促进社会节约用水和科学用水，取得较好经济效益。10个盟市水文勘测局全部完成总局年初下达的任务指标，通辽市、赤峰市、包头市水文勘测局水文服务效益更为突出。

【编制水文年鉴】 组织专业技术人员对地表水、地下水及水环境监测资料进行了精细全面的整编、复审、汇编。在地表水水文资料审验方面，共审验逐日水位表、流量日表、洪水水文要素摘录表等各种成果表2 800余站年。在地下水水文资料审验方面，共完成对803眼地下水水位观测井、308眼水化学八大离子常规观测井、147眼地下水水文观测井及17眼地下水开采量监测井监测资料的审验，所有资料全部达到《地下水监测规范》要求。在水环境监测资料审验方面，共完成全区45个站（48个断面）、201个水样平均23个项目的水质资料的审验。全区水环境监测资料的样品完成率为100%，仪器设备的完好率为99%，分析室内部质量控制完成率为100%，各单位项目测定率为100%，获得水环境数据1万多组。在完成常规水文资料整编的同时，参加了黄委组织的《2008年水文年鉴第4卷第2册汇编》刊印工作。参加了《2008年海河流域第3卷1-6册水文年鉴资料成果汇编》工作。主编了《2008年水文年鉴辽河上游区第2卷第1册汇编》及《2008年水文年鉴内陆河湖第10卷第6册汇编》。

（刘月珍）

水利水电勘测

【内蒙古水利水电勘测设计院领导名录】

院　长：路二文

党委书记：王南风

【概况】 2009年，内蒙古水利水电勘测设计院共承担各类勘测设计项目300余项，实现产值和回款较大幅度增长的业绩。

2009年，除重大的水利水电项目和风力发电项目的经营外，进入国际市场成为一个亮点。从2008年开始，水利水电勘测设计院积极实践自治区“南联北开”和水利厅“走出去”的经营战略，利用地域和人才优势，积极稳步地开拓蒙古国市场，另外还在太阳能发电领域有所收获，承揽了6项太阳能发电项目。

生产进度控制方面加强生产流程和生产档案网络化管理，有效地提高了生产效率，项目生产进度控制水平有了提高。

水利水电勘测设计院的水利行业甲级和电力行业风力发电甲级资质顺利通过换证，扩展了环境影响评价乙级资质业务范围，招标代理公司取得中央投资招标代理资格，并取得水利工程质量检测资质，通过水利工程启闭和设计备案认定，这些都为院拓展市场、扩大经营范围提供了条件。

【技术质量管理】 水利水电勘测设计院的产品质量，关系到人民生命财产的安全，水利水电勘测设计院始终坚持把技术进步和产品质量的提高作为工作的重点之一，不断加强对职工的技术培训和质量意识教育，严格执行质量管理体系文件，确保产品质量不断提高。一是全面系统地修改了《质量手册》和《程序文件》，并通过了中水源禹的换证认证；二是制定完善一些规章制度。出台《设计评审管理办法（试行）》和《水利工作保密管理规定》；三是根据“内蒙古自治区水利厅关于印发《内蒙古自治区水利前期工作技术审查与行政审批管理办法（试行）》的通知”的要求，主要负责水利基本建设项目前期工作、防洪影响评价报告的技术审查工作。为做好该项工作，及时出台《内蒙古自治区水利水电勘测设计院审查水利前期工作实施细则》；四是继续开展质量教育活动。针对水利部稽察组对设计院承担的杭锦旗狼嚎沟水库除险加固工程设计中存在的问题的整改意见，并以此为契机，在全院范围内开展进一步提高质量意识、学习质量管理文件的宣讲动员活动，并要求写出书面感想和认识材料；五是加大软硬件投入，软硬件设备投入780多万元，增加设计工作的先进科技手段，在提高工作效率的同时，增加产品的科技含量；六是信息管理系统建设全面启动。该系统的启动，也对管理的科学化、规范化、制度化提出了更高的要求，是进一步提高质量管理水平的重要手段；七是评选2007年和2008年度优秀勘测设计项目32项，并进行表彰和奖励；八是进一步做好设计产品的保密工作。院领导非常重视设计产品的涉密工作，制定了有关设计产品保密规章，对涉密项目的管理和机关人员职责做出了明确规定，并签订了保密承诺书。

此外,继续做好职工的培训和产品归档等其它工作。全年培训职工1 181人次,共44 058个学时。

【制度建设】 水利水电勘测设计院十分重视制度建设,在近年出台各类规章制度的基础上,2009 年相继出台涉及质量、进度、经营及干部考核、分配等一系列文件。如:《院领导考评办法(试行)》、《管理处室处级干部考评办法(试行)》、《2009 年度经营目标奖惩实施方案》、《复制室经营管理办法》、《机动车辆运输管理办法》、《自揽项目经营管理评比奖励办法》、《设计评审管理办法》、《生产项目质量津贴发放办法》、《生产项目进度津贴发放办法》、《项目回款津贴发放办法》等等。

【人才工作】 水利水电勘测设计院是科技型生产单位,人才资源是第一资源。将人才问题摆在院发展的重要位置上,不断强化人才兴院观念,重点是大胆使用年轻技术干部。

2009 年共接收新大学毕业生 39 名,其中研究生 22 名,博士生 3 名。有 9 人申报正高级职称,8 人申报副高级职称,1 人获全国水利系统奉献水利工作突出贡献先进个人,1 人获自治区突出贡献中青年专家,1 人获全区深入生产一线做出突出贡献的科技人员。

【荣誉】 水利水电勘测设计院党委被评为“自治区直属机关先进基层党组织”,精神文明的相关工作也得到自治区、水利厅和呼和浩特市的多次表扬,2009 年被自治区评为“自治区文明单位”和“公益之星单位”。

(孙　超)

农牧业产业化

【内蒙古自治区推进农牧业产业化办公室领导名录】

主　任:周文毅(满族)

【概况】 内蒙古自治区推进农牧业产业化办公室(以下简称“产业化办公室”)是由自治区农牧业厅管理的负责主管全区农牧业产业化推进工作的副厅级行政机构。机关行政编制 40 人,实有人数 32 人,设有综合处、产业一处、产业二处、产业三处和机关党委。综合处负责协调处理机关日常政务、事务和业务综合等工作。产业一处负责抓粮油产业、马铃薯产业、蔬菜(瓜果)产业;产业二处负责抓乳产业、肉产业、绒毛(皮革)产业;产业三处负责抓饲草饲料产业、特种生物资源及沙产业等相关特色产业。各业务处对每个产业按产业链条从龙头到基地到利益联结机制一抓到底。产业化办公室下设两个事业单位,一个是产业化发展指导中心,负责协助机关抓乡镇企业、招商引资、产业化信息网络建设和管理工作,为全额拨款的事业单位。另一个是培训中心,为自收自支的事业单位。

【龙头企业发展】 全区销售收入 100 万元以上农畜产品加工企业达2 200家,同比增加 79 家;实现销售收入2 200.9亿元,同比增长18.8%;实现增加值640.5亿元,同比增长13.3%,农牧业产业化规模以上企业增加值占全区规模以上工业增加值的比重达14.5%;实现利润总额154.3亿元,同比增长9.4%;实际上缴税金63.6亿元,同比增长0.5%;收购农畜产品资金697.5亿元,同比增长6.1%。全区规模以上农畜产品加工企业1 770家,实现销售收入2 187.9亿元,完成增加值636.8亿元,实现利润总额153.2亿元,实际上缴税金63.4亿元,分别占销售收入百万元以上加工企业的80.5%、99.4%、99.4%、99.2%和99.7%,对农畜产品加工业的支撑带动作用十分明显。全区销售收入亿元以上加工企业 361 家,销售收入占百万元以上加工企业销售收入的78.2%,其中销售收入 10 亿元以上加工企业 20 家,销售收入占百万元以上加工企业销售收入的39.9%。伊利、蒙牛、小肥羊、鄂尔多斯等 28 个商标被评为中国驰名商标,比上年增加 2 户,销售收入占百万元以上加工企业销售收入的32%。伊利、蒙牛、华资等 7 户成为上市企业,销售收入占百万元以上加工企业销售收入的23.3%。全区有鄂尔多斯集团、伊利、蒙牛、鹿王、奈伦集团、金河集团等 29 户企业成为国家级农业产业化重点龙头企业,销售收入占百万元以上加工企业销售收入的32.6%。自治区本级重点龙头企业达到 258 家,销售收入占百万元以上加工企业销售收入的23.1%。

【主导产业发展】 全区销售收入 100 万元以上乳品加工企业实现销售收入556.3亿元,同比增长18.4%,占全区 100 万元以上农畜产品加工企业销售收入的25.28%。2009 年肉类加工企业开工早,提前进入生产旺季,呈现出淡季不淡、产销两旺的局面。全区销售收入 100 万元以上肉类加工企业实现销售收入450.3亿元,同比增长21.2%,占全区的20.46%。金融危机使外向度较高的自治区羊绒加工企业生产经营遇到很大困难，产品出口减少，经营形势较为严峻。自治区政府及时采取羊绒收储办法，效果非常显著，收储进度加快。全区销售收入100万元以上绒毛(皮革)加工企业实现销售收入327.6亿元，同比增长15.3%，占全区的14.88%。粮食加工业蓬勃发展，初步形成了由玉米、小麦、稻谷和杂粮杂豆加工四大行业为支撑的新型现代粮食加工体系。全区销售收入100万元以上粮食加工企业实现销售收入350.6亿元，同比增长24.9%，占全区的15.93%。全区销售收入100万元以上油料加工企业实现销售收入92.1亿元，同比增长13.6%，占全区的4.18%。马铃薯产业在生产、储藏、加工、销售等各环节都有了长足发展，马铃薯种植面积保持稳定，拥有全国领先的良种繁育基地和全国最大的加工企业。全区销售收入100万元以上马铃薯加工企业实现销售收入28.3亿元，同比增长18%，占全区的1.29%。全区销售收入100万元以上蔬菜(瓜果)加工企业实现销售收入61.7亿元，同比增长10.2%，占全区的2.80%。全区销售收入100万元以上饲草饲料加工企业实现销售收入104.6亿元，同比增长11.4%，占全区的4.75%。特色产业平稳较快发展，形成了以林沙产业、中蒙药材和生物制药产业、一村一品新兴特色产业为主导的产业格局。全区销售收入100万元以上特色加工企业实现销售收入229.5亿元，同比增长19.6%，占全区的10.43%。

【项目建设】 全区投资规模1 000万元以上产业化在建项目达523项，投资规模530亿元，年内完成投资201.5亿元。青岛欧美投资集团100万吨玉米深加工项目、伊利集团新工业园区项目、雨润集团年加工200万头生猪项目等一批产业化项目规模大、起点高、带动力强，将对扩大产业规模，提升产业层次，优化产业产品结构，增强产业发展后劲，带动农牧民增收起到重要拉动作用。

【带动农牧民增收】 各地龙头企业、农牧民专业合作社等各类产业化经营组织通过合同订单、利润返还、返租倒包、农牧民员工化合作、股份合作等多种形式的利益联结机制，逐步与农牧民结成相对稳定的产供销关系和利益共同体。在农牧民专业合作组织和龙头企业的带动下，农牧民参与产业化经营和开拓市场的组织化程度不断提高，小农户与大企业、大市场的对接日益紧密，进一步打通了农畜产品的销路，解决了农畜产品卖难问题，农牧民不仅靠出售农畜产品获得收入，还通过转移就业进入龙头企业打工挣钱，有的还以土地、生产资料等入股，参与产业化经营的收益分配，增收渠道进一步拓宽。2009年产业化带动农牧户210.5万户，比上年增加0.6万户，全区农牧民人均通过产业化渠道实现纯收入2 710元，比上年增加220元。

【重点龙头企业评审及监测工作】 通过盟市申报、材料审查、实地检查、评审委员会评审，158户企业被认定为第三批自治区级农牧业产业化重点龙头企业，使自治区本级重点龙头企业总数达到258家。同时对第一、二批自治区级农牧业产业化重点龙头企业进行了监测，对不合格的9户企业取消了重点龙头企业资格。完成对国家级重点龙头企业的监测工作，根据动态管理的原则，取消了绩效差的，增添了成长性好、带动能力、示范能力好的新的龙头企业。通过开展重点龙头企业认定和运行监测工作，培育发展知名品牌和重点龙头企业，提高了农牧业产业化龙头企业的知名度，扩大了社会影响，为龙头企业在贷款、免税等方面享受国家优惠政策创造了条件，也增强了龙头企业的社会责任感，促进了重点龙头企业的健康发展。

【申报农产品加工创业基地】 组织各盟市向农业部乡企局申报了第二批全国农产品加工创业基地材料，经过农业部乡企局评审，全区有9家企业榜上有名。组织部分企业申报国家农产品加工技术研发专业分中心，全区3家企业成为国家级畜产品加工专业分中心。

（王利明）

工　　业

工业管理

【内蒙古自治区经济委员会领导名录】

主　任:牙萨宁

副主任:王进国　王旺旺　白培珠(蒙古族)

副巡视员:潘人伟　芦宗华(女)

【概况】　2009年,是新世纪以来全区工业经济发展最为困难的一年。从2008年四季度开始,国际金融危机迅速扩散蔓延,全区工业经济受到严重冲击,市场需求严重不足,工业品价格大幅度下滑,多数产品有价无市,部分规模以上工业企业停产半停产,工业经济发展遇到近些年来前所未有的困难。在挑战面前,全区工业战线认真贯彻落实科学发展观,狠抓保增长、调结构各项政策措施的落实,共克时艰,砥砺奋进,创造性开展工作,推动全区工业经济在困难和波折中率先企稳回升、持续向好,实现平稳较快增长。同时,还积极把握挑战中蕴含的发展机遇,充分利用金融危机形成的倒逼机制,大力推进产业结构优化升级,取得明显成效。

内蒙古自治区经济委员会与自治区安全生产监督管理局合署办公,是自治区人民政府主管工业经济的综合管理部门,经委内设9个处室(其中包括办公室、人事处、机关党委三个与安监局的公用处室)和10个二级单位。委机关共有干部职工85人。

【主要工业经济指标】　2009年,全部工业完成增加值4 503.31亿元,增长21.2%;规模以上工业完成增加值4 400.45亿元,增长24.2%;规模以上中小工业企业完成增加值3 243.92亿元,增长27.3%;工业固定资产投资完成3 773.73亿元,增长30.95%;单位GDP能耗下降6.91%。

【主要工业产品产量】　自治区28种主要工业产品中,产量增长的有25种,其中增幅在10%以上的有17种。原煤6.006亿吨,增长22.8%;洗煤4 216.26万吨,增长32.3%;白酒343 603千升,增长37.8%;啤酒1 103 914千升,增长12.3%;卷烟2 450 000万支,10.1%;羊绒衫1 199.4万件,增长15.4%;焦炭1 834.39万吨,增长33.8%;合成氨81万吨,增长12.8%;化肥261.53万吨,增长94.5%;水泥4 275.52万吨,增长48.1%;生铁1 381.3万吨,增长10.6%;钢材1 294.9万吨,增长30.1%;铁合金332.4万吨,增长10.1%;电解铝128.09万吨,增长16.1%;精甲醇157.43万吨,增长56.1%;聚氯乙烯树脂61.92万吨,增长53.5%;铝材22.53万吨,增长64.9%。

工业经济回升态势日益稳固　持续向好　通过综合施策,在较短时间内遏止了工业增速大幅下滑的势头。2009年1月份规模以上工业增速由上年12月份的3.6%回升到12.4%,而后逐月加快,月增速均在18%以上,全年增长24.2%。各盟市规模以上工业增速全年均呈两位数增长。

工业固定资产投资稳定增长　2009年,认真落实促进工业固定资产投资增长的各项政策措施,以工业重点项目建设为抓手,狠抓项目前期工作和集中调度,确保新开工项目早开工、续建项目不停工、竣工项目不延期。全年工业固定资产投资完成年度计划的108%,150个自治区工业重点项目完成年度投资计划的107.8%;75个计划新开工自治区工业重点项目开工65个,开工率达86.7%;20个自治区集中调度的新开工项目开工12个。

工业经济效益明显好转　2009年初,受市场需求严重不足、工业品价格低位运行等因素影响,工业企业效益急剧下滑,随着刺激工业经济增长措施效果的逐步显现和市场需求的逐步回暖,规模以上工业企业效益水平逐渐好转。2009年,全区规模以上工业企业实现利润812.0亿元,增长12.9%;实现主营业务收入10 581.4亿元,增长24.9%;亏损企业亏损额下降18.7%。

停产半停产企业全部恢复生产　通过采取联合重组、兼并收购、分类指导、逐一帮扶等措施,加之市场需求回暖,2008年底的731个规模以上停产半停产工业企业,除因淘汰落后生产能力退出市场的企业外,其余企业全部恢复生产。

工业园区发展加快　进一步加强工业园区基础设施建设,积极打造产业集聚发展平台,促进了产业集群化发展。初步测算,2009年,全区各级各类工业园区完成工业增加值占全区工业增加值的比重达60%以上。国家核准的45个工业园区完成工业增加值1 859.2亿元，增长28.1%，占全区工业总量的41.2%；实现利润215.54亿元，增长17.7%。

煤电油运形势总体平稳　通过采取对重点行业、重点地区和重点企业的跟踪调度、重点监测，建立区内电煤供应长效机制，积极推动电力多边交易市场建设等措施，全区煤炭产销平衡，发用电量和成品油销量稳步回升，铁路和公路货运量实现双增长。2009年，全区生产和销售原煤各6亿吨，增长22.8%；完成发电量2 239.9亿千瓦时，增长5.0%；全社会用电量逐月回升，12月份当月增长52.2%，其中工业用电量增长55.98%，全年全社会用电量1 277.72亿千瓦时，工业用电量1 108.48亿千瓦时；销售成品油587.6万吨，增长5.3%；铁路完成货运量5.2亿吨，增长11.9%，其中煤炭发运量4.4亿吨，增长13.9%；公路完成货运量7.1亿吨，增长16.2%。

【工业结构调整】

从生产力布局结构上看　东部盟市增速明显加快　在继续推进呼包鄂加快发展的同时，通过采取建设项目、扶持资金向东部盟市倾斜，加快东部盟市能源、化工等产业发展，促进东部盟市开发区扩容增效等措施，推动了东部盟市工业经济加快发展。2009年，东部五盟市规模以上工业完成增加值1 283.7亿元，占全区规模以上工业增加值的29.2%，增长27%，增幅高于全区平均水平近2.8个百分点，拉动全区工业增长10.7个百分点。

从产业结构上看　非资源型产业和新兴产业发展加快　2009年，全区六大优势特色产业完成工业增加值4 082.9亿元，增长23.5%，占全区规模以上工业增加值的92.8%，拉动全区工业增长22个百分点。其中，装备制造业在逆境中凸显了抗风险能力强的优势，月增速始终保持在40%以上，完成工业增加值占全区工业的比重比上年提高近2个百分点。化学工业形成现代煤化工产能560万吨甲醇当量，完成工业增加值占全区工业的比重比上年提高近1个百分点，增速持续加快。新能源开发利用迈出新步伐，风电装机突破626万千瓦，继续保持全国第1位；太阳能、生物质能、燃气发电装机达43.8万千瓦。

从企业组织结构上看　中小企业保持较快发展　深入推进实施“双百工程”，积极促进中小企业发展和园区扩容增效，中小企业发展环境进一步优化，金融服务和支持力度进一步加强，担保体系建设进一步完善，融资难题进一步缓解。2009年，自治区经委共安排下拨中小企业技术进步贴息、发展专项、自主知名品牌培育、节能技改等资金2亿元，积极争取国家各类中小企业发展专项、节能技改奖励、资源综合利用等资金3.2亿元。围绕有色金属延伸加工、装备制造、PVC延伸加工、陶瓷生产、稀土开发生产和“大电子”配套六大领域，积极承接产业层次高、与现有产业接续性强和有利于产业多元、产业延伸、产业升级的非资源型项目。2009年，全区承接发达地区陶瓷和装备制造等非资源型产业转移项目198个，涉及项目总金额1 050亿元。

从产业技术装备结构上看　落后产能淘汰力度加大　充分发挥政策导向和市场的调节作用，按照国家产业政策，将不符合科学发展观要求、不符合新型工业化原则、不符合工业做大做强目标的落后产能和产品压下来，通过采取整顿关闭、拆除设备、兼并重组和技术改造等措施，确保落后产能逐步退出市场，保留的行业技术装备水平有了明显的提高。2009年，关闭小火电机组20万千瓦，淘汰落后产能电石10万吨、铁合金2万吨、水泥360万吨、钢20万吨、铁197万吨、焦炭495万吨、有色金属5.4万吨、造纸14.8万吨、味精0.6万吨。电石1.25万千伏安及以上的单套设备生产能力占全区电石总生产能力的95%，铁合金1.25万千伏安及以上单套设备生产能力占全区铁合金总生产能力的67%，这两个行业的总体装备水平均高于全国平均水平。

从能耗结构上看　工业能耗大幅下降　坚持把节能降耗作为提高工业运行质量和效益的主要手段，通过采取强化节能目标责任制、实行固定资产节能评估、开展重点耗能企业挂牌督办等一系列措施，节能效果明显。2009年，全社会能源消费总量15 356.4万吨标煤，增长8.91%，增幅同比回落0.82个百分点；全区规模以上工业能源消费10 452.23万吨标煤，增长5.45%，增幅同比回落3.64个百分点；规模以上工业单位增加值能耗下降15.16%，下降幅度比上年加大0.94个百分点。统计的22种主要耗能产品的66项能耗指标中50项下降。

（任常水）

煤炭工业

【内蒙古自治区煤炭工业局领导名录】

局长:王旺旺(自治区经委副主任兼)

【概况】 内蒙古自治区煤炭工业局主管全区煤炭工业行业管理及煤矿安全生产监管工作。贯彻落实国家和自治区关于煤炭工业发展和煤矿安全生产法律、政策的法规、计划、措施;监测分析煤炭行业经济运行态势,协调解决煤炭经济运行中的重大问题;按规定权限,组织煤矿新建、扩建、技术改造的审核检查,管理煤矿生产许可证和煤炭经营许可证;组织开展煤矿安全基础管理工作;对煤矿的违法违规行为依法做出处理或处罚,参与煤矿事故和突发事件的调查处理。内蒙古煤炭工业局设2个处室(行业规划处和煤炭安全监管处),归自治区经委管理。

【资源储量】 至2009年底,累计探明储量为7 323亿吨,新增煤炭资源探明储量300多亿吨,继续保持全国第一位。在探明储量中,亿吨以上的煤田有36处,其中:200亿吨以上的特大型煤田有3处、100亿~200亿吨的煤田有5处、10亿~100亿吨大型煤田有13处、1亿~10亿吨的煤田有15处。

【资源分布】 全区12个盟市都赋存煤炭资源,主要分布在呼伦贝尔市、赤峰市、通辽市、锡林郭勒市、鄂尔多斯市、乌海市和阿拉善盟,全区101个旗县中有67个旗县赋存煤炭资源。

【煤炭品种】 内蒙古自治区煤炭品种较为齐全,煤质优良。有低灰、低硫、低磷、高发热量的阿拉善古拉本优质无烟煤,通称"太西煤",有特低灰、特低硫、特低磷、中高发热量的鄂尔多斯优质不黏结煤,通称"乌兰煤"或"东胜精煤",被用户称作绿色环保煤。按照煤炭变质程度由低到高排列分别为:褐煤占13.9%;长焰煤占10.80%;不粘煤占63.10%;气煤占8.80%;肥煤占0.1%;焦煤占2.9%;贫煤占0.2%;无烟煤占0.08%。

【原煤产量】 全区原煤产量完成60 060万吨,同比增加11 147万吨,同比增长22.8%,其中:原国有重点煤矿原煤产量完成25 835万吨,同比增加3 664万吨,同比增长16.5%;地方煤矿原煤产量完成34 225万吨,同比增加7 483万吨,同比增长27.8%。西部区原煤产量完成38 797万吨,同比增加7 278万吨,增长23.1%;东部区原煤产量完成21 262万吨,同比增加3 869万吨,增长22.3%。全年从蒙古和俄罗斯进口煤炭完成758万吨,同比增长450万吨。

【煤炭销售】 全区销售煤炭60 000万吨,同比增加13 000万吨,增长了27.6%。其中:出省煤炭33 000万吨,同比增加7 150万吨,增长27.6%。铁路出区量29 700万吨,同比增加6 435万吨,增长21.6%。公路出区量3 300万吨,同比增加715万吨,增长27.6%。

【煤炭售价】 全区煤炭售价基本平稳,煤炭产需基本平衡。至上年9月份开始,由于冬储煤原因,煤价略有上涨,去年冬季以来西部区动力煤平均售价280元/吨,平均上涨20元/吨。西部区高热值动力煤(5 500大卡)售价400元/吨左右,比上半年上涨约40元/吨,同比上涨20元/吨。西部区低热值煤价格上半年降幅较大,下半年基本煤炭产需基本平衡稳定,西部区低热值煤平均售价150元/吨。东部区褐煤平均售价160元/上涨约10元/吨。

【工业产值】 全区煤炭工业总产值完成1 700亿元,同比增加1 313亿元,增长了29.47%。全年实现工业增加值1 028.7亿元,占全区工业增加值的24%以上,拉动全区工业增长5%以上。

【整合技改】 2005年至2009年,自治区政府实施结构调整、整合关闭和整合技改同步实施战略,至2009年底,全区共关闭煤矿877处,整合关闭率占煤矿总数的64%,全区基本完成煤矿整合技改工作任务,全区整合技改竣工验收任务已完成85%。501处生产煤矿平均单产能力已由2005年的14万吨提升至120万吨以上,新增煤炭产能1.27亿吨/年,全区煤炭产能达到6.0亿吨/年。煤矿综合机械化水平提高至90%,资源回收率达到60%以上。国有煤矿和大中型以上地方煤矿产量占总产能85%以上,其中,年产120万吨以上大型煤矿105处,占总产能70%以上;年产1 000万吨以上特大型生产矿井20处,产量占总产能的30%。

全区现有生产煤矿501处,其中:国有重点煤矿66处,地方煤矿435处。平均单井生产能力超过120万吨。国有重点煤矿单井能力超过400万吨。

【安全质量标准化】 2006至2007年,自治区先后编制颁布井工和露天煤矿安全质量标准化标准及考核评级办法,明确自治区煤矿安全质量标准化建设的政策措施,奋斗目标和时限要求。对新建、整合、技改等煤矿规定:建设工程与安全质量标准化同时施工、同时达标、同时竣工,煤矿竣工投产之日也是安全质量达标之时。未达到安全质量标准化的煤矿,一律不得投入生产。2009年末,全区达到标准化建设煤矿202处,同比增加了146处,其中:一级80处,同比增加了49处,二级70处,同比增加了54处,三级52处同比增加了43处。

【安全培训】 全区组织矿长培训班13期,参加培训矿长1 200多人次,培训特种作业人员2万余人。组织煤矿安全质量标准化培训班9期,参培人员1 226人。

【瓦斯抽采】 全区煤矿瓦斯抽采3 500万立方米,超额完成国家下达抽采指标90万立方米(国家下达抽采指标3 410万立方米)。

【火区治理】 批复煤矿火区治理项目127个,整合黄天棉图集中治理区一个。完成治理27处,已开工64处,完成投资30多亿元。

【基地建设】 2009年新建竣工投产煤矿26个,新增产能1.35亿吨/年,新开工建设煤矿15处,设计生产能力9 200万吨/年。核准审查批复新建煤矿9个,设计生产能力6 350万吨/年,其中:露天煤矿4个,设计生产能力3 350万吨/年;井工煤矿5个,设计生产能力3 000万吨/年。新增产能全部为大型机械化煤矿。

【科技进步】 自治区煤炭工业大力推进煤炭技术创新体系建设,建立健全以市场为导向、企业为主体、产学研相结合的煤炭科研与技术创新机制,形成一批具有自主知识产权的行业重大关键技术。推进煤炭企业信息化建设,利用现代控制技术、矿井通讯技术,实现生产过程自动化、数字化。培育科技市场,发展服务机构,形成完善的技术创新服务体系。

重点培养建设以神华神东公司、伊泰煤炭集团公司、北方重工业集团为主的产学研相结合的企业技术创新基地。采用高新技术和先进适用技术,建设高产高效和质量标准化矿井。井工煤矿采煤机械化水平由15%提高到75%(按机械化采煤率计算),露天矿数量已占到全区煤矿总量的20%以上。采用机械化壁式采煤技术的煤矿产能已从2003年的30%提高到70%以上。边角煤回收、采空区煤柱回收等提高资源回收率的采煤技术取得一系列技术突破,伊泰集团泰丰煤矿煤柱回收技术达到国内先进水平。急倾斜特厚煤层水平分段综采放顶煤技术的研究也取得进展。在乌兰察布市由新奥集团实施建设的低品位、难采煤田地下气化采煤示范工程已进入工业试验阶段,在东中部褐煤地区实施以热解技术、气化技术为主的褐煤提质技术研究攻关示范项目稳步推进。全区煤矿安全生产监测监控系统已全面实施,重点盟市、旗县联网正在调试。

【转化增值】 近年来,内蒙古自治区坚持"综合开发、加工转化、高效利用、集约经营"的原则,坚持资源配置向煤化工、煤转电产品转化,煤电向环保型循环经济产业转化。自治区规定,停止对单一开采煤炭项目的审批,没有下游产品的煤炭项目,不予配置资源。新开工的煤炭项目就地转化率必须达50%以上。对于新开工的煤化工项目,不得低于100万吨甲醇当量。电力以30万千瓦以上、60万千瓦装机为主力装机。

一大批高技术水平的大型煤电、煤化工项目纷纷落户内蒙古自治区:大唐托克托电厂是亚洲装机容量最大的火电厂;神华集团年产108万吨煤直接液化项目是国内实施的首个煤直接制油项目;伊泰集团年产16万吨煤间接液化项目,是国内实施的首个具有自主知识产权的煤间接液化项目;大唐多伦年产160万吨煤制甲醇及46万吨煤制烯烃项目的规模和技术装备均达到了世界先进水平。

【安全生产】 按照自治区人民政府抓住大企业、治理大隐患、防止大事故的煤矿安全工作要求,重点推进四大系统工程建设。一是实现煤矿双回路系统改造工程,结束了地方煤矿单回农电网供电历史。二是完成煤矿瓦斯监测监控系统工程,建起了煤矿井上与井下,煤矿与旗县、盟市监管部门瓦斯监测监控远程网络。三是完善安全隐患排查治理及应急系统工程建设,建立旗县(站)、盟市(分局)、自治区(省局)三级重大隐患排查整改长效机制,形成了防水、火、瓦斯、冒顶等灾害的预警、预报及应急救援等安全保障体系。四是由200余名监管和90余位监察员组成驻矿承包组,落实地方煤矿派驻安全监管员、监察员承包责任制,形成了横向到边、纵向到底的责任落实和安全监管网络。

2009年,全区发生煤矿安全事故21起,死亡33人,百万吨死亡率0.052。其中,国有重点煤矿15起、死亡22人,百万吨死亡率0.066;地方煤矿6起、死亡11人,百万吨死亡率0.039。全区未发生重特大煤矿安全事故,全区煤矿安全生产水平接近国际先进国家水平,煤矿安全生产继续保持全国领先水平。

(王晓波)

电力工业

【内蒙古电力(集团)有限责任公司领导名录】

党委书记 董事长:刘 锦

总经理 党委副书记 董事:张福生

副总经理 党委委员 董事:张景生

党委副书记 董事:托 克(蒙古族)

副总经理 党委委员:高野 于立新(蒙古族) 耿白
副总经理 总经济师 党委委员:鲁当柱
副总经理 总工程师 党委委员:杨 泓
工会主席 党委委员:李 燕(女)
纪委书记 党委委员:贾振国(5月离任)
张日成(5月任职)
总会计师:孙文彪(5月任职)

【概况】 2009年,不断加强安全管理,科学推进电网建设,稳步实施企业改革,全力开拓电力市场,深入开展“增收节支、降本增效”活动,公司经营形势逐步好转。

内蒙古电网负责除赤峰市、通辽市、呼伦贝尔市、兴安盟之外自治区其余8个盟市供电营业区的电网建设、经营、管理和农电工作,同时受自治区委托,管理自治区电力设计、电力科研、电力施工等国有企业。拥有盟(市)级供电企业10个,旗(县)级供电企业58个。供电面积69.83万平方千米。至2009年底,内蒙古电网已形成西起阿拉善、东至锡林郭勒的500千伏主网架和220千伏地区供电网。2009年底,公司拥有500千伏变电站14个,线路长2 764.23千米;220千伏变电站84个,线路长8 946.13千米;110千伏变电站208个,线路长9 053.86千米。

2009年,公司售电量完成1 007.24亿千瓦·时,同比增长6.28%。其中区内售电量756.91亿千瓦·时,增长1.37%;东送华北电网电量250.33亿千瓦·时,增长24.52%。公司线损率完成4.48%,降低0.39个百分点。公司全口径销售收入、产值完成364.78亿元,增长3.58%。其中电网收入319.29亿元,施工企业产值30.63亿元,多经企业产值14.86亿元。公司利税总额16.93亿元,实现利润2.09亿元。公司资产总额398.87亿元,剔除国电蒙能电源委贷占用资金后,资产负债率为78.98%,较年初下降3.17个百分点。公司全面超额完成了自治区国资委下达的年度经营业绩考核目标。

【安全生产】 公司以“安全生产年”活动为主线,深入开展春秋查、隐患排查治理、安全生产月、平安50天、安康杯竞赛等专项活动,不断加大设备检修、预试和生产大修、技改力度,全方位排查治理安全隐患,电网设备健康水平不断提高。积极应对发供电矛盾突出、风电机组大量入网等问题,科学编制电网运行方式和事故预案,保证了电网稳定运行和采暖期供热机组启动。组织完成了500千伏输电线路直升机航巡工作,累计巡视40架次,巡检500千伏永旗Ⅰ线等13条输电线路,共计1 155千米、2 876基,发现并消除缺陷233项。公司全年共完成242座110千伏及以上变电站和518条110千伏及以上输电线路的检修预试,共安排各类设备停电检修2 260台(条)次,安排运行操作837 995项,发现并处理各类设备缺陷5 883项。积极推广高载能独立供电变电站小电阻接地改造的成功经验,进一步降低高载能用户电气设备频繁故障对变电站主设备的冲击,防止电网重大设备损坏,提高变电站安全运行水平。公司圆满完成涉及4个盟市20余家单位的“2009年内蒙古大面积停电事件应急联合演练”和新中国成立60周年庆典等重大政治性保电任务,全年未发生重大及以上电网、设备事故,一般设备事故、障碍同比减少。至2009年12月31日,内蒙古电网实现安全运行4 511天。

【电网建设与发展】 在投资能力严重不足的艰难条件下,公司紧紧围绕市场和负荷安排重点电网项目,合理组织项目施工,保证了国家和自治区拉动内需国债项目、农网完善工程、无电地区通电工程、电气化铁路、重点工业项目供电工程顺利实施,较好地满足了机组接入和负荷落地需求。公司累计完成电网投资46.74亿元,安排基建项目57项,竣工投产34项,其中500千伏工程4项,220千伏工程10项,电气化铁路供电工程2项,110千伏工程18项;新增变电容量478.4万千伏安,新增输电线路1 221千米。开工在建工程22项。积极开展电网前期工作,全年核准项目81项,核准投资59.95亿元。

积极创新电网投资模式,多渠道筹措建设资金。公司争取到自治区财政借款10亿元、中央预算内投资国债资金8 880万元。通过协商取得地方政府、发电厂商和电力用户垫资34.5亿元、入股或出资15.1亿元,实现地方、发电企业和电网企业合作共赢。

【经营管理】 公司积极应对前所未有的经营压力,在全系统开展“增收节支、降本增效”活动,全年增收节支50 385万元,超额完成38.72%。其中可控费用压缩13 512.38万元,10千伏线损管理增收5 840.8万元,营业外收入增收7 585.37万元,业扩报装工程增收11 971万元,趸售农电增收6 441.59万元,非合并报表单位其它项目增收5 034万元。

公司积极争取、认真落实销售电价政策和增值税、差别电价、部分企业优惠电价差返还政策,争取贷款利率优惠政策,全年取得银行贷款34.17亿元,自治区财政借款10亿元,短期融资20亿元,保证了工程资金需求,降低了融资成本。创新招投标管理机制,推行厂家审核入围和合理低价中标的“两步式”招投标方法,全年完成招标合同金额28.56亿元,在保证设备质量的前提下节省资金1.73亿元。实行废旧物资统一处置,回收废旧物资处置资金400万元。按照"全面审计,突出重点"的方针,不断前移审计关口,扩大审计覆盖面,促进了公司依法经营,规范管理,降本增效。

【营销工作】 在国际金融危机的严重冲击下,面对电力需求急剧萎缩、负荷大幅度下滑的严峻形势,公司全力启动停产高载能负荷,培育新的电量增长点。努力争取增加东送华北电力,积极开展临时电能交易,稳步推进电力多边交易和大用户直供电工作。进一步优化业扩流程,缩短报装接电时限,保证新装增容用户及早用电。推广带电作业和状态检修,加快故障抢修速度,最大限度地减少停电损失。自二季度开始,公司供电负荷与售电量企稳回升。8月份,公司单月售电量同比实现正增长。11月份,公司累计售电量、销售收入增幅全部"转负为正";12月份,公司售电量完成102.85亿千瓦·时,单月售电量首次突破百亿千瓦·时。全年售电量历史性地突破千亿千瓦·时大关,居国家电网公司系统第7位。积极推进营销机制改革,加大营销技改投入,公司电能信息采集与监控平台系统已进入实用化考核验收阶段,为实现公司购电、供电、售电三个环节电能量信息的实时采集、统计和分析打下坚实的基础。利用营销查询分析系统,实现公司电能计量资产管理核实清理工作。加强供用电检查稽查,全年追收电费3 384.67万元,收取违约电费和电费违约金2 047.36万元。加强自备电厂管理,征收系统备用费1.79亿元,政府性基金1.58亿元,可再生能源附加费573.67万元。

【企业管理】 公司法人治理结构在运作实践中不断完善,内部管理界面进一步清晰。圆满完成了呼兴电网整体划转、呼和浩特抽水蓄能电站股权转让重组、乌兰水泥公司产权剥离和国电蒙能公司债务分割协议签署等重大改革任务。持续深化全员绩效考核管理,规范所属企业负责人薪酬管理办法,使分配向基层和生产一线、向高技术高技能岗位倾斜。出台《多经企业管理办法》,进一步明确多经企业有进有退,有所为有所不为的总体改革思路。积极推进产权制度建设和资产产权界定工作,完成产权登记、年检及变更的相关工作,保证了国有资产保值增值。印发《加强公司同业对标诊断分析工作的通知》,进一步优化同业对标指标体系,加强诊断分析,促进公司各项经济技术指标稳步提升。完善法律风险防控机制,强化合同管理、用工管理和诉讼管理,不断提高企业管理法制化水平。3月,法律事务综合管理信息系统正式通过验收,成为自治区首家建成法律事务综合管理信息系统的单位。2009年,公司获得国家级优秀QC成果8项,信得过班组1个。

【人力资源】 至2009年底,公司所属二级单位28个,长期职工18 773人。其中正高级专业技术职称27人,副高级专业技术职称1 757人,中级专业技术职称3 342人,高级技师204人,技师756人。人才密度84.1%,高技能人才比例60.27%。2009年积极拓展教育培训模式,大力开展全员业务技能培训,全年完成总培训量382 658人·天。建成了覆盖公司总部和主要生产单位的远程培训系统,系统有管理类课程368门,生产技能类课程83门。公司制定了《"师带徒"管理办法》,各生产单位全年共有2 005对技能人员签订"师带徒"协议,结对进行"一对一"指导培训。全年公司共有50名专家入选内蒙古高层次科技人才专家库,35人当选华北电网公司优秀工程师和优秀青年工程师。内蒙古电力技术院"专家讲师团"深入基层积极开展送教上门活动。公司首次对农电系统职工的职业技能鉴定工作实行统一申报、统一评定、统一鉴定和统一管理,全年报名人数1 159人,合格418人。举办调度运行、用电检查和焊接专业三项专业技能大赛,共有76名业务尖子参加比赛,其中3人获得自治区"五一"劳动奖章,9人获得自治区技术能手荣誉称号。继续深入开展高层次人才培养工作,公司培养的在职博士有38人,培养的在职硕士有393人。

【农电工作】 深入开展"百问百查"活动,农网安全形势不断好转,全年未发生电网设备重大责任事故,电压合格率94.6%,供电可靠性RS1完成99%。全年农电趸售电量90.3亿千瓦·时,农网综合线损完成5.89%,销售收入完成40.07亿元,所属趸售农电企业实现减亏5 800万元。积极争取国债资金,实施了紧急拉动内需农网工程和无电地区电力建设工程,投入资金24亿元,进一步改善农电基础设施,解决9个边防连队、8个边防派出所和1.23万农(牧)户无电人口通电工作,使公司营业区内户通电率达到99%。完成全部趸售电力公司三项制度改革,形成有效的激励竞争机制,供电所人员持证上岗率100%,在国网公司组织的供电所人员持证上岗调考中,公司在国网27个省市自治区中获得团体总分第三名的好成绩。农电技术标准、管理标准、工作标准三大体系建设稳步推进,全区农电信息一体化管理系统建设进展顺利。

【科学技术】 全年安排科技项目98项,资金1 000万元。公司获自治区科技进步奖5项。积极开展风电有功、无功可控化技术研究,科学进行风电出力控制。与清华大学合作,开展了风电负荷预报系统研发。进一步加强信息化工程建设,组织生产MIS系统的开发应用。继续进行生产管理信息系统的开发建设与应用工作,开展变电设备、运行管理和信息通信管理模块的推广应用工作,已在包供、阿拉善局正式上线运行。开发完成输电管理、技术监督管理、检修管理、调度管理、安全监督管理等5个模块,并开始在包头供电局、阿拉善电业局试运行。按照国家电监会要求,组织开展公司信息安全自查和整改工作,对调度管理系统(OMS)进行了等级保护测评。电力多边交易市场技术支持系统按期投入运行。呼包配网通过国债资金改造,完善配电网络结构,有效降低技术线损。针对电网快速发展、运行人员严重不足的突出问题,积极推广集控站建设。全网已建成集控站42座,无人值班变电站198座,大大降低公司运行成本,达到了降本增效的良好效果。

【优质服务】 在供电营业窗口(95598服务热线)开展"蒙电—金牌服务行动",为客户提供"融、通、便、捷"的全方位服务。全面推行、应用《营销服务行为规范手册》。开展"优质服务月"活动。建设三级客户服务中心。在各盟市、旗县、社区以统一的服务设施、统一的服务内容、统的一考核标准建设三级客户服务中心,统一了内蒙古电网9个盟市局A、B、C三级客户服务中心的外部标识,树立起统一的供电企业服务窗口的外部形象。先后下发了《内蒙古电力(集团)有限责任公司业扩报装客户工程管理办法》、《业扩报装检查评比实施方案》。并把对各环节的时限考核工作纳入营销MIS系统,在系统内真正实现了统一管理流程、管理内容、管理职责的目标。强化客户服务中心专业化管理力度,推行客户代表负责制,真正实现"一口对外"管理,实现业扩管理透明化。进一步利用营销业务集中管理信息系统平台实现与各银行联网,开展电费代缴、代扣、网上银行、电话银行、手机银行、ATM自助业务,拓展了内蒙古政府信息办一卡通、鄂尔多斯政府市民卡等代收电费业务渠道,缓解了公司各供电网点柜面交费排队现象,极大地方便了客户交费。

【荣誉】 1月,经自治区科学技术奖励委员会审定,由内蒙古电力(集团)有限责任公司主持研发的5项成果荣获自治区科学技术进步奖。其中《采空区架空输电线路安全性评估与预防技术研究》获二等奖,《内蒙古电网燃煤发电机组烟气脱硫实时在线监测系统》、《内蒙古电网雷电监测信息系统开发与建设》、《内蒙古电力系统发电机励磁系统参数测试及建模》、《35千伏系统过电压试验与研究》获三等奖。

【重要活动】 6月28日,国家电网公司党组书记、总经理刘振亚带领考察组,与内蒙古自治区副主席赵双连一道赴锡林郭勒盟考察。内蒙古电力(集团)有限责任公司党委书记、董事长刘锦,总经理张福生陪同。考察组一行先后考察了神华公司胜利西一号露天矿井、胜利东一号矿井,灰腾梁风电基地,国家电网公司规划的锡盟—上海西特高压输变电工程的起点站址和鲁能集团的煤电项目查干淖尔电厂厂址。

6月29日,内蒙古自治区人民政府与国家电网公司在呼和浩特市举行会谈,双方代表在呼伦贝尔、兴安电网整体划转协议上签字,并举行了国家电网公司内蒙古东部电力有限公司揭牌仪式。国家电网公司党组书记、总经理刘振亚分别与内蒙古自治区党委书记储波、自治区主席巴特尔举行会谈,就进一步加快内蒙古电力发展达成共识。刘振亚、巴特尔出席了签字仪式。

【荣誉】

全国五一劳动奖状

内蒙古电力勘测设计院

全国五一劳动奖章

张景生　内蒙古电力(集团)有限责任公司副总经理、党委委员、董事

郝智强　内蒙古电力(集团)有限责任公司副总工程师、包头供电局局长

侯生明　鄂尔多斯电业局局长、党委副书记

赵高强　包头供电局党委书记、副局长

康达来　阿拉善电业局工会主席、纪委书记

全国工人先锋号

包头供电局修试所开关二班

巴彦淖尔电业局临河供电局急修中心

兴安电业局调度班

阿拉善电业局变电修试所继电保护一班

自治区五一劳动奖状

内蒙古电力信息通信中心

包头市九原电力有限责任公司

包头市固阳电力有限责任公司

察右后旗电力有限责任公司

自治区五一劳动奖章

何志雨　呼和浩特供电局220千伏东郊变电站值班长

董瑞杰　呼伦贝尔电业局满洲里供电局生产科输配电专责

王　燕　包头供电局计量中心信息管理专责

李智玲　包头供电局修试管理处保护一班专责工

王金兰　薛家湾供电局变电修试管理所高压试验班工人
辛也平　巴彦淖尔电业局调通中心生产办主任
黄志刚　鄂尔多斯电业局安全监察处安全专工
朱鹤鸿　兴安电业局局长、党委副书记
赵兴林　包海电业局工会主席、纪委书记
侯登旺　乌兰察布电业局局长、党委副书记
张称心　薛家湾供电局局长、党委副书记
云布光　呼和浩特供电局党委书记、副局长
闫润怀　包头市土右电力有限责任公司总经理
李洪读　包头市九原电力有限责任公司工会主席
周文敏　乌拉特后旗电力有限责任公司工会主席

（娜日斯　包丹阳）

钢铁工业

【包头钢铁(集团)有限责任公司领导名录】

董事长　党委副书记　包钢钢联董事：司永涛

党委书记　副董事长　包钢钢联董事长 / 包钢稀土董事长：崔　臣

总经理　党委副书记　董事：周秉利

董　事：孙国龙

党委副书记：魏栓师

副总经理：李春龙　王胜平

纪委书记：贾振国

工会主席：李金贵

董事兼西创公司董事长：朝　鲁(蒙古族)

董事兼包钢稀土副董事长：孟志泉

副总经理：丁志云(满族)

总经济师：刘玉瀛

总工程师：李德刚

总会计师：汪　洪(女)

党委常委：赵晖　宝志华(女　蒙古族)　孟繁英(女)

【概况】　包钢是国家重要的钢铁工业基地和全国最大的稀土生产、科研基地，是内蒙古自治区最大的工业企业。1954年建厂，1998年改制为公司制企业。拥有“包钢股份”和“包钢稀土”两个上市公司，初步形成钢铁、稀土、矿业、非钢四大产业板块。至2009年末，资产总额达742.96亿元，有在岗员工4.9万人。

包钢具有得天独厚的资源优势。白云鄂博矿是举世瞩目的铁、稀土、铌等多金属共生矿，是西北地区储量最大的铁矿，稀土储量居世界第一位，铌储量居世界第二位，包头也因白云鄂博矿而被誉为“世界稀土之都”。包钢地处资源富集区，一方面内蒙古是资源大省，另一方面，利用我国北部邻国资源的优势十分明显。

包钢已经进入国家千万吨级钢铁企业行列。拥有具备国际国内先进水平的冷轧和热轧薄板及宽厚板、无缝钢管、重轨及大型材、线棒生产线，是西北地区最大的板材生产基地，是国家品种规格较为齐全的无缝钢管生产基地之一、主要钢轨生产基地之一。

包钢稀土产业在国内外具有举足轻重的地位。包钢拥有从稀土精矿到稀土冶炼产品，稀土新材料和稀土应用产品等较为完整的稀土产业链条，是集生产、科研、商贸、资本运营于一体的集团化上市公司，能够满足国际市场50%以上和国内市场80%以上稀土系材料的需求量。“白云鄂博”牌稀土系列产品享誉国内外，曾为美国“发现”号航天飞机、国家“神舟”飞船和“嫦娥一号”探月卫星提供重要的磁性材料。

CSP和高速钢轨领域的两项技术成果获国家科技进步二等奖。是德国西马克公司亚洲第一家、世界第二家CSP技术培训基地，是意大利Pomini公司在中国唯一的磨床培训中心，薄板的生产、管理和无缝管生产技术等实现对国外输出。包钢稀土研究院获得国家专利授权50多项，负责制(修)订了国家和行业标准87项，达到或接近国际先进水平的科研成果超过100项。

热轧薄板、无缝钢管等产品通过国际权威机构认证，钢轨和锅炉用无缝钢管被授予“中国名牌产品”称号，“白云鄂博”牌稀土系列产品享誉国内外。

【生产经营】　包钢铁、钢、商品坯材的产量分别为965.16万吨、1 006.77万吨和960万吨，分别比上年增长1.21%、2.32%和3.89%。其中，铁道用钢材130.07万吨，同比增长32.77%；大型型钢13.81万吨，同比降低58.53%；特厚及厚钢板产量76.83万吨，同比增长2.10%；中板57.59万吨，同比增长63.67%；中厚宽钢带12.03万吨，同比降低90.90%；热轧薄宽钢带6.77万吨，同比增长226.92%；无缝钢管82.67万吨，同比增长14.52%。工业总产值361.89亿元，同比降低19.23%；工业增加值150.55亿元，同比降低19.23%。资产总值742.96亿元，同比增长5.13%；流动资产338.59亿元，同比增长1.54%；固定资产净值241.64亿元，同比增长23.10%；流动比率109%，同比增长17个百分点。全年实现销售收入371.88亿元，同比降低14.04%；管理费用15.79亿元，同比降低5.07%；财务费用10.18亿元，同比增长18.28%；应交税金21.25亿元；全年实现利润－23.14亿元，同比降低154.72%。

出口钢材53.15万吨,达到商品坯材总量的5.54%;集团创汇3.48亿美元,同比降低59.63%。进出口总额达到7.29亿美元,同比降低45.98%。

主要经济技术指标:连铸比达到99.67%,比上年增长1.5个百分点;高炉入炉焦比406.8千克/吨,比上年降低17.73千克/吨;高炉利用系数2.161吨/立方米·日,比上年增长0.046吨/立方米·日;综合成材率94%,比上年降低0.1个百分点;转炉钢铁料消耗为1 098.42千克/吨,比上年增长7.18千克/吨;吨钢综合能耗717千克标煤/吨,比上年降低20千克标煤/吨;铁钢比完成0.959吨/吨,同比降低0.01吨/吨;吨钢耗新水6.72立方米,同比降低0.23立方米。

【基建技改】 2009年,包钢完成投资55.71亿元,其中基建投资1.32亿元,技改投资53.80亿元,民建及其它投资0.59亿元。全年在建单项基建技改工程61项,其中当年开工新建项目30项,上年结转项目31项,建成投产项目47项。

宽厚板热处理生产线投产,为提高宽厚板产品附加值和竞争力创造了条件。白云西矿选厂、矿浆管道系列工程全线投运。白云西矿矿浆管道是目前国内管径最大、输送能力最强 、具有双向输送能力的矿浆管道之一。提高新再磨精矿品位、5号高炉热风炉、二炼钢420万吨配套等工程相继投运,完成和推进了一批节能和环保项目。焦化9号、10号焦炉装煤及出焦除尘改造 、综合料场抑尘网等工程,为公司节能减排、环境治理发挥了效用。

稀土和非钢方面,年产15 000吨高性能磁性材料一期工程投入生产;冶炼厂节能减排一期、二期工程完工,经济、社会效益显著。西北创业斥资5亿元,相继推进了乌海水泥熟料生产线、φ100毫米无缝、万开冷库扩容改造等一批培育新经济增长点的项目建设。

积极推进节能、环保项目和中央预算内资金申请工作。“矿浆和输水管道、白云西矿选矿及尾矿浓缩堆放工程”获得中央预算内资金9 000万元;燃气轮机项目获得1 000万元国家资金支持。

【科技进步】 包钢科研项目计划立项130项,其中重大项目1项、重点项目30项,追加项目31项,停题7项。全年共立项154项,完成99项,按计划正常接转12项,扣除医疗系统项目,计划完成率82.3%。获冶金科学技术进步奖1项,内蒙古自治区科技进步奖8项,包头市科技进步奖21项。

加大新产品开发力度,提高“双高”产品比例,是《包钢2009年重点研发项目计划》的重点。2009年,共开发新产品86个种类。产量达到94.93万吨,超额完成了公司计划。

【质量管理】 公司完善“三标一体化”《管理手册》的程序文件,制定《包钢(集团)“三标一体化”管理体系运行管理考核办法》首次实行内审员聘任制度,提高公司管理体系运行的有效性和执行力得到进一步提高。

重新修订、编写《包钢(集团)公司标准汇编》,组织申报制定国家、行业标准,起草的《烧结机头烟气净化半干法除氟技术规范》国家标准草案,已向冶金标准信息研究院提出申请正待国标委审核。

原料系统继续完善和加强“下厂验收上厂”制度,继续加大对外购、自产原、燃、辅料的抽查力度,抓好各项规章制度的落实和执行工作。通过各种形式的专业例会,协调解决存在的问题,实物质量稳定提高。

原料系统以炼铁为中心,开展一系列有针对性的攻关工作,取得了一定成效。1月至12月份高炉利用系数完成2.161吨/立方米·日,比上年同期提高0.046吨/立方米·日;入炉焦比完成406.8千克/吨,比上年同期降低17.73千克/吨。煤比124.9千克/吨,比上年同期提升5.56千克/吨。

钢轧系统针对铸坯质量、产品质量存在的问题,重点围绕提高钢坯质量,提高重轨钢炼成率、综合成材率、定尺率、一级品率,以及减少表面缺陷等方面,分专项开展技术质量攻关,抓好措施的落实,提高产品实物质量。

加大了质量通报的力度和频次,不定期的下发质量责任追究通报,从不同的角度全面反映公司总体质量状况和质量控制水平。对有效的控制自产、外购原燃辅料质量、提高产品的实物质量起到促进作用。

强化和细化售前、售中、售后服务工作。对高风险的重点产品,开展个性化的技术服务。建立妥善处理异议的快速反应机制,维护公司的利益和信誉,保证用户的合法权益。

公司“铁路用钢轨”、“低中压锅炉用无缝钢管”、“低合金高强度结构钢热轧钢板和钢带”三个产品获得冶金产品实物质量“金杯奖”,“低中压锅炉用无缝钢管”、“低合金高强度结构钢热轧钢板和钢带”产品同时获得“冶金行业品质卓越产品”称号。

在全区用户满意工程评选活动中,轨梁厂铁路用钢轨产品获自治区用户满意产品称号;棒材厂获自治区用户满意企业称号;一轧厂获自治区用户满意服务企业称号;公司推荐的两个QC小组获自治区“QC”成果三等奖,一项“QC“成果获优秀奖。包钢被包头市质量技术监督局授予"包头市标准化工作先进单位"称号。

【降本增效】 组织了大规模的配煤比攻关,配媒成本大幅度降低;降焦比攻关成效明显,全年入炉焦比降低17.73千克/吨,节省焦炭17.11万吨,降低成本约2.5亿元;实施提高精品矿品位攻关,效益显著。开展复合烧结试验攻关,为下一步适应自产矿配比增加,提供技术依据。开展提高重轨钢炼成率、成材率攻关,为全年重轨产量、质量创新高奠定基础;针对产销困局,推开无缝系统攻关取得初步进展。

发挥循环经济项目作用,大力节能降耗。全年累计自发电28.96亿度,同比增加自发电10.27亿度,6月至10月份连续5个月实现自发电大于外购电,减少电费支出6亿元。高炉TRT吨铁发电突破40度,继续保持行业领先。吨钢转炉煤气回收完成82立方米,同比提高36立方米。在钢产量增加2.32%的情况下,总能耗完成722.19万吨标煤,同比减少2.53万吨标煤,实现多增产少耗能。

【开放合作】 与中国铁路物资总公司合作建设年产40万吨500米焊轨生产线,进入设备安装阶段;与大中矿业合作建设的120万吨球团项目实现达产;立足稀土产业链向终端应用延伸,推进合作建设稀土永磁核磁共振影像系统产业化项目;与黄河工贸公司组建包钢万腾钢铁公司,初步构建起优势互补的多赢发展格局。

内蒙古自治区授予包钢经营的272宗国有土地使用权折价进入公司注册资本,公司总股本增加36.25亿元,实现资本总量提升;同时,自治区持股比例增加8.72个百分点,实现了国有资产保值增值。

【稀土 矿业 非钢产业】 稀土产业克服外贸依赖度高、产品价格波动的影响,坚持控总量与调结构相结合,及时调整营销策略,加大市场开拓,保证生产经营的平稳运行,全面完成经营目标,包钢稀土全年实现合并销售收入25.9亿元,利润总额1.74亿元。

矿业公司深入推进与国内外的合资合作,实现资产总量与掌控资源量的大幅增长。与澳大利亚CXM公司签署班格鲁项目合作协议,扩大国外资源控制;黄岗铁矿全年生产铁精矿95万吨;进口蒙古原煤61万吨、蒙古铁矿8.7万吨。

西北创业公司充分发挥产业集群优势,积极培育新的经济增长点,产值、利润、取得进步,全年实现营业收入30.5亿元,利润3 100万元。综合(企业)集团公司探索多种经营方式,经济运行态势总体趋好,保证一方稳定,全年实现销售收入16亿元,同比增长14.29%。建安公司立足包钢,积极拓展外部市场,全年产值突破10亿元,重新取得房屋建筑总承包一级资质。

【获奖】

包钢获国家级荣誉称号

包钢获全国"讲理想、比贡献"活动先进集体;包钢少年宫少儿舞蹈《为内蒙古喝彩》获全国金奖;包钢生产的冷镦钢无扭控冷热轧盘条获2008年度国家冶金产品实物质量"金杯奖";包钢获2008年度中国优秀诚信企业称号;包钢被评为中华全国总工会、国家安全生产监督管理局授予全国"安康杯"竞赛优胜奖;包钢团委获2008年度全国钢铁行业"青安杯"竞赛优胜单位。包钢稀土"白云鄂博"商标获"中国驰名商标";包钢被中国扶贫基金会授予"爱心包裹项目突出贡献奖";包钢被国家体育总局授予2005~2008年度"全国群众体育先进单位"称号;包钢被授予第八届"全国设备管理优秀单位"称号;冶金工业工程质量监督总站包钢监督站被评为全国建设工程质量监督系统先进单位;包钢工会女职工委员会被评为"全国三八红旗集体";包钢工会获"2009年全国亿万职工健身活动月"优秀组织奖;包钢获全国钢铁行业教育培训工作先进单位。

包钢个人获国家级荣誉称号

包钢党委书记崔臣获全国钢铁行业教育培训工作先进个人称号;包钢无缝钢管厂管体车间技术组组长杨振东,计量管理处青年职工郑淑霞被授予"2008年度全国青年岗位能手"称号;包钢薄板坯连铸连轧厂惠向东,西创建设有限公司崔连合获全国无偿献血奉献奖银奖;炼钢厂李军,设备动力部何延刚,氧气厂王小军等获全国无偿献血奉献奖铜奖;包钢离退休职工管理服务中心赵志刚获"全国先进老年教育工作者"称号;包钢总经理周秉利获第四届"全国设备管理优秀工作者";包钢设备动力部部长杜世臣获第四届"全国设备管理优秀工作者";包钢工程质量监督站张振昊被评为全国建设工程质量监督系统先进个人;包钢焦化厂煤气净化部副部长刘凤娥获"全国三八红旗手"称号。

包钢获内蒙古自治区级荣誉称号

包钢获2008年内蒙古自治区诚信企业称号;内蒙古稀奥科贮氢合金有限公司获2008年内蒙古自治区诚信企业称号;包钢获全区企业文化建设工作创新奖;内蒙古包钢稀土高科技股份有限公司生产的"白云鄂博"牌氧化镧,内蒙古稀奥科贮氢合金有限公司生产的"稀源"牌镍氢电池用贮氢合金和包头华美稀土高科有限公司生产的"物化"牌氧化镨、氧化镨钕、钐铕钆富集物5个产品荣登“内蒙古名牌产品”榜;包钢医院获省级医院文化建设先进单位。

包钢获内蒙古自治区级荣誉称号

包钢公司董事长、党委书记崔臣被评为2008年内蒙古自治区企业诚信人物;德国电气专家尼奇克·海可获2008年度内蒙古自治区骏马奖;包钢边建欣、李瑞芳、李伟朴获内蒙古自治区“2008年北京残奥会突出贡献”先进个人;包钢职工李晓、辛广胜、陈国华获第七届内蒙古自治区青年科技奖;包钢选矿厂章智强被评为全区企业文化建设先进个人。

【荣誉】 1月12日,包钢(集团)公司15万立方米煤气柜竣工投产仪式举行;1月17日,内蒙古自治区科技厅邀请国内专家组成鉴定委员会,对包钢完成的“新型环保节能高炉煤气净化系统的研究与应用”项目进行科技成果鉴定;1月,在全国“讲理想、比贡献”活动总结表彰大会上,包钢被中国科协、国家发展和改革委、科技部和国务院国资委联合授予全国“讲理想、比贡献”活动先进集体称号。内蒙古自治区仅有包钢和北方重工获此殊荣;在“改革开放30年内蒙古先锋企业和先锋人物”颁奖晚会上,包钢获评“改革开放30年内蒙古先锋企业”,包钢稀土获评“改革开放30年内蒙古创新型企业”;2月20日,全国钢铁工业先进集体、劳动模范和先进工作者表彰大会在北京召开。包钢(集团)公司焦化厂获评全国钢铁工业先进集体;公司董事长、党委书记崔臣等13人获全国钢铁工业劳动模范荣誉称号;2月,在“2009年全国企业诚信建设暨表彰大会”上,包钢(集团)公司荣获2008年度中国优秀诚信企业称号,为内蒙古自治区唯一入选企业。包钢已连续两年获此殊荣;2月,在“第九届中华技能大奖和全国技术能手表彰大会”上,包钢轨梁厂职工赵军荣获全国技术能手称号;3月,包钢时速350公里百米钢轨产量达4.19万吨,超过鞍钢、攀钢时速350公里百米钢轨产量之和,月产量达国内最高;5月,内蒙古自治区精选出30项国内首创的新设备、新工艺和新技术。包钢5项自主创新成果名列其中。其中“大方坯连铸机动态轻压下技术及成套设备”、“高性能钕铁硼多级辐射环及器件”和“镍氢动力电池自动化生产线”被评为自治区国内首创新设备;“CSP流程C-Mn双相钢关键技术”和“高速铁路百米稀土重轨生产技术”被评为自治区国内首创新工艺、新技术;包钢稀土“白云鄂博”商标被国家工商行政管理总局商标局认定为“中国驰名商标”,包钢稀土成为2009年包头市唯一获此殊荣的企业;因在中国与蒙古国的科技合作项目中贡献突出,稀土院院长赵增祺、副院长许涛分别被蒙古国政府、蒙古国教育文化科技部授予蒙古国科技突出贡献勋章、科技突出贡献最高荣誉证书;7月包钢被中华全国总工会、国家安全生产监督管理总局授予全国“安康杯”竞赛优胜奖;8月,国家科技部、国务院国资委、全国总工会公布了第二批111家创新型企业名单,包钢榜上有名,标志着包钢从创新型试点企业跃升至创新型企业;9月5日,2009年中国企业500强评选结果出炉。包钢以432.64亿元的营业收入位居排行榜第138位,较2008年排名前移12位。内蒙古自治区共有7家企业入选2009年中国企业500强,包钢位居7家之首;9月,在全国妇联开展的全国三八红旗手(集体)评选表彰中,公司工会女职工委员会被评为“全国三八红旗集体”,焦化厂煤气净化部副部长刘凤娥荣获“全国三八红旗手”称号;10月,《包钢日报》获得“全国先进企业报”称号。全国共有30家企业报获此殊荣;包钢(集团)公司李晓、辛广胜、陈国华3名同志获得“第七届内蒙古自治区青年科技奖”;11月16日,在国家创新能力建设兼信息化试点授牌表彰大会上,包钢矿研院被国家发改委确立为“西北金属矿产资源综合利用国家地方联合工程研究中心”。在国家发改委授牌的44个国家地方联合工程研究中心中,包钢矿研院名列首位;11月,包钢(集团)公司被授予第八届“全国设备管理优秀单位”称号,全国冶金行业仅有6家单位获此殊荣。公司总经理周秉利和设备动力部部长杜世臣获评“第四届全国设备管理优秀工作者”;12月,在全国钢铁行业教育培训工作表彰大会上,包钢以及教育培训中心获评全国钢铁行业教育培训工作先进单位,公司党委书记崔臣荣获全国钢铁行业教育培训工作先进个人称号;包钢(集团)公司工会荣获中华全国总工会通报表彰“2009年全国亿万职工健身活动月”先进优秀组织奖。

(刘玉梅)

稀土工业

【包头稀土高新技术产业开发区领导名录】

党工委书记:张海顺

副书记:任福(2月任职) 刘俊华

委员:王成 牟严 王彦斌(蒙古族) 张玉伦 张建中(10月离任) 周立波 杨增寿(6月任职) 郭甫欣 刘翌君 游希文

孟叔懿　李琼(女 1月任职)

主任:任　福(1月任职)

副主任:王成　牟严　王彦斌(蒙古族)张玉伦

张建中(10月离任)周立波

杨增寿(7月任职)郭甫欣　文天勇

【概况】　包头稀土高新技术产业开发区成立于1990年,1992年经国务院批准为国家级高新区,是全国56个国家级高新区中唯一以资源名称命名的高新区,也是内蒙古自治区唯一的国家级高新区。稀土高新区南临黄河,西临昆都仑河,北与昆都仑区、青山区、九原区接壤,东与东河区为邻,由建成区、希望工业园区、滨河新区三部分组成,总面积约120平方公里,总人口约12.9万。其中位于市区南侧的建成区面积15.54平方公里,全部实现了"八通一平",建成了较为完善的基础设施保障体系和配套服务体系,是稀土高新区高新技术产业的集中区。位于昆都仑河东岸、包兰铁路两侧的希望工业园区面积12平方公里,已入驻东方稀铝、华鼎铜业等大型企业,正在形成以铝、铜、化工为主导的循环经济产业园区,重点发展配套产品和深加工项目,打造国家级铝、铜等有色金属高新技术产业基地。位于黄河北岸的滨河新区面积88平方公里。位于建成区南侧的稀土应用产业园面积4平方公里,大力发展以稀土深加工、稀土新材料、稀土应用器件和稀土终端应用产品为主,相关配套产品为辅的高新技术产业。

2009年,稀土高新区实现生产总值190.9亿元,同比增长30.9%;财政收入实现40.2亿元,同比增长32.5%,总量居包头市首位;实现城镇居民人均可支配收入23 698元,增长12.8%,农民人均纯收入10 504元,增长11.3%;列入全市5 000万元以上的119个重点项目,总投资完成177亿元,其中49个项目竣工。全区实现固定资产投资243.1亿元,增长62%,社会消费品零售总额38.8亿元,增长25.3%。

【主导产业】

铝铜产业　实现总产值90.6亿元,占全区工业总产值的27.9%;海平面公司40万吨PVC项目、包头希铝铝电循环配套项目、佳隆公司铝硅锌板项目等6个重点项目如期开工建设,华鼎铜业技术改造等项目如期竣工,进一步充实壮大冶金深加工产业,成为新的经济增长点。

稀土产业　实现总产值60亿元,占全区工业总产值的18.5%;入区建设的20个稀土深加工项目,总投资40多亿元,为做大做强稀土产业奠定了基础。

风光新能源机电产业　共实现总产值85.4亿元,同比增长40.6%,拉动全区工业总产值增速9.4个百分点,成为经济逆势而上的突出亮点。

【第三产业】　三产实现增加值53亿元,同比增长26.3%,占全市的5.7%。其中汽车销售实现收入18.9亿元,同比增长69.15%,占社会消费品零售总额的48.7%。依托规划建设中的金融商务园、总部经济园,引进总部企业29家,实现税收2.52亿元。软件产业新进驻企业49家,总数达到126家,实现总收入31亿元,同比增长41%。全年共落实中小企业贴息贷款1 979万元。

【科技创新】　顺利通过"国家实施知识产权制度试点园区"考核验收,新增各类专利263项,专利总数达到1 017项;新增和升级各类企业研发中心7个,总数达到38个;新增国家级知识产权试点企业2家,全区各级知识产权试点企业总数达35家;积极协助企业认定高新技术企业,有17家企业被重新认定为高新技术企业,总数达41家,占包头市的91.1%,占自治区的51.3%。全年规模以上高新技术企业实现工业总产值152.6亿元,同比增长10.5%,占规模以上企业总产值的47%。大学科技园·科技成果产业化基地被评为"自治区高新技术特色工业产业化基地",17个高新技术项目全部开工建设,其中有6个项目已试生产。

【节能减排】　滨河新区污水处理厂建成投产,康瑞药玻清洁能源替代工程等一批环保技改项目顺利完成,整治燃烧锅炉70台。希望铝业节电2.4亿度,相当于节约86.4万吨标准煤。规模以上工业增加值能耗达到2.7吨标准煤/万元,同比下降10.2%,比市政府下达的指标低0.08吨标准煤;地区生产总值综合能耗达到2吨标准煤/万元,同比下降7%,比市政府下达的指标低0.03吨标准煤。

【招商引资】　引进一大批投资额度大、科技含量高、带动能力强的优质项目,如投资80亿元的多晶硅及光伏组件项目、投资58.6亿元的众翔飞机制造项目、投资18.9亿元的东方光大通信光纤项目、投资10亿元的润恒物流园项目等,对产业结构优化升级将产生深远影响。购地开工项目110项,投资额428.6亿元,超额完成全年目标任务7.2个百分点。其中,引进的六大主导产业企业投资总额达219.8亿元,占总投资额的51.5%。

【城区建设】　158个城建项目顺利推进,完成投资35.4亿元,新增道路41公里、73万平方米,给排水管网114公里,绿化面积80万平方米,水体面积260万平方米。建成区的总部经济园区、锦绣公园等重点项目建设进度加快,主要道路的绿化、美化、亮化工程按照“高品位、高质量”要求全面推进。滨河新区竣工及在建道路46条,总长68.9公里,基本实现通车;小白河蓄滞洪区开挖面积2.6平方公里,黄河湿地景观道路14.7公里全部完工,工程进度和质量居于全市前列;石拐棚户区搬迁改造工程及医院、学校、幼儿园等配套工程完工,万泉佳苑和民馨家园两个安置小区76栋、3 598套、29万平方米安置房陆续竣工,安置拆迁户1 012户。

【对外开放】 成功举办了首届中国包头·稀土产业发展论坛,首届中国内蒙古人才、技术、产业东西部合作创新发展论坛,内蒙古自治区第二届“创新与发展”高峰论坛,品牌效应和对外形象得到进一步提升。争取上三级项目资金4.2亿元,完成融资42.5亿元。与自治区政府和深圳创新投资集团有限公司合作成立的“包头红土高新创业投资有限公司”,获得“内蒙古创业投资政府引导基金”首批6 000万元资金支持,成为自治区首家创业投资企业。被工信部命名为全国首批62家,自治区唯一一家“国家新型工业产业化示范基地”。

【改善民生】 民政保障支出增加1 000万元,投入科技、教育、文化、卫生、社会保障、农牧林水等社会事业方面的资金达16.4亿元,占财政总支出的68.1%。年初承诺兴办的16件30项好事实事全部完成。城镇登记失业率控制在2.7%,低于全市目标1.1个百分点,463人参与创业培训,发放小额担保贷款1 049万元,其中12位失地农民在全市率先享受小额贷款66万元。全年参保登记5 056人,占全部应参保人数的39.2%,完成年度目标任务的100.1%。率先在全市建立“企业劳动保障协理员制度”,已覆盖87家驻区企业,基本形成劳动保障工作“网格化”管理机制。

【社区建设】 沼潭东路第一社区荣获自治区“绿色社区”荣誉称号。富林路社区荣获自治区“和谐社区”荣誉称号。

【两项创新成果入选2009年度公众关注的内蒙古十大科技进展】 内蒙古麦格普林磁管道技术有限责任公司研发的微型磁管道运输试验示范线建成并试车成功,内蒙古金骄集团光能自养型全封闭式内源管道系统循环生物反应装置生产线及高标号生物柴油10万吨/年生产线建成。这两项创新成果入选2009年度公众关注的内蒙古十大科技进展。

【内蒙古软件园“双软认定”】 内蒙古自治区信息化工作办公室和内蒙古自治区国税局联合发文,公布了内蒙古自治区2009年第一批软件企业认定和软件产品登记的企业名单,内蒙古软件园的内蒙古航天信息有限公司通过国家“软件企业”认定,四个软件产品通过国家“软件产品”登记。至此,稀土高新区内蒙古软件园通过国家“双软认定”的软件企业达29家,占全自治区的41%,占包头市的100%。

【稀土高新区第一中学开工奠基】 4月28日,稀土高新区第一中学开工奠基。该项目计划总投资5 000余万元,占地75亩,总建筑面积约20 000平方米,四层框架结构,按1 800名学生36个教学班设计,计划2010年建成投入使用。学校建成后,将填补建成区内没有区属初级中学的空白,对促进建成区经济和社会发展将产生深远的意义。

【第二届“创新与发展”高峰论坛】 4月28日,内蒙古自治区第二届“创新与发展”高峰论坛暨内蒙古民营科技企业家2009年度峰会在包头稀土高新区隆重开幕。来自国内知名的专家学者和全区各盟市科技局代表、民营企业家代表等200余人参加了高峰论坛。会议围绕“创新与发展”这一主题,旨在探讨通过科技创新、制度创新和管理创新,积极应对金融危机的影响,提升企业的整体竞争力,推进全区民营经济又好又快发展。

【举办首届“中国·内蒙古人才、技术、产业东西部合作创新发展论坛”】 7月19日,首届中国·内蒙古人才、技术、产业东西部合作创新发展论坛在包头稀土高新区举行。本届论坛由包头稀土高新区科技创业服务中心承办,旨在利用东部发达地区在人才、技术项目、产业等方面的优势,发挥内蒙古地区丰富的资源、能源和政策优势。论坛为期三天,共有来自全国13个省市30家创业服务中心、留学人员创业园和技术转移中心的代表128人和高新区150家企业代表参加了会议。

【举办首届中国包头·稀土产业发展论坛】 8月9日,首届中国包头·稀土产业发展论坛在稀土高新区隆重开幕。此次论坛为期三天,主题为“中国稀土永磁材料产业链的发展与共赢”。国家相关行业管理部门领导,全国重点稀土原材料、永磁材料、稀土磁材元器件、稀土永磁电机等应用产品生产企业的企业家,著名专家学者等700余人,围绕“稀土原料-永磁材料-永磁器材-终端应用产品”产业链,以及国家稀土行业管理政策、中国稀土生产和市场形势、稀土永磁材料生产状况和市场趋势等应用市场发展等业内人士关心的问题,展开了深入的探讨和广泛交流。

【包头东方希望小学落成典礼暨捐赠仪式】 9月1日,包头东方希望小学隆重举行了落成典礼暨捐赠仪式。包头东方希望小学由东方希望集团投资1 000万元捐建，于2008年8月28日开工奠基，经过一年的紧张建设，于9月1日顺利落成并投入使用。学校占地41亩，总建筑面积约5 000平方米，四层框架结构，配备电教室、阅览室、多媒体室等，可以容纳800名学生。

【区生产力促进中心成功晋级国家级示范生产力促进中心】 包头稀土高新区生产力促进中心顺利通过国家科技部火炬中心、高新司专家评审，被正式认定为国家级示范生产力促进中心，成为继内蒙古生产力促进中心、鄂尔多斯市生产力促进中心、赤峰市生产力促进中心后自治区第四家国家级示范生产力促进中心，也是包头市唯一一家国家级示范生产力促进中心。

【土地集约利用综合排序位列西部45个国家级开发区中第一】 在广州召开的国家级开发区土地集约利用评价工作会上的评价结果显示，稀土高新区的土地集约利用程度评价与综合排序在220个国家级开发区中名列第7；在56个国家级高新区中名列第2；在45个西部国家级开发区中位列第1。

【连续四年被评为全国火炬统计工作先进集体】 10月30日至11月1日，在2009年度全国火炬统计工作会上，包头稀土高新区被评为全国火炬统计工作先进集体，同时也是9个连续四年获得先进的高新区之一。

【大学科技园被认定为自治区高新技术特色工业产业化基地】 稀土高新区大学科技园新材料产业化基地被内蒙古科技厅认定为“内蒙古自治区高新技术特色工业产业化基地”。

【荣获首批国家新型工业化产业示范基地称号】 12月18日，国家工业和信息化部网站公示了第一批国家新型工业化产业示范基地，有色金属（稀土新材料）·包头稀土高新技术产业开发区榜上有名。包头稀土高新区也是内蒙古自治区唯一获此殊荣的地区。

【集体获奖】

颁奖时间	获奖单位	项　目	授奖单位
2009.11	稀土高新区	中国稀土学会先进集体	中国稀土学会
2009.10	稀土高新区创业中心	全国第二次经济普查先进集体	国务院第二次全国经济普查领导小组办公室
2009.11	稀土高新区创业中心	内蒙古自治区高新技术特色工业产业化基地	内蒙古科技厅
2009.5	稀土高新区创业中心团委	全区五四红旗团委	共青团内蒙古自治区委员会
2009.10	稀土高新区工会	全国“职工书屋”示范点	全国总工会
2009.6	稀土高新区质量监督站	自治区建设工程质量监督先进集体	内蒙古自治区建设厅
2009.6	稀土高新区国土分局	金土工程建设验收包头市第一名	内蒙古自治区国土厅
2009.5	稀土高新区教育局	学校后勤管理服务先进单位	全国普教系统勤工俭学研究会
2009.7	稀土高新区教育局	全国青少年主题教育我的祖国读书征文活动集体特等奖	教育部关心下一代工作委员会全国青少年教育活动委员会
2009.3	万水泉中心小学	全国艺术教育先进单位	中国教育学会
2009.4	万水泉中心小学	全国教科研先进单位	中国教学研究会
2009.5	万水泉中心小学	全国勤工俭学先进单位	全国普教系统勤工俭学研究会
2009.7	万水泉中心小学	全国写作才艺大赛十佳教学示范单位	中央教科所艺术教育研究中心
2009.10	万水泉中心小学	内蒙古青少年集邮活动示范基地	内蒙古集邮协会
2009.6	富林小学	第十四届全国中小学生绘画书法作品比赛组织工作先进集体	教育部艺术教育委员会

续表

颁奖时间	获奖单位	项　　目	授奖单位
2009.7	富林小学	第二届全国青少年文明礼仪普及活动优秀组织奖	全国青少年文明礼仪普及活动组织委员会
2009.7	富林小学	全国青少年文明礼仪教育示范基地	中国关爱成长行动组织委员会办公室
2009.4	南开小学	ACT全国青少年外语能力交流展示最佳组织奖	中国传统文化促进会 中国青少年素质教育发展中心 美中文化协会 全国青少年外语能力交流展示活动内蒙区组委会
2009.4	南开小学	教育科研《我的月亮》课题创新教育领航学校	中国少年儿童新闻出版总社少儿教育研究部、中国航天集团公司第一研究院思想政治研究部

【个人获奖】

姓名	性别	民族	工作单位	项　　目	颁奖时间	授奖单位
陈宏杰	男	汉	稀土高新区党工委、管委会创业中心	第七届内蒙古年度十佳创业人物	2010.3	内蒙古日报 内蒙古北方企业和企业家联合会
杜占江	男	蒙	华鼎铜业	国家级劳模	2010.4	国务院
刘晓敏	女	汉	富林小学	自治区劳模	2010.4	自治区人民政府
周昱峰	男	汉	韵升强磁	自治区劳模	2010.4	自治区人民政府
王亚雄	男	汉	博特科技发展有限公司	全国第一批创业类千人计划	2009.9	中共中央组织部办公厅
马锦颖	女	汉	稀土高新区党工委、管委会党群部	内蒙古自治区优秀工会积极分子	2009.8	自治区工会
刘　嘉	男	汉	稀土高新区党工委、管委会党群部	自治区优秀团干部	2009.5	自治区团委
迟利民	男	汉	稀土高新区党工委、管委会党群部	2009年度全区"两个排查"活动基层单位先进个人	2009.12	自治区综治办
薛　晶	女	满	稀土高新区党工委、管委会党群部	内蒙古自治区统战理论研究成果优秀奖	2010.1	内蒙古党委统战部
杨　博	男	汉	稀土高新区党工委、管委会环保局	第一次全国污染源普查先进个人	2010.3	国务院第一次全国污染源普查领导小组办公室 中华人民共和国环境保护部 中华人民共和国国家统计局 中华人民共和国农业部
韩建华	男	汉	稀土高新区党工委、管委会信访局	国庆期间自治区信访工作先进个人	2009.12	内蒙古自治区党委办公厅、自治区人民政府办公厅

续表

姓名	性别	民族	工作单位	项　　目	颁奖时间	授奖单位
刘　月	男	汉	稀土高新区党工委、管委会信访局	内蒙古自治区“平安家庭”示范户	2009.3	内蒙古自治区“平安家庭”创建活动领导小组
李振宏	男	汉	稀土高新区党工委、管委会稀土论坛秘书处	中国稀土学会优秀学会工作者	2009.11	中国稀土学会
吴凤英	女	汉	稀土高新区党工委、管委会社管局（兼武银福村计生主任）	全区人口和计划生育工作双“十佳”—“敬业奉献”十佳之一	2009.9	自治区人事厅、自治区人口和计生委
董旭平	男	蒙	万水泉中心小学	全国首届新课程小学数学优秀课例三等奖	2009.4	国家教育部
董　军	男	汉	万水泉中心小学	中国教育学会园丁奖	2009.3	中国教育学会
杜海燕	女	汉	万水泉中心小学	内蒙古第二届“少年儿童讲故事、成人为儿童讲故事大赛成人组二等奖”	2009.7	内蒙古自治区委员会、团委、妇联
贾春芳	女	汉	万水泉中心小学	内蒙古第二届“少年儿童讲故事、成人为儿童讲故事大赛成人组二等奖”	2009.7	内蒙古自治区委员会、团委、妇联
师丽娜	女	汉	南开小学	内蒙级英语青功赛一等奖及最佳语音奖	2009.7	内蒙古教研中心
王　娜	女	汉	南开小学	自治区数学精品展示课二等奖	2009.7	内蒙古教育学会小学数学专业委员会
赵　冰	男	汉	南开小学	内蒙古第三届数学教坛精英风采展示活动说课、评课一等奖	2009.7	内蒙古教育学会小学数学专业委员会

（贾威　王欢）

信 息 产 业

通 信

【内蒙古自治区通信管理局领导名录】

局 长:乌力吉(蒙古族)

副局长:刘宝钧

纪检组长:耿利君(女)

副巡视员:杨文玉

【概况】 全年完成电信业务总量542.2亿元,增长21.56%;完成电信业务收入141.04亿元,增长6.26%;完成固定资产投资86.46亿元,增长42.56%。移动电话用户新增569.06万户,达1 615.99万户;固定电话用户减少20.86万户,总数降至441.59万户,全区电话用户总数达2 057.58万户,普及率达到85部/百人。互联网宽带用户新增43万户,达158.52万户,普及率达到6.6%。非话业务收入占全部业务收入的比重达22%。3G网络建设积极推进,完成投资18亿元,建成室外基站6 000个,WCDMA和CDMA2000网络已覆盖全区12个盟市所在地,TD网络覆盖5个盟市所在地,共发展3G用户12万户。

【基础设施共建共享】 出台共建共享例会制度、实施管理办法、争议处理办法和费用参考标准等指导性文件,组织协调各运营企业签订共建共享合作协议。至2009年底,全区累计共建铁塔428个、杆路1 052公里、基站站址(及其配套环境)433个、传输线路1 937公里;共享铁塔1 684个、杆路2 109.6公里、基站站址(及其配套环境)1 802个、传输线路3 051.07公里。节约投资约6亿元。

【行风建设】 针对全业务运营后的市场状况,加大整规力度,及时叫停违法违规行为并作出相应行政处罚。认真落实"政府监管、企业自律、社会监督"三位一体工作机制,扎实开展以"服务社会、服务民生"为主题的行风建设,切实解决用户反映强烈的热点问题,迅速扭转了重组后服务质量一度下降的局面。举办盟市级企业主要负责人守法经营培训班,从源头上为规范市场秩序提供了有效保证。全年企业有责申诉42件,同比下降53.33%。

【农牧区通信】 加大村通工程的推进力度,投入4.1亿元,建设移动通信基站508座,有效解决部分农牧区无信号覆盖或信号弱的问题,超额完成自治区政府下达的2.5亿元农牧区通信基础设施建设任务。会同自治区科技部门联合印发《关于共同促进农村牧区科技信息服务的通知》,引导企业加速农牧业信息站点建设,积极推进互联网进村入户进程。农信通、乡信通等实用信息服务为农牧民拓宽信息获取渠道。资费惠农力度进一步加大,固定营业区间通话费从2010年1月1日零时起,由不高于0.30元/分钟下调为不高于0.20元/分钟。

【网络信息安全】 全年备案网站4 656个,备案准确率达95%。大力开展整治互联网低俗之风、手机涉黄专项治理行动,网络环境得到进一步净化。配合相关部门开展规范地理信息市场、打击发票违法犯罪等活动,依法对违法违规网站作出关停处理。继续推进"阳光·绿色网络工程"和"文明办网、文明上网"活动的开展,积极倡导绿色网络文化。

【互联互通】 切实加强全区互联互通监管工作,及时了解和掌握存在的矛盾和问题,建立健全规章制度,形成监督管理机制,加大检查和协调力度。组织完成CDMA网络划转和互联监测系统的调整任务,在全区基本建成各公司间互联互通双关口局、传输双路由的网络结构。全区互联互通申告案件数量明显下降。

【通信保障】 加大安全生产监管、"三电"专项整治和应急通信保障力度。完善通信安全生产监督管理机制,消除安全隐患,为国庆60周年通信网络运行安全提供可靠保障。进一步理顺和强化应急指挥机制,成立国防信息动员办公室并在各盟市设立了保障队伍。完成3大系列15个预案60多个子预案的编制和修订,健全完善电信行业通信保障应急预案体系。圆满完成自治区跨部门应急预案联动演练。

【重要会议】 3月13日,召开内蒙古电信用户委员会换届暨纪念"3·15"国际消费者权益保护日座谈会。围绕"服务社会、服务民生"主题,探讨新形势下如何改进和加强电信服务,维护消费者的合法权益。4月25日,组织专家召开内蒙古祥宇通信网络工程有限公司研发的"KPM—1200型开槽敷埋光缆机"科技成果鉴定会。该成果获得国家专利,填补了自治区通信光缆敷设机的空白。

【重要活动】 3月15日,组织区内电信运营企业在新华广场举办电信服务投诉申诉受理活动,宣传电信业务知识,受理用户投诉申诉和咨询。5月17日,与共青团内蒙古自治区委员会、内蒙古少工委等联合举办"保障网上安全""绿色上网我能行——红领巾抵制网络低俗之风"主题活动,纪念"世界电信和信息社会日"。8月至10月,在局门户网站开设《向祖国报告·内蒙古电信业巡礼》专栏、在内蒙古电台播发《向祖国报告之通信60年变迁》系列报道、编辑出版《内蒙古电信业 辉煌60年》,纪念自治区信业辉煌发展60年。

【荣誉】 9月29日,局党组书记、局长乌力吉在国务院第五次全国民族团结进步表彰大会上,荣获全国民族团结进步模范个人光荣称号,并受邀参加国庆60周年观礼活动。

(王　颖)

邮　　政

【内蒙古邮政公司领导名录】

总经理:刘晓兵(11月离任) 王克俭(11月任职)

副总经理 纪检组长:肖庆宝

副总经理 工会主席:凌　志

副总经理:廉福臣

【概况】 2010年,全区邮政通过体制改革和机制创新,把握核心优势,积极发展邮务类业务;借助改革契机,快速发展速递物流类业务;抓住政策机遇,加快发展金融类业务。通过推动营销体系建设,积极开展项目营销、大客户营销活动,深入实施服务"三农"和中小企业战略工程,促进邮政业务又好又快发展。2009年,内蒙古邮政业务总收入完成15.5亿元(含邮储银行),收入绝对值全国排名第23位,完成集团公司下达预算的108%,收入同比增长19.84%,全国排名第21位,增收绝对值2.53亿元。其中,邮政企业实现收入12.25亿元,同比增长11.43%,超收绝对值1.11亿元。全员劳动生产率达到7.98万元/人。

至2009年底,企业全部从业人员15 365人。全区邮政局所、服务网点总数1 599处;邮路总条数677条,城市投递段道1 258条;自有房屋建筑面积71.79万平方米,其中生产用房面积38.33万平方米;邮路总长度72 244.6(单程)公里。全区邮政拥有邮政汽车1 579辆,ATM自动柜员机153台,POS机164台;全区已通邮的行政村达11 407个,设有村邮站的行政村2 055个,城区每日平均投递次数2次,农村每周平均投递次数3次;当天见党报的地(市)9个,当天见党报的县(市)43个。

2009年,内蒙古邮政公司获得自治区"五一劳动奖状"称号,全区邮政共有6个单位荣获"自治区级文明单位"称号,有38个单位荣获"盟市级文明单位"称号。包头市昆区一分局光彩街支局荣获全国"工人先锋号";巴彦淖尔市团结路支局、呼伦贝尔满洲里市五道街支局、呼和浩特市局投递中心麻花板投递部荣获自治区"工人先锋号"。

【业务】 2009年,全区邮务类业务实现收入3.62亿元,占总收入比重29.56%。函件业务实现收入1.01亿元。邮政贺卡业务提前完成集团公司下达的6 000万元奋斗目标,同比增长35%;信息和代理业务实现收入

4 384万元,同比增长33.15%,其中短信、代收费等业务迅速发展,缴费一站通项目在各地进展顺利;报刊发行和零售业务,日常收订中的总部营销和项目营销实现突破性进展,区域代理、草原书屋等项目取得了明显成效。报刊发行业务实现收入7 099万元,同比增长15.23%,零售业务实现收入2 250万元,同比增长22.00%;集邮业务实现收入8 901万元,新邮预订、形象年册等项目实现较快发展。包裹业务实现收入3 523万元,"爱心包裹"项目获全国"服务贡献奖"。速递物流类业务实现快速发展,实现收入2.63亿元,同比增长16.96%。其中速递业务实现收入1.59亿元,同比增长22.29%,列全国第7位;物流业务实现收入1.04亿元,分销业务实现收入1 314万元。电子商务速递迅速推进,实现收入483万元,市场占有率达到39%,形成速递业务新的增长点。中秋"思乡月"营销项目实现收入1 800多万元,同比增长31%。冷链物流业务范围进一步扩大,由华北扩展到西北,实现新增业务收入近400万元,被列为集团总部营销项目,成为发展中的亮点。金融类业务实现突破性发展,在金融危机和政策环境变化的不利影响下,坚持加快发展不动摇,实现收入8.88亿元,同比增长32.34%,占总收入比重达57.44%,拉动收入增长16.82个百分点。其中个人业务实现收入7.46亿元,公司业务实现收入4 149万元,信贷业务实现收入1亿元。代理金融业务实现收入5.67亿元,同比增长17.59%;邮政储蓄余额达331亿元,年内纯增34亿元,活期比重达52%,比上年增加5.28个百分点。邮政代理保险量收并举,实现了保费规模和业务收入两项指标的大幅增长。代理保费额突破15亿元,同比增长49.66%,实现收入4 085万元,同比增长28.04%。

【内蒙古邮政速递物流公司成立】 2009年1月1日,内蒙古邮政速递物流公司正式成立,同时,纳入改革的呼和浩特市、包头市、赤峰市、通辽市、鄂尔多斯市、呼伦贝尔市6个市速递物流公司和17个旗县营业部同步运营。按照集团公司关于速递物流股改的总体部署,积极配合中介公司开展尽职调查、审计评估,圆满完成土地确权和资产划割等前期工作。新的体制、机制运行顺畅,管理关系逐步理顺,推动速递物流专业加快向市场经营主体和损益责任主体转变。

【邮政服务"三农"实现新突破】 7月24日,内蒙古自治区政府在赤峰市组织召开全区农村牧区邮政物流现场会。会前以"内政办字〔2009〕173号"文件转发自治区发改委、财政厅等7个厅局出台的《关于推动农村牧区邮政物流发展的意见》。制定发展农村牧区邮政物流业务的指导思想和目标,提出到2010年要初步建成"网络布局合理,双向流通高效,产品种类丰富,综合服务便利"的农村牧区邮政物流服务体系。将邮政正式纳入自治区流通体系建设规划中,为邮政发展农村物流创造良好的外部环境。此外,内蒙古邮政还积极参与"家电下乡"工程,通过整合仓储、运输、配送等资源,优化物流运作流程,搭建起农民与商家的联系纽带,一定程度上解决了商家物流配送成本高,农民购买家电运输不便的问题,受到商家和农民的欢迎。邮政农资品牌得到广大农牧民的充分认可与肯定;邮政通过设立"三农"服务站、代办点、加盟店,还解决了一部分农村劳动力的就业问题。据统计,全区农村邮政物流配送网点已吸纳1 500多名农村劳动力就近创业和就业,增加了他们的有效收入。全区邮政服务"三农"的惠农效果已初步显现。同时,在自治区财政厅的大力支持下,邮政涉农资金"一卡通"代发业务成效明显,系统累计代发涉农资金105万户,代发金额6.9亿元,市场占有率达20.7%,全区34个旗县争取到涉农资金的代发资格。其中,乌海市邮政局争取到全部代发资格,呼伦贝尔、通辽、鄂尔多斯等盟市局代发成效显著。邮政代发服务到位,把党中央的关怀迅速落实到农民手中。另外,代发涉农资金获取的400余万条农牧民数据库信息,也为代理金融、农资分销和数据库商函业务发展带来巨大商机。通过积极整合业务资源,针对政府和相关企事业单位开展各种公关活动,有效促进业务发展。

(李凯红)

地质矿产勘查

有色地质勘查

【内蒙古有色地质勘查局 内蒙古自治区有色地质矿业集团有限责任公司领导名录】

局党组书记 局长
集团公司党委书记 总经理:吴日山(蒙古族)
局党组成员 副局长
集团公司党委委员 副总经理:李中军(蒙古族)
集团公司党委委员 副总经理:谭玉根
局党组成员 副局长
集团公司党委副书记 副总经理:米保林
集团公司党委委员 副总经理:刘俊成
集团公司党委委员 工会主席:刘铁军(蒙古族)
总工程师:沈存利

【概况】 内蒙古自治区有色地质勘查局始建于20世纪50年代,曾先后由冶金部、有色金属工业总公司、国家有色金属工业局管理,于2000年7月下划到内蒙古自治区属地化管理,为自治区国土资源厅所属准厅级事业单位。2006年4月正式挂牌组建内蒙古自治区有色地质矿业(集团)有限责任公司,与事业局并行,实行"事企分开、一套人马、两块牌子"的运作方式。拥有固体矿产勘查、勘查工程施工、区域地质调查、水文地质、环境地质调查、岩矿鉴定与岩矿测试等较高等级勘查甲级资质1个、乙级3个、丙级6个,是自治区一支重要的集地质勘查和矿业开发为一体的综合性地质找矿队伍。

局(集团公司)下属8个地质队(同时设子或分公司,实行"一套人马"、两块牌子,分体运行),2个中心(离退休管理中心和基地管理中心),3个直属公司;共有职工3 786人,其中:离退休职工1 943人、占51.4%,在岗从业人员673人、占17.0%;在职专业技术人员有540人,专科学历以上占25%,中专及以下人员占75%。

局产业结构以地勘和矿业开发为主业、以建筑施工业为补充,地勘和矿业开发实行集团化母子公司体系的市场运作模式,走探采一体化的产业化、实业化之路;建筑施工业以集团子公司实施统一管理,资本、项目集中优势统一运作。

【经济运行】 2009年,全局总收入实现86 598.55万元,其中:地勘事业费收入7 548.88万元,经营收入79 049.67万元。在经营收入中:中央基金和自治区财政出资地质项目收入25 306.57万元,占32%(其中:中央基金项目4 826万元,自治区财政出资项目20 480.57万元);社会地质项目收入2 789.20万元,占3.5%;地质勘查引资合作项目收入26 243.23万元,占33.2%;其它经营收入24 710.67万元,占31.3%。年度利润总额4 930.14万元;净资产保值增值率15%;实现了安全生产无事故。

同时,职工收入水平略有提高。在职职工年平均收入35 000元,比上级下达指标提高6%。其中:离岗内退人员年平均收入22 238元,比2008年提高20.13%,另为离岗内退人员缴纳社会保险费年人均438元;在岗人员年平均收入41 203元。离退休人员年平均收入24 250元。

【有色金属地质勘查】

地质项目基本情况 2009年共安排开展地质项目163项,其中:中央基金项目1项,自治区财政项目46项,自有矿权引资合作项目109项,社会地质项目7项。全年共签订对外合资合作项目合同36个,合同金额18 400万元。勘查工作完成钻探243 954米、槽探46 312立方米、坑探850米。

新增矿产储量及提交地质报告情况等 2009年新增资源量:岩盐35.81亿吨,铁980万吨,金属量500多公斤。

局承担自治区政府2008年以前出资的地质矿产勘查项目83项,总资金5.1亿元。其中:44个项目已全部完成下达的项目任务,23个项目完成竣工决算;39个项目完成成果报告验收。

主要地质项目进展情况 主要地质项目进展顺利。一是鄂尔多斯岩盐矿项目,普查二期项目已完成,共获岩盐矿资源量(333)+(334)57.36亿吨,比2008

年增储35.81亿吨。二是呼伦贝尔市新巴尔虎左旗诺门罕煤炭项目,详查的野外工作已基本结束,普查报告通过评审,获煤炭(褐煤)总资源/储量(333)+(334)193.3亿吨。三是乌兰察布市卓资县钼矿,详查工作结束,正在进行矿山建设。四是东胜煤田柴登煤炭普查项目,普查报告通过评审,提交333+334资源量36亿吨。五是阿拉善右旗潮水煤炭项目,普查工作已结束,预测煤炭资源量8.17亿吨,为优质长焰煤,实现了潮水盆地找煤的重大突破,是阿拉善右旗历史上首次发现的大型煤田。

探矿权和采矿权情况　在自有矿权125个项目中:已完成预查30个,正在普查65个,开展详查14个。其中:包头市固阳县铂钯矿,已完成普查,局部进行了详查工作,有望成为铂钯、铜、铁等多金属可综合利用的矿山;巴彦淖尔市乌拉特前旗贾格其庙铁矿和乌拉特中旗毛呼都格铁矿,已完成详查,预获资源量290万吨;锡盟三块煤田项目,一块完成了详查,两块完成了普查,获煤炭资源量14.4亿吨;锡盟苏尼特右旗干觉岭金矿普查,具有很好的找矿前景;赤峰市敖汉旗张家营子金矿,局部达到详查,找矿前景明显。

矿山实业化建设正在进行　1.首采区已具备投产条件的矿山。巴彦淖尔市乌后旗的欧布拉格铜矿和通辽市扎旗的石长温都尔和敖林达铅锌矿。因受金融危机的影响,矿产品市场价格无明显回升,矿山建成后暂不能投产,在首采区外围做进一步的勘查。

2.开工建设中的矿山。乌兰察布市卓资县钼矿,二号矿体完成详查,使该矿钼金属量增至11.5万吨,平均品位0.128%,矿山建设和覆盖层剥离工作正在进行。锡盟苏尼特左旗巴彦哈尔银金矿完成了生产实验。

3.矿山建设准备期的项目。包头市固阳县铂钯矿,在矿区内新发现超贫磁铁矿和铜矿化体异常,已探明磁铁矿矿石量930万吨,正在申办采矿权并进行铁矿投产建设准备工作。巴彦淖尔市乌拉特中旗毛呼都格铁矿和乌拉特前旗贾格其庙铁矿,正在申办采矿权,矿山投产建设准备工作已经启动。包头市达茂旗比鲁特金矿,首采地段完成详查、报告在评审验收,完成了生产实验。

(王锦龙)

地质矿产开发

【内蒙古自治区地质矿产勘查开发局领导名录】

局　长:杨永宽(蒙古族)

巡视员:陈　峰

副局长:郑翻身 吕福生

【内蒙古地质矿产集团有限责任公司领导名录】

总经理:杨永宽

副总经理:郑翻身

党委副书记:高　岭

副总经理:吕福生 王杰 张锋 李铁军

纪委书记:图门巴雅尔(蒙古族)

副总经理:胡子勤

工会主席:白志斌

【概况】　内蒙古自治区地质矿产勘查开发局、内蒙古地质矿产(集团)有限责任公司是自治区境内最大的一支从事各类地质勘查工作的专业技术队伍,有24个直属的地质勘查单位,分布在自治区12个盟市。现有职工16 257人,其中在职职工5 446人,离退休职工9 566人,注册职工1 245人。局机关内设办公室、计划财务处、人事劳动教育处、经营管理处、生产技术部、政治工作处、审计处、基地建设规划处、离退休工作处、纪检委(检察室)、地质工会等职能处室。2009年,全局实现经营收入42.23亿元,利税11.51亿元。

2009年共招聘大中专毕业生245人,其中招聘研究生20人、本科生130人。有6名中国地质大学硕士生和1名博士生签约到自治区地矿局挂职锻炼。此外与中国地质大学联办的工程硕士研究生班已有49人顺利完成学业。地矿局举办了一次为期20天的专业技术人员冬季集中培训。

【地质找矿】　2009年,地矿局共承担各类地勘项目1 199项。其中,中央基金项目9项,勘查资金7 058万元;自治区地勘项目265项,勘查资金11.05亿元;地勘单位投资(招商)项目109项,勘查资金3.42亿元;市场项目816项,勘查资金5.04亿元。全年已控制并正在勘查的大型矿床6处、中型矿床11处,新发现有良好找矿前景的矿产地43处。其中探明大型煤田2处,中型煤田1处;提交煤炭资源量336亿吨,包括焦煤5亿吨。评价大型水源地1处,中型水源地4处。成功勘探地热井4口。

金属矿产勘查　乌拉特后旗查干花钼多金属矿初步估算钼资源量约26万吨。乌拉特后旗查干得尔斯钼多金属矿初步估算钼资源量12万吨。上述两处矿床为同一斑岩型钼铋多金属矿床,有望成为一特大型矿田。阿鲁科尔沁旗敖包吐银铅多金属矿初步估算铅加锌金属量20万吨,银金属量390吨。该区深部及外围找矿潜力巨大,有望成为大型多金属矿床。根河市

比利亚谷铅锌矿普查，已估算金属量铅加锌73.6万吨、铜11.7万吨、银744吨，有望达到特大型矿床。巴林右旗昂格图铅锌多金属矿普查，部分矿化蚀变带估算金属量铅加锌10.76万吨，伴生铜1 273吨，锡5 117吨，银87.6吨，有望成为一处中大型铅锌多金属矿床。阿拉善右旗特拜金矿普查，估算金资源量15吨，预计可达大型。乌拉特后旗达布逊镍矿普查，初步估算资源量镍8.2万吨、钴5 000吨，预计为一中大型矿床。东乌珠穆沁旗索纳嘎银多金属矿普查，已发现73个铅锌铜钨等多金属矿体，预计可达中型以上。东乌旗乌兰陶勒盖东银多金属矿普查，共发现铅锌银多金属矿体50条，初步估算资源量铅加锌14.7万吨、银160吨。矿床规模有望达中型以上。科右前旗架子山钼多金属矿等多个勘查项目均有较大的找矿潜力，预计均可达到中型以上。新巴尔虎右旗伊和诺尔金多金属矿等40多处矿产地通过槽探、钻探等工程揭露，已见到了一定数量和规模的工业矿体，具有良好的找矿前景。另外，还有100多处有进一步工作价值的矿产地，已发现较好的找矿线索。

煤田勘查　仅呼和诺尔西区等4个煤田，提交煤炭资源量就达336亿吨。其中，呼和诺尔（西区）煤炭详查提交资源量230亿吨，这是地矿局继五间房煤田之后探明的又一超百亿吨大型优质煤田。西乌旗巴其北煤田包尔力图等2个矿区，获得煤炭资源量101亿吨。阿拉善左旗黑山煤炭资源勘查，发现稀缺焦煤矿床，预计焦煤资源量近5亿吨。五间房煤田勘查项目被评为2008年度自治区科学技术进步三等奖。

地热与水资源勘查　通辽市科尔沁区成功打出一口孔深3 000米、日出水量900立方米的地热井。克什克腾旗也成功打成2口地热井，孔深400米左右，井口水温分别达到75℃和54℃。鄂尔多斯市库布其沙漠七星湖成功打成一口地热井，日出水量2 200立方米，井口水温达55℃。局承担的国家西部缺水地区找水项目成果丰硕，共评价大型水源地1处、中型4处、小型2处。其中，太仆寺旗找水项目彻底解决了14个村的人畜饮水难题，受到当地政府和群众的高度称赞。水资源的勘查不仅结束了当地人畜饮水难的历史，对于促进当地农牧业发展、改善投资环境也起到了积极的作用。

油气资源勘查　已对阿巴嘎旗马尼特凹陷区的2个油气资源开工钻探，进行风险勘查。油气资源的勘查开发将成为地矿局新的经济增长点。

矿业权经营与管理　全局共拥有探矿权405宗，全年转让矿业权20宗。全年合作勘查探矿权109项，引进风险勘查资金3.4亿元，有效地缓解了勘查资金紧张的压力。其中，乌拉特后旗达布逊镍矿等11个合作勘查项目取得了良好的找矿成果，当年基本查明为中—大型矿床。充分利用“两种资源、两个市场”，积极实施“走出去”战略。地矿局及有关单位多方筹措资金3亿元，与河南省地矿局合作，对阿尔及利亚国家一处特大型铅锌矿进行开发，日处理矿石2 000吨的选厂已建成，计划2010年7月投产，集团公司“走出去”战略迈出了实质性步伐。集团公司驻蒙古国资源勘查开发公司已与蒙古国两家公司签署合作勘查协议，计划2010年在南戈壁省和戈壁阿尔泰省开展多金属、贵金属的勘查工作，力争实现境外找矿突破，并逐步向俄罗斯赤塔、东西伯利亚等地区扩展。与柬埔寨柬钢集团公司合作成立了由地矿局控股的地质勘查公司，已在柬埔寨柏威夏省开展铁矿资源勘查工作，并已发现了品位较高的铁矿资源。对澳大利亚新南威尔士州矿产资源进行考察，对新州许多大型金属远景区和煤炭规划区地质工作程度、找矿潜力、合作环境有了充分的认识，已经开始筛选靶区，并已确定勘查项目30个。

【产业发展】　“乌兰陶勒盖城镇供水工程”已通过地方政府批准，计划投资1.8亿元，已于2009年开工建设。兴安银铅冶炼厂二期工程已于2009年8月完成贵金属和铜浮渣系统的点火试产。达产后可年生产银锭500多吨，电解铅8万吨，将成为自治区内最大的白银生产基地。兴安铜锌冶炼项目，已完成建设投资11.66亿元，建成并于2009年8月27日点火试车。达产后，将具备年生产锌锭10万吨、副产品硫酸18万吨的生产能力。

【经济效益】　2009年，全局实现总收入45.39亿元，其中经营收入42.23亿元。全年实现利税11.51亿元，其中上缴税费5.26亿元，节约与收益6.25亿元。

【基地建设】　全局竣工和封顶职工住宅16.43万平方米，办公、商务楼16.07万平方米。在建职工住宅22.59万平方米，办公、商务、综合楼8.68万平方米。2009年底，水勘一院等6个单位办公大楼已竣工，地勘四院、水勘四院2个单位办公大楼正在建设中。115队等7个单位职工住宅已竣工，全部解决了职工住房，提前实现“十一五”期末人均一套住房的目标。局机关办公楼和职工住宅小区都已开工建设。上年，全局21个单位办理了土地出让、用途变更重新登记手续。

【企业经营管理】

企业化改革　全局事企两种管理和运行模式已经建立，自上而下建立健全了考核体系、分配制度等一系列管理制度。全局19个子公司已全部完成工商注册。

按照自治区工商管理局要求,各子公司国有资产产权登记证全部办理完毕,并全部通过了“守合同重信用”单位的年检。地质二中将于近期移交赤峰市管理。

矿山企业管理 2009年,全局特别是直属公司和矿山企业普遍加强内部管理,强化基础、建章立制、节约挖潜、降本增效,特别是矿山企业采取严格控制管理和采掘成本、提高回采率等措施,取得较好的管理和经济效益。坚持对领导干部的任期经济责任审计和离任审计,有力地监督经济活动,促进管理升级。

地勘项目管理 从2009年起,为适应自治区地勘项目管理改革的需要,全局加强对所承担的自治区地勘项目的严格科学管理,明确思路目的,建立规章制度,组建专家组等管理机构,实行局、院、项目组层层责任制度,提高野外实地检查比例,全局地勘项目质量明显提高。2009年会同自治区项目办对2004~2008年间地矿局承担的205个在期地勘项目进行全面检查验收。检查各类地勘项目172项,完成应检查项目总数的100%。按要求全部完成了2004年以来应审查的68个竣工项目财务决算初审工作。

【关注职工生活】 一是在应对金融危机、发展资金短缺的情况下,为每位下岗职工增加生活费1 200元,现已达到了每年12 000元。二是全力做好离退休管理工作。落实“两个经费”,做好通报情况和日常服务工作,并积极开展文体活动。三是做好困难群体和解决历史遗留问题的工作。四是做好帮扶和两节慰问工作。对全局困难职工、离退休职工及职工遗属进行“两节”慰问。2009年,全局共筹集款(物)130多万元,对2 132户困难职工、离退休职工及遗属进行慰问,及时送上了组织的关怀。全局划拨扶贫基金332万元,已经出贷290万元,帮扶580余人次。

(马家鑫)

煤田地勘

【内蒙古煤田地质局 内蒙古煤炭地质勘查(集团)公司领导名录】

总经理:莫若平

纪委书记:王春彦(满族)

副局长 副总经理:邵显琨 顾振吉 刘学明

工会主席:宋跃生

总工程师:武 文

【概况】 内蒙古煤田地质局(煤炭地质勘查集团公司)是从事煤田地质勘探与其它矿产资源勘查,具有煤炭地质和水文地质勘查、地球物理勘查、地质测量、煤田灭火、岩矿分析等甲级资质;房屋建筑工程、公路工程、市政公用工程、地基与基础工程、土石方工程总承包贰级资质的事(企)业单位。局下属8个勘探队、3个科研院所。集团公司下属10个子公司、10个分公司,有员工7 100人,在职3 939人。各类专业技术人员716人,其中高、中级职称435人。有大型钻机81台,其中岩芯钻机40台,水源钻机19台,2 000米石油钻机9台、3 000米钻机3台,5 000米钻机1台,具有承揽大型勘探工程项目和建设工程项目的能力。2001年通过ISO 9001质量体系认证。2004年被国家工商总局授予“重合同、守信誉”单位。

作为全国最大的一支省级专业化的煤炭地质勘查队伍,至2009年2月底,在自治区境内已查明煤炭资源矿产地445处,发现和探明东胜、准格尔、胜利、霍林河、扎赉诺尔、伊敏河、宝日希勒、元宝山、桌子山、大雁、白音华、鄂尔多斯西部煤田等10亿~100亿吨以上大型煤田30多个,其中特大型煤田准格尔、东胜煤田蜚声国内外。提交各类地质报告近千件,累计为自治区探明煤炭储量近7 000亿吨,预测远景煤炭储量1.4万亿吨,使内蒙古自治区查明煤炭资源量跃居全国第一位,达7 323亿吨。

【经济质量和总量】 货币工作量由2004年2.2亿元到2009年的14.2亿元;净利润由2004年的1 288万元到2009年的1.2亿元。在“自治区煤炭工业50强”排序活动中,煤田地质局名列第17位。

【矿业开发和矿权运作】 全局有非煤类探矿权121个,进行了初步勘查工作。对外合作风险勘查资金总投入6 512万元,引进社会资金4 360万元。拥有自主探矿权的准格尔煤田海子塔井田,获取煤炭资源量12亿吨。已与皖北煤业集团合作拟建年产1 000万吨煤矿。

(王春彦 高军 张旭 程润富)

气象·测绘·地震

气　　象

【内蒙古自治区气象局领导名录】

党组书记　局长:乌　兰(蒙古族)

党组成员　副局长:李红宇(女　蒙古族)　李彰俊

党组成员　纪检组长:何卫卫(蒙古族)

党组成员　副局长:顾润源　牛国良(挂职)

【概况】

机构设置　自治区气象局内设机构—办公室、监测网络处、科技减灾处(内蒙古自治区人工影响天气指挥部办公室)、计划财务处、人事教育处、政策法规处、监察审计处(与党组纪检组合署办公)、机关党委办公室(精神文明建设办公室)、离退休干部办公室。

直属事业单位——内蒙古自治区气象台、内蒙古自治区气候中心(内蒙古自治区气象环境影响评价中心)、内蒙古自治区生态与农业气象中心、内蒙古自治区气象科技服务中心(内蒙古自治区专业气象台、内蒙古自治区气象影视中心)、内蒙古自治区大气探测技术保障中心、内蒙古自治区雷电预警防护中心、内蒙古自治区气象培训中心、内蒙古自治区气象科学研究所(内蒙古自治区人工影响天气中心)、内蒙古自治区气象信息中心(内蒙古自治区气象档案馆、内蒙古农牧业经济信息中心)、内蒙古自治区气象局机关服务中心(内蒙古自治区气象局国有资产管理中心、内蒙古自治区气象局财务结算中心)。

台站设置　全区有119个气象台站,包括13个国家基准气候站、34个国家基本气象站、72个国家一般气象站。其中119个台站承担地面观测,117个台站承担生态与农业气象业务,12个台站承担高空观测,6个台站承担新一代天气雷达观测,5个台站承担数字化天气雷达观测,8个台站承担太阳辐射观测,8个台站承担酸雨观测,8个台站承担沙尘暴观测,4个台站承担牧业气象试验、4个台站承担大气成分监测、1个台站承担农业气象试验、1个台站承担蔬菜气象试验。全区已建566个区域自动站。

人员情况　2009年底,全区气象在职职工3 100人。学历结构:博士10人,硕士164人,本科1 419人,大专1 089人。职称结构:高级职称296人(正研级13人、副研级283人),中级职称1 562人,初级职称998人。

【气象服务】

气象防灾减灾服务效益显著　2009年,全区出现干旱、沙尘、寒潮、洪涝、雷电、冰雹、森林草原火灾等气象及衍生灾害,个别灾害达到20~50年一遇,呈现出多、重、广的特点。面对严峻形势,各级气象部门加强业务检查,完善预案体系,组织应急演练,为防灾减灾工作做好组织保障。加强气象监测,针对严重旱情加密土壤墒情监测2 360站次;卫星遥感监测到高温点800余点次,第一时间发现并报告重大森林草原火灾5起,沿黄河各盟市气象局开展流凌、结冰厚度监测。密切关注灾害性、关键性、转折性天气过程,加强部门内外联合会商,对9次寒潮、2次霜冻、5次沙尘暴以及暴雪、暴雨等天气过程做出准确预报。全年发布预警信号736次,决策服务产品4 242期,启动应急响应3次。针对强寒潮和霜冻灾害开展防御知识宣传,并赴现场实施防霜服务。在森林草原火灾扑救中派员参与前线指挥和处置,在抗旱服务中派专家组赴灾区调查灾情指导服务。完成全区暴雨洪涝气象灾害风险区划;在30所中小学建设了防雷示范工程。农牧业与生态气象服务特色明显 调整了农牧业气象观测站网布局和观测项目,使之更加贴近为农牧业生产服务的需要。全年发布作物播种期、发育期等农业服务产品170余期,发布牧草播种期、打草期等牧业服务产品600余期。联合农牧业、林业等部门开展病虫害防治研究,在松毛虫、草原蝗虫、马铃薯晚疫病等防治方面发挥了重要作用。生态监测业务化工作进一步推进,发布生态环境监测年度评估报告等服务产品200余期,为农牧业生产、生态建设与保护做出了积极贡献。

重大活动气象保障再立新功　精心组织、周密部署,积极开展重大活动气象保障服务。为国庆60周年庆典、十一届亚洲艺术节、中俄蒙国际旅游节、“长城6号”反恐演习、国家领导人视察等重大活动提供有利气象保障服务,受到各界高度赞誉。

应对气候变化研究取得新进展　积极参与和推动自治区气候变化应对工作,提出加强应对气候变化能力建设的建议,牵头编写《内蒙古自治区应对气候变化方案》,完成近13万字的《应对气候变化知识读本》编写,参加英国政府战略基金资助的“省市级实施气候变化战略能力建设”项目和中英瑞合作气候变化适应项目。推进117个气象台站历史气温资料均一化分析工作。结合全区实际,组织正研级高工完成8篇气候变化对种植业结构、牧业生产、极端天气气候事件影响等研究报告。

气候资源开发利用服务进一步推进　向政府提交“国家主体功能区规划”、“自治区主体功能区规划”等修改建议和风能、太阳能资源详查评估报告。完成风电场选址保障业务系统和太阳能资源评估业务系统建设,启动风电功率预报研究。人影综合业务系统取得新进展。由政府购置的3架增雨飞机已投入使用。全区8架飞机累计作业145架次374小时,253部火箭作业1 389次,发射火箭弹8 844枚,677门高炮防雹作业710次,发射炮弹25 798发,人影作业在抗旱、生态保护与建设、森林草原防扑火等工作中发挥了重要作用。

公共气象服务业务向纵深推进　完善和开发“气象预警信息发布”等4个业务系统。启动“千乡万村”助农惠农信息工程,实现中国气象频道全区免费收视和中国天气网内蒙古网站上线运行,推进小区广播系统、气象广播直播间建设。为8个机场提供运营及在建服务,并对进一步推进航空气象服务进行研讨。建成针对电网线路的大风、雷电、强降水预报服务系统和铁路沿线降雨实时监测系统,引进空气质量－统计动力预报业务模式,完善交通、水文、电力、森林草原火险气象预报服务系统,新增了卫生气象服务。

【现代化建设】　制定《无人自动气象站业务运行规定(试行)》等5项业务管理制度。完成2010～2014年自治区闪电定位站网、天气雷达网、区域站网、自动土壤湿度监测网建设规划草案。1部L波段探空系统、3部水电解制氢系统、22个国家级自动气象站、23个国家级无人自动气象站、24个国家农业气象观测站“农业气象测报业务系统”、5个强风自动观测站、116个区域自动气象站、10个雷电监测站、71座测风塔、新一代风云三号卫星接收处理系统完成建设任务。5个中国大陆构造环境监测基准站、94个DVB－S接收站、台站实景监控及自动站实时数据视频显示系统完成阶段建设任务。承担10个省市区风自记数字化录入数据中期质量控制工作。区气象局到盟市气象局2兆地面宽带电路实现备份和升级。综合观测业务全年运行平稳,测报质量各项指标均达到中国气象局考核标准并稳定在较高水平。信息网络各项质量保持稳定,区域站观测资料传输及时率首次超过全国平均值。全球交换报及时率连续3年100%。

【科技创新与人才体系建设】

科技创新工作　制定科技创新体系建设实施办法。加强与中科院、清华大学等科研院所合作。设立承担科研项目130项,其中国家自然科学基金2项,气象行业专项1项,总经费达1 092.33万元。发表科技论文225篇,其中SCI收录1篇,国内核心期刊57篇,获自治区科技进步三等奖成果1项。组织以“气象与农牧业”为主题的科技活动月,举办学术报告会54场。

气象人才体系建设　落实中国气象局人才工作座谈会精神,制定并实施加强气象人才体系建设指导意见等制度11项。招录大学本科及以上学历毕业生133名,其中博士4名、硕士58名、大学本科69名,分别比上年度增长100%、78.65%和21.37%。“3＋1”人才培养模式进一步延伸,对新录用的49名硕士、博士进行为期1年的气象专业培训。加强学科带头人、首席专家、科技创新团队建设。现有正高职称13人、副高职称285人,职称结构进一步改善。举办各类培训班64期,培训人员达1 875人次,队伍综合素质得到提高。

【基层工作】　制定并实施《内蒙古气象局加强基层气象工作实施方案(2009～2010年)》,开展结对帮扶活动,在人力、财力投入等方面向基层倾斜。针对旗县以下艰苦台站的运行机制,开展轮换制、托管制、派出制等试点。有7个盟市地方性津补贴足额纳入地方预算,4个盟市按50%给予补助并已承诺逐步将足额补助纳入预算,大部分基层台站基本实现同城待遇。基层台站职工住宿、采暖、饮水、交通、用电等工作生活条件得到进一步改善。部分盟市局建成基础业务培训基地。对110个基层局站的198名业务骨干进行预报服务和装备保障技能培训。

【社会管理工作】　编写完成人工影响天气、气象灾害风险评估、防雷产品备案、防雷设计和施工备案、气象灾害预警信号发布等5个管理办法并已进入立法程序;2个国家行业标准和1个地方标准通过验收;制定全区119个国家级地面观测站探测环境分类保护方案;与国土资源厅联合印发加强气象观测场周边用地管理的通知;及时对多起危害气象探测环境的行为进行执法,取缔非法涉外气象探测站点1个;收集区内企业已建165座测风塔资料,汇交其中92座测风塔资料;部分盟市防雷行政审批"一卡通"取得新进展。

【气候影响评价】

气候概况　2009年度内蒙古自治区的主要气候特征是年平均气温偏高1℃~2℃;年总降水量全区大部地区偏少。春、夏、秋季部分地区出现较严重干旱,夏季出现高温、暴雨、雷电、冰雹、病虫害等灾害,给农牧业生产带来不利影响。

气候与农业　初春巴彦淖尔市发生较为严重的潮塌灾害,使播种进度大幅度减缓,春季西部局部地区出现较强沙尘暴天气,东北部地区旱情严重;夏季中西部及东部偏南地区发生严重干旱、草原蝗虫、鼠灾害,高温出现早并持续较长;暴雨、洪涝、冰雹灾害较频繁,东部地区冰雹灾害较往年偏重;秋季巴彦淖尔市霜冻出现早、灾害重,中部与东部偏南地区秋旱严重,对农作物后期生长带来不利影响。乌兰察布市、赤峰市、通辽市及西部部分地区夏秋旱严重,致使农作物大幅度减产歉收,甚至绝收。总体看,本年度农业属偏歉年景。

气候与畜牧业　冬季东北部降雪频繁,中西部、东部偏南地区出现旱象;春末东北部牧区旱情严重,牧草长势、牲畜膘情较差;夏季大部分牧区降水偏少,中西部地区受高温干旱的影响牧草出现黄尖、枯萎现象,部分提前枯黄,牧草减产20%~50%,夏季草原虫、鼠害影响范围广危害重;秋季中东部部分牧区降水偏少,牧草后期生长受到影响,提前进入枯黄。

(魏兴杰)

测　绘

【内蒙古自治区测绘事业局领导名录】

局　长:吴齐文(蒙古族)

副局长:赵新刚

副局长　纪检书记:郭党师

【概况】　2009年,内蒙古测绘事业局完成1:1万地形图测绘外业2 727幅;内业2 880幅;更新200幅,鄂尔多斯地区地形图,5 000平方公里。2009年基础测绘工作完成后,全区增加1:1万地形图覆盖面积7.7万平方公里,增加覆盖率6.5%,覆盖率达32.2%,覆盖面积38.0万平方公里。

组织实施全区现代大地测量基准建设:西部GPS B级网200点布测与大地水准面精化及三等水准测量项目,2007~2009三年已累计布设GPS B级点850个,三等水准测量4 800公里。

从1997年起,内蒙古自治区测绘科技档案资料馆陆续开始组织编纂《内蒙古自治区测绘成果目录》第二集,组织实施《内蒙古自治区基础地理信息(档案资料)数据库建设和地理信息公共服务数字化》、《全区测绘档案信息化建设和测绘成果档案目录网络发布》项目,完成自治区所有模拟测绘档案永久保存卷的数字化工作,并运用"智能光盘库海量存储矩阵系统"进行管理。2009年完成1:1万数字地形图入库4 831幅,刻录、检查数据光盘1 473张,数据光盘著录与上架1 620张,航摄影像扫描数据归档与刻录光盘926张,整理案卷163卷。测绘档案资料的数字化既方便存储、管理和提供,也为"数字内蒙古"建设奠定基础。

2007年立项启动、记述20年内蒙古测绘事业发展情况的《内蒙古自治区志·测绘志(续)》已进入最后审稿阶段,将于2010年付印出版。

【重大工程测绘】

"数字城市"项目正式启动实施　完成1:5万地形要素数据缩编124幅。实施国家测绘局安排的专项测绘"数字乌海"、"数字通辽"和"数字满洲里"地理空间框架建设项目。完成赤峰地区GNSS连续运行参考站综合服务网项目建设。

觇标普查和异地备份资料库建设取得阶段性成果　测量标志普查项目野外调查接近尾声,内业工作全部启动。完成测绘成果档案资料存储设施和异地备份基地建设项目。

测绘新技术研究与应用取得阶段性成果　完成三角高程代替三等水准试验,并已投入生产。完成利用高分辨率卫星影像测制1:1万地形图研究,并已投入生产应用。

【地图编制与出版】　编制完成呼和浩特市、包头市、鄂尔多斯市地图以及根河市、霍林郭勒市地图、陈巴尔虎旗、托克托县系列图,开发完成呼和浩特市、包头市、通辽市等地城区图及交通规划旅游图。完成自治区首部盟市综合地图集——《阿拉善盟综合地图集》,正在编制《巴彦淖尔市影像地图集》、《兴安盟影像地图集》、《内蒙古历史地图集》、乌审旗系列地图、内蒙古邮政网点分布图等地图。为新农村建设服务的地形图测绘项目,自治区地图册、布图编制更新项目已完成。

【成果应用与服务】　2009年,内蒙古自治区测绘事业局为区内外以及国内外交通、城市、机场、工业园区、生态建设等提供测绘服务,全局对外测绘服务总产值为2 000多万元。完成主要测绘项目有:伊金霍洛旗矿产数据库的数据符号化、1∶10 万比例尺伊金霍洛旗矿产资源分布及开发利用现状图制作;赤峰市基础地理数据库建设项目前期调研、专业设计书编写以及 1∶25 万、1∶5 万数字化测图数据的处理工作;赤峰市区、乌兰察布市区、巴彦淖尔市区1∶1 000和1∶2 000数字化测图,鄂尔多斯市东胜区数字正射影像图制作3 375平方公里以及城市园林绿化遥感测试与分析;阿尔山、包头、鄂尔多斯、呼和浩特市白塔机场工程测绘;上海市1∶500、1∶1 000比例尺数字化地形图修测、实测2 700多幅,天津市1∶500比例尺地形图测绘、1∶2 000比例尺数字化测图近 40 平方公里。

全年对外提供1∶5万比例尺地形图8 197幅,提供专题数字成果图 163 幅,1∶1万比例尺数字化地图成果26 935幅,洗印航摄相片17 772片,航摄相片扫描9 743片。提供各等级三角控制点近16 600个,水准点1 868个,GPS 点 85 个。为自治区各级政府部门、单位提供各类挂图1 000多幅,并及时为自治区新任领导提供工作用图。

积极服务自治区重大工程项目,先后为全区第二次土地调查提供地形图8 528幅,为境内明长城资源调查提供地形图 38 幅,为全区公路数据境界部分更新和全区民政界线信息管理系统建设各提供地形图3 448幅。

【公益活动】 积极组织“博爱一日捐”,全局干部职工共捐款15 595元,为帮扶地区贫困农牧民购置生活用品。组队代表内蒙古测绘系统参加国家测绘局举办的“中图社杯”首届测绘职工乒乓球比赛,获职业道德风尚奖。局工会与自治区总工会直属企事业工会、神华准能工会联合举办工会干部法律知识培训班。成功举办纪念改革开放 30 周年“经纬杯”文艺汇演。内蒙古测绘工会被自治区总工会授予“自治区模范职工之家”,测绘院一分院被评为“工人先锋号”集体。

【地方社团工作】 2009 年,召开内蒙古测绘学会秘书长工作会议,会上传达中国测绘学会在珠海召开的学会工作会议内容及 2009 年工作安排。邀请中国工程院院士刘先林在呼和浩特市内蒙古科技馆进行主题为“当代数字测绘技术”的院士报告会。在兴安盟阿尔山市召开内蒙古测绘学会七届三次常务理事会议。内蒙古测绘学会获得中国测绘学会 2004～2009 年度先进集体。

（张智清）

地震测报与防震

【内蒙古自治区地震局领导名录】

局　长:包东健(蒙古族)

副局长:曹刚　张建业

副巡视员:李晓峰(女)

【概况】 2009 年,内蒙古自治区发生 M_L≥1.0 级地震 597 次,其中 M_L1.0～1.9 级地震 313 次,M_L2.0～2.9 级地震 234 次,M_L3.0～3.9 级地震 42 次,M_L4.0～4.9 级地震 6 次,M_L5.0～5.9 级地震 2 次,无 M_L≥6.0 级地震。最大地震是 2009 年 12 月 21 日科尔沁左翼中旗与吉林省通榆县交界处发生的 M_L5.1 级地震。以上地震次数统计均为可定位地震。

【地震活动特征】

M_L≥3.0 级地震频度仍维持较高水平　2009 年发生 M_L≥3.0 级地震 50 次,与 2007 年 38 次、2008 年 45 次相比,地震活动频度有较大上升。其中发生 M_L5.0～5.9 级地震 2 次:2009 年 7 月 16 日 12 时 44 分,阿拉善右旗(北纬 38°55′,东经 101°25′)发生 M_L5.0 级地震;2009 年 12 月 21 日 05 时 31 分,科尔沁左翼中旗与吉林省白城市通榆县交界(北纬 44°27′,东经 122°58′)发生 M_L5.1 级地震。M_L5.0～5.9 级地震与 2008 年 1 次相比频度上升。

地震活动东西部地区强　中部地区弱　2009 年发生的 2 次 M_L≥5.0 级地震分布在内蒙古自治区西部地区和东部地区,地震强度水平相当。内蒙古自治区中部地区地震强度水平相对低。

发生 5 次有感地震　2009 年 1 月 23 日 04 时 27 分,在赤峰市敖汉旗(北纬 42°32′,东经 120°34′)发生 M_L3.9 级地震,赤峰市敖汉旗、通辽市奈曼旗等地有感;2009 年 7 月 16 日 12 时 44 分,在阿拉善右旗(北纬 38°55′,东经 101°25′)发生 M_L5.0 级地震,内蒙古自治区阿拉善右旗、甘肃省张掖市、山丹县有感;2009 年 11 月 21 日 15 时 51 分,在宁夏回族自治区灵武市、内蒙古自治区鄂尔多斯市鄂托克前旗交界(北纬 38°12′,东经 106°31′)发生 M_L4.7 级地震,乌海市、鄂尔多斯市鄂托克旗有感;2009 年 11 月 25 日 17 时 22 分,在土默特右旗(北纬 40°30′,东经 110°48′)发生 M_L3.6 级地震,土默特右旗部分人有感,有人听到地声;2009 年 12 月 21 日 05 时 31 分,在科尔沁左翼中旗与吉林省白城市通榆县交界(北纬 44°27′,东经 122°58′)发

生 M_L5.1 级地震，通辽市、乌兰浩特市强烈有感。

地震丛集活动区 2009 年地震活动出现 3 个丛集活动区：阿拉善右旗与甘肃山丹交界地区；乌海市一蒙宁交界地区；扎兰屯地区。

附：内蒙古自治区 2009 年度 M_L≥1.0 级地震分布图

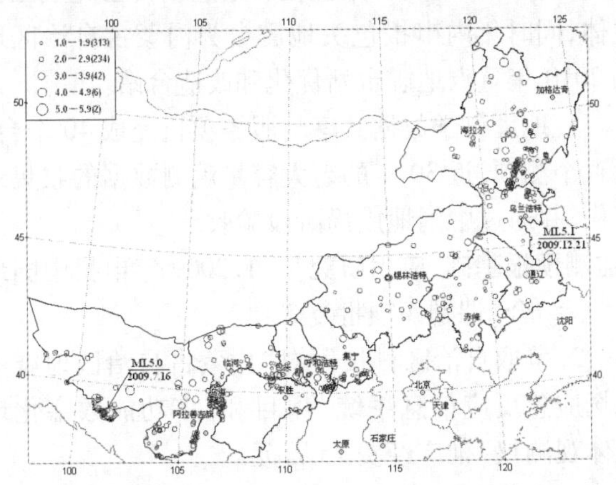

内蒙古自治区 2009 年度 M_L≥1.0 级地震分布图

【震情和监测预报工作】 1.2009 年，内蒙古自治区发生 M_L≥3.0 级地震 50 次，无 M_L≥6.0 级地震。最大地震是 2009 年 12 月 21 日科尔沁左翼中旗与吉林省通榆县交界处发生的 M_L5.1 级地震。全区地震频度仍维持较高水平，地震活动东西部地区强、中部地区弱，发生了 2009 年 01 月 23 日赤峰市敖汉旗 M_L3.9 级、2009 年 7 月 16 日阿拉善右旗 M_L5.0 级、2009 年 11 月 21 日鄂尔多斯市鄂托克前旗与宁夏回族自治区灵武市交界 M_L4.7 级、2009 年 11 月 25 日土默特右旗 M_L3.6 级、2009 年 12 月 21 日科尔沁左翼中旗与吉林省白城市通榆县交界 M_L5.1 级 5 次有感地震；年内出现阿拉善右旗与甘肃山丹交界地区、乌海市一蒙宁交界地区、扎兰屯地区 3 个地震活动丛集区。

2. 制定全区震情短临跟踪工作方案，建立联动工作机制，形成呼—包—鄂金三角为中心，东部、西部为两端的协作区框架，应用观测资料共享和信息交换平台，明确了震情跟踪工作程序和制度。

3. 继续强化重点危险区的联动机制，按照中国地震局部署，根据区域特点和承担任务，制定"辽蒙交界区"震情跟踪联动协作工作方案，召开辽蒙交界区震情研讨会上会。呼和浩特市地震局、巴彦淖尔市地震局、呼伦贝尔市地震局结合震情趋势都制订震情跟踪联动协作工作方案，召开区域联动协作会议。

4. 自治区地震局短临跟踪和异常核实工作在加强软件管理同时，进一步加强了硬件配备。异常核实工作采用专门配置的便携式深井视频系统，有效提升了异常核实、判定的指标性和科学性。2009 年度由自治区地震局组织专家和有关人员现场核实三号地、八一井地下水位异常，赤峰地区、杭锦后旗宏观异常等突发和典型异常 8 起，其中观测异常 5 起，宏观异常 3 起。

5. 呼和浩特市、赤峰市等盟市地震局举办了"三网一员"培训班，落实了工作经费，细化了报送程序，制定工作细则。

6. 结合自治区现有通讯资源条件实际，在重点城市和重点台站启用和恢复短波电台通讯，年内有 7 个地震台，3 个盟市地震局已实现短波电台良好通讯功能。

7.2009 年 6 月 16 日至 17 日，内蒙古自治区 2009 年年中地震趋势会商会在通辽市召开。与会代表根据内蒙古自治区 2009 年上半年地震活动和前兆观测的实际情况，基于 2009 年内蒙古自治区地震趋势年度会商意见的基础上，经过会商讨论，形成自治区 2009 年年中地震趋势意见。各盟市地震局、有关地震台、监测预报中心分析预报人员近 40 余位代表参加会议。自治区地震局曹刚副局长、通辽市李永刚副市长出席会议并讲话。

8. 按照中国地震局的要求，内蒙古自治区地震局加强了国庆节前后有关工作，一是从 2009 年 9 月 25 日至 10 月 15 日实行震情、应急和安全保卫 24 小时值班工作制度和领导值班、带班制度，重要岗位实行主副班制度，保证信息畅通，妥善应对突发事件；二是向各盟市地震部门和台站发文，要求做好震情分析会商、异常跟踪、突发震情应对等工作；三是应急人员分成梯队，国庆节期间不能远离呼和浩特；四是对应急设备、车辆进行全面检查，确保设备车辆能够随时出动执行任务。

9.11 月 12 日至 13 日，内蒙古自治区 2010 年度地震趋势会商会在呼和浩特市召开。与会代表分别对本区域的震情趋势、地震活动进行了深入细致的分析研究，并对自治区 2010 年度的地震形势进行研究和讨论，达成共识。确定了 2010 年度内蒙古自治区重点危险区和值得注意地区。各盟市地震局局长及分析预报人员、有关地震台站、局监测预报中心、地震预报评审委员会委员及机关各处室负责人共 50 余位代表参加了会议。包东健局长、曹刚、张建业副局长出席了会议。

【台网运行】 1. 测震台网完成全区 39 个测震台"十五"项目测震观测网络的系统维护；完成"九五"台网

中心及8个子台的仪器设备维护工作;全年共出台30余人次,台网设备总体运行率99.3%,台站平均运行率98.7%,台站最低运行率84%。全年按有关要求完成速报地震35个;"十五"系统共处理触发事件6 379个,分析处理近震1 039个。

2. 前兆台网完成全区专业数字化台站及各盟市地震局地方台(模拟、数字化)的16台站节点26种型号共79套("十五"66套,"九五"8套,人工5套)前兆数字化仪器的数据采集、运行及数据入库、备份等日常管理工作。前兆仪器总体运行率90.1%,台站平均运行率89.2%,台站最低运行率41.4%。全年10人次现场对有故障台站(察素齐、丰镇)进行检查、维护、调试。

3. 强震动台网在6月至11月,先后对全区32个强震动台站进行了现场常规检查。组织参加中国地震局召开的2008年度强震动观测评比会议,分别获得强震动观测运行维护优秀奖和强震动观测记录优秀奖。

4. 通讯网络保证全局计算机通讯局域网的正常运行,完成向中国地震局台网中心上报运维日志、月报、年报378份,全年排除故障44次,服务器运行率97%,与中国局台网中心连通率98%,与盟市局和台站连通率近98%。完成了中心主机房的网络设备和硬、软件维护工作任务,对局机关、盟市局和台站的计算机通讯设备进行30余次维护、维修工作。

5. 应急保障系统根据中国地震局的规定认真完成日报、周报、月报、三月报、半年报、年报有关表及资料的填写及报送要求,共计500余份。全年共进行应急演练12次,其中全国性演练一次,区域演练4次,

6. 在全国地震系统2008年度地震监测预报工作质量评比中,内蒙古地震局有三个台站四项进入全国前三名。

【台网建设】 1. 按照中国地震局"十一五"项目《喜马拉雅计划》统一部署,自治区地震局进一步细化和量化项目管理细则。年内地震背景场探测项目已完成了测震13个台站、前兆7个台站地磁、地电、形变和地下流体勘选工作,报送增加克什克腾旗地下流体观测项目的调整和勘选报告。正在进行项目征租用土地预评审工作。

2. 陆态网络项目按照中国地震局项目建设进度,已完成阿古拉、包头、乌海、乌加河、乌兰浩特、海拉尔六个基准站的全部土建工程,分别通过国家六部委组织的测试验收。12月已进入资料验收阶段,按照项目总体安排,已具备进入仪器安装阶段条件。满洲里子午线项目完成设备安装已进入试运行阶段。

3. 内蒙古自治区地震预测预警项目是自治区发改委2009年下达的集视频会议系统、地下流体观测网络和分区域自动速报系统的重点项目,年内视频会议系统已建设完成进入试运行阶段;数字化地下流体观测网络已完成政府采购和招投标进程,进入实施阶段。

4. 西山咀地震台站优化和改造项目已完成工程的主体,同时年内申报包头地震台为内蒙古自治区地震局2010年重点地震台站优化和改造台站。

5. 地震科学数据共享与服务项目完成40个台站,近百个测项,近30年的超大容量观测数据的收集录入工作,并通过中国地震局阶段验收。

【监测预报基础 应用研究】 1. 2009年申报中国地震局"三结合"课题4项批复2项。

2. 争取自治区科技厅对"内蒙古自治区地震灾害现场应急反应信息系统"项目和"多功能数字化地下流体观测仪"推广经费15万元。

3. 内蒙古地震学会组织地震科技工作者参加内蒙古自治区科协举办的内蒙古自治区第五届自然科学学术年会,推荐3篇论文参加评选,其中2篇论文获奖。

4. 2009年12月18日,内蒙古自治区地震局召开全体职工大会,中国地震局科技工作会议精神。

【地震应急救援准备】 1. 根据中国地震局有关要求,内蒙古自治区地震局起草了《关于加强内蒙古自治区地震应急预案管理的通知》,经自治区人民政府批准以自治区政府发文,对全区地震应急预案管理工作做了进一步规范。

2. 按中震救函〔2009〕1号、39号文件要求,在全区推广使用中国地震局研发的地震应急预案管理信息系统,指导市县地震部门安装、使用软件,统计汇总全区地震应急预案数据并上报中国地震局应急司。

3. 组织人员收集整理了包括各级地震应急预案、灾害损失评估报告、灾评软件和教材、地震现场表格、地震有关法律法规、国家标准、地震系统通讯录、三网人员联系表、各盟市有关基础数据、图件等地震现场有关资料。

【应急指挥系统建设】 1. 2月,内蒙古自治区地震应急指挥系统建设工程通过了中国地震局对设备、软件及数据库系统验收。之后又对原有数字会议设备进行更换和系统控制软件的升级。年内在应急指挥中心共召开23次各种会议,进行了16次测试及应急演习。

2. 10月,内蒙古自治区建成覆盖全区各盟市的地

震应急预警高清视频会议系统，该系统经过自治区政府统一招标采购，采用当前市场领先的宝利通8000系列数字高清视频会议系统设备，通过资源整合，充分利用已有地震数字观测网络2兆光纤SDH信道的带宽资源，实现了12个盟市会场间720P的高清视频图像和优质音频信号传输，以及计算机数字信号的双流发送功能，而且随着今后通信信道带宽的增加，本系统可以升级到1080P的画面质量。

【应急救援条件保障】 1.2月18日，内蒙古自治区地震紧急救援队成员单位消防总队、地震局、人防办、卫生厅在自治区地震局召开自治区地震紧急救援队联席会议，总结地震紧急救援队成立近2年来的工作，结合汶川地震紧急救援工作的经验，就地震紧急救援队启动原则、启动程序以及培训、演练等事宜进行了进一步商讨。会议决定在自治区12支地震救援队人员组成中增加卫生、地震、人防部门人员，并确定了有关人员的工作职责。

2.6月8日，内蒙古自治区地震局专门召开会议，研究落实全国应急救援工作会议精神，会后，内蒙古自治区地震局进一步完善地震应急处置流程，明确应急人员工作职责和要求，并补充应急流动监测设备、应急越野车辆、冬夏装等必要的应急物质装备、设备。

【地震应急救援行动】 1.8月6日，内蒙古自治区地震局参加了中国地震局震灾应急救援司组织的地震应急指挥中心年度演练，在做好相应的准备工作的基础上，上午9时，应急指挥大厅的各技术系统及时启动，并分别于9点20分和40分向包东健局长(指挥长)提供灾害快速初步评估结果和震后地震趋势初步判断意见。之前，由副局长张建业带队一行13人的地震应急现场队伍迅速开往内蒙古土左旗展开地震现场技术系统。到达现场1小时内，技术系统全面开通。张建业副局长及时用卫星电话向自治区指挥大厅包东健指挥长进行通话，按时间要求通过语音及视频汇报现场情况。根据现场指挥部及后方指挥部的需求，实现了应急指挥部和现场工作系统的技术支撑和保障，并且进行了现场灾情信息和实时采集数据传输。之后，由包东健局长(指挥长)向中国地震局应急指挥大厅内全国应急联动演练指挥长将自治区的震情做了全面的汇报。

2.10月10日，内蒙古自治区地震局举行地震应急演练。对应急预案、应急人员熟悉应急工作流程、应急人员业务技能、应急系统装备运行状况等进行了检验。

3.2月2日，赤峰市敖汉旗出现地震谣传，内蒙古自治区地震局和赤峰地震局迅速启动应急预案，配合赤峰市政府和敖汉旗政府，果断采取措施，在媒体和公安等部门的大力协助下，在最短时间内平息了地震谣传事件。

【震害预防工作】

抗震设防要求管理　1.参加内蒙古自治区主体功能规划编制，完成了自治区地震灾害危险性评价工作，为自治区未来的发展提供了科学依据。

2.2009年8月，经各方积极努力，呼和浩特政府、巴彦淖尔市发文同意将地震安全性评价和抗震设防要求纳入当地基本建设管理程序和行政审批程序。

3.向各盟市地震局和各资质单位转发中国地震局《关于印发<地震安全性评价单位资质认定许可实施细则(试行)>的通知》。组织全局各部门20余人参加全国一级安评师考试。

4.2009年11月召开全区各安评资质单位座谈会，针对安评报告存在的问题和安评工作的发展进行了讨论。并向全区下发《关于规范和加强地震安全性评价管理工作的通知》，对2010年的工作提出具体要求。

5.组织评审和审批建设工程场地地震安全性评价报告，全年安评报告数量比上年明显增多。

6.按照国家的要求，内蒙古自治区成立校舍安全工程领导小组，自治区地震局为14个成员单位之一，参加了6月26日领导小组会议;7月2日自治区人民政府组织召开的全区中小学校舍安全工程电视电话会议，会后自治区地震局按照承担的内容积极开展相关工作。

7.开展完成等30余项工程场地地震安全性评价项目，合同额达到600万元。

法制建设　1.完成《内蒙古自治区防震减灾条例》初稿的修改工作，向自治区人大、政府法制办上报了《关于修订〈内蒙古自治区防震减灾条例〉的立项报告》，列入了自治区人大和自治区人民政府法制办公室2010年立法计划事项。

2.对赤峰台观测环境受供热管道影响的案件进行协调;对乌加河台、地电观测设施受到破坏进行前期取证工作。

3.对全区重大建设项目进行跟踪检查，对呼和浩特兴泰御都和名都房地产开发项目，巴彦淖尔市传媒中心、国土大厦和水务大楼建设项目进行执法检查。

【防震减灾宣传】 1.4月29日,内蒙古自治区地震局、内蒙古科学技术协会、内蒙古北方新报联合举办《防震减灾知识有奖问答》。问答题刊登在4月29日的《北方新报》上,内容涵盖了地震知识、防震知识和防震减灾法律知识。此次活动历时15天,活动结束后,三家主办单位将进行评奖,并将获奖的中小学生家庭推荐至中国地震局参加全国性防震减灾科普知识竞赛活动。

2.4月30日,内蒙古自治区人大副主任柳秀在《内蒙古日报》上发表了题为《认真贯彻实施<防震减灾法>,全面加强内蒙古自治区防震减灾工作》的文章,宣传贯彻《防震减灾法》。

3.5月1日,自治区地震局在呼和浩特市组织新修订的《中华人民共和国防震减灾法》宣传活动。此次宣传活动设立3个宣传点,共摆放展板60余块,发放宣传材料1万余份,10多位专家接待群众咨询。

4.5月11日,内蒙古自治区地震局在呼和浩特市东乌素图村举行呼和浩特防震减灾科普教育基地落成典礼,这既是内蒙古自治区开展首个"防灾减灾宣传周"活动的重要内容之一,同时也是通过科普教育基地这种设施和方式,建立防灾减灾长效机制的实际举措。自治区副主席刘卓志、自治区地震局局长包东健、人大教科文卫委员会主任吴培荣、有关厅局领导、部分盟市地震局局长、大中小学生、新闻媒体共300余人参加了典礼活动。典礼仪式前,刘卓志副主席在包东健局长,曹刚、刘美副局长陪同下考察了自治区防震减灾应急指挥中心、台网中心等。

5.5月1日至16日,在汶川地震一周年之际,内蒙古地震局科技人员分别在内蒙古广播电台"法治在线"、"绿野之声"、"晚间新闻"三个栏目作为特邀嘉宾,为全区听众解答了防震减灾法律法规、农牧民抗震和应急救援等方面的知识。

6.5月上旬,内蒙古自治区地震局、教育厅以内震发〔2009〕120号联合向各盟市教育(教体)局、地震局下发了《关于加强全区中小学校防震减灾工作的通知》,要求各盟市教育及地震部门高度重视中小学防震减灾教育工作,加强对中小学防震减灾工作的领导和监督管理。同时各级地震和教育部门要密切合作,在全区中小学校开展防震减灾知识宣传、制定地震应急预案、进行应急避险演练、积极推进全区的防震减灾科普示范学校建设等工作。

7.12月15日,在自治区通信管理局、联通内蒙古分公司、内蒙古电信、内蒙古移动、内蒙古铁通公司等单位的大力支持和帮助下,内蒙古自治区12322防震减灾服务热线正式开通,该热线以语音与人工服务相结合的方式,共分为9大模块,分别为:地震基础知识、地震异常介绍、地震预报与谣言、地震监测设施保护、防震常识、紧急避险常识、地震自救互救、灾后注意事项以及人工服务。其中语音为24小时服务,人工服务为正常工作日时间。各地群众可用手机、固定电话、小灵通拨打该热线了解咨询地震科普知识和最新的地震信息,还可以通过该热线报告地震异常宏观现象和地震灾情。

8.在呼和浩特市第三中学、二十六中学、车站小学、胜利路小学等多所小学进行了防震减灾知识讲座,指导进行防震避震疏散演练,还向二十六中学和红旗小学赠送地震知识展板,全市受众师生近6 000人。

9.包头、赤峰科普基地建设完成前期准备工作和招标工作。

【其他工作】 1.10月20日,内蒙古自治区人民政府以内政办字〔2009〕225号文件,向全区各盟市、各单位、部门和各大企业发出了《关于做好地震灾害损失评估工作的通知》;12月,内蒙古自治区防震减灾工作领导小组向全区各盟市政府、有关厅局、各大企事业单位下发《关于调整内蒙古自治区地震灾害损失评定专业委员会组成人员的通知》。

2.在全国2008年度市县防震减灾工作综合评比中,呼伦贝尔市地震局获得综合评比三等奖;巴彦淖尔、乌兰察布市地震局获得全国综合评比优秀奖;巴彦淖尔市地震局并获地震灾害防御单项奖;呼和浩特市玉泉区科技局地震办、通辽霍林郭勒市科技局地震办、赤峰林西县地震局、兴安盟扎赉特旗地震局获得全国县级防震减灾工作先进单位称号。

3.2009年10月10日,自治区地震局组织参加自治区减灾委召开的全区灾情会商会,与财政厅、水利厅、民政厅、国土厅、气象局等部门核定内蒙古自治区2009年灾情数据,为自治区的救灾工作决策提供依据。

4.2009年5月,内蒙古自治区地震局向内蒙古自治区发展与改革委员会申报《内蒙古自治区防震减灾"十二五"规划》的初步意见,确定内蒙古自治区"十二五"防震减灾规划编制的基本思路。

(弓建平)

交通运输

铁路运输与管理

【呼和浩特铁路局领导名录】

局　长：林奋强

常务副局长：刘　彪

副局长：甄忠义

副局长　总工程师：王连春

副局长：于文峰　曹云明　陈玉柱　郭文强(7月离任)

总会计师：李希顺

副局长：李玉平　马俊飞(8月任职)　王福(9月任职)　王利铭(9月任职)

局党委书记：甄忠义(9月任职)　黄民(8月离任)

调研员：吕德文(10月离任)

纪委书记：陈洪奎

工会主席：曲永堂

【概况】 地处内蒙古自治区中西部。管内大部分线路北傍阴山，南沿黄河，由西向东穿越自治区二盟(阿拉善、锡林郭勒)、六市(呼和浩特、包头、乌海、鄂尔多斯、巴彦淖尔、乌兰察布)，是连接西北、华北物资运输的主要通道。集二线又是通往蒙古国、俄罗斯及东欧的国际干线。

管内所处内蒙古高原，海拔1 000米以上，属温带大陆性气候，四季分明，冬季寒冷，夏季温暖，温差较大，雨量稀少(雨多集中于夏季)。春秋两季是北部寒潮进入中国首当其冲的地方，风、沙、洪、雪、冻害是影响铁路运输的主要自然灾害。西部线路处在浑善达克沙地、库布齐沙漠和腾格里沙漠一带，风大沙多，气候干燥。集二线穿越锡林郭勒大草原，近年来草原植被遭破坏，草原沙化造成沙尘、沙尘暴经常发生，对铁路运输生产影响很大。

管界东起京包线(北京—包头)的古店站与孤山站间K380 +500处，与北京局毗邻；西至包兰线(包头东—兰州)的落石滩站与石嘴山站间K423 +000处，与兰州局相连；北到集二线的二连站至蒙古国扎门乌德站间K335 +601处，与蒙古国接轨。管内共有3条干线、8条支线(含一条环线)、7条联络线、3条合资铁路。

干线：京包线(北京—包头)，全长831.519公里，管内长415.9公里(双线)；包兰线(包头东—兰州)，全长845.679公里，管内长422.8公里(双线)；集二线(集宁—二连)，全长331.1公里(其中集宁—贲红34.6公里双线)。

支线：包白线(包头西—白云鄂博)，全长146.681公里(双线10.686公里)；包石线(包头东—二道沙河—石拐)，全长31.664公里(封闭)；包环线(包头东—昆都仑召)，全长28.964公里；乌吉线(乌海西—吉蓝泰)，全长130.088公里；海公线(乌海—公乌素)，全长52.891公里；郭查线(郭尔奔敖包—查干诺尔)，全长48.387公里；包神线(包头—神木)，管内线路长度1.259公里(双线)；呼准线(呼和浩特—准格尔)，管内线路长度1.322公里(双线)。

联络线：集葫联络线(集宁—葫芦)，全长6.056公里(双线)；南北联络线(集宁南—集宁)，全长4.984公里(双线)；包石包环联络线(二道沙河—二道沙河)，全长1.087公里；包石包环联络线(昆都仑—昆都仑)，全长0.579公里；包石包环联络线(打拉亥—包头北)，全长5.088公里；中蒙联络线(二连—中蒙边境)，全长5.599公里；万包联络线(包头站—万水泉南站)，全长3.985公里。

合资铁路：呼准线(呼和浩特西—倘不浪)，全长124.628公里(其中呼和浩特西—倘不浪3.795公里双线)；包西线(包头—西安)，管内开通长度82.8公里(双线)；临哈线(临河—哈密)，管内开通长度683.2公里。

准轨运营线路总延展长3 808.032公里，其中准轨正线2 528.485公里，宽轨正线5.3公里。双线长度895.5814公里，营业里程1 625.8公里。正线无缝线路总长度1 979.322公里，占正线总长度78.3%，站线无缝线路总长度31.175公里，占站线总长度的2.5%。60公里/米钢轨正线铺设总长度2 083.394公里，占正线总延展长度的82.4%，其中区间无缝线路1 714.607公里。道岔总计3 938组，其中准轨正线道岔1 215组，宽轨线路道岔 104 组。桥梁1 363座,总延展长41 270米,其中特大桥 5 座,延展长4 815米,大桥 45 座,延展长8 814米,中桥 347 座,延展长16 943米,小桥 966 座,延展长 10 697 米。隧道 14 座,总延长 8 294 米。涵渠1 468座,总延展长32 946米。

车站 113 个(含线路所 1 个),其中一等站 8 个、二等站 7 个;配属机车 539 台,其中内燃机车 340 台、蒸汽机车 51 台、电力机车 148 台;配属客车(含代管邮政、行李车及局管路用车)1 331辆,其中硬座车 389 辆,硬卧车 526 辆,软卧车 113 辆,餐车 58 辆,软座车 4 辆,发电车 40 辆,双层客车 28 辆,特种试验车 4 辆,代管行李车 60 辆,代管邮政车 14 辆,局管路用车 95 辆。配属中,25G 型及以上客车 631 辆,占配属总数的47.4%。

信号设备总计2 399公里,其中复线 962 公里。车站数合计 135 个,车场 13 个,继电集中车站 50 个,计算机联锁车站 98 个,自动化驼峰场 5 个。自动闭塞 962 公里,半自动闭塞1 437公里,一体化机车信号 346 台,通用式机车信号 73 台,道口信号 10 处。联锁道岔3 965组,无联锁道岔 9 组,全局设备换算道岔47 371组。

局所属单位有 51 个。其中运输站段 19 个(直属站 5 个、车务段 3 个、客运段 1 个、机务段 2 个、供电段 1 个、工务段 3 个、电务段 1 个、车辆段 2 个、工务机械段 1 个),多集经单位 4 个(多元经营管理中心、恒诺(集团)公司、外经(集团)公司、集体经济管理处),铁路公安局、检察院、法院单位 12 个,工附业单位 1 个(焊轨段),局直属单位 15 个(局党校、扬州疗养院(培训中心)、科研所、信息技术所、机关服务所、计量所、铁道报社、职工培训基地、疾病预防控制所、招待所、沁原工程监理公司、华丰会计师事务所、装卸监督管理所、合资与地方铁路管理办公室、临策铁路基础设备管理部)。局机关设有行政限额内机构 22 个,科室 94 个,行政限额内机构定员编制 407 名。

全局在册职工55 782人,其中工人45 577人,占职工总数的81.7%。女职工12 158人,占职工总数的21.8%。工人中技术工人33 599人。

【运输生产经营】 全局货车周时完成2.69天,同比压缩0.06天;货物发送量完成1.576亿吨,超部定奋斗目标262.5万吨,同比增加1 372.3万吨,增长9.5%;旅客发送量完成2 023万人,同比增加74.9万人,增长3.8%;换算周转量完成1 228.3亿吨公里,同比增加128.8亿吨公里,增长11.7%。各项指标均创历史最好成绩。

【铁路建设】 全年新开工项目 11 个,开通项目 4 个,投产线路 768 公里、复线81.3公里、电气化铁路924.6公里,完成建设总投资181.4亿元,同比增加80.6亿元。特别是呼张快速客运通道项目启动、大包和包惠铁路电气化改造完成、临策和新包西铁路分段开通,标志着全局路网扩张、电气化运输和高速铁路时代的全面到来。

【经营管理】 全局运输总收入完成190.45亿元,超部定计划14.02亿元,同比增加26.9亿元,增长16.4%;运输营业收入完成110.53亿元,超部定计划5.26亿元,同比增加25.3亿元,增长26.7%。特别是通过降本减耗、厉行节约,全局减少成本支出3.66亿元。

【多元经营】 全局多经系统完成经营收入116.29亿元,超部定计划6.29亿元;在降低房价让利职工减少收入9 900万元的基础上,创造综合效益8.16亿元,其中利润2.39亿元,超部定计划 900 万元,并安置分流运输业富余人员1 000人,多经系统对全局职工人均综合收益增长的贡献率达21.7%。全局集经系统完成经营收入9.79亿元,超年计划31%;实现利润2 149万元,超年计划43%。

【京包铁路集包段增建第二双线工程开工】 2009 年 3 月 27 日上午 10 时 28 分,京包铁路集宁至包头段增建第二双线(呼和浩特地区)工程在玉泉区小黑河镇举行开工仪式。该工程是国家重点铁路建设项目,属京包铁路西段,东起集宁,西至包头,途径呼和浩特,全长 308 公里,投资总额162.6亿元,工期 32 个月。项目建成后,可与在建的张集、京张铁路形成京包间快速运输通道,北京至呼和浩特快速客车运行时间可缩短至3.5 个小时以内,呼包鄂间形成 1 小时经济圈,对于加快城镇化和城乡一体化进程、促进呼包鄂经济圈建设等具有十分重要的意义。

【包头至青岛 K712 次旅客列车开行】 2009 年 5 月 18 日,开行包头至青岛 K712 次旅客列车。包头至青岛 K712 次旅客列车全程运行距离 1767 公里,由 25G 空调车体组成,是呼和局打造特色“精品客运”,延伸和拓展铁路客运触角。

【大同至包头电气化铁路开通运营】 2009 年 5 月 26 日,京包铁路通道大同至包头段电气化铁路改造工程竣工并正式开通运营,至此大包、包惠电气化铁路已全部开通运营。包惠、大包段电气化铁路的相继开通,将极大缓解内蒙古中西部地区铁路运输紧张的局面。

【电力机车牵引万吨重载列车综合试验成功】 根据铁道部工作安排,路局专门组织电力机车牵引万吨重载列车试验。7 月 23 日,由铁道部安全总监耿志修亲临主持的电力机车牵引万吨重载列车综合试验取得成功。这次试验,是按照路局会同铁科院制定的《大包线万吨列车综合试验大纲》,在包头西站所属的打拉亥站进行的。试验项目包括:静置试验,牵引性能测试,制动性能测试,桥涵动力学性能测试等。

【海公铁路扩能改造项目开工奠基】 2009年7月28日,海公铁路扩能改造项目开工奠基。海公铁路扩能改造项目由呼和局和神华集团合资修建,新建线路自包兰线新建的黄白茨站,分上下行引出后并行既有包兰线向南,长度24.25公里。改建线路为既有海公线的拉僧庙至公乌素间,改造既有线长度为10.81公里。工程初步设计总概算7.568亿元,设计施工总工期为一年半。线路扩能改造完成连接东乌线后,使西北地区至华北、东北主要城市的运输距离缩短100公里左右,成为西北地区通往华北、东北及东部沿海的又一条便捷铁路通道,不仅可以密切蒙西、西北地区与环渤海经济圈的联系,加强蒙西及西北地区与华北、东部地区间的社会、经济、文化、科技交流,还对推动东部资金、技术向蒙西及西北地区辐射,西北地区的物资向东部流动起到积极作用。

【安全生产实现11周年】 至2009年10月11日18时,全局安全生产实现无责任一般A类及以上铁路交通事故11周年。路局连续8年荣获全国"安康杯"竞赛优胜企业称号,并作为全路唯一被推荐单位参加全国"安康杯"示范基地评选,安全周期继续位居全路第一。

【"共和国铁路楷模"评选】 2009年10月19日,铁道部作出《关于表彰"共和国铁路楷模"的决定》,呼和局包西车辆段轮对质检员刘怀玉荣获"共和国铁路楷模"荣誉称号,集宁机务段机车乘务员邵玉镇荣获"共和国铁路楷模提名奖"。

【修订完善《科学技术进步奖励办法》】 路局修订完善了《呼和浩特铁路局科学技术进步奖励办法》。新办法对科技进步奖的申报条件、奖励范围和评审标准都做了相应调整和规定,并继续贯彻尊重知识、尊重人才的方针,坚持公开、公平、公正的原则,鼓励广大科技工作者自主创新和引进吸收消化再创新,进一步促进科学研究、技术开发与铁路发展紧密结合,促进科技成果产业化和商品化,加速全局科技兴路和可持续发展战略的实施。

【内蒙古呼铁建工集团有限公司成立】 2009年12月,内蒙古呼铁建工集团有限公司正式成立。公司下设3家子公司,5家分公司。有职工511名,各类专业技术人员142名。注册资金7 501万元,净资产9 678万元,年生产能力超过16亿元。公司是经建设部核准的具有铁路工程总承包、铁路电务工程专业承包、铁路铺轨架梁工程专业承包二级资质企业,主要经营铁路综合工程、铁路线路桥涵、通信信号专业工程、大型机械养路施工作业,同时兼营铁路工电产品加工制造、宾馆药店服务等业务。

公司的前身为呼铁工程商贸有限责任公司,1995年10月经呼和浩特市工商行政管理局注册成立。2007年9月,按照部党组的要求和路局的部署,由原呼铁工程商贸有限责任公司、原呼铁工务技术设备公司以及工电系统8家站段多经企业重组重构而成。

【临策铁路临河至额济纳段开通运营】 2009年12月26日,临(河)策(克)铁路临河至额济纳段开通仪式在阿拉善盟额济纳旗隆重举行。临策铁路是国家《中长期铁路网规划(2008年调整)》中临哈线的东段,东起京兰铁路通道临河站,西至中蒙边境策克口岸,线路全长707公里,工程总投资42.7亿元,设计等级为国铁Ⅱ级单线铁路,预留Ⅰ级条件,是国家大规模铁路建设以来内蒙古自治区境内建设里程最长、建设运营条件最为艰苦的一条戈壁铁路。开通运营的临策铁路临河至额济纳段,全长684公里。

【包西铁路包头至罕台川北段开通运营】 包(头)西(安)铁路内蒙古段位于内蒙古中南部,线路全长177.08公里,工程总投资50.5亿元,为国铁Ⅰ级双线电气化铁路,速度目标值160公里/小时,预留200公里/小时条件。这条铁路不仅是内蒙古自治区第一条快速铁路,也是世界上第一条集客运高速、货运万吨重载于一身的铁路。

开通运营的包(头)西(安)铁路包头至罕台川北段全长85公里,建有双线特大桥和大桥15座、涵洞82座、隧道1座,其中"飞跨"黄河的特大桥全长3 918米,距水面最高处27.5米;新响沙湾隧道全长3 430米。

(张建森)

公路建设与管理

【内蒙古自治区交通厅领导名录】

厅长:常　海(蒙古族)

副厅长:姜革锋(蒙古族)

纪检组长:额尔敦仓(蒙古族)

副厅长:张礼 周杰 戴贵 牛东风

副巡视员:李和平

【概况】 2009年,交通厅核定编制59人,实际在编人数56人。其中:行政人员53人,驻厅纪检组3人。

【基础设施建设】　全年完成公路建设投资315.5亿元,创历史最高水平,是260亿元计划目标的121%。公路建设规模达2.6万公里,新增里程3 400公里,公路总里程突破15万公里。高速公路达到2 176公里,高等级公路达到17 200公里,分别较上年增长15.8和5.2个百分点。据测算,公路建设拉动自治区GDP增长1.4个百分点,直接贡献率5.7%。

【农村牧区交通】　全年新增60个苏木乡镇通油路、1 004个嘎查村通公路,超额完成自治区民生工程确定的建设任务。苏木乡镇通油路率达97.2%、嘎查村通公路率达82.8%,分别较上年提高4.6、7.4个百分点。建成农村牧区客运站95个。嘎查村通班车率达到83%,较上年提高1.7个百分点。

【运输保障】　全年完成营业性客运量1.8亿人、旅客周转量198亿人公里、货运量7亿吨、货物周转量1 885亿吨公里,分别较上年增长11%、10%、16%、15%。保障了重点物资、农畜产品及节假日旅客的运输。

【市场监管】　出台了一系列加强公路建设市场管理的规范性文件,积极推进公路建设单位信用等级评价,采取有效措施,严厉打击围标、串标、转借资质等不法行为。加强道路运输市场监管,市场秩序进一步好转,服务质量进一步提升。研究提出了促进城镇客运出租汽车行业健康发展的意见,与公安部门联合开展了打击"黑车"等非法从事出租汽车经营专项治理活动,打击"黑车"1 605台,查处违规经营车辆3 411台。

【公路养护】　全区公路综合优良率达到60%。积极开展"一消灭、两改造"活动。消灭差等路403公里,改造危旧桥涵95座,改造老旧油路555公里。完成干线公路大中修养护工程41项,危桥改造工程79项,实施安保工程697公里、处置安全隐患点1 884处。完成文明样板路及GBM工程1 341公里,创建"科学养护示范路段"855公里。

【质量管理】　加强勘察设计管理,勘察设计质量有所提高。认真开展质量监督检查,确保工程质量始终处于可控状态。加强对监理和检测市场的监管,促进了市场规范健康发展。加强公路建设过程管理与控制。组织开展了重点公路建设质量管理年活动,全面推行精细化管理,加大监督检查力度,严把招标关、材料关、工序关、交竣工关,及时解决项目建设中存在的问题,确保了建设项目的顺利实施。全年竣工的8项重点工程全部为优良工程,交工的2项重点工程均为合格工程。

【安全监管】　深入开展"安全生产年"活动。认真组织开展公路建设、公路运输和水上交通的安全生产宣传教育、执法、治理"三项行动",加强了安全生产法规制度、保障能力、监管队伍"三项建设",全行业安全监管的基础工作进一步扎实,长效机制正在形成。加强"春运"、"两会"、"十一"等重点时段的反恐安保和维稳工作,确保行业的安全和稳定。

【超限超载治理】　新建5个二类治超检测站,新设104个临时治超站,加密了治超网点,路面执法的力度进一步加大。积极参与跨省联合治超,形成了与周边10个省市区跨省联合治超的新格局。全年投入治超路政人员30万人次,检测车辆697万辆次,卸载货物1.4万吨。全区公路运输超限率稳定控制在4%以内。

【依法治理】　开展了质监、水路运政执法人员执法资格认证,交通行政执法体系进一步健全。通过培训以及开展"路政执法队伍建设年"等活动,执法人员素质和执法水平进一步提高。开展了交通执法队伍建设摸底普查工作。清理废止了12件交通规范性文件,制定了4件规范性文件。圆满完成了"五五"普法和依法治理年度任务。

【交通改革】　公路建设管理权限下放改革深入推进,地方政府建设公路的积极性进一步提高。成品油税费改革进展顺利。交通各级行政机关机构改革稳步进行。农村牧区公路养护管理体制改革继续深化。进一步落实地方政府的主体责任,明确了养护资金标准,初步实现"有路必养"。

【交通科技教育】　全年审查论证下达了30个重点科研项目,完成了4个交通运输部西部交通建设科技项目的预验收和14个厅科研项目的鉴定验收工作,这些项目成果达到国内领先水平。在自治区政府组织的2008年度科技进步奖评选中,有3个项目分别获二、三等奖。积极推进在职研究生等高层次人才培养,争取交通运输部支持西部地区干部培训计划6项。厅及直属单位组织职业培训60期、培训1.3万人次。

【信息化建设】　公路信息资源整合与服务工程按计划实施,开通了交通公众出行信息服务网站及服务热线,对行业数据进行了全面整合,为领导决策、行业管理、协同办公、公众服务提供了保障。物流信息平台建设按计划实施。

【行业文明建设】　以庆祝新中国成立60周年为契机,全面总结宣传交通发展成就,并开展了一系列迎、庆活动,激发了干部职工建功创业的热情,为交通发展营造了良好氛围。在全行业大力开展加强党性修养、弘扬良好作风、促进科学发展主题活动,全行业的服务意识进一步增强,服务水平进一步提高。继续开展"学、树、创”活动,开展以“服务人民,奉献社会”为主题的文明示范窗口、文明站(所)、文明路、车、班线等创建活动。全系统112个单位在第五届全区文明单位评选中榜上有名。1个单位晋升为“自治区文明单位标兵”,24个单位晋升为“自治区文明单位”。交通厅被评为“全国精神文明建设工作先进单位”、“全区十大文明行业”、“公益之星单位”。

【荣誉】 1月20日,交通厅被中央精神文明建设指导委员会办公室表彰为全国精神文明建设工作先进单位。2月16日,全国妇女“巾帼建功”活动领导小组命名内蒙古高等级公路建设开发有限责任公司呼和浩特东收费所为“全国巾帼文明岗”;该公司邹润丽为“全国巾帼建功标兵”。4月28日,中华全国总工会授予内蒙古交通设计研究院有限责任公司勘测一处“工人先锋号”集体称号,授予赵玉春“全国五一劳动奖章”。6月4日,交通厅被内蒙古党委、政府表彰为2008年度自治区综治委成员单位参与综治工作优秀单位。6月8日,自治区公路局辛国树、内蒙古高路公司张志耕被内蒙古政府表彰为有突出贡献的中青年专家。8月8日,内蒙古党委、政府、军区命名表彰全区文明城市(区)、文明旗县城、文明村镇和文明单位。内蒙古高路公司呼和浩特东收费所、白海子收费所被评为第五届全区文明单位。内蒙古自治区交通征费稽查局锡林郭勒分局被复查认定为第五届全区文明单位标兵。内蒙古征稽局包头分局、土右旗交通征费稽查所、科尔沁右翼中旗交通征费稽查所、通辽分局、乌兰察布分局、苏尼特右旗交通征费稽查所、正镶白旗交通征费稽查所;内蒙古高路公司呼和浩特分公司、察素齐镇收费所、兴和收费所、内蒙古公路工程局被复查认定为第五届全区文明单位。8月29日,交通厅康宁被自治区党委、政府表彰为2005~2008年度全区社会治安综合治理先进个人。10月16日,交通运输部表彰全国公路水路运输量专项调查先进集体和先进个人。自治区交通运输管理局被评为先进集体;交通厅臧俊、于凤,自治区交通运输管理局王学明、菅敏、闫旺被评为先进个人。10月16日,交通运输部表彰第三次全国港口普查先进集体和先进个人。交通厅规划处被评为先进集体;交通厅苗中在、沈玲、宣登殿被评为先进个人。10月30日,自治区交通战备办公室主任常海被北京军区国动委评为建国60周年国庆首都阅兵交通保障先进个人。11月20日,自治区公路工程质量监督站马永在被内蒙古党委、政府表彰为2009年全区深入生产第一线作出突出贡献的科技人员。12月5日,交通厅李和平、钮英才,自治区公路局田利平、张桥,自治区征稽局张志全、刘志鹏等承担的《内蒙古自治区公路网信息数据库建设与应用》被中国测绘学会、国家测绘局评为测绘科技进步奖三等奖。12月8日,由自治区省际通道建设管理办公室、长安大学承担的沥青路面减小变异性控制空隙率提高平整度的施工与质量控制技术被自治区政府评为2008年度自治区科学技术进步奖二等奖;由上述两单位承担的大温差地区沥青路面施工技术研究,由国道301线牙克石至海拉尔公路项目建设办公室承担的汽泡混合轻质土的应用技术研究被自治区政府评为2008年度自治区科学技术进步奖三等奖。12月9日,人力资源和社会保障部、交通运输部表彰全国交通运输系统先进集体劳动模范和先进工作者。内蒙古高路公司呼和浩特分公司呼和浩特东收费所、内蒙古征稽局阿拉善分局塔尔岭收费所被评为先进集体;自治区公路局副局长宋仁勇、自治区交通运输管理局办公室主任许玉祥、内蒙古征稽局赤峰分局局长徐星明被评为先进工作者。

(渠　涛)

民航监督管理

【中国民用航空内蒙古安全监督管理局领导名录】

局　长:王繁平

副局长:周建国　李东　周凤鸣

【概况】 民航内蒙古安全监督管理办公室成立于2003年12月19日,2009年4月13日正式更名为民航内蒙古安全监督管理局,为民航华北地区管理局派驻内蒙古自治区的民航行业行政管理机构,依照授权代表民航华北地区管理局负责所辖区域民用航空安全监管和市场监管。被监管对象主要包括11个机场(含1个军民合用机场)、1个基地航空公司、1个油料公司、3个通用航空公司和参与内蒙古航空运输市场运营的17家航空公司等30多家民航企业单位以及100多家销售企业及代理人。监管局内设综合处、航安办、运输处、飞标处等九个处室,至2009年底,共有公务员30名。成立以来,共开展行政检查1 300多次,独立办理5例行政处罚案件,组织或参与完成百余起不安全事件调查,圆满完成北京奥运会、国庆60周年大庆等重大航空运输保障督察任务,为确保内蒙古地区航空安全和维护辖区航空运输市场秩序以及促进地方经济发展起到积极作用。

【不安全事件调查】 2009年,内蒙古辖区共发生航空不安全事件46起,其中飞行42起、地面4起。民航内蒙古监管局调查处理了乌海机场货舱防护网夹在货舱门外的不安全事件,并向区内民航企事业单位下发对乌海机场延误报告此次不安全事件的通告;对精神病人非法进入呼和浩特机场控制区登机事件进行了调查,约见了机场集团公司相关领导,并依法进行处罚;针对两起大风吹起沙石击裂飞机风挡玻璃的不安全事件对天津航空人员进行调查询问,对呼和浩特机场摆渡车抢行事件约见了机场安质部负责人。

【安全监管】 至2009年11月底,全年独立开展行政监察647次,配合上级机关开展监察27次,下发整改通知书51份,独立办结行政处罚案件1例。组织辖区各民航企事业单位开展"三项行动"、"安全生产月"、"安全隐患排查治理"等活动,突出了对"燃放孔明灯给航空安全带来隐患"的宣传;对辖区机场、空管等民航企事业单位进行了两次换季安全检查;重点关注锡林浩特航站楼工程等不停航施工情况;参加了对包头、鄂尔多斯机场公司的安全审计;专项监察了空勤人员执勤、休息时间控制管理情况,国航内蒙古分公司客舱乘务员水上救生训练情况,国航内蒙古分公司航医室飞行人员体检系统配置和系统使用情况;配合天津监管局对天津航空内蒙古基地进行监察,圆满完成了本场训练、改装人员及机长的升级训练等监察任务;完成了对辖区内空管设备运行风险排查活动的检查工作;完成航空器年度检查22架次,维修单位监察19次;开展防止机场外来物损伤航空器轮胎和机场标志标识两项专项整治、冬季安全运行专项检查。

【市场监管】 对内蒙古地区和首都机场的2009年夏秋季、冬春季航线航班的执行情况开展为期一个月的持续核查,有效地保证了航班计划执行的严肃性;将大面积、长时间航班延误督察纳入到日常监察工作中,向被检查部门提出治理航班延误的建议,并督促企业加强改善航班延误的应对机制;从航线网络布局、运力支撑情况、地方政府补贴、民航局补贴资金的到位情况、旅客构成调查等,开展了支线航空调研;集中对呼包鄂地区81家销售代理企业进行排查摸底;妥善处理6起旅客投诉;完成国防动员二级方案的审核、改版、制作;在汛期,对部分单位进行了防洪防汛检查。

【项目可研 验收 评审】 配合民航华北地区管理局做好相关项目的可研、验收、评审工作。一是参加阿拉善通勤机场建设及机场运行标准的研究制定工作;二是对鄂尔多斯机场供油设施进行行业验收,对锡林浩特机场航站楼、满洲里机场航站楼工程进行了行业验收;三是组织开展了大新华快运设立内蒙古分公司的预审工作,为民航局、民航华北地区管理局的进一步审批提供可靠的初审意见。

【重大运输保障督察】 积极协调,周密部署,圆满完成国庆60周年大庆航空运输保障任务。综合安全方面,对各单位国庆安保措施、应急预案、"四不放过"落实情况进行检查;安全保卫方面,制定并下发《民航内蒙古监管局国庆60周年安全保卫工作总体方案》,通过明察暗访等方式检查辖区内各机场落实三级预警响应机制实施情况、开展全员空防安全教育及处置突发事件的预案和演练,对各航空运输企业飞往北京、南航飞往乌鲁木齐等重点航线的勤务派遣、空警安全员执勤等机上安全保卫情况进行检查;机场运营安全方面,对呼和浩特、赤峰、锡林浩特机场进行国庆60周年前安全检查。运输服务方面,对相关企业国庆期间航空运输保障工作适时进行督察,促进各单位进一步完善保障工作,减少工作缝隙。

【突发事件应对】 2009年3月,泛美航校停飞,引发了学员和员工的不满情绪,民航内蒙古监管局根据民航局和华北地区管理局的要求,密切关注泛美航校动向,确保了未在辖区内发生因停飞而造成的群体性事件,维护了稳定;2009年上半年,甲型H1N1流感开始在全球蔓延,民航内蒙古监管局积极部署,组织辖区内各相关单位召开甲型H1N1流感防控工作会议,部署落实民航局和民航华北局的通知精神,成立内蒙古辖区防控机构并按要求采取相应措施,实行24小时值班制度,对呼和浩特机场和国航内蒙古分公司及其他驻场单位开展甲型H1N1流感防控措施检查,督促各单位成立了甲型H1N1流感防控领导小组,建立了相关的预案和措施,形成防控网络,同时协调民航各部门顺利完成对海拉尔疑似甲型H1N1流感患者的血清鉴定运送工作。

【更名仪式】 2009年4月13日,民航华北地区管理局在呼和浩特机场举行民航内蒙古安全监督管理办公室更名暨安全监督管理局揭牌仪式。内蒙古监管办更名为监管局,是贯彻落实民航"三定"规定的一件大事,有利于民航基层安全监管部门更好地发挥职能作用。

【安全审计】 2009年,包头机场、鄂尔多斯机场分别以98.55%和98.28%的符合率通过了民航华北地区管理局安全审计;赤峰机场、乌兰浩特机场、锡林浩特机场通过了民航华北地区管理局航空保安审计。

(王　佳)

民航运输

【内蒙古自治区民航机场集团有限责任公司领导名录】

总经理 党委副书记:邱蕴琦

党委书记 副总经理:伊克苏苏(蒙古族)

党委副书记 纪委书记 工会主席:吕 涛

副总经理:李兰英 陈建军 姜春阳

财务总监:刘浩洋

【概况】 内蒙古民航机场集团公司于2003年12月19日正式成立,前身为中国民用航空内蒙古自治区管理局。2005年12月19日,内蒙古自治区人民政府委托首都机场集团公司经营管理内蒙古民航机场集团公司。至2009年底,集团公司共有员工2 400余人,资产总额约36亿元,经营管理呼和浩特、包头、赤峰、锡林浩特、通辽、乌兰浩特、呼伦贝尔、乌海等8家机场,受托经营管理鄂尔多斯机场和二连浩特机场。其中,呼和浩特白塔国际机场可以保障波音747机型起降,包头、呼伦贝尔、锡林浩特机场可以保障波音767机型起降,通辽、乌兰浩特、赤峰、鄂尔多斯、乌海机场、二连浩特机场可以保障波音737机型起降。集团公司还受托参与建设管理巴彦淖尔机场、阿尔山机场,受托实施阿拉善通勤航空试点工作。

2009年,共有国航、东航、海航、天航、南航、川航、上航、深航、山航、金鹿、吉祥、东北航、厦航、蒙古航空、俄罗斯航空、大韩航空等20余家航空公司参与运营内蒙古航空市场,开通航线122条,通航城市53个。内蒙古机场集团公司全年保障运输飞行6.2万架次,同比增长26.9%;完成货邮吞吐量2.3万吨,同比增长10.8%;完成旅客吞吐量556万人次,同比增长44.4%,增速继续位列首都机场集团公司成员机场之首,高于行业平均水平24.6个百分点。其中呼和浩特机场完成旅客吞吐量290万人次,国内机场排名第35位;包头机场旅客吞吐量突破100万人次,国内机场排名51位,呼伦贝尔机场旅客吞吐量突破50万人次,国内机场排名60位。

【安全运行】 内蒙古民航机场集团公司保持了基本平稳的安全运行态势。包头机场、鄂尔多斯机场分别以98.55%和98.28%的符合率通过了民航华北地区管理局安全审计;赤峰机场、乌兰浩特机场、锡林浩特机场通过民航华北地区管理局航空保安审计。

【航线】 集团公司全年共运营航线122条(国际航线5条、地区航线1条),通航城市53个,参与运营的航空公司20家(外航4家)。完成旅客吞吐量555.9万人次,同比增长44.4%,增速继续位列首都机场集团公司成员机场之首;完成货邮吞吐量2.3万吨,同比增长10.8%;保障运输飞行6.2万架次,同比增长26.9%。其中,呼和浩特机场旅客吞吐量完成289.9万人次,全国排名升至第35位。

内蒙古民航机场集团公司共新开航线45条,分别为呼和浩特—乌鲁木齐、呼和浩特—合肥、呼和浩特—郑州—武汉、呼和浩特—郑州—重庆、呼和浩特—郑州—厦门、呼和浩特—长沙—深圳、呼和浩特—长沙—福州、呼和浩特—烟台—南京、呼和浩特—济南—杭州、呼和浩特—西安—宜昌、呼和浩特—西安—武汉、银川—呼和浩特—沈阳、满洲里—呼和浩特—郑州、呼和浩特—上海浦东、呼和浩特—长沙—海口、呼和浩特—太原—上海、呼和浩特—太原—南京、海拉尔—上海浦东、包头—郑州—南京、包头—西安、包头—大连、包头—烟台、长春—包头—南宁、沈阳—鄂尔多斯—昆明、鄂尔多斯—大连、大连—包头—西安、乌海—西安—广州、赤峰—天津—浦东、海拉尔—长春、海拉尔—天津、海拉尔—乌兰巴托、海拉尔—南京—厦门、海拉尔—武汉—深圳、海拉尔—大连—南京、大连—海拉尔—漠河、海拉尔—呼和浩特—浦东、长春—包头—厦门、长春—包头—昆明、包头—三亚、包头—石家庄—三亚、包头—南京—厦门、锡林浩特—浦东、呼和浩特—三亚、哈尔滨—鄂尔多斯—三亚和呼和浩特—郑州—香港航线。

(陈治中)

建设·环保

城乡建设

【内蒙古自治区建设厅领导名录】

厅　长:李振东

副厅长:吴龙　范勇　王学军　揭新民

纪检组长:白劼夫(蒙古族)

副巡视员:张晓　朱和平

【概况】　自治区建设厅按照国家和自治区“保增长、保民生、保稳定”的总体要求,全年完成城镇市政公用基础设施固定资产投资300亿元,同比增长8%。积极稳妥推进城镇化进程,实施城乡统筹发展,加快“城中村”改造步伐,改造43个“城中村”,受惠人口8万多人,城镇化率达到53.4%,比上年度提高1.7个百分点。

【城乡一体化建设】　加大保障性住房建设力度,进一步完善廉租住房保障制度,完成全区11.3万户城镇低保住房困难家庭应保尽保的目标;加强行业管理,加大城镇污水、垃圾处理设施建设和运行的监管督察力度,城市污水和垃圾处理能力与利用率进一步提高;把城市供热与给排水列入民生工程,督促和指导各地加快专业规划的编制和建设工作,完成4个城镇的供热规划、2个城市的绿地系统规划和1个城市的排水规划的论证工作;加强房地产市场、建筑市场监管,市场进一步规范;城市数字化管理进一步加强,鄂尔多斯、锡林浩特市新开通“12319”热线。推进建筑节能工作,使建筑节能工作逐步走向规范化。

规划编制论证与选址意见书和档案管理　全区开始实施规划评估报告工作,凡是对城市总体规划或开发区规划修编,都要编制《总体规划实施情况评估报告》。年内,对呼和浩特市、赤峰市、乌海市、霍林郭勒市、锡林浩特市的城市总体规划(修编)、呼伦贝尔市域城镇体系规划(修编)、内蒙古呼伦贝尔经济开发区(修编)、鄂尔多斯市物流园区的总体规划等8个城市的总体规划、体系规划、自治区级开发区规划进行技术论证和评估。召开《呼包鄂城镇群规划》领导小组成员单位会议,进一步完善《呼包鄂城镇群规划》的编制工作。制定《内蒙古自治区建设项目选址规划管理办法》,于2009年10月1日开始实行。办理188个建设项目建设项目选址的批复并在建设网上进行公布。

10月15日,在鄂尔多斯市召开自治区城市规划学术交流会。全区规划管理、规划编制单位的领导和技术人员近200人参加会议。邀请国内有关专家进行讲座。

违规专项治理　对违规变更规划、调整容积率问题组织开展专项治理工作。自治区建设厅、监察厅共同成立对房地产开发中违规变更规划、调整容积率问题专项治理领导小组,制定《内蒙古自治区城乡规划管理突出问题专项治理方案》,对12个盟市审批的2 024个房地产开发项目进行审查,对涉及违规项目的企业进行处罚,并补交土地出让金。配合国家、自治区信访局对乌兰浩特市天信花园拆迁上访工作进行调研。

城镇供热与改革　自治区将城镇供热工作列入全区2009年“十大重点民生工程”。全区旗县以上驻地城镇供热普及率达到45%左右,形成以热电厂和区域锅炉房为主,其他供热为辅的供热形式。起草《内蒙古自治区城镇供热管理条例》。

与政府调研室组成联合调研组对自治区部分盟市进行调研,摸清了全区主要城市供热的基本情况和存在的主要问题,并提出了相关政策性建议。代自治区政府起草并经政府同意下发《内蒙古自治区人民政府关于加强城镇供热工作的意见》,提出具体的政策措施。

加快推进全区供热计量改革,下发《内蒙古自治区关于可再生能源建筑应用示范项目实施供热计量收费制度的通知》,制定《内蒙古自治区既有居住建筑供热计量及节能改造工作实施方案》,对既有居住建筑节能改造资金的筹集,将既有建筑供热计量及节能改造项目管理和行业管理相结合同步推进,实行分室控制、分户计量收费。

城镇供水　排水和园林城市创建　组织全区设市城市和旗县所在地镇进行2009~2012年城镇供水水质保障和设施改造的规划项目申报工作,共筛选并上报规划项目324个,总投资估算126.07亿元。

加强对全区城市园林绿化工作的指导和检查,呼和浩特市、通辽市、赤峰市园林城市的创建工作不断加强,城市生态环境进一步改善。

以实施城市道路"畅通工程"工作为中心,与自治区公安厅共同加大城市环境综合整治工作力度,各地对治理城市的脏乱差的力度明显加大,对非法占用城市道路等市政公共设施的行为进行有效控制。

召开全区创建全国无障碍建设城市的座谈会,部署和督促3个地级城市和2个县级城镇落实创建工作;部分城市成立无障碍建设领导机构,并制定相关行业标准。

城镇污水与垃圾处理　加强了城镇污水处理设施建设与运行监管工作。代自治区人民政府起草下发《关于进一步推进城镇污水处理设施建设的意见》。从污水处理和垃圾设施建设工程进度、投融资渠道、优惠政策、工艺方案和改革城镇污水处理设施建设和运营的运行机制和管理体制、运行监管等方面提出具体要求和政策措施,加强了全区城镇污水处理信息平台管理。

年底,全区共有52个城市建成污水处理厂63座,形成污水设计处理能力209.6万吨/日,全区在建污水处理厂33座,建设总规模为污水处理能力46.2万吨/日、污水管网1 153公里;全区共有11个城市建成垃圾处理厂14座,总处理能力达7 119吨/日,在建垃圾无害化处理厂36座。

对以松花江流域为重点的部分地区的城镇污水处理及其配套设施的建设、运行情况多次进行督察,并在呼和浩特市召开专题会议。

城市安全生产 风景名胜区建设　组织有关人员对扎兰屯风景名胜区的景区机构设置和职能情况、总体规划编制和实施情况、拆除违章建设情况、风景名胜区监管信息系统建设及标志、标牌设置情况进行了综合整治检查,景区信息系统和全面建设得到加强。

对全区城市建设系统的安全生产和防汛工作,全面落实以行政首长负责制为核心的安全生产和防汛救灾责任制,对部分城市的安全生产工作和防汛工作进行检查。各地全部制定和完善安全生产责任制和城市防汛应急预案,特别是加强汛期城市排水设施的安全保障工作、防汛抢险队伍建设和物资保障工作,建立汛期重点地区、重点市政公用基础设施的巡查制度,对赤峰市发生的供水污染事件积极进行跟踪处理。

小城镇建设工作　组织小城镇建设办公室成员单位完成全区小城镇建设调研工作和2009年度小城镇规划编制和工程设计奖的评选工作。完成全国重点镇建设发展情况调查和年度小城镇建设奖励申报工作。

根据《内蒙古党委、政府关于进一步推进农村牧区改革发展的实施意见》,完成《关于进一步改善农村牧区人居环境的指导意见》的调研起草和下发工作。对村镇建设管理人员进行培训,征集全国村庄整治优秀案例,组织有关单位和专家完成对《镇、乡和村庄规划编制办法(征求意见稿)》的修改,根据住房和城乡建设部的要求,完成锡林郭勒盟太仆寺旗千斤沟镇、赤峰市松山区初头朗镇和老府镇小河沿村工程项目带动村镇规划一体化实施试点工作调研和数据库建设。

与自治区旅游局共同组织开展全国特色景观旅游名镇(村)的申报和初评工作。经住房和城乡建设部、国家旅游局审定批准锡林郭勒盟多伦县多伦淖尔镇、赤峰市巴林左旗林东镇、克什克腾旗同兴镇和鄂尔多斯市伊金霍洛旗伊金霍洛镇等4个镇为全国特色景观旅游名镇。与自治区文物局共同组织了第五批中国历史文化名镇名村申报工作,向国家申报通辽市开鲁县开鲁镇参加中国历史文化名镇评选活动。

农村牧区危房改造与游牧民定居工程　结合国家下达的年度危房改造计划,编制下发《内蒙古自治区农村牧区危房改造试点实施方案》、《内蒙古自治区农村牧区危房改造工程项目管理办法》、《内蒙古自治区农村牧区危房改造规划(2009年~2011年)》和《内蒙古自治区扩大农村牧区危房改造试点工程计划(2009~2010)》。对危房进行排查和认定,确定农村牧区危房家庭户数572 210户,危房总面积4 189万平方米,与发改委、财政厅联合提出具体贯彻实施意见并部署工作。在国家对每户补助改造资金5 000元的同时自治区本级财政安排资金1.45亿元,平均每户补助3 888元,盟市旗县财政分别安排资金1.09亿元,平均每户安排2 916元。会同自治区有关部门下达37 400户(其中建筑节能示范户3 500户)农村危房改造任务分解计划。

完成中央下达自治区4 000户游牧民定居工程建设任务,项目总投资1.73亿元,其中中央预算内资金安排1亿元,自治区配套0.4亿元,群众自筹0.33亿元。改善4 000户居住在简陋蒙古包、土坯房、茅草房和没有自住房的牧民的生产生活环境。

【住房保障与房地产业】

廉租住房建设　自治区建设厅会同发改委、财政厅并经自治区政府同意编制出台《内蒙古自治区2009～2011年廉租住房保障规划》,到2011年底对23万户包括旗县城区在内的城市人均住房建筑面积不足15平方米低保家庭和人均住房建筑面积不足13平方米的低收入家庭实现应保尽保。

拓宽资金来源渠道,通过新建、改建、收购、租用等形式,多渠道筹集房源。全区新建廉租住房项目共开工148个、42 176套,其中获得中央预算内投资补助的廉租住房已开工项目134个、36 302套;未获得中央预算内投资补助的廉租住房已开工项目14个、5 874套。通过购买、改建及城市棚户区改造筹集8 026套廉租住房。采取租售并举回笼一部分资金用于廉租房滚动开发建设等政策措施;搭建了向银行申请贷款融资平台,采取以旗县(市、区)政府为廉租住房建设为责任主体,"统一融资、委托代建、分项提款、统一还贷"的方式,解决资金配套不足的问题。为197个建设项目申请国家开发银行贷款近20亿元。全年共获得中央补助资金10.7亿元,自治区安排廉租住房保障资金6 500万元。

住房公积金监管　在住房公积金管理体制上进行改革和创新,自治区政府成立了住房公积金监督管理委员会,理顺了自治区与盟市管委会的关系,加强了监管部门之间的协调配合,实现了全区住房公积金管理政策的统一。《内蒙古自治区住房公积金归集管理办法(试行)》、《内蒙古自治区住房公积金提取管理办法(试行)》和《内蒙古自治区住房公积金贷款管理办法(试行)》相继出台,提高住房公积金管理和服务水平,财政欠补情况迅速好转,归集金额迅速增加,个贷力度进一步加大,个贷逾期率普遍下降,资金使用率保持较高水平,应清收项目贷款和违规资金由3亿多下降到792多万元。

年底,全区住房公积金归集总额达到394亿元,归集余额为284亿元,缴存职工近151万人;贷款总额超过274亿元,贷款余额为167亿元,个贷率接近58%,已为37.88万职工提供个人住房贷款。全区计提廉租住房建设补助资金1.15万元。

房地产市场运行情况　全年房地产开发完成投资815.46亿元,比上年同期增长10.78%,增幅下降36.14个百分点,其中商品住宅开发投资573.82亿元,同比增长0.3%,增幅下降48.71个百分点;完成土地开发投资64.41亿元。同比增长27.21%,增幅下降39.64个百分点。全区商品房屋和商品住宅施工面积分别为8 234.48和6 265.62万平方米,同比增长19.53%和11.92%,增幅分别下降11.12和17.11个百分点。商品房屋和商品住宅竣工面积分别为2 237.32和1 886.04万平方米,同比增长32.67%和31.7%,增幅分别提高39.7和39.51个百分点。商品房屋和商品住宅销售面积分别为2 463.01和2 148.65万平方米,同比增长15.04%和15.13%,增幅分别提高12.47和11.99个百分点。全区商品住宅销售平均价格为2 668元/平方米,每平方米同比上涨16.08%,环比增长2.74%。

房地产市场秩序专项整治　点查处未取得房地产开发资质或超越资质等级、违反规定跨地区进行房地产开发经营的行为;未取得商品房预销售许可证擅自预售商品房或超范围预售商品房行为和商品房预销售网上售房、网上签约、预销售合同网上联机备案情况以及未实行网上售房或一房多售、未按时上报项目手册或项目手册填报不实、多头设立房地产开发企业等行为;未取得房屋拆迁许可证擅自拆迁行为和"两个最低保障"、"拆一还一"产权调换以及货币补偿标准的执行情况;违规挪用物业专项维修资金、利用住宅专项维修资金从事国债回购、委托理财或者将购买的国债用于质押、抵押担保等违法违规行为;收取交存的住宅专项维修资金是否按幢设账、专户存储、核算到户,住宅专项维修资金的使用是否符合规定,开发建设单位和物业服务企业代收代缴的住宅专项维修资金移交给当地房地产行政主管部门等情况。对违法违规的行为主体进行行政处罚。

委托自治区物业管理协会对全区物业管理行业的基本情况进行调查统计,为一步制定自治区物业管理行业政策奠定了基础。继续开展了物业管理项目创优达标活动。

房地产市场信息系统建设　全区房地产市场信息系统在全国率先全面实现了自治区、盟市、旗县三级联网。"住宅与房地产网"、"商品房预销售网络管理系统"、"房屋权属网络登记发证系统"、"房地产企业资质管理系统"、"房地产企业信用档案系统"、"房地产企业项目手册管理系统"和"拆迁评估专家委员会网络化工作系统"等7个信息系统,依托"内蒙古自治区住宅与房地产网"这一平台,覆盖了自治区、盟市、旗县三级管理部门及各类所有房地产企业。4月21日,住房和城乡建设部副部长齐骥和自治区人民政府副主席刘卓志、自治区建设厅厅长李振东、住房和城乡建设部房地产市场监管司司长沈建忠共同点击全面开通全区房地产市场信息系统,全面实现全区住宅与房地产业的信息化管理和网络化服务。

【建筑业与建筑市场监管】

企业及资质管理　理顺对全区建筑装饰装修企业的管理,促进了行业的规范化发展。申报一级资质企业20家,共21项资质,全区一级以上企业上升到62家,二级企业上升275家,建筑业企业总数上升1 500多家。企业资质的升级和队伍的扩大,提升参与市场竞争的能力。全年全区建筑业产值952亿元,其中在区外完成37.29亿元,实现建筑业增加值608亿元。

全年备案外进企业391家,全区总备案企业达892家。通过备案审查,市场诚信差、安全问题多、持有虚假资质的施工队伍拒之区外,净化了市场环境。

组织实施建造师注册和建筑业企业工法的评选上报工作。是年注册一级建造师600余名,二级建造师1 800余名;全区累计注册一、二级建造师分别达到2 500余名和12 800余名。申报国家级工法30余项,其中3项获得批准。开展建设工程鲁班奖(国家优质工程)评选推荐工作,向国家推荐鲁班奖3项,全部获准通过。

工程质量管理　组织各地开展质量通病专项治理,对全区商品混凝土生产企业的专项质量进行了检查,对83家预拌混凝土生产企业的混凝土强度及砂、石、外加剂、掺和料等原材料进行抽样检测。

开展全区工程质量督查工作,检查工程48项,建筑面积457 814平方米,下发整改通知书和执法建议书409份,及时纠正一些违反强制性标准的问题。配合住房和城乡建设部对呼和浩特和包头进行了工程质量执法检查,对存在问题进行督查整改。下发《关于进一步加强全区农村牧区自建房屋工程质量安全管理工作的通知》。完成全区质监机构和人员的考核工作,实现地区性工程质量网络化管理。

开展《房屋建筑工程技术资料管理规程》(DB15/427—2005)修订及宣贯工作,完善工程技术资格管理,制定《住宅工程质量分户验收管理办法》,开始全面推行住宅工程质量分户验收制度。

工程造价与招投标管理　针对国家和自治区取消工程造价管理部门定额测定费的情况,制订《内蒙古自治区新一届计价依据的编制实施方案和工作计划》,于2009年7月1日起执行。

为提高工程造价从业人员的业务水平,采用网上和集中授课方式,培训造价师、造价员约6 000人次,约20 000名从业人员通过不同方式参加继续教育。依法对工程交易活动实施监督,以加强工程建设招投标监管为重点,加强资格预审、评标、开标、中标等环节的监管。加大行政执法力度,严厉打击规避公开招标、相互串通、明招暗定、签订"阴阳合同"等虚假招标行为。加强对转包、资质挂靠、违法分包等行为的治理。会同监察部门对一些违法违规行为进行查处。出台《自治区建设厅关于进一步整顿和规范首府地区建筑市场秩序的意见》,提出了加强建筑市场监管与服务、保障扩大内需建设项目质量和效益的措施。在部分盟市开展无标底招标试点工作,由招标设有标底,改为只设上下栏标价,取消对标底的设置、审查和对中标结果的审批,试点取得了较好成效。

建筑安全生产　以安全生产宣传教育、安全生产执法、安全生产治理"三项活动"和加强安全生产法制体制机制、安全生产能力、安全生产监管队伍"三项建设"为主线,在全区建设系统扎实有效的开展了"安全生产年"活动,层层分解目标,逐级签订责任状,进行了"拉网式"安全隐患排查和复查。在全区开展了建筑安全文明施工标准化管理,加大对建筑起重机械设备的管理,制定下发《内蒙古自治区建筑起重机械备案登记实施细则》,淘汰一批过期和不符合安全要求的起重设备,对进入施工现场前的安全防护用品普遍进行了安全检测。10月份在鄂尔多斯市召开全区建筑施工安全质量标准化现场会。加强建筑企业安全生产许可证的动态监管,开展创建安全文明工地活动,促进建筑安全生产和文明施工。全区房屋建筑和市政工程未发生较大以上伤亡人员事故。

勘察设计　进一步加强超限高层建筑工程抗震设防管理,提高超限高层建筑工程抗震设防的安全性和可靠性,出台《内蒙古自治区超限高层建筑工程界定暂行规定》,在制度化建设方面迈出重要步伐。

开展《建筑抗震鉴定标准》和《建筑抗震加固技术规程》培训,为校舍工程鉴定、检测和加固设计培训技术骨干。编制《内蒙古自治区中小学校舍安全工程新建改扩建与加固技术导则》,为校舍建筑的新建、改扩建和加固提供政策、技术和管理指导。

建设保障费与工资保障金管理《内蒙古自治区建

设工程筹集管理工作考核办法》、《关于实行建设工程社会保障费管理手册制度》、《建筑劳务分包企业建设工程社保费划拨调剂细则》、《建设工程社会保障费管理机构会计核算办法》和《建设工程社会保障费管理机构内部审计办法》相继印发实施,保障费工作开展范围逐步扩大,全年参保人数达9.46万人。筹集收缴额继续增长,资金的收缴、使用、管理和划拨、调剂环节步入制度化轨道,公开、公正、透明的调剂模式基本建立。全区全年共收缴建设工程社会保障费8.79亿元,完成年度收缴目标的125.6%,收缴率达到96%,比去年同期提高了2个百分点。全区共收缴农民工工资保障金32 100万元,动用保障金197万元,为360多名农牧民工解决了工资拖欠问题,返还保障金11 900万元。

建设职业技能培训 继续推进建筑业农牧民工技能培训示范工程,全区建设行业完成培训城乡劳动者5.3万多人,实现就业4.6万人以上,扶持创办建筑劳务企业197家,培育评选“促进就业示范企业”30个。提请自治区人民政府出台《农民工自治区人民政府办公厅关于大力发展建筑劳务分包企业促进农牧民劳动力转移并实现稳定就业的通知》,明确扶持发展劳务企业的优惠政策。与自治区劳动保障厅、扶贫办、财政厅联合印发《建设行业就业培训工作方案》,拟定《内蒙古自治区建设行业就业培训工作项目实施细则》,组织就业培训实施企业和培训机构申报认定工作。

【建筑节能与科技】

既有建筑节能改造 自治区政府成立建筑节能领导小组,把既有居住建筑节能改造工作列入“民生工程”和“为民办实事十大工程”,组织编写《内蒙古自治区居住建筑节能设计标准(DBJ03－35－2008)》《内蒙古自治区公共建筑节能设计标准》(DBJ03—27—2007),出台《内蒙古自治区人民政府关于大力开展节能工作的意见》。

设计执行节能标准的比例达到100%,建筑施工执行节能标准的比例达到95%以上,严格执行了建筑节能50%的设计标准和新建居住建筑节能65%的设计标准。全年完成既有居住建筑节能改造530万平方米,同时向国家申报增加600万平方米既有建筑节能改造任务,安排了2.24亿元配套资金。

部署了农村牧区危房改造试点建筑节能示范工作,各地成立农房建筑节能技术指导小组,组织编制《内蒙古地区农牧民住房节能改造技术方案(试行)》,积极开展本地区农房建筑节能示范的指导、检查、培训、推广普及和总结工作。

可再生能源与太阳能建筑应用 赤峰市被列为可再生能源建筑应用示范城市,锡林郭勒盟太仆寺旗、乌兰察布市察右后旗、兴安盟阿尔山市可再生能源建筑应用示范市县,获得国家专项补贴共计12 250万元。已有10个项目完工,其中5个示范项目完成检测工作,其余11个项目正在建筑主体施工和可再生能源建筑应用施工图设计。示范项目分布在7个盟市10个县,技术类型全面。呼和浩特市保全庄农贸市场光电建筑一体化等9个项目成为国家太阳能光电建筑一体化应用示范项目,累计示范10.628兆峰瓦,获得国家补助资金14 340万元。

办公建筑和大型公共建筑节能 组织开展国家机关办公建筑和大型公共建筑节能监管体系建设,自治区建设厅、自治区机关事务管理局、财政厅、教育厅、发改委等部门组成的自治区机关办公建筑和大型公共建筑及节约型校园建筑能耗监管体系建设和建筑能耗统计工作领导小组,办公室设在自治区建设厅。确定深圳市建筑科学研究院为内蒙古自治区大型公建节能监管体系建设的技术支撑单位,组织举办培训会,将公共机构节能工作列入重点工作内容。自治区机关办公建筑能耗普查和统计工作已基本完成。

为在全区范围内广泛开展“节约型”校园建设,创建节约校园、绿色校园,由自治区建设厅、财政厅、教育厅联合制定《内蒙古自治区高等学校节约型校园实施方案》。实施自治区监测平台总台的基础设施建设和自治区高等学校节约型校园能耗监测网络平台建设。

对自治区直属机关16栋政府办公建筑和呼和浩特市两所学校15栋建筑以及其他类型的30栋建筑进行了节能审计。落实自治区能耗监测数据中心建设中央补助资金2 982万元。

新材料与新技术示范推广应用 自治区成立由自治区财政厅、建设厅组成的可再生能源建筑应用示范项目管理办公室,组建了可再生能源建筑应用专家委员会和绿色建筑专家委员会。全年完成推广登记项目290项。其中,保温隔热材料61项,供热计量装置11项,墙体材料12项,门窗材料8项,电线电缆39项,建筑结构体系2项,其它材料产品86项。编制《内蒙古建设工程新材料产品登记推广目录》。

(刘麾军)

环境保护

【内蒙古自治区环境保护厅领导名录】

厅　长:苏　青(蒙古族)

副厅长:石玉山　高震风(蒙古族)

纪检组长:吕慧卿

副厅长:潘彦昭

副巡视员:杜俊峰(蒙古族)

【概况】　自治区环保厅是自治区政府的组成部门。机关现有行政人员 59 人,内设 11 个处室:办公室、人事处、规划财务处、污染物排放总量控制处、环境影响评价处、监督管理处、污染防治处、科技监测处、自然生态保护处、核安全与辐射安全管理处、政策法规处。自治区纪检委派驻纪检组,设纪检监察室。局辖 10 个直属事业单位:机关事务服务中心、环境保护宣传教育中心、污染物在线监控中心、环境监测中心站、环境科学研究院、固体废物管理中心、环境监察总队、环境评估中心、西部环境保护督查中心、东部环境保护督查中心。核定事业单位人员编制 230 人,其中参照公务员管理 26 人。

全区 12 个盟市全部成立了独立的环保局,列入政府组成部门。101 个旗县(区)有 99 个旗县(区)成立了独立环保局。19 个乡镇设立环境保护工作站。至 2009 年底,全区环保系统批准编制数为4 682人,其中,行政编制1 004人,事业编制3 678人(其中参照公务员管理477 人)。实有人数5 225人。人员结构按职称区分,其中高级职称 362 人,中级职称 813 人,初级职称 853 人。人员结构按学历区分,博士生 10 人,硕士生 120 人,本科生 2 451 人,专科生2 052人,中专及以下 592 人。

【主要污染物减排工作】

主要污染物减排指标超额完成年度目标　经国家环保部核定,全区 2009 年二氧化硫排放量为139.88万吨,比 2008 年的143.1万吨下降2.25%,完成“十一五”期间减排目标的102.06%;化学需氧量排放量为27.85万吨,比 2008 年的28.01万吨下降0.55%,完成“十一五”期间减排目标的92.97%,均超额完成了 2009 年自治区人代会确定的减排目标。

采取的主要措施　1. 切实抓好减排项目。是年全区共安排减排项目 517 个,其中二氧化硫减排项目 394 个(接转去年的项目 145 个),化学需氧量减排项目 123 个(接转去年的项目 40 个)。至年底,绝大多数项目已经完成。

2. 集中力量解决元宝山发电厂、丰镇发电厂、通辽发电总厂和达旗发电厂 4 家老电厂脱硫问题。至年底,4 家老电厂脱硫工程已全部完成。

3. 及时将减排重心向非电行业转移。突出抓了焦化、钢铁、有色金属等二氧化硫排放量较大的非电行业脱硫设施建设,未达到内政发〔2008〕79 号文件要求的企业予以关停。

4. 着力推进城镇污水处理厂及配套管网建设。出台了“以奖代投”的鼓励政策,将城镇污水处理厂污水处理收费标准提高到 0.8 元/吨,并实施污水处理厂和配套管网环保“同时设计、同时建设、同时验收”,有力地促进了各地建设进程。

5. 实施燃煤发电厂煤质监测分析。解决了部分发电企业为降低成本,燃用低质高硫煤或掺烧高硫煤,致使脱硫设施超负荷运行,二氧化硫不能稳定达标排放问题。

6. 建立空气污染联防联控机制。2009 年在乌海、乌斯太和棋盘井“小三角”区域开展了空气污染联防联控试点,明确“小三角”区域空气质量改善目标,采取统一大气污染物排放标准、明确防治措施和考核指标、建立联防联控协调机构等办法,有效减少了污染物排放。

7. 对重点减排项目强化监管。上半年由厅领导带队分四组对全区燃煤电厂、非电行业、污水处理厂建设等减排重点项目进行督察,并对 7 家问题突出企业实行挂牌督办;各地环保部门对燃煤电厂脱硫改造工程派驻环境监察员,全程监管;开展重点减排项目调度制度,随时掌控减排进度;增加监察频次,强化主要污染物减排监察系数工作,全区共出动人员3 060人次,检查企业 950 家,其中 COD 减排企业 122 家,脱硫设施 211 套,督促企业加快减排工程建设进度,保证已建成的环保设施正常运转。

8. 对新建焦化企业要求联建甲醇生产线,确保焦化企业脱硫率达到99%,减少二氧化硫的排放量。

【改善重点流域 城市区域环境质量】　国家确定的 7 个重点水污染治理流域,自治区占了 4 个,即:黄河中上游、海河、辽河、松花江流域。上半年,国家 6 部委对 7 个重点流域的 21 个省区市水污染防治“十一五”专项规划 2008 年度实施情况进行考核。国家要求各考核断面水质达标率达到 60% 即视为达标,全区松花江流域、黄河中上游流域、辽河流域考核断面水质达标率均为100%,顺利通过考核。海河流域乌兰察布市饮马河四城洼断面水质达标率为50.0%,致使海河流域未能通过国家2008年度考核。

自治区15个监测城市的空气质量均为良好或优,空气质量优良天数比例达99.4%,与上年基本持平。二氧化硫、二氧化氮、可吸入颗粒物的平均浓度分别为0.014毫克/立方米、0.016毫克/立方米和0.056毫克/立方米。与上年同期相比,二氧化硫平均浓度下降0.002毫克/立方米,可吸入颗粒物平均浓度下降0.004毫克/立方米,二氧化氮平均浓度基本保持稳定。与上年同期相比,各监测城市的饮用水源地水质基本稳定。

【服务经济】

加快建设项目环评审批　坚持按照自治区“保增长、扩内需、调结构”总体要求,开辟项目环评审批的“绿色通道”,研究制订了《关于促进经济平稳较快增长的若干意见》,提出环保部门保增长的“21条措施”;将属于自治区审批的12个行业部分报告书和全部报告表委托给盟市环保局审批,加快了审批速度;对属于国家保增长投资类项目、民生类项目、无污染项目、生态类项目随报随批。同时,积极协调环保部审批全区重大项目24个,总投资984.6亿元,项目数居西部第1,全国第4;共审批重大项目326个,总投资1 828.8亿元。

出台工业园区规划环评审查的10要点　为从源头控制环境污染和生态破坏,促进工业园区建设与环境保护协调发展,在大量调研的基础上,有针对性制定了工业园区规划环评审查的10项要点,自治区政府办公厅以内政办发〔2009〕48号全文下发,有效遏制园区交叉污染、污水无序排放、废渣无序堆放、乱建烟囱等一系列环境问题。同时进一步明确,凡是在批准规划环评的工业园区内新上项目,其项目环评审批可简化程序,从而加快了建设项目进程。

采取多种有效措施支持重大项目建设　为更好地支持重大项目建设,在人力财力紧张的情况下,主动收集各种与自治区项目审批有关信息,同时积极协调环保部,从而保证了自治区上报项目的审批率。另外,随着各地上报的重点建设项目,矿山采选类项目增多,有些项目已延伸到自然保护区,从既有利于保护区管理又有利于地方经济发展的角度出发,对自治区级保护区进行了优化调整,保证了地方重点项目的建设。

【执法检查】

专项行动取得阶段性成果　为保障群众环境权益,全区围绕饮用水源保护区、钢铁行业、城镇污水处理厂、垃圾填埋场、“两高一资”、涉砷行业等,开展10次大规模专项执法检查,出动环境执法人员45 981人次,检查企业17 592家次,查处违法企业202家,取缔饮用水源地排污口11处,对24家企业实施挂牌督办,对31家企业下达行政处罚书。

开展重点流域 未批先建 造纸行业等三项检查　共检查黄河、海河、辽河、松花江等重点流域(内蒙古段)重污染及重点排污企业666家,查出不按规定安装在线监控设施、超标排放、不符合产业政策、私设排污管线及排污口设置不规范的企业126家。对不符合环保要求的企业下达整改通知,限期治理;对不符合产业政策的企业责令停产整顿。共检查2008年7月以来全区新上建设项目1 077个,绝大多数环保手续齐全,基本能够落实环保“三同时”制度,查出未批先建项目12个、未落实环境保护“三同时”项目47个。均提出了整改要求并做出行政处罚。检查全区全部造纸企业,有10家不能达标排放,9家不符合产业政策。地方政府已对12家1万吨以下废纸造纸企业予以关闭;对不达标的造纸企业限期治理。

查办重要案件和环保执法后督查工作　制发了《内蒙古自治区环境违法案件挂牌督办管理办法》(内环办〔2009〕90号),对全区31家违法排污企业实施挂牌督办,其中,自治区环保专项行动领导小组办公室挂牌督办案件24件,自治区环境保护厅挂牌督办案件7件。及时查办了国务院、环境保护部以及自治区领导关注的内蒙古金河生物科技有限公司违法排污案件、察右后旗白灰窑生产企业违法排污案件、伊泰煤炭东兴集装站环境违法案件及环保部督办的赤峰市宁城县打虎石水库周边采选企业环境违法案件。

开展生态监察 改善生态环境　严肃处理经整改仍不符合政策法规要求的111家矿山开采企业,关停68家,依法行政处罚11家,对位于特殊保护区3家矿山企业依法取缔并拆除生产设备。全区共出动执法人员1 200人次,检查规模化畜禽养殖场165家,对未建污染防治设施或环保设施不健全的下达了限期整改通知书、对没有环评手续的限期补办,对环境问题比较突出的规模化畜禽养殖场,移送当地政府限期解决。继续开展自然保护区执法检查,检查国家级自然保护区

23个，自治区级自然保护区38个，市旗县级自然保护区80个。对国家级自然保护区境内的19家铁矿和石灰石矿、2家采砂矿责令停产；对8家煤矿开采企业提出整改要求。

抓信访 除隐患 及时有效处理突发事件 充分发挥覆盖全区的12369环保举报热线作用，至年底，受理群众举报、信访案件253件，办结率为98.4%，有效化解了环境纠纷，维护了群众的环境权益。共出动8 857人次，检查重点行业和环境敏感地区企业2 466家，排查出存在隐患的企业139家，到年底完成或基本完成治理任务107家，综合整治率达76.9%，除停产企业外，对未完成整改任务的呼和浩特市鸿骏马化工有限责任公司等13家企业限期整改；将存在重大环境风险隐患的9家企业和2个污水储存池的突出环境隐患问题移送给所在地人民政府，实施挂牌督办。

迎国庆“北京护城河”行动圆满结束 制定了严密的2009年国庆期间环保“北京护城河”工作实施方案，进一步加大了环境综合防治力度，采取对重点隐患源驻厂监管、部门联控联防、放射源专项检查、饮用水源和地表水国控断面、国家考核断面强化监测等强有力措施，及时消除了环境风险隐患。由于排查治理措施得力，在国庆期间，全区未发生因环境污染纠纷引发的群信群访、进京上访等非正常上访事件和环境突发事件。

【基础设施建设】

环境监测体系建设明显加快 全区各级环境监测能力得到普遍提升，约50%的盟市监测站达到国家西部二级标准。年初以来，有选择地对30个工业相对集中、有独立监测机构、编制、工作用房的旗县监测站进行标准化建设。按照国内一流水平建设的自治区环境科研监测大楼，监测实验中心面积达4 000平方米，配置4 000多万元的仪器设备，在全区日常和应急环境监测中发挥巨大作用。按照“四统一”的要求建设的13个覆盖全区重点污染源的在线监测自动监控环境管理综合平台已经运行。第一期占全区主要污染物排污总量70%的237家重点企业需安装自动监测和监控设施，已安装企业229家，共安装数采仪475个；工况计划安装100套，已安装90套；视频计划安装160套，已安装151套，基本形成了“数据、视频、工况”三位一体的现代化监控模式。二期工程正在可研中。

环境监察能力不断加强 全区旗(县)级以上的环境监察机构共109个，其中自治区级3个，盟市级14个，旗(县、开发区)级92个，现有环境监察人员1 479人；环境监察现场执法取证设备近2 900台套，新增约400台套；车辆281辆，新增69辆。全区环境监察机构标准化建设达标率达到42.7%，同比提高33个百分点。其中盟市环境监察支队二级达标率78.6%，年底其余盟市支队可全部达到二级标准化建设要求。旗县区环境监察大队三级(含二级)达标率为37.9%，完成了年初目标。

【重金属污染防治 核与辐射及固废工作】 在全区开展了重金属污染防治排查工作，重点检查涉铅、镉、汞、铬和类金属砷生产使用及涉铅、镉、汞、铬和类金属砷的危险废物处置利用类企业。经检查，全区大部分盟市没有重金属污染隐患，一、二级饮用水源地保护区内无重金属污染物排放企业，个别存在环境问题的企业，已责令限期整改。继续强化辐射管理，对全区199家放射源应用单位符合条件的191家发放许可证，199家放射源应用单位的1 726枚在用源，928家各类射线装置应用单位的1 300台射线装置全部处于安全监管状态。建立了危废转移联单制度，加强了对医废收集、运输、处置全过程的监督管理。

(赵润喜)

经济贸易·旅游产业

对外开放与经济技术合作

【内蒙古自治区商务厅领导名录】

厅　长:吕二喜

副厅长:德顺(蒙古族)　高晓峰(蒙古族)　孟贵玺

纪检组长:王文杰

副巡视员:马运先(满族)　杨静波(蒙古族)

【概况】　内蒙古自治区商务厅是自治区人民政府的组成部门,内设16个处室,行政编制89人,2009年在职人数85人。人员结构:男50人,女35人;蒙古族21人,满族4人,鄂温克族2人,汉族58人;年龄55年以上20人,51~54岁17人,46~50岁15人,41~45岁12人,36~40岁12人,35岁以下9人。

按照自治区党委、政府机构改革要求,上报了《内蒙古自治区商务厅主要职责、内设机构和人员编制规定》草案,自治区人民政府于2009年12月正式批复。商务厅为综合管理自治区内贸、外贸工作的政府组成部门,增设了市场秩序处(反垄断办公室)和俄蒙工作处;原综合规划处更名为规划财务处,原商业改革发展处更名为商贸服务管理处。在原有职数的基础上增加2名正处级领导职数、2名副处级领导职数、1名正处级非领导职数,1名副处级非领导职数。行政编制86人(不含纪检)。其中,厅长1名,副厅长5名(含口岸办主任1名),副巡视员2名,处级领导职数39名,22名副处级,处级非领导职数20名(10名正,10名副)。

2009年,全区实现社会消费品零售总额2 855.3亿元,同比增长19.2%,商贸流通业在拉动经济社会发展方面的作用更加明显。住宿和餐饮消费增长较快,全年实现消费总额574.2亿元,同比增长20.9%。

【对外贸易】　全区实现外贸进出口总额67.5亿美元,同比下降24.1%。其中:进口44.5亿美元,下降16.6%;出口23.1亿美元,下降35.3%。12月当月实现进出口额7.3亿美元,同比增长42.9%,创月度进出口额新高。其中:当月进口4.7亿美元,增长66.7%;出口2.6亿美元,增长14.3%。年出口额在1 000万美元以上的企业达41家,贸易伙伴遍及全球162个国家和地区。至2009年底,全区进出口企业突破5 000家,达5 217家。

【利用外资】　全区新批外商投资企业53家,实际使用外资29.7亿美元,同比增长12.1%。从区域分布看,呼和浩特、包头、鄂尔多斯仍是外商投资的重点地区,三市实际使用外资占全区外商投资总额的89.5%。兴安盟、呼伦贝尔市实际使用外资同比增幅较大。批准成立首家外商投资小额贷款公司。风电及设备制造业投资势头不减,合同投资额达3.47亿美元。

【对外投资】　全区新签对外承包工程、劳务工作和设计咨询合同45个,合同总额3 500万美元,完成营业额4 000万美元,外派劳务2 500人次。新批境外企业20家,中方协议投资总额(含增资)约5.6亿美元。投资主要集中在俄罗斯、蒙古国、日本、印度等国家的市场,投资涉及森林采伐、木材加工、农业种植、建筑等领域。

【口岸经济】　全区口岸进出境货运量3 765万吨,同比增长10.7%。其中满洲里、二连浩特口岸货运量累计达3 042万吨,占全区口岸货运量的80.8%;策克、甘其毛道货运量累计达364万吨,331万吨,同比分别增长88%和59%。

【劳务纠纷】　3月25日,按照自治区主席巴特尔、副主席任亚平关于紧急处理内蒙古国际经济技术合作公司派波兰劳务纠纷的批示,吕二喜厅长带领工作小组赴波兰与波方雇主派出公司,中介和劳务人员进行沟通和协商,在较短时间妥善处理劳务纠纷事件。

【进出口商品交易会】　第105届中国进出口商品交易会于4月15日至5月7日在广州举行。自治区共有78家企业参展,占用各类展位260个,比上届增加14个,增长5.7%;累计成交8 226万美元,比上届下降24.62%。出口成交前10位的国家分别是为美国、法国、利比亚、日本、英国、吉布提、德国、意大利、俄罗斯、印度,成交额5 052万美元,占自治区总成交额的61.4%。本次广交会自治区交易成交的特点,一是纺织服装产品仍是对外成交的主要商品,羊绒服装纺织品成交2 747万美元,占自治区总成交额的33.39%。二是品牌商品成交高于非品牌商品,参展的4家品牌企业出口成交1 467万美元,占全区参展成交总额的

17.84%。三是私营企业成交4 676万美元,占全自治区成立总额的56.84%。

【中蒙合作项目签约仪式】 6月下旬,自治区商务厅与蒙古国外交部外商投资局在乌兰巴托签订中国内蒙古自治区与蒙古国合作项目签约仪式,来自蒙古国政府有关部门、工商界、中资企业、媒体记者等150人参加仪式。包钢集团有限责任公司与蒙古国交通运输城建部签署合作备忘录,巴彦淖尔市大业煤化公司与蒙古国APPY公司签署投资8亿人民币的房地产开发等10个合作项目。

【中俄经贸合作论坛】 6月16日,内蒙古经贸代表团参加了商务部和俄罗斯经济发展部在莫斯科联合举办的中俄经贸合作论坛,自治区运筹工贸有限责任公司、瑞而慧工贸有限公司、农牧业科技开发总公司、满洲里嘉禾经贸有限公司、分别与俄贝加尔林业公司等4家企业签署4个经贸合作合同,合同总金额为2 880万美元。

【重要会议】 8月3日至8日,2009年全国地方商务主管部门维护产业安全业务培训班在通辽市举办,来自全国各省市自治区和地市级商务部门的100多位代表参加了培训。

2009年,商务厅投入12万元帮扶兴安盟土列毛都镇,食用菌种植合作社扩大种植规模,培训菌棒6万个。投入8 000元帮助专业户引进甜樱桃、树莓等经济树种和引种桑树发展饲料基地。投入资金7万元,补助嘎查进行农田改造。2009年嘎查植树1 820亩,外出务工人员304人,"3521"工程目标基本完成。

【基层人员培训】 9月23日和10月15日,自治区商务厅办公室、贸发处、贸管处、市场建设处、运行处,分别在巴彦淖尔市和呼和浩特市,分两期开展"全区新农村商网购销对接动员暨培训工作会",培训范围包括各盟市、各旗县商务主管部门信息工作负责人、工作人员,各旗县、乡镇专兼职信息员,部分涉农企业、协会,农村经纪人、农产品种养殖大户,商务部历届农产品对接会成交大户,对350人进行了培训,覆盖70%以上的行政村。

【第106届中国进出口交易会】 第106届中国进出口交易会于10月15日至11月4日在广州举行。自治区交易团共有78家企业参展,使用各类展位269个,比上届增加9个,增长3.46%,累计出口9 106万美元,比上届增长10.69%,出口成交前10位的国家分别是美国、法国、德国等。出口成交额为3 229万美元,占自治区成交额的35.46%。

(侯燕会　乔绍玉)

国际贸易促进工作

【中国国际贸易促进委员会内蒙古自治区分会　中国国际商会内蒙古商会】

书　记:李建钢(蒙古族)

会　长:刘新乐(蒙古族)

副会长:李建钢　刘少坤　史万钧(蒙古族)

【概况】 中国贸促会内蒙古自治区分会是中国贸促会的分支机构。主要职责是围绕自治区外事、外经贸战略的总体部署,开展对国内外联络、会展、投资促进、信息、法律、培训及行业指导等方面的工作。2009年贸促会编制21人,实有人数21人,机关人员参照公务员法进行管理。内设3个处级机构:综合部、联络部(法律部)、展览部。

【信息与培训】 编发《贸促参考》8期,编撰稿件120余篇;完成了贸促会2008年的工作总结,发布了2009年重点工作分工责任和工作思路;提出了网站、贸促参考改版意见。针对上海世界博会、中蒙俄论坛等专项活动,以及实践科学发展观等活动,积极与新闻机构衔接、落实,撰写大量宣传报道文章,促使各项工作更全面细致地开展,也为宣传贸促会自身建设做必要的工作。按照自治区有关部门和总会的要求,安排10批次职工参加任职、业务等各类培训共464课时;积极推动干部交流工作。填报了2008、2009年度人事工资信息统计表和公务员信息统计表,以及自治区编办布置的实名制信息统计表。

【组织中蒙建交60周年活动】 2009年是建国60周年,也是中蒙两国建交60周年。按照国家及自治区统一安排,贸促会会同二连市政府、贸促支会为国家及自治区高层访问服务,顺利实现以自治区主席巴特尔为团长的自治区政府代表团配合中央代表团对蒙古国进行了友好访问,李建钢书记随团出访。访问期间,巴特尔主席出席了贸促会在蒙古国工商会办公大楼设立的自治区贸促会和二连浩特市贸促支会驻乌兰巴托代表处设立揭牌仪式。巴特尔主席和蒙古国工商会桑·登贝尔勒会长为代表处成立揭牌、祝贺,并进行友好会谈。之前,由党组书记李建钢带队访问了蒙古国,为自治区出访准备。出席由中国无偿援助建立的蒙古国家工商会大楼投入使用开幕仪式,并与蒙古国工商会签署合作纪要。就中俄蒙建交60周年活动之一的"中俄蒙商会联合论坛"及"2009乌兰巴托中国商品展览暨投资贸易洽谈会”有关事宜进行协商。

【认真落实世博会进入实质性操作阶段任务】 贸促会承担着自治区参加2010年上海世博会的组织工作，自治区领导小组办公室设在贸促会，由刘少坤副会长任主任，贸促会举全会之力承担。办公室多次向领导小组任亚平副主席、布小林副主席汇报工作，落实安排工作进度。按照领导小组的分工，沟通联络、衔接上海世博会组委会、上海世博局、自治区的有关部门。自治区定向委托内蒙古草原文化保护发展基金会承办具体任务。为保证全区参博工作的顺利进行，督促基金会提交展示设计方案。世博办多次就参与方案提出修改意见，向自治区主席常务会议汇报通过，向国家组委会申报审批，草原文化基金会按照自治区领导的指示对方案进行了修改和完善。顺利主办了世博会内蒙古区域论坛，并承办世博宣传周巡展活动，自治区主席巴特尔主持了开幕式。总会王锦珍副会长、上海世博会执委会钟燕群专职副主任一行出席并考察。提前安排了方案资金经费申请及拨付，有力保障了工作进展顺利。

【承办第5届中俄蒙商会联合论坛】 由国家贸促会和自治区人民政府主办的2009“第五届中俄蒙商会联合论坛”在满洲里市举行。贸促会与满洲里市政府共同承办。会议圆满举行，受到中国贸促会、俄罗斯工商会、蒙古国工商会和自治区领导的高度评价。中俄蒙商会联合论坛最初是由贸促会和蒙古国工商会、俄罗斯东西伯利亚工商会共同发起举办的区域性的经贸论坛，第三届论坛上升为国家级主办，2009年轮为中国贸促会主办。为争取此次论坛由贸促会承办，由史万钧副会长率员两次赴国家贸促会积极争取，最终得到国家贸促会的批准，并经自治区政府同意，于8月在满洲里市举办。自治区人民政府布小林副主席、中国贸促会董松根副会长等领导到会并发表重要讲话；接见俄、蒙重要来宾，并出席了论坛纪要签字仪式。俄、蒙工商会代表及各有关兄弟省市贸促会和盟市支会代表共371人参加会议。贸促会领导班子全部参会。经过贸促会积极争取，年底，国家贸促会将该论坛中方秘书处授权设在贸促会。

【乌兰巴托中国商品展洽会取得新成果】 自治区贸促会在蒙古国乌兰巴托市成功举办了“2009乌兰巴托中国商品展览及投资贸易洽谈会”。本届展览会由内蒙古自治区人民政府、蒙古国工商会、蒙古国工贸局作主办单位，自治区贸促会承办，由刘少坤副会长率团出访。这是自2005年以来自治区在蒙古国连续举办的第五届展洽会。期间举行了“2009乌兰巴托中国商品展览暨投资贸易洽谈会”开幕式，锡盟、兴安盟、包头、鄂尔多斯、呼伦贝尔、呼和浩特、二连、满洲里及河北、广西、浙江等地的35家企业、约100人参加了本届展览会，共设展位31个。在展洽会上自治区企业共签订贸易协议金额1 280.5万元。

【澳门展览会】 按照自治区政府的要求，由贸促会组成以刘少坤副会长为团长的31人自治区代表团赴澳门参加了“第十四届澳门国际贸易投资展览会”和由世界华商组织联盟主办的“第六届世界华商高峰会”。会议期间，自治区贸促会与澳门贸促局共同举办“内蒙古·澳门经贸合作推介会”。60余位澳门及海外知名企业家出席推介会。呼和浩特市、呼伦贝尔市、通辽市、乌兰察布市的支会领导参加并分别作关于本地区的投资环境、重点合作领域和重点合作项目的推介。自治区代表在多项领域与客商达成了合作意向。自治区代表充分利用本届展览会平台，积极与国内外客商广泛接触洽谈，接洽了德国、美国、加拿大、葡萄牙、拉美等国家和中国澳门、香港地区1 100多名客商。呼伦贝尔市和呼和浩特市均组织企业参展。

【组团参加第十届世界华商大会】 承办世界华商大会是自治区政府专项下达的长期重大任务。受自治区政府委派，自治区组成以刘少坤副会长为团长的内蒙古经贸代表团，赴菲律宾马尼拉参加第十届世界华商大会，各盟市政府及支会积极参加，并开展招商引资和贸易洽谈活动。贸促会根据会前安排，事先适时推出一批重点对外经济技术合作项目，吸引来自世界各地华商开展合作。自治区经贸代表团与世界各地华商企业签订合作意向19项，意向金额3.4亿美元；合作协议3项，协议金额1.2亿美元。

【对东北亚引资工作】 为开拓东北亚招商引资，大力开拓日韩联络引资工作，由史万钧副会长带队，组织部分盟市贸促支会和企业人员随国家总会对韩国、日本进行出访考察。接待韩国贸易协会吴永镐副会长、韩国贸易投资振兴公社北京贸易馆咸正午馆长率员对自治区进行考察。接待了日本贸易促进机构人员对自治区的业务考察。组织锡林郭勒盟、满洲里市、二连浩特市贸促支会及企业一行12人的代表团，参加了在大连市举办的第二届中日贸易投资展洽会。

【加强出证认证工作】 至2009年底，贸促会受理新注册企业6家，签发一般原产地证1 011份，签证国别80国家，签证金额8 788万美元，与上年同期相比增幅20%左右。认证各种商业单据31份，办理国际商事证明书140份，代办领事认证42份。

（王　赮）

供销合作社

【内蒙古自治区供销合作社联合社领导名录】

理事会主任:刘金水

理事会副主任:武金祥(正厅级) 唐利民 张鳞龙 刘贵荣

监事会主任:王政和(正厅级)

监事会副主任 工会主席:郭 桢

【概况】 内蒙古供销合作社系统有自治区级联合社1个,盟市级联合社12个,计划单列市联合社1个,旗县级联合社90个,基层供销合作社530个。全系统共有职工近5万人,资产总额41亿元,所有者权益(净资产)11.85亿元。自治区供销社直属系统有6个直属企业,1所全日制重点中专学校,直属系统员工总数404人。自治区供销合作社下设办公室(信息中心)、人事处、计财审计处(社有资产管理处)、业务处、纪检监察处(机关党委)、老干部处。

【经济运行指标】 2009年,全系统完成商品购销总额278亿元,同比增长25.3%。其中:商品销售收入141.2亿元,同比增长17.7%;商品购进总额137亿元,同比增长29.3%;上缴国家税费总额1.13亿元,同比增长29.51%;社会贡献总额2.99亿元,同比增长7.99%。利润总额1.39亿元,同比增长18.75%。从2000年起,自治区供销合作社系统已连续十年汇总盈利,年均增长57.1%,连续十年荣获全国供销合作社系统综合业绩考核一等奖。

【"新网工程"建设】 将自治区农村牧区商贸流通网络建设工程与全国供销合作总社"新网工程"有机结合,采取多方参股、多方筹集资金、政府适当扶持的运营模式,运用现代流通方式全面改造传统经营网络,积极推进农村牧区现代流通服务网络建设,全面构建农牧业生产资料、农畜产品、农村牧区日用消费品和再生资源回收利用四大流通服务体系。2009年,全系统发展农资、日用消费品连锁配送企业151家,同比增长101%;实现配送总值45.72亿元,同比增长22.51%;建设连锁配送中心181个,同比增长27.46%;建设连锁门店7 794个,同比增长29.36%。2009年,全系统组织供应农牧业生产资料53.65亿元。其中,供应化肥近120万吨,占到全区社会需求量的80%;供应农药2亿多元,同比增长100%以上;供应农膜1亿多元,同比增长15%。优质化肥销售价格同比降低16.42%。2009年,全系统完成日用消费品经营额54.15亿元,同比增长81.1%;组织收购农副产品35.20亿元,同比增长24.82%;同时,再生资源回收利用经营业务也有新的进展。

【基层供销合作经济组织建设】 按照经济区域布局改造重组基层供销合作社530个,组织农牧民发展专业合作社2 025个,经营服务涉及种植、养殖、加工、服务多个领域。各旗县级供销合作社采取自建、与村委会共建、与个人联建等方式发展乡村级综合服务合作社3 172个,引入现代流通方式建设农资和日用消费品便民店7 794个,牵头组建旗县级以下(包括旗县)行业专业协会1 164个。全系统各类基层供销合作经济组织总规模已达到6 180个,覆盖自治区全部苏木乡镇和45%的嘎查村,入社农牧户占到全区农牧户总数的20%,有效地体现了供销合作社为"三农三牧"服务的宗旨,体现了供销合作社参与推进农牧业社会化服务体系建设的重要职能。

【参与推进农牧业产业化经营】 按照"龙头企业+合作经济组织+农牧户"的产业化经营模式,全系统培育农牧业产业化经营龙头企业46个(其中:全国供销合作总社级龙头企业6个,自治区级农牧业产业化重点龙头企业17个);改造建设一定规模的商品批发交易市场76个(其中:年交易额在1亿元以上的有8个);兴办标准化农畜产品生产示范基地253个(其中:种植业基地197个,种植面积15.5万公顷,养殖业基地56个);建立科技示范田1.7万公顷,测土配方施肥7.4万公顷,提供技术培训、咨询服务105万人次,提供种子、种苗服务达7 900万元。2009年,全系统农牧业产业化龙头企业加批发交易市场加生产基地建设以及发展专业合作社,共帮助农牧民实现收入38.72亿元。以专业合作社推进土地流转、资本联合、劳务、技术合作,以专业合作社与农村牧区基层组织双推互动等新型合作模式在各地农牧业产业化经营中有了新的显现,通过发展"一村一品、一社一业",实现助农增收。

【社有企业改革发展】 各级供销合作社按照现代企业制度的要求,不断深化社有企业产权制度改革,加快推进投资主体多元化步伐,健全法人治理结构,完善企业经营机制,基本形成了产权结构多元、经营者和职工积极性明显调动、社会资本积极参与的社有企业组织和经济体系,彻底改变了过去社有企业产权结构单一、经营缺乏活力、管理僵化的旧机制。全系统共有社有企业2 024个,其中,旗县级(包括旗县)以上社有企业390个。2009年,全系统旗县级以上社有企业实现主营业务收入93.51亿元,同比增长7%;实现利润总额1.03亿元,同比增长21.33%;所有者权益达到9.63亿元,同比增长19.18%。社会贡献总额2亿元,社有企业盈利面达到98.8%,呈现出良好的发展态势。

【联合社职能转变】 旗县级以上供销合作社联合社组织机构更加健全,个别与其他政府部门合并的旗县级供销合作社开始逐步恢复独立。盟市、旗县级供销合作社的班子建设得到加强,特别是一大批年富力强、基层工作经验丰富的乡镇干部充实到旗县级供销合作社的领导班子当中,有效地推动了供销合作社改革发展。行业管理工作明显加强,上级社为下级社、联合社为基层社服务意识增强,工作力度加大。自治区供销合作社统筹安排"新网工程"项目实现了向基层倾斜。行业协会建设稳步推进,由各级供销合作社联合社牵头组织的农村牧区合作经济组织联合会达到49个,其中:自治区级1个、盟市级8个、旗县级40个;组建农畜产品经纪人协会56个,初步搭建起了不同层次的为农牧公共服务平台。

【赤峰市喀喇沁旗供销合作社实施项目发展战略,大力推进农牧业产业化经营】 一是以全旗70万亩无公害农产品基地为依托,大力发展蔬菜加工销售产业。2009年,组织14个基层社、3 580户农民发展无公害蔬菜基地6 700亩,为农民增收1 300万元。二是积极争取国家"东桑西移"项目资金,通过"公司+基地、基地连农户"的形式,大力推动桑蚕产业发展。全旗大叶丰产桑园面积累计达1万多亩,百亩以上集中连片桑园达到30多个,累计对外协作发展桑蚕基地2.2万亩。通过引进农业综合开发项目发展的自治区第一家缫丝项目,累计完成固定资产投资3 660万元,年加工生产能力由2005年的130吨增加到400吨,产品质量即生丝平均等级已全部达到4A级以上,大部分产品销往国际市场。三是依托当地主打粮食产品,积极开拓粮食产业。通过争取政府支持,出资收购粮食仓储设施,加强粮食批发市场建设,大力开展粮食购销、加工、包装、批发等为主营业务,粮食经营规模达到1万吨水平。2009年,全系统完成总销2.63亿元,实现利润627万元,缴纳税金440万元。

【内蒙古农牧业生产资料股份有限公司争做现代经营服务网络建设的排头兵】 内蒙古农资公司紧紧围绕"新网工程"建设的整体目标,以保障全区化肥供应为己任,以农资市场为导向,不断深化体制改革和机制创新,继续优化整合现有资源,打造"内蒙农资"品牌形象,引入连锁经营流通业态,提升农资物流配送能力,率先在全区推进农资现代经营服务网络体系建设。公司共拥有直属分公司25家,全资子公司8家,建成标准化配送中心40个,发展农资经营网络终端1 400多家,已基本形成覆盖全区农村牧区主要乡镇苏木的农资经营服务网络体系,成为现代经营服务网络建设的排头兵。

【包头市九原区供销合作社大力加强基层网络建设,努力提高农村市场占有率】 近年来,包头市九原区供销合作社紧紧抓住"新网工程"建设的有利时机,先后投资1 030多万元,利用5年时间,对130个基层供销社门店进行了改造升级,全部实行了开架售货,总营业面积达到7 100多平方米。在经营管理上,实行"统一配送、统一标识、统一经营模式、统一服务规范"的新型超市管理模式,在九原区各类连锁销售门店中,供销合作社系统的连锁门店占到92.3%,提高了供销合作社在农村市场的占有率,在服务三农的同时,提升了供销合作社的良好形象。

【鄂尔多斯市鄂托克前旗二道川供销合作中心社全方位强化为农服务功能】 二道川供销合作中心社从组建以来,始终坚持以服务"三农三牧"为宗旨,切实帮助农牧民解决生产生活中的困难,做农牧民的贴心人。一是围绕生产搞服务。每年春耕时节,组织春耕生产服务队,挨村逐户为农牧民送化肥、种子、地膜等农用生产资料,满足当地农牧业生产需要。二是围绕农业办企业。为推动节水灌溉工程快速发展,2001年,中心社投资10万多元,建起了塑料管生产厂,专门生产当地农业灌溉用塑料管。从建厂至今,中心社以玉米、羊毛、羊绒等顶账形式累计给农牧民赊销塑料管80多万元。据测算,户均节约各项开支360多元。三是围绕农民需求建冷库。2005年以来,中心社投资50多万元,建起了4座50吨的蔬菜保鲜库、1 400平方米的辣椒收购棚和屠宰厂、30吨的冷库,每年为农牧民销售大量的农畜产品,有效地解决了农牧民卖难问题。2009年,中心社收购辣椒1 000多吨、山药1 600多吨、玉米6 000多吨、牲畜8 000多头(只)及其它农副产品。四是围绕特色做产业。2008年,中心社根据本地柠条种植面积大、没有充分利用的实际情况,投资300多万元,建起柠条加工厂,生产饲料,近两年使2 000多户农牧民就地增加收入1 000多元。五是微利多销控市场。根据二道川地区农牧民收入低、购买能力相对差的实际,中心社实行薄利多销的经营理念,尽可能地降低农牧民的消费成本。

【兴安盟科尔沁右翼前旗供销社围绕特色产业发展农民专业合作社 助农增收成效显著】 2007年,科右前旗供销合作社投资12万元,牵头成立了哈拉黑东盛稻田养殖专业合作社。专业合作社自成立以来,大胆尝试,积极探索,走出了一条农民与企业合作双赢的发展之路,到2009年末,专业合作社入社成员已达408个,销售收入800万元,实现利润30多万元,入社成员人均增收1 500多元。专业合作社通过为入社社员提供产前、产中、产后等系列化服务,实现助农增收。一是优化水稻品种,倡导使用有机肥,生产有机水稻,生产特色环保农产品。二是推广"一地双收,一水两用"立体种养模式,在稻田养殖河蟹和有机鱼,提高土地综合效益。三是实施品牌开发战略,通过注册商标,无公害农产品认证和国际有机食品认证以及ISO 9001质量管理体系认证,打造了品牌,提升了产品的市场知名度,产品价格大幅提高,该专业合作社的有机大米远销北京、上海、广州、深圳、呼和浩特等地。2009年,三年转换期有机大米供不应求,在大灾之年农民收入显著增加。四是强化技术培训,提高农民的种养技术。专业合作社每年都要聘请外省市和当地的农业专家举办种养技术培训班,讲授有机水稻早、中、晚等生产技术,同时,专业合作社每年都要组织骨干成员赴外地学习考察有机水稻种植和稻田养蟹等先进技术,有效地提高了合作社社员的种养技术水平。五是实行订单生产和订单收购。通过统一收购、加工、销售,不仅降低了市场的风险,而且提高了大米的价格,有效地保护了入社社员的利益,实现了助农增收。六是提供贷款担保,解决入社社员贷款难的问题。2009年初,专业合作社积极协调农业银行为成员提供贷款,共为成员办理受信额度为130万元的金穗惠农卡,既解决了成员生产资金短缺问题,同时惠农卡随借随还,又可以减少成员的利息支出。

(任建国)

粮食购销

【内蒙古自治区粮食局领导名录】

党组书记 局长:卫庆国

副局长:康昱幸(蒙古族) 张忠何

纪检组长:铁 钢(蒙古族)

副局长:王斯琴(女 蒙古族) 刘永旺

副巡视员:张天喜

【概况】 自治区全年粮食总产量1 981.7万吨,比上年减少149.6万吨,下降7%。其中,小麦171.2万吨,增长11.2%,玉米1 341.3万吨,下降4.9%,稻谷64.8万吨,下降8.1%,大豆114.4万吨,增长7.9%,薯类161.3万吨,下降17.6%。油料产量119.6万吨,增长1.8%。

2009年,自治区粮食局设7个内设机构:(1)办公室(2)人事处(3)财务处 (4)综合处(5)储备处(6)基础设施建设处(7)监督检查处。另设机关党委、离退休人员工作处和派驻纪检组(监察室)。

局机关行政编制48名,其中:局长1名、副局长3名、总经济师1名(副厅级),处级领导人数20名(9正,〈含机关党委专职副书记、离退休人员工作处处长各1名〉、11副)。

至2009年末,全区12个盟市粮食行政编制185人,事业编制73人。101个旗县区中有86个为行政部门,9个为事业单位,6个市辖区设有行政管理部门;单设粮食局的43个,与其它相关部门合署办公的52个;粮油行政管理人员1 019人,其中行政编制520人,事业编制499人。7个盟市和31个旗县设立监督检查科室,其中3个盟市和19个旗县单独设立监督检查科室。4个盟市和24个旗县设立粮食流通行政执法大队;2个盟市和35个旗县通过单位内部调整组建了粮食流通行政执法大队。

【粮食流通】 全年粮食收购688.6万吨,销售555.7万吨,出口9.7万吨,无进口。商品量1 358.3万吨,商品率68.6%。城市口粮208.4万吨,农(牧)区口粮417.6万吨,工业用粮320万吨,种子用粮59.8万吨,饲料用粮661.0万吨。

从2009年12月1日至2010年2月底,全区收购商品玉米187万吨,国有粮食企业和转化用粮企业的收购量占到48.8%,大多数是边收购边发运,收购价格普遍高于上年。中储粮直属企业全部挂牌,因市场价高于托市价,政策性收购入库35万吨玉米、30万吨大豆。

【粮食调控】 2009年3月份,国家安排中央储备菜籽油计划1.7万吨,折油菜籽5万吨,中等品收购价格2.2元/公斤,使农垦企业在解决2008年油菜籽卖难问题的同时,直接增收7 165.2万元。5月份,国家下发了《关于做好2009年油菜籽收购工作的通知》,将自治区油菜籽列入了国家政策性收购范围,使全区油菜籽问题得到了长期解决。

国家安排自治区临储玉米收购计划100万吨、临储大豆收购计划45万吨,使自治区2008年玉米、大豆卖难问题得到彻底解决,售粮农民因此直接增收3.3亿元。

编制印发《内蒙古自治区粮食应急预案实施细则》,明确自治区粮食应急的监测、预警、保障建立、预案启动、指挥、终止和后期处置等操作程序。

【行政执法】 在《粮食流通管理条例》颁布实施五周年之际,自治区粮食局与呼和浩特市粮食局在呼和浩特市新华广场隆重举办了大型宣传活动,自治区和呼和浩特市政府及有关部门的领导,区、市两级粮食系统机关和所属单位、企业及中储粮和华粮驻区单位、农业发展银行内蒙古自治区分行、新闻媒体及市民近2千人参加了活动。

《内蒙古自治区粮食流通管理办法》经自治区人民政府2009年1月22日第二次政府常务会议审议通过,2009年2月10日以自治区人民政府令165号予以颁布,5月1日起实施;制定印发《内蒙古自治区粮食流通监督检查行政处罚程序(试行)》和《内蒙古自治区粮食流通监督检查工作考评暂行办法》;与自治区6部门制定下发《关于建立健全粮食流通监督检查工作协调机制的意见》。

至2009年9月末,全区累计发放"粮食收购许可证"3 890个,比上年增加431个,其中国有企业443个,非国有企业1 774个,个体户1 673个。

全年举办粮油质检、行政执法培训班六期,培训人数510多人。

全年自治区各级粮食部门开展各类粮食行政执法检查1 929次,参加执法人员6 355人次,其中综合检查451次,收购流通检查321次,收购活动检查190次,统计制度执行情况检查347次,政策性收购活动检查104次,质量检查178次,仓储设施及运输工具检查144次,库存检查160次,调查举报案件13次,承接交办、移送案件21件。受理粮食行政处罚案件300例,其中责令改正208例,警告118例,罚款10例,取消收购资格25例。

【流通体制改革】 至2009年12月末,全区国有粮食企业总数278个,已改制企业197个,其中股份制公司24个;国有粮食购销企业253个,国有粮食购销企业职工总数为8 146人,其中在岗职工为6 346人,不在岗人数为1 800人。享受农业发展银行贷款重点支持企业54个。

【机关职能】 2009年12月8日,内蒙古自治区人民政府办公厅以内政办发〔2009〕92号文件,批准内蒙古自治区粮食局主要职责、内设机构和人员编制。主要职责:1.贯彻执行国家和自治区有关粮食流通、储备的方针、政策和法规;研究提出并组织实施自治区粮食宏观调控、总量平衡以及粮食流通的长期规划、进出口总量计划和动用自治区储备粮的建议。2.拟订全区粮食流通体制改革方案并组织实施,研究提出现代粮食流通产业发展战略的建议,推动国有粮食企业改革。3.承担全区粮食监测预警和应急责任,负责全区粮食流通宏观调控的具体工作;研究提出自治区列入国家最低收购价政策范围及其他政策范围粮食品种的建议,负责政策性粮食和军粮供应与管理。4.起草全区粮食流通和地方储备粮法规草案和有关政策并贯彻执行。5.负责全区粮食流通监督检查,制定粮食流通监督检查制度并组织实施;负责对粮食收购、储存环节的粮食质量安全和原粮卫生进行监督管理;负责拟订粮食收购资格基本条件并组织实施。6.负责全区粮食流通的行业管理和粮食市场体系建设,拟订行业发展规划和粮食收购市场准入标准并组织实施;制订行业技术规范,推进全区粮食流通科技进步和新技术推广;研究拟订自治区粮油质量管理办法和地方质量标准;负责相关对外交流与合作。7.承担全区地方储备粮行政管理责任,制订自治区本级储备粮油调运和仓储管理政策;会同有关部门研究提出地方储备粮和自治区本级储备粮的规模、总体布局并组织实施;指导全区国有及国有控股粮食仓库管理工作。8.负责全区粮食流通基础设施建设规划、布局,确定设施建设投资项目并指导实施。9.指导全区粮食行业财会工作,汇总和分析财务会计报表,负责部门预算;负责全区粮食流通的统计工作。10.承担自治区人民政府交办的其它事项。

【通辽国家粮食交易中心】 经自治区人民政府同意并报请国家粮食局批准,于2008年7月在通辽玉米批发交易市场基础上组建了全区唯一一家国家现代粮食交易平台—通辽国家粮食交易中心。2009年6月29日上午,通辽市国家粮食交易中心隆重举行揭牌庆典仪式,国家粮食局局长聂振邦、内蒙古自治区副主席布小林到场并为交易中心揭牌。

【基础设施建设】 完成《内蒙古自治区"十一五"粮食流通基础设施建设规划》(2009年~2010年)。完成《内蒙古自治区农户科学储粮专项建设规划》(2009~2012年)、《内蒙古自治区2009年农户科学储粮专项建设实施方案》和《实施细则》。规划四年为23万农户提供粮食装具,2009年在2万户中试点。完成《内蒙古自治区粮油加工业发展规划》(2009~2020)(草案),并上报国家粮食局。2009年11月中旬,国家发改委对全区申报的粮食仓储设施建设项目进行审查,其中24个通过初步审查,建设仓容,85.5万吨,总投资5.1亿元。

2009年,共争取各项建设资金30 068万元,其中:中央补助资金9 396万元;自治区配套资金9 290.8万元;盟市配套资金6 742.3万元(包括农户储粮2 400万元);企业配套4 639万元。其中烘干机建设和维修改造79台,总投资19 365万元;粮食现代物流项目2个,建设补助资金1 000万元;农户科学储粮专项建设2万户,总投资6 000万元;财政下达自治区仓库维修补助资金703万元;自治区财政用于支付粮油流通基础设施建设资金3 000万元。

至2009年12月中旬,完成粮食烘干机建设投资19 365万元,全部完成投资计划,并通过当地有关部门的验收。

【职业技能培训】 2009年,自治区粮食局先后在呼伦贝尔市、赤峰市举办了4期粮油保管员和粮油质检员职业技能培训鉴定班,职业技能培训鉴定563人。超额完成了国家粮食局下达自治区年度培训任务。

(王金云)

旅　　游

【内蒙古自治区旅游局领导名录】

局　长:赵广华

副局长:马永胜　云大平(蒙古族)　白薇(女)

副巡视员:郑家宁

【概况】 2009年,全区接待入境旅游者128.96万人次,同比下降16.76%;入境创汇5.58亿美元,同比下降3.27%;接待国内旅游者人数3 880.18万人次,同比增长21.31%;国内旅游收入573.22亿元,同比增长33.46%;全区实现旅游业总收入611.35亿元,同比增长30.39%。为自治区经济"保增长、扩内需"作出了新的贡献。

【拉动旅游消费增长】

精心组织各种旅游活动　促销客源市场　组织"全国百城旅游宣传周"活动,推出"美丽草原我的家"——内蒙古人游内蒙古、"翻过兴安岭、走进大草原"东北车友内蒙古自驾之旅、草原是我的家乡也是您的家乡——十万京津人游内蒙古活动。组织参加广州、大连、烟台、西安、北京、重庆、宁夏、云南等地举办的国际国内旅游交易会。继续拓展国际旅游市场。组织参加新加坡、马来西亚、韩国、日本、蒙古国、俄罗斯、英国等国家和中国香港地区的国际旅游交易会和台湾海峡两岸旅游联谊会,呼和浩特—香港航线的开通,引起了香港旅游界的重视,呼伦贝尔市成功促成日本旅游包机飞进呼伦贝尔大草原。

推进区域合作　巩固客源市场　内蒙古自治区与东北三省签订《东北区域旅游合作框架协议》。呼和浩特、包头、鄂尔多斯、巴彦淖尔、乌兰察布五个城市共同签署《内蒙古五盟市合作协议》。在北方旅游交易会上,与北方十个省区共同签署《2009中国北方十省市区旅游合作行动计划》。在重庆签署了《中国西部省区旅游合作框架协议》,就客源互送、市场共享、共同繁荣旅游业达成共识。天津旅游产业节与全国各省市区旅游局领导共同签署《应对金融危机加快旅游发展天津宣言》。组织韩国和中国台湾、香港的旅行商和媒体到内蒙古进行采风、踩线。积极协助韩国、日本、马来西亚、台湾等国家和地区在我区组织旅游推广活动。

以项目建设促发展　扩大旅游产业规模　2009年,全年新开工项目150个,其中,景区景点130个,饭店20个,续建景区景点项目39个。投资2 000万以上的项目近100个。与自治区发改委共同争取到国债资金3 820万元,用于了阿尔山—柴河、巴丹吉林旅游区基础设施项目和满洲里红色旅游项目建设。与自治区财政厅争取国家旅游资金1 685万元,用于了13个景区景点的基础设施和服务设施建设。自治区预算内资金1 300万元主要用于了呼伦贝尔市白音哈达旅游区实景演示项目的建设。自治区旅游发展基金在3 500万元的基础上,增加了1 000万元专项资金,用于红色旅游和农家乐项目。12个盟市和2个计划单列市共计投入旅游项目建设经费30亿元。全年引资项目321个,项目总投资额达418.39亿元,到位资金达115.97亿元,首次突破100亿元,同比增长14.82%,资金到位率27.72%。呼和浩特、包头、呼伦贝尔、巴彦淖尔、赤峰、锡林郭勒、满洲里协议引资额均突破了10亿元。上亿元的建设项目达到20个。由于各级政府加大了对旅游业发展的支持力度,景区景点数由360个增加到410个,星级饭店由223家增加到268家。

【旅游规划】

用旅游规划指导景区开发建设　加强了对各类旅游规划编制以及实施的指导与管理,组织兴安盟旅游发展总体规划、鄂尔多斯响沙湾旅游区二次开发建设规划、呼伦贝尔草原风情园总体规划等15个重点旅游景区规划的评审工作;对包头九峰山森林公园旅游开发总体规划等5个旅游规划进行了审批;对呼伦贝尔蒙兀室韦·蒙古之源旅游区、嘎仙洞·拓跋鲜卑文化旅游区、鄂尔多斯准格尔旗黄河大峡谷旅游区、达拉特旗昭君城旅游区等6个旅游区开发规划进行研讨;对阿拉善旅游发展总体规划修编稿、乌斯太工业园区旅游总体规划成果进行审核。

继续创建高A级旅游区 全面提升景区的档次规模 一是对鄂尔多斯成吉思汗陵和成吉思汗旅游区、响沙湾旅游区创建AAAAA景区工作进行多次指导。二是加强了对创建AAAA景区的指导、初评。呼伦贝尔市中国达斡尔民族园、鄂尔多斯市九城宫生态园、呼和浩特市伊利—乳都科技示范园等5家旅游区通过国家旅游局AAAA级旅游区的评定验收。有10家AAA级旅游区和11家AA级旅游区通过了自治区旅游局的评定验收。对35家旅游区进行复核验收,促进评定过的AAAA、AAA旅游区软硬件设施的建设。

【开发多样化旅游产品】 一是旅游演艺得到迅速发展:呼伦贝尔市创办全区首个草原实景演出项目——天骄成吉思汗。成吉思汗旅游区、响沙湾的民族文化演艺不断创新内容。二是自驾车旅游成为新亮点:整理、编辑、印刷出版《内蒙古全境自驾游》。呼伦贝尔市举办"翻越兴安岭、走进大草原"车友那达慕自驾游主题活动,锡林郭勒盟推出7条精品自驾车线路。呼伦贝尔大草原、锡林郭勒大草原、阿尔山—柴河旅游区、赤峰克什克腾旗,以及呼包鄂地区和阿拉善盟都成为中国自驾车旅游的新目的地。三是冬季旅游方式不断创新。呼伦贝尔冬季那达慕融入民族文化元素,提升了冬季旅游的品位。满洲里成功地举办中俄蒙三国交界地区冰雪节、冬季选美大赛。

【农 牧 林旅游】 农、牧、林旅游已成为内蒙古新的消费热点。首先,在全区范围进行了接待方式、资金投入、经营状况、就业收入等情况摸底调研。2009年,全区已有年均接待1万人以上的农、牧、林家庭旅游接待户2 260户,直接就业人数15 986人。在呼伦贝尔市的额尔古纳、根河、阿荣旗等地形成了一批乡村旅游专业村,锡林郭勒盟的"牧人之家"形成一批年收入在50万元以上的典型户。以观光休闲农业、采摘、垂钓、吃农牧林家饭等为主,积极改进接待方式。二是制定实施办法,进行科学引导和管理。三是资金扶持,以点带面。2009年,扶持农牧林家庭旅游典型和示范户25家,投入资金560万,主要用于了厕所、电、水、路等基础设施建设。

【旅游管理】 为加强行业管理,突出抓旅游安全工作,联合自治区交通厅下发《推荐使用内蒙古自治区旅游车辆租赁合同》的通知,对12个盟市、2个计划单列市、42个旗县、70多个旅游企业进行安全彻查,全年全区只发生一起一般旅游安全事故。针对旅游骑马项目投诉多的实际,制定印发《骑马旅游活动项目管理办法》,集中组织宣传贯彻《旅行社条例》的系列活动,年检旅行社623家,暂缓通过52家,注销15家。完成了2008年度星级饭店复核工作,复核星级饭店232家,处罚星级饭店34家,其中取消星级23家,降低星级1家,限期整改和警告的10家。新增呼和浩特香格里拉、锦江饭店和包头香格里拉3家国际知名品牌的五星酒店。加强旅游投诉处理,依法维护旅游者和旅游企业的合法权益。2009年,共受理有效旅游投诉118起,结案率99%,退赔游客资金180 671.8元,港币15 000元。

【开发旅游商品】 充实了旅游商品分会的工作,组织第二届内蒙古自治区旅游商品设计大赛。共征集406个种类、1 047件作品参加大赛活动,参观群众达5 000多人,征集全区各地研讨论文32篇,进行论文研讨和优秀论文评奖活动。组团参加国家旅游局在浙江义乌市举办的"2009首届中国国际旅游商品博览会"。全区31家旅游商品生产企业和各盟市旅游局的121人参加了为期4天的博览会活动。自治区选送的15件参赛作品分别荣获了银奖一项,铜奖两项。达成意向性订单近2 000万元。

【旅游培训】

举办了旅游宣传促销培训班 就网络营销、品牌营销和自治区旅游营销现状与对策进行专题培训;组织有关盟市参加"西部地区旅游市场营销高级研讨班",组织部分旅游企业参加"欧盟旅游可持续发展专题培训班"。在深圳、香港举办"内蒙古旅游管理业务培训班",培训旅游管理干部、企业经理43人。举办"高A级旅游区管理人员培训班",对全区AAA级以上旅游景区的管理人员100多人进行培训。

举办景区互动学习研讨班 组织东部盟市景区负责人130人参观考察西部的高A级景区,并就东西部旅游区开发建设的有关问题进行研讨,不仅密切了东西部景区人员的联系,而且也起到了互相学习促进的作用。

组织导游人员培训班 结合旅游资格证考试,培训人员2 480人次。积极选送导游员参加全国"金牌导游说红旅"网上展播活动,取得全国红色旅游导游员电视大赛优秀导游员的好成绩。与自治区文明办、团委联合开展"迎国庆60周年,展导游服务风采"的金牌导游员评选竞赛活动,评选出10名金牌导游员、20名优秀导游员。举办全区《旅行社条例》培训班,培训业务骨干60人。实施送教上门,免费为区内部分旅游企业培训业务人员370多人。

(穆 伟)

财　　税

财　政

【内蒙古自治区财政厅领导名录】

厅　长:常军政

副厅长:云宗元　张华

纪检组长:海风云(女)

副厅长:云喜顺(蒙古族)　杨茂盛　刘义胜

副巡视员:崔更发　吴守普　韩树清　孙尚英

【概况】　2009年,内蒙古自治区实现生产总值9 725.78亿元,按可比价格计算,比上年增长16.9%,增速较全国平均水平高8.2个百分点,连续8年保持全国第一。其中,第一产业增加值929.02亿元,增长2.3%;第二产业增加值5 101.39亿元,增长21.4%;第三产业增加值3 695.37亿元,增长15%。全区生产总值中一、二、三次产业比例由上年的10.7∶51.5∶37.8调整为9.7∶52.4∶38。按常住人口计算,全年人均生产总值40 225元,比上年增长16.5%,按年平均汇率折算达5 888美元。

全年全社会固定资产投资总额7 464.72亿元,比上年增长33.8%。全年海关进出口总额67.64亿美元,比上年下降24.1%。其中出口总额23.16亿美元,下降35.3%;进口总额44.48亿美元,下降16.6%。

全年社会消费品零售总额2 855.31亿元,比上年增长19.2%。2009年,内蒙古自治区消费品市场呈现两大亮点,一是消费结构呈现积极变化,汽车、居住、家庭装饰等消费不断扩大。全年汽车类零售额182.3亿元,比上年增长54.2%;家电和通讯类消费品升级步伐加快,零售额比上年增长15.9%。二是"家电下乡"政策在内蒙古实施以来,有力带动了全区农村牧区的消费市场。2009年,全区已备案家电下乡销售网点2 514家,覆盖近80%的乡镇苏木。全年县及县以下实现零售额比上年增长18.3%。

全年城镇居民人均可支配收入15 849元,比上年增加1 416元,增长9.8%,扣除价格因素实际增长10.1%。城镇居民人均消费性支出12 370元,增长14.3%。城镇居民家庭恩格尔系数为30.5%,比上年下降2.3个百分点。全年农牧民人均纯收入4 938元,比上年增加282元,增长6.1%,扣除价格因素实际增长6.3%。农牧民人均消费支出3 967元,增长9.7%。农村牧区居民家庭恩格尔系数为39.8%,比上年下降了1.2个百分点。

2009年,全区地方财政总收入实现1 378.1亿元,比上年增加270.9亿元,增长24.5%。其中,一般预算收入850.7亿元,增长30.7%;一般预算收入中税收收入576.7亿元,增长24.2%。全区地方财政支出1 925.1亿元,比上年增加470.6亿元,增长32.3%。

【落实国家和自治区宏观调控政策】　1.努力扩大政府投资。从2008年四季度以后累计争取中央扩大内需新增投资110.2亿元,多渠道筹措落实配套资金67.1亿元,重点用于"三农三牧"、教育医疗卫生、保障性住房、节能减排和生态环境等投入,为拉动经济增长、增强发展后劲发挥重要作用。

2.通过落实结构性税费减免政策、实施消费型增值税、提高个人工资薪金所得减除费用标准、降低住房交易税费和取消与停征国家100项及自治区108项行政事业性收费等政策,为企业和居民减负100亿元左右,有效调动企业扩大投资和居民增加消费的积极性。

3.在公益性基础设施建设中积极探索建立政府融资机制,利用国家开发银行贷款169.5亿元,支持旗县污水处理设施建设、廉租房建设和中小学校舍安全工程。支持中小企业信用担保体系建设,全区82家担保机构累计筹措担保资金19.6亿元。同时,积极有效地利用国际金融组织贷款1.6亿美元。

4.积极落实自治区政府对包钢、伊利等重点工业企业的财税扶持政策,投入各类补助资金4亿多元。筹集资金1.1亿元,对开发区基础设施建设贷款给予贴息,支持36个口岸基础设施建设项目,落实地质勘查专项资金25.3亿元,支持地质勘查项目407个。

【加大收入分配调节力度】　1.在实施积极就业政策方面,投入就业补助资金9.5亿元,比上年增长32%。安排创业投资引导基金1亿元,落实小额贷款贴息资金7 180万元,鼓励以创业带动就业。加大高校毕业生就业扶持力度,落实资金4 200万元,支持"三支一扶"、"村官"选聘和高校毕业生就业见习计划,鼓励高校毕业生到中小企业和非公有制经济组织就业。

2. 在开拓农村牧区消费市场方面,积极落实家电、汽车、摩托车下乡等促进消费的政策措施,全区补贴类家电产品销售5.9亿元,兑付补贴资金6 908万元,有效扩大了农村牧区消费市场。

3. 在社会保障和增加城乡居民收入方面,全区社会保障支出262.2亿元,比上年增长43.9%。落实企业职工基本养老保险调标政策下达补助资金40.3亿元,全区109万名企业退休职工养老金每人每月平均提高125元,月平均水平达1 210元。启动新型农村牧区社会养老保险试点,自治区下拨补助资金5 600万元,全区参保人数达100万人。提高城乡居民最低生活保障标准,下拨补助资金25.2亿元,城镇和乡村低保标准每人每月分别提高45元和18元。同时,对城乡低保对象和优抚对象等困难群体发放一次性生活补贴3.3亿元。

【支持优化经济结构】 1. 加大对"三农三牧"的投入。全区财政用于农林牧水、粮油事务方面的支出295.8亿元,比上年增长36.5%。一是积极落实各项惠农惠牧补贴政策,各类惠农惠牧补贴资金达到84.8亿元,比上年增长37%,全面实现补贴资金"一卡通"发放。二是支持现代农牧业发展。投入资金11.9亿元,扶持东部玉米、中部马铃薯、西部农区东部牧区肉羊产业发展。安排农业综合开发资金24亿元,实施中低产田改造、人工种草和草场改良150万亩,支持农牧业产业化经营项目210个,完成土地整理新增耕地9 231公顷。推进农牧业保险保费补贴工作,下拨补贴资金11.5亿元,全区种植业参保面积达到6 041万亩,参保农户263万户;养殖业能繁母猪参保42.1万头,奶牛参保21.5万头;投保种植户和养殖户获得9.2亿元保险赔偿。三是建立农村牧区公益事业投入新机制,全面推开嘎查村级公益事业建设"一事一议"财政奖补工作,投入资金3.4亿元,支持公益项目1 060个。

2. 促进经济发展方式转变。一是筹措资金5.9亿元,通过以奖代补方式支持城镇和江河流域污水管网建设2 860公里,补助38个城镇污水处理厂建设;筹集资金5.8亿元推广太阳能、浅层地能等可再生能源建筑应用,支持居住建筑节能改造和其它节能技改项目。二是下达奖励资金2.7亿元,淘汰落后产能项目323个;投入资金4 300万元,推动小煤矿、小企业整顿关闭。三是争取中央"金太阳"示范工程项目资金1亿元,支持光伏发电技术示范应用和产业化发展。

3. 加强生态环境建设。投入生态建设补助资金44.8亿元,进一步完善和落实天然林保护、退耕还林等生态保护政策,支持集体林权制度改革,积极推进森林抚育试点。落实资金4.7亿元,支持环境监察和污染源在线监控体系等建设,72个污染项目得到治理。安排资金亿元,用于矿山环境治理、矿山地质公园建设和地质遗迹保护。

4. 推进经济结构调整。筹集资金2.8亿元,推动中小企业技术改选、技术创新、科技成果转化和服务体系建设,支持中小企业开拓国际市场。落实资金3.9亿元,支持应用技术研究开发与科技创新引导奖励,提升科技进步水平。安排资金2.9亿元,加快实施"一个产业带动百户中小企业工程",支持"万村千乡市场工程"等城乡流通网络建设,促进物流业等现代服务业发展。筹集资金112亿元,支持重点干线公路、农村牧区公路和地方机场建设。

【加大公共服务投入】 1. 保证教育事业优先发展。2009年,全区教育事业支出243.3亿元,比上年增长17.9%,免除义务教育学校寄宿生住宿费,提高农村牧区义务教育阶段中小学生人均公用经费,启动了中小学校舍安全工程。自治区本级财政安排资金3.4亿元,加强中等职业教育基础能力建设,对农村困难家庭和涉农涉牧专业以及牧区中等职业院校学生实行免费教育。支持高等教育提高办学质量,加快高等院校重点学科和重点实验室建设,将高等院校生均定额标准由4 200元提高到4 700元。

2. 改善困难群众生活条件。筹集资金21.2亿元,完成棚户区改造和游牧牧民定居工程3.6万户。新建廉租房4.2万套,继续扩大廉租房补贴范围,下达补贴资金4.8亿元,受益家庭15.2万户。投入财政扶持资金9.8亿元,解决了15万低收入农牧民的温饱问题。及时拨付农牧业防灾救灾资金6亿元,用于灾民生活救助、防凌防汛、动物疫病防治等经费补助。投入资金481亿元,为人民群众办的"十件实事"全面完成,"十项民生工程"进展顺利,解决了一些长期以来影响群众生产生活的突出问题。

3. 支持卫生事业发展。2009年,全区医疗卫生支出102.1亿元,比上年增长70.7%,加快推进基本医疗保障制度建设、落实补助资金20.6亿元,统筹解决城乡各类人员医疗保障问题。巩固和完善新型农村牧区合作医疗制度,参合人数达到了1 200万人,各级财政补助标准达到80元,在此基础上,将人口在6万人以下的纯牧业旗参合牧民财政补助标准从5元提高到20元,达到每人每年100元。全面建立城镇居民基本医疗保险制度,将各盟市全面纳入国家级试点范围,实际参保人数达到395万人。全面解决关闭国有破产企业退休人员医疗保障问题。完善城乡医疗救助制度。下拨补助资金3.8亿元,按照人均基本公共卫生服务经费补助不低于15元的标准,建立健全城乡基本公共卫生服务经费保障机制。投入资金1.3亿元,实施15岁以下人群补种乙肝疫苗、农村改水改厕等重大公共卫生服务项目。

4.推进重点公共文化工程。2009年,全区投入文化体育与传媒经费47亿元,比上年增加15.1亿元,增长47.3%。重点支持了博物馆、纪念馆等向社会免费开放、广播电视无线覆盖工程和农家书屋等工程,推动经营性文化事业单位转企改制。

【强化财政管理制度建设】 1.继续深化财政改革。部门预算改革取得新进展,自治区本级进一步完善基本支出定额标准体系和以人员为核心的基础信息库,启动专项资金项目库管理工作,继续推进盟市、旗县部门预算改革。公务卡推广应用步伐加快,自治区本级550家预算单位纳入公务卡改革范围,8个盟市启动公务卡改革试点工作。全面实现财政补贴农牧民资金"一卡通"发放,走在全国前列,发放资金42.7亿元,惠及732万农牧户。实施财税库银横向联网试点,税收收入收缴和信息共享机制初步建立;完善行政事业单位资产管理制度,规范管理行为。全面启动政法经费保障体制改革,拨付资金16.6亿元,保障自治区社会稳定和公共安全。政府采购制度进一步完善,全区政府采购规模达175.7亿元,同比增长35%,节约资金18.3亿元,资金节约率9.4%。"金财工程"建设继续推进,实现自治区、盟市、旗县和乡镇四级联网,20多套业务软件上线运行。

2.完善省以下财政体制。按照财力与事权相匹配的原则,研究"省直管县"财政管理体制改革,继续完善"乡财县管"管理方式。建立健全县级基本财力保障制度,进一步完善村级组织运转经费保障机制。加大转移支付力度,重点向困难地区、困难基层、困难群众倾斜。2009年,自治区下达盟市、旗县均衡性转移支付149.6亿元,比上年增加23.2亿元。

3.加强财政监督。扎实有效地推进全区"小金库"专项治理工作。自治区本级1 281个单位自查出"小金库"109个,涉及金额6 358万元,专项治理成效显著。开展了扩大内需投资、现代农业资金、预算执行情况、会计信息质量以及家电下乡政策落实情况等检查调研,保证各项政策落实到位。批复各盟市和自治区直属部门2009年度政府性债务举借计划总额257亿元,比申报数压缩535亿元,有效控制了财政风险。积极推动新会计法规制度贯彻实施,进一步加强会计人员和会计事务所等中介机构管理,提高会计信息质量。

（刘彦芳）

国家税收

【内蒙古自治区国家税务局领导名录】

局　长:刘景溪

副局长:王月仙(女 蒙古族) 叶殿祥

纪检组长:谢一湖

副局长:张占斌

总经济师:李青山

总会计师:刘培平

巡视员:吴　沛

副巡视员:李元存 董坤林(满族)

【概况】 2009年,全区国税收入累计入库622.51亿元,同比增收71.77亿元,增长13.0%。其中:国内增值税入库441.8亿元,同比增收27.63亿元,增长6.7%;国内消费税入库39.84亿元,同比增收17.52亿元,增长78.5%;企业所得税入库107.35亿元,同比增收25.57亿元,增长31.3%;个人利息所得税入库1.59亿元,同比减收2.43亿元,减少60.5%;车辆购置税入库31.92亿元,同比增收3.48亿元,增长12.3%。另外,海关代征100.89亿元,同比减收10.25亿元,减少9.2%;出口退税24.95亿元,同比增退0.56亿元,增长2.3%。

【依法治税】 坚持贯彻组织收入原则,深入推行税收执法责任制,严格过错责任追究,全面推行执法管理信息系统,实现税收执法行为的自动考核。2009年全区国税系统共追究执法过错责任2 627人次,追究金额13万元,给予行政处理1 086人,追究率达100%。

【服务地方经济发展】 围绕中心,服务大局,认真贯彻落实国家实施结构性减税保发展、深化税制改革调结构的各项税收调控政策。积极应对危机影响,有针对性地研究制定促进自治区经济平稳较快发展15条国税工作措施。切实推进增值税全面转型,认真落实成品油税费改革和烟产品、白酒消费税政策调整相关政策措施,确保政策执行衔接顺畅,平稳过渡。全面落实实施西部大开发、扩大内需、支持产业结构调整和改善民生等各项税收优惠政策,2009年减免税额57.05亿元。积极落实提高出口退税率政策,及时办理出口退税。全年共完成出口退税(不含免抵调库)20亿元,有力支持出口企业发展。

【税收征管】 全面推行领导干部管户制度,1 000余名基层领导干部联系管户近万户。建立"四位一体"的税源管理机制,税收分析、纳税评估、税源监控和税务稽查实现良性互动。纳税评估工作不断完善,国税局8个纳税评估模型被总局评为全国"百佳"行业纳税评估模型。认真开展税负调查分析,全区各级国税机关已建立税收基准模板600多个,制定行业税源管理办法近200个。实施税收分析例会制度,强化了税收经济分析。加强非居民税收管理和反避税工作,稳步推进出口退税预警评估工作。

【重点税源管理】 进一步提高各地重点税源的数据质量,认真开展重点税源数据质量检查工作,制定《内蒙古自治区国家税务局重点税源专项评估工作实施方案》,强化重点税源管理工作。全区国税系统重点税源专项评估已结束92户,其中有问题64户,占比70%,共评估税款7 403.88万元,已入库3 481.99万元,抵减留抵296.52万元,抵减预缴税款99.70万元,有3 525.67万元税款正在组织入库。

【科技兴税】 认真贯彻落实总局金税三期总体规划要求,积极做好各项准备工作。研制开发了《综合征管数据质量监控系统》,对征管数据质量进行全面、实时监控,按月进行综合征管数据质量通报,盟市局疑点数据自行改正率从起初的80.85%提高到99.94%,保证征管数据及时、完整、准确。成立呼和浩特市、包头市、赤峰市三个地区的运维分中心,建立全系统"四级"运维体系。组织实施出口退税审核系统省级数据集中,完成增值税防伪税控、CTAIS系统、出口退税审核系统"三大应用系统"在省一级的整合。积极配合自治区信息办推进企业基础信息共享工作,通过及时的信息比对,实现工商、质监、国地税四部门基础信息的交换与共享,加强户籍动态监管。

【税务稽查】 按照"保大、抓小、突出重点"的原则,以查处重大涉税违法案件和税收专项检查为重点,加大稽查检查工作力度,强化涉税案件查办的震慑打击作用,大力整顿和规范税收秩序。全区各级国税稽查部门共检查纳税户11 715户,查补收入共计10.15亿元,入库10亿元。

【案件查处】 重点督办"内蒙古蒙王实业公司"、"武川梦悦商贸有限公司"等一批大案要案。特别督办了鄂尔多斯市战友煤炭运销有限公司涉嫌虚开增值税专用发票案件,为国家挽回经济损失。

【专项检查】 成立了稽查、征管、法规、税政等部门参加的税收专项检查领导小组,共检查641户企业,已查结511户,有问题393户,查补收入合计10 525.66万元,已入库9 080.89万元。组织111户企业进行自查,自查查补收入12 194.61万元,已入库12 158.91万元。

【打击发票违法犯罪活动】 全区立案查处发票违法案件137起,共查获涉案发票46.9万份,配合公安机关抓获犯罪嫌疑人223人,捣毁窝点26个,打掉团伙43个,检察机关已起诉20人。社会上打击发票违法犯罪活动的氛围基本形成,违法行为呈减少趋势。

【纳税服务】 进一步规范办税服务厅管理,区局制定并下发《税收征管业务工作规程》、《办税服务厅工作规范》、《办税服务厅管理办法》和《关于进一步加强纳税服务工作意见》等规范性文件和办法,各盟市局也结合实际制定完善相关的纳税服务规程、办法、制度124个。进一步推行"一窗式"管理、"一站式"服务,实行多元化办税服务方式,方便纳税人办税。有5个盟市实现国地联合办税,3个盟市实现"同城通办"。有的还开发推行"一站式服务管理信息系统",实现办税业务的受理、批转、提醒和信息的采集、储存、利用一体化。进一步加快网上办税、12366服务热线、财税库银横向联网工程的建设步伐。

【教育培训】 开展多层次、大规模的干部教育培训工作,区局和各盟市局组织各类培训班167期,培训10 119人次;组织参加全国税务系统稽查业务考试和执法资格考试,取得了较好成绩。

(卜卫东)

地方税收

【内蒙古自治区地方税务局领导名录】

党组书记 局长:苗银柱
党组成员 副局长:云　飞(蒙古族)
党组成员 纪检组长:白　烨(蒙古族)
党组成员 副局长:乔志明 向东(蒙古族)
　　　　　　　　张　莉(女)
助理巡视员:王凤来 包清泉(蒙古族)

【各项收入完成情况】 2009年,内蒙古自治区地税系统组织各项税费收入累计入库796.6亿元,比上年同期增收179.8亿元,增长29.1%。其中,税收总收入累计入库535.9亿元,比上年同期增收114.3亿元,增长27.1%。社会保险费累计入库223亿元,比上年同期增收39亿元,增长21.2%。水利建设基金、残疾人就业保障金、工会经费、文化事业建设费等基金收入累计入库11.8亿元。新开征的煤炭价格调节基金完成25.8亿元。

【税收职能作用充分发挥】 为了克服国际金融危机对税收工作的影响,切实增强工作的预见性、针对性和实效性,局领导先后两次带队分赴基层开展调研督导工作,了解企业生产经营情况,指导基层开展工作。全系统坚持把实施结构性减税和不折不扣落实税收优惠政策作为促进发展、惠及民生的重要手段,先后免征乳制品生产企业地方税、初始创业者部分企业所得税,将个体工商户营业税起征点调高到5 000元,同时免征其个人所得税和水利建设基金，对困难企业实行缓缴税费政策，免收纳税人新办和变更登记证工本费等，为促进全区经济企稳回升发挥了积极作用。全年共减免税收17.1亿元，50.5万户纳税人受益；24户困难企业享受缓缴社保费优惠政策，缓缴社保费2.2亿元。与此同时，切实加强对重点行业、重点税种以及税源大户的征管力度，努力挖潜增收，确保应收尽收。

【征收管理】 全系统按照“清理管户、清理税源、清理欠税”要求，狠抓税费征管质量。组织实施清理管户工作，税务登记户数大幅增长。全区通过清理管户和开展“两税”比对工作，清理漏征漏管户9 143户，清理税款4.5亿元，税务登记管户达到59.1万户，比上年增加7.9万户。大力开展清理税源工作，全面加强税源监控管理，清理税源户数10.4万户，查补税款3.2亿元。认真开展清理欠税欠费工作，挖潜增收保收入，清理欠税5.2亿元，清理欠费3.8亿元。开展对重点税源企业专项纳税评估工作，增加税收7 152.3万元。加强大企业分支机构税收管理自查督导工作，查补收入7 729.1万元。大力整顿规范税收秩序，加强稽查检查和专项检查工作，专项检查查补收入8.2亿元，稽查检查查补收入7.5亿元。开展对重点行业、新型行业的日常检查，查补税款7.7亿元。开展发票专项检查，查补收入352万元。优化完善数据大集中系统性能与功能，强化信息管税，推广应用税收管理员平台、纳税服务平台、纳税评估系统、短信服务平台、微机定税软件、工商国地税企业基础信息系统、发票在线开票和窗口代开、税务预登记软件等系统，信息化应用水平稳步提高。

【队伍建设】 各级地税机关以全员读书活动为切入点，开展形式多样、内容丰富的读书交流活动，增强了干部学习的自觉性，提高了干部的知识素养。各地以岗位培训、岗位练兵为重点，从征管工作需要出发，本着缺什么补什么的原则，开展针对性的业务培训、技能竞赛等活动，选送干部到各级各类院校进行学习，促进了干部业务技能素质的提高。2009年全系统共举办各类培训班638期，培训2.9万人次。在区局的统一部署下，各盟市局根据工作需要，通过公开选拔、竞争上岗等多种形式，对基层一线征管局领导班子进行调整，选拔任用一批年轻干部，增强基层干部队伍的活力。全系统以树立先进典型为抓手，学习先进，弘扬正气，培养良好作风。自治区党委宣传部组织各大新闻媒体对纳日松地税分局近年来在艰苦环境中献身于税收事业的奉献精神进行了全方位、多角度的宣传报道，这是对全区地税系统基层组织和广大干部职工多年来艰苦创业、无私奉献的一次集中反映，是全系统学习实践科学发展观、服从服务于自治区经济社会发展所取得的一个积极成果。面向社会公开招录近千名工作人员，基层一线力量得到充实。

【廉政建设】 各级地税机关认真贯彻落实自治区纪委八届四次会议和全国税务系统党风廉政建设工作会议精神，突出重点，狠抓落实。按照自治区党委关于建立健全惩治和预防腐败体系的一系列工作部署，结合地税实际，以强化税收执法权和行政管理权的监督为重点，全面构建全区地税系统惩治和预防腐败体系。以干部管理为重点，以权力监督为核心，加强对税收执法、选人用人、基建工程、资金使用等重点岗位、重点环节和重大事项的监督，将监督制约延伸到征管一线，延伸到薄弱环节，防止违法违纪行为的发生。组织开展领导干部违反规定收送礼金问题专项治理工作和治理“小金库”专项工作，狠抓干部廉洁自律，促进政风行风转变。积极探索建立廉政风险防范机制，掌握廉政工作主动权。深入开展节约型机关建设，落实厉行节约八项要求，大幅压缩机关经费，提高资金使用效益。在积极配合各级审计机关开展好外部审计的同时，全面加强内部审计工作，进一步规范税收管理秩序和财务管理工作。坚持“纠建并举”的方针，从解决损害纳税人利益的突出问题入手，把政风行风评议与行政监察、社会评议、责任追究等工作有机结合起来，发挥综合治理的整体效应。

【领导表扬】 自治区地税局的工作得到了自治区党委、政府的充分肯定。自治区党委原书记储波同志先后三次对地税工作作出重要批示，其中2009年7月1日在局上报的税收专报《全区地税收入圆满实现时间任务“双过半”》上批示：“税收总收入在去年高增长的基础上，增长24.4%实属不易，感谢地税系统的同志们。”自治区党委副书记、自治区主席巴特尔同志对地税局圆满实现上半年时间任务“双过半”目标作出批示：“上半年地税各项任务完成得很好，应该庆贺和表扬。下半年任务较艰巨，又增加了煤炭价格调节基金的任务，望发扬最能克服困难的作风，确保全年任务的超额完成。”自治区党委副书记、自治区常务副主席任亚平同志先后三次对地税工作作出重要批示，其中2009年12月14日在局上报的税收专报《全区地税提前20天完成全年税费收入任务》上批示：“组织收入工作很有成效，在应对金融危机冲击的最为困难的一年，能取得这样的成绩实属不易。请地税局认真总结工作，研究安排好明年的任务。”

（刘素霞）

金融·保险

金　融　办

【内蒙古自治区人民政府金融工作办公室】

主　任:宋　亮

副主任:李毅刚 李雅兴 李国俭

【扩大资金投入】 2009年12月末,全区各家金融机构贷款余额达6 293亿元,同比增长39%;全年新增贷款1 784亿元,已经超额完成年初自治区党委、政府提出的全年新增1 500亿元的奋斗目标。2009年贷款增量是2008年的2.3倍,贷款增幅居全国第7位,增幅和增速均创下历史最高水平,贷款增长实现"三个超过":即贷款增速超过存款增速,超过全国同期贷款增速、超过全区经济增长速度,信贷投放有力地支持自治区经济增长继续在全国保持领先地位。

【引进金融机构】 继续向区外各家金融机构宣传自治区经济发展的良好态势和金融发展的良好政策环境,渣打银行呼和浩特分行已经筹建,实现了自治区引进外资银行零的突破。兴业银行呼和浩特分行已经开业,是自治区引进的第6家区外股份制商银行。光大银行、民生银行等股份制银行先后在自治区考察洽谈设立分支机构事宜,近期将上报中国银监会审批。中国进出口银行多次来自治区考察,举办银政企项目座谈会,并将考虑设立内蒙古分行。针对自治区资源型产品较多,受国际市场期货影响大的问题,积极引进期货公司,2009年先后引进大华期货公司、民生期货公司和首创期货公司,期货机构达5家,全年代理成交额463亿元,同比增长85%。

【支持地方性金融机构发展】 至2009年12月末,自治区地方金融机构存款余额达2 186亿元,占全区金融机构存款余额的26%;贷款余额达1 223.5亿元,占全区金融机构贷款余额的19%。包商银行总资产突破800亿元,在区内七个盟市设立分支机构,在包头固阳、呼伦贝尔鄂温克旗发起设立村镇银行,在宁波、深圳和成都设立分行,正在向全国性股份制商业银行迈进。呼和浩特市商业银行已正式更名为内蒙古银行,2009年末其资产突破200亿元,资本净额达26亿元,正在筹备在全区设立分支机构,向全区性商业银行方向发展。农村信用社改革基本完成产权改革任务,2009年末农村合作金融机构总资产达1 473亿元,89家旗县农信社完成票据兑付15.8亿元。金融办农村信用社改革和小额信贷发展项目被亚洲开发银行、财政部评为第二届优秀政策咨询/能力建设技术援助项目唯一制度创新奖。

【小额信贷试点】 在实践中探索形成了依托产业集团、物流集团、担保集团组建小额贷款公司的新模式,形成了民间资金汇集支持中小企业融资的有效途径。金融办将小额贷款公司客户信息纳入"内蒙古自治区信用信息基础数据库",采取奖惩并举的措施,鼓励诚信、惩戒失信,防范道德风险,为小额贷款公司培育信用客户提供了一个重要的平台。金融办下发《关于统一小额贷款公司会计凭证和合同文本的通知》、《内蒙古小额贷款公司会计核算暂行办法》,同时,针对监管中出现的新问题与新情况,下发了《关于加强小额贷款公司监管的通知》,使监管工作更加细化、有针对性。大力支持小额贷款龙头企业跨区域设机构,开展业务,建立自身的小额贷款服务网络,目前自治区已有4家小额贷款公司以子公司或分公司的形式跨盟市或旗县设立分支机构。成立小额信贷协会,主要职能是促进会员的互动与交流,维护行业利益,加强行业自律,促进小额信贷试点工作规范、健康、可持续发展。同时,其门户网站—"内蒙古小额信贷协会网"已正式开通。举办小额贷款公司财务人员及信贷人员培训班,累计培训近700余人次,有效提高小额信贷行业从业人员的素质。2009年12月底,全区已批准开业243家小额贷款公司,注册资金总额达到212亿元,已经覆盖90%的旗县区,成为全国小额贷款公司家数最多、规模最大的省区。

【倡导普惠金融服务】 与银监局加快推动农村新型金融机构发展,全区已经有14家村镇银行、贷款公司和资金互助社开业和批准筹建。积极支持中国银联内蒙古分公司开发"银联惠农支付通"项目,通过手机和银行卡绑定实现交易双方资金实时划转,已经在自治区三个盟市试点推广。金融办与财政厅、农牧业厅、保监局继续扩大农业政策性保险覆盖面，全区累计实现农业保险保费收入14亿元，同比增长31%，受益农户289万户，农业保费收入在全国各省区中列第2位，占到全国的11.3%。金融办积极协调各家金融机构加大对农牧业生产和居民消费支持力度，创新金融服务。农业贷款新增额达138亿元，是2008年的1.8倍；个人消费贷款新增额达190亿元，是2008年新增额的2.6倍；农村小额人身保险试点已在全区44个旗县开展试点，覆盖10万人，承保风险金额达14.8亿元。

【为解决政府投资项目资金需求提供服务】 根据自治区政府主要领导的指示，为了解决当前政府投资项目资金缺乏的迫切需求，参照四川、重庆、甘肃等省市组建政府融资平台的做法，结合我区实际，提出了投融资平台组建思路和方案。目前已经成功组建内蒙古水利投资公司作为第一产业服务的专业投融资平台，元盛投资担保公司作为全区中小企业信用担保平台，与有关银行的信贷融资正在具体操作中。综合投融资平台方案经过多次研究修改基本可行，等待政策时机提交政府研究决定组建。与国家开发银行、建设厅、财政厅、教育厅等部门研究，在解决城市垃圾和污水处理、廉租房建设、中小学校舍安全工程建设融资取得了重要进展，开发银行已经为垃圾污水处理和廉租房建设承诺贷款69亿元。

【加大对中小企业的融资服务力度】 积极寻求解决中小企业融资难问题，向自治区党委、政府提出《关于促进我区中小企业融资若干政策建议的报告》，会同经委起草并以自治区政府文件出台《内蒙古自治区人民政府关于进一步促进中小企业发展的意见》。会同银监局积极促进各家银行进行金融组织创新、机制创新和产品服务创新，建立和完善适合中小企业的信贷工作机制，2009年，各家银行支持中小企业融资的力度普遍加大。至2009年12月末，全区各家银行中小企业贷款余额1 859亿元，占全部企业贷款余额的43%；中小企业贷款比年初增加583亿元，占全部企业贷款增加额的45%。努力打造和壮大多层次中小企业信用担保体系。经过比较深入的前期研究，并经自治区政府常务会议确定，自治区本级投入20亿元壮大中小企业担保体系，出资3亿元参与组建东北中小企业再担保公司，成立内蒙古分公司，使自治区成为全国中小企业信用担保资金总量最大、担保能力最强、担保和再担保体系双覆盖的省区。全区共有112家中小企业信用担保机构，其中41家为地方政府控股和参股担保机构。至2009年末，全区担保资金总额达51亿元，累计为中小企业融资担保251亿元，在保余额96亿元，2009年新增担保额98亿元。小额贷款公司全年累计放贷171亿元，支持了近2万户小企业、个体工商户和农牧民的融资需求。全区金融支持中小企业的做法受到中央媒体的关注，新华社在9月14日出版的内参第1 327期专门报道了自治区创新金融服务加快中小企业发展。

【拓宽直接融资渠道】 为加快推动自治区中小企业改制上市并积极赴海外上市融资，联合内蒙古证监局先后为企业举办"内蒙古资本市场创业与融资论坛"、"内蒙古自治区矿业企业赴伦敦上市融资研讨会"及"内蒙古自治区企业赴香港上市融资研讨会"，组织企业参加由证券时报举办的"创业企业上市融资研讨会"、"中国企业国际融资洽谈会"，联合发改委、经委、科技厅、证监局、工商联、青联、内大等部门共同举办"内蒙古首届风险投资与私募股权投资高峰论坛"。协调呼市金创投资公司、太西煤集团及平安创新三家股东出资创建规模为3亿元的股权基金，重点培育拟上市中小企业。经过多方努力，自治区进入上市后备名单的企业近70家，福瑞制药在深交所正式上市融资，实现融资5亿元。伊泰集团增发H股预计将于今年上半年完成。包钢集团申请发行30亿元中期票据计划已经在中国银行间市场交易商协会注册，并发行融资10亿元。内蒙古电力公司、集通铁路等大型企业发行短期融资券和企业债85亿元。永业科技从美国纳斯达克OTC市场转入主板交易。包头市发行中小企业集合债也在组织进行中。

【完善社会信用体系建设】 内蒙古自治区信用信息基础数据库系统已经开通，首期汇集来自各行政主管部门和金融监管机构所掌握的19万户企业的627万条信用数据，为政府行政监管、金融机构贷款、企业政策扶持、经济风险防范等决策起到重要的参考作用。将与小额贷款公司、担保公司发生业务关系的企业信用信息进行收集整合，为中小企业融资、银行授信提供了权威的第一手信用资料，同时也加强了对全区小额贷款公司和担保机构的监管，更好地发挥了它们在扶持和促进中小企业健康发展中的重要作用。推动大公国际资信评估有限公司和联合资信评估公司等征信机构开展中小企业信用评级工作，促进中小企业信用融资。

【国内外金融交流合作】 2009年，中国农业银行和国家开发银行在自治区新增贷款分别为207亿元和241亿元，分别为上年新增额的3.8倍和2倍；中国人保集团将在政策性保险、商业保险、资本合作、保险资金运用及保险服务创新等领域全面开展合作。为了促进全国各省区市金融办工作交流,发起第三届省级金融办主任圆桌会议,促进各地金融办之间交流、沟通和合作。与天津市和东北三省就加强金融合作达成初步协议。成功举办小额信贷国际峰会,小额贷款公司试点受到国际专家和与会省市金融办的高度关注和好评。

(田跃勇)

人民银行

【中国人民银行呼和浩特中心支行领导名录】

行　长:赵志华(蒙古族 12 月离任)
王景武(12 月任职)
副行长:张子君 曹元芳(女) 牧人(蒙古族)
高兰根 额尔德尼(蒙古族)
纪检委书记:肖长江
工委主任:包　健(蒙古族)
调研员:李　江

【适度宽松货币政策】 完善向自治区党委政府报送《边境贸易结算报告》、《国库资金运行分析报告》、《金融运行分析报告》、《边境地区境外投资监测报告》、《支付信息分析报告》等宣传政策、反映工作情况的专项报告制度,认真组织答复全国及自治区人大代表、政协委员 31 项提案建议,强化与金融监管部门的协作和信息共享机制建设,定期不定期组织召开金融运行分析会、金融工作汇报会、金融外汇工作联席会、银企项目对接会、经济金融专家咨询小组会等各类形式的经济金融会议,加强政策引导和舆情监测,进一步密切与社会各阶层组织的联系,取得货币政策理解和实施过程的一致。中心支行贯彻落实适度宽松货币政策的工作意见和建议被自治区党委政府及有关部门采用,并能够运用到指导自治区金融工作实践中。

【金融机构信贷结构调整和服务水平】 一是按照总行积极发挥信贷政策的作用,引导金融机构用好新增信贷资金的总体要求,结合自治区经济发展实际,研究制定并下发实施了金融业支持“三农三牧”、改进对民营经济和中小企业金融服务、金融业支持产业结构调整 3 个指导意见,引导金融机构坚持“区别对待、有保有压”的原则,科学把握信贷投放节奏和力度,重点加大对“三农”、中小企业、民营企业、第三产业的信贷支持力度,发挥金融撬动自治区产业结构调整升级作用。至 2009 年 12 月末,全区金融机构人民币各项存款和贷款同比增长32.1%和38.97%,全年新增人民币贷款 1 784.2亿元,是 2008 年新增贷款额的 2 倍。信贷的快速增长对自治区经济企稳回升起到了重要的作用。二是积极推动信贷方式改进,在全自治区推广“信用协会 + 互助基金 + 风险补偿基金 + 农牧业保险 + 银行贷款”五位一体的信贷运行新模式,积极寻找缓解农牧民“贷款难”的新途径,探索支持县域经济发展新方式。全年自治区金融机构累计向信用协会会员发放贷款 2.6亿元,较好地破解了制约农村牧区经济发展的资金“瓶颈”和信用缺失问题。三是推动小额贷款业务发展,加大对弱势群体信贷支持力度。稳步推进“小额贷款 + 创业培训 + 信用社区”长效联动机制建设;结合实际改进和完善对农民工、高校毕业生、零就业家庭的金融服务,全年累计发放下岗失业人员小额担保贷款9.4亿元,同比多发放6.1亿元,增长2.9倍。积极协调和督促经办国家助学贷款的金融机构及时足额发放符合条件的国家助学贷款,扩大助学贷款发放范围,鼓励金融机构发放生源地助学贷款,全年累计发放助学贷款1.7亿元,共支持3.1万名贫困学生进入大学。

【增强金融机构服务功能】 一是制定《中国人民银行呼和浩特中心支行对农村中小金融机构贷款操作规程》,加强对支农再贷款的管理。2009 年累计发放支农再贷款87.9亿元,支持自治区“三农三牧”经济的发展。二是灵活运用存款准备金政策,继续对涉农贷款比例较高的农村合作银行、农村信用社执行比一般商业银行低的存款准备金率,增加农村信用社可用资金 35 亿元。三是制定《中国人民银行呼和浩特中心支行质押回购式再贴现业务管理暂行办法》,促进金融机构通过再贴现票据的选择,加大对“三农”信贷投放和中小企业的融资支持。四是加强利率报备监测系统建设,完善利率监测报告程序,指导金融机构合理进行利率定价,推动信贷市场有序竞争,不断提高金融机构风险定价的能力和水平。

【促进金融市场健康发展】 与自治区金融办联合举办短期融资券和中期票据业务推介座谈会,积极推进短期融资券和中期票据发行工作。全年共有 10 家企业发行短期融资券 66 亿元,1 家企业发行中期票据 10 亿元。加强债券市场管理,对发生异常交易情况的包商银行和华宸信托投资有限责任公司负责人分别进行约见谈话,不断规范其运行秩序,确保债券市场健康发展。

【推进农村信用社改革】 全年会同银行业监管部门对 20 家农村信用社专项中央银行票据兑付申请进行

严格审核,对总行确定的3家申请专项票据的农村信用社进行了现场检查。至2009年12月末,共对全区89家农村信用社兑付专项中央银行票据15.8亿元,占全区发行总额度的97%。同时,建立了从2002年至2008年内蒙古自治区农村合作金融机构经济金融数据库,密切监测农村合作金融机构经营状况和改革成效。

【组织开展特色研究】 进一步完善调研信息考核和激励机制,加强协调配合,整合资源,围绕制约货币信贷政策区域传导效果、金融危机对自治区经济的影响等经济金融运行中的重点、热点、难点问题开展调研和信息反馈,形成一批质量较高、有一定参考价值的调研报告和信息。全年完成《草原生态环境保护背景下金融支持能源经济发展战略研究》、《中蒙贸易边境发展与金融服务研究》两部特色研究专著及46项重点调研。上报金融信息340期、《专题调研》60期,被国办采用2篇,被总分行、自治区党委政府采用175篇,在自治区政府信息考评中列前三位。完成自治区255户大中型工业企业数据库近4年数据的填充工作,为分析预测经济运行态势和决策提供了有力的数据支撑和参考依据。

【加强风险防范】

创新工作思路 提高金融风险防范能力 在推动金融创新,提高服务水平,积极支持经济发展的同时,更加注重金融风险防控,做到了日常监督与深入实际监测相结合、系统金融评估与地方法人机构风险监测相结合、风险预警与化解相结合、风险监测与金融调研相结合,全方位、多角度开展金融稳定工作。全年全区各级人民银行对16家法人金融机构进行风险提示30次(份),高度关注7起金融案件,并提出处置和化解措施以及政策建议,对金融业发展中出现的新情况、新问题及经济金融运行中的难点、风险点等12项专题进行了调研,首次运用定量评估方法对2008年内蒙古自治区金融稳定总体状况进行评估,进一步提高评估和预警水平,扩大金融稳定工作的影响力,较好地维护了地方金融稳定。

以加强地方法人机构风险监测为重点 全力维护地区金融稳定 坚持"预防为主、积极应对、妥善解决"的方针,积极运行"属地监测+属地风险提示+全区风险排查、汇总、分析"的三级行共同参与的联动监测工作模式,实施预防和化解风险关口前移,采用多种方式加强地方法人机构风险监测,对法人金融机构提高风险意识、改善经营管理、降低经营风险起到积极促进作用。

密切关注金融改革 继续做好金融资产管理工作 对辖区2家政策性银行、各国有商业银行的改制情况以及农村金融机构经营发展状况和风险情况进行调研。进一步加强金融稳定再贷款管理,全年累计收回金融稳定再贷款本金4 720万元。组织完成辖内停业整顿城市信用社退出市场后人民银行受偿资产委托总行汇达公司进行处置前的清理、移交工作。继续做好全区原人民银行系统历史遗留剩余资产移交总行汇达公司后的相关后续工作。

【深化金融业务标准化管理】 不断延伸和扩展管理内容及范围。以"排查风险隐患、增强防范能力、提高服务水平"为重点,将标准化管理与内控体系建设、案件防范、反腐倡廉、金融现代化服务手段、提升业务人员素质相结合,通过对岗位风险多角度地检查评估,风险控制有效率达到98.8%,有效地防范了各类案件的发生。

【加强支付结算基础设施建设】 一是组织完成中央银行会计核算电子对账系统在内蒙古上线、呼和浩特城市处理中心向清算总中心CCPC集中应急备份系统的切换演练、内蒙古自治区农村信用社联合社支付管理信息系统上线、账户管理系统新增协助查询功能业务验证及两家地方法人金融机构联网核查公民身份信息平台系统正式运行,现代化支付体系基础设施建设得到不断加强。二是积极延伸支付清算网络在农村、牧区的辐射范围,为4家村镇银行办理了支付系统代理、系统接入等相关业务,促进了农村牧区支付环境的改善。深入拓展农牧民工银行卡特色服务业务。至2009年12月末,内蒙古自治区农村信用社2 286个网点及邮政储蓄银行440个网点开通了受理业务,农牧民工银行卡交易总金额达3 246.3万元。三是有效推动财政惠农惠牧补贴资金和城镇居民补贴"一卡通"业务。是年,全区财政补贴农牧民资金"一卡通"已发放30.1亿元,惠及472万农牧户。城镇银行卡支付环境居民补贴"一卡通"发放130.3万元,惠及4 089户居民。四是配合公安部门严厉打击银行卡犯罪活动,加强银行卡安全管理,推进自治区银行卡产业健康、快速发展。年内配合公安机关共破获利用银行卡违法犯罪案件28起。积极推广公务卡运用,全区85家本级预算单位、9家二级单位已全部实施了公务卡改革,4家国有商业银行、2家股份制银行实现公务卡受理发行。截至2009年12月末全区共累计发行银行卡2 805万张,持卡消费450亿元,银行卡在全区的渗透率为22%。

【货币发行管理改革】 一是认真做好发行基金调拨管理,保证发行基金合理供应。全年全区累计投放发行基金1 336.4亿元、回笼1 048.9亿元,净投放287.5亿元,同比增长11.5%;全区累计清分回笼券225.8亿元、累计销毁残损人民币67.7亿元。二是积极开展货币金银业务创新。实行回笼券集束包装入库模式,提高了发行库科技作业水平和回笼券入库效率。为从根本上解决硬币流通供应不足、回收难问题,尝试开展硬币包装、清分、回收、调剂的管理,进一步提高了硬币管理水平。三是完成对20个发行库达标升级考核验收,促进发行库管理水平的提高。四是打防并举,开展特色鲜明的反假货币宣传活动。全面推进"城市社区、农村牧区"两个反假货币宣传网络建设,全区反假宣传知晓率达75%,同比提高3%;反假货币宣传站(点)11 857个,较上年增加3 157个。积极配合公安部"09 行动",加大对假币的打击力度。全年共收缴假人民币2 210万元,破获假人民币案件44起,金额1 465.8万元。五是加强现金供应,做好人民币现钞出入境管理和监测。认真履行中蒙商业银行合作协议,确保对蒙古国人民币现钞合理供应。全年共办理人民币押运出境62次,金额13.5亿元。扩大人民币现钞跨境流动监测范围,在二连浩特口岸监测的基础上,增加了满都拉公路口岸等6个边境口岸的监测,对蒙古国人民币现钞跨境流动监测体系基本形成。

【构建现代新型国库】 一是继续实施国库监管工作情况逐级报告、监管案例即发即报制度,成功研发并试点运行内蒙古人民银行国库预算监督管理信息系统。全年全区共上划中央预算收入529.6亿元,办理自治区级预算收入入库1 547.8亿元,办理自治区级财政库款支拨及财政集中支付清算资金1 444.3亿元,发行国债25.3亿元,均做到准确无误。二是推动自治区政府召开财税库银横向联网电视电话会议,推进财税库银横向联网工作进程,呼和浩特市、包头市横向联网工程开始运行。三是及时启动国库应急预案,将自治区甲型H1N1流感防控资金257万元拨付到指定收款账户,保障防控资金的及时有效使用,维护群众的利益,得到自治区甲型H1N1流感防控中心的好评。

【加快信贷征信建设】 一是制定下发了《内蒙古自治区地方性金融机构征信数据上报达标方案》,加强对地方性金融机构征信系统数据质量实施有效监控,全区地方性金融机构企业征信系统数据上报通过率和个人征信系统数据上报入库率达到95%和99%以上。二是从提高征信系统数据质量入手,建立金融机构信贷业务数据与企业征信系统数据定期核对制度,系统数据质量进一步提高,应用范围不断扩大。至12月末,企业系统共为全区11.8万户企业建立信用档案,月均查询超过1.8万次;个人系统为990万个自然人建立信用档案,月均查询量15.3万次。稳步推进农村征信体系建设。制定全区农村信用体系建设实施方案,建立了农户电子信用档案指标体系。全区有1 355个金融机构为225万农户建立信用档案,对182万农户进行了信用等级评定,其中175万户获得贷款。目前征信系统在政府、金融、法院、企业等领域得到广泛应用,特别是在为金融机构防范风险、提供服务方面发挥重要作用。三是健全异议处理组织体系,切实提高异议处理的时效性。全年全区受理企业异议申请16笔,全部进行回复和处理;受理个人异议申请194笔,97%已进行回复和处理。四是继续加大非银行信息采集力度。至12月末,共采集83.6万条住房公积金缴存账户信息,559户企业法院诉讼信息、企业环保执法行政信息和企业拖欠工资信息,并与电信、工商、税务、自来水公司、交通征费稽查等部门签订了数据采集协议。五是积极征集中小企业信用信息,大力推进借款企业评级,推进企业信用体系建设。截至12月末,全区共征集中小企业信用信息25 123户,完成借款企业信用评级137户,4 178户取得银行授信,3 289户已获得银行融资。六是深入开展征信宣传活动,增强社会诚实守信意识。全年全区主动查询个人信用报告达18 932人,比上年同期增加三倍多,社会信用意识有了极大的提高。

【完善反洗钱工作体系建设】 一是进一步健全反洗钱监管制度体系和工作机制。制定全区金融机构反洗钱工作报告制度、考评制度、预警制度和非现场监管实施细则以及《内蒙古自治区2009~2012年反洗钱发展规划》,反洗钱制度框架体系不断完善。二是以反洗钱领导小组联席会议为平台,继续加大与检察院、海关、公安机关反洗钱合作力度,建立中心支行与自治区人民检察院反洗钱协作机制,开通"蒙冀辽"三省区三地市反洗钱信息交流网站,积极推进"黑蒙"三地县、"蒙陕晋"五县(旗)反洗钱合作机制建设,跨部门、跨省区反洗钱协调合作机制建设取得新突破。三是继续加大反洗钱调查和案件协查力度。按照可疑交易线索核查和报案程序,向公安机关报案3起,涉嫌案值9.8亿元。配合公安机关协查案件12起,案值15.7亿元。积极开展"护航2009"反恐融资专项行动,密切监控跨区域可疑资金流动和跨境可疑外汇资金异常流动,关注国际"热钱"通过边境口岸出入境和国内地下钱庄与国外恐怖组织的关联,加大与口岸地区相关部门合作力度,全区未发生一起涉恐资金案件。四是积极探索反洗钱非现场监管新模式。采取非现场监管质询、重点辅导、约谈高管等辅助监管手段,加强了对金融机构的业务指导和政策传导,增强了金融机构开展反洗钱工作的自觉性和主动性。

【实施外汇管理创新】 认真组织实施外汇金宏系统试点和上线的各项工作,确保辖内试点工作的顺利开展,目前全区14家银行已全部正式上线。加强结售汇统计现场核查,全区涉外收支申报率一直保持100%。

采取切实措施,提高"来料加工收汇比例",适当调整核销单发放比例,改进出口收汇联网核查管理,便利企业结汇,提高资金使用效率,支持企业扩大出口。积极协助出台了边贸结算账户结售汇限额管理政策,解决中蒙银行双边本币账户结算过程中形成的结售汇需求。不断拓宽边境地区银行跨境本外币结算渠道,积极推动自治区政府申请开展跨境人民币结算试点。全区商业银行已与俄蒙21家商业银行建立了70个账户。

建立全口径、多层次的资本项目外汇统计监测分析预警体系,完成统计和监测两模块的设定工作,认真组织开展了外债数据清理。积极争取金融机构短期外债指标,帮助银行、企业解决融资难问题,2009年全区金融机构短期外债指标由2008年的120万美元调增至4 000万美元。实行现行外汇政策原则性与灵活性相结合,妥善解决企业资本跨境运作、股权结构调整、境外B股回购等方面遇到的难题,保证企业对外贸易的顺利开展。

组织开展对4家银行的38家分支机构执行外汇管理政策合规性专项检查和13家银行贸易信贷政策执行情况专项检查。对全区25家涉嫌违规的企业和银行进行调查,对19家银行及企业违反外汇管理规定的行为进行了查处。全区共立案18件,结案18件,结案率达94.7%,累计罚款34.8万元。

【先进个人 先进集体】 于峰,获国家外汇管理局"政务信息先进个人";斯日更,获国家外汇管理局"国际收支先进个人";马杰文,获人总行"信息安全保障先进个人";萨其容贵,获人总行"信息安全保障先进个人";库晓星,获人总行"金融统计数据集中工作先进个人";王国俊,获自治区"信息调研工作优秀组织者";李政,获自治区"五一劳动奖章";李连俊,获自治区"政务信息报送先进个人"。

办公室,获内蒙古自治区政府"信息报送先进单位";保卫处,获内蒙古自治区政府"综合治理先进单位";老干部处,获中华全国总工会"工人先锋号";外汇综合处,获内蒙古自治区政府"信息报送先进单位";资本项目处,获内蒙古自治区总工会"五一劳动奖章"。

(王晓中 李彤)

银监局

【中国银行业监督管理委员会内蒙古监管局领导名录】

局　长:薛纪宁

副局长:陈志韬 宋建基 罗勇 贾奇珍

纪委书记:韩雅芳(女)

副巡视员:林雪清(女 蒙古族)

【概况】 中国银行业监督管理委员会内蒙古监管局系2003年10月成立,是中国银行业监督管理委员会的派出机构。2009年末,内蒙古银监局在辖内各盟市设11个银监分局和80个旗县监管办事处,局机关内设15个职能部门,另设后勤服务中心,全局系统共有工作人员863人。其主要职责:贯彻执行国家有关金融工作的法律、法规,根据中国银监会的授权,制定监管法规、制度方面的实施细则和规定;负责对辖内银行业金融机构及其分支机构的设立、变更、终止和业务准入(退出)的监督管理;审查和批准辖内银行业金融机构及其分支机构高级管理人员的任职资格;对辖内银行业金融机构的业务活动及其风险状况进行非现场监管、现场检查,并依法查处金融违法违规行为;负责统计、分析、上报辖内银行业金融机构经营管理相关数据,依据有关规定指导、监督其信息披露;负责分析、研究辖内银行业金融风险,并独立或会同有关部门提出处置风险的意见和建议;负责指导、监督辖内银行业自律组织的活动;负责指导、监督、检查辖内银行业金融机构案件防控工作,并配合公安部门做好辖内银行业金融机构安全保卫工作。

2009年末,辖内银行业各项贷款余额6 442亿元,同比增长41.1%。其中:农业贷款余额452亿元,同比增长44%;中小企业贷款余额1 859亿元,同比增长45.7%。

【银行业案件治理工作】 针对辖内银行业案件防控的严峻形势,内蒙古银监局加强对辖内银行业基层网点和重点业务的突击检查,大力开展案防教育和合规教育,指导推动自治区农村信用联社开展全员经济联保责任制试点工作。建立与自治区纪委和公检法等部门合力打击银行业违法犯罪协作机制,严肃查处银行业违法违规案件。2009年,全区银行业案件数量、涉案金额和百万元以上案件均实现大幅下降。全年发生案件同比下降64%;涉案金额同比下降34%。辖内银行业未发生重大抢劫、盗窃等重大责任事故。

【重点机构 重点业务 高风险领域监管】 一是加大对高风险农村信用社的监管力度,督促自治区农村信用联社积极发挥行业管理职能,加大高管人员交流、强制休假工作力度。二是加强辖内银行业信贷投放高速增长背景下的风险防范,进一步加大对集团客户授信、地方融资平台贷款、票据和理财等重点风险领域的监管力度,及时向相关机构进行风险提示。三是指导辖内法人银行业金融机构开好董事会,制定持续的资本补充计划和拔备提取计划,加大不良贷款清收处置力度。至2009年末,不良贷款比年初减少18.9亿元;不良率比年初下降2.08个百分点。四是认真做好银行业信访维稳工作,高度重视并认真核查群众来信来访反映的银行业违法违规问题,督促4家国有商业银行切实做好协解人员上访矛盾化解和稳控措施,配合地方有关部门妥善处置非法集资案件,中央信访工作督导组对本局通过信访核查提高监管有效性方面给予了充分肯定。

【解决银行业存在的突出问题】 2009年4月至10月,内蒙古银监局组织开展了全区农村合作金融机构高管人员及其近亲属贷款自报、自查、自纠“三自一承诺”专项行动。期间共查出257名高管人员及其近亲属违规贷款610笔、金额6 683万元。责令相关银行机构对256名高管人员作出严肃处理,其中:撤职5人,记大过4人,记过18人,警告71人。公开处理和通报了一批违规贷款典型案件。全区1 944名农村合作金融机构高管人员分别与监事会和监管部门签订承诺书。此项工作得到银监会的充分肯定,并将本局的工作情况作为典型经验在银监会系统通报推广。

【改进监管方式和手段】 内蒙古银监局大力加强监管组织架构建设,积极改进监管方式手段,实现了由机构监管向功能监管的转变。一是注重强化非现场监管的分析预警功能和对现场检查的引领作用。2009年共对辖内银行业进行风险提示123次,约见会谈88次,有效传导了监管政策和意图。二是有效开展各类现场检查。全年共完成银监会安排的现场检查33项,自行安排的29项,查出违法违规问题644个,提出监管意见405条。三是坚持依法监管、依法行政,严肃查处辖内银行业违法违规问题。2009年内蒙古银监局共作出行政处罚52件。其中:罚款352万元,取消高管人员任职资格21名。责令银行业机构对542名责任人给予了纪律处分。其中:记过150人、记大过60人、撤职16人、开除14人。全年共受理行政审核事项445件,不予核准高管人员任职资格5名。

【经营】 内蒙古银监局继续加快外资银行和股份制银行引进步伐,积极推进辖内法人机构改革发展,加强对自治区金融机构空白乡镇金融服务工作,银行业服务功能和经营绩效进一步提升。年内,将呼和浩特市商业银行重组为内蒙古银行;包商银行在深圳成都批准设立分行;渣打、兴业、光大银行获批在自治区成立分行;招商、浦发、中信等股份制银行在包头、鄂尔多斯等地设立了分支机构;有5家新型农村金融机构相继筹建和开业。2009年末,辖内银行业资产总额10 609亿元、负债总额10 316亿元,分别比年初增长32.4%和32.1%;实现利润149.5亿元,同比增长34.5%。

(李　旭)

保 监 局

【中国保险监督管理委员会内蒙古监管局领导名录】

局长 党委书记:毋育生

副巡视员 副局长:刘　甄

副局长 党委委员:徐德宁

【概况】 2004年2月6日,更名为中国保险监督管理委员会内蒙古监管局(简称“内蒙古保监局”)。经中国保监会授权,内蒙古保监局履行如下职责:贯彻执行国家有关法律、法规和方针、政策,研究制订辖区内保险业发展战略规划;依据中国保监会授权,依法对辖区内保险机构、保险中介机构违法违规行为进行查处,维护保险市场秩序,依法保护被保险人利益;制订辖区内保险市场监管的相关实施细则、具体办法和工作措施;监测、分析辖区内保险市场运行情况,预警、防范和化解辖区内保险风险;负责辖区内保险公司分支机构、保险中介机构及其分支机构的市场准入、退出等有关事项的审批和管理工作;负责审查核准相关高级管理人员的任职资格;负责管理有关的保险条款及费率;归口管理辖区内保险行业协会、保险学会等行业社团组织。

【保险市场】 到2009年底,全区保险分支机构达1 701家,其中省级保险分公司25家、中心支公司176家,已有11个盟市保险公司主体超过10家,专业保险中介机构125家(含分公司71家),保险兼业代理机构3 439家,保险营销员67 704人,初步形成布局基本合理、服务城乡的保险市场体系。保险公司资产总计293.2亿元,较年初增长20.5%。其中,财产险公司资产总计33.8亿元,较年初增长21.7%;人身险公司资产总计259.4亿元,较年初增长20.4%。

【保费规模】 全年实现保费收入171.3亿元,同比增长21.2%,高于全国平均增速7.4个百分点。其中,财产险业务实现保费收入67.3亿元,同比增长25.7%,高于全国平均增速2.6个百分点;人身险业务保费收入突破百亿元,达103.97亿元,同比增长18.5%,高于全国平均增速7.5个百分点。

【保险功能】 全年保险业共支付各种赔款和给付57.02亿元,同比增加13.5亿元。围绕"保增长、保民生、保稳定",积极发挥保险功能。

进一步扩大政策性农险覆盖面 其中,政策性种植险共承保各类农作物6 041万亩,参保农户268万户次,实现签单保费12.64亿元,同比增长26%;政策性养殖保险承保能繁母猪44.9万头、奶牛26.5万头,参保农户21万户次,实现签单保费1.34亿元,同比增长52.3%。

开展农村小额人身保险试点工作 在全区44个旗县开展农村小额人身保险试点,实现保费收入360万元,覆盖人群约10万人,承保风险金额达14.8亿元。

推动责任险发展 在煤矿、非煤矿山、烟花爆竹等高风险企业开展安全生产责任保险试点,配合有关部门启动了环境污染责任保险试点工作。全年责任险实现保费收入1.3亿元,同比增长23%。

【整顿规范市场秩序】 按照中国保监会的统一部署,结合内蒙古地区保险市场上存在的突出问题,2009年,内蒙古保监局整合保险监管资源,按照上下联动、同查同处、即查即处、查处分离原则,针对保险公司财务业务数据真实性、高手续费率、高返还率、低费率、销售误导、收付费管理等问题和机动车辆保险、银邮代理、短期意外险、政策性农险等业务进行了多次现场检查,累计处罚违法违规保险机构5家,其中1家停止接受新业务,对4家进行罚款;累计处罚高管人员及相关责任人12人,其中罚款6人,警告4人,责令撤换2人;全年累计罚款26万,有效的规范保险市场秩序,保护被保险人的利益。

开展打击"三假"工作 确保取得实效 制定并下发打击"三假"工作方案,与内蒙古公安厅联合转发中国保监会和公安部《关于加强协作配合共同打击保险领域违法犯罪行为的通知》,成立打击保险违法犯罪活动联络机构,建立了案件线索移送制度、工作联络和情况通报制度,加强协作配合,联合打击保险业存在"三假"现象。截至年底,各公司共清查保险骗赔、诈骗案件141起,涉案金额609.01万元。

【信访投诉】 内蒙古保监局畅通信访投诉渠道,建立维护保险消费者利益的良好环境。2009年共处理群众信访件125件次,接待来访42批次、来访群众68人次,接听解答电话投诉咨询600余件。

【结构调整】 内蒙古保监局积极推进行业结构调整,并取得一定实效。从财产险看,车险业务占比过高的情况逐步扭转,农业保险、工程险、货运险、个人贷款抵押房屋保证保险同比分别增长29%、80%、11%和23%,非车险业务占比已经上升为32%。从人身险看,标准保费同比增长24%,高于同期规模保费增速5.7个百分点,表现在业务结构上,主要是:新单期交保费占比45%,同比上升9个百分点,高于全国平均占比20个百分点,其中10年期及以上新单期交保费比重同比上升5个百分点;个人代理业务占比66%,与上年同期基本持平,高于全国平均占比22个百分点,银邮代理占比24.4%,同比下降1.3个百分点,低于全国平均占比23个百分点。

【营造环境】 加强与政府相关部门的沟通协调,完善政策性农险财政补贴实施方案,有效解决拖欠保险机构代收代缴车船税手续费等问题;多渠道多形式开展保险宣传教育,优化社会舆论环境。制定下发《加强保险消费者教育工作实施方案》,通过网站以及有关新闻媒体开辟消费者教育专栏,搭建多种形式的消费者教育平台。组织开展新《中华人民共和国保险法》知识竞赛,积极推进新《中华人民共和国保险法》新闻宣传工作;健全了包括中介分会在内的行业协会组织架构,充分发挥行业协会职能作用,营造健康和谐的行业发展环境。在车险、非车险、银邮代理、从业人员行为等方面完善了自律公约,并开展了多种形式的自律检查,全年共查出违反自律公约的成员单位18家,罚收违约金12.5万元,有力地维护市场秩序。

【风险防范化解】

开展风险排查 成立应对金融危机工作小组,跟踪研究保险风险状况及应对措施。由局领导带队,先后深入各盟市开展专项调研,分析金融危机对我区保险业的影响,研究制定应对策略。

完善风险监测预警机制 健全了非现场监管制度,加强非现场分析与监测,形成按月、按季以及分专

业的非现场分析报告制度,及时报告市场运行情况及存在的风险和问题。完善风险预警指标体系,加强对重点地区、重点公司和重点领域的风险跟踪监测,对指标异动情况及时进行预警。

突出风险防范重点　在财产险领域,重点关注和防范在承保、成本核算和费用管理以及理赔等环节由于业务、财务数据不真实带来的风险。在人身险领域,制定出台《内蒙古保险业非正常集中退保应急预案》,健全重大突发事件应急管理体系。在中介领域,对全区专业中介机构开展年度审计,落实保险中介机构缴存保证金和投保职业责任保险制度。

【保险监管大事记】　1月20日,内蒙古保监局组织召开全区保险工作电视电话会议,传达贯彻全国保险工作会议和监管工作会议精神,回顾总结2008年全区保险工作,安排部署落实2009年全区保险工作。

3月12日,内蒙古保监局组织召开人身保险监管新规新闻发布会,通报保监会出台的"全面实行人身保险收付费零现金制度"等五项人身保险监管政策,阐明政策的有关内容、政策背景以及行业影响,明确贯彻落实的具体措施和要求。

3月15日,内蒙古保监局与内蒙古保险行业协会组织辖区各保险公司开展"3·15"大型宣传咨询活动,正式启动以"让消费者放心买保险"为主题的服务质量年活动。

4月21日,内蒙古保监局与人民银行、银监局、证监局共同召开自治区反洗钱金融监管工作联席会议,传达贯彻国务院反洗钱工作部际联席会议精神,研究部署2009年辖区保险业反洗钱监管重点工作。

5月,针对全区道路交通事故损害赔偿调解和保险理算环节存在的按责任比例调解和理算的问题,内蒙古保监局与自治区公安厅交警总队联合下发《关于规范全区道路交通事故损害赔偿有关问题的通知》。

6月,内蒙古保监局与自治区公安厅交警总队联合下发《关于加强机动车交强险投保管理 切实做好交通事故保险理赔服务的通知》,提升交强险承保和理赔服务质量。

9月,内蒙古保监局制定出台《机动车辆保险理赔服务质量测评办法》,围绕平均结案周期、结案率、平均付款时效和现场查勘时效等指标,对辖区财产险公司车险理赔服务质量进行测评,并将根据测评结果确定重点监管对象,实施分类监管。

(雷志杰)

开发银行

【国家开发银行内蒙古自治区分行领导名录】

行　长:马　健

副行长:王伟化(回族) 刘彦超

吴丽洁(女) 黄志平

【概况】　2009年,国家开发银行内蒙古自治区分行紧紧围绕自治区党委、政府的战略目标,着眼大局,以"扩内需保增长、调结构促升级、改善民生促和谐"为自身发展的主旋律,秉承"增强国力、改善民生"的使命,大力推进开发性金融实践。2009年,是分行近年来发展最快、经营业绩最好、创新成效最显著、基层金融拓展最突出、信贷结构转向最明显、"走出去"国际合作业务步伐迈出最大的一年。2009年,分行获得了"全国五一劳动奖状"、"全系统小企业贷款业务先进集体、创新模式奖"、"自治区促进就业先进集体";在人行呼和浩特中心支行"响应政策"三大项指标评价中均获得第一,在银监局评比全区中小企业贷款增量中排名第一。

【经营管理】

资产余额　达到1 110亿元,增长31.6%,提前5个月完成年初制定的千亿行目标。其中表内余额新增241.3亿元,同比增长96%,占全区新增贷款1 784亿元的13.5%,高于以往年度。

表内外贷款发放　全年发放595亿元,同比增长54.5%,其中表内发放437亿,同比增长91%,其中人民币贷款发放完成计划226%,外币贷款发放完成计划的171%,且中小企业、助学贷款、农村基础设施、下岗再就业、台资贷款、保障性住房等基层民生业务均超额完成年度计划;受托业务工作量完成158亿元,与上年基本持平,完成年度计划的416%。

项目开发　首次突破千亿,达到1 103亿元,同比增长110%,其中人民币、外币、国合项目开发分别完成计划的162%、606%和136%,协同项目开发3个,完成年度计划的150%。

评审承诺　突破600亿元,达692亿元,同比增103%,总行贷委会承诺完成计划的228%,分行贷委会承诺38亿元,同比增长138%;表内外币评审承诺2.58亿美元,完成计划的737%。

本息回收　当期和累计回收率再次实现100%,连续10个季度保持实际不良贷款率为零,连续5年保持高位运行。

经营利润　达到15.76亿元,同比增长47.7%,完成年度计划的126%;资产利润率为1.86%,完成年度计划的103%;人均利润首次突破1 000万,达1 300万元。

存款余额　达151亿元,同比增长70%,完成年度计划的140%;日均存款余额达到127.3亿元,同比增长83.9%,完成年度计划207%。

【两基一支】　向鄂尔多斯、包头等地发放公共基础设施类贷款229亿元,自治区的城镇化进程;向公路项目发放贷款193亿元,为2009年全年300亿元公路投资贡献重要力量;向铁路项目承诺贷款147亿元并实现部分发放,成为自治区铁路大发展的主力银行;向电源点、电网项目承诺贷款115亿元,发放贷款75亿元,重点为中广核、京能等集团总装机90万千瓦的风电新能源提供信贷支持;向神华煤制烯烃工程、伊泰煤基合成油一期工程、久泰甲醇二甲醚等煤化工项目发放人民币贷款37.6亿元和外汇贷款7 047万美元;承诺通辽金煤化工年产20万吨煤制乙二醇项目6亿元,为自治区推动自主知识产权、提升产业升级的项目提供融资支持;积极支持包头北重车身和车桥新建项目、欧Ⅳ发动机、北重360无缝钢管等重大装备制造业项目,填补了国内技术空白。

【基层金融】　推动完成53个旗县合作机制建设,发放中小企业贷款13亿元,支持了覆盖全区12盟市1.64万家中小企业、自然人和个体工商户;与社会和劳动保障厅开展创业、就业小额担保贷款合作,当年发放贷款3亿元,完成自治区全年筹融资任务的30%;按照"开门办行"的思路开展生源地助学贷款业务,社会化合力推动发放生源地助学贷款1.5亿元;启动应急贷款覆盖机制,第一时间向包头、巴彦淖尔等地发放抗旱、雪灾等应急贷款共计2.28亿元,占开发银行全系统应急贷款的29%,及时有效地帮助受灾农牧民恢复生产;重点支持乌海、包头等棚户区改造等保障性安居工程,发放贷款66亿元;向内蒙古民丰薯业马铃薯种子工程等农牧产业发放贷款10.2亿元,其中推动巴彦淖尔市搭建自治区首个农牧产业融资平台,并以其作为承贷主体发放4 100万元现代化农牧中小企业贷款。

【国际业务】　自2006年以来,分行积极响应国家"走出去"和自治区"向北开放"战略,派出蒙古等5个国别工作组,开展国际合作业务。2009年4月17日,国家开发银行与蒙古国财政部在中蒙两国总理的见证下,签署《融资框架合作协议》;6月25日,在中共中央政治局常委、中央纪委书记贺国强与蒙古国总理桑·巴雅尔共同见证下,分行代表总行与蒙古建设部、中国建材集团3方就年产100万吨水泥厂项目签订《投资意向协议书》;而且,土耳其工作组在2009年3季度,成功开发并拟采取银团融资的方式推动土耳其Atlas公司火电厂项目。这些事项的完成标志着分行国际合作业务进入了一个新的阶段。

【队伍建设】　国家开发银行内蒙古分行进一步加强制度建设和人才队伍建设力度。建立"动态跟踪、及时反馈、奖惩分明"内部月度考核制度,调动每一个处室、每一位员工的积极性,变被动为主动的完成考核;建立分行季度工作会议制度和处室负责人季度工作述职制度;结合业务开展课题专项研究来培养业务创新的能力,塑造良好的学习氛围;深入开展党建"十个一"活动,以党建带工会、团委,组织开展演讲、运动会、文艺表演等多项活动,团体文化进一步丰富。

（郭大勇）

农业发展银行

【中国农业发展银行内蒙古自治区分行领导名录】

行长:卢纯才(3月离任)　贾楞(4月任职)

副行长:贾楞(4月离任)　赵焕英(10月任职)

赵焕英(9月离任)　郭子强　刘瑞恒

石忠海(10月任职)

【概况】　中国农业发展银行内蒙古自治区分行成立于1995年2月13日,下辖盟市二级分行12个(包括区分行营业部),县级支行71个。全行干部职工人数2 013人。自治区分行机关设在首府呼和浩特市。中国农业发展银行内蒙古自治区分行系统内实行垂直领导,在总行的授权内依法开展业务。至年末,各项贷款余额477亿元,比年初增加54亿元。其中,政策性、准政策性贷款余额315亿元,商业性贷款余额162亿元;各项存款日均余额115亿元,比年初增加25亿元;实现中间业务收入779万元;全年实现账面利润9.63亿元。农发行支持的各类贷款客户944个。其中,政策性、准政策性贷款客户416个,商业性短期贷款客户426个,商业性中长期贷款客户102个。持续稳健的信贷支持,推动了内蒙古自治区新农村新牧区建设进程。

【信贷支农】　全年累计投放各类贷款287亿元,同比多投放55亿元,信贷支农支牧重点突出,效果明显。

粮油收储信贷　面对粮棉油购销市场复杂多变的形势,特别是在临时储备任务重的情况下,农发行从维护国家粮食安全,稳定市场粮价,保护农民利益的大局出发,认真落实国家粮食政策。全年累计投放粮油购储调贷款178亿元,同比多投放44亿元,支持企业收购粮油99亿公斤,同比多收购16亿公斤。棉花收购贷款本息实现"双结零"。

商业性信贷　农发行把重点支持农牧业产业化和农村牧区基础设施建设作为落实"保增长、扩内需、调结构"的重要举措,调整优化客户结构,维护服务老客户,审慎发展新客户,稳健、积极发展商业性信贷业务。2009年,全行累计投放农牧业产业化龙头企业贷款50亿元,支持项目89个;投放商业储备贷款18亿元,支持客户18个;投放农牧业小企业贷款3.5亿元,支持客户114个;投放农业基础设施建设贷款48亿元,支持项目45个。大力支农的商业性信贷业务,有力地推动全区农村牧区经济发展。

【业务经营】

业务经营　大力拓展同业存款、全力营销涉农存款、倾力稳定企业存款,各项存款日均余额115亿元,同比增加25亿元,增幅28%;继续做好代理保险、保函、国际结算等中间业务,实现中间业务收入779万元。坚持勤俭办行,大力增收节支,努力提高贷款收息水平,提高经营效益,在利差收窄的情况下,综合利息收回率达97%,全年实现账面利润9.6亿元,超总行计划6.9亿元。

防控信贷风险　强化贷款"三查"工作,开展信贷担保法律审查,实行法律与信贷审查"平行"作业,有效防范贷款担保的法律风险。投入296人次参加全区粮食清仓查库,检查粮食贷款企业227家、库点593处、库存粮食1 094万吨、贷款193亿元,库贷基本相符。组织对集团客户、准政策性贷款客户、小企业客户开展专项风险排查,按月开展贷款质量分析,强化非现场分析监测,及时预警信贷项目潜在风险问题。加大不良贷款清收力度,努力清收不良贷款2亿元,其中清收存量不良贷款0.8亿元。

【内部管理】

基础管理　整合修订各项制度、办法,制定《客户经理管户轮换制度》、《收购资金非现金结算操作规程》等各类基础管理制度,推广使用《尽职记录》、《信贷业务进度日报》,基础工作实现流程化、表格化,工作质量和效率明显提高。推行扎实开展基础制度条线检查、审计专项检查、重点工作综合检查,制度执行力切实提高。组织员工学习和践行《员工行为规范》、《员工行为手册》、《文明礼仪实用手册》,全员的合规经营、文明服务水平进一步提高。发挥系统管理功能,强化流程控制作用,筹建贷审委视频会议室,启用贷审委信息管理系统,实现影像信息汇报。开通会计远程监控系统,强化实时监督,全区74个营业网点全部实施综合柜员制,加强财务会计基础工作。推广网上银行、牡丹金山卡业务,推行收购资金非现金结算,提高了结算效率。做好财政支农资金代理拨付,确保及时到位。配合监管部门强化内部监督检查,加强内控建设。开展案例教育、警示教育、廉政教育,签订《廉洁从业保证书》,推行银企廉洁合规"双承诺",倡导"不收客户一份礼、不要客户一分钱"的廉政文化;开展"遵章守纪、合规经营"专题教育活动,推进合规文化建设,引导员工牢筑思想防线,廉洁从业,保持对案件防控的高压态势。落实安全保卫责任制,开展安全保卫检查,确保安全生产无事故。

干部队伍建设　完成区分行机关中层干部竞聘工作,优化中层干部队伍年龄、知识、专业结构。调整任命4个盟市分行"一把手",完成7个盟市分行领导班子缺员补充工作,改善了盟市分行领导班子结构,增强了领导班子的战斗力。对支行行长任用严格把关,顺利完成基层支行双向选择、竞争上岗,推行支行副职兼任部门主管等改革,充分调动了支行员工的工作积极性、主动性和创造性。采取"走出去,请进来"的方式,大力开展员工岗位培训。全行年内组织培训班115期,培训员工3 080人次,覆盖面达到100%。举办全区财会、信贷业务技术比赛,选派人员参加了总行财会业务技术比赛,取得团体第二的好名次。

建设和谐银行　推进企业文化建设,体现"以人为本"理念。组织开展公益活动,增强员工社会责任感;开展"送温暖、献爱心",走访慰问困难职工,使员工感受到了农发行大家庭的温暖;开展文体比赛,丰富员工文化生活,陶冶情操,增强员工队伍的凝聚力。加强职代会建设,实行行务公开,开展合理化建议征集活动,推进民主治行,切实发挥工会、共青团、妇女组织的桥梁纽带作用,关心维护员工利益,增强全行和谐发展的推动力。提高信息宣传、组织办公和后勤服务等各项工作水平,全行呈现出"风正、气顺、心齐、劲足、绩优"的良好局面。

【先进集体与个人】　赤峰市松山区支行分别荣获全国"工人先锋号"、全国金融系统"工人先锋号"、全国金融系统"五一劳动奖状"3项荣誉;包头市分行机关荣获内蒙古总工会授予的"模范职工之家"荣誉;鄂温克旗支行荣获总行授予的"女职工文明示范岗"荣誉;

锡林浩特市支行荣获总行授予的“青年文明号”荣誉；董晓丽（阿拉善盟分行）被内蒙古总工会评为“劳动模范”，被农发行总行评为“青年岗位能手”；姜广德（锡林郭勒盟分行）被内蒙古总工会评为“优秀工会之友”；孙汝寅（兴安盟分行）被内蒙古总工会评为“优秀工会干部”；杜锦萍（区分行营业部）被内蒙古总工会评为“优秀工会工作者”；周军（鄂尔多斯市分行）被内蒙古总工会评为“优秀工会积极分子”；高文军（通辽市分行）被内蒙古总工会评为“优秀工会积极分子”。

（闫　俊）

工商银行

【中国工商银行股份有限公司内蒙古自治区分行领导名录】

行长：郝　彬

副行长：崔亮　李长命　范继忠

纪委书记　工会主任：张素鲜（女）

副行长：刘志忠

【概况】　全行实现拨备后利润25.81亿元，较上年增长20%；实现经济增加值12.9亿元，较上年增长20.78%。全行人民币各项存款余额1 381.55亿元，各项贷款余额（含票据贴现）876.93亿元，分别较年初增长22.05%和27.98%，存贷款增长均创历史最好水平。年末全行本外币不良贷款余额较年初降幅达到27%，不良贷款占比较年初下降1.3个百分点。实现中间业务收入6.07亿元，较上年增长35.22%。

2009年，工商银行内蒙古分行荣获国务院授予的“民族团结进步模范集体”称号，被自治区政府授予自治区级文明单位、“自治区年度公益之星单位”和“全区企业文化建设工作创新奖”、“2009年百姓口碑金奖单位”等荣誉称号。

【经营管理】　2009年，工商银行内蒙古分行结合不断变化的经济金融形势和市场竞争态势，深入贯彻落实科学发展观，充分抓住国家实施“扩内需、保增长、调结构、惠民生”宏观调控政策和自治区产业结构调整升级、经济持续向好的新一轮发展机遇，以加速提升核心竞争能力为主要目标，把开拓市场与调整结构作为保持盈利快速增长的根本途径，突出提高业务市场占比和完善管理机制两大核心任务，深化管理机制和业务流程改革，全面推进核心市场、核心业务和核心客户的营销攻坚，不断转变经营模式和增长方式，各项工作取得明显成效。

【信贷管理】　2009年底，全行人民币各项贷款余额增加191.7亿元，比上年增长28%。不断缩短审批链条，提高营销投放效率，创造了年度贷款投放的历史最高纪录。全年累计向符合国家产业政策和工商行信贷政策的煤炭、铁路、电力、城建、煤化工等重点行业投放项目贷款179.5亿元，支持全区经济发展。同时，着力抓好贸易融资、小企业贷款、住房开发贷款、票据融资业务发展，房地产开发贷款取得突破性进展。

【个人金融业务】　年末，全行储蓄存款余额达到744.61亿元，继续保持同业领先。加大基金、理财产品、第三方存管、代发工资、保险、国债等业务和产品的推广力度，全年共销售个人理财产品153.79亿元，同业占比居第一位。

【中间业务和新兴业务】　全年实现投资银行业务收入较上年增长80.87%；实现结算类中间业务收入较上年增长36.38%；全年信用卡发卡量、消费交易额同业占比继续保持第一地位；全年实现电子银行交易额12 988.08亿元，较上年增长50.3%。企业年金和资产托管业务继续保持良好发展态势，国际业务竞争能力有所提升。

【风险管理】　健全信贷风险预警监控体系，加强风险监测；加强不良贷款清收处置的组织领导和推动，风险管理能力不断提高；进一步健全和完善全面风险管理体制与运行机制；制定印发了《全面风险管理三年发展规划2009年任务书》和《风险管理委员会年度工作计划》；修订了《内蒙古分行风险管理委员会章程》《内蒙古分行风险管理委员会秘书处联系人备案制度》等相关制度。

【服务渠道建设】　以物理网点为核心渠道、以自助银行和电子银行为交易主渠道、以客户经理为销售主渠道的立体化、多元化服务渠道体系初步形成。到2009年末，全行网点级机构中，共辖1家财富管理中心、51家贵宾理财中心、196家理财网点、177家金融便利店和63家自助银行，实现了合理有效的物理网点业态布局。

【内控管理】　加强内控管理和案件防范，保障各项业务健康发展。认真做好内控评价工作，完善管理制度和工作流程，加强内控体系建设，制定并印发《三年内控工作规划》。持续深入开展合规性检查和常规审计。强化制度创新，深入推动案防长效机制建设，制定明确《案件防范工作责任制实施细则》。加大案防工作监督检查力度，严格落实整改，促进各项工作的落实。强化风险防控预警，严防外部诈骗案件渗透。全年没有发生案件和重大违规事项。坚持“安全第一,预防为主”,切实加强安全保卫工作,增强防范能力,全年未发生抢劫、盗窃、诈骗(既遂)、涉枪案件和重大事故,并成功堵住3起假票据诈骗案、一起ATM机欺诈事件。

(徐丽梅)

农业银行

【农行内蒙古分行领导名录】

行　长:许金超

副行长:潘文俊　董玉华　杜青山　毛军　贾登明

纪委书记:陈效忠(蒙古族)

【概况】　到2009年末,全行各项存款余额1 232.28亿元,各项贷款余额702.64亿元,中间业务收入实现4.9亿元,不良贷款实现余额和占比的双下降。

【三农业务】　全区农行紧密结合自治区农牧业、县域经济特色及资源优势,围绕现代“三农三牧”发展方向,以三农金融部改革为契机,以惠农卡为载体,以农户贷款为核心,以农牧业产业化龙头企业为依托,以县域中小企业为补充,全面实施县域“蓝海”市场发展战略,推进服务“三农”各项工作。全行确定42个“三农”信贷业务重点县域,在业务授权、资源配置、绩效考评等方面实行差异化管理。召开全面推进服务“三农”改革发展工作会议,明确今后一段时期推进“三农”和县域蓝海战略的具体目标和措施。突出重点区域和优势行业。到2009年末,全行涉农贷款余额301.61亿元,共发放惠农卡43.27万张,卡激活率达96%;农户小额贷款余额10.33亿元,惠及农户4.2万户。全年共安排惠农卡辅助办公设备404台,在农村牧区布放ATM机58台、POS机1 120台、转账电话600台。

【城市对公业务】　以区域、行业信贷发展战略为核心,突出抓好城市行业务发展。确立了以呼和浩特、包头、鄂尔多斯三个城市行为“龙头”,各盟市分行所在地中心城市行为重点的城市行业务经营转型机制,建立了3家“龙头行”定期联席会议制度,努力拓宽信息交流和资源共享渠道,发挥好城市行的辐射和带动作用。在区域上,明确以呼、包、鄂地区为重点,高度关注中东部地区新兴能源、矿产基地建设,确保优势地区信贷业务优先发展;在行业上,立足自治区资源优势和经济特点,加大对重点行业支持力度,择优支持了投资主体良好、项目手续齐全、符合国家行业和环保标准、经济效益和社会效益良好的重点项目,重点支持以资源为依托的优势产业和特色产业,加大了对内蒙古电力、包钢、鄂尔多斯国投公司等优质大客户的信贷投放力度。到2009年末,全行电力、煤炭、交通、城市基础设施、钢铁、有色金属等六个行业贷款余额433.6亿元,较年初增加150.7亿元。同时积极关注自治区教育、卫生事业发展,不断加大对学校、医院等机构事业法人信贷支持力度,为学校、医院等机构类客户提供全方位金融服务。在合理控制负债规模的前提下,重点支持了国家“211”工程建设的高校及区属重点高校、三级甲等医院等优良客户,全年累计发放学校、医院等机构事业法人类客户贷款7.76亿元。

【中小企业业务】　以银监会“六项机制”为指导,鼎力扶助中小企业发展。针对中小企业金融服务,出台了《关于进一步推进中小企业信贷业务有效发展的指导意见》,按照“两个市场,各成条线、统一规划、专业运作”的基本思路,在农村市场,将县域中小企业客户纳入到农村产业金融部的服务框架之内,推行事业部制管理;在城市市场,按照银监会建立专营机构的基本要求,采取试点先行的做法,形成条线的中小企业经营管理组织架构。对已形成产业集群或个体私营经济活跃的县域支行,创新金融产品和信贷业务运作方式,实行特色信贷业务重点经营行模式,通过给二级分行下放信贷权限、开办商用房抵押贷款、简式快速贷款、实行客户准入目录管理等多种服务方式,不断提升对中小企业的金融服务水平。到2009年末,全行中小企业贷款余额163.9亿元,比年初增加50.55亿元,其中新增中小企业信用贷款3.2亿元,有力支持了自治区中小企业的发展。

【个人零售业务】　以存款组织工作为基础,突出抓好零售业务转型工作。召开全区农行2009年综合营销工作会议,适时开展阶段性存款推进活动。以“大行德广 伴您成长 金钥匙春天行动”、“激情仲夏 金彩生活”和“爱在金秋 情系万家”等阶段性综合营销竞赛活动为契机、以优质文明服务年、零售业务产品推介会、客户联谊会为推手,通过上下联动的多层次营销服务体系,努力提高对公存款、储蓄存款等各项核心指标的市场占比,在新的起点上实现了各项存款新的突破。到2009年末,全区农行对公存款余额524.5亿元,本外币储蓄存款余额达694.89亿元。强化中间业务深度营销,加快中间业务发展,全年实现中间业务收入4.9亿元。加大对系统性、行业性客户中间业务的深度营销,并在固定资产购置、新增设备投入等方面向有利于促进中间业务收入的项目倾斜,投资银行、电子银行、信用卡业务等中间业务产品发展势头良好。到2009年末,全行实现投资银行业务收入4 504万元,实现电子银行业务收入4 733万元,实现信用卡业务收入495万元,实现代理保险业务收入2 191万元,托管养老金规模达到2.76亿元。全年新增POS设备4 120台,实际布放2 474台;全行ATM机具总量达到800台。

【内控风险管理】 全面推行基础管理和内部控制"9166工程"。针对案件防控的严峻形势,结合对近年来各类案件发案特点的分析,实施了基础管理和内部控制"9166工程",要求全行认真落实管好经营思想、管好人员、管好重要空白凭证和印章、管好业务流程、管好质押单证和保证金、管好准入资格、管好转授权、管好易发案件的环节和时段、管好内控和监管等"九个管好",严格查处各类案件和违规行为,严肃处理违规违纪责任人"一个严处",全面推行指纹授权系统、支付密码系统、短信通知系统、"双热线"查证、整体移位检查以及各级行领导干部"走进基层、分包网点"活动等"六个推行"和严格防范内部员工挪用客户存款、挪用联行往来资金、银行承兑汇票诈骗、存款诈骗、贷款诈骗和新业务案件等"六个防范",有效提升基层营业机构内控管理水平,全力遏制各类案件的发生。为确保"9166工程"落到实处,各级行、各部门从业务操作、工作流程、制度执行、奖惩落实等方面出台配套措施,进一步细化工作要求。同时,围绕"9166工程"的实施,认真组织开展"八查"活动,着力以"9166工程"的全面推行,有效解决全行基础管理和内部控制方面存在的突出问题,有效提升基层营业机构内控和风险防范水平,全力遏制各类案件的发生。

【人物】

智呼声 原农行内蒙古分行营业部保卫部经理,三届全国劳动模范、全国民族团结进步模范、全国金融系统劳动模范、全国金融系统优秀共产党员、全国农村金融系统优秀共产党员、全国农村金融系统先进工作者、内蒙古及呼和浩特市两级劳动模范和优秀共产党员,"内蒙古最具影响力的十位全国劳动模范",前后获得过70多次各种荣誉,曾多次受过江泽民、胡锦涛、温家宝、曾庆红等党和国家领导人的亲切接见。2009年荣获时代领跑者——中华人民共和国成立60周年最具影响的劳动模范荣誉称号,成为全国金融系统和内蒙古自治区唯一获得此项殊荣的代表,光荣登上了国庆60周年大典观礼台。

(张学军)

中国银行

【中国银行股份有限公司内蒙古自治区分行领导名录】

行长:张凤槐

副行长:张迎 牛海忠(回族) 刘明

纪委书记:梁天民

副行长:杨 青

总稽核:王淑凤(女)

行长助理:高宗胜(11月任职)

【概况】 至2009年末,中行内蒙古分行资产总额为1 066.99亿元,负债总额为1 045.96亿元,所有者权益为21.03亿元,分别比上年末增长44.17%、43.74%和68.99%。总资产回报率(ROA)1.72%,同比提高0.58个百分点;经济资本占用(EC)43.06亿元,风险调整经济资本回报率(RAROC)46.22%,同比增长15.92个百分点;股东价值增加值(EVA)11.84亿元,同比增长164.29%。净利差3.16%,净息差3.17%。

【存款业务】 至2009年末,人民币各项存款余额比上年末新增314.67亿元,增长45.64%,新增额市场份额13.41%,同比上升1.44个百分点,新增额市场份额在同业排名第二。储蓄存款新增82.11亿元,人民币金融机构存款新增39.31亿元。

【信贷投放】 2009年末,人民币授信余额比上年末新增288.7亿元,比上年末增长65.1%,余额市场份额为11.64%,较上年提高1.84个百分点,在同业排名第三;新增额市场份额为16.18%,同比上升5.92个百分点,新增额市场份额在同业排名第一。其中,人民币公司贷款新增额市场份额居同业第一,零售贷款余额和新增额市场份额分别居同业第一和第二。

【清收不良资产】 全年清收化解不良授信资产5.31亿元,不良资产余额由年初的9.1亿元下降到5.59亿元,不良率由年初的2.03%下降到0.72%。

【中间业务】 2009年,中行内蒙古分行积极推进中间业务各条线结构调整。加快发展因私结售汇、代收付、贵金属销售等业务。大力发展银行卡业务,发卡量和手续费收入均有较快增长。借记卡新增年费在个人中间业务收入中贡献度上升至21.67%,于7月份在总行荣获最佳进步奖。继续巩固个人结售汇业务的传统优势,业务量市场份额保持在85%以上,居同业第一。经过源头营销、高层营销和整体联动营销,中行内蒙古分行成功营销呼铁局企业年金业务,并正式签订托管、账管合同。

【内控管理 安全运营】 2009年,把加强风险防范和内控合规建设作为永恒的主题,进一步强化主动风险管理,密切跟踪宏观政策走向和市场变化趋势,认真研究细化信贷投向政策制度,明确业务发展方向和重点,控制高风险行业、高风险产品授信投放,坚持有保有压,优先保证国家和自治区重点项目、行业龙头企业和消费信贷等方面的信贷投入。

【基础设施建设】 2009年,先后完成对区分行公司业务部、国际结算部办公区域的装修改造和新城支行、中山支行办公楼的搬迁装修工作。完成对乌兰浩特分行、赤峰分行、二连浩特分行办公楼的装修改造工程。呼和浩特市、鄂尔多斯市财富管理中心和准格尔旗支行顺利建成并对外营业。装修改造后的机构网点以美观大气的外观设计、极具人性化的内部功能区划分及优良的服务质量赢得客户的信任。

【荣誉】 2009年,中行内蒙古分行被评为"内蒙古服务质量用户满意单位"、"内蒙古百姓口碑金奖单位"和"首府百姓最满意的国有商业银行品牌",中行内蒙古分行营业部被中国银行业协会授予全国百佳示范单位称号。

(郭 嘉)

建设银行

【中国建设银行股份有限公司内蒙古自治区分行领导名录】

行长:黄先俊

副行长:裴品才

副行长:张勤 高升亮 肖青(纪委书记)

风险总监:崔电满

总审计师:张兆西

【概况】 中国建设银行股份有限公司内蒙古自治区分行全年累计新发放贷款498.92亿元,当年纯新发放贷款492.92亿元,其中公司类纯新发放445.32亿元,个人类纯新发放47.6亿元。

2009年,区分行资产总额达1 280.18亿元,比上年增加358.8亿元,增长38.94%;负债总额1 276.59亿元,比上年增加354.3亿元,增长38.42%。全口径存款余额达1 253.25亿元,比上年新增353.62亿元,增长39.31%。一般性存款在全国建行系统内排名第24位,同比前移2个位次。在地区同业四行(工行、农行、中行、建行)中,区分行全口径存款余额占比25.32%,比上年提高了1.35个百分点;新增额占比29.59%,位居第一。企业存款和个人存款余额占比分别为28.92%和21.89%,比上年分别提高了1.19个百分点和1.65个百分点;新增占比分别为31.78%和29.83%,均位居第一;同业存款余额占比27.23%,位居第二。各类贷款余额达1 005.58亿元,比上年增加242.32亿元,增长31.75%,比全国建行系统内38家一级分行平均增幅高4.81个百分点;在地区同业四行中,贷款余额占比29.84%,继续保持第一。区分行是区内唯一贷款超过千亿元的银行。2009年,全区建行机构数285个,员工7 872人。

【公司业务】 企业存款大幅增加,市场份额继续提升,市场竞争能力明显增强;贷款超千亿,总量继续保持地区同业之首,市场拓展能力明显增强;资产质量持续向好,信贷结构不断优化,信贷风险防控能力明显增强。对公信贷业务在行业选择上,加大了对国家宏观政策受益行业、抗周期性强行业和具备优势行业的投放力度。重点支持具有资源优势的采矿业、电力发电业、交通运输业、财政实力强的城市基础设施、节能减排、具有核心技术特征的装备制造、技术成熟的科技创新、有集约化经营特色的涉农等行业领域,以及教育、医疗卫生等行业在内的民生领域。当年纯新发放公司类贷款主要投向道路运输、电力发电、化学原料及化学制品制造业、煤炭开采和洗选业和公共设施管理等10个行业,共计350.17亿元,占当年全部纯新发放贷款的71.04%。在客户和项目选择上,优先支持AA级及以上客户、总行战略客户、总分行重点客户及名单制管理中的优先支持类客户。纯新发放公司类贷款主要投向A-级及以上客户,共计428.46亿元,占当年全部纯新发放贷款的96.21%。在产品投向上,公司类纯新发放贷款主要投向基本建设贷款,共计235.24亿元,占当年全部纯新发放贷款的47.72%。国际业务在全国大背景下,保住了区分行应有的市场份额。

企业存款余额669.26亿元,比上年增加216.45亿元,增长47.8%;同业存款余额54.48亿元,比上年增加13.62亿元,增长33.32%。中小企业贷款余额181亿元,较上年增加50亿元,在全部贷款中的占比为18%,较上年提升了0.84个百分点。2009年贷款余额前5位中的电力发电、黑色金属冶炼及压延加工、铁路运输3个行业的贷款集中度均有所下降,下降幅度分别为8.91%、0.35%和0.96%。AA级及以上客户贷款余额

641.42亿元,比上年增加158.83亿元,占比70.01%,比上年提升了2.04个百分点。

【个人金融业务】 全行个人客户总数达到360.8万户,剔除清理的38.8万户不动户,实际增加12.1万户。其中AUM20万元以上个人中高端客户总数达到8.52万人,较上年增加了3.41万人;AUM300万元以上个人高端客户总数达到1 396人,较上年增加了578人。电子银行客户达到131.05万户,较上年增加69.92万户,增长114.38%。其中网银盾客户净增15.3万户,位居地区同业四行第一;短信客户净增36万户,是上年新增的6倍。网上商户新增50户,新增量在系统内排名第9位。

个人存款余额529.14亿元,比上年增加123.54亿元,增长30.55%。个人贷款新增36.14亿元,增长67.8%,增长率系统排名第一,完成总行计划的101.79%。委托性住房资金归集余额178.46亿元,新增45.24亿元,增长33.96%,完成总行计划的180.96%;新增额市场占比78%,余额市场占比76.93%,均居地区同业四行第一;新增额系统内排名第7位。

个人类贷款重点支持了一手房贷款,优先支持了区位优势明显、配套完善、开发建设进度顺利、项目主体结构封顶的优质普通住房项目的贷款需求,并积极拓展二手房市场活跃、交易管理机制健全的重点地区的二手房贷款,个人商业用房贷款重点投向优质住房楼盘项目的配套商用房以及重点地区城市地带商业区环境成熟、经营稳定的商用房,个人消费额度贷款重点满足VIP客户、信用记录良好的存量业务客户以及公私业务联动营销的对公优质客户员工的消费需求。优先满足了评分卡高分客户的信贷需求。个人类贷款余额在全部贷款中的占比为8.89%,较上年提升了1.89个百分点。个人贷款客户74 254户,较年初增加15 344户。

全年共销售个人理财产品125.7亿元,较上年多销售30亿元,在地区同业四行中,理财产品销售量占比45.8%,理财产品销售收入占比达到74%。全年基金产品认购、申购额合计49亿元,较上年增加7.4亿元。在系统内,基金销售排名第19位,较上年前移1个位次;在地区同业四行中,基金销售占比36.4%,排名第2位。全年个人黄金交易量达到9 707公斤,交易金额20.54亿元,在系统内排名第15位;在地区同业四行中,全量黄金交易额占比达到35.7%,排名第二,其中个人实物黄金交易额占比排名第一。

【中间业务】 全年实现中间业务净收入7.77亿元,同比增加2.31亿元,同比增速达42.33%,完成总行核定计划5.97亿元的130%;在系统内排名第21位,同比前移4个位次。总行返还中间业务收入市场占比36.59%,同比提升3.85个百分点,继续位居地区同业四行第一。中间业务净收入占主营业务净收入比重为15.35%(总行口径),同比提升2.03个百分点。全年代理保险业务量和手续费收入分别实现3.6亿元和1 504万元,双双创下历史新高,收入增长率达到87%,收入增长额系统内排名第八,收入增长率系统内排名第二,超过全国平均增速66个百分点;在地区同业四行中,增速排名第一,超过地区四行平均增速18个百分点。全年代理国债销售20.58亿元,同比多销售14.62亿元,增长245%,在地区国债代销市场中占比68.4%,位居第一。代客理财投资、信托理财、代理保险、托管、代理证券、项目融资顾问、财务咨询、并购与重组顾问、工程项目资金监管、见证保证、结售汇、电子银行、银行卡收单、个人储蓄卡等业务收入对中间业务收入的贡献度达到82%。

【调整信贷机构】 在信贷结构调整中,将总行"进、保、控、压、退"政策与自治区经济特点紧密结合,灵活运用风险限额等结构调整工具,完善信贷政策重检制度,前瞻性地做好信贷业务布局。一是在经营战略上重点发挥增量贷款的导向作用,积极主动调整存量结构。年末户均贷款余额由上年末的30 173万元(不含贴现,下同)下降至29 469万元。年初贷款余额居前五位的电力发电业、道路运输业、煤炭开采和洗选业、黑色金属冶炼及压延加工业、铁路运输业中,除道路运输业与煤炭开采和洗选业外,其余三个行业的贷款集中度均有所下降。二是把结构调整工作纳入到二级分行的KPI考核体系。三是加大了对中小企业发展的信贷投入。区分行成立了小企业业务部,各二级行成立了小企业经营中心,并在呼和浩特组建了自治区银行业首家"信贷工厂"。制定了《中国建设银行内蒙古区分行小企业一般授信业务实施细则》等业务管理制度。年末,中小企业贷款余额181亿元(四部委口径),占公司类贷款的25%,较年初新增50亿元,增长38.16%,高于总体贷款增长速度6.41个百分点。

【资产质量】 不良贷款余额4.59亿元,较上年减少3.87亿元,不良贷款率0.46%,较上年下降0.65个百分点,比建行总行控制计划低0.65个百分点。信贷资产质量在地区同业继续保持最好,在全国建行系统内排名第三。全年共处置不良贷款本金8.75亿元,完成总行计划的333.22%;处置不良贷款利息1.17亿元。实现不良资产现金回收7.13亿元,完成总行计划的646.72%。实现不良资产超值现金回收2.4亿元,完成总行计划的1842.69%。

【经营效益】 成本收入比为36.21%,比总行控制计划低1.2个百分点。全口径存款付息率1.18%,同比降低0.54个百分点。净利息收益率3.66%,比总行计划高0.2个百分点。全年实现税前利润28.35亿元,完成总行计划的115.27%,同比增加8.53亿元,同比增长43.05%。实现账面利润27.82亿元,同比增加10.05亿元,同比增长56.52%;在系统内排名第15位,同比前移5个位次。实现拨备前利润31.85亿元,同比增加7.8亿元,同比增长32.43%,完成总行计划的110.26%;在地区同业四行中占比31.16%,排名第一。全年实现经济增加值14.32亿元,同比增加6亿元。经济资本回报率27.54%,比总行计划高3.03个百分点。

【网点转型】 全面完成网点一代转型推广工作,累计完成一代转型网点271个;完成22个网点的二代转型,超额完成总行计划。全年新增物理网点5个,跨城迁移网点4个。网点自有率达52%,同比提高了3个百分点。新增离行式自助银行53个。电子银行渠道客户突破130万户。个人网银活动率55.61%,全系统内排名第2位;企业网银活动率59.06%,系统内排名第18位。电子银行与柜面业务交易量之比达到35.14%。新增自助设备130台,已注册的自助设备1 029台,位居同业第一。自助设备与柜面业务交易量达到135%,存取款设备台日均收入118.38元,同比增加58.21元,增长96.74%。全口径存款点均余额4.4亿元,同比增加1.3亿元;人均余额1 558万元,同比增加436万元。贷款点均余额3.53亿元,同比增加0.86亿元;人均余额1 274万元,同比增加322万元。中间业务收入点均266万元,同比增加72万元;人均9.59万元,同比增加2.69万元。账面利润点均1 099万元,同比增加478万元;人均39.67万元,同比增加17.47万元。

在地区同业四行中,年末全口径存款点均余额、一般性存款点均余额、企业存款点均余额、个人存款点均余额、贷款点均余额、中间业务收入点均和人均、账面利润点均等八项指标继续保持第一;个人存款人均余额跃居第二,前移1个位次。在建行系统内,年末全口径存款人均余额排名32位,同比前移5个位次;点均余额排名第30位,同比前移4个位次。一般性存款人均余额排名第33位,同比前移4个位次;点均余额排名第30位,同比前移5个位次。企业存款人均余额排名第28位,同比前移6个位次;点均余额排名第25位,同比前移4个位次。个人存款人均余额排名第33位,同比前移3个位次;点均余额排名第34位,同比前移2个位次。贷款人均余额排名第20位,同比前移2个位次;点均余额排名第16位,同比前移1个位次。中间业务人均余额排名第27位,同比前移2个位次;点均排名第22位,同比前移3个位次。账面利润人均余额排名第15位,同比前移8个位次;点均余额排名第12位,同比前移8个位次。

【结算账户】 人民币对公结算账户新增5 398户,完成总行计划的283.21%;个人结算账户新增1 097 230户,完成总行计划的132.2%。高校及医院基本结算户新增4户,完成总行计划的133%。个人存款日均新增132.66亿元,完成总行计划的173.48%。AUM20万元以上个人高端客户金融资产总量达到325亿元,较年初增长123亿元,占全部客户金融资产总量的53.9%,较上年提高了10.2个百分点。个人网银活跃客户新增17万户,完成总行计划的125.91%;企业网银高级客户新增853户,完成总行计划的106.63%。电子银行交易量达2 256万笔,较上年增加968万笔,增幅75.15%。信用卡客户净新增98 222户(含重点产品折算数),完成总行计划的109%,发卡存量达29.5万户。信用卡消费额43.6亿元,完成总行计划的174%,是上年的2.65倍,系统内排名第14位;账户活动率57.68%,高于总行计划8.68个百分点,同比提升6.21个百分点。新增商户1 100户,存量商户数达2 606户,完成总行计划的275%。累计实现商户收单额111亿元,完成总行计划的111%,增长81%;新增分期商户15户;信用卡分期交易额1.56亿元,完成总行计划的130%,系统内排名第6位。

【产品创新】 全年累计发行各类理财产品63.4亿元,同业市场占比76%,位居第一。其中股权类理财产品发行32亿元,占全系统发行总量的16.6%,系统内排名第一。在并购重组财务顾问、项目融资财务顾问、企业管理顾问等方面取得了重大突破,其中并购财务顾问业务收入1 662万元,单笔收入系统内排名第一。累计营销推进新型财务顾问项目7个。累计为企业注册发行短期融资券30亿元,发行量位居同业领先,协助总行成功营销神华集团200亿元短期融资券,并且首次为民营企业申请发行中期票据30亿元。债券种类拓展到短期融资券和中期票据。

【完善激励约束机制】 2009年,区分行在激励约束机制改革方面迈出了新步伐。一是建立了以岗位为基础,全行统一的薪酬分配机制。按照总行新的工资分配制度，制定了《中国建设银行内蒙古区分行二级分行工资分配与考核指导意见》、《中国建设银行内蒙古区分行二级分行行级领导年薪制调整方案》、《中国建设银行内蒙古区分行本部员工工资分配办法》，完善了分配机制，明确了各层级、各条线的薪酬分配关系，理顺了产品买单与任务买单的激励与分配方式。新机制在总量分配上与总行政策保持了紧密衔接；在再分配过程中，理顺了区分行对二级分行以价值结果为主要依据的总量分配方式和二级分行对下以价值要素为依据的再分配方式之间的传导机制；重新规划了员工工资结构，并对薪点工资实行差别化管理，兼顾了保障与激励，提高了员工的收入预期。新机制实现了薪酬分配保障有度、激励有力并向核心人才、一线及战略性业务倾斜的目的。同时进一步引导员工向经营一线、营销一线流动。二是在高度重视物质激励的同时，改进了激励方式，拓展了激励手段。注重以非货币方式激励，制定了《建设银行内蒙古区分行优秀员工激励暂行办法》、《中国建设银行内蒙古区分行奖励工作管理暂行办法》、《关于对优秀基层机构主要负责人实施特别奖励的意见（试行）》，积极发挥目标激励、工作激励、荣誉激励、情感激励等精神激励的作用，有效调动了员工的工作积极性。

【成本管理】 2009 年，全行资金日均备付率压缩至 0.48%，比总行核定计划低0.28个百分点。加强信贷成本管理，及时进行风险预警和控制，降低风险成本。强化业务管理费管控措施。制定了《内蒙古区分行业务管理费管控目标及措施指导意见》和《区分行本级 2009 年成本控制措施》。全行差旅费支出较上年减少 279 万元，减幅10.9%；行政办公费用支出较上年减少 159 万元，减幅4.5%。

【基础管理】 规范了基础工作，制定了《中国建设银行内蒙古区分行工作规则》等基础管理制度。强化问题整改工作。制定《中国建设银行内蒙古区分行内外部审计和监管检查发现问题整改工作实施细则（试行）》和《中国建设银行内蒙古区分行内部检查发现问题整改办法》，对全行内外部检查审计发现问题整改进行规范，并对《案件防控及整改方案》各项措施的落实情况进行了重检和评估。完善安全营运和案件防控工作考核机制，加大奖励和问责力度，扩大考核范围。健全案件查防工作联动机制，并建立滚动排查机制，持续开展案件风险排查工作。建立合规教育长效机制。采取“每周一课”、“每日合规一讲”、“基层合规建设大讨论”等形式，强化对员工的合规教育。

【风险管理】 年初下发了《关于落实总行 2009 年信贷政策与结构调整若干意见的通知》，12 月份向总行上报了《内蒙古区分行 2010 年信贷政策和结构调整方案建议》和《对总行信贷政策和结构调整建议》。加强经济资本管理，积极引导各行主动调整结构，提升风险缓释能力，降低经济资本占用，提高资本回报水平，进一步对违约概率、违约损失率、违约风险暴露等经济资本关键风险要素的计量进行了优化，按月从行业、信贷产品、信用等级和债项四个维度对经济资本进行分析，及时提示影响经济资本占用的不利因素。强化风险限额管理，严守风险边界。制定下发《关于 2009 年行业限额管理实施方案应用的指导意见》。进一步增强风险防控实效。对“双十大”客户、信贷结构调整范围客户、关注类（含）以下及部分正常类客户、列入重点观察名单内客户及总行、银监会大额不良贷款客户的资产质量变化情况和处置退出情况实施动态监控，及时逐户落实风险处置措施。加强风险分类管理，不断夯实资产质量基础。实时对信贷资产风险分类数据进行分析和监测，及时掌握客户经营管理和财务状况的变化。按月对非信贷资产风险管理相关信息审核、预警和监控，按季对非信贷资产质量情况进行分析、汇总和报告，保证了非信贷资产数据的真实准确。完善平行作业和项目评估制度，优化平行作业流程。对大中型公司类客户授信业务实行限时服务，建立了项目评估进度按月监测台账制度。加大对公客户信用评级覆盖率的考评力度。完善了信贷授信审批管理，强化风险缓释措施，规范授信审批权限管理，改进审批方式，统一审批标准，进一步提高信贷审批集约化水平。建立了新的贷后管理架构，完善了贷后管理工作机制。制定下发了《内蒙古区分行对公信贷业务贷后管理办法（试行）》。强化了信贷业务风险排查，不断增强信用风险应对和处置能力。对“两头在外”企业、政府融资平台、二级公路贷款等进行了风险排查，对产业结构调整过程中的信贷风险等六大风险进行了全面自查，并逐级签订了责任书，逐层落实了化险责任。

创新操作风险管理机制。一是整合监督检查力量，组建了独立的业务检查团队。制定下发了《中国建设银行内蒙古区分行柜面业务检查管理办法（试行）》、《中国建设银行内蒙古区分行信贷业务操作检查办法》、《中国建设银行内蒙古区分行业务检查操作规程》，加大了操作风险监控检查力度，并规范了检查和整改流程。二是建立操作风险等级行考评制度，用经济手段推动基层机构加强操作风险管理。制定了

《内蒙古区分行2008年度操作风险管理等级行评价方案》,根据评价结果确定相应的操作风险经济资本调节系数,与各行的操作风险经济资本占用挂钩,充分调动了二级行加强操作风险管理的积极性。三是认真推进操作风险与内部控制自评估工作,持续优化制度流程系统,提高防范风险能力。制定了《内蒙古分行2009年度自评估工作实施方案》,对个人账户金、资金调拨业务和运维信息安全等三个项目开展了自评估。四是层层建立了操作风险例会制度。五是开展了岗位梳理和制度梳理工作,强化对不相容岗位的风险控制,细化了对风险过程的管理与控制。六是建立了市场风险管理架构,积极推进市场风险管理。按照总行《关于加强一级分行市场风险管理的指导意见》,建立了与业务发展相适应的市场风险管理架构,组建了市场风险监控组,加强了对市场风险研究分析和防范。完善风险管理激励约束机制,规范管理行为。制定了《内蒙古分行2008年度二级分行风险管理评价考核方案》,从信用风险、操作风险、风险收益和基础管理等方面对二级分行整体风险管理状况进行评价,客观揭示各行信贷经营与风险管理中的突出问题,持续改进管理措施,并将考核结果作为转授权的重要依据。

【支持保障】 推进后台业务集中,加快了批量代收付业务和电子渠道跨行交易后台集中处理,有效释放了营业网点营销服务能力;加强了已集中项目的后续管理,提升项目集中效能。通过梳理整合,将操作程序化、简单化、风险可控的后台集中业务外包,提高了营运效率,降低了营运作业成本;加强了离行式自助设备集中维护和管理,建立了通报机制;加强了集中上门收款业务管理,统一了管理模式。强化了会计和营运工作质量。

(高效利)

邮储银行

【邮储银行内蒙古分行领导名录】

行　长:张少波

副行长:麻勇　林志刚　牧仁(蒙古族)

总审计师:魏东斌

【概况】 全年实现业务总收入8.85亿元,同比增长31.7%。银行自营收入完成3.21亿元,同比增长64.67%,占金融业务总收入的比重达到36.27%,完成总行预算目标的124.96%,完成自定预算目标的115.46%;实现利润700万元。在自营业务收入中,个人业务收入完成1.85亿元,按同口径计算较上年增长9.95%;信贷业务收入完成9 931.82万元,绝对值增加9 178.75万元;对公业务收入完成3 653.2万元,绝对值增加3 344.23万元。

【个人业务】 一是坚持"存款立行",储蓄存款规模实现稳步增长。全年新增储蓄存款34亿元,余额规模达331亿元,同比增长10.27%,活期占比52.01%,创历史新高。银行当年新增3.47亿元、达到81.21亿元,活期占比50.66%,较年初提高6.76个百分点,全国排名第7位。二是抓好传统业务转型,个人结算类业务平稳推进。全区累计实现国内汇兑收入5 912.81万元,同比增长11%,全国排名第15位;累计开发密码汇款20.47万笔、金额517.36亿元,全国排名第2和第17位;累计开发国际汇款1 261笔,兑付合规比率为98%,列全国第2位;累计发卡27万张,卡户452.8万户,户均余额2 048元,居全国第13位。其中,信用卡发卡4 260张,银行员工发卡比例达91.38%。三是理财类业务增幅显著。累计销售理财类产品8.02亿元,同比增长281%;银行销售6.85亿元,同比增长497%;全区基金定投新增户数1.65万户,银行新增1.59万户,业务量全国排名第8位;其中我行第一只私人理财产品—天富3号产品老客户展期率在全国排第1位。

【信贷业务】

零售类业务发展迅猛　全区零售类资产规模达21亿元,为全区3万户中小企业主和农户提供了贷款服务,成为全区信贷服务"三农"和中小企业覆盖面最广的银行。2009年新增贷款17亿元,实现收入9 931.82万元,占自营收入比重达到30.84%。小额质押贷款累计发放3.19亿元,结余1亿元。小额贷款累计发放16.9亿元,结余10.8亿元。个人商务贷款累计发放10.87亿元,结余9.54亿元,累计发放贷款量和结余量全国排名第11位。二手房贷款累计发放5 584万元,结存5 400万元。个人信贷业务结存量在全国排名第17位,较年初前移3位。已有22个二类支行获批开办小额贷款业务,累计发放贷款2 268万元。全区不良贷款率为0.27%,逾期率控制良好,全国排名第5位;拨备覆盖率达到140%,资产质量持续保持优良。

批发类业务实现稳步增长　全年协助总行签订2个银团贷款合同,在鄂尔多斯分行的配合下,签订3项自营贷款合同,合同金额达31.5亿元,放款金额突破30亿元,自营贷款比例达20%以上,圆满完成总行下达的工作目标。达成协议存款合同34亿元,票据回购业务5.48亿元,超额完成计划目标,实现了批发类业务的全面协调发展。全年回流地方资金69亿元,累计回流地方资金169亿元,为促进自治区地方经济建设发挥了应有的作用。

小企业贷款试点顺利启动 2009年11月底正式确定并推动了包头地区小企业贷款试点,成为全国第五家试点行,试点工作进展顺利,并成功授信办理了第一笔业务。

【公司业务】 公司存款余额累计达到21.5亿元,市场占有率0.44%,全国排名20位;全年新增公司存款15亿元,累计日均余额达15亿元;公司业务收入完成3 653.2万元,占自营收入的比重达到11.4%。公司项目营销成果显著,全区共开发涉及财政、社保、钢铁、房地产、通信、烟草等存款100万元以上的行业客户199户,余额19.2亿元,占公司存款总数的89.3%。

【基础管理】

财务会计管理 一是强化全面预算和会计核算管理,加强计划指导,实行"二级"预警管理及通报制度,强化了预算约束。二是加强会计基础管理,使会计结算、资金清算渠道进一步顺畅,会计内控监督检查体系进一步完善,确保了业务资金的安全和年终决算的有效开展。三是全力推进"降本增效",加强成本费用管理,积极推进二级支行损益核算,全面推行财务费用开支预算和费用定额,合理压缩开支,"降本增效"取得预期效果。四是加强固定资产核算和投资管理,完善固定资产管理制度,本着"量入为出,适度超前,合理安排"原则,将自有建设资金和总行补贴资金全部用于优化网点布局、购置生产设备和改造店招形象等方面,有效提升了网点服务竞争能力。五是细化资金管理,通过加强对资金来源、计划、分账户管理等情况的分析及编制监控工作,使资金计划及头寸管理取得明显成效,财务核算和业务资金结算流程更加规范,关联交易与财务分析工作更趋完善。

人力资源管理 一是初步建立起邮储银行岗位职级体系和薪酬分配体系,集中发放员工薪酬,实现了新旧体系的有效衔接和平稳过渡。二是积极开展岗位梳理和探索员工绩效管理,完善岗位设置,明确岗位职责与任职条件,将整体绩效、组织绩效和员工绩效有机结合,进一步健全了组织管理体系和业绩评价机制。三是深入推进落实"增效增资、减效减资;增人不增资、减人不减资"的人工成本管理政策,实现新增人员计划与业务发展需要、管理模式转变紧密挂钩,促进了劳动生产率大幅提升,人均劳动生产率达到12.56万元/人,较去年增长43%。四是加大人力资源盘活力度,一方面面向社会积极引进专业人才,另一方面将人力资源重点向高效益业务倾斜配置。2009年规划开办信贷业务的64个二类支行中已有43个配齐了支行长和信贷人员。五是加大员工教育培训力度,加快内训师队伍建设,银行业从业人员资格认证考试合格率大幅提升,内控制度、社会保险、人力资源信息系统建设等基础工作均实现稳步推进。

审计监督管理 一是加强审计基础工作,建立和完善审计制度体系,强化了电子稽查系统的应用和对审计计划管理的监督考核。二是认真开展常规审计,完成12个二级分行、6个一级支行、19个旗县邮政局、76个网点的常规审计,分别完成全年计划的100%、125%和108%,共检查整改问题2 454条,确保了零案件防控目标的实现。三是深入推进案件风险排查,指导各盟市分行自查所属机构543个,有效防止了资金案件的发生。四是开展了对小额贷款业务和公司业务的专项审计,有效防范了风险。五是完成对各盟市分行和邮政局的内控评价,并对77个二级支行和储汇网点进行抽查,增强了内控建设的积极性和主动性。六是全面推行违规积分管理,充分发挥"积分、通报、处罚、教育"工作机制,对被积分人员进行相应处罚,有力地遏制了违规现象的扩大。七是与区公司联合开展"三个规定"落实情况大检查,全区各级邮政金融机构按要求分阶段完成了三级机构自查和两级机构重点检查任务,将邮政金融风险防范工作推向深入。

风险合规管理 一是深入开展了"合规管理年"活动。认真组织开展机构合规、小额贷款和个人商务贷款及反洗钱三项评估,加强规章制度梳理,为业务发展营造了良好的合规氛围。期间,出具评估报告16份,梳理规章制度213项,修改完善36项,补充制定18项,"合规管理年"活动取得预期效果。二是努力构建风险管理运行机制。初步建立起风险信息联络员制度和风险报告制度,进一步加强了风险分析、监测和控制。三是扎实推进反洗钱工作,进一步加强法律事务工作,严格了合同审查和相关诉讼流程,促进了业务合规合法有效开展。

【渠道服务】 一是营销体系建设初见成效。通过健全制度、完善服务规范、细化考核指标等措施,使营销体系建设在促进业务转型中发挥了应有的效用。全行优质客户数量显著增加,总量达13万户,较年初增加8万多户;"通辽市分行代理国家开发银行建设工程贷款项目"荣获总行2009年度"金雁奖"优秀营销项目奖,呼市分行2名营销经理获评总行"金雁奖"优秀客户经理。二是网点改造建设取得新进展,共改造网点25处,其中一类网点8处,改造面积7 800平方米,为网点服务转型创造了有利条件。三是有效增加ATM机、POS机、商易通布放数量,全区新增ATM机69台、商易通14 089台(银行7 459台)、间联POS机1 003台,促进了个人结算交易量大幅提升。同时,启动并推广电话银行业务,深入开展营业网点服务规范化活动。四是加强信息化建设和维护,圆满完成年内各项金融信息化系统工程上线任务,完成各类设备的集中采购。同时加强对金融信息网的安全维护,确保系统的安全稳定运行。

(康建军)

农村信用社

【内蒙古自治区农村信用社联合社领导名录】

党委书记 理事长:佟铁顺

党委副书记 纪委书记:杨阿麟(蒙古族)

党委委员 副主任:东方(蒙古族) 巴勇(满族) 张建成

党委委员:于学忠

副厅级待遇:贾埃兵

【概况】 内蒙古自治区农村信用社联合社成立于2005年8月20日,是由全区88家旗县农村合作金融机构(含农商行)和5家单一法人社入股组成,自治区政府授权对全区农村信用社行使行业自律管理和服务职能,具有独立企业法人资格的地方性金融机构。机关内部设有综合管理部(理事会办公室)、党委办公室(党委宣传部、机关党委)、人力资源部(党委组织部)、计划财务部、业务发展部、风险合规和法律事务部、稽核监察部(纪委办公室、安全保卫部、稽查大队办公室)、培训教育部、科技部、电子银行部9部1室和科技信息中心、资金营运中心2个直属机构。

【业务经营】 至2009年底,资产总额达1 473亿元,比上年增加315亿元,增长27%。各项存款突破1 000亿元大关,余额达1 145亿元,比上年增加279亿元,增长32%。各项贷款余额755亿元,比上年增加218亿元,增长41%,超全国农村信用社平均水平14个百分点。不良贷款余额60.1亿元,比上年减少6.5亿元,不良贷款率8%,下降4.4个百分点。全年实现各项收入95亿元,比上年增加19亿元,增长24.6%。实现利润24.2亿元,比上年增加9.8亿元,增长68.3%,超全国农村信用社平均水平40个百分点。消化历年亏损挂账0.9亿元。资本充足率达到8.5%,比上年提高2.1个百分点。贷款损失准备充足率111%,比上年提高33.8个百分点。拨备覆盖率57.3%,比上年提高15.4个百分点。全区农村信用社存贷款规模均列全区金融机构第四位。

【产权改革】 经过四年的努力,基本上完成首轮产权制度改革任务。全区除包头市郊区和南郊联社外,其余91家分别组建了农商行、农合行、以旗县为单位统一法人社。启动第二轮产权制度改革,阿拉善左旗、二连浩特农合行挂牌开业,托克托农合行获准筹建,根河市两家信用社合并重组为一家联社,新组建霍林郭勒市农村信用社。通过改革,产权进一步清晰,股权结构得到优化,法人治理结构逐步完善,经营机制正在转换。至2009年底,全区共有1家农商行,6家农合行,84家旗县统一法人社,2家两级法人社。有89家旗县联社完成专项央行票据兑付15.8亿元,分别占应兑付机构和额度的96%和97%。

【服务地方经济】 坚持"区别对待、有保有压"原则和立足"三农"、服务县域的市场定位,通过有效增加存款、申请使用人民银行支农再贷款、加强系统内资金调剂等措施,多方筹措资金,努力扩大贷款投放,最大限度满足"三农"资金需要,同时加大对中小企业和民生工程的信贷支持。适应农村牧区经济结构调整和多元化的金融服务需求,加大信贷产品创新力度,开办中小企业信用贷款、联保贷款,农机具购置专项贷款,青年能人兴业计划小额贷款和返乡务工妇女微贷款等新产品。全年累计发放各项贷款965亿元,同比多放234亿元。其中发放农牧业贷款677亿元,同比多放157亿元,占全区金融机构农牧业贷款投量的90%以上。发放中小企业贷款189亿元,同比多放54亿元。发放各类创业贷款18亿元,助学贷款1 606万元,农机具购置贷款1 146万元。

【风险防控】 组织制定和修订53项行业自律管理制度,在90%以上的旗县联社推行会计委派制,进一步规范了经营管理行为。建立信贷风险定期通报制度,加大对千万元以上大额贷款监测和咨询备案贷款审查力度。深入推广"阳光信贷"模式,规范自然人贷款流程。继续开展不良贷款集中清收行动,推进不良资产集中管理工作。信贷风险管控能力逐步增强。组织开展了会计决算、大额存款、贷款管理、承兑汇票业务等稽核检查18次,及时发现和纠正经营管理中存在的问题。启动三年案件防控治理工作,组织开展案件治理"百日排雷"专项行动。按照内蒙古银监局的要求,开展"三自一承诺"工作,清理高管人员违规贷款184 笔,金额2 189万元。与公安机关联合开展打击整治农村信用社经济犯罪专项行动。全年发现并查处案件9起,涉案金额4 388万元,分别比上年下降20 起和6 737万元,挽回资金2 488万元。在部分地区推广安装隐藏式升降金库,进一步规范安防监控设备购置安装工作,90%的营业网点安防设施实现达标。

【信息化建设】 成功研发信贷管理系统、办公自动化系统等共19 个信息化建设项目,财务管理系统、人力资源管理系统等6 个项目开始启动。开通内蒙古农村信用社门户网站。组织开展全系统信息化建设成果应用"百日推进"活动,加大信息化建设成果推广应用力度。到2009 年末,共发行金牛借记卡538 万张,市场占有量居第二位。布设ATM 机265 台,POS 机200台,发生业务202 万笔,金额15 亿元。实现收单业务收入695 万元。

【履行职责】 正确处理自治区联社与旗县联社两级法人的关系,积极探索新形势下发挥自治区联社行业管理职能新途径,坚持以服务为主,寓管理、指导、协调于服务之中,努力为全区农村信用社创造良好的发展环境。协调兴安盟行署和通辽、赤峰、乌兰察布、巴彦淖尔市政府出台扶持政策,综合采取林权置换、土地置换、财政归还、税收返还等措施,帮助农村信用社化解风险、组织资金、壮大实力。组织系统内资金调剂93.4亿元,为61 家联社解决资金不足问题,其中采用优惠利率为43 家经营困难联社提供扶持资金28.7亿元。在全系统发出"富社帮贫社"倡议,组织开展对口捐赠帮扶活动,共有17 家联社捐赠资金4 300万元,帮助科左中旗等5 家联社消化部分历年亏损挂账。与荷兰合作银行就农村信用社改革的技术咨询和战略投资等方面达成共识,并签署会谈备忘录。两次召开社团贷款项目推介会,组织发放社团贷款34 笔,额度7.3亿元。

(李 武)

交通银行

【领导名录】

行 长:卢永胜(10 月任职)

副行长:赵连祥 赵祥根 蒋志明

【概况】 2009 年末,交通银行内蒙古自治区分行全辖本外币总资产144.83亿元,较上年增加29.87亿元,增长25.98%。各项存款余额121.21亿元,较上年增加17.65亿元,增长17.04%。各项贷款余额131.57亿元,较上年增加49.12亿元,增长59.58%。实现经营利润2.86亿元。

【贷款】 至2009 年末,全辖人民币贷款余额130.91亿元,较上年增长59.43%,增速位居总行系统首位,市场占有率较上年提高0.36百分点;外币贷款余额较上年增长93.31%。在人民币贷款中,公司贷款增长率分别高于系统和地区同业15.99和21.76个百分点;零售贷款新增8.82亿元,个人消费贷款市场占比较上年提高0.13个百分点。

【经营】 全辖人民币存款平均余额达到135.98亿元,较上年增长76.69%。中间业务收入同比增长27%。中高端客户占比不断提高,对中高端客户净增数完成总行任务计划的750%。成功开办承销短期融资券业务,办理内蒙古地区金融同业首笔报关一点通担保业务,积极发行信托理财产品,大力拓展出口发票融资、进口押汇、进口代付等国际业务,带来了较为可观的中间业务收入。

【信贷】 积极将信贷资源有效配置到符合宏观政策、产业政策和前景良好的领域,切实保障对自治区基础设施、优势特色产业、重点项目和民生工程的金融服务。按贷款投向,全辖交通运输、煤炭、钢铁、有色金属和机械五大行业贷款余额在公司贷款中的占比较上年提高5.02个百分点。按贷款期限结构,全辖中长期贷款余额占比较上年提高23.6个百分点。按担保结构,全辖抵质押贷款占比较上年提高了9.27个百分点。按五级分类口径,全辖正常类贷款占比较上年提高0.71个百分点,可疑类贷款占比较上年下降0.34个百分点。坚持"区别对待、有保有压",累计减退高风险行业授信3.74亿元,完成年度减退计划的127.17%。不良资产实现双降,新增不良率自成立以来保持为零。

【内控管理】 坚持审慎经营方针,加强重点领域风险防控,风险管理水平进一步提升。深入推进全面风险管理各项工作,细化信用、操作和合规风险管理重点,组织开展内控评价和风险隐患排查,内部控制和风险防范能力进一步提高。加强授信管理,严格信贷准入和审批标准,严控"两高一资"和"产能过剩"行业贷款,切实保证了信贷资产的安全运行。拓宽管理半径,突出条线管理部门的职能作用。

(邢俊威)

内蒙古银行

【领导名录】

党委书记 董事长:杨成林

党委副书记 行长:姚永平

纪委书记 监事长:白文明(蒙古族)

副行长:白剑国 靳生荣 延城

工会主席:王 伟

行长助理:肖晓明 史来银

【概况】 2009年9月8日,经中国银行业监督管理委员会批准,呼和浩特市商业银行更名为内蒙古银行。内蒙古银行成立于1999年11月19日。辖属22个部室,一个直属营业部、一家分行,20家支行(一家正在筹建中),共有员工1 112人。成立十年来,在自治区、呼市两级政府的正确领导和监管部门的关心指导下,全行实行“一级法人,统一核算,总行—分行—支行分级管理”的扁平化管理体制,始终坚持“三个立足”的市场定位,借鉴吸收同业先进的经营理念和管理经验,积极进行特色化、差异化发展,形成具有自身特色的区域性商业银行,树立“专注于心,高效于行”的服务理念,打造了“中小企业综合服务银行”的企业品牌。

到2009年12月31日,资产总额达206.42亿元,是成立之初的17倍;各项存款余额175.98亿元,是成立之初的17.6倍;各项贷款余额109.24亿元,是成立之初的24倍;实现税前利润2.89亿元,拨备前利润4.77亿元,实现净利润2.11亿元。

【业务发展】 2009年末,全年共新增存款28.09亿元,增长率19%。全年新增各项贷款25.97亿元,增长率为31%,存贷比为62%。资产总额206亿元。不良贷款顺利实现“双降”,不良贷款率2.21%,比年初下降0.96个百分点。贷款损失准备充足率达274%,比上年提高106个百分点,拨备覆盖率204%,比上年提高59个百分点。资本充足率达17.24%,比上年提高7.2个百分点,核心资本充足率达16.46%,比上年提高7.75个百分点。税前利润28 819万元,拨备前利润47 685万元。

【经营管理】 一是实收资本达15亿元,年末资本净额达到26.07亿元,资本充足率达17.24%,核心资本充足率16.46%,分别高于监管标准9.24%和12.46%,全行各项监管指标得到有效的改善。二是进一步完善了激励约束机制,充分调动员工的工作热情。完善考核管理办法,并把案件防控和考核相挂钩,充分调动员工的积极性和主动性。同时完善人员配置与管理机制,加强人才梯队建设,进一步提高员工队伍的素质,优化了队伍结构。三是加大不良资产的清收和处置力度。到2009年末,内蒙古银行共完成五级分类不良贷款清收任务1.26亿元。同时处置抵贷资产5 175万元,为不良资产的双降、达到监管标准奠定了基础。四是科技信息系统不断提升。投入大量人力、物力、财力,进行了信贷管理系统、办公自动化系统、网上银行系统及新网站的研发,已相继测试完毕投入使用;同时完成了核心系统、财务管理系统的升级换代工作,科技促进业务发展的能力不断加强。

【重要会议】 2009年2月14日,2009年全行工作会议在武警招待所隆重召开。会议由副行长白剑国主持,董事长杨成林、监事长白文明、行长姚永平等行领导出席会议。会议回顾2008年度工作情况,重点安排部署2009年主要工作任务。

3月16日,中国水利水电第十三工程局局长何占颂一行到内蒙古银行就战略合作一事进行了商洽,并在内蒙古饭店举行战略合作协议签约仪式。

4月30日,董事长杨成林主持召开呼和浩特市商业银行2008年度股东大会,审议通过《呼和浩特市商业银行股份有限公司关于向内蒙古自治区人民政府定向募集股本金的方案》、《关于呼和浩特市商业银行股份有限公司重组更名为内蒙古银行的议案》等17项议案,内蒙古银行董事、内蒙古银监局有关领导出席了会议。本行监事、高级管理人员列席了会议。

【重要活动】 10月15日,内蒙古银行受邀参加国务院扶贫办和联合国驻华系统在北京联合举办的“减贫与发展”高层论坛并介绍扶贫经验,国务院扶贫办副主任郑文凯会见了内蒙古银行董事长杨成林一行。

【内蒙古银行成立大会】 11月18日,内蒙古银行成立大会在内蒙古人民会堂隆重举行。自治区党委副书记、自治区主席巴特尔,自治区党委常委、呼和浩特市市委书记韩志然,自治区人大常委会副主任雷·额尔德尼,自治区人大常委会副主任柳秀,自治区副主席布小林,自治区政协副主席郭子明,原全国人大民族委员会副主任于兴隆等领导出席了成立大会。

【内蒙古银行乒乓球俱乐部揭牌仪式】 11月27日,内蒙古银行乒乓球俱乐部揭牌仪式暨内蒙古银行部分省市商业银行乒乓球邀请赛在内蒙古体育馆开幕。内蒙古银行行长姚永平、监事长白文明、自治区体育局局长石梅等领导出席了揭牌仪式。

【荣誉】 国家体育总局授予内蒙古银行“全国群众体育先进单位”。

(袁 伟)

包商银行

【领导名录】

董事长:李镇西

监事长 纪委书记:李献平

行 长:王慧萍(女)

【概况】 包商银行成立于1998年12月,是自治区最早成立的股份制商业银行,前身为包头市商业银行,2007年9月经中国银监会批准更名为包商银行。经过11年的发展,有总行营业部、赤峰、巴彦淖尔、通辽、鄂尔多斯、锡林郭勒、呼伦贝尔7家区内分支机构,有宁波、深圳、成都3家区外分支机构。此外,还成立了达茂旗包商惠农贷款公司,发起设立固阳包商惠农村镇银行、四川广元包商贵民村镇银行、鄂温克旗包商村镇银行、贵州毕节发展村镇银行、贵阳花溪建设村镇银行。2009年末,全行共有87个营业网点,拥有员工3 120人。

【业务指标】 年末,总资产达812.38亿元,较年初增加了195.6亿元,增幅为31.71%;各项存款余额669.70亿元,较年初增加192.88亿元;各项贷款余额276.86亿元,比年初增加45.64亿元;五级分类不良贷款余额1.44亿元,不良率为0.52%;存贷款比率41.34%,成本收入比38.20%,资产利润率1.25%,净资本利润率27.16%,拨备覆盖率达226.93%,资本充足率12.22%,均达到或超过监管部门的要求和新巴塞尔协议的标准。

【业务发展】

公司金融业务稳健增长 年末,公司类本外币贷款(含贴现)余额183亿元,占全行贷款余额的66%。银行承兑汇票余额265.91亿元,全年累计签发475.15亿元。全年完成国际结算量1.44亿美元,完成结售汇量1.04亿美元,发放贸易融资1 605万美元。

个人金融业务取得新突破 年末,全行个人消费贷款余额48.3亿元,比年初增加25.2亿元,增幅为109%,不良率为0.35%。全年累计发行借记卡10.61万张,增幅为43.5%;贷记卡4.72万张,增幅为114%;其中贷记卡的激活率达到88%、活跃卡率达到77%,均远超行业平均水平。

小企业金融越做越强 全年累计发放微、小企业贷款2.06万笔,金额63.6亿元,年末余额45亿元,分别比年初新增63%、106%和125%。五级分类贷款不良率为0.72%。

货币市场业务发展良好 全年累计承销各类债券171.6亿元,比上年增加119.7%;累计外汇交易1 034笔,交易量达3.5亿美元,同比增加2.21亿美元,增幅达172%。至2009年末,包商银行债券结算代理户已达32家,全年新增13家;累计委托交易1 948笔,累计交易量达1 639.1亿元。

【风险管控】

稳步推进信用风险管理工作 实施风险管理压力测试 加大对事业部和分行的业务授权力度,健全授权体系;初步建立专职审贷队伍,提高授信评审能力和信用风险预警能力。组织实施市场风险压力测试和流动性风险压力测试,对包商银行资本充足率状况、市场风险状况和流动性状况等进行系统研究。

建立健全合规风险管理体系 强化合规业务操作意识 搭建以风险为本的合规风险管理体系的基本框架,培育全行合规意识,编制《合规政策》和《信贷手册》;加强合规检查,规范业务操作。

着力提高统计分析效率和质量 加大业务审计力度 专门设立统计中心,强化统计分析工作,保障包商银行经营决策的数据需求。加大各类业务的审计力度和审计覆盖面,除强化对各类业务的审计工作外,还对反洗钱、IT风险、市场风险和四川广元包商贵民村镇银行进行全面审计。

【完善规章制度】

制定标准化操作流程 加快完善各项规章制度 完成组织架构调整,按照“现代化、国际化好银行”的标准,进一步完善和明确全行各部门职责和岗位职责,制定新的标准化操作流程,从整体上提升全行的流程化水平。对现有的各项业务规章制度进行细化和梳理,全年制定、修改、补充和完善近百项制度,为包商银行制度化、规范化和标准化管理打下良好的基础。

发挥事业部联动效应 大力推行全面预算管理 推行事业部内部计价及事业部与分行费用管理制度,按贡献度匹配资源,使事业部成为真正的利润中心,也使各分支机构业务条线成为事业部的有力支撑。学习借鉴国外预算管理的先进理论与经验,设计全面预算管理方案,开展宣传与培训,完成大量基础工作,启动全面预算管理工作。

【产品创新】

拓宽个人业务产品线 推出员工消费贷款、公务员消费贷款、养老保险贷款、“轻松行车贷”和“个贷通”等个人综合授信业务,极大地丰富了包商银行个人业务的产品线。

创新信用卡服务功能　与中国银联合作推出建国60周年主题信用卡及中国红慈善主题信用卡,并不断完善信用卡服务功能,开通“贷记卡随意分期付款服务”和“客户自主定制单笔消费额度上限”等创新型服务。

丰富理财产品品种　全年发行“真珠贝”系列理财产品10期,累计发行金额6.64亿元。特别是发行首款以黄金为投资对象的人民币黄金理财产品。承销5期凭证式国债和4期储蓄国债,累计承销金额达10.8亿元。

构建供应链融资模式　推出“包融通”供应链贸易融资业务,针对不同行业上下游供应链特点,打造“一对多”的供应链融资模式。

打造小企业金融品牌　小企业金融服务推出商赢宝、保时节、诚信、好贷和“富农宝”五大系列15个产品,在金额、利率、期限、担保方式和还款方式等方面都进行了创新。

【企业形象】

继续获得同业的高度关注和普遍赞誉　全年共接待来访和学习考察1 100余人次,其中区内外银监局和同业机构共130家。2009年,包商银行先后被《银行家》杂志评为“最佳小企业金融服务城市商业银行”;被《金融时报》评为“中国中小企业金融服务十佳机构”、“最佳小企业贷款银行奖”,入围“年度最佳城市商业银行”;获中国银行业协会“第二届服务中小企业及三农十佳特优产品奖”和“中国银行业协会(花旗)微型创业奖城市信贷员二等奖”,以及全国企业党建文化试点先进单位、全国精神文明建设工作先进单位等国家、省、市级荣誉共计265项。

小企业品牌形象成为全国瞩目的焦点　2009年,中央电视台《对话》、《经济热点面对面》、《经济信息联播》等名牌栏目,新华社内参以及《人民日报》、《经济日报》、《第一财经日报》等报刊,纷纷对包商银行特别是包商银行小企业贷款业务进行密集报道。此外,董事长李镇西还应邀参加了中央电视台“如何破解中小企业融资难”大型国际论坛;《21世纪经济报道》、《金融时报》对李镇西董事长进行专访并刊发大篇幅报道。

【荣誉】　4月,李镇西董事长荣获中国金融网“2009年度银行业年度人物”,包商银行获得“中小银行创新奖”;8月,包商银行“真珠贝”小企业贷款获中国银行业协会举办的第二届服务中小企业及三农十佳特优产品奖;9月4日,在大连举行的第二届中国中小企业融资论坛暨中国中小企业金融服务战略合作联盟年会,包商银行荣获“2009中国中小企业金融服务十佳机构”;9月6日,在大连举行的全国地方金融第十三次论坛,包商银行荣获“全国地方金融第十三次论坛征文组织特别奖”、“第二届服务中小企业及三农十佳特优金融产品”、李镇西董事长荣获“全国地方金融第十三次论坛阜新市商业银行杯征文二等奖”;12月,包商银行被银行家杂志社授予“最佳企业社会责任奖”和“金融产品十佳奖”;12月28日,在北京举行的“2009中国金融机构金牌榜首届‘金龙奖’颁奖盛典”,包商银行荣获“年度最佳小企业贷款中小银行”奖,并入围“年度最佳城市商业银行”奖。

(刘郁远)

华融资产

【中国华融资产管理公司呼和浩特办事处领导名录】

总经理:陈　胜(女　蒙古族)

党委副书记:孟玲虎(11月离任)

副总经理:张新军

纪委副书记　工会副主席:高峰(满族)

【概况】　呼和浩特办事处于2000年4月26日组建成立,现内设机构有资产经营一部、资产经营二部、金融服务部、创新业务部4个业务部门,综合管理部、计划财务部、风险合规部3个业务支持部门,另设有风险管理与内控、业务审查、资产评估审查、财务审查四个专门委员会。首次收购工商银行内蒙古分行剥离的不良资产1 128户,金额83.03亿元,划转表外利息10.3亿元。2005年,公司受财政部委托收购、处置工商银行损失类资产,共接收工行内蒙古分行损失类贷款和非信贷风险资产2 550户金额52.43亿元。超额实现了年初确定的“三项”目标。办事处共实现商业化业务收入1 507.49万元,分别完成公司核定确保和力争任务目标的153.76%和134.60%;盈亏基本持平;全年无各类风险事故和案件。

2009年末,办事处有公司审批人员40人,非公司审批人员40人。在公司审批人员中,有本科以上学历的28人,大专学历的10人,大专以下2人;有男职工26人,女职工14人;有中共党员26人,预备党员2人,民盟1人;有办事处级干部3人,部门高级经理9人,高级副经理7人;有高级职称人员16人(高级经济师13人、高级会计师2人、高级工程师1人),中级职称人员22人,初级及以下职称人员2人;有少数民族10人,其中蒙古族8人。

【资产处置扫尾】 按照公司统一部署,对可疑类资产和损失类资产打包处置,配合总部顺利完成入包资产评估、资产推介营销、处置方案报批资产转让协议签订、资产移交、资管系统处置信息维护等,并将处置档案整理送审归档管理,顺利完成内蒙古五交化总公司等13户资产包的终极处置工作。对疑难项目依法诉讼维权,对一户拍卖成交后出现新的瑕疵,买受人不予付款的项目委托律师依法诉讼,后在法院协调下,买受人提出和解意向,最终在法院主持下与拍卖公司、买受人签订"调解协议",收回处置款项318.25万元,完成了该户疑难项目的终极处置,实现商业化收入35.93万元。同时,认真贯彻落实公司关于被诉案件处理工作的要求,成立被诉案件处理工作领导小组,对已处置资产依法合规情况进行认真自查,没有发现资产处置被诉的隐患。按照规程对13户政策性破产项目完成终极处置。组织项目组,按总部《政策性破产项目管理办法》,对13户财政部委托前既实施计划内破产的项目向办事处业务审查委员会进行报告。此外,按照办事处的安排,负责完成政策性资产的收尾、日常管理、相关事务的处理等后续工作。2009年5月经总部检查验收并根据验收组提出的意见和建议,组织项目人员"举一反三"对资产处置档案再次进行完善,并向总部验收组进行报告。11月,据公司《关于政策性资产档案后续管理工作指导意见》,对资产档案进行了检查完善,并形成"档案封存报告"上报总部,完成了政策性债权资产的扫尾验收及档案封存任务。

【股权管理】 积极参加企业"三会",维护股东的权益。全年派出人员共参加企业股东会、董事会和监事会23次,审议议题211项,其中,否决议题6项,通过议题205项;参加临时股东会、董事会和监事会43次,审议议题87项,其中,否决议题4项,通过议题83项,在二机改制上市、融华钙业资产重组以及赤峰药业新公司挂牌运营、一机、北奔分红等维权方面,办事处主要领导和部门有关同志,始终参与其中,所起的作用和效果比较明显。如二机改制上市方案,不仅保证了公司第一批转股金额进入拟上市公司,而且通过办事处积极争取,也使第二批转股金额可部分进入到拟上市公司中,从而极大地提升了公司的股权预期价值;融华钙业通过资产重组,一方面使企业的产供销链条得到紧密和有效的衔接,保证了企业整体效益的提高,另一方面,公司的股权价值无论从绝对额、还是未来预期回报,都会得到进一步的提升;赤药新公司挂牌运营后,生产经营进入良性循环轨道。按照公司的统一部署,如期完成了估值工作。

【商业化业务拓展思路】 办事处拓展商业化业务的主要思路是:坚持"四个为主",即:租赁以医药、公交、化工、采掘行业的企业项目为主;投资和信托以通道和效益好的民营企业项目为主;委托以与各金融机构合作项目为主;证券以财务顾问项目为主。实施一个突破、一个依托和抓大不放小的业务拓展策略,即:与工行和各商业银行建立良好的业务合作发展关系有比较大的突破;以股权企业为依托,挖掘其商业化业务资源,发挥其综合效益;抓住大行业、大企业等大客户的有关项目,对符合金融政策、符合公司有关业务投入要求与商业银行可以错位合作的小企业、民营企业项目不放过。同时,实行了"人人都是营销员,个个都走上第一线"的营销策略。

【商业化业务发展措施】

强化激励措施 鼓励全员营销 无论是业务支持部门还是业务人员争取到的项目都可以按一定比例给予业务拓展奖励,从而调动各方面各层次人员做好新业务的积极性,形成了"一把手"负总责,分管领导重点抓、业务部门具体抓、全体员工齐上阵的业务营销公关格局。

明确分工 强化商业化业务信息通道建设 公司年初工作会议后,进一步加大业务营销公关工作力度。办领导成员牵头分别带领业务部门以各种方式走访联系自治区和盟市政府及相关部门,包括自治区发改委、国资委、经贸委,呼和浩特市、包头市、鄂尔多斯市、锡林郭勒市等政府和商业银行、钢铁、电力、机械、交通、乳品、医院、水务等部门大型国有企业等,取得很好的效果,初步形成了以经济主管部门为主、各主要经济金融龙头企业为骨干、股权企业为重点、民营主要企业为补充的业务资源信息网络。

强化项目责任 抓好项目落实 一是为保证商业化业务收入目标的实现,办事处总经理分别与分管领导和各业务部门签订了目标责任状。二是对可行性项目,认真确定分管领导和主管部门、责任人员,前期调研、审查审批立项、公司及子公司审查审批协调沟通工作。特别是项目立项后,为争取成功,办领导亲自出马与公司及子公司进行汇报协调审批事宜,到年末全办计营销公关项目50多个。经过筛选,年内已完成或实施项目17个(含以前年份延续项目),为企业融资63 013万元,实现商业化收入1 507.49万元。

突出重点环节 加强风险防范工作 在争取商业化项目工作中,始终把防范项目风险放在首位,特别是在做项目时,始终坚持“防止病从口入”的思想,严格按照公司有关规程进行操作,努力将基础工作做深做细做实,防患于未然。

加强投放项目履约管理 确保不发生违约风险 对已投放项目,由项目负责部门组织进行定期不定期的企业经营和资金动态情况调查走访,特别是涉及偿付租金计划协议落实的问题,项目组进行跟踪落实,目前已投放的项目没出现1笔有风险或隐患的问题。

【资金财务管理】 办事处财务费用管理贯彻公司关于压缩开支的要求,严格审批,反对浪费,保证了合理开支。自年初以来,一是按照公司要求,完成预、决算工作、商业化清分报表审查和期初数据录入建账工作、财务管理自查和“小金库”自查清理工作。二是认真贯彻落实公司《关于切实加强财务管理严格控制费用开支的通知》和《关于厉行节约,反对奢侈浪费的通知》精神,结合办事处实际,制定《加强财务管理严格控制费用开支的措施》,强化勤俭节约办企业的意识,加强办事处财务管理,修改完善有关财务管理办法,确定2009年管理费用支出比上年下降5%的目标,严格控制费用支出。年末,管理费用实际支出为422.4万元,剔除超额完成公司下达力争任务增加管理费用额度60万元,实际支出比上年末减少5.06%。

【内控与风险管理】 组织全体员工加强风险管理文件和有关规章制度的学习,定期进行风险管控情况分析、召开风险管理和内部控制委员会会议,跟踪落实整改事宜。根据不同的业务种类加强商业化业务的风险识别,并实施项目风险管控关口前移,与项目尽职调查组一同深入企业进行调查。完成了资金财务合规性审计,对终极处置资产进行跟进审计;认真接待、积极配合内蒙银监局现场检查和公司的审计,并完成ISO 9000质量管理体系年度内部审核工作。通过加强内外检查监督,保证各项业务的平稳运行。

【模范人物】 3月16日,据中国金融工会《关于金融系统获得全国女职工建功立业标兵岗(标兵)荣誉称号的情况通报》(金工发〔2009〕4号)、《关于表彰全国金融女职工建功立业标兵的决定》(金工发〔2009〕6号)、《关于获得全国女职工建功立业标兵岗授予全国金融五一劳动奖状和全国女职工建功立业标兵授予全国金融五一劳动奖章的决定》(金工发〔2009〕7号),办事处党委书记、总经理陈胜同志荣获“全国女职工建功立业标兵”、“全国金融女职工建功立业标兵”和“全国金融五一劳动奖章”等荣誉称号。

(王玉和)

长城资产

【中国长城资产管理公司呼和浩特办事处领导名录】

党委书记 总经理:毛墨堂

副总经理:徐耀 周集平

【概况】 中国长城资产管理公司是经国务院批准成立的、具有独立法人代表资格的国有独资非银行金融机构。中国长城资产管理公司呼和浩特办事处为中国长城资产管理公司的派出机构,成立于2000年2月18日,行政级别为正厅级单位。主要职能是收购、管理和处置境内金融机构剥离的不良金融资产,目标是防范、化解金融风险,支持国企改革,以最大限度保全资产,减少损失。经过近十年的发展,现已成长为以不良资产经营、处置为主,兼有投资、融资租赁、债务重组、资产重组、企业重组、股权管理、财务及法律咨询与顾问、资产及项目评估等投行业务的综合性金融企业。

呼和浩特办事处内设综合管理部、资产经营部、业务拓展部、项目审核部、资金财务部、监察审计部、资产经营二部、业务拓展二、三部九个职能部门。至2009年,办事处共有员工72人,其中具有大专及以上学历54人,占员工总人数的75%;党员职工46人,占比64%。办事处一直秉承重视人才的观念,先后培养了2名博士和多名研究生,6名员工具有证券从业资格,3名员工具有拍卖从业资格,两名注册律师,2名注册会计师,1名注册税务师。

【资产处置主业】 面对金融危机的影响,市场低迷,资产处置环境进一步恶化,全体员工在办事处党委的领导下,经营意识、市场意识、创新意识、盈利观念和责任观念都进一步得到增强,通过大量艰苦细致的工作,取得较好的成绩。2009年累计处置资产68户,回收现金8 342.28万元,回收净现金6 628.39万元,完成总公司全年任务的102%,提前超额完成总公司下达的任务目标。中间业务70.38万元,实现利润3 955.55万元,完成总公司减亏率的1 601.44%。

【业务拓展工作】

完成办事处重点经营项目——呼和浩特市机床附件厂的转股工作,提升资产价值 在总公司的亲自指导下,经过多年的努力,长城公司与众环股份有限公司、呼和浩特市政府签订了债转股协议,呼和浩特市市委常委、副市长武文元、众环股份公司总经理张栋华以及自治区银监局、人民银行等部门的有关领导参加签字仪式。债转股协议的圆满签订,标志着办事处在重点资源项目管理和新业务拓展方面取得重大成功,同时对办事处今后的可持续发展也具有非常重要的意义。

融资租赁业务取得新突破 办事处积极配合新疆长城租赁公司主动寻找租赁项目。先后推荐了鄂尔多斯的苏里格天然气、博源联化、大兴供热和包头的阿特拉斯等四个项目,其中苏里格天然气5 000万元租赁项目已经签约,其余三个项目正在进一步的调研商谈中,同时又对通辽万通供热公司二期300万平方米供热项目进行调研推荐工作。此外,办事处与呼和浩特市开发区及下属如意开发区、金川开发区、出口加工贸易开发区有关领导举行座谈会,宣传、介绍办事处开展的新业务,重点对融资租赁、财务顾问、保理业务经营宣传介绍,并就双方的合作达成初步共识,为今后的合作奠定基础。

【内部控制】 办事处始终坚持贯彻执行一级法人授权经营的管理体制,坚持依法、稳健、开拓、效益的经营思想,围绕"突出一个中心,抓住两个重点,加大三个力度"的工作目标,以"三个代表"重要思想为指导,进一步解放思想,与时俱进,开拓创新,始终以抓班子、带队伍、夯基础、强管理、求发展、闯新路、育人才为主题,坚持以加快资产处置和提高回收率为中心,以依法合规经营为主线,以全面完成任务为目标,强化基础管理,全力打造"三铁"。办事处倡导"严格、规范、谨慎、诚信、创新"十字新风,开展职业道德教育、警示教育、行风教育,弘扬正气,树立典型,增强风险观念,加强廉洁自律意识,坚持吃苦耐劳、忘我工作、不畏艰辛、勇挑重担的团队精神,促进各项工作上水平、创一流,逐步探索和形成适合长城公司特点的资产管理和经营模式,培养和造就一支政治坚定、业务精通、开拓奋进的高素质员工队伍。

(李爱国 张志强)

中国银联

【中国银联内蒙古分公司领导名录】

总经理:戈　岚(女 蒙古族)

助理总经理:任思溟

【概况】 中国银联是经国务院同意,中国人民银行批准成立的中国银行卡联合组织,成立于2002年3月,总部位于上海。中国银联处于银行卡产业的核心和枢纽地位,对银行卡产业发展发挥基础性作用。各银行通过中国银联银行卡跨行交易清算系统,实现系统之间互联互通,进而实现银行卡跨银行、跨地区和跨境通用。中国银联建设和运营银行卡跨行交易清算系统,推广统一的银行卡标准规范,提供高效的跨行信息交换、清算数据处理、风险防范等基础服务,统一银行卡跨行技术标准和业务规范,形成银行卡产业资源共享机制和自律机制,促进市场主体之间业务联合、资源共享,推动银行卡产业集约化、规模化发展;同时联合商业银行,创建银行卡自主品牌,推动银行卡产业自主科学发展,维护国家经济、金融安全。银联受理网络覆盖全国范围,并延伸到境外90个国家和地区,银联自主品牌已成为国内普遍认可,国际具有影响力的银行卡品牌。

中国银联内蒙古分公司(以下简称内蒙古银联)是中国银联在内蒙古自治区设立的分支机构,成立于2007年5月18日。内蒙古银联致力于服务地方政府、服务地方特色经济、服务百姓和服务地方金融,打造内蒙古自治区银行卡网络服务"畅通工程"、公务卡"阳光工程"、公共支付"便民工程"、支持地方经济和特色企业"品牌工程"、银行卡知识"普及工程",构建自治区"银行卡跨行转接中心"、"银行卡数据分析中心"、"银行卡风险管理控制中心",竭诚为全区人民提供优质、安全、高效的银行卡服务,让全区人民共享银行卡联网通用带来的便利。

【完善网络服务体系】 2009年,全区银行卡产业整体规模实现了超常规、跨越式的发展。至2009年末,全区银行卡特约商户已达21 103家,较上年同期增长114.06%;银行卡受理机具达33 839台,较上年同期增长78%;银行卡存取现机具达3 248台,较上年同期增加48.09%。当年实现银行卡跨行交易笔数和交易金额分别达到2 582万笔和605.65亿元,较上年同期分别增长84.25%和124.83%,增长率在全国排名第2位。全区发卡机构达15家,银行卡发行量累计达3 147万张,其中"62"字头银联标准卡累计发卡2 418万张,已占全部银行卡发卡总量的76.8%。银行卡渗透率(即银行卡刷卡消费金额占社会消费品零售总额的比率)达到24%,《内蒙古银行卡产业五年规划(2006～2010)》中确定的主要目标。

2009年,内蒙古银联从适应自治区银行卡产业飞速发展的需要出发,依托中国银联总公司第二代跨行交易清算系统,全面完善自治区银行卡跨行服务网络,提升产业风险管理服务水平、数据挖掘和联合营销服务能力。银联控股子公司内蒙古银联商务2009年在全区除阿拉善盟以外均设立了分支机构。目前,银联网络已覆盖全区所有盟市及旗县,一个横跨全区、支持城乡、服务三农、联通全国的安全、高效的自治区银行卡联网通用网络体系已建成,为不断提高我区银行卡支付服务水平打下坚实基础。

【银行卡产业】 银行卡产业的发展有效地拉动了自治区的居民消费,有力地促进自治区的经济增长。2009 年内蒙古银行卡产业发展拉动全区 GDP 增长近 40 亿元人民币;由于银行卡的使用节约社会成本5.42亿元;银行卡产业的发展还培养公众良好的支付习惯,提升城市形象,提高了社会文明程度,推动自治区旅游城市的支付环境建设。银行卡已经影响到老百姓生活的方方面面,自治区不仅实现了 POS 机刷卡、ATM 机取现,也通过银联网络实现了互联网、手机、固定电话支付,是年下半年还将实现机顶盒、自助终端刷卡支付,自治区老百姓"足不出户,实现支付"的理想正在变成现实。银行卡极大地方便了百姓的日常生活。银联推出的"惠农一卡通"、"农牧民工银行卡特色服务"业务以及"银联惠农支付通"的推广应用让广大农牧民也享受到了银联卡联网通用带来的便利。

【阳光财政工程建设】 内蒙古银联坚持以宣传和培训为抓手,大力支持全区"阳光财政"工程建设。在推出极具内蒙古民族特色和文化韵味的公务卡卡面的同时,还通过积极组织针对公务卡的专题宣传培训和有奖促销活动,加大社会各界对于公务卡的认知程度。

经过内蒙古银联的积极努力,至 2009 年末,全区公务卡累计发行38 514张,交易金额突破 1 亿元,公务卡发卡银行由 1 家扩大至 6 家。自治区本级 83 家厅局已全面实施公务卡改革工作,同时本级预算单位试点范围已扩大至第五批;在区内 12 个盟市中,包头、呼伦贝尔、乌兰察布、通辽、赤峰等地都已开展公务卡改革试点工作,其他盟市的公务卡改革工作也相继推开;全区所有联网商户全部可以受理公务卡。

【提升区域性银行金融服务水平和竞争能力】 内蒙古银联从提升区域性商业银行金融服务水平和竞争能力出发,积极为区域性银行提供专业的业务指导和技术支持,帮助其拓宽服务半径,丰富服务手段,提高核心竞争力。在内蒙古银联的积极推动下,至 2009 年末,自治区区域性商业银行银行卡发行总量已突破 600 万张,占全区银行卡累计发行总量的19.29%;二是与 5 家区域性商业银行全部签订了银联互联网安全支付协议,使其借助中国银联网上支付系统和丰富的支付渠道,为其发行的银行卡开通网上支付功能;三是加强对村镇银行在技术、服务等方面的支持力度。内蒙古银联通过一系列、一揽子的服务措施,帮助自治区区域性商业银行缩短了与国有商业银行在硬件、产品和服务上的差距,为提升其核心竞争力发挥了重要的作用。

【银联卡在边贸领域应用】 内蒙古银联一直积极推动通过中蒙双方建立银联卡支付结算的方式,来有效推动和促进中蒙两国边境贸易,解决边境贸易和旅游消费资金支出和结算便利问题。经过内蒙古银联的积极努力和协调下,在 2008 年,蒙古可汗银行同时开通了银联卡的发卡与受理业务,银联网络已成功延伸至蒙古;在 2009 年,蒙古最大的商业银行——郭勒穆特银行在开通其银联卡受理业务的同时,还成功实现了银联标准人民币借记卡的发行,这是自港澳地区以外,境外成功发行的首张人民币银联卡。银联卡可在蒙古境内近70% 的 ATM 机和60% 的银行卡特约商户实现受理。

【银行卡宣传 银行卡知识普及】 为进一步提升全区民众对银行卡知识的了解,提升地区国民综合素质和窗口服务形象,将银行卡打造成为地区的"形象名片",内蒙古银联联合多家媒体、通过系列宣传活动等措施,积极开展内蒙古银行卡"普及工程"。2009 年在多家媒体上刊登涉及银行卡的稿件 70 余篇次,联合电台开展了"空中银联"栏目,并在区内积极开展"刷卡无障碍"街区建设活动。同时,内蒙古银联还联合自治区妇联、工会等有关部门积极开展了两届"银联杯"商业服务业收银员职业技能竞赛,在呼和浩特、包头、鄂尔多斯陆续开展了收银员培训,历届参加培训和竞赛的收银员和商户累计达到 6 万余人次和2 000余家。获奖收银员 32 人。其中,获得自治区五一劳动奖章 1 人、自治区商业服务业技术能手 1 人、自治区建功'十一五'技术能手 9 人、自治区巾帼建功标兵 8 人,以及盟市级三八红旗手 2 人。有 8 人走上收银主管等管理岗位。

(徐 靖)

华宸信托

【华宸信托有限责任公司领导名录】

董事长:刘晓兵

总　裁:甄学军

党委书记 监事会主席:王连庄

副总裁:杨新良 李建国 汪文明

【概况】 全年累计实现营业收入17 967万元,比上年增加3 967万元,增长了28.3%;利润总额12 703万元,比上年增加3 278万元,增长了34.8%,人均创造利润123万元;净利润10 154万元,比上年增加3 120万元,增长了44.3%。

【信托业务】 信托新政的颁布表明了国家监管机构引导信托公司向"受人之托,代人理财"的专业化机构回归的决心。信托手续费收入及其占营业收入的比例两项指标是评价信托公司信托业务发展情况的首要指标。2009年,公司共完成信托业务66笔,新增托管信托资金1 176 376.60万元。其中,成功发行集合资金信托计划15笔,募集资金98 690万元;办理单一资金信托51笔,托管资金1 077 686.60万元。公司全年实现信托手续费及佣金净收入11 362万元,占营业收入的比重为63%,实现了公司信托手续费及佣金收入占营业收入的比例由21%、31%、39%到63%的持续跨越,极大地改善了公司的收入结构。

【自有资金业务】 2009年,公司资产质量进一步提升,优质资产占总资产比重达99.81%,总不良资产率降为0.19%,在全国金融业中处于领先水平。公司自营证业务券严格按公司董事会的授权及公司规章制度执行,在公司证券投资决策小组的领导下,严格控制投资规模,及时把握市场机会,实现投资收益3 942万元,比预算增加634万元。

【固定收益业务】 2009年,公司固定收益业务债券交易量为398.8亿,投资品种有国债、央票、政策性金融债、短期融资券、中期票据、企业债、公司债等,实现收益2 382万元。在信托机构中债券交割量排名第2,在非银行金融机构中债券交割量排行第9。为了在现有资金规模内实现投资收益的最大化,公司在一级分销市场和二级交易市场交易都加大工作力度,一手抓收益,一手抓交易规模。在准确判断市场机会的前提下,利用各种市场人脉关系,依托核心客户,积极争抢、成功申购了多支评级AA-的短期融资券和中票,为公司在二级市场赚取差价奠定了基础。

【筹建合资基金管理公司】 为适应新的经营环境,公司与咸阳步长科技公司和韩国未来资产管理公司共同筹建基金管理公司,为公司的可持续发展培育新的利润增长点。

【公司大事】 1月,公司在湖南省长沙市普瑞温泉大酒店成功召开了"华宸信托有限责任公司临时股东会会议、第三届董事会第一次会议、第三届监事会第一次会议"。9月,经中国银行业监督管理委员会内蒙古监管局批准,公司办公地点已正式搬迁至呼和浩特市赛罕区如意西街23号日信华宸大厦。年初,华宸信托与内蒙建行、建银国际成功合作开展了"华宸紫金1号·矿业并购基金信托"项目,为内蒙古太西集团完成股权融资8.4亿元。2009年,公司采取物业经营收益权转让方式发行2.5亿元"长沙青和城购物中心经营收益权转让项目集合资金信托计划"。保证措施除房产抵押,又增加优先、次级的分层设计,满足了不同投资者的风险收益偏好。2009年,公司积极响应国家对保障住房的扶持政策,通过发行"阿左旗保障住房项目集合资金信托计划",为阿左旗廉租房、经济适用住房项目融资5 000万元,支持了地方政府保障住房建设的顺利实施。2009年,公司与建设银行合作发行理财产品"内蒙古高新控股有限公司股权投资单一资金信托计划",公司以股权投资方式,向内蒙古高新控股有限公司注资金入85 995万元。在重点城市、重大基础设施建设项目需要巨额资金的情况下,公司与建设银行在传统业务合作基础上,探索出银信合作以股权投资方式支持地方政府进行基础设施建设的新模式,实现了银行、信托、地方政府基础设施项目建设融资合作方式的创新。

(陈　睿)

人保财险

【中国人保财险内蒙古分公司领导名录】

总经理:吴建林

副总经理 系统工会主任:王　暄

副总经理 纪委书记:刘　煜

副总经理:宋金生(蒙古族)

副总经理:白　俊

【业务】 2009年,中国人保财险内蒙古分公司保费收入在2008年历史性突破25亿元,同比增幅21.2%的基础上,年底,公司保费收入、实收保费双双突破30亿元大关,全区系统实现保费收入(含政策性农险)30.62亿元。

【服务民生 社会保障和经济补偿职能】 公司累计承担各类风险责任达10 942.21亿元,为神华集团、包钢集团、电力系统、公路铁道、煤炭化工行业等众多大型企业和工程项目提供保险支持。累计处理各类赔案35.65万件,平均每个工作日处理赔案1 698件;累计支付赔款14.10亿元,占内蒙古财险市场总赔款的43%,切实发挥保险的补偿职能,为受损企业、家庭及时恢复生产生活提供有力支撑。

【农业保险 服务三农】 认真贯彻执行各项农业保险政策要求,制定《科学发展农村保险指导意见》,围绕自治区农牧业产业化需求,积极发展种养两业保险。承保农作物面积达1 332.6万亩,惠及农牧户75.39万户次;承保奶牛5.8万头,惠及农牧户0.89万户次;政策性能繁母猪保险累计承保生猪35万头次,占全区能繁母猪承保总数的87.32%以上,惠及农牧户11.96万户次,在全区八个盟市独家开办农村“治安保险”,共承保农牧区家庭50.96万户,并设立理赔“绿色通道”方便农牧民索赔,提高了农村牧区的安全防范能力和保障水平。

【服务客户】 深入推进理赔承诺服务活动,进一步优化理赔流程,精简理赔手续,推行“机动车‘一站式’索赔零手续”服务;完善全区施救网络,推行全国“异地出险、就地理赔”,开展同城赔款“通付”服务和理赔分中心建设,进一步加快理赔速度。同时,公司95518客户服务中心通过电话和短信形式对重要客户、各级政府部门和重要代理中介进行回访,短信回访52.6万条,电话回访24.8万人次,客户满意度达94%。

【风险管理】 始终坚持依法合规经营理念,坚持“越发展越要规范经营,先规范经营再谋求发展”的原则,实现“在发展中不断规范,在规范中加快发展”的良性互动。同时,公司还充分发挥作为内蒙古保险行业协会会长单位的影响力和号召力,积极与监管部门、行业协会和业内其他主体积极协调沟通,共同探讨规范保险市场整体秩序的措施和办法,推进行业自律,努力营造良好的外部环境,引导和促进了市场秩序的好转。

【重要活动】 3月15日,由内蒙古保险行业协会统一组织的以“让消费者放心买保险”为主题的保险宣传咨询活动暨2009年内蒙古保险业服务质量年启动仪式在首府呼和浩特市新华广场举行。在启动仪式上,内蒙古保险行业协会会长、人保财险内蒙古分公司总经理吴建林代表行业协会,发表重要讲话。启动仪式结束后,公司开展大型宣传咨询活动,现场接待消费者咨询,受理消费者投诉,向各界群众传递“消费与发展”的消费理念。内蒙古分公司各部门负责人以及产品线部门相关业务人员,呼和浩特市分公司本部员工共计90余人参加了当天的宣传咨询活动。

3月20日上午,分公司召开2009年全区系统纪检监察审计工作视频会议,深入贯彻落实集团公司、总公司纪检监察审计工作会议精神,总结2008年纪检监察审计工作,部署2009年工作任务。分公司领导班子成员,全体共产党员;各盟市分公司班子成员,各部门及“三个中心”负责人,所辖旗县区支公司、营业部、营销部经理以及分公司驻赤峰、鄂尔多斯审计办事处全体人员参加了会议。会议上分公司纪委书记刘煜作了工作报告,分公司党委书记吴建林作了重要讲话。

3月29日至30日,内蒙古分公司在呼和浩特市组织召开2009年全区车险盈利能力建设会议,分公司领导、车险部全体员工,各盟市分公司分管车险业务的总(副)经理、车险部负责人以及2 000万元以上县区支公司负责人参加会议。吴建林总经理出席会议并作重要讲话。

7月25日,中国保监会吴定富主席一行抵达内蒙古赤峰市进行工作调研。内蒙古保监局局长智鹏飞、人保财险内蒙古分公司总经理吴建林陪同调研。吴定富主席一行到达赤峰市后,首先与市政府市长王中和进行了会见,针对当地经济发展与保险服务等领域进行了深层次的探讨。期间,专程到人保财险赤峰市分公司与部门负责人以上同志进行了座谈。在座谈会上,内蒙古分公司总经理吴建林和赤峰市分公司总经理徐东峰分别进行了工作汇报。在听取工作汇报后,吴定富主席对内蒙人保财险的整体工作给予了充分肯定并作出重要指示。

7月31日至8月1日,全国系统森林保险座谈会在呼伦贝尔市天骄宾馆召开,会议主题是“学习贯彻中央林业工作会议精神,部署安排公司森林保险工作”。中国保监会财产保险监管部主任李劲夫、调研员韩廷萍、总公司副总裁刘政焕、集团公司高级业务主管冷慧卿应邀参加会议,并作重要讲话。江西、福建、湖南、辽宁、浙江、云南、广东、内蒙古等8家分公司分管领导和农险部主要负责人参加会议,分别汇报了本单位森林保险发展情况,并围绕业务经营中存在的突出问题和解决措施,进行充分交流和热烈讨论。作为承办公司,会议开始,内蒙古分公司总经理吴建林作了热情洋溢的欢迎致辞,对内蒙古经济发展、风土人情、自然环境以及内蒙古分公司近几年的经营状况进行了介绍。

10月16日,内蒙古分公司举办了媒体开放日系列活动,拉开了公司庆祝建司60周年活动的序幕。据悉,媒体开放日当天,内蒙古电视台、内蒙古日报社、新华社内蒙古分社、北方新报社、内蒙古人民广播电台等来自自治区及呼和浩特市十余家主流媒体的记者们，参观了分公司95518客户服务中心和承保理赔业务大厅，了解了承保理赔业务内容及工作流程，体验了人保财险内蒙古分公司高效、快捷、人性化的客户服务。内蒙古分公司副总经理宋金生向新闻媒体记者们介绍了公司近几年的发展情况，征求了对公司经营管理和客户服务工作方面的意见和建议，与新闻媒体记者们进行广泛深入的交流。

12月14日至18日，中国保监会及新华社、人民日报、中央电视台、金融时报、中国保险报等中央级新闻媒体走进内蒙古，对自治区农业保险进行集中采访。12月15日，五家中央级媒体及保监会领导深入内蒙古和林格尔现代牧业有限公司（原蒙牛澳亚示范牧场）进行现场采访。12月16日，采访团一行赶赴内蒙古农业大市、河套平原—巴彦淖尔市，与市政府农业局、财政局、气象局及公司相关人员进行座谈。12月17日，在乌拉特中旗石哈河镇参加公司召开的政策性农险理赔兑现会。整个采访期间，媒体同志们还与自治区农牧业厅、财政厅及公司的有关人员进行座谈、调研，就农业保险发展存在的问题、困难以及发展思路进行调研。

12月25日，按照内蒙古纠风办的部署，内蒙古金融系统民主评议政风行风考核组一行六人到人保财险内蒙古分公司，对公司2009年政风行风工作进行民主评议、考核测评。分公司纪委书记、副总经理刘煜就本年度开展行风政风建设情况作专题汇报。分公司本部全体员工和呼和浩特市地区的部分客户代表通过听取工作报告，填写问答卷的形式参加此次考核测评。

12月22日，内蒙古分公司召开本部专家、部门和驻地市两个审计办事处管理岗、高级业务主管人员述职大会，39名述职人员按照正职、副职、高级业务主管的顺序依次进行了述职发言，分公司本部全体正式员工参加了本次述职大会。此次述职工作分个人述职和民主测评两个步骤进行，述职人就2008年任职以来部门职能履行情况、个人岗位职责履行情况进行述职汇报，所有人员述职后，参会人员根据述职者平时工作成效和述职情况以无记名形式现场填写了对述职人员和各部门的民主测评表。会后，内蒙古分公司总经理吴建林做了点评。

【交叉销售】 4月9日上午，内蒙古分公司牵头召开内蒙古产寿健交叉销售工作研讨会，产寿健三方内蒙古分公司班子成员以及盟市分公司“一把手”共聚一堂，就当前交叉销售工作中存在的问题及解决措施进行热烈而充分的研讨，提出很多建设性的意见和建议，在确定代理模式、强化政策激励、推进相互培训、实现互惠共赢等方面达成共识，并对做好2009年度交叉销售工作进行具体部署。

【举办培训班】 4月17日至19日，内蒙古分公司在呼和浩特举办2009年全区系统农业保险培训班。各盟市分公司农险产品线负责人、理赔中心农险理赔负责人及2008年农险业务规模超过千万的支公司负责人共计40人参加培训。还邀请到内蒙古财政厅地方金融与债务管理处副处长成维钢、内蒙古农牧业厅种植业处副处长文占平、内蒙古保监局财产险监管处副处长卢晓辉、内蒙古气象局生态与农业气象中心/气象卫星遥感中心主任巴特尔、内蒙古气象局气候中心工程师郝文俊、内蒙古动物疫病预防控制中心研究员李林川、北京天创大地公司王宜瑞等7位各领域专家为学员授课。

【客户座谈会】 5月18日，分公司随即启动95518开放日暨客户座谈会活动。邀请监管部门领导及26名客户代表、营销员代表参观95518客户服务中心，让客户亲身体验95518客户服务者的工作方式，体验公司专业、规范、忙碌、细微的人性化服务。客户参观体验结束后，内蒙古分公司又召开了客户互动座谈会，认真听取客户代表对公司客户服务工作评价和建议。

【荣誉】 7月23日，在总公司2009年上半年经营形势分析会暨城市分公司竞争能力建设会议上，总公司领导为2003～2008年度经营管理单项指标突出的省级分公司颁发了奖牌，共设八个奖项，内蒙古分公司获得了其中六个奖项。分别为利润贡献排名奖、利润率排名奖、车险效益排名奖、实收保费增长排名奖、应收保费管理奖、市场份额排名奖。

（张永刚）

人寿保险

【中国人寿保险股份有限公司内蒙古自治区分公司领导名录】

总经理:李有俊(11月离任)

副总经理:柳廷生(11月任职 主持工作)

副总经理:郭如敏(女)

纪委书记 副总经理:张志忠(12月任督导员)

副总经理:王玉林

纪委书记 副总经理:乌云台(蒙古族)

总经理助理:高丰河

【概况】 中国人寿保险股份有限公司是中国人寿保险(集团)公司代表国家控股的全国性商业寿险公司。从2003年起连续七年蝉联世界500强企业,并由2003年的第290位跃居到2009年的第133位,在所有入围的中国金融企业中排名第一。中国人寿保险股份有限公司内蒙古分公司作为自治区最大的专业化商业寿险公司,拥有13个盟市分公司,104个旗县区支公司,330个营销服务部,515个农村网点,696家兼业代理机构,遍布全区所有的旗县区和乡镇,开办有人寿保险、人身意外险、健康保险和分红保险等4大类100多个险种。公司有在职员工2 500余名,保险营销人员2万余人。2009年,中国人寿内蒙古分公司以年度总保费53.81亿元的经营业绩,占据自治区寿险市场52.79%的份额。

【经营管理】 至2009年12月31日,公司共实现保费收入56.18亿元(含集团),在自治区寿险市场中占55.3%(含集团)的份额,其中,股份公司保费收入53.81亿元,同比增长5.49%,占据自治区寿险市场52.79%的份额,实现保费规模的平稳增长,继续占据自治区寿险市场主导地位。

【公益活动】 2007年1月至2008年10月期间,在自治区希望工程、抗(震)洪救灾、扶贫助教、三支一扶和环境保护等方面,总计投入251.73万元,充分展示和延伸了公司"成己为人,成人达己"的文化理念,以具体行动感恩社会,回报大众。特别是针对2008年汶川特大地震灾害,组织全区系统党员和群众同时,累计为灾区捐款105.27万元,并选派了理赔精英前往灾区一线开展保险的理赔服务工作。2009年12月,被自治区公益慈善事业协会授予"公益万民伞——百姓保险值得托付的保护伞"称号。

【关注民生 惠及"三农三牧"】 至2009年12月末,全区实现农村小额保险费360万元;实现小额保险整村覆盖的有24个村;全区系统建成农村网点267个,拥有驻村业务员603个;建成保险先进村230个。公司以实际行动有力地支持政府解决"三农"问题。同时,为深入推进农村保险业务发展,公司党委、总经理室提出县域业务发展的"3152"工程,即力争从2010年至2012年用3年时间,全区系统在"两乡"布局1万人以上的驻村业务员队伍,与500万农牧民建立保险服务关系,建成2 000个保险先进村,为健全和完善自治区农村社会保障体系作出更大贡献。

【先进人物】 2009年5月,中国人寿保险股份有限公司赤峰市松山支公司王海平、被内蒙古自治区总工会分别授予自治区"五一劳动奖章"获得者和自治区"工人先锋号"集体荣誉称号。

(辛晓冬)

科　　技

自然科学

【内蒙古自治区科学技术厅领导名录】

厅　长：徐凤君

副厅长：林莉（女　蒙古族）　马强　田颖男

纪检组长：包锐锋（蒙古族）

副巡视员：乌宁奇（蒙古族）　李增建

【概况】　内蒙古自治区科技厅实有人数53人，内设机构：办公室、人事处、政策法规处（创新体系建设办公室）、科研条件与财务处、发展计划处、基础研究处、高新技术发展及产业化处、农村科技处、社会发展科技处、科技合作处、知识产权管理处、专利处12个职能处室，另设机关党委、离退休人员工作处及派驻纪检组。

内蒙古自治区科技厅所属事业单位实有人数156人，所属事业单位机构有：内蒙古科学技术信息研究所、内蒙古甜菜制糖工业研究所、内蒙古科学技术厅机关事务服务中心、内蒙古生产力促进中心、内蒙古科学技术奖励中心、内蒙古对外科技交流中心、内蒙古技术市场管理办公室、内蒙古火炬高技术产业开发中心、内蒙古转制科研院所离退休人员服务中心、内蒙古科技厅驻北京联络处、内蒙古虚拟科学技术研究院、内蒙古保护知识产权举报投诉服务中心、内蒙古科技培训中心。

【自主创新成果】

产生了一大科学发现　在世界上首次发现了一种介于胚胎干细胞（ES）和成体干细胞（iPS）之间的干细胞系（rESCs），这一成果发表在国际顶级刊物《自然》杂志上，影响因子达到33，创全区历史最高水平。

填补三项国内空白　包括煤炭地下气化产业化技术、微风条件兆瓦级风力发电系统、益生菌菌株培养技术，都达到了全国最高水平。

取得十项在国际国内领先水平的技术重大进展　3.6万吨黑色金属垂直挤压设备正式投产，磁管道和新型直线电机运输系统建成试验线，世界最大规模的“煤制乙二醇”生产线建成投产，煤制富勒烯项目中试装备已投入使用，干细胞治疗重大疾病技术进入临床阶段，建成世界最大规模的固体热载体法快速热解褐煤生产线，褐煤提取金属锗技术进入产业化，非粮油脂原料生物柴油联产生物基化学品工业路线处于国内领先水平，沙漠太阳能热风发电系统进入安装调试阶段，牛羊胚胎移植整体技术水平和移植数量居全国之首。

【建成一批国家级创新平台载体】

科技人才引进培养和工作安排部署提升到更高层次　科技人才工作部署上升到自治区层面，“草原英才”工程3个子项目方案得到党委组织部肯定即将进入实施阶段；科技人才奖励力度进一步提高，3位科技人员得到自治区政府各100万元的历史最高奖励；高层次人才引进培养有了新的进展，初步确定科技领军、创新、创业3个层面150名高层次科技人才，其中43人已经承担或正在承担国家重大项目，28人担任国家级项目的首席专家，25人具有“长江学者”等国家级专家称号。

创新平台建设站在更高起点　中科院内蒙古草业中心建设完成，改变了中科院在自治区没有直属研究机构的状况；内蒙古大学哺乳动物生殖生物学实验室被科技部列为省部共建国家重点实验室培育基地，使自治区争取建成首个国家重点实验室的目标向前迈进了一大步；自治区体育科研所重点实验室列入国家体育局重点实验室；世界一流、亚洲最大的冬季汽车测试技术中心在牙克石建成并投入使用；国家草原畜牧业装备工程中心通过科技部验收。

高新技术产业化载体得到新的提升　2个城市、1个园区、3个基地提升为国家级创新载体。包头市成为20个首批全国创新型城市试点之一，乌海市成为国家科技强警示范城市；赤峰国家农业科技园区通过科技部验收，国家级园区上升为2个；国家沙漠新能源科技成果转化基地、国家级包头装备制造业高新技术产业化基地、库布其国际科技合作基地通过科技部审批认定，国家级基地上升为11个。

多元化科技投入体系建设有了新的进展。科技投入经费大幅增长，本级财政科技投入达3.88亿元，同比增长达30%；创新能力的提升引来更多的国家级项目，全年争取国家科技经费投入1.93亿元，同比增长46%；

通过与金融机构的合作为科技型中小企业解决贷款近亿元,科技金融合作取得实质性进展。

【综合科技进步】 2009年,自治区综合科技进步水平监测指数首次超越40%,达到40.34%,排名全国第21位;科技促进经济社会发展指标首次排在西部第1位,高技术产业劳动生产率提高到全国第2位,企业R&D科学家和工程师占全社会比重排全国第4位,万人吸纳技术成果金额排第6位,劳动生产率排第6位。

在监测指标全面提高的同时,还获得一系列先进荣誉,包括国际级荣誉2个,联合国科技特派员合作项目先进单位和蒙古国国家荣誉奖。获得国家级集体荣誉8个,9位同志获得国家级先进个人荣誉。

【重点高新技术产品】 针对新能源、新材料、先进制造、生物医药、畜牧业等重点领域关键共性技术,组织实施一批重大科技专项,使相关产业领域实现根本性跨越。

新能源领域 攻破了利用非粮油脂原料生物柴油、利用纤维类植物生产乙醇和秸秆类生物质湿法生产生物柴油等技术,使我区在生物质能源利用方面,从原来的单一沼气利用、生物质直接燃烧向生物质液体燃料开发生产的更高层面的技术跨越。

煤炭转化利用方面 设立煤炭高效利用专项,开发了"煤间接、直接液化"、"地下无井式气化采煤"、"褐煤干燥提质"、"煤层气开发利用"、"煤制二甲醚"等煤炭高效利用技术,实现了煤炭从单一作为燃料向煤炭清洁化和煤化工产品的技术跨越。

稀土产业领域 突出"稀土功能材料制备技术应用产品的开发",实现了从稀土原料生产技术向功能材料及应用产品等高新技术的跨越。

畜牧业领域 针对畜牧业发展关键技术问题,设立了牛羊生物技术专项,家畜繁育实现了从冷冻精液冷配技术、常规胚胎移植技术到精液性控技术、幼畜超数排卵胚胎移植技术、体细胞克隆技术的跨越,使畜牧业增效10%以上。

【重大关键技术集成和研发平台 成果转化体系 产业化载体建设】

大型风机装备制造方面 研制开发了具有自主知识产权1兆瓦大型并网风力发电机及配套部件和控制系统,并实现产业化,在此基础上,进一步研制开发1.5兆瓦和2.0兆瓦系列产品,使自治区不仅是国内最大的风电厂建设地区,也成为风机装备产业基地。

生物质能源方面 国内第一条正式投产的非粮油脂原料生物柴油联产生物基化学品生产线于2008年12月试生产,标志着我国的生物柴油已进入工业化生产阶段,为自治区可再生能源发展迈出了坚实的一步。生产规模为5万吨/年高标号生物柴油、6万吨/年高端合成润滑油、6万吨/年高碳醇、2万吨/年甘油碳酸酯及1万吨/年特种聚酯树脂。为生物质能源新兴产业的发展起到极大的支撑作用。

畜牧业提质增效和粮食丰产方面 通过奶业、肉业、农畜机械制造、玉米深加工等一系列重大科技专项的实施,集成近40项现代新技术,使农作物单产平均提高了15%左右,畜牧业年增效10%～15%,仅奶业年新增产值35亿元,使内蒙古奶业科技实力和水平居全国之首。

先进制造业方面 成功研制了3.6万吨大口径厚壁无缝钢管垂直挤压机,该挤压机具有世界级先进水平,是国内首创、最大的先进重大装备。提升了中国的锻压技术和加工制造技术,改变了大口径厚壁无缝钢管生产方式,极大地提高生产效率,从根本上支撑产业的发展。

节能减排和循环经济方面 组织实施了"高铝粉煤灰生产氧化铝、铝硅钛合金"专项,现已实现了年产20万吨氧化铝、14万吨铝硅钛合金、15万吨活性硅酸钙产业化规模,年可消化高铝粉煤灰70万吨。该项目的实施不仅消化自治区每年排放的大量高铝粉煤灰,同时,可有效缓解中国铝矿资源缺乏的现状,得到了温家宝总理、李克强副总理的高度评价,并列入国家发改委正组织编制中国高铝粉煤灰资源化利用专项规划。

高新技术提升传统产业方面 组织实施制造业信息化科技示范工程,极大地支撑了自治区传统产业的升级。自治区重点工业城市的大中型制造业企业95%以上应用了以计算机辅助设计和企业资源管理(ERP)工程技术。对羊绒纺织、装备制造、能源、材料、化工等领域新产品贡献率达29.5%、新产品开发周期缩短20.1%、企业产品生产周期缩短14%、关键设备利用率提高29.4%。

【前沿技术和基础研究】

先进制造方面 研究开发新型直线电机管道运输系统,从产业发展方向上引领国内运输装备产业的发展。已完成650兆具有自主知识产权的新型直线电机运输系统试验线,该系统的应用可极大地节约运输成本、提高运输率。被专家誉为国家今后第六种运输系统。

太阳能利用方面 研究开发太阳能热气流发电系统,该系统具有环境效益及广阔的商业化推广前景。现正在乌海市开展世界首个200千瓦沙漠太阳能热气

流发电试验系统的建设，预计2010年6月并网发电。该系统可以实现24小时不间断工作，解决了太阳能光伏发电、聚光类发电和风力发电离网运行的储能问题。是未来新型的太阳能利用方式。

生物医药方面　通过从国内外引进高端技术人才，组织实施干细胞重大专项，在北京建成了干细胞应用技术平台，并开始建设内蒙古干细胞资源储存库。已经拥有干细胞无血清培养基等一系列发明专利，正在开展其产业化研究。计划在内蒙古干细胞产业园区建设内蒙古干细胞技术转化中心，在内蒙古呼和浩特设立干细胞产业园区，为引领今后内蒙古干细胞相关产业的发展打下坚实的基础。

生命科学方面　组织开展克隆技术、转基因技术、动物干细胞技术的系列研究，以引领自治区动物生命科学产业的发展。由蒙牛繁育生物技术有限公司和内蒙古大学等联合研究完成动物全能性干细胞系建立技术体系，达到世界领先水平，论文在发表《NATURE》上，影响因子33，是内蒙古目前最高水平科学论文；内蒙古大学研究的国内首次成批体细胞克隆牛获得成功；由内蒙古大学研究的国内首例体细胞克隆绒山羊诞生；内蒙古农业大学在国内首次完成蒙古羊抑肌素基因克隆及全序列测定。在地方特色动植物优良基因筛选与克隆方面，白绒山羊绒毛生长基因、牧草抗寒抗旱基因、作物高产优质抗性基因的筛选与克隆处于国内先进行列，在国内首次培育获得抗寒抗旱转基因冰草品系和耐贮存转基因甜瓜品系。

煤炭精深加工利用方面　采用煤直接作燃料在氧气中燃烧制备富勒烯。该技术具有完全自主知识产权，可填补国家煤燃烧生产富勒烯的空白，对于促进煤炭资源清洁化、高值转化，对推动国家富勒烯产业化进程有着重要的引领作用。项目建成后，年产富勒烯4.8吨，占全国富勒烯总产量的99%以上。

【快速反应多措并举　积极应对金融危机】

落实国家政策，快速启动服务企业科特派行动　为贯彻落实国务院9号文件精神，研究起草《内蒙古科技应对金融危机的若干措施》，并协调自治区政府转发了国务院9号文件，提出8条贯彻意见。启动了科技人员服务企业行动，制订《关于动员科技人员服务企业的指导意见》和《科技人员服务企业行动实施方案》，对全区开展科技人员服务企业工作进行部署，全年共有140名特派员进驻12个盟市的100多家企业开展产品研发、技术服务等工作；共有50个项目得到国家科技人员服务企业专项支持，获得经费2 000万元。

积极发挥科技型中小企业技术创新基金作用　全年申报国家科技型中小企业技术创新项目34个，获得资金支持2 062万元，比上年增加一倍，有效缓解金融危机对全区中小企业的冲击。在国家科技型中小企业技术创新基金实施10周年总结大会上，自治区4人获得先进个人，1家科技管理部门获得先进集体，4家企业优秀企业荣誉称号。

民生科技为构建和谐社会注入新活力　2009年，启动了人体干细胞治疗重大疾病应用研究、草原生态保育与可持续利用模式研究、蒙药共性技术集成与提升等一系列民生科技项目；其中4个项目得到国家科技支撑计划支持，获得经费支持4 683万。已建设了3 000亩粮食作物高效生产综合节水示范区，累计建成5 500亩生态产业示范基地、2万亩草地改良示范区和1 000亩盐碱地改良示范区。在国家第二批科技强警示范城市建设中，自治区1个地区获得科技强警示范城市建设先进集体称号，3人获得国家级科技强警示范城市建设先进个人称号。完成了17个申报自治区可持续发展实验区的论证和评审工作，确定了赤峰红山区等5个自治区可持续发展实验区。鄂尔多斯市、赤峰元宝山区被认定为国家级可持续发展实验区，填补了自治区国家级可持续发展实验区的空白。

先进适用技术成果的推广缓解金融危机冲击　2009年，成功举办2次专题型科技成果推介会，推广应用节能炉具、太阳能发电系统等一系列成熟适用的科技成果。“农林生物质废弃物综合开发利用”成果推广项目帮助广大农牧民使用清洁高效生物质能源，解决了大量农林生物质废弃物浪费和环境污染问题。“户用秸秆气化炉”项目在全区范围内有6个盟市4家单位进行推广。通辽科尔沁区实施的“秸秆转化高效利用模式示范”项目实现了“一人烧火，全村做饭”，极大地改变了广大农民直接燃烧秸秆的传统生活方式。同时，通过报纸、电视台和互联网等途径推介发布180余项创新科技成果。

【强化高新技术及其产业化】　2009年，通过重大项目的组织实施、推进园区基地建设以及提升企业创新能力，全区高新技术产业在逆势中保持了较好的发展势头，全年高新技术产业总产值达1 439亿元，比上年增长22.1%，新产品产值17.2亿元，出口交货值20.6亿元。利润104亿元，税金91亿元，创汇16.5亿美元；高新技术创新平台、载体建设进一步加强，全年共组织认定自治区级高新技术开发区2家，全区高新技术开发区达6个；认定特色工业产业化基地7个，累计达27

个;认定自治区企业研发中心16家,累计达48家;认定自治区孵化器1家,累计达12家;认定高新技术企业47家,累计达79家。落实国家支撑计划项目2项,确定高新技术领域研发项目47个、创新引导资金项目41个,组织申报国家火炬计划项目17项、国家备选高新技术产品22个,为全区"十二五"战略性新兴产业的发展奠定了良好的基础。"十二五"期间,六大战略型新兴产业预计产值将达6 000亿左右,规划打造18个战略性新兴产业园区,建设新兴产业基地20个以上。

【前沿技术研究能力】 2009年,自治区自然科学基金计划项目首次突破1 000项,参与研究人员4 960人,比2007年增长近一倍;首次启动了博士基金计划和重大项目主题招标,支持了19个领军人才团队和67个博士群体。通过基金引导和支持,自治区共争取到115项国家自然科学基金和2项973前期专项支持,经费突破3 000万元,发表高水平论文631篇,其中三大检索101篇,比"十五"期末分别增长40%和32%;培养博士、硕士258人,比"十一五"期初增长38%;经过自治区自然科学基金计划培育支持,有超过80%的课题主持人争取到国家和自治区其他科技计划项目,为自治区高科技产业化工作提供了扎实的研究积淀和人才储备。

【科技创新】 创新平台与载体升级进一步拓展创新空间。为进一步强化科技创新平台的升级和开放能力建设,对现有51个自治区重点实验室及47个工程技术研究中心择优进行资助。全年共投入600万元对15个重点实验室和8家工程技术中心进行扶持和资助。认定自治区级高新技术开发区2家、特色工业产业化基地7家。内蒙古科技城完成了8个高新技术企业、大院大所以及自治区转制开发类院所的入驻任务,将搭建成7大以研究开发、中间试验、高精尖科技产业化为链条的创新平台。2009年,自治区"仪器共用网"41个机组的69台(套)仪器共承担了36.9万个样品的检测,对外服务工作量、仪器利用率、对外服务机组、承担科研项目数和对外服务领域都比上年有不同程度的增加。10个原有和新设置的中介服务机构运行良好。在一批重大项目的立项、组织实施过程中,生产力中心、虚拟院、孵化器等单位积极牵线搭桥,组织专家考察调研,编写规划和设计,为自治区优先发展和重点支持项目提供优质服务,发挥了中介组织不可替代的功能与作用。

【技术创新工程】 年内,全区的技术创新工程全面启动,起草下发了《内蒙古自治区技术创新工程实施方案》及《内蒙古自治区科技厅实施技术创新工程任务分解表》,并从三个层次开展了工作:一是强化对创新型试点企业的引导和培育,包头钢铁集团和鄂尔多斯羊绒集团入选国家第二批创新型企业;灵奕集团、晟纳吉光伏材料公司被认定为国家创新型企业试点企业,目前,自治区共有3家企业被命名为国家创新型企业。二是积极开展产学研战略联盟开展试点工作,制定《内蒙古自治区关于产业技术创新战略联盟构建的实施意见》、指导自治区稀土联盟、地下煤气化联盟和马鹿联盟的构建。三是推广和应用技术创新方法,分别在鄂尔多斯和包头举办"企业创新方法"和"萃智(TRIZ)理论在高校教学与应用"专题报告会,收到了良好效果。

【农牧业服务体系建设】 有3个农牧业产业科技服务体系市场化创新模式得到完善推广;三网合一村委会联盟网平台建设已有良好开端,60%旗县三网合一村委会联盟网硬件已建成,50个村的三网合一村委会联盟网实现服务;在草、肉、乳业等10个领域建立产业化服务体系创新平台;"12396"农村信息化平台在全区12个盟市建立,实现与全国联网,服务功能不断完善。

【新农村科技示范】 支持推动了12个新农村科技示范点的发展,集成示范农牧业新技术20项,形成特色、优质、高效农牧业产业15个。在全国第五次旗县(市区)科技进步考核中,全区有72个地区通过了全国科技进步考核,其中29个地区获得科技进步考核工作先进地区称号。包头市和呼伦贝尔市阿荣旗列为国家第三批科技进步示范地区。

【科技特派员行动】 全区12个盟市以及93个旗县开展科技特派员工作,覆盖90%以上的苏木乡镇。全年下派科特派5 300多人,由科技特派员牵头组建的各种形式农业生产合作组织和专业协会达834家,会员人数达18.5万人,特派员与农民及涉农机构结成利益共同体430家,创办农业企业203家,形成龙头企业100家。创新探索并实施法人特派员、有偿系列服务、股份合作服务、承包经营服务、扶持乡土人才创办农牧业专业合作社和农技协会等模式。此外,全区联合国开发计划署试点项目依托下派科技特派员启动实施43个项目,覆盖7个乡镇的420个自然村,受益农户近6.5万人。2009年,科技厅被评为全国科特派工作省级优秀组织管理单位和"UNDP中国科技特派员合作示范项目先进单位",33名优秀科技特派员、8个科特派工作先进集体被授予"全国优秀科技特派员"和"全国优秀科技特派员工作先进集体"荣誉称号。

【人才引进培养体系建设】 在强化科技领军人才及创新团队建设方面,召开了内蒙古自治区自然科学基金委第七届委员会成立大会暨科技领军人才和创新团队评审会,以会议形式组织开展了30多个科技领军人才及创新团队公开答辩,投入300万元资助了首批科技领军人才及创新团队,形成了巨大的社会影响力。按照自治区"草原英才"工程统一部署,启动实施科技领军人才、创新和创业人才三个子项目工程,确立了"领军人才—创新人才—创业人才"层次分明、互为支撑的高层次科技人才梯队和"十百千"人才目标及"十百千亿元"企业与基地目标体系。组织实施了"自治区院士后备人才特别扶持计划"、"自治区科技领军人才及创新团队计划"、"自治区创新创业人才引进和培养计划"三大计划,实施"创新平台载体培育升级工程",为"草原英才"工程子项目目标实现提供条件保障。科技创新良好环境和全方位的优质服务,激发科技工作者创新创业热情。高层次人才专家库已入库专家2 000多人,2008年度有15项自然科学奖,101项科技进步奖出炉。

【部区市联动体系建设】 2009年5月,自治区与科技部正式签订了部区会商议定书。主要从"推进我区特色资源开发与高效利用、可再生能源试验开发和产业化示范、中国北方绿色生态屏障建设、农牧业科技创新及区域国际合作交流与技术转移平台建设等"方面进行会商合作。根据《内蒙古自治区科技厅与地方政府会商工作暂行管理办法》,科技厅与呼和浩特和乌兰察布市政府正式签订了会商议定书,与阿拉善盟、通辽市等盟市的会商工作在积极地筹备之中。这些协议的签订,标志着一个从国家到自治区、盟市、旗县的四级联动机制已初具雏形。

【"科技名牌培育战略"】 结合科技名牌战略的实施,制定科技名牌认定标准;开展《内蒙古自主创新特色模式研究》;申报并承担国家软课题《内蒙古科技名牌战略与区域创新能力提升的研究》项目。举办"内蒙古第二届科技名牌发展论坛",科技部领导和中央党校专家教授作专题讲座,引起社会极大反响。

【"技术标准战略"】 与内蒙古质量技术监督局合作,确定了2009年技术标准战略实施目标,重点开展内蒙古技术标准信息平台的建设、重大项目管理标准制定、沙棘和羊绒技术标准的制定等工作。组织召开"内蒙古首届技术标准发展推进会",与内蒙古质监局、包头市政府三方共同签署《共同推进包头市技术标准战略实施协议》,并邀请国家有关专家、自治区有关部门和研究院所、科技型企业等作了专题报告,对指导和推进技术标准战略发挥重要作用。

【知识产权】 对367项发明专利给予88.7万元的资助,比上年增长了87%,专利申请资助政策促进了全区发明专利持续增长,全年专利申请2 484件,专利授权1 494件,分别比上年增长11.6%和12%。通过实施自治区知识产权专项计划,对26个专利项目给予了资金支持。组织完成国家知识产权局对包头稀土高新区国家实施知识产权制度试点园区的考核验收。深入开展呼和浩特、包头、赤峰市知识产权试点城市工作,赤峰元宝山区、呼和浩特市和林格尔县、鄂尔多斯东胜区列入实施国家知识产权强县工程。有14个企业列入国家知识产权企事业试点和示范企业,6家企业列入自治区知识产权试点企业,目前全区共有95家国家、自治区知识产权试点示范企业。《内蒙古自治区知识产权战略纲要》部分专题已经开始研究。成功举办第三届中国专利周内蒙古地区专利技术展示交易会。

【科技合作交流】 2009年,在拓展合作领域、深化合作内容、创新合作方式等方面取得了显著成效,实现国内外科技资源跨地域、跨部门的整合和利用。

在国际合作方面,国家科技部审批认定包头稀土研究稀土功能材料、库布其沙漠能源、呼伦贝尔马产业等3个国际科技合作基地;成功筹办了第六届中俄蒙科技展暨中俄蒙高科技产品交易会和库布其国际沙漠论坛、纪念中蒙建交60周年科技合作与发展研讨会等。成功实施中蒙马奶产业化基地建设、中蒙材料研究理化检测中心、中丹共建风力发电机测试中心、中俄三河马资源库和基因库建设等一批国际科技合作项目。

在国内合作方面,积极推动与中国科学院共建研发机构,建立中国科学院内蒙古草业研究中心,填补中科院在内蒙古没有科研机构的历史空白。同时依托自治区的大中型企业与中科院所属研究所共建马铃薯节水高效栽培技术研究中心、非金属矿综合利用研发中心、稀土材料研究开发中心等一批研发机构。与中科院联合组织实施的煤间接液化、煤系高岭土、航天生物基地等一批重大科技项目取得重大成效。与中国工程院签署院区科技合作协议,打造产学研合作创新平台。同时,积极推动京蒙新一轮科技合作,与北京市科委联合举办了京蒙新能源与可再生能源领域科技合作对接会,签订7项实质性科技合作协议,协议金额达1亿多元。

【科技成果转化】 2009年,全区共成交各类技术2 461项,实现合同金额66.48亿元。全年共组织参加了9个大型科技会展,组织区内参展参观企业485家,参展项目556项,协议金额43.58亿元,共获各类会展奖21项。其中,在赤峰召开的自治区第七届农牧业科技成果博览会,共展出农业新技术、新产品、新品种达1 900多种,吸引了16个省市地区的439家客商参展,参观人数达6.9万余人次,现场完成交易额达6 970万元,达成意向成交额1.9亿元。连续七年的农博会硕果累累,已经成为内蒙古乃至中国北方一个重要的品牌展会。第六届满洲里中俄蒙科技展暨中俄蒙高科技产品交易会吸引了俄罗斯、蒙古国以及国内共1 000多家科研院所和高科技企业共4 000个项目参展,共签署科技合作协议59项,协议总额高达17.9亿元。

【科技普及与执法】 成功举办"2009年内蒙古科技活动周暨全区第十四届科普活动宣传周"和"三下乡"活动,发送各类科技资料21万份,赠送电脑3台,赠送药品达14.3万元,接受群众咨询服务达24.7万人次。2009年科技外宣工作浓墨重彩,围绕自治区和国家组织的30多个重大科技活动与会议先后组织国家、中央驻区和自治区各大媒体20批50多名记者进行了现场采访和报道。在中央台、内蒙古电视台播出新闻70条,摄制外宣专题10部,在报刊发表外宣文稿300多篇。在"4·26世界知识产权宣传周"期间,组织协调自治区有关部门开展知识产权宣传、案件审判、培训及"雷雨"、"天网"知识产权执法专项行动和知识产权举报投诉服务等40余场次,全年共出动专利行政执法人员236人次查处假冒专利17件,检查商场药店48家,积极开展了知识产权举报投诉和维权援助服务,全年受理咨询投诉案件435件,创造了创新友好的良好环境。

(池波　王志强)

草原研究

【中国农业科学院草原研究所领导名录】

所长:侯向阳

副所长:王育青(蒙古族)　徐柱　陆致成　李志勇

【概况】 中国农业科学院草原研究所内设机构12个,其中,职能部门3个:办公室、人事处(党办)、科技管理处;专业研究室5个:草地生产与管理研究室、牧草资源与育种研究室、草地生态与监测研究室、草地工程机械研究室、草地综合发展研究室;中心3个:草业科技信息中心、牧草及草产品质量检测与分析测试中心、后勤服务中心;公司1个:内蒙古中农草业发展有限公司。拥有国家牧草种质资源中期保存库、国家种质多年生牧草圃、国家旱生牧草种子繁育基地、农业部草原资源与生态重点实验室、农业部野外观测台站3个、农科院野外观测台站2个、试验基地4个、农业部农业遥感应用中心呼和浩特分中心、农业部草业产品质量安全监督与检测中心以及中国农业科学院欧亚温带草原研究中心。到2009年底,有在职职工173人,其中科技人员123人(具有正高级专业技术职务的14人,副高级专业技术职务的40人;博士生导师6人,硕士生导师17人)。

2009年,草原所按照年初制定的工作重点,以组织争取重大、有影响力的科技项目,狠抓科技项目的实施,凝练和组装重大科技成果为工作核心,以加强学科、条件平台和科研团队"三位一体"建设为工作基础,着力提高草业科技自主创新能力,加大重大成果培育的力度,加快科技成果转化推广的步伐,圆满完成了各项工作任务。

【科学研究项目】 2009年,科研项目数量和质量都有了质的变化。2009年,研究所在研项目54项,合同经费3 374万元,其中当年新增科研项目27项,占在研项目的50%,新增合同科研经费1 575万元,占在研项目总经费的46.6%。2009年,落实中央级公益性科研院所基本科研业务费429.4万元,资助13项科研项目。

首次获得国家自然科学基金重点项目支持,承担了"我国北方草原区气候变化适应性评价及其管理对策研究"任务;首次参与了国家科技部重大国际合作项目,承担"中俄优异牧草遗传资源收集评价及其挖掘利用研究"任务;承担农业部"948""牧草种质资源收集与创新利用平台建设"等项目;国家牧草产业技术体系栽培与草地管理研究室设在草原所,有2人进入科学家岗位,鄂尔多斯沙地草原试验站成为国家牧草产业技术体系综合试验站。

2009年结题验收项目24项,科技部基础条件平台"牧草植物种质资源标准化整理、整合及共享试点"项目通过了农业部组织的验收,其他4个项目通过了农业部、内蒙古科学技术厅组织的鉴定;获得中国农业科学院科学技术一、二等奖各1项,内蒙古科技进步三等奖1项,内蒙古农牧渔业丰收二等奖1项,北京市科学技术三等奖1项;获国家实用新型专利7项,国家发明专利1项,这也是研究所获得的第一项发明专利;国家牧草品种审定委员会审定新品种1个;制定地方标准6个;发表学术论文122篇,连续两年突破"百篇"大关,其中首次发表SCI论文3篇,出版著作5部。

【合作与交流】 2009年研究所先后派出9人次出访美国、澳大利亚、韩国、蒙古等国;有来自美国、德国、澳大利亚、日本、蒙古等国家和地区的专家近20人次到所访问交流；积极同国内外同行单位联系，不断加强科技合作研究，促进学科的完善和发展，2009 年同蒙古国国立畜牧科学院、蒙古国草原学会签订合作协议，组织申报了科技部“发展中国家技术培训班项目”、中德农业科技合作项目“优质苜蓿鲜草青贮添加剂引进与消化利用”、2009 年欧盟援华项目“中国温带草原可持续放牧利用的模式及技术研究与示范”等合作项目 3 项；5 项在研国际合作项目总体执行情况良好，收集到牧草种质资源 100 余份、分发利用 125 份，部分资源已在田间进行鉴定和评价研究。采集到10 000头麦茎蜂越冬幼虫。运用草畜平衡模型（Stage Ⅰ）、牧场系统优化模型（Stage Ⅱ）和草地生态系统可持续发展模型（Stage Ⅲ）对目前草地退化现状、牧民当前的放牧管理方式和实际经济状况进行综合分析，探讨和研究当地的理论载畜率。

【科技兴农】 2009 年，科技兴农工作加强与地方科技合作。与土默特左旗人民政府签订了科技合作协议，在决策咨询、科技支撑平台建设、技术培训、科技成果转化以及产业示范基地建设等方面，开展全方位的合作；根据科技部“科技人员服务企业行动项目”精神，研究所向企业派出科技人员 4 人，规划实施“草场改良、集约化养殖及资源循环利用示范推广”项目；按照中国农业科学院与青海省人民政府签订的科技人才培训协议精神，2009 年接受四批人员到所进行培训；完成了草原所新产品、新技术、新成果汇编；累计推广新品种、新技术 40 个，面积340 000亩，增加农牧民收入15 590万元；科技下乡人数 247 人次；举办培训班或讲座咨询 27 次；举办现场展示 106 次；培训农牧民4 966人；参加博览会、展销会 2 次，发放技术、宣传材料66 600份。

【基地建设】 研究所现有农业部野外观测台站 3 个、农科院野外观测台站 2 个，试验基地 7 个。2009 年组织申报了中国农业科学院苏尼特温带荒漠草原资源与生态环境野外科学观测试验站和中国农业科学院太仆寺旗草地资源生态监测与评价野外科学观测试验站，并得到命名；按照“立足内蒙古高原，面向全国，走向世界”的定位战略，突出草原所作为国家队的作用，以已有合作项目和国际关系为基础，组建了“中国农业科学院欧亚温带草原研究中心”。

【基础建设】 2009 年争取到科研条件建设项目 5 项，其中，已得到批复的基建、修购项目 3 项，项目经费2 545万元，与 2008 年落实经费1 395万元相比，增长了54.81%。落实基建、修购项目 2 项，经费2 204万元。现已基本落实了草原牧草改良中心项目。编制上报草原牧草改良中心、欧亚草原研究中心、荒漠草原野外科学观测试验站项目的可行性研究报告；完成草产品质检中心项目的初步设计；组织编制 2010 年度修购项目的可行性研究报告。

【人才培养】 研究所紧紧围绕现代草业发展重点，牢牢把握草业人才队伍建设的正确方向，本着“引进人才、发现人才、凝聚人才、造就人才、用好人才”的原则，加强高层次创新人才队伍建设，充分发挥好重大科研项目凝聚人才、发现人才、培养人才的重要作用，积极探索建立起有利于中青年专家快速成长的使用、评价、激励机制，加快创新团队和人才梯队建设，实现草业科技创新和人才培养两促进。招收研究生 11 人，其中博士研究生 6 人，硕士 5 人，有 2 人报考了进站博士后，有 8 名硕士、2 名博士顺利毕业。

【科研所大事】 1 月，“一种繁殖和收集寄生性昆虫的装置”获得国家实用新型专利。

2 月，“中国牧草种质资源评价技术体系与数据库信息系统研究”项目通过农业部组织的成果鉴定；“中国牧草种质资源评价技术体系与数据库信息系统研究”项目通过农业部组织的成果鉴定；“荒漠草原区植物资源与生态环境监测评价”项目通过农业部组织的成果鉴定；“一种草原上喷施药剂用的车载喷雾装置”获得国家实用新型专利。

3 月，中国农业科学院欧亚温带草原研究中心揭牌仪式暨发展战略学术研讨会在呼和浩特市隆重举行；“五圆盘割草机”、“五圆盘切割压扁机”、“四圆盘切割压扁机”、“六圆盘割草机”和“四圆盘割草机”分别获得国家实用新型专利，“一种新型水泵”获得国家发明专利。

4 月，草原所科技人员培育的“土默特扁蓿豆”经第五届全国草品种审定委员会审定，登记为新品种。

5 月，草原所“草地可持续利用”、“草地资源和生态环境监测”、“草类遗传资源与育种”团队被中国农科院评为研究所一级重点科技创新团队。

6 月，王育青研究员被授予“全国野外科技工作先进个人”称号；“奶牛优质饲草生产技术研究与示范”项目通过农业部组织的专家鉴定；“植物标本及种子存贮器”获得国家实用新型专利；“中国牧草种质资源评价技术体系与数据库信息网络研究”和“针茅芒刺生物防治技术研究”项目分别获得中国农科院科学技术奖励一、二等奖。

8 月，“草原几种主要害鼠种群数量动态预测及持续控制技术”项目获得内蒙古科学技术进步三等奖。

10月,草原所组织召开《中国草地学报》创刊30周年大会;“优质草产品生产加工与高效利用关键技术研究”项目通过了内蒙古科学技术厅组织的成果鉴定;草原所获得第一个国家重点基金项目“我国北方草原区气候变化适应性评价及其管理对策研究”;“北方草地有毒有害草生物防治技术研究与推广示范”获得内蒙古农牧业丰收二等奖。

(戴雅婷)

林业科研

【内蒙古自治区林业科学研究院领导名录】

院　长:李　昊

党委书记:王福英(女　蒙古族)

【概况】 内蒙古自治区林业科学研究院内设15个处级机构。其中,专业研究机构6个:沙漠治理研究所、林业研究所、森林经营与保护研究所、森林生态与资源环境研究所、实验室和树木园;管理处室4个:工会、党委办公室、院办公室和科研与信息管理处;科技支撑部门4个:景观环境研究所、产业中心、环境绿化工程中心和花卉中心;后勤保障部门1个:后勤服务中心。此外,还有国家林业局重点实验室——沙地生物资源保护与培育实验室,自治区重点实验室——沙地(沙漠)生态系统和生态工程实验室。全院人员编制113人,在职职工146人,离退休职工110人。其中,专业技术人员89人(正高级职称28人,副高级职称36人,中级职称21人,初级职称4人)。

【科研项目】 全院在研项目53项,其中,延续项目39项,新列项目14项,涉及公共安全、环境治理、生态建设、可持续发展等研究领域。新列项目经费总额610万元,到位项目经费总计908.5万元。(在研项目详见表1)

表1

序号	项　目　名　称	类别	起止年限	课题来源	备注
1	三种优良灌木繁育配套技术成果转化及推广示范	成果转化	2009~2011	国家科技部	新列
2	干旱荒漠区梭梭等固沙林接种肉苁蓉复合技术工程化	成果转化	2009~2011	国家科技部	新列
3	干旱阳坡生态灌木仿真直播造林技术成果转化与示范	成果转化	2007~2009	国家科技部	延续
4	内蒙古绿色食品枸杞开发研究成果区域示范	成果转化	2008~2010	国家科技部	延续
5	半干旱区沙地乔木疏林配置结构与防风阻沙机理的研究	应用基础研究	2007~2009	国家自然基金	延续
6	内蒙古大青山森林生态系统定位研究站建设项目	生态监测定位站	2009~2011	国家林业局	新列
7	沙地贫瘠土壤地力保育技术引进	“948”	2009~2013	国家林业局	新列
8	乌拉山自然保护区次生林复壮及人工促进植被恢复技术研究	研究与试验发展成果应用	2009~2010	国家林业局	新列
9	Revitec技术——防治荒漠化与植被恢复一体化技术	引智	2009	国家林业局	新列
10	内蒙古羊柴等沙生灌木良种基地建设项目	种苗工程	2007~2009	国家林业局	延续
11	内蒙古多伦县荒漠化监测定位站	科技支撑	2001~	国家林业局	延续
12	自治区名优经济林花卉项目	研究与试验发展成果应用	2007~2010	国家林业局	延续
13	内蒙古自治区森林认证试点方案	推广示范	2007~2009	国家林业局	延续
14	呼和浩特市新优树种繁育林业标准化示范区	标准化示范	2007~2009	国家林业局	延续
15	干旱、半干旱生态脆弱区深耕免灌植被恢复技术引进	“948”	2006~2010	国家林业局	延续
16	内蒙古干旱区抗逆性优良生态树种选育及栽培试验	研究与试验发展成果应用	2006~2010	国家林业局	延续

续表

序号	项 目 名 称	类别	起止年限	课题来源	备注
17	内蒙古自治区典型类型区生态状况综合监测评价	研究与试验发展成果应用	2008	国家林业局	延续
18	新优经济林树种—黑果腺肋花楸高效开发	引智推广	2008～2009	国家林业局	延续
19	沙漠林业微生物资源标准化整理整合	应用基础研究	2005～2010	中国林科院	延续
20	肠式可降解沙障直播造林综合固沙技术	应用研究	2008～2010	中国科学院	延续
21	藻草灌乔综合固沙效应研究	应用研究	2008～2009	内蒙古高林公司	延续
22	荒漠藻综合固沙技术推广示范	推广示范	2007～2011	内蒙古自治区发改委	延续
23	沙棘果实采收专利技术与推广	成果推广	2009～2011	内蒙古自治区科技厅	新列
24	高亢园林绿化树种樱桃圆柏种质资源技术研究	研究与试验发展成果应用	2009～2011	内蒙古自治区科技厅	新列
25	MB 型土壤固化剂在防沙治沙中推广与示范	成果推广	2009～2011	内蒙古自治区科技厅	新列
26	内蒙古退化植被恢复技术和定向经济型植物产业化种植基地建设与示范	创新引导基金	2008～2012	内蒙古自治区科技厅	延续
27	文冠果高效栽培技术研究	试验发展	2007～2011	内蒙古自治区林业厅	延续
28	沙棘木蠹蛾与红缘天牛偏利生活关系及治理技术研究	试验发展	2008～2011	内蒙古自治区林业厅	延续
29	国家森林碳汇项目评价指标体系研究	应用研究	2008～2010	内蒙古自治区林业厅	延续
30	树木园双条杉天牛生物控制技术	应用研究	2008～2010	内蒙古自治区林业厅	延续
31	能源草在内蒙古地区的引进与示范	引智推广	2009～2011	内蒙古自治区人事厅	新列
32	沙棘果实采收技术及配套机械推广与示范	引智推广	2009	内蒙古自治区人事厅	新列
33	可降解纤维土工沙障技术引进	留学人员科技活动资助项目	2008	内蒙古自治区人事厅	延续
34	椴树韧皮提取物抗杨树光肩星天牛诱导剂研究	应用基础研究	2009～2011	内蒙古自治区自然基金	新列
35	大青山南麓浅山地带阳坡造林的土壤水分林木承载力研究	应用基础研究	2009～2011	内蒙古自治区自然基金	新列
36	灌丛沙堆及其固沙机制研究	应用基础研究	2006～2009	内蒙古自治区自然基金	延续
37	沙漠生物结皮与维管植物关系研究	应用基础研究	2007～2009	内蒙古自治区自然基金	延续
38	沙米适应流动沙丘的繁殖特性研究	应用基础研究	2007～2009	内蒙古自治区自然基金	延续
39	球孢白僵菌在阔叶树体内的生长对蛀干害虫致死机理研究	应用基础研究	2008～2010	内蒙古自治区自然基金	延续
40	“呼伦贝尔沙地草场风蚀沙化控制技术研究与试验示范”子专题“呼伦贝尔沙化草地乔灌草植被优化配置研究”	“十一五”科技支撑	2006～2010	中国科学院	延续
41	“综合监测技术体系集成与应用示范”专题森林资源综合监测应用示范研究	“十一五”科技支撑	2006～2010	中国林科院	延续
42	“半干旱风沙草原区退化草地治理技术研究”子课题“疏林－草原模式构建技术研究”	“十一五”科技支撑	2006～2010	中国科学院	延续

续表

序号	项 目 名 称	类别	起止年限	课题来源	备注
43	“抗干旱植物种质筛选与快繁技术研究”子专题“抗干旱植物种质收集、栽培与生长特性研究”	“十一五”科技支撑	2006~2010	北京林业大学	延续
44	“林业重大生物灾害防控新技术产业化与示范”子课题“内蒙古示范区”	“十一五”科技支撑	2006~2010	中国林科院	延续
45	“高产优质杨树、桉树等速生材树种新品种选育”子课题“优质高产欧美杨新品种选育”	“十一五”科技支撑	2006~2010	中国林科院	延续
46	优质抗逆生态树种柠条新品种培育与选育	“十一五”科技支撑	2006~2010	中国林科院	延续
47	京津风沙源治理工程监测技术研究”内蒙古示范区	“十一五”科技支撑	2006~2010	北京林业大学	延续
48	“京津风沙源区北部退化植被修复技术与草地畜牧业开发技术研究与试验示范”子课题“固沙新材料和新技术应用研究”	“十一五”科技支撑	2006~2010	中国林科院	延续
49	“巴丹吉林沙漠西北缘荒漠河岸林保育技术研究与试验示范”子专题“巴丹吉林沙漠西北缘荒漠河岸树种胡杨快速扩繁技术研究”	“十一五”科技支撑	2006~2010	中国科学院	延续
50	“京津风沙源区北部退化植被修复技术与草地畜牧业开发技术研究与试验示范”子课题“优良抗性植物材料筛选、扩繁与栽培应用技术研究”	“十一五”科技支撑	2006~2010	中国林科院	延续
51	“高抗优质多抗松杉新品种选育”内蒙古协作组	“十一五”科技支撑	2006~2010	中国林科院	延续
52	北方农牧交错区传统知识和技术的集成示范与效益评价	“十一五”科技支撑	2008~2010	中国林科院	延续
53	“沙区植被快速恢复技术研究”子专题“工矿区植被快速恢复技术研究”	“十一五”科技支撑	2008~2010	国际竹藤网络中心(联合国荒漠化公约国际培训中心)	延续

【科研成果】 全院共有11个项目结题、验收和通过鉴定,另有1项成果获实用新型专利。其中,“沙棘果实采收机械引进”、“可降解纤维土工沙障技术引进”、“微热量法开发利用灌木树种资源技术引进”、“北美樱桃园柏等高抗逆性优良种源与选育技术引进”等4个项目通过国家林业局“948”项目验收;“沙地雨养固沙植物区试”、“遗鸥栖息地选择模式及其保护对策研究”、“优良生态灌木新品种区试”、“乌兰布和沙区优良沙生灌木林营造技术试验示范”等5个项目通过国家林业局科技司组织的验收;由中国科学院水生生物研究所、武汉高科农业集团公司、内蒙古高林生物发展有限公司和内蒙古林科院共同完成的“荒漠藻人工结皮综合治沙技术及工程化应用研究”项目通过自治区科技厅组织的专家鉴定;内蒙古自然科学基金项目“浑善达克沙地不同配置黄柳林对土壤风蚀影响的研究分析”完成全部研究任务并结题;自主研发的“气吸式小林果实采收装置”获实用新型专利。“沙棘果实采收机械引进”、“北美樱桃园柏和北美兰云衫良种碱性贫瘠土和淤积土繁育技术”、“优良生态灌木树种筛选及培育技术”、“沙区优良灌木林营造技术”获得科技成果认定。

【科技产业】 内蒙古林科院根据全区生态建设任务不断加大的需求拓展科技产业服务市场,完成“沙地综合治理总体规划”、“农牧业试验示范区建设项目可行性研究”、“防护林隔离带建设作业设计”等设计施工项目共计16项。

【科技支撑】 内蒙古林科院组织科技人员深入盟市、旗县调研,探索林业科研与林业生产结合的有效途径,引导科研人员在林业生产需求方面进行选题、立项,着力解决林业生态建设、产业发展、多功能利用中的关键技术问题,科技支撑工作取得一定进展。开展了“山杏林丰产栽培配套技术”、“武川县五家村林场抚育”、“浑善达克沙地野生沙地柏种群资源保护”等项目。与土默特左旗林场油松采种基地签订了科技支撑合作协议;与乌审旗林业局签订了林业重点工程科技支撑合同;与土默特左旗哈素海自然保护区管理局签订合作开展“哈素海生态保护项目”协议。

【科技合作】 内蒙古林科院与中科院、中国林科院、北京林业大学、内蒙古大学、内蒙古师范大学、内蒙古农业大学、内蒙古扶贫办、内蒙古科技厅等多个单位和部门保持合作关系;继续与武汉高农集团、中科院水生所在沙生植物园建设、矿区复垦、防沙治沙等方面开展进一步合作;结合引智项目和院、所两级专题研讨会,开展2次国际学术交流会,先后选派3名科技人员出国考察和学习。

(刘润焕　张幼军　段丽娟)

社会科学

【内蒙古自治区社会科学院领导名录】

院长:吴团英(达斡尔族)

副院长:马永真(回族)

纪检委书记:包桂花(女　蒙古族)

副院长:乐奇　安建洛(满族)

巡视员:宝力格(蒙古族)

【概况】 2009年,内蒙古社会科学院下设历史、成吉思汗、蒙古语言文学、文学、经济、牧区发展、哲学与宗教、社会学、政治与法学、民族、草原文化、俄罗斯与蒙古国、公共管理、城市发展等13个研究所和图书馆以及杂志社;有一个蒙古语言应用开发科研实体和邓小平理论研究中心、蒙古学研究中心、三少民族研究中心、内蒙古舆情研究中心;院办公室、科研组织处、人事处、机关党委等4个职能部门;还建有设在盟市,不占编的鄂尔多斯分院、呼伦贝尔分院、乌海市分院和兴安盟自然资源研究所。“中国社会科学院内蒙古国情调研基地”,“中国草原文化研究中心”和“内蒙古草原文化研究基地”设在内蒙古社会科学院。全院有在职职工200人,其中各类专业技术人员125人,离退休人员120人。有博士10名、硕士41名,在读博士生3名、在读硕士生6名。享受国务院特殊津贴专家8名,自治区有突出贡献的中青年专家5人,“新世纪321人才工程”一、二层次人员9人,1名学者列入中央组织部联系专家行列,5名学者列入自治区领导干部联系的百名专家行列,4名学者被确定为意识形态领域“四个一批”人才,1名学者被评为“改革开放30年内蒙古最具影响力的经济人物”。

【“内蒙古草原文化研究基地”授牌仪式暨草原文化研究座谈会】 3月29日下午,“内蒙古草原文化研究基地”授牌仪式‘暨草原文化研究座谈会’在内蒙古社会科学院隆重举行。在全区建立一批哲学社会科学研究基地是自治区民族文化大区建设“九个一批”工程中的一项重要任务。“内蒙古草原文化研究基地”的建立,必将对全区民族文化大区建设产生重要影响,对草原文化学科建设具有重大意义。

自治区党委常委、宣传部长乌兰出席授牌仪式并向内蒙古社科院授牌。自治区党委宣传部副部长、自治区“草原文化研究工程”领导小组办公室主任、内蒙古社科院长吴团英研究员主持授牌仪式暨座谈会。内蒙古社科院巡视员宝力格作草原文化研究情况介绍,自治区党委宣传部副部长张太平致辞并代表自治区党委宣传部向“内蒙古草原文化研究基地”在内蒙古社科院授牌表示热烈的祝贺!齐木德道尔吉等专家学者在座谈会上发言。一致认为“内蒙古草原文化研究基地”的建立是自治区草原文化研究的一件大事,它必将为深入研究草原文化、继承和弘扬草原文化的优良传统,使草原文化成为全面提升内蒙古文化软实力和核心竞争力的重要智慧源泉和精神动力,对自治区经济建设又好又快发展将起到积极的促进作用。

《光明日报》、《人民日报》驻区记者站、内蒙古电视台、内蒙古人民广播电台、《内蒙古日报》、《内蒙古晨报》、新华网、内蒙古新闻网、北方新闻网等多家媒体与会报道。

【内蒙古自治区舆情研究中心成立】 3月6日上午,由自治区党委宣传部舆情信息处和内蒙古自治区社会科学院共同组建的内蒙古自治区舆情研究中心成立仪式在内蒙古自治区社会科学院举行。“中心”的成立标志着全区对舆情的研究已进入一个新的阶段,必将为全区经济平稳较快发展以及和谐社会建设发挥重要作用。内蒙古自治区舆情研究中心挂靠在内蒙古自治区社会科学院社会学研究所,乐奇副院长兼任“中心”主任。内蒙古社科院院长吴团英研究员作重要讲话,副院长马永真、安建洛以及内蒙古社科院应用学科有关研究所负责人及有关专家、媒体记者出席“中心”成立仪式,仪式由内蒙古社科院副院长乐奇研究员主持。自治区有关单位对“内蒙古自治区舆情研究中心”的成立表示祝贺。

【电视专题片〈文明的足迹——草原文化的历史贡献(1~5集)〉在内蒙古电视台播出】 由内蒙古社科院院长吴团英研究员、内蒙古电视台台长关方方任总策划,内蒙古社科院副院长马永真研究员、内蒙古电视台副台长张德贵、内蒙古社科院民族所所长毅松研究员、文学所所长包斯钦研究员、哲学与宗教研究所所长陶克套研究员、科组处处长金海研究员等任策划,草原文化研究所所长乌恩研究员应邀担任节目特约嘉宾主持人的五集电视专题片《文明的足迹——草原文化的历史贡献》,以"草原文化访谈录"的形式,于4月27日至5月1日在内蒙古电视台品牌栏目《蔚蓝的故乡》中连续播出。

专题片从中华文明曙光升起的地方等五个方面,较为系统地再现了草原文化对中华文明的历史贡献。该片内容丰富,内涵厚重,影像表现生动活泼,集中体现了自治区实施"草原文化研究工程"以来所取得的丰硕的草原文化研究成果。据悉,该电视专题片的播出再创《蔚蓝的故乡》收视新高,产生了较大的社会反响,对推动草原文化走向全国走向世界产生了积极的作用。

【《蒙古族生态经济研究》新闻发布会暨研讨会】 5月8日下午,内蒙古社会科学院研究员暴庆五先生新著《蒙古族生态经济研究》一书的新闻发布会暨学术研讨会在呼和浩特市举行。会议由内蒙古社会科学院和内蒙古自治区少数民族经济研究会联合举办。作者以分析非稳定草原生态系统基本特征入手,揭示了蒙古族牧民利用天然草原资源创造蒙古族生态文化的规律。与会专家认为,该书展示了蒙古族牧民实现畜群与牧场和谐、人与畜和谐、家畜与环境和谐的丰富实践经验生态技术,总结了蒙古族生态观、蒙古族生态伦理、蒙古族生态习俗等蒙古族生态经济文化。

【"草原文化科学考察行动"】 6月3日,内蒙古"草原文化研究"二期工程重要项目之一——"草原文化科考行动仪式"在内蒙古社会科学院隆重举行。内蒙古"草原文化研究工程"领导小组办公室主任、内蒙古社科院院长吴团英研究员出席了仪式并向两支草原文化科考队授旗。内蒙古"草原文化研究工程"领导小组办公室副主任、内蒙古社科院副院长马永真就开展"草原文化科考行动"的目的和意义等有关情况作了简要说明。启动仪式由内蒙古"草原文化研究工程"领导小组办公室副主任、内蒙古社科院巡视员宝力格主持。内蒙古"草原文化研究工程"领导小组办公室全体成员,内蒙古社科院各处所负责人及内蒙古日报、内蒙古电视台等媒体共60余人参加了启动仪式。

"草原文化科考行动"是"草原文化研究工程"二期工程的重要项目之一,其参考范围包括八个部分的内容:即自然生态考察、生产生活方式考察、人文文化生态考察、名胜古迹考察、三少民族生存考察、现代化进程中草原游牧(畜牧)业的命运和出路、民风民俗考察、历史上的农牧分界线考察。这次考察的主要目的是对蒙古族敖包文化和蒙古族服饰文化进行实地考察,对于推进草原文化研究、保护和传承民族文化有重要意义。

【30周年科研成果展览】 新中国成立60周年之际,《内蒙古社会科学院30周年(1979~2009)科研成果展览》开展。本展览共分8个部分20多项内容,通过介绍社科院学科和学术交流情况以及自治区建设民族文化大区以来社科院承担的重大科研项目简介及成果等,展示30年来广大科研人员和干部职工在历届院领导集体的领导下,伴随着国家改革开放的步伐,历经30年的艰苦创业,在科研工作中所取得的成果,反映了社科院学科建设和科研队伍建设成长的光辉历程。

【建院30周年庆祝大会】 7月16日,庆祝内蒙古社会科学院成立30周年暨中国社会科学院国情调研内蒙古基地、中国草原文化研究中心成立大会在呼和浩特隆重举行。全国人大常委会副委员长乌云其木格,全国政协主席、中国社会科学院院长陈奎元为内蒙古社科院建院30周年题词。自治区党委书记储波,自治区党委副书记、自治区主席巴特尔,中国社会科学院党组副书记、副院长李慎民,上海市政协副主席、上海社科院党委书记、院长王荣华出席大会并为中国社会科学院国调研内蒙古基地、中国草原文化研究中心揭牌。自治区党委常委、宣传部长乌兰与李慎明签订协议书。自治区领导符太增、柳秀、连辑、董恒宇出席大会。自治区领导陈光林、伏来旺、乌兰、连辑为院庆题词。乌兰代表自治区党委、政府对内蒙古社科院建院30周年,中国社会科学院国情调研内蒙古基地和中国草原文化研究中心的成立 表示热烈祝贺。

大会还表彰了《草原文化研究丛书》等7项内蒙古社会科学建院30周年标志性成果,对荣获"内蒙古自治区文学艺术杰出贡献"的老专家进行了再奖励。中国社科院和全国29个省、市、自治区社科院的领导同志,自治区有关厅局、盟市领导等共400余人参加大会。

【内蒙古社会科学网站正式开通】 7月14日,自治区副主席连辑点击改版后的内蒙古社会科学院网站。在内蒙古社会科学院院庆30周年之际,内蒙古社会科学院网站改版旨在宣传自治区哲学社会科学院的重要成果和平台，在版面和内容上进行了全面的更新和调整，强化了宣教和服务功能。设置了学术动态、机构设置、应用对策研究、科研成果、重点学科介绍等档目。网站的开通，促进了内蒙古社会科学院以科研为中心的各项事业的全面发展。

【全国社会科学院长论坛】 7月16日上午，由内蒙古社会科学院承办的全国社会科学院院长论坛在呼和浩特举行。来自中国社会科学院及全国29个省、自治区、直辖市的地方社会科学院和城市社会科学院的领导、专家、学者120人参加了会议。中国社会科学院党组副书记、副院长李慎明出席会议，内蒙古党委宣传部副部长，内蒙古社科院党委书记、院长吴团英出席会议并致词。此次会议的主题是建立健全社科院研究成果评价体系，积极推进科研管理创新。上海市政协副主席、上海市社会科学院党委书记、院长王荣华、北京市社会科学院副院长戚本超等专家分别围绕主题作精彩发言。与会代表围绕在哲学社会科学发展的新形势下，建立健全社会科学研究成果评价体系的必要性，现行社会科学成果评价办法存在的瓶颈问题，以及在学习实践科学发展观的新形势下如何实现科研管理创新，如何进一步围绕和全国经济社会发展的实际开展应用对策研究，努力成为党和政府科学决策的重要思想库、智囊团进行了集中探讨。

【《内蒙古自治区志·社会科学志》(稿)评审会议】 9月29日，《内蒙古自治区志·社会科学志》(稿)评审会议在呼和浩特召开。自治区党委常委、宣传部长乌兰与全体与会代表合影。内蒙古社会科学院院长吴团英，自治区政府办公厅副巡视员任茂出席了会议，该志25位评审委员和21位各章负责人参加了会议。会议由自治区地方志办公室主任张建功主持会议。内蒙古社会科学院副院长、该志编纂委员会常务副主任马永真代表编纂委员会就编纂情况向会议作了详细汇报，自治区政府办公厅副巡视员任茂，内蒙古社会科学院院长吴团英分别就该志编纂意义和评审要求发表讲话。

【荣誉】 2009年6月，社会科学院图书馆乌·托亚副研究员撰写的《蒙古古代书籍史》(2008年由内蒙古人民出版社出版，呼和浩特市委宣传部推荐)和杂志社副主编莎日娜研究员编写的《插图本蒙古族经典历史故事》(2006年由内蒙古少年儿童出版社出版，该社推荐)2部作品荣获内蒙古自治区第十届精神文明建设“五个一工程奖”，图书类优秀作品奖。

8月，在由中国期刊评选委员会组织的中国北方优秀期刊评选活动中，社会科学院《中国蒙古学》杂志被评为“中国北方优秀期刊”。

9月21日，纪念国际蒙古学家联合会成立50周年庆祝会议在蒙古国首都乌兰巴托举行。蒙古国、中国、俄罗斯、日本、德国、美国、法国、土耳其、哈萨克斯坦等国的学者40余人出席会议。会议中，学者们以清代蒙古史和清代满蒙文献为主题进行了学术讨论。在蒙古学研究领域里取得杰出成果的两名教授的名单及其学术贡献并由蒙古国总理亲自颁发了“国际蒙古学家联合会功勋会员”证书。内蒙古社会科学院乔吉研究员获得了这一荣誉，是50年来中国获得这一荣誉的第一位学者。

【对外交流】 11月10日下午，应内蒙古社科院邀请，蒙古国乌兰巴托大学校长、博士、教授、蒙古国自由作家协会主席、蒙古国科学院语文研究所文学部主任白嘎力赛恒莅临内蒙古社科院作学术报告。院长吴团英研究员致欢迎词，并向白嘎力赛恒教授赠送了社科院科研成果论文集。报告会上，白嘎力赛恒教授在学术报告中回顾了蒙古文学研究历史。并详细介绍了近年来蒙古国新文学作品的写作情况和文学批评的发展状况。

11月17日下午，蒙古国科学院物理学博士巴图敖特根研究员应内蒙古社科院邀请，作题为《蒙古族传统哲学与文化》的学术报告。巴图敖特根博士在学术报告中着重介绍了她运用物理学中能量学等理论和方法对蒙古族传统哲学史和文化史上的一些现象所做的实证性研究和启发，使人耳目一新，引起了学者们的广泛兴趣，社科院有关学者与巴图敖特根博士进行了学术交流。

12月1日，美国艾森豪威尔基金会学者、美国参议院克莱尔、麦卡斯基驻密苏里州圣路易斯市办公室主任米歇尔·谢罗德女士及其丈夫罗纳德·格兰特·谢罗德先生一行来访社科院，与社科院经济研究所的专家学者就新能源、环境与城乡经济发展政策、可持续发展等问题进行了学术交流。米歇尔·谢罗德女士来访的主要目的是：在全球金融危机的背景下，了解目前中国的能源政策，应对不断增长的需要所采取的措施，包括可持续发展计划和可再生能源的利用。访问期间，美国学者米歇尔·谢罗德女士还赴鄂尔多斯市神华集团实地访问，以加深对中国政府的节能减排、推广新能源政策的了解。

【2009年“国际哲学节”座谈会】 11月19日，由内蒙古社会科学院、内蒙古社会科学联合会、内蒙古哲学学会联合主办、内蒙古社会科学院哲学与宗教研究所承办的自治区社科理论界庆祝2009年“国际哲学节”座

谈会在内蒙古社会科学院举行。来自自治区社科理论界的50余名专家学者参加了座谈会。

【包斯钦研究员的著作在蒙古国乌兰巴托出版】 10月,内蒙古社科院文学研究所所长包斯钦研究员的著作《批评的视角》在蒙古国乌兰巴托出版。蒙古国乌兰巴托大学校长、教授白嘎力赛恒博士为该书撰写了前言。前言高度评价了该书的文学价值和社会价值。指出,《批评的视角》一书西里尔文版的出版无疑对加强两国社会文化领域之间的交流,加强两国之间更进一步的了解,从而强化两国之间的合作都具有重要的意义。

【内蒙古社科院区情调研基地揭牌】 11月6日"内蒙古社会科学院区情调研基地"落户托克托毡匠营村并举行揭牌仪式。毡匠营村是内蒙古呼和浩特市托克托县伍什家乡的一个行政村,该村以由山西等地移民人口为主体,以从事农业生产为主。进入新世纪以来,内蒙古社科院社会学所所长苏浩研究员组织"中国百村调查"课题组,对该村落所处的社会历史地理环境、人文环境及社会变迁发展的过程进行了深入调查,出版了《融入草原的村落》一书。该书揭示了毡匠营村移民群体迁徙到草原后坎坷的创业历程,并在农耕文化融入草原生态文化系统中逐步形成新型文化形态特征。此次在毡匠营村建立"内蒙古社科院区情调研基地",目的是对该村经济社会发展进行跟踪调查,努力开辟观察中国农村发展历程的重要窗口和新视角,为推进社会主义新农村建设提供咨询服务和智力支持。

(乌恩特)

农牧业科研

【内蒙古农牧业科学院领导名录】

院长:赵存发

副院长:冯万玉 刘永志 康暄 路战远

【基础设施建设】 2009年,农科院新开工建设了动物育种等科技创新平台暨农牧业科技创新综合试验楼、研究生楼、节能型牛羊舍、动物试验场及作物、甜菜、饲料三个加工厂。续租托县古试验基地40年,并进行中期规划及土地改良与绿化工作。四子王基地成为中科院、内蒙古大学、乌兰察布市政府和农科院共建的国家牧草产业技术体系乌兰察布综合试验站。巴音哈太基地续建成为国家西部旱生牧草基地。协助鄂尔多斯政府建设白泥井现代农牧业科技示范园区,为全院新增一个院外示范基地。

【人才队伍建设】 新进博士、硕士和本科24人,派遣28名科研人员赴国外培训学习。选送"511人才培养工程"人选2人到美国学习,与中国科学院合作培养2名博士后。12人获内蒙古杰出人才奖等奖励。目前全院有博士33人,硕士88人,占在职科技人员27%。副高职称人员237人,占专业技术人员52%。

【科研经费】 承担各类研究项目148项,获得经费5 100万元,其中,争取国家现代农业产业技术体系项目经费1 350万元,该成绩居全国省级农科院前列和自治区科研与教学单位第一。

【获奖】 获得自治区科技进步奖6项,其中一等奖2项。审(认)定新品种3个。获(审)批专利3项。向日葵获得一株可抑制核盘菌的生防菌株,推广新品种243万亩,取得经经济效益5 776万元。提出甜菜套种白菜新种植模式,比单种甜菜每亩多收入1 605元。玉米新品种"内单314"百亩核心区每亩单产达1 073公斤。小麦新品种"农麦2号"辐射推广5万亩,平均亩产540.6公斤,产量超当地品种"永良4号",品质达国家优质强筋粉的标准。肉羊高效繁育技术推广到自治区5个盟市,数量达15万只。

【科技研究成果】 1.在巴彦淖尔市继续开展"河套灌区主要优势农作物与肉羊优质高效生产关键技术研究与示范"技术攻关。当年项目核心区总产值达204万元,户均收入4.63万元,人均收入8 395元。推广转化了自育玉米新品种"内单305"、向日葵新品种"科阳3号"、甜瓜新品种7个、西瓜新品种3个。肉羊受胎率达到85%以上。

2.推广示范5个马铃薯新品种,选出4个特用鲜食彩色马铃薯优良品系进入脱毒快繁体系。按照呼和浩特市和包头市发展奶牛产业的要求,在呼和浩特市和包头市实施"奶牛高效养殖综合配套技术研究与示范"项目,提高了奶牛养殖小区的经济效益。

3.坚持在阴山北麓典型代表区持续开展旱作农业研究与应用,重点进行种植模式、养殖模式、生态治理与节水补灌基础设施的综合集成技术研究,推广作物抗旱减灾稳产等高产高效技术的农牧结合优化生产模式。在呼和浩特武川县、包头市固阳县的5个村100多个农户进行典型示范,使绝大部分农户的粮薯、饲草单产普遍提高50%以上,户均新增养羊数量30只以上,30%的农户人均收入突破1万元。

4.开展"鄂尔多斯市百万亩现代农牧业建设科技攻关项目"。针对鄂尔多斯现代农牧业示范园区不同的区域类型,不同的生产设施,选择了5个示范园区开展研究示范。在鄂尔多斯市达拉特旗白泥井镇,与市政府、旗政府有关公司合作建设了集旅游、观光、生产、示范、科技成果展示于一体的现代农牧业科技示范园。根据赤峰市发展现代农牧业的需求,继续开展了"赤峰市旱坡丘陵区设施农业技术创新与推广项目",筛选出10米跨度标准日光温室,集成了日光温室番茄、辣椒、茄子、西瓜综合配套栽培技术,提出了辣椒、长季节茄子、西瓜、葡萄、油桃等多样化种植模式,探明了赤峰市设施土壤次生盐渍化现状与变化规律,取得了综合防治根结线虫新型防治措施。

5. 根据自治区政府部署的2009~2010年在全区范围内进行新一轮草原资源普查任务,把草原普查工作列为工作重点。完成了全区97个旗县市区的草普外业工作,编写了草原普查培训教材和遥感调查技术规程,举办培训班4期,培训人员580余人。与中科院、中国农科院、内蒙古大学、内蒙古农业大学等单位共同开展保护建设草原的科学研究工作。

6. 完成全区主要盟市蔬菜生产基地及农贸批发市场农药残留分析工作、无公害农产品新认证检测工作和农业部对我区生鲜乳重点生产地区、收购站点和运输环节生鲜乳中三聚氰胺等违禁添加物的监测工作。积极参与全区12个盟市饲料质量和畜禽疫病检测工作,并在全区建立了12个畜禽监和野生动物监测点,构建了动物疫病监测网络。自身建设得到进一步加强,年内又成为自治区生鲜乳质量安全第三方检测机构,拥有对540种农畜产品158个参数的检测能力。

7. 主动加强与企业的联合协作,促进新成果新技术进行转化和产业开发。内蒙古恒丰食品工业集团股份有限公司以农科院小麦新品种"农麦2号"为核心技术,与农科院联合实施"河套强筋优质小麦新品种繁育高技术产业化示范工程"项目。恒丰集团使用"农麦2号"批量生产高端"雪花粉",品质等各项指标均达到标准,出粉率平均提高1.2%,促进了"雪花粉"品牌的发展。呼伦贝尔市丰益经贸有限责任公司与农科院达成大麦新品种"蒙啤麦1号"合作协议,落实示范推广47.5万亩,辐射周边100万亩。内蒙古塞宝公司使用我院专用特用燕麦新品种选育和建设绿色有机优质燕麦原料地,塞宝公司增加近300万元的产值。内蒙古益善园生物科技有限公司与农科院共同合作,利用农科院自育的亚麻新品种"轮选1号"研发出"福来康泰"牌亚麻籽保健产品,远销日本等国。巴彦淖尔市华龙有限责任公司使用农科院的青椒新品种进行脱水加工,公司每年增加100万元的产值。学院股份制企业蒙泰大地公司已在中小企业创业板块上市,并投入1 500万元建设了新厂房,新上了生产线。

【科技协作】 与美国和蒙古国联合开展"蒙古高原草原生态系统对气候变化与放牧的响应与适应"项目,和英国洛桑研究所共建中英植保实验室,同日本全药工业株式会社进行科技合作。中科院确定与我院共建"中国科学院内蒙古草业研究中心",中国农科院现同意在我院设置"中国农科院研究生院内蒙古分院"。和东北三省四院建立长期战略合作关系。和内蒙古大学达成草业合作,与内蒙古农大开展向日葵"一虫两害"协作攻关。与巴彦淖尔市政府合作共建"内蒙古农牧业科学院巴盟淖尔现代农牧业科技创新中心"。与呼伦贝尔、通辽、赤峰、巴彦淖尔四市政府签订协议,正式成立了内蒙古农牧业科学院呼伦贝尔、通辽、赤峰、巴彦淖尔四个分院。同乌兰察布市政府达成马铃薯、胡萝卜、亚麻、柠条科技合作协议。

【重要活动】 3月15日,农科院承担的自治区农牧业科技创新项目"2009河套灌区主要优势农作物及肉羊优质高效生产关键技术研究与集成示范"启动会在杭锦后旗二道桥镇举行。会议针对河套灌区主要优势农作物及肉羊优质高效生产关键技术举办了培训会,培训当地农民和技术人员500多人,印发科普读物1 500余册,12种高效栽培模式等技术资料700余份。

4月8日至20日,农科院党委书记、中英联合实验室主任冯万玉研究员和植保所李子钦博士应英国洛桑研究所(Rothamsted Research)邀请,并由英国皇家学会中英合作项目"阻止油菜黑胫病菌入侵中国"资助,前往英国洛桑研究所进行访问,就中英植保与生物技术联合实验室2008~2009年度的合作事宜进行了交流。期间,参加了菌核病/黑胫病(向日葵/油菜)国际学术研讨会,并作了题为"中国向日葵菌核病的研究进展"的学术报告。

【获奖】 4月17日,在内蒙古自治区科学技术奖励大会上,我院"北方半干旱集雨补灌旱作区节水农业综合技术体系集成与示范"获自治区科学技术进步一等奖,"甜菜优质、抗丛根病品种'内甜抗201'的选育及技术研究"获自治区科学技术进步二等奖。

4月28日,国家甜菜产业技术体系包头综合试验站在内蒙古西部示范基地呼和浩特市土默特左旗三两乡召开"三两乡百亩甜菜综合技术试验示范区"春播现场会。

【重要活动】 6月18日,内蒙古农牧业科学院在院综合试验示范中心四子王旗地举办国家牧草产业技术体系,乌兰察布试验站现场培训会暨合作共建答案揭牌仪式。自治区副主席、内蒙古大学校长连辑、中国科学院北京分院党组副书记杨建国、中国科学院植物研究所所长马克平、乌兰察布市市委书记吴永新、内蒙古大学副校长杨劼、内蒙古科技厅副厅长林莉、乌兰察布市副市长赵永华、内蒙古大学副校长兼乌兰察布市副市长佟国清、农科院院长赵存发、党委书记冯万玉、副院长刘永志、副院长路战远等参加。会上,农科院分别与中国科学院植物研究所所长马克平、内蒙古大学副校长扬劼 、乌兰察布市副市长杨新民举行了合作共建乌兰察布草地生态研究站、科研教学实验基地、草原畜牧业培训示范基地的签字和揭牌仪式。

9月4日,农科院主办召开东北四省区五院会议。自治区人大雷·额尔德尼副主任、自治区农牧业厅陶克厅长、纪大才副厅长、东北四省五院的各位领导和专家共80余人参加了会议。会议总结交流各院发展的经验,决定加强各院合作,共同推进农牧业科技创新事业的发展。

【重要会议】 9月8日至9日,学院植物营养与分析研究所邀请加拿大国际植物营养研究所副总裁 Adtian Johnston 博士和国际植物营养研究所驻北京办事处主任金继运博士参加了在内蒙古武川县召开马铃薯全程机械化种植条件下的高效施肥技术现场会。参观了鄂尔多斯现代化农牧业高科技示范园及喷灌条件下的作物高效施肥技术试验示范,并召开了农业持续发展的土壤养分管理的研讨会。

【专家组验收项目】 9月18日至19日,农科院承担的国家"948"项目"草原生态牧场数字规划及精准管理技术引进"、"向日葵农产品加工型品种及资源材料引进创新及产业化"、"良种肉羊生产决策技术引进与中国优质肉用羊繁育体系建立"通过了自治区农牧业厅组织的专家组验收。

9月21日,受内蒙古外专局引智项目资助,农科院邀请了波兰科学院植物遗传育种研究所油菜抗病育种专家 ANDROL NOWOTNY 和 GOSIA JEDRYCZKA 两位教授来农科院就油菜黑胫病菌(L. maculans)分子诊断技术和引进的2个油菜抗 L. maculans 资源材料使用进行学术交流,并就农科院与波兰科学院在中—波植保合作研究、优势互补、资源共享、人才培养等方面达成共识。

9月27日,农科院赵存发院长陪同自治区郭启俊副主席前往浙江省考察现代农牧业科技发展现状。

9月27日,农科院农产品质量安全综合检验测试中心(呼和浩特)第二次复检认证工作顺利通过农业部专家组的验收。

10月22日,农科院蔬菜研究所承担的国家星火计划项目"阴山北麓半干旱地区专用胡萝卜品种产业化种植技术集成与应用"顺利通过专家组验收。

11月27日,农科院承担的自治区自然科学基金重点项目"干旱区防风蚀节水型保护性耕作机理的研究"顺利通过了自治区科技厅专家组的验收。

(云和义 常玉霞 张喜彦)

农机科研

【中国农业机械化科学研究院呼和浩特分院领导名录】

院长:杨世昆(满族)

副院长:王培功 卞一丁 柴玉柱

总工程师:刘贵林

纪检委书记:王建平(回族)

【概况】 中国农业机械化科学研究院呼和浩特分院(原机械工业部呼和浩特畜牧机械研究所)是具有自营进出口经营权的中央直属科技型企业,是国家草原畜牧业装备工程技术研究中心、内蒙古畜牧业装备工程技术研究中心、内蒙古新能源工程技术研究中心、国家地方联合太阳能干燥工程实验室、内蒙古自治区饲草料收获及加工机械装备重点实验室的依托单位。也是全国畜牧机械行业技术归口单位,是全国风力机械标准化技术委员会、全国农业机械标准化技术委员会畜牧机械标准化分技术委员、中国农业机械学会畜牧机械分会、机械工业畜牧机械产品质量监督检测中心和风力机械产品质量监督检测中心等公益性机构的挂靠单位。

中国农业机械化科学研究院呼和浩特分院有从业人员685人,专业技术人员193人,其中研究员16人,获国家特殊津贴专家7人。到2009年末,分院累计完成各类科研技术开发项目912项,其中获国家级、省部级科技成果奖99项,拥有专利、专有技术73项。分院拥有总资产2.4亿元,当年实现总收入1.4亿元。

【科技项目】 2009年,分院承担并正在执行的各类科技项目32项,其中国家重点科技项目16项。这些项目的实施,将在畜牧业机械及装备重大关键技术上有所突破，个别项目将处于国际领先水平。国家十一五科技支撑计划项目《现代草原畜牧业装备与设施研制》是由院牵头组织、国家草原畜牧业装备工程技术研究中心、中国农业大学、黑龙江农业机械工程科学研究院、水利部牧区水利科学研究所等国内重点院校和科研机构参加的国家重大科技攻关项目。该项目在草原畜牧业装备领域共性关键技术研究、重大产品创制技术研究、可靠性技术和草原畜牧业装备试验检测技术研究三个层面共8个方向开展联合攻关，攻克具有国际先进水平或国内领先水平的草原畜牧业装备关键技术60~70项，开发草原畜牧业装备新产品21台套，整体水平与发达国家的差距缩小10年，部分领域技术达到世界先进水平。

【创新能力建设】 “国家草原畜牧业装备工程技术研究中心”建设是加速自主创新能力建设，实现分院可持续发展的战略任务。中心于2009年9月6日通过了科技部组织的现场验收评估，并于11月19日接受了综合验收评估，被评为优级。中心组建以来，已形成了较强的自主研发能力和工程化能力，共承担各类国家、省部级科技项目20项，自行研发具有良好市场前景的产品项目10项。共完成16项21种工程化产品和储备技术，均达到国内领先水平，6项达到本世纪初国际先进水平。中心组建以来共申请专利25项，其中发明专利10项，已授予专利15项，其中发明专利2项。

专业技术人才的培养是加速自主创新能力建设的需要和根本保障，农机院十分重视创新型人才的培养和规划专业技术人才队伍建设，以培养创新精神和创新能力为核心，推动专业技术人才队伍整体实力提升，造就了一支结构合理、素质优良、具有竞争力的专业技术人才队伍。分院是全国农业机械标准化技术委员会畜牧机械分技术委员会和全国风力机械标准化技术委员会的业务归口单位，全年审查通过4项畜牧机械国家标准和4项畜牧机械行业标准，制订、上报风力机械国家标准共14项，审查复核风力机械标准5项。通过有效开展行业工作，显著提升了农机院的行业带头人地位。

【产业化工作】 农机院控股的内蒙古华德牧草机械有限责任公司2009年度投入148万元进行技术改造，更新设备，同时加大调整产品结构和产品升级换代的力度，以市场为导向，不断推出市场需求大、前景好的新产品。具有自主知识产权的方草捆打捆机、圆草捆机、割搂一体机，胶轮割草机等一批适销对路的产品加大批量生产，出现了产销两旺的局面。该公司全年完成产值5 000万元，创造了历史最好水平。

农机院北京销售中心按照强化“华德”品牌效应的战略构想，不断完善营销体系，强化市场营销品牌战略，在保证传统市场销售的同时，积极开拓中原市场和生物质能市场，产品营销中取得了骄人的业绩，全年实现销售收入7 300万元。通过实施品牌效应的营销策略，农机院自主知识产权的方草捆打捆机的国内市场占有率已达65%以上，并且有部分产品进入国际市场。

（刘　萍）

教　　育

高等教育

【内蒙古自治区教育厅(高校工委)领导名录】

厅长 高校工委书记:李东升

副厅长 高校工委副书记:布和(蒙古族 7月离任)

副厅长 高校工委委员:何成保 何瑞芝(女)

满达(蒙古族)

奇锦玉(蒙古族)

厅 党 组 成 员

高 校 工 委 委 员:程 哲(蒙古族)

高校纪工委书记

厅党组成员 高校工委委员

内蒙古教育招生考试中心主任:董方成

副巡视员:王培英

【高校党建工作】 研究制定《〈贯彻党的十七届四中全会决定和自治区党委八届十一次全委会议精神重点工作任务落实方案〉实施意见》。成立呼和浩特地区民办高校党委,建立向部分民办高校选派联络员制度。与自治区党委组织部联合举办首届高校党务干部专题示范培训班。积极指导相关高校开展"党代会常任制"试点和"公推直选"干部制度改革试点工作。

【中小学校舍安全工程】 按照国家统一部署,校舍安全工程实施时间为2009年至2011年,工程目标是在中小学校开展抗震加固、提高综合防灾能力建设。自治区于5月份启动实施该工程。自治区教育厅认真履行自治区校舍安全工程领导小组办公室职能,研究制定工程实施方案,编制了三年总体规划和年度建设计划,并在组织协调、宣传动员、经费筹措及指导督查等方面做了大量卓有成效的工作。至年底,完成了三年建设总任务的21.4%。

【基础教育】

义务教育均衡发展取得初步成效　启动实施义务教育阶段学校标准化建设工程。在全区12个旗县启动了义务教育均衡发展督导评估试点研究。阿荣旗、东胜区、西乌珠穆沁旗等3个旗区被教育部评为"全国推进义务教育均衡发展工作先进地区"。东胜区成为全区第一个实现"双高普九"目标的旗县。九原区等3个旗县区被评为年度"两基"巩固提高工作先进旗县。对县级人民政府年度教育工作进行全面督导评估,有21个旗县被确定为优秀等次。

全面实施普通高中新课程　从2009年秋季学期起,自治区普通高中一年级学生全面实施新课程。研究制定了《关于普通高中新课程实施学分制管理的意见》等相关文件。

积极推动学前教育和特殊教育发展　召开全区农村牧区学前教育工作现场经验交流会,明确了"以农村牧区为重点,以政府投入为主,以公办园为主"的办园体制和发展思路。研究提出《关于进一步加快我区特殊教育事业发展的意见》,报自治区政府待批。

全面规范中小学办学行为　制定印发《关于进一步加强中小学管理规范办学行为的实施意见》,对中小学教学、招生、评价、收费等行为作出明确规定,并面向各盟市开展专项督查。制定印发《关于严格禁止普通高中跨盟市招生的紧急通知》。加强学籍管理,对高一年级学生实行电子学籍注册。

基础教育各类工程项目建设进展顺利　自治区本级年内下达"义务教育阶段校外借宿生生活用房建设工程"资金2.5亿元,批复项目学校77所,年内建设学生宿舍24万平方米、餐厅7.8万平方米。中西部农村初中校舍改造工程(一期)竣工面积6.16万平方米。新农村卫生新校园建设试点工程和中西部特殊教育学校建设工程共计投资8 832万元。台塑集团项目和邵氏基金赠款项目等工程项目到位捐赠款1 205万元。

【中等职业教育】

启动实施中等职业教育基础能力建设工程　年内自治区本级投入2亿元专项建设经费,安排了34个实训建设项目,有效改善了中职学校实训条件。年内还争取到国家和自治区投入的其它专项建设经费1.1亿元。

进一步深化中等职业教育改革　修订《重点中等职业学校评估标准和评估指标体系》,有3所学校被评为国家级重点学校。组织参加全国职业院校职业技能大赛,取得了较好成绩。实施中等职业学校教师素质提高计划,完成了年度骨干教师培训任务。研究制定了对盟市政府中等职业教育工作督导评估指标体系。

中等职业教育招生规模进一步扩大　加大中等职业教育招生工作力度,以初中毕业生为主体,同时面向未升学的高中毕业生、退役士兵、生产服务一线职工和下岗失业人员等6类人群招生,年内共招生16.16万人,其中全日制招生14.2万人,高中阶段毛入学率达到88.34%,为普及高中阶段教育奠定了坚实的基础。

创新成人教育工作方式　与自治区相关厅局联合制定印发了《关于鼓励职业院校面向社会开展就业培训的通知》,积极推进职业教育服务地方经济和群众就业。继续实施"一网两工程"建设,推动继续教育工作,努力构建终身学习体系。

【高等教育】

积极推进质量工程建设　着力提高人才培养质量　组织开展了自治区级教学名师、教学团队、精品课程、品牌专业、教学成果、实验教学示范中心等评选活动,年内有4个教学团队被评选为国家级教学团队、1门课程被评选为国家级精品课程、4项教学成果被评为国家级教学成果,另有10个专业获得教育部"特色专业建设点"资助项目。加强对高职院校建设的指导力度,成立了土建等8个高职专业建设指导委员会,完成了对通辽职业学院等4所高职院校的新一轮人才培养工作评估,有3个实习实训基地被列为中央财政支持的建设项目,与南澳洲政府就引进TAFE学院课程和管理流程进行了多次会谈并签署了合作意向书。年内新增46个本科专业和57个高职专科专业。加强高校思想政治理论课教学,配合自治区党委宣传部举办了2期哲学社会科学骨干教师培训班。

以学科建设为龙头　学位与研究教育持续健康发展　开展了新增博士学位授予单位立项规划和建设工作,确定内蒙古科技大学为国家2008～2015年立项建设的新增博士学位授予单位,确定内蒙古医学院和内蒙古民族大学为自治区新增博士建设单位。全区高校新增2个硕士专业学位研究生培养单位、9个硕士专业学位授权点,硕士专业学位种类和授权点分别达到14个和23个。根据自治区实施"草原英才"工程要求,研究制定工程子项目的《自治区重点学科人才引进和培养工程实施方案》。

积极推进科技平台建设　高等学校科技创新能力进一步增强　组织开展新一轮高校重点实验室、工程研究中心和人文基地建设,内大"哺乳动物生殖生物学及生物技术"科研团队入选教育部"科技创新团队",实现了全区教育部科技创新团队"零"的突破。积极组织高校申报国家和自治区各类科研项目,其中获准国家重大科技专项条件建设、重大课题、重点课题各1项,国家自然基金项目突破100项,"973"、"863"、"科技支撑"及其他国家级科研项目30余项,教育部相关科研项目34项。高校自主创新能力明显增强,内蒙古大学、内蒙古工业大学、内蒙古农业大学、内蒙古科技大学、内蒙古民族大学、内蒙古医学院等高校取得一批重大科技成果。

高校设置工作取得新进展　高等教育规模稳步扩大　经教育部批准,组建呼和浩特民族学院、集宁师范学院和乌兰察布医学高等专科学校,鄂尔多斯职业学院在教育部正式备案。全区普通高等学校达43所,其中本科高校16所(含2所独立学院),高职专科学校27所(28个办学实体)。高等教育规模稳步扩大,全区在学研究生达到17 160人;区内外高校在自治区共录取新生17.4万多人,录取比例达到70.73%,同比增长8.19%。全区普通本专科在校生达到35.19万人。

【民族教育】

"优先重点"发展民族教育的方针得到进一步贯彻落实　年内,自治区本级财政继续安排2 000万元民族教育专项资金,支持了57所民族中小学校硬件建设;安排2.72亿元对义务教育阶段蒙古语授课寄宿生给予生活补助;安排1 906万元用于蒙古语授课高中生考入区内高校的学费减免补助;安排预算内基建投资1 200万元用于7所民族中小学改善办学条件。全年争取到国家民族教育各类补助资金888万元。

扎实推进"双语"教学工作　加大民族人才培养力度　全年审查中小学教材和教辅用书162种;编审高等院校统编蒙古文教材45种,审查修订教材22种。正式启动《蒙古语文应用水平等级考试》项目。完成了教育部委托制订的《蒙古族中小学语文课程标准》和《蒙古族中小学蒙古语文课程标准》实验期间的前期准备工作及《农村中小学现代远程教育工程》中的蒙古文版本教学资源的开发建设任务。继续协调扩大国家部属高校和内地高校在自治区的民族预科班招生规模。完成"少数民族高层次骨干人才计划"招生任务。

【民办教育】

稳步推进民办教育　重新修订《民办学校审批管理办法与设置标准》。制定印发了《关于做好民办中等职业学校审批及管理工作的通知》,将民办中等职业教育审批管理权限下放到盟市。组织开展民办学校年检工作,有41所民办学校被评为示范校。审批设立11所民办非学历高等教育机构,全区民办非学历高等教育机构达到73所。

【体卫艺教育】

体卫艺教育得到进一步加强　完成对17个城区“33211”工程实施情况的督导评估验收,实现了“33211”工程全覆盖。深入开展阳光体育运动,学生体质健康标准排名全国第9位。学生体育竞技水平明显提升,在全国第十届中学生运动会上,包头一中女排再夺桂冠,自治区团体总分居全国第14位。以防控甲型H1N1流感为重点,全面加强学校卫生防疫工作,有效维护了师生健康安全。以建国60周年庆典为契机,在全区大中小学校广泛开展“祖国万岁歌咏活动”,举办全区第三届中小学生艺术展演,积极推动“高雅艺术进校园”等活动,取得较好的成效。

【语言文字工作】

语言文字工作取得新进展　全区各地普遍开展“中华经典诵读进校园、进课堂”活动。举办首届全国大中小学生规范汉字书写大赛内蒙古赛区活动,有24所学校被评为第二批自治区级语言文字规范化示范校,16所学校被授予国家级语言文字规范化示范校。培训城市语言文字工作业务骨干600多人,完成对国家二类城市鄂尔多斯市和乌海市的语言文字工作评估验收,加强对国家三类城市语言文字工作的指导和督促。

【教育对外交流与合作】

深入开展教育对外交流与合作　继续实施“西部人才培养特别项目”等国家公派出国留学项目。汉语国际推广工作取得新的进展,内蒙古大学与俄罗斯的高校合作建立“卡尔梅克国立大学孔子学院”并实现首批招生。对全区高校所有中外合作办学机构和办学项目开展专项检查,会同相关部门对11家自费留学中介服务机构进行实地检查。

【教师队伍建设】

全面实施义务教育学校教师绩效工资工作　按照国家统一部署,与相关部门联合制定出台了《关于义务教育学校教师绩效工资实施意见》、《义务教育学校教师绩效考核工作实施意见》等政策措施,积极稳妥推进此项工作。至年底,大部分旗县兑现绩效工资,义务教育学校教师工资水平明显提高。

启动实施“农村牧区义务教育学校教师特设岗位计划”　按照教育部要求,研究制订工作方案,组织开展相关工作,9个盟市37个贫困旗县共招聘特岗教师889人。

加强中小学编制管理和校长培训工作　对全区中小学编制进行专题调研,会同自治区编办对中小学编制提出指导意见。全年共培训中小学校长2 800多人。

加强中小学教师培训和培训机构建设　启动实施2009～2012年中小学教师全员培训工作和农村牧区教师培训计划。组织开展全区中小学教师教育技术培训与考试认证、普通高中教师新课程远程培训、教育部“国培计划”、“英特尔未来教育”项目、联合国儿基会项目骨干教师培训等培训活动。专项督导评估自治区级示范性旗县教师培训机构3所,自治区级示范性旗县教师培训机构达到49所。

【促进教育公平】

义务教育经费保障水平进一步提高　年内,自治区共下达各种义务教育保障经费19.4亿元。农村牧区义务教育阶段学校公用经费补助标准进一步提高,小学每生每年由农村牧区的265元和县镇的280元统一提高到300元,初中每生每年由农村牧区的395元和县镇的410元统一提高到500元,年内还免除纳入义务教育经费保障机制改革实施范围学校的寄宿生住宿费,自治区按每生每年小学100元、初中120元的标准给予补助。

对家庭经济困难学生的资助力度进一步加大　从2009年秋季学期开始,33个牧业旗市的3.6万名中职学生全部免除了学费。兑现了自治区为群众办好“十件实事”的承诺,10.2万名高校学生享受到了国家奖助学金,3.2万名高校学生享受到财政贴息的生源地信用助学贷款,19万名中等职业学校学生享受到国家助学金。8万名高校家庭经济困难学生领取临时伙食补贴。592名在自治区高校就读的“5·12”灾区学生领取特别资助资金。近1.6万名高中生享受到“中央专项彩票公益金资助普通高中家庭经济困难学生项目”政策。

大力加强高校毕业生就业指导工作　全年通过实施“大学生村官”、“三支一扶”、“特岗教师”、“大学生志愿服务西部计划”、“民生工程”等途径选拔安排高校毕业生9 000余人。高校毕业生入伍预征人数达到1 200名。2009年,全区普通高校毕业生78 776人,平均就业率为76.50%,同比提高1.44个百分点。

(张喜荣　肖彦辉)

内蒙古大学

【领导名录】

校 长:连 辑

党委书记:刘丽华(女)

常务副校长:陈国庆(蒙古族)

巡视员:呼格吉勒图(蒙古族 8月任职)

党委副书记:赵 东(蒙古族)

党委副书记 纪委书记:刘文英(女)

党委副书记:王贵印

副校长:杨劼(女 蒙古族) 李延俊

佟国清(蒙古族) 王万义

【概况】 全校教职工2 707人,其中专任教师1 473人;全日制在校生22 253人(其中,博士研究生325人、硕士研究生3 274人、本科生15 399人、预科生282人、专科生2 373人、继续教育脱产生191人、留学生409人)。共录取全日制新生7 140人(其中,研究生1 354人、本科生4 679人、专科生900人、留学生207人)。全年共授予博士学位30人、硕士学位988人。全日制普通本科生毕业2 859人,高职生(专科)毕业678人,成人教育学生毕业1 883人,共授予学士学位2 762人、双学士学位407人。

学校有2个国家重点学科、1个国家重点培育学科,1个一级学科自治区重点学科,18个二级学科自治区重点学科、8个二级学科自治区重点培育学科,有1个博士学位授权一级学科、19个二级学科博士学位授权点、9个硕士学位授权一级学科、93个二级学科硕士学位授权点(含5个专业学位授权点)、4个博士后流动站、64个本科专业、12个双学士学位专业;27个省部级重点实验室(工程研究中心、研究基地)。

学校设有21个学院和1个公共教学部,校园总占地面积429万平方米,总建筑面积109万平方米,固定资产14亿元,教学科研仪器设备总值2.6亿元,图书馆藏书204万册。

【重点建设工作】 圆满完成"211工程"三期建设项目计划任务书的编制和论证工作,按照重点学科建设、创新人才培养与队伍建设、公共服务体系建设3大类、8个二级项目、33个三级项目,科学安排3.55亿元建设资金,签订了建设项目责任书,并进行了中期检查。迎接了财政部"中央与地方共建高校特色优势学科实验室项目"评估专家组对学校4个建设项目的评估,共获得实验室项目资助700万元。

【学科建设】 认真抓好争名进位行动计划的落实,根据2008~2010年学科建设综合评价体系和考核办法,对学科建设任务完成情况进行考核验收,取得阶段性成绩。完成一级学科学位点建设规划,新增历史学科博士后科研流动站和1个二级学科硕士学位授权点、1个工程硕士专业学位授权领域,获准EMBA授予权。

【人才队伍建设】 全年共引进和接收各类人员82人(其中博士研究生55人),与5位院士签订双聘合作协议,聘任校外知名专家、教授8人,有15名教师获得博士学位。有1个研究团队入选教育部"长江学者和创新团队发展计划",为自治区首个入选团队;2人入选"新世纪百千万人才工程"、1人入选教育部"新世纪优秀人才支持计划"、1人荣获"中国地方政府创新奖"优胜奖、2人获得宝钢教育基金优秀教师称号、5人获得自治区"人才开发基金"项目资助、3人获得自治区青年科技奖。新增国务院学位委员会学科评议组成员1人、教育部科技委委员1人、享受国务院政府特殊津贴专家1人、国家重大项目首席专家2人、自治区有突出贡献专家4人。共有144名教职工通过了专业技术资格评审,其中,正高级28人,副高级81人,中级47人,初级2人。

【教育教学工作】

切实加强本科教学工作 积极开展人才培养基地和实验、实习、实训环节的建设,保证了人才培养质量。出台《关于鄂尔多斯学院、满洲里学院本科教学工作的若干意见》。质量工程建设成效显著。2009年,新增国家级特色专业2个,国家级双语教学示范课程2门,国家级教学团队1个;新增自治区级品牌专业5个,自治区级教学团队4个,自治区级实验教学示范中心2个,自治区级精品课程8门;出版全国"十一五"规划教材2部;有1项成果获得国家教学成果二等奖,6项成果获得自治区高校教学成果一等奖,5项成果获得自治区高校教学成果二等奖;2人获得自治区"高等学校教学名师奖"。30个项目被批准为"国家大学生创新性试验计划项目",项目资助经费92.7万元。学校评选出校级品牌专业6个、精品课程22门、教学团队7个、教学名师奖10名。组织开展了第七批本科生创新培养基金项目立项工作,共批准100个项目,投入经费19.9万元,共有359名本科生参与,占本科生总数的19.2%。

进一步加强研究生培养与管理 制订《内蒙古大学硕士研究生中期考核及筛选办法》等一系列制度。

启动研究生创新计划。完成了研究生指导教师遴选工作,新增博士生导师10名,硕士生导师29名。加强学位论文管理,有1篇博士论文入选全国优秀博士论文提名论文。

加强少数民族语言文字授课专业、课程、教材建设和预科生教育,积极培养少数民族人才。加强了高职教育和成人继续教育工作,认真做好干部自主选学培训工作。

【科技工作】 全年共获准科研项目359项,其中国家级49项、省部级151项、横向项目45项、其它114项,获准经费13 441.5万元。出版著作88部,发表学术论文991篇,被SCI、EI、ISTP、SSCI检索216篇,获得专利2项,鉴定、登记成果16项;获得省部级以上奖励7项,3项科技成果入选2009年内蒙古十大科技新闻。新增6个省部级以上重点实验室(工程研究中心、研究基地)。研制成功蒙古文自动转化系统,自主研发了耶里巴文献管理集成系统,成功克隆出国际优质品质肉牛,通过精原干细胞移植技术成功获得世界首批供体绵羊后代,成功培育出世界首例含欧米伽—3多不饱和脂肪酸转基因克隆牛和国内首例体细胞克隆绒山羊。围绕自治区经济社会发展需要,有重点地组织一批特色鲜明的科研项目,如"准格尔旗扎萨克衙门蒙古文档案"、"内蒙古大中型牧场生物沼气综合利用研究"等。组织科技人员先后赴包钢集团、乌兰察布市等地开展产学研合作,启动合作研究项目49项。学校作为专家派出单位,获得6项科技部"科技人员服务企业项目",有18位专家学者被自治区科技厅列入首批自治区企业科技特派员。全年举办或承办高水平学术会议49次,其中国际学术会议12次,国内学术会议37次。

【对外合作与交流】

加大开放办学力度 学校与俄罗斯阿斯塔拉罕国立大学、吉尔吉斯共和国外交学院等6所高校签署校际学术合作与交流协议;与俄罗斯卡尔梅克国立大学合作建立的孔子学院正式揭牌;与台湾台南大学、世新大学和国立清华大学签订学术合作与交流协议。积极拓宽引进国外智力渠道,共引进或聘任29名外籍专家。全年共有319名教师和科研人员出国进修、交流,接待学术访问、考察的外宾212人。

积极开展国内合作与交流 学校与地方政府和企业合作创办的满洲里学院、鄂尔多斯学院、创业学院各项工作有序进行;积极落实与北大合作协议相关工作;与赛罕区政府合作筹备成立内蒙古大学附属中学。以乌兰察布市为试点,实施"企业科技特派员计划",切实加强签约项目落实工作。建成校友会网站及校友数据库。

留学生教育的水平和层次不断提升。2009年学校被批准为自治区首个"孔子学院奖学金"接受院校,有2名留学生在全区首次获得中国政府"优秀外国留学生奖学金",共有来自蒙古国、俄罗斯、美国等16个国家的615名留学生在我校学习。

【管理工作】 继续深化学院综合改革、干部人事制度改革、分配制度改革、后勤改革,同时,修订完善了一系列管理制度,在学生管理、临时用工、集中采购、资产管理、监察、审计等方面建立了规范的程序,初步建立起适应高等教育新形势、适合建设高水平大学需要的新型办学体制。

【学生工作】 2009年学校共有179名学生被评为自治区级三好学生、179名学生被评为自治区级优秀学生干部,186名学生被评为自治区级优秀毕业生。积极开展社会实践,组织了近60支新型社会实践团队,取得了良好效果。

校园文化建设富有特色 开展第二十二届"青年科技文化艺术节"、第七届"学生社区文化节"、"学生社团节"等文化艺术活动,调整了学生学术科技活动领导小组。在全区第六届"挑战杯"课外学术科技作品竞赛中获一等奖4项,二等奖10项,三等奖13项,优秀奖8项,获得"挑战杯"。在全国大学生英语竞赛中获得赛区特等奖2项,一等奖4项,二等奖12项,三等奖34项;在第十一届"挑战杯"全国大学生课外学术科技作品竞赛中获得二等奖1项,三等奖6项,被授予校级优秀组织奖。在全国高教社杯数学建模大赛中,获得全国二等奖3项,赛区一、二等奖各2项;在美国大学生数学建模大赛中,获得二等奖2项;在自治区ACM计算机程序设计大赛中获一、二等奖及优秀奖,团体总成绩位列第二。艺术学院师生在多个专业大赛中取得好成绩,如"百灵合唱团"和"潮尔乐团"在全国第二届大学生艺术展演中均荣获一等奖。

切实做好学生资助工作 为学生成才提供了保障 2009年为15 350人次学生累计发放勤工助学补助、特困补助和各类奖助学金1 677.85万元。完成申报1 704人共计810万元国家助学贷款任务,为600余名学生发放生源地助学贷款240万元,为1 950名家庭经济困难的学生办理了绿色通道入学手续。

加强学生就业指导工作 调整学生就业工作奖励办法,设立8个就业工作创新项目,设置就业指导课为必修课,开展第三届职业规划节,组织编写《足迹——

内蒙古大学优秀毕业生访谈》一书,积极引导毕业生到基层就业。2009 年,学校研究生初次就业率为75.14%,本科毕业生初次就业率为86.81%,高职毕业生初次就业率为93.80%。

【基本建设】 圆满完成了南校区一期工程建设,目前已形成占地面积为1 283亩、建筑面积为30.58万平方米的南校区,彻底解决了多年来制约学校发展的"瓶颈"问题,为今后发展奠定坚实基础。切实做好新建教职工住宅建设的相关工作。

【图书文献】 科学合理调整南北校区图书馆机构设置和文献资源,启动新的图书馆管理模式,加强数字化图书馆建设。全年预定中外文新书25 651种/76 038册,到馆图书18 435种/54 394册;接收赠书 726 种1 352册。开展 CALIS 联合目录数据上载、古籍文献回溯建库与建国前中文旧期刊联合目录建库工作,加强馆藏光盘资料数据库建设和馆际间文献资源的共建共享工作。学校"教育部科技查新站"共完成各类查新报告 290 项。

【学报与出版工作】 2009 年出版图书 357 种,其中新版图书 227 种,重版重印 130 种;发行内外版图书5 000万码洋。高质量地完成了全年学报的编辑出版发行工作,圆满完成"纪念创刊50 周年"学报专刊的编辑出版工作,同时出版学报 50 年目录索引光盘及宣传画册。哲学社会科学蒙古文版第三次被评为"中国北方优秀期刊"。

【人物】 金海获全国五一劳动奖章、叶新铭被评为全国模范教师、杨贵生被评为全国优秀教师和全国高校优秀辅导员、特古斯被评为全国第四届少数民族双语教育先进工作者、曹瑞被科技部授予"中药现代化科技产业基地建设十周年先进个人"荣誉称号、雷立钧获"全国普通高校毕业生就业工作先进个人"荣誉称号。青格勒图、刘洋获自治区五一劳动奖章。学校荣获"全国大学生志愿服务西部计划优秀项目办"称号。哺乳动物生殖生物学及生物技术教育部重点实验室被授予"全国专业技术人才先进集体"荣誉称号。

（任彩霞　邢建华）

内蒙古大学艺术学院

【领导名录】

党委书记:黄　海

院　长:李玉林

副书记 纪委书记:毅　力(蒙古族)

副院长:宋生贵 赵魁武(蒙古族)

【概况】 2009 年,学院占地近50 000平方米,总建筑面积46 648平方米。学院设有美术、艺术设计、音乐、舞蹈、影视戏剧、文化艺术管理 6 个系,1 个公共课教学部,1 所附属中等艺术学校,学院有 4 个硕士学位授权点,13 个本科专业。2009 年在校学生4 451人,其中研究生 126 人,本科生3 231人,中专生1 058人,专科生10 人,成人教育学生 26 人。全院教职工 600 人,少数民族占42.7%。其中,专任教师 438 人,教授、副教授145 人;国内外客座教授5人。

【党建工作】 2009 年,学院党委深入开展学习实践科学发展观活动,制定了《内蒙古大学艺术学院开展深入学习实践科学发展观活动实施方案》和不同阶段的具体实施方案,圆满完成了学习实践活动的各项任务;深入贯彻落实党的十七大、十七届四中全会精神,用科学发展观统领学院事业发展全局,着力加强领导班子建设。学院领导班子共召开40 余次重要会议,研究决定了学科建设、教学工作、人才工作、改革工作等事关学院发展的重大事项,在学科建设、艺术成果、对外交流等各项工作中均取得了突出的成绩。

【教育教学】 2009 年学院新增博士学位攻读者 2 人、硕士学位攻读者 20 人。至 2009 年底,学院共有博士 7 人,硕士 91 人,在读博士 10 人,在读硕士 51 人。学院硕士以上专任教师比例达到29.1%。评出教授 6 名,副教授 17 名,学院高级职称专任教师比达到37.2%。全院教师的职称、学历、学缘结构得到进一步优化。全年落实人才培养经费25.3万元。2009 年共引进各类人才 24 人,其中,博士研究生 3 人,硕士研究生 11 人,新进人员中有 19 名为专业技术人员;邀请 48 名知名学者作为"驻校艺术家",到学院短期授课讲学;新增客座教授 4 人,全院共有客座教授 38 名。推荐自治区人才开发基金项目人选 1 名、新世纪千百万人才工程人选 1 人、高等学校青年骨干教师国内访问学者 1 人。创新人才培养模式,举办了"妥木斯油画创作研修班","内蒙古自治区潮尔艺术传承人培训班"。加强学位点建设,新遴选 1 名研究生导师;8 名优秀本科生被推荐为免试攻读硕士研究生;组织完成了艺术学一级学科硕士学位授予权申报准备工作,并参与内蒙古大学民族学一级学科博士授予权的申报。

【科研创作】 2009 年度,学院共申报各类科研项目 72 项,有 38 项获得资助立项,获批科研经费34.7万元,包括国家社会科学基金项目、国家社会科学基金艺术学项目等;完成“自治区高等学校人文社会科学重点研究基地”与“内蒙古大学211工程三期重点学科建设项目子项目”申报工作,学院获批“自治区高校民族艺术研究基地”。2009年度获批了1个校级和自治区级品牌专业、1门校级精品课程、1门自治区级精品课程。学院开设了音乐学、艺术设计学、公共事业管理(文化艺术管理)3个双学士学位专业,加快跨学科的复合型本科人才培养。教师全年在国家公开出版的学术期刊上发表学术论文、艺术创作和各类科研、创作与表演成果355项,有84项科研、创作、表演作品在省部级和自治区级以上的专业评奖与比赛中获奖,其中全国性比赛中获奖22项。音乐系“百灵合唱团”和潮尔乐团在全国第二届大学生艺术展演中双双荣获一等奖,学院荣获教育部授予的“全国第二届大学生艺术展演精神风貌奖”;音乐系师生在2009CCTV民乐电视大赛中,荣获1银1铜的好成绩;舞蹈系和附中学生在文华艺术院校奖—第九届“桃李杯”舞蹈大赛中荣获一等奖1项、二等奖2项、优秀表演奖2项,舞蹈教学精品组合课《蒙古“卫拉特”部落民间舞蹈课》荣获保护传统舞蹈文化贡献奖;附中师生在第七届中国舞蹈“荷花奖”比赛中荣获表演铜奖等。学院成功举办了全国省属综合艺术院校第十五次交流协作会,与丹麦“康纳”美术家协会、丹麦皇家美术学院联合举办“北欧当代艺术展”,承办“文化产业战略暨演出市场发展”草原论坛等活动,邀请40多名区内外专家学者到学院讲学,为活跃学院的学术氛围、开展对外艺术交流、丰富合作模式、积累合作经验奠定了坚实的基础。

【艺术展演】 全年学院共举办各类学术讲座100多场、音乐会40多场,举办美术、艺术设计毕业生作品展,组织师生参加全国及自治区级大型文艺演出和社会活动80多场。举办“内蒙古自治区潮尔艺术传承人培训班”专场演出、“盛世华章”庆祝建国60周年驻呼高校艺术巡演;应邀参加“澳门电视台成立二十五周年庆典晚会”、上海“东方市民音乐会”、上海国际艺术节、第十一届亚洲艺术节开幕式、第十届昭君文化节开幕式文艺晚会、“全国艺术职业教育声乐教学交流研讨暨成果展演”等演出活动;影视戏剧系与内蒙古电视台合作,在《西口风》节目中演出二人台节目。这些活动突出了学院的办学特色和专业优势。

【对外交流】 成功举办了“中美东方之旅”艺术交流10周年庆典,回顾总结了以往的合作经验和成果,并就下一步继续深化、拓展和推进双方在更大范围的合作达成意向。与马来西亚专艺广告动漫多媒体设计学院初步达成开办双联课程合作协议;成功接待美国佛蒙特州教师交流团一行11人、图瓦共和国文化部冬嘎克部长等到学院进行交流访问;完成2009学院教师教育交流团及师生艺术团赴美、教师代表团赴日本东京国立艺术大学、冈山县立大学、日本彩季会皮革艺术研究所等艺术院校和研究机构的交流访问任务,并在冈山县立大学举办“草原—富士之旅”中日艺术作品展览;延聘蒙古国文化艺术大学5名教师、聘请2名美国大学生志愿者来学院任教;派遣4名教师赴美进修及工作;学院现有2名留学生。全年共接待来访外宾41人,选派89人外出访问交流。

【基础设施】 全年学院投入业务费617.5万元、教学差旅费41.5万元、体育维持费20.2万元、教学设备维修费125.1万元。四项经费共计824.3万元,占学费收入比例的31.1%。2009年,学院资产总值达7 528.3万元,投入112.9万元用于学院教学设备和教学资料的购置和更新,当年新增教学仪器设备值占新增资产总量的比例达到87.7%,满足了专业教学的需要。学院已建成多媒体教室10个,共有座位695个;教学用计算机达到了325台。

(史冬梅)

内蒙古师范大学

【领导名录】

党委书记:陈中永(蒙古族)
校长:杨一江
党委副书记:斯日古楞(蒙古族)
纪委书记:傅永春
副校长:王希明 亚新(蒙古族)
云炜恒(蒙古族)
郑福田 照日格图(蒙古族)
云国宏(蒙古族)

【概况】 内蒙古师范大学创建于1952年,是新中国成立后党和国家在边疆少数民族地区最早建立的高等学校之一,自治区重点大学,是培养基础教育、民族教育师资和蒙汉兼通少数民族复合型人才的重要基地,是自治区中学教师培养中心、中小学教师继续教育中心、基础教育与民族教育改革发展研究中心,被誉为“民族教育的摇篮”。

学校占地面积3 800余亩,校舍建筑面积80余万平方米,固定资产总值超过14亿元,其中教学仪器设备总值2亿余元。馆藏图书220余万册,电子图书1 600GB,长年购置的电子文献数据达9种,长期订阅中外文期刊(含电子期刊)近14 000种。学校下设21个职能处室,32个二级学院,1个独立学院,3个教研部。有教职工2 400余人,其中,专任教师1 400余人,具有硕士、博士学位的教师占专任教师总数的55.2%,具有副高级以上职称的教师占专任教师总数的44.1%,有博士生导师19名、硕士生导师480余人;有自治区高等学校教学名师5人,国家和自治区有突出贡献中青年专家18人,入选国家"百千万人才工程"、自治区新世纪"321人才工程"、自治区高等教育人才培养"111人才工程"共120人(次),享受政府津贴教师40人,荣获内蒙古杰出人才奖1人。

学校在校全日制本专科生28 000余人,各类研究生3 700余人,各类成人教育学生6 000余人,各类留学生300余人,形成了多层次的人才培养体系。学校开设61个本科专业,涵盖8大学科门类。有国家级精品课程1门,国家级教学团队2个,教育部特色专业建设点5个;有自治区级品牌专业25个,自治区精品课程42门,自治区级教学团队3个;有自治区级实验教学示范中心9个,自治区重点学科和重点培育学科18个,校级重点学科37个。

学校拥有博士学位授予权一级学科1个,硕士学位授予权一级学科7个、二级学科71个,专业硕士6个,此外,还招收高校教师在职攻读硕士学位。2008年,经教育部批准,学校正式成为具有硕士研究生免试推荐入学资格的高校。学校有科研机构66个,自治区级重点实验室3个,自治区高校重点实验室2个,中央与地方高校共建基础实验室和特色实验室8个,自治区哲学社会科学研究基地1个,自治区高等学校人文社会科学重点研究基地4个。

【教学工作】 心理学和体育教育2个专业被评为国家级特色专业;经济学、生物技术和旅游管理3个专业被批准为自治区级品牌专业;《平面广告设计》等7门课程被评为自治区级精品课程。蒙古民俗教学团队被评为国家级教学团队,科学史学科群、美术系列和蒙古民俗系列课程3个教学团队被评为自治区级教学团队。组织开展蒙文教材立项及出版基金申请工作。开展第六届自治区级教学成果奖励申报工作,获自治区级教学成果一等奖4项。2个实验教学中心被确定为自治区级实验教学示范中心。组织开展中青年教师说课大赛、双学位教师教育人才培养模式改革论文征集等活动。圆满完成各类考试的考务工作,教务处被评为2009年全国教育系统先进集体。圆满完成自治区高校师资各项培训任务,充分体现"高水平、高层次、高质量"的特色。积极拓展培训市场,稳步开展继续教育工作。学校体育运动队在各类竞赛中取得了可喜成绩。

【科技工作】 纵向课题申报项目类别达18个,申报438项,获准100项,国家级项目获准立项27项,获资助经费664.9万元,均创历史新高。15项成果获教育部高等学校科学研究优秀成果奖,5项成果获自治区科学技术奖,获奖比例取得新突破。学校对获准项目匹配经费达254万元。获得授权专利4项,64项成果获校第九届科研成果奖,对07、08年度712项科研成果及科研立项进行奖励,奖励金额达121万元。获准新增自治区高校重点实验室1个、自治区高校重点实验室培育基地1个、自治区高校人文社会科学重点研究基地2个。"内蒙古民俗文化研究基地"在学校挂牌成立,成为首批7个自治区哲学社会科学研究基地之一,"内蒙古自治区功能材料物理与化学重点实验室"举行揭牌仪式。制定了《流动科研岗位管理办法》,加速培养创新人才和创新团队。

【学科建设与研究生教育工作】 经国务院学位委员会批准,学校成为艺术硕士、体育硕士、汉语国际教育硕士和社会工作硕士专业学位研究生培养单位,学校专业学位点数量达到6个。启动了学科建设成就宣传,社会反响良好。社会学、民族学等10个一级学科在全国一级学科评估中取得优异成绩。成立了研究生院和党委研究生工作部。招收各类硕士研究生1 425人,博士研究生8人,在校研究生达3 700余人,实现了培养规模的新跨越。研究生综合教务管理系统正式投入运行,实现了研究生教务信息、学籍信息和导师信息的数字化管理。启用"学位论文学术不端行为检测系统"。制定了外国留学生招生、培养、学位授予等制度。内蒙古师范大学乌海市人才教育培训基地正式挂牌成立,承办了全国教育硕士教育指导委员会专家组会议等活动。

【对外交流与合作办学工作】 学校扩大留学生招生规模,有各类留学生299名,聘请外籍教师10名。同澳大利亚堪培拉大学、韩国青云大学签订了合作协议。同韩国、日本、蒙古国等国家进行交流互访活动,国际交流服务中心积极开展留学招生工作,新开展了赴韩国青云大学攻读语言预科班项目;学校被批准成为自治区首家雅思考试考点,顺利开展雅思考试工作;与加拿大、澳大利亚、日本、韩国等国的高校签订了合作意向书。"鸿德学院"被教育部批准为自治区首批独立学院。学校与兴安盟盟委、盟行政公署合作共同组建了"兴安学院"。青年政治学院开始招收本科学生。积极筹备成立校友会。

【学生工作】 加强专兼职学生工作干部和辅导员队伍建设,选聘9名专职辅导员充实到学生工作队伍中。继续推出"名人名家校园行"、"名人演讲周"等活动,邀请校内外专家、学者举办讲座百余场。开展教室设计大赛、创建文明宿舍、宿舍文化活动月、校规校纪知识竞赛等系列活动,成立了"爱心志愿者服务队",利用课余开展义务支教活动。圆满完成14 000名学生的军事技能训练。举办"大学生职业生涯规划大赛"和各类就业指导讲座、就业供需洽谈会近百场。学校被授予"内蒙古高校毕业生创业培训基地",举办高校首期大学生创业实训培训班。学校被评为全区高校毕业生就业工作先进集体。学校奖助贷系统正式投入使用,为8 568名贫困生发放国家励志奖学金、助学金、减免学费近两千万元,积极为学生办理助学贷款。通过心理测查、心理辅导、宣传教育等方式帮助学生解决心理问题,提高学生调适心理能力。按照稳定压倒一切的原则同各单位签订责任状,积极开展争先创优活动。安装了覆盖两校区的可视监控系统,人防、物防和技防为一体的校园治安防控体系初步建成。加强消防检查工作力度。积极开展法制安全教育,有效提高师生的安全防范能力。

【管理工作】 积极推进校内人事管理制度改革,出台了《岗位设置方案》和《引进高层次人才暂行办法》。加强人事管理信息系统和人员基本数据库的建设。努力提高教职工福利待遇。学校获得四个系列的高级专业技术职务评审权。有5名教师被评为自治区级优秀教师,1名教师被评自治区级优秀教育工作者。推选申报了"新世纪百千万人才工程"国家级人选,3人获"自治区人才开发基金"项目,1人荣获"内蒙古杰出人才奖"。聘请45名国内外著名专家学者为兼职(客座)教授。

对盛乐校区管委会组织机构和职能与职责进行调整;制定第三期"校区整体规划发展"方案;进一步规范了学生生活区的商业秩序。在盛乐校区建设了教职工健身房、乒乓球室、桌球室等场所,积极组织开展丰富多彩的校园文化活动。

学校数字化校园二期工程初步建设完成,应用系统达到15个,实现了从学生录取到毕业离校的全程数字化。学校申请C类地址176个,成为自治区拥有IP地址数最多的高校,也是中国教育和科研计算机网内蒙古地区最大的用户之一。率先建设了学校统一的数据库和数据容灾备份中心。

【启动图书回溯建库工作】 全年新书入藏6万册,新购ACS、AIP、APS全文期刊数据库,提高了相关专业电子文献的服务水平。开通个人数字图书馆电子文献信息服务。《内蒙古师范大学学报》"自然科学汉文版"被评为"中国北方十佳期刊"和"RCCSE中国核心学术期刊","自然科学蒙文版"入选"共和国期刊60年"名录。

(褚亚申 吴爱华 白明)

内蒙古工业大学

【领导名录】

党委书记:荀黎明

校　长:邢永明

党委副书记 纪委书记:刘志雄

党委副书记:王永明

副校长:谭福贵(蒙古族) 刘进荣 黄龙海(蒙古族)
黄雅丽(女) 栗文义(8月任职)

【概况】 内蒙古工业大学前身是始建于1951年的绥远省高级工业学校,1958年成立内蒙古工学院,1993年更名为内蒙古工业大学。学校有25个学院(部、中心),分校本部、金川校区、矿业学院、工程技术专修学院四个校区办学,占地面积3 235亩,教职工2 020人,全日制在校生25 816人,其中普通本科生21 427人、高职高专生1 355人、硕士研究生2 786人、博士研究生119人、外国留学生129人。2009年学校共有各类毕业生5 441人,其中博士6人,硕士752人,本专科毕业生4 683人。

学校有专任教师1 354人,其中教授125人,副教授323人;硕士及以上学位的教师848人。2009年全校教师入选"自治区新世纪321"人才工程55人,享受政府特殊津贴33人,自治区有突出贡献的中青年专家20人。有12名教师荣获自治区杰出人才奖、全国和自治区教学名师奖、优秀教师和先进教育工作者等荣誉称号。

【教学工作】 学校有本科专业62个,博士授权二级学科4个,硕士授权一级学科6个,硕士授权二级学科49个,工程硕士专业学位授权领域13个,具有高等学校教师在职攻读硕士学位授予权和工商管理硕士(MBA)专业学位授予权、在职人员以研究生毕业同等学历申请硕士学位和推荐优秀本科生免试攻读硕士研究生资格。

2009年，学校“电气工程及其自动化”专业被批准为教育部特色专业建设点，“过程装备与控制工程”和“材料物理”两个本科专业被批准为自治区级品牌专业，“计算机辅助设计”等7门课程被评为自治区精品课程，“化工原理教学团队”被评为自治区级教学团队，社会工作实验教学中心被评为自治区级实验教学示范中心。学校有教育部特色专业建设点3个，自治区级品牌专业19个，自治区级精品课程34门，自治区级教学团队1个，自治区级实验教学示范中心7个。

2009年，学校有10项成果获自治区教学成果奖；2名教师获得自治区第三届高等学校教学名师奖；3名青年教师获得全区高校第六届青年教师教学技艺大赛奖；建筑学本科专业高票通过国家专业教育评估，成为全国近200所高等院校建筑学专业中，通过专业教育评估仅有的41所高校之一。

【学科建设】 学校召开科技大会，启动特色学科和创新团队建设工作。当年，学校新增风能与动力工程等3个本科专业；建立“可再生能源”和“煤化工”2个学校重点建设的特色学科；新增材料成型及控制工程自治区级重点实验室、内蒙古绿色建筑工程技术研究中心，成立城市垃圾处理工程研究中心；绿色建筑测评重点实验室被列为重点培育重点实验室，可再生能源工程研究中心被列为重点培育工程研究中心。

以博士点、重点学科、重点实验室、工程中心等研究基地为依托，由学术骨干以及工程技术人员和实验技术人员组成7个创新团队，涉及工业结晶与化工材料、微纳米力学和绿色建筑等前沿领域。其中，4个创新团队通过自治区科技创新团队计划答辩，在自治区评选的12个创新团队领军人才中，学校有3人入选。

【科技工作】 争取纵向科研经费4 200万元。其中国家自然科学基金资助11项，总经费298万元，资助项目数和经费数是2008年和2007年的总和；国家科技支撑计划1 500万元；国家863计划项目“中小型风力发电机功率控制方法研究”200万元。争取到各类横向科技开发和科研服务经费2 600多万元。学校教学科研人员1 321人，人均科研经费5.15万元。参加科研的R&D人员共398人，占全校教学科研人员的30.1%。学校注重产学研相结合，与包钢集团共建成立了“铸造工艺及材料联合实验室”。与乌海、鄂尔多斯、乌兰察布等地进行技术和项目对接，建立起创新成果向现实生产力转化的畅通渠道，并向乌兰察布市派驻了16名科技特派员。2009年，学校成果转化、推广项目12项。

【获奖】 获得内蒙古自然科学奖一等奖1项、二等奖1项，内蒙古科技进步奖二等奖1项、三等奖1项。被SCI、EI、ISTP收录论文166篇。专利申请5项，专利授权9项，并获得第三届中国专利周内蒙古展示交易会优秀参展奖。张晨鼎、常佶、刘志璋教授获得内蒙古杰出人才奖，郭锋教授获得全区深入生产第一线作出突出贡献的科技人员称号。

【师资队伍】 学校围绕人才引进、师资培养两条主线，不断加大高学历人才的引进力度，加强对中青年骨干教师的培养。2009年共引进博士、硕士61名，47名在职教师取得博士、硕士学位后返校工作，35名在职教师考取定向培养博士研究生；共有198人晋升专业技术职务，其中17名晋升为正高级专业技术职务，53名晋升为副高级专业技术职务；专任教师中具有硕士学位、博士学位的比例达到60.87%。加大教师培养培训力度，推荐21名中青年骨干教师参加国内访问学者和国家精品课程网络培训；选派10名教师参加国家留学基金委“西部项目”、“511”人才工程、日元贷款赴日研修等出国进修培训项目。

【学生教育与管理】 在“大学生科技创新基金”年度投入增至15万元，57个项目受到资助。博源公司出资188万元设立奖学金用于奖励学校品学兼优的本科学生，上海道杰资本出资50万元设立大学生创业奖励基金，扶持奖励学生自主创业实践活动。学校校园科技文化活动成果显著，在“挑战杯”、数学建模、智能机器人大赛、全国大学生艺术展演等比赛中屡获佳绩。

不断完善各项资助管理制度，构建完整的家庭经济困难学生资助政策体系。2009年共有820名新生通过“绿色通道”顺利入学，缓交学费、住宿费等各类费用364.85万元；认定家庭经济困难学生7 038人；发放国家奖学金、国家励志奖学金和国家助学金1 570.98万元；发放学生奖学金、勤工助学金、困难补助金、助学贷款风险金、少数民族学生补贴等602.4万元；获奖受助学生比例覆盖在校学生的40%以上。实现对家庭经济困难学生“应助尽助”的工作目标。以青年马克思主义者培养工程和“8+3”主题团日活动等为载体，加强学生思想教育，校团委被团中央确定为基层组织建设和基层工作全国试点单位。

【招生 就业】 2009年录取本专科生5 881人，本科招生规模趋于稳定，生源分布在全国29个省、市、自治区，有21个专业在本科一批招生，并新增6个三本专业。新生报到率达96.56%，居全区高校前列。

至2009年底,学校2009届本专科毕业生共计4 515人,本科生一次就业率达85.85%,比上年高5个百分点,就业率继续保持全区高校前列。

【基础设施建设】 与蒙吉利公司签约购置金川校区西侧400亩土地。金川校区新建2.2万平方米实验教学楼、1.8万平方米逸夫图书馆交付使用,新建学生食堂正式启用;矿业学院一期基础设施建设基本完成;争取国家和自治区节能改造项目资金1 000多万元,对学生公寓、教学楼等20座约10万平方米既有建筑物进行节能改造;完成建筑馆改扩建工程,得到建筑学评估专家组及区内外专家学者的一致好评。学校被评为呼市创卫达标先进集体,饮食服务中心被评为全国高等学校伙食工作"先进单位"。

学校投入1 406万元购置教学仪器设备2 062台件,利用日元贷款项目1 821万日元购置仪器设备95台件,特色优势学科实验室建设项目等货物采购金额1 513万元。

学校重视图书资料、校园网络和信息化建设,努力满足教学科研需要。2009年,完成了数字化校园建设一期工程项目,实现了校园网主干升级、出口有效流控、教学区全部覆盖、学生宿舍区覆盖率达90%。投入390多万元,新增各类纸质图书35 647册、电子图书49 401种。

【对外交流与合作】 继续加强与国外院校的联络,谋求建立更广泛的合作关系。与英国赫特福德大学成功签署合作办学项目协议,与英国格林威治大学、威尔士大学联盟斯旺西城市大学积极洽谈合作项目,同时与加拿大魁北克阿比提米德米斯加曼格大学建立联系。出访日本三重大学、福井大学和明治大学积极建立友好院校合作关系,并续签协议,进一步拓展双方合作领域。与东京工业大学进行初次接触,向东京工大递交双方建立校际合作关系的建议书。2009年,共招收留学生36人,其中中国政府奖学金博士生6名,硕士生15名,内蒙古政府奖学金本科生15名。近年来,共派出12名学生进入中美"1+2+1"项目学习,13名师生赴日本大学学习。

【荣誉】 获得"全国优秀高等教育研究机构"、"全国先进工会组织"、"全国高校毕业生就业工作先进集体"、"全国第二届大学生艺术展演高校优秀组织奖"、"全国工人先锋号"、"中国高等学校伙食工作先进单位"等国家级荣誉称号多项。在中国智能机器人大赛中,学校参赛队获得一等奖2项、二等奖5项的好成绩,并连年被评为全国大中专学生志愿者暑期"三下乡"社会实践活动先进单位。

自治区级奖项有"全区科技创新先导型大学","全区老干部工作系统信息宣传工作先进集体","第二届感动内蒙古人物评选活动优秀单位",全区第六届"挑战杯"大学生课外学术科技作品竞赛"优胜杯","全区ACM/ICPC大学生程序设计竞赛团体二等奖","内蒙古自治区先进关工委",全区高校营养食品安全知识竞赛团体第一名,内蒙古自治区"诚信餐饮最佳企业","自治区高校学生工作、学生资助工作、维护稳定综合治理工作评估先进达标学校","全区高校大学生心理健康教育工作先进单位","贯彻《学校体育工作条例》及《实施办法》先进单位"等多项荣誉称号,民族预科部获"内蒙古首届蒙古语演讲大赛优秀组织奖"。学校连续获得"全区工会工作考核实绩突出单位"称号,连续三年被评为"全区共青团工作实绩突出单位"。

(常青 吴斌)

内蒙古农业大学

【领导名录】

党委书记:云荣布扎木苏(蒙古族)

校　　长:李畅游

副书记:郑俊宝 高晓英

纪委书记:陈 智

巡视员:包赛音(蒙古族)

副校长:王林和 侯先志 任强(蒙古族) 李金泉 侯晨曦

【概况】 内蒙古农业大学成立于1952年,是内蒙古自治区成立最早的本科高等学校,是国家西部大开发重点支持建设的大学,是国家大学生文化素质教育基地院校之一,是国家草业学会会长单位之一,是一所以农为主,具有农、工、理、经、管、文、教、法等8个学科门类、29个二级学科的多科性大学。学校下设的职业技术学院是全国高等职业教育示范院校建设单位。

学校设有动物科学学院等22个学院(部),1个高等教育研究所;现有1个国家级重点学科、3个国家重点(培育)学科、1个国家级野外观测站、1个农业部重点学科、3个国家林业总局重点学科、2个教育部省部共建重点实验室、1个国家林业总局重点实验室、22个自治区级重点学科、4个自治区重点(培育)学科、7个自治区重点实验室、3个自治区工程技术研究中心、2个自治区高校重点实验室、2个自治区人文社科重点研究基地，2 个自治区高校重点实验室(工程研究中心)培育基地；6 个一级学科博士学位授权点、33 个二级学科博士学位授权点、4 个博士后科研流动站、有 72 个硕士学位授权点、有 61 个本科专业、其中蒙汉双语授课专业 13 个；至 2009 年 9 月，学校有全日制在校生 30 025人，其中，硕士和博士研究生2 205人。

学校有专任教师1 534人，正高级职称 248 人，副高级职称 489 人。教师队伍中具有博士学位的教师 319 人，具有研究生学位的教师占60% 以上；享受国家特殊津贴的专家 70 人；国家和自治区有突出贡献的中青年专家 36 人；有 5 人入选国家级百千万人才工程。

学校总面积15 000余亩，教学行政用房面积 349 969平方米。有标准田径场(馆)4 个。图书馆建筑面积近 3 万平方米，教学仪器设备总值达2.8亿元。

【教育教学工作】 全年投入5 200余万元用于实验设备购置和基地建设。在萨拉齐新征土地1 500亩，规划建设综合实践教学基地和科技示范园区，依托园区申请项目 6 项，到位经费近1 000万元。继续完善教学质量保障体系，成立了学院教学管理办公室。是年，学校新增国家级教学成果二等奖 2 项、自治区级教学成果一等奖 4 项、二等奖 6 项，国家级教学团队 1 个、自治区级教学团队 2 个。新增国家级特色专业 2 个、自治区级品牌专业 5 个，国家级精品课程 1 门、自治区级精品课程 7 门。

【学科和人才队伍建设】 全年投入1 654万元改善学科研究条件。新增兽医学博士后科研流动站 1 个，增列博士生导师 3 名，硕士生导师 34 名。

全年录用硕士研究生以上学历教师 45 人。兑现人才引进优惠政策，发放引进人才住房补贴、岗位津贴和科研启动费 535 万元。加强对“汉英”双语授课教师的选拔与培养，选派了 56 名优秀中青年骨干教师到国内外知名大学进修学习。19 位教师获得西部项目出国留学资助，占全区选派人数的1/2。是年，有 2 人荣获 2007 年度内蒙古杰出人才奖，1 人荣获全国教育系统先进工作者和全国高校优秀思想政治教育工作者，1 人荣获“全国先进会计工作者”，1 人获得全国高校就业工作先进个人，1 人获得教育部新世纪优秀人才支持计划资助。

【科技工作】 全年新上各级各类科技项目 185 项，总经费6 652万元。其中，承担国家和有关部委重大项目 60 余项，承担自治区重大科技专项 6 项。在研项目经费达到了1.68亿元，已超额完成学校“十一五”科技发展规划目标。

创新研究取得重要进展 有关乳酸菌方面的研究在美国《分子与细胞蛋白质组学》(近五年平均影响因子为9.48)上发表论文 1 篇，完成了中国第 1 个双歧杆菌基因全组序列的测定。“燕麦治理荒漠化生态生理基础与技术体系研究”等研究成果达到国际先进水平。作为主持单位获得自治区科技奖 4 项，其中一等奖 1 项，二等奖 2 项，三等奖 1 项。学校作为主要完成单位获得国家科学技术进步二等奖 1 项。获国家专利授权 3 项、新品种授权 2 项，有 17 项成果列入国家自治区科技成果转化与推广计划。

科技创新团队和平台建设不断加强 “乳酸菌与发酵乳制品应用基础研究”创新团队通过了教育部的评审答辩，确定了首批立项建设 13 个校级科技创新团队和 10 个培育团队。新上自治区高校重点实验室 1 个、人文社会科学重点研究基地 1 个、自治区高校重点实验室(工程研究中心)培育基地 2 个，草业与草地资源教育部重点实验室建设项目通过教育部验收，内蒙古赛罕乌拉森林生态系统定位研究站通过国家林业局专家论证。

【学生工作】 学校荣获“全国高校社会实践活动先进单位”，被教育厅授予“2009 年学生工作和学生资助工作先进达标院校”、“全区普通高校大学生心理健康教育工作先进单位”。招生就业工作取得进展，普通高等教育本专科计划招生8 090人，实际报到学生8 249人，计划完成率达100%。招收全日制硕士研究生 676 名、博士研究生 100 名、全日制专业学位研究生 19 名。招收蒙古国留学生 21 名，其中博士研究生 10 名。就业工作方面，全年本专科毕业生共计5 247人，实现就业人数4 459人，一次就业率为84.98%。学校获“全区普通高校毕业生就业工作先进集体”称号。

【荣誉】 是年，学校在自治区级以上各类文体活动中也取得了优异的成绩。在全国和全区大学生“挑战杯”竞赛中，学校分别获得“优秀组织奖”和“优胜杯”。在教育部组织的“祖国万岁”合唱比赛中获“优秀组织奖”。获全区大学生田径运动会甲组女子团体总分第一名、男子团体总分第三名、团体总分第二名。在全区大学生“三大球”竞赛中，荣获男子篮球冠军、女子篮球亚军，男子足球亚军、女子足球第四名，以及男、女排球第四名的好成绩。

【开放办学工作】 聘请国外专家、教授到学校讲学、学术交流和科研合作人员累计 57 人次，举办学术讲座或学术交流活动 50 多次。引进国外大学优秀管理人员 3 人，聘请外籍教师及专家 13 人。以“中加可持续农业研究与发展中心”为平台,先后与5个国家的5所学校及科研机构签订了合作框架协议或项目协议等。积极争取国家留学基金委的留学生项目,招收留学生25人。

【内部管理体制改革】 作为自治区党委公推直选试点单位,通过“公推直选”形式选举产生了食品科学与工程学院党委书记;成立了马克思主义教学研究部和兽医学院,生物工程学院更名为生命科学学院。职业技术学院被自治区批准升格为准厅级单位。拟定了《人员编制核定与管理办法》和《专业技术岗位设置管理实施办法》等岗位设置管理配套文件,为新一轮岗位聘任工作奠定了基础。

【基础设施建设】 多渠道筹措资金,加大基础设施建设,投资1 700万元完成了影响东校区建设的高压电缆入地改造项目。建设完成了4.2万余平方米的学生公寓楼,开工建设了5 424平方米的教学实习用房。完成了670多万元39个专项维修工程。完成具有建筑节能改造工程23万平方米,总投资约4 300万元。数字化校园建设稳步推进,校园“一卡通”全面启动。

(乔彪 王忠东 郭松朋)

内蒙古民族大学

【领导名录】

书　记:特木尔(蒙古族)

校　长:王顶柱(蒙古族)

副书记:肖剑平(蒙古族) 白莉莉(女 蒙古族)

副校长:刘总瑞 吉日木图(蒙古族) 孙国权 巴根那(蒙古族)

【教学改革】 1.推进“质量工程”建设,组织制定《内蒙古民族大学本科教学质量与教学改革工程建设项目管理暂行办法》,加强项目管理,确保项目建设取得实效。学校有1名教师被评为自治区高校教学名师,至此,学校有3名教师获此殊荣。组织制订《内蒙古民族大学教学团队建设实施办法》,“世界史教学团队”和“现代蒙古语教学团队”获“自治区级教学团队”称号。药物制剂专业被批准为国家级特色专业建设点,国家级特色专业达到2个。草业科学、药物制剂和英语专业被评为自治区品牌专业,区级品牌专业达到12个。《教育学》和《生理学》等7门课程被评为自治区级精品课程,区级精品课程达到23门。“动物生产类实验中心”获“自治区级实验教学示范中心”称号,区级实验教学示范中心达到5个。

2.根据经济社会发展对人才的需求,申报了教育学、国际经济与贸易等4个本科专业。为拓宽蒙语授课专业领域,新增食品科学与工程、心理学专业预科班,预科专业从2008年的5个增加到7个。进一步改善生源地结构,招生范围从22个省区扩大到27个,本科生报到4 704名、专科生报到287名,报到率为95.4%。

3.组织召开全校民族高等教育经验交流会,认真总结交流了民族高等教育教学的管理经验,进一步明确了今后民族高等教育工作的任务和发展思路,对学校民族高等教育发展起到了推动作用。

4.组织开展校内专业实验室评估工作,制定《内蒙古民族大学实验技术人员工作量计算办法》,加大实验室开放力度,提高了实验人员的积极性和大型仪器设备的利用率。分析测试中心获得自治区实验室资质认证,确立校级分析测试基金课题31项,增强了校内外的服务能力。

5.2009年组织申报全国教育科学规划课题11项,获准2项,确立55项校级教育教学研究立项课题。在第六届高等教育国家级教学成果奖评审中学校申报的《高等学校实验资源合理配置的研究与实践》成果被评为二等奖,有3项教学成果获自治区一等奖,4项获二等奖,同时评出校级教学成果一等奖8项,二等奖7项。1名教师荣获全国普通高等院校声乐展演暨首届高校音乐节大赛优秀指导教师奖,其作品《科尔沁草原》、《寻找那一片草原》获自治区第十届“五个一工程”奖。

6.成人教育稳步发展。根据市场需求调整专业设置,增设生源好,社会发展急需的新专业,全年新增12个本专科专业,共录取新生5 590人,超额1 240人完成招生任务。在办好学历教育的同时,继续承担非学历业务培训工作,成教学院被自治区教育厅评为“内蒙古自治区中小学教师教育先进集体”。

【学科建设 研究生教育】 1.组织制定自治区级重点学科、重点培育学科2007~2012年建设规划,落实了自治区重点学科第一学科带头人及其职责,开展了自查自检。加强了重点学科的组织领导和措施保障。按照学校《学科建设项目管理暂行办法》,完成了博士点立项建设学科和第一批拟增列硕士点立项工作中期检查以及第二批拟增列硕士点学科立项工作年度考核。制定博士授权单位建设规划,完成申报工作。经自治区评审,学校被确定为自治区博士授权立项建设单位。

新增临床医学专业学位授权单位,使学校专业学位授权领域增加到4个。

2. 积极推行研究生校院两级管理模式,理顺研究生党建和思想政治教育工作体系,调整和优化研究生培养方案,加强导师队伍建设与管理,改革和完善研究生奖助办法,为建立创新人才培养机制奠定基础。组织召开研究生教育工作十周年总结暨表彰大会,表彰了5个先进集体、10名优秀硕士指导教师和8名先进工作者,明确了今后一个时期研究生教育发展的思路和主要任务。

【人才队伍建设】 教师中攻读博士学位55名,攻读硕士学位64名,其中2009年考取博士生14名、硕士生7名。全年有32名教师获得博士、硕士学位后回校工作,其中博士6名,硕士26名。通过公开招聘,引进博士6名、硕士44名,选派8名哲学社会科学骨干教师外出学习培训。专任教师中具有硕士以上学位教师达到569人,所占比例由上年的52.1%提高到57.4%,其中具有博士学位86名,占教师总数的8.7%。

【科技工作】

加强科研平台建设　学校"蓖麻产业工程研究中心"被评为内蒙古自治区高等学校工程研究中心,"科尔沁非物质文化遗产研究中心"被评为自治区高等学校人文社会科学重点研究基地,"毒物与动物疾病监控重点实验室"被评为内蒙古高等学校重点实验室培育基地。制定"内蒙古东部经济历史文化研究基地"管理办法,并通过自治区社科规划办检查组评估。制定《内蒙古民族大学科研创新团队建设管理暂行办法》,学校蒙药研发团队获自治区创新团队,并被推荐为国家教育部科技创新团队。蒙医药研发工程中心被评为国家发改委重点工程中心,蒙医药重点实验室接受国家民委—教育部共建重点实验室检查验收,将要提升为教育部重点实验室。学报发行范围进一步扩大,在第二届"内蒙古出版(期刊)奖"评选活动中,社会科学汉文版荣获"内蒙古出版(期刊)奖"。

积极申报科研立项。2009年,学校获得国家自然科学基金项目7项,国家社科基金项目5项,国家发改委项目2项,教育部社科规划项目3项,教育部新世纪人才计划项目1项,国家民委项目11项;获内蒙古自然科学基金项目10项,内蒙古社科项目2项,内蒙古科技计划项目3项,自治区教育厅高校科研项目13项,科研课题经费总额超过年初确定的1 200万元的目标任务。截至11月,在省级以上学术期刊上发表论文808篇,其中国家级核心期刊上发表论文300篇。荣获自治区自然科学奖和科技进步奖各一项,通辽市科技兴市特等奖一项,通辽市科学技术进步一等奖一项、二等奖两项、三等奖一项。组织申报全区第四届民族教育优秀科研成果奖4项,获一等奖一项。《常用蒙药本草原色图谱》获中国西部地区优秀科技图书一等奖。全年申报专利20项,获发明专利2项,实用新型专利7项。

举办和承办"新农村牧区经济建设暨第四次中日学术研讨会"、"新中国民族文学60年学术研讨会"、"全国翻译学年会"等全国性学术会议。邀请中国工程院院士、长江学者等区内外专家学者作学术报告100多场。组织校内专家分别到通辽市高新技术企业和旗县进行调研,达成多项科技合作意向。组织召开"繁荣发展哲学社会科学,服务地方经济社会"主题座谈会,为建立校地之间社科合作的长效机制创造条件。依托学校法学研究所成立"通辽市人大常委会法治理论研究中心",为社科领域专家服务地方搭建了平台。

【对外交流】 1. 继续开展与国内外重点院校联合培养学生的工作,共送往吉林大学、辽宁大学等7所院校120名学生;派遣9名优秀本科生前往日本上越教育大学、作新学院大学、酪农学园大学和韩国又松大学交换培养;推荐我校23名应往届毕业生赴日本国相关协作院校接受语言培训和攻读硕士学位。

2. 中外合作办学工作,与澳大利亚昆士兰科技大学开展的合作办学招收普通高考三本学生131名;全年招收自治区政府奖学金和自费留学生73人,使我校留学生规模达到317人,比上年度增长5%。

【后勤保障】 阿尔山培训中心顺利完工投入运营,新建5 000平方米学生公寓楼完成内部装修,霍林河校区塑胶跑道工程完成基本施工任务,市校联建图书馆主体工程完工。博物馆、实训中心和老干部活动中心工程已完成施工前的准备。投入300多万元进行了水电暖管网更新改造和校园绿化工作。开展节能型校园建设,获专项支持,完成了5万平方米学生公寓和家属区外墙体节能保温工程,新图书馆水源热泵供暖项目正在立项申报。采取阳光采购、增收节支、开源节流等方法,全力办好学生伙食,确保了饮食安全和价格稳定,学生就餐率稳步提高。开放学生食堂作为学生晚自习场所。完成实习农场土地置换,占地2 000亩的农业科技园区规划建设正在进行中。

【学生教育管理】 积极开展心理健康教育,开设心理健康选修课,选派10名辅导员参加心理咨询师培训并取得资格证书,将军事训练和军事理论课纳入教学计划,12名参军复员学生与部队官兵一道出色的完成了新生军训任务。

开通“绿色通道”,为828名新生办理了缓交学费手续,缓交学费约300万元。发放国家奖学金、励志奖学金、国家助学金745.1万元,受益学生5 197人。发放国家2009年春季伙食补贴和特殊资助金172.6万元,受助学生4 424人。发放校内奖学金244万元,困难补助60余万元,勤工助学工资70余万元,减免学费65万元。续放助学贷款170万元,办理生源地贷款860万元,已到户354万元。

【就业宣传】 组建内蒙古东部高校毕业生就业工作联盟,邀请校内外专家、校友、留学生、企业家对不同年级、不同专业的学生分别开展就业专题讲座。推行毕业生“实习+就业”,建立创业见习基地。与通辽市妇联合作举办全区首届女大学生专场招聘会,承办通辽市就业局全国13个试点城市SIYB创业培训。深入学生班级、宿舍在职业生涯规划、就业政策、就业途径、毕业离校、人事代理等方面答疑解惑。经济管理学院学生孟祥明获得全区大学生就业、创业群英会大学生职业生涯规划大赛特等奖、全国优秀奖,机械工程学院学生贺长春获得全国第六届“中国青少年创新奖”。全年共举办大型就业洽谈会8场,参会单位427家,提供岗位数8 594个,参会学生11 000人次,毕业生初次就业率为85%。

(崔建强)

内蒙古科技大学

【领导名录】

校长:李保卫

常务副校长:安胜利

副校长:武也文(女) 谭文有 李国雄

王建国 赛音德力根(蒙古族) 杨建林

【概况】 内蒙古科技大学始建于1956年,最初为包头钢铁工业学校和包头建筑工程学校,1958年两校合并组建包头工学院,1960年更名为包头钢铁学院,隶属原冶金工业部,1998年划归内蒙古自治区管理,成为中央与地方共建的高校,1999年内蒙古煤炭工业学校并入,2003年更名为内蒙古科技大学。

学校占地121.25万平方米,设有82个本、专科专业,32个硕士学位授权点,设有17个学院(教学部)。学校有专任教师1 074人,其中教授(或相当专业技术职务)135人,副教授(或相当专业技术职务)290人。拥有2个国家重点培育学科,7个省部重点学科,1个国家重点实验室,8个省部级实验室。

【教学工作】 学校新增2个自治区品牌专业,5门自治区精品课程:学校测控技术、热能与动力工程两专业获2009年度自治区级品牌专业;传热学、钢结构设计原理、统计学、基础化学、高职课程电路基础等5门课程入选自治区级精品课程。2个自治区级实验教学示范中心,1个自治区级教学团队,申报的2个新专业通过评审。以“学科平台建设、基础课实践教学项目配套、新专业实验室建设”为重点,投入建设资金1 700万元,加强实验室建设,强化实践教学;二是教学改革成效显著,全年共批准教学教改研究项目198项,其中专项研究项目2项、重点项目41项、一般项目80项、其它项目75项。教学研究成果获得自治区教学成果一等奖3项,二等奖3项。

【师资队伍建设】 全年选送131名教师外出攻读学位,其中攻读博士学位59名、硕士学位72名;选送47名教师参加少数民族高层次骨干人才计划;选送89名教师参加教育部精品课程师资培训;选送14名教师赴国外进修。人才引进方面,全年引入博士、硕士研究生109名,聘任兼职教授15名。

【科研工作】 1.科技项目立项再创历史新高,国际合作项目取得重大突破。全年科技立项173项,其中国家级项目18项;国家级项目中,科技部国际合作项目2项,实现了学校国际项目零的突破,而且合作项目科研经费均超过500万元,单项科研经费创历史新高。

2.科技平台建设和创新团队建设取得重大进展。2009年新增1个自治区高校重点实验室、2个自治区高校实验室培育基地、1个自治区高校人文社会科学研究基地。白云鄂博矿稀土及铌资源高效利用省部共建教育部重点实验室受到2009年度自治区重点实验室提升计划支持,获得30万元资助,并进行省部共建国家重点实验室答辩。

3.科技成果取得新成绩。获得自治区科技进步二等奖2项,自治区自然科学二等奖1项。科研成果推广68项。发表论文1 014篇,其中被国外权威索引收录83篇,核心期刊发表310篇。出版著作和教材55部。申请专利32项,其中发明专利22项,实用新型专利10项;已有8项专利获得授权。

【学生工作】 1.规范了学生日常管理。编制“学生手册”,制定和完善了一系列规章制度,形成了一套完整的学生教育管理制度体系。

2.推进大学生科技创新活动。2009年学生的科技作品获国家级奖励32项、自治区级奖励50项、实用新型专利2项。其中内蒙古科技大学学生在全国第三届大学生结构设计竞赛中获得一等奖(全国共6个),全国瑞萨超级MCU模型车大赛获得三等奖3项,第十一届“挑战杯”航空航天全国大学生课外学术科技作品竞赛三等奖2项。

3. 加大贫困生扶助力度。2009年学校用于资助家庭经济困难学生资金总计达1 856.11万元,其中学校自筹资金653.4万元,同时还解决1 230名贫困学生596.4万元的贷款问题,为贫困学生顺利完成学业提供了强有力的保障。

4. 学生工作管理队伍整体水平提高。学校引进一批高学历辅导员,队伍的梯队结构合理,思想状态稳定,工作态度积极。

5. 学生竞技体育再创佳绩。褚亚飞同学参加第十一届全国运动会获得20公里竞走比赛的第三名,参加亚洲田径锦标赛获得亚军;杨乐同学在全国田径锦标赛上获得男子3 000米障碍赛亚军,在全国冠军赛上获得男子3 000米障碍赛第一名;校荷球队6名运动员被选入新一届国家队,黄学诚老师被国家荷球队聘为教练;学校田径队在自治区大学生田径运动会上获得团体总分第三名,并获得14个单项冠军。

【招生就业工作】 2009年共录取本专科学生6 180人,其中本科5 357人,专科823人。在29个区外招生的省(市、区)中,理科一志愿录满的有22个省,文科一志愿录满的有17个省,区内除本科第一批外,各批次一志愿全部录满,而且录取分数均大幅度超出本批次的最低控制线。新生报到率创历史新高,本专科总体报到率97.12%,其中本科报到率97.7%,专科报到率93.32%;区内考生报到率97.74%,区外考生报到率96.1%。

学校2009届本专科毕业生一次就业率85.24%,其中本科一次就业率85.52%,高职一次就业率84.13%,处于自治区高校前列。由于就业工作业绩突出,2009年学校继2000年之后再次荣获“全国普通高等学校毕业生就业工作先进集体”称号。

(校办)

包头医学院

【领导名录】

党委书记:奇那顺达来(蒙古族)

党委副书记　院长:李成义

党委副书记:和彦苓(女　蒙古族)

党委副书记　纪委书记:杜茂林

党委委员　副院长:郭春林　额尔登(女　蒙古族)　周立社

【概况】 包头医学院成立于1958年,建校50年来,先后培养输送2万多名德才兼备的合格医学人才,学校设有研究生学院、临床学院等15个教学单位,有4所附属医院、43所临床教学实习医院、7所自治区全科医学教育培训基地、31所公共卫生教学基地、11所药学、法医学专业教学基地。

学校设有22个本科专业(含专业方向),13个硕士学位授予学科,涵盖医、理、管、法、文等学科门类。4门自治区首批品牌专业,自治区领先学科2个,自治区重点学科6个,自治区重点培育学科2个,自治区重点实验室3个、实验教学示范中心4个,自治区精品课程12门。内蒙古基因诊断研究所、内蒙古应用解剖研究所、内蒙古消化病研究所、内蒙古高血压病研究所、内蒙古自治区全科医学培训中心、内蒙古自治区学校卫生人员培训基地等设在包头医学院。

学校占地面积1 100多亩,建筑面积18万平方米。图书馆藏图书64万余册(种),电子图书29万余种(册)。学校有教职工(含附院、职院)2 335名。

学校有各类在校生12 000多名,其中硕士研究生302名,已形成集全日制本科教育、研究生教育、继续教育、职业教育为一体的多层次、多形式的办学格局和教育体系。

【教学工作】 与内蒙古科技大学联合申报了博士学位授予权建设单位。硕士点已达13个。2009年学校成为临床医学专业硕士学位授权单位。麻醉学本科专业荣获自治区级品牌专业称号。病理生理学、职业卫生与职业医学被评为自治区级精品课程。生理学教学团队被评为2009年自治区优秀教学团队。在自治区教学成果奖评选中学校获一等奖1项,二等奖3项。双语教学授课获自治区高等院校青年教师课堂教学技能大赛一等奖。肾脏内科学和消化内科学被批准成为自治区临床医学领先学科,神经外科学、风湿病与自体免疫病学和急诊急救医学被评为自治区临床医学重点学科,校本部的医学技术实验教学中心被批准为自治区实验教学示范中心。营养学实验室、人体解剖学实验室和医学生物化学实验室被评为自治区重点实验室。

新生一志愿录取率100%。2009年共招生1 663名,其中研究生115名、本科1 338名、专科180名。原包头卫校于2009年4月正式并入学校,成立职业技术学院。

【师资队伍建设】 加强人才工作和师资队伍建设。获得硕士以上学位者达到55%。是年学校申报人才基金6项,获得内蒙古自治区“321人才”一层次1人、二层次9人;获得内蒙古第三届教学名师奖1人;获得包头市优秀教育工作者2人、优秀教师6人。

【继续教育】 开展职业技能培训、全科医学教育培训、卫生院在职卫生技术人员培训等。全年新增全科医学培训基地6个。学校承办2009年中医类别全科医师岗位培训工作及2009年卫生院在职卫生技术人员教育全部项目,收到良好的社会效益。

【科研工作】 组织申报各级各类科研项目共计114项,80项被批准立项。其中国家自然科学基金批准立项4项,内蒙古自治区自然科学基金批准立项8项,共获内蒙古自然科学和科技进步三等奖6项,包头市科技进步奖二等奖1项、三等奖6项。科技成果转化和推广项目自治区1项、包头市5项。有三篇论文被SCI所收录。与澳大利亚学者签署“春晖”计划合作协议书10项。有1项实用专利获批准。《包头医学院学报》的影响因子达到0.15。

【医疗工作】 坚持对两所直属医院实行目标管理,加大学科建设、人才培养力度,提高医教研水平,一附院被评为2009年内蒙古百姓口碑金钻奖单位。二附院被评为包头市卫生局“健康包头行动”先进单位。两所直属附院承担了甲型H1N1流感患者的诊治特别是包头市甲型H1N1流感危重症患者的救治任务,确保甲型H1N1流感得到及时有效防控。学校在甲流防控工作中发挥学科专业优势,做到早预防、早发现、早治疗,加强学校卫生预防保健,学校在防控甲型H1N1流感这场攻坚战中未发生大规模流行与爆发,保证正常的教学秩序和师生的身体健康。

【学生工作】 推进“青年马克思主义者培养工程”,制定《包头医学院大学生骨干培养计划》,巩固和完善共青团“旗帜”网站和广播站建设,有4项作品在自治区“挑战杯”大学生课外学术科技作品大赛中获奖。共有3份作品在全国“我的祖国”征文比赛中分获一、二、三等奖。广泛开展社会实践及青年志愿者活动,其中2个实践团获自治区先进集体,3个实践团获包头市先进集体,3名教师获自治区优秀指导教师,6名教师获包头市优秀指导教师,11名学生分别获自治区级、包头市级先进个人。

召开思政工作会议,认真总结中央16号文件颁发5年来的成绩。建立青年就业创业基地4个。

【就业工作】 加强毕业生就业工作,至年底毕业生就业率达到80.1%。

【管理工作】 坚持教代会制度,按期召开教代会。坚持以目标管理为突破口,整体提升学校工作。学校为提高工作效率,实行分级管理,重心下移,调动教职工的工作积极性。开源增收,节支降耗,创建节约型学校;加强财务管理、国有资产管理,加强监察审计,增收节支,提高资金设备使用效益。加强新校区绿化美化,打造花园式校园。

【校园稳定工作】 紧紧围绕创建“平安校园”的工作目标,根据新校区校园大、周边环境复杂的实际,实行校园24小时值班巡逻制度,做好实验用危险化学品管理工作,通过举办平安校园宣传月等,全年没有发生火灾、刑事案件、治安案件和影响稳定的重大事故。

【荣誉】 5月25日,学校有五项教学成果获2009年自治区级高等教育教学成果奖,其中一等奖1项、二等奖4项;6月5日,韩丽莎被评为自治区第三届高等学校教学名师;6月,病理生理学和职业卫生与职业医学2门课程被评为自治区精品课程,使学校的自治区精品课程达到12门;7月15日,医学技术实验教学中心被评为自治区级实验教学示范中心,生理学教学团队被评为自治区级教学团队;9月7日,韩丽莎、王彩丽被评为自治区师德先进个人;9月22日,为进一步规范各教学机构名称,学校11个教学机构进行更名;10月23日,麻醉学专业被评为自治区级品牌专业;12月15日,一附院神经外科学、风湿病学与自体免疫学和二附院急诊急救医学被评为自治区临床医学重点学科,一附院肾脏内科学、二附院消化内科学被评为自治区临床医学领先学科;学校营养学实验室、人体解剖学实验室、医学生物化学实验室被评为自治区基础及预防医学重点实验室。

(王亚娟)

包头师范学院

【领导名录】

党委书记:邬建刚(蒙古族)

党委副书记 院长:初志壮

党委副书记:李海丰

副院长:侯晓菊(女)

党委委员 副院长:薛长江 刘兴旺

党委委员 副院长 纪委书记:汪支平(蒙古族)

【概况】 包头师范学院坐落在世界稀土之都、草原钢城—包头市，是集全日制本专科教育、研究生教育、高等职业技术教育、继续教育为一身，融职前培养与职后培训为一体的普通高等师范院校。

学校设有16个职能部门、15个二级学院、3个教辅部门和1个模拟企业化运行的总公司。有汉语言文学、思想政治教育、数学与应用数学、物理学、化学、英语、体育教育、舞蹈学、艺术设计、应用心理学、音乐、美术等57个本专科专业（其中本科专业35个），涉及法学、教育学、文学、历史学、理学和管理学6大学科门类。现有思想政治教育、专门史、生物化学与分子生物学、凝聚态物理和材料化学5个硕士点。现有学生11 032人（折合数），其中，全日制在校学生10 825人。全日制在校学生中：硕士研究生26人，普通本专科学生10 681人（本科10 131人，专科550人），民族预科生93人，留学生2人，成人脱产生23人。此外，有成人函授生1 904人（本科190人，专科514人）。

学校有教职工962人，其中专任教师607人，具有副高级以上职称369人（其中正高44人，副高325人），副高级以上职称占专任教师比例为39%。专任教师中，具有研究生学历和学位的教师279人（博士11人+硕士183人+本科85人），博士11人，硕士学历183人，获得硕士学位178人，硕士及以上学历教师占专任教师比例为45.96%（279/607）。外聘教师38人，其中，正高级3人，副高级8人。

学校拥有汉语言文学、英语、历史学、小学教育和思想政治教育5个自治区级品牌专业；有中国古代文学、综合英语、有机化学、现代汉语、中华文明史、中国古代史、力学、语文教学论和无机化学9门自治区精品课程；化学实验中心被评为自治区级教学示范中心，化学、生物和物理学院3个实验中心通过了自治区基础课教学实验室合格评估。2000年来，学校承担世界银行贷款师范发展项目“教学改革课题”2项，有50多项教学科研成果获省部级以上奖励，国家自然科学基金项目2项，国家社会科学基金3项，教育部科研项目5项，内蒙古自然科学基金项目32项，内蒙古社会科学基金16项，内蒙古教育厅科研项目59项，获“内蒙古高等教育教学成果奖”一等奖1项，二等奖4项；累计发表论文3 100余篇，出版专著、译著170多部。学校主办的《阴山学刊》（社科版）首届全国百强社科学报，是中国学术期刊综合评价来源期刊和中国核心期刊（遴选）数据库收集期刊，被评为“内蒙古自治区首届高校精品学报”，享有“边塞学术之花”的美誉。

学校校舍建筑面积19.7万平方米，固定资产总值4.96亿元，教学科研仪器设备总值6 349万元，图书馆藏书68.55万册。另有电子图书62.75万种。学校计算机无线网络覆盖，拥有较为先进的实验仪器设备、计算机教学设备和较完备的电化教学系统，是莘莘学子成就学业，提升素养的花园式学苑。

学校不断加强国际交流与合作，先后聘请加拿大、美国、英国、新西兰、日本等国教师来校任教，与美国、韩国、英国、新西兰等国的多所大学建立了校际友好关系，并经常选派骨干教师出国进修培训。学校具有招收留学生资格，已有多名外国留学生在校就读。2009年，学校同加拿大女王大学签定合作办学协议，首次实现本科三批招生，设有英语教育、电子商务和涉外文秘3个方向，首批招生100人。

【教学】

教学基本建设扎实推进　1.成功召开了专业建设工作研讨会，研究制定了学校专业建设中长期规划和二级学院专业建设规划，建立了专业负责人制度，出台了《教学团队管理办法》，组织了教学团队申报。小学教育专业被教育部批准为第四批国家级高等学校特色专业建设点。

2.全年共建设校级优秀课程19门，校级重点建设课程6门，自治区精品课程3门。

进一步完善了以基本技能训练、专业能力训练、综合能力训练为主的实践教学体系；对原有实验室进行了资源整合，7个学院的35门实验课程实现了共享；新建了2个多媒体教室和270座的外语自主学习中心，使用多媒体授课达到30 124课时，占总课时的36.35%；重点建设了17个校内外实习基地，使学校的各类实习基地增加到132个。

3.继续加大教学投入，教学经费总投入3 090万元，其中四项教学经费投入达1 111万元；购置了教学仪器170台件，建成了双千兆网核心骨干、千兆网络骨干、百兆交换到桌面的先进网络系统；部分楼宇已经实现无线网络覆盖，全校无线网络覆盖工程即将完成；新增纸质图书2万余册、电子图书35万种，征订各类期刊1 500种，报纸158种；积极探索阴山文化特色馆藏建设，建立了师生、校友科研成果图书专架，并进行了分类标识和专门管理。

4.按照本科教学工作水平评估指标体系，完成数据汇集，对教学条件、设备使用等相关重要数据进行分析，并充分运用分析结果实施教学全过程监控，保证教学工作的有序进行。

5.开展“三期”教学检查、试卷、毕业论文、实验报告抽查分析,启动教师课堂教学质量网上评价,加强毕业论文(设计)、试卷规范化管理和考试管理的过程控制;加强了实践教学质量监控,开展了以实验项目开课、实验耗材使用管理等专项检查活动,进一步完善了共享实验课课程安排和教育专业实习经费预算,并将实验室耗材管理系统建设列为学校教改立项课题。

教学改革力度进一步加大　1.积极推进教学质量工程建设项目,强化教学方法与手段的改革,鼓励教师采用启发式、讨论式、案例式、模拟式等多种教学手段教学,提倡实行开卷考试、口试、撰写读书笔记、社会调查报告、课程论文等考核方式。

2.积极组织教育教学改革研究课题立项工作,全校共申报课题50项,获准42项,进一步推动了教学内容和课程体系的改革。开展了校级教改项目中期检查,进一步巩固课题成果,加快成果转化。

3.2009年,学校获全国第二届高校艺术教育科学论文一等奖、二等奖各1项、三等奖4项,获自治区教学成果一等奖1项、二等奖4项。

合作办学取得了新突破　1.学校与加拿大女王大学正式签订合作办学协议,经自治区教育厅批准,学校获得本科三批英语专业招生资格,分为涉外英语、涉外文秘和英语教育三个专业方向,首次招收学生99名。同时,成立了国际学院,具体负责三本的办学工作。

2.与美国费耶特维尔大学、韩国青云大学、英国伯恩茅斯普尔学院、吉尔福德学院、新西兰怀卡托大学等签署了合作协议(意向)。

【科研】　全年申报各级各类项目216项,其中国家社科基金项目9项,国家自然科学基金项目11项,教育部、自治区和包头市各类课题131项。获准国家自然基金项目1项、国家社会科学基金项目1项、内蒙古自治区社科规划项目4项、内蒙古自然科学基金项目5项、内蒙古自治区高等学校科学研究项目16项、内蒙古社科联科研课题1项,获准资助经费总计83万元。获准横向项目3项,资助经费23.85万元。目前,学校R&D人员占全校教学科研人员的比例达到31.1%,教学科研人员人均科技项目经费达到1 769元。

【学术交流】　先后邀请中国科协书记处书记冯长根、北京师范大学基础教育学院教授康长运博士、爱沙尼亚国家音乐学院长笛大师马蒂教授、河北师范大学外国语学院院长李正栓教授等一批知名学者、专家来校讲学;积极组织参加各级各类科普活动,学校获包头市2009年“科普工作先进集体”。

【《阴山学刊》】　积极推进栏目创新,开设了“阴山文化研究专栏”等特色栏目,吸引了大批优质稿件,刊物学术质量稳中有升,全年共出刊14期。

【阴山文化】　充分发挥阴山文化研究所、阴山音乐文化教研室及文物馆等研究所室的作用,在科学研究、人才培养、学术交流和资料信息建设、咨询服务、深化科研体制改革等方面加大建设力度,鼓励和支持教师开展人文社会科学研究,在条件成熟时建立校级人文社会科学重点研究基地。全年共获准人文社科课题42项,发表学术论文203篇。

【继续教育】　完成第6期包头市中小学骨干教师培训任务,选派16名教师参加包头市高中教师新课改课程培训,4名教师赴区外参加了高中新课改专家研讨和教学观摩培训活动;与固阳县教育局联合开展班主任培训,完成土右旗中小学校长和后备干部培训,与包头市职业技能鉴定指导中心等有关单位联合开展了心理咨询师、育婴师、秘书等职业培训;开展成人教学质量评估、学员网上注册、学位外语考试、学校教师教育技术能力培训工作。2009年学校招收本专科成人学生1 011人。

【师资】　修订《引进高层次人才暂行办法》等规章制度,实施了兼职教授、客座教授聘请制度,积极推进了师资队伍建设机制创新;全年引进硕士以上学历人员7人,选送24名教师到国内外攻读学位、进修访学,780名专业技术人员接受了继续教育培训,23名新教师接受了岗前培训;全面推行了青年教师导师制度,对52组结对导师和青年教师进行全面考核;组织“新世纪百千万人才工程国家级人选”、“第七届内蒙古自治区青年科技奖”的选拔推荐工作;举行“青年教师教学技能大赛”、“教学名师”、“优秀教师”等评选活动,2名青年教师在“自治区青年教师教学技能大赛”中获奖,18名教师获学校青年教师讲课大赛一、二、三等奖,4名教师获学校第二届教学名师奖,9名教师获包头市优秀教师,2名教师获全区“师德先进个人”,6名教师荣获“包头市文学艺术成就奖”。

(张勇)

内蒙古财经学院

【领导名录】

党委书记:刘振洪

党委副书记 院长:张亚民

党委副书记:荣板晓(蒙古族) 智崇文

副院长:杨平川 孟凡如 刘文清 李春林 陈志平 霍拓亚(蒙古族)

纪检委书记:倪陪霖(女)

【概况】 内蒙古财经学院始建于1960年,后几经更名。1979年恢复本科教育,1980年经国务院批准重建。2000年与原内蒙古经济管理干部学院合并组建成新的内蒙古财经学院,2005年取得硕士学位授予权,2006年原内蒙古财税职业学院和原内蒙古工商学校并入内蒙古财经学院,同年,以良好的成绩顺利通过国家教育部本科教学工作水平评估,2009年正式获批成为工商管理硕士专业学位研究生(MBA)培养单位。

学院坐落在自治区首府呼和浩特市,占地2 026.9亩,校舍总建筑面积57万平方米。拥有1个国家级实验教学示范中心,2个国家级特色专业,5个硕士学位授权点,1个专业硕士学位授权点,5个自治区重点学科。现设有会计学院、金融学院、工商管理学院、财政税务学院、商务学院、旅游学院、统计与数学学院、计算机信息管理学院、经济学院、马克思主义学院、职业学院、继续教育学院、MBA学院等13个二级学院,法学系、公共管理系、外语系、中文系等4个直属系,体育教学部1个直属教学部,7个科研教辅机构。在校学生总数为22 000人。

【专业设置】 学院设有企业管理、财务管理、市场营销、人力资源管理、政治经济学、财政学、税收学、会计学、统计学九个硕士专业;财政学、税务、税务(蒙)、投资学等51个本科专业(含11个蒙语授课专业)和计算机应用技术、酒店管理等15个高职高专专业。有会计学、工商管理、市场营销、旅游管理、电子商务等5个中外合作办学专业。建成了会计学、财政学2个国家级特色专业,财政学、会计学、统计学、政治经济学、企业管理等5个自治区重点学科,金融学、旅游管理2个自治区重点培育学科和会计学、金融学、统计学、经济学等11个自治区品牌专业,财政学等25门自治区精品课程。

【师资队伍】 2009年,有26名教师考取了博士研究生,在读博士研究生累计达到101人,14名博士研究生学成回校工作。有1名教师获得国务院特殊津贴,2名教师获得自治区有突出贡献的中青年专家称号,1名教师获得自治区青年科技奖,13名教师获得正高级职称,28名教师获得副高级职称。

【教学改革】 学院将教学内容与课程体系建设作为教学改革的重点,全面推进课程建设,进一步强化了实践教学步骤。由课程实践教学链、实验课教学链、实习实训教学链、第二课堂链和毕业论文(设计)环节所构成的"四链一环节"实践教学体系已经形成。为培养复合型、应用型、创新型人才提供有力保障。学院同时加强包括教学决策指挥系统、控制系统、质量评估系统、信息反馈系统、状态调整系统和质量检测系统等在内的教学监控体系的构建和实施,保证了人才培养质量。2009年,为适应高等教育的快速发展,学院全面实施了旨在提高教育教学质量的"953231"工程,强化了教学质量监控,加强了专业课程建设。新增软件工程、农村区域发展、社会工作3个本科专业,法学、国际经济与贸易、人力资源管理3个专业被评为自治区级品牌专业,数据库系统概论、中国近现代经济史、国际金融学、中国旅游地理、工程造价管理5门课程被评为自治区级精品课程。

【科学研究】 学院设有内蒙古经济与资源开发研究所等7个专业科研机构,出版《内蒙古财经学院学报》(经管版和综合版)和《内蒙古财院报》(蒙汉两种文字),其中《内蒙古财经学院学报》(经管版)被评为全国高校百强社科学报。2009年获得各级各类项目100余项,其中国家级社科规划项目2项、全国教育科学规划课题1项、自治区自然科学基金项目2项、自治区级社科规划项目10项、教育厅项目18项、内蒙古社科联项目2项、自治区发改委"十二五"项目7项、横向项目20余项。出版专著21部、教材57部,发表论文891篇,其中发表在核心期刊上291篇。是内蒙古党委组织部干部培训基地之一,有内蒙古产业发展研究基地和内蒙古社情民意调查研究中心等多家研究机构。此外,学院中小企业发展研究基地被自治区确定为普通高等院校人文社会科学重点研究基地。

【教学设施】 改造扩建的实验大楼正式投入使用,实验中心建筑面积5 200平方米,有23个实验室,可同时容纳近1 500人开展实验教学,配置实验教学软件34套,涵盖了学校全部经济管理专业。教学仪器设备总值为5 514.74万元,净增1 200多万元。在图书资料工作方面,安排117.5万元经费购置纸质图书,馆藏图书达到 108 万册;安排26.7万元经费订购报刊,东区报刊达到了 629 种,西区报刊达到1 320种。安排 60 多万元经费用于购买电子资源和数据库,银符考试试题库升级了4 445套。图书馆全年共接待读者 20 余万人次,借出图书 8 万余册。在实验课程建设方面,年内学校开设了经济管理类学科实验课程 45 门。

【素质教育】 学院坚持思想政治教育、专业教育与大学思想、文化教育并举,努力提高学生的政治素质、人文素质和科学素养。在突出抓好课堂教学和专业实践的同时,注重发挥"第二课堂"的作用,致力于学生多方面能力和素质的培养,成绩显著。在第六届"挑战杯"全区大学生课外学术科技作品竞赛中,共有 25 件作品获奖,其中金奖 1 件、铜奖 2 件、优秀奖 22 件,并被大赛组委会授予优秀组织奖;在"正保教育杯"第四届全国 ITAT 教育工程就业技能大赛、"用友杯"全国大学生创业设计大赛、ACM 国际大学生程序设计大赛、全国大学生数学建模竞赛、全国大学生英语竞赛等大型赛事中表现突出,共获得国家级二等奖两项,自治区一等奖 5 项、二等奖 3 项、三等奖 15 项;在全国大学生会计信息化技能大赛暨 ERP 应用技能大赛中,获内蒙古赛区团体一等奖和多项个人一、二等奖,同时获得全国团体三等奖、团体优秀奖,是这次大赛中我区唯一获得全国大奖的院校;在"CCTV"杯全国大学生英语演讲内蒙古赛区的比赛中获得三等奖 1 项;在"大学生就业创业群英会"全国大学生职业生涯规划大赛内蒙古自治区总决赛中获得三等奖 1 项;在全区高校市场营销策划大赛中,获得"联想"NBA 内蒙古赛区冠军。获得了 2009 年度全区大中专学生志愿者暑期"三下乡"社会实践活动"优秀组织奖",有两支社会实践分队和 10 名学生获得自治区表彰。

【学生工作】 2009 年,学院有关部门重新修订《内蒙古财经学院学生违纪处理办法》、《内蒙古财经学院学生先进个人、先进集体奖励办法》、《内蒙古财经学院奖学金评定办法》,制定了《内蒙古财经学院"国家奖学金"评定办法》、《内蒙古财经学院"国家励志奖学金"评定办法》等规章制度,提高了工作的规范化水平;建立了辅导员入住学生公寓制度,贴近学生生活实际加以教育、引导、管理;建立了"家长联系制度",形成家庭、学校、社会三位一体的教育格局;全年共发放奖学金592.35万元、助学金431.7万元、特困生补助152.38万元,提供勤工助学资金近 30 万元,帮助学生取得生源地信用助学贷款413.29万元,帮助学生获得社会资助37.5万元,帮助 607 名新生通过"绿色通道"入学。学生日常行为更加规范、文明,学习风气更加浓厚,综合素质不断提高。

【招生就业】 2009 年,学校录取新生5 747人,普通文科录取最低分 472 分,高出自治区控制线 20 分;普通理科录取最低分 459 分,高出自治区控制线 15 分。本科三批普通文科录取最低分 409 分,高出自治区控制线 28 分;本科三批普通理科最低录取分 410 分,高出自治区控制线 57 分。高职高专普通文科录取最低分 413 分,高出自治区控制线 179 分;高职高专普通理科录取最低分 398 分,高出自治区控制线 198 分。2009 年毕业生总数3 118人,至 9 月 1 日,就业率为81.88%(其中正式就业率为73.54%,比 2008 年同期提高了 34.5%),本科生就业率为86.77%,专科、高职毕业生就业率分别为89.06%和70.97%。

【节约型校园】 2009 年,学院安装节能灯 3 万余只,节电率达50%,安装智能照明灯3 380套;完成既有建筑节能保温改造 4 万平方米,得到奖励资金 362 万元;被国家建设部、财政部批准为国家节约型校园示范院校,全国只有 12 家,区内只有两家。

【新校区建设】 2009 年,学院的 14 号、15 号学生公寓和图书馆竣工投入使用,建筑面积近 6 万平方米;体育场、大门主体工程完工;完成内环路工程1 000延长米;教学楼二期工程、第二生活服务中心基础工程完工;确定了景观工程设计方案;新校区供电、供水、绿化、硬化等配套工程全面启动。新教学楼经国家建设工程质量奖审定委员会审定,荣获 2009 年度国家优质工程银质奖。

(院党委宣传部)

内蒙古医学院

【领导名录】

书　记:王耀新

院　长:欧阳晓晖

副书记 纪委书记:迟耀君

副书记:包红亮

副院长:宋振先　毅和(蒙古族)　牛广明　赵云山

【概况】 内蒙古医学院创建于 1956 年,是新中国在少数民族地区最早建立的一所高等医药院校,当时隶属国家卫生部,1958 年划归内蒙古自治区管理。经过 50 多年的建设和发展,内蒙古医学院为国家培养各级各类人才 3 万余名,为自治区经济发展、社会进步、科技创新、民族繁荣作出了重要贡献,已成为一所具有鲜明办学特色的地方高等医药院校。学校有金山校区、新华校区两个校区，总占地面积123.19万平方米，总建筑面积31.90万平方米。其中，教学行政用房面积18.64万平方米。教学科研仪器设备总值10 128.10万元，各类图书文献105.68万册(种)。

学校设有基础医学院、临床医学部、中医学院、蒙医药学院、药学院、护理学院、公共卫生管理学院、公共教育学院、医药应用技术学院、研究生学院、继续教育培训中心、图书馆等12个教学单位，有5所附属医院(3所为直属附属医院，2所为非直属附属医院)，24所临床教学医院，46个实践教学基地。学校有31个本专科专业，本科各专业面向国内23个省(市、自治区)招生。本科专业中，蒙医学和中药学被评为教育部第二类特色专业。各级各类在校生16 000余人。

学校自1978年开始招收研究生，1981年获得硕士学位授权资格，有21个硕士学位授权学科，具有同等学力人员申请硕士学位的授权资格，2003年获准成为临床医学硕士专业学位培养试办单位。2005年开始与北京中医药大学和首都医科大学联合培养蒙医学、中西医结合、影像医学与核医学、外科学和细胞生物学5个专业的博士研究生。有5个自治区重点学科、2个自治区重点培育学科、4个自治区重点实验室、5个自治区实验教学示范中心。内蒙古自治区蒙医药研究院、内蒙古蒙医药博物馆、内蒙古自治区卫生政策研究所、心血管研究所、骨科研究所、GLP实验室设在内蒙古医学院。2008年，学校被内蒙古自治区政府确定为自治区博士学位授权立项建设单位。

学校有专任教师739人，硕士生导师399人，兼职博士生导师5人。有享受政府特殊津贴专家59人，国家和自治区有突出贡献的中青年专家26人，国家"新世纪百千万人才工程"第二层次人选1人，自治区"新世纪321人才工程"第一、二层次人选7人，自治区高等教育"111人才工程"第一、二层次人选10人。聘请国内外名誉教授85名。2004年以来，学校先后承担各级各类科研项目626项(其中，国家自然科学基金项目23项)，获省部级以上科技进步奖27项、教学成果奖22项。学校主办的《疾病监测与控制》是中华预防医学会系列杂志，出版的《内蒙古医学院学报》被教育部科学技术司评为"中国高校特色科技期刊"，被中国科学技术信息研究所确定为"中国科技论文统计源期刊"。

学校一贯坚持开放办学的方针，重视与国内外高校的交流与合作。与英国布莱德福德大学合作培养生命科学领域高素质人才；与北京大学、北京中医药大学、中国军事医学科学院、首都医科大学等高等院校建立了长期的合作关系；与日本、美国、英国、澳大利亚、俄罗斯、蒙古等国家多所医药院校或科研单位开展了多层次、多领域的学术交流与合作。

【教育教学】 2009年，新增教学仪器设备值1 246.42万元，教学仪器设备总值达10 128.1万元，当量生均教学仪器设备值达6 075.64元。百名全日制在校生配备教学用计算机台数和多媒体教室语音实验室座位数分别为13.8台和75.7个。2009年，药学专业接受国家教育部的认证，达到国家专业认证标准，示范带动全校的专业建设。与英国布莱德福德大学签订合作办学协议，并首次招收药学、护理学、生物技术、应用心理学4个专业的学生。为了培养农村医师，学校与鄂尔多斯市政府合作创办内蒙古医学院鄂尔多斯分院。口腔医学专业和麻醉学专业被评为自治区级品牌专业。建设了儿科学、护理学等8门校级精品课程，诊断学、医学遗传学、蒙医疗术学、药物分析和护理学基础被评为自治区级精品课程。蒙医诊断学教学团队被评为"自治区级教学团队"。临床技能培训实验教学中心被评为自治区实验教学示范中心。加强了教学研究，获得自治区教学成果奖一等奖2项、二等奖2项。

【科技创新】 2009年，推荐"国家新世纪百千万人才工程"2人，获得自治区人才开发基金资助4人，引进3名学科带头人，特聘知名教授6名。"干细胞应用技术创新团队"和"肿瘤防治与分子机制研究创新团队"被确定为"内蒙古自治区科技创新团队"。承担国家、自治区各级各类科研项目226项，获得科研经费2 232.38万元。全校获专利授权2项，受理发明专利申请2项，获专利证书1项。获自治区医疗卫生科技成果及适宜技术推广项目2项，获自治区科技成果奖6项，获得自治区科技进步二等奖2项，三等奖4项，鉴定科研成果5项。

【医疗】 为满足广大患者的就医需求，改善床位不足、门诊拥堵的现状，第一附属医院一方面不断改进现有就医设施和条件，另一方面积极论证筹建门诊大楼。第二附属医院多方努力，征集土地，谋划医院改扩建。附属人民医院完成门诊部回迁工作，加快住院医技大楼建设步伐。各附属医院高度重视学科建设，重点加大优势学科的扶持力度，不断提高科研课题的申报数量、中标数量、科研项目层次。鼓励业务创新，积极引进新技术，开展新业务。第一附属医院不断促进重点学科和特色业务的发展，提高了医院的综合竞争能力。

第二附属医院进一步优化骨科各专业布局,继续彰显了骨科特色。附属人民医院继续加强肿瘤专业建设,组织肿瘤及相关学科规划,引进技术人才,开展肿瘤专业培训,组建32个临床科室,其中肿瘤科系12个。各附属医院通过组织专题讲座、主题辩论赛、庆祝新中国成立60周年文艺演出等,增强了职工的自豪感和凝聚力,不断提高职工总体素质和服务意识,丰富医院内涵建设,树立医院良好形象,着力构建符合医院发展、具有医院特色的文化体系,教学、科研和医疗水平不断得到提高。

【人才队伍】 启动了《内蒙古医学院师资队伍建设“十二五”规划》的编制工作。积极创造条件,通过申报博士授权单位,加快实验室建设,争取科研项目,努力为人才搭建发展平台。同时结合学科建设情况,对人才队伍现状开展调研,并着手制定人才培养和引进的相关制度和政策。引进各级各类人才106名,其中,博士8名、硕士98名。组织了国家留学基金资助出国留学人员和赴日本进修师资的选拔工作。对93名新聘教师进行了岗前培训。组织27名教师的资格认证工作,完成278名各类专业技术人员的职称评审工作任务。评选享受国务院特殊津贴专家12人、国家级非物质文化遗产传统医药项目代表性传承人1人、自治区有突出贡献的中青年专家15人,入选自治区“新世纪321人才工程”7人、入选“自治区高等教育111人才工程”10人。11名教师分别荣获国家“国医大师”、“自治区名蒙医”、“自治区名中医”、“自治区师德标兵”、“自治区教学名师”、“自治区优秀教师”等自治区级以上荣誉称号。制定《内蒙古医学院关于人才培养引进奖励办法》,吸引教学和科研能力强、学术造诣深、业绩突出的优秀拔尖人才到学校任教。积极推荐2名高层次海归博士参与“千人计划”评选活动。做好选派教师及专业技术人员赴日本培训学习工作,落实《内蒙古医学院关于要求40岁以下教师必须攻读本专业定向(在读)博士研究生的暂行规定》,以优化教师队伍总体结构,提高教师队伍整体素质。制定并实施《内蒙古医学院“双语”教学师资培养计划》,加强双语教学师资队伍建设。

【学生工作】 修订《学生管理手册》、《内蒙古医学院普通本、专科奖助学金评审办法》、《内蒙古医学院困难学生认定管理办法》、《内蒙古医学院新生入学“绿色通道”实施方案》、《内蒙古医学院公寓管理手册》,实施《内蒙古医学院日常教育主题大纲》,加强日常管理和服务工作。进一步完善学生事务申诉处理制度,为学生维权提供服务,依法有效地代表和维护学生的正当权益。完善综合测评体系,开展学生工作系列评优评奖活动,提高各种奖学金发放的透明度,保证评选的公正性。完善落实《内蒙古医学院新校区住宿管理规定》,出台了《星级文明寝室评比办法》,开展星级卫生宿舍评比活动,举办宿舍文化艺术节。举办辅导员培训班,对新聘用辅导员进行培训。有3名辅导员被评为全区高校优秀辅导员。

【资助贫困学生】 2009年,学校为786人办理“国家开发银行生源地信用助学贷款”及“生源地财政贴息贷款”,总金额为400.46万元,做好“国家开发银行生源地信用助学贷款”政策的宣传工作。为180多名特困生办理了缓交学费入学手续。组织3 504人次参加勤工助学,发放工资32.57万元。重新建立贫困生信息库,针对不同程度的困难学生实施资助,共发放社会助学金、励志奖学金、国家助学金900.3万元,受助学生达3 879人。积极争取社会各方面的力量,拓展社会助学工程,发放社会助学金42.94万元,筹备成立“内蒙古医学院助学基金会”,并已筹集助学基金100余万元。

【就业指导】 认真落实毕业生就业工作目标责任制,不断完善以社会需求和就业为导向的政策体系,加强就业工作队伍建设,改善就业工作环境,积极培育就业市场,打造快捷的就业信息平台,加强就业指导课建设,加大专项就业经费的投入,使学校就业工作不断迈上新台阶。毕业生初次就业率达81.6%,其中,本科生初次就业率为80.86%,专科(高职)生初次就业率为82.54%。

【科技成果】 3月25日,学院教授主编的《内蒙古自治区蒙医药博物馆·蒙医药文物(蒙药药材)图谱》获得第二届“内蒙古出版(图书)奖”。

(王凤德 安志新)

赤峰学院

【领导名录】

党委书记:郑 克

党委副书记 院长:席永杰(蒙古族)

党委副书记 纪委书记:于建设

副院长:德力格尔(蒙古族) 于毅夫

贾国富 郭丽虹(女) 崔其福

副巡视员:刘显文 倪清柏

【概况】 赤峰学院是2003年经国家教育部批准组建

的一所多学科性的本科普通高等学校。学院占地面积420 125平方米,建筑面积15.92万平方米。有专任教师993人,其中教授88人、副教授344人。学院有蒙古文史学院、汉语言文学系等19个院系部,有全日制本专科在校生8 329人,成人教育函授生7 981人。学院建有计算机中心、多媒体教室、专业实验室、语音教室、体育馆、琴房、画室、高性能计算机校园网络和电子阅览室等现代化的教学科研设施。还设有附属医院、第二附属医院和附属中学,其中附属医院为三级乙等医院。

学院附属医院2009年的门诊量达37.6万人次,同比增长10.27%,业务收入2.6亿元,同比增长15%,出院病人数达2、8万人次。医院的口腔修复正畸科、心内科、泌尿外科被批准成为自治区重点学科。医院被自治区人事厅、自治区红十字会授予全区"红十字会优秀会员单位"称号。

【教学工作】 学院专业设置涵盖文学、史学等九大学科门类,形成了蒙古语言文学、汉语言文学等35个本科专业和59个高职高专专业的以本科教育为主体的教育教学培养体系。学院重点建设了以红山文化和契丹辽文化为特色的历史学及蒙古学,理论物理和口腔临床医学等学科。

【科技工作】 科技工作形成了科研与教学良性互动、教学与科研相长的局面。按照学院的办学理念和定位及学科发展战略,加强各层次重点学科学术梯队和学术骨干队伍建设,以"红山文化国际研究中心"、伦理学研究所等学术机构为龙头,以历史学、口腔医学、物理学等及相关学科为突破口,以学院主办的《赤峰学院学报》为载体,形成了自己的办学特色和学科优势。2009年教职工在国内外公开发表论文750篇,其中国家核心刊物发表近百篇,被SCI、EI等国内外检索系统收录近19篇,出版学术著作、教材等30部,专利2项,应用性成果明显增加。

【学生工作】 学院高度重视学生工作,签订学生工作目标责任状,完善学生工作"院、系、班三级管理,以系为主"的学生工作管理体制。加强了学生工作制度建设和学生管理的信息化、网络化建设。招生就业工作实行一把手负责制,加强了大学生就业指导,加强了贫困学生资助、贫困生建档和绿色通道工作,使贫困学生通过绿色通道顺利入学。加强大学生心理咨询和心理健康教育,通过开通心理咨询热线、心理咨询网络、《大学生心理健康报》等方式有效地丰富了大学生的心理健康知识。

【图书文献工作】 学院图书馆是赤峰地区规模最大、设施最完善、设备最先进、功能最齐全的现代化图书馆。馆内藏有图书84.7万册,藏有《四库全书》、《四部备要》、《古今图书集成》、《十通》、《大藏经》等珍贵文献。电子图书室投入使用了清华同方等15个数据库,加入了CALIS内蒙古自治区文献信息服务中心,实现了馆际互借与文献传递服务业务。

【学院大事】 赤峰创造教育专业委员会在赤峰学院挂牌成立;中国兴隆洼文化研究所在赤峰学院成立;学院同内蒙古师范大学签署联合培养专门史学科硕士研究生协议。

学院荣获"2008年全国大中专学生志愿者暑期'三下乡'社会实践活动先进单位"称号;在自治区党委、政府、内蒙古军区联合开展的"全区文明城区、文明旗县镇、文明村镇和文明单位"评比表彰活动中学院被评为自治区级文明单位;学院学生管理、毕业生就业及学生资助管理工作被评为自治区先进达标学校。

【科技成果】 学院有2项科研成果获内蒙古第九届哲学社会科学优秀成果奖,有7项科研成果获内蒙古第九届哲学社会科学优秀成果三等奖;有3项教育教学成果获自治区级高等教育教学成果二等奖;有3部蒙古文教材编写选题入选2009年全国大中专院校蒙古文教材编译出版选题;有《蒙古语修辞学》和《数据结构》两门课程被评为自治区级精品课程。

【红山文化研究】 在中央电视台《人与社会》栏目播出了红山文化专题片《寻玉》和《骨谜》。专题片《骨谜》讲述了学院院长席永杰教授通过研究兴隆洼人头颅骨,发现八千年前中国存在牙医的科研历程和他对兴隆洼文化八千年骨笛的研究历程。

(郑国军)

呼伦贝尔学院

【领导名录】

党委书记:王　志

院长:朱玉东

党委副书记:郭守杰(女)　李雅梅(女)

副院长:德力(蒙古族)　王广利

郭伟忠(达斡尔族)

组织部长:张国栋

院长助理:常　海(蒙古族)

党政办主任:乌云达来(蒙古族)

【概况】 学院有22个学院,1所附属中学,有全日制本、专科在校生12 000人,教职工队伍1 197人,其中专任教师871人,具有高级职称的教师近400人,正高级职称教师近100人,有博士、硕士学位的教师305人,在读博士、硕士学位的教师100余人,外聘客座教授100余位,来自欧美等国的外教10余位。

学院占地面积1 700余亩,校舍建筑面积近40万平方米,图书馆藏书80万册,期刊1 930种。建有功能齐全的体育馆、图书馆、美术馆、音乐厅和科技实验大楼等,学院有国有资产总值近5亿元。学院专业设置涵盖了文学、理学、工学、法学、经济学、历史学、教育学、管理学八大学科门类,有38个本科专业,45个专科专业,部分专业采用蒙汉两种语言授课。

学院设有"三少"民族研究所、呼伦贝尔史研究中心、俄罗斯蒙古国情研究所等20个研究机构,尤其是呼伦贝尔市委决定建立的呼伦贝尔民族历史文化研究院挂靠在学院,壮大学院北方民族历史文化研究的实力,突出了学院的办学特色。

【启动本科教学迎评促建工作】 一是聘请名校专家就评建重点工作进行解析,已举办多次大型讲座;二是自行组织本科教学水平评估初评;三是外出考察、学习其他院校本科教学评估经验;四是召开了第三届教学工作暨迎评促建动员大会,对评建工作进行总动员,标志学院本科教学合格评估工作全面展开;五是积极争取上级支持,加强硬件建设。

【教学】 学院拥有自治区级品牌专业6个,自治区级精品课程8门,自治区级实验教学示范中心1个。学院确定了学前教育学、政治学、植物学、企业管理学、中国现代文学、中国少数民族语言文学、理论物理等7个重点学科,同时确定音乐学、专门史、生态学、采矿工程、中国少数民族语言文学、旅游管理、俄语、美术学等8个特色学科。教育厅批准设立的摄影专业在全区高校是第一家,也是唯一一家,要把它办成呼院的一大特色专业。

学院师范专业与呼伦贝尔市十多所中小学建立稳定的教育教学实践基地,非师范专业与深圳工业区、青岛博益职业学院等80多个单位建立实习实训基地,尤其是牙克石凤凰山和海拉尔东山冰雪项目教学训练基地的建立,为打造呼伦贝尔学院"冰雪教学特色"创造条件,实现了全院学生开设冰雪课程的目标。

【科研工作】 获得了国家自然科学基金、国家社会科学基金等一大批科研立项,2009年,学院"矿产资源安全开采与综合利用工程研究中心"被自治区批准为重点培养工程(技术)中心。9月4日至7日,中国北方游牧民族历史文化呼伦贝尔论坛召开,此次论坛由中国社会科学杂志社、呼伦贝尔学院、辽宁省社会科学院共同主办,呼伦贝尔学院承办。《呼伦贝尔学院学报》被自治区新闻出版局、自治区高校学报研究会评为"特色学报"。

【学生管理】 在2009年全区高校学生管理、维稳综治、就业与资助工作四项评估中,学院已连续多年实现四项工作全优目标。学院还被评为全区高校大学生心理健康教育工作先进单位。

【招生就业工作】 招生方面,已实现面向全国30个省、市、区招生;就业方面,连续三年就业率突破90%,2009年达到94.13%。

【对外交流与合作】 学院充分利用地缘优势广泛开展对俄、蒙高校的交流与合作,已与俄、蒙的十多所高校建立起紧密的联系,开展了领导互访、学术交流及论坛、学生互派实习、教师互派任教、共同举办艺术作品展、共同举办文艺汇演、互赠图书等活动。尤其是呼伦贝尔学院与后贝加尔国立人文师范大学联合培养本科生项目是教育部正式批准的合作项目,学院作为全国七所项目院校之一,合作办学取得了丰硕成果,在俄方学校学习的呼院学生已达135人。同时学院也积极招收俄、蒙留学生,有留学生23人。2009年学院共接待国外访问团组15批次,100余人次,派出赴俄留学生达到84人,使学院在俄留学生达140余人,同时开展了同俄罗斯多所高校互派实习生和多次互访活动。3月25日至29日,俄罗斯克拉斯诺亚尔斯克国立师范大学代表团到学院访问,就继续深入两校间的合作办学事宜达成了意向。

9月2日,德国斯图加特DF & EWA职业艺术家协会主席德吉纳弗雷斯教授到学校讲学,并举办了个人画展。

【成人教育】 2009年,学院成人教育积极为地方经济社会发展服务,努力扩大招生规模。全年实现成人学历教育招生3 000余人,长短期培训8 000余人次,取得了良好的经济和社会效益。

【荣誉】 学院教师在第五届呼伦贝尔市文学艺术创作评奖活动中分获摄影类、文学类、美术类、音乐类和书法类"骏马奖"。6月28日,全区高校第六届青年教师教学技能大赛在呼伦贝尔学院举行,学院获本科院校文科组一等奖,理科组和蒙语组三等奖。9月,学院图书馆荣获"华北地区高校先进图书馆"称号。10月,第六届"挑战杯"全区大学生课外学术科技作品竞赛中我院学生有3件作品获奖。

【社会名家讲坛】 呼伦贝尔学院"社会名家讲坛"拉

开帷幕，2009 年共邀请国内外 18 位社会名家到学院开设讲坛，大力推进学风建设。

【北方游牧民族历史文化论坛】　9 月 4 日至 7 日，中国北方游牧民族历史文化呼伦贝尔论坛召开，此次论坛由中国社会科学杂志社、呼伦贝尔学院、辽宁省社会科学院共同主办，呼伦贝尔学院承办。

（张玉清）

呼和浩特民族学院

【领导名录】

党委书记：白布和（蒙古族）

校长：白长明（蒙古族）

纪委书记：阿　民（蒙古族）

副校长：布和温都苏（蒙古族）徐福全（蒙古族）
胡春梅（蒙古族）哈斯朝鲁（蒙古族）

【概况】　呼和浩特民族学院的前身是原内蒙古民族高等专科学校，2008 年 12 月通过教育部专家组的评审，升格为本科高等学校。根据《教育部关于同意在内蒙古民族高等专科学校基础上建立呼和浩特民族学院的通知》（教发函〔2009〕77 号）和《内蒙古自治区人民政府关于成立呼和浩特民族学院等三所院校有关事宜的通知》（内政发〔2009〕95 号）精神，学校正式更名为“呼和浩特民族学院”。学院位于呼和浩特市新城区，占地面积 529 亩，固定资产总值2.7亿元，其中教学科研仪器设备总值2 570万元。现藏有纸质图书48.7万册，电子图书18.37万册，期刊 900 种，电子阅览室和图书检索系统完善。设有新闻系、语言文学系、经济管理系、计算机系、美术系、音乐系、外语系、公共管理系、数理系、政法系、体育系和马列教研部等教学机构，42 个专业，基本涵盖了人文科学（文学）、社会科学（经济学、法学、教育学）、理学、工学、管理学等 7 个学科门类。

学院有教职工 502 人，其中专任教师 322 人，专任教师中，具有正高级专业技术职称的 31 人，副高级专业技术职称的 85 人，具有博士研究生学历的教师 22 人，具有硕士研究生学历的教师 122 人，自治区有突出贡献中青年专家 1 人，享受政府特殊津贴 2 人，入选自治区“321 人才工程”、入选自治区高等教育人才培养“111 工程”、全区意识形态首批“四个一批”人才共 18 人。学院重视科研工作，科研达到了一定水平。自 2000 年来，教师发表论文 1 406 篇，出版专著 45 部，教材 92 部。完成国家级课题 6 项，省部级课题 33 项，厅局级课题 25 项，有 292 部（篇）科研成果获厅局级以上奖，部分教师承担并完成了中国蒙古学文库选题，参加《蒙古学大百科全书》的编写工作。

【专业与课程建设】　通过审批，新闻学、数学与应用数学、计算机科学与技术、学前教育、行政管理等 5 个专业被确定为 2010 年升本专业，学院本科专业数已增至 10 个。重新修订了首批 5 个本科专业的教学计划和教学大纲，并已实施使用。评审确定了会计学、计算机应用技术专业为 2009 年校级品牌专业，其中会计学被评为自治区级品牌专业，致使学院区级品牌专业已达到 5 个。按照《精品课程评审指标体系》的要求，《新闻学概论》课程被评为区级精品课程，学院区级精品课程已有 6 门，评审确定了《新闻学概论》等 8 门校级精品课程，并基本完成了精品课程上网工作，初步实现优质课程资源共享。2009 年度，共申请到自治区蒙文教材编写计划 16 部，填补了学院部分课程无自编教材的空白。

【教学工作】　进一步转变教学理念，强化教学管理，确保了教学质量稳步提高。经过一年的本科教学运行，广大教职工稳步树立本科教学理念，深切领会到本科教学的实质，对本科教育教学要求有进一步深刻地认知和理解，逐步适应本科教学。严格规范日常教学的同时，分批分次，先后听取百余名年轻教师和本科专业课程，通过听课、评议对部分教师进行点名批评，有效改进课堂教学中存在的问题。经过督导组成员、学生信息员、网上评教等方式，进一步加强对课堂教学质量的监控力度，确保课堂教学秩序，教学效果稳步提高。根据教育部学籍管理改革的要求，全面实行网上学籍管理，进一步规范学籍管理工作。

【招生与就业】　2009 年，学院共录取新生2 140名，其中本科生 343 人，新生报到率首次突破90%，生源质量较之以往有很大提高。结合学院实际先后开展中小型业洽谈会 106 场次，先后有 60 余家用人单位到学院进行现场招聘，提供就业岗位3 150多个。共有 96 名学生通过“三支一扶”、“教师特设岗位”、“村干部计划”和“西部计划”等考试，走上工作岗位。加之升学、入伍等渠道，学院 2009 届毕业生初次就业率为88.3%，年终就业率为90.43%，其中在事业单位的就业率达41.3%，就业率和就业质量有明显提高。

【科研与图书资料建设】　2009 年，学院组织申报并获准立项国家社会科学基金项目 1 项，自治区哲学社会科学规划课题 2 项，自治区教育厅课题 9 项，其中 2 项为重点科研课题。按时完成、结项国家社会科学基金项目和自治区级课题共7项。有三名教师的科研成果获得自治区精神文明建设“五个一工程”奖。成功举办巴图吉日嘎拉教授的作品研讨会和道·德力格尔仓教授的诗歌作品研讨会。学报《蒙古学研究》全年共发表论文90余篇,其中《圣母阿阑豁阿—从祖先崇拜说起》、《如诗如歌的漠北草原—我的故乡》、《蒙古寅京习俗探析》、《蒙古族原始思维的含义》等论文引起社会的广泛关注。学术界对译文《哈斯苏勒·噶日耶普》的文献史料价值给予高度的评价。

按照高校图书馆工作的新标准、新要求,全年共采购蒙汉文图书6 532种,24 019册;分编蒙汉文图书7 058种,24 710册;验收蒙汉文新书5 387种,19 101册;新书入库24 629册,上架图书14 629册,分发2009年报刊16 000多份。整理图书20 000册,打包图书11 000册;上、下架过期期刊150册,下架、验收2008年期刊700余种;对照高校图书馆评估标准体系,修改、完成蒙汉文书目数据7 746种。各阅览室累计接待读者16.38万人次。

【学生管理与资助】 在深入开展思想政治教育工作的同时,通过“勤奋自律,和谐发展”、《我爱我的祖国》等主题教育月活动和形式多样、丰富多彩的校园文化活动,有效促进学生良好的学习习惯、行为习惯和思维习惯的培养。选派11名同志参加全国和全区举办的政治辅导员培训班,在提高学生管理人员素质的同时,不断加大日常检查力度,狠抓常规管理,基本实现了学生违纪率不超过2%的目标。进一步做好了心理健康教育工作。

2009年,共有150名学生获得国家奖学金和国家励志奖学金,累计有8 498名学生分别获得专业一、二、三等奖学金和校级优秀新生奖学金,20名学生获得“乌兰夫奖学金”,17名学生获得冈松庆久奖学金。1 436名学生分别获得国家助学金、红十字会“博爱一日捐”助学金和社会捐助。向1 320名家庭经济困难学生发放临时伙食补贴共26.4万元。为865名学生办理的生源地农村信用社助学贷款,针对家庭经济困难学生,提供勤工助学岗位90多个。2009年度,学院学生受助面达63.17%。

【人事管理】 制定出台《呼和浩特民族学院关于加强师资队伍、教学与科研管理工作的补充意见》、《呼和浩特民族学院关于引进和培养人才相关待遇的暂行规定》,重新修订学院教职工年度考核办法,并按修订的精神,组织实施2009年度考核工作。根据上级有关文件精神,向自治区人事厅统计、报送并发放学院特岗补贴人员名单和特岗补贴。经过民主评选、推荐和上级主管部门审核,有三名教师分别获得了全国优秀教师和全区优秀教师称号。选派2名教师为“西部之光”访问学者,推荐了2名骨干教师为国内访问学者。评选表彰10名获得2009年度乌兰夫民族师资培养基金的青年教师。完成对324名专业技术人员继续教育的培训学习、验印和2009年度55名教师职称材料的审核、评定、组织和申报等各项工作。

【后勤保障工作】 针对甲型H1N1流感病毒,及时制定、认真履行防控预案和应急措施,切实做好了全院师生员工和校园内各公共区域的消毒工作。协助急控中心,积极应对发生的流感疫情,组织全体师生员工注射甲流疫苗,短时间内有效控制了疫情的传播。通过举办专题讲座、发放宣传单、张贴宣传画等方式及时宣传和普及甲型H1N1流感病毒预防常识,及时防止了不稳定情绪的发生。通过对餐厅员工进行食品安全知识培训、考试和进一步加大日常防控措施,确保了广大学生的饮食安全。

【荣誉】 宝音乌力吉教授被自治区人民政府授予“2008年度自治区有突出贡献中青年专家”荣誉称号。

(吴利春)

集宁师范学院

【领导名录】

党委书记:高云峰
校　长:于杰勇
纪委书记:许　卫
副校长:田智　赵刚　葛笑天
党委委员:刘国栋　朱俊仙　梁政
校长助理:赵海忠

【概况】 集宁师范学院是一所具有深厚历史渊源和文化底蕴的学校。1931年,绥远省在集宁创办绥远省立第二师范学校,开启了乌兰察布近现代师范教育的先河。1958年,依托之前设置的集宁师范学校,集宁师范专科学校正式诞生。1983年成立乌兰察布盟教育学院,与乌兰察布师范专科学校合署办学。1995年,乌兰察布师范专科学校更名为集宁师范学院。2006年,在全国高职高专人才培养工作水平评估中被评为“优秀”。2009年3月26日,教育部批准学校升格为本科高校,校名为集宁师范学院。学院占地面积691 245.7平方米(合1 036.8亩),总建筑面积259 849

平方米。设备仪器总值6 712.65万元。适用图书79.04万册，电子图书10万册。学院现有固定实习学校25所，实训基地18个，其中集宁师范学院附属实验中学是学校的教育教学实习基地，是乌兰察布地区最有影响力的中学之一。集宁师范学院有来自内蒙古、山西、山东、河南、河北、陕西、甘肃、湖南、江西、黑龙江、宁夏、云南等省（自治区）在校生7 726人。学院已形成以人文学科（文学、历史学）、社会学科（教育学）和理学为主，工学、农学、管理学等共同发展的学科体系。设有语文教育、数学教育、软件技术、电子信息工程技术等35个专业。2009年开设了汉语言文学、数学与应用数学、计算机科学与技术、物理学、思想政治教育及化学等首批本科专业。

学院有专任教师487人，专任教师中具有研究生学历的有165人，具有副高以上职称的161人，其中教授25人。教师中有国务院特殊津贴专家2人，自治区有突出贡献的中青年专家1人，自治区优秀教师5人，曾宪梓教育基金高等师范院校教师奖一等奖1人、二等奖1人，三等奖4人，内蒙古321人才工程专家4人，乌兰察布市跨世纪学科带头人、优秀科技工作者30人，学科带头人和骨干教师62人。

建校50年来，学校培养了3.5万名毕业生，大多数成为下得去、留得住、用得上、用得好的人才，为内蒙古自治区，特别是乌兰察布市的基础教育事业作出了贡献。学校重视学科建设和科研工作，申请立项的科研课题23项，完成16项。其中国家级课题1项，省部级课题15项。学校教师出版专著和教材13部，发表论文160余篇，其中有25篇论文发表在国际有影响的刊物或国内核心期刊，有3篇被ISTP、EI、人大复印资料等全文收录或复印。学校先后组织、资助出版"杏坛文丛"两辑20余种。学校教师的科研成果获内蒙古自治区社会科学优秀成果奖等奖项9项。

根据地方经济社会和本校的实际，学校设有12个研究所，各研究所依托相关系和专业，积极开展科学研究和教育教学研究活动。

【本科高等教育】　2009年3月26日，教育部下发《关于同意在集宁师范高等专科学校基础上建立集宁师范学院的通知》（教发函〔2009〕72号）。2009年10月10日，内蒙古自治区人民政府下发《关于成立呼和浩特民族学院等三所院校有关事宜的通知》（内政发〔2009〕95号），据此，学校开展高师院校本科人才培养方案研究，制定《集宁师范学院2009～2012年发展规划》、《集宁师范学院2009～2012年学科建设规划》和《集宁师范学院2009～2012年师资队伍建设规划》。组织本科教学管理专题讲座及各系（部）负责人到区内本科院校考察学习，同时修订了各项相关规章制度。完成本科教育教师遴选、教材征订等工作，组织实施本科教学工作。

【教学改革管理】　加强教学基本建设。组织第四届优秀教学成果奖、优秀教学质量奖的评审工作，有六项教学成果被评为学校教学成果一、二等奖，有三项教学成果被评为自治区级教学成果奖有，37人被评为学校优秀教学质量一、二、三等奖。2009年，学校在已有的6个本科专业基础上又申报8个本科专业，已有6个本科专业得到批准，正积极进行各方面准备工作。2009年，学校建设校级精品课程15门，自治区级精品课程3门。正式出版教材1部，编写和修订校内自编试用教材3部。以提高教学质量为中心，制定2009级本科专业人才培养方案，全面修订2009级专科专业人才培养方案。

【健全教学质量监控与保障体系】　认真做好教学任务的审核、落实、安排等工作，采取多种措施优化教学运行状态，加强教室使用（特别是多媒体教室）管理、加强教材选用的管理。组织完成两次全国大学外语四六级及三级考试，两次全国计算机等级考试，两次全国英语等级考试，考生共15 000人次。全方位、全过程监控教学活动。每学期都开展期初、期中、期末的教学质量检查，使检查做到有计划、有安排、有重点、有总结、有反馈。通过检查教学资料、听课、考试、召开教师和学生座谈会的形式对课程进行评估，重点评估课程的教学质量和教学效果。

【加强实践教学管理】　逐步抓好本科专业实验室的规划和建设，进一步提高设备资源利用率。学校以实验室、农艺实训基地、数控实训基地、研究所、学生团体组织、校系组织的竞赛活动、课外活动等为平台，为学生提供实训条件。校外共有43所教育实习、专业实训基地，为学生的实习、实训提供了良好的场所。各教学单位从各专业的实际出发制定相关的方案和细则，确保各类实习工作有效开展。

【强化素质教育】　加强素质教育课程的建设，开展素质教育系列讲座，聘请名师、专家到校讲学，提高素质教育的成效。开展大学生学科竞赛与大学生科技创新活动，加强对全校学科竞赛的统筹和指导工作。

【科研工作】　学校在研科研项目13项，课题经费22万元。其中《施钾对虫害马铃薯茉莉酸信号传递机理的影响机制》项目获内蒙古自治区高等学校科学研究项目自然科学重点项目。科研立项项目质量、水平有了大幅度提高,学校教学与科研人员人均科技项目经费达到800元。

【学生教育管理】

建立健全学生管理规章制度 制度建设纳入工作计划范围。分工负责、职责明确、责任到人。学生工作有计划、有安排、有调整、有落实、有总结。

职能部门在日常工作中,将与学生发生联系的工作提前安排,极大地方便了学生解决个人学习生活上的问题。工作程序畅通,工作态度积极,促进学生工作和谐有序发展。

加大了对各系做好学生工作的领导和监督力度,各系和有关部门加强学生思想政治教育和学生日常行为规范管理工作。

补充一些规章制度,如《贫困学生认定办法》、《生源地助学贷款指南》、《辅导员管理暂行规定》等,在加强制度建设,促进管理效益,服务学生学习和生活等方面起到了很好的指导作用。重新修订《集宁师范学院学生管理规定》,编纂了《集宁师范学院学生管理制度汇编》。

多渠道做好学生的思想政治工作 学校一直将学生思想政治教育工作作为一件十分重要的工作抓紧抓好,学校一把手亲自抓,分管校领导分工负责,学生工作主管部门积极组织和协调,各具体教学部门具体抓,层层落实。

利用纪念建国60周年、"五四"运动90周年等重要契机,在青年学生中广泛开展"我与祖国共奋进"主题教育活动,引导学生深入学习中国特色社会主义理论,用中国特色社会主义核心价值体系教育学生。采用互联网、志愿者等社会化动员方式,引导学生创新理论学习,强化比较辨别,投身社会实践,把爱国主义和社会主义、民族精神和时代精神、个人成就和社会责任紧密结合。

加强社会实践基地建设 广泛开展大学生暑期"三下乡"社会实践活动,把参加"三下乡"社会实践与促进就业创业结合起来。以学生职业技能大赛为平台,大力开展了青年创新创业行动。以举办"校园文化艺术节"、"大学生社团节"为牵引,配合专业教育,深入开展了创新创业活动,鼓励学生投身科技创新活动。组织开展第21届校园文化艺术节和首届大学生社团节等系列活动。2009年,学校获得全区第6届"挑战杯"大学生课外学术科技作品竞赛优秀组织奖。

【学生资助管理】 建立贫困生档案,完善扶困助学机制,解决贫困生的实际困难。注重对贫困生的认定、管理和资助,建立贫困生档案,关心特困学生的学习和生活,采用勤工助学、推荐家教、国家奖助学金、专业奖学金、困难补贴、各方捐助、生源地贷款、缓交学费、减免费用的方法,帮助特困生完成学业。学校成立了学生资助工作领导小组,制定了《集宁师范学院家庭经济贫困学生认定办法》、《集宁师范学院国家奖助学金管理办法》等文件。完成了2009年新型生源地和国家助学贷款。2009年,为近280名家庭经济贫困学生办理了缓交学费的手续,为4名特困生减免了学费,为62人免费发放行李用品,为50名新生进行红十字捐助,为300多名学生办理生源地贷款,总金额约120万元。

【师资队伍建设】 2009年,学校引进硕士研究生24名。按照学校"十一五"规划,制定了学科带头人、骨干教师选拔制度,现有学科带头人10名,骨干教师52名。是年获自治区级教学名师奖1人。依照教育教学工作的实际需要继续聘请客座教授。2009年专业技术职务评审中,正常晋升和转系列评审两类,共有80人申报高中级职称,其中正高7人,副教授28人,中级45人。

经自治区教师资格认定指导中心认定,18人取得教师资格证书。同时,为学校2009年毕业生办理了教师资格证书。

【招生就业】 2009年,学校在全国11个自治区招收新生,新生报到3 327人,其中专科学生2 592人,本科学生735人,录取成人函授学生676人,其中本科学生79人。

继续加强与乌兰察布市通讯业、金融业、保险业、证券业及一些中小型企业的合作,加强与区内用人单位的联系,主要以呼、包、鄂三地为主,巩固山西怀仁、左云等教育基地的建设,在北京建立了幼儿教育基地、软件基地,还积极开发广东市场、杭州市场、蒙古国的中文教育市场。积极引导和鼓励毕业生面向基层、面向艰苦地区就业,派专人负责咨询和解释国家的"三支一扶计划"、"村官计划"、"志愿服务西部计划"。2009年4月举办了大型人才交流会,邀请了区内外70多家用人单位,提供岗位3 000多个。在11月举办了集宁师范学院首届毕业生就业招聘月。

【成人教育】 完成升本后首批成人教育专业审批、招生计划、教学计划制定工作。开展了本、专科招生宣传工作,专科报名691人。完成了函授学员毕业考试、电子注册、证书办理等工作。2009届毕业生总数为829人。

根据《内蒙古自治区教育厅关于做好2009~2012年中小学教师培训工作的意见》和《乌兰察布市教育

局关于进一步加强中小学教师培训工作的意见》有关精神,承担了全市普通高中新课程培训工作,培训911人。举办爱德基金会英语教师培训班,培训75人。举办教育技术能力培训者培训班,培训28人。

【后勤基建】 完成全校资产监督、清查核实、入账,全年共入库资产7 800多台(件),调拨资产1 580台(件)。购置桌凳1 400多套,安装固定桌椅1 200套,维修旧桌凳600多套。采取多种措施,降低饭菜成本,饭菜价格与上年保持一致。

(孙登高)

内蒙古广播电视大学

【领导名录】

党委书记:孟　和(蒙古族)

校　长:韩　竞

纪委书记:于　洋

副校长:张利生　哈萨(女　蒙古族)　李建军

【概况】 内蒙古广播电视大学是根据邓小平同志关于创办广播电视大学的批示,于1979年2月经内蒙古自治区人民政府批准成立的一所自治区直属高等学校。经过30年的艰苦创业和不懈奋斗,已发展成为一所运用广播、电视和网络等多种媒体,面向全区开展现代远程教育的新型高等学校。

内蒙古广播电视大学立足自治区经济社会发展的需要,坚持面向地方、面向基层、面向农村牧区、面向民族地区的办学方向,为自治区培养了各类学历教育毕业生18万人,燎原广播电视实用技术培训30万人次,非学历继续教育岗位培训约30万人次,至2009年底,学校各类在籍学生近6万余名。有开放教育本科、专科、成人大专、蒙语授课、一村一、中等专业教育、继续教育等多种学历教育和非学历教育形式。在全区118万平方公里的土地上,建立以内蒙古广播电视大学为中心,16所盟(市)级电大和88个旗(县)工作站构成的内蒙古广播电视大学现代远程开放教育系统和网络。

2007年1月,经自治区教育厅批准,“内蒙古现代远程开放教育中心”在学校成立,2008年自治区编委核准其职能。“中心”依托内蒙古广播电视大学的系统、设施、网络、资源优势,逐步形成社会化的远程教育公共服务体系,为各类学历、非学历的远程教育项目提供教育支持、技术支持、资源建设、资源传输等方面的服务。

【远程教育】 2009年,全区电大开放教育招生共计18 543人,比上年同期增长13.4%。2009年秋季开放教育首次单季招生超万人。在开放教育规模增长的同时,服务功能同时得到健全,奥鹏全年招生总数2 026人。“一村一名大学生计划”全年招生1 166人。到2009年底,全区电大现有各类在籍生共计59 260人,其中开放教育在籍生47 516人,占全区高等教育在籍生数的10%。

【内涵建设】

加强了对全区电大系统网上教学平台的监控　对各分校进行开放教育教学平台动态跟踪检查、考评并将其与对各分校绩效评估的考核指标相对应,计入绩效考核总分。

加强精品课程的建设　组织编撰《环境法与草原法》(省部级精品课程)、《民族理论、政策与民族区域自治法》(中央电大精品课程)两部教材,参与建设首批西部地区广播电视大学特色课程、共建共享课程建设,以此推动我校学科、专业建设再上一个新台阶。

提高队伍素质　制定《内蒙古广播电视大学2009~2013年教师、管理、技术和科研队伍建设规划》和《内蒙古广播电视大学2009~2013年师资队伍培训规划》,就队伍建设确定发展目标、发展措施,在队伍培训、继续教育方面制定培训目标。

加强教学设施建设　制定《内蒙古广播电视大学现代远程教育基础设施建设标准》(暂行),对举办开放教育的基础建设提出了具体要求。完成西校区(内蒙古现代远程开放教育中心)改造及网络设备的安装工程。对全区电大各分校和部分工作站共25个单位的网络接入情况,进行全面调查和网络测速,对出现的问题,提出了解决办法和改造方案。

【系统建设】 1.在2009年开放教育教学检查中,增加了系统和教学质量安全预警测试,组织实施各分校对所属旗县工作站教学质量安全预警工作。2.继续开展对全区电大分校绩效评估工作。3.组织实施中央电大“全国基层电大(教学点)发展援助项目”和“创建示范性基层电大(教学点)项目”的申报工作。4.进行教学点清理工作。

【教学科研】 3月,由文法学院两位老师策划并编写的讲稿《常用蒙古语300句》课件于本月底录制完成，并在学校网站“开放课堂”进行链接，向全区电大教职员工和学生推广使用。

【教学点清理工作】 5月，学校第三次对全区连续两年不招生的教学点清理工作日前已顺利结束。经过三次清理共撤销教学点27个，占2008年春季教学点总数的24.77%。到2009年5月30日前，连同新增6个教学点，学校有教学点88个。

【奖学金试点工作】 6月2日上午，中央电大专题召开会议，对首轮奖学金试点工作的开展情况进行了通报和总结，自治区电大84名学生获得了中央电大首轮奖学金。

【教学科研】 7月2日，在自治区教育厅组织开展的自治区级教学成果评审奖励活动中，学校莫淑坤教授主持的《中国西部现代远程开放教育人才培养模式的构建及其质量保证体系研究》获一等奖，哈萨教授主持的《现代远程教育条件下广播电视大学系统系统建设研究》获二等奖。

【重要会议】 10月20日下午，2009年全区电大党委书记、校长会在呼和浩特召开。会议的主题是：贯彻自治区现代远程高等教育工作会议的精神，以发展自治区现代远程高等教育为己任，在履行社会责任的同时，促进全区电大系统的发展。

12月12日至13日，学校召开2009年全区广播电视大学教学工作会议。此次会议主题是贯彻落实2009年全国广播电视大学教学工作会议和全区现代远程高等教育工作会议精神，以科学发展观为指导，以30年校庆为契机，围绕开放教育内涵建设和发展需要，研究强化教学过程管理，推进教学改革深入和提高教学质量的措施和思路。

【30周年校庆】 11月9日，内蒙古广播电视大学建校30周年庆祝大会隆重举行。自治区人大常委会副主任柳秀、自治区副主席连辑、自治区政府副秘书长孙惠民、中央广播电视大学党委书记阮智勇、自治区教育厅副厅长满达、自治区党委组织部干部四处处长孟和达来出席庆祝大会。11月10日，学校在内蒙古饭店国际会议中心举行“内蒙古广播电视大学建校30周年新闻发布会”。

（杨文斌）

内蒙古建筑职业技术学院

【领导名录】

党委书记：巴音巴图(蒙古族)

院长：侯　元

党委副书记：张　涛

副院长：王立　乔志远　贺俊杰

纪委书记：张　涛

【概况】 内蒙古建筑职业技术学院是自治区唯一独立设置的建筑类高等院校。始建于1956年，1958年改制为内蒙古建筑学院，1961年恢复中专建制。1979年至1989年，经自治区人民政府和原国家教委批准，工业与民用建筑、建筑学、采暖通风和建筑企业管理4个专业共招收6届普通本科班、5届专科班。1994年被国家教育部评定为全国六所建筑类重点中专之一。1999年7月，经国家教育部和自治区人民政府批准，独立升格为普通高等院校。2007年被国家教育部、财政部确定为“国家示范性高等职业院校建设计划”立项建设单位。是年被教育部评为“全国普通高校毕业生就业工作先进集体”。

学院有南北两个校区，占地面积1 300余亩，校舍建筑总面积20余万平方米，固定资产总值1.9亿元。全日制在校生9 800余人。

有专任教师408人，其中副高以上职称专任教师131人。

【专业建设】 新增“质量监测、环境艺术设计、公路监理、消防工程技术”等4个专业，学院专业数量达38个；学院继续推进优质核心课程和精品课程建设，“物业管理、给排水工程技术”被评为自治区品牌专业，自治区品牌专业数量增加到9个。“钢筋混凝土施工”被评为国家级精品课程，“建筑电气照明”等3门课程被评为自治区级精品课程。

【师资培训】 7月，学院举办为期3天的“提升青年骨干教师教学能力培训班”，来自全区高等院校260名教师参加了培训。

【荣誉】 是年，建筑工程技术专业核心课程教学团队被评为国家级优秀教学团队，是自治区高职院校第一个国家级教学团队。2009年，1人被授予“全国优秀教育工作者”荣誉称号,2 人被授予“自治区优秀教师”荣誉称号,1 人被评为自治区高等学校教学名师,2 人在“全区高校第六届青年教师技能大赛”中获得三等奖,1 人在“第十一届亚洲艺术节鄂尔多斯国际美术大展”获得金奖。是年,学院团委被评为“三下乡”活动优秀组织单位,2 人被评为自治区社会实践优秀指导教师;学院在第六届“挑战杯”竞赛中获得专科组最高奖—优胜杯,6 名学生的作品获得优秀奖;3 名学生的作品在“内蒙古首届家庭装饰大赛”获得优秀奖。同年,学院被自治区教育厅评为“全区高校大学生心理健康教育工作先进单位”,1 人被评为先进个人。

【科研工作】 制定《学院 2010 年 ~ 2015 年科研工作规划》。2009 年获准立项国家教育科学研究“十一五”规划课题 1 项、自治区高等学校科学研究项目 4 项;完成 2 个自治区高校科研项目的结题鉴定工作和 15 项自治区教育科学研究“十一五”规划课题共的开题工作。学院与内蒙古第二建设共同完成的《融合校企资源,构建“二三三制”互动式教学质量保障体系》等 3 项教学成果获得第六届自治区高等教育教学成果一等奖 1 项、二等奖 2 项。

【信息化建设】 安装多媒体教室防盗报警安防设备,架设校园网络监控和故障管理系统、流量监控系统。数字化校园建设工作取得重大进展,数字迎新系统、数据中心平台、学生注册系统、综合信息门户系统、数据交换平台、校园“一卡通”系统全面启用,综合教务管理系统、图书管理系统、精品课程建设系统运行良好。

【社会服务】 完成国家和自治区建筑师、结构工程师、房地产估价师、城市规划师、造价工程师、注册建造师等高层专业技术人员的培训任务和建设行业 21 个工种职业技能鉴定工作,培训人次达到12 000次。作为自治区高职高专教育研究会理事长单位,1 月份承办“自治区高职教育年会暨高职院校评估新方案研讨会”;10 月份主办了“内蒙古高职教育科学发展论坛”,全区 27 所高职高专院校、本科院校的职业学院和民办职业院校的 100 余人参加会议,编辑《内蒙古自治区高职高专教育研究会论文集》第二部,收集了自治区 23 所院校的 135 篇论文,近 80 万字。

【合作交流】 2009 年,共有来自区内外 15 所高等院校 172 人到学院考察交流,就党建、示范校建设、教育教学管理、学生管理等工作进行深入研讨和交流经验。是年,学院分批多次派教师和管理人员赴美、德国等国家和中国香港、台湾地区及国内其它省市进行培训进修、研究深造。

【扶贫帮困】 学院以生源地贷款为主,“奖、贷、助、补、减”结合,建立了多元化的学生资助体系,2009 年投入 248 万余元用于资助困难学生。为学生提供勤工助学岗位 63 个,支付工资13.6万元。本年度通过国家奖学金、励志奖学金、助学金等共资助学生2 499人。

（侯广文）

河套大学

【领导名录】

党委书记:邢　秀

校　长:张永胜

纪检书记:郭玉梅

副校长:巴图查干(蒙古族) 石文清 张建国
张高明

校长助理:冯泉海 宋文忠

组织部长:胡　远

【教育法制建设】 全面落实学校“五五”普法工作。按照上级部门的要求,积极选派处级、科级干部参加了 7 期“五五”普法培训班的学习,共有 21 名干部参加培训。

【对内对外宣传工作】 本年度共编发《河套大学信息》111 期,科学发展观简报 44 期,校园网发布快讯 136 条,在报社、电台、电视台编发新闻 99 条。

河套大学思政理事会年会共收到参评论文 98 篇,评选表彰一等奖 3 篇,二等奖 7 篇,三等奖 10 篇,优秀奖 15 篇,其中 5 篇论文在年会上进行交流。

【内部管理】 拟定完善《河套大学教职工全员聘用暂行办法》等规章制度。认真抓好人才引进工作。与上级主管部门多次请示协调,解决办理 2009 年人才引进问题,并多次参加区内外人才交流会,引进紧缺专业高层次人才,进一步加强人才队伍建设工作。

【教育教学改革】 大力建设校级、区级精品课程和品牌专业体系。年内共有三门课程被确定为自治区级精品课程,一个专业被确定为自治区级品牌专业。已建成十门自治区级精品课程和六个自治区级品牌专业,已经提前超额完成“十一五”规划确定的五门自治区级精品课程和三至五个自治区级品牌专业的发展目标。

【名师工程建设】 有一名教师成为自治区级名师。学校荣获三项自治区级教学成果二等奖,一个自治区级教学团队荣誉称号,并在自治区教师技能大赛、学生技能大赛等竞赛中获得多个奖项。

【师资队伍建设】 选派20名教师到区内外参加培训。暑期又聘请5位校外专家到学校对干部和骨干教师集中培训,学校许多专业的教学团队建设工作正在科学、规范地进行。

【学生管理】

以大学生全面发展为目标开展学生思想政治教育活动 组织开展"5·12与爱同行—河大师生共同'缅怀·关爱'汶川同胞"纪念活动、"寄一份包裹,送一份爱心"5·12灾区学生"六一"关爱行动,参加"巴彦淖尔市2009年'防灾减灾日'活动启动仪式"。通过义务植树、缅怀英烈、慰问孤寡、禁毒宣誓、志愿服务、主题咏唱会、新生军训等形式培养学生的社会责任感和爱国情操。是年,学校有2 086名新生参加为期两周的军训,军训中涌现出先进集体2个、先进个人12人、优秀参训学生42人,12月,有8名学生光荣入伍。通过主题班团会、专题讲座、"珍惜父母血汗钱"感恩教育等活动塑造学生的高尚品德。是年,学校共表彰区级三好学生67人,优秀学生干部65人,优秀毕业生97人,校级优秀团员215人,优秀团干部155人,优秀团学工作者15人。"五四"期间在巴彦淖尔市影剧院隆重举行纪念"五四"运动90周年表彰奖励暨"祖国万岁"主题咏唱会,表彰奖励团学工作先进集体2个、优秀团支部文明班集体27个、先进团学工作者13人、优秀辅导员班主任27人、优秀学生干部170人、三好学生159人、十佳大学生10人、优秀毕业生52人、优秀青年志愿者服务队2个、优秀青年志愿者10人、优秀社团6个、优秀社团成员32人、优秀社团指导教师6人。

积极倡导"三自一主"教育 体现"以学生为本"的管理理念 在工作中因势利导,积极倡导"自我教育、自我管理、自我服务",树立主人翁意识,为学生提供平台,让他们充分展示自己的才华,体现"一切为了学生"、"为了学生的一切"、"为了一切学生"的理念。2009年学生社团从数量到质量都有很大提高。全校学生社团36个,显现出数量多、层面广、质量不断提高等特点。大力开展校园科技、文化艺术活动,形成"学校科技文化艺术节"品牌活动和院系专业特色活动相结合、社团特色活动相结合的校园文化建设格局。成功举办第四届校园科技文化艺术节,组织拔河比赛以及篮、排球争霸赛;"传播'绿种子',倡导新风尚"2009文明短信大赛;"我的祖国"主题征文演讲比赛;"中华颂·2009经典诵读大赛";"中华赞·2009诗词歌赋创作大赛";"青青草原·唱响红歌"校园歌手赛及各类专题讲座、知识竞赛等丰富多彩的校园活动。精选27件作品参加第六届"挑战杯"全区大学生课外学术科技作品竞赛,8件入围决赛,其中两篇论文荣获三等奖,其它6件作品获得优秀奖,河套大学团委获得"优胜杯"。在全区艺术展演中,学校展演作品获自治区一等奖;一名同学参加全区西部高校"我的祖国"主题演讲比赛荣获优秀奖。全年各院系共组织大型活动300余次。

强化心理健康意识,提高心理素质,心理健康教育工作者撰写的论文参加自治区心理健康教育年会并获奖。

不断健全完善"奖、贷、助、勤、补、减、免、缓"八位一体的助学体系 2009年度,经过认真评审,共有6人获国家奖学,金额共计4.8万元;195人获国家励志奖学金,金额共计97.5万元;1 972人享受国家助学金,金额共计183.3万元;1 640人领取家庭经济困难学生临时伙食补贴,补贴金额共计32.8万元。4月、5月先后两次为汶川地震重灾区18名学生发放助学金共计11.1万元。9月,新生通过"绿色通道"入学243人。

维护校园稳定 做好综合治理工作 3月,接受了2008年学生工作及维护高校稳定创建平安校园及校园治安综合治理工作评估检查,各方面工作受到好评。6月12日,学校接受巴彦淖尔市依法治市领导小组"五五普法"中期验收,普法工作受到好评。

【基础设施建设】 开始图书信息大楼,网球馆、医学院综合楼、医学院社区医院、阴山岩画主题广场,下沉音乐广场,新校门的建设以及主校区1#教学楼装修改造、1#实验楼防水处理、旧行政办公楼装修、库房维修、办公楼前硬化美化等。南校区财经教学楼加层改造、维修和院落道路硬化。已完成建设规模近3.5万平方米,预算完成投资近7 000余万元。

【科研工作】 共申报内蒙古自治区高等学校科学研究项目6项,经自治区教育厅专家组投票批准立项6项,申报市科技局的2个项目,并获批准立项。申请自治区自然科学基金项目一个获得批准立项。全年共刊出学报7期,发表论文180余篇,约130万字。《河套大学学报》和《河套大学学报(蒙古文综合版)》被自治区新闻出版局、自治区高校学报理事会评为“特色学报”并获奖。2009年10月,组织国家社会科学基金“十一五”规划(教育学科)国家一般课题《信息技术环境下多元学与教方式有效融入日常教学的研究》的10个子课题组接受中期评估检查。顺利通过中国教育技术协会总课题组的中期评估检查,被评为优秀。有3项社科成果获得自治区政府奖。在全区首届高校科技会议上,机械与电子工程系被授予“科技创新先导型院(系)”,1名教师被授予“高等学校科技创新标兵”。学校教师作为主要完成人的2项科研项目被自治区政府授予农牧业丰收奖。

以科技服务区域经济建设为宗旨,坚持不定期派科技人员下乡,为新农村、新牧区建设服务。年内派科技人员在临河区狼山镇、新华镇等地举办农民培训会9场,培训农民500多人;在乌中旗德岭山镇、乌加河镇、石哈河镇举办农牧民培训会20场,参加培训农牧民1 500多人;同时,应临河狼山镇、新华镇、中旗科技局、杭后康多莱农业示范区邀请对其进行农业科技指导。今年进行的“河套地区基质选配及麦葵(米)两茬田多熟制模式研究”项目试验获得成功,为实现粮食一熟向“粮经两熟”转变和基质生产本地化奠定了基础。

【招生就业工作】 学校高职高专层次招生计划2 460人,报到2 601人,完成计划率和报到率再创历史新高。除高职高专类招生外,校远程教育、中等职业教育等各类招生工作呈现良好态势。其中远程教育2009年春季本、专科共招生1 120人,秋季招生1 550名。中等职业教育招生也较上年有所增加,五年制高职报到309人,中专报到434人。

2009年3月3日召开2009年毕业生就业工作会议。是年,学校专科毕业生共1 961人,是建校以来人数最多专业最多的一年。为做好毕业生就业工作,4月21日,与市人事局、市劳动就业局共同组织“巴彦淖尔市2009年春季人才交流暨河套大学毕业生就业双选洽谈会”。5月,成立河套大学校友联谊会,利用历届毕业生相互联系的机会,动员往届毕业生为校友就业多做宣传、多联系岗位。经过多方努力,2009年毕业生一次性就业率达95.38 %。

【合作办学】 与北京安博教育集团签署联办《计算机应用技术》的联合办学协议,为学校改造老专业,开创合作办学的新模式;与河北印刷技术研究所签署了合作创建《印刷图文信息处理》和《印刷设备及工艺》两个专业的共建协议,探索校企合作创办新专业的思路和方法;与澳大利亚何善娜学院签署合作建设“护理”、“英语”专业的意向书;与新疆金风集团签署《供用电技术(风力发电方向)》的定向共同培养协议,走出“订单式合作培养”的新路子。

【语言文字规范化工作】 全年培训测试师生1 800余人。接受自治区二类城市语言文字工作预评估,各项工作受到专家组肯定。

【继续教育和远程教育工作】 学校成人高等学历教育共招收专、本科学生600多人,全年培训专业技术人员2 597人次;举办中小学教师教育技术培训班,培训学员643人;举办初中班主任岗位培训班,培训学员419人;与加拿大布鲁克大学合作举办英语教师培训班1期,培训学员153人。远程教育学院09年共招收各类本、专科生2 670人。开放教育和奥鹏网络教育招生在全区电大系统分校招生均名列第一,受到内蒙古电大表彰,学院被评为全国广播电视大学开放教育招生工作优秀集体,连续三年被评为广播电视大学全国统一考试优秀考点,荣获全国奥鹏优秀学习中心奖、自治区电大教育规模特殊贡献奖、全区电大优秀教务管理集体奖、全区电大优秀校长奖。为拓宽办学渠道学院主动为保险、劳动保障等相关部门服务,全面测试4 000余人次,劳动技能提升培训和下岗职工再就业培训106人,职业资格培训80人。

(刘 军)

乌兰察布职业学院

【领导名录】

党委书记:吴永峰

党委副书记 院长:张 策

副书记 纪委书记:赵子平

副院长:方招祥 苏林鹏 孙成明 秦喜

【概况】 乌兰察布职业学院是经自治区人民政府批准、教育部正式备案的公办全日制普通高等院校。学院位于乌兰察布市察哈尔工业园区,占地面积 882 亩,学院于 2008 年 4 月 18 日奠基开工。新校区总体设计方案注重实效,适度超前,获国家第三届百年建筑优秀作品奖。

学院遵循“立德树人,崇能重技”的校训,坚持以服务为宗旨,以就业为导向,以能力为本位,以教学为中心,不断创新人才培养模式,努力提高人才培养质量,为地区经济发展培养生产、建设、服务和管理第一线的高素质技能型专门人才。

学院在校学生人数近6 000人。图书馆藏书 31 万余册。学院建有各类实践场所 81 个,多媒体教室 101 个 。教学设备总值7 000万元。其中机电一体化技术等专业的实训设备功能先进,堪称一流。从丹麦 DPP 公司引进的国内“第一家”集产学研为一体的马铃薯研发线,居国内领先地位。完备的硬件设施为提高教学质量,打造实用型技能人才提供了有力保证。

学院设有 5 系 3 部,分别是机电技术系、生物技术系、经济管理系、建筑技术系、马铃薯工程系、基础教学部、综合能力教学部、中专部。开设有机电一体化技术、马铃薯生产加工、畜牧兽医、会计电算化等 28 个专业,专业覆盖面广,就业前景好。其中机电一体化专业、畜牧兽医、会计电算化专业被评为自治区品牌专业,马铃薯生产加工专业在国家高等院校首开先河。

【师资】 学院拥有一支数量充足、专兼结合的师资队伍。有专兼职教师 356 人,其中专任教师 243 人,具有副高以上专业技术职务教师 127 人,其中教授 12 人。专任教师中具有硕士研究生学位的教师 71 人,占专任教师总数的29.34%。具有双师素质的专任教师 117 名,占专任教师的48.35%。他们理论功底扎实,教学经验丰富,实践技能过硬,为培养高质量技能型人才奠定了坚实的基础。

【就业指导】 “以就业促发展”是学院矢志不渝的办学思路,学院专设就业指导中心,加大就业工作力度,确立了以“就业中心为指导、以系部为主体”的就业体系,形成全员化、精细化、全程化的就业指导服务格局,积极疏通就业网络,已与全国 20 多个省、市、自治区 200 多家用人单位建立长期稳定的就业合作关系。一次性就业率连年保持在92%以上。

【通过人才培养工作评估】 学院以科学发展观为统领,以内涵建设为主线,不断改善办学条件,大力加强基础建设,纵深推进教学改革,稳步提高教学质量,可谓“硬件特硬、软件不软”,有利推动学院健康快速发展。2009 年末顺利通过教育部高职院校人才培养工作评估。

【荣誉】 以作品“小土豆做大产业”参加了由中国市场协会、教育部考试中心和教育部高职高专工商管理类专业教学指导委员会联合主办的 2009 年全国高校市场营销大赛总决赛,取得三等奖的优良成绩。综合能力教学部教师团队大胆创新,编著了《大学生综合素质能力培养教程》,面向全国出版发行。2009 年 12 月,学院顺利通过建院五年的首轮教育部高职院校人才培养工作评估。

(校　办)

文 化 传 媒

文　　化

【内蒙古自治区文化厅领导名录】

厅　长:王志诚

副厅长:明锐(蒙古族 8月离任) 安泳锝(蒙古族) 赵新民(5月任职)

副巡视员:李鸿英(回族) 程建林(2月离任)

【公共文化服务体系建设】

打基础 上项目 加快推进公共文化设施建设 紧紧抓住国家和自治区拉动内需、加快基础设施建设的有利时机,着眼文化长远发展,大力实施重大公共文化建设工程。内蒙古图书馆改扩建工程基本竣工,国庆期间正式向社会开放。内蒙古演艺大厦建设进入规划立项阶段。乡镇苏木综合文化站工程投资7 100万元,规划建设407个项目。落实资金980万元,计划对245个文化站的设备配置进行改善。文化信息资源共享工程投入2 090万元,完成第三批54个旗县支中心设备采购任务,工程建设正在实施中。第四批2 071万元建设资金已到位,15个旗县支中心和2 941个基层点项目正进行设备招标采购,年底前全区101个旗县(区)支中心建设任务将全部完成。会同自治区财政厅编制旗县"两馆"改造规划,计划投入6 850万元,用4年时间对面积不足800平方米的45个县级图书馆和面积不足1 500平方米的86个县级文化馆进行彻底改造升级。

面向群众 着眼基层 广泛开展文化惠民活动 组织"百团千场下基层"活动,全区109个艺术团体下基层演出2 500余场。投入574万元购置19台"流动舞台车",赠发到部分旗县乌兰牧骑,解决了边远地区农牧民群众"看戏难"的问题。实施"送书下乡工程",将10万余册图书配送至31个国贫旗县图书馆。积极推动全区博物馆、纪念馆、爱国主义教育基地面向社会免费开放,由去年的74家增加到108家,接待观众300多万人次,走在全国前列。

加强管理 典型引导 群众文化创建活动蓬勃开展 制定出台乡镇苏木乡镇综合文化站建设管理办法。召开文化站建设现场会,推广典型经验。完成全区77个公共图书馆评估工作,对19个国家级文化先进旗县进行复查。广泛开展全区图书馆、文化馆、文化站、民间剧团、文化大院(文化户)、文化广场、文化社区评先创优活动,特别加强对农村牧区文化大院(文化户)、业余乌兰牧区等基层文化社团组织的政策扶持和资金奖励。社区文化、广场文化、老年文化、少儿文化、农村牧区文化等有组织和群众自办的文化活动遍及全区,群众性文艺创作、演出和展览活动蓬勃开展,呈现共建共享新格局。

【艺术创作和演出】 围绕庆祝新中国成立60周年,加强指导,改进管理,通过举办各类创作培训班、开展舞台剧本征集、召开剧本研讨会等多种形式,繁荣舞台艺术创作,推动民族艺术创新,努力在推出新作品、打造精品力作方面下工夫,涌现一批具有民族特色、反映时代特点、广受群众喜爱的优秀作品,题材体裁得到极大丰富,艺术创作呈现出繁荣活跃的新气象,特别是在舞台剧目创作方面有新突破,全区共推出《巴雅尔与大花眼》、《诺恩吉雅》、《草原记忆》、《花落花开》、《马头琴响起的时候》、《大汉骄子》等近40部重点舞台剧,大部分已投向市场,引起广泛的社会反响。舞蹈、曲艺、小戏、歌曲等创作也保持良好势头,全区涌现出300多个新创作品。一批优秀作品先后获得国家文化艺术政府奖和比赛大奖,其中《草原记忆》荣获全国"五个一"工程奖,内蒙古民族歌舞剧院的舞蹈《东归兄弟》获得全国舞蹈比赛二等奖等,展示全区艺术创作风采。乌兰牧骑建设得到加强。开展评估调研工作,召开全区乌兰牧骑工作会议,研究制定《加强新时期乌兰牧骑工作的意见》,将以自治区党委、政府的名义下发实施,不断推动新形势下乌兰牧骑事业的改革和发展。

全区各类文艺活动精彩纷呈,成功主办和承办第十一届亚洲艺术节、第六届中国·内蒙古草原文化节、全区首届马头琴艺术节、首届二人台艺术节、首届全区民族文艺会演等一系列重大文艺活动。通过举办这些具有导向性、示范性的艺术活动,使自治区优秀民族传统文化得到全面深入的挖掘、梳理、展示和提升,对于弘扬草原文化核心理念,推动民族文化创新,促进全民文化自觉都有重要作用。出色完成了首都国庆60周年群众游行活动内蒙古彩车《草原飞虹》的设计、制作、展出任务,受到社会各界好评,为自治区赢得了荣誉。“团结奋进的内蒙古”大型展览内容丰富、形式新颖,充分展示60年来自治区各族人民在党的领导下取得的辉煌成就,在北京民族宫连续展出20天,接待观众38万人次,150多个国家的驻华使节参观展览,受到党和国家领导人的高度评价。

【文化遗产保护】

资源普查成果显著　第三次全国文物普查任务已完成全区总面积的80%以上,验收扫尾工作全面铺开。全区101个旗县都开展实地调查,投入普查经费2 400多万元,向基层一线赠发普查车100辆,新发现不可移动文物7 887处,其中有5处荣列国家文物普查重要新发现。长城资源调查顺利进行,统计并公布全区明长城总里程712.6公里,查明全区战国秦汉长城900余公里。完成中蒙两国在自治区境内的蒙古族长调民歌田野调查任务,对5个盟市16个旗13个长调风格区进行全面深入的摸底调查,获得大量珍贵的第一手资料。

名录体系建设取得重大进展　9月30日,蒙古族呼麦被联合国教科文组织公布为“人类非物质文化遗产代表作”,实现“非遗”申报和保护工作又一重大突破。三级“非遗”名录体系建设逐步扩大。评审推荐97个项目申报第三批国家级“非遗”名录。全区有16人被列为第三批国家级“非遗”项目代表性传承人。评审并向社会公布第二批自治区级“非遗”111个新增项目和27个扩展项目,自治区级名录项目已达251个,12个盟市全部建立本级“非遗”名录,体系建设正在向旗县延伸。古籍保护取得新成果,42部古籍入选国务院公布的第二批国家珍贵古籍名录。

实施重大保护工程和项目　全区“四少”民族文化遗产抢救保护纳入国家工程;投入经费1 950万元,重点对辽陵、居延、辽上京等大遗址进行保护;赤峰市二道井子遗址考古发掘取得重要成果;元上都申报世界文化遗产进入攻坚阶段,确定“时间表”和“任务书”,文本编制、文物保护、环境恢复等工作有序推进;“草原神灯”安防工作成效明显;对自治区境内12 000公里长城遗址沿线设立保护碑,并对重点地段进行了抢修;启动文化生态保护区申报、评审工作,锡林郭勒盟申报国家级文化生态保护试验区工作正在稳步进行,第一批自治区级文化生态保护区于年底公布。

【博物馆建设】　完成《内蒙古民族博物馆体系建设纲要》编制工作,加快民族特色博物馆布局调整和建设步伐。全区18座博物馆,分别被评为国家一、二、三级博物馆,内蒙古博物院成为国家一级博物馆,全年接待观众近百万人次。

【文化市场管理】

完善管理制度 规范执法行为　制定文化市场管理责任目标,进一步完善责任书制度,细化监管责任目标,与各地签订监管责任书。转变管理职能,推进依法行政,制定了文化市场行政许可规范,统一许可文书格式,规范文化市场行政行为。

创新和延伸管理手段　推进网络计算机监管平台建设,完成软件开发、线路改造,实现与文化部中央文化市场监管平台的对接,提高网络文化市场监管能力和技术手段。积极探索建立网吧社会监督制度,全区共聘请“五老”网吧义务监督员2 484名,在网吧监管方面发挥重要作用。

深入开展文化市场专项整治活动 确保文化市场健康有序发展　严格控制网吧总量,停止了规划新增网吧的审批工作。严厉查处网吧接纳未成年人经营活动,强化对网吧经营场所的日常监管和集中整治,保持严管重罚的高压态势。全年检查经营场所26 000多家次,办结行政案件618件,查处取缔“黑网吧”46家。大力整治校园周边环境,集中清理不符合开办条件的网吧和娱乐场所。开展网络百日执法行动,治理互联网低俗之风,净化网络文化市场。组织动漫市场专项整治行动,保护动漫产品知识产权,为网络游戏、动漫等新兴产业发展创造良好的市场环境。

【文化产业发展】

健全文化产业政策体系　推动政策规划的制定和出台,先后参与起草和出台了自治区关于加快文化产业发展的若干政策意见、文化产业发展纲要、关于促进非公有制文化企业发展的意见、贯彻落实国务院文化产业振兴规划实施意见等一系列重要政策和规划,鄂尔多斯、锡林郭勒盟、赤峰、呼伦贝尔、乌海等地相继制定或出台扶持文化产业发展的指导意见、发展规划以及优惠政策,政策体系逐步完善,发展环境得到优化。

加强典型引导 推进产业布局调整和规模适度聚集　加快文化产业基地和地区特色文化产业园区建设,开展第二批自治区级文化产业示范基地评选命名工作。全区拥有国家级文化产业示范基地两家,自治区级10家,已经规划和正在建设的文化产业示范园区和基地20家,文化产业基地和园区建设取得新进展。

加强招商引资工作　组织全区8家文化企业和单位参加了第四届北京国际创意产业博览会，开展宣传推介工作，达成多项合作协议，招商引资取得实效。

加大金融支持力度 促进中小文化企业发展　为全区10家文化企业向中国银行、中国进出口银行申请贷款，协调解决融资难问题，已进入银行审核阶段。

大力推动民族工艺美术产业化发展　7月份，举办"首届内蒙古文化产业工艺美术创新作品大赛"和工艺美术精品展，参赛作品800余件(套)，评选命名6家自治区级优秀工艺美术生产企业和8位工艺美术家，此次活动受到自治区领导和业界人士的高度评价。

培育新兴文化业态 重点发展民族动漫产业　举办第二届动漫展和动漫高峰论坛，成立自治区动漫游戏协会，制定出台动漫企业认定工作规程，开展对全区动漫企业认定工作，遴选并向文化部申报了4家企业，组织开展国家"原创动漫扶持计划"，向文化部申报23个原创作品和团队，落实国家对动漫企业的财税优惠政策，推动全区动漫等新兴文化产业的起步发展。

【文化体制改革】

加快文艺演出院团改革　拟定内蒙古民族演艺集团组建实施方案，完善路线图，明确时间表。确定内蒙古杂技团作为转企改制的试点单位，拟定改制方案，内蒙古杂技艺术有限责任公司挂牌工作正顺利推进。乌兰牧骑改革已基本定调，下一步将纳入公共文化服务体系，主要是强化面向基层，服务群众的职能。呼和浩特市整合市歌舞团、民间歌舞团、晋剧团和演出、舞美公司的艺术资源，筹建呼和浩特演艺集团，其中呼和浩特市歌舞团年底前将率先实现整体转制。包头市整合市漫瀚剧团、晋剧团、青年晋剧团等，组建包头市漫瀚剧院。

推进文化单位职能撤建和资源整合　根据职能变化和工作需要，撤销原内蒙古文化艺术干部学校，成立自治区非物质文化遗产保护中心。整合内蒙古博物馆、内蒙古将军衙署博物院、内蒙古考古研究所三个区直文博单位，组建内蒙古博物院，6月份完成领导班子配置和内部机构建制，各项工作有序展开。

电影公司划转工作顺利推进　内蒙古电影发行放映有限责任公司顺利完成划转，各地划转工作年底前将基本完成。

文化市场行政执法改革不断深化　自治区和盟市两级13个文化稽查队转为参照公务员管理机构，67个旗县区已建立文化市场行政执法机构，为下一步推进文化市场综合执法改革奠定基础。

【对外文化交流】　紧紧围绕国家"走出去"战略，积极参与在国内外举办的中国文化节、文化周以及各类重要演出、展览等，对外文化交流亮点迭出、空前活跃。全区各级艺术院团、文化单位分别赴21个国家和地区开展交流48起1 103人次，引进24个国家39个文化代表团和艺术表演团(组)1 384人次，文化交流项目数量和人次创历年之最。

对欧美国家交流日益深入　"安达组合"在美国中西部5个州成功进行40天65场巡演，还随国家主席胡锦涛出访俄罗斯，参加"庆祝中俄两国建交60周年暨中国文化节开幕式"演出活动，得到中央领导的高度评价，文化部给予通报表扬。内蒙古杂技团在德国、瑞士、芬兰持续演出660多场，观众达273.8万人次。呼和浩特歌舞团赴德国、荷兰、比利时进行巡演，历时24天，演出32场。全区文物精品还参加"欧罗巴利亚中国艺术节"《丝绸之路展》。

与周边国家交流更加活跃　与韩国两个地区签订了文化交流协议，确定了交流项目。内蒙古博物院《成吉思汗——中国古代北方草原游牧文化展》在日本巡展。鄂尔多斯市5支乌兰牧骑赴亚洲8国访演，《鄂尔多斯婚礼》还参加在日本东京举行的"2009中国文化节开幕式"并进行专场演出。特别是第十一届亚洲艺术节在鄂尔多斯市成功举办，极大提升了全区的知名度和文化影响力，加深同亚洲各国文化交流与合作。对蒙古国交流呈现全方位、多层次的新格局。中央领导出席中蒙建交60周年"乌兰巴托·中国内蒙古文化周"开幕式，并为内蒙古摄影艺术展剪彩，"友谊彩虹"系列文化活动丰富多彩，与蒙古国在考古发掘、蒙古族长调保护、图书馆、博物馆建设等方面的合作不断深化和加强，取得了重要成果。

对港澳台交流亮点纷呈　内蒙古杂技团《成吉思汗风》在香港连演5场。内蒙古民族歌舞剧院先后赴香港参加"第23届澳门国际音乐节"和"第三届中华民族文化周"演出活动，并随文化部团组赴台湾参加"国风·中华非物质文化遗产专场晚会"。内蒙古博物院《父亲的草原 母亲的河—蒙古族文物精品展》在台湾"故宫博物院"隆重开幕，"文化入台"系列活动成效显著。

(关福才)

新闻出版管理

【内蒙古自治区新闻出版局(自治区版权局)领导名录】

局长:杨红岩(女 蒙古族)

纪检组长:段洪胜

副局长:高金祥 姜伯彦(蒙古族)

副巡视员:林 华(女 蒙古族)

【概况】 全年出版图书3 474种(其中蒙文图书1 636种),音像制品50种,生产光盘36万张。参加第19届全国图书交易博览会、深圳国际文化产业博览会,展出图书1 000多种,成交额6 000余万元;组织“第六届中国·内蒙古草原文化节精品图书展”,展出图书2 000多种,音像制品300多种。年内共审批图书选题2 465种、音像制品90种。对79种报纸、151种期刊进行年检,通过率达96%。157个记者站通过年检核验,19个记者站被取缔注销,换发新版新闻记者证2 571个。依法对264家印刷单位和33家发行单位进行年检核验,对19家违法违规经营发行单位进行查处。审读各类出版物近7 000万字。完成作品登记179件,新增通用软件正版化企业近百家。强化“扫黄打非”工作,查办案件320起,其中刑事案件3起、刑事审结案件2起、刑事处罚29人。全年出动执法人员18.3万人次,依法取缔关闭出版物市场、店铺、摊点5 492家、印刷企业549家、非法网站19个;收缴非法出版物60万件,删除、屏蔽有害信息1 143条。高质量完成2008年1 000家草原书屋建设任务。开展“书香草原、祝福祖国”全民阅读活动、“第二届蒙古文图书农牧民阅读大接力活动”。开展了行业“素质提升年”、队伍“道德建设年”活动。2009年,内蒙古自治区出版局有7个内设机构:办公室、出版产业发展处(法规处)、新闻报刊处、出版管理处(审读处)、印刷发行管理处、反非法和违禁出版物处(自治区“扫黄打非”工作办公室)、版权管理处、机关党委。

【评奖】 3月17日,自治区新闻出版局、出版工作者协会评选出《绥远通志稿》(12卷)等30部图书、《实践》等10家期刊、内蒙古教育出版社等3家出版单位为第二届内蒙古出版奖获奖作品和单位。

【获奖】 6月,自治区《漫友》《漫画世界》《中外童话画刊》被国家新闻出版总署列为“六一”儿童节前向全国少年儿童推荐优秀少儿报刊。

8月,由北方十一省市自治区参加的“北方优秀期刊”评选活动中,自治区《科学管理研究》等18种期刊被评为“北方优秀期刊”奖。9月25日,内蒙古推荐39种图书(其中蒙文16种)、音像制品6种(其中蒙古语2种)为民族团结优秀出版物。内蒙古教育出版社《历程——内蒙古改革开放三十年记忆》(8集)被列入全国民族团结优秀出版物目录。11月,内蒙古新闻出版局被中宣部、中央文明办和国家新闻出版总署评为首届全国全民阅读活动先进单位。12月,内蒙古自治区新闻出版局被全国扫黄打非工作小组授予“全国扫黄打非先进集体”称号。

【图书展】 7月10日至15日,第六届中国·内蒙古草原文化节精品图书展在呼和浩特举行,展出图书2 000多种,音像制品300多种。新闻出版总署副署长孙寿山,新闻出版总署机关党委书记李潞,自治区党委常委、宣传部部长乌兰,常务副部长毕力夫,自治区政府副秘书长杨玺等领导出席开幕式。

【美术创作】 7月18日至24日,由内蒙古文化厅、广播电视局、新闻出版局、旅游局共同举办的“内蒙古工艺美术创新作品大赛精品展”在呼和浩特举行。自治区党委常委、宣传部部长乌兰,自治区人大常委会副主任云秀梅等领导出席开幕式。活动共展览600件优秀工艺美术作品,并评选出22件获奖作品,9位工艺美术家,6家优秀工艺美术企业。

【农家书屋】 8月,国家新闻出版总署“农家书屋”工程建设验收小组到自治区检查验收,自治区1 000家“草原书屋”验收合格。

【“阅读分享”征文活动】 自7月份开展的“阅读分享”征文活动,共征集作品5 000余篇;8月份开展的全民阅读公益广告用语征集活动,共收到广告用语8 000余条。

【“草原书屋”获表扬】 12月,在云南召开的全国农家书屋建设(中西部地区)经验交流会上,自治区“草原书屋”建设受到国家新闻出版总署、国家财政部的表扬,内蒙古自治区新闻出版局在会上作经验交流。

【荣誉】 1.内蒙古人民出版社出版的《丁新民与他的民工兄弟》获全国第十一届精神文明建设“五个一工程”优秀作品奖。

2.内蒙古文化音像出版社获第七届“中国金唱片奖”出版贡献奖。

3.草原杂志社获“新中国60年有影响力期刊”。

4.王东生,内蒙古人民出版社;其其格,内蒙古教育出版社。获“全国民族团结进步模范个人”。

5.额敦桑布,内蒙古科学技术出版社。获“新中国

60 年百名优秀出版人物”。

6. 双龙,内蒙古出版集团、内蒙古教育出版社。获“中国百名优秀出版企业家”。

7. 吴力田,内蒙古新华发行集团有限责任公司获“第十届韬奋出版奖”。

8. 莫德格,内蒙古少年儿童出版社;吉日木图,内蒙古教育出版社获“百名有突出贡献的新闻出版专业技术人员”。

9. 乌兰巴特尔,爱信达印务有限责任公司获“新中国百名杰出贡献印刷企业家”。

10. 刘致一,呼和浩特市晚报社印刷厂获“全国印刷行业百名科技创新标兵”。

11. 连志刚,内蒙古自治区新闻出版局获全国“扫黄打非”先进个人。

12. 彩娜,内蒙古大学;田振山,《内蒙古教育》杂志获“在改革开放中为出版事业做出突出贡献的从业人员”中国出版荣誉纪念章。

13. 莎日娜,内蒙古人民出版社获“新闻出版行业抗震救灾先进个人”。

(郑剑虹)

出　　版

【内蒙古人民出版社领导名录】

社　长:王东升

【出版图书】　2009 年,该社共出版图书 750 种,1 388 千册(其中蒙古文图书 191 种,267 千册);重印再版图书 204 种。

注重抓好中华人民共和国成立 60 周年及改革开放 30 周年献礼图书和全国、自治区“十一五”规划选题图书的出版工作。出版献礼图书《费孝通全集》(20 卷)、《老作家文集》系列(共 6 套 33 册,包括《敖德斯尔文集》、《扎拉嘎胡文集》等)、《哈・丹碧扎拉桑文集》等 11 种图书。

出版“十一五”规划图书《汉蒙名词术语大词典》、《蒙古学百科全书・文物考古卷》、《蒙古史经典丛书》、《中国爬山调艺术集成》等 8 种图书。

【蒙古文图书出版】　1. 继续拓展优秀蒙古文图书“60 周年回望工程”项目,全面展示优秀蒙古文图书出版成果。2007 年、2008 年该社正式启动“60 周年回望工程”,两年中,努力克服各种困难,共出版蒙古文经典图书 34 种(49 册)。2009 年继续出版(重印)《成吉思汗连环画》、《蒙古传说大系》、《蒙古古代文学一百篇》等 6 种图书。

2. 在 2008 年成功举办“首届蒙古文图书农牧民阅读大接力活动”后,继续把该项活动引向深入。9 月 13 日,启动第二届蒙古文图书农牧民阅读大接力活动,本次活动该社拿出 2 万多册,总价值 50 余万元的图书在全区 20 个旗县 40 个苏木乡镇开展这项活动,受到广大农牧民读者热烈欢迎。《中国新闻出版报》、《中华英才》、《内蒙古日报》等报刊及新华网、中央电视台、中国图书出版网、中国新闻网等均予报道。该项目被列为自治区“庆祝中华人民共和国成立 60 周年暨全民阅读活动”的一项重要活动,并被中宣部、新闻出版总署评为“全民阅读活动优秀项目”。

3. 继续办好蒙汉文报刊,不断扩大影响。在自治区政府大力支持下,成立了独立法人事业单位《潮洛濛》杂志社、《内蒙古少年报》社,争取自治区财政支持。蒙古文大型文学期刊《潮洛濛》不仅畅销北方八省区,还销往蒙古、俄罗斯等国家、地区。《内蒙古少年报》作为我国唯一一家蒙古文少年儿童报纸,深受广大蒙古族少年儿童欢迎,并得到国家新闻出版总署推荐。

4. 制定蒙古文五年规划图书选题共 134 种。该社为贯彻落实党的民族政策,传承弘扬民族文化,始终把蒙古文图书出版工作作为一项重点工作认真抓好。在蒙古文图书出版成本不断增高、补贴不足、经费缺口很大的情况下,该社千方百计采取措施,尽最大努力保证蒙古文图书的出版品种和规模。2009 年共出版蒙古文图书 191 种,267 千册,较好地满足了蒙古族读者多层次、多样化的需求,为自治区民族出版事业和民族文化大区建设作出了贡献。

【具有鲜明民族特色 地方特色的文化含量颇高的品牌图书】　《成吉思汗蒙古帝国的后人》、《北方星灿》系列、《苏尼特岩画》、《蒙古诸部与俄罗斯》等图书让广大读者从中了解了蒙古民族及北方民族的历史、文化、风俗,具有很高的民族文化传承价值。

【“农家书屋”“草原书屋”工程图书出版】　2009 年陆续出版《蒙医软伤治疗研究》、《现代肉羊生产》、《奶牛高效饲养技术》、《农牧民保健丛书》、《2010 年农历》、《2010 年日历》等“草原书屋”工程图书,受到了广大农牧民的欢迎。

《新时期新农村建设必备》、《新农村新技术致富金钥匙》等多种图书被列入国家、自治区农家书屋图书采购书目。

【对外交流】　陆续出版《万象文画》(42 册)、《世界名著阅读经典(60 册)》、《细说北洋》(8 部)等畅销图书,受到读者欢迎,销量持续上升。

至2009年底,已有10余种图书被译成英、德、日、俄、朝鲜文等多种文字,进入欧美市场。还从美国、英国、日本、蒙古等国引进版权图书25种,如:《米歇尔·奥巴马》、《长弓民族的领袖》、《阿加莎·克里斯蒂侦探小说(6册)》等,丰富了出版品种,满足了读者多层次需求。

【获奖图书】 2009年,参加多项国家及省部级评奖活动,其中,《丁新民与他的民工兄弟》荣获第11届国家"五个一工程"入选作品奖;《百年东方》、《驼村》、《蒙药现代化研究》等20种图书获第10届自治区"五个一工程"优秀、入选图书奖;《绥远通志稿》、《魅力内蒙古》、《北方文明讲坛》等8部图书荣获第二届内蒙古出版奖;《蒙古族大辞典》、《用心办公》、《内蒙古百年大事回眸》、《欧罗马蒙古奇人》等16部图书获得第24届北方十五省、市、自治区哲学社会科学优秀图书奖。出版社还向全国优秀通俗理论读物评审委员会推荐《用心办公》一书,报送《蒙古学百科全书·文物考古卷》(蒙、汉)、《蒙古史经典丛书》等10种图书参加第61届法兰克福国际书展。

【网站建设】 2009年,内蒙古人民出版社网站版面全面更新、扩充,信息量增大,读者点击率不断攀升,明显提高对出版社形象及图书宣传的力度。出版社还积极加强营销网络建设,同北京、广东、甘肃等5家图书批销中心建立新的业务联系。同时,结合"草原文化节"、"草原读书日"等活动的开展,组织自治区知名作家阿云嘎、阿尔泰、苏和、阿尔宾贺什格等进行现场签名售书活动。

【营销】 出版社坚持"不断深入市场竞争,在竞争中求生存、发展,向市场要效益"的经营理念,积极策划符合市场需求的畅销图书。坚持以营销工作为重点,不断加强图书营销网点建设,丰富营销手段,强化营销措施,加强营销管理,努力实现利润最大化。2009年,共参加2次大型图书订货会,全面展示该社出版的图书,订货码洋均较往年有显著增长,特别是在馆配图书订货方面有较大突破。2009年,实现发货码洋大幅增长,一般图书回款成倍增长,是近十年来最多的一年。继续加强对图书印制各个流程的管理,认真计划生产,合理选择印制厂家,积极消化库存纸张,在有效提高图书印制质量的同时,有效降低了生产周期和生产成本。

【体制改革】 在工作中,社党委始终围绕"出版体制"改革这一重点,不断加强对职工的教育,使广大职工把思想统一到中央的政策上来,统一到改革的要求和工作部署上来,不断加深对成立内蒙古出版集团有利于内蒙古出版业持续健康发展的认识,努力解放思想、转变观念、变压力为动力,把精力集中到出版工作上,齐心合力实现文化事业和文化产业的协调发展。按照改革工作的需要,依据落实科学发展观《整改实施方案》的要求,针对工作实际,先后出台、修订、实施了多项制度。其中,《内蒙古人民出版社图书编校人员分配及管理办法调整、补充规定》、《关于年度考核评优若干问题的暂时规定》、《汉文图书营销业务员任务定额、跑片及补助规定》(试行)、《关于图书出版工作若干问题的规定(修订)》、《内蒙古人民出版社储运部工作人员岗位管理及分配暂行办法》等已实施。

【生产经营】 除进一步加大同北大、清华等高等学府,中国美术馆、故宫博物院等高级研究部门及中国作协、内蒙古文联、作协等创作团体的合作外,还逐步加大同实力雄厚的民营书业公司的引资合作工作。先后同三百余家民营书业公司联手策划选题、引进资金、推出精品。合作中,发挥该社编辑基础好、发行渠道广的优势,充分结合民营书业面向市场、资金雄厚、运作灵活的特点,更好地适应了市场,增强了图书市场竞争能力。扩大图书市场份额。

【管理】 财务、营销、储运数据联网管理进一步完善。完成清产核资工作。同有关部门合作,进一步加强"扫黄打非"工作,共查缴盗用内蒙古人民出版社名义的非法出版物186种。

(黄　滔)

报　业

【内蒙古日报社领导名录】

社　长:刘惊海

副社长 总编辑:贾学义

副总编辑:于守民 相恒义 岱钦(蒙古族 5月离任) 王开

纪检委书记:郭漠南(达斡尔族)

副总编辑:李玉林

副社长:张彦钦

副总编辑:吴海龙(蒙古族)

副社长:冀学博(5月任职)

党委委员:李建国

【新闻宣传】 一是围绕新中国60华诞迎庆活动,全社各报突出内蒙古特色视角,推出了一批重点选题,开设了

“内蒙古向祖国报告”主专栏以及“迎接新中国成立60周年”、“内蒙古档案”、“我与共和国一起成长”、“建设者风采”等系列重点专栏,从不同角度、多方面浓墨重彩地报道了新中国成立以来全区各领域取得的辉煌成就,热情讴歌党的民族区域自治和改革开放的伟大成就。

二是坚持“三贴近”,深入宣传全区各地、各条战线实践科学发展观,面对国际金融危机,主动迎接挑战,在推动经济社会发展方面开创的新局面、取得的新成就、创造的新经验。有计划地编发了“三农三牧”问题、就业问题、教育改革问题、医疗改革和社会保障问题等关注民生的报道。

三是积极调整办报办刊思路,有针对性地选择创新的着力点,报纸的宣传面貌和宣传效果明显改观。蒙文报把“坚持党报性质和肩负传承民族文化责任”作为宗旨贯彻到办报实践中,树立了“新闻纸加文化纸”的办报理念;加大了深入少数民族聚居区采访力度,丰富了牧区和牧民群众的报道,同时大力推进“报网互动”。汉文报继续大胆创新办报理念、方式和手段,根据宣传内容的需求,调整改造了版面结构,取得了良好效果。同时继续在改进会议报道和领导活动报道方面进行有益探索,加强评论和本土新闻、民生新闻的数量,实现了发行数量、读者满意度和广告额的三个“稳中有升”。

四是《北方新报》在本土新闻上不断出新,在活动上不断创新,彰显了媒体力量,获得良好的社会反响。《北方周末报》在深度报道上,《北方家庭报》在家庭道德的引向上都进一步深化。《新闻论坛》、《内参》改革力度大,影响力日益加强。

五是新媒体建设进一步完善,重大新闻通过网络等新媒体迅速传播。《中国蒙古语新闻网》已发展成为国家重要的蒙古语第四媒体,有34个国家和地区的网民登录,总点击量达900多万次。《北方新闻网》不断提升内容和质量,影响力大幅攀升。《北方新报》手机报创办多版本,用户量逐步增加。“报网互动”进一步深入。北方传媒公司自办的电视新闻节目《早安青城》得到了群众的喜爱和欢迎。

【管理和经营】 一是全社深化全面预算管理。核准预算单位,划小核算单位,收支两条线确定预算指标,大大增强了各经营单位的市场意识、经营意识、成本意识和节约意识,发挥了财务管理的防范预警作用,达到提高经济效益的目的。

二是全面推行目标责任管理。在合理制定各项经济指标的前提下,与汉文报、资产经营公司、闻都置业公司、北方新报社、印务中心、北方家庭报社、北方周末报社、文化传播公司等经营单位签订《经营目标责任书》,明确了各经营单位的责、权、利。同时制定与之相配套的经营指标考核办法实施细则,把效益和成本做为考核的主要指标,使每个经营单位有了明确的经营目标,提高了经营单位的工作积极性和创收意识。

三是汉文报进行“采编与经营分离”改革,组建了汉文报发行广告公司,实行“采编与经营互动”机制,全年广告发行收入达5 500万元,实现了历史性跨越。

四是资产经营公司咬住挖潜不放松,将社内闲置资产充分发掘经营,将供暖、职工食堂等进行社会化改革,实现收入和节约费用至少在500万元以上。

五是印务中心围绕着还贷加强管理,承担义务,使内蒙古日报传媒集团建立在了诚信之上,为整个集团的发展打下了良好的市场形象基础。

通过一系列卓有成效的运作,全社经营意识大增,经营收入不断提高,经济在连续四年近30%增速的基础上,继续保持高速度发展,集团整体实力得到全方位提升。全社2009年收入3.9亿元,实现利润2 134万元,实现总资产3.48亿元。

【体制机制改革】 2009年是内蒙古日报传媒集团挂牌运行第一年。年初进行了机构改革。通过改革使蒙汉编彻底分开,理顺了蒙、汉文报各自的办报流程,使蒙、汉编形成独立实体;建立了蒙、汉两个报网互动的机构平台,形成报网互动的状态。机构改革使经营部门独立出来,成为独立的核算单位,划清了预算单位,实行收支两条线的管理制度,明确了经营目标。通过向蒙、汉编下放人、财、物权力和对北方新报社等办报实体、印务中心等经营实体加强管理,形成集团性中宏观管理状态。

在体制改革中,强调每个部门独立核算,相互之间算账,以此提高各经营单位的成本意识、节约意识。同时狠抓机制改革,不断推行因事定岗,双向选择,分层聘用,岗薪挂钩,全社上下的人才意识和人力成本意识普遍提高。通过全集团干部和职工聘用,基本确定了不同实体和部门的编制、岗位和人员。

【队伍建设】 一是采编部门按照业务竞赛年的要求,继续加大“走出去,请进来”的业务培训工作,严格实施量化管理考核和奖罚制度,下任务、提要求、压担子,使编辑记者的能力素质得到了较大的提高。

二是经营部门,针对报社经营管理工作发展要求,按照“缺什么、补什么”的原则,全面深入开展培训工作,广大干部职工的业务素质显著提高,市场意识、大局意识、效率意识、责任意识大大增强。

【荣誉】 荣获内蒙古新闻奖一等奖3名,荣获全国省市区党报好新闻奖一等奖、二等奖8名,荣获全国蒙古文报刊新闻奖一等奖、二等奖、三等奖、优秀副刊奖、优秀版面奖共11名,荣获五自治区党报民族好新闻一等奖、二等奖8名。荣获有突出贡献中青年专家称号1名,荣获全区宣传思想文化战线先进工作者称号3名,荣获全区优秀新闻工作者称号3人,荣获建国60年中国房地产最具创新力人物奖1名,荣获"2005～2009年度内蒙古新闻出版战线十大杰出人才"称号1名。

(赵曙光)

广播电影电视

【内蒙古广播电影电视局领导名录】

局　长:刘永欣

副局长:王　增

副局长:赵春涛

巡视员:董庭玉(女)

内蒙古电视台台长:关方方(蒙古族)

副局长:王大为

内蒙古电台台长:张兴茂

副局长 内蒙古电影集团董事长:牧仁(蒙古族)

副巡视员:邹　韬

【概况】 内蒙古广播影视业自1950年11月1日内蒙古人民广播电台开播,至2009年底全区已有盟市级以上电台13座,电视台14座。旗县级广播电视台76座。全区共有广播节目126套,全年播出617 769小时;电视节目125套,全年播出615 727小时。内蒙古电台已形成8个频率播出的专业化布局,全天播出近150小时。内蒙古电视台已形成8个频道播出的专业化格局,全天播出近170小时。2009年,内蒙古电影集团有限责任公司正式挂牌成立,标志着全区电影产业发展步入新阶段。

内蒙古是全国唯一规模生产译制蒙古语广播电视节目的基地。内蒙古电台蒙古语广播节目每天播出18小时15分钟,年生产能力达6 628小时。内蒙古电视台蒙古语卫视每天播出24小时。蒙古语广播电视卫星节目分别在蒙古国首都乌兰巴托和俄罗斯乌兰乌德等城市落地入户,发挥着独特的外宣作用。

内蒙古蒙汉语广播电视节目通过中星6B卫星传输,覆盖全国全境及亚太53个国家和地区。内蒙古汉语卫视在全国的总覆盖人口达4.38亿人。全区有6 123.2公里的广播电视微波干线,是全国省级最长的微波干线;全区有线广播电视传输干线网络长达4.52万公里,居全国各省市区之首;全区有中短波广播发射台57座,调频发射台511座,电视发射台1 383座;卫星收转站395 911座;有线电视用户290多万户,其中数字电视用户已接近170万户。构建了"天上一颗星,地下一张网,干线贯东西,台站遍全区"的传输覆盖体系。无线覆盖工程、西新工程和村村通工程稳步推进,通过实施三大工程,全区广播电视综合覆盖率分别达94.75%和93.53%,有线电视入户率达39.38%。内蒙古广电总局直属26个企事业单位,在职正式职工3 870人(不含各盟市网络分公司职工及各单位聘用人员)。通过实施人才工程,内蒙古广播影视培养一大批名编辑、记者、名播音员、主持人、名编剧、名导演、名制片和高级技术人才。全区广播影视系统从业人员1.76万人(不含乡级广播站),其中编辑、记者4 154人,播音员、主持人844人,工程技术人员2 912人,取得高级职称的1 225人。麦丽丝、王新民、冉平、孟凡耀、康洪雷、陈枰、艾丽娅、宁才、图门等已成为全国影视界的名人。

2009年,全区有多件广播影视作品和多名个人荣获中国新闻奖、中国广播影视大奖、"五个一"工程奖、星光奖、华表奖、韬奋奖等国家级奖项。先后荣获全国广播电视节目技术质量奖、全国境外卫星电视传播秩序整治工作先进单位、国庆60周年广播电视安全播出保障工作先进集体、全国民族团结进步模范集体等荣誉称号。

【宣传工作】 全区各级电台、电视台围绕中央和自治区"保增长、扩内需、调结构、促改革、惠民生"的重大举措,突出抓好经济宣传,为应对国际金融危机,保持自治区经济平稳较快发展营造了良好舆论氛围;迎庆新中国成立60周年宣传隆重热烈,学习实践科学发展观活动宣传生动有力,对重大突发事件的报道及时准确;对就业、住房、医疗、市场供应、食品安全、城乡居民收入、消费者权益保护等民生问题的报道公开透明,引导有力;创新报道形式,圆满完成100多场各类大型广播电视媒体宣传活动;对外宣传力度进一步加大,在中央台上稿数量增加,质量明显提升,加大与中央及兄弟省区媒体的交流与合作,策划完成《华彩中国》、《八千里路走边关》等大型媒体活动,取得良好的外宣效果。

【影视工作】 由内蒙古电影制片厂、电影发行放映有限责任公司、广播电视器材供应站、电影厂标准放映厅和内蒙古电视台电视剧制作中心5家单位组成的内蒙古电影集团有限责任公司于2009年12月10日正式挂牌成立，标志着自治区电影产业发展步入新阶段，文化体制改革迈出了新步伐。电影《锡林郭勒·汶川》获第13届中国电影华表奖优秀数字电影奖，导演海涛荣获优秀新人导演奖；电影《额吉》、《圣地额济纳》入选新中国成立60周年重点国产献礼影片。

【安全播出工作】 全区各地认真落实“安全第一、预防为主、综合治理”的方针，针对2009年的重大活动、重要节日和重点敏感期，特别是新中国成立60周年庆典重要保障期，制订了安全播出应急预案，对所属播出部门的设施进行了全面、认真的隐患大排查，确保不发生任何安全播出问题。全区209个无线发射台播出169万小时，其中55个中短波发射台连续9年“三满”播出合格率达99%以上。2009年，自治区广电局被国家广电总局表彰为国庆60周年广播电视安全播出保障工作先进集体。

【三大惠民工程】

无线覆盖工程有序实施 国家和自治区投入2 880万元用于中央和自治区无线覆盖工程，新建和改造77座大功率发射台，新增135部大功率中波、调频和电视发射机。

西新工程继续扩展 国家投入970万元，完成额尔古纳712和新巴尔虎右旗719两个发射台的中波发射机设备更新，完成14个台站新增15部调频发射机及附属设备的建设任务。

村村通工程稳步推进 国家投入3 020万元，完成第一批直播卫星接收设备采购。安装调试84 600套直播卫星接收设备，完成2 817个村的建设任务。通过实施三大工程，自治区广播电视覆盖率分别达94.75%和93.53%，较上年增长0.7%和0.81%。

【有线电视服务】 2009年，制定《全区有线电视网络整合方案》，加快推进全区有线电视网络整合。鄂尔多斯市、巴彦淖尔市、阿拉善盟已全部完成所属旗县的整合工作。全区有线电视用户已达290多万户，其中数字电视用户170万户，占58.6%。按计划2010年6月底前将全部完成网络整合。整合后的有线电视网络将形成自治区、盟市、旗县三级贯通、统一管理、统一经营的新体制。网络公司坚持“用户至上、服务第一”的原则，服务质量进一步提高，全区统一客服中心电话接通率达到95%，用户投诉率明显下降。实施长途波分光缆干线传输网建设，使网络带宽大大增加，传输速率明显提高。全区营业厅进行标准化建设，实现了统一服务平台、统一服务标准、统一服务监督、统一服务管理。

【行业管理】 进一步加强对广播电视播出、传输和经营制作机构的监管，突出抓好互联网视听节目的管理，查处违规广告200多条，查处17家违法网站，集中拆除12 266座私设卫星地面接收设施，查处非法销售网点70余家，查处个别宾馆擅自传送境外卫星电视节目等问题，有效地维护了国家信息安全和广播电视发展秩序，被国家广电总局评为全国境外卫星电视传播秩序整治工作先进单位。

【产业发展】 全区广播影视创收收入12.30亿元，比上年增加0.87亿元，增幅7.61%。新媒体新业务发展迅速，移动多媒体广播电视(CMMB)在全区12个盟市所在地开播，内蒙古中广传播有限公司正式挂牌成立；视频点播、高清电视在大部分盟市开播；发展宽带互联网用户近2万户；电子产品生产开始起步，并向产品多元化方向发展。标志着内蒙古广播影视新的文化业态诞生，也标志着产业经营多元化迈出新步伐。

【荣誉】 8月29日，内蒙古电影制片厂摄制的《锡林郭勒·汶川》荣获第13届华表奖优秀数字电影奖，该片导演海涛荣获优秀新人导演奖。

内蒙古电影制片厂参与拍摄的影片《额吉》、《锡林郭勒·汶川》、《圣地额吉纳》，入选庆祝新中国成立60周年“向祖国汇报”重点国产影片献礼片。

10月30日，内蒙古电台广播消息《内蒙古在全国首家启动电力多边交易平台》荣获第十九届中国新闻奖三等奖；内蒙古电视台选送的消息《30元欠费36年后还》荣获第十九届中国新闻奖三等奖。内蒙古电台山丹荣获第十届长江韬奋奖·长江系列奖。

11月8日，内蒙古电台张平、内蒙古电视台宋国英荣获“全国优秀新闻工作者”称号。

内蒙古电台广播消息《巴林右旗达兰花嘎查非法开垦草原被查处》获中国广播影视大奖；内蒙古电视台电视音乐片《草原颂》获中国广播影视大奖电视文艺星光奖，另外3件合拍作品获中国广播影视大奖；包头市广电局2件作品获中国广播影视大奖；内蒙古电台、电视台、呼和浩特市广电局、乌海市广电局、呼伦贝尔市广电局的14件作品获中国广播影视大奖提名奖。

内蒙古电台广播消息《内蒙古在全国首家启动电力多边交易平台》、内蒙古电视台消息《30元欠费36年后还》荣获第十九届中国新闻奖三等奖。

内蒙古电视台蒙汉语春晚连续6年获全国“优秀作品奖”和“好作品奖”，《草原和你在一起》获2008年全国抗灾救灾电视特别节目一等奖。

内蒙古电台公益广告《小草篇》荣获全国广播广告一等奖，电视片《草原之子—廷·巴特尔》荣获全国廉政公益广告一等奖。

内蒙古电影制片厂故事片《锡林郭勒·汶川》获第13届中国电影华表奖优秀数字电影奖;电影《额吉》、《圣地额济纳》入选新中国成立60周年重点国产献礼影片。

内蒙古电台荣获全国广播电视节目技术质量“金鹿”奖两项大奖。内蒙古广电局被国家广电总局评为全国境外卫星电视传播秩序整治工作先进单位,国庆60周年广播电视安全播出保障工作先进集体,内蒙古广电局局781台被评为全国民族团结进步模范集体。

内蒙古电台山丹获得第十届长江韬奋奖·长江系列奖,内蒙古电台张平、内蒙古电视台宋国英获全国优秀新闻工作者称号。

《锡林郭勒·汶川》导演海涛荣获第13届中国电影华表奖优秀新人导演奖。

通辽市库伦旗阿其玛山广播电视转播台台长林发同志被国家广电总局评为2009年全国广播影视系统先进个人,中宣部副部长、国家广电总局局长王太华在“激情·奉献——2009全国广播影视系统先进事迹报告会”讲话中,高度评价了林发同志。

内蒙古广播影视10部作品获自治区第十届“五个一工程”奖。内蒙古电台、电视台各有10件作品入选第十七届内蒙古新闻奖。

在第六届德艺双馨电视艺术工作者推选表彰活动中,内蒙古电视台蒙古语文艺首席导演布仁巴雅尔、汉语卫视主持人缪丽茹获“德艺双馨”艺术工作者称号。

内蒙古电台包翔鹏、内蒙古电视台黄志伟被评为内蒙古优秀新闻工作者。

(张志军)

电视台

【内蒙古电视台领导名录】

台　长:关方方(蒙古族)

【新闻宣传工作】

圆满完成“两会”的宣传报道任务　为全面宣传报道好自治区“两会”,《内蒙古新闻联播》、《晚间报道》、蒙古语《内蒙古新闻》等栏目,以各自不同的侧重点报道“两会”关注的热点,圆满完成了这一报道任务。在全国“两会”期间,内蒙古电视台通过卫星直播车,及时传递“两会”最新动态,反映了全国“两会”的盛况和自治区全国人大代表和政协委员参政议政的风采。节目受到了自治区人大常委会和自治区政协领导的充分肯定和表扬。

新中国成立60周年的宣传报道　为做好新中国成立60周年的宣传报道,内蒙古电视台各频道、栏目以新闻主题报道、系列节目、晚会、纪录片、大型活动等形式,从不同角度展示内蒙古60年来在政治、经济、文化、社会等方面取得的辉煌成就。特别报道《我和我的祖国》、《我看60年变迁·家乡的小河》和蒙古语《内蒙古新闻》节目《浩特的面孔》,以全新的角度展示了新中国的发展与变化。

学习实践活动宣传　为做好“深入开展第二批学习实践活动”的宣传报道,电视台各新闻栏目按照自治区党委宣传部和学习实践科学发展观领导小组的要求,认真组织宣传,不断创新报道形式,在内容上努力突出实践特色,让广大观众实实在在地感受到学习实践活动的成果。

蒙古语新闻宣传　蒙古语卫视频道《中央新闻联播》、《早间新闻》、《环球时讯》三档新闻栏目全年制作播出了27 375分钟的节目,完成新中国成立60周年,中蒙、中俄建交60周年、汶川大地震一周年的重建等重大宣传报道任务,向国内外蒙古语电视观众传递了团结奋进、昂扬向上、和谐发展的舆论氛围。

2009年6月1日,蒙古语卫视频道实现24小时播出,无论是播出时间还是节目制作量都成为全国第一少数民族语言电视卫星频道。

继续加强民生新闻的宣传　经济生活频道充分利用全国省级台民生新闻协作体平台,全力打造《七点看吧》栏目,体现和谐、欢乐的民生主题,营造积极向上、互助互爱的良好社会风气。大型采访报道活动“雷蒙帮你找工作”,旨在以媒体行动的方式和广泛的影响力,切实帮助求职者实现就业目标。

5月17日,内蒙古电视台首个手语新闻节目《这七天》开播,为自治区26.7万听力残疾观众创造了一个信息交流的平台,为他们开启了一扇了解社会、了解时政的窗口。

以央视为外宣平台 积极宣传今日内蒙古　至2009年11月12日,内蒙古电视台在央视《新闻联播》节目中共播出新闻125条,其中头条8条,提要37条。在央视新闻频道播出各类动态报道700多条,在《焦点访谈》栏目播出自治区科学发展观报道两期,在《人民英模》栏目播出人物专题两期,完成了既定目标。“内蒙古经济继续在全国保持前列”,“保增长、扩内需”等经济报道,有力地配合了自治区的中心工作。

【民族文化宣传】

《蔚蓝的故乡》栏目以民族历史 民族文化 地域风情 精英人物为内容定位 2009年是汉语卫视频道《蔚蓝的故乡》开播5周年,电视台策划了一系列活动回顾、展望、宣传栏目走过的历程,利用《蔚蓝的故乡》已经形成的品牌资源优势,延展品牌广度,进一步提升了该栏目在区内外的文化影响力和渗透力。

大型媒体活动《八千里路走边关》是为国庆献礼的重点项目,摄制组沿内蒙古8 000里边境线穿行,以中国正北方边境地区的变迁这一独特视角为切入点,用镜头记录了这些地方60年来的发展变化,极具时代感和现实意义。此外,栏目组通过常规节目的主题化、规模化、系列化运作,打造了系列节目《草原文化核心理念访谈》、《家园》、《探秘蒙古高原》、《元青花》等,从不同角度诠释了草原文化的内涵,展示了本土文化魅力和草原风情。

大型活动及文艺节目 2009年,内蒙古电视台蒙、汉语春节晚会《吉祥祝福》、《春潮舞动内蒙古》取得了较大的成功。在2009年度春节电视文艺晚会及特别节目评优活动中,两场晚会分别获得“优秀作品奖”和“好作品奖”。内蒙古首届三少民族歌曲电视大奖赛,旨在传承、弘扬、繁荣、宣传三少民族独有的民族文化艺术,打造三少民族文化艺术品牌。

内蒙古电视台各频道还策划、举办了中蒙两国春节晚会《彩虹》、《第二届中国蒙古舞蹈大赛暨第二届内蒙古电视舞蹈大赛》、《金牛闹新春——2009全区农牧民春节大联欢》、《2009唱响红歌》、《第二届“我最喜爱的十大北疆卫士”评选活动》等晚会和大型活动。

此外,内蒙古电视台还出色完成了第六届中国·内蒙古草原文化节、第十届昭君文化节、第十一届亚洲艺术节等重要节庆活动的宣传报道任务,扩大了内蒙古的知名度,提升了草原文化的影响力,向世界展示了内蒙古经济社会全面进步的良好形象。

电视剧 纪录片创作 2009年,内蒙古电视台加强电视剧的创作和生产,完成了电视剧《胡杨女人》的前期拍摄工作。百集电视剧《大盛魁》第一部已于2009年10月正式开机拍摄。此外,通过打造《北京—乌兰巴托》、《祝福祖国》、《文化内蒙古》、《蒙古之源》、《骑兵赞》等纪录片,为祖国60华诞献上一份厚礼。

【体制机制改革和创新】

实行自采新闻策划制度 增强了新闻节目的可视性 2009年,内蒙古电视台新闻中心开始推行周策划制度。制度要求各栏目要在每周例会上拿出下周主打新闻的策划方案,实行“周周有策划,人人有指标”。既突出了每周播出节目的主题,又丰富了新闻节目的内容,更增强了栏目制片人和记者的责任感和使命感。

推行广告代理制 为应对日趋激烈的市场竞争形势,广播电视报社与内蒙古盛世魁元传媒有限公司签订了独家广告代理及相关产业开发等合作协议,通过广告经营的市场化,提高了广告经营的收入。

开展媒资管理工作 为提高节目制作效率,降低节目制作成本,更好地保存和利用有价值的视音频资料,内蒙古电视台于2009年8月20日成立了媒体资产管理工作组,标志着内蒙古电视台空白记录介质的统一管理和历史资料的整理、数据化及归档工作全面展开。实现了安全、完整地保存媒体资产和高效、低成本地利用媒体资产。

【信息化建设】

办公自动化系统搭建 内蒙古电视台办公自动化系统于12月搭建完毕并进入试运行阶段,实现公文的网上收文、发文、审批、查阅等功能,规范了台内办文办事流程,提高了全台的现代化管理水平和工作效率,使全台职工能够及时了解台内各项工作进展和重大事项及决定,为台领导科学决策提供了有利依据,真正实现无纸化办公。

内蒙古电视台新闻热线正式开通 2009年7月1日,内蒙古电视台新闻热线0471－6953000正式开通。各新闻栏目的新闻热线被平移到台网络信息服务中心语音信息科呼叫中心热线平台上,实现了新闻信息资源的整合利用和高效管理。

“内蒙古电视台网站”升级改版为“内蒙古电视网” 10月12日,内蒙古电视网新装上线,为网民提高更丰富、更多样化的体验。内蒙古电视网以内蒙古电视台强大的视频资源为依托,将被打造成为内蒙古电视网络媒体的第一品牌。在此基础上,内蒙古电视台全新的信息化服务平台正式启用。新平台设置了7大版块,使台内职工网上办公更轻松、信息更流畅、沟通更快捷。

内蒙古电视台新闻通联信息平台正式开通 该平台有效整合了各盟市新闻资源,使各盟市台、记者站和内蒙古电视台各部门之间实现新闻资源的共享,对加强新闻信息交流,促进新闻业务学习等方面起到重要作用。

进一步加强技术改造 确保安全播出 2009年,内蒙古电视台共完成170多场蒙汉语大型节目的直播和录制任务和100平方米新闻演播室的数字化改造工程,为新闻直播的优质、安全播出做好技术保障。此外,内蒙古电视台将租用的原微波会议室改造为新闻演播室,使其完全具备了新闻演播室的制作和直播功能。2009 年,七个频道累计播出68 193.92小时,台内停播率小于5 秒/百小时,主要设备故障率低于15%。

【发展文化产业】 1 至 11 月份,全台创收18 126万元,比上年同期增长27%。

内蒙古汉语卫视节目信号初步完成 35 个中心城市区域有效覆盖,在香港特别行政区宽频有线和澳门特别行政区快捷电业有线均可收看到内蒙古卫视节目信号。至11 月25 日,内蒙古卫视节目信号在全国的总覆盖人口规模已达4.38亿人。加快利用电视文化项目开发产业的步伐。

内蒙古电视台申请创办自治区第一个购物频道——“欢乐购物十七频道”。至11 月底,频道已售出货物值达50 万元。手机电视 CMMB 频道也于2009 年11 月正式开始播出。

大型蒙古族舞剧《一代天骄》已成为自治区的一张文化名片。该剧分别在呼和浩特市、包头市、鄂尔多斯市、满洲里市隆重上演。

2 月28 日,全区第一个文化传媒创意园——内蒙古文化传媒创意园开工建设。创意园将成为内蒙古电视台在西部的节目制作中心、大型文体演艺中心、动漫网游制作中心和创意产业基地,力争将其建设成中国西部文化传媒创意基地。

大盛魁文化创意产业园已投资建设。产业园将恢复大盛魁总号的原貌。在进行拍摄电视剧、电影、纪录片、文艺演出的同时,主办方将开发旅游、商贸、出版等相关产业,形成独具特色的文化产业链。

【荣誉】 1月8 日,在中国人民大学新闻学院、复旦大学新闻学院、中国传媒大学电视与新闻学院等八家国内著名新闻传媒院校主办的“中国传媒大会 2008 年会暨金长城传媒奖”颁奖盛典上,内蒙古电视台台长关方方荣获“2008 中国十大传媒创新人物”称号;内蒙古汉语卫视荣获“2008 中国卫视频道十强”称号;内蒙古电视台被中国品牌媒体联盟吸收为第二届理事会理事单位。

6 月8 日,自治区人民政府作出表彰奖励2008 年度有突出贡献中青年专家的决定。关方方台长荣获“2008 年度自治区有突出贡献中青年专家”荣誉称号。

6 月27 日,在北京举行的2009 中国品牌与传播大会暨“品牌贡献奖”年度颁奖盛典上,内蒙古汉语卫视荣获“影响中国十大卫视”称号。内蒙古电视台台长关方方被评为“影响中国十大传媒领军人物”。

(葛　红)

广播电台

【内蒙古人民广播电台领导名录】

台　长:张兴茂

副台长:郭文秀 单玉杰 阿尔彬(蒙古族)

赵慧华(女 蒙古族) 吴向阳(蒙古族)

樊晓峰

【概况】 内蒙古人民广播电台成立于1950 年,经过60 年的发展,已经成为国家发射功率最大、覆盖面最广的省级广播电台之一。全台蒙汉语八套广播节目和内蒙古广播网、内蒙古音乐网共同形成了门类较为齐全,布局较为合理的广播节目体系,这八套广播节目初步构建起内蒙古人民广播电台现代化节目播出格局。

【宣传报道】

迎接挑战 应对危机 突出抓好经济宣传 中央出台扩大内需促进经济增长的十项措施后,蒙古语广播和新闻广播策划及时组织扩大内需十项措施报道计划,播发评论员文章,重点阐述自治区应对国际金融危机的立场和观点,着力报道全区各地区、各条战线应对国际金融危机的措施和做法。蒙汉语各档新闻节目和新闻性专题节目特别关注了自治区重点项目开工建设情况、优势特色产业发展情况和自治区在落实国家扩大内需政策、加快基础实施建设方面的进展情况,推出《坚定信心 科学发展》专栏。各相关频率还重点开展贯彻落实中央一号文件的宣传,关注“三农三牧”,宣传支农惠农政策。

搞好主题活动宣传 营造良好舆论氛围 1.扎实开展深入学习实践科学发展观活动的宣传。按照自治区学习实践科学发展观领导小组的部署,继续采取多种形式,运用多种手段,对全区开展学习实践科学发展观活动的情况进行全面深入的报道。蒙汉语新闻广播在《全区新闻联播》、《早间新闻联播》节目中开设“深入开展学习实践科学发展观活动”专栏,从声势和深度上形成宣传学习实践科学发展观活动的浓厚氛围。

2.下大力气做好迎庆新中国成立60 周年的宣传报道工作。全台上下精心组织、周密策划。新闻广播与中国国际广播电台联合开展了《中外记者边境行》大型采访活动;蒙古语广播开展了《边关之旅》大型纪实系列报道活动。特别是由我台策划组织,联合国内七家省市自治区电台开展一次跨省区的“华彩中国”大型主题联合采访活动浓墨重彩地展现了新中国成立

60年自治区及区外被采访地区经济社会发展、人民生活日新月异的可喜景象。各频率的相关节目推出"我和我的祖国"、"共和国建设者"、"迎国庆办实事"、"我看60年变迁"、"内蒙古和谐60年"、"我为祖国歌唱"栏目和"爱国歌曲大家唱"活动。

增强快速反应能力 做好突发事件的报道 做好突发性事件的报道工作，是检验一个媒体应对危机、体现社会责任和存在价值的重要方面。2009年四月份以来，甲型H1N1流感疫情迅速在全球范围内蔓延。电台以新闻广播为主的多个频率和节目投入到防控甲型H1N1流感疫情的宣传报道工作中，迅速及时地报道了林西县中学等各地疫情爆发和防治的情况。此外，对"呼和浩特市托克托县黄河8·28游船翻沉事故"、赤峰市水污染事件、呼和浩特市第二监狱10.17犯人脱逃案件等突发事件进行迅速及时全面的报道，满足了听众的知情权，有效引导社会舆论。

做好大型活动的宣传报道 提升广播影响力 1.媒体联动手法新，"两会"报道声势大。2009年在全国、全区"两会"的报道中音频视频同步，广播网络联动。首次在代表团驻地设立"两会"直播间，收效良好。中央人民广播电台中国之声和内蒙古广播电台共同推出的《"两会"动车组》——呼和浩特站特别节目，以一种崭新的面孔展示出社会各界民众对全国"两会"的反应。

2.草原文化节的报道有声有色，现场直播感染力强。蒙汉语广播分别开设《草原无处不飞花》、《迎接第六届内蒙古草原文化节》专栏。各档新闻节目全方位、多角度、多侧面地全面深入地对本届草原文化节的整个进程开展宣传报道，做到会前掀声势、会中达高潮、会后造影响的宣传效果。

3.全区两个文明建设经验交流会和全区农村牧区精神文明建设现场会的宣传报道丰富多彩。在会前重点推出系列报道，会中利用同步卫星直播车对会议进行现场直播，会后对会议取得的经验、成果进行总结宣传报道。

4.第11届亚洲艺术节的宣传报道形象生动、异彩纷呈。对开幕式、闭幕式文艺晚会和部分活动内容进行现场直播，内蒙古广播网也同步进行视频直播。艺术节期间，对艺术节的各项活动进行即时现场报道。在艺术节举办前期和举办期间，推出成就性报道，多角度、全方位展现鄂尔多斯市独特的文化魅力和深刻内涵。

5.第十一届全运会的报道紧跟赛事，高超迭起。新闻广播开设"全运大看台"、"全运快讯"、"全运奖牌榜"等专栏，全方位报道全运会赛事。同时还加盟全国全运广播联盟，与全国广播界同仁协同作战，资源共享，赛场前方设立内蒙古电台直播间，同步直播全运会精彩赛事，及时报道比赛最新情况。

充分关注民生 促进社会和谐 2009年内蒙古广播电台各频率在广播宣传工作中充分关注民生，促进社会和谐。蒙汉语新闻节目在报道中充分关注大学生就业、增加城乡居民收入、维护消费者权益等民生方面的问题。经济生活广播、绿野之声广播也将民生问题作为全年节目宣传的重点，在节目中加强服务，体现民生。

文艺节目丰富多彩 文艺创作取得收获 2009年内蒙古电台加大文艺节目制作和播出的力度，围绕新中国成立60周年制作了大量的讴歌祖国、赞美家乡的文艺节目，以艺术形式展示内蒙古的历史性变化，激发各族人民的爱国热情。音乐之声广播、评书曲艺广播充分发挥频率资源优势，节目形式异彩纷呈。文艺制作中心全年共创作录制蒙汉语 原创歌曲84首，编创录制5部225小时的乌力格尔。在全区"五个一工程"、"索龙嘎"奖、"萨日纳"奖和全区广播文艺奖评选中，共有24部作品分别获奖。

对外宣传又创佳绩 精品建设再上台阶 2009年内蒙古广播电台蒙汉语广播在中央人民广播电台、中国国际广播电台共播发稿件392篇(套)，其中蒙古语广播在中央台和国际台播出稿件109篇；新闻中心在中央人民广播电台的《全区新闻联播》、《新闻和报纸摘要》和其他节目以及中国国际广播电台共发稿283篇。

节目创优方面成绩突出，在中国广播电视大奖广播节目奖评选中，内蒙古广播电台一件作品获中国广播电视奖大奖，七件作品获中国广播电视奖提名奖。在中国十九届新闻奖评奖中，一件作品获中国新闻奖三等奖。在八省区蒙古语广播节目评奖中，内蒙古广播电台有15个。在第十七届内蒙古新闻奖评选中，内蒙古广播电台有10件作品获奖。在2008年度内蒙古广播奖评选中，内蒙古广播电台有30件作品获奖。2008年度获奖的数量和档次上都达到了近年来的最好水平。文艺制作中心主任山丹获得第十届长江韬奋奖·长江系列奖，汉语新闻中心张平获全国优秀新闻工作者称号。

【安全播出】 2009年内蒙古广播电台加大广播覆盖的投入，加快广播覆盖工作进程。年内多次筹集资金，购置直播车、发射机、采录设备及USB电池等设备，交通之声广播在完成了满洲里、鄂尔多斯、乌兰察布等地的同频率改造工作的基础上，实现了西起阿拉善左旗，途经乌海市、磴口县、临河区、五原县、乌拉特前旗、包头市、鄂尔多斯市、呼和浩特市、卓资县、东至乌兰察布市境内东出口北京方向兴和县,南出口山西省大同方向丰镇市,北出口连接省际大通道的商都县等区域的同频同步播出。交通之声广播播出信号已完整覆盖京藏高速内蒙古段及周边省道、国道及沿线城镇。

通过各方努力,评书曲艺广播、经济生活广播、音乐之声广播三套调频节目实现了卫星信号传输,交通之声、音乐之声、评书曲艺三套节目2010年1月1日如期实现24小时播出。2009年8个系列台9套节目共播出60 342小时,停播率为0秒/百小时。

【内部管理机制】

节目质量 广告监管 成本控制"三大体系"的完善 促进管理水平的提升 1.在节目质量评价体系方面,继续利用好赛立信媒介研究公司对全区各行各业受众的调查数据,广播发展研究中心加大对节目的听评和奖惩力度,听众服务中心发挥职能作用,广泛收集听众对节目的意见和建议,形成专家听评、专业媒介公司调查、听众评价相结合的规范化节目评价体系,为频率节目调整和内蒙古电台的发展提供建设性意见和建议。经济生活、音乐之声、评书曲艺广播经过规划论证推出格式化播出的整体方案,频率定位窄播化,节目内容专业化,节目形态齐整划一。2010年这三个频率的格式化播出如期实施。

2.在广告监管体系方面,加大台内广告监听、监管力度。广告监管部门每月定期印发监听月报,不定期印发监听快报和稽查通报,并积极协调相关部门,进一步理顺管理机制,不断完善广告经营管理的规章制度,充实力量努力实现统一、科学、有效监管,为经营创收提供保障。

3.在运营成本控制体系上,不断强化制度环境建设,加大投入产出核算工作,按照《内蒙古广播电影电视局行政事业单位国有资产处置管理实施办法》,加强固定资产的有效利用和管理,确保投资重点和投资效益。以建设节约型单位为目标,积极做好节能减排工作。

加强联合 扩大社会影响力 2009年,内蒙古广播电台加入中国广播联盟。新闻广播加入有21个全国省级第一套广播频率共同参与组建的协作网络——"中国新闻广播协作网"。在组建绿野广播联盟的基础上,内蒙古广播电台联合全区14个盟市电台组建内蒙古广播联盟和由部分旗县电台加盟的蒙古语广播联盟。2009年分别与满洲里市政府和鄂温克族自治旗签署了战略合作协议。促进了内蒙古广播优势资源整合。

加强网络建设 推进多媒体发展 内蒙古广播电台加强网络建设,力争从单一广播媒体向多种媒体发展,2009年,内蒙古广播网又开通蒙古语频道。进一步提升了无线广播节目和网络节目的互动能力,拓宽了蒙古族听众的信息渠道。

【经营】 2009年,在原广告经营中心的基础上,组建了内广传媒发展中心,实行内部公司化运作,制定实施细则和经营目标,积极探索适应市场的可持续发展的经营方式,经营创收工作取得明显成效。全年广告创收达3 829万元,超额9%完成下达的3 500万元的创收任务。

(李天慈 肖俊青)

文史研究

【内蒙古文史研究馆领导名录】

馆长:李联盟

副馆长:焦占宪(7月离任) 王德恭

【参政议政】 2008年12月26日下午,自治区政府主席巴特尔主持座谈会,听取自治区民主党派、无党派人士、工商联、政府参事、文史馆员对《政府工作报告》(征求意见稿)的意见和建议,馆员丁锡成、张国材、岳志东3位馆员参加了座谈会。

2009年1月7日至12日,中国人民政治协商内蒙古自治区第十届委员会第二次全体会议在呼和浩特隆重开幕。馆长李联盟作为政协常委,副馆长王德恭作为政协委员参加了会议。杨鲁安、金峰、熊一然、马铁等16位馆员列席了会议。焦占宪副馆长于1月8日至13日列席了内蒙古自治区第十一届人民代表大会第二次会议。

【新馆员聘任仪式】 1月20日,自治区政府在呼和浩特市新城宾馆举行"新任自治区政府参事、文史馆员聘任仪式",新聘5位参事、13位馆员。自治区党委副书记、自治区主席巴特尔,自治区党委常委、统战部部长伏来旺,自治区副主席刘新乐出席仪式。

巴特尔主席为每位新聘政府参事、文史馆员颁发聘任书并做了讲话。平子良代表新聘任参事、石玉平代表新聘任馆员分别发了言。仪式结束后,巴特尔主席、伏来旺部长、刘新乐副主席同每位新聘任参事、馆员分别合影。晚上,在新城宾馆宴会厅,自治区政府、自治区党委统战部共同举行"政府参事、文史馆员春节招待会"。刘新乐主持了招待会，伏来旺讲话。内蒙古日报、内蒙古电视台、内蒙古广播电台对上述活动做了认真报道。

【伏来旺到文史馆视察工作】 5月12日，自治区党委常委、统战部部长伏来旺到文史馆视察工作并召开座谈会。馆领导和全体工作人员参加了会议。

首先，文史馆党组书记、馆长李联盟就文史馆2008年主要工作和2009年以来的工作做了汇报，副馆长焦占宪、副馆长王德恭就二人分管的工作做了补充。伏来旺听取汇报后，对文史馆工作给予了充分肯定。他讲到：今天到文史馆同大家见面，主要目的是鼓舞大家工作士气、克服老气。做好时馆工作，就是要使馆员的专长发挥出来，这就需要：1. 工作人员认真为馆员做好服务工作。馆员多为学者、专家，这就要求工作人员要认真学习，学习中华民族的历史，学习中华民族优秀的传统文化，必须懂得历史渊源，把握中华民族脉络，还应学习掌握少数民族文化脉络。作为内蒙古自治区文史馆，要注重草原文化研究，要研究草原文化的历史沿革、范围、内容和内涵。2. 要突显自治区书画艺术特长，多搞书画研究、艺术创作活动，弘扬内蒙古地域文化，民族文化特长。3. 要广泛的开展文化交流活动，学人所长。4. 要抓好文史馆的自身建设，包括馆员、研究员队伍建设和机关干部队伍建设，充分发挥馆员研究员专长；挖掘馆员、研究员潜力，做好文史馆工作。

【工作会议】 2月17日我馆召开馆长办公会。党组书记、馆长李联盟向处级以上干部传达了会议精神，结合本馆实际，就如何贯彻落实会议精神，开展了讨论，安排部署了近期工作。19日向全馆工作人员传达了会议精神，李联盟要求工作人员要深刻领会会议精神，认真贯彻落实。20日召开了馆员、研究员会议，副馆长王德功主持会议，馆长李联盟传达了会议精神。馆员研究员以会议精神和工作实际，进行了讨论，增强了工作信心，为文史馆2009年工作提出了一些很好的建议和意见。

【中国西口论坛】 7月9日至8月2日，由自治区文史馆、包头市委宣传部主办，包头大漠文化中心和包头西口文化研究会承办的"中国 西口论坛"在包头市举办，来自山西、陕西、河北、山东、北京、呼和浩特市、鄂尔多斯市、乌兰察布市等地的专家、学者参加。内蒙古文史研究馆副馆长王德恭主持，内蒙古文史研究馆馆长李联盟和中共包头市委常委、包头市宣传部部红洁先后致辞。之后相继有25位专家学者从地域、历史、文化等不同角度，宣读了自己的论文或即席发言，就走西口的成因，走西口所涉及的地域，走西口精神和西口文化内涵，走西口对相关地域经济、政治、文化、民族融合所产生深远影响和巨大意义，以及当前西口文化研究和有关西口文艺创作所应注意的问题，对走西口这一经历三百年移民大潮的历史渊源、人文精神、社会效益等进行了论证，并进行了广泛交流和深入研讨，进一步深化对走西口这一伟大历史事件和西口文化的研究。

【杨鲁安馆员追思会】 4月30日，自治区著名书法、篆刻、收藏家杨鲁安馆员因病医治无效，在呼和浩特逝世，享年81岁。

5月7日，杨鲁安馆员追思会在呼和浩特市举行，国家民族事务委员会主任杨晶，全国政协提案委员会主任王占，自治区党委副书记、自治区副主席任亚平，自治区党委常委、宣传部部长乌兰，自治区副主席连辑，自治区人大常委会原副主任、中国法学会副会长胡忠，以及自治区党委统战部、中国书法家协会、西泠印社等个人、单位团体发来唁电唁函，自治区党委常委、统战部部长伏来旺，自治区政协副主席牛广明，自治区政协原副主席夏日出席追思会。自治区政协文史资料会、内蒙古伊斯兰教协会等单位、团体代表及各界人士200多人参加追思会。

【刘兆威馆员逝世三周年纪念会】 5月8日，文史馆在呼和浩特市举行"刘兆威馆员逝世三周年纪念会"，自治区党委常委、统战部部长伏来旺发来了书面发言稿，对刘兆威馆员的一生给予了高度评价。他指出；"刘兆威先生德高望重、学识渊博是自治区资深的学者教授、著名的书法家，他的一生在文化艺术事业上辛勤耕耘、硕果累累，为自治区文化建设事业做出突出贡献。"馆长李联盟回顾了刘兆威馆员的一生，总结了他在文化艺术、教育事业的突出成绩。同时与会各界人士纷纷发言，怀念刘兆威馆员，赞美他的品行，评价他的功绩，一致认为刘先生是良师益友。会议由文史馆王德恭主持，内蒙古怡斋书画院、内蒙古民盟、内蒙古工业大学等单位的领导、馆员和其他亲朋好友近百人参加了纪念会。

【庆祝建国60周年】 9月26日，文史馆举办了"庆祝中华人民共和国成立60周年馆员、研究员茶话会”。自治区人大副主任柳秀、自治区政协副主席肖黎声、郑福田,文史馆馆长李联盟,副馆长王德恭等出席了茶话会,馆员、研究员共贺佳节。

【编纂《中国地域文化通览·内蒙古卷》】 为了认真贯彻落实党的十七大精神,充分发挥全国文史馆系统在推动社会主义文化大发展、大繁荣中的作用,中央文史研究馆决定组织全国各省、市、区文史研究馆编撰大型丛书——《中国地域文化通览》。此书系国务院批准的重点文化工程,全书共34卷,包括港、澳、台和省市自治区各一卷,由全国各地文史研究馆组织专家学者完成。文史馆负责编撰《中国地域文化通览·内蒙古卷》,这是全国文史研究馆通力合作编著的一项国家级重大文化工程,其作用是弘扬中华民族优秀传统文化,促进社会主义文化建设,意义重大而深远。为保证这项重要文化建设工程的顺利进行,保质保量按期完成编撰任务,文史馆先后参加中央馆组织的八次专业工作研讨会,认真贯彻会议精神,具体工作中严格按照中央馆总编委的要求,主要落实了以下几项工作:1. 成立“内蒙古卷”组委会和编撰工作机构。文史馆在自治区范围内,广泛征求相关专家学者的意见,拟定《通览·内蒙古卷》编纂工作委员会、编辑人员建议名单,经自治区政府审定后,正式成立以布小林副主席为主任的《通览·内蒙古卷》编纂工作委员会并确定主编、副主编及编辑工作人员。2. 为写出学术严谨、高水平的《通览·内蒙古卷》初稿,审慎确定了撰稿人。首先到相关科研院所走访了解自治区历史学界专家学者各自的学术特长,然后多方征求意见,确定撰稿人。3. 在经费问题上,按照编辑工作要求,以专项申请报告自治区政府,经同自治区财政厅协调,70万经费已确定列入明年经费。4. 为了把握工作进度,在十月、十一月、十二月分别召开编撰工作人员会议,按照实际工作,讨论《通览 ·内蒙古卷》总目录中各个章节设置、相关关联以及一些具体学术问题。为准确把握《通览》总体要求,贯彻《通览》总体精神,在三次会议中还适时地学习了中央关于《通览》的一些主要文件。最后确定落实各个章节的具体撰稿人。在中央馆《通览》总编委通过《通览 ·内蒙古卷》章节目录后,各个章节目录已具体落实到人,一撰写完成约40万的初稿,完成总任务的二分之一。

【建立“全国文史 书画研究北方基地”】 为了更好地在全国发挥文史研究馆综合优势,弘扬祖国优秀传统文化,中央文史研究馆充分考虑全国各馆的整体情况,先后在广州成立“全国文史、书画研究南方基地”,在北京成立“中央馆书画院”,并决定将“全国文史、书画研究北方基地”设在呼和浩特市。“基地”办公楼于2007年经自治区政府批准,由自治区发改委立项,2008年开工建设,已基本完成。设备款已经到位,50万元运转经费已列入了明年预算。考虑到文史馆的实际情况,文史馆申请了“北方基地”为由内蒙古自治区文史研究馆管理的正处级全额拨款事业单位,内设编制10人,其中正处级1人,副处级2人。

【出版刊物】 2009年出版了总第13期《内蒙古文史》,共10万字,分“世纪回眸”、“经济史坛”、“草原文化”、“史海拾贝”等13个栏目。

(马庆生 张宏宇)

卫生·计划生育·体育

医疗卫生

【内蒙古自治区卫生厅领导名录】

厅　长:杨成旺

副厅长:白宝玉(蒙古族)　乌兰(女　蒙古族)　贺丰奇　许宏智

副巡视员:尹赤林(蒙古族)　裴政峰

【概况】　2009年,全区卫生工作以深化医药卫生体制改革为中心,围绕强化重大突发公共卫生事件控制,加强卫生服务体系建设,提升医疗卫生服务整体水平,加强卫生系统精神文明建设等重点工作,加大工作力度,各项工作取得了明显成效。充分发挥医改领导小组主要成员的作用,确定了通辽市和鄂尔多斯市为整体医改推进试点,积极稳妥推进医改重点工作。启动实施了重大和基本公共卫生服务项目,启动基本药物网上集中采购工作,集中采购国家基本药物目录药品277种,占目录药品的90%。在部分地区实施了基本药物零差率销售。有效防控甲型H1N1流感疫情,累计治愈临床诊断病例和确诊病例7 000多例,处置手足口病、中毒事件等突发公共卫生事件64起。投入建设资金24.21亿元加强医疗卫生机构的基础设施和基本装备建设。利用国家和自治区公共卫生专项资金15.26亿元实施重大公共卫生项目,加强公共卫生服务能力建设。先后组织实施国家免疫规划、地方病、包虫病、麻风病、艾滋病、结核病、慢性病等重点疾病防治项目和儿童先天性疾病、妇幼卫生、贫困白内障患者复明、新农合管理能力建设、烟草控制与健康素养监测、农村牧区改水改厕等项目,保证了地方病和慢性疾病防治、公共卫生监测与执法等各项公共卫生服务任务的顺利完成。积极争取国家和自治区投入8 300多万元。深入开展"以病人为中心,以提高医疗服务质量为主题"的医院管理年活动和"医疗质量万里行"活动。在三级医疗机构开展单病种临床路径管理试点工作,搭建了12580健康导航业务平台,在全区三级综合医院推行预约挂号。组建30个专业临床质量控制中心,启动了全区医疗质量控制工作。重新评审确定自治区医学领先学科23个、重点学科42个、重点实验室15个,有23项卫生科技成果获自治区自然科学奖和科技进步奖。制定并出台《蒙中医医院等级评价标准和考核细则》,在公共卫生、基本医疗以及重大、疑难疾病防治等方面广泛应用蒙中医药技术。全区有4个学科被评为国家级重点学科,22个特色专科专病项目得到强化建设。针对工作中存在的突出问题,加大整改力度,推广包头市诊疗费用"五统一"的"一日清单制"经验,推行"以政府为主导、以自治区为单位"的药品网上集中采购工作。

【医药卫生体制改革】　制定出台《自治区深化医药卫生体制改革实施意见》和《自治区深化医药卫生体制改革近期重点实施方案(2009~2011年)》,并于2009年9月召开全区深化医药卫生体制改革工作会,确定通辽市、鄂尔多斯市作为医改整体推进试点,乌兰察布市作为基层计生、卫生资源整合试点。将符合条件的3所旗县级医院核定为三级医院,鼓励旗县医院的发展。自治区还将卫生监督体制改革纳入医改重要内容,推进卫生监督执法工作重心下移。与财政、计生部门制定出台《内蒙古自治区促进基本公共卫生服务逐步均等化实施方案》,启动实施补种乙肝疫苗、增补叶酸、"两癌"检查、贫困白内障患者复明工程、农村牧区改水改厕等国家重大公共卫生服务项目,新增实施鼠疫、布病防控和农村牧区人畜安全饮水监测重大公共卫生服务项目。启动实施"城乡居民健康档案"等9类66项基本公共卫生服务项目。

印发《内蒙古自治区建立国家基本药物制度实施方案(暂行)》,在呼和浩特市等6个试点地区实施基层医疗卫生单位的基本药物制度。完成以自治区为单位的药品网上集中招标采购工作,有6 751种药品、19 718个药品品规入围,药品价格较政府限价降幅达到32%。集中采购国家基本药物目录药品277种,占目录药品的90%。

【重大突发公共卫生事件应对】　建立甲型H1N1流感

联防联控机制,按照属地化管理原则,坚持依法科学防控,先后处置聚集性疫情101起,累计治愈临床诊断病例和确诊病例7 000多例,开展疫苗接种128万人份。

7月,筹集并下拨资金1 440万元启动建设覆盖盟市、旗县的视频会议系统和卫生应急决策指挥系统项目,将视频会议和卫生应急决策指挥系统开通到79个农村牧区旗县,实现与卫生部突发公共卫生事件决策指挥的四级联动。成功处置赤峰市饮用水污染事件和毒气泄漏事件,累计救治患病人员4 298人次。

【公共卫生服务】 抓住国家和自治区"保增长、扩内需、调结构、重民生"的机遇,从扩大投资领域、拉动国内需求、改善消费预期、促进安全消费等四个环节入手,启动了拉动内需卫生建设项目等10个方面的工作,共计投入建设资金24.21亿元(其中,国家建设资金12.85亿元、自治区配套资金11.36亿元)加强医疗卫生机构的基础设施和基本装备建设。开工建设旗县医院、蒙中医医院、妇幼保健所和苏木乡镇卫生院、农林牧场医院、社区卫生服务中心、嘎查村卫生室等,涉及建设单位866个,建设盟市级蒙中医医院7个。充分利用国家和自治区公共卫生专项资金15.26亿元(其中,国家下达11.97亿元,自治区配套3.29亿元),加强公共卫生服务能力建设。先后组织实施了国家免疫规划、地方病、包虫病、麻风病、艾滋病、结核病、慢性病等重点疾病防治项目和儿童先天性疾病、妇幼卫生、贫困白内障患者复明、新农合管理能力建设、烟草控制与健康素养监测、农村牧区改水改厕等项目。按每人国家投入12元,自治区、盟市、旗县区各1元,共计15元的标准下拨了资金。

【重大传染病和地方病防控】 制定《自治区结核病可持续发展计划》,自治区政府主席、分管主席先后3次召开主席办公会议,听取工作汇报,专题研究结核病可持续发展问题。按计划组织完成对12个盟市和46个重点旗县结防机构、综合医疗机构的督导任务。至2009年9月,全区发现新涂阳肺结核病人7 338例,新涂阳肺结核病人完成率达76.27%;新涂阳肺结核病人治愈率达93.46%;报告病人追踪总体到位率达93.49%。启动中盖结核病控制项目、全球基金第一轮三期项目、全球基金第五轮耐多药防治项目和第八轮流动人口及医防合作项目,接受国际援助资金共计713.48万元。

开展艾滋病自愿咨询和检测、监管场所筛查、预防性传播行为干预、病人抗病毒治疗和CD4检测、感染者及病人随访和综合管理、社区美沙酮维持治疗、预防母婴传播、血液安全等预防控制工作。到2009年11月底,全区累计报告艾滋病感染者和病人546例,其中病人102例,死亡66例。累计报告现住址在内蒙古的艾滋病感染者和病人465例。自愿咨询检测40 185人,完成全年目标任务的162.9%,HIV抗体检测阳性告知率达90%;干预暗娼62 668人,干预MSM 5 089人,干预率达122.0%;公安司法监管场所检测17 519人,完成全年目标任务的79%;病人或感染者流调率达86.3%,随访率达80.6%。对盟市组织上报的艾滋病筛查实验室进行了综合验收,有24个医疗卫生机构的艾滋病筛查实验室通过资格认证,全区累计163家艾滋病筛查实验室通过了资格认证。

在8个国家级、4个自治区级监测点,39个流动监测点开展疫情监测工作,先后派出6组16人深入疫区进行现场流行病学调查、疫区处理工作,疫情及时处理率达100%,未发生人间鼠疫。至2009年12月31日,在全区6个盟市7个旗县(市)检出鼠疫菌株29株,检出血凝阳性血清22份。自治区承办了8省区鼠疫联防和东北4省区联防会议。

根据全区手足口病发病趋势,各级疾控机构开展实时、动态监测,及时发现手足口病聚集性病例和重症病例,每月收集30份病例样本,进行实验室检测和病原分类,及时发现EV71病例。全区报告手足口病例31 459例,发病数较去年同期上升了404.2%。

【农村牧区卫生】 完成41所旗县综合医院、290个苏木乡镇卫生院、300个嘎查村卫生室基础设施建设;为893个一般卫生院、215所中心卫生院、7 451个村卫生室装备医疗设备。2009年2月,在全区卫生工作会议上,表彰了呼和浩特市托克托县等28个农村牧区卫生工作先进旗县(市、区)。

实施1 003万元的中西部地区农村卫生人员培训项目,对旗县卫生局管理人员,苏木乡镇卫生院管理人员、内儿科技术人员、口腔技术人员,嘎查村卫生室乡村医生内儿科开展业务培训。9月19日,举办全区旗县(市、区)卫生局局长培训班。全区12各盟市卫生局分管局长、农卫科科长和各旗县(市、区)卫生局局长共124人参加培训。

实施卫生部2008年中西部地区二级以上医疗卫生机构对口支援乡镇卫生院项目,制定下发《内蒙古自治区二级以上医疗卫生机构对口支援苏木乡镇卫生院项目实施方案》,12个盟市共派遣185支医疗队到受援卫生院进行为期一年的支援工作。

5月,制定下发关于对苏木乡镇卫生院及嘎查村卫生室经费补助及医务人员劳务补助的意见，要求各级政府要对苏木乡镇卫生院进行财政补助，一般苏木乡镇卫生院要达到工资总额的80%以上，国贫、区贫旗县卫生院要达到工资总额的90%以上，边境牧区卫生院要达到工资总额的100%。自治区五部门联合出台巩固和发展新型农村牧区合作医疗制度实施意见。至2009年底，全区参加新农合人数达1 201.8万人，常住人口参合率达96.39%，筹集资金12.5亿元，支出基金12亿元，农牧民实际住院报销补偿比例达45%，比上年提高了5个百分点，最高支付限额达到农牧民人均纯收入6倍以上。有16个旗县市区实现门诊统筹，90个旗县完成新农合信息化建设任务。

【社区卫生服务】 至2009年底，全区社区卫生服务机构发展到1 051个，其中中心251个、站800个，分别完成规划设置的67%和100%。社区卫生服务覆盖城镇人口997万人，占应覆盖人口的97%。纳入医疗保险定点范围的社区卫生服务机构563个，占社区卫生服务机构54%。

社区卫生公共卫生服务功能不断扩大　门诊量为619万人次，比上年同期增长6%。建立健康档案691万份，建档率达到67%。管理高血压、糖尿病分别为29.7万人、8.9万人，占应管理总人数的15%和7.5%。提供孕产妇保健服务26.3万人次、0～6岁儿童保健服务46.8万人次，0～6岁儿童计划免疫接种服务108.2万人次数，开展健康教育197万人次数。

社区卫生服务队伍建设逐步加强　全区社区卫生服务机构工作人员共12 132名，其中社区卫生技术人员10 361名，占85%。共培训77名社区卫生服务机构骨干人员、岗位培训726名全科医师、802名社区护士。

社区公共卫生服务投入不断增加　自治区、盟市、旗县三级共投入社区公共卫生服务补助经费4 158万元。全区各地累计投入1 834万元设备经费、1 905万元房屋建设经费，用于加强和改善社区卫生服务机构基础设施建设和基本设备配备。利用国债项目建设完成59个社区卫生服务中心的建设任务。

城市医疗卫生机构支援社区格局逐步形成　与人事厅联合制定下发《内蒙古自治区城市医疗卫生机构医师支援社区卫生服务工作实施办法》，明确了城市医师到社区卫生服务机构服务的范围、目标、任务，提供专家出诊、业务指导、人才培养等的具体内容及保障措施。共有996名城市二级以上医疗卫生机构医师到社区卫生机构参与支援工作。

【妇幼卫生保健】 2009年全区妇幼年报显示，婴儿死亡率12.99‰，5岁以下儿童死亡率15.40‰，孕产妇死亡率32.88/10万，住院分娩率98.20%。

启动实施全区农村牧区妇女“两癌”检查和农村牧区育龄妇女增补叶酸项目。在全区6个边境牧区旗县开展两癌检查工作，共检查6 817人，确诊乳腺癌5例。制定下发《增补叶酸预防神经管缺陷项目实施方案》，101个旗县市区全部纳入项目执行范围。共有12余万名农村牧区育龄妇女免费增补叶酸，占目标人群的71.7%。

9月，启动实施自治区农村牧区孕产妇住院分娩补助项目，至2009年底，全区有9万余名农村牧区孕产妇获得人均400元的住院分娩补助，占全区农村牧区孕产妇61.69%，补助经费总额3 425万元。

积极协调妇联、民政等部门，开展宣传和培训，落实婚前医学检查工作，共有4个盟市（呼和浩特市、兴安盟、乌海市、巴彦淖尔市）实施了全市免费婚检政策，有51个旗县开展了免费婚检工作，占全区旗县50.5%。婚前医学检查率达17.93%，比上年提高7.4个百分点。各地充分利用新婚登记、婚前保健、孕前保健、婚前医学检查等工作时机，加强了出生缺陷防治知识的宣传工作。

【卫生执法监督】 组织制定了《2009年全区公共卫生重点监督检查计划》、《2009年全区餐饮消费环节重点监督检查及抽检工作计划》、《全区餐饮服务环节食品安全整顿工作方案》及《保健食品整顿工作方案》等。为做好建国60周年的卫生监督保障工作，组织全区分三个阶段，历时10个多月，共检查餐饮业、生活饮用水和公共场所等经营单位9 874家，取缔无证单位93家，吊销卫生许可证3家，罚款13.84万元，查处典型案件32起。

在打击违法添加非食用物质和滥用食品添加剂专项整治工作中，共监督检查餐饮经营单位累计52 156家，受理投诉举报107家，查处77家，罚款52.4万元，累计整治重点地区549个，重点单位31 283户次，出动监督人员36 848人次。

在职业卫生监督检查专项行动中，共检查用人单位1 535家，查处违法单位175家，其中警告157家，罚款20家，罚款金额共计45.8万元。在放射卫生监督检查专项行动中，共监督检查放射工作单位1 000多家，查处存在违法行为的单位149家。其中责令停业10家，警告76家，罚款4.5万元。

开展接触职业危害工人的职业健康体检工作。全区共进行职业健康体检107 035人，其中检出职业禁忌症183人,调离岗位95人;疑似职业病人118人,诊断职业病179人。现有职业病人3 889人。对全区各盟市的19家职业病诊断机构、29家职业健康监护机构进行了监督检查,对检查中发现的问题下达了48份卫生监督意见书,对5家问题严重的职业病诊断机构做出了暂停开展工作,限期整改的决定。

在打击无证行医和非法采供血工作中主要针对农村、牧区医疗服务监督薄弱的环节进行了监督检查,共检查医疗机构、采供血单位8 297户次,查处1 603户次,警告24户,罚款146万元,取缔或吊销许可证764户。并对32起投诉举报案件进行了查处。

在传染病监督检查工作中,共检查各级各类医疗卫生机构6 970家,发现有违法行为的单位273家,立案230起,对216家医疗机构给予了行政警告处罚、对169家进行了行政处罚。全区共监督检查各级各类学校1 943所,其中小学1 132所、中学569所、九年一贯制学校86所、中等职业学校64所、高校92所。对有违法行为的14所学校给予了行政警告。

组织开展卫生监督文化建设,在活动中注重以文体活动为载体,加强卫生监督文化基础设施建设,开展形式多样的文化体育活动。

【医疗卫生服务管理】 深入开展“以病人为中心,以提高医疗服务质量为主题”的医院管理年活动和“医疗质量万里行”活动,完善医疗质量管理制度和规范体系,建立医疗技术临床应用管理制度,推进临床合理用药,控制医药费用,强化医务人员医疗质量和医疗安全意识,提高医疗质量。在所有三级医疗机构开展单病种临床路径管理试点工作。

开展护理规划纲要中期评估工作,进一步规范护理工作行为。组建30个专业临床质量控制中心,启动了全区医疗质量控制工作。加强对采供血机构的监督管理,7月份组织专门人员历时半个月对全区11所中心血站,11家中心血库和7个储血点进行了拉网式督导检查。

规范心血管疾病介入诊疗工作,组织专家依据《心血管疾病介入诊疗技术管理规范》对全区24所申请开展心血管疾病介入诊疗技术的医疗机构进行了现场审核评价,对17所符合条件的医疗机构进行了心血管疾病介入技术准入。

制定下发《2009年内蒙古自治区万名医师支援农村卫生工程工作方案》,明确自治区36所城市大中型医疗机构支援36所国贫、区贫和边境旗县医院的对口支援关系。10月,启动京蒙省际医院对口支援项目,北京的协和医院等23所三级综合医院和3所三级专科医院对口支援内蒙古46家旗县级医院。

与中国移动通信集团内蒙古有限公司合作,搭建了12580健康导航业务平台,并于5月17日正式开通12580健康导航业务,在全区6所医院开展预约挂号试点工作。召开全区三级医院施行预约诊疗服务工作会议,全面启动了三级医院包括电话预约、网络预约、现场预约等多种方式并存的预约诊疗服务工作。

启动实施“百万贫困白内障患者复明工程”项目,成立专门的组织机构和技术支持机构,制定印发《实施方案》,明确了项目实施范围、项目经费安排和各级卫生行政部门、项目定点医院的工作职责和任务,召开项目工作启动会议。完成计划工作量的90%。

【卫生科技教育】 对全区8个盟市及自治区直属24家医院76个临床医学学科组织现场评审,加上2008年完成的31个学科实验室现场评审工作,圆满完成了107个学科实验室的现场评审任务。重新评审确定了自治区医学领先学科23个、重点学科42个、重点实验室15个。

实施800万元的医疗卫生领先(重点)学科建设项目,在项目资金的支持下,各学科开展了一批临床新技术、新业务,学科建设效果显著,有23项卫生科技成果获自治区自然科学奖和科技进步奖。实施适宜技术推广项目,组织推广自治区卫生科技成果推广项目16项。落实卫生部“十年百项”适宜技术推广计划任务,6月和12月,举办两期培训班,对280名相关专业技术人员进行了业务培训。

实施2008年度中央补助内蒙古社区卫生人员培训项目。财政部、卫生部下达的2008年中央补助内蒙古社区卫生人员培训项目资金总额234万元,其中包括社区77名全科医师骨干培训、726名全科医师岗位培训和802名社区护士岗位培训任务。总人数1 605名。完成中央补助内蒙古社区卫生人员培训项目理论和实践技能考试合格人员的制证发证工作,培训项目骨干合格人员48人,全科医师岗位培训合格人员275人,社区护士培训合格人员500人。

面向社会招聘30名执业医师到苏木乡镇卫生院服务,完成2009年自治区卫生院在职卫生技术人员医学大专学历教育项目招生,有530名卫生院从业人员免费接受医学大专学历教育。

【蒙中医药工作】 投入资金8 185万元,全面完成国家下达自治区蒙中医医院蒙中药制剂能力建设1个、蒙中药房建设16个、蒙中医特色专科专病建设44个、急诊急救能力建设18个、适宜技术推广56个、乡村医生蒙中医专业中专学历教育300名和9个蒙中医医院基本建设项目，对全区66个适宜技术推广项目单位的528名师资进行培训。

制定出台《蒙中医医院等级评价标准和考核细则》，首次开展师承或确有专长蒙医中医从业人员医师资格认定工作，在公共卫生、基本医疗以及重大、疑难疾病防治等方面广泛应用蒙中医药技术。有4个学科被评为国家级重点学科，22个特色专科专病项目得到强化建设。

组织开展“中医中药中国行·蒙医蒙药内蒙古行”活动，从7月18日在呼和浩特市启动后，随后在鄂尔多斯市、赤峰市、通辽市、呼伦贝尔市相继启动，并在乌兰察布市、包头市开展了相关活动，通过现场蒙中医药传统文化和发展成果展示，以及“蒙中医药万里行”大篷车开赴基层，全区开始了大规模的蒙医中医药科普宣传活动。

利用中央财政补助蒙中医药专项资金4 893万元，支持蒙中医特色专科专病建设、适宜技术推广、急诊急救能力建设、乡村医生蒙中医专业中专学历教育、城市社区蒙中医全科医师培训、蒙中药房建设、蒙中医药知识宣传和文化建设等项目共92个单位项目建设和900名专业技术人员培训。

【荣誉】 1月7日，自治区卫生厅被授予全国奥运反恐怖工作先进单位；

1月14日，卫生部召开全国卫生应急工作会议。自治区卫生厅卫生应急办公室及孟蕾、张忠兵、李忠民3名同志被卫生部分别授予“全国卫生应急先进集体”和“全国卫生应急先进个人”称号；

6月26日，内蒙古党委组织部、内蒙古党委老干部局召开全区离退休干部“双先”表彰大会，自治区老卫生科技工作者协会党支部获“全区先进离退休干部”荣誉称号，云曙碧获“全区离退休干部先进个人”荣誉称号。

（生焰明 张玲玲）

人口和计划生育

【内蒙古自治区人口和计划生育委员会领导名录】

主 任：王苏布道（女 蒙古族）

副主任：曹殿云 云文霞（女 蒙古族）

保勒德巴根（蒙古族） 姜华

副巡视员：胡达古拉（女 蒙古族）

【概况】 1983年7月成立，2003年6月改为现名。设办公室、政策法规（人口研究）处、发展规划与信息处、流动人口服务管理处、宣传教育处、科学技术服务处、财务处、机关党委（人事处）、驻委纪检组（监察室），行政编制42人。

内蒙古自治区2009年国民经济和社会发展统计公报显示，全年出生人口23.14万人，人口出生率9.57‰；死亡人口13.56万人，人口死亡率5.61‰；人口自然增长率3.96‰，比上年下降0.31个千分点。年末全区常住人口2 422.07万人，比上年增加8.34万人，其中少数民族人口540.61万人，蒙古族人口442.49万人。男性人口1 244.94万人，女性人口1 177.13万人。在总人口中，65岁及以上老年人口达180.20万人，占全区总人口的比重为7.4%，比上年提高0.12个百分点。自治区计划生育统计报表显示，全区符合政策生育率、综合避孕率继续保持在90%和87%以上；全区出生人口性别比为108.91，基本接近正常值。

【统筹解决人口问题】 2009年2月，自治区人民政府召开由盟市主要领导参加的全区人口和计划生育工作会议，全面部署人口计生工作。自治区人大、政协非常关注人口计生工作，积极推动解决影响事业发展和人民群众密切关注的难点、热点问题。严格落实人口计生工作目标管理责任制，自治区党委、人大、政府、政协相关领导带队，对全区人口计生工作目标管理责任制落实情况进行检查验收。自治区人口计生工作领导小组充分发挥领导、组织、协调作用，各成员单位积极履行职能职责，在加强人口计生队伍建设、落实计划生育服务体系项目、保障人口计生事业经费投入、出台惠及计划生育家庭的优惠政策等诸多方面，给予强有力的支持。

【吉祥草原惠民计生行动】 全面落实国家“三项制度”。至2009年12月，国家和自治区共投入9 082万元，用于落实国家奖励扶助、“少生快富”和特别扶助制度，共惠及计划生育群众35 418人。全区累计投入2 382万元，落实农村牧区政策内生育二孩和双女户家庭采取长效节育措施一次性奖励“两项”措施，共惠及计划生育群众22 772人。部分盟市建立生育关怀公益金制度，用于救助、扶助独生子女伤残、死亡及困难的计划生育家庭。“生育关怀进军营”活动向纵深推进，呼伦贝尔市人口计生委被国家人口计生委、全军计划生育领导小组授予“全国军民共建人口计生工作”先进单位称号。积极开展计划生育保险，至2009年底，全区共投入资金1 218万元,为43万多名育龄群众提供生育保险服务。在争取国家幸福工程项目资金100万元的基础上,各地又配套100万元,在全区设立10个幸福工程项目点,想方设法帮助计划生育困难家庭脱贫致富。

【提高出生人口素质】

组织实施"一杯奶"生育关怀行动　"一杯奶"生育关怀行动是在现行计划生育奖励优惠政策的基础上,由政府埋单,为农村牧区政策内生育的孕期妇女每人每天免费提供"一杯奶"(250克)。自治区人民政府将其纳入2009年为群众办"十件实事"之一,相继下发了《"一杯奶"生育关怀行动试点工作意见》等文件,对"一杯奶"生育关怀行动进行了全面部署。2009年6月1日,自治区人民政府在通辽市正式启动"一杯奶"生育关怀行动,确定"三市三县"(通辽市、乌海市、鄂尔多斯市,凉城县、商都县、牙克石市)为2009年全区试点。包头市、呼和浩特市、呼伦贝尔市、阿拉善盟等地不等不靠,积极响应,自行试点工作全面展开。至2009年底,全区12个盟市,67个旗县均开展了试点工作,各级共投入资金1 540万元,约有5万名群众受益,得到国家人口计生委、自治区党委、政府的充分肯定和社会各界的一致好评。国家人口计生委将其纳入全国人口计生系统学习实践科学发展观典型案例之中。自治区人口计生委在中国计生协六届五次会议上介绍经验。

切实加强出生缺陷一级预防工作　全区投入1 300多万元,在12个旗县开展了出生缺陷一级预防示范工作。2009年,全区共完成优生咨询50多万人次、优生检测3.5万人次、优生筛查10.6万人次。在12个示范点的引领和带动下,出生缺陷一级预防工作全面推开。通辽市科左中旗建立了"出生缺陷重点人群数据库"和"不孕不育数据库",为深入开展出生缺陷一级预防提供了科学的基础信息。乌兰察布市、锡林郭勒盟、巴彦淖尔市、乌海市等地由政府埋单,实行了免费婚检。

积极开展生殖健康促进行动　2009年,全区共完成生殖健康检查约1 000多万人次,基本实现了育龄妇女健康检查全覆盖。

【人口和计划生育服务体系建设】　全区标准化旗县、苏木乡镇服务站建站率分别达到70%和60%以上;继续完善"服务站+流动服务车"模式,2007年至2009年全区连续三年累计投入3 846万元,配备苏木乡镇流动服务车641辆,率先在全国实现了乡镇流动服务车全覆盖。提前1年完成"十一五"规划服务体系建设项目。至2009年底,全区已创建国家级优质服务旗县31个、自治区级优质服务旗县54个,约占全区服务站总数的80%。自治区计划生育科研所掌握染色体检测技术,检测染色体500多例,发现了世界首例罕见染色体异常核型病例。同时,发挥自治区计划生育科研所培训基地的作用,对旗县、乡镇两级技术人员进行轮训,提升了技术人员的业务能力。认真落实"更新理念、搞活机制、改善条件、提高水平、满足需求"方针,改革、完善旗县服务站管理机制、分配机制和用人机制,不断满足群众日益增长的计划生育、优生优育、生殖健康需求。2009年,全区筛查600余对不孕不育夫妇,通过诊治,已有116对夫妇怀孕生育。2009年,全区101个旗县有53个旗县计划生育服务站取得了"医疗卫生许可证",同比增幅达60%。按照国家的统一部署,开展了计划生育药具市场专项整治行动,规范了计划生育药械市场秩序。

【人口战略研究和信息化建设】　面向人口计生系统内部和有关科研院所,下发2009年度专项调研和综合研究类课题。首次对全区人口计生系统的调查研究成果进行评比表彰,组织开展全区生育水平调查。制定出台全区人口计生系统信息化建设规划,进一步完善育龄妇女信息系统(WIS),启动全区人口宏观管理决策信息系统(PADIS)建设。旗县以上人口计生部门电子政务平台建设基本完成。

【流动人口计生服务管理】　制定下发《全区流动人口计划生育工作"一盘棋""三年三步走"实施方案》,对全区流动人口计划生育"一盘棋"工作做出重点部署,积极推动建立"统筹管理、服务均等、信息共享、区域协作、双向考核"的管理机制。2009年,全区共开展流动人口免费计划生育技术服务3万多人次,免费技术服务率为97%,避孕药具免费发放率达99%。自治区人口计生委增设流动人口计划生育服务管理处,强化机构,充实了人员。

【宣传教育】　各级党委中心组坚持把统筹解决人口问题纳入学习内容;组织参加了新中国成立60周年人口计生工作成就展暨第五届生殖健康博览会,荣获国家人口计生委评选的四项大奖;组织参加了全国"十佳自强女孩"评选工作,自治区有一名女孩获此殊荣。深入开展婚育新风进万家活动,呼和浩特市在全国婚育新风进万家活动示范经验交流会上做典型发言。各地加强"7·11"世界人口日、"9·25公开信"发表纪念日和"10·28"男性健康日等重大纪念日的主题宣传。

【队伍建设】　2009年,全区累计培训党政领导、人口计生干部和嘎查村级计生专干近1.7万人次。全区嘎查村、乡镇、旗县、盟市四级人口计生系统自下而上广泛开展全员科技大练兵和岗位比武活动。与自治区人事厅共同开展首届全区基层人口和计划生育干部双“十佳”工作人员评选活动;在全区范围内开展了向姜雪梅同志学习的活动。包头市、通辽市、赤峰市等地启动了生殖健康咨询师评聘试点工作。

(宝力高)

体育运动

【内蒙古自治区体育局领导名录】

局　长:石　梅(女　蒙古族)

副局长:李远　施李明

副巡视员:乌兰阿塔(蒙古族)　李志友(满族)

朋子兴(蒙古族)

【概况】 2009年,参加第十一届全运会,认真贯彻国家和自治区两个《全民健身条例》,着力加强基层基础建设,大力开展全民健身活动,群众体育工作开创了新局面;体育竞赛活动层次高、规模大,分布自治区各地,民族特色、地域特点鲜明。积极采取市场化运作模式,以“车”、“马”为载体体育品牌赛事的培育日臻成熟,一些大型国际国内赛事成功落户自治区,营造了浓厚的体育工作氛围。认真贯彻国务院颁发的《彩票管理条例》,不断完善政策,体育彩票销售再创新高;着力加强体育法制建设,基本形成以《中华人民共和国体育法》为龙头,以地方性法规为骨干,以部门规范性文件为基础的体育法制体系。2009年,自治区体育局被国务院表彰为“全国民族团结进步模范集体”,被自治区党委、政府和内蒙古军区命名为“全区文明单位”,被自治区人民政府授予“内蒙古自治区体育工作先进单位”。

【第十一届全国运动会】 在第十一届全国运动会上,全区共有173名运动员参加了14个大项80个小项的比赛,取得7金、4.5银、8.5铜的优异成绩。在参赛的42个代表团中,综合金牌榜位列第22位,综合奖牌榜位列第20位,综合总分榜排在第22位;在西部十二省区,排在四川、陕西之后,在五个少数民族地区位列榜首,田径项目、民族传统优势项目、集体项目等方面实现重大突破,马拉松名将韩刚摘得本届全运会田径首金,弥补了内蒙古马拉松项目较长时间的断层。竞走小将王浩,不但在男子20公里竞走决赛中勇夺金牌并创造了当年世界第二好成绩,还在其个人职业生涯中首次参加的男子50公里竞走角逐中获得银牌,跻身世界前八名。北京奥运会金牌获得者张小平与队友孟繁龙在拳击81公斤级决赛中实现内蒙古军团会师,包揽金银牌。朝格巴雅尔夺得男子74公斤级自由式摔跤金牌,打破了多年来自治区摔跤项目在全运会上“有优势、无金牌”的局面。射箭男子团体的收官之金,更是改写了内蒙古射箭队近32年没有金牌的历史。男子400米栏运动员李广金夺得银牌,实现自治区田径短跨项目的重大突破。男子射击气手枪团体在射击这个全运会世界级水平的项目比赛中夺得一金。男子曲棍球队强势进入决赛,最终取得银牌。2009年11月30日,自治区人民政府隆重召开全区参赛第十一届全运会总结表彰大会,自治区体育局被自治区人民政府授予“内蒙古自治区体育工作先进单位”。

【群众体育】 认真学习贯彻国家和自治区两个《全民健身条例》,举办了全区体育局长《全民健身条例》学习班,对全区12个盟市101个旗县区文体局长进行专门培训。依托《内蒙古日报》、《北方新报》和自治区体育局门户网站在全区广泛开展《全民健身条例》及科学健身知识竞赛活动,受到总局有关部门的好评,走在了全国的前列。以庆祝建国60周年和启动国家首个全民健身日为契机,大规模开展以公园体育、广场体育、社区体育和家庭体育为主要载体的全民健身活动。以“沸腾草原、欢乐草原、冰雪草原”为主题,举办了首届自治区健身大会、全区农牧民篮球赛、全区健身秧歌大赛、中俄体育夏令营和呼伦贝尔冰雪那达慕等具有民族特色和地域特点的活动。在各中小学校广泛开展“阳光体育活动”。群众体育基础设施建设任务圆满完成,投入150万元建设了3个国家级社区体育俱乐部,筹措资金建设安装全民健身高档路径景观工程14处,年内,累计投入资金2 000余万元,建设完成近千个农牧民健身工程,实现人均体育用地0.3平方米。此外,还在旗县建设老年门球场6个,乡镇建设农牧民体育健身中心36个。全民健身网络体系不断完善。

【竞技体育】 一是竞技项目的管理、训练方式实现突破,三个训练大队顺利进行了中心管理改制,创新了管理模式,提高管理水平和效率。二是竞技项目的建设布局实现突破,与鄂尔多斯市联合组建女子曲棍球队,与乌海市联合共建女子拳击队,开创与盟市互惠互利、合作共赢的新模式。三是运动员注册、交流人数再创历史新高,自治区体育局注册有青少年运动员8 500多名。四是盟市业余训练工作又上新台阶。全区拥有国家高水平后备人才基地5个,自治区级体育后备人才基地41个,各级各类体校77所,体育训练网点260个,运动员(学生)人数17 000多人。五是青少年对外体育交流搭建了新平台,中、蒙、俄青少年运动会形成机制,由三方轮流举办,每年一次。2009年,自治区组团参加了在蒙古国举办的首届"中蒙俄"三国运动会。

2009年,全区运动员共参加了包括第十二届世锦赛、第十一届全运会等80多项国际国内赛事,共获得32个第一名、28个第二名、52个第三名,550余人次进入比赛名次。其中,田径项目有五人次进入世界前20名。承办了第十一届全国运动会乒乓球、篮球和田径竞走的预赛,全国曲棍球冠军赛和青年锦标赛,二连浩特国际拳击邀请赛,呼伦贝尔自由式摔跤国际邀请赛等国际国内大型赛事,一大批国际国内有影响的运动员现身自治区,提高了自治区体育工作的层次和水平。

【体育产业】 认真学习贯彻国务院颁发的《彩票管理条例》,体育彩票发行进一步规范工作程序、理顺工作流程、加大宣传力度、改革营销手段、增加新的玩法,业绩显著,销售额达到12.63亿元,与上年同期相比增长2.24亿元,同比增长21.6%,为国家和自治区创造公益金3.6亿元。在实施国家体育总局《体育彩票2007～2009年三年发展规划》的过程中,自治区体育彩票销售以年均33%的增长幅度位居全国第7位,年销售规模增长列全国第9位。积极采取市场化运作模式,以"车"、"马"为载体培育的体育品牌赛事日臻成熟,举办了第二届中国马速度大赛,环多伦湖自行车公路赛,鄂尔多斯全国汽车场地障碍越野锦标赛,巴丹吉林沙漠越野精英挑战赛,全国汽车场地越野锦标赛等。环多伦湖自行车公路赛和中国马速度大赛已在国内形成品牌效应。

【体育宣传】 围绕体育工作各阶段的中心任务,全区各级各类媒体创新形式,展开一系列主题鲜明、内容丰富的体育宣传活动:在内蒙古日报、自治区体育局官方网站上发表石梅局长《全面发展崛起的内蒙古体育》署名文章,大力宣扬60年来自治区体育事业的发展成就;积极参加总局在第十一届全运会比赛期间举办的建国60年体育成就展,以图片和专题片等形式,全景再现了自治区竞技体育、群众体育、体育产业和法制建设所取得的成就,被国家体育总局评为中国体育60年辉煌成就展"优秀组织奖";首次在内蒙古电视台开辟了"体育新视野"专题栏目,建立体育宣传的新平台;开展了"体育名城名乡评选"活动,扩大了传统体育项目的影响力;集中力量对自治区参赛第十一届全运会进行全面的报道。

【体育法制】 进一步加快体育法制建设中配套立法工作进程,依据《内蒙古自治区实施＜中华人民共和国体育法＞办法》的有关规定,调研起草了《内蒙古自治区体育竞赛管理办法》草案,列入自治区政府2009年立法调研计划,有望2010年颁布施行。同时,将《内蒙古自治区体育俱乐部管理办法》列入2010年立法调研计划,争取2011年颁布施行。同时,加强了行政执法监督检查激励机制的建设,完成了《内蒙古自治区体育行政执法监督检查评价标准(试行)》的研制工作,对各盟市的行政执法情况开展了监督检查和综合评价。与自治区财政厅共同制订了《运动员、教练员参加国际重大比赛和全运会取得成绩奖励办法》,在全国尚属首例。另外,结合自治区体育工作的发展实际,年内对《内蒙古自治区盟市体育工作目标管理责任书(2006～2010年)年度考核细则》进行了修订,并完成了对盟市的检查考核。

【荣誉】 2009年8月8日,内蒙古自治区体育局被内蒙古党委、政府、军区表彰为全区文明单位。(内党字〔2009〕10号)

9月10日,自治区体育局石梅(女)、吴刚、张短兵、伊秀英(女)、刘丽芳(女)、白少军六位同志被国家体育总局授予全国群众体育先进个人的称号。(体群字〔2009〕165号);9月26日,自治区体育局被国务院表彰为"全国民族团结进步模范集体"。(国发〔2009〕37号);9月29日,内蒙古自治区田径队竞走运动员王浩被人力资源和社会保障部、国家体育总局授予全国体育系统先进工作者称号。(人社部发〔2009〕114号);11月25日,内蒙古自治区人民政府对自治区参加第十一届全国运动会先进集体和先进个人进行表彰通报(内政字〔2009〕256号),自治区参加第十一届全国运动会先进集体先进个人名单如下:

一、内蒙古自治区体育工作先进集体(5个)

自治区体育局

自治区体育工作第三大队

自治区体育彩票管理中心

自治区体育局武川训练基地管理中心

自治区体育局机关事务服务中心

二、内蒙古自治区体育工作先进个人(16名)

运动员(10名)

张小平　自治区体育工作第三大队拳击运动员

王　浩　自治区体育工作第二大队田径运动员

韩　刚　自治区体育工作第二大队田径运动员

朝格巴雅尔　自治区体育工作第三大队自由式摔

跤运动员
阿斯尔　自治区体育工作第三大队射箭运动员
刘招远　自治区体育工作第三大队射箭运动员
张　昊　自治区体育工作第三大队射箭运动员
岳　勇　自治区体育工作第一大队射击运动员
杨　巍　自治区体育工作第一大队射击运动员
韩庆洲　自治区体育工作第一大队射击运动员
教练员(3名)
朝　鲁　自治区体育工作第三大队拳击队教练员
杨文科　自治区体育工作第二大队田径队教练员
巴图孟克　自治区体育工作第三大队自由式摔跤教练员
有突出贡献人员(3名)
李志友　自治区体育局副巡视员
王浩林　自治区体育局竞技体育处处长
党忠义　自治区体育工作第三大队大队长
三、内蒙古自治区优秀运动员(10名)
张小平　自治区体育工作第三大队拳击运动员
王　浩　自治区体育工作第二大队田径运动员
韩　刚　自治区体育工作第二大队田径运动员
朝格巴雅尔　自治区体育工作第三大队自由式摔跤运动员
阿斯尔　自治区体育工作第三大队射箭运动员
刘招远　自治区体育工作第三大队射箭运动员
张　昊　自治区体育工作第三大队射箭运动员
岳　勇　自治区体育工作第一大队射击运动员
杨　巍　自治区体育工作第一大队射击运动员
韩庆洲　自治区体育工作第一大队射击运动员
四、内蒙古自治区优秀教练员
朝　鲁　自治区体育工作第三大队拳击队教练员
杨文科　自治区体育工作第二大队田径队教练员
巴图孟克　自治区体育工作第三大队自由式摔跤教练员
五、记一等功人员(8名)
孟繁龙　自治区体育工作第三大队拳击运动员
李广金　自治区体育工作第二大队田径运动员
胡　荣　自治区体育工作第二大队田径教练员
苏亚拉图　自治区体育工作第三大队射箭教练员
郭伟东　自治区体育科学研究所副所长
王　军　自治区体育工作第三大队队医
巴特尔　自治区体育工作第三大队副大队长
赵国志　自治区体育工作第三大队副大队长
六、记一等功集体(1个)
莫力达瓦达斡尔族自治旗男子曲棍球队
七、记二等功人员(9名)
满都呼　自治区体育工作第一大队古典跤运动员
吉任太　自治区体育工作第一大队古典跤运动员
满　来　自治区体育工作第一大队古典跤教练员
马经伟　自治区体育工作第三大队拳击队教练员
张仲科　自治区体育工作第二大队田径队教练员
鄂文举　自治区莫力达瓦达斡尔自治旗曲棍球中心主任
王　杨　莫力达瓦达斡尔自治旗男子曲棍球队主教练
郭亚青　莫力达瓦达斡尔自治旗男子曲棍球队教练员
孟立志　莫力达瓦达斡尔自治旗男子曲棍球队教练员
八、记三等功人员(10名)
褚亚飞　自治区体育工作第二大队田径运动员
斯日吉嘎瓦　自治区体育工作第二大队柔道运动员
乌格德勒夫　自治区体育工作第二大队柔道运动员
阿拉木斯　自治区体育工作第二大队柔道运动员
乌云毕力格　自治区体育工作第三大队国际式摔跤运动员
李　全　自治区体育工作第一大队马术运动员
李　帅　自治区体育工作第一大队马术教练员
好比斯嘎拉图　自治区体育工作第一大队马术教练员
秦　瑛　自治区体育局竞技体育处副调研员
郝　占　自治区体育局办公室工作人员

2009年12月16日,自治区体育局健身气功管理中心被国家体育总局表彰为全国推广健身气功先进单位。(体群字〔2009〕225号)

2009年12月30日,内蒙古自治区体育局被国家体育总局授予2009年度全民健身活动优秀组织奖。(体群字〔2010〕2号)

2010年1月12日,自治区体育局竞技体育处被内蒙古党委办公厅、政府办公厅表彰为全区第四届"人民满意的公务员集体"。(厅发〔2010〕1号)

(刘　志)

盟市旗县(市区)

呼和浩特市

【党政军领导名录】

市　委

书　记:韩志然(蒙古族)

副书记:汤爱军 杨飞云

常委:薄连根 李鹤(满族) 朝鲁(蒙古族) 兰恩华 陈焕文 云丽珠(女 蒙古族) 王恒俊(蒙古族) 武文元 云建东(蒙古族) 狄瑞明

人　大

主　任:吴一微(女 蒙古族)

副主任:李岳清 韩钊(蒙古族) 吕景瑞 赛娜(女 蒙古族) 邢燕菊(女) 吴安俊(满族)

政　府

市　长:汤爱军

副市长:薄连根 武文元 刘菊茹(女) 吕慧生 云公和(蒙古族) 包钢(蒙古族) 白金祥

政　协

主　席:张彭慧

副主席:扎木苏(藏族) 彭皓芳 张润锁 云普选(蒙古族) 崔世清(回族) 银孝 鲁剑钧 陈曼莉(女 满族) 张赢(4月任职)

纪检委

书　记:朝　鲁(蒙古族)

政法委

书　记:李　鹤(满族)

法　院

院　长:李宪法

检察院

检察长:云布俊(蒙古族)

公安局

局　长:颜炳强

军分区

政委:陈焕文(7月离任) 白光荣(7月任职)

司令员:潘　平

【概况】 呼和浩特市是内蒙古自治区首府,位于内蒙古自治区中部。地处北纬40°51′~41°8′,东经110°46′~112°10′。行政区划共辖9个旗县区,31个街道办事处,14个乡,26个镇。土地面积17 224平方公里。其中城区面积2 054平方公里。总人口227.37万人,其中市区人口118.79万人。

全年地区生产总值达1 643.99亿元,按可比价格计算,比上年增长15.9%。其中,第一产业增加值实现78.09亿元,增长4.3%;第二产业增加值实现593.25亿元,增长17.3%,在第二产业中,工业增加值487.08亿元,增长16.2%;第三产业增加值实现972.65亿元,增长16.1%。

全年地方财政总收入实现201.24亿元,比上年增长27.1%。其中,地方财政一般预算收入实现106.79亿元,增长29.9%。全年财政支出165.17亿元,比上年增长24.1%。上划中央"税收"收入80.62亿元,比上年增长24.2%。上划内蒙"税收"收入13.82亿元,比上年增长23.8%。地方一般预算收入106.79亿元,比上年增长29.9亿元。

全年城市居民消费价格总水平比上年上涨0.1%。农村生活消费品价格总水平比上年上涨0.4%。

【农牧业】 全年农作物播种面积443.3千公顷,比上年增长0.4%,其中,粮食播种面积321.3千公顷,比上年增长1.5%。粮食产量119.5万吨,比上年增长0.1%,其中,玉米播种面积133.3千公顷,增长2.5%,产量89.1万吨,增长8.9%;薯类播种面积100.9千公顷,增长3.9%,产量18.6万吨,增长-24.8%;油料播种面积51.1千公顷,增长-4.5%,产量4.5万吨,增长-27.7%。

全市年末家畜存栏2 512 718头(只),比上年增长2.4%。其中,奶牛存栏头数达700 135头,比上年增长0.1%;小牲畜存栏1 467 033只,比上年增长6.9%;生猪存栏283 674口,比上年增长0.1%。全年肉类总产量90 601吨,比上年增长12.1%;鲜奶产量3 052 943吨,增长0.1%;禽蛋产量29 380吨,增长46.5%。

【工业】 全市规模以上工业总产值1 146.94亿元,比上年增长16.8%。其中轻工业占583.14亿元,比上年增长18.1%,重工业563.79亿元,比上年增长15.4%。规模以上工业增加值395.42亿元,增长16.2%。主要工业产品产量:乳制品199.31万吨,比上年增长-3.2%;原油加工量136.09万吨,比上年增长12.8%;发电量323.79亿千瓦时,比上年增长-19.5;卷烟165.00亿支,比上年增长1.5%,白酒441.74万升,比上年增长-42.9;化学药品原药203 463吨,比上年增长7.5%;羊绒衫159.88万件,比上年增长23.1%;化肥64.33万吨,比上年增长27.4%;水泥368.64,比上年增长14.4%。

【固定资产投资】 固定资产投资完成额8 008 082万元,比上年增长25%。从投资主体看,国有经济单位投资5 966 987万元;非国有经济单位投资2 041 095万元。

【建筑】 全年房地产开发完成投资1 782 909万元,比上年增长0.7%。其中,住宅1 269 283万元,比上年增长-9.0%;办公楼73 919万元,比上年增长-31.1%;商业营业用房351 180万元,比上年增长65.4%;其它88 527万元,比上年增长57.7%。新增固定资产1 152 859万元,比上年增长-29.6%;房屋施工面积1 832.92万平方米,比上年增长2.6%。

【贸易】 全年实现社会消费品零售总额6 412 127万元,比上年增长19.0%。分行业看,批发、零售贸易业实现零售额4 772 059万元,增长19.3%;住宿餐饮业实现零售额1 595 437万元,增长18.4%;其它行业实现零售额44 631万元,与上年持平。

全年海关进出口总额达70 656万美元,比上年下降21.2%。其中:出口总额34 733万美元,比上年下降29.1%;进口总额35 923万美元,比上年下降11.7%。

招商引资签订项目数10个。外方资金实际到位77 576万美元,比上年增长9.7%。横向联合引进区内资金1 926 570万元,比上年增长9.6%,引进区外资金2 380 956万元,比上年增长8.1%。

【交通 邮电】 全年机动车辆拥有量总计346 484辆,其中,载货汽车38 530辆;载客汽车192 041辆;摩托车88 165辆。公路货运周转量达234.54亿吨公里,比上年增长37.1%,公路货运量为7 045万吨,增长34.9%;公路客运周转量达35.52亿人公里,比上年增长2.9%,公路客运量为1 383万人,增长2.3%。

全年邮电业务总量达688 024万元,比上年增长19.4%。其中,邮政业务总量20 016万元,增长13.0%;电信业务总量668 008万元,增长19.7%。

【金融 保险业】 继成功引进交通、华夏、招商、浦发、中信、渣打村镇银行和7家保险公司后,又新引进光大、兴业银行,金融服务体系进一步完善。年末全市金融机构各项存款余额21 257 139万元,增长30.0%。

全市保险保费收入324 445万元,比上年增长30.5%。全市保险业务支出95 534万元,比上年增长33.3%。

【科技】 继续实施"科教兴市"、"人才强市"战略。通过开辟"绿色通道",为多家用人单位引进高层次人才。

2月20日,在2008由自治区科技厅开展的内蒙古十大科技成果评选活动中,呼市科技成果占据四项之多,居全区之首。

【教育】 年末,全市共有高等院校21所、普通中学120所、小学429所、特殊教育学校5所。年末高等院校在校学生203 891人,增长10.5%;普通中学在校学生153 196人,比上年增长-0.5%;小学在校学生182 956人,减少0.1%;特殊教育学校在校学生378人,增长3.0%。6月12日,呼和浩特市武川县德胜沟大青山抗日游击根据地旧址被中宣部公布为第四批(87个)全国爱国主义教育示范基地。

【文化】 全市共拥有艺术表演团体13个,公共图书馆10个,博物馆4个,广播电台2座,电视台2座,。成功举办第十届昭君文化节、第七届国际民间艺术节和第十一届中国老年合唱节等大型文化活动。

1月6日,呼和浩特市武川县德胜沟大青山抗日根据地旧址、新城区国防教育中心和内蒙古大学民族博物馆3家单位被命名为第三批全区爱国主义教育基地。

4月30日,全国重点文物保护单位的固伦恪靖公主博物馆经过五年的修缮开馆。固伦恪靖公主府始建于清康熙年间,是康熙皇帝六女儿与额尔喀蒙古土谢图汗部联姻出嫁后居住的府邸,距今300多年的历史。是国家完整保存下来的清代公主府。自治区党委常委、市委书记韩志然等领导出席庆典仪式并剪彩。

5月9日,由呼和浩特市政府、内蒙古电视台主办的"百集电视连续剧《大盛魁文化创意产业园启动仪式》"在北京人民大会堂内蒙古厅隆重举行。全国人大常委会原副委员长布赫,全国政协原副主席陈锦华,新华社原社长、全国新闻工作者协会主席田聪明,中国电视艺术家协会党组书记黎鸣,自治区副主席刘新乐及呼市领导汤爱军、白金祥出席启动仪式。

【卫生】 年末全市共有各类卫生机构916个,其中医院62个。医院病床数12 132张。卫生技术人员15 978人,其中执业医师5 913人。2005年开始实施的66所乡镇卫生院建设项目基本完成。大力推进城市社区卫生服务中心建设,全市建立30个社区卫生服务中心,居民医疗覆盖率达85%。农村卫生"三级服务网"和城市卫生"两级服务网"基本形成。120急救网络覆盖全市城乡。

【体育】 全市有体育场10个,体育馆7个,游泳池20个。以"全民健身与奥运同行"为主题的各类群众性体育活动蓬勃开展。

【人口 人民生活】 年末全市总人口2 273 675人,其中非农业人口1 080 060人。少数民族人口296 438人。全年人口出生率12.4‰,死亡率5.3‰,机械增长率6.7‰。

城镇居民人均可支配收入达22 397元,比上年增长10.5%。农村居民人均纯收入为7 802元,增长10.7%。城市人均建筑面积30.01平方米,比上年增长2.1%。农村人均住房面积26.2平方米,比上年增长5.2%。

【就业】 年末全市城镇单位从业人员30.4万人,比上年末增加2 000人。全年城乡私营企业从业人员225 784人,个体从业人员153 772人。

(谢勇 高宏 蔺东 王东风)

新城区

【领导名录】

区委书记:张和平

人大主任:武志强

区　　长:薛燕群(满族)

政协主任:朱祥福

武装部长:王义平

政　　委:尹彦民

【概况】 新城区位于内蒙古自治区首府呼和浩特市东北部,总面积700平方公里,其中,城区55平方公里,农区645平方公里。辖1个镇、8个街道办事处,设26个行政村、46个社区居委会。总人口56万人,有蒙古、汉、满、回等33个民族,是满族相对集中聚居区。区内驻有呼和浩特市党政军机关,自治区和呼市大中专院校、科研、新闻、出版等单位,是呼和浩特市交通、邮电、通讯的枢纽和对外开放的重要窗口。

2009年,实现地区生产总值324亿元,比上年增长16%;财政收入实现27.1亿元,比上年增长34.6%;完成固定资产投资136亿元,比上年增长24%;实现社会消费品零售总额196.7亿元,比上年增长16.4%;城镇居民人均可支配收入达25 540元,比上年增长12%;农民人均纯收入达9 490元,比上年增长10%。完成招商引资项目48项,引进资金80亿元,比上年增长12.7%。

【农业经济】 蔬菜种植村已发展到8个,蔬菜种植基地规模不断扩大,全年新增蔬菜种植面积1 000亩。以讨思浩村、古路板村、野马图村为中心的1.5万亩设施农业基地初具规模。香岛、荣丰等生态观光农业基地稳步推进。加强了农业和林业两个科技示范园建设,示范推广了草莓、樱桃、无籽西瓜等特色高效作物,其中种植温室草莓50栋,总产量达到8万公斤。

【畜牧业】 畜禽总数达到21万头(羽)。新建了讨思浩村千头奶牛小区,扩建了生盖营村奶牛小区。实施了恼包村千头育肥牛工程,现已形成500头存栏规模。

【水利】 完成了奎素水场和面铺窑水库的续建工程,解决了6 000人、2万头(只)牲畜的安全饮水。实施了甲兰板、讨思浩、塔利等8个村的截伏流工程和节水灌溉工程,新增有效灌溉面积2 100亩、节水灌溉面积5 100亩、水保治理面积2.5万亩。制定了农村水务管理办法,初步建立了农村有偿用水机制。

【工业经济】 工业现价总产值完成48亿元,比上年增长16%,其中,实现规模以上工业增加值9.5亿元,比上年增长10%。全区工业企业和规模以上工业企业分别增加7家和3家,分别达到200家和31家。鸿盛工业园区在呼和浩特市"一核双圈"发展规划中定位为高新技术开发区,基础设施建设和项目引进培育取得明显成效。投资8 000万元,基本完成园区道路、管网等基础设施建设。呼包鄂地区国家"两化融合"创新实验基地落户该园区,以内蒙古软件创意基地为核心的一期建设全面展开。依托这一平台,全面实施"六三五五"工程,引进京蒙碳纳米、F-12高强有机纤维、通信级塑料光纤等高科技工业项目10个,其中4个项目填补了国家空白。目前,入园企业已达57家,其中,通用电梯等项目正式投产,投产企业已达20家。

【旅游业】 旅游资源得到合理利用和开发。启动建设规划3平方公里的保合少旅游集镇和规划1万亩的盘龙山旅游景区。完成保合少旅游集镇2.8公里道路建设。加快了奥淳酒庄园等7个续建项目建设进度。举办小井沟消夏旅游文化节等一系列旅游宣传活动,沿山一带景点接待游客近50万人次,实现旅游收入1.5亿元。

【城乡建设】 进一步明确了建成区、成吉思汗特色景观区和东河新区相互依托、相互促进的"3个30平方公里"的城区建设思路,统筹城乡一体化发展,现代化新型城区建设不断推进。以新华大街、中山东路等商贸街区为重点的建成区改造进一步加快,城区品位显著提升。富邦商务中心、世贸晶钻等9个项目竣工,盛业城市广场、维多利国际大厦等11个项目加紧建设。以成吉思汗大街为中轴的成吉思汗景观区建设深入推进,特色日趋鲜明。占地800亩的成吉思汗公园建成开放,成吉思汗广场扩建工程顺利开工,首府观邸、乒羽训练中心等6个项目竣工,巨华国际大酒店、华侨新村等28个商住项目即将竣工,公交五公司办公楼等11个新项目全面开工。以火车东客站为中心的东河新区建设全面推进。投资5亿元的东河水系建设完成过半工程,占地1 500亩的火车东客站主体工程基本完工。重点建设项目拆迁工作顺利进行,拆除建筑面积30万平方米。"城中村"改造稳步推进。一家村还迁小区主体完工,三合村还迁小区建设进展顺利,上新营等5个村的还迁小区及配套工程加紧建设。开展了村镇建设规划前期工作。投资2 400万元,综合整治北垣街和新城交警大队西巷等32条小街巷。

【交通】 新建和改造市政道路9条,其中4条竣工通车。完成了110国道和机场连接线道路改造工程。实施了黄花窝铺至坝上段通乡油路工程。

【生态建设和城区绿化】 完成天然林保护和退耕还林等封山育林工程7万亩、三北防护林工程0.3万亩,全民义务植树98.6万株,四旁植树11.3万株,新增经济林1 100亩。绿化青山大道12.7公里。建成全市唯一一处野生动物驯养繁育基地暨野生动物救助中心。治理森林病虫害面积1 200亩。城区绿化覆盖率达到36%,人均公共绿地面积达13.5平方米以上。加大了大气和水污染整治力度。拆除燃煤采暖锅炉、茶浴炉64台。减少二氧化硫排放量50吨。"环保模范城"创建工作通过环保部专家组验收。国家级生态区建设正式启动。

【科技】 组织申报工农业科技项目17项,争取上级科技资金880万元。突出科技成果转化和实用技术推广,新建户用沼气池70个。顺利通过"全国科技进步先进城区"考核验收。

【教育】 完成了21中学、38中学、名都小学和丁香路小学的续建工程,2006年以来实施的15所中小学校新建扩建工程全部完工。公开招聘教师120名,教师队伍得到充实。新城区蒙幼荣获"全国三八红旗集体"荣誉称号。

【文化】 投资145万元,建成保合少镇和成吉思汗办事处计生服务站。顺利通过"全国文化先进区"复查验收。5项非物质文化遗产进入自治区级保护名录。实施了文化信息资源共享工程,建成了新城区首家公共电子阅览室。举办各类文艺演出52场。东风路街道办事处荣获"全国群众体育工作先进单位"称号。

【卫生】 投资790万元,启动建设成吉思汗办事处社区卫生服务中心,改扩建东西街社区卫生服务中心。公开招聘卫生技术人员40名,基层医疗队伍得到充实。食品安全工作不断加强。扎实开展了手足口病和甲型H1N1流感等传染病防治工作。

【体育】 建成31个农民健身场地。成功举办区运动会。在呼市第二届运动会上取得金牌和总分双第一的优异成绩。

【劳动就业】 城镇新增就业2 900余人,实现再就业2 300余人,农村劳动力转移就业2 100余人,城镇登记失业率控制在3.8%以内。

【社会保障】 城镇居民基本医疗保险参保达到11.1万人,农村合作医疗参合率达到96%。为南店村2 300余名失地农民办理了养老保险,全区失地农民参保人数达到7 400余人。城乡居民养老保险工作启动实施。全面提高了城乡低保、五保供养、农村70周岁以上老年人生活补贴标准,降低了移民村老年人生活补贴发放年龄。发放医疗、教育、取暖和廉租房等专项救助资金300余万元。兑付了全区义务教育阶段教师绩效工资。

【落实各项惠农政策】 发放各类补贴资金600多万元。投资300万元,实施了整村扶贫工程,帮助恼包、庄子等村新建蔬菜大棚80栋。大力加强保障性住房建设,新城家园等7个经济适用住房项目完成建筑面积45万平方米,廉租住房一期216套已分配入住,二期270套完成主体工程。改造农村危旧平房75户。在自治区率先建立起以"两队一员"为基础、覆盖城乡的劳动保障监察管理新体系,全年未发生一例因拖欠农民工工资而造成的群体性上访事件。严格落实安全生产目标责任制,安全生产事故同比下降30%。

(杜永珍)

回　民　区

【领导名录】

区委书记:云挨厚(蒙古族)

人大主任:高玉喜

区　　长:白　云(回族)

政协主席:牛　俊(回族)

武装部长:武同宝

政　　委:王树亮

【概况】 回民区地处呼和浩特市城区西北部,总面积175平方公里,其中,城区面积30平方公里,共有回、蒙古、汉、满等23个民族,是一个回族聚居区。全区辖海拉尔西街、新华西街、通道街、环河街、钢铁路、光明路、中山西路7个街道办事处和攸攸板镇1个镇,共有42个社区居委会、19个行政村。全区总人口30万人,其中,回族人口2万余人。人口出生率为8.0‰,死亡率为3.5‰,自然增长率为4.5‰。

2009年,实现地区生产总值(GDP)201.4亿元,同比增长15.8%,其中第一产业实现增加值0.53亿元,与上年持平。第二产业实现增加值37.98亿元,同比增长5%,第三产业实现增加值162.88亿元,同比增长18.7%。三次产业比重为0.16∶17.93∶81.91。完成固定资产投资77.2亿元,同比增长26%。全年财政收入完成14.315亿元,同比增长30.5%。

【农业】 农作物总播种面积1.2911万亩(含复种),其中粮食作物面积1.1864万亩,比上年增加0.1664万亩,经济作物面积0.1585万亩,粮食总产量399.535万公斤。全年新增有效灌溉面积0.1万亩、节水灌溉面积0.2万亩。总面积108.66亩的蔬菜基地建成投产。

【畜牧业】 年度总存栏牲畜6 098头(只),同比增加9%,其中大牲畜存栏636头。动物疫病防控和监督体系进一步完善,禽畜免疫率、检疫率均为100%。

【林业】 全年累计义务植树66万株,森林植被覆盖率达39.3%。完成大青山前坡冲积扇经济林补植、水土保持林、三北防护林和天然林保护工程任务13 500亩。在段家窑村建立了自治区、呼和浩特市党政军义务植树基地。

【工业】 全年规模以上工业总产值完成72.87亿元,其中规模以上工业总产值完成39.64亿元。工业增加值完成24.82亿元,其中规模以上工业增加值完成13.59亿元。

【商贸服务业】 服务业增加值完成162.88亿元,比上年增长18.7%。社会消费品零售总额达170亿元,比上年增长18.61%。首府商务核心区建设扎实推进。总投资62亿元的海亮广场建设进展顺利,建筑面积60万平方米的一期工程建成运营。总投资1.4亿元的阿拉伯宫开工建设,投资8 000万元的民族商场改扩建工程落成竣工。专业市场建设成效显著。总投资9.6亿元的金海国际五金机电城和京源港国际汽配城两个项目的一期工程建成运营。投资3.4亿元的西龙王庙福胜农副产品批发交易市场主体完工。投资2.5亿元的百联雄业钢材市场开工建设。投资2亿元的大苏格项目拆迁工作接近尾声。

【招商引资】 吸收区内外资金实际到位50亿元,比上年增长22%;吸收外商直接投资实际到位6 488万美元,比上年增长15%。

【城市建设与管理】 投资600万元的公交场站基本建成。投资5亿元的梦溪苑住宅小区一期项目已完工。投资14亿元的内蒙古广播影视数字传媒中心建设进展顺利。投资10亿元的自治区广电职工住宅小区拆迁工作全面展开。投资16亿元的伊泰置业有限公司商住小区征地工作启动。总投资12.5亿元的自治区公安厅治安总队营房、呼和浩特市公安局交警指挥中心、世纪龙鼎商住小区等6个项目落户新区。危旧平房改造成效显著。拆除危旧平房12.5万平方米。总投资10亿元,总建筑面积60万平方米的水岸世纪、富兴花园、县府佳园等8个住宅小区建成使用。总投资25亿元,总建筑面积139万平方米的西堤观澜、新街坊、嘉德国际等10个在建项目进展顺利。拆除城中村房屋16.8万平方米。总投资14亿元,总建筑面积105万平方米的艾博龙园、塔布板小康村、青山村水泉回迁小区等6个项目的一期工程建成使用,二期工程进展顺利。投资1亿元、建筑面积8.2万平方米的刀刀板就业新村主体完工。城乡基础设施更加完善。投资1 200万元,完成了6条小街巷的改造和10条便道的维修以及成吉思汗景观街等4条道路和10个小区的绿化任务。投资3.7亿元的环城水系(回民区段)综合治理工作全面展开,完成投资9 000万元。104省道(回民区段)的征地拆迁工作圆满完成。城市管理水平不断提高,投资500万元新建了3座水冲厕所、4座垃圾转运站。拆除乱搭乱建房屋2 300平方米,拆除违法建筑13 000平方米。拆并锅炉23台,拆除改造茶浴炉10台,空气质量二级以上优良天数达到346天。

【科技】 地方应用技术研究与开发资金实际到位355

万元,推广新技术和实用技术项目5项。

【教育】 年末,普通中学在校生共有20 546人,职业中学在校生共有3 324人,普通小学在校生共有21 215人。义务教育阶段适龄儿童入学率达100%,高中入学率达98.28%,高考上线率达92%。办学条件进一步改善,校舍安全改造工程启动,投资1 500万元,建筑面积达6 500平方米的塔布板小学开工建设。

【文化】 参与市政府组织的《庆祝新中国成立六十周年文艺汇演》大型文艺晚会,取得成功。建筑面积1 600平方米的文化馆、图书馆投入使用。持续开展“扫黄打非”和网吧、娱乐场所专项整治行动,查处并销毁非法音像制品和出版物15 000多件,取缔了距离学校200米以内的娱乐场所21家,社会文化环境得到净化。

【卫生】 全区共有医疗机构206个、床位3 596张、卫生技术人员4 232人。卫生技术人员中,有执业医师1 627人、执业助理医师129人、注册护士1 769人、药剂师312人,检验人员205人。医疗机构、食品卫生和公共场所卫生执法监督覆盖率均达100%,药品集中招标采购率达到85%。新型农村合作医疗工作进展顺利,农民参合率达96.68%。环河街、钢铁路和攸攸板社区卫生服务中心已完工,海西路社区卫生服务中心开工建设,城市社区卫生服务机构人口覆盖率达到85%。

【劳动就业】 实现城镇新增劳动力就业2 933人,农村富余劳动力转移就业2 937人。创建充分就业社区6个。城镇登记失业率始终控制在3.9%以内。投资2 200万元、建筑面积9 091平方米的攸攸板镇农民职业技术培训学校已建成。

【社会保障】 城镇居民基本医疗保险参保人数达73 152人。城乡居民社会养老保险工作全面启动,已核定参保人数19 236人。失地农民养老、医疗保险工作扎实推进,参保人数分别为7 078人和3 663人。

【人民生活】 城镇居民人均可支配收入达21 940元,比上年增长13.27%。农民人均纯收入达9 660元。城乡低保标准分别提高到每人每月300元和每人每年1 400元。农村医疗救助封顶线由5 000元提高到10 000元。全年发放城乡低保、“五保”、救灾及各类专项救助资金共计4 383万元,发放城市居民70岁以上老年人生活保障补助金220万元。保障性住房建设成效显著,914套廉租房已交工,经济适用住房新开工面积达20.4万平方米。扶贫工作扎实推进,农村贫困人口人均年收入增加267元。

(张强 方楠)

玉泉区

【领导名录】

区委书记:田忠宝

人大主任:付培义

区　　长:格尔图(蒙古族)

政协主席:云林华(蒙古族)

武装部长:李远南

政　　委:王润生

【概况】 2009年地区生产总值完成156亿元,同比增长17%;财政总收入完成24.2亿元,同比增长17%(剔除不可比因素),完成年度预算的106.1%,其中地方一般预算收入完成6.85亿元,同比增长10.6%,完成年度预算的108.6%;固定资产投资预计完成91.4亿元,同比增长26%;城镇居民人均可支配收入预计达21 129元,同比增长13.4%;农民人均纯收入预计达9 500元,同比增长10.2%;三次产业的比重达1.3∶35.9∶62.8。

【农村经济】 全年共投入资金2 297万元,完成村道10.24公里、通乡油路19.03公里,全面实现了硬化道路村村通;新打机电井25眼,更新变压器6台;完成农田节水灌溉面积1万亩;完成昭君水厂建设工程,确保周边村民的饮水安全。

西地村依托昭君博物院,定位“花园式古民居农家乐”接待模式,规划栽种了果树260亩,维修村内外道路1 200米,改造农家乐接待场所6处;茂林太村以“整村推进”为抓手,建设养殖示范基地一处,完成节水灌溉4 000余亩,并对全村供电网线进行改造;南台什村年出栏10万头生猪的金盘养殖场已全部完工,配套新建31栋60余亩厚墙体温室,为玉泉区“养殖—沼气—蔬菜”互补型种养业向规模化、集约化、科技化方向发展树立了典型。

【工业经济】 依托园区工业平台,积极引导原有企业技术升级,增产增效。全年玉泉区规模以上工业增加值完成28.3亿元,同比增长20%。蒙苑集团与美国环球公司总投资50亿元合作开发的“煤制活性炭、天然气”项目落户玉泉区;总投资30亿元的粉煤灰综合利用(提炼铝硅碳)项目和投资6 500万元的冀东水泥商砼项目等一批投资规模大的项目先后达成入园意向;总投资10亿元的齐鲁制药和总投资2.7亿元的天浩纸业等一批市场前景好的项目相继开工建设;总投资约9 000万元、日处理2万吨污水的园区污水处理厂主体建设工程已完工,园区投资环境得到进一步优化,以项目建设与环境保护同步推进的可持续发展模式正在形成。

【招商引资】 2009年,玉泉区招商引资到位国内资金49.1亿元,完成任务的102.3%,利用国外资金2 448万美元。

冀东水泥投资1.3亿元新建的100万吨粉磨站项目已竣工投产;力帆汽车项目投资约1亿元完成了办公楼建设和生产设备购置;总投资1亿元的昊源科技一期工程已经投产;总投资1.9亿元的生物制药厂口蹄疫灭活疫苗悬浮生产线项目已完成一条生产线的改造;总投资近亿元的高性能阀门生产项目前期手续已基本办结。工业园区现有的机械制造、生物发酵、新型建材、纺织服装、制药等产业继续稳步壮大,集聚效应日益显现。

【经济贸易】 社会消费品零售总额预计完成96亿元,同比增长29.2%。美通首府无公害物流中心被农业部确定为定点市场,2009年交易额达52亿元;闽兴建材、同德钢材等建材市场销售额大幅增长;开泰、金峰等食品批发市场运营良好;投资5亿元的华美国际汽配城已完成营销中心和办公楼建设;蒙苑集团与中华煤气投资30亿元合作的东铁百年新能源物流项目正式落户玉泉区。特别是成功启动了总投资近50亿元,集购物中心、商务写字楼、星级酒店、高档公寓和住宅于一体的金宇·新天地城市综合体项目,该项目建成后将极大地改善我市南部城区的城市品位和商业环境。

【旅游】 依托大召、席力图召、观音寺、宝尔汗佛塔、南湖湿地公园、蒙古风情园、昭君博物院等历史人文生态旅游资源,充分挖掘深厚的历史文化底蕴,做大做强民族历史文化品牌。成功举办了玉泉区旅游推介会、古城玉泉旅游文化商贸交流会、第三届中华名小吃美食节。精心打造的大召庙会取得圆满成功,参与群众达150万人次,已成为呼和浩特市靓丽的旅游文化品牌和极具影响的大型节庆活动。在2009中国国际旅游商品博览会上,玉泉区包揽了自治区获得的全部奖项(一个银奖、两个铜奖)。全年共接待游客280万人次。荣膺"中国文化生态旅游示范基地"称号。积极扶持企业加快旅游市场和配套设施建设,阿拉坦汗广场各大饭店相继开业运营,使大召商业街区旅游服务功能更加完善。完成了"重走茶叶之路汽车自驾游"踩线工作。

【大盛魁项目】 旅蒙商博物馆已完成主体建设,彰显玉泉区历史文化特色的《大盛魁》纪录片获全国十大纪录片奖,《大盛魁》电视剧也已正式开拍。计划投资7.5亿元的呼和浩特市文化产业园拆迁等前期工作基本完成,为打造"文化强区"奠定坚实基础。

【城乡建设】

城乡建设扎实推进 2009年重点实施了碱滩、西水磨、东源等13个村的城中村改造,其中,以金熙家园、俪城、怡景·萃华林为代表的改造项目已初具规模,城中村改造总体进展顺利。同时,全面推进印象·江南、汇豪三期、绝对城市等18个旧城区改造项目。继续加大城市基础设施建设力度。投资470万元改造小街巷6条,投资70万元铺设雨水管道1 131米,投资410万元完成景观街整治工作。锡林南路、鄂尔多斯西街、云中路改造建设工程和锡林南路、云中路跨河大桥建设工程顺利推进。此外,内大新校区、呼市第一医院的先后投入使用。

环城水系建设进展顺利 按照构建宜居玉泉的目标,我区全面启动了环城水系玉泉段建设工程。全年投入资金3.8亿元,基本完成沿岸部分拆迁工作和小黑河、西河河底治理工程,以及河道两岸滨河路和景观绿化带建设用地的平整工作。该项工程的实施,使城市景观效果大幅提升,绿化水平明显提高,显著改善了城区生态环境及沿河居民生活质量,推动了以区党政办公大楼、南湖湿地公园、内大新校区为中心的31平方公里规划新区的建设。

城市管理取得新成效 按照呼和浩特市"三城同创"目标要求,全年投入资金244.6万元,在城区栽植树木2.4万株,建设花街、草坪街各2条,完成席力图召等5个广场的绿化美化工作,使市区建成区绿化覆盖率达到35.2%;结合辖区实际,投入资金450余万元对呼准路煤炭市场环境污染问题进行了彻底整治,拆并改造锅炉、茶浴炉14台,空气质量优良天数达到340天;"创模"工作取得实效,已通过国家环保部专家组技术评估;创建"国家森林城市"任务得到有效落实,完成补植造林任务2 000亩,四旁造林860亩,义务植树2 000亩,城壕高速公路两侧绿化带和大黑河河堤造林任务200亩;投入资金1 200余万元用于增加保洁人员和加强环卫基础设施建设,加大了市容环境卫生综合整治力度;对违法建房和私搭乱建行为进行集中整治,全年共拆除违法建筑面积约15万平方米,宜居玉泉正在稳步实现。

【社区建设】 新建3 300平方米的市民服务中心,设立服务窗口24个,涉及审批服务事项72项,为广大群众提供了方便、快捷、高效的服务。投入1 300余万元,完成218个无人管理小区的改造,整体改善了老旧小区脏、乱、差的状况,为广大居民营造了舒适的生活环境。在社区办公用房全部达标的基础上,建成“一厅式”服务中心 18 处,300 平方米以上活动中心 7 个。新招录 40 名大学生充实到社区工作。清泉街社区荣获“全国和谐社区示范社区”、“全国综合减灾示范社区”等荣誉称号。自治区首家数字监控示范社区在观音庙社区建成,全市首家农村义务消防队在沟子板村组建成立。

【荣誉】 荣获“全国科技先进区”和“全国县级防震减灾工作先进单位”称号。

【教育】 启动校舍安全工程,对玉泉区中小学22.4万平方米的校舍进行排查鉴定,26 中等 3 所学校改扩建工程进展顺利,为公义店小学等 7 所学校修建塑胶操场,提前一年完成操场改造建设任务,筹资2 400万元收购了传媒学院,全年教育投资量达1.6亿元。另外,为五塔东小学等 5 所学校配备了多媒体教学设备,新招聘 30 名教师充实到农村教育一线。高考本科上线率较上年增长 33 个百分点,六中本科上线率达69.4%。

【文化】 新建了小黑河镇农村文化站,建成农民健身工程 19 处,为 2 个社区配备了健身器材。

【卫生】 争取到国家扩大内需医疗卫生项目 3 个,其中,昭君路社区卫生服务中心已完成主体建设,兴隆巷、西菜园社区卫生服务中心正在加紧建设。新建的 8 个社区卫生服务站已全部投入使用,全区 22 个社区卫生服务站的建设任务全部完成。桃花卫生院和小黑河镇卫生院即将投入使用。新型农村合作医疗参合率达到95.8%,并实现了定点医疗机构网上直报。

【就业】 全年新增就业岗位5 800多个,新增就业人数2 781人,安置下岗失业人员再就业2 312人,安置残疾人就业 72 人,农村劳动力转移就业人数达2 592人,城镇登记失业率控制在3.9%以内。

【社会保障】 继续完善失地农民基本生活保障制度,全区累计参加失地农民养老保险6 533人,享受养老金待遇1 514人。全面启动城乡居民社会养老保险工作,城镇居民基本医疗保险核定人数达38 454人,全年共为1 073人报销医药费 325 万元。城市低保标准由每人每月 260 元提高到 300 元,农村低保标准由每人每年1 200元提高到1 400元。筹资 344 万元,为1 046名农村 70 岁以上老年人每人每年发放 800 元生活补贴,为2 073名城镇 70 岁以上非从业居民每人每月发放 100 元生活补贴。全年发放城乡低保金4 838万元,惠及居民17 819人,发放各类救灾救助金429.4万元。新建的 956 套廉租房已完成主体建设,完成计划任务的9.56倍。

(王小雨)

赛 罕 区

【领导名录】

区委书记:康存耀(蒙古族)

人大主任:赵连炳(蒙古族)

区　　长:刘　晶(女)

政协主席:张　荣

武装部长:夏玉辉

政　　委:王宏胜

【概况】 赛罕区位于内蒙古自治区首府呼和浩特市城区东南部,大青山南麓,土默特平原东北部。地理坐标为北纬 40°36′~40°57′,东经 111°40′~112°10′。东部和东南部属集宁群蛮汉山脉的丘陵山地,与乌兰察布市卓资、凉城二县相邻;西部南部是大黑河冲积平原,与玉泉区、土左旗、和林格尔县相连;北与新城区相依,是首府呼和浩特市面积最大的新型城区。共辖 6 个乡镇、5 个街道办事处、124 个行政村、61 个社区居委会。总面积1 025.2平方公里,其中城区面积近 50 平方公里。有耕地75.3万亩,天然草地32.5万亩。全区总人口57.2万人,常住人口39.3万人,其中城镇人口24.3万人,农业人口 15 万人,由 37 个民族组成,其中蒙古族5.2231万人,其他少数民族1.68万人。辖区地理位置优越、交通便利。京包(北京—包头)铁路,呼包(呼市—包头)、呼集(呼市—集宁)高速公路和 110 国道横贯东西。呼和浩特白塔机场坐落于辖区东部。境内有国家、内蒙古、呼市级教育科研单位 28 所,涉及农、林、牧、水、电、化工、煤炭、冶金和社会科学、教育、科研各个领域,其中知名的有:中国航天六院、内蒙古大学、内蒙古师范大学、内蒙古草原研究所等。

全年地区生产总值完成267.9亿元;财政总收入突破 40 亿大关,达到40.9258亿元;城镇居民人均可支配收入达23 899元;农民人均纯收入达9 312元。

【农业】 2009 年,进一步加大蔬菜保护地建设力度,配套完善2 000亩蔬菜保护地生产设施,新建蔬菜保护地4 100亩,其中厚墙体温室 500 亩。目前,全区蔬菜保护地面积已达到1.7万亩,年蔬菜生产量、商品量均突破了 3 亿吨。基本实现了蔬菜四季生产,全年供应,占据着全市蔬菜总产量的一半以上,成为呼市最重要的蔬菜生产供应基地。同时新建改建碾格图等 10 处奶牛牧场园区,整顿关停 82 个不合格奶站,奶牛养殖业实现稳步增长,全区奶牛稳定在 16 万头,鲜奶产量达62.4万吨。奶牛饲养管理初步实现规模化、科学化。

【工业】 2009年工业固定资产投资完成31.1亿元，规模以上工业增加值完成30亿元，同比增长36.9%。开发区已引进建设了中石油500万吨炼油扩能改造项目、神州硅业3 000吨多晶硅项目、中环400兆瓦单晶硅项目、中海油6亿立方米煤制气和35万吨合成氨、60万吨大颗粒尿素项目，总投资额超过了150亿元。开发区进一步健全了以石化、电力、烟草、印务、硅产业、太阳能、电子和光伏材料为主体的新型工业体系，"产业集群化、布局基地化、企业规模化"的工业发展格局更加完善，为首府发展大工业、培育大企业、构筑大产业奠定了坚实基础。

【旅游】 积极开发以舍必崖农家乐观光、合林村生态果树采摘等为主的特色旅游业。

【新农村建设】 进一步激活农村消费市场，改造基层供销社3家，新建农家店109家、标准化配送中心2个，农家店覆盖率达到88.6%。落实"家电下乡"、"汽车下乡"财政补贴224.3万元，2009年第三产业增加值达188亿元，社会消费品零售总额达到95亿元。

【城乡建设】 全年硬化改造小街巷及便民通道16条，修补整治破损道路11条，更换街巷道牙15条5 600延长米，铺装便道3.1万平方米，改造铺设雨污水管道630米。新建压缩式垃圾转运站2座，改造5座，新建水冲公厕2座，购置改装环卫专用清运车辆17台。讨号板、小厂库伦、黑兰不塔等城中村改造项目稳步推进，二毛平房区、物资局家属平房区等9处危旧房完成拆迁2.7万平方米。新修通乡通村公路31条111.2公里，形成覆盖农区联通城乡的公路网；推进农村改气改厕工程，建设沼气池700个、沼气服务站6个、农村卫生示范户厕650套。

【科技】 积极推进"三网合一"农村科技信息化服务，深入开展科技培训和科普宣传，大力实施科技示范推广项目，全年投入科技经费1 280.7万元，安排科技项目52项。在两年一次的全国科技考核中，再次被评为全国科技进步先进区。

【教育】 全年新建续建城乡中小学11所，改建学校塑胶化操场3处。全区8所农村中心校有6所得到整体改造，并实现了集中供热。改造重建兴安路民族小学，规划启动新市区内蒙古大学附属中学项目。开展中小学校舍安全普查鉴定工作，建立校舍安全资料库和信息系统。加强师资队伍建设，首次公开招考二十九中校长，定向为三十五中等3所学校招聘优秀教师20名。开展事业单位岗位设置和教师绩效工资改革，启动教师职称工资兑现工作。教育工作成绩显著，被评为自治区首批教育先进旗县区。

【文化】 基层文化阵地建设得到加强，建成30个村级文化室，启动了2个乡镇综合文化服务站建设，总建筑面积2 400平方米的区级文体活动中心投入使用，场馆设施和功能达到一流水平，三级文化网络不断健全。举办第一届冬季文化节，开展群众性广场消夏文艺活动，农村电影放映1 400多场。举办第三届农民趣味性运动会。广泛开展全民健身活动。西把栅乡获得全国群众体育先进单位荣誉称号。加强文化市场管理，严厉打击非法音像图书制品经营，强化网吧管理。顺利通过文化部对赛罕区先进文化区的复查验收。

【社区建设】 社区办公和服务场所总面积达3.4万平方米，具备条件的社区全部形成"一厅式"服务格局。制定了《赛罕区无专业化物业管理小区服务管理办法》，对全区所有无人管理老旧小区全部由社区协调管理。引进大连社康和金晚霞老年服务中心，在14个社区探索开展居家养老服务，为8 623位60岁以上老年人提供低偿、无偿服务。组织开展各类社区文化活动200余场。公开招聘大学生社区工作者118人，组建各类文化活动队伍85支，培育志愿者队伍131支、20 347人。赛罕区被评为全国和谐社区建设示范城区，学府花园路社区和明和园社区分别被评为全国和自治区和谐社区建设示范社区。

【卫生】 对42个村级卫生室实施了标准化建设，软、硬件设施得到彻底加强。以区级医院为龙头、乡镇卫生院为骨干、村级卫生室为基础的农村三级卫生服务网络日趋完善。新建人民路社区卫生服务站，社区卫生服务站达43个，覆盖城区的"15分钟健康服务圈"初步形成。有效应对突发公共卫生事件能力增强，手足口病疫情和甲型H1N1流感得到有效防控。

【社会保障】 实施城镇居民基本医疗保险工作，新增大中专院校学生入保115 133人，累计161 358人参加城镇居民基本医疗保险统筹。新型农村合作医疗保障体系基本健全，参合农民达到9.273万人，参合率达97.47%。提高城乡低保标准，累计支出城乡低保金4 477.6万元。加强五保户供养，发放五保供养金90万元。同时发放医疗救助金124.3万元，救助城乡低保对象、特困群众342人；发放教育救助金50.4万元，救助城乡低保家庭贫困大学生297人。并及时足额发放困难群众取暖补贴5 401户。建成廉租房516套、2.31万平方米，部分特困群众住房得到了保障。全年受理劳动监察案件14起，为1 010名农民工追回拖欠工资及误工补偿费943.7万元，有效保障了农民工合法权益。

（赵剑峰　刘剑　吉治中）

土默特左旗

【领导名录】

旗委书记:王恒俊(蒙古族)

人大主任:解雨生

旗　　长:苏日勒格(蒙古族)

政协主席:张老在(蒙古族)

武装部长:季　晓

政委:武成祥(4月离任)　杨树山(4月任职)

【概况】　土默特左旗地处内蒙古高原,北部为山地,属阴山山脉中段之大青山中部,最高点为金峦殿峰,海拔2 270米;南部为平原,属土默川平原北端,海拔1 000米左右。全年四季分明,属准温带大陆性季风气候。年平均气温6.3℃,无霜期130天左右,年均降水量400毫米,日照2 876.5小时。其地理位置在北纬40°26′~40°56′,东经110°47′~111°48′之间。北与武川县接界,南临托克托县、和林格尔县,东与呼和浩特市相连,西与包头市土默特右旗相邻。东西最宽87公里,南北最长55公里,辖区总面积2 700平方公里,共有11个乡、5个镇、321个行政村。

2009年全旗地区生产总值133.2亿元,同比增长16.8%,其中第一产业增加值23.6亿元,同比增长5.4%;第二产业增加值54.3亿元,同比值长24.5%;第三产业增加值55.3亿元,同比增长15.2%。三次产业结构由上年的19.6∶38.2∶42.2优化为17.7∶40.8∶41.5。财政收入13.7亿元,固定投资71.5亿元,城镇居民人均可支配收入16 800元,农民人均纯收入8 650元。

【农牧业】　全旗农作物总播种面积124.5万亩,比上年增加10.4万亩。虽然遭受了“7·27”冰雹江涝灾害,粮食总产量仍达41.8万吨。蔬菜保护地建成面积5 500亩,产量4.4万吨。建成现代化农牧业产业化科技示范园13个,共计100亩,试验示范项目39个,并在园内新建集优质牧草展示、经济林、景观林、蔬菜保护地生产为一体的示范基地。奶牛存栏达25万头,物场园区累计建成74处。成功引进内蒙古圣牧高科牧业高产优质牧场基地项目。全年农产品销售收入11.6亿元,带动农户6.3万户。第一产业增加值23.6亿元,同比增长5.4%。

【工业】　全旗规模以上工业企业达38家,完成增加值22.3亿元,同比增长35.6%,其中产值上亿元的有4家。规模以上工业企业增加值占全部工业增加值比重达51.5%,同比增长5.7%。金山开发区全年相继引进鲁阳节能、智利金属钼、晟泰热力、内蒙古磁性材料悬浮技术开发、吉宏印刷包装等11个重点项目,总投资达29亿元,其中亿元以上投资项目有6个;续建重点项目26个,其中恒鑫铁塔、维斯塔斯、金山热电厂等8个重点项目已竣工。金山开发区被评定为自治区级高新技术开发区。

【生态和基础设施重点建设项目】　2009年,生态建设重点完成国家“三北”防护林四期、天然林保护工程年度建设任务,完成重点公路两侧绿化、标准农田防护林、大青山况积扇经济林、兵州亥农业园区绿化、喇嘛洞旅游区绿化等地方重点林业工程。共完成天保工程10万亩、三北四期1.4万亩、人工造林1.9万亩、生态保护面积8万亩。全年新增有效灌溉面积2.1万亩,新增节水灌溉面积7.1万亩,新增水土保持治理面积4.1万亩,改造中低产田4.7万亩。

【交通　电力】　公路建设方面完成了110国道察素齐镇段绕城改线工程,实施了白庙子镇—百什户—金河镇(土左段)公路、110国道—金銮 殿山公路、北什轴—袄太公路、察托西线二期改造为工作,建成了一批通村公路和三两、塔布赛、只几梁庞家营客运汽车站。电力设施建成金山开发区、三两、铁帽三个35千伏变电站并投入使用。

【招商引资】　2009年,全旗引进国内资金61.9亿元,利用国(境)外资金1.6亿美元,同比分别增长13.2%和36.5%。五大产业集群方面引进智利魔力丹诺投资8 500万美元的年产1.6万吨氧化钼项目,呼市吉宏印刷投资1.5亿元的年产5 000万平方米瓦楞纸箱项目,呼市坤瑞投资1亿元的年产100万平方米钢化玻璃生产项目,内蒙古仁达投资9 200万元的特种电缆项目。科技城内引进内蒙古磁悬浮投资2.6亿元的新型直线电机运输系统及装备研制产业化基地项目,内蒙古灵奕高科技投资2亿元的年产100台探地雷达、50套企业信息和自动化控制系统项目。

【民生事业】　察素齐镇廉租房建设一期工程项目竣工,安置276户城镇低收入困难户入住。旗人民医院新址搬迁完工。新型农村合作医疗参合人数25.5万人,参合率96.4%。旗财政统筹乡镇教师工资,义务教育阶段教师实行绩效工资。投资3 000万元,完成9所学校校舍新建、改扩建工程。全年新增城镇就业人员1 811人,创建充分就业社区2个,共转移农村劳动力3.5万人。发放家电、汽车、摩托车下乡财政补贴363.9万元。城乡居民储蓄存款余额22.2亿元,社会消费品零售总额28.6亿元。

【维斯塔斯风力系统(中国)有限公司金山开发区工厂】 4月16日,维斯塔斯风力系统(中国)有限公司金山开发区工厂举行开业仪式,同时,第一台专为中国市场量身定制的V60-850千瓦型风机正式下线。该工厂投资总额5 800万欧元,是全球最大的风电制造商维斯塔斯集团设立的全球第一家涵盖风力设备研发、生产、销售、运输以及售后服务一体化的公司,项目从开工到风机下线,历时280多天。

【《土默特史》】 由土左旗和内蒙古社会科学院历史研究所合作撰写的《土默特史》4月24日举行首发仪式,该书编撰历时6年,共分14世纪中叶前的土默特地区、北元时期的土默特、清代土默特两翼旗、民国时期的土默特等四个部分,勾勒出土默特地区上起史前期,下迄20世纪40年代末发展历程的轮廓,侧重叙述了土默特部400余年间的兴衰际遇。

【内蒙古晋丰元煤化物流园区】 内蒙古晋丰元煤化物流园区4月17日在旗沙尔营区域服务中心奠基,总投资3.8亿元,规划建设11公里长的煤炭铁路专用线,年产240万吨的综合自动化洗煤厂,占地3 000亩的煤炭交易市场,以及生活区等附属配套设施项目。建设项目预计2011年全部投入运营。届时可实现年产值25.89亿元,年利税3.16亿元,可提供500多个就业岗位。同时可带动周边一大批煤矿、煤厂的发展。

【7·27洪涝 冰雹自然灾害】 7月27日晚19时30分到20时30分,土左旗境内先后出现暴雨伴随冰雹强对流天气,暴雨持续约半个小时,冰雹持续约10~15分钟,冰雹最大直径3厘米,沿山地区洪水最大流量达到160立方米/秒,远远超过100立方米/秒的设防标准,是一场百年不遇的洪涝、冰雹自然灾害,共造成15个乡镇、区域服务中心农作物受灾,受灾面积达58.9万亩,其中绝收24.3万亩,造成农作物直接经济损失3.9955亿元,正在施工的110国道绕城改线工程和察素齐镇防洪河道工程不同程度损毁。洪水灾害造成4人死亡。

【呼和浩特市两个文明经验交流会暨土左旗现场会】 8月31日至9月2日,全市两个文明经验交流会暨土左旗现场会胜利召开,与会人员在土左旗进行参观。近年来,土左旗以科学发展观为指导,坚持发展是第一要务,大力推进新型工业化进程,培养壮大五大产业集群,夯实农牧业基础,加快城镇化建设,着力增收富民、改善民生,提高人民生活水平。两个文明现场会的召开,是土左旗两个文明建设进程中的一个重要里程碑,为土左旗全力打造首府卫星城,主动融入"一核双圈"。加快推进城乡一体化注入生机,增添活力。

(张贵英)

托克托县

【领导名录】

县委书记:孙建国

人大主任:郝映峰

县　　长:斯钦毕力格(蒙古族)

政协主席:塔　娜(女 蒙古族)

武装部长:孙毅刚(蒙古族)

政委:吕伟(4月离任) 武成祥(4月任职)

【概况】 托克托县隶属内蒙古自治区首府呼和浩特市,位于自治区中部、阴山南麓、黄河上中游分界处北岸的土默川平原上,南与库布其沙漠隔黄河相望。地处呼包鄂"金三角"开发区腹地,是首府"一核双圈一体化"战略重点发展区。全县总面积1 416.8平方公里,平均海拔1 132米,辖5镇、13个居委会、120个村委会,居住着蒙古、汉、回、满等25个民族,总人口20万人,现有耕地65万亩。黄河流经县境37.5公里。

2009年,全县地区生产总值完成146.3亿元,比上年增长13.6%;人均GDP达10 312美元。财政收入突破20亿元大关,实际完成20.005亿元,增长30.7%。固定资产投资完成50.1亿元,比上年增长23.4%。城镇居民人均可支配收入达17 840元,比上年增长10.8%。农民人均纯收入达8 321元,比上年增长11.3%。紧紧把握国家应对国际金融危机、全面扩大内需的机遇,争取上级投资1.9亿元。在第五届全国中小城市科学发展评价中,托克托县位列中国中小城市科学发展百强县第68位,前移2位,并跻身于全国最具区域带动力中小城市百强行列。托县还被授予"全区工业十强旗县"、"全区创建文明旗县工作先进县"、"全国文物工作先进县"、"全国科普示范县"、"全国科技进步先进县"、"全国平安建设先进县"等荣誉称号。

【农村经济】 第一产业增加值完成12.5亿元,比上年增长8.3%,粮食总产量达到22万吨。

农村危旧房改造和敬老院建设全面展开,改造危旧房77户,各镇均建成舒适、宜居的镇级敬老院1所。建设了"万村千乡""新网"工程市场、美通农贸市场信息服务平台,大力发展农村经济人队伍,已注册各类农民专业合作组织18家,带动农户7 000多户,农产品经营服务水平不断提高。培训农民6万人(次),转移农村剩余劳动力2万余人。

落实国家水利和农村饮水安全项目资金4 023万元,麻地壕扬水站泵站更新改造和灌区节水续建工程、黄河什四份子段堤防加固工程、农村饮水安全工程相继开工建设。全年新开洗挖渠道84.4公里,平整土地6.2万亩,维修各类桥、涵、闸435座(处),改造中低产田2万亩。大力支持全市创建国家森林城市,人工造林3.6万亩。建成农村户用沼气1 467户,沼气服务网点5个。

农作物总播面积78.6万亩,粮经草结构优化为74:16:10。扶持集约化养殖。

兑现粮食直补267万元、农资综合补贴2 832万元。发放国家良种补贴580万元。兑现国家农机具补贴380万元。争取国家奶牛标准化养殖小区建设补贴700万元,符合条件的14户养殖小区将享受补贴。配套农业保险资金290万元,理赔资金585万元,受益农民1.7万户。投入扶贫资金541万元,受益4 000多人。

【畜牧业】 新建奶牛养殖牧场10处,2009年牧业年度,全县牲畜存栏52.6万头(只),其中奶牛10.3万头;新建大型特禽养殖场1处,养殖特禽20多种5万余只。

【工业经济】 全年工业增加值完成101.9亿元,增长12.7%,其中规模以上工业增加值完成95.16亿元,增长15.08%,占全市总量的近四分之一。全县完成工业固定资产投资37亿元,同比增长26%,位居全市前列。托克托工业园区被评为“全区劳动关系和谐工业园区”、“国家级生物发酵特色基地”,位列全区20个重点工业园区第二位。

【基础设施建设】 投资1 800万元的伍什家新建氧化塘投入使用,总投资3.9亿元的园区供水工程有序推进。重点完成52.5万平方米的绿化、美化、亮化工程,硬化道路8.6万平方米;托华商务酒店投入使用,黄河明珠广场全部竣工,园区企业职工优惠价住宅楼面积完成5.4万平方米;园区主次干道两侧环境得到整治,园区面貌明显改观。

【项目建设】 “煤—电—铝、生物制药、光伏材料”三大循环经济产业链基本形成。大唐托电、再生资源等项目成为拉动全县工业经济复苏的排头兵。大陆多晶硅项目主装置车间土建工程基本完成。拜克公司年产6 000吨盐霉素项目顺利投产。云中机械制造厂配套生产北方奔驰汽车零部件项目启动运行。

【招商引资】 全年引进国内资金44亿元,利用外资4 800万美元。光太铝业、煤炭物流园等大项目相继落地,再生资源三期、鑫沙陶粒、宝骑汽车、通威太阳能电站等项目在谈,工业经济发展后劲日益增强。

【节能减排】 全县规模以上工业企业万元工业增加值能耗同比下降5.5%。化学需氧量(COD)和二氧化硫(SO_2)排放量同比削减5%和6%,承担了全市95%的SO_2削减量任务。大唐托电实现了煤、电、水能耗全国同行业最低,开辟国内外利用高铝粉煤灰生产氧化铝的新途径,为建立国家西部特色的“煤—电—铝”循环经济产业链提供了典范。为此,托电粉煤灰综合利用项目还受到国务院领导的高度重视并做出重要批示。工业污水实现两级处理达标排放,中水回用项目正式提上议事日程。狠抓环境治理,加大重点企业的环境监控力度,加强废水、废气、废渣达标处理,全县整体环境保护工程正逐步实施,为全市“三城同创”工作做出了积极贡献。

【服务业】 总投资5亿元的正奇粮食物流交易中心已具备15万吨仓储能力、30万吨交易能力;总投资5 800万元的恒诺铁路物流园已具备运营条件;总投资1.28亿元的“万村千乡”“新网”工程商品配送中心交易大厅已完工,并在全区率先建成配送网站及电子商务平台;总投资5.8亿元的煤炭综合物流园项目前期工作已全部完成。

【旅游业】 编制了《黄河一溜湾景区控制性详细规划》。总投资9 800万元的神泉生态旅游风景区项目完成投资6 500万元,东岸园林主体工程基本完成,开始试营业;古迹恢复重建工程逐步推进;投资3 200万元的黄河君子津观光旅游项目已开始营业。民俗旅游规模进一步扩大,全县农家乐接待户达到40户。全年共接待游客20万人次,旅游收入达4 000万元。

【城镇建设】 投资2 650万元,新建城镇生活污水处理厂。投入7 000多万元,完成托克托大街西段、双河南北路的拓宽改造工程,配套给排水、强弱电等地下管网。实施大规模的城区绿化、美化、亮化工程,城镇框架进一步拉开。投入170万元,配套完善各类环卫基础设施,新建垃圾转运站3座,市容环境综合整治进一步加强。在全市各旗县中率先建成了交通、治安智能化科技监控系统,监控覆盖范围达20平方公里。

【交通】 总投资7 825万元,完成呼大线园区段拓宽改造、新伍线、黑水泉至五犋牛沟新建续建工程,总里程25.3公里;建成砂石路37.7公里;新建园区二级客运站,乃只盖客运站投入运营。

【科技】 全年培训7万人次,发放各种培训资料8万份。建成科技示范园区18个,引进推广新品种、新技术39个,科技服务体系日益完善。

【教育】 投入4 000万元新建续建校舍、餐厅2.9万平方米。与北京市昌平区8所学校建立了结队帮扶关系,加强交流与合作,高考普通文理科本科上线总人数982人,较上年增加319人。继续实施职业高中免费教育,共免除学费303万元。各镇启动新建了中心幼儿园,为农村儿童接受平等教育创造了条件。2009年,托克托县被自治区政府评为"全区教育工作优秀(旗)县"。

【文化】 乡村文化建设逐步推开,黑水泉村歌获评"首届全国村歌十大金曲"。文化信息共享工程启动实施,全国第三次文物普查和文物保护工作顺利开展。文化宫初步实现了市场化运营。体育场投入使用,全民健身工程稳步推进。农村电影"2131"工程深入实施,共放映1 280场。广播电视村村通工程累计发展数字电视用户3 489户。

【卫生】 发放独生子女父母奖励金93万元,人口自然增长率10‰以内。城乡医疗卫生基础设施不断完善,县医院改扩建项目已开工建设,蒙中医院建成使用,新营子镇、古城镇卫生院标准化改造工作基本完成。疾病防控制度不断完善,甲型H1N1流感得到有效控制。新型农村合作医疗覆盖面不断扩大,参合率达96.8%。城乡医疗救助工作成绩显著,全年救助6 920人次,发放救助金236万元。城乡联动的"120"急救网络体系进一步完善。

【社会保障】 农村独生子女户养老保险参保2 041人,征缴保险费592万元,98人开始享受养老保险待遇。失地农民养老保险参保1 223人,征缴保险费922万元,509人开始享受养老保险待遇。启动实施城乡居民养老保险。城乡低保实现应保尽保,保障标准得到提高,城镇人均每月增加20元,共发放低保金2 021万元;农村人均每年增加200元,共发放低保金1 166万元。继续实施70周岁以上老年人敬老金制度,共发放敬老金1 500万元。

【为民办实事工作】 在抓好发展的同时,始终把改善民生工作摆到重要位置,教育、卫生、社会保障等民生工作走在了全市乃至全区的前列。年初确定的城镇居民养老保险、城镇道路拓宽改造等十件为民办实事项目全面实施,改革发展成果更多地惠及人民群众。

【国家级和部级奖励集体】 托克托县政法委被中央综治委评为"2005～2008年度全国平安建设先进县";

托克托县国税局被中央精神文明建设指导委员会评为"全国文明单位";

县价格认证中心被国家发改委、国家发改委价格认证中心授予"2006～2008年度价格认证机构规范化建设达标单位";

托克托县获科技部"2007～2008年度全国市(县)科技进步考核先进县";

托克托县职业中学被国家劳动和社会保障部评为"国家职业技能鉴定所";

托克托县工商局被国家工商行政管理总局授予"全国工商行政管理系统陈化粮监管工作先进集体";

托克托县粮食局被国家粮食局评为"2009年度全国粮食流通监督检查工作先进集体";

托克托县双河镇政府被国务院第二次全国经济普查领导小组评为"第二次全国经济普查先进集体";

大唐托电被中央文明委办公室评为"全国精神文明建设工作先进单位";

托克托县电力公司被中央文明委办公室评为"全国精神文明建设工作先进单位"。

【荣誉】

获国家级和部级奖励个人

斯钦毕力格:托克托县人民政府县长,2009年被国家科技部授予"2007～2008年度全国市(县)科技进步先进个人";

李红:托克托县副县长,2009年被国家科技部授予"2007～2008年度全国市(县)科技进步先进个人";

高毅:托克托县科技局局长,2009年被国家科技部授予"2007～2008年度全国市(县)科技进步先进个人";

王昌华:托克托县妇联主席,被全国妇联授予"全国城乡妇女岗位建功先进个人";

贾来东:托克托县文体局局长,2009年10月被国家体育总局评为"2005～2008年度全国群众体育工作先进个人"。

自治区党委政府表彰的先进集体

托克托县被自治区党委、政府、内蒙古军区授予"全区创建文明旗县城工作先进旗县城";

托克托县第一中学被自治区党委、政府、内蒙古军区授予"第五届全区文明单位";

黑水泉行政村被自治区党委、政府、内蒙古军区授予"全区创建文明村工作先进村";

云发电力公司被自治区党委、政府、内蒙古军区授予"第五届全区文明单位";

县委办被自治区党委评为"2009年度全区旗县级密码工作规范化建设先进单位";

县政府办被自治区政府评为"2009年度全区政府

系统督查工作先进集体”;

县教育局被自治区政府教育督导团、自治区教育厅授予“2009年度旗县级人民政府教育工作督导评估优秀等次”;

县司法局法律援助中心被自治区政府授予“全区法律援助工作先进集体”。

(卢玉忠 刘永前)

和林格尔县

【领导名录】

县委书记:刘文玉

县 长:吴志强(蒙古族)

人大主任:孟 斌

政协主席:云珍丽(女 蒙古族)

武装部长:陈岗(3月离任) 黄龙(3月任职)

政委:李邦虎(3月离任) 李权(3月任职)

【概况】 和林格尔县位于内蒙古自治区中南部,介于北纬39°58′~40°41′,东经111°26′~112°18′之间。辖区总面积3 436平方公里,辖3镇、4乡、1个经济开发区,有145个行政村、5个农场、10个居委会,总人口约20万人。

2009年,全县地区生产总值完成110.9亿元,同比增长13.2%;财政收入完成11.9亿元,同比增长8%;固定资产投资完成73.9亿元,同比增长26.1%;社会消费品零售总额达到13.8亿元;同比增长27.8%;城镇居民可支配收入达17 238元,同比增长10.8%;农民人均纯收入7 439元,同比增长11%。在全国县域经济基本竞争力评价中,连续七年进入中国西部百强县,列第40位,荣获“全国文明县城”、“全国绿色名县”等称号。城关镇被自治区党委宣传部等7部门授予“内蒙古十大魅力名镇”荣誉称号。

【农牧业】 全县农作物实播面积105.2万亩,粮食总产量达19.61万吨。马铃薯种植面积达到25万亩,马铃薯产量达25.1万吨。展示新品种239个,推广新技术47项,建成以良种良法达高产、增效益为特点的107个“小农户科技园”,初步形成“一乡多园、一园多品、多业并举、各具特色”的产业格局。为粮户增产、农业增效、农民增收开辟新途径,解决科技推广最后一公里问题。六月末全县家畜总头数达81.8万头(只)。奶牛总数达14.2万头,鲜奶产量达65万吨,建成规模化牧场16处,扩建8处;肉羊产业稳步推进,全县六月末肉羊存栏58.7万只,出栏肉羊63万只,建成养羊小区10处,建成人工授精站10处,建成年产1 000只小尾寒羊纯繁场1处,养殖大户达1 530户。加强动物无规定疫病区建设,在全县建立免疫示范点36个,建成县、乡、村三级防疫疫情报告网络,畜禽免疫密度达100%。

【生态 水利建设】 深入实施“灭荒”战略,完成天保封山育林13万亩,人工造林3.4万亩,补植造林5.7万亩,全民义务植树7 500亩,种植沙棘3 000亩,新增柠条5 000亩,森林覆盖率达到32%。全面启动集体林权制度改革。全县共投入水利建设资金4 493万元,新打机电井101眼;发放抗旱补贴水泵225台(套);新增有效灌溉面积1.42万亩;新增节水灌溉面积4.4万亩;新增水保治理面积14.1万亩,解决0.64万人、0.96万头(只)牲畜饮水困难问题。

【工业经济】 在经济开发区、电力园区、石材园区三大工业园区的带动下,工业固定资产投资完成27.1亿元,工业企业总产值达到172.5亿元。全年引进项目28个,引进国外资金3.1亿美元,国内资金52.31亿元。石材园区建设编制完成了园区总体规划,开通一横一纵道路网络,配套完善水、电、暖等基础设施,新引进2家大型石材加工企业,板材生产能力达到21.4万平方米。

【城镇建设】 开工建设和林格尔经济开发区至金桥开发区的市政道路—金盛路;完成宝贝河城关段西大桥两侧护岸和雨污分水闸工程;全面启动了城镇自来水改扩建工程,新增供水量140万吨;建成城关镇污水处理厂;加大经济适用房和廉租房建设力度,新增住宅面积10万多平方米。2009年,和林格尔县被评为“全国文明县城”和“全国最具区域带动力中小城市百强”。

【交通 电力】 投入7 000多万元,建成大红城—新店子与巴旦营—圪报三级油路;完成黑老夭大桥与巴旦营渡改桥工程;建成羊群沟四级客运站;开工建设迭力素—大红城道路,全年新修油路59公里、砂石路90多公里。建成经济开发区东区双回路电力建设工程,启用新店子110千伏变电站、羊群沟35千伏变电站、董家营110千伏变电站。全年新增供电容量5.8千伏安。

【旅游】 完成大南山生态文化旅游园区总体规划的评审,土城子遗址公园保护规划基本完成。依托蒙牛工业园、盛乐百亭园、南天门森林公园、农业示范园等景点,2009年全年共接待游客85万人次,旅游综合收入达1.19亿元。深入推进科教兴县战略,进入全国科技进步先进县行列,同时被列为国家知识产权试点县,开展新型农民和实用技术培训,全年培训农民6.8万人次。

【教育】 完善职中新校区建设工程,完成三所小学宿舍楼、食堂续建工程、启动全县校舍安全工程。补贴义务教育保障经费936万元;补助寄宿生生活费494.96万元;减免住宿费110万元。高考再创佳绩。

【文化】 加大文化基础设施建设力度,投资245万元建成6个乡镇综合文化站。和林格尔剪纸列入人类非物质文化遗产代表作名录。认真实施“村村通”工程,广播电视覆盖面不断扩大,新铺设电缆13公里,新增传输电缆10公里,城区和经济开发区有线电视网络得到有效延伸改造。9月24日,和林格尔剪纸入选“人类非物质文化遗产代表作名录”。

【卫生】 县、乡、村三级医疗卫生服务网络逐步健全,总投资3 930万元的县医院改扩建项目已开工建设,完成舍必崖乡卫生院续建工程,为乡村两级医疗机构配备医疗设备,提高村医补助标准。新型合作医疗扎实推进,全县参合人数达13.49万人,参合率达98%。

【社会保障】 城镇居民医疗保险参统人数达12 582人;职工基本医疗保险参统人数达17 291人;养老保险参统人数达17 461人;城镇低保和农村低保人数分别为6 125人和10 488人,共发放低保金2 467万元,新增就业1 508人,下岗失业人员再就业1 388人;发放小额贷款1 000元;城镇登记失业率控制在3.8%以内。

【荣誉】 和林格尔县2009年再次荣获中国西部百强县;和林格尔县城关镇被评全区“十佳”魅力名镇;和林县农民科技推广教育基地被农业部认定为“现代农业技术培训基地”,同时被国家科协评为“全国科普教育示范基地”;和林格尔县被中华环保联合会、中国农业生态环境保护协会、中国城市科学研究会等国家有关部委与协会,认定为“全国绿色名县”。

(白皓 李翀)

武 川 县

【领导名录】

县委书记:王雪峰
人大主任:王成年
县　　长:云　海(蒙古族)
政协主席:张占福
武装部长:张　富
政　　委:陈源堂

【概况】 武川县位于内蒙古自治区中部、大青山北麓,距首府呼和浩特33公里,是首府呼和浩特市所属五个旗县之一。辖区总面积4 885平方公里,县境东西长约110公里,南北最宽约60公里。县境东南部和南部与呼和浩特市新城区、回民区和土默特左旗相连,西南和西部与包头市土默特右旗、固阳县毗邻,北部与达尔罕茂明安联合旗、四子王旗接壤,东与乌兰察布市卓资县交界。地形南山北丘,山地占41.9%,丘陵占50.4%,滩地河谷占7.7%。全县辖5个乡3个镇、93个行政村、964个自然村,总人口17.1万人,其中,农业人口14.1万人,蒙古族占1.8%,汉族占98%,其他少数民族占0.2%。

2009年,全年地区生产总值完成40.04亿元,增长1.1%;固定资产投资完成37.08亿元,增长26.5%;社会消费品零售总额完成6.8亿元,增长21.4%;财政收入完成27 621万元,增长30.58%;城镇居民人均可支配收入达13 390元,增长11.9%;农民人均纯收入达4 601元,增长8.8%。三次产业比例调整为12:55:33,产业结构逐步趋于合理。

【农业】 在2008年1 500亩中棚试点种植的基础上,2009年扩面8 000亩,通过模式化种植、精细化管理,每亩纯收入3 000元左右,“225”示范工程稳步推进,为种植100万亩高效农作物探索出一条成功之路。建成大型移动喷灌圈11个6 000亩,上秃亥万亩高效农业示范园区、得胜沟有机农业庄园、马铃薯种薯繁育中心、哈拉合少水保节水灌溉示范项目和上秃亥食用菌项目二期工程等精品农业项目建设步伐加快。

【畜牧业】 以县种羊场优质种公羊纯繁,上秃亥小尾寒羊基础母羊纯繁,四海通、万博源等肉羊育肥和特色养殖业为重点的生态畜牧业健康发展,肉羊饲养总量达到90万只。被世界首届低碳与生态经济大会暨中国县镇绿色论坛授予“中国绿色名县”称号。成立各类农村专业协会和经济合作组织94个,农畜产品产、储、运、销环节进一步理顺,农民进入市场的组织化程度和把握市场能力有了新的提高。制定出台《武川县推进农村土地承包经营权流转工作暂行办法》,积极鼓励农户多种形式推进土地承包经营权流转,落实各类扶贫资金1 863万元;实施“一村一品”工程20个,落实资金345万元,发放理赔金950万元,有效弥补了受灾农民的经济损失。

【工业】 全县工业增加值预计实现16亿元,同比下降19.4%;其中规模以上工业增加值预计完成9亿元,同比下降34.5%。

立足建设首府重要水泥建材基地目标,冀东水泥二期工程全部完工即将投入生产,余热发电项目一台机组并网发电;蒙电环保材料项目建成投产;聚德鑫电解镍产业化项目、顺通风化煤综合利用开发两大高科技项目稳步实施。武川经济开发区在金融危机影响下税收实现了稳中有增,完成财税收入6 971万元,较上年纯增360万元。立足建设首府清洁能源基地目标,风电开发实现历史性突破,华能新能源、中国国电、中国风电3家风电项目开工并完成15万千瓦建设任务,华能新能源一期、二期工程并网发电,国电公忽洞滩风场一期工程即将并网发电。长江三峡集团公司控股重组呼和浩特抽水蓄能电站已签署战略合作协议。

【基础设施建设】 呼武一级公路建设进展顺利。什尔登—彭顺营、西乌兰不浪—哈拉门独、东土城—哈拉此老公路续建工程竣工通车;新开工建设的5条通村砂石路和哈拉合少客运站项目全部竣工;二份子—庙沟三级公路改建工程开工建设。县长途汽车客运站搬迁已与呼运达成初步协议,正进行前期工作。冀东水泥11万输变电工程、哈拉门独3.5万输变电工程建成投入使用;沙塔子、什拉兔、庙沟和哈拉合少四座3.5万变电站扩建、增容改造工程全部完工。完成退耕还林荒山造林1.5万亩、三北防护林4.2万亩、天保工程封山育林16万亩、补植造林42万亩。制定出台《武川县集体林权制度改革工作方案》,林权改革工作全面展开。新打各类机电井185眼,铺设输水管道12.5万米,新增灌溉面积3.3万亩;完成中棚微喷供水面积8 000亩。可镇北河整治、照羊沟水土保持、昆都仑小流域综合治理工程快速推进。湾兔河水库除险加固工程竣工投入使用。可镇自来水供水管网改造一期工程启动开工。15处安居饮水工程和上秃亥乡集中供水工程进展顺利。

建设新区、改造旧区全年共投入资金3.3亿元,实施城建项目15大项,编制完成《武川县可镇新区控制性详细规划》。充分发挥城发公司平台作用,融资1.58亿元用于新区开发和基础设施建设,完成新区4 100亩土地收储和旧区10万多平方米拆迁改造任务。健康西街、影视西街、腾飞大道、昌兴西街、呈祥大道、龙凤路6条道路主体工程完工,新区"四横三纵"大框架全面拉开。日处理1万吨的污水处理项目一期工程完工,二期工程进展顺利。垃圾处理、第三热源厂建设和龙鑫苑、和谐城、金都花园、武皇二期、福地二期等住宅小区建设稳步实施。积极推进综合社会福利中心建设工程。瑞兴商城、青山酒店、武川宾馆改扩建和二中职教中心、文化广场二期等工程建设有序推进。职教中心幼儿园和第五中学学生公寓楼建成投入使用,三中学生公寓楼开工建设,二小学生公寓楼正在进行招投标。廉租房一期工程主体完工,二期工程完成基础工程;经济适用住房即将竣工。

【教育】 考录聘用县乌兰牧骑演职人员11名、小学教师16名、新增农村义务教育阶段学校教师特设岗位25个。全县高考三本以上上线人数966人。

【卫生】 医护人员20名。积极筹措资金3 773万元,化解各项基础设施建设历史债务。县标准化医院综合大楼开工建设,15所乡镇卫生院医疗设备基本配齐。

【旅游业】 进一步强化景区设施建设,完善旅游要素,推动武川旅游由观光型向复合型升级,由过境地向目的地转变。武川历史文化生态园总体规划、哈达门高原牧场旅游商务高端开发规划编制完成,五道沟农家乐改造提升发展规划通过专家论证。武川民俗博物馆建成并对外开放。大青山抗日游击根据地红色旅游区、哈达门高原牧场旅游区正常运营,农家乐旅游稳步发展,旅游经营秩序开始步入正轨。全年累计接待游客21万人(次),实现旅游收入约1 000万元。商贸流通、特色餐饮、现代物流等新型产业健康发展。第三产业预计实现增加值11亿元,同比增长12.8%。

【就业 再就业】 城镇就业再就业实现2 969人,城镇失业率控制在4.1%之内;农村劳动力转移就业26 854人。

【社会保障】 发放企业退休人员基本养老金2 689万元、失业人员失业金84万元、小额贷款1 020万元、下岗人员岗位社保补贴381万元、灵活就业人员社保补贴172万元;支出基本医疗保险877万元、工伤保险185万元。为1 709名企业退休职工办理统账结合基本医疗保险,增加门诊费、降低起付线,争取上级社会保障资金4 750万元。加大企业职工维权力度,追讨拖欠民工工资360多万元。出台《武川县被征地农民养老保险暂行办法》,已有113人参保。通过积极争取,武川县被确定为自治区首批10个国家级新型农村社会养老保险试点县之一,试点工作全面启动实施,2万多名60岁以上农民不用缴费每月可领取55元、65元或75元不同档次的养老金。累计救助城镇低保对象34 494人,发放低保金663.6万元;救助农村低保对象11 006人,发放低保金1 117万元;确定"五保"对象1 568人,下拨"五保"供养金247.5万元;农村医疗救助12 876人,发放救助金129万元;城镇医疗救助651人,发放救助金43万元。解决贫困大学生生源地贷款497人,贷款金额271万元。发放贫困学生救助金113万元,红十字慈善救助金24.9万元。积极实施新型农村合作医疗,农民参合率达96.5%。

(王佳丽)

清水河县

【领导名录】

县委书记:李　宏(蒙古族)
人大主任:白　亮
县　　长:李　理
政协主席:范锦莲(女)
武装部长:马继东
政　　委:高小更

【概况】 清水河县位于内蒙古自治区首府呼和浩特市的南端。东南以明长城为界,与山西省平鲁区、偏关县接壤;西濒黄河,与鄂尔多斯市准格尔旗隔河相望;北临古勒半几河与乳都核心区和林格尔县毗邻;西北方与古云中郡托克托县相傍,整体位置处于“蒙、陕、晋”经济技术开发区腹地和“呼、包、鄂”金三角开发区内。全县总面积2 859平方公里,县境内居住有汉、蒙古、满、回等12个民族,总人口14.3万人。

【农林牧水】 农业生产在遭受严重旱灾的情况下,全年粮食总产量实现1.2亿斤,同比减产36.8%;油料产量0.2亿斤,同比减产50%。设施农业建设大灾之年为农业的抗灾增收起到积极的作用。全县在认真总结近年来新农村试点建设成功经验的基础上,按照“收缩、转移、集中、自愿”的原则,将设施农业和生态移民工程相结合,通过整合各项涉农资金,新建宏河镇永兴村等四个新农村试点村,积极探索出一条干旱山区建设社会主义新农村的有效途径。全县新增座水点种面积2 700亩,发展水浇地4 847亩,改造完成水平梯田6 500亩,新建淤地坝11座,新增沟坝地2 150亩,建设棚圈222座,发展地区特色种养业,重点扶持优质马铃薯、特色小杂粮和肉羊三大主导产业发展。全年新建中棚335座,配套膜下滴灌800亩。新建马铃薯三分地网室645座,已累计建成1 290座。建成保护地蔬菜温室大棚234.9亩,全县累计建成414.9亩。积极发展肉羊养殖业,试点开展獭兔、野猪、梅花鹿等特色养殖。进一步强化动物防疫体系建设,新改扩建兽医站5个。进一步巩固“全国绿化模范县”成果,全县共完成国家水土保持重点项目建设面积30平方公里,完成营造林面积24.1万亩,全县林木保存面积达141.1万亩,森林覆盖率达32.88%。牧业年度,全县牲畜存栏达48.05万头(只),其中肉羊存栏40.2万只,出栏43万只。

【工业】 年内,全县规模以上工业增加值完成8.8亿元,同比增长39.7%,按计划完成市下达任务;共完成协议引资22亿元,其中区内资金到位3.12亿元,区外资金到位7 800万元,外资到位785万美元。及时建立了政府班子成员联系企业制度,认真落实支持企业发展的各项措施,积极帮助红旗化工、同蒙化工、三联电石等停产半停产企业相继恢复生产。天皓水泥一期熟料生产线、中燃焦化甲醇一体化项目、腾达镁业、三鑫高岭土建成并实现生产或试生产。蒙鑫工贸耐火保温材料项目利用旧址成功转产。刘胡梁、天赐源等三家煤炭企业井工变露采技改工程正在进行,2010年有望转入全面生产阶段。积极协调并努力促成在谈项目落地开工。在蒙西水泥一期日产5 000吨水泥熟料项目年内开工建设的基础上,蒙西水泥二期、中国五矿金属镁、三友高岭土、香港远嘉玻纤材料、鸿华矿业项目也正在抓紧开工前的各项准备工作。新兴工业化基地建设正在推进,经济发展后劲进一步增强。

【基础设施建设】 重点启动垃圾处理、污水处理、道路及管网改造、廉租房建设、河道整治和房地产开发“六大工程”。年内新建扬水站3处,农村、城镇集中供水工程16处。实施35千伏变电站扩建、增容工程3座,开展城关镇电网改造工程,完成线路改造42公里。国道209线和林至清水河一级公路奠基开工,山东荣城至乌海高速公路十七沟至大沙湾段已完成初设,正在进行招投标工作;国道109线清水河至大饭铺段全线贯通,完成通乡油路建设96.9公里,完成通村砂石路93.5公里,大准铁路复线境内工程全面开工。新建移动通讯基站5个。

【教育】 县第一中学公寓楼全面竣工,职业中学实训楼正在建设中,完成乡镇4个小学寄宿制校舍改造工程。建立健全贫困学生帮扶救助制度,贫困生救助工作进一步规范,全年共发放各类贫困生救助资金160多万元。

【文化】 认真开展第三次全国文物普查工作,启动实施明长城维修工程,建成乡镇文化站5个。加强文化市场监管,深入开展了各项群众性文体活动。实施中央广播电视节目无线覆盖工程,“村村通”工程取得新进展。

【就业再就业】 全年新增城镇就业人数1 555人,转移农村劳动力22 436人(次)。完成创业培训340人,农民工技能就业培训412人。“五险合一”工作新机制初步形成,启动城乡居民养老保险工作。

【社会保障】 保险待遇得到及时足额兑现;全面实施农村医疗救助政策,新农合参合率达到99.3%,全年住院补偿4 795人次,补偿金额950万元。实施窑沟乡中心卫生院“三污”配套建设项目,完成北堡乡等5个卫生院、县妇幼保健所业务用房的改扩建和中医院中药房的标准化建设工程,为60个村卫生室进行设备配置,启动县医院标准化建设工程;建成喇嘛湾镇、宏河镇、窑沟乡3个计生服务站,深入落实计划生育利益导向机制,继续稳定低生育水平,接受并通过自治区创建计划生育优质服务县达标验收;积极推进廉租房建设工程,开工建设廉租房280套,主体工程已经完工;年内,在对现有低保人员进行重新核定的基础上,提高了城乡低保和“五保”供养人员的保障和供养标准。发动社会力量,启动“夕阳红敬老工程”,治威大地夕阳红敬老院建成投入使用。

【社会扶贫救助】 由自治区老区促进会投入500万元的3个老区乡“一村一品”五年脱贫规划项目启动实施。

(姜培成)

包 头 市

【党政军领导名录】

市 委

书 记:莫建成

副书记:呼尔查(蒙古族) 廉素

常委:赵江涛(蒙古族) 程刚 红洁(女 蒙古族) 苏誉 李迎会 郝茂荣(蒙古族) 孟建伟(蒙古族) 刘德君 陶永山(挂职 9 月离任) 李杰翔 张海顺

人 大

主 任:张俊华(蒙古族)

副主任:格日勒(女 蒙古族) 朱蒙(1 月离任) 白同伦(回族) 张伯群(1 月任职) 那音太(蒙古族) 王飞 刘志斌

政 府

市 长:呼尔查(蒙古族)

副市长:廉素 程刚 陶永山(挂职 9 月离任) 冀学斌(蒙古族) 李逢春 张继平 曹文华 李秉荣 刘玉华(女) 牛俊雁(1 月任职)

政 协

主 席:董汉忠

副主席:李广斌 侯晓菊(女) 侯焕明 时素珍(女) 朝格图(蒙古族) 黄秀英(女 蒙古族) 梁瑞 张晔(1 月任职) 安润生(1 月任职)

纪 委

书 记:赵江涛(蒙古族)

政法委

书 记:孟建伟(蒙古族)

法 院

院 长:张 民

检察院

检察长:乔青山

军分区

司令员:崔浩强

政 委:李迎会

【概况】 包头市位于内蒙古自治区西部,北部与蒙古国接壤,南临黄河,东西接沃野千里的土默川平原和河套平原,阴山山脉横贯中部。包头的地理坐标是北纬41°20′~42°40′,东经 109 °50′~111°25′,面积为27 768平方公里。下辖昆都仑区、青山区、东河区、九原区、石拐区、白云矿区、固阳县、土默特右旗、达尔罕茂明安联合旗9 个旗县区和1 个稀土高新技术产业开发区,有蒙古、汉、回、满、达斡尔、鄂伦春等 43 个民族。全市常住人口257.2万人,比上年增加 4 万人,城镇人口200.2万人,城镇化率达到77.9%。人口出生率8‰,死亡率3‰,人口自然增长率5‰。

2009 年,全市实现生产总值2 168.8亿元,按可比价格计算,比上年增长17.6%。继 2006 年跨过千亿元大关之后,三年时间再增千亿元总量。其中,第一产业增加值55.3亿元,增长5.9%;第二产业增加值1 175.2亿元,增长19.6%;第三产业增加值938.3亿元,增长16.0%。第一、第二和第三产业增加值占全市生产总值的比重分别为2.5%、54.2%和43.3%,三次产业对经济增长的贡献率分别为0.8%、57.7%和41.5%。按常住人口计算,全年人均生产总值达84 979元,增长15.8%,按年平均汇率折算为12 440美元。全年完成财政总收入244.2亿元,比上年增长19.0%。全年税收收入169.5亿元,增长9.7%。

【农牧业】 全年农作物播种面积30.6万公顷,比上年增长0.3%。其中,粮食作物播种面积22.0万公顷,增长2.0%。全年粮食总产量100.6万吨,增长0.5%。全年油料产量3.7万吨,增长6.1%;甜菜产量11.0万吨,比上年下降17.5%;蔬菜产量74.3万吨,增长16.8%;青饲料产量104.4万吨 ,下降15.5%。年末全市牲畜存栏达226.7万头(只),牲畜出栏头数达401.2万头(只)。全年肉类总产量14.6万吨,牛奶产量145.9万吨,禽蛋产量2.57万吨,水产品产量6 953吨,羊毛产量3 025吨,羊绒产量 187 吨。年末全市农牧业机械总动力146.2万千瓦。大中型拖拉机3 585台,小型拖拉机30 121台,农用排灌动力机械11 453台,农用运输车38 987台。当年机耕面积27.9万公顷,比上年增长4.5%;机播面积24.3万公顷,增长18.0%;机械收获面积12.1万公顷,增长7.1%。

【工业】 全年规模以上工业增加值完成904.1亿元,

增长24.5%。其中,钢铁、铝业、装备制造、稀土、电力五大产业完成工业增加值732.8亿元,较上年增长26.5%,对规模以上工业经济增长的贡献率达87.8%,拉动工业生产增长22.2个百分点。全年规模以上工业企业生铁产量为1 127.8万吨,比上年增长5.0%;粗钢产量1 108.4万吨,增长5.3%;成品钢材产量1 051.5万吨,增长9.7%,其中铁道用钢材产量130.1万吨,增长35.5%;铝产量83.6万吨,增长30.0%;汽车产量2.7万辆,增长8.4%;原煤产量达1 490.1万吨,增长93.8%;稀土化合物产量达19.2万吨,增长2.7%;全年发电量达274.9亿千瓦时,增长4.2%。全年规模以上工业企业实现主营业务收入2 034.9亿元,比上年增长12.0%;实现利税总额123.0亿元,比上年下降7.7%,其中利润40.1亿元,下降34.0%。规模以上工业企业产品销售率达96.5%,较上年下降0.2个百分点。

【城市基础设施建设】 全市继续加大城市建设投资力度,民族东路改造、机场高速立交桥西延等道路改扩建工程顺利完工,全市新增道路面积130万平方米。锦林公园、稀土公园等一批园林绿化项目投入使用,新增绿地面积190万平方米,建成区绿化覆盖率达39%。组织实施城市中心区供水排水管网建设、城区污水管网改造、城市集中供热节能改造等一批基础设施工程,城市燃气普及率达90%,集中供热普及率达到84%。

【固定资产投资】 全年固定资产投资1 500.3亿元,增长38.9%。其中,第一产业投资28.5亿元,比上年增长50.0%;第二产业投资784.9亿元,增长45.8%,其中工业投资751.6亿元,增长43.2%;第三产业投资686.9亿元,增长31.4%。全年房地产开发投资140.4亿元,比上年增长0.6%。全市房屋施工面积1 189.0万平方米,增长7.1%;房屋竣工面积377.0万平方米,增长63.9%;商品房销售面积570.1万平方米,增长36.1%;商品房销售额192.7亿元,增长42.4%。

【资源和环境保护】 全年总用水量100 431万立方米,比上年增加288万立方米。其中,生活用水6 453万立方米,工业用水22 794万立方米,农业用水71 184万立方米。全年荒山黄(沙)地造林面积47 321公顷,其中人工造林11 986公顷。林业重点工程完成造林面积45 200公顷,占全部造林面积的95.5%。至2009年底,自然保护区达到4个,年末实有自然保护区面积14.2万公顷。全年能源消费总量3 636万吨标准煤,比上年增长8%。规模以上能源消费总量2 102万吨标准煤(当量值),其中原煤消费量2 755万吨,增长8.2%;焦炭消费量738万吨,增长3.5%;天然气消费量16 567万立方米,增长24.6%;电力消费量252亿千瓦小时,比上年下降1.0%。全市万元GDP能耗比上年下降8%左右。全年空气质量二级以上良好天数达到308天,比上年增加13天。主要污染物减排连续三年实现"双降",全市二氧化硫排放量为18.32万吨,比上年下降0.38%;化学需氧量排放量为2.7万吨,比上年下降0.34%。

【国内贸易 对外经济】 全年社会消费品零售总额达617.7亿元,比上年增长19.0%。分地域看,城市消费品零售额576.8亿元,增长19.2%,占全市社会消费品零售总额的比重达93.4%;县及县以下消费品零售额40.9亿元,增长15.4%。分行业看,批发零售贸易业零售额473.9亿元,增长18.5%;住宿和餐饮业零售额137.7亿元,增长21.3%;其它行业零售额6.1亿元,增长6.7%。全年外贸进出口总额达12.8亿美元,比上年下降45.2%。其中,出口总额达6.7亿美元,下降55.8%;进口总额为6.2亿美元,下降25.7%。全市实际利用外资到位金额9.5亿美元,比上年增长14.0%。全年实际引进区外资金342.8亿元,增长17.8%。

【交通 邮电】 全年交通运输、仓储和邮政业增加值251.8亿元,比上年增长18.9%。铁路货运量8 787万吨,增长3.6%;公路货运量13 706万吨,增长24.0%;民航货运量1 073吨,比上年下降27.6%。铁路客运量621万人,增长6.0%;公路客运量1 267万人,增长9%;民航客运量53.3万人,增长42.3%。全年邮电业务总量70.3亿元,比上年增长25.6%。其中,邮政业务总量1.3亿元,比上年下降17.2%;电信业务总量69.1亿元,增长26.8%。年末固定电话用户41.3万户,增长1.1%;移动电话用户223.6万户,增长27.0%。

【金融 保险】 年末全市金融机构人民币存款余额达1 496.2亿元,比上年增长24.5%。其中,企业存款余额516.1亿元,增长38.4%;城乡居民储蓄存款余额686.0亿元,增长15.5%。金融机构人民币贷款余额814.1亿元,增长29.0%。其中,短期贷款余额327.3亿元,增长14.9%;中长期贷款余额459.5亿元,增长57.3%。在短期贷款余额中,工业贷款余额134.4亿元,比上年下降4.8%;农业贷款余额42.4亿元,增长26.1%。全年保险业务收入达26.3亿元,比上年增长15.1%。其中,财产险收入9.7亿元,增长21.0%;人寿险收入16.6亿元,增长11.7%。保险赔款及给付支出8.1亿元,增长29.2%。其中,财产险赔款及给付4.2亿元,增长33.9%;人寿险赔款及给付3.9亿元,增长34.2%。

【科技】 全年申请专利508件,比上年增长20.1%。全年组织实施20项重大科技项目,获自治区科学技术奖22项、自然科学奖3项。全市已累计创建自治区级以上科技创新型试点企业12家,其中国家级科技创新型企业1家;累计创建市级创新型试点企业36家,其中本年新增20家。新增自治区级工程技术研究中心3家、市级企业技术(研发)中心11家。

【教育】 全市有普通高等学校3所,全年招收学生1.7万人,在校学生5.3万人,毕业生1.3万人。成人高等学校2所,在校学生0.5万人。高职院校4所,在校学生2.6万人。普通中专和成人中等专业学校共19所,在校学生2.9万人。普通高中35所,在校学生5.0万人。普通初中66所,比上年减少3所;在校学生9.0万人。普通小学198所,比上年减少21所;在校学生15.2万人。全市有幼儿园168所,在校幼儿2.5万人。全市有民族中小学13所,在校学生1.3万人。民办中、小学19所,在校学生1.2万人。小学、初中、普通高中专任教师学历合格率分别为100%、99.13%和93.30%,分别比上年提高0.17、0.21和2.49个百分点,小学适龄儿童入学率99.96%。

【文化】 全市现有专业艺术表演团体7个,艺术表演场所7个,群艺馆、文化馆11个,公共图书馆10个,博物馆2个,美术馆1个,纪念馆1个。广播综合人口覆盖率达98.53%,电视综合人口覆盖率达98.5%。

【卫生】 全市共有卫生机构1 217个,其中医院46个,社区卫生服务机构(中心、站)189个,卫生院72个,疾病预防控制中心11个,妇幼保健院(所、站)11个;年末卫生机构实有床位11 995张,拥有卫生技术人员18 884人。

【人民生活】 全年城镇居民人均可支配收入达23 089元,增长10.7%;城镇居民人均消费性支出18 950元,增长16.6%;城镇居民家庭恩格尔系数(居民家庭食品消费支出占家庭消费总支出的比重)为31.6%。全年农牧民人均纯收入为7 826元,比上年增长10.6%;农牧民人均生活消费支出5 522元,增长11.2%;农村牧区居民家庭恩格尔系数为37.1%。城镇居民人均住房建筑面积31.3平方米,农牧民人均住房面积28.9平方米。

【社会保障】 城镇职工养老保险参保人数为53.4万人,比上年增长5.2%;享受城镇基本养老保险离退休人员20.3万人,增长5.8%;按时足额发放离退休人员养老金40.0亿元,增长20.5%;城镇居民养老保险参保人数4.4万人,农村社会养老保险参保人数20.8万人。参加失业保险人数为41.5万人,增长0.2%;支出失业保险金1.6亿元,增长38.2%。全市参加医疗保险人数为71.9万人,增长6.2%;支付医疗保险金9.5亿元,增长27%;新型农村牧区合作医疗参合率达97.45%。全市参加工伤保险人数为36.6万人,增长7.5%;支出工伤保险金3 474万元,增长49.9%。全市参加生育保险人数为36.9万人,增长8.2%;支出生育保险金4 358万元,比上年减少18.3%。

(窦 瑛)

昆都仑区

【领导名录】

区委书记:刘德君

人大主任:李明生(蒙古族)

区　　长:郭卫新

政协主席:范　英

武装部长:赵太贤

政　　委:宋世亮

【概况】 昆都仑区位于包头市区西部,土默川和河套平原之间,北纬40°34′,东经109°50′。北依阴山,南临黄河,源于大青山、乌拉山之间的昆都仑河流经境内,注入黄河。因境域跨昆都仑河而得区名。是包头市的中心城区和自治区最大的企业包钢(集团)公司所在地,地处呼包银经济带和呼包鄂金三角腹地。面积301平方公里,人口64.3万人,有汉、蒙、回、达斡尔等37个民族。辖14个街道,3个镇。

2009年,地区生产总值实现715亿元,同比增长18%以上;财政收入实现31.5亿元;固定资产投资实现275.5亿元,社会消费品零售总额实现210亿元。

【工业】 坚持以工业园区为载体,以新上项目和技改扩能项目为支撑,全力做大做强工业经济,构筑钢铁、不锈钢和稀土等支柱产业优势,支持和推动华业特钢、西北创业、大安钢铁、吉宇钢联、华美稀土和燕京(雪鹿)啤酒、小肥羊集团等重点企业实施技改扩能,区属规模以上工业企业生产经营全部企稳向好,特别是坚持与包钢的区域一体化发展战略,大力培育和打造钢铁精深加工产业集群,一期基础设施建设基本完成,无缝钢管生产、型钢制造和重型机械加工等项目入驻园区开工建设;90个投资5 000万元以上的重点项目全部开复工,65个项目实现竣工;全区规模以上工业增加值实现365亿元、同比增长17%,区属规模以上工业企业实现产值180亿元、同比增长39.6%。

【城市建设】 完成大青山南坡18 600亩绿化和昆河城区段800亩绿化工程，实施黄河湿地保护6公里道路景观工程，加强绿化美化亮化工程建设，城区绿化覆盖率达36.8%，人均公共绿地面积达12平方米，完成友谊18#街坊、友谊26#街坊等14个旧小区的亮化、美化、绿化和硬化治理，实施团结22#街坊、团结15#街坊等18处“夹心房”和危旧房改造，完成青松小区的建设节能改造，新开工建设经济适用住房80余万平方米，建设廉租住房1万余平方米，南部新区以“三横三纵”为框架的46万平方米路网等基础设施基本完成，保利·拉菲公馆、东亚·世纪城、京奥港·帝景等120万平方米商住项目全面实施，哈业脑包中心集镇建设和新城村、前口子村、边墙壕村等“城中村”改造有序推进，城市发展空间得到拓展。实施沿林道等13条小街巷治理，完成青年路等22条路段硬化、昆北路建设、昆都仑水库道路改造和110国道、青山路部分改造拆迁，实施汽贸城两侧规划治理和昆都仑召修复改造工程。

【招商引资】 6月22日，昆都仑区南京招商项目推介会在南京湖滨金陵饭店会议厅隆重举行，50多个重点招商引资项目吸引了包括福特汽车等世界500强企业在内的近130家企业参加。现场共签约5个项目，总投资金额达10.1亿元。

【科技】 全年累计投入应用技术研究与开发资金3 400万元支持科技创新，企业与高校、科研院所的产学研结合进一步深入，科技成果转化率不断提高，昆区现在国家级高新技术企业5家、三级技术中心18家、民营科技企业32家，昆都仑区被评为全国科技进步先进县(市)。

【教育】 中、高考成绩继续保持全市最高水平；二十九中翻建、和平中学、钢四小分校建成投入使用，蒙古族学校、和平小学正在建设，启动实施校安工程。

【文化】 1月14日，昆区在包头市博物馆举行迎新春优秀书法、绘画、摄影作品展。4月1日，包头金融文化广场项目洽谈签约仪式在香格里拉大酒店举行。包头金融文化广场项目位于包头市政府大楼前方，东邻市府东路，西为阿尔丁广场，南起广场南道，北至钢铁大街。项目包含2栋高档办公楼，2栋高级写字楼及四层商业。地下有两层车库。占地3.6万平方米，总建筑面积35万平方米，总投资约15亿元。5月17日，昆区团委联合包头广播电视报、中国联通包头分公司、中域时代手机广场，在包百步行街举办“保障儿童上网安全自律宣言千人签名仪式暨5·17电信推广日活动”。7月28日，庆祝新中国成立60周年·“魅力昆都仑”(首届)暨昆区第二十四届鹿原文化艺术节隆重开幕。

【卫生】 开展医疗卫生、食品卫生、爱国卫生工作，突发公共卫生事件应急处理能力不断增强，有效防控甲型H1N1流感疫情。

1月12日，昆区在党政大楼西附楼会议室举办红十字会2009年“博爱送万家”活动启动仪式。区红十字会筹集23万元的物资用于救助，送医送药开展义诊活动。

【体育】 3月4日，召开老年文化体育协会成立会议。组织开展“魅力昆都仑文化艺术节”、迎春主题文艺晚会和“全民健身月”等32次大型文体活动。7月2日至6日在赤峰举行的内蒙古体育局主办的“内蒙古青少年篮球锦标赛”。包头六中女篮勇夺冠军。本次赛事是自治区规模最大的青少年篮球赛事，各支队伍都是各盟市的精心选出的代表队。包头六中女篮代表包头市参加此次比赛。

【民生工程】 多渠道促进充分就业，实施“千名大学生”就业工程，有效解决高校毕业生就业问题；支持以创业带动就业，为416名下岗失业人员办理小额担保贷款3 500万元，对“零就业家庭”全部实行托底安置，城镇累计新增就业13 412人，全区城镇登记失业率控制在3.45%以内。全面实施“三个1 000万”工程，为社区居委会干部每人每月增加补贴200元，人均每月达1 354元。投入资金151.3万元，为660名区属集体企业下岗职工补贴社会保险；加快社区“两室”用房建设，有68处达到200平方米以上、7处达500平方米以上、4处达800平方米以上。按政策提高企业退休人员养老金标准人均每月达1 183元，全年为3 848名企业退休人员发放养老金5 487万元，社会化发放率达100%。全区城乡居民养老保险缴费人数达11 725人，收缴养老保险基金1.07亿元，为12 121人办理养老保险领取手续，其中有3 301名75周岁以上的人员每月领取养老保险金454元。继续开展城镇居民基本医疗保险工作，参保人数达14 511人，共为3 829人报销医疗费用957万元；将新型农村牧区合作医疗筹资标准提高到120元，为全区8 629名40周岁以上的农牧民进行免费体检。将城乡居民最低生活保障金标准从每人每月280元提高310元，城镇低保家庭取暖补贴每户每年提高200元、达到600元，全年发放低保和各类社会救助资金2 091万元。提高城区一线清扫保洁人员待遇，每人每月达800元。高度关注弱势群体生活，投入500万元开展扶贫济困送温暖活动，对76名困难大中专学生进行资助。人民收入水平不断提高，城镇居民人均纯收入达11 098元。

【昆都仑召改造建设工程】 7月10日昆都仑召又名法禧寺,是包头市境内的一处自治区级文物保护单位,始建于康熙二十六年(公元1687年),20世纪60年代前有殿宇87座,现有大小殿宇20余座,鳞次栉比错落有致。该庙北倚大青山,东临石门水,南俯黄河,紧邻市区,是西部地区极具规模的黄教古刹。

(桂晓梅 李富春 刘慧智)

青 山 区

【领导名录】

区委书记:张世明

人大主任:高争占

区 长:张建中

政协主席:路 健

武装部长:王福明

政 委:王洪斌

【概况】 包头市青山区因坐落于阴山山脉大青山脚下而得名,北靠大青山,南临黄河,地势开阔平坦,北高南低。东起原九原区与固阳县界线与包固公路分界点,延包固公路向南至后营子村南界止;南起包固公路与后营子村南界交汇点,向西延后营子村南界三道沙河村北界三道沙河(青山区与九原区原界)向南至建设路,延建设路向西经友谊大街至民族东路止;西起友谊大街,延民族东路向北经甲尔坝、新城、前口子、边墙壕村,东界至原九原区与固阳县界线为止;北界以原九原区与固阳县界线为界。1953年开始建设,1956年8月18日成立青山区办事处,同年11月正式建区。全区总人口46.69万人,其中城镇人口43.61万人。全区辖8个街道办事处和2个镇,69个社区居委会和21个村民委员会。

全年实现国内生产总值(GDP)462.57亿元,按可比价格计算同比增长20.1%,其中第一产业实现增加值1.79亿元,同比增长3.1%,第二产业实现增加值232.94亿元,同比增长20%,第三产业实现增加值227.84亿元,同比增长20.3%;人均生产总值突破100 135元;财政收入实现31.27亿元,同比增长17.4%;城镇居民人均可支配收入达25 141元,同比增长11.1%。

【工业】 规模以上工业产值实现487.46亿元,同比增长25.33%,其中中央企业实现产值291.02亿元,同比增长25.6%;区属企业实现产值124.73亿元,同比增长53.86%。青山区装备制造产业园区产值实现382.11亿元,同比增长35.5%,占青山区规模以上工业产值总量的78.4%。青山区规模以上工业实现增加值187.41亿元,同比增长21.3%。

【建筑业】 有资质以内建筑企业单位29个,从业人员2.83万人,年末实现总产值50.4亿元。房屋建筑施工面积483.5万平方米,其中房屋竣工面积149.2万平方米。

【固定资产投资】 全年完成城镇50万元以上固定资产投资240.34亿元,同比增长31.14%,其中第二产业投资120.2亿元,同比增长27.8%;第三产业投资120.14亿元,同比增长34.66%。

【贸易】 全年社会消费品零售总额实现168.01亿元,同比增长19.1%。按行业划分,批发零售贸易业实现社会消费品零售总额137.34亿元,同比增长18.3%;餐饮业实现销售额28.98亿元,同比增长23.6%;其它行业零售额实现1.69亿元,同比增长8.68%;汽车类零售额实现22.58亿元,同比增长15.85%。

【交通 邮电】 青山区地处市中心,四通八达,通讯服务设施完善,人均拥有道路面积16.2平方米,"七横七纵"、"内外双环"道路网络体系已基本形成,有京藏高速公路、110国道、210国道和京包、包兰、包神铁路过境。

【金融】 年末金融机构各项存款余额(不包括外币)524.1亿元,同比增长29.1%,其中城乡居民储蓄存款余额175亿元,同比增长17.7%。各项贷款余额(不包括外币)273亿元,同比增长23.3%。

【科技】 全年科技经费支出4 387万元,其中科技三项费用4 333万元、科学技术管理费用41万元、科学技术普及费用13万元。先后荣获包头国家装备制造高新技术产业化基地,通过全国科技进步考核2007~2008年度城区等荣誉。

【教育】 有办学单位46个〈其中小学26所、初中9所、普高5所(含私立高中1所)、完全中学2所、九年一贯制学校、幼儿园、少年宫、特殊教育学校各1所〉,教职工总数3 825人(其中聘任制教师509人),学生总数56 445人(其中小学在校生27 189人,初中在校生16 762人,高中在校学生12 454人,特教学校在校生40人)。青山区共有民办幼儿园36所,教职工769人,在园幼儿5 978人。先后荣获自治区五四红旗团委、包头市年度教育工作综合评估先进单位、包头市红十字青少年工作先进集体等荣誉。

【文化】 有文化活动站8个,影剧院、文化宫6个,剧团2个,青山书画院1个,文化市场经营场所547个。先后荣获包头市2009年春节、元宵节期间文化活动优秀组织单位、全区"文化市场行政执法"先进单位、全区"扫黄打非"先进集体等荣誉。

【卫生】 有卫生机构336个,实有床位2 979张,卫生技术人员4 702人。先后荣获2009年度社区卫生工作先进地区、2009年度责任目标实绩考核突出单位、爱国卫生银鹿奖第一名、无偿献血工作先进地区、疾病预防控制工作先进单位、妇幼卫生先进单位、蒙中医药管理先进单位、纪检工作先进单位、卫生信息宣传工作先进单位等荣誉。

【体育】 全年体育事业的投入45万元,安排体育活动经费10万元。全区共有各类标准体育场(馆)289个,2009年兴胜镇19个村规划给青山区,新增12套户外健身路径、10个篮球场,占地面积为100 000平方米。现在青山区占地面积33万平方米,人均占有体育活动场地0.73平方米;非标准场地分布全区,体育场地的完好率和开放率达100%。先后荣获自治区目标管理考核第一名、第十一届包头市运动会团体总分第一名、包头市第十届运动会体育道德风尚奖等荣誉。

【劳动就业】 全区城镇新增就业15 045人,下岗失业人员再就业5 335人,完成年目标任务900人的109%,农牧民转移就业2 600人,开展城镇就业再就业培训13 145人,培训后实现就业11 437人,农牧民转移技能培训3 108人,创业培训12期649人,培训后成功创业569人,发放小额贷款582户3 100万元,发放失业保险金367人,发放金额240万元;青山区零就业家庭3户,全部实现就业;城镇登记失业率控制在4.0%以内。

【社会保障】 养老保险扩面3 411人,完成年初目标任务的120%,参保人数达到31 661人。至年底,养老保险费征缴达9 472万元,收缴率达95%以上;全年应发养老金14 220万元,实发养老金14 220万元。青山区工伤保险参保缴费人数达9 177人。

【园林绿化】 青山区绿化覆盖面积2 178.4公顷,绿地面积2 111.2公顷,水化面积23.75公顷,绿地率37.7%,绿化覆盖率38.9%,人均公共绿地面积15.5平方米。有25个独具风情的公园、广场和26个不同主题的游园景点。

(郭建光 印惠娟)

东　河　区

【领导名录】

区委书记:史文俊
人大主任:王耀文
区　　长:贺海钧
政协主席:白志强(回族)
武装部长:郭良焕
政　　委:陈　书

【概况】 包头市东河区位于大青山南麓,黄河北岸,有近300年的发展历史。历史上曾有"水旱码头"、"塞外通衢"的盛名。连区总面积470平方公里,耕地面积12.5万亩,水产养殖面积650亩。下辖两个镇,49个行政村,12个街道办事处,人口近51万人。聚居着蒙古、汉、回、达斡尔等22个民族,少数民族人口2.4万人。东河区是回族聚居区,有回族1.51万人。有伊斯兰教、基督教、佛教(藏传佛教—喇嘛教)、天主教4个宗教界别,是包头市民族宗教工作重点地区。

2009年,全区生产总值实现295.26亿元,同比增长18.1%;财政收入达23.34亿元,比年初目标增加3 900万元,同比增长13%;城市居民人均可支配收入达21 589元,增长10.7%;农民人均纯收入达10 344元,增长11.3%;固定资产投资达212.97亿元,增长26.8%;实际直接利用自治区外资金55亿元,增长10%,利用外资实际到位1.2亿美元,增长20%;进出口贸易总额完成1.5亿美元。

【农业】 实施5 000万元以上农业重点项目3个,完成投资2.2亿元,为年计划的103.8%,粮食播种面积7.15万亩,蔬菜种植面积3.4万亩,15个农牧业加工,流通企业实现销售收入20.19亿元,全区49个行政村实现了公路、有线电视全覆盖,43个村有自来水,种粮直补、农业综合补贴、家电 汽车下乡补贴等1 007.5万元全部实现"一卡通"发放,国家各项惠农政策全部落实到位。

【林业】 完成9 700亩大青山南坡绿化工程任务和5 000亩三北四期防护林造林任务,共种植各种树木112万株(丛),完成投资5 550万元,21.3公里的黄河堤坝护堤工程(东河段),已完成总工程量的92%,完成投资2.5亿元;南海湿地保护项目已建成千亩蓄滞洪区,完成投资400万元。

【工业经济】 规模以上工业企业完成工业总产值

172.9亿元,增长18.1%。中央、市属企业包铝、鹿王、华资实业完成产值67.27亿元,占全区规模以上工业总产值的38.9%,区属规模以上工业企业75家,完成产值105.7亿元,占全区规模以上企业总产值的61.1%。其中68户制造业企业主导地位作用突出,矿山机械、红卫日化、万里机械、骆驼酒业等企业生产销售势头强劲。

铝业园区新引进企业18户,累计入驻企业达62户,全年工业产值126亿元。全年新建和续建18个5 000万元以上工业重点项目,累计完成投资26.4亿元,完成年计划的110.3%。包铝电解铝产能已达40万吨、精铝2万吨、稀土电工园铝杆6.5万吨,园区新增化成箔生产线16条,达103条、2 060平方米的产能,成为全国最大的中高压化成箔生产基地。鹿洁天然气母站项目(一期)已投产供产;汇泽科技铝合金项目正在进行厂房建设,桂东电子光箔、江海硅铝合金、冀东水泥粉站项目正在办理立项、规划、环评等前期手续。园区基础设施建设加快,总投资2.46亿元,征土地1 530亩,完成道路、管线工程8.5公里,工业污水处理厂建成使用,为项目引进发展奠定良好基础。

【旅游业】 全区9类16处旅游资源得到逐步发展,北梁地区宗教旅游产业发展条件日渐成熟,南海湿地景区成功举办了第三届中国·包头南海湿地风情节,2009年全国航海模型锦标赛暨全国青少年航海模型锦标赛、南海铁人三项赛等系列活动,被评为“自治区业绩突出旅游景区”和“内蒙古十佳旅游景区”。成功举办了上海知名侨商考察投资和中国侨商草原行等多项活动。

【城市建设】 实施投资5 000万元以上城市建设项目,城市基础设施重点项目11项,完成投资13.6亿元。东华热电公司投资1亿元新建、改建310公里供热一次网及19座换热站,区政府投资5 000万元并网改造335台小锅炉及42公里供热二次网,新增集中供热110万平方米,惠及居民1.27万户;站南路(含通达路)、东脑包路以及南海地区、北梁地区基础设施进展顺利。

【社会保障】 社会保障性资金支出3.04亿元,占区本级财政总支出30%,比上年新增支出5 400万元。全年登记失业人员3.4万人,实现就业再就业2.7万人,其中新增就业1.4万人。基本养老保险参保达4.6万人,基本医疗保险参保达13.5万人,农村新型合作医疗参合率达96.1%。企业离退休人员人均养老金每月增加125.6元,达1 326元;城镇居民和农民人均低保补助标准分别提高30元和180元,达到每月310元和每年1 500元。发放各类救助、慰问金510万元。建设完成经济适用住房35万平方米,廉租住房1万平方米,支出廉租住房保障资金1 223万元,5 438户低保家庭享受到廉租住房补贴。

【教育】 完成教师绩效工资制度改革,教师待遇不断提高,办学质量显著提升,校舍安全工程有序推进,南海小学完工,完全中学正在建设中,包二中体育馆主体封顶,康复路小学等4所学校建设塑胶环形跑道。

【文化】 东河区文化馆、图书馆、影剧院、少年宫已完工,以西口文化为主题的电视连续剧筹拍工作进展顺利,西口文化组雕落户南海湿地风景区,成功举办“首届西口文化节暨第24届鹿城文化艺术节”、“情归西口老包头”映像暨全国晚报记者摄影大赛,“庆祝祖国60华诞描绘东河新貌”主题书画展等活动。

7月26日,包头市最大的文化产业批发市场——包头市图书商城盛大开业。包头市图书商城经营的主要项目有书刊、报刊、书法、绘画、剪纸等具有民间特色文化产品,成为内蒙古地区乃至中西部地区文化产品的集散地和终转中心。

【卫生】 新建的3个社区服务中心全部开工,为全区5万余名农民和居民进行体检,完成农户改厕900座,被市委、市政府评为“社区卫生工作发展先进地区”,“迎接国家除四害全达标工作先进地区”,人口和计划生育工作连续6年获得包头市目标管理优秀奖。

【荣誉】 东河区科技工作被国家科技部评为“全国科技进步区”。

东河区司法工作被内蒙古自治区人民政府评为“法律援助自治区先进集体”。

(杜俊锋 张雪峰)

石 拐 区

【领导名录】

区委书记:韩建民
人大主任:郭 俊
区 长:赵 君
政协主席:王 军
武装部长:赵学良
政 委:吕金灵

【概况】 石拐是蒙古语“什桂图”的音译,其意为“有森林的地方”。石拐区位于包头市东北部,处于阴山山脉,大青山西段,东与武川县相邻,南与土默特右旗隔山而居,西与九原区相连,北与固阳县相接。石拐区辖大磁、大发、石拐、五当沟、白狐沟五个街道办事处,五当召镇一个半农半牧镇,全区总人口约5.13万人,面积约618平方公里。

【工业】 2009年,石拐区地区生产总值完成52.17亿元,同比增长6.1%;财政收入完成5.67亿元,同比增长19.3%;固定资产投资完成34.4亿元,同比增长42.1%;城镇居民人均可支配收入达17 412元,同比增长10.2%;农牧民人均纯收入达5 978元,同比增长10.1%。

2009年引进区外资金12.1亿元,同比增长35%。全年实施工业项目23个,合同投资额159.47亿元,年内完成投资20.9亿元,其中5 000万元以上项目22个,新开工项目15个,续建项目8个,建成投产项目4个,新增规模以上企业10户。镁合金、煤炭、钢铁产业分别完成投资11亿元、15亿元、20亿元。

【示范园区】 经纬、明达、三磊镁合金项目一期工程相继建成,"硅铁—金属镁—镁合金及应用"产业链形成45万吨硅铁、2万吨工业硅、8万吨镁合金生产能力;凯越45万吨露天煤矿和双德、国惠、聚富洗煤项目、聚隆96万吨捣固焦项目一期工程建成投产,亿盛达煤炭市场入驻企业22家,"煤层气开采—煤—洗精煤—捣固焦—煤焦油深加工"产业链形成100万吨原煤、350万吨洗精煤、70万吨捣固焦生产能力;亚新隆顺100万吨稀土特钢、诚承物资100万吨铁精粉项目加紧建设,"铁矿石—铁精粉—铁—特种钢深加工"产业链正在形成,工业循环经济框架初步搭建。

引导园区5家企业成功组建包头市北方硅镁合金集团有限公司,引进区外3家公司成功收购园区5家小企业,对硅铁、粗铜企业实施扩能改造,通过领导包企、纪委挂牌、金融支持、出台政策等措施,为11户企业协调贷款、专项扶持资金、短期借款1.3亿元。奖励企业各类发展资金1.45亿元,减免行政事业性收费100万元。至2009年底,园区生产企业由4户恢复到17户。神包矿业公司销售煤炭477万吨,实现产值21.3亿元,上缴税金1.1亿元。工业园区生产各类产品49.3万吨,实现产值49.8亿元,完成税金1.75亿元。

【水利建设】 投资2 000万元,实施淤地坝建设、重点流域综合治理、土地整理、整村推进、现代化滴灌试验田和民办公助水利项目,综合治理面积8 025亩,新增保灌面积和水浇地2 000亩。渠道清淤16公里,新打、配套机电井33眼,改善灌溉面积500亩,新增节水喷灌面积200亩。

【新农村建设】 新建"四位一体"温室大棚50栋、节能大棚30栋,筹建厚墙体温室大棚7栋。开展测土配方施肥和高产创建试验,推广马铃薯新品种2 000亩。为1 201户农户办理种植业保险,参保面积1万亩,灾后赔付27.77万元。

制定出台《石拐区新农村特色种养殖项目奖励扶持办法》,鼓励农牧民发展特色种养殖业。通过政策引导、资金扶持,培育了一批土鸡、獭兔、肉羊养殖和蔬菜种植示范户,引导农牧民组建清水蔬菜种植协会等8个专业合作社。生态土鸡养殖规模达10万只,獭兔存栏2 400只,试点引进肉牛、肉驴、野猪等养殖新品种,购进基础母羊800只,新建棚圈6 408平方米,土鸡肉蛋产品成功打入市内各大连锁超市。全年财政投入奖励资金100万元,拉动农牧民年人均增收360元。

【移民搬迁工程】 50栋"四位一体"多功能温室大棚分配到户。投资464万元,实施安全饮水工程11处、卫生改厕500座、改扩建村级标准化卫生室10个、推广安装太阳能热水器100台、新建候车亭12个、消灭无电视户100户、新增后营子新村为新农村试点村。加大对口帮扶,争取新农村建设帮扶资金112万元。投入520万元的脑包沟至前店农村公路竣工通车。发放粮食直补、综合补贴、农机具补贴和良种补贴168万元,"四免四补"政策深入人心。

【林业】 投资5 500万元,实施三北防护林、天然林保护和大青山南坡绿化等重点生态工程,新增造林面积6.5万亩。实施草原建设项目,新增灌溉草场1 200亩,改良草场6 500亩。全区林草覆盖率达55%,森林覆盖率达27.4%,均居全市第一。

【旅游业】 2009年与鄂尔多斯金泰生路桥有限公司签订总投资2.2亿元的五当召旅游景区建设项目合同书;与包头昆仑射击有限公司签订飞碟射击场项目投资合同书,旅游开发步入实质性阶段;编制完成《五当召风景旅游区控制性详规》,制定《五当召保护区内不协调建筑物拆迁安置工作方案》;五当召全年接待游客13万人次,赵长城胡服骑射广场游客日渐增多。建立石拐区旅游信息宣传体系,五当召旅游风景区纳入全国12301旅游服务热线;"包商银行杯·走进五当召"全国摄影大赛作品在呼和浩特、包头、鄂尔多斯、山西平遥等地巡回展出;"吉祥石拐、祝福祖国"第二届五当召杯自行车越野赛顺利举办;出版《中国·包头石拐风光》画册。

【城区建设】 委托清华大学和包头市规划院高起点、高标准修编《石拐区城区总体规划》并上报市政府审批,同步编制《石拐区南部区控制性详细规划》等6个专项支撑性规划。完成土地利用总体规划大纲修编，调整建设用地3 870亩。征储土地1 500亩。南部区签约项目 17 个，总投资 29 亿元。投资2 292万元建设1.75万平方米的廉租住房完成主体工程的70%。投资7.26亿元的棚户区普惠安置区项目经国家发改委立项批准，争取中央及自治区专项补贴资金1.4亿元。

【环保建设】 投资2 615万元开工建设了污水处理厂和部分污水管网，完成工程量的60%。投资 110 万元实施“新亮美”续建工程。投资 554 万元对3.6万平方米既有住宅实施节能改造。

【社会保障】 城乡居民基本养老保险登记参保人员12 696人，收缴养老保险金1 256万元，发放养老保险金4 758万元。出台《石拐区困难企业工伤职工参加医疗保险补充办法》，困难企业职工医保参保1 026人，报销412 万元。进一步提高城乡低保保障标准，3 886户9 280人城市低保对象月人均补差达 222 元，年末每人发放一次性困难救助金 500 元，农村牧区2 413户2 928人低保标准人均达1 240元/年，实现动态管理下的应保尽保。农村牧区“五保户”集中、分散供养补助标准分别达1 800元和1 200元，全年发放城乡低保、各类救助金3 109万元。投入 65 万元为7 365名 40 岁以上农牧民、65 岁以上老人进行免费体检，并建立健康档案。农村牧区新型合作医疗筹资标准提高至 120 元，参合农牧民18 476人，参合率达98.8%。

【科技】 围绕国家扩大内需投资方向和重点，各部门向上争取各类资金3.5亿元。深入推进科技创新，北镁科技有限公司高效能镁铍合金项目被列为包头市重大科技发展项目，包头市兵科硅镁材料技术研究中心晋升为自治区级工程技术研究中心，石拐区被评为全国科技进步合格区。

【教育】 教育经费投入7 948万元，同比增长71%。新建新区中学综合教学楼5 327平方米，启动中小学校舍安全工程。为6 所学校配备计算机、投影仪和理化生实验设备。

【文化】 开展电影、文艺、图书下乡 300 场次。发现新石器时期至近代遗址 122 处，首次证明包头地区史前新石器时期仰韶文化的存在。

【再就业】 城镇新增就业1 513人，农牧民转移就业4 033人，失业率控制在2.9%以内。举办创业培训班 6 期，发放小额担保贷款1 217万元。

(李秀芳)

九 原 区

【领导名录】

区委书记:路 智

人大主任:尹福业

区　　长:雪　松(蒙古族)

政协主席:张宏伟

武装部长:敖玉海(蒙古族)

政　　委:申中明

【概况】 包头市九原区位于内蒙古自治区中部地区，北依阴山南麓，南临黄河北岸，主要管辖区在包头市主城区的西南部，是包头市新型城区。全区辖 1 个苏木、3 个镇、4 个办事处、2 个工业园区。总面积 734 平方公里，总人口20.1万人，由汉族、蒙古族、回族、满族等18 个民族构成。人口出生率12.76‰。全年完成地区生产总值138.9亿元，增长18.4%；固定资产投资完成124.2亿元，增长71.8%；城镇居民人均可支配收入达到24 081元，增长10.9%；农牧民人均纯收入达到9 272元，增长10.9%；财政收入完成17.01亿元。完成自治区、包头市及九原区为群众办的63 项好事实事。

【工业】 全年引进实施工业项目38 个，完成工业投资75.8亿元，实现工业增加值36.6亿元。新建、续建5 000万元以上工业重点项目 13 项，完成投资 71 亿元，是上年投资的1.6倍。其中，神华煤制烯烃项目累计完成投资 124 亿元，完成施工进度的 90%。

【招商引资】 洽谈签约重大项目44 项，合同利用资金122 亿元，实际引进区外资金40.3亿元。园区建设取得实质性进展，完成基础设施投资6.4亿元。其中，九园区工业园区 25 公里道路(管网)完成工成量的70%，新增道路面积 60 万平方米；实施8.2公里的哈德门滞洪区改造工程和 27 公里主工业供水工程，一孔桥包钢污(洪)水排放工程；新收储土地1 496亩，总规模达2.44万亩。兴胜经济开发区清理闲置土地1 371亩，实施莫日更等 5 条 20 万平方米道路建设，增强招商引资吸附能力。全年两个园区共引进重大项目 35 项，引进海平面电石、东方希铝碳素等一批化工项目，泰利 C 型钢、吉峰钢管等一批装备制造配套项目，投资总规模54.7亿元，全部达产后，可实现产值 245 亿元，利税 44 亿元。

【农牧业】 年内，全年发放各类惠农补贴6 818万元，完成农业投资3.1亿元。重点实施农业综合开发、土地整理、保护地、棚圈建设、险工治理等27个重点项目。蔬菜保护地面积达到1.1万亩,建设奶牛标准化养殖小区20个,畜牧业规模化饲养达75%。实施产业化项目17项,完成投资2.9亿元,增长30%。农村牧区劳动力转移步伐加快,转移富余劳动力1.02万人(次),实现外出务工收入4 646万元。新农村新牧区建设扎实推进,投资4.4亿元,重点实施付家圪堵黄河险工治理等29个农业农村基础设施项目,建成乡村公路11公里,户用沼气1 000座,卫生改厕1 200座,解决了5个村4 200人的安全饮水问题。"青山、绿水、禁牧"工程。投资4.3亿元,超额完成大青山南坡绿化三区工程。完成人工造林2.18万亩,封山育林2.5万亩,森林覆盖率提高2个百分点。小白河防洪分凌一期工程顺利完工,沿黄筑堤修路工程完成投资1.5亿元,完成工程进度80%。发放围封禁牧补贴469万元,新(改、扩)建棚圈5.4万平方米。

【旅游业】 全年旅游业实现收入1 300万元,增长24%。

【城乡基础】 以新都市区为核心,全年实施各类城建项目48个,完成投资25.8亿元。重点实施8项基础设施、12项重点项目、11项公益性项目建设和9个城中村、旧街坊旧大院改造。新建、续建青山路、沙河西街、世纪路、哈屯高勒路(二期)等9条道路,配套实施供水、雨(污)水等地下管网工程,完成了集中供热(一期)工程和世界圣鹿园主体工程,新增道路面积76万平方米、供热面积14万平方米、绿化面积83万平方米。实施西滩牛奶场等4个"城中村"改造工程和文明路10号等5个旧街坊、旧大院改造工程,完成拆迁面积45.7万平方米,新增住房面积63.3万平方米。包头市体育中心完成投资4.5亿元。投入资金2.8亿元,征地2 846亩,完成铁路沿线和110国道沿线的征地拆迁任务。组建了城镇规划管理局、环卫局,投资370万元,统一配备了一批环卫设施,建立了长效化的管理机制。以阿嘎如泰牧民新村、麻池永茂泉新村等18个新农村建设试点村为重点,全年集中实施农村住房改造、安全用水等7大类24个项目建设,完成投资4.1亿元,有效改善了农村牧区生产生活条件。

【民生工作】 全年用于民生和社会事业方面的支出达到8.4亿元,占地方财政全部支出的53.8%。

【教育】 投资6 882万元,新(改扩)建50中等12所中小学,建成沙河一小、沙河六小、包49中塑胶操场。到北师大等全国著名院校新招聘教师49名,免收33中九原籍新生学费和书费86万元。中小学生均公用经费分别高出自治区平均水平120元、92元,被评为自治区"两基"巩固提高工作先进区。

【文化】 投资4 000万元,建成区文化大厦、3个镇综合文化站、20个农家书屋、5家文化大院。区图书馆、档案馆晋升为国家二级馆,区文化馆被评为自治区十佳文化馆,被评为全国群众体育先进区、全国全民健身活动先进区。二人台轻喜剧《西口好人》荣获自治区五个一工程奖、第十一届全国戏剧艺术节剧目奖。

【卫生】 投资500万元为4个中心卫生院和37个村卫生室配备了医疗设备;实现区医院对麻池卫生院的医疗托管;实行专家定期下乡巡诊制度。将新型农村牧区合作医疗报销封顶线提高到3.5万元,为18 115名参合农牧民支付门诊补偿报销金109.8万元,为3 647名住院病人报销医疗费用810.2万元;为2万多名40周岁以上农牧民进行免费体检,被评为自治区农村牧区卫生工作先进区。

【体育】 8月16日,九原区麻池镇举办第一届农民趣味运动会,共有10个代表队的300余名运动员参加抗旱保苗赛跑、麻袋跳搬运粮食赛跑、自行车慢骑、推轮胎赛跑、袋鼠运瓜、3人4足接力、摸石头过河、拨河和踢毽子等乡土气息运动。12月,九原区被国家体育总局评为"全国群众体育先进单位"、"全国全民健身活动先进单位"。

【社会保障】 参保率达到96%;全面启动城乡居民养老保险工作,实现了养老保险政策层面上的全覆盖;将五保老人年供养标准提高240元,达3 720元。实施城乡特困居民大病医疗事前救助制度,救助标准统一提高1.5万元。进一步提高了城乡居民低保标准,分别达3 720元、3 360元。为5 900名城乡困难群众发放各类救助金1 500万元。积极解决中低收入家庭住房困难问题,建成经济适用住房32.3万平方米、廉租住房0.5万平方米,为困难家庭发放廉租租金补贴101万元。圆满完成第二次全国经济普查工作。

【获奖人物】

姬晨明　2009年9月被中华人民共和国教育部评为全国优秀教师。

王文娟　2009年5月被中华人民共和国教育评为"全国第九届深化小学数学课堂教学一等奖"。

王　菁　2009年10月被国务院第二次经济普查领导小组评为"第二次经济普查先进个人"。

（王立杰）

白云鄂博矿区

【领导名录】

区委书记:贺伟华

人大主任:张桂英(女)

区　　长:张慧宇

政协主席:郝金花(女 蒙古族)

武装部长:周培官

政　　委:逯　爱

【概况】 白云鄂博矿区地处蒙古高原南部,属内蒙古自治区包头市所辖,是包头市北部地区的工业重镇,被誉为世界"稀土之乡"。东南距呼和浩特市城区212公里,南距包头市城区149公里,北距中蒙边境95公里。区域面积328.647平方公里。总人口2.5万余人,有蒙古、汉、满、回、达斡尔等9个民族。全区辖2个街道办事处,7个居民委员会。

2009年,地区生产总值完成18.92亿元,同比增长18%。财政总收入完成3.3657亿元,同比增长20.13%,提前一年完成"十一五"规划目标;城镇居民人均可支配收入达25 061元,同比增长12.81%;固定资产投资达19.10亿元,同比增长30.30%,提前一年完成"十一五"规划目标。

【工业经济】 工业增加值完成12.96亿元,同比增长18.60%。全区工业总产值完成30.20亿元,同比增长18.12%,其中,规模以上工业总产值完成21.70亿元,同比增长22%。规模以上工业产品销售率完成94.32%,高于年计划2.32个百分点。

【第三产业】 投资6 800万元的道衡商贸购物广场,商业底店和住宅楼已竣工,完成步行街地基建设。投资5 000万元的兴林大酒店,完成主体工程和商业楼建设。投资4 600万元的白云鄂博大厦,完成主体工程。投资2 400万元的茂发汽修城,已竣工投入使用。逐步提升地区接待能力和水平,餐饮、住宿档次不断提高,装饰装潢、运输物流业日益升温。全年新增私营企业19家,注册资金4 396万元,新增个体工商户108户,注册资金170万元,现全区私营企业达101家,个体工商户达682户。在自治区内外开展"走进神山,溯源包头"旅游宣传活动,制作宣传手册、纪念品,加快旅游景点建设,全年旅游人数近5万人次,旅游收入达1 014万元。社会消费品零售总额完成3.51亿元,同比增长17.60%。

【财政收入】 财政总收入完成33 657万元,同比增长20.13%,提前一年完成"十一五"规划目标。全区税收完成28 575万元,占财政总收入的88.07%。地方财政支出达26 215万元,同比增长35.04%,为推动经济回暖和社会建设发挥了重要作用。

【矿产品加工业】 具有里程碑意义的引水入白工程,供水管道、矿浆管道全线贯通、投入运行,创造了国内管径最大、管线最长、建设速度最快等多项第一。西矿年产1 500万吨铁矿石采场已开采输出矿石。西矿年产300万吨铁精粉选矿厂,投入试生产。沃尔特公司年产100万吨铁精粉选矿厂,完成建设工程总量的90%。华盛公司年产50万吨铁精粉选矿厂、中金云科公司年产20万吨铁精粉选矿厂,完成选矿试验和场地平整。投资3 000万元的力志钢球、衬板项目建成投产。地区矿产品加工业已具备年产450万吨铁精粉的生产能力。

【新能源产业】 鲁能风力发电项目,一期36台1 250千瓦风机已投产发电;二期33台1 500千瓦风机,13台投入试运行。蒙电华能风力发电一期工程、金杰风力发电一期工程,完成升压站场平。投资6亿元的鑫汇隆公司风机制造项目,已开展前期工作。投资2.63亿元的鲁能10兆瓦太阳能发电项目,签订了合作协议。目前,鲁能风力发电项目已累计输送电量6 000万千瓦时。

【招商引资】 赴长三角、珠三角、京津冀等地开展招商活动,通过召开项目洽谈会、项目对接会等多种形式,引进了一批投资规模较大的工业项目和商贸企业。加大服务企业力度,对重点企业进行走访,协调解决生产经营中遇到的供水、供电和市场等问题,增强了企业投资信心。积极沟通协调、牵线搭桥,成功促成了金创公司与沃尔特公司、金杰公司与中广核公司、汇全公司与蒙电华能公司的合作,有效加快了项目建设进度。全年引进自治区外资金达6.50亿元,同比增长30%。

【城市基础设施】 总投资4 520万元的污水处理工程,已建成2个污水泵站及污水处理池等设施,铺设污水管网7.8公里。总投资1 400万元的生活垃圾无害化处理项目,垃圾填埋场履行了报批手续,3个转运站开始地基施工。投资3 500万元的集中供热工程,已投入运行。投资430万元,完成1.1公里的外环路、0.4公里的民族路改扩建工程。投资446万元,进行城区电网改造。总投资4.5亿元、总面积24万平方米的11家房地产开发项目,已竣工20万平方米。投资720万元,新建120户、6 000平方米廉租住房。投资110万元开展"新、亮、美"工程,安装新型彩灯30余盏,种植道树及花灌木2 700余株,摆放迎国庆艺术花坛十余处,修补城区主干道破损路面数十处。

【生态环保建设】 完成污染源普查任务,通过国家质量核查组的验收。严格执行新建项目“三同时”制度,杜绝违规现象发生。淘汰落后产能,关停9家炼铁企业。通过实施集中供热改造等污染治理项目,减排二氧化硫370吨,排放总量下降13%,化学需氧量控制到39.80吨,空气质量二级以上良好天数达330天。

【教育】 投入500万元,实施铁矿中学教学楼和民族幼儿园操场等改造工程,新建蒙古族学校塑胶操场,更新了中小学课桌椅600套。投入20万元,更新教师办公桌椅,改善了教师办公条件。提高中、小学班主任津贴,分别达到每月380元和300元,居全市领先水平。注重提高教师队伍素质,选派263名教师外出培训,11名教师获得国家级论文和课件一、二等奖。不断提高教育教学质量,高考本科院校上线率达54%,中考重点高中上线率达26%,再创历史新高。获得“全国教育科学‘十一五’规划教育部重点课题先进单位”、“全国普教系统勤工俭学先进单位”等四项国家级荣誉称号。

【卫生】 投资282万元的通阳道社区卫生服务中心、投资2 300万元的白云铁矿医院住院部大楼,均建成并投入使用。投资30余万元,改造疾控中心实验室,维修防疫保健大楼供暖系统。全面开展甲型H1N1流感防控工作,投资7万元购置防控物资,实施日报告、零报告制度,防控工作取得阶段性成果。建立居民健康档案2万余份,覆盖率达100%。为全区孕妇实施“每天一杯奶,健康下一代”生育关怀行动。投资20万元,建成白云宝贝幼儿早教示范基地。独生子女家庭父母奖励费从每月5元提高到10元。继续稳定低生育水平,全区人口出生率为4.22‰,自然增长率为0.85‰,符合政策生育率为100%,获得“自治区计划生育优质服务先进区”荣誉称号。

【文体】 投资1 500万元,完成文化艺术中心主体工程。投资12.5万元购置设备,推进有线电视网络改造升级。开展了消夏文化艺术节、首届全区职工运动会、社区文化展示等活动。成功承办了全市十一届运动会乒乓球比赛。白云鄂博矿区参赛队在全市十一届运动会、首届少数民族传统运动会上取得好成绩,展示矿区人民团结拼搏的精神风貌。安塞腰鼓队、二人台艺术团等一批社区文艺团体陆续成立,群众性文艺活动丰富多彩。与达茂旗开展民间文艺互访活动,有力地促进了地区间文化交流。铁矿职工创作的歌曲专辑《心在云上飞》、歌曲《天边飞来的母亲河》,在区内外广为流传。编撰完成《白云鄂博矿区大事记(有史以来—2009年)》、修编完善《白云鄂博矿区志(1994—2009年)》。

【社会保障】 认真做好就业和再就业工作,加强就业培训,通过公益性岗位开发、企业吸纳、创业促进等方式,解决了600余人的就业问题。城镇居民养老、医疗保险参保人数分别达1 568人、5 500人。全年为558户、1 009人发放低保金279.2万元,低保保障标准达310元,人均补差水平达230.6元。为137户低保家庭每月每户发放120元廉租住房补贴。为172名高龄老人发放营养补贴金15.31万元。关爱残疾人,健全残疾人工作机制,免费发放助听器、轮椅等辅助器具12套。扎实开展“双拥”工作,为“双拥”单位送去4.9万元慰问金及物品,为重点优抚对象发放抚恤补助和提标金6.6万元,连续第七次获得全市“双拥模范区”荣誉称号。5月21日,白云鄂博矿区为58名75周岁以上老人举行了首批城镇居民养老金发放仪式,矿区居民养老保险工作进入运行阶段。

【人民生活】 城镇居民人均可支配收入达25 061元,同比增长12.81%;在岗职工年平均工资达41 830元,同比增长17%,人均工资居全市第一。居民储蓄存款余额达5.61亿元,同比增长10%。居民消费更趋于多样化,消费档次不断提高。

【荣誉】 1月,白云鄂博矿区人民政府、白云鄂博铁矿被内蒙古自治区党委、政府、军区政治部联合授予“支持配合神舟七号载人航天飞行任务先进单位”荣誉称号。

(赵剑梅)

土默特右旗

【领导名录】

旗委书记:李杰翔

人大主任:章柱柱(蒙古族)

旗　　长:唐　勇(蒙古族)

政协主席:张俊义

武装部长:毕新跃

政　　委:段连发

【概况】 土默特右旗(简称土右旗)位于包头市东南部,北据大青山,南临黄河,中间为开阔的土默川平原。地理环境优越,自然资源丰富,土地肥沃,水源充足,交通便利,人文荟萃,历史悠久,建置较早,素有“米粮川”、“葵花之乡”、“奶源基地”、“高产高糖甜菜区”等美称。总面积2 369平方公里,总人口35.91万人,辖5

镇、3 乡、3 个管委会、17 个居民委员会、298 个村民委员会、292 个自然村。旗政府所在地萨拉齐镇,西距包头市区 45 公里,东距呼和浩特市区 103 公里,距首都北京 666 公里,南跨黄河与鄂尔多斯市相连,地处自治区首府、"乳都"呼和浩特市,"草原钢城"、"稀土之乡"包头市,"煤都"鄂尔多斯市"金三角"腹地,极具经济发展潜力。

2009 年,全旗生产总值达138.8亿元,同比增长22.8%,完成"十一五"规划目标近1.5倍。财政收入达14.9亿元,同比增长41.8%,生产总值和财政收入的总量、增速位列包头市外五旗区县第一。三次产业比重由上年的20.5:36.5:43优化为15.9:44.4:39.7。在第九届全国县域经济基本竞争力评选活动中,列中国西部百强县(市)第 37 位,较上年前移 8 位。

【工业】 山晟循环经济第一台机组发电,第二台机组锅炉开始运行并向城区供热。多晶硅、单晶硅冶炼炉开始试生产。两条 5 万千瓦电池片生产线正在调试。泰山纸面石膏板、京蒙建材免烧砖、草原 100 万吨水泥粉磨站等 7 个项目投产。福禾豆业一期工程具备试生产条件。泛海煤化工办公服务区全面开工建设。神东煤矸石电厂完成土建工程量的85%、安装工程量的50%。九台肥醇联产、光彩事业园项目开工建设。黄河工贸水泥粉磨站完成厂区道路土方及桩基建设工程。世益天然气液化项目完成总工程量的85%。中海油煤制甲醇、汉龙氯碱化工等项目前期工作稳步推进。年内完成工业增加值50.8亿元,同比增长38%,规模以上工业企业达到 40 户,完成增加值27.4亿元,同比增长45.3%,增速居包头市第一,重点工业项目投资完成率列包头市第一。

【农业】 粮食产量达74.5万吨,创历史新高,再次荣获"全国粮食生产先进县"称号。土地流转面积达34.8万亩,占耕地总面积的27%。建成千亩以上集约化经营示范点 29 个,新增蔬菜保护地6 660亩。建成奶牛、肉羊、生猪标准化养殖场(园区)96 个,引进农牧业规模化养殖企业 5 个。编制现代农业示范区建设规划,启动建设内蒙古农业大学科技示范园等 8 个示范园区。巨丰番茄、绿鑫酱菜、六丰肉联 3 个产业化龙头企业投产运营,龙头企业实现销售收入4.02亿元,农畜产品加工转化率达到64%。全年农业实现增加值22.1亿元,同比增长6%。

【城乡建设】 组织实施城建项目 13 项,完成投资 15亿元。建成总长5.9公里的科技大街、太平西街等 7 条道路,城区道路基本实现网格化。铺设供热、供气、污水管道 43 公里,城市集中供热覆盖率达到91.4%,污水收集率达到85%,集中供气率达60%。萨拉齐生态公园、泰来门广场和磐安门广场建成对外开放,商业历史文化公园步行街完成年度建设任务。对城区主干道和园林广场等进行绿化、亮化和景观整治。安装路灯410 基,新增绿地5.6万平方米。新建垃圾集中转运站5 座,维修公厕 31 座。房地产市场健康发展,开发规模达60.9万平方米,竣工24.3万平方米。

【民生事业】 惠农补贴实现"一卡通"发放,累计发放惠农补贴资金1.72亿元,农民人均政策性增收 595 元。转移农村富余劳动力8.6万人(次),农民人均外出务工增收 265 元。实施整村推进扶贫项目 5 个,争取社会扶贫资金 209 万元,解决5 560名贫困人口的温饱问题。农民人均纯收入达7 869元。城镇新增就业3 555人。发放小额担保贷款 613 万元,带动新增就业 819人,基本消除了零就业家庭。城镇居民人均可支配收入达15 489元。城乡居民养老保险人数达6.95万人,累计发放养老金3 200万元。企业退休人员养老金标准月均提高 124 元。企业职工养老保险新增扩面1 937人,城镇职工医疗保险新增扩面2 506人,工伤保险新增扩面 618 人,城镇居民基本医疗保险参保2.9万人。城乡低保补助标准提高到月均 260、年均1 180元,"五保户"分散、集中供养标准提高到1 400元、2 000元。新型农村合作医疗报销比例提高10%,参合率达98.7%,累计为5.52万人(次)报销医疗费2 015万元。为6.5万名农民和2 720对准婚人员进行了免费体检。建成廉租住房 5 万平方米,为 807 户城镇低保家庭发放廉租住房租金补贴 102 万元。

【生态环保】 实施大城西煤炭物流园区综合整治工作,清理大青山南坡违法储煤场 46 家,拆除萨拉齐旧城区供热锅炉 51 台,集体林权制度改革全面展开,完成重点林业生态工程10.5万亩,大青山南坡绿化工程全部竣工,全旗森林覆盖率达26%。同时,土右旗启动"国家绿化模范县"申报工作,全旗万元生产总值综合能耗、工业增加值能耗同比分别下降5.85%和13%,减排二氧化硫954 吨,化学需氧量 438 吨,圆满完成预定目标。

(张海明 张连根 闫建国)

达尔罕茂明安联合旗

【领导名录】

旗委书记:金满仓(蒙古族)

人大主任:李　凯

旗　　长:宝音德力格尔(蒙古族)

政协主席:陈玉玲(女　蒙古族)

武装部长:刘兴玉

政　　委:董步炜

【概况】 达尔罕茂明安联合旗,位于阴山北麓,是包头市唯一的边境少数民族地区,是内蒙古自治区19个边境旗(市)和33个牧业旗之一。东与乌兰察布市四子王旗相接,西与乌拉特中旗毗邻,南与包头市固阳县、呼和浩特市武川县相邻,北与蒙古国接壤,国境线长88.6公里,总面积1.74万平方公里。全旗辖7个镇、1个苏木。总人口12.04万人,其中城镇人口3.28万人;有蒙古、回、满、朝鲜、达斡尔、鄂伦春、藏、苗、土家族等15个民族,其中蒙古族1.73万人,是一个以蒙古族为主体、汉族占多数、多民族聚居的边疆少数民族地区。

2009年完成地区生产总值106.87亿元,同比增长22.0%;实现财政收入13.0718亿元,同比增长20.02%;城镇居民人均可支配收入达19 356元,同比增长10.0%;农牧民人均纯收入达6 879元,同比增长10.2%。

【工业】 2009年,全年共实施26个重点工业项目,总投资达203亿元,完成工业总产值150.94亿元,同比增长26.3%;完成工业增加值64.87亿元,同比增长32.4%。建设包钢巴润公司1 500万吨采矿和巴润300万吨、包钢三合明30万吨、昌欣20万吨等一批重点铁精粉生产项目,全旗铁精粉生产规模达到1 000万吨;石宝铁矿660高炉炼铁、50万吨炼钢和50万吨轧材三大下游延伸项目全部建成,钢铁产业链条基本形成。开工风电项目10个,规模达95万千瓦,累计完成装机25万千瓦、并网发电20万千瓦。白彦花煤田详查报告、矿区总体规划已经国家和自治区审批通过,泛海公司煤田开发项目已完成矿区精查。引进汉龙、德顺、金辉、冀东、紫金等企业,建设60万吨电石、10万吨醋酸乙烯、460万吨水泥、60万吨活性石灰、20万吨轻质碳酸钙、300万吨磷矿采选项目。8个苏木镇共实施中小工业项目20个,使全旗工业经济的协调发展水平得到进一步提高。主要工业产品铁精粉完成703万吨、生铁58万吨、黄金1.2万两、碳酸稀土4.4万吨、单一氧化物8 404吨。

【农牧业】 全旗耕地总面积115万亩,播种面积98万亩,播种马铃薯55万亩,产量达10亿斤,占粮食总产的83%,滴灌和旱地覆膜面积分别由2008年的1万亩、4.5万亩增加到5万亩、15万亩,马铃薯高产创建核心示范区扩大20万亩,机械化综合水平达88%,居全国首位,形成年产4 000万粒微型薯的繁育能力;实施农业保险21万亩,发展马铃薯经纪人120人,营销能力达5亿斤,冬储反季节销售能力达3亿斤,薯农人均薯业收入达5 600元,占纯收入的81%。成功承办全国农田节水和马铃薯生产机械化作业两个现场会。建成安全饮水工程14处;实施土地整理3万亩,新增耕地1 380亩。更新播种优质牧草11万亩,种草地面积稳定在60万亩;抓了优质种畜的引进、繁育等畜种改良工作,全旗现有的基础母畜70%实现肉杂改良;实施标准化棚圈、青贮窖等舍饲畜牧业基础建设,3 300多户农牧户具备了发展舍饲养畜的条件。同时,规划建设16个标准化奶牛养殖小区。

【城镇化】 筹集资金5.2亿元,加快百灵庙镇提质扩容步伐。实施第三热源厂、污水处理厂、河道综合治理、经济适用住房、住宅楼节能改造、主要街道美化亮化等一批城建重点工程,新增住宅楼面积8.8万平方米。扎实推进以产业为支撑和带动的新农村新牧区建设,对45个村庄进行综合整治,建成二楞滩等一批样板新村,在牧区移民园区增建住房338间。

【基础设施建设】 包满铁路一期白云至白彦花段84公里工程完成投资8亿元,线下部分基本完工,线上部分铺设轨道18公里;开工新建固阳至百灵庙、百灵庙至白云2条一级公路,建成通乡公路5条175公里、通村公路8条76公里,实现乡乡通油路,通村公路通达率达87%;实施红旗变电站、额尔登变电站等2个110千伏变电站工程。

【社会保障】 实现城镇新增就业2 532人、农牧民转移就业20 352人。累计参保29 002人,企业退休人员养老金人均提高到每月1 178元;新型合作医疗参合率达96%,共为8万多人(次)报销医药费740万元。"五保户"分散供养和集中供养标准分别提高到每人每年1 200元和1 800元,集中供养率达到30%;受益人数5 200多人;投入100万元,为100户农村牧区残疾人实施危房改造工程。

【旅游】 旅游业接待人数和收入分别达71万人(次)和1.5亿元,旅游服务业直接吸纳就业1 833人。

【包满铁路一期工程】 4月15日,包满铁路一期工程正式开工。开工新建的包头至满都拉铁路一期白云鄂博至巴音花段工程,由呼铁局、蒙电华能热电股份有限公司、中铁六局,长三角能源有限公司和达茂旗共同投资新建,全长85公里,总投资12.05亿元。自治区"十一五"铁路建设规划的重点项目,计划分三期建设。建设标准为国铁二级单线电气化铁路,设计速度120千米每小时,设计年输送能力为近期1 800万吨、远期2 670万吨,建设工期为2年,计划2009年10月建成运营。

【农田节水现场观摩会】 7月21日至22日,中国农业部农田节水现场观摩及经验交流会在达茂旗召开,来自全国30个省市自治区和新疆生产建设兵团的200多人参加了会议,农业部种植业管理司副司长胡元坤、耕肥处处长许发辉、耕肥处处长王金等、农情处李增裕,农业部全国农技中心副主任栗铁申、节水技术处副处长杜森、高级农艺师吴勇及来自全国28个省市自治区的相关负责人参加了会议。

(赵利平)

固 阳 县

【领导名录】

县委书记:许文生

人大主任:王凤莲(女 蒙古族)

县　　长:杨泽繁

政协主席:王东明

武装部长:梦晓军

政　　委:刘燕雄

【概况】 固阳县位于内蒙古自治区中部,阴山北麓,是包头市的市辖县。东与呼和浩特市的武川县交界,南与土默特右旗、石拐区、九原区相邻,西同巴彦淖尔市乌拉特前旗、乌拉特中旗接壤,北与达茂旗相连,东西长约80公里,南北宽约66公里,总面积5 025平方公里,耕地面积285万亩。全县辖6个镇、104个行政村、11个居委会、986个自然村,总人口21.4万人,由蒙古、汉、回等13个民族组成,其中农业人口17.7万人。

全县地区生产总值完成64.5亿元,比上年增长19.5%;财政收入完成7.3亿元,比上年增长3.3%,完成年初预算6.27亿元的116.5%;全年财政总支出10.88亿元,比上年增长23.1%;固定资产投资完成72.15亿元,比上年增长27.6%;社会消费品零售总额完成9.85亿元,比上年增长14.2%;城镇居民人均可支配收入完成15 482元,比上年增长9%;农民人均纯收入达到5 958元,比上年增长10.3%。三次产业比重为12:69:19,经济发展渐趋合理。全年争取上级各类资金8.26亿元,比上年增长25.2%,争取到位银行贷款6.245亿元。

【基础设施建设】 以路、水、电、通讯和园区为主的基础设施建设总投资达到30亿元。包固一级公路完成投资8.5亿元,完成总工程量的74%;省道211固百一级公路开工建设;通村公路建设完成58.3公里,农村公路通达率达到85%。投资1.99亿元的阿塔山水库完成投资8 000万元,已具备蓄水能力;投资750万元的小石拐水库除险加固项目完成主体工程量的83%;投资4.6亿元,全长60公里的包头固阳输供水工程已经市发改委批复同意,正在进行前期各项准备工作。投资4 758万元的银号110千伏、南海35千伏和下湿壕35千伏输变电工程实现当年开工、当年竣工。投资近2亿元新建38座基站和30个直放站,通讯网络基本实现全覆盖。

【农牧业】 粮食总产量达1.8亿斤,马铃薯种植面积达41万亩,总产量达5.4亿斤,较上年增长17%,其中滴灌1.06万亩,最高亩产达8 100斤,覆膜5万亩,最高亩产达1 860斤;成功引进内蒙古正丰马铃薯种业公司等6家龙头企业;投资3 000万元的内蒙古田野淀粉万吨马铃薯精淀粉深加工项目开工建设;集种薯繁育、生产、加工、销售为一体的马铃薯产业化格局开始显现。建成10处羊产业养殖示范基地,种植饲草料28.8万亩,羊存栏达50.4万只。特色养殖规模不断扩大,鸡、鹅等特色养殖达80.1万只(头)。种植柠条14.5万亩。完工各项水利工程110处,新打机电井52眼,新增有效灌溉面积2.99万亩、节水灌溉面积7.64万亩、水保治理面积4.14万亩,解决了4 200人、2.15万头(只)牲畜的饮水问题。累计投入6 877.5万元,共建成大村庄15处850户,搬迁入住570户。整体拆除19个自然村,拆除危旧房3 706户。积极组织劳务输出,年内输出劳动力8.4万人,外出务工总收入达6.5亿元,人均收入达7 760元。

【工业生产】 投资3.8亿元的德顺特钢年产60万吨钢、6 500立方米制氧和连铸连轧项目、投资2.5亿元的鑫丰50万吨钢坯项目正在紧张建设。大唐包头亚能怀朔4.95万千瓦和华电红泥井4.95万千瓦风电项目开工建设。编制完成《固阳县太阳能光伏发电及配套并网送出规划》。投资2亿元的德恒置业2万吨金属镁综合利用项目开工建设;与北京汇豪集团签订5万吨金属镁深加工协议。投资1.6亿元的海明炉料150万吨矿渣水泥一期50万吨生产线投产、3 000千瓦发电机组并网发电。投资8 000万元的天威科技100万吨矿渣粉、60万吨水泥生产项目开工建设。投资4 000万元的博奕商贸12万吨钾肥生产项目土建工程全部完工。投入资金2 735万元,全县工业总产值完成88亿元,较上年增长27.5%,工业增加值完成38.8亿元。

【旅游业】 全年接待游客50.2万人(次),旅游综合收入突破1亿元。投资1.7亿元的秦长城景区完成主体工程建设。投资800万元的忽鸡沟民俗村完成餐饮、住宿等基础设施建设。

【城镇建设】 2009年城镇建设累计完成投资6.5亿元。编制完成金山镇新、旧区控制性详规等一批城市建设规划。占地7.6平方公里的新城区建设工程全面启动,基础设施方面累计完成投资1.1亿元。投资2 480万元,占地10万平方米的希望广场建成并投入使用。投资1 750万元,日处理能力90吨的垃圾填埋场全部完工。投资3 440万元,日处理能力1万吨的污水处理厂列入国家黄河流域治理项目并完成70%的工程量。总投资2 400万元,在旧城区组织实施光荣街、固阳一中北出口等5条道路改造和7.8万平方米小街巷治理工程,完成寅福桥维修加固工程。集中供热三期工程完成入网12万平方米。开工建设各类房地产项目40.4万平方米,5万平方米经济适用房、3万平方米廉租房基本完工,凤凰城二期、豪柏雅居、雨竹花苑等7.2万平方米商品房及9.7万平方米安居性住房全部完工,8万平方米怀朔仿古商业街正在实施,4万平方米的100套四合院主体工程已完工。总投资1 245万元,在外五镇开展“四个一”工程。投入160万元更新环卫设备,严格落实“门前三包”责任制,城镇环境得到明显改善。

【教育】 总投资4 000多万元的校园建设项目全部开工,大部分工程已完工并投入使用。成功举办固阳一中60周年校庆。固阳一中与包头九中结对帮扶工作向纵深推进,市区19所学校与县中小学对接,2009年高考本科上线人数达535人,上线率为历年最高。为328名大学生发放助学贷款180万元。全面完成中小学校舍安全排查鉴定工作。

【文化】 成功举办第一届中国·包头秦长城热气球节,直接拉动餐饮、旅游、购物等消费1亿多元。8月12日至18日,以“加强民族团结,发展地区经济”为主题的首届中国·包头秦长城热气球节在固阳县举行,共有来自日本、美国、新西兰、荷兰、英国和中国等8个国家的近百只热气球参与。

建成固阳县文体活动中心。县志续志工作全面启动,实施56个村共800户的无线数字微波覆盖工程。

固阳秦长城遗址被自治区党委宣传部命名为第三批全区爱国主义教育示范基地。

【卫生】 投资2 000万元的县医院改造工程主体已完工。配备核磁、高压氧舱等先进医疗设备,年综合收入达1 114万元,较上年增长23.2%,医务人员工资福利人均月增加600元。甲型H1N1流感防控工作取得实效。

【社会保障】 发放城市低保金1 340万元,农村低保金2 747万元,城市低保由每人每月230元提高到260元,农村低保由每人每年1 000元提高到1 180元。投入1 055万元启动城乡居民基本养老保险,参保率达50.2%,完成市政府目标任务的115%。新型农村合作医疗参合率达到97.4%,救助大病患者1 011人。积极开展救灾救济工作,发放救灾资金物资共计726万元。城镇新增就业2 623人,安置城镇失业人员510人,帮助160名就业困难人员实现再就业。为1 366人发放小额贷款7 175.5万元,带动5 800人实现就业。

【荣誉】

固阳县国家税务局　2009年8月被中共内蒙古自治区委员会、内蒙古自治区人民政府、内蒙古军区授予“全区文明单位标兵”荣誉称号。

固阳县职业高中女教师张玉凤　2009年9月被中华人民共和国教育部授予“全国职教系统优秀教师”荣誉称号。

固阳县司法局干部贾占全　2009年12月被内蒙古自治区人民政府授予“全区法律援助先进个人”荣誉称号。

(岳建军　王瑞琴)

呼 伦 贝 尔 市

【党政军领导名录】

市 委

书 记:曹征海

副书记:罗志虎(蒙古族) 孙震

常委:安国通(蒙古族) 朱炳文 云光中(蒙古族) 赵立华(女) 赵玺成 孟松林(鄂伦春族) 魏国楠 马誉炜 白志远 张毅 段志强(蒙古族) 杜学军(蒙古族 4月离任) 刘阳明 王 伟(7月任职)

人 大

主 任:德玉庆(蒙古族)

副主任:宋照明 马连芳 张继勋 艳东(达斡尔族) 李 华

政 府

市 长:罗志虎(蒙古族)

副市长:魏国楠 白志远 刘阳明 斯琴(女 蒙古族) 王宝成 金昭 王国林 郑俊

政 协

主 席:赵凤林

副主席:于德荣 谷盛成 马国起 万路 郝桂娟(女) 巴树桓(蒙古族) 汪铭前 达喜扎布(鄂温克族) 特格喜(蒙古族)

军分区

司令员:张 秀

政 委:马誉炜

法 院

院 长:乔 欣

检察院

检察长:王汉武(蒙古族)

公安局

局 长:高苏和(蒙古族)

【概况】 呼伦贝尔市得名于境内呼伦湖(亦称达赉湖)和贝尔湖。南部与兴安盟相连,东部以嫩江为界与黑龙江省为邻,北和西北部以额尔古纳河为界与俄罗斯接壤,西和西南部同蒙古国交界。地处北纬47°05′~53°20′、东经115°31′~126°04′。东西630公里、南北700公里,总面积25.3万平方公里,占自治区面积的21.4%。边境线总长1 723.82公里,其中中俄边界1 048公里(不含未定界部分),中蒙边界675.82公里。

呼伦贝尔市辖13个旗市区,其中有1个区(海拉尔区),5个市(满洲里市、扎兰屯市、牙克石市、根河市、额尔古纳市),7个旗(阿荣旗、莫力达瓦达斡尔族自治旗、鄂伦春自治旗、鄂温克族自治旗、新巴尔虎左旗、新巴尔虎右旗、陈巴尔虎旗);49个镇(含1个矿区),15个乡(其中13个民族乡),9个苏木(其中1个民族苏木),38个街道办事处。呼伦贝尔市人民政府驻海拉尔区。

全市地区生产总值实现779.27亿元,按可比价计算增长17.1%。其中,第一产业增加值154.69亿元,增长6.6%;第二产业增加值304.16亿元,增长25.9%,其中:全部工业增加值259.08亿元,增长25.4%,建筑业增加值45.08亿元,增长28.3%;第三产业增加值320.42亿元,增长15.5%。三次产业结构比例由上年22.8:36.4:40.8调整为19.8:39.1:41.1。人均GDP为28 882元,增长17.3%。

全市财政总收入完成112.47亿元,完成年度预算的102.1%,同比增加12.35亿元,增长12.3%。其中,地方财政收入完成81.78亿元,完成年度预算100.2%,同比增加7.57亿元,增长10.2%。在地方财政收入中,一般预算收入完成49.29亿元,完成年度预算的102.5%,同比增加7.45亿元,增长17.8%。全市财政支出完成214.24亿元,完成年度调整预算的111.8%,同比增加48.41亿元,增长29.2%。所有旗市区财政总收入均实现了超亿元,有6个旗市区超十亿元。

全市土地面积25.3万平方公里,天然草场面积1.26亿亩,占全市土地面积的33.2%,退耕还草面积100万亩,退牧还草面积480万亩;地方有林地面积453万公顷;矿产资源探明或初步探明的矿产49种;水资源总量为316.19亿立方米,占自治区的56.4%。其中,地表水总量298.19亿立方米,地下水总量18亿立方米。水能资源理论蕴藏量246万千瓦,水域面积48.32万公顷。

【农牧业】 全市农林牧渔业增加值154.69亿元,增长6.6%。农作物总播种面积2 302.6万亩,增长0.9%。其中,粮食作物播种面积1 961.4万亩,比上年增长2.2%。全年粮食产量90.11亿斤,比上年增产6.69亿斤,增长8.0%。在粮食作物中,小麦产量14.02亿斤,增长64.8%。玉米产量38.53亿斤,增长16.7%。大豆产量17.21亿斤,下降6.5%。马铃薯产量9.29亿斤,下降20.7%;在经济作物中,油料产量4.81亿斤,增长1.5%。甜菜产量0.42亿斤,下降77.2%;粮食平均亩产229.7公斤,增长5.7%。粮经饲种植比例由上年的84.1∶12.9∶3.0调整为85.2∶12.4∶2.4。

全市牧业年度牲畜存栏达1 551.45万头只,增长7.2%,其中,大小牲畜存栏1 431.27万头只,增长6.5%。生猪存栏120.17万口,增长16.4%。全年牲畜出栏656.46万头只,下降13.6%。其中,大牲畜出栏55.61万头,增长1.2%。小牲畜出栏522.83万只,下降17.1%。牲畜出栏率达45.38%,比上年下降3.77个百分点;良种及改良种牲畜1 383.42万头只,比上年增加65.92万头只,增长5.0%;奶类产量131.09万吨,比上年减少2.06万吨,下降1.5%。肉类产量23.11万吨,比上年增加1.51万吨,增长7.0%。禽蛋产量3.64万吨,增长18.6%。

荒山荒(沙)地造林面积完成5.41万公顷,封山(沙)育林面积25.94万公顷,幼林抚育面积2.58万公顷。机电井24 534眼(包括人饮井),有效灌溉面积达到19万公顷,新增有效灌溉面积1.1万公顷。节水灌溉面积达到18.99万公顷,新增节水灌溉面积0.73万公顷。治理水土流失面积42.56万公顷,新增治理水土流失面积3.57万公顷。

年末农牧业机械总动力达342.07万千瓦,增长2.2%,机耕地面积1 600万亩,化肥施用量15.46万吨,增长3.1%,农村牧区用电量2.25亿度,增长9.0%。

【工业】 全部工业增加值完成259.08亿元,增长25.4%,其中,规模以上工业企业增加值222.71亿元,增长28.1%。木材加工业增长15.7%、饮料制造业增长85.4%、非金属矿物制品业增长48.1%、化学原料及化学制品制造业增长43.7%、食品制造业增长7.1%、农副食品加工业增长30.2%、有色金属矿采选业增长107.5%。企业营销能力进一步加强,产销衔接水平良好。产品销售率达到100.84%。主要产品产量增长较快。

【建筑业】 全年全部建筑业增加值45.08亿元,增长28.3%。全市73户具有资质等级的建筑企业完成产值58.77亿元,增长16.9%。房屋建筑施工面积343.4万平方米,增长21.9%。竣工房屋面积296.2万平方米,增长35.1%。房屋建筑竣工率为86.3%,提高8.5个百分点;全市建筑企业亏损7家。实现利润14 818万元,增长64.2%。实现税金总额2.54亿元,下降49.1%。建筑企业亏损面为9.6%,比上年增长了1.4个百分点。全员劳动生产率为131 456元/人,比上年增加2 812元/人。

【固定资产投资】 全市限额以上固定资产投资507.4亿元(不含铁路系统,下同),比上年同期增长39.8%。其中房地产开发完成投资42.4亿元,下降22.3%。在限额以上固定投资完成额中,按经济类型划分,国有经济单位投资389.7亿元,增长50.5%;按投资产业划分,第一产业投资22.8亿元,增长720.1%;第二产业投资296.5亿元,增长35.9%,其中,工业投资292.2亿元,占全部投资的57.6%,增长33.9%。第三产业投资完成188.1亿元,增长32.5%。

【国内贸易】 全市消费品零售总额完成247.29亿元,增长19.9%。其中,批发业完成52.90亿元,增长18.5%。零售业完成135.01亿元,增长17.5%。住宿餐饮业完成53.23亿元,增长25.8%。其它行业完成6.15亿元,增长38.5%。

【对外贸易】 全市进出口总额完成21.73亿美元,下降22.3%,其中,出口2.19亿美元,下降1.0%。进口19.54亿美元,下降24.1%。实际使用外商直接投资额0.83亿美元,增长44.3%。

【旅游】 全市共接待旅游者751.7万人次,增长23.1%,其中,过夜海外旅游者41.46万人次,下降33.6%。国内旅游者710.24万人次,增长29.8%;国际旅游创汇1.97亿美元,下降18.9%;国内旅游收入104.89亿元,增长37.1%。旅游业总收入118.32亿元,增长27.1%。

【交通 邮电】 全年各种方式完成货运量10 097.1万吨,增长15.3%。其中,铁路5 997.8万吨,增长13.3%。公路4 099万吨,增长18.3%。民航2 755吨,与上年持平;全年各种运输方式完成客运量2 870.8万人,增长5.5%。全年各种运输方式(不含民航)完成货物周转量431.15亿吨公里,比上年增长11.6%。其中,铁路完成货物周转量272.55亿吨公里,增长8.5%;公路完成货物周转量158.6亿吨公里,增长17.3%;各种运输方式(不含民航)完成旅客周转量42.4亿人公里,增长8.1%。其中,铁路完成旅客周转量27.7亿人公里,增长3.7%。公路完成旅客周转量14.7亿人公里,增长17.6%。全市公路里程已达19 266公里。

全市邮电主营业务收入完成14.73亿元,增长14.7%;全市电话用户53.37万户,下降6.8%。其中,住宅电话为28.25万户,下降33.2%;移动电话用户已达215.69万户,增长20.5%;互联网用户18.38万户,增长17.0%。

【金融 保险】 至12月末,全市金融机构各项存款余额达648.19亿元,增长25.8%,其中,企业存款136.11亿元,增长37.1%。城乡居民储蓄存款余额达378.71亿元,增长18.6%;金融机构各项贷款余额达327.46亿元,增长44.8%。

全市保险主体17家,其中,财产保险公司8家,寿险公司9家。业务总收入14.19亿元,比去年同期增长20.4%。全年政策性农业保险赔款1.66亿元,增长127.2%。

【科技】 全年鉴定科技成果10项。全年签订各类技术合同32项,合同成交金额10 143万元,增长172.2%。

【教育】 全市现有普通高等学校2所,招收普通本、专科学生4 320人,增长32.4%;高等学校普通本、专科在校学生数11479人,增长2.5%。成人本科、专科在校生2 583人,增长36.5%;普通高中43所,比上年减少3所,招收学生16 740人。在校学生数52 032人。其中,少数民族13 518人,初中161所,同比减少4所,招收学生24 639人,在校学生数74 604人,其中,少数民族17 282人;小学校277所,同比减少69所,招收学生18 039人,下降9.6%,在校学生124 205人,下降7.1%;学龄儿童入学率99.86%,小学毕业升学率为99.66%。

【文化】 年末全市拥有艺术表演团体14个,公共图书馆14个,群艺馆、文化馆14个,博物馆11个,档案馆24个;全市拥有广播电台1座,调频转播发射台49座,广播覆盖率90.80%;电视台2座,电视发射转播台59座,电视覆盖率91.06%。

【卫生】 全市有卫生机构1 085个,比上年减少13个,医疗卫生单位病床10 463张,增加71张。

【体育】 全市体育健儿在全区竞赛中获奖牌65枚,其中,金牌17枚、银牌24枚、铜牌24枚。在全国比赛中获2银2铜的佳绩。

【人口】 全市出生人口24 466人,人口出生率为9.07‰。死亡人口15 240人,人口死亡率为5.65‰。人口自然增长率3.42‰。城镇人口比重达66.57%。年末全市常住人口269.75万人。

【人民生活】 全市在岗职工工资总额达78.20亿元,增长19.7%。在岗职工年平均工资28 289元,增长18.8%;城镇居民人均可支配收入完成13 298元,增长9.9%。城镇居民人均消费性支出9 771元,增长13.6%。城镇居民家庭恩格尔系数30.2%。城镇居民住房人均建筑面积27.39平方米,增长1.2%;农牧民人均纯收入完成5 606元,增长10.8%。其中,农民5 395元,增长10.6%。牧民7 839元,增长11.3%。农牧民人均生活消费性支出4 428元,增长16.6%。农牧民家庭恩格尔系数36.26%。农牧民人均居住面积21.5平方米,增长2.8%。城镇居民每百户拥有彩色电视106台,电冰箱87台,洗衣机92台,家用电脑23台,固定电话67部,移动电话147部;农牧民家庭中农民每百户拥有彩色电视机103台,电冰箱44台,洗衣机70台,摩托车48辆。牧民每百户拥有彩色电视机106台,电冰箱52台,洗衣机69台,摩托车109辆,固定电话29部,手机144部。

全市居民消费价格总指数为100.8%,商品零售价格总指数为100.7%,农业生产资料价格指数为99.8%,服务项目价格指数为100.4%,工业品价格指数100.2%。从居民消费价格指数分类看,衣着类下降0.1%、交通通讯类下降1.5%,食品类上涨2.2%、娱乐教育文化用品及服务类上涨1.2%、居住类上涨0.1%。

【就业】 年末城镇新增就业人数25 807人,下岗再就业17 960人,登记失业率为4.15%。

【社会保障】 年末社会福利院床位数1 173张,增长1.2%。年末在院人数816人。城镇社区服务网络持续发展,已建立各种社区服务设施117处。年末全市有30.64万名职工参加基本养老保险,有9.58万名离退休人员参加离退休费社会统筹。

【环境保护】 全市共审批建设环评项目998项,总投资122亿元。其中,市本级审批建设项目163项,总投资49亿元,全年开展竣工验收67项;二氧化硫减排10.22万吨,化学需氧量减排1.79万吨,排放实现"双降";对全市56个重点污染源实现在线监控,连接重点污染源企业端22家。6家重点污染源企业安装了视频监控设备,对44家重点污染源进行监督监测;处置氰化物、废酸等废弃危险化学品共计400余种10余吨;完成全市生态环境质量遥感监测和呼伦贝尔草原生态定位监测,监测面积6万平方公里;加强集中式饮用水水源保护区监管,拆除饮用水水源保护区内违法建设项目7个;城市空气环境质量良好及以上天数达96%,城市声环境质量保持在"好"和"较好"水平;对呼伦贝尔市境内的18条河流和2个湖泊的28个水质断面进行监测,与俄罗斯联合开展额尔古纳河界河水质监测。全市绝大部分河流湖泊保持或接近天然水质,主要纳污河流海拉尔河、雅鲁河水质趋于好转;草甸草原和典型草原区域内植被的生物量高于上年,草原生态环境质量状况逐步好转。

(丁 双)

海拉尔区

【领导名录】

区委书记:段志强(蒙古族)

人大主任:李春富

区　　长:张玉军

政协主席:刘寒松

武装部长:赵群豪

政　　委:辛石峰

【概况】 海拉尔区位于内蒙古自治区东北部、呼伦贝尔市中部偏西南,位于北纬49°5′44″~49°27′15″,东经119°30′48″~120°35′36″之间。北部和西部与陈巴尔虎旗毗邻,南部与鄂温克自治旗接壤,东部与牙克石市相连。总面积1 440平方公里,城区面积28平方公里,辖哈克镇1个镇和7个街道办事处。总人口269 152人,人口由汉族、蒙古族、达斡尔族、俄罗斯族等24个民族组成。其中:非农业人口253 040人,农业人口16 112人。年末,海拉尔区总户数81 600户。人口出生率为6.2‰,死亡率为5.4‰,自然增长率为0.9‰。

2009年,全年实现生产总值(GDP)130.5亿元,按可比价格计算,比上年增长20.2%。其中,第一产业增加值5.5亿元,比上年增长7.7%;第二产业增加值54.0亿元,比上年增长27.0%,其中,工业增加值48.3亿元,比上年增长27.5%;第三产业增加值70.9亿元,比上年增长16.9%。三次产业结构的比例为4.2∶41.4∶54.4。与上年相比,第一产业比重下降0.6个百分点,第二产业比重上升4个百分点,第三产业比重下降3.4个百分点。全区人均地区生产总值48 785元,比上年增长18.9%。居民消费价格总指数100.8%,比上年上涨0.8%,全年财政总收入128 316万元,比上年增长27.4%。其中地方财政总收入103 057万元,比上年增长28%。财政总支出126 764万元,比上年增长20.5%。财政总收入占GDP的比重为9.8%。

【农业】 全年农作物总播种面积为27 088公顷。其中:粮食作物播种面积18 816公顷,比上年增长3.2%;油料种植面积3 160公顷,比上年增长26.7%;蔬菜种植面积1 162公顷,比上年增长7.8%。全年粮食总产量达64 464吨,比上年增长7.1%。主要农产品产量均保持增长。

【畜牧业】 牲畜存栏113 647头只,比上年增长14.7%。肉类总产量5 483吨,增长3.3%,其中:猪肉产量1 882吨,比上年增长6.6%;牛肉产量2 796吨,比上年增长9.6%;羊肉产量395吨,比上年下降25%。牛奶产量23.2万吨,比上年增长14.7%。

【林业】 全区完成造林面积1 840公顷,封山育林667公顷,义务植树58万株,森林覆盖率达到了20.2%。

【工业】 共有规模以上工业企业53家,规模以上工业企业总产值975 202万元,比上年增长36.5%。其中:重工业产值为555 860万元,比上年增长39.1%;轻工业产值419 342万元,比上年增长33.3%。全年规模以上工业增加值447 597万元,比上年增长8.2%。工业对经济增长的推动作用日益显著,工业经济对全区经济增长的贡献率达到了43.6%。

【城市建设】 累计投入城市建设资金28.7亿元,其中市政基础设施建设投资9.7亿元,房地产投资19亿元。投资2.15亿元的哈萨尔大桥、哈萨尔大街工程和投资4 550万元的民族文化园公路工程竣工通车;西出口道路一期工程进展顺利;投资1.7亿元的污水处理厂二期工程全面启动;实施了城市供热管网改造工程,新铺管网27公里,新建换热站13座,新增供热面积169万平方米;投资650万元,对32个旧有建成小区基础设施进行改造;投资910万元,实施了城市亮化工程,其中亮化楼房71栋。海拉尔火车站改造重点工程拆迁工作顺利完成。全区房地产业保持良好发展势头,全年开发面积达85万平方米。国贸花园、天润方舟、龙运盛都、蒙西五期、天骄家园、天然居国际晶品商住、祥福大厦、尚品国际等新建、续建高层项目进展顺利,两年建设20栋20层高层建筑的目标圆满完成。

【固定资产投资】 全年会固定资产完成投资591 621万元,比上年增长34.0%。其中,工业固定资产完成投资416 854万元,比上年增长86.7%。房地产开发投资完成96 541万元,比上年减少62 709万元,下降39.4%。全年房屋施工面积预计达到68万平方米,比上年下降50%。商品房销售面积达到632 149平方米,比上年增长5.2%。

【贸易】 全年社会消费品零售总额564 411万元,比上年增长21.0%。分行业看,批发零售贸易业零售额424 548万元,比上年增长18.9%;住宿餐饮业零售额139 863万元,比上年增长27.7%。

全年进出口总额1 824.5万美元,比上年下降77.4%。其中,进口额7.9万美元,比上年下降99.8%;出口额1 816.6万美元,比上年下降30.1%。实际出口1 784万美元,比上年降低9.1%;货源出口比上年下降94.9%。

【旅游业】 以历史与红色旅游为重心的旅游业进一步发展,世界反法西斯战争海拉尔纪念园被国务院、中央军委授予全国首批国防教育示范基地,被中宣部命名为“全国爱国主义教育基地”,被自治区评为“十佳”文明景区;具有民族文化内涵的呼伦贝尔民族文化园达尔吉林寺、呼伦贝尔古城复建工程、哈克文化遗址博物馆、副督统衙门、城市雕塑群等工程正式对外开放。全年旅游收入22.1亿元,旅游接待人数达到204万人次(含一日游游客),分别比上年增长25.2%和21.2%。其中,国内旅游人数203.3万人次,比上年增长21.2%;海外旅游人数6 548人次,比上年增长2.0%。

【交通】 全年公路货运量329.6万吨,比上年增长0.2%;公路客运量217.8万人,比上年增长8.1%;公路货运周转量7 166万吨公里,比上年增长1.2%;公路客运周转量7 576人公里,比上年增长8.0%。民航旅客发送量26.6万人,比上年增长56.5%;民航旅客吞吐量53.2万人次,比上年增长55.6%。民航货邮发送量2 310吨,货邮吞吐量5 330吨,分别比上年增长了48.6%和40.9%。

【邮电】 全年邮电业务收入33 250万元,比上年增长9%;邮政业务总量3 514万元,比上年增长9.4%。固话主线普及率线41线/百人,比上年增长10.8%;移动电话普及率173部/百人,比上年增长69.6%。全年互联网用户达到5.5万余户,比上年增长175%。

【金融】 年末,金融机构各项存款余额201.9亿元,比上年增长32.5%,其中:企业存款余额50亿元,比上年增长26.8%;储蓄存款余额93亿元,比上年增长23.1%。金融机构各项贷款余额111.3亿元,比上年增长67.3%;现金收入527.8亿元,比上年增长37.4%;现金支出526.6亿元,比上年增长39.1%。

全年保费收入24 638万元,比上年增长93.6%;保险赔付支出9 869万元,比上年增长107.3%。

【科技】 2009年,第四次获得“全国科技进步考核先进县”荣誉称号。全年专利授权量22件。贝伦实业有限公司的“新型高分子复合植物青贮保鲜膜的技术创新及应用”成果,获自治区科技进步三等奖;内蒙古华德牧草机械有限现任公司研究开发“9GQZ-3.0型前置式贝加尔针茅草割草机”和“9GSL-4.0/6.0GA型牵引双刀割搂草机”两个项目,均填补国内市场的空白,其中“9GSL-4.0/6.0GA型牵引双刀割搂草机”获得国家专利。全年全区企业技术贸易成交额2 750万元,比上年增长20.1%。

【教育】 有中等职业学校1所,全年招生1 021人,在校生2 717人,毕业生650人。有普通中学校23所,全年招生7 654人,在校生21 789人,毕业生8 197人。有小学17所,招生2 082人,在校生14 387人。有特殊教育学校1所,在校生275人。有幼儿园6所,在园幼儿2 218人。

【文化】 海拉尔区有文化馆1个,文化站7个,公共图书馆1个,电影院1个。全区有线电视用户保持与上年持平,有线电视入户率稳定在78.4%。广播、电视综合覆盖率分别达到了100%和99.5%。

【体育】 举办了爱我中华、共庆祖国60华诞“友谊·海尔”杯第四届全民健身长跑活动与呼伦贝尔市海拉尔区全民健身活动月启动仪式暨“春茗地产”杯海拉尔区第二届职工运动会。为庆祝第一个“全民健身日”,举办“让体育走进生活,为生活增添色彩”为主题的2009呼伦贝尔市“全民健身日”活动;承办全国百城健身气功暨呼伦贝尔市武术活动日活动;举办“拥抱草原放飞梦想CCTV天下足球代表队VS内蒙古海拉尔区代表队足球友谊赛”;举行2009中俄“和平跑”海拉尔站的起跑仪式。

【卫生】 海拉尔区共有卫生机构114个,其中卫生防疫、防治机构3个;共有卫生技术人员2 557人,其中执业医师1 000人,注册护士943人,卫生防治、防疫技术人员151人。全区共有病床床位1 861张。全年孕产妇系统管理率为90.6%;孕产妇住院分娩率为100%;7岁以下儿童保健覆盖率为91.1%,儿童五种疫苗接种率达到98.5%以上。全年传染病总发病数1 465例,发病率为550.16/10万,比上年上升21.5%。新型农村合作医疗工作有序开展,参合率达到95%,比上年提高1个百分点。

【人民生活】 城镇居民人均可支配收入增至15 454元,比上年增加1 433元,增长10.2%;农民人均纯收入达10 134元,比上年增加1 354元,增长15.4%。

2009年,全区城镇居民恩格尔系数为31.7%,比上年下降7.9个百分点;农村居民恩格尔系数为33.1%,比上年下降2.4个百分点。

【再就业】 从业人员达到90 156人,其中:城镇从业人员81 360人,农村从业人员8 796人;城镇个体私营从业人员为33 143人,比上年增长3.9%。全年城镇新增就业4 419人,下岗失业人员再就业3 075人,其中“4050”人员实现再就业743人,全年全区城镇登记失业率控制在了4.13%以内。

【社会保障】 职工基本养老保险参保59 272人,养老保险费收入15 163万元;失业保险参保16 122人,失业保险费收入588万元,全年领取失业保险的人数2 451人次;城镇居民医疗保险参保人数89 611人,有2 667人享受了城镇居民基本医疗保险待遇。农村养老保险工作顺利开展,至年末,已有2 300人参保,农村养老保险费收入1 866万元,全年共为173名领取待遇的农民足额发放了养老金。

2009年,全区逐步提高最低生活保障标准,全年共发放城市低保金1 386.5万元,保障人数34 266户次、64 572人次;发放农村低保金22.9万元,保障人数2 201户次、2 527人次。

年末,全区在岗职工43 609人,比上年下降2.3%;在岗职工年平均劳动报酬310 194元,比上年增长19.9%。

(田　华)

满洲里市

【领导名录】

市　委

书　记:吴浩峰

副书记:杜学军(蒙古族) 郭承民(蒙古族)

常委:吴浩峰 杜学军(蒙古族) 郭承民(蒙古族) 凌力(女 蒙古族) 张天喜 白晓娟(女 鄂伦春族) 吴铁城(蒙古族) 齐伯金 姚景林 赵政国 刘桂清

人　大

主　任:周吉良

副主任:齐翠萍(女) 冯志斌(满族 不驻会) 多建(达斡尔族) 石忠杰 宋朝晖(蒙古族)

政　府

市　长:杜学军(蒙古族)

副市长:张天喜 吴铁城(蒙古族) 郭锦铭 梁宝源 闫敏(女 蒙古族) 丁昊(女)

政　协

主　席:张雅斌

副主席:杨秀敏(女) 李卫东(不驻会) 王之光 鄂立志(达斡尔族 不驻会) 周世明 姜海洋 侯书明

纪检委

书　记:凌　力(女 蒙古族)

法　院

院　长:李　毅

检察院

检察长:王希元

公安局

局　长:陈维吉

政　委:郝枝国

武装部

部　长:智　杰

政　委:赵政国

【概况】 满洲里市位于内蒙古自治区呼伦贝尔市西部,位于北纬49°19′~49°53′,东经117°12′~117°53′。东临新巴尔虎左旗,南、西与新巴尔虎右旗毗邻,北与俄罗斯联邦接壤。

满洲里市是呼伦贝尔市行政区划内的一个准地级市,是一座边境口岸城市。下辖扎赉诺尔区、中俄互市贸易区、边境经济合作区、东湖区,总面积732.44平方公里。全市总人口30万人,有蒙古、回、满、壮、苗、俄罗斯等21个少数民族组成,常住人口25万人。其中,户籍常住人口为166 968人(公安口径),总户数68 630户,男女性别比例为50.4∶49.6。按行政区划分,市区人口为66 765人。全年出生1 115人,人口自然增长率4.15‰。

2009年,全市共引进招商引资项目26个,引进资金75.3亿元,增长22%。

全市完成生产总值120.4亿元,增长11.5%(按可比价格计算,下同)。其中,第一产业增加值2.5亿元,增长5.8%;第二产业增加值33.3亿元,增长10.4%;第三产业增加值84.6亿元,增长11.8%。三次产业结构比例为2∶28∶70。全市人均地方生产总值4.8万元,增长11.6%。万元GDP能耗为1.13吨标准煤。财政总收入24亿元,增长20%(原口径,不含边贸专项转移支付18亿元,下降33.8%)。地方财政收入10.6亿元,国税收入3.0亿元,地税收入9.4亿元,居民消费价格增幅放缓,总指数为101.4%,比年初增长了0.3个百分点。

2009年,满洲里荣膺第二届全国文明城市称号,满红色国际秘密交通线教育基地暨国门景区晋升为国家AAAA级旅游区,满洲里市被世界旅游精英博鳌峰会评为“国际王牌旅游目的地”,满边防检查站荣获国务院、中央军委“爱民固边模范检查站”称号。

【农业】 全市农业总产值40 747万元,增长5.8%(按现价计算,下同),其中:种植业产值3 870万元,增长6.3%;牧业产值9 567万元,增长4.9%;渔业产值26 501万元,增长5.9%;农林牧渔服务业产值809万元,增长4.7%。农作物总播种面积1 362公顷,菜薯总产量3.7万吨,瓜类总产量5 140吨,水果总产量170吨。

【畜牧业】 年末,牲畜总头数59 041头(只),增长1.3%。其中:大牲畜和羊合计35 829头(只),下降0.007%;生猪存栏23 212头,增长4.5%。貂、狐等特种经济饲养量8.5万只,其中:貂2.13万只,狐5.52万只,獭兔0.75万只。

【城市建设】 年中,全市在建工程135项,房建总面积205.4万平方米,其中:新建面积41万平方米。竣工备案项目46个,面积63.8万平方米。已开工房产开发项目40个,开发总面积104.7万平方米,概算总投资18.2亿元。新建改造道路32.9公里、人行道板10.64万平方米,铺设给水管线19.8公里、排水管线28.6公里,供热管线19.9公里、燃气管线23.7公里,新增改造绿化面积8.9万平方米。

【环境保护】 市域二氧化硫、化学需氧量减排目标实现双降。工业项目"三同时"执行率达到100%。全年共审批建设项目67个,其中办理环境影响报告表项目30个,登记表项目37个。发布空气质量日报315期。共受理环境信访投诉案件32件。

年中,对市区及城市周边的砂石厂和混凝土搅拌站进行了摸底调查和跟踪管理。同时,对工程建设项目、道路建设项目进行严格监管,并按照环境影响评价批复要求,逐项监督落实。继续开展"清查放射源,让百姓放心"专项行动,对三家有源单位进行检查,与三家有源单位签订放射源安全使用责任书,编制应急预案。

【固定资产投资】 全年社会固定资产投资总额达65亿元(含铁路),增长3.2%。地方固定资产投资已开工项目114个,投资62.7亿元,增长2.1%。其中,总投资过亿元项目20个,年内完成投资额46.3亿元;总投资5 000万元至1亿元的项目16个,年内完成投资额为8.7亿元。全年施工房屋面积182.5万平方米,下降40.4%,建筑业增加值5.6亿元,下降6.2%。

【工业】 全年工业总产值85.4亿元,增长13%。实现增加值27.6亿元,增长18.9%。规模以上工业企业75户,产值60.2亿元,增长14.3%,实现增加值17.6亿元,增长11.4%。

【外贸】 受国际金融危机及国家边贸政策调整影响,全市外经外贸出现下滑。口岸外贸进出口总值66.7亿美元,下降38.2%。其中:进口60.9亿美元,下降36.4%;出口5.8亿美元,下降53.3%。上缴关税及代征税73.6亿元,下降20.6%。满洲里市外贸进出口总值31亿美元,下降22.5%。外贸企业进出口总值21.3亿美元,下降19.5%;旅游贸易9.8,下降27.4%。全市共有经营业绩的外贸企业238家,下降9.5%;加工贸易进出口额6 745万美元,增长323.7%。全年菜果出口30.9万吨,下降19.3%;创汇8 359万美元,下降30.3%。

【口岸疏运】 2月4日,国务院批准满洲里机场对外开放。口岸通关大楼6月30日竣工,投入使用。全年口岸通过能力达人员1 200万人次、车辆120万辆次,均居全国同类口岸之首。西郊机场达4D标准。满洲里铁路口岸首次自德国进口汽车整车。

全年满洲里货运量完成3 420万吨,增长1.1%。口岸过货量2 421万吨,增长0.4%(铁路口岸2 368万吨,增长1.4%;公路口岸53万吨,下降29.7%),其中:进口1 972万吨,增长3.7%;出口77万吨,下降61.8%;转口319万吨,增长37.3%。

【旅游业】 全年边境旅游人数58.5万人,下降36.9%,其中:中方出境15.5万人,下降26.8%;俄方入境43万人,下降39.9%(全年出入境旅游人数118万人次,下降35.5%)。国内旅游人数356万人次,增长33.3%。旅游总收入35.1亿元,增长9.6%(含一日游);旅游创汇1.7亿美元,下降24.7%。

【国内贸易】 全年社会消费品零售总额65.7亿元,增长17.9%。从企业经营规模看,规模以下及个体商业仍是商品流通领域的主力军,全年消费品零售额49.4亿元,增长28.3%,占全市批发零售贸易业消费品零售总额的75.2%。

【邮电】 全市邮电通讯业务总收入实现2.8亿元,增长3.4%。

【金融】 全年金融机构存款余额127亿元,增长19.9%;贷款余额44亿元,增长48.3%;银行现金收入393亿元、现金支出403亿元,分别下降4.6%和5.8%。

全年保险行业保费收入18 125万元,增长0.7%。其中:财险收入5 541万元,增长7.4%;人险收入12 584万元,下降2.0%。

【科技】 在自治区科技厅的大力支持和帮助下,邀请到了科技部、中科院、国家知识产权局、自治区政府共同主办科技展。展出面积近2万平方米,特装展位2 000平方米。俄罗斯及蒙古参展项目970多个。与新西伯利亚、克拉斯诺亚尔斯克、伊尔库茨克等毗邻地区的科技部门进行了洽谈和交流,为国内企业提出的项目需求向俄方进行征集,就球型闪电点火装置、内燃机升华器、废油回收技术等项目为湖南大学、江苏常州等国内大学和科技企业与俄方进行了项目对接联络。开展知识产权宣传周和迎接"4·26"世界知识产权日宣传活动,以“保护知识产权,促进创新发展”为主题,在全市主要广场展出宣传版和挂图,发放宣传单和宣传册资料,开展专利信息咨询活动。

【教育】 全市现有幼儿园7所,小学14所,普通中学13所,其中:初级中学8所,高级中学3所,九年一贯制学校1所,完全中学1所。全年共发放助学金75.5万元,启动中小学校舍安全工程,完成一中图书馆、三中教学楼续建和南区一小扩建等项目,办学条件持续得到改善。至年末,全市普通中学已有专任教师1 082人,小学在校学生9 858人,当年毕业学生2 709人。

【文化】 市博物馆免费开放以来,特别是夏季,平均每天接待观众近百人。图书馆图书和期刊流通数2.4万册,共接待读者6 247人次。歌舞团完成各项接待任务60余场,还利用节假日下基层进行慰问演出,举办了慰问环卫工人、解放军官兵专场演出10场。

【体育】 6月6日,举办全市大规模的全民健身月、北京自行车队驶出国门和呼伦贝尔老年运动会三大仪式的启动活动。承办王嘉廉中国冰球希望学校年会。7月16日,承办满市历史上首次自治区对俄体育交流活动暨“2009年中俄青少年体育夏令营活动”。7月底,在全市各社区广场完成修建26套、364件各类健身器材任务。

【卫生】 疾控综合楼9月30日完工,全市医疗卫生单位实现疫情预警监测网络直报。快速有效地控制了甲型H1N1流感疫情,共管理病例3 041人,解除2 993人,累计签收上级匹配疫苗11 600人份,累计接种7 978人。全年采集检验消毒餐具2 904份样品,合格2 903份,合格率99.97%。在打击违法添加非食用物质和滥用食品添加剂专项整治工作中,检查单位1 329户次,培训餐饮单位管理人员及从业人员800余人,抽检食品样品30份,合格率100%。全年共受理投诉举报案件66起,核实66起。处罚食品经营单位28户次,没收销毁假冒伪劣食品85个品种。

【人民生活】 城镇居民人均可支配收入16 415元,增长10.1%。在岗职工31 741人,增长0.01%。在岗职工年人均工资31 752元,增长16.8%。年末,全市居民储蓄存款余额81.5亿元(不含外币),增长13.9%;居民人均储蓄存款达7.8万元,比上年末增长14%。居民年人均消费性支出11 891元,增长13.8%。其中,食品支出仍占主要份额,占30.4%(恩格尔系数)。

年内,人均住房建筑面积达到了37.5平方米,人均住房使用面积达27平方米。

【社会保障】 全年养老保险参保人数为30 683人,增长7.5%,全市养老保险费收入14 289万元;医疗保险参保人数75 010人,医疗保险费征缴8 471万元;工伤保险参保人数为29 708人,工伤保险费征缴261万元;生育保险参保人数为30 010人,生育保险费征缴452万元。城镇居民医疗保险参保人数为45 192人,其中学生儿童30 399人(大学生1 058人),全年新参保13 433人;失业保险参保人数为40 304人,失业保险费征缴2 155万元。

【再就业】 2009年,全市城镇新增就业6 850人。帮助2 276名下岗失业人员实现再就业;“4050”人员再就业1 148人。城镇登记失业率为4.0%。进入劳动力市场的用工单位共有795家,提供岗位4 861个;求职者5 178人,达成意向3 000余人。积极鼓励“4050”人员灵活就业,为2 735名从事灵活就业的“4050”人员,继续保持“零就业家庭”动态为零的目标。全年发放小额贷款2 051万元,带动900余人就业。

全年共有低保对象4 305户、8 923人,低保标准从去年200元提高240元,全年支出低保资金2 354万元,人均补助水平211.4元。全市共实行医疗救助6 958人次,支出救助资金214万元。救助526名贫困大学生,支出救助资金37.4万元。

(李　颖)

牙克石市

【领导名录】

市委书记:巴树桓(蒙古族)
人大主任:于秀斌
市　　长:张宝泉
政协主席:李　昕
武装部长:华泽民
政　　委:胡全有

【概况】 牙克石市位于呼伦贝尔市中部、大兴安岭中脊中段西坡,北纬47°39′~50°21′,东经120°28′~122°29′。南北长352公里,东西宽147公里,总面积27 590平方公里,其中,林地面积18 544平方公里,水域面积720平方公里,草场面积8 568 642公顷,耕地面积80 234公顷。市辖6个镇、5个办事处、7个街道办事处。全市总人口374 907人。其中,农业人口13 453人,非农业人口361 028人;市区人口132 475人,乡镇人口242 432人(包括东兴办事处)。在总人口中,少数民族40 590人,其中:蒙古族18 350人,回族6 063人,鄂温克族406人,鄂伦春族97人,其它少数民族15 674人。人口男性189 936人,女性184 971人,性别比为102.7(以女性为100)。全年迁入人口3 093人,同比上升9.9%;迁出人口5 315人,同比下降3.9%。出生人口1 666人,同比下降11.9%;出生率为4.4‰,同比下降0.4个千分点。死亡人口2 387人,同比下降3.8%;人口死亡率6.3‰,比上年上升0.3个千分点。

2009年,全市实现生产总值90.2亿元,可比增长19.8%。其中,第一产业增加值19.8亿元,可比增长6.8%;第二产业增加值33.5亿元,可比增长42.3%;第三产业增加值36.9亿元,可比增长14.3%。三次产业的比重分别为22.0%、37.2%和40.8%。全市财政总收入达11.1亿元,增长37.3%。

【林业】 全年共封山育林1.0万亩,义务植树80万株,四旁植树18万株,落实禁牧10万亩,季节休牧10万亩,退耕还草12万亩;全年新增有效灌溉面积0.6万亩,新增节水灌溉面积4.9万亩。全年共完成引进招商项目141个,引进国内(呼伦贝尔市外)资金43亿元,同比增长22.4%;其中引进区外资金32.8亿元,同比增长94.2%。

【固定资产投资】 全年地方系统固定资产投资累计42.6亿元,同比增长68.7%。在地方系统中,基本建设投资41.6亿元,同比增长75.1%;房地产开发投资0.9亿元,同比下降35.9%。

【农业】 2009年,牙克石市农作物总播面积215万亩,同比增加13万亩。其中:粮食播种170万亩(含小麦127万亩),同比增加24万亩;经济作物播种43.2万亩(含油菜40万亩,甜菜0.6万亩);饲草饲料播种1.8万亩。全年粮食作物总产量为40.8万吨,同比增长5.5万吨,增长15.6%。其中,小麦总产27.7万吨,同比增加10.7万吨,增长62.9%;油菜籽总产5万吨,同比增长0.2万吨,增长4.2%;全市农林牧渔业现价总产值达32.2亿元,同比增长6.6%。全市农牧业机械总动力36.4万千瓦,同比下降13.1%;全市拥有农用拖拉机9 778台,同比下降1.7%;全年农村用电量达到1 999万千瓦小时。

【畜牧业】 2009年,牲畜总头数33.8万头(只),同比增长12.7%。其中,奶牛6.7万头,同比增长4.7%;生猪存栏3.8万口,同比增长26.7%。全年肉类产量2.7万吨;牛奶产量22.1万吨,增长了30.6%。

【工业】 2009年,牙克石市地方规模以上工业现价总产值55.5亿元,同比增长68.3%;工业增加值20.6亿元,可比增长48.0%;产品销售率96%,同比提高2.0个百分点。

【贸易】 2009年,社会消费品零售总额达到24.1亿元,同比增长20.7%。全年对外贸易进出口总额351万美元,同比下降22.7%。其中,出口总额351万美元,同比下降22.7%。

【旅游业】 总投资1亿元、总面积22平方公里的高级滑雪场建成并投入使用。滑雪场位于市区南郊35公里大兴安岭主脉西缘,最高峰海拔987.5米,索道为单线脉动循环6人吊箱组式,长2 818米,为中国最长、亚洲第三的滑雪索道。同年,周长60公里、面积120公里凤凰山景区网围栏建成。

全年旅游业共接待游客69.4万人次,同比增长16%;旅游业部分收入9.6元,同比增长18%。

【交通 邮电】 总投资4 687万元、长41.4公里牙克石市凤凰山交通主体工程交工验收;门都大桥及引线续建工程总体工作量完成80%;绥满国道主干线博克图至牙克石段134公里高速公路建设项目征地拆迁工作完成;乌奴耳至塔尔气公路、乌尔其汉至宜里公路桥涵工程开工;投资75万元的免渡河、乌奴耳客运站建设完成;总投资190万元的牙卓线五道桥至汇流河道口3.52公里黑色路面改造项目完成。全年国道好路率81.1%,完成计划100%。省道好路率95%,完成计划100%。地方道路好路率完成83.5%,完成计划100%。

年末全市固定电话用户达5.3万户,小灵通用户达1.9万户,移动电话用户达26万户,宽带用户达21 686线。

【金融】 年末,金融机构各项存款余额达97.7亿元,同比增长27.6%;其中,城乡居民储蓄存款余额60.4亿元,同比增长19.6%。金融机构各项贷款余额18.9亿元,同比增长29.6%。银行现金收入203.7亿元,同比增长25.6%;现金支出208.8亿元,同比增长25.3%;货币净投放5.1亿元,同比增长12.2%。

全年寿险保费收入11 225万元,办理理赔案件1 922件,理赔金额747.3万元;财产险保费收入1 973万元,办理理赔案件1 988件,理赔金额1 358万元。

【科技】 2009年,全市共推广应用先进适用技术10项,申报批复项目中自治区级4项、呼伦贝尔市级4项,上级拨款总额108万元;全年签订技术贸易合同4项,成交额2 300万元。农牧民适用技术培训25 868人。

【教育】 全市有普通中学28所,在校学生18 724人,专任教师1 902人;有中等职业学校即职业高中2所,在校学生596人,专任教师88人;有小学27所,在校学生13 031人,小学专任教师1 506人。

【文化】 全市有文艺表演团体1个,文化馆(站)18个,图书馆1个,电影放映单位1个,广播电台1座,电视台1座,有线电视台1座。全年电视综合覆盖人口33.1万人,广播综合覆盖人口33.5万人。拥有有线广播电视用户41 200户,其中,数字电视用户15 000户。年内,正式在本市启用数字电视,可观看电视节目100套。

【卫生】 全市有卫生机构205个。其中,医院20个,卫生院15个,社区卫生服务中心(站)17个,妇幼保健所1个,专科疾病防治所(站)2个,疾病预防控制中心(防疫站)7个,医学在职培训机构1个,公共卫生监督所1个。全年卫生机构实有床位2 266张,拥有卫生专业技术人员3 702人。

【人民生活】 2009年,在岗职工工资总额7.9亿元,同比增长18.8%;在岗职工人均工资达到28 751元,同比增长21.5%。城镇居民人均可支配收入12 210元,同比增长13.6%。农民人均纯收入5 715元,同比增长16.6%。

【2009国际雪联越野滑雪中国夏巡赛牙克石站比赛暨呼伦贝尔凤凰山夏季滑雪节】 6月11日,由中国滑雪协会和呼伦贝尔市人民政府主办,牙克石市人们政府和瑞典诺迪维公司承办的2009国际雪联越野滑雪中国夏巡赛牙克石站比赛暨呼伦贝尔凤凰山夏季滑雪节在凤凰山滑雪场隆重举行。来自中国、瑞典、挪威、芬兰、丹麦等15个国家的66名运动员参加了1.2公里越野滑雪男女资格赛、四分之一决赛、半决赛和决赛。比赛在清晨刚刚铺满绿色草地上的白色雪道中进行,经过激励角逐,挪威、瑞典、芬兰、爱沙尼亚4国选手获得牙克石站比赛男子组前四名。

【2009"毕克"中国国际山地车节】 9月12日,由牙克石市人民政府主办、北京(瑞典)诺迪维公司承办的2009"毕克"中国牙克石市凤凰山国际山地车节开幕。来自中国、瑞典、英国、美国、加拿大、澳大利亚等12个国家148名选手参加了比赛。比赛共设25公里和50公里两个项目,挪威选手泰耶·阿蒙森夺得男子50公里冠军,美国选手詹妮·弗尔森获得女子50公里冠军;中国海拉尔选手沙诺获女子25公里冠军,中国黑龙江选手林方获得男子25公里冠军。

(马春青)

扎兰屯市

【领导名录】

市委书记:任福生

人大主任:常秀峰

市　　长:任宇江

政协主席:牛长岭

武装部长:张志强(3月任职)

政　　委:王文义

【概况】 扎兰屯市位于呼伦贝尔市南端,北倚大兴安岭,面眺松嫩平原,位于北纬47°5′40″~48°36′34″,东经120°28′51″~123°17′30″之间。东以音河为界与阿荣旗相依,东南及南以金长城为界与黑龙江省甘南、龙江两县及兴安盟扎赉特旗为邻,西及西北以哈玛尔山和漠克河为界与阿尔山市、鄂温克族自治旗为邻,北以阿木牛河为界与牙克石市相邻。市境东西顶端直线距离210公里,南北顶端直线距离160公里,总面积16 926.3平方公里。其中耕地面积3 397 853.4亩,占总土地面积的13.50%;园地面积18 226.5亩,占总土地面积的0.07%;林地面积16 556 534.7亩,占总土地面积的65.79%;牧草地面积3 194 026.5亩,占总土地面积的12.69%;其他农用地面积117 093.3亩,占总土地面积的0.47%;居民点及独立工矿用地面积320 300.1亩,占总土地面积的1.27%;交通运输用地面积25 352.1亩,占总土地面积的0.10%;水利设施用地面积9 513.0亩,占总土地面积的0.04%;未利用土地面积1 318 502.9亩,占总土地面积的5.24%;其它土地面积206 839.5亩,占总土地面积的0.82%。市辖兴华、正阳、繁荣、向阳、河西、铁东、高台子7个街道办事处与成吉思汗镇、蘑菇气镇、卧牛河镇、大河湾镇、洼堤镇、浩饶山镇和萨马街鄂温克民族乡、达斡尔民族乡、鄂伦春民族乡9个乡镇。全市总人口429 895人,其中:农业人口262 679人,非农业人口167 216人。民族由蒙古族、汉族、达斡尔族、鄂温克族、鄂伦春族、满族、回族、朝鲜族等20个民族组成。其中,少数民族人口60 004人,占总人口的13.96%。

2009年,全市地区生产总值达861 833万元,比上年同期增长29.1%。增速连续三年居呼伦贝尔市第一位。其中:第一产业增加值244 600万元,比上年同期增长6.6%;第二产业增加值379 754万元,比上年同期增长51.9%;第三产业增加值237 479万元,比上年同期增长22.5%。三次产业结构比为28.4∶44.0∶27.6。全年财政总收入63 663万元,增长27.2%。其中:地方财政收入29 290万元,比上年增长30.2%。财政支出178 088万元,比上年增长24.3%。

【新农村建设】 投入15亿元、九大类项目用于新农村试点村建设。其中:实施农牧业经济类20个,总投资36 358万元;工业经济类3个,总投资84 500万元;旅游开发类5个,总投资9 850万元;商贸物流类3个,总投资8 800万元;城乡规划建设类3个,总投资1 375万元;生态环境建设类7个,总投资7 747万元;社会事业发展类7个,总投资1 213万元;社会保障类4个,总投资1 369万元;民主法制及政府效能建设类2个,总投资420万元。

【招商引资】 年内,全市累计引进招商引资项目118个,实际引进国内(市外)到位资金44.6亿元,同比增长16.03%,完成呼伦贝尔市41亿元指标任务的108.8%,完成扎兰屯市自定指标任务35亿元的127.43%。

【农业】 全市农作物总播面积336万亩,完成任务指标的103.6%,其中:粮食播种面积254万亩(玉米136万亩,大豆75万亩,小麦6.6万亩,水稻4.3万亩,马铃薯21万亩,杂粮豆11.1万亩);经济作物播种60万亩,饲草料播种12万亩。粮食总产量达15.2亿斤,同比增长8.6%。

【畜牧业】 全市牧业年度牲畜存栏达340.7万头(只、口),同比增长14.1%,完成任务指标的100.2%,其中:羊存栏274.4万只,同比增长15.3%;生猪存栏37万口,同比增长16.4%。

【林业】 国家投入资金1 062.27万元,已启动国家级公益林185.3万亩,地方级公益林60.7万亩。争取国家投资250万元,完成三北防护林工程为2万亩。争取国家投资1 792万元,完成退耕还林续建工程11.25万亩。

【工业】 全市规模以上工业总产值74.4亿元,比上年同期增加24亿元,增长46%;主营业务收入69亿元,同比增长46%。产值增速超过30%的企业已有31户,占规模以上工业企业的60.78%。全市规模以上工业实现增加值27.5亿元,完成呼伦贝尔市责任指标的126%,总量排在呼伦贝尔市第四位,增速47.3%,高于呼伦贝尔市平均水平19.2个百分点。

【城市建设】 城市建设投资81 410.3万元。其中:重点工程建设投资6 654.5万元,市政设施建设投资3 407.8万元,住房保障12 348万元,房地产开发投资59 000万元。全年总投资1.2亿元,新建廉租住房6.7万平方米、1 392套。

【固定资产投资】 全市固定资产投资555 021万元,同比增长104.5%。其中:城镇投资481 899万元,同比增长136.0%,房地产开发投资73 122万元,同比增长10.4%。

【旅游业】 全年接待游客130.5万人次,同比上升20%;旅游业总收入7.21亿元,同比上升20%。

景区景点建设:柴河景区建设项目完成可研报告,通过自治区发改委立项。年内,完成通往基尔果天池6公里道路路基铺垫。金龙山滑雪场建设项目,完成3条雪道和初级练习场、索道、游客大厅、职工公寓等基础设施建设工作。

【交通】 “三十一路七桥”共计38项重点工程、一事一议整村道路硬化和通村公路工程以及桥涵改造工程的建设任务圆满完成;农村公路路基建设400公里,硬化路面120公里,投资1.27亿元。

全年境内公路养护投入资金1 066.22万元,国省干线好路率达到97%,养护综合值82.9;县乡公路好路率达72.5%,养护综合值72.9,县乡公路养护工作连续五年在呼伦贝尔市评比中名列第一。

【邮电】 全年邮政业务总收入846.43万元,比上年同期增长23.69%,绝对值增收130.99万元,完成市局下达年计划837.2万元的101.82%。通信业务成本累计完成153.2万元,比上年同期增长30.33%,人均增幅1.28万元。

【金融】 全市金融机构各项存款余额437 603元,比年初增加59 670万元,增长15.79%。全市金融机构各项贷款余额163 998万元,比年初增加21 821万元,增长15.35%。其中:农业贷款36 601万元,比年初减少10 816万元,下降29.55%;人民银行投入支农贷款21 000万元,比上年多投4 000万元,增长23.5%。

【科技】 总投资6 027万元,完成科技支农项目(大豆产业化技术集成与示范项目),建大豆蛋白生产线一条,选育大豆新品种1~2个,建示范基地50万亩。

【教育】 全市拥有普通中学28所,其中初级中学25所,在校生8 773人;高中3所,在校生5 703人。小学77所,在校生18 768人;幼儿园75所,在园幼儿6 296人。年内,共排查、鉴定学校110所,面积243 762平方米。全年新建校舍面积11 559平方米,加固校舍面积2 150平方米,完成投资1 603万元。

【文化】 举办第四届雅鲁河文化艺术节暨新中国成立60周年红歌会活动。全市机关、企事业单位、街道办事处及驻扎各单位的干部职工、学生、居民组成70个代表队、24 000人参加此次活动,活动历时17天,进行17个专场演出,演出节目208个,观众达6万人。此外,还承办扎兰屯市2009年春节联欢会、农村春节联欢会、迎新春少儿文艺汇演、迎新春秧歌展演、元宵焰火晚会,元宵节大型书画展、优秀影视剧展映,组织劳动模范、“三八红旗手”参观市博物馆和中东铁路博物馆等13项大型文化活动。

【卫生】 全市拥有医疗卫生机构122个,床位1 267张,卫生技术人员1 491人。新建业务用房28 414平方米,总投资6 000余万元,其中国家投入1 835万元,贷款4 200万元。全年结核病防治共接诊患者1 160人,确诊肺结核病357例,其中初治涂阳病人189例,全年初治涂阳指标完成100.6%。五苗接种率分别完成:卡介苗接种率99.9%;糖丸接种率99.5%;百白破接种率99.2%;麻疹接种率97.2%;乙肝接种率99.9%,首针及时率99.3%。开展艾滋病预防知识的宣传教育和同伴教育,对高危场所培训200人次。

【体育】 承办"2009年内蒙古自治区青少年长跑、竞走、马拉松异程接力锦标赛",全区各盟市10支代表队224名青少年运动员参加此次锦标赛。举办扎兰屯市第22届运动会,历时4天,进行127个比赛项目,有11人打破5项扎兰屯市纪录。组队参加呼伦贝尔市职工网球赛,女子双打获冠军,男子团体获第四名。参加呼伦贝尔市第二届体育舞蹈大赛,荣获集体舞团体第一名和优秀组织奖。参加呼伦贝尔市第三届青少年田径运动会,获团体总分第二名,并获体育道德风尚奖。参加呼伦贝尔市第二届乒乓球俱乐部联赛,获男子团体第一名,女子团体第三名,并获优秀组织奖。参加呼伦贝尔市第四届"春秋杯"围棋赛,扎兰屯市代表队获团体冠军,个人第二名。

【人民生活】 全市城镇居民人均可支配收入14 042元,增长12.2%;农民人均纯收入5 694元,增长16.7%,增幅居呼伦贝尔市第一位。全市居民消费价格比上年下降0.1%,商品零售价格上涨0.3%。

年内,市民人均居住面积达28.53平城方米,同比增长4.4%;农村居民人均居住面积20.58平方米,同比增长18.85%。

【再就业】 全年新增就业4 913人,完成市政府任务指标4 500人的109%,完成呼伦贝尔市3 800人责任目标的129%。新认定城镇零就业家庭85户213人中就业165人。城镇登记失业率为4.25%,控制在4.3%目标值以内。劳动力转移39 527人,完成市政府任务指标35 000人的113%。其中农村劳动力转移33 013人,完成呼伦贝尔市25 000人任务目标的134%。城镇失业人员就业再就业培训3 632人,完成市政府任务指标3 500人的104%,完成呼伦贝尔市2 400人任务指标的151%,其中获得职业资格证书196人,完成120人责任目标的163%。发放再就业小额贷款2 004万元,完成呼伦贝尔市2 000万元任务指标的100%,其中争取内蒙古开发银行支持中小企业贷款1 700万元,协调信用社发放国有企业失业人员小额担保贷款304万元。

【社会保障】 全年全市参加企业职工养老保险31 275人,完成年度责任目标31 039人的101%。征缴基本养老保险基金15 500万元,完成年度责任目标11 027万元的141%。参加职工失业保险23 300人,完成年度责任目标23 300人的100%。征缴失业保险基金686万元,完成年度责任目标551万元的125%。发放失业保险费155万元。参加职工基本医疗保险43 030人,完成年度责任目标43 000人的100%。收缴基本医疗保险基金6 178万元,完成年度责任目标5 160万元的120%。基本医疗保险基金支出4 347万元。收缴大病救助基金526万元。

全年全市城镇居民基本医疗保险参保53 380人,完成任务指标53 300人的100%。

(宋健 杨洪杰)

根 河 市

【领导名录】

市委书记:孙　锐

人大主任:王文明(满族)

市　　长:吕建伟(女)

政协主席:张柏吉

武装部长:王玉平(4月离任) 李亚辉(4月任职)

政委:孙明强(2月离任) 贾宏斌(2月任职)

【概况】 根河市位于大兴安岭北段西坡,呼伦贝尔市北部,位于北纬50°20′~52°30′,东经120°12′~122°55′,是中国纬度最高的城市之一。根河市东临鄂伦春自治旗,西与额尔古纳市接壤,南连牙克石市,北接黑龙江省漠河县、大兴安岭呼中区。南北直线距离最长240.4公里,东西直线距离最宽198.8公里。大兴安岭山地构成了根河市地貌的总体,森林资源是主体资源,森林覆盖率75%。全市总面积20 012平方公里。下辖金河镇、阿龙山镇、满归镇、敖鲁古雅鄂温克族乡、好里堡办事处、得耳布尔办事处、河东办事处、河西办事处、森工办事处3镇1乡和5个街道办事处。

2009年,全市总人口160 909人。少数民族人口19 270人,比上年增加11人,其中,蒙古族9 912人,比上年增加39人;回族3 227人,比上年减少28人;满族3 913人,比上年减少29人;达斡尔族915人,比上年增加7人;朝鲜族529人,比上年增加8人;鄂温克族436人,比上年增加15人。

2009年,全年实现生产总值232 803万元,按可比价计算增长11.5%;财政总收入完成14 461万元,比上年增长26.3%。财政支出88 166万元,比上年增长34.3%。全市城镇居民人均可支配收入11 677元,比上年增长9.7%;全市城镇居民人均消费性支出7 181.39元,比上年增长9.8%;全年城镇居民住房人均总建筑面积达到了22.43平方米。

年内,敖鲁古雅鄂温克族神话、民间音乐、萨满舞、撮罗子和鄂温克狩猎民族传统医药5项非物质文化遗产,入选自治区非物质文化遗产名录。生态市创建,通过自治区初验,满归、阿龙山、金河、敖乡被命名为自治区级环境优美乡镇;根河市荣获呼伦贝尔市2009年度生态市建设奖、气象工作奖。

【农业】 全年农作物总播种面积2 909公顷,与上年持平,其中:粮食作物播种面积2 144公顷,比上年增加326公顷,增长17.9%;经济作物油料播种面积630公顷,比上年减少306公顷,下降32.7%;蔬菜播种面积134公顷,比去年减少21公顷,下降13.5%。全年粮食总产量6 374吨,比上年增加63吨,增长1.0%;经济作物产量901吨,比上年减少745吨,下降45.3%;蔬菜产量4 119吨,比上年减少726吨,下降15.0%。

【基础设施建设】 投资1.87亿元,完成世纪广场改造、市区临街建筑立面改造及市区14条街路改造等工程。实施建市以来最大的板夹泥房改造惠民工程,改造板夹泥房36.5万平方米,为7 000余户群众改善住房条件。完成敖乡博物馆改建、民居新建和改建等工程,猎民住宅由50平方米提高到88平方米。垃圾处理工程完成垃圾坝、生活区附属工程建设及新建5座二级转运站;污水处理工程完成主管网铺设;节能减排工作取得新进展,万元GDP能耗降低率为10.7%,二氧化硫、化学需氧量减排任务全面完成;新开工建设项目环评执行率和"三同时"执行率达到100%。

年中还移栽树木花卉83.5万株,新增绿地2.4万平方米,城市保洁面积进一步扩大,6 670户住宅及潮查河市区段纳入保洁范围。

【固定资产投资】 全年城镇固定资产投资13 0601万元(含林业),同比增长86.3%。在全市板夹泥房改造等民生工程项目带动下,全市固定资产规模增大。全年全社会固定资产投资项目完成45个,比上年增加25个。城镇固定资产投资85 342万元(不含森工和铁路,下同),同比增长87.2%。分三次产业看,第一产业投资1 276万元,第二产业投资34 140万元,第三产业投资49 926万元。

【工业经济】 年中,根河蓝莓饮品顺利通过国家有机产品生产、加工管理体系审核认证矿产资源勘探开发力度不断加大,基础性和公益性地质调查工作进展顺利,有20家企业在境内54个区块进行风险勘探,勘查面积达5 686平方公里;得耳布尔比利亚谷铅锌普查项目预计铅锌金属量超过200万吨;首选4平方公里详查区内发现多条矿体,估算铅锌金属量达100万吨,并伴生可观的铜和银。

林木产品精深加工水平不断提高。根林木业与莆田辰兴公司木制工艺品开发生产项目、落叶松结构用集成材项目进展顺利,产品销售状况良好。全年林木业年产2万立方米细木工板加工项目竣工投产,兴安板业等企业技改项目实施,促进企业加快发展。年内,通过整体出售、融资或合资控股形式,使林业改制企业初步实现产权转换和产业升级,全市木材年综合加工能力(包括三剩物)达到45万立方米。

【国内外贸易】 全年社会消费品零售总额96 645万元,比上年增长19.7%。

全年共引进项目30个,引进国内(市外)资金24 643万元,比上年增长1.6%。直接出口创汇实现70万美元,间接出口创汇332万美元。

【旅游业】 2009年,全市有名胜风景区和文物保护区7个。深入发掘民族文化,发挥冷资源优势,对博物馆、敖乡民居、使鹿部落景区等载体进行重点打造,完成敖鲁古雅主题文化园一期工程,成功举办冰雪旅游文化节等节庆活动。根河宾馆、敖鲁古雅酒店、假日酒店完成改造并投入使用。15户鄂温克猎民开展家庭游。

全年共接待旅游人数达32.5万人次,比上年增长50.6%;实现旅游收入4.74亿元,比上年增长59.7%。

【交通 邮电】 全年交通运输、仓储及邮政业增加值22 751万元,同比增长7.8%。邮政、移动、电信、网通等邮电通讯公司业务收入达4 966.95万元。年末,全市电话交换机容量达32 096门;固定电话用户达19 399户,其中:住宅14 950户;移动电话用户86 565户;互联网用户9 370户。

【金融】 全市金融机构各项存款余额368 505万元,比上年末增长17.7%;金融机构各项贷款余额56 284万元,比上年末增长51.4%。

全年保险业务收入5 419.9万元,比上年增长2.9%,其中:财产险业务收入858.8万元,比上年增长14.8%;人寿险业务收入4 561.1万元,比上年增长0.9%。全年保险赔付支出1 479.3万元,同比下降50.1%,其中:财险赔付支出512.4万元,同比下降

65.1%;人寿险赔付支出966.9万元,同比下降35.5%。

【教育】 全市有普通中学校14所(其中:初级中学4所,高级中学2所,完全中学4所,九年一贯制中学4所),中等职业学校1所,小学校13所,幼儿园17所。全年普通中学毕业生2 458人,在校生6 254人,拥有教职工数2 021人,专职教师843人。全市拥有小学毕业生1 209人,小学在校生5 147人,拥有教职工数1 293人。全市幼儿园幼儿数1 413人,学龄儿童入学率100%。

【文化】 全市拥有艺术表演团体1个,图书馆1个,文化馆1个,文化站6个,全年组织各类文艺演出103场。全市拥有电影放映单位1个,全年电影放映累计400场。全市拥有广播电台1座,有线电视台1座,电视转播台和差转台6座;有线电视用户1.15万户;电视人口覆盖率85.81%;广播人口覆盖率90.28%。

广电系统完成整合,村村通工程、广播电视无线覆盖工程全面竣工,根河新闻实现市区和各乡镇同步播出,广播节目实现现场直播。着力编排的大型歌舞剧《敖鲁古雅风情》在中国北方少数民族歌舞服饰展演活动中荣获赛事最高奖;敖鲁古雅鄂温克使鹿文化生态保护区被列为第一批自治区级文化生态保护区;7件桦树皮艺术品被中国非物质文化遗产保护中心收藏。

【卫生】 全市医疗卫生机构共有69个(含个体诊所),其中:综合医院6个,中医院1个,社区卫生服务站3个,乡镇卫生院5个,疾病防治控制中心1个,妇幼保健站1个,卫生监督所1个,中心血库1个,结核防治院1,个体诊所49个。年末,全市卫生机构实有床位692张,人员数1 467人,其中:卫生技术人员1 229人。

【体育】 全市拥有体育场馆3个。年内,共举办各类体育比赛10次,多次荣获佳绩。在内蒙古自治区速滑比赛中获团体和四个单项冠军;在内蒙古自治区青少年田径锦标赛上,获得女子4×100米接力赛第三名;在呼伦贝尔市"根河旅游杯"青少年速滑比赛中,获团体冠军。社会体育蓬勃发展,参加呼伦贝尔市首届老年老年乒乓球赛,根河市取得女团冠军,女单获第一、二、四名。

【社会保障】 年末,城镇人口登记失业率控制在4.15%。全年城镇登记失业人数2 452人,城镇新增就业人数1 783人,下岗失业人员实现再就业1 307人。

全年失业保险参保人数达37 408人,收缴失业保险金913万元;为86名企业失业人员发放失业保险金33.9万元。年末,全市参加基本养老保险人数25 901人;全年共收缴养老保险金9 527万元;全年共为6 320名企业离退休职工(含遗属323人)发放养老金,发放金额6 962万元。年末,全市医疗保险参保单位465个;全年参加基本医疗保险总数达48 638人。

【特色产业】 制定特色产业发展规划,整合科技、扶贫、农业开发等项目资金,完成了好里堡食用菌三级菌厂一期工程;实施了森工办事处蔬菜基地项目和根河市笃斯越橘良种基地项目。

2009年,根河市驯鹿养殖达到1 200余头,养殖狐貂达到25万只,黑木耳种植达到1 600万袋。根河市荣获呼伦贝尔市2009年度绿色食品工作奖。

(车宏宇)

额尔古纳市

【领导名录】

市委书记:牛振声(蒙古族)

人大主任:李桂芬(女)

市　　长:张凤喜

政协主席:戎占祥

武装部长:郑文福(蒙古族 4月任职)

政　　委:赵玉平(3月任职)

【概况】 额尔古纳市位于内蒙古自治区大兴安岭西北麓,呼伦贝尔草原东北端,额尔古纳河右岸。北纬50°01′~53°26′、东经119°07′~121°49′,是内蒙古自治区纬度最高的地区。南北长约600公里,东西宽(最窄处)约50公里,西部和北部隔额尔古纳河与俄罗斯相望,边境线长671.4公里。东北部与黑龙江省漠河县毗连,东部与根河市为邻,东南及南部与牙克石市、陈巴尔虎旗接壤。全市总面积28 444.64公里。市政府所在地拉布大林,南距海拉尔区124公里。2009年额尔古纳市下辖2乡、2镇、2个街道办事处:拉布大林街道办事处、上库力街道办事处、莫尔道嘎镇、黑山头镇、三河回族民族乡、室韦俄罗斯族民族乡。

额尔古纳市有河流88条,草场8 114 509亩,森林180万公顷,耕地158 422公顷。

2009年,全市生产总值完成239 475万元,按可比价计算,增长16%。其中,第一产业增加值完成92 600万元,同比增长10.6%;第二产业增加值完成53 625万元,同比增长35.5%,其中:全部工业增加值完成45 459万元,同比增长31.3%。第三产业增加值完成93 250万元,同比增长14.1%。三次产业结构由上年的43.5∶19.6∶36.9调整为38.7∶22.4∶38.9。人均GDP

28 140.00元,增速15.8%。

全市财政总收入完成18 161万元,增长28.9%,其中,地方财政收入完成16 237万元,增长30.6%。财政总支出完成69 545万元,增长29.1%。

【农业】 全年全市农作物总播种面积156.2万亩,同比减少14.9%,其中,小麦播种面积40.4万亩,与上年同期持平,油菜播种面积75.7万亩,同比下降6.3%,大麦播种面积37.1万亩,同比下降35.6%。全年粮油产量318 187吨,同比增长16.8%。小麦平均亩产642.3斤,油菜平均亩产 192 斤,大麦平均亩产604.9斤。农林牧渔业总产值完成149 803万元,同比增长10.2%。其中:农业产值完成88 778万元,同比增长11.6%;林业产值完成21 074万元,同比增长7.5%;牧业产值完成37 498万元,同比增长9.1%。种植结构进一步优化,粮、经、饲比重由去年的54:45:1 调整为今年的58:41:1。全市农作物参保面积 25 万亩,受灾作物获理赔 252 万元。争取各类涉农补贴资金5 896万元。

【畜牧业】 全市日历年度牲畜存栏总头数完成251 589头(只),同比增长29.1%。大牲畜80 370头,同比上涨12.5%,其中:牛76 152头(其中:产奶牛32 386头),同比上涨10.1%;小牲畜163 277只,同比上涨38.9%;猪7 942口,同比上涨37.5%。

耕地面积185 128.55公顷,化肥施用量(折纯)12 522吨,上涨7.2%,农村用电量2 137万千瓦时,增长27.3%。

【生态环保】 积极推进国家级生态城市创建工作,80%的创建指标实现达标,室韦口岸经济区和莫尔道嘎镇被评为自治区级环境优美乡镇。全力推动生态项目建设。投资2 882万元完成退耕 5 万亩、土地整理1.5万亩、围封草场 60 万亩、保护性耕作 100 万亩;投资 968 万元完成黑山头镇管道供水、黑山头口岸码头护岸、上库力前进村节水灌溉等工程;227.43万亩公益林纳入国家和自治区的补偿范围,获得1 000多万元补偿资金。加强生态环境综合治理,完善了湿地生态保护机制,严格执行森林采伐限额计划,严厉打击破坏生态环境的违法行为。节能减排工作取得新进展,单位GDP 能耗降低率达5.09%,重点耗能企业万元产值能耗降低率达7.32%,全年排放二氧化硫1 309.6吨、化学需氧量628.9吨,均完成年度指标任务。实施了总投资3 945万元的市区污水处理工程。完成了总投资2 313万元的城市垃圾无害化处理工程。顺利完成土地二调工作,并提交成果。

【工业】 全市累计完成规模以上工业总产值107 079万元,同比增长63.4%。其中:轻工业完成52 068万元,同比增长51.4%;重工业完成55 011万元,同比增长76.7%。规模以上工业增加值完成39 448万元,可比价增速31.6%,销售产值107 682万元,同比增长72.9%,实现销售率101.0%。万元 GDP 能耗比上年同期下降5.11%。供热、供电实现产值5 567.2万元,比上年增长25.2%,木材加工业实现产值9 372万元,比上年增长24.9%。

【建筑业】 全部建筑业增加值完成8 166万元,增长50.8%,建筑企业房屋施工162 051平方米,竣工面积162 051平方米,增长118.3%。

【固定资产投资】 2009 年全社会固定资产投资额累计完成90 009万元,同比增长63.3%。国有和集体经济投资完成34 106万元,占全社会投资的37.9%;非公经济投资完成55 903万元,占全社会投资的62.1%,同比增长79.8%;城镇固定资产完成89 909万元,同比增长63.3%,房地产开发投资完成2 545万元,同比下降67.6%。

按投资产业划分,第一产业投资完成4 623万元,同比增长8.92倍;第二产业投资完成57 086万元,同比增长168.1%;第三产业投资完成28 300万元,同比下降15.2%。

【国内贸易】 全市消费品零售总额累计完成62 063万元,同比增长19.6%。其中:零售业完成51 194万元,增长19.6%;住宿餐饮业完成8 488万元,同比增长20.8%;其它行业完成2 381万元,增长15%。从销售地域看:城市地区社会消费品零售总额完成52 754万元,增长20.2%;县以下地区社会消费品零售总额完成9 309万元,增长16.3%。

【对外经济】 外贸进出口总额完成5 012万美元,下降64.8%,其中进口额完成4 826万美元,下降65.1%,出口额完成 186 万美元,下降55.8%。

【招商引资】 全年招商引资完成4.7亿元,全年实施招商引资项目 20 个,其中:引进资金超亿元的项目 2 个,引进资金5 000万元以上亿元以下的项目 3 个,引进资金1 000万元以上5 000万元以下的项目 5 个,引进资金1 000万元以下的项目 10 个。按行业划分,建筑业 1 个3 400万元,加工业 3 个5 600万元,采掘业 15 个36 110万元,交通电力及水的供应业 1 个2 000万元。

【邮电】 全市邮电业务收入完成4 956万元,增长16.6%。全市固定电话用户14 837户,比上年同期上涨2.8%,小灵通电话用户4 778户,比上年同期下降20.6%。移动电话用户达71 180户,增长37.7%。互联网用户5 486户,增长17.8%。

【旅游业】 全年旅游总收入完成5.96亿元,增长156%,接待游客78.4万人(次),比2008年增长3.34倍。投资9 565万元,开发建设旅游项目14个。开通了室韦—奇乾段界河旅游航线和额尔古纳旅游网;完善了西山湿地、白桦林等景区景点建设;规划建设了哈乌尔河景区、上库力颐和生态园和莫尔道嘎白鹿岛生态宾馆等项目。积极开展"蒙古之源·蒙兀室韦"民族文化园项目前期调研工作。与俄罗斯涅区政府开展了"中俄情"边民联谊互动活动,组织家庭游代表赴俄罗斯学习考察,打造了恩和伊丽娜乡村俱乐部俄罗斯风情旅游亮点,促进民俗旅游经济健康发展。加强旅游安全管理,推动乡镇旅游经济平衡发展。海—满—额"大金三角"与黑山头—室韦—莫尔道嘎"小金三角"精品旅游环线日趋成熟,被人民网评为中国最具民俗特色旅游目的地。

【金融 保险】 全市金融机构存款余额18 3191万元,同比上涨14.1%,金融机构贷款余额60 636万元,同比上涨2.1%,城乡居民储蓄存款余额127 589万元,同比增长11.9%。金融机构累计现金收入407 440万元,增长9.6%,金融机构累计现金支出452 605万元,增长9.0%,收支相抵累计净投放现金45 165万元,同比增长3.6%。

全年保费收入完成5 654万元,增长27.3%,其中:财产险保费收入完成1 554万元,增长88.7%,人身险保费收入完成4 100万元,增长13.3%。全年支付财产险赔款663万元,支付人身险赔款322万元。

【教育】 全市共有普通中学10所,教职工662人,在校学生4 037人。全市共有职业中学1所,教职工43人,在校学生134人。全市共有小学8所,教职工644人,在校学生4 693人。学龄儿童入学率100%。幼儿园15所,教职工221人,在园幼儿1 373人。

【文化】 全市共有文化馆及站6个,图书馆1个,文化演出团1个,广播电台3座,广播覆盖率98.82%;电视台4座,电视综合覆盖率96.58%。全市有线电视用户22 560户。《额尔古纳新闻专刊》发行10万份。

【卫生】 全市现有医疗卫生机构113个(含村卫生室50个),病床445张,各类卫生技术人员727人(含村卫生室技术人员57人)。

【人口 人民生活】 2009年末,全市总人口84 939人,全年出生人口444人。在全市人口中,汉族63 962人,蒙古族7 646人,回族6 670人,满族3 075人,朝鲜族140人,达斡尔族638人,鄂伦春族65人,鄂温克族117人,壮族6人,苗族38人,藏族2人,土家族16人,俄罗斯族2 558人,黎族4人,锡伯族2人。

2009年全市城镇居民人均可支配收入完成12 110元,同比增长7.6%,城镇居民人均消费支出11 436元,同比增长32.5%。农民人均纯收入完成9 965元,同比增长15.9%,农民人均消费支出3 582元。

【社会保障】 年末全市参加基本养老保险职工23 577人;参加失业保险职工12 720人,城镇登记失业率4.2%,领取失业保险金90.6万元;参加基本医疗保险的职工28 279人,其中退休人员6 989人,城镇居民基本医疗保险20 161人;参加新型农村合作医疗保险4 339人;城镇居民享受最低生活保障的人数为7 067人。年末社会福利院床位数72张,收养人数62人。

【为民办10件实事】 1.投资165万元完成6处农村安全饮水工程,确保2 300人、2 800头(只)牲畜饮水安全。2.投资9 513万元,实施廉租住房、国有垦区危房改造和国有林区棚户区改造工程,发放廉租住房补贴资金116万元,解决了3 285户群众住房问题。3.投资100万元,完成了农垦社区文体活动室和广安社区改扩建工程。4.投资45万元,完成回族福利院改造工程。5.投资570万元完成了恩和、苏沁、三河地区部分村屯有线网络改造及数字电视整体转换工程。6.投资25万元完成了室韦、恩和、黑山头、三河等地区14个村屯广播电视设备安装工程,472户家庭受益。7.开展了参合农牧民慢性病免费体检、50周岁以上参合农牧民免费健康体检和新婚夫妇免费婚检等工作,累计1 326人受益。8.投资52万元,缩小了城乡医疗保障差距,提高农村低保标准,在呼伦贝尔市率先实现城乡低保一体化。9.为市医院、中蒙医院及基层卫生院配备了价值200多万元的医疗设备,改善了城乡医疗条件。10.投资10万元设立计划生育关怀基金,累计216人受益。

【奇乾段首航举行剪彩仪式】 6月16日 额尔古纳中俄界河旅游航线室韦—奇乾段首航举行剪彩仪式。内蒙古交通厅办公室副主任刘永祥、呼伦贝尔市政府副市长金昭、俄罗斯后贝加尔边疆区涅尔琴斯克扎沃德区行政当局首脑伊万诺夫·格等领导为额尔古纳中俄界河旅游航线室韦—奇乾段首航剪彩。该项目总投资1 550万元,主要开通室韦—奇乾125公里河段航线。已购置60客位高速豪华游艇一艘,80客位游览船一艘,20客位高速旅游玻璃钢艇2艘,可容纳100人同时就餐、40人住宿的水上餐厅一艘。

【文化】 7月8日至9日,中央电视台《焦点访谈》栏目在额尔古纳市室韦俄罗斯族民族乡室韦农牧场临江生产队专题采访村村通工程。由于该生产队地处偏僻,以前只能收看到无线发射的六套节目,信号质量不好且时有时无,“村村通”工程的实施为临江村40多户村民安装了“村村通”接收设备,家家户户都能收看44套电视节目。

8月4日,中国十佳魅力名镇政协联谊会第八次会议在额尔古纳市室韦俄罗斯族民族乡恩和地区开幕,来自由中央电视台2005年评选出的“中国十佳魅力名镇”山西省介休市政协、广东省佛山市禅城区政协、安徽省黟县政协、云南省腾冲县政协、福建省泰宁县政协、浙江省桐乡市政协、广西壮族自治区兴安县政协、浙江省湖州市南浔区政协、江苏省吴江市政协的代表出席会议。此次会议的主题是“政协工作与地域文化”。呼伦贝尔市政协参加会议。

8月5日,额尔古纳市首次建成年产5 000吨有机肥厂,实现畜牧业污染变废为宝。首次引进法国库恩8114牵引式撒肥车,实现大田撒肥机械化。首次成立弄虚产品质量安全检测站,实现农产品农药残留随时检测。首次兴建万亩无公害蔬菜生产基地,实现无公害蔬菜出口创汇。首次入围全国绿色食品原料标准化生产基地名单,实现三河、苏沁、上库力、拉布大林四个农垦企业油菜种植标准化。

11月19日,额尔古纳市境外投资企业实现矿石进口。内蒙古中国宝金矿业集团公司投资开发的俄罗斯诺永达拉果铅锌矿石从额尔古纳市黑山头新公路口岸顺利过境,标志着中国在俄投资的重点项目之一的诺永达拉果铅锌矿正式实现了矿石进口,同时也开创了内蒙古中国企业在俄投资矿产资源开发并进口矿产品的先例。诺永达拉果铅锌矿位于俄罗斯后贝加尔边疆区阿连克扎沃德区东南的布东岱村,距黑山头口岸115公里,该矿区俄方提供的铅锌源矿地质储量为8 280万吨,已完成实验勘探和祥探工作,并获得了210万吨采矿许可和70万吨出口许可。

【人物荣誉】

崔丽环 女,汉族,三河小学教师,2009年9月国家教育部授予全国优秀教师。

(宋金香 王国柱)

新巴尔虎左旗

【领导名录】

旗委书记:金 海(蒙古族)

人大主任:乌力玛(蒙古族)

旗 长:韩 军(蒙古族)

政协主席:段捷飞

武装部长:徐国富(蒙古族 2月离任)

宝常锁(蒙古族 2月任职)

政 委:张 侠

【概况】 新巴尔虎左旗(以下简称“新左旗”)位于呼伦贝尔市西南部,北纬47°10′~49°47′,东经117°33′~120°12之间。东与陈巴尔虎旗、鄂温克族自治旗为邻,南与兴安盟阿尔山市接壤,西与新巴尔虎右旗相依,西北连接满洲里市,北与俄罗斯以额尔古纳河为界,西南和蒙古国交界。边境线总长311.24公里。下辖阿木古郎镇、嵯岗镇、乌布尔宝力格苏木、新宝力格苏木、吉布胡郎图苏木2个镇3个苏木。全旗总面积2.16万平方公里。

全旗总人口42 094人,同比增长0.4%。其中非农业人口24 281人,占总人口57.7%;蒙古族31 531人,占总人口74.9%。全年全旗出生人口349人,人口出生率为8.31‰,死亡人口366人,人口死亡率为8.71‰,城镇人口比重达57.7%。

全旗地区生产总值实现186 855万元,增长28.4%(按可比价计算),其中:第一产业增加值42 100万元,增长9.3%;第二产业增加值75 685万元,增长46.9%,第三产业增加值69 069万元,增长23.3%。三次产业结构由上年的25.4:37.1:37.5调整为22.5:40.5:37.0。人均生产总值44 481元,增长22.3%。

全年财政总收入完成17 212万元,同比增加6 892万元,增长66.8%。其中:地方财政收入16 465万元,增长127.4%。

【农业】 全年农作物总播种面积16 350公顷,增长2.1%。其中:粮食作物播种面积为8 384公顷,增长4.1%。全年粮食总产量40 814吨,比上年增产6 227吨,增长18%。在粮食作物中,小麦产量16 800吨,增长24.5%,玉米产量6吨,大麦产量23 928吨,增长13.9%,马铃薯产量80吨。全年经济作物播种面积6 607公顷。在经济作物中,油料产量10 001吨,增长25%。蔬菜产量1 180吨,下降2.0%。瓜果产量72吨,与上年持平。

全旗拥有农牧业机械总动力10.1万千瓦,增长14.8%;全旗共打贮草17万吨;全年农村牧区用电量432万千瓦时,下降2.3%;化肥施用量(折纯)600吨;新打机井80眼,新建棚圈83座,面积1.2万平方米。

【畜牧业】 成功抵御了雪灾和乳肉产品市场价格波

动的不利影响,全旗牧业年度牲畜存栏稳定在129.9万头(只),仅下降2.3%。其中:大畜145 564头,增长25.7%;小畜1 151 999只,下降5.0%;生猪1 878口,增长26.8%。年末全旗牲畜总头数69万头(只),下降3.7%。其中:大畜116 013头,增长48.2%;小畜568 225只,下降10.2%;生猪1 203口,增长39.2%。全年牲畜出栏率增至52.7%,良种及改良种牲畜595 005头(只),占全部牲畜的87%。

【林业】 全年完成造林治沙面积42.45万亩,其中:植苗造林面积1.3万亩,直播造林面积15.15万亩,封山(沙)育林面积26万亩。

【生态建设】 全年共投入林业治沙资金4 650万元,完成沙地治理面积42.45万亩;投入项目资金3 115万元,完成草原保护面积145万亩;投入200万元,启动建设沙生植物饲料加工厂。

【工业】 全旗当年工业增加值完成42 892万元,增长69.1%,位居全市第一。规模以上工业企业达9户。规模以上工业增加值40 792万元,增速为74.1%。规模以上工业总产值60 318.7万元,增长23.37%,其中:重工业现价产值增长19.61%,轻工业现价产值增长34.87%。国有企业产值2 323.9万元,增长75.27;股份制企业产值57 994.8万元,增长21.93%。规模以上工业产品销售率102.18%,同比增长4.93个百分点。全年石油产量达到9万吨,乳肉产品产量6 435吨,嵯岗石油转运站和乌东采油新区项目投产运营,国华一期4.95万千瓦风电项目建设完成;罕达盖铁铜矿一期10万吨铁精粉项目试生产,国网百万级风电场项目完成规划。

【固定资产投资】 全旗限额以上固定资产投资365 165万元,比上年同期增长39.5%。其中:房地产开发投资4 808万元,增长184.5%;当年新增固定资产436 362万元。在限额以上固定资产投资额中,按经济类型划分:国有经济单位投资336 962万元,增长31.8%;按投资产业划分,第一产业投资0.39亿元,增长39.3%;第二产业投资25.27亿元,增长11.1%,占全部投资额的69.3%。工业投资中,采矿业投资19.42亿元;制造业3.3亿元,增长7.5倍;电力、热力的生产和供应业投资2.53亿元。第三产业投资10.86亿元,增长245.7%。

当年全旗固定资产投资施工项目53个,其中新开工项目34个,竣工项目37个。

【贸易】 全旗实现社会零售总额29 967万元,增长20.4%。其中:批发零售贸易业零售额21 961万元,增长18.0%;住宿、餐饮零售额7 735万元,增长28.4%;其它零售总额271万元,增长4.2%。

全年实际引进(国内)市外项目12个,完成招商引资25.4亿元,增长37.3%。全旗进出口额达11.5万美元,增长23.6%。其中对外贸易出口额完成了8.5万美元。

【基础设施建设】 争取到中央扩大内需、自治区预算内投资项目32项,总投资1.7亿元,建设完成廉租房、文化站等一大批城乡基础设施。投资700万元,开工建设嵯岗镇等5处自来水工程;投资1 490万元,建设完成嵯岗镇中心广场,启动了阿木古郎镇景观大道等工程。伊敏至伊尔施铁路竣工通车。省道海拉尔至阿木古郎、阿木古郎至杜拉尔桥一级公路、甘珠尔庙至嵯岗三级通乡公路全面开工建设。

【旅游业】 全年共接待旅游者17.45万人次,增长56.1%。其中:接待国外旅游者0.54万人次,国内旅游者16.91万人次。旅游业总收入1.91亿元,同比增长了22.4%。

【交通 邮电】 全年公路客运量完23万人,增长4.5%;旅客周转量2 157万人公里,货物周转量4 353万吨/公里。

全年邮电主营业务收入232.7万元,下降11.9%;全旗电话用户7 835户,增长32.9%,其中,住宅电话为4 950户,增长64.3%;移动电话用户53 273户(包括联通SIM卡用户),增长64.8%;互联网用户2 618户,增长14.9%。

【金融 保险】 全旗金融机构各项存款余额48 606万元,增长25.8%。其中:企业存款2 099万元,增长36.6%;城乡居民储蓄存款余额23 640万元,增长17.0%。全年金融机构各项贷款余额12 123万元,增长80.9%。其中:短期贷款7 849万元,增长39.5%;中长期贷款4 274万元,增长298.3%。银行现金收入累计140 019万元,增长26%;银行现金支出累计160 040万元,增长30%;收支相抵累计净投放现金20 021万元,增长68.1%。

至年末,全旗保险业务总收入1 146.9万元,增长9.8%。其中:财产险收入424.9万元,增长20.4%;人寿险收入722万元,增长4.5%。全年保险赔付额143.2万元,下降46.2%。

【教育】 全旗有中等职业学校1所,招收学生18人,增长38.5%;在校学生数32人,下降3.0%;毕业生10人,下降47.4倍。普通中学仍有4所,招生学生367人,在校生1 025人,下降1.9%,毕业生353人,下降12.0%。小学仍有3所,招生数418人,增长37.5%;

在校生数1 956人,下降3.8%;学龄儿童入学率达到了100%。

【文化】 全旗有艺术表演团体1个,公共图书馆1个,文化馆1个,广播电视台1座,718发射台1座,广播覆盖率95.01%,电视覆盖率85.04%。年内,成功举办第四届"巴尔虎文化艺术节"。《新巴尔虎左旗志(1997~2005年)》首发式。新左旗体育舞蹈协会参加中国哈尔滨"剑桥杯"第五届国际标准舞国际公开赛,获得了拉丁舞斗牛舞单向组第一名、拉丁舞牛仔舞双人单向组第一名。

【卫生】 全旗共有医疗卫生机构19个,医疗卫生单位拥有病床121张,共有卫生技术人员247人。

【体育】 参加2009年全国中国式摔跤冠军赛,新左旗1名选手夺得82公斤级的第三名,2名选手分别获得90公斤级和115公斤级的第五名和第七名。参加2009年呼伦贝尔市青少年男子自由式摔跤锦标赛,新左旗选手在15个级别中,获得7个级别的冠军,并荣获团体第一名。

【人民生活】 全年在岗职工工资总额14 608万元,增长33.2%;在岗职工平均工资30 020元,增长29.3%。城镇居民人均可支配收入达到了11 687元,增长12.21%;人均消费性支出9 501.6元,增长11.6%。牧民人均纯收入7 893元,增长11.4%;人均生活消费性支出4 558.9元,增长2.8%。2009年,城镇居城镇居民住房人均建筑面积24.88平方米;牧民人均居住面积14.3平方米。城镇居民每百户拥有彩色电视机122台,电冰箱96台,洗衣机94台,计算机40台,淋浴热水器10台;牧民家庭中每百户拥有彩色电视机103台,电冰箱3台,洗衣机30台,摩托车107辆。

【社会保障】 年末,全旗城镇登记失业人员406人,登记失业率4.11%。至年末,全旗已有社会福利院床位数92张,增长12.2%,年末在院人数60人。全旗有3 414名职工参加基本养老保险,有1 102名离退休人员参加离退休社会统筹。城镇居民基本医疗保险参保人数达到6 405人,全年为城镇居民报销医药费83万元。新型牧区合作医疗参保人数达1.5万人,全年为牧民报销医药费198万元。为3 874名困难群众发放低保金945万元,为困难群体发放民政补助、救助、救灾资金492万元。

年内,投资550万元,完成5个嘎查的扶贫开发工程,共扶住贫困户220户。

【为民办实事】 一是阿木古郎镇288户廉租房主体工程竣工,二是实施了牧户通电工程,三是巴尔图和嵯岗牧场卫生院、嵯岗镇和乌布尔宝力格苏木计生服务站投入使用,四是高标准建设的旗消防站启动运行,五是蒙语广播和电子政务网站工程建设完成,并为牧民免费发放收音机3 200台,六是饲草储备库和抗灾车队组建完成,七是嵯岗救助站、嵯岗和新宝力格苏木社区活动室投入使用,八是兑现了200万元支牧资金。

(史兰春)

新巴尔虎右旗

【领导名录】

旗委书记:金　钱(蒙古族)
人大主任:钢巴图(蒙古族)
旗　　长:白爱军(蒙古族)
政协主席:长　明(蒙古族)
武装部长:李　岗
政　　委:魏志方

【概况】 新巴尔虎右旗(简称:新右旗;俗惯称:西旗)位于内蒙古自治区呼伦贝尔市西部,地处北纬47°36′~49°50′,东经115°31′~117°43′。东以乌尔逊河为界与新巴尔虎左旗隔河相望;东北部与口岸城市满洲里毗邻;北、西、南三面与蒙古国和俄罗斯接壤,边境线长达515.4公里,其中47公里为中俄边境线、468.4公里为中蒙边境线。全旗东西最宽168.34公里,南北最长245公里,总面积25 194平方公里,其中水域面积2 217.4平方公里、有效草场面积22 375平方公里。全旗辖2个苏木、3个镇、1个牧场,即贝尔苏木、克尔伦苏木、阿拉坦额莫勒镇、呼伦镇、阿日哈沙特镇、敖尔金牧场,其中阿拉坦额莫勒镇是全旗政治、经济、文化、交通中心;敖尔金牧场是2004年整体移接原自治区直属企业——海拉尔牧管局所属牧场后,未获自治区批准设立的旗属牧场。至年末,全旗总户数12 942户,总人口34 484人,其中,非农业人口19 922人、农业人口14 562人。在总人口中,蒙古族28 369人、汉族5 356人,分别占总人口的82.3%和15.4%,男女人口比例108:98(女为100)。全旗居民由蒙古族、汉族、回族、满族、达斡尔族、朝鲜族、鄂温克族、鄂伦春族、黎族、佤族、柯尔克孜族、布依族12个民族构成。

2009年全旗实现地区生产总值37.65亿元,与上年相比增长21.1%。其中,第一产业增加值完成3.27亿元,与上年相比增长8.5%;第二产业增加值完成29.86亿元,与上年相比增长21.2%(其中全部工业增加值完成27.81亿元,与上年相比增长28.3%;建筑业增加值完成2.06亿元,与上年相比下降34.8%)第三产业增加值完成4.52亿元,与上年相比增长28.9%。三次产业结构由上年的8.9∶80.6∶10.5调整为8.7∶79.3∶12.0。全年人均生产总值109 513元,按可比价格计算,与上年相比增长20.7%。全旗GDP 37.65亿元,按可比价计算同比增长21.1%,高于全市平均增速4个百分点,拉动呼伦贝尔市GDP增长1.2个百分点,对全市经济贡献率6.5%。

【农牧业】 全旗农林牧渔业全年实现总产值(现价)53 084万元,按可比价格计算与上年相比增长8.11%;实现增加值32 700万元,按可比价格计算与上年相比增长8.5%。年内,继续实施"生态立旗"战略,严格控制牲畜头数,坚持生态畜牧业、效益畜牧业发展方向。年末牲畜存栏1 180 996头(只),与上年相比下降3.4%。在年末大小牲畜实有头数中,能繁殖的母畜960 985头(只),与上年相比减少21 565头(只),下降2.19%,母畜比重81.4%,与上年相比上升1.4个百分点。全年肉类总产量18 757吨,与上年相比,增长41.2%。继续扩大对绿色出口基地的投入,切实保证农业、农民收入,全年蔬菜总产量3 033吨、收获鲜花170万株。

【工业】 全旗工业增加值完成278 057万元,按可比价格计算与上年相比增长28.3%,其中,规模以上工业增加值完成276 265.4万元,按可比价格计算与上年相比增长28.4%。规模以上工业13家,总产值突破40亿元,完成411 169万元,与上年相比增长26.2%。规模以上工业企业主营业务收入408 658万元,与上年相比增长33.9%;实现利润111 935万元,与上年相比下降37.5%。

【固定资产投资】 全旗全社会固定资产投资总额完成283 966万元,与上年相比下降29.4%,其中,国有单位投资221 451万元,与上年相比下降41.5%。按建设性质分:基本建设完成投资262 849万元,与上年相比下降32.2%;房地产业完成投资20 598万元,与上年相比增长121.2%;更新改造完成投资220万元,其它投资完成300万元。按项目隶属关系分,地方项目完成投资243 435万元,与上年相比增长74.0%。本年新增固定资产705 643万元,与上年相比增长3467.6%。按产业分:第一产业完成投资8 656万元,与上年相比增长174.8%;第二产业完成投资193 137万元,与上年相比下降49.2%,工业投资完成8 656万元,与上年相比下降49.2%,其中,有色金属矿采选业完成投资34 542万元,与上年相比下降87.2%,石油和天然气开采业完成投资147 948万元,与上年相比增长42.4%;第三产业完成投资82 173万元,与上年相比增长333.3%,其中,交通运输、仓储和邮政业完成投资32 543万元,房地产业完成投资20 598万元,水利环境和公共设施完成投资19 144万元,电信和其它信息传输服务业完成投资3 360万元,公共管理和社会组织完成投资2 294万元,教育投资2 223万元,居民服务业完成投资1 450万元,批发零售业完成投资300万元。全年全旗施工项目77个,与上年相比增加39个,其中,新开工项目58个,与上年相比增加27个;本年投产项目75个,与上年相比增加48个。本年施工房屋面积228 765平方米,与上年相比下降15.0%;本年竣工房屋面积147 192平方米,与上年相比增长287.2%。

【交通运输 邮电业】 全年全旗客运量10.2万人次,与上年相比下降24.4%;客运周转量1 195.44万人公里,与上年相比下降24.4%。联通、邮政、移动、电信四家邮电通讯公司全年实现邮电通讯业务收入4 159.21万元,与上年相比增长60.0%。全旗电话交换机总容量8 336门,与上年持平。至年末,固定电话用户8 463户,与上年相比增长2.5%(包括小灵通、大灵通),其中,小灵通用户2 807户,与上年相比下降5.1%;大灵通用户404户,与上年相比下降25%,市内电话用户4 778户,与上年相比增长12.2%;农话用户488户,与上年相比下降2.8%。全旗电话普及率65.4部/百户(包括小灵通、大灵通),每百户电话拥有量与上年相比减少2部电话。年末移动电话用户36 338户,与上年相比增长36.1%,移动电话普及率达105部/百人,每百人手机拥有量与上年相比增加手机27部。互联网络用户3 129户,与上年相比增长42.7%。

【国内、外经济贸易】 全旗实现社会消费品零售总额25 865万元,与上年相比增长20.3%。按销售地分,县零售额16 812万元,与上年相比增长23.0%;县以下零售额9 053万元,与上年相比增长15.7%。按行业分,批发零售贸易业占据首位,实现零售额20 692万元,增长20.3%,占消费品零售总额的80%;住宿、餐饮业实现零售额4 943万元,与上年相比增长21.8%,占消费品零售总额的19%;其他行业实现零售额230万元,与上年相比下降4.9%,占消费品零售总额的1%。居民消费价格总指数达102.22%。商品零售价格总指数为101.72%。农业生产资料价格指数为104.81%。受国际金融危机影响,进出口贸易量明显下滑。全年全旗对外贸易进出口总额4 393.32万美元,与上年相比下降21.7%,其中,进口总额2 406.31万美元,与上年相比下降31.4%;出口总额1 987.01万美元,与上年相比下降5.5%。进出口货物总量73 674吨,与上年相比下降16.0%,其中,进口总量20 406吨,与上年相比下降30.9%;出口总量53 268吨,与上年相比下降8.4%。全年全旗招商引资项目19个,实际引进国内市外资金41.94亿元,与上年相比增长33.1%,其中,引进国内区外资金35.25亿元,与上年相比增长12.5%。

【旅游业】 全年全旗接待国内外游客16 426人,与上年相比增长3.4%;旅游购物收入与上年相比增长12.4%。其中,国际旅游创汇639.6万美元,与上年相比增长3.0%。

【财税】 2009年,全旗财政总收入125 577万元,与上年相比增加25 479万元,增长25.5%。全年财政支出96 085万元,与上年相比增长41.2%。

在财政总收入中,国税税收收入31 047万元,与上年相比减少13 745万元,下降30.7%;地税税收收入42 933万元,与上年相比增加22 549万元,增长110.6%;财政部门实现收入51 597万元,与上年相比增长47.8%。

【金融】 至年末,全旗各金融机构各项存款余额为60 899万元,比年初增加12 955万元,与上年相比增长27.0%,其中,企业存款13 561万元,比年初增加8 690万元,与上年相比增长178.4%;城乡居民储蓄存款余额33 717万元,比年初增加5 344万元,与上年相比增长18.8%。至年末,全旗金融机构各项贷款余额8 422万元,比年初增加4 168万元,与上年相比增长98.0%。金融机构现金收入132 796万元,现金支出163 473万元,分别与上年相比下降0.7%和2.2%。收支相抵后全年货币净投放30 677万元,与上年相比下降8.2%。

【保险】 全年全旗保险业保费收入949.70万元,与上年相比下降14.4%。其中,财产险收入414万元,与上年相比下降1.7%;人寿险收入535.7万元,与上年相比下降22.3%。保险业赔付额(包括满期给付)397.19万元,与上年相比下降43.6%,其中,财产险赔付额94.5万元,与上年相比下降68.8%;人寿险赔付额302.69万元,与上年相比下降24.8%,其中住院赔款48.89万元,与上年相比下降73.8%;死亡赔款额31.41万元,与上年相比下降10.4%。

【教育】 全旗2所普通中学、1所职业中学、2所小学和6所幼儿园全部专任教师438人,与上年相比增长1.63%。普通初中在校生数998人,与上年相比下降12.8%;职业中学在校生数246人,与上年相比下降14.3%;小学在校生数1 803人,与上年相比下降0.1%。普通初中毕业生数276人,与上年相比下降28.1%;职业中学毕业生数98人,与上年相比增长46.3%;小学毕业生数234人,与上年相比下降1.7%。学龄儿童入学率100%;初中入学率100%;义务教育普及率100%。

【文化】 全旗电视覆盖率82.0%,与上年相比增长3.7个百分点,广播覆盖率95.0%,与上年相比增长11.6个百分点。全年放映电影2 626场次,与上年相比增长6.7%,文艺演出218场次,与上年相比增长7.9%。1月9日,旗委、旗人民政府主办的《蔚蓝的贝尔－呼伦》新巴尔虎右旗2009年春节联欢晚会暨新巴尔虎右旗第八届中蒙联谊会在阿拉坦额莫勒镇举行。蒙古国东方省官员、新右旗领导及全旗各族干部群众1 000多人观看演出。6月18日,第五届中俄蒙巴尔虎文化旅游节在新右旗开幕。10月1日,新右旗首部《新巴尔虎右旗年鉴(2009卷)》出版发行。

【卫生】 全旗共有卫生机构33个(包括个体私营诊所);卫生单位拥有病床192张;卫生技术人员298人,与上年相比下降2.6%。卫生技术专业人员中拥有中高级卫生技术专业人员72人,与上年相比增长16.1%;初级卫生技术人员194人,同比增长22.0%。

【人民生活】 至年末,全旗城镇居民人均可支配收入12 198.86元,与上年相比增长12.0%,其中,工薪收入9 947.3元,与上年相比增长15.6%。人均消费性支出为11 433.2元,与上年相比增长24.0%。在岗职工平均工资达34 414元,与上年相比增长31.6%;职工平均工资34 526元,与上年相比增长30.3%。牧民人均纯收入7 848.80元,与上年相比增长12.4%。

【社会保障】 至年末,全旗养老保险参统人数2 599人,基本养老保险覆盖面达到100%。与上年相比增长6.8%。参加医疗保险人数6 705人,与上年相比增长4.6%。全年牧区新型合作医疗参合人数12 349人,与上年相比减少209人,下降1.7%,参合率84.8%,常住人口参合率100%。本年度,城镇失业人员就业人数640人,其中,安置"4050"等就业困难人员再就业61人。社会福利院收养37人,其中,老年人31人、孤儿6人,拥有98张床位。

【节能减排】 2009年,全旗万元GDP能耗1.54吨标准煤,能耗水平与上年相比下降6.7%,因乌奴格吐铜钼矿投产,工业企业用水量上升,达325.13万吨,与上年相比增加175.53万吨,工业企业水循环利用率61.8%。全年COD排放量(化学需氧量)69.72吨,与上年相比增长0.5%,SO_2(二氧化硫)排放量达408.5吨,与上年相比增长4.8%,全年污水排放量68.92万吨,与上年相比增长16.9%。

【新右旗遭受罕见白灾】 1月20日至22日,新右旗遭受风雪灾害,全旗2 700万亩草场、1 500多户、80多万头牲畜受灾,其中遇灾死亡牲畜6 000多头(只)。旗委、旗人民政府启动灾害应急预案,调拨抗灾专项资金40余万元、解救走失人员53人,其中,蒙古国公民30人、冻伤人员8人。至28日,全旗调动破雪开道654型拖拉机65台次、开通雪阻路段3 500公里;出动车辆95台次、人员470人次救援受灾牧户,找回走失牲畜3 000余头(只)、发放救灾饲草2.5万捆。

【大型纪录片《蒙古之源》开拍】 7月15日,由中央电视台、内蒙古电视台联合录制的大型纪录片《蒙古之源》正式开拍,该纪录片共计12集,其中6集拍摄场地在新右旗境内,主要反映和再现成吉思汗在巴尔虎草原上创造的历史事件,以"阔亦田之战"和迎娶发妻孛儿帖等素材为重点内容。

【射箭比赛项目打破吉尼斯世界纪录】 8月22日,在宝格德圣山民间祭祀活动中,新右旗人民政府组织射箭比赛项目共20个参赛组、332名选手参赛,射击目标36米,经吉尼斯世界纪录认证官认证,此次比赛项目打破了人数最多的射箭比赛世界吉尼斯纪录。中央电视台正大综艺栏目组对整场比赛进行全程录制。

【重要会议】 1月17日,中俄蒙达乌尔世界保护区2009年度工作会议在新右旗召开,会议主要讨论三国自然保护区域合作计划及其执行意向,并就达赉湖地区国家级鸟类及野生动植物保护提出意见和建议。

(李晓辉)

陈巴尔虎旗

【领导名录】

旗委书记:李　才(蒙古族)
人大主任:满都拉(蒙古族)
旗　　长:高　昇(蒙古族)
政协主席:银　山(蒙古族)
武装部长:姜志坤
政　　委:张彦波

【概况】 陈巴尔虎旗位于内蒙古自治区呼伦贝尔市西北部。属呼伦贝尔大草原腹地,地处北纬48°48′~50°12′,东经118°22′~121°02′。东部和东北部分别与牙克石市、额尔古纳市接壤,东南与海拉尔区毗邻,南接鄂温克自治旗,西与新巴尔虎左旗交接,西北与俄罗斯隔额尔古纳河相望,中俄边境线总长193.9公里(全系水界)。全旗东西宽约180.7公里,南北长约135.2公里,总面积1.86万平方公里,其中草原面积1.58万平方公里,占总面积的85%,水面积161平方公里,现有耕地面积150万亩,森林面积965亩。国道301线、滨洲铁路横贯旗境,旗政府驻地巴彦库仁镇距呼伦贝尔市政府驻地海拉尔区34公里。辖镇3个:巴彦库仁镇、宝日希勒镇、呼和诺尔镇;苏木2个:乌珠尔苏木、鄂温克苏木。2009年末,全旗总人口为64 723人,增长890人,增长率为1.39%,其中:非农业人口10 922人,少数民族人口34 088人,出生人445人,人口出生率6.92‰。

2009年,全年实现地区生产总值(GDT)42.8亿元,同比增长26.2%;固定资产投资完成55.53亿元,同比增长60.6%;财政收入完成100 247万元,同比增长144.3%;地方财政收入完成65 554万元,同比增长92.5%。

【农业】 农作物播种面积100.86万亩,粮油总产值实现19.73万吨,同比增长16.7%。特尼河、哈大图面粉厂生产的有机面粉已上市销售,巴彦库仁镇船口二代雁、野猪、野狼等特色养殖基地基础设施已完善,无公害温室蔬菜基地销售各类新鲜蔬菜600吨、鲜花400万株。

【畜牧业】 全旗牧业年度牲畜存栏81.06万只,其中奶牛存栏7.53万头。接羔33.16万头只,成活率达到95.2%,出栏牲畜30.5万头只。全旗现有100头以上规模化奶牛养殖场(小区)70个、肉牛基地32个良种繁育基地4个。养殖肉羊500只以上牧户517户,占牧户总数的24.7%。结合奶业机械补贴项目,新建机械化挤奶厅26处,购置奶业机械204台套。引进雀巢、伊利、三元等国内知名乳品企业入住。鲜奶产量达23.1万吨,同比增长14.3%。肉产量达到1.7万吨,同比增长13.7%。全旗有13家牧民专业合作社、2个奶业协会、1个肉羊协会。

【旅游业】 全年接待游客58万人次,同比增长25.7%,旅游业收入完成2.33亿元,同比增长87.9%。投入1.1亿多元,完成了"天骄·成吉思汗"实景演出项目建设,共演出24场,观众达1万多人次。投入410万元,完成了金帐汗部落景区道路硬化、蒙古包内装饰等工程;引进海南旅游公司,在乌珠尔苏木成立蒙古刀具博览中心,为当地牧民提供就业岗位30个,接待游客4万多人次。

2月17日,自治区旅游局联合中国汽车流通协会组织开展全区“自驾游”路线勘察工作,并于25日完成陈巴尔虎旗境内线路勘查。呼伦贝尔市旅游局规划科科长李静陪同自治区自驾游旅游线路勘察队一行来陈旗呼和诺尔旅游景区勘察。主要对呼和诺尔旅游景区摸底调查和信息采集工作,将对宣传陈巴尔虎旗旅游资源,开拓旅游市场起到积极作用。

【生态与环境保护】 结合防沙治沙规划,投资7 430.9万元,在呼和诺尔镇实施了48.1万亩的沙地治理工程,其中,人工造林22.1万亩,围栏封育26万亩。完成了3 000亩的呼伦贝尔樟子松示范基地建设项目,栽植樟子松苗16.5万株。完成人工草地2万亩、草地围栏104万亩、草地改良20万亩、休牧890万亩、禁牧60万亩、水土流失治理1万亩,生态保护208.1万亩。巴彦库仁镇顺利通过全区环境优美乡镇的验收。

【工业】 全旗规模以上工业企业达到15户,比上年增加3户。规模以上工业增加值完成18.55亿元,完成计划的127.9%,增长50.1%占地区生产总产值的比重达到46%,比上年提高5.8个百分点。原煤产量达1 755万吨,完成计划的135%,增长34.6%;乳制品产量达到6 119吨,完成计划的69.5%,下降5.1%。

【财政】 2009年,财政收入突破10亿大关,达到10.2亿元,完成年度预算的194.6%,增长144.3%;其中:地方财政总收入完成6.56亿元,完成年度预算的157.9%,增长92.5%。

【城镇建设】 小城镇建设均衡发展亮点纷呈。各苏木镇的总体规划已完成,建筑总面积8.9万平方米的神华宝日希勒23栋楼建设项目主体工程已完成;巴彦库仁镇垃圾处理工程已开工建设,巴彦库仁镇巷道、西三环绿化、早夜市、路灯、雕塑、体育馆吸音改造工程已竣工并投入使用。巴彦库仁镇区绿化覆盖率面积达17万平方米。

【固定资产投资】 全年共开工建设项目36个。累计完成固定资产投资55.53亿元,完成计划的100.1%,增长60.6%,纯增总量突破20亿元。其中:工业项目固定资产投资完成52.3亿元,增长58.4%,占全部投资的94.2%。在全部开工项目中,亿元以上重点建设项目9个,完成投资50.57亿元,增长57.9%,占全部投资的91.1%。

【招商引资】 全年共实施招商引资项目24个,引进旗外(国内)资金56.55亿元,完成计划的101%,同比增长46.9%,引进市外(国内)资金55.05元,完成计划100.1%,完成呼伦贝尔市下达的责任目标的131.%,增长44.8%。

【民生工程】 全年城镇新增就业530人,完成计划的106%,增长3.3%;城镇登记失业率4.19%。城镇养老、医疗、失业、工伤和生育保险人数分别达到12 823人、18 487人、6 522人、5 506人、4 769人,城镇居民基本医疗参保人数达9 592人。新建经济适用住房30户2 010平方米,廉租住房168户7 560平方米,解决了部分低收入家庭住房困难问题。

【金融 保险】 全旗金融机构存款余额120 159万元,增长19.3%;各项贷款余额50 773万元,同比下降237.6%;城乡居民存款余额达到60 758万元,增长11.3%;实现保险费收入2 547.1万元,增长22.6%。

【科技】 全旗各类专业技术人员1 600人。全年科技三项费136.6万元,同比增长87%;科技事业费10.8万元,同比减少82%。

【教育】 全旗有小学5所、初级中学3所、九年一贯制学校2所、职业高中1所。职业高中在校生160名、初中生1 900名、小学生2 888名。小学适龄人口入学率100%,民族小学食堂扩建500平方米,宝日希勒初级中学宿舍楼扩建2 200平方米。完成“两基”达标,“两基”达标中,九年义务教育的人口覆盖率为96.16%,壮青年扫文盲的人口覆盖率为100%。

【文化】 全旗文化馆1个,图书馆1个,藏书1.9万册,读者2万余人。乌兰牧骑1个,演员40名,演出130场次,观众达6万余人。文化站5所,博物馆1所,展厅面积4 048平方米,馆藏展品2 248件。有线电台1座、电视台1座,电视覆盖率100%。全年放映电影150场次、观众4万余人。

【卫生】 全旗卫生机构15所。其中:医院5所、卫生院6个、疾病防疫控制中心1个、妇幼保健所1个、卫生监督所1个,卫生技术人员368人,医疗床位187张。个体门诊20个、医护人员36人、观察床位70个,参加新型农村牧区合作医疗人口7 019人。

【体育】 体育馆1所、全年举办各类体育运动赛(会)10次,参加运动员2 980人。

【人民生活】 城镇居民可支配收入达13 915元,完成计划的105.4%,增加2 610元;牧民人均收入达到8 654元,完成计划的103%,同比增长20%,增加1 442元。

【社会保障】 全旗享受政府最低保障金的城镇居民户2 282户、人口3 362人、牧区有384户、人口596人,全年支出最低保障金累计840万元。全旗社会福利机构1个、职工11人、床位120张,政府投资790万元新建院舍,占地面积2万平方米、建筑面积2千平方米,收养老人46人。

【建旗九十周年庆典活动】 2009年,陈巴尔虎旗建旗90周年之际开展了系列活动。大型歌舞剧《天鹅巴尔虎》成功上演,编辑出版了《巴尔虎部落志》,与内蒙古卫视合作播出五集宣传专题片《魅力巴尔虎》,内蒙古卫视和内蒙古电台现场直播旗庆那达慕大会开幕式,并实现了俄罗斯、蒙古国的同步播放。

【文物普查】 在第三次全国文物普查工作中共发现不可移动文物点149处,新发现119处古迹遗址,成为自治区第一个完成普查任务的旗县。

【第五届"思想草原"文化之旅讲座】 6月30日下午,第五届"思想草原"文化之旅大型系列讲座活动在陈旗呼和诺尔景区举行。应邀嘉宾有第29届奥林匹克运动会组织委员会执行副主席蒋效愚先生、北京师范大学教授于丹、著名主持人白岩松、纳森等。"思想草原"文化之旅大型系列讲座迄今已举办四届,成为自治区团委、青联的品牌工程。此次能够走进呼伦贝尔市,是对呼伦贝尔多元文化撞击,沉淀出厚重草原文化的认同。

(白亚平)

阿 荣 旗

【领导名录】

旗委书记:曹晓斌

人大主任:张洪珠(女 满族)

旗 长:潘金生

政协主席:郭 英(女 达斡尔族)

武装部长:张平生(3月离任) 王文芳(3月任职)

政委:李强(3月离任) 张喜华(蒙古族 3月任职)

【概况】 阿荣旗位于大兴安岭东南麓,内蒙古自治区东北部。地理坐标在北纬47°56′54″~49°19′35″,东经122°2′30″~124°5′40″。属中温带大陆性半湿润气候,年平均气温1.7℃,年均降水量458.4毫米。总面积为13 641平方公里。全旗耕地面积470万亩,天然优质草牧场300多万亩,林地面积845万亩。有阿伦河、格尼河、音河等主要河流,地表水年均径流量18.71亿立方米,地下水资源量3.21亿立方米,水资源总量18.97亿立方米。境内已探明矿点有铜、铁、铅、锌、油页岩、大理石矿、莹石、石英石、石灰石、玛瑙石、珍珠岩、高岭土、沸石、硅石等83个,其中石灰石远景储量为50亿吨,氧化钙含量高达54%。

阿荣旗现辖9个乡镇,148个行政村,7个地方林场,2个国有农场。全旗有20个民族,总人口331 762人,其中,汉族296 569人,蒙古族8 683人,回族208人,满族18 867人,朝鲜族1 985人,达斡尔族2 270人,鄂温克族2 619人,鄂伦春族198人,其他民族363人。

2009年全旗地区生产总值完成756 512万元,按可比价计算(下同)同比增长19.0%。其中:第一产业增加值完成284 600万元,同比增长5.5%;第二产业增加值完成279 359万元,同比增长33.6%;第三产业增加值完成192 553万元,同比增长22.8%。三次产业比重由上年的43.1∶33.4∶23.5调整到37.6∶36.9∶25.5。人均GDP为22 804元,同比增长22.3%,财政总收入完成43 394万元,占地区生产总值的比重为5.7%。GDP能耗1.08吨标煤/万元,同比下降5.9%。

2009年城镇居民人均可支配收入13 617元,同比增长10.2%,人均消费支出9 633元,同比增长15.1%;农民人均纯收入5 910元,同比增长10.4%,人均生活消费支出4 784元,同比增长10.3%。

【农业】 全旗农作物总播种面积290 497公顷,粮食总产量达24.21亿斤。其中,玉米产量806 056吨,小麦产量2 820吨,水稻产量35 690吨,薯类产量(五折一)163 855吨,大豆产量190 963吨,油料产量13 185吨。

实现农林牧渔业现价总产值459 532万元,按可比价计算同比增长4.54%。其中:种植业总产值307 157万元,同比增长1.7%;林业总产值2 260万元,同比增长5.0%;渔业总产值3 492万元,同比增长5.0%。2009年末农业机械总动力达61.43万千瓦,同比增长2.5%。现有大中型拖拉机21 252台,小型及手扶拖拉机15 801台。化肥施用量1.52万吨(折纯量),农村用电量3 826万千瓦时。

【畜牧业】 牧业总产值145 086万元,同比增长12.8%;牧业年度牲畜总头数达350.3万头只,比上年增长13.5%,其中,大畜274 996头,小畜2 892 187只,生猪336 006头。全年牲畜出栏143.8万头只,同比增长14.6%。肉类产量41 170吨,禽蛋产量8 773吨。

【林业】 2009年完成植树造林面积1 347公顷,义务植树72万株,森林覆盖率达53.6%。全年放养柞蚕3 500把,蚕茧产量1 300万斤,蚕茧产值达1.55亿元。

【水利】 水利年度投入劳动工日61.4万个,综合治理水土流失面积16.9万亩。全旗共有中小型水库13座,有效灌溉面积69.36万亩,其中新增有效灌溉面积9.4万亩,新增节水灌溉面积9.4万亩。

【工业】 全旗工业企业实现总产值606 725万元,同比增长28.32%,其中规模以下工业产值完成146 712万元,同比增长14.75%。全旗全部工业企业实现增加值215 674万元,按可比价计算同比增长25.6%,其中规模以下工业增加值完成58 310万元,按可比价计算同比增长18.65%。全旗规模以上工业实现产值460 013万元,同比增长32.05%。实现增加值157 364万元,可比价计算同比增长28.8%。实现销售产值456 489万元,同比增长36.07%。产品销售率达99.23%,同比增长2.93%。

【固定资产投资】 全旗固定资产投资累计完成552 843万元,同比增长72.6%。其中:城镇固定资产投资520 455万元,同比增长67.2%;工业固定资产投资203 614万元,同比增长10.3%;房地产开发投资完成32 388万元,同比增长257.29%。本年新增固定资产326 218万元,同比增长294.5%。全旗建筑业增加值完成63 685万元,可比价计算同比增长59.4%。

【建筑业】 全年全部施工项目168个,新开工项目128个,其中:城镇投资新开工项目128个。全年投产项目98个,投产项目投产率58.3%;房屋施工面积1 093 319平方米,其中,住宅面积590 523平方米,竣工房屋面积446 321平方米。

【宜居城市建设】 实施城建项目47项,总建筑面积99.73万平方米、投资12.22亿元,分别增长238%、156%。重点建设了少年宫、幼儿园、体育场、客运站、滨河公园三期、南出口植物园、阿伦大街北延、南出口城雕广场、老年公寓、12条主次干路升级改造等市政项目10项;实施了吉祥家园、畅春家园、龙凤名苑小区、人和家园小区等房地产开发项目25项,建筑面积57.47万平方米,比上年增长59.72%;实施了农牧业技术服务中心、国土储备中心等6个单位业务用房建设项目,建筑面积6.42万平方米。新建经济适用住房3万平方米、廉租住房1.5万平方米,发放廉租住房租赁补贴163.56万元,解决了734户低收入家庭住房困难问题。投资105万元,完成了那吉镇旧城区15栋楼房供热“一户一阀”改造,改造面积7万平方米;兴旺热力扩建、吉顺热力二期竣工供热,那吉镇供热能力达到135万平方米。征拆工作进展顺利,完成拆迁728户,收储土地230万平方米;挂牌出让土地20宗,收缴土地出让金1.24亿元。栽植各种树木12万株、特色花卉45万株,移植大树152株,城镇品位显著提升。

【交通运输 邮电业】 客货运周转量完成51 549万吨公里,同比增长51.0%。全旗通讯业务收入完成8 892万元,同比增长94.3%。全旗电话用户达177 426户,同比增长33.6%,其中:固定电话用户19 947户;小灵通用户3 465户;移动电话用户154 014户。全旗互联网用户达6 446户,同比增长21.0%。

【贸易和旅游业】 全年共实施招商引资项目46个,引进市外资金46.0亿元。全年共接待旅游者30.48万人次,旅游总收入2.02亿元,同比增长20.0%。

【财政 金融 保险】 年内全旗财政总收入完成43 394万元,同比增长54.73%,其中地方财政收入完成33 004万元,同比增长46.46%;财政支出145 706万元,同比增长40.18%。

全旗金融机构各项存款余额240 786万元,同比增长42.1%,其中:城乡居民储蓄存款余额152 433万元,同比增长22.8%;银行贷款余额101 218万元,同比下降33.7%;银行现金收入801 089万元,同比增长94.2%,银行现金支出909 084万元,同比增长103.7%;货币净投放107 995万元,同比增长220.0%。

保险业务收入完成5 318万元,同比增长107.4%,其中:财险业务收入1 884万元,同比增长45.0%;人寿保险业务收入3 434万元,同比增长171.5%。全年保险赔付额1 153万元,同比下降43.6%。其中:财产险赔付额798万元,同比增长46.9%;人寿险赔付额355万元,同比下降76.4%。

【科技】 全旗共有专业技术人员4 984人,其中,高级职称473人,中级职称2 366人,初级职称1 772人。全旗共举办各种农民培训班60期,培训人员5 800人次。全旗农业先进适用技术推广6项,经济效益达8 100万元,科技成果1项。

【教育】 全旗九年义务教育普及率100%。全旗中小学校40所,普通中学校19所,其中,高级中学2所,初级中学14所,九年一贯制学校3所。全旗少数民族学校3所,职业中等专业学校1所,特殊教育学校1所。全旗普通初中招生2 871人,在校生6 679人,毕业生3 477人。普通高中招生1 637人,在校生4 741人,毕业生1 361人。中等职业学校招生503人,在校生1 436人,毕业635人。小学招生2 630人,在校生15 112人,毕业生2 877人。特殊教育学校招生18人,在校学生194人。2009年全旗共考入各类大专院校和高等职业大学1 502人。

【文化】 全旗7个乡镇建有文化广电中心,广播综合覆盖率达100%,有广播电视台1座,电视转播台34座,电视人口综合覆盖率89.87%。有线电视台一座,可收看数字传输电视节目80套,全旗有线电视用户达33 891户,数字电视用户11 723户。全旗共有卫星地面接收站17 492座,村村通直播卫星站5 871座。

【卫生】 全旗有医疗卫生机构36个,各类医院和卫生院21个,医疗卫生单位实有病床524张,专业卫生技术人员728人。全旗共有村级卫生室288个,村级医生288人。个体诊所28个,社区卫生服务站8个,社区卫生服务中心1个。

【体育】 2009年举办全旗性运动会及其它竞赛活动10次,参加人员15 000人次。全旗共有晨练点15个,参加晨练的达10万人次。

【2009年度阿荣旗荣获自治区级以上表彰的先进集体和个人】

阿荣旗获得区级以上荣誉(7项)

中央精神文明建设指导委员会授予全国文明县城;文化部授予全国文化先进县;科技部授予全国科技进步先进旗;科技部授予全国科技进步示范旗;教育部授予全国推进义务教育均衡发展工作先进地区;农业部授予全国粮食生产先进县;自治区人民政府授予革命老区。

各部门 组织受区级以上表彰情况(7项)

阿荣旗驻村工作领导小组办公室获科技部授予的全国科技特派员工作先进集体;阿荣旗富华经济作物研究会获中国科协、财政部授予的全国科普惠农兴村计划先进科普示范基地;阿荣旗那吉屯一中获中国教育部、文化部等授予的第二届全国青少年文明礼仪普及活动优秀奖;呼伦贝尔岭东特殊教育学校获人力资源和社会保障部、教育部授予的全国教育系统先进集体;阿荣旗人民检察院控审科获最高人民检察院授予的全国文明接待室;阿荣旗检察院获团中央、最高人民检察院授予的全国优秀青少年维权岗;阿荣旗关工委获中国关心下一代工作委员会授予的全国关心下一代宣传工作先进单位。

个人受区级以上表彰情况(8人次)

田敬君(阿荣旗科技局)获科技部授予的全国科技进步先进旗创建先进个人;辛传允(阿荣旗亚东中心校)获教育部授予的中西部万名农村寄宿制学校校长国家级远程专题培训优秀学员称号;辛传允(阿荣旗亚东中心校)获教育部授予的农村义务教育中小学校长预算管理国家级专题培训优秀学员称号;陈玉成(阿荣旗那吉屯一中)获教育部、文化部等授予的全国青少年文明礼仪教育标兵称号;刘莉莉(阿荣旗那吉屯一中)、于杰(阿荣旗那吉屯一中)、廖福蒙(阿荣旗那吉屯一中)、于克洪(阿荣旗那吉屯一中)获教育部、文化部等授予的第二届全国青少年文明礼仪普及活动优秀工作者称号。

(李　海)

鄂伦春自治旗

【领导名录】

旗委书记:侯言增

人大主任:阿文保(鄂伦春族)

旗　　长:莫日根布库(鄂伦春族)

政协主席:闫立华

武装部长:赵玉平(3月离任) 杜福刚(3月任职)

政委:王忠安(3月离任) 赵玉平(3月任职)

【概况】 鄂伦春自治旗位于内蒙古自治区呼伦贝尔盟东北部,嫩江西岸,位于北纬48°50′~51°25′,东经121°55′~126°10′。东面与黑龙江省嫩江县隔江相望,西面与根河市、牙克石市为邻,南面与莫力达瓦达斡尔族自治旗、阿荣旗接壤,北面与黑龙江省呼玛县以伊勒呼里山为界。旗境南北长261公里,东西宽280公里,边界线总长1 294公里。全旗总面积59 880平方公里,占呼伦贝尔市总面积的21.6%,是呼伦贝尔市面积最大的旗市。土地资源有耕地面积413万亩,林地面积205万公顷,草牧场面积639.19万亩。国道87公里、省道146公里。

全旗总人口为280 672人,同比下降0.53%,其中男性人口为143 911人,女性人口为136 761人;少数民族人口为33 050人,占人口总数的11.78%;鄂伦春族人口2 564人,占总人数0.9%。全年人口出生率5.7‰,死亡率5.1‰,自然增长率0.6‰。

2009年,全年实现地区生产总值(GDP)310 156万元,按可比价格计算同比增长12.4%,其中第一产业增加值116 000万元,同比增长8.2%;第二产业增加值32 204万元,同比增长16.9%;第三产业增加值161 952万元,同比增长17.7%。优化产业结构,二、三产业比重达62.6%。全年实现财政收入13 613万元,同比增长30.39%,其中地方财政收入12 167万元,同比增长29.26%。

【农业】 全旗农作物总播面积201 135公顷,其中粮食作物面积199 795公顷,比上年增加21 471公顷,经济作物面积189公顷,比上年减少263公顷。全年粮食总产量290 678吨,同比下降3.33%。农林牧渔业总产值188 312万元。全年新打配套机电井73眼,新增有效灌溉面积1.55万亩、节水灌溉面积4.9万亩,竣工人畜的饮水工程1处,解决1.78万人的饮水问题。全年完成人工造林0.50万亩。

【畜牧业】 牧业年度牲畜总存栏40.78万头(只),同比增长18%,其中:大牲畜存栏4.17万头,同比增长17.25%;羊存栏29.76万只,同比增长14.68%。在大小牲畜存栏中,牛存栏3.9万头,同比增长18.18%,其中:奶牛存栏1.3万头,同比增长8.3%;生猪存栏6.85万口,同比增长35.43%。年末牲畜实有头数30.8万头(只),同比增长0.007%,其中:大牲畜4万头,羊22万只,分别比上年同期增长3.10%和下降0.1%;猪4.8万口,比上年同期增长2.35%。全年肉产量8 671吨,同比下降9.75%,其中:猪、牛、羊肉产量各为3 446吨、2 221吨、2 082吨,分别比上年同期下降6.71%、36.87%、13.1%;禽蛋产量1 760吨,同比增长9%;羊毛产量668吨,同比下降3.5%。

【固定资产投资】 全年固定资产投资71 860万元,同比增长55.4%。其中,城镇固定资产投资69 439万元,同比增长71%,占投资总额的96.6%。房地产开发投资2 421万元,同比增长10.8%。

【工业】 2009年,全旗12户规模以上工业累计完成现价工业总产值48 503万元,同比增长13.3%;完成现价工业增加值2亿元,同比增长8.5%。规模以上工业企业经济效益指数达119.7%,比去年同期增长9个百分点;实现产品销售率96.8%,同比增长1.3个百分点;呈现出产销两旺的良好态势。

【建筑业】 全年建筑业实现增加值1 502万元,具有三级以上资质等的建筑企业总产值7 833万元,实现利润40万元,税金13万元。全旗房屋建筑施工面积69 883平方米,其中新开工面积66 853平方米,房屋竣工面积66 823平方米。

【国内贸易】 全年实现社会消费品零售总额13.03亿元,同比增长19.5%。从销售地域看,县、县以下零售额分别为10.43亿元和2.61亿元,分别增长21.4%和20.4%。从销售行业看,批发零售业零售额9.46亿元,增长16.6%;住宿和餐饮业零售额2.97亿元,增长36%;其它行业实现零售额0.6亿元,增长12.5%。

【交通 邮电】 全旗公路总里程1 111公里。全年交通运输业,公路货运量872万吨,同比增长30%;公路货物运输周转量6 976万吨公里,同比增长31%;公路客运量330千人,同比增加17%;公路旅客运输周转量165万人公里,同比增长18%。

全年邮电业务总量完成9 640万元,比上年增长12.1%。全旗固定电话用户达25 372户,下降35.8%;小灵通用户3 059户,下降30%;手机用户159 743户,同比增长41.3%。年末全旗互联网用户达10 202户,增长24.7%。

【金融 保险】 全年全旗金融机构各项存款余额达345 548万元,比上年增长20.7%;其中城乡居民储蓄存款余额243 806万元,比上年增长20.4%。金融机构各项贷款余额达51 985万元,比上年增长61.2%。银行现金收入871 568.6万元,比上年下降22%;银行现金支出934 452万元,比上年下降21%。全年保费收入8 342万元,同比下降5.3%。其中:财险2 756万元,同比增加15.7%;寿险5 586万元,同比下降13%;赔付额2 450.8万元,同比上涨14.2%,其中财险赔付额1 704万元,同比增长82.7%;寿险赔付额746.8万元,同比下降38%。

【科技】 全旗有各类专业技术人员5 438人,全年科技经费支出131万元,同比增长15.9%;其中科技三项费用41万元,同比增长51.85%。

【教育】 全旗共有中小学校50所,在校学生26 203人,同比增长-0.1%;教职工人数3 782人,同比增长-0.02%;其中专任教师3 039人,同比增长-0.02%;全年小学生招生1 643人,中学招生4 521人,其中高中1 617人、初中2 904人;在校学生26 203人,其中高中5 003人,初中9 190人,小学12 010人;毕业生数为7 758人,其中高中1 793人,初中3 005人,小学2 960人。全旗有幼儿园12所,在园幼儿1 620名,教职工185人。

【文化】 全旗拥有文化艺术事业机构7个,文化馆1个,文化活动服务中心10个,博物馆1个,档案馆1个;公共图书馆1个,广播电台1座,体育馆1个。

【卫生】 年末,全旗拥有各种卫生机构35个,病床680张,同比下降23.3%;专业卫生技术人员减少了1 405人,下降2.7%。

【体育】 全年共举办体育赛事12次,参加市级比赛5次。全旗体育锻炼人口达到了38.5%,45所学校(不含企业学校)《国家体育锻炼标准》和"体质健康"实施面达到100%。

【人民生活】 全年城镇居民人均可支配收入11 201元,比上年增长14%。城镇居民人均消费性支出6 852.2元,比上年增长14.2%。

2009年末,全旗在岗职工18 368人(不包括林管局和铁路系统),同比增长7.2%;在岗职工年平均工资23 555元,比上年增长7.73%;农民人均纯收入4 292元,同比增长15.5%。

【社会保障】 旗社会保险局建账人数27 593人,年末参保职工2 984人,缴费人员20 782人,离休、退休、退职4 118人,缴费基数总额中单位13 178万元,个人32 580万元,全年发放离退休养老金4 854万元。

年末,全旗在岗职工18 368人(不包括林管局和铁路系统),同比增长7.2%;旗内,有1 350名下岗失业人员实现再就业,城镇登记失业率控制在4.0%以内。

(窦淑花)

鄂温克族自治旗

【领导名录】

旗委书记:姚　庆

人大主任:敖金福(鄂温克族)

旗　　长:色音图(鄂温克族)

政协主席:齐　全(蒙古族)

武装部长:王耀武

政　　委:张明建

【概况】 鄂温克族自治旗是内蒙古自治区三个少数民族自治旗之一,地处内蒙古自治区东北端,呼伦贝尔草原东南部,大兴安岭西侧,位于北纬47°32′50″~49°15′37″,东经118°48′02″~121°09′25″。全旗土地总面积19 111平方公里,东与牙克石市接壤,西与新巴尔虎左旗毗邻,北与海拉尔区和陈巴尔虎旗相连,南与扎兰屯市和兴安盟阿尔山市交界。旗人民政府所在地巴彦托海镇。

鄂温克旗下辖巴彦托海镇、巴雁镇、伊敏河镇、锡尼河镇、辉苏木、伊敏苏木、巴彦塔拉达斡尔民族乡4镇,2苏木,1个民族乡。旗内驻有国家煤电联营企业华能伊敏煤电有限责任公司,煤炭企业鲁能大雁矿业集团公司和呼伦贝尔市属林业企业红花尔基林业局。

鄂温克族自治旗是以鄂温克族为区域自治民族、多民族聚居的县级自治地方。2009年,旗内有鄂温克、蒙古、达斡尔、汉、满、回、朝鲜、鄂伦春、锡伯等24个民族。全旗总人口54 392户、144 236人,其中:男性人口75 231人,女性人口为69 005人,男女性别比为109.02%。在总人口中,汉族85 911人,占总人口的59.6%;少数民族58 325人,占总人口的40.4%。在少数民族人口中,鄂温克族10 979人,占总人口的7.6%;蒙古族27 524人,占总人口的19.1%;达斡尔族14 212人,占总人口的9.9%。全年全旗出生人口为1 006人,出生率7.26‰,比上年下降0.65个千分点;死亡人口547人,死亡率3.95‰,比上年下降0.15个千分点;人口自然增长率为3.31‰,比上年下降0.5个千分点。

2009年,全旗地区生产总值完成537185万元,按可比价格计算同比增长24.4%。其中:第一产业增加值54 500万元,同比增长7.2%;第二产业增加值332 273万元,同比增长28.5%;第三产业增加值150 412万元,同比增长21.0%。全旗生产总值中一、二、三次产业比为10.1:61.9:28.0。人均GDP达37 227元,同比增加7 050元,增长24.2%。

全年财政收入170 321万元,同比增加32 835万元,增长23.9%。实现社会消费品零售额73 009万元,比上年增加12 465万元,增长20.6%。

【招商引资】 年内,全旗引进招商项目24个,到位资金63亿元,列全市第一位。5个投资5 000万元以上的引资项目圆满完成。其中:利丰汽车、海中节能建材二期、巴彦托海商务会馆、风力发电配件等项目进展顺利。

全年引进项目17个,投资总额达1.3亿元。投融资工作扎实推进,鄂温克族自治旗国有资产投资经营有限责任公司投入运营,为旗本级建设项目募集配套资金0.4亿元。

【生态建设】 全年完成31万亩农业用地补播任务。投入林业生态建设资金1 300万元,治沙造林和封山育林8.5万亩,其中防沙治沙3.3万亩。“围、封、保、育”等草原保护政策深入实施,草原建设总规模完成120万亩,禁牧完成80万亩,休牧完成900万亩,草畜平衡完成1 240万亩。主要污染物减排指标,二氧化硫削减2.29万吨,化学需氧量削减0.0039万吨,万元GDP综合能耗下降了6.44%。

【固定资产投资】 全社会固定资产投604 314万元,比上年增加201 314万元,增长49.95%。其中:基本建设投资527 471万元,比上年增加194 989万元,增长58.65%;更新改造投资26 846万元,比上年增加3 557万元,增长15.3%;房地产开发投49 997万元,比上年增加2 918万元,增长6.2%。

【畜牧业】 全旗牲畜总头数达578 967头(只),比上年增加70 302头(只),增长13.8%。其中:大小牲畜566 958头(只),大小畜能繁殖母畜达372 152头(只)。小畜能繁殖母畜291 683只,大小畜能繁殖母畜占牲畜头数的65.6%。

全旗鲜奶总产量207 087吨,肉类总产量达15 674吨,增长20.6%;绵羊毛产量为871吨;增长8.2%。

【农业】 全旗农作物播种面积为26 388公顷,比上年减少2 875公顷,下降9.8%。其中:粮食作物面积14 852公顷,油料面积4 915公顷,麻类400公顷,甜菜面积67公顷,蔬菜201公顷,瓜类15公顷,其它农作物5 938公顷。粮食总产量50 509吨,增长20.6%。其中:小麦产量25 395吨,油菜籽产量为7 255吨,薯类产量4 168吨。

2009年,全旗拥有农牧业机械总动力146 625千瓦,同比增加7 124千瓦,增长5.1%。拥有大中型拖拉机6 158台,比上年增加210台,增长3.5%,农牧业机械总值为18 753万元,同比增长5.6%。

【工业】 2009年,全旗17户规模以上工业企业累计工业总产值661 181万元,同比增加152 436万元,增长29.96%;原煤产量累计2 192.87万吨,同比增加217.38万吨,增长11.0%;发电量累计118.26亿千瓦小时,同比增加9.08亿千瓦小时,增长8.3%;乳制品产量9 004吨,同比减少1 448吨,下降13.9%;规模以上工业企业产销率达106.5%,同比增加7.0个百分点。规模以上工业增加值295 412万元,同比增长27.8%,工业增加值占全市的13.3%,比上年下降0.9个百分点,总量位居全市第二位,速度位居第九位。

【旅游业】 2009年,鄂温克族自治旗被国家旅游局正式命名为“中国旅游强县”。成功举办“鄂温克瑟宾节暨马文化那达慕”。鄂温克博物馆晋升为AA级旅游景区,鄂温克宾馆晋升为三星级宾馆。全年接待旅游人数24万人(次),旅游收入2.4亿元。

【金融 保险】 全旗金融机构各项存款余额393 172万元,比上年增加103 203万元,增长35.6%,各项贷款余额为864 780万元,同比增加212 119万元,增长32.5%。城乡居民储蓄存款196 451万元,同比增加42 099万元,增长27.3%。全旗人均储蓄存款达13 614元,比上年增加2 902元,增长27.1%。

2009年,全旗保险总收入5 401万元,比上年减少608万元,下降10.1%。全年保险赔付1 072万元,同比减少1 037万元,下降49.2%。

【教育】 全旗共有普通中学11所,职业中学2所,小学11所。中小学在校生12 441人。其中:小学6 502人,普通初中3 441人,普通高中2 256人,职业高中242人。全年毕业生人数为3 624人,其中:小学882人,普通初中1 603人,普通高中975人,职业中学164人。全年招生2 624人,其中:小学824人,普通初中881人,普通高中821人,职业高中98人。全年共有教职工1 982人,其中:小学906人,普通中学976人,职业中学100人。在教职工中:专任教师1 680人,其中:小学780人,普通中学817人,职业中学83人。全旗拥有幼儿园19所,在园幼儿1 878人,教职工297人,其中:园长25人,专任教师200人,保健员18人,其他54人。

【卫生】 全旗拥有卫生机构70个(含个体),拥有病床710张,从业人数达1 048人,其中:卫生技术人员821人,全旗每175人拥有1名卫生技术人员。

【人民生活】 城镇居民人均年可支配收入达12 143元,同比增加1 417元,增长13.2%,人均可支配收入位居全市第八位,增速位居第三位;人均消费性支出8 609元,同比增加276元,增长3.3%;全旗城镇居民恩格尔系数为32.6%。牧民人均纯收入7 883元,同比增加833元,增长11.8%;人均生活费支出7 023元,同比增加848元,增长13.7%;牧民恩格尔系数23.0%,同比下降4.0个百分点,牧民人均纯收入位居全市第五位,增速位居第七位。

【社会保障】 全年城镇新增就业1 385人,城镇登记失业率控制在4.3%。城镇居民基本医疗保险参保居民达到3万人,牧区合作医疗参合率达到96.8%。在全区率先启动牧区养老保险工程,60岁以上的牧区老人免费享受养老待遇。城镇和牧区低保标准每人分别提高360元和100元。

(包玉柱 何英)

莫力达瓦达斡尔族自治旗

【领导名录】

旗委书记:高　忱

人大主任:郭　力(达斡尔族)

旗　　长:孟智军(达斡尔族)

政协主席:咸志广

武装部长:杜福刚(2 月离任) 毛国军(2 月任职)

政　　委:解明奎

【概况】　莫力达瓦达斡尔族自治旗(以下简称莫旗)是全国仅有的三个少数民族自治旗之一,位于内蒙古自治区呼伦贝尔市东部。东隔嫩江与黑龙江省的讷河市、嫩江县毗邻,西部、北部与阿荣旗、鄂伦春自治旗接壤,西南是黑龙江省甘南县。地处北纬 48°05′10″~49°50′50″,东经 123°32′55″~125°16′14″。地域中部宽,南、北部窄,呈纺锤形。全旗总面积1.1万平方公里。辖 10 个乡镇(含两个鄂温克民族乡),7 个办事处,旗人民政府驻尼尔基镇。2009 年总人口338 209人,比上年减少2 687人,其中:非农业人口81 694人,比上年减少 289 人。出生人口3 279人,出生率9.66‰,死亡人口1 405人,死亡率4.14‰,人口自然增长率5.52‰,达斡尔族人口32 394人,比上年减少 22 人,鄂温克族人口6 226人,比上年减少 269 人,鄂伦春族人口 329 人,比上年减少 28 人。

2009 年,全旗地区生产总值完成56.89亿元,同比增长11.5%。财政总收入自建旗以来首次突破 2 亿元,完成20 456万元,同比增长26.4%;财政支出达12.14亿元,同比增长 8.5%。城镇居民人均可支配收入达到11 690元,同比增长12.3%。农民人均纯收入达5 688元,同比增长8%。全社会固定资产投资完成20.96亿元,同比增长23%。社会消费品零售总额完成14.5亿元,同比增长20.4%。

【农业】　农作物播种面积 705 万亩,比同期增加 33 万亩。在总播种面积中:粮食作物播种面积达 661 万亩,比同期增加 30 万亩,其中:水稻播种面积 12 万亩,与上年基本持平;小麦播种面积 22 万亩,比同期增加 5 万亩;玉米播种面积 155 万亩,比同期减少 16 万亩;大豆播种面积 422 万亩,比同期增加 42 万亩,其中:优质高效大豆播种面积 320 万亩,比同期增加 119 万亩。粮、经、饲种植比例调整为93.8∶3.1∶3.1。全旗粮食产量再创新高,总产量达1 264 000吨,比上年增长3.3%,其中:水稻产量达72 000吨,小麦产量达54 098吨,玉米产量达592 152吨,大豆产量达416 133吨,分别比上年增长52.9%、28.2%、14.6%、-20%。优质高效大豆产量达386 229吨,比上年增长31%。

【畜牧业】　全旗牧业年度牲畜存栏2 307 547头(只),比同期增加294 559头(只),比上年增长14.6%。其中:大小畜2 042 547头(只),比同期增加249 179头(只),生猪265 000头(只),比同期增加45 380头(只)。全旗良种及改良牲畜2 057 546头(只),比上年增加261 291头(只),能繁殖母畜1 150 121头(只),比同期增加48 514头(只)。

【生态建设】　全年完成三北工程任务 2 万亩、封育区育林技术应用任务 1 万亩、乡土树种推广任务5 000亩、中幼林抚育任务5 000亩,在莫力达瓦山营造景观林 252 亩。加大了工程造林的补植补造力度,春季雨季共补植补造3.5万亩。继续在哈达阳镇、红彦镇、巴彦乡实施小城镇绿化工程。退耕工作进展顺利,全年共退耕 25 万亩,其中:退耕还林3.4万亩,退耕还草还药21.6万亩。实行围栏封育和休牧禁牧制度,采取有力措施打击遏制了开垦草场林地等违法行为,有效地保护了生态资源。

【工业】　莫旗全部工业完成现价增加值93 063万元,可比价计算,比上年增长21%。规模以上工业企业共21 家,其中:轻工业 11 家,重工业 10 家。2009 年规模以上工业企业完成现价产值214 248万元,比上年增长21.8%,其中:轻工业完成现价产值123 181万元,比上年增长3%;重工业完成现价产值91 067万元,比上年增长61.9%。其中,国有企业完成现价产值15 962万元,比上年增长32.4%;股份制企业完成现价产值161 269万元,比上年增长16.3%;其它经济类型企业完成现价产值37 017万元,比上年增长47.5%。规模以上工业完成现价增加值76 063万元,比上年增长21.8%,占全部工业增加值的比重为81.7%。

规模以上工业销售产值完成217 689万元,比上年增长24%。规模以上工业产销率完成101.6%,比上年提高1.77百分点。主要工业产品产量保持较快增长,饲料产量35 878吨,比上年增长45.9%,鲜、冷藏肉产量11 961吨,比上年增长74.4%,饮料酒产量165 244千升,比上年增长27.58%,石材产量3 323 425平方米,比上年增长30.4%。

【建筑业】 建筑业增加值完成34 130万元,可比价计算,比上年增长13.6%。全旗资质以上建筑业企业4家,累计完成产值18 888万元,比上年增长46%,房屋建筑施工面积169 019平方米,实现利润总额1 362万元。

【固定资产投资】 限额以上固定资产投资完成209 599万元,比上年增长23%。其中:房地产投资完成12 221万元,比上年增长31.4%。

2009年新增固定资产180 841万元,施工项目109个,其中新开工项目103个,重点工业项目开工31个,完成投资64 359万元。比上年增长35.2%,本年施工房屋面积325 323平方米,竣工房屋面积226 517平方米。

【基础设施建设】 完成利民小区廉租房工程22 510平方米、统建楼节能改造工程13 155平方米、西区热力增容扩网工程(第二热源厂)和巴特罕公园二期工程所有建设项目。在原有排洪沟位置新建了慕仁大街,布西古城复建工程开始启动,通福广场迁建工程已完成主体工程,嫩江大桥桥头堡扩建工程等24个项目均已竣工投入使用。道路交通状况明显改善,完成252公里通村公路,基本实现全旗行政村全部通公路的目标。嫩江至红彦公路和甘河李屯渡口大桥已竣工。后兴隆至库如奇公路沥青路面完成58公里,大杨树至甘河公路路基土石方已完工,腾克至库如奇公路已完成全部路基工程及部分桥涵工程。实施了甘河农场水库除险加固工程,亚行贷款尼博汉及东西诺敏河防洪工程已完成全部建设内容。实施钢铁项目区水土保持综合治理工程、尼尔基饮用水水源地保护工程等4个建设项目。实施了18项饮水安全工程,其中10项已竣工通水。

【商贸】 2009年社会消费品零售总额完成144 705万元,比上年增长20.4%。从销售地域划分:县及县以上完成零售额92 450万元,比上年增长20.3%,县以下完成零售额52 255万元,比上年增长20.1%。从行业完成情况分:批发零售贸易业完成零售额108 331万元,比上年增长20.7%,其中:限额以上批零贸易业完成零售额16 955万元,与上年持平;限额以下批零贸易业及个体户完成零售额91 376万元,比上年增长23.5%;住宿餐饮业完成零售额19 856万元,比上年增长19.9%;其他企业完成零售额16 518万元,比上年增长18.9%。

【旅游业】 全年实现旅游总收入3亿元,同比增长19.52%,接待游客38万人次,同比增长5.6%。民族园软硬件设施得到进一步提升,完成《中国达斡尔民族园二期修建详细规划》的专家评审工作,新建民族园滑雪场,完成沙滩浴场一期项目、锦湖宾馆二期项目和赛马场等工程,中国达斡尔民族园成功晋级为国家AAAA级景区。投资2 200万元新建莫力达瓦宾馆,莫旗旅游接待能力和水平大幅提高。为促进旅游业发展,大力开展文体活动,成功举办2009年斡包节大会和首届中国达斡尔冰钓节,一年一度的昆米勒节和"达乡情、民族风"活动如期举办。

【金融业】 银行各项贷款余额完成164 545万元,比上年增长24.5%,银行各项存款余额完成190 318万元,比上年增长12%,其中:城乡居民储蓄存款余额完成134 969万元,比上年增长13.7%,银行现金收入完成754 135万元,比上年增长30.5%,银行现金支出完成778 075万元,比上年增长33.8%,全年现金累计净投放23 940万元,比上年增加20 315万元。

【劳动就业】 年末实有登记失业人数1 493人,下岗失业人员实现再就业610人,城镇登记失业率为4.17%,比上年下降0.05个百分点,新增就业902人。

【人民生活】 全旗在岗职工总人数21 413人,比上年减少604人,其中:国有单位在岗职工总人数20 020人,比上年减少271人。全旗在岗职工工资总额49 627万元,比上年增长14%,其中:国有单位在岗职工工资总额46 369万元,比上年增长14.1%。全旗在岗职工平均工资23 346元,比上年增长18%。

城镇居民人均可支配收入完成11 690元,比上年增长12.3%,城镇居民人均消费支出8 975元,比上年增长8.35%,城镇家庭恩格尔系数26.8%,人均住房建筑面积25.34平方米。

农民人均纯收入5 688元,比上年增长8%,农村居民人均生活消费支出3 297元,比上年增长7.3%,农村家庭恩格尔系数32.6%,农村居民人均住房面积17.02平方米。

【科技】 组织鉴定科技成果1项,推广省级科技项目1项,投资15万元,推广市级科技项目1项,投资5万元,推广旗级科技项目6项,投资20万元,各级财政投入科技资金共40万元。

【教育】 义务教育实现了由"五三学制"向"六三学

制”改革过渡,民族教育、职业技术教育蓬勃发展,师资队伍建设不断加强,教育教学质量全面提高。完成了甘河学校、宝山中学、西瓦尔图中学、尼四小四所学校宿舍楼工程,新达斡尔族中学工程已竣工并投入使用。全旗有普通高中 1 所,在校学生4 068人,中等职业学校 2 所,在校学生 568 人,初级中学 11 所,在校学生6 049人,九年一贯制学校 13 所,在校学生2 366人,小学校点 55 所(个),在校学生数17 113人,幼儿园 68 所,在园幼儿4 713人。

【文化】 作为庆祝祖国 60 华诞献礼项目,“穿越千年——神奇的达斡尔”大型文艺演出 3 月份在北京保利剧院隆重上演,获得圆满成功。旗乌兰牧骑参加第八届全国舞蹈大赛获得优秀表演奖。自治旗获得国家文化部授予的“全国文化先进单位”荣誉称号。2009 年莫旗广播人口覆盖率87%,电视人口覆盖率93%,年末全旗有线电视用户23 000户。1 月,由国家财政部、文化部共同组织实施的一项文化创新工程—“文化信息资源共享工程”(县级支中心)近日,在莫旗图书馆实施完毕并投入使用。此项工程内蒙古自治区首批试点为 29 家,莫旗图书馆是其中之一。

【卫生】 全旗不含个体诊所现有卫生机构 31 个,医疗卫生单位实有床位 591 床,卫生技术人员 863 人。

【体育】 成功举办全国男子曲棍球冠军杯赛和全国青年男子曲棍球锦标赛,莫旗男子曲棍球队在两项大赛中均获亚军,代表自治区参加第十一届全运会并夺得银牌。旗文体广电局被评为“全国体育系统先进集体”。

【帮扶工作】 全年共实施 98 个帮扶项目,到位资金30 179.6万元,帮扶厅局的项目、资金、政策支持都取得了实效。2009 年共争取扩大内需项目 17 个,总投资12 253.7万元。

【社会保障】 农村低保对象达29 020人,发放低保资金3 258.14万元。城镇低保对象达17 892人,发放城镇低保资金3 881.65万元。城镇居民医疗保险参保对象达2.6万人,补偿金额共计 390 万元。新型农村合作医疗参合人数达13.76万人,参合率达95%,补偿金额为1 665.24万元。

【重要活动】 1 月,农业部在北京京西宾馆会议中心举办全国农业工作会议,会议公布 2008 年全国粮食生产先进县标兵名单,莫旗名列其中。国务院副总理回良玉出席会议,并接见了与会代表,旗委书记高忱代表莫旗参加会议并接受表彰。这是继 2007 年之后莫旗再度被评为粮食生产先进县标兵。

3 月 26 日在北京保利剧院演出大型文艺《穿越千年——神奇的达斡尔》。全国政协副主席陈奎元、孙家正,全国人大常委会原副委员长布赫、全国政协原副主席李蒙、国家民委主任杨晶、自治区党委常委、宣传部部长乌兰、自治区副主席连辑及呼伦贝尔市领导曹征海、德玉庆等,莫旗领导等与首都2 000多名观众一同观看了整台演出。此次演出的节目很多原型都来自达斡尔族的被列入国家、自治区第一批非物质文化遗产保护名录。

6 月 28 日,一年一度的达斡尔民族的传统文化斡包节大会在中国达斡尔民族园举行。旗党政领导、国家体育总局、山东省体育局、凤凰卫视、北京崎坤房地产开发公司、大庆隆赫达食品有限公司、自治区人大常委会、自治区民委、自治区体育局、市人大常委会、市旅游局和其他友好地区、友邻单位的领导及长期关心支持莫旗发展的老同志,老领导、国内一些新闻媒体、各企业领导参加了庆典活动。

(杜卫东)

兴　安　盟

【党政军领导名录】

盟　委

书　记:杨汉忠

副书记:郭健(蒙古族)　王儒

委员:刘俊清　刘春良　张利　钱海峰(蒙古族)　吴剑华(蒙古族)　李锋(蒙古族)　邵万荣　李国栋　赵云翔(蒙古族)

人大工委

主　任:杨汉忠

副主任:苏贵民　高震邦　崔文军　郜钢柱(蒙古族)　李秀文(女)

盟行署

盟　长:郭　健(蒙古族)

副盟长:张利　刘福德　杨春山(蒙古族)　陈洁(女)　步进来(蒙古族)　于仁杰　杨秉谦

政　协

主　席:王　玉(蒙古族)

副主席:佟德钧　黄宝平　石兴台(蒙古族)　杜吉雅(蒙古族)　黄金魁　宝新民(蒙古族)

军分区

司令员:徐建英

政　委:吴剑华(蒙古族)

【概况】　兴安盟位于内蒙古自治区东部,大兴安岭中段,地理坐标为北纬44°14′~47°39′、东经119°28′~123°38′之间。西北、北与呼伦贝尔市新巴尔虎左旗、鄂温克族自治旗、扎兰屯市接镶,东北、东与黑龙江省龙江县、泰来县毗邻,东南与吉林省白城市的洮北区、镇赉县、洮南市、通榆县相连,南、西南和西与通辽市的科尔沁左翼中旗、霍林郭勒市、扎鲁特旗,锡林郭勒盟的东乌珠穆沁旗和蒙古国交界。国境线全长125.851公里,其中陆界长71.611公里,水界长54.24公里,总面积59 806平方公里。辖乌兰浩特市、阿尔山市、扎赉特旗、突泉县、科尔沁右翼中旗、科尔沁右翼前旗。境内居住着蒙古、汉、满、朝鲜、回、达斡尔等22个民族。共有39个苏木乡镇、11个办事处。其中苏木乡镇中有苏木5个,乡2个,镇32个。

2009年,全年实现地区生产总值216.12亿元,按可比价格计算,比上年增长15.8%,增速提高1.4个百分点。其中:第一产业增加值69.52亿元,增长2.1%;第二产业增加值69.88亿元,增长26.7%;第三产业增加值76.72亿元,增长18.6%。按常住人口计算,人均地区生产总值13 498元,比上年增加2 261元,增长15.9%。在地区生产总值中,一、二、三次产业比例由上年的37.2:28.5:34.3调整为32.2:32.3:35.5。第一、二、三产业对地区生产总值增长的贡献率分别为4.3%、51.8%和43.9%。

全年实现地方财政总收入18.51亿元,比上年增加3.12亿元,增长20.3%。其中:一般预算收入8.29亿元,增长21.2%。在一般预算收入中,税收收入5.80亿元,比上年增长16.7%。全年地方财政支出79.83亿元,比上年增长30.2%。

经济社会发展中存在的主要困难和问题:产业结构调整难度大、区域及城乡发展不协调、体制机制不完善等深层次矛盾依然突出;经济增长方式粗放,过分依赖投资,且民间投资不够活跃,内需仍显疲软,经济增长内生动力不足;农牧业基础薄弱、农村牧区发展滞后、农牧业现代化、规模化、产业化水平低;工业规模小、发展慢、层次低;城镇化、旅游产业化和现代服务业发展水平有待提高;财政收支矛盾突出,就业和再就业压力仍较大,城乡居民收入水平低,增收长效机制亟待完善。

【农业】　全年农作物种植面积745.87千公顷,比上年增加10.01千公顷,增长1.4%。其中:粮食作物种植面积699.81千公顷,比上年增加33.13千公顷,增长5.0%。全年粮食总产量215.51万吨,为历史第二高产年,比最高产年的2008年减产34.50万吨,下降13.8%。其中:玉米产量139.87万吨,比上年减产19.65万吨,下降12.3%;大豆产量15.46万吨,比上年增产0.64万吨,增长4.3%;薯类产量11.33万吨,比上年减产1.79万吨,下降13.6%。全年油料产量6.03万吨,比上年增产0.14万吨,增长2.4%。甜菜产量0.10万吨,比上年减产1.18万吨,下降92.2%。蔬菜产量

23.61万吨,比上年减产0.41万吨,下降1.7%。

年末全盟农牧业机械总动力344.46万千瓦,比上年增长3.7%。全盟有大中型拖拉机6.93万台,小型拖拉机7.87万台,农用运输车2.44万台,农用排灌动力机械4.84万台,农用水泵6.63万台,节水灌溉类机械0.47万套。农田有效灌溉面积278.53千公顷,其中:新增节水灌溉面积34.20千公顷。农用化肥施用量(折纯)16.60万吨,比上年增长25.5%;农用塑料薄膜使用量1 448吨,增长31.5%;农村用电量14 529万千瓦时,下降4.5%。

【畜牧业】 全盟牧业年度牲畜出栏头数达415.10万头(只)。其中:羊出栏268.28万只,猪出栏125.29万口。牲畜出栏率达52.6%。牧业年度牲畜存栏总头数793.93万头(只),比上年增长0.6%。其中:大牲畜存栏67.29万头,增长3.4%;羊存栏570.12万只,下降5.6%;猪存栏156.52万口,增长29.8%。全年肉类总产量16.44万吨,比上年增长10.2%;牛奶产量43.02万吨,比上年下降9.2%;禽蛋产量1.84万吨,比上年下降1.6%。全年水产品产量6 600吨,比上年增长8.3%。

【林业】 全年完成造林面积40.2千公顷,年末实有封山育林面积109.2千公顷,四旁(零星)植树427万株,新增育苗面积0.3千公顷,当年苗木产量5 829万株。年末全盟森林面积1 644.7千公顷,森林覆盖率达27.5%。

【工业 建筑业】 全年完成全部工业增加值55.54亿元,按可比价格计算,比上年增长24.7%,增速提高1.5个百分点,对地区经济增长贡献6.1个百分点。其中:规模以上工业企业完成增加值45.83亿元,比上年增长26.5%,增速提高4.0个百分点。在规模以上工业企业中,国有企业增加值12.07亿元,增长13.4%;集体企业增加值1.18亿元,增长35.1%;股份合作企业增加值0.06亿元,增长45.2%;股份制企业增加值25.36亿元,增长33.1%;外商及中国港澳台投资企业增加值4.50亿元,增长25.7%;其它经济类型企业增加值2.66亿元,增长36.6%。在规模以上工业企业中,轻工业增加值26.38亿元,增长24.8%;重工业增加值19.45亿元,增长29.4%。

全年规模以上工业实现主营业务收入106.44亿元,比上年增长29.6%;实现利税总额12.13亿元,增长28.4%,其中:实现利润2.79亿元,增长45.1%;产品销售率为94.9%;工业经济效益综合指数达237.4,比上年提高35.7点。

全年建筑业实现增加值14.34亿元,按可比价格计算,比上年增长35.2%。全盟具有建筑业资质等级的建筑施工企业22个。全年房屋建筑施工面积123.39万平方米,比上年下降16.5%;房屋建筑竣工面积69.33万平方米,比上年下降5.2%。

【固定资产投资】 全年全社会固定资产投资191.83亿元,比上年增长51.5%。其中:50万元以上项目固定资产投资完成191.63亿元,比上年增长53.5%。

【国内贸易 对外经济】 全年社会消费品零售总额96.40亿元,比上年增长19.0%。分城乡看,城市消费品零售额55.40亿元,增长15.2%;县的消费品零售额24.79亿元,增长26.0%;县以下消费品零售额16.21亿元,增长22.4%。分行业看,批发业零售额20.97亿元,增长3.7%;零售业零售额56.93亿元,增长24.5%;住宿和餐饮业零售额13.96亿元,增长26.0%;其它行业零售额4.54亿元,增长14.0%。

全年外贸进出口总额170万美元,比上年下降16.5%。其中:进口总额19万美元,下降60.9%;出口总额151万美元,下降2.7%。全年合同利用外资4 727万美元,比上年增长48.6%;实际利用外资486万美元,增长84.1%。全年共引进国内资金173亿元,比上年增长50.3%。

【交通 邮电】 全年交通运输、仓储及邮政业增加值6.89亿元,按可比价格计算,比上年增长1.6%。

全年完成公路货运量1 890万吨,比上年增长8.3%;完成货物周转量475 115万吨公里,增长23.2%。全年完成公路客运量830万人,比上年增长17.7%;完成公路旅客周转量86 212万人公里,增长4.6%。年末全盟公路通车里程9 130公里,比上年末增长1.4%,其中:等级公路里程8 034公里。年末全盟汽车保有量达8.14万辆,比上年末增长16.9%,其中:私人汽车保有量5.58万辆,增长1.5%,在私人汽车保有量中私人轿车保有量3.29万辆,增长41.9%。

邮电通信各部门全年邮电业务收入6.97亿元,比上年增长21.4%。其中:邮政业务收入0.47亿元;电信业务收入6.50亿元。年末本地电话用户18.81万户,比上年末下降19.0%。其中:城市电话用户15.95万户,乡村电话用户2.86万户。年末全盟有小灵通用户5.77万户,移动电话用户91.82万户。年末全盟互联网宽带接入用户6.14万户。

【旅游业】 全年共接待国内外游客154.25万人次,比上年增长26.0%。其中:接待国内游客154万人次,增长26.0%;接待境外游客2 520人次,比上年增长70.0%。全年实现国内旅游收入20.14亿元,增长

34.0%;国际旅游外汇收入163万美元,比上年增长21.0%。

【金融 保险业】 全年完成金融业增加值3.19亿元,按可比价格计算,比上年增长15.2%。年末全盟金融机构各项人民币存款余额188.40亿元,比上年末增长19.4%。其中:企业存款余额33.12亿元,增长19.1%;城乡居民储蓄存款余额103.32亿元,增长18.2%。年末全盟金融机构各项人民币贷款余额120.89亿元,比上年末增长17.2%。其中:中长期贷款47.05亿元,增长14.6%;短期贷款73.71亿元,增长18.8%。短期贷款中:工业贷款余额2.26亿元,增长23.0%;商业贷款余额50.90亿元,增长6.0%;农业贷款余额10.40亿元,增长55.8%。全盟银行现金收入692.15亿元,比上年增长16.3%;银行现金支出711.54亿元,增长14.7%;现金收支相抵净投放货币19.39亿元。

2009年末,全盟已有开展保险业务的保险公司12户。全年保险业实现保费收入6.75亿元,比上年增长30.0%。其中:财产险保费收入4.04亿元,增长65.2%;人身险保费收入2.71亿元,下降1.3%。全年保险业各类赔款与给付支出3.57亿元。其中:财产险赔付支出2.52亿元,赔付率达62.48%;人身险赔付支出1.04亿元,赔付率达38.40%。

【科技】 全年科技经费支出806万元。年内对农民进行科技培训41万人次,培训乡村技术骨干0.7万人次,送科技下乡3 000人次。全年共取得盟级各类科技成果13项,申请专利号10项,获专利权9项。全年共签订各类技术合同22项,技术合同成交额739万元。年内推广盟级实用技术134项,区级重点技术34项。

【教育】 全盟普通高考专科及以上上线人数10 060人。全盟共有普通高等教育学校2所;全年招生3 403人;年末在校学生7 354人,其中:少数民族在校学生2 049人;全年毕业学生1 323人。中等职业教育学校16所;全年招生8 649人;年末在校学生14 553人,其中:少数民族在校学生7 168人;全年毕业学生2 082人。普通高中15所;全年招生10 173人;年末在校学生28 425人,其中:少数民族在校学生16 426人,少数民族在校学生中有蒙古族15 081人;全年毕业学生7 652人。普通初中89所;全年招生15 038人;年末在校学生47 476人,其中:少数民族在校学生25 956人,少数民族在校学生中有蒙古族23 462人;全年毕业学生16 700人,全盟初中毕业生升学率达84.3%。小学206所;全年招生13 575人;年末在校学生87 475人,其中:少数民族在校学生47 414人,少数民族在校学生中有蒙古族46 062人;全年毕业学生15 508人。小学学龄人口入学率达100.0%,小学毕业生升学率97.0%。特殊教育学校2所,年末在校学生269人。全盟幼儿园在园幼儿27 118人。

【文化】 年末全盟共有艺术表演团体6个,其中:乌兰牧骑5个;有从业人员249人。全年演出1 200余场,其中:在城镇社区及农村牧区演出319场。全盟拥有群众艺术馆和文化馆6个,文物站(所)7个,博物馆3个,文化站42个;公共图书馆6个,藏书量达25万册。年末全盟有旗县级以上广播电台7座,广播综合人口覆盖率91.88%;有电视台7座,电视综合人口覆盖率92.57%;有线广播电视用户12.45万户,其中:数字电视用户6.53万户。全年盟级报刊发行量达1.70万份,其中:蒙文版0.64万份。

6月28日晚,兴安盟首届红城文化节开幕式晚会在乌兰浩特市成吉思汗公园举行。自治区政府副主席刘新乐,自治区政协副主席娜仁等领导以及盟四大班子领导出席晚会。盟委书记、盟人大工委主任杨汉忠致辞,盟委副书记、盟长郭健宣布晚会开幕。

【卫生】 年末全盟共有卫生机构(含个体)340个,其中:医院、卫生院(含疗养院)113个;各类医疗单位实有床位5 086张;有卫生技术人员6 767人,其中:执业医师、执业助理医师2 883人,注册护士1 768人。全盟有妇幼卫生保健机构7个,卫生技术人员187人。全盟有专科疾病防治院和疾病预防控制中心13个,卫生技术人员415人。全盟共有卫生院85个,床位1 246张,卫生技术人员1 651人。

【体育】 全盟召开县级以上运动会12次,参加运动会人数6 300人次。在校学生体育达到《国家体育锻炼标准》的有18.78万人,占应达标学生的90.3%。

8月8日至9日,第二届全国中国马速度大赛在兴安盟科尔沁右翼中旗图什业图赛马场隆重举行。来自北京、内蒙古、西藏、江苏、湖北、辽宁、黑龙江、吉林、河北等地的15支参赛队、79名运动员、97匹赛马参加比赛。

【环境保护和节能降耗】 全盟共确定自然保护区10个。其中:国家级自然保护区2个,自治区级自然保护区7个,县级自然保护区1个。自然保护区面积581.78千公顷。其中:国家级自然保护区面积221.82千公顷。全盟有国家级生态示范区2个。年末全盟环境保护系统有职工238人,各级环境监测站7个,环境监测人员 66 人。全年二氧化硫(SO_2)排放量2.06万吨,比上年下降1.1%。

全盟万元 GDP 能耗为1.78吨标准煤,比上年下降6.5%,完成自治区下达的下降4.67%年度考核目标;万元 GDP 电耗829.20千瓦时,比上年增长7.0%。

【人口】 据公安户籍统计,全年出生人口1.64万人,出生率为9.74‰;死亡人口1.25万人,死亡率为7.40‰;人口自然增长率为2.34‰。年末全盟总人口168.57万人,比上年末增加0.50万人。其中:非农业人口56.27万人,比上年末增长1.5%;蒙古族人口70.88万人,增长0.8%;其他少数民族人口8.65万人,增长0.7%。据2009年人口变动抽样调查资料测算,全盟年末常住人口为160.09万人,出生率为10.49‰,死亡率为5.64‰,人口自然增长率为4.85‰,城镇化率为39.33%。

【人民生活】 全年城镇居民人均可支配收入10 252元,增长8.7%。城镇居民人均消费支出8 091元,增长13.7%。城镇居民家庭恩格尔系数(即居民家庭食品消费支出占家庭消费总支出的比重)为28.87%,比上年下降1.00个百分点。城镇居民人均住房建筑面积24.65平方米。全年农牧民人均纯收入3 401元,增长4.1%。农牧民人均消费支出2 611元,增长7.9%。农村牧区居民家庭恩格尔系数为40.17%,比上年下降1.56个百分点。农村居民人均住房居住面积22.18平方米。

【社会保障】 全盟基本养老保险参保人数达15.75万人,比上年末增长8.0%,其中:参保职工为11.71万人,离退休人员为4.04万人。基本医疗保险参保人数达19.49万人,比上年末增长17.8%,其中:退休人员为4.68万人。失业保险参保人数达10.21万人,比上年末增长2.0%。生育保险参保人数为6.60万人,比上年末增长33.3%。工伤保险参保人数为7.74万人,比上年末增长5.5%。全盟有88.59万农牧民参加新型农村合作医疗,比上年增长4.1%,参合率达97.64%,新型农村合作医疗基金累计支出16 990万元,累计受益30.04万人(次)。全盟享受城镇最低生活保障的居民为6.35万人,比上年增长15.6%;享受农村最低生活保障的农牧民为13.42万人,比上年增长27.6%。年末全盟各类收养性社会福利机构拥有床位1 654张,年末在院人数1 315人。城镇社区服务中心2个。

(窦向华)

乌兰浩特市

【领导名录】

市委书记:赵云翔(蒙古族)

人大主任:张慧敏(女)

市　　长:孙德敏

政协主席:李福江

武装部长:杨靖峰

政　　委:邢德贵

【概况】 乌兰浩特市位于内蒙古自治区东北部,兴安盟东南部,地处大兴安岭南麓余脉。东部分别与扎赉特旗和吉林省的镇赉县毗邻,南部与吉林省白城市的洮北区、洮南市毗邻,西部与北部与科尔沁右翼前旗接壤。地理坐标为北纬 45°41′53″ ~ 46°17′48″,东经121°50′30″ ~ 122°47′39″。南北长 67 公里,东西宽 73 公里,总面积2 353.5平方公里。乌兰浩特市下辖 2 个建制镇(乌兰哈达镇、葛根庙镇)[包括 2 个办事处(卫东办事处、太本站办事处)和 1 个工作部(乡镇级)],8 个城市办事处(爱国办事处、五一办事处、和平办事处、兴安办事处、胜利办事处、铁西办事处、城郊办事处、都林办事处)。有 43 个嘎查,25 个村,48 个社区居民委员会,110 个自然屯(不包括呼和马场、公主陵牧场)。

2009 年,全市地区生产总值为696 644万元,按可比口径计算,比上年增长15.6%。分产业看:第一产业增加值50 598万元,比上年下降11.7%;第二产业增加值331 080万元,比上年增长22.3%;第三产业增加值314 966万元,比上年增长14.5%。第一产业增加值占国内生产总值的比重为7.3%,比上年下降2.6个百分点;第二产业增加值占国内生产总值的比重为47.5%,比上年上升3.8个百分点;第三产业增加值占国内生产总值的比重为45.2%,比上年下降1.2个百分点。

全年居民消费价格总水平低于上年1.4%,其中:食品价格总水平低于上年3.9%,医疗保健和个人用品价格上涨0.4%,交通和通信价格总水平低于上年0.3%,居住价格总水平低于上年1.4%。商品零售价格总水平低于上年0.6%。

5 月 18 日,《内蒙古自治区人民政府关于调整乌兰浩特市与科尔沁右翼前旗部分行政区划的批复》(内政字[2009]112 号)批准:将科尔沁右翼前旗居力很镇的查干、羊场子、民合 3 个嘎查(面积23.6平方公里)划入乌兰浩特市乌兰哈达镇管辖;将乌兰浩特市城郊办事处的桥头社区居委会(面积1.8平方公里)划入科尔沁右翼前旗居力很镇管辖。调整后,乌兰浩特市的总面积为2 353.5平方公里;科尔沁右翼前旗总面积为16 963.5平方公里。

【就业】 年末全市从业人员113 891人,其中:城镇从业人员69 626人。在城镇就业人员中,私营和个体从业人员31 488人。城镇新增就业人数达8 105人,年末城镇登记失业率控制在4.4%以内。

【农业】 全市农作物总播种面积达509 465亩,其中粮食作物播种面积453 355亩。2009年,全市粮食作物总产量达89 742吨,比上年下降40.2%。蔬菜总产量93 891吨,比上年增长22.5%。

年末农牧业机械总动力2 43 047千瓦,比上年下降31.9%;各种拖拉机11 366台,比上年增长1.6%(数据提供:市农机监理站)。农田有效灌溉面积19.8千公顷,其中:新增节水灌溉面积4千公顷。化肥施用量(折纯)14 089吨,比上年增长6.2%;农村用电量2 629万千瓦小时,比上年增长104.1%。

【畜牧业】 全市家畜存栏总头数为22 823头(只),比上年增加60 387头(只),增长36.3%,其中:大牲畜和羊存栏198 836(只),比上年增长40.4%,其中乳用牛存栏40 082头,比上年下降6.9%。全年肉类产量达6 370吨,比上年减少1 168吨,下降15.5%。全年牛奶产量126 502吨,比上年减少27 236吨,下降17.7%。

【林业】 全年完成造林面积2.1万亩,义务植树50万株。

【工业】 全年完成工业增加值297 775万元,比上年增长23.4%。其中:规模以上工业完成工业增加值283 556万元,比上年增长23.9%;工业经济效益综合指数266.6,比上年提高23.7百分点;产品销售率93.2%,比上年下降1.9个百分点。

【固定资产投资】 全社会固定资产投资完成430 367万元,比上年增长50.7%。其中:城镇投资完成344 218万元,比上年增长74.7%;房地产开发投资完成86 149万元,比上年增长5%。

【交通 邮电 旅游】 全社会公路货运量666万吨,公路货运周转量59 098万吨/公里,公路客运量264万人,公路客运周转量23 661万人/公里。

全年邮电业务收入25 561万元,比上年增长3.6%。其中邮政业务收入2 392万元;电信业务收入23 169万元。全市电话用户92 685户。

【旅游】 全年接待游客51.4万人次,增长9.3%。实现旅游收入4.7亿元,增长25.2%。

【贸易】 全年消费品零售额为404 914万元,比上年增长18.4%,扣除价格因素,实际增长20%。分行业看:批发零售贸易业零售额303 574万元,比上年增长16.9%;住宿和餐饮业零售额86 813万元,比上年增长26.1%;其它行业零售额14 527万元,比上年增长8.9%。

【财政】 全年实现财政收入100 692万元,比上年增长25.0%。其中:地方财政收入19 156万元,按可比口径计算比上年增长25.9%。财政支出112 882万元,比上年增长29.7%。

【金融 保险】 年末各项存款余额1 134 115万元,比上年增长19.7%;各项贷款余额652 044万元,比上年增长25.2%;城乡居民储蓄存款余额614 120万元,比上年增长21%;人均储蓄存款余额19 406元,比上年增长20%。

年末,全市有保险公司12户,全年保险业实现保费收入29 148万元,其中:财产险保费收入13 643万元;人身险保费收入15 505万元。全年保险业各类赔款与给付支出12 909万元,其中:财产险赔款及给付支出6 470万元;人身险赔款及给付支出6 439万元。

【科技】 全市科技经费支出536.5万元,年内全市举办各类实用技术培训班286期,培训农牧民3万人次(视频科技培训500人次),培训实用技术9项。全年共申报专利15项,专利实施产值2 260万元,发展技术贸易机构1家,技术贸易交易额120万元,全年共推广区级重点技术10项,规模效益达5 000万元以上,推广盟级实用技术20项,规模效益达6 000万元以上。

【教育】 全市普通中学在校生25 282人,比上年下降2.9%。初中升学率82.3%。中等职业在校生8 974人,比上年增长24.2%,小学在校生19 670人,比上年下降6.7%,小学升学率100%。学龄儿童入学率100%。全市共有幼儿园72所,在园幼儿4 541人,其中公办幼儿园7所,在园幼儿1 429人。4所学校开设学前班,在校学前班幼儿86人。

【文化】 年末全市共有歌舞团1个,文工团1个,拥有群众艺术馆1个,文化馆1个,文化站13个,文物站2个,历史文化旧址6个;全市公共图书馆2个,藏书12.1万册,借阅人次15.3万人次。年末全市有调频转播发射台1座,调频发射机5部,广播综合人口覆盖率97.01%,电视转播发射台2座,电视发射机7部电视综合人口覆盖率97.96%;有线广播电视用户5.69万户,其中:数字电视用户5.65万户。

【卫生】 全市拥有卫生机构173个,各类医院10个,其中:镇卫生院7个,卫生机构床位数1 727张,卫生技术人员2 467人。

【体育】 全市举办综合运动会2次,举办单项比赛20次,举办全民健身活动1次,参加活动人数10 000人次。在校学生体育达《国家体育锻炼标准》的有3.8万人,占应达标学生的93.5%。

【环境保护】 全市环境污染治理本年完成投资总额990万元。全市拥有污水处理厂1座,垃圾处理站1个。全年工业二氧化硫排放量13 624.1吨,工业废水排放量达标率50.18%,工业烟尘排放量达标率65.85%,城镇生活污水处理率72.75%。

【节能降耗】 全市万元GDP能耗为2.87吨标准煤,比上年下降6.97%,完成盟行署下达的下降6.5%年度考核目标。

【人口】 全年出生人口2 530人,人口出生率8.05‰,人口死亡率2.25‰,人口自然增长率5.8‰,比上年下降0.08个千分点。年末全市总人口317 416人,比上年增加1 924人,增长0.6%。其中:汉族人口为198 781人,占总人口数的62.6%;蒙古族人口为94 793人,占总人口数的29.9%;其他少数民族人口为23 843人,占总人口数的7.5%;城镇人口为238 443人,占总人口数的75%;农村人口为78 973人,占总人口数的25%。

【人民生活 社会保障】 全市在岗职工年均工资达到26 553元,比上年增长11.5%;城镇居民人均可支配收入11 410元,比上年增加1 150元,增长11.2%,扣除价格因素,实际增长12.8%。农民人均纯收入5 201元,比上年增加531元,增长11.4%,扣除价格因素,实际增长13%。居民家庭恩格尔系数(即居民家庭食品消费支出占家庭消费总支出的比重),城镇为27.5%,农村为33.3%。

年末全市基本养老保险参保人数达39 010人,比上年末增长4.2%,其中:参保职工为29 428人;离退休人员为9 582人。基本医疗保险参保人数达42 229人,比上年末增长12.6%,其中:离退休人员为8 425人。失业保险参保人数达17 132人,与上年末持平。生育保险参保人数为14 723人,比上年末增长31.3%。工伤保险参保人数为31 499人,比上年末增长18.9%。开展了新型农村合作医疗工作,71 079个农民参加新型农村合作医疗,比上年增长3.2%,参合率达99.5%(按常住人口计算),新型农村合作医疗基金支出705.5万元,受益16 465人(次)。全市享受城镇最低生活保障的居民为25 813人,比上年增长9.5%;享受农村最低生活保障的农民为10 476人,比上年增长8.6%。全市各类收养性社会福利机构拥有床位498张。在院人数256人。

年末实有房屋建筑面积993.91万平方米,比上年增长27.8%,城镇居民人均住宅建筑面积25.78平方米,比上年增长14.4%。

(南宏志 刘颖)

阿尔山市

【领导名录】

市委书记:刘文山

人大主任:周学文

市　　长:白国才(蒙古族)

政协主席:王福森

武装部长:王晓龙

政　　委:魏奎锷

【概况】 阿尔山市位于兴安盟西北端,总面积7 408.7平方公里,地理位置北纬46°39′~47°39′,东经119°28′~121°23′;辖区内设有天池、白狼、五岔沟3个镇和温泉、新城、林海3个街道办事处,总人口4.7万人,由蒙古、汉、满、回、朝鲜、达斡尔、锡伯、苗、壮、鄂温克等10个民族构成。

2009年,全市地区生产总值完成7.52亿元,同比增长15.7%。其中,第一产业增加值完成1.61亿元,同比增长4.2%;第二产业增加值完成1.49亿元,同比增长30.6%;第三产业增加值完成4.41亿元,同比增长15.9%;三次产业结构比为21.4:19.9:58.7。全年旅游总人数达45.5万人次,同比增长29%,旅游业总收入完成3.65亿元,同比增长51%。财政收入完成5 973万元,同比增长113.5%。

【农业】 农作物总播种面积为14 337公顷,比上年减少215公顷,其中粮食作物播种面积11 560公顷,比上年减少468公顷。粮食总产量45 149吨,同比增加3.3%,其中小麦产量18 598吨,同比增加325.4%;大麦产量13 913吨,同比下降47.7%;马铃薯产量12 537吨,同比下降1.2%。全市年末农牧业机械总动力达44 809千瓦,大中小型拖拉机1 432台,其中大中型拖拉机629台,小型拖拉机677台,链式拖拉机126台;联合收割机72台,各种农机具3 212台(套)。全年机耕地面积25万亩,机播面积18.8万亩,机收面积18.8万亩,化肥施用量(折纯)2 364吨,农用柴油887吨,农药使用量38吨。

【畜牧业】 牧业年度牲畜总头数147 344头(只),比上年下降33.1%。年末家畜存栏总头数146 550头(只),比上年下降10.8%,其中大畜存栏7 615头(只),羊存栏136 979头(只)。能繁殖母畜在畜群中的比重为50.1%,良种及改良种牲畜占畜群的比例为10.2%。年末家畜出栏72 253头(只),出栏率为44%。全市当年肉类产量达2 124吨,牛奶产量806吨,羊毛产量579吨,禽蛋产量5吨。

全年完成森林植被恢复71公顷,"三北四期"工程造林672公顷,荒山荒地补植205公顷,退耕还林补植194公顷,公益林保护12 000公顷,植树造林3 005公顷。森林面积363 599公顷,森林覆盖率63%。

【工业】 全年完成全部工业增加值3 301万元,同比增长13.1%。全社会建筑业完成增加值11 641万元,比上年增长35%。施工房屋建筑面积7.4万平方米,比上年下降37.3%,竣工房屋面积3.3万平方米比上年增长94.1%。

【固定资产投资】 全年全社会完成固定资产投资额147 625万元,增长29.9%,其中城镇固定资产投资额完成142 762万元,比上年增长31.8%,房地产开发投资完成4 863万元,比上年增长6.4%。在全市固定资产投资中,第一产业投资2 318万元,比上年下降345.8%;第二产业投资35 029万元,比上年增长343.6%;第三产业投资110 278万元,比上年增长4.8%。

全年房地产企业房屋施工面积6万平方米;房地产企业房屋竣工面积0.8万平方米。全年新开工项目34个,完成投资额82 105万元,占全部投资的55.6%;续建项目18项,完成投资额65 520万元,占全部投资的44.4%。

【交通运输 邮电】 全年交通运输、仓储及邮政业增加值9 337万元,比上年增长2.8%。邮电通信各部门全年邮电业务收入2 433万元。年末本地固定电话用户8 200户,比上年下降4.3%;小灵通用户5 522户,比上年下降13.0%;移动电话用户达36 573户,比上年增长4.1%;互联网用户3 780户,比上年增长62.7%。

【国内贸易】 全年社会消费品零售总额55 020万元,比上年增长21.7%。分行业看,批发零售贸易业零售额37 304万元,增长23.1%;餐饮业零售额10 895万元,增长20.4%;其他行业零售额7 000万元,增长19.3%。

全年引进招商项目22个,引进国内资金61 686万元,引进区外资金24 286万元,引进区内资37 400万元。全市向上争取并已到位的各类项目资金21 475万元。对外贸易出口总额50万美元。

【金融 保险业】 年末全市金融机构各项人民币存款余额131 008万元,比上年增长39.1%,其中:居民储蓄存款余额62 638万元,增长22.0%。年末全市金融机构各项人民币贷款余额31 924万元,比上年下降5.0%。其中:商业贷款余额4 133万元,与上年持平;农业贷款余额13 388万元,下降28.6%。

全年保险业保费收入2 643万元,比上年增长7.4%,其中:财产险保费收入1 541万元,增长71.4%;人身险保费收入1 102万元,下降29.6%。全年保险业赔款与给付支出1 631万元,比上年增长40.1%。

【教育】 全市共有中小学9所,在校学生3 296人,专任教师382人。其中:普通中学3所,全年招生446人,在校学生1 364人,教职工172人,其中:专任教师158人;小学6所,全年招生219人,在校学生1 932人,教职工267人,其中专任教师224人。小学适龄儿童入学率100%。

全市共有幼儿园14所。在园幼儿545人;教职工71人,其中:专任教师48人。

【文化】 全市共有艺术表演团体(乌兰牧骑)1个,从业人员15人,全年演出395场。全市拥有文物管理站1个;文化站2个。全市有广播电台1座,广播综合人口覆盖率62.0%;拥有电视台1座,乡级电视站2个,村级电视站5个,电视综合人口覆盖率97.2%,有线广播电视用户12 000户。全年市级报刊发行量13 200份。

【卫生】 全市共有卫生机构(含个体)40个,其中:医院、卫生院(含社区、疗养院)11个。年末各医疗单位实有病床381张。年末全市有卫生技术人员224人,其中:执业医师110、执业助理医师24人,注册护士82人。全市有妇幼卫生保健机构1个,卫生技术人员2人。全市有疾病预防控制中心1个,卫生技术人员9人。全市共有乡镇卫生院4个,床位57张,卫生技术人员40人。

【体育】 全市承办国际雪联越野滑雪夏巡赛阿尔山站赛1次,参加人数约100人次;全市承办全国青年自由式滑雪锦标赛阿尔山站赛1次,参加人数约50人次;全市承办全国中学生越野滑雪锦标赛阿尔山站赛1次,参加人数约50人次。

【人口】 年末全市户籍总人口48 182人,比上年增加317人。其中:蒙古族人口7 907人,增长2.1%,占总人口的16.4%,其他少数民族2 004人,基本与上年持平,占总人口的4.2%。全年出生人口254人,出生率为5.29‰;死亡人口215人,死亡率为4.48‰;人口自然增长率0.81‰。

【人民生活】 全年城镇居民人均可支配收入10 014.6元,比上年增加833.3元,增长9.1%。全年农牧民人均纯收入达3 842元,比上年增加492元,增长14.7%。

【社会保障】 全年参加基本医疗保险的职工13 539人,比上年增加3 808人,增长39.1%。其中:参加基本医疗保险的退休人员4 295人;参加城镇居民基本医疗保险参保人数16 872人,比上年增加11 233人,增长199.2%;新型农村合作医疗参合人数3 352人,比上年增加321人,增长10.6%,参合率达98.0%。年末参加基本养老保险的职工3 962人,其中:参加基本养老保险的离退休人员1 454人。参加失业保险的职工5 100人。城镇居民最低生活保障人数达4 029户、7 948人,比上年增加1 181户、2 000人,共发放最低生活保障金1 528万元,比上年增加723.8万元,增长90.0%。

(唐楠 刘贺)

科尔沁右翼前旗

【领导名录】

旗委书记:皇甫军

人大主任:张宝泉(蒙古族)

旗　　长:张双泉(蒙古族)

政协主席:张运发

武装部长:王领全(蒙古族)

政委:汪纯洋(3月离任) 贾桂申(3月任职)

【概况】 科尔沁右翼前旗位于内蒙古自治区东北部,大兴安岭南麓,兴安盟中西部。地理坐标为北纬45°48′51″~47°01′32″,东经119°49′39″~122°46′16″。南北最长133.3公里,东西最宽227公里,总面积16 963.5平方公里。旗境东与内蒙古自治区兴安盟扎赉特旗相连;南与吉林省洮南市,兴安盟乌兰浩特市、突泉县、科尔沁右翼中旗相接;西与内蒙古自治区锡林郭勒盟东乌珠穆沁旗、蒙古国毗邻;北与兴安盟阿尔山市、扎赉特旗接壤。中蒙边界线长32.496公里。全旗辖乌兰毛都、阿力得尔2个苏木,满族屯满族乡1个乡,科尔沁、居力很、归流河、察尔森、额尔格图、大石寨、德伯斯、索伦8个镇(白辛、俄体、巴拉格歹、哈拉黑、古迹、巴达仍贵、保门、好仁、树木沟、桃合木10个办事处),绿水1个种畜场。有耕地449万亩,林地796万亩,可利用草场1 300万亩(全口径)。苏木、乡、镇(办事处)人口341 787人(包括国有农牧场),其中:蒙古族155 284人,汉族169 037人,其它少数民族17 466人。人口密度为每平方公里20人,男女比例为107:100(女为100),是一个以蒙古族为主体、汉族为多数的多民族聚居的少数民族边境旗。

2009年,全旗地区生产总值实现40.07亿元,同比增长16.8%;财政收入实现1.85亿元,同比增长23%;全社会固定资产投资完成39.57亿元,同比增长57.5%;全社会消费品零销总额达12亿元,同比增长17.4%;城镇居民人均可支配收入达9 800元,农牧民人均纯收入达3 154元,分别增长11.4%和17.9%;城镇登记失业率控制在4.5%以内。

【农业】 全年农作物播种面积为318万亩,粮食总产达5.46亿公斤。强化农业综合生产能力建设,新打井908眼,新增有效灌溉面积8.2万亩,新增节水灌溉面积9万亩,建成"民办公助"小型农田水利项目3个,农业综合生产能力和防灾减灾能力得到提高。推广测土配方施肥125万亩。种植业保险参保面积达202万亩。引进移动式喷灌设备,建设节水喷灌示范园区5个。

【畜牧业】 全旗牧业年度大小牲畜存栏达315万头(只)。改良大小畜139.4万头(只),良种改良实现95%以上。新增饲料田灌溉面积1万亩。

【生态建设】 全年造林25.6万亩,水土保持治理完成11.7万亩。进一步强化禁牧封育措施,牧区实行划区轮牧和草畜平衡。重视防火工作,成功堵截2次蒙古入境草原大火。

【惠农惠牧政策落实】 发放粮食直补,农资综合补贴、农机具购置补贴、良种补贴等各类补贴1.23亿元,比上年增长25.04%,并全部实行"一卡通"发放。作为全区开展嘎查村公益事业建设"一事一议"财政奖补试点工作的重点推进旗,村级公益事业建设成效显著。实施"兴边富民"行动项目。改造完成1 667户危草房。实施5个整村推进项目、3个产业化扶贫项目和1个扶贫移民扩镇项目建设。自治区33个厅局延伸帮扶工作扎实开展,"京蒙对口帮扶"工作有效对接,使贫困群众的生产生活得到极大的改善。

【农牧业产业化】 围绕产业化重点项目建设,旗政府投入1 500万元"以奖代补"资金,带动民间资本投入近1.5亿元,有效推进产业化重点项目建设。全旗发展设施农业2 600亩,新建蔬菜食用菌暖棚213栋,生产食用菌132万棒,新建50处2 000只以上规模的肉羊养殖小区,建成2万亩绿色农产品基地。启动建设平安和柳树川高效农业示范园区。投入500万元实施"一村一品"项目。

【工业生产及工业园区建设】 实现规模以上工业增加值6.61亿元,同比增长31.6%。扶持重点企业扩能技改,争取上级中小企业扶持资金836万元,协调金融部门为旗内8家中小企业投放贷款3 310万元。旗财政安排500万元贴息资金,扶持科尔沁王酒业、宏达压铸、蒙佳粮油、草原兴牧、兴安脱水蔬菜等一批骨干企业实施扩能技改,增强企业发展后劲。主要污染物排放实现"双降",节能减排取得实效。加强工业园区基础设施建设。成立工业园区管理委员会,投资近6 000万元完成园区基础设施续建工程,园区具备企业入驻条件。依托工业园区,引进10家投资1 000万元以上的工业企业。其中:投资5亿元以上的华锐风机制造企业已入驻工业园区,龙江面粉、乌兰禾饮料实现投产。完成归流河、德伯斯等工业园区的整体规划设计,为企业发展打下坚实的基础。

【招商引资】 向上争取资金5.1亿元。引进盟外国内到位资金18.96亿元,招商引资项目固定资产投资完成8亿元。矿业秩序整顿取得实效,泰玻叶腊石项目开工建设。继续推进风电项目建设,完成核准达20万千瓦。其中:2个项目开工建设,蒙能一期实现并网投产,5家风电企业正在测风做前期工作。

【城镇建设】 完成旗府新址科尔沁镇市政"两纵两横四街五路"续建工程。投资4 200万元开工建设日处理1.2万吨的污水处理厂。投入1 300万元完成旗府新址科尔沁镇绿化43万平方米。投资950万元埋设污水管网。投资3 850万元建设供热工程。完成垃圾处理场前期工作。投入1 000万元建设第二水源及供水管网工程,完成旗府新址科尔沁镇水源地保护工程建设。投入300万元完成光亮工程。

【小城镇】 编制完成7个苏木乡镇总体规划。旗府新址科尔沁镇以外的小城镇完成商业和住宅楼建设3.5万平方米。新建通乡公路175.6公里,通村公路89.3公里,公路里程发展到2 778公里,提前一年实现"十一五"提出的"乡乡通油路、村村通公路"目标。实施国家农网改造项目。完成乌兰浩特至阿尔山一级公路,锡林浩特至乌兰浩特铁路重点项目前旗段的征拆工作,保障项目顺利实施。

(王学东)

科尔沁右翼中旗

【领导名录】

旗委书记:高长胜(蒙古族)

人大主任:白长胜(蒙古族)

旗　　长:佟布林(蒙古族)

政协主席:全　宝(蒙古族)

武装部长:特格喜(蒙古族 3月离任)

　　　　　杨振明(3月任职)

政　　委:郭彦文

【概况】 科尔沁右翼中旗位于兴安盟南部、北与科尔沁右翼前旗、突泉县接壤,东与吉林省通榆县、洮南市相连,西与通辽市扎鲁特旗、霍林郭勒市以及锡林郭勒盟的东乌珠穆沁旗毗邻,南与通辽市科尔沁左翼中旗相接,地处北纬44°14′~46°41′,东经119°34′~122°18′之间。总土地面积15 613平方公里。

全旗辖巴彦呼舒、高力板、吐列毛杜、巴仁哲里木、杜尔基、好腰苏木6个镇,代钦塔拉、新佳木2个苏木,8个工作部和2个管理区,26个居委会,173个嘎查,465个艾里。全旗耕地面积171万亩,有林地面积345.64万亩,草原面积1 700万亩,水域面积15.03万亩。总人口为264 419人,同比增长0.8%,自然增长率为2.93‰。其中,蒙古族人口为222 410人,占总人口的84.11%。

2009年,全旗地区生产总值完成25.5亿元,同比增长17.3%(按可比价格计算,下同)。其中,第一产业增加值实现10.71亿元,同比增长4.3%;第二产业增加值实现5.83亿元,同比增长35.8%;第三产业增加值实现8.96亿元,同比增长22%。第一产业对经济增长的贡献率为10.4%,第二产业对经济增长的贡献率为41.6%,第三产业对经济增长的贡献率为48%。人均地区生产总值(按平均户籍人口计算)9 682元,比上年增加1 519元,可比增长15.7%。在地区生产总值中,一、二、三次产业构成为42:22.9:35.1。全社会商品零售额达11.81亿元,同比增长24.2%。全年居民消费价格总指数累均为101.4,比上年同期下降4.4个百分点;商品零售价格总指数累均为101,比上年同期下降5.6个百分点;农业生产资料价格总指数为101.4,比上年同期下降11.4个百分点。财政收入实现1.3亿元(新口径),同比增长20.3%,其中,一般预算收入8 354万元,同比增长28.7%。全年全旗招商引资25.5亿元,同比增长40.42%。

【农业】 注重推广农业科技,建设国家级玉米高产创建示范区2个、旗级农业科技示范区8个、粮食高产创建示范区10个。改善农业的基础条件,新打各类农用井1 796眼,新增水浇地17.35万亩,水浇地面积达到64.8万亩。完成100万亩高标准农田建设规划,启动中南部地区50万亩电灌示范区建设,建设现代标准农田10万亩,新增设施农业面积200亩。总投资4 118.77万元,实施基本农田土地整理项目5项,总整理面积达4.68万亩。农作物投保面积达134.88万亩,保赔170万元。全旗粮食总产量达4.15亿公斤。发放粮食直补922万元、农资综合补贴4 234万元、农机具补贴630万元。兑现退耕还林补助2 312万元、退牧还草补助699万元。拨付农作物良种补贴1 728万元,4.6万农牧民受益。建设沼气3 600口,免费推广测土配方施肥214万亩。投资1 994万元,解决了2.58万人口的安全饮水问题。新建和改造农家店180家,兑现补助资金108万元。落实"家电下乡"、"汽车摩托车下乡"政策,兑现补贴资金47万元,惠及466户农牧民。全旗有机食品原料基地认证面积达到12.6万亩,无公害原料食品生产基地面积达52.6万亩。建设有机水稻、有机油葵、玉米良种繁育、生态桑园、红干椒种植基地各1万亩。乡镇企业产值达3.52亿元,引进项目3个,资金1.08亿元,新办企业3个,实现增加值1.06亿元,同比增长-63.07%。

【畜牧业】 投资60万元的南部地区大畜改良服务中心和投资104万元的基层兽医服务体系建设项目已竣工。启动实施总投资300万元的家畜产品质量安全检测站项目。投资52万元,建设了动物疾病控制中心化验室。建设牲畜冷配站、点155处,冷配黄牛3万头,羊人工授精20万只。投资2 000万元,建设了4处肉牛、肉羊养殖示范区和1处舍饲养殖小区。牧业年度,全旗家畜存栏头数达181.8万头(只、口),比上年增加17.1万头(只、口),增长10.4%,其中,大、小畜161.6万头(只),比上年增加10.8万头(只),增长7.2%。全年家畜出栏122.33万头(只、口),出栏率为88.7%;大小牲畜商品率为83%;肉类总量达31 125吨,同比下降10.68%;牛奶产量14 886吨,同比增长2.16%;禽蛋产量4 208吨,同比增长13.55%。

【工业】 全旗全部工业企业完成增加值3.38亿元,可比增长21.6%,其中,规模以上工业企业增加值实现1.93亿元,可比增长31%;规模以上工业企业实现产品销售率为98.5%,规模以上工业企业经济效益综合指数170.26,比上年提高21.2个百分点;规模以上工业企业实现主营业务收入5.48亿元,同比增长37.2%;规模以上工业企业实现利税4 280万元,同比增长11%(税金完成2 105万元,增长3.8%,利润完成2 175万元,同比增长19%)。主要工业产品产量:铜金属1 065吨,煤10万吨。

【林业】 全旗新增造林面积15.2万亩,比上年减少0.3万亩,其中,营造用材林3.7万亩,防护林11.5万亩。年末,森林覆盖率达到14.52%。

【生态建设】 继续严格落实禁牧封育政策,加大对乱开滥垦、乱砍滥伐等行为的治理力度,严厉打击破坏生态环境的违法行为。完成基本草原划定工作,划定基本草牧场898万亩,并通过自治区验收;实施总投资2 100万元的95万亩退牧还草工程,高标准通过国家和自治区的验收,完成草原普查外业工作;灭草原鼠虫害283万亩;造林绿化15.2万亩,人工种草40万亩,治理荒山8万亩、小流域6平方公里,水土保持治理面积达17平方公里。总投资6 000万元,治理总面积近130平方公里的东北黑土地治理项目和国家综合水土保持工程已通过自治区审查和批复。编制30.7万亩牧区水利规划。

【交通】 完成公路客运周转量为14 273万人/公里,货运周转量为28 047万吨/公里。公路基础设施建设完成投资2.42亿元,修建通乡公路水泥路152公里,提前实现本旗"十一五"规划确定的完成所有苏木镇通油路的预期目标。建设通村砂石路90公里,新建中型河桥3座、小型河桥2座,建设农村牧区客运站3个。锡乌铁路中旗段工程已完成征地拆迁,开始施工。全年公路载客完成186万/人次,同比增长4.5%;公路货运量达363万吨,同比增长7.1%;公路通车里程1 505公里。铁路载客34.95万人次(旗境内),铁路货运14.6万吨(旗境内)。

【邮电】 全年完成邮电业务总量9 110万元,比上年增长19.7%,其中,邮政业务总量606万元,比上年增长10%;电信业务总量8 504万元,比上年增长20.4%。年末市话用户5 206户,同比下降33.58%,其中住宅电话972户,同比下降79.85%;农村牧区电话用户5 081户,比上年下降52.7%,其中住宅电话2 036户,比上年下降80.4%;有移动电话14.56万部,同比增长2.31%;有小灵通电话3 600部,同比下降55%;宽带用户2 476户,同比下降22.58%。

【电力】 启动实施总投资4 100万元的东北电网220千伏电力输送通道扩建工程。巴彦茫哈66千伏变电站建设工程,已竣工投运。开工建设高力板、巴彦哲里木、吐列毛杜3个66千伏输变电改造工程。锡盟九连至扎木钦110千伏输变电工程得到立项。解决了747户无电户(散户)的通电问题,农村牧区电网质量明显提高。

【固定资产投资】 全社会固定资产投资完成36.39亿元,同比增长50.9%。其中,限额以上固定资产投资完成34.84亿元,比上年增加11.58亿元,同比增长49.8%。全年施工项目118个,比上年增加50个,其中新建项目100个。当年竣工交付使用项目107个,工程项目交付使用率为90.7%。房屋施工面积46.9万平方米,竣工面积32.3万平方米。投资重点向基础设施、重点产业、房地产开发建设、企业技术改造、民生等项目倾斜。在固定资产项目中,用于第一产业投资1.93亿元,比上年增长127.2%;用于第二产业投资23.32亿元,比上年同期增长30%;用于第三产业投资11.14亿元,比上年同期增长108.3%。全年房地产业投资完成1.56亿元,比上年同期增长107.7%。房屋施工面积16.9万平方米。

【个体私营经济】 全旗个体私营企业达5 509户,从业人员10 959人,注册资金2.2亿元。

【旅游产业】 围绕创建“中国旅游强县试点县”,发展文化旅游,全年旅游人数达25.58万人次,经济效益达2.1亿元。

【文化】 全旗有文化艺术表演团体1个,全年演出105场,其中农村牧区47场。公共图书馆1个,图书总藏量4.5万册。新建博物馆1处,馆藏展品5 244件。电影放映队16个,有专职放映员16人。全旗有线电视用户达11 176户,广播电视混合覆盖率为100%。报刊发行量为80.6万份。各级各类文化馆(站)18个。结合庆祝新中国成立60周年,开展多项群众性活动和文化体育交流活动,成功举办科右中旗第三届春节晚会和全盟两个文明建设经验交流汇报演出。承办全盟“五角枫情”作家笔会。先后组织参加“首届全国女娲文化节”和“中国乡村文化旅游节暨全国民间鼓舞乐大赛”、“中国科尔沁民歌·乌力格尔电视大奖赛”、“首届红城文化艺术节”,展示了科尔沁文化的魅力。旗文化馆、旗图书馆、图什业图广场分别被评为全区“十佳文化馆”、“十佳图书馆”、“十佳文化广场”,旗乌兰牧骑被评为全区“优秀乌兰牧骑”。加强文化旅游基础设施建设。投资1 500万元,建设4 900平方米的科尔沁历史博物馆;启动实施总投资6 500万元的图什业图王府复建工程;完成总投资240万元的图什业图蒙古大营扩建工程;投资130万元,新建5个基层文化站。重视文化遗产挖掘整理。出版科尔沁文化系列丛书—《科尔沁民间文化集锦》、《奥巴评传》、《枫叶染红的草原》等文献,录制《乌力格尔故乡》MTV光盘;蒙文书法长卷《蒙古秘史》获得吉尼斯世界纪录认证;“科尔沁叙事民歌”等6个项目被列入第二批自治区级非物质文化遗产名录。

10月,自治区首家非物质文化遗产博物馆在科右中旗建成。博物馆使用面积600平方米,利用声、光、电、实物、图片、文字说明等形式,全面展示科尔沁右翼中旗非物质文化遗产保护工作中取得的阶段性成果。

【体育】 成功举办“第二届全国中国马速度大赛”,被中国马协授权为“全国中国马速度大赛”独家承办地区。科尔沁马术俱乐部参加云南大理“三月街”赛马大会、第十一届全运会、全国速度马锦标赛、全区欢乐草原“元和杯”速度马大赛等赛事。旗育马基地被授予“中国马培育基地”,体育局于庆和被评为“全国体育工作先进个人”。全年举办旗级以上各类体育比赛6次,参加运动员960人。全旗在校生全部达到“国家体育锻炼标准”。

【教育】 全旗共有中、小学66所,其中,普通中学21所,小学45所(包括小学教学点31个);在校生27 992人,其中,中学在校生11 489人,小学在校生16 503人;有专任教师2 902人,其中,中学1 094人,小学1 808人。学龄儿童入学率100%。有职业中学1所,在校1 031生人,专任教师43人;有聋哑学校1所,在校生29人,教师7人;有幼儿园40所,在园儿童4 742人,幼儿教师171人。年内考入大学本科610人,其中考入区外院校110人。投资3 560万元的旗职业中学迁建工程已竣工投入使用。投资3 531万元的巴彦呼舒第六中学建设工程,已完成投资2 400万元,教学楼主体工程已竣工。投资1 800万元全面改善了巴一中、巴三中的办学条件。启动校外住宿生生活用房建设工程、中小学校舍安全工程。落实农村牧区义务教育阶段中小学公用经费938万元,落实家庭贫困寄宿生生活补助费1 895万元。通过公开考试招录64名教师。

【卫生】 全旗医疗卫生单位28个,其中,苏木镇、管理区、工作部19个。有卫生技术人员1 544人,其中医师及医师以上资格的543人。医疗单位拥有病床919张。全旗嘎查级医务人员及妇幼保健人员配备率达100%。公共卫生体系不断完善,新型农村牧区合作医疗参合率达98%,低保人口、“五保户”、优抚对象参合率达100%。启动实施投资1 080万元的蒙医医院门诊楼建设项目,完成投资146万元的蒙医医院蒙中药房建房项目;投资291万元,改扩建基层卫生院9个;投资260万元,完成旗疾控中心办公楼主体工程;基层卫生院人员工资纳入财政预算,财政拨付比例由13%提高到60%。

【人民生活】 全旗城镇居民人均可支配收入实现9 314元,比上年增加650元,增长7.5%,年人均消费支出6 422元,同比增长1.1%;农牧民人均纯收入实现3 155元,比上年增加404元,同比增长14.7%,年人均消费2 383元,同比增长2.9%。城乡居民储蓄存款余额达12.08亿元,同比增长29.8%。

【社会保障】 全旗参加养老保险人数为15 463人,基本养老保险费收入3 066万元,领取基本养老保险的离退休人员4 485人,领取养老金额5 044万元。参加城镇基本医疗保险的人数为55 383人,其中,参加城镇职工基本医疗保险人数为22 196人,参加城镇居民基本医疗保险人数为33 187人,新型农村合作医疗参合率为98%,新型合作医疗基金支出总额为1 333万元,受益11 801人次。参加失业保险人数为10 965人,领取失业保险人数为3 084人。参加工伤保险人数为7 122人,参加生育保险人数为7 120人。全旗共有养老院3所,收养孤寡老人70人。全年共有15.3万人次得到各级政府救济,享受到最低生活保障救济的城乡居民13 384户、29 799人。全年共发放低保金3 352万元,其中,城镇居民最低生活保障金1 840万元,农村牧区最低生活保障金1 512万元,城乡居民年人均享受低保金额为1 125元。

【扶贫帮困】 扶贫开发工作得到加强,争取国家扶贫专项资金900万元,实施了中低产田改造和养殖项目;实施总投资595万元的革命老区“一村一品”项目;完成京蒙帮扶初步项目规划,与北京崇文区进行了工作对接;自治区厅局机关投入帮扶资金6 181万元,盟、旗直属机关分别投入430万元和400万元,使被帮扶地区生产生活条件有明显改善;投入政府专项资金1 080万元,改造危房1 588户。

(色音巴雅尔 庆格勒图)

扎赉特旗

【领导名录】

旗委书记:刘振财

人大主任:海　龙(蒙古族)

旗　　长:王旺盛(蒙古族)

政协主席:哈　达(蒙古族)

武装部长:于树学

政　　委:郭小鸥

【概况】 扎赉特旗位于内蒙古自治区兴安盟东北部,大兴安岭南麓,嫩江右岸,地属大兴安岭向松嫩平原过渡地带。东接黑龙江省龙江县,南与黑龙江省泰来县、吉林省镇赉县交界,西连科尔沁右翼前旗,北与呼伦贝尔市扎兰屯市毗邻。地处北纬46°04′~47°21′,东经120°17′~123°38′,旗境东西长210公里,南北宽143公里,全旗总面积11 155平方公里。现有耕地面积510万亩,草原面积598万亩,有林地面积390万亩,国道111线和省际大通道境内穿过。旗政府驻地音德尔镇距乌兰浩特市108公里。全旗辖1个苏木、1个乡、7个镇、10个乡级工作部和1个乡级国营种畜场,即音德尔镇、巴彦高勒镇、新林镇、胡尔勒镇、图牧吉镇、巴达尔胡镇、阿尔本格勒镇,巴彦乌兰苏木,好力保乡,国营种畜场。194个嘎查村、705个自然屯。有自治区监狱管理局东部分局、图牧吉劳教所、八一牧场、巴达尔胡农场等驻旗单位。年末全旗常住人口399 289人,男性人口207 305人,女性人口191 984人。由17个民族构成,蒙古族人口16.5万人;城镇人口80 259人,占全旗总人口比重的20.1%;乡村人口319 030人,占总人口比重的79.9%。出生人口4 765人,人口出生率11.95‰;人口自然增长率5.96‰。人口密度3.5人/平方公里。

2009年,全旗地区生产总值实现40.12亿元,按可比价计算,比上年增长18.7%。其中第一产业增加值19.49亿元,增长7.7%;第二产业增加值7.35亿元,增长35.4%;第三产业增加值13.28亿元,增长18.7%。全年完成地方总财政收入13 239万元,比上年增长20.2%,其中地方财政一般预算收入8 482万元,比上年增长22.7%。全年地方财政支出164 730万元,比上年增长39.34%。

【农业】 全旗农作物播种面积245 634公顷,比上年增加7 269公顷。其中粮食作物播种面积236 986.6公顷。玉米播种面积109 072公顷,大豆播种面积56 288公顷,水稻16 619公顷,马铃薯2 861公顷,谷糜1 339公顷,高粱6 947公顷,杂豆43 595公顷,花生2 804公顷,葵花5 556公顷,药材5公顷,其它农作物41公顷。全年粮食总产量12.8亿斤,比上年减产6.0万吨。全年油料产量1.6万吨,蔬菜产量1.05万吨,水果(含果用瓜)产量0.14万吨。8月,201万亩绿色食品原料标准化生产基地通过国家认证,扎赉特旗被评为"全国绿色食品原料标准化生产基地",连续4年被评为"全国粮食生产先进县"。全旗无公害基地认定400万亩,无公害产品认定10个,绿色、有机农产品认证4个。

新打机电井1 106眼,新增农田有效灌溉面积7 333公顷,新增节水灌溉2 666公顷,全年综合治理水土流失面积26 666公顷、比上年增长9%。全旗水浇地总面积128.55万亩。全旗共组建各类经济合作组织118个,其中专业合作社87个,培养农民经济人326人。农牧业产业化建设及生猪小区大场补贴资金2 542万元,安排现代农业示范园区建设资金1 570万元,发放粮食补贴2 758万元、综合补贴149亿元、良种推广补贴3 947.7万元、农机购置补贴810万元。

【农业科技】 2009年,以内蒙古农业大学等院校技术为支撑,启动现代农业科技示范园区建设,建设旗级科技示范园区1处,面积300亩,示范作物种类5个,试验示范品种65个,试验示范项目10个;发展设施农业1 018亩;种植甜叶菊、万寿菊、中草药等经济作物9.5万亩;举办农业科技培训班685期,培训农牧民12.7万人次,发放科普资料5.5万份,为农民现场答疑解难2 000多条,同时开通"16880088"农业信息智能语音服务系统。

【畜牧业】 牧业年度家畜总头数197万头(只)。其中大畜存栏20万头(只),生猪存栏88万头,羊存栏72万只,牛存栏18万头。生猪产业稳步推进,新建种猪繁育场8处,标准化养猪小区75处,规模猪舍409处,全旗生猪饲养量达突破200万头,扎赉特旗被列为自治区生猪调出大县和全国生猪调出监测重点县。稳步推进鹅产业,全年新建鹅舍5.3万平方米,新引进鹅孵化企业3家,屠宰加工企业1家,白鹅饲养总量达301万只,实现销售收入4 520万元。全旗新增奶牛6 120头,存栏32 549头,年出栏肉牛3.48万头,年出栏肉羊42.22万只,肉猪出栏60.28万头,年末家畜实有头数118.08万头(只、口),其中大牲畜19.74万头(只),羊63.60万只,猪34.75万口。年肉类总产量5.6万吨、比上年增长33.3%,牛奶产量8.8万吨、增长6.0%,毛绒产量1 940吨、禽蛋产量970吨。人工种草牧草21.6万亩,种植饲料作物60万亩,禁牧草原397万亩,禁牧羊72.8万只。

【林业】 全年共植树造林14.6万亩,育林坑植树6万亩。造林合格面积10万亩。退耕还林荒山造林1万亩,退耕还林补植6.88万亩。"三北"四期工程造林1万亩,新增"三北"四期工程造林8万亩,小流域治理8万亩,四旁植树1.1万亩,义务植树100万株,育苗1 350亩,容器育苗180万袋。全旗林地总面积453.5万亩,其中天然次生林300万亩、人工林150万亩。森林覆盖率24.11%。

【工业经济】 开工建设重点项目19项,当年完成投资7.11亿元。其中,全兴水泥日产2 500吨熟料项目即将试运行;南京雨润集团200万头生猪屠宰加工项目进入设备安装阶段;源龙源集团60万头生猪屠宰线和1万吨冻肉储备项目竣工,获得国家储备肉资格认证;深能源公司、龙源公司集团完成测风,5兆瓦光伏发电试点县项目落户扎赉特旗;保安沼农工贸公司等15个千万以上重点项目全部竣工投产。启动绰尔新区建设,收储土地2平方公里,完成新区总体规划和3.6公里"两横一纵"道路建设。来贝特工业园区功能不断完善,入住企业12家。资源勘探进展顺利,引进大庆石油公司入驻扎赉特旗开展油气资源勘探工作,在努文木仁地区发现5.5米含油沙石层;加大北部地区石灰石资源勘探开发及管理力度,投入资金280万元,完成巴达尔胡农场架子山石灰石资源详查工作,隆鑫矿业、小巴音胡硕金矿等勘探进展顺利。全部工业增加值实现55 814万元,比上年增长29.2%。其中规模以上工业企业由20户增加到22户,规模以上工业完成增加值45 974万元、比上年增长35.4%,全旗规模以上工业企业主营收入137 374万元、比上年同期增长44.9%、实现利润7 300万元、比上年同期增长806.8%,规模以上工业经济效益综合指数为300.17%、比上年同期增长66.5个百分点,全年规模以上工业企业产品销售率为98.7%、比上年增长0.3个百分点。

【城镇建设】 2009年,开工建设基本项目26项,建筑面积20.3万平方米,竣工面积146 953万平方米。完成固定资产投资2.1亿元,住宅建设与房地产开发建设项目15项。建筑业增加值1.77亿元,比上年增长53.6%。加大供热、供水改造力度,完成投资900万元。完成党政大楼前广场配套工程。启动污水处理厂建设项目,铺设主管网13公里,完成54个村屯示范点总体规划,整合各类资金9 700万元,建设生态移民新村6个,共移民418户,改造危草房1 040户,新建沼气池3 969座,无害化侧所1 000个,示范点整体面貌发生重大变化。供热企业1户,总资产7 000万元,年完成投资745万元,供热面积116万平方米,年产值3 000万元,上缴税金85万元。城镇绿化投资105万元。财政支出城乡基础设施建设资金200万元。

【固定资产投资】 全社会固定资产投资完成32.9亿

元,比上年增长54.2%。全旗固定资产投资中,第一产业投资13.1亿元,增长79.4%;第二产业投资6.0亿元,增长56.5%,其中工业投资4.4亿元,增长22.2%;第三产业投资13.8亿元,比上年增长35.2%。从城乡看,城镇固定资产投资31.0亿元,比上年增长70.3%;全年房地产开发投资1.4亿元,比上年下降31.1%;农村固定资产投资0.5亿元,下降26.5%。从主要行业投资看,农林牧渔业投资12.5亿元,增长14.5%;电力、燃气及水的生产和供应投资1.0亿元,增长329.4%;交通运输、仓储及邮政业投资2.6亿元,下降19.9%;水利、环境和公共设施管理业投资5.5亿元,增长578.7%。全年开工项目100个,在建项目总投资32.9亿元,分别比上年增长78.5%和54.2%。

【贸易】 全旗个体工商户6 243户。社会消费品零售总额15.13亿元,比上年增长18.8%。按行业划分,批发零售贸易业零售额13.16亿元,增长18.8%;住宿和餐饮业零售额1.38亿元,增长22.5%;其它行业零售额0.6亿元,增长11.2%。

【交通 邮电 电力】 2009年,交通运输业公路货运量208万吨,同比增长8.9%,公路运输货运周转量18 560万吨/公里,比上年同期增长5.7%;公路客运量完成138.1万人次,同比增长0.66%,客运周转量完成12 150万人/公里,比上年同期增长4.0%。公路总里程2 187.2公里。

全年邮政业务收入实现847万元。年末本地网固定电话用户55 990户,下降3.11%,其中城镇电话用户9 190户,乡村电话用户11 090户。移动电话用户222 880户,增长12%。全旗电话普及率(包括固定和移动电话)达69.8部/百人。

【金融 保险】 年末全旗金融机构各项人民币存款余额211 420万元,比上年末增加20 240万元,增长10.6%;全旗金融机构现金831 358万元,现金支付950 439万元,收支相抵投放119 081万元。全年保险业保费收入8 241.1万元。其中人身险实现保费收入5 986.51万元,增长25%,财产险保费收入2 254.59万元,增长36.5%。全年保险业赔款和给付支出2 447.69万元,其中财产险赔款1 123.79万元,增长39.6%,人身险赔付1 323.9万元,增长15.5%。

【科技】 全旗有各类专业技术人员6 805人,全年财政科技支出668.9万元,同比增长1.3%。全年共举办各类培训班235期,培训农牧民10.2万人次,送科技下乡240人次。有农业技术推广研究人员1人,其中高级农艺师2人,中级农艺师69人,助理农艺师、技术人员117人。

【教育】 全旗有各级各类学校145所。其中,教师进修学校1所、普通高中2所、职业高中1所、初中9所、九年一贯制学校14所、中心校级小学17所,村级完小34所、教学点23个、幼儿园44所(其中民办幼儿园14所);全旗在校学生总数38 661人,其中,普通高中在校生3 967人,职业高中在校生2 438人,初中在校生7 739人,小学在校生18 218人,在园在班幼儿6 299人。2009年全旗高考本科上线989人,比上年增加102人。财政支出教育事业费24 207万元,比上年增长5.2%。

【文化】 全旗文化产业发展到130家,有文化馆、图书馆、乌兰牧骑、电影公司、新华书店各1个。图书馆藏书2.8万册,接待读者1万人次;电影放映队1个,放映场次2 900场次。广播人口覆盖率89.75%,电视人口覆盖率90.26%。

【卫生】 全旗共有卫生机构31个,床位524张。卫生技术人员809人,执业医师、助理医师352人,注册护士135人,药剂人员36人,检验人员28人。农村牧区卫生事业不断加强,拥有农村牧区村级卫生室305个,拥有乡村医生和卫生员315人。财政对医疗卫生事业经费支出5 535万元,比上年增长4.3%。

【体育】 全年举办各类运动赛会8次,参加运动员人数3 200人,94.5%的在校生达到国家体育锻炼标准。年内全旗体育健儿在区内外重大赛事中获奖牌8枚。其中,区级银牌2枚、铜牌1枚;盟级金牌4枚、铜牌1枚。财政对文化体育支出450万元,同比增长33%。

【人民生活】 城镇居民人均可支配收入9 310元,同比增长8.3%,农牧民人均纯收入3 154.09元,同比增长14.4%。

【社会保障】 全旗社会保障支出5 034万元。37 760名农牧民享受最低生活保障,享受标准平均618元/年人。农村低保支出1 979万元;8 550人享受城镇居民最低生活保障,享受标准平均155元/月人,支出城镇低保资金3 055万元;全旗城镇参加基本养老保险人数9 461人,比上年增长9.3%,财政支出养老保险金4 068万元,同比增2 020万元,增长49%。城镇职工基本医疗保险金支出1 476万元。城镇就业再就业支出616万元。新型农村合作医疗覆盖整个农村牧区,25.4万农牧民享受医疗保险待遇,参合率97%。合作医疗资金支出2 342万元。

(高殿富)

突 泉 县

【领导名录】

县委书记:刘剑夕(达斡尔族)

人大主任:石庆喜

县　　长:马焕龙

政协主席:张秀兰(女)

武装部长:彭　海

政　　委:李建平

【概况】　突泉县位于内蒙古自治区东北部,兴安盟中南部;大兴安岭南麓,科尔沁草原深处。地处北纬45°11′25″~46°5′12″,东经120°43′45″~122°10′20″之间。北部、东北部同科尔沁右翼前旗接壤,南部、西南部与科尔沁右翼中旗毗邻,东部和吉林省洮南市相连。地域形状呈西北至东南走向的长方形,镶嵌在祖国东北边陲,东西相距113.9公里,南北相距99.6公里。全县总面积4 889.5平方公里,现有耕地面积217万亩,有林地面积214.2万亩,草牧场面积332.1万亩。2009年,全县辖突泉、六户、杜尔基、水泉、永安、宝石6个镇(学田、溪柳、太平、太东、太和、九龙6个乡),盟属国有杜尔基农场驻突泉县;全县有188个村民委员会、19个居民委员会、464个自然屯。县人民政府所在地—突泉镇,位于突泉县南部偏西。

全县总人口314 601人,其中:汉族人口224 289人,蒙古族60 168人,回族、满族、朝鲜族、达斡尔族、鄂温克族、鄂伦春族、藏族、锡伯族、苗族、维吾尔族、土家族、彝族等其他少数民族人口30 144人。

2009年,完成地区生产总值32.3亿元,同比增长19.2%。第一产业增加值完成13.3亿元,同比增长5.6%;第二产业增加值完成11.2亿元,同比增长33.3%;第三产业增加值完成7.8亿元,同比增长27.9%。完成社会固定资产投资24.9亿元,同比增长56.0%。社会消费品零售总额完成11.45亿元,同比增长16.8%。实现地方财政收入7 252万元,同比增长20%。财政支出累计达123 900万元,比上年增加34 519万元,增长38.6%。城镇居民人均可支配收入和农民人均纯收入分别达9 313元和3 106元,同比增长分别为7%和19.1%。

【农业经济】　全县规划建设设施农业温室大棚小区11个、专业村8个,建设设施农业温室大棚600座、发展木腐菌150万棒、草腐菌300亩。县财政已经投入扶持资金340万元、协调投放贷款900万元、群众自筹资金2 120万元,从5月份开始11个小区和8个专业村全部开工建设,新建设施农业温室大棚600座,已经全部竣工,60万棒食用菌(香菇)已经陆续入棚栽培。2009年底,全县有2 500座设施温室大棚投入使用,种植品种:食用菌有香菇、草菇、平菇、鸡腿菇、秀珍菇等,瓜果类有香瓜、油桃、李子,蔬菜主要以黄瓜、西红柿、茄子、辣椒、芹菜、韭菜和小菜为主。实现基地产值5 130万元,增收拉动就业2 500人,实现就业收入700万元,拉动第三产业增加值150万元,拉动全县农民人均增收220元。

【畜牧业】　全县牧业年度家畜存栏63.2万头只口。生猪存栏9万口,肉鸡出栏1 026万只,新建肉牛育肥场6个、肉羊育肥场12个。重大动物疫病防治密度达100%,完成畜禽免疫282.4万头只口(次),完成禽类(不含小区)免疫131.8万羽(次)。种植饲草饲料35.85万亩。

【林业】　植树造林5万亩,其中:三北防护林工程3万亩、封山育林1.5万亩、四旁植树0.5万亩。森林覆盖率为25.7%。全县共发放林权证24 168本,确权面积91.32万亩。其中:荒山确权9.18万亩,发放林权证1 637本;退耕还林确权面积66.09万亩,发林权证22 264本;集体重点公益林确权面积12.58万亩,发证75本;集体地方公益林确权面积3.47万亩,发放林权证192本。全年年采伐限额34 149立方米,年采伐活立木蓄积658立方米,占限额1.9%,发放采伐证28张。皆伐面积85亩。全县换发木材加工许可证15本。

【工业】　实施工业重点项目13项,其中:续建项目5项、新开工项目8项。计划完成投资102 080万元,到年末完成投资125 330万元,完成盟下达任务目标84 530万元的148.3%。规模以上工业增加值完成4.1亿元,增长36.7%。

【交通　邮电】　全年共完成客运量115万人次,其中春运期间输运旅客9.95万人次,客运周转量8 700万人公里;完成货运量155万吨,货运周转量15 820万吨公里。

全县联通公司业务收入累计完成2 141万元,完成全年计划84.28%,比上年同期下降2.21%。其中:固定电话业务收入1 250万元,G网业务收入891万元,数据业务收入438万元。固定电话达17 504部;G网业务放号净增2 699部,累计达21 036部;ADSL宽带累计净发展1 973户,到达6 566部。

【科技】　科技局推广区级重点技术9项,实现规模效益3 000万元,完成任务150%;推广盟级实用技术50项,实现规模效益9 600万元,完成任务225%。引进新技术新品种50项,推广面积90万亩。培育和发展高新技术企业3家(天宇公司、泰达纸业、塔筒制造)。新建设施农业小区11处,专业村8处,新建温室大棚300座,冷棚600座。全年可创产值4 500万元,拉动农民人均增收200元以上。全面实施科技特派员挂项承包,共派出科技特派员100人,举办各类培训班380期,培训各类专业人才6 000人次。"96048"科技特服号由自治区统一改为"12396",推广普及200多个村屯,为农牧民提供10万条疑难问题声讯解答,有82名坐诊专家,出诊452次,咨询电话680次,减少了农牧民经济损失。

【教育】 2009年,全县有1 609名学生参加高考,三本以上录取665人,比上年增长110人,增长率33.3%;有2 037名学生参加中考,考入乌兰浩特一中86人,比上年增加36人,增长率41%,整体升学率73%。小学辍学率为零,初中辍学率为0.63%,青壮年非文盲率99.83%。职业教育学生就业率100%。全年投资6 535.24万元对16所学校23个建设项目进行改造,改造面积51 867平方米。申请助学贷款1 126万元,受益学生219名;社会捐助资金24.05万元,受益学生296人;落实中央专项彩票公益教育助学项目资金18万元,受益学生180人。

2009年,农村九年义务教育阶段中小学公用经费基本定额补助标准为小学生人均每年300元,初中生人均每年500元;全县小学生在校1 785人,中学生在校9 673人,共发放经费1 020万元;中小学寄宿制学校免收住宿费,补助标准为小学生每人每学期50元,初中生每人每学期60元;小学生住宿6 595人,中学生住宿6 333人,共发放经费142万元;九年义务教育阶段家庭经济困难寄宿生生活补助资金402.02万元,其中:小学生每人每学期按250元,中学生每人每学期按375元补助标准发放,享受人数12 928人。

【文化】 全年下乡演出53场;展出禁毒图片百余幅,向群众宣传《中华人民共和国禁毒法》,累计观看展览群众1 000人次;广泛开展公益性放映活动,在12个乡镇放映电影520场次,观众达10万余人,其中电影放映站放映120场。图书馆全年接待读者3万人次,流通书刊12万册次,解答读者咨询150余件,还在民主社区和艳芬养老院建立了图书室,并为每个图书室流通书刊6次、50余册次。艺术创作成果丰硕,继《荒草滩》、《桃花岭》获得"五个一工程"奖后,2009年,小戏《十五的月亮》再获此殊荣。出版《突泉书法美术作品集》,该书收录了突泉县乡土艺术家和在外地发展的艺术家书画作品220件。选送65件美术、书画、摄影作品参加盟委宣传部和盟文联举办的"庆祝新中国成立六十周年"《祖国颂 ·兴安情》美术、摄影艺术展,入选展出9件,其中:3件工笔人物获一等奖一个、二等奖二个,2件国画山水和1件漫画分别获三等奖。

2009年,匹配8 100套卫星电视接收设施,用于解决50户以下已通电不通广播电视的盲点村屯。兴安一套节目覆盖工程进展顺利,节目覆盖12个乡镇、181个村、至年底覆盖人口288 880人,人口覆盖率达到92%。11月份,对全县开展了有线电视数字化整体转换工作,至年底已安装5 000户。

【农村合作医疗】 共有186 460人参加农村合作医疗,其中:农民自缴费人数184 465人、民政代缴参加农村合作医疗费人数1 995人,户籍参合率达75.2%,按常住人口(189 299人)为98.5%。新型农村合作医疗资金到位1 500.66万元。2009年,突泉县共有11 080人获得住院补偿,住院总费用为3 919.32万元,报销补偿金额为1 621.81万元,人均补偿1 493.73元,实际补偿比41.38%,享受中医药提高5%补偿302人,总费用196 204.76元,增加补偿额4 157.1元。

【社会保障】 养老保险扩面766人,完成任务目标的132%。参统人员达18 648人,缴费人数13 603人,基金收缴5 720万元,基金滚存结余6 613万元(含上级转移支付资金1 330万元),支付能力达11个月。

城镇低保保障人数增至7 518人,比上一年增加1 148人,占全县人口的10.9%,保障标准由170元提高到200元,人均补差从125元提高到155元。农村低保保障人数增至29 370人,比上年增加7 242人,保障标准每人每月提高15元。

【就业】 人事劳动局举办厨师、服装裁剪、电工、礼仪、家政等电焊创业能力等各类培训班60期,培训2 532人,其中:培训失业人员1 235人、农村劳动力转移培训1 297人。实现下岗失业人员再就业931人,完成任务目标的116.4%,其中:"4050"人员440人,完成任务目标的113%。累计新增劳务输出20 385人,完成任务目标的127%。

【旱灾】 遭受了低温、冷冻、旱灾、风灾、洪水等自然灾害,特别是遭受了历史罕见的旱灾,全县农作物全部受灾,受灾面积244.5万亩,成灾162.7万亩,绝收81.8万亩,受灾人口24.3万人,2.9万人饮水困难,灾害造成直接经济损失5.5亿元,累计下拨救灾款338.9万元,解决16 500人灾民的口粮问题。

(冯殿玉 宁振江 李树梅 石睿)

通 辽 市

【党政军领导名录】

市 委

书 记:那顺孟和(蒙古族)

副书记:傅铁钢 萨仁(女 蒙古族 1月任职)

常委:那顺孟和(蒙古族) 傅铁钢 道尔吉(蒙古族) 辛金山 萨仁(女 蒙古族) 闫鹏 吴艳刚(达斡尔族) 陈庆荣 张国秋 师铎(1月任职) 高琦 梁志远(蒙古族) 严洪波(1月任职)

人 大

主 任:白赛娜(女 蒙古族)

副主任:乌兰(女 蒙古族) 王玉伟 王杰 李双喜(蒙古族) 林向阳 特木尔巴根(蒙古族)

政 府

市 长:傅铁刚

副市长:道尔吉(蒙古族) 李荣禧 李秀芝(女) 张国秋 李永刚(蒙古族) 高志勇 孙振云

政 协

主 席:王治安

副主席:包庆贺(蒙古族) 巴日格其(蒙古族) 张庆宗 王宝湖(蒙古族) 苏利华(女 达斡尔族) 刘广玉 汤连荣 于沨

纪检委

书 记:吴艳刚(达斡尔族)

政法委

书 记:辛金山

法 院

院 长:宝 音(蒙古族)

检察院

检察长:何 奇(蒙古族)

公安局

局 长:高运民

军分区

司令员:陈庆荣

政治委员:杨秀春

参谋长:李世军

政治部主任:杨宏斌

后勤部长:张宝贵

【概况】 通辽市位于内蒙古自治区东部,地处北纬42°15′~45°41′,东经119°15′~123°43′。东连吉林省,起于科尔沁左翼中旗东部和科尔沁左翼后旗东部;南临辽宁省,起于科尔沁左翼中旗南部、库伦旗南部和奈曼旗南部;西接赤峰市,起于奈曼旗西部、开鲁县西部和扎鲁特旗西部;北与兴安盟和锡林郭勒盟毗邻,起于霍林郭勒市北部。总面积59 535平方公里。通辽市有1个市辖区,1个县级市,1个县,5个旗,1个经济技术开发区。

年末全市常住人口308.26万人,比上年末减少0.81万人。其中,城镇人口124.14万人,比上年末增加9.77万人,占常住人口的40.3%。年出生人口3.22万人,出生率为10.43‰,年死亡人口1.64万人,死亡率为5.32‰,人口自然增长率为5.63‰,与上年持平。全市常住人口密度为52人/平方公里。

户籍人口318.85万人,增加1.94万人。其中:非农业人口123.14万人,增加3.67万人;农业人口195.71万人,减少1.73万人。蒙古族人口152.17万人,增加3.42万人,占总人口的47.7%,比上年提高0.8个百分点。男性人口161.85万人,女性人口157.01万人,男女性别比为1.03:1。2009年,全市实现地区生产总值1 003亿元,比上年增长20.0%,增幅比上年提高1.1个百分点。其中,第一产业增加值150亿元,增长3.0%;第二产业增加值533亿元,增长24.0%;第三产业增加值320亿元,增长21.0%。

按常住人口计算,全市人均GDP达32 494元,比上年增长20.2%。三次产业结构由上年的18.4:52.4:29.2变化为15.0:53.1:31.9。与上年相比,第一产业比重降低3.4个百分点,第二产业比重提高0.7个百分点,第三产业比重提高2.7百分点。

市财政总收入完成102.06亿元,比上年增长20.0%。其中一般预算收入50.70亿元,比上年增长22.8%。其中:税收收入31.86亿元,增长24.3%;非税收收入18.84亿元,增长20.2%。在税收收入中,增值税收入5.53亿元,增长12.3%;营业税收入7.38亿元,增长26.7%;企业所得税收入1.80亿元,下降4.4%;个人所得税收入0.77亿元,下降0.9%。一般预算支出152.43亿元,增长26.1%。其中,用于教育、医疗卫生、社会保障和就业、交通运输的支出分别比上年增长15.3%、68.3%、45.7%和44.5%,用于科技和环境保护的支出分别增长28.0%和53.6%。

全市居民消费价格总水平比上年上涨0.7%。城市和农村消费价格同步上涨。

农业生产资料价格比上年下降2.1%。其中:饲料价格上涨5.1%,涨幅较上年回落19.2个百分点;产品畜价格下降13.6%;化肥价格下降8.5%;农药及农药器械上涨0.6%。

房屋销售价格比上年上涨1.0%,涨幅比上年回落0.7个百分点。其中新建住宅销售价格上涨1.6%,涨幅回落1.7个百分点;二手住宅价格下降1.0%。年末全市城镇单位从业人员23.29万人,比上年增长1.1%。其中:在岗职工23.16万人,比上年增长1.0%。城镇登记失业率为3.97%,低于调控目标0.03个百分点。新增6.5万个城镇就业岗位。

【农业】 全市实现第一产业增加值150亿元,比上年增长3.0%,增幅较上年回落5.1个百分点。年末全市实有耕地面积107.44万公顷,比上年增加3.1万公顷。农作物总播种面积109.26万公顷,比上年增加1.46万公顷,增长1.4%。在农作物播种面积中,粮食作物播种面积89.72万公顷,占总播种面积82.1%,比上年提高2个百分点,增加3.32万公顷,增长3.8%;油料作物播种面积6.85万公顷,占总播种面积的6.3%,比上年提高0.9个百分点,增加1.05万公顷,增长18.1%;蔬菜播种面积6.61万公顷,占总播种面积的6.0%,比上年提高0.5个百分点,增加0.71万公顷,增长12.0%。

全年粮食产量475.25万吨(95.05亿斤),比上年减产27.75万吨(5.5亿斤),下降5.5%。其中:玉米414.4万吨;水稻16.9万吨。

油料产量8.44万吨,比上年减产2.06万吨,下降2.0%;甜菜产量7.38万吨,比上年减产3.22万吨,下降30.4%。蔬菜产量280.55万吨,比上年增产28.15万吨,增长11.2%。

【畜牧业】 牧业年度牲畜实有头数1 561.7万头(只),比上年增加126.1万头(只),增长8.8%。年末全市家畜实有头数1 047.1万头(只),比上年末增加37.3万头(只),增长3.7%。其中大小牲畜784.6万头(只),增长5.0%;猪262.5万头,增长0.1%。全年肉类总产量达到50.74万吨,增长8.2%。其中:猪肉26.0万吨,比上年增长0.04%;牛肉11.0万吨,比上年增长5.8%;羊肉7.6万吨,比上年增长52.0%。

【工业】 全年完成工业增加值485亿元,比上年增长26.6%,增幅比上年回落2.6个百分点。其中,规模以上工业企业完成增加值434.27亿元,增长27.4%,增幅比上年回落5.0个百分点。

在规模以上工业企业中,国有企业增加值37.23亿元,增长2.7%;集体企业增加值12.05亿元,增长11.2%;股份合作企业增加值5.65亿元,增长13.1%;股份制企业290.66亿元,增长33.1%;外商及港澳台商投资企业增加值55.75亿元,增长26.2%。国有控股企业完成增加值87.35亿元,增长13.8%。大中型企业完成增加值168.45亿元,增长13.5%。分轻重工业看,全年轻工业增加值164.88亿元,增长26.4%;重工业增加值269.38亿元,增长28.0%。

全年规模以上工业企业实现利润总额60.59亿元,增长25.1%。其中:有限责任公司22.14亿元,增长34.6%,占36.5%;股份有限公司10.83亿元,增长36.2%,占17.9%;私营企业13.21亿元,增长50.1%,占21.8%。国有企业、港澳台商投资企业和外商投资企业实现利润分别比上年下降51.7%、32.4%和18.0%。

在规模以上工业中,煤炭开采和洗选业增加值59.92亿元,增长25.0%;农副食品加工业增加值74.63亿元,增长36.6%;食品制造业增加值37.27亿元,增长10.1%;化学原料及化学制品制造业增加值23.01亿元,增长24.2%;医药制造业增加值9.49亿元,增长15.9%;非金属矿物制品业增加值34.79亿元,增长39.6%;有色金属冶炼及压延加工业增加值84.57亿元,增长28.2%;电力、热力的生产和供应业增加值29.26亿元,增长16.2%。

【建筑业】 全年建筑业实现增加值48.0亿元,比上年增长24.0%。全市42户有工作量的资质等级建筑企业,实现建筑业总产值67.30亿元,增长39.1%;房屋建筑施工面积262.88万平方米,其中新开工面积233.17万平方米。竣工产值59.94亿元,增长85.9%。

【固定资产投资】 全社会固定资产投资完成586亿元,比上年增长24.0%,增幅较上年回落2个百分点。

城乡50万元以上固定资产投资完成553.90亿元,增长22.9%,增幅较上年回落4.2个百分点。分产业看,第一产业投资39.62亿元,增长22.9%;第二产业投资323.74亿元,增长25.8%,其中工业投资320.19亿元,增长25.5%,增幅较上年提高0.7个百分点;第三产业投资190.53亿元,增长17.7%。三次产业投资比为7.2:58.4:34.4,与上年相比,三次产业投资比重分别提高0.2个百分点、1.3个百分点和下降1.5个百分点。分行业看,制造业完成投资141.03亿元,增长15.4%;电力、燃气及水生产和供应业完成投资149.01亿元,增长49.5%;水利、环境和公共设施管理业完成投资36.04亿元,增长6.0%。分城乡看,全市完成城镇投资529.70亿元,增长20.7%,增幅较上年回落5.6个百分点。完成农村投资24.20亿元,增长1.03倍。本年新增固定资产485.73亿元,增长28.6%。

【房地产开发】 全市完成房地产开发投资20.53亿元,下降47.1%,占固定资产投资的比重为3.7%,比上年下降4.9个百分点。在房地产开发投资中,住宅投资16.22亿元,下降32.8%;全市房屋施工面积248.49万平方米,下降47.5%;其中住宅194.15万平方米,下降50.5%。房屋竣工面积131.75平方米,增长1.1%;其中住宅99.03万平方米,下降9.6%。商品房销售面积126.10万平方米,增长3.1%;其中住宅95.44万平方米,下降9.7%。年末商品房空置面积59.24万平方米,比上年末减少0.69万平方米,下降1.2%;其中住宅40.71万平方米,增加2.61万平方米,增长6.9%。

【交通】 全年货运量完成8 477万吨,比上年增长20.0%。其中:铁路3 750万吨,增长19.3%;公路4 687万吨,增长20.6%;民航366.6吨,增长23.8%。货物周转总量561.02亿吨公里,比上年增长27.5%。其中,铁路496.86亿吨公里,增长20.0%;公路69.39亿吨公里,增长1.5倍;民航35.59万吨公里,增长53.4%。铁路货物运输周转量占全市比重为87.6%。全年旅客运输量2 895.45万人,增长21.8%。其中,铁路696.50万人,增长13.0%;公路2 194万人,增长22.6%;民航4.95万人,增长4%。旅客运输周转量61.48亿人公里,比上年增长19.1%。其中,铁路45.93亿人公里,增长19.5%;公路15.09亿人公里,增长17.0%;民航4 584.31万人公里,增长58.6%。铁路、公路、民航三种运输方式旅客周转量比重分别为74.7%、24.5%和0.7%。

【邮电】 邮电通信业全年完成邮电业务总量(2000年不变价)36.0亿元,其中邮政业务总量0.75亿元。固定电话普及率为45.8部/百户,每百户比上年末减少6.4部。其中城镇47.6部/百户;农村44.1部/百户。移动电话普及率达到41.2部/百人,每百人比上年末增加6.3部。其中城镇57.2部/百人;农村30.3部/百人。每百户城镇和农村居民家庭互联网用户分别为20.3户和1.8户。全市有邮政机构142个,邮路66条,总长度4 142公里。农村投递路线145条,投递线路总长度为15 314公里。

【旅游】 全年旅游收入总计达50.9亿元,增长28.5%,接待国内外旅游者451.6万人次,增长21.4%。旅游外汇收入905.3万美元,增长431.2%。接待入境旅游者1.4万人次,比上年增长16.7%。

根据自治区旅游景区质量等级评定委员会评定验收,全市已有A级景区15家,其中AAA级以上景区达到11家;有星级饭店25家。

【国内贸易】 全年实现社会消费品零售额204.38亿元,比上年增长19.4%,增幅比上年下降5.4个百分点,扣除价格因素后,实际增长18.6%。其中:城市消费品零售额97.93亿元,增长21.2%;县及县以下消费品零售额分别为53.8亿元和52.6亿元,增速达18.6%和16.9%。分行业看,批发业33.56亿元,增长16.1%;零售业136.45亿元,增长19.5%;住宿和餐饮业29.67亿元,增长21.4%;其它行业4.70亿元,同比增长28.0%。限额以上批发和零售企业零售额40.83亿元,比上年增长19.2%。其中:食品饮料烟酒类实现零售额12 717万元;服装鞋帽针纺织类9 208万元;金银珠宝类2 090万元;日用品类3 909万元;家用电器和音像器材类11 520万元;中西药品类4 653万元;体育娱乐用品类1 868万元;汽车类31 631万元。

【对外经济】 全年外贸进出口总额达到10 104万美元,比上年下降42.8%;其中出口4 151万美元,比上年下降70.5%;进口5 953万美元,比上年增长66.0%。从出口商品结构看,活牛出口4 394头,出口额达662万美元,比上年增长17.1%,绿豆出口7 491吨,出口额777万美元,比上年增长57.0%。2009年新增硬脂酸、纤维饲料、甘草等出口商品。其余出口商品出口量均较上年有所下降,降幅较大的有淀粉、葵花籽仁、花生仁,分别下降97.9%、71.6%、71.1%。

【金融】 年末全部金融机构各项存款余额380.76亿元,比年初增加91.42亿元,增长31.6%,增幅提高6.5个百分点。其中城乡居民储蓄存款213.24亿元,比年初增加38.57亿元,增长22.1%。全部金融机构各项贷款余额397.14亿元,比年初增加73.30亿元,增长22.6%,增幅提高3.6个百分点。全年金融机构现金收入1 619.97亿元,增长1.6%;金融机构现金支出1 651.99亿元,增长1.4%。

【保险】 全年财产险保费收入5.41亿元,比上年增长17.2%;寿险保费收入5.72亿元,增长10.2%;意外伤害险保费收入0.28亿元,增长21.3%;健康险保费收入0.54亿元,增长1.7倍。

【文化】 全市有艺术表演团体9个,文化馆9个,公共图书馆9个,藏书81.24万册,博物馆4个。艺术表演团体共演出1 520场(次),观众达75.2万人次。无线广播电台1座,广播节目四套,广播节目综合人口覆盖率98.26%,比上年提高0.97个百分点。县广播电视台7座,乡广播电视站74个,电视节目综合人口覆盖率96.79%,比上年增加1.03个百分点。有线电视用户33.69万户,入户率为41.5%。

【教育】 全市共有普通高等院校3所,全年招收全日制学生8 425人,在校生26 814人,毕业生6 248人。全市共有1所普通高校培养研究生,全年研究生教育招生195人,在学研究生474人,毕业生195人,拥有研究生导师92人。全市幼儿园88所,其中公办幼儿园22所,在园幼儿3.48万人。普通小学639所,招生3.36万人,在校生21.39万人,毕业生3.65万人;初中151所,招生3.65万人,在校生10.77万人,毕业生4.31万人;普通高中25所,招生2.33万人,在校生6.60万人,毕业生2.14万人;各类中等职业教育学校25所,招生2.48万人,在校生4.06万人,毕业生0.95万人;特殊职业教育学校1所,招生69人,在校生397人,毕业生71人。

【卫生】 全市共有卫生机构642个,其中医院39个,卫生院158个,社区服务中心127个,其它卫生机构318个。卫生机构共有床位7 748张,其中医院有床位4 942张。每千人口(常住人口)拥有医院床位1.60张。全市卫生技术人员达到11 391人,其中执业(助理)医师5 422人,注册护士3 000人。每千人口(常住人口)拥有执业(助理)医师1.76人,注册护士0.97人。

【体育】 全市共有国家二级体育运动员45人;国家三级体育运动员4人。国家二级裁判30人,荣获得国家级比赛奖牌3枚,其中金牌2枚,银牌1枚。荣获得自治区级比赛奖牌91枚,其中金牌31枚,银牌40枚,铜牌20枚。

【能源】 全社会能源消费总量为1 139.8万吨标准煤,同比增长11.3%。单位GDP能耗为1.682吨标准煤/万元,同比下降4.8%。全部规模以上工业企业综合能源消费量为750.00万吨标准煤,比上年同期增长23.0%。全年消费原煤1 931.07万吨、电力122.40亿千瓦时。单位产值能耗为0.608吨标准煤/万元,每万元产值比上年同期减少0.049吨标准,降低7.5%。有色金属冶炼及压延业单位产值能耗为0.7245吨标准煤/万元,比上年同期降低14.7%;电力、热力生产和供应业单位产值能耗为4.335吨标准煤/万元,比上年同期增长46.1%。

【环境】 全市环保系统共有职工274人,环保机构29个。环境监测站8个,环境监测人员124人。自然保护区43个,其中国家级自然保护区1个,自治区级自然保护区4个。自然保护区面积4 370平方公里,占全市总面积的7.35%。生态示范区3个,全部为国家级示范区。年内设立的建设项目环境影响评价制度执行率达100%,环境法制建设力度进一步加大。

城市污水处理厂日处理能力达15.5万立方米,城市生活污水处理率达到77.7%,提高15个百分点。市区空气质量达到二级和好于二级的天数为325天,比上年增加10天,占全年总天数的89.0%,比上年提高2.7个百分点。

【人民生活】 全年城镇居民人均可支配收入达到13 299元,增长13.5%,增幅比上年回落2.0个百分点,扣除价格因素后,实际增长12.7%,比上年提高1.7个百分点。人均生活消费支出9 122元,增长16.3%。农村居民人均纯收入5 714元,增长14.1%,增幅比上年回落1.3个百分点,扣除价格因素后,实际增长13.3%,比上年提高3.1个百分点。人均生活消费支出4 009元,增长21.9%。城镇和农村居民家庭食品消费支出占消费总支出的比重分别为30.9%和39.1%。年末城镇居民人均住宅建筑面积26.0平方米,比上年末增加0.1平方米;农村居民人均住房面积21.9平方米,增加0.2平方米。

【社会保障】 全市参加基本养老、基本医疗、失业保险、工伤保险、生育保险人数分别为20.13万人、31.69万人、18.60万人、13.10万人和18.48万人,比上年末净增1.43万人、3.24万人、0.40万人、0.80万人和5.30万人。城镇居民医疗保险参保人数26.73万人;农牧民参加农村新型合作医疗的人数达到207.59万人,参合率为96.53%,高于上年1.36个百分点。

全市享受最低生活保障的人数达到9.46万人,占非农业人口的8.0%,有4.06万户低收入家庭得到救助,累计救助资金2.35亿元,人均月补助水平超过200元。农村享受最低生活保障的人数达到15.89万人,“五保户”10 743人,其中有2 098人在敬老院集中供养。全年累计发放低保金1.46亿元,人均月补助水平超过75元。

【库伦旗发现距今5 000余年祭祀遗址】 内蒙古自治区考古工作者在内蒙古东部的库伦旗发现一处距今约5 000年至5 500年的红山文化晚期祭祀遗址。这类较为完整的红山文化晚期祭祀遗存,在红山文化发源地之一的内蒙古还属首次发现。被称为四家子遗址的这个祭祀遗存位于内蒙古库伦旗扣河子镇西北约15公里。其表面形状为残损的丘状人工垫土高台,平面略呈长方形,总面积近2 000平方米。其南、东南有人工挖掘的5个穴坑,内填埋筒形器残片和石块等数千件,专家判断其为先民们寄托愿望和埋藏"神秘"的祭祀坑。发掘迹象表明,四家子遗址的遗迹现象、出土遗物多与辽宁省牛河梁女神庙东坡筒形器群遗存等著名红山文化遗址有诸多相似之处,判断其为先民们拜神祭祖的宗教活动场明确无误。红山文化是中国北方最著名的新石器时代文化,主要分布在内蒙古东南部、辽宁省西南部和河北省北部。红山文化的发掘始于20世纪初,1908年在内蒙古林西县首次发现了红山遗址。

【通辽市民生"十件实事"件件有结果】 2009年,通辽市切实抓好关乎民生的"十件实事",解决大量关系群众切身利益的热点难点问题,民生投资更多、规模更大、惠及民众更广。全市财政用于就业和社会保障的支出为20.68亿元,同比增长46%;教育支出23.97亿元,同比增长15%;医疗卫生支出9.74亿元,同比增长68%。全市城镇最低生活保障标准提高到每人每月230元,农村牧区低保标准提高到每人每年1 200元。企业离退休人员养老金水平连续五年调高,人均月养老金已达1 233元。实施整村扶贫28个,共有10.53万人稳定脱贫。新建廉租住房22.2万平方米、经济适用住房6.2万平方米,低收入群体采暖救助10 814户,改造农村危房4 475户。建设通乡油路223公里,通村公路2 600公里,提前实现了所有苏木镇通油路的目标。解决17.74万人的饮水安全问题。启动了校舍安全工程,提高新农合政府补助标准和报销比例,使农村牧区办学条件和医疗卫生条件得到明显改善。

【通辽市69.2万劳务大军实现收入32.8亿元】 2009年,通辽市农村牧区劳动力转移工作通过健全网络、搭建平台、搞活机制、典型引路等措施,进一步畅通输出渠道,优化输出环境。培训输出人数增加,培训质量提高。全市各级政府部门积极组织农民参加"万人培训工程"、"零转移就业家庭职业技能培训工程"、"阳光工程"、"雨露工程"培训,各地积极创造条件,鼓励农民工参加职业技能鉴定,全面提高劳务输出人员的素质和就业竞争能力。全市全年开展技能培训3.4万人,引导性培训12万人,分别比上年增长近6%和20%。当年全市新建劳务输出基地36个,总数达到295个,与劳务输出基地签订劳务订单300余份,为农民提供用工岗位6.2万个。各级政府、中介组织、打工能人组织输出人数达到23.1万人,占劳务输出总人数的42%,比上年提高5个百分点。至年底,全市实现劳务输出69.2万人次,同比增加0.4万人次,劳务收入达32.8亿元,农村牧区人口实现人均劳务收入1 640元,同比增加220元。

(乌力吉巴雅尔)

科尔沁区

【领导名录】

区委书记:严洪波(1月任职)

人大主任:王贵学

区　　长:韩宪军(蒙古族 3月任职)

政协主席:华　君(蒙古族)

武装部长:郝魁先

政　　委:张文军

【概况】 科尔沁区位于内蒙古自治区东部,松辽平原西部边缘的科尔沁草原上,是通辽市首府所在地。全区地势平衍,旷野坦荡,坡降仅为1‰左右。西辽河、清河、洪河自西南向东北蜿蜒横贯全境,总流程338.4公里,地下水资源量72.1亿立方米。境内储有优质天然硅砂1 200万吨,灰白色中粒石英砂7 327万吨,橄榄灰绿石3 000万立方米,还有矿泉水、粘土矿、铀矿等矿产资源。

全年地区生产总值完成320.5亿元,财政收入20亿元,同比增长33.4%。其中,区属地区生产总值292.8亿元,同比增长17%,第一、二、三产增加值分别完成31.2亿元、203.4亿元和85.9亿元,三次产业结构比为10:63:27;社会消费品零售总额完成92.7亿元,增长26.6%。社会固定资产投资完成218.8亿元,同比增长15.3%。

【农业】 全年共完成总播面积203.0万亩,其中粮豆播种面积167.0万亩,油料播种面积3.3万亩,蔬菜、瓜果播种面积0.5万亩,其它农用物播种面积0.4万亩。新增1 000万元以上项目8个,全区规模以上的农牧业加工商贸流通企业达到39家,实现销售收入107亿元,实现利税4.77亿元,增加值达到32.4亿元。辖区内办理"粮食收购许可证"的粮食经销及转化企业220多家,其中民营企业和种粮大户 194 家,国有企业 26 家。水浇地平均产量在1 500斤左右,种地成本为口粮田每亩389.5元,承租流转地为每亩649.5元,玉米收购价格已达到每市斤0.65元,高于同期每市斤0.1元左右。

【畜牧业】 全区家畜存栏总头数可达166.52万头只口,其中牛存栏22.6万头,乳牛存栏4.02万头,羊存栏56.1万只,猪存栏77.7万口,马存栏3.8万匹,驴存栏5.4万头,骡存栏0.84万头。

【林业】 全年共完成人工造林8.3万亩(其中:2008 年新增防护林任务 4 万亩);封沙育林完成 1 万亩;义务植树完成 2 万亩;四旁植树完成0.5万亩;村屯绿化完成 57 个;退耕还林地补植补造 2.8 万亩。共投入各种造林苗木1 008.7万株,投入资金1 100万元,葡萄补助资金 520 万元,文冠果补助资金 100 万元。

科尔沁区“323”工程完成三区修复(封沙育林)1 万亩;两线治理 1 万亩(其中:国省干道沿线绿化0.1万亩,河流沿线治理0.9万亩);三大产业基地完成 4 万亩,其中:用材林1.6万亩,果树经济林 2 万亩,生物质能源林0.4万亩。

全年共完成沙地葡萄栽植 2 万亩,发展文冠果生物质能源林建设0.4万亩,用材林建设1.6万亩。完成赤通高速公路两侧造林 656 亩,“两改”工程1.1万亩。57 个村屯完成社会主义新农村建设村屯绿化工程,街道高标准绿化 270 条38.3万延长米,休闲广场绿化 1 个 10 亩,护屯林 132 亩。1.8万农牧民庭院栽植了果树6.3万株。

【水利】 全年共完成节水灌溉面积15.38648万亩,总投资达6 997.55万元。全年完成中低产田改造5.4149万亩,总投资1 935万元。水务局完成4 670亩,总投资675.55万亩。庆和镇永和屯村完成中低产田改造2 000亩,敖力布皋镇、庆和镇高启堡村各 1 万亩的中低产田改造完成。

全年总投资2 974.5万元、解决 85 个村的饮水安全问题(其中包括 2009 年 45 个村、2008 年新增 5 个村、2009 年新增 6 个村、2008 年工程 24 个村、2007 年遗留工程 1 个村等)。

【工业】 全年全部(大口径)规模以上工业完成工业增加值 160 亿元,同比增长23.1%;完成销售收入 500 亿元,同比增长26.3%;实现税金 13 亿元,同比增长15%。其中,区属规模以上工业完成工业增加值 138 亿元,同比增长42.3%;完成销售收入 430 亿元,同比增长37.8%;实现利润23 亿元,同比增长18.6%;实现税金 8 亿元,同比增长33%。新增规模企业 16 户,总数达 105 户;盘活启动停产、半停产企业 8 户。全年实施工业重点项目 32 个,其中续建项目 2 个、新开工建设项目 30 个。全年工业园区新增入驻企业 10 户,现有企业达到 69 户。

【招商引资】 全年新签约 500 万元以上招商项目 162 个,上报市级招商部门项目到位资金50.2亿元。区内统计招商项目到位资金59.8亿元。

投资 1 亿元以上项目 8 个,5 000万元 ~1 亿元的项目 21 个,1 000万 ~5 000万元的项目 89 个。

【旅游业】 实现旅游收入7.4亿元,同比增长54%。全年全区共接待国内外游客140.54万人次,实现旅游总收入14.78亿元,同比增长35%。风电观光景区一期 58 台风机全部吊装完成,修建6 000延长米的旅游观光路;莫力庙沙湖水库餐饮综合楼已完成主体工程。

4 月 16 日,在金叶广场举行了“百城旅游宣传周”活动;6 月 27 日,举办“美丽的草原我的家—通辽人游通辽”活动;9 月 27 日,在百货大楼门前举办“9·27 世界旅游日”大型宣传活动;9 月 21 日至 27 日,在莫力庙旅游区成功举办了科尔沁区首届金秋采摘节暨旅游文化周活动。

【交通】 全区境内 4 条县级公路116.82公里进行全面养护,完成土方量约11 628立方米,沟缝26 700延长米,铲草31 500平方米,完成好路率达59.9%。地方铁路专用线管理处完成线路维修 22 公里,货运量 280 万吨。测量、设计 70 余个村屯179.4公里砂石路,境内通库线(科区境内)32.7公里、通小线(科区境内)30 公里油路和一座危桥翻修建设完工,现已全线通车。

【城镇建设】 全年小城镇规划建设审批项目62 项,规划建设投资3.4亿元(含园区)。审批开工项目 51 项,建筑面积累计19.5万平方米,总投资1.6亿元。其中,小城镇房地产开发 3 万平方米,总投资4 000万元。

【环境保护】 全年,全区化学需氧量减排完成2 956 吨,建设项目环评审批 73 项,其中项编制环境影响报告表 4 项,编制环境影响登记表 69 项,环评执行率100%。科尔沁区第四中学晋升为自治区级绿色学校。丰田镇建新村被确定为自治区级生态村。

【“一杯奶”生育关怀行动工程】 自 6 月 1 日科尔沁区启动“一杯奶”生育关怀行动以来,区委政府高度重视,将其纳入全年全区“十项民生工程和20 件实事”之一,成立了科尔沁区“一杯奶”生育行动关怀领导小组,制定了《科尔沁区“一杯奶”生育行动实施方案》,落实了各相关部门和各人口单位的职责分工,进一步明确了全区“一杯奶”生育关怀行动的目标任务、基本原则、运行模式等,将"一杯奶"生育关怀行动所需资金纳入财政预算。共有3 861人享受此项惠民政策,共计发放牛奶17 389件,资金49.8万元,本级资金全部支付到位。

【科技】 全区完成硅砂开发、多晶硅引进、食用菌开发、沙地林果产业等20项科技项目储备,建立了科技项目库并将科尔沁区沙地林果业开发编制科技项目,申报国家星火计划开发项目和自治区科技特派员创业项目,被国家列为星火计划。将农村新型清洁能源开发项目申报自治区成果转化、技术推广和环境治理保护项目,得到自治区50万元科技研发经费的支持。把电路新型直落式开启设置项目申报为通辽市工业技术创新项目。全年全区共获得国家专利34项,其中实用新型专利技术21项,外观设计6项,发明7项(三聚复合保温层、二次回收热水空调,汽车自动保护罩等)。

技术人员编写种植、养殖等各类技术资料和病虫害防治图谱30 000余份,免费发给种养殖大户和农牧民手中。高级畜牧师张忠祥、孙鹏举直接服务养殖企业和养殖大户已达70余家,种植、养殖、疾病防治等服务项目30余项。32名科技特派员利用他们自身的蔬菜和食用菌生产技术,葡萄栽培技术等开展品种改良、设施农业合作项目20余项。8月,生物质秸秆气化技术在年全市科技大会上获得了全市科技进步奖。

【教育】 全年全区有9所学校进行了重点建设,总建筑面积43 958平方米,总投资额5 543万元。维修与改造计划涉及19个学校、幼儿园,总投资280万元。落实农村中小学公用经费,按照标准核定经费指标(小学每生每年300元,初中每生每年500元)下拨上半年公用经费专项补助资金1 046万元;落实城区义务教育中小学杂费专项补助资金,下拨杂费补助专项资金350万元;下拨义务教育阶段寄宿生生活补助3 453 125元;落实职业教育学校国家助学金116 250元,全年春季蒙授学生助学金386 370元。

【文化】 全年全区剧团、影视公司、图书馆开展送文化下乡活动6 120场次。开展了第三次全国文物普查,已完成文物普查点87处,其中复查文物53处,新发现文物34处。开展了非物质文化遗产普查,摸清全区非物质文化遗产14项,101小项。并发布第一批非物质文化遗产名录15项,成功举办了非物质文化遗产成果展,二人转被列为国家级非物质文化遗产。举办大型广场文化活动178场,参加人员2万人,观众近15万人;举办第四届社区艺术节,农民歌手赛、秧歌比赛、青少年才艺选拔赛、少儿版画作品展、原创歌曲演唱音乐会、二人转进通辽百年纪念演唱会等。文化馆艺术培训中心开办培训班七类,35个班,培训人员4 500人。

【卫生】 科尔沁区第一人民医院原门诊楼拆除完毕,临时接建钢架结构门诊业务用房建设已投入使用;科区妇幼保健院被评为自治区级爱婴医院,区妇幼保健大楼于5月初开工建设。大林等3所中心卫生院、高林屯等7所农牧场卫生院、胜利和大罕2所边远贫困卫生院、西门等5家社区卫生服务中心业务用房建设项目顺利实施,建筑面积总计1.73万平方米,现除东郊、西门社区卫生服务中心主体封顶外,其余项目已竣工并投入使用。3x3服务模式已经开展(即青春期保健、母婴保健、中老年保健开展健康教育、健康咨询和健康检查),开展"生殖健康"进村(社区)、进企业、进家庭、进工厂、进集贸市场"五进"活动,健康检查15万多人次,健康咨询25 358人次。

全年新农合参合率98.01%。住院补偿22 926人次,补偿金额4 037.82万元,实际补偿比例45.3%;门诊补偿42 474人,补偿金额193.90万元。镇苏木卫生院人员工资拨付标准提高到60%,村医补助总计35.9万元,投入近百万元为290所甲级村卫生室配备医疗器械290套2 030件。7家标准化卫生院和70所标准化卫生室建设完成,全区60%以上村卫生室达到甲级标准,卫生院配置医疗设备46台件。开展27个社区责任医师、护士试点,培训全科医师30名,全科护士19名。社区卫生服务机构业务用房面积增长26%。

【体育】 以"阳光体育运动"、"安代健身操"等为突破口加强学生课外体育活动,推进集体舞进校园活动,全面推行学生健康体质测试达标工作。全年共建设10处农牧民体育健身工程和农区镇级体育健身广场(国家投资、投设备)。8月份,举办了迎接建国60周年全民健身系列活动。8月18日参加了通辽市8.18哲里木赛马节,取得了团体总分第四名。参加通辽市第三届运动会,全区代表团获78枚金牌,55枚银牌,40枚铜牌,位居奖牌榜第二名。

【人口】 区内总人口763 009人,其中已婚育龄妇女157 395人,出生人口6 375人,出生率8.57‰,自然增长率6.6‰;政策外生育127人,符合政策生育率98.01%;出生婴儿性别比105.05(女为100);累计采取各种节育措施142 997人,综合避孕率90.85%。

【团结路贸易区】 全年团结路贸易区财政收入入库430万元。团结路贸易区充分利用了闲置多年的23 300平方米楼盘。启动东三区3号楼。通过引进吉林省投资人赵立东开办"团结路美食城"项目,使该楼盘闲置的3 300余平方米得到利用。已有60个摊位入驻经营,于12月28日开始试运营。启动东三区1号楼的2楼和3楼,成立义乌小商品专业批发市场。该市场建筑面积11 000平方米。设置摊位300个,已有100余个摊位被预订。于年底开始试运营。与吉林省投资商商谈,启动建筑面积9 000平方米的西三区2号楼,建设通辽市最大的药品、保健品批发市场。

全年完成结转新建建筑面积5万平方米。水、电、暖等配套设施300延长米。成功启动了新天地家具中心、奥港家私城和粮油市场二期等三个项目。

【社会保障】 全年城镇职工基本养老保险参保人数60 890人,其中当年新增扩面人数完成4 092人;动员断保人员续保3 000人;养老保险费征缴收入18 500万元;清理养老保险费陈欠310万元。全区确保了20 000多名离退休人员养老金的按时足额发放,社会化发放率达到100%,企业退休人员社会化管理服务率达100%。失业保险核定参保人数35 000人。

【劳动就业】 全年在历届高校毕业生中为事业单位招聘283名工作人员,7月26日召开了大学生"三支一扶"工作动员大会。将19名"三支一扶"大学生分别派到9个镇及所辖的基层事业单位,其中支医的4人,支教的9人,扶贫的6人。

全区完成城镇新增就业4 055人,其中完成领取"再就业优惠证"人员再就业1 985人,安置就业困难群体再就业910人;城镇登记失业率3.4%。农牧民转移就业131 000人。完成农村牧区零就业家庭就业专项援助达标率为56%,开展了"春风行动",对因企业停产、裁员、破产返乡的3 311名农民工中有就业愿望的1 465人通过就业服务安置就业1 396人,其中通过政策引导自主创业的有124人。完成城镇就业再就业培训1 870人,培训后实现就业人数1 589人。

(王静波)

霍林郭勒市

【领导名录】

市委书记:宫秉祥(蒙古族 4月任职)
人大主任:张国忠
市长:宫秉祥(蒙古族 3月离任) 徐辉(4月任职)
政协主席:鞠国华
武装部长:康 忠
政 委:左 海(蒙古族)

【概况】 霍林郭勒地区1975年建矿、1985年建市,城市位于大兴安岭南麓,科尔沁草原腹地,与兴安盟、锡林郭勒盟交界,位于北纬45°16′~45°46′,东经118°17′46″~119°46′12″。距中蒙边界120公里,距通辽市330公里。地面标高海拔820~1 317米,属典型的寒冷、半干旱大陆性气候,冬季漫长寒冷,夏季短促凉爽。辖区总面积585平方公里,东西长38公里,南北宽28公里,周长113公里,建城区面积15平方公里,辖管5个街道办事处,14个城市社区和7个农村社区,年末户籍总人口7.37万人,全国五大露天煤矿之一的霍林河煤矿在该市境内。

2009年,全市地区生产总值完成160亿元,同比增长22.1%,产业结构演进为1.1:65.6:33.3。财政总收入完成24.4亿元,同比增长22%,引进国内市外各类开发资金60亿元。城镇居民人均可支配收入和城郊居民人均纯收入分别完成21 000元和11 000元,同比增长10.5%和22.2%。县域经济基本竞争力在全国2 000多个县级地区中位列120位,居中国西部百强县第15位、蒙东第1位,富裕程度达到全国相对发达地区水平。

【农牧业】 新建霍林河养殖小区,增加特色养殖户50户,总规模达到150户;新增设施农业面积300亩,总规模达2 000亩。巴润设施农业园区道路、育苗中心等配套基础设施不断完善,育产销生产经营体系逐步形成。"生态园"、"农家乐"成为城郊居民增收的新亮点。

【工业经济】 实施千万元以上重点项目46个,完成工业固定资产投资40.3亿元。新增规模以上企业11家,总量达48家,实现全部工业增加值102.8亿元。主要工业产品产量全面提升。产销原煤4 963万吨;蒙东能源坑口2×60万千瓦、2×30万千瓦电厂和新建风电项目相继发电,投产电力装机达255万千瓦,发电103.5亿度;铝产业触底反弹,生产铝锭30.78万吨、铝后加工产品3.29万吨;产销提质煤120万吨。

【旅游业】 CS野战训练营、滑雪场综合改造、鸿雁湖旅游区等旅游项目建设完成。成功举办第二届"霍林郭勒草原婚礼节"。物流园区建设顺利推进。东阳综合物流园区一期投入使用,蒙东煤炭交易中心开工建设。争取地方成品粮储备指标2 000吨,开展城市商业网点规划,推进商业区改造,金三角、商业城等项目相继运营。住宿餐饮、金融保险等行业发展势头良好。

7月18日,由霍林郭勒市市委、市政府和霍林河煤业集团共同主办的第二届"霍林郭勒草原婚礼节"在辉特淖尔草原旅游区隆重开幕。通辽市和各旗县市区有关领导及北京、广东等地客商参加开幕式。这次"草原婚礼节"活动由四部分组成,即"情系草原·相约霍林郭勒"全国少数民族画展、婚礼庆典仪式、大型文艺广场演出、项目开工剪彩及签约仪式。

【城市建设】 全年实施基础设施建设项目63个,完成投资5.13亿元。完成重点工程和主要基础设施规划设计,道路、桥梁、管网及附属设施建设进展顺利,霍林河河道治理完成总工程量的60%。珠斯花公铁立交桥、霍林河斜拉桥等重点工程相继启动。老城区改造力度不断加大。城市拆迁面积达到6.75万平方米,新建和改造管网7.6万延长米,新增硬化面积4.1万平方米、绿化面积15万平方米。市域交通框架日益完善。国道304线与省道101线连接公路和沿山路改造工程主体完工。霍林河机场进场路开工建设。致力于夯实基础、完善细节、注重实效,加强了建筑安装监理、市政设施维护和市容环境卫生等方面的管理工作,城市管理精细化、规范化和人性化程度不断提高。成功创建自治区级卫生城市。

【科技】 出台科学技术奖励办法,培育企业自主知识产权,成功申报国家级授权专利4项、发明专利1项。率先在通辽地区创办社区科普大学。

【教育】 全年教育事业投入4 136万元,教育软硬件环境不断改善,实现全市中小学12年免费教育。

【文化】 社区文体活动中心、草原书屋等基层文化载体建设进一步加强。珠斯花街道荣获"全国和谐社区建设示范街道"称号。

【卫生】 投入1 800万元改善医疗卫生条件,"甲流"疫情得到有效控制,突发公共卫生事件处置能力不断提升。

【人民生活】 在住房、就业和社会保障等领域投融资3亿元,全面开展以"十件利民实事"为重点的民生工作。通过绩效工资改革,义务教育阶段中小学教师月人均增资856元,机关事业单位在职人员月人均增资417元,机关事业单位和企业离退休人员养老金月人均提高288元和174元。发放创业引导和担保资金1 800万元,开展就业创业援助,新增就业岗位700个,新增城镇就业人员3 532人。投资50万元建成市场检测室6处、购置仪器设备25套,启动实施"放心菜篮子"工程。发放教育扶贫资金、中小学住宿生生活补助和住宿补贴119万元,免费为中小学生和公办幼儿园儿童进行体检。建设经济适用住房17栋、5.3万平方米,建设廉租房5栋、1.7万平方米,解决了1 130户低收入家庭和住房困难群众的安居问题。为低保无房户、低收入家庭发放购房补贴、租赁补贴和供热补贴1 240万元。在通辽地区率先实现"城乡"低保一体化,城市居民最低生活保障月人均补差标准提高30元,达197元;城郊社区低保群体年人均补差标准提高810元,达1 440元。投资550万元的综合社会福利服务中心启动建设。为全市70周岁以上老年人发放生活补贴540万元。养老、医疗、工伤、生育保险覆盖面和标准全面提高。

(张伟楠)

科尔沁左翼中旗

【领导名录】

旗委书记:郭建伟

人大主任:白宝柱(蒙古族)

旗　　长:宝凤山(蒙古族)

政协主席:孙　昌

武装部长:杨怀志(回族)

政　　委:柴拴晓

【概况】 科尔沁左翼中旗位于内蒙古自治区通辽市东北部,科尔沁草原腹地,东西长191公里,南北宽116公里,总面积9 811平方公里,全旗共有11个镇、4个苏木、3个国有农牧场,516个嘎查村。总人口53.7万人,其中蒙古族人口39.5万人,占总人口的73.5%,是全国县级区域蒙古族人口最多的旗县,也是历史名人孝庄文皇后、嘎达梅林的故乡。这里还是国家重点商品粮基地、油料基地和玉米出口基地,素有"黄牛之乡"、"有机葵花之乡"、"蓖麻之乡"、"草原白鹅之乡"的美誉。境内河流主要有西辽河、新开河、乌力吉木仁河,三河径流总量为5.85亿立方米。有5座中型水库,总库容量2.18亿立方米。境内有通霍线、通让线、平齐线、大郑线4条铁路,国道111线、303线、304线和省道304线、207线五条主要公路穿境而过,交通便利。

2009年,地区生产总值完成79亿元,增长20%;财政收入完成2.51亿元,增长21.9%;限额以上固定资产投资完成43.5亿元,增长43.1%;城镇居民人均可支配收入和农牧民人均纯收入分别达10 990元和4 466元,分别增长12.2%和3%。

全旗财政总收入完成25 104万元,同比增加4 504万元,增长21.9%。其中:一般预算收入完成13 272万元,增长16.5%;上划中央税收收入完成6 471万元,增长24.3%。

【农牧业】 农作物播种面积541万亩,比上年同期增加173万亩;其中粮食播种面积403万亩,比上年同期增加101万亩;粮食总产量33.3亿斤连续两年位居全自治区各旗县市区产粮第一位,第三次荣获全国粮食生产先进县标兵称号。全旗新增节水灌溉面积21.7万亩,新增设施农业面积7 100亩,其中:落实日光温室2 390亩,塑料大棚4 710亩。牧业年度牲畜存栏头数227万头(只、口),其中:牛存栏31.5万头,羊存栏140.79万只,猪存栏68.91万口。肉类产量8.2万吨,增长9.8%。新建规模养殖小区(场)42处,其中育肥牛场小区3个。实行惠农补贴"一卡通"发放,及时足额兑付惠农补贴2.5亿元。投入3 861万元扶贫资金,扶持8 500户、3.5万人口。劳务输出完成13.9万人次,劳务收入达7.9亿元,连续五年位列全市第一。全旗新增农牧民专业合作组织15个,其中专业合作社6个。

【工业】 全部工业企业完成增加值22.3亿元,同比增长22.7%。全旗招商引资项目155个,到位资金53亿元。新开工千万元以上工业项目29个,完成工业固定资产投资36.4亿元。新增规模以上企业5户,总数达42家。全力帮助企业渡过难关,共为规模以上工业企业42户中的21家重点企业争取信贷支持近亿元。联亿羊业裘皮加工、东蒙肉业肉羊加工、鑫达粮油植物油加工、蒙原肥业有机肥生产项目先后建成投产,康福源肉制品加工项目开工建设,金田煤业项目进入二期建设。引进投资11.2亿元的远大风机制造项目,填补了科尔沁左翼中旗风电设备制造项目的空白。风电开发建设项目快速推进,开工60万千瓦,并网发电30万千瓦,实现累计开工100万千瓦,并网发电50万千瓦。

【第三产业】 年内,发展企业87户,私营企业27户,个体工商户2 840户,全社会消费品零售总额170 502万元,比上年增长19.3%。其中批零贸易业零售额126 840万元,比上年增长11.7%;住宿餐饮业零售额33 571万元,比上年增长13.0%;其它行业零售额10 091万元,比上年增长218.8%。出口创汇308万美元,其中:澳丰粮油公司出口供港活牛创汇261万美元;科尔沁鹅业向韩国出口冷藏鲜椒创汇8万美元;小泉皮革出口39万美元。塔本扎兰小泉皮革公司引进日方投资45万美元,安排农村剩余劳力100多人。"万村千乡"市场工程改造农家店60家,全旗农家店发展到216家。认真落实"家电下乡"、"汽车摩托车下乡"惠农政策,销售家电3 258件、汽车摩托车600辆,农牧民受益210万元。

【生态建设】 争取生态建设项目9个,资金达10 442万元,用于造林投资3 900万元,其中,国家投入资金2 800万元,群众自筹1 100万元。全旗共完成造林26.5万亩,"323"林业生态工程完成16.65万亩,其中"三区修复"完成8.2万亩,"两线治理"完成1.85万亩,完"三大产业"基地完成6.6万亩;封育完成20万亩。村屯绿化完成50个,完成义务植树1.6万亩,新建义务植树基地19个;四旁植树完成0.8万亩。高标准完成宝开线宝龙山至舍伯吐段78公里绿化、美化工程。并通过自治区林业厅对科尔沁左翼中旗2006、2008年度(人工造林、退耕还林工程、三北防护林工程、封育、采伐更新)的造林核查和自治区监察厅对2007－2009年度的工程造林检查以及国家荒漠化普查等各项工作。深入推进收缩转移战略,完成生态治理46.8万亩,建成白音珠日河移民新村一期工程,转移安置珠日河生态脆弱地区农牧民539人。

【金融】 全旗金融机构各项存贷款余额分别达20.9亿元和16.5亿元,比上年增长22.5%和19.1%。城乡居民储蓄存款余额88 313,比上年增长16.4%。

【科技】 全旗科技培训农牧民群众11万余人次,培训农牧民群众达4.5万人次,发放各类技术资料近6 000册(份),培训推广农牧业适用技术20多项。通过国家科技富民强县工程(科技试点县)项目考核,申报成功国家科技项目一项、自治区各类项目四项、通辽市科技项目一项,争取上级资金305万元。

【教育】 2009年,高考本科上线率达55.1%,其中,旗蒙中本科上线率达64.4%,在全市同级同类学校中排名第一位,保康一中本科上线率达45%,比上年提高10个百分点。安排经费5 377万元,受益学生8.6万人次。投资1 213万元改造建设了宝龙山中心校、舍伯吐中心校和舍伯吐三小三所寄宿制学校,新改扩建维修校舍3.3万平方米。建立高中特困生救助机制,救助了1 531名特困高中生。为2009名贫困大学生办理生源地贷款1 018万元。

【文化】 全旗新建苏木镇文化站7个、社区文体活动中心5个、草原书屋36个。有线电视"村村通"工作连续三年位列全市第一,415个村实现"村村通",覆盖率达80%。全年共播发学习实践科学发展观活动内容稿件310条,全旗经济社会建设等方面的稿件1 400余篇。在市级电视台播发蒙汉语新闻稿件248条,其中汉语稿件149条,蒙语稿件99条,蒙汉语稿件在内蒙古电视台播50余条,蒙语外宣工作在全市各旗县中排列第一位。

【卫生】 有效预防甲型H1N1流感和手足口等传染性

疾病。完成8个苏木镇卫生院和90个嘎查村卫生室标准化建设;为全旗782名嘎查村持证医生每人补贴1 000元;免收嘎查村畜禽防疫费。

【社会保障】 城镇居民和农村牧区最低生活补助标准人均每月分别提高30元和15元,保障范围分别扩大到1.12万人和3.6万人。城镇居民基本医疗保险制度全面启动,参保人数达到6.2万人。新农合参合率达96%以上,人均补助标准提高100元,大病报销最高额度由2万元提高到4万元。企业退休人员养老金标准人均每月提高131元,达1 101元。全旗新增城镇就业人员1 524人,城镇登记失业率控制在3.9%。

【城乡基础】 投资1.6亿元的695公里通村砂石路和23公里通乡水泥路竣工通车,公德屯大桥主体工程完工。投资1.4亿元,实施了66千伏输电线路、西部农网改造和农业排灌工程。整治保康镇北排水沟1 450延长米,新建9 300平方米农贸市场。保康镇、宝龙山镇、舍伯吐镇市政工程建设总投资8 614.26万元,三大镇市政工程总建筑面积18.839万平方米。房地产业开发面积达20万平方米,建成并投入使用廉租住房346套、1.5万平方米,为681户城镇住房困难户发放102万元廉租住房补贴。

【人民生活】 城镇居民人均可支配收入和农牧民人均纯收入分别达10 990元和4 466元,分别增长12.2%和3%。

(张殿春)

科尔沁左翼后旗

【领导名录】

旗委书记:吴国林

人大主任:特木勒(蒙古族)

旗　　长:李艳荣(女 蒙古族)

政协主席:谷秀云(女)

武装部长:王秉文

政　　委:张如军

【概况】 科尔沁左翼后旗(简称科左后旗)1650年建置。位于内蒙古自治区通辽市东南部,地处科尔沁沙地东南边缘与松辽平原交界地带。境内海拔最高为308.4米,最低为88.5米,地理坐标北纬42°40′~43°42′,东经121°30′~123°43′。东部和南部分别与吉林、辽宁省毗邻,属东北经济规划区。全旗总土地面积11 570平方公里。聚居蒙古、汉、回、满、朝鲜等19个民族,总人口40.65万人。2009年末,全旗辖10个镇、2个苏木、12个国营农牧林渔场、21个分场、262个嘎查村、一个街道办事处、10个社区、15个居民委员会。旗人民政府驻地——甘旗卡镇面积22.5平方公里,距通辽市78公里,距沈阳市190公里,距长春市302公里。是"黄牛"、"马王"、"民歌"、"沙稻"、"旅游"之乡。

旗内资源丰富,全旗有东、西辽河等大小河流11条,湖泊203个;已探明的矿产资源石油储量1 780万吨,面积12.5平方公里;煤储量为1.06亿吨,发热量达4 700~5 200大卡/千卡,年产120万吨以上的金宝屯煤矿已建成投产;矽砂储量2亿吨,远景储量达350亿吨以上;草炭储量在5 380万立方米以上。工业经济形成医药、建材、能源、农畜产品加工和旅游五大支柱产业;农村经济水稻种植面积达到25万亩,年产粮豆16.6亿斤,是全国重点商品粮基地之一;牧业年度家畜达188.5万头(只、口),其中,黄牛存栏38.05万头。国家级自然保护区—大清沟为国家4A级景区。

2009年,地区生产总值(GDP)完成86亿元,同比增长22.2%。其中,一、二、三产业增加值分别完成16亿元、35亿元、35亿元,同比分别增长10.3%、47.1%、9%,三次产业比重调整为18:41:41。按新口径计算,财政收入完成2.75亿元(按全口径计算完成3.4亿元);全社会固定资产投资完成32.2亿元,同比增长34.1%;社会消费品零售总额完成16亿元,同比增长15.9%;城镇居民人均可支配收入达10 900元,农牧民人均纯收入达4 596元,分别比上年增加1 405元和146元。

【农牧业】 2009年,全旗农作物总播种面积为313万亩,比上年增加6.59万亩。其中,粮食作物播种面积268万亩,油料作物播种面积15.25万亩,青饲料播种面积增加0.94万亩。在大旱之年,全旗粮食总产量达16.6亿斤,比上年增产1亿斤。其中水稻1.62亿斤,玉米14.33亿斤;经济作物中,大豆产量3 162万斤,油料产量3 197.4万斤。沙稻产业日益壮大,完成沙稻种植27.8万亩;新增设施农业面积5 750亩,获得"全国绿色无公害果菜生产示范县"称号。牧业年度,全旗家畜头数188.5万头(只、口),同比增长12.18%。其中,黄牛存栏38.05万头,同比增长4.08%;羊存栏99.21万只,同比增长22.48%;猪存栏44.16万口,同比增长0.91%。新建规模化养殖场及养殖小区12个,新增棚舍6.1万平方米、窖池4.1万立方米;新增节水灌溉面积5.77万亩,改造中低产田8.3万亩。完成公河来水库除险加固工程,清淤排干65公里。扶贫攻坚累计投入各类资金1 185万元,解决了500户、20 140人的稳定温饱问题;发放各项惠农资金2.26亿元。

【林业】 全旗共完成人工造林面积31.9万亩,合格面积29.4万亩,封沙(山)育林23.2万亩,村屯绿化完成51个;新增林草种植面积39.6万亩;完成高标准治沙4 000亩,围封禁牧112.8万亩;完成通赤高速公路两侧20万亩综合治理建设项目;实施大清沟林场第二、四营林区58户和24个零散牧铺的搬迁转移工程;森林覆盖率达18.04%。

【工业】 全旗工业增加值完成27亿元,同比增长35%。其中,规模以上工业企业实现增加值22.6亿元,同比增长32.9%;实现产品销售收入66亿元,同比增长29.4%;实现利税4.4亿元,同比增长41.9%。全年新增规模以上工业企业9家,实施千万元以上重点工业项目33个,新开工项目中超亿元3个、5 000万元~1亿元项目4个。狠抓重点新能源项目的建设力度,蒙东协合5万千瓦风电项目完成风基础及风机订购,龙源集团10万千瓦风电项目全部开工建设;盛国通元完成1.5兆瓦样机安装,许继集团完成2.0兆瓦样机安装。环境保护工作使节能减排达到标准,单位GDP能耗下降3.7%,化学需氧量和二氧化硫减排量分别完成617吨和319吨。入住工业园区的企业已达50家。全部工业企业实现税收2.84亿元,完成工业固定资产投资11.27亿元。

【固定资产投资 商贸】 全年全社会固定资产投资完成32.18亿元,同比增长34.08%。其中,工业固定资产投资完成18.45亿元,同比增长48.43%。全年社会消费品零售总额实现160 057.5万元,同比增长15.9%。其中,县零售额实现101 212.1万元,占全部零售额的63.2%,同比增长17.45%;县以下零售额实现58 845.4万元,占全部零售额的36.8%,同比增长10.16%。

【城建】 完成5个苏木镇及5个嘎查村的现状测绘总体规划。大力实施甘旗卡镇"南移东扩"的发展战略,全年实施城镇基础设施建设及房地产开发项目59项,总投资2.47亿元。其中,投资2 841万元,实施新城区道路、政府广场工程及老城区污水支管网工程;投资2 198万元,实施总面积1.7万平方米的廉租住房工程;投资2 065万元,实施垃圾处理场工程;并完成大青沟街铁路下穿桥续建工程。新建通村砂石路483.9公里,完成128公里通乡油路选线测绘等前期工作,胜利大桥主体工程顺利完成,公河来危桥改造工程全面启动。新建安全饮水管网282.64公里,打机电井8眼,自来水6处,建沼气池5 400座、服务网点16处,启动5个动物防疫站的建设并投入使用。解决了农村牧区安全饮水工程20处和2.3万人口的安全饮水问题。改造农村电网458.9公里。

【招商引资】 引进外引内联项目45个,引进各类生产开发资金23亿元,同比增长19.8%;争取到上级投资2.28亿元,涉及各类项目40个。新增民营私营企业96户、个体工商户2 487户,"家电下乡"和"万村千乡市场工程",发放补贴资金179.9万元。

【旅游业】 大清沟和阿古拉景区基础设施完善,马产业稳步发展,全年共接待国内外游客61.4万人次,实现旅游综合收入6.45亿元。

【交通 邮电】 全年交通运输业完成公路货运量1 481万吨,同比增长20.2%,货运周转量58 485万吨/公里,同比增长101.8%;客运量533万人次,同比增长18.1%,客运周转量51 000万人/公里,同比增长78.18%。全年邮电业务总量12 744万元。其中:邮政业务量为520万元;年末,全旗手机电话用户达到22.62万户;本地固定电话用户27 399户。其中,农村用户18 051户。

【电力】 2009年,农网改项目投资总计10 635万元,共完成投资4 857.64万元。实现电网调度自动化全面进入实用化运行阶段,14个变电站实现无人值班,甘旗卡、金宝屯两个集控站正式运行,完成14项、总投资82.97万元的技改大修工程。实现连续安全生产2 357天;全年售电量累计完成18 709.59万千瓦时,同比减少1 817.05万千瓦时,同比下降8.85%;综合线损率完成10.48%;供电可靠率完成99.63%;劳动生产率完成58 901元/人,同比上升12.3%;改造农村电网458.9公里。

2009年,全旗财政总收入实际完成41 312万元,同比增长37.71%。其中,地方财政收入完成19 607万元,同比增长10.07%。其中:税收收入完成8 831万元,占地方财政收入的45%;非税收入完成4 276万元,占地方财政收入的21.81%;基金收入完成6 500万元,占地方财政收入的33.15%。财政收入国税系统完成22 117万元,同比增长108.36%;地税系统完成9 195万元,同比减少2.24%;财政系统完成10 000万元,同比增长0.21%。

【金融 保险】 年末,全部金融机构各项存款余额169 729万元,同比增长17.95%。其中,城乡居民储蓄存款104 062万元,同比增长19.16%,人均存款2 573元。全部金融机构各项贷款余额188 717万元,同比增长29.8%。

全年保险业务收入9 776.74万元,在总保费收入中,财产保险保费收入6 697万元,人寿保险保费收入2 677.42万元。支付各类赔款及给付5 360.93万元。其中,财产险赔款及付给4 295万元,寿险赔款及付给823.38万元。

【劳动就业】 全年新建农村经济合作组织86个,全旗劳务输出10.6万人次,实现外出务工收入约6.7亿元,农牧民转移培训2 850人和"双万人职业技能培训"鉴证通过2 476人。全旗从业人员17.32万人,通过各种渠道实现新增就业人员1 528人,其中,安置下岗失业人员1 395人,城镇登记失业率为3.9%。落实就业再就业优惠政策,发放小额担保贷款1 332万元,扶持和帮助498名下岗失业人员实现自主创业,并带动1 050人实现就业再就业。全旗核定参加失业保险单位229户,失业保险参保人数已达16 500人,失业保险基金征缴入库419万元。为符合条件的1 185名"4050"下岗失业灵活就业人员发放社保补贴123.15万元;按规定提取再就业资金115万元促进再就业。

【教育】 教育基础设施启动校舍安全工程,规划教育园区,撤并小学及教学点35所,完成新建工程13项,建筑面积1.86万平方米,发放义务教育保障资金5 484.5万元。2009年,全旗有普通中小学、幼儿园97所(个)。其中:普通高级中学2所、初级中学15所、小学78所(含22个教学点)、教育办幼儿园2所。全旗共有在校生41 782名。其中:普通高中在校生6 066名、初中在校生9 247名、小学在校生25 510名、幼儿园在园生959名。全旗有教职工4 856名。其中:普通中学1 907名、小学2 877名、幼儿园72名。

【文化】 新建基层文化站和草原书屋45个,新建农村牧区多功能文化站3个,新增互联网入户嘎查村26个。全旗文艺工作者发表在全国、全区、全市各级各类文艺文学艺术作品300余篇(幅);旗图书馆藏书7.7万册,阅览厅容纳390人阅览;专业表演团体乌兰牧骑演出249场,观众达77 600人次。全旗有线电视用户已达到12 000户。广播电视覆盖率达到91.7%,村村通工程与农村数字电视工作相结合,农村牧区已有数字电视受益群众7 000户。9月25日,由旗体育、文化、民族事务等局主办,旗农电、林业、扶贫办协办,旗马术协会、俱乐部承办的庆祝建国60周年暨科左后旗首届"博王杯"赛马大会在博王府赛马场隆重举行。

【卫生】 新建12家国营农牧林场卫生院,启动实施了蒙医正骨医院综合楼项目,蒙医正骨术被列为国家级非物质文化遗产名录;重大疫病防治工作明显加强,甲型H1N1流感和手足口病疫情得到有效控制;深入落实计生政策,发放计生惠民资金460万元,启动了"一杯奶"生育关怀行动;投入180万元,完成6个苏木镇计生服务所建设。全旗有卫生医疗机构40所,其中:医院4所,卫生院31所。医疗机构实有床位591张。其中:医院实有床位212张,卫生院实有床位379张。医疗机构卫生技术人员有1 057人。其中:医院433人,卫生院559人。

【社会保障】 全年征缴养老保险费5 943万元,征缴医疗保险基金1 204万元,发放医疗保险基金2 014万元,发放养老保险金8 000万元。全年共发放城镇低保资金1 755万元,发放农村低保资金1 720万元。新农合医疗覆盖面不断扩大,参合人数达26.9万人,参合率为95.01%,累计核销合作医疗基金2 656.5万元。年末,全旗在岗职工参加基本养老保险人数为19 550人,参加医疗保险人数为26 091人,共有27 097人领取了城乡最低生活保障金。启动农村牧区危房改造400户,实施廉租住房16 769平方米,解决408户低收入家庭住房困难的问题。

【人口 人民生活】 年末,全旗总人口40.65万人。其中,男性人口20.82万人,女性人口19.83万人,男女比例为105:100(女为100);全旗人口由19个民族构成。其中:蒙古族人口30.08万人,汉族人口9.84万人,满族人口0.62万人,回族0.07万人。分别占总人口的74%、24.2%、1.53%和0.17%。人口自然增长率为6.08‰,死亡率为6‰,出生率为10.09‰。

城镇居民可支配收入达10 900元,同比增长14.8%;城镇人均消费支出7 842.2元,同比增长9.73%;农牧民人均纯收入4 596元,同比增长3.28%;农村居民人均消费支出3 194元。在岗职工年均工资18 265元,同比增长6.59%。其中:机关单位在岗职工年均工资24 545元,事业单位在岗职工年均工资18 330元。

【荣誉】

表2

获奖者(集体)	单位	获奖名称	授奖单位	获奖时间
李艳荣	科左后旗人民政府	获全国"三·八"红旗手	中华全国妇联	2009.9.25
高　攀	科左后旗委办公室	获2008年度信息调研优秀组织者和优秀信息工作者	内蒙古党委办公厅	2009.2.27
旗委办公室		获2008年度信息调研工作先进单位	内蒙古党委办公厅	2009.2.27

(王凤霞)

库　伦　旗

【领导名录】

旗委书记:张志强(满族)

人大主任:阿木古冷(蒙古族)

旗　　长:宝音达来(蒙古族)

政协主席:闫存武

武装部长:刘焕龙

政　　委:张如军

【概况】 库伦旗位于内蒙古自治区通辽市西南部、南与辽宁省阜新蒙古族自治县、彰武二县接壤,西、北、东与奈曼旗、科左后旗相连。总面积4 716平方公里,其中耕地138万亩。全旗辖7个苏木镇、场,1个街道办事处,186个嘎查村、8个社区。总人口17.8万人,其中,农业人口13.8万人,蒙古族人口11.4万人,是一个以蒙古族为主体的多民族居住旗。库伦旗历史悠久,文化底蕴厚。于1646年建旗,实行政教合一体制近300年。境内文化古迹众多、尤其以寺庙著名。2006年"库伦三大寺"(兴源寺、象教寺、福缘寺)被国家定为国家级重点文物保护单位。库伦旗是蒙古族民间"安代"(蒙语:意为朋友)的发源地,1996年被国家文化部命名为"中国安代艺术之乡"。2006年安代被列入国家首批"非物质文化遗产"名录。

库伦旗资源丰富,已探明的矿产有27种,其中铝、锌、石灰石、大理石、高岭土、铁等储量丰富。盛产荞麦和杂粮杂豆,被誉为"中国荞麦之乡",2006年"库伦荞麦"通过国家原产地商标认证,成为内蒙地区第一个注册产地商标的农产品。生态资源十分可观,现有林地达166万亩,森林覆被率为34.1%,林木储积量280.3万平方米,草牧场398万亩。中小型水库、塘坝有130座。

2009年全旗地区生产总值完成42.25亿元,同比增长36.9%。其中一、二、三次产业分别完成11.85亿元、17.7亿元和12.7亿元,同比分别增长21%、59.9%和27%。三次产业比达到28:42:30。财政收入完成2.7亿元,同比增长35%。城镇居民人均可支配收入达到10 510元,农牧民人均纯收入达到4 418元,分别较上年增加802元和92元。社会消费品零售总额8亿元,增长29.2%。

【畜牧业】 全旗牲畜总量达103.9万头(只、口),较上年增加8.22万头(只、口)。在兴农禽类深加工有限公司的带动下,全旗肉鸡饲养量达217万只。

【农村经济】 年内新增农田11 260亩。其中日光温室面积3 100亩,春秋拱棚面积8 160亩,新建专业小区46处。食用菌发展到2 500万棒。以荞麦、杂粮杂豆为主的特色种植业效益显著提升。新组建农村合作经济组织10个。全年输出务工人员4.09万人(次),其中技能培训输出2 309人(次),劳务经济实现收入1.8亿元。

【工业经济】 全年工业企业完成增加值12.1亿元,同比增长32%;实现销售收入37.8亿元,同比增长37.1%;上缴税金18 402万元,同比增长167.9%。工业经济对财政的贡献率达到66%,较上年提高了32个百分点。对重点工业企业,在帮助融资的同时,千方百计筹措并注入了3 520万元救企资金,使规模以上企业效益大幅提升,实现工业增加值8亿元,实现销售收入25.9亿元,上缴税金18 322万元,分别占独立核算工业企业的70%、68.6%和99.6%。全年完成工业固定资产投资6.39亿元,实施续建项目3个,新开工的7个项目总投资超过13亿元,其中东蒙水泥三期工程、大连佐源糖业食品生产线项目、宏利有色金属有限公司电缆铜材三期工程、库伦沈阳电缆有限公司电缆材料生产线等4个项目投资都在1亿元以上,并且有3个是两头在外的非资源型项目。国家电力网和风风力发电、香港协鑫集团铅锌矿勘探开发、河北三鑫实业集团丁腈手套生产和河北京华公司碳酸钙生产等项目成功签约。

【生态保护】 成功承办全市禁牧舍饲、收缩转移现场会,全旗完成沙化退化草牧场围封禁牧25万亩,建立塔敏查干沙带封禁保护区60万亩,15度以上坡耕地和沙区人均8亩地以外耕地治理11万亩,搬迁转移36户、195人口。

【招商引资】 年内,全旗累计实施内联项目28项,引进国内市外资金11.2亿元,同比增长54%。累计争取到位各级各类专项资金3.98亿元,较上年翻了一番。

【城乡建设】 完成全社会固定资产投资14亿元,增长6.9%。在库伦镇区建设上,组织实施了"三个重心工程、六个景区建设、十个重点项目",实施城镇建设工程21项,完成投资近5亿元,多于过去5年城镇建设投资的总和,城镇建设投资规模、建设项目数量和质量、建设特色和品位,均创历史最好水平。实施2处水库除险加固工程,新建水库塘坝5处,实施中低产田改造4.4万亩,打配机电井125眼,新增节水灌溉面积2.47万亩。新建牲畜棚舍7.1万平方米,窖池3.77万立方米。

【生态建设】 完成人工造林23.8万亩,水保综合治理20万亩,秋季会战小流域治理完成3万亩。

【交通】 完成投资7 202.5万元,实施全长38公里的六家子至扣河子三级油路工程,新修通村公路16条、163.8公里,打通不通公路村25个。按照国家二级铁路标准设计的甘旗卡至库伦铁路征地拆迁工作已启动。开鲁至库伦二级公路招标工作已经完成,并已进入征地拆迁阶段。

【电力】 重点实施了66千伏库伦至水泉输电线路工程、库伦镇城东变电所主变增容工程、扣河子变电所主变增容工程和额勒顺变电所改造工程。甘库220千伏一次变工程已竣工。

【文化】 成功举办中国·库伦首届安代文化艺术节,开展了"安代艺术"非物质文化遗产的挖掘、整理工作,共整理出安代曲目72首,出版《安代研究四十年》、《安代文化研究集成》、《库伦旗历史文化》等论著。"荞麦饮食文化"被列入自治区级"非物质文化遗产"。成功举办了两次汽车沙漠越野挑战赛,实施完成了69个自然村通广播电视工程,建设了3个基层文化站、35个草原书屋和5个社区文体活动中心。实施了三大寺修缮复建工程,被自治区政府批准为宗教活动场所。

【教育】 投资971万元在3所中小学实施了校舍安全建设工程。完成自治区级计划生育优质服务先进单位创建工作,启动运行计生与卫生、民政等部门联手工作机制,全面启动免费生殖健康检查工作,"一杯奶"生育关怀行动深入开展。投资1 400万元,建筑面积为6 700平方米的旗医院综合病房楼竣工投入使用。新型农村合作医疗补助标准人均由80元提高到100元,参合率为94.45%,核销封顶线提高到4万元。

【社会保障】 全旗共安置城镇各类就业人员1 245人,向下岗职工发放小额担保贷款1 000万元,城镇登记失业率控制在3.9%以内。全旗各类企业和城镇个体劳动者养老保险新增扩面续保627人,达到5 880人。认真落实企业离退休人员养老金调整政策,人均月增资122元。企业失业保险新增参保341人,参保总人数达8 505人。城镇居民基本医疗保险新增扩面4 510人,参保总人数达到15 141人。职工基本医疗保险新增扩面1 123人,参保总人数达12 189人。全旗在职职工基本医疗保险单位筹资比例由4%提高到6%,基本医疗保险平均支付标准由65%提高到75%,基本医疗保险支付上限由2.5万元提高到4.5万元,大额医疗保险支付上限由2万元提高到2.5万元。扶贫攻坚扎实推进,成立全区第一个扶贫小额贷款农户自立服务社,整村推进、产业化扶贫、科技扶贫等工作有效实施,年内有2 146户、8 850贫困人口解决了温饱问题。

【先进人物】 2009年,库伦旗红旗小学教师王斯琴(女 蒙古族)荣获团中央颁发的《全国优秀少先队辅导员》奖。库伦旗回民小学学生崔艳婷(女、汉族)被全国妇联授予《全国百名优秀春雷女童》称号。

(德·额日德木图)

奈曼旗

【领导名录】

旗委书记:王广权
人大主任:尹　恩
旗　　长:关文涛(蒙古族)
政协主席:于　立(蒙古族)
武装部长:王敏峰(满族)
政　　委:孙海鹰

【概况】 奈曼旗位于内蒙古自治区东部,科尔沁沙地腹地,通辽市西南,北与开鲁县隔河相望,东与科尔沁左翼后旗和库伦旗连边,南与辽宁省阜新市和北票市接壤,西与赤峰市敖汉旗和翁牛特旗为邻。地处北纬42°14′17″~43°32′14″,东经120°20′35″~121°36′。地势自西海拔570米向东海拔250米方向倾斜。全旗东西宽68公里,南北长140公里,全旗总土地面积8 137.6平方公里,其中耕地197万亩。旗人民政府驻地为大沁他拉镇。辖12个苏木镇、1个国有农场、1个街道办事处、355个嘎查村、9个社区居委会。4个苏木:固日班花、苇莲苏、明仁、黄花塔拉;8个镇:大沁他拉、八仙筒、青龙山、新镇、治安、东明、土城子、义隆永。1个农场:六号国有农场。1个街道办事处:大沁他拉街道办事处。

京通(北京——通辽)铁路穿越旗境,境内营运127公里,纵贯奈曼旗巴(内蒙古自治区西乌珠穆沁旗巴彦乌拉)——新(辽宁省阜新市新邱)铁路奈曼段正在施工。赤通(赤峰——通辽)高速公路自西向东穿过。国道111线(北京——加格达奇)横穿奈曼旗,旗内里程146.9公里。

2009年,生产总值达到90.6亿元,同比增长30.0%,其中:第一产业增加值完成16.5亿元,同比增长17.9%;第二产业增加值完成45.0亿元,同比增长33.5%;第三产业增加值完成29.1亿元,同比增长32.2%。三次产业比重为18:50:32。财政总收入完成4.3亿元,同比增长22.8%,其中地方财政收入完成2.4亿元。财政支出达到15.1亿元。

【农业】 全旗农作物总播种面积为141 333公顷,其中:粮食作物播种面积119 333公顷,蔬菜播种面积10 173公顷。农林牧渔业实现总产值259 008万元,同比增长14.5%。其中:农业产值127 708万元,林业产值12 400万元,牧业产值117 400万元,渔业产值200万元,服务业产值1 300万元。粮食总产量达到500 000吨。其主要产品:玉米434 568吨,小麦3 544吨,水稻31 722吨。油料总产量10 302吨。瓜类产量146 448吨,甜菜产量582吨。蔬菜总产量204 950吨。农牧业机械总动力达到68.03万千瓦。大中型拖拉机13 130台;大中型拖拉机及配套机械20 560部;水稻插秧机50台;联合收割机49台。发放大中型农机具购置补贴资金900万元。

【畜牧业】 牧业年度,家畜总头数达到202.8万头(只),同比增长7.7%。其中:大畜30.5万头,其中:牛存栏19.8万头,同比增长6.5%。小牲畜(羊)103.1万只,同比增长21.7%。生猪69.2万口,同比增长0.6%。禽饲养量达到700万只。全年肉类总产量达93 876吨,比上年同期增加6 872吨。当年出售和自宰肉用牛65 849头;出售和自宰肉用羊309 256只;出栏肉猪645 509口。牛奶产量达15 487吨。绵羊毛产量达1 366吨。新建各类养殖小区41处、其中养鸡小区22处,发展养殖重点村27个。

【水利】 新增节水灌溉面积2 400公顷,有效灌溉面积达92 410公顷,比上年同期增长3.4%。启动4座、完成3座小型水库除险加固工程,新建农村安全饮水工程47处。全年水产品产量达280吨。

【林业】 全旗用于营林基建投资7 339万元,其中:造林6 624万元,森林病虫鼠害防治40万元,森林防火10万元,森林管护30万元,中、幼龄林抚育100万元。完成人工造林面积13 200公顷,其中:用材林3 333公顷;经济林1 667公顷,防护林8 200公顷。低产低效林改造面积1 275公顷,育苗面积267公顷。年末实有封山(沙)育林面积3 333公顷。

【工业】 全年完成工业企业增加值31.5亿元,同比增长30.2%。其中:规模以上工业企业完成增加值29.1亿元,同比增长28.6%;产销率达98.5%。规模以上工业企业发展50户。在规模以上工业企业主要产品产量中,白酒29 705千升,同比增长65.0%;玻璃制品39 000吨,同比增长2.4%;水泥915 800吨,是上年同期的3.8倍;大米64 251吨,同比增长75.0%;食用植物油46 278吨,是上年同期的22倍;染料7 050吨,同比增长8.0%;铁粉342 500吨,同比增长52.0%;钢材25 044吨,同比增长145.0%;变压器57 800千伏安,同比增长26.0%。

【建筑业】 全年建筑业实现产值31 736万元,同比增长24.9%。全旗三级及三级以上建筑企业施工单位4个,建筑施工面积348 541平方米,同比增长5.8%。

【节能减排】 单位GDP能耗下降率为6.013%,达0.9660吨标准煤,减排二氧化硫280吨、化学需氧量2 685.5吨。农村用电量10 022万千瓦/小时,比上年同期增长20.1%。农用化肥施用量(折纯)90 482吨,比上年同期增长12.0%;农用塑料薄膜使用量557吨,比上年同期下降8.5%;农用柴油使用量30 088吨,比上年同期增长42.7%;农药使用量594吨,比上年同期下降29.6%。

【固定资产投资】 全年完成固定资产投资38.99亿元,同比增长36.4%。其中:工业投资23.43亿元,城镇和农村投资38.32亿元,房地产开发0.67亿元。

【交通】 全年公路客运量为212万人,同比增长0.5%;公路旅客周转量为13 630万人公里,同比增长0.7%。公路货运量为416万吨,同比增长0.2%;公路货运周转量为28 590万吨公里,同比增长0.7%。新增通公路嘎查村84个、通客运班车嘎查村10个。建成通乡油路70公里、通村砂石路531公里,新建客运站3个、开通客运班车4条。全旗油路总里程达到404公里,公路里程2 773公里。

【邮电】 全年邮电业务总量达到5 659万元。固定电话用户28 689户,同比下降14.3%,其中:城镇固话用户19 284户,农村固话用户9 405户,小灵通用户为2 264户。手机用户达到18万户,同比增长19.2%。全旗互联网络用户达7 979户。

【贸易】 全旗社会消费品零售总额完成17.5亿元,同比增长29.5%。按销售单位所在地分组:县的零售额11.4亿元;县以下零售额6.1亿元。按行业分组:批发零售业13.5亿元;住宿餐饮业4.0亿元。“万村千乡”市场工程标准农家店60个,销售“家电下乡”产品5 283台(部)。

【招商引资】 全旗外引内联项目58个,到位资金40亿元。组织实施投资千万元以上工业项目33个,其中,新开工项目13个,续建项目20个。

【旅游业】 《奈曼旗旅游发展总体规划(2009～2020年)》通过专家评审,银砂九岛、青龙山洼、经缘寺等旅游景区(点)配套设施进一步完善,新增旅游服务公司、旅行社各1家。全年接待游客30万人次,旅游收入达1.5亿元。

【金融 保险】 年末全部金融机构各项存款余额为225 918万元,同比增长29.5%,其中:城乡居民储蓄存款余额为167 083万元,同比增长19.8%。全部金融机构各项贷款余额为165 312万元,同比增长53.4%。

全年保险费收入达8 360万元,同比增长32.9%。其中:财产保险费收入5 340万元,同比增长163.2%;人寿保险费收入3 020万元,同比下降29.2%。全年支付各类赔款及给付3 721万元,同比增长174.0%。其中:财产险赔款3 418万元,同比增长198.3%;寿险赔款及给付303万元,同比增长42.9%。

【教育】 全旗新建维修校舍5.1万平方米,消除危房5 640平方米,择优招录教师94名。全旗在校学生人数达54 628人,同比下降4.8%。其中:普通中学在校学生人数22 994人,同比下降12.6%;职业学校在校学生人数3 280人,同比增长23.6%;小学在校学生人数28 354人,同比下降0.2%。全旗学龄儿童入学率达100%,小学毕业生升学率达100%,初中毕业生升学率达81.0%,职业教育就业率达100%。民族职专被评为全国教育系统先进集体。

【文化】 2009年建成社区文化活动中心5个、苏木镇综合文化站7个,村文化室30个,“草原书屋”37个。全旗有艺术表演团体1个,文化馆1个,图书馆1个,博物馆1个,广播电视台1座,中波转播台1座。成功举办了第二届诺恩吉雅文化节。舞剧《诺恩吉雅》等3部作品荣获自治区“五个一”工程奖,《绿之魂》获第九届科尔沁艺术节金奖。

【卫生】 年末全旗共有卫生机构36个,其中医院3个;卫生院21个;社区卫生服务中心1个;社区卫生服务站7个;结核病防治所1个;疾病预防控制中心1个;妇幼保健所1个;卫生监督所1个。医疗机构编制床位657个,实有床位642张,卫生技术人员1 083人。北京301医院首家旗县级远程会诊中心顺利开通。新型农村合作医疗参合率达到97.85%,为5.8万农民核销医疗费用3 250万元。

【体育】 2009年全旗在校学生体育达标率为92.4%。

【人口】 实施了“一杯奶”生育关怀行动。人口出生率10.26‰,人口自然增长率6.17‰。年末全旗总人口441 144人。在总人口中,非农业人口131 280人,占全旗总人口的29.76%;农业人口309 864人,占全旗总人口的70.24%。男性人口224 107人,女性人口217 037人,男女人口性别比为1.03:1(女为100)。

【人民生活】 年末,全旗单位从业人员19 033人,同比下降2.0%。其中:国有单位从业人员17 523人,城镇集体单位从业人员910人,其他单位从业人员600人。单位从业人员劳动报酬为39 106万元,同比增长23.9%,在岗职工工资总额为38 726万元,同比增长25.6%,在岗职工年平均工资为20 668元,同比增长25.7%。城镇居民人均可支配收入达11 026元,同比增长16.0%。农牧民人均纯收入达4 118.12元,同比增长5.7%。居民消费价格总指数为100.4%。全旗从业人员246 481人,同比增长2.2%。其中:单位从业人员19 033人;个体私营经济从业人员19 397人;乡村从业人员208 051人。全旗共转移农村劳动力11.2万人次,同比增长0.9%。

【社会保障】 2009年建设经济适用房2万平方米,廉租房2.95万平方米,解决了901户城区特困居民住房问题。养老、医疗、失业、工伤、生育保险扩面20 157人。城乡低保标准分别提高50元和350元。覆盖人口达31 790人,发放低保金4 542万元。为城乡特困居民发放助学贷款、取暖补贴、住房补贴和救灾救助资金2 452万元。

(孙福昌)

扎鲁特旗

【领导名录】

旗委书记:林文惠(3月任职)

人大主任:包哈达(蒙古族)

旗　　长:希日巴拉(蒙古族 3月任职)

政协主席:陈守峰

武装部长:冯立彬

政　　委:刘建军

【概况】 扎鲁特旗位于通辽市西北部,地理坐标北纬43°50′~45°50′,东经119°14′~125°57′。土地总面积17 471平方公里,辖14个苏木乡镇场,206个嘎查村,29个分场。总人口为314 704人。其中,蒙古族为154 867人,占全旗总人口的49.2%。扎鲁特旗幅员辽阔,物产丰富,是东北经济区的资源富集区,全旗共有大小矿点120处,主要矿种有:煤、石墨、叶腊石、云母、萤石、石灰岩等非金属矿产,铜、铅、锌、银、金等有色金属和稀有金属。煤炭探明储量在100亿吨以上。类石墨储量在6 000万吨以上。粮食产量32万吨,是全国著名的“杂粮杂豆之乡”。全旗可利用草牧场面积1 300万亩。森林面积870万亩,其中山杏林面积380万亩,号称“全国山杏第一林”,是国家级生态示范旗。

境内较大河流有9条,可利用水资源总量56 679.72万立方米。境内浅小湖泊泡召90余处,其中皇太极和荷叶花湿地有白天鹅、鸿雁等珍稀水鸟栖息。工业有煤炭、类石墨、有色金属、叶腊石微分加工、羊绒加工、肉羊屠宰加工等优势特色产业。交通便利,通霍铁路和国道304线从旗境内纵向穿过,省际大通道横贯扎鲁特旗。扎鲁特旗乌力格尔说唱艺术、蒙古族刺绣和版画是最具代表性、最具特色的民族文化。是全国闻名的"乌力格尔之乡"、"民族曲艺之乡"、"民间艺术之乡"和"民族版画之乡"。旅游资源丰富,山地草原旅游区为自治区AAA级景区,是内蒙古自治区重点旅游旗县。

2009年,全旗完成国内生产总值878 457万元,同比增长17.9%,其中第一产业增加值完成180 450万元,同比增长2.3%;第二产业增加值完成452 096万元,同比增长34.8%;第三产业增加值完成245 911万元,同比增长12.5%。全旗人均生产总值27 913元,同比增加3 942元,增长16.4%,全旗财政收入占生产总值的比重为8.6%,比上半年提高0.6个百分点。

【农牧业】 2009年,全旗农作物播种面积达205.99万亩,比上年增加0.89万亩。其中粮食作物播种面积达163万亩,比上年增加4.8万亩。其中绿豆播种面积达22.58万亩,比上年减少19.82万亩;引草入田面积21.16万亩,比上年减少9.14万亩,全年粮食产量达32万吨,比上年减少3万吨。

全旗化肥施用量(按折纯量计算)28 113吨,农用塑料薄膜使用量108吨,其中地膜使用量为30吨。地膜覆盖面积445万亩,农用柴油使用量为10 702吨。农药使用量463吨。

牧业年度全旗大小畜存栏3 552 614头(只),其中,牛存栏327 745头,生猪存栏274 185口。全旗农牧业机械总动力达49.18万千瓦,比上年增长4%。拖拉机拥有量为31 773台,比上年增加815台。其中,小型拖拉机22 392台,比上年增加115台,大中型拖拉机9 381台,比上年增加700台。全旗有农业科技示范园区6处,占地共计720亩。其中,旗级1处,30亩;乡级3处,600亩;村级2处,90亩。

【林业 水利】 全旗共完成人工造林面积达26.7万亩,比上年增加7.66万亩,同比增长40.2%。退耕还林面积1.8万亩。三北防护林工程2万亩,一般造林面积10.9万亩。水利年度全旗所有井累计达11 307眼。其中农业井9 350眼。在全部农业井中已配套完好农业井8 250眼。2009年新增机电井268眼,实增机电井268眼。有效灌溉面积达89万亩,比上年增加2.3万亩。

【工业】 全旗工业增加值实现425 876万元,同比增长35.1%。规模以上企业(年销售收入在500万元及以上工业企业)有55户,完成增加值307 250万元,增长36.4%。产品销售收入达735 157.1万元,同比增长26.59%,利税总额达84 254.1万元,同比增长19.16%,工业经济效益综合指数为592.9%,比上年提高34个百分点。

【固定资产投资】 全社会固定资产投资完成367 341万元,同比增长21.7%。其中:县以上固定资产投资完成305 341万元,同比增长27.2%。在县以上投资中,基本建设投资完成41 895万元,同比下降41.2%;更新改造投资完成246 828万元,同比增长71.7%,房地产投资19 917万元。

【财政 金融】 财政收入完成75 169万元,同比增长25%。其中地方财政收入完成43 649万元,同比增长41%。全年财政支出150 602万元,同比增长27%。

年末金融机构各项存款余额199 785万元,同比增长23.6%。城乡居民储蓄存款余额达138 792万元,同比增长25.3%。金融机构各项贷款余额达206 643万元,同比增长75.1%。企业存款达28 777万元,同比增长66%。

全年完成保费收入5 227万元,比上年增加512万元。其中财产保险保费收入1 587万元,同比下降0.5%;人寿保费收入达3 640万元,同比增长16.7%。全年支付各类赔偿款1 200万元,比上年少支付171万元。其中人寿险赔款272万元,财产险赔款928万元。

【交通】 全旗公路里程为1 214.41公里。其中:国道162.24公里;省道96.95公里;县道338.55公里;乡道616.67公里。全旗县级大桥4座,520米,中桥3座,181米,小桥17座,193米;乡道大桥1座,125米,中桥3座,184米,小桥4座,68米。全旗营运货车共计1 184辆,其中大型货车337辆、中型货车108辆、小型货车739辆。营运客车共计250辆,其中大客车46辆、中型客车21辆、小客车183辆。全年完成客货周转量18 768万吨公里,比上年减少14 792万吨公里。全年完成货运量305万吨,比上年减少165万吨,货运周转量17 674万吨公里,比上年增加3 048万吨公里;完成客运量218万人,比上年减少2万人;客运周转量10 942万人公里,比上年减少1 658万人公里。

【邮电】 全旗邮电业务收入完成10 723万元,同比增长3.6%。全旗有城镇电话用户10 160户,同比增加485户。现有乡村电话用户15 038户,同比增加4 156户。全旗程控交换机容量34 000门,同比增加22 900门。全旗互联网上网用户达9 641户,同比增加3 263户。

【商贸】 社会消费品零售总额完成158 079万元,同比增长15.4%。按行业划分:批发零售贸易业零售总额完成128 757万元,同比增长12.2%;住宿和餐饮业零售总额完成17 123万元,同比增长163%;其他行业零售额完成12 199万元。按销售所在地划分:县级零售额达104 993万元,同比增长18.5%;县以下零售额完成53 086万元,同比增长11.3%。

【旅游】 7月5日,庆祝建国60周年暨通辽撤盟设市10周年2009中韩友好内蒙古科尔沁草原马拉松大赛在乌力吉木仁苏木恩格尔塔拉旅游区举行。

【环保】 全旗有自然保护区17个,面积411.29万亩。其中:自治区级自然保护区2个,面积为227.2万亩;市级自然保护区8个,面积128.3万亩;旗级自然保护区7个,面积55.8万亩;旗级自然保护小区11个,面积为57.9万亩。自然保护区和保护小区面积占全旗总土地面积的17.9%。市级生态示范区6个。

【教育】 全旗有小学51所,其中:独立设置少数民族小学11所,教学点8个。有中学17所,其中独立设置民族中学5所,初级中学8所;高级中学2所;九年一贯制中学7所。全旗小学当年招生3 165人,在校生20 966人,毕业生3 813人;初中当年招生3 575人,在校生8 325人,毕业生4 509人;普通高中当年招生2 249人,在校生5 802人,毕业生2 179人。职业高中当年招生557人,在校生1 895人,毕业生254人。全旗有专任教师3 776人,其中小学专任教师2 478人,普通中学专任教师1 122人,职业中学专任教师117人,幼儿园专任教师59人。全旗校舍建筑面积239 443平方米,新增建筑面积3 048平方米。学龄儿童入学率100%,初中毛入学率103.4%。

【卫生】 全旗共有卫生机构60个。其中医院2所,卫生院26所。现有卫生技术人员879人。其中:执业医师339人,执业助理医师439人,村卫生室458个。

【人口 人民生活】 2009年全旗出生人数为3 067人,死亡人数为1 489人,自然增长人口1 578人,自然增长率7.39‰,死亡率4.73‰。

全旗城镇居民人均可支配收入11 357元,比上年同期增加1 106元,增长10.78%,城镇居民人均消费支出达8 635元,增加980元,增长12.81%。居民家庭恩格尔系数(即居民家庭食品消费支出占家庭消费总支出的比重)为34.62%。农牧民人均纯收入5 019元,增加262元,增长5.5%;农牧民人均生活消费支出达4 793元,增加367元,同比增长8.3%;农村居民恩格尔系数为43%。

【就业 社会保障】 全旗单位从业人员22 407人。其中,国有单位从业界员20 242人;城镇集体单位从业人员1 011人;其他单位从业人员1 154人。全旗单位从业人员劳动报酬462 977万元,增长8.63%。其中,国有单位从业人员劳动报酬41 581.9万元;城镇集体单位从业人员劳动报酬21 973万元;其他单位从业人员2 518.5万元。全旗单位职工平均工资20 790元,比上年增加2 025元,增长10.79%。全旗城镇失业人员有2 666人(上年结转1 357人),共安置各类失业人员1 413人。其中,安置下岗失业人员905人,“4050”人员241人,城镇登记失业率为4.0%。全旗共参加养老保险人数为19 750人,参加失业保险人数为10 139人,城镇享受最低生活保障金的有13 003人。农村享受最低生活保障金的有27 063人。

(邹宪彪 牡丹)

开 鲁 县

【领导名录】

县委书记:么永波
人大主任:姜宝玉
县　　长:韩国武
政协主席:刘进贤
武装部长:张　仪
政　　委:寿敏智

【概况】 开鲁县位于内蒙古自治区东部、通辽市西部。属西辽河冲积平原腹地,平均海拔241米,地处北纬43°9′~44°10′,东经120°25′~121°52′之间,东与科尔沁区毗邻,西与赤峰市阿鲁科尔沁旗、翁牛特旗为邻,南与奈曼旗隔西辽河相望,北与扎鲁特旗交界。另外东南、东北部分地区还分别与科尔沁左翼后旗、科尔沁左翼中旗接壤。全县总面积4 488平方公里,有耕地面积155.08万亩,林地面积125.2万亩,草牧场面积222万亩。国道303线、111线,集通铁路横贯县境,县政府驻地距通辽市政府驻地科尔沁区86公里。

2009年,全县生产总值(GDP)实现97.71亿元,按可比价格计算,比上年增长14.4%,其中:第一产业增加值实现28.54亿元,增长2.5%;第二产业增加值实现41.85亿元,增长32.5%;第三产业增加值实现27.33亿元,增长11.3%。第一产业对经济增长的贡献率为6.0%,第二产业对经济增长的贡献率为65.4%,第三产业对经济增长的贡献率为28.6%。全县生产总值中一、二、三产业比重由上年的35:36:29调整为

29:43:28。按常住人口计算,全年人均生产总值24 324元,增长21.3%。

全年财政总收入完成4.42亿元,比上年增长21.27%,其中:地方财政收入完成4.01亿元,比上年增长19.62%。全年财政支出13.51亿元,比上年增长27.66%,其中:地方财政支出12.73亿元,比上年增长24.73%。

居民消费价格比上年上涨0.7%,其中,食品类价格上涨1.0%,医疗保健和个人用品价格上涨2.5%。商品零售价格上涨1.4%。农业生产资料价格下降2.0%。

【农业】 全年农林牧渔业总产值实现471 087.5万元,比上年增长17.64%,其中:农业产值实现270 946.3万元,比上年增长25.02%;牧业产值实现185 396.5万元,比上年增长9.53%;林业产值实现9 882.7万元,比上年下降7.45%;渔业产值实现50.0万元,比上年下降18.03%;农林牧渔服务业产值实现4 812.0万元,比上年增长29.53%。全年农作物总播面积193.0万亩(含复种),比上年增长1.69%,其中:粮食作物面积138.0万亩,比上年增加9.9万亩,经济作物面积61.8万亩,比上年减少4.0万亩。全年粮食总产量达17.0亿斤。红干椒种植面积25.0万亩,总产量达1.5亿斤,实现产值9.0亿元。

【畜牧业】 牧业年度全县牲畜存栏头数达226.07万头(只),比上年增长12.49%,其中:牛存栏12.64万头,比上年增长3.96%;羊存栏119.05万只,比上年增长21.91%;生猪存栏85.38万头,比上年增长4.05%。年末全县牲畜存栏头数达220.95万头(只),比上年增长11.13%,其中:牛存栏12.06万头,比上年下降0.22%;羊存栏116.57万只,比上年增长20.22%;生猪存栏83.02万头,比上年增长2.44%。全年肉产量达108 529吨,比上年增长0.90%,其中:猪、羊肉产量各为70 682吨、12 508吨,分别比上年增长5.04%、8.98%;牛肉产量为11 836吨,比上年下降0.50%。禽蛋产量26 000吨,比上年增长24.40%;羊毛产量2 727吨,比上年增长0.59%。

【林业】 全年完成人工治沙造林15.0万亩,合格面积15.0万亩,封沙(山)育林1.0万亩,自然保护工程面积47万亩,人工种草5.1万亩。全县森林覆盖率达25.6%。

【水利】 全年新打配套机电井100眼,空眼井配套800眼;新增农田有效灌溉面积0.1万亩;新增节水灌溉面积14.94万亩;完成人畜饮水工程57处,解决5.35万人和16.57万头(只)牲畜饮水问题。

【工业 建筑业】 全年全部工业增加值完成382 909.0万元,可比价比上年增长33.5%。其中,规模以上工业企业完成增加值306 618.0万元,可比价比上年增长36.9%。在规模以上工业企业中,国有企业增加值10 345.8万元,增长31.1%,股份制企业增加值224 724.6万元,增长39.1%,其它经济类型企业增加值71 547.6万元,增长30.1%。在规模以上工业企业中,轻工业增加值172 893.7万元,增长23.4%;重工业增加值133 724.3万元,增长57.0%。

全年规模以上工业企业实现利税107 547.1万元,比上年增长47.64%;工业产品销售率达99.08%,比上年提高0.34个百分点;工业经济效益综合指数完成516.74%,比上年提高29.20个百分点;实现产品销售收入866 404.0万元,比上年增长39.15%。

全县新开工投资500万元~1 000万元工业项目8个,1 000万元以上项目21个,全部工业固定资产投资完成430 850万元。

全年建筑业增加值实现35 551万元,可比价比上年增长25.6%。具有三级以上资质等级的建筑企业实现建筑业总产值32 285.5万元,比上年增长2.5%;利润总额2 465.7万元,比上年增长11.8%;税金总额1 051.7万元,比上年增长26.7%;房屋建筑施工面积224 727平方米,其中新开工面积166 145平方米;房屋竣工面积218 627平方米。

【固定资产投资】 全年50万元以上固定资产投资完成565 291万元,比上年增长29.04%,其中:城镇投资完成521 670万元,比上年增长27.70%。从投资主体看,国有经济单位投资146 827万元,比上年增长53.04%;其它经济类型单位投资418 464万元,比上年增长22.30%。

在全县固定资产投资中,第一产业投资50 368万元,比上年增长89.75%;第二产业投资430 850万元,比上年增长35.59%;第三产业投资84 073万元,比上年下降10.35%。

全县固定资产投资新增生产能力或工程效益:其它发电50万千瓦;水泥5.6万吨/年;化学农药原药5 000吨/年;石墨及炭素制品200吨/年;塑料树脂及共聚物6 100吨/年;新建公路110公里;改建公路118公里;输电线路长度(11万伏及以上)102公里。

【交通 邮电】 全年交通运输业公路货运量完成491.2万吨,比上年增长13.49%,公路货物运输周转量完成31 004.8万吨公里,比上年增长13.71%;公路客运量完成321.4万人,比上年下降0.62%,公路旅客运输周转量完成15 857.0万人公里,比上年增长4.33%;公路总里程达2 005.515公里。

邮电通信业全年完成邮电业务总量17 067.8万元,比上年增长24.61%。全县固定电话用户46 521户,比上年增长42.69%,其中:城市电话用户12 779户,比上年增长68.01%;乡村电话用户33 742户,比上年增长34.99%。全县移动电话用户达240 355户,比上年增长73.79%。

【贸易】 全年社会消费品零售总额达170 074.1万元，比上年增长4.29%，扣除物价因素，实际增长3.56%。其中：县消费品零售额103 442.4万元，增长6.38%，县以下消费品零售额66 631.7万元，增长1.20%。分行业看，批发业零售额30 392.6万元，增长7.28%；零售业零售额111 398.8万元，增长1.27%；住宿和餐饮业零售额28 110.2万元，增长14.38%；其他行业零售额172.5万元，增长0.82%。

【金融 保险】 年末全县金融机构各项存款余额为232 065万元，比上年末增加47 151万元，增长25.50%，其中：企业存款余额为17 748万元，比上年末增加5 567万元，增长45.69%；城乡居民储蓄存款164 958万元，比上年末增加31 654万元，增长23.75%。年末全县金融机构各项贷款余额为221 345万元，比上年末增加89 961万元，增长68.49%，其中：短期贷款余额171 541万元，比上年末增加49 016万元，增长40.03%，中长期贷款余额49 804万元，比上年末增加40 945万元，增长462.12%，在短、长期贷款余额中个人消费贷款余额5 416万元，比上年末增加1 871万元，增长52.78%。

全年保险业实现保费收入12 694.51万元，比上年增长30.52%。其中：寿险业务保费收入5 636.18万元，增长13.94%；健康险和意外伤害险业务保费收入333.69万元，增长26.59%；财产险业务保费收入5 906.74万元，增长40.94%。全年保险业支付各类赔款3 424.52万元，比上年下降12.09%。其中，寿险业务赔款367.72万元，下降4.74%；健康险和意外伤害险赔款141.8万元，下降0.98%；财产险业务赔款2 915.00万元，下降13.41%。

【科技】 年末全县各类专业技术人员达5 803人。全年有6项科技成果获科技进步奖，3项科技成果获发明专利奖。全年科学技术经费支出709万元，其中，科学技术研究与开发561万元。

【教育】 全县普通高中在校生6 596人；职业高中在校生2 015人；普通初中在校生16 634人；小学在校生29 640人。小学适龄人口入学率达100.0%；小学毕业生升学率达100.0%；初中毕业生升学率达60.75%。校舍建筑面积中：普通初中102 284平方米；普通高中39 251平方米；职业高中7 622平方米；小学151 068平方米；进修校2 721平方米。全县有幼儿园5个，在园幼儿数610人，学前班180个，在班幼儿数3 775人。

【文化】 年末全县有艺术表演团体1个，文化馆1个，公共图书馆1个，藏书72 900册，图书流动册次60 000册次，接待读者人次40 000人次，电影放映队24个，放映场次5 283次，广播人口覆盖率99.44%，电视人口覆盖率94.25%。

【卫生】 全县共有卫生机构29个；床位501张；卫生技术人员871人，其中：执业医师387人，执业助师55人，注册护士147人，药剂人员76人，检验人员45人，影像人员36人，其他卫生技术人员125人。

全年举办各类运动赛会36次，参加运动员人数3 100人次，95.4%的在校生达到国家体育锻炼标准。

【就业】 年末全县就业人员22.36万人，全年有1 031名下岗失业人员实现了再就业。年末城镇登记失业率为4.02%。

【人口】 2009年全县人口出生率为9.15‰，死亡率为3.37‰，自然增长率为5.78‰。年末全县总人口为402 419人，比上年增长0.35%，其中，男性人口为204 662人，女性人口为197 757人。少数民族人口为67 343人，占总人口的16.73%。

【人民生活】 全年城镇居民人均可支配收入12 300.22元，比上年增加1 660.84元，增长15.61%，扣除价格因素实际增长14.79%。其中，人均工资性收入8 293.34元，人均转移性收入1 972.65元，分别增长14.92%和24.10%。城镇居民人均消费性支出7 507.45元，增长24.05%。城镇居民家庭恩格尔系数为31.8%，比上年上升12.4个百分点。全年农牧民人均纯收入5 863.08元，比上年增加265.48元，增长4.74%。其中，人均工资性收入1 041.03元，增长7.78%；人均家庭经营性收入4 170.14元，增长5.84%；人均转移性和财产性收入651.91元，下降5.72%。农牧民人均生活消费支出4 523.51元，增长28.97%。农村牧区居民家庭恩格尔系数为39.9%，比上年下降3.8个百分点。

年末全县各类社会福利机构14个，床位339张，收养214人。年末全县参加基本养老保险人数为22 697人，参加失业保险的人数为16 500人，领取失业保险金人数为12人，全年企业参加基本养老保险离退休人员6 776人，实现了基本养老金全部按时足额发放。全年全县城镇职工参加基本医疗保险的人数为23 304人，其中：参保职工18 520人，参保退休人员4 784人；全年全县城镇居民参加基本医疗保险的人数为35 902人；全年全县参加农村牧区合作医疗保险人数311 738人。全县共有城镇居民2 946户6 349人，农村居民8 189户15 626人得到政府最低生活保障。

（姜淑侠）

赤　峰　市

【党政军领导名录】

市　委

书　记:杭桂林(蒙古族)

副书记:王中和　陶淑菊(女　蒙古族)

人　大

主　任:斯日古楞(蒙古族)

副主任:梁万龙　李雪波(女)　李志勋(满族)　白音巴特尔(蒙古族)　张志安　东日布(蒙古族)

政　府

市　长:王中和

副市长:李学玉　张利平　麻树昌　姚云峰(蒙古族)　吴力吉(蒙古族)　吴平(蒙古族)　梁淑琴(女)

政　协

主　席:赵　兴

副主席:王文国　哈斯巴根(蒙古族)　郭丽虹(女)　布和朝鲁(蒙古族)　赵知文　陈宏　韩会申(蒙古族)　张文革　王国联

军分区

司令员:杨俊旺

政治委员:姜光玉

【概况】　赤峰市位于内蒙古自治区的东部,地处燕山北麓、大兴安岭南段与内蒙古高平原向辽河平原的过渡地带。地理坐标为北纬 41°17′～45°24′,东经116°21′～120°58′。

全市总面积90 021平方公里。地理环境复杂多样,地貌类型:山地15 972平方公里,占总面积17.74%;高平原4 740平方公里,占5.27%;熔岩台地2 886平方公里,占3.21%;低山丘陵17 500平方公里,占19.44%;黄土丘陵20 619平方公里,占22.90%;河谷平原7 358平方公里,占8.17%;沙地20 946平方公里,占23.27%。总观地貌属山地丘陵区,中低山和丘陵约占土地总面积的73.3%。市境地势西高东低,北、西、南三面环山,西部地势最高海拔2 067米,东部最低海拔不足300米。

赤峰铁路距北京486公里,距内蒙古自治区首府呼和浩特市1 130公里。赤峰东西宽375公里,南北长457.5公里。

赤峰市是隶属于内蒙古自治区的地级市。设3个市辖区:红山区、松山区和元宝山区;辖7旗2县:阿鲁科尔沁旗、巴林左旗、巴林右旗、克什克腾旗、翁牛特旗、喀喇沁旗、敖汉旗、林西县、宁城县,共12个旗县区。境内居住着蒙古、汉、满、朝鲜、回、达斡尔等30个民族。年末全市常住人口432.8万人,比上年减少2.3万人。

2009年,全市地区生产总值达912.89亿元,比上年增长16.6%。其中,第一产业增加值148.94亿元,增长4.4%;第二产业增加值451.39亿元,增长24.7%;第三产业增加值312.56亿元,增长13.3%。按常住人口计算,人均生产总值21 037元,按当年平均汇率折算达3 079美元,比上年增长17.3%。

居民消费价格总水平(CPI)100%,与上年持平。其中食品类价格上涨0.9%。在食品类价格指数中,粮食价格上涨6%;食用植物油回落11.5%;肉禽及其制品价格回落7.6%,其中猪肉回落17.6%,牛肉和羊肉分别上涨1.8%和0.9%,鸡价格回落0.2%;鲜菜上涨14.3%。其它消费品和服务类价格指数保持基本稳定或略有下降。生产领域价格略有下降,原材料、燃料及动力购进价格下降0.9%,工业品出厂价格下降3.8%。

全年地方财政总收入完成82.28亿元,比上年增加9.87亿元,增长13.6%。其中地方财政一般预算收入45.82亿元,增长26.5%;上划中央和自治区税收收入36.46亿元,增长0.8%。有7个旗县区的地方财政总收入超过4亿元,其中红山区、元宝山区的财政收入超过15亿元,克什克腾旗超过9亿元。

【农业】　全市农作物播种面积1 593万亩,比上年增长1.1%。其中,粮食作物1 290万亩,增长3.7%;经济作物250.59万亩,增长0.6%。全市粮食产量59.2亿斤,比上年下降15.4%。其中谷物56.16亿斤,下降9.2%;豆类0.73亿斤,下降69.8%;薯类(折粮)2.31亿斤,增长59.5%。经济作物产量有升有降,其中,油料产量1.48亿斤,下降49.3%;甜菜8.42亿斤,下降36.1%;药材0.07亿斤;烟叶0.19亿斤,下降17.4%;蔬菜68.96亿斤,增长22.8%;瓜类4.63亿斤,下降32.4%。全年水产品产量11 202吨,下降1%。

【畜牧业】 牧业年度(六月末)牲畜存栏1 769万头只,比上年增加16万头只,增长0.9%,创历史最高纪录。牲畜良种及改良种率97%,比上年下降1.9个百分点;牲畜出栏率55.4%,提高4.3个百分点;能繁殖基础母畜存栏904.42万头只,比上年增加32.6万头只。全年肉类总产量42.82万吨,增长1.5%。其中,猪出栏163.64万头,肉产量12.63万吨,增长0.5%;牛出栏81.84万头,肉产量9.07万吨,增长7%;羊出栏489.56万头,肉产量8.09万吨,下降9.4%;禽肉产量11.26万吨,增长8.6%。牛奶39.18万吨,下降10.3%;禽蛋29.86万吨,增长6.2%;绵羊毛1.77万吨,增长2.2%;山羊绒0.15万吨,增长1.9%。

【林业】 全年完成造林面积16.3万公顷,其中人工造林7.6万公顷,飞播造林0.7万公顷,封山育林8万公顷。

【工业】 全部工业增加值394.12亿元,比上年增长23%。其中规模以上工业(年销售收入500万元以上工业企业)增加值335.33亿元,增长24.3%。

全年规模以上工业主营业务收入实现956亿元,增长19.3%;利税实现123.3亿元,增长1.7%;利润实现87.3亿元,增长2.5%;全年产销率98.7%,产销衔接基本平衡。

全年规模以上工业原煤产量2 923.81万吨,增长13.9%;发电量197.81亿千瓦小时,增长23%。其中,风力发电65.14亿千瓦小时,增长133.2%;铁矿石原矿量1 605.62万吨,下降9%;钼精粉1.02万吨,增长4.4%;铁精粉520.53万吨,增长39.3%;十种有色金属29.08万吨,增长16.7%;黄金10 126千克,下降37.7%;白银7 755千克,下降37.3%;粗钢10.42万吨,下降91.1%;粗铜17.36万吨,增长40.2%;水泥390.52万吨,增长10.6%;农用化肥(折纯)18.26万吨,增长10.7%;精制食用植物油1.32万吨,增长33%;鲜冷藏冻肉17.74万吨,增长20.4%;饮料酒22 317万升,增长1.4%。

【固定资产投资】 全社会固定资产投资完成655.03亿元,比上年增长26.7%。其中规模以上投资(城乡50万元以上项目)完成645.85亿元,增长27.4%。按经济类型分,国有经济单位投资172.27亿元,下降4.6%;集体经济单位投资21.24亿元,增长1%;有限责任公司投资256.59亿元,增长72.9%;其他经济类型单位投资195.75亿元,增长24.6%。按项目隶属关系分,地方项目完成投资626.51亿元,增长29.2%;中央项目完成投资19.34亿元,下降12.8%。

【交通 邮电业】 年末全市公路里程达到21 065公里,比上年增长0.5%,其中等级公路率达86.8%。全年公路货运量完成8 275万吨,增长68.8%;货物周转量181.92亿吨公里,增长6.1%。公路客运量3 746万人,增长18.1%;客运周转量31.24亿人公里,增长9.7%。

全年邮电业务总量46.33亿元,比上年增长8.7%。其中,电信业务总量44.91亿元,增长9.4%;邮政业务总量1.42亿元,增长9.6%。全市电话用户达41.83万户,其中住宅电话35.19万户。移动电话用户达到222.36万户,增长15.5%。计算机互联网用户15.18万户,增长42.3%。

【旅游业】 全年共接待境内外游客520万人次,比上年增长10.2%,旅游业总收入实现61亿元,增长21.8%。其中国际旅游创汇1 975万美元,国内旅游收入59.6亿元。

【国内贸易】 社会消费品零售总额287亿元,比上年增长19.7%。分城乡看,市的消费品零售总额151.5亿元,增长19.9%;县的消费品零售总额76.15亿元,增长19.6%;县以下59.36亿元,增长19.1%。分行业看,批发业零售额71.05亿元,增长15.4%;零售业零售额166.97亿元,增长20.4%;住宿和餐饮业零售额37.17亿元,增长23.9%;其他行业11.8亿元,增长22.6%。

【对外经济】 海关进出口总额51 040万美元,比上年增长12.1%。其中进口41 682万美元,增长15.8%;出口9 358万美元,下降1.1%。在进出口总额中"三资"企业完成6 177万美元,下降13.3%;自营企业完成44 863万美元,增长17%。

全年实际利用外商投资5 038万美元,增长56.2%。

【金融 保险】 年末金融机构各项存款余额720.42亿元,比上年增长23.4%。其中,城乡居民储蓄存款余额444.72亿元,增长20%。各项贷款余额395.53亿元,增长26.4%。全年财产保险保费收入6.84亿元,增长24.4%;赔款支出3.74亿元,增长19%。人身险保费收入13.19亿元,增长10.7%;赔款与给付支出2.11亿元,增长12.6%。

【科技】 鉴定科技成果26项,其中获自治区以上科技进步奖3项。年内签订技术合同72项,合同成交额1 365万元。

【教育】 赤峰学院全年招收学生2 244人,在校学生8 236人,毕业生2 110人;赤峰交通职业技术学院全年招收学生2 347人,在校学生5 657人,毕业生1 130人;49所中等专业学校全年招收学生38 999人,在校学生63 594人,毕业生11 058人。年末全市初中和小学在校学生分别为16.8万人和28万人,入学率分别为99.75%和99.74%,辍学率分别为0.66%和0.61%。初升高升学率达到87%,高中阶段在校生达11.7万人。全年普通中小学新增校舍11万平方米。中小学计算机拥有量达24 413台,图书792.6万册。

【文化】 年末全市拥有艺术表演团体11个,公共图书馆14个,群艺馆、文化馆11个,博物馆10个;广播电台1座,电视台1座,电视发射台、转播台和差转台204座,其中功率一千瓦以上50座。广播混合覆盖率94.73%,电视混合覆盖率92.62%。《赤峰日报》全年出版10 394千印张。

【卫生】 年末全市拥有医疗卫生机构900个,其中医院65个,卫生院239个,采血机构1个,妇幼保健机构13个,专科疾病防治机构12个。年末全市医疗卫生单位实有病床位15 432张,专业卫生技术人员18 547人。

【体育】 全年体育健儿参加自治区级13大项比赛共获奖牌278枚,其中金牌48枚。全年举办县级以上运动会61次,参赛人数10万人次,其中体委系统举办12次,参赛人数1万人次。全年发展二级运动员98人。中小学在校学生中有53.67万人达到国家体育锻炼标准,达标率为97.2%。全市老年体协组织已发展到2 408个,有31万老年人经常参加体育锻炼,占老年人口总数的61%。

【环境保护】 全年二氧化硫排放总量20.61万吨,比上年下降6.06%。化学需氧量排放总量1.62万吨,下降0.34%。市三区共改造原煤散烧锅炉23台,取缔建成区内燃煤锅炉4台。全年市中心城区空气质量达到二级及二级以上标准天数330天,创历史最好水平。

全市各饮用水水源地各水源井水质各项指标均达到《生活饮用水标准》、《集中式生活饮用水水源地补充项目标准限制》要求,集中式饮用水源水质达标率100%。

继续开展环境质量监测和污染源监测,全年获监测数据34 748个。其中环境水体监测数据3 306个、环境空气监测数据5 589个、环境噪声3 100个、污染源监测数据8 501个、土壤监测数据7 525个、应急监测数据318个、各类验收、委托、仲裁性监测数据6 409个。

【人口】 人口抽样调查数据显示,年末全市常住人口432.8万人,比上年减少2.3万人。人口出生率10.21‰,死亡率5.63‰,人口自然增长率4.58‰。

【人民生活】 全年城镇居民人均可支配收入12 670元,比上年增加1 132元,增长9.8%。农牧民人均纯收入4 500元,比上年增加260元,增长6.1%。其中农民4 506元,增长5.7%;牧民4 431元,增长11.1%。全年城镇居民人均消费性支出9 187元,比上年增长11.8%。农牧民人均消费性支出3 148元,比上年增长2%。城乡居民恩格尔系数(食品支出占消费总支出的比重)分别为33.2和41.4%;年末城镇居民现住房屋人均建筑面积30.9平方米,比上年增加2.8平方米。农牧民人均居住面积22.85平方米,比上年增加0.5平方米。其中,农民23.1平方米,增加0.41平方米;牧民19.96平方米,增加1.56平方米。

【就业】 年末全市从业人员232.33万人,比上年增加1.74万人。其中,一、二、三产业从业人员分别为124.04万人、46.22万人和62.07万人,分别比上年下降2.1%、增长3.7%和增长4.6%,分别占全部从业人员的53.4%、19.9%和26.7%。其中,城镇在岗职工29.86万人,减少0.55万人;城镇私营和个体劳动者22.68万人,增加1.94万人;乡村从业人员179.58万人,增加0.35万人。全市城镇新增登记失业人数2.1万人,新增就业人数1.7万人,登记失业率4.17%。

【社会保障】 年末全市各类社会福利院实有床位5 990张,收养5 272人。城镇社区服务网络持续发展,已建立各种社区服务设施744处。城乡居民得到国家救济的达41.4万人。享受国家城镇居民最低生活保障人数为9.5万人,增加0.4万人。最低生活保障月人均补助水平由上年的193元增加到226元。全年低保资金支出26 353.5万元,增长51.1%。

全市有26.2万职工参加基本养老保险,8.77万离退休人员参加离退休费社会统筹,分别比上年增长4%和7.7%。

(唐玉茹)

红　山　区

【领导名录】

区委书记:包振玉(蒙古族)
人大主任:孙建华
区　　长:张　华
政协主席:张敬国
武装部长:唐根朝
政　　委:刘振超

【概况】 红山区位于内蒙古自治区东部,赤峰市南部。东与元宝山区接壤,南与喀喇沁旗毗邻,西、北与松山区交界。全区总面积506平方公里,辖2镇、11个街道办事处,27个行政村、67个社区居委会,户籍总人口35.34万人,有蒙古、汉、回、满、朝鲜等22个民族。

红山区居内蒙古高原向松辽平原过渡地带,属燕山北麓赤峰—敖汉黄土台地赤峰盆地,英金河及其支流横贯其间。属中温带半干旱大陆性季风气候区。气候冬长,秋短,春多风,夏多雨,日照时间长,夏秋昼夜温差大,有利于农作物生长成熟。

2009年,地区生产总值达148.06亿元,全社会固定资产投资70亿元,地方财政总收入15.33亿元。工业经济迅速发展,初步形成了能源、冶金、医药化工和农畜产品加工四大支柱产业。全区限额以上工业企业46家,完成增加值56.17亿元,实现利税21亿元。远景规划面积43平方公里的赤峰红山经济开发区,已经成为自治区重点扶持的20家开发区之一。商贸业发展势头强劲。2009年,全区社会消费品零售总额达56.53亿元,5家亿元以上商品交易市场实现成交额38.9亿元。辐射蒙东冀北辽西地区的内蒙古红山物流园区建成区面积已达5 100亩,引进各类企业127家。对外开放进一步扩大,2009年共引进国内区外资金31.9亿元。人民生活水平不断提高,城镇居民人均可支配收入14 146元,农牧民人均纯收入7 518元。

【农业】 农作物总播种面积19.5万亩,其中粮食作物播种面积16.13万亩,蔬菜播种面积2.23万亩。粮食总产量达30 586吨,蔬菜总产量144 078吨。围绕"围城沿路、靠近村庄、规模化发展、模式化种植"的思路,加强土地流转管理,发展设施农业、特色农业和规模化养殖。至2009年底,共投入资金2.5亿元,建设设施农业1.28万亩,新增优良品种创建田6 000亩,高产稳产口粮田3 000亩,规模化健康养殖小区5处;培育各类农村经济合作组织80个,规模以上农业产业化龙头企业82家,农牧业产业化经营重点项目4个。

【工业经济】 限额以上工业企业46家,2009年完成主营业收入194.6亿元,增加值56.17亿元,实现利税21亿元,工业产品销售率为99.6%。远景规划面积43平方公里的赤峰红山经济开发区,已经成为自治区重点扶持的20家开发区之一。至2009年底,已完成建设面积6平方公里,基础设施建设投资5.77亿元。共入驻企业82家,已投产企业47家,安排就业1.5万人,初步形成能源、冶金、医药化工和农畜产品加工四大支柱产业。全年实现增加值39.9亿元,税收2亿元。

【贸易】 2009年社会消费品零售总额达56.53亿元,其中批零业实现42.68亿元,餐饮业实现12.65亿元,其它1.2亿元。5家亿元以上商品交易市场实现成交额38.9亿元。辐射蒙东、冀北、辽西地区的内蒙古红山物流园区建成区面积达5 100亩,建成道路32条,总长度23.3公里,完成建筑面积70万平方米,入驻企业130家。

【教育】 共有各类学校114所,其中,小学37所,初中12所,普通高中6所,职业高中8所,学前教育49所,特殊教育2所。中小学在校学生总数69 565人,专任教师5 197人,适龄儿童入学率100%。

【文化】 至2009年底,红山区共有图书馆2个,藏书36万余册,基层文化站2个。

【卫生】 共有各类医疗卫生机构11个,均与北京、天津、沈阳等地的医疗机构和科研院所建立了联合协作关系,床位985张,卫生技术人员1 107人,可提供完备的医疗服务。

【荣誉】 先后被评为全国"双拥模范区"、"武术之乡"、"十佳卫生城"、"科技进步先进城区"、"国家平安建设先进区"、"中国优秀旅游城市"、荣获首届"中国五十家投资环境诚信安全区"、连续四次荣获"全国社会治安综合治理长安杯";被自治区授予"八星级文明城"、"文化先进区"、"自治区首届文明城区"等荣誉称号。

(刘 志)

元宝山区

【领导名录】

区委书记:李廷玉
人大主任:何映礼
区 长:张子明
政协主席:吕广信
武装部长:许国峰
政委:张喜义(3月离任) 石宝龙(3月任职)

【概况】 清乾隆三十三年(1768年)区境内山中建有煤窑。当时流通的货币面额较大的是"元宝",煤能换取元宝,煤窑主视煤如元宝,故将此山称之为"元宝山"。元宝山区因此而得名。

元宝山区总面积952.14平方公里。辖5个镇、3个街道办事处,66个行政村、68个居委会。至2009年底全区总人口32.59万人,其中非农业人口17.86万人。男女性别比103.47∶100(女为100)。人口出生率7.48‰,死亡率5‰,自然增长率4.57‰。有少数民族10个,54 081人。

2009 年年平均气温7.0℃。最冷月 1 月,平均气温 -9.8℃;最热月 7 月,平均气温24.1℃。年降水量 256 毫米。年日照时数3 285小时,无霜期 175 天。

全区实现国内生产总值126.11亿元,按可比价格计算,比上年增长18.7%。第一产业实现增加值9.71亿元,增长5.2%;第二产业实现增加值69.99亿元,增长21.9%;第三产业实现增加值46.41亿元,增长17.3%。三次产业比重为7.7∶55.5∶36.8。全社会完成固定资产投资68.58亿元,比上年增长25.4%。实现财政总收入15.29亿元,其中地方财政收入6.98亿元,按可比口径增长15.1%。年末金融机构各项存款余额88.21亿元,比年初增加16.81亿元。其中居民储蓄存款余额58.34亿元,比年初增加9.6亿元。年末金融机构各项贷款余额37.86亿元,比年初增加 300 万元。

【农牧业】 全年农林牧渔业实现总产值16.16亿元,增长4.9%。农业增加值9.71亿元,增长5.2%。粮食总产量9.22万吨,比上年下降23.6%;经济作物总产量58.19万吨,增长11.6%;6 月末牲畜存栏22.44万头只,12 月末牲畜存栏16.00万头只;肉类总产量2.38万吨,禽蛋总产量1.00万吨,奶类总产量10.65万吨。全年造林2 917公顷,林木覆盖率达34.72%。全区农机总动力11.62万千瓦,减少8.1%。

【工业】 有规模以上工业企业 69 家,全年实现工业增加值63.99亿元,比上年增长20.7%。规模以上工业实现产品销售收入124.44亿元,增长15.5%;实现利润16.27亿元,增长63.0%;实现利税16.27亿元。

【环境保护】 完成环境污染治理项目 4 个,完成投资额 2 亿元,增长159%。

【交通 邮电】 改造村级油路104.4公里。公路通车里程699.6公里,公路旅客运输量 172 万人、客运周转量8 792万人公里,分别比上年增长4.2% 和4.0%;公路货物运输量 417 万吨、货物周转量8 703万吨公里,分别增长6.6% 和6.0%。完成邮电业务总量1.49亿元,比上年增长3.0%,其中电信业务总量1.36亿元,增长6.1%;邮政业务总量1 248万元,下降21.7%。年末固定电话用户达5.22万户,移动电话用户23.26万户,电话普及率达到87.39部/百人,互联网用户2.08万户。

【贸易】 全年共实现社会消费品零售总额36.3亿元,比上年增长16.5%。其中,批发、零售贸易业31.32亿元,增长16.2%;住宿和餐饮业4.36亿元,增长19.8%。城乡商品交易市场 32 处,成交额12.8亿元,同比增长18.5%。

【旅游】 主要旅游景点有 3 处。全年接待国内外游客 9 万人次,比上年增长7%;实现旅游总收入8 000万元,增长8%。

【科技】 拥有各类科技人员7 772人。

【教育】 有普通教育学校 43 所,其中,普通中学 11 所,在校学生25 784人;小学 32 所,在校学生20 859人。职业中学 2 所,在校学生3 875人。特殊教育学校 1 所,在校学生 90 人。2009 年高考录取人数为2 982人。各类学校有专职教师4 075人。

【文化】 有公共图书馆 1 个,文化馆 1 个。

【卫生】 拥有卫生机构 73 所,其中,医院、卫生院 24 所,疾病预防控制中心 1 所,妇幼保健机构 1 所。各类卫生机构拥有床位1 882张,卫生技术人员1 750人,其中医生 797 人。

【体育】 8 月 7 日,元宝山区第十届广场文化艺术节暨首届全民健身运动会举行,区委书记李廷玉,区政府区长张子明,区政协主席吕广信,区委副书记张恒,区委常委、政法委书记、区政府副区长周项舞,区委常委、宣传部长邵廉青,区人大常委会副主任司霖,区政协副主席何明江出席开幕式。

【人民生活】 城镇居民人均可支配收入达14 118元,比上年增长12.2%;人均消费性支出9 350元,增长12.7%;人均住房建筑面积30.78平方米。在岗职工年平均工资41 012元,增长30%。农民人均纯收入达7 445元,比上年增长6.5%;生活消费支出4 363元,增长13.2%;人均居住面积32.37平方米。

【社会保障】 全区最低生活保障救助人数为34 934人,比上年增长2.61%。其中城镇23 339人,增长3.91%;农村11 595人。社会福利性收养单位(含敬老院)5 个,床位 278 张,收养 259 人,社会福利企业 4 个,安置残疾人员 44 人。

【荣誉】 7 月 3 日,赤峰回音聋儿康复乐园园长孙月光被国务院残疾人工作委员会评为扶残助残先进个人,并出席在人民大会堂举行的第四次全国自强模范暨扶残助残先进集体和先进个人表彰大会,受到胡锦涛、温家宝、李长春等党和国家领导人接见。

【首届国际元宝山资源型城市经济转型与可持续发展论坛】 9 月 19 日至 20 日,首届国际(元宝山)资源型城市经济转型与可持续发展论坛在平庄召开,联合国工业发展组织中国投资与技术促进处首席代表兼绿色产业专家委员会主任胡援东等 25 位国内外专家学者、国家发改委东北振兴司资源型城市发展处处长陈怀海,自治区发改委东北振兴办主任刘文华、市政府市长王中和、市委副书记陶淑菊、市委常委包振玉等出席论坛,论坛会期间签约项目 9 个,协议引进资金29.7亿元。

【平庄煤业(集团)股份有限责任公司建企 50 周年】 11 月 8 日,平庄煤业(集团)股份有限责任公司建企 50 周年庆祝大会在平庄工人文化宫召开。国家煤矿安全监察局副局长付建华,中国煤炭工业协会副会长王广德,赤峰市委书记杭桂林,赤峰市市长王中和,中国国电集团公司党组书记、副总经理乔保平出席庆祝大会。

省部级以上先进集体 先进个人名录

表 3

单 位	姓名	出生年月	职务职称	荣誉称号	命名单位	命名时间
五家镇人民政府				全国婚育新风进万家活动先进单位	中宣部 国家计生委	
元宝山区科技局	孟繁廷	1965.7	主任	全国优秀科技特派员	国家科技部	2009.6
元宝山区信访局	乔志刚		局长	建国 60 周年庆祝活动期间各盟市信访机构先进个人	自治区党委 自治区政府	2009.12
平庄城区街道办事处	夏美芳	1970.4	站长	第二次全国经济普查国家级先进个人	国务院第二次全国经济普查领导小组	2009.12
元宝山区统计局				第二次全国经济普查国家级先进集体	国务院第二次全国经济普查领导小组	2009
元宝山区统计局	傅丽娟		科员	第二次全国经济普查国家级先进个人	国务院第二次全国经济普查领导小组	2009
元宝山区统计局	李志杰		科员	第二次全国经济普查国家级先进个人	国务院第二次全国经济普查领导小组	2009
元宝山区统计局	刘淑敏		科员	第二次全国经济普查国家级先进个人	国务院第二次全国经济普查领导小组	2009
元宝山区统计局	杨 光		科员	第二次全国经济普查国家级先进个人	国务院第二次全国经济普查领导小组	2009

(马永存)

松 山 区

【领导名录】

区委书记:郑洪学

人大主任:屈银霞(女)

区　　长:夏国华

政协主席:张成利

武装部长:王 铁

政　　委:孙德才

【概况】 赤峰市松山区位于内蒙古自治区东部、赤峰市南部,属七老图山地北段,赤峰黄土丘陵台地与努鲁尔虎山地西北边缘的截接复合部位,西辽河水系上游。地理坐标为北纬 42°01′~42°43′,东经 117°47′~119°39′。东西长152.5公里,南北宽 77 公里。东与敖汉旗相望,西与河北省围场县毗邻,西北与克什克腾旗搭界,南与喀喇沁旗、红山区、元宝山区接壤,北与翁牛特旗相连。

松山区总面积5 629平方公里,辖 9 镇 5 乡 244 个行政村、7 个街道 30 个居委会。到 2009 年末,全区总人口53.5万,其中农业人口43.4万。男女性别比108:100(女为 100),人口出生率9.76‰,死亡率2.2‰,自然增长率7.56‰。有蒙、汉、满、回等 14 个少数民族,少数民族总人口 14.3 万,占全区总人口的26.7%,其中蒙古族10.3万人、满族3.7万人、回族3 221人,是一个多民族聚居区。

2009 年,平均气温8.4℃。最冷月 1 月,平均气温 -9.8℃;最热月 7 月,平均气温24.1℃。年降水量250.1毫米,年蒸发量1 505.9毫米。年日照时数3 272.5小时,无霜期 161 天。

松山区实现国内生产总值103.76亿元,按可比价格计算,比上年增长19.2%。第一产业实现增加值22.05亿元,增长6%;第二产业实现增加值48.66亿元,增长28.5%;第三产业实现增加值33.05亿元,增长17.1%。三次产业比为21.3:46.9:31.8。全社会完成固定资产投资 75 亿元,比上年增长32.5%。实现财政总收入5.37亿元,其中地方财政收入3.05亿元,按可比口径增长24.9%。年末金融机构各项存款余额66.25亿元,比年初增加5.3亿元,其中,居民储蓄存款余额

49.73亿元,比年初增加3.51亿元。年末金融机构各项贷款余额49.06亿元,比年初增加3.02亿元。

【农牧业】 全年农林牧业实现总产值36.8亿元,增长6.1%。粮食总产量53万吨,比上年下降9.37%;经济作物总产量109.1万吨,增长22.8%;设施农业新增2.7万亩,总面积达14万亩;6月末牲畜存栏数88.08万头(只),12月末牲畜存栏数58.05万头(只);肉类总产量5.03万吨,禽蛋总产量5.04万吨,奶类总产量6.15万吨。全区现有耕地面积235.1万亩,水域面积2.5万亩,草原面积253万亩,林地面积274.6万亩。全年生态治理面积7.5万亩,林木覆盖率达32.8%。全区农机总动力54.7万千瓦,增长7.44%。

【工业】 规模以上工业企业达到45家,限上工业企业增加值33.8亿元,比上年增长25.1%;实现产品销售收入113亿元,增长48.73%;实现利润7.52亿元,增长42.9%;实现利税8.68亿元,增长39.2%。非公有制企业41个,实现增加值19.3亿元,从业人员11 433人。

【城乡建设】 全年房地产开发面积43.5万平方米,比上年增长15.4%;房地产开发投资9.57亿元,比上年增长58.7%;供给经济适用房1.5万平方米,改善了246户低收入家庭的居住条件。改造村级油路39.5公里。

【交通 邮电】 公路通车里程1 552.8公里,公路旅客运输量333万人次,比上年增长200%;公路货物运输量200万吨,比上年增长54%。完成邮电业务总量1.65亿元,比上年增长7.1%。年末固定电话用户达到7.1万户,移动电话用户24.25万户,互联网用户1.7万户。

【贸易】 全年共实现社会消费品零售总额48.87亿元,比上年增长16.2%。其中,批发业实现零售额28.15亿元,增长15.9%;零售业实现零售额16.23亿元,增长16.09%。餐饮业3.64亿元,增长19.6%。

【招商引资】 全年引进资金50亿元,增长55%。目前,已引进中钢集团、安徽铜陵有色金属集团、大唐集团、江苏雨润集团、东方希望集团、侨兴集团等10多家国有大型企业、全国500强企业项目。

【旅游】 主要旅游景点14处。全年接待国内外游客153万人次,比上年增长11.5%;实现旅游总收入0.95亿元,增长13%。

【教育】 共有各类学校387所,其中,普通中学20所,在校学生33 755人;职业高中1所,在校学生4 197人;初中15所,在校学生18 920人;小学86所,在校学生34 085人。2009年高考上线人数为7 644人。各类学校有专职教师5 356人。

【文化】 拥有各类表演艺术表演团体20个,公共图书馆1个,文化馆15个。

【卫生】 拥有卫生机构42所,其中,医院、卫生院32所,卫生防疫防治机构1所,妇幼保健机构1所。各类卫生机构拥有床位1 057张,卫生技术人员1 220人,其中医生662人。

【社会生活】 城镇居民人均可支配收入达13 300元,按可比口径计算,比上年增长10.8%;人均消费性支出8 610元,增长6.9%;人均住房建筑使用面积28.29平方米;在岗职工平均工资32 600元,增长37.8%。农民人均纯收入达5 735元,比上年增长4.39%;生活消费支出2 694元,增长3.75%;人均居住面积24.4平方米。全区最低生活保障救助人数为22 657人,比上年增加295人,其中城镇4 657人,增长6.8%;社会福利性收养单位(含敬老院)15个,床位497张,收养477人,社会福利企业2个,安置残疾人员97人。

(林亚起)

阿鲁科尔沁旗

【领导名录】

旗委书记:邹德华
人大主任:王铁命(蒙古族)
旗　　长:敖日格勒(蒙古族 1月任职)
政协主席:齐双义(蒙古族)
武装部长:孙捍卫
政　　委:付建璞

【概况】 阿鲁科尔沁旗位于内蒙古自治区中东部,赤峰市东北端,地处大兴安岭南段山地东麓,西拉沐伦河北岸,平均海拔430米,地理位置在北纬43°21′43″~45°24′20″,东经119°02′15″~121°01′之间。东与通辽市扎鲁特旗、开鲁县接壤,西与巴林左旗、巴林右旗为邻,南与开鲁县、翁牛特旗隔河相望,北和锡林郭勒盟西乌珠穆沁旗、东乌珠穆沁旗毗连。全旗总面积14 555平方公里,现有耕地面积199万亩,林地面积646万亩,草牧场面积1 418万亩。国道303线、省际大通道,集通铁路横贯旗境,旗政府驻地距赤峰市政府驻地松山区318公里。至2009年底全旗总人口30.1万人,其中非农业人口5.42万人。男女性别比103.43∶100(女为100)。人口出生率9.51‰,死亡率6.34‰,自然增长率3.17‰。有少数民族11个,12.7万人。

2009年年平均气温6.7℃。最冷月1月,平均气温

-13.3℃;最热月7月,平均气温24.7℃。年降水量196.9毫米,年蒸发量2 345.6毫米。年日照时数3 396.9小时,无霜期176天。出现大风28天,沙尘暴天气3天,扬沙天气4天,冰雹灾害2次,洪涝灾害1次。

2009年全旗实现国内生产总值46.69亿元,按可比价格计算,比上年增长17%。第一产业实现增加值9.84亿元,增长4.1%;第二产业实现增加值17.29亿元,增长29.1%;第三产业实现增加值19.56亿元,增长15.2%。三次产业比重为21.1∶37∶41.9。全社会完成固定资产投资32.92亿元,比上年增长26.3%。实现财政总收入2.05亿元,增长20.6%。其中地方财政收入1.12亿元,按可比口径增长16.5%。年末金融机构各项存款余额22.66亿元,比上年末增长39.5%。其中居民储蓄存款余额13.08亿元,比上年末增长28%。年末金融机构各项贷款余额9.3亿元,增长19.7%。

【农牧业】 全年农林牧渔业实现总产值16.43亿元,增长4.2%。农业增加值9.84亿元,增长4.1%。粮食总产量25.08万吨,比上年增长-15%;经济作物总产量0.64万吨,增长-35%;6月末牲畜存栏数254.3万头只,12月末牲畜存栏数136.9万头只;肉类总产量万吨,禽蛋总产量0.2万吨,奶类总产量2.81万吨。全年造林33万亩,林木覆盖率达到31.4%。全旗农业机械总动力48.35万千瓦,增长6.34%。

【工业】 有规模以上工业企业36家,全年实现工业增加值13.4亿元,比上年增长37%。规模以上工业实现产品销售收入35.4亿元,增长18.9%;实现利润4 707万元,增长12.8%;实现利税1.42亿元,增长7.4%。非公有制企业29个,从业人员3 918人。

【城乡建设 环境保护】 完成基本建设投资11 600万元,比上年增长112%;更新改造投资940万元,下降162.8%;房地产开发投资1.19亿元,增长11.2%。全年商品房屋销售面积15.2万平方米,比上年增长101%;实现商品房屋销售额19 708万元,比上年增长156%。改造村级油路49.5公里。

【交通 邮电】 公路通车里程1 918公里,公路旅客运输量138万人次、9 155万人公里,分别比上年增长1%和1%;公路货物运输量161.3万吨、2.9亿吨公里,分别增长3.2%和3.4%。完成邮电业务总量9 748.9万元,比上年增长18%,其中电信业务总量8 951万元,增长22.7%;邮政业务总量797.9万元,增长10.8%。年末固定电话用户达2.9万户,移动电话用户15.5万户,电话普及率达61部/百人,互联网用户0.9万户。

【贸易】 全年共实现社会消费品零售总额13.61亿元,比上年增长16%。其中,批发、零售贸易业12.0亿元,增长15.79%;餐饮业1.37亿元,增长18.1%。城乡商品交易市场38处,同比增加1处,成交额12.68亿元,同比增长18.6%。

【旅游】 主要旅游景点有6处。全年接待国内外游客3.2万人次,比上年增长7%;实现旅游总收入3 800万元,增长77.7%。

【教育】 有各类学校62所,全旗在校学生43 111人。其中,普通高中2所,在校学生5 466人;职业高中1所,在校学生1 800人;普通初中14所,在校学生11 283人;小学31所,在校学生20 194人;幼儿园12所,在校生4 368人。2009年高考录取人数为2 313人。教职工总人数4 372人,其中专职教师3 360人。

【文化】 拥有各种艺术表演团体1个,艺术表演场所1个,公共图书馆1个,文化馆1个。

7月18日至21日,蒙古林丹汗暨汗国都城察罕浩特全国学术研讨会在旗内召开。来自国内外的百余位专家、学者云集天山镇,参加学术研讨会。

11月10日,内蒙古日报(蒙文版)驻阿旗记者站建站仪式在天山镇举行,这是内蒙古日报(蒙文版)在赤峰市的旗县成立的首家记者站。

【卫生】 拥有卫生机构33所,其中,医院、卫生院26所,卫生防疫防治机构2所,妇幼保健机构1所。各类卫生机构拥有床位811张,卫生技术人员912人,其中医生342人。

【人民生活】 城镇居民人均可支配收入达10 194元,按可比口径计算,比上年增长9.6%;人均住房使用面积29.7平方米。在岗职工平均工资23 422元,增长24.1%。农牧民人均纯收入4 052人,比上年增长速度8.8%。其中农民人均纯收入为4 059元,增长9.5%;牧民人均纯收入4 044元,增长8%。农牧民人均居住面积22.19平方米。

【社会保障】 全旗最低生活保障救助人数为24 321人。其中城镇6 521人,增长12.67%;农村牧区17 800人,增长12.65%。社会福利性收养单位(含敬老院)13个,收养319人,社会福利企业1个,安置残疾人员8人。

【公益活动】 5月21日,在第19个"全国助残日"即将来临之际,阿旗举行"爱心轮椅"捐赠仪式。此次捐赠由台北曹仲值基金会、赤峰市残联和我旗残联合作,共捐赠轮椅260辆。

(陈志伟)

巴林左旗

【领导名录】

旗委书记:王玉树

人大主任:孙庆莲(女 蒙古族)

旗　　长:邱文博(蒙古族)

政协主席:阎　彪

武装部长:傅立文

政委:郝少勤(2月离任) 戴金华(2月任职)

【概况】 巴林左旗位于赤峰市北部,东西宽52公里,南北长126公里,总面积6 644平方公里。辖11个乡(镇、苏木、办事处),165个行政村(居委会)。至2009年底全旗总人口35.96万人,其中非农业人口5.65万人。男女性别比103.7:100(女为100)。人口出生率10.93‰,自然增长率6.06‰。有少数民族11个,13.76万人。

2009年年平均气温6.4℃。最冷月1月,平均气温-12.3℃;最热月7月,平均气温23.5℃。年降水量218.2毫米,年蒸发量1 421.7毫米。年日照时数3 233.7小时,无霜期149天。无重大风、雪、水、雹、旱、涝、沙尘等灾害性天气发生。

全旗实现国内生产总值58.05亿元,按可比价格计算,比上年增长17.3%。第一产业实现增加值11.89亿元,增长4.4%;第二产业实现增加值26.42亿元,增长24.9%;第三产业实现增加值19.74亿元,增长16.9%。三次产业比重为20.5:45.5:34.0。全社会完成固定资产投资48.5亿元,比上年增长33.1%。实现财政总收入4.1008亿元,其中地方财政收入2.1694亿元,按可比口径增长14.9%。年末金融机构各项存款余额33.33亿元,比上年增长23.2%。其中居民储蓄存款余额18.37亿元,比上年增长10.8%。年末金融机构各项贷款余额11.56亿元,比上年增长41.8%。

【农牧业】 全年农林牧渔业实现总产值19.9亿元,增长3.6%。粮食总产量5.23亿斤,比上年下降1.3%,其中谷物产量4.57亿斤,增长17.8%;豆类产量0.15亿斤,下降68.6%;薯类(折粮)产量0.51亿斤,下降44.0%;6月末牲畜存栏数170.8万头只,12月末牲畜存栏数103.6万头只;肉类总产量2.37万吨,禽蛋总产量0.7892万吨,奶类总产量0. 2792万吨。全年人工造林2.5万亩。全旗农机总动力34.44万千瓦。

【工业】 有规模以上工业企业43家,全年实现工业增加值22.17亿元,比上年增长21.8%。规模以上工业实现增加值18.51亿元,实现利润4.5亿元,上缴税金2.33亿元。

【城乡建设】 全旗城镇化率达37.3%。林东镇通过全国"首批百家特色景观旅游名镇"评审。全年商品房屋销售面积26.59万平方米;实现商品房屋销售额5.71亿元。

【环境保护】 城区环境空气污染指数为61,空气质量为良好。二氧化硫年排放量控制在3 580吨,化学需氧量年排放量控制在600吨。

【交通 邮电】 公路通车里程1 630公里,公路旅客运输量和周转量219.4万人次、12 484.7万人公里,分别比上年增长2.0%和1.8%;公路货物运输量96.3万吨、周转量6 199.9万吨公里,分别增长4.0%和3.0%。完成邮电业务总量11 223万元。年末电话交换机容量达40 116门,固定电话用户达3.36万户;移动电话用户达12.9万部;计算机宽带网用户达9 684户。

【贸易】 全年共实现社会消费品零售总额16.49亿元,比上年增长19.6%。其中,批发、零售贸易业13.82亿元,增长19.3%;餐饮业2.07亿元,增长22.6%;其它行业0.60亿元,增长16.6%。

【旅游】 主要旅游景点有12处,其中AAA级景点1处。全年接待国内外游客34万人次,实现旅游总收入3.4亿元。

【科技】 拥有各类科技人员6 900人。

【教育】 有各类学校74所,其中,普通高中2所、职业高中1所、完全中学1所、初中8所、小学58所、九年一贯制学校4所。2009年高考本科上线人数为1 723人,上线率为78%。各类学校有专职教师3 859人。

【文化】 拥有各种艺术表演团体1个,艺术表演场所1个,公共图书馆1个,文体馆1个。拥有卫生机构28所,其中,医院、卫生院24所,卫生防疫防治机构1所,妇幼保健机构1所。各类卫生机构拥有床位765张,卫生技术人员942人,其中执业医师273人。新型农村牧区合作医疗自愿参加农牧民265 803人,参合率88.2%,359人获得国家计划生育奖励扶助。8月3至6日,中韩第三届"宋辽夏金元史"国际学术研讨会在巴林左旗隆重召开。

【人民生活】 城镇居民人均可支配收入达10 830元,按可比口径计算,比上年增长9.1%;人均消费性支出为8 541元,增长15.9%;人均住房使用面积29.5平方米。农牧民人均纯收入达4 787元,比上年增长9.7%;生活消费支出2 891元,增长8.5%;人均居住面积22.6

平方米。

【社会保障】 全旗最低生活保障求助人数为25 420人,其中城镇6 420人,农村19 000人。社会福利笥收养单位(含敬老院)18个,床位675张,收养621人,社会福利企业1个,安置残疾人员7人。

(李 博)

巴林右旗

【领导名录】

旗委书记:德 杰(蒙古族)

人大主任:钢苏和(蒙古族)

旗 长:曹 熙

政协主席:李殿玉

武装部长:任志权

政 委:白 睿(蒙古族)

【概况】 巴林右旗总面积1 538.4万亩(10 256平方公里),辖3个苏木,5个镇,161个嘎查村,583个独贵龙组,居民委员会10个。至2009年底全旗总人口18.35万人。人口出生率10.6‰,死亡率4.7‰,自然增长率5.9‰。

2009年实现国内生产总值348 282万元,按可比价格计算,比上年增长19.0%。其中:第一产业增加值60 990万元,同比增长4.6%;第二产业增加值171 557万元,同比增长33.4%;第三产业增加值115 735万元,同比增长11.3%。三次产业比重为20:50:30。全社会完成固定资产投资507 366万元,比上年增长27.4%。全旗财政总收入完成30 168万元,比上年增16.0%,其中一般预算收入20 094万元,比上年增长18.2%。全年财政总支出118 699万元,比上年增长30.3%。年末全旗金融机构各项存款额227 621万元,比上年增长23.0%。其中城乡居民储蓄存款余额122 242万元,比上年增长30.0%。各项贷款余额78 950万元,比上年增长61.7%。全年财产保险保费收入684万元,比上年增长6.9%,赔款支出400万元,比上年增长21.2%;人寿保险保费收入3 363万元,比上年增长9.5%,人身险赔付金额287万元,比上年下降24.3%。

【农牧林水】 全旗耕地面积133万亩,农作物播种面积119.1万亩,比上年减少31.3%,其中:粮豆播种面积86.7万亩,比上年增长33.1%。粮食总产量达7 333万公斤,比上年减少30.2%。据6月末牧业普查,全旗牲畜总头数达1 819 941头只,比上年同期增长9.0%。其中:大小畜1 770 368头只,比上年增长9.0%。年末家畜存栏1 037 687头只,比上年减少4.1%。其中:大畜存栏144 249头,比上年增长1.2%;小畜存栏863 742头只,比上年减少5.1%。年末牲畜出栏1 112 360头只。全年肉类总产量31 699吨,其中:猪牛羊肉总产量为2 959吨。购进优质基础母牛3 656头,优质肉牛存栏达到12.8万头,发放肉牛育肥饲草补贴100万元,完成肉牛育肥饲草补贴100万元,完成肉牛育肥出栏5 130头。落实良种补贴58.2万亩,农机具购置补贴570万元,实施测土配方施肥20万亩,膜下滴灌500亩,新增水稻种植面积5 000亩。玉米和青贮种植面积达到64万亩。粮食产量达到7 333万公斤。全年完成造林合格面积29.1万亩,比上年增长12.8%。其中人工造林13.1万亩,封山(沙)育林16万亩。全年水产品产量1 680吨,比上年增长5.0%。巴嘎诺尔、苏吉水库除险加固工程竣工。新增有效灌溉面积2.3万亩、节水灌溉面积3.1万亩。完成了土地整理1.5万亩。

【工业】 全旗有规模以上工业企业16家,全年实现工业增加值127 197万元,可比增速32.3%。其中规模以上工业企业完成增加值106 297万元,可比增速40.8%。主要工业产品量有增有减。钢芯铝绞线466吨,同比增长45.2%;无毛绒1 459吨,同比减少1.0%;锌选矿产品含锌量36 901吨,同比增长52.3%;铅选矿产品含铅量14 699吨,同比增长43.2%;火电8 701万千瓦小时,同比减少0.9%;铜选矿产品含铜量3 422吨,同比增长59.8%;原煤129 897吨,同比增长0.7%。

【生态建设】 全旗投资1.4亿元,完成生态建设68.4万亩。规划了西拉沐沦河流域百万亩杨树防护用材兼用林基地,建成规模达到58万亩。集体林树制度改革全面铺开,4个苏木镇完成了权属界定工作。加强生态保护,针对全旗禁牧工作的严重反弹,集中精力开展,综合整治活动,巩固生态建设和禁牧成果。赛罕乌拉自然保护区在国家七部委开展的保护区建设管理工作评估中评为优秀。

【城乡建设 环境环保】 全旗建筑业完成增加值44 360万元,比上年增长36.2%。完成基本建设投资422 143万元,比上年增长27.96%;年内竣工房地产开发面积80 790平方米,完成房地产开发总面积达到11.6万平方米。房地产开发投资18 000万元,下降55%。全年商品房屋销售面积80 790平方米,比上年下降52%;实现商品销售额160 094万元,比上年增长45.7%。加强市政建设,麻斯他拉路、大板街东段、大板火车站大小转盘改造等工程,实施了巴林路北出口工程。投资1.5亿元,铺筑油路108公里,8个苏木镇政府所在地全部修通油路,新建通村砂石路7条,71.5公里,完成危桥改造3座。集通铁路复线累计完成投资5 000万元,查干沐沦河大桥、虎吐路、查干浑迪中桥竣工。工业二氧化硫排放量565.10吨,工业废水排放量6.2万吨,达标率99.55%,工业烟尘排放量188.82吨,达标率95.13%,城镇生活污水处理率97.46%,污水处理厂数1座,垃圾处理站数5个。完成全社会环境污染治理项目投资2 000万元。

【交通 邮电】 全年公路货运量完成102万吨,比上年增长10.9%,货运周转量完成10 736万吨公里,比上年增长6.0%;客运量完成98.6万人,比上年增长6.7%,客运周转量完成9 829万人公里,比上年增长4.9%。城乡电网结构进一步完善。投资6 000万元,改造10千伏线路90公里,实施66千伏送变电工程3处。全年完成邮电业务总量8 198万元,比上年增长8.0%。其中:邮政业务总量538万元,电信业务总量320万元,移动通讯业务总量4 500万元,联合网络通讯业务总量2 840万元。程控电话用户发展到18 000户,移动电话达到10万户,联通电话用户达到28 000户。

【贸易】 全年社会消费品零售额达107 927万元,同比增长19.2%。其中批发零售贸易业零售额达70 730万元,同比增长13.6%;住宿和餐饮业零售额28 127万元,同比增长19.6%。全年商品零售价格指数为101.2,居民消费价格指数为100.3。

【旅游】 全旗主要旅游景点有10处。全年接待国内外旅游客25.1万人次,比上年增长0.4%;实现旅游总收入2.1亿元,比上年增长0.5%,其中外汇收入29万美元。

【教科文卫体】 全旗共有普通中小学30所,在校生总人数23 074人。其中高中4 624人,初中5 721人,小学12 729人。专任教师2 135人。职业高中1所,在校学生1 516人,专任教师29人。2009年高考录取人数为1 921人。拥有各类科技人员5 400人。全年组织推广10项科技攻关项目,申报专利2项,鉴定科技成果1项,推广应用科技项目21项。荣获市级科技进步奖1项。财政用于科技投入360万元。被列为自治区级科技特派员试点单位。三级农牧民学校完成各类培训124期,11 126人(次)。2009年,全旗建有电视差转台43处,电视综合覆盖人口达15.9万人,广播综合覆盖人口达16.6万人。3月19日,由赤峰市政协主办的蒙文对照《毛泽东诗词》第四版首发式在巴林右旗举行。

拥有卫生机构26所,其中中医院2个、卫生院16所,卫生防疫机构1所,妇女保健机构1所。各类卫生机构拥有床位466张,卫生技术人员580人,其中医生269人。争取到位医疗单位建设资金1 450万元。投资379万元,为全旗医疗机构配备设备240余台(套)。巴林右旗服装服饰代表队代表赤峰市参加第六届中国蒙古族服装服饰节获表演三等奖。巴林右旗博物馆晋升为国家三级博物馆。巴林右旗在全区"体育名城名乡"评选中被评为"射箭之乡"。巴林右旗被评为全区计划生育优质服务先进旗县。

【项目建设】 实施3 000万元以上项目20个,完成投资40.25亿元。大板电厂累计完成投资42.5亿元,I号机组具备发电条件,II号机组完成工程量的75%。大板电厂项目按计划施工,I号机组具备发电条件;年产220万吨一期120万吨煤基甲醇项目于2009年4月29日开工建设;集通铁路复线工程完成查干沐沦大桥等3个控制性工程;华—峰—宁输变电工程巴林右旗境内的巴林500千伏变电站具备输变电条件;大板煤电化基地基础设施完成投资5 000万元,完成主干路硬化和排水工程,安装15公里输水管线,德日苏宝冷水库项目累计投资3.1亿元。工程完成整体形象进度的90%。农网改造完成投资6 000万元。迁址开工建设了库容4.8万吨大板国家粮食储备库,年度完成投资880万元,粮食烘干塔试车成功。

【人民生活】 全年城镇居民人均可支配收入达10 704元,比上年增加911元。人均消费性支出为6 633元,增长23.8%;人均住房建筑面积23.65平方米。在岗职工平均工资总额44 708.3元,增长24.5%。农牧民人均纯收入为4 489元,比上年增加233元,生活消费支出3 754元,增加33.1%;人均居住面积23.4平方米,增长3.1%。农民人均纯收入为4 532元,比上年增加51元;牧民人均纯收入为4 447元,比上年增加415元。全旗最低生活保障救助人数为12 349人,比上年增长2.0%。其中城镇4 488人,增长6.0%;农民7 861人,增长17.4%。社会福利性单位(含敬老院)7个,床位113张,收养113人。

【社会保障】 全旗年末企事业、机关从业人员18 769人。全年发放工资总额44 708万元,比上年增长30.2%,职工年平均工资23 819元,比上年增长25.4%。有195个企业单位参加了养老保险,参加统筹人员16 879人。城镇登记新安置就业1 018人,开发公益性岗位216个,发放小额担保贷款401万元,城镇登记失业率控制在3.76%。城镇居民基本医疗保险参保人数24 385人,参保率达到96%。城乡人均月低保标准分别提高30元和15元。企业退休人员养老金人均提高123元。投资300余万元,解决10个社区办公用房2 146平方米。新建企业离退休人员活动中心4处。安排资金90万元,新建经济适用房8 000平方米,廉租住房4 945平方米,对906户符合条件的无房户发放了廉租住房补贴。落实扶贫资金950万元,解决和巩固温饱人口7 000人。

【抗旱救灾】 2009年,发放救灾救济资金2 568.6万元。投资897万元,解决了1.3万人饮水安全和23个嘎查村饮水困难问题。牲畜出栏率达到53%。完善农牧业政策保险体系,参保农牧民获得赔偿资金603万元。

【固定资产投资】 2009年,共安排重点推进项目83个,总投资140.9亿元,全社会固定资产投资预计完成50亿元。"十一五"前四年完成固定资产投资是"十五"期间的4.25倍。通过发放口争取国家各类资金24 518万元,其中:无偿资金17 244万元(含扩大内需资金8 879万元)。

(吉木斯)

克什克腾旗

【领导名录】

旗委书记:边中悦(蒙古族)
人大主任:斯钦巴特尔(蒙古族)
旗　　长:周春义
政协主席:宋喜岭
武装部长:白音门德(蒙古族)
政委:毕兆东(2月离任) 马智勇(3月任职)

【概况】 克什克腾旗位于内蒙古东部,赤峰市西北部,地处内蒙古高原与大兴安岭南端山地和燕山余脉七老图山的交汇地带北纬42°23′~44°22′,东经116°21′~118°26′,南北长207公里,东西宽170公里,总面积20 673平方公里。辖11个苏木乡镇,2处旅游开发区,2个街道办事处。

2009年末,全旗总人口25.6万人,其中非农业人口5.6万人。男女性别比106∶100。人口出生率6.9‰,死亡率4.6‰,自然增长率2.3‰。少数民族11个,38 662人,占全旗总人口的15.1%,是一个以蒙古族为主体,汉族居多数,蒙古、汉、回、满、壮、朝鲜、达斡尔等11个民族聚居的地区。

全旗实现国内生产总值73.74亿元,按可比价格计算,比上年增长19.5%。第一产业实现增加值9.68亿元,增长3.9%;第二产业实现增加值46.05亿元,增长24.2%;第三产业实现增加值18.01亿元,增长18.5%。三次产业比重为13∶63∶24。全社会完成固定资产投资69.94亿元,比上年增长41.5%。实现财政总收入9.97亿元,按可比口径增长-0.7%。农民人均纯收入达4 667元,比上年增长7.4%;牧民人均纯收入达5 196元,增长5.9%;年末金融机构各项存款余额29.99亿元,比年初增加5.52亿元,其中居民储蓄存款余额15.38亿元,比上年增加2.71亿元。年末金融机构各项贷款余额25.37亿元,比年初增加6.00亿元。

【农牧业】 全年农林牧渔业实现总产值16.17亿元,增长4.1%。农业增加值2.39亿元,增长1%。粮食总产量11.37万吨,与上年基本持平;经济作物总产量16万吨,同比减产1%;6月末牲畜存栏数255.3万头只,12月末牲畜存栏数92.09万头只;肉类总产量1.82万吨,禽蛋总产量0.22万吨,奶类总产量2.37万吨。全年造林18 090公顷,林木覆盖率达到30%。全旗农机总动力26.3万千瓦,增长11.9%。

【工业】 有规模以上工业企业30家,全年实现工业增加值39.94亿元,比上年增长20%。规模以上工业完成增加值35.93亿元,实现产品销售收入80.48亿元,增长16.98%;实现利润167 228万元,降低10.9%,实现利税226 382万元,降低16.5%。

【城乡建设 环境保护】 完成基本建设投资4 814万元,比上年增长48%;房地产开发投资8 548万元,同比减少58%。全年商品房屋销售面积47 245平方米,比上年减少70%;实现商品房屋销售额11 599万元,比上年减少52.6%。改造村级油路30公里。通过结构减排削减二氧化硫96.462吨,完成COD减排390吨。

【交通 邮电】 公路通车里程1 432公里,公路旅客运输量235万人、14 550人公里,分别比上年增长21.8和7.8%;公路货物运输量155万吨、13 216万吨公里,分别比上年增长8.4%和5.1%。完成邮电业务总收入3 020万元,比上年增长30.8%,其中电信业务总量2 110万元,增长31.22%;邮政业务总量910万元,增长30%。年末固定电话达2.1万户,移动电话用户12.8万户,电话普及率达40部/百人,互联网用户6 800户。

【贸易】 全年共实现社会消费品零售总额141 341.4万元,比上年增长19.3%。其中,批发、零售贸易业109 485.5万元,增长18.23%;餐饮业29 747.9万元,增长21.3%。居民消费价格指数101.1,商品零售价格指数101.2农业生产资料价格指数100.7。

【旅游】 主要旅游景点有10处。全年接待国内外游客187.8万人次,比上年增长13.8%;实现旅游总收入

5.51亿元,增长12.4%。

【科技】 拥有各类专业技术人员6 349人。

【教育】 有各类学校68所,其中,普通中学11所,在校学生12 235人;职业高中1所,在校学生491人;初中9所,在校学生7 510人;小学57所,在校学生12 119人。2009年高考录取人数为1 619人。各类学校有专职教师2 156人。

【文化】 拥有艺术表演团体1个,艺术表演场所1个、公共图书馆1个、文化馆1个。

【卫生】 拥有卫生机构27所,其中医院、卫生院23所,卫生防疫防治机构1所、妇幼保健机构1所。各类卫生机构拥有床位1 022张,卫生技术人员869人,其中医生323人。

【体育】 "2009中国·克什克腾滑翔伞场地公开赛"在克旗大兴安岭山脉嘎拉德斯汰山(802转播台)举行,共有来自韩国、港台、北京等9支队伍的45名滑翔伞高手展开了为期5天的滑翔伞体育赛事。

【人民生活】 城镇居民人均可支配收入达10 835元,按可比口径计算,比上年增长10%;人均消费性支出为7 902元,增长20.7%;人均住房使用面积28.5平方米。在岗职工年平均工资27 560元,增长14.13%。人均居住面积18.20平方米。全旗最低生活保障救助人数为26 708人,比上年增长2%。其中城镇6 408人,增长4%;农村牧区20 300人,增长3%。

【社会保障】 社会福利性收养单位(含敬老院)14个,床位430张,收养275人。

【荣誉】 3月4日,克旗被水利部、财政部授予2007~2008年度"全国农田水利基本建设先进单位"称号。4月7日,受国家旅游局委托,自治区旅游局验收,克旗正式被确认为"中国旅游强县"。

【财政部国有资产经营预算立法研究课题研讨会在克旗热水召开】 7月10日,财政部国有资产经营预算立法研究课题研讨会在克旗热水召开。财政部条法司副司长许大华、内蒙古财政厅副厅长张华、赤峰市财政局局长于文涛及国家财政部条法司、北京财政局、内蒙、广西、贵州财政厅和大连市、赤峰市财政局相关人员出席会议。

【国家环保评估组一行来克旗白音敖包和达里诺尔自然保护区进行评估工作】 7月23至24日,国家环保专家蒋明康率由国家农业部专家李守德、国家林业专家徐基良、中国科学院专家田二垒及原市两级环保、林业部门相关负责人组成的评估组到克旗白音敖包和达里诺尔两个国家级自然保护区进行评估。克旗相关党政领导及环保、林业等相关部门负责人陪同考察评估。

【联合国教科文组织对克旗世界地质公园进行中期考察评估】 8月16日,联合国教科文组织世界地质公园专家盖伊·马提尼,亚布拉罕·库莫对克旗世界地质公园进行中期考察评估。中国地质科学院原院长、世界地质公园评委赵逊,国土资源部地质环境司副司长陈小宁,国土资源部世界地质公园网络办骆团结,内蒙古国土资源厅副厅长陈喜良,赤峰市人民政府副市长吴平,克旗相关党政领导陪同考察。

【内蒙古大唐国际克什克腾煤制天然气及输气管线工程举行开工奠基仪式】 8月30日,内蒙古大唐国际克什克腾煤制天然气及输气管线工程举行开工奠基仪式。国家能源局总工程师吴贵辉,中国大唐集团公司总经理翟若愚,自治区主席巴特尔,自治区副主席赵双连,自治区政府秘书长乌兰巴特尔,市党政领导杭桂林、王中和、斯日古楞、赵兴、陶淑菊、张利平、秦义、崇先锋,克旗相关党政领导出席开工仪式并为项目奠基。

(张志强)

翁牛特旗

【领导名录】

旗委书记:杨远新
人大主任:孙书田
旗　　长:汪国森(蒙古族)
政协主席:吉日木图(蒙古族)
武装部长:孙庆富
政　　委:王宝生

【概况】 "翁牛特",史书也记作"翁里郭特",诸王之意,翁牛特部意为"诸王所在之部"。天聪八年(1634年),今旗境定为翁牛特部牧地。清崇德元年(1636年)始建旗,称翁牛特左翼旗。1947年5月,改旗名为翁敖联合旗,1949年3月20日,东北行政委员会颁布命令,取消翁敖联合旗名称,改称翁牛特旗,此名沿用至今。

翁牛特旗位于内蒙古自治区赤峰市中部、大兴安岭山脉与七老图山脉汇接地带东麓,科尔沁沙地西缘。地处北纬42°26′~43°25′,东经117°49′~120°43′。北隔西拉沐沦河与林西县、巴林右旗、阿鲁科尔沁旗、通辽市开鲁县相望,东与敖汉旗、通辽市奈曼旗毗邻,南与赤峰市松山区接壤,西与克什克腾旗相连。全旗土地总面积11 882平方公里,东西最大距离256公里,南北最大距离86公里。辖8个镇3个苏木1个乡6个国有农牧场,226 个行政村,8 个居委会。全旗总人口48.1584万人,其中非农业人口6.7096万人。男女性别比106.3∶100。人口出生率10.87‰,死亡率3.59‰,自然增长率7.28‰。有少数民族 12 个,人口7.7406万人。

实现国内生产总值69.71亿元,按可比价格计算,比上年增长13.3%。第一产业实现增加值22.328亿元,增长4.8%;第二产业实现增加值28.39亿元,增长24.2%;第三产业实现增加值18.9898亿元,增长9.9%。第三产业比重为32.0∶40.7∶27.3。人均生产总值14 524元,比上年增长12.3%。居民消费价格比上年上涨1.3%。其中食品价格上涨2.5%。商品零售价格上涨0.9%,农业生产资料价格下降9.7%。

财政总收入2.75亿元(不包括基金收入)。比上年下降5.7%。其中,一般预算收入1.88亿元,比上年增长10.0%;上划中央收入6 451万元,比上年下降27.3%;上划自治区收入2 260万元,比上年下降29.6%。财政支出14.96亿元,比上年增长14.7%。

【农牧业】 农林牧渔业实现增加值22.328亿元,增长4.8%。粮食总产量47.1551万吨,比上年下降10.3%;油料产量3.41万吨,下降8.2%;甜菜产量4.34万吨,下降53.9%。牧业年度家畜存栏数269.39万头(只);肉类总产量5.25万吨,比上年增长23.4%,其中,猪、牛、羊肉分别为1.95万吨、1.13万吨、0.92万吨。全年淡水产品产量2 280吨,比上年增长3.5%。全年造林12000公顷,森林覆盖率达到28. 5%。农机总动力52.2万千瓦,增长4.2%;农田灌溉面积89.4万亩,增长6.8%。

【工业】 全部工业增加值23.90亿元,比上年增长22.8%。其中,规模以上工业(年产品销售收入 500 万元以上工业企业)完成增加值18.25亿元,比上年增长30.2%,产品销售率99.96%。

【城乡建设 环境保护】 城乡基础建设投资达到17 亿元,是投资力度最大、实施项目最多、建设速度最快的一年。乌丹西区基础建设投入达1.2亿元,修编了西区控制性详细规划、城市设计和修建性详细规划,储备土地4 300亩,出让建设用地 608 亩,实施了清泉路、红山路、全宁广场、垃圾处理厂等 10 项重点工程,综合治理 4 条小巷,开工建设了 30 万平方米的百合家园住宅小区。积极推动苏木乡镇小城镇建设,通过以奖代补的方式投入专项资金 300 万元,带动各地区完成基础建设投资3 500万元,使海拉苏、乌敦套海等一批小城镇面貌有了明显变化。

【建筑业】 全社会建筑业实现增加值4.49亿元,比上年增长31.1%。资质等级三级以上的 7 家建筑企业完成施工产值6.89亿元,房屋建筑施工面积80.46万平方米,实现营业利润 988 万元,实现税金2 867万元。

【交通 邮电】 完成公路建设投资 3 亿元,实施了国道 305 线、大玉线、乌丹至红山湖旅游公路等 5 条油路改造工程,铺筑油路 375 公里,新修了 11 条通村公路、3 座农村牧区客运站,新建和改造 13 座桥梁,开展了巴新铁路翁旗段征地拆迁工作。

全年交通运输、仓储和邮政业实现增加值23 139万元,比上年增长1.8%。全年货物周转量10 726万吨公里,比上年增长6.1%。旅客周转量12 480万人公里,比上年增长6.0%。邮政业务总量实现 915 万元,电信业务总量 405 万元,移动电话业务总量10 463万元。市内电话交换机容量达到3.99万门,全旗 12 个农话网点实现了交换设备程控化。固定电话用户达到30 017户,公用电话1 266部,移动电话用户242 318户。

【贸易】 社会消费品零售总额18.93亿元,比上年增长19.2%。其中,批发零售贸易业零售额16.11亿元,比上年增长18.7%,住宿和餐饮业零售额2.71亿元,比上年增长23.6%,其他行业零售额1 065万元,比上年下降7.6%。

共引进旗外项目 57 项,其中续(扩)建项目 6 项,新建项目 51 项实际利用国内旗外资金 32 亿元,比上年增长25.3%。工业园区招、引、带作用不断增强,入园企业已达 31 家。

【旅游】 主要旅游景点有 7 处。全年接待旅游、商务、探亲人数16.8万人次,旅游直接收入1 200万元,增长8%。

【金融 保险】 2009 年末,金融机构各项存款余额达到346 189万元,比年初增加75 511万元,增长27.9%。其中,金融机构居民储蓄存款余额209 027万元,比年初增加38 303万元,增长22.4%。金融机构各项贷款余额为184 787 万元,比年初增加52 529 万元,增长39.7%。短期贷款余额101 214 万元,比年初增加30 470万元,增长43.1%。中长期贷款余额83 574万元,比年初增加22 059万元,增长34.1%。

人险、财险两家保险公司实现保费收入7 995万元,比上年增长12.4%。其中,财产险保费收入1 060万元,比上年增长28.3%,人寿保险费收入6 935万元,比上年增长10.3%,全年保险业赔付额1 040万元,比上年增长40.4%。其中,财产险赔付额为 660 万元,比上年增长75.5%;人寿险赔付额为 380 万元,比上年增长4.1%。

【教科 文体 卫生】 各类学校 120 所,其中,普通中学 3 所,在校学生8 971人;职业高中 2 所,在校学生2 432人;初中 14 所,在校学生17 990人;小学 75 所,在校学生30 521 人。现有教职工 6 018 人,中小学在校生67 651人。全旗高考录取人数达到3 854人,录取率

66.9%。全旗文化馆(站)12 个,公共图书馆 1 个。共有电视发射机 12 座,广播站 12 个,广播覆盖率94%,电视覆盖率98%。拥有卫生机构 37 所,其中,医院、卫生院 33 所,卫生防疫防治机构 3 所,妇幼保健机构 1 所。各类卫生机构拥有床位 670 张,卫生技术人员1 246人,其中医生 462 人。

【人民生活】 城镇在岗职工平均工资21 082元,比上年增长15.4%。城镇居民人均可支配收入10 956元,比上年增长9.7%,城镇居民人均消费性支出8 216元,比上年增长15.3%。农牧民人均纯收入4 533元,比上年增长5.9%。劳务输出总量14.32万人次,实现劳务经济收入5.84亿元。

【社会保障】 参加基本养老保险的职工人数为20 558人,比上年末增加 790 人。参加城镇基本医疗保险的职工人数为31 104人,增加7 002人。参加养老保险的离退休人数9 198人,增加2 746人,参加工伤保险的人数9 265 人。共有37.1万农牧民参加了新型农村牧区合作医疗,新农合常住人口参合率提高到97.8%。社会保险基金收入11 657万元,社会保险基金支出11 657万元。享受城镇最低生活保障家庭户数3 596户,人数6 263人。享受农村牧区最低生活保障家庭户数16 706户,人数25 000人。各类收养性社会福利单位 14 个,年末床位数 601 张,在院人数 546 人。

(缴树奇 韩增春 于敏华)

敖 汉 旗

【领导名录】

旗委书记:吉玉龙(蒙古族)

人大主任:冯云亭

旗长:黄国文(3 月离任) 黄彦峰(3 月任职)

政协主席:鲍杰峰(蒙古族)

武装部长:鲍玉山(蒙古族 3 月离任)

韩 雷(蒙古族 3 月任职)

政 委:王 辉

【概况】 敖汉旗位于内蒙古自治区赤峰市东南部,地处燕山山脉东段努鲁尔虎山北麓、科尔沁沙地南缘,介于北纬 41°42′~43°02′、东经 119°30′~120°53′。东与内蒙古通辽市奈曼旗毗邻,南与辽宁省朝阳市接壤,西与内蒙古赤峰市松山区相连,北依老哈河与内蒙古赤峰市翁牛特旗隔河相望。2009 年底,辖 15 个乡镇苏木、2 个办事处;辖 222 个村嘎查、7 个居委会。全旗土地面积8 300平方公里。其中,有耕地 300 万亩;现有林面积 561 万亩,森林覆盖率为41.3%;草场总面积 382 万亩,其中人工种草42.8万亩(不含灌木);有水域1 080亩。全旗总人口 60 万人,其中,城镇人口6.9万人。人口主要分布在建制镇。人口出生率为9.52‰,人口自然增长率为3.94‰。有少数民族 17 个、40 762人。

2009 年,全旗实现国内生产总值78.9亿元,按可比价计算,同比增长12.7%。其中,第一产业增加值完成22.1亿元,同比增长1.4%;第二产业增加值完成34.2亿元,同比增长25.3%;第三产业增加值完成22.4亿元,同比增长 9%。三次产业比重调整为28.1∶43.4∶28.5。全旗人均生产总值达到13 172.1元,同比增长15.4%。全旗累计完成固定资产投资49.5亿元,同比增长 10%。全旗地方财政总收入完成3.8万元,同比下降6.3%。其中,地方财政一般预算收入完成2.2亿元,同比增长11%。财政支出达到 15 亿元,同比增长20.3%。农村居民人均纯收入达4 160元,同比增加 88 元,增长2.2%;城镇居民人均可支配收入10 808元,同比增长9.69%。城镇居民人均消费性支出8 097元,同比增长13.18%;其中,食品人均支出2 250元,交通与通讯人均支出1 318元,娱乐教育文化人均支出 531 元,居住人均支出 973 元。城镇居民人均居住面积达到33.49平方米。

【工业】 全旗规模以上工业累计完成现价产值62.9亿元,同比增长19.1%。规模以上工业企业累计完成工业增加值25.09亿元,位列全市第 7 位,按可比价格计算,同比增长33.8%,低于全市平均速度9.5个百分点,列全市第 4 位。产销衔接稳定,实现销售产值61.83亿元,同比增长18.7%。工业产品产销率为98.35%,同比降低0.31个百分点。

【农业】 全旗发生自 1957 年有气象记录以来最为严重的干旱,干旱持续时间之长、受旱范围之广、受旱程度之重实属罕见。全旗282.6万亩作物全部受灾,成灾面积 280 万亩,绝收面积 137 万亩。粮食产量34.57万吨,同比下降38.83%。

【林业】 完成营造林21.68万亩,在人工造林中京津风沙源项目造林7.5万亩,封山(沙)育林 9 万亩,重点公益林林下补植1.86万亩。完成义务植树 200 万株,四旁绿化造林 150 万株,当年新育苗1 514亩。全旗森林覆盖率达41.3%。

【畜牧业】 全年肉类总产量达103 804吨,同比增长3.7%。其中,猪肉、牛肉和羊肉分别为67 084吨、5 480吨和13 824吨,分别比上一年增长10.99%,下降5.1%和18.4%。牛奶产量30 126吨,绵羊毛产量4 035吨,分别比上一年增长58.4%和13.4%。全旗畜牧业大小畜存栏达到159.5万头只,同比增长6.2%。其中,大牲畜存栏26.77万头,同比增长7.4%;羊存栏82.1万只,同比下降6.2%;生猪存栏50.57万口,同比增长33.96%。

年末,拥有农业机械总动力52.24万千瓦,同比增长6.3%;农用拖拉机6 428台,同比增长15.5%;农用化肥施用量(折纯)56 107吨,同比下降7.4%;塑料薄膜使用量834吨,同比下降40.5%。

【招商引资】 全年共引进项目117个,协议引资81亿元,实际到位资金35亿元。引进的项目中投资5 000万元以上的项目占引进总数的30%,亿元以上项目占15%。

【交通 邮电】 完成农村公路通达工程330公里,50公里通村水泥路建成通车。完成客运量89万人,同比增长4%;客运周转量达4 347万人公里,同比增长4%;完成货运量101万吨,同比增长5%;货物周转量5 407万吨公里,同比增长5%。

全旗邮电业务总收入完成15 603万元,同比增长25.5%。全社会电话用户达26万户。其中,移动电话达20万部;电话普及率达到43部/百人;计算机互联网用户8 500户,同比增长30.7%。邮政业务总量1 500万元,同比增长23.6%。全年订阅报纸226.5万份,杂志13.9万份。

【城镇建设】 全年用于城镇建设总投资8.2亿元,同比增长95.2%。在建工程46万平方米。完成绿珠小区、滨河小区、兴隆小区等住宅楼建设和沿"一河两街"(孟克河、滨河街、银河街)的高层建筑。配套整改了城区供水网,污水处理厂通过验收,垃圾处理厂开工建设。城镇化率达到27.15%,同比提高1.7个百分点。新惠镇被内蒙古自治区党委、政府评为"自治区级文明旗县城"。

【金融 保险】 金融机构各项存款余额达41.3亿元,同比增长24.6%,其中,城乡居民储蓄存款27.8亿元,同比增长16.1%。各项贷款余额15亿元,同比增长10.7%。

全年保费收入11 575.1万元,其中财险保费收入3 965.1万元;寿险保费收入7 610万元。支付各类赔款及给付2 979.6万元,其中财产险赔款2 775.6万元。

【教育】 全旗共有普通中学32所,其中,完全中学2所,高级中学3所,初级中学23所,九年一贯制学校4所。有在校学生39 267人,专任教师2 456人。有小学85所,有在校学生37 477人,专任教师2 835人。有中等职业学校3所,有在校学生4 259人,专任教师184人。有幼儿园19所,其中少数民族幼儿园1所,有学前及在园幼儿5 534人。小学阶段学生入学率达100%,毕业率99.97%。初中阶段学生入学率达98.9%,毕业率93.5%。全旗初升高入学率达78.16%。全旗高考本科上线率达59%,同比提高10个百分点。

【文化】 全旗有文化馆1个,公共图书馆1个,博物馆1个,档案馆1个,广播电视差转台30座,广播和电视综合人口覆盖率为93%。有线电视用户达6.4万户。举办了秧歌会、元宵灯谜晚会、焰火文艺晚会、迎春笔会、书画摄影精品展、"心系祖国、情洒家乡"庆祝建国60周年专场文艺晚会、"情系灾民、奉献爱心"抗灾减灾红歌演唱会、送文化下乡等一系列活动。

【卫生】 全旗有医疗卫生机构37个,其中,医院2个,乡镇卫生院28个。有卫生技术人员1 214人,其中职业医师699人,注册护士377人。有卫生床位1 527张。新型农村牧区合作医疗参合人数达到49.5万人,户籍人口参合率达92%。全旗共有5.2万人次获得大病补偿,补偿金额达4 374万元。

【社会保障】 全旗新增就业岗位2 430人,城镇登记失业率控制在3.6%。全年收缴社会保险费1.66亿元。城镇职工养老保险参保人数达27 512人,其中,在职职工22 646人,离退休人员4 866人,新增2 357人;城镇职工医疗保险参保人数达到30 549人,新增5 015人;工伤保险参保人数达到19 880人,新增1 705人;生育保险参保人数达17 020人,新增1 900人;农村牧区养老保险参保人数达53 121人。社保基金累计积累3.2亿元,社会化发放率达100%。

10月21日,由中共赤峰市委宣传部、赤峰市广播电视局、赤峰市广播电视台、包商银行赤峰分行、敖汉旗委、敖汉旗人民政府共同举办的"情系灾民、奉献爱心、抗灾减灾 红歌演唱会"在敖汉旗举行。

(穆海东)

喀喇沁旗

【领导名录】

旗委书记:冯任飞

人大主任:刘长华

旗　　长:郭玉峰(蒙古族)

政协主席:李文敏(女 蒙古族)

武装部长:吴章培

政　　委:张全计

【概况】 据《内蒙古游牧记》、《皇朝续文献通考》、《蒙古秘史》记载,喀喇沁,是蒙古族一个部落的名称,原居不儿罕山(即今蒙古国的大肯特山),称兀良哈歹部。该部所尔楚泰之子乌梁罕济拉玛,因辅佐元太祖定天下有功,1206年被封为第九位千户那颜,辖此部。后为成吉汗守金谷仓库或金柩,传至七世孙和通,已有众六千户,游牧于额沁河(英金河),取“守卫者”之意,号所部曰“喀喇沁”。

全旗总面积3 050平方公里。现辖8个乡镇、1个街道办事处,161个行政村,4个居委会。至2009年底全旗总人口34.92万人,其中非农业人口4.41万人。男女性别比125.28∶100(女为100)。人口出生率10.75‰,死亡率5.55‰,自然增长率5.25‰。有少数民族12个,176 778人。

全旗实现地区生产总值61.6亿元,按可比价格计算,比上年增长16.9%。第一产业实现增加值6.98亿元,增长3.4%;第二产业实现增加值41.1亿元,增长20.4%;第三产业实现增加值13.6亿元,增长15.1%。三次产业比重为11.3∶66.7∶22。全年人均生产总值17 732元,比上年增长15.6%。全社会完成固定资产投资48.44亿元,比上年增长19.5%。实现地方财政总收入4亿元,同比增加5 707万元,增长16.6%。其中一般预算收入2.98亿元,增长72%。年末全旗金融机构各项存款余额35.98亿元,比年初增加7.5亿元,增长26.5%。其中居民储蓄存款余额22.2亿元,比年初增加2.95亿元,增长15.4%。年末金融机构各项贷款余额14.25亿元,比年初减少1.13亿元,下降7.3%。全年保险业实现保费收入7 536.6万元,比上年增长13.4%。

【自然灾害】 全年锦山地区共出现大风1次,扬沙2次,冰雹1次,雾天1次,雷暴29次。7月6日乃林镇出现冰雹雷雨天气,7月13日西桥镇出现雷阵雨冰雹天气,7月22日西桥镇、牛营子镇、十家乡出现冰雹雷雨天气,7月23日乃林镇、美林镇出现雷阵雨天气,并伴有雹灾和洪涝灾害,7月24日十家乡出现雷雨冰雹天气并伴有洪涝灾害,7月30日牛营子镇出现冰雹灾害,7月1日至7月22日和9月2日至30日,全旗出现干旱灾害。2009年全旗各地区出现不同程度的干旱、冰雹、大风、洪涝等气象灾害。农作物受灾面积63.7万亩,占全旗农作物播种面积的96%,其中减产3至5成有10.9万亩,减产5至8成有14.5万亩,绝收面积32.5万亩,减产粮食23.5万吨。受灾人口11.8万人,其中饮水困难人口5 600人,牲畜2.2万头,380眼机电井无水。直接经济损失达37 600万元。

【农牧业】 全年农林牧渔业实现总产值11.7亿元,增长3.7%。农业增加值6.98亿元,增长3.4%。全旗特色作物种植面积达28.1万亩,占播种面积的35.6%以上。粮食总产量12.9万吨,比上年减产21 620吨,下降14.3%;6月末牲畜存栏64.64万头只,比上年同期增长3.8%;12月末牲畜存栏33.33万头只;肉类总产量2.23万吨,比上年增长9.4%;禽蛋总产量1.56万吨,增长18%;奶类总产量0.36万吨,增长8.7%。全年造林7 000公顷,造林成活率达70%,林木覆盖率45.81%。全旗农机总动力25.8万千瓦,增长8.9%。

【工业】 全旗有规模以上工业企业41家,全年实现工业增加值36.7亿元,比上年增长19%。规模以上工业企业完成增加值35.1亿元,比上年增长33.7%;实现产品销售收入127亿元,增长15.8%;实现利润8.9亿元。

【城乡建设】 全社会固定资产投资累计完成48.44亿元,比上年增长19.5%,其中:50万元以上固定资产投资完成47.24亿元,比上年增长19.5%,完成城项目投资39.3亿元,比上年增长6.5%;完成农村项目投资7.94亿元,增长203%,房地产开发完成投资17 543万元。

【环境保护】 年内新增环境污染监测设备33台,新增监测项目54项,完成环境污染治理项目3个,完成投资850万元。

【交通 邮电】 公路通车里程1 128公里,公路货物周转量13 158万吨公里、客运周转量14 092万人公里,分别增长3.1%和16.2%。全年完成邮电业务总量9 583.4万元,比上年增长163.1%,其中电信业务总量8 481万元;邮政业务总量1 102.4万元,增长5.1%。年末固定电话用户达2.94万户,移动电话用户16.7万户,电话普及率达56.2部/百人,互联网络用户0.74万户。

【贸易】 全年共实现社会消费品零售总额11.27亿元,比上年增长19.7%。其中,批发、零售贸易业10.1亿元,增长17.8%;住宿、餐饮业1.1亿元,增长40.4%;城乡商品交易市场6处,同比增加1处,成交额40 000万元,同比增长15%;农贸市场44处。

【旅游】 全旗主要旅游景点有11处,全年共接待旗内外游客44万人次,比上年增长1.4%,实现旅游总收入2.5亿元,增长4.2%。

【科技】 拥有各类专业技术人员5 866人。全年专利申请数达到8项,超出预定目标3项。其中《色素用万寿菊‘猩杂1号’交种选育和配套高产栽培技术研究与应用》、《金峰熔池熔炼工艺研究与应用》两项重大科技成果通过自治区科技厅鉴定。

【教育】 全旗有各类学校133所,其中,普通高中4所,在校学生6 693人;职业高中1所,在校学生1 533人。初中7所,在校学生10 609人;小学121所,在校学生21 378人。2009年本科高考上线人数2 167人,上线率为64.25%。各类学校有专职教师4 005人。

【文化】 拥有各种艺术表演团体4个,其中,专业表演团体1个,业余表演团体3个。公共图书馆1个,文化馆1个,博物馆1个。年末全旗拥有广播电台1座,广播人口覆盖率94%;拥有电视台1座,电视人口覆盖率97%;年末全旗有线电视用户6.4万户。

【卫生】 拥有卫生机构52所,其中,医院、卫生院19所,卫生防疫防治机构1所,妇幼保健机构1所。各类卫生机构拥有床位677张,卫生技术人员821人,执业助理医师430人,执业医师294人。新型农村合作医疗参合人数27.98万人,农民参合率达93.2%。

【人民生活】 城镇居民人均可支配收入达10 826元,按可比口径计算,比上年增长9.41%;人均消费性支出为7 802元,增长12.5%;人均住房建筑面积29.3平方米。在岗职工平均工资21 634元,比上年增长26.9%。农民人均纯收入达4 499元,比上年增长7.27%;生活消费支出2 781元,下降7.8%;人均居住面积17.07平方米。

【社会保障】 全旗最低生活保障救助人数为22 266人。其中,城镇4 266人,增长5.8%;农村18 000万人。社会福利性收养单位(含敬老院)16个,床位562张,收养481人,社会福利企业10个,总人数2 681人,安置残疾人员1 576人。

(高英明)

宁城县

【领导名录】

县委书记:赵　富(蒙古族)

人大主任:李显良(蒙古族)

县长:李自学(3月离任) 刘万虎(3月代理)

政协主席:赵宗源

武装部长:崔宝宾

政　　委:杨延新

【概况】 宁城县位于内蒙古自治区赤峰市南部,地处辽宁、河北、内蒙古3省区交界处,东与辽宁省建平、凌源市交界;南与河北省平泉县毗邻;西与河北省承德县、隆化县接壤;北与赤峰市喀喇沁旗相连。总面积4 317平方公里,有耕地面积84 888公顷,林地面积195 725公顷。全县辖11个镇、2个乡,1个街道办事处,1个旅游度假区;305个村民委员会,14个社区居委会。至2009年底,全县有汉、蒙古、回、满、朝鲜、达斡尔、鄂温克、壮、藏、锡伯、彝等14个民族,604 454人。人口多分布在中东部,平均人口密度为每平方公里140人。总人口中,蒙古族人口72 028人,占11.9%;汉族人口523 483人,占86.6%;其他少数民族人口8 943人,占1.5%;全年出生人口6 561人,出生率为10.8‰;全年死亡人口4 180人,死亡率6.9‰;人口自然增长率为4‰。

2009年,全县实现国内生产总值78.5亿元,按可比价计算,比上年增长14.8%。第一产业实现增加值17.8亿元,增长5.8%。第二产业实现增加值35.6亿元,增长25.9%;第三产业实现增加值25.1亿元,增长9.2%。规模以上固定资产投资完成53.2亿元,比上年增长20.1%。实现地方财政总收入4.7亿元,比上年增长1%。其中地方财政一般预算收入2.76亿元,比上年增长26.3%。

【农牧业】 全年农林牧渔业实现总产值29.7亿元,增长4.6%。农业增加值17.8亿元,增长5.3%。粮食总产量50.6万吨,比上年下降3.5%;6月末牲畜存栏数100万头只,12月末牧畜存栏数45.1万头只;肉类总产量7.2万吨,禽蛋总产量3.7万吨,奶类总产量1.1万吨。全年造林5 000公顷,森林覆盖率45.6%。全县农机总动力40.8万千瓦,增长3%。

【工业】 全年实现工业增加值30.5亿元,比上年增长24.6%。有规模以上工业企业52家,规模以上工业实现产品销售收入79.8亿元,增长27.9%;实现利润16 753万元;实现利税26 452万元。

【旅游】 主要旅游景点有11处。全年接待国内外游客55万人次,比上年增长15.1%;实现旅游总收入1.6亿元,增长14.3%。

【城乡建设 环境保护】 完成基本建设投资52亿元,比上年增长30%;更新改造投资4亿元,增长90.5%;房地产开发投资12亿元,增长155.3%。全年商品房屋预售面积35万平方米,比上年增长75%;实现商品房屋销售额7亿元,比上年增长84.2%。新修改造村级路67.3公里。

【交通 邮电】 公路通车总里程2 200公里,公路旅客运输量403万人,客运周转量7 782万人/公里,分别比上年增长15.1%和15%;公路货物运输量301万吨,货运周转量14 577万吨/公里,均增长19.9%;完成邮电业务总量15 872万元,比上年增长14.3%。其中电信通讯业务总量14 246万元,邮政业务总量1 626万元,年末固定电话用户达到5.5万户。

【贸易】 全年共实现社会消费品零售总额26.5亿元,比上年增长19.8%。其中,批发、零售贸易业235 717万元,增长19.3%;餐饮业29 098万元,增长23.1%。

【科教】 有各类学校178所(含教学点14个),其中,普通高中4所,在校学生11 427人;职业中学6所,在校学生4 831人;初中30所,在校学生17 814人;小学122所,在校学生32 646人。2009年高考达到本科三批以上录取分数线人数为3 664人。各类学校有专任教师5 193人。拥有各类科技人员19 931人。

【文化】 拥有艺术表演团体1个,艺术表演场所3个,公共图书馆1个,文化馆站16个。

【卫生】 拥有卫生机构69处,其中,医院、卫生院31

所,疾病预防控制中心1处,妇女保健机构1所。各类卫生机构拥有床位1 833张,卫生技术人员2 260人,其中医生1 414人。

【体育】 县体校跆拳道队参加赤峰市青少年跆拳道比赛,获得男子组第一名的好成绩;在全区田径、举重、拳击注册比赛中,获得1金、3银的好成绩。赤峰市首届武术交流大会在宁城县召开,赤峰市及辽宁省20支代表队共计230名武术爱好者参加。9月份在中国·宁城第三届辽中京文化节期间成功地组织了多项重大比赛,其中有44支代表队参加全县职工篮球赛,21支代表队参加全县职工乒乓球。

【人民生活】 城镇居民人均可支配收入达11 996元,比上年增加1 130元,增长10.4%;人均消费性支出为8 228元,人均住房使用面积22.8平方米。在岗职工平均工资21 530元,增长21.5%。农民人均纯收入达4 809元,比上年增长8.7%;生活消费支出2 600元,增长13.7%;人均居住面积21.8平方米。

【社会保障】 全县最低生活保障救助人数为40 834人,其中农村31 269人,城镇9 565人。支出农村救助资金3 053万元,支出城镇救助资金2 439万元。社会福利性收养单位(含敬老院)14个,床位710张,收养620人,社会福利企业7个,安置残疾人员就业273人。

【气象灾害】 2009年7月25日15时30分—16时,受强对流云影响,天义、五化、忙农等3个乡镇的17个自然村遭受冰雹袭击。冰雹持续时间约30分,最大冰雹直径5厘米。此次过程造成3.72万人受灾,受灾面积4 074.7公顷,成灾面积4 074.7公顷,绝收面积694.7公顷,减产7成以上的有1 093.7公顷,直接经济损失达4 826万元。

2009年8月,由于温度持续偏高,降水偏少。从7月25日开始,全县大部分乡镇出现严重干旱灾害。受灾面积29 300公顷,成灾面积12 000公顷,绝收面积3 333.3公顷,直接经济损失达8 080万元。

(魏利达　周万彬)

林　西　县

【领导名录】

县委书记:程俊孝
人大主任:焦清华
县　　长:王世华
政协主席:王明军
武装部长:杨富秀(1月任职)
政　　委:戴天河

【概况】 林西县位于赤峰市北部,地理坐标为北纬43°14′~44°15′,东经117°37′~118°34′,西与克什克腾旗接壤,东与巴林右旗毗邻,北接西乌珠穆沁旗,南与翁牛特旗隔河相望。

全县总面积3 933平方公里。辖7镇1乡、1个街道办事处,101个行政村,8个社区。2009年全县总人口24、13万人,其中非农业人口5.8万人。男女性别比102.6∶100(女为100)。人口出生率9.09‰,死亡率5.14‰,自然增长率3.95‰。有少数民族14个,14 953人。

2009年日平均气温6.0℃。极端最高气温出现在8月为37.0℃,极端最低气温出现在2月为-26.7℃,最冷月1月,平均气温-13.3℃;最热月7月,平均气温22.4℃。年降水量258.6毫米,比历年偏少126.3毫米,第一场接墒雨出现在4月24日,11.1毫米。透雨出现在6月8日39.7毫米,年蒸发量1 383.0毫米。年日照时数2 989.5小时、较历年偏多40.1小时,无霜期139天,无霜期150天。

【自然灾害】 2009年林西县发生了春季旱灾,农作物受灾面积50.19千公顷,占总播种面积的83.65,绝收面积30.87公顷,占总播种面积0.051%公顷,造成了农业损失19 141万元。

【农牧业】 全年农林牧渔业实现总产值10.86亿元,增长5.5%。农业增加值6.47亿元,增长5.0%。粮食总产量15.52万吨,比上年增长-24.3%;6月末牲畜存栏数113.6万头(只),12月末牲畜存栏数53.78万头(只);肉类总产量2.44万吨,禽蛋总产量0.37万吨,奶类总产量7.83万吨。全年社会造林3万亩,林木覆盖率达39.9%。全县农机总动力24.7万千瓦,增长5.6%。

【工业】 有规模以上工业企业34家,全年实现工业增加值7.56亿元,比上年增长40.1%。规模以上工业实现产品销售收入22.42亿元,增长37.3%;实现利润13 731万元,增长-29.0%;实现利税18 350万元,增长-35.0%。非公有制企业33个,实现增加值71 842万元,从业人员5 312人。

【城乡建设　环境保护】 完成固定资产投资26.25亿元,比上年增长25.0%;房地产开发投资3.48亿元,增长4%。全年商品房屋销售面积38.61万平方米,比上年增长51.1%;实现商品房屋销售额6.56万元。改造村级油路4条,96.4公里。完成环境污染治理项目2个,完成投资额650万元。

【交通　邮电】 公路通车里程1 564公里,公路旅客运输量和周转量102万人、7 513万人公里,分别比上年增长5.2%和6.0%;公路货物运输量119万吨、周转量

10 562万吨公里,分别增长5.3%和6.0%。完成邮电业务总量432万元,比上年增长2.9%。固定电话用户达到21 000万户,移动电话用户116 000万户,电话普及率达56.8部/百人,互联网用户8 085户。

【贸易】 全年共实现社会消费品零售总额130 915万元,比上年增长16.5%。其中,批发、零售贸易业114 178万元,增长14.0%;餐饮业16 737万元,增长18.0%。城乡商品交易市场35处,成交额77 085万元。

【旅游】 主要旅游景点有3个。全年接待国内外游客20万人次;实现旅游总收入1.1亿元。

【科技】 拥有各类科技人员4 614人。

【教育】 有各类学校23所,其中,普通高中1所,在校学生5 721人;职业高中1所,在校学生1 964人,普通初中3所,在校学生9 142人,小学18所,在校学生16 218人。2009年高考本科上线人数为1 048人。各类学校有专职教师2 282人。

【文化】 拥有各种艺术表演团体3个,艺术表演场所1个,公共图书馆1个,文化馆1个。

【卫生】 拥有卫生机构214个,其中县直医疗卫生单位4个,职工医院2个,卫生防疫防治机构1所,妇幼保健机构1所,乡镇卫生院19所,村卫生室187个。各类卫生机构拥有床位254张,卫生技术人员854人。

【人民生活】 城镇居民人均可支配收入达10 482元,按可比口径计算,比上年增长10.4%;人均消费性支出为9 057元,增长16.2%;人均住房使用面积26.67平方米。在岗职工平均工资24 216元,增长44.2%。农民人均纯收入达4 325元,比上年增长9.9%;生活消费支出3 361元,增长3.8%;人均居住面积20.83平方米。

【社会保障】 全县最低生活保障救助人数为22 586人。其中城镇6 586人;农村16 000人。社会福利性收养单位(含敬老院)12个,床位516张,收养325人,社会福利企业3个,安置残疾人员107人。

9月12日18时,赤峰市林西县林西一中11名同学被确诊为甲型H1N1流感患者。20时县委、县政府组织召开全县防控H1N1流感紧急会议。

【林西县防控甲型H1N1流感工作】 2009年9月11日,林西县林西一中发生了聚集性甲型H1N1流感。至9月17日共报告确诊病例11例,疑似病例106例,确定密切接触者1 161人。疫情发生后,林西县委、县政府高度重视,立即启动《林西县甲型H1N1流感防控应急预案》和《林西镇城区甲型H1N1流感病例及密切接触者应急处置防止工作预案》,投入150万元工作经费,“及时、有力、有序、有效”的开展防控工作,取得了抗击甲型H1N1流感防控工作的全面胜利,林西县于9月29日召开防控甲型H1N1工作总结大会,解除林西县一中甲型H1N1流感疫情。

【东北特钢集团进驻林西】 大连特钢前身为大连钢厂,是国家特殊钢生产的大型骨干企业。2009年5月,东北特钢集团入住林西,组建林西金域矿业有限公司,从事矿产勘探和开发。东北特钢集团前期投资2 000万元,对林西县哈什叶东梁铜多金属矿进行勘探。已发现金属矿化带多条,确定了矿化中心部位的南区、北区、东区三个重点成矿区段。加大加快对林西金域矿业多金金属矿区的勘查检验和投入投资力度,并以此为基础进行产业细化与深加工。8月14日,东北特钢集团林西金域矿业有限公司正式揭牌。揭牌当天下午,东北特钢集团与林西县人民政府签订了发展合作协议。该公司将在年内启动日处理2 000吨钼矿石选厂建设。

【家电下乡活动】 改造完善基层农家店90个,行政村覆盖率74%。销售家电下乡产品4 953台件,补贴金额69.5万元。实施农机具补贴978台件,发放资金770万元。

【获奖】 3月,林西县政府获中宣部、司法部、全国普法办“全国‘五五’普法中期先进集体”称号;4月,林西县被国家粮食局命名为“全国粮食依法行政示范县”;9月,林西县被科技部命名为“全国科技进步县”;9月,林西县地震局被国家地震局命名为“全国防震减灾先进单位”;10月,林西县七合堂村获中国生态文化协会“全国生态文化村”称号。

(陶格套)

锡 林 郭 勒 盟

【党政军领导名录】

盟　委

书　记:荣天厚(蒙古族)

副书记:张国华　蔚小平(蒙古族 3月离任)

委员:邓月楼(蒙古族)　王志远　田学臣　东戈(蒙古族)　罗·麦尔根(蒙古族)　包丽玲(女 蒙古族)　郑宜平　寇小平　张芝元　牛志美　范宝营(7月离任)　张晓兵(8月任职)

人大工委

主　任:阿迪雅(蒙古族)

副主任:包湖春(蒙古族)　陈和平(蒙古族)　阿拉腾宝音(蒙古族)　王青山　崔建国　白丽霞(女 蒙古族)

盟行署

盟　长:张国华

副盟长:王志远　范宝营(7月离任)　张晓兵(8月任职)　莘文印　其其格(女 蒙古族)　周凤臻　武国栋(蒙古族)　张宽治　斯琴毕力格(蒙古族)　尤俊成(7月离任)

政　协

主　席:其木格(女 蒙古族)

副主席:阿格旺(蒙古族)　敖小孟(蒙古族)　敖秀田(蒙古族)　高晓峰(蒙古族)　武进芳　王萍(女)　辛卫东

纪检委

书　记:郑宜平

法　院

院　长:韩赤锐(蒙古族)

检察院

检察长:杨树林

公安局

局　长:成映泽

军分区

司令员:王文清

政　委:张芝元

副司令员:张树鹏

副政委:刘永亮

参谋长:王铁鹏

政治部主任:李海文

后勤部部长:陈金旺

【概况】　锡林郭勒盟位于内蒙古自治区中部,北纬42°32′~46°41′,东经111°59′~120°00′。北与蒙古国接壤,边境线长1 098公里;西与乌兰察布市交界;南与河北省毗邻;东与赤峰市、通辽市、兴安盟相连。东西长700多公里,南北宽500多公里,总面积202 580平方公里。位于首都北京的正北方,直线距离460公里。辖2市、9旗、1县、1个管理区、1个开发区,共21个苏木、3个乡、34个镇、10个街道办事处,172个社区居委会、564个嘎查委员会、275个村民委员会。14个旗县市(区)分别是:锡林浩特市、二连浩特市、苏尼特左旗、苏尼特右旗、阿巴嘎旗、东乌珠穆沁旗、西乌珠穆沁旗、镶黄旗、正镶白旗、太仆寺旗、正蓝旗、多伦县、乌拉盖管理区、锡林郭勒经济技术开发区。锡林浩特市是中共锡林郭勒盟委员会、锡林郭勒盟行政公署所在地,是锡盟政治、经济、文化中心。二连浩特市是中国重要的陆路口岸,是通往蒙古国、俄罗斯和东欧各国的大陆桥,是内蒙古自治区计划单列市。珠恩嘎达布其也成为中国面向蒙古国常年开放的陆路口岸。属中温带干旱半干旱大陆性季风气候,寒冷、风沙大、少雨。春季多风易干旱,夏季温凉雨不均,秋季凉爽霜雪早,冬季漫长。大部地区年平均气温在0℃~3℃间,北部中蒙边境地区和灰腾梁一带年平均气温0℃以下,10月平均气温-17℃以下,北部多在-20℃以下,部分地区日最低气温-40℃以下,局部地区-45℃以下。全年除7月份外,日最低气温均出现0℃以下。

土地总面积202 580平方公里,其中草原面积19.2万平方公里,占总面积的94.6%,可利用草场面积17.6万平方公里,占草原面积的91.7%。森林面积2 490平方公里,占总面积的1.23%。地形以高平原为主体,兼有多种地貌单元,地势南高北低,自西南向东北倾斜。

西部和北部地形平坦,东南部多低山丘陵,盆地错落其间,形成广阔的高原草场。平均海拔1 000米以上,最高峰是位于西乌珠穆沁旗境内的古如格苏乌拉峰,海拔1 957米。浑善达克沙地位于锡盟中部,属半固定沙漠,面积23 564平方公里。

已探明煤炭储量2 300亿吨,预测含煤区60余处,预测储量1 672亿吨。总储量中,褐煤占99%,长焰煤占0.29%,无烟煤占0.05%,气煤占0.17%,黏结煤占0.003%。部分褐煤中含稀有金属锗;金属矿30余种,已探明储量的有铁、钨、锌、铜、铅、锗、铋、铬、锡、铬、钼、镍、金、银等17种,铬矿储量居全国第二位。东乌珠穆沁旗的朝不楞多金属矿,国际上认定是一种铁同多种金属共生矿,被正式命名为"锡林郭勒矿"。钨、铋、铬矿储量居内蒙古自治区首位;非金属矿主要有碱、盐、云母、萤石、石灰石、花岗岩、玛瑙、石膏等。查干淖尔碱矿储量4 500万吨,居全国之首。东乌珠穆沁旗额吉淖尔所产大青盐,是锡盟特有资源之一,已有近千年开采历史,年产盐10万余吨;石油埋藏分布较广,二连盆地油田穿越全盟10个旗市,总面积10万平方公里,探明储量10亿吨。

全年实现地区生产总值485亿元,同比增长21.5%。其中第一产业增加值52.14亿元,同比增长6.3%。第二产业增加值316.36亿元,同比增长28.0%。第三产业增加值116.5亿元,同比增长15.3%。按常住人口计算,全年人均生产总值47 017元,同比增长20.5%,按2008年末汇率折算约6 914美元。第一产业对经济增长的贡献率为3.5%,第二产业对经济增长的贡献率为74.8%,第三产业对经济增长的贡献率为21.7%。全盟生产总值中一、二、三次产业的比重由上年的11.9: 63.6: 24.5调整为10.8:65.2:24.0。全年地方财政总收入完成617 301万元,同比增长20.9%。其中一般预算收入350 995万元,同比增长28.5%。税收收入完成485 218万元,同比增长15.9%,占地方财政总收入比重为78.6%。

【农业】 全年农作物播种面积22.7万公顷,同比增长0.2%。其中粮食作物种植面积14.3万公顷,同比增长1.4%。全年粮食总产量达26.06万吨,同比减少5.4%;油料产量0.78万吨,同比增长23.8%;蔬菜瓜果产量89.85万吨,同比增长9.2%。年末全盟农牧业机械总动力110.42万千瓦,年内新增2.76万千瓦;农田有效灌溉面积55 630公顷,年内新增7 390公顷。

【畜牧业】 6月末大牲畜和羊存栏1 275.41万头(只),同比减少49.38万头(只)。12月末大牲畜和羊存栏698.10万头(只),同比减少6.86万头(只)。全盟肉类总产量21.02万吨,同比增长18.1%;奶类产量52.5万吨,同比增长12.2%;羊毛产量1.05万吨,同比增长15.4%。

【林业】 全年完成造林面积84 746公顷。其中人工造林11 412公顷,飞播造林26 667公顷。全年共完成沙源治理面积84 747公顷。其中营林造林11 412公顷,草地治理70 000公顷,小流域治理23 910公顷。

【工业】 全年完成全部工业增加值268.84亿元,同比增长28.1%。规模以上工业企业由2008年末的342户增加到2009年末的385户,全年完成规模以上工业增加值2 455 073万元,同比增长29.0%。

【建筑业】 全盟建筑业完成增加值47.52亿元,同比增长27.8%。全盟具有建筑业资质等级的建筑企业34户,实现利税2亿元。

【固定资产投资】 全社会完成固定资产投资总额5 520 094万元,同比增长27.9%。按经济类型划分,国有经济完成投资2 312 480万元,同比增长32.3%;非国有经济完成投资3 207 614万元,同比增长24.9%。按产业划分,第一产业完成投资122 432万元,同比增长66.1%;第二产业完成投资3 344 515万元,同比增长22.0%;第三产业完成投资2 053 147万元,同比增长36.7%。

【国内贸易】 全年社会消费品零售总额1 028 839万元,增长19.6%。其中城镇消费品零售额827 476万元,增长19.8%;农牧区消费品零售额201 363万元,增长18.7%。分行业看,在消费品零售总额中,批发零售贸易业零售额825 095万元,增长19.5%;住宿和餐饮业零售额174 358万元,增长21.8%;其它行业零售额29 386万元,增长10.0%。

【对外经济】 全年外贸进出口总额实现94 510万美元,同比增长2.2%。其中外贸出口额49 867万美元,同比增长155.2%;外贸进口额44 643万美元,同比下降38.8%。口岸进出口货运量648万吨,同比增长0.4%。出入境人员143.4万人次,同比减少17.9%。

【招商引资】 全年引进国内(盟外)资金3 746 288万元,同比增长18.7%,其中区外资金2 625 000万元,同比增长19.2%。

全盟外商投资企业13户,全年实现销售收入142 817万元,利润5 264万元,资产257 957万元。

【交通】 全年公路货运量12 918万吨,同比增长41.5%;公路货运周转量2 197 662万吨公里,同比增长41.7%;公路客运量2 709万人,增长14.3%;公路客运周转量456 519万人公里,同比增长14.6%,全盟通车里程达16 148公里,等级公路13 641公里。

【邮电】全年邮政电信业务总量297 694万元,同比增长37.3%。其中电信业务总量292 585万元,同比增长38.1%;邮政业务总量5 109万元,同比增长1.7%。年末(本地电话)交换机总容量139万门。年末本地网固定电话用户16.2万户。其中城市电话用户15.2万户、乡村电话用户1.0万户。年末移动电话用户99.7万户。电话普及率(包括固定和移动电话)112部/百人,年末互联网用户7.7万户。

【旅游业】 全年实现旅游总收入65.3亿元,同比增长28%。全年共接待游客575万人次,同比增长30%。

【环境保护】 全盟自然保护区共12个,其中国家级保护区1个,自治区级保护区6个,地市级2个,县级3个。自然保护区面积187万公顷,其中国家级自然保护区面积58万公顷。各级环境监测站11个,环境监测人员91人。全年完成环境污染限期治理项目17个,完成环境污染限期治理项目投资额5 237万元。

【自然灾害】

大风 寒潮 沙尘暴 2月19日,全盟出现第一场范围较大、强度较强的沙尘天气,给人们的健康、出行及牲畜出牧和接羔保育工作带来不利影响。5月20日,大风天气造成乌拉盖农电局110千伏线路40公里处30米高铁塔倒塌。6月19日,东乌珠穆沁旗出现8级大风,7个苏木(镇)、21个嘎查(村)受灾,受灾人口1 260户、5 713人,倒塌房屋52间,紧急转移安置51人,直接经济损失83万元。6月26日至28日,全盟除乌拉盖外出现大风天气,瞬间最大风速17~24米/秒(苏尼特左旗、苏尼特右旗、镶黄旗),西北部地区及锡林浩特市伴有扬沙天气,造成部分地区店面牌匾和户外广告牌脱落损坏。12月24日至25日,全盟出现年内最强的大风沙尘、降雪、强寒潮(部分地区伴有吹雪)天气,其中镶黄旗出现特强沙尘暴,48小时全盟各地降温达12℃~18℃,这次天气过程造成7 800头(只)牲畜死亡,储草被大风刮走,直接经济损失1 390万元,间接经济损失350万元,共涉及5个苏木、14个嘎查的185户、650人。

雪灾及低温冷雨灾害 1月22日至23日,207国道锡盟灰腾梁段形成雪阻,造成车辆滞留,影响交通运输。3月4日至5日,全盟出现大范围降雪天气,其中东乌珠穆沁旗暴雪,降雪量11.2毫米,积雪深度19厘米,太仆寺旗、正蓝旗、多伦县中雪,降雪量3.1毫米~6.4毫米,其余地区降小雪。乌拉盖、东乌珠穆沁旗伴有雪暴,正镶白旗、正蓝旗有吹雪,锡盟客运公司5日全线停运,造成经济损失约20万元。3月12日,乌拉盖巴彦胡舒镇降中到大雪(3.9毫米),贺斯格乌拉牧场降大雪(9.3毫米),贺斯格乌拉牧场、哈拉盖图牧场北部降暴雪(≥10毫米),平均积雪深度15厘米~20厘米,并伴有雪暴,最小能见度600米,瞬间最大风力6、7级。此次天气过程造成辖区7个嘎查村共死亡牲畜3 111头(只),因雪灾倒塌棚圈51间,牲畜饲草料短缺170.6万公斤,77户256人出现粮食短缺,119户(397人)贫困家庭燃料短缺。造成直接经济损失263.2万元。

旱灾 干旱主要发生在夏季,根据不同草原类型干旱等级和降雨情况综合分析,7月上旬乌拉盖、多伦县不旱,其余地区轻到重旱。7月中旬至8月18日,乌拉盖不旱,其余地区旱情逐渐加重,全盟为重旱到特旱。至8月中下旬调查统计,受灾人口占全盟农牧业总人口的95%;牧区受旱面积已超过全盟可利用草场总面积的85%。

洪涝 冰雹 雷击灾害 夏季洪涝、冰雹、雷击灾害及造成的损失较上年同期偏少,雷击死亡7人。

虫鼠灾害 全盟春季共发生草原鼠害面积89.6万平方公里,严重面积39.1万平方公里。至5月下旬,全盟蝗虫发生面积33.8万平方公里,严重面积18.6万平方公里;草地螟发生面积102.7万平方公里,严重面积45.3万平方公里;叶甲发生面积25.5万平方公里,严重面积5.5万平方公里。夏季受高温及特大干旱影响,草原蝗虫灾害加重,以7月为最重。至8月7日统计,蝗虫危害面积77.6万平方公里,严重危害面积49.8万平方公里,平均虫口密度31头/平方米,最高虫口密度340头/平方米,较上年偏重。

【金融 保险】 年末,全盟金融机构人民币存款余额273.98亿元,同比增长30.9%。其中企业存款余额80.54亿元,同比增长62.1%;城乡居民储蓄存款余额154.76亿元,同比增长29.3%。全盟金融机构各项人民币贷款余额232.23亿元,同比增长23.9%。其中短期贷款余额75.60亿元,同比增长79.4%;中长期贷款余额156.20亿元,同比增长7.8%。全年金融机构现金收入869.17亿元,现金支出927.71亿元,分别较上年增长2.7%和2.1%。收支相抵后,货币净投放58.54亿元,较上年下降6.4%。

全年保险业实现保费收入52 091万元,同比增长12.2%。其中财产险实现保费收入25 203万元,同比增长25.8%;人身险实现保费收入26 888万元,同比增长1.8%。

【科技】 全盟有各类科技开发机构2个,拥有研究人员208人。全年有2项科研成果获自治区科技进步奖。当年签订技术合同55份,合同金额446万元,其中技术交易额45万元。全年专利发明1项。

【教育】 2009年,全盟高等院校(锡林郭勒职业学院)当年毕业生1 130人,在校生6 837人。全院有教职工806人,其中专任教师472人。中等专业学校(锡林郭勒职业学院中专部)毕业生872人,在校生3 546人。全盟有普通中学41所,在校生49 309人,其中初中30 859人、高中18 450人;毕业生19 695人,其中初中11 782人、高中7 913人。有职业中学11所,在校生10 424人,毕业生2 471人。小学90所,在校生65 116人。全年学龄儿童入学率100%。全盟各类职业技术培训机构49个,教学点130个,当年培训结业30 922人。

【文化】 年末,全盟艺术表演团体12个,其中乌兰牧骑11支;拥有群众艺术馆74座,文化馆15座;有公共图书馆12座,藏书35万册;有文物保护站(局、所)13个,博物馆2个;有各类电影放映单位31个,全年放映电影3 579场。年末,全盟拥有调频发射台104座,广播人口覆盖率94.7%。电视转播发射台194座,有线电视用户13万户,均为数字电视用户,电视人口覆盖率93.5%。

《锡林郭勒日报》汉文版日发行量9 200份,蒙文版4 600份,《锡林郭勒晚报》日发行量10 800份。

4月,配合国家新一轮"村村通"工程,以解决20户以上自然村广播电视盲村农牧户收看收听广播电视问题,全盟将1 598个盲点村39 442户列入"村村通"实施工程。工程采用卫星直播接收方式。

4月29日,由锡盟行署与北京索日娜文化艺术中心合作创作的大型民族舞剧《草原记忆》在锡林浩特蒙元文化苑歌剧院首演。该舞剧再现了20世纪60年代草原人民用无私的爱养育南方3 000名孤儿的感人故事。

7月,锡盟参与拍摄的两部影片《锡林郭勒·汶川》、《额吉》入选庆祝新中国成立60周年"向祖国汇报"重点国产影片献礼片。

【卫生】 年末,全盟有医疗卫生机构522个(含个体),其中医院25个,乡镇卫生院118个,疾病预防控制机构14个,妇幼保健机构13个。全盟医疗机构拥有病床2 784张,其中医院拥有病床1 846张,乡镇卫生院拥有病床549张。年末,全盟拥有卫生技术人员5 042人,其中医院2 344人,乡镇卫生院702人。

12月,锡盟首家医疗废弃物处置中心投入使用,工程总投资795万元,日处理3吨医疗废物,填补了锡盟无正规医疗废物处置设施的空白。

【体育】 年内,全盟体育健儿在国内重大赛事中获奖牌18枚,其中金牌9枚,银牌5枚,铜牌4枚。

【就业】 年末全盟城镇单位从业人员111 578人,同比增长4.6%。其中在岗职工109 091人,同比增长4.0%。全盟共安置各类就业人员28 026人,其中安置下岗失业人员6 347人。转移农牧民就业人员46 426人。劳务输出18 939人,其中劳动部门组织输出6 498人。对180户零就业家庭实施了就业援助。城镇登记失业率为3.8%。

【人口】 全盟年末总人口103.6万人,较上年增加0.89万人,其中蒙古族人口30.21万人,其他少数民族人口4.46万人。城镇人口56.72万人,城镇化率54.75%。男性人口53.17万人,女性人口50.43万人,人口性别比105:100。全年出生人口1.03万人,人口出生率9.97‰;死亡人口0.55万人,人口死亡率5.34‰。人口自然增长率4.63‰。

【人民生活】 全年城镇居民人均可支配收入13 752元,较上年增加1 248元,增长10.0%。城镇居民人均消费性支出10 993元,增长17.6%。城镇居民家庭恩格尔系数(居民家庭食品消费占家庭消费总支出的比重)为38.9%,较上年下降0.4个百分点。全年农牧民人均纯收入5 417元,较上年增加547元,增长11.2%。农牧民人均生活消费支出4 204元,同比增长14.6%。农村牧区居民家庭恩格尔系数为31.4%,同比下降1.4个百分点。

【社会保障】 年末,全盟参加城镇基本养老保险的职工(企业)82 750人,离退休人员32 472人。全盟参加城镇职工基本医疗保险的人数为150 704人,参加城镇居民基本医疗保险的人数为202 905人。全盟参加失业保险职工88 331人,全盟参加工伤保险的人数为67 810人,全盟参加生育保险的人数为82 477人,全年有39 000人城镇居民享受国家最低生活保障救济。年末,全盟各类社会福利机构60所,其中光荣院1所、儿童福利院1所、社会福利院1所,共有床位1 517张。

(魏琢 张瑞祥 齐迎春 李志军 张睿 陈牡丹 张晓斌 岳颖珺 杨志华)

锡林浩特市

【领导名录】

市委书记:牛志美

人大主任:齐振华(蒙古族)

市　　长:闫宏光(蒙古族)

政协主席:温同江(10月去世)

武装部长:刘大东

政　　委:李兆顺

【概况】 锡林浩特市地处内蒙古自治区中部的锡林郭勒大草原,位于北纬42°02′~44°52′、东经115°13′~117°03′,距北京、呼和浩特、沈阳、二连浩特口岸和珠恩嘎达布其口岸的直线距离分别为450公里、470公里、600公里、300公里和240公里。

全市面积14 785平方公里,其中城市建成区面积34平方公里。人口20.5万人,其中城市人口17.8万人,有蒙古、汉、回、满、达斡尔、鄂伦春、鄂温克等17个民族,是一个以蒙古族为主体、汉族占多数、多民族聚居的边疆少数民族地区,素有"草原明珠"的美誉。

自然资源丰富。可利用优质天然草场面积2 068万亩,具有发展现代畜牧业生产的先天条件。石油探明储量5亿吨。煤炭探明储量331亿吨,其中,胜利煤田含煤面积342平方公里,探明储量224亿吨,并伴生锗和石油,单层煤可采厚度244米,是目前全国煤层最厚、储量最大的褐煤煤田,已列入国家13个大型煤炭基地之一;巴彦宝力格煤田含煤面积400平方公里,探明储量107亿吨。煤炭在建产能6 000万吨。电力在建产能310万千瓦。锗探明储量3 300万吨,占全国储量的70%,占世界储量的38%。铬铁累计探明储量150万吨,居全国第三,在建产能10万吨。钼探明储量17万吨,在建产能3 000吨。锡铜储量超2万吨。萤石储量800万吨。

年平均风速为3.4米/秒,风能总蕴藏量达2.5亿千瓦,其中可开发利用量超过2 500万千瓦。特别是灰腾锡勒风电场,属于海拔1 400米到1 600米的高原台电,总面积822平方公里,70米高度年平均风速为8.9米/秒,年有效风时数5 000小时以上,是国家规划装机200万千瓦风电基地之一。

2009年,地区生产总值完成124.75亿元,增长21.5%;全社会固定资产投资完成140.8亿元,增长26.4%。三次产业比重演进为4.8:66.1:29.1。地方财政总收入完成17亿元,增长16.4%,地方财政一般预算收入完成8.8亿元,增长36.7%。城镇居民人均可支配收入和牧民人均纯收入分别为16 643元和8 381元,增长17.2%和14.8%,城乡居民收入差距逐年缩小。全年共争取中央新增投资项目37个,争取上级资金4.4亿元。引进盟外资金73亿元,增长18%。

【畜牧业】 围绕"转人、减畜、增收、增绿",整合投入资金9.5亿元,大力推动草原生态恢复保护和畜牧业生产经营方式转变。实施京津风沙源治理工程44.8万亩,新增围封草场100万亩、高产饲草料地1.5万亩,禁牧、轮牧面积分别扩大284万亩和200万亩,分别达到可利用草场的28%和16%。以整户整嘎查移民为重点,完成牧民新居一期工程和宝力格嘎查整体搬迁工程建设,转移牧区人口2 812人,稳定就业率达到75%。避灾型畜牧业基础设施建设得到加强。新增畜棚畜圈4.4万平方米。建成水源井104眼,安全饮水工程6处,解决了7 000人的安全饮水问题。牧业年度牲畜总数58.4万头只,年末出栏牲畜70.4万头只。畜群畜种结构进一步优化。引进西门塔尔牛9 428头,实施黄牛冷配3.2万头、肉羊杂交15万只,加工冬羔39.4万只,牲畜良改比重和大畜比重分别提高到98.3%和6.7%。产业化层次逐步提升。培育牧民互助合作社48家,建成肉牛、肉羊工厂化养殖场各4处,订单出栏牲畜比重达到33%,伊利有机奶加工等一批农畜产品精深加工项目相继建成投产。兑现冬羔繁育补贴860万元,活畜加工量突破400万只羊单位,畜产品加工及相关产业产值增长63.5%。

【工业】 全市新增规模以上工业企业21户,产值超亿元企业达到20户。全年完成工业增加值68.3亿元,增长17.6%。积极协调铁路部门解决煤炭运输问题,帮助企业拓宽销售市场,全年煤炭产量达到2 347万吨,新增300万吨。在国际原油价格持续低迷的背景下,保持华北石油二连油田稳定生产,原油产量完成78万吨。努力提高火电设备利用时数,电力及热力供应业产值增长19.4%。引导建材行业向节能、利废、环保方向发展,规模以上建材企业完成产值5.3亿元,增长59%。先后出台《扶持中小企业发展意见》等5项政策措施,协调落实贷款8亿元,减免各类税费4.5亿元,有力促进中小企业快速发展。入驻园区的工业企业中小企业户数达到153户,新增81户。

【交通】 锡乌铁路、锡克铁路、锡多铁路复线、胜利煤田西二号铁路专用线和锡林浩特至白音华一级公路、胜利矿区高等级运煤专用公路开工建设。完成通村公路170公里。

公路货运周转量116.2亿吨公里，增长30%。铁路运输2 990万吨，增长21.5%。机场扩建工程竣工运营，旅客年吞吐量突破10万人次，达13.2万人次。

【城市建设】 投资13.9亿元进行市政基础设施建设。城区电网改造工程按计划推进。热力输出技改扩容，新增供热能力220万平方米。生态植物园、城市展览馆、城市数字化指挥中心和青少年活动中心等建成投入使用。新建改造道路17公里，铺设“三水”管网14公里、供热管网14公里，新增绿化面积100万平方米。人均道路、人均公共绿地、人均文化体育休闲场所面积分别达到24平方米、22平方米和26平方米。城区绿化覆盖率、供热普及率、污水处理率、供水率分别提高到30%、72%、85%和87%。吸纳社会资金19.6亿元，新开工住宅房屋面积136.7万平方米，房屋销售面积112万平方米。完成建筑业增加值14.1亿元，增长44.2%。

【科技】 与科研机构和高等院校合作建设研究基地5处，引进新技术8项，研发新产品17项，获得专利3项。9月，2009年全国县域经济科学发展交流年会发布了第九届全国县域经济基本竞争力与科学发展评价结果，锡林浩特市位列中国西部百强县（市）第25位。

【教育】 保持教育投入稳定增长，投入1.74亿元实施新区学校等6所学校的建设工程。

【文化】 总投资5亿余元的文化产业园全部建成。新改扩建基层文化站（室）29所。贝子庙修复工作有序进行。

【卫生】 新改扩建基层卫生服务中心4所、卫生院7所、卫生室10所，社区卫生服务覆盖率达100%。加强疾病预防控制体系和公共卫生应急体系建设。大力开展计划免疫和传染病防治工作，科学防控甲型H1N1流感。加大人口和计划生育工作力度，低生育水平保持稳定，获得自治区级计划生育优质服务先进市称号。

【就业】 全面落实增加就业岗位、以创业带动就业、提高就业培训效果，开展就业援助，强化就业服务等一系列就业政策，有效推动了就业工作。全年征集就业岗位和新增就业人数分别达到1.35万个和1.01万人，分别增长1.35倍和1.26倍，城镇登记失业率控制在3.41%以内。“零就业家庭”全部实现动态“脱零”，有劳动能力和就业愿望的牧区转移进城牧户中至少有一人实现了就业。通过人才储备、事业单位招聘、人才市场推荐，900余名高校毕业生落实了就业去向。

【社会保障】 养老、医疗、失业、工伤和生育等社会保险新增参保人数1.5万人。启动城乡居民大额医疗保险和新型农村牧区社会养老保险。新型牧区合作医疗“参合”率提高到95%，报支比例提高到70%，报销封顶标准提高到3.5万元。城镇居民基本医疗保险报销封顶标准提高到3.5万元，大病互济医疗保险封顶标准提高到6万元，城镇职工医疗保险报支比例提高到70%。城镇居民和牧区低保金全年分别提高了360元和180元，分散和集中供养五保户供养金全年分别提高了300元和200元，惠及困难群众1.1万人。落实贫困大学生救助制度，全市200多名贫困大学生无一人因贫辍学。在政府投入1亿余元的基础上，汇集社会资金500余万元，集中解决了1.8万余人的生产生活困难。

【金融】 新增小额贷款公司2家。金融业存贷款余额双双突破百亿元大关。

【旅游业】 全年接待游客人数突破150万人次，旅游总收入突破5亿元，增速均在50%以上。

【国际游牧文化节】 6月4日至10月31日，成功举办中国·锡林浩特第六届国际游牧文化节。主要内容包括敖包相会——大型民族风情歌舞《天堂草原》首演、额尔敦敖包祭祀暨锡林郭勒生态旅游首游式、传统那达慕、锡林浩特市经济发展座谈会、应对国际金融危机旅游城市营销研讨会、《天堂草原》歌舞研讨会、民族服饰展演、中国优秀旅游城市宣传推介挑战赛、中国优秀旅游城市乒乓球邀请赛等。中央电视台、旅游卫视、香港凤凰卫视、内蒙古电视台、内蒙古日报等区内外新闻媒体参与报道。

【人物】 武晓燕，女，汉族，1993年出生于乌兰察布市商都县大黑沙土镇一个普通农民家庭。2009年3月1日下午，在锡林浩特市金桥商厦南院商户发生火灾中，武晓燕同学为帮助他人及时逃生，为当时在楼上的人员及时报送火情，使他人得以迅速安全脱险，在火灾中献出了宝贵的生命。锡林浩特市委、市政府对武晓燕同学的见义勇为行为进行了表彰并记三等功。锡林浩特市文明办、锡林浩特市团委、锡林浩特市妇联、锡林浩特市教育局分别追授武晓燕为文明市民、优秀共青团员、三八红旗手、三好学生等光荣称号。号召全市学习武晓燕同学无私奉献、舍己救人的献身精神！

（王栋军）

二连浩特市

【领导名录】

市　委

书　记:邓月楼(蒙古族)

副书记:孟宪东　乌云其木格(女　蒙古族)

常委:方建平　刘海斌　呼禾(蒙古族)　冯雪涛　张月霞(女)　孙振江　郭刚　张广海(4月任职)　李春生(6月任职)

人　大

主　任:岩　毅(蒙古族)

副主任:雒雅林　包玉山(蒙古族)　王建利　张如全　任爱民(女)

政　府

市　长:孟宪东

副市长:刘海斌　包海琨(蒙古族)　乔卫国　孙俊青(女)　贾伟东　李春生(6月任职)

政　协

主　席:乌云毕力格(蒙古族)

副主席:额尔登毕力格(蒙古族)　刘世生　舍登(蒙古族)　乌·图雅(女　蒙古族)　王金星　田永宏　马素华(女　回族)

纪检委

书　记:方建平

法　院

院　长:通木尔(蒙古族)

检察院

检察长:梁志坚

公安局

局　长:呼　禾(蒙古族)

政　委:贾镜文

武装部

部长:张广海

政委:朱凤林(2月离任)　杨子玉(2月任职)

【概况】　二连浩特市地处东经111°17′~112°25′,北纬42°55′~43°53′,位于内蒙古自治区正北部,锡林郭勒盟西部,东邻苏尼特左旗,西、南与苏尼特右旗相邻,北与蒙古国扎门乌德市隔界相望。二连浩特距俄罗斯首都莫斯科7 623公里,距蒙古国首都乌兰巴托714公里,距北京720公里,距呼和浩特380公里。行政区域面积4 015.1平方公里,边境线长68.29公里,城区面积27平方公里,设3个街道办事处(辖14个居委会)、1个苏木(辖4个嘎查、1个移民区)、1个科技园区。全市总人口约9万人,其中户籍人口2.5万人,人口密度为26人/平方公里。有蒙古、汉、回、满等9个民族。

2009年,完成地区生产总值40.1亿元,同比增长21.3%。一、二、三产业增加值分别达到0.36、13.37和26.37亿元;三次产业比重由上年的0.63∶32.97∶66.40调整为0.90∶33.34∶65.76。地方财政总收入3.16亿元,增长0.1%。全社会固定资产投资26亿元,增长30%。全社会消费品零售总额13.8亿元,增长19.5%。城镇居民人均可支配收入21 002,增长13%。农牧民人均纯收入6 527元,增长14%。

【农牧业】　集体草场总面积577万亩,其中牧民承包草场面积502万亩。格日勒敖都苏木现有户籍人口649户、1 828人,其中牧业户519户、1 543人。2009年日历年度牲畜存栏33 283头(只),同比下降1.4%;牲畜出栏30 983头(只),增长4.4%。完成农牧业总产值4 498万元,增长27.6%。全年农作物播种面积5 325亩,其中蔬菜种植面积870亩,蔬菜产量576万公斤。全年投资1 265万元,完成沙源治理任务18.39万亩。

【工业】　全年全部工业增加值完成10.52亿元,同比增长28.5%。其中规模以上工业户数由上年的18户增加21户,实现销售收入132 287万元,增长33.2%,实现工业增加值9.52亿元,增长29.7%;规模以下工业实现销售收入22 927万元,增长63.4%,实现工业增加值1亿元,增长16.8%。2009年主要工业产品产量:供电量15 714万千瓦时,增长21.8%;供水量299万吨,与上年持平;无毛绒142吨,增长96.4%;饼干3 573吨,下降6.5%;水泥82.09万吨,增长11.8%;铁精粉38.3万吨,增长53.2%;木材加工84万立方米,增长32%;风力发电6 411万千瓦时。全年建筑业实现增加值2.85亿元,增长28.3%。

【固定资产投资】　完成固定资产投资总额260 188万元,同比增长30%。在投资中,第一产业投资676万元,与上年持平;第二产业投资74 489万元,增长85.2%;第三产业投资185 023万元,增长15.7%。全年房地产开发投资70 710万元,增长103.5%。工业投资项目22项,累计完成投资74 489万元,增长85.2%。全年实际引进内资10.68亿元,下降28.3%;实际利用外资4 223.2万美元,增长0.2%。

【进出口贸易】　全年口岸进出口货运量621.3万吨,同比增长0.6%。其中进口476.85万吨,增长13.8%;出口144.46万吨,下降30.4%。口岸贸易进出口总额完成242 499万美元,下降10.6%;海关“两税”收入完成195 516万元,增长46.2%;边境小额贸易完成6.58亿美元,下降18.2%;口岸进出境人数137.75万人次,下降18.8%,其中入境69.25万人次,下降18.6%,出境68.5万人次,下降19%。进口大宗货物以铜矿粉、木材、铁矿石、基础油、锌矿粉等为主,出口商品以建材、机电产品、石油焦、沥青、农副产品等为主。

【旅游】 加强旅游景点景区建设,恐龙博物馆、恐龙埋藏地层剖面馆完成主体工程,伊林驿站博物馆开始布展。二连盆地白垩纪恐龙地质公园晋升为国家级地质公园,成为我国首批国土资源科普基地,被评为AAA级景区,“二连巨盗龙”被评为全球最著名化石遗迹之一,“恐龙之乡”的知名度进一步提升。开通二连浩特—蒙古国赛音山达三日游线路,策格民俗风情园正式挂牌自治区赛马训练基地,成功举办“苍狼之旅”中蒙国际汽车集结赛。全年接待国内外游客107.79万人次,同比增长1%;实现旅游业总收入19.09亿元,增长1.1%;旅游创汇2.01亿美元,下降6.9%。

【交通 邮电】 全年交通运输业公路货运量完成114万吨,同比下降3%,公路货物运输周转量完成26 413万吨·公里,增长5.3%;公路客运量完成48万人次,下降16%,公路旅客运输周转量完成8 327万人·公里,下降8.2%。全市机动车保有量17 361辆,其中私家车3 769辆。

全年局用电话交换机总容量19 500门,本地网固定电话用户14 800户,增长3.5%;年末移动电话用户68 753户,增长1.4%;每百户拥有固定电话机96部,增长14.3%;计算机互联网用户7 600户,增长4.1%。

【财政】 全年完成地方财政总收入31 603万元,同比增长0.1%。其中:地方财政一般预算收入19 978万元,增长12%;上划中央税收9 454万元,下降19.2%;上解自治区税收2 172万元,增长6.8%。地方财政总支出79 664万元,增长47.8%。

【社会消费】 全社会消费品零售总额137 538万元,同比增长19.5%。其中,批发业48 270万元,下降16%;零售业69 946万元,增长33.2%;住宿餐饮业18 633万元,增长16.8%;其他行业689万元,增长35.4。居民消费价格指数与上年持平,其中食品价格指数上涨0.5%,商品零售价格指数上涨0.1%。

【金融】 成立金融办和中小企业信用担保中心,农村信用社改制为农村合作银行,农业发展银行设立分支机构。中天基金重组市属中小企业担保中心,担保资金总额达1亿元。新引进投资担保公司、小额贷款公司3家,非银行金融机构达到9家,全年金融机构人民币各项存款余额完成463 269万元,同比增长73.5%,其中城乡居民储蓄存款余额266 440万元,增长55.7%。全年金融机构本外币各项贷款余额352 074万元,增长263%。金融机构现金收入1 833 328万元,下降16.6%;现金支出1 952 628万元,下降17.5%,收支相抵,货币净投放119 300万元。

【保险】 全年保险业保费业务收入3 372万元,同比下降10%。其中财险业务收入1 136.3万元,增长13%;人寿险业务收入2 235.7万元,下降18%。保险业赔付额497.5万元,下降1%。其中财产险赔付额416.8万元,人寿险赔付额80.7万元。

【外事】 成功举办首届“发展陆桥经济、构建合作走廊—二连浩特经贸论坛”,纪念中蒙建交60周年学术研讨会在二连召开。援助蒙古国扎门乌德完成4公里公路和1个休闲广场。挂牌成立中蒙友好人才交流中心,在蒙古国乌兰巴托设立二连贸促会代表处,蒙古国工商会驻二连代表处在二连市挂牌成立。全年组织党政考察团赴蒙俄考察访问3批40多人次;接待蒙俄来访考察客商18批、278人次。

【教育】 全年教育累计投入7 868万元,市中学二期、第三小学续建、第一小学改造工程投入使用。全市共有普通中学3所,小学65所,幼儿园9所,中小学班级数231个。普通中学在校生3 969人,同比下降8%;小学在校生6 202人,下降5.6%;幼儿数2 257人,增长41.6%。普通中学专任教师322人,小学专任教师283人,幼儿教师116人。扩大教育对外交流,蒙古国学生在二连市就读人数310人。顺利通过“两基”巩固提高复检,被评为“2009年度旗县级人民政府教育工作优秀等次”,荣获全区未成年人思想道德建设工作先进旗县市。

【文化】 成功承办二连团市委与蒙古国扎门乌德市青联友好文艺演出、第二届中蒙俄国际拳击邀请赛、全盟中学生田径运动会,举办“盛通杯”首届蒙古语流行语歌曲大赛,二连市老年彩虹艺术团赴蒙古国东戈壁省国际儿童度假村进行两场文化交流演出。完成乌兰牧骑组建。新闻中心建成投入使用,国际广播电台蒙语节目落地并覆盖蒙古国扎门乌德。年末拥有广播电台1座,广播电视台1座,有线数字电视用户12 000户,广播电视综合人口覆盖率98%。8月11日,国土资源部公示了第五批国家地质公园资格审批结果,二连浩特国家地质公园以顺位第八的排名通过评审,二连浩特国家地质公园正式对外开放。

【卫生】 全市共有医院、卫生院8所,个体诊所27家。医疗卫生机构床位219张,卫生技术人员266人,其中,医生88人,卫生防疫人员47人。内蒙古医学院附属医院托管市医院后经济效益逐步提升,全年接诊患者5.4万人次,增长3.8%,其中接诊蒙古国患者4 890人次,医疗服务水平和救治能力得到提高。

【人口】 年末全市总人口89 914人,比上年末减少3 670人。常住人口71 786人(居住本地区半年以上),其中二连户籍人口25 989人;流动人口18 128人(居住本地区半年以下)。格苏木1 828人,赛乌素科技园区186人。户籍人口中全年出生311人,死亡59人,人口自然增长率7.6‰,人口出生率8.1‰以内。

【人民生活】 城镇居民人均可支配收入21 002元,比上年增加2 409元,同比增长13%,扣除价格因素,实际增长12.8%。农牧民人均纯收入6 527元,增长14%,实际增长13.9%。城镇居民家庭恩格尔系数38.3%。年末城镇居民人均消费性支出16 640元,同比增长13.6%。

【社会保障】 全市参加基本养老保险人数3 812人,同比增长5.7%。其中企业参保1 283人,增长4.8%;其他参保2 529人,增长6.2%。参加医疗保险人数8 102人,增长12.5%。全市共有1 623名居民得到国家最低生活保障救济,比上年增加183人,同比增长12.7%。

【就业】 在岗职工人数5 915人,同比增加242人。在岗职工工资总额24 563万元,增加5 782万元。在岗职工年平均工资41 576元,增加8 470元,增长25.6%。共安置城镇失业人员505人,城镇登记失业率2.4%。

【二连滨海国际陆港海关保税仓库建成】 2009年12月,二连滨海国际陆港海关保税仓库建成启动。该保税仓库由呼和浩特海关批准建设,能够满足年存货200万吨进出口货物的仓储、保税需求。该仓库的建成启动,将为进出口企业提供高效、便捷的综合性物流服务,有利于提高企业资金利用率,为更多外商来二连投资提供便利条件,有效提升二连浩特市的国际竞争力、辐射力和影响力。

【赛乌苏机场试飞成功】 赛乌苏机场位于二连浩特市区东南27公里,距国境线32公里,2008年5月开工兴建,至2009年10月各项工程已全部通过验收。机场飞行区等级为4C级,跑道全长2 400米,可满足B737－800、A320、A310等客机起降,旅客年吞吐量14.9万人次。11月,机场试飞成功。12月16日,一架由北京起飞的波音737客机在此机场降落,这是该机场迎来的首架客机,标志着该机场即将正式通航运营。机场通航后初步计划开通二连浩特至北京、呼和浩特等地的直达航线,适时开通至上海、深圳等地的航线。

【二连盆地白垩纪恐龙国家地质公园】 8月11日,国土资源部发表文告公布第五批国家地质公园资格审批结果,全国共有44个公园通过资格审批,二连浩特国家地质公园名列其中(排名顺序第8位)。同日,二连浩特国家地质公园正式对外开放。

二连浩特地区是亚洲最早发现恐龙及恐龙蛋化石的地区之一,同时也是国家最大的恐龙化石原地埋藏地之一。二连浩特国家地质公园占地134平方公里,恐龙埋藏遗址位于距市中心9公里的二连盐池一带,地质公园核心保护区占地面积6平方公里,主要由恐龙化石原地埋藏馆、恐龙科普馆、矿物晶体馆、“伊林”驿站博物馆、二连地层馆等五大部分组成。动植物化石、地层和沉积构造剖面的陈列展示,历史挖掘遗址的修复再造,古地理状态的展现,直观地反映了二连盆地化石考察挖掘的历史和研究成果。国家地质公园的建成为二连浩特增添了重要的旅游文化景观,公园核心区总硬化面积37 000平方米。

2009年5月,被国土资源部正式命名为国家首批国土资源科普基地。12月,被中国科协命名为国家级科普教育基地。

(张瑞祥 杨锦程 宋东明 吴琼)

阿巴嘎旗

【领导名录】

旗委书记:斯琴毕力格(蒙古族)

人大主任:胡日勒巴特尔(蒙古族)

旗　　长:包苏雅拉图(蒙古族)

政协主席:李力量(蒙古族)

武装部长:粉继斌(蒙古族)

政　　委:张国华

【概况】 阿巴嘎旗位于锡林郭勒盟中北部,东邻东乌珠穆沁旗、锡林浩特市,西邻苏尼特左旗,南与正蓝旗相连,北与蒙古国接壤,边境线长175公里。全旗辖3个苏木、3个镇、71个嘎查,总面积27 495平方公里,其中草场面积26 985平方公里,占总面积的98.29%。现有人口44 778人,含蒙古、汉、回、满、达斡尔、鄂温克、壮等9个民族,其中蒙古族24 618人,占人口总数的54.8%。其他少数民族人口796人。旗人民政府所在地别力古台镇。

2009年地区生产总值完成23.63亿元,同比增长38.4%。其中:第一产业增加值3.7亿元,增长6.3%;第二产业增加值15.11亿元,增长37.4%(其中工业增加值10.5亿元,增长65.4%);第三产业增加值4.79亿元,增长19.8%。三次产业比例由上年的21:53:26演进为16:59:25。全社会固定资产投资完成40.83亿元,增长30.52%。地方财政收入完成1.87亿元,增长32.9%,其中:地方财政收入完成1.31亿元,增长23.9%。

【畜牧业】 年内完成沙源治理26.6万亩,新增标准化划区轮牧22万亩,累计达526万亩。实施休禁牧4 052万亩,占全旗可利用草场面积的100%。清理超载牲畜3.1万头只,对110户超载户依法采取强制措施。引进西门塔尔牛3 129头,新建西门塔尔牛核心群10处,黄牛冷配2.2万头。对肉羊养殖区的34个嘎查全部实行了种公羊集中管理,特一级种公羊占88%,新建乌珠穆沁羊标准化畜群200群,完成杜蒙肉羊经济杂交1.2万只;畜牧业产业化进程加快,“肉、乳、马、草、沙”五个特色产业不断发展。新建600头肉牛育肥基地一处和家庭肉牛育肥点6处,育肥肉牛153头。当年出栏牲畜87.3万头只,商品率118.9%,增长14.4个百分点,产销鲜奶2 000余吨,销售奶制品1 635吨;新建打草场77万亩,累计达到678万亩,打贮草2.3亿公斤;新建暖棚2万平方米,新打机电井58眼,购置发放牧业机具180台(套)。牧业年度全旗牲畜存栏160.5万头只,同比减少6.13万头只,其中:大畜13.4万头,增长1.2万头;小畜147.1万只,减少7.3万只,牲畜良改比重由上年提高2.6个百分点,达93.9%。

【工业】 新建续建千万元以上工业项目12个,其中超亿元项目10个。实现工业增加值10.5亿元,增长65.4%,占地区生产总值比重45%,其中23家规模以上工业企业创产值25.4亿元,完成工业增加值10.24亿元,增长102.4%,占GDP比重43.3%。灰腾梁风电基地核准项目70万千瓦,并网发电60万千瓦,全年累计发电12.1亿千瓦时。峰峰集团一期年产800万吨煤矿开展地面设施和矿井建设,金地矿业一期日处理5 000吨铜钼矿选厂完成全部工程建设,进入设备调试阶段;冀东水泥日产2 500吨熟料水泥生产线试产成功;谦德矿业日处理800吨铜铋矿选厂、哈达特矿业一期日处理1 500吨银铅锌矿选厂、白银矿业日处理1 000吨萤石矿选厂开工建设。主要工业产品产量:原煤193万吨,购电量4 819万度,红砖5 600万块,铁矿石281 000吨,鲜冻畜肉6 450吨,自来水63万吨,矿泉水5 670吨。

【第三产业】 2009年继续鼓励和引导非公有制经济发展,加大第三产业发展力度。启动了乌里雅斯台景区建设,别力古台札桑建成投入使用,完善了别力古台文化园、查干朝鲁图珠洒勒的基础建设,其中查干朝鲁图珠洒勒被评为国家2A级景点,青格勒宾馆、宝格都宾馆、宣传文化中心、综合广场等工程开工建设。2009年,第三产业完成增加值5.8亿元,增长29.2%。建筑业完成总产值1 313万元,营业收入1 447万元,实现增加值479万元。

【交通】 交通运输仓储业完成总产值1 071万元,营业收入1 122万元,实现增加值426万元。批发零售业完成总产值262万元,营业收入2 356万元,实现增加值396万元。住宿和餐饮业完成总产值525万元,营业收入891万元,实现增加值174万元。货运周转量1.4亿吨公里,邮政业务总量完成154万元,电信业务总量完成80万元,移动业务总量完成1 667万元,联通业务总量完成444万元。

【城乡建设】 以别力古台镇为中心,加快城镇化建设水平,投入资金4亿元,新建道路7条、硬化巷道20条、铺装面包砖2万平方米。延伸供水管网7.3公里、排污管网7公里,集中供热扩容10万平方米。开工72栋楼房建设,总面积29万平方米,其中房地产开发18.5万平方米、宾馆1.8万平方米、经济适用房6 280平方米、廉租房9 750平方米、办公用房7.1万平方米。实施强弱电线路和路灯改造,完成6栋楼房的穿衣戴帽工程。查干水库除险加固项目完成土方工程16万立方米。别力古台镇和查干淖尔煤田两条110千伏输变电线路及金地矿业铜钼矿35千伏输变电线路投入使用。101省道至那仁宝拉格苏木、101省道至洪格尔高勒镇、德力格尔至乌里雅斯台3条278公里通乡公路建成通车,别力古台镇至吉尔嘎郎图苏木168公里公路完成工程量的80%,僧僧庙至吉尔嘎郎图苏木100公里油路开工建设。

【固定资产投资】 全年固定资产投资完成40.8亿元,同比增长30.5%,其中国有经济完成31.5亿元,个体私营经济完成9.5亿元。建筑工程23.6亿元,安装工程4.3亿元,设备购置12.8亿元。

【旅游】 累计接待国内外游客4.2万人次,实现旅游收入945万元。

【金融】 年底金融机构存贷款余款分别为8.4亿元和4亿元。

【科技】 举办各种科普培训班66期,培训各类人员3 150人次。

【文化】 与内蒙古电视台联合拍摄的电影《圣山》在香港亚洲电影投资会中展播,并获内蒙古自治区精神文明建设“五个一工程”奖。蒙文书法《成吉思汗箴言》和歌曲《阿巴嘎故乡》获自治区艺术创作最高奖“萨日娜”奖。发掘境内不可移动文物52处,申报“潮尔道”为全国非物质文化遗产扩展项目、“阿巴嘎潮尔”为第二批自治区文化产业示范基地项目。

【卫生】 完成旗医院病房楼、蒙医院综合门诊楼建设和妇幼保健扩建并投入使用,启动了那仁宝拉格苏木中心卫生院扩建工程,为全旗医疗机构配备了CT、脑电系统、胃肠机等医疗设备。人口出生率和自然增长率分别为7.45‰和5.01‰。

【人民生活】 城镇人均可支配收入和牧民人均纯收入14 060元和7 955元,分别增长了17.2%和12.8%。全社会消费品零售总额完成5亿元,增长16.6%。

【社会保障】 全年征集就业岗位5 192个,安置各类人员3 483人,城镇登记失业率3.88%。城镇低保人均月标准由220元提高到250元,牧区低保人均年标准由1 000元提高到1 500元。别力古台镇新型牧区养老保险试点参保人数达3 099人。发放各类助学补助资金569万元,受益学生5 400人次。新型牧区合作医疗参合率99.3%,为患者报销医药费204万元。投入300万元实施“整村推进”扶贫工程,3个嘎查的179户牧民受益。

(新巴雅尔 海延峰)

东乌珠穆沁旗

【领导名录】

旗委书记:乌力吉(蒙古族)

人大主任:巴图孟克(蒙古族)

旗　　长:贺希格布仁(蒙古族)

政协主席:松　来(蒙古族)

武装部长:刘福全

政　　委:谢卫军

【概况】 东乌珠穆沁旗与蒙古国接壤,边境线长527.6公里,是全境对外开放地区,是自治区兴边富民重点旗,自治区双拥模范旗,国家、内蒙古自治区社会主义新牧区建设试点旗,是内蒙古自治区唯一获得国家“长安杯”的旗县。全旗辖5个镇、2个苏木、1个国有林场,珠恩嘎达布其口岸位于乌里雅斯太镇以北68公里嘎达布其镇境内,总面积4.7万平方公里,是锡林郭勒大草原的核心区。全旗总户数18 037户,人口总数59 789人。其中蒙古族43 394人,汉族15 833人,其他少数民族562人,人口自然增长率7.34‰。天然草原总面积6 917万亩,草饲家畜饲养规模位居自治区及全国牧业旗县首位。已探明3条有色金属成矿带,有煤炭、石油、天然气、芒硝、有色金属等30多个矿种。其中石油、煤炭、有色金属储量可观。

2009年,完成地区生产总值40.3亿元,增长17%;固定资产投资31.2亿元,增长34.6%;财政收入3.24亿元,下降14.3%;城镇居民可支配收入和牧民人均纯收入分别为14 462元、9 997元,较上年分别增长7.6%、3.9%;完成全社会商品零售总额10.12亿元,增长19.5%。三次产业的比重由2008年的19∶64∶17调整为17.7∶65.4∶16.9。

【工业】 实现工业增加值23.6亿元,增长20.4%,占地区生产总值比重的58.6%,高于全盟平均水平3.2个百分点。新增独立核算工业企业19户、产值超亿元企业4户,总数分别达73户和9户。企业在短期内实现了复工和满负荷生产,铁、锌、铅、铜精粉产量分别增长17.8%、31.7%、82.4%、75%。

工业增加值完成23.50亿元,比上年增加3.99亿元,总量位居全盟第4位,工业占全旗GDP比重达60%,同比提高3.2个百分点,工业主导地区经济发展的格局进一步巩固。工业完成现价产值42.4亿元,同比增长24%,完成计划任务的106%;全部工业完成增加值23.50亿元,同比增长21%,完成计划任务的102%。

【畜牧业】 接产成活仔畜133.44万头只,其中大畜3.26万头、小畜130.18万只,成活率98.6%。至年底,牲畜出栏累计149.43万头只,其中大畜3.4万头、小畜146.03万只(其中:山羊44.5万只),本地加工138万羊单位。引进西门塔尔牛2 018头,现有适龄母牛40 794头,三代以上合格种公牛1 865头,其他种公牛226头,需要更新136头。新建西门塔尔牛核心群20群,核心群中二代以上西门塔尔牛母牛达到868头,累计建立西门塔尔牛核心群30群,核心群中西门塔尔基础母牛1 316头。新建种公羊集中饲养管理群9群,新建乌珠穆沁羊标准化畜群100群、42 000只,使全旗乌珠穆沁羊标准化畜群累计2 800群、117.6万只,并对标准化畜群的基础母羊全部进行鉴定、整群。乌珠穆沁羊标准化畜群23%的种公羊达到特一级,58%的种公羊达到一级种公畜标准,86%的基础母羊达到一级标准。2009年鉴定育成种公羊18 547只。

【生态建设】 春季休牧工作于4月10日开始,4月30日结束,休牧期20天。实施春季休牧面积5 017万亩,占草场总面积的79%,涉及牧户6 749户、牲畜152万头只。休牧期间,将牧户承包经营草场的10%作为牲畜活动场地,共建设牲畜活动场地511.7万亩。

完成青贮种植2.24万亩,完成任务的89.6%,共涉及牧户618户,新增灌溉面积0.49万亩,青贮玉米总产量7 368万公斤,平均单产3 000公斤,入窖率100%。种植人工牧草0.728万亩,完成任务的100%,其中多年生牧草0.322万亩、一年生牧草0.406万亩。草地改良0.9万亩,完成任务的100%。全旗依法规范各类草牧场流转合同共1 437件,涉及草牧场763.82万亩,涉及牧户2 379户。

共查处草原各类违法、违规案件366起,涉及草场面积205.02万亩,结案366件,结案率达100%。其中非法采集草原野生植物案件15起,非法临时占用草原案件4件,涉及草场200亩;调处草场承包经营权纠纷23件,涉及草场面积13万亩;查处草场三牧违规案件12起,涉及草场面积5万亩;依法查处草畜平衡超载过牧案件312件,涉及草场面积187万亩,超载牲畜头数3.4万头只。

【林业】 完成封山育林任务7.5万亩。补植柠条幼苗30万株,补植面积1 000亩,完成人工造林0.5万亩。义务植树任务10.3万株,101省道两侧及西防护林环城路两边补植补造1.32万株,乌里雅斯太镇三个出口外围完成造林1.98万株。落实宜林地319万亩,完成计划任务的105%;落实林改工作经费5万元;落实宜林地31.9万亩,实地勘界确权林地13.46万亩,完成计划任务的100%。完成防护林270亩,沟底防冲林330亩,改良草场11 175亩,封禁治理4 125亩;新建机电井3眼,小筒井5眼,谷坊12座,围栏22 600米。签订造林协议3.9万亩,春季完成6 000亩,造林成活率、保存率良好。秋季完成造林整地1.6万亩,贮备苗木150多万株。

【招商引资】 引进国内(盟外)资金16.6亿元,其中引进国内(区外)资金7.006亿元,实施项目34项。投资规模超5 000万以上的项目有22项,到位资金13.70亿元,占引资总额的82.46%。其中投资规模超亿元的有13项,到位资金9.48亿元,占引资总额的57.04%。新引进项目24项,到位资金15.51亿元,占引资总额的93.38%。其中投资规模超亿元的项目9项,到位资金79 050万元,占引资总额的47.59%。招商项目有34家开工,其中续建项目10项,项目总投资25 510万元,新开工项目24项,项目总投资155 110万元。

【教育】 参加高考学生576名,录取425人,其中大学录取189名,大专录取236名,高考升学率为73.78%;民族综合高中参加高考学生510名,录取328人,其中大学录取132名,大专录取196名,高考升学率为64.3%。小学、初中入学率分别为100%和99.83%,与上年持平,小学辍学率为0,初中辍学率为0.61%,初中生辍学率较上年度降低0.07%;高中阶段入学率为88.1%,较上年提高4个百分点。职普比1.6:1,职教毕业生就业率39.3%,较上年高出2.2个百分点。学前一年幼儿入园(班)率、学前三年幼儿入园(班)率分别为98.22%和78.16%,较上年分别提高0.22%和10.81%。民族综合高中累计发放扶困助学资金1 054.5万元,发放义务教育阶段免费教科书14 337套。年内共向76名贫困大学生发放生源地助学贷款36.41万元,其中5名贫困大学生办理生源地财政贴息助学贷款2.11万元,71名贫困大学生办理国家开发银行生源地信用助学贷款34.3万元。

【金融】 全旗金融机构各项存款余额153 343万元,各项贷款余额45 133万元。办理了107户、438万元的惠农业务,年发放惠农卡信贷资金3 000万元,涉及牧户1 000户。

【旅游】 接待游客24.42万人(次),实现旅游收入8 932.84万元,同比增长分别为23.3%和41.9%。旅游业收入8 191万元,增长41.9%。

【贸易】 口岸进出口贸易额达11.8亿元,增长9.9%。

【环保】 全旗19家肉食品行业企业停产2家。追缴融冠铁矿15万元、锡林矿15万元、广厦热电公司8万元排污费;2009年度肉食品行业排污费7.4万元,建筑工程噪声排污费0.6万元,呼热图石料场排污费1万元,共计排污费49万元。

【城镇建设】 城镇建设累计完成投资25 943.4万元,其中市政基础设施工程完成投资1 816元,房地产开发完成投资15 767.4万元,城镇各类建筑工程完成投资8 360万元。

【交通】 重点公路建设完成投资9 059万元。农村牧区公路建设完成总投资10 097.9万元,其中通乡油路累计完成投资6 924.9万元,通嘎查(村)砂石路累计完成投资2 009万元,建成长途汽车站完成1个,总投资1 084万元,农村苏木客运站累计完成投资80万元。省道101线至阿拉坦合力段油路,建设规模为58公里,三级沥青路面,累计完成投资1 518万元。建设规模63.199公里(含新增那达幕会场环路支线2.127公里),四级沥青碎石路面,完成投资2 000万元。累计完成土石方34万立方米,涵洞33道,完成全线构造物和路基工程。新建嘎查砂石路185.3公里,完成路基路面工程133.8公里,累计投资2 009万元。投资80万元在巴彦霍布尔、呼热图淖尔新建客运汽车站,已全部交付使用。

【经济】 全旗独立核算工业企业户数73户,新增19户,其中规模以上企业户数37户,新增1户;产值超亿元企业户数8户,新增3户。其中限额以上工业企业完成现价总产值38.4亿元,同比增长24%,完成计划任务的105%;完成工业增加值21.5亿元,同比增长17%,完成计划任务的100%。其中矿产采选、煤炭、建材和畜产品加工四大支柱产业完成工业总产值34.29亿元,占规模以上工业的89%,矿产采选业占40%、煤炭工业占21%、建材工业占5%、畜产品加工业占28%。预计全年完成工业固定资产投资17.17亿元,同比增长44%,工业产品28种,比上年增加1种。全年预计生产铁精矿35万吨,同比增加5.3万吨;锌金属5.4万吨,同比增加1.3万吨;铅金属1.55万吨,同比增加0.7万吨;铋金属501吨;铜精粉560吨,同比增加240吨;生产原煤330万吨。全旗万元GDP能耗降低率为5.6%,三年累计下降13.14%。

【口岸】 口岸进出口货物229 802.5吨,同比下降10.8%,其中进口货物162 358吨,同比下降17.7%,出口货物67 444.5吨,同比增长11.5%。进出口贸易额74 538.6万元,同比下降19.7%,其中进口贸易额50 994.6万元,同比下降27.8%,出口贸易额23 544万元,同比增长6%。出入境人员47 101人次,同比增长1.5%,出入境车辆27 718辆次,同比增长9.7%。

【邮政】 业务收入完成298.49万元,比上年同期增长19.54%,储蓄余额7 325万,比年初增长545万元。市场占有率9.1%。

【文化】 乌珠穆沁博物馆接待观众及游客3 000余人。青少年活动中心配备乐器、微机和投影仪、座椅、服装等近60万元的设备。对18个祭祀遗址、14个古遗址、15个古墓进行普查、登记,普查面积约2 500平方公里,登记普查文物点50处,其中复查3处,新发现47处。

8月29日,中国电影华表奖颁奖典礼在北京举行,东乌珠穆沁旗6岁小女孩诺民凭借在《寻找那达慕》中的精彩表演获得了中国第十三届华表奖最佳儿童女演员奖。

【卫生】 乙类传染病共报告发生9种计931例,死亡3例,乙类传染病总发病率1 046.58/10万。死亡率3.37/10万,共发生丙类传染病4种计89例,丙类传染病发病率100.05/10万。全旗孕产妇系统管理率为84.42%,孕妇住院人数671人,孕妇住院分娩率99.55%。共救助贫困孕产妇64例,使用贫困救助资金3.1万元。为573对新婚夫妇进行婚前医学检查。

新建占地900平方米、总投资90万元的三所卫生院。综合医院建设项目资金总计1 750万元,妇幼保健所新建建筑面积600平方米。卫生监督所新建建筑面积1 200平方米业务用楼房,项目总投资180万元,全部申请国家专项资金。蒙医院2 210平方米门诊楼项目,项目总投资332万元;蒙医院在宝格达山林场建立1 000亩草药基地项目,总造价1 500万元。

【社会保障】 城镇低保参保人数累计35 403人次,累计支出低保金721.14万元。从1月开始,全部通过"一卡通"支付,城乡医疗救助共救助3 226人次,支出救助资金61.01万元,其中,城镇医疗救助689人次,支出救助资金39.6万元;牧区医疗救助2 537人次,支出救助资金21.41万元。全年共为2 260人代缴新农合资金4.52万元。新考录大学生发放救助金10万元,人均发放救助金1 030元。乌里雅斯太镇新建一处综合福利中心,项目总投资709万元。

全旗基本养老保险参统职工共4 042人。各类企业参统787人,个体工商户839人,续保职工参统2 416人。征缴养老保险费1 475万元,支付养老金3 904万元。牧区养老保险参统缴费6 241人,征缴牧区养老保险费464万元,支付牧区养老金156万元。全旗基本医疗保险参统7 286人。基本医疗保险费共征缴1 024万元,支付基本医疗保险费727万元,大病统筹基金共征缴63万元,报销大病统筹医疗费78万元。城镇居民基本医疗保险参统居民14 541人,征缴城镇居民医疗保险费137万元,支付城镇居民医疗保险费36万元。年末参加城镇居民医疗保险缴费人数为6 110人,征缴保费105万元。

【就业】 全年征集有效用工岗位8 066个,就业再就业安置3 668人。为120户城镇下岗失业人员、65户转移进城自主创业的牧民和2户劳动密集型企业发放小额担保贷款670万元。失业保险参保人数4 206人,为200人足额发放失业保险金89.97万元。扶持3户"零就业家庭"和32户"零转移家庭"每户至少1名家庭成员实现就业。培训城镇各类失业人员1 343人。失业保险参保人数达4 273人,征收失业保险金51万元,为200人足额发放失业保险金87.97万元。全旗转移牧区富余劳动力2 019人,培训牧区劳动力1 893人,培训后实现就业1 600人。分别完成任务指标的101%和105%。当年发放"再就业优惠证"582本,累计发放"再就业优惠证"3 343本。

(巴图孟克 苏和 达古拉)

西乌珠穆沁旗

【领导名录】

旗委书记:海　明(蒙古族)

人大主任:孟　克(蒙古族)

旗　　长:巴特尔(蒙古族 1月离任)

　　　　额日登孟克(蒙古族 1月任职)

政协主席:娜　仁(女 蒙古族)

武装部长:冯久杰

政　　委:王洪太

【概况】 西乌珠穆沁旗位于锡林郭勒盟东部,大兴安岭中南段,全旗东西长250公里,南北宽145公里,土地总面积22 434.5平方公里,海拔高度835~1 957米之间。东、南与赤峰市、通辽市相连,西接锡林浩特市,北邻东乌珠穆沁旗。旗人民政府驻地为巴拉格尔高勒镇(原巴彦乌拉镇)。西乌珠穆沁旗被誉为"游牧文化之源、民族服饰之都、蒙古长调之乡、蒙古搏克圣地、摔跤健将摇篮、北方华丽草原"。是汇集内蒙古九大类型草原的地区,有自治区级自然保护区1个。西乌珠穆沁旗地质构造复杂,成矿条件优越,是大兴安岭中南段西坡成矿带最具潜力的找矿地段之一,已发现矿产资源产地107处,主要有煤、铁、铜、铅、锌、大理石、萤石等。探明开采的有色金属矿数十个。煤炭探明储量300亿吨,远景储量可达600亿吨以上,近年来主体经济逐渐由工业替代牧业。旗境属于大陆性气候,阳光充足,雨热同季,年平均气温1℃,无霜期106天,年平均降水量345毫米。全旗草原总面积22 132平方公里,辖5个镇1个苏木。全年城镇居民人均可支配收入和牧民人均收入分别为14 560元和8 249元,同比分别增加14.5%和15%。

2009年度地区生产总值58.12亿元,财政总收入11.25亿元,全社会固定资产投资完成105亿元,同比增长56.27%。开工建设亿元以上工业项目14项,固定资产投资80.4亿元,规模以上工业企业新增5户,达到27户,工业增加值36.57亿元,工业对经济增长的贡献率达到75.8%。全旗地方财政总收入累计完成112 482万元,完成全年任务的102.26%,较上年同期增加32 351万元,同比增长40.37%。

【畜牧业】 全旗牧业年度大小畜总头数达206.7万头(只),其中大畜18万头、小畜188.7万只。年度总增数为89.1万头(只),繁成率94.53%。保畜率99.5%,牧业年度母畜比重51.2%,良改畜比重91.81%。2009年草场适宜载畜量135万。草原建设总规模为71.4万亩,实际完成建设面积72.53万亩,完成107.7%。全旗落实草畜平衡面积2 900万亩,涉及9 941牧户、123万只羊单位牲畜。

全旗屠宰加工牲畜72.9万羊单位,累计产肉12 260吨,副产品4 833.4吨。累计销售10 100吨肉,销售额36 865万元。累计产绒121吨、产毛1 227吨。销售收入百万元以上畜产品加工企业增加值14 450万元,完成任务的125.7%。产业化重点项目当年完成投资额220万元,完成任务的100%。金鹰乳业有限责任公司加工鲜奶7 000吨,生产奶粉750吨,销售750吨。销售收入1 286万元,实现增加值514万元。

【林业 水利】 全年沙源治理工程完成7.5万亩,非重点工程造林完成1.5万亩,育苗完成1.5万亩,义务植树完成1 100亩,四旁植树完成1 200亩。新打牧区基本供水井147眼,建设灌溉饲草料基地9 600亩,新增水土保持治理面积3.24万亩,组织牧区用水户协会4个,解决2 825人口、23.87万头(只)牲畜饮水问题。国家饮水安全工程完成机电井6眼,管道供水工程5处。

【工业】 全旗27户规模以上工业企业实现产值63亿元,同比增长72.8%,完成目标任务60亿的105%;完成工业增加值34.7亿元,同比增长63%,完成目标任务34亿元的101%。年度工业经济总量、增加值居全盟第二,比上年前移1位。年内8户煤炭企业生产原煤2 520万吨,同比增加1 320万吨;采选铅金属1.8万吨,锌金属4.4万吨,银金属132吨(13.2万千克),铜金属1.2万吨,冶炼锌锭2.9万吨,生产水泥35万吨,完成供电量19 501万千瓦时。

【国内贸易】 全年社会消费品零售总额87 290万元,比上年同期增长19.9%。其中批零贸易业63 882万元,同比增长12.8%;餐饮业19 341万元,增长35.4%;其它零售总额4 068万元,增长5.9%。其中城镇零售额63 020万元,增长16.3%,农村牧区零售额24 269万元,增长30.6%。

【交通】 全年公路货运量2 541万吨,同比增长127.7%。货物周转量437 352万吨公里,增长232.5%。全年公路客运量45.87万人,增长11.9%。旅客周转量8 678.87万人公里,比上年增长16.4%。

【邮电】 全年邮电业务总量(2000年不变价)5 456万元,比上年增长23.5%。年末本地网固定电话用户6 800户,其中乡村电话用户2 900户。年末移动电话用户79 026户,全旗互联网络用户3 700户。

【城镇建设】 市政基础设施建设完成投资38 672.95万元,其中巴拉嘎尔高勒镇完成概算投资32 160万元,白音华镇完成概算投资6 512.95万元。政府投资34 990.65万元,社会资金投入3 682.3万元。巴拉嘎尔高勒镇道路工程完成投资6 794万元,新建主次干道62 317平方米,新建巷道7 421平方米,原有巷道维修、维护13 067平方米,人行道硬化283 645平方米,完成投资6 556万元。美化、绿化完成投资17 004万元。

【交通】 白音华镇市政道路完成投资2 869.95万元。新建道路完成投资1 711.95万元。

【招商引资】 全年引进资金82.3亿元,同比增长6.9%,其中引进区外资金34.3亿元。实施引资项目12项,其中区外项目4项,区内项目8项。

【固定资产投资】 全社会固定资产投资114亿元,同比增长69%。

【旅游业】 实现旅游营业总收入5 500万元,比上年增长14%,接待国内外旅游人数25万人次,比上年增长56%。

【金融】 全年金融机构各项存款余额165 362万元。同比增加36 868万元,其中储蓄存款余额83 021万元,增加10 979万元。金融机构各项贷款余额203 424万元,增加61 665万元。年末个人中长期消费贷款余额2 826万元,同比增加3 044万元。全年金融机构现金收入604 139万元,现金支出657 874万元,货币净投放53 735万元,比上年增长32.76%。

【科技】 成功申请并启动“国家地震安全计划”项目。国家地震局为西乌珠穆沁旗地震台建设配备36万元的资金。

【教育】 2009~2010学年度,小学适龄儿童入学率100%,初中阶段入学率110.80%,残疾儿童少年义务教育阶段入学率85.71%,确保小学无辍学,初中辍学率为0.49%,较上年降低0.12个百分点。高中阶段毛入学率为92%,普通高中和职业高中招生比例为4:6。初中、小学、幼儿园教师学历合格率均达到100%,较上年提高2.31个百分点。2009年教育基本建设投入3 970万元。

【文化】 以“多彩乌珠穆沁—草原民俗风情节”为主题,成功举办第二届“中国铁木真国际草原马拉松挑战赛”,第三届“中国铁木真国际山地车挑战赛”、“草原大赛马”、“西乌旗首届民族射箭比赛”、‘元盛杯’搏克邀请赛,等大型文体赛事。成功申报2项国家级(乌珠穆沁婚礼、乌珠穆沁蒙古包)和6项自治区级非物质文化遗产(乌珠穆沁搏克、乌珠穆沁服饰、乌珠穆沁祭祀、乌珠穆沁祝颂礼赞、乌珠穆沁庆典仪式、乌珠穆沁长调)。

全旗有乌兰牧骑1个,文化馆7个,文物保护所1个,调频发射台1座,广播人口覆盖率87%。电视转播发射台3座,电视覆盖率94%。有线电视台1座,有线电视用户10 200户。

【卫生】 新型牧区合作医疗累计筹资411万元。其中中央财政补助116万元,自治区财政补助37.6万元,旗财政补助37.5万元。牧民个人缴费74.9万元,实行新牧合“一卡通”制度。全旗医疗卫生机构20个,其中综合医院1个,蒙医院1个,牧区卫生院14所,疾病预防控制机构1个,妇幼保健机构1个,其他卫生机构2个,医疗机构拥有病床198张,全旗执业医师162人。

【体育】 组织全旗57名运动员参加全运会,年内全旗体育健儿在国内外重大竞赛中获得奖牌16枚,其中金牌6枚,银牌6枚,铜牌4枚。

【人口】 2009年,新出生人口726人,人口出生率9.80‰,人口自然增长率7.21‰,至年末全旗总人口78 110人。

【就业】 全旗累计征集就业岗位7 601个,安置城镇各类人员1 624人,完成全年任务的103%,其中下岗失业人员425人,城镇失业人员1 226人;安置牧区转移就业人员3 023人,举办城镇各类人员培训班22期,培训总人数1 296人,培训后就业1 088人,培训就业率为83%,其中:技能培训1 084人,完成全年任务的155%;牧区转移培训31期,总培训人数3 854人,同比增长12%,完成全年任务的154%。

【社会保障】 失业保险参统人数5 226人,为25名失业职工发放失业保险金14.3万元,为领取失业救济金的25人缴纳医疗保险25 417.6元。全旗基本养老保险参统企业职工7 964人,其中企业3 007人(含农垦企业2 001人);续保个体4 957人,完成全年覆盖任务的101.79%。为2 345名离退休人员(含遗属193人)发放基本养老金3 112.1万元,养老金按时足额发放率和社会化率为100%。全旗牧区养老保险参统嘎查80个,参保率86%,参保牧民9 021人,其中享受待遇人员1 755人。2009年居民养老待遇标准在2008年的基础上人均每月增加30.45元,月人均411.07元。全旗参保居民1 450人,其中享受待遇人员946人,发放养老金413.23万元。

(尹长喜)

苏尼特左旗

【领导名录】

旗委书记:额尔敦毕力格(蒙古族)

人大主任:斯日敖德(蒙古族)

旗　　长:白永春(蒙古族)

政协主席:那顺格日勒(蒙古族)

武装部长:张利平

政　　委:卢全林

【概况】　苏尼特左旗位于锡盟西北部,北与蒙古国接壤,国境线长316公里。西北与二连浩特市交界,西与苏尼特右旗毗邻,南接镶黄旗、正镶白旗、正蓝旗,东与阿巴嘎旗交界。总面积34 251.7平方公里。全旗总人口33 859人。旗辖3个镇(满都拉图镇、巴彦淖尔镇、查干敖包镇)、2个苏木(巴彦乌拉苏木、赛汉高毕苏木)、49个嘎查、4个居委会。2009年,地区生产总值完成24.87亿元,较上年增长21.1%。其中:第一产业增加值2.4亿元,增长5.2%;第二产业增加值17.72亿元,增长21.6%;第三产业增加值4.55亿元,增长22%;固定资产投资完成18.2亿元;城镇居民人均可支配收入13 750元,比上年增长20%;牧民人均纯收入5 206元,比上年增长12.9%。

2009年,地方财政总收入完成16 168万元,比上年同期增加649万元,增长4.18%。其中:一般预算收入累计完成11 830万元,比上年同期增加2 609万元,增长28.29%。

【畜牧业】　全旗牲畜总头数达115.54万头只。基础母畜59.6万头只,母畜比重达51.6%,对全旗44个养驼专业户的1 526峰驼进行了鉴定,并佩戴耳标、建档立卡。在全旗范围内实行牧户自行休牧。全旗休牧草场总面积达4 624万亩,覆盖5个苏木镇、49个嘎查、4 856个牧户、牲畜67.2万头只,休牧期限为20天。飞播造林、围栏封育、公益林、生态移民区等项目区和城镇周边、公路沿线等区域继续实行禁牧,禁牧面积达513万亩。继续实行暖季草畜平衡制度,各苏木镇和嘎查结合夏季牧业普查工作,逐户签订了草畜平衡责任书。

【林业】　飞播造林宜播面积为10万亩,实际作业面积12.03万亩。设置机械沙障共计约845万延长米,沙障面积达到宜播面积的20%,有效的固定了流动沙丘和飞播种子的移位。完成补播面积2万亩,实际完成黄柳补植面积4 300亩、杨柴2 400亩,成活率96%以上,大大提高了植被盖度。飞播区架设的围栏为16.1万延长米。经过检查验收飞播区内宜播面积内有效苗木达20 520株/平方米。2009年,封山(沙)育林任务为3万亩,本着集中连片综合治理的原则,地块落实在赛罕高毕苏木巴彦图古日格嘎查和乌日根胡格吉勒嘎查,目前已经全部实现围封。补播大白柠条2 500亩,各项育林措施合格率100%。设置围栏3.78万延长米。封育区内林草平均盖度提高8%。义务植树106 000株,适龄人均植树核实株数6株。平均成活率85%。完成人工造林2 300亩。总投资80万元。启动公益林面积108.4万亩。

【水利】　完成2009年第四季度计划建设小型除氟设备100台套,解决饮水安全人口384人。实际完成141套,完成计划任务的141%,解决饮水安全人口552人。完成自来水工程2处(赛汗高毕苏木新艾力供水),完成水源井26眼,水处理工程1处。组织抗旱服务站维修旧基本井20眼、小机电井配套6眼、大机电井配套3眼,维修机泵10台(套),发放小型喷灌机组35台(套)。

【工业】　规模以上工业总产值完成267 146.7万元,同比增长27.1%;工业增加值完成148 131万元,同比增长20%。芒来煤矿生产原煤870万吨,同比增长311.26万吨,实现工业总产值139 200.2万元,同比增长80.5%;电力有限责任公司完成售电量3 764万千瓦时,同比增加1 045万千万时,实现工业总产值2 027.5万元,同比增长40.5%。规模以下工业实现工业总产值37 285万元,同比增长63.1%,实现工业增加值13 050万元,同比增长33.4%。

【交通】　重点公路项目白日乌拉至乌兰察布段和满都拉图至芒来煤矿段公路竣工通车,全长122.542公里,完成投资33 508万元。修建达来—洪格尔段路基、路面76.242公里,涵洞273米/1道;白日乌拉—德力格尔罕路基、路面12.758公里,过水路面40米/2处,两线共计完成投资4 835.7万元。续建完成巴彦乌拉苏木(旧址)—恩格尔苏吉段路基、路面68.959公里,涵洞273米/24道;巴彦芒来嘎查—查干敖包段完成路基、路面108.3公里,涵洞234米/11道,两线共计完成投资4 135.54万元。修建通嘎查砂石路17条,全长312.4公里,共计完成投资4 686万元。全年客运量完成8.2万人,旅客周转量完成1 124万人公里;货运量完成320万吨,货物周转量完成36 967万吨公里。

【城镇建设】　城镇扩建工程共投资2.35亿元。达日罕小区新建100套(44平方米、41.37平方米)廉租住房,总建筑面积为4 881平方米,已完成投资586万元。满达小区新建100套(44平方米、41.37平方米)廉租住房,总建筑面积为4 881平方米,已完成投资500万元。完成集中供热二网改造延长6 000米,新建分水站20处,新增加40吨锅炉,共投资1 800万元。人行道硬化5.2万平方米,投资520万元。新建移民住宅6 000平方米,96套(户型为60平方米、65平方米),完成投资720万元。对巴彦塔拉商业用房进行了平房改造,改造面积1.1万平方米,完成投资9 000万元。改造满都拉水厂,新建管道总长为2 500米,完成投资50万元。

【金融】 金融机构存款余额7.7亿元,同比增长24.2%;贷款余额2.4亿元,同比增长20%。

【教育】 落实国家规定课程免费教科书补助,小学每生每年90元,初中每生每年180元。继续将自治区规定必设科目教科书列入免费补助范围,为义务教育阶段学生提供自治区规定必设科目教科书。落实了寄宿生生活补助资金。汉语授课小学每生每年500元,初中每生每年750元;蒙语授课小学每生每年1 080元,初中每生每年1 350元。落实义务教育阶段寄宿生生活补助资金220.45万元,其中中央资金16.83万元,自治区资金198.87万元,盟级资金1.9万元,旗级配套资金2.85万元,惠及学生2 395人。全年落实对牧区户籍家庭和城镇低保家庭困难学生高中阶段教育补助资金95.5624万元(其中中央13.76万元,自治区15.579万元,盟级21.5435万元,旗级配套44.6799万元),补助高中阶段学生1 397名。为37名贫困大学生审核发放了助学贷款。

【文化】 举办第四届"吉鲁根"苏尼特文化艺术节暨寿星老人集体祝寿那达慕、苏尼特历史文化研讨会、首届苏尼特长调民歌理论研讨会等文体活动21次。成立巴彦淖尔镇《努克斯河》文化协会。将野生植物"阿拉腾珠拉"(汉文名称为金珠拉)确定为苏尼特左旗旗花。公布了第二批旗级非物质文化遗产名录,分别为:民间音乐类1项;苏尼特宫廷音乐;蒙古木艺、毡绣工艺、皮革工艺等3项传统手工技艺;苏尼特语言、蒙古包文化、茶依拉嘎(奶茶礼宴)文化、达拉根(五畜纳祥)等4项民俗文化;积极申报区级、国家级非物质文化遗产名录,内蒙古自治区文化厅蒙古族服饰和长调民歌调查组在苏尼特左旗召开苏尼特服饰和长调民歌调查会议,并参与中、蒙两国蒙古族长调民歌联合田野调查。举办了苏尼特左旗乌兰牧骑成立50周年活动,录制2009年春节晚会,春节期间在内蒙古蒙语卫视播放。参加全盟第十五届乌兰牧骑会演,荣获11个奖项。第三次全国文物普查田野调查工作基本完成,复查21个文物点,新发现90个文物点。年内,由中共苏尼特左旗党委办公室主办的《苏尼特左旗报》内部发行。

6月,苏尼特左旗蒙古语授课的义务教育阶段中小学开始使用该旗3月份出版的蒙古族传统民俗教科书——《"沙嘎"游戏》(试用)。此书由该旗小学教师呼日勒巴特尔撰写,书中包括赞歌、传说、谜语、禁忌、手工艺、游戏等内容。

【卫生】 2009年,五苗接种率达95%以上;继续加强人感染高致病性禽流感、鼠疫、传染性非典型肺炎测、预警,开展流感和流脑监测;提高传染病报告质量;不断扩大高血压、糖尿病、肿瘤、精神卫生疾病等重点慢性病防控范围。2009年全旗牧民常住人口参合率为98.68%。根据全年的资金收缴情况,重新调整合作医疗实施方案后,取消了在旗直医疗机构住院治疗的起付线,封顶线由上年的2万元提高到3万元,分段报销比例比上年提高20%,慢性病、地方病报销病种由6种增加到7种,并将结核病患者门诊辅助治疗费纳入合作医疗报销范围。至12月底,已为参合牧民报销合作医疗费用255万元。

【体育】 成立"哲别"射箭协会,先后组织举办搏克、赛马、射箭、乒乓球、篮球、排球、蒙古象棋等体育活动32次。

【就业】 广泛征集就业岗位,实现资源共享,千方百计包就业。至12月末,已征集就业岗位5 212个,安置城镇失业人员1 009人,安置下岗失业人员186人,安置就业困难人员67人,安置转移牧民1 957人员,再就业基地安置110人,公益性岗位安置78人,民营企业1 341人,自谋职业461人,灵活就业976人。

(恩 克)

苏尼特右旗

【领导名录】

旗委书记:巴特尔(蒙古族 1月任职)
人大主任:巴图巴特尔(蒙古族)
旗　　长:佈　仁(蒙古族)
政协主席:王哈斯(蒙古族)
武装部长:张喜平
政　　委:韩秀平

【概况】 苏尼特右旗地处锡盟西北部,位于北纬41°55′~43°39″,东经111°08′~114°16′,东与苏尼特左旗、镶黄旗毗邻,南、西与乌兰察布市商都县和四子王旗接壤,北与二连浩特市为邻,和蒙古国交界。国境线长18.15公里。全旗总面积22 340平方公里,南北长220公里,东西宽160公里。全旗海拔在900~1 400米之间,最高点为1 670米。苏尼特右旗属中温带半干旱大陆性气候,冬季漫长寒冷,春季多风,夏季炎热,无霜期203天,年日照3 111.3小时。平均气温5.8℃,最低气温零下28.0℃,最高气温在36.3℃。年平均降水量125.0毫米,年均风速4.6米/秒,8级(≥17米/秒)大风84天。境内矿产资源丰富,金属矿、非金属矿、能源矿、水气矿种类齐全,有石油、浅纪褐煤、盐、天然碱、硝、金、铁、铜、锰、银、萤石、蛇纹岩、石灰石等28种。乌日根塔拉镇(原查干淖尔碱矿)的天然碱储量位居亚洲第二,中国第一。

全旗辖3个苏木、3个镇、51个嘎查,5个村民委员会,19个社区居委会。总人口69 198人,其中蒙古族23 099人,汉族45 221人。地区生产总值283 668万元,同比增长21.5%,其中第一产业21 866万元,同比增长6.2%;第二产业193 702万元,同比增长23.0%;第三产业68 100万元,同比增长16.2%;人均地区生产总值35 907元;同比增长20.0%。

2009年,全旗财政总收入完成30 033万元,为年度预算的100%,同比增收981万元,增长3%。

【农牧业】 全旗大小畜成活仔畜45.20万头(只),其中:大畜0.63万头、小畜44.56万只。牧业年度大小畜存栏89.54万头(只),其中:大畜2.05万头、小畜87.49万只。良种畜比重达到93.0%,其中:大畜81.2%,小畜93.3%。新建种公羊集中管理棚圈29处。选留后备种公羊2 617只,完成年度计划的130.8%。全旗共出栏大小畜70.21万头(只),出栏率为142.6%。其中:大畜0.71万头、小畜69.50万只(绵羊42.66万只、山羊26.83万只)。2009年,全旗81户农牧户,通过补贴资金购置各类型农牧业机具共95台(套),落实各项补贴资金共近60万元。饮水困难涉及2.4万人,80多万头(只)牲畜。全旗出水量不足的机电井有440眼,占总数的51%。有1 900眼筒井出水量不足,占总数的70%。2 610多万亩天然草牧场受到严重旱灾,占全旗总面积的77.9%。全旗农牧民合作经济组织达40个,其中注册登记的37个。农牧业产业化项目带动牧户达到4 880户,占总牧户的94%。全旗规模以上农畜产品加工企业实现销售收入达89 974万元,比上年同期增长9.9%。

【春季休牧】 全旗春季休牧面积3 176万亩,涉及6个苏木镇的52个嘎查村,牧户4 198户、牲畜44万只羊单位。休牧20天(4月1日至4月20日)。37个项目区嘎查牧户的1 878.2万亩草场发放20天的休牧补贴资金;15个非项目区嘎查自行休牧20天(从4月1日至4月20日)。全年禁牧面积为175万亩,涉及6个苏木镇的18个嘎查村,农牧户3 047户,牲畜5万只羊单位。其中:项目区牧户280户,面积39万亩,享受全年禁牧饲料粮补贴为(每亩4.95元),其余136万亩禁牧区自行禁牧。全旗共发放饲料粮补贴资金710.14万元,其中:休牧补贴527.84万元,禁牧补贴182.3万元。

【林业】 全年完成全民义务植树20万株,人均4.2株,与同期相比增加0.8株。在飞播、封育项目区设置沙障15 000亩,完成补植造林7 500亩,育苗60亩,植被恢复项目在国有林场作业区内实施完成2 900亩,巩固退耕还林项目完成补植补播4 000亩。兑现公益林补偿资金186万元,受益牧户319户,同时核发林权证。完成全旗二类调查工作,预计新增资源总量可达310万亩。

【水利】 饮水安全工程总投资759万元,完成饮水安全工程16处,管道安装30公里,水源井配套17套,新增日供水能力1 329吨。一次性投放87套除砷设备,彻底解决砷中毒地区350名牧民群众的安全饮水问题。在全旗针对氟,Cl离子超标,苦咸水、砷超标等严重影响农牧民身体健康的水质差区域安装无动力改水设备248套,1 632人饮水达标,全年共计超额解决饮水不安全人口3 954人。投入抗旱资金335万元,完成11眼抗旱应急水源井建设,修复改造供水基本井7眼,维修机泵30台(套),维修节水设施50余处,紧急安装应急供水7处,铺设输水管道2.4万余米,出动应急供水车2台,有效地缓解1.4万人,35万头(只)牲畜的饮水困难。小流域治理面积8平方公里。

【生态建设】 沙源治理建设总规模20.2万亩。其中:飞播造林7万亩,封沙育林2万亩,围栏封育10万亩,暖棚建设1.6万平方米,饲料机械100台套(折合中型机械40台套),小流域治理1.2万亩。工程总投资2 198万元,其中:国家投资1 818万元,地方自筹及群众投工投劳折资380万元。建立高砷饮水区牧户电子档案和文本档案。已入住住宅楼牧户19户58人、入住商业楼牧户4户14人,朱日和镇查干乌拉嘎查5户砷中毒牧户集体搬迁,围封草场10 360亩。2009年边境移民项目,年底已有33户93人签订禁牧合同。共计完成5 683人的转移任务,其中常年性转移1 511人,季节性转移4 172人。

【工业】 全旗规模以上工业企业40户,较上年同期增加7户,其中产值超亿元企业8户,较上年同期增加2户,累计完成工业产值311 534万元,同比增长18%。实现工业增加值175 266万元,同比增长28%,超额完成盟下达目标任务。其中,规模以上工业企业实现工业增加值160 216万元,同比增长28%。工业企业上缴税金12 746万元。规模以上企业累计发电48 683万度,售电76 470万度,生产碱产品45万吨,电石18.8万吨,硅钙3 800吨,硅铁13 527吨,黄金261千克,铜金属3 035吨,铁矿石78万吨,无毛绒974吨。完成工业固定资产投资205 000万元。

【交通 邮电】 通乡油路建设项目共计284.2公里,均为四级油路项目,实现全旗所有的苏木镇通油路。通嘎查村砂石路建设完成115.3公里。其它公路建设有:桑宝力嘎苏木查干楚鲁图嘎查修建6.2公里通嘎查油路,修建桑宝力嘎水库2.7公里旅游油路,修建殡仪馆2.5公里油路,苏右金曦黄金矿业、宏源石材企业28公里砂石路,垦博磊鑫矿业矿区砂石路27公里。

邮政全年完成业务收入364.84万元,完成计划的107.31%,同比增长20.89%;其中:邮务类业务收入89.54万元,速递物流类业务收入33.36万元,金融类业务收入230.44万元。2009年储蓄余额10 228万元,累计净增余额1 350万元,活期储蓄余额9 978.5万元,占储蓄比重的28.88%。

【金融】 金融机构各项存款138 739万元,贷款75 649万元,其中农村信用社贷款余额29 239万元,占38.7%,农户贷款累放6 766万元,覆盖面76.6%。全年共发放草场权证抵押贷款152万元。先后为70多户畜产品加工、收购小企业累放贷款13 000万元,比上年同期多增5 000万元,增长62.5%。累放支农再贷款5 000万元。

【教育】 加强公办幼儿园的建设和管理,投入340万元新建民族幼儿园教学楼。投入40万元为民族学校配备传统项目活动器材。投入55万多元建成教育城域网,完成与盟局中心机房连接。继续走联合办学的路子,向天津机电职业学校选送21名学生,向山东烟台市经济开发区高级职业学校选送47名学生。2009年,苏尼特右旗高考大学本科上线177人(汉授89人,蒙授88人)。蒙古族中学学生在参加全盟中考前10名中占5名,奥都太同学在参加全区师大附中招生考试中名位全区第一。2009年,享受高中阶段教育补助金的有1 392名学生,发放资金100.063万元,享受中等职业学校国家助学金的有1 315名学生,发放资金107.245万元。享受蒙语授课学前教育补助的有774名学生,发放资金46.44万元。享受农村牧区户和城镇低保户学前教育补助的有1 587名学生,发放资金79.35万元。享受国家彩票公益金的有52名学生,发放资金2.6万元。享受中国福利彩票"福彩助学金"的有8名学生,发放资金0.8万元。资助农牧民子女上大学213人,发放资金42.6万元。资助农牧民子女攻读大学43人,发放资金8.6万元。国家开发银行发放生源地助学贷款9人,发放资金4.1万元。

【文化】 举办苏尼特骆驼文化协会成立两周年庆典暨第三届苏尼特骆驼文化节、苏尼特王府那达慕暨巴彦敖包祭祀活动、毕鲁图庙建庙三百周年庆典千盏灯会、全旗第十二届"苏尼特之声"业余文艺汇演、全旗第三届民族服饰及手工艺品大奖赛、全旗首届蒙古象棋赛暨全盟第二届蒙古象棋选拔赛、"乌雅琴"冬季诗歌赛、第二届"蓝天诗歌大赛"、全旗书法绘画展、"苏尼特右旗蒙古族中学画室第二届美术作品汇报展"暨"苏尼特奇石"展等活动。规范苏木镇业余乌兰牧骑建设。"苏尼特长调"、"苏尼特谚语"、"祝赞词"等3项确立为锡盟首批非物质文化遗产。"苏尼特长调"、"祝赞词"被批准确立为自治区级非物质文化遗产。央金策玛老人被自治区确定为苏尼特长调传承人,斯琴苏伊拉被自治区确定为民族服饰传承人。普查文物点67处,其中新发现史迹及建筑遗址61处,复查6处。新发现希拉哈达岩画、乌兰陶勒盖古墓遗址、元代宝力高古城遗址、敖尼图古庙遗址、王府飞机场和王府古井、乌兰刚吉庙原址、呼日庙遗址、近代日军行军路标志碑、塔拉会庙遗址、合德日根庙遗址和甘珠日查干朝鲁图庙遗址等24处文物点,复查1处(查干淖尔恐龙出土地原址)。在桑宝力嘎苏木查干乌苏嘎查的格日勒乌兰发现一处长200厘米、宽76厘米的单体古墓。中央匹配资金购置的农牧民体育健身器材按时发放到全旗各苏木镇。苏尼特王府修缮工程投资1 050万元,工程60%已竣工。

【旅游】 塞汉乌力吉沙漠景区公路建设总投资8 100万元,现已投入使用。2009年新增"牧人之家"旅游点31个,参与经营的有51户牧民。其中以政府补贴购买蒙古包开办的"牧人之家"旅游点有29个,参与经营的有49户牧民,年内接待旅游人数达到18万人次,实现旅游收入810万元。

【医疗卫生】 全旗参加合作医疗农牧民为22 954人,新农合农牧业人口覆盖率100%,参合率占常住人口96%,提高补助基金结余在10%以内。蒙医院及妇幼保健所改扩建项目工程竣工10月10日投入使用。

【就业】 征集就业岗位7 210个,新建社区实体10个,新建再就业基地4个,安置城镇各类人员1 660人,失业率控制在3.9%。农牧民转移就业2 619人,培训农村牧区转移人员2 178人,培训后就业1 823人,培训就业率83.7%;培训城镇各类人员1 357人,61名大中专毕业生得到安置。

【社会保障】 失业保险参保人数8 397人,扩面401人,为62名下岗失业人员及14名农牧民发放小额担保贷款170万元。为262名从事灵活就业人员发放补贴59.7万元。为两家困难企业发放48.06万元,使1 429人实现稳定就业。城镇职工基本养老保险参统人数7 982人,共为2 822名企业离退休人员发放养老金4 923万元。基本医疗保险参统人数12 730人,大病互济医疗保险参统13 697人。特殊人员89人,实际收入离休保障金154万元,支出132万元,基金累计结余50万元。城镇居民医疗保险参保人数17 202人,新型农村牧区合作医疗保险参保人数2 954人,征缴合作医疗费45.91万元,累计为3 869人次,报销医疗费239万元。至年底,全旗共有9 114人参加新型农村牧区养老保险,为1 230人累计发放养老金58.5万元。另外,将全旗4 920名农牧区低保人员全部纳入新农合参合范围,3 500多名城镇低保人员全部纳入城镇居民医疗保险参统范围,费用全部由民政代缴。

【市政建设】 投资43万元对苏尼特右旗新区控制性详细规划和修建性详细规划进行编制,规划面积44.68公顷。年内给水工程铺设3 240米,完成投资161万元。排水工程完成96%,铺设7 776米,完成投资671万元。道路铺设3 240米,完成投资929万元。预埋管道完成投资75万元。新增绿地面积0.6公顷,总投资670万元。种植花卉30万株,完成投资30万元。建成日处理生活垃圾60吨的垃圾处理厂,完成投资550万元。修缮、新建旱厕51座,水冲厕所1座,总投资100万元。自来水除氟改造工程建筑面积2 600平方米,日处理能力水3 500立方米,总投资390万元。建设污水处理厂一座,日处理污水10 000立方米,管网24.6公里,及相应的附属工程及配套设施,完成投资170万元。建设廉租住房120套,总建筑面积5 379平方米,廉租住房建设项目已支出资金440万元。

【人民生活】 城镇居民人均可支配收入14 094元,同比增长16.8%;农民人均纯收入4 219元,同比增长19.7%;牧民人均纯收入4 600元,同比增长13.9%。年末职工平均工资28 145元,同比增长14.0%。

(斯琴 田珍)

正蓝旗

【领导名录】

旗委书记:巴根那(蒙古族)

人大主任:斯琴其木格(女 蒙古族)

旗　　长:田　永

政协主席:钢苏和(蒙古族)

武装部长:袁忠华

政　　委:蔡润平

【概况】 正蓝旗位于内蒙古自治区中部,锡林郭勒盟南部,是离首都北京最近的草原牧区,与北京的直线距离仅270公里,地处京、津、冀经济辐射圈复地。东临赤峰市克什克腾旗,南接多伦县,西毗太仆寺旗、正镶白旗,北与苏尼特左旗、阿巴嘎旗、锡林浩特接壤。国道207线、省道308线、呼海大通道与集通铁路、锡桑铁路、桑蓝铁路纵横交错,交通条件便利。全旗总面积10 182平方公里,旗辖3个镇,3个苏木,1个牧场,1个示范区,83个嘎查,20个村民委员会。全旗总人口8.3万人,其中牧业人口3.3万人,人口密度为8.15人/平方公里。是一个以蒙古族为主体,汉族占多数,满、回、藏、土、鄂温克、达斡尔等多民族聚居的地区。上都镇是旗政府所在地,是全旗政治、经济、文化中心。

2009年全旗地区生产总值完成43.01亿元,同比增长8.4%,其中第一产业增加值完成4.5亿元,同比增长9.2%;第二产业增加值完成31.43亿元,同比增长6.6%;第三产业增加值完成7.08亿元,同比增长16.2%。全社会固定资产投资完成28.6亿元,同比增长139.9%。地方财政总收入完成7.017亿元,完成预算的100.2%,同比增长19.2%。

【农牧业】 牧业年度全旗牲畜总头数64.49万头只,其中大畜22.89万头,小畜41.2万只。出栏牲畜33.1万头(只),牲畜良改比重达99%。全旗规模化奶牛养殖小区达到20个,奶牛存栏2.98万头,同比增加3 780头。建立了养殖规模500头托牛所1处。2009年,以水浇地和设施农业建设为依托,积极调整种植业内部结构,全旗总播种面积达到29.57万亩,其中小麦5.24万亩、玉米1.38万亩、薯类9.73万亩、油料2.08万亩、蔬菜1.56万亩、青贮饲料9.25万亩、其他0.33万亩。新增水浇地0.5万亩,新建温室大棚92座。把农村牧区人口转移工作摆在“两转双赢”的首要位置,围绕“政策、培训、就业、服务、管理”五个重要环节,加快“城乡统筹、三化互动”进程。全旗转移农牧民1 381人,其中常年性转移345人,季节性转移1 036人。2009年共举办各类培训班17期,培训农牧民3 010人(次)。是年农牧民就业2 516人,就业率达到85%。

【工业企业】 全年重点项目开工16项,完成投资20亿元。上都电厂一、二期4台机组累计发电128.3亿度,实现产值43.9亿元。三期2×66万千瓦机组建设项目已取得实质性进展,年内累计完成投资12.5亿元。黑城子煤田项目累计完成投资4.91亿元。

【林业】 完成京津风沙源治理工程24.8万亩,其中飞播造林7万亩,封山育林8万亩,围栏封育7万亩,人工造林1万亩。

【水利】 小流域治理1.8万亩。年内共打各类机电井228眼,筒井40眼,新增节水灌溉面积7 050亩,种植青贮9.72万亩,完成人工种草1.2万亩。

【生态保护】 围绕生态保护和建设“双赢”目标,大力推行草畜平衡制度和草场“三牧”制度,进一步明确保护草原生态的责、权、利,将生态建设与保护工作逐步推向制度化、规范化。全旗春季休牧面积1 180万亩,全年禁牧面积176万亩,草场“三牧”制度基本覆盖了全部可利用草场。

【文化】 全力推进元上都遗址申报世界文化遗产工作进入实际性阶段。察哈尔婚礼、察哈尔服饰、察干伊德已批准为自治区级非物质文化遗产。举办了全盟“阿斯尔”原生态艺术盛会。成功举办了第二届“中国、元上都文化旅游节”和“中国蒙古语标准确定30周年庆祝大会”。“中国、元上都文化旅游节”荣膺“2009中国节庆产业金手指奖—十大民俗类节庆”。旗办蒙汉语广播节目实现卫星传播、广播和电视覆盖率分别达98%和96%。

【旅游业】 上都湖原生态旅游牧场项目完成投资4 050万元,胤康乡村生态旅游牧场项目完成投资500万元。全旗旅游接待人数达30.2万人次,实现相关收入1.5亿元。

【城镇建设】 全旗城镇基础设施建设完成投资2.64亿元。年内新增住宅面积13万平方米;新增一家供热企业,供热普及率达57%,启动建设金莲川湿地公园和污水处理厂建设项目工程。完成国道207线至伊和海日罕通乡油路28公里;省道308线至“五一”种畜场至小扎格斯台旅游专线37公里和嘎查村四级沙石路125公里;赛音胡都嘎四级客运站建成投入使用。争取“村村通”项目工程资金2 097万元,完成32个嘎查852户农牧民通电工程。

【科技】 2009年全旗挂牌认定的科技示范区有6个,科技示范苏木镇6个,科技示范嘎查村35个,科技示范户500户。以科普宣传活动周为契机,以“三下乡”活动为切入点,通过张贴标语、出动宣传车、举办图片展、开办培训班等多种形式,开展科普宣传工作。发放《身边科学》、《96048科技咨询专家培训资料》等科普资料。

【教育】 全旗有综合高中1所;普通中等学校3所;小学5所。汉、蒙幼儿园各1所。积极争取资金,不断改造办学条件。按照构建布局合理、规模适当、优质高效、协调发展的农牧区教育体系的目标不断加大对农村、牧区、学校的基础设施建设力度。年内建设完成职工幼儿园保教楼和黑成子示范区小学食堂、多媒体教室。落实义务教育阶段和高中阶段助学体系进一步扩大助学范围初步形成从学前教育到高等教育的助学体系。2009年1月落实贫困家庭住宿生生活费补助146.95万元,受助学生3 487人。发放大学生助学贷款131.2万元,积极大学生286人。

【文化】 10月10日,正蓝旗被自治区命名为“中国蒙古语标准音示范基地”。

【卫生】 完善三级为卫生网络体系,加强医疗卫生基础设施建设力度,逐步提高医疗卫生服务水平。开工建设旗医院病房楼和医技楼,改善患者的就诊环境和诊疗条件。加强疾病防控工作,有效应对甲型H1N1流感疫情。推行新型农村牧区合作医疗制度,医疗保障体系不断完善,农村牧区合作医疗参会率达93.8%,年内为2 556名农牧民报销医疗费。

【社会保障】 全旗参加基本养老保险的人数达6 846人。城镇和农村牧区低保家庭补助每人每年分别提高2 400元和1 200元,2 995名城镇居民享受最低生活保障金,5 243名农村牧区低保人员享受了最低生活保障金。城镇居民医疗保险参保人数达14 100人。

【就业】 全年开发征集就业岗位7 616人,鼓励自谋职业安置各类人员1 612人,城镇登记失业率控制在4.05%以内。在培训上积极抓农牧民实用技术和待业人员就业技能培训,年内组织举办了汽车驾驶、电脑操作、餐饮服务等培训班,参加培训人数达423人(次)。

(乌日娜)

正镶白旗

【领导名录】

旗委书记:赵　生(蒙古族)

人大主任:阿拉腾花(女 蒙古族)

旗长:谢军(1月离任) 梁立军(1月任职)

政协主席:朝　鲁(蒙古族)

武装部长:张国庆(7月离任) 冯久杰(7月任职)

政委:王建龙(3月离任) 杜利权(3月任职)

【概况】 正镶白旗位于内蒙古自治区东部,锡林郭勒盟西南部,全旗土地总面积6 229平方公里。辖2个镇2个苏木。2009年,全旗生产总值完成15.83亿元,增长6.7%。其中:第一产业增加值3.19亿元,增长6.4%,第二产业增加值7.73亿元,增长1.1%(其中工业增加值6.31亿元,下降3.7%);第三产业增加值4.91亿元,增长15.8%。三次产业结构由上年的19.3:50.0:30.7演变为20.2:48.8:31。人均生产总值21 740元,同比增长4.4%。全年居民消费价格总指数为101.5,较上年下降7.1%。商品零售价格总指数为99.9,下降8.2个百分点。财政总收入6 532万元,下降49%。

【农业】 农作物总播面税20.8万亩,增长3.5%。粮食作物播种面积10.6万亩,占农作物 播种面积的50.9%;薯类4.5万亩,占21.6%; 谷物6.1万亩,占29.1 %;油料播种面积1. 4万亩,同比下降41.7%。蔬菜.瓜类播种面积4万亩,增长5.2%。粮食作物总产量461.1万公斤,同比增长16.6%。其中:小麦、莜麦、玉米 谷物 基本绝产。蔬菜产量7 979.8万公斤,增长66.6%。瓜类产量680.4万公斤,同比下降76.7%。青饲料总产量8 640万公斤,下降36.5%。

【牧业生产】 2009年牧业日历年度全旗大小畜存栏341 056头(只),比上年下降22.4%。大畜存栏65 149头,其中牛存栏62 222头,小畜存栏6 275 907头只。

【工业】 有工业企业55家,其中规模以上22家。受工业品价格及企业开工不足的影响,全部工业增加值完成63 125万元,按可比价格计算下降3.7%。22户规模以上工业企业实现增加值43 125万元,下降14.7%;规模以上工业企业完成销售产值79 084万元下降24.3% 。规模以下工业增加值完成20 000万元,同比增长20.1%。

年内售电量7 822万千瓦时,京能10万千瓦风电项目并网发电,累计发电6 043万千瓦时,实现产值4 000万元。优能风电项目一期开工建设。

【建筑业】 全旗建筑业增加值完成14 172万元,比上年增长9.2%。

【固定资产投资】 全年完成全社会固定资产投资126 159万元,同比增长19.17%。按三次产业划分,第一产完成投资4 648万元,下降46.6%;第二产业完成投资73 418万元,同比增长48.2%,第三产业完成投资48 453万元,增长2.15%。

【交通】 全年客运周转量9 432万人公里,增长0.50%,客运量49万人,同比增长0.06%;货运周转量31 623万吨公里,增长0.03%,货运量149万吨,同比增长0.06%。公路建设完成通村公路84公里,完成通乡油路53公里。省际通道至伊和淖苏木90公里公路建设竣工通车。

【邮电】 固定电话用户5 600户,其中农牧区1 995户。移动电话用户38 793户,各项业务 收入达到2 759万元,同比增长7.8%。

【旅游业】 年内接待旅游人数10万人次,比上年增长47%,旅游业收入2 600多万元。增长42.9%。

【金融】 年末金融机构各项存款余额71 346万元,同比增长37.2%;各项贷款余额27 665万元,同比增61.8%。

【保险】 保险机构全年保费收入1 212万元,增长10.9%。其中,人身保险费收入760万元,增长12.9%;财产保险费收入452万元,增7.9%。

【教育】 全旗拥有普通小学3所,完全 中学1所,职业中学1所,幼儿园2所。小学毕业生579人,普通中学毕业生583人,普通高中毕业生191人,幼儿教育毕业生248人;小学在校生3 147人,普通中学在校生1 177人,职业中学在校生494人,幼儿园在校生896人;普通高中在校生201人,小学教职工289人,普通中学教职工281人,幼儿园教职工69人;小学专任教师240人,普通初中 专任教师161人,幼儿专任教师32人。小学适合儿童入学率100%。

【文化】 年内共组织各类群众业余文艺演出活动64次,参加活动9 000人次,观众8.2万人次,乌兰牧骑年内演出162场次,观众达4.2万人次,创新了电影放映机制,突出了“社会服务性”和“社会公益性”,面向农村牧区、农牧民及小学生开展“科普电影”和“爱国主义电影”放映活动。

【卫生】 旗医院门诊楼、综合楼、伊和淖苏木卫生院投入使用。新型农村合作医疗参合率达91%。为2.17万名患者报销医药费547万元。采取有力措施防控甲型H1N1流感,防止扩散。年末全旗医疗卫生机构12个,其中医院2所,农牧区卫生院7所,疾控中心和妇幼保健机构各1所,卫生监督所1所。医疗机构拥有病床153张,全旗拥有各类卫生技术人员213人。

【城镇建设】 全旗城镇市政基础设施完成投资7 618万元。实施了明安图镇旧区集中供热改扩建工程,总投资3 600万元,新建2座和改建1座热源厂,安装4台10吨、1台20吨循环流化床锅炉,新铺设主管线14公里,改造主管线3公里,旧城区供热面积达到37万平方米,通过改造,供热温度达标率达98%以上;投资100万元对新区集中供热进行扩网建设,新增供热面积2.5万平方米,新区集中供热面积达到13.5万平方米,供热温度达标率为98.3%。总投资5 000万元的污水处理建设工程,当年完成投资2 550万元。厂区土建已完成85%,进口设备已订购,铺设主管网15公里和入户支管网7.5公里。投资1 368万元完成察汗淖尔街南桥、北桥和新区广场续建等工程,实施硬化铺装、亮化、绿化等市政建设工程。

【环保】 年内完成排污收费39万元;建立健全排污申报与收费档案,年内有42家排污单位进行申报登记。

【人口】 2007年末全旗总人口72 087人,增长1.1%,其中汉族人口50 113人;蒙古族人口21 195人,增长1.5%;其他少数民族779人,增长3.0%;全年出生人口781人,出生率10.83‰,下降0.9个百分点,死亡人口355人,死亡率4..93‰。上升1.79个百分点。人口自然增长率2.7‰。

【人民生活】 农牧民人均纯收入3 212元,增长47.9%,其中农牧人均纯收入3 142元,增长48.2%;牧民人均纯收入3 298元增长27.82%。企业离退休人员养老金社会化发放率和足额发放率均达100%。为城乡10 782名群众发放最低生活保障金722万元,全旗五保户集中供养率提高34%。7月,全盟新型农村养老保险制度试点工作在龙王庙居委会启动。年内共有851人积极参保,收缴 保费101万元。8月,试点参保人员中有183人达到领取养老金的年龄,每月发放工资额为19 581元。

(王慧 郝永谦)

镶 黄 旗

【领导名录】

旗委书记:周金桩(蒙古族)
人大主任:周金桩(蒙古族 4月离任)
都 楞(蒙古族 4月任职)
旗 长:通拉嘎(蒙古族 11月离任)
宝日夫(蒙古族 11月任职)
政协主席:刘 祥
武装部长:刘卜超
政 委:张国华

【概况】 镶黄旗位于锡林郭勒盟西部,北纬41°56′~42°45′,东经113°30′~114°45′。南与乌兰察布市化德县交界,东、东北部与正镶白旗和苏尼特左旗毗邻,北部、西部与苏尼特右旗和乌兰察布市商都县接壤。总面积5 143平方公里,草牧场占总面积的97.68%。旗政府所在地新宝拉格镇。旗辖1个苏木,2个镇,60个嘎查,6个居民区。人口30 792人。其中蒙古族18 815人,汉族11 837人,其他少数民族140人。

2009年地区生产总值实现24亿元,同比增长20.2%。其中,第一产业增加值2亿元,增长4.0%;第二产业增加值17亿元,增长20.2%(工业增加值14.5亿元,增长22.0%);第三产业增加值5亿元,增长25.0亿元。全社会固定资产投资18亿元,增长33.2亿元。地方财政总收入2.2亿元,增长22.1%。牧民人均纯收入4 070元,同比增长17.9%;城镇居民人均可支配收入11 850元,同比增长17.1%。

地方财政总收入完成25.109万元,完成年度预算任务22.000万元的114.1%,完成盟下达奋斗目标任务25.000万元的100.4%,同比增长38.8%。

【畜牧业】 全旗繁殖仔畜256 309头(只),成活仔畜255 471头(只),繁殖成活率98.89%。全旗牲畜总数达552 950头(只),其中:大畜24 115头,小畜528 524只;全旗改良牲畜536 091头(只),改良比重为97.1%,同比增长1.1个百分点。牲畜出栏33万头(只)。打贮草4 688万公斤。年内共冷配母牛8 109头,其中:奶牛1 117头、肉牛6 992头;建立冷配站41个。全旗共生产肉牛犊5 908头,受配率达87%、受胎率82%、繁成率71%。全旗奶牛生产牛犊1 042头,其中:母牛犊709头,公牛犊333头,繁成率71%。小畜改良工作:全旗完成细毛羊人工授精3.3万只,肉羊经济杂交15.26万只。鉴定种公羊3 410只,其中合格2 558只,合格率75%。

全旗奶牛养殖户570户。有奶牛养殖园区5处,配套奶站5个(已投入使用的园区有4处,奶站4个)。奶牛存栏2 783头,其中:成年牛1 809头,育成牛502头,犊牛472头。奶食品加工企业2家,个体奶食品加工点20家。全旗日产鲜奶22吨,各奶站、奶食品加工企业及个体加工点日收购鲜奶7.2吨。全旗有饲料企业1家,饲料代售网点14处。

【林业 水利】 完成封山育林6万亩,飞播造林2万亩,飞播区胡麻柴沙障设置0.3万亩,四旁植树0.3万亩;完成项目区不合格地块补植造林0.65万亩;完成育苗138亩,义务植树11.8万株;完成植被恢复建设造林任务0.23万亩,完成高标准城镇东河区绿化工程0.11万亩,种植各种针叶、阔叶、果树、灌木树种等15种。新增灌溉饲草料基地面积0.7万亩,全部配套了节水设施。新增水保治理面积5万亩。安全饮水目标任务2 000人、60 000头(只)牲畜,实际完成2 294人、68 820头(只)牲畜,完成任务的114.7%。

【生态建设 围封转移】 京津风沙源治理工程:验收完成工程任务16.1万亩,为自治区批复任务数的100%,其中:飞播造木2万亩,封山育林6万亩,围栏封育6万亩;建设暖棚1.8万平方米,购置舍饲机械231台套;完成小流域综合治理2.1万亩。年末,完成投资1 690万元,占计划投资1 775万元的95%。2009年京津风沙源治理工程重点扶持巴音塔拉镇主要建设内容包括暖棚4 000平方米、饲料机械100台套,围栏封育2万亩,封山育林2.5万亩,项目建设完成投资335万元。转移牧区人口5 392人,其中:季节性转移4 342人,常年性转移438户、1 050人,常年性转移牧区人口完成年度计划任务1 000人的105%;举办各类旨在转移牧区人口的培训班11期,培训牧区人口1 217人,完成年度计划培训牧民任务1 200人的101%。牧区人口培训后实现就业1 027人,就业率为培训牧区人口1 217人的84%;为309名符合条件的牧民办理了优惠证件。为牧区青年创业、对口技能培训等转移牧区人口累计投入资金58万元。

【工业】 实现全部工业增加值17.5亿元,增长30.4%。其中规模以上工业增加值实现15.5亿元,增长32.3%。工业企业固定资产投资累计完成9.9亿元,增长72.6%。

【交通 邮电】 新建12条四级砂石路,共86.005公里,完成投资1 290万元。至11月底,完成客运量23.9万人,客运周转量4 436万人公里,货运量243.3万吨,货运周转量33 216.9万吨公里。分别是上年同期的100.8%、122.1%、115.3%、116.5%。

邮政局全年收入实现147.66万元(不含集邮收入),完成全年预算的99.77%,同比增长16.90%。集邮收入完成8.56万元,完成年预算的285.20%。年度余额达4 418万元,比上年年底纯增830万元;全年储蓄收入完成86.00万元,同比增长10.16%,占邮政业务收入的58.24%。

【招商引资】 6月,出台了《镶黄旗招商引资奖励办法》。努力改善投资环境,优化服务软环境,吸引众多外地企业到访。年内接待北京、天津、上海、四川、福建、河北、山东、山西、陕西、浙江、内蒙古呼包鄂地区客商200批次左右。来访企业考察项目行业主要有花岗岩、石油田(天然气)、金属冶炼、绒毛加工、畜牧业产业化、风电、金属(非金属)资源勘探、环保建材、物流等项目。2009年镶黄旗直接利用国内资金95 305.63万元,同比增长7.2%。

【旅游】 旅游重点项目建设共完成投资5 537万元。哈音哈尔瓦庙项目建设总投资1 600万元,年内已投入1 037万元。园林绿化工程总投资2 500万元,年内已完成投资1 900万元。四星级商务会馆总投资3 500万元,年内已完成投资2 600万元。

为拓宽旅游市场,年内启动呼和浩特市—镶黄旗—正蓝旗旅游线路。进一步拓展了北京—镶黄旗—二连旅游线路。协调举办了"苍狼之旅"国际汽车集结赛。镶黄旗"牧人之家"旅游点已有20家,年内新增10家,主要分布在哈音哈尔瓦庙和鸿格尔敖包附近。2009年度各牧人之家接待游客近3万人,实现营业收入96.2万元,就业人数近80人。马文化博物馆和亿旺酒店顺利通过国家AA级景区和国家3星级旅游饭店验收,填补镶黄旗没有国家A级景区和星级酒店的空白。

【城镇建设】 硬化人行道3万平方米,完成投资240万元,硬化巷道6条,完成投资150万元;宝格都路南至外环路、巴音大街往东延伸路及配套排水管网铺设工程道路总长3.3公里,完成投资500万元;新宝拉格及那仁大桥建设已完成投资1 300万元;建成水冲公厕1座,旱厕7座,完成投资85万元;橡皮坝工程,完成投资1 850万元;完善宝拉格园,修建凉亭2座、安装80平方米LED大型电子显示屏、绿化种植、雕塑安装、体育设施、亮化等完成投资1 500万元;拆迁24户,拆迁面积2 938平方米,投资340万元;对251户平房进行供热改造,改造完成153户,供热完成投资80万元;基础设施完成投资6 050万元。

【住房保障】 新建廉租住房260套全部完工,完成投资1 400万元。年底前对237户享受廉租住房的群众发放了新房钥匙;对440多户居民发放了廉租住房补贴约85万元。

【环境保护】 加大对石油开采区泥浆固化、废弃泥浆池埋工作力度,积极配合巴音公司完成497口井的废弃泥浆池固化处理,固化率达85%。2009年二氧化硫排放580吨,削减7吨,同比2008年削减1.2%;化学需氧量排放363.66吨,削减20吨,同比削减5.2%。

【科技】 2009年,完成科技培训3 320人(次),其中:"两转双赢"培训2 000人(次)。在科技活动周暨科普宣传活动周期间,发放宣传材料6 300余份。为牧民提供咨询320多次,下乡出诊100多次,给牧民解决了疑难问题,取得良好的社会和经济效益。新建1个农牧业科技星火服务站。在镶黄旗科协注册的农技协有20个,其中自治区级星级协会1个。

【教育】 全旗高考共设15个考场,报名考生390名。其中,本科上线131人。义务教育阶段学生杂费和公用经费按时按照分配标准全部拨付到各校,保证了学校各项工作的正常运转;发放农村牧区义务教育阶段家庭经济困难寄宿生生活费148 125.00元(标准为小学生每生每学期250.00元,初中生每生每学期375.00元),发放义务教育阶段蒙语授课学生寄宿生生活费6 785 980元(标准为小学生每生每学期540.00,初中生每生每学期675.00元);发放教科书29 742册,金额168 689.23元。积极宣传国家资助贫困大学生的各项优惠政策,为镶黄旗293人贫困大学生办理源地贷款,贷款总金额128.8万元。11月,举行了首届中青年教师基本功比赛,全旗教育系统6所学校、幼儿园的全体教师近400人参加了活动。

【文化】 为纪念新中国成立60周年,组织开展了形式多样、群众喜闻乐见的文化活动。成功举办"吉祥的哈达"——那顺作品镶黄旗专场晚会,晚会邀请两百余位区内外文化名人参加,内蒙古卫视频道以专场晚会等形式多次播出。成功举办首届全旗职工运动会,共设有17个单项及3个集体比赛项目,来自全旗17个系统的代表队、350余名运动员参加比赛。举办本旗作者朝格日勒巴特尔诗集《风爽纪鞍》首发仪式。诗集书收录诗作110多篇,其中《欢腾的镶黄旗》获内蒙古自治区第八届艺术创作"萨日纳"奖,《红灾》获全区第九届文学创作"索伦嘎"奖。

【卫生】 全年门诊诊疗58 238人次,急诊人次3 432人次,抢救103人次,住院416例,治愈好转率91.3%,病床使用率67.03%,病人平均住院日6.5天,手术169例,办理家庭病床210人次。蒙医院:年就诊46 620人次,其中,蒙医门诊25 614人次,西医门诊3 824人次,中医门诊11 292人次,下乡巡回就诊568人次,往诊36人次;住院197人次,家庭病床20人次。中蒙医治疗率85%,病房中蒙医治疗率70%。妇幼保健所:全年共有产妇162人,建卡153人,建卡率达94%,产前检查153人,产前检查率94%。新法接生162人,新法接生100%,住院分娩162人,住院分娩率100%,产后访视162人,访视率100%,围产儿死亡率0人,新生儿死亡0人,婴儿死亡2人。婴儿死亡率12.3‰。全年未和发生孕产妇死亡和新生儿颇伤风。疾控中心:2009年共发生乙类传染病7种、428例,总发病率为1 380.64/10万。其中:结核病31例,病毒性肝炎53例。丙类传染病4种、66例,发病率为9.67/10万。

【扶贫开发】 扶贫开发工作重点解决1 340人的脱贫问题。返贫率控制在8%以内。社会扶贫、包嘎查率达到100%。包扶率在90%以上。全面实施"整村推进"工程、产业化扶贫和劳动力培训转移任务,财政扶贫资金到位率、扶贫开发配套资金到位率均达100%。在安排扶贫项目、落实帮扶措施方面,优先考虑计划生育户和贫困学生家庭。为从根本上改善巴音塔拉镇生态环境和牧民生活条件做出积极努力。各帮扶单位累计投入资金217万元,其中自筹106.4元,干部职工捐款12.5万元,捐物折款27.8万元,资助家庭贫困大学生55名,资助金额8.3万元;累计打井13眼,受益牧民922人,解决牲畜饮水20 077头只;种植高产饲料基地3 285亩,种草200亩;建青贮窖2处20立方米;围栏草场66 940亩;购买牲畜2 475头只;植树117 200棵;培训牧民9 600人次。劳动力转移培训牧民90人,培训费每人1 000元,专业为计算机、编织、餐饮和宾馆服务,共投入19万元,转移就业率达80%以上。

2009年扶贫开发"整村推进"重点嘎查是巴音塔拉镇胡布尔嘎查、呼日东高勒嘎查和文贡乌拉苏木两面井嘎查,在项目实施中有179户、680个贫困牧民直接受益,并产生了综合效益。为项目扶持牧户共引进各牲畜3 225只,其中肉毛兼用型德美基础母羊2 400只、优质西门塔尔基础母牛165只,项目投放资金共309.4万元,其中:财政扶贫资金210万元,自筹资金99.4万元。提高了牲畜个体产值,优化了畜群结构。

【社会保障】 为100名城乡创业人员发放了200万元小额担保贷款,其中为72名牧区转移人员发放小额担保贷款144万元。继续做好社会保险基础工作,全旗基本养老保险参统职工达1 868人,完成目标任务104.24%,其中:企业参统183人,续保职工975人,个体工商户基本养老保险缴费人数为710人,缴费中断率控制在4%。全旗共征缴基本养老保险费1 625.72万元。全旗城镇居民基本医疗保险覆盖人数达7 400人;共征缴保险费25.87万元,其中财政补贴10.40万元;报支医疗保险费35.50万元,城镇居民基本医疗保险基金累计结余16.30万元。新型牧区养老保险参保人数2 331人,占应参保人数11 078人的21%。共收保费790万元,享受待遇人数为1 682人。

(乌力吉巴图 渠树芳)

太仆寺旗

【领导名录】

旗委书记:侯志民(蒙古族)

人大主任:王瑞刚(蒙古族)

旗　　长:南中玉

政协主席:云成山

武装部长:郭富文(3月离任) 盛志军(4月任职)

政　　委:金　虎(蒙古族 3月任职)

【概况】 太仆寺旗位于内蒙古自治区中部,锡盟最南端,浑善达克沙地南缘,与河北省交界,距北京350公里,总面积3 415平方公里。现辖4个镇,1个苏木、1个乡,176个行政村(其中19个嘎查)和8个居委会。总人口20.3万人,其中农业人口16.4万人,非农业人口3.9万人,是国家级重点扶贫开发旗县。

2009年,全旗地区生产总值完成23.3亿元,同比增长13.2%。其中第一产业完成6.8亿元,同比增长6.7%;第二产业完成8.2亿元,同比增长16.8%(工业增加值完成6.3亿元,同比增长6.1%,建筑业增加值完成1.9亿元,同比增长52.5%);第三产业完成8.3亿元,同比增长14.9%。地方财政收入1.014亿元,完成调整预算的101.4%。城镇居民人均可支配收入13 881元,同比增长17.3%。农牧民人均纯收入分别为4 659元和6 018元,同比分别增长13.6%和14.9%。全社会固定资产投资20.2亿元,同比增长37.1%。社会消费品零售总额完成8.7亿元,同比增长19.3%。

【农牧业】 新增节水灌溉园区面积3.9万亩,水浇地开发面积累计达25.48万亩,被国家列为小型农田水利重点县和中小河流治理试点县。新增马铃薯科技示范园区32个、2.2万亩,累计167处、12.4万亩,被列为全国马铃薯标准化生产示范县、马铃薯高产创建示范县和自治区现代农业马铃薯产业带示范旗。新增蔬菜大棚2 132座、1 264亩,累计11 165座、5 347亩。建成标准化半地下式温室33座、33亩。新增沼气新能源3 400户,累计7 624户。

全旗总播种面积111.5万亩,其中蔬菜15万亩,马铃薯32万亩,高产饲料13.2万亩,粮、经、草比例调整为39.8:48:12.2。牧业年度牲畜存栏16.7万头只,其中奶牛3.5万头、肉牛2.6万头,分别增长2.9%和29%,牲畜总数同比减少2.3%,良改比重达到96%。农牧民专业合作社发展到126家,辐射全旗44%的嘎查村,入社农牧户2 514户、农牧民8 125人。全年转移农牧民16 063人。培训农牧民9 540人,培训后就业率达85%。

【生态建设】 完成京津风沙源治理12.7万亩,其中人工造林5万亩、封山育林4万亩、小流域治理2.7万亩、围栏封育1万亩。建设暖棚1.2万平方米,节水灌溉290处,生态移民124户、560人。在农区继续实行除牛以外其它畜种全年禁牧,牧区实施山羊全年禁牧及小畜禁牧试点工作取得实效。大力发展生态后续产业,种植文冠果6万亩,优质牧草1万亩,嫁接和改造山杏林1万亩。

【水利】 完成17个嘎查村的自来水工程,解决了2.4万人、5万头只牲畜的安全饮水问题。

【工业】 新增规模以上工业企业1户,规模以上工业增加值完成4.2亿元,同比增长1.2%。草原酿酒、昌原饲料、风力发电等企业销售收入39 891万元。马铃薯加工、金属制品加工等续建项目顺利建成投产。萤石粉选场、华尔水泥混凝土搅拌站等新建项目均已建成并具备投产条件。国电电力一期工程、草原酒厂搬迁、PVC手套生产等在建项目按计划顺利进展。沙子沟钨钼多金属矿和千斤沟铅锌铜多金属矿采选等项目进入详查阶段。投入地勘资金5 239万元,对1 044平方公里的30个项目区进行勘查。坚持以招拍挂方式配置矿产资源和经营性土地,实现矿权收益486万元、土地收益3 349万元。万元GDP综合能耗为1.24吨标准煤,节能率5.08%。

【旅游业】 完善旅游景区设施,“牧人之家”民俗游发展到20户,全年接待游客13.6万人次,同比增长25%,实现旅游收入6 800万元,同比增长31%。

【商贸】 继续实施“万村千乡”市场工程,新增农家店10户,累计达到136户。扶持苏木乡镇完善2处蔬菜市场功能。2家大型综合超市投入运营。

【金融】 各类金融机构存款、贷款余额分别达到18.1亿元和8.1亿元。成立太仆寺旗聚元小额贷款公司并开展贷款业务。客货运周转量分别为4.1亿人公里和11.3亿吨公里,同比分别增长41.2%和77.1%。

【基础设施建设】 投资3.36亿元,完成新区5条全长10.9公里柏油路、9.9公里排污管网和污水处理厂主体工程建设。旧区解放大街、建设街等路段硬化3.94万平方米。建成垃圾转运站8处。集中供热扩网6万平方米,对6个集中供热点的锅炉和管道进行改造,供热条件有所改善。新开发住宅楼9.4万平方米、商用楼8.1万平方米、办公校舍及厂房4.6万平方米。推进平改楼工程,拆改平房48户、6 050平方米。道路建设。投资17.04亿元完成53公里通乡油路续建工程和66.6公里通嘎查村砂石路工程;改建危桥4座;新建农村牧区客运站4个;宝昌—桑根达来一级公路建成单幅80公里、宝昌至三号地高速公路完成桥涵、桩基等基础工程;蓝张铁路途经太仆寺旗并建站方案通过铁道部论证。电网建设。投资2 998万元,完成红旗和马房子两个35千伏输变电工程;220千伏输变电工程完成变电站架构基础。水利建设。投资5 350万元实施农田草牧场水利建设、小流域治理、饮水安全和永丰水库除险加固等工程。通讯建设。投资2 460万元,建成通讯基站17座,其中3G基站5座,开通了3G业务。

【社会保障】 城镇低保标准每人每月增加到210元、覆盖4 391人。农村牧区低保人均每年达到800元,覆盖1.93万人。城镇企业职工基本养老保险和城镇基本医疗保险参保人数分别为6 327人和38 188人,分别增长12%和15%,城镇企事业单位失业保险参保职工6 310人,增长9%。发放医疗救助资金313.6万元,救助困难群众7 572人。新建廉租住房60套,发放住房补贴资金538万元。

【就业】 全年征集就业岗位9 076个,安置城镇各类人员2 926人,"零就业家庭"实现至少一人就业,城镇登记失业率为3.86%。全年为下岗失业和就业困难人员发放社会保险补贴资金247万元。

【教育】 推进教育布局调整,撤并3所农村中学。

【文化】 新发现文物70处,1项非物质文化遗产被列为自治区级保护名录。被自治区体育局命名为"中国马术之乡"。自办调频广播电台投入运行,覆盖率85%;正式开通农牧区党员干部远程教育频道,覆盖全旗61%的党员活动阵地;实施"西新工程",自治区蒙语广播节目无线覆盖率达40%。顺利完成嘎查村"两委"换届。

【卫生】 启动"亮康"行动,为53名白内障患者实施了复明手术。建成15所嘎查村卫生室、4所基层文化站和2所基层计生服务站。开展甲型H1N1流感防治工作。强化食品药品安全监管,被自治区评为农村牧区药品"两网"示范县。

【"平安互助"报警网络建设】 2月,太仆寺旗红旗镇红旗村"平安互助"报警网络建设工程投入使用,这套平安互助网络在全盟报警网络建设工程中尚属首例,是针对当地外出务工人员较多,留守人员防范能力弱等情况,与联通公司合作推出的一项平安互助业务。它通过村民家中的固定电话与村里的广播喇叭相连接,当村民遇到不法侵害或求助时,可以拨打免费固定电话9999,即可触发村中"大喇叭"电源,发出警报声,实现打击犯罪、自防自救。

(闫增甫)

多 伦 县

【领导名录】

县委书记:赵德永

人大主任:赵利华(回族)

县　　长:霍锦炳

政协主席:王崇生

武装部长:刘绪功

政委:徐志松(10月离任) 郑良台(11月任职)

【概况】 多伦县位于锡盟东南部,东南与河北省围场、丰宁、沽源交界,西北与正蓝旗、赤峰市克什克腾旗接壤,是中国北方典型的农牧交错区。现辖2个镇、2个乡、64个行政村,7个社区。全县有蒙古、汉、回、满、朝鲜、达斡尔、藏等7个民族,共39 402户、10.5万人。全县总面积3 773平方公里(566万亩),滦河干流在多伦县中部境内长80公里,境内有大小河流40多条,全县地表水资源量为2.38亿立方米。

2009年,全县地区生产总值完成35.55亿元,同比增长26.1%。财政收入2.35亿元,同比下降22.3%。三次产业比重为16:64:20。全社会固定资产投资53亿元,同比下降22.2%。城镇居民人均可支配收入14 115元,较上年增长2 061元,同比增长17.1%。农民人均收入4 922元,较上年增长642元,同比增长15%。

【农牧业】 2009年肉牛业达到15.3万头,同比增长24.3%,奶牛2.5万头,养牛业成为农民增收的重要渠道。2009年在遭受多重自然灾害的情况下,全县蔬菜、马铃薯产量分别达到26万吨和10万吨,实现销售收入2.1亿元。全年扶持新建育肥牛棚圈12万平方米,千头以上核心育肥区2处,育肥示范村5个。新增水浇地1.1万亩,新建大型喷灌圈马铃薯种植基地30个,马铃薯贮藏窖236座,日光温室和塑料大棚382座,建设沼气池800户。继续扶持伊利、超大、永白淀粉等龙头企业,新引进天津大元牛业、重庆"绿满家"两家肉牛养殖加工企业。2009年,县财政直接投入支农资金1 600多万元,整合各类涉农项目资金4 500万元,带动民间投资5 000万元。

【工业经济】 全年完成工业增加值17.94亿元,增长48.3%,工业占国民经济的比重达到50%。全年共实施重点项目68项,其中亿元以上10项。大唐煤化工已累计完成投资170亿元,当年完成投资35亿元,各界区全面进入调试开车阶段,聚丙烯装置顺利实施,成为全县工业经济的最大亮点。大西山风电二期、三期全面实现并网发电,协鑫煤矿投产运营,成为全县新的经济增长点。大西山风电一期、冶金、银磊、伊利等已投产项目相继达产,博达模具、兴阳铅锌选厂、氟化工等续建项目已投产或即将投产,一批煤化工下游产品转化和洁净煤等新上项目开工建设。全年共发电7.6亿度,生产原煤74万吨、铁精粉24万吨、铅锌粉1 000吨,生产奶粉3 000吨,生产红砖6 000万块。加快新型化工园区建设,年内完成基础设施投资4 200万元,累计投资近3亿元,已具备引进企业入住条件。年内新落户园区项目8个,累计入园项目20个,总投资规模190亿元,全年共引进国内资金71亿元。万元GDP能耗下降5.03%。

【生态建设】 在全区率先实施"灭荒"工程,全年完成"灭荒"任务12.6万亩。全年种植文冠果2 000亩,嫁接大扁杏2 000亩。继续实施禁牧政策,加大农村人口转移力度,全年转移农村人口近1万人,其中稳定性转移3 200人。2009年多伦县被全国绿化委员会评为全国绿化模范县。

【基础设施建设】 投资4.6亿元开展了大规模市政建设。编制多伦诺尔镇旅游发展总体规划、汽车站周边控制性详细规划以及卉原商厦小区、山西会馆周边建设规划。继续实施南城区修复改造工程,山西会馆周边拆迁改造一期工程启动,新建晋商文化商贸步行街和兴化学堂。实施西城区扩容提质工程,集中对新建汽车站周边进行整体开发,对湿地公园、龙泽湖公园、景观大桥、景观坝进行配套完善建设。年内新开工房地产开发项目16项,开发面积10.6万平方米。实施城镇基础设施配套工程,完成西大桥改建工程,建设城镇污水处理厂,继续加强城镇道路、给排水、供热、绿化、美化、亮化工程,城镇绿化覆盖率达到15%、街巷硬化率达到95%、道路亮化率达到100%、集中供热覆盖率达到50%以上。积极开展全民爱国卫生运动,城镇净化水平明显提高。多伦诺尔镇被评为中国历史文化名镇和全国首批特色景观旅游名镇。

省道308线改造升级工程前期工作扎实推进。修建前九号至四道河子、西山湾至榆木川段柏油路。实施大河口水库除险加固工程。完成25处农村安全饮水工程,解决了8 000人的饮水问题。完成新村35千伏输变电工程。

【旅游业】 累计投入7 800万元对多伦湖、榆木川、山西会馆等景区景点进行修建和完善。成功举办第三届环多伦湖自行车赛和第三届多伦诺尔冰雪节,提升多伦的知名度和影响力。全年共接待国内外游客46万人次,旅游收入1.65亿元,同比增长33%。

【就业】 2009年,用于民生领域的支出占财政总支出的42%。全年征集就业岗位7 610个,安置城镇各类失业人员1 718人,通过考录等形式安置40名大学生就业,安置12名转复军人在乡镇及相关单位就业。

【社会保障】 全年共发放各项补贴和救助资金393万元,发放助学贷款20万元。继续提高城乡低保补差水平,全年共发放城乡低保资金1 256万元,近万名低保对象得到救助。在全盟率先取消了城镇职工医疗保险报销起付线,报销比例提高5%。实现国营农垦企业职工养老保险制度与城镇职工基本养老保险制度并轨,1 100多人从中受益。农村养老保险试点工作稳步推进,农村参保人数达2 840人。

【科技】 全年落实适用技术20项,培训农民3.1万人次。

【教育】 改善办学条件,桥西幼儿园建成投入使用,新建寄宿制小学、走读小学各一座。发展职业教育,多伦县职教中心进入全区百所重点职业教育学校行列。

【文化】 7月,由多伦县作家任月海所著《康熙会盟》荣获自治区第十届精神文明建设"五个一工程"奖。《康熙会盟》已改编为电视剧《多伦会盟》,预计2010年完成拍摄制作。

【卫生】 新建县医院综合楼项目已批复立项,完成大北沟镇中心卫生院和计生服务站建设。新建西城区第二体育馆、3处乡镇文化站、7处"草原书屋"和15个村级健身工程。电视剧《多伦会盟》剧本创作完成,创作出版了中小学爱国乡土教材《历史上的多伦》,由老干部创作的《多伦诺尔书画集》及《古城名镇漠野风歌书画作品集》等一批文艺作品出版发行。

(付月梅 丁海)

乌 兰 察 布 市

【党政军领导名录】

市　委

书　记:吴永新(蒙古族)

副书记:李万忠 刘忠诚

常　委:王忠 艾丽华(女 蒙古族) 张志强 常永福 薛培明 云淮(蒙古族) 罗虎在 李建平 段维明 王炳林(8月离任) 肖军

秘书长:肖　军

人　大

主　任:吴来贵

副主任:武泉(蒙古族) 王继兴 曹二忠 陈建堂 孟甫甬 郭素萍(女 蒙古族)

秘书长:郭　磊

政　府

市　长:李万忠

副市长:常永福 薛培明 王建国 王炳林(8月离任) 赵永华(蒙古族) 赵锦(蒙古族) 王芳(女) 周明虎 佟国清

政　协

主　席:刘　俊(蒙古族)

副主席:希日夫(蒙古族) 郜丰平 郭玉胜 霍建设 石良先 李一飞 袁金莲(女 藏族) 曹兴 范凌华(女)

政法委

书　记:王　忠

纪检委

书　记:艾丽华(女 蒙古族)

检察院

检察长:孙建民

法　院

院　长:唐　谦

公安局

局　长:郝光东(蒙古族)

军分区

司令员:段维明

政　委:田晋裕

副司令员:张义平 张立华

参谋长:张英奎

政治部主任:秦　明

后勤部长:赵瑞超

【概况】　乌兰察布市位于内蒙古自治区中部,地处北纬40°10″~43°28″,东经110°26″~114°49″。乌兰察布系蒙古语,意为红色山的两翼高地。面积54 492平方公里,北与蒙古国接壤,边境线长约110公里,东北部与锡林郭勒盟苏尼特右旗、镶黄旗、正镶白旗毗连;东临河北省康保、尚义、怀安县;南与山西省大同、阳高、天镇、左云、右玉等市县为邻;西与呼和浩特市和林格尔县、清水河县、武川县和包头市达尔罕茂明安联合旗相接,乌兰察布市为地级建制,市人民政府所在地为集宁区,距自治区首府呼和浩特市140公里,距首都北京350公里。至2009年底,下辖苏木8个,乡23个,镇49个,街道办事处13个,人口密度为每平方公里53.16人。全市总人口为289.72万人,比2008年增长0.9%。其中蒙古族人口8.31万人,占总人口的2.87%;汉族人口278.76万人,占总人口的96.2%;其他少数民族2.65万人,占总人口的0.93%。

生产总值完成500.01亿元,按2005年不变价计算,比上年增长13.2%;其中第一产业78.19亿元,增长-2.5%;第二产业实现261.7亿元,增长17.9%;第三产业实现160.12亿元,增长14.8%。三次产业结构由上年的18.7∶49.2∶32.1调整为本年的15.6∶52.3∶32.1。常住人口人均地区生产总值23 454元,增长14.0%。

2009年,全市财政收入完成30.07亿元,同比下降14.2%。

【农业】　全市农作物种植面积58.34万公顷,比上年增加0.2%。受特大旱灾影响,主要农作物产量大幅下降。全年粮食总产量51万吨,同比下降59.2%。其中:玉米产量达21万吨,下降47.2%;薯类产量达28.29万吨,下降63.1%;油料产量达0.72万吨,下降84.9%;蔬菜产量达146.7万吨,下降31.9%;甜菜产量达27.77万吨,下降36.5%。

【畜牧业】　全市牲畜存栏头数801.94万头(只),同比下降1.21%。牲畜总增884.8万头(只),下降2.56%。牲畜总增率达109.01%。牧业年度良种及改良种牲畜总头数达785.27万头(只),比重为97.92%。

全年牲畜出栏(日历年度)974.2万头(只),增长11.1%。全年肉类总产量23.15万吨,增长7.8%;鲜奶产量91.55万吨,下降4.0%。山羊绒产量75吨,增长10.3%;禽蛋产量1.29万吨,下降7.9%。

【林业】 完成造林面积139.8万亩,下降0.4%。当年四旁植树603.83万株,幼林实际抚育面积109.7万亩;成林抚育面积92.6万亩;全年苗木产量32 117.5万株。

【农业机械】 全年农牧业机械总动力180.06万千瓦,增长5.4%;化肥施用量(折纯)7万吨,下降24.6%;地膜使用量5 835吨,下降32.4%。

【工业】 全市规模以上工业企业392家,累计完成工业增加值206亿元,同比增长20%。其中:轻工业完成增加值72亿元,同比增长30.9%;重工业完成增加值134亿元,同比增长17%。按所有制经济类型分,国有企业完成14.67亿元,增长11.2%;集体企业完成0.49亿元,下降46.4%;股份制企业完成增加值90.5亿元,增长21.4%;外商及港澳台投资企业完成5.22亿元,增长16.4%;其他经济类型企业完成95.1亿元,增长20.5%。规模以上工业企业增加值超20亿元的旗县市有5个:丰镇市42.1亿元、凉城县30.9亿元、集宁区29.4亿元、察哈尔右翼前旗26.5亿元、察哈尔右翼后旗20.7亿元。

全年发电量完成2 694 912万千瓦时,同比增长8.55%。其中:火力发电量完成2 573 548万千瓦时,增长7.34%;风力发电完成121 364万千瓦时,增长42.6%;碳化钙、铁合金、白酒、花岗岩板材、水泥、乳制品、石墨及碳素制品产量分别完成135.94万吨,62.24万吨、370 31千升、250万平方米、557.35万吨、47.76万吨、15.72万吨、同比分别增长0.53%、16.2%、16.4%、28.95%、69.86%、9.53%、32.1%。

全年规模以上工业企业完成产品销售收入517.24亿元,增长24.32%;实现利税总额29.73亿元,同比增长20.04%;工业产品销售率98%,同比下降0.3%;工业企业生产成品库存为14.09%,增长36.5%;劳动生产率339 682元/人,增长22.9%。

【建筑业】 全市资质等级以上建筑企业有41个,年末从业平均人数26 658人,增长15.3%;建筑业总产值完成23亿元,增长32%;施工企业房屋建筑施工面积249.1万平方米,增长18.2%;竣工房屋面积134.7万平方米,增长25.2%。建筑企业完成利润总额1.23亿元,增长20.2%。

【能源 环境保护】 全年规模以上工业企业综合能源消费量(万吨标准煤)860.72万吨,同比下降6.7%。

全市共有自然保护区20个。其中:自治区级自然保护区5个,面积达到2 256平方公里;生态示范区13个。全市环境保护系统职工581人,各级环境检测站12个。建成烟尘控制区8个,控制区面积74.7平方公里;建成环境噪声达标区2个,达标区面积25.8平方公里。

全市完成环境污染治理项目4个,完成环境污染治理投资21 352万元。其中:废气治理投资1 983万元;工艺废气治理投资19 369万元;二氧化硫排放量12.23万吨,下降6.28%;化学需氧量排放量1.37万吨,下降0.32%。

【固定资产投资】 2009年,全市规模以上固定资产投资完成233.66亿元,增长15.3%。从投资主体看,国有经济投资117.38亿元,增长35.6%;集体经济投资比上年同期纯增18.51亿元;个体经济投资完成89.99亿元,增长85.5%;其他类型投资完成9.78亿元,下降85.6%。按三次产业划分,第一产业投资16.26亿元,增长13.5%;第二产业投资142.22亿元,增长40.7%;第三产业投资75.18亿元,下降13.9%。城镇住宅施工面积275.79万平方米,下降14.5%;城镇住宅竣工面积256.57万平方米,增长34.2%。

【新开工生产能力】 新开工生产能力有:水泥56.5万吨/年,石墨及碳素制品11 890吨/年,焦炭17万吨/年,发电量63.43万千瓦/年,城市自来水供应能力18.2万吨/日,城市污水处理能力56.4万吨/日。

【交通运输】 全年公路交通运输业完成公路客运量1 173万人,下降38.3%。公路旅客周转量128 986万人(公里),下降32.4%;公路货运量完成4 013万吨,下降17.7%,公路货运周转量1 493 676万吨(公里),增长185.5%。

【邮电通讯】 邮政、电信业务总量8.73亿元,增长28.7%。其中:邮政业务总量0.74亿元,增长8.8%;电信业务总量7.99亿元,增长28.2%。联通本地电话用户28.81万户,下降3.4%。已通电话行政村比重达到98.8%。移动电话用户68.7万户,增长28.4%。计算机互联网用户达到7.9万户。公用电话用户1.39万户,同比下降1.1%。

【国内贸易】 全市社会消费品零售总额136.3亿元,同比增长19.2%。其中:城市消费品零售额45.3亿元,增长22.1%;旗县区消费品零售额57亿元,增长19.3%;旗县区以下消费品零售额34亿元,增长

15.2%。全市批发零售业零售额105.6亿元,增长19.7%;住宿和餐饮业零售额27亿元,增长24.8%;其它行业零售额3.8亿元,下降16.9%。

【对外贸易】 全市海关进出口总额5 195万美元,同比下降48.4%。其中出口总额3 993万美元,下降56.3%;进口总额1 202万美元,增长28.5%。全市新批准外商投资企业4个,投资总额19 944万美元。全年合同使用外商投资4 290万美元,直接利用外资到位资金3 884万美元。

【旅游业】 全年共接待国内外游客379.5万人,增长15%。其中国外游客2.4万人,旅游业总收入18亿元,同比增长21.6%。

【金融 保险】 年末,全市金融机构各项存款余额为350.9亿元,同比增长27.8%。其中:企业存款65.23亿元,增长81.9%;城乡居民储蓄存款229.45亿元,增长20.2%。年末,金融机构各项贷款余额为211.15亿元,同比增长22.8%。其中:短期贷款为62.45亿元,增长28.7%;中长期贷款为143.9亿元,增长18.7%。全年金融机构现金收入为966.53亿元,下降7.1%;金融机构现金支出969.62亿元,下降7.6%。现金回笼3.1亿元,下降65.1%。

2009年,全市人寿、财险两大保险机构年保费收入达5.1亿元,增长16.1%。其中:人寿保险机构保费收入3.9亿元,增长16.8%;财产保险机构保费收入1.2亿元,增长14%。人寿、财险两大保险机构业务支出为1.4亿元,增长32.1%。其中:人寿险业务支出8 400万元,增长58.9%;财产保险业务支出5 538万元,下降1%。

【科技】 全市拥有科学研究开发机构7个,有各类技术人员358名,其中,高级工程师38人,工程师78人,初级科技人员70人。全年用于科技经费支出5 539万元,全年签订技术合同2个,技术合同成交金额136万元。

【教育】 全市拥有普通高中9所,在校学生4.88万人。其中:少数民族在校生0.34万人,少数民族学生中蒙古族学生0.32万人。拥有普通初中48所,在校生7.51万人。其中:少数民族在校生0.37万人,少数民族学生中蒙古族学生0.34万人。拥有小学242所,在校生12.4万人。其中:少数民族在校生0.53万人,少数民族学生中蒙古族学生0.48万人。小学入学率达到99.98%;初中入学率达到99.60%。初中毕业生高中升学率达到92.6%。全市中小学新增校舍面积5.2万平方米,中小学计算机拥有量达到13 856台,拥有图书407万册;拥有数字资源(电子图书)184 305GB。

【文化】 全市拥有艺术表演团体12个,公共图书馆12个,群艺馆、文化馆12个,博物馆11个,广播电视台、电台25座。其中市级广播电台、电视台各1座,县级广播电台、电视台各11座。广播人口覆盖率94%,电视人口覆盖率92%。

【卫生】 全市拥有医疗卫生机构541个,其中医院23所,卫生院189所;医疗卫生技术人员7 083人。其中医院3 435人,卫生院1 190人;拥有病人床位5 211张,其中医院3 245张,卫生院1 347张。

【体育】 2009年,全市有1个市级体育运动学校和5个旗县级体校,共有专兼职教练员37名,体育传统学校42所,试点校1所,训练点30多个,国家级青少年体育俱乐部3个。

2009年,全市体育健儿参加国际比赛获得1枚金牌,2枚银牌,3枚铜牌。在全国十一届运动会上获得5枚金牌,2枚银牌,9枚铜牌。在全区比赛中获得29枚金牌,15枚银牌,35枚铜牌。

【人民生活】 全市城镇居民人均可支配收入12 866元,增长9.5%。农牧民人均纯收入4 144元,增长2%。城镇单位在岗职工年平均工资28 955元。城镇居民家庭恩格尔系数(居民家庭食品支出占家庭消费支出的比重)为30%,农村牧区家庭恩格尔系数为45.4%。

【社会保障】 年末,全市参加城镇基本养老保险参保人数达19.7万人,增长5.3%。其中,离退休人数7.65万人,增长25.4%。养老金社会化发放率100%。参加城镇基本医疗保险职工人数24.6万人,增长8.1%;参加工伤保险人数11.14万人,增长22.7%。

全市各类福利院床位1 148张,福利院收养人数668人。城市居民最低生活保障人数达110 441人,农村居民最低生活保障人数达228 621人。年末,城镇建立各种社区文化站60个,社区卫生服务中心60个。

【就业安置】 全市城镇单位从业人员14.3万人,增长0.9%。全市城镇新增就业人数32 314人,增长10.9%。其中下岗失业人员再就业人数16 770人,增长9.3%。年末,城镇登记失业率为4.13%。

【存在问题】 全市经济总量小,人均水平低,综合实力不强,结构性矛盾比较突出;开发地区资源优势和交通优势项目进展缓慢。大企业拉动作用较弱,中小企业发展缓慢。非公有制经济相对滞后,发展方式比较粗放;农村牧区投入不足,农牧业增效、农牧民增收任务较重;生态环境依然脆弱,改善生态环境和转变农牧业生产方式的任务艰巨;社会低收入群体生活困难,就业和社会保障压力大;完成全社会节能降耗工作目标难度大。

(金海 刘宏伟 苏红)

集 宁 区

【领导名录】

区委书记:罗虎在

人大主任:张 勇

区 长:李尚荣

政协主席:师永智

武装部长:李中华

政 委:柴俊杰

【概况】 集宁区位于内蒙古自治区中部,阴山山脉灰腾梁南麓,地处北纬40°01′,东经113°10′,行政区面积418.8平方公里,辖8个街道办事处,一乡一镇,(其中:74个社区居委会,320个居民小组;社区服务设施50个,社区服务中心40个;22个郊区村民委员会,105个村民小组),居住着蒙古、汉、回等17个民族,常住人口34.43万人,(其中:户籍人口30.37万人,男15.42万人,女14.95万人;非农牧业人口25.99万人)。集宁处于环渤海经济圈和呼包鄂金三角的结合部,东临京津,距首都北京320公里,天津港400公里;南连晋、冀,距煤都大同100公里;西接呼、包,距首府呼和浩特130公里;北通二连、蒙古、俄罗斯,距二连陆路口岸300公里。

2009年,集宁区在全市财政收入同比下降14.2%的情况下财政收入完成6.4亿元,同比增长18.1%。全年地区生产总值完成94.5亿元,同比增长25.8%,(其中:第一产业增加值完成2.5亿元,同比增长7.3%;第二产业增加值完成45亿元,同比增长35.6%;第三产业增加值完成47亿元,同比增长18.7%),经济总量实现了三年翻番;全社会固定资产投资连续三年超过30亿元,达43.2亿元,同比增长9.8%;社会消费品零售总额完成34.3亿元,同比增长28.8%;对外贸易进出口完成1 384万美元,同比增长38.4%。

【工业园区】 集宁区工业园属于内蒙古察哈尔经济技术开发区的一个重要园区,占地35平方公里,东至泉玉岭水库,西至霸王河东岸,南至110国道,北至集商公路。2009年,新建、续建工业项目20个,完成投资6.25亿元。现有企业扩能技改:福瑞制药3亿粒壳脂胶囊、内蒙古双汇日产50吨低温火腿肠等一批重点项目相继建成投产;工业经济结构:海立电子、苏通电子等非资源型企业生产规模不断扩大,产品供不应求,集宁区电价优势得到充分发挥;内蒙古工大博远风机叶片项目开工建设,使集宁区风机主机、塔筒、叶片制造形成完整产业链;园区建设:投资7 000万元完成了工业园区一期9平方公里“三横三纵”道路建设,基本实现了“五通一平”,入驻企业达到12家。皮件加工再就业基地建设初具规模,三家企业入园生产,园区吸纳就业、承载产业的功能进一步增强;切实加大对企业的扶持力度,企业生产持续向好。2009年,全区规模以上工业企业达57家,完成增加值29.1亿元,增长36.6%,区属工业企业入库税金达1.5亿元,增长18.8%。

【城市建设】 全年城建投资完成35亿元,重点实施了四大工程、46个城建项目。新建和拓宽改造通州西路等11条城市道路,完成小街巷治理21条、便道硬化10万平方米。总投资1.06亿元的霸王河水库坝路一体工程已完成投资2 000万元;投资1 500多万元,更换1、2路公交车辆,新增第10路公交线路,实施了老城区47公里排水管网改造和部分给水管网建设工程,解决了城乡结合部1 500户居民的饮用自来水问题;新建两台集中供热锅炉,集中供热总面积达660万平方米,普及率达78%;全年完成绿化投资3 800万元,新增绿地面积4 000亩,人均公共绿地面积达22平方米,新安装路灯380基,亮化楼体42座,城区四大出口全部亮化,全年完成危旧平房拆迁改造80万平方米,新建住宅楼竣工面积100万平方米,全年用于环卫设施的投资达4 900万元,新建公厕30座,拆除各类违章建筑8万平方米,启动治理“三乱”小广告短信平台,城市“牛皮癣”得到有效治理。

【农村经济】 全年新建温室(大棚)611栋,新上马铃薯喷灌圈2套,新打机电井54眼,新增有效灌溉面积8 000亩,节水灌溉面积1.2万亩;马莲渠乡新集镇综合服务大楼、中心卫生院等建成投入使用,5栋移民楼基础完工,新建主干道4条,累计完成投资7 450万元,入驻新集镇企业达7家,新建、续建产业化重点项目11个,完成投资4.5亿元,民丰薯业、鹏程农科已投入运营,老马清真肉羊育肥基地、绿蒙远大种鸡商品鸡项目建设进展顺利;新修通村柏油路、砂石路8条、61公里,新建农村沼气2 000户。认真落实各项支农惠农政策,发放各类补贴资金1 800多万元。

【教育】 启动薄弱学校三年改造工程,长征路小学和集宁五中教学楼主体工程完工,职二中整合工作顺利完成,总投资1.2亿元的北师大集宁附中建成投入使用。

【科技】 首次被科技部授予“全国科技进步先进城市”荣誉称号。

【文化】 集宁战役纪念馆、察哈尔民俗博物馆、集宁殡仪馆建设均完成主体工程,庆祝新中国成立60周年系列文化活动,社区文化、企业文化、广场文化、机关团体文化等群众性文化活动日趋丰富。

【卫生】 投资830万元建设了马莲渠乡卫生院和4个社区卫生服务中心,城乡医疗和公共卫生服务体系得到完善,甲型H1N1流感疫情防控工作扎实有效;新建标准化社区20个,全区300平方米以上社区达42%。

【民生问题】 全年城镇新增就业人数1万人,下岗失业人员再就业3 140人,发放小额担保贷款3 184万元,解决大学生就业75人,城镇登记失业率控制在4%以内。养老保险、失业保险、城镇职工基本医疗保险参保人数分别达2.91万人、1.6万人和2.57万人,全面启动城镇居民医疗保险,参保人数达7.05万人,农村合作医疗参加人数达3.9万人,实现了常住人口全覆盖,社会保障体系更趋完善,各项保障金按时足额发放。城市最低生活保障标准提高到每人每月230元,农村年人均达1 000元,全年发放低保金8 733万元,实现动态管理下的应保尽保。深入开展千名干部下基层"一助一"帮扶和"爱心捐助"活动,募集社会帮困资金520多万元,弱势群体得到广泛关注。新建廉租住房1 689套,发放住房补贴325万元,为2 330户低收入家庭提供住房保障。圆满完成年初政府承诺为民办的十件实事。

【荣誉】 2009年4月,集宁区与自治区16个城市(区)一并进入首届自治区文明城市(区)测评范围。

(孟涛 孔丽萍)

丰 镇 市

【领导名录】

市委书记:于生龙

人大主任:米继文

市　　长:刘治民

政协主席:付俊峰

武装部长:张进官(3月离任) 桂军(3月任职)

政　　委:付金林(3月离任) 蔚永利(3月任职)

【概况】 丰镇市位于内蒙古自治区乌兰察布市东南部,地理坐标为北纬40°18′27″~40°28′28″,东经112°47′31″~113°48′18″。全市东西长86公里,南北长56公里,总面积2 704平方公里。市境东至浑源夭峨沟、大兰窑村接兴和县界,西至巨宝庄镇十八台村与凉城县接壤,北至红砂坝镇平顶山、二架沿村与察右前旗分界,往南至新城湾镇以长城为界与山西省相连;西北的三义泉镇后房子村与卓资县交界,西南的马家库联前三岔村同山西左云县相连,东南官屯堡乡口子村与山西阳高县毗邻,东北隆盛庄镇老虎沟村相接兴和县界。距煤城大同48公里,距乌兰察布市所在地集宁市约62公里,距呼和浩特市160公里。辖5个城区办事处,7个乡镇。32个社区,32个居民委员会,91个村委会,835个自然村。2009全市总人口为342 979人。

全市地区生产总值完成81亿元,同比增长14.3%;财政收入完成6.02亿元,总量比上年减少,但收入结构趋于合理;规模以上工业增加值完成42亿元,同比增长23.2%;固定资产投资完成14.5亿元,同比增长3.2%;城镇居民人均可支配收入和农民人均纯收入分别达13 300元和5 408元,分别增长14.4%和14%。

【工业】 承办"2009年氟化工产业链企业应对危机论坛暨内蒙古高科技氟化学工业园推介会",全力加快氟化工产业化步伐。奥特普公司一期工程项目基本建成,万豪公司二期工程已进入设备调试阶段。天元、宏升和新城公司3个炭素项目实现投产。凯帝斯电梯公司二期、丰川酒业公司一期主体工程已完工。爱立特公司新建羊绒衫分厂5个,生产基地继续向乡镇和办事处延伸。在市场需求不足、企业投资谨慎的形势下,招商引资取得明显成效。全年实施项目22项,到位资金12.4亿元。

【农业】 全年投入1 000多万元,新打机电井123眼,配套旧机电井53眼,维修改造水利工程25处,新增有效灌溉面积2.2万亩,恢复水浇地2.1万亩,水利工程在抗旱中发挥了重要作用。通过创新土地流转模式和经营体制,引进了中泰华安、华晟果品、万博农业等龙头企业,大力发展以日光温室、塑料大棚为重点的设施农业。全市保护地蔬菜面积达6 000亩,膜下滴灌种植面积5 000亩,旱地覆膜种植面积6万亩,在大旱之年成效明显。

【畜牧业】 全年新建奶牛养殖园区6处,千只羊育肥场4处,千头猪场3处。牧业年度牲畜存栏81.3万头(只),同比增长2.5%。全年发放退耕还林、种粮直补、良种补贴、农业生产资料综合补贴等17项惠农资金1亿多元,农民人均享受现金补贴500多元。大力推进政策性农业保险,全市农作物因灾得到保险理赔760万元,奶牛、基础母猪得到保险理赔201万元,有效减少了农民的受灾损失。

【第三产业】 大力推进"万村千乡"市场工程,新建农家店35家。加快发展商贸物流业,引进建设兴华煤运、茂源商贸等项目。全市社会消费品零售总额达16.1亿元,同比增长22%。

【城市建设】 在城镇建设上,按照新区、旧区和工业园区"三区联动"的发展思路,切实加强了民生工程和基础设施建设。在旧城区,对12条街巷进行了硬化亮化,改造了14条街巷的排水管网,新建改建公厕53座;改造了部分街巷的供水管网,解决了2 000多户居民的用水困难;打通了电厂西路,完善了城区交通路网;建设廉租住房2万多平方米;续建了饮马河综合治理工程。在新区,开工建设了集中供热工程,供热面积达到25万平方米;新开工房地产建设面积10万平方米;建设广场东路和广场南街,延伸新区路网;新建给水加压工程,启用垃圾转运站4座。在工业园区,投资220万元,建设成丰路,进一步改善园区基础设施。

【科技】 积极争取科研项目,在奥特普公司组建了自治区级氟化学技术研发中心。积极扶持畜牧改良和技术研究,成功克隆出国内首例美利努肉羊。

【教育】 启动了校安工程,新建校舍5 608平方米,改善了办学条件。开工建设了新区幼儿园。大力加强教师和校长两支队伍建设,不断提高教育教学质量,高考、中考成绩均位居乌兰察布同类学校前列。

【文化】 结合国庆60周年,举办文艺晚会及歌咏、乒乓球、篮球赛等一系列文体活动。举办春节电视晚会、元宵节焰火晚会及街头文艺活动,丰富了群众文化生活。在社区建设中,投资680万元,新建改建标准化社区9个,行政村办公场所7处。

【卫生】 新开工了新城湾中心卫生院,并为部分乡镇卫生院添置了医疗设备。认真落实各项生育政策,低生育水平得到巩固。

【社会保障】 全年用于社会保障和民生方面的支出4.17亿元,占财政总支出的43.9%,市政府承诺的为民办"十件实事"全部得到兑现落实。实施积极的就业再就业政策,全年发放劳动就业小额贷款1 200万元,就业培训5 601人,新增就业4 313人,城镇登记失业率控制在3.8%。新型农村合作医疗实现农村人口全覆盖,全年报销医疗费1 550万元。全面启动了城镇居民医疗保险,新增参保人数29 071人,报销医疗费369万元。全面整顿规范了城乡低保。城镇低保新增2 000人,人均补差水平提高30元;农村低保标准每人每年提高180元。兑现了全市离退休人员和在职干部职工的津补贴,企业退休人员养老金月均提高121.4元。提高了公益性岗位工资、重点优抚对象的生活费及老干部门诊费报销标准。积极发动社会力量开展捐资助学,为161名贫困大学生资助学费26万元,为334名贫困大学生办理生源地贷款185万元,为50名计生贫困户子女捐款7.5万元。

(靳官平 付江亭 郗宏亮 高志文 刘晓静)

察哈尔右翼前旗

【领导名录】

旗委书记:陶克涛(蒙古族 1月任职)

人大主任:吴图雅(女 蒙古族)

旗　　长:张　军(1月任职)

政协主席:纳　森(蒙古族)

武装部长:任德星

政　　委:付国忠

【概况】 察哈尔右翼前旗(简称察右前旗)位于北纬40°41′~41°13′,东经112°55′~113°41′。地处内蒙古高原东南部乌兰察布市中南部,东接兴和县,南连丰镇市,西邻卓资县,北靠察哈尔右翼后旗。中部是集宁区。

察右前旗东西长71.5公里,南北宽59.9公里,总土地面积为2 274平方公里(约341.1万亩),其中耕地面积67万亩,旗政府所在地土贵乌拉镇旧城面积7平方公里,新区规划面积8平方公里,总体达到15平方公里。全旗辖4镇3乡,113个村委会,8个居委会。有总人口22.3万人,其中农村人口17万人,蒙古族占2%。是一个以蒙古族为主体,汉族占多数,多民族聚居的少数民族地区,有蒙古、汉、回、满等8个民族。

察右前旗地处蒙中经济带和京津经济区的边缘,位于正在构建的呼包银—集通线经济开发隆起带,东进365公里直通北京市,西出130公里至呼和浩特市,280公里至包头,南下110公里到大同,北上330公里至二连口岸,是东部发达地区进行经济辐射和产业转移的必经之路,也是连接华北、西北、东北三大经济区的交通枢纽和通往蒙古、俄罗斯、东欧的重要国际通道。境内有丹拉(俗称110)、二河(俗称208)两条高速公路,110、208两条国道,一条直达前旗至集宁的达尔登大道,五条公路横穿东西,纵贯南北;京包、集张、集通、集二、大包及丰准6条铁路,环绕四周,穿越旗境。

察右前旗属中温带半干旱大陆性季风气候,风力较大,主导风向为西北和西南风,年平均风速为3.2米/秒;昼夜温差大,年平均气温5℃;年均日照时数约3 051小时(日均8.4小时),无霜期短,年无霜期为120天左右;年均降水量为369毫米,年均蒸发量1 962毫米,最大冻土深度1.91米。四季总的气候特点为:冬季漫长寒冷,春季干旱多风,夏季短促温热,秋季冷凉多雨。

察右前旗矿产资源丰富,已探明的矿藏主要有硅藻土、文象石、云母、石榴石、褐煤、墨玉、石灰石、硅线石、白云岩、铅银锌锰矿等18种之多,其中硅藻土品位居华北第一、石灰石品位居东南亚之最,褐煤储量为6.51亿吨。目前已开采利用的有褐煤、银铅锌矿,石榴石、硅藻土、墨玉石、硅线石、石灰石、云母等10多种。正在勘探中的玫瑰营煤田,初步探明煤层大约在20米以上,热值超过5 000大卡。

旗境内有闻名于世的千年墓葬——豪欠营契丹女尸,五千多年前新石器时代古人类原始文化部落遗址——庙子沟、大坝沟文化遗址,久负盛名的元代集宁路遗址、呼和乌素汉代古城墙遗址;大卜子、大土城、城卜子古城遗址;赵北长城、汉长城遗址。察右前旗境内也曾是辽代的古商道,是古代通商去往波斯湾等西域的必经之地,也称西经道。

2009年,地区生产总值完成53.5亿元,增长15%(按可比价计算),其中第一产业增加值完成7.62亿元,第二产业增加值完成31.95亿元,第三产业增加值完成13.93亿元。全社会固定资产投资完成18.5亿元,财政收入2.0018亿元,农民人均纯收入4 332元,增长3.4%;城镇居民人均可支配收入12 900元,增长14.2%。全社会消费品零售总额达6.84亿元,增长18.8%。万元GDP能耗下降10.37%,达3.33吨标煤。

【工业】 地区生产总值2009年53亿元,年均递增27.8%,工业增加值达26.4亿元,全旗的工业企业紧紧围绕实现资源优势转化、发展循环经济的战略,重点围绕甜菜、玉米、马铃薯、奶牛、肉羊等农产品资源优势,培育了年加工鲜奶35万吨、马铃薯10万吨、甜菜40万吨、肉羊2万吨生产能力的农畜产品加工企业达30多家;围绕高载能园区这一平台,培育年产电石34万吨、铁合金12万吨生产能力的重化工企业14家;围绕褐煤、玄武岩、硅藻土、铅银锌锰铁等丰富的矿产资源,培育了8家金属矿山和29家非金属矿山企业;特别是察哈尔工业园区和察右前旗重化工园区是察右前旗近年培育发展的两个重点工业区。察哈尔工业园区自2003年开始建设以来,2006年11月被国务院审核批准为自治区级工业园区。至2009年底,园区已累计投入基础设施资金达12亿元,完成道路网及绿化、给排水、路灯、通讯、污水处理等方面的投资硬环境建设任务;入园企业57家,其中农畜产品加工业25家,占企业总数44%,电子类2家,商贸物流类10家,新型建材20家;已建成运行的45家,正在建设中的12家。2009年园区企业实现总产值24亿元,实现税金6 200万元,提供就业6 000人。2010年签订入园协议9家。察右前旗重化工园区从2003年开始建设,共建设了3处14家,包括白海子2家,土贵后山8家,天皮山4家。为了减少污染,将这些企业扩能降耗改造,2009年,旗将集中建设察哈尔重化工园区,即将土贵后山的8家企业于9月底前整体搬迁到天皮山。该园区一期规划面积为3平方公里,重点发展煤炭重化工、现代物流、合成材料和其他高新技术等产业。该区正在完善基础设施建设。

【水利】 全年新上大、中型移动喷灌机56台(套),新打配套水源井64眼,新增喷灌面积1.5万亩;示范推广膜下滴灌1 670亩;建成温室大棚680座,保护地蔬菜种植面积达到3 900亩。

种养业结构进一步优化。全旗以马铃薯、甜菜、玉米、瓜菜为主的种植面积占总播面积的76.7%;建成300头以上的标准化奶牛园区6个,其中1 000头以上的牧场化园区两处,全年奶牛存栏达4.8万头,累计产奶15.3万吨;新建年出栏肉羊1 000只以上的养殖场4个,发展乌拉哈乡养羊专业村12个;引进西门达尔良种肉牛100头;肉类总产量达到4.11万吨。

【城镇建设】 投资3亿多元,进一步加快以土贵乌拉镇为主的城镇建设步伐。道路建设方面,投资5 664万元完成土贵乌拉镇松林大道、幸福路和平地泉南道路、民生小区道路等7条主干道拓宽建设工程,对11条4 000延长米的小街巷进行硬化;投资291万元,完成镇内主干道两侧彩砖铺设及更换大理石道牙工程。公共设施建设方面,投资1 393万元,完成站前广场、灯光场、街心公园、体育场及土贵山纪松龄烈士纪念广场等公共活动场所改造建设工程,实施土贵山公园、七层坡义务植树基地绿化完善工程。美化亮化方面,投资1 465万元,完成了解放路、向阳街、红卫街的建筑物立面装饰美化、广告牌匾改造工程。投资363万元,在土贵乌拉镇和工业园区主要街道安装各具特色路灯524基。既有建筑节能改造方面,投资750万元,完成安居公寓等3.5万平方米住宅楼节能改造。房地产开发方面,引进资金1.5亿元开发建设温馨花园、怡佳苑、学府花园等10个住宅小区。镇容秩序管理方面,突出解决马路市场、私搭滥建的问题。投资80万元,新购置环卫车9辆和垃圾箱150个。通过解决困难群体实现就业,新增环卫工150人,强化城镇环境卫生的监督和管理。投资3 000万元日处理能力1万吨的土贵乌拉镇污水处理厂已开工建设。完成平地泉镇“农家乐餐饮一条街”及2 500延长米排污建设工程。

【商贸流通业】 以利丰汽车城、捷通汽车城、华驰工贸北京现代4S店为代表的整车销售市场进一步发展壮大;总投资1 200万元的土贵乌拉镇新华集贸市场和总投资3 000万元的金海龙工贸整车销售项目汽车展厅投入运营;全面开展“家电下乡”活动,销售家电下乡产品2 208台(件),销售额实现322万元,补贴农户61万元;全年直接利用外资348万美元;实现出口创汇83.5万美元,增长46%。

【民办“九件实事”】 1.积极落实就业、再就业政策措施,全年城镇新增就业2 806人。2.投资3 200万元,建筑面积16 000平方米的旗医院综合楼已完成主体4层建设。投资60万元建设的15所标准化村级卫生室已全部竣工。3.投资158万元,新打2眼机电井并配套相关附属设施的土贵乌拉镇水源井建设工程已投入使用。4.投资1 980万元,建设471套的二期、三期廉租房工程,主体工程已完工。为城镇低保困难家庭人均住房不足13平方米的610户、1 449人发放廉租住房租赁补贴60万元。5.投资26万元,建筑面积300平方米的土贵乌拉镇综合文化站已投入使用。6.投资280万元,建筑面积1 930平方米、可容纳150人的旗综合福利院已竣工。7.投资180万元,完成了土贵山、新华两个社区的办公活动场所建设工程。8.新建完成1 550座农村户用沼气池。9.投资500万元的城镇报警监控系统全面投入使用。

(安文华)

察哈尔右翼中旗

【领导名录】

旗委书记:王增强

人大主任:乌宁吉雅(蒙古族)

旗　　长:赵向红(女　蒙古族)

政协主席:乔福才

武装部长:段进生

政　　委:于万春

【概况】 察右中旗位于内蒙古乌兰察布市中部,阴山支脉—辉腾锡勒北麓,旗政府所在地距首都北京市450公里,距首府呼和浩特市110公里,距集宁区65公里,距110国道40公里,距208国道60公里。

察右中旗属典型的温带大陆性气候,平均海拔1 700米,干燥多风,冬季寒冷漫长,夏季凉爽短促,昼夜温差大,日照充足,年均气温1.3℃,无霜期90～110天,平均降雨量不足300毫米。矿产资源种类多、分布广,已局部开发和探明的有金、银、铁、煤、石棉、钾长石、石灰石、硅石,需进一步勘探的有玛瑙、石英、锰、铜、铅、锌、墨玉、水晶、绿栏石、紫金石、莹石、大理石等品种。其中砂金矿总储量350万立方米,平均品位1.4克/立方米;钾长石探明储量76万吨,远景含量为290万吨;石灰石伴生质地较好的汉白玉,储量1亿吨左右;石棉储量超过千万吨;石英石远景储量5 000万吨。

察右中旗全称是察哈尔右翼中旗,1954年3月由原镶蓝镶红联合旗与原陶林县组成,是一个以蒙古族为主体,汉族占绝大多数,蒙古、汉、回、满等10个民族聚居的农牧业旗县。全旗土地总面积4 190.2平方公里,丘陵、平原各占42.3%,山地占15.4%。辖2个苏木(库伦、乌兰)、5个镇(科镇、铁沙盖、乌素图、黄羊城、广益隆)、3个乡(宏盘、大滩、巴音)、1个园区管委会(辉腾锡勒),177个村委会,950个自然村,户籍总人口22.5万人。是国家592个扶贫开发重点旗县之一。2009年全旗地区生产总值完成23.5亿元,同比增长5.9%;财政收入完成1.05亿元,同比下降19.3%;规模以上工业增加值完成5.82亿元,同比增长26.8%;社会消费品零售总额完成5.4亿元,同比增长12.5%;城镇居民人均可支配收入达11 680元,同比增长12.7%;农牧民人均纯收入达2 568元,同比下降13.5%。万元GDP能耗下降10.5%。

【水利】 全旗新上各类喷灌60台(套),建设马铃薯膜下滴灌7 000亩、软管微喷5 000亩,新增节水灌溉面积3.5万亩。

【农业】 全旗完成农作物总播面积107万亩,优势作物马铃薯、玉米和蔬菜种植面积占总播面积的67.6%。新建日光温室90座(90亩),塑料大棚80座(80亩),马铃薯网室142座,推广旱地覆膜马铃薯13.5万亩。在遭受严重自然灾害的情况下,全旗粮食总产量达到0.78亿斤。

【畜牧业】 牧业年度家畜总头数达77.2万头(只)。其中,奶牛3.2万头,肉羊66万只,生猪8万口。年出栏家畜120万头(只)。全旗新建肉羊养殖小区33处,调购肉用种公羊90只,完成肉羊人工授精5.3万只。新建暖棚1 117间、青贮窖1 133座。新建高标准奶牛养殖小区5处。

【生态建设】 完成退耕还林补植补造3.84万亩。完成天然林保护工程封山育林6万亩,沙源治理工程整地和围封8万亩，文冠果能源林建设2 016亩，通道绿化20.8公里，城镇绿化15.53公里。新增育苗面积300亩。完成水保治理面积9.8万亩。进一步强化了禁牧舍饲、森林草原防火和林权制度改革工作。

【工业经济】

风电项目　2009年新开工风电项目43万千瓦，安装完成33万千瓦。年底全旗风电累计并网发电85.5万千瓦。辉腾锡勒风场总装机规模在全国率先突破100万千瓦，达到108.5万千瓦，单场装机规模名列全国旗县第一。

化工产业　为消除金融危机的影响，旗政府相继出台了借款、减免税费等多种优惠政策，帮助企业渡过难关。为兰丰、磊丰电石企业筹建资金4 000万元，启动3台电石炉，目前运行平稳。全旗电石企业年生产电石14.4万吨，上缴税金1 280万元，安排就业600多人。

农畜产品加工能力　科银、亿丰、凯盛等5家农畜产品加工厂，生产精淀粉3 800多吨，加工肉食品425吨，粮油3 985吨，实现工业增加值1 454.4万元。

矿产资源　金石矿业、古营子铁矿、脉金矿全面转入正常生产，铁精粉年生产能力达到60万吨。凌志矿业公司石材加工量达6万平方米。兴达矿业公司投资1.2亿元，日处理300吨金精粉的贵金属冶炼厂，前期工作基本就绪，选矿生产线2010年5月份可投入生产，冶炼厂2010年5月份开工建设。全旗矿山企业实现工业增加值8 621.9万元。

工业园区建设　完成制造业工业园区的道路、通信、供水、供电等后续设施完善工作，具备了承接一定规模企业的能力。重化工园区整体规划工作全面完成，以“五通一平”建设为重点加强加强了硬件建设。同时组建了园区管理机构，制定了相关配套政策和管理办法，为吸引旗内外企业向园区聚集，搭建了良好的服务平台已有1户企业入驻园区。

节能减排工作　投资1 724万元，日处理60吨垃圾的垃圾填埋场项目已接近完工。扩大了科镇集中供热面积15.7万平方米，淘汰小锅炉。关闭小炼铁企业3家、无证开采砂金企业3家，规范3户矿山企业尾矿库建设。全年二氧化硫排放总量1 450吨，化学需氧量排放总量为450吨，均为超过市政府下达我旗的控制指标。

【基础建设】　全年投资3亿元，大力推进城镇化建设进程，其中，市政基础建设项目投资1.8亿元，房地产建设项目投资1.2亿元。建设全长8.4公里的7条主干道和全长4.1公里的6条小街巷；修建公厕15座；开工建设东山生态公园；建设科镇体育馆、文化中心和文化休闲广场；完成主干道及小街巷亮化、硬化工程；开工建设全长2 380米的护城河改造工程；多方筹措资金扩大集中供热面积，集中供热由2008年的44%提高到72%。积极配合施工单位完成中四公路三改二工程拆迁、土地征用工作。投资906万元建设乡村砂石公路60.4公里。投资35万元兴建广益隆镇汽车客运站。投资1 562万元新建了乌素图镇35千伏输变电站。配合市电业局完成土城子110千伏输变电工程。新架设10千伏线路58.3公里，0.4千伏线路9.79公里，安装变压器69台，城乡电网结构更趋合理。

【旅游业】　举办了“走进辉腾锡勒”旅游宣传促销活动，与北京、太原、石家庄等地区400多家旅行社建立了联络合作关系。继续开展旅游市场整顿规范工作，对无证景点进行了清理整顿。全年共接待国内外游客58.5万人次，实现营业收入1.05亿元。

【第三产业】　累计销售家电下乡产品2 067台(件)，销售额248.3万元，补贴资金32.33万元。投资150万元完成了巴音红萝卜市场改建工程。开工建设了科布尔大酒店，旗宾馆改造工程基本完成。

【教育】　编制了中小学校舍安全工程规划，完成民族学校教学楼、宿舍楼、实验室、学生餐厅的工程建设任务。学校助学金按时足额兑现。贫困大学生资助中心发放助学贷款193万元。普高升本率达到37%，职高升本率达到17.7%，义务教育普及率达到100%。

【文化】　完成文化中心大楼建设任务，对4个乡镇文化站进行改扩建。继续实施电影“2131”工程和广播电视无线覆盖工程。积极开展各类文艺演出和文化下乡活动。广泛开展全民健身活动和爱国卫生运动。人口出生率控制在4.43‰以下。全民开展“吉祥草原惠民计生行动”，启动实施“幸福工程”暨“一杯奶工程”。完成大滩、乌兰、黄羊城、铁沙盖四个苏木乡镇计生服务站和旗计生服务站建设任务，建成4个精品“人口文化大院”。

【卫生】　开工建设旗医院综合大楼，完成铁沙盖中心卫生院改扩建工程。有效控制了甲型H1N1流感疫情。常住农牧民参合率达到了100%，全年共报销补偿金额1 082万元。

【社会保障】　全旗基本养老保险参保人数达9 122人，失业保险参保人数达6 673人，基本医疗保险参保人数达1.75万人，城镇居民医疗保险参保人数达1.6万人。下岗失业人员实现再就业767人，安置“4050”人员再就业178人，发放小额贷款641万元，城镇登记失业率控制在3.9%以内。发放大病医疗救助金462.8万元,救助城乡弱势群众3 600人。建成廉租房450套,完成农村牧区安全饮水工程52处,解决了2.1万人的安全饮水问题。扎实开展了“整村推进”、移民搬迁、劳动力转移培训等扶贫开发工作,解决了0.47万贫困人口的温饱问题。

(陈晓军)

察哈尔右翼后旗

【领导名录】

旗委书记:朝克图(蒙古族)

人大主任:赵炳和

旗　　长:张　翔

政协主席:潘小平(蒙古族)

武装部长:韩　飞

政　　委:周广金

【概况】 2009年,全旗地区生产总值完成42.2亿元,同比增长20.2%。全旗财政收入完成20 687万元,下降20.52%;财政支出完成88 898万元,增长45.11%。全旗总人口20.48万人,城镇居民人均可支配收入达到13 800元,增长17.6%;农牧民人均纯收入达到4 200元,增长16%。全旗固定资产投资完成17.23亿元,增长24.4%。全年各项存款余额达到18.5亿元,增长32%,其中城乡居民储蓄存款达到12亿元;贷款余额达到8亿元,增长54%。

【农业】 全旗农作物播种面积稳定在73万亩。受严重自然灾害影响,粮食总产量2 200万公斤,比上年减产7 850万公斤。新上大型指针式喷灌机60套,新增管灌0.14万亩,新增膜下滴灌1万亩,保灌面积达到10万亩,日光温室和大棚达到1 712座。种植温室3.5亩,生产扦插苗60万株,种植网室200亩,集中建成6处原种繁育基地。完成农牧民转移技能培训2 013人,实现农牧民转移就业3.13万人。发放退耕还林补贴资金5 712万元,粮食直补资金1 704万元,良种补贴资金305万元,农机购置补贴资金740万元,农牧业保险理赔1 112.5万元。

农业部授予察哈尔右翼后旗乌兰哈达马铃薯批发市场为“中华人民共和国定点市场”,并授予“中国农产品市场协会理事”证书,命名为“内蒙古乌兰察布市察右后旗北方马铃薯批发市场”。

【畜牧业】 建成奶牛、肉羊养殖小区4个,年出栏1 000只以上的肉羊育肥场6处、养殖规模在5 000只以上的养鸡场3个、年出栏生猪500口以上的养猪场3处,建成牛冷配站50处,肉羊标准人工授精站108处,完成牛冷配8 000头、肉羊人工授精5.46万只,年末出栏牲畜78.93万头(只),牲畜存栏达到29.68万头(只),完成棚圈建设1万平方米。全年牛奶产量3.8万吨,肉类总产量3.72万吨。

【林业】 完成京津风沙源治理工程11.7万亩,其中人工造林6万亩、小流域综合治理2.7万亩、草场围栏封育3万亩,完成退耕还林成果巩固补植1.92万亩、能源林建设6 800亩,生态环境进一步改善。

【水利】 全年新打配套机电井226眼,新增农田有效灌溉面积2.31万亩,新增节水灌溉面积4.19万亩,哈卜泉水库除险加固工程顺利完工。新增水土保持治理面积14万亩,新增饲草料基地灌溉面积0.6万亩。完成农村牧区安全饮水工程57项,解决了3万人、10万头(只)牲畜的安全饮水问题。

【工业】 全年新增规模以上企业7户,总数达48户,完成规模以上工业增加值20.6亿元,增长26.4%。水泥产量达323.3万吨,熟料产量达418.2万吨,电石产量达38.6万吨,加工绒毛1 700吨,生产羊绒制品60万件。10个市级工业项目和10个旗级工业项目全部开工建设,总投资达40亿元。全年新登记企业134户,各类企业达492户。成功引进安徽皖维集团与白雁湖化工公司共同开发年产20万吨醋酸乙烯和10万吨聚乙烯醇项目,引进辽宁信德公司投资的年产36万吨环保石头纸和100万吨改性原料项目,是历年来引进的最大的高科技项目。引进清洁能源项目,已与区内外15家客商签订风电开发协议,共立测风塔43座,大唐风电一期工程、华润风电一期工程和中广核风电一期工程都已竣工,特斯特风机测试基地正在建设中,装机容量达15万千瓦。积极协调乌兰水泥集团的熟料供应,全旗建成水泥生产企业5家,产能达288万吨。加大白灰生产企业的清理整顿,对全旗17家企业43门落后产能的石灰土立窑全部拆除,并引进落地了宏金峰公司冶金石灰窑、擎天公司气烧石灰窑、锦辽公司气烧石灰窑和飞腾公司回转石灰窑等4家投资都在3 000万元以上的新型环保技术项目,实现了白灰产业的升级。土牧尔台农牧业产业化示范园区新落户9家企业,累计达65家企业,并被农业部认定为“第二批全国农产品加工创业基地”。加大工业园区基础设施建设力度,投入建设资金1.95亿元,完成杭宁达莱经济技术开发区“三横一纵”道路和跨铁路大桥建设任务,完成巴音锡勒风电园区通往华润风电场的道路工程,土牧尔台农牧业产业化示范园区的中心广场、污水处理厂、亮化和绿化工程全部完工,乌兰建材园区道路硬化工程也已竣工,极大地提升了工业园区的承载能力。狠抓节能减排,在能耗产业比重依然较大的压力下,节能减排取得新成效,万元 GDP 能耗控制在5.53吨标煤,下降11.17%,二氧化硫排放量控制在3 420吨,同比消减14.5%,化学需氧量控制在1 092吨,同比消减0.73%。土牧尔台、宿泥不浪和锡勒3个35千伏输变电工程基本完工。

【交通】 全年交通运输支出1 879万元,比上年增加1 548万元,增长467.67%。完成通乡油路35公里、通村砂石路36.7公里,积极协调赛—白高速公路项目部做好征拆工作,确保工程顺利开工。

【招商引资】 共落实招商引资项目67个,协议引资62亿元,实际到位资金16.65亿元。

【第三产业】 全年完成第三产业增加值11亿元,增速42.8%。第三产业占 GDP 的比重达26%,比上年提高4个百分点。社会消费品零售总额达10亿元,增长22%。继续实施"万村千乡市场工程",新建标准农家店43家,累计达106家,新型农村牧区流通网络体系逐步形成。积极鼓励兴办以红萝卜、马铃薯种植销售为一体、皮毛绒肉产供销一条龙的农牧民专业合作社,全年新登记59家,累计达62家,占全市271户农牧民专业合作社的23%,位居全市第一。积极推进"家电下乡"和"汽车、摩托车下乡"工程的实施,全年共销售家电下乡产品2 980台(件),汽车、摩托车下乡产品87辆,发放补贴资金83.2万元。大力发展个体私营经济,新登记个体工商户627户,累计达2 667户。贲红煤炭物流园区引进3家大型煤炭发运企业,建成运输专线12组13公里,年煤炭发运能力达1 700万吨,现有两家已正式营业。支持房地产业健康发展,开工建设了蓝天住宅小区、福盛苑住宅小区等房地产开发项目20处,完成投资近1.57亿元,开发面积近22万平方米。

【基础设施建设】 在四批中央扩大内需投资中争取到项目22个,总投资1.59亿元,其中新增中央预算内投资8 599万元,居全市首位。加强项目论证储备,16个重点项目已上报自治区和市有关部门。累计投入2.15亿元继续加强市政基础设施建设,污水处理厂土建工程已竣工,铺设排污管网28公里;完成给水管网铺设2 000延长米、排雨管道铺设8 324延长米、集中供热管网铺设7 000延长米,城镇集中供热覆盖率达50%;完成城镇绿化4.57万平方米、道路硬化1.88万平方米、人行道硬化11.3万平方米、察哈尔广场硬化2.35万平方米;新安装具有察哈尔文化特色的路灯257基;完成75处楼体的察哈尔文化装饰工程。

【固定资产投资】 全年固定资产完成17.23亿元,增长24.4%。从资金投向看,农牧业、建筑业和基础设施投资增长加快,工业投资平稳增长。全年农牧业完成投资6 980万元,增长43.8%,建筑业完成投资1.98亿元,增长45.6%;工业完成投资12.2亿元,增长22.5%。

【贸易】 全年社会消费品零售总额10亿元,增长22%。全旗拥有物流配送企业10家,社区服务业67家,农牧区"万村千乡"小型超市106家,农畜产品交易市场3处。全旗家用电器和音响器材类商品销售额完成6 500万元,增长36%;全年商品房销售面积13万平方米,增长25%。

【社会保障】 全年用于民生方面的投入达3.55亿元,同比增长31.3%。城镇低保对象达5 808人,月人均保障标准提高到230元,农村牧区低保对象达到20 145人,年人均保障标准提高到850元。实施低保对象大病救助611人,发放医疗救助金147.4万元。争取国家转移支付1 230万元,出台国有关闭破产企业退休人员基本医疗保险实施办法,2 300名国有关闭破产企业退休人员实现了大病医疗保险向城镇职工基本医疗保险过渡,城镇职工基本医疗保险参保人数达17 343人,报销医疗费823万元。参保人数达到23 466人,报销医疗费69万元。继续实施了4个行政村(嘎查)、30个自然村(浩特)的整村推进扶贫工程。新建廉租房620套、2.7万平方米。农村牧区新型合作医疗参合农牧民10.97万人,增加4 090人,实现了对常住人口的全覆盖,为农牧民报销医疗费1 009.35万元,察哈尔右翼后旗成为自治区首批10个国家级新型农村社会养老保险试点旗县之一,有效地解决了农牧民老有所养的问题。

【再就业】 新增就业3 297人,对新出现的56户"零就业"家庭全部予以安置,确保"零就业"家庭出现一户解决一户的目标。

【教育】 全年教育经费支出12 070万元。实施第三中学改扩建工程和新建明德小学教学楼工程。全旗参加高考普通文、理科报名总人数1 071人,上一本线62人,上二本线162人,上三本线374人,本科上线共598人,上线率56%;艺术类文、理科报名总人数118人,上二本线110人;职高对口院校报考35人,上二本线6人。

【文化】 成立了察哈尔文化研究促进会,积极开展察哈尔文化学术研讨和交流活动,为打造察哈尔文化品牌提供平台。察哈尔民间艺术团作为乌兰察布市唯一参赛队赴正蓝旗参加阿斯尔原生态艺术盛会,获得了四等奖和优秀组织奖。乌兰牧骑编排完成了一部反映察哈尔民族风情的大型舞蹈剧《心醉察哈尔》,获得全市乌兰牧骑汇演金奖。实施了察哈尔文化艺术展览中心和5个苏木乡镇的综合文化站建设工程,新建了一处大功率无线电视发射塔。

1月7日,察哈尔右翼后旗与内蒙古电视台“西口风”栏目组合作的《“情系察哈尔”察右后旗春节文艺晚会》在市电视台录制完成。春节期间在自治区、市、旗电视台播出。

1月16日,由察哈尔右翼后旗和乌审旗承办的“全区农牧民春节联欢晚会”在呼市乌兰恰特大剧院录制完成。春节期间在内蒙古电视台播出。

4月30日,中央电视台专题新闻部《大盛魁》摄制组一行6人,在制片主任谢首举的率领下,来旗内红格尔图村、新建村等地,对大盛魁商号驼运古道遗迹进行实地采访和摄制。

【卫生】 全年医疗卫生经费支出5 801万元。新建旗医院综合大楼,主体工程已完工。“计卫联手”服务改革成果在全市得到推行,被列为自治区基层计生站、卫生院联合办医试点旗。

【人口】 全旗人口出生率为5.75‰,同比降低0.39个千分点,自然增长率2.53‰。全面落实计划生育奖励扶助优惠政策,对全旗3 406名计生户发放奖励扶助资金52.7万元,为6.5万人次农村牧区育龄妇女开展了免费体检。

【存在问题】 一是经济总量小,主要表现在:农牧业基础相对薄弱,抗御自然灾害的能力不强;重大工业项目仍处于建设期,优势特色产业对经济的贡献还不大;现代服务业刚刚起步,比重偏低。二是受国际金融危机的影响,部分行业和企业经营困难、压力增大,经济发展中存在着诸多不确定因素。三是财政增收困难,特别是随着规范公务员津补贴等刚性支出及市政建设、园区建设资金急剧增加,财政收支矛盾十分突出。四是城乡群众收入水平与快速增长的经济发展水平不相适应,关系人民群众切身利益的问题还有待解决。五是政府职能转变还不到位,个别部门和工作人员服务意识、办事效率和依法行政能力还有待提高,真抓实干的力度还不够。

【荣誉】 1月20日,在中央文明委召开的全国精神文明建设表彰大会上,察哈尔右翼后旗红格尔图镇荣获第二届“全国文明村镇”称号,这是该镇继2005年荣获“全国文明村镇”称号后再次获此殊荣,也是乌兰察布市唯一获此殊荣的村镇。

乌兰水泥集团有限公司荣获2009年度“全国文明单位”称号。

【自然灾害】 7月1日,察哈尔右翼后旗遭受了前所未有的干旱,程度之重、面积之大、持续时间之久堪称历史之最。至6月中旬,全旗平均降水量仅为27.8毫米,比历年同期偏少67.9毫米。由于干旱,全旗大面积爆发虫灾,虫口密度150~200只/每平方米。全旗102个村委会、566个自然村遭灾,受灾人数13.3万人。旗委、旗人民政府要求全旗所有部门和21万干部群众,全力投入抗旱防虫救灾工作。

【合作项目】 8月28日,安徽皖维集团有限责任公司与内蒙古白雁湖化工股份有限公司共同投资合作的年产20万吨醋酸乙烯(VAC)和10万吨聚乙烯醇(PVA)项目开工仪式在白雁湖重化工园区隆重举行。这一项目的落地填补了自治区产业空白,是目前国内一次性投资产能最大的PVA项目,已列入内蒙古自治区2009年重点工业项目。12月30日,新组建的内蒙古蒙维科技有限公司正式运营。

10月11日,乌兰察布市、察哈尔右翼后旗与辽宁信德控股(集团)有限公司举行无机粉体环保纸项目洽谈会暨签约仪式。旗长张翔与辽宁信德集团总裁宋志学签订了36万吨无机粉体环保纸项目、100万吨改性原料基地项目协议。环保石头造纸项目与传统造纸工艺相比,不消耗林木资源,生产过程不使用水,可达到零排放,产品可降解,属无污染的绿色环保项目,是全面替代传统纸张及塑料包装袋的环保产品。

【为民办“十件实事”】 2009年,政府承诺的为民办的“十件实事”全部办结。1.白音察干镇排污工程建成并投入使用;2.完成300户、1.26万平方米的廉租住房建设任务;3.对农村牧区的畜禽进行免费防疫;4.对贫困家庭学生进行资助,不让一个学生因家庭困难而失学,提高旗蒙古族学校就读的蒙语授课学生生活费补助标准;5.制定并出台国有关闭破产企业退休人员基本医疗保险实施办法,实现国有关闭破产企业退休人员大病医疗保险向基本医疗保险过渡;6.在工业园区征占地面积大的村庄、新农村新牧区重点村、牧区嘎查以及丧失劳动能力的残疾人中开展养老保险试点工作;7.实施人畜安全饮水工程18项,解决51个自然村(浩特)、1.33万人、4.1万头(只)牲畜的安全饮水问题;8.新建一处大功率无线电视发射塔,使全旗大部分嘎查村实现无线电视信号覆盖,将察右后旗电视台节目及时传播到千家万户;9.城镇居民低保标准人均每月提高30元,农村牧区低保标准人均每月提高15元,在此基础上对牧民低保补助水平再适当提高;10.对城镇“零就业家庭”和农牧区“零转移家庭”进行就业援助和生活救助,基本消除城镇“零就业家庭”,积极组织“零转移家庭”转移就业。

(孟泽辉)

四子王旗

【领导名录】

旗委书记:肖万寿(蒙古族)

人大主任:孙怀民(蒙古族)

旗长:曹海波(蒙古族 9月逝世)

政协主席:陈世贵

武装部长:魏占全

政　　委:李建军

【概况】　四子王旗位于内蒙古自治区中部、乌兰察布市西北部,地理坐标为北纬41°10′~43°22′,东经110°20′~113°00′。旗境地处阴山北麓,属大陆性季风气候。辖4个苏木、2个乡、5个镇和1个牧场,总人口21.6990万人,其中农业人口13.05万人,牧业人口1.9557万人。是乌兰察布市唯一的边境少数民族国贫旗,边境线长104公里,境内居住着蒙古、汉、回、满、达斡尔、锡伯等11个民族,其中,蒙古族18 902人,占全旗总人口的8.7%,主要分布在牧区;回族837人,满族1 086人,达斡尔族29人,鄂温克族3人,壮族3人,藏族12人,锡伯族9人,苗族17人,土家族31人,彝族3人,其他少数民族126人,主要分布于农区,与汉族杂居。总辖地面积25 513平方公里,约占全市的一半,其中,农区4 670平方公里,占18.3%;牧区20 843平方公里,占81.7%;耕地200.78万亩,森林188.13万亩,草原3 214万亩,水域28.8万亩。全旗南北距180公里,东西距150公里。境内现已探明的矿藏有40多种,其中金、铜、镍、锰、萤石、石膏、煤炭、芒硝等储量可观,具有较高的开采价值。此外,还有丰富的自然资源、农畜产品资源和旅游资源。

2009年,国内生产总值28.7亿元,增长8.5%;财政收入7 966万元,固定资产投资12.6亿元,增长3.96%;城镇居民人均可支配收入12 630元,增长9.7%;农牧民人均纯收入3 012元,因自然灾害减收13.6%。

【农牧业】　至2009年初,全旗设施农业发展到10万亩,完成马铃薯膜下滴灌种植1.5万亩,最高单产达7 000斤,创全旗马铃薯单产新纪录;新增保灌面积2.2万亩、节灌面积3.8万亩,新建安全饮水工程55处,解决了3.46万人11.64万头只牲畜的饮水不安全问题。2009年秋冬季完成3.5万亩膜下滴灌的基础工程。畜牧业经营方式实现了重大变革,杜蒙杂交羊养殖规模达到7.7万只,真正实现了少养、精养和增收的目标;肉牛外购良种母牛839头,使农区“扶大压小”战略得到稳步推进。

【工业经济】　国电龙源(四子王旗)风电项目运行良好;中广核项目正式并网发电;港建新能源一期项目完成机组吊装;与长江三峡集团总公司、中电投华北分公司分别签订了210万千瓦和200万千瓦风电开发协议。四子王旗佳辉硅业公司一期一次年产5万吨化学级工业硅项目建设接近尾声;北京帅按控股有限公司(四子王旗)硫化碱、元明粉项目开工建设;煤炭与山东枣庄矿业集团签署了战略合作框架协议;石油基本具备出油条件;铜资源整合工作取得重大成果,白乃庙铜业公司顺利完成股权转让及企业资产和生产移交。

【基础设施建设】　乌兰花镇和平路拓宽改造项目成功启动,完成拆迁任务70%,神舟大桥开工建设。完成镇内道路8条,城镇集中供热率超过50%。廉租房、温馨家园、温州世纪·金典商住开发区、神舟大酒店建设面积达12万平方米。完成油路建设5条198.1公里,在建油路4条461.6公里,通车砂石路8条151.3公里。

【社会保障】　城镇职工和居民医保参保人数分别达到1.77万人和2.6万人,新型农村牧区合作医疗制度运行良好,全年大病住院补偿7 563人(次)1 345万多元;新增就业人员930人,农牧民转移就业1.8万多人,失业保险参保7 737人,城镇登记失业率控制在4.1%内;社保净扩面598人,企业参保总人数达6 181人,进一步提高了“五保”供养标准和敬老院供养能力,城乡低保实现了分类提标,人数达到6 667人和24 869人。

【教育】　年内,为义务教育阶段学校拨付公用经费931万元,校舍维修费117万元,补助寄宿制学校学生生活费548万元,资金全部到校到人。投资736万元新建了第三小学教学楼4 918平方米,秋季开学竣工并投入使用。投资380万元新建职高实训楼3 200平方米。为第二小学等6所学校校舍改造、维修等工程投入资金250万元。对全体在职教师进行业务知识考试。选聘3名特岗教师、7名“三支一扶”教师充实农牧区学校教师队伍,为职高学生拨付助学金77.4万元。成立了学生资助管理中心,为367名贫困大学生办理了生源地贷款184.2万元;多种渠道筹集资金,资助在校贫困大学生680人,资助资金60多万元。

【旅游业】 成功举办自治区、乌兰察布市及四子王旗三级旅游那达慕,全年共接待游客43万人次,实现旅游综合收入4 870万元;与内蒙古兰德公司正式签约红格尔景区旅游综合开发项目。扩大内需政策得到全面落实,销售补贴类家电3 468台,汽车、摩托车239辆;补助资金136万元。

【人物】 布和朝鲁,男,蒙古族,系查干补力格苏木巴音嘎查牧民,2009年被全国总工会评为全国劳动模范;其主要事迹为带领牧民改革牧业生产经营方式,实施舍饲养畜,成立了巴音嘎查肉羊养殖专业合作社,成为维护新牧区草原生态平衡的致富能手。

(特木尔 张满元)

卓资县

【领导名录】

县委书记:于生龙(1月离任) 范忠(1月任职)

人大主任:韩文广

县长:范忠(1月离任) 常培忠(满族 1月任职)

政协主席:周德喜

武装部长:桂军(3月离任) 高玉兵(3月任职)

政 委:杨 茂

【概况】 卓资县位于内蒙古自治区中部,地处北纬40.9°,东经112.56°,县政府所在地卓资山镇西至自治区首府呼和浩特市73公里,东距市府集宁区52公里,距首都北京430公里。县境周边与呼和浩特市及其它8个旗县市相毗邻。全县辖卓资山、旗下营、巴音锡勒、梨花、十八台5个镇和大榆树、红召2个乡。全县总辖地面积3 119平方公里,其中耕地面积63万亩,森林面积120万亩,草原面积270万亩,水域面积352.7万亩。全县总人口22.3万人,有蒙古族、满族、回族、朝鲜族、壮族、藏族、苗族、土家族、彝族、侗族、白族、布依族、傈僳族、达斡尔族、鄂伦春族、锡伯族、拉祜族17个少数民族,少数民族人口共5 000人。

2009年,全县地区生产总值完成36.4亿元,财政收入完成1.87亿元,固定资产投资完成10.5亿元,城镇居民人均可支配收入达到12 540元,农民人均纯收入达到4 110元,全社会消费品零售总额达到7.9亿元,城镇登记失业率控制在3.6%以内。

【农牧业经济】 全年建成百亩以上集约化经营示范区(点)15个,温室、大棚、喷灌圈高垄栽培马铃薯、膜下滴灌面积分别发展到1 500亩、8 000亩、13 500亩、2 000亩;建设奶牛、肉羊、生猪标准化养殖小区22个,新增肉羊养殖专业村4个,培育养殖大户207家,建设暖棚9 500平方米,奶牛、肉羊、生猪、蛋鸡饲养量分别达到2.22万头、80万只、8万口、200万只。全年第一产业增加值完成5.4亿元。

【工业经济】 华电蒙能卓资发电分公司全年完成发电23亿千瓦时;大唐国际、北京君达、上海汇通能源等风电企业建设装机总量达到33万千瓦。北京朗新明脱硫石膏深加工项目和盛华化工25 500KVA(千伏安)项目相继建成试生产。建力墙体等6家建材企业新型建材业产能达到120万平方米,水泥、缓凝剂产能分别达到30万吨、9万吨。中西钼矿一期工程实施搬迁,二期工程日选矿1万吨及深加工项目进展顺利;鑫源铁矿年产100万吨生产线建成,正在办理探转采手续。农畜产品加工企业全年完成增加值1.38亿元。信宇生物肥项目注册落户,南通长江农工贸电容器、化成箔项目开工建设,亨利达石化清洁燃料项目完成投资5 000万元,成为新的经济增长点。五大工业支柱产业完成增加值12.3亿元,同比增长21.8%;占规模以上工业增加值的92.5%,财政贡献率达到57.1%。全部工业增加值完成16.8亿元,同比增长20.7%,对经济增长的贡献率达46%;规模以上工业企业达到34家,完成增加值13.3亿元,同比增长20.5%,增速位居全市前列。

【第三产业】 城乡消费市场全面繁荣,"万村千乡"市场工程乡村连锁店达到106家,覆盖了所有集镇和80%以上的行政村;"家电、汽车、农机下乡"等政策措施全年补贴摩托车、汽车341台,销售各类家电下乡产品3 282件;熏鸡年产销量突破200万只,图书市场年销售收入达到7 000万元;商品房销售面积5.5万平方米,销售金额4 360万元。旅游业发展方兴未艾,全年接待游客15.6万人次,同比增长35.7%;实现旅游收入1 558万元,同比增长38.2%。会计、律师、信息咨询等中介服务组织不断发展,零售、餐饮、文化娱乐等服务水平逐步提升。第三产业实现增加值12.7亿元,同比增长20.7%,占GDP比重的34.9%。

【基础设施建设】 全年组织实施城建项目55项,完成投资3亿元。治理小街小巷17条,修建排污管道9处,公厕18座;安装路灯110基;种树4 500多株、草坪3 000平方米,新增绿地4.7万平方米。全县集中供热率达到50.3%。实施大黑河景观工程,开工建设污水处理厂,积极提升市政服务水平。开工建设通乡油路22公里,建成通村砂石路14.9公里,公路通行能力进一步提高。完成人工造林4万亩、封山育林5万亩、义务植树3 000亩、通道绿化35公里,建成粮果间种示范基地500亩,生态环境不断改善。实施农村饮水安全工程72处,新打水源井72眼,解决了2.38万人、3.77万头(只)牲畜的饮水困难;建设农村户用沼气项目1 402户,覆盖16个村4 900多人,农村生活设施不断完善。新打机电井28眼、灌溉井85眼,改良土壤5 500亩,新增耕地面积1 200亩、有效灌溉面积2.3万亩、节水灌溉面积2.9万亩。

【民生工程】 职工基本养老、基本医疗保险参保人数分别增加529人、1 597人,达到11 103人和15 720人。城镇居民医疗保险参保人数新增21 871人,达到31 809人。新型农村合作医疗筹资标准提高到每人每年120元,实现了对常住人口的全覆盖。城镇低保人数6 678人,平均补差水平提高30元,达到人均每月196.1元。农村低保人数17 084人,人均补助标准提高310元,平均补助水平达909.3元。五保户分散、集中供养标准分别提高100元、200元,达1 100元、1 600元。对1 289名困难群众进行了教育、医疗等救助,共发放救助资金197万元。建设廉租房1.6万平方米、406套,为1 600户城镇低保家庭发放廉租住房租金补贴255万元。全县社会保障覆盖率达到65.8%,初步构建起养老、医疗、住房保障体系。累计发放惠农补贴资金7 089万元,农民人均政策性增收527元;转移农村剩余劳动力3.2万人(次),农民外出务工人均增收1 155元;投入抗灾自救资金400多万元,有力保障了受灾群众的生产生活;投入扶贫资金1 000万元,实施整村推进、对口扶贫、老促会扶贫等项目20个,解决了7 000多人的脱贫问题。积极推进大中专毕业生就业工作,公开招考中小学教师70名、各类事业单位人员46名。全面落实以创业带动就业政策,发放小额担保贷款660万元,新增城镇就业2 234人,基本消除零就业家庭。

【荣誉】 5月8日,卓资一中学生杜威被评为第二届感动内蒙古人物。

9月13日,卓资县职业中学校长王永贵同志荣获首届“中国职业教育杰出校长”光荣称号。

(庞文辉 刘斌 王日勤)

商都县

【领导名录】

县委书记:王国相
人大主任:郭正科
县　　长:贾　军
政协主席:王志祥
武装部长:庄　洁
政　　委:姜迪成

【概况】 商都县位于内蒙古自治区中部、乌兰察布市东北部,东与化德县和河北省康保县、尚义县为邻,南与兴和县接壤,西接察右后旗,北交锡林郭勒盟苏尼特右旗、镶黄旗;地理坐标为北纬41°18′~42°09′,东经113°08′~114°15′;全县辖6镇3乡、211个村民委员会、18个社区、717个村民小组;总辖地面积4 353平方公里,境内居住着汉、蒙古、回、藏等12个民族;2009年底总人口为350 052人,是乌兰察布市第一人口大县。

2009年全县地区生产总值32亿元,财政收入7 088万元,城镇居民人均可支配收入和农民人均纯收入分别达到了12 249元和2 354元。

【农牧业】 新建喷灌圈215套,总量达315套、面积15万亩。落实膜下滴灌面积4 100亩、小型喷灌面积3 200亩。覆膜马铃薯种植面积达到20万亩,在村农业人口人均达到1.1亩。新建日光温室和大棚3 700座,蔬菜保护地面积累计达7 800亩,绿色无公害蔬菜种植面积保持在10万亩左右,年产量稳定在10亿斤左右;认真落实奶牛、肉羊扶持政策,牧业年度存栏奶牛7 900头,年饲养肉羊105万只,出栏68万只。全县全年实现第一产业增加值8.2亿元,占地区生产总值的21.6%。

【工业】 希森公司马铃薯全粉加工、民宇公司日产2×2500吨水泥熟料生产线、嘉泰公司年产60万吨环保型煤三个项目全面开工建设;北京京能风电项目一期工程4.95万千瓦机组已竣工且全部并网发电,二期工程完成风机吊装32台,其中6台已并网发电;北京天润风电项目一期工程4.95万千瓦机组已竣工,具备了发电条件;东昊公司年整理60万吨废钢项目、中盛公司10万吨萤石选场项目已建成投产;宏达公司

2 000吨蔬菜深加工项目,已建成120吨藏储能力的蔬菜恒温库11间、60吨藏储能力的菜薯储窖50座。全县全年完成规模以上工业增加值9.3亿元,同比增长31.1%。

【第三产业】 大力发展新兴服务业和现代服务业,不断提升餐饮住宿服务业档次,稳定发展房地产业,持续加快发展商贸物流业,现代服务业与传统服务业同步推进、生产性服务业与非生产性服务业协调发展的格局正在逐步形成。全县全年实现第三产业增加值11.2亿元,同比增长24.4%。

【城乡建设】 坚持新区建设与旧区改造相结合,投资4.1亿元,新建混凝土道路13条,面积7.6万平方米,同步铺设了排污管道6 632延长米、供水管道7 900延长米、供热管道6 000延长米;更新和栽植各类树木2.8万株,安装路灯332机,对街道两侧路林中毁坏枯死的树木进行了更换补植,新建道路全部实现了绿化亮化;在七台大街绿化带建防护栏4 200延长米;完成了府前广场和文化公园广场改造任务;新建了华都、廉租房等住宅小区,实施了万福花园、新都佳苑等商住小区二期工程。同时,继续在29个重点村开展了以特色产业培育、村容村貌整治,基础设施建设为主要内容的新农村建设,起到了良好的示范作用。

【生态建设】 认真贯彻以质为先的生态建设方针,深入推进军民共建绿化基地建设,挖成树坑33万个,打埂3万延长米,栽植各类树木40万株,完成造林面积1万多亩。大力实施京津风沙源治理工程,完成人工造林7万亩、封山育林7万亩、水保治理2.48万亩,增设网围栏37.3万延长米。

【基础设施】 全县完成通村公路34条,总长达280公里。分年度建设的65公里七台至大黑沙公路以及该公路与七台至张家口公路20公里的连接线全线贯通,七台至乌兰哈达三级油路已建成通车;完成了屯垦队至旗台110千伏输变电工程、玻璃忽镜35千伏输变电改造工程,2个增容和1个新建输变电站全部竣工;总投资1 851万元的37项饮水工程已全部建成并投入使用,解决了3.37万人的饮水安全问题。三面井病险水库加固工程已竣工并放闸蓄水,八股地病险水库加固工程也开工建设。全县完成固定资产投资12.5亿元,同比增长4%。

【科技】 以完善科技特派员为纽带,以科技宣传、培训、普及和创新为重点,科技与经济的结合更加紧密,运行质量明显提高。

【教育】 投资3 447万元,为一中、二中、希望、世纪和育苗五所中小学新建了教学楼和宿舍楼。投资250万元,为职业中学建成了三个专业实训基地。

【文化】 8月8日,商都县全民健身日暨民政赈灾福利彩票启动仪式在县文化广场隆重举行。

【卫生】 投资1 800万元的中医院搬迁新建项目,前期工作基本就绪。投资140万元,完成了2个乡镇中心卫生院的改扩建任务。严密部署甲型H1N1流感防控工作,有效控制了疫情。

【社会保障】 继续做好就业和再就业工作,为60名50周岁以上和荣立二等功以上的企业下岗退伍军人以及下岗伤残退伍军人开发了公益性岗位。发放小额贷款600万元,为200名下岗失业人员自主创业奠定了基础。通过大力扶持服务业、中小企业和有序劳务输出,新增城镇就业2 619人、农民转移就业36 420人。不断加强社会保障体系建设,全县养老、医疗、失业保险参保人数分别达13 252人、17 200人和8 388人,新增农村低保对象3 000人,达到28 945人。新增城镇低保对象1 000人,达到7 851人。积极落实城镇廉租房补贴制度,1 341户城镇低保无房户享受到租房补贴。全面推行新型农村合作医疗和城镇居民基本医疗保险制度,全县参合农民达到203 778人,常住人口参合率达到97%以上,城镇居民参保人数达到3万人。努力推进医疗、教育和临时救助,优抚对象、农村"五保户"生活补助标准进一步提高。

【荣誉】 商都县绿娃农业科技有限责任公司生产技术部获"区级工人先锋号"荣誉称号(内工发〔2009〕25号)。

商都县电力公司工会委员会获"区级模范职工之家"荣誉称号(内工发〔2009〕51号)。

郭凌云 内蒙古奥淳酒业公司技术研发部部长 获全国"五一"劳动奖章荣誉称号。

李军 商都县政府办副主任、信访办主任 获建国60周年庆祝活动期间全区信访工作先进个人(厅发〔2009〕69号)。

王志英 商建公司第一项目部施工队队长 获区级"五一劳动奖章"荣誉称号(内工发〔2009〕25号)。

曹耿 商都县第一中学工会主席 获区级优秀工会积极分子(内工发〔2009〕51号)。

(景颂 高启炜)

凉 城 县

【领导名录】

县委书记:冯 超

人大主任:李 贞

县 长:王晓平(蒙古族)

政协主席:张万寿

武装部长:周 飞

政委:左普(3月离任) 李红兵(3月任职)

【概况】 凉城县地处内蒙古自治区中南部,位于北纬40°10′~40°50′,东经112°02′~113°02′。地形总体特征为四面环山,中怀滩川(盆地)。东邻丰镇市,南与山西省左云县、右玉县毗邻,北与卓资县接壤,西与呼和浩特市赛罕区、和林格尔县交界。全县辖5镇2乡、1个办事处,143个村民委员会、8个居民委员会,822个村民小组、49个居民小组。全县土地总面积3 458.3平方公里,耕地95万亩;林地146万亩;草地140万亩;森林覆盖率28.1%,林草覆盖率58.8%。2009年年末户籍总人口24.8万人。全县共有15个民族,少数民族8 292人,其中蒙古族2 200人,回族337人,满族5 541人(主要分布在曹碾满族乡),土家族46人,彝族40人,苗族39人,锡伯族17人,朝鲜族8人,达斡尔族7人,壮族10人,鄂温克族4人,藏族1人,维吾尔族1人,其他少数民族41人,汉族与少数民族比例为100∶3.5。

2009年,全县地区生产总值完成66亿元,同比增长14.5%;财政收入完成3.79亿元,同比下降31.4%;固定资产投资完成24亿元,同比增长9%;城镇居民人均可支配收入、农民人均纯收入分别达14 068元和5 904元,同比分别增长18.8%和16%;三次产业结构比调整为17∶57∶26。

【农业】 全县粮食播种面积完成95万亩,粮食总产量达3.8亿斤,第一产业增加值实现11亿元。新增设施蔬菜5 028亩,覆膜马铃薯6万亩,马铃薯喷灌圈1 000亩。

【畜牧业】 新增规模以上奶牛养殖小区10处,肉羊养殖小区7处。六月末家畜存栏总数达71.9万头(只),其中奶牛存栏6.96万头,肉羊存栏54万只。农牧业龙头企业海高牧业完成投资1.5亿元,完成了办公生活区、大型青贮池和8栋标准化牛舍的建设,进场奶牛达到5 000多头。

【林业】 完成退耕还林补植补种7.3万亩、天然林保护封山育林3万亩、京津风沙源治理荒山造林4万亩,全民义务植树1.1万株,生态建设成果得到有效巩固。

【水利】 新增有效灌溉面积2.4万亩、水土保持面积7.5万亩。建成人畜饮水工程9处,解决了7 000口人、6 200头(只)畜的饮水困难。

【工业】 累计完成工业增加值33亿元,规模以上工业企业达到27家,完成工业增加值30.8亿元。由于受金融危机的影响,岱海电厂产能下降,完成工业增加值15.2亿元,同比下降18.7%,占规模以上企业增加值的49.4%。

【旅游业】 岱海旅游区被评为国家AAAA级旅游景区。全年接待游客69万人(次),实现旅游直接收入1.4亿元。是年,凉城县岱海旅游区被评为国家AAAA级旅游景区。

【环境保护】 节能减排成效显著,全年综合能源消费量52万吨标煤,万元GDP能耗1.0597吨标煤,同比下降10.31%。

【基础建设】 全年开工各类项目20个,建成无害化生活垃圾处理场、厂汉营通乡油路、村卫生室、计划生育服务站、廉租房、岱海镇供水管网、农村户用沼气、动物防疫体系建设等一大批项目,城镇建设完成投资3.7亿元,实施了旧城区改造和小街小巷硬化工程,建设廉租房1.5万平方米、360套,城区面积达到10.5平方公里。

【教育】 三小教学楼、职中教学园区开工建设,麦中宿舍楼投入使用,“两基”达标成果得到进一步巩固。普高本科上线人数继续位居全市同类学校榜首。

【文化】 第三次全国文物普查工作深入推进,创办发行了文艺期刊《岱海潮》,启动运行会展中心。广播电视“村村通”和无线覆盖工程顺利实施。

【卫生】 三级卫生服务网络建设进一步完善,总投资1 200万元的县医院住院楼和投资1 000万元的中蒙医院投入使用,新建了15个村卫生室。新型农村合作医疗参合人数达到15.5万人,全年累计报销医疗费用1 737万元,并荣获“全区新型农村合作医疗工作先进旗县”荣誉称号。全县人口出生率4.48‰,符合政策生育率达到95.93%。

【社会保障】 全部消除了零就业家庭,新增城镇就业人员1 845人,城镇登记失业率控制在3.4%以内,完成农民转移就业2.47万人,城乡低保户、五保户、优抚对象、老党员、离任村干部生活待遇明显提高。社会救助力度不断加大,实现了扩面提标,深入实施整村推进扶贫工作,使5个贫困村、6 800名贫困人口稳定脱贫。

【人民生活】 2009年城镇居民人均可支配收入14 068元,同比增长18.8%;农民人均纯收入5 904元,同比增长16%。

(苏西恒 鲍丞昱)

化 德 县

【领导名录】

县委书记:付涌泉

人大主任:张万堂

县 长:霍建忠

政协主席:朱世平

武装部长:李胜利

政 委:张文德

【概况】 化德县地处内蒙古自治区中部,乌兰察布市东北部,北靠锡林郭勒大草原,与正镶白旗、正镶黄旗接壤;南接商都县和坝上地区,与河北省的康保县、张北县毗邻。地处北纬41°54′~42°16′,东经113°31′~114°46′。全县辖2乡3镇,93个村委会,7个居委会,355个自然村,总面积2 568平方公里。居住着汉、蒙古、回、满、达斡尔、朝鲜、俄罗斯、傣、土家、佤等民族,在册人口15.7万人。域内平均海拔1 500米,属浅山丘陵荒漠地貌,年降雨量250毫米~300毫米,无霜期100天之内,年平均5级以上大风日数70多天,是一个典型的高寒干旱、农牧业生产极不稳定的贫困地区。1994年被列为国家“八七”扶贫攻坚县,2002年被国务院列为新一轮扶贫开发重点扶持县。

2009年,全县生产总值完成21亿元,同比增长10%;财政收入完成8 306万元,同比下降17.8%;规模以上工业增加值完成11.04亿元,同比增长21%;固定资产投资完成11.2亿元,同比增长39%;社会消费品零售总额完成6.38亿元,同比增长21%;城镇居民人均可支配收入达13 810元,同比增长20%;农民人均纯收入达2 558元,同比下降13%,万元GDP能耗下降9%,节能减排任务全面完成。

【农牧林水】 落实旱作覆膜马铃薯面积10万亩、覆膜瓜类面积2万亩;新建日光温室260座、智能温室1座、马铃薯网室200亩;新增喷灌、软管微喷、膜下滴灌等节水改造面积1.3万亩,节水灌溉面积累计达5.5万亩。高效畜牧业效益凸现,新建肉羊标准化养殖示范村16个、牧场式奶牛园区3处,年末基础母羊存栏达24.2万只,出栏肉羊64万只,良种奶牛存栏达1.8万头,年产鲜奶5.1万吨。设施农业和舍饲畜牧业成为农民收入稳定增长的中坚力量。农牧业基础建设全面加强,完成京津风沙源治理等重点生态工程18.6万亩,完成通道绿化110公里;完成沼气池建设工程1 870户,建成通村砂石路67.5公里,解决2.05万人、2.19万头(只)牲畜的饮水安全问题。无土移民工程稳步推进,规划建设无土移民住宅楼19栋,安置移民540户、1 890人。全年兑现各类补贴补助1.38亿元。深入开展抗灾救灾活动,累计发放救助款物达890多万元,确保大灾之年受灾群众有饭吃、有衣穿、有炭烧。

【工业经济】 全年新开工中海油等风电项目5个,实现并网发电20万千瓦,全县风机装机总容量达25万千瓦,居全市第二。服装产业持续发展,成立了服装管理局,加强产学研体系建设,开通中国羊驼绒絮片服装信息网,提高产品的质量和档次。全年服装产量达2 000万件,实现产值12亿元,从业人员达2万人。重化工业回升向好,全年改扩建矿热炉4台,淘汰2台,重化工企业全部恢复生产,生产各类铁合金13.5万吨,入库税金4 200万元。非资源型产业进展顺利,博恩预应力钢绞线一期项目已生产钢绞线3 500吨,实现产值1 500多万元,二期工程设备安装完成,促进了产业多元发展。矿产资源开发有序推进,全年累计投资5 000多万元,开展探矿项目32个,白土卜子铁矿、七号镇徐家营铅锌矿、沙拉哈达金属矿的储量已探明。农畜产品加工业发展势头良好,上海美梭羊绒衫有限公司羊绒基地项目正在安装设备,七号镇肉食品加工项目已开工建设,民乐蔬菜市场一期工程已交付使用。同时,制酒、肉食品加工等企业积极进行技改扩张,拓展市场空间,发展能力逐步增强。

【城镇建设】 实施市政建设项目43个,总投资5.2亿元,是建县以来投入力度最大、成效最明显的一年。围绕公益事业、适用住房建设,总投资3.4亿元,实施农牧业服务中心、农业贸易综合市场、廉住房建设等30项工程。围绕加强市政基础设施建设,投资1.8亿元,完成旧区7条小街小巷改造、金三角路改造、新区集中供热改造、人民广场改造以及主要交通道口交通信号灯及抓拍系统建设等13项工程,城区面积扩展到10.5平方公里,城镇综合服务功能明显加强。同时,强化市政管理,组建了城镇管理局,实施城镇“绿化、亮化、美化、净化”工程,营造舒适文明的人居环境。

【项目建设】 坚持把扩大投资作为保增长的重中之

重,积极争取中央扩大内需投资项目,鼓励、吸引企业和社会投资,全年争取扩大内需项目20项,其它项目19项,争取国家投资1.38亿元,切实做到开工建设100%、落实地方匹配资金100%、整改发现问题100%。同时,坚持主动出击,走出去招商,全年新引进重点工业项目9个,涉及投资8亿多元。其中,落地开工的项目有3个,签约项目有6个。

【教育】 加大教育投入,投资3 100万元完成了一中电教楼、职业中学教学楼等教育基础设施工程。

【卫生】 新型农村合作医疗工作运行平稳,参合人数达95 242人,全年为3 515人次补偿大病医药费762.38万元。三级卫生服务网络不断健全,德包图中心卫生院改扩建工程顺利完成,鼠疫、甲型H1N1流感及其它传染病防控工作有序开展。

【社会保障】 坚持以人为本、民生优先,在财政资金十分紧张的情况下,公共财力仍然最大限度地向民生方面倾斜,全年累计支出各类惠民资金1.6亿元,增长25%。实施了积极的就业和再就业扶持政策,全年发放各类贷款2 600多万元,新增就业人员1 038人。城镇低保达5 318人,全年发放城镇低保金1 396万元;农村低保达26 725人,全年发放农村低保金2 006万元。为企业退休人员人均每月提高养老标准130元。城镇居民医疗保险覆盖面扩大,参保人员达15 221人。高度关注弱势群体,全年发放医疗救助金388万元;供养五保人员735人,发放供养费94万元。继续开展捐资助学活动,筹资61.5万元,资助贫困家庭学生644名。实施廉租住房建设工程520套,发放廉租房补贴80.8万元。发放城镇居民取暖价补贴195万元。扶贫工作顺利推进,完成整村扶贫开发重点村5个,解决了5 187名贫困人口的脱贫问题。

(李宏民 于涛)

兴和县

【领导名录】

县委书记:张金亮

人大主任:杨君青(女)

县　　长:袁晓东

政协主席:石明成

武装部长:陈永先

政　　委:庞瑞宝

【概况】 兴和县地处北纬40°26′40″~41°26′27″,东经113°21′29″~114°7′47″。土地面积达3 518平方公里。东部以大青山为界与河北省尚义县毗邻,南部以长城、大南山为纽带与河北省张家口市、山西省大同市相连,西部以岱青山为分水岭与丰镇市、察哈尔右翼前旗接壤,北部与察哈尔右翼后旗商都县交界,东距北京240公里,西距呼和浩特220公里,110国道、京呼高速公路和即将开通的集张铁路贯穿东西,是内蒙古距北京最近的旗县。辖5个镇2个乡,168个村民委员会,867个村民小组,总人口30.1万人,其中常住人口21.6万人,人口密度为86人/平方公里。

全年完成地区生产总值(GDP)27.75亿元,同比增长24%,其中第一产业增加值完成7.66亿元,比上年增长12.5%,第二产业增加值完成10.14亿元,比上年增长31.75%亿元(规模以上工业增加值完成6.24亿元,同比增长35.8%),第三产业增加值完成9.95亿元,比上年增长26.35%;固定资产投资完成18.19亿元,同比增长21.2%,财政总收入完成1.5178亿元,城镇居民人均可支配收入11 450元,同比增长25.8%,农民人均现金收入3 441元,同比增长27.1%,社会商品零售总额9.91亿元。

【农业】 农业经济遭受了持续干旱和多种自然灾害的侵袭。全县新建马铃薯喷灌圈70套、3.5万亩,累计达156套、8万亩;新增保护地蔬菜4 620亩,累计达6 620亩,初步形成“北薯南菜”的农业生产格局。

【畜牧业】 建成5 000头以上奶牛养殖园区3个,万只规模肉羊养殖场5个,千口规模养猪场5个,能繁基础奶牛和基础母羊存栏分别稳定在2万头和32.6万只,生猪存栏6.72万口。

【林业】 生态建设完成投资2 668.6万元,完成生态治理17.4万亩,重点实施京津风沙源治理、退耕还林、通道绿化、公益林及社会造林和义务植树工程,森林覆盖率达到23.35%,林草盖度达到48.5%。累计建成沼气池2 015座。新增有效灌溉面积2.58万亩。

【工业】 全县规模以上工业企业达20家,全年完成工业重点项目固定资产投资9.35亿元。中国运载火箭技术研究院投资的风机总装和叶片生产项目、海化辰兴一期20万吨电石项目顺利投产,大唐万源公司一期

4.95万千瓦风电并网发电。9家碳素公司的新建技改项目顺利实施,新增产能9万吨,全县碳素生产能力达到15万吨。蒙兴黏土、坤垠化工公司的3万吨膨润土深加工项目开始试产。

【城镇建设】 累计完成投资5.17亿元。以城中村改造和还路于民为突破口,完成230户、3.71万平方米的拆迁改造,完成二道河综合治理、黄花梁生态公园、兴永植物园建设,形成"一湖两园"城区新景观。加大市政基础设施建设力度,新建市政道路11条29公里,拓宽改造5条5.1公里,新增道路面积62.5万平方米,是原城区道路面积的3倍。主要道路安装路灯1 006基,亮化21公里。建设南北环路、景观大道缓解了旧区交通压力。完成了会展中心、体育活动中心、青少年活动中心、新世纪广场改造等公益性和功能性工程建设。

【交通】 兴尚公路、县城至友谊水库旅游路以及后河大桥重建工程开工建设。完成17条、200公里农村道路建设工程,新区客运站及团结、苏木山客运站竣工营运。

【社会事业】 高考本科上线人数连续两年实现翻番,中考成绩在全市综合排名第一。三级医疗卫生服务网络进一步健全,医疗救治和管理服务水平明显提高。严密防控,有效救治,扎实开展甲流防控救治工作。在全区各旗县市区率先完成文化建设总体规划和文化定位工作,实施一批文化建设重点项目。

【民生工程】 连续两年调整减少预算收入1.18亿元,体制结算新增上级财政转移支付9 269万元,财政总支出水平新增1.12亿元,达到7.09亿元。兑现事业单位人员职称工资,提高全县差补事业单位人员及低收入干部职工工资,提高离休老干部津补贴比例,2008、2009两年财政用于民生事业的投入累计达到3.23亿元,全县城镇新安置就业2 452人,下岗失业人员再就业1 395人,农民转移就业41 080人,对60户零就业家庭实施就业援助。新型农合常住人口参合率达100%,全年累计为8 230人报销医疗费用1 754万元,企业职工社保扩面续保新增3 901人,参保人数达到14 511人。城乡低保覆盖面分别达7 252人和24 226人。"五保"集中供养和分散供养标准分别提高到1 600元和1 100元。

【实施廉租住房保障工程】 1 548户城镇低保家庭享受到房屋租赁补贴,4栋、2.3万平方米廉租住房建设工程主体完工。

【抗灾救助活动】 "千名干部下基层、万名党员结对子"抗灾救灾活动,筹集发放救灾款项620多万元,有效缓解了受灾群众的生产生活困难。解决了农村2.09万人、2.37万头(只)牲畜的安全饮水问题。实施4个整村推进扶贫工程,完成100户扶贫移民扩镇任务,解决了0.9万人的脱贫问题。

(李 贤)

鄂 尔 多 斯 市

【党政军领导名录】

市　委

书　记:杜　梓

副书记:云光中(蒙古族)　王程熙

常　委:龚毅(蒙古族)　王凤山　巴建光(蒙古族)　林洁(女　蒙古族)　王学丰　刘海山　苏建荣　斯琴(女　蒙古族)

秘书长:马建峰(2月调离)　白智(2月任职)

人　大

主　任:杜　梓

副主任:张贵　李秀兰(女)　苗秀华(女)　王海强　訾金泉(蒙古族)　马嘎尔迪(蒙古族)

秘书长:温跃军(满族)

政　府

市　长:云光中(蒙古族)

副市长:王凤山　白玉岭(蒙古族)　李世镕　付万惠(蒙古族)　包崇明　曹至琛　王峰(蒙古族)　李国俭(8月任职)

秘书长:奇巴图(蒙古族　2月任职)

政　协

主　席:徐万山

副主席:刘桂华(女)　安源　王果香(女)　赵慧　杨亚民(蒙古族)　刘文山　娜仁图雅(女　蒙古族)　苏文　李兴亮

秘书长:汪哲乐(蒙古族)

法　院

院　长:白色登(蒙古族)

检察院

检察长:武国瑞

公安局

局　长:王会师

军分区

司令员:刘海山(8月退休)　裴克仁(12月任职)

政　委:王中强

【概况】 鄂尔多斯市位于内蒙古自治区西南部,西、北、东三面被黄河环绕,南以长城为界,与山西、陕西接壤,西与宁夏回族自治区毗邻。地处呼和浩特、包头、鄂尔多斯自治区经济区的"金三角"地带。海拔1 000~1 500米,呈西高东低,地貌复杂多样,三面环水,黄河流经728公里,西部为波状高原区,属典型的荒漠草原;东部为丘陵沟壑区,水土流失严重;北部为黄河冲积平原,水土资源丰富;西南部为无定河流域及毛乌素沙地,水土条件优越;毛乌素沙地和库布齐沙漠横贯东西。气候属典型的温带大陆性气候,四季分明,日照丰富,无霜期短,年平均降水量150毫米~350毫米,主要集中在7~9月,蒸发量2 200毫米~3 000毫米。鄂尔多斯市在经济发展的过程中,更加注重生态建设,摆脱了长期以来治理破坏、再治理再破坏的困扰,生态状况处于"整体遏制局部好转"的阶段,是黄河上中游严重水土流失区和西北、华北地区主要沙源地,被国家列为改善全国生态环境具有影响、实现全国近期生态环境建设目标的重要地区之一。全市辖东胜区、准格尔旗、达拉特旗、伊金霍洛旗、乌审旗、杭锦旗、鄂托克旗、鄂托克前旗等8个旗区,41个镇、6个苏木、2个乡、743个行政嘎查村。东西长约400公里,南北宽约340公里,总面积8.68万平方公里。全市户籍人口149.48万人,其中,蒙古族17.5万人,是一个以蒙古族为主体,汉族占多数的少数民族地级市。2009年,鄂尔多斯市经济总量跃过2 000亿元大关,全市实现地区生产总值(GDP)达2 161.0亿元,按可比价计算,同比增长23.0%。其中,第一产业实现增加值60.6亿元,同比增长5.2%;第二产业实现增加值1 260.5亿元,同比增长22.9%;第三产业实现增加值839.9亿元,同比增长24.5%。第一产业对GDP的贡献率为0.6%,第二产业对GDP的贡献率为67.1%,第三产业对GDP的贡献率为32.3%。三次产业结构比例为2.8:58.3:38.9。按常住人口计算,全年人均地区生产总值134 361元,按可比价计算,同比增长20.0%。地方财政总收入继续实现高速增长,完成365.8亿元,同比增长38.0%。其中,地方财政一般预算收入162.0亿元,同比增长37.1%。全年地方财政支出231.4亿元,同比增长37.4%。其中,教育支出27.0亿元,同比增长35.4%;社会保障和就业支出21.6亿元,同比增长9.6%;医疗卫生支出10.1亿元,同比增长61.0%;科学技术支出3.2亿元,同比增长90.7%。

【工业】 全年实现工业增加值1 132.1亿元,同比增长22.0%。其中,规模以上工业企业完成增加值1 031.6亿元,同比增长22.6%。实现规模以上工业总产值达2 029.7亿元,同比增长31.1%。其中重工业产值1 891.3亿元,轻工业产值138.4亿元,分别增长31.7%和26.0%。在规模以上工业企业中,国有企业增加值增长12.2%;集体企业增加值增长30.0%;股份合作企业增加值增长0.7%;股份制企业增加值增长29.5%;外商及中国港澳台地区投资企业增加值增长0.7%;其它企业增加值下降3.4%。在规模以上工业中,重工业增加值974.0亿元,同比增长22.6%;轻工业实现增加值57.6亿元,同比增长23.5%。2009年,煤炭、电力、冶金、化工等优势产业实现增加值占规模以上工业增加值的90%以上。其中,煤炭开采业实现增加值626.1亿元,同比增长20.3%;电力生产和供应业实现增加值83.5亿元,同比增长4.2%;化工原料及化学制品业实现增加值68.0亿元,同比增长44.6%;燃气的生产和供应业实现增加值84.0亿元,同比增长38.5%;黑色金属冶炼及压延加工业实现增加值23.9亿元,同比下降3.6%;纺织业实现增加值22.3亿元,同比增长16.4%;非金属矿物制品业实现增加值30.1亿元,同比增长41.8%;石油加工炼焦行业实现增加值43.2亿元,同比增长61.5%。原煤、天然气、焦炭、原盐、水泥等主要产品产量增长幅度较大。2009年1月至11月,全市规模以上工业企业实现主营业务收入1 797.0亿元,同比增长24.4%;实现利润356.4亿元,同比增长12.3%,其中国有控股企业完成利润9.5亿元,同比增长53.7%。全年规模以上工业产品销售率达100.8%,比2008年同期下降0.3个百分点。其中,轻工业产销率为101.3%,重工业产销率为97.9%。

【农业】 全市农作物总播种面积为568.2万亩。其中粮食作物播种面积为350.4万亩。全年粮食总产量136.5万吨,同比增长3.8%,其中小麦产量增长48.6%,玉米产量增长6.2%。全年油料产量6.9万吨,甜菜产量8.5万吨,蔬菜产量19.0万吨。2009年末,全市拥有农业机械总动力249.5万千瓦,同比增长4.9%。年末全市拥有农用拖拉机2.7万台,其中大中型拖拉机1.9万台;农用排灌机械5.0万台,其中节水灌溉类机械1 778套;联合收割机361台,割晒机133台;农用运输车5.8万台。

【畜牧业】 全市牧业年度牲畜存栏1 294.8万头(只),同比下降1.6%;牲畜总增775.9万头(只),同比增长58.9%;牧业年度良种及改良牲畜总头数1 288.8万头(只)。全年肉类总产量14.0万吨,同比增长0.4%;牛奶产量28.5万吨,与上年基本持平;山羊绒产量1 808吨,同比下降18.1%;禽蛋产量6 600吨,同比增长13.0%。

【现代农牧业示范基地建设】

土地规模经营 土地规模经营完成36.8万亩,投入资金8.6亿元,其中喷灌20.8万亩、渠衬13.8万亩、滴灌2.2万亩。经营方式以大户、联户和企业承租为主。购进以美国维蒙特为主的各类大中型喷灌设备863台,各类农机具1 652台套投入运营。

设施农业 引进区内外先进农业技术、管理经验和优良品种进行嫁接改造,按照每处园区占地不低于100亩的要求和"政府引导扶持、协会组织管理、企业生产经营"的模式,开工建设2.08万亩、8 064栋。同一区域内同一品种实现了统一种植技术、统一田间管理、统一质量标准、统一出售价格、统一销售渠道"五统一",提高了农产品市场竞争力,加快了农业集约化、规模化、现代化步伐。

现代草原畜牧示范户 借鉴欧洲发达国家农牧场庄园经济模式,通过牧民插花式搬迁转移、草牧场合理有效流转。在西部牧区限制开发区选择沙区300亩饲草料地5 000亩以上草牧场、软梁区200亩饲草料地7 000亩以上草牧场、硬梁区100亩饲草料地10 000亩以上草牧场的牧户,按照人均收入达到5万元的标准,加大政府投资力度,全面装备现代农牧业机械,全面组装推广配种、防疫、配方饲喂、快速育肥等现代农牧业技术,推动畜牧业向集约化转变。2009年,启动建设示范户1 099户。

【林业】 全市森林面积达2 899.54万亩,其中乔木435.16万亩、灌木2 464.38万亩。森林覆盖率22.21%,活立木蓄积量1 023.71万立方米,未成林造林地636.55万亩,宜林地2 950.20万亩。2009年,共完成人工造林102.778万亩,其中"三北"四期工程48万亩、退耕还林工程荒山荒地造林7万亩、退耕还林后续产业造林6.447万亩、四区绿化8.401万亩、义务植树9.426万亩、四旁植树2.984万亩、其它造林20.52万亩,完成市委、市政府考核评价指标的205%。完成飞播造林10万亩、封育67万亩,是市委、市政府考核评价指标的110%;完成补植补播68.5万亩,其中补植48.7万亩、补播19.8万亩。年内新增樟子松基地面积8.576万亩。全年累计完成义务植树852.2万株,参加义务植树的适龄公民82.23万人次,义务植树尽责率97.6%。

四区绿化　以亚洲文化艺术节在鄂尔多斯市召开为契机,完成“四区”(城区、园区、通道区、景区)绿化投资16.76亿元,绿化面积8.401万亩,栽植樟子松、国槐、油松、紫穗槐等各类树木1 265.58万株。其中,完成城区绿化投资 10 亿元,绿化面积3.17万亩;园区绿化投资5.12亿元,绿化面积1.746万亩;景区绿化投资1.26亿元,绿化面积2.44万亩;通道区绿化投资3 885万元,绿化里程6 076.7公里。在 2009 年的“四区”绿化中,广泛推广应用了林业科技成果,如大坑深栽、苗木浸泡、带土移植、覆膜、大量使用容器苗等,有效地提高了造林成活率。对资源型、污染型和开采型企业,实行以煤补绿,以工促林政策,坚持“谁开采、谁污染、谁治理、谁受益”的原则,采取林业部门统一组织,农牧民出地,企业出钱,限期恢复植被等措施,创新绿化机制,提高绿化成效。2009 年春,伊金霍洛旗纳林陶亥镇所辖矿区共完成投资1 800万元,栽植各类针叶树(1.5米以上)8 万多株。

退耕还林工程　完成退耕还林工程荒山荒地新造林 7 万亩、封育 6 万亩,完成 2008 年补植补造36.34万亩,其中退耕地补植15.9万亩、荒山荒地补植20.44万亩。按照国务院《关于完善退耕还林政策的通知》,深入开展了政策性补助延期、补助标准、成果巩固、后续产业发展政策、工程区农牧业经济发展现状、农牧业产业结构调整、退耕农牧户生计来源等事项的调研。深入开展退耕农户普查,编制巩固退耕还林成果专项规划。准格尔旗、达拉特旗、乌审旗 2000 年退耕还林工程项目顺利通过国家阶段性验收。

三北四期工程　共完成“三北”四期工程 48 万亩,其中 2008 年新增“三北”工程 34 万亩、2009 年“三北”四期工程 14 万亩。完成补植3.76万亩。完成“三北”工程五期规划。市林业局荣获全国三北防护林建设突出贡献单位荣誉称号。

林沙产业　新增沙柳原料林33.893万亩、柠条原料林9.9万亩、山杏原料林6.515万亩、杨柴原料林11.15万亩、沙棘原料林7.21万亩。东胜沙棘工业园区投资 3 亿元的二期工程进展顺利,王致和天骄沙棘公司和高原圣果公司二期项目已经开工。鄂尔多斯佳音、伊丽达公司两个沙棘精深加工项目车间等基础设施建设基本完工,进入安装调试阶段。宏业人造板厂年产 8 万立方米环保型(无醛)刨花板和 600 万平方米贴面板项目及鄂尔多斯民信木业有限公司年产 5 万立方米中密度纤维板制作环保板式家具项目正在建设中。天骄资源发展有限公司、宏业生态产业发展有限公司、高原圣果生态建设开发有限公司荣获首批“自治区级林业产业化重点龙头企业”称号。内蒙古毛乌素热电项目被列为国家林业局林业生物质能源发展示范项目,完成发电1.2亿度,投资2 500多万元收购当地农牧民种植的沙生灌木14.5万吨,与其配套的 60 万亩原料林基地现已完成 33 万亩,并与瑞士国家基金组织达成协议,每年转让 25 万吨碳减排权,可获得2 500万元的转让费用。杭锦旗投资2.87亿元建设的生物质热电工程项目,开始建设 50 万亩防风固沙林产业化基地。与中国农机研究院呼和浩特分院、中国林科院哈尔滨林机研究所、内蒙古农机研究所合作研制开发的适应鄂尔多斯不同地形地貌的大中型灌木平茬机械,正开展实地试验。鄂尔多斯高科技沙生植物生态园建设已经安装高低压线路各0.5公里,装置 100 千伏变台 1 处,建设 120 米深井 2 眼,设置沙柳沙障1 050亩,栽植樟子松1 000株。

【固定资产投资】　全市 50 万元以上固定资产投资完成1 562.4亿元,同比增长46.0%。从投资主体看,国有投资680.1亿元,同比增长68.4%,占43.5%;民间投资862.5亿元,同比增长33.9%,占55.2%;外商及港澳台投资19.8亿元,同比下降11.1%,占1.3%。按经济建设性质划分,新建投资完成1 233.9亿元,同比增长57.0%;扩建投资完成79.4亿元,同比增长15.8%;改建和技术改造投资28.7亿元,同比下降60.6%。按三次产业划分,第一产业投资 73.2 亿元,同比增长256.4%;第二产业完成投资816.3亿元,同比增长14.3%,其中工业投资完成814.2亿元,同比增长14.2%;第三产业完成投资672.9亿元,同比增长100.5%。从主要行业投资看,煤炭行业投资230.3亿元,同比下降4.2%;电力行业 71.3 亿元,同比下降 21.0%;交通运输仓储业投资182.2亿元,同比增长85.5%;房地产业投资232.3亿元,同比增长60.1%;天然气开采行业投资144.8亿元,同比下降20.7%;炼焦行业投资69.8亿元,同比下降19.7%;水利环境及公共设施管理业投资153.4亿元,同比增长236.6%。

全市 50 万元以上固定资产投资本年到位资金为1 702.0亿元,同比增长54.2%。其中,国家预算内资金为158.6亿元,同比增长151.2%;国内贷款为133.8亿元,同比增长141.3%;企业自筹资金1 352.0亿元,同比增长46.8%,占本年资金来源的比重为79.4%。

【建筑业】　2009 年,建筑业总产值215.6亿元,同比增长40.5%。年末全市具有资质等级的总承包和专业承包建筑施工企业116个,房屋施工面积为631.3万平方米,同比增长16.9%;房屋竣工面积342.3万平方米,同比下降15.2%,房屋竣工率为54.2%。全市具有资质等级的总承包和专业承包建筑施工企业实现利润36.3亿元,同比增长39.7%;实现税金7.6亿元,同比增长30.4%。

【对外经济】 完成进出口总额(不含煤炭)44 768万美元,同比下降48.2%。其中进口总额22 470万美元,同比增长33.9%;出口总额22 298万美元,同比下降68.0%。全市全年利用外资新签合同项目数达17个;合同外资金额12 669万美元,同比下降43.8%;实际利用外资金额100 000万美元,同比增长18.7%。

【交通运输】 公路客运量1 948万人,同比增长9.2%;公路旅客周转量2 704百万人公里,同比增长11.1%。公路货运量18 604万吨,同比增长27.7%;公路货物周转量34 945百万吨公里,同比增长30.2%。铁路客运周转量9 072万人公里,同比下降0.04%;铁路货运周转量25 499.7百万吨公里。

【邮政 电信】 全市实现邮政业务收入6 649.5万元,同比增长19.0%。发送函件258.6万件,特快专递24.7万件,报刊2 408.3万份。年末邮政储蓄余额10.7亿元。全市电信业务总收入962 450万元。年末固定电话用户19.3万户,小灵通用户8.4万户,移动电话用户253.3万户,互联网宽带用户达到9.8万户。

【旅游业】 年末全市拥有旅游星级宾馆饭店29家;AAAA级旅游景点7个;各类旅行社58家。全年全市接待国内外游客548.2万人次,同比增长10.1%,其中接待入境游客1.7万人次。实现旅游收入59.3亿元,同比增长16.8%。全市旅游直接从业人员达18 000多人。

【金融业】 全市金融机构现金收入3 010.6亿元,同比下降0.3%;金融机构现金支出3 188.4亿元,同比增长2.2%。年末金融机构各项存款余额1 349.2亿元,同比增长71.5%。其中,企业存款余额524.9亿元,同比增长125.6%;城乡居民储蓄余额464.8亿元,同比增长43.3%。年末金融机构各项贷款余额1 205.7亿元,同比增长88.3%。其中,短期贷款余额469.7亿元,同比增长58.3%;中长期贷款余额730.8亿元,同比增长113.4%;个人消费贷款余额122.5亿元,同比增长79.5%。

【保险业】 全市新增保险主体2家,总数达22家。全年累计实现保费收入221 999.6万元,同比增长25.6%。其中财产险收入122 225.2万元,同比增长26.3%;寿险收入85 545.5万元,同比增长21.8%;健康险收入8 813.2万元,同比增长72.3%;人身意外伤害险收入5 415.6万元,同比增长15.8%。全市保险公司各项赔款和给付64 843.5万元,同比增长20.4%。其中财产险赔款支出52 292.8万元,同比增长23.3%;寿险赔款和给付8 997.5万元,同比增长8.1%;健康险赔款和给付1 781.3万元,同比增长5.4%;人身意外伤害险赔款和给付1 771.9万元,同比增长22.7%。

【城市建设】 全年市政基础设施投资120亿元,年末人均道路24.1平方米。全市污水处理率达到78.3%,燃气普及率达到65.4%,生活垃圾无害化处理率49.4%。全市建成区绿地率达到27.3%,建成区绿化覆盖率达到32.6%,人均公园绿地面积达到12.6平方米。

【环境保护】 全市有自然保护区11个,其中国家级自然保护区3个,自治区级自然保护区6个,总面积达1 096千公顷。年末全市拥有各级环境监测站8个,拥有生态监测站2个。全市环保系统职工人数达578人,其中环境监测人员83人,环境监察人员114人。

【科技】 年内,全市获各类科技成果23项,全年提交专利申请243件,其中,授权专利87件,同比增长55.4%;签订各类技术合同145项,成交金额60 526.8万元。全年批准认定国家创新型企业1家,国家级高新技术企业2家。自治区级民营科技企业2家,自治区级工程技术研究中心2家,自治区级企业研究开发中心1家。

【教育】 全市拥有普通高校2所,中等专业学校6所,普通高中21所,普通初中47所,职业高中7所,普通小学130所,幼儿园109所,特殊教育学校2所。普通小学入学率100%,普通初中入学率100%,小学毕业生升学率100.4%,初中毕业生升学率97.6%,普通初中辍学率0.4%。

【文化】 全市拥有艺术表演团体10个,其中有乌兰牧骑7个。文化馆(包括群众艺术馆)9个,公共图书馆9个,博物馆2个。广播电视事业保持较高发展水平,2009年全市广播综合人口覆盖率达96%。2009年底,全市拥有一百瓦以上电视发射台和转播台23台,电视综合人口覆盖率达91.5%。

【卫生】 全市共有卫生机构(不包括个体诊所和村卫生所)156个。其中医院26个,农村牧区卫生院109个,疾病预防中心9个,妇幼卫生机构9个。医疗卫生机构共有床位9 260张。其中医院有床位4 262张,乡镇卫生院有床位1 104张。全市卫生技术人员达到6 734人,其中执业医师3 764人,助理医师871人,注册护士2 099人。

【社会保障】 2009年,全市参加失业保险人数为13.6万人,领取失业保险金人数2 702人,同比下降13.3%;失业金实际发放金额1 168.5万元,同比下降54.6%。城镇最低生活保障实际发放人数为2.8万人,同比增长5.4%;实际发放金额为10 040.8万元,同比增长32.4%。基本养老保险参保人数达18.0万人,其中参加基本养老保险的离退休人员为2.7万人,养老金社会化发放率为100%。城镇基本医疗保险参保职工人数为25.7万人,其中参加基本医疗保险的在岗职工人数为20.9万人。城镇参加基本医疗保险的居民人数为26.1万人。

【人口】 全市户籍人口149.48万人,同比增长1.9%。年末常住人口162.54万人,同比增长2.1%。全年常住人口中出生人数为1.68万人,人口出生率为10.47‰;死亡人口0.87万人,死亡率为5.43‰;自然增长率为5.04‰。

【人民生活】 全年农牧民人均纯收入为7 803元,同比增长10.6%。其中工资性收入3 026元,同比增长16.0%;家庭经营收入4 012元,同比增长5.7%。全年农牧民人均生活消费支出7 831元,同比增长35.7%。农牧民每百户拥有洗衣机76台,较上年增加13台;拥有电冰箱67台,较上年增加12台;拥有彩色电视机104台,较上年增加13台;拥有生活用汽车19辆,较上年增加8辆。

城镇单位从业人员劳动报酬为693 143万元,同比增长27.9%;城镇单位在岗职工平均工资为44 205元,同比增长21.9%。抽样调查资料显示,城镇居民人均可支配收入达21 883元,同比增长10.9%。其中工资性收入16 048元,同比增长11.9%;经营性收入3 260元,同比增长11.8%。城镇居民人均消费性支出18 333元,同比增长18.0%。每百户城镇居民拥有家用汽车38辆,较上年增加10辆;拥有移动电话247部,较上年增加6部;拥有家用电脑54台,较上年增加6台。

(阿拉木斯)

东 胜 区

【领导名录】

区委书记:王学丰
人大主任:包　山(蒙古族)
区　　长:王东伟
政协主席:郝铁军
武装部长:刘亚发
政　　委:李　渊

【概况】 鄂尔多斯市东胜区位于内蒙古自治区西南部,地处鄂尔多斯高原中东部,地理坐标为北纬39°39′10″~39°58′18″,东经109°08′20″~110°23′。东胜区下辖3个镇、8个街道办事处和2个经济技术开发区,总面积2 160平方公里,总人口近53万,有蒙古、汉、回、藏等21个民族。

2009年,全区地区生产总值实现507.4亿元,增长20.5%;财政收入完成103.7亿元,增长39.2%,成为自治区首个财政收入过百亿的旗(县)区,进入全国县域财政收入前15位;固定资产投资完成400.5亿元,增长75.1%;城镇居民人均可支配收入和农民人均纯收入分别达到23 426元和7 943元,分别增长12.4%和9.7%;三次产业比例为0.4∶39.5∶60.1;二氧化硫排放量和化学需氧量削减任务全部完成,万元GDP能耗下降8%。

【工业经济】 引进精功恒信重卡制造、盾安风电整机生产和路明LED生产等28个科技含量高、投资规模大、带动能力强的大项目,完成项目投资25亿元。全区煤炭产量达到3 000万吨,销量实现4 400万吨。华研综合物流园区和易兴建材物流园区基础设施建设全部完成,居然之家和红星美凯龙等知名品牌已入驻两大园区;铜川汽车博览园一期23家4S店正式投入运营,危险化学品仓储区建设深入推进;煤炭物流园区正在建设之中,其中敖包沟集装站基本建成。旧城商圈改造全面拉开,新区商圈大部分项目已经开工,与大润发、王府井、北京华联等品牌企业达成入驻协议,万家惠农副产品集散港主体竣工。

【城市建设】 全年投入城市建设资金200亿元,其中政府直接投资达到60亿元。完成拆迁1.1万户210万平方米,房地产开工面积达1 050万平方米;新区三期部分道路和管网配套工程已开工建设;重点实施了民族街、伊煤路、鄂尔多斯西街、经济适用房片区等城区

57条96公里道路建设和改造工程,新建改造滨河路桥、公铁立交4号桥等10座城市街桥,启动总投资为11亿元的昆都仑1号、4号桥等4座桥梁建设。建成青铜文化广场、三角洲公园等16处广场绿地公园,高标准完成109国道改造段等19条道路绿化工程,城市绿地面积、人均绿地面积分别增加到2 700万平方米和40平方米,投资近3亿元的城市亮化及景观照明工程全部完成;北复线供水工程实现通水,城市日供水能力达12万吨,城市污水和中水处理系统投入使用,污水和中水日处理能力均达6万吨,投资2.5亿元进行供热管网改造,城区集中供热面积由2008年的1 300万平方米增加到1 890万平方米;"数字东胜"建设有序推进,市民卡一卡通工程和电子政务在全区范围内成功运行,"数字城管"项目通过住房和城乡建设部验收,东胜区被列为"数字化城市管理系统全国试点城区"。

【旅游文化】 秦直道旅游景区和广稷农耕博物馆已面向社会开放,九城宫旅游景区被评为国家4A级景区。

【金融】 40万平方米金融广场项目已开工建设,招商银行、浦发银行和32家小额贷款公司开始营业。

【移民安置】 投资10亿元建成移民安置区,完成8 000多户生态移民和矿区移民任务,组织9 000多名转移农民参加了医疗护理、物业管理等150种职业技能培训。

【林业】 投资3 000万元植树造林8.4万亩。加大对沙棘产业扶持力度,佳音公司沙棘深加工项目即将建成投产。

【教育】 投资10亿元以上新建改扩建学校和幼儿园12所,开工建设了教育大厦和职教中心,面向全国招聘优秀毕业生和引进优秀教师532名,顺利通过自治区"双高普九"验收。

【文化】 圆满完成第十一届亚洲艺术节各项工作任务,来自亚洲16个国家的文化部长代表团、29个国家的驻华使节和18个国家的艺术团体及3 500多名国内外嘉宾参加本届亚洲艺术节,完成"数字东胜"启动仪式大型明星演唱会活动任务;全面启动文化市场"阳光工程",组织开展"笔颂中华情"全国青少年儿童文化艺术展评活动获奖书画作品巡回展、"做一个有道德的人"书画展评选等一系列群众性文化活动。组织举办历时3个月的东胜区首届文化旅游节活动。

【卫生】 公开考录医疗卫生专业人员119名,疾控中心大楼建成投入使用,对区医院进行扩建,新建改建4个社区卫生服务中心和3个社区卫生服务站。按照建设平民医院的要求为东胜籍农民患者减免20%住院治疗费,社区卫生服务中心实行药品零差价制度。

【交通】 建成杨家渠至板素壕、巴音门克至罕台庙、板素壕至九成功、漫赖至漫赖七社、柴登至海子湾、布日都梁至袁家梁六条公路;完成了三台基互通及李家壕道路改造工程;开工建设了韩家坡至土盖沟、土盖沟至达汗壕、109东互通工程、九成功至秦直道、秦直道至109国道、柴登至伊旗六条公路;按二级、三级公路建设标准建成碾房渠至曹家沟、塔拉壕至省城梁公路赵家沟至哈拉巴拉段、赵油坊至刘家渠、刘家渠至铜匠川、环城公路酸刺沟连接线、210国道辅道至昌汗沟六条运煤专线;建成了巴图沟至店沟一条农村公路。

【社会保障】 投资2 500万元建成劳动力培训大楼,提供就业岗位2万个,为行政事业单位职工人均月增资700元。新型农村合作医疗和城乡大病医疗救助住院报销封顶线均由2万元提高到5万元,新型农村合作医疗报销比例由25%提高到50%;城镇低保标准由每人每月300元提高到330元,农村低保标准由每人每年2 000元提高到2 200元。全年发放廉租房租金补贴400万元。

【数字化城市管理】 11月25日至26日,国家住房和城乡建设部信息中心郝力主任一行考核验收东胜数字化城市管理系统,自治区信息办副主任兰惠、自治区建设厅朱和平等领导陪同。在"数字城管"验收工作会上,专家组听取东胜区委政府关于试点工作建设和运行情况的汇报,审阅相关技术资料,实地考察了系统运行情况,东胜区顺利通过验收,获得全国数字化城市管理试点城市荣誉称号。

【东胜区财政收入超百亿】 12月16日,东胜区召开财政超百亿表彰大会,自治区财政厅副厅长云喜顺、国税局副局长吴沛、地税局副局长向东、鄂尔多斯市政协主席徐万山、市委常委市政府副市长王凤山、市委常委、区委书记王学丰、市人大副主任王海强、市政协副主席王果香及市直相关部门领导,东胜区四大班子在家领导,市区金融系统主要负责人应邀出席会议。至11月底,东胜区财政收入突破一百亿元大关,成为自治区第一个财政收入过百亿的旗(县)区,王凤山代表市委、市政府在会上做了讲话。会上,表彰了财政收入超百亿元优秀纳税企业、突出贡献企业和先进纳税企业,同时还表彰了财政收入超百亿元征收管理先进单位和财税先进工作者,何涛出席大会并宣读表彰决定,王学丰作重要讲话,王东伟主持大会。

(王雍平)

达拉特旗

【领导名录】

旗委书记:闫凤鸣(2月离任) 马建峰(2月任职)

人大主任:伊战胜(蒙古族)

旗　　长:孟克都仁(蒙古族 2月离任)

吉格定(蒙古族 2月代理)

政协主席:董志强

武装部长:侯峥嵘

政　　委:宋明武

【概况】 达拉特旗地处内蒙古自治区西南部、鄂尔多斯高原北端,黄河南岸,地理坐标为北纬40°00′~40°30′,东经109°00~110°45′。北与草原钢城包头市和巴彦淖尔市隔河相望,南与绒城鄂尔多斯市府东胜区相连,西与杭锦旗毗连,东与准格尔旗为邻。全旗地形南高北低,海拔高度由1 500米降至900米,属典型的温带大陆性气候。冬季漫长而寒冷,夏季温和而短促,春季干旱少雨而多风,秋季凉爽。境内年降水量为240毫米~360毫米之间,主要集中在7月至9月份,自东向西递减。全旗东西长133公里,南北宽66公里,总面积8 188平方公里。(耕地120 640公顷,森林20 067公顷,草原480 000公顷,水域7 100公顷,沙漠155 572公顷)。全旗辖1个苏木7个镇(即:展旦召苏木、树林召镇、吉格斯太镇、白泥井镇、王爱召镇、昭君镇、恩格贝镇、中和西镇),总人口35.9528万人(其中男性18.5555万人),由蒙古、汉、满、回、壮、朝鲜、达斡尔、苗、维吾尔、藏、羌等12个民族组成,汉族人口占多数。其中,蒙古族主要分布于中和西镇、昭君镇、展旦召苏木、王爱召镇,城镇人口约19.2万人。

全旗完成地区生产总值290亿元,同比增长31.4%,财政总收入26.2亿元,增长38.7%(其中新口径财政收入21.13亿元,增长25.5%);万元GDP创造财政收入900元,增长11%。一、二、三产分别增长22.5%、24%和48.3%,三次产业比例调整为8.6∶56.2∶35.2,完成社会消费品零售总额31.7亿元,增长21.8%。全年完成固定资产投资160.2亿元,增长29.5%;兑现干部职工住房补贴和政策性增资,提高街道社区等聘用人员工资待遇,全年增加补贴资金9 783万元,分别增加企业退休人员养老金,城乡低保标准提高到每人每年3 360元和1 600元;城镇居民人均可支配收入达到22 000元,增长33.7%;农牧民人均纯收入7 864元,增长10.31%。在第七届全国县域经济基本竞争力与科学发展评价中,名列中国西部百强县(市)第14位。

【农牧业】 实现现代农业示范项目7.1万亩,累计达到18.4万亩;完成拱棚、温室等设施农业2 050亩;推广测土配方施肥100万亩,全程机械化作业覆盖面积达72万亩,农作物参保面积44.6万亩,粮食作物良种补贴实现全覆盖,粮食产量再创新高,达13.4亿斤。建成大型肉羊养殖场20处,集中扶持规模化养殖户510户、养殖大户60户。农牧业产业化进程加快,市级以上龙头企业达到21家,直接从事规模化种养业的企业达到32家。全旗奶站由103个通过规范整合为43个,鲜奶、冷鲜肉、羊绒纺纱产量分别达6.9万吨、10.5万吨和2 000吨。

【工业】 工业园区承载能力完成投资9.72亿元,累计收储土地3.6万亩,园区道路、电力、供水、供气、排污等主要基础设施配套有序推进。吴四圪堵240万吨煤矿正式投产,15家地方煤矿完成技改,全年煤炭产量达2 000万吨;全旗电力装机容量达到411万千瓦,发电178.47亿度。新能60万吨甲醇项目开始试产,亿利化学50万吨PVC技改接近尾声,新奥20亿立方米煤制天然气、华谊资源60万吨醋酸乙烯、兖矿90万吨煤制甲醇等项目顺利推进。陶瓷建材签约生产线153条,其中在建32条、建成6条;万捷3万吨PVC深加工项目正式投产,二期10万吨项目开工建设;弘丰氧化锆、新长江高新铝和兴达阳光CL建筑体系等一批新型建材项目相继开工。

【旅游业】 全年累计接待游客134万人次,旅游总收入12.3亿元,分别增长7.2%和19.4%;响沙湾、恩格贝景区升级改造稳步推进。全旗金融机构各项贷款余额88.8亿元,增长12%,存款余额64亿元,增长42.6%。

【基础设施建设】 完成生态造林建设8.9万亩,完成天保工程封育3万亩、退牧还草20万亩、水保沙棘造林3.2万亩。新增有效灌溉面积5万亩,节水灌溉面积8.2万亩;解决了4 000人、1.2万头(只)牲畜的饮水问题;黄河孔兑堤防、险工险段抢护和维修全面加强,水库除险加固项目有序进行,纳林沟一期、黑塔沟二期、哈他土沟二三期小流域坝系工程全部完工,水权转换项目开始实施。包头东兴至树林召一级公路、包西新干线达旗段建成通车,包头沙尔沁至树林召关碾房高速公路、210高速树林召互通及连接线、沿黄一级公路和沿河铁路达旗段建设工程顺利推进;新增农村公路里程195公里。

【教育】 设立优秀教师奖励及教育发展基金,启动校舍安全工程,完成校舍建筑面积5.1万平方米、运动场面积5.7万平方米;3所新建幼儿园和新建王爱召、敖包梁中心小学投入使用,东达移民新村小学和幼儿园建设接近尾声。

【文化】 中和西、恩格贝镇综合文化站投入使用,影剧院、博物馆、图书馆、青少年活动中心和王爱召博物馆前期工作有序推进。

【卫生】 新建基层卫生院1所,完成新建旗人民医院主体工程和中蒙医院建设前期工作;农村牧区合作医疗参合率达到96.8%。人口出生率8.78‰。

【社会保障】 实现新增就业2 473人,城镇登记失业率控制在3.49%。扶持贫困人口6 865人;"五保"集中供养率达到40.6%,新改扩建2所敬老院投入使用。

(王志荣)

杭 锦 旗

【领导名录】

旗委书记:包生荣(蒙古族 3月离任)
阿 木(蒙古族 3月任职)
人大主任:杨海宽
旗长:赵虎(3月离任) 柳培林(3月任职)
政协主席:黄国华(蒙古族)
武装部长:王中强(2月离任) 李君(2月任职)
政 委:党栓成

【概况】 杭锦旗位于内蒙古西南部,地跨鄂尔多斯高原与河套平原黄河流经全旗242公里,库布其沙漠横亘东西。地理坐标北纬39°22′33″~40°52′14″,东经106°55′16″~109°16′02″。全旗东西长197公里,南北宽161公里,总面积1.89万平方公里(耕地58 667公顷,草牧场1 270 000公顷,林地876 533公顷)。

全旗辖6个苏木镇(锡尼镇、巴拉贡镇、独贵塔拉镇、呼和木独镇、吉日嘎朗图镇、伊和乌素苏木)。总人口为141 385人,居住着蒙古、汉、回、满、朝鲜、藏、维吾尔、壮、瑶等9个民族(其中,蒙古族26 185人,汉族114 929人,其他少数民族271 人)。旗人民政府驻锡尼镇。

2009年,杭锦旗地区生产总值完成36亿元,同比增长14.6%。财政收入完成4.15亿元,同比增长37.4%。城镇居民人均可支配收入达22 000元,同比增长60%;农牧民人均纯收入达8 000元,同比增长15%。固定资产投资完成80亿元,同比增长166%。

【农牧业经济】 组建了现代农牧业开发公司。对全旗现代农牧业开发建设进行总体规划,重点打造沿河现代农牧业基地。启动建设独贵塔拉现代农牧业循环经济示范园,建成高效日光温室大棚2 453座;开工建设10万头只肉羊集中化养殖园区一处,建成养殖棚圈40万平方米、饲草料库5 000平方米;配套建设日供气500立方米大型沼气项目一处。制定出台农田和草牧场流转管理办法,建立流转三级服务网络,完成高标准农田整合17.6万亩,总规模达到37.6万亩;培育土地规模经营户1 447户、现代草原畜牧业庄园示范户98户,建立农牧民专业合作组织82个。组建大型农机服务队33个,建成农机科技示范园13处,启动建设三农服务网。落实了3 600平方公里人口整体退出区建设任务,启动实施独贵塔拉镇"村庄整体搬迁"工程和蓄滞洪区人口转移工程,完成农村牧区常住人口转移6 109人,安置户籍人口8 179人。

【工业经济】 按照专业化、大型化、循环化、集约化的要求,以园区规划建设为载体,以项目储备引进为重点,促进大企业、大项目落地实施。开工建设杭锦能源化工园区,累计完成投资9.5亿元;规划编制巴拉贡新能源发电园区和锡尼镇新能源装备制造园区;规划3个中小企业创业园。神华1 000万吨矿井项目累计完成投资8.7亿元;新开工建设上海惠生40万吨煤制甲醇、金泰通32万吨煤焦油催化炼解、蒙能2×300兆瓦煤矸石电厂、聚野60万吨煤焦电、云开2×12兆瓦热电联产项目、源丰2×12兆瓦生物质热电项目、乌吉尔一期风电项目、华亿达45万吨机械铸造项目及100万吨水泥粉磨站项目;完成伊泰60万吨合成氨、104万吨尿素项目和黑龙江煤炭集团20万吨PVI项目的可研立项审批,完成中科恒基100万吨聚氧醚项目、腾飞轻型飞机制造项目可研;新锦伊和乌素二期风电并网发电、蒙能伊和乌素一期风电施工前准备工作就绪。二氧化硫减排144吨、化学需氧量减排3 310.51吨。

【城镇建设】 按照"科学规划、产业支撑、吸纳就业、集聚辐射"的发展思路,集中建设旗府所在地锡尼镇、产业重镇独贵塔拉镇和巴拉贡镇。编制完成锡尼镇总规、控规、修建性详规以及供热、供气、排水、排污、绿地等多项专业规划,启动实施3平方公里旧城区改造工程;镇区新植树木2.5万株、花卉灌木8.5万平方米,新增绿化面积60万平方米;污水处理厂投入运行,垃圾无害化处理工程即将完工;集中供热、供气工程主管网全部铺设完毕,首期供热面积达到46.8万平方米;建成文化宫、王府酒店等一批公共服务设施。编制完成了独贵塔拉新镇区首期2平方公里修建性详规、配套设施规划、精品移民小区修建性详规和350公顷城乡建设用地增减挂钩项目规划；建成移民住房11.4万平方米，配套工程全部完成，首批440户、1 200多农牧民已搬迁入住；开工建设移民住房10万平方米、精品移民住房13.68万平方米；新镇区2平方公里“三横四纵”市政道路、地下管网工程全部完工；亿利东方学校、创业大厦、酒店、商业中心、中心文化站等公共服务设施正在建设。

【交通】 锡尼至嘎鲁图铁路可研报告已编制完成，神华自备铁路、杭锦能源化工区专运线可研报告正在编制。G18高速杭锦段、S215线至杭锦能源化工区快速通道、独贵塔拉新镇区至设施农业园区公路建成通车。沿黄一级公路杭锦段、独贵塔拉堤路一体化公路、阿门其至独贵塔拉运煤专线全面开工建设。独贵塔拉黄河大桥正在施工，临河至呼和木独黄河大桥奠基开工。建成通村公路267公里。

【教育】 全面落实义务教育“两免一补”政策，建立义务教育经费保障机制；推行教育人事制度改革，分流316名不能胜任教学工作的教师，招聘引进高校毕业生和成熟教师94名，加强名校、名师、名校长“三名”创建；完善教育基础设施，新建和改扩建教学楼、宿舍楼11.3万平方米。

【卫生】 新农合筹资最低标准达120元，报销封顶提高到4万元，农牧民参合率达94%，为2 400名60周岁以上参合农牧民进行了免费体检；城镇居民医疗保险参保率达85.8%；社区卫生服务工作全面展开，入户建档率达80%以上。

【劳动就业】 公开招录270名高校毕业生分配到教育系统、基层和事业单位就业；发放小额创业担保贷款1 000万元；完成下岗职工再就业培训140人、转移农牧民职业技能培训4 407人、引导性培训3 700人、职业教育200人，实现城镇新增就业898人，城镇登记失业率控制在3.8%以内。

【社会保障】 城乡居民养老保险参保率达71.1%；城乡困难居民低保标准分别提高到240元/月和1 500元/年；五保户集中、分散供养补贴标准分别提高到2 000元、1 500元，“五保”集中供养率达到23%。杭锦旗被人力资源和社会保障部批准为自治区首批新型农村社会养老保险试点旗。建成经济适用住房9.4万平方米、廉租房3 000平方米，开工建设廉租房3 000平方米。

【人物】

吉木斯　女，蒙古族，杭锦旗锡尼镇浩绕柴达木嘎查牧民，组织养殖专业合作社、带领农牧民致富，被自治区人民政府授予全区劳动模范。

张海龙　杭锦旗法院沿河法庭庭长，在他审判的全部案件中实现了“无上诉、无改判、无发回重审、无申诉、无超审限案、无未结案”的“六零”目标，创新地提出了“三点三心”工作方法，被自治区人民政府授予全区先进个人。

梁海军　杭锦旗恒益建工集团物业公司经理，从90年代初长期建设统建房，率先在杭锦旗实施公司化物业管理，被自治区人民政府授予全区劳动模范。

（石　峰）

准格尔旗

【领导名录】

旗委书记：白智（2月离任）　潘志峰（女　2月任职）
人大主任：生格都仁（蒙古族）
旗　　长：阿木（蒙古族　2月离任）
　　　　　祁・毕西勒图（蒙古族　4月任职）
政协主席：范镇宇
部　　长：王　林
政　　委：尚凤岐

【概况】 “准格尔旗”汉译为“左翼”，是一个县级建制旗。准格尔旗地处内蒙古自治区西南部，鄂尔多斯高原东端，晋陕蒙交界处。地理坐标北纬39°16′～40°20′，东经110°05′～111°27′之间，旗境南北长116.5公里，东西宽115.2公里。总面积7 692平方公里，总人口37.36万（其中户籍人口29.13万），现辖1个新区：鄂尔多斯大路煤化工基地，9个苏木（乡、镇）：薛家湾镇、大路镇、龙口镇、准格尔召镇、沙圪堵镇、纳日松镇、十二连城乡、暖水乡、布尔陶亥苏木。旗府薛家湾镇北倚自治区首府呼和浩特128公里，毗邻钢城包头180公里，东距首都北京650公里，西距鄂尔多斯市138公里。地貌以丘陵沟壑区为主，占74%，北部是库布其沙漠尾端和黄河冲击平原，称“七山二沙一分田”。境内资源富集，已探明煤炭储量544亿吨，占全国的4%、内蒙古的1/4、鄂尔多斯的1/2，远景储量超过1 000亿吨，有低灰、低磷、低硫、高发热量的“绿色煤炭”美誉。高岭土探明储量60亿吨、石灰石50亿吨、铝矾土1亿吨。此外，硫铁矿、白云岩、石英砂、煤层气的储量也相当大。

远景储量1 000亿吨,年产1.4亿吨,石灰石总储量50亿吨,铝矾土总储量1亿吨。国内罕见。水资源丰富,北、东、南为黄河环绕,过境长度197公里,年均过境水量248亿立方米。电力资源得天独厚,现已建成并投入运营的坑口火电厂有5座,装机容量244.4万千瓦;水电站一座,装机108万千瓦;年发电量80亿度;正在建设的火电站1座、水电站1座,装机总容量100万千瓦;500千伏、220千伏、110千伏输变电工程均已配套,且供电半径小。交通条件优越,109国道横贯东西,大准电气化铁路、准东铁路和呼准铁路穿境而过,年货运能力接近1亿吨,是出省到京、到秦皇岛、到黄骅港的重要通道;呼东高速公路与建成的呼包、包东高速公路连为一体。旗内有神华准能、国华准电和万家寨水利枢纽等国家重点建设项目。

2009年,全旗地区生产总值完成530亿元,增长34%;财政收入达到100亿元,增长35%;全旗固定资产投资完成320亿元,增长49%;城镇居民人均可支配收入和农民人均纯收入分别达到23 106元和7 945元,增长13%和11%;荣获中国全面小康十大示范县和中国金融生态县称号,在第九届全国县域经济基本竞争力评价中列全国百强第37位,西部百强第2位。

【项目建设与产业转型】

项目建设　2009年在建项目441个,同比增加236个,其中亿元以上项目91个,同比增加49个;十亿元以上项目28个,同比增加14个。

产业多元发展　以大路煤化工基地和准格尔经济开发区为依托,重点发展煤化工及下游产业,伊泰煤制油项目正式投产,久泰甲醇二甲醚、易高甲醇项目开始试车,奈伦尿素合成氨项目加快推进,东华能源甲醇、西北能源甲醇、开滦乙二醇和煤焦油加氢项目开工建设。加快发展非煤产业,龙口水电站、国礼陶瓷一期项目建成投产,国电多晶硅、锦化机二期、大唐铝硅钛等项目加快推进。规模以上工业预计实现增加值267亿元,增长40%。加大节能降耗力度,提前完成"十一五"二氧化硫和化学需氧量削减任务,万元GDP能耗下降7.32%。

提升三产层次　全旗金融机构总数12家,各类营业网点75个,保险企业及网点16个。全年争取各类信贷资金211亿元,较上年增加96亿元,其中政府投资项目落实贷款34亿元。激活民间资本,组建伊东投资集团,打造资本平台。启动建设大路煤炭综合物流园和大饭铺、刘家渠汽车服务区。

加快科技创新　投入4 200万元科技创新基金,激发和调动了企业自主创新的积极性。在国礼陶瓷建成四个国家级陶瓷研发中心,对陶瓷产业的发展起到了积极推动作用。伊泰煤制油公司被国家发改委确定为国内唯一煤间接液化"国家地方联合工程研究中心"。组建中科合成油内蒙古煤化工研究中心,投资2亿多元建成煤分级液化中试生产线。

【城镇建设】　全年市政区基础设施建设投入13亿元,新开工建筑面积超过100万平方米。加快推进建业大厦、体育场、医院、学校等项目进度,启动建设博物馆、图书馆、企业生活区、公务员住宅小区等项目。

【城乡统筹发展】

人口转移　加快推进矿区移民和生态移民,全年转移农民18 403人。重点推进了暖水整乡生态自然恢复区试点建设,已签订搬迁协议3 904户9 522人,解决移民搬迁房3 599套,兑现生活补贴3 100万元。

移民小区建设　重点推进薛家湾湖西、沙圪堵民乐、十二连城五家尧和暖水4个市级精品移民小区和6个旗级精品移民小区建设,新开工建筑面积61.5万平方米,建成保障房7 500套。

现代农牧业建设　11家企业、13个专业合作社参与农牧业建设,启动建设现代农业规模经营示范区4万亩、设施农业7 200亩、规模化养殖园区5个。

【水利建设】　大路柳林滩供水工程、净水厂基本完工,污水处理厂进入设备安装阶段。"引黄入沙"工程开工建设。沙圪堵污水处理厂加快推进。年内争取工业用水指标3 388万吨。实施黄河堤防加培46.8公里,完成各类险工治理2 356米。实施饮水工程10处,解决了2.5万人饮水问题。全年水利建设完成投资5.2亿元。

【生态建设】　全年完成营造林25.1万亩、水保治理34.95万亩,新增生态自然恢复区533平方公里,植被覆盖度70%,森林覆盖率26.1%。

【交通电力】　实施公路桥梁建设项目25个,年内完成投资30亿元,新增黑色路面174.8公里。推进准朔线、准神线、大准二线、准东重车线4条铁路建设,完成投资23亿元。建成巴汉图35千伏、大路220千伏输变电工程,大路工业园区实现双电源、双回路供电。推进五家尧110千伏输变电工程和农网、城网改造项目。全年电网建设完成投资3.2亿元。

【安全设施建设】　全年煤炭行业安全生产投入18亿元,非煤行业安全生产投入1亿元。进一步加强安全生产技术装备和人员力量,增设矿山救护点3个,设立大路新区、准格尔经济开发区安监分局,建成全区一流的消防特勤站。

【基础设施建设】 将乡镇由27个撤并到9个,村由256个撤并到159个,同时集中打造准格尔经济开发区和大路新区。旗府薛家湾成为设施完善、环境优良,自治区一流、超15万人口的中心城镇和全国文明城镇。原旗府准格尔经济开发区改造旧城、拓展新区,引进项目、集聚人口,建设得更加现代和繁荣。大路新区将集中发展煤基清洁能源产业,逐步带动城区建设。生态环境逐年好转,通过淘汰落后产能、禁牧舍饲养殖、生态自然恢复区建设、"一矿一企治理一山一沟"项目,植被覆盖度从"十五"初期的46%提到68.6%,森林覆盖率从17.7%提到25.9%。2007年荣获中国生态小康十大政府创新典型。

【教育】 2009年,投入2.2亿元,新建、迁建、收购中小学、幼儿园11所,改扩建中小学2所,完成教育城域网建设。设立教育发展基金,募集基金3 080万元,落实企业捐资建校资金7 500万元。

【文化】 2009年,举办了第五届中国·准格尔漫瀚调艺术节等大型活动12项、广场文化活动110场,开展文化下乡126次。

【卫生】 建设大路新区医院,扩建中心医院、中蒙医院,建成社区卫生服务中心、卫生服务站和标准化村卫生室25个。全年参合农民20.09万人,参合率93.43%,报销医药费37 627人次3 824万元。

【体育】 逐步完善住宅小区户外健身器材,建成6个市级全民健身示范点,举办首届农民运动会,承办晋陕蒙三省区乒乓球邀请赛、全市智力运动会等各类体育赛事12次。

【人民生活】 2009年,全旗城镇居民人均可支配收入达23 106元,农民人均纯收入达7 945元。

【住房保障工作】 新开工建筑面积61.5万平方米,建成保障房7 500套。

【就业】 全年城镇新增就业4 327人,解决准旗籍大学生就业556人。职业技能培训7 006人,引导性培训10 000人,培训就业率80%以上。

【社会保险】 城乡低保标准分别由2008年的248元、1 300元提高到280元和1 500元。"五保"集中供养、分散供养补助分别由2008年的3 600元、1 300元提高到5 000元和2 000元。新建沙圪堵、龙口、纳日松3所敬老院,集中供养能力进一步提高。投入210万元,帮助100户残疾人改造危房。全年旗财政用于民生方面的资金达18.6亿元。

【实施"收缩转移、集中发展"战略】 打造无人居住的生态自然恢复区。对转出劳动力进行定向免费培训,将安置一定比例的本地劳动力作为企业的一项硬性任务,建设10个移民新村。转出农村人口10余万人,建成移民安居房27万平方米,城镇居住人口超过了农村。组建现代农牧业公司,引进工业企业,集中力量在优化开发区进行现代农牧业发展和基础设施建设。目前建成现代农牧业规模经营示范区6万亩,引进8家工业企业入驻、12家签定协议。推进二产拉动向三次产业协同互动转变。陶瓷、制药、机械制造、粉煤灰利用开始起步,5个物流园区已经启动,旅游业稳步发展,产业转型继续向好的方向发展。2009年,三次产业比例调整为4:65.8:30.2,力争到2010年使三产比重达到50%。

【创新项目建设】 创新人才积聚和创新产业形成。成立煤转化、高岭土、粉煤灰研发中心和粉煤灰应用研究所、清华大学陶瓷艺术研究所,建设伊东循环经济产学研基地、国家高岭土标准化陶泥研发生产基地,即将建设中科合成油准格尔煤化工技术研究中心。引进全国第一条煤间接液化生产线和世界规模最大的甲醇二甲醚项目。引进内蒙古工业大学矿业学院在大路新区建设,内蒙古农业大学在两个乡镇设立实验实习基地,内蒙古党校将准格尔旗作为体验式教学基地和县域经济研究范例。选聘10多名研究生、1 500多名大学生。实施"一村一名大学生"项目,并将这些"村官"逐步充实到苏木乡镇,然后继续选聘大学生到村工作,从而形成竞争有序、梯次发展的乡村干部储备、选拔、培养体系。十分重视规划先行和体制创新。旗委政府通过规划的修编延伸,形成完善定型的功能定位,使一切发展都在一张蓝图的指导下有序推进。通过读书会、座谈会、现场会等形式,立足实际、尊重规律,统一思想,形成一系列符合地区特点和实际的发展思路与决策部署。通过相关的体制机制创新和行为规范设计,完善利益激励、补偿、约束机制,合理调整利益关系,形成一系列有利于科学发展的机制体制保证。

(牛玉萍)

伊金霍洛旗

【领导名录】

旗委书记:杨　博

人大主任:王根喜

旗　　长:云卫东(蒙古族)

政协主席:郝永耀

武装部长:班瑞廷

政　　委:张 卫

【概况】 伊金霍洛(汉意为“圣主的苑囿”)旗,地处鄂尔多斯高原东南部,东连准格尔煤田,西邻毛乌素沙漠,南与陕西省神木县接壤,北与鄂尔多斯市政府所在地康巴什新区隔河相望。系鄂尔多斯市“一市二区,三个组团”百万人口城市战略核心区,享有“煤海绿洲,天骄圣地”美誉。全旗总面积5 600平方公里,辖7个镇,总人口15.98万,其中少数民族11 923人。

2009年全旗地区生产总值完成393.5亿元,增长20.7%;财政收入完成80亿元,增长57.2%;全社会固定资产投资总额完成219.9亿元,增长29.3%;城镇居民人均可支配收入和农牧民人均纯收入达23 098元和7 959元,分别增长13.2%和9.6%。

2009年,伊金霍洛旗在第九届全国县域经济基本竞争力评价中,跃居全国县域百强第54位,西部百强第4位,全区69个旗县第2位;被评为“全国群众体育先进单位”、“全国文化先进单位”、“全国科技进步示范旗”、“中国全面小康生态文明县”、“中国十佳和谐可持续发展城市”、首批“全区文明旗县”、“全区十佳人防旗县”、“中国绿色名旗”。

【农牧业】 出台推进现代农牧业发展、庄园经济建设意见和农村牧区人口转移办法,完成村庄布局和产业布局规划、农牧业经济两区发展规划。建成现代农业示范基地6 000亩、温室5 000亩2 500座,完成人口整体转移369.6平方公里,转移人口5 926人。

【工业】 实现工业增加值221.1亿元,现价增长24.0%。阿镇现代装备制造业基地入驻项目29个,汇能煤电煤化工基地入驻项目6个,乌兰木伦工业项目区总体规划编制完成,西部煤化工基地前期工作顺利开展。神华煤直接液化项目成功实现第二次试车,安全稳定运行超过1 000小时。神华煤间接液化、国电集团煤电一体化、神华煤制天然气等重点项目建设进展顺利,同时积极引进乌兰煤机、中煤煤机等一批高科技、高效益的非资源型项目落户伊金霍洛旗。

【市政建设】 编制完成各类规划51项,旗内所辖阿勒腾席热镇、乌兰木伦镇、伊金霍洛镇总规和拓展区规划进一步完善。2009年,全旗共完成拆迁面积100万平方米,土地收储11.7万亩。全年开工各类建筑400万平方米,完成城区路网建设107.7公里,全旗城市建设总投资达180亿元。2009年,全旗城镇建成区面积新增3.6平方公里,达到18.1平方公里。

【第三产业】 第三产业实现增加值146.7亿元,增长19.6%。阿康物流园区基本完成征地工作,30余家企业达成入驻意向,札萨克煤炭物流园区已有6家企业入驻。万佳国际、成吉思汗等5个星级酒店和华联商厦建设有序推进,建成鄂尔多斯市首家规模化运作的再生资源回收市场。蒙古源流文化产业园、百年树人文化产业园、成吉思汗体育产业园、马主题文化产业园前期工作全面展开,成吉思汗博物馆、蒙元陶瓷博物馆建设进展顺利。全年完成旅游接待量142万人(次),实现旅游业收入8.5亿元,同比增长24.7%。

【交通】 109高速公路建成通车,兰嘎一级公路及包西、准神、包神、东铜、南部铁路建设稳步推进,阿勒腾席热镇一级汽车客运站完成前期工作,鄂尔多斯飞机场改扩建工程进展顺利。

【生态建设】 完成人工造林10万亩,退牧还草13万亩,人工种草14万亩,水土流失综合治理22.4万亩。完成水利工程471处,新增节水灌溉面积1.7万亩,新建安全饮水工程10处。完成矿区生态治理规划,拆除包府线、边贾线沿线焦化厂、泡花碱厂及不符合规划的民用三产建筑1万平方米。阿勒腾席热镇空气质量优良天数达316天,新增绿地733万平方米,人均绿地面积达到34.4平方米,全旗7个镇全部创建成为自治区级环境优美镇。削减二氧化硫排放量5 055吨、化学需氧量1 990吨,万元GDP能耗下降6.5%。乌兰木伦镇、阿勒腾席热镇污水处理厂投入使用。发展环境不断优化,荣获“中国全面小康生态文明县”、“中国十佳和谐可持续发展城市”、“中国绿色名旗”荣誉称号。

【科技】 举办以“携手建设创新型国家——努力构建和谐伊金霍洛”为主题的伊金霍洛旗科技活动周暨全旗第十四届科普宣传周活动。完善肉羊和绒山羊2个科技专家大院,邀请5名专家进驻专家大院,开展产、学、研等工作。

【教育】 新建续建扩建学校10所,公开招聘小学、幼儿园教师128人。面向全国招聘初、高中名优教师,出台中小学幼儿园校(园)长考评方案、骨干教师管理办法,教育人事制度改革不断深化。全面完成教育城域网建设,高考本科上线率由2008年16.2%上升到37.1%。

【文化】 实施文体强基工程,建成综合文化站3个、社区文化活动中心1个、草原书屋33个,建成鄂尔多斯市首处体育公园。本土文艺创作精品迭出,《曲别针》获内蒙古自治区“五个一工程”优秀作品奖,并入围国家改革开放30年30部献礼电影,成功举办“欢乐中国行”大型文艺演出、“首届成吉思汗文化论坛”等活动,荣膺“全国文化先进单位”和“全国全民健身先进集体”。

【卫生】 大力实施医疗卫生保障工程,新型农村牧区合作医疗参合率达91%,人均筹资标准提高150元,城镇居民合作医疗参合率达85%,财政累计补贴医疗保险费2 060万元。建成社区卫生服务站3处、标准化村卫生室22个,招聘医疗卫生人员60名。低生育水平不断巩固,符合政策生育率98.9%,人口出生率11.47‰。

【社会保障】 完成综合福利院基础工程,迁建、扩建敬老院2所;五保集中和分散供养标准分别提高到每人每年4 380元和2 000元;为下岗失业人员、城镇居民、农牧民等各类参保人员补贴养老保险费5 961万元。建设经济适用住房53万平方米5 710套,廉租住房1.2万平方米252套,建设精品移民小区5.3万平方米540套;创造性实施限价房政策,城乡中低收入家庭住房难问题得到解决。完成各类技能培训15 000人(次),新增就业2 075人,城镇登记失业率控制在3.8%以内,全旗行政事业单位职工补贴性收入和企业退休人员养老金待遇人均月增1 000元和117元。

(霍　超)

乌审旗

【领导名录】

旗委书记:张　平
人大主任:伊达木(蒙古族)
旗　　长:奇巴图(蒙古族 3月离任)
　　　　　牧人(蒙古族 3月任职)
政协主席:吴兆军
武装部长:吉日嘎拉(蒙古族)
政　　委:李建师

【概况】 乌审旗位于内蒙古自治区最南端,鄂尔多斯市西南部,地处毛乌素沙漠腹地。地理坐标为北纬37°38′~37°23′,东经100°17′~109°40′。总面积11 465平方公里,辖1苏木、5镇、59个嘎查村。全旗总人口为106 978人,其中少数民族31 523人,全年出生人口1 948人,人口出生率为9.5‰;人口自然增长率为4.1‰,比上年下降0.4个千分点。

2009年,地区生产总值完成153.13亿元,增长24%,增速高于全市1个百分点、高于全区7.1个百分点。财政总收入累计完成15.17万元,同比增长21.4%,城镇居民人均可支配收入和农牧民人均纯收入分别达18 430元和7 945元,增加2 045元和704元。

【农业】 农作物总播种面积达39 444公顷,与上年持平。其中,粮食作物播种面积18 083公顷,比上年增加101公顷。青贮玉米播种面积12 000公顷,饲料玉米播种面积11 333公顷,人工种草在面积14 000公顷,新增水地优质牧草1 333公顷。全年粮食总产量11.4万吨,增长0.06%,其中小麦产量减少6.1%、玉米产量增长0.1%。全年油料产量1 445吨,蔬菜产量2.4万吨。年末,全旗拥有农业机械总动力44.5万千瓦,增长5.9%;年末拥有联合收割机47台,增长235.7%;农用运输车8 392台,增长0.07%。

【畜牧业】 牧业年度牲畜存栏183.3万头(只),与上年同期相比减少11万头(只),减少0.6%;牧业年度良种及改良牲畜总头数182.2万头(只),良种及改良牲畜比重达99%,水产面积达1 296公顷。全年肉类总产量3.4万吨,牛奶产量2.6万吨,山羊绒产量49吨,禽蛋产量300吨。

【农牧业产业化】 积极引进和扶持12家肉牛企业发展,拥有年出栏5 000头以上养殖规模公司5家;新建现代农业生产基地1万亩,设施农业500亩,启动建设现代草原畜牧业示范户284户,建成鄂尔多斯细毛羊种羊繁育基地1处;45万亩绿色食品原料标准化生产基地获国家认定;19种农畜产品被认证为有机食品和无公害产品。

【林业】 2009年,完成造林面积24.8万亩。其中,人工造林11.8万亩,封山育林37.5万亩。完成天然林资源保护工程造林面积11万亩,完成“三北”防护林四期工程造林面积10.8万亩。年末全旗森林面积555万亩,森林覆盖率达30.6%。

【工业】 全年实现工业增加值97.68亿元,同比增长26.7%,增速位居全市第二。其中,19家规模以上工业企业完成增加值94.58亿元,同比增长27%。在规模以上工业企业中,国有企业增加值减少6.7%;股份制企业增加值增长37.7%;外商及港澳台投资企业增加值减少2.9%。重工业实现增加值93.96亿元,同比增长28.2%;轻工业实现增加值0.62亿元,同比减少19.32%。全旗规模以上工业企业实现主营业务收入1 828 652万元,同比增长31.8%;实现利税236 171万元,同比增长18.8%;实现利润205 977万元,同比增长20.3%。产品销售率达99%,比上年增长1个百分点,其中,轻工业产销率为96%,重工业产销率为99%。

【基础设施建设】 编制完成嘎鲁图镇生态文化城镇

建设规划、城市控制性详规、西部拓展区控制性详规和苏木镇新一轮总规。新修市政道路11条，增加道路107万平方米，城市核心区扩大到30平方公里，人均公共绿地面积达35平方米。完成硬化改造嘎鲁图镇居民区巷道18万平方米。铺设供水、供热、排污等配套管网130多公里，污水厂和垃圾处理厂建成运行，全年城市建设完成投资25亿元。对鸿沁湖公园和萨拉乌苏体育广场进行完善提升。嘎鲁图现代物流园区全面启动，汽运服务区建成并投用。

【固定资产投资】 年内，共有在建投资项目208个，完成全社会固定资产投资168.4亿元，同比增长61.4%。其中亿元以上投资项目23个。第一产业投资达39 713万元，同比增长895.6%；第二产业投资达115 365万元，同比增长54.5%；第三产业投资达485 883万元，同比增长410.5%。

【招商引资】 引进央企2个，亿元以上重点项目18个，全年共引进区外国内资金38.55亿元，完成年度目标任务的101.1%。

【贸易】 实现社会消费品零售总额153 569万元，同比增长18%。分城乡看，旗级消费品零售额90 343万元，同比增长14%；旗级以下消费品零售额63 266万元，同比增长24%。分行业看，批发零售贸易业零售额97 838万元，增长17%；住宿餐饮业零售额52 396万元，增长20%；其它行业零售额3 335万元，增长20%。

【交通】 全年完成货运量1 572.7万吨，比上年增长8.3%；完成货物周转量122 751.3万吨公里，比上年增长8.4%；公路旅客周转量18 199.4万人公里，增长4.7%；公路客运量215.5万人，增长8.9%。

【邮电】 全年邮电通信业务总量10 794万元，比上年增长20.9%。其中，电信业务总量10 474万元，增长21.2%；邮政业务总量320万元，增长10.3%。年末(本地电话)局用交换机总容量10 000门。年末本地网固定电话用户13 800户，比上年增长57.9%。全年订销报纸150.1万份，杂志3.98万份，收寄函件0.26万份，国际国内特快专递共完成0.99万件。

【旅游业】 全年共接待游客38万人次，增长14.7%；旅游营业收入50 000万元，增长16.3%。旅游业固定投入达3.6亿元。完善萨拉乌苏旅游区、福海旅游区、银海生态旅游区基础设施建设。新增星级农牧渔家乐19个。

【金融业】 年末全旗金融机构各项人民币存款余额321 094万元，比上年增加128 171万元，增长66.4%。其中，企业存款余额95 973万元，比上年末增加21 021万元，增长28.1%；储蓄存款余额134 769万元，比上年末增加43 380万元，增长47.5%。年末全旗金融机构各项人民币贷款余额236 940万元，比上年末增加112 675万元，增长90.7%。其中，短期贷款余额123 953万元，比上年末增加58 846万元，增长90.4%；中长期贷款余额112 987万元，比上年末增加53 829万元，增长90.9%；个人消费贷款余额29 548万元，比上年末增加16 217万元，增长121.6%。全年金融机构现金收入1 040 329万元，现金支出1 175 738万元，分别比上年增长24.8%和26.3%，收支相抵，货币净投放135 409万元，比上年增长39.4%。

【保险业】 全年保险收入3 155万元，同比增长31.5%。其中：财产保险收入1 755万元，人寿保险收入1 400万元。全年赔付总额为1 035万元，同比增长20.9%。其中，财产保险赔付910万元，人寿保险赔付125万元。

【科技】 全旗科技经费支出583万元，中级(含中级)以上科技人员达1 532人。有20项科研成果在企业和农村牧区推广。全年授权专利3项。

【教育】 蒙古族实验小学、河南中学宿舍楼建成并投入使用，职业中学动工新建；全旗共有学校24所，在校生达13 590人。其中，小学9所，在校生6 326人；中学6所，初中在校生3 197人，高中在校生1 461人，职中在校生174人；幼儿园9所，在园幼儿2 432人。小学适龄儿童入学率达100%；辍学率小学为0；初中控制在1%内；青壮年非文盲率为96.76%。

【文化】 年末，全旗拥有艺术表演团体1个，其中有乌兰牧骑1个；文化馆(包括群众艺术馆)1个，公共图书馆1个，全旗拥有电视转播台15座，数字电视用户11 962户，广播电视覆盖率达96%。新建嘎查村“草原书屋”23个；文化馆组织广场文化活动70多场，直接参与演出人员达2 000多人次，观众人数达150 000人次；送文化下乡活动59次，放映电影1 280场，百日广场文化活动45次；新建并申报示范文化站一个，示范文化室6个，新增文化户180户，同时批复了1支民办非企业文化独贵龙组织法人登记，组建文艺团体10个；全年实现文化产业收入1 399.7万元。成功举办第三届中国·萨拉乌苏民间艺术节暨第五届中国人居环境高峰论坛、第二届中国鄂尔多斯纪实文学节。申报了“中国马头琴文化传承保护基地”、“中国马头琴文化研究中心”和“中国马头琴博物馆”。

【卫生】 新建旗疾控中心门诊楼和10所标准化嘎查村卫生室；全旗共有卫生机构(不包括个体诊所和村卫

生所)17 个。其中综合医院 2 个,农村牧区卫生院 12 个,疾病预防中心 1 个,妇幼卫生机构 1 个。医疗卫生机构共有床位 332 张。其中医院有床位 129 张,苏木镇卫生院有床位 142 张。全旗卫生技术人员达 334 人,其中执业医师 141 人、助理医师 25 人,注册护士 53 人。

【人民生活】 在岗职工年平均工资达到44 198元,与上年相比人均纯增8 810元,增长25%。其中:企业在岗职工年均工资38 648元,事业单位职工年均工资45 906元,国家机关公务员年均工资44 493元,分别比上年增长29.5%、38.9%和27.9%。城镇居民人均可支配收入达到18 430元,增长12.5%。其中工薪收入15 184元,增长11.6%;经营净收入1 568元,增长24.5%。城镇居民人均消费性支出13 722元,增长19.8%。

农牧民人均纯收入为7 945元,增长9.7%。其中工资性收入1 108元,增长34.8%;家庭经营收入6 187元,增长1.1%。全年农牧民人均生活消费支出7 365元,增长10.3%。

【社会保障】 2009 年全旗参加失业保险人数为5 015人,领取失业保险金人数 91 人,失业金实际发放金额36.2万元。城镇居民得到政府最低生活保障人数为2 608人,实际发放金额 930 万元,同比增长35%。基本养老保险参保职工数达8 508人,其中参加基本养老保险的离退休人员为2 455人,增长7.1%,养老金社会化发放率100%。基本医疗保险参保人数14 180人,增长5.8%,其中参加基本医疗保险的离退休人员为4 068人,增长0.2%。

参加合作医疗人数达55 558人,参合率达96%,大病统筹补偿继续提高,封顶线达 5 万元。

【人口转移】 转移农村牧区人口3 549人,其中劳动力转移2 023人,举家搬迁 357 户 822 人。劳务输出7 179人,累计培训4 034人。

【就业】 新增就业岗位1 575个,城镇登记失业率控制在4%以内。

【民生工程】 新建精品移民小区 2 处13.7万平方米,搬迁转移人口 904 户3 252人。新建经济适用房 8 万平方米,廉租房7 437平方米。新建安全饮水工程 7 处,解决1.35万人饮水问题;新增沼气3 000户;全面提高了天然气普及率,用户达6 000户。

【荣誉】 在第九届县域经济基本竞争力评价中,跻身全国西部 33 强,获"中国绿色名县"、"全国生态小康示范县"和"全国科技林业示范县"称号;获全区教育工作优秀旗称号。

乌审旗乌兰牧骑赴波黑塞族共和国参加"杜卡特国际民间艺术节",荣获评委会最高荣誉奖和最佳表演风格奖。

3 月 29 日,中国生态文明建设与区域绿色发展及成果发布会在北京人民大会堂召开。乌审旗凭借生态文明建设魅力与呼伦贝尔市陈巴尔虎旗成为自治区首批命名的"中国绿色名县"称号。

6 月 26 日,在"2009 年第二届中国生态小康论坛"上,乌审旗荣膺"2009 年中国全面小康生态文明县"称号。

8 月 8 日至 11 日,第三届中国·萨拉乌苏民间艺术节及第五届中国人居环境高峰论坛、第二届中国鄂尔多斯纪实文学节在乌审旗召开。

【重要活动】 3 月 7 日,鄂尔多斯市天旭轻合金有限责任公司年产 5 万吨高品质镁合金及年产1 500万吨精密成型件项目开工奠基仪式在苏里格经济开发区隆重举行。

6 月 4 日,陕甘宁蒙四省毗邻县政协第二十三次联谊会议在乌审旗召开。

(布日古德)

鄂托克旗

【领导名录】

旗委书记:郝健君(蒙古族)

人大主任:华·格日乐巴图(蒙古族)

旗　　长:尚志强

政协主席:李月珍(女)

武装部长:谢　展

政　　委:李　占

【概况】 鄂托克旗位于内蒙古自治区鄂尔多斯市西部。地理坐标在北纬 38°18′~40°11′,东经 104°41′~108°54′之间,总面积20 687平方公里。全旗辖 2 个苏木、4 个镇。2009 年全年出生人口1 340人,人口出生率9.40‰;死亡人口 639 人,死亡率为4.73‰;人口自然增长率4.67‰。年末全旗总人口97 130人,其中少数民族人口26 472人,少数民族人口中有蒙古族26 125人。

2009 年地区生产总值221.86亿元,按可比价格计算(下同),同比增长22.9%。其中,第一产业3.94亿元,同比增长1.4%;第二产业170.88亿元,同比增长25.3%;第三产业47.04亿元,同比增长18.5%。全旗生产总值中一、二、三次产业比例由上年的2.5∶80.6∶16.9演进为1.8∶77.0∶21.2。

全年地方财政总收入25亿元,比上年增长15.7%,地方财政收入中一般预算收入9.70亿元,比上年增长22.7%。地方财政一般预算支出13.26亿元,比上年增长9.40%。其中,社会保障支出和就业支出1.39亿元,比上年增长50.2%;医疗卫生支出0.83亿元,比上年增长54%;教育支出1.83亿元,比上年增长20.3%。

【农业】 农作物种植面积28.1万亩。其中,粮食作物种植面积21.3万亩。全年粮食总产量8.1万吨,同比增长1.3%。

【畜牧业】 牧业年度全旗牲畜存栏头数为179.4万头(只),比上年减少1.9%;牲畜总减少3.4万头(只);牧业年度良种及改良牲畜总头数178.9万头(只)。全年肉类总产量1.1万吨,同比下降4.6%;牛奶产量1.1万吨,同比增长21.6%;山羊绒产量542吨,同比增长3.4%。

【工业】 全部工业增加值155.91亿元,同比增长26.9%。其中,规模以上工业企业完成增加值143.11亿元,比上年增长27.8%。在规模以上工业企业中,国有企业增加值0.96亿元,同比增长8.7%。集体企业增加值0.34亿元,同比下降38.2%。股份制企业增加值139.0亿元,同比增长43%。其它经济类型企业增加值2.8亿元,同比增长26.6%。在规模以上工业企业中,轻工业实现增加值0.63亿元,同比下降31.6重工业实现增加值142.48亿元,同比增长42.5。

煤炭、电力、冶金、化工等八大优势产业实现增加值占规模以上工业增加值的90%以上,成为拉动工业生产快速增长的主要动力。2009年1月至12月,全旗规模以上工业企业主营业务收入294.97亿元,比上年同期增长46.3%;实现利润21.7亿元,同比下降13.45%。其中,国有及国有控股企业实现利润4.24亿元,同比下降30.23%。全年规模以上工业企业产品销售率97%。

【建筑业】 建筑业增加值4.55亿元,同比增长32.6%。年末全旗具有资质等级的总承包和专业承包建筑施工企业4个,房屋建筑施工面积7.14万平方米,同比增长6%;房屋竣工面积6.9万平方米,下降0.382%;房屋建筑竣工率96.8%。全年具有资质等级的总承包和专业承包建筑企业实现利润0.93亿元,同比增长29.2%。

【城市建设】 全年市政基础设施投资12.5亿元,年末人均道路24.8平方米。全旗污水处理率达75%,燃气普及率达51%,生活垃圾无害化处理率95%。全旗建成区绿地率达9.5%,建成区绿化覆盖率达26%,人均公园绿地面积达13平方米。

【固定资产投资】 全旗50万元以上固定资产投资完成160.85亿元,同比增长24.3%。按经济建设性质划分,新建投资完成139.08亿元,同比增长32.8%;扩建投资完成10.35亿元,同比增长121.63%;改建和技术改造投资11.41亿元,同比下降43%。按三次产业划分,第一产业投资3.81亿元,同比增长246.6%;第二产业完成投资131.57亿元,同比增长24.8%,其中工业投资完成131.57亿元,同比增长24.8%;第三产业完成投资25.47亿元,同比增长10.2%。

【商贸】 社会消费品零售总额23.48亿元,同比增长17.4%。分城乡看,县级消费品零售额14.08亿元,同比增长11.4%;县以下消费品零售额9.4亿元,同比增长27.8%。分行业看,批发零售贸易业零售额13.28亿元,同比增长12%;住宿和餐饮业零售额9.53亿元,同比增长25.5%;其它行业零售额0.67亿元,同比增长13.9%。2009年,全旗完成进出口总额(不含煤炭)2.82亿美元,同比下降20%。其中进口总额1.38亿美元,同比增长100%;出口总额1.44亿美元,同比下降17%。全年利用外资新签合同项目数达3个;实际利用外资金额2 838万美元。

【交通 电信】 全年公路客运量52.1万人,同比增长17.94%;公路旅客周转量9 761.8万人公里,同比增长7.1%。公路货运量4 100万吨,同比增长28.1%;公路货物周转量215 250万吨公里,同比增长0.39%。全旗实现邮政业务收入842.32万元,同比增长19.8%。发送函件11.46万件,特快专递8.90万件,报刊28.67万份。年末邮政储蓄余额19 898万元。全旗电信业务总收入12 394万元。年末固定电话用户1.3万户,小灵通用户0.4万户,移动电话用户19.9万户,互联网宽带用户达到0.4万户。

【旅游业】 年末,全旗拥有旅游星级宾馆饭店5家;各类旅行社4家。全年全旗接待国内外旅游者30万人次,同比增长6%,实现旅游收入2.1亿元,同比增长59%。全旗旅游直接从业者达450多人。

【金融】 年末,全旗金融机构现金收入204 865万元,金融机构现金支出217 057万元。年末金融机构各项存款余额628 737万元。其中,企业存款余额232 638万元;城乡居民储蓄余额296 181万元。年末金融机构各项贷款余额520 758万元。其中,短期贷款余额245 124万元;中长期贷款余额275 634万元。

【科技】 2009年全旗获各类科技成果1项,全年提交专利申请50件,其中,授权专利14件,同比增长66.7%;签订各类技术合同15项,成交金额6 000万元。全年批准认定国家创新型企业1家,国家级高新技术企业1家。自治区级民营科技企业2家,自治区级企业研究开发中心1家。

【教育】 普通高中2所,普通初中8所,职业高中1所,普通小学9所,幼儿园19所。普通小学入学率100%,普通初中入学率96%,小学毕业生升学率100%,初中毕业生升学率85.3%,普通初中辍学率0.37%。

【文化】 全旗拥有艺术表演团体1个,其中有乌兰牧骑1个。文化馆(包括群众艺术馆)1个,公共图书馆1个,博物馆3个。广播电视事业保持较高发展水平,年全旗广播综合人口覆盖率达95%。全旗拥有一百瓦以上电视发射台和转播台1台,电视综合人口覆盖率达92%。

【卫生】 全旗共有卫生机构(不包括个体诊所和村卫生所)19个。其中医院3个,农村牧区卫生院9个,中心卫生院5个,疾病预防中心1个,妇幼卫生机构1个。医疗卫生机构共有床位370张。其中医院有床位270张,乡镇卫生院有床位100张。全市卫生技术人员达到352人,其中执业医师132人,助理医师158人,注册护士53人。

【人民生活】 全年城镇居民人均可支配收入19 332元,同比增长13.8%。城镇居民人均消费性支出15 878.17元,增长13.39%。全年农牧民人均纯收入7 826元,同比增长10.9%。农牧民人均生活消费支出9 682.5元,同比增长9.24%。年末全旗在岗职工17 021人,比上年增长0.88%,在岗职工工资总额为65 393万元,比上年增长38.08%。全旗在岗职工年平均工资为38 473元,比上年增长36.87%。

【社会保障】 年内,全旗参加失业保险人数为15 000人,领取失业保险金人数330人,同比增加4.8%;失业金实际发放金额170万元,同比增加88.9%。城镇最低生活保障实际发放人数为2 105人,同比增长7%;实际发放金额为649.83万元,同比增长15.2%。基本养老保险参保人数达17 041人,其中参加基本养老保险的离退休人员为3 482人,养老金社会化发放率为100%。城镇基本医疗保险参保职工人数为21 000人,城镇参加基本医疗保险的居民人数为19 938人。

【移民搬迁工作专题调研】 7月1日,国务院扶贫开发领导小组办公室主任范小建,自治区政府主席助理、扶贫开发领导小组办公室主任崔国柱,副市长白玉岭一行深入到鄂旗棋盘井镇就移民搬迁工作进行专题调研。

(阿拉腾道布其)

鄂托克前旗

【领导名录】

旗委书记:额尔敦仓(蒙古族)

人大主任:颉永烽

旗　　长:于新芳

政协主席:冯占平

武装部长:张忠仁

政　　委:武永平

【概况】 鄂托克前旗于1980年8月建旗,位于内蒙古自治区鄂尔多斯高原西南部,地处蒙陕宁交界。境内主要由毛乌素沙地和鄂尔多斯梁地两大地貌构成,土地总面积1 827万亩(合1.218万平方公里),属中温带干旱、半干旱大陆性气候,年平均降雨量261.2毫米,无霜期169天左右。全旗辖4个镇,总人口7.5万人,其中蒙古族人口占总人口的31%,是一个以蒙古族为主体,汉族占多数的少数民族地区。

2009年,全旗完成地区生产总值36.57亿元,增长18.2%;财政收入完成4.55亿元,增长90.7%;固定资产投资总额达60.3亿元,增长49%;城镇居民人均可支配收入达18 324元,增长17.6%;农牧民人均纯收入达7 966元,增长9.3%。

【农牧业经济】 集中培育三段地现代农牧业示范基地、昂素嘎查新牧区和马鞍桥肉羊养殖示范园区等一批先进典型,新建现代农业示范基地4万亩,完成农作物总播面积41.6万亩。牧业年度牲畜饲养量达182万头(只),存栏80万头(只),农牧民人均纯收入连续6年位居全市第一。制定出台促进生态保护与建设的一系列政策措施,设立生态建设奖励基金,全旗植被覆盖度和森林覆盖率分别达到81%和15.4%。新建生态自然恢复区180万亩,生态自然恢复区总面积达到747万亩,占到全旗总面积的41%。筹资1.5亿元,在敖镇和上海庙镇集中规划建设精品移民小区,开工建设1 439套住房,204户转移农牧民迁入新居。

【工业经济】 520万吨煤焦化多联产项目落地实施,先期开工的130万吨捣固焦联产15万吨甲醇项目,成为上海庙能源化工基地第一个落地的煤转化项目。榆树井、新上海1号煤矿建设进展顺利;麻黄煤矿建成试产,全旗原煤产量达到270万吨。新建天然气井111眼、石油井6眼,天然气产能达到20亿立方米,苏里格天然气第四处理厂开工建设,年产40万吨、25万吨LNG项目加快推进,年产5万吨LNG项目投产,为工业经济发展注入了新动力。

【第三产业】 开展上海庙宜居宜业宜游宜乐文化旅游名镇策划、规划工作,出台了优惠政策,商家参与建设的积极性不断提高。大沙头旅游区开发建设有新进展,农牧家乐培训基地挂牌成立,农家乐、牧户游小型旅游项目迅速发展,鄂托克前旗被评为“中国最佳休闲旅游目的地”,知名度和影响力进一步扩大;集中打造了集展览展示、收藏鉴赏、文化服务为一体的鄂前旗示范性文化产业园;“中国·鄂尔多斯文化之乡”、“中国·鄂尔多斯马文化保护基地”和“中国·鄂尔多斯婚礼文化传承基地”获得中国民协命名。城镇居民人均住房面积达到41.9平方米,每百户拥有小车30辆。

【基础设施建设】 投资26.3亿元,用于城镇和基础设施建设。完成了上海庙“一区三园”连接道路、镇区市政道路和管网工程以及鹰骏主题文化公园一期工程建设,供热、亮化等配套工程同步跟进,已开工单体建筑和精品移民小区项目进展顺利。敖镇城镇改造有力推进。核心建成区道路、排污、排水、供暖和绿化、美化、硬化、亮化等工程全面完工,污水处理厂开工建设,市政服务功能不断完善,人居环境进一步优化,城镇形象和品位大幅提升。基础瓶颈制约逐步攻破。昂素至乌审旗陶利一级单幅公路全线贯通;三新铁路通车运营,构筑了第一条铁路大动脉。与宁夏有关方面共同组建了供排水公司,引黄供水工程签约落地。新建110千伏输变电工程3座。

【科技】 投入科技经费100万元,对全旗嘎查村主要负责人和种养大户进行技能培训,累计培训农牧民8万人次,广大农牧民科技培训率达到100%。

【教育】 投入资金1.2亿元,实施中小学校舍新建工程,全旗整体办学条件明显改善。

【文化】 投资400多万元,完善涛龙宫、民族文化展厅、文化产业园等一批综合文化活动场所和设施,新建敖镇、城川、昂素文化站,完成上海庙和二道川社区文化站建设项目的申报工作。

【卫生】 完成蒙医院药浴楼、旗计生服务楼和城川、昂素两个中心服务站建设,新建嘎查村卫生室10个、农牧民户厕1 000个;深入推进新型农村牧区合作医疗工作,参合率达到92.4%,报销金额达680万元,大病报销封顶线达到6万元。对全旗28 833名参加合作医疗农牧民进行免费体检。落实兑现各项计划生育奖励经费116.4万元,惠及2 300名农牧民。

【社会保障】 全旗新增就业人数1 493人,城镇登记失业率3.5%。发放小额贷款550万元,扶持275名下岗失业人员自谋职业、自主创业。新建经济适用住房3万平方米,解决330户中低收入家庭的住房困难问题;为174户、439名城镇双困户发放廉租住房补贴资金45.9万元。支出242万元,对全旗农业排灌用电价格高出全市平均价格的部分,以“一卡通”的形式直接给予补贴。

【重要活动】 4月21日,上海庙能源化工基地举行煤焦化多联产项目和燃煤发电项目开工奠基仪式。

5月13日,鄂尔多斯市人民政府与山东省煤炭工业局在山东省济南市举行会议,就进一步加快上海庙能源化工基地开发、建设山东省外能源支撑基地有关事宜进行会谈。

5月26日,内蒙古三新铁路有限责任公司在上海庙能源化工基地举行三新铁路铺通庆典仪式,总投资16.7亿元,全长136公里的三新铁路全线铺通。

(纪 雄)

巴彦淖尔市

【党政军领导名录】

市　委

书　记:王素毅(蒙古族)

副书记:王波 王迎希

委员:李存梓 苏远中(达斡尔族) 王建平 杜隽世(蒙古族) 韦亚力(女) 汤向进 张少甫 岳志君 斯庆(蒙古族) 张明中

人　大

主　任:贺永华

副主任:弓占维 王贵平 刘艳玲(女 1月离任) 格日乐甲木(蒙古族 2月离任) 于文学 张元胜 贾润莲(女 2月任职) 钱永喜(2月任职)

政　府

市　长:王　波

副市长:王建平 韦亚力(女) 罗永纲 云治厚(蒙古族) 李文天 蔺富民 李石贵

政　协

主　席:张向阳

副主席:张占义 吐嘎(蒙古族) 李凤莲(女 2月离任) 张建国 王辰起 陈和平(蒙古族) 张绥昌 贾润莲(女 2月离任) 武永刚 郝忠(2月任职) 周玉峰(2月任职)

纪检委

书　记:李存梓

政法委

书　记:苏远中(达斡尔族)

法　院

院　长:王　伟

检察院

检察长:杜江涛

军分区

司令员:汤向进

政　委:皇甫建

【概况】 巴彦淖尔系蒙古语,意为富饶的湖泊。巴彦淖尔市位于祖国北部边疆、内蒙古自治区西部、黄河几字型顶端。北部为乌拉特草原,中部为阴山山地,南部为河套平原。乌拉特草原约占全市面积的47%;畜牧业悠久兴盛;阴山山地占全市面积的29%。富藏硫铁、铜、锌等;河套平原占全市总面积24%。北与蒙古国接壤,有国界线369.057千米。西、南、东分别与内蒙古自治区阿拉善盟、鄂尔多斯市、包头市为邻。总面积64 413平方千米。市人民政府驻地临河,地理坐标北纬40°46′,东经107°24′。距内蒙古自治区首府呼和浩特383千米,距首都北京1 050千米(铁路里程)。辖临河区、杭锦后旗、乌拉特前旗、乌拉特中旗、乌拉特后旗、五原县、磴口县。2009年末总人口173.3万人,其中女性人口85.1万人,蒙古族人口8.4万人,城镇人口79.5万人。

2009年,完成地区生产总值509.9亿元,三次产业结构为19.5:54.9:25.6。全年完成地方财政总收入55.8亿元。其中地方财政一般预算收入完成30.0亿元。全年财政一般预算支出105.4亿元,其中社会保障和就业支出15.9亿元,医疗卫生支出6.2亿元,环境保护支出7.0亿元,交通运输支出8.1亿元。

【农业】 2009年,农作物总播面积916.5万亩,其中粮食总播面积491.2万亩,经济作物播种面积401.4万亩。粮食总产量24.45亿公斤,其中小麦9.12亿公斤,玉米15亿公斤。油料总产量5.75亿公斤,其中油葵1.3亿公斤,花葵4.45亿公斤。西瓜总产量2.45亿公斤,番茄总产量23.25亿公斤。

【畜牧业】 牧业年度牲畜总头数915.0万头只,存栏羊834.8万只。出栏牲畜856.9万头只,出栏率114.5%。年末有奶牛10.3万头。

【林业】 2009年,完成荒山荒地造林9.5万公顷。其中,人工造林面积2.5万公顷,飞播造林2.9万公顷。更新造林322公顷;成林抚育19.4万公顷;幼林抚育9.1万公顷。

【工业】 规模以上工业企业主营业务收入509.0亿元,完成增加值232.3亿元。其中,国有企业增加值增长16.8%;集体企业增加值增长8.6%;股份制企业增加值增长27.5%;其他经济类型企业增加值增长45.4%;外商及中国港澳台地区投资企业增加值增长27.4%。工业经济效益综合指数361.9,比上年提高31.5个百分点。

【建筑业】 有四级及四级以上资质等级建筑企业54家,从业人员2.5万人,完成建筑业总产值47.6亿元,完成房屋建筑施工面积408.6万平方米,房屋建筑竣工面积253.0万平方米。

【固定资产投资】 全社会固定资产投资总额562.2亿元,第一产业完成投资39.0亿元,第二产业完成投资324.0亿元(其中工业投资185.3亿元),第三产业完成投资199.2亿元。

【贸易】 实现社会消费品零售总额108.8亿元,外贸进出口总额实现34 697万美元。其中完成进口20 192万美元、出口14 505万美元。

【招商引资和对外开放】 争取中央、自治区投资8.7亿元,引进亿元以上项目53个,引进国内到位资金275亿元,实际利用外资4 806万美元。

【环境保护】 环境保护系统职工人数416人,环境监测站6个,监测人员98人。限期治理环境污染企业28个,限期治理环境污染项目30个,限期治理项目投资2.64亿元,关停并转迁企业2个。

【交通】 完成交通固定资产投资25.6亿元,全年开工建设交通项目351个,新改建公路3 414公里,完成油路1 201公里,实施沙石路232项1 925公里,平均好路率82.8%。完成公路货运量2 860万吨,完成货物周转量113.8亿吨公里;完成公路客运量2 145万人,旅客周转量17.2亿人公里。

【邮电 通讯业】 完成邮电业务总量30.1亿元,年末本地网固定电话用户23.6万户,移动电话用户171.0万户,移动电话普及率98.7/百人。互联网络注册用户9.0万户。完成邮政特快专递23.6万件,报刊期发14.1万份,函件431.0万件,包件5.6万个。

【旅游业】 2009年,有旅游企业76家,其中旅游景区点48家,国内旅行社20家,星级饭店8家。接待游客126.1万人次,旅游业总收入15.0亿元。

【金融 保险】 金融机构各项存款余额394.4亿元,其中企业存款余额92.9亿元,城乡居民储蓄存款余额232.4亿元。年末金融机构各项贷款余额为280.9亿元,其中短期贷款余额157.6亿元,中长期贷款119.8亿元。

保险业保费收入6.8亿元。其中财产险收入2.1亿元,人寿险收入4.7亿元。保险业务支出1.5亿元,其中财产险支出1.1亿元,人寿险支出0.3亿元。

【科技】 获得自治区企业技术中心1家,培育国家科技创新试点企业5家,建成国家级高新技术企业3家。上报自治区科技计划项目38项,获得科技项目17项,争取资金446万元。申报国家科技项目10项,批准立项4项,争取资金160万元。至2009年底,共获得专利785项。

【教育】 2009年,有普通高等学校1所,在校学生0.7万人;普通中等专业学校6所,在校生数0.8万人;普通中学67所,在校生数9.3万人;小学143所,在校生数10.3万人。小学毕业生升学率98.9%,初中毕业生升学率91.6%。

【文化】 举办2009'中国·河套文化艺术节,参加自治区舞蹈大赛、民族服饰大赛、工艺美术创新作品大赛、少数民族文艺会演和内蒙古长调艺术节、马头琴艺术节、二人台艺术节等文化活动。“送文化下乡”活动送戏316场、送书8 900多册、送碟1 000多张。文体项目争取到16个文化站、4个全国文化信息资源共享工程县处级分中心、2个农牧民体育健身广场、40个农牧民体育健身工程、25个草原书屋和7套“送文化下乡工程”设备等,共争取国家和自治区项目资金约750万元。年末拥有广播电台1座,调频转播发射台11座,广播人口覆盖率91.7%;电视台1座,电视转播发射台15座,电视人口覆盖率93.1%。《巴彦淖尔日报》全年发行387.5万份,《巴彦淖尔晚报》全年发行400万份。

【卫生】 有卫生机构1 501个,其中医院(含门诊)、卫生院142个;社区卫生服务中心32个,服务站17个;村卫生室836个;疾病预防控制中心(防疫站)8个,妇幼保健院(所、站)8个,卫生监督所8个,中心血站1个。

全市参加合作医疗的农牧民95.1万人。至12月底,共为11.1万人次参合农牧民报销门诊医药费243.9万元;为9.7万人次大病统筹住院参合农牧民报销医药费10 558.92万元;为0.2万名住院正常分娩产妇补助18.5万元;为0.3名慢性病患者门诊补助158.4万元;为2.1万人体验补助32.1万元。

【体育】 参加全区第十二届运动会,获金牌13枚、银牌19枚、铜牌23枚。参加中俄蒙青少年运动会选拔赛,获金牌2枚。体育人口占总人口的41%。

【人民生活】 城镇居民人均可支配收入13 893元,农牧民人均纯收入8 066元。城镇居民人均消费支出8 953元,农牧民人均消费支出5 221元。

【社会保障】 企业职工养老保险、城镇基本医疗保险(其中城镇职工医疗保险、城镇居民医疗保险)、工伤保险、生育保险、失业保险参保人数分别为17.53万人、60.5万人(20.5万人、40万人)、9.54万人、7.8万人、10.5万人。企业退休人员月人均养老金1 349元。解决失地农民、劳服企业职工、困难职工社保问题,参保1.3万人。新型农村牧区合作医疗筹资标准人均105元,参合率98%。城镇居民基本医疗保险参保人数40.5万人。征缴四项(企业养老、医疗、工伤和生育)社会保险费12.7亿元,年末四项社会保险基金累计滚存结余13.0亿元。

有敬老院21所,床位745张,入住人数656人。有城镇低保对象5.4万人,月人均补助219元;农牧区低保对象7.3万人,年人均补助900元。销售社会福利彩票1.2亿元,提取公益金2 000多万元。

【自然保护区】 设立自然保护区6个。其中国家级2个(乌拉特梭梭——蒙古野驴自然保护区和哈腾套海自然保护区),总面积19.16万公顷;自治区级4个(乌梁素海湿地鸟类自然保护区、阿尔其山叉子圆柏自然保护区、乌拉山天然次生林保护区和乌拉特后旗巴音满都呼恐龙化石自然保护区),总面积13.2万公顷。设立国家级生态示范区1个,总面积1.7万公顷。

(苏日塔拉图 詹耀中)

临 河 区

【领导名录】

区委书记:杜隽世
人大主任:常存善
区　　长:连　泽
政协主席:张广明
武装部长:孙国昌
政　　委:赵文利

【概况】 临河区位于内蒙古自治区西部的河套平原腹部。隶巴彦淖尔市,为市府所在地。区境南临黄河,与鄂尔多斯市隔河相望,北以乌加河为界,与乌拉特中旗相邻,东接五原县,西与杭锦后旗毗连。总面积2 354平方公里。距自治区首府呼和浩特市383公里,距首都北京1 050公里(铁路里程)。临河区交通条件十分便利,连接大西北的两大动脉京兰铁路和110国道横穿市区,区乡村柏油公路成网,在西北地区公路建设名列前茅。2009年末,辖7镇,152个村委会,11个街道办事处,62个居民委员会.全区常住人口为53.57万人,其中,男性26.99万人,女性26.58万人;城市居民30.77万人,农村居民22.8万人。常住人口总户数为17万户,其中,城市居民10.2万户;农村居民6.8万户。城镇化率达59.5%。人口出生率为7.6‰,死亡率为3.63‰,自然增长率为3.97‰。

2009年,实现地区生产总值152.4亿元,增长20%。其中:第一产业增加值23.7亿元,增长9%;第二产业增加值75.9亿元,增长28%;第三产业增加值52.8亿元,增长16%。按常住人口计算,人均地区生产总值28 475元,比上年增长18.8%。

全年完成地方财政收入12.82亿元,增长25.2%。其中一般预算收入完成7.29亿元,增长29.7%。全区税收收入完成6.15亿元,增长27.1%,占全年财政收入的48%。其中,增值税、营业税、企业所得税、个人所得税四大主体税种共完成收入3.60亿元,增长20.1%,对全年财政增收贡献率达23.3%。2009年一般公共服务支出1.52亿元,增长8.7%;教育支出3亿元,增长31.4%;社会保障和就业支出2.87亿元,增长47.4%;医疗卫生支出1.12亿元,增长44.2%;环境保护支出0.44亿元,增长10.4%。

【招商引资】 全年实际到位资金32.43亿元,增长53%。其中,引进国内(自治区外)资金23.73亿元,增长53.1%;引进自治区内(市外)资金8.7亿元,增长51.3%。实施招商引资项目18个。其中,在谈项目12个,新续建项目6个。

【农业】 农业总产值实现40.25亿元,增长11.8%。农作物播种面积209.5万亩,增长34.9%。其中,粮食作物播种面积111.1万亩,增长30.6%;全年粮食总产量58.05万吨,增长27%。平均亩产523公斤,下降2.69%。油料产量15.51万吨,增长62.5%。全年出栏肉猪18.72万头;肉羊280.31万只。

全年完成植树造林6.29万亩;年末实有封山(沙)育林面积4.5万亩;全年木材产量0.9万立方米。

年末全区农业机械总动力为64.45万千瓦,增长9.2%。全区全年机耕面积达145.1万亩;机械播种面积130.2万亩,占农作物总播种面积的69.3%;机械收获面积84.8万亩,占农作物总播种面积的40.5%。节水工程建设成效显著。全区重建、维修保灌建筑物34座,完成分干沟清淤5条,清淤土方63.4万立方米,支沟清淤41条。灌溉工作进展顺利。全区灌溉共用水量11.24亿立方米,增长10%,完成灌溉面积680万亩次,新增设施农业面积6 831亩,完成中低产田改造9万亩。农村用电量持续加大。全年用电量达8 987万千瓦/时,增长7.8%。

【工业】 工业实现增加值69.3亿元,增长26%。其中规模以上工业企业实现增加值66.5亿元,增长28%。规模以上工业企业经济效益综合指数为341%;实现利润4.4亿元,增长103.3%;实现税金2.9亿元,增长11.7%。规模以上工业产品销售率为94%。在规模以上工业企业中,股份制工业企业实现增加值48.9亿元,增长40.1%;大中型工业企业实现增加值18.3亿元,增长11%;轻、重工业增加值分别为49.4亿元和17.1亿元,增长43.6%和11%。

【建筑业】 全区38家资质以上总承包和专业承包建筑企业共完成建筑业总产值49.5亿元,增长33.1%。总承包和专业承包建筑业企业房屋建筑施工面积310万平方米,增长1.4%,其中,新开工面积193万平方米。

【固定资产投资】 年内,全区实现全社会固定资产投资111亿元,增长37%。基本建设投资成为增长亮点。其中,城市建设投资完成65.7亿元,增长41.8%,房地产开发投资完成37.3亿元,增长70.9%。全年房地产施工面积378万平方米,增长48.9%;房屋销售面积135万平方米,增长32.1%;实现商品房销售额37.3亿元,增长1倍;工业固定资产投资完成30.5亿元,占全社会固定资产投资总额的27.5%;商贸交通完成投资13.1亿元,占投资总额的11.8%;农村固定资产投资完成2亿元。

【国内贸易】 全区实现社会消费品零售总额47.5亿元,增长20.3%。其中,城市实现零售额35.97亿元,增长20.8%;农村实现零售额11.53亿元,增长18.8%。从行业分组看,批发业实现零售额12.98亿元,增长6.1%;零售业实现零售额20.96亿元,增长30.2%;住宿餐饮业实现零售额10.76亿元,增长24.3%;其它行业实现零售额2.8亿元,增长12.3%。

【交通】 新改建公路1 162公里,其中完成农村油路里程162公里。新建公路中,三级以上油路50.5公里,四级通村油路110公里。全区公路总里程3 448公里。

全年各种运输方式完成货物运输总量1 265.51万吨,增长9%。其中,完成公路货运量1 175.02万吨,增长9%;铁路货运量90.49万吨,增长8.5%。各种运输方式完成旅客运输总量1 227万人,增长9%。其中,完成铁路客运112万人,增长9.8%;公路客运1 115万人,增长8.9%。年末全区共有公共汽车线路9条,拥有公交车111辆,营运里程达到839.5万公里。拥有客运出租运营车936辆。

【邮电】 全年完成邮电业务总量11.36亿元,增长24.9%。年末拥有固定电话用户8.8万户,下降1.1%;移动电话用户47.2万户,增长22.9%;互联网宽带用户达3.1万户,增长40.9%。

【旅游业】 2009年全区共接待游客89万人次。全年实现旅游收入1.78亿元。年末全区拥有旅行社11家,星级宾馆饭店3家,AA级景区1家,国家农业旅游示范点1处,农家林家渔家乐35家,大小景区22家。

【金融 保险】 年末全区金融机构各项存款余额达215.33亿元,增长23.7%。其中:城乡居民储蓄存款余额达114.42亿元,增长21.1%。企业存款余额达64.06亿元,增长78.9%。各项贷款余额达156.36亿元,增长26.9%。其中,工业贷款余额达18.93亿元,下降4.6%;商业贷款余额达22.8亿元,增长35.2%。

全区各类保险费收入2.44亿元,下降0.3%。其中,财产险收入6 851万元,增长12.3%;人寿险保费收入1.75亿元,下降4.6%。各类赔款支出8 295万元,增长38.9%。其中,财产险给付赔款3 860万元,增长15.8%;人寿险给付赔款4 435万元,增长87.2%。

【环境保护】 全区两项主要减排指标SO_2消减838吨,化学需氧量消减2 000吨。全年撤并大小锅炉20多台,十吨以上锅炉全部配套除尘脱硫设施。年平均气温为9.6℃,日照时数为3 214.4小时,临河城区空气优良天数达到340天,优良天数占总天数96.3%。主要污染物二氧化氮、二氧化硫、可吸入颗粒物年均值同比继续下降,市区空气质量在自治区继续位居前列。城区水源地和农村水源地都实现规范化管理,饮用水源水质达标率100%。城市污水处理量1 113万立方米;生活垃圾清运量14.4万吨。建成区园林绿地面积950公顷,增长5.7%;公园绿地面积225公顷,增长26.4%。城市绿地率、绿化覆盖率分别达到21.3%和26.3%,人均公园绿地面积达6.59平方米。

【科技】 2009年共获得授权专利32项。其中,发明专利5项,实用新型专利19项,外观设计专利8项。金川保健啤酒高科技公司被确定为自治区专利试点企业。全区拥有民营科技企业40家,占全市的67%。其中,金川保健啤酒高科技公司已连续三次被认定为国家级高新技术企业,恒丰、维信为自治区级高新技术企业。有自治区级企业技术中心4家;中国驰名商标3项,占全市的75%;自治区136工程自治区级科技示范园区1个,市级科技示范园区2个,区级农业科技示范园区10个。全年试验示范新技术35项,引进推广各类农作物新品种121个,新品种推广应用率达98%,示范面积达1.38万亩。全区拥有产品质量检验机构12家;法定计量技术机构2家;地震观测台站2个。

【教育】 2009年,全区拥有各级各类学校69所,在校学生9.4万人。年末全区拥有普通高等学校1所,在校学生6 511人,专任教师508人;中等职业学校10所,在校生1.5万人,专任教师582人;普通中学23所,在校生3.6万人,专任教师2 122人;小学35所,在校学生3.61万人,专任教师2 388人。全区拥有幼儿园50所,入园幼儿8 941人,教师700人。

【文化】 2009年,全区拥有艺术表演团体2个,影剧院1个,文化艺术馆3个,档案馆2个,图书馆2个,报社1家,博物馆3个。年末全区拥有广播电台1座,调频转播发射台1座,广播综合人口覆盖率为96.1%;电视台1座,电视转播发射台1座,电视综合人口覆盖率为97.3%。年末全区有线电视用户达10.5万户。全年出版报纸855万份。馆藏图书资料24万册。

【卫生】 全区拥有卫生机构63个,其中医院10个,卫生院19个,妇幼保健院(所、站)2个,专科疾病防治院(所、站)1个,疾病疫情控制中心(防疫站)2个,社区卫生服务中心(站)23个。年末拥有标准床位3 128张,其中医院2 041张;拥有卫生技术人员4 122人,其中执业医师1 606人,药师306人,检验师145人。

【体育】 2009年全区启动"全民健身月"和"全民健身日"活动;安装完成10万元健身路径设备;完成"农牧民体育健身工程"20项。

【人口 人民生活】 年末,全区常住人口为53.57万人,其中,男性26.99万人,女性26.58万人;城市居民30.77万人,农村居民22.8万人。常住人口总户数为17万户,其中,城市居民10.2万户;农村居民6.8万户。城镇化率达59.5%。人口出生率为7.6‰,死亡率为3.63‰,自然增长率为3.97‰。

城镇居民人均可支配收入达14 193元,增长15.3%。城镇职工年平均工资达25 836元,增长34.4%;年末城乡居民储蓄存款余额30.4亿元,增长24.9%。农村居民人均纯收入8 335元,增长19.2%。

【社会保障】 年末全区参加城镇职工基本养老保险8.31万人;城镇职工参加基本医疗保险7.09万人,城镇居民参加医疗保险6.15万人,未成年人参加医疗保险9.39万人;工伤保险参保人数3.67万人;生育保险参保人数2.92万人;失业保险参保人数4.26万人;农村合作医疗保险参保人数达22.85万人。全年合作医疗累计报销医疗费2 951.08万元。

全年累计为6 713户、14 283人城镇低保户发放低保金4 114.2万元,月人均补助提高54.6元。农村低保提标,全年累计为10 274户、13 372人农村低保对象发放低保补助金1 306.9万元,月人均补助提高15.3元。建设经济适用住房8.4万平方米,解决了900户中低收入家庭住房问题。发放廉租房租金补贴579.4万元,2 879户、7 432人城镇低保家庭受益。

全年累计发放城市医疗救助资金396.5万元,农村医疗救助资金323.6万元。发放救灾款项372万元。为243名城乡低保户及低保边缘户家庭大学生发放救助资金30万元。为1 000多名城乡困难群众发放临时救助资金30多万元。

优抚、双拥工作取得新突破。累计增发抚恤补助金29.4万元;发放义务兵优待金109.8万元;发放退役士兵自谋职业补助金319万元;发放待安置生活补助资金3.5万元。

【再就业】 年末全部从业人员29.2万人,增长1.8%,其中城镇单位从业人员6.63万人。全年城镇新增就业2 796人,失业人员再就业1 483人,就业困难对象再就业497人,城镇登记失业率控制在4%以内。农村劳动力转移培训2 421人;城镇再就业培训2 393人;创业培训499人;转移农村

【招商项目】 3月19日,市、区两级政府与四川化工(控股)集团有限责任公司在呼市正式签订四川化工60万吨甲醇项目建设协议书。呼和浩特该项目总投资33亿元,占地2 231亩,2009年计划投资5.2亿元。计划4月开工建设。按项目可研论证,项目投产后每年可实现销售收入17.7亿元、利税3.5亿元。

【黄河公路大桥建设项目】 6月10日,临河黄河公路大桥建设项目在临河签约。临河至鄂尔多斯市呼和木独的临河黄河公路大桥及连接线总长10.532公里。其中,大桥长4.2公里,连接线总长6.3公里—南连接线长约0.9公里,北连接线长5.4公里。桥位在黄河北岸防洪堤约K78+500米处,北岸连接线起于富源南路,跨越包兰铁路及总干渠,桥长约647米,另外有中小桥4座,长约102米,涵洞27道。临河黄河公路大桥建设项目采用一级公路标准定线,二级双车道公路标准设计,路基宽12米,路面宽0.5米,桥面净宽11米。项目计划总投资6.5亿元,北连接线投资约1.08亿元,计划2009年开工建设,2011年完工。

6月21日,总投资6.5亿元的巴彦淖尔市临河区至鄂尔多斯市杭锦旗的黄河公路大桥项目计划举行奠基仪式。该项目由内蒙古东源宇龙王集团公司以"BOT"方式融资建设,大桥及连接线总长10.532公里,其中黄河大桥长4.2公里,连接线总长6.3公里,桥位在黄河北岸防洪堤约K78+500米处,连接线按一级公路标准定线,二级公路标准建设,路基宽12米,路面宽10.5米,桥面净宽11米,设计荷载公路Ⅰ级。

(张学军)

乌拉特前旗

【领导名录】

旗委书记:张喜民(蒙古族)

人大主任:严　俊(3月离任)

旗　　长:王学君

政协主席:额尔克(蒙古族)

武装部长:崔平(3月离任) 刘永强(3月任职)

政　　委:高怀春

【概况】 乌拉特前旗位于内蒙古西部,巴彦淖尔市东南部,河套平原东端。东与包头市接壤,西和五原县毗邻,南以黄河为界与鄂尔多斯市达拉特旗和杭锦旗相望,北与乌拉特中旗相连。东西长142公里,南北宽85.5公里,总面积7 476平方公里。旗政府所在地乌拉山镇距呼和浩特市288公里,距巴彦淖尔市142公里。旗境西部是广阔富饶的河套平原;中部是美丽的塞外明珠——乌梁素海;东部横亘巴音查干山,查石太山和乌拉山。全旗按地貌分为黄灌、山旱、山牧三大区。黄河像一条彩带从旗境流过,过境长160公里。全旗共辖8个镇1个苏木,总人口340 071万人。

2009年,完成地区生产总值85.8亿元,同比增长20%;三次产业结构演进为26.8:48.1:25.1,产业结构更加优化;财政收入完成10.3亿元,实现了危机之年的正增长;固定投资完成90.4亿元,增长125.6%;城乡居民人均收入分别达13 660元和7 680元,分别增长15%,再创历史新高。

【工业】 受国际金融危机冲击,年初全旗主要工业品价格大幅下跌,多家工矿企业停、限产,加之国家实行提高工业原材料增值税等政策,严重影响前旗的财政税收。面对困难和压力,旗委、政府果断采取措施,坚持从金融信贷和保障煤电油运等六个方面扶持企业,全年帮助企业协调贷款16亿元,争取节能技改资金5 026万元,有效地保证企业的正常运行。工业经济呈现出恢复性增长态势。全旗50户规模工业企业42户实现正常生产,开工率由年初的32%回升至84%;电力负荷由年初的18万千瓦增至45万千瓦,占到全市电力负荷的一半左右;规模工业完成增加值34.2亿元,增长30%。全年引进资金37.74亿元,实施千万元以上重点工业项目26项,工业固定资产投资完成50亿元,较2008年翻一番。注重节能减排和环保治理工作,年内实施的重点项目中一半是节能环保项目,乌化日产1 000吨型煤和临化2台循环流化床锅炉等一批技改项目建成投运,淘汰水泥立窑10万吨,火车头锅炉12台,圆满完成节能减排任务。工作园区道路框架及配套设施、变电站、移民新村等工程相继完成,园区建设初具规模,项目建设加快推进。

【新农村建设】 全年,粮食总产量达10.4亿斤,连续五年保持增产态势。全年争取农牧业项目资金3亿多元,项目建设成效显著。筹资3 300万元实施西小召等26项供水工程,筹资7 500万元高质量完成10万亩中低产田改造任务;筹资4亿多元新建改建农牧区道路796公里,筹资2 057万元新建沼气池3 740座,启动建设了农畜产品加工园区,腾瑞等5家企业落地建设。受龙头企业带动,番茄、葵花、枸杞等优势特色产业规模不断扩大,农牧业规模化经营实现新突破,规模化种植面积达7万亩,筹资3 900万元推进禁牧转移工作,实现了全面禁牧。筹资1.5亿元高标准实施高速公路绿化108公里,乌梁素海旅游公路绿化18公里,全年发放补贴1亿多元,受益农牧民达20多万人,粮食直补和综合补贴两项工作取得全区第一的佳绩。

【城镇建设】 房地产开发面积达60万平方米,总量接近上年的3倍;公共建筑开发面积达13.3万平方米,建设完成旗医院和四中教学楼等一批公建工程。筹资1.6亿元实施了道路贯通、垃圾处理、排污入巷等便民工程。投资8 900万元建成日处理能力2万吨的城市污水处理厂,开工建设城镇垃圾处理场;突出抓好城镇新亮美工程,实施了生态公园二期、滨河公园二期和康乐游园等工程,新增公共绿地33万平方米,城镇人均公共绿地面积超过国家园林城市标准,人居环境持续改善。高度关注中低收入家庭的住房问题,全年建设廉租房5 000平方米,发放廉租房补贴106万元,解决517户低收入家庭的住房问题。

【教育】 撤并中小学校11所,实现职中与五中合并办学,教育教学资源更加优化;及时兑现了教师绩效工资;校舍安全工程全面启动,校安排查鉴定工作已完成。

【文化】 筹资建设一批文化站(室)和健身室,文体局被评为"全国全民健身运动优秀组织单位",文化馆和图书馆进入自治区"十佳"行列,乌兰牧骑继续保持全区"十佳"和一类乌兰牧骑称号,广电局被评为"全国百家先进局台"。深入开展"信访工作百日攻坚战"活动。

10月29日,公田村展览馆落成。该馆投资150万元,占地面积3 500平方米,建筑面积650平方米。没有河套文化民俗陈列厅、革命事迹陈列厅、蒙古族民俗陈列厅、公田村史室。

【卫生】 旗医院综合大楼已基本具备使用条件,中蒙医院和妇幼保健医院病房及门诊楼改造任务全部完成,更新改造基层卫生院2所。

【就业】 全年新增就业1 538人,转移农牧区剩余劳动力3.4万人,城镇居民登记失业率控制在4.1%以内。全面加强贫困户、"五保户"、贫困大学生等弱势群体救助工作,年内发放救助资金4 664万元。

(王雁 史卫 刘芳)

乌拉特中旗

【领导名录】

旗委书记:邱进宝

人大主任:刘 杰

旗 长:边保权(蒙古族)

政协主席:保 安(蒙古族)

武装部长:刘志刚

政委:张喜闻(3月离任) 杨宇(3月任职)

【概况】 乌拉特中旗位于内蒙古自治区西部,地处北纬41°07′~42°28′,东经107°16′~109°42′。北与蒙古国交界,东与包头市达尔罕茂明安联合旗、固阳县为邻,南与乌拉特前旗、五原县、临河区、杭锦后旗相依,西连乌拉特后旗。有国界线184公里,拥有国家一类陆路口岸——甘其毛都口岸及承接蒙古国矿产资源加工利用的口岸加工园区。全旗东西长203.8公里,南北宽148.9公里,呈不规则四边形,总面积23 096平方公里,其中可耕地面积800平方公里,草场面积18 542平方公里,其他面积3 754平方公里。是国家公认的无公害农畜产品生产基地。境内自然资源富集,已发现各类矿藏68种,矿产地280处,主要有燃料、黑色金属、有色金属、贵重金属、稀有元素、建材原料、冶金辅助原料、化工原料、特种非金属共九大类矿产资源。主要矿产资源储量:煤约91.57亿吨、铁1.78亿吨、铬36万吨、铜1.5万吨、铅19.6万吨、锌206万吨、石油1.5亿吨、黄金200吨以上。目前,已形成790万吨洗煤、100万吨铅锌矿、130万吨铁精粉、5吨黄金、10万吨原油、100万吨水泥、10万吨高载能产品的产能。绿色资源开发潜力巨大,其中风能资源占全国有效风能资源总量的十二分之一,占内蒙古自治区有效风能资源总量四分之一。70米高度年有效风时为8 370小时,可开发面积达1.5万平方公里,理论开发规模3 000万千瓦,是国家确定的自治区三个百万千瓦级风电基地之一。目前,已取得国家及自治区风电开发指标280万千瓦,现已完成装机,并网发电85万千瓦,累计发电约18亿度,成为全国风电装机及并网规模最大的旗县。年日照时数3 098~3 250小时,年太阳能辐射总量144.4~153.3千卡/平方厘米,是全国光照时间最长地区之一。

全旗辖8个苏木镇、1个种畜场,有村民委员会84个,村民小组278个,居民委员会13个。全旗总人口143 667人(51 354户),比上年增长4.15%,其中农业人口104 493人,非农业人口39 174人;城镇人口37 374人、乡村人口106 293人;有蒙古族27 326人,占总人口19.02%,汉族115 249人,占总人口80.2%,其他少数民族1 092人,占0.78%。是一个以蒙古族为主体、多民族聚居的少数民族边境旗。兼有牧区草原畜牧业、河套灌区种养业、山旱区旱作农业三个经济类型区。旗人民政府驻地海流图镇,距巴彦淖尔市驻地临河区161公里,距包头市219公里,距内蒙古自治区首府呼和浩特市391公里,距中国甘其毛都口岸135公里。

2009年,全旗地区生产总值达到51.61亿元,同比增长34.6%,其中第一产业产值11.55亿元,同比增长13.3%;第二产业产值32.88亿元,同比增长48.4%;第三产业产值7.18亿元,同比增长20.1%;三次产业比例演进为22.4:63.7:13.9;全社会固定资产投资完成140.2亿元,同比增长2.06倍;规模以上工业增加值完成25.4亿元,同比增长36.8%;财政收入完成6.0亿元,同比增长29.6%;社会消费品零售总额实现8.3亿元,同比增长18.6%。

【人民生活】 城镇居民人均可支配收入达15 040元,同比增长23.86%;农牧民人均纯收入达7 136元,同比增长38.03%。

【工业】 全部工业总产值完成69.66亿元,比上年同期增长40.4%,实现全部工业增加值26.26亿元,完成工业总产值66.87亿元,增长41.2%,规模以上工业实现增加值25.42亿元,同比增长36.8%,规模以上工业增加值占全部工业增加值的96.8%,占GDP比重的52%。全年工业企业实现销售收入63.69亿元,增长39.7%;实现利润4.48亿元,工业企业综合效益指数达328.38,较上年提升25.97个百分点,工业对财政的贡献率达到70%。

【工业经济】 旗财政注资5 000万元成立担保公司,为企业协调贷款19.34亿元,贴息1 000万元,减负7 500多万元,使36户规模以上企业启动生产,用电负荷最大达到9万千瓦,售电4亿度。全旗规模以上工业企业达37家,比上年增加8家。全年开工各类项目132

项,其中亿元以上项目21项,完成的固定资产投资相当于前24年的总和,拉动经济增长7.01个百分点。围绕电力、煤化工、矿山及冶金深加工、有机农畜产品加工、装备制造业等特色优势产业,全年实现重点工业项目33项,完成工业固定资产投资113.2亿元,同比增长2.49倍。风电开发加速向产业化、集群化方向发展,装机并网容量达到85万千瓦,分别占到全自治区全市风电装机容量的六分之一和三分之二;风电产业园启动实施,中科宇能风电叶片、天力公司风电塔筒、塔基、箱变、华锐主机制造项目开工建设,中科宇能首片1.5兆瓦风叶成功下线,填补了旗内非资源型产业的空白,成为全区首个拥有自主知识产权叶片下线的旗县,为打造千万千瓦级风电基地战略目标打下坚实基础。毅腾400万吨洗煤、温明90万吨洗煤项目完工,洗煤产业产能达到790万吨。

【农业】 围绕农牧民增收,调整优化种植结构。全旗农作物播种面积74 611公顷,粮经饲比例37.7:35.0:27.3,粮食作物总产量27.67万吨,油料6万吨,甜菜480吨。大力推广实用技术,推广玉米高产创建、向日葵螟统防示范、茄腕疫病防治示范、饲用农作物综合配套栽培、向日葵提质增效综合栽培、测土配方施肥、绿色农产品综合配套栽培等七项实用技术80万亩。加大科技服务力度,建成科技示范园区6个,引进推广60多个农作物优良品种,并落实冬小麦种植示范点2处230亩。继续扩大良种补贴和农业保险参保面积。全旗玉米和小麦种植实现良种全覆盖,享受良种补贴共60.89万亩,农业保险参保面积为69.4万亩,比上年增加31.1万亩,理赔金额达1 350万元。

【新农村建设】 新建日光温室92座。落实各项惠农政策补贴3 428.65万元,农牧民人均获得补贴371元。争取到中央财政农机购置补贴指标500万元,自治区农机购置补贴专项指标31.5万元,补贴购置各类农机具969台。户用清洁能源步伐加快,新建沼气用户3 115户。在石哈河镇建成日光温室大棚449座,成座配套176座,年生产各种蔬菜1 000多万斤,成为山旱区农民致富增收一个新亮点。农业综合开发项目进展良好,4万亩中低产田改造和2万亩土地整理项目全面实施。土地流转得到规范,流转耕地6万亩。全年实现农业产值13.2亿元,同比增长24.7%。

【畜牧业】 2009年牧业年度全旗牲畜总头数达166.45万头(只),较上年增加2.44万头(只),牲畜出栏量达66.09万头(只),全年实现牧业总产值4.12亿元,同比下降12.3%。

【生态保护】 二批退牧还草工程,完成天然草原禁牧围封100万亩,休牧围封35万亩,补播牧草50万亩,禁牧、休牧、轮牧面积累计达955万亩,转移安置退牧牧民415户、1 454人,流转草场601.5万亩。发放2004~2008年度禁、休牧补贴资金1.37亿元。100户北繁南育试点工作进展顺利,动物防疫体系改革全面展开。突出发展农区畜牧业,投资2 073.6万元,建成两个巴美肉羊育种园区,成为全市最大巴美肉羊育种基地。投资70万元,购置仪器设备255台套,建成巴音杭盖、桑根达来、巴音、乌梁素太、宏丰5个兽医站。

【林业】 把经济发展核心区,人口聚居区作为绿化重点区域,以退耕还林、"一线三区"经济带绿化为抓手,加强林业生态建设。全年实施国家项目4项,总投资1 325万元。完成2008年中央扩大内需新增封山育林项目5万亩、防护林项目3万亩、2009年退耕还林荒山荒地造林1.5万亩、以封代造1万亩、2009年天然林资源保护工程5万亩等建设工程。投资1 365万元,在石哈河镇实施退耕还林成果巩固工程,建成日光温室暖棚276座。投资1 044万元,实施"一线三区"经济带绿化工程,完成集镇绿化2个,园区绿化1个,生态示范引领型村庄绿化4个,通道绿化建设34公里、355亩,栽植各类苗木15.3万株。完成义务植树30万株,"四旁"植树30万株。加强林业科技推广,全年培训林业技术骨干490人(次),普训农牧民4.5万人(次),完成新优树种引进5 300株,示范造林4 100株(丛)。年内共受理和查处各类涉林案件656起,打击处理违法人员656人(次),救助国家保护野生动物10只,为国家挽回经济损失40余万元。共发放采伐许可证72份,完成采伐2 769.14立方米。依法办理征占用林地1起10.5亩,完成植被恢复面积29亩。全面推进集体林权制度改革,将呼勒斯太苏木和石哈河镇作为试点,涉及8.7万人,林地1 037.8万亩。完成130.58万亩公益林生态效益补偿申报工作。全年实现林业产值8 755.2万元,同比增长0.2%。

【水利】 实施国家项目12项,总投资1.8亿元。总投资9 365万元的新建乌不浪水库工程,于2009年7月4日开工建设,计划2011年完工并投入使用,设计防洪标准50年一遇,校核防洪标准300年一遇,可保护9个村庄,15 721人、8万亩农田,5.06万头(只)牲畜和甘其毛都口岸加工园区、海五公路及电力设施安全。年内已完成临建、电力、浇注等工程和大坝、溢洪道基础开挖。总投资2006万元的白齐、桑根达来水库除险加固工程,于2008年12月开工,年内完成了水库大坝、溢洪道坊、混凝土工程。总投资5 011.64万元的甘其毛都口岸供水工程、巴彦塔拉等5处集中供水及14处新增农村牧区饮水安全项目全部完工,解决3.99万人、3.69万头(只)牲畜安全饮水问题。旗财政筹措资金974万元,实施了胜河等7条分干沟清淤和备战沟等8条山洪沟口治理,完成乌加河联丰奋斗防洪和德岭山高丰排洪等工程,有效减轻山洪危害。

【城镇建设】 全年完成投资10.4亿元,同比增长52.9%。建成区面积由7.6平方公里扩大到12平方公里。新建改建道路22.1公里,开工房地产及公用建筑项目56万平方米,新建路灯1 416基、给排水管网22.8公里,新建热源厂1座,更换供热管道43公里,新增供热面积20万平方米,开工建设污水处理厂和垃圾处理场。财政补贴3 175万元,销售楼房1 470套,改善干部职工住房条件。

【国内贸易】 全年实现社会消费品零售总额8.3亿元,同比增长18.6%。其中城镇市场实现零售5.8亿元,增长16.1%,占全社会消费品零售总额的69.9%。农牧区市场零售额2.5亿元,增长24.7%,占全部零售总额的30.1%。全年批发零售贸易额7.1亿元,增长18.7%;住宿餐饮业零售额1亿元,增长20.9%;其它行业零售额0.2亿元,增长4.7%。全旗市场物价呈下行态势。居民消费价格指数为99.2%,同比下降2%,商品零售价格指数为97.8%,同比下降2.1%,农业生产资料价格指数为95.9%,同比下降17.3%。

【对外贸易】 2009年6月3日,甘其毛都口岸通过国家组织的常年开放正式验收,8月17日正式实现常年开放,海关、国检等机构设置全部完成,对外开放层次实现历史性跨越。年内,累计出入境人员153 138人次,其中:出境人员76 557人次、入境人员76 581人次,较上年增长99.5%;出入境机动车辆92 605辆次,较上年增长288.5%;完成进口货物329.8万吨、进口额136 300.4万元。出口货物1.3万吨、出口额11 094.24万元,全年进口327万吨,同比增长60.6%,累计达870万吨。园区承接口岸进口资源加工产业形成规模,建成洗煤产能700万吨,入选原煤214万吨,生产精煤158万吨。

【教育】 投资9 981万元,加快教育基础设施建设;对少数民族高中生实行"三免一补",筹集人民教育基金78万元,发放助学贷款216万元;财政安排1 500万元。

【科技】 实施科技特派员创业致富工程,被科技部授予"全国科技特派员工作先进集体"荣誉称号。

【文化】 投资466.6万元,实施文化帮扶、综合文化站、草原书屋、秦长城修缮、农牧民体育健身、文化信息资源共享等工程,建成海流图镇无线广播网,被文化部、人力资源和社会保障部评为全国文化系统先进集体。

【卫生】 投资3 110万元,实施了旗医院新建和石哈河中心卫生院改造工程。

【体育】 被国家体育总局评为群众体育活动先进单位。

【社会保障】 2009年,投入涉及民生方面资金12亿元,已完成投资8亿元,其中财政投入2.97亿元,2009年政府承诺10件实事全部办结,同时还为群众办实事62件。

【再就业】 转移农村牧区富余劳动力1.45万人,城镇新增就业1 021人,498名大专毕业生通过多种渠道实现就业,城镇登记失业率控制在4%以内。

【社会保障】 五项社会保险参保人数达到9.2万人(次),特别是启动牧民养老保险工作,旗财政为符合条件的牧民每人补贴1万元,已参保9 602人,提高企业退休人员养老金标准,人均月增资147元;为干部职工退还养老保险金近7 000万元;投入850万元医疗补助资金,实施新农合大病补充医疗保险,新农合参合率达99.98%,居全市首位,报销补偿资金1 176.4万元。提高城乡低保补助标准,年人均补助水平提高到1 398元,人均提高840元,已保障1.09万人,相当于城镇低保水平;投资1 200万元,开工建设社会福利综合服务中心一期工程。

【《乌拉特中旗年鉴·2008卷》出版发行】 由乌拉特中旗人民政府主办、旗地方志办公室负责编撰的《乌拉特中旗年鉴·2008卷》于2009年12月由内蒙古文化出版社正式出版发行。全书105万字,采用图文并茂形式,生动翔实记录了2007年乌拉特中旗行政区域内自然、政治、经济、文化和社会等各方面情况,文字内容设有综述、特载、大事记等28个篇目。该书在结构和内容上较上卷年鉴有新突破,突出了投资开发和合作开放情况,增加了人口、资源、环境、社会民生等方面内容,并通过统计图、表形式对全旗国民经济发展变化情况及与市内各旗县区横向对比情况予以直观反映,展现了全旗经济社会发展新貌。

(王俊红)

乌拉特后旗

【领导名录】

旗委书记：苏和巴图（蒙古族）

人大主任：图布吉（蒙古族）

旗　　长：杜占贵（蒙古族）

政协主席：徐建军

武装部长：杨　平

政　　委：岩　松（蒙古族）

【概况】　乌拉特后旗位于内蒙古自治区西北部，北纬41°06′46"，东经107°05′06"，属巴彦淖尔市管辖，是内蒙古自治区18个少数民族边境旗县之一。东与乌拉特中旗交界，西与阿拉善左旗毗邻，南与杭锦旗、乌拉特后旗、磴口县相连，北与蒙古国接壤，面积2.5万平方公里，边境线长195.25公里。全旗辖2个苏木、3个镇。乌拉特后旗辖3个镇、2个苏木，旗府所在地是巴音宝力格镇（蒙语意为富饶泉水的意思）坐落在阴山南部。共有人口6.2万人，是一个以蒙古族为主体，汉族居多的少数民族边境旗。

2009年实现全旗地区生产总值实现57亿元，增长20%，三次产业结构演进为5.3∶81.4∶13.3；财政总收入完成13.9亿元，占全市财政总收入的25%，总量继续位居全市第一位；固定资产投资完成70.24亿元，同比增长64.9%，其中工业固定资产投资完成57.8亿元，同比增长89.7%；全年引进到位资金43.6亿元，同比增长47.5%；全年共争取项目资金2.2亿元；城镇居民人均可支配收入达14 277元，增长25.2%；农牧民人均纯收入达6 130元，增长51.1%；两个收入的增速均位居全市第一位。2009年后旗再度跨入全国西部县域经济基本竞争力百强旗县行列，排名第63位，较上年提升17位。被评为“2009年中国新能源产业百强旗县”和“中国全面小康成长型百佳旗县”。

【项目建设】　紫金二期10万吨锌冶炼、齐华20万吨复合肥建成投产，瑞峰8万吨铅冶炼、青山300万吨一期150万吨水泥等项目，在经济形势极其严峻的情况下全面开工、快速推进，风力发电项目更是异军突起，国资企业龙源、大唐、中广核和民营企业盾安实施的风电项目先后全面开工建设，年内建成风电项目35万千瓦。加上赤峰大唐收购的富汇5万千瓦、2008年国电电力10万千瓦，全旗已建成风电项目50万千瓦，至2009年底已并网发电35万千瓦。

【招商引资】　引进浙江盾安6 000吨一期3 000吨投资24亿元的多晶硅项目在本旗成功落地，为本旗发挥太阳能和地域条件的优势，发展光伏产业打下了坚实的基础。

【环境保护】　万元地区生产总值能耗下降6.97%，SO_2净削减量2 693.4吨，COD净削减量80.2吨，主要污染物排放量实现双下降。

【农牧业】　全旗投入农牧区建设资金2.37亿元，农牧民收入大幅提高，实施禁牧80万亩，休牧35万亩，草场补播20万亩，完成林业生态建设29.5万亩。实施2万亩中低产田改造和1.5万亩土地整理项目，采取“大破大立”的方式，提前启动了三支渠1万亩高标准农田“六配套”改造工程。巴音宝力格镇、呼和温都尔镇550户农牧民住宅楼和蒙汉中心村首期98户住房全部完工。新建高标准温室大棚36座，“一池三改”模式沼气池423座，解决了1.08万人的安全饮水问题。移出牧民312户1 218人。旗财政拿出1 177万元，为2002至2005年插花移民和部分有土安置移民344户981人每人补发生活困难补贴1.2万元。全面落实各项支农惠牧政策，兑现粮食直补、良种补贴、农机补贴及农业保险等各项资金903万元，实现了动物防疫费用全免费。解决了1 100名贫困人口的温饱问题。

【城镇建设】　全年城乡建设固定资产累计完成投资6.7亿元。新建续建市政道路21.3公里；环保监测大楼、文化综合大楼建成投入使用；会展中心、电力调度大楼等建设工程稳步推进。商品房、经济适用住房、廉租房等全面开发建设，各项住房制度进一步健全和完善。成功引进了有实力的东源热力公司，收购重组了惠宝热力公司，投资8 700多万元新建两台40吨供热锅炉，改造城区供热管网，切实解决多年来困扰巴音宝力格镇居民的取暖问题。同歌乐歌景观河水系一期绿化工程全部完工，二期工程稳步推进，城区道路绿化、街景亮化、硬化等市政工程同步推进。

【电力交通】　2009年电网改造完成投资3 700万元。毕其尔、双利、东富山3个35千伏输变电站建成投入使用，青山500千伏输变电站全面开工建设，炭窑口、东升庙2个110千伏变电站增容工程全部完工，交通道路完成投资2.35亿元。临策铁路建成通车。全市地方投资最大的西补隆至乌根高勒固察线一级公路改造工程，设计方案经后旗多次修改、改直取平后全面开工建设。川敖二级公路、潮格温都尔镇至布朗段口岸公路、获各琦至布朗国防公路、乌力吉至海力素通乡公路全线建成通车，进一步完善了后旗四通八达、科学合理的路网结构。防洪工程完成投资1.1亿元。东升庙沟、杨贵沟、善岱沟上游等防洪工程全部完工。完成投资1.78亿元,建成园区市政道路30.8公里,五横七纵道路框架基本形成,园区投资环境明显改善。恢复开通巴格毛都口岸工作真正有了实质性进展,中、蒙两国人大、议会等高层领导高度关注,多次列入互访会谈内容,为本旗尽快开通巴格毛都口岸奠定了坚实的基础。

【教育】 年内投资7 200万元,新建集幼儿、小学、初中、高中为一体的民族教育园区和呼和中心校、呼和幼儿园,全旗办学条件进一步改善。面向全区高薪招聘了汉授、蒙授优秀教师22名和教育专家3名。认真落实教育补贴政策,投入义务教育保障资金和高中“三免一补”资金561万元。小学、中学班主任津贴分别提高至260元、300元。教育基金扶困助学作用充分发挥,365名应往届贫困大学生得到及时救助。2009年,旗代表全市接受了自治区“两基”巩固提高验收,并获得了先进旗县。同时在自治区对各旗县区教育工作评比考核中,本旗首次被评为支持教育发展先进旗。

【卫生】 投资660万元新建蒙医院并投入使用。投资910万元新建的呼和温都尔综合医院主体工程已完工。旗医院、苏木镇中心卫生院、社区卫生服务中心和11所嘎查村卫生室的规范化建设深入推进。新农合报销比例达44%,高于全市平均水平10个百分点,居全市之首。汽车流动医院开展巡回医疗服务18次,诊疗3 981人次,有效解决了边境牧民看病难问题。大病救助基金为21名重大疾病患者救助60余万元。手足口病、甲型H1N1流感的防控工作成效明显。

【文化】 投资440万元采购了先进的制作、播出、广播电视数字设备。投资300多万元为乌兰牧骑新购置了灯光、音响、服装等演出装备,旗乌兰牧骑第一次晋升为自治区一类乌兰牧骑。成功举办了第四届国际驼球、乒乓球邀请赛和全区青少年射箭锦标赛,承办河套文化研讨会和全区两个文明现场会。有幸参加中央三台组织的庆祝建国60周年文艺活动,在全国东西南北四个队中,后旗代表北方少数民族地区在“国庆五天乐”文艺活动中,获得冠军,受到自治区、市各级领导的好评和社会各界的广泛赞誉;年内又首次在内蒙古电视台成功举办第一届乌拉特后旗春节联欢晚会。

【社会保障】 参保人数达到68 399人次。启动农牧区养老保险试点工作,为2 850名农牧民办理了养老保险。城乡低保标准和补助水平不断提高,年内共投入低保资金3 308万元,切实保障了9 208名城镇居民和6 266名农牧民困难群众的基本生活。巴音宝力格镇社会福利中心、呼和温都尔镇福利院基本建成。保障性住房政策深入实施,994户4.12万平方米的廉租房全面建设,发放廉租住房租赁补贴233.5万元,惠及城市低保无房户1 226户3 873人。

【就业再就业】 实现就业安置2 894人,城镇新增就业1 576人,安置下岗失业人员461人,其中“4050”人员215人,城镇失业率控制在3.0%以内。

(窦永刚)

杭锦后旗

【领导名录】

旗委书记:杜　存

人大主任:周慧明

旗　　长:额尔敦仓(蒙古族)

政协主席:郭凤玲(女)

武装部长:李建新

政　　委:陆常明

【概况】 地处内蒙古河套平原西北角、南临黄河、北靠阴山、西傍乌兰布和沙漠,全旗辖境位于北纬40°26′~41°13′,东经106°34′~107°24′。它东南隔黄河与鄂尔多斯市杭锦旗相望,北靠乌拉特后旗,东与临河区毗邻,东北角连接乌拉特中旗,西和西南部与磴口县接壤。全旗辖地面积1 708平方千米。南北长约87千米,东西宽约52千米,其中,可耕地89 706.82公顷(已耕地89 706.85公顷),森林9 502.22公顷,草牧场2 035.24公顷(已利用1 973.91公顷),交通运输用地(包括铁路、公路、农村道路用地)3 355.62公顷,渠沟占地12 410.39公顷,沙漠占地9 482.35公顷,海子占地2 328.23公顷,城镇村及工矿用地约12 839.06公顷,其它占地29 140公顷,人口密度189人/平方千米。2009年,全旗共有8个乡镇,107个村民委员会,1 046个村民小组,14个居民委员会,全旗总户数96 074户,总人口323 017人,其中:男性162 696人,女性160 321人,汉族316 521人,蒙古族3 375人,回族2 418人,满族465人,其他少数民族238人。

气候冬季漫长而寒冷,夏季短促而温热,寒暑变化剧烈,风多雨少,气候干燥,蒸发量大,无霜期短,日照时数长,昼夜温差大,灾害性天气多,年平均气温7.8°C,年降水量135.9毫米。引黄灌溉多年,以乌拉河、杨家河、黄济渠三大干渠和清惠等14道分干渠,68道支渠、332道斗渠、1 626道农渠、12 514道毛渠,形成纵横交错的灌水渠系网络。

2009年,完成生产总值为84.6亿元,同比增长20.2%。其中,第一产业增加值20.9亿元,增长5.0%;第二产业增加值39.7亿元,增长28.0%;第三产业增加值24.0亿元,增长23.0%。生产总值中三次产业构成比例由上年的26.2:45.3:28.5调整为24.7:46.9:28.4。按常住人口计算,人均地区生产总值29 112元,同比增长20.4%。完成财政收入4.69亿元,比上年增长31.7%。其中,一般预算收入2.02亿元,同比增长39.3%;财政总支出10.01亿元,比上年增长23.3%。

全旗居民消费价格总水平下跌0.1%。分项目看,食品类上涨0.8%;家庭设备用品及维修服务类下降0.3%;居住类上涨3.1%;娱乐教育文化用品及服务下降1.8%。食品类价格全年基本平稳成为影响CPI低位运行的主要因素,特别是肉、蛋、油三类下拉了居民消费价格总水平0.8个百分点。

【农业】 全年农林牧渔业完成总产值34.4亿元,比上年增长17.3%。2009年,全旗农作物播种面积为125.18万亩,比上年增加0.16万亩。其中,粮食总播种面积为83.7万亩,比上年增长10.8%,其中:小麦播种面积为38.39万亩,比上年增18.8%。经济作物播种面积为38.19万亩,比上年减少12.3%;耕地内种饲草3.29万亩,比上年减少44.5%。粮经饲比例由上年的60.4:34.9:4.7调整为66.9:30.5:2.6。从主要农作物产量情况看,小麦产量为15.97万吨,增长22.6%;玉米产量为30.43万吨,增长4.3%;油料产量为3.33万吨,下降9.5%;蔬菜总产量为51.75万吨,减少23.1%。

年末全旗农牧业机械总动力79.7万千瓦。

【畜牧业】 2009年,畜牧业产值占农业总产值的比重达40.8%。年末牲畜头数为131.83万头(只),其中:羊的存栏达113.03万只。畜群、畜种结构不断优化,良种、改良种畜头数达125.24万头(只),占牲畜总头数比重为95%。繁母畜达到78.2万头(只),占牲畜总头数的比重为59.3%。牲畜出栏加快,全年牲畜出栏总数为169.4万头(只),出栏率为128.5%。年末奶牛总头数达到4.6万头。

【林业】 以四环绿化为重点的林业生态建设得到重视和加强,当年完成造林面积3 976公顷;其中,人工造林2 976公顷;封沙育林1 000公顷;完成更新造林21公顷,完成成林抚育面积44 000公顷,完成有林赋予面积9 463公顷。全旗森林覆盖率达到24%,林业总产值超过2.3亿元。

【工业】 全旗全部工业实现总产值80.56亿元,比上年增长36.3%;完成增加值30亿元,比上年增长30.0%(可比价速度),其中,国有企业增长34.5%;股份制企业增长36.5%。分轻、重工业来看,轻工业产值增长32.5%;重工业产值增长49.8%。产销衔接良好,产销率达93.5%。

全旗规模以上工业企业盈亏相抵后利润总额达2.67亿元,比上年增长68.2%。经济效益综合指数达507.21,增加138.16个百分点。

【建筑业】 完成建筑业总产值1.6亿元,同比增长58.9%。施工房屋建筑面积23.27万平方米,竣工房屋面积6.77万平方米。

【固定资产投资】 全旗完成固定资产投资67.71亿元,比上年增长42.0%。其中,城镇综合投资60.74亿元;房地产开发投资4.64亿元;农村综合投资1.54亿元。在全社会固定资产投资中,第一产业投资8.0亿元,比上年下降9.0%;第二产业投资29.03亿元,增长87.5%,其中,工业投资29.03亿元,增长87.5%;第三产业投资29.89亿元,增长33.7%。全年新开工建设投资项目109个,全部建成项目42个,项目建成投产率为35%,新增固定资产55.13亿元。

【贸易】 全年实现社会消费品零售总额13.66亿元,比上年增长19.4%。分地区看,县的零售额11.67亿元,增长19.9%;县以下零售额1.99亿元,增长16.6%。分行业看,批发零售贸易业销售总额11.69亿元,增长20.2%;住宿和餐饮业1.55亿元,增长17.8%;其它行业零售额0.42亿元,增长5.2%。

全旗共引进外资27.7亿元,引进国内(区外)资金16.5亿元,引进区内(市外)资金11.2亿元,引进在建项目81项。

【交通】 全旗公路(上等级)总里程达1 791千米。全年完成公路货运量78.33万吨,较上年增长22%;全年完成货物周转量5 654万吨千米,比上年增长12.0%;完成公路客运量542万人千米,旅客周转量40 959万人千米,分别比上年增长2.3%和1.4%。

【金融 保险】 年末,全旗金融机构各项存款余额36.01亿元,同比增长24.2%。其中,企业存款余额5.33亿元,同比增长14.9%;城乡居民储蓄存款余额25.65亿元,同比增长15.9%;年末,金融机构各项贷款余额25.99亿元,比上年增长16.5%。

全旗保险业保费收入7 202万元,比上年下降18.6%。其中,财产险收入1 330万元,下降61.0%;人寿险收入5 872万元,增长8.0%。保险赔款支出3 356万元,比上年增长85.9%。其中,财产险支出765万元,下降20.6%;人寿险支出2 591万元,增长208.1%。

【教育】 全旗共有普通中学12所,小学32所。普通中学在校生人数15 152人,小学在校生人数13 972人。小学适龄人口入学率达到100%;小学毕业生升学率达100%;初中毕业生升学率达到90.2%。

【文化】 2009年,全旗有艺术表演团1个(含乡镇3个),有文化馆1个,乡镇文化站8个,标准文化活动室34个,民间文化户29户;公共图书馆1座,藏书3万余册。有广播电台1座,有电视台1座,广播电视覆盖全境。全年出版报纸17.2万份。

【卫生】 全旗共有卫生机构29个,其中医院、卫生院22个,社区卫生服务中心4个,卫生监督所1个,卫生防疫站1个,妇幼卫生机构1个。年末,医疗卫生单位拥有病床340张。全旗拥有卫生技术人员1 106人。

【环境保护】 全旗水资源总量9.797亿立方米,人均水资源3 375立方米。用水资源总量10.342亿立方米。城镇空气质量基本达到二级标准,加强生态涵养和饮用水源地水质保护,全旗水域面积达7 500亩,饮用水源地水质全部达标。

【人口 人民生活】 据人口变动刊样调查显示,全旗常住人口29.03万人,同比减少0.05万人。人口出生率9.51‰;人口死亡率6.88‰;自然增长率2.63‰。

全旗城镇居民人均可支配收入达13 510元,比上年增加1 991元,增长17.3%。全旗农民人均纯收入8 786元,增加1 791元,增长25.6%。城镇居民人均消费支出达7 303元,比上年增长3.9%,恩格尔系数36.27%。农民人均生活消费支出5 805元,比上年增长19.86%,恩格尔系数39.69%。

【社会保障】 全旗企业养老保险、行政事业单位养老保险、城镇居民医疗保险、城镇职工医疗保险、工伤保险、生育保险和失业保险参保人数分别为1.65万人、0.71万人、5.1万人、2.64万人、0.9万人、0.8万人和0.99万人。城镇居民医疗保险覆盖面达100%。新型农村合作医疗参合人数达19.19万人,参合率达100%。共报销医药费总额达2 134万元,比上年增长35.0%。筹资1 300万元,为3 731名提前退休人员补齐历年住房公积金公补部分。为226名村干部办社保,在全市率先建立在职村干部养老保险制度。

【再就业】 年内,通过各种渠道安置下岗失业人员1 370余人。城镇登记失业率控制在4.2%以内。

(伊兆忠)

五 原 县

【领导名录】

县委书记:贺福宝
人大主任:李晓春
县　　长:蔡明学
政协主席:闫星光
武装部长:段新文
政　　委:安永祥

【概况】 五原县位于内蒙古自治区西部,居河套平原腹部,属巴彦淖尔市所辖县,辖7个镇。面积2 492.9平方千米,27.7万人。有可利用耕地136.34千公顷,全年平均气温6.2℃。2009年,一、二、三产业比重为29:41:30,全县地区生产总值完成58亿元,同比增长22.9%,第一产业增加值完成16.8亿元,第二产业增加值完成24亿元,第三产业增加值完成17亿元,分别同比增长7.6%、38.2%、18.3%。全年财政收入2.5亿元,同比增长24.6%,人均GDP 20 928元。固定资产总投资65亿元,同比增长98.6%。城镇居民人均可支配收入14 290元,农民人均纯收入8 786元,分别增长24%、32%。

【农业】 2009年,全县农业人口20.6万人,从业人员11.8万人。全县农作物总播面积197.2万亩,其中粮食作物播种92.2万亩,粮食总产量89 008万斤;经济作物总播105万亩。粮食以小麦、玉米为主;经济作物以花葵、番茄、瓜菜为主,其中番茄种植面积12.3万亩,产量114 750万斤。设施农业全年投入建设资金9 522.5万元。新建三大千亩设施园区。引进1亿元,新建起大型蔬菜批发市场一处,当年全县地膜覆盖面积123万亩,化肥施用量55 848吨。农作物良种使用率达95%,种植业效益大幅提升,人均种植业收入6 305元,较上年增加1 627元。年内全县农业产值达238 602万元,同比增长20.4%。推进新农村建设进程,流转土地19万亩,规模化经营土地4 000亩。

【畜牧业】 全年用于设施畜牧业投资达1.1亿元,建成肉羊养殖户3 200户,养殖小区26个,15万只现代化畜牧业示范基地1个。制定出台《大力发展生猪产业的决定》,为打造生猪产业大县奠定坚实基础。年内在建的奶牛、肉羊项目快速推进。积极发展壮大农畜产品加工龙头企业,当年新增农畜产品加工企业6家,并实现65%的农畜产品就地加工转化。全年牲畜饲养总量达140万头(只),牧业产值占大农业比重达到39%,同比增长2%,农民牧业收入占纯收入的26%,已成为农民增收的主要来源。全年牧业产值68 547万元,同比增长5.4%。全年全县农牧业机械总动力78.77万千瓦时,同比增长4.2%,户均农机具3台,全县拥有各类农机具147 000台(件),机械化作业率达65%。

【林业】 全年造林12.7万亩,以公路干线通道工程为重点,变一季造林为四季造林投资总额4 600万元。人工造林8.1万亩,成活率85%。当年全县组建96支造林队,完成农田林网建设1.5万亩,完成村屯绿化造林8个,通道造林82.6公里,对造林乡镇县里补贴70%,镇自筹资金30%。2009年5月,县委、政府正式出台集体林权制度改革实施方案。林业总产值达8 625万元,同比增长34%。

【水利】 年内投资多、规模大,用于农业综合开发配套及农田水利建设资金达500万元。开挖渠沟2 854公里,衬砌渠道263公里,修建各类水工建筑物7 831座。完成中低产田改造、土地整理建设项目31万亩,64万亩农田实现高标准配套。全年用于实施中低产田改造、水利设施兴建修复资金达2.2亿元。

【工业 建筑业】 2009年,当年投入扶持资金为500万元,协调信贷2亿元,争取项目资金200万元,全年实施续建、扩建、新建工业项目48个,完成固定资产投资26亿元,同比增长134%。当年投资2.1亿元,收储土地6 066亩,投资6 264万元新改建园区道路12公里,投资3 160万元和203万元分别铺设供热管网5.2公里,供水管网13.6公里。现有28户企业入园发展,园区品质全面提升。引进工业项目(签约)19个,现全县已有工业企业57家。全年投入865万元用于工业企业技改。全县工业总产值达48.8亿元,同比增长41.1%,增加值达15.7亿元,同比增长31.7%,工业税收达6 512万元,同比增长8.9%。

全年实施房地产开发、公共建筑项目34项,完成投资10.9亿元。其中,房地产及公共建筑完成投资4.99亿元,新建面积52万平方米,完成15个片区16万平方米拆迁面积,市镇建设项目完成投资3亿元,完成4条街道绿化工程,首次建成垃圾处理场一个,兴建植物园一个。铺设供热管网7.6公里,新改建供热站12个。实施前期滨河公园和后期冯玉祥誓师广场建设工程。农村建设整体推进,以砖木结构为主,住房面积比上年增长3.4%。建筑业全年实现生产总值8.35亿元,同比增长50%。

【国内贸易】 全县消费品市场货源充足,流通畅通,价格总体上扬。批发贸易零售、住宿和餐饮业分别实现国内生产总值达3.6亿元,1.96亿元,增长分别为19.8%和12%。社会消费品零售总额达136 000万元,同比增长19.3%。全年出售花葵、油葵33 708万斤,同比增长6.1%,出售番茄112 421万斤。

【家电下乡活动】 新建农家店30个,开展家电下乡活动,当年销售家电2 919台(件),兑现补贴资金66.5万元。

【交通】 2009年,立体式交通网络框架形成,以机场、铁路、一级公路建设为重点,投资3.6亿元实施机场项目建设,投资6亿元实施西甘铁路五原段25公里工程建设,投资9 328万元,完成通乡油路工程53.9公里,通村油路和硬化巷道53公里,投资3 324万元完成包惠铁路电气化改造55公里。投资4 732万元完成红旗路、红卫西路、东风南路、新华南路道路建设工程7.5公里,年内客运量增长12%,货运量减少6%。长途大载量货车28%停运。当年运输包括仓储业实现生产总值2.79亿元。

【环境保护】 以生态建设为目的,以污染减排、饮用水源保护为重点,实施污染源治理,加快生态环境建设,当年对20家企业实行重点监测,完成COD削减7 458吨,SO_2削减1 149.8吨,分别完成市政府减排目标的126.8%和1520%。集中整治重污染企业,督促工业企业淘汰污染锅炉,拆除服务业污染灶130个。建筑工地噪声、粉尘按标准得到治理。全年受理环境投诉案25件,办结率100%。年度收取排污费30万元。开展了3个镇11处水源监测及评估,安全达标率100%。

【电力】 投资1.55亿元实施农村电网完善工程,并实施了天吉泰镇、隆兴昌镇220千伏输变电扩容工程,全县用电安全可靠、保障有力的电网体系形成。全年电力投资4.5亿元。

【邮政】 全年完成邮电业务收入21 550万元,同比增长31%。借3G技术,实现了从传统的语音业务向数据业务、多媒体转移。报纸杂志订阅户(人)增加,平均每人0.2份。固定电话每百户31部,较上年减少,移动电话快速增长并更新换代,户均2部。互联网用户较上年增多,户均0.2台,网络费用上调20%。

【财政】 全年财政收入2.5亿元,较上年增收4 945万元,增长24.6%,非税收入1 669万元。全年财政支出9.343亿元,较上年增支2亿元,增长27.3%,净结余198万元。

【金融】 当年全县有金融机构12家,全年实现生产总值0.78亿元,同比增长24.2%,占经济总量1.4%,年未各项存款余额31亿元,比上年增加1 500万元,其中居民储蓄存款余额24亿元,同比增长17.2%。年未各项贷款余额19.4亿元,比上年下降5 000万元,贷款利率下调。

【旅游业】 全年接待游客4万人次,收入135万元。

【教育】 全年投入1.4亿元改善办学条件、提高教师待遇。现有普通中学7个,在校生15 902人,同比减少4.7%;小学校24个,在校生17 302人,同比减少5.1%,学龄儿童入学率100%。在职教职员工2 854人。高考升学率达56%,同比提高20%。中考满分生人数占全市45.5%。完成中小学教学、宿舍楼新改建9 325平方米,投入2 942万元,为3万名学生补贴生活学杂费。兑现了九年义务教育教师的绩效工资,现代化远程教学设备进一步完善,成人教育人数减少。

【文化】 全县有文化艺术团体9个,国有专业从业人员142人。电视入户率98%,投资136万元加快农村综合文化站建设。举办了新中国成立60周年一系列文体活动,承办全市两个文明建设经验现场交流会,举办消夏大型文艺晚会和中老年人运动会,流动放映电影60场,演出文艺节目38场。历史文化景点、博物馆接待参观者4.2万人次。投入131.5万元更新县电视台设备,整体改进农村有线数字电视,完成1.2万户,收视率大幅提高。

【卫生】 全年医疗卫生支出6 098万元,同比增长63.5%。农村合作医疗参保180 430人,统资每人105元,参合率97.55%,启动了城镇居民医疗保险,统资每人130元,新增参保人员3.05万人。村级卫生室、社区卫生室布点增加。当年城镇居民医疗保健人均消费563元。年内全县有国有、集体医疗机构35个,同比增长40%。当年投资3 240万元,实施县医院、二医院、三医院改扩建工程。投资275万元更新医疗设备380台(件)。招聘卫生技术人员34人,加强疾病预防控制,甲型H1N1流感、手足口病传染疾病得到有效控制。妇幼保健整体诊疗水平提高,日门诊量平均120人。低生育水平巩固,人口出生率7.3‰。卫生监督控制面达100%(城镇)。

【科技】 以农业科技为重点,全年培训农民10万人次,以理论讲解和现场观摩方式进行,科普率达80%。全力推广温室栽培、配方施肥、科学饲养16项适用技术,新建示范区18个,开展试验项目85项,发挥"110"科技热线作用,农作物良种率达85%。全年用于工业企业技改资金达865万元。全县有专业科技人员114人。

【就业】 全年新增城镇就业1 014人,登记失业率控制在4%以内,安排储备人才(大学生)30人,招聘大学生54人任小学教师。举办就业招聘会两场,为企业招用适用人才。

【社会保障】 新增社保2 456人、医保4 131人、失业保险8 746人、工伤保险1 050人,各项社保资金及时足额发放。保障居民低保生活费,纳入城镇低保5 252人,农村低保9 800人,低保金月分别提高30元和15元,全年用于社会保障和就业支出14 714万元,同比增长27.6%。

【人民生活】 城镇居民可支配收入14 290元,同比增长24%,农民储蓄存款余额240 272万元,同比增长17%。城乡居民消费支出比上年增长19.8%,城镇居民人均消费支出8 172元,农牧民人均消费支出4 861元。新建福利院一个,五保供养实现应保尽保。筹资54.3万元资助贫困学生478名。投资2 178万元新建保障性住房2万平方米,可解决415户。

(任学义)

磴口县

【领导名录】

县委书记:郭介中

人大主任:田有光

县　　长:丁凤玲(女 回族)

政协主席:赵淑兰(女)

武装部长:石春彦(3月任职)

政　　委:张喜闻(3月任职)

【概况】 磴口县位于巴彦淖尔市西南部,西南与阿拉善盟毗邻,东南与鄂尔多斯市隔河相望,东北、西北分别与杭锦后旗、乌拉特后旗搭界;地理坐标为北纬40°9′~40°57′,东经106°9′~107°10′;东西92公里,南北65公里,总面积4 166.6平方公里。全县辖3镇1苏木1个乡级办事处,共46个村(嘎查),253个村民小组(独贵龙);5个市属国有农场和林科院沙漠林业实验分场2个。共16个民族,总人口12.45万人。

2009年,全县生产总值33.99亿元,比上年增长17.1%。其中,第一产业增加值5.59亿元,增长3.3%;第二产业增加值21.62亿元,增长23.4%(全部工业增加值占GDP的比重50.2%、占第二产业的比重78.9%);第三产业增加值6.78亿元,增长9.9%。一、二、三产结构由上年的17.2:63.4:19.4调整为16.4:63.6:20。三次产业对经济增长的贡献率分别为8.1%、66.2%和25.7%。人均生产总值26 276元,按年平均汇率折算3 848美元。全年财政总收入16 018万元,比上年增长19.8%。其中:地方财政一般预算收入

8 843万元,增长24%;上缴中央税收5 591万元,增长11.4%;上缴自治区级税收1 584万元,增长29.4%。

【农业】 全年农业总产值83 558.5万元,增长4.1%,农、林、牧、渔业及其服务业结构比例为55:7.3:36.2:1:0.5。农作物总播面积52.25万亩,比上年增长4.9%。粮食作物面积24.09万亩,增长10.6%,其中:小麦面积10.08万亩,增长20.1%;玉米面积13.89万亩,增长4.1%。经济作物面积26.37万亩,增长1%。其中:油料面积12.05万亩,下降7.9%;番茄面积6.72万亩,增长6.3%。饲草作物面积1.78万亩,下降6.3%。粮经草比例由上年的43.7:52.4:3.9调整为46.1:50.5:3.4。主要大宗农作物良种率达100%。

粮食总产12.58万吨,增长14.9%。其中;小麦3.72万吨,增长21.6%;玉米8.82万吨,增长12.4%。油料2.75万吨,下降7.1%;瓜类4.12万吨(其中蜜瓜3.12万吨,增长1.3%),下降6.2%;蔬菜35.36万吨(其中番茄34.91万吨,增长6.8%),增长5.3%;籽瓜0.57万吨,增长42.5%。

全年畜牧业产值30 256.9万元,占农业总产值的比重达36.2%。牧业年度(6月末)牲畜存栏总数39.04万头(只),同比减少1.14万头(只);牲畜总增31.1万头(只),总增率77.4%;良种及改良种比率95.98%;能繁母畜21.68万头(只),占牲畜总头数的55.5%。

日历年度牲畜存栏总数39.09万头(只),比上年增长0.7%。其中大牲畜3.24万头,下降11.2%(其中奶牛18 064头,当年购进1 145头);羊33.24万只,增长2.8%;猪2.61万口,下降8.1%。出栏总数为29.33万头(只),比上年下降1.6%;出栏率75.6%,下降1.5个百分点;全年肉类总产量8 699吨,下降10.3%;牛奶产量73 858吨,增长3.8%。

化肥施用量12 879吨,比上年增长5.5%;农牧区生产用电量1 195万千瓦时,增长0.3%;年末农牧业机械总动力20.79万千瓦,比上年增长10.7%。

【工业】 全部工业总产值519 573.7万元,比上年增长38.7%,其中规模以上工业总产值467 696.5万元,增长36.7%;全部工业增加值17.06亿元,增长25.3%。其中:规模以上工业增加值15.96亿元,增长31%,产品产销率97%,与上年持平。

【建筑业】 全部建筑业增加值4.56亿元,比上年增长14.8%。房屋建筑施工面积30万平方米,增长31.1%,其中城镇住宅施工面积14.77万平方米,增长17.33倍;竣工房屋面积10.6万平方米,下降42%,其中城镇住宅竣工面积7.37万平方米,增长8.15倍。

【固定资产投资】 全年全社会固定资产投资377 125万元,比上年增长59%。按投资控股类型划分:国有控股120 584万元;集体控股4 000万元;私人控股232 189万元;外商控股16 000万元。

全年50万元以上固定资产投资总额372 773万元,增长60.8%。按产业划分:第一产业投资13 823万元,下降13.9%;第二产业投资279 273万元,增长83.3%,全部为工业投资;第三产业投资72 006万元,增长13.6%。

【环境保护】 全县年平均气温9.5摄氏度。年末拥有国家级自然保护区(哈腾套海自然保护区)1个,面积186平方公里。环境保护系统职工36人,环境监测站1个,监测人员12人。

全年共完成林业造林面积29.3万亩,其中:人工造林面积5.3万亩,飞播造林14万亩,封沙育林10万亩。森林覆盖率17.37%。

【交通 邮电】 全年交通运输和邮电通讯业增加值11 732万元,比上年增长4.3%。年末全县公路总里程1 778公里,其中等级(四级以上)808公里,在等级公路中黑色公路191公里;等级公路率46%。全年公路货运量108.6万吨,比上年增长23.3%,货物周转量12 182.4万吨公里,增长37.2%;客运量65.5万人,增长3.9%,旅客周转量4 427.9万人公里,增长11.1%。

全年邮电业务总量5 398万元,比上年增长5.3%。其中邮政业务745万元,增长23.7%;电信业务4 653万元,增长2.8%。本地网固定电话用户31 048户(其中城镇电话用户23 648户,下降23.7%,乡村电话用户7 400户,下降26%);移动电话用户84 000户,增长18.3%,每百人拥有电话普及率(包括固定和移动电话)92部。互联网注册用户19 600户,增长7.1%。

【贸易】 全年社会消费品零售总额66 051.3万元,比上年增长18.5%。其中县的零售额47 217.7万元,增长18.7%;县以下的零售额18 833.6万元,增长17.9%。分行业看,批发零售贸易零售额51 005.3万元,增长20.1%;住宿和餐饮业零售额11 766.3万元,增长14.6%;其它行业零售额3 279.7万元,增长8.9%。

全年对外贸易出口交货值17 567万美元,比上年增长1%。出口的主要产品有番茄酱、红矾纳、硫化碱等。

【招商引资】 全年引进国内(区外)资金24.5亿元,增长49.4%;引进区内(市外)资金12.3亿元,增长43.7%。

【金融 保险】 年末金融机构各项存款余额246 263万

元,比上年增加89 859万元,增长58%。其中企业存款余额69 568万元,增长170%;城乡居民储蓄存款余额148 479万元,增长36%。

年末金融机构各项贷款余额107 147万元,增加44 435万元,增长71%。其中,中长期贷款余额52 496万元,增长171%;短期贷款余额54 651万元,下降27%。

全年保险业保费收入3 906.6万元,比上年增长6.6%。其中:财产险收入676.6万元,增长19.8%;人寿险收入3 230万元,增长4.2%。保险赔款及给付支出367.7万元,下降14.8%。其中:财产险271.7万元,增长1%;人寿险 96 万元,下降40.9%。

【科技】 年末共有卫生机构 12 个,其中医院 3 个、苏木镇卫生院 7 个、卫生监督所 1 个、疾病防控中心 1 个;医疗卫生单位拥有病床 370 张,其中卫生院 68 张;拥有卫生技术人员 381 人(卫生院 39 人),其中执业医师 123 人,助理医师 21 人,注册护士 109 人。

【教育】 全县共有普通中学 2 所,其中:完全中学 1 所,初级中学 1 所。高中招收学生 467 人,下降56.1%,在校生1 957人,下降20.1%,其中少数民族学生 187 人;毕业生 781 人,增长29.7%。初中招收学生1 375人,增长9.9%;在校生3 814人,增长4.2%,其中少数民族 339 人;毕业生1 143人,下降45.9%;初中适龄人口入学率100%。

小学 12 所,招收学生 823 人,下降5.8%;在校生6 601人,下降7.7%,其中少数民族 502 人,下降10.3%;毕业生1 375人,下降9.1%。小学适龄人口入学率100%。

【文化】 全县拥有艺术表演团体 1 个、从业人员 20 人,文化馆 1 个,图书馆 1 个,文物站 1 个,档案馆 1 个,农村牧区文化站 5 个;拥有调频广播发射台 1 座、电视转播台 1 座,有线电视用户10 400户(全部为数字电视),广播人口覆盖率、电视人口覆盖率均达100%。《磴口时事》全年发行 50 期 15 万份。

【卫生】 拥有科学研究开发机构 1 个,科技经费支出89 万元,增长7.2%,拥有自治区高新技术企业 2 家,拥有自治区名牌产品 5 个,自治区著名商标 5 个。

【人口】 年末,全地区总人口12.45万人(户籍人口),比上年末增加1 971人(人口增加主要原因是沙金移民落户和以往出生小孩上户)。其中:少数民族11 230人(蒙古族5 154人,回族5 378人)。总人口中:非农业人口5.5万人,农业人口6.95万人,城乡人口比例为44.2:55.8。全年出生人口 654 人,出生率5.88 ‰;死亡人口 545 人,死亡率4.9‰;自然增长率0.98‰。

【劳动就业】 年末全社会从业人员67 338人,增长0.7%。其中:第一产业从业人员44 125人,第二产业从业人员6 844人,第三产业从业人员16 369人。全年城镇新增就业人员 819 人;安置下岗失业人员再就业315 人。城镇登记失业率4.12%,比上年增加0.02个百分点。

【人民生活】 城镇居民人均可支配收入13 840元,比上年增加2 190元,增长15.7%(扣除物价因素,实际增长16.3%)。城镇居民人均消费支出9 179元,增长17.7%。恩格尔系数(居民家庭食品消费支出占消费总支出的比重)32.4%。

农牧民人均纯收入7 536元,比上年增加 623 元,增长9%(扣除物价因素,实际增长11.4%)。农民人均纯收入7 558元,增长8.8%;牧民人均纯收入7 430元,增长9.8%。农牧民来自畜牧业的纯收入1 749元,占纯收入的23.2%,农牧民人均消费支出4 039元,增长2.3%。恩格尔系数45.5%。

【社会保障】 全县参加基本养老保险人数19 247人,其中:企业参保人员14 162人,行政事业单位参保人员5 085人。参加医疗保险人数40 059人,参加工伤保险人数5 160人,参加生育保险人数3 864人,参加失业保险人数9 644人。参加新型合作医疗的农牧民55 021人,参合率达98%,基金共计577.72万元。

城镇低保对象5 614人,月人均补助水平 175 元;农牧区低保对象5 080人,月人均补助水平 69 元。销售福利彩票 491 万元,敬老院 1 个,床位 52 张,入住率100%。

(席 伟)

乌 海 市

【党政军领导名录】

市 委

书 记:白向群(蒙古族)

副书记:侯凤岐 周纯杰

常委:白向群(蒙古族) 侯凤岐 周纯杰 白金海(蒙古族) 冯玉臻 李志民 傅振坤(大校) 陈凤珠(女) 兰宇(蒙古族) 白彦(蒙古族) 关成章

秘书长:白 彦

人 大

主 任:刘 彪

副主任:伊英(蒙古族) 武文俊 沙日娜(女 蒙古族) 许宏然 关立武(满族) 雍炳炜

政 府

市 长:侯凤岐(1月任职)

副市长:冯玉臻 李志民 甄晨岚(女) 徐德林(蒙古族) 李新征 康文胜 林涛 施文学(8月离任)

政 协

主 席:韩琦运

副主席:金奎(蒙古族) 杜建明 许惠和 吕纪俄 宋万强 王利春(女) 马万良 王永平 张建国

纪检委

书 记:周纯杰

政法委

书 记:陈凤珠(女)

法 院

院 长:曹凤龙

检察院

检察长:宝孟和(蒙古族)

公安局长:孙 毅

军分区

司令员:张敬华

政治委员:傅振坤

副司令员:赵学峰(蒙古族 10月离任)

参谋长:高海峰

政治部主任:李 峰

后勤部长:阎庆钟(蒙古族)

【概况】 乌海市位于内蒙古自治区西南部,鄂尔多斯高原西部,乌兰布和沙漠的东南缘。属北温带大陆性气候区,半干旱、半荒漠气候地带。东邻鄂尔多斯市,西连阿拉善盟,南界鄂尔多斯市、宁夏回族自治区石嘴山市,北接鄂尔多斯市、阿拉善盟。位于北纬39°02′30″~39°54′55″,东经106°36′25″~107°08′05″,东西相距约45公里,南北距离约100公里,总面积1 754平方公里。1976年1月,乌达市和海勃湾市合并正式成立乌海市,辖海勃湾区、乌达区、海南区,共有5镇、16个街道办事处。2009年末全市常住人口(在我市居住半年以上人口)48.76万人,比上年末增加0.49万人。全市人口出生率为9.2‰,死亡率5.11‰,自然增长率4.09‰。少数民族人口3.2万人,其中蒙古族人口1.83万人。城镇人口45.86万人,城镇人口比重达94.05%。

2009年,全市实现地区生产总值311.21亿元,比上年增长22.8%,连续14年实现两位数增长。其中,第一产业增加值3.11亿元,增长3.5%;第二产业增加值214.25亿元,增长27.7%;第三产业增加值93.85亿元,增长15.2%。按常住人口计算,人均GDP达64 147元(折合9 394美元),比上年增长21.5%。第一产业对经济增长的贡献率为0.2%,比上年降低0.41个百分点;第二产业贡献率为75.3%,比上年提高24.85个百分点;第三产业贡献率为24.5%,比上年降低24.44个百分点。三次产业结构由上年的1.2:66.2:32.6调整为1:68.8:30.2。

全市完成地方财政总收入53.85亿元,比上年增长14.4%,其中,地方财政一般预算收入23.24亿元,比上年增长29.3%。财政支出总计46.52亿元,比上年增长47.8%。社会保障和就业支出10.55亿元,比上年增长140.96%;医疗卫生支出2.56亿元,比上年增长90.86%;教育支出5.3亿元,比上年增长15.77%。

【农牧业】 2009年,实施村居整合,全市54个行政村、3个企业农场整合为13个行政村和6个涉农社区。进行农区土地使用权流转有益探索,扶持农牧业向社会化投资、公司化经营发展,集生产加工、生态建设和观光旅游于一体的农业科技示范园等一批项目加快建设。投资千万元以上在建农业项目15个,葡萄种植、温室建设公司化比例达90%以上,葡萄、蔬菜主导产业稳步发展,新增葡萄种植面积5 616亩,新建温室、大棚400亩。就业培训农区居民2 226人,农区居民纯收入的40%来自非农产业。名优品牌继续巩固发展,乌海葡萄、“巴音宝”乌鸡蛋在国内外评比中连续获得金奖。加快农牧业产业化发展,争取上级各类支农资金2 400万元,实施一批整村推进、扶贫开发项目。启动实施4项安全饮水工程。全面开通惠农补贴资金“一卡通”系统,发放各类补贴资金1 351万元。

第一产业实现增加值3.11亿元,比上年增长3.5%。粮食播种面积4 782公顷,比上年增长3.7%;粮食总产量32 548吨,增长2.1%;蔬菜产量101 462吨,增长3.6%;禽蛋产量2 956吨,增长20.8%;肉类产量11 146吨,增长4.7%;牛奶产量8 700吨,下降27.5%;生猪出栏8.34万头,增长6.0%。

【林业】 全市共完成生态治理面积12.88万亩。人工造林4.45万亩;完成围栏封育8.43万亩。其中,三北防护林四期工程4.45万亩。全民义务植树110万株。全市林木覆盖率达17.49%。全市有国家级自然保护区1个,面积为1.69万公顷。

【工业】 全市完成工业增加值197.27亿元,比上年增长27.3%。全市177户规模以上工业企业完成增加值189.07亿元,增长28.7%,增速居全区第3位。其中,国有控股企业实现增加值75.1亿元,增长22.2%。产销衔接良好,产品销售率为94%,比上年下降5个百分点。全市规模以上工业企业主营业务收入348.04亿元,比上年增长30.8%;实现利润14.15亿元,比上年增长8.5%;其中,国有及国有控股企业实现利润7.58亿元;规模以上工业亏损企业亏损额4.68亿元,比上年增长89.6%。

【工业经济】 全年新增产能原煤930万吨、洗煤2 650万吨、焦炭800万吨、PVC80万吨、水泥400万吨、电力装机106万千瓦。全市58%的地方煤矿技改达到标准化要求。神华、黄河工贸、德晟等百万吨级以上重介洗煤项目建成投产;神华二期、德晟等8个百万吨级煤焦化项目顺利投产,西部煤化、榕鑫等4个在建百万吨级煤焦化项目土建工程基本完工;黑猫12万吨炭黑项目建成投产;华清能源焦炉煤气综合利用项目有序推进。成功重整海吉氯碱公司,内蒙古宜化40万吨PVC项目6个月建成投产,创造国内化工行业建设周期最短记录,乌海化工、君正科技等大型PVC项目全部顺利投产,PVC产能约占全国电石法制PVC产量的1/7;中联化工PVC及相关配套项目前期工作扎实推进。京海电厂2×30万千瓦、神华集团2×20万千瓦煤矸石发电项目基本完工。西水创业日产4 600吨水泥熟料扩建项目建成投产,黄河工贸、宁夏赛马、君正、包钢西北创业、京海等水泥项目进展顺利;海美斯陶瓷900万平方米屋面瓦和外墙砖项目建成投产;海亮年产8万吨PVC管材型材塑料薄膜、天宇化工高岭土深加工项目建设步伐加快。包钢万腾节能技改项目全面启动。在自治区率先实施大用户直供电,乌海化工、君正科技成为全区首批直供电企业。市政府投入3亿元加大工业园区基础设施建设。乌海市被列入国家级“两化融合”创新实验区。

【建筑业】 进一步完善滨河一期城市功能,开工建设市商务中心、人民艺术中心、神华研发中心综合楼等一批标志性建筑,新建成一批高档住宅小区。继续加大城区拆迁改造力度,拆迁建筑面积62万平方米,新建续建建筑面积440万平方米,城镇人均住房面积达到30平方米。

全市建筑业实现增加值16.98亿元,比上年增长31.3%。房屋施工面积518.36万平方米,增长14.4%;竣工面积160.39万平方米,增长9.6%。

【固定资产投资】 全市完成城镇以上单位固定资产投资181.16亿元,比上年增长57.0%。其中,第一产业完成投资2.35亿元,比上年增长49.1%;第二产业完成投资118.84亿元,比上年增长60.7%;第三产业完成投资59.97亿元,比上年增长50.5%。房地产开发完成投资23.05亿元,下降21.8%,其中经济适用房投资1.96亿元,下降57.4%。

非国有单位投资依然是全市投资增长的主要力量。从投资主体看,国有经济控股单位投资80.94亿元,全社会非国有单位完成投资100.22亿元,非国有单位投资占全社会固定资产投资比重达55.32%。从项目隶属关系分析,地方项目完成投资152.74亿元,增长55.71%;中央项目完成投资28.42亿元,增长64.37%;全年城市基础设施投资47.84亿元,占全社会固定资产投资的26.41%,比上年提高6.51个百分点。

全年新开工项目161个,在建项目投资总规模495.47亿元,比上年增长36.98%。乌海市确定的自治区重点项目当年累计完成投资65.37亿元,占全社会固定资产投资的36.10%。全部建成投产项目125个,新增固定资产89.17亿元,

【贸易】 全市实现社会消费品零售总额60.92亿元,比上年增长19.97%,扣除物价上涨因素,实际增长19.76%。按行业划分,批发零售业贸易额49.51亿元,增长18.33%;住宿和餐饮业营业额11.24亿元,增长27.73%。

全市批发零售和住宿餐饮业实现增加值12.68亿元,比上年增长13.6%。全市实现社会消费品零售总额50.78亿元,比上年增长25.3%,扣除物价上涨因素,实际增长19.3%。按行业划分,批发零售业贸易额41.81亿元,同比增长24.6%;住宿和餐饮业营业额8.80亿元,同比增长28.8%。

全市进出口总额达 741 万美元,比上年降低63.8%;其中出口额 446 万美元,比上年降低78.2%;进口额 295 万美元。

【招商引资】 招商引资规模、质量和效益明显提高,全年协议引进资金 507 亿元,引进项目 67 个,实施 45 个,到位资金 122 亿元,同比增长107%;全市审批外商投资企业 1 个,完成外贸出口总额 446 万美元,比上年降低25.1%。

【基础设施建设】 全年基础设施建设投入 50 亿元,同比增长1.1倍,其中城建投资完成20.4亿元,同比增长1.3倍。开工建设城际、城区道路 32 条,人均拥有道路面积13.6平方米。海勃湾至惠农二级公路和运煤大通道建成,京藏高速乌海互通立交桥开工建设,海勃湾至乌达、乌达至海南城际快速通道、110 国道改造等重点工程进展顺利。完成甘德尔山上山道路、海勃湾青年路、乌达神华大道、海南巴彦乌素大街等城区道路改扩建和南立交桥改造工程。包惠铁路电气化改造工程建成通车,海公铁路扩能改造工程进展顺利,乌海机场扩建工程全面开工。新建换热站 41 座,新增供热面积 208 万平方米,集中供热普及率达77.7%。新建改造供水管网40.6公里、排水管网89.6公里,供水水质合格率97%以上。铺设供气管道59.4公里,完成天然气入户4 862户,海勃湾城区5 200多户居民完成煤气置换天然气工作,供气普及率达57%。启动实施景观亮化工程,完成 71 个单体建筑和滨河大道景观亮化,新建改造 24 条街路路灯1 161基。

【交通】 全年各种运输方式完成货物运输总量 6 778.64 万吨,比上年增长 15.5%。其中,铁路 2 630.64 万吨,增长 8.8%;公路 4 148 万吨,增长 20.3%;民航28.61 吨,增长64.4%。旅客运输总量 572.6万人次,比上年增长6.7%。其中,铁路客运 279.1万人次,增长5.8%;公路客运 282 万人次,增长4.8%;民航出港旅客11.55万人次,增长208.8%。铁路、公路、民航三种运输方式客运量比重分别为 48.74%、49.25%、2.01%。

【邮电】 全市固定电话用户达10.72万户(其中,小灵通5.1万户),下降28.5%;局用交换机容量达93.51万门,增长2.5%;年末移动电话用户达53.98万户,增长11.9%;年末全市互联网络用户6.97万户,增长44.6%。

全年完成邮政业务总量5 498万元,比上年下降5.4%。全年订销报纸717.19万份,增长29.6%;订销杂志40.22万份,下降5.1%;收寄函件83.14万份,增长17.7%;收寄特快专递16.31万件,增长22.5%。

【旅游】 全年国内旅游收入8 212万元,比上年同期增长8.1%,国内旅游人数56.6万人次,增长33.1%。

【环境保护】 启动全国绿化模范城市和国家园林城市创建工作,生态园林建设力度加大。投资4.4亿元,启动和实施了高速公路两侧及出入口、甘德尔山、青少年生态园、乌达西山、海南东山等一批林业绿化工程,青山翰墨园、法制广场、运动公园等一批重点项目扎实推进。完成巴音赛沟综合整治一期、石大门沟一期工程,千里沟水库具备蓄水条件,城市防洪体系、黄河控导等工程建设进展顺利。黄河海勃湾水利枢纽工程完成国家各项审批,库区移民征地工作有序推进。完成年耗能 5 万吨标煤以上重点用能企业能源审计和节能规划,淘汰落后产能焦炭 405 万吨、炼铁 49 万吨、水泥 75 万吨、电石 6 万吨、铁合金1.1万吨。全年争取国家和自治区节能技改奖励资金2 843万元。推广使用电石渣、粉煤灰砖等新型墙体建筑材料,完成建筑节能改造10.4万平方米。加大沿黄河企业环境监管力度,黄河乌海段综合污染指数下降10.7%。加大矿产资源综合整治力度,露天采矿区二次扬尘污染得到缓解。

城市污水处理率达69%,较上年提高4.51个百分点。乌海市中心城区空气质量达到二级和好于二级的天数为 290 天,比上年增加 7 天,占全年总天数的79.5%,比上年提高 2 个百分点。建成区绿化覆盖率达到33%,比上年提高1.68个百分点。人均公共绿地10.7平方米,比上年增加0.04平方米。年内,全市完成环境污染治理项目 72 个,完成环境污染治理项目总投资2.96亿元。

【金融 保险】 积极发展地方金融业,内蒙古银行设立乌海分行,黄河村镇银行落户乌海,全市新增小额贷款公司 14 家、典当行 5 家,中小企业融资难得到缓解。

全市金融业实现增加值9.84亿元,比上年增长

35.9%。年末全市金融机构本外币存款余额331.24亿元,比年初增加81.73亿元。其中,企事业单位存款余额128.96亿元,比年初增加52.78亿元;居民储蓄存款余额170.38亿元,比年初增加26.73亿元。金融机构各项贷款余额217.56亿元,比年初增加73.46亿元。其中,短期贷款余额58.95亿元,比年初增加22.64亿元;中长期贷款余额141.77亿元,比年初增加50.55亿元;票据融资16.84亿元,比年初增加0.28亿元。

证券市场各类证券成交额155亿元,增长104.4%。其中,股票成交额142亿元,增长88.4%;国债成交额128万元,下降49.9%;基金成交额4 363万元,增长2.74%。

全市共有各类保险及保险代理公司12家。全年保费收入4.82亿元,比上年增长35.8%。其中,财产险保费收入2.22亿元,增长29.1%;人身险保费收入2.60亿元,增长42.1%。全年各类保险赔款给付支出1.37亿元,比上年增长16.1%;其中,财产险赔付9 748万元,增长18.3%;寿险给付3 953万元,增长12.4%。

【科技】 加快推进产学研联合,中科院、华东理工大学、辽宁石化设计院3项科研成果在乌海成功转化实施,3区顺利通过国家科技进步先进旗县考核验收。投入400万元重奖科技成果、科技工作先进单位和个人,企事业单位引进储备人才1 636名。

全年科学技术总支出4 210万元,比上年增长27.2%。全年申请专利19项,取得自治区科技成果14项,组织鉴定市级科技成果29项;获得自治区奖励2项;争取自治区科技专项资金442万元。

【教育】 全市共有普通高等院校1所。全年招收学生1 320人,与上年相比增加170人;在校生3 682人,比上年增加32.7%,专任教师163人。

全市有中等职业专业学校1所,当年招生1 117人,比上年减少751人;在校生2 928人,较上年减少733人;毕业575人,较上年减少104人;专任教师160人。普通高级中学6所,当年招生3 616人,在校生达11 174人,毕业生3 896人,专任教师678人。

全市共有初级中学17所,招生6 089人,在校生18 739人,毕业生5 980人,专任教师1 353人。小学31所,招生4 888人,在校生33 063人,毕业生6 365人,专任教师2 248人。特殊教育学校1所,招生20人,在校生90人,毕业生2人,专任教师30人。幼儿园63所,在园幼儿10 066人,专任教师590人。

【文化】 全面启动全国文明城市创建工作,书法城建设进一步加强,成功举办全市首届两个文明建设经验交流会、全国首届少儿书法艺术节暨第三届黄河明珠·中国乌海书法艺术节,与韩国忠清北道结为文化交流友好城市,地区特色文化品牌初步形成。将全市109个社区整合为67个。开工建设12个3 000平方米以上社区综合服务中心,海南区拉僧仲街道办事处和海勃湾区渠南社区被命名为全国和谐社区建设示范单位。开播蒙语广播,全市广播电视覆盖率达100%。

全市共有公共图书馆3个,总藏书44.35万册,比上年增长132.3%。全市市属专业艺术表演团体1个,举办演出110场。拥有电视台1座,开播无线电视频道5个,无线电视节目达到5套。年内开通有线电视频道124个,有线电视用户达7.3万户(其中有线数字电视用户5.3万户)。广播、电视综合覆盖率分别达100%和100%,实现了让所有的农区居民都能看上电视听上广播的目标。全市电影院2个,全年放映电影1 000场,比上年增加100场。其中,送电影下乡、进社区放映电影700场。全市拥有国家级重点文物保护单位1处,自治区级重点文物保护单位4处,市级文物保护点10处。乌海地区注册登记的博物馆3座,馆藏文物2 000多件。《乌海日报》年发行量12 000份。

【卫生】 建成国家流感监测网络实验室。高标准开工建设市人民医院内科楼、市妇女儿童保健中心,市蒙中医院投入使用,17家社区卫生服务中心和6家社区卫生服务站完成标准化建设。投入6 800万元为市人民医院、蒙中医院购置了一批医疗设备。

全市共有各类卫生机构284个(不含村卫生室)。其中,医院16个,社区卫生服务中心(站)12个,卫生院4个,诊所、卫生所、医务室237个,急救中心(站)1个,采供血机构1个,妇幼保健院(所、站)3个,专科疾病防治院(所、站)3个,疾病预防控制中心5个,卫生监督所(中心)4个,健康教育所(站、中心)1个。医疗卫生机构实有床位2 726张。其中,医院2 105张,社区卫生服务中心330张,卫生院89张,妇幼保健院162张,专科疾病防治院(所、站)40张。全市卫生技术人员3 111人。其中执业医师1 122人,助理执业医师139人,注册护士1 049人。

【体育】 全力做好自治区第十二届运动会各项筹备工作,市体育中心、一中体育馆、滨河中学体育馆建成,成功举办了"十二运"六项测试赛,乌海市被评定为国家奥林匹克后备人才竞走训练基地。

全市共有各级各类体育场地664片。其中,体育馆5个(其中,综合体育馆2个),网球馆3个,乒乓球馆5个,门球场3片,塑胶田径场8个,2009年新建标准化塑胶篮球场2个。年内利用体育彩票公益金建成全民健身路径20处。年内全市经常参加体育锻炼人数达到23.84万人次,全年经常参加体育锻炼人数占总人口的48.89%。

2009年,全市共获得自治区各类比赛奖牌123枚,比上年增加54枚。其中金牌48枚,银牌36枚,铜牌39枚。

【人民生活】 城市居民人均可支配收入达17 621元,比上年增长10.14%,扣除价格因素,实际增长9.9%。人均消费支出为14 962元,比上年增长15.8%,扣除价格因素,实际增长15.6%。2009年,城市居民恩格尔系数为28.1%,比2008年上涨0.3个百分点。城镇居民人均住房面积30.3平方米,比上年增加0.54平方米。

农区居民人均纯收入8 226元,比上年增长10%,扣除价格因素,实际增长9.8%。农区居民恩格尔系数为37.0%,较上年提高2个百分点。农区居民人均住房面积29.92平方米,与上年持平。

【社会保障】 全年实现新增就业7 529人,下岗失业人员再就业5 419人,成功创业1 155人,城镇登记失业率控制在4.4%以内,实现"零就业家庭"动态消除。在为8 000多名原国有、集体劳服企业、失地农区居民解决养老保险问题基础上,2009年又将3 200多人纳入统筹,并通过市区两级财政补贴6 000万元、机关事业单位党员、干部职工捐款1 157万元,资助4 000户"零社保"低保家庭参加养老保险。为2.8万名企业退休人员月人均增加养老金153元,月人均达1 174元。将关闭破产国有企业退休人员全部纳入城镇职工医保统筹范围。居民医疗保险和新型农区合作医疗实现并轨,参保人数达到23.8万人,居民医疗保险基本实现全覆盖。为市属及原神华两矿业公司企业退休人员病亡遗属每人每月增加100元生活困难补贴。城乡最低生活保障水平进一步提高,全市13 111户低保家庭、26 619人最低生活保障标准由每月220元提高到250元,为每户发放取暖补贴750元,并增发一次性生活补贴680元。发放贫困大学生救助金和市长助学金等教育救助金200万元,500多名贫困学生顺利入学。发放医疗救助金及一次性临时救助金900多万元,3万多名特困群众得到救助。免费为392名贫困白内障患者实施复明手术。

全市基本养老保险参保职工122 829人,同比增长17.1%;基本医疗参保433 258人,同比增长148.4%;失业保险参保人数为98 112人,同比增长5.5%;工伤保险参保人数为81 763人,同比增长8.4%;生育保险90 045人,同比增长33.9%。城镇登记失业率为4.4%。参加新型农区合作医疗的人数达到39 465人,同比增长3.6%。全市享受城市最低生活保障13 111户,比上年减少1 036户;惠及居民为26 619人;享受农区居民最低生活保障3 376户,较上年增加646户。宜和、温馨2所民办老年公寓投入使用,新增床位400张。全市各类收养性社会福利单位2家,床位220张,收养各类人员221人。

(李普军)

海勃湾区

【领导名录】

区委书记:霍照良(蒙古族)

人大主任:崔淑坤(12月离任) 霍照良(12月任职)

区　　长:全党民

政协主席:关旭汉(满族)

武装部长:侯文龙(3月离任) 张健(3月任职)

政　　委:高　华

【概况】 海勃湾区总面积529平方公里,辖1个镇6个街道办事处,即千里山镇、新华街道办事处、新华西街道办事处、凤凰岭街道办事处、海北街道办事处、滨河街道办事处、卡布其街道办事处。至2009年10月底,全区总人口28.16万人,其中流动人口5.74万人,居住着蒙古、汉、回、满等29个民族。

2009年,地区生产总值完成117.36亿元,同比增长22.1%;财政收入完成19.79亿元,同比增长17.1%;城镇居民人均可支配收入达到18 916元,同比增长10.2%;农区居民人均收入达到8 465元,同比增长10.1%;固定资产投资完成82.01亿元,同比增长59.6%。

【农业】 全年完成农业增加值1.05亿元,同比增长3.6%。全年新增葡萄种植3 975亩,同比增长44%,新建日光温室163亩。推进机场路沿线葡萄观光长廊建设,汉森葡萄酒庄园建成运营,岱山农业科技园及新时针、田野、云飞等生态农庄建设进展顺利,生态观光农业迅速发展。金沙湾葡萄观光园项目建设葡萄基地500亩,铺设节水管网34公里,吸纳周边100户农民进入观光园从事葡萄种植;团结新村产业化项目,以云飞公司为依托,通过农业订单方式,示范和带动团结新村50户贫困农民发展温室葡萄。新农区建设深入推进,实施农业园区改造提升工程,完成千里山镇集中供水和团结新村节水灌溉等项目,新增节水灌溉面积 29 亩。

【工业】 全年完成工业增加值60.49亿元,同比增长26.9%,全年续建、新建重点项目 25 个,投资过亿元项目 15 个,完成投资42.5亿元,同比增长73.8%。乌海市包钢万腾钢铁公司挂牌成立,京海电厂 50 万吨水泥和德晟、黄河工贸 2 个百万吨捣固焦及神华等 4 个 300 万吨洗煤项目建成投产,京海电厂 2×30 万千瓦电机组、包钢西北创业水泥熟料项目进展顺利。编制完成园区总体规划和产业发展规划,启动园区供水、污水及固废处理工程,完成 17 公里道路建设和6.8公里双回路输电线、4.2公里输水管线铺设,园区承载能力显著增强。

【贸易】 完成第三产业增加值48.13亿元,同比增长16.3%;社会消费品零售总额完成51.36亿元,同比增长19%。积极引进先进管理模式。美好家家居等知名连锁企业落户海勃湾区;加快人民路商圈升级改造步伐,新锐尚都国贸城建成投入使用,通用时代广场开工建设;专业市场建设力度加大,金裕农副产品批发市场和林荫大道汽车城启动实施。海勃湾物流园建设有序推进,众利惠农千里山物流园建设进展顺利。房地产业平稳持续发展,商品房施工面积 240 万平方米,完成投资 24 亿元。旅游业发展迅速,金沙湾旅游配套设施进一步完善。"便民一卡通"项目全面启动,信息服务、金融保险、中介咨询、广告传媒等新兴服务业发展迅速。

【城市建设】 全年投入5 465万元,新建青年路、双拥街、青年北路、青山北路等 4 条城区道路,建设规模总长3 386.29米;建成人口文化广场,启动建设神华墨玉广场和乌珠慕葡萄公园;新增临街景观绿地 5 处,绿化硬化面积4.7万平方平。投入5 115万元,更新了一批环卫设施设备,建设压缩式垃圾转运站 4 座,完成生活垃圾处理厂二期改扩建。

全年新开房地产项目 6 个,完成遗留房地产和公益拆迁项目 10 个,拆迁占地面积 23 万平方米。启动海北街两侧建筑立面改造工程,完成 10 个旧住宅小区综合整治和7.36万平方米建筑节能改造。拆除违章建筑1.28万平方米,安居工程加快实施,动员千名干部结对帮扶,77 栋棚户区安置楼和 252 套廉租房建成竣工,21 栋棚户区安置楼和 384 套廉租房主体完工,搬迁棚户区居民1 950户。

【招商引资】 招商引资项目 11 个,到位资金344 692万元,同比增长105.41%。上报项目中工业项目 4 个,实际到位资金273 100万元,占全年完成数的79.23%;房地产业 7 个,到位资金71 592万元,占全年完成数的20.77%。

【环境保护】 全年有效监测 365 天,二级以上优良天数达 290 天,同比增加 7 天。空气中二氧化硫年均值为0.074毫克/标立方米,同比下降0.02毫克/标立方米;二氧化氮年均值为0.023毫克/标立方米,同比下降0.009毫克/标立方米;可吸入颗粒物年均值为0.125毫克/标立方米,同比基本持平。

2009 年海勃湾区集中式饮用水地(包括南北两个水源地)水质达标率100%。交通干线噪声平均值达到63.1分贝,符合标准限制,区域环境噪声平均值为50.8分贝,有效测点数 236 个,达标率100%。开展矿山环境综合整治,清理固废、积存垃圾 13 万余吨,绿化、平整土地 170 余亩。

4 个工程治理减排项目已完成 3 个,分别为千峰电力烟气脱硫、君正化工烟气脱硫工程、蓝星玻璃烟气脱硫;6 个结构减排项目已全部完成,4 家 60 万吨以下无脱硫设施焦炉已全部关停。已完成 360 户营业灶、68 个茶浴炉的改电、改气、改油工作。全年审批建设项目 23 个,出具建设项目初步审查意见 46 项,新建项目"环评"和"三同时"执行率达到 100%。同时完成环保竣工验收项目 5 项,对环保未验收擅自生产的 4 家企业下达了限期整改通知书。

【科技】 安排科技三项费 757 万元,实施科技项目 20 项,促成 7 家企业与科研院所开展院地合作。

【教育】 启动实施中小学校舍安全工程,完成部分学校撤并整合;投入4 150万元,建成第九小学,新建 2 所幼儿园、2 所学校综合教学楼与宿舍楼及 6 所学校塑胶跑道,新建电子阅览室 2 个,多媒体教室 42 个,购置计算机 590 台。

【文体】 蒙古族家具博物馆正式开馆,千里山镇文化站、10 个村文化室和 10 个流动图书馆建成投用。

【卫生】 新建 3 个社区卫生服务中心,建成 7 个村卫生室,在区属公立医院开设济困门诊、济困病房,群众看病难、看病贵问题得到有效缓解。全力应对甲型 H1N1 流感,重大传染病防控、突发公共卫生事件应对能力进一步增强。

【就业】 全年海勃湾区城镇新增就业2 112人,完成全年工作目标任务的106%;再就业1 650人,完成全年工作目标任务的110%;安置困难群体 621 人,完成全年工作目标任务的104%;开展职业技能培训班 54 期,培训失业人员3 241人,完成全年工作目标任务的108%,创业培训 546 人,完成全年工作目标任务的101%;农牧民转移技能培训326人,完成全年工作目标任务的101%;失业保险参保人员7 503人,完成全年工作目标任务的125%,失业保险核定800万元,完成全年工作目标任务的104%。累计为462名失业人员发放失业保险金171万元,发放率为100%。清欠失业保险40万元,完成全年工作目标任务的100%。

【社会保险】 全年纳入养老保险统筹范围的单位有316户,参保人数达22 519人,完成年目标任务的107%。养老保险费源核定8 904万元,完成全年目标任务的124%。居民医疗保险参保人数达118 006人,完成全年目标任务的100%,医疗保险参统单位共287个,参统149 009人,完成目标任务的100%。工伤保险参统企业160户,参统人数达16 800人,完成全年目标任务的100%。生育保险参统单位120户,参统人数11 600人,完成目标任务的100%。社会化管理服务率为100%。

【人口】 全区总人口281 572人,其中流动人口57 389人,出生人口共2 518人,人口出生率9.09‰,自然增长率5.98‰。

【社会保障】 全区共有低保对象4 571户、9 969人(其中农区低保户708户,1 367人),累计发放低保金2 105.2万元;为低保户中男年满60周岁、女年满50周岁的零参保家庭加入养老保险工作,共有840名低保对象加入养老保险;为烟控区平房低保户发放燃煤补助,每户低保户补贴3吨煨碳,政府每吨补贴220元,共发放燃煤补助款184万元。

定点医院为低保对象垫付最高2 000元的应急救助金,以便缓解低保对象"看病难"问题。全年医前救助47人,发放救助金额9.4万元;医后救助比例由65%提高到70%,对患有精神病和传染病的救助比例提高到80%,已救助197人,发放救助金130多万元。低保户中新入学大学生救助,按照本科2 500元、专科1 500元标准给予救助,共救助本科41人,发放入学补助10.25万元;专科62人,发放入学补助9.3万元。

【老龄工作】 全年共为近2万名老年人发放优待金71.6万元;为5 843名70周岁以上老年人免费进行体检,为766名80周岁以上老年人发放健康长寿补贴45.9万元;宜和老年公寓建成运营,40名老年人已经入住。

2009年度获奖情况

表4

姓 名	性别	工作单位	荣誉称号	授予机关	时 间
李生业	男	乌海市海勃湾区法院	全区涉法涉诉信访工作先进个人	内蒙古党委政法委员会	2009.12
田 野	男	乌海市海勃湾区农业科技服务站	全国优秀科技特派员	科技部	2009.06
李建民	男	乌海市海勃湾区环境保护局	全国污染源普查先进个人	环境保护部	2009.07
段素平	女	乌海市海勃湾区环境保护局	全国污染源普查先进个人	环境保护部	2009.07
王艳梅	女	乌海市海勃湾区实验小学	全国模范教师	国家教育部、人力资源部和社会保障部	2009.09
王艳梅	女	乌海市海勃湾区实验小学	全国教育系统巾帼建功标兵	国家教育部、人力资源部和社会保障部	2009.09

(陈文杰)

乌 达 区

【领导名录】

区委书记:丁欣亮

人大主任:青格乐(蒙古族)

区　　长:包　野(蒙古族)

政协主席:刘绥峰

武装部长:姜军文

政　　委:叶　林

【概况】 乌达区总面积219.716平方公里,辖1个镇、7个街道办事处,即乌兰淖尔镇、巴音赛街道办事处、新达街道办事处、滨海街道办事处、五虎山街道办事处、梁家沟街道办事处、苏海图街道办事处、三道坎街道办事处。

2009年,全区实现地区生产总值97亿元,同比增长25.8%。第一产业完成0.8亿元,比上年同比增长3.8%;第二产业完成73.17亿元,比上年同比增长30.7%;第三产业完成23.04亿元,同比增长15.7%。财政总收入完成15.17亿元,同比增长16.3%。城镇居民可支配收入实现16 002.1元,同比增长10.5%。农牧民人均纯收入实现8 495元,同比增长11.6%。社会消费品零售总额完成57 582元,同比增长26%。其中:批发零售达48 602万元,同比增长25%;住宿餐饮达8 739万元,同比增长26%;其它达241万元。

【工业】 全区工业增加值完成66.39亿元,同比增长29.7%。国有控股企业总产值完成50.34亿元,同比增长1.7%;非公有工业总产值完成86.62亿元,同比增长91%;工业产品销售产值完成137.02亿元,同比增长45.5%。全年生产原煤486.61万吨,同比下降17.6%;洗精煤827.51万吨,同比增长12.4%;焦炭生产48.21万吨,同比下降17.5%;生铁生产3 929吨,同比下降37.3%;电石生产74.25万吨,同比增加12.7%。年内,工业园区规模以上企业实现工业总产值90.21亿元,同比增长60%;实现工业增加值38.93亿元,同比增长48.4%;实现销售产值85.57亿元,同比增长60.3%。

【农业】 全年完成农业总产值13 500万元,比上年同期增长7.8%。农作物播种面积达2 007公顷(初步统计数),同比下降3%。其中:粮食作物达903公顷,比上年增长15.9%;经济作物达400公顷,比上年下降40%;蔬菜达676公顷,比上年增加14.6%;瓜类8公顷,比上年同期下降72.4%。年内禽蛋产量800吨,增长53.9%;牛奶产量1 700吨,降低55.3%;猪肉产量1 274吨,增长1.8%;牛肉产量11吨,增长22.2%;羊肉产量290吨,增长0.7%;禽肉产量220吨,同比增长10%。年末大牲畜存栏数达762头,同比降低34.7%。猪存栏数达9 060头,同比降低8.4%。山羊存栏数达3 214只,同比增长3.4%;绵羊存栏数达5 606只,同比增长6.7%。

2009年,农业增加值预计完成8 000万元,增长7.5%。新植葡萄面积351亩。新增生态治理面积1 665亩,义务植树32万株。

【固定资产】 固定资产投资总额完成431 986万元,同比增长92.9%。其中,新建项目投资189 825万元,同比增长2.1%;扩建项目投资214 901万元,是上年的45倍;改建技改投资12 954万元,比上年下降35.5%。第一产业完成投资550万元,比上年下降83%;第二产业完成投资352 854万元,比上年增长119%;第三产业完成投资78 582万元,比上年增长31.7%。其中,房地产开发投资35 218万元,比上年增长0.5%。

【工业园区】 乌达工业园区已落户企业79家,工业产品35种,投资规模83亿元。形成了煤化工、盐化工、冶金、煤电能源四大支柱产业的格局:一是以电石为龙头的煤化工产业,其主要产品电石的生产能力在已建企业和在建企业全部达产后将达到120万吨,其深加项目聚氯乙烯达到11万吨。二是以金属钠、液氯为龙头的盐化工产业,主要产品金属钠2万吨,液氯3.7万吨,其深加工产品甘氨酸、氯化石蜡、氨基吡啶等十几个精细化工产品的产量达到了12万吨。三是以硅铁、焦炭为龙头的冶金产业,硅铁产能将达到60万吨,冶金焦150万吨。四是以原煤加工和发电为主的能源产业,主要产品洗精煤300万吨,碳素制品12万吨,发电装机总容量将达到200万千瓦。园区内的这四大产业,其产品互为原料、互为市场,形成良性循环的互补格局。而且,其主要项目由神华集团、华电集团、山东海化集团、天津渤海集团等国内十多个实力雄厚的大集团公司投资,具有做大、做强的后发潜力。

在79个项目中:国家级重点项目1个,即投资17.2亿元的海吉氯碱公司15万吨/年电石、6万吨/年PVC、6万吨/年烧碱项目;自治区重点项目8个:即投资2亿元的慧通公司20万吨/年硅铁项目;投资9.8亿元的海神公司2×15万千瓦的矸电项目(二期2×60万千瓦);投资6.6亿元的汇丰公司2×10万千瓦矸电和8万吨/年硅铁项目;投资1.98亿元的众兴公司150万吨/年洗精煤、60万吨/年捣固焦项目;投资1亿元的呼铁如意化工公司15万吨/年电石项目;投资10亿元的华电公司一期2×15万千瓦发电项目(二期、三期各2×60万千瓦);投资3.4亿元的利尔公司30万吨/年电石、5万吨/年PVC项目;总投资2.8亿元的中润镁业公司年产3万吨金属镁、3万吨镁合金项目,该项目不仅充分利用园区内现有的硅铁和煤焦炉气,而且对进一步延续园区内的冶金产业链、发展循环经济起到了示范带头作用,同时该项目与清华大学合作在园区建立中国最大的镁产业生产基地、中国镁业协会中润镁业示范基地、西部中润镁合金高新技术研究所,使园区同大学科研院所的经济协作迈出了实质性的一步。此外,园区内还建有自治区最大的太西煤生产厂家——众兴集团公司,国内最大的电锻料及碳素生产厂家——正元碳素公司以及具有国际先进技术、亚洲自动化程度最高、生产规模最大的金属钠生产企业——泰达制钠厂。这些项目的建设使园区对地区经济的支撑作用更加有力。目前,园区已建成企业实现的工业总产值和工业增加值分别占区属工业的85%以上。

园区重点项目稳步推进。君正 24 万吨 PVC、20 万吨烧碱项目顺利投产;完成海吉氯碱破产重整,内蒙宜化年产 60 万吨电石、40 万吨烧碱、40 万吨 PVC、20 万吨甲酸钠项目如期建成,实现了重大项目当年建设投产的目标;诚天、良峰等一批精化工项目建成投产。

【城市建设】 城市建设总投资达到19.5亿元,完成投资13.7亿元,实施项目 95 项,新增建筑面积80.4万平方米。完成 110 国道景观、巴音赛河综合治理、人民公园改造等 18 项专项规划。

按照"北移东靠"的城市发展战略,启动滨河西区建设,开工建设乌兰淖尔生态景观工程;重点实施巴音赛河综合治理一期工程,加快沉陷区综合治理和棚户区搬迁改造步伐,带动城区北部开发。建成区面积拓展3.2 平方公里,"一城三片区"的发展格局初步形成。新建、改扩建神华大道、皇冠路、爱民街等 11 条道路 18 公里,建成区道路内环网络基本形成。完成胜利街、乌兰布和街、团结北路高压线入地工程。棚户区热源厂建成投入使用,全区新增供热面积 44 万平方米。铺设给排水主管道12.5公里,爱民佳苑和安居佳苑全部实现天然气入户。全年完成拆迁2 355户、45.8万平方米,集中收储土地 117 万平方米。

【环境保护】 对城区空气环境监测 365 天,其中空气质量为优、良好天数 234 天,与 2008 年同期(202 天)相比增加 32 天。二氧化硫年日均浓度值为0.094毫克/标立米,与 2008 年同期相比下降0.078毫克/标立方米。对一级、二级水源地保护区现场检查 15 次,无新建排污口及违规项目。配合市环境保护局对全区 309 眼水源井开展调查,建立一井一档,目前已经调查 78 眼。同时,配合编制了《乌海市城区集中式饮用水水源地保护区划定方案》。饮用水源水质每月监测一次,达标为100%。

加强交通干线噪声和区域环境噪声管理和监测,平均等效声级分别为64.7分贝和50.3分贝,均未超标。在城区设立 5 条机动车禁鸣街路和重型车辆禁行道路。严格控制建筑工地夜间施工,认真执行夜间施工环保审批手续。经调查,公众对环境的满意度为89%。

认真完成污染源专项调查、污染物减排、淘汰落后产能、工业企业污染源治理工作,填报了 120 家企业联防联控摸底调查表,对 3 家涉源企业的 92 枚放射源进行调查统计、建立档案,处置了乌海市双人山水泥有限责任公司闲置的 1 枚放射源,削减二氧化硫1 135吨、化学需氧量 533 吨,取缔关停了 50 家不符合产业政策、污染严重企业,对 15 家排污企业下达限期治理通知,签订了《2009 年限期治理目标责任书》。

认真开展生态环境保护工作,生态造林1 665亩、植树 32 万株。建立健全新建项目现场监察机制,严格执行环保"三同时"制度,执行率100%。

【招商引资】 2009 年,共引进区内外资金305 269万元,其中自治区外资金到位272 658万元,区内资金到位32 611万元,完成市级年度目标任务 25 亿元的 122.11%,比上年同期净增94 787万元,同比增长 45.03%。

【教育】 2009 年,高考取得了优异的成绩,本科上线 654 人。乌海市第十二中学初中升高中测试成绩名列全市前茅。梁家沟小学程占芹被评为全国优秀教师;第十二中学丁楠被评为自治区优秀教师;第一幼儿园被评为自治区先进集体。矿业中心小学已建小学教学楼10 100平方米;在建综合楼、艺术楼、体育中心20 375平方米,宿舍楼、食堂5 200平方米,十二中学文体馆 4 500平方米,巴音赛小学功能楼4 500平方米,共投入资金9 232.93万元;续建团结路小学综合实验楼5 009平方米,十二中 400 米塑胶跑道和主席台;新建温馨家园幼儿园建筑面积3 883平方米,巴音赛街小学 300 米塑胶跑道,团结路小学 300 米塑胶跑道,胜利街小学 300 米塑胶跑道,共投入2 599万元。

【人口】 2009 年 9 月,乌达区总人口131 766人,其中流动人口5 883人、已婚育龄妇女29 901人。出生 886 人。人口密度为 602 人/平方公里。

【人民生活】 城镇居民人均可支配收入达16 002.1元,同比增长10.5%;城镇居民人均消费性支出达

12 159.64元,同比增长13%;农区居民人均纯收入达8 495元,同比增长11.6%;农区居民人均总支出达10 848.25元,同比增长49.4%。全年发放小额担保贷款1 275万元,开发公益性岗位428个,城镇新增就业2 016人,实现再就业1 530人。落实灵活就业"4050"人员社保补贴政策,为2 113人发放补贴资金597.5万元。原国有、集体以及劳服企业职工4 325人纳入养老保险统筹;通过政府补贴和职工捐款筹资3 270万元,帮助1 341户低保户"零参保"家庭和388名社区主任缴纳养老保险,受益群众达18 000人。城镇居民基本医疗保险和新型农区合作医疗保险参保人数达66 000人。2009年,全区享受最低生活保障共有4 402户、9 106人,累计低保金支出2 080.3万元,其中A类62人,占低保总人数的0.7%;B类5 295人,占低保总人数的58%;C类3 776人,占低保总人数的41.3%,全区低保对象占总人口的6.92%。

【救灾救济】 对2 661名低保对象实施了日常医疗救助,共支出94.1万元;一次性救助贫困大学生68人,共发放救助金13万元。对全区245户贫困家庭发放了米、面、油,对82户贫困家庭进行现金救助,发放救助金6.6万元。

(王卉 塔娜)

海 南 区

【领导名录】

区委书记:陈文库
人大主任:王培林
区　　长:苏　和(蒙古族)
政协主席:吴耀峰
武装部长:李方平
政　　委:于　江

【概况】 海南区是乌海市三个市辖区之一,位于市区南部。地理坐标为北纬39°15′～39°32′,东经106°40′～107°09′,东连鄂尔多斯市鄂托克旗,西隔黄河与乌达区相望,南与宁夏回族自治区石嘴山市、陶乐县毗邻,北与海勃湾区相接。区域南北长约50公里,东西宽约20公里,行政区域面积1 004.95平方公里,占乌海市总面积的57.29%。全区辖巴音陶亥、拉僧庙、公乌素三镇和拉僧仲、西卓子山两个街道办事处。2009年,常住人口93 864人,其中男性占48 617,女性45 247人,男女性别比例为107:100(女为100)。人口密度为平均每平方公里94人。少数民族有蒙古、回、满、达斡尔、锡伯等16个民族,共6 300人。

2009年,生产总值完成97.17亿元,财政总收入完成16.06亿元,地方财政收入完成15.97亿元。城镇居民人均可支配收入和农区居民纯收入分别达18 117元和7 760元,分别比上年增长10%和9.3%。

【农业经济】 坚持壮大"蔬菜、葡萄、畜禽"三大主导产业,全区完成农业增加值1.26亿元,同比增长3.2%,农区居民人均纯收入7 760元,同比增长9.3%。全区农作物总播种面积3 305公顷,其中,粮食作物播种面积为2 698公顷,同比下降3.9%;经济作物播种面积为140公顷,同比增长3.7%;蔬菜、瓜果播种面积为101公顷,同比下降45.1%;其它农作物播种面积为366公顷,同比增长565.5%。新植葡萄面积1 291亩,全区葡萄实有面积达到5 300亩,挂果面积2 000亩,年产量3 000吨。

粮食直接补贴及农资综合补贴面积2 782公顷,发放补贴318万元;良种补贴面积3 348公顷;共有7 147户农区居民参加了农业政策性保险投保,种植业投保面积2 783公顷、养殖业投保1 471头,投保率为99%。

【畜牧业经济】 家畜总数8.6万头(只),其中牛1 790头、猪16 750头、羊66 596只、其它1 154头(只),同比增加5%;家禽饲养量达到18.8万羽,同比增加25%。

有种植、养殖龙头企业12家:双清公司存栏肉牛600多头、绒山羊500多只;伟益公司生猪年出栏量达6 000头,葡萄种植面积150亩,并建成500立方米大型沼气设施一座和饲料研发实验加工厂一处;虎望庄公司生猪年出栏量4 000头,新植葡萄650亩;巴音宝公司蛋鸡存栏量达10万只,并新建包装和销售车间;阳光田宇公司葡萄种植面积达300亩,育苗60亩;华通乡源公司种植反季节葡萄100亩;华丰园公司种植反季节葡萄20亩,新建双膜连栋温室30亩,预冷、保鲜库正在建设中;红墩绿源公司年出栏生猪3 000头,养殖蛋鸡1.5万只;致富公司生猪出栏量达2 000头;益海丰公司新建的保鲜库已投入使用;焱盛、利源两家公司也在不断地发展壮大。龙头企业的健康稳步发展,有力地带动了全区种养殖业的发展。

【工业】 实现工业总产值72.9亿元,同比增长26.2%;完成规模以上工业增加值64.9亿元,同比增长28.5%。高载能工业增加值完成5.95亿元,同比下降18%。全区63家规模以上工业企业中正常生产企业39家、停产企业18家、生产不正常企业6家,停产企业主要集中在化工、冶炼、煤焦等行业。2009年,在建的工业重点项目有9个。自治区级重点项目4个,总投113亿元,当年项目完成投资30.5亿元,累计完成投资额49.6亿元。总投资36亿元的神华乌海能源公司年产2×96万吨捣固焦、2×20万千瓦发电机组项目,当年完成投资18.3亿元,累计完成投资28.2亿元;总投资12.8亿元的乌海市西部煤化工公司年产90万吨捣固焦、160万吨重介洗煤、30万吨甲醇项目,当年完成投资0.2亿元,累计完成投资2.8亿元;总投资10.2亿元的乌海黑猫泰和炭黑有限公司年产96万吨捣固焦、16万吨碳黑项目、配套2×1.5万千瓦尾气发电,当年完成投资4.7亿元,累计完成投资9.4亿元。总投资54亿元的神华乌海能源公司利用焦炉煤气年产30万吨甲醇、15万吨煤焦油加工、8万吨苯加氢、3×20万千瓦发电机组项目,当年完成投资7.3亿元,累计完成投资9.2亿元。市级重点项目5个,总投资35.45亿元,当年项目完成投资9.92亿,累计完成投资额33.22亿元。总投资27亿元的乌海化工公司年产30万吨PVC、30万吨烧碱项目,当年完成投资4.2亿元,累计完成投资24.3亿元;总投资5.6亿元的乌海市佳鑫焦化公司年产96万吨捣固焦、10万吨甲醇项目,当年完成投资1.5亿元,累计完成投资4.7亿元;总投资6亿元的乌海市榕鑫能源实业有限公司年产96万吨捣固焦、10万吨甲醇项目,当年完成投资2.9亿元;总投资3亿元的乌海市海亮树胶化工公司年产8万吨PVC管材、型材、塑料薄膜项目,当年完成投资0.82亿元;总投资0.85亿元的乌海市联昌工贸公司年产40万吨有机复合肥项目,当年完成投资0.5亿元。重点项目投产将进一步优化海南区工业产业结构。

【基础设施建设】 城市建设累计投资5.34亿元,其中:市政基础设施建设1.31亿元;棚户区等保障性住房完成3.35亿元;招商引资0.68亿元。

绿化工程完成投资1 400余万元,种植各类树木7.9万株,城区新增绿化面积79万平方米,绿化覆盖率达31%;道路工完成投资3 150万元,改造黄河路、巴彦乌素街;集中供热工程完成投资3 262万元,城区集中供热能力达到200万平方米;给水工程投资2 710万元,改造建设巴彦乌素街等6条街路和甘德尔山至西来峰工业园区输水管线供水管网共24.92公里;排水工程完成投资2 560万元,新建巴音陶亥街等9条街路的排水管网6.5公里,续建完成城区至污水处理厂10.4公里主干管网工程。

棚户区搬迁改造工程累计完成投资2.5亿元、1 133.7万平方米,年内有3 800套房屋具备分配销售条件。振兴等5个小区内配套工程累计完成投资1 685万元。建设经济适用住房4.4万平方米,完成投资3 740万元。投资3 025万元,建设廉租住房2.15万平方米。续建商品住房5.6万平方米,完成投资6 800万元,新开工建设商品住房2.4万平方米。

海南区城市拆迁工作共涉及拆迁地段11处,累计投资1.12亿元,拆迁房屋户数490户,拆迁房屋占地面积18万平方米,建筑面积7.5万平方米。

【环境保护】 完成二氧化硫减排项目23个,上年结转项目59个,减排二氧化硫4 227.282吨。二氧化硫工程治理减排项目完成2个,西水创业股份有限公司自备电厂3×35吨燃煤锅炉脱硫工程2009年1月投入运行;乌海化工公司完成75蒸吨旧循环流化床锅炉脱硫设施安装。结构减排项目完成19个,6月依法拆除2台四吨海电生活区热水锅炉及7家泡花碱企业;8月底关闭西水创业公司3台立波尔窑;8月底、11月底关停9家规模60万吨以下无脱硫设施焦厂;管理减排项目2个,完成顺达铁厂强制清洁生产审核、顺达冶炼烧结机安装两级碱液喷淋脱硫设备,现已建成投入运行,并完成监测;完成乌海市沪蒙焦化有限责任公司清洁生产审核。

加大重点污染源企业监测,强化污染源稳定达标排放监管,开展排污口规范化整治,安装排污口标志牌3户;完成在线监控企业33户,在线监测企业5户。

加大重点危险源企业的监管力度,对乌海市沪蒙焦化有限公司等16户涉源单位审查和发放辐射安全许可证,建立全区放射性同位素电子档案119个,与31户重点污染源单位签订2009年放射性同位素责任状。

认真执行环境影响评价和"三同时"制度,严格环境准入条件。海南区环保局出具环评登记表2户,定期对新开工项目进行现场跟踪检查。当年新开工项目环评执行率100%。已投产项目环保“三同时”及竣工环保验收执行率100%。

【煤矿 非煤矿山环境综合整治】 与11户煤矿签订了《海南区煤矿(灭火工程)环境综合整治协议》,按照市政府要求对区内煤矿(灭火工程)进行整治。煤矿及灭火工程累计投入资金8 055万元,建成防风抑尘网6.32万平方米,硬化道路36.33公里,清理覆盖排渣场121万平方米,配置64台洒水车循环洒水,购置改造9台捕尘打眼机,建设筒仓、工业广场。对办公区域、工业广场进行了美化亮化,植树7 000余株,新增绿化面积4万平方米。规划设计4条矿区主干道路,其中正兴煤矿至运煤通道4公里道路完成基础施工,其它3条道路完成勘查设计和招标工作。

2009年海南城区空气环境质量优良天数231天,同比增加25天;二氧化硫年均浓度0.094毫克/立方米,较上年同期下降了24.2%。

【教育】 2009年7月底,在海南区范围内公开聘任11所学校校(园)长。8月初,公开聘任27名副校(园)长和18名专兼职教研员。8月16日至8月24日,进行全区教职工的聘用工作,聘用教师1 006名,269名教师落聘,进行妥善分流。9月将原18所学校调整为现在的11所(含两个教学点)。其中完全小学5所,九年一贯制学校3所,中学一所,教学点2个。全区小学共有181个教学班、7 270名在校生,教职工589人,其中专任教师509人;海南区中学共有教学班79个、3 547名在校生,教职工403人,其中专任教师267人。

根据《内蒙古自治区中小学校舍安全工程实施方案》和市、区两级会议精神,全面开展中小学校舍安全排查工作。组织专家,对全区中、小学的131个建筑物,进行了排查鉴定,并逐栋形成鉴定报告和加固设计方案,建立健全校舍安全信息档案。10月底,完成《海南区中小学校舍安全规划》方案,确定改造(加固、新建、重建)校舍112 493平方米。

【卫生】 2009年,共发放“食品卫生许可证”7 460家,体检从业人员1 606人,对8名HBsAg阳性的从业人员全部调离。全区对食品卫生监督达3 560户次,监督合格率大于80%。预防群体性中毒事件的发生,对区中学学生食堂,派专人进行督查。对5户餐饮经营单位进行卫生行政处罚,没收并销毁“三无”及不符合卫生要求食品175.5公斤。

海南区人民医院接诊门诊患者47 530人次,住院患者2 274人次,实施手术315例,体检4 464人次。共为居民免费体检899人次,发放药品2 000余元。开展济困门诊和济困病床的惠民活动,济困救助180人次,发放医疗救助金164 814.05元,为困难群众减免医药费7 320.59元。

【人口】 2009年,总人口111 368人,流动人口22 193人;海南区全年共出生1 069人;对2005年10月1日至2008年9月30日出生人口,进行调查登记共1 874人,其中有出生缺陷29人,出生缺陷率15.47‰。

【就业】 2009年,海南区城镇新增就业1 783人,失业人员再就业1 084人,其中就业困难对象再就业552人。各类就业培训3 683人,其中:城镇就业再就业培训2 803人,培训后实现就业2 383人;创业培训540人,成功创业321人;农牧民转移技能培训340人。失业保险核定额462万元,核定人数7 000人,清欠失业保险65万元。发放小额担保贷款274笔,共计贷款1 360万元。全年办理“4050”灵活就业人员社保补贴577人,发放补贴金额160万元。

(彭忠峰 李华平 王佳佳 李华平)

阿拉善盟

【党政军领导名录】

盟 委

书 记:王玉明

副书记:鲍常青(蒙古族) 王金喜

委员:谭景峰 文民 喇军(蒙古族) 巴图朝鲁(蒙古族) 查斯太(蒙古族) 薛成友 魏国权(蒙古族) 萨仁图雅(女 蒙古族)

人 大

主 任:孟和吉日格勒(蒙古族)

副主任:孙万元 赞德来(蒙古族) 孙果兴 郭秀珍(女)

行 署

盟 长:鲍常青(蒙古族)

副盟长:文民 巴图朝鲁(蒙古族) 龚家栋 李超英 王玉宝(蒙古族) 张国梁 田德志 周岩(满族 挂职)

政 协

主 席:蔡·铁木尔巴图(蒙古族)

副主席:冯贵林 陶克图(蒙古族) 赵红岩(女 蒙古族) 陈文斌 孟和朝鲁(蒙古族) 王秋才 许景春

纪检委

书 记:喇 军(蒙古族)

政法委

书 记:谭景峰

法 院

院 长:张学忠(蒙古族)

检察院

检察长:董 贵

公安局

局 长:李中亚

军分区

司令员:李德海

政 委:薛成友

副司令员:赵峰 贾彦翎(6月离任) 周敬(6月任职)

副政委:卢小平

参谋长:樊兵林

政治部主任:石宝龙(蒙古族)

【概况】 阿拉善盟地处内蒙古自治区最西端,北纬37°21′~42°47′,东经97°10′~106°52′,西与甘肃省酒泉市、张掖市、武威市相连,东南隔贺兰山与宁夏回族自治区青铜狭市、吴忠市、银川市、石嘴山市相望,东北与巴彦淖尔市、乌海市接壤,北与蒙古国交界。国境线全长734.572公里,总面积27万平方公里。1954年,阿拉善成立专区一级的政权机构。1980年4月,阿拉善盟正式成立,辖阿拉善左旗、阿拉善右旗、额济纳旗,阿拉善经济开发区为内蒙古20个重点开发区之一。共有10个苏木、14个镇、191个嘎查和53个社区。至2009年末,全盟常住人口22.39万人,比上年增加0.34万人。其中:城镇人口16.94万人。

2009年,实现地区生产总值245.11亿元,人均地区生产总值11 031元。与2008年比,第一、二、三产业增加值分别为7.34亿元、192.33亿元、45.44亿元。全年地方财政总收入326 388万元,比上年增长28.78%;财政支出413 987万元,比上年增长39.63%。国民经济发展中存在的主要问题是:经济企稳回升的势头还不稳定,工业生产仍处于恢复性增长阶段,电运制约、融资困难、需求减缓、价格下行等不利因素依然存在;服务业发展相对滞后,总量较小,带动作用不强等。

【农业】 全盟农作物播种面积31 551公顷,比上年增播171公顷。粮食总产量156 485吨,比上年增产1 343吨。年末农牧业机械总动力24.41万千瓦,增长7.96%。农用化肥施用量9 896吨,下降12.46%,农牧区用电量12 914万千瓦,增长29.41%。本年有效灌溉面积73.28千公顷,节水灌溉面积18.26千公顷,新增水土流失治理面积0.88千公顷。

【畜牧业】 搬迁转移安置农牧民227户828人。牧业年度牲畜存栏171.55万头(只),比上年同期减少6.72万头(只),良种及改良牲畜总头数132.02万头(只)。全年肉类总产量15 270吨,羊毛总产量666吨,羊绒总产量292吨。

【林业】 全盟确定的自然保护区14个,总面积533.30万公顷。其中:国家级自然保护区4个,自治区级自然保护区9个,旗县级自然保护区1个。全年完成造林面积53 270公顷,比上年增加36 870公顷。其中:人工造林面积9 245公顷,比上年增加3 793公顷,飞播造林面积33 333公顷,比上年增加28 600公顷。年末实有封(沙)育林面积32.3万公顷,森林覆盖率为4.01%。

【工业】 全年实现全部工业增加值180.52亿元,比上年增长28.9%,占地区生产总值的73.65%。其中:规模以上工业企业增加值175.18亿元,增长29.3%,实现利税总额26.87亿元,比上年同期下降24.03%。

【固定资产投资】 全年建筑业增加值11.81亿元,比上年增长11.6%。全社会固定资产投资总额141.85亿元,比上年增长32.7%,一、二、三产业投资分别为2.77亿元、80.95亿元、58.13元,与上年相比,分别增长15.03%、41.20%,第三产业增长23.43%。

【贸易】 全年社会消费品零售总额20.86亿元,比上年增长17.46%。主要出口商品有金属钠、氯酸钠、硫化黑、无毛绒、食用盐、建材等,全年对外贸易进出口额18 600万美元,是上年的2.59倍。全盟实际利用外资534 万美元,同比增长9.43%。

【旅游】 全年接待国内外游客145.3万人,旅游总收入达8亿元,分别比上年增长30.53%、28.83%。

【交通 邮电】 全年交通运输业、仓储及邮政业实现增加值6.10亿元,比上年增长0.9%。年末公路总里程达7 231公里,全盟24个苏木镇基本通公路。年末全盟机动车辆保有量达3.71万辆。全年邮电业务总量79 978万元,比上年增长37.02%。全盟电话普及率达144部/百人。

【金融 保险】 年末,全盟金融机构人民币各项存款余额142.55亿元,比年初增加38.91亿元,增长37.55%,人民币各项贷款余额159.12亿元,比年初增加51.92亿元,增长48.44%。全年保险业保费收入19 107万元,比上年增长24.28%,保险业赔付额4 165万元,比上年增长9.40%。

【科技】 全年取得科技成果10项。全年专利申请量8项,受理5项。年内签订项目技术合同成交额22 676万元,推广农牧业适用技术21项。

【教育】 2009年,全盟共有各级各类学校幼儿园56所,招生10 360人,在校学生33 077人,毕业9 240人。

【文化】 年末拥有广播电台4座,电视转播发射台37座,调频转播发射台10座,广播电视卫星收转站10 799座,微波站31个。图书馆藏书17.07万册,全年出版报纸6 550.4万份。

【卫生】 年末全盟拥有卫生机构171所,卫生技术人员1 649人,执业医师671人,执业助理医师150人,注册护士443人。

【体育】 全年全社会参加体育锻炼健身活动人数10万余人(次),体育人口比例达44.16%。参加自治区体育比赛获奖牌13枚,其中:金牌2枚,银牌1枚,铜牌1枚。

【人民生活】 全年城镇居民人均可支配收入16 604元,比上年增加1 643元,增长10.98%;农牧民人均纯收入6 821元,比上年增加752元,增长12.39%。

【社会保障】 年末全盟参加基本养老保险43 457人;参加失业保险职工32 570人;参加基本医疗保险62 317人。年末全盟城镇低保户2 964户5 199人,发放低保资金1 716.5万元;农牧区低保户2 815户5 822人,发放低保资金838.5万元。各类优抚对象521人。

【盟大事】 1月9日,阿盟庆华煤化有限责任公司承担的"20万吨/年焦炉煤气制甲醇"和内蒙古兰太实业股份有限公司承担的"5万吨/年氯酸钠"2个项目被列入2008年自治区火炬计划。

(金山 王延吉)

阿拉善左旗

【领导名录】

旗委书记:吴忠岩

人大主任:月特木其勒图(蒙古族 2月离任)
周额尔登巴依尔(蒙古族 2月任职)

旗　　长:魏巴依尔(蒙古族)

政协主席:周额尔登巴依尔(蒙古族 2月离任)
阿拉腾敖其尔(蒙古族 2月任职)

武装部长:张贵成(3月离任) 李春江(3月任职)

政　　委:杨生旺

【概况】 阿拉善左旗位于内蒙古自治区西部、阿拉善盟东部。地理坐标介于北纬37°24′~41°52′、东经103°21′~106°51′之间。东北与巴彦淖尔市乌拉特后旗、磴口县相连;东与鄂尔多斯市鄂托克旗,乌海市,宁夏回族自治区的石嘴山市、平罗县、贺兰县、银川市、永宁县、青铜峡市交界;南与宁夏回族自治区中卫市、中宁县,甘肃省景泰县、古浪县毗邻;西与甘肃省武威市、民勤县,内蒙古自治区阿拉善右旗为邻;北与蒙古国接壤,国境线长188.678公里。土地总面积80 412平方公里。辖13个苏木镇、139个嘎查(村)、34个社区居民委员会。旗人民政府驻巴彦浩特镇,有蒙古、汉、回、满、朝鲜、达斡尔、鄂温克、壮、藏等民族。2009年末,全旗全年出生人口1 254人,人口出生率为7.67‰,比上年上升0.12个千分点;死亡人口504人,人口死亡率3.08‰,比上年下降0.26个千分点。全年自然增长人数为750人,人口自然增长率为4.59‰,比上年上升0.38个千分点。年末全旗总人口142 972人,其中:非农牧业人口87 992人,占总人口的61.54%;女性70 133

人,占总人口的49.05%;少数民族47 559人,其中:蒙古族38 165人,占总人口的26.69%;60岁以上的老年人18 293人,占总人口的12.79%,比上年提高0.70个百分点。

全年实现生产总值1 912 864万元,按可比价格计算,增长23.60%。其中,第一产业增加值47 674万元,增长4.56%;第二产业增加值1 561 811万元,增长25.90%;第三产业增加值303 379万元,增长19.30%。第一产业对经济增长的贡献率为1.19%;第二产业对经济增长的贡献率为90.33%;第三产业对经济增长的贡献率为8.48%。全旗生产总值中一、二、三产比例由上年的2.97∶75.49∶18.54调整为2.49∶81.65∶15.86。按常住人口计算,全旗人均生产总值133 782元,按可比价格计算,增长23.23%。

全年财政总收入253 797万元,比上年增加55 527万元,增长28.01%。其中,地方一般预算收入65 172万元,比上年增加19 782万元,增长43.58%。全旗累计财政支出178 902万元,比上年增加55 624万元,增长45.12%。

【农业】 年末耕地面积39.35万亩,比上年同期减少0.09万亩,下降0.23%。全旗农作物播种面积36.16万亩,比上年减少0.02万亩,下降0.06%。其中:粮食播种面积24.26万亩,比上年减少0.26万亩,下降1.06%;经济作物播种面积11.83万亩,比上年增加0.27万亩,增长2.34%;饲草料播种面积0.07万亩,比上年减少0.03万亩,下降30.0%。粮、经、草种植结构为67.09∶32.72∶0.19。全年粮食产量达137 172吨,比上年同期增产3 940吨,增长2.96%,再创历史新高。其中,玉米产量122 596吨,比上年同期增产4 612吨,增长3.91%;油料产量24 362吨,比上年同期增产8 188吨,增长50.62%;蔬菜总产量6 597吨,比上年同期减产1 578吨,下降19.30%。

年末全旗农牧业机械总动力10.00万千瓦;机耕面积34.5万亩;机播面积22.5万亩;机收面积7.7万亩;配套机电井1 008眼,比上年同期增长0.30%;全年灌溉面积达36.72万亩,比上年同期增长1.24%。其中,新增有效灌溉面积0.45万亩,比上年同期增长50.0%。全年节水灌溉面积20.07万亩,比上年同期下降3.46%。其中,新增节水灌溉面积0.51万亩,比上年同期增长24.39%。全年农村牧区用电量12 065万千瓦时,比上年同期增长30.50%;农用化肥使用量(折纯)7 695吨,比上年同期下降18.18%。全年综合治理水土流失面积13.25万亩,比上年同期增长3.88%。

【畜牧业】 全旗12月末(日历年度)牲畜总头数105.97万头(只),比上年同期减少8.75万头(只),下降7.63%。其中:骆驼存栏3.55万峰,比上年同期增加0.15万峰,增长4.41%。全年牲畜出栏55.27万头(只),比上年同期减少3.25万头(只),下降5.55%;牲畜出栏率达48.17%。全年肉类总产量10 459吨,比上年同期增加262吨,增长2.57%;山羊绒产量255吨,比上年同期减少8吨,下降3.04%。

【林业】 全年完成造林面积66.14万亩,其中:飞播造林面积50.00万亩,人工造林面积5.10万亩,无林地和疏林地封育面积11.04万亩。全面完成退耕还林工程造林面积1.00万亩;完成天然林资源保护工程造林面积60.04万亩;完成"三北"防护林四期工程造林面积4.5万亩。森林覆盖率达6.16%。林业系统自然保护区3个,面积2 549.40万亩。其中,国家级自然保护区1个,面积132.75万亩。

【工业】 全年全部工业增加值完成1 466 460万元,可比增长27.80%。规模以上工业企业完成工业增加值1 426 560万元,可比增长28.48%,规模以上工业企业完成工业总产值3 110 418万元,比上年同期增长40.34%。工业对全旗经济增长的贡献率为88.96%。

2009年,全旗规模以上工业企业主营业务收入2 958 242万元,比上年同期增长83.08%;实现利润42 722万元。

【建筑业】 全年建筑业增加值95 351万元,可比增长10.10%。全旗具有建筑业资质等级的建筑施工企业15个,比上年同期增加4个;施工企业房屋建筑施工面积299 722平方米,比上年同期下降3.68%;竣工面积118 073平方米,比上年同期下降45.57%;房屋建筑竣工率39.39%。全年具有资质等级的建筑业企业实现利润2 792.6万元,实现税金57.8万元。

【固定资产投资】 全年全社会固定资产投资总额1 176 044万元,同比增长33.96%。从控股类型看,国有控股单位投资423 378万元,集体控股单位投资132 917万元,外商及港澳台控股企业投资9 225万元,私人控股企业投资610 524万元。按建设性质分,新建项目投资760 790万元,扩建项目投资185 025万元,改建和技术改造工程投资134 689万元。按产业结构分,第一产业投资16 459万元,比上年同期增长15.78%;第二产业投资698 874万元,比上年同期增长36.81%;第三产业投资460 711万元,比上年同期增长30.57%。

【贸易】 全年社会消费品零售总额226 016.7万元,比上年同期增长20.83%。分地域看,县级消费品零售总额为200 279.8万元,比上年同期增长22.74%;县以下消费品零售总额25 736.9万元,比上年同期增长7.78%。分行业看,批发业5 285.2万元,比上年同期增长22.98%;零售业180 019万元,比上年同期增长

19.33%;住宿和餐饮业40 712.5万元,比上年同期增长27.68%。

全年引进项目30个,共引进利用资金37.96亿元。全年对外贸易出口额682万美元,进口额0.093万美元。

【交通】 全年完成公路货运量2 328万吨,比上年同期增长18.96%;完成公路货物周转量286 640万吨公里,比上年同期增长16.00%。全年完成公路客运量1 018万人次,比上年同期增长5.93%;完成公路客运量51 119万人公里,比上年同期增长6.00%。

【环境保护】 全旗确定的自然保护区4个,其中:国家级自然保护区1个,自治区级自然保护区3个。自然保护区面积2 529万亩,其中国家级自然保护区面积101.57万亩,自治区级自然保护区面积2 427.44万亩。

全旗拥有环境检测站1个;拥有污水处理厂2座,垃圾处理站1个。全旗拥有工业废水治理设施31套,工业废水排放达标率为53.67%;拥有工业废气治理设施161套,工业二氧化硫排放量35 575.914吨,工业粉尘去除量26 202.205吨,工业粉尘排放量9 248.743吨;工业固体废物综合利用率78.25%。城镇生活污水排放量267.18万吨,其中:氨氮排放量177.54吨,生活及其他二氧化硫排放量3 504吨,生活及其它烟尘排放量3 562吨。

【旅游】 有国家4A级景区2个、3A级景区1个,其中腾格里达来月亮湖国家4A级景区被列入国家5A级试点旅游景区。全年累计接待游客85万人次,比上年同期增长30.0%。实现旅游经营收入4.1亿元,比上年同期增长39.0%。

【科技】 年内举办大型送科技下乡活动8次,共下派科技员230人次;组织开展科普知识进社区活动6次;举办各类专题培训班44期,培训农牧民1万余人次。实施科研项目44项,其中,自治区级科研项目3项,盟级科研项目8项,旗级科研33项。新申报专利3项,其中,获国家实用新型专利1项,国家发明专利1项。

【教育】 年末全旗共有各类各级学校51所,在校生25 666人,毕业生6 769人。其中,普通中学13所,在校生9 678人,毕业生3 161人;小学20所,在校生10 982人,毕业生2 116人;职业中学1所,在校生1 298人,毕业生315人;特殊教育学校1所,毕业13人,在校生101人。

【文化】 举办了巴彦浩特2009年春节社火活动、"迎新春、庆元宵"图书展销活动、"百日消夏"广场文化活动、奇石文化旅游节开幕式大型演出和一些群众性文化活动,进一步强化和繁荣了群众文化生活。全旗拥有广播电台1座、电视转播台1座、乌兰牧骑1个、文化馆1个、图书馆2个、文化站13个、电影录像管理站1个、博物馆1个、歌舞团1个、群众艺术馆1个。

【卫生】 全旗共有卫生机构127个。其中医院9个,乡镇卫生院27个,社区卫生服务中心23个,疾病预防控制中心2个,妇幼保健院(所)2个。年末拥有床位546张。其中,医院拥有病床387张,乡镇卫生院拥有病床113张,妇幼保健院拥有病床30张,社区卫生服务中心拥有床位12张。全旗拥有卫生技术人员1 124人。其中,医院拥有卫生技术人员671人,乡镇卫生院拥有卫生技术人员187人,妇幼保健院拥有卫生技术人员84人,社区卫生服务中心拥有卫生技术人员38人。年末拥有执业(助理)医师565人,医院拥有执业医师279人,乡镇卫生院拥有执业医师138人,妇幼保健院拥有执业医师41人,社务卫生服务中心拥有执业医师24人。基层卫生条件得到改善,44 924名农牧民参加新型农牧区合医疗,参合率达到94.76%,20 135名城镇居民参加了城镇基本医疗保险。

【体育】 开展全旗第三届干部职工运动会、全旗干部职工"庆五一、迎五四"趣味体育比赛和环城越野赛、健身操大赛、游泳比赛等全民健身系列活动,推动体育事业的健康发展。

【人民生活】 全年城镇居民人均可支配收入16 516.20元,比上年同期增加1 635.41元,增长11.00%。城镇居民人均消费性支出13 597.68元,比上年同期增加1 223.45元,增长9.88%。城镇居民人均现租房总建筑面积为38.03平方米。农牧民人均纯收入6 170.95元,比上年同期增加806.81元,增长15.04%。农牧民人均生活消费支出6 166.00元,比上年同期增加868.22元,增长16.39%。农牧民人均居住面积30.68平方米。

【社会保障】 年内参加基本养老保险人数达26 616人;参加农村牧区养老保险人数15 309人;参加基本医疗保险职工人数48 465人;参加基本失业保险人数27 815人;年内城镇居民1 998户3 768人享受了最低生活保障金,全年共发放低保金997.9万元;农牧民1 512户3 300人享受最低生活保障金,全年共发放低保金439.7万元。社会救助事业继续加强。拥有社会福利收养性机构3所,床位110床,其中:福利院1个、敬老院1个、救助站1个。

【获奖】 2009年阿左旗通过科技部考核,被命名为"全国科技进步旗县"。

12月陈君来、张祖水、李瑾获科技部"2007~2008年全国县(市)科技进步先进个人"称号。

6月张怀军、额尔登被科技部评为"全国优秀科技特派员"。

8月陈君来、张超平被内蒙古科技厅、科协、宣传部评为2009年内蒙古科技活动周暨全区第十四届科普活动宣传周先进个人。

4月张海军被内蒙总工会授予全区五一劳动奖章。

(孙振翮 李贺娟)

阿拉善右旗

【领导名录】

旗委书记:才巴特尔(蒙古族)

人大主任:郭秀兰(女)

旗　　长:刘晓东

政协主席:巴雅尔(蒙古族)

武装部长:景宪(3月离任) 范志福(3月任职)

政　　委:史建茂

【概况】 阿拉善右旗位于内蒙古自治区西部,阿拉善盟西南部,龙首山与合黎山北麓。地理位置:北纬38°38′~42°02′,东经99°44′~104°38′。东接内蒙古自治区阿拉善左旗、甘肃省民勤县,南邻甘肃省的金昌、山丹、张掖、高台、临泽、金塔诸市县,西连内蒙古自治区额济纳旗,北与蒙古国接壤,国境线长45.25千米。全旗东西长415千米,南北宽375千米,总面积73 443平方千米。2009年底,阿拉善右旗辖3个镇(额肯呼都格、雅布赖、阿拉腾敖包)、2个苏木(曼德拉、阿拉腾朝格)、1个管委会(巴彦高勒),39个嘎查,9个居委会。全旗总人口24 577人,其中女性12 245人,非农业人口15 372人,少数民族7 928人,分别占总人口的49.8%、62.5%和32.3%。

2009年,全旗地区生产总值达23.77亿元,同比增长22.3%(按可比价格计算)。其中:第一产业增加值1.54亿元、第二产业增加值17.15亿元、第三产业增加值5.08亿元,同比分别增长5.2%、24.0%和22.4%。一、二、三次产业结构由2008年的7.6∶69∶23.4演进为6.5∶72.1∶21.4。人均地区生产总值90 375元,同比增长34.7%。全旗财政总收入2.30亿元,同比增长27.8%。其中:一般预算收入7 660万元,同比增长53.1%。财政总支出6.04亿元,同比增长62.5%。其中一般预算支出5.97亿元,占总支出的98.8%。

【农牧业】 2009年,牧业年度牲畜总头数24.5万头(只),其中农区舍饲养殖牲畜12.1万头(只)。良种畜比重达83%。10万亩人工肉苁蓉栽培繁育示范基地建成,开辟了沙漠增绿、资源增值、牧民增收的沙产业发展道路。全年退牧还草补贴3 603万元。新增退牧还草310户532人;新增禁牧面积96.5万亩,休牧面积21.8万亩。全旗总播种面积4万亩。其中粮食作物2.6万亩,总产量1.6万吨。地膜覆盖栽培技术推广应用2.3万亩,农田节水灌溉技术1.1万亩。

【工业】 2009年,全旗累计完成现价工业总产值31.99亿元,同比增长62.6%。其中规模以上工业总产值(20.71)亿元,工业销售产值完成31.61亿元,同比分别增长(55.4)%和63.95%。工业对财政的贡献率78%。全旗单位生产总值能耗下降6.59%,化学需氧量、二氧化硫排放量控制在下达目标范围内。全年生产原煤152.7万吨、铁精粉6.4万吨、硫化碱3.6万吨、原盐45.6万吨、二甲基二硫1.1万吨。全年售电量7 333万千瓦时,同比增长8.9%。

【林业】 全年累计完成重点工程项目造林8.7万亩,人工补播5.5万亩,育苗207亩,栽植绿化树木9 900多株,林业有害生物防治21.9万亩。

【固定资产投资】 全旗共完成固定资产投资8.06亿元,同比增长13.1%。其中:50万元以上固定资产投资完成8.02亿元,同比增长14.4%。施工面积8.0万平方米,同比下降12.7%。总投资中,工业企业投资3.3亿元,城镇基础设施建设和社会事业投资1.3亿元,交通电力建设投资1.56亿元,农牧林水项目投资1.0亿元,临河—策克口岸铁路阿拉善右旗段投资0.6亿元。额肯呼都格镇巴丹吉林路蒙元文化街景改造、曼德拉路沿街亮化和6条市政道路翻新罩面等工程顺利完工。

【交通 电信】 全旗有公路2 043千米,同比增长15.3%。全旗邮电业务总量2 332万元,同比增长10.7%。全旗每百户拥有固定电话47.4部,每百人拥有手机及小灵通118部,同比分别增长15.5%和21.1%。

【金融】 发放惠农小额贷款300万元。年末,全旗金融机构各项存款余额9.63亿元,同比增长13.5%;累计发放各项贷款2.3亿元,同比增长0.2%。

【旅游业】 2009年,阿拉善沙漠国家地质公园成功晋升为世界地质公园。承办“巴丹吉林杯”中国越野汽车拉力赛,成功举办了阿拉善第五届巴丹吉林沙漠文化旅游节。全年接待国内外游客14.3万人(次),创旅游综合收入9 045万元。

【科技】 科技成果推广和科技服务工作扎实推进,被国家科技部命名为“全国科技进步旗县”。

【教育】 设立少数民族发展资金,民族小学和中学住宿生、寄宿生助学金标准分别提高到每人每月80元和100元,高中阶段学生实现免学费教育。

【文化 卫生】 投资200万元实施旗广播电视制播一体化改造工程,盟旗自办电视节目覆盖面进一步扩大,开播了蒙语新闻和天气预报栏目。苏木(镇)综合文化站和信息共享工程全面完成,文化下乡、广场消夏活动丰富多彩。三级医疗卫生网络建设不断加强,旗医院远程医疗会诊网络开通运行。城镇居民基本医疗和新型农牧区合作医疗报销封顶线均提高到 3 万元,参合率达到97% 以上。全旗未发生甲型 H1N1 流感病例。人口出生率控制在6‰以内。自然增长率2.38‰。

【人民生活】 城镇居民人均可支配收入、农牧民人均纯收入分别达16 913 元和7 313 元,同比分别增长11.1% 和10.3%。全旗累计社会消费品零售总额3.13亿元,同比增长19.8%。全年商品零售价格指数100.6%,居民消费价格指数100.5%。

【社会保障】 年底,全旗参加城镇养老保险4 760人,养老保险基金征收2 100万元。实现了离退休人员养老金社会化全额发放。全旗参加养老保险农牧民3 900人,人均养老金每月 871 元,全年完成牧区养老金收缴1 437万元,支付养老金1 701万元。全旗城镇职工基本医疗保险参保7 744人,基金征收 953 万元;全旗城镇居民基本医疗保险参保7 260人,覆盖率97%。全旗参加失业保险、工伤保险和生育保险的人数分别为3 012、2 860和4 906人,基金征收分别为 120、218 和 24 万元。全年城乡新增就业 966 人。最低生活保障标准提高到每人每年3 000元,取暖补贴户均增加 200元。养老保险提标扩面工程积极推进,企业退休人员基本养老金和农牧民养老保险金标准人均分别提高到每月1 301元和 871 元。完成了退牧还草项目实施期满牧民享受公益林补偿制度的人员接管和政策衔接。建成经济适用房、廉租房 108 套。择优考录 60 名大中专毕业生充实到人才储备库,为 360 多名下岗失业人员提供小额担保贷款 701 万元。公益性岗位人员和嘎查、社区干部工资待遇统一提高 200 元,机关事业单位干部职工住房公积金交缴比例提高至10%。积极落实家电、汽车下乡政策。

(刘金莲 李守荣)

额济纳旗

【领导名录】

旗委书记:高世宏

人大主任:邓吉友

旗　　长:陈万荣(蒙古族)

政协主席:娜仁其其格(女 蒙古族)

武装部长:刘金库

政委:白森林(回族 2 月离任) 张国儒(2 月任职)

【概况】 额济纳旗地处祖国北部边陲,位于内蒙古自治区阿拉善盟最西端。地理坐标为北纬 39°52′20″~42°47′20″,东经 97°10′23″~103°7′15″。东与阿拉善右旗相连,南、西与甘肃省酒泉市相连,北与蒙古国交界,国境线全长507.14公里。全区第三大陆路口岸策克口岸及东风航天城坐落在旗境内。2009 年,全旗辖 3 个苏木、2 个镇、1 个农牧业产业化示范园区(下设 8 个农业生产队),13 个嘎查,5 个居民委员会。旗政府所在地达来呼布镇,东距阿拉善行政公署所在地巴彦浩特镇 637 公里。西南至东风航天城、酒泉分别为 150 公里和 397 公里。北达策克口岸 77 公里。额济纳旗总面积为11.46万平方公里,占全盟总面积的42%,是内蒙古自治区面积最大的旗(县)。其中,戈壁面积0.61万平方公里,沙漠面积1.56万平方公里。

2009 年,全旗总人口数为17 108人。其中:非农业人口11 738人,农业人口5 370人。男性8 568人,女性8 540人。汉族11 312人,蒙古族5 512人,回族 141 人,满族 56 人,其他少数民族 87 人。

2009 年,地区生产总值完成27.39亿元,同比增长22.2%。其中,第一产业完成1.05亿元,同比增长4.0% ;第二产业完成16.77亿元,同比增长27.4%;第三产业完成9.57亿元,同比增长18.8%。财政收入完成4.007亿元,同比增长25.2%。全社会固定资产投资完成15.23亿元,同比增长38.05%。

额济纳旗荣获“全国基层残疾人组织规范化建设达标县(市)”称号。

【工业】 全部工业总产值完成27.9亿元,同比增长44.85%;其中:规模以上工业总产值完成25.91亿元,同比增长44.5%,全部工业增加值完成15.26亿元,同比增长26.9%;其中:规模以上工业增加值完成14.75亿元,同比增长26.5%。

【农业】 农作物总播种面积69 982亩,比上年同期减少 58 亩,同比下降0.089%。其中:棉花播种面积10 872 亩,比上年同期减少 14 522 亩,同比下降56.75%,占总播种面积的20.75%;蜜瓜播种面积为45 940 亩,比上年同期增加 14 394 亩,同比增长45.63%,占总播种面积的65.65%。蜜瓜总产量达115 698吨,同比增长36.48%。

【畜牧业】 全旗牲畜总头数71 689头(只),同比增加1 735头,增长2.48%。其中:大牲畜13 838头,同比增加1 091头,增长8.56%;羊55 561只,同比增加 852 只,增长 1.56%;猪 2 290 头,同比减少 208 头,下降8.33%。引导专业户、农畜产品经纪人创办各类专业合作经济组织 9 个,推动农牧业向专业化合作方式转变。实施品牌推进战略,在北京成功举办了额济纳蜜瓜推介会,旗内举办了首届蜜瓜节及蜜瓜交易洽谈会,额济纳蜜瓜品牌申报了 8 个无公害农产品认证和居延海水产品国家地理标志登记认证。发放公益林补偿金2 205万元,退牧还草补助金1 782万元,争取到农业三项补贴259.7万元,补贴资金全部实现“一卡通”发放,新建游牧民定居集中住房、守土戍边分散户住房和新农村试点标准住房167套,实施了巴彦陶来示范园区和马鬃山苏木安全饮水工程,80户、279人饮水问题得到有效解决。

【林业】 3月,旗林场投入20余万元在纳林河建设梭梭繁育基地26.5亩,采取水种、沙种两种播种方式及滴灌技术进行人工梭梭种子育苗实验,进一步提升苗木品质。5月4日,胡杨林虫害防治作业全面展开。全旗林业有害生物发生面积达65万亩,其中胡杨林虫害发生22万亩。胡杨林虫害防治作业主要以“天幕毛虫”、“褛裳夜蛾”、“杨齿盾蚧”等虫害为防治对象,在防治虫害的同时,兼顾预防胡杨锈病。

【交通】 1月15日,铁道部发展设计司在北京召开额济纳旗——哈密段铁路建设预可行性研究审查会。铁道部、内蒙古自治区、新疆维吾尔自治区、甘肃省、中铁一院、中铁五院等有关单位负责人、专家出席了会议。经与会专家学者研究讨论,决定采纳中铁第一勘察设计院集团有限责任公司的设计方案。该方案设计总里程约为677公里,预计总投资71亿元。其中,额济纳旗境内里程约为306公里,预计投资32亿元。

经两省交通运输管理部门批准,额济纳旗达来呼布镇—张掖公路客运班线正式开通。这一客运班线是额济纳旗开通的第3条省际客运班线。

【旅游业】 实施了黑城、神树和胡杨节主会场等景点建设工程,并与蒙古国南戈壁省诺彦县签订了边境旅游合作意向书,开发出境旅游线路。成功举办新中国成立60周年、额济纳和平解放60周年暨金秋胡杨生态旅游节等活动。全年共接待游客34万人次,旅游业综合收入2.5亿元。发挥消费对经济增长的拉动作用,全旗累计完成社会消费品零售总额55 861万元,同比增长15.6%。其中,批发零售业完成零售额42 883.4万元,同比增长16.62%;住宿和餐饮业实现收入12 977万元,同比增长17.06%。

10月,“十一”黄金周旗旅游收入创历史新高,共接待中外游客12.23万人次,同比增长21%。旅游综合收入8 860.97万元,同比增长25%。阿拉善沙漠世界地质公园居延园区陈列馆“十一”黄金周接待游客近万人。

【生态建设】 黑河调水6.79亿立方米,灌溉草牧场82万亩,东居延海水域面积达42平方公里。公益林生态效益补偿、三北防护林工程等项目顺利实施,年度退牧还草工程完工并通过自治区验收。森林草原病虫害防治和土地整顿治理工作有序开展。

【基础设施】 临河至策克口岸铁路建成通车,额济纳旗通勤机场、临河至哈密高速公路、达来呼布至口岸至天鹅湖一级公路、赛汉陶来至黑鹰山公路建设等项目前期工作进展顺利。哈达贺休精细化工园区公路、雅干至温图高勒通乡公路建成通车,古日乃通乡公路开工建设。东风镇行政区通电工程、额很查干和宝日乌拉嘎查两条10千伏输电线路及客运站建成,改善了农牧民生产生活条件。

【矿产资源探采】 加大矿业秩序整顿和资源勘探整合力度,全年实施地勘项目129个,投入地勘资金1.9亿元。完成了老硐沟、梭梭井等5个矿区资源整合整顿,关闭合并矿山企业20家。

【城镇建设】 投入城镇建设资金2.35亿元,新建续建项目35项。实施了阿拉腾陶来广场一期和一道桥景观改造二期工程。续建纳林高勒新区道路,建成市政道路6.8公里。启动达来呼布镇集中供热改造工程,供热质量明显提高,镇区环境显著改善。实施达来呼布镇地区垃圾、污水无害化处理工程。国际商贸城开工建设。新开发住宅小区3个,新建、续建住宅楼6万多平方米,建设廉租住房108套、5 379平方米。

【重点建设项目】 全社会固定资产投资继续增长,主要以交通、城建、工业为重点。完成全社会固定资产投资152 276万元,比上年同期增长38.05%。三和公司110万吨盐硝化工、浩通公司跨境皮带传输和200万吨风选煤、圆通公司矿产资源综合开发等项目落地建设。加快策克—赛汉陶来矿产品进出口加工工业区、达来呼布镇加工工业小区、哈达贺休精细化工工业区基础设施建设步伐,园区建设初具规模。建成了旗中学图书阅览楼、蒙古族学校留学生公寓楼和蒙古族学校、旗小学塑胶体育场并投入使用。完成了广播电视“户户通”工程和阿盟广播电视自办节目在我旗的覆盖工程。

【口岸贸易】 口岸过货总量达364万吨,同比增长88%。其中,进口原煤355万吨,同比增长86%;实现进出口贸易总额1.69亿美元,同比增长153%。口岸过货总量位居全区公路口岸首位。

【策克口岸常年开放】 1月6日 蒙古国外交部对中华人民共和国外交部2008年5月9日122号照会予以答复:关于中蒙口岸及其管理秩序,根据蒙古国政府有关协定,对常年开放的蒙中西伯库伦—策克口岸,蒙方于2009年1月12日实行常年开放。

【科技】 全旗投入20余万元在纳林河建设梭梭繁育基地26.5亩,采取水种、沙种两种播种方式及滴灌技术进行人工梭梭种子育苗实验。完成胡杨硬枝扦插育苗试验工作,打破了传统的有性繁殖方式,是额济纳旗在胡杨育苗中攻克的重大难题。

【教育】 建成旗中学图书阅览楼、蒙古族学校留学生公寓楼和蒙古族学校、旗小学塑胶体育场并投入使用。在全盟率先对高中生实施两免一补,并对义务教育阶段寄宿生进行伙食全额补贴,为实现12年义务教育进行有益探索。2009年全旗共有147人参加了高考,上线率达97.96%。其中:本科上线50人、专科上线66人,创历史新高。同时积极组织与蒙古国教师交流联谊。

【文化】 2009年中央1台新闻联播先后3次对全旗进行了报道。尤其是庆祝新中国60华诞重点献礼影片《圣地额济纳》的上映,在一定程度上更加宣传全旗。完成广播电视"户户通"工程和阿拉善盟广播电视自办节目在全旗的覆盖工程。实施黑城抢救保护二期工程、新西庙修缮工程,开展第3次文物普查工作。江其布那木德令寺(新西庙)举行竣工及观音殿开光庆典仪式。温图高勒嘎查"阿日善"敖包嘛呢经堂竣工。土尔扈特蒙古族文化生态保护区成功入选第一批自治区级文化生态保护区。9月,在额济纳旗达来呼布镇苏泊淖尔苏木策克嘎查东北73公里处的巴格洪格尔吉乌拉朝鲁昂格次,发现一处古代采石场。经普查朝鲁昂格次采石场遗址采石范围方圆2平方公里,有5处2.7平方米的石房,残高1.5米,全部用废石料干垒,并设有祭台。9月4日,经自治区人民政府第9次常务会议通过,额济纳旗塔王府(塔旺嘉布官邸)被列为自治区第四批重点文物保护单位。9月30日,额济纳旗第一部年鉴——《额济纳旗年鉴》(1998~2008年卷)出版。7月,额济纳旗第一部年鉴——《额济纳旗年鉴》(1998~2008年卷)(送审稿)编撰完成。年鉴分卷首语、序言、大事记、特载、专文、专记、自然环境、政治、军事、经济、文化、教育、苏木镇示范园区、后记等部分,共22篇120万字。

【卫生】 新建东风镇中心卫生院。预防甲型H1N1流感疫情传染工作成效显著。派出医疗队赴蒙古国南戈壁省古尔班特斯县、诺音县开展为期4天的义诊活动。

【体育】 8月28日,为庆祝新中国成立60周年、额济纳旗和平解放60周年和第一个全国"全民健身日"的确立,额济纳旗"让体育走进生活,为生活增添色彩"全民健身系列活动启动仪式在文体广场举行。全旗各行业的41支代表队、10支健身操表演队近1 000人参加启动仪式和健身操表演。

【人民生活】 城镇居民人均可支配收入为16 968.6元,同比增长10.93%。其中工薪收入和财产性收入增加最为突出,分别增长971元和804元。城镇居民家庭人均消费支出16 053.01元,增长8.44%。农牧民人均纯收入为7 830.37元,同比增长10.38%。

【社会保障】 为城乡低保户发放了爱心消费券、副食品价格补贴、冬季取暖补贴92.3万元。1月14日,额济纳旗首次为低收入住房困难家庭发放廉租房补贴。此次领取住房补贴的17户均为无房户。其中,残疾家庭6户,单亲家庭5户,特困家庭6户。每户均领取到住房补贴2 700元。1月20日,额济纳旗再度上调城乡低保生活保障标准,保障标准由208元提高到258元,人均补差标准高于全盟平均水平。为切实保障城乡困难群众的基本生活,按照应保尽保、分类施保的原则,对特殊困难家庭实行了政策倾斜,按照全额(A)类50元、高标准(B)类25元、低标准(C)类15元的标准予以补贴。在此基础上,额济纳旗政府再次按人均20元/月的标准发放临时生活补助,并于2009年1月1日起执行。

【再就业】 着力解决了"4050"人员、大中专毕业生、退伍军人就业问题。首次在全旗大范围公开考录事业单位工作人员,全年新增就业410人,全旗登记失业率控制在4.2%以内。

【捐资助学】 2月12日,二十基地政治部副主任南整军一行,到额济纳旗为25位贫困大学生捐资助学,帮助他们完成学业。这是继空军基地二区官兵携手额济纳旗25位贫困大学生爱心助学后的又一次义举。

【沙尘暴灾害】 5月24日,额济纳旗遭受入春以来最大一场沙尘暴,农作物大面积受损。全旗农作物受损面积达4 927亩。其中,棉花2 103亩、玉米2 037亩、籽瓜及西瓜677亩、葵花110亩。直接经济损失300万元以上。

【重要活动】 8月2日,额济纳旗人民政府与蒙古国南戈壁省诺彦县政府在额济纳旗签订了《中蒙两国边贸旅游合作意向书》。额济纳旗政府副调研员乔金加布和蒙古国诺彦县县长巴德玛久乃分别代表双方政府在意向书上签字。

【2009年·中国额济纳国际金秋胡杨生态旅游节】 9月27日,"祖国颂、双拥情"2009年·中国额济纳国际金秋胡杨生态旅游节开幕式晚会在胡杨村主会场隆重举行。盟委委员、阿拉善军分区政委薛成友,盟人大工委副主任孙果兴,副盟长李超英以及二十基地、空军试验训练基地、旗四大班子领导出席开幕式晚会。旗委副书记、旗长陈万荣致辞,旗委常委、宣传部长宋晓家宣布2009年中国额济纳国际金秋胡杨生态旅游节开幕。

(李靖 满都胡 杨巧)

企 业 概 览

内蒙古第一机械制造(集团)有限公司

【领导名录】

董事长:缪文民

副董事长:张新军

董事:缪文民 张新军 白晓光 李志亮 郭宝林 冯益柏 曹德生(4月离任) 王朝钦 王世宏 靳建民 王辉 刘勇

党委书记:缪文民

党委副书记:李志亮

监事会主席 纪委书记:赵凤林

监事:赵凤林 王德荣 刘良 杜亚良 宋殿琛 张庆丰(4月离任) 陈守礼(4月任职) 陈锋(4月任职)

总经理:白晓光

总会计师:王朝钦

副总经理:马忠武 吴杰 魏晋忠

工会主席:刘 良

【概况】 内蒙古第一机械制造(集团)有限公司是国家"一五"期间156个重点建设项目之一,是中国兵器工业集团公司保军骨干企业,也是自治区装备制造业骨干企业。至2009年底,公司占地面积20多平方公里,职工总数22 731人,资产总额163亿元,各类机械动力设备11 000多台(套),其中具有世界先进水平的进口设备1 000多台(套)。公司拥有国家级的企业技术中心,从冶炼、铸造、锻造、焊接、机加、冲压、热处理到整机装配一体化,形成了较为完善的工艺技术体系,具有雄厚的科研开发和生产制造能力。同时,建立起完善的现代化管理体系,其中质量管理通过ISO 9001体系认证,计量管理通过ISO 10012-1体系认证,环境管理通过ISO 14001体系认证。

【经营】 2009年,公司实现主营业务收入140亿元,同比增长25.3%,其中,北奔重卡销售28 018台,实现收入71.2亿元,同比增长11.4%;铁路车辆销售3 111台,实现收入15.78亿元,同比增长16%。公司自1978年以来保持连续32年盈利,运营质量和行业地位持续提升,在国内机械行业500强位次由2008年的第55位上升到2009年的第52位。

【产品研发】 北奔重卡新型驾驶室项目成功研发,并投放市场;新增和扩展车型公告200余种,开发出天然气燃料车等新产品;底盘轻量化项目开发取得阶段性成果,单台平均降重达400公斤,基本达国内重卡同类产品水平;雷达车等军车项目完成适应性开发。铁路车辆C70C型焦炭运输专用敞车、GHA70型醇类罐车通过铁道部生产质量认证;GF2K型氧化铝粉罐车等3种车型换装高摩瓦改造通过铁道部技术审查;外贸苏丹棚车、敞车、平车等11项产品通过用户验收;取得3项国家专利,通过省部级企业技术中心和研发中心认定。工程机械TY230C、TY160B 、TY130推土机的完成研发试制;匹配华柴动力的TY230H推土机研制成功并批量下线。车辆零部件及相关业务的其它产品研发也取得显著成效。公司还被中企联授予优秀创新企业。

【技术创新】 全年完成23项制造技术研究,数控机床增效、铸锻件毛坯精化取得成效;获得省部级以上科技成果6项,申请专利30项、授权20项,4项产品与技术入选2009中国企业新纪录。

【人力资源开发】 全年新招聘大学本科以上毕业生187人,其中硕士研究生51人,211重点院校毕业生达到53%;积极推进内部人力资源优化配置,向北奔重汽公司、富成锻造公司、五分公司调剂223人;举办各类培训班698期,培训人员达4.38万人次;在全国职工职业技能大赛中有6人进入全国前20名,1人获得全国第3名,公司代表队获模具钳工团体第2名、数控铣工团体第3名;公司还荣获全国企业职工教育和职业培训先进单位。

(陈 谦)

中国联合网络通信有限公司内蒙古分公司

【领导名录】

党委书记 总经理:莫一心

党委委员 副总经理:陶敏(回族) 郑大力 蔡标正

党委委员 副总经理 纪委书记 工会主席:崔铭

党委委员 副总经理 总会计师:吕青山

党委委员 副总经理:乌文全(蒙古族) 姜俊昆

【概况】 内蒙古联通公司是中国联合网络通信有限公司在内蒙古设立的全资子公司,下设12个盟市分公司和81个旗县分公司,公司机关设有32个部门。公司主业、实业共有国有在岗员工14 392人,内退人员1 520人,离退休人员5 881人。公司光缆线路总长达51 580皮长公里,省际长途交换网共有2兆端口资源1 878个,实占93.13%,区内长途交换网共有2兆端口资源17 177个,实占88.53%,局用交换机236.21万门,实占84.58%,有线接入网容量82.09万门,实占76.28%。无线接入网容量16.81万门,实占30.80%;PHS网总容量为246.62万门,实占42万门;ADSL用户总端口数137.99万个,实占率76.04%。移动网络交换容量808万户,无线容量17.07万ERL。公司移动电话用户400多万户,固定电话用户近300万户,宽带用户超过100万户。公司总资产102亿元,全年完成通信服务收入46亿元,同比增长6.8%,实现利润4 000万元。总资产收益率为0.4%,同比提高2.9个百分点。

内蒙古联通作为自治区通信市场的主导运营商,主要经营固定通信业务,移动通信业务,国内、国际通信设施服务业务,卫星国际专线业务、数据通信业务、网络接入业务和各类电信增值业务;经营与通信及信息业务相关的系统集成、技术开发、技术服务、信息咨询等业务,以及经营国家批准的其他业务。同时承担着普遍服务和应急通信等任务。用户综合满意度连续多年在全区通信行业民主评议行风活动中名列第一。在神舟系列飞船载人航天飞行、全区重大政治、经济活动和突发事件的通信保障工作中表现突出,在"村村通工程"、"政府上网"、企业信息化、农村牧区信息化、社区信息化等方面都发挥了应用的作用,为改善内蒙古自治区投资环境、推动国民经济和社会信息化建设、提高人们生活水平等方面作出了突出贡献。

【生产经营】 2009年,公司顺利实现了基于WCDMA技术的3G业务商用,通过大规模市场运作,开展百日促销等活动,促进了3G业务在内蒙古地区的推广和发展。2G业务开展校园及两返市场营销。宽带业务结合宽带升级提速,开展"联通进万家"、"宽带百日会战"等营销活动。融合业务推出"一机双号,灵通升G"业务,完成了"教育直通车"与"家校通"、116114电话导航与10191联通导航等产品的融合。大力发展"平安互助"业务。集团客户及ICT业务中标农牧区党员干部远程教育平台项目,中石油、环保监控、党政信息化等重点项目取得积极进展。

【网络建维支撑能力】 2009年,公司高标准、大跨度地推进网络建设,完成固定资产投资34亿元。3G和2G网络实现各盟市、旗县、乡镇、农村牧区、机场高速公路、旅游景点的广泛覆盖。共建共享工作取得新进展,累计节约投资3亿多元。推进两网融合,基础网络实现统一管理与资源共享,业务网实现专业化管理与维护。开展两网的2A达标工作,进一步深化维护集中化与运维专项优化,实现城域网汇聚层以上设备的数据集中配置与设备集中化维护、传输干线网管系统的物理集中、固网所有电信卡数据的集中制作。积极推广新技术,对设备进行更新改造,开展节能降耗工作,圆满完成了"建国60周年"等重大节日的重要通信保障。开展互联网及手机媒体低俗之风整治工作,积极营造绿色健康的网络环境。

【客户服务】 2009年,公司建立了涵盖全业务的服务标准规范和达标考核机制。更换营业厅、俱乐部及户外媒体广告等VI标识,改造自有营业厅。推广特色俱乐部建设。统一装拆移修等工作人员工装。实施了客服中心整合工作,形成了统一对外的全业务客服平台。开展了"我服务,我精彩"主题活动,针对热点投诉问题进行督办。开展客户响应体系改革工作,建立包括固话、宽带装拆移修在内的全业务、全客户群的响应服务体系。全年公司服务渠道100%达标,客户一次性投诉解决率高于达标值3.4个百分点,投诉回访满意度高于达标值17个百分点。全年无重大投诉、申诉企业责任案件和媒体曝光事件发生。

【领导视察】 1月10日,集团公司常小兵董事长到内蒙古联通慰问调研,先后看望慰问了公司离退休老干部以及劳模代表、特困职工和一线员工;2月5日,自治区党委书记储波,副书记、主席巴特尔视察由联通公司承建的内蒙古环保局污染源自动监控项目。储波书记指出,污染源在线监测系统已经建成,要充分利用好先进的科技手段,全面提升环保行业的管理水平,把环境保护工作抓得更好,促进自治区经济社会又好又快发展。4月21日,联通集团常小兵董事长到内蒙古调研。常小兵董事长希望内蒙古联通能够再接再厉,继续保持良好的发展态势,圆满完成全年工作目标。

【重要活动】 2月18日,联通集团姜正新副总经理出席内蒙古污染源自动监控网络开通暨环境监测实验中心落成庆典仪式;5月16日,联通集团陆益民总经理在呼和浩特出席自治区人民政府与中国联通、中国电信、中国移动战略合作框架协议签字仪式。陆益民总经理代表中国联通与自治区政府副主席刘新乐签署了协议。自治区党委副书记、政府主席巴特尔,中国联通副总裁朱立军以及中国移动、中国电信等有关领导出席签字仪式;6月,内蒙古环保局重点污染源自动监控项目通过终验。这个项目是全国第一个按照统一规划、统一标准、统一建设、统一管理的原则实施的污染源自动监控与环保管理信息化系统;10月,公司圆满完成"建国60周年"重要通信保障工作。节日重保期间,共投入维护人员1 893人次,其中设备维护人员897人次,线路维护人员996人次。

(刘福明)

中国石油内蒙古销售公司

【中国石油内蒙古销售公司领导名录】

总经理 党委副书记:刘合合

党委书记 副总经理:王永和

副总经理:乔世明 刘宏设 王那顺(蒙古族)

总会计师:杨 富

党委副书记 纪检书记 工会主席:郑新龙

【概况】 中国石油天然气股份有限公司内蒙古销售分公司(以下简称公司)是中国石油在内蒙古地区最大的成品油供应商。公司下辖12个盟市分公司、3个成品油销售控股公司、105个旗县经营部和零售片区。至2009年底,资产总额53.35亿元,营运油库36座,资产型加油站1 373座,共有员工19 754人。

【经营指标】 2009年,销售总量完成545.05万吨,同比增加23.76万吨,增长4.56%;零售总量445.83万吨,零售比重81.8%;实现销售收入314亿元,利润9.2亿元,上缴税金11.69亿元。

【市场营销】

深入分析市场 完善保供措施 召开2009年工作研讨会,深入分析自治区经济发展形势。全面开展市场调研,对全区12个盟市的重点建设项目进行拉网式排查,分东、中、西三个片区召开营销座谈会和用户座谈会,认真分析市场形势,测算需求情况,分区域、分片区、分路段、分对象制定营销策略。建立领导干部包干负责制,划分责任区域,定期检查、跟踪,指导所属责任区销售工作,协调解决出现的问题。加强加油站商圈范围内固定客户走访维系工作,建立客户分级负责制,进一步完善用户档案,努力提升客户满意度。

转变增长方式 改善发展结构 结合内蒙古自治区经济发展趋势,修订并完善"十一五"后两年及"十二五"加油站、油库发展规划,明确发展方向。改造老旧加油站,增加高标号汽油储存能力。积极引导消费,改善销售结构,推动高附加值油品销售,不断满足高端客户需求。高标号汽油销售106.3万吨,同比增长28.55%。积极发展非油品销售业务,完善服务功能,方便广大客户。建设非油配送中心,提升加油站非油管理服务水平,全年实现非油收入1.57亿元。

加强资源采调 稳定市场供应 积极协调炼厂、铁路,加大催调力度,及时将油品资源组织到位,全年资源配置计划兑现率达90%。全年组织购进地炼资源54万吨,最大限度补充资源缺口。在资源紧张的情况下,力保重点行业、重点工程和公共事业等关系到国计民生的重点领域、重点部门和重点用户的用油,优先保障资产型加油站销售,满足经济社会正常生产和生活用油。实施销售倾斜,开辟绿色通道,设立定点加油站,送油下乡,保障农业用油快速、及时供应。

【网络建设】 公司统筹规划,理性投资,规范建设,网络开发取得明显成效。修订完善公司"'十一五'后两年发展规划"、"加油站及油库规范达标三年改造规划"及"2009~2015年油库布局规划"。围绕呼和浩特石化和宁夏石化500万吨产能扩建项目,编制内蒙古地区成品油管道规划。初步形成从物流体系到销售网络一体化的系统规划构架。将开发金三角地区、盟市所在地中心城市和国家一二类口岸城市以及高速公路等高效市场作为加油站建设的重点,对通过评审的加油站项目早立项、早开工,加快加油站的开发速度。进一步提高存量资产的创效能力,加大加油站规范达标改造力度,按照"一次改造、完善到位、全面规范、整体达标"的要求,实现综合效益由1变2,管理费用由2变1。

【加油站管理】 公司深入开展以“深入学规范、打造精品站”为主题的加油站管理规范宣贯活动,促进加油站管理向科学化、规范化和标准化迈进。开展神秘顾客访问活动,使加油站的管理和服务水平有提高。进一步完善报警体系,确保加油站平稳运行。加油站管理系统的上线运行,标志着加油站销售业务实现信息化,对于推进业务流程标准化,规范销售行为,强化过程控制,堵塞管理漏洞,都起到至关重要的作用。

【安全环保稳定】 公司以推进 HSE 管理体系有效运行为主线,以落实集团公司反违章禁令为抓手,深入开展“安全生产年”活动,全面落实安全环保责任。在全系统开展安全经验分享活动,组织开展“反违章讨论月”,共收到干部员工反违章论文 17 365 篇,增强广大干部员工反违章的自觉性。分级设立“三违”行为举报电话、电子邮箱和曝光台。深入开展以“关爱生命、安全发展”为主题的“安全生产年”活动,通过安全经验分享、安全生产活动月、应急预案演练周等活动进一步推动企业安全生产。深入开展“百日安全专项整治”活动,对库站防雷、防静电、防泄漏等情况进行检查和专项整改,为全系统公务车辆安装 GPS 监控终端,为各零售片区配置了高空作业平台,有效规避风险。在新建和改造的加油站安置油气回收装置,最大限度减少油气蒸发。加快设备的节能改造,将加油站的锅炉改造成节能炉,全年水、电、煤均较 2008 年下降5%左右。召开全系统维稳和防恐工作会议。对所属油库、加油站、机关办公楼等进行专项检查,各单位对发现的问题隐患整改率达到100%。国庆期间,未发生一例涉油恐怖破坏活动和涉油案件,圆满完成国庆 60 周年治安保卫和防恐工作,受到自治区党委政府的表彰和集团公司的通报嘉奖。

【企业管理】 开展“勤俭节约、挖潜增效”主题实践活动,努力实现企业低成本运行。按照“三控一规范”要求,严格控制机构编制,自上而下分流冗员。按月进行人力资源优化分析,员工总量同比减少 147 人,有效节约人工成本。内控体系贯穿全局,在全系统围绕重点业务、关键控制和管理薄弱环节开展自我测试。信息化建设取得阶段性成果。先后新建和扩建调度指挥、视频会议、IP 电话系统和综合管理信息平台等基础性建设项目。

(郑 涛)

中国石油天然气股份有限公司呼和浩特石化分公司

【领导名录】

总经理 党委副书记:杜吉洲

党委书记 副总经理:陈汇明(蒙古族)

副总经理:王兴太

副总经理 总工程师:刘前保

党委副书记 纪委书记 工会主席:王旭伟

副总经理:周 顺

副总经理 安全总监:赵明泉

【概况】 中国石油天然气股份有限公司呼和浩特石化分公司占地 130 公顷,是内蒙古自治区境内唯一的一家炼油企业。公司始建于 1988 年,现原油加工能力 150 万吨/年,以加工二连原油、长庆原油为主,现有常减压蒸馏、催化裂化等 12 套生产装置。固定资产原值 16.40亿元,属燃料型炼化企业,生产上采用了 DCS 集中控制和 ESD 系统。拥有 7 大类 20 余种产品,主要目标市场是内蒙古中西部、山西北部、河北张家口等地区,并出口蒙古国。2009 年,加工原油136.09万吨,实现销售收入58.53亿元,上缴税费15.68亿元,利润3.12亿元,实现 15 年来的首次盈利。

【主要生产经营指标】 2009 年,可比轻质油收率 74.49%,比预算升高3.38个百分点;可比综合商品率 91.60%,比预算升高 0.10 个百分点;加工损失率 0.76%,比预算降低了0.13个百分点;炼油综合能耗 71.86kg标油/吨原油,比预算降低10.20个单位,折合标煤 2.09 万吨;生产聚丙烯25 074吨,超计划生产 5 074吨。以上这些经济技术指标均创近三年来最好水平。

【主要产品】 全年汽油产量49.65万吨;柴油产量 51.13万吨,精丙烯产量3.34万吨,聚丙烯产量2.51万吨,液化气产量7.22万吨。

【安全环保】 全年未发生一般 B 级及以上事故,未发生一起非计划停工;废水中 COD 排放量54.62吨,石油类排放量1.98吨,废气中二氧化硫排放量597.47吨,均控制在排放总量指标范围内。全面完成了股份公司下达的安全环保指标。认真落实各级领导干部“一岗双责”制,强化安全生产主体责任,逐级签订安全环保责任书,实行安全生产风险抵押金制度,使安全生产责任真正落实到每一位员工。大力开展冬季安全生产劳动竞赛和“建功扩能、献礼国庆”劳动竞赛活动,激发广大员工安全生产积极性。认真落实集团公司《反违章禁令》、《HSE 管理原则》,广大员工安全生产理念进一步增强。严格现场安全管理,加强生产过程监控。严格关键工序过程管理,强化各种作业票的审批,累计签发各类用火作业票1 339张,制定 HSE 风险预案 440份。加强应急管理体系建设,开展应急演练,有效提高员工的事故应急救援能力。加大各种隐患的监控力度,认真落实隐患治理,确保公司安全平稳生产。

【项目建设】 加强与地方党委政府、集团公司、股份公司有关部门及兄弟单位的沟通协调,扎实做好 500 万吨/年炼油扩能改造项目各项工作。广大员工牢记使命,发扬忠诚、敬业、进取的企业精神,发扬特别能吃苦,特别能战斗,特别能奉献的优良作风,精心谋划,科学组织,创造性地开展工作,为项目早日获批作出积极贡献。经过共同努力,5 月 26 日顺利进行项目奠基;12 月 8 日,项目正式获得国家核准批复。目前,项目各项前期工作已全部完成,初步设计、配套工程及原油罐区开工建设、长周期设备订货、建设用地等相关工作正有序推进。

【节能减排】 常减压装置、气分装置在节能减排方面取得良好效果。在炼油与化工分公司清洁生产有关部门指导下,共汇总筛选出清洁生产方案 37 项。通过可行性分析,获得可行的无/低费方案 32 项,实施率100%;获得可行的中/高费方案 3 项,实施率100%;方案投资227.65万元,产生经济效益210.62万元,年减少废水排放1.68万吨。加强污水治理环保设施运行的监管;加强加热炉、锅炉除尘器的运行操作管理以及罐区自动呼吸阀维护保养工作,努力做到锅炉、火炬不冒黑烟;强化污水处理系统的运行管理,提高环境应急能力,确保环保指标的完成。2009 年,环境污染事故为零,外排污水合格率100%,污水处理场出水综合合格率99.73%,可控废气排放达标率90%,固废处置利用率100%,实现“三废”稳定达标排放。实施 12 项具体措施,以降低装置能耗、系统伴热用汽、加热炉燃料用气、大型机组用电为重点,开展节能工作;以降低产汽水耗、强化循环水水质、节约蒸汽用量为重点,开展节水工作。全年节约燃料气 1.35 万吨,节约电 144.3 万 kwh,节约蒸汽7.7万吨,节约新鲜水2.7万吨。挖潜增效活动成效显著,实现效益1.50亿元。

【生产管理】 实施气分凝结水回收、重整加氢水热媒系统改造等 32 项短平快技改技措项目,消除了生产瓶颈,促进了生产优化运行。修订各生产及辅助装置工艺卡片,规范生产受控管理规定,加强考核和兑现。完成了调度通信指挥系统改造、电子巡检系统升级改造和生产运行系统(MES)建设项目,使生产管理监控设施进一步完善,提高生产指令的针对性和科学性,为生产安全平稳运行提供坚实保障。在保证安全平稳生产的基础上,根据市场需求和气候变化情况,合理优化生产方案,认真开展对标分析,及时调整生产方案,狠抓平稳操作。机关各生产处室紧盯生产全过程、靠前指挥,各车间严格管理、精心操作,坚持岗位不间断巡检,使生产始终保持受控运行。狠抓设备运行管理,加强操作纪律和工艺纪律,杜绝设备超温、超压、超负荷现象,确保装置安全平稳运行;加强设备隐患治理,做到事故隐患和设备故障早发现、早处理;积极推进检维修受控管理,顺利完成催化装置停工检修任务;以设备包机制为核心,开展设备创完好活动,实现现场规格化管理。面对金融危机冲击,公司科学决策,克服配置计划不足、原油资源紧张、油品市场波动、铁路运输困难等诸多难题,保证原油进厂和产品出厂;加强产销协调,确保生产后路畅通,为装置“安稳长满优”运行创造条件。

【企业管理】 本着规范、高效、实用的原则,修订完善 20 项管理制度,进一步优化各项业务流程,理顺业务关系,简化业务审批程序,明确各部门职责分工和工作界面,使公司的各项工作都纳入科学化、制度化、规范化的轨道。完成液化气销售业务划转工作;建立一线倒班操作岗位退出机制,安置 18 名退出一线的倒班工人;采取“总额控制、分解预算、合理分配”的办法,控制工资总额,规范薪酬体系。加强财务预算管理和考核,严格成本费用控制。严肃财经纪律,加强资金管理,严格资金审批制度,最大限度地发挥资金使用效益,防范资金风险。及时处置闲置、报废资产,2009 年,报废固定资产1 152项,净值达1 856万元。积极争取政策,一次性减免公司多年来低价外供化肥原料渣油形成的4.46亿元的债务。完善民主决策机制,坚持“三重一大”事项集体讨论、集体决策;严格合同管理,抓好合同履行;加强效能监察和内部审计,发现问题,及时纠正;完善物资采购管理制度,坚持集中采购,计划采购,强化招标、比价和网上采购,实现物资管理全过程受控,有效防范和规避经营风险。

【员工培训】 选派管理、专业技术、技能操作骨干人员参加集团公司、股份公司的各类专业培训班;组织 1 744人次参加 MES 和 ERP 信息系统的培训,有效地保证公司 MES 和 ERP 信息系统及时上线运行;举办班组管理知识、薪酬管理业务等各方面的业务培训;采取集中授课、班组交接班会、师傅带徒弟等多种形式组织培训,进一步提高了员工队伍业务素质。根据公司"3153"高层次人才培养工程需要,选拔部分管理骨干参加工商管理硕士(MBA)学习。评聘操作技能专家,壮大技师队伍。针对目前公司人员结构性的矛盾和500万吨/年炼油扩能改造项目建设的迫切需求,引进化学化工、机械设备等专业大学毕业生,进一步缓解了人才短缺断层矛盾。公司将新引进的大学毕业生外派到先进炼化企业进行职业养成培训和提前进入到生产装置进行实习,有效缩短进入公司后的培训时间。采取"一人一单式"培训方式,对正式进入公司后的新员工指定专门的师傅进行"传、帮、带",加大培养力度。

(刘新利)

内蒙古北方重工业集团有限公司

【领导名录】

董事长:陈树清(蒙古族)

总经理:蔺建成

监事会主席 纪委书记:潘雄英

【概况】 内蒙古北方重工业集团有限公司始建于1954年,是国家"一五"期间156个重点项目之一,中国兵器工业集团公司成员单位,自治区20户重点大企业之一。2009年,内蒙古北方重工业集团有限公司实现营业总收入90.2亿元,同比增长23.9%;实现主营业务收入80.8亿元,比上年净增16亿元,同比增长19.8%,全年实现利润总额4 604万元。在岗员工人均年收入达到28 310元,比2008年增加3 292元。全年实现工业增加值13亿元,同比增长16%;平均制造成本率为89.7%,同比提高1.4个百分点;净资产收益率完成2.98%,同比提高1.5个百分点;全员劳动生产率10.4万元/人·年,同比增长15%;综合经济效益指数为115%,同比提高24个百分点;EVA改善度有所提高。

【体制转变】 2009年7月16日,公司与金石投资、广发信德、山东安德利、江苏双良、江苏亨通、内蒙古万达六家战略投资人签订《增资协议》,实现了私募融资6亿元,公司由3家国有股东控股的全资国有企业变为9家股东的国有控股企业。

【科研开发】 公司与太原科技大学合作完成对P92无缝钢管组织演变的基础研究,提高锻件质量和力学性能;P91钢整体工艺优化获部级科学技术进步一等奖,低碳合金钢锭缓冷退火工艺列入2008年全区10项重大自主知识产权成果名单,北方重工牌钻铤获2008年内蒙古名牌产品称号。完成TR100A矿用车和NR2203H旋挖钻机的厂内试验;完成TR50A、TR35矿用汽车部分部件的新设计和NR2209旋挖钻机的工业性试验;TR100W矿用洒水车通过了耐久性考核;阿特拉斯20吨级液压挖掘机正在进行性能试验。专用汽车产品完成真空吸污车、高空作业车和重型洒水车的试制,并申报国家公告。EBZ160掘进机顺利通过井下工业性试验;与辽宁工程技术大学合作,完成230掘进机的装配调试,正在申请煤安认证。

【基础管理】 公司深入推行精益生产方式,系统制定生产计划,积极协调生产窄口,生产效率明显提高;深入挖掘内部生产潜力,严格控制外委外协量,自制产值比重与2008年相比有了较大幅度提高,外委量同比减少近3亿元。适时调整《生产经营性单位月度工资考核办法》,突出强调资产质量和经济效益指标的考核,提高资金运营效率,降低经营风险。持续推进控总量、调结构和"四定"、"四压缩"人力资源管理,人员结构进一步趋于合理;大力加强三支人才队伍建设,持续深化考评、用人和分配新三项制度改革,全面推进员工素质建设工程,全年组织各类培训2.6万余人次。全年未发生重大质量、安全和环境污染问题和事故,质量损失率计划0.75%,实际完成0.08%;废品损失率计划0.45%,实际完成0.02%,其他指标全部在计划之内。

【社会责任】 公司持续推进节能减排、新工艺的推广应用,全年共投入3 300万元进行节能减排技术改造。2009年,公司万元工业增加值综合能耗同比降低12%、化学需氧量排放同比降低1.75%、二氧化硫排放同比降低16.7%,为包头市空气质量的改善做出贡献,公司节能减排工作受到自治区经委的通报表彰,被国家环境保护杂志社授予"环境保护优秀企业"称号。自筹资金兴建的30万平米员工经济适用住房一期工程已经顺利竣工,二期工程正在紧张建设中,进一步缓解公司员工住房紧张局面。投资900万元用于供水、供电等福利性改造,极大改善广大员工和家属的生活条件,实现企业发展和员工得实惠的协调发展。

经过三年的攻坚克难,承载着公司发展希望的"360项目"于2009年7月13日热调试一次全面成功,挤出第一根合格钢管,标志着国家大口径厚壁无缝钢管制造技术获得重大突破,使中国第一次进入世界耐高温高压厚壁成型材料的"极端制造"领域。360项目的成功使公司乃至兵器集团实现了装备制造在国家发展战略层面的突破，得到党和国家领导人的高度重视，温家宝总理、李克强、张德江副总理先后作出重要批示表示祝贺；国家副主席习近平、全国政协主席贾庆林先后亲自视察了360项目，并对项目建设取得的重要成果给予充分肯定。

【荣誉】 2009年，公司被国庆60周年阅兵联合指挥部授予国庆阅兵技术保障突出贡献单位荣誉称号；荣获全国“五五”普法中期先进单位、第八届全国设备管理先进单位、自治区“五一劳动奖章”、用户满意企业和文明单位标兵；荣获改革开放30年全国企业文化优秀单位荣誉称号，连续四年被评为全国企业文化建设先进单位；360工程项目部被自治区总工会和包头市总工会分别授予自治区“五一劳动奖章”和“包头市工人先锋号”荣誉称号。北方重工集团董事长、党委书记陈树清获2009年全国劳动模范和先进工作者荣誉称号。北方重工集团总经理蔺建成获2009年自治区劳动模范荣誉称号。北方重工集团副总经理雷丙旺获2009年自治区劳动模范荣誉称号。公司P91钢整体工艺优化获部级科学技术进步一等奖。

（*李彦卿*）

中海石油天野化工股份有限公司

【领导名录】

总经理：周林峰

党委书记：伊丽娜（女 蒙古族）

工会主席：杨肇基

副总经理：韩秋 胡兰松 余升阳

纪委书记：李可洪（回族）

副总经理 财务总监：赖宇雄

【概况】 中海石油天野化工股份有限公司（原内蒙古天野化工（集团）有限责任公司，以下简称“天野化工”）是国家“八五”重点建设项目，设计能力为年产合成氨30万吨，尿素52万吨，甲醇20万吨。2005年10月完成油改气联产甲醇技改项目，合成氨装置改用天然气为原料。

中海石油天野化工股份有限公司项目于1988年1月20日由国家计委批准立项，1990年10月26日经自治区政府批准成立内蒙古化肥厂。1994年4月28日主装置区开工建设，1996年12月17日产出合格产品，1998年10月22日正式通过国家验收。2000年6月15日整体改制为内蒙古天野化工（集团）有限责任公司，2002年8月1日，进一步改革组建了由内蒙古自治区政府、中国信达资产管理公司、国家投资管理公司、中国昊华化工（集团）总公司为股东的内蒙古天野化工（集团）有限责任公司。2004年7月6日，内蒙古自治区政府与中国海洋石油总公司签订了委托运营协议。2005年12月29日，正式移交中国海洋石油总公司。2007年12月26日，公司更名为中海石油天野化工股份有限公司。

【安全生产】 全年生产合成氨35.07万吨，完成年计划的108.88%；生产尿素61.03万吨，完成年计划的108.98%；生产甲醇20.33万吨，完成年计划的107%；自发电量11 296万KWH，完成年计划的112.07%；生产编织袋820万条，完成年计划的124.24%。合成氨、尿素、甲醇产量及发电量、编织袋产量均创投产以来最好水平，甲醇装置首次达产，合成氨、尿素产量在中国氮肥工业协会2009年产量统计报告中位居全国同类型同规模装置第一。公司认真组织实施节能减排、降本增效，节能12 554吨标煤，超额完成全年节能指标。

2009年销售尿素61.64万吨，甲醇20.69万吨，实现主营收入12.94亿元，产销率100%以上，回款率100%，销量、运量、销售收入均创历史纪录，实现利润1.2亿元。

【经营管理】 面对国际金融危机对产品市场的冲击，公司正确把握市场供需关系，加强厂商沟通，提高市场变化的应对能力，挖掘骨干客户的销售潜力，引入甲醇新客户，有效化解了市场风险。

加强采办管理，争取自治区政府支持，积极协调中石油及长庆公司，争取到6个月的甲醇用天然气价格优惠政策，降低成本近4 000万元；寻求业绩较好的供货商作为辅助渠道采取竞标方式为公司供煤，降低了采办成本。

争取高新技术企业获准，企业所得税率由25%降为15%，仅2009年可为公司节约税费近1 200万元。控制贷款时机，全年减少财务费用660万元。

制订完善66项管理标准，对工艺技术操作规程进行新一轮的修订完善并颁布实施；预算管理及成本管理不断强化，起到指导公司生产经营管理的作用；建成了以ERP为核心、OA为导体、应用系统并存的信息化管理平台；人力资源管理逐步细化，管理人员、技术人员、技能操作人员三支队伍建设稳步推进；公司连续15年被评为呼和浩特市综合治理先进单位。

抓好基层班组建设，并以“五型”班组建设为着力点，带动员工队伍建设。为切实做好班组建设活动，公司建立了专门组织机构，落实了领导班子成员与车间班组联系点制度,选派20名班组长到抚顺石化“王海班”参观学习。各单位开展了形式多样的“五型”班组创建活动,公司适时组织了五型班组建设经验交流会,推动班组建设深入开展。

【项目建设】 总投资17.2382亿元的在建工程年产6万吨聚甲醛项目进展顺利,累计完成投资10.46亿元。基础设计及详细设计工作已全部完成;主装置及公用工程、辅助装置土建施工任务已基本完成,进入设备、管道、仪表、电气安装高峰。

年产35万吨合成氨、60万吨大颗粒尿素新项目完成了可研报告编制并获得上级批准。环保项目中水回收及脱硫除尘投用并通过总公司验收。

【技改项目】 2月26日,天野公司合成氨装置液氨储罐系统技改项目、高锅A/B炉综合技术改造、循环水变电所6千伏系统数字化监控技术应用研究项目,通过中国海洋石油总公司验收。

【荣誉】 2月28日,中化车间化工三班被中华全国妇女联合会、全国妇女“巾帼建功”活动领导小组授予“巾帼文明岗”荣誉称号。

6月26日,内蒙古自治区人事厅、内蒙古自治区经济委员会、内蒙古石油和化学工业协会授予天野公司2008年度全区石油和化学工业先进集体荣誉,授予甲醇车间主任王瑞林全区石油和化学工业先进个人荣誉,公司磨煤机控制系统改造和高压锅炉联锁控制系统改造分获内蒙古石化行业科学技术进步二等奖、三等奖。

(刘毅 赵春玲 奇丽清 曹晓燕 任意如)

国航股份内蒙古分公司

【领导名录】

总经理:布　赫(蒙古族)

党委书记:常国军

纪委书记 工会主席 党委副书记:施　洋

副总经理:陆立新 王振华(12月任职)

【概况】 2009年,国航股份内蒙古分公司机关组织机构为:办公室、人力资源部、党群工作部、计划财务部、运行安全质量管理部;生产单位为:客舱服务部、地面服务部、综合保障部、生产指挥中心。

2009年,区域运输收入5.77亿元,同比增长43%;区域贡献收入5.67亿元,同比增长43.4%。年内,国航在本区域经营航线13条,投入运力17 719架次,同比增长25%,平均客座率达到73.2%,同比提高3个百分点。

【安全服务】 保障国航呼和出港航班4 100班,正常3 243班,正常率79.1%,其中呼和首班正常率为99.12%,航站放行正常率为98.95%,两项考核指标均达到T2值。未发生责任原因差错及以上的不安全事件。

2009年,内蒙古分公司旅客综合满意度为86.8,航班运营满意度为86.72,售票服务满意度为88.96,地面服务满意度为85.91,空中服务满意度为91.29,不正常航班服务满意度为81.1。

【生产飞行】 1月至12月,累计完成保障运输飞行任务38 233小时,区域运送旅客166.4万人次,完成旅客运输周转量15 263万吨公里。

【加强持续安全管理】 贯彻“持续安全”理念,推进SMS体系建设。推进SOC系统上线工作,促进航班保障整体有效链条形成。以“安康杯”、“安全生产月”、“三项行动”为载体,扎实开展安全专项行动。制定下发《国庆60周年安保工作方案》,确保国庆期间生产运行安全。

【加强流感疫情防控】 及时制定出台防控预案,成立防控领导小组和应急办公室,严格落实通报和信息传递规定。及时采购、储备医疗物资,广泛宣传防护知识,第一时间为一线员工接种甲流疫苗,确保职工健康。

【加强产品宣传推广】 适时推出特色服务,充分发挥“青年文明号”先锋模范作用,积极开展机上主题活动。尝试推出“导航内蒙古”服务产品,利用资源优势加大产品宣传力度,进一步提升国航品牌区域影响力。

【加强市场组织开发】 优化拓展区内航线网络,积极与公司总部、国航商委以及各级政府协调沟通,恢复呼和—通辽航线、新开北京—赤峰航线。加大客户开发维护力度,推出大客户贵宾服务卡,提升核心客户价值。

(周　亮)

内蒙古集通铁路(集团)有限责任公司

【领导名录】

总经理:陈玉柱

常务副总经理:姚永庆

党委副书记:王贵忠

纪委书记:高富安

工会主席:郝建国

副总经理:张丑 曹维 段晨明

总会计师:张德才

副总经理 总工程师:才荣杰

副总经理:孙治国 刘云彦 王伟 给古勒其(蒙古族)

总经理助理:孙国勋

【概况】 1995年7月16日,自治区和铁道部共同组建集通铁路有限责任公司。2008年6月5日,在经营范围覆盖铁路运输、煤炭营销、工程建设、专业通信等多领域的基础上,成立内蒙古集通铁路(集团)有限责任公司,管辖运营集宁——通辽、锡林浩特——多伦两条铁路,营业里程1 218.6公里,其中集通线944.7公里,锡多线273.9公里,途经内蒙古自治区4个盟市、16个旗县。集团公司下设职能机构22个;运输生产单位12个;子公司19个,其中锡多、锡乌、巴珠、蓝张、锡二5个控股合资铁路公司。有员工近1.2万人。

【安全管理】 始终把运输安全摆在支撑集团公司生存发展的首要位置,坚持抓源头、控过程、盯重点、严考核,对开通运营中规章制度进行集中清理和分项审查,形成了7大类190项安全管理规章制度标准体系,建立电子规章管理系统。贯通与部局专业管理链条,补强3个"2+1"安全管理机制,深入开展线路质量、施工安全、列车操纵等12项安全专项整治,扎实推进三项工程建设,实行重点部位和关键岗点全过程、全天候包保监控,现场安全管控能力明显提升,运输安全保持了稳定有序的良好态势,至2009年底,实现安全生产6周年。

【运输经营】 全年货运量完成3 916.7万吨,完成集团公司年计划的106.1%,同比增长8.5%;运输收入完成24.77亿元,完成铁道部下达计划的108.8%,完成董事会下达计划的107.4%,完成集团公司计划的106.9%,同比增长10.1%;主营业务收入完成26.27亿元,完成董事会下达计划的107.4%,完成集团公司计划的105.8%,同比增长9.5%。

【新线建设】 全面启动以"两横两纵"为主干的蒙东路网建设。按照铁道部和自治区铁路建设会谈纪要精神,紧紧围绕区域煤炭分布走向和东北、西北、西南方向三条外运主流,结合资源分布、区位特征、融资情况和运输需求,本着"依托资源开发、追求能力效益、实施多元融资、扩充路网通道"的原则,以集通和锡多铁路为横纵坐标主轴,科学规划并全面启动经国家和铁道部核准立项,总投资近700亿元、总长近3 000公里的锡乌线、巴珠线、锡二线、蓝张线以及集通复线、锡多复线6条铁路建设,形成以"两横两纵"为主干的蒙东路网格局,成为横贯内蒙古境内东西向,连接锡林浩特——多伦——丰宁——曹妃甸(秦皇岛)南北煤运通道。

【经营管理】 按照"规范内实、科学操作、集约经营、提升效能"的思路,建立经营班子集体决策和专家顾问辅助决策机制,推行财务全面预算管理,完善内外双向审计监督体系,实行物资设备集中招标采购、分级保管和废旧物资公开竞价处置。建立集团公司奖惩办法、集团公司劳动用工管理、集团公司劳动工资管理三个"一主六辅"配套管理机制,形成了系统完善的制度体系。健全子公司法人治理机构,分类完善经营管理模式和配套工作机制;实行基本建设、更新改造、大修工程项目预算审价、跟踪审价和竣工结算审价,提高了建设项目管理水平和资金使用效益;重点对各段、子公司财务管理和资金使用情况进行全面轮审,有效规范了基层单位经营管理。健全子公司法人治理机构,分类完善经营管理模式和配套工作机制,实行子公司监管会、专业监管委员会分级监管,子公司经营管理得到有效加强。建立多元经营与运输主业联动机制,稳步实施多经"协办协管"模式,多元经营整体收入创历史新高。

【基础设施】 针对线桥涵质量技术标准低、承载能力低、抗洪能力低、病害发生频率高对运输安全和增量提效的突出影响,从稳固安全基础,保证长远发展出发,大幅压缩非生产成本支出,挤出3.3亿元专项资金,开展了为期7个月的线路整修补强,补充道砟38万方,更换轨枕40.19万根240公里,更换60千克/米混凝土外锁闭道岔186组,更换弹条扣件149.5公里,增设地锚拉杆4 051根,全线道床厚度250毫米以上线路达到600公里,全部消灭趴底线路,三级分报警较控制指标压缩64%;对集通线上的大桥实施整修加固,线路状况明显改观。加快主要行车设备、安全装备、检修设备和检测机具更新,引进车辆运行故障动态图像检测系统,安装机车视频防火监视、司机警惕、机车走行部监测、列车运行视频监控等装置282台套,购置大型工务养路机组、轨道车、动静态检测设备和小型养路机械260余台套,技术装备保安能力和工装机具技术水平有效提升。

【技能培训】 坚持把员工队伍建设作为提升企业核心竞争力的重要途径,加强两级领导班子建设,优化基层单位班子配备,健全干部实绩考核、选拔任用、履责评价等机制,促进了履职能力的有效提升。建立专业人才引进和使用管理机制,引进专业技术人才充实基层单位,核定专业技术岗位定编、评聘工作,实现了专业管理和技术人才的优化配置。深化"1342"教育管理模式,构建三级教培体系,对职教系统管理人员全解重聘,择优选拔55名人员充实到各层教培管理岗位,配强基层专兼职教师力量,补强硬件教学设施,组织岗位适应性、规范化培训1.6万余人次。加强职工教育基地建设,建立覆盖各系统的22个技术骨干示范基地,形成了专业化、集中化演练实训格局。完善员工技术、技能等级与收入待遇一体化考核分配机制,形成了激励职工成长成材的良好环境。

(任志玲)

包铝集团

【领导名录】

包铝集团董事长 总经理:高 刘

包铝集团党委书记 董 事
包头铝业执行董事 总 经 理:刘志荣

包铝集团纪委书记 监事会主席:孔祥忠

包铝集团副总经理:刘 云

包头铝业副总经理:李满仓(9月离任)

包铝集团工会主席 董事:张 智(蒙古族)

包铝集团党委常委 董事
包 头 铝 业 副 总 经 理:王云利

包铝集团副总经理:蔡 旭

包头铝业副总经理:石长存

包铝集团财务总监:贾信民

包铝集团副总经理:冀树军 杨永亮

包头铝业副总经理:董建雄

巡视员:张国利(3月离任)

【概况】 中铝包头企业(以下简称包铝)是国家最大的铝合金生产基地和世界单体产能最大的偏析法高纯铝生产基地。由包头铝业(集团)有限责任公司(简称包铝集团)和包头铝业有限公司(简称包头铝业)组成。现有电解铝产能40万吨、炭素制品产能24.8万吨、高纯铝产能2万吨,至2009年底,在岗职工人数8 400人。

【经济指标】 2009年中铝包头企业两公司生产铝系列产品41.8万吨,其中合金系列产品比重达37.6%。生产碳素制品22.23万吨,完成营业收入57.99亿元,实现现价工业总产值52.83亿元,利润-1 207万元,实现税金2.73亿元。

【控亏增盈】 一是在市场形势整体低迷时,本着降低亏损的原则,实施弹性生产,通过暂停部分生产线,延长设备设施大修周期,减少成本支出,降低亏损额度。在市场回暖时,抢抓机遇,积极复产,新建T型锭生产线,实现了400KA电解系列前15万吨项目的达标达产。两公司亏损得到有效遏制。二是从原料进库到产成品的各个环节严格控制,确保产品质量。通过采取控制分子比、电解过热度、降低效应时间和效应系数、控制槽平均电压等措施,持续改进经济技术指标。三是强化废旧备件以旧领新制度,大力开展清仓利库、修旧利废工作,积极组织技术人员进行报废工器具的修复和废旧物资的回收利用。

【内部管理】

财务管理 坚持成本领先战略,深入推行全成本目标控制,全面实施刚性预算管理,细化成本管理,压缩各类费用;强化资金管理,加大对分子公司银行账户监管力度,严格执行收支两条线制度;加强现金流管理,拓宽融资渠道,增加贷款额度,确保资金链通畅。

人事管理 进一步强化员工管理、严肃劳动纪律等工作,严格清理在职不在岗人员;完善绩效考核体系,深化激励机制,真正实现员工收入与经济效益挂钩。

对标工作 包头铝业从成本、工艺技术等指标的管控模式和管理体制等方面,与中铝内部同类型先进企业全面对标,各项技术经济指标得到不同程度改善。按照中铝公司要求,包铝集团积极开展对标工作,成立领导小组,明确工作职责,制订实施方案,初步确定对标指标及标杆值。

基础管理 包头铝业进一步推进标准量化管理试点工作,实施了细节和全流程管理,取得了初步成效。包铝集团继续深入推行6S管理,采取月度集中检查的方式,逐步使“6S”管理向日常化、规范化、制度化迈进。在开展精益化管理的同时,适时启动了“四好”活动。

【营销工作】

产品销售 在政府贴息贷款的支持下,在价格低位时期收储铝锭,在铝价振荡回升时实现销售,增加收益5 000万元,全年产销率达103.63%,货款回笼率达100%。适时加大了附加值较高的电工圆铝杆的产销量,开发了新疆、北京、沈阳、上海、西安等多个重点客户。在巩固高纯铝国内市场的同时,出口日本和巴林,阴极碳块成功出口马来西亚。全年累计出口高纯铝121.45吨、碳块1 057.66吨,创汇194.28万美元。

原材料供应 根据市场变化和生产需求调整采购量,优化采购策略,合理储备库存。对不同等级原料实行分级分类招标采购,广泛发掘原料市场,培养潜在供货群,确保了原料供应,仅采暖煤采购一项同比降低455万元。调整采购计划,在低价位时加大采购量,适当增加库存,降低了采购成本180万元。

【科技创新】

包头铝业　与科研院校合作研究的"杂质元素镓对铝合金组织、性能影响规律研究"等3个项目通过省级鉴定,"铝电解用优质预焙阳极炭块生产关键技术的研究与开发"等4项科技成果通过自治区成果鉴定。顺利完成"圆铝杆新产品试制开发"项目,并荣获自治区科技进步一等奖。"铝电解三度寻优"项目已完成槽控机的改造工作。

包铝集团　发挥技术优势,与重庆大学、中南大学合作研究的"偏析法高纯铝箔"和"高硼含量的硼铝合金产品及铝灰回收再利用"科技项目得到地方的资金支持,正在试验中。成功试制并批量生产开槽阳极炭块,最大程度降低了铝液熔解损失。201项目可湿润阴极炭块的成功试制,标志着包铝集团具备批量生产的条件。5N高纯铝试验也取得初步成效,进入在线试验阶段。

【管理改革创新】　按照"积极稳妥,稳步推进"的原则,在认真学习、广泛动员、深入调研的基础上,本着"重在优化、精在简员、贵在效率"的原则,科学合理地制订《中铝包头企业管理优化组织机构设置方案》及配套办法,顺利完成了中层机构的优化整合工作。同时,按照"公开透明、择优竞争"原则,开展中层管理人员公开竞聘和干部交流。二级机构由52个精简到35个,精简33%,中层干部由130名精简到98名,精简25%,一批年富力强、专业性强的干部走到中层领导岗位。

【安全生产】　积极推行"管理标准化、现场标准化、操作标准化"安全管理模式。加强重点部位督促检查,强化安全生产责任制,切实加强员工安全培训教育、监督防范工作,杜绝人身设备伤害事故。加强环境和职业健康安全管理体系建设,提升了安全管理综合水平。全年未发生重大人身设备安全事故。

【荣誉】　2月12日,经包头市、自治区、中央文明委逐级考察和公示,包铝被中央文明委再次命名为全国文明单位。

3月21日,包铝集团党委书记,包头铝业执行董事、总经理刘志荣被授予"全国有色行业劳动模范"荣誉称号,包铝集团高纯铝厂被授予"全国有色行业先进集体"荣誉称号。

（王　永）

内蒙古自治区盐务管理局
（内蒙古盐业公司）

【领导名录】

局长　经理:赵玉怀

副局长　副经理:刘建潮(女)　张占选　李学义

纪检委书记:江亚君(女)

副书记:王树良(蒙古族)

总经济师:吕　信

【概况】　2009年,全区盐的生产总量为222.61万吨,同比减少29.27万吨,其中,加碘盐生产总量为18.54万吨,同比减少3.01万吨,完成计划21.10万吨的87.85%。销售盐产品92.85万吨,其中食盐19.03万吨,完成年计划的90.19%。销售纯碱33万吨、硫化染料1.67万吨、硫化碱4.39万吨。

全区运销企业销售盐29.91万吨,较上年29.76万吨同比增加0.15万吨,完成年计划28.17万吨的106.19%。其中:食盐销售17.52万吨,(小包装盐12.65万吨)畜牧盐销售3.97万吨,小工业盐销售7.24万吨,肠衣盐销售1.18万吨。食用盐、多品种盐、畜牧盐、肠衣盐销售较上年增加,小工业盐销售有所下降。

【经营管理】　全区各盐业企业把扩大销售摆到突出位置,市场拓展工作成效明显。吉兰泰盐化集团公司根据用户的不同需求,细分市场,确定重点供货大客户,实施灵活的市场调整与整合,使产品的获利空间进一步增大。盐业运销企业市场拓展工作取得了前所未有的突破。多家企业积极争取政策,促成当地政府对食盐升级换代的关注和支持,下发专门文件倡导食盐消费的科学化、绿色营养化,对促进食盐产品升级换代工作起到积极作用。2009年全区销售多品种盐5 100多吨,为2008年销售量的近4倍。

运销企业致力于应对危机、提振专营经济活力,确立了紧缩费用,稳定市场、稳固经营、提升企业管理水平、提升结构调整水平,提升市场营销水平的工作方针,企业上下紧紧围绕这一工作中心运筹经营,围绕规范经营管理行为和强化基础管理,积极开展管理"强化年"和"提高年"活动,加强财务管理,加强成本费用控制,严格控制风险,使基础管理不断完善,经营行为更加规范。

【市场监管】　全年全区共出动盐政执法人员42 600余

人次,出动车辆2.8万余台次,散发各类宣传材料69万余份,检查各类经营户35 200余户(次),查处涉盐违法案件319件,查获各类违法盐产品331吨,罚没款39.68万元,移送案件2起。自治区各级盐务局继续加大省际边界联检工作,有力地打击了跨省区的涉盐违法活动。同时,继续巩固历年来对小盐湖的治理成果,控制土私盐外流,初步建立了小盐湖的长效治理机制,进一步规范了盐业生产经营秩序。全区碘缺乏危害未达标县在2009年也完成既定目标。至此,全区101个旗县区全部完成消除碘缺乏危害阶段性目标。

【质量管理】 2009年生产经营各环节盐品质量稳中有升。生产企业采取有效措施,改进工艺和管理,持续提高产品质量。运销企业不断加强基础设施建设,建立健全企业产品质量管理体系,认真落实《中华人民共和国质量法》、《中华人民共和国计量法》和《中华人民共和国食品卫生法》,加强了各个环节的监督和抽查,确保了盐产品质量的稳定提高。2009年全区生产、经销的盐产品质量指标统计结果显示:精制盐合格率99.79%,较目标值99%提高了0.79个百分点;优一级品率99.08%,较目标值96%提高了3.08个百分点;粉洗盐合格率98.01%,较目标值98%提高了0.01个百分点;一级品率2.70%,较目标值50%降低了47.3个百分点;日晒盐合格率99.37%,较目标值98%提高1.37个百分点;一级品率19.36%,较目标值40降低了20.64个百分点;原盐(工业盐)综合合格率98%,与目标值98%持平;一级品率60.02%,较目标值60%提高0.02个百分点;加碘盐综合合格率99.36%,较目标值98%提高1.36个百分点;一级品率52.76%,较目标值60%降低了7.24个百分点;盐产品综合合格率98.17%,综合一级品率58.97%;内蒙古盐业质量检测站全年共检测盐产品119个批次,合格批次107个,合格率89.92%。通过坚强有力的质量管理工作,全区有四家食盐生产企业获得了工息部核发的全国食盐定点生产企业许可证,全区食盐小包装袋通过了QS认证。

【深化企业改革】 全区盐业生产经营企业进一步深化改革,全面增强企业发展动力和活力。以吉兰太、雅布赖、额吉淖尔为骨干的生产企业改革力度不断加大,企业的投资主体多元化进一步实现,资产重组和结构调整得到大力推行,资产规模得以扩大,资本运作能力明显增强,资产质量进一步优化,经营管理水平进一步提高,赢利能力进一步增强,持续发展能力全面提升,进入了有较强竞争力和影响力的企业行列。专营企业按照建立现代企业工资收入分配制度的要求,并根据人力资源管理的特点,积极探索建立以岗位工资为主的基本工资制度。提高关键性管理、技术岗位和高素质短缺人才岗位的工资水平。根据产品的市场状况和销售特点,确定营销人员的任务、责任,进一步完善营销人员的收入分配办法。企业内部实行竞争上岗,人员能上能下,岗变薪变,极大地调动了职工的工作积极性。

【技改与产品研发】 随着新技术、新工艺、新材料的引进和使用,各生产企业的技术装备水平和产品的技术含量在逐步提升。雅布赖盐化集团碱液喷淋除尘脱硫项目的建设,使生产流程除硫率达60%以上、除尘率达70%;采用带式过滤机过滤工艺的碱泥回收技术,实现废液循环回收利用,碱泥中含碱量由22%左右降到8%左右,提高了资源的利用率;实施尾气回收利用工艺,全年回收二甲基二硫34吨,回收并销售芒硝3 400吨,达到清洁生产、环保节能目的,实现效益和环保的双赢。

额吉淖尔盐场根据市场需求,突出盐产品研发工作,在原有钙、锌强化盐,低钠、洗浴盐系列产品的基础上,又研发推出硒强化营养盐,完成绿色食盐认证和融雪盐的生产标准、包装设计。运销企业注重科技附加值高的盐产品推广,全年共推出七个新品种盐,产品品种档次更丰富,科技附加值对整体经济效益贡献值进一步加大。

【存在的问题】 一是由于国际金融危机的影响,盐化工产品处于停产、半停产状态,也导致工业用盐销售的下降。二是各种费用的上涨,加大了企业的生产经营成本。三是国家提高食盐出厂价80元,零售价不动,运销企业盈利空间急剧缩小。四是产品的精加工、深加工不够,科技含量不高。

(景　恕)

内蒙古大兴安岭林业管理局(森工集团)

【领导名录】

局长 总经理:安国通(蒙古族)
党委书记:扎　布(达斡尔族 6月离任)
副总经理:张学勤(6月任职)
副局长:石玉峰(蒙古族)
党委副书记:崔志博
副总经理:马春元 郭燕吉(蒙古族) 王财(6月离任)
　　鹿占山(6月离任)
总经济师:曹克山(6月离任)

工会主席:周思伟(6月由原副总经理改任)

副总经理:李国英

纪委书记:张日成(6月离任)

副总经理 纪委书记:张良(6月由原工会主席改任)

副总经理:赵宝军(6月任职) 王彦伟(6月任职)

总经济师:韩锡波(6月任职)

总工程师:徐鹤忠(6月任职)

宣传部部长:段 英(女)

组织部长:陈佰山(蒙古族 6月任职)

【概况】 1946年中国共产党开始逐步领导内蒙古大兴安岭的林业生产,1952年组建林管局对大兴安岭进行全面有计划的开发建设,1993年经国家计委、国家经贸委、国家体改委批准组建森工集团,是设在内蒙古大兴安岭国有重点林区生态保护与建设的事业单位,也是自治区直属大型国有企业。林业生态主体功能区总面积10.67万平方公里。据第七次全国森林资源连续清查结果显示,内蒙古大兴安岭林区森林面积817.36万公顷,活立木总蓄积8.87亿立方米,森林覆盖率76.55%,均居全国国有林区之首,是我国最大的集中连片的国有林区。其森林生态维系着国家东北、华北的生态安全,是额尔古纳河、黑龙江和嫩江、松花江的水源涵养地,是保障东北粮食主产区和呼伦贝尔大草原的绿色屏障。

2009年全年实现林业产业总产值34.2亿元,同口径增长24.86%;主产品木材销售251.8万立方米,平均售价654.48元/立方米,比计划提高4.48元;固定资产投资完成15.4亿元,同比增长74.4%;实现全部营业收入22.2亿元;实现利润7 586万元;资产保值增值率102.3%。

【生态建设】

生态建设再创佳绩 据2009年第七次全国森林资源连续清查结果显示,天保工程十年,林区有林地面积净增64.42万公顷,达803.39万公顷;森林覆盖率提高7.34个百分点,达76.55%;活立木总蓄积增加1.2亿立方米,达到8.87亿立方米,已超过开发初期的活立木蓄积。

从严管护森林资源 严格落实森林采伐限额和林地征占用定额管理制度,严厉打击破坏森林资源的违法犯罪活动,共查处非法侵占林地、林木和捕猎野生动物案件2 594起,依法依规处理各类涉案人员2 881人,收回林地12 679亩。健全了550个专业管护站,对有林地全部落实了管护责任。结合棚改工程扎实推进林场撤并和生态移居,共扩大腹地无人区面积22.2万公顷。

科学防控森林自然灾害 防扑火能力得到全面提升,当日灭火率达到96.8%,火灾受害面积2 653.9公顷,扑火费用支出600万元,分别较前五年平均下降63%、70%,节省费用1 000万元。

提升森林经营水平 结合"天保二期"等生态、民生投入政策导向,编制完成《林区国家级公益林区划方案》、《大小兴安岭生态保护与经济转型规划》和《森林可持续经营利用方案》。全年完成人工更新造林13.19万亩,成活率达96.7%;完成森林抚育183.84万亩,作业合格率100%。

【体制改革】

继续理顺社会事业管理体制 首批剥离企业办社会职能改革后续工作圆满完成,在册人员档案全部理顺移交到位;移交单位的债权债务全部清理处置到位;协助属地落实移交单位的增资机制;理顺林业"十一五"规划学校、医院建设项目责任主体和管理程序。

改制企业健康良性发展 对实施改制的196家企业按工作标准组织验收。按照国有资产处置相关规定,全面完成改制资产的评估、报批、认定、审核和备案工作。按承诺落实原料供应优惠政策,共调拨8.8万立方米木材和36万立方米剩余物供应改制企业。与呼伦贝尔市、兴安盟及属地旗市召开13次林地共同扶持改制企业发展协调对接会,使改制企业在市场准入、生产许可、招商引资、金融信贷、技术改造、节能减排等方面享受与属地非公企业同等政策待遇。帮助改制企业组建产业协会,搭建改制企业之间、企业与政府、与原料供应单位、与市场对接的平台。在产业协会的指导下,一些重点改制企业在技术改造、合资合作等方面取得实质性进展。据林产协会初步统计,2009年,进入协会的51户木材加工改制企业完成各类产品产量与改制前相当,实现产值4.4亿元,盈利2 243万元。

机构 劳动用工和分配制度改革继续深化 本着精干高效、管理科学的原则,研究批复了各单位的机构改革和编制方案。林管局(森工集团)所属单位由56个调减为42个,全林区科级机构由1 305个调减到933个,减少28.5%;科级干部由3 808人减为3 243人,减少14.8%。统一招聘录用108名高校毕业生充实到林业一线,优化员工结构。在分配上,较正常增资比例高出5~10个百分点向一线和重要技术岗位倾斜,极大调动一线职工的生产积极性,促进了岗位结构调整。

【产业发展】

森工主体创新发展 在严格执行资源管理各项政

策的前提下,围绕市场抓调查设计和木材生产,合理调整材种结构,创新采伐工艺流程,全面推行原条下山和贮木场效益造材,提高优质材种和畅销材种比重,主伐原条进场率提高5%,森林资源采伐消耗利用率提高10%,经济材比重提高15%,实现了资源利用率和经济效益"双提高"。加大木材营销力度,提高市场预判和快速反应能力,适时调整销售策略,实施精细化销售,多方协调铁路部门增加运力,大量压缩库存,使有限的木材实现效益最大化。

旅游业稳步推进　共投入资金1亿元用于森林公园建设,满归、根河、阿里河、克一河、毕拉河的森林公园景点设施均有不同程度的改善。加快阿尔山和莫尔道嘎旅游重点景区接待能力和交通、通讯等基础设施建设,投资3 600万元的莫尔道嘎白鹿岛宾馆已完成主体工程,阿尔山银江沟温泉度假中心建设已启动地质勘探工作,将于2010年7月完成一期工程。2009年林区共接待游客28.5万人次,同比增长10.16%;实现旅游综合收入1.82亿元,同比增长18.5%。

合理开发矿产业　投资2 200万元取得根河市森鑫矿业开发有限公司22%的股权,使森工矿业公司和得耳布尔森工公司在森鑫矿业的持股比例达到49%,与陕西有色控股集团实现了强强联合。阿尔山森工公司合作完成100万吨石灰石矿的改扩建项目,生产矿石21万吨,实现产值1 890万元。绰尔森工公司合作的铁矿项目生产铁矿石15万吨,实现产值5 000万元。

赴俄采伐取得实效　按照新体制、新机制扎实推进赴俄采伐工作,乌尔旗汉林业局在俄罗斯的采伐项目共生产木材15万立方米,实现销售收入13 978万元,实现利润2 003万元,外输劳动力344人,人均收入达3万元,为积极推进对俄资源开发合作,扩展发展空间提供有益借鉴。

【企业管理】

管理创新活动　实施吊桥安装电子计量器,提高单车载量;运用微机判读技术对贮木场出入库进行管理,减少装车误差;试行"木材生产作业招投标制",增加成本投放透明度;成立资金结算中心,减少财务费用等诸多创新管理措施,提高了企业管理水平。

资金管理　实行财务会计电算化联网管理,提高财务会计信息的真实性和准确性,为规范资产、资金管理,科学经营决策创造条件。

计划 基建管理　严格履行各项管理程序,切实维护计划的严肃性,确保资金投向,加强工程造价和质量管理,全面落实了建设项目法人责任制、招投标制、监理制、合同制。

能耗管理　科学标定能耗定额,重点能耗单位全部建立了煤、油、电消耗统计台账,全年共节煤4 430吨、油286吨、电100万千瓦时,实现万元产值能耗下降5%。加大节支力度,严控可变费用,全年实现增收节支3 000万元。

审计管理　两级审计完成项目198个,纠正违规金额1.04亿元,收缴违纪资金314.7万元,挽回经济损失894.3万元。加大对"小金库"的清理取缔力度,共清理纠正"小金库"资金490万元,收缴违规违纪资金70.6万元。

【改善民生】

增资力度继续加大　千方百计筹措资金,按6%~20%的幅度继续调增工资,使在岗职工年人均工资达到14 088元。同时,偿还了历史拖欠的医疗费、工资、差旅费1.05亿元。

改制员工普遍得到实惠　全部偿清11 000多名涉及改制人员的医疗费、欠缴养老金和拖欠工资。2009年在金融危机的情况下,多数改制企业员工工资有了不同程度的增长,有的翻了一番,有14家林产工业改制企业共分红1 311万元,其中根河板业员工按股最低分红3 000多元,员工平均工资达到2.2万元。

棚改工程扎实推进　克服资金紧张、施工期短、拆迁困难等不利因素,按照职工满意工程的要求,各单位建设方案重实用、工程实施重质量、住房分配重公平、筹措资金保投入、抢赶进度保工期,列入计划的106.7万平方米棚户区改造工程全部开工建设,有60.2万平方米棚改工程已交付使用,1.27万户、3万多名职工群众喜迁新居。同时还积极争取了国家棚户区改造异地建设试点,有4 860户林场、林业局职工将移居到牙克石、根河、鄂伦春等旗市所在地,加快了属地城镇化进程,改善了职工居住生活条件。

社会保障体系继续完善　在职工养老、医疗、生育、失业参统的基础上,将19个林业局在岗职工全部纳入属地工伤保险统筹。争取了大集体职工属地养老参统免缴滞纳金、利息和"4050"人员养老保险补贴政策,林区大集体参保人数进一步扩大。近4万名一次性安置人员参加医保统筹门槛降低,实行参保前缴费减免政策。近8万名林业职工家属进入属地低保,做到了应保尽保。加大力度落实了全民职工和一次性安置人员因病和特繁工种退休优惠政策,全年审批通过退休人员5 619人,其中一次性安置人员3 149人。

切实关注弱势群体　投放资金1 000多万元,扶持

1 199户困难职工发展家庭经济。累计筹集送温暖、助学等各类扶贫助困资金1 000万元，补助困难职工17 448人次，资助困难职工子女1 836人。

【重要活动】 3月27日，林管局（森工集团）召开林区春季防火暨得耳布尔林业局50年无重大森林火灾表彰会。国家森林防火指挥部总指挥、国家林业局局长、党组书记贾治邦签发贺电。自治区政府发布了《关于表彰得耳布尔林业局50年无重大森林火灾的通报》。自治区副主席郭启俊发来贺电。

【荣誉】

2009年度国家级和部级表彰的先进集体和先进个人

1. 全国民族团结进步模范集体：内蒙古大兴安岭林管局，颁发单位：国务院。

2. 全国森林防火先进单位：内蒙古大兴安岭林管局、内蒙古得耳布尔林业局、内蒙古根河林业局、内蒙古根河航站，颁发单位：国家森林防火指挥部、国家林业局。

3. 全国森林防火先进个人：安国通 内蒙古大兴安岭林管局局长、白俊山 内蒙古满归林业局局长、吴玉柱 内蒙古大兴安岭林管局防火办副主任、张阔海 内蒙古阿尔山林业局防火办主任、张广栋 内蒙古大杨树林业局防火办主任、王忠宝 内蒙古根河航站站长，颁发单位：国家森林防火指挥部、国家林业局。

4. 全国五一劳动奖章获得者：陈方文内蒙古满归林业局北岸林场主任，颁发单位：全国总工会。

5. 全国文明单位：内蒙古莫尔道嘎林业局，颁发单位：中央文明委。

6. 全国精神文明建设工作先进单位：内蒙古根河林业局、内蒙古阿里河林业局，颁发单位：中央文明委。

7. 梁希林业宣传突出贡献奖：段英内蒙古大兴安岭林管局党委常委、宣传部部长，颁发单位：国家林业局。

8. 全国森林资源监督先进单位：内蒙古大兴安岭林业管理局驻库都尔林业局森林资源监督员办事处、内蒙古大兴安岭林业管理局驻图里河林业局森林资源监督员办事处、内蒙古大兴安岭林业管理局驻金河林业局森林资源监督员办事处，颁发单位：国家林业局。

9. 全国森林资源监督先进工作者：苏林海 内蒙古大兴安岭林业管理局驻吉文林业局森林资源监督员办事处、李学彬 内蒙古大兴安岭林业管理局驻毕拉河林业局森林资源监督员办事处 、张淑萍 内蒙古大兴安岭林业管理局驻根河林业局森林资源监督员办事处、刘蒙德 内蒙古大兴安岭林业管理局驻绰源林业局森林资源监督员办事处 、徐凤先 内蒙古大兴安岭林业管理局驻阿尔山林业局森林资源监督员办事处 、赵树立 内蒙古大兴安岭林业管理局驻满归林业局森林资源监督员办事处 、巩宪林 内蒙古大兴安岭林业管理局驻乌尔旗汉林业局森林资源监督员办事处 、颁发单位：国家林业局

2009年度自治区党委、政府表彰的先进集体和先进个人

1. 自治区文明单位：内蒙古莫尔道嘎林业局长青林场、内蒙古金河林业局亚金沟林场、内蒙古根河林业局贮木场、内蒙古大兴安岭森林调查规划院、颁发单位：自治区党委、政府。

2. 自治区文明单位标兵：内蒙古得耳布尔林业局，颁发单位：自治区党委、政府。

3. 自治区森林防火先进单位：内蒙古绰源林业局，颁发单位：自治区党委、政府。

4. 自治区森林防火先进个人：内蒙古吉文林业局局长邵洪波、内蒙古根河林业局副局长张国新、内蒙古大兴安岭林管局防火办郑晓光，颁发单位：自治区党委、政府。

（郑 伟）

北方联合电力有限责任公司

【领导名录】

董事长 党委书记：吕 慧

总经理 党委副书记：吴景龙

副总经理：铁木尔（蒙古族） 刘亚洲 李国宝 石维柱 张纲

总经济师：王宝龙（蒙古族）

【概况】 北方联合电力有限责任公司（以下简称北方公司）成立于2004年1月，是内蒙古电力实施厂网分开后，发电资产重组后成立的公司，由内蒙古自治区控股管理，注册资本人民币100亿元。2005年6月和2009年9月，北方公司先后进行股权重组和股东变更，由中国华能集团公司控股管理北方公司，四方股东的股比为：中国华能集团公司51%，广东省粤电集团有限公司20%，内蒙古国电能源投资有限公司19%，中国神华能源股份有限公司10%。至2009年底，管理装机容量1 562.878万千瓦，其中风电36.578万千瓦，资产总额685.6亿元。有所属单位29个，员工总数1.8万人。拥有达拉特发电厂（装机318万千瓦）、上都发电

厂(装机240万千瓦)、丰镇发电厂(装机120万千瓦)、海勃湾发电厂(装机106万千瓦)、包头二电厂(装机110万千瓦)、包头一电厂(装机115万千瓦)六个装机超百万千瓦的火力发电厂,上都发电厂电力直送京津唐电网。承担着内蒙古自治区6个盟市4 500多万平方米居民供热和工业用汽任务。目前,北方公司拥有控股煤炭项目7个,控制资源储量63.41亿吨;参股开发煤炭项目3个,权益储量13.6亿吨。其中投产煤矿1个,在建煤矿4个,前期煤矿项目2个,公司煤炭项目年设计总产能规模4 040万吨。

北方公司实行董事会负责制,公司设立经营管理机构,负责公司日常经营管理。该经营管理机构由董事会领导,并接受监事会的监督。公司由董事长、总经理、副总经理、总工程师、总会计师、总经济师、副总师、各单位厂长(经理)、各部门经理组成。

【安全生产】 2009年,全年非计划停运发生53起,同比减少66起。丰镇发电厂全年机组无非停,乌拉山电厂4号机组对标管理名列华能系统同类型机组第一。煤矿安全管理严格执行安全生产标准,坚持“两票”、安全性评价和安全质量标准化,确保了生产安全。全年电力生产发生一般设备事故2起,同比持平;发生一般火灾事故1起,同比增加1起;发生设备一类障碍45起,同比减少4起;电力、煤炭基本建设安全稳定;未发生人身伤亡事故、重大责任交通事故和重大设备损坏事故。公司实现安全生产510天,圆满完成国家、自治区重大活动期间保电和安全供热任务。公司累计完成发电量635.7亿千瓦时,累计完成供热量2 927.27万吉焦,累计生产原煤248万吨。

【基本建设】 2009年,投产风电项目94台共14.7万千瓦,超额完成13.5万千瓦年度投产任务。辉腾锡勒风电场4.05万千瓦工程荣获国家工程建设质量最高荣誉奖—2009年度国家优质工程银奖,这是继该工程在2008年6月获得中国电力行业优质工程奖之后的又一殊荣,填补了北方电力公司风电建设史上又一项空白。黑城子、魏家峁、高头窑、铧尖4个煤矿进入全面建设阶段。其中,黑城子煤矿一期工程全部完成;魏家峁煤电公司积极创造条件抢抓进度,实现了年内出煤;高头窑煤矿、铧尖煤矿矿建工作按计划进度顺利推进。

【人力资源】 2009年,完成2 202名生产一线员工技能鉴定工作,进一步健全完善煤炭管理体制,组建和充实煤炭人才队伍。积极开展校企合作,与国内领先的科研院所合作,着力改善人才结构,培养高层次技术人才。分别与清华大学、华北电力大学签署战略合作协议,重点开展全能值班员、工程硕士研究生和生产主专业人员的培训培养。与西安热工研究院签署技术合作框架协议,借助热工院优势,积极推广应用新技术,不断提高应对复杂技术问题的能力。

【经营管理】 突出抓电量,市场营销取得新成效。充分发挥上都电厂、达拉特电厂等大电厂、大机组的优势和作用,全力争取机组满负荷运行,保持电量增长良好的态势。突出抓燃料,燃料管理取得新进展。调动公司和电厂两个积极性,每周逐厂分析标煤单价,加大铁路运煤力度,重点兑现大矿煤合同,开展燃料专项审计和效能监察,不断加强和完善内控管理水平,最大限度控制燃煤成本。强化费用控制,降本增效取得较好效果。坚持“过紧日子”,严格成本核算和预算管理,加强分析与考核,提高费用管理水平,大幅度压缩开支。积极落实相关政策,全力增加收入。包头一电厂、包头二电厂的工业热价,包头一电厂扩建工程的脱硫上网电价,待核准的蒙西发电厂、包头一电厂扩建工程和包头三电厂上网电价及东送电价得到及时落实,全年电热费调整增收9 400多万元。积极开展降本增效活动,取得较好效果。经营管理突出成本管理和费用控制,严格月度资金预算的上报与审批,严格煤炭会计核算,控制燃料成本费用支出,稳定在合理的水平。市场营销、商务管理取得较好成效,管理理念和市场意识在明显的增强。

【企业管理】 北方公司自成立以来,借助于新体制和新机制,借助于自治区资源优势和区位优势,借助于中央企业的管理和信息平台,全面实施“两个集中,两个统一”和“一包两挂五考核”的运营管理模式。“两个集中”即集中管理生产经营工作,集中管理基本建设工作;两个统一即统一核算、结算,统一资源调配。“一包两挂五考核”主要内容为:第一,承包指标:利润总额;第二,挂钩指标:安全生产、上网结算电量;第三,考核指标:一是考核单位燃料成本、标煤单价和可控费用;二是考核电热费回收率、流动资金周转次数;三是考核供电煤耗、综合厂用电率、发电水耗、非计划停运次数、时间和环保运行;四是考核入厂煤与入炉煤热值差和煤场亏吨;五是考核党风廉政建设。通过加强经营管理,进一步提高了公司管理水平,企业经营快速发展,综合实力迅速增强。

【营销工作】 公司蒙西网电量比高于平均容量比3.16个百分点,机组平均利用小时高于蒙西网平均水平180小时,高出其它发电公司平均水平306小时。上都电厂充分发挥点对网送电优势,全力争取4台机组满负荷运行,保持电量增长良好态势,完成发电量129.33亿千瓦时,超过华北电网计划15.16个百分点。风电公司等14家单位完成公司发电量计划指标。煤炭运销开立铁路户头,累计外销煤炭近100万吨,煤炭外销稳中有升,形成公司新的经营和经济增长点。

【科技环保】 全年完成4台机组共132万千瓦的脱硫改造项目,并对11台机组实施汽动给水泵改造。包头一电厂扩建工程、包头三电厂、金桥热电厂两型企业顺利推进,为公司在2010年全面创建两型企业打下坚实的基础。达拉特发电厂等6家单位进入自治区10家全区节能突出贡献企业和10家全区减排突出贡献企业,丰镇发电厂被乌兰察布市授予乌兰察布地区减排典型企业荣誉称号。通过检修技改,公司的发电厂用电率下降0.32个百分点,煤耗下降10.2克/千瓦时,运行机组除尘率、二氧化硫排放量和氮氧化物排放指标均达到华能考核要求。上都发电厂3号机组、金桥热电厂1号机组获得2009年度全国发电机组供电煤耗对标竞赛三等奖。上都串补装置正式投入运行,解决了负荷送出受限问题,极大地提高机组的经济性,并已通过中国电力科技进步一等奖评审。

【信息化管理】 2009年6月,北方公司ERP项目以国内领先水平通过华能集团公司组织的评审和验收。这一项目采用国际先进理念,结合企业自身特点,统一管理流程,建立集中管理的业务平台,实现信息共享,符合信息化建设的发展方向。通过跨部门跨企业的业务协同实现生产、物资、财务一体化管理,提高资源利用率,提升企业管理水平、集约化和抗风险能力,实现信息技术和业务的充分融合,对探索企业科学发展规律具有较强的示范作用。公司信息化工作被中国信息化测评中心评为全国信息化500强和最佳ERP应用奖,并获2009年度中国电力企业管理创新一等奖。北方电力公司及达拉特发电厂、上都发电厂等三个单位荣获"全国电力信息化标杆企业"称号。

(郑志明)

华电内蒙古能源有限公司

【领导名录】

总经理:周顺宏

副总经理:李　丰　赵文奎

副总经理 纪检组长 工会主席:巴　希(蒙古族)

副总经理:程　刚

总会计师:吴建平(女　回族)

【概况】 华电内蒙古能源有限公司(以下简称华电蒙能公司)成立于2009年3月27日,是中国华电集团公司在原华电内蒙古公司基础上改制重组的全资子公司,拥有7个项目公司,建成并投产10台火电机组和200多台风电机组,总装机容量达到320多万千瓦,累计完成投资150多亿元。公司设总经理工作部、政治工作部、人力资源部、财务资产部、市场营销部、计划工程部、安全生产部和燃料管理部等8个部门,共有员工32人。

2009年公司累计完成发电量126.98亿千瓦时,完成集团年度计划的92.67%,同比下降13.38%。其中:火电完成发电量120.99亿千瓦时,风电完成发电量5.99亿千瓦时。供电煤耗343.91克/千瓦时,同比下降7.19克/千瓦时;火电累计利用小时完成4 172小时,同比减少762小时,比蒙西电网平均水平高36小时;按营销口径电热费回收率超过100%;单位二氧化硫排放绩效0.55克/千瓦时;公司系统累计亏损2 986万元,其中,按集团公司预算口径,四家火电厂全年实现利润3 661万元,同比增加1.8亿元。

库仑风场投产装机7.05万千瓦,至此,一期工程全部投产;扩建200兆瓦项目的设备吊装工作全部完成。截至年底,公司系统投产装机容量达322万千瓦。

【生产经营管理】 公司开展"安全生产年"、"三项行动"、"创星级发电企业"和全国"安全生产月"等活动,全面加强安全生产管理。进一步完善反违章机制,重点抓好隐患排查,严格执行"两票三制",把确保人身和设备安全摆在突出位置;深化安全生产专项治理,组织开展春查、秋查、环保互查、贮灰场隐患排查等基础工作,累计发现各类隐患3 070项,已整改3 039项,整改率98.99%;加强应急管理,完善应急管理机制和预案;举办检修、运行管理培训,完成对东华、乌达、包头公司的供热专项查评;加强运行和设备管理,强化技术监督,不断提高生产信息系统的应用水平,落实防机组"非停"措施,完善典型缺陷数据库和重大缺陷分析月报制度,设备可靠性和节能水平进一步提高。继续加强检修标准化作业管理,推广点检定修,试点设备精密点检和远程诊断。坚持并完善大小修内部督导制度,顺利完成10台次机组的大小修任务,同时对2008年大修的4台机组和公司系统2008年、2009年的所有重大技改项目、50万及以上一般技改项目全部进行绩效评价。公司系统全年累计发生非停14次,同比减少14次,未发生人身事故,各单位均保持投产以来安全生产无事故的良好纪录。圆满完成迎峰度夏、60年大庆保电等重要任务。

【改革发展】 公司坚持科学发展和价值思维的理念，2009年主要围绕集团公司与呼伦贝尔、鄂尔多斯、包头签订的战略合作协议和集团五年发展纲要中明确的发展目标和重点项目，紧密跟踪自治区工业规划和配置资源政策，充分考虑蒙东、蒙西各自的资源条件和发展特点，积极推进区域产业结构调整工作，项目发展呈现良好局面。一是采取长短期结合，煤电一体，项目转化，现有矿收购等方式，重点在呼伦贝尔、鄂尔多斯等煤炭资源富集地区全力推动煤炭资源的占有和开发。鄂尔多斯市国土资源局和伊金霍洛旗国土资源局已分别出文同意为蒙西氧化铝项目和伊旗热电项目配置5亿吨和10亿吨煤炭资源；自治区发改委同意由华电投资开展呼伦贝尔诺门罕南区煤田总体规划设计工作；在中小技改矿的收购方面，确定了鄂尔多斯金通煤矿和蒙东滨洲线附近煤矿为重点的收购项目。二是以项目核准和资源配置为目标，积极开展电源项目的前期准备工作。完成了伊金霍洛煤电项目初可研报告的审查工作；开展了东华热电与包铝集团就合作开发二期项目的谈判；继续争取土默特项目核准，以及十二连城、莫、鄂两旗、诺门罕电源项目开发；乌达、包头公司的二期扩建工作也在积极推进。三是围绕资源配置和产业延伸，加强配套项目的研究与开发。粉煤灰提取氧化铝项目的收购谈判已经完成，工艺路线初步确定，并由东北大学完成了工艺试验报告；围绕建立新型煤化工的政策导向，呼伦贝尔公司先后拿出了甲醇、乙二醇、五联产等多套建设方案，其中，年产20万吨乙二醇项目，取得自治区经委同意开展前期工作的“路条”。2×500万吨/年褐煤热解及煤气焦油综合利用项目，已委托开展初可研编制工作；与伊泰集团合作建设煤制油项目、与内蒙古大陆电子材料有限公司合作建设一期3 000吨多晶硅项目正在积极调研和商洽。包头公司供热改造工程正式投运；为卓资解困争取的石灰石矿已取得资源配置批复文件。

四是大力加强新能源项目的开发工作。红泥井4.95万千瓦风电项目获得核准，完成了对玫瑰营4.93万千瓦已核准风电项目的收购。巴音项目已具备核准条件；川井项目的接入系统方案已报电网公司，审查通过后具备核准条件；二连浩特风光互补城市供电示范项目已取得集团公司和自治区发改委同意开展前期工作的批复。

【荣誉】 1月20日，内蒙古华电卓资发电有限公司荣获全国“精神文明建设工作先进单位”称号；2月22日，包头东华热电有限公司被授予“内蒙古自治区职工职业道德建设先进单位”称号；3月，内蒙古华电乌达热电有限公司荣获集团公司“2008年度市场营销先进单位”和“集团公司2008年度燃煤电厂燃料管理优秀企业”；4月27日，内蒙古华电包头发电有限公司总经理赵晓东荣获内蒙古自治区“五一”劳动奖章；5月，内蒙古华电乌达热电有限公司机化检修班组也被集团公司工委授予“工人先锋号”称号；8月8日，华电蒙能公司晋级“内蒙古自治区文明单位”；9月21日，包头东华热电有限公司荣获自治区“模范职工之家”荣誉称号；10月23日，内蒙古华电包头发电有限公司被授予“全国电力系统企业文化建设标杆企业”称号；10月30日，内蒙古华电包头发电有限公司被全国总工会、中国质量协会、共青团中央、全国妇联、中国科协5家单位联合授予“全国质量管理小组活动优秀企业”称号；10月15日，包头东华热电有限公司荣获2009年全国电力系统企业文化先进单位；10月31日，卓资公司获中国企业文化促进会“企业文化建设百佳贡献单位”称号；11月23日，内蒙古华电包头发电有限公司荣获2009年度“内蒙古自治区用户满意企业”称号。

（曹智）

内蒙古国电能源投资有限公司

【领导名录】

董事长：薛昇旗(6月任职)

总经理 副董事长：祝文东(5月任职)

党委书记：李政文(5月任职 回族)

党委副书记 纪委书记 副总经理：富君(6月任职 蒙古族)

董事 副总经理：刘国梁(6月任职)
杨秋民(5月任职)

董事 总会计师：杨富锁(5月任职)

副总经理：武斌(6月任职) 周路平(6月任职)
张东方(6月任职)

副总经理 总工程师：仝孝忠(6月任职)

工会主席：宋玉江(6月任职)

董事长 党委副书记：王维维(6月离任)

董事 副总经理：李　丰(4月离任)

【概况】 2009年是内蒙古国电能源投资公司发展史上极具重大意义的一年，在自治区党委、政府和中国国电集团公司的部署与领导下，原内蒙古能源发电投资有限公司（简称蒙能公司）顺利完成了与中国国电集团公司的战略重组，重组而成的内蒙古国电能源投资有限公司（简称蒙能投公司）依托自治区能源、区位与项目优势，充分汲取中国国电集团公司在资金、人才、企业管理方面的深厚积淀，重新站在新的历史起点上，掀开蒙能投公司经营发展的新篇章。2009 年，蒙能投公司紧紧把握重组机遇，沉着应对国际金融危机的持续影响和自治区煤电市场的巨大变化，审时度势，统筹兼顾，确定“以减亏增盈为中心，加快与国电集团管理融合，把‘控规模、调结构、上水平、保稳定’有机结合起来，努力推动公司规范运作、稳健经营，确保企业和谐稳定、增强企业核心竞争力和可持续发展能力”的经营思路。公司广大干部员工转变观念，统一思想，顽强拼搏，共克时艰，顺利完成了公司交接和平稳过渡，逐步建立和规范了运行管理秩序，各项生产经营建设工作取得显著成效，扭转了公司生产经营难以为继、严重亏损的局面，初步实现的自治区党委政府与国电集团公司对于蒙能投公司的战略重组意图。

【生产经营指标】 全年发电量完成98.15亿千瓦时，同比增长46.66%；上网电量完成88.23亿千瓦时，同比增长46.7%亿千瓦时；供热量完成247.21万吉焦，同比增长43.69%。

供电煤耗完成 363 克/千瓦时，同比降低 8 克/千瓦时，比年度计划值低 2 克/千瓦时；综合厂用电率完成10.11%，同比降低0.2个百分点，比年度计划低0.09个百分点；发电水耗完成0.35千克/千瓦时，同比降低0.07千克/千瓦时，比年度计划降低0.07千克/千瓦时。

供热煤耗完成41.13千克/吉焦，同比降低0.14千克/吉焦；供热厂用电率完成11.35千瓦时/吉焦，同比提高1.29千瓦时/吉焦。

主营业务收入累计完成20.57亿元，同比增长57.99%，下半年比上半年增长49.03%。

全年累计实现利润 -4.7亿元，同比降低亏损6.24亿元。实现利税 -2.01亿元。累计实现税金2.69亿元。

合并报表口径资产总额234.82亿元，同比增长27.36%；负债总额158.96亿元，同比降低7.88%；资产负债率67.69%，同比降低27.73%；所有者权益75.86亿元（其中：母公司所有者权益75.86亿元），同比增长548.93%。

全年金山、乌斯太和兴安盟风电工程固定资产投资完成110 533万元，准大、锡林、新丰基建收尾工程固定资产投资完成10 792万元，丰镇热网二期和乌斯太热网工程固定资产投资完成10 583万元，胜利西二矿固定资产投资完成15 840万元。

【完成战略重组】 2009 年 1 月 21 日，自治区政府和国电集团正式签署蒙能公司重组框架协议，经过深入细致的资产评估等实质性工作，于 4 月 17 日双方签署重组蒙能公司增资协议，双方以 50∶50 股比重组蒙能公司。5 月 19 日，自治区与国电集团宣布重组后新公司领导班子。6 月 8 日，蒙能投公司正式注册成立。6 月 26 日，蒙能投公司隆重举行成立揭牌仪式。

公司重组纳入国电集团管理序列后，为充分借鉴国电集团运行多年成熟先进的管理理念和模式，进一步理顺和规范公司生产经营运行秩序，结合自治区国资委“企业管理年”活动，蒙能投公司迅速开展与国电公司管理对接工作。通过各层面、各环节与国电集团对口交流、赴国电系统先进单位实地学习考察等途径，加快公司与国电集团的管理融合。全面启动建章立制工作，整理汇编形成十三大类共 182 项管理制度，其中对 162 项进行修编，新增 20 项制度，进一步完善符合公司经营实际的制度体系，为公司规范运作、稳健经营提供制度保障。

【减亏增盈活动】 通过对 2009 年财务损益预算的构成分析，根据自治区经委下达发电量计划，全年预计亏损10.80亿元。为尽快摆脱公司经营困境、改善经营状况，公司领导班子研究决定以抢发增发电量、优化电量结构、降低能耗指标、控制成本费用等为重点，在公司完成重组后迅即开展减亏增盈活动，从生产经营管理各环节全方位入手，采取切实可行的措施，减亏增效，亏损局面逐月改善，11 月份实现蒙能公司成立以来的首次月度盈利，盈利0.16亿元，12 月份盈利大幅提高，达1.05亿元。全年实现利润 -4.7亿元，同比降低亏损6.24亿元。

【安全生产】 承接和保持 2008 年安全总体稳定的良好态势，公司始终坚持“安全第一、预防为主、综合治理”方针不动摇，不断完善制度措施，狠抓责任落实，努力夯实安全生产基础。分阶段、分步骤全面开展“三项行动”，努力构建安全生产长效机制，不断完善安全管理体系。有效组织“安全生产月”活动，进一步提高各级领导干部的安全意识，增强安全工作能力。充分履行企业责任，圆满完成新中国成立 60 周年活动等重大节日期间的保电任务，安全生产实现1 235天，未发生设备损坏事故、人身伤亡事故、火灾事故、交通事故和环境污染事故。

在保持安全稳定的前提下,以完成全年发电量任务为目标,公司全面加强生产管理。积极开展节能降耗工作,编制下发节能管理办法,配套出台公司中长期节能规划及实施方案,统筹指导各厂节能降耗工作。积极开展对标管理,优化机组运行方式,精心调整运行参数,通过节能降耗、同业对标、计划改造、控制成本等生产管理工作,供电煤耗、综合厂用电率、发电水耗、发电油耗等主要技术经济指标同比明显下降。

【市场】 在电力需求总体下降、市场竞争日益激烈的严峻形势下,紧抓抢发电量和落实电价重要环节,科学优化内部电量结构,千方百计开展营销工作,为扩大利润空间创造有利条件。下半年完成发电量56.36亿千瓦时,比上半年增长34.86%。采取灵活手段,积极参与市场竞争,2009年直接竞价交易公司经济指标名列第一,竞争电量仅占公司总发电量8.74%。

【基建管理】 按照国电集团公司管理模式,进一步明确基建程序和责任主体,强化安全、质量、造价、进度等关键环节,进一步理顺和完善公司基建管理体制。在设备严重不足、施工力量难以组织等错综复杂的形势下,统筹各方面因素,研究确定年度基建目标。通过加强组织领导、严格执行投资计划、强化控制资金使用、合理制定进度目标、优化现场施工方案、加大设备催交力度、有序组织现场施工等措施,实现金山、乌斯太已进入分步试运阶段;丰镇热网二期、乌斯太热网先后于10月15日、10月28日投运供热;兴安盟科右前旗49.5MW风电项目已于12月29日33台风机全部并网发电。

【环境保护】 通过对环保设施的精心维护和优化运行,投产电厂环保设施运行较好。全年没有发生环境污染事故。严格按照"三同时"原则,有序开展基建项目环保设施建设,所属环保设施运行效率大幅提高。按全年发电量98亿千瓦时计算,SO_2排放绩效0.96克/千瓦时,同比下降78.6%。

【风电开发】 2009年,公司风电核准容量已达198兆瓦。12月6日,兴安盟科尔沁右翼前旗公主岭风电工程顺利实现公司风力发电零突破的目标。

【项目开发】 2009年2月,玻璃沟煤矿获得国家发改委出具的允许开展前期工作的文件。7月13日,兴安热电厂项目获得国家发改委核准。

【蒙东地区能源规划建设】 把握国家振兴东北老工业基地和内蒙古加快东四盟经济发展的历史机遇,依托蒙东地区具有得天独厚的资源、区位和后发优势,毕拉河水电站、30/52煤制化肥项目、20亿立方米煤制天然气项目等项目得到快速发展。30/52煤制化肥项目于9月2日奠基。省级送气工程20亿立方米煤制天然气项目正在积极开展可研。

【体制机制改革】 坚持改革创新,积极推进公司体制机制改革,推动公司又好又快发展。按照现代企业要求,努力建立企业法人治理结构,经积极协调,2009年12月26日,自治区国资委与国电集团公司对公司章程正式签字,为公司规范经营奠定基础。针对公司管理机制体制实际,及时对部分管理职能和体制机制进行创新调整。

【荣誉】 内蒙古国电能源公司、锡林热电厂荣获"自治区文明单位标兵"称号;

准大发电厂、内蒙古电力工程技术研究院荣获"自治区文明单位"称号;

锡林热电厂荣获中国国电集团公司"文明单位"及"安全生产先进单位"。

全国五一劳动奖章获得者:贾金祥。

(尚青茹)

神华集团准格尔能源有限责任公司

【领导名录】

董事长:马　军

总经理:张维世

总工程师:郭昭华

副总经理:田爱民 孙彬 李志明

【概况】 神华准格尔能源有限责任公司是集煤炭开采、坑口发电、铁路运输及粉煤灰提取氧化铝为一体的大型综合能源企业,是中央企业神华集团有限责任公司的控股子公司。2005年随中国神华能源股份公司上市,公司注册资本金71.21亿元。至2009年12月份,神华准格尔能源有限责任公司及中国神华哈尔乌素煤炭分公司总资产229亿元。

准格尔煤田位于内蒙古自治区鄂尔多斯市准格尔旗,地处蒙、晋、陕交界处,东临黄河,北距首府呼和浩特市120公里。煤田已探明地质储量267.6亿吨(公司拥有煤炭资源储量30.98亿吨),煤层平均厚度32.8米,属低硫、特低磷、高灰熔点、较高挥发份和较高发热量的长焰煤,应用基底位发热量为4 000~5 600大卡/千克,是优质动力和气化及化工用煤,以低污染而闻名,被誉为"绿色煤炭"。

公司拥有年设计能力为2 000万吨的黑岱沟露天

煤矿及配套的选煤厂；受神华集团公司委托管理年生产能力2 000万吨的哈尔乌素露天煤矿及配套的选煤厂和全长16.187公里的点（岱沟）~南（坪）运煤铁路专线；装机容量为2×100兆瓦的坑口电厂、2×150兆瓦煤矸石电厂，拥有权益装机容量总计566兆瓦；正在建设的2×330兆瓦矸石电厂二期工程2010年建成；正线全长264公里，年运输能力7 000万吨的大（同）—准（格尔）单线Ⅰ级电气化铁路；大准铁路点岱沟—二道河增二线工程2010年建成；2010年开工建设粉煤灰提取氧化铝工程项目，计划到2012年建成年产40万吨氧化铝工程，2015年完成年产80万吨氧化铝工程；有配套的供电、供水、通讯、计算机网络、污水处理等生产辅助设施。

【生产经营】 2009年，原煤生产3 874.76万吨，同比增长914.32万吨。商品煤4 206.75万吨，同比增长763.95万吨。发电21.5亿度，完成年度计划的116.22%。铁路发送货物6 550.31万吨，完成年度计划的114.92%，同比增长1 051.07万吨。

全年营业收入129.19亿元，同比增长27.88亿元。利润34.53亿元，同比增长10.91亿元。实现税金20.71亿元，同比增长7.21亿元。

【煤炭生产】 两大露天矿充分发挥骨干矿井的作用，加强内外协调，千方百计提质增量，公司煤炭产量再创新高。黑岱沟露天煤矿提前15天完成全年生产任务，被中国煤炭工业协会评为“全国特级高产高效矿井”。

【电力生产】 大准铁路各项运营指标屡创新高，年运量突破6 500万吨，继续保持了单线铁路安全周期最长、年运输量最大的全国纪录。

【安全生产】 全面构建内控管理体系。公司将内控管理和风险管理紧密结合，不断加强和完善内控机制，系统梳理整合了174个业务流程，并制定关键风险点的管控措施。充分发挥内部审计和法律职能，加强合同审查。切实强化固定资产管理。全年清理闲置资产876项，清查盘点质量进一步提高，公司固定资产现状更加明晰。

公司以风险预控管理为核心，以人的不安全行为控制为重点，结合安全质量标准化建设，全面推进本安体系建设。强化外委承包队伍安全管理，将其纳入公司安全管理范畴，补充完善了外委承包队伍安全管理制度和流程，注重日常监督检查。公司安全生产形势保持平稳。

全年杜绝了重伤及以上事故、一般C类及以上非伤亡事故。

【科技创新】 公司全年获得省部级科技进步奖3项，神华集团科技进步奖5项，申报专利技术28项，获得中国企业新纪录5项。

【节能减排】 加大环保投入，在装车站、破碎站、煤场装设防风抑尘网。积极淘汰高能耗设备，深入开展全民节能减排活动，各项能耗指标和污染物排放显著下降。公司被中国煤炭协会评为全国煤炭工业节能减排先进企业。

【改善职工生产 生活环境】 一是大力开展文明生产整治，职工的作业环境和工作条件得到改观。二是新建（改扩建）一线职工食堂，职工就餐环境不断改善；全面实施一线职工免费班中餐。三是高度重视职工身心健康，全年职工带薪疗养897人；实行了全员免费体检，并对职业病患者进行专项检查。四是积极开展“送温暖”活动，全年发放各类帮扶慰问金105万元，办理低保43户。

【荣誉】 1月12日，选煤厂煤质化验室获得了中国合格评定国家认可委员会颁发的实验室认可证书；4月17日，公司选煤厂粉尘治理项目荣获内蒙古自治区2007年度自然科学二等奖；在建党88周年之际，公司被内蒙古自治区工委评为“企业党建先进工作单位”；公司7个单位分别通过自治区级和市级文明单位复查验收，公用事业公司晋升为内蒙古自治区级文明单位；公司职工魏建雄荣获“全国五一劳动奖章”，黑岱沟露天煤矿荣获自治区“五一劳动奖状”；公司露天煤矿本安管理信息系统荣获第二届中央企业青年创新奖铜奖，黑岱沟露天煤矿团委荣获神华集团“五四红旗团委”荣誉称号；“抛掷爆破炸药制备关键技术及其应用研究”获全国民爆器材行业协会民爆科技一等奖；“露天煤矿端帮靠帮开采方法及开拓运输系统优化设置”获国家煤炭工业科技进步一等奖；准能矸电在全国循环流化床机组竞赛中，1号机组荣获一等奖、2号机组荣获三等奖。

（全向军）

华能伊敏煤电有限责任公司

【领导名录】

总经理：银　龙

党委书记：范　贵

党委副书记 纪委书记 工会主席：强同仁

副总经理：姚常明 刘增荣 郑怀国 周刚

总会计师:梁　瑾

【生产经营指标完成情况】　华能伊敏煤电有限责任公司隶属华能呼伦贝尔能源开发有限公司管理。2009年,公司全年完成发电量116.37亿千瓦时,同比增加9.16亿千瓦时;完成原煤产量1 420万吨,同比增加37万吨;外销煤炭476万吨,同比减少34万吨;综合厂用电率完成4.86%,同比降低0.57个百分点;综合供电煤耗321.78克/千瓦时,同比降低2.74克/千瓦时;电费回收36.69亿元,回收率完成101.1%;销售收入完成34.83亿元,同比增加0.82亿元;实现利润7.58亿元,同比减少0.79亿元。

【安全生产】　2009年,公司在煤电生产、建设任务繁重、安全生产工作压力的情况下,牢固树立"任何事故都可以避免,任何隐患都可以控制"的管理理念,坚持把安全管理与煤电生产建设同步安排。加强煤矿三期基建安全管理,加强交通安全、草原林带防火管理,以"防人身、保设备、控非停"为重点,开展"战严寒、保生产,奋战100天"活动,努力使安全管理做到全方位、全天候、全过程。深入开展春、秋检及临时性、节假日期间的安全大检查活动,开展各种形式的安全大检查、电力安全生产"三项行动"和隐患排查治理专项检查、反违章专项整治检查、安全生产月活动,公司全年安全生产保持平稳态势。

【项目开发前期工作】　伊敏年产500万吨褐煤提质首期100万吨试验项目得到自治区发改委批复,将在是年开工;与清华大学等单位合作,确立伊敏电厂四期"循环流化床褐煤发电示范工程"的技术路线,并通过专家评审;伊敏外围煤田纳入伊敏矿区总体规划获得自治区发改委委托,正在修编当中;40亿立方米煤制天然气项目列入自治区"十二五"天然气利用规划;60万吨煤制烯烃项目与美国博地和法国道达尔公司前期合作进展顺利;伊敏煤电化一体循环经济产业园整体规划有序推进。

【企业管理】　2009年,面对日趋激烈的市场竞争和各种不利因素的挑战,公司在加强企业管理方面,立足于"一个中心"、"两个转化"和"三个提高"。即以完成全年生产经营任务为中心,坚持把人员优势向人才优势转化,把企业资源优势向发展优势转化,努力提高队伍素质,努力提高管理水平,努力提高发展能力。为此,进一步创新管理思路,健全内控制度,狠抓安全生产,强化生产技术管理,加强干部梯队建设和绩效管理,从而,使企业管理继续向科学化方向迈进,促进了效率和效益的提高。

【科技进步与节能环保】　公司坚持发挥技术监督和指标考核体系作用,以创建集团公司"节约环保型燃煤电厂"、全国"安全高效露天矿"工作为载体,向集团公司火电标杆机组看齐。积极参与煤、电两个行业竞赛,进一步优化生产组织,生产技术管理水平得到有效提高。年初,解决了次同步谐振问题,使四台机组具备满发条件;电厂在#4机组A级检修中,首次独立完成汽轮机本体大修,解决汽轮机高、中压转子振动问题,锻炼检修队伍,提高检修能力。露天矿加强技术攻关,有效解决半连续系统投产以来存在的一系列隐患,系统移设时间大幅度缩短,生产能力大幅度提高,超额完成600万吨原煤生产任务。开展水资源综合利用工作,完成煤电三期工程节水方案的编制;深入开展"节能宣传周"活动,共同为提升公司创效能力打基础。

【职工队伍建设】　公司以"进一步发挥环节干部作用,保持煤电一体化领先地位"大讨论活动为切入点,通过各级各类培训、适当调整岗位、优化组织机构设计等渠道,并结合学习实践科学发展观活动,大力开展干部队伍建设,进一步增强环节干部的使命感和危机感,提高环节干部的思想素质和履职能力。建立健全环节干部、年轻后备干部培养机制,进一步完善《人力资源管理办法》,坚持在煤电生产一线发现和培养年轻干部,坚持培养跨行业、跨专业的复合型领导干部,着力建设一支有专业、会管理、善经营的领导干部队伍;进一步推进"三支队伍"建设,以岗位培训和技能考核为手段,加强员工队伍建设。采取内培与外培相结合的形式培训职工3 680人次。其中,签订师徒合同636份,外请专家来伊敏讲课和现场培训12期,特种作业办证、检证培训625人。在发电厂、露天矿、综合服务中心和机电修配处组织开展40多个工种的技术比武活动。全年完成电力和煤炭行业14个工种238人初、中、高级工与27个工种195人技师及高级技师的职业技能鉴定工作。

【荣誉】　公司分别荣获"华能集团2009年度先进企业"、"中国煤炭工业协会AAA级信用企业"、"自治区A级信用纳税人"和"内蒙古自治区公益之星"等荣誉称号,发电厂#3、#4机组顺利通过无渗漏达标验收,节约环保型燃煤电厂创建工作取得显著成效,露天矿第九次被授予"全国安全高效露天矿"称号,第二次荣获全国煤炭行业"双十佳煤矿"表彰,被评为集团公司"安全生产先进单位"。

（曹焕忠）

工 业 园 区

国家级开发区

<table>
<tr><th rowspan="2">序号</th><th rowspan="2">开发区名称</th><th rowspan="2">批准机关</th><th rowspan="2">批准时间</th><th colspan="2">审核确定的面积(公顷)</th><th rowspan="2">主要产业 *</th></tr>
<tr><th>总面积</th><th>其中:集中新建区面积</th></tr>
<tr><td>1</td><td>呼和浩特经济技术开发区</td><td>国务院</td><td>2000.07</td><td colspan="2">980</td><td></td></tr>
<tr><td>2</td><td>包头稀土高新技术产业开发区</td><td>国务院</td><td>1992.11</td><td>956</td><td>956</td><td>光机电一体化,新材料(以稀土为主),生物、医药技术</td></tr>
<tr><td>3</td><td>二连浩特市边境经济合作区</td><td>国务院</td><td>1992.03</td><td colspan="2">100.00</td><td>边境贸易、木材和建材加工、食品及畜产品加工</td></tr>
<tr><td>4</td><td>满洲里市边境经济合作区 *</td><td>国务院</td><td>1992.03</td><td colspan="2">640.00</td><td>边境贸易、进口木材加工、精细化工加工</td></tr>
<tr><td>5</td><td>满洲里中俄互市贸易区</td><td>国务院</td><td>1992.04</td><td colspan="2">20.96</td><td>轻工产品、旅游纪念品、小商品等民间贸易</td></tr>
<tr><td>6</td><td>呼和浩特出口加工区</td><td>国务院</td><td>2002.06</td><td colspan="2">221</td><td>在建</td></tr>
</table>

备注:六批合计有222家国家级开发区通过审核,其中内蒙古自治区通过审核的6家开发区共核准面积2 917.96公顷。

【呼和浩特经济技术开发区】

概况　呼和浩特经济技术开发区创建于1992年,下辖如意工业园区和金川工业园区,2000年7月被国务院批准为国家级经济技术开发区。规划面积9.8平方公里,已全部开发。基础设施累计投入40.89亿元。

开发区以电子信息、乳业、贵金属冶炼、生物制药、中蒙药业、机械制造、新材料为主导产业。其中有以伊利集团为代表的乳业;以创维电子、TCL王牌、北特通信、方维电器、银安科技等为代表的电子信息制造业;以阜丰生物科技、齐鲁制药、双奇药业、大唐药业、兰太药业、元和药业、海日瀚等为代表的生物发酵和生物制药业;以日月太阳能、华生高岭土等为代表的新型材料业;以众环数控、富特橡塑、恒方科技、一汽亿阳、敕勒川电缆、精诚绝缘子、上海电气等为代表的装备制造业。世界500强利乐集团生产项目落户开发区。开发区现入驻工业企业329家,其中规模以上工业企业64家。2009年实现工业增加值108亿元,上缴税金12.2亿元。

机构设置

职　务	姓　名	联系电话
开发区管委会书记	常志刚	0471－4610630
管委会主任	李博宏	0471－4617048
管委会副主任	张国民	0471－4615701
管委会经济发展局局长	东　升	0471－4615702

【包头稀土高新技术产业开发区】

概况　包头稀土高新技术产业开发区成立于1990年,1992年被国务院批准为国家级高新区,是自治区唯一的国家级高新技术产业开发区,也是全国唯一以“稀土”冠名的高新技术产业开发区。自治区24户重点开发区之一,由建成区、滨河新区、希望园区三部分组成,总面积122平方公里,建成面积15.54平方公里,基础设施建设累计投资32.2亿元,实现了“七通一平”。

开发区以稀土产业、新能源装备、有色金属加工和高新技术产业为主导产业。已入驻工业企业809户,其中规模以上工业企业176户。2009年实现工业增加值275.14亿元,上缴税金27.03亿元。

重点企业名录

企业名称	主要产品	生产能力
东方希望包头稀土铝业有限责任公司	铝锭	52.24万吨
包头北方创业股份有限公司	铁路车辆	2843辆
内蒙古北方重型汽车股份有限公司	自卸车、挖掘机	342台
包头华鼎铜业发展有限公司	硫酸、粗铜	3万吨粗铜
内蒙古包钢稀土高科技股份有限公司	稀土精矿 稀土化合物	14.82万吨 1.88万吨
内蒙古金风科技有限公司	风力发电机部件	571台
包头伊利乳业有限责任公司	液体乳	18.62万吨
包头市西水水泥有限责任公司	水泥	117.85万吨
内蒙古包钢和发稀土有限公司	稀土化合物	1.35万吨
内蒙古中基番茄制品有限责任公司	番茄酱	15万吨

机构设置

机构名称(职务)	姓　名	联系电话
管委会主任	任　福	0472-5311881
管委会副主任	张玉伦	0472-5912002
管委会综合办公室主任	刘翌君	0472-5156625
管委会经济发展局局长	吴铁山	0472-5912020

【二连市边境经济技术合作区】

概况　二连边境经济技术合作区是国家级经济技术合作区,1993年由国务院批准设立,合作区划分为口岸加工区、出口加工区,规划面积18平方公里,已建成面积9平方公里,累计投入基础设施建设资金0.78亿元。

合作区以木材加工为主导产业。现入驻工业企业67户,其中规模以上工业企业16户。2009年完成工业增加值9.58亿元,上缴税金0.54亿元。

重点企业名录

企业名称	主要产品	生产能力
二连远恒木业有限责任公司	板材	10万立方米
二连安泰木业公司	板材	10万立方米
美克国际木业(二连)有限公司	板材	10万立方米
二连友谊木业公司	板材	10万立方米
二连万家欣木业	板材	5万立方米
二连鞍海圣洋选矿公司	铁精粉	50万吨

机构设置

职务	姓　名	联系电话
管委会主任	刘世生	0479－7517083
管委会副主任	赵永平	0479－7517962
管委会综合办主任	张悦星	0479－7517962
管委会经济发展局局长	李文靖	0479－7517962

【满洲里边境经济合作区】

概况　满洲里边境经济合作区是1992年设立的国家级开发区，规划面积70平方公里，已建成面积35平方公里，园区累计完成基础设施建设投资17亿元。

合作区以木材精深加工、建材、化工为主导产业。现入驻工业企业372户，其中规模以上工业企业53户。2009年完成工业增加值21亿元，上缴税金1亿元。

重点企业名录

企业名称	主要产品	生产能力
满洲里光明热电有限责任公司	供热	70万吉焦
满洲里欧亚实业有限公司	集成材	5万立方米
满洲里仟鼎木业有限责任公司	板材	10万立方米
满洲里凯盛木业贸易有限责任公司	板材	10万立方米
满洲里三峡木业有限公司	集成材	6万立方米
满洲里宏丰木业有限公司	集成材	5万立方米
满洲里联众木业有限责任公司	集成材	10万立方米
满洲里满纲实业有限公司	板材	5万立方米
满洲里沈铁木材防腐有限公司	防腐枕木	3万立方米
满洲里筑城水泥制造有限责任公司	水泥 商品混凝土	20万吨 78立方米/时

机构设置

职　务	姓　名	联系电话
管委会主任	邹积丰	0470－3988588
管委会副主任	张伟民	0470－3988666
管委会综合办公室主任	于　磊	0470－3988896
管委会经济发展局局长	徐冰杰	0470－3988560

【满洲里中俄互市贸易区】

概况　满洲里中俄互市贸易区是1992年设立的国家级开发区，规划面积3平方公里，建成面积2.7平方公里，累计基础设施投资2亿元。

贸易区以出口加工、商贸旅游、仓储物流为主导产业。现入驻工业企业10户，其中规模以上工业企业7户。2009年完成工业增加值1.74亿元。

重点企业名录

企业名称	主要产品	生产能力
中国华能呼伦贝尔能源公司安泰热电有限公司满洲里热电厂	电力 热力	1.2亿千瓦时 284万平方米
满洲里光明煤业有限责任公司	褐煤	22万吨/年
满洲里三发木业有限公司	板方材、集成材及建筑用材	30万立方米
满洲里市自来水公司	供水	2万吨/日
满洲里涿洲蓝天网架有限公司	彩钢压型、钢结构体系	4 000吨/年
满洲里发达沙石制品有限责任公司	砂石	20万立方米
满洲里宝石洁具有限公司	浴缸、淋浴房	2万套
满洲里华山拖拉机制造有限责任公司	拖拉机 农机具	5 000台 8 000台
满洲里市荣鑫仓储有限责任公司	像胶粉	900吨
满洲里正泰阀门制造有限公司	阀门制造	4 500吨

机构设置

职　务	姓　名	联系电话
管委会主任	刘福茂	0470－6260189
管委会副主任	刘金才	0470－6260163
管委会综合办公室主任	吴振华	0470－6260167
管委会经济发展局局长	付晶淼	0470－6260252

【呼和浩特出口加工区】

概况　呼和浩特出口加工区是国家级开发区,2002年6月经国务院批准在呼和浩特经济技术开发区内建立“呼和浩特出口加工区”。规划面积2.21平方公里,已建成面积1平方公里,基础设施累计投入1.5亿元。

呼和浩特出口加工区以电子信息、新型材料为主导产业。现入驻工业企业8家,其中规模以上工业企业2家。2009年实现工业增加值11.7亿元,上缴税金0.12亿元。

重点企业名录

企业名称	主要产品	生产能力
内蒙古晟纳吉光伏材料公司	单晶硅、硅棒、硅片	250吨
内蒙古北特通信有限公司	光缆 光缆连接品	

机构设置

职　务	姓　名	联系电话
管委会主任	那顺巴雅尔	0471－2285740
管委会经济发展局局长	王晓彤	0471－2285745

自治区级开发区

序号	开发区名称	原名称	批准机关	时间	主要产业 *	规划面积（公顷）
1	内蒙古金山经济开发区	呼和浩特金山经济技术开发区	自治区政府	2003.03	乳业、机械、纺织	500
2	内蒙古呼伦贝尔经济开发区	呼伦贝尔市海东工业开发园区	自治区政府	2002.09	乳业、工业硅冶炼、新型建材	1 000
3	内蒙古呼伦贝尔岭东工业园区	呼伦贝尔岭东工业园区	自治区政府	2003.07	木材加工、农药、农畜产品加工业	670
4	内蒙古满洲里工业园区	满洲里进口资源加工园区	自治区政府	2003.07	木材加工	100
5	内蒙古乌兰浩特经济开发区	乌兰浩特经济技术开发区	自治区政府	2003.03	农畜产品加工、制药	500
6	内蒙古通辽经济开发区	通辽经济技术开发区	自治区政府	2001.09	乳业、饲料、包装	1 000
7	内蒙古赤峰松山经济开发区	赤峰桥西经济开发区	自治区政府	1992.10	农畜产品加工、非金属材料加工	134
8	内蒙古锡林郭勒经济开发区	锡林郭勒经济技术开发区	自治区政府	2001.12	肉食品加工、生物制药、机械	500
9	内蒙古鄂尔多斯东胜经济开发区	内蒙古东胜经济技术开发区	自治区政府	2003.01	羊绒纺织	1 000
10	内蒙古达拉特经济开发区	内蒙古树林召经济技术开发区	自治区政府	2001.03	纺织、农副产品加工、建材	127
11	内蒙古鄂尔多斯上海庙经济开发区	内蒙古上海庙工业园区	自治区政府	2001.12	生物制药、化工、建材	1 000
12	内蒙古准格尔经济开发区	准格尔旗沙圪堵经济技术开发区	自治区政府	1999.10	电石、煤炭深加工、高岭土加工	1 000
13	内蒙古巴彦淖尔经济开发区	巴彦淖尔经济技术开发区	自治区政府	1993.01	绒纺、食品、医药	433.3
14	内蒙古呼伦贝尔能源重化工工业园区	呼伦贝尔市伊敏高载能工业园区	自治区政府	2003.06	新材料、煤化工	120
15	内蒙古乌海经济开发区	乌海高耗能工业园区	自治区政府	1998.08	化工、金属产品加工、建材	2 500
16	内蒙古阿拉善经济开发区	内蒙古乌斯太经济开发区	自治区政府	2002.01	盐化工、煤化工、金属产品加工	1 000
17	呼和浩特鸿盛工业园区	内蒙古鸿盛高科技园区	自治区政府	2006.04	服装、机械、食品	121.49
18	呼和浩特裕隆工业园区	呼和浩特裕隆工业园区	自治区政府	2006.04	毛纺、乳业、建材	200
19	内蒙古包头铝业产业园区	包头生态示范工业（铝业）园区	自治区政府	2006.04	电解铝及铝深加工	2 000
20	内蒙古包头九原工业园区	包头九原工业开发区	自治区政府	2006.04	钢铁、稀土、工业硅	1 463
21	内蒙古阿荣旗工业园区	呼伦贝尔阿荣旗工业园区	自治区政府	2006.04	大豆加工、肉类加工、淀粉生产	100

续表

序号	开发区名称	原名称	批准机关	时间	主要产业＊	规划面积（公顷）
22	内蒙古莫力达瓦工业园区	莫力达瓦达斡尔族旗巴特罕工业园区	自治区政府	2006.04	农畜产品加工、食品加工	400
23	内蒙古陈巴尔虎旗工业园区	陈巴尔虎旗宝日希勒工业园区	自治区政府	2006.04	煤炭及煤深加工	217
24	内蒙古霍林郭勒工业园区	霍林河新型能源化工高新技术工业园区	自治区政府	2006.04	金属制品加工、化工	337.1
25	内蒙古林西工业园区	赤峰林西宏林工业园区	自治区政府	2006.04	畜产品加工、绒毛加工、制药	100
26	内蒙古察哈尔工业园区	乌兰察布察哈尔右前旗察哈尔生态园区	自治区政府	2006.04	乳业、农畜产品加工、食品	1 000
27	内蒙古磴口工业园区	蒙牛科技食品工业园区	自治区政府	2006.04	乳业、食品、化工	486.78
28	内蒙古杭后工业园区	河套食品工业园区	自治区政府	2006.04	农畜产品加工、食品	310
29	内蒙古武川经济开发区	武川高载能工业园区	自治区政府	2006.05	建材、铁合金、化工	350
30	内蒙古包头兴胜经济开发区	包头九原农业产业化绿色园区	自治区政府	2000.10	生物制药、农副产品加工、电子	36.01
31	内蒙古包头石拐工业园区	包头石拐区高载能工业园区	自治区政府	2006.05	铁合金、电石、金属冶炼	183.71
32	内蒙古宁城经济开发区	宁城经济开发区	自治区政府	2006.05	食品加工	176.17 应核减其中酒厂、养殖场面积
33	内蒙古鄂尔多斯苏里格经济开发区	内蒙古苏里格经济技术开发区	自治区政府	2001.07	新材料、化工	75.59
34	内蒙古托克托工业园区	呼和浩特托电工业园区	自治区政府	2006.06	生物制药、金属冶炼	1 500
35	呼和浩特金海工业园区	呼和浩特金海工业园区	自治区政府	2006.08	服装、建材、机械	92
36	呼和浩特金桥经济开发区	呼和浩特金桥开发区	自治区政府	2001.12	石油化工、生物制药、建材	1 029.79
37	内蒙古和林格尔经济开发区	呼和浩特盛乐经济园区	自治区政府	2000.12	乳业、毛纺、食品	1 400
38	内蒙古赤峰红山经济开发区	赤峰红山高新技术开发区	自治区政府	2002.12	制药、农畜产品加工、新材料	120
39	内蒙古鄂托克经济开发区	内蒙古蒙西经济技术开发区	自治区政府	2001.04	铁合金、新材料、煤化工	2 000

备注:全国八批共审核通过省级开发区1 346户,内蒙古是39户,规划面积25 282.94公顷。

【呼和浩特金山经济开发区】

概况　呼和浩特金山经济开发区是成立于2002年3月的自治区级开发区,规划面积18平方公里,已全部开发,累计基础设施投入10亿元。实现了“七通一平”。

园区以化工、乳业、电力、物流、装备制造为主导产业。现入驻工业企业91家,其中规模以上工业企业23家。2009年,开发区实现工业增加值21.22亿元,同比增长34.8%;上缴税金5.86亿元,同比增长29.6%。

重点企业名录

企业名称	主要产品	生产能力
内蒙古伊利实业集团股份有限公司	婴幼儿奶粉	6 万吨
中化三联塑胶(内蒙古)有限责任公司	聚氯乙烯 烧碱	双 24 万吨
爱生雅呼和浩特包装有限公司	纸包装制品	6 000 万平方米
内蒙古北方机械有限公司	混凝土系列产品	
内蒙古三联化工股份有限公司	聚氯乙烯 烧碱	双 20 万吨
内蒙古国电金山热电厂	电力	60 万千瓦
内蒙古恒鑫铁塔股份有限公司	镀锌铁塔	6 万吨
维斯塔斯风力系统中国有限公司	风力发电机组	800 套
内蒙古鲁阳节能材料有限公司	陶瓷纤维	

机构设置

职　务	姓　名	联系电话
管委会主任	荣院平	0471－3620055
管委会书记	苏日勒格	0471－3620222
管委会经济发展局局长	王瑞强	0471－3620118

【内蒙古呼伦贝尔经济开发区】

概况　内蒙古呼伦贝尔经济开发区是自治区级开发区。远期规划面积 80 平方公里,规划面积 26 平方公里,建成面积 10 平方公里,累计基础设施建设投资 15 亿元。基本实现了“七通一平”。

开发区已形成有色金属工业、装备制造业、高新技术产业、新能源产业、现代物流业五大主导产业。开发区现入驻工业企业 40 户,其中规模以上工业企业 18 户。2009 年完成工业增加值22.39亿元。上缴税金2.05亿元。

重点企业名录

企业名称	主要产品	生产能力
呼伦贝尔金骄生物质化工有限公司	菜籽油 菜籽粕	11 吨 18 万吨
呼伦贝尔驰宏矿业有限公司	铅 锌	6 万吨 14 万吨
华润雪花啤酒(海拉尔)有限公司	啤酒	20 万千升
海拉尔蒙西水泥有限公司	熟料 水泥	140 万吨 200 万吨
海拉尔晨鸣纸业有限公司	机制纸	3 万吨
呼伦贝尔安泰热电公司东海拉尔发电厂	电力	7 亿千瓦时
呼伦贝尔海乳乳业有限责任公司	奶粉 脱脂粉 鲜奶	2 100 吨 1 400 吨 300 吨/日
呼伦贝尔昌屹硅业有限公司	工业硅	9 000 吨
呼伦贝尔连发硅业有限公司	工业硅	5 000 吨

机构设置

职　务	姓　名	联系电话
管委会主任	姜宝东	0470－8575555
管委会副主任	刘志东	0470－8575556
管委会综合办主任	杨赤飞	0470－8575677
管委会经济发展局局长	张　伟	0470－8575511

【内蒙古呼伦贝尔岭东工业园区】

概况　内蒙古呼伦贝尔岭东工业园区2002年6月建立,是自治区级工业园区,规划面积70平方公里,已建成面积5.56平方公里,园区累计完成基础设施建设投资3.9亿元。园区以农畜林产品加工、医药、化工、生物能源产业为主导产业。现入驻工业企业34户,其中规模以上工业企业27户。2009年完成工业增加值18.62亿元,上缴税金0.69亿元。

重点企业名录

企业名称	主要产品	生产能力
玖龙兴安浆纸(内蒙古)有限公司	纸制品	10万吨
内蒙古宏裕科技股份有限公司	乙草胺原药等	2万吨
扎兰屯市淳江油脂有限公司	大豆油	30万吨
内蒙古百业成酒精制造有限责任公司	玉米酒精、 DDGS蛋白饲料	10万吨 6.74万吨
呼伦贝尔松鹿制药有限公司	片剂、胶囊 丸剂、颗粒剂 口服液和糖浆剂 中药饮片	12亿片(粒) 650吨 1亿支 2 000吨
全兴复合不锈钢制造有限公司	铸造不锈钢、钢坯、钢板、钢管	30万吨
扎兰屯市冰海冷冻屠宰加工有限公司	加工肉羊 羊肉卷	10万只 800万吨
扎兰屯市长征饮料有限公司	加工果蔬 饮料	1万吨 3 000吨
扎兰屯伊利乳业有限责任公司	乳制品	1万吨

机构设置

职　务	姓　名	联系电话
管委会主任	栾春明	0470－3202922
管委会副主任	张立恒	0470－3203699
管委会综合办公室主任	曲日萱	0470－3203699
管委会经济发展局局长	彭善东	0470－3203699

【内蒙古满洲里工业园区】

概况　内蒙古满洲里工业园区成立于2003年7月,自治区24户重点开业园区之一,规划面积237.8平方公里,已建成面积41.3平方公里,累计投入基础设施建设资金22.13亿元,实现了“七通一平”。

园区以木材加工、建材、冶金、电力、化工为主导产业。现入驻工业企业413户,其中规模以上工业企业69户。2009年完成工业增加值25.30亿元,上缴税金1.97亿元。

重点企业名录

企业名称	主要产品	生产能力
满洲里三发木业有限公司	板方材、集成材及建筑用材	30 万立方米
满洲里光明热电有限责任公司	供热	70 万吉焦
满洲里欧亚实业有限公司	集成材	5 万立方米
满洲里仟鼎木业有限责任公司	板材	10 万立方米
满洲里蒙西水泥有限公司	水泥	100 万吨
扎赉诺尔灵泉发电厂	电力	2.5 亿千瓦时
中国华能呼伦贝尔能源公司安泰热电有限公司满洲里热电厂	电力 热力	1.2 亿千瓦时 284 万平方米
满洲里凯盛木业贸易有限责任公司	板材	10 万立方米
满洲里联众木业有限责任公司	集成材、实木门窗	10 万立方米

机构设置

职　务	姓　名	联系电话
管委会主任	邹积丰	0470－3988588
管委会副主任	张伟民	0470－3988666
管委会综合办公室主任	于　磊	0470－3988896
管委会经济发展办主任	徐冰杰	0470－3988560

【内蒙古乌兰浩特经济开发区】

概况　内蒙古乌兰浩特经济开发区始建于 2002 年 2 月，自治区 24 户重点开发区之一，规划面积 34 平方公里，建成面积7.6平方公里，累计完成基础设施投资1.62亿元，基础设施完备，实现了“七通一平”。

开发区重点发展农畜产品加工、生物制药和卷烟等产业。现入驻工业企业 30 户，其中规模以上工业企业 12 户。2009 年开发区实现工业增加值11.37亿元，上缴税金0.63亿元。

重点企业名录

企业名称	主要产品	生产能力
蒙牛乳业（乌兰浩特）有限责任公司	乳制品	鲜奶 600 吨/日
内蒙古白医制药股份有限公司	生化药、西药	2 500 万支
内蒙古奥特奇蒙药股份有限公司	中蒙成药	700 吨
内蒙古万佳食品有限公司	酱菜	3 万吨
乌兰浩特市雪峰面粉有限责任公司	面粉	240 吨/日
红云红河烟草（集团）有限责任公司乌兰浩特卷烟厂	卷烟	20 万大箱
内蒙古乌兰浩特奈伦淀粉工业有限公司	马铃薯淀粉	5 万吨
内蒙古大民种业有限公司	蔬菜种子	1 500 万斤
兴安盟九州大地饲料有限责任公司	饲料	17 万吨

机构设置

职　务	姓　名	联系电话
党政办公室主任	聂云旭	0482－8242809
招商发展局局长	张晓义	0482－8242805

【内蒙古通辽经济开发区】

概况　内蒙古通辽经济开发区建于2001年9月,自治区24户重点开发区之一。开发区辖区面积420平方公里,由工业园区、工贸园区和城市功能区组成,规划面积54.4平方公里,建成面积6.2平方公里,累计完成基础设施投资9.67亿元,基本实现了"七通一平"。

开发区重点发展煤化工、装备制造、电子信息、建材、医药食品和能源原材料六大产业。现入驻工业企业184家,其中规模以上工业企业70户。2009年开发区实现工业增加值44亿元,上缴税金2.5亿元。

重点企业名录

企业名称	主要产品	生产能力
通辽金煤化工有限公司	乙二醇	20万吨
通辽强盛风电设备有限公司	风机塔筒	400套
盛国通元(通辽)风电科技有限公司	1.5MW风机	1 000台
通辽合飞至纯高新材料科技有限公司	多晶硅	1 500吨
内蒙古蒙牛乳业科尔沁有限责任公司	鲜奶	400吨/日
通辽蒙鹅鹅都食品有限公司	鹅、鸭	6 000万羽
长川制靴通辽有限公司	鞋半成品	600万双
通辽市泰尔诺食品有限责任公司	番茄酱	7 600万吨
润鸣新素材通辽有限公司	碳化硼	2 500吨

机构设置

职　务	姓　名	联系电话
管委会党工委书记	许亚林	0475-8628001
管委会党工委副书记、管委会主任	王清江	0475-8628301
管委会党工委副书记、管委会副主任	张国平	13310359999
管委会工业和发展改革局局长	张　鸿	13948544666

【内蒙古赤峰松山经济开发区】

概况　内蒙古赤峰松山经济开发区建于1992年,是自治区级开发区,规划面积26.33平方公里,已建成面积8.67平方公里,累计完成基础设施投资1.14亿元。

开发区以机械制造、农畜产品加工为主导产业。现入驻工业企业17户,其中规模以上工业企业11户。2009年园区实现工业增加值5.05亿元,上缴税金0.37亿元。

重点企业名录

企业名称	主要产品	生产能力
赤峰赤阳春蚕业开发有限公司	瓦楞纸 生丝 蚕丝被	2万吨 80吨 1.5万条
赤峰万利丰鹅业有限公司	肉鹅	300万只
赤峰格拉斯科技有限公司	饲料	9 000吨
赤峰群鹏火鸡有限责任公司	火鸡 肉制品	300万只 3万吨
赤峰恒久铸业有限责任公司	钢球、衬板、矿山配件、球墨铸铁铸段等	3 600吨
赤峰富龙非金属材料科技园有限责任公司	非金属矿深加工、精加工	2万吨

机构设置

职　务	姓　名	联系电话
管委会主任	刘　硕	15048609666
管委会副主任	马　丽	13314766206

【内蒙古锡林郭勒经济开发区】

概况　内蒙古锡林郭勒经济开发区于2001年由自治区人民政府批准设立,自治区24户重点开发区之一,规划面积5平方公里,建成面积4平方公里,累计投入基础设施建设资金12亿元。

开发区下辖产业区、褐煤综合利用示范基地、德力格尔工业园区三个园区,产业区以肉、乳、绒毛等畜产品精深加工、生物制品生产和锗、硅产品研发生产为主导产业,以光伏、光电子产业和新材料制造业为发展方向的综合性园区。褐煤综合利用示范基地以煤化工为主导产业,同时发展矿山机械、风机制造、汽车装配等机械装备制造产业。德力格尔工业园区依托丰富的石灰石和萤石资源,重点发展新型干法水泥、萤石采选及其下游产品加工和金属采选产业。开发区现入驻工业企业81户,其中规模以上工业企业73户。2009年开发区完成工业增加值30.27亿元,上缴税金3.49亿元。

重点企业名录

企业名称	主要产品	生产能力
神华北电胜利能源有限公司	原煤	1 000万吨
内蒙古能源发电投资有限公司锡林热电厂	电力	28亿千瓦时
锡林浩特市北方龙源锡林郭勒风电厂	电力	1亿千瓦时
锡林郭勒通力锗业有限责任公司	二氧化锗	1.8万公斤
锡林浩特市神工制造有限责任公司	干选生产系统	48套
内蒙古小肥羊肉业有限公司	鲜冻畜肉	60万吨
锡林浩特市伊顺清真肉类有限责任公司	鲜冻畜肉	50万吨
锡林宏源羊绒制品有限公司	洗净毛	3 000吨
锡林郭勒盟鑫泰生物制品有限责任公司	肽粉 颐宁多肽	38吨 48吨

机构设置

职　务	姓　名	联系电话
开发区管委会主任	董德福	0479-8226856
开发区党工委副书记	周振禄	0479-8264005
管委会办公室主任	张广军	0479-8265375
管委会招商发展局局长	赵　亮	0479-8266513

【内蒙古鄂尔多斯东胜经济开发区】

概况　内蒙古鄂尔多斯东胜经济开发区是自治区人民政府于2003年1月批准设立的自治区级开发区,总规划面积20平方公里,已建成面积12平方公里,累计基础设施建设投资27.9亿元。实现了“七通一平”。

开发区以农畜产品加工、建材为主导产业,现入驻工业企业47户,其中规模以上工业企业30户。2009年实现工业增加值8.07亿元,实现税金0.5亿元。

重点企业名录

企业名称	主要产品	生产能力
东昊纺织有限公司	羊绒披肩 羊绒围巾	18 万条 22 万条
东利羊绒时装有限公司	羊绒衫	17 万件
维丰绒毛实业有限公司	羊绒衫 羊绒纱	15 万件 0.6 吨
东马羊绒制品有限公司	羊绒衫	28 万件

机构设置

职　务	姓　名	联系电话
管委会主任	张　良	13604770796
党工委副书记、管委会副主任	解怀君	13304771179
管委会副主任	杨强生	13327068919
管委会副主任	刘利军	13604773455
管委会副主任	张　勇	13009573368
招商局局长	杨继春	13947718499

【内蒙古达拉特经济开发区】

概况　内蒙古达拉特经济开发区 2001 年 3 月经自治区人民政府批准成立，自治区 24 户重点开发区之一。总规划面积 100 平方公里，已建成面积 10 平方公里，基础设施建设累计投入35.1亿元，基础设施配套齐全，实现了“七通一平”。

开发区辖农畜产品精深加工园区、王爱召工业园区和亿利 PVC 工业园区，重点发展农畜产品、建材、煤化工及其下游产业。现入驻工业企业 50 户，其中规模以上工业企业 20 户。2009 年实现工业增加值100.21亿元，实现税金25.26亿元。

重点企业名录

企业名称	主要产品	生产能力
内蒙古亿利化学工业有限公司	PVC、烧碱	双 40 万吨
神华亿利能源公司	煤矸石电厂	4＊20kw
亿利冀东水泥公司	水泥	120 万吨
新威远生化公司	阿维菌素	100 吨
鄂尔多斯兴辉陶瓷有限公司	抛光砖	20 条生产线
安徽新长江矿业投资有限公司	高纯精铝 电子铝箔 腐蚀化成箔 化成箔 铝板带	4 万吨 6 万吨 1.26 万吨 2 400 万平方米 20 万吨
内蒙古耕耘化工有限责任公司	PVC 深加工产品	18 万吨
鄂尔多斯市陶尔斯陶瓷有限公司	高档瓷砖	3 100 万平方米
山东兖矿集团	煤制甲醇转烯烃	一期 90 万吨

机构设置

职　务	姓　名	联系电话
管委会党工委书记	闻海亮	13704771296
管委会主任	康志平	13904775680
管委会副主任	陈　愿	13947775517
管委会副主任	李文焕	13847347388
管委会副书记	张　莹	13947372357

【内蒙古鄂尔多斯上海庙经济开发区】

概况　内蒙古鄂尔多斯上海庙经济开发区是2001年自治区人民政府批准设立的自治区级开发区，规划面积66平方公里，已全部建成，累计基础设施建设投资43亿元。基本实现了"七通一平"。

开发区主导产业为煤化工，同时重点发展煤气化多联产项目。现入驻工业企业33户。2009年实现工业增加值6.58亿元，实现税金0.69亿元。

重点企业名录

企业名称	主要产品	生产能力
内蒙古恒坤化工有限责任公司	捣固焦、甲醇	一期年产96万吨捣固焦及10万吨甲醇

机构设置

职　务	姓　名	联系电话
管委会书记	张全勇	13614776777
管委会主任	额登毕力格	13604772219
管委会副书记兼副主任	巴格那	13904776693
管委会副书记	杜志忠	13947722495

【内蒙古准格尔经济开发区】

概况　内蒙古准格尔经济开发区1999年10月经自治区人民政府批准设立，是自治区24户重点开发区之一，规划控制面积94平方公里，建成面积13平方公里，基础设施完善，累计投入基础设施建设资金12.5亿元。

开发区以煤化工、精细化工为主导产业，重点打造乙炔碳黑、1.4丁二醇、乙炔精细化工产品及化学品生产基地。并利用当地高岭土、石英砂、煤矸石等资源发展精品日用陶瓷、煅烧高岭土、涂布高岭土、分子筛、催化剂、石英砂制品等非金属资源产业。开发区现入驻工业企业102户，其中规模以上工业企业29户。2009年实现工业增加值43.98亿元，实现税金8.98亿元。

重点企业名录

企业名称	主要产品	生产能力
内蒙古伊东煤炭集团有限责任公司	原煤 焦粉 焦油 电力 甲醇	2 500万吨 30万吨 1.5万吨 5亿千瓦时 2万吨
鄂尔多斯市国礼陶瓷有限公司	陶瓷	300万件
内蒙古精峰环保石头纸有限公司	石头造纸	一期6万吨
内蒙古春回环保石头纸有限公司	石头造纸	一期6万吨
内蒙古久荣毯业有限责任公司	地毯	40万平方尺

续表

企业名称	主要产品	生产能力
内蒙古天之娇高岭土有限责任公司	高岭土	10 万吨
内蒙古晶华玻璃制品有限公司	压延微晶玻璃	34 万重箱
鄂尔多斯市三维化工有限公司	电石	7.5 万吨
准格尔旗宏利化工厂	电石	5 万吨
内蒙古高原杏仁露有限公司	杏仁露饮料	1 万吨

机构设置

职　务	姓　名	联系电话
开发区党委书记	杜存良	0477－4925162
开发区管委会主任	杨　勇	0477－4925161
党政办公室主任	韩秉林	0477－4928248
发展局局长	张乃银	0477－4928100

【内蒙古巴彦淖尔经济开发区】

概况　内蒙古巴彦淖尔经济开发区 1992 年建立,是自治区 24 户重点开发区之一,规划面积 70 平方公里,已建成面积 16 平方公里,累计完成基础设施投资6.7亿元。

开发区以农畜产品加工、制药、化工、电力为主导产业。现入驻工业企业 154 户,其中规模以上工业企业 54 户。2009 年完成工业增加值84.48亿元,上缴税金 8 亿元。

重点企业名录

企业名称	主要产品	生产能力
内蒙古春雪羊绒制品公司	无毛绒	700 吨
香港联邦制药公司	6APA	1 万吨
内蒙古大兴羊绒制品公司	无毛绒	1 200 吨
内蒙古双河羊绒公司	无毛绒	1 500 吨
临河热电厂	电力	27 亿千瓦小时
内蒙古维信羊绒实业公司	羊绒衫	100 万件
巴彦淖尔利一泰绒毛制品公司	无毛绒	1 000 吨
内蒙古鲁花葵花仁油有限公司	葵花油	10 万吨
内蒙古浩森羊绒制品公司	无毛绒	1 600 吨
内蒙古新海金属冶炼公司	硫酸	10 万吨
内蒙古临河繁荣磷铵化工有限公司	磷、铵	10 万吨
内蒙古天河化工公司	甲醇	60 万吨

机构设置

职　务	姓　名	联系电话
管委会主任	李　彬	13804780805
管委会副主任	张奋勇	13304785667
管委会综合办主任	杨文志	15304788138
管委会经济发展局局长	闫埃云	15004788189

【内蒙古呼伦贝尔能源重化工工业园区】

概况　内蒙古呼伦贝尔能源重化工工业园区2003年6月建立，是自治区24户重点工业开发区之一，规划面积45平方公里，已建成面积1.87平方公里，累计完成基础设施投资5.09亿元。基本实现了“七通一平”。

园区以电力、煤化工、石油化工、有色金属、生物化工、装备制造为主导产业。现入驻工业企业9户，其中规模以上工业企业5户。2009年园区实现工业增加值38.75亿元，上缴税金10.08亿元。

重点企业名录

企业名称	主要产品	生产能力
华能伊敏煤电有限公司	煤炭 电力	196万吨 200万千瓦
内蒙古通大煤业有限责任公司	煤炭	300万吨
鲁能大雁集团有限公司	煤炭	580万吨
中国华电集团	乙二醇 褐煤热解五联产	20万吨 600万吨
京能集团呼伦贝尔公司	电力	2×30万千瓦
内蒙古蒙东能源有限公司	电力	2×60万千瓦
锦化机石化装备呼伦贝尔分公司	大型压力容器	6 000万吨
内蒙古志海新型建材有限责任公司	钢筋混凝土管	200千米

机构设置

职　务	姓　名	联系电话
管委会主任	梁建华	0470－2219777
管委会副主任	张永利	0470－2218977
管委会综合办公室主任	李炎青	0470－2219333
管委会经济发展局局长	于彦龙	0470－2218988

【内蒙古乌海经济开发区】　内蒙古乌海经济开发区建立于1998年8月，是自治区24户重点开发区之一，下辖乌达园区、海南园区、海勃湾园区三个工业园区，总规划面积75.8平方公里，已建成面积31.18平方公里，累计基础设施建设投资15.34亿元，基本实现了“七通一平”。

开发区以PVC深加工、煤化工、氯碱化工为主导产业，现入驻工业企业235户，其中规模以上工业企业144户。2009年实现工业增加值94.45亿元，实现税金6.43亿元。

【内蒙古乌海经济开发区乌达园区】

概况　乌达园区位于乌海市乌达区城区西南，创建于1998年，2009年3月被自治区政府列为循环经济示范园区，规划面积20平方公里，已建成面积12.18平方公里，累计基础设施投入1.64亿元。园区以氯碱化工为主导产业，同时发展硅化工、精细化工、氯、钠、镁及其下游产品等产业。

重点企业名录

企业名称	主要产品	生产能力
内蒙古宜化化工股份有限责任公司	电石 PVC 烧碱	15万吨 6万吨 6万吨
内蒙古君正能源化工股份有限责任公司	电力 电石 硅铁 PVC 烧碱	2×150MW 26万吨 10万吨 5.5万吨 5.5万吨

续表

企业名称	主要产品	生产能力
内蒙古恒业成有机硅有限公司	有机硅 离子膜烧碱	30 万吨 30 万吨
内蒙古美方能源有限公司	捣固焦 粗焦油 粗苯 甲醇	2×96 万吨 12 万吨 3 万吨 20 万吨
乌海市彤阳能源科技发展有限公司	生物柴油 工业炭黑	6 万吨 3 万吨
乌海市良峰精细化工有限公司	精萘 2－萘酚	0.8 万吨 0.8 万吨
内蒙古中生连得化工有限公司	混合吡啶 2－氰基吡啶 双甘膦	0.2 万吨 0.2 万吨 1 万吨
内蒙古中润镁业有限公司	金属镁	3 万吨
乌海市汇丰硅电集团有限责任公司	镍铁合金	1.2 万吨
内蒙古兰太实业股份有限公司泰达制钠厂	金属钠 液氯	1 万吨 1.5 万吨

机构设置

职　务	姓　名	联系电话
管委会主任	刘　魁	13327039897

【内蒙古乌海经济开发区海南园区】

概况　海南园区建于2001年，与鄂尔多斯鄂托克经济开发区棋盘井工业园区接壤，规划面积27平方公里，已建成面积15平方公里，累计基础设施建设投入10亿元。

园区以煤化工为主导产业，同时发展医药、农药、染料、电子化学品、碳纤维、制革等产业。

重点企业名录

企业名称	主要产品	生产能力
乌海市泰和煤焦化有限责任公司	焦炭	96 万吨
乌海黑猫炭黑有限责任公司	炭黑 电力	16 万吨 30mw
乌海市四菱冶炼有限责任公司	电石	1×27000KVA
乌海市银鑫冶金有限责任公司	锰铁	10 万吨
乌海市泰和煤焦化有限公司	焦炭	96 万吨
乌海黑猫炭黑有限责任公司	炭黑	16 万吨
神华乌海煤焦有限责任公司	发电 甲醇	2×200mw 30 万吨
乌海市佳鑫煤焦化有限责任公司	焦炭 洗煤	96 万吨 300 万吨
乌海市榕鑫能源实业有限责任公司	焦炭 洗煤	96 万吨 300 万吨
乌海市西部煤化工有限责任公司	焦炭	96 万吨
乌海市蒙金冶炼有限公司	电石	4×31500KVA

机构设置

职　务	姓　名	联系电话
管委会主任	苏　和	13848348899

【内蒙古乌海经济开发区海渤湾园区】

概况　海勃湾园区建于2001年,与棋盘井工业区接壤,规划面积27平方公里,已建成面积4平方公里,累计基础设施建设投入10亿元。

园区以煤化工为主导产业,同时发展医药、农药、染料、电子化学品、碳纤维、制革等产业。

重点企业名录

企业名称	主要产品	生产能力
乌海德晟煤焦化有限公司	捣固焦	100万吨
内蒙古新通领线缆有限公司	绝缘电缆	1 000万米
乌海市明鑫玻璃有限责任公司	玻璃制品	2.3万吨
乌海市煜新炉料有限责任公司	球团	30万吨
电安电气有限责任公司	防暴电器、仪表	1.9万台(套)
北京中大新材能源有限公司	建材活化剂	10万吨
乌海市亨通冶化有限责任公司	生铁	15万吨
内蒙古奕昌科技发展有限公司	铅酸蓄电池	320万KWH
众合炭素有限责任公司	电极糊	1万吨
乌海市西斯利高压电气有限责任公司	高低压配电柜	400台(套)
黄河工贸集团	生铁 捣固焦 水泥熟料	200万吨 130万吨 150万吨
乌海市源通煤炭化工有限责任公司	捣固焦	100万吨
广纳煤焦化有限公司	捣固焦	100万吨

机构设置

职　务	姓　名	联系电话
管委会主任	全觉民	13304736161

【内蒙古阿拉善经济开发区】

概况　内蒙古阿拉善经济开发区成立于1997年8月,是自治区24户重点开发区之一,自治区首批生态工业园示范点和循环经济工业示范园区。规划控制面积176平方公里,已建成面积40平方公里,累计基础设施建设投入23亿元,实现了"七通一平"。

开发区以盐化工、煤化工为主导产业,同时发展精细化工、有机原料、建材等循环经济产业链。引进消化吸收国际国内领先技术35项,具有自主知识产权的技术7项。现入驻工业企业48户,其中规模以上工业企业36户,2009年开发区实现工业增加值91.41亿元,同比增长46%;工业企业上缴税金9.49亿元,同比增长26.4%。

重点企业名录

企业名称	主要产品	生产能力
内蒙古庆华集团有限公司	焦炭甲醇	200万吨 20万吨

续表

企业名称	主要产品	生产能力
中盐吉兰泰氯碱化工有限公司	聚氯乙烯 电石 烧碱	40 万吨 64 万吨 36 万吨
阿拉善盟泰宇冶炼有限公司	锰铁	25 万吨
内蒙古兰太实业股份有限公司	金属钠 氯酸钠	5 万吨 11 万吨
阿拉善盟瑞钢联实业发展有限责任公司	硅铁 硅锰	4 万吨 11.5 万吨
太西煤集团乌斯太焦化公司	焦炭	60 万吨
内蒙古泰兴泰丰化工有限公司	靛蓝	3 万吨
阿拉善达康精细化工股份有限公司	三氯乙烯	6 万吨
内蒙古百建水泥有限责任公司	水泥 熟料	210 万吨 140 万吨
内蒙古瑞达泰丰化工有限责任公司	氢氧化钾	3 万吨
阿拉善西北染料有限责任公司	靛蓝	0.8 万吨

机构设置

职　务	姓　名	联系电话
党工委副书记、管委会主任	姚泽元	0483－8188006
管委会副主任	哈斯巴根	0483－8185008
管委会综合办公室主任	柳仙德	0483－8185016
管委会经济发展局局长	张存光	0483－8185023

【呼和浩特鸿盛工业园区】

概况　呼和浩特鸿盛工业园区是成立于 2001 年 1 月的自治区级工业园区。规划面积 11 平方公里，一期开发面积1.6平方公里，二期规划面积9.4平方公里。累计投入基础设施建设资金6.7亿元。

园区以机械制造、服装纺织、新型建材为主导产业。现入驻工业企业 57 家，其中规模以上工业企业 9 家。2009 年园区实现工业增加值8.72亿元，上缴税金0.87亿元。

重点企业名录

企业名称	主要产品	生产能力
内蒙古兴鲁特金属结构有限责任公司	金属门窗，挤塑板，钢结构	10 万吨
内蒙古祺泰服饰业有限责任公司	服装	300 万条
内蒙古威尔浪服装有限责任公司	服装	40 万条
内蒙古利城实业有限责任公司	乳制品	5 000 吨
内蒙古京顺达钢构采办有限责任公司	钢结构、彩色钢板	5 万吨
内蒙古金江实业股份有限公司	服装	15 万件
内蒙古金鼎门窗有限公司	钢门，木门	5 万个
内蒙古砼泰混凝土有限责任公司	混凝土	

机构设置

职　务	姓　名	联系电话
管委会书记	李前仁	0471－4190389
管委会主任	张国平	0471－6218027
管委会副主任	云海峰	0471－4190388
管委会经济发展局局长	张亚东	0471－4190522

【呼和浩特裕隆工业园区】

概况　呼和浩特裕隆工业园区于2000年开始建设，自治区级工业园区。规划面积26平方公里，已建成面积2平方公里。累计实现基础设施建设投资7亿元。基本实现了“七通一平”。

园区以服装、新型建材、机械、食品加工为主导产业。现入驻工业企业41家，其中规模以上工业企业14家。2009年园区实现工业增加值14.3亿元，上缴税金1.51亿元。

重点企业名录

企业名称	主要产品	生产能力
内蒙古冀东水泥有限责任公司	水泥	1万吨
内蒙古星光电熔耐火材料有限责任公司	耐火材料	1万吨
内蒙古红太阳食品有限公司	火锅底料	1 000吨
内蒙古大盛羊绒制品有限公司	羊绒制品	1万件
内蒙古厚生羊绒制品有限公司	羊绒制品	5 000件
内蒙古大漠羊绒制品有限公司	羊绒制品	5 000件

机构设置

职　务	姓　名	联系电话
管委会主任	云　晟	0471－5689666
管委会书记	刘宇宏	0471－5689668
管委会经济发展局局长	张晓峰	13947174483

【内蒙古包头铝业产业园区】

概况　内蒙古包头铝业产业园区始建于2001年，是自治区24户重点开发区之一，规划面积20平方公里，建成面积5.44平方公里，累计基础设施投资1.5亿元。实现了“七通一平”。

园区以电解铝、汽车铝配件、铝型材等铝深加工为主导产业。现入驻工业企业65户，其中规模以上工业企业35户。2009年实现工业增加值46.08亿元，上缴税金3.6亿元。

重点企业名录

企业名称	主要产品	生产能力
包头铝业股份有限公司	精铝、电解铝	45万吨
包头铝业（集团）有限责任公司	精铝、电解铝	2万吨
包东华热电有限公司	发电	60万千瓦
凯普松电子科技（包头）有限公司	化成铝箔	1 200万平米
包头市吉泰稀土铝材股份有限公司	铝型材、熔铸铝	5万吨
包头成基电子有限公司	化成铝箔	700万平方米

续表

企业名称	主要产品	生产能力
包铝综合企业公司	铝锭、碳素	1万吨
包头多维钢构彩板有限公司	钢构彩板	0.5万吨
包头华源热力有限公司	供热	
包头富诚铝业有限公司	铝轮毂	120万只

机构设置

职　务	姓　名	联系电话
管委会主任	韩立新	0472－4194555
管委会副主任	靳文钢	0472－4194666
管委会综合办公室主任	白震原	0472－4194333
管委会经济发展局局长	宋长海	0472－4388207

【内蒙古包头九原工业园区】

概况　内蒙古包头九原工业园区成立于2001年,自治区24户重点开发区之一,园区规划面积77.86平方公里,建成面积3平方公里,累计基础设施投资1.33亿元。基本实现了“七通一平”。

园区以化工为主导产业,重点围绕神华煤化工180万吨煤制甲醇、60万吨MTO、30万吨聚乙烯、30万吨聚丙烯项目和包头海平面高分子有限公司年产60万吨电石等项目发展精细化工产业。现入驻工业企业24户,其中规模以上工业企业3户,2009年实现工业增加值1.2亿元。

重点企业名录

企业名称	主要产品	生产能力
神华煤制油化工有限公司包头煤化工分公司	煤制甲醇 MTO 聚乙烯 聚丙烯	180万吨 60万吨 30万吨 30万吨
包头市泰利金属型钢制品有限公司	C型钢、异型钢	80万吨
包头市云升气体有限公司	工业气体	22万瓶
包头海平面高分子有限公司	电石	60万吨
包头市东方希望碳素有限公司	碳素	56万吨

机构设置

职　务	姓　名	联系电话
管委会主任	韩　巍	0472－6140599
管委会副主任	赵喜怀	0472－6140588
管委会综合办公室主任	谷　慧	0472－6140596
管委会经济发展局局长	王　羽	0472－7150088

【内蒙古阿荣旗工业园区】

概况　内蒙古阿荣旗工业园区是2002年9月建立的自治区级工业园区，规划面积80平方公里，已建成面积0.82平方公里。累计完成基础设施投资1.06亿元。

园区以农畜产品深加工、建材化工为主导产业。现入驻工业企业29户，其中规模以上工业企业16户。2009年园区实现工业增加值14.24亿元，上缴税金0.46亿元。

重点企业名录

企业名称	主要产品	生产能力
内蒙古蒙西水泥有限责任公司	水泥熟料 水泥	510万吨 100万吨
阿荣旗淳江油脂有限责任公司	豆油 豆粕	2.5万吨 15万吨
阿荣旗中心油脂有限责任公司	豆油 豆粕	1万吨 6万吨
阿荣旗蒙原肉联有限公司	肉羊	2万吨
阿荣旗奈伦淀粉有限责任公司	马铃薯淀粉	5万吨
阿荣旗双娃乳业有限责任公司	奶粉	4万吨
阿荣旗兴农专用肥有限责任公司	农用肥料	12万吨

机构设置

职　务	姓　名	联系电话
管委会主任	李福生	0470－3966501
管委会副主任	王亚丽	0470－3966503
管委会副主任	蒋纯东	0470－3966504
管委会副主任	梁述铭	0470－3966505
管委会综合办公室主任	李恒涛	0470－4250073
管委会经济发展局局长	赵明磊	0470－4212521

【内蒙古莫力达瓦工业园区】

概况　内蒙古莫力达瓦工业园区是2002年9月建立的自治区级工业园区，规划面积70平方公里，已建成面积2.1平方公里。累计完成基础设施建设投资2.1亿元。

园区以农畜产品深加工为主导产业。现入驻工业企业17户，其中规模以上工业企业10户。2009年园区实现工业增加值7.52亿元，上缴税金1.32亿元。

重点企业名录

企业名称	主要产品	生产能力
呼伦贝尔塞北乳业有限公司	豆粉加工	3 000吨
呼伦贝尔华润雪花有限责任公司	啤酒	14万吨
内蒙古蒙鹅工贸公司	大鹅屠宰	20万只
内蒙古牛元农牧业产业化公司	肉牛屠宰	30万头
莫旗富达药业有限责任公司	中草药加工	1 000吨
莫旗草原清江肉联公司	屠宰羊	3万只
莫旗嘉联测土配方化肥厂	化肥	5 000吨

续表

企业名称	主要产品	生产能力
莫旗日冕热力公司	供热	110万平方米
莫旗三河石材厂	石材加工	2万平方米

机构设置

职　务	姓　名	联系电话
管委会主任	奚玉龙	0470－4625021
管委会副主任	王永全	0470－4625023
管委会副主任	刘　铮	0470－4625023
管委会综合办公室主任	胡本生	0470－4625025
管委会经济发展局局长	杨长武	0470－4625025

【内蒙古陈巴尔虎旗工业园区】

概况　内蒙古陈巴尔虎旗工业园区是2002年4月建立的自治区级工业园区,规划面积100平方公里,已建成面积3.15平方公里。累计完成基础设施投资4.5亿元。

园区以煤炭、电力、煤化工为主导产业。现入驻工业企业9户,其中规模以上工业企业9户。2009年园区实现工业增加值15.13亿元,上缴税金4.65亿元。

重点企业名录

企业名称	主要产品	生产能力
神化宝日希勒能源有限责任公司	煤炭 型煤	1 000万吨 50万吨
内蒙古国华呼伦贝尔发电有限公司	电力	2×60万
呼伦贝尔金新化工有限公司	合成氨 尿素	50万吨 80万吨
呼伦贝尔东能化工有限公司	砖 二甲醚 甲醇 褐煤低温解热	3亿块 10万吨 40万吨 100万吨
陈旗天宝矿业有限责任公司	铁锌矿石	20万吨
陈旗天顺矿业有限责任公司	煤炭	60万吨
呼伦贝尔东明矿业有限责任公司	煤炭	60万吨
内蒙古呼盛矿业有限责任公司	煤炭	60万吨

机构设置

职　务	姓　名	联系电话
管委会主任	杨晓刚	0470－6717373
管委会副主任	白音仓	0470－6718840
管委会副主任	万培军	0470－6718005
管委会综合办公室主任	张玉芝	0470－6714599
管委会经济发展局局长	乌　兰	0470－6711755

【内蒙古霍林郭勒工业园区】

概况　内蒙古霍林郭勒工业园区 2002 年 12 月建立，自治区 24 户重点工业园区之一，规划面积为65.26平方公里，建成面积 16 平方公里，累计完成基础设施投资 4 亿元，基础设施完善，实现了“七通一平”。

园区依托丰富的煤炭资源，围绕煤电、煤电冶、煤化工三大产业，形成了电力、冶金、煤化工、装备制造、资源综合利用等五条循环经济产业链。园区现入驻工业企业 73 户，其中规模以上工业企业 32 户。2009 年开发区完成工业增加值84.4亿元，上缴税金10.2亿元。

重点企业名录

企业名称	主要产品	生产能力
通辽霍林河坑口发电有限责任公司	电力	75 亿千瓦时
内蒙古霍煤鸿骏铝电有限责任公司	电力 铝锭	120 万千瓦 43 万吨
内蒙古霍煤鸿骏铝扁锭股份有限公司	大扁锭	15 万吨
内蒙古霍煤万祥铝业有限责任公司	铝带卷	10 万吨
内蒙古亚铝金桥铝业有限公司	铝型材	3 万吨
霍林郭勒市银凤铝业有限责任公司	铝盘杆	2 万吨
内蒙古霍煤鸿骏高精铝业有限责任公司	高精铝 电子铝箔	1.2 万吨 3 万吨
内蒙古立中霍煤车轮制造有限公司	铝轮毂	100万只
霍林郭勒市光源热能科技有限公司	提质煤	500 万吨
霍林郭勒霍煤巨星褐煤技术开发有限公司	煤制气	2.4 万立方米/小时
内蒙古源源集团宏宇硅业科技有限责任公司	多晶硅	1 500 吨
内蒙古昌峰光伏太阳能科技有限公司	单晶硅	3 000 吨
内蒙古诚友重型机械有限公司	矿用自卸车	1 000 台
霍林郭勒市泰丰水泥有限责任公司	水泥	60 万吨
内蒙古南辉源源科技电子材料有限公司	化成箔	1 650 万平方米

机构设置

职　务	姓　名	联系电话
管委会主任	于会涛	0475－2279101
管委会副主任	双　全	0475－2279171
管委会综合办公室主任	刘静宇	0475－2279169
管委会经济发展办主任	乌　兰	0475－2279179

【内蒙古林西工业园区】

概况　内蒙古林西工业园区是建于 2001 年的自治区级工业园区，规划面积 26 平方公里，建成面积13.7平方公里，累计完成基础设施投资1.66亿元。

园区依托当地农畜产品和矿产资源优势，重点发展冶金化工和农畜产品深加工两大主导产业。园区现入驻工业企业 24 户，其中规模以上工业企业 8 户。2009 年实现工业增加值2.48亿元，上缴税金0.35亿元。

重点企业名录

企业名称	主要产品	生产能力
林西立仁锡业发展有限公司	精锡 金属砷 三氧化二砷	2 000 吨 1 000 吨 5 000 吨
林西冷山糖业有限责任公司	糖	3 000 吨
林西锦绣大地农业有限责任公司	牛羊肉	60 万只
林西北方油脂工业有限责任公司	油脂 饲料 荞麦米	10 万吨 6 万吨 3 万吨
林西东德羊绒制品有限公司	无毛绒 绒毛制品	160 吨 15 万件
赤峰宏林肉食品公司	羊肉	5 万只
林西宝林酒业有限责任公司	白酒	3 000 吨

机构设置

职　务	姓　名	联系电话
管委会主任	刘国军	13847608298
管委会副主任	张　立	13848890858
管委会副主任	孟庆辉	15804763090

【内蒙古察哈尔工业园区】

概况　内蒙古察哈尔工业园区成立于2003 年3 月,是自治区24 户重点开发区之一,规划面积100 平方公里,建成面积61.01平方公里。累计完成基础设施投资19.65亿元,基本实现了"七通一平"。

园区以装备制造、电子、农畜产品加工、化工、建材为主导产业。现入驻工业企业96 户,其中规模以上工业企业30 户。2009 年园区实现工业增加值23.39亿元,上缴税金1.3亿元。

重点企业名录

企业名称	主要产品	生产能力
内蒙古锋电能源技术有限公司	风机主机	300 台(套)
内蒙古同盛风电设备有限公司	风机塔筒	300 台(套)
内蒙古三兴重工有限公司	风机塔筒	400 台(套)
内蒙古伊利集团股份有限公司乌兰察布乳品厂	乳制品	鲜奶 1 000 吨/日
大红碗(察右前旗)食品有限公司	方便面	80 万包/日
内蒙古牛妈妈乳业有限公司	乳制品	鲜奶 180 吨/日
乌兰察布宏力食品有限公司	燕麦食品	0.28 万吨
内蒙古草原生态食品有限公司	肝素钠及肠衣	2 000 桶
内蒙古察哈尔春立电子有限公司	变压器元件	2 600 万支
内蒙古海立电子材料有限公司	铝箔	600 万平方米
内蒙古华立水泥有限公司	水泥	5 000 吨/日

机构设置

职　务	姓　名	联系电话
管委会主任	魏　毅	13904744768
管委会副主任	李福寿	13904741691
管委会综合办主任	康宏伟	13847439309
管委会经济发展局局长	郭　金	13500645168

【内蒙古磴口经济开发区】

概况　内蒙古磴口经济开发区是成立于2003年6月的自治区级开发区，远期规划面积36.1平方公里，建成面积8平方公里。累计基础设施投资6.8亿元。实现了“七通一平”。

开发区以农畜产品加工、电力、化工、建材为主导产业。现入驻工业企业40户，其中规模以上工业企业16户。2009年实现工业增加值18.8亿元，上缴税金0.81亿元。

重点企业名录

企业名称	主要产品	生产能力
蒙牛乳业(磴口巴彦高勒)有限责任公司	纯奶、酸奶	18万吨
泰顺兴业食品有限责任公司	番茄酱	3万吨
内蒙古中粮番茄制品有限公司	番茄酱	2万吨
内蒙古黄河铬盐股份有限责任公司	硫化碱 碳化硅 玻纤纱	4 000吨 6 000吨 1 500吨
内蒙古乌兰布和乳业有限责任公司	乳制品	4.5万吨
亿利资源内蒙古利川化工有限责任公司	硫化碱	2万吨
内蒙古华润金牛热电有限公司	电力	13亿千瓦时
磴口县丰华热力公司	自来水 供热	20万吨 15万平方米
上海佳格食品有限公司内蒙古分公司	精炼油	6万吨
内蒙古鑫盛能源化工有限公司	合成氨 尿素	30万吨 52万吨

机构设置

职　务	姓　名	联系电话
管委会主任	丁凤玲	0478－4212232
党工委书记、常务副主任	宣　勇	0478－4269636
管委会副主任	袁海文	0478－4230790
管委会综合办公室主任	任贵荣	0478－7968016

【内蒙古杭后工业园区】

概况　内蒙古杭后工业园区始建于2002年，是自治区24户重点开发区之一，辖陕坝工业园区和蒙海物流加工园区。规划面积13.91平方公里，建成面积8.15平方公里，累计基础设施投资6亿元。实现了“七通一平”。

园区以农畜产品加工为主导产业。现入驻工业企业60户，其中规模以上工业企业21户。2009年完成工业增加值28.5亿元，上缴税金3.3亿元。

重点企业名录

企业名称	主要产品	生产能力
内蒙古河套酒业集团股份有限公司	白酒	8 万吨
内蒙古屯河河套番茄制品有限责任公司	番茄酱	3 000 吨/天
内蒙古鸣兴食品有限责任公司	脱水菜	1 万吨
内蒙古伊利集团巴彦淖尔公司	乳制品	400 吨/天
内蒙古大好大食品有限公司	炒货	4 万吨
内蒙古大后套面粉有限责任公司	面粉	6 万吨
内蒙古飞马生物科技有限公司(昊元)	谷氨酸 复合肥	3.5 万吨 4 万吨
内蒙古河套木业有限责任公司	纤维板、纸制品	5 万立方米
内蒙古特米尔热电有限责任公司	蒸汽 电力	90 万吨 1.1 亿度
内蒙古蒙煦绒毛制品有限责任公司	绒衫裤	10 万件

机构设置

职　务	姓　名	联系电话
管委会主任	额尔敦仓	0478 - 6622568
党工委书记、常务副主任	黄海滨	0478 - 6662000
管委会副主任	谢开元	0478 - 6662001
管委会办公室主任	于鸿斌	0478 - 6662003
管委会企业发展局局长	刘友明	0478 - 6662005

【内蒙古武川经济开发区】

概况　内蒙古武川经济开发区是2002年10月开始建设的自治区级开发区,总体规划面积5.41平方公里,建成面积3.5平方公里。累计投入基础设施建设资金2亿元。

开发区以建材、冶金、化工为主导产业。现入驻工业企业28家,其中规模以上工业企业12家。2009年开发区实现工业增加值2.58亿元,同比下降14.2%;上缴税金0.69亿元,同比增长3.1%。

重点企业名录

企业名称	主要产品	生产能力
内蒙古冀东水泥有限责任公司	水泥 熟料	200 万吨 300 万吨
内蒙古青川铁合金有限公司	硅铁、硅锰	2 万吨
武川县雅虎铁合金有限公司	硅铁	2 万吨
内蒙古聚德鑫有色金属有限责任公司	稀土合金	2 万吨
武川县鹏程化工有限公司	电石	2 万吨
呼和浩特市汇能铁合金有限责任公司	镍铁 稀土合金	1 万吨 2 万吨

机构设置

职　务	姓　名	联系电话
管委会书记	刘宏凯	0471 - 8800519
管委会主任	李尚德	0471 - 8800518
管委会经济发展局办公室主任	高建强	0471 - 8812003

【内蒙古包头兴胜经济开发区】

概况　内蒙古包头兴胜经济开发区是创建于2001年的自治区级开发区，规划面积2.32平方公里，已全部建成，累计基础设施投资2亿元。实现了“七通一平”。

开发区以生物制药、装备制造为主导产业。现入驻工业企业33户，其中规模以上工业企业30户，2009年实现工业增加值12.42亿元，实现利润2.65亿元，上缴税金2.18亿元。

重点企业名录

企业名称	主要产品	生产能力
包头红岩机械有限责任公司	半挂车、自卸车	2万台
包头市丰达石油机械有限责任公司	抽油杆 钻铤 钻杆	700万米 1万支 2万吨
内蒙古大圣生物技术有限责任公司	鹿茸素系列产品	30万盒
包头市晟丰铁路配件有限责任公司	异形弹簧	3万辆(份)
包头市兴科机械制造有限公司	火车配件	

机构设置

职　务	姓　名	联系电话
管委会主任	李瑞东	0472－7911078
管委会综合办公室主任	李　丽	0472－7910444

【内蒙古包头石拐工业园区】

概况　内蒙古包头石拐工业园区是2001年5月建立的自治区24户重点开发区之一，园区规划面积1.84平方公里，建成面积3.06平方公里，累计基础设施投资3.5亿元，实现了“七通一平”。

园区以有色金属、稀土合金为主导产业。现入驻工业企业63户，其中规模以上工业企业37户，2009年实现工业增加值24.4亿元，上缴税金1.75亿元。

重点企业名录

企业名称	主要产品	生产能力
包头三磊铁合金有限责任公司	硅铁	5.1万吨
包头三维资源有限公司	硅铁	10万吨
内蒙古北镁科技股份有限责任公司	镁合金	2万吨
包头市金石硅业有限公司	金属硅	2万吨
包头市坤达硅业有限公司	硅铁	3万吨
包头市大洲化工冶炼有限责任公司	电石	5.6万吨
内蒙古包头市大青山冶炼有限公司	硅铁	3.5万吨
内蒙古经纬金属科技有限公司	镁合金	1.5万吨
包头澳海金属化工有限责任公司	电石	5.4万吨
包头云海金属有限公司	硅铁	1.6万吨

机构设置

职　务	姓　名	联系电话
管委会主任	岳云晓	0472－8710199
党工委副书记、综合协调部部长	肖　红	0472－8710318

续表

职　务	姓　名	联系电话
管委会副主任、基础建设部部长	李　祥	0472－8716754
管委会副主任、经济运行部部长	尹锡钢	0472－8719993

【内蒙古宁城经济开发区】

概况　内蒙古宁城经济开发区是2002年建立的自治区级开发区,分中京工业园、塞飞亚工业园和八里罕酒业园三个园区规划建设。规划面积为4.5平方公里,建成面积1.8平方公里。累计完成基础设施投资1.29亿元,基础设施完善。

开发区以化工、机械、农畜产品加工为主导产业,现入驻工业企业34户,其中规模以上工业企业13户。2009年开发区完成工业增加值10.8亿元,上缴税金0.96亿元。

重点企业名录

企业名称	主要产品	生产能力
内蒙古东方万旗肉牛产业有限公司	肉牛	6万头
赤峰顺鑫宁城老窖有限公司	白酒	4 000吨
内蒙古塞飞亚集团	肉鸭	3 000万只
赤峰金威食品公司	马铃薯淀粉	1.5万吨
内蒙古天宇集团	膨润土	10万吨
内蒙古辽中京化工有限公司	有机肥	10万吨
宁城天晟硅业有限公司	三氯氢硅	3万吨
宁城奇运膨润土有限公司	干燥剂、球团土	4万吨

机构设置

职　务	姓　名	联系电话
管委会综合办公室主任	贾占清	0476－5827671
管委会建设服务局局长	路远平	0476－5827090
管委会招商局局长	王海涛	0476－5827673

【内蒙古鄂尔多斯苏里格经济开发区】

概况　内蒙古鄂尔多斯苏里格经济开发区2001年7月27日被内蒙古自治区人民政府批准为自治区级开发区。规划面积30平方公里,已建成面积4.8平方公里,累计基础设施建设投资13.6亿元。基本实现了"七通一平"。

开发区下辖苏里格园区和图克工业项目区,苏里格园区主导产业为新材料及农畜产品加工,图克工业项目区主导产业为煤化工。开发区现入驻工业企业42户,其中规模以上工业企业5户。2009年实现工业增加值3.34亿元,实现税金0.48亿元。

重点企业名录

企业名称	主要产品	生产能力
乌审旗世林化工有限公司	煤制甲醇	一期30万吨
天津荣程联合钢铁集团有限公司	干馏煤 甲醇	120万吨 23.9万吨

续表

企业名称	主要产品	生产能力
鄂尔多斯天旭轻合金有限公司	镁合金	5 万吨镁合金及 1 500 万件精密成型
鄂尔多斯华原风积沙开发有限责任公司	玻璃制品	40 万吨风积沙工业选矿生产线、10 万吨玻璃制品生产线

机构设置

职　务	姓　名	联系电话
管委会书记	袁建斌	13604772996
管委会主任	窦志强	13722178061
管委会副主任	王吉日格勒	13947705484
经济发展局局长	王　平	15047790799

【内蒙古托克托工业园区】

概况　内蒙古托克托工业园区成立于2003年，自治区24户重点开发区之一。园区规划面积32.6平方公里，已开发面积12平方公里。基础设施建设累计投入资金15亿元。实现了“七通一平”。

园区以电力能源、生物制药、冶金和化工为主导产业。入驻企业26家，其中规模以上工业企业18家。2009年园区实现工业增加值94.43亿元，上缴税金14.93亿元。

重点企业名录

企业名称	主要产品	生产能力
内蒙古大唐国际托克托发电有限责任公司	电力	262 万度
石药集团中润制药(内蒙古)有限公司	化学原料药	1.77 万吨
神舟生物科技有限责任公司	酶制剂、辅酶 Q_{10}	1.42 万吨 156 吨
内蒙古融成玉米发开有限公司	淀粉	8 万吨
内蒙古拜克生物有限公司	阿维菌素	8 343 吨
内蒙古托克托县蒙丰特钢有限公司	圆柱钢坯	85.03 万吨
内蒙古金达威药业有限公司	辅酶 Q_{10}	195 吨
内蒙古大唐国际再生资源开发有限公司	原铝	1.46 万吨
内蒙古溢多利生物科技有限责任公司	溢多麟	7 281 吨
内蒙古中牧生物药业有限公司	黄霉素	1 664 吨

机构设置

职　务	姓　名	联系电话
管委会主任	斯琴毕力格	0471－8627412
管委会书记	孙建国	0471－8627412
管委会经济发展局局长	高兆星	0471－8627189

【呼和浩特金海工业园区】

概况　呼和浩特金海工业园区位于呼和浩特市回民区，是2001年建立的自治区级工业园区。规划面积1.59平方公里，已建成面积0.92平方公里。累计基础设施投入0.2亿元。

园区以服装、新型建材、机械设备制造业为主导产业。现入驻工业企业39家，其中规模以上工业企业19家。2009年园区实现工业增加值5.19亿元，上缴税金0.36亿元。

重点企业名录

企业名称	主要产品	生产能力
内蒙古丰蒂妮羊绒制品有限公司	披肩，围巾	300万条
内蒙古华锐肯特家具有限公司	办公民用家具	2万套
呼和浩特纳顺设备制造有限责任公司	压力容器	
内蒙古科达铝业装饰工程有限公司	塑钢门窗 钢化玻璃	80万平方米 100平方米
内蒙古德鑫置业有限公司	混凝土	50万立方米
内蒙古科容包装制品有限公司	包装箱	70万平方米
呼和浩特乐迪丝服饰有限公司	西裤、西服	10万条(件)
呼和浩特明远食品有限责任公司	熟肉制品	400吨

机构设置

职　务	姓　名	联系电话
管委会主任	皇甫文彬	0471－2273808
管委会书记	张　强	0471－2276003
管委会副主任	郝美玲	0471－2273801
管委会常务副主任	于明华	15335552016

【呼和浩特金桥经济开发区】

概况　呼和浩特金桥经济开发区2000年9月创建，是自治区24户重点开发区之一。开发区规划面积13.6平方公里，分为工业一区(高新技术产业区)和工业二区(石化工业区)，已建成面积7.6平方公里，基础设施建设累计投入20亿元。基本实现了“七通一平”。

开发区以高新技术、印刷出版、生物制药、羊绒纺织、卷烟、石油化工、电力、建材、装备制造为主导产业。现入驻工业企业39家，其中规模以上工业企业18家。2009年开发区实现工业增加值40.17亿元，上缴税金33.05亿元。

重点企业名录

企业名称	主要产品	生产能力
呼和浩特炼油厂	汽油、柴油	150万吨
内蒙古昆明卷烟有限责任公司	卷烟	30万箱
中海油天野化工股份有限责任公司	化肥 甲醇	82万吨 20万吨
北方联合电力呼和浩特金桥热电厂	电、热	33亿度
呼和浩特城发热力有限责任公司	供热	1 500平方米
内蒙古爱信达教育印务有限责任公司	印刷品	120令
内蒙古神州硅业有限责任公司	多晶硅	1.5万吨
内蒙古物西水泥有限责任公司	水泥	100万吨

机构设置

职　务	姓　名	联系电话
管委会主任	李浩书	0471－3364099
管委会书记	康存耀	0471－4211316
管委会经济发展局局长	侯燕军	0471－3364008

【内蒙古和林格尔经济开发区】

概况　内蒙古和林格尔经济开发区成立于1999年3月，是自治区24户重点开发区之一。规划面积24.8平方公里，已建成面积14平方公里，基础设施建设累计投入30亿元，实现“七通一平”。

开发区以农畜产品加工业为主导产业。现入驻工业企业47个，其中规模以上工业企业19家。2009年开发区实现工业增加值51.3亿元，上缴税金7.7亿元。

重点企业名录

企业名称	主要产品	生产能力
内蒙古蒙牛乳业(集团)股份公司	乳制品	300万吨
内蒙古兆旺羊绒制品有限公司	羊绒衫	300万件
内蒙古九强机械股份有限公司	奶罐	2 000吨
内蒙古昭君羊绒股份有限公司	羊绒裤	500万条
内蒙古草原天邦饲料有限公司	动物饲料	20万吨
内蒙古铁骑纺织有限责任公司	纱锭	10万锭
内蒙古宇航人高技术产业有限公司	沙棘饮品	1 500吨
丰华热力有限公司	热力、蒸汽	500万吨
内蒙古盛都包装印务有限公司	纸箱	5万吨
内蒙古阿拉蒙牛乳制品有限公司	奶粉	2万吨

机构设置

职　务	姓　名	联系电话
管委会主任	李公社	0471－7390288
管委会副书记	王春和	0471－7391978
管委会经济发展局局长	王　军	0471－7390299

【内蒙古赤峰经济开发区】

概况　内蒙古赤峰经济开发区创建于2002年4月，是自治区24户重点开发区之一。2009年在原赤峰红山经济开发区的基础上，将松山安庆工业园区和赤峰市资源型城市开发试验区纳入赤峰经济开发区统筹协调管理。规划控制面积132平方公里，建成面积22平方公里，累计完成基础设施投资12亿元，实现了“七通一平”。

开发区基本形成了以有色金属加工、农畜产品加工及化工为主导产业，医药、现代物流及服务和清洁能源为辅助产业的产业雏形。开发区累计入驻企业89家，其中规模以上工业企业27户。2009年实现工业增加值44亿元，上缴税金2.5亿元。

重点企业名录

企业名称	主要产品	生产能力
赤峰远联钢铁有限责任公司	钢材	200 万吨
赤峰金剑铜业有限责任公司	铜 硫酸	18 万吨 60 万吨
赤峰中色库博红烨锌业有限公司	锌 硫酸	30 万吨 50 万吨
京能(赤峰)能源发展有限公司－赤峰煤矸石电厂	电力	27 万千瓦时
赤峰维信羊剪绒制品有限公司	毛革鞋靴 剪绒毯垫	120 万双 6 万平方米
赤峰大吉生化药业集团股份有限公司	蒙药、中成药	800 吨
赤峰万泽制药有限责任公司	原料药 片剂、胶囊 袋剂 膏剂	10－15 吨 13 亿片(粒) 1 亿袋 300 万只
内蒙古力王工艺美术有限责任公司	青铜铸件、仿辽瓷	5 500 件

机构设置

职　务	姓　名	联系电话
管委会主任	张利平	0476－8820111
管委会副主任	刘　翔	0476－8831505
管委会综合服务局局长	孔令轩	0476－8831501
管委会规划招商局局长	李汇军	0476－8831309

【内蒙古鄂托克经济开发区棋盘井工业园区】

概况　内蒙古鄂托克经济开发区棋盘井工业园位于鄂尔多斯市鄂托克旗棋盘井镇,2001 年 4 月经自治区人民政府批准成立,自治区 24 户重点开发区之一,园区规划面积60.28平方公里,已建成面积 27 平方公里,基础设施建设累计投入36.8亿元,实现了“七通一平”。

园区依托煤炭以及硅石、石灰石、铁矿石等矿产资源,重点发展电力、冶金、化工等产业。现入驻工业企业 75 户,其中规模以上工业企业 49 户。2009 年实现工业增加值172.81亿元,实现税金17.69亿元。

重点企业名录

企业名称	主要产品	生产能力
鄂尔多斯化工集团有限公司	合成氨 尿素	60 万吨 104 万吨
内蒙古鄂尔多斯冶金有限公司	高碳锰铁 中碳锰铁	11.8 万吨 6.8 万吨
鄂尔多斯氯碱化工公司	PVC 烧碱 熟料 水泥	40 万吨 36 万吨 77.5 万吨 103.2 万吨
鄂托克旗建元煤焦有限公司	捣固焦联产甲醇	96 万吨捣固焦/10 万吨甲醇
内蒙古旭月化工集团公司	捣固焦联产甲醇	96 万吨捣固焦/10 万吨甲醇
鄂尔多斯市蒙西建材有限责任公司	水泥	4 000 吨/日

续表

企业名称	主要产品	生产能力
内蒙古蒙西水泥股份有限公司	水泥	4 000 吨/日
内蒙古鄂尔多斯多晶硅业有限公司	多晶硅	3 000 吨

机构设置

职　务	姓　名	联系电话
开发区党工委书记	高锦文	13904777418
管委会副主任	赵银柱	13947734888
管委会副主任	磨世英	13191363888
管委会副主任	马二喜	13704775078
管委会发展局局长	刘深涟	13354771577

【内蒙古鄂托克经济开发区蒙西工业园区】

概况　内蒙古鄂托克经济开发区蒙西工业园区位于鄂尔多斯市鄂托克旗蒙西镇境内，是 2001 年被内蒙古自治区人民政府批准的省级高新技术工业园区，自治区 24 户重点开发区之一，园区规划面积38.6平方公里，已建成面积 12 平方公里，基础设施建设累计投入 10 亿元，实现了“七通一平”。

园区主要引进以循环经济为特色的高新技术企业，重点发展高新材料、建材、冶金、化工、电力、物流六大产业。现入驻工业企业 33 户，其中规模以上工业企业 18 户。2009 年实现工业增加值 22 亿元，实现税金6.1亿元。

重点企业名录

企业名称	主要产品	生产能力
神华蒙西煤化股份有限公司	捣固焦、甲醇	年产 100 万吨捣固焦/10 万吨甲醇
内蒙古双欣环保材料股份有限公司	聚乙烯醇	11 万吨
华电集团、蒙西鄂尔多斯铝业有限公司	粉煤灰提取氧化铝	40 万吨
鄂尔多斯市华鑫建材有限公司	铸造及煅造件延伸产品	20 万吨
鄂尔多斯市泰发祥工贸有限公司	捣固焦联产甲醇	96 万吨捣固焦/10 万吨甲醇
星光煤炭集团有限责任公司	水泥	4 500 吨/天

机构设置

职　务	姓　名	联系电话
蒙西镇党委书记兼管委会副主任	崔永忠	13734777333
综合管理局局长	高继文	13789473310
规划建设局局长	付永刚	13327038855
经济发展局局长	吕石伟	13304732220

大 事 记

1 月

1日　锡林郭勒盟12个旗县市正式实行公民因私出国凭户口薄、身份证就可以按需申领护照。

3日　2009建发厦门国际马拉松赛暨全国马拉松锦标赛在厦门国际会展中心鸣枪,内蒙古田径队派出运动员6人,参加男女马拉松全程的比赛。张莹莹以2小时32分57秒的成绩获得女子全程亚军。

4日　自治区发改委批复了包头一电厂、包头二电厂工业热价,由原16元/吉焦调整为22元/吉焦,调整后的供热价格从2009年1月1日起执行。

6日　自治区代主席巴特尔在内蒙古香格里拉大酒店会见了前来参加呼和浩特国际冰雪旅游节的外交使团,自治区副主席布小林参加会见。

☆　2009年,内蒙古电视台蒙古语春节晚会《吉祥祝福》和汉语春节晚会《春潮舞动内蒙古》于1月6日及12日分别在内蒙古体育馆录制完成。自治区党委书记储波,自治区代主席巴特尔,自治区政协主席陈光林等自治区领导分别观看了两台晚会的演出。

☆　蒙古国外交部通过中国驻蒙古国大使馆向中国外交部照会,对中国外交部2008年5月9日(122号)照会给予答复,定于2009年1月12日起,对中蒙策克—西伯库伦口岸实行常年开放。

7~12日　政协内蒙古自治区第十届委员会第二次会议在呼和浩特隆重召开。

8~13日　内蒙古自治区第十一届人民代表大会第二次会议在呼和浩特召开。

11日　晚,“改革开放三十年内蒙古先锋企业和先锋人物颁奖晚会”在内蒙古电视台600平方米演播厅隆重举行。

14日　全区工业经济暨安全生产工作会议在呼和浩特召开,自治区主席巴特尔出席会议并作重要讲话,自治区副主席赵双连主持会议。

15~16日　国家文物局局长单霁翔一行5人深入呼伦贝尔市,对鄂伦春、鄂温克、达斡尔、俄罗斯“四少”民族文物保护工作进行考察调研。自治区副主席刘新乐陪同考察调研。

18日　自治区主席巴特尔在新城宾馆会见了东风航天城司令员崔吉俊、政委侯贺华一行。自治区副主席刘卓志参加会见。

18~19日　最高人民检察院副检察长朱孝清在自治区慰问基层干警并进行调研,自治区领导邢云、柳秀、王长聚陪同。

19日　内蒙古电力(集团)有限责任公司与中国电力投资集团公司共同主持召开了国家863计划“北方地区兆瓦级分布式冷热电联供系统集成技术与示范工程”项目启动工作会议。

20日　上午,内蒙古自治区第三次全国文物普查专用车辆赠车仪式,在内蒙古博物院举行。自治区副主席、自治区第三次全国文物普查领导小组组长刘新乐为呼和浩特市、包头市、乌兰察布市、巴彦淖尔市、鄂尔多斯市、阿拉善盟的各旗县颁发普查车辆钥匙。此次,自治区人民政府筹措专项经费300余万元,购买文物普查客货两用越野车50辆。

☆　全区旅游工作会议在呼和浩特召开,自治区副主席布小林出席会议并讲话。

21日　自治区主席巴特尔在新城宾馆会见了中国国电集团公司总经理及党组书记一行。会见前,自治区国资委负责人与中国国电集团公司负责人签署了“内蒙古能源发电投资有限公司重组框架协议”。自治区副主席赵双连出席签字仪式并参加会见。

22日　自治区党委、政府在新城宾馆国宴厅举行2009年各族各界迎春茶话会。

23日　上午,自治区党委书记储波,自治区主席巴特尔在自治区党委常委、统战部部长伏来旺,自治区党委常委、秘书长符太增等陪同下,到自治区民主党派大楼,看望慰问自治区各民主党派、工商联和无党派人士,代表自治区党委、政府向他们致以节日问候和新春祝福,并同大家进行座谈。

2　月

6～7日　全区文化工作暨全区文物工作会议在呼和浩特召开。自治区副主席刘新乐，自治区党委宣传部副部长、文化厅厅长王志诚讲话。

9日　蒙古国海关总署国际司司长阿木尔、海关总署化验中心主任朝鲁门、海关总署监管司处长策尤达西、西伯库伦口岸海关关长巴依斯呼楞一行8人到额济纳旗，就口岸建设情况和通关服务方面进行了考察，并与口岸部门领导进行座谈会。

11日　内蒙古体育局和鄂尔多斯市人民政府联合组建内蒙古女子曲棍球队签字仪式在呼和浩特市举行。

11～12日　中共内蒙古自治区第八届纪律检查委员会第四次全体会议在呼和浩特市召开。会议全面贯彻第十七届中央纪委第三次全会精神，认真总结了2008年全区反腐倡廉工作情况，研究部署了2009年全区党风廉政建设和反腐败工作任务。

12日　自治区党委召开徐国元案件警示教育电视电话会议，自治区党委常委、纪委书记张力对徐国元案件进行了深入剖析，自治区党委书记储波作了重要讲话，自治区党委副书记、自治区主席巴特尔主持会议。

☆　全区商务和口岸经济工作会议在呼和浩特召开，自治区副主席布小林出席会议并讲话。

14～15日　2009年女子柔道世界杯赛在奥地利首都维也纳举行，女子柔道运动员吴树根代表国家参赛并获得48公斤级亚军。

16日　“华诞六十 · 邮情天下”中国2009世界邮展60城市巡游呼和浩特站活动举行。

17日　全区人口和计划生育工作会议在呼和浩特召开，自治区主席巴特尔出席会议并作重要讲话。自治区党委常委、秘书长符太增主持会议，自治区领导罗啸天、刘新乐、牛广明出席会议。

18日　全区农村牧区工作会议在呼和浩特召开，自治区党委副书记、自治区副主席任亚平，自治区副主席郭启俊出席会议并讲话。

☆　全区集体林权制度改革暨退耕还林工作会议在呼和浩特召开，自治区党委副书记、自治区副主席任亚平，自治区副主席郭启俊出席会议并讲话。

☆　全区建设工作会议在呼和浩特召开，自治区副主席刘卓志出席会议并讲话。

19日　全区国土资源管理工作会议在呼和浩特召开，自治区副主席赵双连出席会议并讲话。

☆　全区森林草原防火和国土绿化工作会议在呼和浩特召开，自治区副主席郭启俊出席会议。

☆　全区卫生工作会议在呼和浩特召开，自治区副主席刘新乐出席会议并讲话。

☆　凌晨2时许，呼伦贝尔市阿荣旗与扎兰屯市交界处发生4.0级地震，震区位于北纬48.44度，东经122.74度。

19～20日　全区供销合作社工作会议在呼和浩特市召开。

19～28日　全国现代五项冠军系列赛（广州站）在广州举行，内蒙古共有6名运动员（女3人、男3人）参加了比赛。团体获得第四名，张晔获得女子个人第三名。

20日　自治区党委常委会听取了自治区人大常委会党组的工作汇报。自治区党委书记储波主持会议，自治区主席巴特尔及任亚平、邢云、伏来旺、陈朋山、李佳、符太增等领导出席会议。

21日　全区蒙医中医工作会议在呼和浩特市召开。

24日　全区国有资产监督管理工作会议在呼和浩特召开，自治区副主席赵双连出席会议并讲话。

☆　全区食品药品监督管理工作会议在呼和浩特召开，自治区副主席刘新乐出席会议。

☆　全区民政工作会议在呼和浩特召开，自治区副主席刘卓志出席会议并讲话。

25日　全区离退休干部工作会议在呼和浩特召开。自治区党委常委、组织部部长、自治区老干部工作领导小组组长李佳出席会议并作重要讲话。

☆　全区残疾人工作会议在呼和浩特召开，自治区副主席刘卓志出席会议并讲话。

26日　在全国体育彩票工作会议上，内蒙古自治区体育彩票管理中心荣获2008年度全国体育彩票“销售增长奖”和“销售贡献奖”。2008年，内蒙古体育彩票管理实现了销量10.38亿元的突破，销量增幅达41.17%，销售位次也由全国第22位上升到了17位。

27日　全区民族宗教蒙古语文工作会议在呼和浩特召开，自治区副主席刘新乐出席会议。

3　　月

2 日　内蒙古党校、内蒙古行政学院举行 2009 年春季开学典礼。

3 日　自治区主席巴特尔与国家电力监管委员会主席王旭东就自治区实施电力多边交易、加快电力通道建设和促进风电发展等问题在北京座谈。国家电力监管委员会副主席史玉波、自治区副主席赵双连参加座谈。

3~5 日　2008~2009 年度全国青少年越野滑雪锦标赛在兴安盟阿尔山市举行,来自黑龙江、长春、吉林、通化、哈尔滨等 12 支滑雪队的 50 余名运动员参加了六个项目的角逐。

3~13 日　驻自治区的全国政协委员在北京参加全国政协十一届二次会议,会议期间,29 位委员共向大会提交提案 84 件,其中 81 件立案,3 件转为信息。

5 日　兴安盟阿尔山市成为国务院公布的第二批“资源枯竭城市”之一,是内蒙古自治区唯一一个资源枯竭城市。

5~13 日　全区 59 名全国人大代表出席十一届全国人大二次会议。会议期间,自治区代表认真履行职责,充分发表意见,代表团以全团名义,就内蒙古自治区开征煤炭可持续发展基金提出建议。代表们还就加强宏观调控、推进城市建设、加强环境保护、完善社会保障、促进农民增收、发展社会事业、改进组织人事工作等方面,提出建议 181 件。会议期间,中共中央政治局常委、国务院总理温家宝到内蒙古代表团参加了审议并发表重要讲话。全国人大副委员长乌云其木格参加内蒙古代表团的审议。

12 日　全区人防工作会议在呼和浩特市召开,自治区副主席连辑出席会议。会议总结了 2008 年的人防工作,通报了对盟市人防办 2008 年度责任目标考核情况,表彰奖励了人防工作“十佳旗县”,安排部署 2009 年全区人防工作。

15 日　第 80 届首尔国际马拉松赛在韩国首都首尔举行,我区运动员张莹莹获得女子全程第五名。

中旬　由中国体育场协会组织的 2008 年度中国优秀体育场评选活动结束。内蒙古体育馆获得中国体育场馆运营优秀奖。

16 日　2008 - 2009 年度“海神杯”全国自由式滑雪冠军赛在兴安盟阿尔山市举行。

17 日　自治区主席巴特尔在新城宾馆与中国银监会主席刘明康一行座谈。自治区副主席布小林参加。

☆　全区非物质文化遗产保护工作会议在呼和浩特市召开。

☆　乌兰察布市察哈尔右翼后旗发生一起 97 万元现金被盗的特大盗窃案。案发后,旗公安局历经 5 天 5 夜,行程5 000余公里,于 3 月 22 日在黑龙江省佳木斯市将 4 名犯罪嫌疑人抓获并押解回旗。

18 日　全区统计工作会议在呼和浩特召开,自治区党委副书记、自治区副主席任亚平出席会议并讲话。

☆　“内蒙古自治区非物质文化遗产保护中心”挂牌仪式在原内蒙古文化艺术干部学校举行。

18~19 日　中央电大文法学院叶志宏副院长、合作办学办公室赵晓华主任一行对学校申报蒙汉双语授课开放教育法学本科项目进行检查和指导。

23 日　全区各级气象部门以多种形式开展纪念世界气象日。

25 日　中蒙策克—西伯库伦口岸常年开关剪彩仪式在策克口岸隆重举行。

26 日　自治区主席巴特尔在呼和浩特白塔国际机场贵宾室会见途经呼和浩特的塔吉克斯坦总统埃莫马利·拉赫莫一行。

26~27 日　全区疾病预防控制工作会议召开。会上表彰了全区鼠疫防治、中国第一轮全球基金结核病项目先进集体和先进个人。

28 日至 4 月 4 日　在苏州举行的全国现代五项冠军赛中,内蒙古体工一大队运动员张晔、郭静、付洋获得团体第二名。

30 日　自治区党委书记储波、自治区主席巴特尔在新城宾馆会见以中纪委驻最高人民检察院纪检组长莫文秀为组长的中央扩大内需促进经济增长政策落实检查组一行。

30 日~4 月 1 日　上午,自治区党委书记、自治区人大常委会主任储波主持自治区十一届人大常委会第七次会议第一次全体会议。

31 日~4 月 3 日　由国家公安部治安管理局、监察部、国家旅游局三部门组成的边境旅游异地办证试点工作检查验收组对呼伦贝尔市边境旅游异地办证试点工作进行为期 4 天的实地检查验收。

4　月

初　自治区文化厅组织有关考古专家对元上都遗址进行迄今为止最大规模的考古发掘。此次大规模考古发掘是为元上都申报世界文化遗产而进行的专项工作,其主要目的就是展示、保护维修部分基址及其它文物。这一考古工作计划三年完成。

2日　由自治区气象局、农牧业厅及中国移动内蒙古分公司联合主办的"千乡万村"助农惠农信息服务工程启动仪式在呼和浩特市隆重举行。

3日　伊利集团"有机奶产业链建设及产品开发"项目在中国轻工业联合会举行的2008年度中国轻工业联合会科学技术进步颁奖大会上获得科学技术进步三等奖。

9日　由内蒙古自治区人民检察院交办包头市人民检察院提起公诉的"万里大造林"案两名主犯分别被判有期徒刑11年和9年。

11～17日　由国家旅游局主办、各省市区旅游局承办的全国百城旅游宣传周将在全国186个城市同时展开,自治区呼和浩特、包头、鄂尔多斯、赤峰、呼伦贝尔、满洲里六座城市作为自治区的重点城市列入了全国186个城市之中,全区其它盟市也开展形式多样的旅游宣传活动。自治区副主席布小林出席开幕式。

13日　全区纠风工作会议在呼和浩特召开,自治区副主席任亚平出席会议并讲话。

15日　乌兰察布市兴和县发生食物中毒事件,13人出现食物中毒症状。

16日　自治区人民政府与中国农业银行在呼和浩特签署战略合作协议。自治区党委书记储波,自治区主席巴特尔,自治区党委常委、秘书长符太增,自治区副主席布小林,中国农业银行股份有限公司董事长项俊波出席签字仪式。

☆　蒙古国总理桑·巴雅尔率蒙古国代表团访问鄂尔多斯市,自治区副主席任亚平会见桑·巴雅尔一行。

☆　维斯塔斯风力系统(中国)有限公司呼和浩特工厂举行开业仪式。同时,第一台专为中国市场量身定制的V60-850千瓦型风机正式下线。自治区党委书记储波,自治区主席巴特尔,自治区党委常委、呼和浩特市委书记韩志然等参加了开业仪式。丹麦驻中国大使叶普、维斯塔斯全球总裁兼首席执行官迪特列·英格、维斯塔斯中国区总裁安信诚、维斯塔斯中国总经理兼副总裁路明等参加开业仪式。

17～19日　2009年国际田联竞走挑战赛暨全国竞走锦标赛在无锡举行,田径队竞走组派出运动员13人(男10人,女3人),参加男子成年20公里、50公里,青年10公里、30公里,少年10公里和女子成年等8个小项的比赛。其中,王浩获得男子20公里第四名(全国锦标赛第二名),褚亚飞获得第八名(全国锦标赛第四名);在50公里比赛中,徐发光获得挑战赛第二名(全国锦标赛第二名),阿拉坦嘎达苏获得第八名(全国锦标赛第八名)。在青年比赛中,吴钱龙获得男子10公里第八名和30公里第四名;丛福东、鞠艳楠分别获得少年男子10公里第五名和少年女子10公里第六名。

22～25日　应俄罗斯人文合作委员会旅游分委会邀请,由国家旅游局组成代表团,内蒙古自治区派代表赴俄符拉迪沃斯托克(海参崴)参加中俄旅游安全会议。

23日　上午,蒙古族十大杰出科学家肖像揭幕暨赠送仪式在内蒙古大学举行。自治区党委常委、宣传部部长乌兰,自治区人大常委会副主任赵忠为蒙古族十大杰出科学家肖像揭幕。自治区政协副主席、自治区科协主席牛广明在仪式上讲话。乌兰、赵忠、牛广明为到会的旭日干、冒怀庆、官春云、萨本茂4位科学家及其他科学家代表颁发证书。

27日　自治区党委办公厅、政府办公厅联合召开2009年全区"博爱一日捐"活动启动仪式暨动员电视电话会议,安排部署了"博爱一日捐"工作。自治区党委副书记、自治区副主席任亚平作重要讲话,自治区人大常委会副主任赵忠,自治区政协副主席、红十字会名誉副会长娜仁,自治区红十字会会长宝音德力格尔等领导出席了会议。

29日　京蒙东西扶贫协作对接与合作会议呼和浩特召开。自治区党委副书记、自治区副主席任亚平出席会议并讲话,自治区副主席郭启俊主持会议。

☆　内蒙古电力(集团)有限责任公司举行内蒙古电网2009年春季暨特高压大型联合反事故演习,调通中心、内蒙古超高压供电局、呼和浩特供电局等7个单位参加演习。

30日　由自治区党委宣传部,自治区广电局、文联主办,内蒙古电视台和内蒙古舞蹈家协会承办的鄂尔多斯乌金煤业杯第二届中国蒙古舞蹈大赛暨第二届内蒙古电视舞蹈大赛,经过初赛、复赛、半决赛、决赛、颁奖晚会等环节,圆满落下帷幕。

5　月

1～3日　自治区首届围棋业余段位赛在包头市举行,共7个盟市15个协会、学校和培训基地的255人参赛,运动员中年龄最大的58岁,年龄最小的4岁半。

4日　内蒙古自治区团委在内蒙古人民会堂隆重召开纪念"五四"运动90周年大会。自治区党委书记储波,自治区主席巴特尔,以及各族各界青年代表参加了大会。会议表彰了第九届"内蒙古十大杰出青年"、"全区创业青年英才"、"全区五四红旗团委标兵"三个奖项。

7日　上午,杨鲁安先生归真七日追思会在呼和浩特市举行。自治区党委常委、统战部部长伏来旺,自治区政协副主席牛广明等领导和内蒙古自治区文化艺术界知名人士出席了追思会。

☆　国家科技部与自治区人民政府部区工作会商制度议定书签字仪式暨第一次部区工作会商会议在呼和浩特举行。全国政协副主席、科技部部长万钢与自治区主席巴特尔签署部区工作会商制度议定书。

☆　自治区主席巴特尔在新城宾馆会见了诺基亚西门子通信公司中国区总裁张志强一行。

☆　在由中国电视艺术家协会主办的"2008全国抗灾救灾优秀电视节目评选"活动中,内蒙古电视台汉语卫视节目中心录制的《草原和你在一起》获得2008全国抗灾救灾电视特别节目一等奖。

8日　自治区人民政府召开双拥工作领导小组全体会议。自治区党委副书记、自治区副主席、双拥工作领导小组组长任亚平出席会议并讲话,自治区副主席、双拥工作领导小组副组长刘卓志主持会议。

☆　由自治区总工会、团委、妇联、人事厅、民政厅、扶贫办、广电局、内蒙古日报社、内蒙古人民广播电台、内蒙古电视台等26家单位共同举办的"2007－2008感动内蒙古人物颁奖盛典"在600平方米演播厅隆重举行。本届感动内蒙古人物评选活动共评出了十位感动内蒙古人物、两项感动内蒙古人物特别奖和十个感动内蒙古人物提名奖。自治区党委副书记、自治区副主席任亚平,自治区人大常委会副主任云秀梅,自治区政协副主席牛广明、郑福田,内蒙古军区副政委陈运火以及自治区的老领导云曙碧、万继生、陈瑞清等出席晚会并为感动人物颁奖。

9日　由呼和浩特市人民政府、内蒙古电视台主办,鄂尔多斯羊绒集团、北京晋商博物馆、内蒙古王新民影视工作室协办,呼和浩特市玉泉区人民政府、北京清雅风尚文化传播有限公司承办的百集电视连续剧《大盛魁》暨大盛魁文化创意产业园启动仪式新闻发布会在北京人民大会堂隆重举行。全国人大原副委员长布赫,全国政协原副主席陈锦华,自治区副主席刘新乐,中国电视艺术家协会党组书记黎鸣等领导出席了此次新闻发布会。

☆　新闻综合频道《新闻天天看》进社区大型媒体行动—"2009唱响红歌"正式启动。

☆　蒙古语卫视频道《社会观察》栏目举行聘请特约评论员及与中国蒙古语新闻网签订合作协议会。

11日　四川省发生首例甲型H1N1流感确诊病例,内蒙古有4例密切接触者。经过自治区以及相关盟市防控领导小组的全力追踪,到5月11日12时,四例密切接触者全部找到,并实施了隔离措施。

☆　内蒙古自治区红十字会、四川省大邑县人民政府纪念"5·12"汶川地震一周年暨重建项目签字仪式在呼和浩特香格里拉大酒店举行。自治区副主席、红十字会名誉副会长刘新乐,自治区政协副主席牛广明,自治区红十字会会长宝音德力格尔等自治区领导以及四川省大邑县县委、政府主要领导出席了签字仪式,自治区各有关部门、捐赠单位及社会各界代表200多人参加了纪念活动。纪念活动上,内蒙古自治区红十字会与大邑县人民政府共同签署了重建项目协议书,自治区红十字会援助大邑县2.1亿元,用于桃源灾民安置小区、妇幼保健院、文化艺术中心、体育中心和官渡大道(内蒙古大道)等5个项目的灾后重建工作。

12日　乌海市检察机关批捕涉嫌"3.18"爆炸案的43名犯罪嫌疑人,同时乌海市海南区人民检察院及时立案查办了与此案有关的国家机关工作人员涉嫌玩忽职守案,决定逮捕1人,取保候审1人。

12～17日　中央纪委副书记张惠新在内蒙古鄂尔多斯市、包头市和呼和浩特市考察调研。自治区党委常委、纪委书记张力及委厅其他领导陈哲、张文清、李杰、额尔德尼、韩世华分别陪同。调研期间,张惠新副书记到自治区纪委监察厅机关看望了干部职工。

14日　自治区副主席刘新乐在呼和浩特香格里拉大酒店会见卢旺达卫生代表团。

☆　全区"体育名城名乡"评选活动启动仪式在呼和浩特举行。

15日　上午,自治区残疾人联合会与内蒙古电视台在首府呼和浩特联合举行新闻综合频道手语节目《这七天》开播仪式。中国残疾人联合会发来贺信。

自治区人大常委会副主任柳秀，自治区政协副主席牛广明出席开播仪式。

15～17 日　在锡林郭勒盟正蓝旗召开了元上都遗址申报世界文化遗产工作 2009 年度汇报会。在会上国家文物局主要领导及文物专家考察元上都遗址，现场听取明德门遗址保护方案、元上都考古工作方案、元上都博物馆建设方案，并参观栈道铺设工作。同时评议元上都申报文本及申报片、元上都保护条例、元上都保护规划修改稿、上都镇建设保护规划。

16 日　由中国信鸽协会主办的第十届信鸽国家赛锡林郭勒盟锡林浩特赛区比赛举行。来自全国 8 个省市自治区的 12 514 羽信鸽参加比赛。

20 日　中国科协 III 型科学普及大篷车试点工作启动仪式在呼和浩特市新华广场举行。自治区党委常委、宣传部部长乌兰，自治区政协副主席、自治区科协主席牛广明出席启动仪式并观摩科普大篷车。

☆　自治区主席巴特尔在北京会见大唐国际发电股份有限公司党委书记、总经理曹景山一行。

☆　自治区主席巴特尔在北京与铁道部部长刘志军就进一步加快自治区铁路建设进行会谈。自治区副主席赵双连、铁道部副部长陆东福参加会谈。

☆　中国兴安旅游联盟联谊会暨兴安旅游推介会在阿尔山市召开，来自黑龙江省，内蒙古呼伦贝尔市、扎兰屯市、海拉尔区、满洲里市等地的兴安旅游联盟城市及毗邻友好城市地区的旅游局及业界人士参加了会议。

21 日　蒙古国森林草原大火越过国境，进入兴安盟阿尔山市境内的五岔沟、白狼林业局施业区，火线长达 100 多公里。经森警、消防、武警官兵、林业三局扑火队和市直机关干部组成的扑火联队奋力扑救，至 5 月 26 日 16 时，入境大火被堵截在防火隔离带以外，150 公里火线全部告捷，确保了阿尔山地区人民生命财产和森林资源安全。

22 日　自治区人民政府与国家开发银行在北京举行联席会议。自治区主席巴特尔，国家开发银行行长蒋超良、副行长郑之杰出席会议。

25 日　内蒙古电力（集团）有限责任公司召开"蒙电责任行动"新闻通气会，人民日报、新华社、经济日报、内蒙古日报、中国电力报、国家电网报等 21 家中央及自治区新闻媒体记者们对电力公司将科学发展的理论与企业实际紧密融合，运用"蒙电责任行动"这一实践载体表示出极大的关注。自治区党委宣传部副部长、文明办主任李冰，自治区国资委纪委书记刘志彧到会并讲话。

26 日　《文化部关于公布第三批国家级非物质文化遗产项目代表性传承人的通知》（文非遗发〔2009〕6 号）。阿拉坦其其格以其传统音乐蒙古族长调民歌，被确定为第三批国家级非物质文化遗产项目代表性传承人名单。

☆　自治区主席巴特尔在新城宾馆会见中国石油天然气集团公司副总经理李新华一行。

27 日　自治区主席巴特尔在新城宾馆会见在自治区调研的中共中央委员、全国人大常委会委员、全国人大民族委员会副主任委员陆兵一行。

29～31 日　在南京举行的全国马术三项锦标赛上，自治区运动员张睿、达日玛、董延利、焦若冰、满者拉呼五位选手获得团体第一名，张睿获得个人第一名，达日玛获得个人第二名，董延利获得个人第五名。

31 日　第二届"中国环境与健康宣传周"内蒙古启动仪式在呼和浩特市新城区闻都社区举行。

5 月中旬～6 月中旬　自治区文化厅与工商、公安、通信管理部门联合开展网吧集中治理专项行动，重点查处网吧接纳未成年人进入行为、黑网吧和利用网吧下载传播违法有害信息，全区在专项行动中共取缔黑网吧 73 家。

31 日　中共中央政治局委员、国务院副总理、国家防汛抗旱总指挥部总指挥回良玉抵达呼伦贝尔市新巴尔虎右旗视察抗旱及草原防火工作。国家水利部部长陈雷、国务院副秘书长张勇、国家发改委副主任杜鹰、财政部副部长丁学东、农业部副部长危朝安、国家林业局副局长孙扎根、国家气象局副局长矫梅燕、国研室党组成员黄守宏；自治区主席巴特尔，自治区副主席郭启俊等领导陪同视察。

是月　蒙古国宝迪公司董事长莫卓日格图一行 17 人到阿尔山考察。期间，莫卓日格图一行赴兴安盟乌兰浩特市，与兴安盟公署、中国海外经济合作总公司签署了中蒙绿色农业项目合作意向书，蒙古国民众旅行社与兴安盟旅游协会签订了旅游合作协议书。

6　月

1 日　内蒙古自治区"一杯奶"生育关怀行动试点启动仪式在通辽市启动。自治区副主席刘新乐宣布"一杯奶"生育关怀试点工作启动。全国政协常委、全国政协副秘书长、民进中央副主席、中国人口和计划生育协会常务副会长潘贵玉出席启动仪式并作重要讲话。“一杯奶”生育关怀行动将分三个阶段有序推进。即2009年确定通辽市、鄂尔多斯市、乌海市以及呼伦贝尔市的牙克石市、乌兰察布市的商都县和凉城县为自治区首批试点地区,近5万人受益;2010年力争在全区农村牧区全面铺开,受益人群将达15万人左右;从2011年开始,积极创造条件,尽早实现全区城乡一体化覆盖,受益人群将达23万至25万人。

2日　自治区旅游局利用组团参加韩国国际旅游展之际,在首尔举办内蒙古旅游推介会,重点推出自治区草原风光、民族风情、沙漠探险、高尔夫度假等旅游产品,吸引韩国72家旅行社、15家媒体近200人参加会议,成为展会期间参加人数最多的推介会之一。

4日　内蒙古自治区人民政府公布第二批自治区级非物质文化遗产名录,敖鲁古雅鄂温克族神话等111个新增项目和祝赞词等27个扩展项目入选。这些项目是从全区各盟市和区直属单位申报的200多个项目中产生的。

☆　中国·锡林浩特第六届国际游牧文化节开幕,中央电视台、旅游卫视、香港凤凰卫视、内蒙古电视台、内蒙古日报社等媒体参与报道。

5日　“中国·满洲里第八届中俄蒙国际旅游节新闻发布会暨内蒙古电视台与满洲里市政府战略合作签约仪式”在满洲里市举行。

☆　2010年第十五届世界元老乒乓球锦标赛倒计时一周年启动仪式在内蒙古体育馆(新建)广场举行。

6日　由自治区党委宣传部、自治区社科联主办的第三届哲学社会科学普及周活动在呼和浩特新华广场举行启动仪式。自治区党委常委、宣传部长乌兰,自治区政协副主席牛广明参加了启动仪式。

☆　由内蒙古兰亭文化传播有限公司和内蒙古中铭奇石产业有限公司联合举办的“水墨丹青,奇石瑰宝”中国书法、书画名家作品及大漠奇石精品展在内蒙古科技馆举行。自治区人大常委会副主任雷·额尔德尼、自治区副主席连辑、自治区政协副主席牛广明等出席展览开展仪式。

6~7日　2009年女子柔道世界杯赛在葡萄牙里斯本举行,代表国家队参赛的运动员吴树根获得48公斤级第二名。

8日　自治区主席巴特尔在新城宾馆会见了蒙古国驻呼和浩特总领事策·巴桑扎布及夫人。

9日　以“健康阿尔山、激情夏巡赛”为主题的2009年国际雪联越野滑雪中国夏巡赛在兴安盟阿尔山市正式拉开战幕。来自中国、瑞典、挪威、芬兰、丹麦等国的59名选手参赛,都灵冬奥会双料冠军比约林德以及在上个赛季冬巡赛中获得女子总积分冠军的中国选手满丹丹参加比赛。中国选手宋波获得了一枚宝贵的铜牌。

10日　2007~2008第二届感动内蒙古人物评选活动总结表彰大会在呼和浩特市举行。王学东、籍蒙、唐建明、仝丽娜、曹霞荣获“第二届感动内蒙古人物评选活动”模范个人奖,唐捷、牟野、胡红波、耿豫蒙、周健荣获“第二届感动内蒙古人物评选活动”先进个人奖。

11日　全国非物质文化遗产保护、古籍保护暨文博事业杰出人物表彰、颁证、授牌电视电话会议召开。会上,自治区蒙古族长调国家级传承人宝音德力格尔被授予“全国非物质文化遗产保护先进工作者”荣誉称号,阿拉善盟文化广播电视局被授予“文化部非物质文化遗产保护先进集体”称号,巴德玛、东格尔、董新国等三人被授予“文化部非物质文化遗产保护先进个人”称号。会议还公布了第三批国家级非物质文化遗产名录项目代表性传承人名单,自治区罗布生、何巴特尔、扎格达苏荣等16人入选。

13日　自治区农村合作金融机构规范服务经验交流会在元宝山农合行召开,自治区农村信用社联合社理事长佟铁顺、93家旗县农村合作金融机构和自治区联社各部门负责人出席会议。

15日　自治区党委副书记、自治区副主席任亚平在新城宾馆会见了国际博协执行局执行委员、中国自然科学博物馆协会名誉理事长、内蒙古科技馆新馆建设顾问李象益。

☆　自治区党委副书记、自治区副主席任亚平在新城宾馆与中国三峡总公司副总经理毕亚雄一行进行了座谈。

☆　呼和浩特市玉泉区在“2009生态旅游高峰论坛”上荣获中国生态文化旅游示范地称号。

☆《蒙古秘史》回鹘体蒙古文复原项目完成。此项目2004年在锡林浩特市委、政府的主持下启动,由内蒙古大学、内蒙古社会科学院及内蒙古蒙克力软件公司合作研究开发。复原本全文共计282章、15万字,是目前国内唯一使用回鹘体蒙古文书写的《蒙古秘史》。

16日　位于208国道乌兰察布市察哈尔右翼后旗牛明村收费站附近,发生一起长途客车翻车事故,造成2人死亡,7人重伤,19名轻伤。事故发生后,旗交警、消防、120救护车也及时赶到现场组织营救。发生事故的长途客车牌号为蒙J14846,是集宁市开往二连浩特市的长途客运车,车上有乘客40名,司乘人员2名。

18日 自治区党委、政府在呼和浩特召开自治区政府机构改革动员大会。自治区主席、编委主任巴特尔出席大会并作重要讲话,自治区党委副书记、自治区副主席、编委副主任任亚平主持会议,并在会议结束时作重要讲话。自治区党委常委、组织部部长、编委副主任李佳宣布中共中央、国务院批复的自治区人民政府机构改革方案和自治区党委、政府关于机构改革的实施意见。自治区人大常委会副主任雷·额尔德尼,自治区政协副主席郭子明出席会议。自治区党委各部门,自治区政府组成部门、特设机构、直属机构、办事机构、部门管理机构的主要领导和人事处处长共140人参加会议。

18~22日 2009年全国铁人三项锦标赛在河南睢县举行,自治区运动员刘婷获得女子个人冠军。

19~21日 由国家体育总局田径运动管理中心主办,自治区体育局承办的2009年"伊利杯"全国竞走冠军赛在内蒙古新体育馆开赛,比赛主路线设置在成吉思汗大街,来自全国各省区的17支代表队共120名运动员参加了男女8个小项的比赛。田径队派出运动员21人,参加全部项目的比赛。其中,郭凯、吴钱龙、丛福东分别获得男子成年50公里、青年30公里和少年10公里三个第三名。毛艳雪以测验的身份参加了少年女子10公里比赛获得第一名。另有6名运动员获得录取名次。内蒙古队以504分的成绩获得团体总分第二名。

20日 2009年国际田联竞走挑战赛西班牙站比赛在拉科鲁尼亚举行,内蒙古体工三大队有三名运动员代表国家队参加了男子20公里的比赛,褚亚飞以1小时19分51秒的成绩获得冠军,王浩、徐发光分别以1小时21分15秒、1小时21分22秒的成绩,获得第四、第五名。

23日 全区文化体制改革和文化产业发展工作会议在呼和浩特召开,自治区主席巴特尔主持会议。

☆ 吉林省、黑龙江省、内蒙古自治区三省区第四联防区、第三协作组第三十三届刑侦协作会议在兴安盟阿尔山市召开,来自吉林、黑龙江、内蒙古三省区18个旗县市公安局分管刑侦部门的领导和刑警大队长以及相关人员参加了此次会议。

24日 自治区人民政府代表团飞抵蒙古国首都乌兰巴托,蒙古国外交部官员、中国驻蒙古国大使馆官员以及内蒙古自治区在蒙机构负责人到机场迎接。蒙古国总统查希亚·额勒贝格道尔吉在蒙古国国家宫会见了到访的以自治区主席巴特尔为团长的自治区人民政府代表团。

25~30日 2009年全国曲棍球冠军杯赛在呼伦贝尔市莫力达瓦达斡尔族自治旗进行比赛。来自内蒙古、辽宁、山东等8支代表队140多名队员参加比赛。国家体育总局手曲棒垒球管理中心副主任谭英、国家体育总局、呼伦贝尔市等有关领导观看了比赛。

26日上午 全区先进离退休干部党支部和离退休干部先进个人表彰大会在呼和浩特召开。自治区党委书记储波出席会议。自治区党委副书记、自治区副主席任亚平出席会议并讲话。邢云、李佳、符太增、雷·额尔德尼、刘卓志、布小林、刘新乐、郭子明出席会议。

26~29日 2009年全国青少年田径锦标赛在江西省宜春市举行,田径队派出运动员13人,其中青年组运动员7人,参加10个小项的比赛;少年组运动员6人,参加8个小项的比赛。梅泽峰获得青年男子铁饼亚军、杨静获得青年女子3 000米、5 000米亚军;另有3人次获得青年组录取名次。高宏武获得少年男子1 500米、3 000米两项亚军,杨春蕾获得少年女子3 000米第三名,另有4人次获得少年组录取名次。

28日 下午1时,呼伦贝尔市阿荣旗音河乡、查巴奇乡等局部乡镇连续3小时强降雨。晚8时许,全旗境内遭遇强降雨过程。至6月29日早8时,全旗最高降水量达98.8毫米,那吉镇降水量达71.1毫米,境内三大水系流速猛增,阿伦河流速达175个流量,是1998年以来最高降水量。

30日 中央统战部副部长陈喜庆一行视察内蒙古自治区民主党派机关。自治区党委常委、统战部部长伏来旺等陪同视察。

☆ 自治区党委副书记、自治区主席巴特尔在呼和浩特会见了香港恒基兆业地产集团主席李兆基。

☆ 自治区主席巴特尔在新城宾馆会见了中粮集团董事长宁高宁一行,自治区副主席赵双连参加会见。

☆ 在新加坡举行的首届亚洲青年运动会田径女子1 500米比赛中,代表国家参赛的田径队运动员李芷萱以4分34秒44的成绩获得冠军。

☆ 国务院扶贫开发领导小组副组长、国务院扶贫办主任范小建率国务院扶贫开发调研组一行,在自治区副主席、扶贫开发领导小组副组长郭启俊,自治区政府主席助理、扶贫开发领导小组副组长、扶贫办主任崔国柱的陪同下到阿拉善开发区视察指导工作。

是月 国家文物局正式公布了国家一、二、三级博物馆的确认结果,在这次考评中,内蒙古自治区总计有18座博物馆,分别列为国家级一、二、三级博物馆。内蒙古博物院荣获国家一级博物馆;内蒙古清代将军衙署博物院、呼和浩特市博物馆等荣获国家二级博物馆;满洲里市博物馆、扎兰屯市博物馆等荣获国家三级博物馆。

☆　在第三次文物普查的进程中,内蒙古民营博物馆—艾博云集博物馆将一批于70年前从内蒙古地区流散到瑞典和丹麦的蒙古古乐,被收集录音复制回国。这批古乐包括《成吉思汗颂》、蒙古呼麦等48首珍贵乐曲。

☆　内蒙古博物院、阿尔山火山温泉国家地质公园、内蒙古鄂尔多斯市国土资源博物馆、内蒙古二连浩特市二连白垩纪恐龙地质公园四家单位被国土资源部命名为国土资源科普基地。

☆　国家文化部公布了第三批国家级非物质文化遗产项目代表性传承人名单,内蒙古医学院阿古拉教授被评为蒙医药项目(赞巴拉道尔吉温针、火针疗法)代表性传承人。

7　月

1日　呼和浩特经停郑州至香港的航班正式开通。

☆　自治区政府第七次常务会议审议通过并决定:从2009年7月1日起开征煤炭价格调节基金,由地税机关在征收资源税时一并征收。开征煤炭价格调节基金是自治区地税局2009年向政策要收入的重大举措。

3~5日　2009中国铁木真国际草原山地车挑战赛在锡林郭勒盟西乌珠穆沁草原举行,来自22个国家和地区的近300名选手分别参加了30公里、50公里和85公里赛事。

6日　第二届中国铁木真草原马拉松挑战赛在锡林郭勒盟西乌珠穆沁旗拉嘎尔高勒镇落下帷幕。来自德、法、瑞典、澳大利亚等国家和地区及当地近百名选手参加了比赛。

7日　全区清理整顿公墓工作会议在阿尔山市召开,自治区民政厅领导、全区民政系统的代表及自治区公安厅、林业厅等8个有关厅局的特邀代表参加会议。

9日　第六届中国·内蒙古草原文化节在呼和浩特开幕。自治区主席巴特尔,自治区副主席任亚平,自治区党委常委、呼和浩特市委书记韩志然,自治区宣传部长乌兰出席开幕式。国家新闻出版总署党组成员、副署长孙寿山出席开幕式。

9~11日　由自治区党委宣传部、文化厅承办的第六届中国·内蒙古草原文化节演出交易洽谈会在内蒙古展览馆举办。从全区范围内筛选确定的31台剧(节)目参加此次演出交易洽谈会,共接待区外主要演出场所和各类演出中介机构33个。

9~15日　由自治区党委、政府主办,自治区党委宣传部、文化厅承办的第六届中国·内蒙古草原文化节优秀剧目展演在内蒙古乌兰恰特和人民会堂举办。从全区范围内精选的民族舞剧《草原记忆》、二人台现代戏《巴雅尔与大花眼》等6台新创剧目参加展演。

10~13日　内蒙古疾控中心承办的第四届中国十省(市、区)联防联控协作组工作会议在内蒙古呼伦贝尔市满洲里市召开。

11日　第六届中国·内蒙古草原文化节非物质文化遗产展示—蒙古族服饰和长调民歌展演《天地同歌》晚会在内蒙古乌兰恰特大剧院隆重上演。晚会成功地展示了20个风格色彩区21首蒙古族长调民歌和21个部落及蒙元时期54套蒙古族传统服饰。

11~12日　中国汽车服务贸易产业园区经济论坛在鄂尔多斯市东胜区举行,商务部、国务院发展研究中心、中国社会科学院、中国汽车流通协会的专家参加了此次论坛。

12~14日　"欢乐草原—2009年内蒙古自治区健身大会"在锡林浩特市隆重举行,共有来自全区12个盟市的400多名运动员参加这次健身大会。国家体育总局群体司司长盛志国、自治区体育局局长石梅出席开幕式并讲话。

13~15日　中共中央政治局委员、中央军委副主席徐才厚深入内蒙古军区调研。先后视察内蒙古军区鄂尔多斯军分区、杭锦旗人武部生态建设基地、给水工程团和大青山义务植树基地,听取内蒙古军区及所到单位情况汇报。

15日　全区中小企业工作会议在呼和浩特举行。自治区主席巴特尔作重要讲话。自治区党委副书记、自治区副主席任亚平,自治区副主席布小林出席会议。自治区副主席赵双连主持会议。

17日　第三届中国民族商品交易会暨中国·呼和浩特第十届昭君文化节开幕式—"蒙牛情"《天堂草原·草原的天堂》大型文艺演出在呼和浩特市体育场举行。自治区党委书记储波,自治区主席巴特尔,自治区党委副书记、自治区副主席任亚平,自治区党委常委、呼和浩特市委书记韩志然,自治区党委常委、宣传部长乌兰,自治区党委常委、组织部长李佳和部分自治区离退休领导出席开幕式晚会。

☆ 第三届中国民族商品交易会暨首届呼和浩特国际汽车展览会开馆典礼在内蒙古国际会展中心举行。全国政协副主席张榕明，自治区党委书记储波，自治区主席巴特尔，自治区党委常委、呼和浩特市委书记韩志然，自治区副主席布小林，自治区政协副主席郭子明、董恒宇等出席开馆典礼并参观了伊利集团等企业展位。蒙古国乌兰巴托市副市长毕·孟和巴特尔，蒙古国驻呼和浩特总领事馆总领事策·巴桑扎布出席了开馆典礼。

☆ 自治区主席巴特尔在新城宾馆会见了卫生部副部长王国强一行。

☆ 国家住房和城乡建设部在包头市召开全国北方地区既有建筑节能改造现场会。

18日 由自治区文化厅、广电局、新闻出版局、旅游局共同主办的全区文化产业工艺美术精品展在内蒙古展览馆开幕。自治区党委常委、宣传部部长乌兰，自治区人大副主任云秀梅、党委宣传部副部长、文化厅厅长王志诚、文化厅副厅长明锐出席开幕式并剪彩。这次精品展汇集了来自全区11个盟市以青铜器、骨雕木雕、陶艺、根雕、金银器、蒙古族工艺品、艺术挂毯、刺绣和植物编织艺术品等为主的自治区工艺美术企业和老中青三代工艺美术工作者的600件(套)工艺美术精品。

☆ “中医中药中国行·蒙医蒙药内蒙古行”活动在呼和浩特启动。卫生部副部长、国家中医药管理局局长王国强出席启动仪式并讲话。自治区副主席刘新乐宣布活动正式启动。自治区政协副主席牛广明参加启动仪式。自治区卫生厅厅长杨成旺主持启动仪式、副厅长乌兰接受国家中医药管理局的捐赠。

19日11时 卫生部应急办电话通报：内蒙古自治区首例甲型H1N1流感疑似病例经国家专家确认为确诊病例。

20日 中国初级卫生保健基金会“爱心医院”授牌暨“乙肝防治救助项目”启动仪式在赤峰市阿鲁科尔沁旗隆重举行。中国初级卫生保健基金会爱心医院公益项目管理办公室主任何茜为阿鲁科尔沁旗同济医院授“爱心医院”牌匾；中国初级卫生保健基金会项目部主任李宝金为阿鲁科尔沁旗同济医院授“乙肝防治救助项目执行办公室”的牌匾；中国初级卫生保健基金会为“爱心医院”捐赠了价值30万元的乙肝检测试剂和治疗乙肝药品。

20~26日 应湖北省省委、省政府的邀请，由内蒙古自治区政协常务副主席郭子明担任团长的内蒙古自治区政府慰问演出团携内蒙古京剧团创排的新编京剧《大漠昭君》赴昭君故里湖北省进行慰问演出，先后在武昌、宜昌、三峡总公司演出四场，受到热烈欢迎。

22日 自治区统计局撰写的《上半年内蒙古经济继续保持平稳较快发展》得到了自治区党委副书记、自治区常务副主席任亚平的重要批示。全区各主要新闻媒体分别于22日晚、23日全面刊发或播发了此稿。

22~25日 全国文物局长座谈会在呼和浩特召开。国家文物局局长单霁翔、副局长张柏、董保华、童明康等领导同志出席并就下一部工作分别进行了部署，国家文物局机关各部门、直属单位主要负责同志、各省、自治区、直辖市文物局局长或分管文物工作的文化厅(局)领导等60多人参加会议。内蒙古自治区副主席刘新乐出席会议开幕式，并致欢迎辞。

25日 全国思想政治工作科学专业委员会第十六届年会在兴安盟阿尔山市召开。

☆ 为期一周的内蒙古自治区第二十届旅游那达慕大会、乌兰察布市第五届那达慕暨四子王旗第二十届那达慕大会在格根塔拉旅游中心开幕。

26日 由亚洲制造业协会和包头市政府共同主办的第三届中国制造业论坛在包头开幕。全国政协副主席、民盟中央第一副主席张梅颖讲话。自治区主席巴特尔，全国人大常委会委员、中国社科院副院长、亚洲制造业协会会长陈佳贵，全国政协经济委员会副主任李德水，自治区党委常委、包头市委书记莫建成，自治区副主席赵双连，自治区政协副主席牛广明出席。

26~29日 第二十一届全国地方版协年会在呼伦贝尔召开。来自全国25个省市自治区代表50余人参加了会议。

27日 西北五省区、新疆生产建设兵团暨内蒙古自治区离退休干部工作联席会议在呼和浩特召开。

28日 自治区人民政府召开专题会议，分析当前就业形势，了解全区就业情况，特别是年初确定的八项重点就业任务的进展情况，督促促进就业政策措施的进一步落实，确保圆满完成各项就业任务。自治区主席巴特尔主持会议并作重要讲话，自治区党委副书记、自治区副主席任亚平，自治区副主席刘卓志出席会议。

☆ 自治区党委副书记、自治区副主席任亚平与以中联部副部长陈凤翔为团长的中联部干部国情考察团一行在新城宾馆举行座谈。

28~30日 中国红十字会国际暨台港澳工作会议在满洲里市开幕。中国红十字会党组书记、常务副会长江亦曼，副会长郭长江，秘书长王海京，自治区副主席、红十字会名誉副会长刘新乐,自治区红十字会会长宝音德力格尔等领导出席会议。来自全国30个省区市红十字会和新疆生产建设兵团红十字会的80多名代表参加了会议。

29日　自治区党委副书记、自治区副主席任亚平在内蒙古饭店会见了以土耳其广播电视最高委员会成员阿布杜拉哈普·达汗德里为团长的土耳其新闻代表团一行。

☆　由内蒙古电视台承办的第八届全国省级电视台行政协会会议在内蒙古克什克腾旗举办。来自各省级电视台及计划单列市电视台的代表出席了会议。

是月　国家首个生态扶贫示范项目—上都户原生态旅游牧场景区开业仪式在锡林郭勒盟正蓝旗举行。该景区是以草场租赁方式建成的复合型旅游项目,对于拉动锡盟生态旅游业发展、改善草原生态环境以及促进当地农牧民转移增收将起到重要示范作用。

8　月

4~7日　以国家档案局副局长、中央档案馆副馆长杨继波为组长的全国档案事业发展综合评估组对内蒙古自治区档案事业发展情况进行了评估。内蒙古自治区以100.8分的优异成绩顺利通过评估,并荣获"全国档案事业发展综合评估先进单位"。自治区党委常委、秘书长符太增出席了评估会。

5日　由国家环境保护部、国土资源部、国家海洋局等7部门联合组成的国家级自然保护区管理评估工作组到阿拉善盟,对贺兰山国家级自然保护区管理工作进行检查评估。

☆　锡林郭勒盟、呼伦贝尔市、阿拉善盟三盟市蒙汉语广播节目卫星传输正式启动,这是国家首例地区级广播电台节目实现卫星传输播出。通过卫星传输,三盟市蒙汉语自办广播节目可以覆盖到周边53个国家和地区。

☆　赤峰市人防办带领防化救援队成功处置了赤峰市制药厂氨气泄漏事故,避免了人员伤亡和环境污染。

6日　由中国内蒙古自治区、辽宁省、吉林省、黑龙江省人民政府和日本日中东北开发协会、日中经济协会共同举办的2009(呼和浩特)中日经济合作会议在呼和浩特举行。自治区主席巴特尔在开幕式上致辞并在中日高峰论坛上作主题演讲。自治区副主席布小林、日本日中东北开发协会理事长稻叶健次主持开幕式。

☆　自治区主席巴特尔在呼和浩特香格里拉大酒店分别会见了出席2009(呼和浩特)中日经济合作会议的日本日中东北开发协会副会长渡文明、日本新泻县知事泉田裕彦、秋田县副知事中野节及三井物产株式会社顾问副岛利宏一行。自治区副主席布小林参加会见。

6~8日　内蒙古自治区第五次两个文明建设经验交流会在锡林郭勒盟召开。自治区党委书记储波、自治区主席巴特尔出席会议并作重要讲话。

8日　2009中国—蒙古—德国国际汽车穿越、越野拉力赛在二连浩特市举行了隆重的发车仪式。

☆　在北京奥运会一周年之际,通辽市科尔沁区老年体协被国家老年体协授予"全民健身与奥运同行·健步走向北京奥运会活动先进地区";蒙昭彬被国家老年体协授予"全民健身与奥运同行·健步走向北京奥运会活动先进个人"。

10日　由国家文化部、教育部、内蒙古自治区人民政府联合主办,内蒙古文化厅、教育厅、呼和浩特市人民政府承办的第三届中国少年儿童合唱节在呼和浩特开幕。来自全国23个省、自治区、直辖市和澳门特别行政区的27支代表队参加此次合唱节。合唱节举办3场少年儿童合唱专场演出,并组织各合唱团队赴内蒙古草原举行庆祝中国少年先锋队建队60周年"队日活动"。

☆　由自治区卫生厅、自治区残联共同举办的内蒙古自治区"百万贫困白内障患者复明工程"项目启动仪式在呼和浩特市土默特左旗举行。

10~14日　由自治区文化厅、赤峰市委、市政府主办的首届内蒙古马头琴艺术节在赤峰市举办,艺术节期间举办了首届内蒙古马头琴演奏大赛、马头琴艺术讲座及创作座谈会、马头琴制作工艺展览等多项活动。

12日　由赤峰市人民政府主办巴林右旗人民政府承办的第十届中国巴林石节在大板镇隆重开幕。会议期间举办了中国巴林石文化高峰论坛、第二届大板国际名石博览会、巴林石国家矿山公园开园庆典、旗乌兰牧骑成立50周年庆典、草原文化月、"巴林草原金秋行"记者采风等一系列活动。

☆　7时10分,乌兰察布市察哈尔右翼后旗贲红镇南梁村民王某某驾驶蒙J.23053号小型客车行至208国道310公里+438米处,驶入对向车道,与乌兰察布市安德运输有限责任公司蒙J.14719号重型货车正面相撞,造成6人当场死亡,1人经抢救无效死亡的特大交通事故。

13日　自治区主席巴特尔在新城宾馆会见了国土资源部党组书记、部长、国家土地总督察徐绍史一行。自治区党委副书记、自治区副主席任亚平、赵双连参加会见。

☆　由中国文学艺术联合会与北京市文学艺术界联合会共同主办，内蒙古电视台与首都艺术家协会承办的2009年第十六届全国推新人活动在呼和浩特落下帷幕，15名选手获得声乐、模特、影视表演、节目主持、舞蹈、器乐、武术、最佳上镜等奖项。

14～15日　中央教科所举办的“全国新课程有效教学经验交流暨现场观摩会”在赤峰市翁牛特旗召开。此次会议共有来自北京、山东、安徽等9个省市区的近500名代表参加。

14～16日　第二届国际防治荒漠化科学技术大会在兴安盟召开。来自美国、加拿大、日本、英国、澳大利亚、韩国等11个国家和国际组织的专家、学者、官员、企业家及国内各界人士305名代表参加了大会。

15日　中国农工民主党内蒙古自治区委员会、中国农工民主党呼和浩特市委员会、内蒙古自治区血液中心、呼和浩特市红十字会、呼和浩特市赛罕区人民路街道办事处、呼和浩特市赛罕区第二毛纺厂社区居民委员会在在人民路街道金地广场联合举办主题为“血脉相连、心灵相通”“献给生命的礼物—捐献造血干细胞无偿献血文艺汇演”。活动中共有35名血液合格者成功献血1.3万毫升。有13名群众参加了造血干细胞采集，为造血干细胞事业，增加了新鲜的标本。

15～23日　第12届世界田径锦标赛在德国柏林奥林匹克体育场举行。在首日进行的20公里竞走比赛中，内蒙古代表团代表王浩以1小时19分06秒的成绩获得亚军。

16日　内蒙古军区第四批赴利比里亚维和运输大队出征誓师大会汽车某团举行。自治区党委常委、政法委书记邢云，军区司令员郑传福出席大会并讲话。

☆　自治区党委副书记、自治区副主席任亚平在新城宾馆会见了中国国民党副主席蒋孝严夫妇一行。

17～23日　“塞北祥云—范曾诗文书画展”在鄂尔多斯市东胜区松龄苑举办。自治区党委副书记、自治区副主席任亚平，自治区党委、统战部部长伏来旺等领导出席了开幕式。

18日　第十一届亚洲艺术节在鄂尔多斯市东胜区开幕，来自亚洲16个国家的文化部长代表团、29个国家的驻华使节和18个国家的艺术团体及3 500多名国内外嘉宾参加了本届亚洲艺术节。中央政治局委员、国务委员刘延东，全国人大常委会副委员长乌云其木格，国家文化部部长蔡武，自治区党委储波书记、自治区主席巴特尔及市区两级领导出席开幕式并观看了开幕式晚会。19日，第十一届亚洲艺术节花车巡游及行街文艺表演启动仪式在东胜区政府广场举行，来自亚洲16个国家的政府艺术团体和鄂尔多斯市的8个专业文艺团体参加演出。

☆　中共中央政治局委员、国务院副总理、国家防汛抗旱总指挥部总指挥回良玉到兴安盟考察旱情和抗旱工作。国家民政部部长李学举、水利部部长陈雷、国务院副秘书长张勇、财政部副部长丁学东、农业部副部长危朝安、气象局副局长矫梅燕、国家防办常务副主任张志彤、内蒙古自治区副主席郭启俊、自治区农牧业厅、民政厅、财政厅、水利厅、气象局等领导陪同考察。

18～26日　由国家文化部、内蒙古自治区人民政府主办，由鄂尔多斯市人民政府、内蒙古自治区文化厅、中国对外文化集团公司承办的第十一届亚洲艺术节在鄂尔多斯市举办。来自亚洲20个国家的驻华大使和使馆代表，亚洲有关国家文化官员和艺术家出席开幕式。来自亚洲35个艺术团体2 500多位艺术家参加了各项艺术活动。活动期间举办了中国少数民族非物质文化遗产展。作为第十一届亚洲艺术节一项重要内容，本次展览通过图片、文字、实物、多媒体等多种形式，主要展示了30个民族的传统服饰，21个民族的部分传统手工艺，15个民族的民间歌舞，11个民族的传统节日以及包括民族史诗在内的民间文学，国家级非物质文化遗产传承人部分代表人物等。展览期间，中共中央政治局委员、国务委员刘延东，全国人大常委会副委员长乌云其木格，文化部党组成员、副部长赵少华，自治区党委书记储波等领导莅临参观了展览。

19日　第八次西部12省市区档案工作研讨会在呼和浩特召开，来自西部12省区的30多位代表加了研讨会，与会人员就“档案信息化”及“政府信息公开场所建设”等议题展开研讨。

20日　内蒙古自治区档案馆成立50周年庆祝大会在呼和浩特举行。自治区党委副书记、自治区副主席任亚平，国家档案局副局长，中央档案馆副馆长段东升，自治区党委常委、秘书长符太增，自治区人大常委会副主任柳秀，自治区政协副主席韩振祥，自治区人民检察院检察长邢宝玉等领导及盟市档案局局长、部分厅局、企事业单位的代表、自治区档案局馆全体职工和离退休老干部200余人参加了庆祝大会。

☆　宁夏医院收治4名内蒙古自治区鄂尔多斯市

鄂托克前旗3名急性苯中毒患者,其中1名患者抢救无效死亡。

22日　由同济大学中国科技管理研究院、兴安盟阿尔山市市委、市政府联合主办的第三届“城市治理”市长论坛在阿尔山市举行。浙江省省委、安徽省蚌埠市、上海平土实业集团有限公司、同济大学中国科技管理研究院等地的政府官员、企业精英和同济大学的专家、学者参加会议。

☆　第十一届全运会中国石化杯火炬传递仪式在自治区呼和浩特举行。为内蒙古夺得历史首枚奥运金牌的北京奥运会拳击冠军张小平作为第一棒火炬手领跑,最后一棒火炬则由火炬手骑马传递到终点。

23日　在山东泰山举办的“第三届国际地质公园发展研讨会”上,阿拉善国家沙漠地质公园正式入选世界地质公园。至此,阿拉善沙漠国家地质公园成为中国第22个世界地质公园,同时也成为全球唯一的沙漠世界地质公园。

28日　国务院总理温家宝在自治区党委书记储波,自治区主席巴特尔,自治区党委常委、秘书长符太增,自治区副主席郭启俊、通辽市党政领导的陪同下到通辽市奈曼旗义隆永镇小东沟村视察旱情。

28日至9月2日　首届内蒙古二人台艺术节在包头市和土右旗举办。

29日　内蒙古第二届汽车运动会在呼和浩特市靶场驾校举行。自治区人大常委会副主任罗啸天,自治区政协副主席牛广明到会并为大会开赛鸣枪。

30日　中国锗工业博物馆在锡林郭勒盟锡林浩特开馆。这是国家第一家专题陈列锗产品和介绍锗科技知识的博物馆,该馆由锗科普馆和锗工业馆两部分组成。

30~31日　全国人防财务工作座谈会在呼和浩特市召开。

31日至9月6日　中共中央委员、中华全国供销合作总社党组书记、理事会主任李成玉在内蒙古自治区进行调研。调研期间,先后考察了呼和浩特市、锡林郭勒盟、赤峰市、兴安盟、呼伦贝尔市供销合作社的直属企业、县域商品配送中心、乡村连锁超市和基层供销合作经济组织。自治区党委书记储波,自治区副主席任亚平,自治区党委常委、呼和浩特市委书记韩志然,自治区党委常委、秘书长符太增等会见了李成玉一行,自治区副主席郭启俊在呼和浩特市、赤峰市陪同考察。

是月　由自治区党委宣传部主办,自治区文化厅、内蒙古博物院承办的“文明之旅—中国古代北方草原文明文物揽胜”在内蒙古博物院举办。此次展览共展出全区各文博单位及部分私人收藏的170件(套)文物精品。

☆　阿尔山边防大队伊尔施边防派出所荣膺国家公安部公安边防部队“新时期群众工作先进集体”称号,并荣记集体三等功,这是内蒙古自治区公安边防部队唯一的记功单位。

☆　满洲里—伊尔施铁路一期工程开工建设。该项目工程自满洲里起沿呼伦湖西侧向南经新巴尔虎右旗,跨乌尔逊河至新巴尔虎左旗,再向东南方向翻越大兴安岭到达兴安盟伊尔施站与白阿线接轨,全线长432公里。项目计划总投资40亿元,项目建设期三年,投资回收期12.91年。

☆　内蒙古电力(集团)有限责任公司8月份售电量完成972 354万千瓦·时,较上年同期增长5.5%。这是公司自金融危机以来售电量连续数月大幅下滑后首次出现正增长。

9　月

1日　第十一届全运会内蒙古代表团暨誓师大会在呼和浩特市人民会堂举行。自治区党委书记储波,自治区主席巴特尔,自治区党委常委、秘书长符太增,自治区人大常委会副主任柳秀,自治区政协副主席郭子明等领导出席大会,自治区副主席、代表团团长刘新乐接旗并作动员讲话。

☆　呼伦贝尔东北抗联纪念馆开馆仪式在呼伦贝尔市阿荣旗举行。抗联老战士、原黑龙江省政协副主席、黑龙江省老促会副会长李敏,自治区有关领导及抗联史学专家、抗联后代和抗联精神宣传队全体队员出席仪式。

2日　第十九届中国新闻奖评奖结果揭晓。本届中国新闻奖共评选出获奖作品277件,其中特别奖2件,一等奖44件,二等奖86件,三等奖145件。内蒙古电视台选送的消息《30元欠费 36年后还》获得三等奖。

4日　全区农业综合开发工作会议在赤峰召开,自治区副主席郭启俊出席会议并讲话。

5~7日　2009年全国田径冠军赛暨大奖赛总决赛在河南省郑州市举行,内蒙古派出运动员4人,参加男子3 000米障碍、5 000米和女子1 500米、铅球、铁饼等5个小项的比赛。杨乐、王士娟分别获得男子3 000

米障碍、女子1 500米冠军,杨乐同时获得5 000米第二名;刘相蓉、姜凤晶分别获得女子铅球、铁饼第三名。

6日 由中国发展研究院、经济日报报业集团名牌时报社、中国品牌管理科学研究院、中国作家协会作家文摘报社、时代功勋信息技术研究院等单位联合举办的以"中国因你而骄傲,世界为你而感动!"为主题的"庆祝新中国成立60周年·时代功勋—第6届感动中国人物颁奖大会"在全国人大会议中心举行。大会授予内蒙古集宁一中校长李一飞"庆祝新中国成立60周年·时代功勋—第6届感动中国十大杰出校长"。

8日 自治区主席巴特尔在新城宾馆会见了中国银行董事长肖钢一行。自治区副主席布小林会见时在座。

☆ 自治区副主席赵双连在新城宾馆与由宁夏回族自治区党委常委、常务副主席齐同生,宁夏回族自治区副主席赵小平率领的宁夏回族自治区政府代表团一行进行会谈。

☆ 自治区主席巴特尔会见中国三峡总公司党组书记、总经理李永安一行,双方就合作开发清洁能源产业事宜进行了友好会谈。自治区副主席赵双连代表自治区政府与中国三峡总公司党组成员、副总经理曹广晶签署了战略合作协议,内蒙古电力(集团)有限责任公司总经理张福生代表内蒙古电力(集团)有限责任公司与中国三峡总公司副总经济师兼计划发展部主任梁福林签署了内蒙古抽水蓄能及风电项目合作协议。

9日 为迎接第25个教师节,"内蒙古自治区庆祝2009年教师节暨表彰大会"在呼和浩特举行。会上表彰了内蒙古教育系统先进集体、优秀教师和优秀教育工作者。张和平荣获自治区人事厅、教育厅、人民教育基金会"自治区优秀教师"荣誉称号、李一飞荣获"自治区优秀教育工作者"荣誉称号。

☆ 中共中央政治局常委、全国政协主席贾庆林,中共中央政治局常委李长春,中共中央政治局常委、中央政法委书记周永康,分别来到北京民族文化宫,在自治区主席巴特尔,自治区党委常委、自治区宣传部长乌兰的陪同下参观"内蒙古新疆广西宁夏西藏自治区成就展"的内蒙古自治区展馆。中共中央政治局委员、全国人大常委会副委员长、中华全国总工会主席王兆国,中共中央政治局委员、中央军委副主席徐才厚,全国人大常委会副委员长乌云其木格,国务委员戴秉国,全国政协副主席、中共中央统战部部长杜青林分别或陪同参观。国家民委主任杨晶,国务院新闻办公室主任王晨等陪同参观。

☆ 赤峰市翁牛特旗乌丹五中被人力资源和社会保障部、教育部授予"全国教育系统先进集体"荣誉称号,《中国教育报》2009年9月12日第2版上登出,这是中华人民共和国成立以来翁牛特旗教育系统获得的最高荣誉。

13~27日 为迎接新中国成立60周,集中展示近年来全区民族文艺创作成果,由自治区人民政府主办、自治区民委、文化厅、广电局承办的首届内蒙古自治区民族文艺会演在内蒙古乌兰恰特和人民会堂举办。评出金奖2名、银奖3名、铜奖6名、特殊贡献奖1名、特别奖3名。

14日 全区中小学校舍安全工程工作会召开,自治区副主席连辑出席会议并讲话。

14~17日 由中国新闻摄影学会、中国地市报新闻摄影学会、阿尔山市委主办的2009中国地市报总编辑新闻摄影年会、2009形象中国·百家报社聚焦阿尔山、2009中国(阿尔山)国际旅游摄影论坛,完成了各项议程和采风活动。活动期间,来自全国百家地市报社的120余名摄影记者参加了在阿尔山国家森林公园景区举行的"百家报社聚焦阿尔山开镜仪式"暨"中国(阿尔山)国际旅游摄影创作基地"授牌仪式内仪式。

17~21日 在阿拉善盟阿拉善右旗举办了2009"巴丹吉林沙漠杯"中国越野汽车精英挑战赛。这是至目前为止中国汽车运动发展史上参赛车辆最多(98辆赛车参赛)、赛事规模最大(共有48个车队、250余辆车、1 200余人参赛)的汽车赛事。

18~19日 "内蒙古二道井子青铜时代古文化遗址保护国家级专家论证会"在赤峰举行。国家文物局副局长童明康、中国考古学会理事长张忠培、国家文物局文物保护司副司长陆琼,自治区文化厅、内蒙古博物院、自治区文物局、交通厅相关领导以及赤峰市有关部门负责人出席会议。

19日 "纪念绥远"9.19"和平起义60周年文物展览"在绥远和平起义的重要旧址清代绥远将军衙署开幕。自治区副主席刘新乐、自治区政协副主席董恒宇出席了开幕式仪式,此展览大量文物和图片展示了1949年9月19日绥远和平起义的历史过程。

☆ 新华社、《人民日报》社、中央电视台、《经济日报》社等国内多家知名媒体的40名记者组成的"希森马铃薯、薯都体验行"百家媒体采访团到乌兰察布市商都县采访。

19~20日 元上都遗址申报世界文化遗产工作汇报会在锡林郭勒盟正蓝旗召开。国家文物局局长单霁翔,中国考古学会理事长张忠培,中国世界文化遗产委员会副主席郭旃,自治区党委常委、宣传部部长乌兰,自治区副主席刘新乐以及文化厅、财政厅、发改委、社会科学院、锡盟行署负责人出席会议。

19~21日 内蒙古自治区人大常委会设立30周年纪念活动在呼和浩特举行。9月21日晚,专场文艺晚会在乌兰恰特大剧院举行。

☆ 由中国测绘科学研究院、武汉大学、内蒙古自治区测绘事业局联合主办的“困难(边远)地区高分辨率三维地表成像分析”国际研讨会在阿盟巴彦浩特举行,共有9个国家和地区的38位专家前来参加会议,开展学术交流。

21日 在迎接新中国成立60周年之际,国家农业部在北京召开“新中国成立60周年‘三农’模范人物”代表座谈会,对农业系统100名“三农”模范人物进行了表彰。赵心力荣获100名“新中国成立60周年‘三农’模范人物”荣誉称号。

☆ 由自治区统计局编印的《六十年沧桑巨变 经济腾飞铸辉煌—新中国成立60年来内蒙古经济社会发展回眸》正式出书。

☆ 自治区红十字会在内蒙古医学院新校区隆重举行迎国庆60周年“博爱一日捐”资助家庭经济困难大学生活动,向驻呼15所高等院校和高职(专科)学校的820名2009届新生每人发放了1 000元的助学金。全区各级红十字会共投入善款902.6万元,资助家庭贫困大学生7 403名。

☆ 自治区政府进行2009年内蒙古大面积停电事件应急联合演练。演练采用模拟和实战相结合的方式进行。演练注重规范程序,注重实战,表现了事故单位在自治区应急管理工作体系的组织下,依托应急联动机制,及时有效处置突发性事件的过程。这次演练是内蒙古近年来最大规模的一次电力突发公共事件应急联合演练。

22日 2009·中国内蒙古阿拉善奇石文化旅游节暨首届中国观赏石高层论坛在阿拉善盟巴彦浩特开幕,国土资源部原副部长、中国观赏石协会会长寿嘉华,自治区政协原副主席乌伦赛等出席了开幕式。

☆ 第八届全国药检药理专业委员会学术研讨会在阿拉善盟巴彦浩特召开。

23日 移动多媒体广播电视在内蒙古正式开通,标志着内蒙古广播电视新的文化业态的诞生和内蒙古广播影视产业多元化经营迈上新台阶。自治区党委常委、宣传部部长乌兰,自治区副主席刘新乐出席开通仪式。

24日 由内蒙古党委组织部、宣传部、新闻出版局主办,自治区新闻出版局承办的庆祝新中国成立60周年暨内蒙古自治区全民阅读活动启动仪式在呼和浩特举行,3 000多人参加了活动。自治区主席巴特尔,自治区党委副书记、自治区副主席任亚平,自治区党委常委、宣传部部长乌兰,自治区副主席刘新乐等领导出席开幕式。活动期间赠送图书、报刊和音像制品等出版物1.5万种,5万多册(件)、价值100多万元。

25日 自治区政协庆祝新中国和人民政协成立60周年书画摄影作品邀请展在内蒙古美术馆开展。

26~29日 国际乒联斯韦斯林乒乓球俱乐部竞赛委员会主席汉斯·韦斯林来呼和浩特市就赛事筹备工作情况进展考察,组委会秘书长、自治区体育局副巡视员李志友在座谈会上向汉斯·韦斯林介绍了赛事筹备工作进展情况。

27日至10月18日 中国和蒙古国调查组在自治区境内开展了为期22天的田野调查工作。重点在呼伦贝尔市、通辽市、锡林郭勒盟、鄂尔多斯市、阿拉善盟5个盟市16个旗县的13个蒙古族长调民歌风格区进行了深入调查。此次田野调查行程12 170多公里,采访长调艺人420多名、形成84小时视频、62小时音频、10 230张照片资料,采集到266首歌曲。调查组还走访了当地文化馆、民委、图书馆、文物所以及牧民家庭拍摄和搜集了蒙古族服饰老照片800多张。

28日 自治区庆祝新中国成立60周年大会在内蒙古体育馆隆重举行。自治区党委书记储波出席大会并作重要讲话。自治区主席巴特尔主持大会。自治区领导陈光林、郑传福、吴合春、任亚平、邢云、伏来旺、张力、韩志然、乌兰、李佳、符太增、雷·额尔德尼、郝益东、云秀梅、柳秀、连辑、郭启俊、郭子明、韩振祥、王长聚、郑福田、牛广明、肖黎声、罗刚、海力斯、车华松、陈运火、郧建华、杨俊兴、王维山、邢宝玉、张如平,全国人大常委、全国人大民族委员会副主任哈斯巴根,全国政协常委包俊臣出席大会。郝秀山等自治区省级离退休老干部出席。

30日 联合国教科文组织保护非物质文化遗产政府间委员会阿布扎比会议正式审议通过,中国蒙古族呼麦被列为人类非物质文化遗产代表作。这是继2005年蒙古族长调民歌入选代表作之后,自治区第二个“非遗”项目入选人类非物质文化遗产代表作,从而共有文化遗产保护成果的共享,进一步加强中蒙两国文化交流与合作。

☆ 自治区主席、元上都遗址申报世界文化遗产领导小组组长巴特尔主持召开元上都遗址申报世界文化遗产领导小组第一次工作会议。自治区党委常委、宣传部部长、元上都遗址申报世界文化遗产领导小组副组长乌兰,自治区副主席、元上都遗址申报世界文化遗产领导小组副组长刘新乐出席会议。元上都申遗领导小组各成员单位负责人参加了会议。会议听取了自治区文化厅厅长、元上都申遗领导小组办公室主任王志诚的关于元上都遗址申报世界文化遗产工作汇报,研究决定元上都申遗工作的有关事宜。

是月 蒙牛第四次入围亚洲名牌500强,并连续四年位列亚洲乳业三甲。同时,2009年蒙牛跻身全球乳业20强。

☆ 锡林郭勒盟正蓝旗在世界文化旅游论坛中被授予"世界著名文化旅游县"称号,3日,正蓝旗元上都博物馆被评为内蒙古十佳旅游区。正蓝旗依托元上都遗址、蒙古语标准语基地、察哈尔民俗典型代表地区等文化旅游资源,逐渐为中国乃至世界游客所关注。

☆ 锡林郭勒盟阿巴嘎旗洪格尔高勒镇萨如拉图雅嘎查党支部书记廷·巴特尔当选"100位新中国成立以来感动中国人物"。

10 月

1日 内蒙古自治区体育局与内蒙古自治区财政厅联合制定颁发的《运动员、教练员参加国际重大比赛和全运会取得成绩奖励办法》开始正式执行,这在全国尚属首例。

9日 2009"天堂草原·锡林郭勒"中华模特民族时装大赛在锡林浩特举行。

10日 全区出生缺陷干预暨"一杯奶"生育关怀行动工作会议在呼和浩特市召开。自治区副主席刘新乐作重要讲话,自治区人口计生委主任王苏布道主持会议。5个盟市、2个旗县及自治区人口和计划生育科研所作典型发言。中国人口与发展研究中心主任姜卫平、中国人口文化发展中心主任王利民、国家人口计生委宣教司副巡视员王华宁、国家人口计生委科研所副所长马旭及科研所遗传室主任王琳应邀参加会议。会议提出了自治区两项工作的总体目标,即:出生缺陷一级干预要示范带动、全面推进,到2010年,自治区示范旗县(区)由现在的12个增加到30个;"一杯奶"生育关怀行动2010年力争在全区农村牧区全面推开。

14日 呼和浩特海关关区税款开单数达到24.32亿元,同比增长46.15%,提前78天完成全年税收增长8%(24.28亿元)的目标,创造了税收历史新高。

17~19日 自治区政协主席陈光林等陪同中共中央政治局常委、全国政协主席贾庆林在自治区考察。之后,贾庆林主席还专程到自治区政协机关,向全区各民主党派、工商联和无党派人士,向各级政协组织和统战部门的工作人员表示了亲切的慰问并发表了重要讲话,与大家合影留念。

18日 内蒙古自治区马拉松运动员韩刚以2小时12分36秒的成绩在第十一届全运会马拉松决赛中夺得男子组冠军。

19日 自治区主席巴特尔在新城宾馆会见蒙古国文化新闻代表团团长朝·库兰达一行。

☆ 在第二届中国穆斯林企业高峰论坛上,呼和浩特市回民区被评为中国最具魅力穆斯林城镇。

20日 自治区人民政府召开全区现代远程高等教育工作会议。自治区副主席连辑出席会议并作了重要讲话。

☆ 内蒙古电网最大负荷达17 693兆瓦,创历史新高。

☆ 在第十一届全运会男子自由式摔跤比赛中,内蒙古自治区运动员朝格巴雅尔夺得74公斤级金牌;乌云毕力格获84公斤级铜牌;李全获66公斤级铜牌;在男子10米气手枪团体赛中,自治区射击老将岳勇率弟子韩庆洲、杨巍勇夺金牌;22日上午,男子20公里竞走比赛中,自治区运动员王浩以1小时18分13秒的成绩夺得冠军;23日,在射箭比赛中,由阿斯尔、刘招远、张昊组成的内蒙古射箭队以222环对216环的成绩战胜传统强队新疆队,夺得男子团体冠军;26日,男子拳击81公斤级决赛中,自治区运动员张小平战胜队友孟繁龙获得冠军,孟繁龙获亚军。

22日 由自治区旅游局、自治区文明办和自治区团委联合举办的历时4个月进行评选竞赛活动在内蒙古饭店召开,选出全区十佳金牌导游员。

25日 中国阿尔山—蒙古国松贝尔口岸大桥竣工暨开关剪彩仪式在阿尔山—松贝尔口岸举行。

☆ 内蒙古经贸学校举办内蒙古经贸学校(内蒙古供销学校)成立30周年庆典活动,自治区人大副主任雷·额尔德尼、自治区副主席连辑出席庆典仪式,连辑作重要讲话,内蒙古供销社领导班子成员出席庆典活动。

27日 自治区主席巴特尔在新城宾馆会见了蒙古国政府驻扎门乌德特命全权代表策·巴特尔。

是月 内蒙古电力(集团)有限责任公司圆满完成国庆60周年保电任务。按照国家电网公司、华北电网公司及自治区经委有关要求,国庆期间,内蒙古电网采取封闭管理措施,电网最大发电负荷16 991兆瓦,总供电负荷15 096兆瓦,一次设备正常方式运行,未发生任何影响安全稳定运行的事件。

☆　自治区首个利用国家拉动内需资金建设的电网工程—阿拉善盟板滩井 35 千伏输变电工程建成投运。工程的建成不仅彻底解决了生活在腾格里和巴丹吉林沙漠交汇深处的 227 户农牧民生活用电问题,同时使13 万亩梭梭林和 2 万多亩农电的灌溉成本高的问题得以解决。

11　　月

5~7日　赤峰市喀喇沁旗成为内蒙古自治区唯一接受国家幸福工程组委会评估的旗县。

8日　中宣部、中央外宣办、国家广电总局、新闻出版总署、中国记协授予200 名一线采编人员"全国优秀新闻工作者"称号,内蒙古电视台宋国英榜上有名。

8~9日　在杭州举办的第五届中国节庆产业年会上,中国·元上都文化旅游节获得"2009 中国节庆产业金手指奖"。

9日　自治区党委副书记、自治区副主席任亚平在呼和浩特会见了盾安控股集团董事局主席姚新义、总裁吴子富,双方就该集团在巴彦淖尔市投资建设光伏产业等项目进行了座谈。

12日　2009 中国国际旅游商品博览会在浙江省义乌隆重开幕。自治区旅游局获大赛组委会颁发的"优秀组织奖"和"优秀展台奖"。

13日　中国马术协会及亚洲马联共同颁发"锡林郭勒蒙古马耐力性能认定书",标志着蒙古马从那达慕赛场进军国际耐力马标准赛场。

16日　关区税款开单数达28.42亿元,同比增长48.85%,提前 45 天完成关区《三年规划(2007 - 2009)》税收28 亿元目标。

17日　国家发改委、科技部、工信部、财政部、环境保护部、住房和城乡建设部、国务院国资委和江西省人民政府共同主办的首届世界低碳与生态经济大会暨中国县镇绿色发展论坛会上,鄂尔多斯市鄂托克旗荣获第二届"中国绿色名旗"称号。

19日　第九届全国百家电视台优秀电视文艺节目表彰暨研讨活动召开。由内蒙古电视台《蔚蓝的故乡·音乐部落》选送的《马头琴大师齐·宝力高》获得第九届全国百家电视台优秀栏目一等奖,MV《太阳雨》获得三等奖。

下旬　在"2009 传统医药国际科技大会暨博览会"上,内蒙古巴丹吉林沙产业公司被科技部评为"中药现代化科技产业基地建设优秀单位"。

21日　"2009 第六届中国营销领袖年会、科特勒·标杆20 营销大奖,'深远蓝金杯'中国企业营销信息化颁奖典礼"在北京举行,中国乳业领军企业伊利集团,荣获"中国企业营销信息化奖"。

23日　国家旅游局经研究,授予库布其沙漠七星湖旅游区"国家沙漠旅游实验基地"称号。

30日　自治区党委召开"自治区干部大会"。宣布中共中央关于内蒙古自治区党委主要领导职务变动的决定。储波不再担任中共内蒙古自治区委员会书记、常委、委员职务,胡春华任中共内蒙古自治区委员会委员、常委、书记。

12　　月

1日　内蒙古自治区党委书记胡春华和自治区主席巴特尔、自治区政协主席陈光林到内蒙古军区走访。

☆　以"遏制艾滋,履行承诺"为主题的第22 个"世界艾滋病日"宣传活动在呼和浩特市新华广场举办。

☆　内蒙古代表团参加第十一届全国运动会总结表彰大会在内蒙古人民会堂举行,自治区主席巴特尔作重要讲话。大会对在全运会上取得优异成绩的运动员、教练员以及有功单位进行了表彰奖励。

3~6日　中国内蒙古自治区与蒙古国第五次边境旅游协调会议在蒙古国乌兰巴托举行。

4日　中国传媒大会2009 年会在北京召开。内蒙古卫视再次荣获"2009 中国十大卫视"称号。

☆　位于锡林浩特市白音锡勒牧场的内蒙古自治区(西部)农村牧区消防培训教育基地被授予"全国消防科普教育基地"称号。

4~6日　"2009 年中国新能源产业发展年会"在北京召开。在会上,呼和浩特荣膺"最具投资价值的中国新能源产业城市"称号位列第三,呼市武川县荣获"2009 中国新能源产业百强县"称号。

6日　自治区副主席布小林在新城宾馆会见了蒙古国戈壁阿尔泰省省长格·宾巴扎布一行，并签署了内蒙古自治区与戈壁阿尔泰省建立友好地区关系协议书。

7日　锡林郭勒盟民族歌舞团排演的舞剧《草原记忆》荣获了在上海举办的第七届中国舞蹈"荷花奖"银奖。该剧还荣获了编导奖、男女主演评委会特别奖及优秀组织奖等单项奖。

8日　上午10:30"内蒙古冰雪旅游节暨呼伦贝尔冬季冰雪那达慕"在呼伦贝尔市海拉尔区北山口呼伦贝尔民族文化园正式拉开帷幕。自治区副主席布小林出席开幕式。

☆　英格兰皇家银行与中盐吉盐化集团节能减排协议在阿拉善经济开发区举行，双方达成协议，英格兰皇家银行将购买中盐吉兰泰电石渣制水泥项目10年内(2011年1月至2020年12月)累计产生的减排温室气体2 943 470吨的二氧化碳排放量指标。

8~9日　全区乌兰牧骑工作会议在呼和浩特召开。各盟市宣传部长、文化局长、74个旗县区的文化局长、乌兰牧骑队长共200多人参加会议。

10日　内蒙古电影集团有限责任公司揭牌仪式举行。自治区主席巴特尔，自治区党委常委、宣传部部长乌兰，国家广播电影电视总局副局长张丕民出席大会并揭牌。自治区人大常委会副主任柳秀、自治区政协副主席郭子明出席大会。大会由自治区副主席刘新乐主持。

☆　内蒙古出版集团有限责任公司成立大会在呼和浩特举行。国家新闻出版总署副署长邬书林、出版管理司司长吴尚之到会表示祝贺。自治区主席巴特尔，自治区党委常委、宣传部部长乌兰，自治区副主席刘新乐，自治区人大副主任柳秀，自治区政协副主席郭子明等出席大会。

11日　世界低碳与生态经济大会暨中国县镇绿色发展论坛会召开，中国绿色名县推介委员会、中国县镇绿色发展论坛组委会授予武川县"中国绿色名县"称号，并向全社会广泛宣传和推介。

14日　内蒙古电力(集团)有限责任公司与蒙东电力有限公司在呼和浩特市完成了《呼伦贝尔市、兴安盟电网整体移交协议》的签署工作。内蒙古电力(集团)有限责任公司董事长、党委书记刘锦与蒙东电力公司总经理陈连凯分别代表划转双方在移交协议上签字。

18日　2009中国·阿尔山国际冰雪节开幕。开幕式上举行了"最长的雪雕"创吉尼斯纪录颁牌仪式：上海大世界吉尼斯总部代表宣布创纪录项目并向阿尔山市政府颁发了吉尼斯纪录证书。主雪雕"神泉雪雕"曲线长度为260米，最宽宽度15米，最高点的绝对高度18米，刷新了哈尔滨太阳岛雪雕艺术博览会上以长256.56米(曲线长度)获得上海大世界吉尼斯总部授予的中国"最长的雪雕"纪录。

19日　2009~2010年度全国自由式滑雪空中技巧青年锦标赛在兴安盟阿尔山市开幕。来自长春市冬季运动管理中心、解放军雪上运动大队、黑龙江雪上训练中心、沈阳体育学院的30名18岁青年选手参赛。

☆　内蒙古自治区党委书记胡春华在自治区党委常委、呼和浩特市委书记韩志然，自治区党委常委、秘书长符太增和自治区副主席赵双连的陪同下，对呼和浩特市进行视察。

20日　"第二届中国经济百人榜、品牌百强榜"评选活动在人民大会堂揭晓，伊利、蒙牛喜获大奖。伊利集团获得"共和国60年最具影响力品牌60强"大奖。蒙牛集团荣获"年度十大风云品牌"和"共和国60年最具影响力品牌60强"两大奖项，蒙牛集团董事会主席牛根生荣获"共和国60年影响中国经济60人"奖项。

21日　21时10分许，乌兰察布市集宁区怀远大街马莲渠卫生院地段发生一起重大交通事故，4辆车先后碰撞碾压，当场死亡2人。

22日　"12301中国·内蒙古旅游热线"建成开通。

23日　别力古台雕像落成及恢复别力古台祭祀活动在锡林郭勒盟阿巴嘎旗别力古台文化园举行。别力古台是阿巴嘎部落的始祖，阿巴嘎旗被自治区命名为别力古台部落文化传承基地。仪式上宣布每年的7月20日举行别力古台祭祀活动。

24日　全国残疾人康复工作办公室授予阿拉善盟阿左旗为第一批"全国白内障无障碍县"称号。

25日　自治区人民政府与中国中煤能源集团有限公司在内蒙古新城宾馆举行会谈。自治区主席巴特尔，中煤集团董事长吴耀文、总经理王安出席会议。自治区副主席赵双连主持会议。

☆　包(头)西(安)电气化铁路北段正式开通运营。公司年度电网建设任务圆满完成，保证了国家和自治区拉动内需国债项目、农网完善通电工程、电气化铁路、重点工业项目供电工程等重点电网建设任务的顺利实施,较好地满足了机组接入和负荷落地需求,为自治区经济社会发展提供了电力支撑和能源保障。

27 日　在“影响中国供销合作社 60 年 60 人·60 年 60 社”评选活动中,内蒙古供销社系统荣获三奖项。赤峰市喀喇沁旗供销合作社主任杜信被授予“影响中国供销合作社 60 年 60 人之杰出成就奖”;包头市将军尧供销合作社被授予“影响中国供销合作社 60 年 60 社之改革先锋社”称号;内蒙古自治区供销合作社被授予“优秀组织奖”。

29 日　全区经济工作会议在呼和浩特召开。自治区党委书记胡春华在会上发表重要讲话。自治区主席巴特尔在讲话中全面总结了今年全区经济运行情况。自治区党委副书记、自治区副主席任亚平主持会议。

29 ~ 30 日　全区经济工作会议在呼和浩特召开。

30 日　全区发展和改革工作会议在呼和浩特召开。自治区党委副书记、自治区副主席任亚平出席会议并讲话。

☆　自治区主席巴特尔在新城宾馆会见了奇瑞汽车股份有限公司董事长、总经理尹同跃一行。自治区副主席赵双连参加会见。

☆　“联合国馆指定饮用水”、“上海水上游船指定饮用水”签约仪式在上海举行。

☆　伊敏至伊尔施铁路全线试运行。伊敏至伊尔施铁路全长185.406公里,线路北起呼伦贝尔市境内伊敏线伊敏站,向南穿越鄂温克旗、新巴尔虎左旗,进入兴安盟阿尔山市,与白阿线接轨。全线共有 6 座隧道、29 座桥梁、154 座涵洞。

31 日　2009 年关区税收入库数创历史新高,累计32.39亿元,同比增加9.92亿元,增长44.11%。

☆　内蒙古电力(集团)有限责任公司售电量再创历史新高,剔除呼、兴电网,公司全年售电量历史性突破1 000亿千瓦·时大关,达到1 007.24亿千瓦·时。至12 月 31 日,内蒙古电网安全运行4 511天,东送电量完成250.33亿千瓦·时,同比增长24.5%。

是月　阿盟阿拉善左旗通过科技部考核,被命名为“全国科技进步旗县”。

☆　根据锡林郭勒盟多伦县作家任月海创作的长篇历史小说《多伦会盟》改编的 36 集电视连续剧作为自治区的一项参展作品,参加了第四届中国北京国际文化创意产业博览会。

☆　锡林郭勒盟锡林浩特市自治区级非物质文化遗产项目代表性传承人芒来被列入国家级非物质文化遗产项目代表性传承人名录。

☆　翁牛特旗被科技部授予“全国科技进步先进旗县”称号。旗长汪国森,副旗长斯日古楞,旗长助理、旗科技局局长王国庆,被科技部授予“全国科技进步先进旗县先进个人”荣誉称号。

是年　内蒙古自治区地税系统组织各项税费收入累计入库796.6亿元,比上年同期增收179.8亿元,增长29.1%。其中,税收总收入累计入库535.9亿元,比上年同期增收114.3亿元,增长27.1%。社会保险费累计入库 223 亿元,比上年同期增收 39 亿元,增长21.2%。水利建设基金、残疾人就业保障金、工会经费、文化事业建设费等基金收入累计入库11.8亿元。新开征的煤炭价格调节基金完成25.8亿元。

☆　赤峰市敖汉旗遭受了自 1957 年有气象记录以来最为严重的伏旱灾害。据 9 月初统计,自 6 月份以来,全旗平均降雨量仅为历年同期雨量的30%,特别是在进入农作物生长关键期的 7 月份,总降雨量只有45.5毫米,比历年同期减少 82 毫米,平均日蒸发量达 10 毫米以上,蒸发量是同期降雨量的 7 倍,气温比历年同期高0.8度, 8 月 15 日以后降雨更加减少。全旗 15 个乡镇苏木、1 个办事处全部受灾,受灾村数 225 个,受灾农户 14 万户,受灾人口54.6万人,占全部人口的91%。因旱造成农牧林经济损失12.28亿元,其中:农业损失10.3亿元、畜牧业损失6 296.25万元、林业损失9 500万元。

人　　物

科技人物

杨　劼　女，蒙古族，1965 年出生，博士、教授，博士生导师。现任内蒙古大学副校长，兼任自治区科协副主席。1995 年获得生态学理学博士学位，成为内蒙古大学生态学专业的第一位博士，同时也是内蒙古自治区自己培养的第一位蒙古族女博士。科研工作集中在草地生态学领域，开展植物水分生态研究、“3S”技术在草地资源管理中的应用等方面。杨劼已主持完成 2 项国家自然科学基金项目，1 项教育部骨干教师资助项目，2 项内蒙古自治区自然科学基金项目，参加了国家“六五”至“九五”攻关课题 6 项。目前，她主持国家重点基础研究发展规划项目（“973”项目）课题之一，1 项自治区重大项目，1 项自治区学科带头人项目，2 项内蒙古教育厅重大项目，1 项教育部“新世纪优秀人才支持计划”，参加 1 项国家自然科学基金重大项目。先后发表科研论文近 40 篇。杨劼获国家科技进步二等奖一项，农业部科技进步三等奖一项，“全国先进女职工”称号，2002 年成为享受政府特殊津贴专家。2004 年获宝钢教育基金优秀教师奖、中国首届青年女科学家奖。当选 2004 年“海内外有影响力的中国妇女时代人物”和“中国十大科技新闻人物”。

苏荣扎布　男，蒙古族，1929 年 12 月出生于锡林郭勒盟镶黄旗。知名蒙医内科学教授，首批由国家中医药管理局选定的名老中医药专家之一。他从事蒙医临床医疗高等教育工作 47 年，由他组织并担任总编编写的第一套蒙医药高等院校统编教材，填补了中国蒙医学高等教育事业的空白。曾先后担任内蒙古蒙医学院院长，内蒙古自治区第 5、6、7 届人大代表等职务。先后荣获国家级优秀教学成果奖、全国中医药传承特别贡献奖、全区科学技术先进工作者、内蒙古首届十佳杰出人才等荣誉；1991 年享受政府特殊津贴；2009 年获得“国医大师”称号。

刘国荣　男，1954 年 5 月出生。刘国荣是首批享受国务院特殊津贴的专家，自治区医学领先学科神经内科学科带头人，内蒙古卫生科技突出贡献一等奖获得者，包头市“新世纪人才工程”首批优秀专家。先后完成卫生部、自治区、包头市科技成果 41 项，获科技进步奖 34 项。其中，获卫生部、自治区科技进步奖 20 项。此外，刘国荣在国内较早开展的脑血管病的危险因素—同型半胱氨酸的监测、卒中预警因子—溶血磷脂酸的检测，开创了中国预防缺血性脑卒中的先河。他发表的《中华神经科杂志》等国内外核心期刊了的 138 篇论文，被各类杂志引文达 208 篇，部分文章被《荷兰文摘》收录。2009 年，在国家卫生部评出的 80 名卫生部有突出贡献中青年专家中，刘国荣教授榜上有名，他是内蒙古自治区唯一获此殊荣的专家。

【2009 年度自治区科学技术特别贡献奖】

朝伦巴根　男，蒙古族，1940 年 12 月生，中共党员，教授，博士生导师，国家级教学名师。1965 年毕业于内蒙古农业大学水利系，并留校任教。朝伦巴根一直在干旱半干旱地区从事农牧业水资源勘探、评价、利用、管理和保护方面教学科研工作。曾获国家科技进步三等奖 1 项，内蒙古科技进步一等奖 2 项，二等奖 1 项。近十年在美国《地理学报》、中国《地质学报等杂志发表 80 余篇学术论文，主编、统编教材 3 部。先后与加拿大、日本进行多次联合科学研究，主持过多次国际学术会议和海峡两岸学术会议。先后荣获国家级有突出贡献的回国留学人员、享受国务院特殊津贴专家、有突出贡献的中青年专家、内蒙古自治区优秀校长、内蒙古自治区科教兴区特别贡献奖、中国科协西部大开发特别贡献奖等奖项。

李喜和　男，汉族，1963 年 2 月生于内蒙古托克托县。1984 年毕业于内蒙古大学生物系。现任内蒙古大学教授、博士生导师、蒙牛繁育生物技术股份有限公司技术总监、英国剑桥大学兼职研究员等职务。1995 年在日本家畜改良技术研究所做博士后研究员，从事牛精子分离—性别控制技术基础研究和应用技术开发，于 1998 年成功产出世界首例分离精子 - 显微受精的性控试管牛。2002 年研究成功欧洲首例显微受精试管马,2004年在世界上首次获得体外培养的马克隆胚胎。2007－2009年作为实验设计和主要参加人与英国剑桥大学合作,开辟特殊培育方法,首次成功建立新型全能干细胞RESC,并首次在国际科学杂志《自然》上以自治区科研机构署名发表了干细胞研究的科学论文。2005年回国主持奶牛精子分离—性控技术产业化关键技术的研究和推广应用,建立了具有自主知识产权的家畜性控技术。2007－2009年间成功进行了绒山羊性控、马鹿性控研究及小规模示范应用,并研究成功中国首例、首批性控绒山羊和克隆马鹿。李喜和先后获2002年度剑桥中国学生学者联合会特别学术成果奖、2005年度内蒙古科教兴区突出贡献奖、2006年度内蒙古科技创新杰出引进人才奖、2007年度内蒙古中青年科技创新奖、2007年度内蒙古科技进步一等奖,2007年入选内蒙古自治区"333人才引进工程"首席专家和国家级"新世纪百千万人才工程",享受国务院政府特殊津贴。

【2009年度自治区国际科学技术合作奖】

爱克思·布瑞克　德国人,1958年生于德国,世界著名磁制冷材料研究专家,现任荷兰代尔福特技术大学教授。布瑞克教授研究小组在与内蒙古师范大学的合作研究中发现了一种新型室温区磁制冷材料,开辟了磁制冷材料研究新领域。在与内蒙古合作研究的9年中,布瑞克教授为内蒙古师范大学培养了多名高级人才,为该校无偿捐赠了大量科研仪器设备。2002年介绍其代表性成果的论文曾发表于英国《自然》杂志。经内蒙古自治区政府批准,爱克思·布瑞克教授获得内蒙古自治区国际科学技术合作奖。

吉川贤　日本人,1949年出生于日本,现为日本冈山大学农学部教授,内蒙古农业大学客座教授,从事树木生理生态学、干旱地造林学、森林生态学专业研究。吉川贤教授1987年参加了中日合作治理内蒙古毛乌素沙地项目。这个项目于1992年结束后,吉川贤教授在日本通过各种渠道筹集研究经费,坚持对毛乌素固沙植物耐旱生理生态学特性进行研究长达22年之久。经内蒙古自治区政府批准,爱克思·布瑞克教授获得内蒙古自治区国际科学技术合作奖。

【2009年度自治区科学技术奖励名单—中青年科学技术创新奖】

李　梅　女,汉族,1965年1月出生于内蒙古鄂尔多斯市,中共党员,教授,博士生导师。现任内蒙古科技大学科技与产业处处长,内蒙古自治区稀土现代冶金新技术及应用高校重点实验室主任。李梅一直致力于稀土的科研、生产及教学工作,主要针对白云鄂博稀土矿开展稀土矿物分解,放射性废渣、废气、废水等的综合治理技术,湿法分离新工艺新技术,湿法分离水相出口产品功能化,铈基稀土化合物应用等研究,取得了一系列创造性的成果。在稀土湿法产品的物性控制研究方面,取得5项发明专利。成功开发了镧、铈在橡胶和玻璃中的应用,取得3项发明专利。李梅承担完成各类科研项目30多项,在国内外学术刊物上发表论文60余篇,主编出版学术著作1部。申报发明专利14项,其中11项为第一发明人,授权11项,获国家重大科技攻关成果奖1项,以第一完成人获内蒙古自治区科技进步一等奖、二等奖各1项,获冶金科技进步三等奖2项。曾两次代表国家参加中日稀土技术合作研究;两度被评为中国巾帼发明家。

刘贵林　男,汉族,1964年5月出生于内蒙古和林格尔县,研究员,硕士研究生导师。现任中国农业机械化科学研究院呼和浩特分院总工程师,国家草原畜牧业装备工程技术研究中心常务副主任。刘贵林一直致力于畜牧业装备的科研工作,主要从事牧草种子收获及加工机械、牧草收获及加工机械的研究。在牧草种子收获及加工机械研究方面:研制出具有自主知识产权的清选、除芒、包衣种子加工成套设备;创造性提出苜蓿种子分行割前脱粒工艺,纵向倾斜滚筒脱粒部件国际首创,在"十五"国家科技攻关计划重点项目中研制出苜蓿种子收获清选联合作业机组,在种子工程建设中做出一定贡献。在牧草收获机械研究方面:研制出9YFQ－1.9型跨行式捡拾压捆机,在全国范围内,该产品是自治区最具影响力的农机产品之一。刘贵林在国内核心期刊和学术交流会上公开交流发表论文22篇,出版专著1部(副主编);获发明专利1项、实用新型专利19项;取得科技成果17项,其中,作为主持人获省部级科学技术进步二等奖3项,获省部级科学技术进步三等奖2项;2001年获内蒙古自治区第三届青年科技奖。

罗俊宝　男,汉族,1959年生于内蒙古呼和浩特市,教授级高级工程师,博士,1982年内蒙古林学院本科毕业,北京林业大学客座教授,中国水土保持学会工程绿化委员会委员。罗俊宝长期从事公路沙害治理及路域植被恢复科研工作,在公路防沙治沙领域取得了一系列创新性的成果。以"以沙治沙"理论为指导,开发的具有自主知识产权的新型固沙技术已在塔克拉玛干沙漠的和田至阿拉尔公路、巴丹吉林沙漠的巴山线、浑善达克207国道、科尔沁沙地的赤通高速公路、电力部门输电线路防沙、林业部门推广应用，取得了巨大的经济效益、社会效益和生态效益。经过20余年的研究，把沙丘移动、输沙量和公路防沙体系的建设有机地联系起来，在公路科学和风沙运动学之间架设了一座桥梁。罗俊宝先后主持承担省部级科研项目12项。先后获国家科技进步二等奖1项，内蒙古科技进步一等奖1项、二等奖1项。授权发明专利1项，实用新型专利2项。出版专著1部、发表论文数篇。

苏海全　男，汉族，1961年6月出生于内蒙古和林县，中共党员，教授，博士生导师。现任内蒙古大学化学化工学院院长。苏海全长期从事煤化学与配位化学、稀土材料化学和纳米复合材料领域研究工作，取得了一系列创新性成果。研究成果得到国际著名研究机构斯坦福国际研究院同行的高度评价，论文被国内外同行引用60余次。在稀土材料化学领域，提出二价铕发光的四能级衰减模型，为探寻新型激光材料指明了一条新途径。论文发表在国外材料方面的权威期刊并被国内外同行引用60余次。在纳米复合材料领域提出内蒙古兴和县膨润土提纯、钠化新工艺，制备膨润土凝胶和猫砂的新方法，三项成果均实现产业化。提出了制备聚合物基纳米复合材料的新工艺、新方法，并在粘土结构理论研究方面有所突破，论文被国内外同行引用20余次。主持完成科研项目31项，发表学术论文117篇，26篇被SCI收录。授权发明专利1项，申请发明专利4项。1993年获自治区科技进步一等奖1项，2008被年评为自治区有突出贡献中青年专家，2009年获自治区自然科学一等奖1项。

王彩丽　女，汉族，1961年2月出生于内蒙古包头市，中共党员，教授，硕士研究生导师。1985年毕业于内蒙古医学院临床医学系大学本科毕业，现就职于包头医学院第一附属医院。主要科研方向是肾小球疾病临床、病理、基础研究及血液透析相关研究，并取得一系列创新性成果。以上科研都达到国内领先水平，受到专家的一致好评。王彩丽主持、参与29项国家、省、市级科研项目，获奖18项，4项科研在包头市内推广，1项科研在内蒙地区推广，6项科研通过鉴定，达到国内领先、先进水平，13项在研。共发表论文50余篇，于国际、国内中华级20余篇，1篇被SCI收录，6篇被CA收录，外出国内、外学术交流30余次，2005年和英国牛津大学联合做SHARP研究，2006年和英国牛津大学联合做SPH2研究，在中华医学会主办的全国肾脏病学术会议有四次大会发言，九篇论文作为壁报展览，二篇获优秀壁报论文奖。

王秀芝　女，蒙古族，1964年12月出生于赤峰市宁城县中共党员，研究员。1987年内蒙古农业大学蔬菜专业本科毕业，现任赤峰市农牧科学研究院蔬菜研究所所长。王秀芝根据遗传学原理，进行青椒新种质资源的创新，丰富了我国青椒种质资源。成功选育出赤研系列青椒新杂交种11个，在国内处于领先水平。在集成创新科研成果上，王秀芝将青椒传统制种技术、集约化种苗培育技术等与国内外该领域先进技术融合，形成了多项引进研究集成再创新的科研成果。王秀芝多次主持承担国家、自治区科研项目，取得科研成果16项，发表学术论文29篇。2007年获内蒙古自治区科技进步一等奖1项，2001年获内蒙古自治区科技进步二等奖1项，1994年、1999年获内蒙古自治区科技进步三等奖各1项。

张和平　男，汉族，1965年2月出生于内蒙古四子王旗，农工党员，教授，博士研究生导师。1986年内蒙古农业大学本科毕业，现任国家奶牛产业技术体系乳制品加工功能研究室主任，内蒙古农业大学食品科学与工程学院副院长。张和平一直致力于乳酸菌菌科学研究工作。在乳酸菌菌种资源库的建设、乳酸菌基因多样性研究、乳酸菌发酵剂筛选及相关基础研究、益生菌研究开发和产业化方面走在了国内的前列，特别是在乳酸菌基因组学和蛋白质组学研究成果达到国际水平。张和平承担国家高技术研究发展计划等科研项目共30项，完成7项科研成果。2009年获国家科技进步二等奖1项，2004年获内蒙古科技进步二等奖1项，2005年、2009年获大北农科技成果奖2项。申请发明专利24项，授权2项。出版专著15部。在国内外学术刊物共发表论文200余篇，其中SCI收录37篇。

张志宏　男，汉族，1962年6月出生于江苏省南京市，中共党员，正高级工程师。1983年包头钢铁学院钢铁冶金专业本科毕业，现任包头稀土研究院副院长，稀土冶金及功能材料国家工程研究中心副经理。张志宏长期以来主要从事稀土火法冶金技术领域的新工艺、新技术、新装备的开发研究工作。特别是在我国氟化物熔盐体系氧化物电解制取稀土金属及合金工艺技术及装备研究等方面取得了一系列创造性的成果。张志宏作为项目主持人先后完成了8项科研项目，获得发明专利3项，实用新型专利1项，制定国家标准3项，发表学术论文12篇。1987年获得国家科学技术进步二等奖1项，2004年获内蒙古自治区科学技术进步二等奖1项。

赵兴胜　男，汉族，1962年8月生于内蒙古自治区乌兰察布市,中共党员,主任医师、教授,硕士研究生导师。1985年中国医科大学本科毕业。现任内蒙古自治区医院副院长兼医务处处长。赵兴胜长期致力于心血管前沿领域课题的研究,取得了一系列重要的科研成果。赵兴胜在国内外发表学术论文50余篇,主编专著3部,参加编写专著6部。目前主持省部级科研课题5项,2001年获内蒙古自治区卫生科技突出贡献二等奖,2004年获内蒙古自治区科技进步二等奖1项、2005年获内蒙古自治区卫生厅青年创新二等奖。

赵永峰 男,汉族,1965年10月出生于内蒙古赤峰市,中共党员,高级工程师。1988年山西矿业学院采煤系采矿工程专业本科毕业。现任神华神东煤炭集团副总经理。赵永峰长期致力于煤炭开采事业,对大型和特大型现代化矿井的设计进行了大胆创新,取得一系列创新性成果,推动了煤炭工业技术的进一步发展。赵永峰主持和参加了30多项科研项目,发表论文7篇。2007年度获内蒙古自治区科技创新杰出人才。2008年获得国家科技进步二等奖1项,先后获得省部级科技成果奖项8项,实用新型专利4项。

新闻人物

李一飞 男,汉族,1958年12月出生。1981年毕业于乌盟师专中文系。中国农工民主党成员,现任集宁一中教育集团董事长、集宁一中校长、中国农工民主党内蒙古自治区委员会委员等职务。首届感动内蒙古人物、全国杰出教育家、全国模范院校长、北京师范大学国际学术交流中心客座教授。任集宁一中校长以来,他建成集宁一中新校区。2006年9月成立了包括五个办学实体的集宁一中教育集团,形成了包括幼儿教育、小学教育、初中教育、普通高中教育和留学生教育完整的办学体系。在办好人民满意教育的同时,他一直致力于教育理论的研究和探索,撰写发表了《让每一位学生都走向成功》、《教育的真谛是什么》、《教育与人生》等文章,并有十几篇论文获得国家级大奖并被收录在多部教育论文集,赢得了业界专家的高度评价。此外,他还相继主编出版了《回眸与展望—集宁一中的历史与改革》、《集宁一中史志文集》等八部200多万字的教育文集。在教育战线辛勤工作20多年来,他获得过几十项荣誉:当选为“首届感动内蒙古人物”;获得中国教育界最高荣誉“全国杰出教育家”称号;获得“全国模范院校长”荣誉称号。

潘刚 汉族,1970出生,1992年7月,内蒙古农业大学毕业后即进入伊利集团,曾先后担任伊利集团冷冻食品公司质检部部长、生产部部长。2005年6月,在股东大会上获得流通股代表的全票支持,当选为董事,进而全票当选为伊利集团董事长,兼任总裁。潘刚先后获得全国“五四”青年奖章、2005CCTV中国经济年度人物达沃斯世界经济论坛“全球青年领袖(The Young Global Leader)”、“2005年度中国十大优秀品牌领袖”、“2005年度中国十大营销人物”、“2009年度十大华人经济领袖”(被称为中国经济界“危机管理第一人”)、“2009年度亚太杰出商业领袖”等荣誉。

魏巍 男,24岁,中共党员,项城市李寨镇人,2003年12月入伍,现为内蒙古自治区巴彦淖尔市边防支队乌拉特后旗巴音温都尔边防派出所士官。2009年9月20日晚,第二届全国道德模范颁奖典礼在北京举行,内蒙古边防总队巴彦淖尔市边防支队二期士官魏巍成为自治区唯一当选的第二届全国道德模范。

2008年1月28日,魏巍在探亲归队途中路过郑州市火车站时,在零下6度的河水中救起轻生青年王某,自己被冻伤后赶回部队却没有向任何人说起。一个多月后,被救人赶到魏巍所在工作单位,并送来印有“金河破冰救人显神威,内蒙边防武警恩重山”字样的一面锦旗和600双鞋垫。随后,多家新闻媒体对魏巍见义勇为的事迹进行了连续报道,网友称赞魏巍是“和平年代最可爱的人”。魏巍从入伍至今,已为3名贫困学生资助3 000多元,为贫困户捐款1 000多元,参加抢险救灾3次,做的好事不计其数。并先后获得“内蒙古自治区见义勇为模范”、公安部边防管理局“优秀共产党员”等称号。

牛根生 男,1958年出生,中共党员,中国社会科学院研究生院工商管理硕士。2004年底,牛根生捐出全部个人股份设立“老牛专项基金”,成为“中国捐股第一人”、“全球华人捐股第一人”。牛根生于1999年创办蒙牛乳业,在“一无工厂,二无奶源,三无市场”的困境下开拓进取,使现在的蒙牛“一有全球样板工厂,二有国际示范牧场,三有液态奶销量全国第一”。目前,蒙牛已在全国14个省级行政区建起20多座生产基地。产品覆盖全国除台湾省外的所有地区。开发的产品有液态奶、冰淇淋、奶品等三大系列100多个品种。CCTV2003“中国经济年度人物”对牛根生的颁奖辞写道:“他是一头牛,却跑出了火箭的速度!”牛根生先后获得“2002年中国十大创业风云人物(之一)”,“2002年中国经济最有价值封面人物”,“中国民营工业行业领袖”,“2003 年中国企业新领袖”,2003CCTV“中国经济年度人物”,2004 年“中国策划最高奖”,“共和国 60 年影响中国经济 60 人”等荣誉。

赵心力　女,汉族 1960 年 4 月出生,中国农工党员。毕业于内蒙古农业大学兽医专业,现为内蒙古自治区动物疫病预防控制中心主任、农业技术推广研究员。多年来,她致力于内蒙古自治区口蹄疫疫苗免疫效果监测、口蹄疫病原及综合性防治措施等方面研究,成功研制出新型牛口蹄疫灭活疫苗,2001 年 7 月获得农业部颁发的“新兽药证书”,并在全国推广应用;该成果于 2002 年被评为农业部丰收一等奖。“牛口蹄疫病灭活疫苗的研究”于 2004 年获内蒙古自治区科技进步一等奖。迄今为止,赵心力在国内学术刊物上发表论文 30 余篇,获内蒙古自治区科技进步一等奖 1 项、三等奖 1 项,农业部丰收一等奖 1 项、优秀论文奖多项。1995 年被破格评为高级兽医师。2009 年获“新中国成立 60 周年‘三农’模范人物”荣誉称号。

廷·巴特尔　男,蒙古族,1955 年出生,中共党员。现任内蒙古自治区锡林郭勒盟阿巴嘎旗萨如拉图亚嘎查党支部书记。他于 1974 年从呼和浩特来到萨如拉图亚嘎查插队,在草原上一干就是 30 多年。“文化大革命”结束后,他多次放弃回城的机会,留在萨如拉图亚嘎查。1993 年他当选为萨如拉图亚嘎查党支部书记,决心带领群众共同致富。在他的带领下,全嘎查牧民都实行了“围栏轮牧”和“减羊增牛”,既保护了生态环境,又改善了牧民生活。近年来,他又带领牧民群众充分利用水资源,大力开发建设高产饲料基地,建成了全盟第一个沙地保护区,注册成立萨如拉牛业公司,投资 230 万元大力发展沙地旅游业,走出了一条保护生态、建设养畜的成功之路。目前,萨如拉图亚嘎查人均纯收入由 20 世纪 80 年代初的 50 元达到 2008 年的8 736元。他是中共十七大代表,全国优秀共产党员,2009 年当选为“100 位新中国以来感动中国人物”。

宋国英　男,汉族,1962 年出生,中共党员,主任编辑,现任内蒙古电视台节目制作中心副主任。从事电视新闻工作 25 年来,他始终没有离开电视新闻工作第一线,先后担任过编辑、记者、摄像、主持人等,做过新闻、纪录片、栏目、文艺晚会等多种类型的电视节目。25 年来,共有十二集系列片《草原文明》、八集系列片《历程—内蒙古改革开放三十年的记忆》、电视栏目《文化时尚》等40 多部电视节目获得国家级、自治区级奖励。多年来,宋国英同志在电视宣传领域,特别是 2008 年在纪念改革开放三十周年的重大宣传任务中作出了突出贡献。2009 年,被授予“全国优秀新闻工作者”称号。

杜　信　蒙古族,内蒙古自治区喀喇沁旗供销合作社主任。他在内蒙古喀喇沁旗大地守卫了 30 年,他带领的喀喇沁旗供销合作联社在农村流通领域取得了累累硕果,在新农村建设的草原上,他们快马加鞭、驰骋一方。

芒　来　男,蒙古族,内蒙古自治区锡林浩特市人,多声部民歌(潮尔道—蒙古族合声演唱)。

【第二届感动内蒙古十大人物】

张　宇　汉族,中共党员。达拉特旗爱心希望学校校长。2003 年,一次对当地残疾人家庭的慰问深深地触动张宇,使他义无反顾地投资 100 万元,创办了内蒙古自治区首家民办特殊教育学校—达拉特旗爱心希望学校,免费接收残疾孩子享受教育。目前,爱心学校已经成为 42 名残疾儿童特殊教育、康复理疗为一体的爱心希望之家。张宇个人用于这些残疾学生的教育、教学设施设备各项投入累计已达 800 多万元。2008 年,被评为鄂尔多斯市首届助人为乐道德模范。

孙奎连　汉族,53 岁,中共党员。35 年前曾在内蒙古宁城县插队的大连知青孙奎连,放弃两家资产上千万的企业老总身份,跑到宁城县西部一个老区贫困村鸡冠山村做村官,并立志不带领村民致富决不离开。为帮助农民脱贫致富,他考察了鸡冠山村大大小小沟壑和全村 300 多户农家,制定出了鸡冠山新农村建设十年规划。在他的带领下,两年时间里,村里已打了 15 眼机电井,坡地改梯田1 000余亩,铺设引流管路 15 000米,栽种各种果树2 000余亩;建设野狍训繁基地养殖野狍 60 余只;年产 5 千吨颗粒饲料厂即将建成;食用菌菌包厂正在建设和改造中。到目前,鸡冠山村已完成土地流转1 500余亩,占全村耕地总量的90% 以上;完成种植业结构和养殖业结构调整;开始了传统能源向清洁能源转变,新建沼气池 20 余个……一个现代化农业的雏形正在初步形成。

李　莹　女,1984 年 11 月 16 日出生,中共预备党员,通辽市人,内蒙古农业大学经济管理学院 2004 级工商管理 1 班的学生。2006 年 1 月她被确诊为“多形性横纹肌肉瘤”,这是一种罕见的恶性肿瘤。患病后的李莹依然坚强乐观,为了让更多的人重获光明,她做出了捐献眼角膜的义举。在李莹停止呼吸后,她的眼角膜为深圳的两位患者带去光明,以一种特殊的方式延续她年轻而灿烂的生命。

金　海　蒙古族,共产党员,内蒙古大学历史学教授,中国少数民族史专业博士生导师,国内外知名专家学者。他是一位癌症患者。自从1999年被确诊患了上颌窦腺癌,已先后做了8次手术、两次放疗,右上颌骨被切除,右眼眼球被摘除,胆囊被切除,嗅觉、味觉全部丧失,右耳听力锐减。1988年至今,他参加了国家和自治区的科研项目10项,出版个人专著2部、合著12部,发表论文35篇,累计完成420万字著作,身患重病10年间,他没有离开教学讲台,没有放弃学术研究,甚至治病期间还带头深入牧区开展田野调查,完成的专著和论文达400余万字,其中许多成果填补了内蒙古近现代史研究的空白。他的事迹感动了内蒙古各族干部群众,被人们誉为“草原上的当代保尔”。

杜　威　17岁,汉族,团员,乌兰察布市卓资中学学生。杜威7岁时,母亲李巧英因脑部出血压迫脑干神经,导致全身瘫痪,无法自理,几乎成了植物人。为了既照顾好妈妈,又不耽误学习,杜威科学合理地安排时间。他学会了下胃管、插尿管、量血压、打针、按摩、营养配方等医学护理知识,给妈妈洗衣服、被褥,每天帮妈妈翻身、保健擦身。正是杜威的悉心照顾,妈妈卧床十年竟然没有发生过一次褥疮,医生说这是卧床病患者创下的奇迹。杜威还写下《妈妈日记》,记载妈妈的日常生活、生理情况以及药物的疗效,并总结照料妈妈的经验。杜威孝敬母亲的事迹,为自治区未成年人教育树起了一面旗帜,在人民群众中引起了强烈的反响。

敖　翀　2006年5月21日,入伍6个月的敖羽中随部队奔赴黑龙江省嫩江县嘎拉山滨南林场参加扑火战斗。在火线突围中,他为了帮助战友拆卸掉身上的装备,一次次放弃了冲出火线的机会。当别人已开始突围时,他却又打了一阵隔离带,让战友们先突围。当战友们发现敖羽中时,他已经被大火严重烧伤,全身75%深3度的烧伤创面,天天要浸泡在高浓度盐水浴盆里。这位年仅20岁的战士,用坚强乐观的心情迎接每一个痛苦而艰难的手术。在医院的日子里,敖羽中仍在克服各种困难,坚持学习,他这种自强不息的精神感染了身边的战友和护工。敖翀被国务院授予“扑火英雄”,被中央军委记一等功、被评为一级残疾军人的年轻士兵。

张小平　蒙古族,1982年出生,中共党员,拳击运动员。2008年2月,泰国站亚洲区奥运选拔赛上,张小平一举打进决赛,成为内蒙古运动员中第一位拿到奥运会入场券的运动员。此后的奥运拳击赛场上,张小平频爆冷门。8月24日,在81公斤级决赛中,张小平最终以11:7战胜有着“欧洲最佳拳手”之称的肯尼·伊根赢得金牌。这枚金牌是中国拳击男子轻重量级在奥运历史上的第一枚金牌,打破了由欧美选手垄断拳击大级别的神话,实现了中国拳击史上的重大突破;也告别了内蒙古运动员20年无缘奥运会奖牌的历史。

张双旺　65岁,中共党员。1988年,张双旺创办了伊泰集团。2007年以来,伊泰集团投入资金帮扶乡苏木镇嘎查发展现代畜牧业。2008年,伊泰集团为杭锦旗吉日嘎朗图镇乃玛岱村投入100万元,支持新农村新牧区建设。2008年春节期间,中国南方遭受了几十年不遇的冰雨灾害,张双旺信守煤绝不涨价的承诺,组织煤源,倾力支援南方;汶川地震发生后,伊泰集团在第一时间通过中国红十字会总会向灾区捐赠2 000万元人民币,张双旺个人捐款2万元,在他的带动下集团公司员工踊跃捐资,4 000名伊泰员工的134万元捐款和2 000多件衣物运往灾区。据统计,伊泰公司创立20年来,累计上缴税金60多亿元,为社会各项公益事业无偿捐资超过1.8亿元,为鄂尔多斯市中心医院捐款5 000万元,先后累计为教育事业捐款达3 000多万元。

潘凤德　男,69岁,突泉一中职工。他在一中工作26年,几乎年年被学校评为优秀教职工。2008年5月21日,潘凤德夫妇来到突泉县红十字会的捐款现场,把靠拾荒换来的半生积蓄28 000元全部捐给了汶川灾区,这28 000元本来是给儿子上大学用的,现在儿子被国家招为国防生,老两口便毅然决定把这笔钱全部捐给灾区。8年中,潘凤德靠捡破烂把一双儿女供到大学毕业。

边　强　鄂温克族,呼伦贝尔市阿荣旗得力其尔乡中心小学四年级学生。2007年7月3日,边强为了挽救两个少年,在格尼河上游马河段献出了生命。2007年7月3日下午1时许,4个孩子在玩耍中滑入了水流湍急的马河,其他同学被这险情惊得手足无措,边强来不及多想,纵身入水,奋力将一位同学拖上了岸。边强还没有来得及上岸歇息,另外三个女同学也相继被激流冲入深水区,他又转身向三名女同学游去,拼尽全力将其中一个女同学顶出水面，推向岸边后，边强却再也没能回来。当村民们将他打捞上来时，边强还保持着向上推的姿势……为了抢救落水少年脱险，一个鄂温克族少年，献出了年仅14岁的宝贵生命！

模范人物

【2009年全国五一劳动奖章获得者】

马荣旺　男，汉族，1962年出生，大专学历，呼和浩特市公安局回民区公安分局中山西路派出所所长，中共党员。

该同志2002年上任中山西路派出所所长，凭着“拼命三郎”的十足干劲，带出了一个全区“标兵派出所”。2003年中山西路派出所被自治区公安厅评定为“二级正规化派出所”，2004年派出所被公安部评定为“一级正规化派出所”，2005年又荣获自治区“政法系统优秀基层单位”的殊荣，2006年被命名为内蒙古自治区“标兵派出所”，同年又被授予“青少年维权岗先进集体”。2007年在内蒙古自治区60年大庆安全保卫和2008年奥运安保中工作突出被呼市公安局分别各记“三等功”一次。六年间，派出所30余次被上级党委、政府评为先进集体，他本人也先后荣立“二等功”一次，3次“三等功”，4次“嘉奖”，同时是“呼市劳动模范”和自治区“五一劳动奖章”的获得者，在2005年10月5日，中共中央政治局委员、书记处书记、国务委员、公安部部长周永康来到中山西路派出所视察，对派出所的整体工作给予了充分肯定，对小网格警务机制实施情况和信息化建设情况给予了很高的评价。

吴海棠　女，蒙古族，1964年出生，研究生学历，呼和浩特市蒙古族幼儿园园长，中共党员。

该同志担任园长的16年以来，秉承“以培养健康、睿智、富有创造性的新一代蒙古族儿童”为办园宗旨，带领全体教职工，以身作则，不断吸取先进的教育理念，总结摸索出了符合蒙古族儿童智力开发、身心发展的新路子、新方法。她积极争取政策、资金，改善办园条件，先后共筹集资金3 000万元，扩建和改建了8 000平方米的教学楼，使呼市蒙古族幼儿园发生了前所未有的发展与变化，成为呼和浩特市地区办园水平、办学条件、办学质量一流的、拥有十八个教学班，600多名蒙古族幼儿的大型的、具有民族特色的自治区级示范性幼儿园。2002年组织编写出版了《城镇蒙古族幼儿园教师用书—蒙文》。2008年又组织编写出版了《幼儿蒙古文教育资源》课件，供八省区蒙古族幼儿园使用，填补了幼儿蒙文课件的空白。

张章宝　男，汉族，1953年出生，大学学历，包头市土默特右旗人民检察院控申科科长，中共党员。

该同志从事检察工作28年来，解决了人民群众反映的大量的棘手问题，为维护社会和谐稳定、促进社会公平正义做出了突出贡献。从事控申工作以来，亲自接待来访群众4 000多人次，办理各类来访案件430余件，足迹踏遍了全旗298个行政村，通过初查农村集体上访案件，移送立案侦查职务犯罪案件70件，挽回经济损失340余万元。所办理的各类案件，件件案结事了，无一重复访、越级访。李长春、周永康、刘云山等中央领导及最高人民检察院检察长曹建明对张章宝先进事迹分别作出重要批示，要求学习宣传其先进事迹。

郝智强　男，汉族，1964年出生，硕士 内蒙古电力（集团）有限责任公司副总工程师、高级工程师，中共党员。

该同志主持和参与完成的科研项目有：丰镇发电厂1号主变铁芯多点接地故障处理；呼供北郊变电站主变铁芯绝缘电阻零值故障消除；西部电网污秽等级分及防污方案的制定；蒙西电网变压器情况调研；硅橡胶防污闪裙试制研究及在变电站防污闪中的应用；采用“深爆”及敷设副地网技术进行地网电阻改造研究；大型地网降阻接地电阻技术研究；运行合成绝缘子绝缘机机械性能的试验研究；微机高压电气设备介质损耗装置的开发应用；乌拉山发电厂升压站的防污闪改造等十多个项目。这些科研成果不仅解决了蒙西电网设备运行的诸多技术难题，而且给企业带来了可观的经济效益和良好的社会效益。几年来，他撰写了8篇学术水平较高、对输变电设备运行具有指导意义的专业论文，在《内蒙古电力技术》杂志上发表。

李文星　男，汉族，1960年出生，大专学历，满洲里市建设工程质量安全监督站站长、建筑工程高级工程师，中共党员。

该同志作为单位的管理与技术总负责人，他大力推行技术创新与节能减排，在呼伦贝尔市率先开展了建设工程建筑材料见证取样送检制度；率先开展了住宅楼分户验收制度;率先使用计算机出具试验检测报告以及材料检测试验数据的计算机联网;2002 年在属于高寒地区的满洲里市房屋建筑工程推行三玻塑门窗,比国家规范出台提前 4 年,仅满洲里一地使用三玻塑门窗后每年可节约标准煤16 300吨;在他的努力下,满洲里地区建筑工程连续多年没有发生一起重大质量与安全事故,他所领导的满洲里市建设工程质量安全监督站 2003 年被中国建筑业协会授予“全国建设工程系统优秀建设工程质量监督站”称号。

刘晓霞　女,汉族,1958 年出生,硕士,呼伦贝尔学院经济管理学院院长,中共党员。

该同志 30 年来以忘我的工作精神一直奋战耕耘在教育教学讲坛上,她认真学习政治理论并寓于教学之中,注重思想道德和师德的培养。几年来,超额进行了多学科和新学科的教学,教学评估始终名列前茅。公开发表学术论文 15 篇,其中国家级核心期刊 6 篇,省级论文 9 篇,校内高教论坛 2 篇。其中有 2 篇论文分别获不同奖项。参编教材多部,主编创新课教材一部。承担并完成国家级、省级学院级科研课题多项。主持并完成学院科研项目《呼伦贝尔特色经济发展与结构调整研究》。

包志刚　男,蒙古族,1961 年出生,大专学历,内蒙古乌兰浩特钢铁有限责任公司轧钢厂工程师,中共党员。

该同志在乌钢重点改造项目开坯车间新建改造工程中,独立完成工艺及部分设备的设计及安装、调试工作,使该项目一次试轧成功,荣立三等功。在轧钢一车间精轧机列增速改造中,他全部的设计方案成功得到了应用,年增产量 2 万多吨。在一火成材半连轧新建改造工程中,任工艺技术总负责人,投资6 000多万元,顺利达产。立轧机、立式传动轴及增速改造,从根本上解决振动难题达到了稳定轧制。此项获 2003 年公司技术创新最高奖。纠正轧制参数及 PLC 运算式的错误,调试轧制小断面 φ10 光圆一次成功,挽回经济损失 56 万元。在轧钢二厂切分改造工程中,全权负责设计、安装、施工、调试,他带领攻关小组经过 26 天的日夜奋战,圆满完成了任务。负责轧钢二厂增能技术改造工程,使生产各项指标翻一番。他主持开发了新产品 φ14 光圆、螺纹钢一切二工艺,全部工作仅用了 23 天时间,为企业拓宽市场品种、增加效益做出了贡献。

董建国　男,汉族,1963 年出生,大学学历,内蒙古清谷新禾有机食品有限责任公司副董事长、高级经济师。

该同志凭着顽强的毅力,突破了国际市场对中国农产品的技术壁垒,2002 年以有机农产品为突破口进入国际市场,出口由 2002 年 50 万美元增至 2008 年 1005 万美元,6 年时间增加 25 倍;员工由原来的 20 人到现在的 400 多人,增加 20 倍。产品销售额由原来的几百万元,增加到 2008 年的2.4亿元。他创新提出了“定单农业”“返租倒包”、“家庭农场”、“土地入股”的基地建设模式,促进了新农村建设的发展。截止到 2008 年末,在内蒙古东部的 12 个旗县区 24 个乡镇,2 个国营农牧场 55 个自然村,建设有机、绿色种植基地 330 335亩,带动农户已增加到18 350户,农民亩产增收 300—500 元。安置下岗再就业职工 400 多人。他关心热爱公益事业,捐赠物资累计已达 100 余万元,受到社会各界广泛的称颂和赞扬。

高振安　男,汉族,1959 年出生,研究生学历,燕京啤酒(赤峰)有限责任公司总工程师、高级工程师,中共党员。

该同志重视企业内部管理,充分认识到管理是工程技术工作落到实处的基础和前提,着手实施深度管理法,促进了企业经济效益的提高。他始终将技术创新、新产品开发作为企业发展的基础和动力源泉,在新产品开发方面,提出了“生产一代、研制一代、贮备一代”的开发战略,坚决贯彻“科技创新、质量兴企”的科研开发宗旨。该同志坚持落实科学发展观,积极推进节能减排工作,使公司实现清洁生产,成为可持续发展的典范。

刘　立　男,蒙古族,1986 年出生,高中学历,赤峰金航汽车服务有限公司工人,共青团员。

该同志 2004 年高中毕业后,来到赤峰市金航汽车服务有限公司,成为一名汽车维修钣金工。刚到公司时,刘立与大多数 80 后出生的年轻人一样,也存有过改行、跳槽、一夜成名的浮躁心理。在公司领导和师傅的耐心开导启发下,特别是看了许振超、徐虎、邓建军、李素丽等模范事迹后,就暗下决心,他曾说过:“别人能做到的,我一定也能做到。光干一行爱一行是不够的,必须精通、干好“。从此他每天起早摊黑,加班加点学习汽车维修的理论知识。工作中抢最难、最累的活做。

有空就向师傅请教。功夫不负有心人，刘立的钣金活让师傅和同事们刮目相看。在短短几年的学习工作中，他凭着青年人特有的钻研精神，克服文化底子薄和高技术知识贫乏的困难，硬是靠刻苦钻研，在汽车钣金维修上创下了一番业绩。2007 年 7 月参加“全国奔腾杯钣金喷涂技能大赛”，获得全能第二名的好成绩。

于得洋　男，汉族，1964 年出生，本科学历，赤峰市公安局刑警支队测谎员、工程师，中共党员。

该同志先后利用测试技术参与本市及外地和外部门办案单位的重特大、疑难复杂案件 498 起，侦破 101 起，认定嫌疑人 123 人，正确否定了 307 起 468 名嫌疑人，为发案单位挽回直接经济损失共计 152 万余元，测试认定的案件嫌疑人有 8 人已被法院判处了死刑。先后在国家级刊物《刑事与科学》、《刑事与技术》、《测谎》杂志上发表学术论文 14 篇，自我案件总结体会共计 30 余万字。先后被评为“内蒙古自治区劳动模范”、“内蒙古自治区我最喜爱的十大北疆卫士”、“内蒙古自治区优秀人民警察”、“内蒙古自治区刑事技术先进个人”，荣立一等功一次、二等功一次、三等功三次。

尹向东　男，蒙古族，1953 年出生，本科学历，内蒙古锡林郭勒盟工会主任、高级政工师，中共党员。

该同志参加工作 30 多来，牢固树立共产主义理想，始终坚持走中国特色社会主义道路，认真学习实践“三个代表”重要思想，贯彻落实科学发展观，政治可靠，工作勤奋，实绩突出，赢得了职工群众的拥戴和领导的好评。1974 年加入中国共产党，1990 年被中国化工部评为优秀思想政治工作者，1992 年被自治区化工厅评为先进工作者。特别是到盟工会工作以来，他带领锡盟工会干部职工开拓奋进，扎实工作，推进了工会工作创新发展，开创了全盟工会工作新局面。盟工会领导班子由 2000、2001 连续 2 年末等前移为 2002—2004 年连续四年“比较突出”、2005 ~2008 年的连续四年“实绩突出”。他本人在 2003 ~2008 年度考核中连续 6 年被盟委、行署评为“优秀领导干部”，2007 年荣获内蒙古自治区总工会颁发的“五一”劳动奖章，2008 年被评为全国优秀工会干部。2003 ~2008 年连续 6 年在全区工会工作实绩目标考核中，锡盟工会被区总评为“实绩突出单位”（一等）。

郭凌云　男，蒙古族，1966 年出生，大学学历，内蒙古奥淳酒业有限责任公司技术研发部部长、工程师，民革成员。

该同志研发的“宁城新义饮料厂矿泉水评价”“宁露鲜榨杏仁露新工艺”及“宁露鲜榨杏仁露生产线技术改造”等项目，被中国地质协会评为“环境保护科学技术进步二等奖”，被内蒙古自治区轻工厅评为“科学技术改造一等奖”。他结合生物高科技专利，在白酒生产过程中科学运用生产的白酒填补了中国营养型白酒的空白，中国白酒专家联名为奥淳酒业提写了“中国一绝”，鉴定结论是“奥淳研发的功能型白酒填补了国内同类产品的空白”。奥淳酒获国家卫生部保健酒批文，被卫生部、国家科委、轻工总会、税务总局等四部委认可的营养型白酒。他自主创新发明了各项专利达 29 项，其中节能环保型的生态阳光浴酒窖是结合北方的特殊地理环境，厂房屋顶是阳光节能板结构，由耗能型转变为节能型，为企业创造经济效益达 100 万元。

巴雅斯胡良　男，蒙古族，1961 年出生，大学学历，鄂托克前旗农牧业局农技推广研究员，中共党员。

该同志参加工作至今一直在鄂前旗农牧系统从事农技推广工作，他主持的模式化草库伦、绒山羊舍饲养殖、不同类型天然放牧地合理利用研究与应用推广，均获得自治区丰收奖；参与内蒙古西部地区羊流产病病因探讨与防治、制作疫苗与外用杀虫剂、利用有毒灌草提取物—生物碱防治家畜寄生虫病的研究；完成绒山羊限制日照增绒技术，已获得国家发明专利；研究荒漠化草原生态养羊、新型肉羊羔羊生产模式，已申请国家发明专利，并进入实审阶段。

于水清　男，汉族，1966 年出生，大学学历，内蒙古能源杭锦发电厂筹建处主任、高级工程师、经济师，中共党员。

在该同志的协调努力下，准大发电厂 2 × 300MW 机组工程核准并投产发电，完成投资 30 亿元，解决直接就业岗位 400 人，间接就业岗位2 000人；2008 年杭锦煤矸石发电厂 2 ×300MW 机组项目获得国家核准建设，投资 29 亿元，可解决直接就业岗位 400 人，间接就业岗位2 000人；杭锦伊和乌素 2 ×49. 5MW 风电项目获得核准建设，投资 11 亿元，可解决直接就业岗位 100 人，间接就业岗位 500 人；2009 年准格尔旗玻璃沟年产 500 万吨规模的煤矿取得国家“路条”，投资 30 亿元，可解决直接就业岗位 500 人，间接就业岗位2 500人。在两年时间里，为鄂尔多斯市核准落地 4 个大项目,引进资金100亿元,解决就业岗位直接和间接分别为1 400人和7 000人,创造了筹建项目、引进资金"多"和"快"的神话。

李海兰　女,汉族,1976年出生,初中学历,内蒙古东昌羊绒制品有限公司工人。

该同志在挡车岗位上兢兢业业埋头苦干,无论寒暑月月满勤,从不延误交期,连续六年获得集团劳动模范称号;2007年她荣获内蒙古自治区"五一劳动奖章"和集团"功勋"奖。从事挡车工10年,她创下五年平均完成定额任务303%的新记录,是所有挡车工中超产最多的职工。真正创造了不平凡的业绩,实现了自己的人生价值,展示了新世纪职业女性的勃勃生机和崭新风貌,无怨无悔的把自己的青春、智慧和力量献给了集团。

侯生明　男,汉族,1965年出生,博士,鄂尔多斯市电业局局长、高级经济师、高级策划师,中共党员。

该同志领导的鄂尔多斯电业局连续两年荣获自治区供电企业业绩考核第一名。2007年,实现了企业规模从国家大型二档一跃跨入特大型供电企业行列;完成了年售电量过百亿和年利润过亿元的两个历史性大跨越。2008年,售电量净增量、增长率和线损率降幅均居自治区第一,在全国地市级供电企业中处于领先水平,内部利润同比增速保持自治区前列。作为强大的动力引擎,强力助推鄂尔多斯GDP连续两年保持22%以上的增速,成为全国改革开放18个典型地区之一。完成直接涉农涉牧供电投资5.26亿元,推进鄂尔多斯地区新农村、新牧区建设进程,户户通电奔小康做出了突出贡献。他积极履行社会责任。两年多来,企业捐助各类款物累计300万元,个人捐款4万元,他荣获全市唯一的"爱心使者"美称;他把与干部员工切身利益密切相关的培训、住房、收入、疗养、员工成长、子女就业、工作环境改善和丰富员工文化生活等好事一一办成了实事。提出并成功实施了"战略管理、人本管理、精益管理、风险管理、文化管理"等五大管理举措和"软硬件两大工程",推动鄂尔多斯电业局取得了具有里程碑意义的辉煌业绩。

边慧琴　女,蒙古族,1968年出生,初中学历,内蒙古巴运汽车运输有限责任公司工人,中共党员。

该同志从事站务工作已经18年。她先后干过行包托运,上车售票,迎宾导乘等工作,她把服务当作一项事业精心去经营,她认为,每一次真诚的服务,就是巴运情品牌的一块基石,她为丢失钱包的旅客买票,为老人寻找儿女,给和父母走失的孩子买饭吃,搀扶老弱病残旅客上车等等,她用自己的一言一行、一举一动赢得了很多荣誉,她通过自己的切身体会,总结出"五心"、"四勤"工作法,就是对待旅客要热心、细心、耐心、诚心、舒心;工作起来要眼勤、手勤、嘴勤、腿勤,这是她工作取得成绩的法宝。

张凤岚　女,汉族,1954年出生,大专学历,乌海市总工会调研员,中共党员。

该同志团结带领市总工会领导集体和全市工会系统在认真履行工会工作职责、依法维护职工合法权益、充分发挥工会组织在推进改革、发展和社会稳定中积极作用等方面取得了显著成绩,她坚决贯彻全总"组织起来,切实维权"的工作方针,狠抓工会组织建设,亲自带队指导协调基层建会,推动非公企业工会组建工作和农民工入会工作取得新进展。市总班子成员共同努力,年年超额完成区总下达的目标任务;为做好困难职工帮扶工作,她亲自协调建立了爱心医院、爱心超市、爱心学校和爱心药店,使市困难职工帮扶中心的工作迈入全区工会系统先进行列。后因工作变动虽然当了调研员,但她仍以严谨的工作态度、细致的工作作风、公而忘私的工作操守诠释了一个优秀党员领导干部的模范表率形象。连续多年在市委考核中评为优秀领导干部,市总工会领导班子也连续多年在区总和市委考核中被评为实绩突出。

梁雅君　男,汉族,1964年出生,本科学历,内蒙古乌海市第三中学副校长,中共党员。

该同志严谨治学,具有精湛的教学艺术,形成了有个性特色的课堂教学结构:创设问题情境—引导探究活动—适度变式演练—交流学习收获。数学课堂教学中,注重通过启发打开学生思维之门,让学生努力去联系、想象、创造、得到探索者成功的感受和喜悦,使繁杂的定理、公式及枯燥的数字变成跳动的鲜活的音符。他重视新课程的实践与研究,在内蒙古初中数学界具有一定的影响。被聘为内蒙古教师培训中心和内师大兼职教师,多次赴外地讲学。他通过多年的探索和实践,形成了一个系统的班级管理模式:严谨的常规、恰当的判断、准确的导行、捕捉最佳时机、提高管理者素质。实现班级管理的民主化和科学化,让学生的身心得到健康的发展。

周秀山　男，满族，1961 年出生，硕士，内蒙古庆华集团有限公司技术中心主任、经济师，中共党员。

作为内蒙古庆华集团党委书记、总经理，率先成立了阿拉善地区第一家民营企业党委，并先后成立工青妇等群团组织；他带领人员开发建设了蒙古国那林苏海特煤田，成为实施"走出去"战略的成功实践者；他确立"致力于传统能源循环利用和绿色发展"的企业价值观，大力发展庆华循环经济工业园建设，项目有：300 万吨/年洁净煤加工、200 万吨/年捣固焦、20 万吨焦炉煤气合成甲醇、一亿块粉煤灰制砖项目和年吞吐量达1 000万吨的庆华铁路物流一期工程等重点项目；为职工交五大险，切实维护职工权益；拿出千万元用于职工福利发放；发动职工绿化周边环境 270 万平方米等工作。他带领集团闯入中国煤炭百强企业、全国民营企业 500 强和自治区工业企业 20 强之列，他本人是自治区第十届人大代表。集团先后为助学、助医、助残等社会公益事业捐款8 000多万元，为民营企业做出了榜样。

胡格达来　男，蒙古族，1956 年出生，大专学历，内蒙古自治区阿拉善电业局工会主席、高级工程师，中共党员。

该同志以创建企业独特安全文化的工作思路，积极协调，精心组织，使阿拉善电业局获得国家安全总局、广电总局、全总、共青团中央"生命之歌"活动优秀组织奖，他本人也被授予优秀辅导员奖。他还长期致力于社会公益事业，倡导捐资助学，带头扶贫帮困，受到了社会各界的一致好评。同时在内蒙古自治区成立60 周年大庆之际，他以任劳任怨的工作态度、求真务实的工作作风、无私奉献的价值理念和可喜骄人的突出业绩，被内蒙古自治区总工会授予"迎大庆、做贡献、建新功"先进个人。

陈方文　男，汉族，1964 年出生，大专学历，满归林业局北岸林场工人，中共党员。

该同志几年来在经济技术创新及合理化建议创效方面，为林业局创经济效益百万余元。他主持的工队"火墙式地火龙取暖方式，不仅改善了职工的生活环境，而且年节约伐区剩余物2 000余立方米，折合资金20 余万元；他研制成功以 J50 拖拉机为动力的装车装置，年节约资金 20 多万元，并有 10 余项小技改、小发明项目，由他建议并被采纳实施的把传统的"三三制"或"四四制"改成"二二制"或"一一制"的劳动组织形式，降低了生产成本，提高了工作效率；他多方调研并建议工队实行一体化承包经营方式，在全场推广实行后取得了良好的经济和社会效益；为西伯利亚红松引种试验做了大量工作，目前样地面积253.5亩，栽植45 630株，成活率达95%。

林奋强　男，汉族，1962 年出生，大学学历，呼和浩特铁路局局长、高级工程师，中共党员。

该同志担任呼和浩特铁路局局长以来，启动 39 个重点建设项目，投资2 015亿元，建设规模7 789公里，开创了拉动地方经济发展、提供良好投资环境和增加就业机会的新局面。在全路首开客货混跑线路内燃机车牵引万吨重载列车的先河，建成古城湾、打拉亥等战略装车基地 26 个，货物发送量连续 6 年增幅全路第一。坚持推行 3 个"2 + 1"安全管理模式，实现安全生产十周年，安全周期跃居全路首位。坚持以人为本，新建职工经济适用住房5 713户，全年救助困难职工8 421人次。多元经营企业，积极参与地方经济建设，年上缴自治区利税4.5亿元。

李建伏　男，汉族，1960 年出生，本科学历，内蒙古地质工程有限责任公司总工程师，中共党员。

该同志主持、参加多项部级攻关项目，发表论文 8 篇，获得部级三等奖两项和四等奖一项，1988 年主编《海拉尔—二连晚中生代盆地群煤系地层时代对比、聚煤条件及富煤规律研究报告》获地矿部科技成果三等奖；主持完成的《内蒙古自治区西乌珠穆沁旗五间房煤炭普查》正在由内蒙古自治区国土资源厅推荐，申报"内蒙古自治区科学技术进步奖"。主持完成了国内外项目 59 个，勘查经费达8.6亿元人民币。新发现煤炭资源量 230 亿吨，提高资源量级别 190 亿吨。多个项目取得了找矿重大突破，发现了五间房超过百余亿吨的大型煤田和黑山资源量达3.5亿吨的焦煤产地。率先将二维、三维地震及波阻抗反演技术运用于煤田勘查，提高了找煤的成功率，取得了创新性的成果。

张景生　男，汉族，1951 年出生，本科学历，内蒙古电力公司副总经理、教授级高级工程师，中共党员。

该同志从事电网高电压设备的科研试验及生产管理工作，主持的"电气设备热态红外辐射的测定与诊断技术的研究"等课题，多次获得省部级科技进步奖。担任内蒙古超高压供电局首任局长，历时八年将超高压局做强做大，实现安全生产2 121天，累计向北京送电

90亿千瓦时,实施了内蒙古电网“煤从空中走、电送北京城”的战略目标。2001年调任包头供电局局长,提出“以服务促营销”、“包头兴则包供兴”等工作思路,加快电网建设,使地区供电负荷首次突破100万千瓦大关。一年内建成投运1座500千伏变电站、2座220千伏变电站、7座110千伏变电站,创造了百天建成220千伏变电站的“包供速度”。2004年调任内蒙古电力公司副总经理兼总工程师,提出“加强管理、培养作风、严格考核”的工作思路,深入现场解决35千伏操作过电压等重大技术问题,电网实现安全生产4 146天,圆满完成“神舟”飞船多次发射回收和北京奥运会等重大政治保电任务。电网供电负荷达到1 470万千瓦,2008年售电量完成984亿千瓦时,公司综合实力位居2008中国企业500强第155位。

王永夫　男,汉族,1963年出生,本科学历,北方联合电力有限责任公司工会主席、高级经济师,中共党员。

该同志积极探索,勇于实践,不断开创党建工作新局面。加强制度建设,丰富党建工作内容,夯实了党建工作基础,党建工作取得的成绩在全区党建工作经验交流会和国有企业党建工作经验交流会上进行了经验交流。切实开展理论学习和思想政治教育工作,主动承担社会责任,倾力打造公司文化软实力。加强了党风廉政建设责任制执行情况的监督检查,认真落实“一岗双责”,建立了特困基金制度,制定了特困基金使用办法,使公司的扶困助学活动常态化、制度化。2004年以来,动员全体员工捐款,共帮助特困员工近千人,资助近三百名困难学生上大学,帮扶金额400多万元。坚持工会基层组织建设,出台了工会七个管理制度,企业工会工作不断走向法制化、规范化管理轨道。

贾金祥　男,汉族,1970年出生,硕士,内蒙古电力工程技术研究院副院长、高级工程师,中共党员。

该同志在参加工作的17年里,亲自参加的电力基建调试工程达25台机组之多,他调试完成了达旗电厂5台330MW机组、丰镇4台200MW机组、丰泰2台200MW机组、海电2台330MW机组、福建后石2台600MW机组、大唐托电1台600MW机组、上都1台600MW机组、准大2台330MW机组、锡林2台330MW机组、新丰2台330MW机组、乌斯太1台330MW机组、金山1台330MW机组等,特别是在乌斯太金山2台机组的调试中均采用了等离子无油点火技术,每台机组节约燃油3 000—5 000吨节约资金2 400—3 600万,调试的各项技术指标均达到国内先进水平。2008年他领导完成准大、锡林、新丰6台机组的性能考核。他在主持、负责、组织参加国家、自治区及其他重点工程建设中,协调解决了大量技术难题,并组织调试人员,创造了内蒙古电力基建史上RB试验一次成功等多项电建史记录。

金　海　男,蒙古族,1954年出生,研究生学历,内蒙古大学蒙古学中心教师,研究院。

该同志是内蒙古大学蒙古学研究中心专职研究员、历史学博士、中国少数民族史专业博士生导师。一直从事蒙古近现代历史文化、中日关系史研究与教学工作,取得了丰富的科研成果。他于1999年患了上颌窦腺癌,至今先后做了8次手术、2次放疗,几乎平均每年做一次手术,身心遭到巨大的磨难,尤其是去年,右眼失明、眼球被摘除,右耳也已经几乎听不见。尽管如此,他从不叫苦,以常人难以想象的毅力和勇气坚持科研与教学工作。还带病完成了博士研究生学业,获得博士学位。多次获得国家级和省部级科研奖项,1988年至今已经参加了国家和自治区的科研项目10项,出版个人专著2部、合著12部,他还主持1个国家社科基金项目,参加2个国家社科基金项目以及国家《清史》编纂项目。他一方面以乐观主义精神和顽强毅力与病魔作斗争,一方面争分夺秒地抓紧工作。他内心充满了爱,尤其是对他的学生们倍加关爱,他的几个毕业生的毕业论文都被评委们评为优秀论文。他还积极地为毕业的同学们联系工作,已经毕业的7位研究生现在都有了称心的工作。他用忠诚和青春诠释了对教育事业的无限热爱。

布仁巴图　男,蒙古族,1964年出生,大学学历,内蒙古民族大学附属医院教授主任医师,中共党员。

该同志从事蒙医临床、科研、教学第一线工作20余年,在用蒙药辩证治疗血液肿瘤、自身免疫性疾病等方面积累了丰富的经验,在治疗过敏性紫癜、紫癜性肾炎、ITP、MDS、再生障碍性贫血等疾病上享誉区内外。先后完成“蒙药生血康胶囊开发研究”、“风痛灵胶囊治疗类风湿关节炎临床研究”两项科研成果,获内蒙古通辽市科技进步三等奖。成功研制了蒙药“血宝丸”,主持自治区自然基金项目和教育厅、卫生厅科研课题各一个,完成蒙医药科研项目9项。撰写论文20余篇，编写教材5部。建设国家中医药管理局“十一五”重点专科、国家民委—教育部共建重点实验室、自治区临床医学领先和重点学科、蒙医硕士研究生培养点等，建成5个院校两级研究所，一个国家药物临床试验机构，晋升国家三级甲等蒙医医院，建立三级蒙医药服务网络，为全区蒙医药事业的发展作出了突出的贡献。

魏建雄　男，蒙古族，1970年出生，大学学历，神华集团准格尔能源有限责任公司设备维修中心穿采车间高级技师，中共党员。

该同志18年来努力钻研专业技术，掌握了国内外6种钻机、4种电铲的机械检修技能。由于他高超的检修技能和高效的组织能力，使设备综合出动率达到82%以上，而且钻机出动率一度达到90%，延长电铲运行时间500多小时，按一台电铲和其它设备联合作业每小时创产值2万元计算，一年为企业创产值1 000万元以上。从2003年至今的六年中，他先后完成设备维修创新和技改技革16项，节约维修费用1 000多万元，并通过维修创新和技改技革增加设备运行时间累计3 000多小时，创造直接经济效益6 000多万元。他对待工作有着火一般的热情，不论节假日还是双休日，只要工作需要就坚守在岗位上，每年义务加班加点就达1 200多个小时。

赵玉春　男 满族 1964年出生 硕士 内蒙古交通设计研究院有限责任公司 测设处长 正高级工程师 中共党员

该同志大胆采用新结构，解决新问题，在设计中有突破和创新。为克服高填土的技术问题，与韩国公司合作引进的波纹拱涵结构取得成功，为公司填补了该技术的空白。首次采用短隧道优化设计方案取得了令人满意的效果。他通过开拓创新，成为公司的专业技术带头人。作为设计负责人，深入生产一线，高质量的完成了十几项重点交通勘察设计项目，为内蒙古交通重点建设做出了很大的贡献。他结合生产开展实用性课题研究，完成创新成果的转化，在省、部级科技刊物上先后发表了8篇工程论文，在总结自己多年积累的经验，不断提高自身专业技术水平的同时，对工程实践起到了很好的指导作用。

【第九届内蒙古十大杰出青年】

布仁达来　男，蒙古族，1975年7月出生，中共党员，1995年12月入伍，上尉警衔，现为内蒙古边防总队锡林郭勒盟边防支队满都宝力格边防派出所副所长。先后荣立二、三等功各一次，被评为“全国优秀人民警察”、“全国公安边防部队群众工作标兵”、“全国优秀边防派出所警官”和“优秀共产党员”，曾获首届“我最喜爱的十大北疆卫士”提名奖和自治区第八届“十大杰出青年”等荣誉。

边建欣　女，汉族，1974年1月出生于内蒙古包头市，中共党员。内蒙古科技大学外语系本科毕业。现任包头市残联宣文部副主任。为中国夺得残奥史上首枚女子举重金牌并获得了北京残奥会举重冠军。在包头开设了“边建欣热线”，鼓励和帮助很多人走出迷茫、树立信心。曾获2002年世界锦标赛金牌，2004年雅典残奥会金牌，2008年北京残奥会金牌。目前是女子60公斤级别世界纪录残奥纪录保持者，40公斤级、44公斤级、48公斤级、52公斤级、60公斤级五个级别亚洲纪录保持者。截至目前，共为中国夺得17枚国际金牌，四十多次打破纪录。2008中国申奥形象大使。

刘　杰　中共党员，四川人，内蒙古包头市公安消防支队四中队班长。汶川地震后，他在失去亲人的悲痛中，组织“尖刀连”，投身抗震救灾第一线，转移救助受灾群众伤员1095人。曾获中国青年五四奖章，全国抗震救灾模范，内蒙古十大杰出青年卫士。

齐　峰　男，蒙古族，1970年6月出生，大学学历，国家一级演员，中华全国青年联合会委员，内蒙古十届政协委员。他以一曲《我和草原有个约定》红遍大江南北，曾获“第六届康佳杯中国音乐电视大赛”最佳新人奖，个人专辑《我和草原有个约定》获“2004年度中国十大畅销唱片”。

张小平　蒙古族，1982年出生，中共党员，拳击运动员。（略）

张凤新　男，蒙古族，中国民主同盟盟员。1967年1月出生于内蒙古通辽市科尔沁左翼后旗。1985年投到北京荣宝斋学习工艺美术专业，毕业于内蒙古大学。现为内蒙古思瑞达建设实业集团公司总经理，兼任北京荣宝斋书画鉴定委员会委员、中国工艺美术家协会会员等职。多次被评为先进工作者、荣宝斋高徒、优秀盟员等称号。2002年9月，由他主持设计的项目荣获自治区青年创新奖。他的公司先后通过ISO9001、2000质量管理体系，被评为“先进建筑装饰设计施工企业”、“守合同重信用企业”和“消费者信得过单位”等荣誉称号。

李国婧　女,汉族,1972年9月生,内蒙古赤峰市人。教授,博士研究生导师。1994年毕业于内蒙古农牧学院农学系。1998年获内蒙古农牧学院农学系植物生理学专业理学硕士学位。2001年获南京农业大学生命科学学院植物学专业理学博士学位。2001年12月—2003年4月在美国University of Missouri－Columbia生化系做博士后研究,从事植物MAPK信号转导和植物分子遗传学研究。2003年5月—2004年8月在美国Donald Danforth Plant Science Center做博士后研究,从事植物抗病信号转导和植物分子遗传学研究。长期致力于植物抗逆信号转导、植物生物质能源、植物基因工程与分子生物学的研究工作。2007年4月获内蒙古青年科技奖。2007年12月获中国青年女科学家奖。2008年3月获全国三八红旗手荣誉称号。近年获美国DDPSC登记成果1项、自治区科技鉴定成果2项,受理专利申请2项,在国内外学术刊物发表学术论文16篇,其中SCI收录6篇,总影响因子超过20,发表国际学术会议3篇。

肖茂峰　男,汉族,科尔沁区丰田镇建新村党支部书记。他带领村党支部一班人积极谋划发展思路,大力发展村办企业,使村集体经济不断壮大,村民收入水平逐年提高。他组织大力发展农业机械化生产;建成秸秆气化站,是自治区惟一一家秸秆气化项目;实施全村的自来水改造工程,改善了村民原有的吃水条件;全面安装了有线电视光缆,使全村都可以看到40套电视节目。如今,建新村的砖瓦房率、街道硬化率、电话电视入户率等均达到了100%,集体经济固定资产达2 000万元,人均纯收入超过5 000元。他本人被评为科尔沁区“十大杰出青年”、全市“优秀党务工作者”、“‘双率’党支部书记”、全国青年致富带头人。

赵宗凯　男,1973年2月出生,中共党员,本科学历,现任神华鄂尔多斯煤制油分公司煤气化生产中心经理(分厂厂长)。他带领公司职工实现了世界最大的煤气化装置的开车和稳定运行,为国家节省试车费用近亿元,为世界首套煤直接液化装置打通全流程奠定了坚实基础。曾获神华煤油公司优秀党员称号。

韩晓宾　中共党员,高级培训师,国际企业教练协会注册企业教练(IAPC),管理教练培育计划(MCP)教练导师,国际九型人格认证导师。现任百年前锦管理咨询有限公司董事长,北大纵横商学院副院长等职。被内蒙古培训界喻为“企业训练第一人”。作为内蒙古第一个职业培训师,把拓展训练引入自治区,培养了一批批专业的企业培训师,为内蒙古的企业培训注入了新的不可忽视的活力的缘故,因此被媒体和企业界赠此“荣誉称号”。曾获中国十佳青年培训师,2008年度内蒙古十大创业人物。

索 引

使用说明

一、本索引采用内容分析索引法编制。除大事记外,年鉴中有实质检索意义的内容均予以标引,以供检索使用。

二、本索引按汉语拼音音序排列。具体排列方法如下:以数字开头的,排在最前面;汉字标目则按照首字的音序、音调依次排列;首字相同时,则以第二个字排序,并依此类推。

三、索引标目后的数字,表示检索内容所在的正文页码;数字后面的英文字母 a、b,表示正文中的栏别,合在一起即指该页码及左右两个版面区域。年鉴中以表格、图形方式反映的内容,则在索引标目后用括号注明(表)、(图)字样,以区别于文字标目。

四、为反映索引款目间的逻辑关系,对于二级标目,采取在一级标目下缩二格的形式编排,之下再按汉语拼音音序、音调排列。

C

D

F

G

H

J

K

L

N

P

Q

R

S

T

W

X

Y

(王彦祥 毋栋 编制)

所长：陈永志（博士）

内蒙古自治区文物考古研究所是自治区文化厅直属事业单位，承担着自治区范围内文物保护、考古勘探、调查、发掘、研究和古建维修等方面的工作，是全区惟一具有团体考古领队资格的专业考古部门。

二十一世纪以来，内蒙古的文物考古工作取得了令人瞩目的成绩，多项科研成果获得国家奖励。其中吐尔基山辽墓、元代集宁路古城遗址考古发掘均被国家文物局评为“2003 年全国十大考古新发现”；燕家梁元代遗址、三座店遗址考古发掘荣获 2007 年度国家文物局田野考古奖三等奖；南宝力皋吐遗址考古发掘荣获 2009 年度国家文物局田野考古奖三等奖；赤峰二道井子遗址考古发掘荣获“2009 年全国十大考古新发现”称号。

近年来，内蒙古自治区文物考古研究所相继与美国、加拿大、法国、德国、意大利、日本、蒙古等国以及港台地区考古界人士开展多方面业务交流，取得丰硕成果。1999~2006 年与美国学者在赤峰地区开展区域性考古调查工作；2005~2009 年与蒙古国联合进行“蒙古国境内古代游牧民族文化遗存考古调查”研究项目；2006~2007 年，与美国、德国、瑞士等国联合举办《中国辽代文物精华展》。目前，考古所还承担着全国第三次文物普查、长城资源调查、元上都申遗等一批国家重要科研项目。

中蒙联合考古国际学术研讨会

内蒙古自治区文物考古研究所全体职工在新一届领导班子带领下将会以崭新的姿态，为建设内蒙古自治区成为民族文化大区做出更大的贡献。

集宁路考古现场

中蒙联合考古现场

2009年度蒙牛集团十佳纳税企业

公益之星

风景如画的蒙牛

蒙牛日处理鲜奶2000吨，世界上规模最大的高智能化牛奶生产基地

沼气发电鸟瞰图

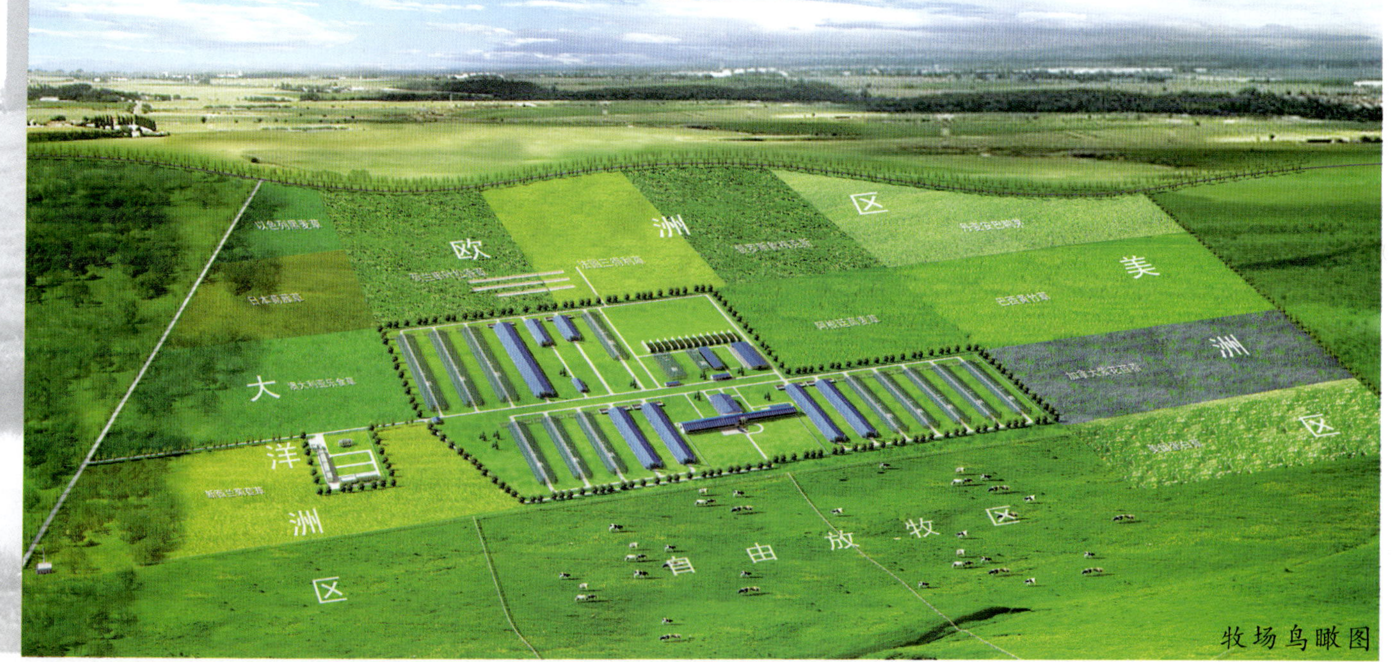

牧场鸟瞰图

呼和浩特市东瓦窑农副产品批发市场有限责任公司

总经理：王夜东

呼和浩特市东瓦窑农副产品批发市场，始建于1986年，属东瓦窑村委会创建的村办集体企业。

改革开放三十年来，虽然几次大的竞争但通过市场全体职工的艰苦创业奋力拼搏，市场规模不断扩大，经济总量快速增长，到2008年8月份发展到占地94000平方米，建筑面积20000平方米，营业用房13000平方米，市场道路及场地全部硬化。市场面貌一新，建立了良好的经营环境和现代化管理运行机制。现有职工150人，营造了一支年青有为的领导班子，形成了一个机构健全、功能设施完善齐全的全市最大的农副产品批发市场、零售市场和农产品交易集散地，为区内外广大农牧民解决了产品销售难的问题，为城市居民丰富了菜蓝子，繁荣了城市经济，增加了农民收入。

目前，市场现有多功能封闭交易厅4个，营业面积6000平方米，多功能综合大楼一座，营业面积7000平方米，共有粮油、副食批发店368家，固定摊位256个，临时摊位243个，从业人员3218人，日均人员流量3万人次，车辆出入近万辆，市场已形成了一支庞大的营销队伍，市场交易额不断增加，2001年交易量为3.6亿公斤，交易额为3.8亿元；2002年交易量为3.8亿公斤，交易额为4.2亿元；2003年交易量为5.8亿公斤，交易额为6.1亿元；2004年交易量为8.6亿公斤，交易额为10.4亿元；2005年交易量为8.3亿公斤，交易额为9.1亿元；2006年交易量为7.2亿公斤，交易额为7.2亿元；2007年交易额为7.9亿公斤，交易额为7.9亿元。随着市场规模的不断扩大，市场业务范围和辐射能力已扩大到北京、天津、河北、辽宁、黑龙江、山西、山东、宁夏等十几个省市自治区和大中城市以及呼市周边十几个旗县区，市场为全国各地广大农牧民提供了信息服务，使我市的农民有80%的农畜产品通过市场向全国各地销售了自己的产品。经过十几年的努力，东瓦窑批发市场已经成为自治区农牧业产业化的龙头企业，连续几年获得自治区党委政府颁发的《全区农牧业产业化先进乡镇企业》称号；农业部定点鲜活农产品中心批发市场；中国蔬菜流通协会定点市场；获得农业部《积极参加全国大中城市菜篮子产品批发市场信息联网工作先进单位》称号。连续十几年获得市委市政府颁发的《全市先进乡镇企业》称号。

东瓦窑批发市场从小到大，从弱到强，从区内市场走向国内市场，应该说全体职工做了大量的工作，积累了一定的经验，就市场近几年的发展来看，我们的做法有以下几点。

一、模式创新是市场发展的内在动力

贯彻党的十六大精神和中共中央一号文件《中共中央国务院关于促进农民增加收入若干政策意见》的精神，实现全面建设小康社会的奋斗目标，不断增加农民收入，快速提升市场的经济效益是市场领导班子的中心任务。为了加快市场的发展，首先要建立一支精干的领班子和职工队伍，经过职工推荐，村委会决策，新的一届市场班子成立了，新班子首先强化了各环节的机构。要求全体职工内练功夫、外树形象、实行公平竞争，将任务层层分解到部门、个人、使每个人身上都有压力，充分调动了全体职工的积极性。同时，市场班子积极抓了现代化企业制度的建立，探索机构创新工作，学习内蒙古伊利集团和内蒙古金河集团的管理先进经验，促进市场的管理机构创新。

二、扩大销售网络，树立良好市场形象

加强信息网络化建设，通过对全国各地农副产品信息的采集来调节市场，这是促进农业产业化进程的关键。过去几年由于信息不灵，

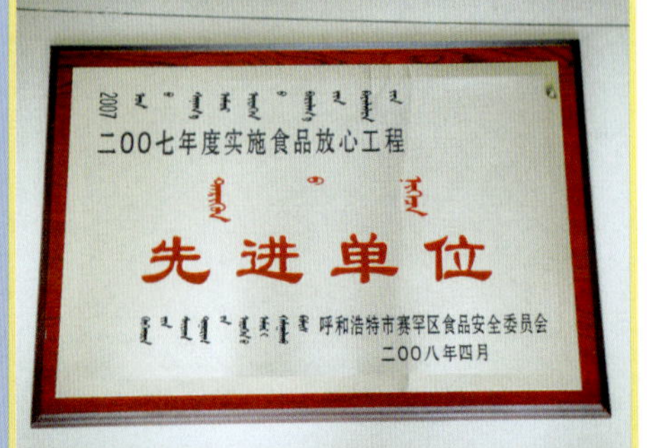

信息滞后造成菜农盲目种植，好多土豆、萝卜、瓜果、蔬菜烂在地里卖不出去，从外地拉运的蔬菜品种单一，数量多，长期积压变质，货主怨声载道，市场萧条。市场及时经过调研建立了信息中心，搞批发的货主从信息中心就可以掌握本地与外地销售行情，每次拉运都能做到心中有数，市场兴旺、货主高兴、消费者满意。做为全国百强农副产品批发市场掌握全国各地农副产品的信息尤为重要。所以，我们在扩大传统经营网络的同时，加大科技含量进行计算机网络经营，通过互联网传递信息，扩大经营战略。

三、严把质量关、创建绿色家园

在2002年国家农业部为市场配备了“农药残留检测仪”，市场领导班子及时安排专门机构专管人员对进入市场的蔬菜进行定点定时检测，发现农药超标的入市蔬菜，市场专管人员及时通知经营者和基地菜农。要求菜农严格农药的使用，实行基地自我控制。如检测仍不合格，市场实行不准入制度。我们的宗旨是使广大居民能够吃上放心蔬菜。另外，市场从市民的食品安全角度出发，统一了市场的食品包装袋，包装袋一律使用无毒的聚乙烯材料。通过开展这项工作，市场广大职工逐渐树立了产品质量第一意识，增强创建绿色市场的意识。目前，市场所经营的各种农副产品质量大大提高，市场经营者通过市场组织的专项宣传和培训，经营观念进一步创新，做到了不合格蔬菜、农副产品坚决不进货、不经营，东瓦窑批发市场创建绿色市场的活动，盈得了广大农民和城市居民的欢迎。

“3·15”宣传活动

四、品牌招商、环境招商，加快市场的发展

东瓦窑农副产品批发市场几年来在消费者心目中树立了良好的形象，已经形成了“东瓦窑”知名品牌，“东瓦窑”品牌是市场的无形资产，我们市场全体职工树立以“品牌招商、环境招商”概念，我们始终牢牢抓住市场规模扩大带来的契机，把产业招商做为招商的主攻方向，综合实施委托招商、节会招商、登门招商、以商招商和网络招商为多种形式，招商局面焕然一新，通过产业招商先后引进了内蒙古瑞天隆食品有限公司、鄂尔多斯市仙农食用菌有限公司、宁夏黄河米业有限公司、西安王守义十三香调味品和福建海鲜产品等区内外企业，大大丰富了市场、满足了广大消费者的需求。同时我们实施环境招商战略，改善市场经营环境，在农业部的大力扶持下，我们建设了4座交易大厅，扩大了市场的营业规模，满足了广大居民和菜农的需求，增加了城市下岗职工的就业率。

农药残留检测室

五、今后市场的发展战略

当今，全球经济发生着深刻的变化，知识经济、信息经济、网络经济、技术经济、品牌经济等等不断地冲击着的市场发展。我们市场今后的发展思路为：大胆探索、勇于实践、加速企业市场化运行，以市场为导向，开拓经营新领域，加强科学管理，以人为本，全心全意为广大的农牧民服务，解决农副产品的卖难问题，全心全意的为广大城市居民服务，丰富城市居民的菜篮子。进一步全面提高企业整体素质，建设蔬菜、水果、畜禽、水产品等养殖基地，完善产销全国机制，提高商品组织化业绩，以东瓦窑批发市场为窗口，坚持为民、便民、利民宗旨，实施放心工程和满意工程，加快东瓦窑批发市场的形象建设，牢固树立以农副产品为本的宗旨，积极开拓经营，树立东瓦窑品牌意识，提高市场占有份额，为东瓦窑批发市场再创辉煌。

市场正门

批发市场一角

20070805 原中国航天科技集团公司总经理张庆伟（左二）出席奠基典礼

2007 年 12 月，原自治区党委书记储波（左三）视察神舟硅业

2009 年 12 月自治区党委书记胡春华（前左二）一行视察神舟硅业

2009 年 4 月自治区主席巴特尔（左四）视察神舟硅业

2009 年 3 月自治区党委副书记、自治区副主席任亚平(左一)带领呼包鄂工作会议代表团一行参观视察

2009 年 2 月自治区副主席连辑（左二）、呼和浩特市副市长武文元（左三）一行视察神舟硅业

2009 年 2 月自治区副主席赵双连（前右二）、原呼和浩特市市长汤爱军（前左一）一行视察

2009年5月国家科技部部长万钢（前右二）视察工作

2009年8月，国家发展与改革委员会副主任徐宪平一行视察神舟硅业（前左二）

2009年8月，全国人大常务委员会副委员长乌云其木格一行视察神舟硅业（右二）

2009年11月，工信部电子信息司副司长刁石京副司长（左一）、中国电子协会半导体材料分会朱黎辉秘书长（右一）调研神舟硅业

2010年5月，中国航天科技集团公司总经理马兴瑞（左一）视察工作

内蒙古神舟硅业有限责任公司是中国航天科技集团公司上海航天技术研究院（八院）为主投资的专业从事硅材料研发、多晶硅生产及销售为一体的高新技术企业。公司于2007年5月在内蒙古自治区呼和浩特市金桥开发区注册成立。

公司充分利用中国航天在太阳能应用技术及人才等方面优势，结合内蒙古呼和浩特市在资源及政策方面的优势，通过引进国外先进的多晶硅工艺技术及设备，实现航天光伏产业链的贯通，打造航天内蒙古光伏产业基地。

为打造万吨级多晶硅项目，实现内蒙经济结构转型，已征地1113亩，分期建设多晶硅项目，现已开展两期，总投资约44.6亿元。一期年产1500吨多晶硅项目，引进俄罗斯先进工艺技术，于2007年8月开工，目前已实现机械竣工，连续生产；二期年产3000吨多晶硅项目，采用引进消化吸收再创新工艺技术，于2008年9月开工，目前已基本机械竣工，计划于2010年上半年投产；目前,公司在上海正加紧研发多晶硅工艺新技术，并积极筹划三期多晶硅项目的实施，三期将采用具有完全自主知识产权的工艺技术，大大降低生产成本。

神舟硅业立足于以科技为动力的发展理念，积极建设技术创新体系，以硅材料工程研究开发中心为载体，引进业内专业人才、配备硬件设施，加快技术创新平台建设步伐。中心已于2009年被自治区认定为自治区级研发中心，中心计划在“十二五”期间被认定成为国家级工程研究中心。

目前，在自治区各级政府及中国航天科技集团公司的高度关注和大力支持下，神舟硅业多晶硅项目生产建设工作进展顺利，预计项目的建成投产，每年将创收50亿元，上缴税金10亿元，带动下游产业链实现销售收入300亿元，为促进地区相关产业的优势升级、高新技术产业的发展，加速实现资源优势向经济优势转化、拓宽就业渠道、增加就业岗位作出积极贡献。

为实现航天光伏产业又快又好发展，中国航天科技集团公司科学布局，以上海航天技术研究院为主体，在内蒙古自治区呼和浩特市和上海市集中投资建设光伏产业基地，全力打造从多晶硅材料、单晶提拉、多晶铸锭、切片、太阳电池、组件、系统集成、市场应用、装备技术到技术研发的垂直一体化的光伏产业链。目前你内蒙地区除神舟硅业、中环光伏外，在蒙西地区建造数个兆瓦级光伏电站项目也在积极的实施中。

公司本着“追求卓越、推崇创新、彰显活力、打造一流”的理念，努力打造万吨级多晶硅生产能力，建设成拥有核心技术和自主知识产权的国内一流、国际知名的现代化新能源企业。

通和公司董事长、总经理：赵俊生

如意工业园区管委会办公大楼

呼和浩特经济技术开发区通和开发有限公司成立于1999年，是由呼和浩特经济技术开发区如意工业园区管委会投资的国有独资企业，承担着如意工业园区以及如意工业园区新区的基础设施开发建设任务。其中包括土地开发及基础设施、公用设施的开发建设，为入区的中、外企业提供完善和高质量的道路、水、电、暖、排污、通信等服务。

通和公司成立以来，在如意工业园区以及如意工业园区新区近30平方公里的土地上，共完成道路约30000延长米，硬化面积约50万平方米，完成各种管道工程约50000延长米，建筑厂房、住宅等建筑面积33万平方米，共完成投资额约6.6亿元，圆满地完成了各项开发建设任务，使如意工业园区以及如意工业园区新区的投资环境有了较大改善，成为了呼和浩特市投资环境建设的闪光点，吸引了众多高、新科技企业落户园区，为园区的经济实现跨越式发展奠定了良好的基础。

通和人正以高昂的斗志、饱满的热情、扎实的工作，继续为如意工业园区的经济发展及招商引资工作提供更好的投资环境和硬件支持！

如意工业园区道路　　如意大桥　　呼和浩特电子信息产业基地 如意工业园区基础设施工程

内蒙古高等级公路建设开发有限责任公司

总经理：包建设

内蒙古高等级公路建设开发有限责任公司成立于2004年8月16日，是经内蒙古自治区人民政府批准组建的特许经营的大型国有独资企业。公司为一级法人，实行总经理负责制，内蒙古自治区交通厅履行出资人职责。公司的经营范围是：对内蒙古自治区境内已建成运营的G6（京藏）高速公路内蒙古段、G65（包茂）高速公路内蒙古段、G55（二广）高速公路白音查干至丰镇段，110国道、210国道、208国道内蒙古段和304国道鲁北至霍林郭勒段，以及公司再建的其它高等级公路的融资、建设、养护、收费、还贷、保护路产、维护路权、开发服务、资本运营进行统一经营管理。公司实行现代企业制度的法人治理结构和内部激励、约束机制，以及归属清晰、权责明确、保护严格、流转顺畅的现代企业产权制度。

公司现设12个部室、3个中心、6个路段管理分公司、7个项目管理分公司，以及公路工程局、绿化公司、高速石油公司、服务区分公司、设备租赁分公司、综合产业分公司、自治区交通厅派驻高等级公路路政支队共35个部门和单位。人员实行全员劳动合同制管理。公司现辖高速公路1396公里、一级公路356公里、二级公路1313公里，通车运营公路总里程3065公里；公司总资产达430亿元。公司所辖公路全线现设75个收费所（81个收费站）、30个养护所、6个机械化养护所、6个路政巡逻大队、9个路政治超检测站、17对服务区。

公司成立以来，在内蒙古自治区交通厅的正确领导下，全面贯彻科学发展观，深入落实“三个服务”总体要求，以“发展、廉政、服务”为主题，改革创新、科学发展、全面推行精细化管理，公路建设高效优质推进、资本运营取得显著成绩、运营管理日臻创新完善、企业党建、廉政建设、精神文明建设等各项工作均取得了巨大成就，开创了内蒙古高等级公路建设运营的新局面。公司已开展公路建设项目15个，累计完成投资近150亿元；目前在建公路项目11个，投资概算总额近260亿元，在建公路里程1000余公里，为促进自治区交通工作又好又快发展发挥了全区交通建设开发的战略投资主体和主力军的作用。公司连续三年获得“全区交通系统完成责任目标实绩突出单位”和“内蒙古百姓口碑金奖单位”称号。

今后，公司将在内蒙古自治区交通厅的正确领导下，充分发挥全区公路建设主力军的作用，在自治区公路建设的总体规划框架内，着力加快国网高速、区网高速、省际出口路、重点口岸路、重点能源通道建设，努力建成较为完善的全区高等级公路网络。同时依据现代企业制度和市场经济要求，以提高运营效益为基础，以实施公路建设为重点，以强化资本运营为纽带，以服务全区经济社会发展为目标，进一步完善法人治理结构，实现资产规模大幅良性扩张，逐步形成全区范围内高速公路的规模化、集约化经营和优势互补、滚动发展的良性循环局面，努力把公司建设成为一个资产优良、服务优质、干部优秀、具有核心竞争力的大型企业集团，为自治区经济社会又好又快发展提供良好的高等级公路基础设施和交通保障服务。

行车环境优美的高速公路

微笑服务

公路建设场面热火朝天

董事长、党委书记：缪文民

北奔重卡 V3 系列新车型

铁路车辆总装生产线

公司承制的受阅装备参加国庆60周年阅兵仪式

内蒙古岱海发电有限责任公司是国家实施“西部大开发”战略的重点工程之一，是北京市与内蒙古自治区合作办电的重点项目，由北京能源投资（集团）有限公司和内蒙古蒙电华能热电股份有限公司按51%、49%的比例合资建设。

公司规划容量为8台60万千瓦机组，分四期建成，同时建设配套500千伏输变电工程，机组投产后，将有效缓解京津唐地区电力供应紧张的形势，对于改善北京地区环境、促进当地经济发展和社会进步具有重要意义。公司目前为总装机容量240万千瓦生产能力的大型火力发电站。

几年来，公司秉承了诚信、守法、益众、争先的企业精神和自动自发的管理理念，内外环境和谐，企业持续发展。在基建期间，项目建设取得了全国“五领先”的骄人业绩；一期工程以卓越的工程质量获中国电力优质工程奖、内蒙古“草原杯”工程质量奖等多项殊荣。步入运营期后，公司狠抓管理，生产运营水平稳步提升，荣获全国大机组竞赛一等奖、全国五一劳动奖状、全国精神文明建设工作先进单位、中华环境友好企业、百家诚信企业等多项殊荣。截至2010年3月底累计发电308.75亿千瓦时、累计纳税12.65亿元，累计利润15.56亿元,成为当地首屈一指的利税大户。

在实现良好经济效益的同时，公司以实现企业与周边环境及当地百姓的和谐共赢、共享共生为目标，主动承担企业社会责任，以带动当地经济、社会的快速发展。几年来，公司形成了与当地环境、社会和谐发展的模式，被社会各界称为“岱海模式”。

岱海发电公司全景

绿色能源　情系京蒙

全国五一劳动奖状

中环环境友好企业

名誉会长尤仁、荣誉会长邹招斌与第四届商会领导班子合影

会长：邹招波

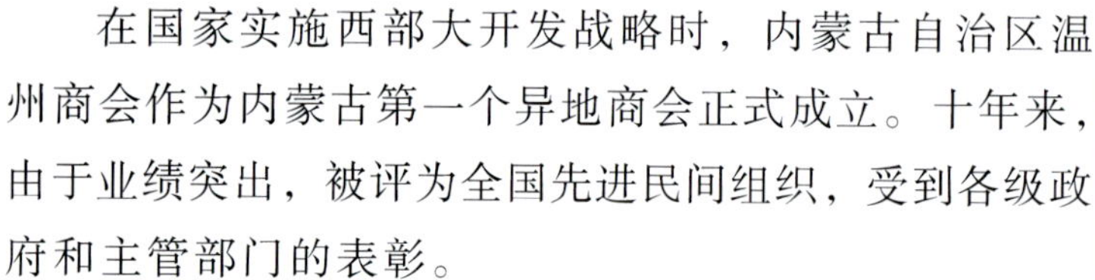

在国家实施西部大开发战略时，内蒙古自治区温州商会作为内蒙古第一个异地商会正式成立。十年来，由于业绩突出，被评为全国先进民间组织，受到各级政府和主管部门的表彰。

商会成立以来，联系着在内蒙古经商的十万温州商人，有400多家工业、商业和第三产业，以及矿产资源开发的企业在内蒙古地区创业，仅在呼市地区就投资100多亿元，提供就业岗位6万多个，创造出像维多利这样的商业企业品牌，为内蒙古的经济建设和社会发展做出了贡献。

随着时代的发展，新一届温州商会又拓宽了开发发展的思路，相继成立了维多利小额贷款公司、浩鑫小额贷款公司、浩鑫担保公司、浩鑫机电商业广场等，内蒙古万锦开元房地产开发有限公司和巴彦淖尔市政府合作开发改造临河棚户区。

发展更要反哺社会。在捐资助学、震灾扶贫方面，商会成立以来共捐资1000多万元，受到党政部门和社会各界的好评。

商会在物质文明建设的同时，加强了精神文明建设。发挥党支部思想政治工作的优势，开展企业文化建设，以中央电大远程教育、经济和法律等培训，使会员素质得到提高。

在内蒙古异地商会纷纷成立的背景下，作为第一个成立的商会：内蒙古自治区温州商会，将以创新为灵魂，搭建更高更新的自我发展平台！

全国先进民间组织

内蒙古体育彩票管理中心向汶川地震灾区捐款20万元

内蒙古体育彩票管理中心“爱心饮水工程”全面启动

内蒙古体彩管理中心捐助百名贫困大学生

鄂尔多斯市彩民一次中得体育彩票2200万元大奖

内蒙古自治区体育彩票管理中心是内蒙古自治区体育局下属的自收自支型事业单位，负责在内蒙古自治区内中国体育彩票的发行销售管理工作。

内蒙古自治区电脑型体育彩票于2002年5月18日开始发行。在全区建立了3000余个电脑体育彩票销售和750余个即开型体育彩票销售网点，直接提供就业岗位7000余个。七年中，共有14种体彩玩法亮相内蒙古彩民，满足了广大彩民的各种需求。

内蒙古自治区体育彩票管理中心遵循“公开、公平、公正”的发行原则和“取之于民，用之于民”的发行宗旨，截至2009年底共发行体育彩票44亿余元。其中，电脑型体育彩票35.4亿元，即开型体育彩票8.7亿元，筹集公益金近14亿元，有力地支持了内蒙古自治区体育事业和社会公益事业的发展。体育彩票公益金除了用于奥运争光和全民健身计划的实施之外，还广泛地应用于我国的残疾人事业、农村医疗救助、红十字人道主义救助、援助西部体育设施的“雪炭工程”建设、学生校外活动场所的建设、救助英雄遗孤和送文化下乡等诸多方面。

内蒙古自治区体育彩票管理中心

内蒙古邮政公司号召全体员工为青海玉树地震灾区献上一份爱心。图为总经理王克俭带头捐款

中国邮政集团公司副总经理李国华（右二）在内蒙古邮政公司总经理王克俭（左一）、副总经理凌志（左二）的陪同下，视察呼和浩特邮区中心局生产运行情况

内蒙古邮政公司与人保财险、中国人寿、人民人寿、新华人寿、泰康人寿、中华财险等六家保险公司全面深化合作

以“奋进、和谐”为主题的纪念改革开放30周年、邮政独立运营10周年、内蒙古邮政员工文艺演出

装饰一新的内蒙邮政11185客户服务中心启动

国家教育部副部长陈小娅一行莅临本校考察并指导工作

“内蒙古民俗文化研究基地”授牌仪式在内蒙古师范大学隆重举行

内蒙古师范大学成立研究生院

内蒙古首个雅思考点落户内蒙古师范大学

内蒙古师范大学召开海峡两岸“清代满蒙联姻与边疆治理学术”研讨会

内蒙古师范大学开展深入学习实践科学发展观活动

中国少数民族文学馆在内蒙古师范大学盛乐校区开馆

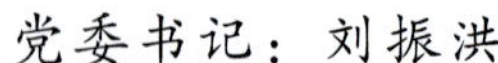

党委书记：刘振洪

院长：张亚民

内蒙古财经学院始建于1960年，后几经更名。1979年恢复本科教育，1980年经国务院批准重建。2000年与原内蒙古经济管理干部学院合并组建成新的内蒙古财经学院，2005年取得硕士学位授予权，2006年原内蒙古财税职业学院和原内蒙古工商学校并入内蒙古财经学院，同年，以良好的成绩顺利通过国家教育部本科教学工作水平评估，2009年正式获批成为工商管理硕士专业学位研究生(MBA)培养单位。

学院坐落在自治区首府呼和浩特市，占地2026.9亩，校舍总建筑面积57万平方米。拥有1个国家级实验教学示范中心，2个国家级特色专业， 5个硕士学位授权点，1个专业硕士学位授权点， 5个自治区重点学科。现设有会计学院、金融学院、MBA学院等13个二级学院，法学系等4个直属系， 1个直属教学部，7个科研教辅机构。学院现有教职工1422人。其中，专任教师814人，在校博士教师160人，具有硕士学位的专任教师396人。有自治区突出贡献中青年专家10人，享受政府特殊津贴9人，自治区“新世纪321人才工程”一、二层次人选16人，自治区高等教育人才培养“111”工程人选4人。目前在校学生总数为 22000人。

岁月不居，天道酬勤。五十年的建设和发展，学院已发展成为以经济学、管理学学科为主，经济学、管理学、法学、文学、理学、工学六大学科相互支撑、协调发展的学科体系。站在新的历史起点上，学院深入学习实践科学发展观，正满怀信心地向着有特色、高水平财经大学的目标奋进！

学院教学楼

图书馆剪影

自治区副主席连辑在本校建校三十周年庆祝大会上讲话

自治区副主席连辑，自治区教育厅厅长李东生为大学揭牌

中央广播电视大学党委书记阮智勇为本校题词

校长韩竟作学习港内涵建设培训第一课

内蒙古电大三十周年庆祝大会

自治区副主席连辑视察河套大学

自治区教育厅厅长李东升视察本校

蒙语综合系教学讨论

土木工程学院教学实践课

教代会

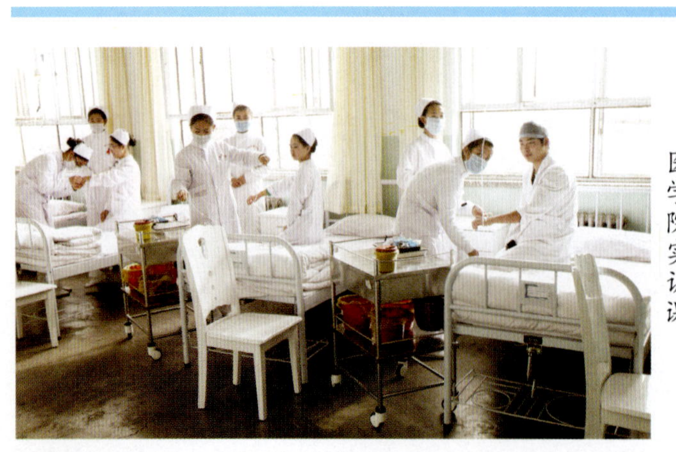

医学院实训课

内蒙古建筑职业技术学院

团结奋进的学院领导班子

构造实训室

实训中心

内蒙古建筑职业技术学院是自治区唯一独立设置的建筑类高等院校，前身是成立于1956年的内蒙古建筑学校，1999年独立升格为普通高等学校。2007年被国家教育部、财政部确定为“国家示范性高等职业院校建设计划”立项建设单位，2009年被教育部评为“全国普通高校毕业生就业工作先进集体”。

学院占地面积1300余亩，校舍建筑总面积20余万平方米，固定资产总值1.9亿元。设有建筑学系、建筑工程系、管理工程系、机电与环境工程系、市政工程系、基础教学部、继续教育部7个教学单位，开设38个专业（含专业方向），在校生9800余人。现有专任教师408人，其中副高以上职称专任教师131人。

学院建有1.8万平方米的实习实训大楼，有国家甲级资质的建筑勘察设计院，建有152个稳定的校外企业实训基地和顶岗实习基地。近三年来毕业生一次就业率在95%以上，年内跟踪就业率达100%，连续位居自治区高职高专院校之首。

内蒙古建筑职工培训中心和建设行业职业技能鉴定站设在学院，承担着国家和自治区建筑类高层专业技术人员的培训任务和建设行业30个工种的职业技能鉴定工作，年培训人数超过1万人。

网络中心

学生公寓

自治区主席巴特尔视察呼和浩特市大召商业街区

自治区党委常委、呼和浩特市委书记韩志然视察环城水系

区委书记：田忠宝

区长：格尔图

签约仪式

市委副书记、市长王波视察武川

全市两个文明建设经验交流会暨武川现场会

武川县政务服务中心

武川县第一中学

指针式喷灌圈正在喷灌大田马铃薯

内蒙古冀东水泥有限责任公司

呼和浩特抽水蓄能电站全貌

哈达门高原牧场旅游区

中国华能集团公司武川李汉梁风电场

清水河县人民政府

自治区党委常委、呼和浩特市委书记韩志然深入清水河县考察林业生态建设工作

呼和浩特市委副书记、政府市长王波在清水河县蒙西水泥施工现场考察

县委书记：李宏

县长：李理

全国绿化
模范县（市）
全国绿化委员会
二〇〇六年三月

全国营造林工作
先进单位
国家林业局
2000年

清水河县通过实施退耕还林、义务植树造林、专业队造林等工程，使得山川旧貌换新颜，绿意盎然，生机无限。造林绿化实绩多次受到上级的表彰奖励，连续六次捧获“全区林业生产建设绿化杯”，2006年3月被全国绿化委员会授予“全国绿化模范县”荣誉称号。以当地盛产的森林野果加工制作的果丹皮、山楂片等果制品名扬区内外。

清水河县林业生态建设（2006年3月被评为全国绿化模范县）

黄河老牛湾码头

209国道清水河——偏关段

内蒙古天皓水泥有限公司

呼和浩特中燃焦化有限公司

黄河老牛湾

书记：孙建国

县长：斯钦毕力格

托克托工业园区黄河明珠广场

托克托县高级职业中学

托克托葡萄

托县奶牛养殖小区

大唐托克托电厂

出席会议的有自治区高院院长王维山、副院长王虎，市委常委、政法委书记李鹤、市政协副主席鲁剑钧、市人大内司委主任兰俊生，市中院院长李宪法等领导

中政委清积检查验收组对本院执行清积工作进行检查验收

2009年，全区法院刑事审判工作会议在呼和浩特市召开▲

2009年呼市中院发起召开的呼和浩特市法官和律师共建和谐诉讼、加强调解工作座谈会现场▲

为民务实清廉

呼和浩特市中级人民法院党组成员，左起依次为政治部主任乌云、副院长范磊、院长李宪法、副院长赵也夫、副院长乌力吉、纪检组长张铁海

呼市中院干警在新华广场进行法制宣传

院长李宪法亲自接待来访群众

呼和浩特市广场管理处

新华广场管理处成立于1997年9月1日，隶属于呼市建设局，负责新华广场的设施、环境、秩序的管理维护及社会各类公益活动的配合协调等工作。2001年根据广场建设管理的实际情况，市政府将新华广场管理处更名为呼和浩特广场管理处，2005年管理处升格为准处级单位。管理处成立后对广场进行了全面系统的建设管理，在短期内彻底改变了新华广场设施落后、周边环境差的旧面貌，在广场环境治理和秩序维护方面取得了突出成绩。管理处建立健全了各项规章制度，狠抓了队伍建设和作风建设，使广场的建设与管理工作年年上一个新台阶，年年都有新变化。由呼和浩特市委宣传部、呼和浩特市旅游局、《呼和浩特日报社》主办的呼和浩特新八景评选活动，新华广场在4个最具吸引力特色景点中被评为呼和浩特最具吸引力广场文化特色景点，管理处被评为建委系统迎60周年大庆先进集体。

成吉思汗广场成为华北地区城市广场绿化样板工程

呼市广场管理处加强了内部管理，在成立初期就重视规章制度建设，于一九九九年第一次将规章制度汇编成册；于二00五年进行了修纂，二00八年做了第三次的完善。

广场管理处在上级的领导下，将进一步解放思想、与时俱进，优化开放环境，以更高的建设管理水平和服务水平，更规范的行政执法措施，把三大广场装扮的更加靓丽多姿。

成吉思汗广场

新华广场

伊利广场

内蒙古荣誉军人肢残康复中心

主任：张泮恒

内蒙古荣誉军人肢残康复中心建于1958年，是集科学研究、开发生产装配、功能训练于一体的，为荣誉军人和社会伤残人及老年人服务的专业机构，在赤峰市、通辽市设有分支机构，是德国奥托博克假肢、矫形器健康、康复集团在内蒙古地区唯一指定服务机构，是内蒙古唯一的假肢、矫形器特有工种职业技能鉴定站。

主要业务范围：制作安装进口、国产高、中、低档上下肢假肢；人体矫形器；矫形鞋。特设残疾人、老年人辅助用品用具销售部，专营全国各地经过国家质量认证的专业生产厂家的高、中、低档产品。如各型号的轮椅，手摇三轮车、电动三轮车，拐杖、手杖，坐便器，助听器等。

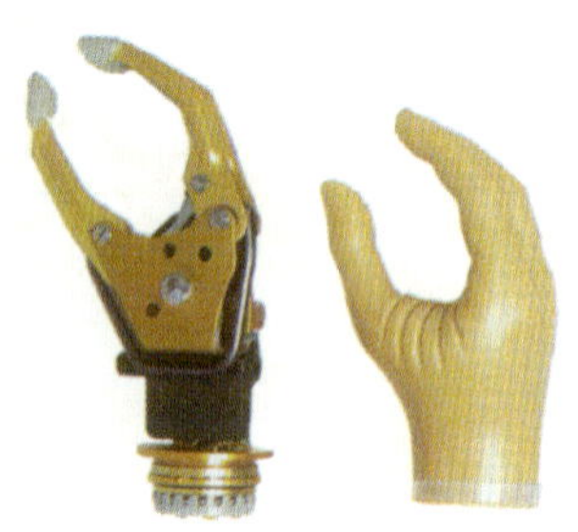
安全比例控制手

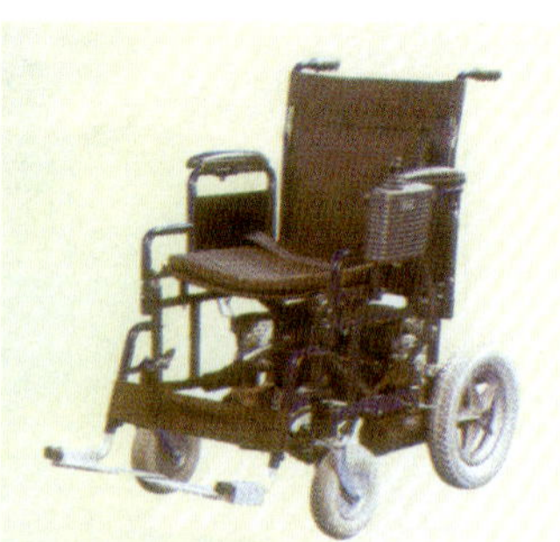
电动轮椅

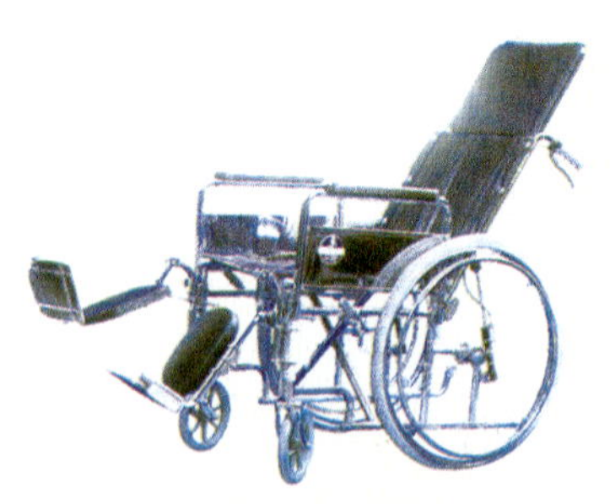
可拆卸扶手和升降搁脚轮椅

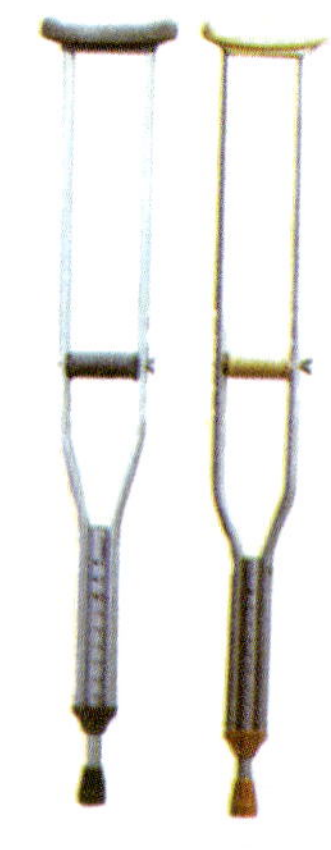
拐杖

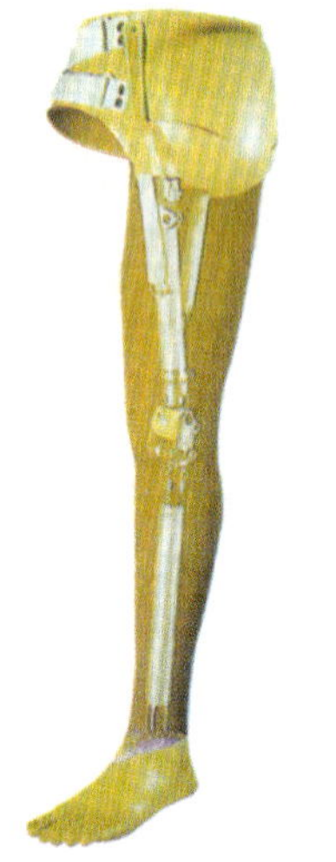
髋离断假肢

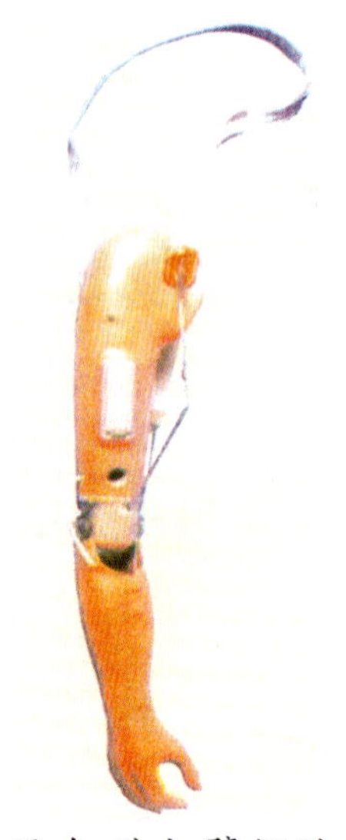
混合型上臂假肢

装饰型肩离断假肢

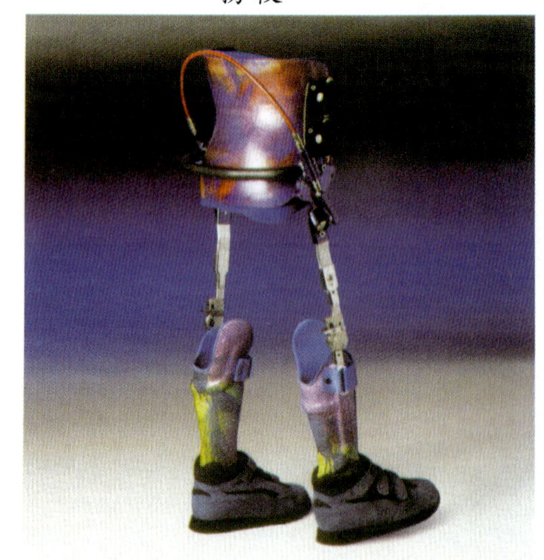

胸腰椎矫形器

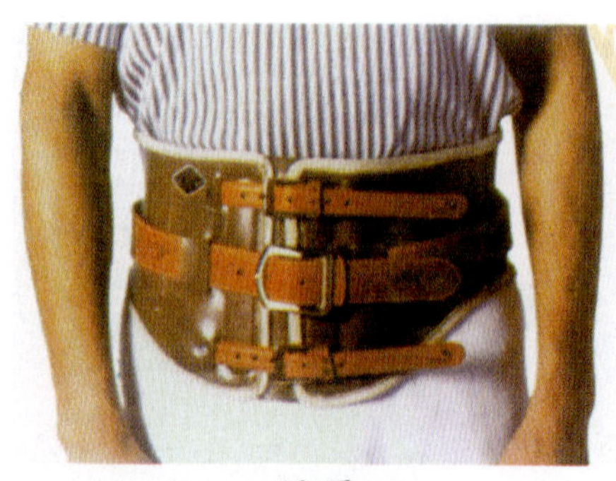
腰围

助听器

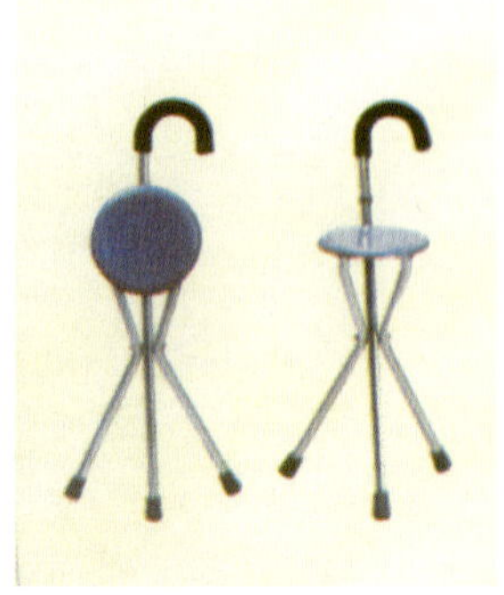
座椅手杖

包头市青山区政府

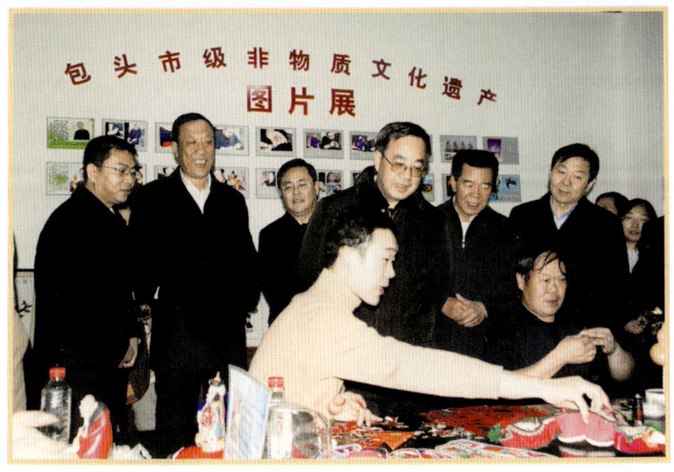

自治区党委书记胡春华视察本区文化活动中心

自治区主席巴特尔视察装备制造业园区

自治区副主席、包头市委书记郭启俊视察本区装备制造业园区（中复合风电叶片项目）

中共包头市委副书记、市长呼尔查视察本区装备制造业园区（北奔新型驾驶室项目）

区委书记：张世明

区委副书记、区长：张建中

青山区首批廉租房分配仪式（图为廉租户领到了廉租房钥匙）

北奔车桥扩能项目厂房生产线

北奔重卡总装生产线

北重安东深孔制造合资项目生产线

城市建设

自治区党委书记胡春华视察天旭轻合金项目

自治区政府主席巴特尔在乌审召化工项目区视察工作

旗委书记：张平

旗长：牧人

巴图湾景区远景

博源100万吨天然气制甲醇项目

察罕苏力德生态游牧旅游区

华原20万吨风积沙工业选矿生产线10万吨玻璃制品生产线项目开工奠基

旗委书记：杨博

旗长：云卫东

2008年全旗第四届职工运动会

成吉思汗陵园

世界上第一条煤直接液化生产线

城乡居民廉租廉居小区

乌兰水库

旗委书记：潘志峰

旗长：祁·毕西勒图

黄河峡谷风景区

九曲黄河之老牛湾

准格尔旗党政办公大楼

中国油松王

煤制油项目

神华黑岱沟露天矿

万家寨水利枢纽

铜像广场

2009年，成陵旅游区管委会在市委、市政府和旅游区党工委的直接领导下，紧紧围绕“结构转型，创新强市”、“城乡统筹，集约发展”这条主线，以建设“文化成陵、魅力成陵、和谐成陵”为重点，认真抓好保护好成吉思汗陵园、弘扬好成吉思汗文化、发展好文化旅游产业、营销好旅游品牌、建设好人才队伍工作，已获得国家5A级旅游景区称号，并在创建全国文明风景旅游区工作中取得了显著成效。2009年，成陵旅游区全社会固定资产投资达到6000多万元，增长20%；总收入达到4500万元，增长30%；接待游客56.4万余人次，同比增长34.4%，其中接待海外游客1.03万人次，完成公务接待178批次、5459人，国家领导人到成陵考察9人次。

投资1.14亿元开工建设了成吉思汗博物馆，当年完成土建工程。充分挖掘历史文化内涵，大力弘扬成吉思汗文化，组织专家挖掘整理和研究民俗文化遗产，整理了成吉思汗陵历史档案及文献书籍15本。成吉思汗陵系列丛书《成吉思汗祭祀》（汉文版）、《成吉思汗陵史纲》（汉文版）、《成吉思汗祭祀史略》（汉文版）初稿完成。成功承办了首届伊金霍洛旗成吉思汗文化论坛，参会专家学者就成吉思汗文化内涵、特征及核心价值等展开探讨研究，取得了广泛共识和学术成果。举办多种节庆活动宣传和拉动文化旅游，成功举办了第五届成吉思汗旅游文化周活动，邀请了全国各省市1000多家旅行社和行业部门参加本次文化周，得到了旅游行业内和社会各界的广泛赞扬。精心筹备、举办鄂尔多斯那达慕大会，圆满完成了各项筹备和组织工作，得到了区内外各级领导和亚洲各国文化界人士的高度赞扬。

2009年，成陵旅游区多次得到上级好评；同时创建全国文明风景旅游区工作取得成效，成陵旅游区被中央文明办、住房和城乡建设部、国家旅游局评为“创建全国文明风景旅游区工作先进单位”。

苏勒德祭坛

成吉思汗陵宫

成吉思汗大道夜景

大型祭奠活动

董事长：张双旺

总经理：张东海

情系汶川灾区

伊泰准东铁路

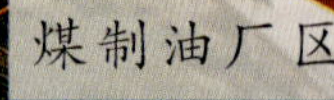

煤制油厂区

内蒙古汇能煤电集团公司

董事长：郭金树

公司领导班子在认真学习

悖牛川大桥

边贯线

公司办公大楼

采煤坑口

环境如画的厂区一角

本集团为四川地震捐款

先进的采煤设备

党组书记、局长：王贵卿

团结和谐的领导班子

鄂尔多斯市地税局领导班子成员深入基层调研

领导班子深入煤炭企业调研煤炭税收，召开税企座谈会

鄂尔多斯市地方税务局成立于1994年9月。建局以来，鄂尔多斯市地税局在自治区地税局和市委、市政府的正确领导下，牢固树立科学发展观和税收经济观，坚持聚财为国、执法为民，以组织税收收入为中心，以深化征管改革为动力，以信息化建设为依托，大力推进依法治税，强化科学管理，优化税收服务，加强队伍建设，实现了地税事业的又好又快发展。

2002年以来，伴随着西部大开发进程，鄂尔多斯市地税局党组审时度势，果断提出“创一流业绩，建和谐地税”奋斗目标，税费收入取得了连年大幅增长的骄人成绩。1994~2008年，全系统累计组织税费收入369亿元，2002~2008年间，税收收入年均递增53%。2008年，全系统组织地方税费收入116亿元，其中：税收收入实现102亿元，同比增收31亿元，增长45%，总量、增量稳居全区地税系统第一，成为全区首家地税收入突破百亿元的盟市局。截至2009年11月底，全系统累计组织税费收入158亿元，同比增收46亿元，增长41%。其中，税收总收入累计入库132亿元，同比增收32亿元，增长31%，完成自治区地税局年初任务118亿元的112%，完成市政府年初任务128亿元的103%，提前完成了全年税收任务。

在物质文明取得显著成绩的同时，精神文明建也取得了丰硕成果。市局被评为全国税务系统纪检监察先进集体、自治区级文明单位，连续8次获得全市实绩突出单位，2003~2008年连续6年在全区地税系统实绩考核中名列第一，先后荣获全国税务系统纪检监察先进集体、自治区级文明单位、自治区人民满意执法单位、自治区依法治税先进集体等79项荣誉。

心系扶贫联系点

走向街头宣传税法

鄂尔多斯市地税局荣誉录

呼能集团领导环节干部会议

呼能集团与神东天隆集团合作开发淖尔壕煤矿签约仪式

鄂尔多斯市呼能煤炭有限责任公司前身为1996年3月成立的伊金霍洛旗呼氏煤炭有限责任公司。公司现有资产15亿元，下属6个分公司和4个煤矿，从业人员500余人，原煤产销能力已达到260万吨/年，是集煤炭、焦粉生产、销售、运输为一体的中型企业，已建成以煤为主，多种经营，集团化管理的公司。公司组织结构建全，并且分别在包头市、鄂尔多斯市达拉特旗、巴彦淖尔市乌拉特前旗设有办事处。

自成立以来，公司依据资源优势，秉承追求卓越、回报社会的经营理念，坚持以煤为主，多业并举的发展方向，不断提高生产效率，稳定开拓产品市场。现已形成一个产销两旺的良好格局，在自治区电煤市场中占有重要地位，是自治区电力公司煤电一体化资源开发项目的主要合作成员之一。1996年以来，累计上交利税突破2.6亿元,并安置了部分人员在企业就业,帮助解决了剩余劳动力就业难的问题,为促进本地区经济、社会平稳快速发展做出了贡献。2004年度公司被评为鄂尔多斯市十大民营煤炭企业之一；2005年度被确定为鄂尔多斯市23家重点煤炭企业之一；2006年度综合评估列入内蒙古自治区重点煤炭企业50强之一； 2007年度进入内蒙古自治区民营企业100强行列。公司淖尔壕煤矿25平方公里探矿权井田，国土资源部已核定储量并已划定矿区范围，淖尔壕煤矿设计年产300万吨原煤，至“十一五”期末，公司原煤产销能力将达到500万吨，年创产值10亿元，实现利税4亿元。

公司将紧紧围绕国家能源开发利用战略思想，在自治区、市旗各级党政机关的领导下，群策群力，众志成城，不断将公司建设成为制度规范化、管理人性化、发展科学化的拥有较强竞争力的全区大型煤炭生产销售企业而努力，为构筑和谐社会和实现经济又快又好增长做贡献。

认真布置井下作业

“民营企业100强”荣誉称号

全国煤矿整顿关闭工作现场会在本市召开

伊泰煤炭集团煤制油工程装置一角

鄂尔多斯市煤炭局始建于1988年，是鄂尔多斯市人民政府贯彻执行国家、自治区关于煤炭工业管理的方针、政策、法律、法规并进行监督实施，负责全市煤炭行业管理的政府职能部门。

近年来，市煤炭局认真贯彻自治区和市委、市政府的一系列决策部署，组织开展了地方煤矿提高资源回采率三年攻坚战，并取得了显著成效，地方煤矿数量从552座减少到现在的263座，总生产能力由2005年的4880万吨/年提高到1.9亿吨/年。平均单井生产能力由9万吨/年提高到平均72.5万吨/年，平均回采率由不足30%提高到75%以上，露天煤矿达到90%，矿井平均服务年限较过去延长一倍以上。采掘机械化程度由不足10%、工效不足2.5吨/工·日，提高到65%以上和25吨/工·日，原煤生产综合能耗达到3.8千克标煤/吨，下降了20%，煤炭工业万元GDP能耗同比降低5%以上，2009年煤炭生产百万吨死亡率0.021，居于较好水平。培育形成了一批大型煤矿企业集团，120万吨/年以上的大型矿井达到42座，占全市地方煤矿数量的16%，生产规模占全市地方煤矿总生产规模的27%，伊泰、汇能、伊东等大型地方煤炭企业集团的一些骨干矿井单井设计生产能力达到300万吨以上，全市24户重点煤炭企业产量占到全市产量的70%左右。

现代化采掘生产场景

2007年6月，国务院安委会在鄂尔多斯市召开全国煤矿整顿关闭工作现场会，总结煤矿整顿关闭、整合技改工作经验。同年，市煤炭局被国家人事部和中国煤炭工业协会评选为2007年度全国煤炭工业先进集体。2009年8月，全国大型矿井建设现场会暨煤炭生产规模化现代化论坛在本市召开，研讨大型现代化煤矿建设发展方向，安排部署下阶段大型煤炭基地和煤炭集团建设工作，有力地推动了本市由煤炭大市向煤炭强市的跨越性转变，促进全市煤炭工业安全、高效、和谐发展。

本局荣获“全国煤炭工业先进集体”荣誉称号

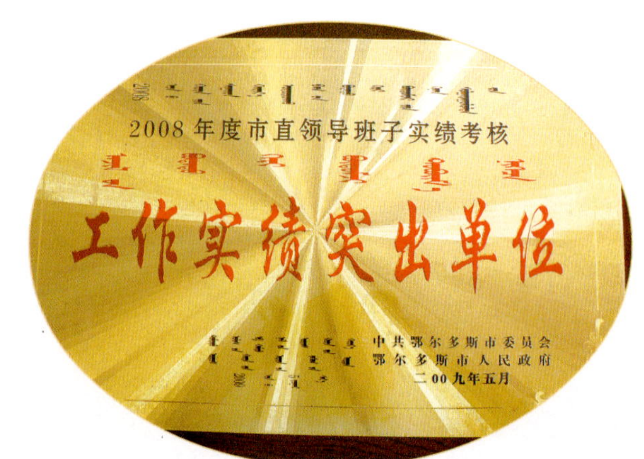

本局荣获“2008年度市直领导班子工作实绩突出单位”称号

举办政风行风评议会

鄂尔多斯市经济委员会是负责全市工业经济的综合经济部门。“十一五”以来，为实现全市工业经济持续、健康、快速发展，为鄂尔多斯经济腾飞发挥了重要作用。部门内设9个行政科室即办公室、经济运行科、重点项目科、能源科、行业规划科、企业科、环境和资源综合利用科、化工办、装备制造业办公室。有主任1名、副主任4名，派驻纪检组长1名，科级领导职数9名。

近几年来,随着鄂尔多斯的快速发展，工业经济也取得了显著的成效。工业增加值由1995年的16.1亿元增加到2009年的1132亿元，是1995年工业增加值的70.3倍。在市委、市政府的正确领导下，加大结构调整的力度，积极转变发展方式，全面推进产业多元化，产业延伸和产业升级，全市工业经济实现了又好又快发展。把保持工业经济平稳较快增长与转变经济发展方式紧密结合起来，抓住关键环节，实现重点突破。围绕推进产业集聚，产业链延伸和产业结构优化升级，加大了对工业项目特别是重点工业项目的推动和服务。着重抓了拟建项目的前期、在建项目的进度和竣工项目的达产三项工作，加大了组织协调服务力度，解决项目实施过程中遇到的那卖点问题，为项目建设创造了良好环境。积极承接发达地区产业转移，积极协调、参与了与“长三角”、“珠三角”等发达地区的相关企业开展了对接，成功引进了一批有利于促进产业集聚、形成产业链的大项目和好项目。以提升园区承载能力为目的，按照“一园一策、分类指导”的方式，对全市工业基地（园区）分三类加强基础设施配套建设。园区建设步入重点投入、全面建设、科学运营的良性轨道。全市“一圈一带”大工业格局已初具雏形。率先实践循环经济发展那理念，关闭污染严重、技术落后和资源利用率低的小企业和小煤矿。鼓励和推动企业之间、产业之间、园区之间的专业分工与协作，初步构筑起几大循环产业链条，工业产业层次和水平不断提升，通过大力发展循环经济，促进了结构优化升级，经济运行质量和效益显著提高，同时节约了资源，保护了环境，形成了资源—产品—再生资源的高效发展模式，率先为全国能源经济地区可持续发展探索出一条成功之路。共有8户企业（园区）被列入国家和自治区循环经济试点示范企业（园区），鄂尔多斯市被第一个列为自治区循环经济试点城市。依照“结构转型、创新强市”的发展战略，在今后的工业经济发展过程中，充分发挥经济部门的参谋、助手作用。

鄂尔多斯市东胜区建设局

局长：刘 斌

东胜区建设局是东胜区城市建设与管理工作的主管部门，下设园林局、环卫局、市政管理局、拆迁办、装饰装修工程质量监审站5个事业单位。内设党政综合办公室、财务办公室、审计办公室、工程管理办公室、基建管理办公室、质监站6个职能科室。

近年来，东胜区建设局在区委、政府及上级部门的高度重视和社会各界的大力支持下，以科学规划统缆全局，大力实施城市发展“拉大、补欠、崛起”三步走战略，集中全力打造城市核心区，加大旧城改造力度。经过建设系统全体职工的共同努力，东胜的城市建设管理事业蓬勃发展，取得了令人瞩目的成就。采用政府主导、市场化运作的模式，加大拆迁改造力度，重点实施城市基础设施建设工程、交通畅通工程、景观亮化美化绿化工程、房地产开发工程，使东胜区人居环境和城市功能得到有效改善和提升。城区面积从“九五”期末的15.6平方公里扩展到67平方公里，城市道路总长从“九五”期末的61公里增加到231公里，城市公共绿地明显增加，绿化覆盖率达到36.5%，日供水能力增加到6.4万吨，日处理污水能力达到4万吨，人均道路面积从“九五”期末的6.8平方米增加到20.2平方米，人均绿地从0.6平方米增加到35平方米，人均居住面积从15平方米增加到33.5平方米，燃气普及率增至40%，基础设施覆盖率提高到90%以上，城镇化率达到95%。

通过几年的努力，东胜区建设局连续三年获东胜区目标考核一等奖，连续三年获全市建设工作特等奖，1999年被原东胜市委、市政府评为市级标兵文明单位，2000年被原盟委行署评为盟级文明单位，2005年被自治区建设厅评为文明行业示范点，2007年被东胜区委、政府授予全区“办会，迎大庆”组织奖荣誉称号，2008年被东胜区委、政府评为城市建设先进集体。在东胜区创建全国城市环境综合治理优秀城市、全区综合经济实力“十强”旗市、全国卫生城市、八星级文明城市、全国优秀旅游城市及全国最安全城市等活动中，为东胜走进前列做出了积极的贡献。

滨河路

景观河

林荫广场

乌审西街

三台基库区

天骄路与伊煤路交汇处

伊克召公园

内蒙古鄂尔多斯商会会长：赵希增

内蒙古鄂尔多斯商会于2004年9月3日在呼和浩特成立。这是一个以企业、商界和经济界知名人士为成员的民间社团组织，目前已经有近400家会员单位。商会的宗旨是为各路商家、企业家搭建经济信息、商友联姻、凝聚实力、共谋发展、团结创新的平台。

时任自治区党委副书记、常务副主席岳福洪代表党委政府表示祝贺。他在贺电中说："内蒙古鄂尔多斯商会的成立，必将为鄂尔多斯的经济发展和社会进步翻开新的一页。希望商会能够充分发挥作用，凝聚各方力量，团结创新，同舟共济，为地方经济的腾飞作出新的更大贡献。"

商会成立后开展了许多有益的活动，特别是连着三年举办了《创业北方——内蒙古商贸洽谈会》，为自治区招商引资作出了突出贡献，成为自治区民间招商引资的重要平台，引起社会上的广泛关注，其影响越来越大。

美国沃林克公司代表在洽谈会上

第二届商贸洽谈会举办了规模盛大的商务晚宴

2009年第三届创业北方开幕式

莫桑比克招商引资考察团与内蒙古鄂尔多斯商会座谈

国务院关于海南省建设国际旅游省决定发布后，内蒙古鄂尔多斯商会27位企业家组团前往海南省三亚市、海口市、陵水市考察

千秋云中史　百年酒飘香

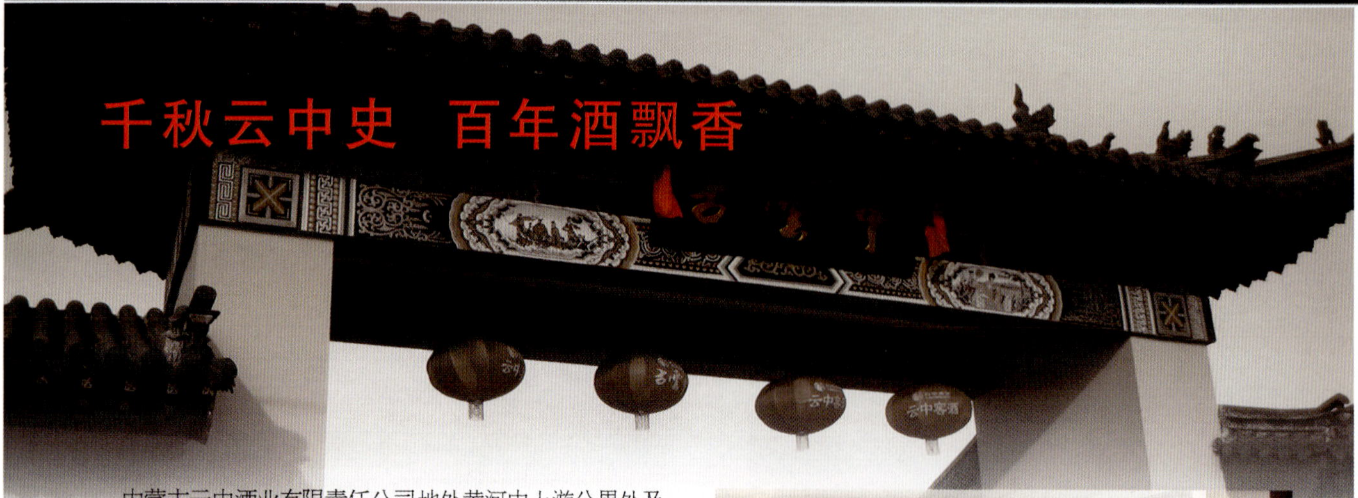

内蒙古云中酒业有限责任公司地处黄河中上游分界处及黄河与大黑河交汇处的历史文化圣地——云中郡（现今的托克托）。这里地势平坦、交通便利，盛产高梁、玉米等农作物，为国家定点葡萄栽培种植基地。1998年转制为民营股份公司。1958年建厂之初，这里以生为葡萄酒为主，70年代初期，公司延用清代作坊并扩建了原古城墙下的地下酒洞， 建成藏储能力可达3000吨的地下酒洞，保存至今的分别有葡萄酒30年、20年、10年陈酿，当地人称之为："酒文化珍宝"。有"塞外洞藏酒，云中神韵醇"之美誉。公司重视科技人才的培养，现拥有国家级葡萄酒评酒员一名，轻工部葡萄评酒员两名，国家级白酒评酒员三名，工程技术人员20人。

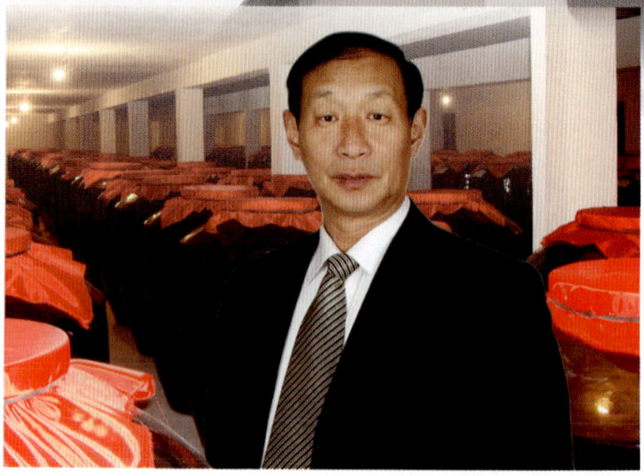

贾子禄——云中酒业董事长、呼和浩特云中文化促进会会长、自治区优秀共产党员、全国"五·一"劳动奖章获得者、自治区酿酒大师、终身享受国务院特殊津贴的酿酒专家。

近年，公司在大曲清香型白酒和浓香型白酒酿制技术方面进步明显，质量达到名酒水平，主产品"古云中洞藏酒""古云中221酒"成为地产酒的典型代表。公司前身为内蒙古托王集团，经一九九八年国企转制，体制变为民有民营。公司现有白酒、葡萄酒、黄酒综合发酵生产能力一万吨，主导品牌为"古云中"和"托王"。公司利用得天独厚的自然条件生产了醇香的洞藏酒，洞藏酒是继承传统工艺生产特点与现代科学技术创新相结合的现代新型白酒。

为了保证提高产品质量不断适应市场需求，首先从生产工艺中研究出了浓香型独有的自然微生物培养产生的香气浓郁大曲、多粮配料、恒温发酵、长期生香、长期培甜、中气蒸馏、量质摘酒、分级按质并坛，经长期在陶坛地下洞藏贮存。使古云中酒生产工艺和产品质量控制达到同行业先进技术水平。不断强化古云中酒品的个性和特色实现以质取胜，用优良的产品品质满足消费者的需要。

内蒙古工商行政管理局和呼和浩特市工商行政管理局授予"守合同　重信用"单位。2005——2007年连续三年荣膺"首府老百姓最满意的白酒品牌"， 荣获2006年度内蒙古人民满意的"金牌形象使者"荣誉称号，2007年荣获全国创新产品奖（古云中酒）， 2008年获得"内蒙古百姓口碑最佳单位奖"称号，并通过GB/T19001-2000idtlSO9001:20000质量管理体系认证。2009年古云中酒获得内蒙古百姓口碑最佳产品奖，古云中品牌并获得"内蒙古著名商标"称号。

传承历史文明，弘扬云中文化。云中酒业以酒为载体，"古云中"为品牌，秉承"千秋云中史，百年酒飘香"的宏图大业，为托克托干杯，为内蒙古喝彩！

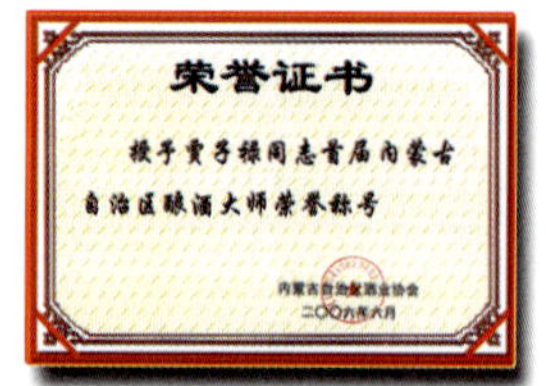

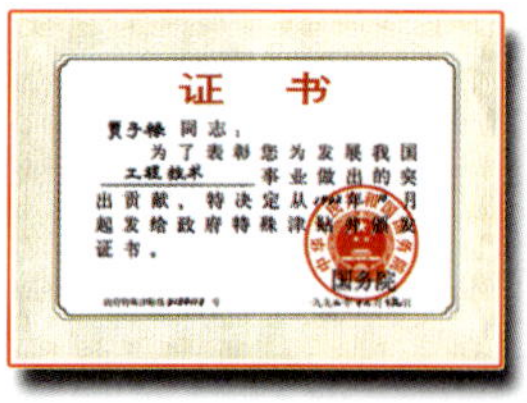

证　书

贾子禄同志：

为了表彰您为发展我国工程技术事业做出的突出贡献，特决定从　年　月起发给政府特殊津贴并颁发证书。

国务院

荣誉证书

授予贾子禄同志首届内蒙古自治区酿酒大师荣誉称号

内蒙古自治区酒业协会

二〇〇六年六月

Add：内蒙古呼和浩特市托克托新建西路84号
Tel：0471-8512532　6632799　Fax：0471-8513721
Http://www.yzwine.com　E-mail:info@yzwine.com

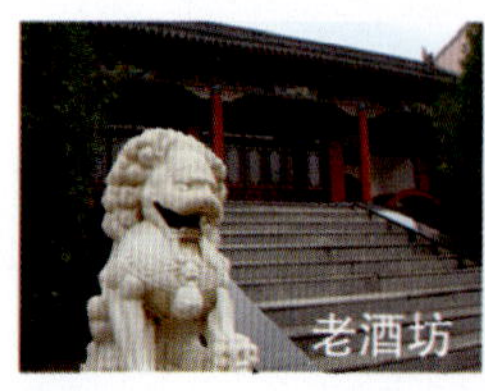

老酒坊

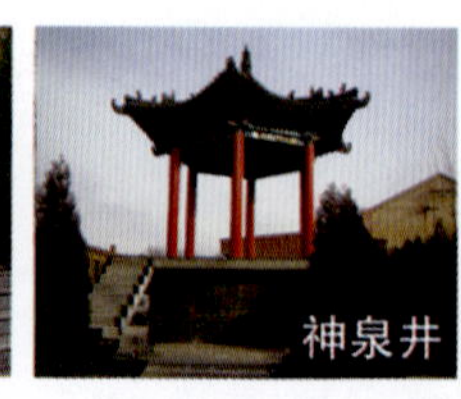

神泉井

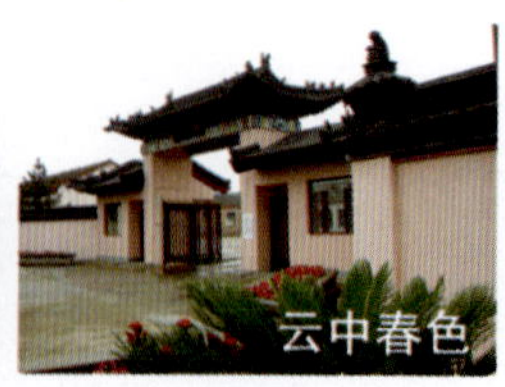

云中春色

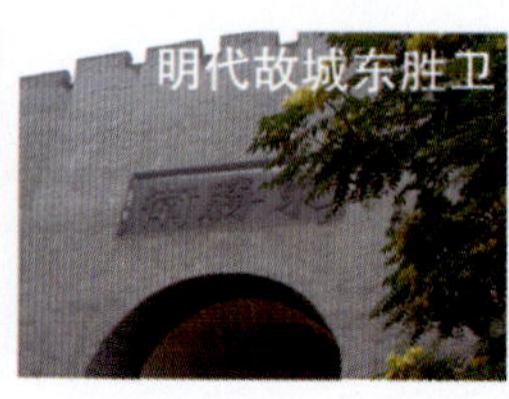

明代故城东胜卫

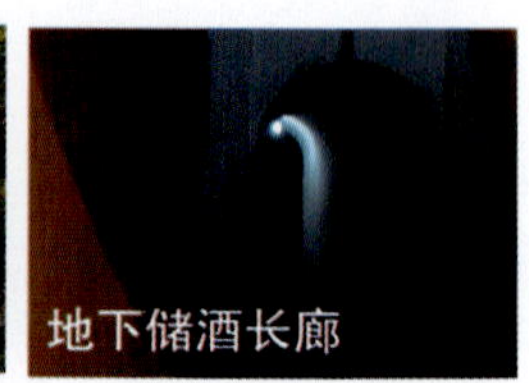

地下储酒长廊

莫力达瓦达斡尔族自治旗人民政府

旗长：孟智军

承办全国男子曲棍球锦标赛

西部大开发标志性工程——尼尔基水利枢纽发电厂房

代表国家参战北京奥运会的莫旗籍曲棍球运动员

雄伟壮丽的金长城起点

风景迤逦的达斡尔民族园

2009年满洲里市

市委书记：吴浩峰

市长：杜学军

2009年1月6日，中共满洲里市委十四届五次全委（扩大）会议召开，提出“保增长、保民生、保稳定”的工作目标，随后出台40条应对金融危机的政策措施，积极应对国际金融危机

2009年2月10日，满洲里市召开荣获全国文明城市庆祝大会

在逆境中迎难奋进

2009年，口岸过货量完成2421万吨，口岸进出口贸易总值完成66.7亿美元

2009年，旅游总人数突破500万人次

2009年，满洲里机场新航站楼投入使用，国际航空口岸经国务院批准正式开放

2009年，中国单体最大的满洲里公路口岸新旅检通关大楼启用

2009年8月18日，全国最大的木材电子交易平台—满洲里木材交易中心启用

2009年11月20日，满洲里市社会福利服务中心投入运营

2009年，满洲里市疾病预防控制中心和流感网络监测实验室建成投入使用

丰镇电厂

广电大楼

航天万源风机

集宁高速出入口

辉腾锡勒风电场

肉类加工

皮革加工

马铃薯种植

兴和人工草场

广电大楼

2009年12月23日，内蒙自治区党委书记胡春华（左二）在集宁区北师大附中调研，陪同领导有乌兰察布市委书记吴永新（左三）、市委常委集宁区委书记罗虎再（左一）

2009年2月19日，内蒙古自治区党委副书记、政府常务副主席任亚平及市委有关领导在乌兰察布市益升皮具贸易有限公司调研

2009年11月自治区党委副书记、人民政府常务副主席任亚平（右二）在集宁区调研，陪同的领导有乌兰察布市市委副书记刘忠成（右一）、乌兰察布市委常委集宁区委书记罗虎再（右三）、集宁区委副书记、区长李尚荣（右四）

2009年2月4日，集宁区政府李尚荣区长（左三）视察华宁热电

2009年6月20日，乌兰察布市委常委、区委书记罗虎在(左）视察锋电能源公司

城市执法队伍

皮具生产车间

双汇生产车间

光明街夜景

公园雪景

全民健身活动

集宁远景

2010年4月2日胡春华书记来丰视察工作

2009年10月29日乌兰察布市长李万忠来丰调研

丰镇市市委书记：于生龙

丰镇市政府市长：刘治民

2010年3月16日于生龙刘治民等视察城建

2010年5月22日刘治民一行深入乡镇调研指导农村工作

凯帝斯

丰镇爱立特纺织品有限公司

丰镇发电厂

丰镇久福住宅小区

工业

党政大楼

旗委书记：朝克图

旗长：张翔

乌兰水泥集团有限公司

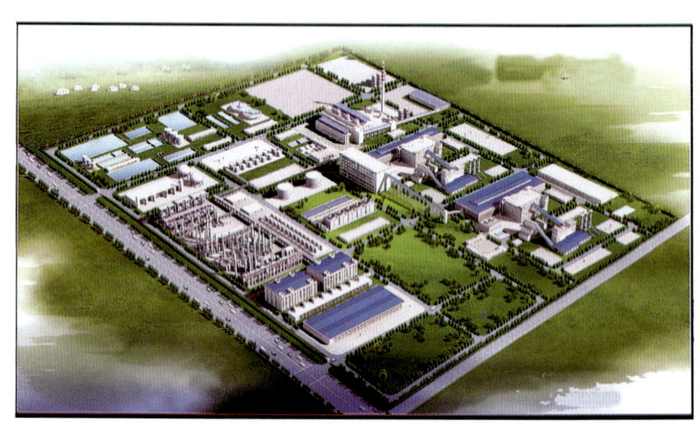
内蒙古蒙维科技有限公司20万吨醋酸乙烯（VAC）10万吨聚乙烯醇（PVA）项目鸟瞰图

察右后旗巴音锡勒风电园区

省际大通道

察右后旗当郎忽洞苏木杨贵村马铃薯喷灌

肉羊养殖

乌兰察布市农牧业示范园区

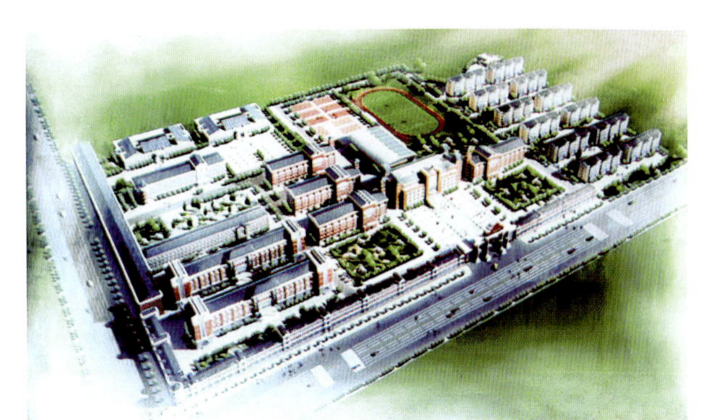
察右后旗第一中学教育园区鸟瞰图

察右后旗卫生园区

“春满察哈尔”春节联欢晚会

察哈尔民间艺人弹唱阿斯尔

察哈尔广场

全国人大常委会委员、全国人大民族委员会副主任委员哈斯巴根，原北京军区副政委、中将李文华，自治区政府副主席布小林在自治区第二十届旅游那达慕暨乌兰察布市第五届那达慕大会、四子王旗第二十届旅游那达慕大会现场。

自治区党委常委、政法委书记邢云在四子王旗红格尔苏木调研基层司法行政工作。

自治区党委常委、纪检委书记张力在四子王旗视察工作

自治区政协副主席郭子明在内蒙古第二十届乌兰察布市第五届暨四子王旗第二十届那达慕会场

四子王旗委常委、政府常务副旗长利民深入朱日和军事演习基地慰问官兵

中共四子王旗委十一届四次全委（扩大）会议胜利召开

四子王旗四大班子领导与内蒙古国泰房地产开发有限责任公司举行和平路道路拓宽拆迁改造项目签约仪式

浙江绿色共享教育基金会、内蒙古华生萤石矿业有限公司资助四子王旗贫困大学生捐赠仪式

国家一级导演、大型电视连续剧《大盛魁》总导演王新民在四子王旗实地考察拍摄外景地

大型电视连续剧《大盛魁》在四子王旗举行外景地开拍仪式

四子王旗庆祝建国60周年干部职工歌咏比赛活动

四子王旗脑木更苏木举办首届骆驼文化节

卓资县人民政府

县委书记：范忠

县长：常培忠

乌兰察布市委书记吴永新到察哈尔右翼中旗视察农村工作

旗委书记：王增强

旗长：赵向红

乌兰察布市中级人民法院

党组书记、院长：唐谦

乌兰察布市中级人民法院成立于1950年7月24日，已走过六十年风雨历程。辖基层人民法院11个，辖区面积54492平方公里，辖区人口270万人。年审理、执行各类案件八千多件。全市法院共有法官及其他工作人员768人，其中法官494人，具有本科学历的达到466人，占94.3%。

市中院共有法官和其他工作人员146人，其中法官90人，现任院长唐谦。内设20个部门。审判办公大楼建筑面积11200平方米，大楼配置局域网、广域网，实行计算机管理。审判大法庭建筑面积520平方米，能容纳230人旁听，并具有现场直播功能和证据展示系统，为审判工作和人民群众诉讼提供了良好的环境。

2004年中院新班子组建以来，带领全市法官和其他工作人员，努力践行“公正与效率”的工作主题，树立和落实科学发展观，围绕实现乌兰察布市跨越式发展、构建和谐社会的工作大局，充分发挥各项审判职能作用，切实加强审判管理，努力打造“学习型”法院，不断加大物质装备建设力度，以审判为中心的各项工作都取得了新的发展，为维护全市社会稳定、保障人民群众合法权益和促进经济社会发展提供了有力的司法保障。

全区影响较大的云鹏清涉黑案件审理

院领导亲自接访，化解社会矛盾

市中院现审判办公楼

注重打造学习型法院，2006年被最高人民法院授予“全国法院调研工作先进集体”

高举毛澤東思想偉大旗幟
乌市中院 鄭天翔

原最高人民法院院长郑天翔为我院题词

察哈尔右翼后旗林业局

察右后旗林业局主要职能是主管全旗林业生产建设、资源林政管理、野生动植物保护及林业执法等工作。下设办公室、林政股、造林站、种苗站、森防站、经济林站、国有大六号苗圃和国有土牧尔台林场。现有在职干部职工 91 人，其中中高级职称人数达 75%。

国家实施西部大开发战略以来，抓住西部大开发的大好机遇，2000 年启动实施了京津风沙源治理工程及退耕还林工程，截至 2009 年底,累计完成京津风沙源治理工程 76.8 万亩，其中人工造林 31.8 万亩，封山育林 35.4 万亩，飞播造林 9.6 万亩。累计完成退耕还林工程 71.7 万亩，其中退耕地造林 37.7 万亩，荒山荒地造林 34 万亩。特别是近两年来通道绿化、园区绿化成绩突出。全旗森林覆盖率由 2000 年前的 4.74% 提高到 2009 年的 24.81%，林草覆盖度由 2000 年前的 18% 提高到 2009 年的 50% 以上。实施中，立足于本地区实际，坚持“因地制宜、适地适树”的原则，调整林、树种结构，实行灌草乔结合、带网片结合、工程与生物措施结合，全旗防沙治沙、生态环境建设取得了初步成效，逐步步入了良性循环的发展轨道。在生态效益方面：通过项目的实施，生态环境明显改善，有效保护了土地资源，改善了区域小气候，减少了土壤侵蚀量，使生态环境逐步向良性循环发展。在经济效益方面：实施退耕还林工程农牧民可得到钱粮补助，全旗人均纯收入由 2000 年的 1830 元增长到 2009 年的 3620 元。

小流域治理工程

生态环境和经济效益的改善,对推进社会全面进步和经济的可持续发展有着积极的意义，特别对社会主义新农村建设将起到更深层次的影响。

近年来，察右后旗林业局在生态建设过程中，不过取得傲人成绩，为我国北方生态建设增添了绿色屏障。2005 年被市林业局评为“全市 2005 年度林业生产建设全优奖”、2006 年被自治区人民政府评为“全区防沙治沙先进集体”荣誉称号、2007 年被市林业局评为“全市林业生产建设二等奖”、2008 年被市林业局评为“全市通道绿化、人工种草、资源林政管理先进单位”、2009 年被旗委、政府授予“全旗平安建设先进单位”。

退耕还林工程

经济林产业

京津风沙源治理工程区

“幸福的泉水”—旗府所在地巴音宝力格镇

乌拉特后旗位于巴彦淖尔市西北部，南距市政府所在地50公里，北与蒙古国接壤。全旗总面积2.45万平方公里，占巴彦淖尔市总面积的38%。现辖5个苏木镇，总人口6.5万人，其中蒙古族1.7万人，是一个以蒙古族为主体的少数民族边境旗。

西部较先进的后旗一中

乌拉特后旗地域辽阔，阴山山脉连亘旗境，把全旗分割为三块地貌气候不同的地区。阴山以南为狭长的冲积平原，面积约470平方公里，主要种植小麦、玉米、葵花等农作物。阴山过境山脉面积约3000平方公里，蕴藏大量的矿产资源，主要有锌、铜、硫、铁、铅、石油等，已探明铅储量250万吨，锌储量1000多万吨，铜储量260万吨，铁储量近2亿吨，硫储量3.2亿吨，镍储量7731吨。阴山以北为半荒漠化草原，面积约2.1万平方公里，拥有草场3650万亩，其中可利用草场2514万亩。山后牧区地下资源异常丰富，现已探出资源有硅、镍、油页岩、钼、石油等。其中钼矿金属探明储量至少30万吨，居全国之首；石油初步探明储量1亿吨。此外，典型的高原大陆性气候形成了得天独厚的风能资源，据有关资料显示属全国最佳的风能富集区之一，有条件建成国内最大的风力发电基地。

近年来，乌拉特后旗借助丰富的资源优势，经济社会实现了跨越式发展。2009年全旗地区生产总值实现57亿元，增长20%，；财政总收入完成13.9亿元，总量继续位居全市第一位；固定资产投资完成70.24亿元，同比增长64.9%，城镇居民人均可支配收入达到14277元，增长25.2%；农牧民人均纯收入达到6130元，增长51.1%；两个收入的增速均位居全市首位。2007~2009年连续三年跨入中国西部县域经济基本竞争力百强旗县行列，排名逐年上升。先后被评为“中国全面小康成长型百佳旗县”、“2009年中国新能源产业百强旗县”等。

近年来，乌拉特后旗工业经济不断壮大，农牧业快速发展，社会事业全面进步，人民生活水平显著提高，到处充满着蓬勃发展的生机，焕发出边塞新城的无限魅力。

美丽的同歌乐歌景观河　乌拉特后旗百万风电场　繁荣的工业——紫金公司全景

自治区党委书记胡春华视察巴彦浩特营盘山景观公园建设情况

原国土资源部副部长、中国观赏石协会长寿嘉华兴致勃勃地观赏精品奇石展

旗委书记吴忠岩，旗委副书记、政府旗长魏巴依尔视察阿左旗巴彦浩特城中村改造情况

旗委书记吴忠岩赴庆华集团与企业负责人交谈了解并解决企业发展中的困难

旗委副书记、政府旗长魏巴依尔出席阿左旗巴彦浩特一级客运站奠基仪式

旗委副书记、政府旗长魏巴依尔主持召开内蒙古阿拉善奇石文化旅游节暨中国观赏石高层论坛

阿左旗人民政府与新亚集团签约